EL IMPERIALISMO CATALÁN

ENRIC UCELAY-DA CAL

EL IMPERIALISMO CATALÁN

Prat de la Riba, Cambó, D'Ors y la conquista moral de España

edhasa

Consulte nuestra página web: www.edhasa.es
En ella encontrará el catálogo completo de Edhasa comentado.

Diseño de la sobrecubierta: Sabat

Primera edición: noviembre de 2003

Avda. Diagonal, 519-521. 08029 Barcelona
Tel. 93 494 97 20
E-mail: info@edhasa.es
http://www.edhasa.es

ISBN: 84-350-2649-3

Impreso en Hurope, S.L.
sobre papel offset crudo de Leizarán

Depósito legal: B-35.573-2003

Impreso en España

La concepción nueva dibujaba bien claramente todo eso en nuestra alma. Pero nos estrañaba que el conjunto, la síntesis que veíamos como hecha, no la viesen también los mismos que nos la presentaban.

Y no la veían. En todos ellos, al lado del pensamiento capital que recogíamos como oro fino, encontrábamos la carga que lo cubría, los desechos de las construcciones que ellos mismos hacían caer. Probábamos, a veces, a ponerlos frente al espejo de nuestra lógica que reflejaba el conjunto de su obra, y no la reconocían.

Pero nosostros no dudábamos, no. [...]

Enric Prat de la Riba, «Pròleg. L'obra d'en Duran en l'evolució del pensament polític català», en Lluís Duran i Ventosa, *Regionalisme i federalisme*, 1905

El caso de la Lliga y de sus hombres tiene algo de extraordinario.

Algún día se estudiará, tiempo a venir, y llamará poderosamente la atención.

Francesc Cambó, «El cas de la Lliga i els seus homes», Vil·la Maryland, 30 diciembre 1939, *Meditacions. Dietari (1936-1939)*

Señor, su información es más de lo que requiere la sociedad.

Comentario, devenido famoso, de un comensal recordando la sobremesa del historador inglés Thomas Babington Maucauley (1800-1859)

Un gran Estado, es una depresión a la que fluyen las aguas, es la hembra del mundo.

En las uniones del mundo, siempre la hembra con su quietud vence al macho.

Para alcanzar la quietud, se debe permanecer debajo.

Por eso un gran Estado se rebaja ante un Estado pequeño, y de esta manera se apodera de él.

Un Estado pequeño se rebaja ante un gran Estado, y es conquistado por él.

Uno se rebaja para conquistar, otro se rebaja y es conquistado.

Todo lo que el gran Estado desea es incorporar y alimentar al otro, todo lo que el pequeño Estado desea es ser incorporado y ponerse al servicio del otro.

Cada uno obtiene lo que desea, pero el grande debe rebajarse.

Lao Zi, *El libro del Tao*, (traducción de Juan Ignacio Preciado)

For Dorsey, as a start

Sumario

Prefacio

Para comenzar, formulemos claramente la pregunta, hasta con exceso de llaneza: *¿fue el nacionalismo catalán, en la realidad, una propuesta para un nuevo nacionalismo español (o, mejor, hispano)*? Este estudio –dedicado a la interacción entre catalanismo y españolismo entre 1885 y 1917– argumenta que así fue. Es, por tanto, un ejercicio de historia tanto «española» como «catalana».

El historiador y psicoanalista Peter Gay ha argumentado, en su libro *Freud for Historians* (1985), que el perfil psicológico profesional del historiador hace que éste busque destapar una «verdad» oculta. Según Gay, la dinámica interior del ejercicio historiográfico hace que la satisfacción del investigador se encuentre en la compulsión de descubrir aquello que, por alguna razón social, se guarda encubierto; esta acción se repite, historiador tras historiador, desde todos los ángulos posibles, ya que cada interpretación superada se puede volver a abrir con nuevas informaciones y divulgar de nuevo. En mi caso, me he sentido en lucha contra un tabú colectivo, que, desde hace muchos años, pretendía obviar, como si de una pasajera tontería se tratara, un nudo de ideas claves, imperativas, nada casuales, acerca de la construcción de un nuevo «imperio» hispano, supuestamente capaz de realizar la España auténtica y plural y, por ende, la unión ibérica, a partir de la energía desvelada por el desarrollo de Cataluña. Cansado de la abundancia de explicaciones dedicadas al «por qué» del nacionalismo catalán que dan vueltas sobre sí mismas, aquí estudio el «cómo» sin mayor preocupación. Considero que la buena comprensión de los medios a través de los cuales se realiza un fenómeno –en este caso, las ideas– sirve mejor al entendimiento que el dilucidar sus causas mediante una pesada carga teórica, sobretasada con el coste de explicarse «en sí y para sí», en vez de clarificar el objeto de investigación.

La introducción consta de dos capítulos que quedan fuera de la narración, pero que son imprescindibles para establecer los términos interpretativos de ésta: he creído necesario explicar y también justificar mi uso de «metáfora» para vertebrar la concepción del libro y, también, antes de entrar en una cierta secuencia cronológica, establecer la pauta histórica que rige la noción de «imperio», que, lógicamente, es la vía sobre la cual procede el argumento y la evolución del libro. A partir de este peaje, la narración fluye con cierto ritmo, dentro de los límites de una erudición hasta cierto punto inevitable, como ahora explicaré.

Con este inicio, la estructura de la obra procede en lo que se podrían describir como cuatro espirales, ya que cada vez hay que volver atrás, a un punto de partida: primero, para Prat de la Riba, a partir de Almirall; luego, para el impacto de Prat y de la Lliga en su conjunto; después, para Cambó y para D'Ors; y, finalmente, para situar la plena maduración ideológica de las tesis bifrontes, a un tiempo nacionalistas y/o regionalistas, según desde donde se mirasen o a quiénes fueran dirigidas. Así, el capítulo 17, «Las metáforas sueltas en el mundo», remite, en paralelo, a la perspectiva introductoria, para situar la ambición «imperial» de la Lliga en relación al panhispanismo y a los pannacionalismos en general. Para acabar, la conclusión cierra el argumento con una explicación sobre la función publicitaria de la Lliga, implícita a lo largo de la obra.

La narración comienza con la aparición de Valentí Almirall como ideólogo de nuevo tipo –se podría llamar «postrepublicano»– y las consecuencias de su gran maniobra conceptual. Siguen posteriormente las múltiples maneras en las que sus planteamientos fueron recogidos por Prat y por el movimiento que lideró, así como los personajes que más determinaron las relecturas de la postura pratiana: Cambó y D'Ors. Éstos fueron, por decirlo de algún modo, el apoyo imprescindible a la formulación de Prat, ya que sus aportaciones marcan el desarrollo ulterior de la idea «imperial» más allá de la muerte del *«mestre»*. Dan a la obra un cierto sentido escénico, abierto al futuro.

Podría haber incluido otros personajes en primera fila, como, por ejemplo, el poeta y ensayista Joan Maragall o el intelectual y portavoz republicano Pere Corominas. Pero Maragall nunca se decidió a asumir un rol político explícito, por lo que he decidido darle unas apariciones en escena significadas pero menos estelares. Aquí, Pere Corominas o Gabriel Alomar, como muchos otros, hacen –¿por qué negarlo?– de comparsas, si bien se remarcan sus individuales «motivos musicales» a lo largo de la obra. De modo análogo al coro de una tragedia griega o incluso de una ópera, estos personajes secundarios aportan sentido colectivo a las afirmaciones de los protagonistas, para dar de este modo una sensación del ritmo común pero también, al revés, contradictorio, tal como es, al fin y al cabo, la vida. Puestos a indicar ausencias, también se debe señalar que resulta una obra a la antigua usanza, sin mujeres, ya que el medio político de entonces no concebía el protagonismo de las voces de soprano, muy al contrario del gusto musical imperante hoy en día.

El libro acaba algo abruptamente porque, a mi entender, también así lo hizo la evolución doctrinal de la Lliga. Sirve como señal de este proceso la muerte de Prat de la Riba el 1 de agosto de 1917. A partir de entonces, el liderazgo de Cambó fue evidente, aunque no indiscutido. Éste se mantuvo fiel a su línea ideológica, que, si bien no era exactamente idéntica a las tesis de Prat, reflejaba una inmutable confianza en la vitalidad de una solución en algún sentido «imperial» para España en su conjunto y para la resolución del pleito catalán.

Aunque España se mantuvo al margen de la Primera Guerra Mundial, fue decisivo el impacto de la contienda sobre el pensamiento y los imaginarios hispánicos. La Gran Guerra removió todo el fondo ideológico europeo, una y otra vez, hasta dejarlo casi irreconocible en 1919, una vez acabado el conflicto. Por lo tanto, agitó y sacudió todas las posturas políticas hispanas, cambiándolas extensamente al hacerlo. Es del todo conocida la espectacular evolución de D'Ors, hasta la ruptura con el catalanismo. Cambó, por su lado, tuvo que manejar muchos y contrapuestos papeles públicos en la vida política, al tiempo que quería ser fiel a su especial enfoque, para llegar al punto en que su reputación se truncó y el político regionalista, muy a pesar suyo, se hizo sinónimo demonizado del manipulador sinuoso, capaz de engañar a los incautos con sus malas artes.

Con la Guerra Mundial, se acabó el efectivo monopolio lligaire sobre la expresión más política del catalanismo. Gracias a la sacudida mundial, pasó a un primer plano el nacionalismo radical, dentro y fuera de la Lliga. Es más, fue la polarización del antiimperialismo nacionalista frente a las tesis *lligaires* lo que sirvió para crear un catalanismo nuevo. El juego de influencias externas, los modelos que copiar, todo se complicó, hasta borrarse el sencillo esquema político de principios de siglo en Barcelona. Con las Juntas de Defensa y, más adelante, con la intervención de Capitanía y los organismos locales de la administración del Ejército en la problemática del orden público de la posguerra, el militarismo españolista –dejando atrás posturas más simplistas– tomó cuerpo hasta hacerse protagonista destacado de la política en Cataluña, para condicionar de forma mucho más severa el espacio de maniobra catalanista. Con la visible maduración organizativa del anarcosindicalismo, el obrerismo adquirió una dimensión política autónoma mucho más relevante, ante la cual se tuvieron que definir las posturas nacionalistas. Explicar hasta la posguerra y la Dictadura, con el mismo grado de detalle, las maneras en las que la contienda alteró el catalanismo y, en general, el marco político español, es forzosamente material para otro volumen.

Confieso que me he visto obligado a citar probablemente en exceso para así poder obviar toda respuesta que implicara que mi hipótesis es mera especulación o vano ensayismo. Por las excesivas codificaciones que rodean la espinosa cuestión de los nacionalismos rivales en España, con tanta frecuencia reducido a un ejercicio exclusivo –cuando no excluyente– de «buenos y malos», demasiados lectores y hasta bastantes especialistas ya «saben» todo lo que creen necesitar y, en consecuencia, rechazan como malintencionada especulación cualquier desvío de sus respectivas «verdades». La carga de fuentes ha dilatado el libro, pero, también, le ha aportado contundencia.

El libro es largo, hasta puede que pesado, porque se ha escrito «desde los datos», construyéndolo hacia arriba, en vez de proceder a explicar de modo sintético una idea global o hipótesis previa. Uno de los propósitos de la obra es poner en secuencia unos textos que, por olvidados, no suelen ver quienes no sean especialistas, y, con ello, mejor plantear una interpretación no habitual. La insistencia, pues, está en que los protagonistas hablen por sí mismos, inocentes del conocimiento del futuro y de las consecuencias de sus ideas, para componer una obra hasta cierto punto coral, con algunos solistas, tal como ya se ha señalado. Esta voluntad coral ha hecho que la redacción me haya parecido en muchas ocasiones como si se tratara de una gran novela con muchos personajes, una especie de *Bildungsroman* a la vez fáctico y colectivo que rastrea un proceso de concienciación ideológico, limitado preceptivamente por el deber historiográfico de fidelidad a los datos. Se esperaría que, en alguna medida, para el lector el texto también tuviera algo de fluidez narrativa, rindiendo hasta cierto punto invisible el despliegue de la erudición, hasta dejarla análoga a las conversaciones, los pensamientos y los retazos de correspondencia que jalonan las gruesas novelas en las que los protagonistas desarrollan sus sentimientos y percepciones.

En todo caso, con espíritu acumulativo, también se ha perseverado en la abundancia de citas y fuentes para subrayar el esfuerzo de neutralidad interpretativa. Al usar las voces de los protagonistas, sean de primera, segunda o tercera fila, se refleja –espero– la ilación natural del discurso «unitario» e «imperial» a través del tiempo, sin filtrarlo todo mediante una autoría interpretativa omnipresente y opaca. La realidad es siempre más compleja que cualquier representación que de ella se haga; vale la pena recuperar esa complejidad para mejor entender las multidireccionales interacciones que son el verdadero tejido de las relaciones sociales. Con frecuencia, la historia intelectual abusa de la linealidad para dar una coherencia predeterminada a cruces y encuentros de ideas que tienen mucho de coyuntural. Si bien la confusión entre diagnóstico y remedio ideológico ha caracterizado de manera harto abusiva el desarrollo de la historiografía hispana, en algún punto tendrá que separarse una cuestión de la otra. Luego, el historiador puede tener su particular alineamiento (o alienación) en el terreno cívico, que, aunque condicione, no debería supeditar la comprensión del problema –su diagnóstico, si se quiere– al específico que se propone para su solución.

Debería añadir unas palabras sobre usos literarios. Como criterio general, propio de la editorial, se traducen al castellano todos los textos citados en idioma ajeno, incluidos los que están en catalán. Toda traducción no atribuida, cuando la referencia está en el idioma original, es mía. En las notas, se cita por la edición utilizada, aunque, a veces, de manera no sistemática, también se indica la fecha original de una obra, cuando este dato pueda tener alguna relevancia. Igualmente, se ha sido bastante arbitrario en cuanto a utilizar más de una versión de las obras de algunos autores, como, por ejemplo, Maragall, citado indistintamente por las tres ediciones de *Obra Completa*, así como, en algún caso, por la versión original, sin dar al hecho mayor importancia. En las citas, para evitar posibles confusiones, todo uso de puntos suspensivos por un autor queda diferenciado claramente de las ocasiones en las que se omite una parte de un texto (supresión que irá indicado como «[...]»). Asimismo, para evitar pesadez y mayor pedantería de la ya expuesta, se han normalizado acentos en los textos en castellano decimonónico.

Los exotoponímicos más habituales son mantenidos en el idioma narrativo: así se empleará Londres por London, Gerona por Girona, si bien lugares menores, sin adaptación al uso, se reflejarán en su lengua original. Sin embargo, para reflejar la complejidad subjetiva de las identidades nacionalistas de uno y otro signo, se procurará respetar los nombres de cada persona según lo que el autor, en buena lógica, supone que sería la forma deseada por ésta (aunque a veces en este empeño se ceda a la obsesión normalizadora catalana denunciada por un crítico tan exigente como J.-L. Marfany): para dar un ejemplo obvio, se alude a D'Ors en vez de Ors y, siendo catalanista, se le llama Eugeni.

Se hace una cierta distinción entre la españolidad denominativa –que se atribuye al españolismo estricto– y fórmulas como *hispano* o *hispánico* que indicarían un contexto más plural que centralista, giro ya utilizado entonces; se considera que, en todo caso, la confusión con el sentido genérico, especialmente en las Américas, coincide con la interpretación aquí presentada. Los términos generales *Estado, Monarquía, República* van con mayúscula, siguiendo una cierta tradición de jerarquía, mientras las partes de los mismos, como *gobierno, parlamento,* o *estado* (de una federación) se presentan con minúscula. Se ha entrecomillado todas las referencias a «imperio» o «imperialismo» catalán, para distinguir así entre el sentido concreto de una reorganización bi- o multinacional del Estado monárquico español, bajo inspiración de la Lliga, y el genérico sentido marxista del término, tan influyente en el siglo que acaba de pasar. Asimismo, de un modo que ya se habrá podido observar en este mismo prefacio, algunas ideas, como «unidad cultural» o «imperio de la sociedad civil», aparecen entrecomilladas, aunque son más una síntesis mía que no una cita directa de alguna fuente; mi intención no pasa de pretender enfatizar y aislar estos conceptos. Con la misma intención, ante una obra tan larga, he puesto en cursiva algunas frases, por considerarlas particularmente representativas del sentido de cada capítulo y, por lo tanto, del libro en su conjunto. La extensión del libro ha desaconsejado añadir un centenar (o más) de páginas de bibliografía. Por ello se ha limitado la referencia de fuentes a las notas, que incluyen todos los datos bibliográficos, *para cada capítulo*. En otras palabras, la indicación «op. cit.» se referirá siempre a una obra de la que se dan todos los datos en el capítulo en que aparezca esa indicación.

Querría agradecer las muchas ayudas que he recibido a lo largo de los años invertidos en este libro, que es solamente la primera entrega de un proyecto bastante más ambicioso. Durante casi dos décadas, ante mis muchas y variadas peticiones, las responsables sucesivas de préstamo interbibliotecario en la Universidad Autónoma de Barcelona –primero Montserrat Lamarca, luego Anna Roca y después Àngels Carles– siempre mostraron una gran paciencia y un desprendimiento extremo al ofrecer su tiempo y buen hacer. Este trabajo les debe mucho más de lo que un sencillo agradecimiento puede indicar. También he de reconocer más de una atención del servicio de Información Bibliográfico y del Departamento de Reprografía de la Biblioteca Nacional en Madrid.

A lo largo del tiempo, diversas personas, notablemente mis colegas historiadores Susanna Tavera, Àngel Duarte, Josep Maria Fradera y Xavier Casals, han ofrecido muchas e importantes sugerencias que han mejorado el diseño global de la obra. Querría, sin embargo, subrayar mi especial obligación a Susanna por sus muchos y altruistas aportes, ayudándome, con su pericia de buscadora en la red, a encontrar fuentes en bibliotecas perdidas. También Daniel Fernández, al frente de editorial Edhasa, ha sabido ejercer como «editor» al estilo angloamericano y, entre bocanadas de humo de pipa, hacer indicaciones que han ayudado a darle forma definitiva al texto. También ha sido muy fácil trabajar con su equipo editorial, notablemente Josep Mengual Català y Jesús Cairol. La prodigalidad de todos ellos en horas y atención, junto con lo atinado de sus observaciones y consejos, me hace su deudor. Con mucha generosidad, el profesor Manuel Jorba me facilitó el acceso a los papeles de Joan Estelrich. También he podido aprovechar documentos o libros que me habían sido pasados –en algún caso, hace muchos años– por colegas liberales con su investigación, como Josep Termes, Josep Fontana, Jordi Casassas, Borja de Riquer, Isidre Molas, Jesús Maria Rodés y Lluís Argemí, entre otros. Si bien, debido a la diversidad en las evoluciones personales, no se ha mantenido la amistad en todos los casos, perdura el recuerdo de su gentileza en facilitar el acceso a sus colecciones y la ocasión se brinda oportuna para mostrar mi aprecio. Añado un agradecimiento especial para Alfons Cucó, que me facilitó textos valencianistas inencontrables en las bibliotecas y que no podrá leer estas palabras. Asimismo, tengo que reconocer reiteradas muestras de desprendimiento erudito por parte del hispanista Jake Jacobson, de la joven investigadora Rocío Navarro, de Jep Costa, y de los profesores Mita Casacuberta, Ferran Gallego y Joan B. Culla, además de Xosé-Manoel Núñez Seixas. Finalmente, aunque sea tópico hacerlo, no puedo más que remarcar el aliento, a un tiempo incondicional, crítico y resignado, que, a lo largo de más de tres interminables años de escritura, me regaló mi esposa, Dorsey Boatwright, a quien dedico este libro. Sin embargo, como por prudencia se suele repetir en estas circunstancias, las aportaciones y/o recomendaciones de todos, por muy valiosas que me hayan sido, no se deben tomar como responsabilidad alguna en el contenido de la obra, de mi exclusiva incumbencia.

Para concluir, este libro se pudo redactar gracias al programa de excepcional «año sabático» instituido por la Universidad Autónoma de Barcelona, por lo que me siento agradecido.

Isola di San Servolo, Venecia,
29 de abril de 2002,
y
Barcelona, 30 de marzo de 2003

Primera parte

INTRODUCCIÓN

No todo lo arregla el Renacimiento con su prueba de restaurar la ciudad antigua como Estado.

EUGENIO D'ORS,
La Historia del mundo en 500 palabras

FROSCH: ¡Ya están las gargantas acordes! *(canta)*
Prodigio tan sobrehumano me confunde:
¿El Sacro Imperio Romano no se hunde?
BRANDES: ¡Vaya una canción! ¡Bah! ¡Una canción política! Una antipática canción.
Agradeced todos que no tengáis que cuidaros del Imperio Romano.
Yo por lo menos tengo a gran honra el no ser ni Emperador ni Canciller.

JOHANN WOLFGANG VON GOETHE,
Faust, 1.ª parte (Taberna de Auerbach en Leipzig.
Reunión de alegres compañeros) [1808]
(traducción de I. Tellería & E. Gómez de Miguel)

Fundar un gran imperio con el único propósito de levantar un pueblo de clientes puede aparecer a primera vista como un proyecto sólo conveniente para una Nación de tenderos. Es, sin embargo, un proyecto del todo inconveniente para una Nación de tenderos, pero en extremo conveniente para una nación que está gobernada por tenderos.

ADAM SMITH,
An Inquiry into the Nature and Causes of the Wealth of Nations, 1776, Vol. II, Bk. IV, Cap. 7, part III, entrada «The policy of monopoly is a policy of shopkeepers»

El Imperio Británico de hoy, aunque trazando sus orígenes por largos siglos, está asumiendo una forma que ha sido determinado por los eventos de los últimos veinte años. Este cambio de forma, y del ideal que lo subyace, es nada excepcional. Siempre ha estado ocurriendo: escasamente ha habido un tiempo en el cual un estudiante podía mirar atrás sobre el registro de la generación pasada y declarar que no podía ver cambio alguno en el concepto de lo que significaba durante ese período. Y mientras estos cambios tengan lugar con buena fe y armonía no necesitamos alarmarnos por ellos, ya que la historia nos enseña que cuando una nación queda fijada rígidamente en sus instituciones está en peligro de estancamiento y decadencia. El movimiento del mundo siempre ofrece vino nuevo y es arriesgado guardarlo en botellas viejas.

JAMES A. WILLIAMSON,
The Foundation and Growth of the British Empire,
Londres, Macmillan, 1928, cap. IV, «The Empire of Today»

1. El poder de unas metáforas

El anónimo prologuista que, en 1934, encabezó la edición que hizo Editorial Barcino de *La nacionalitat catalana* de Prat de la Riba tuvo, en aquella coyuntura de exaltación catalanista, una valoración del significado de la obra que, sin cambio alguno, ha llegado hasta el siglo XXI. Como advirtió este autor (que podría haber sido Josep Maria de Casacuberta, espíritu rector de Barcino):

> [...] *La nacionalitat catalana* se resiente, como es natural, del paso de los años. Prat de la Riba dio a su teoría fundamentos de sentido común [*seny*] y de ciencia. La fuerza de su natural *seny* se nos hace todavía más evidente cuando constatamos que la caducidad, que se puede observar en algunos puntos del argumento científico, no llega nunca a afectar la solidez de las coinclusiones nacionalistas, en lo que se refiere a nuestra tierra. En cuanto a las consideraciones sobre el imperialismo, puede que Prat de la Riba, si pudiera ahora revisarlas, hiciera algún retoque, a la luz de los nuevos hechos políticos. Pero todas las objecciones que se puedan hacer a una obra de esta importancia no pueden menguar el gozo de ver cómo se desarrolla uno de nuestros pensamientos más claros al impulso de una de las pasiones más puras.

En otras palabras, al situar la obra en perspectiva para lectores noveles en el contexto político de los años treinta, con Cataluña bajo la égida de la Esquerra Republicana, al prologuista le pareció imprudente insistir en los argumentos de Prat sobre el «imperio» y el «imperialismo» por su naturaleza algo indigesta, que los asemeja a un plato fuerte, especialmente para paladares de izquierdas. Pero el comentarista no tuvo inconveniente en apartar todo ello como una excrecencia sobrera, que no afectaba a lo sustancial de las tesis pratenses. Por lo demás, aunque la doctrina enunciada le parecía del todo actualizable, quiso hacer un pequeño matiz, muy al gusto de aquella agitada época, que indicaba las contradicciones subyacentes a su alegre escisión. En sus palabras: «En la teoría del catalanismo, la tarea de discernimiento y puntualización de conceptos que, a principios de siglo, Prat de la Riba realizó en su libro principal, hoy y siempre nos puede rendir servicios impagables. Un patriota actual no echaría de menos sino que los límites de nuestra patria fueran más claramente marcados como comprendiendo las tres grandes regiones de habla catalana: Cataluña, Valencia y las Baleares.»[1]

Y así han quedado las cosas dentro de la crítica catalanista hasta el presente. La reinvención que hizo la juventud de los años sesenta respecto a sus antecedentes en los años treinta afectó asimismo a la imagen de Prat, que quedó consagrado tal como ya lo había estado hasta entonces: un enunciador de doctrina de temperamento equilibrado y constructivo, un edificador del autonomismo catalán, que –ya se sabe cómo son las cosas– tuvo algunos excesos juveniles, que en nada afectaron su aportación fundadora. La temprana muerte de Prat en 1917 permitió que su figura quedara santificada, limpia por tanto de sucios pecados terrenales. La evolución política tras 1931, primero con la subida de Macià a los flamantes altares republicanos catalanes en 1933, ascenso ya prefigurado por el culto a su persona en vida, y, más adelante, con el reiterativo «martirio» de Companys en 1934 y, de manera definitiva, en 1940, permitió homologar a Prat con sus sucesores presidenciales en una narración que dependía en extremo de la tradición católica del país, por mucho que, en esta ocasión, convertida en religión laica.[2] En consecuencia, nada debería desentonar entre Prat y la tónica general de los tiempos republicanos, revisados –en primera instancia– a través del duro filtro que supuso la revolución (para el catalanismo *strictu sensu*, ya de por sí una especie de derrota), la hecatombe definitiva de 1939 y la amargura del exilio o del sometimiento al franquismo.

Muy por el contrario, las otras figuras de la Lliga asociadas a aquellas tan discretamente llamadas *«consideraciones sobre el imperialismo»* no corrieron la misma suerte. Francesc Cambó siguió siendo el jefe de la derecha catalana, aunque fuera estigmatizado el 14 de abril con el cántico popular de *«Visca Macià! Mori Cambó!»* No hace falta subrayar el significado religioso de tal contraposición de vivas y mueras. Con la implantación de la República, Cambó fue relegado al papel del malo, el «Otro», el falso líder, en contra de «l'Avi», el cariñoso abuelo de la patria. Para su desdicha, la izquierda española mostraba una valoración parecida, desde los tiempos de su enfrentamiento con el protagonista de la Izquierda Liberal, Santiago Alba, antes de la Dictadura. Y, peor todavía, la derecha española *también* compartió la visión del temible «judío catalán», el gran manipulador que movía la multitud de hilos que pasaban por sus manos de político y «plutócrata». Ni que decir que, para las izquierdas catalanas, la Guerra Civil confirmó el negro retrato de Don Francesc como «vendepatrias», aliado de Franco «contra Cataluña». Por su lado, la izquierda española ya sabía lo peligroso que tal «exponente de la burguesía» podía llegar a ser. Y las nuevas hornadas falangistas, ansiosas de mostrarse tan «revolucionarias» como «los rojos», se sumaron sin rechistar a la caricatura, mientras los españolistas de toda la vida vieron confirmada su convicción de que el apoyo camboniano a la «causa nacional» no era tan sincero como el de otros. En resumen, si Cambó había creído en el «imperialismo catalán», era lo menos que se podría esperar de él.

El tercero en la formulación y desarrollo de la tesis «imperial» de la Lliga fue Eugeni D'Ors. Pero D'Ors en 1920 se autoadjudicó el papel de Judas del catalanismo, de traidor sin contemplaciones. Para plantearlo con otra metáfora narrativa de las que abundan en el nacionalismo catalán (como en todo movimiento social que se precie), D'Ors, en un remozo algo literario de Luzbel, manifestó un exceso de orgullo ante la divinidad del resurgir nacional colectivo, se perdió por su convicción de que era la fuente de toda iluminación posible, y acabó por ejercer el papel de «ángel caído» del catalanismo, execrado por todas las familias ideológicas catalanistas, fueran de derechas o de izquierdas. Ello no obsta para que retuviera algunos amigos personales, así como un seguimiento disperso, aunque a veces sorprendentemente representativo.[3] Así, como desagradecido, ha quedado en la más pura tradición historiográfica catalanista, de Josep Maria Capdevila o Enric Jardí (hijo), autor este último de la única biografía realmente útil de D'Ors.[4] Luego, en consecuencia, que D'Ors hablara de «imperio» e «imperialismo» era lo propio de un ser tan tenebroso, falso portador de las luces identitarias. La reivindicación relativa de D'Ors, hecha frecuentemente por autores hasta cierto punto ambiguos (la imposible identificación de Guillermo Díaz-Plaja con la dureza del antifranquismo, por ejemplo, o la contradictoria trayectoria de José Luis López Aranguren), tampoco ha querido explorar, excepto con vaguedades, el rol ideológico y político del personaje, desde sus remotos inicios catalanistas hasta su franquismo de senectud.[5] Pero el redescubrimiento del significado de D'Ors, hecho desde parámetros no orsídes, se ha cebado en el significado de Xènius –su pseudónimo favorito– para el «noucentisme» catalán, sin entrar en su evolución posterior como españolista.[6] Puede que quien más se haya acercado a este propósito haya sido Mercè Rius, junto con el esfuerzo de los críticos literarios Jordi Castellanos, Josep Murgades y Jaume Vallcorba por hacer una edición definitiva de las obras completas orsianas.[7] La reticencia ante la evolución orsiana ha dejado libre el terreno a la obra curiosa de un especial autor, Mosén Joan Tusquets, notorio por sus campañas antimasónicas en los años treinta, con un excepcional estudio de la coherencia política de D'Ors, en concreto de su «imperialismo», lleno de sugerencias aunque también plagado de citas inexactas.[8]

El propósito del presente libro es *negar la ficción que, a lo largo del último cuarto de siglo (por no ir más atrás), ha marcado la valoración retrospectiva de la ideología de la Lliga Regionalista.* En concreto, se ha retratado a la Lliga exclusivamente en función de la lógica interna catalanista, sin mayor horizonte que la política catalana, cuando el significado del juego regionalismo/nacionalismo –especialmente para Cambó y D'Ors– siempre estuvo puesto en su dimensión hispana.[9] La ideología catalanista de la Lliga, cuya más egregia expresión fue la de Prat, estuvo inextricablemente mezclada con la idea de «imperio». Lejos de ser un aspecto menor, fue central tanto al desarrollo de la estrategia como de la táctica de la Lliga. *Sin la tesis del «imperialismo», no se puede entender la obsesión de la izquierda catalanista, los enemigos de la Lliga, por el antiimperialismo.*

Los tres protagonistas y el protagonismo del contexto

La facilidad con que se pueden mezclar los discursos de principios de siglo con el estereotipado esquema marxista sobre «burguesía» e «imperialismo» sigue persiguiendo a Prat de la Riba, cuya magna ambición ha quedado reducida a un mero pacto regionalista y un pancatalanismo cultural, cuando, en realidad, su deseo era mucho más vasto.[10] Se suele insistir en la frustración del reformismo «burgués» lligaire ante la hueca entelequia de una «oligarquía centralista», sin atender al detalle del mensaje catalanista «intervencionista».[11] Se persiste en buscar un «imperialismo» *económico* en la propuesta de Prat, como si se tratara de un fantasioso proyecto de expansionismo colonial en ultramar según el esquema leninista, cuando Prat literalmente pretendía convertir a España en un «imperio» *político*, según la norma de su tiempo. Esta fórmula tuvo sorprendentes efectos sobre la evolución del nacionalismo español.

Pero ¿cómo se produjo el contagio españolista del catalanismo? ¿No sería recíproco? ¿Qué se intercambió? ¿Qué se llevó cada parte y como entendió su apropiación? Para un enfoque marxista tales preguntas sobran, ya que los «intereses de clase» explican suficientemente cualquier conexión. En la visión nacionalista, con igual suficiencia, la exigencia espontánea de patriotismo cubre cualquier duda sobre los comportamientos respectivos. Se trata, sin embargo, de esquemas teóricos que, a pesar de su solidez aparente, se revelan más bien pobres. La idea de «Nación», igual que la noción de «clase social», no son más que categorías analíticas, sin mayor tangibilidad fuera del esquema intepretativo que los abriga. Son las actitudes, las identificaciones sentimentales las que son mensurables, las que se puede de algún modo, por muy impreciso que sea, medir. El uso de conceptos de engañosa densidad no pasa de ser una comodidad especialmente conveniente para el pasado, para cubrir la ausencia de datos más precisos cuando, por ejemplo, no se dispone de encuestas.

Desde el lado catalanista, sorprendentemente, no se ha producido una biografía seria de Prat; para todos los efectos sigue en pie el trabajo de Olivar Bertrand de 1964.[12] La insistencia ha estado, dentro de la distorsionada tendencia al empirismo que caracteriza a toda la historiografía hispana, en la presentación de materiales, de entre los cuales el más importante ha sido la edición de las *Obras Completas* de Prat realizada por Balcells y Ainaud de Lasarte.[13] Ello responde a una aceptación incuestionable de los supuestos del nacionalismo catalán, por lo que resulta imposible analizar con sentido crítico su idea central de «unidad cultural», y mucho menos su uso del concepto de «imperio» o «imperialismo», al que todavía hay que disculpar.[14] También es cierto que la tendencia empírica aporta unos beneficios, bien que indirectos, ya que la afloración de materiales, sobre y/o de Prat y muchos otros, significa que se dispone de ellos para una reinterpretación alternativa.

En general, la figura de Cambó ha sido menoscabada en la más amplia tradición de la derecha española: se le ha concedido valor, pero, al mismo tiempo, se le ha contemplado como alguien aparte, sin mucho que ver con las líneas principales de preocupación o reflexión que han marcado el conservadurismo hispano a lo largo del siglo XX. Así, los ensayos de interpretación de conjunto sobre la trayectoria intelectual o la práctica derechista –realizados por autores tan representativos como Fraga Iribarne, Ricardo de la Cierva o hasta algún comentarista menos conocido y más reciente como Fernando Alonso– hacen poco más que citar escasamente al prócer catalán como digno protagonista de los impulsos más sabiamente conservadores de la política española secular; aparece como uno más, pero jamás se le reconoce como una figura genuinamente representativa, influyente.[15] En tales relatos, Cambó resulta ser un excelente actor secundario, cargado de tipismo, pero jamás una estrella, lo que, evidentemente, les parece impensable. Entre las historias generales sobre la derecha o el pensamiento conservador en la España contemporánea, solamente la de un autor, catalán y de izquierdas, da verdadera relevancia al líder regionalista: al hacerlo, Víctor Alba sigue la pauta de otro marxista catalán, mentor suyo, que fue Joaquín Maurín.[16] Igualmente, en una recopliación reciente de entrevistas sobre el pasado y el futuro de la derecha española, sólo un entrevistado –un político partidario del protagonismo catalán en España– alude a Cambó como un antecedente, opción que el periodista que conduce el diálogo trata explícitamente de fracaso notorio y repetible.[17] Tampoco ayuda la ya habitual demonización de la derecha catalana, fundada en el mero hecho de ser derecha y por no concordar su presencia con las expectativas ideológicas de la izquierda catalana posterior a 1975, como se puede ver en estudiosos desde Bernat Muniesa hasta Borja de Riquer.[18] La defensa, por el contrario, suele parecer tibia e inconcluyente.[19] Tan sólo un reciente estudio global del conservadurismo hispano con ambiciones de revisión ha incorporado al catalanismo moderado a la evolución general de la derecha española.[20]

Finalmente, Eugeni D'Ors, con sus muchas deficiencias y a pesar de resultar muy castigado por el paso del tiempo, fue «primero de Cataluña y quinto de España», para aplicarle la famosa mofa, tomada del emperador Carlos y hecha a Ortega y Gasset; en otras palabras, resulta un personaje de primerísimo rango *por su influencia* en la cultura española de la llamada «época de plata» desde la cesura simbólica del 98 al corte devastador de la Guerra Civil, así como el más importante literato realmente moderno de la literatura catalana, en la cual él representó un auténtico antes y después. Pero D'Ors se marchó del mundo catalanista con un muy sonoro portazo, que nunca le ha sido perdonado. Algún tardío seguidor orsiano, como Joan Perucho, todavía hoy reclama un reconocimiento en nombre de la familia del personaje, ante la frialdad de la postura oficial catalanista.[21] Su función como el excluido luciferino del paraíso catalanista, que tuvo un papel estelar en la creación nacional, pero cuyo orgullo le hundió en la oscuridad, no elimina el estudio profesional de su trayectoria, siempre, por otra parte, restringida a su fase catalana (la otra, por consenso, no interesa); pero tal tratamiento erudito debe siempre hacerse desde la probada fidelidad a la ideología por fin triunfante. La imagen de D'Ors como principal y literal *desarrelat* o desarraigado del catalanismo no tiene comparación con el desconocimiento que su figura ha sufrido en el medio español, en el cual su destino suele ser la omisión o relegado a ser mero representante regional, como si de una curiosidad se tratara.

La verdad, sin embargo, guste o no, es que D'Ors fue fundamental para la elaboración doctrinal de la derecha española y una fuente muy importante del falangismo y de la elaboración del franquismo.[22] Incluso, si se asume la postura más izquierdista en la valoración del «fascismo» dentro de la literatura española, la relevancia orsiana –condenas morales aparte– es, al menos en términos históricos, indiscutible.[23] Más todavía, el salto ideológico orsiano del catalanismo lligaire al primorriverismo y la posterior formulación de radicalismos derechistas no fue un accidente anecdótico y personalizado. Tal interacción no puede explorarse desde supuestos gratuitos sobre cuál ha sido la «función histórica de la burguesía catalana», ni su «traición» al nacionalismo o lindezas teleológicas parecidas, que no pasan de ser meras afirmaciones ideológicas traspasadas al terreno historiográfico.

Por regla general, pues, la historiografía catalana es más dada al empirismo que a las interpretaciones o al debate de ideas, y se caracteriza por la exactitud aplicada a los intentos desviacionistas desde dentro o desde fuera como un ejercicio devastador de mil diminutos cortes.[24] Ni que decir que este estudio, por muy largo que resulte, puede estar sometido a la búsqueda de imprecisiones traidoras. Desde su lado, la historiografía española, con escasas excepciones, suele ignorar la existencia de la multiplicidad de discursos político-sociales que han surgido y se han cruzado desde diferentes puntos urbanos, para fijarse con mayor atención en el foco madrileño como destilación de todo lo que debe tenerse en mente.[25] Por ello, se desconoce la interacción de la dinámica catalana con la capitalina, excepto en escasas ocasiones irruptoras. A tales lectores les será fácil descontar los argumentos del presente libro como las habituales «cosas de catalanes». Y, con toda probabilidad, seguiremos como siempre.

Trabajando el pensamiento político inglés de los siglos XVI, XVII y XVIII, el historiador J. G. A. Pocock ha argumentado la necesidad de un enfoque de «contexto», término que, en la aplicación que de él hace, significa el cruce de influencias, la «coetaneidad» de una época determinada, podríamos decir, que colorea o condiciona su interpretación.[26] Es un planteamiento que, muy correctamente, ha estado criticado por su excesiva elasticidad, cuando no su vaporosidad.[27] No obstante, y asumiendo los riesgos, esta obra es una exploración del «contexto» ideológico de la idea de «imperio» en un sentido pocockiano. Si he logrado dar un retrato de una época a través del hilo de las aplicaciones de una idea para que el semblante resulte más complejo, más matizado, con muchas más voces urbanas de lo que es habitual, me daré por satisfecho.

El poder de la metáfora y la vasta literatura teórica

La noción de «metáfora» es muy antigua en la tradición cultural de Occidente, propia de la retórica griega con una adaptación inmediata al latín. Precisamente por su sencillez, su significado tiene un inmenso bagaje acumulado como instrumento de interpretación en filología, crítica literaria, lingüística y psicología. La significación fundamental de «metáfora» es el de una traslación, un tropo, o el empleo de una palabra en un sentido que propiamente no le corresponde, que establece una comparación implícita entre dos términos distintos; así, el sentido recto de una palabra pasa al figurado de manera tácita. El uso de una palabra con un sentido distinto del propio produce una imagen nueva, una percepción que va, al menos potencialmente, mucho más allá que los otros clásicos tropos retóricos, la metonimia y la sinécdoque, en los cuales la parte sustituye estilísticamente al todo. La metáfora sencilla deja facilmente paso a la compleja, en la cual la traslación es completa. No hace falta decir que ello constituye el corazón de toda literatura simbólica, no descriptiva, así como el punto de conexión con las representaciones plásticas más allá de la búsqueda simple del parecido. Pero es, además, como forma retórica, también la esencia de toda apelación política compleja, con subtexto más allá del mensaje más explícito o rudimentario.

Las grandes ideologías de la modernidad, como el nacionalismo o el socialismo, son sueños cuyo desarrollo es en todo metafórico. El tecnicismo, tantas veces espúreo, en la proyección del futuro que ha acompañado al socialismo ha sido compensado, en el nacionalismo, por la apelación desnuda a los sentimientos literarios. En todo caso, los contornos del llamado «Estado-nación» del siglo XIX fueron confirmados, para buena parte de la población, mediante las ficciones del teatro o la novela y probablemente en las «patrias sin Estado» ese refuerzo conceptual fue todavía más apremiante.[28] Como ha observado (puede que con cierta exageración), al tratar del largo siglo XIX, un distinguido historiador británico, simpatizante entusiasta del nacionalismo polaco, la literatura creativa de aquel país es una guía más segura a los rasgos esenciales de la época que la sociología o las ciencias económicas.[29] Sea o no cierta la afirmación en sentido absoluto, el planteamiento apunta hacia una necesaria vía de aproximación investigativa.

Sin embargo, en el análisis político, se ha hablado mucho más de las metáforas del poder que del poder de las metáforas. No es sorprendente. En la medida en que las culturas políticas definidas suelen desarrollar una suerte de lenguaje cifrado, en el cual términos abstractos significan relaciones prácticas mucho menos confesables, los politólogos, con el orgullo profesional de saber atravesar ofuscaciones para tratar mecanismos concretos, tienden a despreciar la posible solidez de las fórmulas ideológicas altisonantes. Pero hay tantas cosas, en especial al tratar las resbaladizas «cuestiones nacionales», que parecen *objetivas* y no son más que representaciones, con frecuencia, hasta engañosas: por ejemplo, los mapas, tan centrales a todo imaginario nacionalista, que tanto parecen una concreción científica y que no son más que una indicación simbólica.[30] Mejor, por lo tanto, coger de frente el problema de la metáfora, antes de convertirse en su sirviente inconsciente.

La progresiva intensificación de la dinámica comunicativa a partir de la tecnificación del siglo XIX ha facilitado el abuso de la metáfora, hasta convertir su ejercicio en el banal consumismo de imágenes verbales y visuales entrecruzadas, que caracterizó el mundo de finales del siglo XX. La «metaforización» de la imaginación colectiva –por decirlo de algún modo– fue uno de los resultados laterales o *byproducts* de mayor impacto social de la sucesión de «modernidades», modernismos y vanguardias desde aproximadamente 1874 (por citar la emblemática fecha de la exposición parisina que dio lugar al término «impresionismo» a partir de una reseña negativa). Hay una vieja broma entre críticos literarios: a partir del poeta francés Charles Baudelaire (y su obra *Les fleurs du mal* de 1857), cualquier objeto se puede convertir en símbolo o representación de otro. Tal disponibilidad ha tenido consecuencias mayores; Baudelaire, por añadidura, es saludado como el autor de la noción misma de «modernidad», por su artículo «El pintor de la vida moderna», escrito en 1860 y publicado en 1863.[31] Su sucesor en el canon literario, el también poeta francés Stéphane Mallarmé, iniciador del movimiento poético «simbolista», hizo famoso su lema «sugerir en lugar de decir». Cien años después, el crítico italiano Umberto Eco definió la «semiótica» –ciencia en buena medida de su creación– como el estudio de «cualquier cosa que pueda considerarse como signo», entendiendo éste como algo que se puede tomar «como sustituto significante de cualquier otra cosa».[32] El proceso de «metaforización», pues, se ha hecho completo, desde la percepción excéntrica a mediados del siglo XIX hasta la consagración académica actual.

Esta «metaforización» invasiva ha acompañado la masificación sostenida del mercado cultural. La configuración sostenida de la comercialización de la cultura ha consistido en dos impulsos sólo aparentemente contradictorios: por una parte, su fraccionamiento creciente en submercados específicos (femenino, juvenil, infantil, luego concretado en micromercados –por ejemplo «juvenil-femenino»– hasta su progresiva reducción a franjas comerciales cada vez más dibujadas) y, por otra, como macroproceso, la «mundialización» o «globalización». Las tensiones generadas por la simultánea subdivisión y extensión general se han resuelto notoriamente con la «venta de sueños» o metáforas del consumo, cada vez más efectivas. Como observó con mordacidad el famoso autor argentino Jorge Luis Borges en su cuento *La esfera de Pascal:* «Quizá la historia universal no es más que una historia de algunas metáforas»; al acabar ese mismo texto, añadió que el juego estaba en su «diversa entonación» a lo largo del tiempo.[33] Con razón, el apotegma borgiano se ha hecho famoso en cierto medio interpretativo.

Ha habido en las últimas décadas del siglo XX, como lógica respuesta a la «metaforización» y al imparable rediseño repetido del mercado cultural, numerosos trabajos de teoría literaria contemporánea sobre la transmisión del mensaje (o no) entre autor y lector, que, a su vez, representan el cruce de varias corrientes intelectuales muy influyentes de la primera mitad del siglo.[34] Se ha planteado, como consecuencia de todo el intercambio «interdisciplinario» entre la crítica literaria, la antropología, las diversas escuelas psicoanalíticas, que la característica creciente del saber es el desdibujamiento de las fronteras entre disciplinas.[35] El juego interactivo de todas estas corrientes, con frecuencia despachado despectivamente en España con la caracterización agrupadora de «posmoderno», resulta más un campo de percepciones cruzadas, en buena medida articulado sobre autores emblemáticos, que no un movimiento intelectual propiamente dicho. A pesar de ser un «movimiento» (en el sentido intelectual, como pudo ser, por ejemplo, el romanticismo) y de abundar por doquier la teorización, no hay un cuerpo de teoría propiamente dicho. Muchas de las obras fundamentales –por más citadas con reverencia– consisten en apuntes o aforismos de pensadores como Walter Benjamin o Max Horkheimer o Roland Barthes. Otras fuentes básicas para el marco conceptual son textos empíricos, de los que se extrae una conclusión expandida. Probablemente es acertado considerarlo, en conjunto, como un «renacimiento de la retórica», un campo de estudio recuperado, con parámetros conceptuales nuevos, tras su relativa desaparición con el hundimiento de la cultura clásica generalizada, a partir de finales del siglo XIX.[36] Pero también *es muy visiblemente un intento de utilizar los instrumentos de la crítica literaria para establecer una interpretación de la vida social en función del proteico cruce constante de ideas e imágenes*, lo que ha provocado reacciones muy duras desde las disciplinas hasta ahora consagradas como «ciencias sociales».

Resumiendo, la idea unificadora de todo este terreno de especulación e interpretación sería, sin lugar a dudas, «el intento de establecer la metáfora como un campo de investigación independiente», con aplicación directa en la filosofía, la psicología y la crítica.[37] Más allá de su centralidad en el campo de la interpretación estética, la metáfora es clave en la antropología cultural como medio para la comprensión del mito y su significado, pero también su función es central en el psicoanálisis freudiano y sus corrientes derivativas.[38] En todo caso, los *cultural studies* y el «posmodernismo» en conjunto han aportado una producción ingente sobre la metáfora y sus múltiples implicaciones, comentada con ironía por el mismo Derrida:[39] nada menos que 4.193 escritos producidos entre 1970 y 1985, según una recopilación, además de revistas monográficas, como *Metaphor and Symbol*.[40]

Para resumir, como acervo, el impacto de los «estudios culturales», entendido como renovación de la retórica o rupturista «posmodernidad», habría que recurrir a la afirmación de que no existe el punto de vista privilegiado y, en consecuencia, tampoco es posible la unicidad de cualquier conjunto o acto social. El problema, como reconocen todos los críticos de estas nuevas tendencias, estaría en el límite que se puede imponer a esta percepción sin perder capacidad explicativa, ya que es muy evidente que esta dificultad ha sido mal resuelta con un abuso de la teorización *ad hoc*, en particular con una confianza excesiva en la bondad del marxismo tardío para articular cualquier trasfondo.

El éxito evidente de los nuevos *cultural studies* afectaba directamente a la formulación de la historiografía, ya que, de maneras muy diversas, se apelaba a la recogida de datos en un enfoque «historicista» (por ejemplo, Foucault) como punto de partida para reflexiones que, por lo demás, dudaban de la objetivización de todo, con criterio muy lejano al del empirismo profesional propio de los historiadores académicos. La participación parcial de la historiografía en la evolución interpretativa citada fue potenciada por la llamada escuela francesa de la revista *Annales E.S.C.*, marcadamente abierta a los enfoques antropológicos en toda su plenitud, para notoria indignación de los marxistas ideológicamente estrictos.[41] Pero, de manera sorprendente, se ha producido un cruce entre «estudios culturales», metodología marxista e historia (aunque no exactamente historiografía). El marxismo es, por excelencia, una reivindicación de la historia (o de una visión determinada y determinista de ésta), por encima de otros factores, como medio para explicar comportamientos. La paradoja es que la explosión teorizante «culturalista» o «posmoderna», que subsiste todavía (aunque parece haber perdido fuerza a finales de los años noventa, al estabilizarse escuelas y constituirse disciplinas académicas nuevas, con sus correspondientes plazas universitarias), ha inquietado a la profesión historiográfica tan sólo de manera indirecta, al afectar el diseño de los programas docentes o al cuestionarse la voz narrativa en la redacción de obras. Se ha hecho habitual, entre historiadores hispanos, hablar de «imaginario» o «discurso», incluso de «deconstrucción», sin preocuparse mucho de la fuente o el significado estricto de tales términos. Por lo demás, se suele mirar con desconfianza e ignorancia a «lo posmoderno», sin mayor esfuerzo de definición. Los historiadores, una corporación universalmente conservadora (a pesar de las jactancias ideológicas de algunos de sus practicantes), no han dado muchos pasos para abrirse a lo que de útil o aprovechable puede haber en toda este magma de teoría literaria y «estudios culturales», o, si se prefiere, a ofrecer críticas bien asentadas. La profesión historiográfica española, cuando hace alardes interpretativos en esta dirección, parece estar todavía apegada a un neogramscismo recalentado, en base a «hegemonía» y «bloque histórico», sin valorar lo problemáticas que resultan estas fórmulas.[42]

Sin embargo, buena parte del esfuerzo teórico de «estudios culturales» y teoría crítica aplicada desde la literatura a la sociedad, como instrumental antropológico, se hunde en la pregunta esencial de la transmisión social. Por eso, para el trabajo aplicado de la interpretación se necesita al marxismo (especialmente en el mundo académico norteamericano), ya que esta ideología, en tanto que explicación histórica, ofrece una relación axiomática entre ideología y base social.[43] Un ejemplo relevante podría ser Frederic Jameson, tenido por algunos como fundador principal del criterio «posmoderno».[44] Pero incluso un crítico del marxismo como el filósofo francés Jean Baudrillard, por ejemplo, a pesar de retratar las limitaciones del «pensamiento mágico de la ideología», habla de la «lógica de clase» y de «clase dominante», lo que de manera implícita supone dotar a la categoría de objetividad, cuando no hay por qué suponer –y menos desde su sistema de interpretación– que «la clase» sea más hecho y menos subjetiva que cualquier otro conjunto simbólico en interacción social.[45] Mientras cuestiona los supuestos gratuitos en un lenguaje, este enfoque da por buenos los mismos en otro.[46]

El peso de los lastres metodológicos

En realidad, el marxismo hace trampa como sistema explicativo: Marx se vanagloriaba de poner al revés al idealismo filosófico alemán, pero la cuestión de la representación política o ideológica era un cruce de materialismo e idealismo que, por su carácter mismo (el famoso juego de «clase en sí» a «clase para sí»), resolvía el dilema mediante un reduccionismo absoluto. Como resultado, para quien aceptara las suposiciones básicas de la hermenéutica marxista, no había necesidad de demostrar lo que se afirmaba como punto de partida. La sociología política del marxismo es, por tanto, en esencia, una teoría del proselitismo y del quiliasmo: en la medida en que la transformación socialista (moral y/o económica) gana adeptos, procede la «concienciación» clasista, pero tambien el fin del mundo (o sea, el final del capitalismo). Así, la noción de clase social es un supuesto dado, nunca cuestionado y, como tal, ha sido uno de los grandes éxitos comunicativos de la expansiva teorización marxista, por la facilidad con que el esquema de clases fue asumido, a partir del triunfo bolchevique en Rusia, por muchos analistas que no eran necesariamente marxistas y que no recogían otros aspectos del credo.[47]

Pero «clase», de manera demostrable y no como axioma, sólo puede ser dos cosas: es una categoría analítica y/o es una postura subjetiva; si entendemos que la ciencia no es ni más ni menos que aquello que sea mensurable y comparable, la segunda se puede medir y la primera se puede valorar. Sin embargo, no existe –científicamente hablando– más «clase» que esta disyuntiva, un fallo tremendo en una teoría que se precia de su cientificismo. Hay fuertes indicios –como advirtió hace años Josep Termes– de que, por ejemplo, en el marco hispano, el mismo término «burgués» fue un neologismo tomado del francés (como parte de un más extenso vocabulario que remitía a la gran Revolución francesa) por el republicanismo extremista en tiempos cercanos a la convulsión de 1868, y, por añadidura, traducido a través del catalán, ya que se escribía frecuentemente «burgés» con tozuda ortografía catalana.[48] *En el contexto inmediato de estudio, la «burguesía» catalana no existe, excepto como un indicador taquigráfico de algo mucho más complejo; pero, en cambio, las actitudes definidas como «burguesas» sí existen.*[49] *La identificación subjetiva es un dato social, la abstracción no.*

De modo análogo, el leninismo convirtió su pugna con los partidos socialistas dispuestos al «socialimperialismo» durante la Primera Guerra Mundial en una ideología legitimadora de Estado tras el golpe bolchevique a finales de 1917 y, sobre todo, con el triunfo relativo de su causa en la Guerra Civil Rusa de 1919-1921. El asentamiento de la omnímoda dictadura de Partido Comunista en un vasto imperio euroasiático, con las consiguientes luchas contra los «movimientos reaccionarios de las burguesías nacionalistas», especialmente en Asia Central, obligó al expediente de argumentar que el naciente poder, por mucho que pretendiera la conquista del mundo (véase el mismo escudo soviético), no era un «imperio» sino su *auténtico opuesto*, afirmación en extremo dudosa. Sus enemigos, por el contrario, sí eran «imperialistas» despiadados, lo que resultaba una indudable verdad. La combinación histórica del triunfo del poder bolchevique definido como «antiimperialista» y el simultáneo hundimiento de los «Imperios» coronados en Europa tuvo el efecto de borrar las credenciales del concepto de «imperio» como categoría política, si no fuera dependiente de un afán de dominio económico, como rezaba la nueva y machaconamente reiterada doctrina comunista. Ideas hasta entonces bien diferenciadas, como «imperio», «imperialismo» y «colonialismo» quedaron reducidas a una caricatura, junto con todo el juego de aplicaciones que había dado de sí el decimonónico «principio dinástico» y el federalismo monárquico. El siglo XX –«corto» por ser, quiérase o no, la «centuria leninista» de 1917 a 1991– obvió la noción de «imperio», excepto como insulto o acusación. Esto no sería un mal en sí, ya que el repertorio del siglo XIX aportó muchas ideas, como el racismo, que la evolución política ha desechado en la medida que la ciencia las descartaba. Pero el efecto definitorio marxista-leninista tuvo el resultado distorsionador de provocar la amnesia y estimular la cosificación, hasta en aquellos analistas que se creían libres de su contaminación: se olvidó que en un tiempo no tan lejano se hubiera creído que el «imperio» podía servir para algo más que para oprimir y que las clases sociales no pasaban de ser una categoría, sin otra sustancialidad que la subjetiva.[50]

El presente estudio, pues, es un intento de explicar uno de los grandes tabúes de la historia contemporánea hispana: el papel de la doctrina de la Lliga ante la evolución paralela del españolismo. Pero no se puede explicar en función exclusiva de «la busca de mercados de exportación» por una avariciosa «burguesía» llena de ínfulas expansionistas, porque tal cosa, sencillamente, nunca existió. Es obligado un esfuerzo por repensar las ya cansadas categorías que tanta buena investigación han inspirado y abrir el panorama de la historia contemporánea de España y de Cataluña a enfoques alternativos, menos dependientes de las «verdades» heredadas de los tristes años treinta. Pues estas conocidas interpretaciones no explican cómo se produjeron interconexiones entre fuerzas opuestas si no era en función de unas soterradas confluencias «de clase» que se afirman para el pasado, pero que ante la realidad política presente nadie –excepto algunos sectores ideológicos extremistas– se atreve a sostener, cuando se supone una continuidad descriptiva.

La verdad es que hay otros marcos profesionales que han explorado las cuestiones comunicativas en profundidad, el más obvio de los cuales es la psicología del consumo, especialmente en su sentido más aplicado y práctico, que acompaña el uso generoso de encuestas con un rico panorama de enfoques teóricos concretos.[51] Tan evidente resulta la naturaleza explosiva de cualquier perspectiva desde el axioma de *la primacía del consumo* para una historiografía como la hispana, absolutamente dependiente de modelos de *producción*, que algunos historiadores han empezado a despertar a sus posibilidades.[52] Por otra parte, la gran promoción de la francesa escuela de *Annales*, todavía muy visible en los años setenta y ochenta, procuró dar el salto interpretativo por encima del desafío mediante la búsqueda de «mentalidades» e «imaginarios», convertidos sorpresivamente en categorías neomarxistas.[53] En realidad, el desarrollo de las técnicas que miden la opinión, apoyadas por una estadística cada vez más sofisticada y por la mecanización *user-friendly*, amable al usuario, que supone la simplificación progresiva de los ordenadores, ha tenido un impacto muy considerable en todas las sociologías y politologías, hasta niveles que suelen ser insospechados para los historiadores. Esta tecnificación, a su vez, se ha extendido a toda disciplina que pueda tener la más minima relación (o aprovechamiento) con sus beneficios, como las llamadas «ciencias de la comunicación». Lamentablemente (o no), la historiografía política todavía se mantiene bastante alejada de todo este abanico de posibilidades. En concreto, las historiografías española y catalana se mantienen ancladas en los supuestos profesionales de los años setenta y actúan como si sobraran tales reflexiones ulteriores.

Este libro no ofrece una salida al laberinto de una historiografía, ya muy elaborada, que está en su práctica totalidad montada sobre una falacia, justificada por la coyuntura política de su nacimiento en el franquismo tardío, pero que hoy, a una década del hundimiento del comunismo, se deshace por los cuatro costados. Por la misma razón, la vía tampoco puede venir de los «estudios culturales». Igualmente, el recurso al empirismo salvador, sin el consabido sentido ordenador de las ideas interpretativas, no lleva más que a labrar una y otra vez los campos de datos, esfuerzo lento de depósito aunque provechoso a la larga. El rechazo lógico a las formulaciones interpretativas cuya base ideológica está gastada solamente recuerda que las preguntas que, en su día, inspiraron esos trabajos, siguen en pie y que toda esa labor –y la información que levanta– ha servido para avanzar en el conocimiento. Si bien la compleja y contradictoria aportación de los «estudios culturales» está llena de mucha ideologización vacía, teorización escasamente convincente y reflexión epistemológica de fuente estrecha, *también es verdad que la simplificación de perspectiva que abundaba antes de su irrupción se hace cada vez más insostenible:* por decirlo con un ejemplo gráfico, no hay que aceptar las exageraciones doctrinales del feminismo para entender que el género representa un poderoso enfoque con implicaciones inmensas para la interpretación historiográfica, que, a su vez, abre otras ventanas perceptivas sobre la sexualidad alternativa en muchísimos terrenos en los que sin duda está presente y ha sido sistemáticamente ignorado. En realidad, la fuerza de los «estudios culturales» se asemeja al impacto de los nacionalismos contestatarios en los marcos previamente controlados por un nacionalismo interpretativo dominante. Tal vez ninguno de los argumentos nuevos convenza, pero el antiguo ya tampoco lo hace.

Si bien Baudrillard y Jean-François Lyotard han planteado un mundo caótico de símbolos, de «significadores» y «simulacros» por doquier, es necesario establecer una selección, aislar las variables y construir una narración para que la infinidad informativa tenga sentido y sea comprensible. No se pretende dar aquí muestras de gran erudición en toda esta temática, ni fundamentar en una secuencia de estudios filosóficos o lingüísticos, con gravedad teórica, el argumento del libro que sigue, como suelen hacer mucho de los practicantes de los *cultural studies*. Al contrario, el planteamiento será de una gran modestia, dada la complejidad argumental a la cual se ha llegado en ese campo. Con malicia, se podría considerar, para decirlo en un giro propio de Deleuze y sus epígonos, como una explicación que no es una explicación.

Las metáforas de la «unidad cultural» catalana y el «imperio» español

Esta obra pretende en buena medida aprovechar la masa apreciable de investigación ya existente, de signos metodológicos muy diversos, para estudiar la evolución de una idea en su día deslumbradora, el «imperio» moderno como salida política para las contradicciones nacionalitarias de España. La investigación metafórica de la política nacionalista en España ha sido, hasta ahora, más bien antropológica, en busca de raíces telúricas del consenso ideológico en el campo vasco, por ejemplo, para entender el fenómeno de ETA. En este contexto profundamente rural, Joseba Zulaika, un antropólogo guipuzcoano (pero formado en Estados Unidos), ha aislado las «metáforas fundamentales» que, a su parecer, marcan los parámetros del imaginario etarra.[54] Por el contrario, en el estudio presente no pretendemos ir desde abajo hacia arriba, del sustrato campesino (o de aquella tradición que destapa la práctica etnográfica) hasta la concienciación ideológica más militante. Aquí se estudia la evolución de metáforas *ideológicas* en su sentido más estricto, como expresión de un liderazgo político comunicado mediante los instrumentos de difusión escrita que todavía dominaron la primera mitad del siglo XX.

El recurso al «imperio» vino con una convicción de análoga fuerza cegadora, la noción de que Cataluña era (o es) una «unidad cultural». Sobre esta segunda noción, aunque parezca sorprendente, se montó la primera, como proyección para un nuevo esbozo del Estado. El crítico Manuel de Montoliu, personalmente cercano a Cambó, hizo una brillante observación, si bien de pasada, al comentar en 1935 la relevancia del poeta Joaquim Rubió i Ors (1818-1899) para la Renaixença catalana: «Nadie hasta él había sentido la necesidad ni la oportunidad de dejar ver un ideal político bajo la bandera de la reivindicación de la independencia literaria de Cataluña.»[55] En efecto, la gran obsesión del catalanismo surgido en plena efervescència decimonónica y que llegó a su maduración con el cambio de siglo sería el logro pleno de la *independència literària*. Pero, ¿qué deducción política se derivaba de ello? Esta «independencia literaria» catalana se logró sin demasiada dificultad en el marco privado, en la interacción entre la oferta editorial o periodística y los consumidores receptivos dentro de la sociedad civil. A partir de este hecho, por tanto, ¿qué *ideal polític* se abanderaba en el mercado político catalán y cómo se adaptaba esa oferta al contexto general español?

Este libro intenta contestar estas preguntas. De entrada, el planteamiento analítico es sencillo (aunque luego se vaya complicando): el regionalismo y/o nacionalismo catalán que irrumpió en la política española con la fundación de la Lliga Regionalista y su victoria en la pronto llamada *«elecció dels quatre presidents»* en 1901 tuvo como eje *central* de su pensamiento el rediseño de España. *Los catalanistas políticos, «intervencionistas» por autodefinición, propusieron redibujar el Estado español explícitamente como un «imperio», originalidad indudable dentro del panorama ideológico español,* como poco en la forma y medida en la cual se hizo la apelación a la solución «imperialista». No fue una mera táctica, ni una idea pasajera. Todo lo contrario, se volvió una y otra vez a insistir en lo mismo y a promover su asunción en otros medios o contextos españoles.

Anteriormente, en los años noventa del siglo XIX, la reflexión internacional del catalanismo se había fundamentado en los ejemplos que podían ofrecer otros *movimientos* nacionalistas ante grados diversos de opresión real o presumida, fuera como modelo concreto de una actuación política concreta o, más en general, como inspiración en el sentido de una lucha nacional.[56] Una perspectiva más bien ecléctica había reflejado la variabilidad interna del mismo catalanismo, compuesto de numerosas «capillas» o corrientes, todas ansiosas de encontrar justificación externa en los eventos del día. La consolidación de la Lliga como partido y su creciente capacidad para actuar en el escenario político español, y no meramente catalán, con la Solidaritat Catalana impulsó una conciencia creciente de la necesidad de ofrecer una alternativa al Estado liberal centralista que fuera más moderna y prometedora que éste. *Una vez establecido, el modelo «imperial» de la Lliga se convirtió en el corazón de la política regionalista y condicionó estrechamente la evolución del nacionalismo antilligaire, así como la recepción de las ideas catalanistas en la política general española, fuera en otros nacionalismos y/o regionalismos centrífugos, fuera en la misma concepción de España del españolismo.*

Se ha señalado la importancia de una «idea imperial» en el desarrollo del nacionalismo español moderno, pero no su posible fuente catalanista.[57] Se ha subrayado la relevancia del «imperialismo» en el nacionalismo catalán, pero siempre desde un enfoque marxista, que suponía que éste era expansionista, fundamentado en la exportación de capitales o en la búsqueda de mercados tras la pérdida española de las Antillas.[58] Es un planteamiento que nunca acababa de convencer o completar una explicación sobre el fenómeno «imperialista» catalán, ya que el proyecto de «imperio» de Prat, Cambó o D'Ors –entre otros– fue una ambiciosa propuesta para la reorganización interna de España y, solamente después, por extensión, una aspiración de alcance exterior. En todo caso, *en esta «idea imperial», la ambición cultural pesaba más que la comercial* (por mucho que resulten imposibles de separar), ya que el catalanismo nunca ha dejado de ser primordialmente un sueño de hegemonía cultural *dentro* de Cataluña, *paso previo a cualquier conquista moral, regionalizadora, del Estado español.* Los intentos de explicar la pretensión *lligaire* en función de la proyección económica de la «burguesía» y de las limitaciones de la producción algodonera, además de depender de una suposición sobre el «comportamiento de clase» que, por repetida, no está bien demostrada (si es que es demostrable), infravaloran la ambición del proyecto y, hay que insistir en ello, su utopismo.[59]

La persistencia catalanista en la temática «imperial» tuvo implicaciones muy a largo término, llevando a un contagio ideológico –que no se explorará en este libro, si bien se resume en un epílogo– que llegaría a influir decisivamente en la formulación ideológica del fascismo español, en la configuración de la teoría de la Falange e, incluso, en la invención inicial de la dictadura de Franco, en la medida en que el flamante «Generalísimo» en octubre de 1936 pudo aprovechar su articulación conceptual para edificar su poder personal. Se ha remarcado la lentitud con la que, en su día, el decimónico gusto liberal español logró aclimatar la figura de Carlos V y, por extensión, se adaptó a la herencia «imperial» de los Austrias. Según el hilo más visible de la historiografía, no fue hasta bien entrado el siglo XX, de forma casi coincidente con la construcción del «Estado nuevo» franquista, con la polémica entre Ramón Menéndez Pidal y el historiador alemán Karl Brandi sobre la universalidad o el profundo enraizamiento hispano de la «idea del imperio», que en el marco cultural hispano se asumió plenamente la figura del emperador del siglo XVI.[60] Para entonces, se podría añadir, el catalanismo llevaba tres décadas propugnando, casi en solitario, la fórmula «imperial» para resolver el conflicto de identidades nacionales en España. Se ha supuesto, muy erróneamente, que hay que estar de acuerdo en todo para «robar ideas» o aprovechar conceptos. El impacto constatable de la argumentación lligaire en la política española es una prueba de que hay toda suerte de intercambios intelectuales e ideológicos, muchos de los cuales resultan inconfesables para los afectados, tanto en una dirección como en otra. Las implicaciones a largo plazo, sin embargo, dan sentido no solamente a las elaboraciones ideológicas más variadas, sino, además, a fantasías políticas que un futuro lejano encuentra lógicas gracias a un pasado casi olvidado, pero que ofrece sus seductivas explicaciones.

En realidad, como ya se ha anticipado, el planteamiento de la Lliga partió no de una, sino de dos ideas: la noción de «imperio» servía como medio para el mejor encaje de Cataluña en una España nueva, regenerada pero razonablemente conservadora; luego, la visión del «imperio» como final de un proceso partía de la percepción de que Cataluña era una «unidad cultural», que, por la densidad de su sentido unitario, obligaba a la solución «imperial», pero que, al mismo tiempo, podía servir, andando el tiempo, como modelo para la refundición de esa «Hispania» por hacer. La nueva nación pendiente, la España futura y auténtica, al apuntar a su florecimiento como un «Estado de naciones» supranacional, lógicamente debería incorporar a Portugal como equilibrio al peso de Cataluña. La insistencia algo terca del catalanismo político de arrastrar el recuerdo del iberismo decimonónico como garantía de la pluralidad lingüística del futuro, por tanto, sería uno de los rasgos más curiosos, que, por ejemplo, heredaría el falangismo incipiente, en su insistencia de ser algo más que un nacionalismo españolista.

Para el catalanismo de la Lliga, pues, «unidad cultural» e «imperio» fueron los pilares de su actuación política. Pero, ¿qué significado tuvieron? *¿Fueron realmente fines estratégicos? ¿O tan sólo un decorado táctico?* Si tales planteamientos fueron estratégicos, debería verse su finalidad en el comportamiento político lligaire. La verdad es que cuesta encontrarles su sentido práctico, ya que la Lliga operaba principalmente como máquina política dentro del ámbito territorial catalán, con una clara base en Barcelona.[61] Y en la capital catalana eran otros los resortes ideológicos que resultaban rentables. Por ello, los historiadores, durante casi treinta años de recuperación historiográfica catalana camino de una supuesta «normalización» profesional, han apuntado en otras direcciones, muy diversas. El discurso «imperial» no era muy útil para ganar elecciones, pongamos por caso, en Castellterçol, distrito electoral que era la cuna de Prat de la Riba, donde se podía recurrir a otros registros emocionales para alzarse con la victoria. Pero alguna función debía cumplir, si a ello volvían una y otra vez los dirigentes y los portavoces y los propagandistas del regionalismo catalán.

La manera más fácil de plantear la pregunta también pasa por aceptar la respuesta más sencilla. Ambas ideas, «unidad cultural» e «imperio», eran metáforas ideológicas interrelacionadas. Es más, fueron metáforas plenamente «paradigmáticas», según la formulación de Roman Jakobson.[62] Se ha argumentado que el modelo de «paradigma» del historiador de la ciencia Thomas Kuhn (que tan importante ha sido para la elaboración de los «estudios culturales») depende, en esencia, de una «metáfora raíz».[63] Por *metáfora ideológica* se entiende, en el argumento de esta obra, *una oferta política de naturaleza distinta a un programa realizable*, al menos en el corto plazo de la actuación parlamentaria normal.[64] Como escribió el político inglés –entusiasta imperialista, sin asomo de complejos– Winston Churchill, nacido en 1874 y por tanto más o menos contemporáneo tanto de Prat (1870) como de Cambó (1876): «Cuán infinita es la deuda debida a las metáforas por políticos que quieren hablar con fuerza pero no están seguros de lo que van a decir.»[65] La *metáfora ideológica* sería, pues, diferente de la que se podría llamar *metáfora empírica*, normativa en el funcionamiento de partidos parlamentarios, formulada en términos jurídicos y, por ello, aceptable para el diálogo y la negociación, interacciones que imponen necesariamente un lenguaje común en el funcionamiento. No es, por tanto, cuestión de verdad o mentira, de lo «real» o lo «falso».[66] Es más, para los catalanistas, como para buena parte de la opinión intelectual hispana del período 1898-1923, nada era más falso que el sistema parlamentario imperante, con su «turno» amañado y sus elecciones, según dónde y cuándo, más o menos trucadas.

No es que la idea «imperial» de la Lliga fuera «falsa» por ser metáfora.[67] *Al contrario, el nacionalismo catalán formó parte de esa secular búsqueda de la autenticidad (por llamarla de alguna manera) que, desde los albores del romanticismo, tanto ha amargado a la política europea, con sus persistentes esencialismos de todo signo.* El «imperio» de los catalanistas tampoco fue exactamente una utopía, en el sentido más típico del siglo XX, si se entiende el utopismo como la capacidad de imponer la creencia (o la conformidad con la creencia) de que hay un futuro predeterminado ideológicamente que será eventualmente real, en su sentido más tangible. Dentro de lo que cabe, *el «imperio» catalanista era bastante más realista que tales ejercicios en la superación mística de la «religión cívica», con su correspondiente aplicación social represiva,* que vendrían en especial con el bolchevismo, como la más activa promesa de un paraíso terrenal, y en la imitación mediatizada, pretendidamente cargada de realismo, que de tal ensueño hicieron el fascismo y, muy en concreto, el nazismo. En marcada contraposición a tales soluciones «totales» a los males sociales, el «imperio» catalanista constituía una propuesta práctica, incluso puede afirmarse que modesta, para resolver el «problema catalán» dentro de España sin costes gravosos y con un beneficio seguro.

Pero la incómoda contradicción entre el pragmatismo de presentación y la indefinición estratégica para el ámbito español sería una característica innata de la Lliga y, por ello, fue uno de los aspectos más indigestos de su herencia para los catalanismos sucesores o futuros. El salto lógico entre la «unidad cultural» catalana y el «imperio» como paso en la construcción de un multicultural conjunto hispano tuvo que cubrirse, desde el mismo Prat de la Riba en adelante, con un cierto desplazamiento de la atención hacia la actividad intelectual. La relativa pobreza del desunido diseño de fondo hizo que, en primer plano, la jardinería o la arquitectura del paisaje tomaran una importancia central. Pero, al investir de significado a la producción intelectual, con la justificación de la consustancialidad entre identidad nacional y uso lingüístico, comportó el riesgo imprevisto de que la misma evolución autónoma de las modas culturales podría desequilibrar o hasta romper los acuerdos tácitos que governaban el invento.

El trasfondo de la metáfora de Prat, o el «imperio de la sociedad civil»

De una forma evidente, *la metáfora de Prat planteaba la «heterogenización» como respuesta ante la homogenización estatal.*[68] Para argumentarlo tuvo que apoyarse necesariamente en la sociedad civil catalana como alternativa a la pretensión de representatividad del Estado español. Establecida esta distinción, era evidente en Prat, quien, desde su perspectiva, se rendía a una evidencia social y la convertía en categoría. Pero la sociedad civil es una de esas muchas cosas que todos reconocen pero que nadie acaba de saber cómo definir de forma convincente.

La habitual conclusión (especialmente para aquellos observadores influenciados por la gran dicotomía social del marxismo) supone que la sociedad civil es un espacio impreciso entre la economía y el Estado, si bien las limitaciones de tal supuesto pronto se hacen evidentes y llevan a complejas reelaboraciones (para los habermasianos, por ejemplo, sería «*the institutionalized components of the lifeworld* [sic]» o sea, los componentes institucionalizados del mundo vivido).[69] En buena parte de la sociología política de raíz norteamericana –sobre todo en su asentamiento como disciplina, durante las décadas de mediados de siglo– ha habido una tendencia marcada a obviar la distinción y pensar la interpretación de la «modernización» exclusivamente en términos de «sistema político», sin tener en cuenta la relevancia de la sociedad civil.[70] Con un criterio meramente operativo, aquí, por el contrario, se planteará una interpretación histórica que parte de su centralidad para entender la formulación discursiva de un influyente movimiento político.

No se vive el impacto del desarrollo tecnológico directamente ni en toda su amplitud, sino que son los avances en la comunicación los que son percibidos socialmente. Pero la multiplicación de formas de comunicación, sean en el transporte físico o en el traspaso de información, tiene implicaciones diferentes para el poder y la sociedad. El despegue de las comunicaciones entre el siglo XIX y el XX (el ferrocarril, los barcos de vapor, las mejoras en la construcción de carreteras, el telégrafo, el teléfono, la radio) permitieron una mayor centralización del poder, con lo que nació el Estado tal como lo conocemos. Hasta que la comunicación no permitió el diálogo en tiempo real entre jerarquías superiores e inferiores, la Corona más absolutista por fuerza tenía que delegar el poder y hablar de autonomía era un anacronismo: el control desde un centro vertical sólo era tan eficaz como su servicio de correos, medido en días o, según a qué distancia, en semanas (y, respecto a ultramar, en meses).[71] Así, cada nueva aportación técnica inspiró de inmediato la concentración de autoridad, mediante la jerarquización efectiva del «proceso de toma de decisiones». Pero si la expansión comunicativa ha sido la fuerza motriz en la edificación del *Machtstaat* contemporáneo, su efecto sobre la vida social ha sido diametralmente opuesto. A pesar de lo que digan los economistas, no se vive el mercado, si no es a través de la sociedad civil, sea como bolsa, banco, empresa, fábrica, negocio comercial mayorista o minorista. Si, en el lenguaje norteamericano, una «corporación» es una gran compañía por acciones, en la tradición mercantil continental europea, por el contrario, es el encuadramiento de un sector profesional; ambos sentidos juntos, sin embargo, definen los extremos de la sociedad civil.[72] Y, al calor de las tecnologías de comunicación, la sociedad civil se multiplica mediante la división y subdivisión exponencial. A cada paso técnico, se fragmenta su unidad en nuevas entidades creadas para oportunidades nuevas de trato, de producción o de servicios. Las ofertas generan contraofertas, normalmente de tipo diverso. No existe, pues, el unívoco «mercado de masas», sino el progresivo fraccionamiento de mercados cada vez más especializados: obsérvese, como muestra, el «mercado infantil» surgido en la segunda mitad del siglo XIX y su separación en ofertas cada vez más concretas de productos para franjas de edad cada vez más especificadas a lo largo de la centuria siguiente. Luego, tampoco existe la «política de masas» sino es mediante fraccionamientos mayores de la representación, que es su fundamento, en función del acceso a la participación, anhelo que ha motivado todos los movimientos «de masa» de uno u otro signo ideológico.[73] Al concebirse como ampliación se piensa en magnitudes «macro» lo que se vive como dinámica «micro».

En resumen, por lo tanto, *la concentración tecnológica del Estado, como organización vertical, genera la homogenización cultural como subproducto, favoreciendo la simplificación de mecanismos de trato como medio espontáneo, natural, de reforzar su eficacia y, por ende, su poder. En marcada contraposición, la sociedad civil genera la heterogeneización cultural como derivado automático de su natural tendencia a la dispersión horizontal y lateral.*

Por todo ello, aunque no fuera necesariamente consciente de todas las ramificaciones, Prat de la Riba planteó la «unidad cultural» catalana como supuesto axiomático, por concebir él Cataluña como su espacio político por excelencia, a partir del cual se edificaría un poder nuevo. Pero ese poder, en cuanto Estado común hispano, sería un «imperio de la sociedad civil», es decir, que, como *construcción ideal, debía promover más la heterogenización que la homogenización*, reservándose esta presión para el marco del subestado catalán, en el cual el proteccionismo cultural daría plena vitalidad y garantizaría la supervivencia del idioma, elemento central, en su esquema, de identidad nacional. En muchos sentidos, Prat anhelaba lo que, medio siglo más tarde, sería formulado por Jürgen Habermas como la construcción de una «esfera pública» de debate, contestación y activismo cívico gracias al cual la sociedad civil podía hacer frente al peso aparentemente omnímodo del Estado, si bien la pretensión pratiana era, en último extremo, la estatalización de tal «esfera» como poder catalán dentro de una Monarquía española radicalmente reorganizada.[74] El problema subyacente, como señaló el politólogo E. E. Schattschneider, es que «[e]n todas partes, las tendencias hacia la "privatización" y socialización [mediante instituciones públicas] de conflictos han sido disfrazadas como tendencias hacia la centralización o la descentralización, localización o nacionalización de la política.»[75]

Peor todavía, Prat y Cambó, al proyectar el protagonismo de la «esfera pública», tuvieron que asumir la participación activa de los intelectuales, hasta pretender monopolizar el catalanismo, cuando el impulso de la masiva aparición de la «intelligentsia» en el escenario político en Europa se ejerció como protagonista colectivo de la más agresiva crítica al vacío del «espíritu público» de la sociedad existente.[76] La solución a la contradicción fue dirigir la pulsación contra las abundantes hipocresías del liberalismo español, que parecía incapaz de superar sus límites decimonónicos, lo que era un enfoque compartido por todos los nuevos nacionalismos hispanos, del signo que fueran.[77] *Pero ello comportó una inestabilidad interna en la Lliga, ya que la voluntad de construir una «esfera pública» nueva presionaba en la dirección opuesta a las ganas de destruir el viejo «espíritu público».* La incapacidad de superar esta tensión interna acabó en la escisión del partido catalán, así como dio por finiquitada la reputación de Cambó como político íntegro.

Metáfora y pragmatismo político

Las pugnas nacionalistas en España –en especial, la competición catalanista-españolista– continúan siendo discutidas como si se tratara de unos sujetos claramente definidos y no como unas problemáticas históricas controvertidas con un fuerte contenido literario o imaginativo, imbricado, todo ello, en la duradera faccionalidad política.[78] Por lo tanto, en parte al menos, deberían ser tratados con instrumentos analíticos *literarios*.

La función de la metáfora ideológica de Prat era publicitaria: su propósito era ayudar a la construcción de un movimiento potente de opinión más o menos convencida, impenetrable desde otros planteamientos, que se agrupara alrededor de un partido núcleo. Se trataba de vincular los simpatizantes a una idea inicial –la de Cataluña como una «unidad cultural»– cuyo carácter indiscutible servía para infundir confianza en el conjunto de la causa nacionalista, un sentido de seguridad que se contrapusiera siempre a la arraigada costumbre de referencia estatal («ser español») y al peso constante y cotidiano de Estado mediante los servicios públicos. Así, más allá de la adhesión concreta de los activistas, se presumía una adhesión pasiva y difusa que sería mental e impermeable, aunque suficientemente flexible para que aceptara los giros necesarios de la táctica.

Nada sorprendentemente, esta visión de la política en profundidad, como movimiento con densidad social, no nació de forma inmediata, sino que fue gestándose lentamente, entre 1901 y 1905, para tomar forma al calor del momento de la Solidaridad Catalana y hallar expresión en *La nacionalitat catalana* de Prat en 1906. La innovación de la obra cumbre pratiana fue el añadido de la imprecisa noción –casi de una imagen– de «imperio». Con ella se demostraba que el catalanismo «intervencionista» tenía un concepto de Estado superior al sistema existente, que podía absorber las teorías particularistas existentes, como el federalismo y el foralismo. Pero con la indefinición de la nueva noción, que remitía –como refuerzo– a la potencia emotiva pero también a la debilidad conceptual del planteamiento inicial de «unidad cultural», se ganaba tiempo. En resumen, las finalidades prácticas de la política metafórica marcada por Prat eran, por orden, la consolidación de un movimiento catalanista articulado, capaz de sostenerse indefinidamente y, por tanto, de crecer; con posterioridad, la conquista del poder local, y, finalmente, el poder disponer de *bargaining chips*, posiciones negociadoras para un trato eventual al más alto nivel político, pero también temas ideológicos interesantes pero utilizables en los dos sentidos de la palabra (o sea, que se dispone de ellos en cualquier ocasión, pero que igualmente pueden ser abandonados sin causar una gran pérdida). Luego, fueron Cambó y D'Ors quienes, de modos muy diferentes, desarrollaron los matices importantes –por ser más concretos– del juego metafórico iniciado por Prat.

El objetivo estratégico de la Lliga –la reconversión del Estado liberal español en un «imperio»– era una meta plausible, pero poco probable, difícil de realizar con éxito, dado que los catalanistas nunca tendrían, de manera sencilla, una mayoría política española. El designio «imperial» seguramente generaría más contradicciones en otros ámbitos –es válido aquí recordar la insistencia de la tradición historiográfica hispana en la conflictividad social, aunque sin duda exagerada– que las que podría resolver en su terreno predilecto territorial. Es, por lo tanto, la inefabilidad del fin político explícitamente deseado lo que realza su naturaleza metafórica. En cuanto a la «unidad cultural», no era un fin, sino un axioma y, en consecuencia una tautología.

Esta debilidad en la meta estratégica de la Lliga le creó muchos problemas a la dirección regionalista, pero, a pesar de todo, siguió fija en su adhesión a la idea de «imperio». La Lliga se presentaba como una fuerza reformadora dentro del estilo del *reform politics* de principios de siglo, pero con el valor añadido de la profesionalización en sus dos sentidos: prometía cuadros técnicos, capaces por tener preparación académica, pero, al mismo tiempo, duchos en las artes de la negociación de pasillo. Los «hombres de la Lliga» eran simultáneamente «profesionales-técnicos», con una fuerte representación de las profesiones libres y, a la vez, políticos profesionales pero no corruptos.[79] Fue su gran baza contra el radicalismo lerrouxista y la aprovecharon sin piedad. Pero su reivindicación de la seriedad y el pragmatismo se contraponía al carácter etéreo de sus ambiciones. Indudablemente, el extraño equilibrio entre un practicismo exaltado como medio correcto de hacer política y unos anhelos ideológicos del todo indefinidos y hasta indefinibles más allá del sentimiento compartido ha sido una característica del catalanismo en todas sus encarnaciones partidistas a lo largo de un siglo. La naturaleza sostenida del dilema, sin embargo, no lo explica, más bien al contrario.

Dicho de otra manera, «unidad cultural» e «imperio» fueron metáforas políticas, *porque no podían ser otra cosa*. El «imperio», para Prat de la Riba, fue antes que nada una sencilla metáfora, *una formulación que no comprometía a gran cosa, que sonaba muy bien y que paradójicamente era una traslación del afán colectivo catalán de autorrealización a un plano de discusión a la vez original, aparentemente práctico (en su tiempo) y muy abstracto*. No era un plan muy concreto; en el mejor de los casos, serviría para abrir un debate político interesante, en unos términos ventajosos para la Lliga, o para crear unos puntos de negociación útiles llegada la circunstancia de un cambio político.

Pero el sentido metafórico (muy visible en *La nacionalitat catalana*) de la idea «imperialista» de Prat, quien nunca estuvo muy interesado en la política española *per se*, se convirtió en Cambó, menos sutil que Prat con las ideas pero bastante más consciente de la dimensión política española, en un auténtico plan de renovación. Cambó intentó convertir la *metáfora ideológica* de Prat, tan rentable en la política interna catalana, en una *metáfora empírica*, una cuestión de modelos jurídicos, capaz de ser sometida a una negociación en los pasillos de la Cámara de Diputados. *Pero la idea de «imperio» nunca perdió su naturaleza inefable, evanescente, sugestiva. Cuanto más se acercó Cambó a su posible aplicación, más frágil se hizo el concepto*. Ésta es una de las razones por las cuales, retrospectivamente, Prat de la Riba es saludado por la memoria histórica como un éxito, mientras que Cambó es recordado como un fracaso. Por esta razón, no se puede separar el análisis de las formas ideológicas de la intepretación de las corrientes literarias y estéticas con las que confluyen.

Con la llegada de D'Ors, la metáfora «imperial» invirtió la relación entre proyección exteriorizada de las contradicciones lligaires y aplicabilidad política. Allá donde Cambó persistía en establecer la explicitación política, por encima de la imprecisión propia de las ideas (o mejor, de las imágenes), *D'Ors se hundía hasta profundidades insospechadas en la metáfora, para convertirla en un sistema de interpretación de la realidad,* a partir de la percepción de que el «imperio» de la cultura imperaba (valga la redundancia) desde la plenitud «neoclásica», estadio potencialmente visible en una Cataluña entendida como microcosmo de la «mediterraniedad», resumen de la herencia espiritual del pasado y de la vitalidad más contemporánea (el *noucentisme*, o sea, lo propio del nuevo siglo XX). El método filosófico y la práctica periodística orsiana fueron pura metáfora, hasta la saciedad; es más, la metáfora acabó por comerse todo su pensamiento e hizo imposible su actuación política como nuevo *maître à penser* español, en castellano, tras su fase como «Pantarca» y «árbitro de elegancia» del catalanismo. Al mismo tiempo, la proximidad del sentido del concepto de metáfora al de «mito» tal como entonces, a principios de siglo, lo teorizó Georges Sorel, ayuda a explicar la fascinación que D'Ors y algún discípulo como Enric Jardí (padre) sintieron por las ideas sorelianas y como, en último extremo, el sorelismo se convirtió en una vía interactiva para la divulgación de un neitzscheismo ramplón y «de estar por casa», pero de izquierdas, entre los anarcosindicalistas.[80]

Resumiendo, el presente libro *no* trata la evolución política *como tal;* ésa es la temática de muchos otros estudios de los que nos aprovechamos. Al contrario, esta obra trata una secuencia concreta de representaciones ideológicas en la política «interna» catalana y en la «externa» española o «hispana» (por lo que se entiende aquí todo aquello referido al marco estatal español, o contenido en sus fronteras, pero que no necesariamente asume la españolidad como valor). Tales representaciones conforman un indudable criterio de época, bastante diferente del actual, entre cien y ochenta años después. Para empezar, son metáforas o elaboraciones ideológicas *masculinas*, confiadas en su visión del mundo, sin reconocimiento alguno de género alternativo.[81] Por añadidura, rezuman una absoluta confianza eurocéntrica, al dar por buena la distinción entre países «civilizados» y los que supuestamente no lo son. Casi sin excepción, todos los autores citados, desde una gama relativamente amplia de posturas, formulan argumentos de rancio etnocentrismo.[82] Por lo tanto, hay que recordar en qué sistema de valores estaban ellos y en cual estamos –quien más, quien menos– nosotros.

El recuerdo del contexto

Para concluir, *se tomará como axioma de este trabajo la utilidad de nociones estéticas para la comprensión de la política.* En consecuencia, también se asume como supuesto la relevancia de los intelectuales y de su actuación como rastro o muestrario de actitudes compartidas con otros actores políticos; es ésta una convención interpretativa general, si bien, con toda probabilidad, errónea. Sin embargo, hay que suponer algo para construir una narración.

Se suele repetir que Nietzsche aseguraba que solamente los locos entienden la realidad, la cual, por su infinita complejidad, se hace inexplicable para los cuerdos; por ello, precisamente, deliran de forma ininteligible los dementes. Es en realidad una reformulación invertida de la famosa paradoja de Gorgias (la verdad no se puede saber; si alguien la llegara a saber, no la podía explicar; y, si contra todo pronóstico, alguien llegara a hacerlo, nadie le entendería), tan duramente castigada por el Sócrates de Platón. Se precisa, pues, una narración que sirva para explicar la documentación encontrada, aunque, por supuesto, no se pueda asegurar que no ocurra al revés: que la documentación haya sido escogida para justificar la tesis presentada.

Clarificado el sentido del concepto de metáfora que aquí se utiliza y antes de entrar en el libro propiamente dicho, vale la pena recordar de nuevo la reivindicación pocockiana de la lectura de las ideas políticas dentro de su contexto cronológico y, por tanto, cultural. *Desde la cotidianiedad de principios del siglo XXI, la idea de «imperio» parece extraña, una pieza sacada, mediante un esfuerzo de arqueología intelectual, del lejano pasado. Es más, la noción de «unidad cultural», que, al contrario de la de «imperio», mostró vigencia a lo largo del siglo XX en una destacada carrera política como fundamento de la supuesta autenticidad de las comunidades, está hoy en día impugnada por todas partes, en la medida en que las migraciones multidireccionales asentan la «mundialización» más tangible y menos abstracta.*

Pero ello no era así hace cien años. Muchas ideas políticas muestran una coherencia abrumadora cuando están de moda y una capacidad para arrasar, para impactar en muchísmas inteligencias. Luego, una vez pasado su momento, resultan casi incomprensibles a generaciones posteriores. Y es que su pleno sentido está en el contexto, sobre el cual se cuelga la ideología, lo que le concede una viveza, una inmediatez, que embriaga a los contemporáneos y les dota de la convicción de que tales planteamientos están dictados por la historia. *Sin embargo, el cambio contextual trae ineludiblemente la evaporación de buena parte del fundamento de las ideas. Después, viene la amnesia.*

Recordando formalidades caducas, sirva esta introducción como una invitación para entrar en un mundo mental jerárquico y perdido, que era del todo común en Europa hace sólo un par de generaciones, pero que tan remoto parece desde la perspectiva del 2003, cuando se acaba de redactar este libro. Todavía, hoy en día, se recuerda en el discurso político cotidiano la histórica «misión» del nacionalismo catalán, que, en las primeras décadas del siglo XX pretendía que Cataluña tenía que modernizar a España. Su planteamiento explícito –por el contrario, muy olvidado o, como poco, distorsionado– fue que esa modernización tomaría forma «imperial».

2. Perspectivas imperiales (desde Barcelona): una idea moderna con ropajes antiguos

En 1878, el político conservador británico H. H. Molyneux Herbert, lord Carnarvon, manifestó su extrañeza en el *Fortnightly Review:* «Recientemente, nos hemos quedado perplejos por una nueva palabra: "Imperialismo", que se ha introducido furtivamente entre nosotros. [...] No está libre de la perplejidad. He oído hablar de una política imperial y de intereses imperiales, pero Imperialismo como tal es para mí un neologismo.»[1] Carnarvon debía saber de lo que estaba hablando, al disertar para sus lectores sobre «*Imperial Administration*»; en su irregular carrera política, había sido subsecretario de las Colonias en 1858 y, como secretario de Estado con Disraeli, había tenido un papel estelar en el establecimiento de la British North America Act de 1867, que creó el «dominio» del Canadá; en su retorno al poder en 1874, había intentado sin éxito una solución parecida para resolver el cruce de intereses en Sudáfrica.[2] Más allá del neologismo comentado por el aristocrático conservador, todo lo relacionado con la noción de «imperio» muestra ser a la vez facilón, por accesible, y complicadísimo, por difícil de precisar.

Así lo señaló, casi cuatro décadas más tarde, el ensayista y «paradojista» inglés G. K. Chesterton. En 1915, Chesterton quiso hacer reflexionar a sus compatriotas, entonces sumidos de lleno en la Primera Guerra Mundial. Escribió, pues, *The Crimes of England* como respuesta a la propaganda germana. Su tema era la mutabilidad de las palabras, el descuido con que eran utilizadas y, por ende, malinterpretadas:

> Los ingleses victorianos tenían la muy mala constumbre de ser influenciados por palabras al mismo tiempo que afectaban despreciarlas. Construían toda su filosofía de historia sobre dos o tres títulos y entonces se negaban a acertarlos. El sólido inglés victoriano, con sus barbas y su voto parlamentario, se mostraba muy satisfecho al decir que ambos Luis Napoleón y Guillermo de Prusia se hicieron emperadores (por lo que quería decir autócratas). Sus barbas se hubieran erizado con furia y hubiera rabiado en su contra, acusándole de quisquilloso y aficionado a la jerga, si le hubiera contestado que Guillermo era emperador alemán, mientras que Napoleón no era emperador francés, sino emperador de los franceses. ¿Qué importancia podía tener un mero orden de palabras? [...]

Siendo más que un conservador, un virtual reaccionario, a Chesterton le encantaba demostrarles a sus lectores su inherente banalidad habitual y descubrirles así que sus suposiciones bienpensantes eran en realidad el contrario de lo que ellos creían. Quiso completar su argumento, para subrayar la vitalidad que, a su juicio, todavía tenía la idea de «imperio» o, como poco, la de «emperador»: «[...] la idea expresada en "Emperador de los franceses" no está muerta, sino resucitada de la muerte. Es la idea que mientras un gobierno puede pretender ser popular, solamente una persona puede realmente lograrlo. Es más, esta idea es la corona de la democracia americana, como lo fue, durante un tiempo, de la democracia francesa.»[3] El giro chestertoniano, con sus propias suposiciones hoy tan gratuitas, sirve para presentar la complejidad de la idea «imperial» y todo lo que la rodea.

La evolución de la metáfora de «imperio» desde sus orígenes

El «imperio» es una metáfora del poder en extremo arcaica. De hecho, ser «rey de reyes» es la invitación más primitiva a una «metapolítica», a la categoría política por encima de todas las categorías.[4] Es, por lo tanto, una idea próxima a la divinidad jeraquizada, a la extensión entre poder terrenal y cosmogonía. Fue, por razones evidentes, un vehículo para la entrada de conceptos persas o centroasiáticos en el mundo helenístico o romano.[5] Por la misma lógica apuntada, como metáfora «imperio» se entiende bien, pero se traduce mal a un lenguaje concreto. En verdad, es muy difícil definir lo que se quiere decir con el término «imperio». Su sentido aparece automáticamente entremezclado con varias otras palabras: el sustantivo «emperador», el adjetivo «imperial», del cual se llega a «imperialismo». En los diccionarios, todos sus sentidos están cruzados; unos refieren a otro; y, para acabarlo de arreglar, más de dos mil años de historia occidental están imbricados en sus múltiples definiciones, que, por ello, devienen con frecuencia explicaciones históricas.[6] En el reflejo de la palabra, la imaginación del poder resulta inseparable de los supuestos del poder mismo.

Para entendernos, se puede considerar «imperio» como un concepto nuevo, con decorado antiguo. En su raíz romana, *imperium*, la capacidad de ejercer el mando, se contraponía a *potestas*, o el poder administrado; era el fundamento de la expresión física, territorial, de hecho de gobierno; *imperator*, un mando militar superior (un general, en lenguaje moderno) fue un título de Julio César que, de manera sucesoria, se acumuló a los de Augusto, como reflejo del origen de dictadura militar que tuvo la nueva Monarquía. En otras palabras, «imperio» era la función, en acorde con la tradición republicana originaria, posteriormente encarnada en el César. Su divinización progresiva –por la remarcada influencia oriental, persa– confundió el personaje con la función y el territorio, pero la distinción primitiva fue mantenida por la tradición del derecho romano, tan poderosa en países latinos que fueron sucesores de Roma.[7] Por el contrario, el concepto germano, *Reich*, como muestra hoy cualquier *Lexicon* alemán, aparece mucho más claramente vinculado a la extensión física.

La fusión de las nociones de *imperium* y *Reich*, en una mezcla de maniobra eclesiástica y síntesis ecléctica, primero con Carlomagno en el año 800 y luego con el Imperio otoniano y sus sucesores, a un tiempo explícitamente romanos y germanos, *cargó la posteridad europea con una nueva idea atractiva, seductora, pero en extremo imprecisa.*[8] Esta síntesis apuntaba al dominio universal en el terreno humano, con sanción divina, y generó tantas opiniones favorables como contrarias en el pensamiento bajomedieval.[9] El «Sacro Romano Imperio de la Nación Germana» ha sido descrito muchas veces como una nebulosidad conceptual envuelta en una bruma descriptiva: la ironía de que la entidad no era ni sacra, ni romana, ni un imperio, ha sido atribuida a sucesivos bromistas, desde el rey húngaro Matías Corvino en el siglo XV, hasta Voltaire, en el XVIII.[10] Reflejaba un ideal en buena medida teocrático (aunque se opusiera a las pretensiones hegemónicas del Papado), que suponía la unidad esencial de la «cosa pública» cristiana como comunidad de poderes –igual que los coros de ángeles incluían los rangos celestiales de «virtudes», «poderes», «principados», «dominios» y «tronos»– bajo la doble autoridad terrenal, temporal y espiritual, del Emperador y del Papa, en supuesta armonía mutua.

Sin embargo, la evolución del pensamiento sobre el «espejismo imperial», desde las pugnas entre el Papado y el Emperador (siglo XI), las luchas de gibelinos y guelfos (siglos XII-XIV) y la posterior división interna de la jerarquía suprema de la Iglesia latina en papas y antipapas (siglos XIV-XV), hasta el humanismo renacentista, acabó por recargar la idea imperial de tanto sentido metafórico, como para impedir que se diferenciara entre sus significados literario y político.[11] Quedó convertida en el ideal de un único supragobierno que debería regir la Cristiandad, famosamente expresado en la obra *Monarchia* de Dante Alighieri, escrita entre 1310 y 1314.[12] Pero el planteamiento podía ser aprovechado de muchas maneras: al conquistar Constantinopla en 1453, el sultán otomano Mehmet II se creyó –con cierta razón– heredero de los Imperios de Roma y Bizancio, alterando el sentido de tal herencia histórica para los cristianos, al menos para los latinos.[13] Seguidamente, la rapidísima expansión europea en el África subsahariana, Asia y las Américas, auténtica «globalización» inicial, dio un nuevo significado de proyección ultramarina al viejo término de «imperio» como mando político.[14] Además, las guerras de religión que acompañaron la Reforma protestante rompieron el sueño de una soberanía superior y vertebradora del mundo cristiano; según la conocida y lapidaria frase de Hobbes en su *Leviathan* (1651), al comparar la base conceptual del poder temporal del Máximo Pontífice al «reino de las hadas»: «El Papado no es otra cosa que el Fantasma del fenecido Imperio Romano, sentado coronado sobre la tumba de éste.»[15] Entre la paz de Ausburgo en 1555 (con su famosa fórmula «*Cuius regio, eius religio*») y la de Westfalia en 1648, el Imperio en las Alemanias dejó de ser una hipotética jefatura unívoca, para convertirse en la mera presidencia de una multiplicidad de particularismos encontrados.

Por lo tanto, si, a principios del siglo XVI, las casualidades que combinaron en la persona de Carlos de Habsburgo las herencias dinásticas de Austria, Borgoña y las

Españas, añadidas al hecho de ser elegido para la Corona del Sacro Romano Imperio, dieron renovado vuelo a la idea imperial. Como respuesta, tal noción de legitimación pasó a ser utilizada como retórica justificadora del poder de otros proyectos rivales del naciente «absolutismo», dispuestos a no ser menos.[16] Fuera o no mítico –incluso una ficción hostil– el concepto del «poder absoluto», la construcción de las monarquías por doquier en Europa se basó en el *imperium* del rey, con todas las proyecciones e invenciones que la reforzaran.[17] De todo ello quedó una cierta noción territorial, según la cual toda Corona que reuniera dos o más reinos podía presumir de ser un «imperio», con mayor o menor inmodestia según el caso; era éste un título honorífico, cuando no una presunción, sin mucha trascendencia, exceptuada la siempre ejemplar denominación sacra-romana-germana. De ahí, también, en desafío al poderío español de Ambos Mundos (con su expresión máxima en los sesenta años de combinación de las Coronas española y portuguesa), vino el hecho de que el establecimiento de dependencias de ultramar por las principales Coronas de la Europa occidental, pasase a ser caracterizada a su vez como «imperio» entre los siglos XVII y XVIII.[18]

Por muy efímero que fuera el balance del reinado de Carlos V (en España, de 1515 a 1556), dejó un recuerdo del sueño medieval de una hegemonía continental, actualizada con unos recursos intercontinentales. Esta pauta reinventada quedó tanto en el pensamiento político europeo, como –más importante– en la tradición política española, aunque Felipe II nunca pretendió atribuirse la misma herencia purpúrea que su padre. En la confusión de la legitimación literaria y política, un «imperio», además de su sentido tradicional neoromano, podía ser un poderío vasto, cuyo sentido profundo estaba en su alcance a lejanas tierras de ultramar, así como, en su sentido más estrictamente germano, el marco de un conjunto de particularidades, dentro del cual cada una iba a su aire. La noción europea, ya de por sí difusa, se complicó más todavía en sus cruces con las imágenes del ominoso poder ilimitado del Gran Turco recluido en su harén, polo negativo de la cristiandad compartido como pesadilla por católicos y protestantes, o del emperador chino envuelto en sabios letrados, retrato idealizado pasado de los jesuitas a los filósofos de la Ilustración.[19]

Vista la idea de «imperio» desde España, los juristas, con notorio sentido tradicionalizante, gustaban de hablar de una «Monarquía universal» con atributos religiosos, hasta milenaristas, propios de la tradición medieval hispana y del ideal renacentista previo a la Reforma.[20] Por mucho que la Corona española, una «monarquía compuesta» de múltiples reinos, fuera un artilugio contrahecho, que pronto quebró y se hundió como superpotencia, quedó un recuerdo, tozudamente arraigado, de la grandeza y preeminencia hispana, así como una identificación fija entre la defensa de la ortodoxia religiosa de la Contrarreforma y la salud institucional.[21] En el seno de cada reino hispánico, el enraizado juridicismo intentaba poner coto particularista a la Corona, sin por ello cuestionar sus fundamentos. Tales polémicas quedaron envueltas en una erudición historicista que, con mayor o menor conocimiento, podía remitir a medievales pretensiones de «imperio» hispánico o, por el contrario, de la variedad también común de «los cinco reinos».[22] *Haciendo balance, pues, nunca quedó claro, tanto fuera como dentro de la tradición española, si el ideal de «imperio» era un giro literario, una justificación religiosa o un concepto legal; tampoco se sabía si el peso del concepto recaía en su capacidad de centralizar o dispersar el poder.* Tan sólo el idioma castellano –«magnificado al sobrarse de la región y al identificarse con el poderoso imperio», según Amado Alonso– pareció alzarse por encima de la contradicción de fondo, en el siglo XVI, mediante el neologismo «español».[23]

En la medida en que la expansión española estuvo en el centro de muchos debates que trajo la Ilustración en el siglo XVIII –¿fue la conquista americana la destrucción de un medio natural inocente o corrompido?, ¿fue la caída del imperio de «los antiguos», Roma, comparable al colapso del arrogante poderío hispano, imperio propio de «los modernos»?– se asemejaron culturalmente las ideas de «imperio» y de «decadencia».[24] Todas las nuevas grandes potencias que irrumpieron en el escenario europeo entre mediados del siglo XV y principos del siglo XVII –el Imperio otomano y Polonia, España y su fiero contrincante holandés, Dinamarca y Suecia– desaparecieron como fuerzas significativas entre finales del XVII e inicios del XVIII. Por añadidura, la aparición entonces, como destacado actor internacional, del Imperio ruso, con su añeja pretensión de ser «la tercera Roma», acabó de socavar el escaso prestigio unilateralista que le quedaba a la Corona imperial sacro-romana tras el descalabro de Westfalia y el reconocimiento de la soberanía estatal.[25] Ante las formulaciones del poder acerca de su propia gloria, la aparición de los letrados críticos –primero *philosophes*, eventualmente «intelectuales»– comportó la elaboración de un sentido pesimista contrario, que ha caracterizado la valoración tanto literaria como estudiosa de cualquier entidad macropolítica no imbuida de una función participativa que automáticamente anulara su potencial dominador. Esta conjunción de ideas sobre los límites del poder excesivo –expresada, por ejemplo, por el inglés Edward Gibbon, en su famoso *Decline and Fall of the Roman Empire* (1776-1788), que marcó un auténtico hito en el desarrollo de la historiografía– ha llegado, a través del romanticismo, como criterio moral e interpretativo, hasta el presente.[26] Tanto es así, que, en términos analíticos, hoy en día cuesta tratar el destino de cualquier «imperio» sin, de inmediato, buscar las causas, en especial económicas, de su previsible hundimiento, considerado inevitable, con cierto *Schadenfreude* historiográfico.[27]

Pero, a pesar de los discursos pesimistas, condenatorios de los abusos del dominio demasiado grande, la noción de «imperio» como mecánica –o al menos legitimación de un tipo de poderío a la vez nuevo y «clásico»– sólo llegó a su verdadera plenitud en la época contemporánea. La Ilustración hizo del retroceso del poderío hispano una lección moral en la ineludible «caída de los imperios» con la cual que las más críticas «luces» dieciochescas (pongamos, Voltaire) iluminaron al naciente criterio romántico de rechazo del absolutismo (por ejemplo, en el *Don Carlos* de Schiller o el *Egmont* de Goethe). Pero, como si fuera la negación histórica de esta creciente percepción de la «decadencia» imperial española, el sentido verdaderamente moderno del concepto de «imperio» vino, a partir de 1799, con la progresiva transformación de la Revolución francesa bajo Napoleón Bonaparte, que de ser «primer cónsul», tras su golpe de Estado, llegó a emperador (proclamado en mayo de 1804 y efectuada la coronación en diciembre).

El lanzamiento moderno de la noción surgió, pues, del gran cambio político francés, a pesar de recuerdos tan significativos como el *Kaisertum* germano o el zarismo ruso. Tanto los revolucionarios norteamericanos, como sus sucesores franceses idealizaron los modelos neoclásicos.[28] El giro de relativa inversión ideológica que comportó la caída de Robespierre y la «República de Virtud» jacobina, hizo que los directores de la «reacción termidoriana» recargaran las alusiones a las formas republicanas romanas, con lo que el camino del general corso al poder absoluto estuvo plagado de pseudolatinidad, al pasar del «consulado» al «imperio», según la pauta de Augusto. Bonaparte no podía, al fin y al cabo, establecer una nueva monarquía con el riesgo consiguiente de alentar una restauración de los Borbones exiliados, como sin duda supo susurrarle Fouché para recuperar su ministerio policial brevemente perdido.[29] Convertida la *Grande Nation* expansiva en «Imperio de los franceses», Napoleón perfeccionó el «despotismo ilustrado», acentuando el contenido articulador del poder civil al potenciar las fuerzas armadas como vanguardia de la modernización.[30] Era todo un desafío, en especial a los Habsburgo, pero también, en último extremo, a los Romanov. La creación del Imperio bonapartista, por tanto, dio un giro sorprendente al concepto mismo de «imperio»: de ser, en el patrón hispano de los siglos XVI-XVII, un sueño de poder unipolar, idea informalmente matizada –en el ejercicio de un poder «talasocrático»– por el acceso a una territorialidad «universal» en ultramar, la invención napoleónica ofreció el concepto del «imperio» como una reunión de gentes diversas pero con una fuerte unipolaridad *interna*, en competición, a escala mundial, con otras entidades parecidas. Los perdedores en esta carrera globalizada serían por definción *decadentes*.

En resumen, la reforma de las principales potencias continentales se hizo a imagen y semejanza de la reordenación napoleónica, especialmente en las Alemanias, donde la intervención francesa tuvo un impacto especialmente intenso al edificarse sobre una Ilustración en mucho imitadora de las pautas galas.[31] Dicho de otra manera, la irrupción de la Francia imperial en el rediseño del sistema de Estados dinásticos germánicos borró el supuesto monopolio del antiguo «Sacro Romano Imperio de la Nación Germana», que era ya el principal distintivo del título estrella de los Habsburgo. Finalmente, en 1806, tras la derrota infligida por Napoleón a los ejércitos austríacos y rusos unidos en Austerlitz en diciembre de 1805, el emperador alemán Francisco II disolvió el Sacro Romano Imperio, antes, en 1804, habiéndose proclamado Francisco I, «emperador hereditario de Austria» e inventando con ello tal Imperio, en evidente respuesta a la innovación francesa de Bonaparte.[32] Arrancando de la misma coyuntura, las ínfulas reformadoras del zar Alejandro I de Rusia dieron color a todo el lenguaje político de la llamada «Restauración», tras el Congreso de Viena de 1815, con su insistencia en la defensa a ultranza del «principio dinástico» en la «Sagrada Alianza» de emperadores y reyes para garantizar la paz y el orden en un rosado futuro. En realidad, tras las ampulosidades utópicas y los entusiasmos neomedievales del primer romanticismo, en Viena se estableció la base del código moderno de las relaciones interestatales y los fundamentos de un sistema internacional. De pasada, *el Congreso reconsagraba, sobre nueva definición, la noción de «imperio», haciendo, de una idea muy nueva, surgida de la revolución, un elemento pretendidamente antiquísimo, apoyado en toda suerte de historicismos.*[33]

El romanticismo centroeuropeo, fascinado por el despertar de un sentimiento nacional se suponía dormido, encontró un terreno abonado en la recreación ideal e ideológica del desaparecido Imperio germano medieval.[34] Pero las sucesivas promociones nacionalistas dentro de la misma moda o *Weltanschauung* romántica, tanto en Alemania como en Italia, hicieron propaganda contra la hegemonía de los Habsburgo; para eludir la censura, los literatos y hasta los historiadores recurrieron a una ficción agradable del gusto dieciochesco francés –hablar de España cuando se criticaba algo en Francia (por ejemplo, *El barbero de Sevilla* de Beaumarchais). La nueva construcción narrativa europea, pareja a la que se podía elaborar desde las Américas, activamente antiespañolas por razones inmediatas y geopolíticas, consolidó, actualizándolo, el mito ilustrado de la ferocidad hispana y su correspondiente fugacidad «imperial»: toda «decadencia» decimonónica se midió por un rasero español.

En Europa occidental, el bonapartismo mantuvo inhiesto el mito del «imperio», aun después de la definitiva derrota del «ogro» en Waterloo. Sería una ideología de ascenso social, identificada con la trayectoria fulgurante del mismo Napoleón, la que inspiraría a toda suerte de jóvenes ambiciones (recuérdese el personaje Julien Sorel de la novela *Le rouge et le noir* de Stendhal) exaltadas por la segunda ola renovadora de romanticismo, ahora liberal, de los años veinte y treinta del siglo XIX.[35] Pero el concepto renovado de «imperio» podía igualmente servir para que, tras 1825, el zar Nicolás I construyera la Rusia moderna como Estado cuartelero, potenciando el desarrollo de servicios, información y funciones, sin, por todo ello, ceder ni un ápice de representación al «pueblo».[36] Tal contraposición tuvo una importantísima sacudida a mediados del XIX, con el golpe de Estado de diciembre de 1852 en Francia, mediante el cual el presidente de la II República (y sobrino del gran protagonista), Luis-Napoléon Bonaparte, se forjó un trono imperial como Napoleón III. Los muchos enemigos de *Napoléon le petit* esparcieron por doquier el término «imperialista» para describir a los bonapartistas; con ello daban a entender que eran los partidarios de un tirano.[37] Así y entonces entró el vocablo «imperialismo» en inglés, como galicismo para abjurar de la opresión; era un término emparejado con «militarismo», otra palabra política efectivamente aparecida también en los años cincuenta como expresión antibonapartista.[38] En general, pues, la institución «imperial», tal como se edificó en la Europa continental, y los conceptos que de ella se derivaban se hicieron doctrinalmente odiosos para la izquierda revolucionaria decimonónica, de lo que dan prueba denuncias como las de Bakunin tronando contra el «imperio knutogermánico» ruso al inicio de los años setenta.[39] Tal restricción de la imaginación de las izquierdas hizo que el pensador liberal inglés John Stuart Mill, en 1859, justo antes de la reorganización de toda la Europa Central en innovadores sistemas «imperiales» y federales (por no mencionar la formalización del propio Imperio británico), no pudiera imaginar otro sistema de federación monárquica que no fuera la vieja Confederación Germánica, evidentemente caduca desde las revoluciones de 1848-1849.[40]

De hecho, hasta bien entrado el siglo XIX, en el mundo político inglés casi no se habló del «imperio» propio descrito como tal. La pérdida de las colonias norteamericanas en la revolución del siglo anterior agotó el gusto por lo que, con frecuencia, fue más considerado como una metáfora literaria que como una categoría potencialmente jurídica. El creciente debate interno británico sobre la reorganización aduanera y política del caótico conjunto de posesiones de la Corona potenció mucha discusión sobre la articulación constitucional de los territorios de ultramar, en especial del Canadá, lo que consagró un nuevo sentido del concepto «imperio».[41] Inicialmente, tan sólo era un término para facilitar, con enfoque metropolitano, una unión intercolonial, como en el caso del Canadá alto, anglófono, y el bajo, francés y católico; el ideal confederal y/o federal, pues, estaba tanto en la parte como en el todo.[42] Pero pronto el ideal generalizador se hizo habitual, por mucho que tuviera oponentes bastante numerosos. ¿Cómo, si no, se podía aludir a tierras de colonización blanca, cuya relación con la Corona inglesa debía tomar forma constitucional, especialmente en la medida en que se temía que tales innovaciones alteraran la forma de las instituciones legislativas que regían Gran Bretaña, establecidas en las fusiones de las cámaras inglesa y escocesa en 1707 y en la absorción de la irlandesa en 1800? Quedó la noción formal, y no meramente metafórica, de un «Imperio Británico», consagrada por el establecimiento de la Corona independiente del Canadá en 1867 y por la proclamación del «Imperio de la India» en 1875 (plasmándose como ritual visual en celebraciones allí en enero de 1877, una extravangancia en medio de la peor hambruna del siglo).[43]

Para entonces, el impacto del «II Imperio» francés había repercutido de nuevo en las formas políticas centroeuropeas, en el rediseño de Austria y, como fórmula, en la unificación alemana. Sin embargo, el conjunto conceptual de «imperio / imperialismo» sufrió entonces un cambio determinante. Sirva como ejemplo el vocabulario político español: para los años 1876-1877, el término «imperialismo» entró en la lengua castellana como neologismo, tomado del inglés, al tiempo que igualmente pasaba al portugués y al italiano, pero ya significaba otra cosa: el nuevo dominio de los europeos sobre poblaciones de color en lejanos y tórridos trópicos.[44] La enorme oposición, tanto dentro como fuera de Gran Bretaña, que suscitó la llamada «guerra de los bóers» –el ataque británico a dos repúblicas sudafricanas de habla holandesa y su dura conquista, entre 1899 y 1902– añadió, finalmente, un último sentido: la idea de que poderosos intereses económicos podían manipular la política aventurera de ultramar de las grandes potencias.[45]

Pero, como la evolución relatada indica, *el concepto de «imperio» ha mostrado una capacidad tenaz para eludir la concreción*. En cuanto un observador se descuidaba, desaparecían los sentidos prácticos, las referencias a realidades de poder interno, de control extendido sobre extensiones grandes de territorio, o las de conflicto externo, en esencia geoestratégicas, militares o diplomáticas, para las cuales la noción podía tener una aplicación más o menos coherente.[46] En su lugar, se incorporaba una especulación brumosa, centrada en la imagen del poder, en su sentido moral o en su credibilidad.

El «imperio» decimonónico: unipolaridad y pluralidad internas, frente a la multipolaridad exterior

El modelo bonapartista del gran Napoleón I, así como su posterior difusión, no debería restarle protagonismo al surgimiento, en ese mismo período, de un nuevo modelo imperial británico, aunque se tardara en darle tal nombre. El hundimiento interno del primer Imperio de ultramar británico en Norteamérica trajo, en 1801, la refundición de las Islas Británicas como «Reino Unido» y el relanzamiento colonial en la lucha contra la Francia revolucionaria y napoleónica.[47] Su éxito quedó confirmado por la relegación, tras 1815, de las históricas potencias marítimas y coloniales: España, Holanda, Dinamarca, Portugal e incluso Francia ya no disputarían el predominio inglés en los mares. A la luz de tamaña victoria, se vio cómo veinticinco años de guerras contra los efectos de la Revolución Francesa habían forjado un patriotismo británico totalmente nuevo.[48] Con todo, la política interna británica quedó dominada por contradicciones insulares que eran también imperiales: la importancia de Irlanda para la oligarquía terrateniente, junto con las dificultades que la burguesía comercial y fabril tuvo a la hora de movilizar políticamente a sus obreros, convirtieron la «cuestión irlandesa» en el tema central de toda la vida parlamentaria durante un siglo.[49]

Así, aunque fuera de una forma en apariencia indirecta, la invención norteamericana de la autodeterminación en 1776-1783 y su extensión al marco colonial español y portugués, culminando en 1823-1824, tuvieron importantísimas implicaciones para el desarrollo y definición de los modelos de Estado imperial en Europa. Pero, como es lógico, las influencias también fueron en la otra dirección. Por una parte, en Europa, la articulación confederal y federal como fórmula para agrupar Estados existentes representó, en la primera mitad del siglo XIX, un equilibrio entre el llamado «principio dinástico» y las exigencias liberales que acompañaban al primer nacionalismo.[50] Por la otra, si la problemática federalista tuvo implicaciones para las Américas, fue en función del discurso «imperial» independentista y del sueño de las grandes unidades territoriales.[51] En la práctica, la Monarquía imperial fracasó en México y Haití, no se llegó a consolidar en otras partes y se mantuvo en el Imperio del Brasil o en el vínculo «imperial» británico con la Corona canadiense.[52] Asimismo, el problema de organizar administrativamente vastas extensiones planteó la solución de las «repúblicas imperiales», que, compuestas de muchas partes, abrieron largos pleitos internos caracterizados por la pugna entre federalismo de Estado, necesariamente centrípeto, y federalismo estatal (entendido como *states rights*, la preeminencia del derecho de los subestados originarios): en las Américas, los estados agrupados eran en el fondo tan inventados como las fórmulas arbitradas para agruparlos.[53] Con esta visión, pueden resumirse las tensiones federalistas-unitaristas en los Estados Unidos norteamericanos, México, la Unión de Centroamérica y la Federación de La Plata, no resueltas hasta finales de los años sesenta. Por lo tanto, en las Américas el militarismo postindependentista, que fue cosa de guerras civiles y caudillismo, tuvo como fruto un frondoso mito napoleónico, de generales tan variados como Santa Anna, McClellan o Solano López.[54]

De esta suerte, los mecanismos formativos de los llamados «Estados burgueses» pasaron de ser una alternativa en el corazón del «imperio» a definir su contenido ciudadano: la consolidación de estructuras parlamentarias y primeros instrumentos meritocráticos –empezando por el Ejército, con el mismo Napoleón como modelo– dieron rienda suelta a las ambiciones de «la nueva clase media» y prometieron abrir caminos de ascenso social cada vez más anchos. Era imposible establecer la representación electiva, aunque fuera con sufragio censitario, sin introducir la noción del reconocimiento competitivo de «los mejores» en el servicio público abierto, al menos en teoría, a todas las clases. Pero tal expansión agudizó la distinción entre liberalismo y democratismo: ¿hasta dónde podía llegar la selectividad en la meritocracia? De hecho, a mediados del siglo XIX se habían agotado ya los mecanismos de promoción aristocrática –y su continuación militarista– en las sociedades de la Europa sin servidumbre. Es imprescindible, por lo tanto, entender que aquí se argumenta algo diferente pero parecido a la famosa tesis sobre la «supervivencia del Antiguo Régimen» del historiador Arno J. Mayer, pues al hablar de forma «imperial» y contenido «burgués» no presuponemos necesariamente el mantenimiento de la hegemonía aristocrática y terrateniente hasta la Primera Guerra Mundial.[55]

La clave estaba en el hecho de que la dimensión territorial del Estado, la forma «imperial», en su sentido más básico, toleraba perfectamente la representación política y la movilidad social, tal como demostraba el caso estadounidense. El afianzamiento del mercado de consumo «burgués» se nutrió de la exaltación romántica de un individualismo sin trabas: de la «autenticidad» entronizada como criterio de una élite alternativa al oficialismo; o del escritor o «artista» como promoción del talento, contrapuesta por tanto a la del militar, antiguo ideal napoleónico. Sin embargo, fuera del ámbito industrializado de la Europa occidental o de Norteamérica, la discusión sobre el grado adecuado de meritocracia siguió fija en sus términos históricos, facilitando el debate entre el bonapartismo a la francesa y el parlamentarismo británico como mejor contenido del Estado. Así fue en España, Serbia, las Principalidades Danubianas y América Latina, donde se truncó el despliegue del modelo meritocrático con la pugna, con frecuencia violenta, entre dispersión de poder y centralización. La resolución del nuevo sistema estatal, a favor de la promoción mediante el servicio público dentro de un equilibrio entre centralización y autonomía, vino algo abruptamente, con los años sesenta: el sistema «imperial» británico en la India tras 1857; la Guerra Civil en Norteamérica (1861-1865); el establecimiento del «Dominio» canadiense (1867); las guerras que fijaron el sistema de Estados en América Latina (1865-1870, 1879-1883); las unificaciones alemana e italiana (1859-1871); la invención de la Monarquía dual austrohúngara (1867); la modernización política japonesa (1868) e, incluso, la resolución relativa de la crisis china, con la derrota del Imperio alternativo de los Tai-ping (1851-1864). Para los sectores más conservadores, la lección estaba en la asimiliación bonapartista y bismarckiana del nacionalismo y de los mecanismos plebiscitarios: en resumidas cuentas, como señaló Marx, el voto del campo se manifestaba contra la ciudad.[56] Con los años, Bismarck perfeccionó la lección, mostrando, según le convino tácticamente, el oportunismo laico, anticatólico, del *Kulturkampf* y el oportunismo asistencial, antisocialista.[57]

En consecuencia, el nacionalismo no era un principio necesariamente reñido con los imperios, más bien al contrario, aunque a veces se mostrara así, o así fuera considerado. En Viena o Berlín, los revolucionarios liberales de 1848, por ejemplo, pretendieron consolidar constitucionalmente sus respectivos marcos imperiales, el austríaco o el confederal germánico: nada de concesiones, pues, al constitucionalismo divisivo de Praga, que aspiraba a la recuperación de la fenecida corona de Bohemia, por entender que amenazaba el predominio efectivo de lo alemán. Y es que el Imperio de los Habsburgo –determinado por el resultado de la Guerra de los Treinta Años y subrayado por el reformismo josefino– maduró como un proyecto administrativo en alemán.[58] Sin duda, tales adaptaciones nacionalistas a la causa dinástica no fueron siempre todo lo fluidas que sus promotores hubieran deseado: nada más «nacionalista» que los entusiasmos patrióticos –tanto espontáneos como amañados– dentro del marco del Estado imperial Romanov. Pero la administración con frecuencia se sintió molesta por las presiones de unos u otros, y, además, el debate inacabable entre rusófilos y eslavófilos siempre coincidió muy incómodamente con el deseo confuso de «ir al pueblo», es decir, a la subversión.[59] Derrotado sucesivas veces en sus esperanzas liberales por los partidarios del predominio dinástico de los Hohenzollern, el nacionalismo alemán celebró finalmente un «imperio» inventado alrededor de Prusia en 1871. Algo parecido ocurrió en las tierras de los Habsburgo. La definitiva exclusión de Austria del ámbito germánico, a resultas de la incipiente unificación bismarckiana en 1866, fue la que, el año siguiente, inspiró el reconocimiento austríaco de Hungría y la creación de la Monarquía dual, a la vez y en paralelo Imperio y Reino, que, a su vez, serviría como modelo para concertar la relación de coronas en el Imperio alemán inventado en 1871.[60] Con el «pacto» de 1867, el nacionalismo magiar quedó más o menos satisfecho, pero el liberalismo pangermano se radicalizó en sentido xenófobo contra la dinastía, por su tibieza con los checos y los polacos; y mientras tanto, las minorías eslavas siguieron mostrándose cada vez más quejosas; pero Austria-Hungría no sólo sobrevivió, sino que creció hasta implicarse a fondo en la reorganización estatal de los Balcanes.[61]

En tiempos de Metternich, entre 1815 y 1848, los principios dinástico y territorial eran confundidos desde el poder y se temía la alteración del contenido del Estado que el democratismo, con su exigencia de parlamentos y elecciones, parecía comportar. Bismarck mostró que el principio dinástico no tenía por qué temer al democrático y que se podían crear nuevos imperios mediante apelación popular. Es más, junto a las aportaciones en la ampliación social del *contenido* del Estado (como el sufragio universal masculino o la educación básica), *la mayor innovación europea de la segunda mitad del siglo XIX en la estructura del Estado, en tanto que contenedor, fue justamente la figura del «rey-emperador»*: inaugurada por el nuevo dualismo «austrohúngaro» de los Habsburgo en 1867, fue pronto copiada por los alemanes en 1871 y por los británicos en 1875.[62] Los italianos todavía la imitarían en 1936, al menos en su aparencia más formal.

Con el «imperio» y la figura del «rey-emperador» se superaron las deficiencias de la que fue la principal entidad confederal del continente en la primera mitad del siglo XIX –la Confederación Germánica (1815-1866)– dotando sus versiones modernizadas alemana o austrohúngara de una vertebración central de la que el modelo original había carecido. En general, como era de esperar, *el federalismo monárquico europeo se mostraba más respetuoso con intereses locales y criterios jurídico-históricos que el federalismo republicano a la americana.* Esta indulgencia monárquico-federal llegó hasta un punto rayano en una especie de «confederalismo centralizado», como mostraban en particular los británicos con sus «Dominios» de colonos blancos o los austríacos ante los magiares, que no las imposiciones de los nordistas estadounidenses tras su victoria.

Sin el recurso al dualismo de coronas, la misma noción permutable de «imperio» como compromiso moderno con la herencia del pasado permitió, por los mismos años, la exitosa y rápida adaptación japonesa (y, en menor grado, la siamesa) a las normas estatales occidentales, con lo que ambos países preservaron su independencia.[63] Además, la «restauración del imperio» nipón, como «trono simbólico» en 1868, después de seis siglos, serviría ejemplarmente como «tradición inventada» tanto o más que los ejemplos austro-germanos; la posterior elaboración de una constitución en 1889, hecha a calco de los mecanismos más absolutistas del juego bismarckiano entre Prusia y Alemania, sólo reforzaría el acierto de la jugada.[64] Pero los nipones no querían saber nada de matices confederales o federalizantes: Corea, con dinastía propia, la Corona convertida en imperial en 1897, fue sometida a protectorado en 1904-1905, para ser anexionada sin contemplaciones en 1910, al hacer el emperador coreano «completa y permanente cesión al emperador del Japón de todos sus derechos de soberanía»; tales pasos fueron elogiados como «progresistas», ante el comportamiento «atrasado» de los coreanos, por la opinión contemporánea británica.[65] Si la China de la dinastía Ch'ing no quiso seguir el mismo camino de modernización neoimperial y apostó por el conservadurismo más orgulloso, su tozudez le llevó a la confrontación con el conjunto de las potencias en 1900 y al descalabro una década más tarde, para cuando el bonapartismo tradicionalista del general Yuan Shih-k'ai era ya una vía perdida.[66]

Hubo, pues, un nacionalismo liberal inicial (cuya máxima expresión fueron las revoluciones de 1848 y cuya plasmación mundial en instituciones fehacientes no llegó hasta los años sesenta y setenta), centrado en el contenido del Estado, en la representación parlamentaria mediante elecciones, con todo lo que ello conllevaba, y no en la forma territorial del mismo. Pero este impulso fue perdiendo fuerza justamente en la medida que se hacía realidad, sobre todo en la década que culminó en 1871. El revolucionarismo nacional y liberal que descolló en 1848-1849 fue contestado –entre los años sesenta y los setenta– por un nacionalismo estatal que, defensor de la forma externa, supeditó su contenido al marco «imperial».[67] Al mismo tiempo, la transformación de la Francia monárquica, heredera de la vertebración napoleónica, en República duradera, llena de ambiciones territoriales (no sólo recuperar la Alsacia perdida, sino anexionarse la Renania todavía en los años veinte del nuevo siglo), así como la plenitud intercontinental y anexionista de los Estados Unidos («Canto al nuevo imperio, más grandioso que ninguno antes», declamó el poeta Walt Whitman, aludiendo al territorio que, en un best séller de 1882, Linus Brockett llamó *Our Western Empire*) mostraron que las repúblicas eran tan expansivas e imperialistas como los imperios históricos o historicistas.[68] El cambio cualitativo residía en que la expansión de las repúblicas se fundamentaba en la adhesión a unos valores abstractos, teóricamente asimilables por cualquiera que accediera a la ciudadanía.

Ante el riesgo de una moda republicana (visible, por ejemplo, en la izquierda radical del liberalismo inglés), a lo largo de los años ochenta y noventa, en Alemania, Gran Bretaña y Austria-Hungría se trabajó mucho para establecer un culto dinástico a sus longevos monarcas que, con reinados muy largos, eran verdaderamente ancianos (como Guillermo I, 1797-1888) o habían envejecido algo prematuramente por desgracias familiares o por sus desvelos por la patria grande (como Victoria, 1819-1901, o Francisco José, 1830-1916). La finalidad estructural de la personificación de la dualidad tuvo –como es de esperar– un sentido doble: mediante las nuevas técnicas de publicidad, podía transformarse una Monarquía tradicional en una popular, lo que parecía la última moda política, al tiempo que la presencia de una misma figura durante décadas al frente del Estado aseguraba que los cambios, en esencia recientes e improvisados, aparecieran cubiertos por la dignificante pátina de la historia.[69] Tan tarde como en 1908, el príncipe búlgaro, Fernando I, al romper con su dependencia formal del sultán turco (es especialmente clarificador el término inglés *suzerainty*, «suzeranía» o soberanía titular, en contraposición a *sovereignty*, o soberanía plena y efectiva), se proclamó «zar de los búlgaros», antigua dignidad nacional con la que el flamante monarca aspiraba a consolidar su Corona independiente.[70] Sin embargo, existía una confusión estructural entre las resonancias más decorativas del término (que recordaban el poder físico de las armas y el pavoneo napoleónico de fulgurantes uniformes) y cualquier definición política coherente. *La verdad era que el concepto de «imperio» significaba muy poco, si se concretaba: una hegemonía sin precisar, una importante extensión territorial y un juego que se presumía, en potencia, federal o confederal entre las partes componentes y el todo hegemónico, sostenido por el apego a unas formas monárquicas supuestamente ancestrales, pero en realidad muy recientes. Era, en muchos sentidos, más una apelación publicitaria que una noción de derecho.*

Para mayor complicación, desde las dos décadas anteriores a las revoluciones europeas de 1848, las crecientes formulaciones nacionalistas, aparte de sus implicaciones constitucionales, también tuvieron una expresión expansiva, aunque fuera cultural. Primero, para inquietud de las autoridades el «pangermanismo» sostuvo la noción de una sola comunidad cultural alemana, ante la multiplicidad de Estados dinásticos y microentidades que componían la compactada Confederación Germana que salió de la racionalización napoleónica de las fragmentadas Alemanias, para inquietud de las autoridades.[71] Luego, como réplica, los «eslavófilos» en Rusia o en tierras checas empezaron a desarrollar la idea de un «paneslavismo», una ideología de comunidad espiritual colectiva que, por mucho que fuera una «utopía conservadora», provocó más bien incomodidad y desconfianza en las autoridades zaristas.[72] La creciente rivalidad, a la vez intelectual y política, entre ambas corrientes rusa y germana provocó imitaciones por doquier. Ante la variedad de Estados que componían el mapa político de la Península Italiana, el nacionalismo italiano fue, casi por definición, un «pannacionalismo», y así lo entendió, por ejemplo, Mazzini.[73] Igualmente, la reunión de todos los griegos, estuvieran donde estuvieran, incluso de todos los *romanoi* de rito griego ortodoxo, fue desde el principio la «Gran Idea» del independentismo panhelénico surgido espectacularmente en los años veinte del siglo XIX: una *Mégali Hellada* con su capital «de nuevo» en Constantinopla.[74] La respuesta española más inteligente a la pérdida de la «Tierra Firme» americana tras 1824 –como mínimo, más lúcida que el sueño de reconquista– fue la expresión de recuperación mediante un «panhispanismo» que enfatizaba las características comunes de lengua y costumbres ante la amenaza ajena de una Norteamérica protestante.[75] Por el contrario, corrientes estadounidenses en los años cuarenta, como la «Joven América», abogaban por un «americanismo» o panamericanismo intercontinental que uniera norte y sur contra la Europa reaccionaria; en las palabras de un comentarista decimonónico: «Decíase y propagábase entonces la idea de que lo que en la antigüedad fueron Grecia y Roma respecto a Persia y Cartago respectivamente, eran los Estados Unidos con respecto a los pueblos de raza española enclavados en la América del Norte.»[76] Asimismo, la rivalidad entre paneslavos y pangermanos generó suspicacias longevas: la agitación «rusófoba» en Inglaterra (a la que Marx, por ejemplo, se sumó con entusiasmo) duraría casi indefinidamente, hasta entroncar, eventualmente, con el anticomunismo.[77]

El éxito relativo de alemanes y de italianos en «unificar» a sus respectivos pueblos en culminación paralela y aliada en 1870, junto con la intervención rusa en los Balcanes contra Turquía, especialmente con la creación de la Bulgaria autónoma tras la Guerra de 1877-1878, dejó una impresión indeleble de justificación histórica, que dominaría la conciencia del resto del siglo XIX, hasta llegar a la Primera Guerra Mundial. Fue la demostración fehaciente de que el «imperialismo» como actitud moral era rentable, un vehículo justo de la voluntad colectiva de un pueblo –el que fuera– que se atrevía a cumplir su destino histórico. De ahí, tan sólo había un ligero paso conceptual a la legitimidad del expansionismo opresivo de otros pueblos por imperativo de la providencia. Los «pannacionalismos» llegaron a la respectabilidad plena en el terreno intelectual en las dos últimas décadas del ochocientos.[78] Pero venían de más lejos.

En resumen, en 1914, al comenzar la Primera Guerra Mundial, y a pesar de las evidentes incoherencias analíticas, la consolidación del Estado europeo estaba dominado por el hecho de los «imperios», tanto en el sentido de grandes entidades plurinacionales (en muchos casos con importantes autonomías en su seno), como en el de «talasocracias», comunidades políticas con un centro metropolitano y lejanas posesiones de ultramar (que asimismo podían abrigar toda suerte de proyectos para vastas federaciones), o como en el significado postbonapartista, de Coronas más o menos inventadas recientemente, por mucho que estuvieran cargadas de pretensiones decorativas.[79] *No debe sorprender que un replanteamiento radical de la estructura de España, formulado en la primera década del siglo XX, se arropara en tan complejo y moderno modelo.*

Perspectivas «imperiales» españolas

Sea la que sea la noción jurídica de imperio o su expresión política, se puede decir que existe un cierto *punto de vista «imperial»*: consiste en la incipiente invitación a formar parte de una globalización relativa, según la cual, desde un centro político o un puerto comercial se tiene conciencia de la complejidad del mundo mediante relaciones diplomáticas o económicas con países lejanos. El anhelo subyacente de tal iniciativa pretende someter a una disciplina común e incluso aspira a acentuar la propia capitalidad ante el proceso. Lo contrario es una visión de espaldas al exterior, encerrada en sí, solipsística, que desconoce activamente la variedad de formas de vida y sus implicaciones políticas, pero que también celebra, como si de un todo se tratara, su distancia y su independencia. A lo largo del siglo XIX, el desarrollo de las comunicaciones redefinió, al mismo ritmo que su evolución tecnológica, los conceptos políticos, al forzar las comparaciones y estimular su homogeneización.[80] La presión comunicativa suscitó, por tanto, perspectivas «imperiales», castigando el retraimiento como subdesarrollo. Tropezar, caer del camino expansivo e interrelacionador al ensimismamiento, como le ocurrió a España, se asemejaba mucho a desaparecer de la Historia escrita con mayúsculas.

Hasta 1898, España fue, en la práctica, un «imperio», pero el debate sobre si debería o no haber continuado siéndolo perduró de alguna manera hasta la muerte de Franco.[81] Ni que decir, sin embargo, que nunca fue, jurídicamente hablando, tal cosa. Una operación equivalente a las que, en los años ochenta y noventa, remozaron las Coronas austríaca, alemana o británica no fue posible en España. Aunque se intentó reforzar la renaciente Monarquía liberal con el recuerdo de Alfonso XII, la situación constitucional de la reina regente María Cristina de Habsburgo-Lorena no permitió exagerar su idealización y la juventud de su hijo Alfonso XIII imposibilitó operaciones nostálgicas de demasiada envergadura.[82] Tampoco la tradición centralista de la Corona, a lo largo de dos siglos, invitaba a experimentos de desdoblamiento, ya que para ello, en todo caso, ante el cambio de siglo estaba la dinastía rival, con don Carlos, llamado el VII, o su hijo don Jaime, más o menos abanderados de la recuperación de un foralismo propio del antiguo régimen. En realidad, había bien poco margen de maniobra, ya que, desde antaño, los Borbones liberales estaban comprometidos con la raíz misma del Estado centralista. Isabel II fue el primer monarca español que asumió el título oficial de reinar de «España» y no de «las Españas». Es más, la simbología española fue muy tardía: la enseña naval rojigualda de Carlos III tan sólo se proclamó bandera militar en 1843 y no devino propiamente nacional en sentido civil hasta que Antonio Maura promovió su uso por decreto en enero de 1908; el escudo representativo del Estado, aun hoy válido, data del Gobierno provisional de 1868, fijado por la restauración canovista en 1875.[83] La naturaleza del Estado ante la sociedad, «la construcción nacional como construcción estatal» (*Nation-building as State-building*), siguió como una cuestión abierta, arrastrada del violento e inestable siglo XIX español a la nueva centuria.

Desde la revolución liberal plasmada en la Constitución de Cádiz, el conjunto hispano, por muy transoceánico que fuera, era definida como «Nación».[84] El primer artículo del documento de 1812 se iniciaba con una contundente definición imperial: «La Nación es la reunión de todos los españoles de ambos hemisferios». El liberalismo decimonónico español se encontraba, pues, ante un «Reino de reinos», a pesar del esfuerzo secular de la dinastía borbónica por centralizar sus complejos mecanismos leguleyos.[85] En consecuencia, la contemporaneidad española ha estado presidida por una discusión interminable y muy virulenta entre las exigencias prácticas y morales de articular uno y otro concepto, para determinar la naturaleza del Estado, o sea, por separado, su sentido de organización política interna y territorial externa. El hecho es que la «construcción nacional» (o *Nation-building process*) tuvo –o hasta tiene– doble sentido en España. Por una parte, la secuencia de guerras civiles peninsulares habida a partir de la «Guerra de Independencia», a lo largo del siglo XIX y hasta llegar al conflicto de 1936-1939, respondieron claramente a un durísimo debate político sobre el contenido del Estado. Por la otra, hubo una confrontación no menos violenta sobre su forma territorial y, en particular, sobre la naturaleza imperial de la misma; abierto por los conflictos civiles criollos de la Tierra Firme colonial que acabaron con la barrida de los peninsulares y de los partidarios de la causa realista o imperial, el enfrentamiento quedó centrado por las crueles guerras civiles cubanas que dominaron el esfuerzo bélico español en la segunda mitad del siglo XIX.

Así, una perspectiva «imperial» no se podía perder de la noche al día, aunque, como es evidente, las colonias españolas *sí* pudieron desaparecer con alarmante rapidez en el verano de 1898. En tanto que capital, Madrid pasó de ser un centro intercontinental a otro de segundo orden, hablando al menos en términos diplomáticos. Naturalmente, siguió disfrutando de su capitalidad estatal y, en consecuencia, siguió siendo el mercado central de promoción social en España. La visión era diferente desde Barcelona: rival en tamaño de la «Villa y Corte», la ciudad condal se convirtió en la anticapital, polo opuesto que recogía todo el descontento.

Tradicionalmente, desde Barcelona, la naturaleza imperial del Estado fue ignorada y aprovechada simultáneamente. En el siglo XIX, el término «patria» se usaba ambiguamente, para referirse tanto al Estado dinástico como al territorio catalán. El carlismo, al apelar en teoría a la bondad del absolutismo, defendía tanto el imperio como el particularismo de las múltiples soberanías superpuestas que lo componían. El federalismo hispano, por el contrario, rechazó específicamente el carácter «imperial» del Estado, proponiéndose retirarle poderes que serían devueltos a las entidades locales como medida de protección y garantía futura, dentro, eso sí, del mantenimiento de un gran espacio común. Los comerciantes tenían ricos negocios con las Antillas; los trabajadores por lo general desconfiaban del Estado, fuera o no «transoceánico», o así lo proclamaban los republicanos e incipientes obreristas que decían hablar en su nombre. Tal suma de ambigüedades, sin embargo, tenía un cierto sentido acumulativo, que se haría visible con el fin de siglo y el «fin del imperio». Había sin embargo, abundantes elementos dialécticos con los que especular: lo muestran los argumentos de la Ilustración criolla dieciochesca –según el respetado historiador de las ideas Leopoldo Zea, mexicano, comentando las ideas del jesuita, también mexicano, Francisco Xavier Alegre–, en los que se afirma: «[n]i por un momento, [...] se piensa o se ha pensado en emanciparse del imperio; lo que se reclama es el derecho a ser parte activa del mismo». Al contrario, se soñaba con una utopía de interacción a gran escala; continuando con el resumen de Zea: «El verdadero imperio es el que surge de cada uno de sus miembros, una voluntad que le da apoyo al representar los intereses de todos ellos.»[86] El pensamiento político de la Lliga –en realidad, todo el catalanismo decimonónico– manó allí mismo, de esa misma fuente.

El nacionalismo institucional español, entre el liberalismo y ultramar

En el siglo XIX, el nacionalismo liberal español se había basado en un modelo institucional de la ciudadanía, transformándose así el centralismo en la garantía de los derechos igualitarios de todos: se era «español» en tanto que ciudadano.[87] *Con esta actitud institucionalista, el nacionalismo español decimonónico dio por hecho el territorio y aceptó la forma física del Estado, para preocuparse sobremanera de su contenido, de la articulación de la representación colectiva en su seno.*[88]

Pero, al mismo tiempo que la Constitución gaditana y su herencia ensalzaban la Nación, institucionalmente concebida, por encima de todo, también asumían su carácter católico unívoco, lo que, dicho de otra manera, significó que nunca se clarificaría, dentro de la tradición liberal española, la frontera entre Estado y sociedad civil, entendida ésta como supeditada, como mero anexo, a aquél.[89] Así, por ejemplo, en el extremo más conservador del liberalismo, Antonio Cánovas del Castillo, quien desconfiaba de la voz del pueblo hasta el punto de rechazar a Ernest Renan por aquello del «plebiscito diario» que según el pensador francés era la democracia, y daba por supuesto que las naciones eran obra divina; en consecuencia, Cánovas entendía el imperialismo como misión sagrada globalizadora capaz de dejar atrás «particularismos feudales».[90] La contradicción de fondo entre la centralidad del Estado y la indefinición de sus fronteras territoriales y sociales subsistiría a través de todas las variedades del centenario legado liberal, sin ser repensado en función de la democracia o la radicalidad.[91] Al otro extremo del liberalismo decimonónico de Cánovas, por ejemplo, los krausistas inspiraron un cierto discurso de lo uno y múltiple como ideal de Nación, que, sin embargo, también suponía una visión unívoca en el terreno espiritual. El krausismo, dentro de sus límites, ayudó a asentar, con fundamento intelectual, sentimientos que, si bien no llegaban a ser federales, podían acercarse vagamente a ello, como en el caso de Salmerón al final de su vida en su relación con la Solidaritat Catalana. Ahora bien, dada la vaporosidad del idealismo krausista, también podía servir para afianzar sentimientos contrarios al catalanismo, como en Hermenegildo Giner de los Ríos, el hermano menor del fundador de la Institución Libre de Enseñanza.[92]

Así, el nacionalismo institucional de la revolución liberal española también evolucionó en relación al hecho «imperial» español. El «unionismo» de los generales O'Donnell y Prim tuvo más sentido que el encuentro de una parte de los moderados y los progresistas: las aventuras ultramarinas de los años sesenta del siglo XIX (el ataque a Marruecos, la intervención en México junto con franceses y británicos, la ocupación de Santo Domingo, la contienda naval con Chile y Perú) vieron renacer un sentimiento de identificación patriótica, que ya no era defensivo, de reacción ante una invasión extranjera, como en la exaltada «Guerra de Independencia» de 1808-1814, sino que recuperaba emociones de expansión mundial, de «nuevos conquistadores».[93] De manera harto emotiva, la Guerra de África de 1859-1860 descubrió la españolidad de gentes desconocidas u olvidadas como los sefarditas de Tetuán, pero, con la misma fuerza, destapó la olvidada «furia catalana», el gusto por el combate de los Voluntarios Catalanes que siguieron a Prim.[94] Las apelaciones pictóricas (los épicos óleos de Mariano Fortuny patrocinados por la Diputación barcelonesa) o literarias (como el *Diario de la Guerra de África* de Pedro Antonio de Alarcón o *Españoles en África* de Víctor Balaguer) edificaron narraciones de superioridad recuperada sobre argumentos panhispanistas, pero menos pacíficos que los elaborados en las décadas anteriores, por aquellos publicistas que buscaban una recuperación del rol español en Sudamérica sin una nueva reconquista de la antigua «Tierra Firme» perdida en Ayacucho en 1824.[95] Otros (empezando por el diplomático catalán Sinibaldo de Mas) especularon con las ricas posibilidades que para un protagonismo internacional tendría una Unión Aduanera Ibérica o hasta un Estado dual hispano-luso.[96] Tales sueños tuvieron su momento estelar cuando Prim y el Gobierno provisional surgido de la revolución de 1868 buscaron monarca para una España democrática y sonó la candidatura del antiguo rey-consorte portugués.[97]

Tanta meditación expansiva naturalmente repercutió en la esperanza de una recuperación española como potencia colonial en ultramar.[98] Dicho de otra manera, la abrupta contracción del «Estado transoceánico» español que marcó las independencias hispanoamericanas generó mucho material para repensar el imperio perdido en más de un sentido.[99] Las muchas propuestas de ligas, confederaciones o federaciones hispanas o ibéricas, los muchos proyectos en los que el incontenible impulso arbitrista español perdió tantas horas, dieron lugar a un pósito conceptual, frágil en sí mismo, pero acumulativo, que podía ejercer influencia por su peso. Sin embargo, *en la medida que las guerras civiles peninsulares daban vueltas a la organización constitucional del Estado, se consolidó la tendencia a que buena parte de las ensoñaciones proyectivas de carlistas o republicanos federales reflejaran hacia dentro, en el estricto marco metropolitano, la preocupación por la forma articulada de una entidad política que seguía incluyendo las Antillas y Filipinas*. Los excesos del conflicto interno metropolitano de 1872-1876, entre curas bendiciendo la destrucción de vías férreas por ser éstas obra del demonio, y cantonalistas proclamando independencias municipales e imaginadas adhesiones internacionales, desacreditaron, para cualquier criterio práctico, los edificios teóricos tanto de fueristas enamorados de un Medioevo jurídico más o menos imaginado como de amantes de la disciplina espontánea del pueblo en equilibrados «pactos sinalagmáticos» federales.

A pesar de todo, sin embargo, sobrevivieron, sumándose al montón de proyectos y sueños acumulados, tanto las afirmaciones soterradas de particularismos cruzados como la constancia de una dimensión internacional, mundial, exagerada, para cualquier poder hispánico.[100] En 1852, para citar un ejemplo que, por su claridad, ya empieza a ser un tópico entre historiadores, el madrileño J. F. Torres Villegas propuso un mapa jurídico que sirve de algún modo como resumen de los pleitos tanto habidos como futuros. Torres percibía cuatro Españas: en primer lugar, «España uniforme o puramente constitucional, que comprende estas treinta y cuatro Provincias de las coronas de Castilla y León, iguales en todos los ramos económicos, judiciales, militares y civiles»; en segundo lugar, «España incorporada o asimilada comprende las once Provincias de la corona de Aragón, todavía diferentes en el modo de contribuir y en algunos pun[tos] del derecho privado»; en tercer puesto, «España foral comprende estas cuatro Provincias [Vascongadas y Navarra] esentas [sic] o forales que conservan su régimen especial diferente de las demás»; y, finalmente, cuarta, «España colonial comprende las Posesiones de África, las de América y las de Oceanía, regidas todas por leyes especiales bajo la autoridad omnímoda de los Gefes [sic] militares».[101] Existía, de alguna manera, una conciencia de que la fundamentación jurídica del pasado, por debajo de la abrupta y forzada sistematización provincial daba para interpretaciones más variadas y ricas que la aprobatoria lectura liberal de la centralización borbónica.

Nada más insinuarse un nuevo retroceso de los límites imperiales, con el asunto de las Islas Carolinas en 1885-1888 (cuando los alemanes pretendieron hacer suya una Micronesia española muy escasamente ocupada), se comenzó a perfilar en el medio periodístico metropolitano un innovador nacionalismo, de raíz militar, que partía de la identificación esencialista, individual y colectiva.[102] Ese «españolismo» vino a ser el traslado a la política peninsular del bagaje ideológico de la prolongación en los años ochenta de la guerra civil cubana (la «Guerra de los Diez Años» o «Guerra Larga», de 1868 a 1878, que dio paso a la «Guerra Chiquita» y, posteriormente, al bandidismo endémico). Era la consecuencia lógica del conflicto que estalló en 1866, antes incluso del comienzo de hostilidades abiertas, generado entre inmigrantes blancos (los «catalanes» genéricos, luego, los llamados «gallegos») y los negros o mulatos libres en una sociedad esclavista bajo administración del Ejército.[103] El «incondicionalismo» o «españolismo» planteó el discurso de privilegio racial favorable al *p'tit blanc* inmigrante en la colonia: en paráfrasis orwelliana, «todos los españoles eran iguales, pero unos eran más iguales que otros». Es más, éste sería el motor de una cruenta y larga contienda civil, con una línea de fractura que dividía a los «españoles», fieles al «Partido Español Incondicional», de los «cubanos», todos «separatistas», activos o vergonzantes, o peor, encarnación del anexionismo «yanqui».[104] En el contexto isleño, la inmigración catalana, como vanguardia del interés comercial peninsular, reaccionó y se apuntó a la respuesta *españolista*, negación absoluta del anexionismo: de ahí, por el discurso imperial de los años sesenta y del reflejo de Prim, el paso de los Voluntarios Catalanes, con su romántica barretina, de las glorias de Tetuán a la lucha contra la insurrección separatista de Céspedes.[105] *Según este nuevo discurso «españolista», que rompía con la tradición del nacionalismo liberal, «ser español» era algo que se llevaba dentro, que exigía una profunda sintonía entre el marco político externo y la conciencia individual.*[106] Ni que decir que ese mismo «españolismo» vertebró el «patrioterismo» de la última contienda cubana y las exaltaciones del 98 mismo ante la intervención estadounidense, para convertirse en el vehículo de la nueva prensa «militarista» que tan agresivamente combatió los primeros brotes regionalistas en Cataluña o el País Vasco.[107]

La experiencia cubana ofrecía buenas pistas para la adaptación de los particularismos –hasta 1868 justificados con argumentos de privilegios, implícitamente aristocráticos (tanto por fuero individual como institucional), contrarios al Estado nivelador, jacobino– al nuevo lenguaje de la revolución liberal y el ideal democrático. La «sacarocracia» cubana jugó al chantaje de la autodeterminación, copiada ésta de los sudistas norteamericanos, en la presión entre reformismo español o anexionismo de los Estados Unidos. Desde sus inicios, la causa «confederada» norteamericana afirmó el derecho particularista ante cualquier exigencia centralizadora del federalismo, reclamando, como hizo famosamente su mayor exponente, John C. Calhoun, el poder de «nulificar» legislación general por parte del estado local, dentro de sus fronteras.[108] En los años anteriores a la Guerra Civil de 1861-1865, la acendrada defensa del esclavismo como «estilo de vida» regional («seccional», dirían sus partidarios) trajo la afirmación de que existía una sociedad civil con identidad propia y derecho a vivir a su peculiar manera (muy significativamente, los portavoces intelectuales de esta corriente fueron los primeros de hablar de «sociología» en los Estados Unidos).[109] La dinámica de inacabable guerra civil antillana sirvió como transmisor ideológico, ya que era contacto e interacción, por negativa que fuera: así se descubrió la autodeterminación tanto en el medio cultural catalán, como en el canario, el vasco o el gallego (todos ellos con «presencia» importante en las colonias antillanas), de manos de la «sacarocracia» cubana, que debía resituarse tras la derrota de la causa sureña en la contienda interna norteamericana. Las ideas sobre autodeterminación fluyeron desde la política cubana a los equivalentes ambientes regionales metropolitanos en los treinta años que mediaron entre la primera guerra civil cubana, iniciada a finales de los años sesenta, y el final del conflicto definitivo en 1898. Pero, mirándose en el espejo estadounidense, el federalismo hispano, por mucho que estuviera influenciado de forma subrepticia por las tesis sudistas, se identificó, como movimiento, con el rechazo nordista del «poder esclavista» como regresiva y omnímoda oligarquía capaz de controlar todos los resortes ocultos del poder.[110]

Así, antes incluso del unionismo de O'Donnell y la «Gloriosa Revolución del 68», el desarrollo antillano había sido una especie de imagen a la vez reflexivo y especulativo para el liberalismo catalán, en plena euforia revolucionaria de los años treinta y cuarenta, ante el autoritarismo del poder español, si bien la evolución del vínculo económico fue oscureciendo los optimismos (y las distinciones raciales) con su creciente implicación en el tinglado esclavista cubano.[111] Pasada la tormenta de la guerra civil paralela en la «Gran Antilla» y en la metrópolis, se plantearon necesariamente las bases para un anhelado futuro más estable que, de manera confusa, con altas dosis de amnesia, se edificó intelectualmente sobre las ruinas mal recordadas del pasado especulativo liberal. En el contexto estrictamente peninsular, llegados los años ochenta, la necesidad apremiante de dar respuesta a la «cuestión antillana» estimuló un prolongado debate sobre la reorganización de la administración local; en los partidos constitucionales empezaron a circular propuestas de un encaje entre regiones y provincias, lo que lógicamente estimuló la fantasía de los flamantes catalanistas, *bizkaitarras* y galleguistas.[112] La tesis autonomista cubana, en las palabras de su portavoz José María Gálvez, hablando al poco tiempo de la Paz de Zanjón, era «conquistar por los medios legales la libertad de Cuba dentro de la nacionalidad española», un planteamiento de fácil adaptación al contexto peninsular.[113] A partir de esta reflexión –o saltando por encima de ella– era posible llegar a tesis más contundentes en uno u otro sentido. Es remarcable, cómo, en aquellos mismos años (es decir, entre 1889 y 1893) en que, en la política y la publicística peninsular, surgía el españolismo de identidad, se configuraron las bases doctrinales de los nacionalismos catalán, vasco y gallego.[114] Por añadidura, la eclosión nacionalista en España coincidió con la consagración de la crítica antiespañola europea, codificada en Francia a partir de estímulos asimismo antillanos.[115] A pesar de sus importantes diferencias argumentales (el énfasis catalanista en la lengua, en contraste con el racismo vasquista, y la postura intermedia galleguista), las tres corrientes centrífugas compartían con el nuevo nacionalismo españolista la preocupación esencialista por la identidad, con su consiguiente reflejo en las proyecciones geopolíticas, tanto en forma de peligros, como de oportunidades.[116] Todos los nuevos nacionalismos eran, por tanto, orgullosamente antiliberales.[117] Pero, mientras los nacionalismos centrífugos partieron todos de una formulación ideológica, el españolismo de raíz «incondicional» nació de la conflictiva práctica social cubana y se mantuvo mediante un clarísimo contenido emotivo, sin dar pie a un más sofisticado «nacionalismo de los nacionalistas» a la francesa, dispuesto a una reflexión intelectual que diera vueltas a la percepción centrípeta y glorificara de alguna manera la histórica «razón de Estado». Dado el fondo de identidad exclusivista, así como la diferencia de tono y formato, parecía imposible una comprensión mutua o un terreno político común, por mucho que hubiera una reticencia antiliberal compartida.

Resumiendo, la discusión española sobre la regionalización siempre se desarrolló desde una perspectiva descolonizadora, bajo la sombra de la guerra civil endémica en Cuba y el miedo a una nueva tanda de conflictos internos en la Península. Como dijo, casi al final de su vida, Rafael María de Labra, incansable *lobbyist* por una solución autonomista cubana, al recordar, con voz anciana, su personal punto de partida: «Sólo por muy poco tiempo, en el terreno puramente doctrinal y a los comienzos de mi campaña política acepté, aunque muy débil y vagamente, la teoría de la *emancipación colonial*, conforme al famoso discurso británico de [Lord John] Rus[s]ell de 1852. Ya antes de 1880 yo proclamé algo como la doctrina novísima británica de la *Federación colonial* que ahora [1916] triunfa, y sostuve, a capa y espada y con todo género de de peligros, la solución autonomista, quizá superior a la República cubana con la ley Platt. [...]»[118]

Empezaron, en consecuencia, a circular propuestas de un encaje entre regiones y provincias en los partidos constitucionales, lo que lógicamente estimuló la fantasía de los flamantes catalanistas, *bizkaitarras* y galleguistas. En 1883, una década después de su desastre cantonalista, los federales recuperaron el aliento perdido y formularon propuestas estatutarias para un hipotético estado catalán dentro de una anhelada federación, propuesta seguida por otras organizaciones regionales federalistas.[119] A principios del año siguiente, Segismundo Moret, ministro de gobernación de Posada Herrera, presentó un proyecto de regionalización (con el gabinete de Izquierda Dinástica a punto de caer), que creaba la figura del gobernador regional y reducía los antiguos cargos a delegados provinciales, lo que había tenido un brevísimo antecedente en 1847. A finales de 1884, su sucesor, Romero Robledo, del gobierno Cánovas y notorio portavoz de posturas españolistas, provocativamente planteó una propuesta contraria, según la cual la región, lejos de ser entidad superior a la provincia, sería una entidad intermedia entre los municipios y las provincias. En consonancia, su postura sobre Cuba fue tajante ante el autonomismo. En 1891, Sánchez de Toca, el subsecretario de Silvela, ministro conservador de gobernación, volvió al tema de la reforma de la ley provincial.[120] Luego, Antonio Maura, ministro de ultramar en el gabinete Sagasta de 1892, intentó promover otro proyecto de reforma de la administración local, pero, dentro de su competencia, dirigido a las dos Antillas, sin éxito, ante la dureza de la respuesta de Romero Robledo y la Unión Constitucional cubana. Los españolistas y los «incondicionales» consideraban que la propuesta de una «Diputación Única» isleña abriría la puerta al separatismo. El nuevo gabinete Sagasta, ya sin Maura y con Abarzuza en el cargo de Ultramar, siguió adelante con el proyecto, devenido «fórmula Abarzuza», al hacer esfuerzos (al potenciar seis diputaciones provinciales) para atraer a la oposición españolista. En todo caso, la promulgación eventual de la ley Abarzuza, en marzo de 1895, vino un mes después del «Grito de Baire», que reiniciaba la guerra independentista. Finalmente, otra vez con Sagasta, con gobierno formado a principios de octubre de 1897, y bajo propuesta de Moret como ministro de Ultramar, se aprobaron a finales de noviembre las autonomías isleñas como medida de guerra.[121] Los «incondicionales» isleños recibieron la medida como una derrota política y una traición. El capitán Sigsbee de la marina estadounidense, al mando del infausto crucero *Maine* fondeado en la bahía de La Habana en febrero de 1898, se vio sorprendido cuando, camino de una corrida de toros a la que había sido invitado, alguien le entregó una hoja volante; tras un encabezamiento que recordaba el lema de la Revolución de Septiembre de 1868, «¡Españoles! ¡Viva España con honra!», la octavilla mostraba un contenido transparente: «Nos imponen la autonomía para echarnos a un lado y dar puestos de honor y mando a aquellos que iniciaron esta rebelión, estos mal nacidos autonomistas ¡hijos ingratos de nuestra querida patria!»[122] En resumen, la discusión sobre la reorganización de la administración local metropolitana quedó absorbida (o consumida) por la candente cuestión autonómica cubana, pero, al mismo tiempo, el agrio debate sobre la autonomía antillana de los años noventa fue, por extensión, una discusión sobre la validez general del sistema provincial de 1833, controversia que llevaba en pie desde mediados de la década anterior.

Las reacciones españolas ante el alzamiento independentista del 1895 recurrieron a analogías de todo signo: con la mirada puesta en Estados Unidos, Cánovas dijo que Cuba era «la Alsacia-Lorena de España», parte irrenunciable de la patria; Castelar aludió al derecho inglés de dominar Irlanda, menor que el que tenía España en el Caribe, y se lamentó de lo que significaría el triunfo de la raza negra en la Gran Antilla, inclusive para los intereses de Norteamérica.[123] El problema era de cultura política profunda; tal como remarcó el embajador americano en octubre de 1897, había una «incapacidad absoluta de la mentalidad oficial española de entender la autonomía tal como la comprenden americanos o ingleses».[124] En la tradición política española, la delegación de poder se entendía exclusivamente como pérdida: como dijo el conservador Conde de Casa Valencia, al disertar en 1877 sobre el federalismo desde su experiencia diplomática en Washington y México:

> En nuestra patria, no acierto a comprender cómo hay quien no vea el inmenso peligro, no compensado por ventaja alguna, que habría en retroceder y deshacer la magnífica obra de muchos años y reinados para restablecer los antiguos reinos que ya no existen, o formar nuevas provincias casi independientes, añadiendo este germen de agitación y desobediencia a los que constantes trastornos ya nos han traído. Confío en que son pocos los partidarios de una federación artificial, caprichosa y sin raíces y fundamento sólido; y que no es necesaria para el desarrollo y prosperidad de las ciudades, para que la administración pública sea buena, y para que el país intervenga, por medio de sus legítimos representantes, en la gobernación del Estado.

Estaba de acuerdo el liberal Manuel Alonso Martínez, quien aseguró, a la vista de las unificaciones italiana y germana: «Lejos, pues, de disgregarse los Estados unitarios constituyéndose en *federaciones*, son éstas las que desaparecen, organizándose en vigorosas nacionalidades bajo la enseña de la Monarquía, que es la institución que mejor representa y realiza la unidad.»[125] Por otra parte, el evidente autoritarismo del sistema político español en Cuba, con su talante esencialmente militarista y su tradicional corrupción, eran entendidos desde la Península en la misma clave defensiva, una especie de «teoría de dominó» según la cual la menor concesión simbólica produciría una cascada de humillaciones, lo que, a su vez, llevaba a giros y argumentos francamente torturados, tanto por parte de la izquierda como por la de la derecha. Es clarificador el comentario de un destacado jurista cubano:

> Determinóse, pues, un doble proceso de la política española; el de España, propiamente dicho, y el que ésta seguía respecto de Cuba. En cuanto al primero,

ventilábase siempre la cruda lucha entre moderados y progresistas, según éstos se inspiraban en el afianzamiento de la soberanía nacional y aquéllos defendían el tradicionalismo real. Pero respecto a la política colonial de España, no sólo las distinciones inter-peninsulares se quedaban allá sin trascender a nosotros, sino que, en más de una ocasión, los partidos retrógrados españoles, resultaban, en el Poder, más liberales para Cuba que los mismos progresistas y, a su vez, éstos, resultaban menos liberales que aquéllos. La consigna común, en cuanto a Cuba, participaba de elementos antitéticos, que mutuamente se excluían. Los españoles del elemento gobernante, en su mayoría, estaban indudablemente penetrados de que era una política colonial equivocada la de reprimir las libertades. Pero en el medio-ambiente español, la solidaridad peninsular, castigada con la pérdida de tanto dominio americano, instintivamente, creía que aflojar en las riendas del Poder, a tanto equivalía como a soltarlas. La resultante de ambas tendencias, cedía, necesariamente, en el último de los sentidos, ya que no cabe un pleno divorcio entre la opinión nacional y el Gobierno que la dirija y represente.[126]

Peor todavía, el prolongado debate de administración local, siempre dando vueltas sobre la ineficacia de la institución provincial tal como fue instituida en 1833, culminaría en las malogradas autonomías de Cuba y Puerto Rico a finales de 1897, para truncarse en el ámbito peninsular, quedando el tema muerto durante una década de política «regeneracionista» en España, al recentrarse la discusión en el terreno de la representación, de los abusos de la «oligarquía» política y los manejos del «caciquismo». Así, el despertar del catalanismo y los demás movimientos análogos destapó todos los miedos acumulados desde la experiencia antillana.

Concretamente, la relación ideológica entre catalanismo radical y españolismo igualmente exaltado fue confrontacional desde la misma gestación de ambos movimientos. Quienes consagraron para siempre más en el catalanismo la distinción entre patria, como nación propia, y Estado, como algo ajeno, fueron Prat de la Riba y Pere Muntanyola en su famoso catecismo *Compendi de la doctrina catalanista* (1894) que en su primer año supuestamente alcanzó una tirada de 100.000 ejemplares.[127] Por su parte, el españolismo retuvo un fuerte regusto histérico, sobre todo, después de la pérdida del imperio en 1898; se repetía que el clima separatista en Barcelona era tan irrespirable como el que, hasta hacía poco, había cargado el ambiente en La Habana, para sacar la deducción obvia. Para todos los contemporáneos, eran evidentes las analogías entre las nuevas actitudes ideológicas en la Península, como potenciales querellas centrífugas, y las viejas y desgraciadas pendencias insulares. También hubo quien minimizara las consecuencias de la comparación. Según un observador irónico hacia 1907:

Aquí [en Barcelona], como tiempo atrás en las Antillas, es muy frecuente tropezar con personas que se declaran *separatistas* queriendo expresar no otra cosa, con ese concepto, que el radicalismo en las ideas, el *non plus ultra,* del liberalismo y del regionalismo. «Fulano es muy *separatista*», solía decirse en Cuba de alguien que era muy liberal. «Fulano es muy *español*», solía decirse en Puerto Rico de alguien que era muy reaccionario. Y en puridad de la verdad, ni Fulano deseaba seriamente la independencia de Cuba, ni mengano era más o menos español que cualquier otro que lo fuese.»[128]

En el caso concreto de la Ciudad Condal, tal ambiente contrastaba vivamente con el fervor español tangible unos veinte años antes, cuando, a finales de agosto de 1885, una inmensa manifestación patriótica en protesta contra la ocupación alemana de las Islas Carolinas llenó sus calles con unos 125.000 participantes, según las fuentes de la época, cifra increíble que, si era verdadera, representaba más o menos la mitad del censo (272.481 habitantes en 1887).[129]

Pronto, no obstante, las exigencias de la actividad política dentro del catalanismo marcaron una distinción entre «posibilistas», dispuestos a «mojarse o mestizarse» con la vida política existente, y puros, que la rehusaban y reclamaban la violencia por respuesta (aunque fuese sólo de manera literaria). Así, los antecedentes políticos de los años ochenta (el «retraimiento» de los republicanos en espera de un golpe militar favorable o la escisión carlista en integristas y legitimistas) marcaron la configuración de un nuevo sector sintético nacionalista en los noventa («ni derecha, ni izquierda»). Los nuevos nacionalismos nacieron dispuestos a dividirse todos de forma organizada en radicales y moderados, ya que los vínculos del sector ideológico que mantenían unidas fracciones contrarias transcurrían por vías de comportamiento situadas al margen de la política. Toda la prolongada discusión, enlodada e interminable, sobre las esencias patrias hispánicas (entera o parcial, unitaria o particularista) vino a partir de estos polvos, que anunciaron y dieron las claves para la larguísima «crisis de identidad» que desató la abrupta descolonización española.[130] Como sagazmente observó un entonces joven estudiante, de familia militar y futura carrera de armas, «la catástrofe que hizo perder a España lo mejor de su Imperio colonial» tuvo un impacto psicológico común a todas las ideologías: la sensación profunda de burla o timo: «No fue [...] esta pérdida en sí lo que más pareció afectar a los españoles. El sentir dominante en nuestro pueblo fue la ira del que se había visto engañado. La gente no podía perdonar a los políticos y a los periodistas que la embaucaron, renegaba de los gobernanates que la llevaron al desastre y era presa de odio a todo cuanto la había decepcionado. Perdió así su fe en las fuerzas defensivas del país. Y se tradujo en un helado desdén hacia el elemento castrense.»[131]

La desconfianza hacia la vida pública hundió el denominador común del histórico «nacionalismo institucional» decimonónico y trajo una sed de «autenticidad», que marcaría el sustrato sentimental del variado despliegue ideológico hispano en el siglo XX. Ningún planteamiento político que no ofreciera la promesa de ser «genuino», de par paso a una «realidad» más verdadera, tangible, sentida, pudo tener atractivo en el despertar «regeneracionista» del nuevo siglo. Al mismo tiempo, hay que recordar que el debate político hispano tuvo muchos registros, con frecuencia altisonantes y abstractos, y no fue exclusivamente un lenguaje político o institucional. La lucha entre separatismo y autonomismo en Cuba, por ejemplo, tomó la forma de un duelo entre el positivismo spenceriano de Enrique José Varona y el hegelianismo de Rafael Montoro.[132] No debería sorprender, pues, si sus consecuencias también tomaron más formas que las meramente político-ideológicas.

Tras la aportación cubana, la iniciativa ideológica de «los catalanes»

El nacionalismo cubano, pues, aportó al repertorio político hispano un discurso democrático de privilegio masificable, con garra ideológica de gran modernidad, que pasó acumulativamente de las fórmulas de los tiempos anexionistas-garibaldianos a la dura competición ideológica del siglo XX. La anexión prometía la entrada en la utopía del bienestar esclavista norteamericano. La independencia fue su heredera, augurando el mismo bienestar pero como protectorado de Estados Unidos, permitiendo la verdadera autonomía local que España insinuaba pero era incapaz de otorgar (y que sólo concedió como medida desesperada, cuando los norteamericanos le forzaron la mano).[133] El trasvase de ideas también permitió que las cosas se pudieran plantear de otra manera en el marco político peninsular.

La idea heredada de autodeterminación recogía el sentido exclusivista del nacionalismo criollo cubano, que, por su lógica de plantación, a duras penas incorporaba a la subclase de gentes de color (a quienes, por ejemplo, sólo en 1892 en Cuba se les permitió el trato de «don»).[134] Si bien reformismo, autonomismo o independentismo representaban un ascendente continuo en términos de teoría estatal, la diferencia real en el medio cubano estaba en su enfoque racial y en la manera de conceptuar el mercado de trabajo, matices que eran adaptables a contextos peninsulares. Las mitologías vascas apelaban al más rancio discurso de hidalguía, según el cual a los «vizcaínos», en justa correspondencia con su condición de nobleza colectiva y cristianos viejos, les pertocaban privilegios en el Estado, tanto en casa como en los confines del «imperio».[135] Puesto en jerga decimonónica, tal planteamiento se adaptaba sin problemas a la idea esclavista, propia de sociedades como la del Sur de los Estados Unidos, de un estilo de vida «neoateniense», un pueblo de demócratas tratando entre sí, con unos «helotes» labrando sin derechos bajo su benigno mando.[136] El marco antillano, aunque menos colonizado en época contemporánea por vascos que por catalanes, les brindó a ambos unos esquemas de libertad alternativa a los discursos estatalistas que les permitía truncar sus derechos-privilegios historicistas en derechos democráticos de autodeterminación.[137] El racismo ha sido palmario en el nacionalismo vasco, cuyo explícito «antimaketismo» sabiniano ha sobrevivido hasta 1976, cuando finalmente se les ha permitido a los no-vascos entrar en el partido *jelkide*.[138] En el nacionalismo catalán, en cambio, ha sobrevivido la raíz de ciudadanía ideológica propia del antecedente remoto norteamericano, que fue mantenido en toda la tradición «mambisa» de guerra, según la cual los negros que luchaban por la independencia (pronto el apoyo de las armas rebeldes en la «Guerra Larga», así como después) eran reconocidos como propios: para el catalanismo, el vínculo inclusivo decisorio ha sido el uso del idioma.[139]

Pero la herencia más visible de la violentísima secesión cubana fue el desencaje entre la forma territorial y el contenido representativo del Estado, aunque la historiografía española a menudo lo ha pasado por alto. Sin embargo, ha habido mucha resistencia a interpretar la historia política española de la misma manera. Al contrario, suele hacerse una cesura tajante entre los problemas políticos coloniales y los metropolitanos. La superación interpretativa de la cuestión ha sido apuntada por el historador Leandro Prados de la Escosura, cuyo argumento, *De imperio a nación*, sobre la necesidad de analizar la realidad económica española en términos imperiales ha tenido una gran resonancia.[140] El 1898 fue en general, para los españoles, una toma de conciencia de la insoslayable necesidad de «nacionalizarse». Pero, ¿cómo? Hubo, en consecuencia, dos epifanías entrecruzadas, que se pueden dilucidar mediante la fórmula de Prados. Era primordial darse cuenta de que la «Nación» liberal decimonónica había sido en realidad un «imperio». Simultáneamente, esta revelación iba acompañada de la percepción de que tal «imperio» estaba acabado y debía realizarse, por fin, como «Nación» plena.[141] *También hubo quienes pensaron todo lo contrario, que lo más conveniente sería que España* por fin *deviniera «imperio» jurídico y no* de facto. *Ello lo pensaron aquellos que consideraban que su «nación» o al menos su nacionalidad no era española, pero su Estado sí: los catalanistas moderados o conservadores. ¿Nación o Imperio?* «Imperio», como término institucional y jurídico, era un neologismo en el vocabulario político español del siglo XIX, vocablo cargado simultáneamente con la pátina de los siglos y los destellos de la novedad.[142] *Con este giro nuevo, el catalanismo «intervencionista» y pragmático lanzó el debate hispánico sobre la forma del Estado y el futuro de la sociedad, si bien su reflexión tuvo su mayor impacto en la derecha española. La consiguiente distinción entre nacionalidad y ciudadanía resumiría, en el seno de la política española, el prolongado debate europeo entre las nociones rivales de participación política que marcó, en los siglos XIX y XX, a los nacionalismos francés y alemán.*[143]

Segunda parte

EL PUNTO DE PARTIDA,
ENTRE LA «UNIDAD CULTURAL»
Y EL SUEÑO «IMPERIAL»

Así crecimos juntos,
Como una cereza doble, en apariencia partida,
Pero una unión en partición,
Dos bellos frutos moldeados en un solo tallo.

William Shakespeare,
A Midsummernight's Dream, acto III, escena II

Cuando un reino se divide en dos distintos, que no tienen derechos de soberanía comunes y administración común, tal división no constituye poliarquía, sino reinos distintos por la división.

Juan Altusio (Althusius),
La política metódicamente concebida e ilustrada con ejemplos sagrados y profanos [1614],
Capítulo XXXIX, entrada 53

¿El hecho vuestro de ser una nación... implica la separación del Imperio?
¡No lo quiera Dios!
No hay necesidad de que cualquier nación, cuanto grande sea, deje el Imperio porque el Imperio es una «*Commonwealth*» de Naciones.

Archibald Philip Primrose, quinto conde de Rosebery, destacado «imperialista liberal»,
discurso contemplando el sentimiento nacional australiano en Adelaida, Australia del Sur,
18 de enero de 1884

Una institución es la sombra alargada de un hombre.

Ralph Waldo Emerson,
«Self-Reliance» en *Essays* (First Series) (1841)

3. De Almirall a Prat: la contraposición de sociedad civil y Estado y la vía monárquica al federalismo

El nacionalismo catalán despegó en la segunda mitad del siglo XIX, cuando la hispanización de la sociedad catalana se hizo perceptible. A partir de esa época, una paradoja ha dominado la política de Barcelona: cuanto más españolizada («castellanizada», en perspectiva catalanista) se hacía la sociedad, mayor era la fuerza del catalanismo. Hasta entonces, se habían mantenido muy diferentes los patrones de domesticidad, sociabilidad y expresión de los catalanes, conocidos por ser «muy suyos», reservados e incluso hoscos ante la proverbial expansividad de otros comportamientos hispanos. Durante varios siglos, tal patrón diferenciador no fue desdibujado por las muchas interrelaciones de mercaderes, transportistas, marineros o pescadores catalanes en tierras y costas peninsulares. Pero la intensificación del desarrollo industrial decimonónico les descubrió que su antigua y orgullosa especificidad, antaño justificada por leyes, privilegios y costumario, se debía, según las nuevas evidencias, a un tejido productivo más o menos único en el marco español. Si, en efecto, Cataluña era «la fábrica de España», algo especial debía significar ese hecho.[1]

Tras la prolongada sacudida del llamado «Sexenio revolucionario» entre 1868 y 1874, la sociedad catalana se descubrió a sí misma como «sociedad civil» verdaderamente excepcional, un «mundo corporativo» sin paragón español, cuyo despliegue asociativo incluía empresarios y trabajadores, firmas y familias, agrupaciones y sindicatos, ateneos y círculos, ocio y negocio, en un crecimiento exponencial que fue coronado por la Exposición Universal barcelonesa de 1888.[2] Se reunieron nada menos que ocho congresos profesionales o corporativos (alguno internacional) en la capital catalana mientras duró la feria, entre mayo y diciembre.[3] La dinámica catalana recordaba la famosa descripción que, medio siglo antes, el francés Alexis de Tocqueville había hecho de los norteamericanos como gente participativa, que «de todas las edades, de todas las condiciones y de todos los espíritus se unen sin cesar». Según Tocqueville: «No sólo poseen asociaciones comerciales e industriales de las que todos toman parte, sino las que tienen de otras mil especies (religiosas, morales, graves, fútiles, muy generales y muy particulares, inmensas y muy pequeñas[...])». Para el comentarista galo, «las asociaciones morales e intelectuales» eran lo más destacado de aquella sociedad, cuya función social iba entrelazada con las agrupaciones políticas.[4]

En las últimas décadas del siglo XIX, muchos catalanes quisieron medir su propia modernidad comunitaria por ese mismo rasero asociativo, hasta convertirlo en un principal signo dife-

rencial de Cataluña ante España. Como resumió el cronista del *Diario Mercantil* barcelonés el esfuerzo catalán: «Una Exposición Universal puede redimir a toda una nación, puede cambiar y transformar sus moldes administrativos, sociales, políticos y económicos. Es una patente necesaria para entrar en la línea de los grandes pueblos; es una prueba palmaria, tangible, de universal cultura; es una demostración de imponente poderío intelectual.» El mismo redactor añadió: «Barcelona, capital de provincia, por su solo esfuerzo, realiza lo que París y Londres, y Viena y Filadelfia, y Turín y Berlín consiguieron con la protección decidida de naciones poderosas, con recursos fabulosos y con entusiasmos y patriotismos indecibles.» Para este observador, las implicaciones eran profundas: «Barcelona ha hecho ya una gallarda demostración de los inmensos recursos que en su seno se encierran; recursos que, derrochados con esplendidez desusada, pueden ser la piedra de toque, el nudo gordiano de la regeneración de España.»[5] Pronto, estas ideas tomaron una forma política muy concreta.

La prolongada campaña en defensa del código civil catalán, ante la unificación del derecho auspiciada por los liberales en los años ochenta, reforzó este mismo autodescubrimiento de una sociedad civil, convertido, muy retrospectivamente, en *la primera victòria del catalanisme.*[6] Como era habitual en las sociedades «burguesas», los abogados se erigieron en portavoces naturales de las «clases profesionales» y su trama de entidades.[7] La legislación en la segunda mitad de los años ochenta, bajo el «gobierno largo» sagastino (1885-1890), auspició, mediante el registro civil, la acreditación legal de las asociaciones y la creación de las cámaras de comercio, con lo que despegó la formación o consolidación de entidades patronales de todo tipo, convencidas de su rol como grupos de presión.[8] Establecida la evidencia de la sociedad civil catalana y la convicción de su inherente superioridad, de inmediato se forjó un tópico agradable (para catalanes) que resaltaba el contraste entre la laboriosa Barcelona, capital económica rodeada de fábricas, y el vacío boato de la «Villa y Corte», centro de un arcaico Estado, cansado e impotente. Los visitantes a la capital catalana que miraban de caer bien subrayaban tales distingos.

Pero, a ojos previsores, la adquisición de una cierta posición trae de inmediato el miedo a perderla. Era inevitable que, lentamente, la propia dinámica de la industrialización tuviera el efecto perverso de «catalanizar» otras partes de España con los hábitos deseables –desde el punto de vista de una sociedad urbana «avanzada»– de laboriosidad, puntualidad, sobriedad, ahorro, que se adscribían a sí mismos los catalanes y que les eran igualmente atribuidos desde fuera. Al mismo tiempo, con todas sus debilidades manifiestas, la inexorable presión del liberalismo centralizador –y, por qué negarlo, «españolizador»– iría limando muchas asperezas particularistas del trato catalán, reforzado por el cruce continuo de las clases altas con sus congéneres de otras partes y la igualmente sostenida mixtura de las capas populares con una inmigración pertinaz, venida ante la baja natalidad indígena.

Entonces surgió la paradoja: en la medida que los cambios reales del comportamiento hacían que las formas sociales catalanas fueran cada vez más parejas al conjunto genérico de las españolas, más agresiva se iba haciendo la afirmación ideológica de la diferencia, para centrarse en la idealización del idioma, como resumen salvable de todo lo demás en proceso de pérdida. En otras palabras, *cuanto menos sustancial se fuera haciendo el «hecho diferencial» sociológico, tan marcado en el pasado, más importante devenía la insistencia en la diferenciación voluntarista.*

Explicado de otra manera, la noción dominante en la Cataluña decimonónica sobre el componente esencial del desarrollo asignaba la función imprescindible a los valores morales. En su perspectiva, la sintonía moral entre actores económicos producía la deseada «confianza», clave de todo negocio, cuando no de toda maduración económica. Con la posesión de los adecuados valores, un emprendedor puede generar tanto el capital como el instrumental y las materias para montar una fábrica o un comercio. Curiosamente, las teorías del desarrollo que dominaron el siglo XX subestimaron la clásica visión moral, para enfatizar el predominio de la voluntad equipada con maquinaria o del capital vertido en un punto supuestamente adecuado. Solamente en el último cambio de siglo se ha recuperado la vieja percepción moralista, para entender que la expansión mundial del capitalismo fue una auténtica «revolución cultural» que impuso una mentalidad muy determinada allá donde triunfó.[9]

En la medida en que Cataluña era una muy entretejida «sociedad de familias», era casi espontáneo entender la expansión asociativa como una extensión de las redes familiares y de la amistad íntima, atribución de roles sociales en la cual la sociabilidad era una versión más distante o formal de la domesticidad. Los catalanes formados en tal pauta moral se reconocían entre ellos y confiaban en los tratos que el marco asociativo propiciaba.[10] La «sociedad de familias», pues, crecía corporativamente, mediante las instituciones privadas de todo signo (empresariales, profesionales o laborales) que configuraban la propia sociedad civil.[11] La consecuencia visible de esta visión integradora fue que, si bien a todo el mundo le gustaba hacer dinero, no hubo un ideal de beneficio salvaje mediante el crecimiento de un individualismo consumista, hasta llegar a un mercado masificado en la segunda mitad del siglo XX, es decir, en un futuro entonces muy lejano.[12] Los catalanes, como demuestra toda la especulación sociológica noventayochista alrededor del tema, ya tenían bastante mala fama de ser «individualistas» como para añadir más leña al fuego.[13]

En resumen, la centralidad de la sociedad civil no estaba reñida con la idea de ciudadanía que propiciaba la revolución liberal a partir del Estado, pero no era lo mismo, ya que enfatizaba el valor de las instituciones privadas en vez del peso absoluto de las públicas, supuestamente neutrales en los conflictos de interés. La idealización de la sociedad civil, por el contrario, asumía la parcialidad con entusiasmo, por suponerla auténtica, orgánica, viva, pero condicionaba esa reivindicación al supuesto de que la vida asociativa estaba configurada por un consenso de fondo. Así se configuró el imaginario catalanista, pero, antes de despreciarlo por su criterio unilateral, vale la pena recordar que el obrerismo libertario se edificó sobre un supuesto análogo. A partir de tales sedimentos ideológicos, el crecimiento de Barcelona, rival en dimensiones de Madrid a partir de mediados del siglo XIX, reforzó la percepción de que la capital catalana encarnaba una forma de ser, adaptable al futuro, de algún modo distinta a la que representaba la capital estatal.[14]

Así pues, el «hecho diferencial» consistía en que, en el contexto decimonónico, la relativa excepcionalidad catalana histórica, fundamentada en unas tradiciones sociales y políticas autóctonas, pasó a basarse, a ojos de propios y foráneos, en la singularidad de una industria, en el hecho metropolitano de Barcelona, única rival urbana de la capital del Estado, y en la trama distintiva de una sociedad civil que caracterizaba el vínculo entre producción, comercio y ciudad en Cataluña.[15] La lengua catalana, además de ser realidad viva urbana y no un mero patués mal manejado por unos «señoritos» para entenderse con criadas o payeses, pudo convertirse en el nexo simbólico entre pasado y futuro.[16] En este sentido, la identificación del ser regional y/o nacional catalán con el idioma tuvo una inmediata función social, ya que conectó la nostalgia por lo que se perdía mediante la revolución liberal y la modernización capitalista con la capacidad de reacción ante el porvenir, al ser el habla no sólo un recuerdo popular vivo, sino asimismo el medio de asimilación de los forasteros, presencia por otra parte mayoritariamente venida, hasta las primeras décadas del siglo XX, de tierras cercanas (Aragón, Valencia, las Baleares) y, por ello, no demasiado extrañas en expresión verbal y hábitos de relación. En marcado contraste con el nacionalismo vasco, que reaccionó ante un cambio social industrializador, hasta ecológico, mucho más abrupto, y, en consecuencia, se agarró al racismo como reivindicación identificativa que no ofrecía camino de acceso posible a los *maketos* recién llegados, el catalanismo insistió en el medio potencialmente inclusivo del idioma y, a través suyo, ofreció una entrada informal pero controlable a la sociabilidad masculina, a las *penyes* catalanas que eran el corazón vivo de la sociedad civil del Principado.[17]

La lengua catalana, por tanto, se convirtió en la señal de que se poseían las actitudes normativas que distinguían el funcionamiento social o, en el caso del forastero, la capacidad para adquirirlas, para «entender» la idiosincrasia particularista. Así, desde el primer momento, para el catalanismo el idioma vino a ser central, indiscutible: en los muy conocidos términos de McLuhan, era el medio que deviene el mensaje. Precisamente por haber sido ahuyentado de las instancias, los «saludas», los «besamanos» y demás papeleo oficial, amén del trato formal de los edificios estatales barceloneses (o de las otras capitales de provincia), el catalán se reafirmó en los pasillos como lengua de trabajo, idioma de la sociedad civil.

Esta evolución ha tenido unas implicaciones muy determinadas. En primer lugar, ha significado que cualquier impulso racionalizador del Estado, desprovisto de otra intención consciente que rendir más eficaz la burocracia, podía ser visto como una agresión.[18] La administración española –débil e ineficaz y, por tanto, muy autoritaria y, a su vez, muy susceptible– ha ido en la dirección de «hispanizar» a ciegas, con la aspiración de asentar un mejor control para el cumplimiento de sus deberes, sin por ello tener muy en cuenta las variaciones culturales, más bien al contrario. Toda mejora en los servicios del Estado, fuera una extracción, un control o una aportación, ha tendido en consecuencia a reforzar sentimientos contrarios entre quienes, como usuarios de los servicios públicos, sentían que la supuesta mayor eficacia comportaba para ellos una creciente molestia o coste.

En segundo lugar, esa misma dinámica catalana de respuesta persistente ante el Estado ha propiciado una cultura desequilibrada, por defensiva. El resultado ha hecho que el medio catalán sea, aún hoy, profundamente solipsista y muy sensible, dado a responder minuciosamente a cualquier desprecio «castellano» con la insistencia airada en la propia valía colectiva, pero, a la vez, presto a replicar con escepticismo automático ante las pretensiones de prestigio nacional habituales en la expresión retórica española. Existe una «confianza» latente, a pesar de las rencillas entre «capillas», sobre un estilo catalán de trabajo en común y su esencial bondad, frente a una marcada y generalizada desconfianza respecto a las intenciones estatales y su manera de actuar.[19] Ante la irritación forastera por el apego catalán a su idioma de escasa circulación, manifestada a lo largo de más de un siglo, la contestación, nada titubeante, no solamente asegura la vitalidad del vehículo propio como medio literario y hasta científico, sino que, por añadidura, cuestiona las ínfulas de creer que el castellano sirve en verdad como lengua mundial y soporte para la obra técnica o investigadora.

La reiteración discursiva y lo que esconde

Es habitual insistir en la tenacidad de los catalanes con su identidad y su «hecho diferencial» ante la España castellana, así como su tozudo apego al idioma; tan reputado observador de la *longue durée* catalana como el historiador francés Pierre Vilar quiso subrayar este punto en su gran obra sobre *Cataluña en la España moderna*.[20] No se entrará aquí en las continuidades de conciencia en el terreno más propio de la antropología, desde la tradición religiosa acumulada hasta la evolución de la cultura popular, pero es indudable que hay una clara conexión entre los discursos cultos y la polemística política del siglo XVII (o hasta de la centuria anterior) y la formulación de posturas nacionalistas a partir de la segunda mitad del siglo XIX. Sin valorar la trascendencia mayor del hecho, lo que parece consistente en el discurso político e historiográfico catalán desde los Austrias hasta hoy es la repetición de unos argumentos básicos. La premisa fundamental es que el objeto ideal de toda investigación es la propia sociedad catalana y su historia, como réplica a desaires o injurias concretas de las fuentes castellanas o francesas o, más sencillamente, a una tónica despreciativa que se intuye en las actitudes de éstos y aquéllos, a partir de sus respectivas hegemonías política y cultural. Por lo tanto, el propósito fundamental de los «estudios catalanes» sobre temas políticosociales no es atender al «Otro» en su terreno, sino contestar sus pretensiones con los apropiados testimonios catalanes.

La justificación catalanista ha consistido en unos temas centrales. En primer lugar, se insiste, Cataluña no es Castilla ni tampoco es Francia: es simplemente Cataluña. Tiene una lengua diferente, con una literatura propia, que es tan bueno como cualquier otro idioma, concretamente como el castellano o el francés. Luego, en segundo lugar, «España» solamente se puede entender como Castilla y Cataluña juntas, pero los castellanos han usurpado la idea española y la han hecho suya, monopolizando unas instituciones que tendrían que ser comunes y apropiándose del término (como en la idea de que el idioma castellano es «español», cuando el catalán tiene idéntico derecho a tal adscripción). Tercero, Francia es una amenaza permanente (planteamiento válido mientras la religión fue el principal sostén de la identificación política, o sea, hasta las primeras décadas del siglo XIX): ante los insultos gratuitos, la corrupción moral y la presión militar de los *gavatxos*, los catalanes se habían mantenido junto a los castellanos como españoles, a pesar de la injusta falta de reconocimiento y equiparación que habían tenido que aguantar. Sin embargo, en cuarto lugar, Cataluña se parece de muchas maneras más a Francia que a Castilla (idea introducida con la pacificación de la frontera tras los años 1820-1839 y con la industrialización catalana en profundidad, lo que cambió los patrones migratorios, llevando a que más catalanes emigraran a Francia que franceses –u occitanos– vinieran a España a través de Cataluña). Tal semblanza implicaba el hecho de que Cataluña era «más europea» que el resto de la Península en sus costumbres, que se caracterizaba por una sociedad civil articulada y unos comportamientos interiorizados, y que, por ello, los catalanes debían «modernizar» España. Finalmente, la suma de todos los argumentos, desde el interés exclusivo o militante por lo propio hasta las razones afirmativas, sirve en sí como una prueba más: la repetición de argumentos históricos, según la opinión catalanista, demuestra de forma fehaciente la consistencia nacional catalana.[21]

Todos estos planteamientos juntos forman un sistema ideológico que es visiblemente cerrado sobre sí, pero a la vez sorprendentemente flexible, en la práctica, dentro de sus estrechos límites. Sin embargo, formulado en abstracto resulta durísimo. Sirve como muestra la propuesta de sociedad civil reduccionista, en un ensayo de «biologia lingüística», que en 1895 hizo un joven Joaquim Casas-Carbó (1858-1943), primo hermano del pintor Ramon Casas y financiador de *L'Avenç* como editorial, un hombre de la Lliga hasta que salió de ella en 1906 en dirección nacionalista-republicana. Casas-Carbó proponía la «defensa consciente» contra la asimilación castellana:

> Los medios empleados para esta defensa son generalmente los siguientes:
> 1.° La mayor comunicación posible con los individuos de habla igual o semejante a la propia.
> 2.° La menor comunicación posible con personas de habla diferente.
> 3.° El cultivo literario de la propia lengua.

4.º El convencimiento completo de que ésta es superior al idioma del cual se defiende, y, como corolario, el desprecio más o menos manifiesto hacia aquél.

5.º Un fuerte espíritu de propaganda del idioma propio y de sus excelencias.

Solamente empleando estos medios de aislamiento puede el individuo defender su lengua de los ataques de la lengua que la rodea. Solamente así crea una atmósfera adecuada que la preserva de la corrupción y la muerte.[22]

Dado que el conjunto argumental es aislante, ofrece una protección blindada a la contradicción, que puede ser atribuida, en general y desde fuera, a mala fe españolista, la «catalanofobia» dispuesta siempre con argumentos ancestrales sobre la desidia catalana que, a su vez, datan de los polemistas castellanos del siglo XVII, o, en concreto y desde dentro de la sociedad catalana, a la traición de algún catalán malnacido o *botifler* (el nombre despectivo que se aplicó a los partidarios de la causa felipista en la Guerra de Sucesión española y que fue recogido por el catalanismo).[23] No obstante, en tanto que discurso defensivo, adolece de múltiples debilidades, siendo la más remarcable la confusión estructural entre los comportamientos genéricos y la militancia. Qué duda cabe de que, todavía en la segunda mitad del siglo XIX, existía una gran mayoría de catalanófonos y que las presiones españolizantes levantaban ampollas y protestas, que automáticamente se expresaban en nombre del colectivo catalán.[24]

Así, se ha supuesto que la representatividad popular del catalanismo, en tanto que actitud genérica, presumiblemente fue expresada políticamente por las formas protestatarias de las incipientes izquierdas democráticas y obreristas, ya que la burguesía catalana partidaria del liberalismo fue neta defensora del intervencionismo en la política constitucional y, por lo tanto, favorecedora de la diglosia entre idioma de Estado y «dialecto» patués.[25] Pero el catalanismo *en tanto que movimiento nacionalista explícito* no surgió hasta los años ochenta, para buscar su forma más claramente política en la medida que avanzaba esa década y llegaba la siguiente.[26] Si bien la tradición catalanista actual cree encontrar explicitación patriótica en todo rastro, la realidad es que toda la claridad del sistema ideológico catalán era defensiva hacia fuera, para dejar margen de maniobra interior. La muestra del funcionamiento real, que no ideal, justamente es el elevado grado de contradicción que se puede encontrar: la afirmación contundente de pureza patriótica en una ocasión se sucede en otra por el elogio del realismo político (o sea, la salida hacia el contexto español), según las necesidades tácticas.[27]

Muy al contrario de lo que narra la glosa interpretativa de la tradición propia del nacionalismo catalán, la clave de los giros y las evoluciones, tanto personales como de partido o facción, reside en *la ambigüedad interna del sistema ideológico*. Sin esta imprecisión o vaguedad por todos compartida y comprendida, el sistema discursivo no podía haber sobrevivido tanto tiempo, ni se hubiera adaptado a condiciones tan diversas como las del siglo XVII, el XIX o el XX, con tan poco en común en cuanto a modos de producción y costumbres sociales. *La anfibología se encuentra en una paradoja cruzada: cuanto más pureza, más impotencia política coyuntural, pero cuanto más poder, mayor distancia de los ideales de plenitud comunitaria o nacional, cuya alternativa conceptual es la desaparición de la patria.* En términos ideológicos, la paradoja del comportamiento se resume en la contradicción entre la idea de que España no puede ser sino la unión, en plano de reconocimiento mutuo, de Cataluña y Castilla, y la noción de que el exclusivo objeto de interés debe ser Cataluña, dejando aparte España (por lo que se entiende Castilla y viceversa). *Resumiendo, el gran éxito del catalanismo y la prueba de su pretensión a ser expresión de actitudes históricas muy lejanas está en la ambigüedad de su discurso, pero su secular fracaso también está ahí.*

La aportación fundacional: Almirall frente a Balaguer

Al contrario de lo que se podría esperar (y que, con frecuencia, se ha supuesto mirando a Cataluña desde el prejuicio españolista), la fórmula política que, a muy largo término, ha caracterizado al catalanismo no ha sido expresión de confrontación independentista y antiimperial, por mucho que tales criterios siempre la han nutrido. Por el contrario, *desde Cataluña y con algo de excentricidad política, se han reivindicado formas de identidad colectiva en el seno del Estado y, en consecuencia, de ciudadanía múltiple, basándose en la territorialidad y evitando precisar si el contenido institucional debería ser monárquico o republicano.* Ernest Lluch, inclinado a reivindicar las lecciones del pensamiento dieciochesco como aplicables a la rigurosa contemporaneidad, argumentó que hubo una «alternativa catalana» al centralismo borbónico de Felipe V, que se mantuvo viva en el exilio vienés de los partidarios del archiduque Carlos. La implicación sería que, al menos de manera implícita, ello inició una suerte de tradición «austracista» que, soterradamente, bajo dos siglos de Borbones, marcó la conceptualización catalana de su particular relación con España o, mejor dicho, de su manera de concebir ésta, tal como debiera ser, reapareciendo cual Guadiana en los carlismos y federalismos catalanes.[28] El hecho de que los históricos derechos catalanes, equivalentes a los fueros de otras partes hispanas, se llamaran «constituciones», ha concedido una motricidad especial, de regusto modernizante, a tales argumentos. No queda claro, sin embargo, que esta perspectiva de una Monarquía tradicional regida por consejos y con fueros, no centralista, fuera tan específicamente catalana, y no además parte y reflejo del «Partido Castizo» que, dentro de España y con capacidad para llegar de la aristocracia al pueblo llano, pudo hostigar los gobiernos reales desde la crisis del reinado felipino de 1724 en adelante, en «una ofensiva secular que no cejaría hasta 1808».[29] Tampoco parece convincente, como otros han argumentado, que la lógica «constitucional» catalana, dejada prosperar sola, hubiera llegado a florecer como un parlamentarismo maduro y liberal (aunque todo sea posible en los argumentos «contrafactuales», en los que se explora «qué hubiera pasado si...»).[30]

Sea como fuera, la formulación más clara y que sirve como nacimiento explícito del «catalanismo» ideológico –está el vocablo ya en circulación con anterioridad–, surgió en pleno debate de los años ochenta del siglo XIX sobre la reordenación de la administración local, entre propuestas de políticos destacados como Silvela, Moret o Romero Robledo. Según un criterio ampliamente compartido, el adelantado fue Valentí Almirall i Llozer, codificado por la posterioridad como «fundador» del movimiento nacional, aunque, como Moisés, nunca llegó a pisar la tierra prometida del catalanismo en marcha.[31]

Nacido en Barcelona en 1841, Almirall había vivido intensamente la revolución iniciada en 1868, saltando a la celebridad como promotor del Pacto de Tortosa de mayo de 1869, un acuerdo que reivindicaba la coordinación de los republicanos de las tierras de la antigua Corona de Aragón, todo con un lenguaje historicista recargado, lleno de recuerdos de libertades perdidas, tomado del entonces famosísimo novelista e historiador Víctor Balaguer i Cirera (1824-1901).[32] Hoy casi olvidado excepto para los historiadores, este escritor, que entonces disfrutaba de un gran renombre por su vasta producción como poeta, novelista, dramaturgo e historiador, era conocido como la encarnación de un «resurgir catalán» que se sentía cómodo con los avances progresistas. Destacado político liberal catalán, Balaguer fue asimismo arquitecto de una alianza poética con el movimiento Félibrige provenzalista en aras de un vasto encuentro latino y, por ello, converso al ideal iberista en anticipación de la revolución del general Prim contra Isabel II.[33] Pero también Almirall se sintió «félibre» tras haber conocido a Fréderic Mistral cuando éste visitó la capital catalana en mayo de 1868 y estrechó lazos con los provenzalistas, como mostró durante su exilio en 1869 en Marsella.[34] Había, pues, una clara rivalidad entre el literato y político liberal, partidario del federalismo monárquico, y el agresivo federalista republicano.

En su época más creativa, Balaguer había publicado una obra doctrinal, titulada *La libertad constitucional. Estudio sobre el gobierno político de varios países y en particular sobre el sistema por el que se regía antiguamente Cataluña*. El libro, aparecido en 1858, con cierto regusto de balance político catalán ante el relativo fracaso del esparterismo a mediados de los años cincuenta, estaba más bien obsoleto diez años más tarde, especialmente para una izquierda en plena radicalización republicana ante la revolución constitucionalista. En sus páginas, Balaguer hizo un canto encendido a una posible lectura liberal de las medievales «Constituciones» catalanas: «La antigua Cataluña, en la época en que los reyes constitucionales de Aragón estaban considerados en la primera línea entre los soberanos de Europa, ofrece al observador político un manantial inagotable de estudios.»[35] Comparando el supuesto sistema catalán con Inglaterra, el ardiente escritor consideraba que «la libertad constucional era indestructible en Cataluña», como, por extensión, había sido «la libertad constucional en los Estados de la Corona de Aragón», frente a «los fatales resultados del absolutismo en España».[36] El sentimiento de amor a la libertad era tan arraigado en el pueblo catalán que Balaguer no dudaba en calificarlo de «racial».

A pesar de exaltadas afirmaciones y por mucho que escribiera poesía y ensayo en catalán, no vio atractiva la reivindicación lingüística como pauta política. Cara a España, Balaguer apelaba a la Corona de Aragón como precedente útil para una reforma de la Monarquía centralista, argumento siempre atrayente y querido en el ambiente catalán y, como tal, hasta cierto punto imperecedero. El apego de sus gentes a la libertad serviría para despertar la tradición truncada del liberalismo en la antigua Corona de Castilla (siendo el culto a los comuneros un tópico del decimonónico constitucionalismo hispano de cualquier signo). Nada por supuesto de «imperialismo», que para el poeta e historiador era sinónimo de absolutismo en tiempos de recobrada desconfianza antibonapartista.[37]

Según el parecer balagueriano, las instituciones catalanoaragonesas eran «modelo y ejemplo de libertades y de federalismo con monarquía que no deberían desaprovechar para sus estudios los políticos modernos».[38] La fórmula era una recreación romántica, un tópico muy extendido por entonces en Cataluña, pero su endeblez no preocupó al poeta e historiador.[39] Era una idea a la que volvió machaconamente una y otra vez, tanto en su faceta de político, con su diario *La Corona de Aragón*, con el que mantuvo relación mientras duró el Bienio Progresista, entre 1854 y 1856, como en su obra de historiador, su *Historia de Cataluña y de la Corona de Aragón* (1860-1863), considerada la primera historia general del país publicada desde principios del siglo XVIII.[40] En un escrito publicado en 1866, al explicar su propósito como escritor y político («La Roma del autor»), Balaguer se defendió de la acusación injuriosa de provincialismo para pasar al ataque con una visión expansiva del futuro, fruto de la «virilidad racial» catalana. Primero contestó a sus críticos, asegurando que en verdad eran ellos los auténticos patanes: «llaman nacionalidad a las cosas de Castilla, como si Castilla fuese España». Por el contrario, él era un auténtico patriota hispano, con lo que explicitó su ideal: «[...] yo, literaria, histórica y políticamante hablando, estoy desde hace mucho tiempo consagrado a los intereses de la *Corona de Aragón*». Reconstruir aquella unión, pues, era una tarea catalana, más de lo que podría parecer a primera vista: «No como se debiera hacer, sino como yo sé y puedo, rindo culto a la idea [de la Corona de Aragón], y trabajo de buena fe para enaltecer a mi país, para recordar sus glorias, para contribuir a popularizar las altas virtudes y los hechos insignes de nuestros abuelos, para mantener viva la fe en la raza que creo que es la que mejor ha conservado la virilidad de acción y de pensamiento entre las razas ibéricas, para, con ejemplos de enseñanza provechosa, despertar en un nuevo Godofredo [de Bouillon] la idea de conducir esta raza hacia su Jerusalén prometida; [...].»[41]

Balaguer, pues, encarnó el planteamiento rival que el joven Almirall, vocero federal con cierta soberbia de nueva generación, pretendió superar. Por algo había empezado, en su Pacto de Tortosa, por la republicanización de la gran idea de don Víctor; y por algo asimismo retuvo el argumento de diferencias culturales o «raciales». Al mismo tiempo, para Almirall, el escritor y político liberal también representó un trasfondo ideológico –de afirmación emotiva de raíces– frente al seco doctrinarismo, basado en la defensa de los derechos ciudadanos individuales, del caudillo federal don Francisco Pi y Margall, quien, aunque barcelonés de origen, se concebía a sí mismo como líder de un movimiento *español* y no meramente catalán. Para adelantarse a ambos, llegada la ocasión, Almirall recurrió a la afirmación lingüística, avanzada ya antes por la agrupación La Jove Catalunya, fundada en 1870, con su revista *La Renaixensa.*[42]

En sus inicios, sin embargo, Almirall no iba por ese camino; es más, tardó en primar esta vía política. Durante el Sexenio Revolucionario, Almirall se hizo famoso por su periódico diario, *El Estado Catalán*, portavoz de los federalistas catalanes publicado en Barcelona de 1869 a 1872 y, después, en Madrid en 1873.[43] Puesto a superar, en especial tras el fracaso de la experiencia republicana, Almirall quiso adelantarse en sentido práctico de la política (en oportunismo, si se prefiere) al teórico y jefe federal Francisco Pi y Margall. En su versión, del todo interesada, discrepó de Pi por el exceso de racionalismo del jefe federalista, alejado de los contextos políticos, por sus gustos «prouhdonianos [sic] y comunalistas (perdonen la palabra)» y su pretensión «desde Madrid [a] *bajar* a las provincias».[44] Almirall rechazó tanto la doctrina nueva propugnada por Pi, el «pacto sinalagmático», como su pretensión de poder actuar como encarnación y «símbolo del federalismo».[45] Sin embargo, cuando rompió con su antiguo líder en junio de 1881, su separación tuvo algo a la vez de sorpresiva y calculada, ya que Almirall estaba evidentemente irritado porque Pi no le apoyó en contra del parecer de la mayoría de los cuadros del Partido Federalista catalán.[46] En esa coyuntura, libre de vínculos de partido, Almirall creía poder forjarse un destino político propio.

El proyecto político de don Valentí

En los años 1879-1881, se convirtió en pionero del periodismo cotidiano en catalán con el *Diari Català*, aunque el experimento de una vertebración periodística para la ulterior edificación movimentista fracasó rotundamente.[47] Era un hombre rico, sin impedimento para dedicar su fortuna a su empresa política, pero ese talante independiente le daba más resultado en el mantenimiento de publicaciones que en la creación de organismos políticos.[48] Planteada su personal trayectoria al margen del federalismo ortodoxo, en la práctica Almirall se encontró forzado a liderar una alianza en nombre de la unidad catalana, en gran medida como respuesta superadora a las posturas cada vez más encontradas entre obreristas y católicos acerca de la tensión social urbana, contradicción que dominaba el escenario barcelonés en la primera mitad de los años ochenta.[49]

La coyuntura intelectual, sin duda, entonces parecía propicia a una redefinición de las energías culturales. Como observó, hacia mediados de la década, el «encargado de misiones del gobierno francés para el estudio de las industrias del arte en Europa»: «Este renacimiento nacional, que yo considero como uno de los elementos más activos de la prosperidad de las industrias artísticas extranjeras» ya no estaba «circunscrito en los dominios de las disertaciones platónicas de los historiadores y de los críticos de arte», sino que había «entrado en el período de la aplicación industrial y artística».[50] ¿Si esto lo pensaba un gris funcionario francés, qué no iba a especular Almirall? Empezando en 1880, la iniciativa unitaria almiralliana, rica en supuestas sinergías, destapó un considerable debate cruzado en la prensa de Barcelona, que, no sin razón, ha sido caracterizada como la «Gran Polémica Catalanista».[51] Fue Almirall quien lanzó la consigna de un primer «catalanismo» unitario, capaz de reunir corrientes muy diversas, *para dar el salto de una concepción literaria del término a un sentido ya explícitamente político.* Como decían sus admiradores en la colonia catalana en el lejano Montevideo: *«[l]o catalanisme no deu ésser tan sols literatura, com mal ho entenen alguns, lo catalanisme deu entrar de plé y activáment en la vida política»*, y ello era gracias a la labor incansable de Almirall, especialmente de 1878 en adelante, dedicado *«á la gran causa del catalanisme, no del catalanisme exclusivament literari, sino del catalanisme en totas sas importants manifestacions».*[52] Con un periódico propio, empezó la difusión de su mensaje unitario con la fórmula de un «Primer Congreso Catalanista» en 1880 y otro, «Segundo», en 1883.[53] Pronto añadió una entidad como un punto de apoyo político que sustituyera a su diario, acabado en junio de 1881. En ese sentido, tras haber lanzado la idea públicamente en el primer congreso, estableció el Centre Català, un remedo de ateneo alternativo y círculo político, en 1882, con la intención de que fuera un núcleo organizativo, rodeado de sucursales.[54]

No todo fueron simpatías y facilidades. En el estrecho y envidioso contexto catalán, muchos creyeron que el Centre Català almiralliano, lejos de ayudar a «centrar» conflictos sociales y reivindicaciones patrióticas, era una tentativa para asegurar su protagonismo, su «centralidad» personal. Al vivo temperamento de Almirall le costaba aguantar el prolongado roce con los muchos católicos medievalizantes y con la falta de realismo político de la que hacía gala la gente de la ya histórica La Jove Catalunya, como, muy destacadamente, el dramaturgo Àngel Guimerà i Jorge, nacido en Santa Cruz de Tenerife en 1845. Aunque La Jove Catalunya quedó más bien muerta como entidad a partir de 1875, Guimerà pactó continuar su experiencia en *La Renaixensa,* revista quincenal en catalán desde 1871 y diario desde 1881. A tal efecto, esta cabecera fue convertida de revista en diario a principios de 1881, con la no tan tácita intención de cortar el camino de politización «intervencionista», reclamada por Almirall, para ofrecer un mensaje alternativo *patriótic, d'unió* que pudiera superar la llamada almiralliana.[55] Con *La Renaixensa*, pues, el confuso idealismo de Guimerà retuvo una cierta influencia, capaz de entorpecer iniciativas rivales. Desaparecido el *Diari Català* y sobreviviendo *La Renaixensa*, la formación del Centre Català el año siguiente sirvió, pues, como maniobra de contraataque, por envolvimiento, que obligó a Guimerà y su periódico, precisamente por sonar la nota unitaria, a participar. Mantener la propia posición ante tales matices requería cierta templanza de carácter, pero Almirall no era un hombre templado.

A partir de estas experiencias, la gran operación de Almirall fue provocar, desde su Centre Català, la convocatoria de una multitud de entidades de todo tipo a un acto público en enero de 1885, celebrado en el vestíbulo de la Lonja barcelonesa, para protestar tanto por la política de unificación del código civil español, como por el convenio comercial con Gran Bretaña.[56] A raíz del magno encuentro en la Lonja, la intención era ofrecer al monarca una petición que resumiría las quejas surgidas de la propia sociedad civil barcelonesa. Se proponía un nuevo tipo de reclamación que sin embargo fuera como las que, en lejanos tiempos históricos, se habían presentado ante la Corona en las antiguas Cortes catalanas. La reunión fue un éxito, con una concurrencia presidida por el muy católico Joaquim Rubió i Ors, conocido poeta catalán (Lo Gayter del Llobregat) y catedrático de historia. Al estar las reclamaciones encarnadas en una variedad considerable de entidades, con un ostensible contenido ideológico trasversal, se suponía que éste era representativo.

Abrigada por la inmediata intención de protesta, así como por el recuerdo anticuario, del acto salió una comisión encargada de redactar una *Memoria en defensa de los intereses morales y materiales de Cataluña*, si bien la autoría predominante fue la del mismo Almirall, apoyado por Ramón Torelló i Borràs, quien participó en la elaboración de las partes económicas.[57] Pero todo el mundo sabía cómo tenía que ir la cosa. Según el testimonio del entonces joven Joan Garriga i Massó, cuyo padre era muy amigo del principal interesado: «Almirall ya lo tenía redactado y fue aprobado por aclamación.»[58]

Almirall era perfectamente consciente que la presentación de su *Memoria* era un *gesto casi aconstitucional*, formalmente legal pero sin verdadero contenido más allá del espectáculo político. Provocando una amplia reacción cívica, que aseguraba la participación activa del grueso de la sociedad civil barcelonesa, su verdadera intención era sentar un precedente para un eventual movimiento político de signo contestatario, capaz de fundir un nacionalismo difuso, todavía institucional, con el replanteamiento modernizado, corregido de excesos, del federalismo. Así se dejaba atrás al republicanismo federal, en exceso doctrinario, y se imponía una dirección política al exceso de ideología del catalanismo de *La Renaixensa*, carente de espíritu empírico.

Al mismo tiempo, Almirall pretendía cortarle el camino al liberal Balaguer, nacido en la ciudad condal, pero identificado con su feudo político de Vilanova i la Geltrú. El literato y político tenía la reputación de ser alguien abierto, como monárquico y como liberal, a las corrientes federativas incluso en su forma más extrema (tradujo algo de *Du principe fédératif* [1863] de P. J. Proudhon, aunque sólo fuera un fragmento, antes que lo hiciera Pi y Margall). Por lo tanto, pese a que ya hubiera dejado atrás sus momentos más estelares, Balaguer todavía podía recoger amplias adhesiones por la izquierda en Cataluña. Peor todavía, a ojos almirallianos, por aquellos años el político liberal se había destacado por sus esfuerzos de colaboración con las entidades económicas barcelonesas más activas en el reclamo proteccionista. En concreto, Balaguer había protagonizado –si bien no fue el único– la idea de una «diputació de Cataluña», compuesta de sus representantes elegidos para velar en la capital estatal por los intereses del Principado.[59] Ahora, por necesidad, Almirall le pretendía anular políticamente en la medida de lo posible. Así, en esta línea y más o menos por esas fechas, el escritor satírico y compositor de piezas ligeras Josep Coll i Britapaja, federal afín a la tertulia de Soler *Pitarra* y, por tanto, también a Almirall, retrató a Balaguer como un pomposo, que aseguraba que «¡Yo el trabajo nacional lo defiendo ante el Universo!», para que le contestara otro comparsa (Morayta) que «[...] lo defiende en verso y a ratos y en provenzal».[60] Había ganas de rebajar al ampuloso literato y político. Por lo demás, cuanto más ingenuos fueran los demás partícipes en la gestión de la *Memoria*, mejor resultaba desde el punto de vista de Almirall, ya que su decepción o desilusión asegurada serviría de alimento a su futuro movimiento.

El texto de la *Memoria* era una reflexión sesuda, que comenzaba con las características físicas de la península Ibérica, dividida entre tres Estados (España, Portugal y la «colonia fortaleza» de «una tercera potencia», o sea, el Gibraltar británico), para seguidamente plantear su variedad racial. A partir de la diferencia étnica, se analizaban dos conceptos contrapuestos de sociedad, sociabilidad y ley:

> De la oposición de caracteres entre los dos grupos proviene también la diversidad de tendencias, instituciones e ideales en las varias regiones españolas. El carácter generalizador, el afán de predominio del castellano está impreso en cada una de las páginas de su legislación propia. Su base es la autoridad; su objetivo la igualdad en la obediencia de la masa del pueblo. El carácter analítico catalán está asimismo impreso en cada una de las instituciones de su derecho indígena. Su base es la libertad civil; su objeto el desarrollo relativo de las varias comarcas a que se aplica. La tendencia uniformista castellana teme hasta la prepotencia de la familia, y la organiza débilmente, sobre todo al relacionarla con la propiedad, en tanto que el respeto a la libertad civil del grupo catalán le lleva a considerar la institución familiar como piedra angular de su derecho. El afán de predominio castellano tritura los bienes de los plebeyos y aglomera los de los nobles, quizá para preparar por este medio soldados y capitanes, en tanto que la legislación y costumbres jurídicas catalanas, ajenas a este afán, tienden a conservar la propiedad en la familia media, y contrarían su aglomeración en manos de los potentados, que han de enajenar por enfiteusis. La tendencia uniformista castellana se marca perfectamente en su idioma. Es quizá el más uniformado de los que se hablan en Europa: carece casi por completo de dialectos, y entre la dicción popular y el lenguaje literario no se nota casi más diferencia que el atildamiento mayor que requiere y permite la escritura. El idioma catalán tiene a lo

menos tres grandes dialectos y un sin fin de variedades locales. Cada comarca, grande o pequeña, tiene su especial manera de expresar el pensamiento.[...]

El pueblo de la parte española de la Península no es, pues, un pueblo homogéneo, sino que está formado por varias razas, grupos o variedades, que presentan caracteres y tendencias no ya distintos sino diversos. Sentado este hecho, ha de sernos permitido sacar las consecuencias que del mismo se derivan.[61]

Según la *Memoria,* estas dos dinámicas contrapuestas dieron pie, como era evidente, a un predominio castellano, con resultados cuando menos discutibles. Por una parte, se podía plantear qué hubiera pasado si la mitad catalana (o catalanoaragonesa) hubiera triunfado: «¡Cuán distinta no sería hoy la suerte de la nación, si el grupo de su pueblo que había formado la Unión aragonesa hubiera entrado en el movimiento constitucional con su carácter entero, aportando al mismo sus tradiciones de verdadera libertad y de respeto mutuo entre todas las variedades regionales!» Se reconocía, sin embargo, que el proceso no había sido exactamente una opresión:

Antes de seguir adelante, hemos de confesar que no estamos libres de toda culpa en los hechos que han producido nuestra anulación dentro del organismo nacional. El ideal uniformista castellano nos deslumbró hasta tal punto, que llegamos a olvidar que la libre organización aragonesa constituía también un ideal, si menos brillante más sólido, que oponer al de los que aspiraban al predominio. En nuestro deslumbramiento, llegamos a conceder que toda unificación era un adelanto hacia la solidez y fuerza nacionales, y por más que nuestro temperamento no pudiera avenirse a los nuevos moldes, nos sujetábamos a ellos por un esfuerzo de la voluntad.

Y se añadía: «Si sentimos entusiasmo por las nuevas ideas, fue entusiasmo reflejado. Allí, por nuestros antecedentes y carácter, debíamos ser los constructores, y nos limitamos a ser auxiliadores de la demolición.» El futuro que se abría, según la *Memoria,* planteaba de nuevo esa oportunidad antaño perdida:

Y el renacimiento va adelantando camino. No cabiendo en los límites literarios o artísticos, aspira ya a fines más trascendentales. Buena prueba de ello es el acto que estamos realizando con la elevación de la presente Memoria al más alto Poder constitucional del Estado. Antes del renacimiento no hubiera sido posible intentarlo siquiera. Es más todavía: ni en Cataluña ni en ninguna de las regiones supeditadas, se hubiera comprendido entonces la conveniencia de exponer en público la más leve aspiración regionalista. Hoy, estamos seguros de que toda la parte del país no interesada directamente en contrariar el renacimiento [la *Renaixença*], está conforme con nuestras aspiraciones, o al menos las ve con buenos ojos.[62]

El contenido más político de la *Memoria* se concretó en ocho puntos, algo reiterativos, para demostrar que «no existe en España un derecho común y otros forales», sino «varias legislaciones regionales particulares», «iguales en jerarquía»; que «la unificación del derecho civil no es indispensable a los fines del Estado»; que no tenía sentido la unificación del código y sí su codificación «de cada una de ellas en particular»; que ello no contradecía la constitución de 1876 y que la activación de las legislaciones particulares era deseable, incluido el esfuerzo que ello significaría para los juzgados y las facultades de derecho de las universidades.[63] En resumen, muy poca exigencia y de escasa ambición para tal viaje.

La fascinación de Almirall por el *self-government*

Ahora bien, Almirall, incontenible en su saber, se cuidó de incorporar toda suerte de detalles e informaciones sobre sistemas políticos. Pero el componente clave de su edificio argumental era el criterio angloamericano del *self-government*, el «gobierno de sí» que diferenciaba a ingleses y norteamericanos de la tradición política francesa que tantos estragos había hecho en el pensamiento político español. *Con esta idea, Almirall situó su argumento fuera del juridicismo individualista y abstracto de la tradición liberal española, para apelar al dinamismo de la sociedad civil.* Así recogió una lección –principal, aunque sutil– del pionero sociólogo galo Hippolyte Taine, entonces en su mayor prestigio. Su fama quedó reconocida tras la publicación en 1876 del primer volumen, sobre el Antiguo Régimen, de su magna obra, *Origines de la France contemporaine*, y consagrada por su elección, como candidato «antirrevolucionario», a la Academia Francesa en 1878 (siendo recibido en la docta casa en 1880).[64] Pero, a pesar de su renombre como gloria cultural galocéntrica, Taine, nacido más de medio siglo antes, en 1828, formado en la crítica literaria, había aprendido su manera de entender el complejo juego social y sus interacciones a partir del estudio de la contemporánea literatura inglesa.[65]

Al mostrar cómo la sociedad inglesa era una efectiva antítesis a los males que aquejaban a Francia tras la derrota de Sedán y los desmanes de la Comuna «roja» de París, Taine, escribiendo en sus *Notes sur l'Anglaterre*, publicadas en 1872, convirtió la idea de *self-government* en la esencia de su interpretación. Para los ingleses en las primeras décadas victorianas, ello todavía tenía un sentido en principio municipalista; en palabras de una real comisión de 1871: «El principio del autogobierno local ha sido generalmente reconocido como la esencia de nuestro vigor nacional.»[66] Pero, a partir de los años sesenta, al calor de la presión democrática, la noción del autogobierno fue sometida a una considerable ampliación. Dada la convicción localista, bien generalizada en el medio cultural y político anglófono de mediados del siglo XIX, el contraste del sistema político inglés con el federalismo norteamericano era menor y esa semejanza sirvió para dar una mayor extensión *territorial* al concepto del autogobierno. Más importante todavía, la articulación constitucional de las colonias británicas –empezando por la creación de la federación canadiense en 1867– dio auténticas alas a la idea, hasta permitir la distinción entre el efectivo *local government* (o gobierno local) y la más ambiciosa y ambigua noción de *self-government* que tan modélica parecía a muchos extranjeros. Influenciado por el positivismo más radical inglés, como el del historiador H. T. Buckle, Taine se interrogó sobre la transferibilidad de este esquema a otras sociedades. Ya antes, a mediados de los años sesenta, en su primera entrega de *Histoire de la littérature anglaise* (cuatro volúmenes, aparecidos en 1863-1864), había establecido su tesis central de que era la raza, el ambiente (o *milieu*) y el momento lo que condicionaba el desarrollo de la sociedad y de la historia.[67] La cuestión, pues, no era baladí.

Por qué, preguntaba Taine, el sistema de gobierno inglés («monarquía más o menos templada, Cámara baja y Cámara alta, elecciones, etc.») fracasaba tan estrepitosamente en el sur y centro europeo («Considérese el efecto grotesco en Grecia, lamentable en España, frágil en Francia, incierto en Austria y en Italia, insuficiente en Prusia y en Alemania») pero funcionaba en el norte («feliz en Holanda, en Bélgica y en los Estados escandinavos»). La respuesta, para Taine, era el tejido social: los ingleses canalizaban sus ansias hacia la actividad; eran ricos, luego les sobraba energía; y, en último lugar pero de destacada importancia, según el francés, su costumbre de autogobierno era inseparable de sus hábitos capitalistas: «por tradición, antigüedad del *self-government,* difusión de los conocimientos económicos».[68] La sociedad civil era la herencia positiva de la biología, del ambiente y de la coyuntura; mediante su tejido, los componentes daban su fruto. El planteamiento de Taine vino a ser una concreción en una ya larga tradición de «anglomanía», de fascinación «continental» por las formas de libertad y la libertad de opinión de la especial sociedad insular.[69] Es más, Taine, muerto en París en 1893, llevó su criterio al extremo de exigir ser enterrado con rito protestante, para escándalo de la opinión católica y conservadora.[70]

La derecha conservadora española, por su parte, miraba con notable escepticismo tales planteamientos reivindicativos del *self-government.* A pesar de anglófilos más o menos aislados como Martínez de la Rosa, en la tradición del liberalismo «moderado» hispano no figuraba ni la consideración de la sociedad civil como un valor político en sí, ni mucho menos la apreciación positiva hacia las consecuencias sociales de una perspectiva sobre la vida y el comportamiento que bien podría llamarse «posprotestante». Así, por ejemplo, bien tempranamente, en el verano de 1882, Francisco Silvela (1843-1905), recomendaba «cierta humildad y modestia» a «los más entusiastas» del «gobierno parlamentario y representativo», humildad «de la que por lo común carecen cuando tratan de discurrir formalmente sobre la virtualidad propia y genuina de las conquistas de la libertad, de las maravillas del *self-government* y de los prodigiosos principios del 89 aplicados al desenvolvimiento y progreso de los pueblos».[71] Se debería añadir que Silvela no fue un reaccionario irreflexivo, sino la figura intelectual preeminente del conservadurismo tras Cánovas del Castillo y quien puso de moda la noción de «regeneración».[72] El mismo Cánovas parecía concordar sobre el fondo de la cuestión: como dijo «el Monstruo», en mayo de 1884, al hacer una importante declaración de principos: «Dadme una Monarquía tan robusta como la inglesa, no discutida por nadie, y la Monarquía podrá dar tantas libertades como la más democrática República; pero suponer una Monarquía débil, una base de legalidad tímida y cobarde, y entonces aquéllas no podrán menos de restringirse a todos los ciudadanos. Entiendo, pues, la Monarquía como base de la libertad y como base entre nosotros de todas las conquistas de las civilizaciones.»[73] En efecto, ante el ejemplo británico, incluso algunos republicanos podían dudar de sus convicciones formales. Así, por ejemplo, Emilio Castelar, el caudillo de los republicanos «posibilistas», al valorar las idealizaciones de Taine sobre Inglaterra, exclamó con cierta melancolía: «¡Cuán diferentes son los objetos en el Norte y en el Mediodía!» Castelar, el más literario de los republicanos de aquel tiempo, por mucho que considerara al autor francés «filósofo, historiador, crítico, literato, en cierto sentido poeta, siquier nunca escribiera un verso», también pensó que «reducíase toda la filosofía de Taine a un determinismo y a un materialismo verdaderamente desoladores».[74] En otras palabras, unos y otros en la política española desconfiaban de un modelo que presumía un tejido social ajeno al grueso social hispano.

A pesar de tales reticencias españolas, la verdad era que las tesis anglófilas de Taine podían defenderse desde una perspectiva católica o, al menos, anglocatólica, como el peculiar liberalismo del famoso historiador inglés lord Acton (1834-1902). En un ensayo juvenil, «Nationality», aparecido a mediados de 1862, Acton culminó su reflexión con la sentencia de que: «si consideramos el establecimiento de la libertad para hacer posible la realización de los deberes morales como la finalidad por excelencia de una sociedad civil, entonces deberemos concluir que los Estados sustancialmente más perfectos son aquellos que, como el Imperio Británico o el Imperio Austríaco, incluyen nacionalidades diferentes sin oprimir a ninguna».[75] La conclusión actoniana era proyectiva, ya que cuando la escribió todavía no se había dado ni la creación de la Monarquía dual de los Habsburgo ni la del «Dominio» del Canadá, pero su percepción revela hasta qué punto las ideas de la pluralidad nacional y la defensa de las sociedades civiles dentro de los Imperios estaba en el ambiente ideológico de los años sesenta y setenta del siglo XIX, como alternativa conceptual al modelo centralizado de Estado-Nación de raíz francesa, legitimado por la protección a los derechos civiles iguales para todos los ciudadanos y propugnado entonces por las izquierdas filojacobinas.

Influido él mismo por cierto grado de «anglomanía», Almirall tomó la idea de *self-government* e hizo de ella su divisa. El concepto, en todo caso, ya había sido divulgado antes en España, como contestación a las tesis canovistas, por el jurista republicano Gumersindo de Azcárate, en su *Self-government y la Monarquía doctrinaria* de 1877, muy probablemente tomado de la tradición krausista del jurista Heinrich

Ahrens (1808-1874), quien centró su sistema en «el principio de autogobierno aplicable a todas las esferas de actividad humana».[76] Muy al contrario del sentido genérico los divulgadores krausistas o de la más restrictiva definición impuesta por el republicanismo autodenominado «centralista» de Azcárate, Almirall le dio al término un sentido específicamente territorial, consecuente con sus variados sentidos en inglés: «El respeto al particularismo dentro de la unidad nacional es una concepción especialmente inglesa. Hasta el nombre que lo designa, el *Self government*, es intraductible [sic] a la mayor parte de las lenguas.»

Frente a la reivindicada pluralidad del autogobierno «anglosajón», Almirall atribuyó el uniformismo al poco sólido Imperio napoleónico del primer Bonaparte. La falta de libertad territorial, concluyó, tuvo consecuencias nefastas para Francia y trajo la derrota de Sedán, la caída de Napoleón III y su Imperio. Según la *Memoria en defensa de los intereses morales y materiales de Cataluña*:

> En cambio, los Estados que se inspiran en el otro orden de ideas, ostentan todo el vigor real que sus circunstancias les permiten. La nación más opulenta del mundo es el Imperio británico, el país del individualismo y del *Self government*. Ni aun en la metrópolis; ni aun en las islas que forman el núcleo y centro del imperio que se extiende a todos los confines, ha llegado la unificación a ser extremada. Dentro de la unidad nacional, levantan la cabeza las variedades particulares y locales. Fuera del núcleo o centro del imperio, la organización es eminentemente libre. Las colonias del Canadá tienen sus parlamentos, general y regionales, y en ellos se habla oficialmente el francés al lado del inglés. El sistema británico ha dado al mundo el espectáculo de que algunos territorios o islas, como los de Montserrat, Nevis, San Cristóbal, San Vicente, La Granada, Heligoland, Fidji y otros, considerándose incapaces de disfrutar las libertades que se les había reconocido, devolvieran a la metrópolis la autorización de tener parlamento propio, rogándole se sirviera gobernarles directamente: demostrando así, que el sistema británico no sólo satisface sino que se adelanta a las necesidades particularistas. La nación más fuerte de Europa es el imperio alemán, tan poco unificado, que está formado por reinos, principados y ciudades libres o repúblicas, que dentro de la unidad esencial, conservan muchos atributos de la soberanía. Austria-Hungría ha hallado el principio de su regeneración en el particularismo de las varias nacionalidades que la constituyen, y Suecia y Noruega viven tranquilas, unidas sólo por el lazo del monarca. En Bélgica, los dos grandes elementos de su pueblo, francés o valón y flamenco, empezaron por conocerse mutuamente sus lenguas y costumbres, y están hoy en vías de otras transacciones. No queremos detenernos en las naciones republicanas, que, como los Estados Unidos en Norteamérica y Suiza en Europa, deben su prosperidad al reconocimiento de los fueros de la variedad, y haremos notar que, si algunas de las naciones sudamericanas, sangre de nuestra sangre, han logrado ya o están

en camino de salir del estado de perturbación constante en que vivían, esta ventaja coincide con la adopción de puntos de vista más prácticos y positivos, y por lo tanto más particularistas, que los que anteriormente las guiaban.

Con optimismo desbordante, Almirall cerró su argumento con la deducción triunfante: «¡Qué solidez, qué ordenada marcha ostentan los Estados que reconocen los fueros del particularismo!»[77]

Los catalanes en la corte

Para presentar la *Memoria* en Madrid se designó una delegación que consistía en el diputado conservador Marià (Mariano) Maspons i Labrós como portavoz, más el comediógrafo Frederic Soler (*Serafí Pitarra*), el dramaturgo Àngel Guimerà, asimismo director del periódico *La Renaixensa,* el canónigo de Vic Jaume Collell, director del influyente semanario *La Veu de Montserrat* (fundado en 1876), el cura y poeta Jacint Verdaguer (ya famoso por *L'Atlàntida* y a punto de publicar *Canigó*, colaborador activo en el portavoz vigatà de Collell y convencido por éste a participar), el catedrático de derecho Joan Permanyer i Ayats, el fabricante marqués de Santa Isabel, el industrial de sedas Benet Malvehí, el jurista e historiador Josep Pella i Forgas, el secretario de la Asociación de Propietarios Joan Antoni Sorribes, el propio Almirall y, como demostración de ecuanimidad social, un obrero industrial (Manuel Vilà) y un payés (Josep Pujol), ya que Almirall ambicionaba incorporar el naciente obrerismo organizado a su programa unitario.[78] El marqués quedó indispuesto y fue reemplazado por Ramón Torelló, como vocal de la Comisión redactora. Era una comisión sorprendente, que subrayaba un sentimiento unitario catalán muy excepcional en el contexto español, dada la coyuntura política, con una fuerte tensión entre católicos y anticlericales por un discurso del catedrático de Historia y masón Miguel Morayta en la apertura del curso académico a fines de 1884 y su réplica episcopal, choque ideológico sobre la libertad de opinión y el fuero universitario que había dado lugar a una multitud de incidentes, hasta violentos, que se alargó hasta la primavera siguiente.[79]

La petición fue entregada al rey Alfonso XII el 10 de marzo de 1885, en presencia de la reina María Cristina de Habsburgo-Lorena, su segunda esposa. La conclusión de *Memoria* resumía su intención formal:

> ¡Ojalá que los que nos sigan en el camino del renacimiento político-social, sepan presentar la causa regional con los colores de que se digna! ¡Ojalá que este primer ensayo sea el punto de partida del que resulte una evolución en la marcha que ha seguido y sigue la nación española! ¡Quiera Dios que nuestra trabajada

nación pueda regenerarse por el particularismo! El día más feliz de nuestra vida, y así como para nosotros, para la gran mayoría de los españoles, sería aquel en que, restaurada la vida de las regiones; reintegradas las distintas partes que forman el todo nacional en la personalidad de que hoy carecen; unidas todas como hermanas por los lazos de la fraternidad y del interés mutuo, sin imposiciones ni dependencias, y protegiéndose unas a otras en las distintas manifestaciones de la actividad, para sostenerse y prosperar con sus esfuerzos reunidos; reconocidos los fueros de las variedades, pudiéramos juntos lanzar al viento, no por deber sino por gratitud y afecto, un grito atronador de ¡viva España!, en el que se mezclaran las lenguas nacionales, oficialmente iguales en categoría, y unidas en un solo sentimiento. ¡Feliz, más feliz que todos el que en aquel momento ocupara el lugar preeminente en la nación! Entre los firmantes, como entre los que representamos, nos hallamos partidarios de todas las escuelas políticas y filosóficas, y si muchos de ellos tienen en la forma monárquica y en la dinastía actual el ideal de sus aspiraciones, en defensa del que emplearían todas sus fuerzas, otros lo ven en instituciones muy distintas. Hacemos estas observaciones para que tenga más fuerza la declaración con que vamos a terminar. Si al triunfar el regionalismo, presidiera a los destinos de la nación el actual Monarca o uno de sus sucesores, al resonar la aclamación al regenerador de España, que se confundiría con el grito general de júbilo, en esta aclamación tomarían parte las voces aún de los que tienen sus ideales en otras instituciones. Sin renegar de sus principios ni faltar a su dignidad, se creerían en el deber de mostrarse conciliados en aras del bien del país con la Monarquía y con el Monarca.[80]

El portavoz Maspons y Labrós (1840-1885), abogado y empresario (presidente de la Compañía de Tranvías de Barcelona y del Banco Franco Español), empezó su presentación ante la pareja regia de manera más bien convencional, cuidándose de excusar el mecanismo de la petición y asegurando, ante los rumores circulados de una funesta maniobra «independentista», su acendrado sentido español:[81]

Conocemos perfectamente, Señor, las obligaciones que a la regia prerrogativa impone el sistema constitucional y porque lo conocemos, no formulamos en la exposición y en la *Memoria* petición alguna que pueda contrariar los preceptos constitucionales. Pero por lo mismo, conocemos lo que a la iniciativa de V. M. deja la Constitución, nos permitimos rogarle que fije la atención en estos documentos.

No tenemos, Señor, la pretensión de debilitar, ni mucho menos atacar la gloriosa unidad de la patria española; antes por el contrario, deseamos fortificarla y consolidarla: pero entendemos que para lograrlo no es buen camino ahogar y destruir la vida regional para sustituirla por la del centro, sino que creemos que lo conveniente a la par que justo, es dar expansión, desarrollo y vida espontánea y libre a las diversas provincias de España para que de todas partes de la península salga la gloria y grandeza de la nación española.

Pero, a los anhelos expresados en la *Memoria*, Maspons –que para algo era abogado– añadió un planteamiento político concreto, con una lectura algo torcida de la intención almiralliana:

Lo que nosotros deseamos, Señor, *es que en España se implante un sistema regional adecuado a las condiciones actuales de ella y parecido a algunos de los que se siguen en los gloriosísimos imperios de Austria-Hungría y Alemania, y en el Reino Unido de la Gran Bretaña; sistema ya seguido en España en los días de nuestra grandeza.* [cursiva añadida] Lo deseamos, no sólo para Cataluña, sino para todas las provincias de España y si en nombre de Cataluña hablamos es porque somos catalanes y porque en estos momentos sentimos como nunca los males que el centralismo nos causa.

Así, *lo que para Almirall debía servir como ilustración, se convirtió en pauta.* Luego Maspons completó su innovación con un lamento del todo estereotipado, que exageraba subjetivamente las limitaciones lingüísticas impuestas e insistía en los daños sociales de la mala gestión arancelaria:

Señor: se nos arrebató nuestro sistema administrativo, que hoy encuentran bueno e imitan naciones cultas de Europa, para ser sustituido primero por el sistema castellano y hoy por una copia imperfecta y viciosa del sistema francés. No podemos usar nuestra lengua más que en nuestros hogares y en conversaciones familiares. Desterrada de las escuelas, lo ha sido más tarde de la contratación pública y también de los tribunales, en los cuales muchas veces, y por muy ilustrados que sean, ni los jueces entienden a los testigos y procesados, ni éstos entienden a los jueces. Y como si todo esto no fuera bastante, hace tiempo que viene amenazándose, y hoy se intenta con empeño, destruir, o cuando menos adulterar, nuestro derecho civil, base indeleble de la robusta y moral organización de la familia catalana y de nuestra propiedad, que va aumentando y creciendo a medida que unas generaciones suceden a otras.

A fuerza de trabajos y privaciones sin cuento nuestros industriales han creado una industria española que en cuarenta años ha progresado y alcanzado altísimo nivel. Esta industria viene siendo atacada de raíz de algunos años a esta parte y lo ha sido y lo es por medio del tratado con Francia y del proyecto de modus vivendi con Inglaterra.

Señor: sólo la poderosa iniciativa de V. M., su alta sabiduría y el amor que profesa a nuestro país pueden poner remedio a nuestros males. Rogamos, pues, a V. M. que lo haga, seguros de que no han de faltarle las bendiciones del cielo y la inmensa, la inmensísima gratitud de los hijos de Cataluña.

En otras palabras, según Maspons, Cataluña tenía una organicidad cultural, profundamente histórica, y un estilo de trabajo fabril que, por ser más reciente, no dejaba de reflejar ese mismo talante catalán. No obstante las peticiones de respeto para la tradición de la legislación civil catalana y la demanda de una mayor protección arancelaria para los productos industriales, Maspons añadió el deseo de un modelo «imperial». Lo hizo desde abajo, por decirlo de alguna manera; desde sus respectivos regímenes de administración local, pero lo hizo.

Para su giro argumental, Maspons contaba con una aportación teórica ya preparada: en 1878, los historiadores Josep Pella i Fargas y Josep Coroleu i Inglada habían publicado un larguísimo estudio dedicado a *Los fueros de Cataluña.*[82] Además, Pella estuvo en la delegación que fue a Madrid a presentar las quejas catalanas al monarca y, por ello, estuvo a mano. *Los fueros de Cataluña* recogía el añejo argumento balagueriano de la Corona de Aragón, que, en su día, había seducido hasta al joven Almirall, pero lo adaptaba a los tiempos, con miras a Europa y sobre todo a la Monarquía de los Habsburgo. El clímax del vasto programa sistematizador ideado por Coroleu y Pella fue la reconstrucción erudita de la «Acta de la Unión Federativa de los Estados de la Corona de Aragón» como si de una moderna constitución se tratara, todo justificado con citas eruditas de las antiguas *Constituciones de Catalunya,* de las actas de las medievales Cortes y otros legajos del Archivo General de la Corona de Aragón, con sede en Barcelona. Con espíritu más contemporáneo, Coroleu y Pella no dudaron de subrayar las analogías con la Confederación Germánica de 1815, así como con Suecia-Noruega y, muy especialmente, con Austria-Hungría. Incluso separaron las tierras catalanoaragonesas en «Cismarina *(de ça mar)*» y «Transmarina *(de allá mar)* [sic]», ya que «[e]sta división es muy parecida a la que en la Confederación de Austria-Hungría se llama *Transleithania* y *Cisleithania* [sic]».[83] Era, en balance, una visión hungarizante, que retrataba un conjunto medieval comparable a la histórica Corona de San Esteban, que, por cierto, era a su vez, al menos en teoría, una Monarquía dual, con la Hungría estricta y el reino de Croacia-Eslavonia. Maspons, por tanto, sabía perfectamente, no ya lo que estaba haciendo, sino de lo que estaba hablando.

La tensión entre Almirall y el «neoaustracismo» de circunstancia

Por si no había quedado claro, Maspons volvió a la carga en el banquete con el que, de vuelta a Barcelona, se homenajeó a los emisarios. Almirall hizo una intervención que quería sacar un sentido concreto, práctico y no literario, por lo que enfatizó –como hacía el mismo texto de la *Memoria* entregada– el sentido unitario de gentes de muy diversa procedencia social y de enfoques políticos asimismo diferentes, juntos en un esfuerzo de protesta que debería ser el prólogo a una agrupación fuerte y cohesionada.[84] Pero, ante la invitación política almiralliana, Maspons se llevó la atención del público con una apelación a la «Sissí» hispana:

No puedo recordar aquella recepción sin emocionarme. Me impresionó la majestad real del sucesor de Felipe V acompañado de una princesa austríaca, su esposa, recibiendo una Comisión catalana. ¡Cuántos recuerdos se reunieron entonces en mi memoria! ¡Cuántas esperanzas se despertaron en aquellos momentos! En el rey no vi más que el rey de todos los españoles, junto con todos ellos y amado por todos ellos; en la reina quise ver algo más: vi en ella nuestra protectora, enviada en aquel momento por la Providencia, recordando que era una princesa de aquella ilustre casa de Austria tan estimada por nuestros padres, de aquella casa por la cual tanto y tan esforzadamente combatieron nuestros antepasados [*els nostres passats*] y tanto y tanto ha sufrido Cataluña. [...][85]

El resultado fue devastador para los planes de Almirall. Su maniobra quedó desmontada por las sentimentales referencias historicistas y dinásticas, ya que éstas dejaron sin mayor contenido político la operación. La justificación de Maspons fue sencilla: obligaba el aislamiento palpable en Madrid ante la iniciativa de los «agravios» catalanes.[86] Peor todavía, los argumentos almirallianos quedaron sepultados en la *Memoria*, a la que todo el mundo aludía pero nadie leyó; su contenido se confundía con la presentación oral que hizo Maspons. El hecho mismo quedó mitificado como el *Memorial de Greuges*, con lo que acto y texto se confundieron aún más.[87]

En la medida que el nombre mismo fue una alusión histórica al papel de la Corona en el arcaico orden institucional de Cataluña, se reclamaba la capacidad de recuperar mecanismos preconstitucionales periclitados. En palabras –unos pocos años después– del mosén Salvador Bové, reusense de 1869 premiado en los Juegos Florales barceloneses de 1894 por su estudio sobre las Institucions de Catalunya: «En cada legislatura los catalans presentaban al rey un *memorial de greuges* [sic], conteniendo todos los abusos judiciales y extrajudiciales cometidos por el monarca o bien por sus empleados ordinarios contra alguna persona de Cataluña, así en el orden político, como en el administrativo y en el civil privado.»[88] Para complicar aún más las cosas, ya a principios de los años ochenta se había formado un ambiente intelectual enfocado sobre Cataluña que descubría las maravillas del sistema medieval a la Corona de Aragón a la luz de los problemas contemporáneos. Así, por ejemplo, en 1884, el jurista valenciano y historiador del Derecho Bienvenido Oliver y Esteller (1836-1912), autor de claras tentaciones foralistas, pudo elogiar «el sistema proteccionista» de la desaparecida dinastía de Barcelona, al comentar *La Nación y la Realeza en los Estados de la Corona de Aragón* en su discurso de recepción en la Real Academia de la Historia en Madrid.[89] Inicialmente, al organizarse la maniobra de la *Memoria en defensa de los intereses morales y materiales de Cataluña*, Almirall creyó poder aprovechar tales anacronismos o, sencillamente, los despreció. Pero se equivocó.

Quisiera o no, Almirall se había enredado en un juego historicista de muy difícil salida. Como observaría, muchos años después, el historiador y publicista nacionalista Antoni Rovira i Virgili:

Inadmisible en la doctrina, la tesis de la parte preliminar [del *Memorial*] era un grave error político. Ante aquella tesis, expuesta abierta y atrevidamente, los políticos de Madrid habían de atribuir la gestión catalana a una tendencia antidemocrática, puesto que atizaba el rey a gobernar efectivamente, a ejercer todas las facultades que le señalaba la letra de la Constitución. Es curioso recordar que cuando Alfonso XIII, al alcanzar la mayoría de edad, fue coronado rey [en 1902], sacó de la simple lectura de la Constitución las mismas deducciones que saca la parte preliminar de la *Memoria* y reclamó el uso de aquellas facultades. Unas explicaciones sobre el mecanismo constitucional le hicieron ver la equivocación en la que había caído.[90]

El mismo Alfonso XII remarcó el camino erróneo a la delegación catalana, al señalar que «él, por su carácter de rey constitucional, debía atemperar sus deseos a los deseos de las cámaras y de los ministerios». Como apuntó el ulterior cronista Fernández Almagro, fiel reflejo de la prensa de la época: «Muy pagado don Alfonso de su don de palabra, usó y abusó de ella, declarándose "abogado convencido" de Cataluña, en cuanto tocase a la industria y a sus leyes, ya que era proteccionista y partidario de las peculiaridades juridicoforales de la región.»[91] En efecto, las palabras regias se podían interpretar como una insinuación, que dejaba entrever una apetencia de mayor poder para la Corona.

La ambigüedad de la respuesta regia fue señalada para los lectores catalanistas por el anónimo corresponsal madrileño (firmaba X) de *La Renaixensa*. Tras ese pseudónimo de escasa inventiva se escondía el reusense Josep Güell i Mercader (1840-1905), político y periodista republicano, antiguo amigo de Almirall y por entonces estrecho colaborador de Castelar, si bien de conocidas opiniones federalizantes:

> Se habla mucho de la respuesta que Don Alfonso dio a los comisionados y representantes de Cataluña, en términos que los ministeriales se han alarmado. Creo que hay alguna exageración en lo que se dice sobre las esperanzas que dio Don Alfonso: si bien, según mis informes, que estimo exactos, la respuesta fue bastante expresiva, ya que dijo que lo mejor hubiera sido no comenzar a hacer tratados de comercio, porque, hecho uno, es difícil negarse a hacer otro; se fijó mucho en los datos presentados por Bosch i Labrús y cuentan que incluso añadió que estaba al costado de los representantes de Cataluña, pero que como rey constitucional no podía separarse de los deberes que esta circunstancia le impone.[92]

En concreto, como portavoz de la delegación catalana ante el rey, Maspons se reveló un maestro en la técnica del «hábil disfrazado de tonto», maniobra muy apreciada en el trato empresarial catalán. Almirall había considerado que ganaría credibilidad poniendo un conservador, de cara al gobierno de Cánovas, al frente de la delegación, mientras que las palabras seguirían siendo las suyas. Pero Maspons –a quien Almirall evidentísimamente había subestimado– le desplumó una vez y otra también. Con su base en Granollers, ciudad que todavía hoy se siente superior a Barcelona, con un hermano notario, muy conocido folklorista, y una hermana reconocida como literata en catalán, no consideró que necesitara lecciones de catalanidad. Diputado por su vila natal, díscolo con el jefe conservador (firmó el manifiesto de Manresa de los conservadores catalanes en 1875) y destacado en las campañas parlamentarias tanto por la cuestión jurídica como por la arancelaria, Maspons, aunque no fuera un teórico, conocía bien su oficio. Su muerte, ese mismo año de 1885, le quitó de en medio a Almirall un peligroso contrincante, pero para entonces el daño estaba hecho. En todo caso, con la pronta desaparición de Maspons, el beligerante canónigo vicense Collell i Bancells (1846-1932), un viejo enemigo político y periodístico de Almirall, que contaba con su propio semanario, *La Veu de Montserrat*, recomenzó con sus ataques.[93]

Almirall debió enfurecer, ya que Maspons, que en Madrid se había saltado el guión tan laboriosamente pactado en las reuniones de comisión (o, como mínimo, se escapaba de las esperanzas de control de Almirall), ahora, encima, en Barcelona, le había pisado el oculto sentido práctico de toda la operación. *La noción de un acceso algo mágico a una solución «imperial» y dual para el pleito catalán, al estilo austro-húngaro, estaba lanzada a la palestra, para confundir o hasta borrar la posible conciencia de otros modelos federales.* La dinámica convirtió a *La Renaixensa* y a Guimerà en actores de primer rango, mientras las críticas arreciaron contra la gestión de Almirall. El muy crítico J. Narcís Roca i Farreras levantó su voz con un «Alerta, Catalunya» en la revista *L'Arch de San Martí*, para avisar que: «No digamos si los regionalistas no monárquicos, como el autor de este artículo, los que no creemos en príncipes austríacos, ni bávaros [como Sissí], tenemos la obligación de estar en vela para aprovechar toda contingencia que ofrezcan los acontecimientos que ahora comienzan.»[94]

Al mismo tiempo, el rol del monarca –muy controvertido también en la prensa madrileña– se convirtió en un tema de alta política parlamentaria, ya que los liberales estaban ansiosos de tumbar el gabinete conservador dirigido por Cánovas (con Romero Robledo en la cartera de Gobernación) y los republicanos gustosamente se prestaron a cuestionar, como tema de Estado, la actuación del rey ante la delegación catalana. Desde la extrema izquierda del liberalismo, rayana en el democratismo republicano, Cristino Martos y José Canalejas aprovecharon para atacar el gobierno, para furia de Cánovas, indignado (según Collell) con el monarca por su ligereza verbal.[95]

De hecho, los republicanos estaban entonces pendientes de su agitación subversiva, con todas sus esperanzas puestas en un golpe militar que más o menos debía coincidir con el fin inminente del rey, tocado mortalmente de tisis. La enfermedad real era un hecho más o menos conocido, a pesar de todos los intentos del gobierno por ocultarlo.[96] Para entonces, los hilos movidos desde París por Manuel Ruiz Zorrilla, jefe insurreccionalista republicano en el exilio, habían dado su fruto en una frustrada intentona en abril de 1884, con su foco más visible en la provincia de Girona, de tal modo que la agitación en pro de las peticiones de indulto por los dos oficiales responsables, que llegó hasta personajes como Balaguer e implicaba al rey por su poder de perdón, coincidió en Cataluña con la campaña del *Memorial*.[97] Tan fuerte era la convicción de una «restauración republicana», que el caudillo federal Pi y Margall, bien confiado, aseguró públicamente a Almirall y sus consocios de delegación «que no fueran ilusos y perdiesen el tiempo; que aquello que solicitaban lo conseguirían fácilmente cuando ellos [los republicanos] volviesen al poder, que sería el gobierno de la debilidad», es decir, de las concesiones.[98] La presión republicana representó una agitación sostenida a lo largo de 1885, gracias a la cual se produjeron incidentes (fuego de la fuerza pública contra «la indefensa muchedumbre» reunida en la madrileña Puerta del Sol el 21 de junio, con muertos) y se promovieron tentativas de rebelión al margen incluso de la red ruizzorrillista (el 31 de octubre en Cartagena y, el 10 de enero posterior, en el Castillo de San Julián).[99] Tal era el ambiente que el 25 de noviembre, la noche que murió el rey, y hasta la mañana del día siguiente, Pi estuvo esperando inútilmente «la anunciada visita del Sr. Salmerón y de los emisarios de Ruiz Zorrilla», para realizar un movimiento contra la Monarquía.[100] Al final, sin embargo, demostró ser decisivo otro hecho político coincidente con la presentación del llamado *Memorial de greuges*: un mes después de la acción demostrativa de la comisión catalana ante el Alfonso XII, el 17 de abril, Sagasta logró consolidar su Partido Liberal Fusionista como «frente único de oposición» constitucional a los conservadores.[101] En la práctica, por lo tanto, aunque se extinguiera el rey, estaba asegurada la supervivencia de la Monarquía.

En el contexto algo más restringido de la política catalana, algo se pudo calmar la cuestión originaria del acuerdo comercial con Gran Bretaña una vez que el gobierno conservador impuso su victoria en las Cortes, mucho antes de la súbita desaparición del rey. Pero el debate sobre la iniciativa catalana ante la Corona –incluidas las resonancias republicanas que suscitó– dio aliento a Almirall para impulsar su propuesta unitaria de fondo, su proyecto de reunir la naciente opinión catalanista.[102] En realidad, a Almirall no le importaba demasiado el arreglo comercial con los británicos, sino que estaba lanzado a una finta, como primer paso hacia la construcción de un movimiento político alternativo. Por ello, desde el principio evitó los contactos discretos y el *lobbying* –que era la manera en que se funcionaba en el sistema parlamentario de la Restauración– y se lanzó, muy al contrario, al *grandstanding*, al gran gesto público, ruidoso y publicitario, con el monarca, iniciativa en la práctica inútil para la causa proteccionista, pero que servía como despegue espectacular para su sediciente movimiento. *La apelación al rey fue un paso tan atrevido que tuvo efectos de imagen muy duraderos, pero, por esa misma razón, no funcionó, ni tan siquiera en el sentido calculado por Almirall.*

Continuaron, por tanto, las intrigas por dominar y dar sentido a cualquier futura pulsación unitaria, complicadas por el hecho que el resto de 1885 estuvo dominado por el conflicto de España con Alemania por el control de las islas Carolinas en el Pacífico, al menos hasta que se hizo evidente la desaparición del rey. El enfrentamiento encendió los ánimos, hasta que fue mediado finalmente por el Vaticano. La amenaza de una pérdida colonial exacerbó el sentimiento españolista incluso en Barcelona, donde, a finales de agosto, hubo una manifestación «monstruo» de signo patriótico en la que, por citar una fuente catalanista de la emigración americana, «se ha visto al humilde obrero fraternizando con el magnate, al ejército con el pueblo, confundiéndose todos, grandes y pequeños, poderosos e indigentes, sin tener más que un solo pensamiento: España. las islas carolinas españolas [mayúsculas en el original].».[103] Con ello se confundía todo y quienes reclamaban contundencia catalanista con la misma voz exigían dureza contra el alemán («¡Qué hacen los Empecinado, Manso y Mina, Prim, Echague y Odonell [sic] de esta nueva cruzada?») e insinuaban la responsablidad de la reina, de origen austríaco, preguntando si «[¿] por ventura el tan respetado patriotismo español ha sido humillado por la mano enguantada de una mujer extranjera?».[104] A pesar de las insinuaciones de los republicanizantes, la dinámica de los hechos vino a confirmar la suposición generalizada de una opción «imperialista» por parte del naciente catalanismo, a expensas de la reivindicación republicana: el contenido del *Memorial de greuges*, tal como circuló la descripción resumida por Barcelona, quedó plasmado en las palabras retrospectivas de Garriga i Massó, recordando su juventud: «En aquel documento, además de reivindicaciones económicas y sociales, se hacía una crítica de la política madrileña y se proponía una especie de Imperio de tipo federal, al estilo del alemán, que sanease la política centralista, resolviera el problema colonial y el de Cataluña y a la vez iniciara una política económica proteccionista.»[105]

Las contradicciones ideológicas de Almirall

Era imprescindible una clarificación. Casi de inmediato, al año siguiente, en 1886, Almirall dio su respuesta con una batería de obras teóricas, para recobrar la línea política perdida o desdibujada. *Su intención era la elaboración de una metáfora política, empírica y no literaria, que resultara operativa por mucho que fuera una enmienda a la totalidad constitucional española.* Tuvo un éxito superior a su capacidad para aprovecharlo.

El más importante de estos textos doctrinales (*Lo catalanisme*, subtitulado *Motius que'l llegitimen, fonaments científichs y solucions pràctiques*) daba sentido, coherencia y nombre a la causa unitaria catalana. En ésta, su obra cumbre, fusión de tantos escritos suyos, empezó por considerar como modelos («soluciones monárquicas») al imperio Británico y al nuevo imperio Alemán, además de a Suecia-Noruega, para contrastarlos con los ejemplos republicanos (Estados Unidos, Suiza y las restantes Repúblicas iberoamericanas) y plantear, como culminación, las alternativas aplicables a España.[106] Para constituir España como «Nación de naciones», según Almirall, era necesario escoger entre la forma republicana o la imperial. En *Espagne telle qu'elle est*, publicada en Francia en 1886 y, por añadidura, en versión española, Almirall retrató «España tal cual es», como un país atrasado e inmoral (la política, por ejemplo, era «una farsa en toda su desnudez»), sin posibilidades de desarrollo mientras dependiera de la Monarquía.[107] Por si todavía se dudara, reforzó su postura publicando en ese mismo 1886 un *Estudio político comparativo de La Confederación Suiza y la Unión Americana* que subrayaba lo que ya había argumentado en *Los Estados Unidos de América. Estudio político.*[108]

Su propósito metafórico, sin embargo, no era sencillo, ni fácil de captar a primera vista. Si bien el unitarismo almiralliano se promovía con un sesgo republicano en apariencia marcado, su autor hizo su despliegue de relativo accidentalismo ideológico muy significativamente en la misma coyuntura en que se hundían las aspiraciones insurreccionales republicanas, en concreto la esperanza de un golpe militar proclive, con el fracaso de la tentativa del general Villacampa en septiembre de ese mismo año.[109] Uno se puede preguntar si la ruptura anterior con el federalismo piymargalliano no tuvo un sentido, más que doctrinal, de repudio de la vía insurreccional, orientada hacia un hipotético golpismo militar, que se escondía tras la actitud de «retraimiento» de los republicanos ante la neonata Monarquía alfonsina. Si fue así, Almirall buscaba la creación de una opción verdaderamente alternativa, ni devota de los rígidos idealismos republicanos, ni esclava del constitucionalismo liberal español y sus miserias moderadas. Por ello, anhelaba la creación de un movimiento político moderno, armado con prensa propia, capaz de coordinar la opinión favorable y canalizarla eventualmente hacia un fin electoral, incluso plebiscitario, sin el recurso a la violencia, ausencia esta muy significativa de todo el maduro discurso almiralliano.

Con tal objetivo, por lo tanto, su lenguaje se asentaba en un espacio ambiguo, ni exactamente republicano pero tampoco monárquico, con atributos de ambos y remitiendo a un fundamento territorial alternativo: o sea, su invento –siempre relativo– del «catalanismo». El relativo neologismo ideológico era por fuerza ecléctico.[110] Como rezan a manera de resumen los encabezamientos del capítulo pertinente en la versión castellana de *El catalanismo*:

> Las soluciones españolas podrán ser monárquicas o republicanas. –Soluciones monárquicas en general. –Existencia de una dinastía nacional y de ninguna regional. –Imposibilidad práctica del sistema alemán. –Soluciones posibles. –Lazo personal por medio de la Corona, Confederación y Estado compuesto. –Antecedentes históricos de nuestras Cortes. –Dieta general formada por delegaciones de éstas. –Poder ejecutivo regional. –Diferentes formas que puede tomar. –Puntos de organización comunes a las soluciones monárquicas y republicanas. –Las grandes regiones son las piezas angulares del edificio. –Sistema dualista. –Régimen concordatario. –Soluciones republicanas. –Utilidad de empezar por una

Confederación para llegar más tarde al Estado compuesto. –Dieta general. –Vigor del espíritu regional. –Enfortalecimiento del amor patrio.[111]

Para cualquier lector atento del *Memorial de greuges* se hacía evidente hasta qué punto *Lo Catalanisme* derivaba de su redacción, hasta en detalles como el de insistir en la intraducibilidad del concepto inglés de *self-government*.[112] Ante la dificultad de poner de acuerdo las partes de España ya acostumbradadas a la uniformización con las que se sentían incómodas, Almirall propuso la solución de *lo particularisme* indistintamente «dentro de la monarquía y dentro de la república»: «Entonces, en vez de basar la organización en la Confederación de Estados o en el Estado compuesto, la basaríamos en el dualismo, como en el Imperio austrohúngaro. De los dos miembros, el formado por la parte castellana de la Península se conservaría unificado y tan concentrado como se quisiese, mientras el formado por la parte aragonesa se organizaría partiendo de la base particularista, y reconocería la personalidad de las grandes regiones bien marcadas que lo componen.»[113]

Al reiterado ejemplo de la reformada Monarquía de los Habsburgo sobre el Danubio, sin embargo, Almirall, al contemplar el sistema electoral apropiado para Cataluña, añadió un recuerdo prusiano no exactamente corporativo, pero en todo caso nada democrático, ni tan siquiera liberal. Al formularse la pregunta «¿cuál habría de ser la organización de esas Cortes [catalanas]?», Almirall recurrió a un remedo del famoso «sistema de tres clases» operativo en los comicios a la Dieta prusiana y que, al ser Prusia con mucho el mayor reino de Alemania, hacía inefectivo el *Reichstag* general, reunido por sufragio universal masculino.[114] De forma intencionada, con un recurso historicista, confundió la cuestión del número de las Cámaras (alta y baja, por ejemplo) con su forma de elección, hasta decidirse por el unicameralismo pero con cuerpos distintos en su seno:

> Podrían, por ejemplo, componenerse no de dos, sino de tres cuerpos que deliberasen juntos y votasen por separado, formando la mayoría de los representantes de cada cuerpo el voto general de éste, y necesitando toda ley el voto de dos de estos cuerpos para tener fuerza ejecutiva. Los tres cuerpos podían estar formados, siempre hablando hipotéticamente, uno de representantes populares, elegidos por votación directa en proporción a la población total [¿masculina?] de Cataluña; otro de representantes de los distritos, designados en igual número por cada uno de éstos, y el tercero de representantes de corporaciones, nombrados por aquellas de estas que resumiesen las condiciones que se estipulasen.
>
> Por este medio o por otro parecido se corregiría quizá la corrupción que el unitarismo ha llevado a los más apartados rincones de la nación por medio de sus farsas electorales, que serían grotescas si no fuesen de tan desastrosos efectos.[115]

Como se puede constatar, el planteamiento global de Almirall estaba plagado de contradicciones, ya que quiso, muy explícitamente, situar la propuesta que él llamó «particularista» más allá de los habituales repertorios conceptuales de la derecha y la izquierda, si bien, por extensión, pretendía poder construir una síntesis del todo nueva. Así, recurrió a los mecanismos del federalismo monárquico para edificar lo que se suponía sería una solución republicana. En concreto, con supuesto realismo político y sentido positivo, pretendía superar los equilibrios institucionales piymargallianos, pero, de tanto criterio práctico, *acabó por deshacerse del contenido democrático del republicanismo que él mismo pretendía reivindicar.* Quiso aprovechar el imaginario neofeudal que estaba entonces de moda para crear un poder de tipo nuevo, sin continuidad con el Estado monárquico liberal hasta entonces existente en España, ni dependencia en sus instituciones o tradición. Pero el ejercicio del moderno *self-government* angloamericano no casaba con el rigor del prusiano «sistema de tres clases», que, a efectos reales, era su negación. En la medida en la que los mecanismos monárquicos copiados no eran neutrales, sino que, en su origen, servían como garantías para defender un orden social determinado –en los Imperios Centroeuropeos, en primer lugar, los terratenientes históricamente privilegiados–, el sentido social del proyecto político almiralliano era complejo, insinuando la formación casi utópica de una «nueva clase» en el poder que, al mismo tiempo, se aseguraba mediante las peores trampas antidemocráticas. Es más, parecía en este sentido un ejemplo perfecto de todo lo que los teóricos del naciente obrerismo marxista en Alemania criticaban en el uso posbismarckiano del nacionalismo como engaño emotivo y electoral.

Almirall afirmó la superioridad del modo de vida y trabajo catalán, con su ética del trabajo y sus hábitos empresariales, ante las costumbres sociales hispanas, todavía de raíz agraria, pero dejó a sus lectores la sensación de que tal diferencia era racial, o casi. Pero su republicanismo –muy problemático, ya que se manifestó en oposición a las corrientes republicanas contemporáneas– fue tozudo, aunque pareciera residual, ya que era su mecanismo teórico para efectuar cambio en el tejido social catalán. Y, al mismo tiempo que citaba las excelencias operativas de su país regional, desafió y ofendió la sociedad civil catalana, impugnando sus criterios proteccionistas más sagrados y contestando sus iniciativas locales más queridas. Por eso fracasó. En otras palabras, a pesar de las posibles filiaciones personales de Almirall (que, de forma incomprensible para los catalanistas, acabó en la Unión Republicana de Lerroux poco antes de morir), su oferta ideológica fue una vía muerta para cualquier izquierda republicana catalana, al menos a corto plazo. Por el contrario, pensara lo que pensara su artífice principal, *fue un intento por salir de la simplista y habitual disyuntiva ideológica del marco político decimonónico en España, intento que, por su naturaleza extraña, aportó más pistas a una futura «nueva derecha» que a cualquier izquierda.*

En todo caso, el esquema «particularista» almiralliano quedó fijado para la posteridad como la esencia de toda futura solución general que reconociera, de forma institucional, los «derechos de Cataluña». Quedaba muy claro en el resumen del modelo ofrecido por Almirall que en 1915 hizo un crítico nacionalista-republicano (por lo tanto contrario a la Lliga Regionalista y dispuesto a reivindicar cualquier «padre de la patria» alternativo). En palabras de este autor, Alexandre Plana (1889-1940):

> [Almirall] distingue la solución monárquica y la republicana, pero entre la una y la otra hay puntos esenciales de organización que no variarían: la división de España en estados y la posible formación de un dualismo parecido al de Austria-Hungría. Las regiones castellanas tienen afinidades entre sí que no existen entre los reinos que formaban la Confederación catalanoaragonesa; aquéllas podrían, pues, estrechar más sus relaciones, hacer comunes la lengua, la administración y la codificación [jurídica], mientras que la otra parte se organizaría sobre la base particularista pura, reconociendo la personalidad de cada una de las regiones que la formarían. En la forma monárquica podría formarse una Dieta como la del Imperio alemán, que fijase las bases constitutivas de la fuerza pública, formase el presupuesto, haciendo la distribución, regulase el comercio interior y exterior y dirigiese los servicios públicos generales (ferrocarriles, correos, telégrafos, etc.). El poder ejecutivo tendría por cabeza general al rey, pero cada estado dictaría sus leyes en sus Cortes particulares y dirigiría la política interior. Más recomendable que delegados del rey en las regiones y estados, cosa que recordaría a los virreyes, sería la creación de Consejos que tendrían la delegación del poder ejecutivo central.
>
> En la solución republicana, para evitar toda orientación centralista, el poder general debería recaer en una Dieta formada por delegaciones de los estados particulares.[116]

En el resumen de Plana se hace evidente la deuda intelectual de Prat de la Riba, Cambó y la Lliga en general con Almirall, si bien esta nueva tradición supo darle a su herencia un nuevo sentido estratégico y una plena desvinculación de la tradición federalista republicana que superó y hasta borró la aportación almiralliana.

A pesar de sus contradicciones, de su eclecticismo visible (hay quien le atribuyó hasta título nobiliario) y, también, su muy relativo realismo político, Almirall se mostró, de forma creciente, dispuesto a buscar concordancias y consenso con aquellas posturas que le resultaban más bien irritantes por su cargante sentimentalismo romántico.[117] Pero era un auténtico esfuerzo de autosuperación. En Almirall se percibía una persistente insistencia a favor del republicanismo, afirmación entendida como muestra de un *tough-minded approach*, de una actitud conscientemente dura, de un gusto por la *Realpolitik*, por la apreciación de la realidad en un molde bismarckiano, aunque fuera desde el otro extremo del abanico ideológico. También, tal como relató el futuro canciller alemán los inicios de su carrera en sus *Pensamientos y recuerdos*, había desesperado de los bobos reaccionarios que abonaban los «sueños de guardarropía medieval» del débil rey prusiano Frederico Guillermo IV, hasta ayudar al monarca a enloquecer.[118] Cuesta no pensar en Almirall leyendo con amarga carcajada las memorias bismarckianas, aparecidas traducidas en Barcelona en 1898, cuando la oportunidad del político catalán también había pasado. De tal afición por el realismo político y el lenguaje llano se derivaba que Almirall, por ejemplo, estuviera dispuesto a conceder que el dualismo austrohúngaro *«més que una Confederació, és una Lliga entre dues nacions»*, argumento propio de los liberales que recelaban de su aplicabilidad, o que asegurase que: «[l]a separación de nuestra región del resto de España sólo podría tener dos objetos: la independencia o la unión con otra nación [léase Francia] y ninguna de estas dos soluciones puede convenir en Cataluña.»[119] *El problema –que Almirall nunca entendió– era que una gran parte del atractivo que rodeaba el naciente catalanismo, al que él dio aliento, era precisamente su acendrado utopismo, en gran medida expresado en sentimentalismos historicistas.*

En su última obra doctrinal, *Regionalisme i Particularisme*, de 1901, Almirall todavía daba vueltas a la pregunta de si el catalanismo debería ser monárquico o republicano. En el formato de cartas a un amigo anónimo más convencionalmente de derechas, escribió: «Vos, por ejemplo, profundamente monárquico, veríais realizado completamente vuestro ideal si Cataluña fuese la Hungría de España. En buena hora, pues que sea como sea, quieren romper el unitarismo y convertir nuestra nación en un Estado compuesto. Yo soy radicalmente antimonárquico y creo que la organización norteamericana en alguna de sus instituciones, y la suiza en otras, acomodadas, sin embargo, a los antecedentes históricos de los países a los que deben ser aplicadas, son el único sistema que puede rejuvenecer y moralizar nuestras sociedades caducas y corrompidas.» Vista la discrepancia, constató, siempre pragmático a su manera: «Nuestro catalanismo regionalista no ha de ser ni monárquico ni republicano. Por ahora no ha de bajar a tales detalles y ha de conservarse en la serena altura de los principios particularistas, encaminando todos sus esfuerzos a la consecución del gran ideal de convertir el Estado simple y unificado que forma la nación española en un Estado compuesto o confederación de Estados.»[120]

Almirall camino del suicidio político

Pese a la importancia que concedía a la publicidad y la difusión efectiva de sus ideas, Almirall tenía problemas de comunicación en la política cotidiana, pues, como se ha podido constatar, sus aceleradas perspectivas ideológicas eran bloqueadas mediante pequeñas trabas por sus oponentes. Con relativa facilidad, lograron fastidiarle incluso los contrincantes más inhábiles, como los del núcleo de *La Renaixensa*.

Cuando llegó la ocasión del enfrentamiento decisivo, en 1887, Almirall tenía abierto diversos frentes de pelea. Para empezar, se había arriesgado a posturas extremas difíciles de explicar, como su oposición a la celebración de la Exposición Universal concertada para Barcelona, que había de celebrarse el año siguiente. Para complicar más su situación, estaba metido en una pugna dentro del Centre Català con Ferran Alsina, ex carlista y director de la empresa El Vapor Vell de Sants del fabricante catolicismo Eusebi Güell i Bacigalupi (1846-1918), cuyo afán catalanista venía de sus tiempos en La Jove Catalunya y a quien se le atribuía la redacción de la parte económica del *Memorial de greuges* y la partipación activa en la aventura madrileña.[121] Muy probablemente, fue Güell el respaldo de Maspons en su línea ditirámbica hacia la Corona. Desde marzo de 1886, Güell contaba con *La España Regional* como portavoz de un proyecto hispano claramente alternativo a la oferta publicística personal lanzada por Almirall. Si éste estaba en campaña ideológica, sus oponentes también y con mejores enlaces peninsulares. Si bien Almirall se impuso en las elecciones internas en junio de 1887, quiso imponer su autoridad, denunció el riesgo de separatismo (había una coordinadora ultracatalanista operando en su contra) y exigió la definición ideológica del Centre.[122] Con su salida de tono, había cruzado una línea invisible y estaba expuesto a críticas demoledoras en el ambiente catalán, como la de ser un dictador, un enturbiador de la unidad patriótica que favorecía intereses centralistas.

Por si fuera poco, la frustración llevó a Almirall a la provocación doctrinal abierta; él, que había intentado aprovechar una amplia oleada de sentimiento proteccionista para edificar su movimiento «catalanista-regionalista», se lanzó al elogio, en pleno Centre Català, del mayor proselitista del librecambio, el inglés Richard Cobden (1804-1865), por ser éste también el más destacado agitador antiimperialista del ochocientos. Pero sabía lo que hacía. No pudo ser un accidente. Era evidente que el nombre de Cobden no era bien recibido en el ambiente «burgués» catalán, cerrado y acostumbrado a exigir el conformismo en cuestiones cívicas o de cartera. El publicista inglés sólo estuvo en España en un Free Trade Tour de Europa en 1846-1847. Entonces, muy significativamente, fue recibido con improvisados banquetes librecambistas en su honor en Madrid, Sevilla, Cádiz y Málaga, pero su visita a Barcelona, fortaleza del proteccionismo hispano, resultó fría.[123] La estancia de Cobden en la capital catalana hubiera quedado sin incidente alguno digno de recuerdo si no fuera por su encuentro fortuito con el argentino Domingo F. Sarmiento (1811-1888), destacado antifederalista que acababa de publicar el año anterior, en 1845, su obra maestra *Facundo. Civilización y barbarie*, texto en plena sintonía con las ideas cobdenianas.[124] En todo caso, el mensaje librecambista de Cobden era transparente: en el homenaje que se le organizó en Madrid, el inglés había concluido su discurso con un contraste entre la escasa rentabilidad del perdido «imperio» Español y un futuro de comercio generalizado: «[e]l genio de Colón dio a vuestros antepasados un continente sin cultivar, escasamente poblado por una raza bárbara, pero el Libre Cambio abrirá un mundo civilizado a vuestra empresa, y cada nación se apresurará a traeros los productos de su ingeniosidad e industria para ofrecerlos a cambio de la producción *[produce]* sobreabundante de vuestro favorecido y bello país.»[125] El panorama de intercambio desigual, importando manufacturas industriales y exportando materias agrarias (que es el sentido del vocablo inglés *produce*), era suficiente para reducir cualquier fabricante catalán a un ataque de furia apopléctica.[126] Ni que decir que, cuarenta años después, a mediado de la década de los ochenta, la reivindicación de Cobden en Barcelona seguía siendo una bravata rayana en el suicidio político.

Lo Cobden Club, discurso leído por Almirall en calidad de presidente del Centre Català barcelonés en la sesión inaugural del año institucional 1886, a mediados de octubre, era un desafío casi desesperado, un grito de desprecio desabrido («Quienes esperen que el presente trabajo sea una declaración enfática contra el "Club" se engañarán completamente.»). Almirall procedió como si solamente quisiera comentar una asociación cualquiera, dentro del tejido de la sociedad civil inglesa: «No es extraño, pues, que en todas las Islas Británicas e incluso en las colonias y Dominios, se encuentre una gran abundancia de "clubs" bien montados, para todos objetivos, necesidades y futilidades de la vida. Solamente en Londres, hay al menos un centenar de primer orden [...]» Al referirse en concreto a la entidad, comentaba con inocencia: «Lo "Cobden Club" no es una agrupación de industriales ni cuerpo que se le parezca. Los fabricantes de Manchester, de Birmingan [Birmingham] o de Bradfort [Bradford] tienen de él y de sus actos pocas noticias más que el público en general. El "Club" es eminentemente político; hombres políticos son los que le prestan el principal contingente, y su filiación se encuentra entre las asociaciones del gran partido liberal británico.»

Para presentar su programa, se disculpa: «Incluso siendo adversarios de alguna de las ideas que propagó, no podemos dejar de reconocer que Richard Cobden es una de las figuras grandiosas de nuestro siglo»; «apóstol de las ideas del libre cambio, de la paz, de la no intervención, de la potencia del comercio en la cultura, no se redujo a propagarlas en su país natal, sino que en sus grandes viajes las esparció por gran parte del mundo civilizado». Elogió entonces su actuación en la Fair Trade League, «o Liga para el comercio legítimo o perfecto» y, para acabar, hizo una lista de los socios españoles, con nombres como Laureano Figuerola, «que fue admitido en 1869», el líder republicano Emilio Castelar, o los liberales Segismundo Moret y José de Echegaray.[127] Para eliminar cualquier duda acerca de su intención, además publicó un artículo en el periódico nacionalista *L'Arch de Sant Martí* culpando a los irlandeses de sus miserias, por su empecinado catolicismo retardatario, en contraste con el desarrollismo protestante de sus vecinos ingleses y escoceses.[128]

Pero, peor todavía, Almirall se destapaba en un contexto sobreexcitado, más allá de sus propias agitaciones, ya que, casi un año antes, el nuevo gabinete de Sagasta, llegado al poder a finales de noviembre de 1885, había nombrado un destacado librecambista a la presidencia del Consejo de Estado, cortándole así el paso a Balaguer y, por extensión, a los proteccionistas barceloneses. A don Víctor, en los últimos días de enero de 1886, le escribió su amigo, el publicista, historiador y correligionario liberal proteccionista Lluís Cutchet i Font (1815-1892), para comentar que:

«[P]or fin se ha resuelto el conflicto, y en el sentido que era fácil prever. ¡En España no hay en realidad más que un verdadero poder, el poder librecambista sostenido por todos los gobiernos, conservadores o liberales[,] y además por el Club Cobden!».[129] Ahora, a un tiempo, Almirall pretendía mandar en la política regionalista catalana y también públicamente admirar el Cobden Club como modelo.

A partir de su impresionante andanada neocobdeniana, las sucesivas declaraciones de Almirall eran violentas bofetadas al medio que le rodeaba, el cual, de forma nada sorprendente, reaccionó con acritud.[130] El Centre Escolar Catalanista (entidad recién creada, en octubre de 1886, a partir de la iniciativa de un estudiante sudamericano y prontamente catalanizada, con, entre otros socios, el sabadellense Manuel Folguera i Duran) se enzarzó en una polémica con Almirall que trajo repercusiones, ya que Almirall insistió en su criterio de politización ideológica.[131] Más importante, la sucursal del Centre Català de Sabadell (ciudad de fuerte caracterización católica, casa del padre Fèlix Sardà i Salvany y del más agresivo integrismo) se rebeló contra las pretensiones de superioridad doctrinal.[132] En septiembre de 1887, lo dejaron bien claro los disidentes antialmirallianos en un duro manifiesto de ruptura: «Si al fin y al cabo el Centre Català de Barcelona [...] desea proclamar que es liberal y avanzado y partidario de que Cataluña sólo tiene un remedio para sus males en las doctrinas extraídas de los grandes tratadistas de América y de Europa», que no se contara con ellos. Antes, en julio, habían avisado: «Nosotros queremos ser puros, aunque seamos pocos, porque así iremos más unidos.»[133]

La ira sabadellense recogió apoyos doctrinales entre las notabilidades catalanistas, como el reusense Bernat Torroja (1817-1908), ex conservador y entusiasta catalanista, de exaltadas opiniones contrarias al libre cambio. Entonces alcalde de su ciudad natal, centro de un gran peso industrial, la reputación de Torroja había crecido recientemente, tras una importante confrontación con el gobierno. Sus declaraciones, pues, eran atendidas. Para Torroja, los «humanitarios librecambistas» –léase Almirall– no querían recordar que «si se firmaba el tratado con la púnica Albión, fue un *canard* [sic] de importación británica», añadiendo «[d]e la que no repara a empobrecer y arruinar la viril Irlanda». Y el puntazo final, con su alusión a Gibraltar: «¿De Inglaterra que traidoramente se apoderó y sin aprensión retiene un trozo de territorio español; querían esperar riquezas y bienestar?»[134] Visto desde el enfoque proteccionista, la nueva actitud de Almirall parecía burlarse de la agitación opuesta al tratado comercial con Gran Bretaña que había dado lugar a toda la iniciativa del *Memorial de greuges* y, por tanto, revelaba el cinismo aparente de toda su empresa política. Imposible, pues, aceptar la dirección ideológica de Almirall, como subrayó el mismo Torroja.[135] En consecuencia, se separaron todas las sucursales del Centre Català, excepto –según parece– la de Portbou, terminal ferroviario internacional con una sobrada densidad de funcionarios y lugar con una cierta fama de españolista.[136]

Con la escisión y hundimiento del Centre Català, la carrera política efectiva de Almirall se acabó. Pero él siguió en su convicción. En octubre de ese mismo año, al disertar a sus fieles sobre *La poesia del regionalisme*, sentenció: «el noble ideal humano de unidad no se ha conseguido hasta ahora, ni se conseguirá jamás mientras se vaya por el camino de las imposiciones por la fuerza, o sea, mientras se prescinda del hecho de las variedades», idea central para Almirall, como se hace evidente, en más de un sentido. Y añadió: «en el terreno político, el Imperio o la República universales son sencillamente aspiraciones absurdas y por lo tanto imposibles. Todos los pueblos conquistadores, todos los jefes guerreros, no han producido más que unidades efímeras, que sólo han durado mientras sus medios de retención han sido superiores a los de expansión de los subyugados o súbditos. La unidad contra las variedades ha sido y será siempre cuestión de fuerza y nada más.»[137] Resumiendo: el resultado final del sostenido desafío almiralliano fue la escisión del Centre Català y la formación de la Lliga de Catalunya, la entidad que dominaría el catalanismo de los años noventa.[138]

Pleitesía catalanista a un anticipado desdoblamiento de la Corona

Pero, por mucho que ello le enfadara a Almirall, el discurso «neoaustracista» de los «"cortesanos" de juegos florales» y sus amigos tuvo tanta importancia como su argumentación «particularista». *Es más, el tema nostálgico de las Coronas indudablemente sirvió para cortarle el camino a una relativa republicanización de la actuación «burguesa» catalana.*

Desde la muerte de Alfonso XII a finales de noviembre de 1885, su viuda, María Cristina de Habsburgo-Lorena, embarazada, ejerció como regente en nombre de su futuro hijo. Nacido Alfonso XIII como rey en mayo de 1886, su madre continuó cumpliendo con la función de la Corona durante su niñez, hasta que se ejercitó formalmente como monarca constitucional, a los dieciséis años, en 1902. El nacimiento de un vástago, por lo que tenía de tranquilizador, produjo numerosas manifestaciones de entusiasmo popular en Madrid y otras plazas, para explícito desengaño republicano.[139] Así, en especial durante la primera infancia del soberano nato, bajo el regio manto materno de María Cristina se extendió una retórica monárquica en extremo formalista, que procuró olvidar algunas de las informalidades borbónicas del finado «rey romántico» y sobre todo de la casquivana y destronada abuela, todavía viva, en París. A su manera, los catalanistas se sumaron al ambiente reinante de historicismo neohabsburgo que, en último extremo venía desde la misma Austria-Hungría.[140]

Fue consecuencia de tantos desvelos de sensibilidad palatina más o menos improvisada el famoso *Missatge a la Reina Regent*, fechado, sin precisar día, en mayo de 1888. Dirigido a «S. M. Dª María-Cristina d'Habsburg-Lorena, Reina regent d'Espanya» en tanto que «comtessa de Barcelona», el *Mensaje* fue una iniciativa de Guimerà y Joan Permanyer, que se pudo entregar gracias al diputado monárquico y destacado jurisconsulto Joan Maluquer i Viladot. Pero todo el mundo sabía que Eusebi Güell estaba interesado en el asunto, ya que, con ocasión de la regia visita, había invitado a la regente a inaugurar su nuevo palacio (diseñado por el arquitecto Gaudí y, de hecho, sin terminar) entre celebraciones, con un gran banquete por todo lo alto. El elegante convite era asimismo un ofrecimiento para que María Cristina se reuniera con la flor y nata barcelonesa, que estuviera «entre nosotros» como la soberana que era, respaldándose así la causa de su hijo, el rey niño, de quien se temía que no llegara a reinar.[141] A cambio de tan manifiesta lealtad, a la par con el célebre envite dieciochesco de María Teresa de Habsburgo a la nobleza magiar con su hijo José en brazos, algo se podría reconocer por parte regia de las históricas demandas «constitucionales» catalanas. Como en el texto se le dijo a la «condesa»: «Por eso decimos, Señora, y lo decimos batiéndonos el corazón de esperanza, que ha vuelto a nuestra Ciudad, como nos prometió, la Archiduquesa de Austria, la Condesa de Barcelona, abriéndose otra vez el libro de nuestra procomunal historia y reabriéndose con ello el proceso de nuestra causa nacional.»[142] El mensaje aludía precisamente a la madre de María Teresa, Elisabeth de Brunswick-Wolfenbüttel, que había reinado en Barcelona y que marchó, con Carlos, el *rei dels catalans*, para Viena, cerrando con la derrota de 1714, un año más tarde, la pérdida de las medievales libertades de Cataluña. Ahora, según la implicación cortesana, regresaba a la ciudad una archiduquesa austríaca como reina y condesa, con poder para deshacer el pasado lamentado.

Más allá de la intención propagandística, era una invitación a María Cristina, cuya ida a Barcelona era anticipada para inaugurar la Exposición Universal, para que asimismo ejerciera –no se sabe muy bien ante quién– el papel defensor que, unos veinte años antes, la emperatriz Isabel (mejor conocida hoy por el diminutivo de *Sissí*) había realizado ante su augusto marido Francisco José, en nombre de los húngaros y sus reivindicaciones autonómicas. Como rezaba el texto del *Missatge*:[143]

> Señora, los catalanes que os hablan envían, por mediación, un saludo y un abrazo de paz a todas las regiones características de España, tanto a las que son hermanas propias de Cataluña como las que lo son por adopción. Y, al daros la bienvenida y al desearos que sean gratos a Vos y a vuestra familia los aires de Cataluña, nosotros, que sentimos la añoranza de la patria dentro de la patria misma, concretamos nuestras aspiraciones, hacemos nuestras las palabras que antes de ser libres [o sea, antes del «Acuerdo» de 1866 que estableció la Monarquía dual austro-húngara] mandaron decir a la Majestad de Austria los hijos amantísimos de la noble Hungría:
>
> «La condición fundamental de nuestra vida política y de nuestra independencia nacional es la autonomía legal y la independencia de nuestro país. Nuestro primer deber consiste en consagrar todas nuestras fuerzas a que Hungría sea Hungría y tenga sus derechos constitucionales. Nosotros declaramos solemnemente que no podemos sacrificar a consideración alguna, a interés alguno, los

derechos resultantes de los tratados, de las leyes, de los decretos reales y de los juramentos de coronación.»

Véis aquí resumidas nuestras aspiraciones.[144]

Así, dentro de tal exaltación, la regente, en tanto que *ex oficio* condesa de Barcelona, fue elevada al trono espiritual del catalanismo como reina de los Jocs Florals de Barcelona de 1888. Para lograr la feliz coincidencia, se tuvo que posponer la fecha del encuentro, provocando la indignación de los partidarios de Almirall en el Centre Català, que se escindieron de los habituales festejos literarios y celebraron por su cuenta unos juegos florales «rebeldes» bajo la dirección del dramaturgo Soler *Pitarra*, considerado éste comúnmente una «criatura» política de Almirall. Para su frustración, la corte poética alternativa no tuvo la resonancia anticipada.[145]

En la celebración oficial, bajo la mirada de la dos veces reina (constitucional y juglaresca) que presidía el acto, Menéndez y Pelayo pronunció, como mantenedor, un discurso de loa a la lengua catalana que parecía consagrar una vía conservadora hacia un eventual reconocimiento del idioma. Para mayor irritación almiralliana, su odiado mosén Collell fue premiado por su poema *Sacramental*, desde entonces famoso, con su llamamiento enardecido y simbólico a la autodeterminación forjado atrevidamente en el lenguaje de los nacionalistas húngaros de Kossuth y de la revolución de 1848, antesala violenta del «acuerdo» austrohúngaro de 1867: *No capteu el dret de viure, / dret que no es compra ni es ven. / Poble que mereix ser lliure, / Si no l'hi donen s'ho pren.*[146]

Algo de efecto tuvo la persistente apelación al recuerdo habsburgo de la regente. El año siguiente, en 1889, al ir a agradecer a la reina su intervención en el pleito que rodeó el artículo 15 del Código Civil, una delegación de juristas catalanes (Manuel Duran i Bas, Josep Vilaseca i Mogas y Joan Maluquer i Viladot) la augusta dama les dijo emotivas palabras: «Yo tenía una deuda personal con mis queridos catalanes que el año pasado tanto al Rey [el niño Alfonso XIII] como a mí nos colmaron de toda clase de atenciones y cariños, y eso es todo lo que he hecho, habiendo hallado toda suerte de facilidades en el Gobierno para facilitar mis deseos.» Pero, en el momento de la despedida, al ir los catalanes a besar la regia mano, la reina añadió, con coquetería «austracista»: «Adiós, señores; no dudo que la Archiduquesa y luego Emperatriz Isabel habrá desde el cielo visto con agrado que yo haya recogido en lo posible el manto que al embarcar para Austria entregó a los consellers de Barcelona. Ofreció volver y no pudo; yo he vuelto por ella. La deuda está saldada.» María Cristina se refería a la esposa del archiduque Carlos, quien, al abandonar la Ciudad Condal en 1713, al culminar la Guerra de Sucesión, para ir a su coronación en Viena, dejó su manto en prenda, como promesa de retorno, ante los temores locales de que abandonara sus fieles a su suerte, como así fue. Según Maluquer, explicando la anécdota con bastante posterioridad: «Salimos de la presencia de la Reina, pasamos la Sala de Grandes, y en el Salón Rojo nos detuvimos un momento y nos interrogamos. Tanto Duran y Bas, como Vilaseca, como yo aparecíamos con lágrimas de gratitud en los ojos. Jamás he sentido emoción semejante.»[147] Pero, años más tarde, el mismo Maluquer i Viladot, admitió que la «digna y prudente» reina (quien, según el mismo testimonio, conocía bastante catalán como para poder recitar la poesía religiosa de Verdaguer) «cambió de conversación» con la historia de su antepasada, para evitar la incorreción de un comentario político.[148]

Estos hipotéticos juegos palaciegos le parecieron a Almirall una solemne tontería, como sus equivalencias prusianas se lo habían parecido antes a Bismarck. María Cristina, conocida popularmente como «Doña Virtudes», distaba mucho de ser una Sissí, ya que ésta era un personaje bastante más complicado que la piadosa archiduquesa convertida en reina española. Vagamente intelectual, por ejemplo, Sissí fue admiradora ferviente del poeta Heine (le erigió una estatua en su palacio de Corfú, el Achillion, donde se refugiaba del tedio de Francisco José y su corte) y se manifestó muy crítica con los enemigos reaccionarios o antisemitas del poeta y su obra.[149] Tales extravagancias estaban lejos de la sobriedad de María Cristina. Sin embargo, por muy cursis que resultaran las altisoantes apelaciones catalanas a la regente austroespañola, *la alternativa no dejó de ser igualmente fútil*. En efecto, la intención larvada de proselitismo republicano que abrigaba Almirall tuvo mucho que ver con su eventual fracaso. En el esquema almiralliano, fuera el sistema político español el que fuera, Cataluña, al carecer de «dinastía propia», debía tener una «organización interior» republicana.[150] Otros republicanos, como Güell i Mercader, redundaron más matizadamente en ese enfoque.[151]

Encerradas dentro del solipsístico mundo político catalán, tales distinciones no resultaron nada triviales. El catalanismo –una vez encarrilado y dejadas atrás las veleidades republicanofederales– no tendió a cuestionar el contenido institucional o hasta político del Estado, ya que, por lógica prudencia, no gustaba de concretar poderes estatales y sí mucho de enumerar los regionales. En función de este último enfoque, era fácil para el catalanismo obsesionarse con el detalle de la forma territorial del poder central y los derivados hipotéticos de una devolución, hasta olvidarse de que existía el Estado.[152] En otras palabras, *era fácil encontrar en el pensamiento catalanista una tentación a la omisión*, camino más o menos inconsciente del nacionalismo radical o del separatismo doctrinal, que de tanto insistir en una de las dos ciudadanías y/o soberanías, pasaba ésta implícitamente de ser doble a ser única, pero por el otro lado. Así, por ejemplo, Josep Narcís Roca i Farreras, más o menos contemporáneo de Almirall (aunque mayor, nacido en 1830), pero pronto olvidado tras su muerte en 1891, dio vueltas a los ejemplos contrapuestos de Hungría e Irlanda para tomar un derrotero ideológicamente placentero pero nada posibilista.[153] Tal despiste «soberanista» fue de inmediato observado por los ojos hostiles y convertido en prueba contundente de cinismo o mala fe, hecho a partir del cual las conclusiones derivadas podían ser exponenciales. En las palabras, expresadas en 1917, de un regionalista valenciano dialogante con –pero no simpatizante de– la Lliga Regionalista: «La falta de unidad de pensamiento y de afirmaciones del catalanismo es el origen del fatal equívoco que pesa sobre esta agrupación militante.»[154] Mientras tanto, la izquierda (autonomista, centralista o anfibia) eludió a su manera el dilema: se aferró al republicanismo como solución a todos los imaginables males de la patria, incluidas las contradicciones territoriales. En su perspectiva, de todo ello se podría hablar hasta la saciedad en las Cortes constituyentes del nuevo régimen.

Lo que resulta trivial en Madrid parece esencial en Barcelona

La propuesta de Almirall, pues, tuvo más significado a largo que a corto plazo, pero fue un significado negativo.[155] En el marco político español, su iniciativa careció de significado, excepto como indicio del despertar catalanista. Como remarcó quince años más tarde el caudillo liberal Segismundo Moret y Prendergast, famoso por sus escasísimas simpatías hacia el regionalismo: «hasta la época de 1885 no había datos ni antecedentes que revelasen la existencia de una tendencia política [catalanista], y mucho menos de una aspiración general capaz de producir los hechos contemporáneos». Como precisión ante su público del Ateneo de Madrid, Moret añadió que: «[y]a en 1885 se presentó al Rey D. Alfonso una exposición en que se iniciaba la teoría regionalista; pero el hecho pasó tan desapercibido, que sería aventurado darle otra significación que la de un platónico deseo, que reapareció durante la Exposición de Barcelona en un documento presentado a la Reina Regente, en que para justificar la aspiración regional se invocaba el ejemplo de Hungría. ¡De Hungría, que es una espina clavada en el costado de Austria! *(Aprobación).*»[156] De hecho, era un criterio consagrado, especialmente para los liberales: cuando Romero Robledo, siempre dispuesto a sacar provecho del «peligro» catalanista, en su día señaló el *Missatge a la Reina Regent*, fue replicado por el ministro de turno del gabinete sagastino, Carlos Navarro y Rodrigo, responsable de la cartera de Fomento, que el texto era tan sólo una «extravagancia», que no merecía preocupación alguna.[157] *En resumidas cuentas, los matices ideológicos que tanta importancia parecían tener en Barcelona se evaporaban fuera del marco catalán. Bajo la fría mirada del liberalismo madrileño, todo el juego de distinciones que sostuvo Almirall ante Maspons o ante Guimerà se desvanecía en la nada.*

Incluso visto desde Barcelona con según qué ojos, los gestos y las pataletas de Almirall no tuvieron mucha importancia: según el *Diario Mercantil*, por ejemplo, los importantes discursos de 1888 en la Ciudad Condal, a la luz de la Exposición Universal y dando vueltas al candente tema del sufragio universal y la disyuntiva entre librecambio y proteccionismo, los impartieron Pi y Margall, Cánovas de Castillo, Castelar y Romero Robledo, sin mención alguna de don Valentí.[158] Es más, en su intervención, el caudillo federal Pi quiso recoger algo entre los escombros de la escisión y el fracaso del Centre Català. Con su consabido criterio de maestro, Pi dictó su lección:

Junto al partido federal se ha creado otro recientemente con la denominación de regionalista. Regionalismo y federalismo tienen algo en común y algo de diverso. Coinciden los dos en la autonomía de las regiones, y éstas enlazadas por un vínculo federal, hijo de espontánea voluntad; difieren en que el regionalismo descansa más en la tradición que en la razón y no quiere ir unido a la democracia y la república, antes pretende que cada región, después de constituirse, haya de poder decidirse por la forma que más le agrade y reconocer o dejar de reconocer los derechos del individuo, y el federalismo es republicano y demócrata. Nosotros no abrigamos odios ni prevenciones de ninguna clase contra los regionalistas, que tarde o temprano han de ser nuestros hermanos, y en los momentos críticos han de ayudarnos y hemos de ayudarlos; pero me han de permitir que les haga observaciones, hijas de mi buen deseo.

Buscar en la tradición el fundamento de la autonomía regional, es condenarse a retrotraer los tiempos y aceptar los límites que a la autonomía de las regiones dieron los pasados reyes, cosa que la verdad me parece absurda. Temo yo que se lo ha de parecer a los mismos regionalistas, ya que en el memorial de agravios que no ha muchos meses dirigieron a la Regente, pedían el sufragio universal para la elección de sus magistrados, sufragio que distaba de existir cuando cayó Barcelona bajo las armas vencedoras de Felipe V. Este principio, por otra parte, tiene algo de egoísta, pues sabido es que no pocas regiones de España ninguna autonomía tienen que reivindicar de sus reyes, y dado el principio regionalista, habrían de seguir viviendo bajo la tutela del poder central, lo mismo en el terreno de la política que en el de la economía y el derecho.

Siguiendo su recorrido didáctico, Pi insistió: «Nosotros no recusamos el apoyo de la tradición, mas la tomamos por base y fundamento de nuestras doctrinas. La derivamos de la razón que nos presenta ingénita la libertad del hombre, y nos dice que si libre es el hombre individuo, libre ha de ser el hombre colectivo, y en consecuencia los municipios y las regiones.» Además, añadió, con intención punzante:

Nosotros, por otro lado, vemos en la monarquía un anacronismo, un resto del antiguo régimen de las castas, una institución incompatible con la dignidad del hombre y la soberanía del pueblo, una forma de gobierno que entrega a los azares de la suerte el porvenir de las naciones, pues no sabe ni siquiera elegir entre los diversos sucesores del príncipe una creación universal, puesto que confiere el poder supremo a mujeres y a mozos imberbes a quienes la ley común niega los derechos políticos y aun los civiles, y no podríamos jamás admitirle, puesto que lo irracional y lo ilógico no puede[n] entrar nunca en el dogma de partidos sensatos y dignos.

Tras esta afirmación de grave decoro ideológico, Pi aseguró que «algún día los regionalistas han de reconocer la justicia de estas observaciones». Mientras tanto, Pi afirmó buscar «la concordia entre los regionalistas», al tiempo que recomendaba a los federalistas que no siguieran por el mal camino almiralliano, «a fin de que no lleguéis nunca a dividiros ni aun por cuestiones personales, siempre peligrosas».[159] La interesada llamada piymargalliana no funcionó.

En todo caso, tras unos intentos de relanzamiento, la opción almiralliana naufragó, definitivamente, con la disolución voluntaria del Centre Català en 1894, a la vista de un protagonismo catalanista situado más bien en la actuación de su rival, la Lliga de Catalunya, y en la nueva Unió Catalanista, fundada en 1891 y apuntada a la declaración «constituyente» de las Bases de Manresa el año siguiente.[160] En el escenario catalán era evidente que a la propuesta de Almirall le faltaba «algo» para funcionar como llamada ideológica capaz de articular un movimiento político a gran escala, especialmente desde una perspectiva más o menos juvenil, ansiosa de encontrar vías de promoción mediante la política. Desde su madurez ideológica, mirando atrás, Enric Prat de la Riba no dudó en señalar la falta:

> En el gran libro de Almirall sobre el catalanismo, pueden separarse todos los capítulos de la primera parte, verdadera exposición y defensa empírica del catalanismo, de los restantes del libro en los que se constituye la teoría particularista y se aplica al problema catalán. Los unos no necesitan ni sirven en nada a los otros. Van juntos en el mismo volumen, pero no en el mismo sistema o concepción doctrinal. [...]
>
> En la parte destinada al catalanismo con algunas remarcables originalidades en la exposición, no hace más que recoger las ideas que flotaban en los círculos y mesas de literatos, historiadores y artistas. Su obra personal, propia, es la otra, es el sistema particularista. [...]
>
> El fallo capital del sistema particularista es el mismo del federalismo: no se nos dice qué entidades han de formar Estados pequeños ni cuáles han de constituirse en federación, ni se preocupa con el criterio con el cual esta selección debiera hacerse [...]
>
> Los hechos cumplidos ligan tanto a los hombres, pesan tanto sobre su espíritu, que la existencia separada en Estado más o menos independiente allá en el corazón de la Edad Media todavía sugestionaba a nuestros reformadores en pleno siglo XIX. El verdadero principio de clasificación era éste. Se hablaba de Castilla, León, Aragón, Cataluña, Asturias, Mallorca por haber sido estados [sic] independientes o grandes provincias en la antigüedad; pero nada más. No había más razón. Éste era el grupo grande, fundamental, del regionalismo. Cuando los unitaristas hablan de retroceso, de atavismos, y se remetían al hecho del Estado, de la existencia de España como argumento supremo, tenían razón. El Estado vivo pesa más, mucho más, que un conjunto de Estados muertos.[161]

Con este planteamiento (o algo bastante semejante), el joven Prat rompía mentalmente con Almirall. Como en su día había mostrado Marià Maspons, las ideas de Almirall no eran tan relevantes en sí mismas; era más importante la manera en la cual se les debía dar la vuelta. Se podían desdeñar, sin coste alguno, sus provocaciones.[162]

Así, las combinaciones contradictorias de Almirall abrieron el camino a una redefinición del juego de derecha e izquierda desde un nacionalismo catalán capaz de replantear las usuales categorías ideológicas. *En la percepción de Prat, Almirall no era capaz de entender la gran diferencia entre la retórica historicista, vagamente cortesana, sobre el dualismo «imperial» y un auténtico «imperialismo» catalanista, imbuido de sentido transformador y respaldado por la experiencia catalana del desarrollo industrial.* Para dar sentido social y profundidad a su percepción, Prat se aferró al autodescubrimiento de la sociedad civil catalana que acompañó su adolescencia. La convicción en la excepcionalidad absoluta de la sociedad civil tenía bastante de fantasía, pero, como reza el conocido dicho italiano, si no era cierta, estaba bien inventada. *Para Prat, Cataluña, justamente porque era una «unidad cultural» viviente, activa, y, por lo tanto, una nación viva, con conciencia de serlo, podía aspirar a dictar su «imperio», idea o imagen poderosa, que era algo más que unos decorados medievales recuperados del ropero del pasado.* Almirall, por mucho que sus jóvenes epígonos quisieran que él comprendiera la nueva opción, se había quedado atrás, sin deshacerse de unos criterios decimonónicos sobre el republicanismo que él mismo había mostrado como periclitados.

No obstante su crítica a Almirall, Prat de la Riba también cortó con los cultivadores de la metáfora literaria a secas, los catalanistas del periódico *La Renaixensa* (diario hasta 1905, a la vez que editorial). Estos historicistas, agrupados alrededor de Guimerà y el director del periódico, su inseparable amigo Pere Aldavert i Martorell (1850-1932), habían logrado imponer la noción misma de *Renaixença*, como indicaba el nombre de su empresa.[163] Pero, sus éxitos aparte, eran mentes tan políticamente lúcidas que, por ejemplo, podían mostrar su nostalgia por los principados desaparecidos en la unificación italiana.[164] Con tal añoranza apuntaban, al menos implícitamente, a la restitución de los Estados Pontificios.[165] Precisamente por sentirse identificado con el imperialismo contemporáneo, con su ruda dureza de tono, Prat se sentía moderno, estaba al día y no quería para nada retener el encanto decimonónico del catalanismo como romántica y melancólica «causa perdida», equivalente a los confederados sudistas norteamericanos, los papistas desterrados o incluso los carlistas españoles.

Sin embargo, *quedaba en Prat un curioso resabio, una tentación marcada por «ir a la cima» y saltarse los engorrosos debates, por resolver el pleito de fondo con los que muchas décadas después se llamaría «los poderes fácticos»: la Corona y, por implicación, las fuerzas armadas.*[166] Ello fue un aspecto clave del catalanismo que estaba mucho más presente para los observadores externos al espacio político catalán, dentro del cual se obviaba. Hoy muy olvidado, Salvador Canals y Vilaró, nacido en Puerto Rico en 1867, fue un agudo analista político, alma de *Nuestro Tiempo*, la importantísima revista madrileña de opinión que duró de 1901 a 1927. En 1906, Canals que era entonces conservador maurista y diputado por Valls, remarcó, en el debate parlamentario sobre la Ley de Jurisdicciones, la complicada postura que venían sosteniendo los catalanistas. Sin entusiasmo por el nacionalismo catalán a pesar de sus apellidos, Canals consideró que:

> Los particularismos existen notoriamente en el país, acaso no existan otros sentimientos colectivos que éstos; quizás esté en ellos la base de la [a]cción social que pueda crear verdadero sentimiento colectivo nacional, vigoroso y eficaz como fuerza propulsora de todas las voluntades; pero traer a la Cámara, como significación de cada uno, estos particularismos, es, para mí, afirmar un estado de lucha, una situación de incompatibilidad que no puede ser favorable para ninguno de los intereses que a cada cual incumbe especialmente defender. [...]
>
> El catalanismo, señores Diputados, no había sido nunca un partido declaradamente monárquico, pero había sido un excelente factor de Gobierno para la Monarquía. Por ser catalanistas habían dejado de actuar como antimonárquicos no pocos republicanos y carlistas. El catalanismo, en todos sus actos oficiales desde la Restauración acá, se ha significado por un movimiento de adhesión al Trono; sus adeptos se han mostrado, por lo menos, ciudadanos leales al Jefe del Estado, y, con gran frecuencia, súbditos fervorosos del Rey. El catalanismo en 1885, en su primer acto oficial después de la Restauración, tras de discusiones importantísimas habidas en la Lonja de Barcelona, se acercó a D. Alfonso XII y le entregó el producto de aquellas deliberaciones, contenidas en un mensaje, que era el pensamiento catalán en aquel momento.
>
> En 1888, cuando la Reina Regente visitó Barcelona para inaugurar la Exposición de Cataluña todo género de acatamientos y de sinceras manifestaciones del espíritu catalán, y lo mismo en 1893, en 1899, en 1900 y aun en 1901; y en 1904, el catalanismo arrostró una crisis gravísima, que sólo ha terminado con estos sucesos, por no estorbar el recibimiento entusiasta que tuvo D. Alfonso XIII.[167]

La pregunta implícita de Canals –y, en última instancia, su miedo– ante el hipotético acercamiento de la Lliga a los republicanos era si la República iba a ser una manera alternativa de empezar desde la cúspide estatal para edificar la «Nación de naciones». Ésta había sido la confusa y contradictoria aspiración de Almirall. A esa duda tenían que dar respuesta los planteamientos «imperiales» de Prat.

4. Prat y las consecuencias españolas de la «unidad cultural catalana»

Gracias al «culto a la personalidad» que orquestraron los noucentistes, Prat de la Riba ha pasado a la posteridad como un preclaro faro ideológico, un auténtico «padre fundador» en cuanto a pensamiento nacionalista se refiere. Pero, naturalmente, hubo un tiempo en el que el futuro prócer fue un ingenuo novato, abierto a toda suerte de influencias. En realidad, la originalidad de su pensamiento fue muy relativa. Supo, eso sí, recoger y fundir en un compacto argumento muchas percepciones e ideas que estaban flotando, con mayor o menor reconocimiento, en el ambiente ideológico catalán de su adolescencia. Se cuenta la simpática historia de que, a los diez años, Enric, y su hermano Josep, al saber de una manifestación *barretinaire* en Barcelona, no sólo pidieron a su madre que les comprara tan preciada prenda, sino que impusieron su uso a sus compañeros de escuela. El asunto del *Memorial de greuges* tuvo lugar cuando Prat tenía quince años y residía en Barcelona, desde el otoño de 1881, venido a realizar el bachillerato. La lección aportada por tales antecedentes vino a ser que la fórmula de un «imperio» –sin que nadie supiera muy bien lo que ello significaba en la práctica– era la mejor alternativa a una República para establecer la anhelada «Nación de naciones», ya que, entre otras ventajas, era posible que la Corona la viera con buenos ojos.

Las piezas colocadas en su sitio, o la disposición definitiva del rompecabezas ideológico

Una buena muestra de los materiales de los que dispuso Prat se encuentra en la aportación de Josep Güell i Mercader, conocido republicano reusense. Antiguo federal (suya fue la redacción del famoso Pacto de Tortosa, atribuido habitualmente a Almirall, texto de 1869 que reivindicó la unidad redescubierta de los reinos de la Corona de Aragón), con el tiempo Güell i Mercader se había convertido en hombre de confianza de Castelar, el melifluo líder del «posibilismo» republicano, corriente poco tentada por las soluciones federalizantes. Al calor del gobierno largo sagastiano, y del prolongado debate sobre la recuperación del sufragio universal masculino, quizá Castelar creyera posible, así como Gladstone en Gran Bretaña había ganado los radicales para sí, que don Práxedes buscara análoga atracción: «Así –hizo constar el tribuno "posibilista" en un discurso en Barcelona en octubre de 1888–, pueden ser allí ministros de la reina Victoria, sin desdorarse, republicanos como Brigth [sic: Bright], Dilke y Chamberlain.» En el medio industrial catalán, Castelar, con su librecambismo *light* («Yo soy de la escuela librecambista, pero no soy del partido librecambista»), encontró crecientes resistencias y, tras tres legislaturas como diputado por Barcelona, había desistido en su representación, camino del relativo abandono de la política activa, anunciado en una sonada disertación en febrero de ese mismo 1888.[1] La evolución de Castelar, junto con la esperada realización de sufragio general (alcanzada en 1890), pues, anunciaban la necesidad de nuevas miras.[2]

Pese a su castelarismo, Güell tenía reputación de ser, según una expresión de la época, un *catalanàs* (literalmente un «catalanazo»).[3] Del cruce de criterios coyunturales, Güell sacó su obra *Lo regionalisme en la nació*, en la imprenta de *La Renaixensa* en 1889. Dada la coyuntura política en el seno del movimiento catalanista, con la caída estrepitosa de Almirall y los llamamientos dualistas a la regente, el texto de Güell no podía ser otra cosa que una valoración, en perspectiva, del épico fracaso almiralliano, a su juicio representativo de las ambigüedades del momento.

El texto empezaba con el recorrido de un espectro político por el mapa político europeo, en lenguaje que recordaba el famoso inicio del *Manifiesto comunista* (1848) de Marx y Engels: «Las naciones viven hoy bajo la amenaza del particularismo. Ello aparece en los Imperios de Alemania y Austria, en Bélgica, en Inglaterra, en Rusia y despunta en Italia al tiempo que desaparece la generación que, para fines meramente políticos, creó la unidad. La cuestión de Oriente, [...], a pesar de los intereses extraños que en ella se agitan, se va reduciendo a una lucha de pueblos oprimidos que suspiran por vivir independientes y en relación a su manera natural de existencia, apartados de la influencia absorbente de las grandes naciones.» Pero su alusión implícita a los hechos revolucionarios cuatro décadas antes trajo a colación el rechazo a la herencia de tales antecedentes: «Aquel cosmopolitismo puesto de moda desde el comienzo de este siglo, y más todavía desde 1848, va desapareciendo cada día.» Era, para Güell, un enfoque ya pasado: «Por eso es peligroso empeñarse en gobernar hoy a los pueblos bajo la norma de un criterio estrecho y cerrado, sistemático y con prejuicios de escuela: no se puede hacer ni en lo social, ni en lo religioso, ni en lo político, ni en lo económico.» El atractivo, cada día mayor, de un practicismo sin excesivas cargas ideológicas apuntaba a una política de devolución de poder desde el Estado a los gobernados: «Los pueblos modernos se decantan resueltamente a constituirse, a organizarse tan sólo para la defensa de los intereses a todos ellos comunes, y dejando completa la autonomía de las provincias o las regiones en todo lo que no afecta al bienestar general.» Igual que Almirall, Güell i Mercader arguyó que: «Regionalismo, en la terminología política de nuestro tiempo, no es más que una aceptación del particularismo.»[4]

Pero Güell nunca dudó que la Nación, en tanto que institución política, era España; de ahí, su ahínco por encajar *Lo regionalisme en la nació*. Como buen catalán, entendía que la plana imagen centralista del país auspiciada por el nacionalismo institucional español y el rugoso hecho del tejido social catalán por él tan bien conocido no acababan de coincidir. Por ello, Güell formuló un retrato del engranaje posible entre Estado nacional y región que se fundamentaba en el equilibrio entre unidad y diversidad, balance interesante apuntado por conceptos como «confianza en sí mismo» y «el imperio de la justicia y el derecho» que pronto serían recuperados con otro sentido. En sus propias palabras: «La unidad de una nación en lo político y administrativo, aunque esté sujeto a términos razonables, siempre supone una merma del derecho individual y colectivo, merma inevitable atendida la fatalidad de la condición social del hombre que no puede realizarse si no es a costa de la libertad natural.» Y repetía: «Es principio capital del regionalismo es la existencia de la variedad en la unidad.» Así, consideraba que: «El regionalismo es propio de pueblos individualistas, y contrario al socialismo. Toda manifestación de vida regional supone iniciativa propia, confianza en sí mismo y apartamiento de aquella tutela, que no por necesaria en algunos casos a fin de mantener el imperio de la justicia y el derecho contra las trampas del poderoso, debe de ser señal de inferioridad e incluso de esclavitud. La conservación del Estado fuerte, del Estado todopoderoso, es, en los tiempos actuales, un peligro para el orden social.» Por su definición, pues, el regionalismo era «individualista y liberal».[5]

Consideraba Güell que la especial estructura social catalana exigía un respeto protector de un Estado de tipo nuevo, para nada avasallador con la sociedad civil y su tendencia positiva y productiva:

> Cada pueblo o cada región que tiene individualidad histórica ha organizado naturalmente el derecho civil conforme sus características y necesidades. El derecho civil catalán, por ejemplo, se inspira en la libertad; el castellano, en la autoridad, y siendo nuestras instituciones, y muy en especial nuestras costumbres jurídicas, diferentes de las de Castilla, resulta una organización también diferente de la familia y de la propiedad: organización que podrá por muchos ser considerada defectuosa, que se moldea admirablemente a nuestra manera de pensar y a nuestras necesidades económicas, mejor todavía encajaría si, en plena posesión de nuestra autonomía en este caso especial, pudiésemos darle la movilidad que los avances de las ideas jurídicas y las necesidades de la sociedad moderna hacen indispensables.

Güell vio un único límite a tal particularismo jurídico: «Solamente en uno de los aspectos del derecho privado puede hacerse una excepción: en el derecho mercantil. El comercio es esencialmente cosmopolita.» Por lo demás, se debía supeditar el poder central a las exigencias regionales. «Por causa del clima, aptitudes especiales de sus habitantes, topografías y otros, hay regiones que viven, puede decirse, ligadas a la existencia de ciertas clases de producción, de las cuales no pueden apartarse. Al Estado, por los medios que la colectividad pone en sus manos, corresponde vigilar por el desarrollo de los intereses nacionales, [y] toca también constituirse en protector de los intereses especiales de cada región, tanto más cuando de ellos depende la suerte de la misma.»[6]

Invertida así la histórica tendencia estatal, Güell elaboró un hilo argumental que buscaba vincular las ideas de regionalismo y españolismo: «Una región será más digna de aprecio ante la patria común, cuán más rica, más pacífica se muestre. El pueblo, ciudad o comarca que dé más pruebas de civismo, la que dé más hijos beneméritos, aquella será la más *regionalista.* Y ni que decir tiene que esta doctrina debe aplicarse también al individuo. El más patriota –entendida la palabra en recto sentido– será el mejor de los regionalistas.» Para articular este enfoque, realizó un cierto juego de ideas, *en el cual se confirma la primacía de la sociedad civil al poder político*: «Y la patria en el sentido recto de la palabra no significa la nación: la patria se contiene en la nación, como el Estado se contiene en la sociedad; pero se concibe ésta sin aquélla, como se concibe la patria sin la nacionalidad.»[7]

El resultado de su argumento volvía, por tanto, a la necesaria interacción de unidad y pluralidad: «La patria es una y varia al mismo tiempo. ¿Quién niega ya la variedad en la unidad, en lo social, en lo político, en lo económico, en lo literario, en todo?» Consciente de las malas interpretaciones, Güell quiso aclarar que cualquier solución regional sería compatible con la unidad nacional española, para así alejar el espantajo del separatismo. Comentando el derecho a la nulificación de la legislación general dentro de las fronteras del territorio regional, Güell se mostró muy optimista, en la mejor tradición de Calhoun: denuncio «esta doctrina de reconocer únicamente como leyes de la nación las de carácter general», en vez de «informar al particularismo o regionalismo», por miedo a que ello fuera atentatorio a la unidad de la patria. «Tal sospecha es infundada, y el temor que ella inspira se suele exagerar con frecuencia.»[8] Era una declaración que, a la luz de la terrible Guerra Civil norteamericana de 1861-1865, solamente podía justificarse pensando en la tensión pacífica que sostenía a la Monarquía austro-húngara o a las relaciones interestatales dentro de Alemania. En otras palabras, *se vislumbraba un sistema confederal monárquico, aunque –en plena especulación que recordaba a Almirall– sus partes fueran efectivamente republicanas.*

La verdad era que, según Güell, toda la opinión política hispana a finales de los años ochenta reconocía en esencia la validez de una regionalización de algún tipo:

> No hay entre nosotros un solo partido, desde el más autoritario al más expansivo y liberal, que no escriba en su bandera las palabras: «descentralización administrativa» y algunos de ellos, y no por cierto los avanzados, hasta hablan de autonomía política aunque sea concretándola unos a los antiguos fueros de las Provincias Vascas, Navarra y Cataluña y otros a un parlamento para Cuba. Y como la descentralización administrativa o no quiere decir nada o significa el reconocimiento explícito de una parte esencial del regionalismo, tal unanimidad de pareceres en punto tan importante, prueba y pone fuera de duda que existe la convicción íntima de que el regionalismo no es un peligro para la unidad de la patria.

Para acabar, ¿qué podía decir de Cataluña, española hasta el tuétano y pronta a brindar su genio y su originalidad a la común matriz hispana? Según el republicano reusense, fervoroso *catalanàs:*

> Por lo que se refiere a Cataluña, contra la cual se extrema la desconfianza y prevención respecto a los fines del regionalismo, porque éste, bajo todos los aspectos que aquí más se significa, no debe inspirar cuidado. Cataluña, tan acusada de rebelde y separatista, ha sido siempre y es hoy la más genuinamente española de todas las regiones que constituyen el territorio nacional. Cataluña, calificada por algunos de exclusivista y aficionada al aislamiento, es el más generoso y expansivo de los pueblos. La vida en todas las naturales manifestaciones tiene en Cataluña un carácter doble: si por áspero y accidentado es nuestro territorio propio para sostener aquella feraz independencia que aísla a los pueblos, en cambio tenemos la larga extensión de costas marítimas, el mar es esencialmente comunicativo, y por él hemos recibido siempre la influencia innovadora, y por él hemos expandido el aliento de nuestro genio por todo el mundo. Es Cataluña la más española de las regiones celtíberas, porque ninguna como ella ha visto poner a dura prueba su españolismo.[9]

La lectura de *Lo regionalisme en la nació* muestra hasta qué punto ya estaban dispuestas en el medio político catalán las ideas y hasta las expresiones *(«confiansa en sí mateix»)* que, con Prat, se convertirían en la doctrina de la Lliga Regionalista. *De planteamientos como los de Güell i Mercader, entre otros no especialmente reconocidos, Prat pudo construir su especial síntesis, con Almirall y su obra como antecedente superado.* Donde un Güell i Mercader, por ejemplo, se perdía en matices sobre el regionalismo catalán en la Nación española, Prat recompuso los mismos elementos en una sólida construcción ideológica. Güell recordaba un puzzle con todas sus piezas disponibles, esperando ser montada en su versión definitiva por Prat. Para el joven Prat, Cataluña era incuestionablemente Nación y, por la misma regla, España era muy evidentemente un Estado. No había que darle más vueltas; visto así, todo encajaba. La solución aparente a *«Lo nacionalisme en l'Estat»* (para situar a Prat en la fórmula de Güell), se encontraba en la fórmula del «imperio», forma superior de Estado y, a la vez, Nación de naciones. A ojos de Prat y del equipo de ambiciosos universitarios que le seguía, el reconocimiento de esta verdad patente liberaría unas poderosísimas energías, que se podían canalizar con la tarea de consumación peninsular, al incorporarse Portugal a una nueva Iberia o Hispania.

Así, por ejemplo, más adelante, en 1910, lo recordó en un homenaje a la figura de Prat uno de sus socios políticos más importantes, el arquitecto Josep Puig i Cadafalch, nacido en Mataró en 1867:

> Hoy el contarlo resulta cómico. La sección de Bellas Artes del Centre Escolar Catalanista había estado a punto de darme un voto de censura por haber brin-

dado en catalán en una fiesta escolar. La segunda asamblea de la *Unión Catalanista* rechazó el nombre de nacionalista.

En [el encuentro de las Bases de] Manresa mismo costó romper los viejos moldes, y los prohombres temían excederse de su prudente provincianismo. El ideal de formar una España, uniendo en lazos de federación los diferentes grupos étnicos, era considerada como anacrónica por uno de los oradores más autorizados de la asamblea. Reivindicar –decía– la personalidad respectiva de las regiones que constituían antes nacionalidades independientes y autónomas, ligando los pactos con que se unieron, sería trastornar la Historia. Hablando claro, para la mayor parte, Cataluña no era una unidad viva, orgánica, personal, no era un pueblo, una nacionalidad, sino una parte de una unidad superior o a lo más un órgano de un ser vivo sin personalidad real.[10]

La voluntad de síntesis de Prat mediante el «autogobierno»

Dado el modo que Prat entendió a Almirall, la más importante aportación de frustrado inventor de *Lo catalanisme* fue la de abrir la cerrada perspectiva catalana a unos aires «anglosajones» que tuvieron implicaciones profundas, al tiempo que, quisiera o no, obviaba los contenidos republicanos que tanto protagonismo habían tenido en la importación ideológica decimonónica a España. Esta ventana exterior sirvió para atraer a posteriores promociones que circulaban por el patio de la Universidad de Barcelona. Según Prat:

La libertad –dice [Almirall]– es el mayor bien del hombre, pero no puede ser absoluta por el hecho de la coexistencia social, y vienen las limitaciones que armonizan la de los unos con la de los otros. El mejor sistema político es aquel que permita una mayor libertad reduciendo más sus limitaciones. La libertad representa el principio individual; la igualdad el social o colectivo; la una la variedad, la otra la unidad; por la una nos acercamos al polo de la «anarquía» en el sentido del mínimo de gobierno, con la otra rodamos hacia el autoritarismo. La libertad francesa es igualdad, absorbe, destruye las variedades, nivela, aplasta; la libertad inglesa es la verdadera libertad, es el *self-government*, o gobierno de sí mismo, reconocido a los hombres, a las corporaciones, a los municipios, a todas las entidades sociales: es el principio de autonomía. En el *self-government* se encuentra el máximo de libertad con el mínimo de limitaciones. La organización política que realiza sistemáticamente este ideal es el Estado compuesto, formado de Estados pequeños, asociados o federados con una soberanía propia para la vida interior de cada uno, y una soberanía delegada para la representación exterior, guerra y marina, vida comercial, derechos individuales, comunicaciones, moneda, pesos y medidas; Estado compuesto que fomenta la variedad y, con la variedad, la lucha, y, con la lucha, el progreso, sumando todas las ventajas de los Estados pequeños con la fuerza y las ventajas de los Estados grandes.[11]

Para Prat, era imperativo purgar la noción de autogobierno –tanto en su sentido colectivo como en el individual– del artilugio republicano y democrático que lo sustentaba, por mucho que Almirall ya se hubiera esforzado en «oscurecer» la idea. El filtro escogido por Prat fue el famoso Joseph de Maistre, muerto en Turín en 1821, noble saboyano y agente diplomático del rey de Cerdeña, tenaz adversario intelectual de la Revolución francesa y destacadísimo teórico de la contrarrevolución.[12] Ya antes, las ásperas ideas del conde de Maistre fueron divulgadas en Cataluña por el publicista moderado Joan Mañé i Flaquer (1823-1901), por lo que Prat recogía lo que estaba más que sembrado. Con todo, el joven Prat hizo una lectura muy atrevida de Maistre, interpretándolo como un romántico, defensor del tejido social ante el poder:

Y he aquí cómo una vez más mirar hacia atrás fue mirar hacia adelante, hacia un porvenir entonces lejano y en modo alguno imaginable; he aquí cómo pasando por *rezagado* a los ojos de sus contemporáneos, resultó De Maestre [sic] *precursor* a los de la posteridad, que ve en él uno de los iniciadores del gran renacimiento medioeval; renacimiento al cual han impreso vigoroso empuje ilustres escritores de las más opuestas tendencias, desde Chateaubriand a Renan, desde Thierry a Littré, desde Schlegel a Violet-le-Duc, desde Walter Scott y MacPherson a los actuales simbolistas y decadentes, desde Leplay hasta los más exagerados positivistas; renacimiento medioeval poderoso ya en todas las esferas del orden ideológico o científico siempre precursor del práctico, y del cual son inconfundibles síntomas: el descrédito de la Revolución francesa, del racionalismo apriorista, y del renacimiento pagano; la rehabilitación completamente terminada ya de la historia medioeval, la tendencia irresistible a la vida corporativa, a la familia *souche*, al régimen representativo, a la organización social del trabajo, al *self-government*, la exaltación de la costumbre en detrimento de la ley escrita; la ruina de las grandes nacionalidades y el pujante levantamiento de las nacionalidades verdaderas, las naturales o étnicas, falsamente llamadas *pequeñas patrias*; la renovación de la filosofía escolástica o de la fe religiosa, el culto profesado al estilo gótico y al romántico, al prerrafaelismo de las artes, el renacimiento de las literaturas que tuvieron su esplendor en la Edad Media, hasta las mismas sectas, obscuras e indefinibles, de un misticismo abigarrado y caótico, con su séquito de demoníacos y satanistas; pero más que esto todavía, la evolución de la literatura que, rota la rigidez, el envaramiento pseudoclásico, harto ya de devaneos románticos y de asquerosidades naturalistas, oscila entre un realismo sano y un misticismo filosófico transcendental, y concede la preferencia al fondo sobre la forma, a la espiritualidad de la idea expresada sobre la voluptuosidad puramente sensible o material de las rozagantes formas en que la hizo encarnar el arte clásico.[13]

Gracias a su uso imaginativo de Maistre, Prat pudo recoger la idea del *self-government* sin haber de ceder más del mínimo imprescindible (si algo) al democratismo francés, pero, al mismo tiempo, su percepción le dejó abierto a la relación entre la visión de la nación como «un organismo de círculos locales» propia de los juristas germánicos y adoptada por los conservadores ingleses.[14]

Mediante la exigencia del *self-government*, Prat convirtió el ideal de Almirall en un algo fáctico; de ahí el sentido *nacionalista* de su relectura. De la idea de «unidad cultural» se deducía lo que se ha considerado el núcleo irreducible del «concepto nacionalista de la nación». En palabras de un estudioso actual del pensamiento político: «Resulta entonces que en el lenguaje del nacionalismo "nación" tiene un significado por el que se atribuye a cierto grupo de personas la autoridad o competencia legítima para gobernar cierto ámbito en el grado que se desee.»[15] El sentido de la definición es anfibológico, ya que se puede entender en términos abstractos y colectivos o como una formulación duramente política. Así también Prat quiso situar su propuesta.

Eran precisamente la noción de *self-government* («autogobierno» o «gobierno de sí») y el acceso al pensamiento político liberal de raíz protestante los que permitieron a Prat teorizar la «unidad cultural» de Cataluña a partir de sus hábitos positivos de trabajo, de su estilo de hacer las cosas, de su modo de vida. Si los catalanes tenían una manera tan concretamente suya de vivir, un auténtico *Catalan way of life*, entonces, eran indudablemente una nación en el sentido más real de la palabra, igual que lo eran las sociedades más avanzadas del planeta, en especial la que había barrido las pretensiones señoriales de la «hidalga» España, tan reacia a las buenas costumbres «burguesas» de ahorro, silencio y trabajo pertinaz. De pasada, por supuesto, hacía suyo, mediante la reinterpretación, un concepto señalado de los republicanos.

Ello significaba que se podía dar la vuelta al discurso «nacionalista institucional» del liberalismo español y, por extensión, de los republicanos, para aprovechar los posibles giros sobre la deseable «unión» hispánica en contraposición al forzado unitarismo centralista. Tal enfoque era ya habitual en el catalanismo. En 1891, por ejemplo, el destacado portavoz Sebastià Farnés, al defender la educación en catalán, argumentaba:

> He aquí como resulta subversivo, más claro, separatista, el hecho de declararnos fuera de España a todos los que tenemos en alto honor hablar una lengua que no es la *española*. Es porque la unidad que desde Madrid se predica y que la ley sobre enseñanza recomienda, es una unidad sui generis, una *unidad* que está reñida con la *unión*.

> Así como un día la unidad religiosa, la unidad católica proclamada en España fue la sentencia de destierro de los moriscos y los judíos, la unidad de la lengua nacional, la unidad de la lengua castellana, es la sentencia de separación de todos los pueblos que hablan lengua diferente de la llamada española. Con la sola diferencia que Cataluña no ha sido conquistada por Castilla, sino que se unió con la condición de respetar y ser respetada, y que está decidida a hacer cumplir los pactos que la Historia y la naturaleza de común acuerdo sancionaron.

Así, la «unidad lingüística» (o «cultural») era más importante que el unitarismo político. La conservación de esa «unidad» catalana histórica sobrepasaba cualquier argumento de eficacia: «Por lo demás, los catalanes no entraremos jamás a discutir la cuestión de *unidad* bajo el punto de vista utilitario. Tal vez fuera más provechoso, más conveniente, sobre todo en Castilla, que toda España hablara castellano. Nosotros creemos y lo cree Cataluña –peor para el legislador si así no piensa– que en el terreno del patriotismo, conviene, es un deber, prescindir de la parte utilitaria: aquí lo útil suele ser enemigo de lo bueno, de lo justo, de lo digno.»[16] Se había de preservar la «unidad cultural» catalana justamente porque encarnaba el estilo de vida laborioso, «burgués», de los catalanes. Hasta cierto punto, su valor residía *precisamente* en el hecho que llevaba la contraria a la centenaria tendencia estatal.

Al mismo tiempo, Prat supo combinar opuestos ideológicos. Incorporó de lo que venía a ser el corazón revolucionario del programa federal (su contenido «masónico», por decirlo de algún modo), que pretendía cambiar los comportamientos sociales más internalizados y anhelaba la realización de una «Reforma» religiosa o espiritual en España, pendiente desde el siglo XVI. Pero lo fundió con su opuesto más extremo, que era el esquema carlista, pero quitándole precisamente lo que de más dinámico tenía: su contenido católico, su «cesaropapismo» o reclamación de la fusión de «Trono y Altar». El carlismo era la única tradición política hispana que había hablado de «imperio», aunque fuera de manera superficial, cargada de nostalgia por la estructura política del Antiguo Régimen anterior al constitucionalismo. El catolicismo más moderado suponía que lo mínimo sería el reconocimiento de la hegemonía esclesiástica en la sociedad civil y el mayor protagonismo cultural y político dado a los fieles, idealmente tan militantes contra los incrédulos como contra el pecado. A partir de tal perspectiva, según el historiador y sacerdote Casimir Martí, «la convivencia tolerante iniciada con la restauración era una opción meramente estratégica, que hacía concesiones, pero no dejaba de reposar sobre la convicción que el Estado debía ser confesionalmente católico y que la Iglesia debía ejercer su tutela sobre el pensamiento y las costumbres de la población».[17] De ahí, por ejemplo, la obsesión antimasónica, ya que las logias ofrecían la perspectiva de una sociedad civil alternativa, agresivamente laica.

Un enfoque católico más o menos ambiguo podía ofrecer, en la imprecisión conceptual de aquel entonces (entre los años ochenta y los noventa), una interpretación que recogía la percepción de «decadencia» castellana tan notoriamente avanzada por Almirall, junto con una crítica más radical en su tradicionalismo que la carlista respecto a las razones de la pérdida de poderío. Desde este punto de vista, la tradición más genuina residía en las regiones y era evidente que la esencia de la autenticidad era la religión de los antepasados. En palabras pronunciadas en 1890 ante la Joventut Catòlica de Barcelona por Josep Estanyol y Colom, catedrático de Derecho Canónico en la Universidad de Barcelona, que, dos años más tarde, sería delegado a la Asamblea de Manresa:

> ¿Y es difícil adivinar la causa de la prostración en que se encuentra sumida la nacionalidad española? No, ciertamente. Ella no es otra que el haber estancado los hombres que la rigen las fuentes de donde provenía su grandeza, abocando en sus campos las aguas de extranjeros manantiales, que si era buenas para fertilizar otras comarcas, resultan corruptoras de la savia de la cual se nutren las veneradas instituciones enraizadas en esta generosa tierra. Digámoslo más claro: la gloria de España se debía a la vitalidad típica y característica que, al constituirse el reino, aportaron cada una de las regiones componentes; y la ruina de la nación es debida a la tendencia unitaria y centralizadora, que, aniquilando con un afán cada día creciente y cada día más avasallador toda iniciativa particularista, ha tenido como aspiración única la de deprimir las fuerzas vivas de la nación, sujetándolas a un solo molde y a un mismo nivel por más que fuera esto lo del rebajamiento moral y material del país.[18]

En resumen (y sin entrar a comentar la evidente fragilidad aún de conceptos como «nación» o «nacionalidad»), el regionalismo era la defensa de la tradición *auténtica*, con la convicción de que la sociedad civil verdadera seguía arropada por el manto de la Santa Madre Iglesia, sin que pudiera haber mejor impulso unitario que éste. Quien más destacó por la crítica a Almirall en este sentido puede que fuese el sacerdote Josep Torras i Bages, nacido cerca de Vilafranca del Penedés en 1846 y elevado a obispo de Vic en 1899, nombrado por el conservador catalán Manuel Duran i Bas, entonces ministro de Gracia y Justicia. Torras se doctoró en la Universidad de Barcelona en 1869, bajo la sombra de la revolución del año anterior, y el recuerdo de aquellos tiempos agitados nunca le abandonó. Pero también fue discípulo de Lloréns i Barba y quizá de tal maestro –como él, vilanfranqués– aprendiera que el «sentido común» de los escoceses podía también aplicarse en contra de la mala herencia de la Ilustración.[19] En todo caso, colaboró con los también sacerdotes Collell y Verdaguer en *La Veu de Montserrat* a partir de 1880, dispuesto siempre, como era lógico, a apoyar las buenas obras católicas, como el milenario de Montserrat en ese año o la restauración del monasterio de Ripoll en 1886. Pero estaba asimismo presto a luchar contra las pretensiones públicas y, peor aún, las intenciones ocultas de Almirall.

Sus apuntes de lectura a la gran obra almiralliana marcaron la ferocidad íntima de su crítica. Para Torras, Almirall se contradecía una y otra vez. El afán almiralliano por rechazar el universalismo católico llevaba al histórico republicano a defender un «particularismo» del todo insuficiente. Según Torras: «Queriendo destruir el unitarismo, [Almirall] no hace distinción entre los intereses temporales de todos los órdenes, que por su naturaleza son particularistas, y los principios que gobiernan el espíritu humano, que por propia esencia son unos [o sea, universales].» Se despachó despreciativo: «El particularismo es a la ciencia, lo que la miniatura al arte, es decir, que [los planteamientos de Almirall entre el positivismo y la metafísica] no son verdadera ciencia ni verdadero arte.»[20]

Este criterio se manifestó como rechazo ante las propuestas políticas de *Lo catalanisme*. Según Torras, con observación certera, Almirall «se enamora muy justamente de la libertad anglosajona»: «Todos saben que estas libertades anglosajonas que tanto enamoran a Almirall nacieron en época de unidad de lo esencial, y por eso en ellas la variedad no es destructiva. Y es libertad consuetudinaria con gran exactitud, puesto que es libertad *secundum habitum*, es decir, según la tirada del país. Por eso lo que allá es libertad aquí podría ser tiranía, y la libertad consiste en poder conservar la propia personalidad sin imposiciones extrañas.»[21] El influyente sacerdote, pues, consideraba que cualquier importación de modelos extranjeros era perniciosa, si bien concedía que el estudio de ejemplos forasteros podía ser aleccionador, siempre que se realizara con extrema prudencia, algo que, a su parecer, no cumplía Almirall:

> Nuestro proceder no es sistemático, ni nuestro escrito es un razonamiento a priori, sino basado siempre en lo real y existente. La importación de formas extranjeras es esencialmente contradictoria con el regionalismo, el estudio de ellas es siempre oportuno, más su adopción sólo es conveniente en detalle de las propias y después de una verdadera naturalización. Así los payeses sólo plantan cepas americanas cuando la filoxera se come las del país, y una vez experimentan si prueban, y aun así, Dios les diera el poder conservar las cepas de la tierra. Desgraciado aquel que para vivir ha de mendigar fuera de casa, y eso más todavía en el orden moral que en el material.[22]

En apuntes privados, Torras insistió en la bondad innata del sistema propio de *la terra*, con reglas provenientes de la práctica social catalana y, en caso extremo, rescatados de su historia: «Los regionalistas son los primeros que se alzaron contra la tiranía del error político del siglo XIX, desengañados de una libertad puramente teórica, objeto y materia de la literatura; buscaron la libertad práctica como medio en el cual desarrollarse la vida real, sustituyendo el gobierno de mandarines por el gobierno de los elementos naturales superiores de la tierra, y no por imitación de aquel *home rule* que daba estabilidad y cierra el linaje anglosajón, sino como efecto producido por la contemplación de la constitución catalana en los buenos tiempos, sobre todo de la menestrala Barcelona, que tanto liga con el presente modo de ser.»[23]

El matizado «imperialismo» de Torras i Bages

La postura pública del padre Torras fue presentada con máxima elocuencia en su reconocida –pero poco leída– obra, *La tradició catalana*, de 1892. Fue escrita conscientemente como réplica a *Lo Catalanisme* de Almirall (si bien evitando el enfrentamiento abierto).[24] *La tradició catalana* ha quedado resumida para siempre con una emblemática pseudocita, ausente del extenso conjunto de su obra: «Catalunya será cristiana [entiéndase católica] o no será».[25] Torras, también autor de las *Consideracions sociològiques sobre el regionalisme* en 1893, era muy dado al ensayismo sobre temas políticos, incluso sobre cuestiones más o menos mundanas. Estaba, por ejemplo, convencido de la importancia de controlar la producción artística, por su significado moral para la sociedad.

En realidad, con una perspectiva neotomista, Torras pretendió articular un esquema ideal, tan radical, a su manera, como el que podía haber formulado Almirall. Torras tenía en mente una «restauración» a gran escala que, comenzando con el restablecimiento del poder temporal del Papado (borrado por la ocupación italiana de Roma en 1871), llegaría a reedificar el sistema político anterior a la Revolución francesa. Este retorno político estaría ejemplificado en especial por el Sacro Romano Imperio de la Nación Germana, que servía como clave para todo el esquema torrasiano.

Por una parte, la estructura divina daba la definición: «La Iglesia es regionalista porque es eterna. [...] La religión, repetimos otra vez, es una sobrenatural perfección de la naturaleza, y por eso busca las entidades naturales más que las políticas, más la religión que el Estado porque es divinamente *naturalista.* La constitución dada a su eterno imperio por Nuestro Señor Jesucristo se adapta admirablemente a este principio.»[26] A ello, con la contraposición de prudencia, se añadía la habitual advertencia eclesiástica: «No, nuestra religión y fe regionalista nace de la misma fe, no tiene objeto político, ni se encamina a otra cosa que al bien de los hombres.»[27] Es más, su visión profética, con los ojos puestos en fines no terrenales, le llevó a algunas estimulantes pullas, que servían de acicate a sus pecadores lectores: «La lengua catalana, que pronto callará en los parlamentos y quedará ahogada en la literatura, restando consagrada solamente al servicio de Dios y de la familia.»[28]

A partir de estas consideraciones, Torras intencionadamente confundió la «restauración» (o sea, el criterio antirrevolucionario de 1815 y, por implicación, el sistema imperante en España desde finales de 1874), con la reivindicación de la libertad de los liberales, para crear una definición alternativa. Como subrayó en su prólogo de 1906 a la segunda edición de *La tradició catalana*: «Hablemos de la restauración, del despertar, de la renovación, de la libertad de los pueblos, y bajo estos nombres y conceptos que significan diferentes situaciones de un pueblo que vive necesariamente la tradición; y la restauración, la renovación y la libertad no son otra cosa que la reivindicación de la tradición de un pueblo, o sea de un espíritu propio que se resiste noblemente a desaparecer; de un modo de ser humano que no quiere confundirse con una forma universal, teórica y sin vida.»[29] Esa toma de conciencia superadora de la simple ciudadanía liberal, aunque pareciera lo contrario, reforzaba *la pàtria comuna*, argumentaba Torras, en un ejercicio algo resbaladizo de flexibilidad.[30] Más relevante para él, la revolución y el regionalismo eran antitéticos, opuestos por definición.[31]

Partiendo de la para él fundamental distinción entre los lazos políticos y los apostólicos a los que se somete la región, Torras i Bages marcó –de forma harto alambicada– sus preferencias políticas:

> El Imperio romano ha sido querido por el Pontificado, a pesar de las persecuciones con las que le ha afligido: los emperadores comenzaron y con frecuencia han continuado la guerra contra el poder apostólico: y no obstante, éste, imitando a Dios, que no quiere la muerte del pecador, sino que se convierta y viva, hasta nuestros días trabaja por la existencia de este gran poder político para que mantenga la unidad entre las naciones, haciendo de él como el centro de los otros miembros políticos. El cardenal Consalvi, en el Congreso de Viena [1815], pidió solemnemente, en nombre del Papa [Pío VII], la renovación del Sacro Romano Imperio, y cuando los soberanos rechazaron su propuesta protestó la negativa. Pío IX, respondiendo a la notificación del nuevo Emperador [alemán, en 1871], contestó con expresivo lenguaje, tomando a bien aquella reconstitución hecha con el consentimiento de los príncipes y las ciudades libres de Alemania, y todavía hoy recuerda Europa la palabra del príncipe de Bismarck, agradecido por los buenos oficios de León XIII por el mayor bien del Imperio germano, declarando en el famoso discurso del 22 de abril de 1887 *que no puede considerar al Papado absolutamente como una potencia extranjera...* [sic], *que es una institución que tiene por su parte un carácter alemán* [cursiva original].
>
> Estas palabras gloriosísimas en boca de un hombre de Estado protestante, son un refuerzo de lo que dijimos anteriormente sobre el carácter nacional que la fe universal de la humanidad, o sea la fe católica, tomaba en cada país; son, por consiguiente, una prueba de la posibilidad de conciliar la antinomia entre la unidad y la multiplicidad, mientras que las palabras de Pío IX, alegrándose de la reconstitución del Imperio con el consentimiento de los príncipes y las ciudades libres de Alemania, demuestran la simpatía de la Iglesia por las regiones, que ama ver amparadas las unas con las otras, más no uniformadas y alineadas por los sistemas a priori de los modernos constructores de naciones. Obsérvese la diferencia entre el uniformismo de los nuevos imperios liberales y el carácter regionalista del Imperio tradicional, recuérdese la constitución que éste por siglos ha tenido bajo la bendición y consagración del sucesor de san Pedro, y no que-

> dara manifiesto la afición de la Iglesia a las grandes unidades jurídicas, necesarias a la humanidad para llegar a un cierto grado de civilización; mas siempre con la conservación de las regiones que, creadas por la Providencia, no pueden ser destruidas por la mano del hombre, siendo su existencia exigida por la armonía, integridad y buen orden social.[32]

Para resumir, una indefinición en apariencia muy afirmativa, al asumir la pretendida continuación reivindicada por el ascendente prusiano respecto a los Imperios anteriores (de donde el II Reich), pero parando antes que bendecir al *Kulturkampf* bismarckiano, ni acabar de indicar preferencias mundanales y transitorias cuando la Santa Madre Iglesia siempre prefiere pensar en términos de siglos o, mejor, de milenios. Sin embargo, como observa quien más sistemáticamente ha estudiado en tiempos recientes el pensamiento de Torras, el historiador eclesiástico Oriol Colomer (además pariente lejano):

> Torras i Bages desearía la restauración de la sociedad cristiana con la recuperación del universalismo cristiano a través de un cierto imperialismo (en un sentido próximo a la institución de Sacro Imperio Romano-Germánico) y a través de lo que podríamos llamar un cesaro-papismo espiritual, moral y legal. [...] Una de las razones por las cuales Torras i Bages habla en favor de un «neoimperio» tradicional (parecido al Sacro Imperio) es la defensa de la autonomía de la vida religional, como en la antigua sociedad feudal, que no es mantenida sino atacada por el imperialismo absoluto, liberal pero centralista y uniformista.[33]

Con buena lógica eclesial, la postura de Torras no distaba de la del papa León XIII, cuyo reinado de veinticinco años, entre 1878 y 1903, coincidió con la etapa más activa de la vida del prelado catalán. Según un historiador de la política italiana de aquella época, el papa Pecci estaba convencido de que la misión de la Iglesia no era «solamente la salvación de las ánimas sino también la de la sociedad humana». Por lo tanto, estaba «inspirado por el "gran sueño del imperialismo católico"», que significaba una función central del Papado en la política internacional, aunque fuera desde el diminuto palacio del Vaticano, sin las tierras de la herencia de san Pedro, anexionadas por el nuevo Estado italiano.[34] Visto el enfoque global del Supremo Pontífice, el criterio del padre Torras no podía ser menos, si bien podía desconfiar más que el Santo Padre en cuanto al potencial de los franceses para cambiar las cosas y, con perspectiva menos inspirada, miraba más a la consabida amistad romana con la Corona Apóstólica de los Habsburgo en Viena.

A la luz de la establecida parcialidad de la Santa Sede por la Monarquía dual, pues, debe contemplarse el criterio «neoimperial» del cura catalán. Vista la simpatía por las Coronas compuestas, la consideración de Torras sobre la organización española, lógicamente, era semejante a su gusto por los esquemas más o menos medievales: «Los Estados antiguos eran una verdadera federación de regiones: el rey de España, por ejemplo, era rey de Castilla y de Aragón, conde de Barcelona, señor de Vizcaya, etc.; más de una vez destruida aquella manera de ser, naturalmente llevada a la sucesión de los siglos, surgen los modernos Estados uniformistas, el reino de España o la República francesa, unos e indivisibles, y la nación, más que un cuerpo debidamente organizado, con vida propia en cada miembro, es un órgano, o mejor dicho, una máquina que sin acción propia es dirigida por capricho de quienes ejercen el gobierno.»[35] La bondad del esquema originario respondía a un criterio divinamente favorecido: para el ensayista eclesiástico y futuro mitrado, por ejemplo, Jaime I, el Conquistador diseñó sus posesiones bajo el gobierno de una idea: «una predestinación especial le llevaba a dar perfecta forma a los estados que formaron la antigua Corona de Aragón.»[36] Dentro de ese orden, consideraba que: «la fuerza del principio de autoridad es una garantía de libertad, y por eso el regionalismo, condición natural de vida espontánea y libre, requiere una autoridad fuerte». Concluyó: «los catalanes estaban muy contentos, dadas las corrientes de la época, con el emperador Carlos V».[37]

Puesto en su tiempo, Torras remarcó con insistencia los ejemplos austríacos y alemanes («Las regiones austríacas han manifestado una energía verdadera en bien de sus lenguas, en contra de la tiranía de los liberales de aquel imperio que querían sujetarlos todos a la lengua alemana»), lo que podría llevar a ciertas analogías.[38] Como dejó escrito en sus apuntes inéditos, el prelado vicense consideró que la variedad hispana era igual o, como poco, comparable al fondo nacionalitario de la Monarquía dual de los Habsburgo: «Nuestra España es una legión de pueblos. La Providencia jamás erra, ni cuando les puso en un territorio y les juntó. La variedad y el contraste no lo puso Dios para la discordia, sino para la armonía.»[39] Tal parcialidad católica por Austria-Hungría como pauta no debería sorprender. En 1881, para la entronización de la Virgen de Montserrat como «Patrona de Cataluña» de la mano del cardenal legado del pontífice León XIII, la corona que colmó *la Moreneta*, diseñada por el arquitecto diocesano Francesc de Paula del Villar y realizada por el platerero Joan Sunyol, se hizo bajo la inspiración evidente de la pieza que Rodolfo II de Habsburgo mandó hacer para agraciar su ungida testa en 1602. Tan visible era la analogía que, en Barcelona, se llegó a especular que la forma partida de la pieza de joyería montserratina se refería a la misma división de la Monarquía danubiana.[40]

Pero las analogías austríacas tenían sus límites. Aunque desde el nacionalismo catalán posterior se pretendiera lo contrario, Torras no era equivalente a su relativo contemporáneo Josip Juraj Strossmayer (1815-1905), obispo de Djakovo y eclesiástico devenido famoso por su resuelta oposición a la doctrina de la infalibilidad papal en el Concilio Vaticano de 1869-1870, recordado como hombre ilustrado, nada intolerante o fanático, incluso por quienes no simpatizaban con su versión croata del pannacionalismo sudeslavo, capaz de corresponder extensamente con el liberal Gladstone, protestante acérrimo.[41] Ante tanta reivindicación de una vía especialmente liberal –por catalanista– para la Iglesia catalana, el crítico Eduard Valentí Fiol ha resumido con gran lucidez la obra torresiana:

> A la construcción liberal de una Cataluña antigua que en sus instituciones prefiguraba ya los tiempos modernos, Torras opuso otra. Como toda tradición formulada doctrinalmente, el punto de partida es el presente. Del pasado evocan, convenientemente interpretados, aquellos elementos susceptibles de justificar las posiciones actuales. Ya hemos dicho cuál era la preocupación fundamental de Torras: mantener la sociedad bajo la obediencia de la Iglesia. Por consiguiente, ha de demostrar que Cataluña es esencialmente cristiana. Más todavía: la Iglesia es, por principio, regionalista, y eso lo prueba Torras con argumentos tan curiosos como el ejemplo de san Pablo, que no escribió cartas a los súbditos del Imperio romano o del Imperio persa, sino a los habitantes de Corinto o Tesalónica; o el ejemplo de las encíclicas de León XIII que cuando se refiere a la *societas perfecta*, usa la palabra *civitas* –que según Torras quiere decir "región"–, en lugar de hablar de *societates*, *regna* o *res publicae*.[42]

En definitiva, *el objetivo torresibagesiano no eran las instituciones, sino, en buena lógica católica, la sociedad civil.* Resumiendo sus ideas en privado, reivindicaba la *«Catalanización de las autoridades sociales: sacerdotes, propietarios, fabricantes, industriales, comerciantes»*. Y añadía: «En Cataluña el regionalismo ha de ser menestral, como fue el antiguo régimen catalán; la mejor forma política es la que más se identifica con la forma social.»[43] Por esa misma razón, la opinión más firme estatalista, por ejemplo, el marqués de Olivart, título papal de 1882 pero experto en derecho internacional, contestó de inmediato, en 1892, a Torras: «este recuerdo, esta conciencia será todo lo venerable y hermosa que usted quiera, pero nunca dejará de ser una entidad social, y no llegará jamás a política o jurídica».[44] Más adelante, Olivart, desde el Congreso de Diputados, discrepó asimismo de cualquier dualismo asimétrico y exigió «esta libertad para la región, esta descentralización administrativa, este *self-government* de verdad [...] para todos los pueblos de España».[45]

En sus papeles personales, Torras reflexionó para sí: «¿Fue, pues, un contrasentido escribir *La Tradició Catalana?* No en sentido en que lo hicimos, pues estudiamos principalmente el espíritu de la tradición, no la forma.» A su parecer, su propio libro era nada menos que «el lazo entre Taine y Santo Tomás» (de pasada, un claro indicio del impacto del sociólogo francés y sus ideas anglómanas).[46] La tesis de histórico predominio católico en el tejido social promovida por Torras hubiera producido *«l'imperi dels Sants»*, en palabras del padre jesuita Ignasi Casanovas i Camprubí, (1872-1936) su más distinguido y devoto exegeta (así como estudioso de Balmes y sucesor del famoso obispo vicense como confesor del Prat maduro).[47]

En *La tradició catalana*, el tenaz sociólogo tonsurado afirmaba la herencia positiva de un tejido religioso catalán, cuya supervivencia obedecería más al estilo sensato de los dominicos (como el mismo Torras) que a la peligrosa emotividad franciscana iniciada en Cataluña con Ramon Llull.[48] En efecto, desde una perspectiva teológica, se podría argumentar que todas las corrientes ideológicas de la Cataluña contemporánea (sean carlismo, republicanismo anticlerical, catalanismo o libertarismo militante) han sido quiliásticas, de uno u otro modo ancladas en la convicción de que era inminente la parusía, el fin del tiempo con la llegada del reinado milenario en la tierra. De ahí, la irrefrendable tautología doctrinal que les es común.[49]

Por lo tanto, *la pugna de Torras con Almirall no era tanto por la reforma del Estado y su sentido final, sino por el control de la sociedad civil, que era lo que realmente preocupaba al eclesiástico.* Por ello, indicó que «libre es la nación de Estados Unidos de América, más sabido de todos es cuanto es respetada allí la cruz de Cristo»; algo parecido añadió sobre Gran Bretaña o sus dependencias, como las colonias australianas, cuya confederación se daba ya por segura.[50] El miedo católico a que un triunfo almiralliano trajera las desgracias anticlericales francesas «bajo un yugo cruel» («y es que allí impera la secta enemiga de Cristo, y, por tanto, es incapaz de dar verdadera libertad al pueblo, a quien explota como los antiguos señores sus esclavos»), llevó a Torras a subrayar el peligro masónico, en particular en el ingenuo medio *jocfloralenc:* «La masonería destruye la historia, o, diríamos mejor, deshace la historia, como la acción disolvente de un ácido.»[51] La participación de Almirall y parecidos en el regionalismo catalán –según la definición torrasiana de la región y sus funciones espirituales– era *contra natura*, una virtual abominación de Dios. Torras explicitó su repudio a Almirall en una descripción de sus errores, con nota a pie de página para evitar cualquier malentendido:

> La consideración del sistema intelectual de nuestra gente no concuerda con la doctrina moderna expuesta por algún escritor de nuestro renacimiento. La moda hegeliana también se ha metido en Cataluña y con el pretexto de combatir el espíritu sistemático y abstracto, la excesiva afición generalizadora, se ha predicado para la edificación social de Cataluña, la última evolución panteística, la generalización más absoluta, mientras se criticaba al pueblo castellano de *idealista, generalizador* y *amigo de abstracciones*, se propone como símbolo del catalanismo, tal vez sin darse cuenta de la filiación, la Idea hegeliana, es decir, la deificación del hombre, el hombre fin de sí mismo, sin ley, creando un catalán *anómalo*, en el sentido etimológico de la palabra, pretendiendo en vano moldear nuestra raza realista y práctica con la abstrusa y falsa Idea, aunque grandiosa, del soñador filósofo de Alemania: la grandiosidad de esta idea tal vez ha hechizado a algunos espíritus que, creyéndose y proclamándose positivistas, sienten la seducción de la concupiscencia racional, y con gran delectación se dan a las especulaciones del espíritu. Proclamar que el fin social es la libertad es no solamente anárquico, disolvente, una negación del vínculo social, sino una contradicción absoluta, puesto que la libertad es una facultad, un medio, y un medio jamás podrá ser fin. Si la libertad fuese fin de la sociedad humana, la sociedad

> más perfecta sería la de los pueblos salvajes, que no tienen traba, vínculo, ni ley que impida la libertad individual.[52]

Por añadidura, Torras quiso rebatir el supuesto racismo almiralliano, con el problema de que él mismo aceptaba el concepto de manera atenuada, como mostraba la reiteración del término, en positivo, como *raça catalana*. Se puede ver el sentido algo contradictorio de su argumentación:

> Tal vez a alguien le parezca tendencia materialista el querer presentar tipos nacionales en el orden espritual, como ofrecen tipos las diferentes razas físicas; mas la experiencia enseña que existen importantes diferencias en el pensamiento de diferentes pueblos; y la filosofía demuestra la razón de tales diferencias. Sin recurrir a los pueblos orientales, de espíritu tan diverso de los de Occidente, fijándonos en los pueblos de Europa, tanto de la antigüedad como de los tiempos modernos, todos caracterizan el pensamiento de los egipcios, por su grandiosidad y su fijeza, el espíritu griego por la elegancia, por la gracia de la originalidad y por la facilidad de formar sistemas, y el pueblo romano universalmente proclamado poseedor de un criterio práctico, grave, ordenador, aprovechado de todos los elementos, como destinados por la Providencia a servir de base a una civilización universal y eterna. E incluso los pueblos modernos, cortados todos, con más o menos fidelidad, por un mismo patrón, que es Cristo, se presentan a los ojos de hombre observador con diferencias típicas. La corpulencia, los cabellos y la barba rubios y los ojos azules de los septentrionales, y el poco cuerpo, mirada encendida y movimiento nervioso de los meridionales son signos de interna diferencia entre los unos y los otros, y sus tipos físicos denotan, hablando generalmente, diversidades de espíritu. Las circunstancias materiales influyen sobre el espíritu humano, ya que lo animan, forma sustancial del cuerpo, como enseña la recta filosofía, es despertada a la vida racional por los estímulos materiales, no solamente en su facultad sensitiva, común a la carne y el espíritu, sino en su facultad volitiva y hasta en la intelectual, la más noble de todas y que después ha de ser la luz que ilumine toda la operación humana y gobierne todos los estímulos que han de sujetarse a ella.

Pero finalmente, Torras encontró el hilo para establecer la distinción y dio una lección de sociología a Almirall:

> De aquí proviene la importancia que tienen en la formación del pensamiento de un pueblo la raza a que éste pertenece, las condiciones geográficas y topográficas del país que habita, la manera como emplea su actividad, la forma política con la que se gobierna, y más que nada, la predestinación divina. Es imposible no reconocer en los pueblos una predestinación, como el dogma católico

nos dice ocurre con los individuos: tal vez más visible en los primeros que en éstos, la existencia de los cuales es temporal y mundana, a diferencia de los individuos, para los que la vida terrenal y temporal es una parte insignificante de su existencia. Lo material está siempre subordinado a lo espiritual: ésta es la ley de la creación, e incluso en el hombre materialista, en el filósofo que no admite el espíritu, el espíritu es lo que le gobierna; mudadle el espíritu, es decir, el pensamiento, que es la operación y vida de aquél, y tendréis mudado al hombre; ya no será materialista. Y sobre esta ley de gobernación humana, hay otra de suprema, ley de leyes, estímulo de estímulos, causa primera de todo el movimiento individual y social, que es la predestinación divina. La raza, la posición geográfica, todas las otras condiciones materiales tienen un valor muy relativo en el espíritu de un pueblo; por eso decía Capmany, con gran profundidad, tratando con otros términos esta cuestión, que en muchos puntos las condiciones en las que vivía nuestro pueblo eran iguales a las de Castilla, y, no obstante, contrastaban la actividad, laboriosidad y economía de nuestros ciudadanos con las cualidades contrarias desde el país de Castilla; y añadía: llevad un chico catalán después de nacido a aquel país de *haraganes* y saldrá *haragán* como ellos.[53]

Pero el clérigo no percibió que ese mismo argumento sociológico podía ser utilizado en su contra, para anular todo el peso de su argumento y reducir a una mínima dimensión su pretensión de monopolio católico santificado.

La especial síntesis pratiana de materia y antimateria

No obstante sus matices y su tamizado recuerdo del «imperio» como antecedente positivo de toda política liberal y negativa, ante la combinación doctrinal pratiana, la doctrina de Torras, tan frecuentemente citado como antecedente de la política de la Lliga Regionalista, se encontró en una situación paralela a la de Almirall en manos de Prat. Tanto Torras como Almirall quedaron reducidos a puntos de partida, antecedentes gloriosos o caminos de acceso a la nueva verdad, mientras que el esquema pratiano se fundamentaba en un auténtico desplazamiento del centro de gravedad argumental. *Para lograr su síntesis de materia y antimateria, Prat anuló los focos decimónonicos de debate entre izquierda y derecha y los sustituyó por la «unidad cultural» de la nación.* Los derechos individuales eran una mera abstracción, impensables sin la sociedad civil en la cual se ejercitaban realmente. La Iglesia católica era una parte de esta misma sociedad civil, respetada, incluso estimada y privilegiada; pero sería absurdo y poco realista pretender que obligatoriamente debía ser su única articulación, ni tan siquiera su centro. Todos, creyentes y ateos, clericales y anticlericales, *quisieran o no,* formaban parte de la sociedad civil catalana. Ésta estaba regida por unas pautas consuetudinarias que eran específicamente catalanas en tanto que

–en época de Prat– no existían en otras partes de España. En consecuencia, las fuerzas contrapuestas, expresión de extremos de una misma catalanidad, encarnaban una relación histórica más duradera que los intereses individuales reivindicados por el republicanismo y más concreta que la apelación divina o metafísica de los católicos.

Aunque Almirall hubiera dado la pauta, igual que a Moisés, le había estado vedada la entrada en la tierra prometida. No así a Prat y a sus compañeros, que esperaban *vivir* su revelación:

> [...] Nosotros veíamos el espíritu nacional, el carácter nacional, el pensamiento nacional; veíamos el derecho, veíamos la lengua; y de la lengua, derecho y organismo; del pensamiento y carácter y espíritu nacionales, sacábamos la Nación, esto es, una sociedad de gente que hablan una lengua propia y tienen un mismo espíritu que se manifiesta uno y característico por debajo de toda la vida de la colectividad.
>
> Y veíamos más; veíamos que Cataluña tenía lengua, derecho, arte propios; que tenía un espíritu nacional, un carácter nacional, un pensamiento nacional; Cataluña era, pues, una nación. Y el sentimiento de patria, vivo en todos los catalanes, nos hacía sentir que patria y nación eran una misma cosa, viva en todos los catalanes, y que Cataluña era nuestra nación, igual que era nuestra patria.
>
> Si ser patria, si ser nación era tener una lengua, una concepción jurídica, un sentido del arte propios, si era tener espíritu, carácter, pensamientos nacionales, la existencia de la nación o de la patria era un hecho natural como la existencia del hombre, independiente de los derechos que le fuesen reconocidos. [...]
>
> De este modo se desvanecían en nuestro espíritu las confusiones que la imprecisión del lenguaje usado hacía nacer en casi todos.
>
> El Estado quedaba fundamentalmente diferenciado de la Nación, porque el Estado era una organización política, un poder independiente en el exterior, supremo en el interior con fuerza material de hombres y dinero para mantener su independencia y su autoridad. No se podía identificar la una con la otra, como se hacía casi siempre, incluso por los mismos patriotas catalanes que decían o escribían «Nación catalana» en el sentido de un Estado catalán independiente. [...]
>
> Así llegamos a la idea clara y nítida de la nacionalidad, a la concepción de aquella unidad social primaria, fundamental, destinada a ser en la sociedad mundial, en la humanidad, lo que es el hombre para la sociedad civil.[54]

En verdad, para Prat, la sociedad civil era tanto la nacionalidad como la Nación, planteamiento que dejó muy atrás a Almirall. Para Prat, significó el establecimiento de una muy flexible frontera entre el regionalismo, superado como estadio, y el nacionalismo.[55] El corazón del argumento pratiano era, como todos los suyos, muy calculado: siendo así, el catalanismo, en tanto que consciente de ser «unidad cultural» plena, era siempre, por ese mismo hecho, nacionalista, aunque las necesidades tácticas de la política le obligara a actuar de forma regionalista. Es más, con la «unidad cultural» como punto de partida, el catalanismo podría disfrutar de las dos caras de su ambigüedad esencial: podía ser internamente, para un público catalán, un nacionalismo, pero presentarse externamente, a un público español, como un regionalismo, sin sufrir contradicción alguna por ello. Se podía, como consecuencia directa, confundir táctica y estrategia tanto como fuera oportuno, sin contravenir su propia definición o sus reglas de identidad. La identificación de la sociedad civil con la nación tenía el beneficio adicional de obviar cualquier necesidad o ambición de movilizar grandes mayorías sociales. Al contrario, interesaba la selección, la canalización de sentimientos o quejas escalonadamente a través del filtro asociativo, presuntamente más sensible que la administración estatal. Establecida la premisa estructural, se ofrecía una «alta política» pensada desde Barcelona y no desde Madrid, con un guión en el cual la sociedad civil le hablaba como igual al Estado, pero sin concebir como válida la individuación de la protesta pobre y analfabeta en el campo o la ciudad.[56] Era, pues, una opción desacomplejada de quienes se presentaban como élites nuevas y alternativas.

Igual que los demás «regeneracionistas» hispanos –en particular los llamados «noventayochistas» que ensalzaron el yermo paisaje castellano–, Prat estaba planteando una «revolución nacional» que partía de la preeminencia de la identidad para concebir la comunidad política del futuro. Era una noción nueva, propia del siglo XX. Ante sus contemporáneos españoles, la ventaja de Prat y del movimiento político que él puso en marcha fue que el catalanismo pudo *partir* del supuesto de una «unidad cultural» para ambicionar su posterior articulación política, mientras que los diversos nacionalismos españoles de derecha e izquierda enfocaron la «unidad» como una meta final, para dotar de autenticidad al Estado, que era su punto de partida. Aparte de las lógicas envidias, por tener unos lo que los otros desean y viceversa, *estos presupuestos cruzados al respecto de la organicidad o tangibilidad de Nación y poder hicieron que el diálogo entre el catalanismo y el españolismo fuera siempre difícil, por ser diferentes los significados de sus palabras claves.*

El enfoque nacionalista: la reivindicación de una «unidad cultural» a expensas de los católicos

Las cosas toman su tiempo. Prat de la Riba necesitó margen (más de una década) para madurar su «idea catalana», combinando el «particularismo» con la «unidad cultural», y formular qué tipo de autonomía sería deseable dentro de qué marco estatal. Empezó con una perspectiva sencilla, no muy diferente de la de muchos otros dentro de la Unió Catalanista. Luego se hizo más separatista, siempre a su manera. Y, finalmente, vio la luz: Cataluña era una unidad en la diversidad hispana.[57]

Dado que la izquierda concebía la sociedad en términos de mayor conflicto, la tendencia a teorizar la naturaleza unitaria de la relación social vino de la derecha.

Sin duda, hubo un fuerte contenido ultramontano en muchos de los más destacados componentes de la *Renaixença.* Joaquim Rubió i Ors, *Lo Gayter del Llobregat*, saludó el año revolucionario de 1868 con la traducción de una obra justificativa del *Sílabo de errores* de Pío IX, con toda su denuncia de la equivocada modernidad, reclamando además para sí todo el protagonismo al poner su nombre en letra mayor que la que se concedía al autor. La pretensión de la obra era nada menos que el reconocimiento de la absoluta preeminencia de la Iglesia romana en la sociedad civil y su clara autonomía ante el poder público.[58]

En una sociedad pequeña efectivamente muy dividida, los enemigos se conocían y se reconocían a la perfección. Mañé i Flaquer, por ejemplo, se hizo famoso por resumir, con ejemplos tan locales como el jesuita y el mosso de l'Esquadra, la tesis del conde de Maistre en *Du Pape*, según la cual los únicos elementos imprescindibles para el buen gobierno eran el Santo Padre y el verdugo. La respuesta a tales sentimientos por parte de la Junta Revolucionaria barcelonesa surgida en septiembre de 1868, presidida por Josep Anselm Clavé, fue contundente: fue disuelto el cuerpo de los Mossos y expulsada la Sociedad de Jesús.[59] Pasada la revolución, en 1880, ante la reorganización de la centenaria gendarmería catalana, Mañé siguió repitiendo: «¿Cómo se reparan tantos desastres, cómo se destruye el virus de la inmoralidad inoculado en la sangre española? –Esto se remedia, [...], con mucho jesuita y mucho mozo de la escuadra.»[60] Nada sorprende, pues, que Mañé encabezara un sector de opinión que tanto abominó del liberalismo, que desconfiaba de Cánovas y de la Restauración alfonsina.[61]

Mañé buscaba en la religión una vertebración, añadida al rigor estatal, que la dinámica revolucionaria iniciada con la invasión napoleónica y, luego, los estragos disolventes de la industrialización fabril habían borrado del tejido social catalán. Es muy revelador, en ese sentido, el retrato moral que de él trazó el poeta Joan Maragall:

> Para él la religión, además de profesarla sincera y humildemente en su fuero individual sin hacer ostentación, ni agradarle hablar demasiado en este sentido, era por encima de todo disciplina social, o, mejor dicho, el fundamento de todas las disciplinas. Así, se sometía resueltamente, ciegamente, a toda disposición de la Iglesia, dada según sus autoridades y jerarquías, por lo que éstas representaban, y sin meterse a discutir el acierto personal de quien las ejercía. En lo tocante a estas cosas creía más a un sacerdote, por poco que fuese, que al Rey: más a un obispo que a un sacerdote, y más al Papa que a los obispos, por mucho que tuviera al inferior por un Salomón y al superior por uno personalmente negado. Y era que, para él, en esto como en todo lo demás, el principo de autoridad era como el aire que toda sociedad necesitaba para vivir; y así sentía un gran respeto por toda organización en proporción a la fortaleza de aquel principio dentro de ella. Por eso tenía tanta afición al ejército y a sus ordenanzas y tan poca a las milicias y los armamentos populares; por eso admiraba instituciones tan rígi-

das como los Mozos de Escuadra; y por eso le atraía irresistiblemente todo aquello en que veía una fuerte organización, por mucho que fuese la de las sociedades secretas, a las que combatió siempre por sus fines revolucionarios, bien que admirando con frecuencia la organización de sus medios. Por eso las combatió tanto, porque le atraían la vista.[62]

Pero el grupo más intelectualmente dotado del protagonismo católico fueron los *muntanyesos* (literalmente, «los de la montaña», es decir, de la «Montaña» catalana). De hecho, en el último tercio del siglo XIX, estos *vigatans* (o vicenses) pretendieron convertir a Vic en capital de la Cataluña tradicional ante las poluciones que venían de la portuaria y fabril Barcelona y de la *mitja muntanya* industrial que la rodeaba.[63] Para las ópticas decididamente urbanas, como la de los republicanos más suspicaces ante supuestos manejos eclesiásticos, la propuesta *vigatana* no era otra cosa que la reconversión del carlismo –la gran expresión política de la *Muntanya* en las décadas anteriores– a una opción clerical más dúctil. Sin embargo, mirando atrás desde la confluencia que fue la maduración del catalanismo político, el juego de los *vigatans* se revela mucho más complejo.

El gran protagonista literario de esta opción fue mosén Jacint Verdaguer i Santaló, nacido en Folgueroles (Osona) en 1845, el mayor poeta de la *Renaixença* y quizás el último poeta épico de valor literario en España. Pero el espíritu verdadero del grupo fue su amigo mosén Jaume Collell i Bancells, nacido en Vic en 1846, también poeta pero además incansable publicista, con su órgano *La Veu de Montserrat.*[64] Como autor, Collell tuvo el acierto de combinar un estilo exaltadísimo y combativo con un mensaje comparativamente muy tibio; en el medio escasamente analítico del catalanismo, tal combinación era muy efectiva, sobre todo por la defensa de la lengua catalana.[65] Por ejemplo, al disertar sobre *La unitat de Catalunya* en los Juegos Florales de la Associació Catalanista de Lérida en 1899, el canónigo declamó contra «las musas cortesanas de una Monarquía en plena decadencia» y «las ranas periodísticas del Manzanares que, sintiendo el mal tiempo, se han puesto a gritar orgullosas contra el separatismo de los catalanistas», para preguntar: «¿cuándo será irresistible el movimiento autonomista que se ha despertado y va tomando voz en Cataluña? ¿Cuándo triunfará por encima de los miedosos de dentro y los recelosos de fuera la causa catalana, que ha formulado neto y claro su programa autonomista? Yo creo que antes de pedirla, hemos de ganárnosla, hemos de conquistar la autonomía. Me explicaré.» Y añadió:

> Pedir la autonomía de Real Orden, como quien pide una modificación de las tarifas arancelarias, es una puerilidad ridícula, impropia de un pueblo formal. La autonomía de Cataluña ha de llegar imponiéndose y no se impondrá hasta que nosotros, matando las divisiones de partido, poderoso recurso de la estrategia centralista; abatiendo, inutilizando por doquier el despótico caciquismo con la orga-

nización perfecta en todos los terrenos de las fuerzas vivas del país, cuidando de ser muy catalanes, depurándonos de influencias exóticas y de elementos morbosos que se nos han metido en la sangre, sepamos demostrar en todos los órdenes de la vida social y política que Cataluña es apta para el *self-government.* [...]

Si vienen nuevas complicaciones y nuevos desastres nos amenazan, no tendremos la culpa los catalanes que pedimos la autonomía; y la queremos, porque queremos regenerarnos de verdad; porque regenerarse entendemos quiere decir tanto como volver a ser engendrados, es decir, ser lo que fuimos, un pueblo libre con leyes propias, un pueblo bien regido, administrándose lo suyo; y por esta obra tenemos una potente virtualidad en el ingénito amor al trabajo y a la economía, fuente inagotable de virtudes cívicas, como lo es de bienestar; en el proverbial sentido práctico que, después de la lengua, es la nota característica de nuestra diferenciación de los demás pueblos y razas que ocupan la península Ibérica.[66]

A pesar de la sonoridad de la postura, el contenido de fondo era menor, ya que no había medio apropiado para realizar tamaña empresa, con lo que todo era ruido, que remitía a un trasfondo sociológico. *Al insistir en la «Muntanya» como reserva espiritual ante la corrupción y el cosmopolitanismo de la gran ciudad, Collell y sus seguidores se plantaron en una posición políticamente indefendible, ya que la dispersión humana de las tierras altas prepirenaicas y pirenaicas –además, en obligada regresión económica– no podía servir seriamente como modelo para una sociedad industrial abocada a la urbanización centralizada en Barcelona.*[67]

Situado en un contexto cultural más amplio, podía parecer que los «montañeses» catalanes retenían cierta viabilidad intelectual. Por ejemplo, sus argumentos, en la práctica, se sujetaban a la postura enunciada en 1826 por el vizconde de Bonald (1754-1840) al contrastar la positiva estabilidad de la «familia agrícola», mediante el *droit d'aînesse* (aquí, el mayorazgo hispano o la figura catalana del *hereu*) ante la «familia industrial».[68] Pero este enfoque, por mucho que coincidiera con el miedo a las *classes dangereuses* resultantes de las fábricas, preocupación que caracterizaba cualquier reflexión «moderada» de su tiempo, era no obstante una vía muerta cuando era trasladado a Cataluña.[69] Situaba la solución fuera del marco urbano y, por tanto, lejos de la sociedad civil vital, la que importaba cara a cualquier futuro viable. Los *vigatans* se erigieron así en «profetas del pasado» según una acertada expresión, título de un libro de 1851 del conocido literato francés Jules Barbey d'Aurevilly (1808-1889), ensayo en el que el autor, tras una impactante lectura de Maistre, saludaba su propio retorno al catolicismo y al legitimismo en el que se había formado de niño.[70] El *muntanyisme* de los *vigatans* era, pues, una actitud intelectualmente homologable a corrientes muy conservadoras, cuya máxima expresión de sentido práctico en política remitía al atractivo de fondo del que había disfrutado el «imperialismo» bonapartista de Napoleón III en el campo francés, denunciado por Marx, entre muchos otros.[71] Al mismo tiempo, en el terreno literario, como mostró el mismo Barbey d'Aurevilly, esta actitud se reducía a una nostalgia urbana por una vida campesina ya desaparecida, coloreada de tintes misteriosos, hasta perversos, que fascinó al decadentismo finisecular.[72]

En Cataluña, pues, triunfó un estilo literario, cargado de resistencialismo religioso, como si fuera una sociología. Se mantuvo así –con abanderamiento católico– un enfoque de romanticismo tardío, centrado en el «mito de la tradición popular», expresado como «pairalismo» ruralizante (el culto a los antepasados agrarios) y de considerable potencia emotiva mediante el tratamiento literario, que combinó la recogida y exaltación del romancero popular (en especial Manuel Milà i Fontanals), con el folklorismo posterior (Francesc Pelai Briz y Francesc Maspons i Labrós, el hermano del diputado conservador del *Memorial de greuges*) hasta el *boom* excursionista en los años setenta y ochenta.[73] El personaje cultural de mayor peso, sin lugar a dudas, fue Milà i Fontanals. Nacido en Vilafranca del Penedès en 1818 y muerto allí en 1884, Milà mostró una confusión estructural entre conservación y conservadurismo –y quizás incluso fuese consciente de ello– que se escondía tras el impulso etnológico de los románticos. En un artículo de 1878 sobre «Catalanisme» en *La Veu de Montserrat*, Milà quiso definir su deseo: «Querríamos una cosa de menos ruido y brillo; querríamos ver más afán por la duración y guardia de las costumbres catalanas; que hubiera catalanismo en la realidad y no sólo en los libros.» Pero añadía: «Ya sabemos que eso es un punto muy dificultoso. Que nos viene contraria la corriente del tiempo y de lo que nos quejamos no tiene la culpa nadie en particular, lo que quiere decir a poca diferencia, que la tenemos todos.»[74]

Indudablemente, esta mitología, entre la nostalgia y la preservación activa de palabras y edificios, fue en extremo útil para todas las corrientes del naciente nacionalismo, además de corresponder con obras contemporáneas como el *Peñas arriba* (1895) de José María Pereda y su análoga idealización de la «Montaña» cántabra, entonces personaje muy apreciado en Barcelona.[75] La prueba más contundente de la codificación neutralizadora fue el exitosísimo drama de Àngel Guimerà, *Terra baixa* (1896), que reflejaba la dicotomía estereotipada entre la pureza de sentimientos de las gentes de montaña –ejemplificadas por el famoso personaje del pastor Manelic (del cual se llegó a eregir una estatua en el barcelonés parque de Montjuïc en 1909, obra del escultor J. Montserrat)– y la maldad de la podrida ciudad «tierras abajo». Las incesantes producciones de *Terra baixa*, cuyo actor principal, Enric Borràs, envejeció en el papel estelar, tras toda una vida brincando en los escenarios haciendo de Manelic, mostraron hasta qué punto era atractiva la idealización del pasado, hasta en el extranjero, ya que del drama se hicieron varias versiones de cine mudo.[76]

No obstante sus considerables esfuerzos, las intrigas del núcleo «de Vic» alrededor de Collell y su propaganda sirvieron para establecer tópicos y, en realidad, poco más. Como es conocido, por ejemplo, Guimerà mismo militó en un catalanismo más bien opuesto al de Collell. Para colmar las desgracias del núcelo «vicense», la escandalosa ruptura religiosa de Verdaguer robó al grupo su figura preeminente y más indiscutida.[77] Y Torras i Bages, como responsable episcopal de Vic de 1899 en adelante, buscó un patrón mucho más realista para fundamentar la reivindicación del predominio católico en la sociedad civil.[78] Aun así, en la batalla por el control moral del discurso regionalista, los católicos perdieron ante el oportunismo de Prat de la Riba y su círculo. Tres décadas más tarde, en plena dictadura de Primo de Rivera, Collell pudo presentar su antología crepuscular con un retrato fotográfico junto a Cambó, harto reproducido, pero, en la práctica, encontraba más afinidad con un carlista como Antonio Pérez de Olaguer, quien por entonces escribió su biografía.[79]

Mirar al mundo (y no a la montaña) desde la gran ciudad y su tejido social

Precisamente porque el medio catalanista pretendía una unidad ideológica de fondo, en la cual no se veía con buenos ojos la discusión abierta, con sus contradicciones públicas, el debate catalán sobre la sociedad civil en los años noventa se ejerció en gran medida a través de analogías exteriores y deducciones morales sobre «casos nacionales». Mediante la imagen recibida de las luchas o evoluciones políticas en una variedad considerable de países, se debatía el ideal de la sociedad catalana, entre católicos y republicanos, dentro del catalanismo.

Almirall, por ejemplo, en tantas cosas deudor de Balaguer, pudo defender la «idea latina» («Y París es la cabeza del mundo, porque es la capital de la gente latina»), al ver con simpatía los regímenes laicos de Francia e Italia, mientras que Collell, muy lógicamente, abominaba de ella.[80] Pero la repetición hizo su efecto y la noción racial se iba haciendo habitual incluso entre quienes habían sospechado de su uso. Para 1899, como diría un arcipreste de la catedral de Barcelona dedicado a enmendar errores acerca del *Falso supuesto de la decadencia de la raza latina*: «Los pueblos latinos no han perdido sus ideales cristianos», por mucho que «[...] ¿por qué negarlo?, dentro de la raza latina hay muchos e influyentes individuos lastimosamente infeccionados de extranjerismo».[81] Por esa misma razón, la literatura antisemita local era, de forma abrumadora, de fuente católica. Un tal Tanyeman pseudónimo, en su opúsculo *La Europa judía*, publicado en Barcelona «con licencia eclesiástica» en 1896, aseguraba (son los encabezamientos de capítulos) que los judíos eran «impíos, blasfemos y bárbaros», «irreconciliables enemigos de los cristianos», «en todas partes inquietos, sediciosos e inventores», «causantes y fautores del moderno escepticismo, de la decadencia moral y material de las naciones, de sus graves y continuos trastornos», lo cual se ofrecía como «datos para que el pueblo medite seriamente sobre lo que de él piensan y quieren hacer los judíos y sus perversos agentes los masones con el fin de implantar cuanto antes en la sociedad sus diabólicas concepciones».[82]

No existía, por tanto, la percepción plena de un tejido social compartido, ni mucho menos de una «cultura cívica» que pudiera surgir de la reiteración aleccionadora ofrecida por tal conjunto de asociaciones y costumbres. El muy conservador Mañé i Flaquer reaccionó ante el *Manifest al rei dels Hel·lens* que en 1897 encabezó Prat para semejar la situación de Creta –convertida en autónoma de la Sublime Puerta por garantía de las potencias– a la catalana, con una llamada al *seny*, para situar la cuestión del regionalismo en una clave adecuada, cercana a las tesis torresianas: «El remedio de los males que sufrimos está en los pueblos más que en los gobiernos: restablezcamos las costumbres, los sentimientos, las tradiciones catalanas en los individuos, en las familias y en los municipios, y habremos recobrado aquella Cataluña por la cual suspiramos. Mientras no haya catalanes, Cataluña no pasará de ser un nombre geográfico arcaico; cuando la región esté poblada por catalanes, el gobierno más tiránico tendrá que reconocer la existencia de Cataluña.»[83]

Prat resolvió el problema aceptando la «unidad cultural» como hecho, con lo que zanjó el debate, al menos en lo que se refería al criterio de los partidarios de una actuación política catalanista. Supuso que el estilo de reciprocidad que marcaba el creciente despliegue de la sociedad civil catalana sería exponencial y no preveyó ni su posible estancamiento, ni mucho menos la aparición de intentos rivales –primero, republicano, y, después, más ambicioso, del obrerismo libertario– para erigir una hegemonía del todo alternativa en el tejido asociativo. Confió, pues, en el inevitable e indisputado dominio catalanista de la sociedad civil a largo plazo, creyendo que el «capital social» acumulativo siempre sería de un signo ideológico simpático.[84] Al proponer como principio la «unidad cultural», Prat desplazó toda la discusión sobre su naturaleza esencial hacia la construcción de una «cultura cívica» –de un *civisme* fue el término catalanista– que se derivaba lógica y naturalmente de la idiosincrasia catalana y su práctica social.[85] Es más, Prat dio la vuelta a los argumentos catalanistas anteriores, pero de una manera que no se notaba demasiado, algo muy conveniente en su contexto. La histórica postura catalanista, bien visible en los años noventa, era tautológica: la unidad de los catalanes era percibida como una táctica para realizar el fin estratégico de la unidad catalana. Al reformular la unidad como axiomática, una realidad cultural y de comportamiento, Prat cerró la discusión estéril; seguir dándole vueltas quedaba obviamente reducido a una futilidad. Pero, a pesar de la fuerza aparente de su giro dialéctico, *la maniobra ideológica era endeble, ya que Cataluña, en la realidad, era un país muy dividido y seguiría siéndolo*. La tesis pratiana comportaba una tensión permanente hacia fuera, cara al Estado, para evitar discutir la contradicción interna.

En la naciente y creciente tradición catalanista –explicitada por Prat– el Estado no era más que poder: en consecuencia, el concepto de «Estado-nación» no era más que una figura retórica sin sentido verdadero, una *contradictio in terminis* o un *oxymoron*. En palabras de un publicista francés muy favorable a las pretensiones catalanistas: «Un hecho lo domina todo: el Estado español está en la imposibilidad absoluta de satisfacer las necesidades de la vida catalana, de esa vida intensa que desborda por todos los costados. El Estado español nada puede hacer por la nación catalana.»[86] *Dicho de otra manera, todo lo que no cumplía el Estado lo realizaría la sociedad civil, tejido nacional privado alternativo al poder público.* Ante la inepcia del Estado, sí existía la «cultura nacional» como conjunto costumario vertebrado por el idioma vernáculo en la experiencia concreta de Cataluña y, por extensión y con algo de optimismo, en el conjunto de las tierras de habla catalana.

Si la «Nación» se componía de hábitos reconocibles e idioma diferenciado, entonces era asimismo práctica social, cuya expresión institucional era privada, pero también pública. De hecho, argumentaban los catalanistas «intervencionistas», las instituciones de sociedad civil catalana eran más participativas –por sus costumbres de responsabilidad, trabajo y ahorro, así como por su respeto a la individualidad, su profundo sentimiento libertario– que lo era el Estado, dado el fraude electoral «caciquil», el «turnismo» abusivo y la centralización «oligárquica» del Poder. Desde la tradición ideológica de la izquierda, es usual reducir este enfoque a la contraposición del «organicismo» societario al liberalismo formalista e inorgánico. Pero también se planteaba así un uso del concepto de «espacio público» o «esfera pública» en contraposición a poder y soberanía fáctica. Las instituciones «públicas» más accesibles, como el municipio, se interrelacionaban con las instituciones privadas como familia o asociación, al ser locales, cercanas a la tierra y su tradición. Por tanto, familia, asociación y municipio guardaban una intensidad representativa de la que carecía el Poder, algo lejano y con lógica propia o «razón de Estado». La sociedad civil, unida por hábitos, actitudes y juego idiomático, era literalmente un contrapoder en potencia, la auténtica vía de democratización.[87] El problema de fondo era que resultaba –y sigue resultando– muy difícil diferenciar entre los supuestos valores «unitarios» de la «cultura cívica» y el tejido asociativo y empresarial de la sociedad civil propiamente dicha: ¿era –o es– la tolerancia, por citar un ejemplo actual, un resultado lateral del trato social y comercial o un sentimiento arraigado como criterio en la misma red de relaciones?[88]

Para Prat, era imprescindible rescatar la «Nación», es decir la sociedad civil lingüísticamente articulada. *Su propuesta, frente a lo que había sido el grueso del criterio catalanista hasta entonces, fue salvar la «Nación» politizándola.* En su propuesta, la sociedad civil se movilizaba en defensa de su esencia, o sea, la «unidad cultural» de fondo que hacía que todo lo catalán se asemejase y resultase común, reconocible, especialmente para el forastero. El gran acierto de su jugada era que, sencillamente, esa sociedad civil representaba valores más «avanzados», urbanos, industriales y «burgueses», que los de la España agraria. En otras palabras, cuando, desde posturas antagónicas, se criticaba el «egoísmo» de los catalanistas, la respuesta implícita era, sencillamente, que su autoapoyo selectivo y organizado era muestra de su comparativa modernidad. Los catalanes se mostrarían «solidarios» enseñando precisamente esos valores a las demás regiones españolas. Este enfoque hizo furor sobre todo entre las nuevas promociones: por ejemplo, Jaume Maspons i Camarasa, hijo del diputado Marià Maspons i Labrós, publicó en *La Opinión Escolar* de Granollers en septiembre de 1898 –con unos veintiséis años– una exaltada afirmación de su certidumbre de que «España no es nación alguna», sólo «un Estado, un conjunto de patrias o naciones»; para añadir que: «El Estado español siendo una ficción, puede morir; la Nación catalana siendo una verdad, jamás.»[89]

La politización que Prat preveyó para la «unidad cultural» catalana y su modélica sociedad civil implicaba pasar de los ayuntamientos a las diputaciones provinciales como cúmulo de la actividad municipal, para alcanzar, finalmente, el parlamento estatal. Ello solamente se podía hacer «politizando» la cultura, haciéndola consciente de sí misma, militante, voluntarista, pero también organizada, convirtiéndola en una suma de entidades capaces de incidir en la cotidianidad, además de firmar protestas. Tal politización había de centrarse en la presión lingüística, como ya se había planteado con anterioridad en el catalanismo, al pasar del uso afirmativo del idioma («ser catalanista» como «ser hispanista») a la agitación cívica o la actuación política. Prat dejó atrás la idea del movimiento *centrado* en un grupo de presión lingüística, capaz de acciones concretas en favor de temas como la preservación de la legislación civil catalana, que había marcado al primer catalanismo posterior a Almirall.

Tal enfoque había sido propio de la Lliga de Catalunya de Guimerà, Aldavert y Folguera i Duran, o de la Unió Catalanista de la cual el mismo Prat fue figura puntal durante un tiempo. Prat –o mejor, Prat y sus amigos salidos de las aulas universitarias, incluyendo jóvenes como Cambó– pretendía ir mucho más lejos, y daba por supuestos, como mera táctica, tales esfuerzos. Por mucho que la «unidad cultural» fuera axiomática en la teoría pratiana, no se la podía tomar como dada en la realidad, como si existiera en tanto que predisposición organizativa, tal como solían hacer los viejos catalanistas recogidos en la Unió, que despreciaban y temían la política como algo sucio, no propio de caballeros correctos.[90] Todo lo opuesto: precisamente porque era el punto de partida doctrinal, *la «unidad cultural» se debía edificar activamente,* con pleno cálculo, buscando la participación no ya de personalidades y asociaciones privadas, sino la intervención de las instituciones públicas, para ir a la creación de entidades de nuevo cuño, hasta de nuevo tipo, mixtas entre la sociedad civil y la administración. Tampoco se podía despreciar la fuerza del diseño comercial o estético a la hora de forjar la sensación vital de la «unidad cultural», incluso ganando un sentido unitario visual. Así, por ejemplo, uno de los miembros del círculo rector alrededor de Prat, el único que no era abogado, el arquitecto Puig i Cadafalch, intentó confeccionar una «arquitectura nacional catalana» en base a la mezcolanza de elementos de la tradición decorativa autóctona, cruzados significativamente con el recuerdo de las tres grandes culturas comerciales marítimas del Medioevo tardío: Flandes, Venecia y, sobre todo, las ciudades alemanas del Hansa.[91]

Tan sólo de este modo militante se crearía una dinámica imparable de orientación o dirigismo cultural y del necesario y simultáneo proteccionismo para que las actividades y producciones surgidas pudieran multiplicarse, encontrar apoyos nuevos y consumidores decididos, igual que cualquier otro producto enfrentado a un mercado hostil, con una competencia bien consolidada. La producción en castellano disfrutaba de la ventaja de un pleno reconocimiento de marca en el mercado, pero los consumidores eran relativamente exiguos, ya que el Estado no se había cuidado de alfabetizar consecuentemente. Como respuesta, la tarea catalanista era ofrecer un producto mejor, más competitivo, y hacerlo llegar a una mayoría de consumidores antes de que la oferta estatal se despertara a tan «desleal» competencia. La esperanza –el cálculo inicial– era que una dinámica cultural tal, una vez iniciada, se sostendría indefinidamente. En todo caso, fue el mismo catalanismo, como movimiento, el que se sostuvo en función de su infraestructura asociativa, compuesta de una multitud de entidades de base coaligadas en una sucesión de macropartidos, el primero de los cuales fue la misma Lliga Regionalista.[92]

Para resumir, si el creciente despliegue de la sociedad civil catalana –y la posibilidad de convertirla en catalanista mediante la reproducción de entidades paralelas– sirvió como legitimación profunda del contraste respecto a «Madrid», la demanda de capitalidad alternativa que se formó en Barcelona exigía un reconocimiento no meramente provincial, subrayando su característica de centro libertario en su sentido más amplio, como foco del individualismo de libre asociación ante la presión obligativa del poder estatal. En las elocuentes palabras de Cambó en 1906:

> Madrid es la capital, de hecho, de toda España... [sic] menos de Cataluña. La atracción de Madrid no llega a Cataluña: la anula, mucho antes de entrar por nuestras antiguas fronteras, la atracción cada día más intensa de Barcelona, síntesis completa de Cataluña, la ciudad de todos los catalanes, a la que todos hemos aportado una piedra y una energía. Y he aquí la causa del violento conflicto. Esta selección de la sociedad catalana que se ha reunido en Barcelona, que tiene un ideal colectivo, que tiene una fe inagotable en el porvenir de Cataluña, quiere realizar este ideal y vosotros (los políticos de Madrid) no se lo permiten! [...] no bastará mientras no aceptéis un principio de justicia: que los catalanes dentro de Cataluña podemos realizar tranquilamente, sin estorbos, nuestro ideal colectivo, el presentimiento de nuestra futura grandeza.[93]

Hasta aquí, el consenso barcelonés. Incluso el obrerismo local tomó esta percepción como trampolín para una exaltadísima huida revolucionaria hacia delante, resumida con la visión de la capital catalana como foco incendiario, la llamada «Rosa de Fuego».[94] Por el contrario, el nacionalismo formado en derredor de Prat entendió que el «particularismo» catalán, en su sentido almiralliano (o mejor, post-Almirall), adquiría un sentido especialmente dinámico como «unidad cultural». En tanto que reflejaba tanto una manera de ser bien caracterizada, como un modo de hacer las cosas que era propio de una sociedad industrial, la idea de «unidad cultural» tenía un increíble potencial didáctico. Y, justamente por ello, era exportable a otros contextos hispánicos de ritmo más atrasado y letárgico. Tan caracterizada, en su percepción, era la fusión de que era capaz tal «unidad cultural» catalana que resultaba, de por sí, netamente «nacional». Además sería capaz de «regionalizarse» en el mayor marco español, si por ello se reconocía su especificidad. Había, sin embargo, una importante contradicción de fondo en el esquema de Prat. El «saber hacer» social, empresarial e industrioso de los catalanes era un artículo de exportación de tipo moral, mediante el cual se podría transformar España. Pero la naturaleza especial de Cataluña, precisamente su producción escrita por los nuevos «intelectuales» en lengua catalana, necesitaba protección. *La voluntad de proyección, por tanto, se entendía a sí misma como defensiva.* Era una mala combinación para la comunicación política.

Peor todavía, al suponer la «unidad cultural» catalana, Prat sobrentendió que había una «misión» que los catalanes debían cumplir entre las demás sociedades hispanas. Su actitud parecía parodiar el conocido poema *A Song of the White Man* del literato inglés Rudyard Kipling, reconocido como «poeta del Imperio» y ganador del premio Nobel de literatura en 1907. El famosísimo tema del *White Man's Burden* (La carga del hombre blanco) se hizo célebre en 1899 con la publicación del poema (aunque escrito en realidad un año antes) en una revista norteamericana, como evocación visible de la conquista estadounidense de las Filipinas. La coincidencia cronológica permite que su evocación del deber se pueda aplicar –con cierta extrapolación irónica– al nuevo proyecto catalanista. En suma, Prat predicaba la pesada «carga del catalán» en la «africana» España: «Tomad la carga del hombre blanco / [...] Y cuando más cercana está vuestra meta / El fin para otros buscado, / Ved cómo la Pereza y la Tontería pagana, / Reducen vuestra esperanza a la nada. / [...] / Tomad la carga del hombre blanco / y recoged su vieja recompensa: / La censura de quienes superáis, / El odio de quienes protegéis.»[95]

En resumen, era muy clara la convicción que motivaba cualquier iniciativa nacionalista del grupo que seguía a Prat en la política española. Pero había un riesgo que ellos siempre se negaron a contemplar: cualquier nacionalismo español con un contenido intelectual más profundo que el propio del rancio españolismo «incondicional» forzosamente tendría que envidiarle a la «unidad cultural» catalana algo que no existía en España. Y *las ganas de una equivalente «unidad española» neutralizaría por ineludible necesidad su modelo original.* No siempre quienes han de ser «salvados» de sus malas costumbres contemplan a los misioneros con benevolencia.

La resistencia a pensar políticamente

Como era de esperar, hubo muchos catalanistas –en especial, en las primeras promociones, en el paso de un entendimiento literario del vocablo «catalanismo» a otro político– que dieron por supuesta la existencia de una «unidad cultural» catalana, sin sacar de ello las conclusiones apropiadas, del mismo modo que se resistían a deducir la consecuente lección de juego político y oferta a los españoles que la idea «particularista» de Almirall comportaba. En las amargas palabras de Pere Aldavert, quemado por la traición ideológica de «los desertores de la Obra Constitucional de Manresa»: «El catalanismo era una balsa de aceite cuando todos pensábamos sólo en Cataluña. Vivíamos todos en santa paz para poder hacer mejor la guerra a los enemigos de fuera.»[96]

Sirven, como muestra finisecular de tales actitudes de fondo, los artículos en *La Renaixensa* y *Joventut* del doctor Josep Maria Roca i Heras, reflejo, entre otras cosas, del protagonismo desproporcionado de los médicos en el catalanismo más exaltado. Como dejó escrito en sus memorias un ávido lector de entonces: «*La Renaixensa*, con sus admirables artículos de cabecera de Aldavert, de Prat de la Riba, de Puig i Cadafalch, de Josep Maria Roca, era el evangelio del mocerío.»[97] Urólogo y dermatólogo, Roca (1863-1930) tuvo un papel destacado en el naciente asociacionismo profesional catalanista: presidió la Associació de Metges de Llengua Catalana y fue vicepresidente del Laboratori de Ciències Mèdiques de Catalunya, así como fundador de la Acadèmia de Ciències Mèdiques de Catalunya, en la cual, muy apropiadamente, leyó la primera comunicación en catalán, dedicada a la historia de la sífilis. Firmó el *Missatge al rei dels Hel·lens*, pero, ante la escisión de la Unió, se alineó con los partidarios del «todo o nada».[98] Para Roca, escribiendo en *La Renaixensa* de febrero de 1899, Cataluña estaba enferma de «madriditis» y necesitaba una cura intensa de baños en su propia costumbre social:

> Igual pasa con el catalanismo. El pueblo catalán hace muchos años que está enfermo; quien no es escrofuloso está anémico, quien no tiene tumores fríos tiene la cabeza llena de agua turbia del Manzanares, nadando su cerebro como un melocotón en conserva. Otros tienen las piernas torcidas o los ojos húmedos, y los que no sufren nada de eso son tan flacos de inteligencia como los cretinos, no tienen ni tan siquiera conciencia de lo que han sido, de lo que son y de lo que pueden ser. La única manera de rehacer este pueblo, de reconstituirlo, es predicándole las ideas catalanistas, tal como salen, naturales, espontáneas, sin pasar por los laboratorios industriales que fabrican reconstituyentes y, más que al bienestar del pueblo, tienen los ojos fijos en sus intereses particulares, en sus egoísmos y pasiones. Huyamos de esos químicos de Madrid acostumbrados a confeccionar potingues que, cuando no envenenan recargan, y saciemos nuestro pueblo de catalanismo, pero de catalanismo puro.[99]

En criterio de Roca i Heras, otra vez en *La Renaixensa* de abril del mismo año, la sociedad civil catalana era lo único que hacía falta para confirmar la salud colectiva de los catalanes. Reafirmando sus valores tonificantes, se podía perfectamente evitar contagios propios de la presencia «extranjera», difundida por las prácticas políticas ajenas. Así, argumentó:

> Por eso nosotros creemos que por ahora el catalanismo debe hacer su tarea en Cataluña: debe convencer a los catalanes. Procurar por todos los medios que tengan conciencia firme de lo que ha sido y puede ser nuestra tierra, de lo que fueron nuestros abuelos y de lo que podemos ser nosotros siguiendo la saludable doctrina del catalanismo. Hay que predicar uno y otro día sin parar, con convicción de apóstol, sin desánimo, haciéndoles ver los defectos del Estado español para que se aparten de él como de un apestado. Hay que hacer catalanes que lo sean, no sólo de nacimiento, sino que piensen en catalán, que todos los actos de sus vidas obren en catalán y en catalán sientan; no basta con hablarlo. Cuando todo eso se haya logrado, cuando la inmensa mayoría del pueblo piense como nosotros, entonces sí, elegimos diputados, elegimos senadores, elegimos concejales, porque los podremos elegir a la luz del sol, sin subir la escalera del gobierno civil, sin la protección de Planas ni de Enrich [los «caciques» de Barcelona], sin la necesidad de provocar miedo con la amenaza de la intervención extranjera [o sea, española]. Prescindiendo en absoluto de Madrid, como si no estuviera en el mapa, que para nosotros ya no está, y contando solamente con Cataluña y los catalanes.[100]

Roca, pues, predicaba una especie de *splendid isolation*, de aislacionismo catalán de las formas políticas colindantes. Cuando se promovió una cierta agitación «anexionista» en Barcelona, que afirmaba que sería mejor formar parte de Francia que de España, al calor de los vínculos con la derecha radical francesa y argelina y con la excusa de una visita de cortesía al puerto de la escuadra gala, Roca, en *La Renaixensa* de julio de 1899, rechazó un remedio que le parecía peor aún que el mal original: «El catalanismo no es ni puede ser anexionista, porque es catalán y nada más que catalán.» A su parecer: «Cataluña vive mal, que más no puede vivir, juntada al Estado español, y no vivirá para nada amarrada a Francia, porque si el catalanismo trabaja con toda su alma por la autonomía completa y absoluta de Cataluña, y éste es el único fin que la anima y guía, la manera por la cual se aleja el logro de nuestras aspiraciones nacionalistas fuera anexionándose a un Estado, modelo perfecto y acabado de los Estados centralizadores y absorbentes.»[101]

El médico defendía el protagonismo político de los catalanistas como muestra de los mejores elementos de lo que venía a ser una «sociedad de familias» entrelazada. Era necesario que predicara con el ejemplo y que fuera expresión de las virtudes colectivas. Como dijo en *Joventut*, en junio de 1901: «Además de representar las aspiraciones de Cataluña, el diputado catalanista ha de ser representante de una estirpe que quiere dignificarse, y por lo tanto, debe ser espejo de hombres honrados, en su vida pública como también, más todavía, en su vida privada. Ha de procurar no tener mácula, ser prenda evidente de lo que son los que quieren la libertad de Cataluña. El hombre o los hombres que en nombre de Cataluña hablen en el Congreso se ha de imponer, tanto por las palabras como por la elocuencia de su ejemplo.»[102] Por tanto, para Roca, la unidad era un valor en sí, reflejo de las preciadas formas sociales catalanas. Se identificó con la Unió Catalanista, contra la Lliga Regionalista: «Por ella, por Cataluña, los catalanistas de la Unió Catalanista han de seguir teniendo presente en el corazón y en la mente los acuerdos de nuestras asambleas, único apuntador que debemos consultar mientras no sean modificados por todo el catalanismo.»[103] Defendía el programa original, contra el innovador regionalismo político: «Que al abrigo de esta bandera caben todos los nacionalistas, pero los nacionalistas sin adjetivo, fervientes devotos de las Bases de Manresa.»[104]

Políticamente hablando, Roca fue un personaje del todo menor, pero, justamente por ello, representativo de actitudes sociales más generalizadas. Reflejaba la tentación que estuvo en el ambiente barcelonés de considerar a los catalanes con un modelo en extremo biológico, como raza, tal como notoriamente insinuó el famoso doctor Bartomeu Robert.[105] Pero Roca implícitamente la rechazó. Afirmó, por el contrario, la unidad de la sociedad catalana y creyó fervientemente en las bondades de su tejido asociativo, en la construcción de una sociedad civil cada vez más densa y articulada. Entendió que la unidad voluntaria era una efectiva arma política, pero no acabó de percibir la mejor forma de combate unitario fuera del inmediato contexto catalán o barcelonés. *Para Roca i Heras, aunque no lo supo teorizar adecuadamente, Cataluña era una tupida red de relaciones familiares, personales, sociales y profesionales, cuya expresión más perfecta era la sociedad civil barcelonesa y el uso complejo de la lengua catalana como mecanismo de reconocimiento y definición del juego interactivo. Así, por mucho que Roca insisitiera en la línea catalanista opuesta a Prat de la Riba, y que éste aseguraba haber superado, el fondo de su postura le acercaba al exitoso y dúctil discurso* lligaire, *que, nada sorprendentemente, se hizo casi monopolístico.*[106]

Inteligencias e idioma

Es habitual, hoy en día, en estudios sobre el fenómeno nacionalista, referirse a la conocida tesis del historiador checo Hroch, relativa al protagonismo de los intelectuales en las etapas fundacionales de los nacionalismos europeos.[107] En realidad, sin embargo, era una idea que la experiencia había establecido como habitual, por evidente, en el mismo comentario crítico catalanista sobre la *Renaixença.*[108] A pesar de las discrepancias sobre la naturaleza ideal de la «unidad cultural», estaba muy establecida la convicción de que existía una «manera catalana de ver las cosas», expresión estética de la personalidad colectiva, idea que lógicamente la *Renaixença* sólo vino a confirmar.[109] Esta misma percepción identitaria tuvo –es una convicción de la sociología de los nacionalismos, desde Karl Deutsch hasta Benedict Anderson– su fase exponencial con el impacto de los primeros medios de comunicación más o menos masificados, gracias a la transformación de las artes de imprenta en la segunda mitad del siglo XIX en Europa.[110] La presencia de medios y mercado potencial facilitó la aparición de quienes habían de responder, con su elaboración y su literatura, a demandas de corroboración de los sentimientos y argumentaciones preexistentes, aunque fuera larvadamente, en la sociedad; en el círculo reiterativo y espiral evolutiva que es el pensamiento político, los argumentos político-sociales (*todos* los argumentos) son en algún sentido antiguos, pero su reinterpretación, ajustada a las circunstancias cambiantes, resulta una y otra vez innovadora y refrescante.[111]

El salto cualitativo de Barcelona, que pasó de ser una pequeña sociedad urbana, con raíces adentradas hasta el campo más profundo, a un marco metropolitano, con la mirada puesta en la lejanía internacional, se dio muy rápidamente, en unos veinte años, entre aproximadamente 1890 y 1910. En la formulación de «conciencia» de todo signo, el contexto europeo y su invención del «intelectual» como rol social en gran medida marcaron la pauta barcelonesa. La inestabilidad del sistema político francés, siendo París el punto central de referencia cultural, generó un cruce entre rol sociológico e imagen idealizada. Así surgió la figura del intelectual como un literato definido por su compromiso ideológico, que escribía denuncias para destapar todo aquello que la hipocresía «burguesa» pretendía esconder y ejercía su función colectiva con su firma al pie de manifiestos, encarnación de la función profética en la sociedad industrial.[112] Significativamente, la difusión de esta nueva figura social, característica de la innovación decimonónica, fue antes literaria que ensayística, de Turguenev al francés Henri Bérenger, cuyas descripciones pasaron, por recepción ávida, a la discusión en la prensa española.[113] Según Juan Marichal, los orígenes del término «intelectual» en España reflejan netamente el debate francés del asunto Dreyfus: quizá fuera Ramiro de Maeztu el primero en emplear el vocablo, antes incluso de 1898, pero, para 1900, Emilia Pardo Bazán, en corresponsalía periodística desde París, ya lo daba por conocido. Tres décadas después, tan arraigada quedó la noción, que en 1927 Ortega podía señalar la presencia de tales protagonistas en la primera línea política como una muestra de la excepcionalidad española.[114] En otras palabras, el rol social del intelectual fue importado rápidamente a España desde Francia, y, como solía ocurrir con las innovaciones francesas, *pasó especialmente a través de Cataluña*. Desde finales de los años ochenta y los primeros noventa, el «modernismo» catalán, con su rechazo de la retórica liberal española y su entusiasmo por las nuevas corrientes parisinas creó un ambiente en Barcelona que planteaba la idea de que se podría (pocos lo lograban) vivir de la pluma, escribiendo en catalán, gracias a la transformación del consumo cultural.[115] A partir de ello, la aspiración a una relativa «democratización» de la producción cultural, cuestión abierta desde el romanticismo decimonónico, se consagró en España como un tema por definición politizado.[116]

Si bien todos estos roles fueron importados con entusiasmo por los españoles que se preciaban de ser agresivamente «modernos» (es decir, «modernistas» o «regeneracionistas»), que estaban al día y se sabían superadores de lo viejo y caduco, como, por ejemplo, las «batallitas» o la retórica incansablemente repetida de los tiempos heroicos del Sexenio revolucionario.[117] Pero lo fundamental de su actitud era el rechazo del liberalismo como un tinglado falso y corrupto, un repudio que era igualmente posible en las tesis condenatorias de la izquierda y en las de la derecha.[118] De hecho, formaron un patrimonio común a todo extremismo de mediados del siglo XX los temas que habían estado de moda entre los años noventa del siglo XIX y los diez de la centuria siguiente: muestra de ello serían el biologismo del comportamiento y otros derivados spencerianos o un cierto libertarismo doctrinal –atribuido a un estilo «bohemio»– que sirviera para mejor indicar desprecio ante el Estado «burgués» o la sociedad «burguesa» desde cualquier ángulo ideológico.[119] En toda Europa, la izquierda radical y, también, la ultraderecha no acabaron de codificar de forma diferenciada sus repertorios conceptuales hasta la hecatombe de 1917-1919, coincidiendo con la revolución bolchevique en Rusia (más sus secuelas de posguerra) y la reorganización del sistema continental de Estados.[120]

El crecimiento de Barcelona, pues, dio pie a ese nuevo protagonismo social en el contexto catalán, siempre con el cruce lingüístico correspondiente: un escenario urbano, pues, para el «intelectual» y, más extensamente, para la proliferación de las clases profesionales (médicos, abogados, ingenieros, los llamados «intelectuales profesionales»), obligados a escoger, al asociarse, entre la definición «estatal», en castellano, o «nacional», en catalán.[121] Tal proliferación profesional trajo consigo una expansión reticular de las entidades representativas o corporativas, dando cuerpo jurídico y social a la sociedad civil, al tiempo que se establecía un patrón de relación que podía fácilmente pasar de los límites «burgueses» a otros medios que encontraban interés en la asociación de oficio y/o la sindicalización. En otras palabras, la creciente sociedad civil catalana era lo suficientemente «latitudinaria» o hasta libertaria como para encajar formas organizativas de intereses opuestos. Una mayor demanda de producción cultural en lengua catalana fue la característica central del finisecular «modernismo» catalán, que comportó la aparición de profesionales de la creatividad, que vivían de lo que ganaban por poner por escrito su ingenio, en vez de ser aficionados que, con rentas o ingresos profesionales, escribían como pasatiempo u ocio.[122] El desarrollo del mercado cultural significó, a su vez, la expansión de la sociedad civil, por la sencilla razón de que nadie –fuera de la reflexión de los economistas– vive el mercado de forma directa, sino por medio de entidades, sociedades de algún tipo, desde la bolsa de valores a la de trabajo, desde los negocios de exportación a ultramar a la tienda de ultramarinos. La esperanza de ascenso social mediante la oferta cultural de algún tipo, desde el escritorzuelo muerto de hambre hasta las tablas del *music-hall*, también despegaron la organización de la demanda cultural más popular, que a su vez amplió el tejido asociativo.[123]

El protagonismo del idioma en el nacionalismo catalán, por tanto, tuvo como derivación el papel estelar de los intelectuales, como autores en catalán, convertidos así en lógica vanguardia de todo esfuerzo patriótico. Tan importante ha devenido su función como portavoces de la concienciación que, como ya se ha indicado, muchos estudiosos del desarrollo de los nacionalismos (de raíz más o menos marxista) enfatizan ahora la centralidad de las inteligencias, donde antes se buscaba una genérica «burguesía».[124] En particular, en el caso catalán, la excepcional industrialización, con su tupida red familiar de conexión y apoyo, estructurada en el sistema urbano alrededor de Barcelona, llevó a que los enemigos del catalanismo pronto sacaran a relucir el espantajo de una conspiración, según la cual una poderosa y cerrada «burguesía catalana» manejaba a su antojo egoísta a los ingenuos creyentes en el separatismo. Los republicanos «radicales», seguidores de Lerroux en la ruptura política provocada por la formación de la plataforma electoral de la Solidaridad Catalana en 1906, denunciaron el éxito de sus enemigos en estos términos, siempre en busca de simpatías entre los libertarios y los obreros en general.[125] El tópico de una férrea «plutocracia» catalanista, de acuerdo con un esquema muy propio de la sociología radicaldemócrata anterior a la Primera Guerra Mundial desde Estados Unidos hasta Francia, fue recogido con posterioridad sucesivamente por los liberales albistas y los primorriveristas, siendo heredado por aquellos portavoces del nuevo fascismo español de los años treinta que creyeron que una táctica anticatalanista sería provechosa.[126] Pero tal «plutocracia», a la imagen de la *grande bourgeoisie* francesa, en realidad nunca existió en Cataluña, cuya «burguesía», por el contrario, ha sido siempre una difusa trama de muchísimas empresas de familia con unas pocas –muy pocas– individualidades sobresalientes, cuyas grandes fábricas, más bien insólitas en el panorama industrial catalán, o sus grandes negocios, no marcaban el ritmo colectivo, ni el social y económico.[127]

Al mismo tiempo, sin embargo, los intelectuales catalanistas nunca tuvieron un mercado estable y se les solía retribuir con prestigio social, mientras que las editoriales de Barcelona producían para un mercado español o para la exportación latinoamericana, y pagaban con dinero (nunca muy abundante) a sus autores o escribidores (los más) en castellano. La propia lógica del papel de intelectual en el catalanismo, pues, impulsó el movimiento hacia la conquista de espacios laborales de servicios públicos o a la creación de servicios privados paralelos, cuando el Estado no los suplía. Esta necesidad lógica, convertida en misión, *«Catalunya en funció d'estat»* según la fórmula de Alexandre Galí, el mayor recopilador del proceso, apuntó por excelencia hacia la *«renovació pedagògica»*, para extenderse desde la educación hacia otros espacios más técnicos. La Diputación de Barcelona bajo la presidencia de Prat de la Riba de 1907 en adelante (con la inmediata fundación del Institut d'Estudis Catalans), y luego la Mancomunitat de las cuatro provincias catalanas en 1914, sirvieron como el medio idóneo para articular esta base social y simultáneamente darle capacidad reproductora en la sociedad.[128]

Pero el papel ejercido por el idioma y por los intelectuales en el desarrollo del nacionalismo catalán tuvo otras implicaciones, además de hacer rabiar a sus competidores de habla o pluma castellana en Barcelona, que insistían en que todo el catalanismo se reducía a los proverbiales «cuatro intelectuales», con sus emblemáticas corbatitas de lazo y sus manías filológicas. A pesar de su crecimiento vertiginoso, Barcelona no daba abasto a dos mercados literarios. El consumo catalán en catalán era, como mínimo, aritméticamente bajo y el sueño de lograr una amplia clientela pancatalanista en Valencia, las Baleares o la Cataluña francesa nunca acabó de cuajar, mientras que la producción en castellano contaba con el marco estatal, cuyas limitaciones en cuestión de analfabetismo no eran mucho mayores que las de Cataluña, pero que obviamente multiplicaban con creces las posibles colocaciones de su producción, aparte además de la exportación.[129]

En resumen, *el juego catalán, se tomara por donde se tomara, daba para poco.* Por lo tanto, la derivación natural de la interacción capitalista, según la cual hay ganadores y perdedores, tomaba una especial dimensión política en Cataluña: triunfar –por ejemplo, hacer dinero como escritor, como autor exitoso en el mercado internacional de lectores de castellano– podía significar en realidad perder en el estrecho marco social catalán, dado que el «perdedor» aparente, que escribía en catalán y no vendía tanto, podía ser objeto de un reconocimiento social bien organizado y de una promoción dentro del escueto margen del funcionariado catalanista (Diputación y Mancomunitat) o dentro de la trama asociativa del sector privado. Como el juego era tan pequeño y estaba dentro de otro mayor, español, el recurso de todo perdedor insatisfecho era saltar de un marco al otro, en especial cuando las condiciones políticas se mostraban favorables, ya que, visto sistémicamente, Cataluña tuvo, a lo largo del siglo XX, sucesivas fases catalanistas y españolistas (éstas aplicadas por regímenes militares).

Sin duda, el coste espiritual de la politización forzosa de la inteligencia y del idioma han sido muy elevados, tanto como para desplazar una parte importante de la creatividad del país lejos de las letras hacia la plástica –diseño, arquitectura, pintura– en la que ha destacado mundialmente. La presión españolista y la contrapresión catalanista han determinado unos parámetros de terminología determinados por los tabúes, un vocabulario solipsista en tanto que cerrado conceptualmente, marcado por la repetición obsesiva de temas y cicatrizado por la gama de acusaciones y contraacusaciones, que delimitan los terrenos ideológicos como si de campos de minas se tratara. Temática inmigratoria aparte, el gusto innegable que se dio en Cataluña por la acracia entre finales del siglo XIX y mediados del siguiente fue, con toda probabilidad, la búsqueda de un respiradero o salida hacia un espacio supuestamente al margen de las exigencias de unos y otros, que, en todo caso, pronto fue tapiado por exigencia del permanente diálogo de sordos. La reiteración temática llegó a ser hasta arqueológica, hurgando angustiosamente en el pasado para justificar las supuestas verdades de unos u otros.

La sociedad civil ausente, o el hueco en el corazón del «regeneracionismo»

El «regeneracionismo» hispano en su totalidad representó una afirmación genérica del potencial teórico de la sociedad civil ante un Estado que se consideraba fracasado en sus orientaciones históricas, manejado por una «clase política» hueca, una «oligarquía» manipuladora de las vigorosas esencias sociales vivas y visibles, desde puntos de vista muy diferentes, en el tejido social. El rechazo al Estado, en tanto que éste encarnaba el triunfo del liberalismo en las reiterativas guerras civiles del siglo XIX, significó, por consiguiente, el repudio de sus valores. *El verdadero individualismo estaba en la actividad social, en el ámbito privado entendido como genuinamente público, por ser participativo, mientras que el espacio estatal, aunque asegurara ser el marco ideal para la participación, decididamente no lo era.* Por ello, se habló tanto entonces de sociologías interpretativas y de las manifestaciones de individualismo y comunalismo en las variadas experiencias regionales.

Igualmente, se consideraba que era en la trama asociativa particular donde se podían realizar los ideales colectivos, defender sanos intereses corporativos y proteger al productor, fuera su tamaño el que fuera, de las injusticias abundantes. Los «representantes del pueblo», «picos de oro» profesionales que se llenaban la boca de grandes discursos sobre los «derechos del ciudadano» y la «democracia», eran, en verdad, según la nueva perspectiva crítica, «picos pardos» ansiosos de pervivir en la corrupción. Solamente cuando la capacidad viva, saneadora, de la sociedad civil tuviera inclusión en la esfera pública, estuviera garantizada por una legislación bien trazada y aplicada por unos funcionarios competentes, sobrios y honestos, estaría «regenerada» España. Así, al contrario del reformismo «progresivo» estadounidense de la primera década del siglo XX, que buscaba la adhesión del «ciudadano informado» en tanto que votante, los «regeneracionismos» hispanos en general pretendían el triunfo del *concerned citizen*, el ciudadano comprometido, implicado en entidades múltiples, un hombre social, plenamente integrado en su medio.[130] Pero no lo hallaron.

La falta tenía sus razones de ser. Según el criterio de todos menos de los que se definían como ideológicamente católicos, el rechazo a la sociedad civil tradicional, pueblerina, aislacionista y vertebrada por la Iglesia era una conclusión lógica, tanto al atraso secular, como a las guerras civiles del siglo XIX. En la mayor parte de España, la realidad del entramado social era más bien pobre, en marcado contraste a su idealización (por ejemplo, jurídica). Las exigencias asociativas del desarrollo capitalista estaban limitadas por una economía agraria que mostraba escasos alicientes para despegar. El incentivo para la agrupación era, por tanto, político en su sentido más agresivo, de «defensa social» o favorable a la «revolución», dispuesto a acaparar las escasas plazas públicas para los «amigos» y no regalar nada a los enemigos. Dado el peso del insurreccionalismo decimonónico y la consiguiente polarización, la sociedad civil carecía de sustancia –con la marcada excepción de la Cataluña tempranamente industrializada– como para absorber la tensión y los choques. El fin de siglo español, pues, buscó en las figuras –supuestamente interactivas– del intelectual y del pueblo el protagonismo para la creación y nutrición del tejido asociativo. Muchos anticipaban que debería ser el Estado quien cumpliera con tan difícil tarea, sin darse cuenta, por la comprensible impaciencia, del contrasentido.[131]

Si bien la trama civil catalana tenía entidad, y no mera esencia, los catalanistas confiaron en exceso en su trascendencia. Sin embargo, y gracias a la convicción en la superioridad de sus tangibles «instituciones» privadas, el catalanismo politizado ofreció el modelo más elaborado de alternativa a la práctica estatal, una especie de enmienda a la totalidad del Estado liberal sin tocar, por ello, la sociedad potencialmente liberal que respaldaba a las instituciones. Así, se hizo muy remarcable el contraste entre el discurso catalanista y el «regeneracionismo» de otras partes de España, en el inicio del posteriormente llamado «noventayochismo». La ausencia constatable de la sociedad civil producía la percepción de una territorialidad vacía y, en compensación, la búsqueda de la autenticidad como modo de explicar el subdesarrollo en términos culturalistas.

Sirvan como indicación las pioneras opiniones de Ángel Ganivet, nacido en Granada en 1865, y del bilbaíno Miguel de Unamuno, un año mayor, famosamente cruzadas en las páginas de *El Defensor de Granada* en 1898 (si bien no publicadas en conjunto hasta 1912).[132] En su esencia, como bastante tiempo después observó el ensayista vanguardista y republicano Antonio Espina, el pensamiento de Ganivet se remitía a una visión nacionalista y autoritaria del Estado que era propia de la derecha más «moderada» o «neocatólica» del liberalismo español. Pero, con mayor distancia ideológica, su propio *Idearium* puede ser considerado «como un libro escrito contra la idea de nación».[133] Es más, para él, el nacionalismo era una manifestación mecánica de un estímulo previo: puesta la bandera, como hace su protagonista Pío Cid ante «nativos» recién dominados en su novela sobre *La conquista del reino de Maya*, la respuesta será el desfile.[134] Sin embargo, la resonancia del pensador granadino fue, paradójicamente, su frescura, ya que su oferta ideológica venía presentada en un marco propio de la extrema izquierda liberal, con un tono casi republicano y, por encima, con un espíritu más o menos nietzscheano (aunque probablemente fuera sin haberlo leído) que dio a sus argumentos la aparencia de radicales e innovadores.[135] Había en él (según un estudioso) «un hondo deseo de evasión del mundo de lo sentimiental, o simple evasión del mundo», que anticipaba su suicidio, en el lejano puesto consular de Riga, en la entonces Letonia rusa, en 1898.[136]

A Ganivet se le podía leer en casi cualquier sentido que conviniese y de ahí su sostenida popularidad. Dos décadas después de su muerte, por ejemplo, el intelectual y líder republicano Manuel Azaña hizo una lectura casi protomarxista de Ganivet, convirtiéndolo en un brutal desmitificador, que reducía el debate de esencias a sus parámetros materiales más escuetos, enterrando toda retórica de «raza» y parecidos artilugios, cuando, en realidad, el ensayista granadino fue un proteico y caótico, cuando no confuso, defensor de una renovada españolidad. Para él, la nueva España consistiría en la ciudadanía hecha realidad mediante la afirmación del progreso más práctico y tangible, a expensas de la verborrea liberal decimonónica, que le producía urticaria.[137] Su profundo antiliberalismo, más que cualquier otra cosa en su atrabilario pensamiento, su violento rechazo a escuchar otro discurso más sobre el Sexenio revolucionario en un sentido u otro, fue lo que le convirtió en bandera de las nuevas promociones finiseculares, sin contar, claro está, su suicidio, ya que nada como un ausente para romantizar, sin los numerosos incovenientes de una persona viva con sus nuevas e inoportunas contradicciones. Sin embargo, sus escritos fueron aprovechados, precisamente por su carácter contradictorio, torturado, a caballo entre la afirmación nacional y el aislacionismo.[138] Su sentimiento subyacente era tan fuerte que cortaba en todas las direcciones de su reflexión nacionalista (o antinacionalista), lo que explica su atractivo para sucesivas juventudes críticas.

El propio Ganivet explicitó sus ideas en la tercera de sus *Cartas finlandesas*, aparecida en *El Defensor de Granada* en 1896: al tratar «las diversas teorías inventadas acerca de la constitución de las nacionalidades», Ganivet explicó su radical incapacidad para pensar en términos de «imperio», mediante cualquier mecanismo federativo, lo que le llevó a asumir la Nación institucional del liberalismo y afirmarla como un acto de voluntad virtualmente étnico. Explicitó su absoluta negación personal «a reconocer la autonomía de las regiones». Añadió que para él el catalanismo era un ejercicio arqueológico («yo pediré que se vaya más lejos y que tengamos Tarraconense») que literalmente obligaba a volver a andar lo andado.[139] Como le indicó a Unamuno:

> Yo soy regionalista del único modo que se debe serlo en nuestro país, esto es, sin aceptar las regiones. No obstante el historicismo que usted me atribuye, no acepto ninguna categoría histórica tal como existió, porque eso me parece dar saltos atrás. A docenas se me ocurren los argumentos contra las regiones, sea que se las reorganice bajo la Monarquía representativa o bajo la república federal, sea bajo esta o aquella componenda, debajo del actual régimen encuentro demasiado borrosos los linderos de las antiguas regiones, y no veo justificado que se los marque de nuevo, ni que se dé suelta otra vez a las querellas latentes entre las localidades de cada región, ni que se sustituya la centralización actual por ocho o diez centralizaciones provechosas a ciertas capitales de provincia, ni que se amplíe el artificio parlamentario con nuevos y no mejores centros parlantes [...][140]

Unamuno contestaba a Ganivet en sus textos cruzados en *El Porvenir de España*:

> La cuestión es ésta: o España es, ante todo, un país central o periférico que sigue la orientación castellana, desquiciada desde el descubrimiento de América, debido a Castilla, o toma otra obligación. Castilla fue quien nos dio las colonias y obligó a orientarse a ellas a la industria nacional; perdidas las colonias, podrá nuestra periferia orientarse a Europa, y si se rompen barreras proteccionistas, esas barreras que mantiene tanto el espíritu *triguero*, Barcelona podrá volver a reinar en el Mediterráneo, Bilbao florecerá orientándose al Norte, y así irán creciendo otros núcleos nacionales ayudando al desarrollo total de España.
>
> No me cabe duda de que una vez que se derrumbe nuestro imperio colonial surgirá con ímpetu el problema de la descentralización, que alienta a los movimientos regionalistas.[141]

A partir de la fulgurante carrera de Napoleón Bonaparte, proclamado "Emperador de los franceses" en 1804, la fórmula del imperio formó parte del reperterio de soluciones políticas innovadoras del siglo XIX. En la imagen, la bandera personal del emperador del Brasil, Pedro II (reinó 1831-1889), en un cromo de tabaco alemán de la época.

Las armas imperiales de Austria. Tras el establecimento de la Monarquía dual en 1867, hubo quien quiso ver en el águila bicéfala un símbolo de las dos Coronas, pero en realidad era un emblema de orígen medieval, sin tal significado.

Any XXXIV ◆ Barcelona 22 de Maig de 1904 ◆ Núm. 9566

LA·RENAIXENSA·

PERIÓDICH : DE : CATALUNYA

Redacció y Administració: XUCLÁ, 13, BAIXOS.—TELÉF. 618

Preus: Barcelona, 1 Pta. al mes.—Fora, 4 trimestre.—Extranger, 8.—Número solt, 25 cénts.

LO NOSTRE PROGRAMA

May lo Catalanisme ha travallat á l'ombra pera arribar á la realisació de sos ideals. Defensor dels principis honrats que sustenta, ben clars y á la llum del sol los va exposar á la Reyna Regent de Espanya en sa vinguda á Barcelona, y ben clars y concretament los va donar al país en la Assamblea de Manresa de 1892.

Com allavors diguerem, enteném avuy que han de quedar á càrrech del Poder central del Estat espanyol las relacions internacionals, l'exércit de mar y terra, las relacions económicas d'Espanya ab los demés paissos, la construcció d'obras públicas de carácter general, la resolució de totas las cuestions y conflictes inter-regionals y la formació del pressupost anyal de gastos, al que deurán contribuhir las regions á proporció de sa riquesa; tot ab la organisació corresponent y adecuada.

Peró enteném que correspon al Poder regional lo régim intern de Catalunya, y que ha de constituhirse aquesta mantenint lo temperament expansiu de sa llegislació y segons sas necessitats y son modo d'esser.

En consecuencia, volém la llengua catalana ab carácter oficial y que sian catalans tots los que á Catalunya desempenyin cárrechs públichs; volém Corts catalanas, no sols pera estatuhir nostre dret y lleys civils, sinó tot lo que's refereixi á la organisació interior de nostra terra; volém que catalans sian los jutjes y magistrats, y que dintre de Catalunya 's fallin en última instancia 'ls plets y causas; volém ser árbitres de nostra administració, fixant ab entera llibertat las contribucions y impostos, y volém, en fi, la facultat de poder contribuhir á la formació del exércit espanyol per medi de voluntaris ó diners, suprimint en absolut quintas y llevas en massa y establint que la reserva regional forsosa presti servey tantsols dintre de Catalunya.

Aquest es nostre catalanisme dintre d'Espanya; aquest es nostre regionalisme dintre de Catalunya. Aixó es lo que volém; per aixó aném; á n'aixó arribarém á no trigar gayre.—(Del manifest de la *Unió Catalanista* del dia 16 de Mars de 1897.)

El ave fénix –pájaro mitológico que se consume en el fuego y renace de sus cenizas– fue el símbolo predilecto del catalanismo decimonónico, empezando por la cabecera del periódico *La Renaixensa*.

Las armas del "Imperio Alemán", que no "Imperio de Alemania". En la unificación de 1871, los reyes y príncipes germanos no permitieron al rey de Prusia más superioridad que la adjetival.

John C. Calhoun (1782-1850), teórico sudista y esclavista de la "nulificación" o "Derecho de los Estados", enunció una versión confederativa del ideal de federación con influencia, a través de Antillas, en las ideologías excéntricas –en especial, en Cataluña– del federalismo hispano.

Charles Stewart Parnell (1846-1891), el líder del Partido Nacionalista Irlandés, protestante paradójico, de cuyos votos parlamentarios dependió el gabinete liberal de Gladstone en 1886 a cambio de la propuesta de Home Rule.

William E. Gladstone (1809-1898), el "Grand Old Man" del liberalismo inglés, cuya determinación de conceder la autonomía a Irlanda rompió el Partido Liberal entre 1886 y 1893.

Richard Cobden (1804-1865), el gran defensor inglés del librecambismo, a la imagen del cual, en su frustración, se apuntó Valentí Almirall.

Napoleón III (1808-1873), "Emperador de los Franceses" entre 1852 y 1871. El éxito aparente del "Segundo Imperio" bonapartista relanzó la modernidad del modelo imperial en la Europa en vías de desarrollo industrializador.

Francisco José I (1830-1916), emperador de Austria (1848-1916) y rey de Hungría (1867-1916), vistiendo uniforme húngaro. Se hizo mucha propaganda dinástica para magiares.

La imperatriz y reina Isabel –Isabel de Wittelsbach (1837-1898), mejor conocida como Sissí– en 1867, el año del Ausgleich austro-húngaro, "Acuerdo" en el cual sus simpatías magiares se supone que tuvieron una notable influencia.

Otto von Bismarck (1815-1898), el "Canciller de hierro" prusiano que forjó la peculiar unidad federal y monárquica del "Imperio Alemán".

Un mapa de Austria-Hungría de principios de siglo XX. La parte austriaca iba de Istria y Carniola, pasando por Styria, Alata y Baja Austria, Bohemia y Moravia, hasta Galicia (o Galitzia) y Bukovina. El Reino de Hungría tenía, a su vez, una relación dual, –aunque fuera más legal que política–, con los Reinos de Croacia y Slavonia. Bosnia, sólo anexionada en 1908, tenía una relación excepcional con el conjunto.

Giuseppe Mazzini (1805-1872), principal teórico del discurso social o republicano del nacionalismo italiano. Mazzini estuvo imbuído del sentido de la "misión" nacionalizadora de Italia.

El conde Gyula Andrássy (1823-1890) apoyó a Ferenc Déak para negociar con los Habsburgo y, como primer ministro húngaro, ultimó los acuerdos constitucionales que dieron forma a la Corona dual. Se opuso a la extensión del sistema -el llamado "trialismo"- a los eslavos.

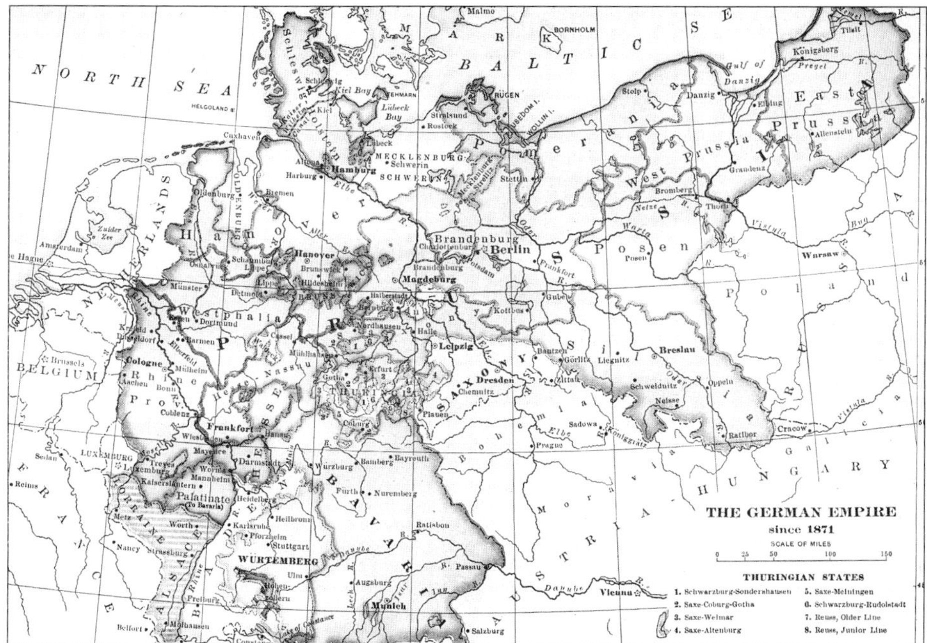

El Imperio Alemán en un mapa de principios de siglo XX. El Reino de Prusia dominaba materialmente a los reinos de Baviera, Sajonia y Württemberg, así como los Grandes Ducados de Baden o Mecklemburgo-Schwerin. A remarcar los numerosos microprincipados, así como las "Repúblicas" o Ciudades-Libres de Bremen, Hamburgo y Lübeck. Alsacia-Lorena quebaba, desde su incorporación en la creación del Imperio en 1871, como "Territorio Imperial".

Representación idealizada (grabado basado en un cuadro de Anton von Werner) de la proclamación de Guillermo I de Prusia (1797-1888) como emperador alemán en Versalles en 1871. El rey prusiano aparece rodeado por los restantes reyes y príncipes germanos y por su heredero, mientras que Bismarck y los militares arquitectos de la victoria sobre Francia, rodeados de oficiales del Ejercito prusiano, saludan el nuevo regímen.

El Reino español de Cuba (en realidad Cuba se componía de seis provincias) en la perspectiva "incondicionalista": la encuadernación de un tomo de la crónica dedicada a la insurrección iniciada en 1895 de Emilio Revertér [sic] Delmas, *Cuba española*, publicado en Barcelona en seis volúmenes entre 1897 y 1899; por los mismos años, este autor también aprovechó para publicar *Filipinas por España*, en dos tomos.

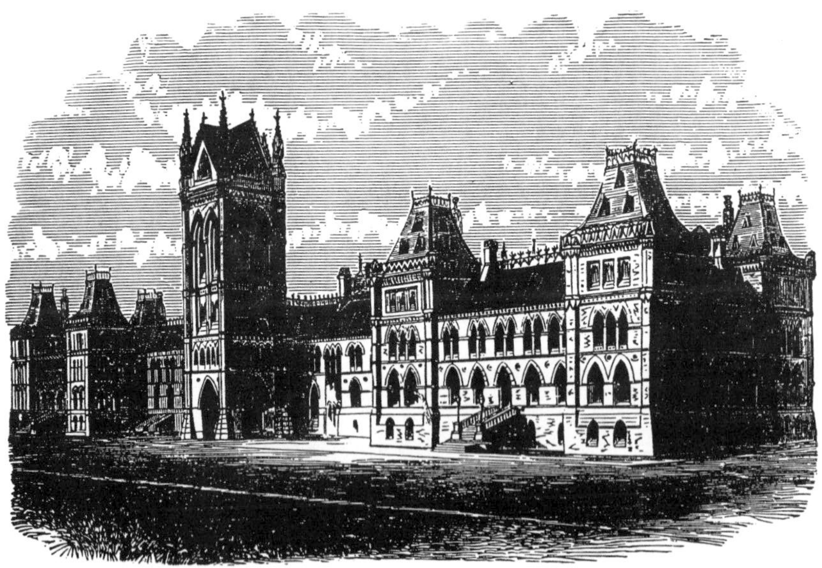

La sede del parlamento canadiense en Ottawa, en un grabado de época. Se escogió un estilo neogótico en imitación del parlamento británico y en contraposición al neoclásico que predominaba en Estados Unidos; la idea sería copiada para el parlamento húngaro. Casi de la nada, a mediados de los años cincuenta, la ciudad fue escogida como futura capital de un Canadá unificado para evitar las rivalidades de otros centros mucho más importantes. La creación en 1867 del "Dominio" del Canadá replanteó la organización del informal "imperio" británico, hasta dotarlo de una Corona Imperial para la India.

El Imperio de la India en funcionamiento: los pequeños majarajás –herederos de las Coronas indígenas con autonomía dentro del marco colonial británico– rodean con infantil curiosidad a la pareja imperial y real –Jorge V (1865-1936) y la reina María– en el Durbar (o encuentro oficial de soberano y súbditos) celebrado en Delhi en 1911.

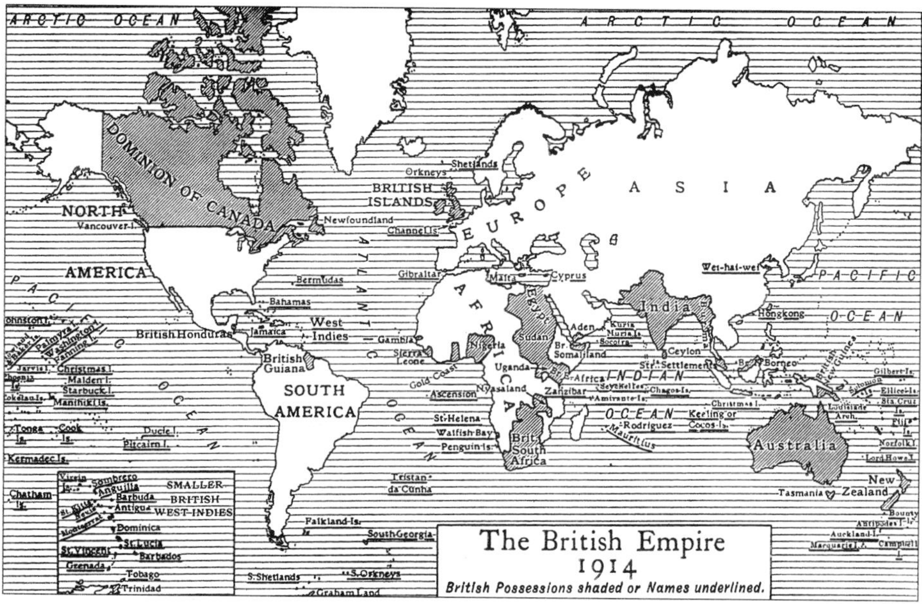

Un mapa del Imperio Británico en 1914, un conjunto constitucional casi caótico. (Tomado de James A. Williamson, *The Foundation and Growth of the British Empire*, Londres, Macmillan, 1928).

Un Disraeli "oriental" engatusa a la reina Victoria, en una parodia del cuento de Aladino: «Coronas nuevas por viejas», por sir John Tenniel (*Punch*, 15 de abril de 1876).

De los regionalismos, en aquel momento, Unamuno presentó una visión más bien lírica:

> Quéjanse los catalanes de estar sometidos a Castilla, y quéjanse los castellanos de que se les somete al género catalán. La sujeción de una de estas regiones a la otra en lo político se ha equilibrado con la sujeción de ésta o aquélla en lo económico. Y de tal suerte padecen las dos. El caso cabe extenderlo y ampliarlo.
>
> En vez de dejar que cada cual cante a su manera y procurar que cantando juntos acaben por formar concertado coro armónico, hay empeño en sujetarlos a todos a la misma tonada, dando así pobrísimo canto al unísono, en que el coro no hace más que meter más ruido que cada cantante, sin enriquecer sus cantos.
>
> No cabe integración sino sobre elementos diferenciados, y todo lo que sea favorecer la diferenciación es preparar el camino a un concierto rico y fecundo. Sea cada cual como es, desarróllese a su modo, según su especial constitución, en su línea propia, y así nos entenderemos todos mejor.[142]

Para el pensador bilbaíno, salmantino converso desde que ganó allí la cátedra de griego en 1891: «Y esta nuestra lucha civil tampoco es sólo de intereses, y ni aun principalmente es de ellos; es de ideales, es lucha por la personalidad. En el problema regional hay algo más que zonas francas, y admisiones temporales, y aranceles aduaneros, y bonos de exportación; hay de una parte y de otra, una lucha por el afianzamiento primero, por el predominio luego de una personalidad.»[143] Soñaba con una nueva síntesis, que, reconociendo el idioma y la personalidad propia, acentuara el criterio general:

> Hay quien en Cataluña ha llamado dialecto al castellano que los catalanes hablan. ¿Y por qué no desarrollar ese dialecto para integrarlo en la lengua común española? Es quizá falta de valor, el recelo a que se les tache esa lengua. En tal respecto estamos mejor los vascos y más dispuestos a no renunciar a nuestro castellano, que no es el de Castilla. Y es que ésta, pues que su lengua se extiende a dilatados países y se hace la lengua hispanoamericana, ¿puede pretender monopolio de su casticidad o de hegemonía en ella? ¡No!
>
> Si ha de difundirse y ha de unirnos a todos será dejando de ser el dialecto regional de Castilla.
>
> La lengua española, no ya castellana [,] es una integración de dialectos (leonés, aragonés, andaluz, etc.) y así ha de ser.[144]

Unamuno siempre fue consistente en su ideal de fusión ibérica; como ya clamó en 1900, al denunciar las mentiras recíprocas y las mutuas ignorancias de los intelectuales de Madrid y Barcelona: «Créanme o no me crean, declaro con el corazón en la mano que sólo aspiro a romper el reinado de la mentira, y que la lucha entre las diversas castas que pueblan a España se inicia con nueva fuerza, puede y debe ser una de las más profundas fuentes de regeneración. Tal vez con ella se logre lo que con los viejos procedimientos no se ha logrado: la unidad española.»[145]

Donde Ganivet rechazaba la interacción, en favor de una realidad a la vez orgánica e ideal, Unamuno se apuntó a ella con entusiasmo, como si por sí sola pudiera crear un nuevo tejido social. Pero hay que subrayar como ambos –cada uno, a su manera, representativos que la crítica juvenil finisecular que sería, andando el tiempo, tachada de «noventayochista»– *ignoran cualquier noción de sociedad civil*. Los dos autores, bien diferentes entre sí, intentan teorizar la realidad *social*, hasta *societaria*, con categorías político-institucionales; el uno y el otro buscaban el sentido colectivo de la ciudadanía en España sin mayor sociología que el exclusivo recurso a la terminología derivada del Estado.

Para nuestro propósito, basta con indicar hasta qué punto la conceptualización ganivetiana desconfía del ámbito particular y entiende el ámbito público como estatal. La sociedad civil, en la medida que asoma, no pasaba de ser un trampolín para acceder al poder y la ambición que se traslucía era la de un Estado más fuerte, más eficaz. El contrapunto unamuniano sueña con una intelectualidad homogénea en su espiritualidad e ignora el mercado: las ideas –y los sentimientos que provocan– rigen su mundo, hasta el punto que un crítico más que entusiasta ha querido subrayar la *insociabilidad* de su pensamiento, además de su estatismo evidente.[146] *La desconfianza ante la sociedad civil ausente era profunda en ambos*, como en todos aquellos que tenían delante la *España negra* (1899) del poeta simbolista Émile Verhaeren y el pintor español, muy ligado a medios belgas, Darío de Regoyos, libro de impresiones de viaje de 1888-1891 por tierras hispanas y entonces muy de moda.[147] Visto eso, se puede entender el sentido innovador de Prat, su mensaje de modernización desde el cambio de hábitos dentro de unos marcos sociales reducidos y con un Estado comparativamente débil, mientras que las energías habían de proceder de la sociedad misma, que se creía (que Prat creía) capacitada para triunfar en el mundo moderno. En un aspecto, Prat lo tenía fácil: en cuanto a la «España negra», era como si fuera otro país.

Prat de la Riba, o el encuentro de un proyecto de partido y un discurso ideológico fresco

Para concretar: las muchas dudas y contradicciones que sobre la relevancia de Cataluña en relación al conjunto de España había en las dos últimas décadas del siglo XIX quedaron sistematizadas por una corriente política activista, que supo combinar el esquema macropolítico de Valentí Almirall, su idea del «particularismo» constitucional, con la pertinaz reivindicación de una «unidad cultural» como identidad colectiva catalana. Era un grupo de ambiciosos licenciados universitarios, predominantemente abogados (más un arquitecto), liderados por Enric Prat de la Riba. Contrariamente a la imagen sostenida con cariño por la tradición catalanista posterior, ni empezaron juntos, ni eran todos amigos, ni estuvieron siempre de acuerdo. Se encontraron por temperamento. Eran prácticos, agresivos y literalmente les «exasperaba» la quietud de los dirigentes de la Lliga de Catalunya y la Unió Catalanista, los cuales temían la masificación y las complicaciones de una actuación política en serio y profesionalizada. Tal como recordó Cambó, «Durante un tiempo se habló de las Bases de Manresa, pero de hecho nadie creía en ellas». Es más, Guimerà «se vanagloriaba de no leerla[s]».[148] Los «históricos» eran, pues, cínicos, además de «inocentes».

El núcleo estudiantil de la Unió Catalanista, el Centre Escolar Catalanista quedó atrás, ya que unos, como Prat, salieron, mientras otros más jóvenes, como Cambó, entraron. En ese contexto, a mediados de los noventa, Prat ideó una estrategia activista que aprovechaba las contradicciones legales: conseguir el control de ciertas viejas corporaciones daría pie a escaños de senador. Se logró un primer éxito en la Sociedad Económica de Amigos del País, luego, con Joan J. Permanyer i Ayats, en la Academia de Jurisprudencia y, finalmente, con Guimerà como presidente del Ateneo Barcelonés.[149] Un detalle, pues, a retener para el futuro: *el verdadero éxito de Prat fuera del más estrecho marco catalanista empezó con una acción política indirecta en las principales entidades de la sociedad civil barcelonesa.* La operación tuvo en él un impacto deslumbrador.

En el ambiente juvenil fue decisivo el impacto psicológico del discurso –por primera vez en catalán– del dramaturgo, en tanto que flamante presidente al frente del Ateneo, a finales de noviembre de 1895, por lo que suponía de confirmación del enfoque entre táctico y estratégico ideado por Prat. Según Cambó, mirando a la evolución de ciertos cenáculos a largo plazo: «Al calor de estos hechos fue tomando cuerpo lo que se llamó luego el *Grup de l'Ateneu*, que empezó actuando conjuntamente con los elementos que Prat de la Riba inspiraba y que acabó ingresando en Centre Nacional Català, primero, y, a través de él, en la Lliga Regionalista. En este núcleo, además de los intelectuales puros, procedentes casi todos de *L'Avenç* y de algunos abogados, médicos y notarios de gran reputación en Barcelona, no faltaban algunos industriales y comerciantes a los que la fortuna no les había atenuado el espíritu liberal de los tiempos en que, como otros muchos componentes del grupo, habían figurado en las filas castelarinas, es decir, entre los republicanos que sentían asco de la turba y el escándalo y tenían un profundo sentido conservador.»[150]

Convertido en un foco activista, el grupo más cercano a Prat quiso sostener su dinámica de conquista corporativa del poder político con el uso de la prensa, para ampliar resonancia. Pero la vetusta *La Renaixensa* (a la redacción de la cual se incorporaron Prat y los arquitectos Puig i Cadafalch y Domènech i Montaner en 1896) no estaba para los altibajos de eludir la censura.[151] Los «venerables» del catalanismo histórico tampoco contemplaban con confianza la aventura electoral en los comicios legislativos de marzo de 1898 (con la candidatura de Joan J. Permanyer en Vilafranca del Penedès) a la cual los activistas se lanzaron, con pésimos resultados.[152] En cambio, un año después, en la nueva convocatoria legislativa de abril de 1899, ya triunfaron candidatos catalanistas en Vic (Ramón d'Abadal i Calderó) y Manresa (Leonci Soler i March), lo que indicaba que el camino a un cambio organizativo podía estar despejado.[153] Ello, como era de esperar, no atenuó las tensiones entre los jóvenes activistas y la vieja guardia. Todavía peor fue la competencia periodística que, a partir de enero de 1899, ofrecieron los que se coaligaron alrededor de Prat con la conversión del semanario *La Veu de Catalunya* en diario.[154] Para finales de ese mismo año, los activistas que se habían alejado del marco de la Unió Catalanista se agruparon como Centre Nacional Català, con Narcís Verdaguer i Callís como presidente, Jaume Carner como vicepresidente, Lluís Domènech i Montaner y Joaquim Cases-Carbó entre los vocales, bajo la influencia decisiva de Prat de la Riba. La nueva entidad, según Isidre Molas, «no era más que un instrumento de coagulación de los "reformistas" que hasta aquel momento mantenían su adhesión a través del diario».[155]

Los escindidos estaban convencidos de la urgencia de un medio de comunicación de mayor ritmo y sentido propagandístico, más cuando se atribuía a la reina regente una iniciativa política que pretendía potenciar al general Camilo García de Polavieja con las fuerzas vivas de España. Una vez más, por tanto, desde Barcelona se confiaba en la eficiacia de una gestión directa ante la Corona. Polavieja estableció contacto con Joan Sallarès i Pla, presidente del Fomento del Trabajo Nacional desde 1897, y «algunos otros prohombres del comercio y de la industria».[156] Se instituyó una Junta Regional de Adhesiones al Programa del General Polavieja, bajo la presidencia de Lluís Ferrer-Vidal i Soler (hijo catalanista del finado conservador Josep Ferrer i Vidal) y con el periodista y poeta Ferran Agulló como secretario, acompañados de figuras profesionales como el respetado doctor Bartomeu Robert.[157] Pero, en el fondo, sólo era otra manera de concebir la tan anhelada injerencia regia, que de nuevo no llevó a ninguna parte. Así lo mostró el segundo *Missatge a la Reina Regent*, de noviembre de 1898, firmado por los presidentes de las principales corporaciones barcelonesas quienes, como en los casos de Sallarès y Robert, coincidían con protagonistas de la iniciativa polaviejista, o con catalanistas como el arquitecto Lluís Domènech i Montaner.

El gabinete conservador formado bajo Francisco Silvela en marzo de 1899, con la participación de Polavieja, saludado por entonces como el «general cristiano», levantó, por tanto, considerable expectación en Cataluña. Muy señaladamente, el ministro de Justicia era el jurisconsulto barcelonés Manuel Duran i Bas, longevo prohombre del conservadurismo catalán.[158] Pero la política fiscal del ministro de Hacienda, Raimundo Fernández Villaverde, encendió la protesta de los gremios comerciales de Barcelona, cuya indignación fue orquestrada por Marià Pirretas, secretario de la Liga de Defensa Industrial y Comercial.[159] El alcalde de la capital catalana nombrado por el mismo gobierno, el doctor Bartomeu Robert, simpatizó abiertamente con la protesta, lo que le convirtió en un auténtico protagonista cívico.[160] Fue secundado por

Pau Font de Rubinat, el alcalde de Reus, entonces la segunda ciudad de Cataluña. En su actitud, Font de Rubinat se encontró respaldado por un movimiento catalanista de proporciones ya significativas en el ámbito de la provincia de Tarragona.[161] La protesta empezó a extenderse a otras ciudades fuera de Cataluña, con lo que el ministro de Gobernación, un joven Eduardo Dato, perdió los nervios y auspició medidas que, como «atropellos», escandalizaron más aún a la opinión politizada.[162] Fracasada la gestión del gabinete conservador en lo que a Cataluña se refería, y visto que los hechos recomendaron prescindir de Duran i Bas (que dimitió el 23 de octubre, a los seis meses de ocupada su cartera) y, eventualmente, de la aportación del propio «general cristiano» Polavieja (si bien Silvela aguantó hasta octubre de 1900), se precipitaron las cosas en el medio interesado de la capital catalana.[163]

Ya durante el verano se habían producido «incidentes» durante la visita de una escuadra francesa a Barcelona, que algunos aseguraron tenían carácter «anexionista», con la correspondiente excitación en la prensa. En abril de 1900, el todavía responsable de Gobernación, Dato, fue recibido en Barcelona con sonoras pitadas, organizadas por Cambó, que le acompañaron incluso en su paso por Reus, de vuelta a Madrid.[164] Pero, más allá de la agitación callejera, no dieron fruto las gestiones más complejas, como la coordinación de una protesta contra la política fiscal del ministro Fernández Villaverde, en favor de una concertación económica catalana equivalente a la vasca, iniciativa en la que estaba implicado Albert Rusiñol, presidente del Fomento del Trabajo Nacional y polaviejista. No fue posible la coordinación con la Unión Nacional de Basilio Paraíso y Santiago Alba.[165]

Cara a las elecciones legislativas convocadas por el nuevo gabinete liberal de Sagasta para el 19 de mayo de 1901, se fundió el Comité polaviejista, reconstituido como Unión (luego Unió) Regionalista, con el Centre Nacional Català el 25 de abril, si bien se mantuvo callada la operación hasta que el resultado de los comicios mostró ser favorable. A partir de la fusión, como es bien conocido, se pudo dar paso a un partido electoral original, la Lliga Regionalista, innovador en funcionamiento y doctrina, capaz de conquistar cotas crecientes de poder institucional en Cataluña, y que tuvo un impacto sostenido en la vida pública española.[166] Para empezar, con la sede social de los unos (un lujoso piso con vistas a la barcelonesa plaza de Catalunya, que impresionó al joven Cambó, todavía de recursos modestos) y el diario de los otros, se había sabido encontrar los ingredientes sociales básicos para una máquina política nueva, de resonancia inesperada.[167] En otras palabras, construyendo sobre su experiencia previa, *el acceso a la jefatura le vino a Prat en función de lo que parecía la genuina movilización de una sociedad civil en su plenitud, necistada tan sólo de una «cultura cívica» para dotarse de conciencia y arrasar a la atrasada España agraria.*

Además, en el terreno ideológico, todo vino rodado a partir del giro pratiano. El hecho era que todas o casi todas las posibles ideas estaban ya presentes en el ambiente de la capital catalana. El núcleo que rodeaba a Prat y que dirigiría durante muchos años la naciente Lliga Regionalista, estuvo enlazado, mediante las aulas, las lecciones allí aprendidas, las amistades forjadas en los pasillos universitarios o, sumando, los preexistentes vínculos de parentesco, con la «sociedad de familias» y las ideas que en ella daban repetidas vueltas. Por ejemplo, Duran i Bas, el héroe barcelonés del gobierno Silvela, era catedrático de Derecho penal y mercantil, pero también padre de Lluís Duran i Ventosa, compañero de Prat y a su vez futuro teórico de la Lliga. Duran i Bas también fue maestro de casi todo el grupo alrededor de Prat en la Facultad de Derecho de la Universidad barcelonesa, igual que –para añadir un ejemplo diverso– lo fue J. J. Permanyer, otro veterano profesor y protagonista influyente en el incipiente catalanismo de aquellos años. Para quienes, como Prat o Cambó, pasaron del campo catalán a la urbanidad, su propia experiencia debió de ofrecer plena constatación de la vitalidad de la sociedad civil barcelonesa. Este medio, muy diverso si se piensa en la variedad de tertulias y mensajes cruzados que podían experimentar los jóvenes universitarios, sirvió a la vez de filtro y de difusor. Hasta los planteamientos más heterodoxos podían acabar situados en su sitio adecuado.

Así, para completar la demostración, el mismo Duran i Bas, en 1893, al disertar sobre «La acción del Estado en la ciencia contemporánea» en la barcelonesa Academia de Jurisprudencia y Legislación (entidad de la cual era presidente), estableció que: «Del ejemplo de la Gran Bretaña ha nacido en gran parte la reacción contra la centralización administrativa: de nuevas teorías políticas, el combate contra ella. El *selfgovernment* [sic] no es sólo una base de la constitución comunal de Inglaterra, es el espíritu de la nación.» Y precisó la correción de su interpretación aludiendo a *La Démocratie en Amérique* de Alexis de Tocqueville: « [...] en el se ha hecho sentir, antes tal vez que comprender, la verdadera diferencia que existe entre el individualismo como fuerza de acción social independiente de la del estado [local], y la absorción y dirección por el Estado [federal], de las fuerzas individuales.»[168] Era notorio que el sistema político-social inglés había sabido acomodar otras élites, junto a la aristocracia, más perfectamente que cualquier otra sociedad europea.[169] Ello había sido uno de los grandes mensajes impartidos por Almirall, pero él había sido demasiado impaciente, incapaz de esperar que sus percepciones fueran absorbidas, y negado para tolerar que sus enemigos ideológicos repitieran las ideas almirallianas, adecuadamente adaptadas y sin darle reconocimiento. *Prat sencillamente dio una forma teórica determinada a tales anhelos basados en los ejemplos estatales contemporáneos, cuando el contexto estuvo por fin maduro.*

Dicho de manera muy sucinta, Prat entendió que el «particularismo» sistémico propuesto por Almirall se podía sumar a la percepción nacionalista de una irreducible «unidad cultural» catalana, para edificar un nuevo tipo de poder político general peninsular, literalmente un nuevo «imperio» español. Debió pasar un tiempo entre la definición de la idea de una «unidad cultural» irreductible y el paso a la idea de «imperio». En los últimos años noventa, al tiempo de la Guerra de Cuba, Prat asumió plenamente el empuje antiimperialista de la Unió Catalanista, visible en el grupo de *La Renaixensa*, y que en parte dio pie a los incipientes contactos con la nueva derecha francesa.[170] Pero el propio catalanismo de la Lliga de Catalunya de Guimerà y Aldavert había jugado a las fáciles metáforas «imperiales» en su afán de dirigirse a la reina María Cristina por encima de las Cortes. Prat se lo repensó y supo recoger las ideas más agresivas que corrían por la Barcelona del cambio de siglo.

Así, el «imperio» al que recurriría Prat era más bien «el triunfo de la voluntad», el tópico en los labios de todos los espíritus inquietos finiseculares y más en la wagneriana capital catalana. Al surgir del ejemplo social catalán y tener como objetivo un ideal unitario totalmente contrapuesto al unitarismo centralista, se proponía la construcción de un «imperio de la sociedad civil» en franca contradicción con la tradición estatal borbónica, con el matiz de que, al ser una solución monárquica, había un lugar destacado para la Corona y la dinastía imperante. Lo que planteaba Prat era básicamente una *metáfora compuesta*. Para empezar, si Cataluña era una «Nación sin Estado», el derivado lógico era que España era un «Estado sin Nación», concepto por otra parte muy en boga en los debates nacionalistas internacionales de todo signo.[171] Dicho de otra manera, la idea de la «construcción nacional» podía ser, según cómo, recíproca entre una y otra categoría. Para Prat, la aportación axiomática era la idea de una «unidad cultural» catalana que sería capaz de despertar la formación o toma de conciencia de las demás unidades análogas existentes en España, más la posibilidad de añadir Portugal, ejemplo extremo de lo mismo. Ello significaba nada menos que *la desterritorialización de la idea de España*.[172] La identidad española, al deshacerse el histórico Estado centralista que había reclamado tal sentimiento, se hacía etérea, un marco ciudadano ni tan siquiera uniforme y, en consecuencia, una referencia más significativa hacia fuera que hacia dentro de las fronteras.

En este punto del argumento era esencial la aportación del ideal «imperial», ya que el «imperialismo» sustituía con una dinámica cultural expansiva en el exterior e interactiva en el interior al estático y hueco caparazón estatal. El nuevo Estado «imperial» del futuro no era espacial, ya que la territorialidad sería de sus subestados componentes, sino que sería un *proceso cultural abierto*. Al ser el «imperio» un proceso, cuanto más expansivo fuera, mejor. El «imperio» por construir, pues, sería equivalente a los diversos pannacionalismos que lo podían componer: como ellos, era *un sentimiento de pertenencia desterritorializado y determinado por un vínculo y/o adscripción de tipo culturalista*. La idea de Prat abría directamente la puerta a la idea de una ciudadanía individualizada, como de manera contemporánea, propusieron los «austromarxistas»: es decir que un catalán, por ejemplo, pudiera jurídicamente ejercer su catalanidad (en su relación con la Administración, en la escolarización de sus hijos) en cualquier lugar del «imperio», igual que podrían hacerlo en Cataluña los gallegos, vascos o castellanos. Su metáfora compuesta convertía en interactivas las ideas de Estado (entendido como territorio) y cultura. El esquema de Prat –aparentemente tan poco rupturista en el estricto ámbito catalán, siendo una mera culminación acumulativa de planteamientos catalanistas– tenía, por el contrario, *unas implicaciones españolas revolucionarias, pero de derechas*.

5. El «imperialismo» catalanista de Prat de la Riba

El primer intento exitoso de resolver *políticamente* todo el cruce de sueños, intenciones y cálculos, de propuestas regionalistas, autonomistas, «particularistas», y hasta separatistas, que circulaban en el marco local de arbitrismos varios que era el catalanismo incipiente, fue de Enric Prat de la Riba i Sarrà. Por la codificación doctrinal que llevó a cabo fue reconocido como auténtico padre del nacionalismo catalán.[1] Hay muchos padres putativos posibles para el catalanismo, según como se entienda y cómo se quiera definir el concepto, pero solamente Prat planteó el dilema de la Nación en contradicción al Estado de forma explícita y tajante, fuera ya de las sombras y los matices intencionados nacidos de las maniobras de la política local. El planteamiento quedó bien claro en su catecismo patriótico *Compendi de la doctrina catalanista*, coescrito con su primo Pere Muntanyola, que tanto revuelo causó en 1894 y que siempre sería fuente de escándalo españolista.[2]

Con ello, Prat se alzó como defensor de la «unidad cultural» catalana, entendida en su versión más militante. Pero hacía tiempo que la idea de que «la unión de los catalanes será la victoria de Cataluña» era un lugar común en la Lliga de Catalunya y la Unió Catalanista, junto con lo que podía ser la reivindicación de «la práctica en los tiempos de los Reyes Católicos y de Carlos V, precisamente los que son tenidos por los más gloriosos de la historia de España».[3] En consecuencia, al aliarse con los seguidores del «general cristiano» Polavieja para fundar la Lliga Regionalista en 1901, Prat, con su reformulación, al plantear la conciencia cívica como sinónimo de la nacional y al reivindicar en vez de rechazar la idea de un «imperio español», dio un giro considerable a los tópicos catalanistas que le rodeaban. Sólo Prat, una vez se había definido pública y tajantemente en términos que muchos entendieron como separatistas, supo formular *un esquema, en buena medida derivado de Almirall, que, sin contradecirse, dijera todo lo contrario de un supuesto afán secesionista.*

La noción de una «unidad cultural», sinónimo de «patria» y central en la síntesis pratiana, tenía como antónimo evidente la fragmentación interna de la sociedad catalana, amenaza a la que Prat temía más que a cualquier otra cosa.[4] La afirmación axiomática de la unidad sentimental o espiritual del país, la indisoluble compenetración de su alta y su baja cultura (fusión de lo que hoy entenderíamos como los planos de análisis antropológico, sociológico y psicológico, con toda forma de producción estética) convirtió el ideal en punto de partida, supuestamente fáctico. Con esta operación de redefinición doctrinal, Prat expulsaba la desunidad del marco catalán, para cargarla sobre su contrario, el Otro de su ideología: era España la sociedad desunida, tan sólo un Estado, un caparazón vacío, sin vida interior, ante la solidez compacta y vital de su visión de Cataluña.

Tampoco es que la contradicción como tal le preocupara. Para definir su «unidad», Prat no necesitaba ni tan siquiera una mayoría real, ya que podía contar con un planteamiento propio del ambiente cultural en el cual se formó. Este planteamiento era un provechoso criterio católico de toda la vida, el principio denominado por el escritor inglés y papista entusiasta Hillaire Belloc (1870-1953), como la «doctrina del número determinante», que, según este autor, era «esencial para la comprensión de cualquier movimiento social o político». Al definir tal idea, bastantes años después, en su libro *The Crisis of our Civilization* (1937), Belloc tomó como muestra ilustrativa la propia cultura católica: «Una nación o toda una civilización pertenece a la cultura católica no cuando está enteramente compuesta por creyentes fervorosos practicando minuciosamente su religión, ni siquera cuando se jacta de tener una mayoría de ellos, sino cuando tiene en su seno un número determinante de unidades, instituciones familiares, individuos inspirados y tenaces en el espíritu católico.»[5] Para Prat, lo mismo podía decirse del catalanismo.

A sus ojos, la densidad corporativa, el tejido asociativo, era el hecho que definía la catalanidad, no una mera mayoría aritmética de catalanófonos, ni mucho menos la suma de militantes y simpatizantes catalanistas. La «doctrina del número determinante» en Prat era un enfoque que, al menos en la teoría, asimismo podía acercarle a los «institucionistas» del krausismo madrileño, siempre atentos a la difusión de las ideas desde las élites.[6] Pero de los reformistas culturales madrileños le distanciaba su identificación entre la sociedad civil y el particularismo, según el cual el «hecho diferencial» catalán era, en la práctica, un «hecho corporativo». El reformismo de Prat fue muy diverso, si bien igualmente influyente y duradero.

El pensamiento de Prat como proceso ideológico y pauta del catalanismo futuro

Prat de la Riba no fue un gigante intelectual. Aun reconociendo su considerable peso en el catalanismo, no fue un ideólogo arrollador, una voz profética que, por su singularidad personal, marcara una cesura indeleble en la evolución cultural. Tampoco fue un pensador original. Fue, en cambio, un gran sintetizador que supo recoger una gran variedad de elementos que se encontraban en su ambiente político para convertirlos en componentes de un esquema sencillo y flexible. Más bien se le podría considerar como un «hombre representativo», para aplicarle un elogio muy decimonónico que probablemente le hubiera complacido más. Por su misma representatividad, realizar un repaso hermenéutico de su pensamiento revela el catalanismo más como *proceso ideológico*, como una *evolución discursiva*, que como un sólido cuerpo de pensamiento o doctrina. Con Prat, en efecto, se estableció un «antes y después» en el catalanismo, pero *en función de su capacidad de síntesis ideológica.*

La percepción irreducible de su pensamiento consistía en la trascendente relación establecida entre pueblo y territorio: una vez nacida Cataluña, quedaba fijado este vínculo, entendido como una equivalencia intercambiable entre gente y tierra. Con ello, el devenir histórico era comparable literalmente al cambio de las estaciones, con temporadas buenas y otras malas, visto desde una parcela. Esta visión rige todo lo demás en el universo mental pratiano, que, desde axiomas relativamente sencillos, podía llegar a desarrollar esquemas interpretativos relativamente complejos, capaces de aguantar, como teorizaciones matizables, el peso de las muchas contradicciones empíricas surgidas del desarrollo social. Su resultado fue la entronización del principio de la unidad como inicio axiomático de toda reflexión sobre la sociedad y el poder público. En aguda expresión de Solé Tura, en su clásico estudio sobre el pensamiento pratiano: «La nación catalana es, para Prat, un todo orgánico, una comunidad perfecta, movida por una misma voluntad, por un mismo corazón y un mismo cerebro. En esta comunidad no pueden existir, pues, tensiones internas decisivas. La verdadera tensión es la que opone Cataluña al resto del país, a Castilla, para simplificar.»[7]

Pero la exigencia de unidad interior suponía una determinación equivalente para lograr la pluralidad exterior. El pensamiento de Prat, en consecuencia, se puede dividir en dos grandes áreas interrelacionadas: primero, la estructura social de Cataluña, su ordenación espontánea, las derivaciones legales de ésta y sus implicaciones políticas a más largo plazo; y, segundo, la realidad nacional de Cataluña y su consiguiente inserción –España mediante– en el sistema de Estados europeos y americanos de su tiempo. El primer ámbito le llevó a postular la «unidad cultural» catalana como antecedente previo al cualquier proyecto de futuro. El segundo le hizo avanzar el ideal de «imperio» como medio para resolver lo que él percibía como la difícil relación de Cataluña, como entidad política e institucional no reconocida, con España.

Por lo demás, el esquema conceptual de Prat de la Riba ha sido descrito por estudiosos con enfoques bastante dispares, que, a pesar de ello, han llegado a unas conclusiones más o menos parecidas.[8] Se puede subrayar –como suelen hacer sus defensores– la evolución de sus ideas o, por el contrario, se puede enfatizar –como han preferido hacer los observadores más críticos– el carácter inamovible de su esquema básico, que cede en los aspectos coyunturales para mantener intacto los fundamentos. Hasta cierto punto, ambas interpretaciones son válidas. Su ingente producción de artículos y notas, de un contenido entre jurídico, histórico-divulgativo y francamente político, se presta a tal difuminación. Sus ideas básicas se muestran inmutables, pero su inteligencia táctica estuvo siempre dispuesta a adaptarse a desafíos cambiantes. El éxito ideológico lo encontró entre la fama que le otrogó su colaboración en la redacción de un pequeño catecismo ideológico, el *Compendi de doctrina catalanista,* en 1894, y la plena consagración de un librito doctrinal, *La nacionalitat catalana,* de 1906. Sin embargo, el interés historiográfico se ha concentrado en las implicaciones sociales de sus obras jurídicas dedicadas a la ordenación interior de Cataluña, en vez de explorar la pista más evidente de su propuesta para resolver la situación externa del Principado.

Nació en Castellterçol en 1870, en la comarca barcelonesa del Vallès Oriental, en el seno de una famila de campesinos acomodados con pretensiones de hidalguía. Prat tendió a concebir la realidad social catalana a partir de un panorama histórico que iba del campo a la ciudad, entendiendo esta gran incorporación colectiva como una evolución moral. Tal visión de fondo era un reflejo de su propia evolución personal en tanto que inmigrante rural en busca de la promoción social en la gran Barcelona. Pero, a diferencia de tantos otros políticos europeos de su tiempo, Prat no quiso montar una contraposición negativa entre el mundo agrario y la urbanidad, en uno u otro sentido. Como ha reiterado el historiador catalanista Ainaud de Lasarte, la percepción de Prat idealizó al campesinado catalán como si de una *yeomanry* a la inglesa se tratara, unos hacendados dotados con un sentimiento colectivo de libertades históricas.[9] Era una perspectiva que pudo pasar sin dificultad de la novela histórica escocesa tipo Walter Scott a la producción equivalente (e imitativa) dedicada desde Barcelona a recrear el pasado catalán en tintes románticos y, de ahí, a Prat. Sin embargo, su apego romántico a un *pairalisme*, a la vez popular (por campesino) y *gentrified* (ennoblecido por su deleite en las genealogías), no le ofuscó hasta el punto de hacerle dudar de la bondad del civismo urbano.

Prat siempre defendió la importancia del crecimiento metropolitano de la Ciudad Condal y exigió el reconocimiento de su capitalidad catalana, así como de las implicaciones de la relevancia al escenario hispano.[10] Una capitalidad económica como la que detentaba Barcelona tenía unas implicaciones económicas forzosamente ineludibles. En resumen, para Prat, las raíces rurales y el futuro llegaban a ser equiparables. Podía elogiar la Edad Media, como hizo alguna vez de manera rotunda, pero siempre como un medio para entender y mejor perfilar la modernidad.[11] Aunque no siempre lo pareciera, Prat era radicalmente moderno.

Condensó su visión del horizonte social catalán en un breve texto didáctico para niños de 1908, titulado «El camp i la ciutat», que, dados sus lectores, presenta con sencillez ejemplar la relación entre carburante rural y motor urbano:

> Es hermosa ciertamente la idílica visión de la vida de montaña, la soledad, la paz de espíritu, la comunicación constante de cada momento, de cada hora, con la naturaleza y sus grandes fuerzas inexorables. Las fuentes, los manantiales inagotables de la vida nacional están allí. Allí, en aquellos círculos sociales de serenidad vegetativa, ligados indisolublemente a la madre tierra, los pueblos acumulan energías. Allí atesoran las grandes reservas de vigor físico y de temple moral que las ciudades gastan, queman, transforman en movimiento, en actividad mercantil e industrial, en creaciones artísticas y doctrinales... Y es así como se completa y se cierra el ciclo de la vida social.

> Como la nieve de los glaciares y los ventisqueros guardan acumulada el agua de los ríos, la fuerza motriz de las lejanas maquinarias, para ir alimentando después, cada hora, cada día, los riegos de los campos y las presas de molinos y fábricas, así la vida campesina acumula y regula las grandes fuerzas motrices que, para su vida superior, la colectividad necesita y, en la intensa vibración de la ciudad, gasta y consume.
>
> La ciudad, la gran ciudad sobre todo, la verdadera capital, es el organismo refinado, complejo, grandioso, que hace este trabajo transcendental; es el motor de toda la vida del país, la inmensa rueda maestra de la nacionalidad.[12]

Su estrategia ideal era bifronte: por una parte, era imperativo salvar la catalanidad de la capital de Cataluña, por lo que reclamaba agresividad en la afirmación de la identidad catalana, que automáticamente comportaba el rechazo a la pretensión de predominio castellano en la españolidad; por la otra, a cambio, ofrecía la promesa de regenerar España desde la base, desde sus ciudades y su tejido social, en función de la renovación desde la variedad de realidades identitarias, tanto nacionalitarias como regionales, que componían el Estado español. Por ello mismo, en un artículo titulado «Les províncies mortes», aparecido en *La Veu* en diciembre de 1906, Prat explicitó su negativa ante el «país legal» sobre el cual se edificaba la administración:

> Las provincias de hoy, las que creó el Estado arbitrariamente, no son sociedades psicológicas: los hombres que [aquellas] asocian no tiene característica común alguna, ningún principio de diferenciación respecto de los otros ni en el orden de los afectos o sentimientos, ni en el de las costumbres, ni en las aspiraciones.
>
> No son sociedades territoriales: las obras públicas, los servicios que interesan a los habitantes de la provincia no les interesan exclusivamente, sino que interesan también a los de otras provincias vecinas. Carreteras y caminos y ferrocarriles secundarios, por ejemplo, se detienen en el límite de la provincia, pero en realidad son secciones de trazados más amplios que tienen su natural desarrollo dentro de las provincias limítrofes.
>
> Son, pues, exclusivamente asociaciones administrativas impuestas por la ley; sólo tienen existencia administrativa [...].[13]

El futuro, por el contrario, se edificaría sobre el «país real», liderado por la realidad metropolitana de Barcelona, «la obra maestra de la energía catalana», modelo urbano de vida cívica, en la cual «[n]ingún catalán es forastero, todos los catalanes pueden enorgullecerse, porque todos los linajes catalanes, todas las familias catalanas han llevado hombres para nutrir su creciente población, para llenar sus talleres y fábricas, para producir la selección de espíritus eminentes que crean la vida intensa de la producción, en la ciencia, en el arte, en la política».

> Pero la verdadera ciudad, la verdadera capital, la que es capital por las corrientes naturales de la vida social, no por acumulación forzada, por un agente externo como los decretos del legislador, todas estas fuerzas vitales que recibe en avenida nunca agotada de todo el territorio, las transforma y centuplica y las devuelve convertidas en riqueza, en cultura, en impulso, en calor de vida.
>
> Por eso los pueblos más generalmente ricos, fuertes y progresivos, son los pueblos que tienen grandes capitales; por eso las poblaciones secundarias y de tercer orden son más pobladas y ricas allá donde la capital es más intensamente fuerte y poderosa.[14]

Son citas del Prat más maduro, pero reflejan el grado en el cual su conciencia del predominio diferenciador de la sociedad civil catalana requería una perspectiva sociológica amplia. En este sentido también, Prat supo leer entre líneas a Almirall, sacar su sentido más aprovechable más allá del contenido ideológico ostensible y deshacerse del sentimentalismo ruralizante que abundaba en el ambiente católico y defensivo del catalanismo «prepolítico».

A partir de su fascinación con la capacidad de las grandes urbes modernas para generar mercados y definir la demanda y oferta de bienes y servicios, Prat consideró que el desarrollo exigía lo que hoy en día se llamaría un ambiente favorable al desarrollo de los negocios, al crecimiento de la economía en su conjunto y, como resultado, la mejoría del bienestar general. Por supuesto, como defensor de un medio industrial marcado por una estructura de planta pequeña y con un acceso disputado a un mercado «nacional», fue un proteccionista acérrimo.[15] Su defensa de un *probusiness climate* partió de un criterio fundamental de Prat: *lejos del estatalismo, su comprensión del liberalismo fue libertaria, en el sentido que concibió la sociedad civil como un cuerpo potencialmente autorregulado*. De ello dejó testimonio en sus obras sociales más importantes, textos de comentario a la legislación de empresa y laboral: su memoria sobre la Ley Jurídica de la industria, premiada en 1897 por la barcelonesa Academia de Legislación y Jurisprudencia, y su trabajo *Los jurados mixtos para dirimir las diferencias entre patronos y obreros y para prevenir y remediar las huelgas*, asimismo galardonado en 1900 por la Academia de Ciencias Morales y Políticas de Madrid.[16]

Sin embargo, al mismo tiempo, Prat fue un abogado, incluso un jurisconsulto, pero no un economista. Como buen jurista hispano, entendió la ley, en abstracto, como algo todavía más «real» que el trato social. Nunca poseyó realmente un punto de vista empresarial. Todo lo más, pudo imaginarse las relaciones empresariales desde el Derecho, en términos de propietario, titular, empleador o contratante, pero nunca en función de márgenes de beneficio, más allá del sentido común y la práctica patronal más genérica de su tiempo. En otras palabras, *idealizó la economía y la sometió a su esquema ideológico*. Si bien hubo gente en la Lliga Regionalista que pudo defender una perspectiva ideológica desde la experiencia comercial o fabril, se encontró forzada a someter su rumbo, como si de algo peculiar se tratara, a las exigencias de un guión en esencia jurídico.

En la teoría y antes de tener una experiencia activa del ejercicio del poder, Prat contempló el toma y daca de la normal convivencia en la sociedad civil desde una cima paternalista y jerárquica, en la cual no había sitio para un corporativismo obrero frente a la necesaria sindicación de los patronos, obligados, por la dura competencia del mercado, a aunar esfuerzos. De ahí, también, su fascinación inicial por el modelo de las colonias industriales, como microcosmo de su idealizado diseño para la sociedad civil. Pero, como ha apuntado un historiador nacionalista, la colonia industrial no fue nunca un esquema económico, sino un ideal sociopolítico.[17] Andando el tiempo, como suele pasar, su prolongado aprendizaje en el uso del poder modificó su comprensión teórica, sin dejarle el ocio para reformular sus iniciales planteamientos, a veces algo drásticos. *Prat se hizo progresivamente más y más favorable a la intervención estatal en la medida que disfrutó, como responsable administrativo, de más y más facultades concretas, con sus recursos correspondientes.*

La relación de Cataluña con España en el primer Prat

Los primeros textos políticos destacados de Prat –su *Mensaje al Rey de los Helenos* en 1897 o el anónimo manifiesto independentista «dirigido a la prensa europea», *La Question Catalane. L'Espagne et la Catalogne*, firmado por un imaginario Comité Nationaliste Catalan de Paris del año siguiente– fueron obras de agitación, calculadas para romper con el confusionismo ideológico de la incipiente práctica catalanista.[18] Prat pretendía acabar con el eclecticismo que marcaba una producción teórica individualista hasta el pintoresquismo, en la cual cada *lletraferit* daba rienda suelta a sus fantasías particulares, llegando al extremo que las simpatías catalanistas se identificaban como una suerte de manía.[19] Como universitario, estudiante de matrícula a lo largo de su carrera, doctor en Derecho, tenía una cabeza muy ordenada.[20] Supo además convertir la *Revista Jurídica de Cataluña*, la flamante publicación conjunta del Colegio de Abogados barcelonés y de la Academia de Legislación y Jurisprudencia de Cataluña, fundada en 1895, en una plataforma para la divulgación de sus ideas.[21] Así, Prat pronto dio muestras de haber entendido la importancia de la difusión, aunque fuese en castellano. Su intención, pues, era dar forma más o menos clara al pensamiento catalanista; logrado esto, estableció un monopolio de hecho sobre el nacionalismo doctrinal que tendría importantes implicaciones para la política práctica.

Se configuró como inteligencia en la Universidad de Barcelona. Su bagaje doctrinal, pues, venía de su formación jurídica y derivaba del exiguo cuerpo de saber que, en los años ochenta y noventa, se ofrecía en las aulas barcelonesas: los contrarrevolucionarios franceses como Maistre y Bonald, la escuela histórica del derecho germano, con el jurista Friedrich Karl von Savigny (1779-1861) al frente, más la tradición filosófica catalana, de Balmes y Martí d'Eixalà en adelante.[22] A Prat le fue deslumbradora la crítica de Savigny, que, a principios del siglo XIX había cuestionado la abstracción universalista en las leyes; para Savigny, y en general para sus colegas germanos, Alemania encarnaba un derecho propio, casi vital, enraizado en el desarrollo cultural, y un modelo de Monarquía limitada.[23] Era un planteamiento –el criterio de análisis textual a partir del hecho que cada caso es especial– que se había extendido con el despertar historiográfico alemán, con historiadores como August Ludwig von Schlözer (1735-1809), especialista en los orígenes políticos de las gentes eslavas que, un poco paradójicamente, sería uno de los inspiradores del posterior paneslavismo. A pesar de su utilidad desde el poder, era un conjunto interpretativo más bien pasado –Savigny ya era replicado en las Alemanias cuando murió con más de ochenta años–, pero la excesiva originalidad interpretativa hubiera estorbado a Prat.[24] Su pretensión no era abrir una nueva frontera conceptual en la jurisprudencia, sino establecer una síntesis efectiva, moderna y flexible de lo que los interesados en el catalanismo venían discutiendo en la Ciudad Condal y las comarcas catalanas desde hacía varias décadas. De los contrarrevolucionarios franceses, por ejemplo, retuvo su sentido implícito de configurar una «contrautopía», alternativa al jacobinismo democrático, o, si se prefiere, de aprovechar la «Contrallustración» como medio para corregir los excesos abstractos del pensamiento liberal y democrático que se remitía a sus orígenes en las Luces dieciochescas.[25] Con tal enfoque, Prat fijó la ortodoxia del nacionalismo catalán, contra la cual podrían estrellarse todas las variantes conocidas y por conocer. Lo hizo, en parte, gracias a la familiaridad y sencillez de los componentes e, incluso, del mismo esquema que elaboró, pero también gracias al tono de ecuanimidad, de descripción fáctica, con el que adornó las afirmaciones más extremas.[26]

Su punto de partida era sencillo: jamás, antes del siglo XIX, había existido la unidad española tan cacareada por los españolistas. Así, en 1896, al tratar, en un artículo, «Un lugar común en la historia de España: la unidad española», pudo concluir, con evidente satisfacción, que: «Las investigaciones modernas han desautorizado por completo este inaudito bulo.»[27] Dos años más tarde, en el folleto anónimo en francés, *La Question Catalane*, financiado con dineros de los antisemitas franceses, Prat volvió a insistir en lo mismo:

> La unidad española es un mito, jamás ha ido más allá del deseo de los gobernantes de Madrid. Hoy, como antes, la península Ibérica se divide en cuatro grandes grupos de población, en cuatro pueblos bien diferentes por su lengua, su carácter, sus tradiciones: el catalán, el castellano, el gallegoportugués y el vasco. Es así como resulta de las descripciones de las poblaciones prerromanas por los geógrafos griegos. Posteriormente, eso se manifiesta en las guerras separatistas que hicieron nominal la unidad de la monarquía visigoda de Toledo. Los reinos independientes de Aragón, de Castilla, de Portugal y de la autonomía de

los vascos, conservada hasta hace poco tiempo, fueron también prueba, durante la Edad Media.[28]

Al mismo tiempo, como era propio del medio ideológico del cual él sobresalía, Prat reivindicó la idea de que la pluralidad de reinos de la histórica Monarquía compuesta que había sido la España de los Austrias, y hasta de los Borbones, daba en la práctica una salida archimoderna del dilema de la ordenación política hispana del territorio a finales del siglo XIX. Por regla general, como él observó, eran las grandes potencias que, como Estados, más respetaban la relación entre particularismo y conjunto, sin merma de su poderío. Dicho de otra manera, los regímenes expansivos, capaces de extender sus fronteras en las décadas recientes, como las grandes conjunciones –entonces llamados «anglosajonas»– de Gran Bretaña y Estados Unidos o las federaciones centroeuropeas Alemania y Austria-Hungría, eran los Estados que anunciaban el camino del futuro.[29] En España, la estrecha visión habitual era incapaz de mirar más allá de Francia, siempre centralista, pero, desde esta perspectiva, el ejemplo francés estaba gastado frente a una Alemania que la derrotó en 1870, o parecía francamente decadente si era cotejado con los países «anglosajones» que dominaban las rutas marítimas.

En la reseña que hizo de la tesis doctoral (publicada en 1896) del jurista Louis Le Fur, *État fédéral et confédération d'États*, Prat, en tanto que primer teórico del catalanismo «intervencionista», sentó la base de su criterio ideológico. Estricto contemporáneo suyo, el autor francés en cuestión (1870-1943), cuyo estudio doctoral es considerado todavía hoy como la obra de referencia en lengua francesa sobre la clásica teoría del Estado federal, era capaz de reconocer las virtudes de la descentralización, pero también, como buen francés, de desarrollar sus reticencias. Significativamente, Le Fur sería un nombre conocido en los anales de *L'Action Française*. Como jurisconsulto, su preocupación principal era subrayar las diferencias entre mecanismos federales y confederales en el funcionamiento del Estado, una distinción que no era grata al catalanismo político más crítico, que miraba esta cuestión desde el supuesto de la continuidad particularista y que era, por tanto, siempre adicto de las ambigüedades del tinglado superior.[30] En su artículo de 1897 para la *Revista Jurídica de Cataluña*, que algo tenía de respuesta doctrinal, Prat se mostró ensalzador del equilibrio entre la particularidad como núcleo de identidad y un todo poderoso, expansivo, capaz de atraer, argumento implícitamente iberista, en el cual Portugal sirve como natural contrapeso a Castilla, para cumplir con Cataluña un perfecto equilibrio externo. Según su texto, escrito en castellano, Prat declaró: «Ni siquiera después del brillante florecimiento del particularismo entre los ingleses del Nuevo Mundo logró vencer las preocupaciones que en el Viejo Continente se oponían a su desarrollo; y ha sido preciso que surgieran en todos los ámbitos de Europa vigorosas aspiraciones nacionalistas para que en el seno de los pueblos sedientos de autonomía tomaran carta de naturaleza las tradiciones angloamericanas.» La pauta, según Prat, venía sobre todo de los ejemplos norteamericanos. En cambio, el problema tenía una cierta raíz francesa:

> Francia sigue siendo el baluarte de ese mundo que hoy ya declina, de tal manera, que entre sus numerosos tratadistas de derecho público de derecho internacional, ninguno hasta el presente había estudiado en su conjunto el complejo problema de los Estados compuestos. [...]
>
> Las colectividades que han de servir de base a la unión federativa son, pues, les nacionalidades; caen por tanto en un error así los que pretenden aplicar el principio federativo en el interior de una nacionalidad propiamente tal y en posesión de una constitución unitaria, como los que se oponen a organizar federativamente los Estados unitarios integrados por diversas nacionalidades. Aplicar una constitución federal a Portugal, pueblo homogéneo, por ejemplo, sería tan absurdo como lo es mantener una constitución unitaria en España estando compuesta de tres nacionalidades diferentes; la catalana, la castellana y la eusquera, amén de Galicia que pertenece a la portuguesa y de Andalucía que a pesar de la absorción castellana recuerda en sus rasgos característicos los tiempos en que constituía una nacionalidad, la más ilustre por su abolengo entre todas las de España.

Por todo ello, Prat criticó al jurista francés:

> Basta lo que llevamos dicho para comprender que es erróneo el fundamento que da Le Fur a la distinción entre Estado Federal y Confederación de Estados. La soberanía reside originalmente en la nacionalidad, tanto si ésta se encuentra por los azares de la historia dividida en Estados unidos por medio de la Confederación, como si forma un Estado federal, como si constituye uno de los miembros de una vasta federación. Así, la soberanía de Portugal reside en el pueblo portugués hoy en que Portugal es independiente; en la propia nacionalidad portuguesa radicaría aun cuando en vez de la constitución unitaria vigente en la actualidad imperase una organización federativa; y sería, finalmente, soberana la misma nacionalidad en el caso, hoy por hoy, poco probable, de juntarse las diversas nacionalidades que viven dentro de la península Ibérica en un Estado federal o en una Confederación de Estados, que a todas proporcionase las ventajas de la unión sin arrebatar a ninguna la libertad.[31]

En todo caso, más allá de su capacidad para la divulgación de doctrina, Prat tuvo un claro genio práctico, siendo hombre de equipo y formando parte de un grupo de estudiantes «empollones» (Francesc Cambó, los primos Lluís Duran i Ventosa y Joan Ventosa i Calvell, Josep Puig i Cadafalch) que, más o menos alrededor de un universitario algo mayor, Narcís Verdaguer i Callís, llevaron adelante la politización, la conversión del movimiento catalanista en un partido efectivo y la elaboración de unas tesis ideológicas que despuntaban por su ductilidad práctica entre el marasmo confuso de sentimientos patrióticos. Para realizar sus fines, muy al contrario de lo que había sucedido a Almirall, torearon con suma habilidad a los vetustos «santos inocentes», como el delicado dramaturgo romántico tardío Guimerà, que llevaban la Unió Catalanista. Finalmente, Prat y sus amigos llegaron a separarse como Centre Nacional Català en 1899, con un proyecto electoral que, tras la fusión con la Unió Regionalista «polaviejista», se convirtió en la Lliga Regionalista en 1901.[32] Fue, sin duda, una ruptura traumática para los que se quedaron atrás. Según Aldavert, el inseparable compañero de fatigas de Guimerà: «Ambiciones escondidas años y más años; tentanción por dirigir la masa neutra, que nunca es tan neutra como se quiere suponer, sino que por temporadas hace el tonto; amistades que se arrastran, sobre todo cuando el amigo sostiene que lo que se va es a lo de siempre, pero por caminos escondidos..., todo ha contribuido a la obra de perversión que tanto nos cuesta detener a los que nunca hemos predicado la guerra a los castellanos, pero que nunca firmaremos la paz con los que en cuanto se despiertan ya piensan en qué agravio nuevo le infligirán a Cataluña.»[33]

Prat prefirió orientar ideológicamente, dirigir desde un punto de observación el conjunto de la batalla, que no asumir el liderazgo en puesto concreto de la avanzadilla política. Por ello, estuvo al frente del diario de la Lliga y, luego, llegada la plenitud política, se hizo cargo de la Diputación barcelonesa. En ambos lugares, procuró rodearse de inteligencias inquietas y jóvenes prometedores, para crear no sólo equipos en cadena, sino también un nuevo tipo de ascenso mediante la visibilidad o la presencia en los aledaños simpatizantes con el proyecto político regionalista. Así, la Lliga podía dominar el terreno doctrinal desde una postura de centro y, al mismo tiempo, controlar todo el espacio de actuación práctica que sus rivales ideológicos catalanistas solían despreciar.

En el criterio pratiano, las posturas radicales, aunque no fueran exclusivamente en sentido catalanista, eran comprendidas con benignidad cuando se daban en personalidades de valor, ya que, en última instancia, todos estaban en el mismo barco y la Lliga sería la única opción útil o políticamente seria. *De hecho, Prat inventó el uso aplicado de la nueva figura del «intelectual» que surgía de la perpetuación del «asunto Dreyfus» en la vecina Francia, pero con la gracia de conseguir que, en Barcelona, este flamante personaje social se definiera en clave nacionalista, en vez de genéricamente de izquierdas.*[34] El peligro implícito era que la técnica del monopolio haría que, a la larga, toda radicalización efectiva del nacionalismo o de la inteligencia como colectivo se tendría que definir contra la Lliga, por mucho que se nutriese de ella.

El sentido alternativo de la metáfora «imperial»: ¿pancatalanismo u ordenación hispánica?

Prat de la Riba ha sido juzgado como un contundente reaccionario, en una interpretación marxista que provocó en su día, los años sesenta del siglo XX, los furores del catalanismo oficioso.[35] Sin duda, a su manera Prat lo fue, pero tales censuras ideológicas resultan de por sí escasamente explicativas. Prat representó una aportación muy innovadora al pensamiento político español (diferenciándolo de la teoría política estricta, más bien exigua), que iba más allá de las anteriores formulaciones catalanistas, cuya estrella máxima había sido Almirall. En vez de contentarse con explorar las alternativas de los sistemas políticos existentes, Prat optó por un juego conceptual –«imperio» e «imperialismo»– que, como ya se ha visto, significaba muy poco, pero que estaba cargado de fortísimas resonancias. Él pretendía aprovechar la ambigüedad estructural del término, en especial, para confundir, muy intencionadamente, un posible «imperialismo cultural» de signo «pancatalanista» (o sea, la unificación del mercado cultural de habla catalana) con propuestas confederales y/o federales de signo monárquico para España. *La formulación de Prat, por lo tanto, liaba aún más la naturaleza imprecisa de la noción «imperial», pero la situaba como oferta ideológica alternativa, ante la derecha española.*[36]

Era una obviedad: a partir del momento en que se pudiera especular, desde Cataluña, sobre la «auténtica» territorialidad patria con una perspectiva más o menos nacionalista, hubo observadores que descubrieron la existencia de una macrocomunidad lingüística. El poema épico *Canigó*, publicado en 1886 por un Verdaguer ya famoso por su epopeya *L'Atlàntida*, tuvo tanto impacto con su evocación de un Pirineo medieval todavía mágico que reforzó los vínculos literarios del incipiente catalanismo con el Rosellón.[37] Pero, en Valencia, por el contrario, los años ochenta ya estuvieron marcados por un largo debate sobre la naturaleza de la literatura vernácula, discutiendo si era conveniente promoverla en posible detrimento del castellano o si era oportuno reconocer su evidente vínculo con el catalán.[38]

La convicción de que existía un espacio de catalanidad compartida, demostrable por el uso de la lengua catalana, quedó confirmada en 1888, cuando el diplomático reusense Eduard Todà i Güell (1855-1941), amigo íntimo de Víctor Balaguer, arqueólogo aficionado y hombre de curiosidad desbordante, destapó la existencia olvidada de un pueblo en Cerdeña, reducto catalanoparlante desde su colonización medieval, con la publicación de su libro *Un poble català d'Itàlia: l'Alguer.*[39] Pero la percepción hipotética de una comunidad catalana extendida fue de hecho anterior a la expansiva efervescencia de los años ochenta: el primero en acuñar el término *Països Catalans* –más o menos un germanismo– fue, en 1876, un erudito local e historiador anticuario, Benvingut Oliver, notario de profesión en Catarroja, en la Huerta valenciana.[40] Era un enfoque en nada sorprendente, dado el sentido lingüístico que, desde su primera manifestación como cultivo literario, tuvo el catalanismo.

Pero, al mismo tiempo, fue un signo irrevocable de cambio. Hasta entonces, la consigna unitaria, siempre en la estela de Balaguer, había sido historicista, las resurrección de la antigua Corona de Aragón. Ahora, sin que se olvidara del todo el recuerdo de una supuesta «Confederación catalano-aragonesa», se podía apelar a un planteamiento contemporáneo, el espacio lingüístico y, con él, remitirse a un criterio entonces más moderno, más o menos pannacionalista. Por muy «imperiales» que, en algún lejano día, fueron sus horizontes, la Corona de Aragón era una entelequia exclusivamente hispánica, que servía para articular un argumento dualista ante la España decimonónica. Los *Països Catalans* era una idea más exclusiva, sin castellanoparlantes, al menos implícitamente. Pero también planteaba una reivindicación catalanista frente no ya al Estado español, sino, por añadidura, ante los Estados francés e italiano. Nada, pues, de intentar reducir el orgullo catalanista a una dimensión meramente regional, «dialectal» y española.

En resumen, para principios de los años noventa, existía ya en círculos catalanistas una clara conciencia de la unicidad lingüística catalana, que borraba las confusas nociones decimonónicas sobre el tema. Al mismo tiempo, sin embargo, había mucha discrepancia sobre el significado mayor de tal hecho unitario. En marzo de 1889, el historiador Antoni Rubió i Lluch escribió a un amigo mallorquín, el poeta Joan Lluís Estelrich, autor de versos en castellano y escéptico ante la Renaixença, para indicarle que él defendía un catalán estandarizado, si bien «[n]o creo en la fusión y asimilación de los países de raza catalana». Rubió añadía que «tengo por sandíos o majaderos, como los llama Marcelino [Menéndez y Pelayo], a los que creen en el fantástico lemosín y en las no menos ridículas lenguas valenciana y mallorquina».[41] A partir de ahí, era fácil institucionalizar la reflexión y especular sobre el mecanismo más adecuado para lograr o hasta imponer una normativa efectiva al uso literario del catalán. Y esa especulación, a su vez, invitaba a soñar con mayores resultados, visto sobre todo el importante crecimiento de Barcelona y su proyección como centro metropolitano y nudo mediterráneo de comunicaciones.

Dada la dinámica interna del catalanismo, pues, era de esperar la transformación del concepto lingüístico o literario en noción política. El concepto concreto de «pancatalanismo» era tan antiguo como un texto, aparecido en *La Renaixensa* en el verano de 1899, del joven barcelonés Josep Pijoan i Soteras (1879-1963), titulado arquitecto en 1902, que adquiriría fama en el futuro como historiador del arte. El artículo de Pijoan era un canto frontal a la reconstitución de la histórica Corona de Aragón en clave nacionalista, hasta racial, bajo la hegemonía catalana.[42]

> Que vengan, pues, con la seguridad completa de que ante nuestra unión Valencia no podrá más tiempo dejar de escuchar la voz de la sangre y se juntará con nosotros para reclamar y exigir lo que por derecho nos toca. ¡Ah! Cuando nos volvámos a encontrar juntos, catalanes, mallorquines y valencianos, y toda la raza se haya unido en un abrazo, nuestras reivindicaciones patrióticas tomarán enton-

ces una fuerza extraordinaria. Frente por frente con las ideas absorbentes y centralizadoras de la España actual, resaltaría victoriosa y nuevamente moderna la tradicional bandera de la libertad y la autonomía, que es el fundamento de nuestras ideas políticas.

Que vengan valencianos y mallorquines y que se acerquen a la vieja Cataluña, con la seguridad de que si ésta pide su aproximación en nombre de los parecidos y las analogías que nos unen, respetará las diferencias y aceptará las variaciones de ambos pueblos, sin pretender jamás uniformarlos valiéndose por patrón de nuestro particular carácter.

Y Aragón, el viejo aliado, el infatigable compañero que, junto al elemento catalán, hacía la más perfecta unión de la inteligencia y la fuerza; el Aragón productor, con su inagotable fuente de trabajo, con su tozuda y bárbara energía, ¿se ha separado para siempre de nosotros y las naciones de origen catalán no pueden contar más con su concurso? Él respondrá, pero que recuerde que nosotros siempre les respetamos sus libertades y que durante siglos permanecimos unidos sin discordia alguna; mientras que sobró a los castellanos en el tiempo que va de una generación a otra, para hacer caer toda su autonomía al cortar la apoteósica cabeza del Justicia Mayor don Juan de Lanuza.

Sea como se quiera, con o sin el Aragón, la raza catalana ha de estrechar cada día más los lazos y unirse bajo la bandera de una misma tradición política.[43]

Tan atractiva resultaba esta perspectiva, que arriesgaba con convertirse en un tópico. En 1902, el conocido arquitecto y teorizante político Lluís Domènech i Montaner (1850-1923), intentó divulgar este sentido pannacional a un público castellano:

El afecto de patria en los distintos pueblos y en diferentes épocas presenta gradaciones y oscilaciones que hacen se extienda de la ciudad o población natal, a la comarca, a la Nación o al Estado. Para el antiguo pueblo griego, ya en perfecta civilización, según Taine, confundíase con el amor a la ciudad; sólo muy tarde apareció el panhelenismo; para los alemanes modernos el Vaterland se extiende: *«So weit die deutsche Zunge Klingt»*, es decir, que se funda en la unidad de lengua. Para otros pueblos fija la extensión de la patria el medio geográfico, con su comunidad de intereses y de defensa, sancionado y solidado por la historia común a pesar de diferencias de razas y de idiomas. Pero es lo más general que el concepto de la Nación y el sentimiento de Patria se funden en un conjunto complejo de raza, medio geográfico, historia, carácter y costumbres, teniendo como principal manifestación externa un idioma propio.[44]

A pesar de su seducción para los catalanistas, la visión de un macroespacio cultural y político recuperado del pasado más o menos remoto y volcado hacia Barcelona iba acompañado de ciertos riesgos. A mediados de marzo de ese mismo año de 1902, se publicó un suelto en francés en *La Veu de Catalunya*, tomado de *L'Indépendent* de Perpiñán, en el que los dirigentes de un sindicato de viticultores se dirigían a su diputado, que se insertaba en la agitación que entonces sacudía todo el sector en el Midi francés.[45] Al aludir a la hipotética independencia de la zona (el breve texto llevaba el título «Separatisme al Rosselló» y contenía tan sólo una visible bravata, que consistía en la afirmación de los airados campesinos catalanofranceses que era «completamente natural que busquemos la manera de hacernos libres para constituir un Estado independiente de Boers»), la autoridad militar en Barcelona creyó necesario instruir sumario, y, el 2 de abril, Prat, como responsable legal del diario regionalista, se encontró encerrado en la cárcel de la calle Amalia. A lo largo de los días siguientes, fueron citados e interrogados redactores de *La Veu* como Raimon Casellas o Cambó.[46] Se hicieron de inmediato gestiones y el doctor Robert, en tanto que diputado por Barcelona, visitó el juez instructor para solicitar la prestación de fianza, lo que el juez rechazó, por estar fuera del Código Militar, si bien se ofreció para informar favorablemente en la solicitud de excarcelación. Acompañado por otras intercesiones venidas del medio afín al catalanismo, Robert logró al menos que Prat dejara la celda de preferencia donde estaba instalado y fuera trasladado para dormir a la sala de abogados de la prisión, con visitas en la sala de juntas. Inesperadamente, el 7 de abril, a las cuatro de la tarde, Prat fue puesto en libertad condicional, si bien bajo arresto domiciliario. Tres días más tarde, en la noche del 10 al 11 de abril, mientras todavía llovían felicitaciones por la excarcelación, murió el doctor Robert de un ataque cardíaco, tras pronunciar un discurso en una cena política.[47]

El episodio tuvo otras consecuencias. En su breve estancia en la cárcel, Prat enfermó, con un diagnóstico complejo. Inicialmente, se le observó la enfermedad de Basedow (mejor conocida actualmente como de Graves), una condición hoy entendida como una inmunodeficiencia de la tiroides.[48] Pero más adelante su condición se complicaría con una infección suprarrenal, igual que le ocurrió, por fechas y circunstancias semejantes de contagio carcelario, a Sabino Arana (si bien el líder *jelkide* murió con mucha mayor prontitud que el catalanista).[49] Este mal, llamado la enfermedad de Addison, bastante raro y caracterizado por la incapacidad de producir la hormona cortisol que ejerce una esencial función reguladora en el organismo, fue causado probablemente –contagio habitual entonces– por una tuberculosis localizada en las glándulas suprarrenales.[50] Eventualmente, ello mataría a ambos inventores nacionalistas.

Más allá de la coincidencia, en el caso de Prat la enfermedad de Basedow (o sus complicaciones posteriores) fue suficientemente grave para que el dirigente catalanista estuviera aproximadamente un año fuera de circulación, desde el otoño de 1902 hasta octubre de 1903, en un sanatorio en Durtol, en la región francesa de la Auvernia, al que, dado su mal estado, le llevaron su hermano Josep y su primo e íntimo amigo Pere Muntanyola. A su vuelta todavía se pasó un par de meses en su torre de Sarrià, poniéndose al día y recibiendo amistades, entre las que se destacó Josep Pijoan, ya que, en palabras del biógrafo oficioso del jefe catalanista, «de sus conversaciones nacen proyectos, que serían andando el tiempo venturosas realidades».[51]

El proceso de Prat y su enfermedad, combinado con la súbita desaparición del emblemático doctor Robert, representaron una experiencia traumática para la Lliga. El partido, compuesto, como es notorio, por «gente de orden», carecía de la experiencia dura del «martirio en la ergástula» a la que estaban más que acostumbrados no ya los republicanos o los obreristas, sino los mismos nacionalistas radicales. Al mismo tiempo, al ser una fuerza con poco tiempo de ejercicio práctico, la desaparición definitiva de Robert y parcial, temporal, de Prat sirvieron como aviso de que el camino político escogido tenía su coste. De ahí, por ejemplo, el abrupto culto necrológico al fenecido galeno patriótico, cuya efigie se perpetuó en numerosos monumentos cívicos, con una intensidad muy por encima de lo que hoy, con la distancia del tiempo, parece justificado por su importancia relativa.

Probablemente gracias a esta sensación traumática, Prat creyó que su propio «martirio» requería un aprovechamiento, un lado positivo a su sufrimiento personal y a la angustia de su partido. En su artículo «De lluny», publicado en *La Veu de Catalunya* el 1 de enero de 1904, con el que anunció su retorno a la política catalana, Prat impartió la lección por él aprendida durante su larga convalecencia auvernesa. Saludó a sus lectores, «con quienes me une un parentesco intelectual, como cierta comunidad de alma», para decirles que venía «de un viaje en el que he llegado al lindar mismo del gran misterio de la vida». Bajo la presión de tan trascendente visión, pasó del marco de referencia personal al colectivo: «Ni la comparación de nuestra tierra con otra de civilización más intensa, ni la contemplación de nuestros ideales ante el problema misterioso de dejar la vida, hicieron perder a mis ojos la grandeza de esta causa que nos ha reunido a todos a trabajar por la resurrección de una nación, de un pensamiento, de una cultura, de la cual nosotros somos la rama más entera.»

En su estancia en el sanatorio, Prat descubrió, con una sensación tangible y no meramente abstracta, la herencia de los pueblos de la Lenguadoc y la proyección que Barcelona podría todavía ejercer en esa dirección.

> Ha perdido muchas cosas nuestra raza. Los que hablan de aquella Cataluña que cierra el Ebro y acaba en los Pirineos no han sentido el pálpito anímico de nuestra tierra, corriendo centenares de quilómetros hacia el corazón de Francia.
>
> Desde el mirador de Dutrol, en aquellas horas pasadas contemplando las llanuras de la Auvernia y las sierras nevadas de la Cevennes, cuántas veces soñé de aquella nación inmensa, aquella reunión de pueblos que podían entenderse los unos a los otros y que desde Valencia se extendía por el Mediterráneo hasta el Ródano y las estribaciones de los Alpes, que por el Pirineo van a confrontar con las tierras vascas y tocan el Atlántico y el bordean hasta las bocas del Loira.

Hoy, todavía, cuando se deja a las ciudades pobladas donde el francés del Norte con su fuerza civilizadora las ha recubierto, se encuentran las ruinas de aquella reunión de pueblos: en la conversación del payés que en catalán nos entiende y por el catalán le entendemos; en los nombres de los valles, las ciudades y las montañas; en los apellidos de los hombres, en las iglesias románicas que parecen sacadas de nuestras cordilleras; en las vírgenes ennegrecidas por el tiempo que allí se veneran.

Hurgando un poco, rascando la capa de francés, tirando abajo aquellas cosas de alta cubierta negra, quitando esta costra nueva forastera, uno consigue verse en casa, en tierras propias, en tierras de aquella gran civilización nuestra que desapareció con la fuerza y el poder de la nación catalana.

Prat, pues, entendió, en toda su profundidad, la misión «imperial» del catalanismo: «¡Si será grande esta empresa de resurrección, este problema en la vida política de lo que somos en el alma! Bien poco han visto los que lo califican de raquítico y restringido; los que lo ven pequeño con sus ojos desmedrados y cortos de vista. Puede que sea demasiado grande, puede que sea demasiado vasto para la rama que queda entera de aquel gran árbol de pueblos.» Parecía dudar, aunque fuera por un momento, de la capacidad del nacionalismo catalán, pero pronto recuperó su ánimo: Barcelona, como centro de la recuperación catalana, estaría a la altura de su confrontación con París; la capital catalana encontraría la fuerza para dominar la inmigración que necesitaba e imprimirle su necesario carácter, para entonces redimir todo el espacio que era su *hinterland* o espacio vital necesario. Resumiendo, la convicción «imperial» en su sentido más expansivo le sobrevino a Prat en su larga convalescencia:

> Desde allí, apartado de la lucha apasionada, sinitendo solamente el eco de la batalla de estos últimos tiempos, me parecía entrever nuestro problema actual concentrado en esta Barcelona, de la cual la fama y el nombre se extienden hasta estas tierras, donde todo lo deslumbra el resplandor de la gran ciudad de París; en esta Barcelona, cabeza y casa de Cataluña, que ha formado y enamorado nuestras almas, que es centro de nuestras fuerzas, horno de catalanización, corazón de nuestra raza, que recibe en riadas las turbias avenidas de gentío para convertirlas en cuerpo y sangre de Cataluña.
>
> En las horas pasadas de enfermedad pensaba en lo que representaba para este nuestro problema, para este problema universal de la libertad colectiva de los pueblos, que será para el siglo XX lo que la libertad individual fue para el siglo XIX, la formación de la capital catalana por la cual trabaja en gestación sin interrupción toda la tierra catalana, toda la vida catalana..., por la cual hemos trabajado todos estos últimos años..., para la cual han trabajado los concejales catalanistas...
>
> Desde estas tierras de la Auvernia, hoy vencidas por el poder de una sola ciudad; desde aquella civilización, en aquel medio, que es el medio y la civilización

engendradas por una sola gran ciudad, se entiende la fuerza que representa esta Barcelona nuestra en formación; esta caótica aglomeración que a veces quiere volverse contra nosotros, contra sí misma, por el peso de las masas forasteras no asimiladas que acarrean todavía el pensamiento de las tierras muertas y desiertas de las que emigran.

Desde allí, contemplando serenamente el problema, se entrevé el triunfo seguro cuando la tempestad haya pasado, cuando la masa confusa se haya solado, cuando el fango revuelto vuelva a ser tierra...

Así, al vaticinar la lucha con París, Prat entrevió todo el sentido urbano de su «imperialismo» y anticipó su combate decisivo con Madrid: «Que será tierra nuestra como las masas forasteras serán almas nuestras asimiladas por la fuerza de nuestra ciudad; como será nuestro su pensamiento abatido ante la fuerza de cultura que representa este París del Mediodía.»[52]

En su fase más intensa de asentamiento doctrinal «imperial», en 1907, Prat de la Riba, en un famoso artículo para *La Veu de Catalunya*, lo formuló en términos de *la unitat de Catalunya* como macroconjunto lingüístico, pero pronto prefirió hablar de *Greater Catalonia*, en inglés, para matizar doctrinalmente y explicitar su deuda a los «imperialistas» liberales británicos.[53] Todo ello, por vaporoso, siempre pudo ser sometido a lecturas muy diversas. Las ocasionales expresiones de federación catalano-occitana que podían aparecer en *La Veu*, por ejemplo, durante las manifestaciones de protesta del Midi de junio de 1907, se podían convertir en declaraciones de afán «anexionista» para los observadores franceses, incapaces de imaginar una duda a la intangibilidad del «hexágono».[54] A pesar de todo, siempre quedó un debate abierto en el catalanismo sobre la *qüestió de noms*, sostenido hasta el presente día, dado el mal sabor de boca que la adscripción provocaba en algunos mallorquines y, sobre todo, entre los valencianos, cuyas agudas suspicacias ante una supeditación hipotética a Barcelona como capital pancatalana hicieron a muchos ver un sentido siniestro, dominante y agregador en el «imperialismo catalán» que no encontraban en el funcionamiento centralista español.[55]

Prat de la Riba supo darle la vuelta a la habitual idea pannacional, planteándola en sentido doble: simultáneamente como «imperio» y como «pancatalanismo». Dada la naturaleza expansiva de la metáfora compuesta de «unidad cultural» e «imperio», el objeto de reforma (España) se convertía en una identidad cultural desterritorializada, mientras que, a cambio, se transformaba, mediante su nueva naturaleza «imperial», en un proceso de permanente expansión culturalista. Pero *el hecho es que el pannacionalismo –cualquiera– no es más que una identidad desterritorializada y culturalista.* Era una tentación conceptual natural y casi espontánea para un partido que lideraba un movimiento nacionalista sin territorio definido y con una clara predisposición culturalista.

La novedad asociada a Prat fue doble, al dirigirse simultáneamente y de manera en apariencia divergente, al marco político español y al catalán. Por una parte, en su redefinición de España como posible «imperio», dejó de lado el contenido religioso, tan fundamental todavía en el poeta Verdaguer como lo era en toda la tradición «imperial» española en tanto que doctrina intelectual. En los siglos XVI y XVII, la larga polémica hispana contra el maquiavelismo y la «razón de Estado» había basado la legitimación del poder español precisamente en su misión religiosa universal. Por encima de todo, España misma, en tanto que comunidad política, estaba fundamentada en una unidad religiosa; «la religión es el elemento que amasa las Repúblicas» en palabras de Tomás Fernández de Medrano, en su libro *República mixta*, editado en Madrid en 1602.[56] En marcada contraposición a esta «tradición tradicionalista» (valga la redundancia), tan viva a principios del siglo XX en un autor de tanta enjundia como Marcelino Menéndez y Pelayo (muerto en 1912), Prat, producto intelectual como lo había sido el sabio santanderino de la Universidad barcelonesa, se mostró muy neutral en su concepto de «imperio».[57] Dio por supuesta una lectura determinada del catolicismo como expresión de la naturaleza histórica de la sociedad catalana, pero, en su teoría del Estado, nunca explicitó el rastro religioso, lo que era toda una declaración de principos.

Por otra parte, todavía más chocante si cabe, Prat –ante su público catalanista, en el estricto marco catalán– recogió la afirmación «imperial» pero dejó implícita la relación española; es más, era posible leer *La nacionalitat catalana* o los muchísimos artículos pratianos, como «Greater Catalonia» de 1907, en clave independentista, si bien el dirigente regionalista buscaba una consistente ambigüedad por debajo del tono más impactante. Incluso hay quien cree que tal juego no era del todo suyo, dada la difusión que la idea «imperial» tuvo en manos de Eugeni D'Ors, sin lugar a dudas el más brillante publicista del que disfrutó el catalanismo. *Era una mezcla atrevida, lo mejor de ambos nacionalismos, con la ventaja de que se podía escoger.*

La adhesión de Prat de la Riba al llamado «nuevo imperialismo» de las grandes potencias vino al reconocer a éste como el impulso rector de modernidad y civilización tecnológica en la nueva centuria que alboreaba. Era un juego muy alambicado que, igual que en Sabino Arana, exteriorizaba el gusto que daba tomarle el pelo al pretencioso discurso españolista, supuesto caduco tras el «desastre colonial»: elogiar a Theodore Roosevelt, cuya fama política fue ganada en Cuba, era una manera divertida de mostrar irreverencia ante los valores sagrados del «patrioterismo» españolista. Era un planteamiento que podía reunir a un «antiimperialista» militante como Arana y un «imperialista» como Prat.[58] En mayo de 1902, Arana intentó enviar un telegrama al presidente estadounidense para felicitarle a él y a la «Federación nobilísima que presidís» por dotar Cuba de independencia, iniciativa que le llevó a la cárcel.[59] Más prudente, cuatro años después, Prat se contentó con enfatizar su admiración en *La nacionalitat catalana*.[60] El *Schadenfreude*, lo que se ha caracterizado como «la alegría de la derrota» (sobre todo si es ajena), podía abrir oportunidades.[61]

Según Prat, cada Nación era impulsada casi biológicamente hacia la necesidad de su propia expresión, a regirse en su propio Estado. Pero esto daría lugar a un mundo de microEstados, cuando la tendencia de la historia era justamente la contraria:

> Siguiendo esta ley de la historia, el mundo ha de encaminarse a hacer Estados más complejos, más grandes cada día, hasta llegar al Estado-raza, el Estado-continente, y después a la meta final, al Estado-Universo, al Estado-Humanidad.
>
> Todavía más. Hoy ya tocamos a esta etapa precursora de nuevas formas políticas. Una nueva forma de Estado surge sobre la tierra: el Estado mundial, el Estado-imperio. Bajo nuestros ojos van abriéndose grandes potencias mundiales con un pie sobre todos mares y sobre todos los continentes. Unos cuantos Estados mandan la tierra. Parece que súbitamente, sin pasar por el Estado-raza o el Estado-continente, el mundo trabaje para comenzar la gestación del Estado-Humanidad, el *Imperium mundi*, utopía de soñadores ayer, hoy ya ideal entrevisto en las lejanas nieblas del porvenir.[62]

Ante tal evolución estatal, la contradicción entre nacionalismo y universalismo se resolvía en «el Estado compuesto o Federación de Estados Nacionales». El «Estado-Imperio», si no era homogéneo, estaba llamado al predominio de uno de sus pueblos, y a su eventual ruptura. En cambio, el modelo de Estado federal era ideal para «los imperios o reinos integrados por dos o más nacionalidades»: solamente un «Estado nacional» catalán salvaguardaría la esencia catalana, pero sólo un «Estado compuesto» salvaría la unidad histórica de España, con su sentido de «la universalidad que lleva a la constitución de potencias mundiales».[63]

Esta parte del pensamiento pratiano encajaba perfectamente en la moda de los primeros años del siglo en Europa. Argumento ya de por sí algo farragoso en cuanto al equilibrio necesario para encajar en el «Imperio español», su parte más compleja se refería a la consolidación nacionalitaria catalana, que mostraba una vía expansiva natural, anunciadora del verdadero futuro. El catalanismo tenía que ser «imperialista» por ser un nacionalismo de dependencia cultural, fundamentalmente lingüístico: debía imponer el «imperio de su idioma» dentro de su propio espacio y hacer lo mismo en las áreas lingüísticas afines. Como escribió Prat, el hecho mismo de la nacionalidad obligaba a la actuación política, con todo su énfasis original: «La aspiración de un pueblo a tener política propia, a tener un Estado suyo, es la fórmula política del nacionalismo. La aspiración que todos los territorios de la misma nacionalidad se acoplen bajo la dirección de un Estado único, es la política o tendencia pannacionalista.»[64] Madrid daba por sentado que ella, en tanto que capital estatal, sería el objetivo de todo provinciano ambicioso que anhelara ser diputado, periodista, abogado importante o funcionario de exitosa carrera. Por el contrario, Barcelona, con las mismas dimensiones, tenía que inventarlo todo desde la nada, ya que el Estado persistía en tratarla «con criterio igualitario» respecto a capitales de provincia con una reducidísima población.

Así, el catalanismo fue forjado como un estilo de presión, basado en campañas de agitación que buscaban localmente la creación o el traspaso de servicios que el Estado no ofrecía o no dotaba con cuantía suficiente. Con el acceso a la Diputación de Barcelona en 1905 y a su presidencia en 1907, *Prat se convirtió en el protagonista de un estilo de propaganda que se nutría a sí mismo: se crearon servicios en catalán, con funcionarios contratados entre las promociones regionalistas, los cuales generaron una respetable producción intelectual, tanto técnica como literaria, en catalán, que entonces era alabada en la prensa catalanista y premiada por entidades creadas por los mismos regionalistas, lo que permitía demandar nuevos servicios y así sucesivamente.* La clave estaba en que este sencillo juego permitió la edificación de una fuerza política bastante sólida, arrastrando, con su promesa de promover un funcionariado catalán, a una parte importante de las capas medias urbanas en trance de rápida tercerización del sector privado. Dado que la dirección regionalista tuvo más capacidad estratégica que sus rivales, la Lliga pudo hacerse con la bandera del civismo en Cataluña, convertido en monopolio barcelonés suyo hasta la proclamación de la II República.

Prat, los modelos extranjeros y la aspiración a una Corona catalana

Siempre, escondida tras la continua discursión territorial, estuvo esperando la cuestión de la forma política que, algún día, habría de tomar la Cataluña idealizada. En 1900, la Unió Catalanista, por ejemplo, acuñó una serie de tres medallas, en oro, plata y bronce: en la cara de las tres cabalgaba san Jorge, patrón de Cataluña y emblema de la Unió, matando al dragón, y, en el reverso de la primera, la de oro, el trono vacío del rey Martín el Humano, último representante de la dinastía nacional desaparecida en el siglo XV.[65] Pero el catalanismo no pudo hacer culto de los históricos reyes enterrados en el monasterio tarraconense de Poblet, ya que la destrucción de las tumbas regias, con la consiguiente mezcolanza de los huesos, durante la revolución liberal, aconsejaba una cierta prudencia en la celebración.[66] Algo se intentó en el séptimo centenario del nacimiento de Jaime el Conquistador en 1908, ya que mosén Collell se animó a una biografía patriótica de *Lo gran Rey*.[67] Era, a pesar de todo, un tema incómodo.

¿Qué hacer, pues, con tan histórica vacante? Era una pregunta acuciante del momento en todo nacionalismo que tuviera una larga cesura temporal entre el pasado soberano y el presente concienciador: por ejemplo, el fundador del sionismo, Theodor Herzl, en su primer texto político importante, *Der Judenstaat*, aparecido en febrero de 1896, aseguró que «[l]a Monarquía democrática y la República aristocrática me parecen ser las instituciones políticas más deseables», es más, subrayó que él, personalmente, era «un partidario convencido de las instituciones monárquicas, ya que ellas hacen posible una política permanente», pero aceptó el pragmatismo, dado el hecho que «nuestra historia ha estado por tan largo tiempo interrumpida» y que el más mínimo error evocaba el ridículo.[68] En el fin de siglo, por tanto, la pregunta monárquica todavía rondaba la reflexión nacionalista en toda Europa.

Más que un hombre al día en los vericuetos de la nueva teoría política y la creciente sociología finisecular, Prat aprovechó su sólido conocimiento tradicional como un filtro para seguir con atención las tendencias contemporáneas de manera impresionista, hasta periodística. Como las fuentes alemanas que formaron su pensamiento institucional, Prat se tomó muy en serio el federalismo monárquico germano que había dominado toda la Europa Central desde Napoleón y que en 1867-1871 había dado forma dual a Austria-Hungría y creado el II Reich bismarckiano.[69] Nada de original en ello, ya que los viejos prohombres del protocatalanismo político (Guimerà, la Lliga de Catalunya y la Unió Catalanista) habían visto la fácil analogía, hasta llegar a proponer en el *Missatge a la Reina Regent de 1888* y otra vez en la propuesta constitucional de la Bases de Manresa en 1892, la formación de un sistema dual hispánico, con dos administraciones paralelas, referentes a las coronas *«reial i comtal»*, en imitación del funcionamiento Kaiserlich und Königlich austrohúngaro.[70] Si bien, las Bases de Manresa, proyecto de «Constitució Regional Catalana» debatido en la asamblea de la Unió Catalanista cuyas famosas sesiones se celebraron en esa ciudad (bajo un secretariado compartido por Prat), no fueron tan explícitas en sus alusiones al dualismo austrohúngaro, la separación de ciertos temas generales, propios del gobierno («real») español, y otros, reservados para un gobierno («condal») catalán, recordaba muchísimo al ejemplo danubiano. El lenguaje del proyecto constitucional era –por decirlo de alguna manera– republicano, en tanto que no asomaba el «principio dinástico» y sí, mucho, el «nacional» (en este caso, no exactamente democrático, ya que «Las Cortes [Catalanas] se formarán por sufragio de todas las cabezas de familia [*caps de casa*], agrupadas en clases fundadas en el trabajo manual, en la capacidad o en las carreras profesionales y en la propiedad, industria y comercio, mediante la correspondiente organización gremial cuando sea posible.»).[71] Pero, detrás del juego de categorías o identidades colectivas –«Lo Poder central» y «Catalunya» en tanto que «Poder regional»– estaba implícito otro poder, dinástico, que lo posibilitaba.[72]

Pero la derrota de 1898 borró todo recurso facilón a la guardarropía neohabsbúrgica, como demostró el lenguaje contundente del nuevo *Missatge a la Reina Regent* de noviembre del «año del desastre», firmado por los presidentes de las principales corporaciones cívicas barcelonesas. El doctor Bartomeu Robert, en nombre de la Sociedad Económica Barcelonesa de Amigos del País, Joan Sallarès i Pla, por el Fomento del Trabajo Nacional, Carles de Camps i d'Olzinelles, segundo marqués de Camps, por el Instituto Agrícola Catalán de San Isidro, Lluís Domènech i Montaner por el Ateneu Barcelonés, y Sebastià Torres, por la Liga de Defensa Industrial y Comercial, informaron a la reina de que:

> Una nación con tales vicios de origen y organizada de esta suerte, por la fuerza irresisitible de la lógica ha debido perder su imperio colonial, como sufriría mañana nuevas mutilaciones de su territorio y se iría deslizando por la pendiente de un total aniquilamiento, hasta desaparecer absorbida por razas más potentes y de talento menos soñador, si los que se juzgan aún con derecho a la vida –y éstos no son otros que los que con el sudor de su frente sostienen las cargas públicas– no levantasen su voz en estos premiosos instantes de la historia de España en demanda de moralidad y justicia y en petición de reformas salvadoras.
>
> No se trata, Señora, de hacer política de partido, ni de crear antagonismos entre los miembros de la gran familia española; se trata sólo de aunar fuerzas por parte de los que no les mueve otro afán que la regeneración del país; regeneración que únicamente pueden llevar a cabo los hombres que trabajan y no los políticos de oficio.

A partir de lo cual, los firmantes del manifiesto pedían a la Corona, en un programa de tres puntos o «conclusiones», nada menos que:

> Primera. Los Ayuntamientos, la Diputaciones y el Senado serán elegidos, directa o indirectamente por gremios, clases y corporaciones.
>
> Segunda. Se dividirá el territorio de España en grandes regiones, de delimitación natural por su raza, idioma e historia; concediendo a cada una de ellas amplia descentralización administrativa, para que puedan establecer conciertos económicos, fundar enseñanzas técnicas de importancia local, tener iniciativas para la conservación y reforma de su Derecho propio, y facultad para emprender cuantas obras públicas sean necesarias para la más rápida esplotación [sic] de todas sus fuentes de riqueza.
>
> Tercera. Continuarán a cargo del Poder Central únicamente aquellas funciones que demanda la actual e indestructible unidad política de España, para mantener la conexión de las diversas regiones y las relaciones internacionales.[73]

De nuevo, las fuerzas vivas de Barcelona apelaban a la Corona a que interviniera en resolución de su pleito, saltándose de pasada, una vez más, cualquier sentido de norma constitucional. *Pero el lenguaje había cambiado*. Era un cambio de tono aún más chocante si se recuerda que el nuevo texto procedía de los partidarios del general Polavieja, el «general cristiano» que fusiló a Rizal, y cuyos sostenedores, reunidos en «Junta regional de adhesiones al programa» del ínclito militar, escindieron a la Unió Catalanista y arrastraron al «intervencionismo político» a los jóvenes que rodeaban a Prat.[74] En resumen, en diez años, se pasaba de la amable apelación a una supuesta «Sissí» filocatalana a la brusquedad casi apocalíptica («total aniquilamiento»). A su manera, Prat supo recoger y mantener intactas las dos opciones, para jugar a conveniencia. Pero, mientras tanto, la propuesta corporativa de los presidentes barceloneses dejaba abierta una incógnita implícita; si se aprobaba el cambio que proponía el nuevo *Missatge*, ¿cuál sería entonces la forma del Estado?

Por supuesto que, a través del federalismo catalán y de la influencia cubana, Prat había recogido nociones de autodeterminación venidas de Norteamérica, pero prefirió dejar la elucubración de su aplicabilidad a circunstancias peninsulares para los ultracatalanistas más especulativos o los republicanos regionalistas o federales, siempre obsesionados por el peso de las fórmulas abstractas de pacto interregional de Pi y Margall.[75] En cambio, Prat retuvo la lección imprescindible del desahucio de Almirall: o «imperio» (término que, por el momento, significaba muy poco y comprometía a menos), o República, que todavía traía el recuerdo del caos de 1873, ya que los sueños dorados almirallianos (los Estados Unidos y Suiza, con sus tan caracterizadas y poderosas sociedades civiles) estaban a una distancia social inalcanzable.

Prat era consciente de que para lograr el régimen excepcional que su visión de síntesis de Cataluña era necesaria una concienciación en sentido «imperial». Por ejemplo, al tratar «La salvació d'Espanya», en *La Veu de Catalunya* en febrero de 1899, subrayaba la ausencia en el contexto estrictamente español de una fuerza prusiana:

> Hay quienes buscan en España a este hombre y sacan a colación Bismarck y su obra, Prusia y su crisis. Se mortifican en vano. España no es Prusia, ni la anarquía de aquí tiene nada a ver con la de Prusia cuando Bismarck se encargó de ella. [...] Aquí es un agotamiento, una anemia de siglos que va acabando con el Estado español poco a poco.
>
> Por eso no puede salirle a España su gran hombre. Las crisis que se resuelven en un genio son siempre crisis de exceso y superabundancia de savia, crisis tumultuosas, tempestades deshechas de ideas e intereses. Pero no le ha salido ni le saldrá jamás.
>
> Jamás han sabido gobernar España. Siempre ha habido gobiernos de casta, sin otro fin que explotar la función gubernamental como una industria.[76]

La solución, pues, estuvo en el otro ejemplo norteamericano, el encaje de Canadá dentro del Imperio británico en 1867. Así, en su criterio de 1899, Prat pudo llegar a la conclusión de que: «Cataluña tiene un ideal, el ideal mismo que debería haber aplicado en unirse con Castilla para organizar el enjambre de pueblos que ella traía a la unión y los que por herencia le vinieron; el ideal que había aplicado siempre en crecer más allá de los mares, en Sicilia, en Nápoles, en Grecia; el ideal de que lo que ha de ser sea, y que lo que ha de vivir viva, y el que sabe moverse con sólo que se mueva; el ideal de tradición, libertad y autonomía que Inglaterra ha seguido para montar el imperio más vasto que ha existido».[77]

Para Prat, la realidad nacional de Cataluña se planteaba en términos conceptuales esencialistas derivados en última instancia de su formación teórica germánica, matizada con una perspectiva de admiración por la práctica institucional «anglosajona».[78] Aprovechaba el discurso ya antiguo (databa de 1868) de sir Charles Dilke sobre *Greater Britain*, a un tiempo liberal (hasta radical), imperial y unionista, contrario al *Home Rule* para Irlanda, dándole la vuelta, para formular un pancatalanismo como punto de partida.[79] Ni que decir tiene que era una jugada conceptual atrevida, ya que, literalmente, asumía un discurso antiautonomista y antiparticularista para invertir su sentido; como remarcó un observador francés de asuntos ingleses: «el primero y principal esfuerzo del imperialismo [británico] consiste en reaccionar contra los riesgos de lucha interior y de separación.»[80] Pero Prat consideró que el contenido federalizante, así como la promesa de un *Zollvrerein* o unión aduanera «imperial», que podía llevar el Imperio británico por el camino germano, era un antecedente político y hasta económico –protección del exterior y libre cambio interior– en extremo útil para las circunstancias catalanas y, por implicación, hispanas:

> No tenemos el nombre común todavía, estamos todavía bajo el yugo, bajo la sugestión perturbadora, desconcertante de los nombres provinciales; pero somos, y eso vale más que todas las palabras. Somos y cada día hay más hermanos de patria que abren las puertas de su espíritu a esta realidad viviente, cada día hay más que tienen conciencia de ello. Vamos engrandeciendo cada día más la sardana y la palabra surgirá.
>
> Mientras tanto, hagamos como los ingleses con su Greater Britannia [sic], flor de imperio que está a punto de estallar; hablemos de la Cataluña grande, que no es tan sólo el Principado, ni Mallorca, ni el Rosellón, ni Valencia, sino Valencia y Mallorca y el Principado y el Rosellón y todos a la vez.
>
> Todos somos unos, todos somos catalanes. Las diferencias que nos separan son diferencias accidentales, diferencias regionales como las que se presentan dentro de todas las nacionalidades, por fuertes y sanas que sean. Más hubo entre Esparta y Atenas, y la unidad espiritual de Grecia fue un hecho de evidencia indestructible.[81]

En la visión de Prat, el hombre, convertido en comunidad por la historia, se establecía en una sintonía con la tierra que trascendía el tiempo, si bien esa comunidad seguía los ritmos naturales. Así, Prat lograba superar la tara de la «decadencia» catalana.[82] Los pueblos nacen, crecen y decaen, para rebrotar, como el ciclo de las estaciones, tal como él lo presentó en *La nacionalitat catalana* en 1906. La patria era, pues, una especie de plantel en el cual los individuos se encontraban inmersos, sin más voluntad que las exigencias vitales de la savia nacional: como en 1901 lo expresó Aurelio Ribalta, un curioso (y por lo demás desconocido) defensor madrileño del catalanismo, al inicio de su librito *Catalanismo militante*: «Los movimientos regionalistas se producen siempre y se desenvuelven con entera independencia de la voluntad de los hombres, aun de los que se constituyen en apóstoles suyos.»[83]

El historicismo catalán, con sus repetitivos argumentos de defensa lingüística y preocupación por las pérdidas del pasado, venía a semejarse –para el consumo interior de la clientela catalanista– al contenido que rellenaba el modelo teutónico, en especial el nacionalismo radical germano, por supuesto enfrentado de lleno a los argumentos jacobinos o de nacionalismo representativo que las izquierdas hispánicas recogían tradicionalmente de fuente francesa, lo que no era impedimiento para que se ejerciera una fuerte presión homogenizadora sobre las minorías nacionales danesa, polaca o alsaciana en el Reich, así como, durante un tiempo, sobre los católicos. Con todo, el esquema pratiano, tan cercano a las ideas de *Blut und Boden* o «sangre y tierra», entonces en plena divulgación política en el nacionalismo *Volkisch* alemán, hubiera resultado corto para las pretensiones de Prat si se hubiera quedado en una racionalización de la voluntad de existir de los catalanes.[84] Él aspiraba a una construcción teórica más ambiciosa que la mera reclamación nostálgica; no hubo en Prat apelación alguna al historicista decorado carolino y/o felipino que tanto adornó el fin de siglo español, o que infundió confianza a regionalismos como el aragonés.[85] *Pretendía crear una salida política real, en la mayor escala posible, y no sólo una entelequia proyectiva.* Si había metáfora, sería del todo contemporánea, con traslación al futuro y no recuperación de un pasado perdido, que, en su perspectiva, no había sido tal.

La propuesta «imperial» de Prat

Por tal razón de modernidad aparente, Prat situó el nacionalismo catalán, como problema maduro, en un contexto «imperial». Como ya se ha indicado, la síntesis pratiana se codificó en su librito *La nacionalitat catalana,* que hacía puente con el *Compendi* de una docena de años antes; en medio, mientras tanto, Prat había abundado como articulista en *La Veu de Catalunya,* para precisar puntos doctrinales y matizar posturas ante situaciones concretas. Según Martí Esteve, autor de una oficiosa biografía de emergencia ante la desaparición de Prat en 1917, *La nacionalitat catalana* fue una mezcla muy representativa del estilo de trabajo de su autor:

> Al hacer su aparición [*La nacionalitat catalana*] en 1906, no todo su contenido era inédito. De sus X capítulos, el II, III y IV eran del prólogo a *Regionalisme i Federalisme* [de Duran i Ventosa] publicado en 1905. Los V, VI y VII, con las variaciones ya mencionadas, constuían la conferencia sobre «El fet de la nacionalitat catalana» que se dio en el Ateneu [Barcelonés]. La fase imperialista, que se señala en el penúltimo capítulo, inspiraba en Cataluña unas nuevas corrientes y era la consigna [*mot d'ordre*] de las nuevas generaciones.
>
> El proyecto total del nuevo libro que Prat de la Riba había concebido no fue realizado por las exigencias de prisa que las circunstancias impusieron. Él mismo confesó a quien más tarde [1910] tuvo cuidado de la segunda edición de

La nacionalitat catalana, Josep Roig i Roqué, que al libro le faltaba un estudio de personalidades, un estudio comparativo de los hombres representativos de la Nación catalana y de la de Castilla, un especie de psicología de los pueblos vista en sus héroes.[86]

Pronto el opúsculo de Prat se convirtió en la encarnación de la estrategia catalanista, capaz de recurrir a tácticas contradictorias sin por ello perder de vista el objetivo final. Su capacidad, visible en sus escritos, de combinar la pureza del propósito ideal, expresado en términos fácilmente reconocibles, con el realismo de la maniobra se convirtió en un carisma auténtico. Por ello, tras su muerte, a pocos meses de cumplir los cuarenta y siete años, pudo ser rapidísimamente canonizado como el principal personaje de la cosmogonía catalanista y de su creciente religión cívica.[87]

Para Prat, el nacionalismo no era un sentimiento pasivo, sino activo. Un nacionalismo seguro de sí; por tanto, buscaba su expansión por cualquier medio, para realizarse, fuera en el poder físico, en la presencia económica o en la influencia moral. El nacionalismo fuerte literalmente «se hacía imperialista». En sus propias palabras:

> Es, pues, el imperialismo un aspecto del nacionalismo, un momento de la acción nacionalista: el momento que sigue al de la plenitud de la vida interior, cuando la fuerza interna de la nacionalidad acumulada, irradia, se sale de madre, anega y fecunda las llanuras que la rodean.
>
> Lo primero de todo es ser: ser uno mismo y no otro, vivir la propia vida y no una vida prestada. Moverse por propio impulso, actuar las propias idealizaciones. No recibir la ley de fuera, sacarla de las propias entrañas, ser ley de sí mismo. Esta acción es la primera etapa de todo nacionalismo. Todas las nacionalidades, grandes y pequeñas, poderosas y humildes, pueden aspirar a llegar a ello.
>
> Después viene el hacer de esta vida propia una vida intensa, original, fuerte. Elevar la vida nacional a fórmulas y camino de una empresa de civilización, de un interés de humanidad; encarnar en la actividad nacional un momento de la civilización universal. Grecia, al crear la cultura griega, dio a la humanidad toda una civilización. Fenicia tuvo también su hora esplendorosa: la exploración del mundo antiguo fue su obra nacional y una empresa de civilización universal a la vez. Roma se hizo gran civilizadora procreando pueblos como Inglaterra. Es la segunda etapa nacionalista, la del imperialismo.
>
> Esto no es dado a todas las naciones. No todos los nacionalismos pueden llegar al gran momento del florecimiento imperialista. Hay naciones que no pueden realizar grandes cosas. Así como entre los individuos sólo algunos llegan a conseguir la plenitud de vida individual, que hace a los grandes hombres, asimismo sólo algunas naciones consiguen en cada edad la plenitud de fuerza nacional que hace a las grandes naciones, las naciones que guían a las otras, las naciones-imperio.

Pero si no todos los nacionalismos llegan, todos van y todos se acercan allí. La gradación de naciones frente al imperialismo triunfal, es tan rica y compleja, como la gradación de talentos hacia el genio. Nacionalismo es vida nacional, inflamada de un ideal, es deseo de vida propia, y esto es ya un principio de imperio; y esto, sobre todo, es ya el ambiente, el aire tibio y amoroso, la primavera fogosa que fecunda las esplendorosas florescencias de las naciones. [...]

No lo olviden los pueblos humildes, y el hecho de no haber volado todavía no lo conviertan en motivo de aislamiento, de encogimiento. Llenen el corazón de ideal, enciendan dentro del alma el fuego de la confianza en su venturoso porvenir, y déjense crecer poco a poco las alas, que un día u otro les llegará la hora de elevarse.[88]

Cuando escribía Prat –vale la pena recordarlo–, la abrumadora mayoría de los Estados europeos eran en algún sentido «imperios», fuera por su organización institucional, su naturaleza multinacional o sus posesiones en ultramar. Ante tal realidad, Prat se planteaba una reflexión sencilla e implícita: en un tiempo de gran competición interestatal, tras un siglo de consolidación europea en pocos y grandes Estados, cualquier Estado pequeño estaría forzosamente a la merced de sus vecinos mayores –como sería el caso de Cataluña, atrapada entre Francia y la España castellana– o se convertirían en clientes de grandes potencias protectoras, como en el caso de Portugal, cuya defensa contra España era su tradicional alianza con Gran Bretaña, en la práctica tan limitadora para su verdadera independencia.

El corazón del mensaje pratiano era que cada nacionalidad debía tener su propio Estado, pero, dicho esto, mejor era un mal compañero histórico, como España, por lo menos conocido, que una absorción por conocer, como sería la dependencia tributaria de Francia. La clave era que Cataluña tuviera su Estado dentro de un «imperio» hispánico, en el cual podría ejercer una función rectora.

Va siguiendo el proceso nacionalista: no se ha conquistado el Estado, el derecho y la lengua; no hemos conseguido la plenitud de expansión interior, pero ya el nacionalismo catalán ha comenzado la segunda función de todos los nacionalismos, la función de influencia exterior, la función imperialista.

El arte, la literatura, las concepciones jurídicas, el ideal político y económico de Cataluña, han iniciado la obra exterior, la penetración pacífica de España, la transfusión a las demás nacionalidades españolas y al genio del Estado que las gobierna.

El criterio económico de los catalanes en las cuestiones arancelarias hace años que ha triunfado. El arte catalán comienza, como la literatura, a irradiar por toda España. Nuestro pensamiento político ha emprendido su lucha con las concepciones dominantes, y los primeros combates hacen augurar muy próxima la victoria. Si el ideal complejo que enciende en nueva e intensa vida todas las energías catalanas, si el nacionalismo integral de Cataluña va adelante en esta empresa y consigue despertar, con su impulso y su ejemplo, las fuerzas dormidas de todos los pueblos españoles, si puede inspirar a estos pueblos fe en sí mismos y en su porvenir, se alzarán de su actual decadencia y el nacionalismo catalán habrá dado cumplimiento a su primera acción imperialista.[89]

Si el futuro era favorable, incluso llegar a incorporar a Portugal, para mejor reducir así las apetencias incontenibles de Castilla. Con ello, y aprovechando un argumento que llevaba divulgando durante casi una década, Prat incorporaba a su producto ideológico maduro la tradición iberista propia de la tradición democrática española, acabada en el Sexenio revolucionario de 1868-1874, y cuya bandera todavía era mantenida inhiesta por federalistas y libertarios, mostrando así su abierta disposición a aprovechar lo aprovechable del repertorio de las izquierdas.[90] Según Prat, el tema de la «Federació Ibèrica» se podía condensar en pocas palabras:

Entonces será hora de trabajar para reunir a todos los pueblos ibéricos, desde Lisboa al Ródano, dentro de un solo Estado, de un solo Imperio; y si las nacionalidades españolas renacientes saben hacer triunfar ese ideal, saben imponerlo como la Prusia de Bismarck impuso el ideal del imperialismo germánico, podrá la nueva Iberia elevarse al grado supremo de imperialismo: podrá intervenir activamente en el gobierno del mundo con las otras potencias mundiales, podrá otra vez expansionarse sobre las tierras bárbaras y servir los altos intereses de la humanidad guiando hacia la civilización a los pueblos rezagados e incultos.[91]

En resumen, para Prat era mejor ser Hungría con Austria o Baviera con Prusia, o, en otro registro, como el Canadá, y contar para algo en los asuntos del mundo, que reducirse al nimio papel de una Bélgica (más o menos los mismos 30.000 km cuadrados que Cataluña, pero entonces con una población tres veces superior a la catalana), siempre sometida a la voluntad de potencias contiguas muy superiores. Pero la clave del imperialismo pratiano estaba en el sentido orientativo de la labor de los intelectuales y en la proyección cultural que de ello podría resultar. Según Prat las formas del «imperialismo» tenían unos elementos esenciales:

Dominar por la fuerza material, por la violencia, por la ambición de dominar pueblos y tierras, es el imperialismo salvaje de Oriente.

Dominar por la sola fuerza de la civilización, de la cultura, es el imperialismo sano y fecundo, pero incompleto, de Grecia.

Dominar por la fuerza de la cultura, servida y sostenida por la fuerza material, es el imperialismo moderno, el imperialismo integral, el de las grandes razas fuertes de ahora.

Cultura nacional intensa, interés general de civilización, fuerza suficiente para sostener una y otra, son los elementos esenciales del imperialismo.[92]

El sentido práctico de la síntesis metafórica de Prat

Visto de manera superficial, podía parecer que Prat, al predicar el «imperio» de los particularismos contra la tiranía centralista, había hecho un latrocinio extenso en el guardarropía conceptual del legitimismo hispano. Pero, por muy conservador –hasta reaccionario– que fuera (según el punto de vista), *no fue una especie de neo-tradicionalista,* desviado por el amor intoxicante de su pequeña patria, como han argumentado los mismos tradicionalistas.[93] Al contrario de lo que se suele repetir, Prat no encarnó el salto del carlismo a un neotradicionalismo particularista.[94] Puede que tal paso fuera verdadero en los casos paralelos de Arana o Brañas.[95] Sin duda, la reformulación de las tesis fueristas carlistas con las del federalismo republicano en el paso de los años ochenta a los noventa en España sirvió para redibujar el repertorio de ideas, al dar alas a los nuevos regionalismos y/o nacionalismos finiseculares. Pero Prat apuntaba mucho más alto.

Su ambición quedó retratada en otro libro suyo, *Corts catalanes. Proposicions i respostes*, también de 1906, aunque mucho menos conocido que *La nacionalitat catalana*. Esta obrita consiste en una antología de textos representativos o famosos de las históricas Cortes del principado de Cataluña entre los siglos XIII y XV (según el autor, «estas bellas o curiosas manifestaciones del *seny* de nuestros antepasados»), con una presentación general de Prat. Éste aconseja al lector que lea y relea las antiguas intervenciones parlamentarias, ya que son como la cerveza, que gana sabor con la repetición.[96] Pero más allá de lo que puede aparentar ser una muestra más de sensibilidad anticuaria, Prat deja caer una bomba conceptual: compara las «Cortes de Cataluña» y el Parlamento de Inglaterra. Pero, en vez de homologar la institución mediterránea con la «madre de los parlamentos», lo que ya, para entonces, era un tópico complaciente del catalanismo, Prat subrayó la originalidad inglesa al combinar, desde el principio señores temporales y eclesiásticos en una cámara y los comunes en la otra, en contraposición a las complicaciones innecesarias de los brazos de las Cortes catalanas y aragonesas. Entonces, añadió, como si no tuviera importancia:

> Otra diferencia, causa poderosa de la inferioridad de las Cortes catalanas, comparadas con las inglesas, es que el Parlamento de Inglaterra era el parlamento único de toda la nacionalidad. Todo el pueblo inglés ha estado siempre representado entero, íntegramente, por un parlamento único. En cambio, las Cortes catalanas tan sólo se ocupaban [*només tenien*] del antiguo Principado de Cataluña y [del reino] de Mallorca: las demás tierras de nacionalidad catalana, incluso

las que formaban parte de la misma corona, como Valencia, estaban fuera de su acción y tenían instituciones representativas propias y especiales.

Este federalismo de la Corona aragonesa, que de vez en cuando hemos alabado en el período regionalista, consecuencia fatal de la unión de Cataluña y Aragón, dividió entre diferentes troncos la fuerza que uno solo debía concentrar, privando a nuestras Cortes de alcanzar la majestad incomparable del Parlamento británico, y facilitando la obra absolutista del renacimiento clásico.[97]

En otras palabras, Prat no tenía ninguna intención de *recuperar* las instituciones pasadas. Proponía una *instauración* (para aprovechar el lenguaje de los monárquicos más radicales ante la II República). Su ideal –su metáfora, si se prefiere– consistía en la consciente y activa «invención de la tradición», un «particularismo» que forjaría un «imperio» hispano que nunca había existido, pero que quizá, con otro destino histórico, *debió haber existido*. Su argumento de fondo, por supuesto, se remitió al fondo libertario común a «anglosajones» y catalanes: «Aparte de eso, hay un parecido remarcable entre los títulos de gloria del Parlamento inglés y el de las Cortes catalanas. Parecido que, respetadas las proporciones, se nota, también, en muchas particularidades del carácter de los dos pueblos, en la afirmación plena y efectiva de la libertad de los cuidadanos, en el tradicionalismo progresivo conservado en el crecimiento de todas las instituciones políticas y civiles.»[98]

Es evidente que Prat realizó una síntesis efectiva entre el programa federal y el tradicionalista, si bien su intención era más ambiciosa y fue considerado por los suyos como el creador de una nueva teoría científica.[99] Tomó del federalismo el sentido laico, digamos frío o neutral, de las instituciones, para casar sus esquemas, los abstrusos «pactos sinalagmáticos» (o sea, bilaterales) de Pi y Margall, con algo, pero no todo, del sentido «imperial» y austracista, eminentemente nostálgico, de muchos propagandistas carlistas decimonónicos. Hasta aquí no era gran cosa. Tales mezcolanzas se habían ensayado en Cataluña más de una vez a lo largo del siglo XIX, sin pasar de ser curiosidades.[100] Sin embargo, a Prat no le interesó la reivindicación foral, supeditada a una reivindicación mayor monárquica legitimista.[101] Lo que Almirall llamaba genéricamente «particularismo», *Prat lo reformuló como nacionalismo puro y duro, pero con la contraprestación de un nuevo orden coronado para España*. Cataluña tendría su propio Estado, sería «imperialista» dentro de su espacio cultural, pero también dentro de una España nuevamente «imperial»: sería *imperium in imperio*. Así, Prat, sin tener que indicarlo, aprovechó la finta del catalanismo incipiente con la Corona española encarnada por Alfonso XII o la regente María Cristina: su propuesta «imperial», en *La nacionalitat catalana*, coincidió con la boda de Alfonso XIII con la princesa Victoria Eugenia de Battenberg, celebrada a finales de mayo de 1906, e, indirectamente, podía contar con interesar a las notorias pretensiones regias del joven monarca, muy imbuido de su doble herencia de Borbón y Habsburgo. *Prat supo expresar en lenguaje monárquico absolutamente al día, pero sin el más mínimo apego dinás-*

tico a la casa reinante o a su rival, un esquema de reorganización del Estado que sorteaba, con cierta ambigüedad, la afirmación sentimental de la independencia interna de hecho con el dualismo España-Cataluña ya consagrado en sus primeros años universitarios como la característica del catalanismo incipiente y, también, con un federalismo posible para todos los pueblos de España e, incluso, para toda la península Ibérica.

Así, pues, la deuda pratiana más importante con el federalismo era solamente implícita, pero elocuente: a partir de la neutralidad institucional tomada a los federalistas, Prat se situó –siempre en el terreno doctrinal y entendiendo que la táctica política era otra cosa– en oposición frontal al legitimismo español y al tradicionalismo hispano en general, ya que obviaba la tesis tradicionalista más preciada: la supuesta unidad religiosa de España.[102] Dijeran lo que quisieran Prat y sus compañeros en privado, tuvieran las relaciones privilegiadas que tuvieran con clérigos de Vic, el hecho es que *La nacionalitat catalana* no dependía, para aguantarse, de ningún argumento o justificación católica, al tiempo que la insistencia en la excepcionalidad catalana rompía, muy evidentemente, la noción unitaria consagrada por una historia mesiánica. Torras i Bages, en su *La tradició catalana*, podía haber soltado apotegmas, devenidos muy repetidos (incluso falseados), a tenor de que: «Tal vez no haya una nación tan entera y sólidamente cristiana como lo fue Cataluña», o que «Cristo, restaurador de la naturaleza, está en el corazón de la nación catalana».[103] Nada de eso se encontraba en *La nacionalitat catalana*. Como observó, con sorna provocadora, el pintoresco ensayista Francesc Pujols en 1918: «señalando estos errores de *La tradició catalana* del famoso Torras i Bages, diríamos que aparte del defecto de querer ser una obra de propaganda patriótica catalana, resulta una obra de propaganda cristiana, porque el obispo de Vic es un cristiano que se disfraza de patriota catalán y catalanista, para ver si resucitando la Cataluña medieval, puede resucitar el cristianismo de aquella época.»[104] Estas contradicciones eran perceptibles desde el fin de siglo. Así, en 1901, ya lo había remarcado Manuel Marinel·lo, periodista catalán que más bien se movía en medios republicanos, al plantear *La verdad del catalanismo*:

> Una sola diferencia capital hay que hacer notar, sin embargo, y es que el carlismo ofrece la autonomía como un favor real y bajo la unidad católica, el federalismo la brinda como inmediata consecuencia de la república implantada en España, y el catalanismo la preconiza ante todo, prescindiendo de la cuestión religiosa y de la forma de gobierno que haya en España, reduciendo su trabajo de propaganda exclusivamente a Cataluña, a causa de los disgustos obtenidos al intentar aunar los esfuerzos de las demás regiones de España; los centros regionalistas de las otras nacionalidades, no pueden o no quieren identificarse con el movimiento catalanista.[105]

En otras palabras, lo primero, la neutralidad religiosa, era un planteamiento estratégico; lo segundo, la indiferencia política, la neutralidad en el sempiterno debate entre Monarquía y República, que fundamentaba la frontera entre derecha e izquierda en España, fue resuelta por la Lliga con la fórmula mágica del «imperio»: ni sí, ni no, sino todo lo contrario. Podía ser una unión o federación coronada, podía ser una República federal expansiva, moderna, como la de Estados Unidos.

Como remarca el politólogo Isidre Molas, la Lliga fue muy intencionadamente diseñada como una entidad promotora de *single-issue politics*, una formación en la cual todos, al margen de otras discrepancias doctrinarias, podían encontrarse en apoyo de la reivindicación lingüística y política catalana, fueran ateos o fervientes católicos.[106] Cambó resumió muy elocuentemente este criterio al defender el mecanismo de la Solidaritat, que en realidad fue la proyección, en grande, de lo que la misma Lliga pretendía ser en más específico: «La Solidaridad fue la agrupación de una porción de hombres que se dieron cuenta de que, discutiendo hasta entonces por ideas, por principios, se habían olvidado de que eran catalanes, y de que el interés supremo de Cataluña les unía sobre todo, e hicieron aquel pacto patriótico; todos conservamos nuestros principios, pero por encima de todos ellos pusimos a Cataluña.»[107] No todo el mundo lo entendía. El ampurdanés Pella i Forgas, purgado de la Lliga por maniobras electorales y convertido en público disdente del accidentalismo *lligaire*, manifestó airadamente su discrepancia en su librito *La crisi del catalanisme* en 1906: «Si hasta se ha querido decir que el catalanismo era un movimiento social, ¿cómo se puede prescindir de hablar claro y nítido de la religión, no teológicamente, no dogmáticamente, sino de sus relaciones con el Estado y la sociedad catalana?»[108]

El esquema territorial de Prat, es verdad, aprovechó la raíz federal con el objetivo de no depender de fueros ni alambicados argumentos jurídico-históricos para explicitar su criterio. Pero tampoco quiso hacer concesiones al humanitarismo individualista que latía en el fondo del razonamiento republicano (desafío que resolvería con la apelación a otro tipo de individualismo, como pronto se verá). Había regiones históricas, con personalidad e idioma propios, que eran identidades colectivas. La solución sería institucional, y punto. El pleito histórico interno en la Monarquía hispana anterior a los Borbones había sido institucional, entre la Corona de Castilla y la de Aragón (lo que, en realidad, significaba el protagonismo del «Principado de Cataluña»). Desde este punto de vista, el debate político surgido en el siglo XVIII sobre progreso o reacción, que superó el debate institucional anterior, simplemente fue un error, fácil de superar. Para llegar allí, no hacía falta el cambio de régimen, ya que no era ni deseable, ni recomendable un nuevo experimento republicano. El pasado servía sólo para remarcar la relevancia de unos bloques institucionales, resumibles como Castilla y Cataluña, pero no era imprescindible entrar en negociaciones para dibujar un mapa de regiones equilibrado, ya que el riesgo –a ojos de Prat– era producir un engendro tan arbitrario como el esquema provincial de 1833. Eso sí, Cataluña, en la medida que tenía en mente los intereses globales de España, se apuntaría a la labor pedagógica de estimular el despertar regional, pero siempre con un sentido práctico de la importancia relativa de unos y otros.

Además, Prat era muy consciente (y, con él, Cambó) de que era necesario dar algo a cambio del reconocimiento de Cataluña. Por ello, se pensaba en términos de «imperio», de manera coincidente con el redescubrimiento historiográfico catalán de su dominio medieval en Grecia, gracias al historiador Antoni Rubió i Lluch hurgando en archivos y sacando a relucir toda suerte de documentación –*Catalunya a Grècia*, de 1906– en paralelo a la aparición de *La nacionalitat catalana*.[109] Por una parte, consciente de su pasado pero sin la necesidad de recurrir al historicismo, Cataluña, renacida, tendría su propio «imperio» cultural, base para una ulterior proyección económica. Por otra, España, derrotada precisamente como potencia «imperial» sin haberse constituido su tronco peninsular como verdadera nación, se realizaría ahora como un verdadero «imperio» hispano, tal como habían especulado o «futurizado» los iberistas de mediados del siglo XIX que siguieron a Sinibaldo de Mas.[110] Vale la pena recordar, sin embargo, que la fusión con Portugal era una arraigada fantasía acariciada por muchos en Cataluña que no eran de izquierdas, como Balmes, quien llegó a asegurar que «España y Portugal son dos naciones que parecen destinadas a formar una sola», ya que, añadió, «el Portugal no se aprovechó de su independencia».[111]

Así, para Prat y Cambó, el «imperio», en tanto que instauración, sería un punto de partida casi revolucionario, todo muy siglo XX. Nada de derechos dinásticos restaurados o pretensiones cargadas de polvo de archivo hubo en la creación de las mayores federaciones monárquicas europeas de la segunda mitad del siglo XIX. La Monarquía dual austro-húngara de 1867 fue pura invención, tanto como el «Imperio de Austria» proclamado sesenta y pocos años antes, del cual derivaba. Más todavía lo fue la unificación germana de 1871, por mucho que se cubriera con hojas de roble ancestrales y con una corona simbólica vagamente otoniana.[112] El rediseño del Imperio británico tras el invento del «dominio» del Canadá en 1867 o el «imperio» de la India en 1875, con el añadido posterior de sucesivos «dominios» australes, mostraba la facilidad moderna para crear grandes y eficaces entidades supranacionales: como observó en 1892 un canadiense, George R. Parkin, pronto presidente de la Royal Geographical Society, la complejidad del mundo en conjunto parecía pasar de una época de Naciones a otra de federaciones.[113] Lo demás era mero decorado, más o menos atractivo para aquellos entusiastas del fausto y boato.[114] Si no se daban cuenta de ello fueristas ilusos, adheridos, sin plena conciencia de los hechos, al «catalanismo real», tan práctico y devoto de los resultados, era su problema, así como también lo era para los espíritus románticos que, en giros poéticos de *jocs florals*, recordaban la perdida «dinastía nacional» o lamentaban las desgracias patrias del siglo XV, el triste sino del conde de Urgel o del príncipe de Viana.

De hecho, el «imperio» de Prat ofrecía la conciliación a la Corona española, pero no era una concepción estrictamente monárquica, sino «macromonárquica» o «imperial», como demostraba la explícita ambición de incorporar Portugal, todavía con su rey cuando Prat escribió *La nacionalitat catalana*. Si el jovencísimo Alfonso XIII podía ejercer su propia diplomacia real, consciente de la necesidad imperante de consolidar su legado dinástico, tampoco sería de extrañar que accediera a una reorganización de su Corona, si ello redundara en mayores garantías dinásticas para el futuro.[115] Además, tenía ciertas notorias predisposiciones: aunque su título era de «rey constitucional de España», Alfonso, muy dado a la recuperación heráldica del antiguo escudo dinástico de los Austrias y primeros Borbones, gustaba de firmar su nombre con las letras H y R sobrepuestas, en tanto que *Hispaniarum Rex* o Rey de las Españas.[116] Además, eran conocidas –o al menos comentadas– las ambiciones del monarca por dorar su reinado con adquisiciones africanas. Así, el «imperio» hispano podría ser muchas cosas, para empezar una unión aduanera ibérica, de las que hubo abundantes propuestas arbitristas en el siglo anterior, para consolidar un espacio cultural multilingüe con innegable proyección mundial, igual que el *Zollverein* dio paso a la Unión del Norte de Alemania y, eventualmente, al nuevo Reich o Segundo Imperio alemán.[117]

Para Prat, resultaban inseparables las implicaciones sociales, económicas y políticas, la culminación de las cuales era la noción de «imperio», de su punto de partida, la «unidad cultural» catalana y su peculiar tejido asociativo, su intensa sociedad civil. A finales del siglo XVIII, el historiador alemán Schlözer codificó para generaciones sucesivas de juristas germanos la distinción entre sociedad civil y poder: la dicotomía entre la esfera privada y la fuerza pública la fijó como una relación contrapuesta entre el sin y el con, de *«societatis civilis sine imperio»* y *«societatis civilis cum imperio»*, de lo que, andando el tiempo, era fácil derivar la idea proyectiva, expansiva, de un «imperio de la sociedad civil» como modo de redefinir el Estado desde su misma esencia social.[118] Con un fondo tan sólido, la derivación de Prat era un sobreentendido, que no requería mayor énfasis conceptual. En ese planteamiento implícito, Prat seguía, de forma consciente o inconsciente, el modelo del *Sistema nacional de Economía Política* del famoso economista alemán Friedrich List, obra aparecida en 1841. Nacido en 1789, en la sombra de la gran Revolución francesa, List, de juveniles opiniones liberales, se exilió en 1825 a Estados Unidos, cuyo proteccionismo ante su naciente base industrial y su combinación de federalismo y rica vida asociativa le fascinaron; muy pronto, intentó reexportar a Europa –sobre todo a las Alemanias– los principios aprendidos en América, pero su carrera como profeta teórico y empírico (con ferrocarriles) le llevó a la ruina y el suicidio en 1846. Pero sus argumentos fueron recuperados posteriormente y convertidos en una explicación de los fundamentos del proceso unificador germano. Así, los economistas alemanes de finales del siglo XIX o principios del XX entendieron que el mensaje listiano era un canto al protagonismo de la red de entidades, y del *know-how*, el saber práctico que representaban; *dicho sencillamente, la unificación nacional o «imperial» era precedida por la formación de un mercado común y el mercado sólo se podía vivir a través de la sociedad civil.* En palabras de un estudioso hispánico muy posterior, recapitulador [de] los argumentos académicos germanos sobre List:

> Según la acertada frase de Schmoller, List no es sólo un teórico del proteccionismo, sino el creador de toda una teoría social. Con un sentido liberal y progresista [List] señala que no son los individuos, sino las sociedades, las que dan actividad a la historia, alzando la nación, sana y pujante, entre el individuo y la humanidad, [en palabras de su glosador H. Waentig] una nación no como un organismo coercitivo, de ciudadanos en perpetua tutela, sino como una liga surgida de la autodeterminación, entre ciudadanos cultos, independientes y emprendedores.[119]

Las analogías con Prat: el «liberalismo imperial» en Tocqueville y Max Weber

Es habitual enmarcar el pensamiento de Prat de la Riba en la extrema derecha, rayana con el tradicionalismo. Pero, como se irá viendo, la esquematización no es nada clara y revela hasta qué punto el acostumbrado eje interpretativo, en una escala que va de la «reacción» al «progresismo», está sobradamente gastado, hasta el punto de no servir para gran cosa en el terreno analítico. Resulta, concretando, que Prat y su peculiar «imperialismo» se asemejan a una gran parte del pensamiento liberal, especialmente en la valoración de los beneficios políticos indirectos de las grandes entidades políticas, capaces de ejercer dominio territorial en un ámbito significado. Sin ir más lejos, se puede hacer una comparación con dos autores ungidos por la tradición liberal y hasta socialdemócrata: Alexis de Tocqueville (1805-1859), famosísimo autor francés, conocido por su estudio, en dos partes, *La démocratie en Amérique* (1835-1840), y también el sociólogo alemán Max Weber, fuente de muchos conceptos centrales de la sociología política.

Tocqueville, creyente (ferviente hasta la adulación) en la potencia de la sociedad civil norteamericana, asimismo asumió una idea corriente en los Estados Unidos de los años treinta y cuarenta del siglo XIX: lo que sería llamado de alguna manera «Destino Manifiesto» por los demócratas más radicales de la época.[120] La propuesta de Tocqueville para Argelia justificaba la conquista y la colonización europea con la convicción que las desigualdades generadas eran justificadas por los beneficios civilizadores.[121] En concreto, para Tocqueville y otros después, la impulsión exterior y el esfuerzo harían más sólida y coherente la misma sociedad metropolitana francesa, evitando las convulsiones del pasado, tema de interés notorio del mismo autor.

Recogiendo el antecedente de Tocqueville, nada menos que el sociólogo e historiador alemán Max Weber (1864-1920), todavía joven a mediados de los años noventa, se hizo portavoz de un nuevo «imperialismo liberal», aparentemente ineludible, como consagración de su incipiente carrera académica.[122] En 1895, en su discurso inaugural como catedrático de Economía Política en la Universidad de Friburgo, titulado *El Estado nacional y la política económica*, Weber, que llevaba unos años trabajando políticamente con Evangelisch-Sozial Verein (Unión Protestante Social), de centroizquierda, hizo un retrato a la vez pesimista y optimista de la situación política alemana: al marcar la intención de su discurso, fijó un tema perfectamente comprensible para los catalanistas que le eran contemporáneos: «Mi propósito es, primero, ilustrar de la mano de un ejemplo el papel que desempeñan las diferencias raciales físicas y psíquicas entre las distintas nacionalidades en su lucha económica por la existencia.» En concreto, Weber estudiaba el este prusiano y se preguntaba, tras estudiar la naturaleza de la tierra y de sus formas de explotación, por qué marchaban los alemanes y eran reemplazados por polacos «de bajo nivel cultural». Tal sustitución en zonas históricamente patrias ofendía a Weber: «[...] el Estado nacional no es para nosotros un algo indeterminado al que uno cree dar tanta mayor preeminencia cuanto más se rodea su ser de una aureloa mística, sino la organización terrenal del poder de la nación, y en este Estado nacional la razón de Estado constituye también el criterio de valor último de la reflexión en la política económica.» Además: «Si, para seguir con nuestro ejemplo, la administración se decide a cerrar la frontera oriental, nos sentiremos inclinados a ver en ello el punto final de un desarrollo histórico que, en línea con grandes reminiscencias del pasado, impone al Estado actual la sublime tarea de velar por el fomento de la cultura de la propia nación, y si no se llega a tomar dicha resolución, entonces lo más obvio será reconocer que una intervención así de radical es, en parte, innecesaria, y, en parte también, no está ya en consonancia con las ideas actuales.»

El problema era, pues, un fallo de liderazgo político: los *junkers* o grandes terratenientes del este prusiano eran una aristocracia obsoleta y una fuerza regresiva; los partidos liberales existentes, sin embargo, no estaban en condiciones de reemplazar a los *junkers*, como tampoco lo estaba el proletariado, demasiado inmaduro para las responsabilidades del poder. «Para la nación es una gracia del destino cuando la simplista identificación de los intereses de la propia clase con los de la generalidad se corresponde también con los intereses permanentes de poder de esta última.» Por ello, «el objetivo de nuestro trabajo en política social no es hacer feliz al mundo, sino *la unificación social* de la nación, hecha añicos por el desarrollo económico moderno, con vistas a las duras batallas del futuro».

La respuesta debía ser la creación del saber social en proporción superior a aquel que se perdía, generar (o «regenerar», en jerga hispana de entonces) un mayor nivel de conciencia de identidad colectiva, así como de las formas de interrelación que ésta llevaba consigo:

> Para el momento presente vemos una cosa: que hay que realizar una ingente labor de educación política, y que para nosotros no existe otro compromiso más serio que el de que cada uno de nosotros, dentro de su pequeño círculo de acción, tome conciencia exacta de esta tarea, la de colaborar en la educación política de nuestra nación, que es, precisamente, lo que también ha de fijarse nuestra cien-

cia como su meta más alta. El desarrollo económico de los períodos de transición amenaza con corroer los instintos políticos naturales; sería una desgracia que también la ciencia económica secundara esa labor de cultivar tras la ilusión de unos ideales de «poética social» autónomos, un blando eudomonismo [la felicidad como bien supremo], incluso por muy espiritualizada que fuera la forma que éste ha de tomar.

Solamente la nación como conjunto, llevada a la verdadera madurez por una política de expansión en ultramar, podría llevar a Alemania al mismo nivel de maduración política que la Francia revolucionaria y napoleónica o Inglaterra en su despliegue imperialista decimonónico. Del mismo modo que para Prat de la Riba, Weber consideraba que: «No es el peso de los milenios de una historia gloriosa bajo el que envejece una gran nación. Se mantendrá joven mientras sea capaz y tenga el valor de aceptarse a sí misma y de hacer profesión de los magnos instintos que le han sido dados, y siempre que sus clases dirigentes estén en condiciones de remontarse al aire recio y claro en el que germina el sobrio trabajo de la política alemana, que también está penetrada por la sublime grandiosidad del sentimiento nacional.»[123]

Las tesis weberianas, expresadas con teutónica opacidad en su toma de posesión, reflejaban una crítica implícita a la política conciliadora del canciller Caprivi hacia la minoría polaca entre 1890 y 1894.[124] Como tal, fueron prontamente aplaudidas por liberales conservadores como Hans Delbrück o, sobre todo, Friedrich Naumann, todavía clérigo luterano y «pastor de los humildes», que tomó un más acusado sentido «nacional» en su orientación posterior, visible en la fundación, hacia finales de 1896, del Nazionalsozial Verein (Unión Nacionalsocial).[125] Hasta el final de su vida, Weber manifestó una notable ambigüedad respecto a la derecha alemana, lo que no menguó la reverencia que se le ha tenido como pensador social desde la izquierda moderada y el socialismo.[126] Weber fue un perfecto ejemplo de la cultura de los «mandarines» alemanes, con todo su potencial de derechización, en un marco como el germano, en el cual la voluntad de intervención pública con excusas higienizantes fue mucho más agresiva que en el marco rival francés, donde las instituciones estatales no tuvieron el mismo grado de atrevimiento con la sociedad civil y sus hábitos más nocivos.[127]

Resumiendo, tanto para Tocqueville, a mediados del siglo XIX en Francia, como para Weber, a finales de centuria en Alemania, el mismo proceso social que había establecido las bases del Estado liberal de derecho había desestabilizado las formas de interrelación entre sectores, así como la conciencia cívica: *el objetivo de ambos era la consecución de una unidad social, cuyas costumbres y cuya formación en una responsabilidad colectiva, más allá de apetencias o intereses egoístas, debían ser fomentadas. A ambos, las exigencias de un rol internacional para su país les pareció un coste necesario, sin preocuparles en demasía el precio que tendrían que pagar otros pueblos.*

El enfoque de Prat de la Riba fue comparable, si bien no exactamente igual. Prat no partió del hecho del Estado, falto de contenidos sociales, sino de los contenidos sociales, faltos de Estado. Para Prat, Cataluña era una unidad social fehaciente, definida hacia dentro y hacia fuera por unos comportamientos de civismo, «ética de trabajo» (por usar un conocido weberianismo) y sentido empresarial que, a todas luces, estaban ausentes del tejido social español y que eran justamente lo que faltaba para realizar una modernización. *Igual que Tocqueville o Weber, Prat entendió que tal progreso hispano no se podía realizar sin reventar la sociedad; superar la contención del liberalismo centralista era asumir la dialéctica de la pluralidad territorial, el verdadero sentido del liberalismo británico y germánico.* Esto era la clave del «imperio».

Siguiendo pues este razonamiento, para evitar el estallido de las tensiones sociales compactadas, era imprescindible la proyección hacia fuera: primero, la catalana, hacia España; luego, la española o hispana (es decir, reconociendo sus partes tan variadas entre sí y con el resultante libre juego) hacia Portugal, Hispanoamérica, el mundo, pero siempre dentro de los límites que la realidad imponía a la situación tras 1898, escasamente comparable a la expansión colonial francesa prevista por Tocqueville o al protagonismo internacional de la Alemania wilhelmiana, que sería la codiciada «escuela» de Weber. Para Prat de la Riba, esa formación ya existía en la experiencia catalana, que debía aleccionar a las restantes regiones hispanas. Se intuía que alguna concesión podía hacerse a las manías regresivas de la Corona y del militarismo, pero el impulso, valorado de forma realista, había de ser culturalista y, dentro del aprovechamiento de los espacios de asimilación cultural, económico, con humildad, exportando personas y negocios, hasta asegurar mayores beneficios. Del mismo modo que en Estados Unidos y Alemania –y muy al contrario de los ingleses–, el sabio proteccionismo interior y exterior podría dar pie, en un futuro lejano, a un intercambio más libre.

Pero, de hecho, a partir de la axiomática «unidad cultural» catalana, el concepto de «imperio» enunciado por Prat era ambiguo, en tanto que tenía al menos dos lecturas diferentes. El «imperio» podía ser la *Greater Catalonia*, un espacio lingüístico y cultural específicamente catalán, suceptible de ser realizado también como territorio político, tal como se ambicionaba en tantos nacionalismos europeos finiseculares, que se sentían impulsados hacia el expansionismo como «pannacionalismos».[128] Pero, al mismo tiempo, frente a la evidente lectura pancatalanista (término inventado por entonces), el «imperio» de Prat podía también interpretarse como una invitación a reconstruir el perdido «Imperio español», aprendiendo en esta ocasión la lección correcta de la Historia: en vez de proyectar en todas direcciones un rígido centralismo, España podía realizar una antigua realidad de «Imperio» ibérico, hacer la España multiforme que, según la tradición política catalana, era el verdadero sentido de «España», concepto geográfico peninsular, hasta que las ambiciones castellanas pervertieron su natural complejidad.[129] Pero todavía había más, dado que las dos lecturas –pancatalanista y de federación monárquica española– no estaban necesariamente reñidas: ¿no sería posible recomponer un «Imperio hispano», gratificante para todo españolista que lamentaba la caída en picado de España como gran potencia, con la promoción de un espontáneo panhispanismo en las Américas (y hasta en Filipinas), también permitiera la realización del reencuentro irredentista que reclamaban todas sus partes componentes? Un «Imperio hispano» entendido así sería la salvación de España, la verdadera, multicultural, plural, simultáneamente cabecera del mundo castellano (apuntando hacia América por la ruta andaluza y canaria) y centro lusogalaico, foco catalanooccitano, paneuskalérrico a ambos lados de los Pirineos, hasta sefardita y africano; capaz de expandirse cultural y moralmente en varias direcciones a la vez.

La vitalidad duradera de la metáfora pratiana

Buena parte de la recepción de *La nacionalitat catalana* fue tópica y las reacciones a su «imperialismo» igualmente corrientes. Así, por ejemplo, un anónimo autor mallorquín reseñó el libro de Prat para tocar el tema delicado con perfecta tranquilidad: «El penúltimo capítulo trata del Imperialismo y hace el elogio de aquel imperialismo generoso que vierte sobre los pueblos bárbaros la vida nacional de los pueblos fuertes, dominando por la fuerza de la cultura servida por la fuerza material.»[130] Ni que decir que las cosas eran más complicadas.

Inicialmente, en los años noventa, personajes de edades y trayectorias tan diferentes dentro del catalanismo como Lluís Duran i Ventosa o Josep Pijoan, por la más joven generación, Domènech Martí i Julià, barcelonés nacido en 1861, o los «santos inocentes», la pareja amical del publicista Aldavert y el dramaturgo Guimerà, podían decir cosas en un registro ideológico vagamente común.[131] Es más, tanto Duran y Josep Puig i Cadafalch como Prat ocuparon cargos en la Lliga de Catalunya, además de su pertenencia a la Unió Catalanista, lo que subraya la dureza de la escisión posterior, al formarse el Centre Nacional Català y, eventualmente, la Lliga Regionalista.[132] Con el establecimiento de una opción «intervencionista» que se definió oficiosamente en 1906 como «imperialista», fue comensurada la radicalización independentista del catalanismo opuesto, cuya preocupación por la forma territorial se concretó en un programa explícitamente antiimperial. Del mismo modo que el doctor Martí, Aldavert, rival suyo dentro de la Unió Catalanista y director *«de tota la vida»* de *La Renaixensa,* se manifestó agresivamente antiimperialista, ironizando –con indescriptible sentido de humor racista– sobre las supuestas misiones civilizadoras: «¡Un muelle! ¡Una misión! Ya saben en África lo que viene después: igual los que son negros que los que tan sólo morenean. Va una factoría, dos, diez, y detrás unos cuantos fusiles y, si mucho conviene, un par de jeringas [sic].»[133]

El doctor Martí i Julià, hasta su muerte en 1917 guía de las juventudes más militantes de la gastada Unió Catalanista, teorizó las luchas sociales como un conflicto duradero entre imperios, entidades esencialmente opresivas y regresivas, y las naciones, pequeñas, homogéneas y rebosantes de identidad colectiva y, por ello, incapacitadas para oprimir.[134] Como clamó en 1905: «El nacionalismo no existe si los que lo combaten se refieren al nacionalismo de Napoleón III, verdadera monstruosidad política que deslumbró un instante a Europa y que ha sido causa de los modernos Estados imperiales, o bien si piensan que nacionalismo quiere significar lo que en la realidad no puede existir, o sea, un pueblo ególatra falto en absoluto de relación internacional.» Muy imbuido de su función como psiquiatra, concluyó que: «La belleza no está en los oropeles del imperialismo; está en la fortaleza, en la vida, en la libertad del nacionalismo. El imperialismo es una concepción manicomial exclaustrada; el nacionalismo es la vida plena de la naturaleza.»[135] *El enfoque de Martí i Julià, por lo tanto, era la negación frontal de la tesis de Prat, si bien las ganas de síntesis hicieron que más de un catalanista exaltado encontrara la manera de conjugar sus principios antitéticos.*[136] A pesar de sus evidentes contradicciones, el antiimperialismo martiniano fue un argumento que, mediante el barniz socializante y revolucionario del macianismo en los años veinte, apuntó fácilmente en los años treinta al paso doctrinal de los dependientes de comercio y los oficinistas hacia el marxismo.[137] El regionalismo heredero de Prat, con una participación de intelectuales más sofisticados y, en consecuencia, propugnador de utopías más complejas, tomó un camino opuesto. Pero siempre fue incómodo defender un «imperialismo sin colonias».[138]

Sin embargo, hubo una solución, apuntada por el poeta y publicista Josep Carner, famoso por su especial finura al justificar o ridiculizar. Escribiendo en 1905, mientras se redactaba *La nacionalitat catalana*, Carner dio a la proyección ansiada por Prat un sentido moral y proselitista, que empezaba por la misma sociedad catalana, pero que no tenía obstáculos para su expansión misionera ulterior. En uno de los varios diálogos entre Prat y un álter ego del poeta, el teórico principal de la Lliga decía:

> –Le ruego, amigo Carner, que no incurra en la vulgar preocupación de enfadarse con los que antes no fueron catalanistas y ahora lo son, o con los que lo fueron y se han marchado. Cuando una hueste se preocupa de la perfección absoluta de todos los soldados, es que es pequeña y desocupada. Los grandes conquistadores han tenido generales ineptos y pretenciosos. Ello es bastante lamentable, pero es bien cierto que un hombre superior, la misión del cual sea combinar pluralidad de fuerzas, no tiene tiempo de oler, sospesar y hacerle cosquillas a cada pequeño muñequito.

Y, concluía Carner, «La obra de Prat es gloriosa [...]. Él parece definitivamente ungido».[139] Había, pues, una esperanza. A pesar del carácter acumulativo de su obra dentro de la perspectiva catalanista, Prat tuvo el éxito de ser el primer ideólogo o publicista del catalanismo, después de Almirall, en ser reconocido como la voz del catalanismo maduro desde la política española. Precisamente por su comparativa claridad conceptual –salía aventajado en ese sentido del contraste con Almirall–, fue reconocido en España como *el* pionero del nacionalismo catalán. Según el liberal Salvador de Madariaga, crítico anglófilo del desarrollo español, escribiendo en 1931, Prat de la Riba había sido el primero en entender claramente a Cataluña como Nación, pero siempre situándola en una adecuada contextualización hispánica:

> Esta nueva fase estaba reservada para el maestro y jefe del nacionalismo catalán, Enrique Prat de la Riba. Para Prat de la Riba, Cataluña es una nación y no una mera forma regional de la vida española. Era un pensador noble y poseía más dotes de estadista que ningún otro prohombre de la vida catalana, con la única excepción de su discípulo y heredero político el señor Cambó. Prat vio que la Cataluña medieval no podía resucitar como si no hubiese ocurrido nada desde 1492; se daba cuenta no sólo de que no es posible descuartizar a España para satisfacer a unos cuantos filósofos, sino también de que Cataluña no podía revolucionar toda su vida a fin de adaptarse a una concepción política nueva, por muy agradable que ésta fuese a su imaginación histórica. Veía las cosas en grande (no sólo como catalán, sino como español). Su ideal para Cataluña era una federación de los países de habla catalana: Valencia, las Baleares y Cataluña; y no siempre omitía los terrenos catalanes de la República francesa, pues había en él ese elemento de imaginación romántica que se halla casi siempre en los catalanes, aun en los más prácticos y positivos. Para España, su ideal era una federación ibérica, que incluyese a la federación catalana, a Castilla y a Portugal. Era el jefe intelectual indiscutido del catalanismo, que con su muerte prematura sufrió uno de sus golpes más sensibles.[140]

Así, de alguna manera, se coordinaron la imagen nacionalista y catalana de Prat con la proyección de su personaje público español, fuera éste positivo o negativo.

Tercera parte

EL «IMPERIO» SOÑADO DE LOS CATALANISTAS

También hallará la ciudad su arquetipo; tal, que para siempre superpondrá, en imperio, urbe et orbe.

EUGENIO D'ORS,
La Historia del mundo en 500 palabras

Engancha tu carro a una estrella.

RALPH WALDO EMERSON,
«Civilization» en *Society and Solitude* (1870)

Según los términos de la ley XII de 1867, la relación reposando sobre la Pragmática Sanción es mantenida en su integridad sin prejuicio de la situación particular e independiente de Hungría. En realidad, el Compromiso no creo por tanto un nuevo ligamen entre los dos Estados; simplemente reglamentó los vínculos antiguos. Desde un punto de vista jurídico, es la unión de dos Estados que conservan íntegramente su soberanía; cada uno de ellos tiene su territorio, sus [súbditos] nacionales, su poder político distinto e independiente. La unión no se eleva por encima de los Estados unidos, no constituye una suerte de Estado superior, ninguno de los dos Estados absorbe o anexiona al otro.

ERNEST NAGY, Profesor de la Academia de Derecho,
Corresponsal de la Academia Húngara,
«Rapports politiques entre la Hongrie et l'Autriche»,
en Dr. Joseph de Jekelfalussy (dir.),
L'État Hongrois millénaire et son peuple,
rédigé sur ordre de M. le Ministre Royal Hongrois
du Commerce, Président de la Comission
de l'Exposition Nationale Millénaire,
Budapest, «Kosmos», 1896

El rey de Croacia declaró la guerra al rey de Hungría
y el emperador de Austria se mantuvo benévolamente neutral.

Conocido chiste vienés
sobre el funcionamiento de la Monarquía dual

6. El contexto hispano de las ideas de Prat y la aspiración al «intervencionismo» catalán en los asuntos de España

Se ha argumentado que, mientras para fuentes castellanas el término «España», corrupción del latín *Hispania,* tenía un sentido moral, que obligaba en una dirección política, era, por el contrario, para los autores catalanes, desde la baja Edad Media en adelante, un concepto meramente descriptivo, que tan sólo significaba la península Ibérica, sin implicación política alguna.[1] Pero también parece, según otras fuentes, que el término «español», usado individual o colectivamente, fue utilizado antes en las tierras de la Corona de Aragón que en las de Castilla.[2] *Resumiendo, para el pensamiento político tradicional de Cataluña, anterior a la Ilustración, «España» sería un hecho territorial indiscutido, pero, políticamente, un espacio moral por construir, pendiente de su forma definitiva.*[3] *Si tal sentido pendiente marcó el uso catalán más antiguo, devino central a la posterior especulación catalanista.*

La voluntad de protagonizar la política española desde la capital catalana fue una característica de la interminable revolución liberal decimonónica, desde el frustrado alzamiento barcelonés del general Lacy en 1817, hasta las inquietudes reiteradas del general Prim a mediados de siglo.[4] Sin embargo, el protagonismo catalán en España, cuando lo hubo, fue más bien mercantil.[5] La ambición catalana ante España era –y sigue siendo– el reflejo de una relación algo torturada. Se suele repetir que el repertorio ideológico de la «burguesía catalana» decimonónica, su «denominador común», era un conjunto de valores más bien contradictorios entre –nunca mejor dicho– el querer y el poder. La más obvia de estas contradicciones equilibraba un militante proteccionismo industrial con una preocupación por la imprescindible relación entre la producción fabril catalana y el mercado español. Pero también se podía contrastar una moralidad basada en la experiencia económica, un gusto por la acostumbrada «buena administración» y una desconfianza hacia los riesgos de la participación política, con la sospecha de que nadie defendería los intereses catalanes mejor que ellos mismos. Asimismo, era para todos fácil observar en la sociedad catalana un constante balanceo inestable entre los deberes del capital y las exigencias del trabajo. Finalmente y no menos importante, la tendencia a la contradicción asumida se podía constatar en las servidumbres de su bilingüismo, hasta biculturalidad, que imponían una frontera cortante entre lo público y lo privado.[6] Al calor del liberalismo, pues, resultaba inseparable cualquier concienciación catalana, como marco particularista, de la edificación de un mayor marco institucional español.

Pero, a pesar de todo, se asumía como normativo el engranaje con frecuencia chirriante entre Estado y provincia, Madrid y Barcelona, librecambio y protección arancelaria, actitud en defensa de los consumidores y preocupación por la supervivencia beneficiosa de la producción. Como es harto conocido, el famoso poema *La Pàtria* de Bonaventura Carles Aribau, usado por convención para fechar el inicio de la Renaixença en 1833, fue leído públicamente por primera vez por su autor en una cena en Madrid, donde, de hecho, el autor pasaría la mayor parte de su vida.[7] La aparición, diez años más tarde, de la revista *Lo Vertader Català*, usualmente considerada como el «primer órgano periodístico de la Renaixença», estaba dedicada a *«[l]a prosperitat y glòria de nostra amada mare Patria, Catalunya, y ab ella y per ella la de tota Espanya»*, dentro de una línea filo-moderada.[8]

Por muy tradicional que fuera este esquema retórico, resultaba cada vez menos fácil a la luz del discurso nacionalizador que se fue haciendo más insistente por doquier en la medida que avanzaba el ochocientos. Sirve como ejemplo de la incomodidad resultante el folleto *Cataluña y los catalanes* de Joan Cortada i Sala, publicado en 1860, y famoso por alusiones, si bien poco leído. Cortada, que nació y murió en Barcelona (1805-1868), quiso resolver una evidente contradicción de identidad que sentía con angustia y que –como él mismo reiteró en diversas ocasiones a lo largo de su vida literaria– le producía una irritación que intentó sublimar como pudo. Cortada se sentía catalán y se sabía español; sufría el bilingüismo (no hay otra palabra adecuada a la rabia que él expresaba tras su sosegada prosa).[9] Esta actitud vital le llevó a intentar teorizar un equilibrio entre la diferencia y la integración.

> A los hombres poco conocedores de nuestro país y de nuestra historia, y poco filósofos al mismo tiempo, hemos oído exclamar con una especie de coraje inexplicable: que, ¡acaso los catalanes no son como los demás españoles! Y han creído que esta pregunta no podía tener sino una contestación afirmativa. Nosotros nos atrevemos a responder a ella negativamente. Los catalanes no son como los demás españoles, y no entendemos decir que sean mejores ni peores, sino sencillamente que no son como los demás españoles, de la misma manera que los gallegos no son como los andaluces, los valencianos como los navarros, los aragoneses como los asturianos.[10]

Implícitamente, para Cortada, que ejerció de historiador (entre otras cosas) para ganarse la vida, había dos niveles de realidad histórica, una natural, de articulación social acumulativa en un territorio, por decirlo de alguna manera, y otra más artificial, por impuesta desde arriba, que regía el poder. En perspectiva histórica, a juzgar por los ejemplos que citaba, *España era forzosamente comprensible sólo como un «imperio», es decir, un entidad compuesta mediante la conquista.* «Nosotros hemos visto la Grecia sometida a la Turquía: pero, ¿eran turcos los griegos?», preguntaba con elocuencia. Y, con ejemplos de los años cuarenta y cincuenta, siguió citando húngaros y venecianos en Austria o indios e irlandeses en Inglaterra. «Estos ejemplos –escribió– nos muestran que cuando un estado [sic] es el conjunto de varios estados, no basta haberlos unido para formar de todos ellos un pueblo, sino que es preciso asimilarlos, darles las mismas leyes, las mismas costumbres, la misma lengua, e ir modificando el carácter de las fracciones a fin de formar un carácter uniforme para el todo.» Pero a ello añadió: «Es difícil, si no imposible, hallar en nuestros tiempos una nación compuesta de elementos tan heterogéneos como la española.» El liberalismo era tan sólo parte del camino: «Desde ella [la Guerra de Independencia] ha cundido en España un nuevo orden de ideas que han [sic] traído un nuevo orden de hechos; cesaron esas rivalidades, menguaron esos odios, y las diferencias que todavía existen son hijas del carácter y de las tendencias particulares, cuya extinción es imposible.» El hecho, como concluyó Cortada, era que: «Santo es el amor a la patria, y la patria nuestra es Cataluña.» Mientras no se borrasen las diferencias de trato entre reinos y pueblos dentro de la España metropolitana, Cortada opinó que: «Entre tanto los catalanes, como súbditos de la Corona de España, consideran a los demás españoles como a hermanos, y su único anhelo es ver grande y poderosa la patria común, para la cual nunca dejarán de contribuir con todo el esfuerzo de que son capaces.»[11] Por las mismas fechas en que escribió su folleto, sin embargo, Cortada celebró el rugir del ser español en África, cuando «El león sacudió su melena».[12] Había, pues, según Cortada, «imperios» buenos y malos. En resumen, ni un sí, ni un no, sino todo lo contrario, que se tapaba con una mirada crítica a los abusos del sistema político imperante. Como ha señalado el biógrafo de Cortada, éste «puso de manifiesto su voluntad españolista, no castellanista, de integración de las diferentes partes de España en un todo superior armónico, pero era consciente de que había dificultades.»[13] Fue un sentimiento ampliamente compartido.

El historiador Josep Maria Fradera ha señalado cómo el mismo despertar literario catalán fue siempre anfibológico, partido entre el cultivo del catalán y una perspectiva en esencia española, sin entender este «doble patriotismo» como un problema.[14] En sus contundentes palabras: «Todo el esfuerzo que culmina en la llamada Renaixença (literalmente, renacimiento) no es la antesala de su nacionalismo posterior, como machaconamente se repite, sino, bien al contrario, la cualificación en términos culturales y de identidad de su pertenencia al mundo del siglo XIX, nación española incluida.»[15] Sin duda, en la primera mitad del siglo XIX, como ha señalado el propio Fradera, fue el atípico eclesiástico Jaume Balmes, nacido en Vic en 1810 y muerto allí en 1848, la figura que más famosamente encarnó una voluntad de repensar la política española desde la experiencia catalana de cambio económico y social acelerado.[16] Por ello, el recuerdo de Balmes se convirtió en un comodín ideológico, o, cuando menos, en un antecedente para citar para cualquier proyecto conservador que tratara la relación entre la sociedad civil y el Estado a partir del desarrollo económico, ya que su trayectoria política no dio para más.[17]

La cesura sentimental e ideológica –un antes y un después– para el «doble patriotismo» ante la revolución liberal vino con el llamado Sexenio revolucionario. El prolongado desbarajuste comportó, entre otras muchas cosas, un auténtico desembarco catalán en la alta política española, siendo Prim «dictador» revolucionario en la Gloriosa, apoyado por personajes como Laureano Figuerola o hasta Víctor Balaguer, mientras que de los cuatro presidentes de la I República, dos, Estanislao Figueras y Francisco Pi y Margall, fueron catalanes. Pero el espectacular acceso de los catalanes a la cima del poder quedó sin solución de continuidad con la Restauración alfonsina.[18] Ante tal desconvocatoria, fue como reproche que, en 1902, el arquitecto y propagandista catalanista Lluís Domènech i Montaner subrayó la esforzada españolidad de los catalanes: «Y, en el siglo XIX, desde los muros de Gerona contra Napoleón a las lomas de Caney [en Cuba], última defensa honrosa de las colonias, hecha casi exclusivamente por catalanes, han cumplido éstos sus deberes para España.»[19]

Cuando, a mediados de los años sesenta del siglo XIX, Víctor Balaguer diseñó el callejero del Ensanche barcelonés, conscientemente combinó el recuerdo histórico del «imperio» catalanoaragonés del Mediterráneo medieval (las calles como Sicilia, Nápoles, Provenza, Cerdeña, asimismo con figuras como Roger de Flor o Roger de Lauria), con el recuerdo emblemático y antiborbónico del sitio de 1714 (Rafael de Casanova o Antonio de Villarroel) con los triunfos patrióticos españoles de la guerra contra Napoleón, fueran o no catalanes (Gerona, Bruch, pero también Bailén).[20] En efecto, Balaguer, novelista, historiador y poeta, que fue casi el personaje central de la primera fase de la Renaixença, al tiempo que político liberal, tuvo un protagonismo excepcional como forjador de simbología a la vez nacionalista catalana y española, siempre con una relativa resolución constitucionalista.[21] Hacia 1880, tal era su fama: don Víctor, se aseguraba, «predica la armonía de las literaturas peninsulares para cumplir la gran síntesis del pensamiento nacional español».[22]

Tres veces ministro de Ultramar y dos veces de Fomento, Balaguer, en tanto que liberal militante, tuvo un conocimiento neto del Estado español como entidad «imperial» y transoceánica, que podía ser desarrollada con éxito.[23] Pero, además, como historiador y divulgador, muy consciente del peso cívico de sus planteamientos, Balaguer hizo frente al peligro de que la historia catalana se quedara literalmente fuera del panteón historiográfico español, por concebirse la «construcción nacional» española en gran medida como un contraste entre «unificadores nacionales» y «comunidades apátridas».[24] La verdad histórica, según Balaguer, era justamente al revés: como dijo en 1852, al dictar para el Ayuntamiento barcelonés «una cátedra de Bellezas de la Historia de Cataluña», el glorioso «Imperio español» de los Trastámaras y los Austrias fue criatura de Cataluña y la Corona de Aragón:

> De los cuarenta y cinco Estados que disfrutaron entonces los reyes de Castilla, los veinte y cuatro fueron herencia de los condes de Barcelona y reyes de Aragón; de los veinte y siete reinos que la hicieron poderosísima, los catorce se los

dieron los catalanes; de los cinco grandes ducados de que gozó, los tres se los cediera Cataluña.

Por lo demás, ya sabemos también, y ahí está la historia para atestiguarlo, que ni los aragoneses pusieron los pies fuera de su territorio, ni los castellanos salieron vencedores de España, hasta que unidos estuvieran con Cataluña, y hasta que circuló la sangre de nuestros condes por las venas de sus reyes.

Y bien, ahora que conocemos a nuestros reyes, ¿conocer queréis a nuestros héroes?[25]

Era relevante, por añadidura, el trasfondo social de la mitomanía de don Víctor, ya que él personalmente inició el diseño de una didáctica del antiguo dominio «imperial» catalán en el Mediterráneo, temática que pronto embriagaría al catalanismo como muestra histórica de la capacidad de trascendencia catalana de los escuálidos límites españoles. Hacia 1874, con el final de la revolución, el clima literario cambió, a expensas de los creadores más identificados con el credo o estilo romántico. Precisamente por la importancia de su herencia como mitólogo, *Balaguer fue ninguneado hasta la invisibilidad,* reducido a ser la fuente de la visión del pasado sustentada por las exiguas bases sociales del catalanismo más extremista, aunque ésta siempre fuera filtrada a través de otros autores más recientes, con mayor sensibilidad ideológica, como el dramaturgo Guimerà.[26] La profesionalización de los intelectuales que acompañó la construcción del catalanismo «intervencionista» de la Lliga Regionalista, por tanto, se hizo anulando la aportación literaria e historiográfica de Balaguer como poeta, novelista e historiador, tachado todo como romanticismo pasado de moda. Don Víctor se tuvo que contentar con regalar su mausoleo espiritual a su feudo político, Vilanova i la Geltrú, en la forma de una Biblioteca-Museo, edificio apropiadamente de corte neoegipcio, con la esperanza de así mantener vivo su recuerdo.[27]

A pesar de su supresión del canon catalanista, la resonancia balagueriana, si no prosperó como discurso estatal hispano, sí sirvió para vertebrar la causa de la sociedad civil catalana en términos de misión histórica. Quizá la culminación urbana de tales entusiasmos por fundir el pasado «imperial» catalanoaragonés con el castellano en una superadora síntesis hispana se viera en la barcelonesa Exposición Universal de 1888, con la edificación de la gigantesca columna y estatua de Colón en la entrada marítima de la Ciudad Condal.[28] En realidad, la tensión entre las lógicas rivales del Estado o de la sociedad civil en sus visiones respectivas del pasado y del futuro formaba parte de un debate general europeo. En este sentido, Reinhard Bendix, el sociólogo que inventó el concepto de *Nation-building*, interpretó la «construcción nacional» como el conflicto entre «autoridad pública» y «privada» camino del desarrollo modernizador.[29]

El «Despertar» catalán y los horizontes imperiales hispanos

Así, por lo tanto, la inicial tradición literaria de la Renaixença catalana, tal como se articuló de mediados del siglo XIX en adelante, en vez de cuestionar, más bien celebró las virtudes del moribundo «Imperio español». El ideal señalado era un «doble patriotismo», catalán y español. Al margen de divulgadores como Balaguer, puede que tal sentimiento de un renacer tuviera su expresión más académica en Manuel Milà i Fontanals, figura clave tanto en el desarrollo del gusto literario en catalán como de la crítica literaria en castellano, así como de la exploración de la tradición oral popular en ambos idiomas.[30] A su vez, el discípulo predilecto de Milà, en tanto que fundador catalán de la moderna hispanística universitaria en España, fue el santanderino Marcelino Menéndez y Pelayo.[31] Tal sucesión –reforzada por las alusiones reiteradas de don Marcelino a sus tiempos estudiantiles y a su aprendizaje– facilitó, para los lectores españoles, una corriente de simpatía, marcada por comentaristas entre eruditos y entusiastas, dispuestos a señalar los aciertos de la literatura catalanesca, el más destacado de los cuales fue, sin duda alguna, el mismo Menéndez.[32] Al fin y al cabo, la producción neocatalana, mientras fuera poética y no política, podía considerarse una gloria hispánica más. Como recordaría Unamuno, al explicar «Lo que puede aprender Castilla de los poetas catalanes» a un público vallisoletano en 1915, «el catalanismo, mejor que en el programa de [las Bases de] Manresa, hemos de verlo en el renacimiento poético catalán».[33] La recepción tolerante, inicialmente hasta cálida, a una Renaixença esencialmente culteranista y anticuaria quedó demostrada en 1875 con la entrada de Balaguer en la madrileña Real Academia de la Historia, haciendo su discurso en catalán sobre la lengua catalana y siendo contestado en castellano por Amador de los Ríos. El hecho fue saludado por figuras propias de tales planteamientos anfibológicos y prenacionalistas como el poeta y publicista valenciano Teodoro Llorente y Olivares, nacido en 1836, comparable en muchos sentidos al conservador catalán Duran i Bas.[34] Las dificultades para entender el sentido nacional del despertar lingüístico como otra cosa que una amenaza vendrían precisamente una década más tarde.

En la misma línea, el sacerdote Jacint Verdaguer forjó su reputación como el autor poético preeminente de la Renaixença madura con un gran poema épico, titulado *L'Atlàntida*, acabado en 1876 y hecho público el año siguiente al ganar esta obra los Juegos Florales de Barcelona. Parte de su acierto consistía en contestar la demanda por una significativa obra épica en catalán que se formulaba desde los tiempos del primer romanticismo, ya que parecía que un pueblo renaciente no era nada sin tal atributo literario.[35] *L'Atlàntida* se alzó sobre un pastiche de antecedentes mitológicos (el hundimiento de la Atlántida y la llegada de Hércules a España) del viaje de Colón, para acabar relatando, en sus últimas estrofas, cómo un imaginario ermitaño que ha auxiliado al navegante puede ver *«l'Àngel d'Espanya, hermós i bell,»* extender sus alas de oro desde Granada hasta *«fer-ne l'ampla terra son mantell»*. El *«savi ancià»*, con sus suspiros finales: «*Veu morgonar amb l'espanyol imperi / l'arbre sant de la Creu a l'altre hemisferi, / i el món a la seva ombra reflorir; / encarnar-s'hi del cel la saviesa; / i diu a qui s'enlaira a sa escomesa: / –Vola, Colón... ara ja puc morir!*»[36]

Además de haberse sometido a la fascinación de algún viaje a «tierra de infieles» en el Norte de África, Verdaguer, al servicio –como es notorio– del acaudalado naviero don Antonio López y López, escribió *L'Atlàntida* como capellán de navío en la Compañía Transatlántica, bajo el embrujo de sus idas y venidas a La Habana, o sea, en el corazón mismo de la decimonónica ruta «imperial española».[37] Unas exiguas fuentes han sido señaladas como inspiración más o menos directa de *L'Atlàntida*, a partir de la escasa biblioteca de Verdaguer. El poeta, en carta a su amigo Collell, atribuyó toda su pulsación creativa a la sugestión de una obra ascética del siglo XVII, *De la diferencia entre lo temporal y lo eterno* (1640), del jesuita madrileño Juan Eusebio Nieremberg, texto que conoció parcialmente en el seminario.[38] Pero con posterioridad se han señalado gérmenes poéticos más concretos y más contemporáneos. Es conocido que Verdaguer se sirvió de la prosa vagamente histórica de Francisco José de Orellana,[39] así como de otros narradores más o menos poéticos de la épica colombina propios del primer ochocientos.[40] Menos remarcada ha sido la posible influencia del *Colón* (poema) del incansable versificador del primer posromanticismo español Ramón de Campoamor (1817-1901), obra aparecida en 1854 y cuyo canto X, se tituló «La Atlántida»; entre visiones y apariciones, este Colón representó la consagración de Campoamor, hasta entonces renombrado por sus piezas cortas («pequeños poemas»), ya en cierto sentido apunta en la dirección tomada veinte años después, por el tonsurado bardo catalán.[41] Es evidente, en todo caso, que la idea de una épica colombina estaba flotando en el cálido ambiente decimonónico de Cataluña como celebración transoceánica del alcance de las Españas. La obra verdagueriana nació de un primer texto entre la prosa poética y el poema, titulado precisamente *Colom*, trabajado entre 1865 y 1867, para dar paso a otro manuscrito, *L'Espanya neixent*, que fracasó en los Juegos Florales de 1868, a partir del cual el poeta reelaboró su versión definitiva, que aparecería una década más tarde.[42] Su desarrollo tuvo el apoyo crítico del joven Marcelino Menéndez y Pelayo, con quien, en 1873, coincidió en casa de Rubió i Ors, y, en el verano de 1874, cuando viajaba en calidad de capellán de la Transatlántica en un barco que hacía escala en Santander, hogar del catedrático. Más adelante, de paso unos días por Barcelona, Menéndez leyó el poema, que acababa de ser premiado en los Juegos Florales de 1876, en copia prestada por Antoni Rubió i Lluch, y, cuando el mosén acudió a regalarle un ejemplar, recomendó a su autor la ampliación en dos cantos. Pero la lectura impresionó a Menéndez, quien, el día siguiente de su primera lectura, sorprendió a Rubió i Lluch al recitar de memoria la introducción a la épica verdagueriana mientras paseaban por las Ramblas.[43]

Fueran los que fueran sus antecedentes, *L'Atlàntida* verdagueriana tuvo un éxito fulgurante. Su publicación en 1878 fue apoyada por López y López (que ese mismo año recibió el título de marqués de Comillas por el pueblo santanderino donde había nacido en 1817). El hombre de negocios, una de las mayores fortunas españolas de su época pero sin pedigrí (tenía fama de haber hecho sus dineros como negrero, un tráfico que, además de inmoral, era del todo ilegal), financió tanto la primera edición como su vertido al castellano, ansioso de dotarse de legitimación ideológica, lavando con versos transatlánticos y colombinos sus sucios antecedentes coloniales.[44] Por supuesto el agradecido capellán y poeta le dedicó la épica. Con su campaña de limpieza de antecedentes, López conseguiría la preciada «grandeza de España» para su título en 1881, con lo que pudo morir satisfecho dos años después.

En todo caso, llegada la ocasión, había una clara demanda catalana para una nueva genealogía histórica que hiciera a los catalanes partícipes de la estabilidad alfonsina y de la plenitud que su reino parecía augurar. En palabras del historiador J. J. Lahuerta, en aquel entonces «Barcelona reclama una nueva historia de España que recuerde –y amplifique– el protagonismo de los catalanes en los mismísimos orígenes del Imperio.»[45] En consecuencia, el poema verdagueriano sirvió para enaltecer la figura del Descubridor frente a la inminencia de su cuarto centenario, por lo que la ciudad de Barcelona puso a concurso un monumento para honrarle en 1881. El ganador, Gaietà Buigas i Monravà (1851-1919), tomó como lema para su proyecto: «Honrando a Colón, Cataluña honra a sus hijos predilectos.»[46] En paralelo, el poema épico de Verdaguer podía entenderse como anunciando un «marco nacional» catalán, construido mediante la evocación literaria, y que, en retrospecto, tomaba solidez como hecho.[47]

Tras la inmediata traducción de *L'Atlàntida* al castellano en 1878, habría sucesivas versiones españolas, además de adaptaciones al francés (1883), italiano (1884), provenzal (1888), checo (1893) y alemán (1897), por no nombrar las adaptaciones posteriores en estos y otros idiomas.[48] La temática de *L'Atlàntida* se convirtió en un referente más o menos culto para cualquier planteamiento de un nacionalismo español cuyo sentido de misión «imperial» podía reconocer el matiz de la pluralidad misma de la Península, sin contar los archipiélagos de dos mundos.[49] En 1885, un año después de aparecer su versión a verso francés, el traductor galo de *L'Atlàntida*, el notario perpiñanés Justí Pepratx, nacido en Céret en 1828 y amigo de «*mossèn* Cinto», recibió del gobierno español la Orden de Carlos III, sancionado así las autoridades de Madrid el vínculo entre la Cataluña española y la francesa en la persona del que era considerado *pare* de la Renaixença rosellonesa.[50] En 1886, Menéndez y Pelayo, sin mencionar su ayuda, alabó a Verdaguer «como el poeta de mayores dotes nativas de cuantos hoy viven en tierras de España».[51] Y añadió, con orgullo patriótico: «Gracias al autor de *La Atlántida* nada tiene que envidiar España a los Tennyson, Longfellow, Carducci, Mistral y demás poetas de otras tierras.»[52] Otros también vivieron el hechizo de la tardía poesía épica catalana. En tiempos finiseculares, el jurista aragonés Juan Moneva y Pujol, por ejemplo, siendo joven profesor zaragozano, superó su «catalanofobia» ancestral y ambiental, aprendiendo el catalán con los versos verdaguerianos, hasta llegar a la «catalanofilia».[53]

A pesar de las quejas catalanistas, que todavía aseguran que, incluso en traducción, *La Atlántida* no recibió el reconocimiento hispano que merecía, el impacto de «*mossèn* Cinto» y su épica perduró hasta bien entrado el siglo siguiente, especialmente en ámbitos españoles, incluso españolistas. No sorprende, por ejemplo, que el compositor barcelonés Enric Morera, de simpatías catalanistas y modernistas, estrenara un poema sinfónico basado en *L'Atlàntida* en 1893, si bien la tendencia neowagneriana catalana tendió a preferir *Canigó* (el segundo poema épico verdagueriano, aparecido en 1886, de temática mucho más catalanesca) como fuente de inspiración.[54] Pero, en cambio, resulta menos previsible que el músico nacionalista español por excelencia, el gaditano Manuel de Falla, dedicase media vida a componer su cantata de *La Atlántida*, para dejarla sin acabar al morir en 1946.[55] En mayo de 1924, nada menos que el general Primo de Rivera leyó, con brío jerezano, estrofas del poema en la presencia del rey Alfonso XIII en la inauguración del monumento barcelonés a Verdaguer, celebrando así, por todo lo alto, a «*mossèn* Cinto» en el momento mismo en que el dictador rompía definitivamente su relación política con los regionalistas catalanes.[56] Como recordaría, muchos años después, Joan Estelrich, mano derecha de Cambó para asuntos culturales y políticos en los años veinte y treinta: «Nuestros renacientes tuvieron mirada vasta. El cariño por la materna ribera mediterránea –depósito inagotable de fértiles culturas– no les impidió volar entre continentes, de las cumbres pirenaicas a la América ubérrima, paraíso de la esperanza. El despliegue de las alas tuvo muy pronto su expresión poética (Verdaguer); su aplicación a la crítica literaria (Rubió i Lluch); su visión económica (Federico Rahola).»[57] Menéndez y Pelayo podía vibrar con los versos de *L'Atlàntida*, porque debió considerar al poeta-sacerdote como una respuesta a ciertas tendencias de reiteración nacionalista.[58] Al mismo tiempo, desde una perspectiva ultracatalanista, el poeta-sacerdote se salvaba de cualquier crítica ideológica; como observó Joaquim Folguera, figura clave en el vanguardismo nacionalista: «Verdaguer tenía el instinto nacional a pesar de su españolismo superficial de limosnero ortodoxo de la señoría palatina.»[59]

Verdaguer no fue el único en nadar en aguas metafóricas hispanas, aprovechando el mercado español y simultáneamente guardar la ropa catalanista, aunque tuviera una especial predicación barcelonesa en su tiempo. También, por ejemplo, en 1888 el dramaturgo Frederic Soler Hubert, mejor conocido por su seudónimo «Serafí Pitarra», disfrutó del premio de la Real Academia Española por su drama *Batalla de reines* (en su versión castellana) del año anterior, obra basada en un significado incidente de la dinastía catalanoaragonesa en el siglo XIV; la decisión fue tomada por una ponencia que incluía, además de otros académicos, a Balaguer, el marqués de Molins, Menénedez y Pelayo, pero también a Núñez de Arce, ya distinguido por su crítica anticatalanista, y nada menos que el jefe conservador Cánovas del Castillo.[60] Asimismo, el dramaturgo Àngel Guimerà, ardiente militante catalanista y creador de mitologías exaltadoras para el nacionalismo más radical con una cierta rivalidad como protagonista literario con Verdaguer, nunca tuvo problemas para dirigirse al público teatral de Madrid gracias a la compañía de María Guerrero, ni puso inconveniente (quizá por ser canario de nacimiento) para que se editaran sus obras en traducción castellana, siendo considerado una «gloria de la escena española» hasta que quedó muy pasado de moda.[61]

En otras palabras, *aun dentro del canon catalanista, existían muchos antecedentes del planteamiento de una «intervención» activa en la política española, incluso llegando hasta un relativo rediseño «imperial» español.* El problema, por parte más o menos españolista, en el paso de la metáfora, siempre lícita y hasta simpática, a la propuesta política concreta.

La protección de la especificidad como propuesta de sistema político

Al mismo tiempo, había muchas limitaciones internas, por parte catalana, a ese mismo protagonismo «imperial» español. El juego político catalán se fundamentaba en el particularismo, tozudamente preocupado por las cuestiones propias y entendiendo la problemática estatal en clave antagónica o contestataria, desde la especificidad barcelonesa. Así, las muchas manifestaciones arbitristas o proyectistas de un mejor encaje de Cataluña en un redefinido sistema político español miraban muchísimo más hacia las cláusulas de régimen interior catalán que hacia el detalle de la reordenación general hispana. La tendencia era a subsumir toda reivindicación particularista en un discurso preexistente, fuera tradicionalista o republicano, que preveyera la reorganización completa del poder, adaptando éste, con gusto faccional, al contexto catalán para mejor debatirlo a ese nivel; por el contrario, no se generaba interés por incidir en una discusión «desde arriba», para explorar como una devolución de poder a Cataluña podría alterar el conjunto estatal. Al mismo tiempo, los complicadísimos equilibrios y reequilibrios locales entre facciones, definidas entre sí ideológicamente, forzaban toda la discusión a un lenguaje desnaturalizado por abstracto –«Región» y «Estado» o «Federación»– que evitaba precisiones mayores que harían estallar discrepancias entre unos y otros, entre carlistas y republicanos, católicos y anticlericales. Como mucho, existía, eso sí, la posibilidad de una síntesis de posturas, un «catalanismo» genérico, planteamiento que, en los años ochenta, fue la gran aportación de Almirall.[62]

Para entonces, a los diez años del golpe de Martínez Campos en Sagunto en diciembre de 1874, tocaba hacer balance de todo lo que la prolongada revolución iniciada en 1868 había planteado y que la preocupación contrarrevolucionaria de la Restauración alfonsina dirigida por Cánovas había pretendido borrar. El liberalismo del Sexenio, encarnado en Sagasta (y contra quien se había alzado Martínez Campos), se reunificó bajo su mando y, entre 1885 y 1890, el «Gobierno largo» sagastino restituyó las conquistas democráticas abolidas por el conservadurismo. Con la estabilización política, consagrada en el famoso Pacto del Pardo de 1885 que modeló el «turno» bipartidista, salieron los republicanos de su «retraimiento». La esperanza de un golpe prorrepublicano (la opción acaudillada por Ruiz Zorrilla) duró hasta la fracasada tentativa del general Villacampa en 1886, espinoso problema llevado con singular elegancia por Sagasta, quien maniobró para que el golpista fuera perdonado.[63] El resultante fraccionamiento del republicanismo entre zorrillistas, salmeronianos y «posibilistas» de Castelar paradójicamente preparó el camino organizativo para una recuperación relativa en los años noventa, al tiempo que naturalmente estimuló el debate y la definición doctrinal de posturas.[64]

En la medida en que, a lo largo de los años ochenta, el sistema político ganaba en credibilidad, se alzaron voces que reclamaban que se resolviera, de forma más actualizada, la ordenación territorial de poder. Desde las Antillas (o por medio de sus portavoces metropolitanos), los autonomistas insistían en un nuevo régimen político-administrativo para las provincias insulares de ultramar. Por su parte, los federales presentaron su proyecto constitucional en 1884, rodeados de numerosos proyectos de cartas regionales (de Cataluña y Andalucía en 1883; más adelante, de Galicia en 1887 y Extremadura en 1888), asimismo redactados por entonces.[65] Hubo, en paralelo al recuperado despliegue federalista, un vivo debate en los partidos constitucionales (Moret, Romero Robledo y más adelante Sánchez de Toca, entre otros) sobre la deseabilidad de rediseñar la estructura administrativa de manera más matizada o efectiva que la existente y quejosa mecánica provincial. En 1887, el carlismo histórico se escindió entre legitimistas y nocedalistas religiosos (desplegados organizativamente como integristas a partir de 1892), lo que forzó a una mayor distinción ideológica entre ambas corrientes, con el consiguiente enriquecimiento de formulaciones forales. Tan variado acopio conceptual, a partir de mediados de la década, ofreció la posibilidad de lanzar un amplio diálogo multilateral sobre la temática descentralizadora desde puntos de vista ideológicos muy variados, oportunidad que fue aprovechada en la revista mensual *La España Regional*, fundada en marzo de 1886 y que, tras ochenta y cuatro números, llegó hasta 1893.[66]

Vista desde la incipiente clave catalanista, *La España Regional* tenía la misión de divulgar el supuesto programa del *Memorial de greuges* por las Españas, aunque fuera muy difícil saber, como se ha podido constatar, en qué consistió exactamente éste. La revista estaba dirigida por Francesc Romaní de Puigdendolas (1830-1917), quien venía proponiendo esquemas de regionalización desde sus tiempos de tibio republicano en el Sexenio revolucionario, consciente de la relación entre la difícil situación cubana y cualquier «solución» catalana, siendo su originalidad –nota para el futuro– la defensa de neutralidad religiosa del federalismo (con la posible compatibilidad republicana y católica como derivado), si bien después de 1876 se decantó hacia posturas conservadoras, presidiendo la Asociación de Católicos de Barcelona tras 1880.[67] Romaní, que intervino en todo el asunto del *Memorial* y en las comisiones de defensa del derecho catalán, también presidió la Lliga de Catalunya, en su formación en 1887.[68]

Sus colaboradores principales en *La España Regional* marcaban caminos alternativos al protagonismo de Almirall. En la preparación de la iniciativa se destacó el empresario y político Marià Maspons i Labrós, el diputado conservador que tan eficazmente toreó a Almirall, si bien pronto desapareció, relativamente joven, antes de que la revista saliera al público. También estuvo presente otro enemigo de Almirall, el muy rico Eusebi Güell i Bacigalupi, hombre de una religiosidad de ostentosa ortodoxia, marcado siempre por las responsabilidades empresariales que comportó su matrimonio en 1871 con la hija del rico López y López; en aquellos años, Güell estaba fascinado por sus especiales teorías microbiológicas, al tiempo que, con su casa inaugurada en el año de la Exposición, celebraba su descubrimiento de Antoni Gaudí como arquitecto ideológicamente afín para sus proyectos inmobiliarios. Fue Güell quien garantizó la supervivencia de *La España Regional.*[69] En un ámbito más propio de «profesionales liberales», se hizo remarcar el literato Joan Sardà i Lloret, miembro de la antigua Jove Catalunya, y promotor –como crítico y traductor– del naturalismo francés en las letras catalanas y temprano clasicista en poesía.[70] Asimismo, formaban parte del círculo los historiadores Josep Pella i Forgas (1852-1918) y Josep Coroleu i Inglada (1839-1895), ambos militantes activos en el naciente movimiento catalanista.[71] Como ya se ha podido constatar, juntos Coroleu y Pella ya habían preparado en 1878 un monumental estudio sobre *Los fueros de Cataluña*, mamotreto de 770 páginas que prometía una *Descripción de la constitución histórica del Principado, sus instituciones políticas, administrativas, sus libertades tradicionales, con la relación de revoluciones, escenas, palabras y hechos notables de catalanes ilustres y el estudio comparativo de esta constitución con la de todas las naciones, incluso las forales de Navarra y las Provincias Vascongadas.*[72] Ya de por sí, pues, la gente identificada con la redacción representaba todo un programa de aproximación a criterios afines en otras comarcas hispanas, que servía de antecedente a cualquier programa posalmiralliano.

La España Regional era, en resumen, un conjunto de trayectorias que invitaba a una síntesis superior, que se habían encontrado en la pugna contra Almirall y en la formación de la Lliga de Catalunya, por lo que recelaban de según qué ofertas ideológicas. Sin problema acuciante de presupuesto, gracias a la interesada generosidad de don Eusebi, la esperanza de fondo de la revista y su redacción era atraer la atención de los literatos españoles sobre la capitalidad alternativa de Barcelona y la redefinición del Estado que allí se alimentaba.[73] Efectivamente, aunque algunos se rieran con suavidad (como «un madrileño de ninguna academia» que publicó una obrita, *Barcelona tal cual es*, en evidente –pero nada agria– respuesta al ensayo almiralliano *España tal cual es*), la coincidencia con la Exposición de 1888 sirvió para reforzar la sensación de empuje que irradiaba la capital catalana.[74] En la sociedad barcelonesa, los debates previos y el hecho mismo del certamen internacional dieron una sensación clara de antes y después, de haber pasado una especie de divisoria histórica que enfatizaba el merecimiento de la capital catalana a un rango que no le era reconocido.[75] El trasfondo era el mismo auge urbano del Ensanche de la Ciudad Condal.[76]

La utilidad de las polémicas

Pero, por añadidura, el ambiente fue gratamente caldeado en negativo, de manera provechosa para quienes pretendían difundir un mensaje regionalizante. Un discurso del catedrático de Historia de la Universidad de Madrid, Antonio Sánchez Moguel, en la Real Academia de la Historia en 1883, provocó fuertes reacciones gallegas, que eventualmente dieron su fruto conceptual. Pero, más importante, la iniciativa catalana del *Memorial de greuges* y el esfuerzo creativo de Almirall a mediados de los años ochenta, por mucho que no hubiera conseguido toda la atención madrileña que hubiera deseado, facilitó unas previsibles respuestas ideológicas. Y éstas, a su vez, provocaron contestación desde la Ciudad Condal.

Así, pues, hubo polémica en 1886 desde Barcelona con el poeta Gaspar Núñez de Arce, entonces en la cima de su fama y hoy del todo olvidado.[77] Este vallisoletano de 1834, junto con el dramaturgo José Zorrilla, había participado en los Juegos Florales barceloneses de 1868, invitado por Víctor Balaguer. Es más, brevemente fue secretario de la Junta revolucionaria y gobernador civil de Barcelona con la Revolución Gloriosa de ese año, por lo que quedó convencido de que conocía la capital catalana mejor que nadie. Con una carrera política tan distinguida como su trayectoria literaria, Núñez de Arce ocupó el ministerio de Ultramar en 1882-1883, un cargo que podía sensibilizar las susceptibilidades antiseparatistas de cualquiera, y, después, en 1886, fue nombrado senador vitalicio.[78] Para entonces era un liberal histórico en proceso de conservadurización. Evidentemente irritado por todo lo que significó el despliegue de *Memorial de greuges* y muy especialmente molesto por lo que entendió era la manipulación peligrosa a la que estaba dedicado Almirall, Núñez de Arce se lanzó desde la presidencia del Ateneo de Madrid (a la que también había sido recién encumbrado), en su discurso inaugural de temporada impartido en noviembre, a una diatriba contra «el particularismo catalán» almiralliano. Según Núñez de Arce: «Decidiéndome por fin a ofreceros como asunto digno de vuestra reflexión, el estado de las aspiraciones del regionalismo en Galicia, País vascongado y Cataluña, en cuyas comarcas aparece con formas, por cierto bien distintas, pues mientras en algunas se contiene dentro de los límites de una amplia descentralización administrativa, va en otras hasta proclamar audazmente la ruptura de todos los lazos nacionales, y por ende el aniquilamiento de nuestra gloriosa España.»

Como «hombre de mi siglo, respeto la sinceridad y buena fe que profesan sus doctrinas», pero «el particularismo catalán» se pasaba de la raya, abusando de la tolerancia de un liberal consciente:

A decir verdad, sólo por algunos ideólogos de Cataluña, de aquel suelo nobilísimo, tan sólidamente unido a los demás miembros de España, se protesta contra esta ley fatal que rige el desenvolvimiento, marcha y destino de las lenguas, y se entiende de modo tan egoísta el cariño debido al idioma regional. Ni en Asturias, ni en Galicia, ni en las provincias vascas, se entiende de esta suerte; ni siquiera en Valencia y Mallorca, comarcas de dialectos catalanes, donde no se cree incompatible el uso del habla propia con el estudio de la lengua nacional, y cuyos ilustres ingenios no sólo saben ser al mismo tiempo tan grandes poetas lemosines como grandes poetas españoles sino que, orgullosos del envidiable privilegio que deben a la Naturaleza, hacen gallardamente muestra de él, entonando en dos idiomas hermanos, himnos de glorificación y alabanza a la patria común.

Lejos de esto, el particularismo catalán, perdido en el laberinto de las intransigencias, cae en la extravagancia de formular amargos cargos contra la nacionalidad española por haber fomentado la enseñanza y el uso del castellano en las escuelas del Principado... [sic]

Pues que, aun suponiendo que el particularismo catalán consiguiera realizar sus quiméricas aspiraciones en el grado máximo en que las acaricia, organizando un Estado independiente, o poco menos, del lado de acá de los Pirineos, ¿imagina acaso que le bastaría su lengua, hablada sólo por reducido número de gentes y contenida en espacio limitadísimo, para ponerse en continua y provechosa comunicación con el mundo? [...] [E]s evidente que Cataluña, ya siga como ahora formando parte integrante de una gran nacionalidad, o ya se constituya en Estado libre, no podrá prescindir, si no quiere condenarse a estéril aislamiento, de usar, en sus relaciones con los demás pueblos, otro idioma más generalizado que el suyo, muy digno, sin duda, de la curiosidad del filólogo y de la admiración del literato; pero que no tiene la fijeza indispensable, ni la extensión necesaria, ni la potencia bastante para pretender la universalidad de las lenguas dominadoras.

Aunque se cuidó de enfatizar todas las honrosas excepciones entre los autores catalanes, de Balaguer a Guimerà, Núñez de Arce consideró que había un tono especial en la producción catalanística que le parecía del todo lamentable:

La literatura catalana, en cambio, retraída y esquiva desde el comienzo de su nuevo renacimiento, encerrándose en sí misma como el gusano de seda en su capullo, se desentiende de todo cuanto pasa a su alrededor, y mira a las demás provincias como una vieja desconfiada que observa a sus vecinos por el ventanillo de la puerta o el ojo de la cerradura y cuenta que, al hablar así de la literatura catalana, no me refiero tan directamente al conjunto de sus obras, donde hay bastantes de mérito superior, cuanto al espíritu que en general le inspira o, mejor dicho, le perturba [...]

Finalmente, Núñez de Arce se escandalizó del racismo implícito en el argumento almiralliano: «Como premisa necesaria para desenvolver sus agudos argumentos, el catalanismo empieza sentando, por la voz de sus más autorizados doctores, cual si se tratara de un hecho rarísimo, que España, más que una nación regularmente constituida, es un compuesto heterogéneo de pueblos distintos y hasta opuestos.» Según el poeta:

> El catalanismo divide arbitrariamente las varias razas que pueblan nuestro territorio en dos agrupaciones típicas y características, de cuales contrapuestas, que atraen y absorden a las demás por la ley de las afinidades: la agrupación central-meridional, que tiene por base ambas Castillas y se extiende a todas las regiones reconquistadas por sus armas; y la agrupación norteoriental, cuyo núcleo es Cataluña, compuesta, no sólo de los Estados que constituyeron la antigua monarquía aragonesa, sino también de los diversos pueblos que habitan la vertiente peninsular de los Pirineos hasta el golfo de Cantabria. [...]
>
> Y en alas de su hiperbólica imaginación, el catalanismo va donde quiere llevarle su fantasía espoleada por el odio, y presenta como demostración irrebatible de las diferencias características que nota entre la soñadora Castilla y la positivista Cataluña, el entusiasmo con que la primera acogió el descubrimiento de las Indias y la glacial indiferencia con que supone que la segunda contempló aquella inesperada dilatación de la tierra.
>
> Ahora bien: partiendo de esta supuesta e irremediable incompatibilidad entre el temperamento, el carácter, los sentimientos e intereses de Castilla y Cataluña, ¿es posible que se entiendan y vivan juntos pueblos que tan radicalmente se contradicen y repelen?[79]

Almirall respondió de inmediato, con una *Contestación al discurso leído por D. Gaspar Núñez de Arce en el Ateneo de Madrid con motivo de la apertura de sus cátedras en el año corriente.*[80] Su argumento central era el repudio a la pretendida superioridad castellana que, según él, manifestaba el poeta vallisolitano en su diatriba: el discurso mismo de Núnez de Arce era «acabada muestra de la manera de funcionar de la hegemonía [sic] castellana», «un continuo ditirambo a la superioridad de Castilla en relación a las demás regiones y a la organización nacional que les ha impuesto, fundamentándose en la hegemonía que debe providencialmente a la naturaleza». Almirall rechazó la acusación de racismo, citando de *Lo catalanisme* sus elogios de las hembras castellanas como «una de las variedades más perfectas de la raza blanca», para insistir que, se estuviera de acuerdo o no con su caracterización, había diferencias significadas entre ambos pueblos. Es más, negó que Cataluña fuera «pueblo modelo» (¿por qué si no proclamar la necesidad de cambio?). Y, apuntando con malicia a la abundante francofilia hispana, Almirall indicó que el viejo liberal castellano no sabía leer las fuentes en inglés o alemán imprescindibles para interpretar la modernidad corriente en Europa o Norteamérica.[81] Pero, por su parte, Almirall no entendió que la acusación era pegadiza, ya que estaba convencido de su perspectiva culturalista. Como observó su comentarista Alexandre Plana, Almirall vio el carácter castellano como el extremo opuesto al inglés.[82] El mismo Almirall consideraba que el remedio a los males hispanos era una sólida sociedad civil: como escribió en 1877, en su breve texto *La inmoralidad en España:* no había duda posible que «la gran fuente de la inmoralidad es en España la falta de negocio», con lo que para «rebajar la inmoralidad en España al nivel de las otras naciones europeas, no hay más camino que fomentar el negocio decente».[83] Tan convencido estuvo de la prédica, que ignoró el escarnio. Incluso sin aceptar que su distinción fuera racista, su retrato de la sociedad castellana coincidía con la valoración despreciativa en la que que autores extranjeros habían abundado a lo largo del siglo XIX, para indignada protesta de los intelectuales nativos, como, por ejemplo, Juan Valera.[84] No podía convencer. Precisamente su voluntad de politizar el catalanismo, hasta su redefinición almiralliana en esencia un ejercicio literario, le trajo la inquina de quienes desaprobaban tal evolución; como, en el verano de 1887, escribió a Valera el todavía joven Marcelino Menénedez y Pelayo, sin duda el más destacado de los decimonónicos «catalanófilos» españoles:

> El catalanismo, aunque es una aberración puramente retórica, contra la cual está el buen sentido y el interés de todos los catalanes que trabajan, debe ser perseguido sin descanso, porque puede ser peligroso si se apoderan de él los federales como Almirall, que ya han comenzado a torcerle y a desvirtuar el carácter literario que al principio tuvo. El tal Almirall es un fanático todavía de peor casta que Pi y Margall, a quien siguió en un tiempo, pero cuyo catalanismo ya no le satisface o le sabe a poco. Está haciendo una propaganda nacional de mil demonios. Y asómbrese usted: le apoya el mismísimo Mañé y Flaquer desde las columnas del archiconservador *Diario de Barcelona.*

Menéndez concluyó, sentenciero: «El misterio de todos estos autonomismos [sic] está en que a esos señores no se les ha hecho ni se les hace en Madrid todo el caso que ellos se figuran merecer.»[85]

En efecto, ante los argumentos de Núñez de Arce, al tiempo que se pronunció Almirall, también el conservador catalán Joan Mañé i Flaquer decidió contestar en formato epistolar desde su periódico, el *Diario de Barcelona.* La respuesta de Mañé tuvo mayor resonancia que la de Almirall. Hasta Núñez de Arce se rindió y le escribió para agradecer la caballerosidad del director del «Brusi» e insistir que no tenía nada en contra de los catalanes. Sus «cartas» –aparecidas entre diciembre de 1886 y marzo del año siguiente– fueron inmediatamente recogidas en una obra devenida famosa, *El Regionalismo.*[86] Su impacto se debía al patente reaccionarismo de Mañé, tan acentuado como para que, en el inicio de la Restauración borbónica, recelara de Cánovas del Castillo por excesivamente liberal. Resultaba chocante, pues, ver a Mañé de alguna manera defendiendo a un republicano público.[87] Sin embargo, Mañé, hijo adoptivo de las diputaciones vascongadas por su campaña fuerista en prensa y libro de los años setenta, tenía la costumbre de provocar los ardores centralistas, que él estimaba de raíz liberal, como en su campaña «Cataluña independiente» de 1882, recogida por los foralistas navarros.[88] Estaba, pues, más que dispuesto a cruzar espadas con Núñez de Arce sin por ello perdonar a Almirall.

> No; su discurso de V. no es una diatriba contra el pueblo catalán, pero sí una catilinaria contra Cataluña. Apunta V. a los regionalistas intransigentes y dispara contra la generalidad de los catalanes. [...]
>
> ¿Existe el regionalismo como cosa formal en España? V. aparenta creer que no, y sus obras están en contradicción con sus palabras. Si el regionalismo no existiera, si fuera cosa tan baladí como V. supone, no enristraría V. su poderosa lanza para embestir esos molinos de viento, que reduce V. a un prosista extravagante [Almirall], a cuatro copleros ramplones y a unos cuantos políticos soñadores y sin sentido práctico [Guimerà y afines]. [...]
>
> Sí: el regionalismo existe no sólo en Barcelona, como V. supone, sino en toda España, y en Madrid más que en ninguna otra parte; pero V., desde la altura en que se halla colocado, ha visto lo que tenía lejos y ha dejado de ver lo que se arrastraba a sus pies. No hay villa, ni ciudad, ni provincia en España que goce de más privilegios que Madrid, que los defienda con más empeño, que procure aumentarlos con mayor afán, que más se irrite contra los que tratan de disputárselos, pareciéndole muy natural esa ley de excepción en que vive.

Mañé resumió todas las acusaciones de Núñez de Arce contra el temido «particularismo»:

> Que Barcelona vive consumida por la envidia que le inspira Madrid.
>
> Que los catalanes hablan catalán por pura terquedad o por odio a Castilla.
>
> Que la literatura catalana no tiene más objeto ni más razón de ser que mantener el odio de nuestro pueblo contra el resto de España, y particularmente contra Madrid.
>
> Que en Cataluña es vulgar la creencia, alimentada por una vanidad pueril, de que Madrid no es un centro productor como Barcelona.
>
> Que hay aquí quien tiene la absurda pretensión de que los jueces que funcionan en Cataluña entiendan la lengua catalana y conozcan el derecho catalán.
>
> Que el regionalismo catalán amenaza la integridad de la patria española.
>
> Que los catalanes jamás cesan en sus pretensiones de gozar de privilegios a costa del resto de España, y que no pierden ocasión de amenazar e imponerse al resto de la nación.

Que los poetas catalanes tienen la osadía de dar el título de patria a Cataluña, a pesar de que esta patria coge bajo una chimenea.

Que la mucha emigración de catalanes a las repúblicas americanas prueba nuestro carácter aventurero, etc., etc., etc.

Su folleto era, sencillamente, una refutación, paso a paso, con impecable lógica de formación tomista, de tales proposiciones. La antítesis mañeniana era sencilla y concisa: «Estos tres caracteres tiene hoy nuestro regionalismo; es catalán, es nacional, es europeo.» Tan contundente pareció la reacción del Mañé habitualmente reaccionario, que él mismo tuvo que establecer sus distancias respecto a Almirall:

> Y no vaya V. a creer por lo que llevo dicho que yo me erijo en abogado del señor Almirall, ni siquiera que admiro sus principales puntos de vista y conclusiones. Después de hacer justicia a su talento, a sus conocimientos, a su perseverancia y a su independencia de carácter, que son verdaderamente extraordinarios, nadie ha combatido las doctrinas del Sr. Almirall con tanta tenacidad como yo lo he hecho; porque, hablándole a V. con sinceridad, le confesaré que es el enemigo más temible de los principios que yo profeso, que son los del regionalismo conservador. [...]
>
> Comparo *Lo Catalanisme* de Almirall a una hermosa pirámide, hábilmente labrada para ocultar su carácter e inspirar confianza, a fin de que los que la recorran sin recelo hasta la cúspide encuentren natural que la corone un gorro frigio. La pirámide está hecha para el remate, pero aparentemente el remate no es más que un incidente a que el autor da escasa importancia. Con perdón de V., opino que el libro está escrito con mucha habilidad, con una *bonhomie* y aparente imparcialidad capaces de cautivar el entendimiento de las personas poco versadas en el estudio de la filosofía y de la historia.
>
> Almirall ha venido al regionalismo desde el federalismo; ¿es hoy sinceramente regionalista *sans arrière pensée*, o, viendo el descrédito en que cayó el federalismo, lo disfraza de regionalismo para hacerlo presentable y atraerle las simpatías y el favor de los regionalistas poco avisados? Es difícil contestar a esta pregunta tratándose de persona tan sagaz, que no peca de ignorante ni de inocente.
>
> Su libro es un modelo de tolerancia y de aparente equidad; de ninguna de sus páginas brotan esos odios contra instituciones y creencias antipáticas para los de su partido; antipatías y odios que no saben ocultar ni los hombres de más frío temperamento, incluso Pi i Margall. Hasta se muestra tolerante con el regionalismo que es obra de la tradición único que tiene razón de ser; pero mirando la cosa despacio, se ve que le abraza para ahogarlo entre sus brazos.[89]

En conclusión, para Mañé, Almirall era ejemplo de: «[l]os teóricos de Ateneo, los que juzgan los efectos de una legislación no en lo que ahora se llaman "documentos humanos", es decir, en los hechos, sino en las creaciones de su fantasía; los que hablan de nuestras leyes y de nuestras costumbres sin conocerlas más que de referencia, les suponen inconvenientes y daños que inventa su imaginación por el espejismo que en ella ejercen teorías que entre nosotros no tienen aplicación.» Para el viejo moderado, era culpa del «gobierno central que da todas las facilidades a los que conspiran contra las creencias y la moralidad de nuestro pueblo»: el previsible resultado sería que «cuando se haya borrado de su cabeza [del pueblo sano] la noción de patriotismo con la predicación de vago humanitarismo y de cosmopolitismo», entonces «tomarán libre carrera sus violentas pasiones y sus aviesos instintos, ya sin freno que los contenga».[90]

Los argumentos de Mañé dejaron al poeta liberal sin otro recurso que reiterar, sin gran poder de convicción ante sus lectores barceloneses, que su enemigo era «el particularismo» y no los catalanes en general. Así, en una nota para la prensa, Núñez de Arce aseguró que:

> He sufrido con paciencia en estos días, que, gentes para quienes, en nuestros tiempos perturbados, la constante propaganda hecha en reuniones y banquetes en favor del derecho de insurrección ha merecido calurosos aplausos, se escandalizaran pudorosamente de que yo tocara la cuestión peligrosa, señalando la existencia de una llaga nacional, hasta ahora, gracias a Dios, sin gravedad alguna, pero que puede encontrarla con el abandono y el silencio.
>
> He sufrido que, con notoria falsedad, se me acusara de haber hecho una ciega apología de Castilla, cuando guardando a todas las provincias de España los debido respetos, y tratándolas con el fraternal cariño que alienta mi corazón, me he concretado sólo a defenderla de las atroces injurias con que ha pretendido mancillarla el particularismo, sosteniendo en folletos, libros, periódicos y discursos, entre otras cosas (cito textualmente las palabras), que es «un pueblo degenerado y que ocupa uno de los últimos lugares en la escala de las razas civilizadas». [...]

Él, por el contrario, se mantenía incólume, firme ante los ataques injustos, en defensa de la verdadera esencia hispana de Cataluña:

> [...] fortalecido con el recuerdo de los generosos esfuerzos que ha realizado Cataluña en las grandes crisis de la patria española, durante la guerra de la Independencia, en la de África y en la de Cuba, protestaba enérgicamente contra los que a todas horas, en discursos, folletos, periódicos y libros, califican de quijotismo (cito también frases textuales), la viva protesta de todos los corazones españoles contra la ocupación inglesa de Gibraltar, y de vanidad idealista y abstracta el noble tesón con que procurábamos sostener, al otro lado de los mares, la integridad nacional.

A pesar de su aparente convicción, el poeta y político liberal titubeaba. Ante el peso de la réplica de Mañé, Núñez de Arce sabiamente se retiró del campo de batalla, con una declaración victimista, llena de falsa modestia: «He sufrido, o mejor dicho, he recibido con calma los indignos telegramas y cartas soeces que en representación de colectividades anónimas o en nombre propio me han dirigido algunos desdichados, que ni son liberales amantes de la discusión, ni verdaderos catalanes, ni siquiera personas decentes, cuando a tales medios apelan, y de los cuales sólo digo que por mucho que empinen su soberbia, y por mucho que procure yo bajar mi desprecio, no es posible que ni la una ni el otro se encuentren en el camino.» Pero, en carta a Mañé, añadió que:

> [No] me he resignado con que se presentase a cuantos no hemos nacido en tierra catalana como a unos *salvajes muy simpáticos* [sic], pero al fin *salvajes* caídos en el último escalón de las razas civilizadas; –¿quiere V. que le dé los textos?– he protestado contra la manía insana de atribuir a Castilla los errores y vicios de un sistema, cuyas exageraciones condeno en el mismo discurso que usted juzga, con toda la energía de que soy capaz, y he procurado restaurar un poco la verdad histórica, algún tanto desfigurada para llegar a las más absurdas y peligrosas conclusiones; pero ¿hay en esto agravio alguno a Cataluña?[91]

En todo caso, Núñez de Arce abandonó el terreno de la pugna intranacionalista, postura prudente en la que persistió hasta su muerte en 1903. En palabras de su biógrafo oficioso: «El discurso del 3 de diciembre de 1887 [en el Ateneo de Madrid] versó sobre el lugar que corresponde a la poesía lírica en la literatura moderna, y sus afirmaciones merecieron elogios de afamados literatos extranjeros.»[92] Mañé, haciendo balance en 1900, poco antes de su muerte el año siguiente, consideró que «[a]quella polémica, deplorable desde el punto de vista nacional [español], produjo aquí el beneficioso resultado de dispertar [sic] o avivar el sentimiento regionalista, lo cual dio origen a la constitución de asociaciones con fines científicos o artísticos, todos con referencia a Cataluña», lo que, a su vez, añadió, era provechoso para los jóvenes y los hombres de negocios.[93] Significativamente, ante el cariz que tomaba el naciente regionalismo, Mañé suprimió de su versión original la denuncia que entonces hizo del oportunismo más cínico representado por Almirall, pero que igualmente podía atribuirse a los que, tres lustros después, serían sus herederos:

> Los regionalistas federalistas que sepan adónde van son aquí pocos en número, pero inteligentes, activos, vigilantes, al acecho de todas las oportunidades que puedan favorecer sus intentos, dispuestos a hacer suyas todas las causas que, más o menos relacionadas con la suya, les proporcionan soldados y ocasión de reñir batallas que les hagan populares y aumenten el número de sus adictos. Son lo que fueron los jefes de todos los partidos en vía de gestación; pero aprovechan-

do la enseñanza de pasados errores, quizá se presentan más cautos, más reservados, con aparencia más seductora de imparcialidad y de espíritu de justicia.»[94]

Las resonancias, o Barcelona como capital de los regionalistas hispanos

Con tales andanadas, el ambiente entre Madrid y Barcelona parecía cada vez más enrarecido. En 1887, también hubo barullo barcelonés contra Juan Valera por unas afirmaciones suyas en la *Revista de España*, si bien, en ese mismo año, Valera escribió al novelista catalán Narcís Oller, para asegurarle que: «Si siguen ustedes escribiendo mucho y bien en catalán, se venderán y leerán en catalán por toda España, sin necesidad de traducciones.»[95] El calor del debate de fondo, más el foro ofrecido por la revista *La España Regional*, permitió que Barcelona se convirtiera en foco de regionalismo al nivel peninsular.[96] El preclaro ejemplo de los Jocs Florals catalanescos, restablecidos en la Ciudad Condal en 1859, ya daba un merecido prestigio a la capital catalana como cabecera de toda pulsación regionalista hispana.[97] Todo aquel que pretendía decir algo sobre la materia y ser escuchado debía pasar por la Ciudad Condal, donde el cálido recibimiento le estaba casi garantizado.[98] Así, por ejemplo, los escritores en gallego tomaron muy en cuenta la atención que podían recibir en la capital catalana.[99] El gallego Alfredo Brañas (1850-1900), publicó en Barcelona su obra fundamental, *El regionalismo. Estudio social, histórico y literario en 1889*. Su *Estudio* se remitía a los debates del primer galleguismo unos años antes, con un punto de partida que era meditada réplica al historiador Sánchez Moguel, cuyas declaraciones en 1883 habían provocado airadas reacciones galaicas. Pero, en su libro, Brañas acabó por reconocer el protagonismo de la Lliga de Catalunya y los de *La España Regional*:

> Como se ve, en el fondo de esa petición late la verdadera idea regionalista, y por de pronto hemos de decir en honor de la Lliga de Cataluña que ella ha sido la primera en arrostrar las iras de los unitaristas, reclamando de la ilustre Soberana de la nación española las preeminencias y los fueros que por derecho y de justicia al Principado corresponden. Sin embargo, ha sido necesario hacer algunas aclaraciones al famoso documento de la Lliga, y en varios números de *La España Regional*, los Sres. Romaní y Torroja distinguieron con mucha claridad el catalanismo y el regionalismo, proponiendo la supresión de aquella palabra como exclusivista y muy expuesta a torcidas interpretaciones y la sustitución de la misma por la segunda, como más apropiada a la doctrina que se defiende.[100]

También el otro gran prohombre del incipiente galleguismo, Manuel Murguía (1833-1923), se sintió movido a rebatir las declaraciones de Sánchez Moguel. Seis años después del discurso de aquél en la Real Academia de la Historia, Murguía publicó en La Habana en 1889 su propia respuesta, *El regionalismo gallego*. Pero el texto que le dio mayor renombre al marido de Rosalía de Castro fue «Orígenes y desarrollo del regionalismo en Galicia», ofrecido el año siguiente como conferencia en la sede de la Lliga de Catalunya. Allí dijo que el problema de fondo de Galicia, visto en la perspectiva de Barcelona, era «el predominio, grande, dominador, absoluto de los intereses políticos del momento sobre los del país», hecho que atribuyó a «la falta de una ciudad más populosa que las que hoy contamos, la falta de grandes centros fabriles y los intereses que éstos engendran», con lo que «la expresión más clara y efectiva de nuestro regionalismo» era, bien paradójicamente, el Centro Gallego de La Habana.[101] Como reflejo del ejemplo catalán, en junio de 1891, Murguía pudo presidir los primeros «Juegos Florales de Galicia», celebrados en Tuy, con Brañas ofreciendo el discurso de gracias.[102] En realidad, a pesar del relativo protagonismo catalán, mientras no fuera cuestión de articular una respuesta política con una amplia base social, todos los regionalismos incipientes eran comparables en su afán proyectista para la articulación política de una España feliz en su equilibrio interno institucional. En eso precisamente se basaba el atractivo de *La España Regional*.[103]

En ese mismo junio de 1891, la Lliga de Catalunya recibió al foralista navarro Arturo Campión (1854-1937). Campión ya tenía una larga relación con el grupo de *La España Regional* y no fue el primer foralista de Navarra en hacer la peregrinación a la capital catalana.[104] La especificidad del estilo pamplonico había tenido mucha prédica decimonónica en medios catalanescos: al fin y al cabo, *La Joven Navarra* de 1860, como cabecera de respuesta o eco a las reiteraciones madrileñas de *La Joven España* en la década anterior, predató en diez años el aprovechamiento catalán del romántico tópico europeo.[105] Además Campión, igual que los catalanistas, combinaba la reivindicación lingüística con su programa particularista.[106] Primero Campión se dirigió a los Juegos Florales, y, un mes después, disertó para la Lliga de Catalunya sobre el «Origen y desarrollo de regionalismo nabarro [sic]». Si en Pamplona era portavoz de un catolicismo blindado, en la descreída Barcelona se moderó: tras explicar que «el fuerismo consistía en tres o cuatro ideas fundamentales: unión *basko-nabarra* [sic], apartamiento de los partidos ultraibéricos, defensa de la ley de 1841 como statu quo provisional, a reserva de denunciarlo por incumplimiento de parte del Gobierno central, apenas la braveza de las corrientes fueristas legitimara la reclamación de más completa autonomía», exhortó a su auditorio: «Hora es que Cataluña, aleccionada por nuestros reveses y amaestrada por nuestros errores, piense en la acción política».[107]

Era evidente la intención de diversos núcleos catalanistas de llamar la atención y aunar esfuerzos hispanos.[108] Como ya había dicho Sebastià Farnés en 1888 en *La Renaixensa*, en la cuarta entrega de su serie *La Patria Regional. Cartes a un biscaí*: «Lo hemos dicho muchas veces desde *La Renaixensa* y afuera; la nación no encontrará medio de salvarse de la postración y decaimiento en que se encuentra, si no es haciendo un supremo esfuerzo y acogiéndose a la bandera eminentemente nacional, puramente patriótica de la organización regional.[...] Una generación que así piensa, que así espera y trabaja con coraje y ánimo surge en Cataluña. ¿Por qué no ha de suceder lo mismo en la patria euskara?»[109] Por esa misma lógica, a partir del enlace con Campión, la Lliga de Catalunya se imbricó en la llamada «Gamazada», una serie de protestas navarras entre mayo de 1893 y junio de 1894 contra el intento del ministro liberal de Hacienda, Germán Gamazo, de aumentar la cuota tributaria de la provincia, agitación victoriosa por desgaste.[110] La admiración catalanista creció por una protesta foral capaz de levantar hasta una partida armada y echada al monte en Navarra.[111]

No todos los invitados dieron tantos frutos políticos. Después de la venida de Campión, el siguiente visitante convocado por los catalanistas, en mayo de 1892, dentro de su campaña de concienciación regionalista, fue el novelista cántabro José María de Pereda (1833-1906), quien asimismo estuvo en los Juegos Florales catalanes, para luego ser homenajeado en la Lliga de Catalunya y la Academia Calasancia, una estancia lamentablemente coincidente con un clima de tensión social en Barcelona.[112] Y, el año siguiente, en mayo de 1893, el invitado fue Brañas: además de disertar en las páginas de *La España Regional* («En España el regionalismo tiene un fundamento histórico indestructible»), y de ser mantenedor en los Juegos Florales barceloneses, dictó una conferencia en el Fomento del Trabajo Nacional.[113]

Pero era difícil establecer un consenso interregional, ya que el regionalismo significaba muchas cosas diferentes en lugares diversos. Así, por ejemplo, en su discurso en los Juegos Florales de Barcelona, Pereda quiso definir el sentido del regionalismo que creía compartir con los catalanistas:

> [...] soy, en suma, de los que pretenden que ya que no sea posible ni lícito siquiera, en el sentir de muchos, oponerse al torrente nivelador que avanza para arrollarnos, presten las letras y el arte seguro refugio a esas cosas tan dignas de ser salvadas, para que jamás perezcan [...]
>
> En este sentido, soy regionalista como vosotros, y en la justa proporción cómplice vuestro también en el delito de lesa patria común atribuido a los que, como nosotros, viven enamorados de la región nativa, por los hospicianos de la patria grande. Porque es un hecho notorio que para esos seudopatriotas, vosotros, que con rico abolengo e ilustre solar en el mundo de las letras trabajáis incansables para acrecentar lo heredado y ennoblecer lo adquirido, y como vosotros los nativos de otras regiones de parecido caudal al de la vuestra, y hasta los que como yo, de más modesto linaje [...] trabajamos para el desdoro y la ruina de las Letras nacionales y hasta relajamos los vínculos de la unidad española. ¡Peregrina manera de entender el patriotismo! [...]
>
> ¡La unidad de la patria! ¡Buena andaría esa unidad si no tuviera otra solidez, otros vínculos de cohesión que la voluntad de unos cuantos hombres que

turnan en el oficio de gobernantes y el prestigio de un puñado de cláusulas estampadas en libros bajo el título de Leyes de Estado!

Y el autor de *Peñas arriba* quiso subrayar la complementariedad entre su regionalismo, el sentimiento nacional e incluso la proyección imperialista, con un sentido que no era precisamente el anhelado por muchos de sus anfitriones:

> Este amor a nuestra región, a nuestra tierra, a la rinconada de nuestro pueblo, lejos de apagar en nosotros el sentimiento de la patria, lo fecunda y engrandece. La patria chica nos hace amar a la patria grande. Seguro estoy de que los soldados que ahora, a millares de leguas (en los campos de Filipinas y en los maniguales de Cuba), pelean y mueren por España, creen ver entre la humareda del combate la cruz del campanario de su aldea, y el campo regado con el sudor de sus padres, y la rinconada de su pueblo, en la cual bailan mozos y mozas los días festivos al son del tamboril y la dulzaina.[114]

Realmente, fue en la segunda mitad de los años noventa cuando la discusión regionalista se generalizó en las Españas, pero con el ojo siempre puesto en la Ciudad Condal, gracias en buena medida a las polémicas cruzadas y sostenidas en muchas direcciones a la vez. Muestra de tales cruces fue, en el verano de 1896, el ataque de Murguía a Valera por infravalorar al galleguismo en relación al catalanismo.[115] En resumen, la capital catalana fue el indiscutible crisol de las inquietudes regionalistas hispanas en la década entre 1885 y 1895. Este protagonismo barcelonés llegó hasta el punto que, por ejemplo, el *jocfloralisme*, además de convertirse en modelo para el cultivo de sentimientos literarios por la «Patria chica» en toda España, repercutió en el propio medio catalán con la proliferación de imitaciones por doquier entre las ciudades menores del Principado.[116]

La interacción entre el foco barcelonés y la agitación regionalista hispana tuvo importantes repercusiones en el despegue del mismo movimiento catalanista: nada menos que Cambó fue reclutado para el Centre Escolar Catalanista (entidad de la que no había oído hablar) en una conferencia que dio Brañas en la Ciudad Condal convocada por el grupo estudiantil.[117] Resulta imposible creer, pues, a un pésimo estudiante de Derecho en la Universidad de Barcelona como Sabino Arana y Goiri, por mucho que insistiera en que el ambiente barcelonés no le estimuló en nada (es más, aseguró que ni se enteró de lo que allí pasaba) y que repitiera que solamente se dedicó a estudiar por su cuenta la percepción de la «independencia de Bizkaya» que en 1882 le insufló su hermano menor Luis (que sí acabó su carrera barcelonesa), quien, a su vez, la había recogido de un maestro suyo en la escuela que mantenían los jesuitas en Laguardia en Galicia.[118] La epifanía de los hermanos Arana pudo ser perfectamente verdad, pero el «hecho diferencial» en cualquiera de sus versiones era un descubrimiento que flotaba en el ambiente, un ejemplo del tan discutido *Zeitgeist*.

La disyuntiva que entonces se planteó era clara: *o el regionalismo comportaba una revisión global del sistema político español, o, por el contrario, ofrecía su fragmentación*. En 1897, el viejo Víctor Balaguer, a poco de su muerte en 1901, dirigió un encendido llamamiento a los Juegos Florales de Calatayud, que reflejaba su creciente distancia del humor regionalista en Barcelona:[119]

> El moderno regionalismo catalán, el verdadero, el legítimo, hiciéronlo, escribiendo sólo en castellano, muchos autores, casi todos hoy criminalmente olvidados, y de quienes ni siquiera como precursores se ocupan las que yo me atrevo a llamar incipientes o menguadas historias de literatura regional catalana, hasta ahora publicadas.
>
> Sí, craso error y profundo el de aquellos que afirman y sientan que sólo existe regionalismo donde únicamente existe lengua propia, distinta de la nacional.
>
> ¡Cómo! ¿No hay más regionalismos en España que los de aquellas comarcas, provincias o regiones que tienen idioma propio?
>
> Pues ¿y el regionalismo aragonés, que vive y florece con toda esa su opulenta pléyade de literatos, de poetas, de artistas, de jurisconsultos, de sabios, de periodistas que son ornato y gala de Aragón?
>
> ¿Y el regionalismo andaluz, con esas sus maravillas de ingenio, sus bizarrías de ibero y sus almogaverías de árabe, que encienden sus cantos populares y levantan las obras de sus autores?
>
> ¿Y el regionalismo montañés, que tiene por caudillo al ilustre académico Pereda; el regionalismo montañés, que tantos vuelos tomó y tantos alcanza?
>
> ¿Y el regionalismo extremeño, que tanto se agita hoy y tanto bulle con ocasión de sus *Recuerdos y añoranzas del famoso santuario de Guadalupe*, regionalismo del que es apóstol y profeta otro académico ilustre, honor de aquella región, D. Vicente Barrantes?
>
> ¿Y todos esos otros regionalismos literarios que viven y lucen y gallardean, el asturiano, el navarro, el valentino, el balear; los mismos regionalismos cubano, puertorriqueño y filipino, que hablan todos y se expresan en la lengua de Cervantes y que son pedazos de la patria española?

Con esta perspectiva, por ejemplo, Balaguer, como buen liberal y hombre que trajo a Amadeo de Saboya a España, se situó en marcado contraste a un Guimerà o un Aldavert, cargados de añoranza por los borrados principados «regionales» de Italia, como Nápoles o el Estado Pontificio (la gran cuestión de fondo siendo el perdido poder temporal del Papado). Partidario de una visión estatista literalmente internacional, en la cual el sentimiento regional tenía su lugar pero no una trascendencia absoluta, Balaguer quedó como paladín sentimental de la unificación italiana, celebrado por sus admiradores allí.[120] A partir del significado del Risorgimento, Balaguer insistió en que era peligrosa la alternativa de un regionalismo que se creyera trascendente: «Hay que reconocer regionalismo en todas aquellas comarcas que lo tienen claro, evidente y propio, sea la suya la lengua castellana u otra cualquiera; pero es necesario que sea un regionalismo de verdad, puro, de buena ley, sin tacha ni mácula, regionalismo de España por España y para España; porque de no ser así, entonces el regionalismo toma otro nombre y es otra cosa, es dolo, traición, despropósito y locura.» Su conclusión: «El verdadero regionalismo no ofrece temor alguno.»[121]

Con argumentos tan transparentes, sin las ambigüedades que gustaban en el cambio de siglo, don Víctor quedó confirmado como un valor obsoleto para la juventud inquieta de Barcelona. Pero las nuevas recetas políticas que circulaban por los medios catalanistas más atrevidos tenían más en común de lo que querían admitir, por mucho que su tono fuera radicalmente diferente.

«Intervencionismo» estatal, pero más allá del Estado: el iberismo recuperado

La originalidad –calculada y limitada– de Prat de la Riba fue la asunción de una formulación concreta de la relación entre parte y todo, región nacional y Estado-Nación, que situaba la cuestión en un grado superior de ambigüedad y que permitía generalizar el debate fuera de los cenáculos habituales de Cataluña y situarlo más allá, para convertirlo en un tema de discusión español. Con ello, Prat se hizo abanderado del «intervencionismo» catalanista. Como se ha visto, el vehículo para hacerlo fue la noción de «imperio», que se esperaba fuera efectivo justamente por su carácter atrevido. Sin embargo, como también ya se ha notado, existía una tradición de proyectos catalanistas, desde al menos los años ochenta, que de una u otra manera, mirando hacia Austria-Hungría, Alemania o Gran Bretaña, habían pretendido un realismo político superior al de quienes abogaban por un cambio republicano, de signo federal o confederal.

Prat supuso que, al negar la prioridad del Estado, se podía formular un protagonismo catalán en el rediseño de una futura España *por encima* de las limitaciones conceptuales que el estatalismo imponía. La relación entre «unidad cultural» e «imperio», por tanto, implicaba que el «catalanismo intervencionista» podía ser nacionalista en Cataluña y regionalista en España, sin incurrir en contradicción alguna. El lenguaje catalanista, pues, tenía una lógica desde la reivindicación catalana interna a España, pero podía saltar más allá de las fronteras defensivas de la españolidad, para ofrecer su imaginación a cambio de un reconocimiento.

Posiblemente la muestra más clara de esta voluntad catalanista de protagonismo allende de Cataluña fue la resurrección relativa de la temática iberista, que ha sido considerada como un «nacionalismo fracasado» característico en el contexto español en el siglo XIX.[122] En realidad, a medio camino entre la evocación literaria y la aspiración política, la llamada a un encuentro duradero de los países ibéricos fue un componente esencial del discurso liberal de la Renaixença; en ello, como en tantos otros tópicos del catalanismo, Víctor Balaguer –en su pletórica juventud– estableció la pauta. A partir de la insistencia en la recuperación de la Corona de Aragón como conjunto, bajo la sabia dirección catalana (por ser esta sociedad la mejor adaptada a las exigencias de la modernidad), Balaguer vio como consecuencia lógica la creación de una federación de pueblos ibéricos, parte de un eventual encuentro de todos los latinos en un gran «imperio», para llegar, en un horizonte lejanísimo, a la gran asociación humana:

> Con cada obra que publico trato de completar una idea que está dentro de mí encarnada y viva: trato de sostener en todos los terrenos, en el político, en el histórico, en el literario, la que creo alta y patriótica misión de señalar el camino, que, en mi pobre concepto, es el único que puede conducir con el tiempo a una nacionalidad ibérica; la que yo creo necesidad urgente de dar vida propia e independiente a la provincia dentro de la unidad política y constitucional de la nación; y, por fin, lo que creo imperioso deber de que cada agrupación de las antiguas nacionalidades ibéricas alce su bandera de tradiciones históricas y recuerdos políticos para, en nombre del pasado, fijar su derecho al futuro.[123]

Llegó a ser casi un tópico a mediados de siglo XIX.[124] A pesar del sentido más abierto de tales efusiones, fueran catalanas o de otras partes hispanas, el iberismo decimonónico –en su sentido más estricto– culminó en la Revolución de septiembre de 1868, con la candidatura del rey consorte viudo de Portugal, Fernando de Saxe-Coburgo, al trono español desocupado por Isabel II: por implicación, la convergencia con los Braganza traería una unión dinástica hispano-lusa.[125] La evolución de los hechos desinfló el significado más sencillo y mecánico de la unión, establecida desde la cima, si bien subsistieron propuestas para la creación de un *Zollverein* ibérico, iniciativas que de vez en cuando reaparecían.[126] Sin duda las coetáneas muestras de unificación exitosa en Europa pesaron mucho; como escribió Frutos Martínez Lumbreras, un republicano español, iberista apasionado, en 1881: «La obra política de la unidad, [sic] ha tenido varios ejemplos en nuestro siglo. Alemania e Italia lo han logrado ¿Más es éste el ideal que deben perseguir las modernas influencias por la propaganda democrática? No.» La vía militar –se contestó a sí mismo– la rendía imposible; sólo una solución pacífica y atractiva podría culminar el encuentro ibérico.[127]

Por ello resultaba tan atractiva la idea de una unión aduanera como primer paso. Puede que, ya a finales de siglo, la pulsación iberista más significada la protagonizó el intelectual republicano portugués Sebastião Magalhães Lima, francmasón notorio, a raíz del Congreso federalista luso-hispano celebrado en Badajoz en junio de 1893, con un nutrido elenco de partícipes (pero sin una visible delegación catalana).[128] Para Lima, igual que para Almirall, cualquier nuevo conglomerado hispano o ibérico era un anillo en la cadena de vinculaciones latinas y, eventualmente, globales:

> La Federación ibérica es una necesidad colonial, histórica, moral, comercial, económica, agrícola, industrial, etnográfica y etnológica. [...]
>
> ¡Oh! ¡No! Y véase por qué nosotros preconizamos la Federación entre el Portugal y la España, porque esos dos países tienen todas las condiciones para fundirse juntos, para que los dos países estén federados, la Federación latina se impondrá como primera etapa para alcanzar la Federación humana.
>
> ¡Y qué soberbio espectáculo ofrecerá a la Europa esa Federación, que será para la humanidad uno de los hechos culminantes del siglo XIX![129]

Sin embargo, resultaba difícil darle un sentido político muy concreto a esta aspiración, fuera del utopismo más abstruso. Según Martínez Lumbreras, a principio de los años ochenta: «Las escuelas ibéricas son éstas: Ibéricos fusionistas (Monárquicos ibéricos, Imperialistas ibéricos, Republicanos ibéricos); Federalistas ibéricos (Federación comunista peninsular, Cantonalismo federal-ibérico); Autonomistas peninsulares (Confederación monárquico-independiente, Confederación autonomista-republicana).»[130] El panorama ideológico, pues, estaba todavía lleno de restos del Sexenio revolucionario, con una gama que iba desde los antiguos amigos de Prim a los partidarios del cantonalismo «rojo», sin rastro de una opción específicamente catalana.

Pero el despegue progresivo del catalanismo, desde mediados de los años ochenta, combinado con la tendencia de la nueva corriente intelectual a fagotizar el federalismo y sus intentos de recuperación en los años inmediatamente anteriores, dio lugar a un iberismo nuevo, de clara pulsación catalana, muy evidentemente capaz de recoger entre las opciones iberistas en ruinas, para combinar lo allí hallado con un incipiente sentido geopolítico.[131] En el esquema catalanista, la incorporación lusa tendría doble función: *al tiempo que aseguraba el establecimiento de una confederación allá donde antes había un Estado español unitario, la presencia de Portugal actuaría como aliado natural de Cataluña, como contrapeso, a expensas de la histórica hegemonía castellana.* Al oscilar entre dos modelos interpretativos –una unión dinástica o una federación de Estados– el iberismo, con un cierto regusto de difuso izquierdismo por sus antecedentes, era, pues, una natural invitación a la especulación permanente en Barcelona, donde siempre hubo alguien dispuesto a agitar el tema con entusiasmo.[132] Pero, por la izquierda o por la derecha, fue un inequívoco signo de utopismo. Significativamente, Almirall, con su afán en mostrar realismo político, no se mostró especialmente interesado en la idea.

La insistencia portuguesa en su desarrollo imperialista en ultramar, especialmente en África, durante las últimas décadas del siglo XIX, y las visibles apetencias de las grandes potencias para repartirse los terrenos a pesar de tales pretensiones, parecían ofrecer –según las mentes calenturientas iberistas– una fácil confluencia con un ideal de «imperio» que ofrecía protección, sin la temida absorción castellana.[133] En efecto, las fuentes lusas, cuando tocaban tan espinosa cuestión, que allí rozaba sensibilidades en extremo delicadas, lo planteaban en términos de «equilibrio» peninsular, enfoque que podía llamar a engaño a los convencidos, desde Barcelona, de la bondad y solidez potencial de tales doctrinas.[134] Bajo la retórica amical, desde el punto de vista del iberismo «imperial» catalanista, con una propensidad austro-germana a la anexión confederal o federal, Portugal era un caso extremo de microcefalia, una escuálida metrópolis y unos extensísimos territorios africanos, más una representación nutrida de plazas asiáticas. Mejor que estuviera dentro de un conjunto ibérico, al estar España casi desnuda de territorios de ultramar después de 1898, y, por ello, sin grandes contradicciones ante las pretensiones lusas. Así, «los catalanes» obtendrían su equilibrio compensatorio, «los portugueses» una protección ante las pretensiones anexionistas en África, y «los castellanos» recuperarían el hilo imperial de «su» trayectoria española. Y todos contentos.

Prat supo aprovechar el iberismo para ir mucho más allá de los portavoces de *La España Regional* o de los «apostóles» de la Lliga de Catalunya en sus reivindicaciones. La radicalidad le sirvió, además, para conectar con algunos jóvenes de las promociones posteriores en Barcelona, asegurando que su mensaje tuviera así la nota briosa que da el atrevimiento. A principios del siglo nuevo, destacó Ignasi de L. Ribera y Rovira, nacido en un pueblo del interior catalán en 1880 de padre portugués y madre catalana. Ribera estaba más que dispuesto a aunar voluntades galaicolusas y catalanas en un único esfuerzo iberista, aunque se encontró con mucha mejor receptividad en el público barcelonés que entre los lectores o auditorios portugueses o gallegos.[135] Su padre dirigía una fábrica en Thomar, en Portugal, con lo que el pequeño Ignasi pasó buena parte de su infancia en tierras lusas, lo que le inspiró una cierta misión de comprensión transversal peninsular. Su especial herencia le convirtió en un puente entre el iberismo federalista de una generación anterior y las especulaciones modernistas que abundaban en el medio barcelonés, con gentes como Joaquim Casas-Carbó en el grupo de *L'Avenç*.[136]

Con recursos económicos propios, Casas-Carbó dedicó su vida al proselitismo sobre «el problema peninsular». Al prologar el librito *Iberisme* de Ribera (que *L'Avenç* editó en 1907), Casas-Carbó dejó clara la formulación geopolítica del iberismo catalanista:

> ¿Está de tal manera adaptada a la naturaleza de las cosas la existencia de una España y de un Portugal completamente independientes el uno del otro, es tan ventajosa para ambos su continuación en la forma actual que se pueda considerar el estado presente como la satisfacción completa de un ideal nacional? ¿O bien es razonable imaginar otra solución nacional hispánica más apropiada a la manera de ser y a los intereses de todos los pueblos peninsulares? [...] Pues podríamos decir, posiblemente, que si el problema ibérico no se ha resuelto hasta ahora y lleva camino de no resolverse jamás, será porque se ha plateado mal. ¿Y en qué términos se ha planteado hasta ahora, en general? En los de la unión de una España, Estado heterogéneo, conjunto de diversos pueblos que tienen diecio-

cho millones, centralizados cada día más bajo un patrón castellano, y de un Portugal, Estado homogéneo que comprende un pueblo de cinco millones. [...]

Planteado así el problema, es insoluble: se oponen a esta solución ibérica, al mismo tiempo, la debilitación del espíritu castellano, la resistencia suficiente del pueblo portugués, el interés de las dos dinastías y de Inglaterra. [...]

La solución puede venir de la Cataluña moderna, que representa un ideal político de variedad dentro de la unidad. Una de las misiones políticas de Cataluña es preparar a España para que pueda unirse con Portugal. Y esta preparación ha de consistir simplemente en una reconstitución del Estado español en el sentido del reconocimiento de las diversas personalidades nacionales que él contiene. En el día no lejano en el que la fuerza expansiva de la nacionalidad catalana, con su nueva fórmula de asociación de pueblos, haya contrarrestado completamente el espíritu castellano, que batalla todavía teniendo por bandera la fórmula de la supeditación, el problema de la unión ibérica se resuelve por sí mismo.[...][137]

La idea de Ribera era, sencillamente, que: «El avance del lusitanismo traerá una mayor afición a ser conocida Cataluña en Portugal.»[138] A partir de ese comienzo, que, en su muy optimista valoración, no era otra cosa que la recuperación de la *«hermandad histórica»* y de la necesaria relación mutua de los dos pueblos ante el hegemonismo castellano, el publicista luso-catalán esperaba que se abriría paso –con la fuerza creciente del despertar nacional catalán, el catalanismo y la Solidaritat– la solución tan sucintamente avanzada por Casas-Carbó.[139]

A tales proselitismos ingenuos –bendecidos por el histórico prohombre del republicano luso Teófilo Braga, poco después primer presidente de la flamante República portuguesa procalamada en 1910– se añadió algún aislado publicista luso, más o menos filocatalanista, que pudo intentar estimular en Lisboa el interés por el potencial renovador del movimiento nacionalista catalán.[140] Pero la figura intelectual más destacada que utilizó el argumento iberista fue Maragall.

El protagonismo intelectual de Maragall

Tal vez, al margen de cualquier tentativa de organización, la voz más representativa del reclamo de un «intervencionismo» catalán en los asuntos de España fuera la del poeta Joan Maragall i Gorina, nacido en Barcelona en 1860, cuyos artículos de prensa marcan una clara trayectoria desde principios de los años noventa hasta su muerte en 1911.[141] Diez años mayor que Prat de la Riba, Maragall era contemporáneo de Narcís Verdaguer i Callís, nacido en Vic en 1863 y primo del renombrado sacerdote-poeta, la figura que inspiró al núcleo de jóvenes universitarios que crearon el Centre Escolar Catalanista en 1886 y al ambiente del cual eventualmente saldría buena parte de la dirección de la Lliga, notablemente Cambó, claro seguidor suyo en sus años mozos.[142] Pero Verdaguer prefirió la discreción de las sombras, entre bastidores, a la publicidad.

Por el contrario, *fue Maragall (también licenciado en leyes) quien hizo público contrapunteo a Prat, o, mejor dicho, en términos de la eventual codificación del catalanismo, lo anunció, como el Bautista del evangelio «intervencionista»*.[143] Igual que más adelante harían los *lligaires*, él «buscaba modelos lingüísticos, culturales, sociales y políticos útiles para regenerar la Cataluña de su tiempo».[144] Maragall tuvo su «momento de máxima popularidad» en medios estudiantiles en los noventa, cuando «una gran parte de la juventud del ochocientos tenía la manía literaria», según el entonces imberbe Joaquim Maria de Nadal, nacido en 1883. «Los jóvenes le seguíamos por todas partes; hacíamos que nos lo presentaran; íbamos a leerle nuestras modestas o pretensiones concepciones.»[145] En 1890, entró precisamente como secretario de Mañé en la redacción del *Diario de Barcelona* para destaparse como articulista con una serie de escritos en extremo conservadores, cuando no reaccionarios.[146]

El poeta y ensayista fue, sin duda, una figura más compleja que lo que muestra cualquiera de las habituales lecturas políticas que de él se han hecho. Su especial inconformismo religioso tomó formas de difícil clasificación, más allá del paso de un agnosticismo, según la moda finisecular, a una fe católica, pero contradictoria.[147] Maragall estaba más que dispuesto a conceder al obispo Torras la primacía teologal, incluso con un suspiro místico; sin embargo, cederle el espacio social era otra cosa.[148] Reconocía la función moralizadora de la religión (con alusiones a Gladstone y al káiser Guillermo II) pero, por mucho que Torras formulara su aspiración hegemónica, Maragall sólo le secundaba para dar a la Iglesia un lugar privilegiado en la sociedad civil, sin el dominio exclusivo de su ortodoxia.[149]

Así, desde esta preocupación, Maragall enfocó buena parte de su obra poética como un diálogo a la vez crítico y admirativo con «*mossèn* Cinto», quince años mayor que él, y especialmente con su obra *Pàtria*, recopilación de poemas escritos desde 1866 aparecida en 1888, sobre temas de la capitalidad de Barcelona (la oda «A Barcelona»), Vic y el *vigantanisme* («Lo temple d'Ausa», «La Plana de Vic», «La mort de Balmes»), del catalanismo («Les barres de sang», «Los fills del Canigó» y, cara incipiente aspiración pancatalana, «Lo Pi de les Tres Branques»), y, finalmente, el sentido imperial español («La batalla de Lepant»).[150] El libro apareció con un prólogo del problemático amigo de Verdaguer, el padre Collell («Así es como reharemos la Patria catalana, yendo siempre a la vanguardia en el progreso y en la defensa de la Patria española»).[151] La obra del cura y poeta presentó a Maragall un repertorio de temas que él retomaría con su peculiar enfoque modernizador.[152]

Maragall, pues, se encontraba, en cuanto al catalanismo, en el meollo mismo del asunto, entre el Narcís Verdaguer político y el Jacint Verdaguer poeta. Desde su situación privilegiada, ofreció su especial síntesis intelectual. Iberista convencido, buscador de la «regeneración» y ferviente creyente en la virtud de novedosos impulsos reunificadores, superadores de las disensiones estériles y fútiles del liberalismo español decimonónico, Maragall intentó combinaciones ideológicas tan inestables como aunar Nietzsche y el catolicismo, mezcla que en su obra resultaba convincente, pero que difícilmente podía traducirse en algo más que una postura personal.[153] En el fondo, el filósofo alemán le sirvió al ensayista catalanista como un medio de ensalzar el espíritu libertario de la sociedad civil catalana, combinación de «patriotismo y moral» en palabras de Arthur Terry. En este sentido, «las ideas de Nietzsche sobre los poderes destructivos del superhombre habían de topar muy pronto con las circunstancias reales», con lo que se podían subordinar a una finalidad constructiva, mientras que, para seguir en la pauta rompedora, siempre, bien lejos en estilo y gusto religioso de la templanza maragalliana, estaba «Peius» Gener, quien presumía de haber descubierto y hasta anticipado al pensador germano.[154] Sin embargo, las combinaciones católico-nietzscheanas de Maragall, en buena medida gracias a su sentido plástico, servían como trasfondo decorativo, para muchas cosas a la vez; se encontraron, por ejemplo, en el wagnerismo, entonces el último grito.[155] Por ello, paradójicamente, Maragall tuvo una entrada fácil en el mundo cultural español, ya que siempre parecía que, aun cuando sentaba doctrina original, estaba siendo reflejo literario («por absorción o simple eco») de autores que eran exclusivamente ideólogos.[156] Tanto fue así que algunos comentaristas, singularmente Maurici Serrahima, quisieron convertirle, retrospectivamente, en el vertebrador de una muy hipotética y catalana «generación de 1901» anunciada por el historiador Vicens i Vives, frente a la supuesta promoción «noventayochista», de afirmación castellanista militante.[157]

En pleno debacle de 1898, Maragall remarcó las palabras de lord Salisbury, entonces primer ministro británico (y también responsable de la cartera de Exteriores), sobre las «naciones moribundas» en la política mundial. En mayo de ese año, los discursos de Salisbury y de Joseph Chamberlain, el secretario para Colonias, que, unos días después, se afirmó en términos parecidos, marcaron todo un estilo ideológico, expresado en la primera década del nuevo siglo por otros políticos como el norteamericano Theodore Roosevelt. Mientras tanto, el revulsivo en España fue prodigioso.[158] Pero, según Maragall, las palabras de Salisbury ofrecían un retrato que «conviene perfectamente a España, esto no cabe dudarlo». El poeta repasó el caso de pueblos (Japón, Italia, hasta Grecia) que habían sabido despertar en el siglo XIX, para llegar a la conclusión de que «[e]xisten en España fuerzas económicas que hasta ahora han contado por muy poco, sólo indirecta y ocasionalmente, en la dirección política del Estado.»[159] *En resumen, a juicio del escritor, la sociedad civil en España, ejemplificada por el tejido social de Barcelona, era el agente de salvación del Estado.*

Maragall, pues, potenció un modelo paradójicamente anglófilo. Subrayó que Salisbury se había dirigido en su discurso a la Primrose League, organización o liga fundada en 1884 por Randolph Churchill y otros, que reunía a los partidarios de una mayor proyección imperial británica, con el propósito especialmente de dar salida a su problemática social interna.[160] A mediados de los ochenta, la agitación de las ligas imperiales inglesas ayudó a crear un espacio político en el cual el conservador Salisbury podía encontrarse con otro agitador imperialista por antonomasia, el ex liberal Joseph Chamberlain, no solamente por su oposición compartida a las indulgencias respecto a imperios decadentes y en regresión, como el turco o el español, sino sobre todo por su común hostilidad unionista al Home Rule irlandés, propiciado por el liberalismo de Gladstone.[161] Vista muy críticamente (perspectiva entonces más bien extraña), también se podía entender el programa de *Joe* Chamberlain en términos netamente racistas.[162] En todo caso, el ejemplo de las ligas imperialistas británicas –a pesar de su marcado unionismo antiirlandés– sirvió como un importante modelo de *single-issue politics* que, un tanto contradictoriamente, influenció al naciente catalanismo político. Posiblemente con cierto filtro francés, inspiró la formación de la Lliga Regionalista en 1901.

Para Maragall, pues, era una verdad que: «La moral de las Naciones se reduce así a una sola máxima: Sed fuertes.»[163] Pero el *dictum* maragalliano se podía entender como crítica (al hecho de que las potencias despreciaban el derecho de los pequeños países) y también como exhortación a los catalanes (se debía tener el *morro fort* y aguantar todo lo que viniera encima). La pregunta, por lo tanto, era más bien el cómo. Ni caudillismos ni revolución, «el milagro y el salto mortal», se contestó a sí mismo Maragall. La solución vendría mediante el heroísmo. «¿Cómo podemos ser españolistas de esta España?», inquería el poeta y ensayista, rechazando «el dualismo tremendo» entre «los vivos y los muertos», entre las ganas de hacer cosas visibles en el tejido civil barcelonés y «un matonismo parlamentario o de tertulia que habla rotundamente en nombre de España, que da y quita patentes de patriotismo». Su respuesta era una llamada a ignorar las denuncias («Sois cuatro inocentes, cuatro locos, cuatro criminales de lesa patria»): «A lo que contestaremos riendo "Pues nosotros somos los que hacemos patrias nuevas".»[164]

No obstante esta llamada a la actuación heroica, Maragall rechazó personalmente todas cuantas invitaciones desde Madrid o por parte de la Lliga se le hicieron para ocupar cargos, por mucho que éstas se hicieran con petición catalanista por medio: según el joven e influyente intelectual Josep Pijoan, el poeta tenía «un gran miedo» a Prat de la Riba, «porque Prat es un poco enfermizo como él y puede forzarlo con su ejemplo».[165] El poeta rechazó la dirección de *La Veu de Catalunya* en 1899 y la oferta de una candidatura electoral en 1905. Como indica una estudiosa de la propuesta civil maragalliana: «Los desencuentros con Prat de la Riba y con *La Veu* que, por razones de afinidad ideológica, debiera haber sido la tribuna de Maragall, se produjeron de manera regular. Maragall, con una situación económica resuelta, no toleraba el papel de intelectual orgánico, como lo fueron Casellas, Ors o Carner.»[166] Lo único que aceptó fue el título de miembro de l'Institut d'Estudis Catalans.[167] Igual que Prat, Maragall fue procesado y se dictó contra él auto de prisión, pero en su caso nunca se cumplió.[168]

A partir de la *Oda a Espanya* de 1900, con su famosísimo y agónico adiós final, Maragall se convertiría en el modelo del catalán dialogante con Castilla o la concepción castellana de la realidad hispana.[169] Mediante su voluminosa correspondencia con figuras intelectuales españolas, como Unamuno, Maragall estuvo íntimamente conectado con la dinámica «noventayochista» y su reputación tuvo la consecuente visibilidad en el contexto madrileño.[170] Revistas catalanistas podían publicar cartas de admiraciones «al egregio poeta», elogiado como uno de «los tres grandes bardos de la Península», junto con el portugués Guerra Junqueiro y el padre Verdaguer.[171] Como diría Azorín en 1943, en su introducción a lo que sería la primera reedición de Maragall bajo el franquismo, publicada por la editorial falangista barcelonesa: «España está siempre en la mente de Maragall, y con España, integrada en España, Cataluña.»[172] Pero, en realidad, hay diversas lecturas posibles del pensamiento político maragalliano, tanto en clave conservadora, como en luz «progresista», según las circunstancias, ya que su obra ensayística constituye una voluminosa producción periodística elaborada a lo largo de dos décadas.[173] En la elaboración de sus ideas, por tanto, hay mucha contradicción táctica y coyuntural y, por encima de las discrepancias internas, una coherencia emotiva y estratégica considerable.

Maragall tuvo una postura que prefigura en buena medida la que sería la formulación estratégica de la Lliga, tal como la retratarían Prat de la Riba y Cambó. Como remarcó, irónico y agudo como siempre, Francesc Pujols: «[...] no hay nadie que represente tan bien como él y de una manera tan clavada la mezcla y la confusión de las ideas y de las tendencias de aquella época y podemos decir sin exagerar que esta confusión había entrado en el pensamiento y el sentimiento de Maragall que llevaba todas esas luchas dentro de sí [...]. Ni que decir, por saberlo todo el mundo, que Maragall es más citado como poeta que como pensador, a pesar de ser más pensador que poeta.»[174] Si muchos «modernistas» catalanes contemporáneos suyos, tentados por el ocultismo entonces tan de moda, creyeron vislumbrar una «presencia invisible» como tema de su arte, Maragall no dudó que esa misma realidad vislumbrada era la plena realización comunitaria de Cataluña, y mostró una consistente «conciencia jurídica» hasta en su poesía, claramente perceptible a las sensibilidades catalanistas afines.[175] La posición maragalliana ante la «crisis» finisecular fue contundente, al menos hacia dentro. Entre sus papeles inéditos figura un ensayo violento, «La Independència de Catalunya», fechado en 1897. Por una parte, pues, existía la clara posibilidad del fracaso infamante en la pretensión de rehacer España:

> El pensamiento español está muerto. No quiero decir que no haya españoles que piensen, sino que el centro intelectual de España no tiene significación alguna ni eficacia actual dentro del movimiento de ideas del mundo civilizado. Por eso, nosotros, que tenemos corazón para seguir dentro de este movimiento general, hemos de creer llegada a España la hora del sálvese quien pueda, y hemos de deshacernos bien deprisa de toda especie de vínculo con una cosa muerta. [...]

> En Madrid se han dado cuenta que en Cataluña hay algo de movimiento intelectual europeo, vivo, espontáneo, joven; y buscan nutrirse de ello atrayéndolo, asimilándolo y dándolo después como vida intelectual española. Halagan a nuestros escritores y artistas, les adulan, se aprovechan de su suceptibilidad por cualquier mortificación o desengaño que hayan recibido en su propia tierra, y si conviene les excitan intereses más prácticos, haciéndoles ver que Cataluña es un medio demasiado reducido y demasiado industrial para que las artes de la inteligencia puedan dar para vivir, y que en Madrid ganarán más fácilmente honra y provecho. [...] Otros dirán: «Enviémosles libros y cuadros, invadámosles, dominémosles, démosles nuestra sangre, y nosotros seremos España.» Eso es una ilusión todavía más peligrosa: hoy por hoy no somos lo bastante fuertes como para invadir nada, ni para dominar nada; nosotros no seremos jamás la España intelectual, porque en esta España actualmente muerta queda una fuerte tradición literaria y artística que en vez de dominarla nos dominará a nosotros. Hemos vivido demasiado tiempo juntos; la influencia de la instrucción oficial y de la cultura castellana, tan superior a la nuestra durante siglos, nos ha hecho demasiado aptos para ser penetrados por aquella tradición; y como que al mismo tiempo las condiciones naturales de nuestro espíritu nos hacen absolutamente inaptos para asimilarla y hacerla evolucionar en nuestro sentido, por eso digo que hoy toda promiscuidad con los castellanos, sea por venir ellos a nosotros o sea por ir nosotros a ellos, no puede ser sino en detrimento de la integridad y de la evolución natural y propia del pensamiento catalán. Consideramos que en una tal promiscuidad nos jugamos la personalidad del espíritu catalán y todo el porvenir de Cataluña. [...]

Su frustración le llevaba al sueño de un movimiento *(«una veritable lliga»)* que aunara voluntades de manera espontánea, para realizar una auténtica revolución cultural:

> Pues bien, hacia eso se debería realizar una verdadera liga –sin comisiones ni juntas, ¡por el amor de Dios!– una liga de buenas voluntades trabajando cada uno por su lado. Que cada uno haga un acto de voluntad diciendo: «No leeré periódico alguno de Madrid ni ningún periódico que inspire su criterio en lo de Madrid.» Eso a los intelectuales no les ha de costar nada; porque periódicos de este tipo ya no leen, ni ganas, sino por excepción en caso de verdadera necesidad. Pues empleemos nuestro esfuerzo personal en convencer a los otros de que no nos hace falta leerlos, haciéndoles ver la poca sustancia y lo ridículo de los clichés de la prensa madrileña o amadrileñada. Y si nos dicen que mientras dependamos administrativamente de Madrid siempre nos hará falta saber algo, respondámosles que, para lo que nos interesa, todos los periódicos de aquí, hasta los de espíritu más catalán, no dicen más que suficiente. [...]

> Pensemos que el día en el que Cataluña se haya librado del teatro y de la prensa de Madrid (y de la de aquí que todavía se hace a la madrileña), nuestra independencia intelectual estará muy avanzada; y que el día que nuestra independencia intelectual sea completa, lo demás será lo de menos, y Cataluña formará parte de Europa.[176]

En el punto de partida de Maragall estaba la conciencia de las diferencias visibles de desarrollo entre regiones españolas. Como escribió en 1893: «Otorgar a todas las regiones una igual consideración de tales en nombre de un abstracto ideal de regionalismo, no es justicia, sino injusticia.»[177] A lo que añadiría en un texto de 1897:

> En España, lo único que hay vivo en punto a regionalismo es el nacionalismo de algunas de las provincias que, por haber formado parte de antiguos Estados independientes, o por llevar en su fondo una levadura diferencial de raza, o por su posición geográfica y caracteres y relaciones que de ello se derivan, o por todas esas cosas a la vez, se sienten con espíritu distinto del que anima al estado político español, y se creen con aptitudes para gobernarse por el propio, más en armonía con el movimiento social moderno.[178]

Tampoco confiaba por entonces en la democracia formal:

> Falta ante todo que los que sienten de veras el ideal democrático y tienen suficiente autoridad para hablar de él digan al pueblo de arriba y al de abajo, no: ¡a votar!, sino: ¡a trabajar!, y ellos los primeros.
>
> Entre tanto, ¡fuera los mecanismos democráticos, que ya tenemos mecanismos vacíos, muertos, que hoy no sirven más que de estorbo y confusión, traídos por políticos escépticos e inconsecuentes! Ya estamos hasta la coronilla de parlamentarismo, y de sufragio universal, y de jurado y de palabrería. Hay que arrinconar todo esto hasta que podamos llenarlo decentemente.[179]

Desde este punto de vista, bien escéptico ante el peso de un liberalismo sagastino acabado y un republicanismo descocado, Maragall resumía, casi diez años después, el contraste entre la postura de reforma radical propuesta por el nuevo conservadurismo de Maura (en este caso, por la pluma de César Silió), entonces en diálogo político público con Albert Rusiñol de la Lliga. Según la carta «sintetizada» de Silió, en versión maragalliana:

> Cataluña no puede ser egoísta. Cataluña debe salvar con ella a España. Españolistas y no catalanistas se debieran llamar los que así obraran. [...] Ésta es la tierra adelantada; ésta es la casta laboriosa y tenaz, la empapada en el ambiente europeo.

> Pues bien; las castas superiores, las que atesoran inteligencia y energía, las más capacitadas para la acción, para crecer y prosperar, no han sido nunca castas exclusivistas que se conformen con restaurar la iglesia de su aldea. Tales castas precisan, porque no cabe en ellas, en el solar donde radican, la magnitud de su espíritu difundirse, extenderse, llenarlo todo de sus iniciativas, de su esperanza y de su fe. Cataluña es vaso muy pequeño para el grande, para el noble espíritu catalán. [...]

A lo que Rusiñol contestaba en su carta «sintetizada» por el poeta: «Cataluña quiere entrar resueltamente en el terreno de la política para hacer sentir su influencia, pero para lograrlo ha comprendido que necesitaba en primer término afirmar su personalidad.» La valoración de Maragall aspiraba a la cuadratura del círculo, combinando opuestos con plena creatividad ideológica: «Ésta es la voz del catalanismo que ve una gran misión que cumplir, que desea reflexivamente cumplirla, pero que siente la necesidad de reforzar la individualidad propia antes de desparramarla en una grandeza nueva que lleve su sello. Siente la necesidad de ser aún egoísta para poder ser después generoso.»[180]

Ante la pulsación «imperialista», egoísmo y generosidad pasaban a ser sinónimos. Por ello, en ese mismo 1902, Maragall consideraba que: «Para que el catalanismo se convirtiera en franco y redentor españolismo sería menester que la política general española se orientara en el sentido del espíritu moderno que ha informado la vida actual, no sólo de Cataluña, sino también de algunas otras regiones españolas progresivas.»[181] Para poder culminar esta tarea histórica, Castilla forzosamente debía ser apartada:

> El espíritu castellano ha concluido su misión en España. A raíz de la unidad del Estado español, el espíritu castellano se impuso en España toda por la fuerza de la historia: dirigió, personificó el Renacimiento: las grandes síntesis que integraban a éste, el absolutismo, el imperialismo colonial, el espíritu aventurero, las guerras religiosas, la formación de las grandes nacionalidades, toda la gran corriente del Renacimiento encontró su cauce natural en las cualidades del espíritu castellano; por esto España fue Castilla y no fue Aragón; [...] Vino la decadencia del Renacimiento, y con ella la decadencia de la España castellana. Vino el siglo XIX, y todavía las guerras europeas y las luchas políticas por las ideas de la Revolución francesa, que hicieron el prestigio del parlamentarismo y de sus hombres, prolongaron la misión de la brillante y sonora Castilla en España. Pero todo esto está muriendo, y Castilla ha concluido su misión.
>
> La nueva civilización es industrial, y Castilla no es industrial; el moderno espíritu es analítico, y Castilla no es analítica; los progresos materiales inducen al cosmopolitismo, y Castilla, metida en un centro de naturaleza africana, sin vistas al mar, es refractaria al cosmopolitismo europeo; los problemas económicos y las demás cuestiones sociales, tales cuales ahora se presentan, requieren, para no provocar grandes revoluciones, una ductilidad, un sentido práctico que

> Castilla no solamente no tiene, sino que desdeña tener; el espíritu individual, en fin, se agita inquieto en anhelos misteriosos que no pueden moverse en el alma castellana, demasiado secamente dogmática. Castilla ha concluido su misión directora y ha de pasar su cetro a otras manos.[182]

Muy al contrario, según Maragall, Cataluña encarnaba el futuro auténtico de una España vital, adaptada a las exigencias de la vida moderna:

> El sentimiento catalanista, en su agitación actual, no es otra cosa, que el instinto de este cambio; de este renuevo. Favorecerle es hacer obra de vida para España, es recomponer una nueva España para el siglo nuevo; combatirle, directa o tortuosamente, es acelerar la descomposición total de la nacionalidad española, y dejar que la recomposición se efectúe al fin fuera de la España muerta.
>
> Y ¿cómo se ha de favorecer el movimiento catalanista en el sentido de la España nueva? Pues abriéndole toda la legalidad, tan ancha como su expansión la necesite; dejando que esta expansión informe la legalidad; facilitándole la propaganda para que se integren en él todos los impulsos vivos y progresivos; aportando a él los residuos de dirección del viejo espíritu castellano: convirtiéndolo en una palingenesia nacional.[183]

Un par de años después, Maragall volvía a insistir en lo mismo. La energía particularista catalana, su «egoísmo» según los observadores hostiles, era en realidad su mayor aportación. Cataluña no podía dominar sino era mediante el ejemplo del desarrollo, con sus costumbres capitalistas y su industriosidad fabril. Dado su modo de ser, su gusto autocomplaciente por el *live and let live*, por el espíritu libertario de que cada uno haga lo suyo, los catalanes darían lecciones de progreso práctico, no de dominio, mecanismo este propio del atraso agrario:

> ¿Traeríamos por ventura la pretensión y la fuerza de una hegemonía equivalente a la que hasta ahora asumió Castilla, y que nosotros juzgamos ya inadecuada y peligrosa para la España moderna? Ésta sería demasiada pretensión: el espíritu castellano dominador se ha manifestado en toda su historia, refractario a toda penetración o influencia que él no pueda convertir en elemento de su dominación; de modo que, para lograr aquella hegemonía Cataluña habría que aniquilar la de Castilla; y Cataluña no es para esto: no tiene peso proporcionado de población, ni educación política, ni menos su vocación fue nunca el dominio, como fue la de Castilla, sino la fraternidad y alianza, la composición con la diversidad de los pueblos, una armonía de varias libertades.
>
> No pudiendo, pues, contestar aquella demanda general con soluciones particulares que eran poco para España, ni con una nueva hegemonía que era demasiado para Cataluña, el catalanismo ha debido ahondar en su entraña y pregun-

tarse qué había de español en él, para dar a España, ya que no una hegemonía inmediata y práctica, un ideal que, sirviendo de núcleo a todos los elementos de vida moderna dispersos por la Península, los haga coherentes y sea el eje de una política nueva fecundadora de la naturaleza peninsular en el actual momento y para el porvenir. Y lo que el catalanismo ha encontrado de fundamentalmente español en su entraña ha sido aquel sentido de la variedad en la unidad, el sentido de la libertad armónica de los organismos naturales en oposición a su unificación mecánica y estatista representada por la actual política castellana definitivamente fracasada.[184]

Pero ¿cómo reducir a Castilla sin ofenderla, sin provocar sus iras en reclamo de la ancestral hegemonía? Una vez más, la única respuesta posible era «imperialista». Maragall concibió la transformación ibérica de España, incorporando Portugal a un esfuerzo colectivo. En marcada contraposición al rol que asigna el poeta a Castilla, Maragall podía proponer la gran fusión peninsular sin culpabilidad alguna, ya que toda unión catalana sería por definición liberadora, en vez de opresiva:

> Ha llegado, pues, la hora de que Cataluña ponga en el aire peninsular este ideal que llame a sí todas las libertades ibéricas agrupadas según las modalidades en que naturalmente se hayan manifestado o vayan manifestándose, desde el tímido pero profundo sentimiento particular de raza de los gallegos, desde el reducido pero vivaz fuerismo vasco, desde el vago regionalismo de las poblaciones que se contentarían ahora con una descentralización administrativa más o menos extensa, hasta el resuelto autonomismo catalán; y que pueda también contener la tanto tiempo ha consumada, pero no perdurable, separación portuguesa, y aun los vislumbres del porvenir en África o donde sea.
>
> Y este ideal no puede ser sino el ideal federal, no encerrado en el abstracto doctrinarismo de pacto y de una forma exterior de gobierno, sino abierto a un nuevo sentido en el que, precisamente por su reconocimiento del hecho, logra que las variedades naturales se integren espontáneamente en aquella fecunda unidad que es fondo natural también de todas; que viendo en todo organismo una federación de células deja libre el impulso al átomo social, al individuo, para lograr la unión de toda la raza humana en una sola hermandad de amor; que abre, en fin, al porvenir humano su más bello horizonte.[185]

Así, Maragall recogió tanto una creciente tradición literaria catalanista, como la pretensión, intrínseca al catalanismo, de encarnar –mejorada y ampliada, con todo el *seny* necesario– la superada decimonónica voluntad popular catalana de demócratas, primitivos libertarios y federales.[186]

Maragall hizo todo lo posible por convencer a las principales figuras de la intelectualidad española de la viabilidad de sus ideas. Se hizo famoso su grito cuando el triunfo de la *Solidaritat*, según el cual los catalanes eran más «españoles» que los que presumían constantemente de serlo.[187] A Miguel de Unamuno, lusófilo como él, Maragall le contestó, un par de meses antes de morir, a lo que «dijo y sostuvo recientemente tratando del imperialismo catalán». Según el moribundo poeta: «Dijo y sostuvo que los catalanes debemos esforzarnos en catalanizar España, y que debíamos hacerlo en castellano; de que este esfuerzo, simultáneo con el de cada región para su espíritu en el conjunto, había de resultar la verdadera nación española.» Era un largo tira y afloja por correspondencia con el tozudo vasco salmantino. Maragall no estaba de acuerdo: «Pues yo creo que esto no puede ser: que la personalidad catalana no está bastante fuerte para tal intento; y que emprenderlo por aquel camino sería nuestra ruina definitiva, sin provecho alguno para la nación española.»[188]

Pero, en 1909, en un «diálogo trágico» con un interlocutor portugués no muy convencido, Maragall se animaba: «Hay una patria común –proseguí exaltándome–, una España grande que hacer. No la España grande del pasado, esta cosa muerta en cuyo nombre se nos quiere negar la libertad actual y viva, sino la España grande del porvenir, latente ya en el presente mismo, inmanente en la naturaleza peninsular. Y en esa España están también ustedes.»[189] En un artículo nunca publicado que Maragall envió a Ortega y Gasset en junio de 1910, el poeta insistía en su iberismo salvador:

> La cuestión catalana es la cuestión ibérica y mientras no se trate paralelamente la relación entre la España castellana y Cataluña, con la relación entre la España castellana y Portugal, no creo que se pueda decir cosa de algún fundamento. ¿Por qué no se ha hecho ya así? Por la ilusión de que lo de Portugal está ya definitivamente resuelto. Y no lo está. La separación ha sido tan poco una solución por aquel lado como la absorción por éste. La integridad espiritual ibérica padece igualmente de una y otra, y mientras la unidad peninsular no se constituya conforme a la naturaleza de la Península no habrá sino miseria nacional para Lusitania, convulsiones o postración consiguiente para Cataluña, y vanos esfuerzos por parte del estado español para ser algo en el mundo.[190]

Frente a su pesimismo geopolítico y su desprecio por la hueca obra de liberalización formalista de Sagasta y los hombres de la Gloriosa revolución de 1868, Maragall se afirmó en su postura de emotivo optimismo institucional en 1907. Entusiasmado por el «alzamiento» cívico de la Solidaritat Catalana, vertió su evidente vibración en un artículo inmediatamente famoso:

> ¡Solidaridad! Esta palabra inventada Dios sabe cómo y después arrastrada por los diarios y mal empleada [*mal parlada*] por los que no sabían o no querían entenderla, ahora ha tomado su verdadero sentido al ponerla en contacto con el pueblo que llevaba el secreto en el alma. Y cuando una palabra toma su verdadero

sentido, el popular, cuando se torna viva, entonces es cuando obra la potencia creadora del verbo, el *fiat* divino, y no hay potencia humana que lo pare. [...]

Solidaridad es la tierra, ¿lo oyes? Es la tierra que se alza en sus hombres. ¿No has oído decir nunca aquello de: «Si tal cosa sucediera, hasta las piedras se alzarían»? Pues ahora somos eso: que las piedras se alzan; que cada hombre es trozo de tierra nativa con cara y ojos y espíritu y brazo; y la tierra no es carlista, ni republicana, ni monárquica, sino que es ella misma, que grita, que quiere su propio espíritu para regirse; y lo grita en todos sus hijos, republicanos, monárquicos, revolucionarios, conservadores, campesinos, ciudadanos, blancos y negros, ricos y pobres. Y mientras dure el grito de la tierra, no hay pobres, ni ricos, ni ciudades, ni campesinados, ni partidos, ni nada más por encima de ella que un gran afán por acallarla, y satisfacerla, porque sólo cuando ella esté en paz podrá cada uno ser republicano, carlista, campesino, blanco o negro, pobre o rico, de una manera mejor que antes; de la única manera en que un hombre puede ser más bien lo que sea: eso es, en conformidad con la naturaleza que la tierra misma le daba.[191]

Esta postura suya podía estar en plena sintonía con otras voces españolas, que saludaron la victoria de la Solidaritat como algo suyo, por sus implicaciones cívicas; el más elocuente sería Unamuno, quien, a pesar de sus más y sus menos con el catalanismo, podía celebrar la victoria: «Lo más grande, lo más noble, lo más civilizador que tiene el movimiento grandioso de la llamada Solidaridad catalana, es que ha sido la ciudad, Barcelona, constituyéndose en conciencia directora de Cataluña toda. Ha sido la civilización de Cataluña, tomando el vocablo *civilización* en su estricto sentido, en el sentido de hacer a un pueblo civil, ciudadano, dotado de espíritu de ciudad.»[192] Para el pensador vasco, enamorado de la tierra castellana, todo era un reflejo del problema, con el cual él andaba enfrascado, de «la crisis del patriotismo». Todo esfuerzo sería bueno, todo impulso cívico un ladrillo más añadido al edificio común: «[...] me forjo la ilusión de que ha contribuido a levantar a no pocos espíritus, sobre todo en Cataluña y en mi país vasco [sic], y a traerlos más aún al patriotismo español. Y al único patriotismo verdaderamente fecundo, al que consiste en esforzarse por hacer a la patria grande, rica, variada, compleja.» Unamuno añadía:

Y la complejidad de la patria, condición ineludible de su desarrollo armónico, supone la variedad íntima, la diferenciación de sus partes componentes y la mutua acción de estas partes, las unas sobre las otras, dentro de la integridad total. Cada región, cada casta de las que componen a España, debe procurar acusar, corroborar y fijar su propia personalidad, y el mejor modo de acusarla, corroborarla y fijarla, el único eficaz, consiste –no me cansaré de repetirlo– en tratar de imponérsela a las demás regiones o castas. Nadie se hace una personalidad por acción interna, sino por acción hacia fuera.

Completó su argumento:

> Bueno es conocer y estudiar con amor las tradiciones todas; pero para aprovecharlas en la fragua de la tradición eterna, de la que se hace, se deshace y se rehace a diario, de la que está en perpetuo proceso, de la que vive con nosotros, si nosotros vivimos. Hacer tradición es hacer patria.
>
> Ya constituir la tradición común española tienen que confluir las tradiciones todas de los pueblos todos que integran la patria. En este gran crisol se combinarán y se neutralizarán, predominando en cada respecto lo que por su fuerza vital deba predominar, y allí nos darán el ideal de España.[193]

Pero, para Maragall, la conclusión lógica de su exaltación esperanzada estaba en el sentimiento integrador de encajar en algo mayor:

> Ahora seremos nosotros los primeros en gritarlo a todo aquel que se nos acerque: así le pediremos el santo y seña. No como antes, cuando muchos querían gritarlo como un inri, porque España quería decir ellos. Ahora podemos enseñar lo que gritamos; porque «viva España» ya no es un grito trágico, ya no es un eco del vacío, ya no es el símbolo de las políticas funestas; sino que nuestro «viva España» significa que España viva –¿lo entendéis?–, que los pueblos se alcen y se muevan, que hablen, que actúen por sí mismos, y se gobiernen y gobiernen; y España ya no es un lugar común de patriotismo encubridor de toda especie de debilidades y concupiscencias, sino que España es eso que se mueve y se alza y habla y planta cara a los que hasta ahora han vivido de su muerte aparente.
>
> Así que ya sabemos ahora gritar «viva España»; ya no necesitamos nadie que nos lo enseñe, sino que nosotros ya podemos enseñarlo, ya hay quienes aprenden a gritarlo como nosotros; ya en Valencia, ya en el Aragón, ya en Vasconia, ya en Andalucía, se levantan voces respondiendo a la nuestra. Y pronto seremos más los que sabremos gritarlo así, que no los que nos querían hacerlo gritar de la otra manera; y cuando nosotros seremos los más, y los que no hayan podido aprenderlo a nuestro modo sean los menos, entonces los separatistas serán ellos. Y nosotros seremos los que, provocando, diremos: ¡Viva España!, señor ministro, ¿veamos si lo sabe decir? ¡Viva España!, Señor importantísimo; ¡Viva España!, vosotros de los partidos, soldados de fila; y ¡Viva España!, generales.
>
> Y eso no penséis que vaya contra nadie más que contra aquellos que quieran que eso les vaya en contra. Porque en este «Viva España» caben todos los que estimen a España en espíritu y en verdad. Los únicos que no caben son los que no quieren caber, los enemigos de la España verdadera.
>
> ¿Españoles? ¡Sí! ¡Más que vosotros! ¡Viva España! [...][194]

Así, para Maragall, se convertía en una versión laica, hasta materialista, de la *oekomene* o comunidad de los creyentes; con el pertinente cambio de fe, ante la buena nueva catalanista, todos podrían vivir bien en sus pieles, respetando al vecino, manteniendo las estructuras políticas que fueran de su incumbencia, unidos por un sentimiento de fe común que despertaba energías y modernizaba Iberia. El *pays réel* superaba la legalidad vigente y se hacía verdad.[195]

Su ejemplo quedó como antecedente intelectual –reconocido como interlocutor digno por la intelectualidad madrileña o por los llamados «noventayochistas»– para la ambición de protagonismo del catalanismo, teorizada (mediante metáfora) por Prat y a realizar por Cambó. En palabras, publicadas en *La Veu de Catalunya* en 1906, de Josep Pijoan, que siempre admiró tanto a Maragall:

> [...] Las energías populares de Cataluña son las únicas realmente vivas que quedan en España.
>
> Hoy los espíritus catalanes ya no dudan. En medio de tantos peligros y tantas injurias, se sienten invadidos de una piedad inmensa, ha entrado una vaga y romántica ambición de querer salvar a toda España.
>
> Desde Cataluña se ve inmensa la extensión de la Península, y el corazón desfallece al pensar en tantos desiertos que atravesar, tantos ríos, tantas montañas, tantos pueblos dormidos, tantas persecuciones en perspectiva.
>
> Pero viene una nueva afrenta, viene una nueva injuria, y entonces Cataluña, en vez de rebelarse, vuelve a soñar como una enamorada en su España, en la nueva España, en la España que deberá su libertad a Cataluña.[196]

A pesar de todo y no obstante los tan ostensibles entusiasmos cruzados, desde la perspectiva hispana no quedaba claro si el catalanismo podía realizar la magna tarea que se había encomendado a sí mismo. En privado, mientras animaba a Maragall a que llamara a los catalanes a esforzarse a «catalanizar España» en castellano, Unamuno escribía a Azorín en mayo de 1907, tras las elecciones que dieron lugar al éxito de la Solidaridad, para dar rienda suelta simultáneamente al asco que le provocaba el españolismo y su desconfianza en la potencia del catalanismo: «Merecemos perder Cataluña. Esa cochina Prensa madrileña está haciendo la misma labor que con Cuba. No se entera. [...] No creo, sin embargo, en la solidaridad catalana. Al catalán le falta agresividad y le sobra sensualidad. No es imperialista. No se propone conquistar España. Le gusta la parada. En el Parlamento darán chasco.»[197]

El anhelo «intervencionista» organizado

Prat de la Riba supo dar un marco de actuación política a toda la especulación variada e inestable que se cocía en Barcelona en corros catalanistas, tertulias nacionalistas y círculos regionalistas. Estas *penyes* pudieron seguir con sus matices, adecuados para el contexto catalán, mientras la Lliga resumía el «imperio de la idea imperial», valga la redundancia, con un «intervencionismo» catalanista dirigido hacia fuera, para mejor debatir las respectivas virtudes de la política interior de Austria-Hungría, Alemania o Gran Bretaña y su hipotética aplicación a España.

La problemática fue hábilmente resumida en el año del «desastre» por Miquel dels Sants Oliver i Tolrà (1864-1920), lúcido publicista mallorquín afincado en Barcelona e intelectual respetado en el resto de España, precisamente por su valoración del impacto cultural de la «crisis» noventayochista.[198] Al mismo tiempo, Oliver tenía la especial sensibilidad que le daba su protagonismo cultural catalanista, habiendo sido un elemento vertebrador de la Renaixença mallorquina.[199] Fue importante el trasvase de mallorquines a Barcelona, como centro de la eclosión cultural en catalán, aunque esa migración o «fuga de cerebros» de la isla a la Ciudad Condal tapó un vínculo cultural con mucha frecuencia problemático.[200] Entre otras cosas, la capital catalana era el paso natural de promoción peninsular para los periodistas isleños, fueran o no «catalanizantes».[201] Las contradicciones múltiples y los personalismos muestran hasta qué punto es demasiado fácil ceder a una tentación a reinterpretar las muchas inquietudes anticentralistas del medio insular en clave nacionalista homogénea.[202]

Oliver era un observador privilegiado, «hombre de frontera» entre el catalanismo y las más habituales coordenadas de la política española. Según Oliver, al tratar *La Cuestión Regional* en 1899:

> Dijimos que las aspiraciones del regionalismo pueden reducirse a dos órdenes: a la estructura general del Estado y a la organización de la vida local. Vamos a hablar sucintamente de la primera. Resumiendo lo que llevamos dicho tenemos: que España en su constitución interna es un conjunto de antiguas naciones cuyo relieve natural resalta por debajo de la uniformidad a que se hallan sujetas; que su población, teniendo un elemento de unidad y de intereses comunes, no es, sin embargo, homogénea; que son signo de esa diferenciación étnica, los idiomas, las costumbres y las aptitudes diversas, observables en los grupos castellano, vasco, catalán, etc.; que existe la tradición de un régimen especial (roto en nuestro siglo) para cada uno de ellos y que ésta es la forma histórica del Estado y el principio de la unión establecida por los Reyes Católicos; que la uniformidad, y la centralización consiguiente, fueron impuestas por obra violenta y en virtud del dominio absoluto de los Borbones, sin que viniesen preparados por una fusión paralela y efectiva de los núcleos expresados; y que en el desarrollo práctico de esa uniformidad, en vez de tenderse a la formación de una nacionalidad nueva, suma y resumen de las antiguas, ha parecido que se trataba de sucesivas incorporaciones a Castilla y de mera extensión de su dominio.
>
> La constitución externa, oficial, de la Monarquía española es del tipo unitario, homogéneo, centralizado y de asimilación completa a uno solo de los ele-

mentos componentes. Su constitución interna, tradicional y efectiva es marcadamente orgánica y compuesta. Tal es el origen verdadero de la cuestión. Las leyes no bastan para modificar *a ratione* un país; cuando existe un principio de oposición profunda entre la estructura natural y la forma convencional, el conflicto se presenta. Se trata de una dificultad de adaptación, y no son los hombres, sino los hechos mismos, quienes se encargan de resolverla. El regionalismo, en la totalidad de sus formas, no es más que la protesta inconsciente y espontánea del cuerpo contra el vestido. Este cuerpo tiene brazos, pero el vestido no lo consiente; todo va apretado y confundido en el corsé.

Como predecesores, aparecieron de una parte el tradicionalismo carlista y de otra el federalismo republicano. Aceptando el elemento que aportan ambas escuelas, creemos inútil señalar las diferencias. No son fueros, es decir, privilegios graciosos y, por lo tanto, revocables, los que se piden; no nace el estado federativo de un pacto o de una convención, igual y contraria a la convención uniformista.

Al problema de las aportaciones o proyectos pasados, Oliver (con apoyo de lectura en Almirall) explicitó unas soluciones: «Las soluciones indicadas para un Estado compuesto son varias, según sea el origen de la unión de partes. Indiquemos las principales: la mera Unión real, conservándose perpetuamente unidos dos pueblos bajo un mismo cetro pero con gobiernos y leyes distintas (Suecia-Noruega, Austria-Hungría); la Confederación de estados [sic], establecida por pacto mutuo; y el Estado federativo, de que Alemania y Suiza nos suministran el ejemplo.» También imaginó una opción política de tipo nuevo, capaz de realizar ese rediseño: «Sin prejuicio de mantener la integridad de su contenido, trabajen día por día en esa obra de adaptación lenta; formen una falange dispuesta a conseguirla sin desperdiciar ocasión, por fútil que parezca; una falange a la cual puedan sumarse todos los hombres bienintencionados, no obstante sus distintas procedencias.»[203]

La fuerza política innovadora sería, efectivamente, la Lliga Regionalista, fundada en 1901. Partido movilizador de opinión, capaz de hacer un uso calculado de la propaganda, portavoz de una oferta ideológica transversal imaginada como opción ideológica pero hasta entonces impensable en la práctica, su aparición provocó sorpresa y hostilidad en el medio político habitual, al irrumpir en las elecciones legislativas, primero, y en los comicios municipales de Barcelona, después, con un impacto hasta entonces inusitado.[204] Para irritación de los partícipes de una política «entre caballeros», altamente ritualizada, el nuevo catalanismo político pretendía ser diferente, ni de derechas ni de izquierdas, por encima de los habituales partidismos, pero al mismo tiempo, un reformismo activo, de políticos profesionales.[205] Los perdedores, como Aldavert, no dudaron en denunciar la dolorosa traición que creían haber sufrido: «El enemigo lo tenemos en Madrid. Eso sí que es cierto, aunque no se tenga que ser ningún Séneca para asegurarlo. Pero para ir contra el enemigo lo primero que hemos de mirar es que el compañero no gire la cara en lo mejor de la pelea. Es lo primero que hacen los están en guerra.»[206] La causa más profunda, según el comentarista, era sencillamente que «hace algunos años que el catalanismo crece demasiado», en el sentido de que recogía un personal interesado, sin idealismo: «Desde la derrota colonial el catalanismo ha pasturado del desengaño y la rabia: del desengaño en la fuerza de lo que unos doblegan a tributos; de la rabia de ver perdidos para siempre más los mercados de nuestra industria y nuestra agricultura.»[207]

Con una presencia casi en exclusivo barcelonesa (tanto en la provincia como en la capital), la Lliga consiguió imponer, no obstante, su representatividad catalana, como orgullosamente lo expresaba su órgano periodístico, *La Veu de Catalunya*. La escisión de la izquierda del regionalismo de 1904, cuando Francesc Cambó, el jefe de la minoría lligaire en el ayuntamiento de la Ciudad Condal, saludó al rey Alfonso XIII en catalán, a pesar de un acuerdo interno de boicot al acto, situó a la Lliga claramente a la derecha del abanico político barcelonés. Sin embargo, los regionalistas se negaron a aceptar su categorización y construyeron un puente político entre derechas e izquierdas, una Solidaritat Catalana (fórmula ideal del republicanismo francés de la época) que revolucionó la alta política estatal. Solamente su dura reacción ante el confuso alzamiento popular del cálido verano de 1909 (y, en general, su hostilidad ante la aparición creciente del obrerismo, cívicamente muy díscolo) acabó por asentar la Lliga Regionalista claramente a la derecha en el escenario político español, igual que pasó con el impulso reformador encarnado en Maura y su liderazgo del conservadurismo.[208] Siempre tuvo una hostilidad especial al liberalismo dinástico tipo Moret, pero se entendió a las mil maravillas con Canalejas cuando éste se hizo con las riendas en 1910 y, tras su muerte en 1912, sostuvo buenos canales de comunicación con Romanones. Su permanente buen entendimiento con el maurismo no fue obstáculo para unas pésimas relaciones con «conservaduros» como Juan de la Cierva. Pero, aun así, no quedaba claro: *era una «nueva derecha», rebosante de pulsaciones de cambio, por mucho que tales no concordaran con la ortodoxia de las izquierdas contemporáneas, los republicanos y los obreristas.*

Por su parte, al menos dos años antes de que Prat formulara su tesis «imperialista» en *La nacionalitat catalana*, Oliver insistía, sin éxito aparente, en la necesidad de convertir la lucha por el particularismo en un combate por la hegemonía. Ello fue el mensaje de su periodismo, de su paso del *Diario de Barcelona* a *La Vanguardia*, de su filiación maurista, de su prédica recogida en su libro *Entre dos Españas* (1906).[209] En un artículo muy comentado sobre «El problema catalán ¿Particularismo o hegemonía?», Oliver subrayó la ambición peninsular latente en el catalanismo:

> Cierto que aquí se siente o se cree sentir un gran patriotismo, un gran afecto a todo lo nuestro; pero no se siente con aquella fuerza irresistible de universalización que empuja a otros pueblos a difundir su propia esencia por el mundo y a dar su propia estructura a cuanto les rodea. Para semejante función nos fal-

ta algo: estar enamorados de nuestro ideal de la civilización, poseerlo y «vivirlo» como corresponde. Una vez más nos es forzoso admirar la historia de Castilla. Para que una idea triunfe, no basta mantenerla inmóvil y firme; es necesario sacarla a fuera e imponerla. No es posible contentarse a perpetuidad con un ideal intensivo, retraído y casero; es necesario hacerlo dinámico, difusivo y conquistador. Los pueblos que, moralmente, sólo viven a la defensiva acaban por ser conquistados.

La mejor defensiva consiste en extender, en invadir, en penetrar, en fecundar, en hacer sentir siempre y a todas horas una superioridad activa y militante. Así hizo Castilla cuando llegó la plenitud de sus tiempos. La gran política de Cataluña debe consistir, principalmente, en hacerse grande de una manera integral: grande por el espíritu, grande por la riqueza, grande por la generosidad, hasta que el brillo de su cultura se imponga con tal fuerza de atracción, que el centro dinámico de los pueblos españoles, convencidos, caiga, lentamente, lentamente hacia acá, y sean los otros quienes se rindan al peso inexorable de lo necesario... Adoptemos, pues, actitudes que no puedan estorbar o hacer imposible esta obra de salvación común; depongamos las acritudes y las iracundias y convenzámonos resueltamente de que venimos ya obligados a dar continua muestra del distintivo esencial de los fuertes: la benevolencia humana.

Eso mismo decíamos, hace cosa de dos años, en una conferencia. [...]

Pero, al mismo tiempo, Oliver –además de reclamar para sí el origen del invento– retrocedió de la posición de arrogante alarde de superioridad catalana que otros más incautos, como Pompeyo Gener, ya habían abanderado. La promesa catalana era nada más y nada menos que el progreso, ya presente en una zona de la España agraria y atrasada:

Hay que atajar una vanidad peligrosa. No suponemos que Cataluña y las demás comarcas a que nos referimos hayan alcanzado las cumbres superiores de la civilización. Nada, en el fondo, menos catalán, menos propio de la grave austeridad antigua que el chauvinismo regional, sobre todo cuando, oponiéndolo al otro, al españolismo de la marcha de Cádiz, se cae en idéntico extravío por caminos diferentes. Pero sí se puede afirmar que Cataluña desde su lastimosa postración de los siglos XVII y XVIII ha seguido una línea ascendente, a pesar de todas las contrariedades, de todas las revueltas, de todas las desventajas con que luchaba, de muchas de las cuales, como la guerra civil, se vieron libres otras extensas porciones del territorio español. Es decir: que aquí no ha habido tal decadencia, sino progreso, y no sólo se ha recuperado la distancia perdida, sino que el avance ha sido notorio hasta ponerse a la cabeza de España en multitud de aspectos de la civilización.[210]

7. El «intervencionismo» como superioridad catalana

En la última década del siglo XIX, muchos autores modernistas habían planteado la superioridad de una Barcelona industrial, efervescente y contestataria, frente al ambiente de *«aquell Madrid tibetà»* (en palabras de Agustí Calvet, el futuro periodista Gaziel).[1] Nada sorprende, en consecuencia, que la panacea de los catalanes como remedio «modernizador» para los males de España fuese un tópico del fin de siglo, que, como es lógico, tuvo mucho mayor predicación en Barcelona que en Madrid u otros centros menores españoles.[2] Tampoco sorprende, dada la habitual mala comunicación espiritual entre las dos capitales, que pronto surgieran miedos españoles, no ya ante el atrevimiento, sino, peor todavía, ante la seguridad catalana.

Los catalanistas, aunque formalmente eran regionalistas, pedían un programa nacionalista «completo» para su clientela, y por ello podían jugar una política a la vez antiespañola y española, según su conveniencia. Siendo en esencia un partido urbano, el catalanismo de la Lliga mantenía no obstante un discurso paradójicamente antiurbano, en defensa de los valores rurales y en contra de las corrupciones urbanas, logrando mantenerse al mismo tiempo como portavoz de la modernización e industrialización de su región y, por extensión, de toda España, siempre que estuviera bajo su dirección. El impulso y la fuerza del catalanismo residía en el crecimiento de Barcelona, un poder económico que venía siendo el corazón de una dinámica regional de industrialización temprana.[3] Desde alrededor de 1860, Barcelona y Madrid se embarcaron en una carrera de crecimiento por la primacía urbana, atrayendo la Ciudad Condal tantos inmigrantes como la capital estatal. La rivalidad quedó entonces fijada.[4]

A pesar de ser la «capital económica» de España, Barcelona tenía los mismos poderes políticos que el resto de centros provinciales que, a comienzos del siglo XX, tan sólo poseían una vigésima parte de su tamaño. Esta frustración estructural transformó a Barcelona en el «anticentro» natural de toda la vida española, respecto al cual gravitaba toda forma de protesta y disgusto con el orden existente. Como consecuencia, se generó mucha renovación intelectual, análisis social y elucubración utópica, todo de una manera u otra centrado en la proposición de que Barcelona, en vez de Madrid, debería ser el foco del interés «nacional». *La amenaza subyacente era que, si la capital catalana resultaba suficientemente frustrada con la falsedad inherente a la estructura de España y no podía cambiarla, la ciudad y su región marcharían sencillamente por su cuenta.* Por ello, mientras sólo unos pocos defendieron activamente el separatismo, *la implicación de secesión estuvo omnipresente en el discurso catalán,* y representó un complejo encuentro ideológico para posiciones en otros aspectos enemigas.

Así, el catalanismo, aunque impulsado por la realidad de la inmigración y el peso del crecimiento de Barcelona, siempre tuvo miedo de encontrarse abrumado por los de fuera, quienes podían romper los delicados arreglos internos para la promoción social local desde el campo catalán a la capital, que eran el meollo de la atracción nacionalista. El punto de conflicto, la rozadura con el interés españolista, estaba en la configuración de los servicios públicos, mercado laboral específico en evidente necesidad de expansión en la medida que Barcelona adquiría una dimensión metropolitana. La creciente demanda de mejores servicios era un arma de doble filo, ya que suplir esos mismos servicios significaba el ascenso social para muchos inmigrantes del campo a la ciudad, vinieran de donde vinieran. Al mismo tiempo, Prat (como Cambó) era hijo de campesinos ricos, con alguna ínfula de hidalguía o de *yeomanry* a la catalana, pero payeses al fin y al cabo. Por esta misma razón, *Prat tenía que defender la promoción social* y ello le llevaba ineludiblemente a buscar el dominio de instituciones locales concretas, con capacidad de actuación sobre el medio social. En la circunstancia barcelonesa, como centro económico de España, carente, sin embargo, de una dimensión administrativa como Madrid, el modelo ideal se estableció en la empresa privada y el asociacionismo de la sociedad civil, en vez del patrón estatal, venido lógicamente del núcleo rector de la burocracia: *se planteaban, pues, dos modelos contrapuestos de profesionalización, con todo lo que ello implicaba.*[5] Como consecuencia directa, este foco dinámico era disputado por todos los actores sociales y corporativos (catalanistas, españolistas, obreristas, militaristas) con capacidad de proyección hacia el futuro en la capital catalana.

En teoría al menos, la frontera establecida por el nacionalismo catalán (el uso del idioma) era potencialmente tan inclusiva como exclusiva, siempre que se mirara sobre el terreno.[6] Como, años más tarde, diría con cierto tono paternalista el filólogo Amado Alonso: «Ciertamente, el celo regional no pretende adjudicar al gallego, al catalán o al vasco la condición de instrumento nacional [hispano], ni aspira a que un día lo sea en lucha con el castellano por la hegemonía».[7] Pero, entonces, ¿qué tipo de «instrumento nacional» era el catalán, respaldado por un amplio movimiento fundamentado en el reclamo de una «independencia lingüística»? ¿Sería la afirmación catalana del vernáculo tan sólo «la divisa indispensable de la identidad singular de una comunidad»?[8] Y, más grave todavía, si no era una mera tozudería diferenciadora, ¿a qué «hegemonía» se aspiraba? Los argumentos catalanistas mostraban una insidiosa capacidad de ser tomados fuera de contexto. Como observó en la Cámara durante un debate de 1901 el logroñés Práxedes Mateo Sagasta, encarnación indiscutible del decimonónico liberalismo español, muy significativamente originario de una ciudad menor: «El regionalismo es la absorción de la vida de varias provincias por una sola más privilegiada.»[9] Ir dando vueltas a conceptos como «hegemonía» sin precisión alguna, acompañados de afirmaciones sobre la «evidente» superioridad inherente de los catalanes ante la «degeneración» hispana que les rodeaba y les retardaba, era un pasatiempo, por decirlo claramente, explosivo. El riesgo era mayor en la medida que el españolismo tomaba cuerpo social, con lo que muchos podían entender la mera afirmación de la disparidad lingüística como una amenaza (un «separatismo lingüístico») a la unidad colectiva vista desde la acumulativa lógica histórica del Estado.[10]

La superioridad catalana teorizada: el desvergonzado racismo de *Peius* Gener

De hecho, las formulaciones más contundentes sobre la natural primacía catalana y su avanzada modernizadora fueron anteriores al mismo «desastre» de 1898 y tomaron formas ideológicas sorprendentes. Era posible, por ejemplo, una lectura racista de *Lo catalanisme* de Almirall y, de hecho, ello fue uno de los aspectos más controvertidos de la obra.

Contra tales aseveraciones más o menos almirallianas se alzó, cual liberal indignado, Núñez de Arce y, en ese terreno al menos, Mañé i Flaquer estuvo dispuesto a darle la razón: «Antes que V., le he dicho yo a Almirall que era un absurdo dividir al pueblo español en dos razas, haciendo entrar arbitrariamente en cada una de ellas a grupos de todo punto desemejantes en los principales rasgos de su fisonomía.» Y añadió, en una evidente muestra de sentido común: «¿Son razas distintas el pueblo castellano y el pueblo catalán? Es difícil contestar a esta pregunta, porque en rigor hoy no existen razas: sólo hay entidades étnicas, más o menos semejantes, según el elemento que prepondera en su composición.» Pero entonces, el mismo Mañé no pudo resistir la tentación y reflexionó sobre los respectivos componentes célticos e ibéricos de unos y otros, así como respecto a la influencia del suelo y el clima sobre los comportamientos hereditarios.[11]

En otras palabras, en la segunda mitad de los años ochenta, el racismo era una auténtica novedad científica, discutible, pero que parecía aportar innovadoras pistas materialistas para la explicación social, razón por la que vacilaba Mañé. Hubo, pues, un cierto debate a lo largo de los años siguientes. En 1887, Torras i Bages resistió la petición de Collell para refutar las tesis almirallianas desde *La Veu de Montserrat*, pero dejó constancia de que consideraba contradictoria la ya famosa caracterización negativa de los castellanos hecha por Almirall.[12] Un joven Frederic Rahola i Trèmols (jurisconsulto y economista nacido en 1858 en Cadaquès) discurrió sobre «Carácter castellano y carácter catalán» en *La España Regional* en 1888. El historiador Pella i Forgas se sumó el año siguiente con una breve nota sobre «Etnología catalana» en el *Boletín de la Institución Libre de Enseñanza* y, en 1896, Clascar y Norbert presentaron un reconocido *Estudi sobre el caràcter del poble català* a los Jocs

Florals de Barcelona. En resumen, se habló lo suficiente para que un historiador y sociólogo (dentro de los laxos criterios de la época) de la fama de Rafael Altamira recogiera tales contribuciones como fuentes más o menos fundamentadas en su *Psicología del pueblo español* de 1902.[13] Pero había, además, otros matices. Ya en 1891, un portavoz barcelonés del incipiente antisemitismo integrista no dudó en acusar al propio Mañé de tibieza racial, al señalar «las relaciones de amistad –de no muy antiguos tiempos a lo menos– entre judíos y el *Diario de Barcelona*», apoyándose en el periódico republicano *La Publicidad* como fuente.[14] El tema racista, por tanto, prometía, al menos en cuanto a ruido inmediato se refiere.

Pero fue un peculiar profeta de la «catalanización» de España quien hizo su reputación con la cantinela racial: el pintoresco Pompeyo Gener y Babot (1848-1920), muy valorado como ensayista atrevido en tiempos del cambio de siglo, con una reputación entonces de alcance español y pronto hispanoamericana, si bien hoy está del todo olvidado. Este barcelonés –muy conocido en el medio bohemio catalán por el sobrenombre de *Peius*, versión neorromana y catalanesca de su apodo *Peyo* (diminutivo de Pompeyo o *Pompeyus*)– pasó por la exaltación federal en el Sexenio revolucionario, experiencia de la que sacó una lección profunda. Como recordaría varias décadas después:

> En Cataluña, [...], todos los movimientos han sido descentralizadores, autonomistas. Y el movimiento revolucionario de Septiembre no podía faltar a esa ley. Así la primera manifestación republicana ya el año 68 fue, en Barcelona, federalista. No se podía comprender la república de otro modo. Durante toda la Revolución, Cataluña fue la que sostuvo este ideal de la República. Los otros pueblos de España fueron federales de ocasión. Sólo en Cataluña había federales plenamente conscientes. Así, los catalanes se extrañaron al ver que las Comisiones del Congreso, una vez proclamada la República federal, discutían las bases de la federación, sin saber cómo constituirla, y proponían que una Comisión fuera a estudiarla en Estados Unidos y otra en Suiza. Creían unos que la federación podía establecerse convirtiendo en cantones las actuales provincias artificiales. Otros querían la federación atómica de todas las municipalidades. Otros proponían la de los antiguos reinos. Creo que no hubo ninguno que la propusiera por raza y por molde geográfico, como era natural y lógico.[15]

Más adelante, Gener estuvo en los inicios del proyecto almiralliano, pero se sintió desengañado por la división entre los seguidores del Centre Català y los escindidos de la Lliga de Catalunya. Consideró que el histórico Partido Federalista estaba superado por la aportación autonomista de Almirall. Al mismo tiempo, no se sintió en absoluto atraído por lo que él llamaba los «catalanistas históricos» en derredor de *La Renaixensa*, que querían «restaurar la Cataluña antigua, de los Condes de Barcelona y Reyes de Aragón, más o menos adaptada a las exigencias modernas». «Sin saber científicamente a lo que obedece la superioridad catalana –argumentó Gener–, el círculo de *La Renaixensa* siente dicha superioridad»; no obstante tener «razón en lo fundamental», el «catalanismo histórico» se perdía en la literatura y su proyecto político resultaría aislado del ritmo de la historia europea.[16] En cambio, Peius *sí* entendía, a su juicio, «la superioridad catalana». Muy significativamente, ya en 1887, en su obra *Herejías*, al calor del debate suscitado por las implicaciones o no racistas de Almirall, *Gener jugó a fondo la carta de la notoriedad y anunció una aventurada tesis racial, según la cual en España predominaban elementos semíticos y negroides, menos en la periferia norteña (y, muy especialmente, Cataluña), donde abundaban los positivos rastros arios (para usar siempre su propia terminología).* En sus propias palabras (en el prólogo, fechado en febrero de 1886): «Vamos dudando hace ya algún tiempo que la mayoría de España sea capaz de progreso a la moderna. Sólo en las provincias del Norte y del Nordeste hemos visto verdaderos elementos, en la raza, y en la organización del país, que permitan esperar en el desarrollo de una cultura como la de las naciones indogermánicas de origen.»[17] Tal como él mismo resumió su idea unos años más tarde, al discutir la visión de uno de sus amigos franceses, el poeta Jean Richepin:

> Un ejemplo: En España, en suma, la población puede dividirse en dos razas. La Aria [sic] (celta, grecolatina, goda) o sea del Ebro al Pirineo; y la que ocupa del Ebro al Estrecho, que, en su mayor parte, no es Aria sino semita, presemita y aun mongólica (gitana)[,] esa raza predilecta de Richepin. Pues bien, la que proporciona la mayoría de funcionarios, de adeptos, y de gente que acata y sufre resignada esa máquina dificultativa del funcionalismo administrativo-gubernamental, es la raza que del Ebro al Estrecho de Gibraltar, castellanos, andaluces, extremeños, murcianos, etc. Ella dio los corchetes del Santo Oficio, ella los esbirros de todas las tiranías, ella los ministros de todas las reacciones, de allí salen las guardias pretorianas, allí se originó el caciquismo, de allí vienen polizontes de toda clase y especie, inspectores, intendentes, y ella da esos empleados que se creen con el deber de dificultar la tramitación de los expedientes y de las comunicaciones. Sólo las razas godolatinas de las provincias del Norte, y sólo ciertas clases de las ciudades latinas del Sur se han opuesto al despotismo gubernamental y han proclamado y sostenido las instituciones liberales. Los vascos por una extraña paradoja, odiando esta complicación burocrática que dificulta la vida, han vuelto los ojos hacia atrás, y cual Richepin al remontarse a los turanios, hanse creído encontrar el remedio a un rey absoluto que les concediera el administrarse regionalmente a la antigua usanza. Así es que sólo las razas Arias, y de éstas, las latinas, son, hasta hoy, razas independientes por temperamento.[18]

La tesis generiana tuvo un claro impacto en la Ciudad Condal y, durante un tiempo, Peius fue reconocido como un experto científico. Pasada la Exposición Universal, se estableció, entre otras cosas, un Museo de Antropología en el antiguo restaurante diseñado por Domènech i Montaner; como recordó, muchos años después, Eugeni d'Ors: «Poblaron sus salas los cráneos mensurados de Olóriz, los fósiles comprados en Holanda, por misión del Excelentísimo Ayuntamiento, por el no olvidado Pompeyo Gener.»[19] Nada sorprendentemente, fuera de Barcelona, en cambio, el planteamiento de arios catalanes y vascos en contraposición a semitas mesetarios y sureños no tuvo un recibimiento igual de elogioso y se buscaron explicaciones en clave de resentimiento para la teoría. Se decía que Gener estaba furioso por las dificultades para publicar en castellano su libro, aparecido en la versión francesa del importante pensador y lexicógrafo Émile Littré, sobre *La mort el le diable, histoire de la philosophie de ces deux négations suprêmes* publicado en París en 1880 con un caloroso recibimiento crítico (de Richepin, entre otros), que finalmente, aparecido en versión castellana tres años después, obtuvo muy escasa atención de los críticos hispanos; así, como despecho, se entendió en Madrid el argumento racial aparecido en *Herejías*.[20] Pero había conciencia de que se le debía parar los pies; en efecto, como escribió Valera a Menéndez y Pelayo en 1887, mientras tomaba las aguas en Bélgica: «Supongo que habrá usted leído el nuevo libro de Pompeyo Gener, titulado *Herejías*. Por aquí [Spa] no llegó aún. Sólo sé de él por los periódicos. Veo que merece con razón su título, y que es menester caer sobre él de firme.»[21]

Conocido, pues, por su atrevimiento, Gener residió en París, para llegar a ser finisecular maestro de modernistas: se creía portavoz de los que «podríamos llamar los modernos, los intelectuales, la Cataluña liberal».[22] Sus críticas de arte y su presencia acompañaron a personajes hoy en día mucho más recordados, como Santiago Rusiñol.[23] Aunque dado a la reflexión culturalista, no estuvo Gener entre los primeros en destacar las más tajantes certidumbres del darwinismo social, como lo hizo Pedro Estasén en los años 1879-1880, al aplicar tal enfoque al proteccionismo y las nacionalidades.[24] No es tanto, contrario a lo que se ha afirmado, que se identificara con un exagerado criterio spenceriano: de Spencer tomó el método, la inducción, de ahí el subtítulo de *Herejías. Estudio de crítica inductiva sobre asuntos españoles*.[25] Por lo demás, cara a su percepción de la sociedad civil, sus fuentes fueron más afrancesadas, con una lectura derivada de Taine, pero corregida por la corriente más «avanzada» de su tiempo, en concreto, una compenetración profética con las ideas nietzscheanas. Según el autor catalán, Taine «[de] haber hecho diez años más tarde su sistema, habría sido más completo. El medio ambiente es verdad; pero además del medio ambiente hay la raza, o sea la serie de acciones o de energías latentes en todo organismo, originadas y transmitidas por otros medios». Y añadió su clara preferencia por Taine, «más que Darwin y Spencer, ya que éstos son más técnicos, más complicados, más abstrusos, menos artistas, y sólo los que tienen una profunda educación de ciencias naturales pueden leerlos comprendiéndolos».[26]

> La política no ha de ser sentimiento puro, sino una ciencia inductiva, como todas las ciencias lo son hoy día. Y, ¿qué es lo que da la inducción respecto a

Cataluña? De los estudios etnográficos, geográficos, climatológicos e históricos, resulta ser una nación por la fusión de razas arias casi en su totalidad. Con un medio ambiente especial, con un pasado glorioso, con tradiciones propias, con una lengua literaria que ha dado grandes obras maestras, reinando sobre todo el Mediterráneo. Por tanto [los intelectuales que le seguían] apoyan su aspiración a la autonomía, no sólo en el pasado histórico, sino en algo más hondo, en la raza, en la diferenciación antropológica, en la psicología y la lingüística, en el medio ambiente y en la directriz de la evolución, según el genio de la nacionalidad catalana, cuyas lineaciones una inducción seria determina. Así sueñan en constituir una Cataluña ideal, al nivel y aun superior a las naciones más avanzadas de Europa.

[...]

Quisiéramos organizar Cataluña conforme el carácter que nos da la raza, el clima, la vegetación, la situación geográfica y las altas tradiciones de las edades pasadas, todo en armonía con el movimiento general de la civilización europea, con un gran esplendor de arte, de ciencia, de filosofía y de manifestaciones vitales.[27]

Como ironizó el crítico anarquista Félix Fénéon (1861-1944), Taine «aplica las técnicas científicas agronómicas a la historia literaria. Para cualquier país determinado, él estudia la química de la tierra, la topografía y el clima, y entonces trata una generación de artistas como una cosecha de champiñones, remolachas y coles de Bruselas.»[28] Así, Gener y su visión política. Desde este punto de vista tan afirmativamente contextualizador, *Peius se destacó como defensor de la visión taineana, siempre desde un agresivo positivismo tardío spenceriano, que, como contemporáneo estricto, podía entroncar con Nietzsche como profeta del una «aristarquía» de los intelectuales en la medida que el filósofo alemán sacaba su obra a la luz.*[29] La simpatía de Peius por la sociedad civil y su recelo del poder hicieron que su especial perspectiva evitara la crudeza despreciativa del *Übermensch* nietzscheano por el vulgo, y *predicara un «superhombre» bondadoso, dispuesto a elevar al pueblo de su ignorancia.*[30]

No podemos tolerar la centralización de unos ignorantes, de unos cuantos políticos de oficio avenidos entre sí, que han tomado eso de la patria como por arrendamiento, para no decir como por asalto, y que lo monopolizan en provecho propio, haciendo sinónimo PATRIA de *Gobierno*, de *Castilla*, de *Madrid* y de *dinastía* [sic].

No podemos tolerar, en fin la hegemonía de esa España negra, toda llena de supersticiones, paralizada por la rémora de los conventos; esa España muerta de la inacción, de la crueldad, de la pereza, en que todos aspiran a vivir del presupuesto, aunque sea en clase de *esbirros*; de esa España que no mira hacia adelante ni hacia afuera, a los puntos que se trabaja y se piensa.[31]

Para Gener, por tanto, la reivindicación de laboriosa Cataluña era también una afirmación de la libertad religiosa y, a la vez, una lucha por una mayor espiritualidad, por un idealismo social. Ello, aunque fuera paradójicamente, le llevó a ser muy crítico con la vida chata y la estrechez espiritual de la sociedad civil existente en la Ciudad Condal: «En Cataluña la exclusiva idea del lucro personal inmediato e ilimitado todo lo domina y lo legitima todo. [...] Pasteur, Renán [sic], Littré, Claudio Bernard, Darwin y Spencer, a haber nacido en Barcelona[,] hubieran pasado por unos imbéciles y se habrían muerto de hambre.»[32] Para Peius, por tanto, la «Cataluña liberal» y la «Cataluña ideal» eran sinónimos. A partir de su reivindicación interactiva del héroe en el molde «sobrehumano» de Nietzsche, frente a la rudeza de *Übermensch* del filósofo alemán, Gener celebró como ejemplar (y como catalana) la figura del médico y teólogo unitarista del siglo XVI, Miguel Servet, quien huyó de la Inquisición española y fue ejecutado por Calvino, para servir como muestra de un protagonismo humanista a la vez superador del catolicismo cerril y del protestantismo menos esclarecido.[33] Por esa reivindicación del libre pensamiento (en 1911, por ejemplo, las izquierdas catalanas quisieron eregir un monumento a Servet, como réplica al proyectado Sagrado Corazón del Tibidabo), Gener sirvió como pauta intelectual para el anarquismo barcelonés heredero del primer modernismo catalán, de modo que catalanistas como Maragall, con su condescendencia hacia las clases populares, o Corominas, con su simpatía republicana y su experiencia como compañero de ergástula de los ácratas, nunca pudieron aproximar.[34] Por que lo más preocupaba a Gener era el peso de la Iglesia, incluso dentro del catalanismo, así como las resonancias monárquicas que podían acompañarlo: «Pero hay quien quisiera incluir el catalanismo algo que no es catalán de esencia, sino austrocastellano, de adaptación forzada: la obediencia ciega a un rey absoluto y la sumisión al poder de la iglesia [sic], y más que de ésta, a sus derivaciones más antivitales y fanáticas. Y de esto, que es un virus *"espanyol"* [sic], pues con ello se hizo la uniformización de España, de eso no queremos nada en nuestra ideal Cataluña.»[35]

La andanada racial de Peius fue una manera de situarse en una posición que parecía obviar la frontera entre el idealismo y el materialismo, de un modo que todavía resultaba muy innovador en los años ochenta, al menos en España.[36] Como es sabido, la idea de que un grupo de lenguas indopersas era más antiguas que las demás y que procedía de un lugar y una «raza» la lanzó el humanista alemán Friedrich Max Müller, primer profesor de Filología Comparada de Oxford, escribiendo en inglés hacia 1853. Pronto ensayistas británicos como Thomas Carlyle y Charles Kingsley o historiadores militantemente ingleses como J. A. Froude y J. R. Green aprovecharon la noción. Tras ser recogida por el conde de Gobineau en su *Essai sur l'inegalité des races humanies* (1853-1855), autor francés cuyo éxito fue limitado a Alemania, la idea se afianzó en el medio germano. De ahí, de rebote, con el descubrimiento galo del saber germano en las décadas tras la derrota de 1871, se hizo tópico en la vecina Francia, especialmente con la obra *L'Aryen* del conde Georges

Vacher de Lapouge (1899), que identificó la imaginaria «raza aria» con los nórdicos.[37] Para entonces, observadores franceses (incluso quienes desconocían Cataluña) no dudaban en dividir España en un norte laborioso y un sur holgazán, con todas sus implicaciones étnicas.[38] No fue escuchado el esfuerzo de Max Müller por corregir su antigua propuesta y reducirla a una mera formulación filológica, enmienda anunciada en su discurso inaugural en la recién germanizada Universidad de Estrasburgo en 1872, al asegurar que era tan absurdo hablar de «un cráneo ario como de una lengua dolichocefálica», argumento que repitió numerosas veces (por ejemplo en 1888, cuando denunció el carácter científicamente «transgresor» de cualquier propuesta cruzada entre etnografía y filología, fuera una «raza aria» o una «gramática braquicéfala»).[39] La renuncia reiterada que Max Müller hizo del racismo desde la filología estricta fue recogida por voces que apuntaban en otra dirección, como el también historiador inglés y «anglosajonista» E. A. Freeman, quien, a raíz de la postura del germánico filólogo oxfordiano, aseguró que *el idioma –con sus fronteras sociales– servía como un elemento de medición étnico mucho más preciso que la noción de raza.*[40] Más que la fórmula racial generiana, la relectura lingüística de la sociología cultural era un planteamiento prometedor para cualquiera que quisiera promover el catalanismo.

Aun así, la relectura racista de *Lo catalanisme* promovida por el ruidoso Gener tuvo sus defensores, ya que coincidía con argumentos entonces muy en boga, aunque siempre controvertidos, como la tesis de *Der Rassenkampf*, traducida del alemán al francés *La lutte des races* en 1893, del entonces célebre sociólogo germano-polaco Ludwig Gumplowicz (1838-1909), judío converso, aunque no gustaba de indicarlo.[41] Sin embargo, en la medida que avanzaron los años noventa, las crecientes dudas que flotaban en el ambiente más culto al que él se adscribía, obligaron a Peius a retener a Spencer entre sus «maestros», a pesar de su predilección por el mayor rigor de Taine. *Paradójicamente, Spencer se convirtió en el medio que tuvo Gener para no evolucionar, para continuar con su prédica étnica.* Muy dogmático y preocupado por un gran proyecto de «filosofía sintética», que debía demostrar el paso global de lo homogéneo a lo heterogéneo, el inglés Herbert Spencer (1820-1903), siempre se reveló dubitativo entre el lamarckismo y el darwinismo estricto. Quizá por su ambigüedad ante el problema del mecanismo de la herencia, se destacó por su propuesta de una psicología comparativa de pueblos, una valoración de su comportamiento, su psiquismo genérico o su cultura, que podía dar mayor solidez a cualquier diferenciador enfoque taxonómico.[42] El planteamiento spenceriano, pues, justificaba, como respaldo erudito, la distinción racista de Gener, que siempre remetía a la tierra, al clima, y, en consecuencia, a la raza. Pero, mejor todavía, en 1884, Spencer sacó un famoso artículo polémico contra el segundo gobierno Gladstone, titulado *The Man versus the State*, obra en la que *abogó por un libertarismo extremo, argumentando que el reglamentarismo social y económico de los liberales traería una dictadura en la que la derecha y la izquierda se fundirían, siempre a expensas del individuo y sus derechos.*[43] Este ensayo fue inmediatamente traducido al francés y al castellano, y sería la base de la duradera reputación hispana del pensador y sociólogo inglés.[44] Mediante Spencer, por tanto, de forma cumulativa, se podía establecer la complementariedad entre el carácter colectivo y las formas sociales (por ejemplo, en la sociedad civil catalana frente a su ausencia en las tierras «castellanas»). La traducción catalana llegó en 1905, de la mano del abogado y financiero Trinitat Monegal i Nogués, juvenil militante de la Lliga Regionalista y luego de la disidencia nacionalista-republicana, el menos conocido de varios hermanos empresarios.[45] *El hecho es que Gener, como modernista inicial, con sus superhombres buenos y con su «aristarquía» rectora, se convirtió en un patrón intelectual para el creciente anarquismo catalán; su divulgación nietzscheana fue una postura reforzada por su enfoque spenceriano frente a la sociedad civil, ya que como «inactual» y «supernacional», Peius pasaba del Estado en pro de una sociedad autorreglamentada en armonía con el medio ambiente y la raza.*[46] *Asimismo, ello fue una razón del eventual fracaso de Gener como profeta del catalanismo: Prat de la Riba y la Lliga ganaron el concurso, y su tesis era que de la sociedad civil debía surgir un Estado de tipo nuevo, y no una organización social original.*

Sin embargo, quedaba el racismo y el antisemitismo tangibles de Peius, cuyo fondo estaba cada vez más contestado en la literatura sociológica, a partir del cambio de siglo, en especial en las obras extranjeras traducidas para un público de izquierdas en España.[47] *El resultado de la explicitación generiana respecto de la presencia hispánica del «semitismo» fue que su postura fue resultando más y más extrema en la medida en que las aguas sociológicas o etnográficas retrocedían hacia una lectura menos dura, más ambigua, del significado de las corrientes culturales y de las conductas sociales.* Llegado el momento, la suposición gratuita que hizo Gener acerca de la base biológica de ciertos comportamientos culturales se asemejaba a las teorías de su contemporáneo anglogermano, el ensayista wagneriano y racista Houston Stewart Chamberlain (1855-1927), usualmente considerado como el fundador de la teoría racista *volkisch*, con su macrointerpretación del desarrollo espiritual europeo como un conflicto entre nórdicos y semitas en su monumental *Die Grundlagen des neunzehnten Jahrhunderts*, en versión alemana de 1899. Pariente de la famosa familia política de Manchester, Chamberlain fue toda su vida un enamorado del teutonismo surgente y un entusiasta de Wagner que, dada la falta de éxito que tuvo en Inglaterra y como consecuencia de sus convicciones, se germanizó del todo, hasta el punto de hacer propaganda progermana en la Primera Guerra Mundial y naturalizarse como ciudadano alemán. Aceptado por la viuda del maestro de Bayreuth como el más digno divulgador de su mensaje, Chamberlain se dedicó al ensayo de interpretación culturalista de la historia con un enfoque fuertemente teñido de suposiciones racistas, ya que para él, como para tantos de sus contemporáneos alemanes, las actitudes espirituales eran, en gran medida, hereditarias. Su gran obra, *Los fundamentos del siglo XIX*, traducida al inglés en 1910, recogía una vasta interpretación del desarrollo espiritual en Europa desde la Antigüedad, con unos argumentos en la borrosa frontera entre el determinismo biológico y el cultural, poco diferentes de los dislates de su contemporáneo catalán.[48] Gener, por ejemplo, al tratar el tema existencial en su obra maestra *La muerte y el diablo. Historia y filosofía de las dos negaciones supremas*, no dudó en empezar por «los Arios» para luego establecer que «el hebreo es el esclavo por excelencia», pueblo de raíz materialista, lo que es más o menos el corazón de la crítica antisemita y anticristiana del autor anglogermano, en todo caso tópico fácil a partir de la divulgación de la obra nietzscheana producida a lo largo de los años ochenta.[49] Se ha de subrayar que Chamberlain acabó siendo bastante más famoso, pero Gener llegó *antes*, con casi veinte años de ventaja (si bien no aparece entre las fuentes de *Die Grundlagen*). *Sin embargo, el contexto cultural catalán ya tenía el mito de su mágica sociedad civil y no necesitaba un racismo libertario para salvarla.*

Al mismo tiempo, hay que decir que el parecido entre unas y otras ideas no fue accidental: *el ambiente barcelonés fue notoriamente wagneriano* (con traducción incluida de las exaltaciones bayreuthianas de Chamberlain), en marcado contraste con la fidelidad a Verdi que mantuvo el público madrileño.[50] Tampoco fue Gener monomaniático con el tema. Al contrario, sus recuerdos sobre una visita a Múnich para escuchar Wagner en 1886 fueron más bien despreciativos y displicentes, aunque, unos años antes, todavía podía escribir versos mediocres a las riberas del Rin.[51] Más bien se sintió profeta de un criterio progresivo o contestatario que podía residir en Almirall, entre otros, del mismo modo que hizo la activa reivindicación de otro personaje ideológicamente ambiguo, el historiador francés Ernest Renan (1823-1892), «impío» por racionalista y autor de la escandalosa *Vie de Jésus* (1863), lo que no estaba necesariamente reñido con un enfoque antisemita. Habiendo acudido a Renan buscando ayuda para su capítulo sobre los judíos en *La muerte y el diablo*, Gener gustaba de recordar su trato en la intimidad con el gran hombre, para furia sacerdotal del padre Torras i Bages (a quien, por añadidura, Peius desafió malintencionadamente en 1893, recordando sus tiempos en común de instituto, como estudiantes de griego y latín).[52] Pero, en el balance final, el racismo de Peius no podía ser demasiado consecuente si el ensayista modernista siempre se deshizo en admiración por el poeta modernista por definición, el nicaragüense Rubén Darío, de fuertes facciones mestizas.[53]

Hay una delicada línea entre lo que pueda decirse en una circunstancia histórica determinada y el significado que, con el tiempo, a la luz de acontecimientos posteriores, toma tal declaración. Así, la fatuidad, afirmada con ligereza, puede tomar una coloración siniestra, anunciadora de desgracias futuras. Al mismo tiempo, las metáforas políticas más plásticas tienen una sorprendente capacidad contagiosa, pasando fácilmente de la provocación a la literalidad; hasta se ha argumentado que «en *Lo catalanisme*, Almirall diseñó el cuadro de degeneración de los castellanos que hizo suyo Sabino Arana».[54] En realidad, *Almirall no hizo un argumento biologizante, sino muy culturalista*; aunque habló de «razas o pueblos», su terminología estaba dentro de la ambigüedad al uso y él enfatizó que los castellanos «acusan una de las variedades más perfectas de la raza blanca».[55] Más bien, Almirall estuvo en la línea de decimonónicos materialistas «anglosajones» como el historiador positivista Henry Thomas Buckle, muerto en 1862, para quienes España era el ejemplo negativo en las disyuntivas del desarrollo.[56] Esta perspectiva «etnológica» sobre la «decadencia» española fue resumida por el divulgador norteamericano J. C. Ridpath, cuya inmensa *Historia Universal* fue un éxito en Estados Unidos a finales del siglo XIX: «Tal vez el ejemplo más triste de declive étnico testimoniado entre los pueblos modernos sea el de los españoles. Parece increíble que la circunstancia relativa de los varios pueblos de Occidente, tal como era a principios del siglo XVI, pueda haber estado alterada y revisada tan completamente durante el período comparativamente breve que desde entonces ha sucedido.»[57] Los «espíritus fuertes» de la izquierda hispana decimonónica dispuestos a escandalizar –y Gener lo estaba, con ganas (e incluso Almirall sintió la tentación)– gustaron de usar tales fuentes, muy chocantes fuera de su medio originario, para mejor hacer impacto en las conciencias adocenadas. Es más, Peius aspiraba a sentar doctrina catalanista de signo «imperialista» entre las nuevas promociones universitarias: «Seguir el movimiento superior humano del genio de la Europa aria, y figurar en ella en primer término: tal es el propósito de los *supernacionales*.»[58]

El contexto intelectual finisecular: «raza», «degeneración» y «los supernacionales»

Al mismo tiempo, las reflexiones sobre las implicaciones morales del comportamiento colectivo eran inseparables de lo que se ha dado en llamar «la introducción de la sociología en España». El debate intelectual sobre la metodología interpretativa del ámbito social se situó entre el positivismo o el krausismo, por un lado, y el fondo católico en sus diversas vertientes, por el otro, como no podía ser de otra manera. Pero, con igual lógica, se enfocó sobre la construcción nacional, entendiéndose por «nación» una nébula confusa entre el poder, la sociedad y las raíces históricas de ambos. Tan loable esfuerzo de clarificación de conceptos fue ejemplificado por el catedrático de origen catalán Manuel Sales i Ferré (1873-1910), nacido en Ulldecona, si bien ejerció su magisterio de Geografía histórica y, luego, de Historia, en la Universidad de Sevilla, hasta su traslado, ya como docente de Sociología, a la de Madrid en 1899.[59] En otras palabras, la especulación política iba pareja de la académica, ya que esta última era todavía tan balbuciente que carecía de autoridad para imponer criterio alguno y, más bien al contrario, dependía de los estímulos ajenos al claustro para su evolución. Así, por ejemplo, Almirall –en su momento estelar, a mediados de los ochenta, al desvelar sus «Agravios» y su *Lo catalanisme*– se pudo presentar como protagonista del positivismo, reivindicando la libertad ante la decadencia histórica.[60] Por supuesto, más de una década después, en el cambio de siglo, hubo incitaciones mucho más variadas en esta dirección.

La preocupación le venía a Almirall de la idea panlatina que surgió de los idílicos juegos del Félibrige, entre el poeta provenzalista Mistral y el catalán Balaguer, culminando a finales de los años sesenta, pero que tomó otro sentido, bastante más agudo, en Francia a partir de la derrota de Sedán en 1870 y de la subsiguiente ocupación alemana.[61] En realidad, los Félibrige estaban tomando prestada una idea ya antes en circulación en el Risorgimento italiano, enfocado hacia la pugna nacional con Austria, contra *gli tedeschi*, en el sentido de una confrontación de civilizaciones latina y germánica, si bien, a la vez, el romanticismo alemán mostró una marcada fascinación por la romanística, exhibida mediante el entusiasmo por la lectura de las comedias de Calderón de la Barca en traducción de los Schlegel o por temas de investigación como el trovadorismo provenzal.[62]

Puestos a valorar «decadencias», el límite inferior para los franceses era el conocido ejemplo español, puesto en evidencia en 1898, coincidente con un nuevo revés galo. Pero el foco indudable de discusión racial estaba en el mundo de habla inglesa, entre Inglaterra y Estados Unidos.[63] Cada vez más, entre los años sesenta y los ochenta del siglo XIX, los tópicos históricos británicos se sometieron a una relectura racial reforzada por el debate sobre la teoría de Darwin. Su circulación en el medio hispano quizá se vea con mayor claridad en un autor maldito, escapado del medio madrileño en 1904 para ir a predicar en el Paraguay: Rafael Barrett, nacido en Torrelavega en 1876 y muerto en Francia en 1910. Si bien no tuvo un interés particular por la «cuestión catalana», Barrett ofrecía un paralelo a Gener en cuanto su ideario elitista quedó adscrito por entonces al anarquismo. Efectivamente, Barrett fue un libertario conservador que, empezando desde el individualismo radical, llegó no sólo al ideal del hombre superior, sino aún más allá, hasta la aspiración del «hombre-nación» encarnación del genio nacional o de la raza (como, por ejemplo, la «raza latina»).[64]

Tales planteamientos tuvieron una fácil trasposición a Alemania o, al contraste entre la Alemania victoriosa y la Francia derrotada en 1870. Era, además, un esquema de extraordinaria mutabilidad. Todavía, a principio de los años noventa, la perspectiva panlatina en España era más bien confusa, como señaló el periodista liberal Miguel Moya (1856-1920), al disertar en 1890 en el Ateneo de Madrid sobre «El ideal político de la raza latina», para concluir «que los ideales que cada Nación de las que forman los pueblos latinos persigue no son los mismos».[65] No obstante tales dudas, tras el «desastre» español, por doquier cundió el ensayismo sobre el retroceso moral y/o el porvenir de la «raza latina», dadas las humillaciones coloniales en África de Portugal (el ultimátum inglés de 1890), de Italia (el descalabro de Adua en 1896, de manos abisinias), y de Francia (el doblegamiento ante los británicos de Fachoda en 1898).[66] Autores italianos, como Giuseppe Sergi y Napoleone Colajanni, o franceses, como Edmond Demolins *(Anold)* y su antagonista de debate Léon Bazalgette, fueron traducidos y divulgados hasta hacerse muy conocidos en España.[67] Sergi, por ejemplo, consideró que España, igual que Italia, adolecía de un individualismo que neutralizaba las pulsiones sociales, colectivas, siendo insuficiente «cuanto se ha hecho y se hace por algunas regiones, como Cataluña u otra». Ante tal estado de cosas, era una mala respuesta el «prejuicio del patriotismo», una «morbosidad» que mandaba adquirir colonias «con el fin de alternar con las naciones poderosas en los mares y que se reparten los continentes».[68] Tales críticas estuvieron muy de moda, siendo recogidas por jóvenes con ambiciones de ejercer de renovadores en política. En el prólogo que Santiago Alba hizo al libro de Demolins, texto que le dio su duradera fama de regeneracionista militante, se mostraba dispuesto a hacer lo que fuera por «La raza y su cultivo».[69] Por consiguiente, *dándole la vuelta al argumento, para un catalanista (y, por extensión, para cualquier nacionalista centrífugo, crítico de la tradición estatal española), tal discurso sobre la «degeneración» tenía la virtud adicional de justificar un argumento de autoexclusión, según el cual los regresivos eran los «castellanos», mientras que los catalanes, hechos al patrón «burgués», eran «europeos».*

Esta percepción culturalista estuvo incuestionablemente presente en el ambiente de los años noventa: Pere Coromines (1870-1939), por ejemplo, escribiendo, a principios de enero de 1899, en *La Revista Blanca*, publicación más bien anarquista, llegó a la misma conclusión sobre la importancia de la obra de Ganivet: «Lo más notable de Ganivet es, sin duda alguna, la primera parte del *Idearium español*, en que expone el carácter territorial como médula de la sociedad española.»[70] Es más, la interpretación «antropológica» o «etnográfica» de las diferencias entre poblaciones (siempre según los inciertos parámetros científicos de la época), todo en función de factores como el clima o la herencia biológica actuando sobre los comportamientos culturales, estuvo al día para explicar las tensiones sociales, los brotes de protesta o la criminalidad. Las aportaciones de las escuelas de «antropología criminal» italiana (Cesare Lombroso, seguido de muchos otros autores, como Luigi Garofolo o Enrico Ferri) y francesa (Alphonse Bertillon, pero también Gabriel Tarde o Gustave Le Bon), fueron traducidas con delirio por las editoriales españolas, siendo un auténtico *boom* temático que duraría aproximadamente hasta los tiempos de la Primera Guerra Mundial, ya que, en el ambiente intelectual hispano, el «derecho penal positivo» se confundía con las afirmaciones del «naturalismo» novelístico de Zola y la difusión de darwinismo a expensas del pensamiento católico.[71] Al mismo tiempo, las sugerencias de la nueva antropología italofrancesa fueron introducidas directamente en la investigación social en España, de la mano de sociólogos como el republicano barcelonés Santiago Valentí Camp (1875-1934), traductor de Sergi y Bazalgette y alma de la Biblioteca Moderna de Ciencias Sociales, o el «institucionista» madrileño Constancio Bernaldo de Quirós (1873-1962), dedicado a descifrar el trasfondo del campo andaluz.[72] Así, el enfoque antropológico, con su uso indiscriminado de la estadística y su insistencia en la objetividad de todo lo que pudiera ser descrito, se confundió con la ya confusa herencia que quedaba del descubrimiento hispano del positivismo, en relación interactiva con la fulgurante carrera de esa corriente francesa en las Américas.[73] En el cambio de siglo, la aparente confirmación antropológica del positivismo excitó a las izquierdas juveniles españolas, que *creyeron haber encontrado un rasero analítico materialista, superador del sencillo criterio de la igualdad ciudadana en abstracto, tan propio de la acabada centuria decimonónica.*[74]

El lenguaje al uso reflejó estas novedosas suposiciones. La catalana Renaixença –entendida como equivalente y copia de la idea italiana de Risorgimento– insinuaba savia nueva, despertar viril, nuevos amaneceres: las metáforas plásticas favoritas del catalanismo fueron escogidas en consecuencia.[75] La imagen más repetida fue el ave fénix, ser mitológico que renace de sus cenizas, que fue el logotipo precisamente del diario *La Renaixensa*, de donde pasó a decorar las fachadas de una multitud de nuevos edificios «modernistas» del Ensanche barcelonés; por su aspecto habitual, sin embargo, el símbolo parecía una especie de águila imperial. Pero hubo otros emblemas visuales: por ejemplo, para referirse al despertar literario de la lengua catalana de su centenario letargo, a raíz del Primer Congreso de la Lengua Catalana de 1906, se recurrió al personaje de Lázaro a la boca de su tumba, en el momento en que Cristo le trajo de la muerte con la orden de levantarse y caminar. A su vez, por supuesto, estas fantasías simbólicas coincidían con el gran vocablo de moda en el ámbito general hispano: la «regeneración», o sea, la capacidad de un organismo para recuperarse y rebrotar, especialmente referido a las partes podadas o amputadas, aunque el término claramente estuvo en uso antes del «desastre» de 1898. Había, por lo tanto, una anfibología implícita en el término, que tanto podía entenderse como el avivamiento de las partes o la renovación del todo y que llevó a su uso común tanto por regionalistas como por unitaristas. También, en el fragor de la derrota, hubo quien pensó en la exhortación «Despierta España», de evidentes connotaciones matinales, pero unívocas.[76] Pero el contraste entre tantos modos de resucitar se puede entender mejor a través de las ideas interrelacionadas de «decadencia» y «degeneración», entonces una pareja de términos actualísima.

«Decadencia», palabra establecida, hasta antigua, tuvo un sentido muy contradictorio. Por un lado, podía entenderse en términos políticos, como sinónimo del declinar de un otrora poderoso gran imperio como España. Concretamente, en las últimas décadas del siglo XIX, era un significado que reflejaba la preocupación francesa sobre su rol internacional tras la debacle de 1870, que hundió el II Imperio bonapartista y que se resumía en la incesante pregunta de si –casi por definición– resultaba *impotente* una «gran potencia» derrotada.[77] Pero «decadencia» igualmente podía indicar la indulgencia, el gusto por las sensaciones exquisitas, los caprichos, las sedas o las joyas exóticas, que acompañaban a la más exacerbada sensibilidad: indicó un despertar de un sentido estético militante y, solapadamente, una afirmación de presencia homosexual.[78] A partir de ahí, «degeneración», neologismo cientificista y darwiniano, era una interpretación biologizante de las consecuencias sociales, hasta nacionales, de demasiada «decadencia».[79] Ha sido llamado «el modelo médico de una crisis cultural».[80]

En particular (y muy especialmente en España), la idea de «decadencia» circuló con vuelos de gran credibilidad en medios no científicos a partir de la obra de Max Nordau, *Entartung*, aparecida tras 1892, si bien ya había tenido una considerable divulgación anterior. Nordau fue el pseudónimo de Max Simon Südfeld, nacido de ascendencia judía en Budapest en 1849, que se forjó un considerable renombre como ensayista en las últimas décadas del ochocientos. Su primer gran éxito como publicista vino en 1883, con *Die conventionellen Lügen der Kulturmenschheit*, denuncia de las hipocresías institucionales ante las necesidades humanas.[81] Efectivamente, *Entartung* (en francés *Dégénérescence*), el texto emblemático de Nordau –más citado que leído– pretendió retratar la forma en la cual un comportamiento caprichoso, excéntrico, afectado e imitativo de la novedad, supuestamente signo del «fin de siglo», era en realidad una muestra del colapso generalizado de los roles sociales. Para Nordau, esta conducta era una irresponsabilidad con raíces biológicas, equivalente a las pautas que el estudioso italiano Lombroso había demostrado funcionaban en los criminales «natos». El criterio interpretativo de Lombroso igualmente podía aplicarse, según Nordau, a gran parte de los creadores literarios y plásticos, a juzgar por su producción. Así, en su evaluación, una creatividad enfermiza difundía su mala adaptación social como si fuera imbuida de valores alternativos, hasta superiores, con unos efectos muy negativos para la sociedad en su conjunto.[82] Dado el impacto de Lombroso y de la nueva criminología en medios intelectuales y profesionales hispanos, no debe sorprender que la argumentación de Nordau también fuera arrastrada hasta el horizonte cultural español. En 1894, a partir de Nordau, Gener presentó un ensayo sobre *Literaturas malsanas*, en el cual pretendía desarrollar su argumento superador, por «optimista», del autor germano-judío, afirmando que tras la «patología literaria contemporánea» se presagiaba un nuevo resurgir vital (estas perturbaciones son los *prodronos* de una nueva era). Pero sólo logró un agrio debate con Leopoldo Alas, muy despreciativo con Lombroso y su escuela, a quien quiso contestar, como hizo su héroe Nietzsche con Wagner, con un opúsculo titulado *El caso Clarín*, para considerar a su crítico como ejemplo de una *monomanía maliciosa de forma impulsiva*, digna del *estudio de psiquiatría* que Peius pretendió ofrecer. Fue una pelea con impacto en el medio juvenil barcelonés.[83]

En los años siguientes, Gener quiso anunciar la consolidación de un bloque de opinión intelectual catalán de cariz «supranacional», sin miramientos patrióticos estrechos pero con claro sentido de la identidad, capaz de realizar el paso hacia el superhombre nietzscheano (parecido a la superación que el hombre hizo por encima del antropoide, escribió Peius en 1901). Como remarca la única estudiosa actual de Gener: el futuro de Cataluña, a su juicio, «no estaba en las manos del socialismo y de la democracia, sino en los "supernacionales", un selecto grupo de artistas, de hombres de ciencia, con una sensibilidad hacia los temas sociales más desarrollada, libres de egoísmo y de pesimismo» que apuntaban siempre hacia el devenir.[84]

En un artículo de febrero de 1900, «Los supernacionales de Cataluña», publicado en la revista madrileña *Vida Nueva*, Gener aseguró que este grupo de presión intelectual ya estaba en marcha, con la gente de *La Setmana Catalanista*, la peña científica del Ateneu Barcelonés, los fundadores de *L'Avenç*, el equipo de *Pèl i Ploma*, todos jóvenes a caballo entre la misma *ville lumière* y el «París del sur». Era una promoción «imperialista» consciente de sí misma y de su importancia. «Somos los "Supernacionales", hoy sin patria [la Cataluña por nacer], nos consideramos inactuales. Somos extranjeros [en España]; todo ideal que puede ser familiar a alguien de este rebaño que soporta las instituciones muertas de este país en estos tiempos de marcha. Vivimos enamorados de ideales que apenas se divisan; y no creemos en esos que cual tristes vegetaciones de cementerio crecieron a la sombra de las instituciones momificadas, que duran, pero no viven, ni dejan vivir.» Si se producía la «cooperación de todos», bien; pero si no podía ser, entonces «Cataluña marchará sola avanzando, para ser el centro de una República aristárquica mediterránea, pues nos sentimos intensamente europeos y no queremos morir vegetando en la podredumbre de los sepulcros», es decir, la gastada España liberal.[85] Así, la postura «supernacional» y catalanista de Peius se erigió en contradictora de la Joven España, de explícita cuna wagneriana, pero «regeneracionista» y filo-republicana, admiradora de Lerroux y Blasco Ibáñez, que anunciaba un pregonero del nuevo «modernismo» madrileño como Ernesto Bark en 1901.[86] Por mucho que fuera objeto de burla por figuras prestigiosas españolas como Juan Valera («Las inducciones de Pompeyo Gener»), Peius completó su argumento.[87]

En 1903, Gener de nuevo explicitó la necesaria división «supernacional» de España en un Estado dual, cuya porción catalana, crisol ario, traería renovación al conjunto. Entre finales de 1902 y mediados del año siguiente, sacó una comentadísima serie de artículos dedicada en su conjunto a «La cuestión catalana (o sea, el catalanismo)», en la revista madrileña *Nuestro Tiempo*, dirigida por el conocido periodista Salvador Canals, en los que quiso marcar su distancia del pujante «grupo de la Lliga Regionalista», «numeroso y audaz» y «eminentementemente político» pero demasiado ligado a las antiguas militancias dinásticas, carlistas o católicas.[88] En ese mismo 1903, salió su compendio doctrinal sobre política, *Cosas de España*, recapitulación de tres lustros de campaña. Por entonces (o puede que poco antes), también apareció un estudio biográfico suyo por un adepto, el bonaerense José León Pagano, un publicista acostumbrado a los medios intelectuales argentinos e italianos.[89] Tal como Gener, más o menos por esas fechas, resumió su idea a ese mismo entrevistador forastero, admirador incondicional suyo:

> Los catalanistas –continuó el maestro– somos o nos declaramos supernacionales, porque tendemos a ponernos a la altura del siglo XIX. Aquí lo que nos pone en desacuerdo con el resto de la Península, además de la raza, es precisamente el desnivel intelectual. Mientras en el resto de España se mira aún hacia atrás, viviendo de dudosas glorias del pasado, mientras las demás provincias consideran a Madrid como superior y van allí a buscar enseñanza, los hijos de Catalu-

ña, hace ya muchos años, van a Francia, Alemania, Bélgica e Inglaterra. Esto ha producido una comunidad de corrientes con el resto de Europa, mientras que España se quedó encasillada en sus antiguos sistemas y en sus ideas anticuadas. Además, el comercio y la industria han relacionado a Cataluña con las demás partes del mundo y la han enriquecido; hoy por lo tanto se encuentra fuerte, rica, inteligente, mientras que España no es más que una mancha negra, como lo es Turquía en el otro extremo de Europa.

Y Peius, añadió, por si no había quedado lo suficientemente claro: «En la etnografía, y no en otra cosa[,] hay que buscar la causa fundamental del separatismo peninsular, por más que digan *los de más allá*.»[90]

Fue la cumbre de su carrera. En los primeros años del siglo nuevo, Gener coincidía, más o menos, con los argumentos de fuente italiana y francesa, entonces tan leídos, sobre el conflicto moral o racial entre los pueblos meridionales europeos y las gentes del Norte del continente. Como recogía una tesis doctoral francesa de 1908 precisamente sobre *La Question Catalane*: «El malentendido que separa a Cataluña y Castilla tiene por origen el choque de dos razas hostiles, antipáticas. Catalanes y castellanos no pertenecen, en efecto, al mismo grupo étnico.»[91] En un sentido, pues, la reputación de Peius murió de éxito: si lo decía todo el mundo, entonces, ¿cuál era la originalidad de Gener? Tuvo la pasajera adhesión de unas promociones estudiantiles en la Universidad de Barcelona, que pronto quisieron olvidarle como un exceso más de juventud. *Pero su rechazo de la Lliga de Prat de la Riba –que, como se sabe, arrasó– significó que su línea doctrinal quedó absorbida por una eficaz máquina publicística, mucho más productiva y capaz de matizar sus ideas sin asumir las exageraciones y los correspondientes costes. Los intelectuales catalanistas no le seguirían; es más, disimularían hasta su recuerdo.* A partir de la publicidad insistente de Gener, se pudo generalizar la idea de que la «cuestión catalana» era en realidad «una lucha de razas» al estilo de Gumplowicz, sin tener que llegar a asumir todo el bagaje antisemita, ni mucho menos los aspectos más idiosincrásicos de su pensamiento.

El racismo negable: el doctor Robert

Era –y sigue siendo– fácil ignorar a Peius, quien, tras 1910, quedaría borrado como epítome del estilo y criterio decimonónicos por el triunfante *noucentisme* de Xenius, ansioso de borrar los amores ideológicos de su tiempo de estudiantina. Pero resulta más difícil esconder la figura santificada que pronto encarnó, monumentalizado, el ascenso de la Lliga Regionalista y su representatividad de la sociedad civil catalana. El hecho es que –como es bien conocido– la interpretación racista de una supuesta incompatibilidad histórica entre catalanes y castellanos fue asimismo atribuida al doctor Bartomeu Robert y Yarzábal, nacido en el lejano Tampico en 1842, hijo de médico catalán «indiano». Tuvo una exitosa carrera corporativa: ganó la cátedra de patología interna en la Universidad de Barcelona en 1875, presidió la barcelonesa Acadèmia de Medicina i de Cirurgia y el Laboratori de Ciències Médiques de Catalunya, y tuvo un papel destacado en la importante reorganización de los hospitales barceloneses, con el traslado del Hospital Clínic al Ensanche y el establecimiento del de Sant Pau. Su reputación profesional se hizo suficientemente sólida para ser invitado a consulta en la agonía final de Alfonso XII en 1885. Como representante de las «fuerzas vivas» (siendo entonces presidente de la Societat d'Amics del País), firmó el *Missatge* a María Cristina de 1899. Después, como destacado «polaviejista», fue nombrado alcalde por el gobierno Silvela en 1899 y se distinguió al purgar las listas electorales del censo de muertos y otras anomalías, antes de dimitir por simpatía con el «*tancament de caixes*». Pero, por encima de sus robustos éxitos profesionales y políticos, el célebre galeno tenía una vertiente rica en especulación social.

Además de ser autor de numerosas publicaciones monográficas, Robert siempre se mostró fascinado por los temas de antropología, tal como entonces se entendía. No dudó nunca de la fuerte «semblanza que puede establecerse entre el organismo y la vida del hombre», siendo el individuo poco más que «una inmensa federación celular». Y añadía: «La Nación en el concepto orgánico, no es otra cosa que una numerosa agrupación de hombres los cuales vienen a representar, respecto del conjunto, una manera de *células sociales*.»[92] Intervino, por tanto, en el debate sostenido en el Ateneu Barcelonés en marzo de 1899 sobre «La Raza Catalana». Para el corresponsal de *La Veu*, Robert planteó la entonces relevante distinción entre cráneos largos y redondos, dividió España en cuatro regiones raciales, explicitó que la Guerra de Cuba clarificaba la importancia de un análisis racial adecuado de la política, mostró un gráfico en colores, relacionó el índice cefálico y el comportamiento a través de la historia de forma más o menos confusa y hasta llegó a matizar las variaciones físicas entre las cabezas catalanas (Barcelona, Lérida y Gerona en contraposición a Tarragona y Valencia).[93] Fuera la que fuera su tesis, pareció insinuar una diferencia craneal entre catalanes y castellanos, lo que suscitó considerable ruido. *Pero este planteamiento diferenciador castellano-catalán –si en verdad lo pensaba– no llevó a ninguna parte, ya que el peso argumental del catalanismo político residía en la especificidad de la sociedad civil catalana, en su «unidad cultural» entendida como «hecho diferencial» reforzado y demostrado por el uso del idioma autóctono.*[94] Con posterioridad al escándalo, el mismo Robert mostró su adhesión al enfoque culturalista. *Nadie, por tanto, o casi nadie, quería reconocer la tentación racista en el catalanismo.* Desde la plataforma del Ateneu, Robert resumió sus ideas, en respuesta a las muchas críticas recibidas:

> Estas diferencias de raza que el etnólogo y el antropólogo pueden estudiar en la península Ibérica yo pretendía ponerlas de relieve en unas conferencias sobre la *raza catalana*, que hube de dejar truncadas por motivos que todos recordarán.

Solamente pude hablar sobre el índice cefálico en España, exponiendo la configuración craneal de sus distintos pobladores, concluyendo que resultan dos grandes zonas; la bañada por el Océano con *braquicefalia* [cráneo casi tan ancho como largo] y la mediterránea con *dolicocefália* [cráneo más largo que ancho] y *mesaticefalia* y nada se dijo aquí de cráneos privilegiados, como se ha supuesto con insigne mala fe o supina ignorancia. Si quienes propalaron la leyenda no sufrieran de aquello que se podría llamar sordera moral, la propia, no la de los sordos, sino la de quienes no quieren oír, conforme demostré aquí gráficamente, que los rasgos psicológicos y no la configuración de cráneos son los datos que principalmente ha de utilizar el biólogo para buscar las diferencias entre los hijos de las varias regiones españolas.[95]

En otra oportunidad más sosegada, en un texto dirigido a un público español, Robert resumió su planteamiento:

Al querer ahora aplicar estos conceptos al caso concreto del problema catalán, para estudiarlo como se estudian hoy las ciencias sociológicas y políticas, hay que comprender que el regionalismo en Cataluña representa un cuerpo vivo, bien diferenciado y en condición de ejercer funciones propias; pero organismo complejo, conforme lo acusa el análisis más elemental. Así, cuando menos, se echa de ver en la vida del pueblo del antiguo Principado la acción simultánea y conjugada de tres factores: uno propiamente *Orgánico* [sic] –cuya investigación cae de lleno en la esfera del naturalista– representado por la raza en toda la amplitud de sus caracteres distintivos, pero influidos por el medio en que vive; otro *Histórico* [sic], que engloba su tradición al través de los siglos y es prenda de su presente y esperanza de su porvenir; y otro que es su *Derecho* [sic], representación genuina de su personalidad civil, que él mismo se ha dado en cumplimiento de su manera de ser y de sus propias necesidades. De esa trinidad resulta lo que podríamos llamar el alma del pueblo catalán. No caben jerarquías recíprocas entre los tres elementos que la constituyen, porque forman un todo substancial; pero si cupieran, habría de concederse la primacía al factor orgánico, por ser él quien, con sus rasgos propios, se ha ido exteriorizando, dando lugar a los hechos de su historia, y es también el que en sus funciones morales e intelectuales ha dado forma a la legislación.[96]

Hombre universalmente considerado un cálido comunicador, Robert siguió con su expresividad más allá de la muerte. Cuando, en 1902, el santificado ex alcalde de Barcelona, antiguo «polaviejista» y diputado de la Lliga se extinguió inesperadamente en un acto político (durante el discurso de brindis en una cena colectiva), quedó convertido en figura tan emblemática que se le erigió un gran monumento céntrico en Barcelona, y dos más en Sitges y Camprodón, testimonio a su fama imperecedera.[97]

El culto a Robert vino de su significado social: el extremismo patriótico de sectores no del todo serios, los *«quatre guillats»* separatistas que eran obsesivamente *«de la ceba»*, fueron cualitativamente cambiados por el reconocimiento burgués encarnado en Robert. Sirve como testimonio Manuel Folch i Torres, hermano mayor, nacido en 1877, de los mejor conocidos Josep Maria, alma de la revista ultracatalanista *La Tralla*, y Joaquim, abogado, militante de la Lliga y director de la revista satírica lligaire *Cu-Cut!* Para Manuel Folch, como dijo en una conferencia dada el 19 de mayo de 1907 en la Sala de Actos de la Lliga Regionalista de Sabadell, el galeno había actuado como el Bautista ante el evangelio del catalanismo: «Él, el doctor Robert, es quien abre las páginas del Nuevo Testamento de las reivindicaciones patrias [...]» Y añadió, como precisión: «Esta esperanza fue el catalanismo, el fuego sagrado del cual mantenían, entre mofas y menosprecios, incluso de sus propios compatricios, los *cuatro locos* que, preveyendo aquella confusión en la que, a la corta o a la larga, habían de caer los espíritus, tenían a punto la nueva doctrina para ofrecerla como símbolo de fe y prenda de esperanza a los desanimados.»[98]

Así, *el mensaje esencial de Robert quedaba reducido a su persona*, al encanto de su atractiva personalidad, dispuesto siempre a amar al prójimo. Según Folch: «La cosecha de ahora no es sino efecto de la sembrada anterior; las prédicas constantes del doctor Robert de amor a los propios enemigos, que no los consideraba como tales sino en virtud de una ceguera esperanzadora de cura; sus lecciones y ejemplos de tolerancia, sus trabajos personales de conciliación, al menos por lo que se refiere a los grupos catalanistas ponían particiones al uso común de la patria, no duden que fue una preparación poderosa y efectiva para la efusión fraternal que nos liga hoy a los enemigos de ayer y que nos hace deponer los odios fatricidas al pie del altar de la madre patria en holocausto santísimo a su amor.» Nada de rechazo, sino, por el contrario, ganas de convertir el enemigo a las verdades propias:

> [...] Y de vuelta de aquellas tierras castellanas –en la regeneración de las cuales su gran corazón todavía soñaba– todos los desengaños que allí había recogido se le convertían en halagadoras esperanzas a Cataluña; su corazón mustio en las caldeadas llanuras de Castilla, reverdecía en los sombreados vergeles de la patria; la violenta oposición de que eran allí objeto las doctrinas que encarnaba el apóstol se convertían aquí en entusiasmo idólatra por el héroe que era paseado en triunfo por nuestras calles entre hosannas con las que estallaba el pueblo que resguardaba su carro triunfal.

En consecuencia, el contenido racial robertiano quedaba disipado en una vaguedad médica:

> La cuestión catalana era para el doctor Robert, antes que nada y por encima de todo, una cuestión fisiológica, y el actual estado de cosas no planteaba sino

una vez más lo que se ve repetido cada día en los individuos: el problema de la lucha por la existencia.

Más a la vez se presentaba la propia cuestión a los ojos del médico con todo su aspecto de caso patológico: el del predominio de la actividad de un órgano sobre los demás, lo que originaba necesariamente un desequilibrio acentuado en todo el cuerpo social afectado por la enfermedad.

Tal era el diagnóstico y del mismo deducía claramente el gran clínico el tratamiento que debía seguirse: se imponía la ponderación de fuerzas en todos los órganos secundarios según sus actividades, mediante el reconstituyente de la autonomía que los devolviera a su funcionamiento normal.

¡Fue un gran infortunio que muriese el médico cuando el enfermo comenzaba a mejorar![99]

El evasivo racismo catalán

Aunque se pueda construir una narración del «racismo» catalán, cogiendo un texto o un autor y después otro, hasta establecer una cadena, en realidad la preocupación cultural –del todo central a la definición interna del catalanismo– siempre predominó sobre cualquier argumento estrictamente biologizante.[100] El nacionalismo catalán, en especial en su versión pratiana, era la afirmación de una «unidad cultural» cuya esencia era lingüística, no étnica o racial.

El esquema anticipado por Gener tuvo su parecido con lo que poco después argumentó, como descubrimiento, el vasco y ardiente *bizcaitarra* Sabino Arana, en tanto que en ambos se distinguía entre una España semítica y un territorio salvado del contagio de gentes ajenas.[101] Pero ahí se acabaron las sintonías racistas directas. Muy al contrario de Sabino Arana y su miedo a que los *maketos* aprendieran a hablar euskera y a disfrutar de las tradiciones vascas, *el catalanismo siempre se proyectó desde la suficiencia, como modalidad a ser imitada, con lo que se aplaudía la conversión del forastero en clon del indígena.* De ahí que Arana tan pronta y notoriamente denunciara el catalanismo como el mejor ejemplo de lo que *no* debía hacerse.[102] Así, por ejemplo, la oposición a la inmigración en el catalanismo se formuló como el rechazo a la llegada de formas sociales ajenas, que podrían desbordar el tejido social catalán y sus equilibrios, pero se compensaba el sentimiento xenófobo con muestras de entusiasmos ante la integración, entendida por supuesto como la homologación del recién llegado a las normas del país y, en primer lugar, a la comprensión del idioma e, idealmente, a su aprendizaje. Éste ha sido, sin duda, un esquema tozudamente conservador, *lleno de suspicacias ante cualquier cosmopolitismo que no fuera iniciado por parte catalana, pero no era un racismo en su sentido estricto,* si bien ello no negaba que hubiera quien aderezara el sentimiento de superioridad, el culturalismo militante y hasta el impulso misionero con la insinuación (o la afirmación dura) de que tales bondades tenían una base innata.

Más aún, un racismo exclusivista era una contradicción con el sentido idealmente contagioso del proyecto catalanista. Por ello, las efusiones racistas más explícitas en el catalanismo solían percibirse como excepcionales, hasta provocadoras, una expansión considerada como excusable por el entusiasmo patriótico que reflejaba, pero que suscitaba cierta incomodidad, un sonrojo como el que, muy eventualmente, manifestaría el nacionalismo poslligaire ante el propio criterio «imperial» de Prat o Cambó. El caso más notorio de racismo ideológico a principios del nuevo siglo fue el del veterinario Pere Màrtir Rossell i Vilar (1882-1933). Nacido en Olot, Rossell tuvo de joven opiniones sociales lo bastante radicales para tener que exiliarse tras la revolución de 1909, pero su éxito como zootécnico en los años diez, especialmente desde que entró al servicio de la Mancomunitat en 1916, le permitió extrapolar sus conocimientos de tipos animales a las supuestas *Diferències entre catalans i castellans.*[103] Pero Rossell nunca tuvo un seguimiento excepto como profesional de trato científico al ganado y, además, en política siempre estuvo en la izquierda relativa del nacionalismo.[104] La taxonomía que identificaba tipos físicos con morales, derivada del desarrollo agropecuario y el gusto creciente por los animales de compañía, no tuvo suficiente impacto en una sociedad como la catalana dominada por el hecho fabril urbano y no facilitó la aparición de un lenguaje de diferenciación racial tal como se pudo manifestar en otras partes de Europa.[105] Resumiendo, *la mentalidad nacionalista catalana se mantuvo resueltamente culturalista, con una legitimación sociológica y no biológica.* Había, pues, consenso neto en cuanto a la superioridad inherente de los catalanes y, por lo tanto, escribiendo en catalán en el medio algo contenido del catalanismo de convicción, se podía decorar esta convicción generalizada con alguna provocación gratificadora, pero realmente muy pocos se atrevieron a ir más allá y convertir el decorado ocasional en un todo doctrinal.

De hecho, como muestra la trayectoria de Rossell, la tentación racista, como ejercicio demagógico, fue más propia de la izquierda del catalanismo, que de su derecha, enganchada a los criterios dogmáticos católicos. El anticastellanismo generalizado, pues, se encontró en las revistas de divulgación popular, semisatíricas, y no en las publicaciones «burguesas». En muchos sentidos, tal orientación del gusto ideológico fue una pulsación comparable –aunque apreciablemente más debil– al primer antisemitismo político vienés del que fue más o menos contemporáneo. En la capital austríaca, los socialcristianos y pangermanos rivalizaron en atormentar a la reciente inmigración, predominantemente checa, pero convirtieron a los judíos de Galitzia en el símbolo de todos los recién llegados más indeseables.[106] Algo similar sucedió también en Berlín, aunque con menor éxito.[107] No fue una actitud excepcional: en ambas ciudades, el medio profesional y empresarial judío, bien «asimilado», rechazó con desprecio a los *Ostjuden.*[108] Pero, más importante para cualquier paralelo con Barcelona, el discurso antisemita en las capitales centroeuropeas tuvo un especial atractivo en medios de la clase media más baja, los dependientes de servicios del expansivo sector terciario, de un modo harto comparable a los *saltataulells*, los dependientes comerciales barceloneses, que eran la punta de lanza ideológica del catalanismo popular.[109] *De modo nada sorprendente, los argumentos más extremistas se encontraron entre los catalanistas más radicales,* que buscaban un apoyo conceptual legitimador que en algún sentido fuera «trabajador», de confrontación clasista, y no «burgués» y socialmente intregador.

El caso más famoso y representativo ocurrió en plena campaña solidaria, con la revista separatista *La Tralla*. Este semanario nacionalista radical rivalizaba con el *Cu-Cut!* de la Lliga en su provocación antiespañolista y antimilitarista. A partir de los últimos meses de 1903, Josep Maria Folch i Torres (1880-1950), hermano menor de Manuel, que se haría verdaderamente famoso más adelante por sus relatos infantiles en catalán, hizo campaña de agitación (como militante que era de la Unió Catalanista) desde *La Tralla,* con la intención de molestar a los enemigos del catalanismo y marcar distancias, aventajadas ideológicamente, con el regionalismo político. Su éxito más espectacular fue un número especial multicolor dedicado, en mayo de 1905, a la independencia de la República Cubana.[110] Procesado por numerosos artículos, Folch se refugió en Francia, huyendo de un arresto después de la destrucción de la redacción de la prensa de la Lliga, la famosa «quema del *Cu-Cut!*» por parte de enfurecidos oficiales de la guarnición de Barcelona a finales de 1905.[111] *La Tralla* fue suspendida y no pudo reaparecer hasta la primavera siguiente.

Más adelante, a mediados de enero de 1907, pocos días antes de la formación del segundo gobierno Maura, *La Tralla* sacó un número monográfico sobre «*La Dona Catalana*». Era una iniciativa dentro de la campaña solidaria de movilización, acompañada por la revista *Or i Grana*, semanario «*propulsor de una Lliga Patriòtica de Dames*», en cuya redacción estaba, por ejemplo, Josefina Dachs de Prat de la Riba, entre otras parientes de apellidos ilustres del catalanismo.[112] El número monográfico de *La Tralla* incluía el artículo «*Era Castellana...!*», firmado con pseudónimo femenino, siendo autor en realidad un militante ultracatalanista: era un relato de cómo el matrimonio del hijo con una casquivana castellana destruía, gracias a los antojos de ésta, una sobria y representativa familia catalana.[113] Visto desde una óptica catalanista, era una ironía divertida, juvenil, tal vez excesiva, como todas las bromas, pero que nadie responsable se podía tomar en serio.[114] En cambio, desde el otro lado, se entendió como un ataque en lo más tierno y, por ello, una ofensa a la mujer española. Como consecuencia, se produjo un escándalo importante, que llegó al extremo de provocar la destrucción de la redacción de *La Tralla* por una turba estudiantil en Barcelona y, en consecuencia, amenazó la estabilidad de la Solidaridad Catalana, entonces en plena preparación para las elecciones legislativas de abril y que contaba con el apoyo del líder republicano español Nicolás Salmerón. Véase una descripción más o menos de la época, con una considerable carga de indignación por la ofensa moral inflingida:

Una mujer fue autora de infeliz engendro.

Una señora rechazó en otro artículo que se publicó en la Prensa de Madrid, pero en términos decentes, la incalificable agresión del incivil, insensato separatismo catalán.

Obligado es recordar, que la mayor parte de los periódicos barceloneses, y de Cataluña toda, así como las Corporaciones oficiales, protestaron contra el escrito de *La Tralla*.

Una voz atronadora se alzó de España entera, pidiendo el castigo del papel que en tan grande afrenta había puesto a la Prensa de Barcelona.

Los escolares, arrebatados de patriótica indignación, corrieron en tropel desde la Universidad, dando vivas a España, hacia el local donde *La Tralla* tenía la redacción.

Llegados a ella, destrozaron cuanto hubieron a las manos: sillas, mesas, cristales, el buzón de la correspondencia; todo lo hicieron añicos.

Acudió la policía, y la manifestación se fraccionó después de varias cargas. Los manifestantes corrieron en varias direcciones, originándose tremenda confusión; se cerraron las tiendas, y varias personas cayeron al suelo atropelladas.

La manifestación se rehízo en las ramblas, incorporándose a ella muchos transeúntes.

El alcalde se adhirió a la protesta.

Una Comisión de señoras castellanas visitó también a dicha Autoridad para protestar contra el artículo mencionado.

Salmerón protestó también, diciendo que era intolerable el lenguaje de ciertos periódicos.

Todos los días insultaban los separatistas a Castilla, todos los días aparecían candidaturas groseras.

Así no se podía continuar. Se cansaban los patriotas de sufrir insultos y amenazas, y lo que más dolía era que no se imponía severo correctivo a los que con inaudito desahogo seguían su camino, haciendo alarde de odio insensato hacia España.

Según este mismo autor, cargado de exasperación ideológica, en realidad había un problema de fondo, venido de la sociología de Barcelona y del comportamiento intolerante atribuido a los catalanistas:

Desde muchos años antes [de la Ley de Jurisdicciones], notábase, en una parte considerable de la opinión barcelonesa, manifiesta hostilidad hacia *los forasteros* [sic], teniendo por tales, lo mismo a los que, desde niños, vivían allí, habían contraído lazos familiares y cooperado con su dinero y su trabajo al engrandecimiento de la hermosa ciudad, que a los recién llegados. Todos los que no habían nacido en Cataluña, *todos los castellanos* [sic], comprendiendo en esta denominación a los españoles de las demás regiones, eran considerados como *forasteros* o *extranjeros* [sic], y como enemigos de Cataluña si no compartían, si no comulgaban con la doctrina catalanista.

Por si fuera poco, añadió, indignado y suspicaz: «La Solidaridad es la agudización de aquel sentimiento hostil.»[115] Muy significativamente, era un juicio emitido a pesar de estar realizando una necrología elogiosa de Salmerón, quien en principio presidió la coalición solidaria. En otras palabras, la provocación ultracatalanista, *si llegaba a ser percibida* (ya que la mayoría de las pullas no salían del propio contexto de sus consumidores más entusiastas), *siempre surtiría efecto y engendraría indignación españolista, en una contraposición casi simbiótica*. Así, las manifestaciones más radicales, de quienes eran en realidad una ambigua oposición interna, catalanista, a la Lliga, repercutían en su contra, como expresión inherente, en la percepción españolista.

Fue el precio que había que pagar por la compleja y contradictoria relación que se iba institucionalizando entre moderados y extremistas en la «familia» catalanista, con unos papeles socialmente interactivos. Si bien los extremistas juveniles denunciaban a sus mayores barrigudos por haber perdido el ardor, también, según cuándo o cómo, reclamaban una cobertura, fuera política o con fondos, con el argumento de que todos estaban en el mismo bando ideológico. Los moderados, desde la suficiencia, criticaban a los jóvenes por ser descerebrados e irresponsables, pero también les hacían un guiño indulgente, a sabiendas de las exageraciones de la juventud. En otras palabras, *el ultracatalanismo nunca pasó de ser una zona de presión sobre el catalanismo más electoral, fuera lliguero o nacionalista-republicano. El nacionalismo radical catalán se mostró así limitado en sus acciones pero con una notable capacidad para provocar el escándalo ideológico*.

Los partidos parlamentarios, en especial la Lliga, podían señalar a los extremistas para reforzar su razonabilidad ante «Madrid», si bien el elemento españolista consistentemente confundió los unos con los otros. Por otra parte, la Lliga nunca podía cortar del todo con el extremismo nacionalista, ya que representaba su acceso a un medio social pujante, tanto en Barcelona como en las ciudades industriales menores, más allá de las redes de liberales profesionales de formación universitaria que eran la clientela propia y estricta del regionalismo político. Así, en resumen, el desorganizado ultracatalanismo, localizado en una multitud porosa de microgrupos que pululaban entre la Unió Catalanista y la asociación protectora de los trabajadores mercantiles, el CADCI (el Centre Autonomista de Dependents del Comerç i de la Industria, fundado en 1903), cumplía una función de socialización de la adolescencia en un sentido ideológico muy aprovechable. Convenientemente orientados, cuando los jóvenes oficinistas, los viajantes y los vendedores maduraban, se casaban y sentaban cabeza, podían pasar a ejercer el «voto útil» *lligaire*.[116]

Así, lo que, a una primera vista bien informada, parecía una importante cesura ideológica, se revelaba, por el contrario, un equilibrio interno del movimiento catalanista como sector social en configuración, paradójicamente definido sobre todo por medio ideológico. Pero, al mismo tiempo y no obstante su funcionalidad en el seno del catalanismo, estos nacientes mecanismos de estabilización, mirados desde fuera, resultaban del todo opacos.[117]

La sociedad civil catalana vista desde fuera

Durante más de un siglo, uno de los refranes más repetidos por el nacionalismo catalán aseguraba, amenazador, que *«hostes vindran i de casa et treuran»*. Dicho de otra manera, en la autoimagen catalanista, los emigrantes o refugiados *auténticos* eran los mismos catalanes, errantes en su propio país, pero siempre ansiando recuperar *«la terra»* para sí.[118] En el imaginario *«nostrat»*, nunca ha habido mucho lugar para la variedad de origen, aunque la práctica diaria fuera mucho más tolerante.[119]

El nacionalismo catalán siempre ha tenido que soportar la contradicción entre el peso de Barcelona, ciudad metropolitana en competencia con Madrid, y el sueño de la privacidad colectiva, de «vivir lo propio». Es una contradicción que, por incómoda, nunca ha resultado grata. Y es que *el secreto de la sociedad civil catalana siempre ha sido el hecho de que, en realidad, era una «sociedad de familias»*. Ello podía dar un sentido especial a la «confianza» desde siempre considerada como necesaria para el desarrollo de una economía capitalista, faceta que se hacía especialmente evidente en un terreno como el crédito.[120] Las redes familiares se entremezclaban con las conexiones forjadas por la amistad, para determinar el patrón de la sociabilidad, de la famosa vida asociativa catalana. Por citar el ejemplo más relevante de todos, observar el rastro histórico del catalanismo es seguir un movimiento de parentesco cruzado, en el cual todo el mundo era primo, cuñado, compadre o, cuando menos, compañero de aulas. Este condicionante dio color a todo el tejido asociativo y explicaba el trasfondo personal de los mecanismos, aparentemente más ciegos, que marcaban las relaciones de socialización entre la Lliga, los nacionalistas republicanos y el desordenado ultracatalanismo juvenil. Pero no por ello se hacía más visible. Ni que decir tiene que, para las interpretaciones que confían en exceso en la homologación entre la clase social como supuesta realidad y el poder, la raíz familia de la «burguesía» catalana se convierte en un curioso rasgo «enfermizo», que limitaba (o limita) el pleno despliegue empresarial.[121]

A principios de siglo XX, la industria catalana estuvo caracterizada por plantas que, con alguna señalada excepción, eran más bien pequeñas. Por regla general, estas reducidas dimensiones productivas no solían sobrepasar la fabricación por encargos especiales o por lotes, para alcanzar, como techo absoluto, la manufactura en bulto. Casi nunca se llegó a tener la capacidad para elaborar un línea de forma masiva.[122] Más dada a una perspectiva microeconómica que no al contrario, la industria catalana tendía a buscar la intimidad y las redes de apoyo, cuya máxima expresión encontró en el barrio urbano fabril. En aquella época, era ésta una perspectiva frecuente en Europa: el *business district* era el foco elogiado entonces por el economista inglés Alfred Marshall (1842-1924) como una atmósfera especialmente favorable al desarrollo empresarial. Allí, el fabricante emprendedor contaba con los medios para colocar pagarés y papel comercial, subarrendar contratos para diseños, partes o servicios, y contar con una reserva de trabajadores especializados entre otros talleres que igualmente practicaban una estrategia especializada. Desde su concentración urbana, el pequeño empresario confiaba en acceder a la infraestructura privada de instituciones (bancos, clubes, asociaciones corporativas, sociedades de seguros e incluso escuelas técnicas o laboratorios) que, como conjunto de intereses, vertebraba la economía regional. Este contexto de interrelacciones entre hombres y negocios configuraba hábitos de confianza mutua y reprocidad, así como expresiones más altisonantes de solidaridad con quienes aparecían como competidores.[123] En resumen, el barrio industrial ofrecía un modelo cuyas pautas y límites se asemejaban a las relaciones propias de «una gran familia». La colonia industrial (con frecuencia señalada como la más idiosincrásica ruta fabril catalana) no era más que una versión aislada y exageradamente patriarcal de esa misma realidad, adaptada a quienes, como fabricantes, se podían permitir el lujo de funcionar sin contactos. Aparte de la ventaja de reducir los costes de la energía con un salto de agua, la colonia confiaba más en la disciplina y la impuesta virtud religiosa, en la clausura y la incomunicación, por miedo al subversivo contagio (siempre la cara oculta y peligrosa de cualquier sociedad civil), que en las sinergias y beneficios de la proximidad y las circunstancias compartidas, a pesar del riesgo de huelgas.[124] Había, pues, familias industriales más o menos normales, y otras más problemáticas, por autoritarias.[125]

Como ha remarcado el conocido politólogo Isidre Molas, precisamente el acuerdo matrimonial catalán podía ser entendido por el pensamiento liberal como un contrato libre entre agentes libres, contrapuesto a la visión conservadora, que lo concebía como una unidad social, fuente de vínculos personales e interactivos.[126] Era, como es evidente, ambas cosas a la vez. Pero, en la práctica, la «sociedad de familias» era un formato poco atractivo para las izquierdas, excepto como conjunto de principios libertarios para reglamentar las relaciones entre individuos y colectividades. Desde este enfoque, la experiencia catalana servía en especial para acentuar la distancia colectiva ante el poder estatal, entendido éste como escasamente «público» precisamente por ser poco representativo. Por el contrario, como es lógico esperar, la realidad de este tejido fue reivindicada, lógicamente, desde los medios más conservadores, con su discurso *pairalista*. En la sucinta expresión de Torras i Bages: «en tanto la sociedad es más perfecta en cuanto más sirva el carácter y condiciones de una gran familia», por lo que, «conviene que la familia sea permanente y tenga una cierta independencia, que constituya una entidad histórica, es decir, que se convierta en *casa*». A ojos del publicista y prelado: «De eso tiene Cataluña un buen ejemplo en las *casas de payés*, que el difunto Permanyer cualificaba muy rectamente de aristocracia de espardeña, y en las casas de menestrales, con establecimiento propio, que se pasaban de generación a generación con grandes ventajas morales e industriales.»[127] *En realidad, por encima del conservador discurso comunitarista, la «sociedad de familias», con sus redes y reglas, era a un tiempo una pauta de comportamiento y una trama demasiado profundas para que nadie efectivamente las pudiera controlar políticamente.*

En cambio, a ojos forasteros, este hecho de fondo ha dado a la vida social catalana un carácter contrapuesto, difícil, ya que los mensajes ostensibles no correspondían a las prácticas sociales. La identidad «burguesa» –al parecer de muchos sociólogos– es sólo un conjunto de actitudes de mutuo reconocimiento: un «burgués» se podía fiar de quien mostrase su propio código de valores operativos, con quien compartiera una ética de trabajo, también fuera ahorrativo, parco de expresión y pospusiera sus gratificaciones; podía fiarse de su palabra en un negocio, podía *fiarle* dinero.[128] Pero la mejor manera de conocer a los posibles socios, por supuesto, era haber intimado con ellos durante toda la vida. *No obstante sus reglas supuestamente meritocráticas, el mercado de promoción catalán en buena medida se fundamentaba en unos referentes visibles sólo para los partícipes: quién era quién en función de sus parientes, amigos y conocidos. En su día, esto enfureció a los «lerrouxistas» y los anarquistas, ya que, para quien llegara de fuera, un sistema de parentela y amistad se presentaba del todo opaco. Así, una gran ciudad, en aparencia llena de oportunidades, quedaba reducida, para el inmigrante ambicioso, a una oligarquía oculta e impenetrable.*

Por si las impresiones fueran poco, el espectacular crecimiento barcelonés en el paso de un siglo a otro pareció convirtir el sutil juego de fondo en una articulación de poderosos empresarios, ostentosos de su poder social y su riqueza, rodeados de círculos de fabricantes menores y de una nube de profesionales (abogados, ingenieros, arquitectos) que llevaban sus asuntos. Las denuncias finiseculares contra la despiadada «plutocracia» que inundaron las grandes ciudades de Europa y los potentísimos centros urbanos de las Américas (desde Nueva York o Chicago hasta Buenos Aires) parecieron encontrar en Barcelona su perfecta expresión hispana.[129] Quedó forjado, pues, el mito del poderío de la «burguesía catalana», así como de la fuerza de «su partido».

Pero, por su lado, ante la frustración de inmigrantes y forasteros, los nacionalistas catalanes estaban oprimidos por el peso de una profecía: llegaría el día en que no habría más autóctonos.[130] Desde el siglo XVIII, el uso de métodos anticonceptivos ha mantenido baja la natalidad catalana.[131] A partir de la *«febre d'or»* especulativa de los años 1874-1886, las olas migratorias hacia el foco industrial catalán cada vez atraían gentes de zonas más lejanas a una influencia cultural común a los hábitos catalanes.[132] Tras su aparición en la segunda mitad del siglo XIX, el catalanismo insistió tan obsesivamente en este miedo que algún observador ha hablado de un «nacionalismo demográfico».[133] En consecuencia, por mucho que no les gustara, las sucesivas generaciones de catalanistas han tenido que aguantar la inmigración por falta de brazos e ingenios para sostener el desarrollo.

Sin embargo, *la tensión entre desarrollo y privacidad dio lugar a una urbanidad especial, una combinación inusual de la sobriedad «burguesa» y del radical individualismo mediterráneo, que parecía una especial copia del estilo social francés.* Si se imitaba la costumbre gala en la anticoncepción, por añadidura la sexualidad catalana tenía algo de francesa (para fascinación de éstos), como también lo tenía el lenguaje básico para la formación de asociaciones en la sociedad civil. A partir de este vocabulario asociativo de tan amplio abasto, se construye un estilo de vida que tenía raíces históricas bien profundas. Ello facilitaba la comunicación con el mundo social de todo el Mediterráneo occidental, en especial las Italias, y no solamente con Francia. Cuando, por ejemplo, el novelista Alejandro Dumas *père*, en su conocidísima obra *Le comte de Monte-Cristo* (escrito, con al menos un colaborador, en 1844), quiso retratar –con visible intención didáctica, desde una perspectiva francesa– la variedad de costumbres mediterráneas de su tiempo, no dudó en convertir a la colonia catalana de Marsella en el origen de los malos de la obra, así como de su deseable heroína, amor del protagonista.

Al ser Cataluña un *first-comer* a la industrialización, formando parte de la primera revolución industrial europea en el paso del siglo XVIII al XIX, los primeros inmigrantes que vinieron a sus ciudades en busca de trabajo fueron más o menos vecinos, de las Baleares, Castellón o las zonas limítrofes de Aragón, que por tanto conocían o más o menos comprendían el idioma. Si muchos no «pensaban como los catalanes», en pleno código «burgués», al menos sabían lo que ello significaba: las formas grupales de tomar decisiones y establecer consenso, el gusto por las reuniones interminables, el placer de la maledicencia, la especial envidia de quien destaca. No vinieron gentes de más lejos hasta los albores del siglo XX, con lo que ello comportó de conflicto cultural de más difícil resolución interna.

Se encajó la afluencia decimonónica porque el corazón vivo del sistema de trato catalán era la *penya*, con un sentido más concreto de la peña, siendo un círculo abierto que se adaptaba a todas estas exigencias y más. La *penya* y la sociabilidad masculina que la acompañaba crearon un patrón especial, casi único en España. Era una imitación flexible de la familia cerrada y de la red exclusiva de amistades «*per tota la vida*». Para sentarse en la *penya* solamente hacía falta una cosa: entender la lengua local (aunque no se hablara) ya que, con ello, se podía sostener el ritmo propio del estilo social del país. Con estos atributos, no había que parar el ágil intercambio indígena para explicar paso a paso al forastero lo que estaba sucediendo, interrupción que resultaba insufrible a los nativos. Con una *penya* se disponía de la unidad fundamental para construir toda agrupación más compleja, como partidos políticos o sindicatos.[134]

Con unas leves modificaciones de comportamiento y la adaptación de su percepción lingüística, el forastero «se integraba», es decir, superaba una segregación entendida como responsabilidad propia, si bien, por supuesto, entrar en la «sociedad de familias» era un proceso bastante más lento y laborioso. Nada, a modo de contraste, más lejos del nacionalismo vasco troncal. El *maketo* no podía acceder a la vida social euskalduna, cuya renovación estaba pensada para su exclusión: sin ir más lejos, el nacionalismo vasco, en tanto que partido, concebido como espacio de reunión para los propios, no dejó entrar a forasteros sin los apellidos adecuados hasta pasado el franquismo. Para Sabino Arana, desde el principio de su cruzada política, hacer lo contrario era asumir literalmente «errores catalanistas».[135] Por su parte, la esperanza liberal española siempre contó con la mezcolanza inmigratoria para acabar de domesticar al tradicional exclusivismo vasco y con ello neutralizar sus más desagradables expresiones ideológicas. En palabras de Francisco Giner de los Ríos, el padre de la Institución Libre de Enseñanza, en 1899: «Así, por ejemplo, mediante el cruzamiento, se unifica la raza, sea bien rápida y enérgicamente, como en Estados Unidos, ya con la laboriosa y aun dolorosa transición que va transformando el pueblo vascongado entre nosotros.»[136] Por el contrario, la experiencia catalana, al ser más difusa, presentó mayores problemas interpretativos, si bien –vista desde fuera– resultaba en apariencia lógico homologarla a la vasca, con su racismo tan explícito.

Resumiendo, el nacionalismo catalán ante el inmigrante escondía dos realidades, una negativa y otra positiva: el mecanismo oculto de la «sociedad de familias» como red de apoyo mutuo empresarial y arrinconamiento del ajeno, y, en compensación, la *penya* como vocabulario asociativo abierto, base fundacional de toda actividad grupal. Este juego alternativo de exclusión e inclusión también es lo que ha permitido el discurso de la condescendencia mediante la «integración». El juego entre urbanidad metropolitana y privacidad fue la expresión de Barcelona como centro industrial.

Tras la apelación a las bondades de la sociedad civil, la radicalización nacionalista fue inseparable en Cataluña de la clase media urbana como espacio de promoción social. Si la promoción más segura siguía siendo la plaza burocrática, y si la «sociedad de masas» era una expansión exponencial de la demanda de servicios de todo tipo, el control de la forma de desarrollo administrativo se convirtió, una vez tras otra, en la aspiración a lograr el control sobre *toda* la sociedad, que, a fin de cuentas, es lo que por definición pretende todo nacionalismo. Nada provechoso, entonces, indagar quién era más «burgués» (si catalanistas o españolistas) aunque unos y otros se han insultado con este tema durante más de medio siglo. En este sentido, para concretar, la Lliga Regionalista, habitualmente tachado de «partido de la burguesía industrial catalana» (sobre todo por sus enemigos) era en realidad una opción ideológica, que permanentemente había de competir con la oferta asociativa o corporativa existente, además de los demás partidos más o menos moderados, desde el catalanismo republicano o las fuerzas parlamentarias constitucionales hasta el carlismo, por la representación de una muy estrecha base social.[137] Su elaboración doctrinal, aunque hubiera de hacer frente a la competencia, tenía más que ganar de la celebración de la pluralidad que de un exclusivismo defensivo.

El balance de todos estos elementos sociológicos ha permitido que *el nacionalismo catalán haya podido disponer de discursos racistas, pero que éstos nunca hayan tenido una función esencialista imprescindible en la elaboración ideológica.*[138] Con insistir en la sociedad civil mostraba un contenido latente más que suficiente para asegurar la conservación de un ideal de promoción social restringida, sin, por ello, tener que recurrir a la *explicitación* segregadora. Es más, el argumento de la «superioridad» catalana, para tener efecto político en España, o ante públicos hispanos, solamente podía ser cultural, la oferta de un proselitismo en el manejo social de la modernidad industrial y comercial y en sus más accesibles costumbres asociativas. *Si el catalanismo perdía su contenido didáctico, perdía su razón de ser como proyecto «imperial». Un catalanismo conscientemente racista no podía ser otra cosa que separatista, segregacionista por pura lógica.*

«Individualistas catalanes» contra «comunistas castellanos», o «los piamonteses de España»

En realidad, si se descuentan sus provocadoras teorías racistas, Pompeyo Gener estaba predicando la misma solución que Prat de la Riba: «Por el momento, admitamos que, por tener ahora ya una gran personalidad patente y distinta, y como ÚNICO MEDIO DE RESOLVER LA CUESTIÓN CATALANA [sic], se diera la Autonomía a Cataluña tal como la reclama; pasaría lo mismo que pasó con Austria y Hungría, y con Inglaterra y sus colonias de Oceanía.»[139] Aparte de la pasajera admiración de algunos estudiantes universitarios (entre ellos probablemente el joven Eugeni d'Ors Rovira y su hermano Josep-Enric), Peius siempre fue profeta sin gran predicamiento en su patria, en contraste con la admiración que se le dispensaba en los círculos modernistas de Centro y Sudamérica. Cuando su estilo de representación permanente pasó de moda, cayó en la pobreza, salvado por un sueldo que le pasaba el ayuntamiento barcelonés para evitarle el hambre, hasta su muerte en 1920, olvidado excepto como bufón.[140]

Igual que Gener, el republicano Pere Coromines (o Corominas), gastado su entusiasmo libertario por su implicación en el traumático proceso de Montjuïc en los años noventa, se lanzó a especulaciones que, a pesar de su ortodoxia izquierdista de entonces, mostraban un relativo parecido con Prat. Coromines podía concordar en cuanto se refería a la supuesta sociología catalana derivada de su excepcional sociedad civil. Pero seguir por el camino «imperialista» le resultó imposible. Aunque, por ejemplo, se mofara de la escasa capacidad que los marroquíes tenían para administrarse en cualquier sentido serio de la palabra, dando así una cierta validez a las pretensiones hispánicas en África, su incomodidad ante la noción de «imperio» era manifiesta (como cuando, para ridiculizar según qué corrientes, en 1899, comparó España con Bizancio: «Había caído sobre el Imperio antes poderoso gran pesadumbre»).[141]

Sin embargo, en sus apuntes teóricos, iba mucho más allá de Prat y no estaba muy lejos de Gener, ya que Coromines interpretaba el progreso industrial catalán como fruto de su individualismo moderno. Según Coromines, el individualismo sistemático era el fundamento de capacidad catalana para articular una sociedad civil a la vez asociativa, corporativa y empresarial sin acceso al poder público, frente al agrario «comunismo castellano», caracterizado por una confusión intrínseca entre pulsaciones internas contrapuestas, entre el poder avasallador y el reparto igualitario. En palabras suyas:

> Esta diferencia de carácter es tanto más irreductible cuanto puede subsistir bajo la salvaguardia de la lengua. Sin embargo, hay tres soluciones dentro de la unidad nacional: 1.ª, que el comunismo castellano someta al individualismo levantino, en cuyo caso la unión subsistirá únicamente mientras predomine la fuerza del vencedor; 2.ª, que el individualismo levantino sojuzgue al comunismo castellano, en cuyo caso la unión correrá el mismo peligro final; 3.ª, la convivencia libre de estos dos caracteres dentro de la misma nacionalidad, por el mutuo respeto de los principios diferenciales. Pero aun esta solución sólo se le ocurrirá al pueblo realmente individualista, cuya hegemonía será la garantía única de semejante constitución. [...]
>
> Sería peligrosa para los actuales Estados la manifestación sana y ordenada de ese espíritu individualista, porque podría acarrear una descomposición general, predecesora de una federación latina. Y el único precedente serio de esa manifestación sería un partido catalanizante, no un partido catalanista. Si el movimiento actual se encamina a despertar en los pueblos catalanes la conciencia de su personalidad, y en vez de gastarse en estériles luchas políticas persiguiese la educación de la raza por el conocimiento profundo de su historia y de su lengua, así como de sus caracteres morales colectivos, podría significar un peligro, lejano sí, pero ciertamente grave para la unidad de la nación española.[142]

La salida, algo difuminada, que él veía, iba directamente al sueño de una entidad supraestatal análoga a la propuesta por Prat, aunque sus simpatías republicanas en el momento de redacción le hicieran mostrarse dubitativo. En efecto, Coromines, dentro de su eclecticismo ideológico, asumió a *La nacionalitat catalana* como una aportación decisiva que culminaba el panteón conceptual catalán de Pi y Margall, Almirall y las Bases de Manresa:[143] «En la obra de Prat de la Riba, encontré un hombre que me hablaba en el lenguaje de mi tiempo de una realidad clara y armoniosamente definida. Mientras la pasión no me ciegue seguiré admirando al autor que en aquel libro me habló con palabras nuevas de mi sentimiento de Cataluña y afirmaré que al publicarlo hizo un gran servicio a nuestra patria. [...] Por eso cuando la posición política de este hombre me retrae de adherirme a los actos que se le hacen en homenaje, desde esta posición enemiga le envío el saludo de un patriota.»[144]

La cuestión clave era el grado en el cual los catalanes eran capaces de imponer su modernidad al resto «castellano» de España. En 1907, en plena campaña de la Solidaritat Catalana, la convicción de superioridad catalana tuvo una nueva e impactante formulación. Diego (o, en catalán, Dídac) Ruiz Rodríguez (1881-1959), nacido en Málaga, pariente del pintor Pablo Ruiz Picasso y modelo del furioso «modernista», bien integrado en el medio catalanista barcelonés (su libro *Contes d'un filòsof*, de 1908, apareció con prólogo de Maragall) y profesor de castellano en Italia, aportó un modelo comparativo original, extraído de su propia trayectoria vital. Fue una figura tan pintoresca –incluso más estrafalario– como lo pudo ser Peius, pero más cercana, en el terreno de las ideas, a Gabriel Alomar, el ensayista original que, a principios de siglo, parecía el faro intelectual de un «futurismo» catalán y, con ello, de una izquierda catalanista. Dídac Ruiz, pues, publicó una *Carta abierta al ciudadano Lerroux* justificativa de la Solidaritat ante las críticas de la radicaldemocracia. En su texto, presentó su idea de que los catalanes serían literalmente «los piamonteses de España», unos unificadores auténticos, listos para llevar a término una renovación nacional de cabo a rabo: «estos hombres de Cataluña eran los destinados a ejercer su dictadura espiritual sobre el resto de los españoles, a realizar el milagro de un *Piamonte en España* [sic]». Su entusiasmo por las caóticas síntesis magistrales le llevó a olvidarse, entre otras cosas, del hecho de que el reino de Piemonte-Cerdeña había sido, en el siglo XIX, un Estado militar, la potencia armada no extranjera más efectiva dentro de la península Italiana.[145] Tal era la confianza en la bondad comparativa de la sociedad civil catalana que nadie reparó en el considerable gazapo conceptual de Ruiz y siguió repitiéndose durante dos décadas.

Hubo tantas propuestas para que desde Cataluña se remozara, en el más actual estilo europeo, la caduca fachada de las Españas que el socarrón Santiago Rusiñol –el amigo íntimo de León Daudet– se permitió en 1914 una novela irónica, *Un catalán de La Mancha* (con versión teatral cuatro años más tarde), en la cual un barcelonés progresista se lanza a la reforma de un atrasado pueblo manchego en una especie de inversión del segundo libro del Quijote.[146] Con sentimiento paralelo, Pere Aldavert, desde *La Renaixensa*, gruñó que «un catalanismo bien entendido aún les agrada en Madrid».[147]

Pero gustar, lo que se dice gustar, en la capital del Estado era muy difícil para el principal argumento catalanista y ello por una razón sencilla. *El problema de fondo con la exportación catalana de la sociedad civil a España, como medio para la reforma profunda del Estado, era que, según cómo, se percibía como una incomprensible privatización del poder público por un poder particular.* El líder liberal Segismundo Moret y Prendergast, hombre culto, muy cercano al medio de la Institución Libre de Enseñanza, lo dejó bien claro en su intervención sobre «Centralización, descentralización, regionalismo», lección impartida en el Ateneo de Madrid el 30 de marzo de 1900, siendo el político entonces presidente de la casa: «Según el Diccionario de la Academia, centralizar es reunir varias cosas en un centro común; llamar a sí el Gobierno supremo toda la autoridad. Descentralizar es, por lo tanto, y según el mismo texto, transferir a diversas corporaciones o personas una parte de la autoridad que venía ejerciendo el Gobierno supremo del Estado.» Entendido así, el criterio catalanista se enfrentaba a todo el saber acumulado de la revolución liberal del siglo XIX. Al fin y al cabo, la gran Revolución francesa se había hecho para acabar con la patrimonialización aristocrática de los asuntos y espacios públicos. Visto de este modo, por mucho que los catalanistas lo disfrazaran de «imperio», su propuesta era en extremo regresiva y así fue recibida.

Por supuesto, Moret fue uno de los más consistentes y tenaces enemigos del incipiente catalanismo político. Así, por tanto, negaba, de manera frontal, la tesis catalanista –ejemplificada por la obra de Prat– de la insustancialidad del Estado ante la «patria» vivida:

> El Municipio tiene una función, una vida, un origen y un fin completamente claros, perceptibles y reconocidos por todos los pensadores y el común sentido de la humanidad. La provincia... la región... ¿qué significan? ¿Por qué existen? No significan nada real y positivo; existen por meros accidentes históricos o políticos; [...]
>
> Es, pues, esta noción de provincia, y por tanto de la región, una noción accidental, histórica las más de las veces, pasajera siempre, falta de contenido substancial, y originada por lo mismo a profundos errores, si hubiera de convertirse en noción jurídica o en subdivisión del Estado.[148]

Vista la insustancialidad funcional de la región, su obligado historicismo, según el dirigente liberal, forzaba unos discursos agresivos, ya que «para preparar la llegada de ese regionalismo egoísta no se encuentra otro camino que el de vilipendiar la patria». Siendo una entidad artificial e inventada, sin mayor solidez que el interés de sus creadores, una Cataluña autónoma operaría como la peor de las oligarquías. «No hallarán ellos [los obreros], ni los liberales de Cataluña –sentenció–, satisfacción jamás a sus aspiraciones con un Parlamento regional producto del caciquismo local, influido por la teocracia y garantizado por una fuerza pública al servicio de un Gobierno local».[149]

Poco creíbles, pues, podían resultar las propuestas catalanistas para la reorganización de España. Para Moret, las analogías «imperiales» con los Estados centroeuropeos provinentes del catalanismo eran simplemente una inmensa insensatez, cuando no un esfuerzo, bastante ingenuo, de engaño:

> En ninguna parte, en ningún momento histórico, de ninguna manera, se ha visto la muerte del particularismo y el triunfo del Estado central como nosotros lo hemos presenciado, testigos maravillados al ver surgir del caos germánico el gran Imperio de los Hohenzollern. [...]

Un argumento puede hacerse, ya lo oigo; los regionalistas le hacen a todas horas: frente a esos ejemplos que habéis citado, hay otros que representan lo contrario, esto es, la disgregación de unidades regionales de los grandes centros políticos, Hungría, los Principados danubianos, Noruega respecto a Suecia. Pero, ¿es que estos ejemplos son paralelos, ni pueden compararse con los anteriores? No, señores; ésas son disgregaciones de cuerpos que se disuelven; Servia [sic], Moldavia, Valaquia, el mismo Monte-Negro [sic], no son más que jirones del manto imperial de ese Imperio turco que poco a poco desaparece de la historia; Hungría es el primer síntoma de la desaparición del Imperio austríaco, a la cual siguen de cerca Bohemia y Transilvania; de ahí el que ellas busquen una gravitación distinta; de suerte que en vez de crearse en ellas una unidad regional, lo que se rompe y se pulveriza es la falsa federación que las ataba a un centro que no era el suyo, buscando así el agruparse a sus afines. De manera, señores, que el ejemplo, en vez de despertar esperanzas de regeneración y de vida, viene unido a la idea de muerte, de ruina y de descomposición de los países. (*Aplausos repetidos.*)[150]

Dicho de otra manera, el nacionalismo español era exclusivo en su requerimiento, fuera de «nacionalismo institucionalista» y por tanto liberal, fuera un «nacionalismo identitario», con el reclamo de una plena coincidencia de actitudes sociopolíticas. Por encima de matices ideológicos, la postura españolista consideraba que sólo existía un espacio político, el español, y, como derivado suyo, sólo era posible una unívoca conciencia cívica. *El hecho de que, en las últimas décadas del siglo XIX, una parte de la opinión catalana explicitara su «doble patriotismo», como sentimiento privativo, ya era de por sí un planteamiento dudoso: en la medida en la que los demás españoles no podían compartirlo, era un reclamo privilegiado, luego injusto. Pero, según esa misma lógica, parecía intolerable por añadidura proponer que tal dualidad sentimental tuviera una expresión jurídica, más cuando iba acompañada de afirmaciones étnicas presuntuosas, cuando no insultantes. Finalmente, siempre según la misma perspectiva, exigir que ese régimen legal especial tuviera una articulación institucional, con presupuesto, era esbozar la ruptura.*

La inflexión del culto a la propia superioridad: un sistema político catalán

El reclamo catalanista, en resumen, fue visto desde fuera como la exteriorización de un *egoísmo colectivo*. En realidad, la relación del catalanismo con el «problema de España» produjo una suerte de paradoja doble. En primer lugar, hubo muchísima más reflexión catalanista sobre España y/o «Castilla», incluidos por tanto los planteamientos que se podrían considerar antiespañolistas (o antiespañoles a secas), siempre dentro de los parámetros solipsísticos propios del nacionalismo catalán, que al contrario.[151] Pero, al mismo tiempo, la tendencia catalanista espontánea era discutir cualquier realidad hispana exclusivamente desde las preocupaciones catalanas, fuera como crítica histórica al pasado, como comentario político presentista o como proyección hacia un futuro en construcción. Por supuesto, estas distinciones eran invisibles para los habituales circuitos políticos españoles, porque con frecuencia eran expresadas en catalán y aparecían en publicaciones de circulación restrigida a quienes compartían su punto de vista. Tan sólo llegaban a la conciencia política habitual cuando, por alguna razón coyuntural, una afirmación catalanista, muchas veces chocante por su extremismo, saltaba de su camino de circulación usual y provocaba un escándalo.

Al mismo tiempo, en paralelo a los procesos de percepción, el crecimiento en Cataluña de una opinión más o menos nacionalista –con todas las ambigüedades de matiz ideológico que se quiera– acabó por configurar, desde Barcelona, una cierta territorialidad política propia. Inicialmente poco más que una mentalidad, no quedó delimitada hasta que sus enemigos la reconocieran como peligro y no actuaran *sobre el mismo terreno* para contrarrestarlo. Una vez que la confrontación se regularizó ideológicamente, se puede ver, por lo tanto, la política catalana como sistema, como campo de interacciones normalizado. En realidad, esta dinámica *no* comenzó en 1901 –como se suele repetir– con la primera victoria electoral barcelonesa de la Lliga Regionalista (que fue también la aparición política y éxito de comicios de Lerroux). En todo caso, las elecciones de 1901 establecieron unos parámetros, que, con posterioridad, tomaron solidez mental. Pero más bien fue el «incidente del *Cu-Cut!*» en 1905 lo que fijó las pautas ideológicas y los límites prácticos del sistema político catalán, en tanto que espacio determinado por el desafío del nacionalismo catalán al español y por la respuesta de éste. La quema de la redacción de prensa regionalista en la capital catalana por oficiales de uniforme sería el hecho representativo que marcó el inicio de una interrelación sostenida entre nacionalismos rivales, con el comienzo de un sistema político con parámetros simbólicos claramente definidos. A partir del emblemático asunto del *Cu-Cut!*, vino la Solidaritat Catalana, el lerrouxismo españolista, las acusaciones mutuas de reaccionarismo, y el confusionismo acerca de la nacionalidad que para siempre más regiría a las intervenciones políticas del obrerismo en Cataluña. Fue el punto de origen de un patrón de comportamiento político interactivo que sobreviviría hasta el inicio del siglo XXI.

En el encontronazo entre los periódicos catalanistas, indignados con la presunción españolista, y los insubornidados defensores del honor mancillado de la guarnición militar en Cataluña, se hicieron del todo evidentes dos extremismos nacionalistas, que condicionaban el funcionamiento de cualquier otra manifestación «patriótica», ya que cada una representaba la postura ideológica más «lógica» en su pureza. Al ser polos opuestos, las dos posturas siempre podían justificarse con la amenaza que ofrecía la otra.[152] Al mismo tiempo, eran la expresión más sencilla de dos proyectos rivales de solicitar, formar y consolidar una clientela social en el crucial sector de servicios en expansión. Si los terrenos simbólicos, las imágenes y el vocabulario, se elaboraron entre los años noventa y 1905-1907, la experiencia de la Solidaridad Catalana permitió –desde los puntos de vista extremos– que se pudiese pensar en la transformación de toda una sociedad. En la movilización de opinión que, pocos años más tarde, comportó la Gran Guerra, las analogías con las variadas experiencias europeas en la contienda, facilitaron el paso de meras formas de sentimiento y agitación a tangibles fórmulas organizativas.

Es verdad que el anticatalanismo nunca ha dado lugar a una producción más o menos regular. Todo lo contrario, *los textos anticatalanistas han solido agruparse por coyunturas políticas, apareciendo en cosechas irregulares,* fruto de algún despliegue cualitativamente significado de los catalanistas. A su vez, esta irregularidad, marcada por coyunturas, provocaba asimismo la irritación política de sus adversarios catalanes, sea porque la supuesta «amenaza separatista» en efecto arreciaba, calentando los ánimos y haciendo más sensibles las pieles, sea porque los propios españolistas, al hacer bandera de «la patria en peligro» ante el «enemigo interior», estaban, ellos también, ingeniando algún despliegue político para ganar fuerza y convertirse en un contrincante importante.[153] Sin duda, los catalanistas, como valientes luchadores dotados de picardía, se deleitaban en hacer enfurecer a los españolistas con sus afirmaciones de desacato. Éstos, a su vez, estaban muy vinculados a expresiones de militarismo entre oficiales del Ejército, ya visibles, con discurso victimista, en los años anteriores a las decisivas guerras de 1895-1898.[154] Por tanto, los españolistas derivaban un sentido de misión de hacer frente, como bravos combatientes conscientes de su hombría desafiada, al descaro y los desaires de los «separatistas», con el ánimo de reparar, al menos con la intención, las heridas morales que los catalanistas infligían en los valores «más sagrados» a «todo español bien nacido».[155] *El sentido de fondo estaba en obligar al contrario a salir de su propio rol preestablecido, de su retrato de sí mismo.*

El mejor ejemplo sería la devastadora campaña catalanista en 1905, acumulando sátiras, sarcasmos e insultos antimilitares, hasta que el españolismo militarista, literalmente sacado de sus casillas, se lanzó por la pendiente de la insubordinación y la manifestación callejera de oficiales del Ejército, con la destrucción de la redacción responsable.[156] Era visible el acto de destrucción, la quema de *La Veu de Catalunya* y del *Cu-Cut!*, del todo inadmisible en un Estado de Derecho, pero no la fuente de las iras militaristas: un tanto político para los catalanistas, que permitió a la Lliga –el partido ofendido– orquestar su gran campaña eventual, la Solidaritat Catalana, con muestras de civismo dolido. En el aprieto de su insubordinación, los militares españolistas subieron la apuesta: exigieron que las autoridades jerárquicas les respaldaran y que el gobierno liberal legislara para darles la razón de forma permanente, al trasladar los delitos de ofensa a símbolos y personajes representativos de las instituciones nacionales españolas a la jurisdicción judicial militar. Los liberales, que acarreaban la culpa de haber «traicionado» a las fuerzas armadas en 1898, no se atrevieron a contradecir a los insubordinados, ni a llamarles al orden: un tanto para los españolistas. Como es notorio, una parte del republicanismo catalán –la izquierda, sobre todo en Barcelona, opuesta a la entrada en la Solidaritat, asumió el mismo tono españolista, al servicio de un proyecto de nacionalismo democratizador de España (de ahí su denominación, como «radicales»)– se apuntó a este mismo juego y el envite fue asumido por los siempre briosos catalanistas y sus sarcasmos.[157] De ahí, al menos parcialmente, nació el «lerrouxismo» como fuerza política.[158] Con el tiempo, el obrerismo más esperanzado supo crearse un espacio, siempre parcial, mediante el mismo recurso.

8. La contestación españolista al supuesto de la superioridad catalana

No hay por qué exagerar la nota en cuanto a la capacidad modernizadora catalanista, ni en el supuesto respaldo unitario que tal «intervencionismo» podía suscitar.[1] En todo caso, tal ideal no podía nunca estar muy lejos de la temática «imperialista» tan en boga por doquier en la larga década hasta la Primera Guerra Mundial. En consecuencia, nunca quedó muy claro para aquellos que de entrada no simpatizaban con las pretensiones catalanistas, exactamente *a quién* iban a conquistar los catalanes con su «imperialismo» tan «intervencionista»; no digamos luego las especulaciones sobre el *cómo* de esa misma toma «imperial».

El juego de la proyección fue percibido desde el primer momento. Véase si no la respuesta de Francisco Romero Robledo (1838-1906) a la conferencia sobre «la raza catalana» del doctor Robert. Muy tempranamente, el escurridizo político antequerano se había hecho famoso por la dureza de su lucha antiautonomista cubana y, por ende, de sus acusaciones anticatalanistas, hasta ser considerado el primero de una sucesión de provocadores por los aludidos en Barcelona. Por ello, *La Veu de Catalunya* se lo tomó a broma cuando, desde su diario *El Nacional*, bajo el título de «¡Adiós, Patria!» Romero resumió la tesis del galeno: «La raza catalana, ha dicho anteanoche el doctor Robert, posee la configuración craneana más privilegiada de España; es la única que en la actual decadencia tiene derecho a la vida y condiciones para la defensa; la unidad nacional, en fin, no existe, y los catalanes siguen siendo catalanes y nada más que catalanes.» Castigó por «su arrogante himno a la independencia» al flamante alcalde barcelonés, nombrado por el gabinete Silvela, al cual se oponía Romero. Con su característica intemperancia, Romero comparó el médico catalán a los caudillos antillanos: «Por defender menos de lo que pide el doctor Robert el mismo día que S. M. la Reina le confiere el cargo popular más estimado de Cataluña, han corrido torrentes de sangre en la manigua cubana.» Pero su conclusión fue de escándalo en otro sentido: «Un paso más y Cataluña pedirá el cetro de España, convirtiendo en feudos miserables de su domicilio a las otras regiones españolas.»[2] *Más que la separación, el triunfo catalanista sería el rediseño de España.*

El juego de expectativas suscitó tanto prevenciones como desencantos anticipados. Como ironizó Unamuno ante el despliegue propagandístico de la Solidaritat a finales de 1906: «Si trajera –que lo dudo– una hegemonía cultural de Cataluña en España, podría marcar a la patria nuevos rumbos hacia nuevos destinos. Me temo que se quede en un acto meramente político, al igual que una crisis ministerial que es de lo menos cultural que puede ocurrir en España, y por lo tanto, de lo más bajo y mezquinamente político.»[3] Ya podían ir repitiendo los publicistas de la Lliga que no tuvieran cuidado los españoles, que todo serían bondades, que cuanto más reiteraban su mensaje renovador, más miedos suscitaban. Ante todo, *la sistematización conceptual de Prat se dirigía a un mercado político local y, al menos inicialmente, no había sido pensado para su exportación.* Cuando fue leída fuera de Cataluña –con frecuencia mal y en extractos más bien sensacionalistas–, fue percibida en función de los mensajes más duros de la ya conocida dicotomía étnica entre atraso castellano y avance catalán que Peius Gener y otros habían puesto en circulación a partir de la pauta de Almirall. Había asimismo una prevención españolista, ya consolidada, que condicionaba profundamente cualquier lectura de una propuesta «imperial» catalana.

El miedo españolista al troceamiento

La primera represión gubernativa del catalanismo político ocurrió con el *Missatge al rei dels Hel·lens* en marzo de 1897. A partir de una idea del historiador y bizantinista Antoni Rubió i Lluch, Prat de la Riba redactó un manifiesto de simpatía y compromiso con la causa de *enosis* griega de la isla de Creta, que fue presentado al cónsul griego en Barcelona. La autoridad pública cayó sobre *La Renaixensa* y en *Lo Regionalista*, el periódico de l'Associació Popular Regionalista, fueron denunciados artículos de Prat y de Pere Aldavert, y prohibido un acto procretense en el Centre Català de Sabadell, acompañado del secuestro del *Compendi de Doctrina Catalanista* de Prat y su amigo Muntanyola. La Unió Catalanista respondió con un manifiesto reivindicando las Bases de Manresa y convocó, con gran éxito de asistencia, su asamblea de Gerona (trasladada desde Vic, para salir de la provincia de Barcelona y el alcance de su gobierno civil). Fue el paso de fuego, para abandonar un rol meramente testimonial y convertir el catalanismo en un fenómeno netamente político.[4]

El catalanismo, pues, encajaba con un miedo a la mutilación imparable de una España que no podía diferenciar entre su histórico ser «imperial» y su esencia nacional aún por desarrollar políticamente. Una muestra elocuente: en 1889 (en una colección dirigida por el general López Domínguez, destacado *espadón* político), un militar podía escandalizarse, «con dolor profundísimo», de que *La Almudaina*, un periódico de Palma de Mallorca, planteara la posibilidad de que el Papa, «el prisionero del Vaticano» desde 1870 al haberse anexionado Roma el Reino de Italia por las armas, podría refugiarse en las Baleares. Con tal salto de Su Santidad, el archipiélago mediterráneo se convertiría en unos nuevos «Estados Papales». Decía el angustiado autor:

> Como se ve, esto es pretender una desmembración del territorio español; y a sus habitantes apelamos para que, bajo ningún motivo ni pretexto, autoricen la segregación de pedazos de su suelo.

> ¿No pretendemos recabar a Gibraltar? ¿No procuramos ensanchar nuestra esfera de acción? Luego ¿en qué quedamos? ¿Somos o no españoles?
>
> Lo avisamos a tiempo, y en son de protesta, aunque sin hacernos solidarios del pensamiento lanzado a la publicidad, para que no se ría de nosotros el resto del continente civilizado.
>
> España es patrimonio exclusivo de los españoles, y no pertenece a ningún extraño, máxime cuando por ello podía verse envuelta en luchas intestinas, y hasta ser motivo para que en Italia se suscitaran rencores, o acaso rivalidades, que pudieran comprometer nuestra nacionalidad.
>
> Estábamos por decir que el asunto tiene visos jocosos, si no temiéramos deprimir la seriedad de este modesto trabajo; pero en la hipótesis de que tal cesión pudiera intentarse, hay que advertir que, españoles ante todo, están muy bien en nuestra geografía las islas Baleares [sic], y que con ellas tenemos un poderoso auxiliar para todos nuestros propósitos en el Mediterráneo.
>
> ¿Habrá quien se atreva a emborronar con semejante proceder la historia de nuestra querida patria?[5]

En otras palabras, *el miedo al troceamiento del Estado español era un componente presente de todo discurso nacionalista español.* Y lo era incluso antes de la pérdida finisecular de sus dependencias de ultramar. El mero hecho de que se debatiera la forma territorial del Estado era una fuente de preocupación, ya que parecía mucho más significativo su contenido negativo que cualquier implicación positiva. Como remarcó el cronista Fernández Almagro, siempre retrato fiel de un vaciado de prensa, al valorar las repercusiones de las propuestas dualistas del catalanismo en 1892: «Las Bases de Manresa causaron en la opinión del resto de España alarma, recelo, multitud de reparos y de objecciones. La prensa de Madrid no se distinguió por su fineza al matizar el juicio que le merecía un fenómeno que, en el fondo, respondía a una protesta general contra la política imperante. Bien es verdad que el catalanismo estridente y extremista no constituía un remedio sino una dolencia más.»[6]

El «desastre» de 1898, por lo tanto, incidió sobre una aprensión preexistente. En los años de las rebeliones isleñas en la segunda mitad de los noventa, hasta fuentes catalanas podían sumarse, sin complejos, al griterío españolista. Según el exaltado vocerío «patriotero», el separatismo, de todos los males, era el más regresivo, el mayor contrasentido.[7] Un publicista barcelonés lo dejó bien claro en 1897, al denunciar los nacionalismos cubano y filipino, con toda su dimensión personalizada: «Las corrientes de la historia y del progreso humano llevan hoy a los pueblos a la fusión y no al separatismo. El separatismo es hoy más que nunca antitético a la civilización y antipatriótico. Es crimen necio, contrario al interés de los que lo cometen. En los cubanos insurrectos no merece perdón, porque es además crimen de lesa patria y de lesa raza. En los filipinos rebeldes el separatismo se limita a ser un suicidio. [...] ¡Ay de ellos ¡insensatos! si un día, por su desgracia, llegara a romperse el nexo con su bondadosa Madre España!...» En cualquier caso, desde este punto de vista, el fraccionamiento territorial era entendido como la destrucción de la Nación misma: no podría haber muestra más explícita de la relevancia de la forma territorial para la construcción y mantenimiento de la imagen de la Nacion: «Mas España cumple y sabrá cumplir con su deber. Perder a Cuba y Filipinas sería para nosotros como perder la *ejecutoria* de nuestra grandeza. [...] Perder a Cuba y a Filipinas sería derribar las columnas que sostienen nuestro escudo, del cual habríamos de borrar las palabras *plus ultra.*» Tal actitud no podía contemplar, ni tolerar, cualquier contradicción: «Así se fortifica la unidad de la patria española, al amor de un sentimiento nacional. Así España unánime y en vilo, sólo tiene hoy una voz, la voz del patriotismo; sólo persigue un objeto, la conservación de sus glorias, movida por un solo sentimiento; el amor a su nombre y a su honra.»[8]

Pero *el mismo argumento se podía invertir,* ya que los malos hijos de la Madre España podían literalmente despertar de su inconsciencia parricida, como si de una locura transitoria se tratara, y asumir un comportamiento filial como era debido.[9] Entonces la variedad de descendencia se haría prueba unitaria. Una novela lanzada en el intervalo entre la derrota naval de Cavite y la –definitiva– de Santiago de Cuba podía dejar clara constancia de la capacidad de giro emotivo que se esperaba, tal como ocurre en las mejores familias, aun las más reñidas, cuando se menta a la madre:

> ¡Despierta España! Del uno al otro confín de la Península láncese al aire el grito de pelea de cada región.
>
> Desde el «¡Santiago y a ellos!» de las Navas de Tolosa al «*Aur!... ¡Aur! ¡Desperta ferro!*» de los valerosos almogávares, los hijos de la hispana tierra demostrarán a los de Norte-América que, si de corteses y condescendientes pecaron, también pecarán ahora de enérgicos, de entusiastas, de valientes, como tantas pruebas tienen dadas. [...]
>
> Nunca dolió a tus hijos la sangre derramada para defender tu honra, y con arroyos de sangre harán aumentar los caudales del Ohio y del Mississipí [sic] para lavar en ellos el ultraje que te han inferido.[10]

Vistas las consecuencias del separatismo cubano y tagalo, así como la ausencia de un despertar nacional español, la ansiedad se incrementó, borrando con ataques súbitos de pánico cualquier optimismo de un nuevo españolismo de raíz catalana o vasca. La súbita aparición, en el verano de 1899, de un brote de supuesto «anexionismo» filofrancés, demostró al espantadizo criterio españolista que el mal corrosivo estaba ya presente, dando manifestaciones de fiebre. En realidad, los «incidentes» ostensibles no pasaron de unas crípticas alusiones negativas a tal peligro en la prensa catalanista, muy dada a sus trifulcas entre facciones, y una silba a la *Marcha Real* en el Teatro Tívoli, con el canto de una parte del público de *La Marsellesa* y *Els Segadors*, todo en presencia del almirante francés, al mando de una flota que a mediados de julio visitó el puerto barcelonés, y de las autoridades civiles y militares de la capital catalana. Todo ello, a ojos españolistas, fue un auténtico peligro subversivo; ello revelaba la importancia concedida a las amenazas simbólicas de mutilación, un miedo que, en aquellos mismos años, un neurólogo vienés, luego muy famoso, empezó a asociar al temor a la castración.

En perspectiva catalanista, sin embargo, el mar de fondo político era más importante que el incidente en sí. Todo se debía a la tensión que rodeaba a los polaviejistas en el movimiento catalanista y la incipiente escisión de la Unió Catalanista que se vislumbraba tras el *«tancament de caixes»* en contra de la política fiscal del gobierno conservador. Visto el talante cada vez más conspicuo del grupo de Prat y de *La Veu de Catalunya*, dispuesto a la actuación política con todas sus consecuencias, todo parecía un desafío: para los católicos ultramontanos, el afrancesamiento era una muestra más del peligro de apostasía; para los «puros» como Guimerà y Aldavert era una prueba de su sentido *«acomoditici»* propio de quienes deberían llamarse *«lo semitisme polítich mercantil a Catalunya»*, mientras que para el criterio del neurólogo Martí i Julià, siempre dispuesto a homologar libertad y autodeterminación, supeditarse con ganas a una potencia todavía más centralista era una perversidad.[11]

En la práctica, la sediciente «corriente anexionista» fue aún más elusiva que la contemporánea «corriente imperialista», carente de apellidos. Pero «todo el mundo» conocía (o como poco, los «enterados» así lo dejaban entender) la debilidad que sentía el sector nacionalista que rodeaba a Prat de la Riba por el entonces boyante antisemitismo argelino, alzado en motín contra la concesión de ciudadanía a los judíos. Fue una vinculación breve, pero que gran impacto coyuntural tuvo en los antecedentes de la Lliga Regionalista. En 1899, el agitador *Max Régis* (Massimiliano Milano), socio electoral del famoso antisemita Édouard Drumont y alcalde antisemita de Argel, visitó Barcelona para estrechar lazos.[12] El año anterior, Prat de la Riba incluso llegó a utilizar dinero de los hermanos Guérin (de los cuales el sobresaliente fue Jules), destacados personajes de la Ligue Antisémitique Française, para editar un panfleto clandestino, *La Question Catalane. L'Espagne et la Catalogne*, en nombre de un imaginario Comité Nacionalista Catalán con supuesta sede en París. La Liga Antisémitique Française en cuestión, fundada en febrero de 1897 en tributo abierto a la Ligue Antisémitique de France, creada en 1889 por Drumont en persona, estuvo en la órbita del nacionalismo católico de la Union Nationale, muy dispuesta a ayudar en todo lo que pudiera tener resonancia con la entonces prometedora agitación de los colonos argelinos.[13] Inicialmente, catalanistas y «argelinos» podían confraternizar gracias a la racialmente contradictoria imagen contemporánea de los independentistas cubanos que ambos veían, con simpatía algo paradójica, como un ejemplo a seguir.[14] Pero la campaña argelina se disolvió pronto, con la concesión de una limitadísima «autonomía administrativa» en 1900, sin dejar rastro político tras sí en el marco francés.[15] En abril de 1899, la Ligue Antisémitique Française, pasada ya su ocasión, se convirtió en Grand Occident de France, evidentemente dispuestos sus socios a abrir un nuevo frente antimasónico en la medida en que se reducían las oportunidades para mantenerse a flote en las muy turbulentas aguas partidistas de la extrema derecha francesa.[16]

Así, más que reflejo de algo en concreto, el breve episodio del «anexionismo» fue una *refracción* de las inconfesables relaciones del sector más inquieto y politizado del catalanismo, acostumbrado a medirse en el espejo de la derecha francesa y dispuesto al oportunismo y a cualquier conveniencia para realizarse como fuerza política organizada. Pasado el sarampión del contagio con las ligas francesas, fundada la Lliga Regionalista y lanzados por el camino de la «intervención» en la política española, nadie entre los socios fundadores lligaires quiso recordar sus inconvenientes pecados de juventud. Pero algo siempre quedó asociado a la mala reputación de Prat, como actor con distancia entre lo dicho y lo hecho. Y para quienes tuvieran criterio españolista –o sencillamente español– era palpable que bajo la punta catalanista se escondía el iceberg de la subversión: «Ni Republicanos ni Anexionistas», gritó en 1900 un espantado conservador catalán.[17]

¿Separatistas o separadores?

Desde sus orígenes en el «incondicionalismo» en Cuba, el españolismo quedó conformado por una intolerancia que quería entenderse a sí misma como víctima de una traición perpetua. Para los españolistas, de cualquier signo ideológico, era automática la suposición de que existía (o debería existir) una «coincidencia patriótica» más allá de las disputas ideológicas y conforme al hecho estatal. En consecuencia directa, el catalanismo era ipso facto ofensivo al partir de la misma suposición, pero en su espacio particularista, explícitamente al margen del marco español.[18] Aludiendo a la «verdadera tormenta» que Unamuno había armado «con un discurso contra el regionalismo» en los juegos florales de Bilbao del verano de 1901, Juan Valera escribió a su hija con una lamentación: «Esta manía que ha entrado a los españoles de irse cada cual por su lado es verdaderamente calamitosa.»[19]

Desde presupuestos ideológicos muy diversos a los de Valera, el «noventayochista» levantino Tomás Giménez Valdivieso (1859-1933), en su obra *El atraso de España* de 1909 (firmada con el pseudónimo «imperial» de John Chamberlain), al señalar con escándalo *El compendi de doctrina catalanista*, comentó que «[l]os regionalistas catalanes protestan que no son separatistas, pero esto es una ficción». La razón de fondo, a su parecer, era clara: «Eso de despedazar la nación única en naciones varias, de prohibir que puedan desempeñar cargos públicos en Cataluña los que no sean catalanes y proscribir el uso de la lengua española, que es una de las primeras del mundo, es un crimen contra la patria, contra la humanidad y contra el progreso.»[20]

Asimismo, la respuesta catalanista era evidente: *más que separatistas, había «separadores», que, en su ciego centralismo, confundían una «España» de múltiples pueblos y lenguas con la experiencia castellana y la tradición del Estado*. Sería un argumento que se repetiría incansablemente andando los años. Sirve, como muestra del argumento en su plenitud, la explicitación temprana que hizo el historiador fuerista Josep Coroleu, muerto en la capital catalana en 1895:

> Para acabar preguntamos: ¿a un pueblo que tiene una lengua y una literatura como las catalanas, unas tradiciones políticas como las de Cataluña y un derecho civil privado como el catalán se le puede decir que renuncie a todo, es decir, que deje de existir? o mejor dicho: ¿es posible que muera un pueblo tan vivo? Podrían asesinarlo, pero, ¿quién se encargaría? Luis XIV ya está muerto.
>
> Calificar de *separatistas* a los que así pensamos es traicionar con la calumnia la verdad del hecho, que es la falta de argumentos y el exceso de pasión con los que se trata de hacernos callar. Querer la España como la han hecho la Naturaleza y la Historia es el más puro *Españolismo*. No eran separatistas los magiares que desenvainaron la espada gritando: *Moriamur pro Rege nostro, Maria Teresa*. Y Hungría no ha parado hasta hacer triunfar el sistema dualista.
>
> Una cosa es el españolismo y otra el castellanismo. No queremos sacrificar a los otros, ni ser por ellos sacrificados. No nos queremos disfrazar, no queremos tener un aspecto que no armonice con nuestro espíritu, ni renunicar a las tradiciones y costumbres a las que debemos todo lo que somos. ¿En qué nos aventaja Castilla, para que en todo la copiemos? Y sobre todo, ¿porqué no habríamos de ser quienes somos? La obra de Dios y de los siglos no la enmienda un legislador atrabiliario. Por eso no nos dan miedo estas insensatas probaturas; más nos indigna la mala fe calumniosa. El día en que todas las regiones de España tengan conciencia de sí mismas, aquel día habrá *país*, como ahora se dice, y caerán muchas vendas de los ojos y caerán muchas reputaciones mal ganadas. El tiempo había hecho una obra de fraternidad y la conscupiscencia de unos cuantos han hecho una obra de pasión y de mentira. ¡Bien estaría si todos los que son llamados separatistas quisieran a los castellanos tan de verdad como nosotros! Los que deseamos el gobierno del país por el país, queremos la hermandad de todas las regiones españolas y buscamos la manera de ahorrarnos muchas lágrimas y desengaños, mientras que el unitarismo está convirtiéndolas en una nación de escépticos.[21]

Como lo expresaría Prat, en 1897: el pueblo «que hoy gobierna España –dijo–, ha sido la cuna de todos los separatismos, él ha sido la causa de todas las separaciones, él ha inoculado su espíritu de insociable independencia a sus descendientes de más allá del Atlántico».[22] En este sentido, el pensamiento de Prat de la Riba se reafirmó en el solipsismo de la tradición política catalana, en la codificación del discurso de «Cataluña más Castilla equivalen a España». En plena campaña «anexionista», en 1899, cuando los catalanistas agitaron con la posibilidad de «pasarse» al país vecino, Prat subrayaba la exigencia de la igualdad absoluta entre la identidad catalana y cualquier otra y, muy especialmente, la españolista. En un artículo titulado «*Nacionalisme català i separatisme espanyol*», en *La Veu de Catalunya*, escribió:

> En todas las ocasiones solemnes de la vida de la nacionalidad catalana, siempre al Viva Cataluña que sale de las entrañas de la tierra, se ha opuesto el Viva España. Y ahora se ha hecho más; cuando los peligros de una anexión, inherentes a las contingencias de una intervención extranjera nos empujan más que nunca a desear una solución autonomista española, cuando Cataluña en estos preliminares de la descomposición final, enseñaba a España el único y verdadero camino de salvación, los pilotos del Estado español han perseguido por las calles de Barcelona a los que gritan Viva Cataluña, como si el solo hecho de querer el bien de la tierra catalana fuera ya un crimen, un atentado contra España.
>
> Clavada Cataluña en el área geográfica conocida con el nombre de España, somos españoles, de la misma manera que somos europeos por estar comprendida España dentro del continente Europa. Gobernada España por el Estado español, los catalanes somos españoles como miembros de este Estado, como ciudadanos de esta sociedad política. No somos, pues, enemigos de España, tomada en este sentido (que es el único real), ni en combatir el Estado español queremos otra cosa que rehacerlo con equidad y justicia, y con una organización más adecuada y perfecta, dentro de la cual Cataluña pueda encontrar una vida de libertad y progreso.
>
> Ahora bien, si querer para Cataluña libertad, civilización, bienestar, es ir contra España, vamos contra España; si desear instituciones de la tierra, compuestas por gente de casa, con plena libertad de acción para regir nuestros destinos, es ir contra España, vamos contra España; si conservar y hacer vivo nuestro derecho y reponer en su lugar de honor a nuestra lengua es ir contra España, vamos contra España; y no sólo vamos, sino que hemos ido e iremos siempre.
>
> Pero si plantean así el problema de Cataluña, que conste que los separatistas son ellos. Ellos hacen incompatible el interés de Cataluña con el de España, la lengua española con la catalana, el derecho español con el derecho catalán; sus aspiraciones con las nuestras. Ellos, que proclaman el castellano como único y verdadero español echan de España a los catalanes como [también] a los éuskaros y los gallegos.[23]

Pero la insistencia en la siempre repetida idea catalanista de que los auténticos separatistas (o *separadores*) eran los españolistas, no sirvió para calmar la inquieta aflición de éstos. En otras palabras, para cualquier españolista con serios temores de mutilación nacional, el surgimiento de los nacionalismos catalán y vasco fue, de por sí, una prueba decisiva. Ello era así, por mucho que al menos los catalanistas insistían en que tal idea era un *self-fulfilling prophecy*, el vaticinio paranoico que habría inducido el comportamiento que precisamente garantizaría el resultado temido.[24] Pero la repetida y tan querida fórmula catalanista de que «más daño hacían los muchos *separadores* castellanos que los escasos separatistas catalanes», planteamiento que, por tanto, invitaba a una inteligencia entre regionalistas creativos, pero responsables políticamente, y nacionalistas españoles conscientes de lo que se jugaban, en vez de tranquilizar las ansiedades españolistas, inquietaba todavía más. Mediante tales argucias, con su cuento de poder ser a un mismo tiempo fieles a su catalanismo y leales a una nueva España por construir, los catalanistas podrían acabar por salirse con la suya. En consecuencia, para los españolistas consecuentes, la doble lealtad de los catalanistas –en contraste con el descarado separatismo de los sabinianos vascos– resultaba más amenazante, más peligrosa. Y *si la «regeneración» en biología era la capacidad natural de un organismo para sustituir tejidos lesionados o perdidos, su sentido contrario más opuesto era precisamente el desmembramiento, la pérdida fatal sin reconstitución posible*. Como dijo Joaquín Costa en un discurso, característicamente catastrofista, pronunciado en Zaragoza en 1906, «al ver que todo el edificio social está podrido hasta la base, que toda, toda la Península [¿con Portugal?], desde Pyrene a Calpe, es una úlcera pestilente, con tal o cual oasis; que así como la pérdida de las Antillas y de Filipinas nos preparó como con cloroformo, a la extracción de nuestras expectativas en Marruecos, la pérdida de Marruecos nos está preparando, nos tiene ya casi preparados, para amputarnos las Canarias y las Baleares, el campo de Gibraltar y el litoral gallego», por no mencionar –el gran prohombre calló, por prudencia– el sempiterno peligro secesionista catalán.[25]

Otros, por el contrario, no se reprimieron ante tales miedos. Un españolista muy especial, por su activa simpatía por una solución «imperial» para España, Vicente Gay, en 1908, subrayó la estrecha relación existente entre cualquier concesión autonómica interior y el troceamiento exterior:

> Si se aplica ante tales nacionalistas-regionalistas, los ácratas del Estado nacional, el régimen de las mancomunidades administrativas, pendiente de discusión en el Congreso, la política administrativa del Estado español será un acto en contraposición con las corrientes universales de la organización política de la administración interior. (*Aplausos*).
>
> Y con ese régimen de nuevas taifas ¿qué resistencia podríamos oponer los españoles, con nuestro Estado español –ya no podríamos decir Patria– a ese vórtice guerrero que en Europa entera dirige hacia el Contiente Negro y a nuestras puertas en busca de espacio libre?[26]

Sin embargo, era muy difícil hacer que esta explicación encajara del todo con la realidad.

Las respuestas a la diferenciación catalanista: Gay contra Gener y Prat

Muchos autores más o menos «noventayochistas» se dedicaron a contestar, con exaltación pareja, las afirmaciones racistas de Peius. Quizás el más representativo de la nueva generación fuera Vicente Gay Forner (1856-1949). Nacido en Valencia, Gay empezó, como es propio de la juventud, por la izquierda, en la innovadora clave biologista de fin de siglo. Corrió con el sociólogo barcelonés Santiago Valentí Camp, destacado republicano lerrouxista a la vez que introductor del pensamiento italiano sobre razas y decadencia (con él, Gay tradujo *La decadencia de las naciones latinas* de Sergi). Gay, como tantos otros de su signo, fue corresponsal de Unamuno, pero prefirió alinearse en el liberalismo, en especial el liderado por Santiago Alba. Tras ganar unas oposiciones a la Universidad de Valladolid, Gay, al hacer un repaso a su currículum, incluía entre sus «monografías» editadas, una obra titulada *El regionalismo en la constitución de los Estados modernos*, a la vez que *De la metrópolis con las colonias-El concepto de la Autonomía* (ninguna de las cuales hemos podido localizar).[27]

Pero Gay polemizó con Peius Gener en su *Constitución y vida del Pueblo español. Estudio sobre la etnología y psicología de las razas de la España contemporánea*, cuyo primer (y, aparentemente, único) volumen, apareció en 1905;[28] su hipótesis, sin embargo, era asimismo racista, aunque se hiciera de manera implícita: «La categoría de razas se determinará conforme se forme su psicología: ¿Cómo se forma la psicología en las razas? ¿Cómo se ha formado en las razas en España?»[29] A partir de Sergi y a diferencia de los «graves errores» de «tratadistas como Gobineau, [Vachier de] Lapouge, etc.», la esencia del argumento de Gay se acercaba a «[l]os fundadores de la Psicología de los pueblos (*Völkerpsychologie*) Lazarus y Steinthal», decimonónicos eruditos alemanes que «combaten la concepción materialista, concluyendo que el espíritu triunfa de la raza y del suelo».[30]

Gay rechazó tanto la inicial formulación culturalista de la comparativa decadencia castellana hecha por Almirall, como la relectura biologizante que Gener hizo de ella, como también al sociólogo «institucionista» Rafael Altamira, que argumentaba lo contrario de los escritores catalanistas. De Almirall comentó que: «[l]os atrevidos arrestos de estos pueblos [andaluces, extremeños y castellanos] tomábalos un escritor catalán [identificado en nota como Almirall] como índices que distinguían al castellano del catalán. No era sino propio del espíritu castellano el invadir imperios con un puñado de hombres, recorrer los ríos inmensos de América en canoas y quemar las naves, cosa que jamás se hubiese ocurrido a un catalán, por ejemplo».[31] A partir de esta ironía, Gay criticó por igual los sucesores y oponentes de Almirall: éstos, «sin fijarse en la perceptiva científica del método *ideográfico* [sic], han desdeñado las notas diferenciales y se han fijado en las comunes exagerando su valor, como ha hecho R. [Rafael] Altamira [en su *Psicología del pueblo español*, de 1902], o bien exagerando las diferencias y no teniendo en cuenta las comunes, como P. Gener [en «Artículos en la revista *Nuestro Tiempo*, 1902-1903 [sic]».[32]

Al explorar la frontera entre «El Uniformismo y el patriotismo», Gay constató que la naciente etnología no cuadraba bien con los supuestos de grupos imbuidos de contenido moral predecible:

> La coexistencia de las razas que pueblan a España ha sido torcidamente interpretada por los imbuidos en el prejuicio o falsa idea de que el patriotismo es el uniformismo. Por esto, afirman que hay uniformidad étnica en la población española ante la representación que en todas las regiones tienen todas las razas de España, las cuales no se presentan tan separadas como en Italia se encuentran los eurásicos (braquicéfalos), que ocupan el Norte, y los eurafricanos (dolicocéfalos), que ocupan Centro y Sur.
>
> No se puede decir que existe tal uniformidad étnica en la población española, puesto que el mestizaje no ha llegado a fundir los tipos de las distintas razas que la componen, ni aun a presentar equilibrada su proporción representativa en las regiones; al contrario, hay grupos claramente diferenciados, como son los levantinos y los del Noroeste peninsular.

Y añadió a su lección mayores precisiones, con un mostreo de conocimientos etnológicos por encima del nuevo y pujante racismo doctrinal:

> Ciertos antropólogos como [Vachier de] Lapouge, al hacer la clasificación poco exacta de los tipos europeos en tres grupos: *Homo Europeus*, dolicocéfalo y rubio; *Homo Alpinus*, braquicéfalo, y *Homo Mediterraneus*, dolicéfalo moreno, atribuía al primero una superioridad sobre el segundo y de éste sobre el tercero. Esta diferencia de razas que se da en la Península, ha sido motivo para que algunos regionalistas catalanes estableciesen diferencias de mentalidad que aprovechaban en primer término a los catalanes. Nada más erróneo que esta creencia, porque la raza por sí sola no implica superioridad, sino el grado de civilización, su educación, que puede venir por caminos distintos que los ofrecidos por su potencialidad natural.

Ello le permitió dar un sentido concreto a su lección, al especificar las pautas raciales de los catalanes según la antropología física, con sus medidas antropométricas, y corregir las deducciones exageradas:

> El pueblo catalán es un pueblo eurafricano que tiene algunas salpicaduras de sangre eurásica y un solo islote enteramente braquicéfalo (Balaguer), que viene a ser como la gota de agua dulce que se arroja al mar. Los índices y la crania [sic] acusan esta procedencia, por más que algunos antropólogos improvisados y separatistas y regionalistas del antiguo condado se empeñen en ser arios y llamen *moros* al resto de los españoles. El moro también vive en Cata-

luña, pero fue un moro que arribó tempranamente: su sangre es tan semita como la piedra angular de la antigua Barcino. Su espíritu ya no es así. Largos años de dominación condal, que condensan un complejo de influencias históricas, han determinado la formación de una psicología, que les diferencia de sus hermanos que viven en la estepa castellana y en las vertientes del Atlas africano.

Por todo ello, Gay valoró a los catalanes de manera intencionadamentre ecléctica, dentro de su ortodoxia interpretativa:

Su alma no tiene intensas fulguraciones; mas no por eso deja de amarlas. No es elocuente, sino claro, conciso y buscador del hecho; pero le fascina la elocuencia y la genialidad ajena. Los *leaders* de la vida política catalana más resaltante no han sido catalanes. Los radicales siguen ahora acaudillados por un agitador madrileño como Lerroux, y un gran orador andaluz como Salmerón; los catalanistas tuvieron su época de auge cuando fueron dirigidos por doctor Robert, oriundo de Méjico; los carlistas por el gallego [Vázquez de] Mella... Cataluña es el bloque de gran peso que toma la dirección que otros le dan. Su individualismo no rehúye la cohesión, pero resiste a la tutela de la Administración central: no quiere amos, pero sigue a caudillos.

El medio en que vive el pueblo catalán influye en darle a su alma la tonalidad de la psicología que recuerda a los pueblos del Norte. Por todas esas características, el pueblo catalán ofrece una personalidad bien definida que acaba de determinarse con su habla y que le diferencia del resto de los pueblos que constituyen en España la unidad política. Los caracteres distintivos de su personalidad dan a conocer que existen en él los gérmenes de una nacionalidad a pesar de ser su raza igual a la que ocupa desenvuelto un espíritu que confirma la teoría de Lazarus y Steinthal.[33]

En resumen, Gay negó la frontera catalana formulada por Gener, para hipotetizar un complejo juego racial ibérico, seguido de otras reflexiones culturalistas tan escasamente fundadas como las generianas. Sus conclusiones –propias de un valenciano (dedicó largas páginas a la herencia griega de su región natal)– estaban, pues, a medio camino, entre Gener y Altamira:

1.ª La población española no constituye una unidad psicológica tal como la presentan los grupos de población que constituyen una personalidad diferenciada por historia y carácter;

2.ª Las condiciones telúricas y cósmicas, la participación del genio de las razas que la componen y la herencia histórica son los factores que determinan la diversificación psicológica de la población de España;

3.ª La distribución del carácter ofrece como grupos de población diferenciada a las regiones de la faja norte peninsular, las centrales o castellanas, las meridionales andaluzas y las mediterráneas constituidas por Valencia y Cataluña;

4.ª Por sus condiciones psicológicas, los pueblos de la faja del norte peninsular tienen mayor concordancia con la fórmula del progreso y modalidad de la civilización actual;

5.ª Las condiciones psicológicas de los grupos que forman el núcleo central, meridional y levantino, por su escasa tendencia a la cohesión y relativa plasticidad colectiva, no presentan las cualidades necesarias para vencer en la lucha política o concurrencia nacional con el resto de los grupos de población peninsular en el actual momento histórico;

6.ª La población peninsular, considerada en su conjunto, ofrece una delimitación geográfica por su adaptación a la vida del progreso del actual ambiente histórico, delimitación que aísla el centro de la periferia peninsular donde es más intensa la vida.[34]

El especial interés que tiene Gay como autor reside en su ardor al abrazar, en los años siguientes, la tesis «imperial» como solución para los problemas étnicos de España. Sus argumentos se asemejarán considerablemente a las formulaciones catalanistas, si bien, como liberal escribiendo en Valladolid, nunca estuvo dispuesto a ceder la preeminencia a la Lliga. Gay sirve, en consecuencia, como un indicio de los límites reales de influencia del catalanismo teorizado por Prat y promovido en el escenario político hispano por Cambó.

> Modernamente el regionalismo era como un sueño, algo subconsciente, que tenía manifestaciones distintas en la Península. Ha podido decirse que en ella se mostraba como añoranza de trovadores lemosines en Valencia y Mallorca, como egoísmos arancelarios en Cataluña, en las Vascongadas como fuerismo belicoso, en Galicia algo que recuerda la dulce tristeza que apellida el vulgo *morriña*, en Portugal [sic], respondiendo a su carácter, como *fachenda*... Pero después de los tristes días de Cavite y Santiago de Cuba, hizo crisis el sentimiento patrio, no muy formado en España. Quebrantado el Estado en sus fuerzas y en su crédito, resurgen los egoísmos regionales, creyendo los regionalistas en la tradición regional el remedio de las desgracias presentes[...].[35]

En concreto, a Gay le molestó la propuesta catalanista de recurrir a la sociedad civil contra el Estado, con el propósito de rehacer el poder público a partir de las supuestas energías que en ella se localizaban:

> Y así, enlazando pasiones y errores, se ha llegado a enunciar la estupenda teoría que mantuvo el señor Cambó en Salamanca, sobre la necesidad de debilitar

al Estado para hacer resurgir a España, es decir debilitar a un Estado para fortalecerle. Por dura que parezca la frase, hay que calificar la teoría flamante del señor Cambó de *acratismo regionalista.* Responde perfectamente a lo que fue espíritu del regionalismo político sepultado por la Revolución liberal, y no tiene fundamento alguno, ni científico ni histórico, como sistema político moderno, compatible con la marcha de las cosas.[36]

Haciendo ostentación de su conocimiento del idioma alemán y de su formación jurídica, el catedrático vallisoletano quiso subrayar hasta qué punto, en el pensamiento germano, no se hacían grandes concesiones al particularismo. Y añadió: «El nacionalismo actual tiende a la organización de todas las fuerzas nacionales respondiendo a una unidad: en el orden político significa la nacionalización de los partidos y su subordinación al interés general y superior del Estado; en el religioso, la unión de confesiones, como la intentada en Alemania por el ilustre profesor Harnack, aquietando luchas y librándose de influencias exteriores que ataquen el interés nacional; en el orden económico, la organización de fuerzas industriales de todo el sistema de energías económicas, respondiendo también a una unidad, como el neomercantilismo lo prescribe.»[37] En este sentido, según Gay, el «imperialismo» a gran escala era la senda del futuro. En cuanto a España, todo era cuestión de «encauzar su política en sentido nacionalista»:

> Ni se ha castellanizado a España ni se ha catalanizado, ni el rasgo típico de lo español se ha desenvuelto suficientemente. [...] Por esto, el trabajo está en formar nación, en educar *españoles*; es decir, no en desviarnos de la marcha general de todos los grandes pueblos modernos, tendiendo a formar la personalidad de las regiones, que esto era necesario cuando no había órganos superiores políticamente como el Estado nacional, sino en la formación de la personalidad nacional de España. No es la formación de Estados regionales autónomos lo que ha de constituir la reforma política de España, sino el darle realidad social a la nacionalidad que hoy parece constituir una ficción política.[38]

Pero enfatizó su argumento con un contundente ejemplo estadounidense: «Acaso no se recuerda tampoco el ejemplo de Norte-América [sic]. Hace medio siglo había allí un Cambó que dio con su teoría de la nulidad el fundamento de aquel movimiento que condujo a una sangrienta guerra civil. La Unión norteamericana no era más que unión conforme a contrato de derecho de gentes y el poder federal no debía atacar la legislación de los Estados particulares, los cuales, [...], podían rechazar tal intromisión. Así razonaba Calhoun.»[39] Una alusión muy aguda, como se verá.

A partir de su liberalismo primigenio, Gay tuvo una compleja carrera política: de militante germanófilo durante la Primera Guerra Mundial, pasaría por el primorriverismo en los años veinte, el filonazismo y filofascismo en la década de los treinta, hasta fracasar como jefe de propaganda del bando nacional en el primer año de la Guerra Civil. Más allá de la intensa evolución ulterior del catedrático vallisoletano, hay que remarcar cómo la mera afirmación catalanista del «hecho diferencial» entre catalanes y «castellanos», expresado en términos de progreso y decadencia comparativa, trajo automáticamente la biologización del argumento, en positivo y en negativo, así como las airadas reacciones en su contra, como sería de esperar, dado el contexto de politización.[40] Hecha la afirmación de la diversidad, su corolario separador fue la suposición de una irremediable ruptura, una amputación.

Prat como foco para el anticatalanismo

Se puede decir que la literatura anticatalanista, en su sentido más estricto y doctrinal, antes de Prat de la Riba es prácticamente inexistente. Antes, el miedo a la mutilación se expresó de manera genérica, o respondía a las amenazas concretas que surgieron en los años noventa, entre Cuba y Filipinas. *La teorización pratiana permitió, dentro de un marco bastante limitado, una cierta respuesta doctrinal monográfica, más allá de reacciones airadas y polémicas puntuales*: la prueba es el uso reiterativo de las primeras preguntas y respuestas catequísticas del *Compendi de la doctrina catalanista*, muestra de la mala intención repetida una y otra vez. En palabras retrospectivas, en 1919, de un practicante del anticatalanismo: «este movimiento de desintegración que iniciaron los eruditos y los poetas [...] pasó a la política por conducto de Almirall, primer definidor del catalanismo militante al modo áspero y brusco propio de la raza; pero hasta Prat de la Riba no adquirió su carácter de plena catalanidad, ni la certera orientación que el "Constructor" supo inspirarle y que baña todo el pensamiento de la burguesía catalana [...]».[41]

Maragall no provocaba ataques de indignación. Tampoco, pasada su novedad, Almirall. Las reflexiones del catalanismo «prepolítico» tampoco tuvieron una gran trascedencia fuera del marco inmediato catalán.[42] Y es que fue Prat quien supuso que la «unidad cultural» catalana tenía derivaciones lógicas nacionalistas que reducían el Estado a una mera cobertura, sometida a un pacto político pendiente. Pero, *¿y si no se pactaba, entonces qué?* De ahí derivaban todos los temores o resquemores acerca de la supuesta superioridad catalana o los miedos a la escisión de España. Tan evidente resultaba la relación entre la postura de «unidad cultural» y sus derivados pesimistas, que los podía sentir cualquiera que procediera con el punto de partida de que Barcelona era, antes que nada, una ciudad española. Sirve como muestra, a principios de siglo, el poeta nicaragüense Rubén Darío, predispuesto a confundir como una misma expresión social el catalanismo «separatista» y la protesta anarquista, que se sintió incapaz para «oponer uno que otro pensamiento al alud» de argumentos catalanistas:

> Observo que en todos aquí [en Barcelona] da la nota imperante, además de esa señaladísima demostración de independencia social, la de un regionalismo que no discute, una elevación y engrandecimiento del espíritu catalán sobre la nación entera, un deseo de que se consideren esas fuerzas y esas luces, aisladas del acervo común, solas en el grupo del reino, única y exclusivamente en Cataluña, de Cataluña y para Cataluña. No se queda tan solamente el ímpetu en la propaganda regional, se va más allá de un deseo contemporizador de autonomía, se llega hasta el más claro y convencido separatismo. Allí sospechamos algo de esto; pero aquí ello se toca, y nos hiere los ojos con su evidencia. Dan gran copia de razones y argumentos, desde que uno toca el tema, y no andan del todo alejados de la razón y de la justicia. He comparado, durante el corto tiempo, que me ha tocado permanecer en Barcelona, juicios distintos y diversas maneras de pensar que van todos a un mismo fin en sus diferentes modos de exposición. He recibido la visita de un catedrático de la Universidad, persona eminente y de sabiduría y consejo; he hablado con ricos industriales, con artistas y con obreros. Pues os digo que en todos está el mismo convencimiento, que tratan de sí mismos como en casa y hogar aparte, que en el cuerpo de España constituyen una individualidad que pugna por desasirse del organismo a que pertenecen, por creerse sangre y elemento distinto en ese organismo, y quien con palabras doctas, quien con el idioma convincente de los números, quien violento y con una argumentación de dinamita, se encuentran en el punto en que se va a la proclamación de la unidad, independencia y soberanía de Cataluña, no ya en España sino fuera de España.[43]

El esfuerzo de conceptualización sistémica ofrecido por Prat, con todas sus deficiencias, se oponía frontalmente a las verdades que informaron la concepción de España como «un país único» sostenido por la historiografía española del siglo XIX hasta casi finales del XX.[44] Además, había muchos sectores en la sociedad finisecular catalana que no se identificaban con la noción unitaria supuesta por Prat o que se sentían más cómodos con una adscripción «unitarista» española.[45] Desde fuera del consenso afín, no hubo, ni podía haber, una comprensión de la extraordinaria complejidad de grupos y posturas que con frecuencia fantaseaban en el variopinto escenario catalanista. Mirando desde el desconocimiento y la desconfianza, los detalles de las enemistades locales se perdían y el catalanismo aparecía como un todo: en cierto sentido lo era, pero en otro no.[46] *Las muchas exageraciones efectistas del Prat publicista fueron tomadas al pie de la letra, sin prestar atención a los muchos matices posteriores, ni tener en consideración la realidad de un movimiento que nació radicalizado, pero que pronto se fue moderando.* Si alguna vez Prat lo dijo, debía ser verdad unívoca, en su sentido más extremo. La poca obra de combate al catalanismo que hubo y que no convirtió a Prat en el foco vertebrador de sus iras pronto se demostró inconexa e insulsa, sin la coherencia y fuerza absoluta de convicción que mostraba la exaltación «patriotera» o españolista que tanto abundó en contra de los «mambises» cubanos o de los juramentados filipinos del Katipunan.[47]

En resumen, antes de principios de siglo XX, si bien no hubo una corriente coherente de denuncia del catalanismo, se pudo aprovechar una considerable cantera dialéctica españolista e «incondicional», forjada sobre todo en la inacabable guerra civil antillana, que, a trancas y barrancas, duró treinta años. Así, por ejemplo, en 1893, la presentación parlamentaria del proyecto de autonomía para las Antillas se hundió en griterío cuando el ministro interesado, Antonio Maura, entonces liberal, indicó que era necesario atraer a todos los cubanos. El retador político conservador Romero Robledo, caracterizado como «el supremo cabecilla de la intransigencia rabiosa y feroz», tan sólo tuvo que insinuar: «¿Y a los separatistas también?» para que la sensata respuesta afirmativa, evidencia del buen criterio político de Maura, abriera un destructivo e imposible barullo que anuló a corto plazo la viabilidad de la propuesta legislativa.[48]

Si en tiempo de paz –anterior a la definitiva «Guerra de Independencia» cubana–, abundaba un sentimiento de identidad tan avasallador como para ser políticamente contraproducente, los efectos del «desastre» endurecieron todavía más tales ansiedades acerca del peligro de cualquier concesión o poder delegado. Ello lo demostró el agrio debate parlamentario y periodístico que en 1900 rodeó la publicación de una muy discutida pastoral de monseñor Josep Morgades, obispo de Barcelona, en la que reivindicaba el uso pastoral de la lengua catalana: entre acritudes, fue repetido el recurso a la analogía antillana.[49] Así, el viejo caudillo liberal Sagasta lo redujo, en los debates parlamentarios de 1901, a una plataforma de ambiciones: «[...] pero ya no es sólo el escabel de los que pretenden el despedazamiento de nuestra querida Patria, sino que es el escabel de aquellos locos o malvados que pretenden renunciar a ella, separarse de ella.»[50] Como era de esperar, no todos concordaban en esa analogía facilona entre malos hijos de ultra y endemar. El jefe del Partido Conservador, Francisco Silvela así dejó constancia clara: «Muchos han estimado que el catalanismo era en el Principado una planta de la misma familia que el separatismo cubano, y esto ha contribuido en gran manera a agriar la relación de ideas. [...] No creemos nosotros en tal analogía: el separatismo americano era el problema escueto de una emancipación por odio al dominador, prefiriendo clara y sencillamente a él, cualquiera otro; pero allí no había ni tradiciones, ni costumbres propias que conservar como objetivo capital, como verdadero culto e ideal al espíritu [...] negaban simplemente un vínculo de obediencia a un poder que reputaban extranjero.» Al mismo tiempo, Silvela negó toda credibilidad política al catalanismo, porque, en el fondo, era un berrinche, un ataque de locura airada, sin sustancia duradera:

> El catalanismo no es un partido, ni una escuela, [...] el catalanismo es ante todo y sobre todo una *agitación*, un *separatismo*, una *diferenciación* [sic], no en el sentido de aspirar, por combinaciones de la razón y la fuerza, a constituir naciona-

> lidad independiente, sino de satisfacer impulsos del sentimiento y de pasiones puramente afectivas, en las que concurren atavismos de raza, leyendas y remembranzas de glorias propias y de agravios ajenos. [...]
>
> Tanto como las formas políticas o administrativas, más aún que ellas, significa para los verdaderos catalanistas el apartamiento de la vida común nacional, para conservar en la mayor integridad posible su alma propia; y así se advierte mayor entusiasmo y más verdadero interés por las costumbres que por las leyes, por las formas y manifestaciones externas, que por la conquista del poder público mediante la evolución o la revolución. [...]

El dirigente conservador era hombre bien considerado por sus interpretaciones sutiles y con resonancia intelectual (se le atribuye el concepto de «regeneración»). Pero el análisis sociológico que hacía Silvela servía para borrar el significado del catalanismo «intervencionista» como posición política válida, capaz de la negociación, con la cual se podía provechosamente interaccionar en el escenario parlamentario. *Para Silvela, las características de la doctrina nacionalista, en tanto que antiespañolas, eran antisociales, y hacían inviable su actuación como agrupación representativa, lo que no era, en sentido estricto, lo mismo*. En sus palabras:

> No debe, en nuestro sentir, fundarse la menor ilusión acerca de que la política de concesiones atraiga a los catalanistas militantes, ni haga de ellos partido político dispuesto a convivir con los demás para discutir en las Cámaras los asuntos que más de cerca pudieran interesarles, procurar la mejora de la administración o la reforma paulatina de las leyes en el sentido de sus ideas; ellos no son ni serán nunca un partido; significan una especie de protesta vaga que quiere encerrarse en censura, pesimismo y condensaciones absolutas; vendrán aquí siempre a contender con los demás sin ánimo de influir sobre ellos y con el objetivo de mantener viva la agitación y las pasiones de los que les envíen; [...][51]

Pero la capacidad de Prat para liderar un movimiento con una carrera electoral claramente ascendente a partir de su éxito en la *«elecció dels quatre presidents»* en 1901 anulaba la respuesta del ninguneo. Lógicamente, pues, Prat se convirtió en el referente natural de toda crítica anticatalanista, mediante sus textos más inflamatorios de los años noventa.

Además, antes de la posibilidad de responder con santa indignación española a los giros de identidad de Prat, hubo, eso sí, mucha alusión cortante, mucha «catalanofobia» e irritación con la terquedad lingüística, desde los tiempos del Antiguo Régimen y a lo largo de la inacabable revolución liberal, por las resistencias a la homogenización nacional y estatal que se hicieron, una vez tras otra, visibles, en el histórico y tozudo Principado.[52] *Pero no hubo necesidad de teorizar de forma mono-*

gráfica la perversidad catalana, ni mucho menos de polemizar a fondo con ella, hasta que no existió un movimiento más o menos articulado, con doctrina propia. Entonces, ante la organización de la contradicción ideológica, por ser ésta sistemática, el españolismo dio un cambio cualitativo. Pero, de hecho, la prevención anticatalanista ya tenía un discurso constituido, tomado de la guerra civil antillana, extendido después al archipiélago del Pacífico. Al fin y al cabo, el doctor José Rizal, figura intelectual emblemática de la autodeterminación isleña, fusilado por «traidor» en Manila en 1896 por las autoridades militares españolas, presumiblemente ante el ejemplo de la Lliga de Catalunya de los años ochenta, había fundado en 1892 una formación nacionalista en Barcelona, que se había llamado Liga Filipina.[53] De ahí a la Lliga Regionalista, era sacar, desde este punto de vista algo paranoico, la conclusión lógica.

Como años después observó el socialista Luis Araquistain, *la catalanofobia tendió a percibir toda edición en otro idioma como castellanofobia, con lo que se estableció una simetría que siempre podría nutrir y legitimar a ambas y opuestas corrientes.*[54] La fuerza del catalanismo fue, muy concretamente, su desafío a la hegemonía cultural del idioma castellano entendido como «español». En palabras jocosas del crítico y periodista catalán Agustí Calvet, *Gaziel*: «en menos de un siglo, la lengua catalana rediviva se puso a charlar por los codos, hasta llegar, en algunos momentos, a ensordecer a toda España».[55] Precisamente por la centralidad de su culturalismo, el naciente nacionalismo catalán pudo recoger y aprovechar muchos insultos del pasado, en contra de «los catalanes», así como construir sobre argumentos catalanes generados por polemistas, que databan del siglo XVII, como poco.

Pero, a pesar de los muchos antecedentes que se puedan rastrear, fue la aportación pratiana la que dio forma definitiva y coherente a la reivindicación nacionalista catalana, convirtiéndose su tesis en el foco de toda réplica españolista. Así, por ejemplo, en 1900, Moret señaló el *Compendi*, con su claridad de catecismo, como un punto de ruptura, una profundización política que iba mucho más allá de Almirall.[56] El gran dirigente liberal no podía ocultar su asombro al cambio de mentalidad efectuado:

> Hace unos cuantos años la palabra [catalanismo] no se pronunciaba y la tendencia era perfectamente inofensiva. Hoy alardea de precedentes y se exhibe en las plazas y en los periódicos; pero lo cierto es que los gérmenes de lo que hoy se llama el catalanismo, habían pasado desapercibidos para todo el mundo. Yo el primero he tenido grandísima sorpresa, sin saber de dónde procedía, he sentido de pronto el latido de odio y de ira de las masas del pueblo catalán, cuando salían del *meeting* de Lérida, gritando *«Abaix els lladres»* [Abajo los ladrones], o cuando prorrumpían el silbidos al escuchar la *Marcha Real*. ¿Cómo se ha formado ese estado de los espíritus? ¿Quién ha engendrado ese odio? ¿Quién provoca esa inexplicable ira?[57]

Así también, diez años después de la publicación de *La nacionalitat catalana*, un tal Ballester Soto, dispuesto a mirar *El microbio separatista* «A través del microscopio», aseguraba que: «en la soledad y aislamiento de los hogares prosigue la obra demoledora que soñara Prat de la Riba». Tal afirmación no era, según este autor, ninguna crítica, ya que: «No oculta el Sr. Prat de la Riba sus afanes separatistas». En todo caso, concluía, pesimista: «El daño está hecho.»[58]

Más sosegado y analítico fue Gumersindo de Azcárate, leonés de origen, jurista republicano y destacado «institucionista» (sería director de la Institución Libre de Enseñanza), dejó clara la centralidad del pensamiento de Prat al catalanismo, sin por ello mencionar su nombre:

> El *catalanismo* [sic] es para unos el regionalismo aplicado exclusivamente a Cataluña; para otros, la doctrina según la cual las regiones son las únicas entidades verdaderamente naturales, y el Estado la mera unión, más o menos artificial, de las mismas, por donde la verdadera patria es Cataluña, y para algunos, junto con ella, el antiguo reino de Valencia, las islas Baleares, la República de Andorra y un *pedacito* de Francia.[...]
>
> No tanto en el *Programa de Manresa* como en el *Compendio de la doctrina catalanista* es fácil observar el error más grave contenido en ésta; porque resulta que no hay más que una *patria*, y esa única patria es para los catalanistas Cataluña, y, por si no fuera bastante claro, se añade que España no es la patria de los catalanes: es tan sólo el Estado, el cual es una entidad política, *artificial, voluntaria*, mientras que la *patria* es una comunidad histórica, natural, necesaria, y lo que se llama *patria grande* es el Estado compuesto de agrupaciones sociales que tienen la condición de verdaderas patrias. El hombre, dicen, tiene una sola patria, como tiene un solo padre y una sola familia.
>
> Es extraño que no caigan en la cuenta de que discurriendo de ese modo nada tendrían que replicar al que arguyera que para él no había más patria que su pueblo, Barcelona o Reus, o que no había otra que la comarca, el Ampurdán o el Campo de Tarragona, y que Cataluña no era otra cosa que el Estado compuesto de comarcas o municipios.

En la definición de Azcárate el regionalismo «implica la afirmación del principio según el cual las regiones y los municipios son verdaderas *personas sociales* [sic], las cuales, lejos de deber su existencia a la arbitraria voluntad del Estado, tienen una [existencia] natural determinada por sus costumbres, sus tradiciones, su lengua, su carácter y su modo de ser, y cuyo reconocimiento se impone a los poderes públicos.» La pregunta clave, para Azcárate, era sencilla: «¿Hay en el catalanismo algo de punible?» El jurista disculpaba, pues, las muy extendidas ganas «de que se castigue la propaganda catalanista». Como aseveró: «Se explica, porque la linde que separara el orden ético del jurídico se salta fácilmente cuando se trata de actos que hieren vivamente el sentimiento; y como el catalanismo lleva consigo una impedimenta de iluminados y de fanáticos que, no contentos con fantasear una historia, que resulta tan lisonjera para Cataluña como depresiva para Castilla, mortifican y ofenden a la que todos los españoles sienten y aman como patria indiscutible, y de otro lado, el regionalismo catalán, por circunstancias locales, reviste un carácter *reaccionario y clerical*, [...]»[59]

El anticatalanismo como permanente coyuntura

Tal vez haya un prejuicio anticatalán relativamente extenso, como insisten los nacionalistas catalanes.[60] Pero no prosperó una profundización teórica en la réplica. La contestación doctrinal no era de gran altura, sino que exhibió cierta articulación reactiva, de *contradicción puntual* al catalanismo en la medida que éste se hacía visible mediante algún incidente o iniciativa. Así, los liberales contestaban desde su confianza en su doctrina, para aludir al nacionalismo catalán como un fenómeno momentáneo y accidental. Pero en la medida en que el catalanismo tomó mayor forma y solidez, hubo una cierta necesidad de establecer un discurso explicativo. La explicación, sin embargo, se buscaba en la desviación de una norma española, con lo que la interpretación siempre era insuficiente. Es más, ante la dificultad, se internalizó, como si pudiera resultar válida, la contradicción entre componentes analíticos, hasta que ello formara parte de cualquier discurso crítico, anticatalanista. Y en la medida en que Prat pudo plantear la conjunción «solidaria» de elementos ideológicos contrarios como suprema característica del «intervencionismo» catalán, se pudo confeccionar un argumento compuesto de negaciones mutuamente incompatibles: la alusión a los «mambíses» o al «Katipunan», ambos corrientes de fuerte impronta masónica, aparecía junto con la acusación de que el catalanismo era un carlismo redivivo, un movimiento ultramontano, como pasó con el asunto de la *Pastoral* del obispo Morgades. La «catalanofobia», pues, nunca superó su carácter reactivo, que dependía del antecedente escandaloso catalanista para sentar las verdades patrias españolas. Mucha –si no toda– la literatura anticatalanista fue una *respuesta indignada, pero rudimentaria,* a lo que se percibía como la arrogancia de la superioridad catalana, que, a su vez, era vivida como una réplica al inveterado orgullo «castellano» y su empedernida falta de sensibilidad.

Una clara prueba de ello la dio la campaña de prensa antisolidaria que en los últimos meses de 1907 realizó, desde el madrileño diario *El Mundo*, Manuel Bueno, nacido en Pau en 1874 y asesinado en Madrid en 1936. Si bien logró forjarse una cierta reputación literaria, Bueno fue intrigante periodista de opinión, conocido por haberse lanzado jovencísimo, con el cambio de siglo, a la aventura hispanoamericana y por su afinidad más bien conservadora. Llegada la coyuntura del «desembarco catalanista en Madrid», se cebó en el «imperialismo catalán» como expresión de «la vanidad de un pueblo» para desacreditar el estreno, como auténtica fuerza reformadora, de la Lliga en el Parlamento. En sus palabras: «No hay nada tan pueril y tan necio como los renovados alardes de supuesta superioridad con que nos abruma actualmente la Prensa catalana.» Siguió por la misma línea, para añadir:

> Lo más oportuno al enterarnos de estas majaderías revestidas de cierto aparato pseudocientífico, sería acogerlas con una carcajada; pero, por una vez, vamos a ponernos serios al contestar a estos idiotas engreídos. ¿Qué es eso de la raza? ¿Cómo se define? ¿A cuál pertenecen ustedes? ¿De cuál de ellas procede el tipo español contemporáneo, en el supuesto que tal tipo exista? En primer lugar, un hombre de alguna más autoridad que aquel Robert, del que se ufanan ustedes como si fuese par de Darwin o Huxley, el antropólogo Babington, niega los caracteres de la raza y no reconoce más que los del individual. Eso, primero. Luego, no se han puesto los sabios de acuerdo aún sobre lo substancial de cada raza, lo que diferencia a una de otra, y mucho menos sobre el número de razas que integran el Universo.

Para Bueno, el catalanismo era un mero farol, una opción fabricada. Como indicó, con tono fachendoso: «Es sensible que en nuestro Parlamento no hayan recibido los catalanistas adecuada respuesta. Los diputados de cada región habrían podido oponer méritos a méritos, hechos a hechos, capacidades a capacidades, y entonces se habría visto que Cataluña padece una congestión de vanidad que pudiera costarle cara.»[61] Concretando, un par de semanas más tarde, el periodista pidió seriedad –«Seamos francos»– y se interrogó: «Pero, ¿es que nos va a salvar Cataluña? Para intentar esa empresa con alguna viabilidad sería menester deponer ese ridículo imperialismo, [...]». La verdad era que Bueno no se pudo creer que los lligaires fueran sinceros y temía que escondieran alguna intención inconfesa:

> ¿Adónde vamos? ¿Qué se proponen los catalanistas? ¿El predominio de una región con detrimento del resto de España? No es admisible. Considero a los que presiden ese movimiento, y singularmente al Sr. Cambó, con un despejo intelectual y una probidad que se oponen a esos fines. ¿Chafarnos con sus alardes imperialistas? Tampoco es verosímil. Ese aspecto de la lucha ha dejado de subsistir en todas partes menos en las columnas de *La Veu* y *El Poble Català*, que son dos hornos de malas pasiones. ¿Ofrecernos un ejemplo de la virilidad que no se resigna a vegetar? ¿Habría convenido declararlo antes, cuando la hostilidad entre los bandos beligerantes no estaba tan despierta y enconada como ahora. ¿Promover una revolución que salve la Patria? Si esto se intentara, todos los que tenemos un corazón nos alistaríamos bajo la bandera catalanista.[62]

Como es probablemente verdad en todos los conflictos nacionalistas largamente sostenidos, *los prejuicios de ambas partes eran, hasta cierto punto, verdaderos y fal-*

sos al mismo tiempo. Pero, una vez establecidos y codificados, los mutuos recelos mostraron una remarcable y duradera estabilidad.

El liberalismo monotemático: Royo Villanova como maestro de anticatalanistas

El juego de provocación y contraprovocación, pues, iba, mediante ciclos, por altos y bajos, marcados por opúsculos y algún libro de mayor pretensión, sosteniendo la continuidad en los valles las prensas respectivas (especialmente por semanarios –*«fulles de col»*, se decía en Barcelona– a la vez ligeros, de cuatro páginas, y de vida corta, fuera por denuncias del fiscal o por el agotamiento de los recursos). Empezando en 1899-1900, con el pánico del llamado «anexionismo» (una agitación catalanista que, con la excusa de la visita al puerto de Barcelona de la escuadra francesa, desató furias por la «traición» a la bandera); las obras se concentran visiblemente en las coyunturas de la Solidaritat Catalana, entre 1907 y 1909, y la campaña de *«Per Catalunya i l'Espanya gran»*, en los años 1916-1918, culminando con la agitación del invierno de 1918-1919 por *«l'Estatut d'Autonomia integral»*, para luego arrastrarse hasta 1931-1932, con el nuevo Estatuto y una nueva recuperación de interés por el tema. Pero sorprende la escasez del material. Hasta extraña la pobreza del más destacado proponente de la denuncia crítica de los supuestos abusos del catalanismo, Antonio Royo Villanova (1869-1958).

Catedrático de Derecho Administrativo en la Universidad de Valladolid pero aragonés –por más señas, zaragozano– de nacimiento, con una distinguida carrera política como liberal, Royo Villanova empezó cerca de Santiago Alba y César Silió en su ciudad adoptiva, siendo ya en 1904 director del importante diario *El Norte de Castilla*; sería diputado o senador ininterrumpidamente entre 1911 y 1923, director general de primera enseñanza dos veces con Romanones, pero con sobrado prestigio para ser consejero de Instrucción Pública con los conservadores en 1920, lo suficientemente convencido de sus principios como para rehusar toda colaboración con la Dictadura primorriverista. Sin embargo, llegaría a obsesionarse con el catalanismo, hasta convertirlo en el centro de su vida política: para él, mirando hacia atrás después de la Guerra Civil, la Solidaritat de 1906 llevó en línea recta al frentepopulismo de 1936, un continuo protagonismo subversivo del catalanismo.[63] En sus orígenes, Royo era un regionalista en la estela de Joaquín Costa, su maestro.[64] Como tal, y por su sentido del cambio regenerador imprescindible para España, fue elogiado por nada menos que Maragall en 1899.[65]

Pero el *lenguaje doble* de los catalanistas le descubrió los riesgos ocultos de tal actitud; fue un sentimiento común en la zona castellana.[66] Royo operaba en un medio político en el cual estaba vivo el recuerdo de la Liga Agraria de los años ochenta, se había formado en la costista Liga Nacional de Productores y vio cómo, con el cambio de siglo, una Liga de Defensa Comercial e Industrial en Cataluña cedía el lugar a una Lliga Regionalista, con un cariz cualitativamente diferente.[67] Con ruda franqueza que evolucionó hacia la monomanía, nunca lo entendió. Para Royo –como para las promociones del agrarismo castellano que le siguieron durante más de dos décadas–, el catalanismo amenazaba con la tiranía un egoísta «poder industrial», abanderado de la desigualdad política con su afán proteccionista y capaz de imponer su voluntad a un Estado débil. Por el contrario, a ojos catalanistas, Royo, en vez de ser percibido como un maniático, parecía la cabeza de una gran corriente partidaria del «poder agrario», dispuesta a asumir el antidesarrollo con tal de no ver triunfar (ni siquiera en forma de concesiones parciales) el proyecto catalán.

En viaje de investigación en Cataluña en 1907, una suerte de trabajo de campo *avant la lettre*, Royo se dio cuenta de que «[...] casi todos los regionalistas catalanes son *nacionalistas*.» Y añadía: «No sin cierta pena, he adquirido esta convicción, pues yo recuerdo que, cuando en 1900 escribía un estudio acerca de *La descentralización y el regionalismo*, creía que esta doctrina nacionalista no tenía una gran difusión. Es verdad que el movimiento catalanista ha crecido desde entonces, y yo, cuando escribí aquello, no había estado en Barcelona.»[68] La confrontación con la realidad política del nacionalismo catalán, por lo tanto, cambió su ligereza teórica por un realismo en extremo desconfiado:

> A mí no me cuesta trabajo reconocer la buena fe de los nacionalistas, pero creo sinceramente que están en un error.
>
> No me cabe en la cabeza que Cataluña sea una nación, y creo, además, que no lo han demostrado los que tal cosa sostienen. He ahí la obra a que deben dedicarse los intelectuales castellanos, los españoles que cultivan las ciencias políticas y sociales: la de discutir fría y serenamente con los catalanes, demostrándoles que aquí no nos asustamos de nada, y que se puede defender todo, pero que hay que dar a esas ideas tan graves el debido fundamento científico. Los nacionalistas, repito, no han probado el fundamento real, histórico, sociológico, de sus pretensiones.
>
> Y como yo tengo fe en la ciencia y en la verdad, espero que el *nacionalismo* desaparecerá, porque es una preocupación y no una doctrina; porque como dijo Hegel, todo lo racional es real y viceversa, y por eso la nación catalana no es racional porque no es real y no es real, porque no es racional.[69]

En otras palabras, *era imposible una identidad doble,* sin que una de ellas primara sobre la otra. Un español se sentía como tal; era su modo de ser, su idioma. Si no lo sentía así era literalmente un traidor en potencia.[70] Tal criterio unívoco, llevado a sus lógicas consecuencias, marcaba el abandono del individualismo, como supremo valor social, por una parte importante del liberalismo. Era, en aquellos años, por ejemplo, uno de los argumentos más tópicos del antisemitismo centroeuropero.[71]

Royo tenía muy clara la percepción de que Prat era el comienzo del auténtico nacionalismo catalán, como recalcó en una conferencia pronunciada en enero de 1917 en la Real Academia de Jurisprudencia y Legislación.[72] El eje analítico de los comentaristas anticatalanistas más ambiciosos, por lo tanto, solía ir del *Compendi de doctrina anticatalanista* a *La nacionalitat catalana* y volver, ya que tal ejercicio cumplía cómodamente tres funciones: establecía muy claramente la postura del enemigo; lo hacía con sus propias palabras, lo que se suponía prueba irrefutable; y, finalmente, tal conocimiento evitaba la necesidad de conocer el complicadísimo mundo interior del catalanismo, ya harto difícil de seguir por sus manifestaciones externas. Como diría Royo Villanova: «El público que lee y escribe en castellano, no conoce a Prat de la Riba, sino a través de sus panegiristas o de sus impugnadores.» Tan decidido a que los lectores y cuidadanos españoles conocieran a Prat estaba Royo que él mismo, en 1917, acabó por traducir él mismo *La nacionalitat catalana.* Tal como indicó en la presentación de su versión traducida:

> Es, en fin, tan extraña la concepción de Prat de la Riba, que sinceramente confieso que no encuentro doctrina científica en que pueda apoyarse, ni hecho histórico que le sirva de precedente. Yo no recuerdo haber leído en ningún autor que el Estado federal sea una *unión de nacionalidades.* ¿Necesitará recordarse lo que significa el principio de *nacionalidades* en los Estados modernos y en la época contemporánea?
>
> ¿Necesitará decirse que una Nación no puede tener a nadie *sobre* ella, que ha de ser soberana, y que a las relaciones que mantienen las naciones soberanas se llaman relaciones internacionales?
>
> Esa federación de naciones de que habla Prat, ¿es una institución de Derecho político o de Derecho internacional? Si aceptamos la doctrina de Prat de la Riba, ¿cómo establecer diferencias entre una *alianza*, una *unión personal* de Estados, una *confederación* y un Estado *federal?*
>
> Esa oposición que, por otra parte, establece Prat entre *Nación* y *Estado*, ¿no confunde a éste con el gobierno? ¿No es un poco aventurado decir que la Nación es un producto natural y que el Estado es una creación artificial? ¿Pero es que hay nada *artificial* ante la sociología moderna?

Frente al discurso de Prat, Royo recurrió a la buena doctrina liberal hispana:

> El Estado no es el gobierno, ni siquiera el *Estado oficial.* El Estado es la asociación humana, que realiza el ideal político teniendo como soporte físico un territorio (Adolfo Posada), como elemento personal un pueblo, y como aglutinante jurídico un poder soberano.
>
> Este poder soberano puede cambiar de forma (formas de gobierno); pero el gobierno es una *parte* del Estado. No hay Estado sin pueblo y sin territorio. Lo

> que llama Prat de la Riba confusión de la Nación y del Estado, es consecuencia de la evolución histórica de la idea política en cuanto ha encarnado ésta en distintas formas de la convivencia humana. El Estado es más antiguo que la Nación. Hubo Estados en la antigüedad clásica y sigue siendo Aristóteles el gran maestro de la ciencia política. Naciones, no las ha habido hasta la Edad Moderna.
>
> Y sería injusto desconocer que el Estado, que es el sello político de la nacionalidad, el grado supremo de su perfección, el Estado, a su vez, ha contribuido a crear las naciones. La nacionalidad es evidentemente una gran unidad espiritual, que tiene por factores, entre otros, la lengua, la religión, la cultura. Sobre esa unidad espiritual debe asentarse *la unidad política del Estado* [sic], pero a su vez *la unidad política ha contribuido a crear la unidad nacional*. [...]
>
> ¿Es que España va a ser una excepción? Los siglos en que catalanes, valencianos y aragoneses, castellanos, vascos y asturianos hemos andado juntos, las cosas que unidos hemos realizado, ¿habrán pasado en vano?, ¿será tan fácil liquidar una historia como una sociedad conyugal o una compañía mercantil?

Para Royo, el balance era negativo: «Pues ése es el ideal catalanista. Negar la unidad espiritual de España, su nacionalidad, partiéndola en tantos pedazos como serían las llamadas nacionalidades ibéricas. Cataluña no estaría separada *políticamente* [sic] de España, aceptaría la suave tutela de un Estado federal español, pero yo prefiero a esa unidad política que se conserva, aquella unidad espiritual que se pierde con el nacionalismo.» Tampoco, según Royo, el discurso «imperial» de Prat servía como paliativo, sino al contrario: «Para un espíritu superficial e impresionable, el capítulo que el autor dedica al imperialismo resultará el de mayor altivez, pues se trata de completar el nacionalismo con una exacerbación desbordante de su pujanza y una hegemonía incontrastable sobre todos los países de la península Ibérica. Dijérase que se trata de un *asimilismo* al revés.»[73]

Al año siguiente, en 1918, en una conferencia impartida en el Ateneo de Madrid, al tratar Royo «El imperialismo catalanista» y «El sueño de Prat y las amistades de España» dentro del problema más amplio de *El nacionalismo regionalista y la política internacional de España*, su postura –nada fantasiosa, vistos los ataques de ira que embriagaban a la embajada portuguesa en Madrid cada vez que se sacaba el tema– era que los costes diplomáticos de las pretensiones expansivas e imperiales de los catalanistas no valían los dudosos beneficios para la política interior hispana: «¿Vosotros creéis que se puede dar un paso en la política internacional sin que de una manera expresa se desautorice este párrafo, lo de "reunir a todos los pueblos ibéricos desde Lisboa hasta el Ródano?" Porque para reunir a los pueblos ibéricos en un Imperio español desde Lisboa hasta el Ródano, sería preciso quitar la independencia a Portugal y quitar a Francia el Rosellón, y vosotros comprenderéis que, aun prescindiendo de la Sociedad de naciones [sic], nosotros no podemos ser amigos de Francia, de Portugal y de Inglaterra si soñamos con un Imperio que llegue desde Lisboa hasta el Ródano.»[74] Otros comentaristas hostiles al catalanismo fueron todavía menos entusiastas con las formulaciones «imperiales» de Prat. Más adelante, por ejemplo, al hacer balance histórico el analista político Salvador Canals, diputado conservador maurista por Valls en 1903, se limitó a remarcar con sequedad que: «Así acaba el libro de Prat: con un himno, como había comenzado...»[75]

Pero siempre había un pequeño resquicio entreabierto; Juan Valera, quien acreditó su reputación como españolista en varias polémicas, dejó constancia de ello en un discurso publicado en el verano de 1903 y recogido por una revista de la Lliga. Valera partió de una pregunta: «Hablando con mayor claridad y llaneza: antes de que España no fuese más que una expresión geográfica, ¿hubo o pudo haber españolismo?»

> Separados están ya de nosotros, después de sangrientas luchas fratricidias y de mortales odios, cuantos vivieron sometidos al imperio español y al cetro de nuestros reyes durante cerca de cuatro siglos, desde Tejas y California hasta el Estrecho de Magallanes, pero la filiación persiste y todavía miramos y celebramos como ventura propia el bien o la prosperidad que logren los habitantes de aquellas tierras remotas, y todavía nos gloriamos de los ilustres varones que por allí han nacido, tanto o casi tanto como si fuesen naturales de nuestra provincia, de nuestra ciudad natal o de nuestra aldea. [...]
>
> Esta idea tan vasta y tan comprensiva, objeto del amor de la patria grande o, mejor dicho, del amor de la raza, no debe de oponerse, ni en realidad se opone, al íntimo y eficaz amor de la patria chica, del cual amor procede un legítimo regionalismo, hermoso y útil cuando no se pervierte.
>
> Al pensar yo en estas cosas voy más allá todavía. Se me figura que sin el amor de la patria chica, sin el regionalismo recto y bien entendido, el amor de la patria grande es pura vanidad y da por único fruto estéril jactancia. Es menester amar con toda el alma la provincia, la ciudad natal, la aldea o hasta la casa o la choza en que nacimos, para dilatar este amor y hacerlo fecundo, difundiéndole sobre cuantas regiones forman o formaron la patria a que pertenecemos y sobre cuantos hombres la habitaron o la habitan.[76]

A esta esperanza se aferró Cambó, convertido en el hombre del catalanismo político en Madrid, dispuesto, por tanto, a las negociaciones pertinentes. No obstante la convicción, toda relación entre españolistas y catalanistas era un juego interactivo entre tan encontradas utopías, cuyo equilibrio era muy difícil de sostener. Como dictaminó Rovira i Virgili en 1914 al tratar el espinoso tema de *«Els anticatalans»*, expresando un sentimiento que se podría encontrar con facilidad una década antes, si bien puede que en una proporción menor:

> Los enemigos de Cataluña –y también algunos de los que se titulan amigos– han hablado con frecuencia de las estridencias y las exageraciones de los partidarios

de la causa catalana. Hay quien sostiene que una parte de los nacionalistas catalanes se muestra o se ha mostrado demasiado agresiva, demasiado virulenta, y que conviene adoptar una conducta más suave. Más nosotros, ante la reiteración de los agravios forasteros a las cosas catalanas, nos reafirmamos en una convicción nuestra, la de que el nacionalismo catalán, lejos de ser violento y agresivo, más bien peca en exceso de prudencia.[77]

9. Prat reformador, construyendo la sociedad civil del futuro

Todos los argumentos «intervencionistas» de Prat de la Riba estaban presentes ya en Maragall, menos, por supuesto, el sentido de una militancia política fuertemente grupal, superadora de la prerrogativa de ser un observador privilegiado. Con la contribución reflexiva del poeta había, en buena medida, suficiente base conceptual para justificar –sobre todo emocionalmente– un protagonismo catalán en la política española; lo que faltaba (y ello fue la aportación de Prat) era su inserción en un esquema estrictamente político, por mucho que tuviera su dimensión intelectual y divulgativa. Utilizando su fundamento metafórico, Prat logró realmente plantear un esquema ideológico transversal, una síntesis profunda de temas favoritos de la izquierda y la derecha, de hecho mucho más efectiva de lo que se suele suponer, al juzgarse la Lliga anterior a la Primera Guerra Mundial con ojos de la posguerra.

El sistema político alfonsino estaba fundamentado en la presencia constitucional (liberales y conservadores) en las Cortes y en su contradicción con otras fuerzas de representación extraparlamentaria, por la izquierda y la derecha, con acceso al hemiciclo y al senado, pero sin la capacidad de romper la hegemonía de los «dinásticos». *Prat consiguió concretar una oferta política que rompía el molde de la participación sistémica, sin por ello ser ni revolucionaria, ni tan siquiera desestabilizadora, ya que la minoría catalanista, aunque dispusiera de todos los escaños catalanes (cosa que jamás ocurrió), nunca podría imponer su criterio en las cámaras de forma mayoritaria.* Por ello, la Lliga estaba condenada a ser un eterno «partido bisagra» y a proponer, en sus mejores y más expansivos momentos, inciativas unitarias. No tenía otro remedio.

Prat también logró ofrecer un discurso ideológico alternativo que tuvo una muy efectiva articulación política, ya que, de manera harto innovadora, ofrecía «lo mejor» de los programas de rediseño estatal de las fuerzas extraparlamentarias. El regionalismo catalán fue la primera formación hispana que efectivamente consiguió la síntesis *ni droite, ni gauche* que transformó la política europea del siglo XX y daría paso a iniciativas muy diversas en la política de masas tras 1919. Al hacerlo, mostró su estrecha vinculación con la evolución política francesa contemporánea.[1]

Prat ante la vieja y la nueva derecha francesa

Es fácil que la primera fuente externa de pensamiento para Prat parezca ser la derecha francesa, entonces en plena efervescencia finisecular. Pero, ante el hecho del régimen republicano, la reflexión política gala se centró predominantemente en la redefinición del Estado, por mucho que buscara nuevas inspiraciones renovadoras en el *pays réel*, en el hecho de la región y en la sociedad civil (de ahí, entre otras cosas, su antisemitismo recién descubierto). Con la insistencia en el civismo y el triunfo de la urbanidad, Prat de la Riba eludió la atracción demasiado explícita a la política contemporánea francesa y sus novedades, siempre atractivas pero ajenas, en la analogía obsesiva entre el 1870 francés y el 1898 español.[2] Prat formó parte de un amplio giro cultural, marcado en gente nacida ya a suficiente distancia de las repetidas invasiones francesas que ensombrecieron Cataluña y España a lo largo de las primeras décadas del siglo XIX y que, por tanto, cuando el primer centenario empezó a vislumbrarse, abandonaba el orgulloso discurso antifrancés, fundamentado en la rememoración patriótica española de los sitios de Gerona o Tarragona. Con la distancia, se puede observar cómo cambiaba la orientación de la literatura de la Renaixença, inicialmente desconfiada ante Francia en función del recuerdo de la cruel guerra napoleónica, a una incipiente formulación nacionalista de duda ante Castilla o España.[3]

En un principio, Prat dejó que la pantalla de las ideas parisinas la retuvieran los republicanos y los obreristas, acostumbradas como estaban las izquierdas hispánicas a recurrir a los nuevos repertorios franceses y más aún con la polarización sobre religión y militarismo que allí se ventilaban.[4] Pero, al mismo tiempo, Prat pudo insinuar su apoyo a la agitación agraria en todo el sur francés, cuando rozaba –especialmente en incidentes en Perpiñán– el redescubrimiento de un muy hipotético particularismo occitano.[5] Y, además, en el ámbito más oculto, el joven teórico catalanista se permitió una cierta amistad política con los quejumbrosos y volátiles antisemitas argelinos, todos ellos inmigrantes europeos, con un fortísimo contigente español, y por ello partidarios de lo que ellos llamaban la «unión de las razas latinas». Entonces lanzados a su peculiar «separatismo» ante la metrópolis francesa, los argelinos más o menos crearon el ambiente propicio para que, desde el medio antisemita francés, se pasara una puntual ayuda al núcleo de Prat. En todo caso, Prat compartió con ellos una simpatía por los independentistas cubanos, cuyo ejemplo exaltó, de forma escasamente coherente, a los excitables colonos argelinos.[6]

Con todo, a pesar de la preferencia por recoger tradiciones políticas patrióticas y, en función de ese mismo solipsismo, apuntar hacia un gusto proteccionista en el terreno cultural, Prat entendió el tema de las influencias ideológicas extranjeras en su dimensión correcta, como el acceso a la modernidad según el rasero del mundo contemporáneo. Sin ningún lugar a dudas, Prat era muy conservador en el terreno social, no ya por su apego a los viejos maestros franceses del antiliberalismo, sino por haberse sentido muy atraído a la nueva orientación social del catolicismo y sus implicaciones tanto intelectuales como políticas. De hecho, las nuevas corrientes del catolicismo social habían reinterpretado a los pensadores contrarrevolucionarios como puntos de partida para una actualización de la organizada postura creyente ante el desarrollo industrial.[7] Se apuntaba así a nuevo estilo católico, superador del egoísmo liberal y competidor del naciente obrerismo socialista, según la postura de intervencionismo defendido por el Ralliément francés y auspiciado públicamente por el papa León XIII tras 1892.[8] Esta lenta y siempre discreta reorientación de la Iglesia romana, iniciada con la desaparición de Pío IX en 1878, abrió un feroz debate entre ultramontanos y posibilistas católicos en toda Europa que, en el contexto político español, estuvo definido en buena parte por la escisión del histórico carlismo en legitimistas e integristas, a la vez que ambas tendencias, pasada la ruptura de 1888, se dedicaron a modernizar sus infraestructuras partidistas y adaptarse plenamente al juego electoral, al margen de sus demás posicionamientos ante el Estado liberal.[9] A su vez, la política catalana estuvo condicionada por la traducción local de tales controversias, tanto en el ámbito religioso como en la considerable presencia social del tradicionalismo.[10]

Toda esta ebullición «social-católica» adquirió relevancia en los años en que Prat acababa su carrera académica. El balance final pratiano se decantó hacia la importancia de trabajar a través de las instituciones, ya que la creciente amenaza social –apuntada por las bombas anarquistas y la indignación civil que, en un sentido y otro, rodeó el proceso de Montjuïc en los años noventa– *hizo necesario tomar conciencia de que había que ofrecer servicios, desde beneficencia hasta bolsas de trabajo, que no cubría la administración del Estado.*[11] *La idea de hacer una obra constructiva aunque se tuviera que colaborar con impíos y no creyentes coincidió con el practicismo de los jóvenes alrededor de Prat en su pugna con los puristas de la Unió Catalanista, que defendían el retraimiento electoral.*[12] El naciente regionalismo político, pues, fue una confluencia de múltiples tendencias, procedentes de la sociedad civil catalana, ansiosas por actuar con efectividad en política.[13]

La mescolanza ideológica promovida por Prat combinó componentes, incluso muy extremos, del federalismo y del sentimiento de reforma radical republicana, con otros, muy contrapuestos, de la más tradicionalista derecha carlista e integrista. Tal mixtura fue posible, a partir de cierta predisposición en la consideración de los ámbitos público y privado en la sociedad catalana, y por la función central que en el pensamiento de Prat ejerció la idealización de la «unidad cultural» catalana. La cuestión crucial era si Cataluña, además de ser un territorio orgulloso de sus enraizadas costumbres, era un proyecto colectivo de elaboración de cultura en toda su amplitud (para decirlo con los conocidos tópicos germánicos, si disfrutaba tanto de la cultura propia, la *Kultur*, con toda su carga esencialista, hasta folklórica, como de la alta, la *Zivilisation* genérica y europea). Si era en efecto un impulso de civilización edificado sobre una especial cultura autóctona, entonces las facilidades de la imaginación estética para reinventar, fundir y corregir tendrían plena libertad para producir los más interesantes cruces ideológicos. Si la «unidad cultural» era un crisol histórico, entonces se podrían conjuntar las ideas más prevalecientes o útiles, activas en la misma sociedad catalana y, a su vez, su nueva combinación haría que la verdad de la «unidad» deviniera todavía «más verdadera», más auténtica.

Prat, pues, hizo suyo lo que nadie más reclamaba, la disposición a crear un foco de fusión doctrinal del todo libre –por ser centro social en todos los posibles sentidos, por estar en medio, por estar centrado, por ser centrista– para ejercer el eclecticismo superador de la izquierda y la derecha. Una vez más, fue Almirall, sin darse plena cuenta de ello, quien dio la pista. El catalanismo estaba en condiciones de combinar el federalismo de la izquierda y el carlismo de la derecha, sin por ello perder su especial intensidad ideológica, su particularidad en el particularismo, valga la redundancia.

Visitando las ruinas libertarias del federalismo republicano, con fondo norteamericano

Con el mismo programa «imperial» trazado por Prat y con la desconfianza que ello rezumaba ante los artilugios jurídicos y el legalismo del liberalismo más formal, se hacía evidente que el histórico federalismo republicano de poco servía para una reconstrucción hispánica necesariamente vital, identitaria, sentida por dentro, en los hábitos y las costumbres sociales. No hacía falta.

El federalismo, tal como lo practicaba la tradición republicana catalana, enfatizaba más el poder regional, con el consiguiente debilitamiento confederal del Estado posliberal, que la construcción de un sólido poder federal con el otorgamiento de las regiones. En buena medida reflejó los argumentos propios de su histórico caudillo Francisco Pi y Margall, nacido en 1824 en Barcelona. Hijo de un obrero textil, Pi pasó por el seminario y estudió Derecho en la Universidad barcelonesa. Redactó partes de los proyectos editoriales descriptivos de la variedad y riqueza hispana iniciados por el escritor romántico Pau Piferrer, lo que le llevó a más encargos parecidos, por lo que en 1847 se trasladó a Madrid. Viviría allá toda su vida, hasta su muerte en 1901. Pero Pi no fue una sensibilidad culturalista, sino política.

La gran preocupación conceptual de Pi fue la protección de la soberanía de la persona individual («Un ser que lo reúne todo en sí es indudablemente *soberano* [sic]», dijo en su obra *La Reacción y la Revolución*, de 1854).[14] En último extremo, esta soberanía personal era encarnación del progreso ineludible, pero se encontraba aplastada por las instituciones propias de la «reacción». Su propuesta era el encuentro institucional receptivo a todo impulso de diálogo político como noción fundacional de un nuevo tipo de sistema político. Este «pacto» multilateral y libre a su vez le permitió pensar en términos «socialistas», defendiendo, contra las pretensiones del liberalismo individualista, todas aquellas acciones del poder público resultante del acuerdo colectivo que redundaban en favor de los intereses de la colectividad, una vez que ésta se hubiera definido como institución abierta. En sus años de publicista, tras el Bienio progresista de 1854-1856, fue elaborando su esquema, que ya estaba suficientemente maduro cuando, en su exilio francés de 1866-1868, conoció la obra de Pierre-Joseph Proudhon, muerto en París en 1865. Se haría difusor suyo, traducción mediante, en el mundo de habla hispana, pero siempre guardó las distancias conceptuales. Pi era Pi, y no otra cosa, convicción que sutilmente marcó todo su esfuerzo político, como si de un perfume se tratara.

En los primeros meses de la Primera República, ofreció muestras de energía y habilidad, al ser, como ministro de Gobernación entre febrero y junio de 1873, el respaldo auténtico de la presidencia de Estanislao Figueras. Sin embargo, Pi hizo famoso su especial sentido moral cuando prefirió abandonar el poder que asumir la enérgica represión del cantonalismo que reclamaban los militares; por ello se quemó como presidente del poder ejecutivo republicano, en junio-julio de 1873.[15] Así dio la impresión de ser un hombre de principios arraigados hasta la obsesión y, por lo tanto, escasamente dotado del sentido más práctico de la política. Sería un retrato político bien aprovechado por las derechas, especialmente en Cataluña, para desacreditarlo como protagonista, si bien, justamente por ello, quedó como héroe sentimental para el emergente obrerismo.

A principio de los años ochenta, frente al «federalismo orgánico» de Estanislao Figueras, Pi enfatizó el «pacto sinalagmático conmutativo bilateral», término incómodo y abstruso que significaba en esencia un acuerdo recíproco entre las partes o territorios pactantes. En tanto que «pacto», la formulación piymargalliana era frecuentemente acogida (tanto dentro como fuera de Cataluña) como si fuera la reelaboración de una antigua idea de neta raigambre catalana, que podía atribuirse, en su origen, al acuerdo fundacional de la Monarquía compuesta de los Trastámara, sino antes, en la misma Corona de Aragón.[16] *Visto así, el «pacto sinalagmático» de Pi se podía entender como una actualización radical de la vieja noción del «pactismo», ajustada a la soberanía popular y una ciudadanía con derechos civiles.* Pero el concepto de Pi no funcionaba, en la medida que parecía una afirmación doctrinaria ajena al sucio cruce de intereses propio de la realidad cotidiana. En este sentido y más allá de las importantes cuestiones personales, Almirall deshechó el liderazgo de Pi y abandonó el federalismo por rechazar su afán doctrinario, poco realista y, en tanto que purista, autoritario.

No era que la idea del pacto no fuera asumida socialmente: todo lo contrario, *en Cataluña, la causa de don Francisco se extinguió políticamente debido al éxito comunicativo*, ya que su relectura contemporánea de la retórica de las arcaicas «constituciones» catalanas, aplicada al marco de una reorganización española capaz de debilitar el tradicional foco de poder entre Ejército y dinastía, se hizo harto común, hasta llegar a ser aprovechado como un tópico catalanista. Asimismo, en su obra cumbre, *Las nacionalidades*, aparecida en Madrid en 1876, Pi insistió en la importancia de la ciudad como origen de toda política, mostró su preferencia por las «pequeñas naciones» ante las grandes y reiteró hasta la saciedad el criterio que: «La federación, sólo la federación, puede resolver en nuestros días el problema político.»[17] Todo ello era aprovechable desde otras perspectivas, sin tener que acceptar el pesado mensaje moralizante republicano, ni su anticlericalismo. Así por mucho que en su gran estudio Pi considerara los ejemplos del Imperio alemán y Austria-Hungría al lado de los Estados Unidos, había un evidente criterio ideológico de fondo que limitó su atractivo desde la derecha. *Al revés, resultaba más saludable canibalizar las ideas de Pi que correr el riesgo de ser devorado por sus potenciales herederos obreristas, o eso parecía.*

Más grave todavía, el discurso federalista, al estar vinculado a un sistema de valores que partían de la libertad ciudadana individual, había abierto visiblemente la puerta a un libertarismo de izquierdas, muy atractivo en Cataluña entre los ilustrados de las capas populares, que, dentro de unos enfoques conceptuales relativamente compartidos, era lo más alejado posible del tejido social responsable que idealizaban los catalanistas seguidores de Prat. El aprovechamiento de Pi era, por tanto, casi obligado, y la solución una especie de operación culinaria: era preciso mezclar y cruzar a Pi con otras corrientes de pensamiento, forzosamente foráneas, para producir un plato digerible. Dicho con otra imagen, era necesario proclamar a Pi como pasado, para visitar sus ruinas y saquearlas, siempre con mirada de turista.

Si Pi tuvo indirectas fuentes y ejemplos presentes ingleses y americanos, la solución era una profundización en esa misma dirección; *luego, a partir del modelo británico, se podría dar el salto a las aportaciones visibles en la Europa central, en el sentido de afirmar el federalismo monárquico ante los excesos federalistas republicanos.* Además, las muestras indicativas estaban por doquier. La autorrepresentación finisecular del «carácter nacional catalán», por ejemplo, era muy parecida al autorretrato del ser inglés que, en su famoso libro *Culture and Anarchy* (1868), hizo el influyente crítico Matthew Arnold (1822-1888):

> No tenemos [los ingleses] la noción, tan corriente en el Continente [europeo] y en la antigüedad, del Estado –la nación en su carácter colectivo y corporativo, a la que se le han confiado poderes severos para el bien común y que controla las voluntades individuales en nombre de un interés más amplio que el de los individuos. Nosotros decimos, lo que es verdad, que esta noción es frecuentemente instrumental para la tiranía; decimos que un Estado en realidad está formado por los individuos que lo componen, y que cada individuo es el mejor juez de sus propios intereses.[18]

Tampoco en la cultura política catalana había una noción común del Estado, percibido como algo natural y propio; ello era una diferencia con la habitual perspectiva «madrileña», «castellana» o española. Pi –y no era poco– aportó una forma de concebir esta distinción que *no era particularista.* Ello hace que, como ha argumentado Isidre Molas, se pueda entender a Pi como el más europeo de los pensadores catalanes, a pesar de la leyenda negativa que en su contra forjó la derecha del país.[19] Precisamente por su comparativa solidez, era muy fácil tomar de su repertorio conceptual lo que tenía de útil y buscar engarces con el pensamiento europeo u americano posterior, mucho más conservador en sus implicaciones, para crear un producto ideológico nuevo, irreconocible desde su fuente local.

Ir a las fuentes «anglosajonas» para corregir al federalismo republicano

A partir de la aportación piymargalliana, pues, *había lugar conceptual para el enfrentamiento entre los libertarios de izquierdas y de derechas en Cataluña.* El regionalismo de la Lliga se fundaba en un sentido de libertad individual encajado dentro de una sociedad civil tranquila y productiva –«burguesa», si se quiere– y nada proclive a los desórdenes. Espontáneamente, por imperativo de las redes sociales, la costumbre y el derecho consuetudinario, se buscaba un punto medio en la autonomía del individuo, un *juste milieu* entre el ejercicio de la libertad «positiva», o es decir, el deseo de cada particular de ser el amo de sí mismo, y la «negativa», o el grado en el cual nadie interfiere con la actividad personal.[20] Los mecanismos de la familia, las amistades, la sociabilidad y la vida asociativa frenaban el impulso a la actuación más desvergonzadamente individualista, pulsación siempre subyacente en el tejido social y que se podía manifestar en la conocida *rauxa,* las explosiones de salvaje ira popular que sembraron el siglo XIX catalán.

Al mismo tiempo, la disciplina impuesta a la sociedad catalana por la militarización borbónica del siglo XVIII facilitó el hábito de atribuir toda la presión represora –los factores *negativos,* restrictivos de la libertad personal– al poder público, como si se tratara de la madrastra mala en un cuento de hadas.[21] Así, mediante el comportamiento y la mitificación, se resolvía la espinosa cuestión de la identidad individual y la colectiva. Este sentimiento propio o «particularismo» catalán, en las circunstancias especiales del despertar cultural decimonónico común a todo el mundo europeo, generó una ingente reflexión escrita de especulación regionalizante como respuesta a los muchos roces y fricciones irritantes producidos por el mismo juego social característico del Principado, con unos argumentos que ganaron fuerza, densidad y sentido al calor del romanticismo y de la conciencia de sí o *self-consciousness* que auspiciaba casi toda la nueva literatura que podía llegar de fuera. El «regionalismo», pues, estaba por doquier en la sociedad catalana y no costaba mucho esfuerzo encontrar su rastro. Por lo demás, *la gran aportación federalista fue la teorización de la región como entidad representativa y administrativa alternativa a la provincia.*[22] Pero hubo más, y venía de los orígenes más remotos del federalismo.

En su germen era casi imposible diferenciar la noción de sociedad civil de la de federalismo. Así lo testimonió el llamado «padre del federalismo» a principios del siglo XVII, el teórico político germanoholandés Johannes Althaus (Althusius en latín,

Juan Altusio para los españoles). Calvinista militante y iusnaturalista, en su *Politica methodice digesta atque exemplis sacris et profanis illustrata* (de 1603, pero ampliada en 1610 y 1614), Althaus estableció la doctrina de la soberanía popular y el consiguiente «pacto» a la luz de la Confederación Suiza y su propio país, las Provincias Unidas de los Países Bajos.[23] Más adelante, la Ilustración escocesa, bien enraizada en la costumbre del presbiterianismo, pudo formular la hipótesis del predominio de la sociedad civil sobre los sistemas del poder y de la superación de los procesos sociales ciegos sobre las abstracciones doctrinarias o leguleyas que tanto gustaban a los *philosophes* parisinos. Lo mostraron Adam Ferguson, y su *Essay on the History of Civil Society*, de 1767, John Millar, con su *Origin of the Distinction of Ranks*, de 1771, o Adam Smith y su famosísimo *Inquiry into [...] the Wealth of Nations*, de 1776.[24] De ahí, por ejemplo, se podía llegar al contemporáneo estudioso alemán Johann Gottfried Herder, según el tópico el padre doctrinal de todos los nacionalismos, quien leyó a Ferguson con provecho.[25] Es posible exagerar la contraposición de la «sociedad» al Estado en ciernes en el pensamiento de los siglos XVII y XVIII, pero, en todo caso, se impuso la relectura que de tal contenido hizo el romanticismo, como corriente de descubrimiento de la fuerza de los sentimientos individuales.[26] Quedó, pues, para el futuro la idea de la superioridad de la base social respecto a lo que más adelante los marxistas llamarían la «superestructura» política.

Llegado a las decimonónicas perspectivas progresistas, ya dentro de una concepción más o menos madurada del Estado, el gran ejemplo para el federalismo republicano en España, más que la excepcionalidad histórica de la Confederación Helvética, fueron los Estados Unidos. Pero, como es sabido, la tensión interna norteamericana con lecturas confederadas y unionistas del federalismo se arrastró desde la primera constitución, de 1777, hasta la segunda, y de ahí hasta una Guerra Civil de 1861-1865, cuya solución –netamente centralizante– dirimió para siempre en adelante la disputa. Dentro del federalismo estadounidense, los sureños, liderados doctrinalmente por John C. Calhoun, insistieron en un discurso de «hecho diferencial», llamado de «derechos de los estados», negando la posibilidad de que, por ejemplo, los abolicionistas se inmiscuyeran en sus asuntos esclavistas, a un tiempo particulares y particularistas, ya que que tal era su manera peculiar de vivir *(«our peculiar institution»)*.[27] *La necesidad de proteger el «hecho diferencial» hizo que los portavoces más radicales sureños defendieran una lectura «confederada» del pacto federal, según la cual cada estado partícipe en la unión tenía derecho a «nulificar» la legislación federal que contraviniese sus propias leyes, siempre que fuera necesario.*[28] Un primer ensayo particularista por parte de Carolina del Sur en 1829 fracasó sin que llegara la sangre al río, pero la tesis de la «nulificación» continuó siendo la base de las actuaciones sureñas, hasta el momento decisivo de la secesión en el invierno de 1860-1861.

En esencia, tal enfoque fue el que, copiado y adaptado, planteaban los reformistas y/o anexionistas cubanos en aquellos mismos años: es decir, exigían el derecho a regir sus asuntos, con instituciones propias, sin que la legislación metropolitana (la temida abolición) les hiriera en sus intereses, y, si no era así, estaban dispuestos a la separación. *Pero, en la medida en que Cuba era el camino natural por donde pasaban las ideas americanas a España, quienes recogieron tal planteamiento de autodeterminación fueron los federales catalanes más radicales, netamente «calhounianos» en su gusto por el veto particularista, por mucho que fueran doctrinalmente abolicionistas militantes.*[29] El fracaso en Norteamérica del nacionalismo sureño ante el unionismo en 1865 no afectó la recepción de los conceptos de autodeterminación, que llegaban a la metrópolis purgados por la lucha cubana.[30]

De forma contradictoria y a pesar de la influencia del federalismo doctrinal, el *republicanismo español en su conjunto fue netamente afrancesado,* hasta jacobino, aunque buscara sus raíces en mitos patrióticos como el de los comuneros u otras resistencias históricas de fueros y cortes ante la rapacidad de la Corona.[31] El Estado debía ser un instrumento en manos de la representación popular para reformar la sociedad, romper las cadenas del pasado y crear una sociedad más justa y libre. Tal discurso, de exaltados, progresistas y demócratas, llegó a los republicanos sin muchos más matices que los de la profundización ideológica y el tacticismo. Desde este punto de vista, *la autodeterminación entraba mediante el iberismo,* ya que la plenitud ideal sería a la vez territorial e institucional. Si bien los sueños de una federación monárquica con Portugal todavía eran posibles para liberales (como en 1868-1869), los demócratas podían ser tan anexionistas como los norteamericanos y manifestar argumentos parecidos respecto al destino geopolítico-moral de Lusitania en un conjunto peninsular redondeado.[32]

En Cataluña, sin embargo, el atractivo del republicanismo estaba precisamente en *su carácter negativo,* ya que, de manera implícita, preveía la destrucción del Estado existente y la creación de otro de tipo nuevo. La corriente dominante en el republicanismo catalán, fuera la que fuera su articulación conceptual, era en sustancia dualista, con muy pocas excepciones unitaristas. Reflejaba la medida en la cual el discurso histórico catalán del siglo XVII, recogido por la crítica romántica catalana, sostenía que Castilla había falseado, mediante el absolutismo, la invención de España, dado que la verdadera España se componía de Cataluña en rango de igualdad con Castilla.[33] Reivindicar los comuneros castellanos del siglo XVI, como hacía la tradición radical española (hasta llevar del pendón de Castilla la franja morada del tricolor republicano), aunque todavía lo podían hacer autores republicanos decimonónicos, cada vez más carecía de sentido ante la existencia de una relectura catalana de su propio pasado específico, con ejemplos propios de rechazo del absolutismo «extranjero». Por lo tanto, en el contexto catalán, construir la República española, «hacer España» en el sentido de la soberanía popular de una vez por todas, comportaba la autodeterminación de Cataluña, no sólo como «el Pueblo» consciente y genérico, sino también como pueblo territorial. De ahí, por ejemplo, el discurso separatista, que suponía que la ruptura era el paso previo imprescindible para crear una federación o confederación ibérica de nuevo cuño.

En otras palabras, el federalismo catalán recogió el programa social liberador del Norte estadounidense, pero, de manera simultánea, el esquema particularista del Sur: la defensa teórica de los derechos de los estados dentro de la federación ante los abusos centralizadores de la misma, en nombre de una sociedad civil articulada y de su rápido trasvase en un marco institucional representativo. No por nada Almirall defendió con uñas y dientes *El Estado Catalán* ante las pretensiones «practicistas» del gobierno central de la I República. En otras palabras, el federalismo catalán recogió la doctrina de *imperium in imperio*, la soberanía dentro de la soberanía, propia de la postura de *States' Rights* en el marco sudista norteamericano, y lo retuvo a pesar de las contradicciones.[34]

El camino al federalismo monárquico, con Taine, huyendo de las «repúblicas españolas»

Para una relectura como la que ambicionaba Prat de la Riba la obstinación conceptual pimargalliana era óptima: una demostración de la fidelidad nacional catalana a la tradición federalista por encima (o por debajo) de sus declaraciones formales y sus críticas. Al poder considerarse el sistema de Pi como una filosofía de la Historia, como una teoría constitucional y, finalmente, como un programa político, era fácil aprovechar un registro y, simultáneamente, negar otro.[35] Además, dada la fagotización de Almirall y sus elaboraciones posfederalistas, hasta el punto de «inventar el catalanismo», la deuda no era un grave problema de disimulo. El criterio catalanista conservador ante Pi y Margall quedó definido por Francesc Pujols en 1918, con su habitual ironía: Pi *«representa una contribució capital de la ciència política catalana al sistema general de la ciència política castellana, que és apriorístic en la teoria i centralista en la pràctica»*. En la interpretación pujolsiana, bastante representativa en este respecto:

> Pi y Margall, teniendo como tenía un concepto apriorístico de la federación y que no tenía los pies en el suelo, sino que pendía del cuello del pensamiento de Proudhon, que era un hombre del Norte, en vez de cogerse al hecho llano y raso de la federación y analizarlo como nosotros haremos ahora desde nuestra modesta esfera, y la quiso definir confundiendo la federación natural suiza con la federación circunstancial de Austria-Hungría y con las federaciones artificiales como la de Estados Unidos o con la que él soñaba, no solamente para España sino para todo el mundo, porque, como él muy bien dice, así como la monarquía universal siempre ha sido un sueño, la federación universal puede llegar a ser [...], porque una cosa es, por ejemplo, la federación natural de Valencia, Mallorca, el Rosellón y Cataluña, que forman una federación tan natural que no lo puede ser más, y otra cosa era la federación catalano-aragonesa, que formaba una confederación tan circunstancial como la que hoy forman Austria y Hungría, y otra cosa

tan diferente de estas dos sería la federación ibérica que Pi y Margall preconizaba, que sería una federación tan artificial como la de Estados Unidos y como la federación universal que también era preconizada por Pi y Margall [...][36]

Había la ventaja adicional de que el federalismo estricto hubiera quedado consumido políticamente por la experiencia del Sexenio revolucionario. El movimiento, notoriamente proclive a las escisiones, era una importante fuerza testimonial, sobre todo en Cataluña, pero nada más.[37] Los federalistas hispanos tuvieron siempre un afán taumatúrgico por el poder de la palabra, como inicio de todo Poder político, con mayúscula, idea esta última que, en el fondo, les incomodaba; como observan, muy retrospectivamente, los juristas actuales Martín-Retortillo y Argullol: «Las medidas federalistas podían parecer drásticas. Su simple enunciado tuvo consecuencias desastrosas.»[38]

En efecto, *Prat y los demás fundadores de la Lliga fueron «niños de la revolución», nacidos y criados a la sombra del desbarajuste del Sexenio* y, por ello, muy de acuerdo con las críticas que al proceso revolucionario dictó el tan conservador periodista Mañé y Flaquer, la voz del *Brusi*, el *Diario de Barcelona*, quien hasta desconfiaba de Cánovas del Castillo por demasiado liberal.[39] Por lo tanto, las influencias fundacionales federalistas –más allá del criterio de la «soberanía en la soberanía»– siempre pudieron ser convenientemente disimuladas, como una muestra de vulgaridad y mal gusto, por Prat y sus seguidores sin mayores dificultades, por mucho que el anciano don Francisco estuvo dando guerra (tuvo mucha circulación su volumen *Las nacionalidades*, publicado en 1876), y publicando artículos más o menos sesudos, críticos de las desviaciones catalanistas, hasta su desaparición con el nuevo siglo en Madrid, donde habitualmente residía.

Desde su lado de la barricada, Pi tuvo una postura ambigua ante el catalanismo y tanto pudo afirmar las diferencias como las concomitancias. Coincidente con las Bases de Manresa, en 1892, el líder federalista argumentó que «[los regionalistas] [d]ifieren mucho de nosotros; pero más por lo que callan que por lo que determinan. No se deciden ni por la monarquía ni por la República [sic], no definen los derechos del individuo, no fijan los lindes que deben separar la región de la comarca ni la comarca del municipio».[40] Pero, tras la victoria de la Lliga Regionalista, Pi escribió, en el verano de 1901, poco antes de su muerte: «Hay en Cataluña dos partidos afines: uno que se llama federal, otro que se llama catalanista o regionalista. Los dos persiguen un mismo fin, la autonomía de las regiones y la unión de las regiones por un poder central. Los dos quieren destruir ese absurdo régimen centralista que, como decíamos ha poco, se empeña en llevar al mismo paso pueblos de distinto grado de cultura, de distinta aptitud, de distintas aspiraciones y aun pueblos de distinta lengua y distintas leyes.»[41]

De hecho, en este sentido siempre hubo una corriente federalista en Cataluña –ejemplificado por Josep Maria Vallès i Ribot (1849-1911)– que, desde los primeros años ochenta en adelante, cuando la coyuntura era favorable, buscó la inteligencia con el catalanismo con un espíritu de atracción. Esta orientación comprensiva fue manifestada, por ejemplo, en marzo de 1897, ante la presión de las autoridades hacia el Centre Escolar Catalanista, la Lliga de Catalunya y *La Renaixensa.*[42] Tales insinuaciones de simpatía, sin embargo, no sirvieron para arrestar la creciente y visible decadencia, en tanto que opción partidista, del federalismo catalán y español.

La Lliga Regionalista, como fuerza política recién fundada y ansiosa de asegurar su afianzamiento, no quiso favorecer acercamientos con las organizaciones históricas, que ella contemplaba como competición en una lucha por el monopolio ideológico. Llegado el momento oportuno para dejar claras todas las distancias, el principal encargado *lligaire* de dinamitar las ruinas federalistas fue Lluís Duran i Ventosa, hijo del histórico conservador Manuel Duran i Bas, en su libro doctrinal *Regionalisme i federalisme*, aparecido en 1905. El muy ordenado estilo de trabajo de Duran i Ventosa, que resumía detalladamente su argumento en los encabezamientos, para desarrollarlo posteriormente con cierta verbosidad, permite aprovechar aquellos para reproducir su sentido con mayor brevedad:

> La realidad contra la ficción. Los movimientos regionalistas representan la lucha de las sociedades naturales contra las organizaciones artificiosas. Su justificación por la ciencia. [...]
>
> El federalismo como doctrina completa. El regionalismo ha nacido del sentimiento espontáneo de los pueblos. Aquel aparece como producto de un determinado sistema político-filosófico. La ciencia, en cambio, no crea el regionalismo: no hace sino explicarlo y justificarlo.
>
> [...] Todas las naciones deberían constituirse en Estados. Los Estados perfectos científicamente han de ser nacionales. [...]
>
> El federalismo sinaligmático no arranca de la existencia de unidades sociales orgánicas, sino de compuestos sociales mediante pactos. Inconsistencia de la suposición del pacto entre familias. Todo el sistema federalista se funda en el pacto.
>
> El federalismo sinaligmático arranca de la autonomía del individuo y de la del municipio, para llegar a la organización del Estado. El municipio, es, para él, la sociedad política por excelencia. [...] El federalismo se detiene en uno de los momentos de la evolución política.[43]

Pero tal disimulo ante el fantasma de Pi y Margall planteaba la pregunta, más compleja, de qué hacer con el cadáver político de Valentí Almirall, fundador del catalanismo en nombre y doctrina, más cuando éste, no muerto hasta 1904 –dentro además, del republicanismo unitarista–, estaba más o menos de cuerpo presente y era más incómodo de eludir que su antiguo maestro Pi.[44] Era patente, incluso llamativo, el antecedente de Almirall en el esquema de Prat. Como observó en 1912 el lúcido maurista madrileño Ángel Ossorio y Gallardo (1873-1946), jurista de profesión y antiguo gobernador civil de Barcelona: «Sin embargo, la teoría del particularismo tiene una nota distintiva, en relación con el federalismo de Pi; es más sentido, es más catalán, es menos artificioso. Además, Almirall, desconfiando cuerdamente del renacimiento de todas las viejas nacionalidades ibéricas, acepta la posibilidad de que el resto de España no quiera ser lo que antes fue, ni constituirse en régimen federativo, y que para el supuesto de que sólo lo pidiese Cataluña, opta Almirall por la teoría de la nación doble, a modo de Austria-Hungría.»[45] Era una lectura más que discutible de *Lo catalanisme*, pero que mostraba cómo el paso del tiempo iba remoldeando las cosas en la línea por la que abogaba Prat de la Riba. Por otra parte, *a ojos de Prat y los lligueros Almirall era un antecedente que preferían olvidar, para así empezar de cero a su manera y dejar el recuerdo almiralliano para deleite de la izquierda autonomista, que nunca supo muy bien qué hacer con él.* Hasta un crítico nacionalista-republicano, el leridano Alexandre Plana, cuando pretendió actualizar el pensamiento de Almirall en plena Primera Guerra Mundial, recayó en el esquema interpretativo de Prat: «La garantía de las libertades en el interior y la extensión pacífica por todo el continente americano, tendencia que ha tomado el nombre de imperialismo, son los objetivos de la Unión norteamericana.»[46]

En el cuarto de siglo anterior a 1914, pues, el único federalismo republicano digno de mención –o de emulación– según el criterio dominante europeo era el norteamericano, precisamente por «imperialista». Suiza –oficialmente la Confederación Helvética– era un caso del todo excepcional, una referencia útil para alguna precisión técnica, pero por lo demás sin verdadera trascendencia internacional, dada su adhesión feroz a la neutralidad, sino era por ese mismo excepcionalismo.[47] Y lo demás, ejemplificado por la experiencia latinoamericana, era literalmente caos. El reconocido ensayista francés Victor Bérard (1864-1931), a la vez analista político y helenista, combinación que le hizo muy apreciado por D'Ors, entre otros admiradores catalanes, ofreció una valoración de los federalismos de tales *«républiques espagnoles»* como contraste intencionado respecto a la política republicana francesa y al federalismo germano en los primeros años del nuevo siglo: «Cada una de esas repúblicas españolas no fue más que una federación nominal de Estados soberanos, autónomos, independientes.» Concretando en el caso de Venezuela, Bérard retrató con desprecio, y hasta algo de horror, la lamentable situación que podía representar un federalismo republicano débil y confuso como el que, implícitamente, se podría anticipar en la misma España si, de nuevo, triunfaran los republicanos:

> La federación de Venezuela no tuvo ninguna realidad, no habiendo poder alguno, ni derecho de intervención alguno en los asuntos [estatales] ni tan siquiera en las guerras locales. Presidente, parlamento, finanzas, justicia, ejército, etc., en cada estado un gobierno entero se instaló, sin recurso ni apelación, para disponer soberanamente de sus administrados. Ciertas constituciones de esas repúblicas españolas llegaron a especificar que en caso de guerra civil, sea entre ciuda-

danos de un mismo estado, sea entre los estados de una misma república, la federación se apuntaba a la neutralidad más completa.

Es así como dos millones y medio de venezolanos son repartidos entre veinte estados. Se puede encontrar a «centralistas» que sueñan con una organización diferente, y a veces sus esfuerzos han logrado reducir hasta seis el número de esos estados venezolanos. Pero siempre los viejos instintos se vuelven a imponer, y cada ciudad, que se funda o que se desarrolla, proclama sus derechos a la soberanía. ¿Qué puede hacer el pretendido gobierno federal en semejante organización?

Existe una capital federal, un presidente federal y un parlamento federal. Pero en la ley como en el hecho, todo eso no representa nada más que vanas palabras. Sentimientos profundos e intereses materiales no se agrupan más que alrededor de los gobiernos locales.[48]

Peor todavía, la alternativa al desgobierno era, según Bérard, la tiranía: «En todas las repúblicas de la América española, el gobierno federal no se hace realidad hasta el día en que algún "hombre de cabeza o de mano" lo convierte en asunto personal y, al margen de los intereses de la comunidad, organiza la federación para servir sus propios intereses.» Como muestras, Bérard citaba a caudillos tan tardíos como al venezolano Antonio Guzmán Blanco y el mexicano Porfirio Díaz, cuyo dominio llegó a 1911.[49] De hecho, a partir de la guerra civil entre partidarios del poder central federal y defensores de los derechos de los estados federados que, en los años noventa, asoló la recién proclamada República brasileña (el Imperio se hundió en 1889), el gran debate federalista que dominó el siglo XIX en las Américas daba plenas muestras de agotamiento.[50] Incluso portavoces republicanos en la emigración española –por ejemplo, en Argentina– insistieron en este punto de vista, con una pertinacia que pudo llegar hasta el republicanismo peninsular.[51]

La perspectiva de Prat o de Cambó no debió de ser muy diferente al escepticismo mostrado por Bérard ante el federalismo caótico de las «repúblicas españolas». Y, por ello, optaron por modelos de federalismo monárquico. El colapso en España del federalismo histórico, identificado con Pi y Margall, representó una oportunidad natural para los regionalistas catalanes. La abstrusas elucubraciones de Pi quedaron para siempre relegadas a ser citadas (aunque poco leídas) por libertarios y ácratas, al margen de las corrientes principales de la evolución política. La solución de la ortodoxia federalista hispana para evitar los textos decimonónicos fue sencilla, aunque sorprendente: ir a las fuentes originales estadounidenses, o al menos a su apariencia. Si los libertarios parecían olvidar su fundamento doctrinal que (como su nombre indica) era el individualismo, para abocarse al revolucionarismo cada vez más clasista, los catalanistas irían al mismo principio, para obtener, naturalmente, resultados diferentes.

Así, frente al ejemplo central citado por Bérard, el lamentable caos finisecular en Venezuela, sobre todo bajo Cipriano Castro (jefe de la revolución de 1899 y presidente de 1901 a 1908), con el país sometido a la amenaza de intervención de las potencias (1902-1904), *la alternativa al federalismo disfuncional que buscaban los catalanistas «intervencionistas» se encontraba fuera del mundo hispánico, en Norteamérica, con el Canadá y los Estados Unidos.*[52] La puerta abierta, como confesó sin ambages el mismo Prat, fue el ensalzamiento que del *self-government* inglés y norteamericano hizo Almirall. El maestro de Almirall, Pi y Margall, encarnaba un «individualismo radical» que le hizo escéptico de los abusos del poder y le llevó al antiestatismo.[53] Además de la insistencia del republicanismo español en tan «anglosajón» concepto, la misma noción del *self-government* fue una inspiración para el vigoroso anarquismo hispano: teorizada como marco ideológico por el finisecular libertario estadounidense Benjamin Tucker, el argumento de éste fue traducido y divulgado por el anarcoindividualista francés Émile Armand, a su vez fuente habitual –aunque no citada– de tanta especulación ácrata española.[54] Desde la izquierda juvenil del catalanismo, Pere Corominas concurría en esta perspectiva: «El pueblo catalán es individualista, en el sentido que podríamos llamar inglés [sic] de la palabra. Algunas veces se ha confundido al estudiar el carácter español la insociabilidad indómita, propia de todos los pueblos comunistas, con el individualismo verdadero que no disminuye sino al contrario aumenta la sociabilidad humana.»[55] *El* self-government *fue, por tanto, la asunción de un esquema preferentemente utilizado por las izquierdas, pero ofrecido en forma conservadora.*

Por supuesto que estas ideas «anglosajonas» –y la «anglomanía» que las acompañaba– llegaba en traducción francesa. Por entonces, coincidiendo con el comentado entierro protestante del maestro, los jóvenes universitarios barceloneses estaban prendados de Hippolyte Taine. Si bien el autor francés era mejor conocido en España por su libro de viajes al Pirineo, escrito casi al comienzo de su carrera, tanto Prat como Narcís Verdaguer i Callís muy significativamente recomendaron con ahínco a un joven Cambó que leyera *Les origines de la France contemporaine* y *Notes sur l'Anglaterre.*[56] Según Cambó, rememorando sus días estudiantiles: «[...] fue para mí una fuente inmensa de enseñanza política, hasta el punto que bien puede decirse que mi ideario quedó formado entonces en gran parte por el estudio de la gran obra de Taine».[57] Y añadió, aludiendo al segundo lustro de los años noventa: «Una de las cosas que más nos unía a los catalanistas que podríamos llamar del grupo de Prat de la Riba con los hombres más cualificados del grupo del Ateneo era precisamente la influencia que sobre unos y otros habían ejercido por igual las enseñanzas del escritor francés Taine.»[58]

La adaptación francesa ayudó a dar un sentido centrado a los modelos venidos del Norte, así como a la convicción, tan determinante para el pensamiento de Prat, de la continuidad racial como fondo de cualquier cultura vigorosa, como, en particular, la inglesa, idea clave de Taine.[59] Con su prédica sobre la sociedad civil y el *self-government*, el sociólogo francés, venido de las representaciones literarias al análisis social, también sirvió para divulgar en medios continentales y católicos la tradición del pensamiento más crítico con los supuestos liberales, como el escocés Thomas Carlyle, a quien dedicó un ensayo,

L'idealisme anglais. Étude sur Carlyle, en 1864. Había sido precisamente la lectura de Thomas Carlyle, como ensayista e historiador, lo que condujo al propio Taine a la interpretación histórica.[60] La ventana que a su vez Taine abrió a los jóvenes catalanes transformó la concepción que éstos tenían del paisaje político-social. Les mostró cómo cambios en apariencia lejanos podían llegar a entenderse de forma bien familiar.

Las contemplaciones filoprotestantes del «imperialismo» catalán

En su originaria fuente angloamericana, el concepto de «gobierno de sí» tenía (y tiene) un sentido doble, si bien interrelacionado: *parte de la perspectiva protestante que prima la responsabilidad moral del individuo, para alcanzar, como derivado lógico, la autonomía de cada grupo de individuos conscientemente constituido como comunidad para dictar sus propias normas.* Derivaba de la evolución del protestantismo del principio del episcopalismo anglicano (dirección por obispos) al presbiterianismo (por consejos), como en Escocia, y de ahí hacia tesis congregacionalistas (la libertad de cada congregación), estilo Massachusetts, potencialmente separatistas, al enfatizar la negación de la jerarquía y la selección local de los elegidos en cada comunidad.

Estas mismas ideas de organización habían ido acompañadas de muy diversas concepciones del control colectivo ejercido sobre los individuos, hasta culminar, con la Ilustración, en una postura de tolerancia generalizada.[61] *Pero el paso a la Ilustración y a la articulación de unos valores «burgueses» se dio desde las herejías protestantes y no desde sus ortodoxias, siendo los fundamentalismos reformados famosamente tan cerrados como cualquier oscurantismo romano.* Ideas como el erastianismo (la doctrina que sobrepone el poder civil al religioso) o el arminianismo (la salvación abierta a todos y no sólo a los elegidos) permitieron que, sutilmente, la evolución del tiempo y la contemporización de los hechos convirtieran militantes criterios calvinistas en las ambigüedades del deísmo oficioso de la revolución norteamericana del siglo XVIII, hasta llegar a la abierta crisis del criterio de predeterminación en XIX.[62] Todo ello, de forma ecléctica y confusa, podía llegar al católico medio catalán gracias al ambiente de cruce cultural en los puertos sudamericanos (como, por ejemplo, Montevideo, auténtico foco cosmopolita decimonónico), con los que Barcelona tenía estrechos vínculos marítimos y comerciales.[63]

Pero la lección principal era la preeminencia de la «ética del trabajo». Desde el criterio del ennoblecimiento personal mediante el trabajo, la salvación en la tierra (y puede que también en el cielo) se mostraba o (en su adaptación católica) se ganaba mediante el esfuerzo, la constancia, el ahorro, la fiabilidad de la palabra dada; en resumen, las virtudes «burguesas» o menestrales ante los gustos dispendiosos y extravangantes de la nobleza y el bajo pueblo urbano.[64] A partir de tales valores, era fácil imaginar de nuevo la excepcionalidad catalana ante el peso histórico de la España católica de la Contrarreforma.[65] Luego, con todos los matices y filtros heréticos que se quiera, *Prat estaba asumiendo las consecuencias históricas de la reforma protestante más radical, si bien en clave «posprotestante» (consecuencias resumibles como neutralidad religiosa del Estado, gobierno representativo y el gusto colectivo por la iniciativa privada en la reordenación social)*. Y lo hizo con todas las implicaciones sociológicas que, más o menos por las mismas fechas, en 1904-1905, subrayaba tan famosamente el sociólogo alemán Max Weber, a su vez acompañado por numerosos comentaristas de la época.[66]

Donde el pensamiento católico había tenido a la Iglesia romana en toda su gloria, Prat puso la sociedad civil, justificada por unas normas de comportamiento supuestamente generalizadas en la mentalidad catalana. Al mismo tiempo, no obstante la radicalidad aparente de su proceder, retuvo la marcada reticencia de la ortodoxia católica ante los entusiasmos milenaristas y su disposición agustiniana a interpretar metafóricamente planteamientos que otros (incluyendo a los reformados) tendieron a interpretar con mucha mayor literalidad.[67] Lejos de su intención –personalmente, Prat, criado en el culto montserratino, era fiel a la Santa Madre Iglesia– quedaba el salto al anticatolicismo explícito de un nacionalista contemporáneo como el checo Thomas G. Masaryk, que denunció a la Monarquía de los Habsburgo, como una «teocracia».[68] Por el contrario, desde una perspectiva catalanista, era cuestión de un sano eclecticismo, de seleccionar puntos de vista de refuerzo positivo, sin asumir toda su carga.

Con esa lógica, el catalanismo pratiano se identificó, a su manera, con el individualismo «anglosajón» y su reivindicación de la función moralizadora de la sociedad civil al margen del Estado. Tales ideas influenciaron entonces a muchos nacionalismos emergentes, como ocurrió, por citar algunos ejemplos, en el contemporáneo despertar nacionalista japonés o en la toma de conciencia particular de Gandhi en Sudáfrica.[69] Sin embargo, en el contexto catalán, fue un paso intelectual atrevido, ya que la parte más ortodoxa de la tradición intelectual que nutría Prat, desde su formación en la Universidad de Barcelona, desaconsejaba tales influencias.

Al fin y al cabo, Balmes, la figura preeminente del pensamiento político catalán de la primera mitad del siglo XIX, había dedicado una de sus obras fundamentales (*El protestantismo comparado con el catolicismo*, de 1842) en aparencia a contestar a las propuestas de actualización que hicieron católicos liberales como el cura francés Felicité-Robert de Lamennais (1782-1854) o a la famosa interpretación que el longevo historiador y político galo François Guizot (1787-1874), que era protestante, hizo del desarrollo de la Europa moderna.[70] Pero Balmes había polemizado con tales corrientes y, además, enfatizó su sumisión al Supremo Pontífice (por ejemplo, al final de *El protestantismo*) porque se encontraba en falso. Lo demostró más adelante con su *Pío IX*, obra de 1847 en la cual, tras mostrar su escepticismo ante la posible unificación italiana, erigió al papa Mastai Ferretti en defensor de la independencia de Italia en tanto que abanderado improbable de «los sistemas de libertad». La considerable vanidad papal le protegió de las consecuencias inmediatas de su atrevimiento y su pronta muerte, en plena revolución europea de 1848, le ahorró muchos problemas.[71] Ante los alborotos revolucionarios en España, en especial las incesantes «bullangas» barcelonesas, el clérigo vicense respondió con un planteamiento que reflejaba incluso su experiencia empresarial. Cada vez más apelaba a la función rectora del tejido civil, más allá de la vertebración clerical de la sociedad que inicialmente le atrajo; la interacción entre familias y trama asociativa le servía para rechazar tanto el fundamentalismo religioso de los apostólicos o carlistas como la represión liberal.[72] En ese sentido de creciente invocación a la sociedad civil, en 1844 llamó a su periódico *El Pensamiento de la Nación.*[73] El criterio balmesiano en Barcelona –o incluso lanzado desde una base barcelonesa a la aventura política madrileña– era una respuesta política muy coherente en una sociedad como la catalana, con un fuerte sentido de su contextura comunitaria pero carente de una tradición propia de participación en el poder.

En la medida en que la opción de sumarse activamente desde Cataluña a la construcción del Estado liberal español quedó consumida –y no consumada– en el Sexenio revolucionario, era natural recurrir a todos los planteamientos que, muy al contrario de la famosa afirmación de Marx referente al bonapartismo, subrayaban la autonomía de la sociedad civil frente al Estado. En este sentido, era perfecta la corriente que, a mediados del siglo, tanto en Norteamérica como en Gran Bretaña había afirmado el *absoluto peso moral del individuo emprendedor,* capaz de realizar una obra de construcción social al margen o por encima del poder como tal.[74]

En concreto, mediante el acceso facilitado en un primer momento por Taine, Prat supo sacar lección del culto heroico del arisco Thomas Carlyle (1795-1881), escocés trasladado a Londres. Pero –ya sin pasar por el historiador y sociólogo galo– Prat simultáneamente aprovechó el juego de emoción, responsabilidad y «confianza en sí mismo» de los «hombres representativos» del «trascendentalista» y unitarista norteamericano Ralph Waldo Emerson, nacido en Boston en 1803 y muerto en la cercana Concord en 1882. Es más, sacó más jugo a Emerson que a Carlyle. Pero eran autores relacionados entre sí.[75] En el mundo de habla inglesa era una obviedad que había una comunidad de espíritu entre el autor escocés de *On Heroes and Hero-Worship* (1841) y el pensador de Boston y Concord que escribió *Representative Men* (1850). De sus diferencias de tono, se decía entonces que Emerson era un Carlyle dulce, siempre a la luz del sol, mientras que Carlyle era un Emerson militante, que prefería las tormentas.[76]

Tanto Emerson como Carlyle, de modos muy diferentes, reflejaron la fracturación de las «ortodoxias disidentes» calvinista (tanto presbiteriana como congregacionalista) o metodista que, en el mundo de habla inglesa, se dio tan intensamente en la primera mitad del siglo XIX y, sobre todo, por el radicalismo de su origen, en los Estados Unidos. El llamado «Gran Despertar» neoprotestante del siglo XVIII, edificado a partir de las diversas formulaciones surgidas durante la Revolución inglesa de la centuria anterior, dio paso a una segunda fase decimonónica de *Revival*, que, acusadamente en el contexto norteamericano, dio lugar a importantes movimientos de regusto evangelical pero, a su vez, también netamente «posprotestantes» (los mormones a partir de los primeros años treinta, los adventistas a final de los cuarenta y los Testigos de Jehová tras 1872). Hubo en los Estados Unidos, en las tres décadas anteriores a la Guerra Civil, una frontera blanda, fácilmente traspasable, entre milenarismo religioso (como los Shakers) y socialismo utópico (especialmente los owenistas), especialmente en el famoso *burnt-over district* del oeste de Nueva York.[77] Y, por la misma época en Gran Bretaña, como observó el gran historiador inglés G. M. Trevelyan: «la política en el siglo XIX era tanto una cuestión de afiliación religiosa como de clase».[78]

El resultado fue el desplazamiento del estricto criterio calvinista a ideologías más difusas de protagonismo individual, en las que la idea de predestinación tomaba formas alternativas, homologables a los valores del liberalismo y del industrialismo capitalista. Luego, la salvación se identificaba con el Progreso y, por extensión, con quienes mejor podían exteriorizar sus valores esenciales inherentes. En último extremo, ello podría reflejarse en la extrema popularidad intelectual, en la segunda mitad del siglo, del *survival of the fittest* spenceriano y del llamado darwinismo social, incluso del racismo explícito finsecular.[79]

Emerson –unitarista (luego, en términos históricos, sociniano)– claramente apuntaba hacia un individualismo radical, moralmente blando comparado con las duras exigencias calvinistas, en una línea paralela a entonces renombrados predicadores americanos como Henry Ward Beecher. Es más, sus propios sermones como ministro unitario, entre 1826 y 1832, fueron el medio con el cual Emerson primero desarrolló su doctrina de confianza en sí como modo heroico para los tiempos modernos.[80] Carlyle (en absoluto un *churchman*) ha sido visto como encarnación, en su obra, de una búsqueda sistemática por la autoridad perdida, desde una angustiosa preocupación por la impotencia, que él quiso resolver, primero, proyectando la capacidad heroica del escritor, para acabar, después, por elogiar el uso contundente del poder.[81] Ello se podía interpretar como el reclamo de un culto a la vez colectivo y personalizado de la agresión.[82] En la última etapa de su vida creativa (prácticamente dejó de escribir tras la muerte de su mujer en 1866, si bien vivió hasta 1881), Carlyle, aunque colmado de honores, fue considerado como algo excéntrico por la creciente dureza de sus opiniones «antifilantrópicas». Por su parte, antes de su muerte en 1882, Emerson, igualmente admirado, desapareció en las sombras de lo que hoy en día se llamaría un caso de Alzheimer.

No obstante la áspera reputación del escocés (o quizá gracias a ella), la valoración posterior ha dado mayor importancia a Carlyle que al suave Emerson, enfocándole, dentro de la tradición estatal europea, como antecedente de Nietzsche y de la posterior visión política del *Führerprinzip;* también, más a la inglesa, Carlyle podía aparecer como punto de inflexión, en una toma de conciencia respecto de los costes del capitalismo.[83] Pero no hay duda de que Carlyle, aunque su enfoque no fuera «imperial», tuvo un impacto muy considerable en la formulación de planteamientos «imperialistas» en Gran Bretaña. Sobre todo, brilló por su eficacia como respuesta al antiimperialismo librecambista y «separatista» (es decir, partidario de la libertad de las colonias blancas ante la Corona inglesa) de Cobden y Bright.[84] Pero la lección moral más aprovechable tanto de Carlyle como de Emerson era que la individualidad merecedora de respeto, el «carácter», era forjada por el sostenido esfuerzo personal.[85]

Ambos autores estuvieron por tanto fascinados por la historia resumida en la experiencia de una o varias vidas, ya que la actuación pública de un «hombre representativo» o «héroe» expresaba el triunfo de la subjetividad sobre el contexto, o sea, a través de la sociedad civil.[86] Mediante esa teorización individualizada de la «ética del trabajo» se puede remarcar la utilidad, más adelante, de Carlyle y Emerson para la causa del catalanismo «intervencionista». Pero fue una influencia tardía. En 1872, Antonio Bergnes de las Casas (1801-1879), entonces rector de la Universidad barcelonesa, helenista y conocido propagandista filoprotestante, subrayó que los *Ensayos* (1865) de Emerson eran una «obra magistral», que, sin embargo, ni tan siquiera estaba traducida al francés y que, por tanto, era «absolutamente desconocida en España», pero que «merecería ser estudiada, al menos, por los que, entre nosotros, se llaman hombres políticos». Muy significativamente, Bergnes utilizó Emerson para oponerse al federalismo, con el contundente argumento de que la sociedad civil y la iniciativa privada, tal como reivindicaba Emerson, eran demasiado débiles en España (Cataluña inclusive) para sostener las interacciones que requeriría un sistema federal (en especial, uno republicano).[87] Más de treinta años después, el desarrollo socioeconómico de Barcelona inducía a una perspectiva opuesta. Llegado a la coyuntura finisecular, los catalanistas se quedaron con las obras de juventud de ambos autores, Emerson y Carlyle, a las que llegaban con tanto retraso. *Prefirieron retener la imagen militante, cuando los «valores victorianos» se extendieron de la «clase media» estricta a toda la sociedad, tanto en Inglaterra como en Estados Unidos, que no las dudas cada vez más visibles, tras los años sesenta, en tanto avanzó el siglo.*[88]

Carlyle, biógrafo entusiasta de héroes protestantes como Oliver Cromwell (obra aparecida en 1845) o –según cómo se mirase– Federico II de Prusia (en volúmenes publicados entre 1858 y 1865), se hizo notorio por su desprecio ante las perpetuas quejas lastimosas del humanitarismo, expresadas, a su parecer, con rica hipocresía, por ejemplo, en el jacobinismo de la Revolución francesa (tema de un famoso estudio de 1837).[89] En lugar de tanta palabrería altisonante, el autor escocés prefería subrayar las crudas realidades del ejercicio del poder, pero en claves no *tory*; por ello, su individualismo, liberal pero crudo, no resultó fácil a los decimonónicos lectores españoles, acostumbrados al contraste entre las idealizaciones progresistas sobre derechos políticos y el realismo contundente a tal respecto de los conservadores más tradicionalistas como Donoso Cortés. El cambio en la valoración hispana de Carlyle solamente llegó con la nueva promoción finisecular. Con un medio siglo de retraso, su conjunto de ensayos sobre *Los héroes* circuló en traducción castellana desde al menos principios de los años noventa, cuando se hizo una traducción, con introducción de Leopoldo Alas; hubo al menos dos versiones publicadas en Barcelona entre 1906 y 1907.[90] En España, pues, se leyó al Carlyle joven e incipiente y se evitó su gusto maduro por la brutalidad provocadora, hecho notorio, por ejemplo, en su *Occasional Discourse on the Nigger Question*, de 1849.

En síntesis, en la versión que llegó a los catalanistas, Carlyle daba una visión de una sociedad moderna, netamente «burguesa» pero en absoluto humanitarista, actitud que concordaba con la de los catalanistas políticos. Al situar a Lutero entre sus grandes héroes, dijo:

> Este ruido de libertad, igualdad, sufragios electorales, independencia y otras cosas, puede considerarse fenómeno transitorio, no permanente en modo alguno. Es posible que dure largo tiempo todavía, con su séquito de perturbaciones y discordias; no obstante, debemos saludarlo como testigo de pecados que ya pasaron y como prenda de inestimables y esperados beneficios. Importaba, de todos modos, que los hombres abandonasen los simulacros y volvieran a la realidad: convenía que ello se hiciera sin reparar en sacrificios. [...]
>
> En este barullo de revoluciones y tumultos innumerables, desde el protestantismo hasta nuestra época, miro como se preparan felices resultados: no la abolición del culto a los héroes, sino lo que con más propiedad llamaría un mundo de héroes. Si héroe significa hombre sincero, ¿por qué cada uno de nosotros no será un héroe? Una sociedad de hombres sinceros todos, existió ya, y necesariamente tiene que volver. Ésa sería la verdadera clase de adoradores de los héroes; nunca se reverenciaría mejor lo sublimemente verdadero como cuando todos fuesen verdaderos y buenos.

Y comentado al ex calvinista Rousseau (que le caía mucho peor que el fundador del protestantismo), Carlyle elogió el rol de los intelectuales: «El literato, con las sinceridades y con los errores vertidos en sus producciones, arrinconado en su miserable zaquizamí, astroso, rigiendo (porque esto hace realmente) después de muerto, desde su sepultura, naciones y generaciones enteras que en vida apenas se dignaron darle un mendrugo con que arrastrar la existencia, ofrece al mundo uno de los más interesantes cuadros. La forma de su heroísmo es del todo inesperada.»[91]

Por su parte, con sus «hombres representativos», tan paralelos a los «héroes» de Carlyle, Emerson daba un acceso al mundo misterioso –para los catalanes– de la madura política protestante estadounidense, con sus marcadas reticencias libertarias ante el poder, su deje de optimismo latitudinario y su capacidad de concentración entusiasta.[92] Especialmente implícita en su trayectoria estaba la conquista del mercado cultural, poderoso ejemplo para las ambiciones catalanistas a este respecto.[93] Para el pensador de Concord, también por entonces objeto especial de traducciones, era imprescindible «la confianza en sí mismo», que él entendía como la manifestación más activa de la militante «sinceridad» del ensayista escocés: «Creer tu propio pensamiento, creer que lo que es cierto para ti en tu corazón es cierto para todos los hombres, eso es el genio. Expresa tu convicción latente, y ella será el sentido universal; pues siempre lo más íntimo se convierte en lo más externo, y nuestro primer pensamiento nos es devuelto por las trompetas del Juicio Final.»[94] Por lo tanto, para Emerson:

> La confianza en uno mismo es la esencia del heroísmo. Es el estado del alma en guerra; y sus objetivos últimos son el definitivo desafío de la falsedad y la injuria, y el poder para soportar todo lo que puedan infligir los agentes del mal. Dice la verdad, y es justo. Es generoso, hospitalario, templado, desdeñoso de los cálculos mezquinos y desdeñoso de ser desdeñado. Persiste; es de una indomable osadía y de una fortaleza inagotable. El blanco de sus burlas es la mezquindad de la vida ordinaria. Esa falsa prudencia que ama con exceso la salud y la riqueza es el objeto, el blanco y el alborozo del heroísmo.[95]

En buena medida, la combinación de confianza en sí y sentido heroico de la vida daba «el carácter», expresión moral del individuo.[96] Emerson gustaba sentenciar que «el genio», siendo mezcla de conciencia y voluntad, «triunfará sobre las circunstancias». Planteamiento exuberante, leído a la luz del catalanismo. Y, para completar su argumento, Emerson trataba la política con la intención de borrar la trascendencia del Estado y cualquier frontera entre el poder constituido y la sociedad civil.[97]

Así, la mezcla del escocés y el yanqui de Massachusetts resolvía muchos inconvenientes para los catalanistas. Éstos estaban tan imbuidos de sentimiento de comunidad nacionalista que no percibieron a ambos autores como expresión, más o menos romántica, de la contestación individualista al conformismo comunitario, que ha sido la más frecuente interpretación de ambos en sus respectivos países. Muy al contrario, los catalanistas finiseculares les leyeron como una suerte de *propuesta acumulativa,* que procedía de una iniciativa personal que era socialmente compartida hasta llegar a la dinámica compartida colectivamente, que era la sociedad civil, o sea, la «unidad catalana». *Para los catalanistas, en la sociedad civil idealizada, pues, no había contradicción entre individualismo y espíritu comunitario, sino complementariedad.*

Pero, además, Carlyle y Emerson tuvieron adicionales usos ideológicos más concretos. Con su pesimismo, Carlyle contribuía a deshacer la espesa niebla de tópicos liberales sobre las bondades democráticas y el igualitarismo, como apuntó Maragall en su ensayo de 1901, titulado precisamente «Tomás Carlyle y la democracia».[98] Emerson, en cambio, ofrecía un correspondiente baño de optimismo sobre la edificación de una sociedad con un tejido central y asociativo flexible, integrador de elementos ajenos, pero del todo impermeable, por ejemplo, a los estragos del comunismo europeo importado por la inmigración, como los Estados Unidos.[99] A ese mismo optimismo emersoniano se remitió Maragall en su discurso presidencial de la Festa de la Bellesa de Palafrugell en 1905.[100] Como dijo, refiriéndose al emersonismo del poeta, el crítico catalanista Josep Maria Capdevila: «Es que si dos autores tienen un mismo fondo ideológico, no es una extrañeza que las coincidencias de detalle abunden.»[101] *Juntos Carlyle y Emerson eran todo un programa, una evocación de lo que era capaz de hacer una sociedad civil vertebrada por protagonistas decididos:* el trabajo, el esfuerzo, eran de por sí ennoblecedores, mientras que el ocio envilecía; un buen enfoque para generalizar el criterio de preeminencia de la laboriosa y fabril Barcelona frente a la cortesana y pretenciosa Madrid.

El canto al despertar creativo y al poder políticamente articulable de una sociedad civil fue un elixir tónico para el naciente catalanismo político. Se ha argumentado que, a diferencia de la fácil homologación que supone que la Lliga equivalió a la «burguesía», el catalanismo «intervencionista» fue más bien un movimiento modernizador, en el cual elementos que no eran precisamente ni fabricantes, ni «capitalistas» en el sentido de financieros, se ofrecían como gestores políticos al sector empresarial.[102] Ello sería una manifestación tardía y muy especializada de la transformación de la administración de los negocios mediante la figura del mánager (el empleado de nuevo tipo que, en el lugar del propietario, organizaba la producción y la comercialización, mantenía la contabilidad y adaptaba los hombres a las exigencias de las máquinas). Según la clásica descripción de Sidney Pollard, las primeras promociones de mánagers, con sus duras técnicas de *management*, realmente forjaron, junto al mismo proceso de industrialización, la reputación más siniestra del «capitalismo» como sistema de explotación.[103] La reorganización comparable de la empresa catalana vino con notable retraso y los «prohombres» de la Lliga fueron pioneros en la aplicación de ese proceso al estrecho mundo del negocio familiar y, por extensión, a un servicio público catalanista concebido para la interacción permanente con el tejido de las pequeñas firmas en un proyecto común de desarrollo regional a gran escala.

Desarrollismo neoamericano, imperialismo «anglosajón» y catalanismo

Hasta cierto punto, esta fascinación respecto al individualismo angloamericano estaba en el ambiente catalán desde hacía tiempo. Para empezar, fue decisivo el influjo de la filosofía escocesa, ensalzadora del empirismo y del *common sense* o sentido común, en el despegue de los estudios universitarios de filosofía en la primera mitad del siglo XIX con Ramon Martí d'Eixalà, nacido en Cardona en 1807 y muerto en Madrid en 1857, y su discípulo Francesc Xavier Llorens i Barba, nacido en Vilafranca del Penedès en 1820 y finado en Barcelona en 1872. A partir de ese primer vínculo escocés, que llegó a Martí en traducción francesa, quedó abierta la pregunta de si, en verdad, la *«doctrina del sentit comú»*, era la *«filosofia nacional de Catalunya»*, cuando no, especialmente en su versión de *seny*, expresión innata de su colectiva «fisionomía mental».[104] Para Menéndez y Pelayo, por ejemplo, Martí y Llorens fueron los «nobles representantes del pensar de un pueblo».[105] Como es lógico, por esa misma época en Cataluña también se discutieron con vigor las nociones de los economistas escoceses e ingleses, en contraposición los análogos autores franceses.[106] Existía una temprana predisposición catalana a explorar el significado funcional de la sociedad «burguesa» en el espejo algo rival del desarrollo en países de habla inglesa. Era un interés derivado de imperativos fabriles y mercantiles que entonces no abundaban en otras partes de España, aunque hubiera zonas, como Andalucía, en las que el trato con el comercio británico fuera mucho más intenso y directo.

En paralelo a las lecturas filosóficas o económicas, la muestra más viva del afán catalán de sintonía con el individualismo angloamericano fue el intenso afecto mostrado (por fabricantes y *botiguers* así como por obreros) por los dichos y recomendaciones morales de Benjamín Franklin (1706-1790), puntal de la Ilustración colonial norteamericana y destacado «padre fundador» de la República estadounidense, cuyas obras estuvieron en continua reedición barcelonesa entre 1843 y 1909.[107] Sin duda, la curiosidad catalana por el espíritu emprendedor norteamericano estuvo facilitada por una directísima ruta intelectual y comercial a través del crisol capitalista que fue la Cuba decimonónica, pero, por añadidura, había desde los tiempos coloniales un especial y vivo nexo entre la dinámica intelectual norteamericana y la tradición reflexiva escocesa que, vista desde Barcelona, sin duda ayudó a establecer conexiones entre supuestos y conocimientos más que parciales.[108] *A partir de tales pistas, con fuentes a veces excéntricas, se tejió una especial perspectiva catalana, ventana orientada hacia la relación entre individualismo responsable y modernidad desaforada que dependía del hecho que Cataluña fuera de lleno partícipe de la primera gran ola de industrialización mundial en el paso del siglo XVIII al XIX.*[109]

Hubo incluso un vínculo directo catalán con el mundo cultural de Estados Unidos, ya que una de las revistas puntales de la Renaixença fue *La Llumanera de Nova York*, una lujosa publicación mensual ilustrada que tuvo una larga vida, de noviembre 1874 a mayo 1881. Protagonizada por Artur Cuyàs, con la colaboración del grueso de los artistas y escritores catalanes del momento, a *La Llumanera* le gustaba mostrar su respeto por personajes representativos del progreso como Edison.[110] Un ejemplo más cercano de filoamericanismo se encuentra en el compositor catalán Felip Pedrell (1841-1922). El futuro autor de óperas catalanas como *El comte Arnau*, de 1904, basada en la famosa obra de Maragall, se entretuvo en 1880 con un poema sinfónico fundamentado en el poema «Excelsior» del entonces mundialmente famoso Henry Wadsworth Longfellow (1807-1882), significativamente un canto a la incansable inciativa personal. El *Excelsior* de Felip Pedrell, aunque nunca se estrenó en vida del músico, fue definida por él como una obra de creación forzosa, de las que nacen «porque un impulso interior obliga a que salgan fuera».[111] Sería una manifestación catalana más de la tan comentada «americanización de Europa».[112]

Retrato del novelista, poeta, historiador y político liberal Víctor Balaguer (1824-1901), al final de su vida.

Mosén Jacint Verdaguer i Santaló (1845-1902) y mosén Jaume Collell i Bancells (1846-1932), juntos en el pueblo balneario de La Garriga, en marzo de 1895.

Francisco Pi i Margall (1824-1901), la encarnación del federalismo español.

Joan Mañé i Flaquer (1823-1901), la encarnación del conservadurismo catalán.

COSAS
DE
ESPAÑA
POR
POMPÉYO GENER

La portada de *Cosas de España* (1903) de *Peius* Gener, con el escudo imperial de Carlos V.

Pompeu Gener i Babot (1848-1920): tan exagerado fue su estilo de modernista profesional con chambergo y pañuelo que rozaba la autocaricatura. Así lo entendió su amigo el dibujante barcelonés Bagaria, que lo presentó como soldado de los tercios de Flandes.

La Cataluña solidaria representada como diosa germánica: Joan Solà Vilavella (con F. Maduell), medalla para la Fiesta de la Solidaridad, en 1906.
Museu Nacional d'Art de Catalunya/ Gabinet Numismàtic de Catalunya

Alfonso XII (1857-1885), a quien fue ofrecido el Memorial de Greuges en el año de su muerte. Los pintores catalanes de los años ochenta quisieron representar al rey como Gran Maestro de la Orden del Toisón de Oro: a la derecha, un retrato de Francesc Sans i Cabot (1834-1881), quien puso un fondo de paño de oro a la figura del monarca, si bien tiene detalles inacabados debido sin duda a su muerte en el mismo año 1881; a la izquierda, un tratamiento más convencional dentro del espíritu medievalizante, por Ramón Padró i Pedret (1848-1915), cronista artístico de Don Alfonso. *Museu d'Art Modern de Barcelona*

El encabezamiento para temáticas regionalistas del periódico catalanista *La Costa de Ponent,* publicado en Canet de Mar entre 1894 y 1922. El ave fénix catalanista (tomada de *La Renaixensa*) despierta los escudos de los más inquietos reinos hispanos, encotillados por el pendón de Castilla.

La corona de la entronización de la Virgen de Montserrat como Patrona de Cataluña en 1881, diseñada por el arquitecto diocesano Francesc de P. del Villar y realizada por el platerero Joan Sunyol. Aunque por discreción se dijera "bizantina", su imitación de la corona de Rodolfo de Habsburgo de 1602 era de todos bien conocida.

Las armas personales de María Cristina de Habsburgo-Lorena (1858-1929), que mezclan la temática de los Austrias (era archiduquesa) con el escudo español de los Borbones, propio de su matrimonio real, tomadas de su ex-libris.

María Cristina como reina regente (1885-1902), a quien apelaron los *Missatges* catalanistas de 1888 y 1898.

El Arco del Triunfo que hizo de portal del recinto ferial barcelonés de 1888, en una fotografía del cambio de siglo. Fue la obra más conocida del arquitecto Josep Vilaseca i Casanovas (1848-1910). Su combinación de simbología patriótica catalana (como los murciélagos alusivos al dragón del casco de Jaime I) con las armas propias de la reivindicación heráldica más maximalista de los Borbones resumía en ladrillo y piedra blanda las aspiraciones a un rediseño "imperial" o "dualista" del Estado que estaban por entonces en el ambiente catalán.

Valentí Almirall (1841-1904), el inventor del catalanismo como movimiento político y el gran fracasado de la política catalana en los años ochenta.

Carlos de Borbón y de Austria-Este (1848-1909), el pretendiente carlista, autodenominado como duque de Madrid y para sus fieles Carlos VII. Él –residente en tierras austríacas– era el objeto de las miradas legitimistas.

Retrato de Ramón Nocedal (1846-1907), en una feroz sátira carlista de 1890, fruto vivo de la amargura por la escisión de 1888. Los almanaques eran una forma habitual de propaganda legitimista.

Gumersindo de Azcárate (1840-1917), el jurista más destacado de la tradición krausista o "institucionista", diputado –primero republicano y luego reformista– entre 1886 y 1916, que apadrinó la idea de *self-government* en la política española, si bien se mostró reacio a los planteamientos catalanistas. Fue el director de la tesis doctoral en Derecho de Eugeni D'Ors, dedicada al imperialismo, y al doctorando le prestó, más bien incomodado, el libro de Lord Bryce sobre el Sacro Romano Imperio y el Imperio alemán.

Juan Vázquez de Mella y Fanjul (1861-1928), el gran prócer del legitimismo político en su madurez, cuando era admirado desde diversos puntos de vista por la simultaneidad de su españolismo y su regionalismo.

Josep Torras i Bages (1846-1916), obispo de Vic de 1899 hasta su muerte, soñó con una actualización del modelo "imperial" de la Edad Media para las Españas, de tal manera que la Iglesia católica podría en cada país componente dar vertebración adecuada a una sociedad civil purgada de sus excesos laicos y las corrupciones que de ellos resultaban.

En esta vena de interés por la originalidad norteamericana y su proyección moral, Emerson fue preeminente. Como se ha podido constatar con anterioridad, ya en 1889 Güell i Mercader hablaba de la necesaria vertebración que *«confiansa en si mateix»* podía otorgar a las instituciones políticas.[113] Pronto Peius Gener resaltó la vinculación «heroica» entre Carlyle, Emerson, «nuestro filósofo español Lorenzo Gracián» y Nietzsche.[114] Gener se cuidó de incluir a Carlyle, Emerson y Ruskin entre sus ascendientes ideológicos.[115] Como observó hace pocos años un estudioso de la influencia ajena en el marco hispano: «Hoy puede resultarnos chocante la consideración convergente de "maestros" como Renan, Carlyle, Emerson y Nietzsche hasta exaltarlos a "filósofos de la vida ascendente" porque el tiempo se ha encargado de distanciarlos y poner de relieve cuanto hay entre ellos de divergencia y heterogeneidad. Pero la cosa no es tan disparatada si se acepta la peculiar óptica que Gener propone.»[116] Emerson fue traducido *(La confiança en si mateix. L'amistat)* por el urbanista de vocación Cebrià de Montoliu i de Togores (1873-1923) para la editorial de *L'Avenç* a principios de siglo. Hermano mayor del influyente crítico literario Manuel (1877-1961), Montoliu fue introductor al catalanismo de muchos textos en lengua inglesa, como Ruskin, con una muy comentada antología en 1901, y Whitman en 1912; tan entusiasmado estuvo con su descubrimiento del mundo espiritual «anglosajón» que moriría emigrado en Nuevo México.[117] Además de las traducciones directas, Emerson podía llegar por medio del poeta y ensayista cubano José Martí, encarnación del «separatismo revolucionario» en la «Guerra de Independencia» iniciada en 1895. Ardiente émulo del «trascendentalismo» emersoniano, Martí se definió en su más famoso poema, hoy en día himno nacional cubano, como «un *hombre sincero* de donde crece la palma» [cursiva nuestra].[118] La recepción fue significada: Maragall citó a Carlyle y Emerson lo suficiente para que el emblemático artículo necrológico de Miguel S. Oliver, el periodista mallorquín afincado en Barcelona y eminente ensayista, mencionara a los dos autores para valorar el significado de la obra del poeta catalán; la crítica posterior catalanista insistió en su deuda.[119] Ambos autores fueron claves, también, en la evolución ideológica de Pere Coromines, camino de su teorización sobre el individualismo catalán en el contexto hispano («Uno de los hombres que han influido más en mí, ha sido Carlyle», escribió en 1903).[120]

El D'Ors estudiante, en el seminario sobre Lecturas Modernas de la Acadèmia de Dret de la Federació Escolar Catalana, estuvo leyendo la introducción a *Los héroes*, junto con autores jurídicos y glosadores tópicos de la «superioridad anglosajona» como Edmond Demolins.[121] Los libros más emblemáticos de Carlyle y Emerson fueron escogidos por Xenius en 1907 (junto con Goethe, Lamartine, Darwin, Spencer y el educador afroamericano Booker T. Washington) como la lectura moderna (o sea, posterior al siglo XVI) recomendada «en clases de Metafisica y, en general, en cursos filosóficos».[122] De ahí, por ejemplo, había tan sólo un paso al también norteamericano Theodore Roosevelt (1858-1919), encarnación heroica de la derrota de España por Estados Unidos (quien, por cierto, se distrajo leyendo a Demolins camino de Cuba).[123]

La lectura catalanista de Carlyle, Emerson y Roosevelt

Roosevelt gustaba de presentarse (con frecuencia acompañado por citas de Emerson) como vehículo del idealismo patriótico necesario para combatir la corrupción de los politicastros, el mal del cinismo y la división política, que según el republicano «imperalista» norteamericano, eran males endémicos de los sistemas políticos europeos.[124] Como ha remarcado un historiador del «imperialismo» norteamericano, Roosevelt no fue un pensador profundo, pero estaba atento a las corrientes intelectuales de su día, y esta atención –junto con su falta de profundidad, siempre escasa en cualquier época– le hizo un fiel portavoz de su tiempo. Más todavía, los elevados cargos políticos le situaron para poder actuar a partir de sus convicciones.[125] El político finisecular estadounidense –que se vanagloriaba de haber matado un soldado español con sus propias manos– supo resumir el discurso de la confianza en términos de «masculinidad bien llevada» como (en palabras de un crítico psicologizante) «extremista del centro», es decir, portador de valores de un radicalismo de la «normalidad».[126] Además, Roosevelt era partidario de las «autodeterminaciones» (Cuba en 1902, Panamá en 1903) dentro de un sistema «imperialista» de hegemonía informal, lo que no dejaba de tener su atractivo para los lligueros.

Para el nuevo catalanismo «intervencionista» e «imperialista», Roosevelt era un paquete ideológico actualísimo e irresistible. Emerson, insistía D'Ors, fundaba «la máxima de la Confianza en el hecho de una Possibilidad sin fin...».[127] Por la misma regla, para el Glosador, Roosevelt era agresivo, afirmativo. Es más, el éxito de los norteamericanos parecía fruto de su puerilidad, una suerte de juventud eterna; todo ello podía ser imitado con provecho en Cataluña y España.[128] Con bastante coquetería, D'Ors dejó pequeñas pistas de su devoción rooseveltiana: escribiendo una elegía por la muerte de un médico amigo, añadió que *«Jo asseguraria que el Dr. Góngora ha estat el primer en llegir La vida intensa del president Roosevelt... –El segon va ser tal vegada un adolescent, son amic devotíssim, i una mica son client...»*, para inmediatamente añadir que: *«Potser aquest detall no és del tot desproveït d'interès en la història de l'imperialisme a Espanya.»*[129] Tan insistente pareció D'Ors al «modernista» Jaume Brossa que aseguró que la lectura del *Glossari* como libro «produce el efecto de un "almanaque americano" hecho por un discípulo de Emerson injertado de Mark Twain».[130]

El discurso ideológico de la Lliga, pues, se hizo con ambos pensadores del individualismo social angloamericano, emblemático de lo que era aprovechable del bagaje decimonónico, a pesar de la fuerte carga protestante de ambos, así como, por implicación con el presidente norteamericano que encarnaba el vigor que derrotó a España. Era el mismo giro que se podía realizar al recoger al escritor inglés Rudyard Kipling –según G. K. Chesterton, «un Carlyle menos místico»– como manera de invertir la famosa lección sobre «naciones moribundas» que en 1898 el marqués de Salisbury dirigió hacia España y Portugal.[131] Tanto fue así que, ya en 1900, en plena Guerra de los Bóers, Maragall se asustó de por dónde iban (o podían ir) las cosas:

> Y nosotros añadimos que el caso de Rudyard Kipling en Inglaterra es más grave, porque forma parte de una corriente literaria general que está ya más que iniciada. En cada país muestra un aspecto especial, aunque en la mayor parte su origen inmediato (como en Italia con Gabriele d'Anunzio [sic: D'Annunzio]) parece ser la asimilación del vitalismo exasperado de Nietzsche, reaccionando contra el espiritualismo mortecino y demasiado vago de los últimos tiempos.
>
> Pero si a un pueblo robusto como el anglosajón la exaltación de su fuerza puede conducirle a la conquista inmoral del mundo, ¿a qué conducirá poetizar demasiado exclusivamente la animalidad en los pueblos débiles? La mayor victoria de éstos sólo podría consistir tal vez en infundir un ideal a la fuerza material de aquéllos: así Grecia dominó idealmente a Roma, después que ésta la hubo conquistado.[132]

Unos pocos años más tarde, cuando Kipling había ganado el premio Nobel de literatura en 1907 y el «imperialismo» catalanista estaba en plena efervescencia solidaria, ya habría menos vacilación.

En todo caso, *ante la duda, se podía subrayar un acceso católico, hasta nostálgico en cuanto a la perdida unicidad de la sociedad medieval, al espíritu de Carlyle y Emerson;* el discurso de William Morris, tan extensamente recogido en Cataluña, representó, junto con John Ruskin, un adicional camino indirecto a la relectura política y burguesa de las formas institucionales medievales que tanto inspiraron al catalanismo incipiente.[133] Y ello, a su vez, llevaba al romanticismo alemán. Como escribió Maragall en 1901: «Novalis, con Emerson, con Carlyle, con Ruskin, son los padres de un neoidealismo y hasta de un neomisticismo, cuyos fundamentos y ortodoxia no hemos ahora de discutir, pero cuya existencia es evidente, no sólo en Alemania, sino también en Inglaterra, en Francia, en Bélgica y hasta en nosotros mismos.»[134] Para el mismo poeta catalán, ello, dando un paso atrás, llevaba directamente a Fichte (la gran preocupación de Carlyle en *Los héroes*) y, con otro hacia delante, a Nietzsche, siendo éste, para Maragall, versión materialista del mismo anhelo «sediento del absoluto» que, con mayor espiritualidad, estaba asimismo en Emerson.[135]

Este cruzado recurso ideológico del juvenil catalanismo finisecular cumplía diversas funciones simultáneas: *daba una lectura exótica a la herencia del romanticismo decimonónico que marcaba inmensas distancias con la tradición hispánica y, a la vez, servía como automático recordatorio de que un enfoque político federal podía entenderse como algo «orgánico», natural en todos los sentidos de la palabra.* Finalmente, también *subrayaba la neu-*

tralidad religiosa del proyecto pratiano, en el cual tenían cabida los individuos de cualquier signo, siempre que fueran de talante práctico y competitivo. Emerson insistía en la relación permanente de la creación humana con la naturaleza, como punto de partida de una afirmación de la responsabilidad del individuo ante la sociedad, lo que le hacía muy grato a los nuevos catalanistas, ansiosos por subrayar la superioridad de su sociedad civil catalana ante el peso del Estado tradicional español.[136] Por añadidura, Carlyle era un recordatorio de lo mismo, entendido como esfuerzo excepcional, pero con cierta arrogancia despectiva ante los que no eran capaces de comportarse así. Si Emerson defendía «el partido del futuro contra el del pasado», más razón para recurrir a su terapia.[137] Finalmente, Carlyle y Emerson eran una vía para incorporar al último grito idealista, o sea, a Nietzsche, quien, a su vez, les había utilizado como puntos de despegue (si bien con mayor simpatía por el autor norteamericano).[138] Pero, al mismo tiempo, eran una apuesta segura, hasta discreta: el ultracatólico fuerista navarro Arturo Campión, por ejemplo, citó con aprobación al «vidente puritano» Carlyle en 1892.[139]

Así, sorpresivamente, en pleno argumento «imperial» de *La nacionalitat catalana*, camino del elogio al agresivo Roosevelt, Prat de la Riba se permite una expansión emotiva hacia Emerson, se abre ostensiblemente al lector para mostrar sus sentimientos, algo muy inusual en una persona tan prudente como él. Pero, a juzgar por la manera que Emerson era citado por Prat de la Riba, el presidente norteamericano *Teddy* Roosevelt, el «conservador como progresista», le podía suceder sin dificultades conceptuales.[140] Según Prat:

> No puedo leer a Emerson, el filósofo de las gentes norteamericanas, sin sentir sus palabras, vibrantes de salvaje individualismo, como otras tantas fórmulas vivas de nacionalismo, de imperialismo. El habla al hombre, pero yo estas palabras suyas las siento dirigidas a los pueblos, a las razas, vibran dentro de mí, con acentos de apostolado colectivo, de apostolado de las naciones. No con formas literales ni con acotaciones al pie, sino con la impresión viva que han despertado en mi espíritu, he de recordarlas.
>
> Sé tú mismo. No imites, no busques en los otros, busca dentro de ti. No te amoldes a los demás, haz que los demás se amolden a ti. Sé ley y señor de ti mismo. Allá donde tú estés, está el eje de la tierra: así pensaban los que hicieron Grecia, los que han hecho Inglaterra. Piensa que tú eres el centro de las cosas, que todas las cosas son para ti; que la verdad que tú encuentras dentro de tu corazón, es la verdad para todo el mundo; que las fórmulas de civilización que tú adoptas, son las que todo el mundo ha de seguir y adoptar. Es decir, sé tú mismo y para ti mismo y serán tributarios de tu «yo» los que no son ellos ni son para ellos.[141]

Su retrato de Roosevelt seguía los mismos pasos: éste era la «encarnación integral del genio americano», que «pone hitos de justicia y de bondad a las fórmulas absolutas de Emerson». «Roosevelt, que no vive dentro de la barraca, sino al aire libre de su pueblo, no lo dice como Emerson: aquello que tienes fuerza para hacer, tienes derecho a hacerlo.» Seguidamente, Prat parafrasea a Roosevelt, con la intención de que la cita tenga resonancias de exhortación para los catalanes: «Seamos americanos. Eduquémonos en América y a la americana. Nada de europeizarse. Nada de conservar, como algunos, ante Europa un espíritu de dependencia colonial. Trabajemos con independencia. Aprovechemos la experiencia de todos los pueblos pero pensemos, sintamos y obremos, vivamos y muramos únicamente como americanos. El crimen más grande de un hombre es faltar a su nación.»[142]

No sorprende, pues, que Prat lamentara no haber añadido «un estudio de personalidades, estudio comparativo de hombres representativos de la Nación catalana y de la de Castilla, especie de psicología de los pueblos vista en sus héroes» a *La nacionalitat catalana.*[143] Según D'Ors, con mirada retrospectiva tras un cuarto de siglo:

> Es igualmente muy conocida la reacción que, en pleno siglo XIX, agitó de nuevo el problema por obra de los Carlyle, de los Emerson y de otros más, partidarios de negar a las muchedumbres la atribución de una causalidad en la Historia, llevando contrariamente esta causalidad a la carga del individuo extraordinario, de la personalidad eminente, del «héroe», del «hombre representativo», capitán y emperador a la vez, a los ojos del Eterno y ante los del historiador lúcido, aunque no blanda aquél espada ni ostente corona. Con esto era devuelta la masa a su papel de coro. Su función histórica reducíase otra vez a repetir la palabra que, inspirado por el Espíritu, el gran hombre había traído al mundo.
>
> Al lado de estas soluciones de la cuestión, ¿cabe una solución nueva?[144]

En otras palabras, el *individualismo activo,* incluso agresivo, situado en un tejido social que respondía a ese mismo sentido, se convertía, para Prat de la Riba y los jóvenes como D'Ors que seguían su liderazgo ideológico, en un *sucedáneo del viejo y caduco federalismo pimargalliano,* dependiente de un «nacionalismo institucional» español que, para ellos, estaba más que agotado. Ambos apuntaban hacia el mundo «anglosajón» y, a través de él, a Alemania. En 1847, Emerson dijo de Inglaterra: «Si hay una prueba del genio nacional universalmente aceptada, ésta es el éxito.» Pero, como remarcó un historiador sobre el pensador bostoniano: «Apasionado norteamericano como era, Emerson se vio obligado a admitir que, según esta prueba, la Inglaterra de la mitad del siglo XIX era el mejor de los países, el único con una muy grande provisión de genio nacional.»[145] Los ingleses se mostraron receptivos a tal criterio, ofreciendo un creciente ejercicio de *self-confidence* en los asuntos públicos. Como secretario de Estado para las Colonias, Joseph Chamberlain, unitarista religioso como lo era notoriamente Emerson (fueron sus creencias las que le impelieron a la política), impuso una seguridad tonificante en los asuntos «imperiales» británicos:

Estamos todos dispuestos a admirar a los grandes ingleses del pasado [...] pero cuando llegamos a nuestra propia época perdemos la confianza que pienso le pertoca a una gran nación como la nuestra; y, sin embargo, si miramos a temas comparativamente tan pequeños como las expediciones ingleses en los últimos tiempos, las administraciones que los ingleses recientemente han controlado, no veo razón para dudar que el espíritu británico vive aún. [...] Un número de jóvenes ingleses, tomados como si fuera al azar de entre la masa de nuestra población, sin demanda especial de antemano a nuestra confianza y gratitud, no obstante han controlado grandes asuntos y, con la responsabilidad puesta sobre sus espaldas, han mostrado un poder, una valentía, una resolución y una inteligencia que les han permitido superar dificultades extraordinarias. Yo digo que de veras es un ser cobarde y de escaso espíritu quien desespere del futuro de la raza británica.[146]

Y, bien notoriamente, sobre todo en Estados Unidos, el «anglosajonismo» finisecular (que tanto inspiró el sentimiento de *Greater Catalonia* en Prat) estaba cargado de un fuerte sentido de la superioridad moral, religiosa y protestante, propia de los países de habla inglesa, fudamentado en su espíritu práctico y resuelto, orientado hacia la resolución rápida de problemas, un sentido de iniciativa personal que había de ser ejemplo para todo el mundo en desarrollo.[147]

Prat, con Maragall y D'Ors, pretendían que la Cataluña del nuevo siglo, del «*Noucents*», tendría que estar dotada de un espíritu emprendedor equivalente, de los que literalmente han hecho y vuelven a hacer historia. En palabras de Xenius: «¿Mas qué decir de la fuerza de edificación del relato de una vida cuando esta vida es la de un héroe? Demasiadas altas y bellas cosas ha dicho sobre este punto el verbo inflamado de un Carlyle, de un Emerson, para que el Glosador se detenga...»[148] Desde el punto de vista orsiano, la combinación de ambos, el escocés y el estadounidense, daba una ideología en aparencia práctica, casi empirista en sus consecuencias, pero que, paradójicamente, era una especie de idealismo. Y D'Ors, a su vez, sería reconocido como un epígono moderno de estos pensadores: en 1907, Manuel de Montoliu lo consideraba una «encarnación perfecta... del tipo moderno del Hombre de Letras trascendentalizado por Fichte y por Carlyle». Para insistir: «Él también es un revelador de lo divíno [sic] actual entre los hombres de su pueblo», afirmación que revela el grado extremo de sacralización de la sociedad civil que era habitual en el catalanismo.[149]

Por su parte, D'Ors insistió muchas veces en lo mismo, hasta el final de su época catalana: «Nada comprenderá de la historia moral de Europa en estos últimos tiempos quien no parta del principio de que el Novecientos significa una violenta reacción contra lo que se llamó –y conviene que antonomásticamente siga llamándose– "Fin de Siglo". Pero muchas cosas escaparán a quien no atienda a que en el "Fin de Siglo" se encontraba ya en calenturienta gestación el Novecientos...» No idealista aún, pero no positivista ya, «el espiritualismo vago de su tiempo, cuyo sentido podría caracterizarse por la simultaneidad, no con la obra de Emerson; pero sí con la boga máxima de Emerson. *Lo inefable, el misterio, la emoción* [sic], tuvieron gran predicamiento en aquellos días.»[150] A partir de esta última referencia despectiva, recogida en *U-turn-it* de 1921, Emerson desaparece para siempre del Glosario orsiano, igual que ya antes lo había hecho el nombre de Theodore Roosevelt. Pero, todavía en 1917 (con reedición posterior, en los años veinte), Editorial Minerva, una empresa semicatalanista de proyección española, sacó *Historia y política* de Emerson, en versión del sociólogo republicano Santiago Valentí Camp, libro dominado por el ensayo sobre la «Confianza en sí mismo».[151] Significativamente, las últimas traducciones al castellano de Emerson y Carlyle, y quizá las más conocidas, las firmó, entre 1938 y 1943, el militante y propagandista de la Lliga Josep Farran i Mayoral, antiguo seguidor de Xenius y ensayista de segunda fila: para Farran, en un recuerdo de la instrumentalización lliguera, Carlyle no era «un odiador intransigente, sino un grande enamorado».[152] Pero el pensamiento filosófico en Cataluña, significativamente, nunca ha podido escapar de una reflexión incansable sobre la pedagogía, para dejar sin explorar muchos otros campos de la metafísica con eco social.[153] Y el ideal del «carácter», tan emersoniano, quedó como una preocupación central del catalanismo político, para conformar un prolongado debate que absorbió mucha energía y más tinta entre los años veinte y treinta en Barcelona.

Y ello podría alcanzar –por mucho que lo pudiera negar el dogmatismo marxista– la literatura obrerista o para obreros, cuyo individualismo tendría expresión en el movimiento libertario. La fascinación por Emerson, Carlyle y Nietzsche de los contemporáneos demi –ácratas y modernistas aragoneses, como Ángel Samblancat y Felipe Alaiz, a caballo entre un revolucionarismo heredado de Costa y un regionalismo forjado con el ojo puesto en Barcelona– indicaba hasta qué punto el discurso social lligaire podía tener concomitancias con los ideales de sus mismos enemigos.[154]

En todo caso, hubo un cierto mercado en Barcelona para la *self-confidence* emersoniana hasta por lo menos la Guerra Civil.[155] Es más, se mantuvo una demanda para obras de *self-help* de fuente estadounidense, en la línea decimonónica del inglés Samuel Smiles, que, con autores como Orison Swett Marsden (empezando por *¡Siempre adelante!* y *Abrirse paso*, hasta cuarenta títulos), literatura sobre *Poder personal* de William W. Atkinson y Edward E. Beals, más aportaciones locales como Federico Climent Terrer, *Cómo se llega a millonario*, confundiéndose todo con un teosofismo práctico, casi indistinguible de la autoayuda más convencional, en los libros de Rudolph Waldo Trine, traducidos por Climent. Esta producción infraliteraria, sin reconocimiento intelectual alguno, podía no obstante presentarse como mimética con la jerga *lligaire* sobre la necesaria combinación «cultura y civismo».[156] Era un mensaje reforzado por otras agitaciones paralelas, como el antialcoholismo, que de fuente norteamericana podía llegar desde la América Latina.[157] También las novelas de aventuras que invadieron el mercado juvenil de finales del siglo XIX (desde Verne a Salgari, Karl May o Zane Grey) y sobrevivieron hasta los años veinte, para ser transformados por el cine y los cómics, enfatizaron el protagonista autónomo, confiado en sus propios recursos, capaz de encarnar el tardío ideal protestante en universos imaginativos cada vez más exóticos, que, por ello, insinuaban el relativismo religioso de corrientes espirituales novedosas como el teosofismo, cuya importación fue reforzada desde fuentes «modernistas» hispanoamericanas.[158] Tales lecturas para un público popular de talante emprendedor naturalmente preocuparon a los eclesiásticos más ortodoxos, que hicieron una sistemática obra de denuncia, sin gran impacto.[159] Se llegó a afirmar que la penetración «anglosajona» traería la destrucción de España empezando por Cataluña, a pesar de la jactancia catalanista.[160]

Las diferencias entre Barcelona y Madrid: individualismo emprendedor y templanza libresca

Era verdad que se hacía un «proselitismo solapado», si bien indirecto. En Barcelona, el famosísimo Football Club Barcelona, tan frecuentemente identificado con el espíritu de catalanismo lliguero y saludado como una pieza fundamental de la popularización masificada del espíritu de la sociedad civil, era un nido de protestantes suizos, alemanes e ingleses, dispuestos a difundir los valores –supuestamente ajenos entre católicos– de *fair play*, deportividad y trabajo en equipo.[161] Su labor educativa fue hasta cierto punto paralela al soprendente vínculo que en Madrid se podía observar entre misioneros baptistas alemanes, protestantes norteamericanos y «librepensadores» de la Institución Libre de Enseñanza en su enjambre de entidades paralelas, notablemente el Instituto Internacional (el famoso «Miguel Ángel, 8» de sucesivas generaciones de «progresistas» madrileños).[162] Pero había diferencias muy significativas de temperamento entre la capital estatal y la Ciudad Condal que se tradujeron en modos muy diferentes de plantear una apertura a influencias en apariencia tan ajenas.

La posibilidad de una homologación modernizadora católica de los supuestos beneficios moralizantes del individualismo propio de las industrializadas sociedades protestantes del Norte de Europa o de Norteamérica tuvo en Barcelona un sentido concreto orientado a los rasgos del comportamiento «burgués», de un medio social dominado por *businessmen*, hombres de negocios. En resumidas cuentas, eran varios ideales encadenados: en primer lugar, *self-consciousness* como toma de conciencia; como consecuencia, *self-confidence* u orgullo individual y colectivo combinado con una voluntad de reconocer la iniciativa personal y, hasta cierto punto, la originalidad, hasta llegar, digamos, al *self-respect*; y, finalmente, *self-government* o autonomía política como resultado del cúmulo de esfuerzos hacia la *self-determination* o autodeterminación. Como conjunto, era polivalente, con sentidos que podían interpretarse de forma tanto social como política, tanto personal como comunitaria. En realidad, *fuera de su contexto anglosajón, estas fórmulas eran cultismos, proposiciones pro-*

movidas por intelectuales, pero que, por la importancia concedida a los comportamientos de tipo emprendedor, ponían al empresario en el centro de todo desarrollo social futuro. Gracias a este retrato lisonjero, el catalanismo «intervencionista» en expansión retuvo una imagen de «movimiento burgués», abierto a la iniciativa en un mayor grado de lo que realmente auspiciaba la «sociedad de familias». Era, sin embargo, una buena pauta para cualquier crecimiento futuro. Por añadidura, la secuencia del *self-* y de la «confianza en sí» se podía traducir, mediante las omnipresentes fuentes francesas –con Renan y su «plebiscito diario», sinónimo para los catalanistas de la «unidad cultural»– como un ejercicio en civismo, palabra clave para los angloamericanos que, significativamente, se hizo consigna de la Lliga.[163] *Y todo ello tenía un último beneficio: debido a la relevancia implícita dada al fabricante o comerciante como prototipo social, los intelectuales como sector nunca perdieron su control social del catalanismo, si bien la Lliga como partido estuvo bajo el firme control de un grupo muy concreto.*

No obstante sus pretensiones como material ideológico importado del mundo «anglosajón» y necesariamente traducido, los múltiples ideales activistas del *self* formaban un conjunto que encajaba bien con la tradición educada del país, manifestada desde la afición decimonónica por la escuela escocesa y su culto al sentido común y al empirismo, que tanto se asemejaba al gusto catalán por el *seny*. El catalanismo novelado de autores como Víctor Balaguer, entre otros, pudo beber de Walter Scott y de la abundante literatura romántica inglesa una «teoría *whig* de la historia» en la cual Inglaterra, desde que, en 1215, los barones obligaron a un desafortunado Juan Sin Tierra a firmar la Magna Carta, había vivido un especial camino, casi predestinado, que llevaba directo a la moderna vida parlamentaria.[164] No costó mucho ingenio aplicar este esquema a un enfoque catalán, según el cual los pioneros de los parlamentos decimonónicos eran las Cortes catalanas y aragonesas, siempre dispuestas a poner a la Corona en su lugar ante la ley.[165] Una relectura liberal de la tradición foral, pues, actualizaba todo, con el superior ejemplo británico por delante. Por añadidura, el constitucionalismo norteamericano se empecinó en atribuir el antecedente de la protección de la propiedad privada ante los abusos del poder público a esa misma mágica experiencia medieval de la Magna Carta.[166] Todo ello junto, como paquete ideológico adaptado a las circunstancias catalanas, reforzaba, con alusiones a los más actuales modelos extranjeros, a valores *nostrats*, caseros y familiares, y servía para demostrar de manera fehaciente que el «estilo de vida» catalán era simultáneamente de fuerte raíz histórica y moderno en sí. Además, finalmente, era posible exportarlo como práctica o modo de trabajo modernizador al resto de España.

El contraste con Madrid no podría ser más acusado, si se tiene en cuenta que el equivalente madrileño a este individualismo emprendedor con resonancias empresariales y autonómicas fue el krausismo.[167] El movimiento que siguió a Julián Sanz del Río (1814-1869) en su aceptación del idealismo del filósofo alemán Karl Christian Friedrich Krause (1781-1832) se entendió a sí mismo como una corriente estrictamente intelectual, cuya meta era el predominio en la universidad, para la formación moral de futuras generaciones, y, como máxima expresión, en la más alta política de la Nación, que era incuestionable España.[168] Su combinación de foco educativo e ideológico-político, su insistencia en un estilo de comportamiento sobrio, hasta riguroso, contrastaba con la ampulosidad de expresión y de actitudes españolas en la segunda mitad del siglo XIX.[169] En otras palabras, los krausistas se izaron como portavoces del rearme moral y moderno de una sociedad agraria y atrasada. Sus inmediatos enemigos reconocidos fueron los clericalistas. Por ello, desde puntos de vista muy diferentes, fueron reconocidos como los «reformadores» por excelencia de la enquistada y católica España.[170] Pasada la influencia personal de Sanz, el santuario de la corriente fue la Institución Libre de Enseñanza, fundada en 1876 en Madrid por Francisco Giner de los Ríos, nacido en Ronda en 1839.[171]

Sin embargo, más allá del gusto común por actuar como grupo de presión intelectual, del criterio educativo consciente de enseñar mediante el contacto directo con la realidad, de la afirmación genérica del *self-government* como ideal y de un cierto iberismo, puntos argumentales que servían como puente con el estilo práctico que se acostumbraba usar en la sociedad catalana, no había mucha base de compenetración con la pulsación moral catalanista, ni siquiera para una comprensión condescendiente.[172] En la espinosa cuestión jurídica de la soberanía, ante las propuestas de juristas no necesariamente favorables a las pretensiones particularistas como Jellinek, Laband o Duguit, que podían reconocer la estatalidad funcional de los estados federados o protegidos, Giner y sus discípulos se mantuvieron dentro de «la posición central de la ciencia política: el Estado es siempre soberano».[173] *En consecuencia, el pensamiento político republicano en línea con este enfoque, como, por ejemplo, el de Gumersindo de Azcárate, no mostró simpatías por el catalanismo, si no más bien el contrario.*[174] De raíz, el krausismo desconfiaba de los empresarios, ya que, bajo su reivindicación de una moralidad alternativa, compartía los peores prejuicios contra los funcionamientos mercantiles con sus rivales católicos. Para acceder a la salvación krausista, era más importante el peso del deber intelectual que el heroico sentido del individuo emprendedor, por lo que, alguna excepción al margen, todo aspirante había de dejar los negocios y coger los libros. Precisamente esa templanza libresca, por ejemplo, atrajo a la parsimoniosa virtud krausista el prócer radical demócrata argentino Hipólito Yrigoyen (1852-1933), quien ya había leído a Emerson, sin encontrar en él consuelo.[175] En ese sentido, como observó uno de sus enemigos, el krausismo se quedó en un terreno espiritual muy comparable al unitarismo religioso del que partió Emerson, sin interesarse en el potencial de tales ideas, mediante el canto a la iniciativa individual canalizada por la eficacia grupal, para atraer un medio empresarial en su sentido social más amplio, como hicieron los teóricos de la Lliga.[176]

Por su parte, los catalanistas miraron con desconfianza a la tendencia madrileña. En palabras del historiador Cacho Viu:

El krausismo parecía inevitablemente algo lejano y, en cierto modo, hostil: su tendencia organicista podía ser utilizada para justificar las variedades regionales dentro de un cuerpo nacional único, fundamentando así una visión castellanizante del pasado español. Esa prevención la compartían, más o menos conscientemente, bastantes de esos graduados barceloneses que venían a coronar sus estudios en Madrid. Eran ya hombres hechos, y hechos en otra ciudad, proclives por tanto a experimentar una sensación de rechazo a cuanto formara parte de ese ambiente potencialmente enemigo: «la visión de Madrid –confesará Jaume Carner–, por ley de contraste despierta nuestra conciencia de catalanes».

Para Cacho, Prat –que hizo su doctorado, como todo el mundo entonces, en la Universidad Central– constituyó quizás «un caso extremo» de este recelo.[177] Prat aparentemente conocía la obra de Sanz del Río y algunos krausistas europeas como Ahrens y Tiberghien, pero sus ideas no calaron en su formación.[178] La escuela madrileña era demasiado exigente en su tono de superioridad moral, demasiado una alternativa espiritual al catolicismo, para el sutil latitudinarianismo organizativo al que aspiró la Lliga, cuya única fidelidad decisiva era la fe en el criterio nacionalista en sí.[179]

Algunos refugiados del monopolio catalanista, como Josep Pijoan o Gaziel, establecieron fuertes vínculos personales con Giner, muerto en 1915. Asimismo, el famoso diálogo epistolar entre Unamuno y Maragall siempre tuvo el fondo de la relación del poeta catalán con Giner.[180] Salmerón creyó entender a la Solidaritat desde esta misma base. *Pero el krausismo siempre desconfió de la insistencia lingüística del catalanismo como una fuente de divisiones cuando lo deseable era el entendimiento mediante la unión.* Así, el hermano menor de Giner, Hermenegildo, nacido en Cádiz en 1847, catedrático de instituto en la Ciudad Condal, combatió el catalanismo desde las huestes republicanas de Lerroux y, como radical, fue un belicoso regidor en el ayuntamiento barcelonés.[181] Tampoco prosperaron los intentos de colonizar Cataluña con entidades «institucionistas».[182]

Pero, ¿no era el individualismo emprendedor catalanista tan sustanciosamente «reformador» como la moral estirada de educador propia del krausismo? Eventualmente, al amparo de una relación burocrática y estatal compartida, gracias al «hombre puente» que fue Pijoan y también a los contactos calculados que el ambicioso D'Ors buscó en Madrid, el Institut d'Estudis Catalans, fundado en 1907, y la Junta de Ampliación de Estudios, asimismo creada en ese mismo año, bajo José Castillejo, llegaron a un modus vivendi.[183]

Catalanismo y pragmatismo

En todo caso, más allá de algunas trayectorias intelectuales como la del «inconformista» Maragall o la personalísima evolución de Xenius, las fuentes angloamericanas de un individualismo teórico fueron importantes para anclar el discurso «imperial» de la Lliga. Subrayaban de manera terminante que el proyecto «imperial» catalanista nada tenía que ver con las pretensiones aristocráticas que tanto abundaban todavía en la Europa anterior a 1914.[184] Se reivindicaba el «imperio» desde la «unidad cultural» catalana y desde la fuerza de su urbanidad empresarial y asociativa, netamente «burguesa», nada dada a presumir de la holgazanería y sin lugar, más allá del Liceo, para el espectáculo de la ostentación. El proyecto de Prat, por tanto, era muy explícitamente un «imperialismo de la sociedad civil», cuya intención, entre otras cosas, era dar la lección didáctica de la modernidad, a la vez individualista y colectiva, a una España todavía muy puesta en rangos y títulos. El patrón estadounidense recordaba el objetivo final, en el terreno social, como «unidad cultural» de mentalidad «burguesa», capitalista y activa, con pleno reconocimiento político para la soberanía doble de tipo federal; el inglés, la posibilidad de compromiso de espíritu «burgués» con el predominio aristocrático hasta imponerse el primero, así como la ventaja de un *imperium in imperio* que efectivamente podía acabar en la independencia virtual en el patrón canadiense.[185] Pero una vez estuvo establecido este principio, *el «imperialismo de la sociedad civil» tomó vida propia y sus antecedentes doctrinales poco importaron* y pudieron dejarse atrás, el anclaje inicial convertido en lastre.

A partir de Emerson se abría el camino al pensamiento finisecular estadounidense, tan orientado a la moralidad práctica de una sociedad civil exitosa, si bien las relecturas europeas podían resultar sorprendentes.[186] En muchos sentidos, el planteamiento angloamericanizante de Prat iba en paralelo al llamado «pragmatismo jurídico» del jurista francés Léon Duguit (1859-1928), que llegó a su fama internacional –y muy especialmente en el mundo iberoamericano– en los años diez y veinte. Es verdad que no consta referencia alguna en la obra pratiana, ni tampoco en el vasto *Glosario* orsiano en catalán o en castellano, pero el parecido es revelador del sentido del programa ideológico lligaire. Influenciado por el nuevo pensamiento norteamericano de su tiempo (de ahí la alusión al «pragmatismo» de William James) y dispuesto a dar la batalla a la jurisprudencia germana, entonces dominante, Duguit sostuvo que dos factores condicionaban la transformación del Estado: el primer lugar, «la concepción de una regla social que se impone a todos, o derecho objetivo»; y, en segundo lugar, «la descentralización o el federalismo sindicalista». El pensamiento de Duguit representaba una desacralización del Estado en función de los ámbitos locales y del tejido asociativo. Tal como en 1909 lo resumió el conocido jurista y sociólogo español Adolfo González Posada (1860-1944), discípulo de Giner y producto de la Institución Libre:

> Poder político, [sic] parece significar el poder jurídico, la capacidad personal del estado político, no superior ni inferior, sino equivalente a la capacidad propia de toda persona –individual o colectiva–; es para el estado lo que el poder de organización y de autonomía para los sindicatos. –Soberanía es la característi-

> ca, no del Poder político, sino de toda persona, del sindicato inclusive, en razón de que, la persona, la del individuo como la del Estado –el Estado por antonomasia– tiene en sí la capacidad suficiente para regirse; no indica la soberanía el imperio sobre otros, sino sobre sí mismo; salvo aquellos casos de tutela, en que una persona rige a otra incapaz de dirigirse –el menor, el loco, el criminal– y en otros respectos y relaciones, la colonia, la aldea, el municipio. La soberanía tiene un supuesto sociológico en la realidad de la colectividad, y ésta un supuesto psicológico en la compenetración de vidas que entraña la solidaridad, condición que permite la elaboración del espíritu común. No hay, pues, en la soberanía ningún concepto de substancia; es sencillamente una cualidad, la de ser capaz de dirigirse.[187]

Como muestra el texto de Posada, el planteamiento del «imperialismo de la sociedad civil» y el «imperio» político, pero también «de la sociedad civil» que de ello podía resultar, conectaban con múltiples corrientes que estaban en el ambiente europeo. Tras el empacho finisecular de discusiones sobre la superioridad de los «germanos» o «anglosajones» frente a los «latinos», se planteaba de numerosas maneras como aprovechar la esencia cultural del Norte para rehacer el Sur.[188] Por añadidura, se superaba el contagio «protestante» que la III República francesa traspasaba al republicanismo hispano, sin tener para nada que entrar en materia propiamente religiosa y, con ello, perder apoyos.[189] De hecho, el planteamiento «pragmático» de James pretendía superar de forma explícita la tensión entre el idealismo y el empirismo filosóficos, entre teoría y práctica, entre religión y racionalismo y, por ello, se prestaba a las combinaciones ideológicas y la síntesis particular que proponía la Lliga.[190]

El «pragmatismo catalanista» fue una ilusión duradera en la Lliga y, muy especialmente, en el ánimo de Cambó. Casi al final de su vida, éste rememoró con auténtica satisfacción una experiencia compartida con Ventosa en 1918, cuando una delegación estadounidense de *businessmen*, hombres prácticos, desesperados ante las dilaciones y confusiones madrileñas, les rindió un reconocimiento a su sentido expeditivo y eficaz, pronunciándoles casi unos norteamericanos honorarios («Vdes. parecerse más a nosotros»).[191] Para Cambó, en el fondo, no podía haber mejor elogio.

10. El catalanismo ante el relicario: la sociedad civil histórica

Una vez había instrumentalizado el comportamiento cívico «anglosajón» y «posprotestante» como expresión de un estilo de vida moderno precisamente por «burgués», Prat de la Riba, para articular su respuesta unitaria y culturalista, y, por lo tanto neutral, *también* tomó algunos préstamos del repertorio tradicionalista. Todo ello, por encima de aportación propia de la derecha eclesiástica catalana o filocatalanista, vino facilitado por el esfuerzo de modernización organizativa que, en particular, promovieron los carlistas catalanes en la última década del siglo XIX.[1] Los catalanistas «intervencionistas» eran conscientes de ser rivales de cualquier fuerza política regionalizante. Su intención era asimismo incorporar todo lo que en el tradicionalismo hubiera de aprovechable, en parte para deshacerse de su competencia, pero también para equilibrar la aportación «posprotestante» y asegurar que el injerto «anglosajón» o, mejor, el tierno brote ideológico, se aclimatizara.

Las reticencias catalanas ante los excesos importados

Era una precaución necesaria, dadas las prevenciones ambientales. Al fin y al cabo, el hecho de persistir por el camino de Emerson y Carlyle podía llevar, en último extremo, a la Masonería y al republicanismo, destino político muy del desagrado de Prat y sus congéneres, especialmente cuando la intención era, por el contrario, su neutralización. Contra la hedionda «secta» habían avisado Maistre (que estuvo en las logias) y sobre todo el abate Barruel, ambos autores muy apreciados en la tradición católica catalana.[2] Pero los intentos de contrarrestar la insidiosa labor de los «hermanos» mediante una «masonería blanca», el sueño de réplica activista de tantos contrarrevolucionarios papistas, nunca acabó de funcionar, al menos en vida de Prat. La solución, como él percibió muy claramente, era la anulación de raíz: crear unas condiciones asociativas que, por su inherente modernidad, hicieran inviable –o como poco ineficaz– la sectaria presión amical de la francmasonería.

El recelo contra el discurso modernizador de fuente extranjera (especialmente angloamericana) era un rasgo visible del contexto cultural y político hispano. Como observó el conocido sociólogo católico Severino Aznar Embid (1870-1959), dedicado a evaluar la eficacia de la publicidad para Acción Social Popular, el laborismo inglés había surgido de unas fuentes muy concretas. En palabras anteriores a 1914,

Aznar aseguró que: «Los maestros habían sido Ruskin y Carlyle, Emerson y Henri Georges [sic: Henry George], Dikens [sic: Dickens], Marx y la Biblia [hay que recordar la convicción católica de que los textos sagrados no debían ser leídos sin el consentimiento y los consejos de un cura autorizado].» El preocupado portavoz católico avisó del riesgo de fondo: «La propaganda de las ideas contenidas en unos pocos libros, había ido elaborando la radical revolución de un pueblo, al parecer [el] más sólido e incomovible de Europa.» Aragonés, incansable propagandista del socialcatolicismo, Aznar tenía muy clara la incompatibilidad absoluta entre socialismo y catolicismo, luego su advertencia sobre los riesgos de según qué lecturas era del todo calculada y más cuando estuvo siempre abierto a las «sanas» propuestas venidas del regionalismo catalán.[3] Ni que decir que el arraigado espíritu conservador catalán no necesitaba de avisos aragoneses para mirar con prevención según qué innovaciones.

Así, gracias a la lluvia constante de tales avisos desde la derecha, Prat y sus seguidores, a pesar de los entusiasmos «posprotestantes», tenían muy presentes los límites. En el medio conservador que rodeaba la Lliga siempre hubo la sospecha –con cierta razón– de que las logias constituían una presencia mayor de lo que podía parecer, capaz de actuar como rival filorrepublicano dentro del mismo movimiento catalanista.[4] Por su lado, las logias españolas, aunque no opuestas al contenido imperialista como tal (si era discreto, por ejemplo de afirmación lingüística), ni contrarias a la hegemonía española en sí, y además muy dadas a la federalización interior en sus ampulosos organigramas, desaprobaban muy consistentemente las ostensibles *formas* «imperiales» y del regionalismo en general.[5] *Dadas las mutuas reticencias con la francmasonería, el ambicioso programa catalanista para la exportación del «modo de vida catalán» y su contenido pragmático y fraterno al conjunto de España necesitaba elementos de compensación, que debían venir del contrario extremo católico.*

Por su parte, la parte menos condescendiente de la ortodoxia católica estaba obsesionada con la pérdida del monopolio que sobre la sociedad civil había podido ejercer la Iglesia. El extremo economicismo de la historiografía de las últimas décadas hasta cierto punto ha ocultado el grado hasta el cual, a lo largo del siglo XIX, la progresiva liberalización de la sociedad española –fuera la famosa desamortización de tierras eclesiásticas o tan sólo la abolición de gremios cuya vida era en buena medida parroquial– redujo el protagonismo central del clero y sus familiares institucionales a una situación de competencia, lógicamente mal vista por quienes heredaron tan menguada actuación. *Existía, por tanto, un miedo católico a la amenaza laica y secularizadora, cuya expresión más pura se situó en el análisis de las esencias enemigas y –dado el tipo de interpretación aprendido en los seminarios– a su contenido de creencias.* La presión de la innovación que se asociaba al desarrollo industrial y a la urbanización no era para menos. La gente común empezaba a pensar por sí misma y, de pasada, se inventaba nuevas fórmulas religiosas, como, por ejemplo, el librepensamiento, con su propio órgano de expresión en catalán, o, peor, si ello era posible, el espiritismo.[6]

El desarrollo del feminismo (o el sufragismo) y del obrerismo en Estados Unidos se hizo inseparable de la especulación intelectual «plebeya» y, en consecuencia, de sistemas de creencias, como el espiritismo, que podían subsistir como una fe particular, individualmente concebida, en paralelo a una afiliación religiosa calvinista o metodista o incluso a una militancia «materialista». El espiritismo, por su espontaneidad popular al margen de credos establecidos –en manos de los alfabetizados– tuvo un empuje importante, borrando en la primera mitad del siglo XIX al deísmo ilustrado que tan influyente había parecido en los finales de la centuria anterior. A partir de los años treinta, se difundió con rapidez, mediante una interacción entre Norteamérica y las islas Británicas.[7] Ello llegó pronto a Cataluña, pero, muy característicamente, a través de Francia y de las concreciones y argumentos del espiritismo y ocultismo galo, mediante la difusión del belga Alain Kardec, padre del «espiritismo científico».[8]

En todo caso, el espiritismo prendió en el contexto catalán con cierta fuerza, hoy olvidada.[9] Por ejemplo, la médium sevillana Amalia Soler y Domingo, nacida en 1835, fue llamada de Madrid, donde malvivía, a la capital catalana por el vizconde de Torres-Solanot –título flamante de 1852– para que le respaldara en su proselitismo espiritista y, durante veinte años, de 1879 en adelante, la vidente residió en Gracia publicando la revista mensual *La Luz del Porvenir.* Era evidente el sentido polémico de su percepción –sus recitaciones en trance eran recogidas y publicadas, como era habitual en este medio–, ya que, al poco de su llegada a Barcelona, en 1880, la Soler publicó una recopilación de sus escritos, titulada nada menos que *El espiritismo refutando los errores del catolicismo romano.*[10] Llegado 1888, el año de la Exposición Universal, uno de los ocho congresos celebrados en Barcelona fue un gran encuentro espiritista, que reunió a círculos franceses, flamencos e italianos con españoles y catalanes.[11] La especulación espiritista finisecular se cruzó y se mezcló con temáticas como la potencia curativa «natural» de las plantas, el «naturismo» nudista y heliófilo, y el «amor libre». Tales corrientes tuvieron una fuerza duradera en el medio republicano y popular catalán, tiñendo el movimiento obrero con un regusto bien caracterizado.[12] El republicanismo leridano, en particular, tuvo una fuerte y duradera corriente espiritista.[13]

Este trasfondo de creencias alternativas dio sentido al enorme escándalo que, en sus últimos años, rodeó al poeta mosén Verdaguer, protector de una familia de «dotados», para indignación y vergüenza de los fieles ortodoxos y regocijo de las izquierdas. Por supuesto, Verdaguer no era espiritista, pero algunos de sus defensores laicos sí podían serlo.[14] La verdad es que «*mossèn* Cinto» no fue el único eclesiástico catalán que en la segunda mitad del siglo XIX se arriesgó en el terreno escurridizo de los exorcismos.[15] No obstante los antecedentes, el hecho que el mayor protagonista de la *Renaixença*, cura limosnero de los Güell, estuviera implicado en un asunto tal polarizó opiniones y generó una vasta literatura de comentario.[16]

Visto el panorama de la credulidad heterodoxa, la opinión católica y clerical estaba dispuesta a superarlo y creer las fantasías más increíbles de las «manifestaciones ectoplásmicas» que supuestamente se producían en las logias masónicas, como mostró la notoria superchería de Leo Taxil, dedicado por entonces a sacar cada vez más imposibles y sorprendentes «revelaciones» del secreto culto diabólico y (entre otras lindezas) de sus sectas lésbicas, llegando a convencer incluso a pontífice León XIII, hasta que, un buen día, él mismo se destapó como artífice de una prolongada broma anticlerical.[17] Resumiendo, el medio católico era en extremo suspicaz ante cualquier sistema de creencias alternativo, en especial que tuviera liturgia propia (como la masonería), ya que lo percibía como una amenaza mortal.[18] La publicística pía se cuidó mucho de prevenir cualquier contagio.[19] Así, la distinción entre fe íntima y público comportamiento cívico que propusieron Prat y sus amigos presentaba un problema, ante el cual hubo división de criterios entre eclesiásticos.

Además, el protagonismo de Prat de la Riba con su esquema «imperial», fundamentado en la «unidad cultural» de Cataluña, incluso la originalidad de una tesis y otra, fue de inmediato disputada desde el campo tradicionalista, ya que se percibía la rivalidad más allá de las posibles concomitancias ideológicas. Si bien las derivaciones del repertorio ideológico carlista en Prat fueron significativas, también fueron hasta cierto punto superficiales. Al mismo tiempo, resultó fácil llegar a acuerdos locales con los «legitimistas», especialmente en coyunturas en las que éstos preferían enfatizar su foralismo. En realidad, como suele decirse, la procesión iba por dentro, *ya que el nacionalismo catalán, con sus deslumbrantes metáforas, ambicionaba una reformulación de la sociedad civil que rebajaba el sector católico histórico, al tiempo que le ofrecía alabanzas calculadas.*

La rivalidad con los tradicionalistas

Desde las izquierdas siempre hubo una tozuda costumbre de reducir a los catalanistas al rango de una mera transmutación del tradicionalismo, una actualización o puesta al día de las trasnochadas tesis forales abanderadas por los carlistas.[20] Así, por ejemplo, hacia finales del siglo, lo veía el viejo Laureano Figuerola, nacido en Calaf en 1816 y muerto en Madrid en 1903, catalán librecambista establecido en Madrid y arquitecto de la política de Hacienda del gobierno del general Prim en 1868 y 1869-1870, en plena «Revolución gloriosa». Convertido en republicano bajo la Restauración, declaró, en un sonado debate en la Academia de Ciencias Morales y Políticas de la capital, que:

> Hoy puede decirse, salvo excepciones, que todos los que preconizan los Fueros, *son carlistas* [cursiva en el original] que toman esa máscara para disimular sus propósitos, con la particularidad de que se declaran por una rama de la familia de Borbón que fue la que quitó los Fueros a Cataluña. No comprendo entre los carlistas algunos jóvenes entusiastas que exageran las ideas autonómicas, sin calcular las con-

secuencias fatales para la unidad de la patria. Se dividen en catalanistas y separatistas: éstos son pocos; en vez de la autonomía que buscan, lo que conseguirían es caer bajo la dominación francesa, más centralizadora que la española.[21]

Fue una descripción muy apreciada en el medio liberal y, por supuesto, entre sus correligionarios republicanos. Pero la opción de Prat apuntaba más alto que tales concomitancias, dejando atrás las muchas iniciativas en términos de una Diputación de Cataluña que abundaron en filas carlistas durante cuatro décadas de guerra casi continua contra el liberalismo triunfante.[22] Prat no pretendía *encajar a Cataluña* en un sistema político hispano tanto como *redefinir el sistema*.

En general, el sector ideológico «carlista» o «tradicionalista» (por llamarlo algo), mal comprendido fuera de sus recias murallas espirituales e ideológicas, estaba en su seno muy escindido. Por mucho que estuviera dividido hacia dentro, sin embargo, tenía una gran capacidad de unirse hacia fuera, siendo la mejor defensa un ataque. Los enemigos eran muchos: el «liberalismo» imperante, el sistema político alfonsino, heredero de la causa victoriosa en la interminable «guerra civil» por antonomasia del siglo XIX, o, peor todavía, el republicanismo o el obrerismo, que le disputaban a las diversas familias tradicionalistas la representatividad popular, externa al sistema constitucional, de la ciudad «descristianizada» y, según dónde, incluso del campo. Cuando los puntos comunes –muy en especial, la relevancia absoluta de la Iglesia española como vertebradora de la sociedad civil– eran criticados, atacados o amenazados desde una izquierda tan ampliamente concebida, cuando el liberalismo constitucional y la izquierda subversiva, antidinástica, se unían sobre algún tema –usualmente relacionado con la educación o los ingresos eclesiásticos– para clamar contra «la sombra de la Inquisición», entonces las ramas tradicionalistas, por muy malquistadas que se encontraran entre sí, solían dejar de lado sus disputas y fundirse en un combate contra «la masonería» (o sea, la alianza de centroizquierda, a través de su marco asociativo), antesala de las peores patrañas del incansable Maligno.

El carlismo de la Guerra de los Siete Años (1833-1840) y de las algaradas y alzamientos que se sucedieron contra el predominio liberal, fue un movimiento variopinto. Con muchísimas facciones, justificaciones y manías ideológicas, *era mucho más coherente visto por sus contrarios que por sus simpatizantes*. La evolución de la causa carlista de derrota en derrota, sin embargo, exigió mayores adaptaciones a la realidad política, tal como, con pintoresquismo variado, intentaron tanto el romántico conde de Montemolín como el malogrado don Juan, hermanos y pretendientes sucesivos a la Corona entre 1845 y 1868. Estas iniciativas pudieron parecer una contemporización con el «neocatolicismo» de los liberales «moderados», lo que provocó airadas polémicas en su día.[23] Pero la articulación política –el paso de causa a la antigua a movimiento organizado, como expresión de partido parlamentario y red insurreccional– fue obra de Cándido Nocedal y de su hijo y heredero político Ramón, ante el desafío de la revolución de Septiembre de 1868, la «Gloriosa» por antonomasia, que tumbó la odiada rama dinástica cristina (Isabel II, hija de María Cristina, la «reina gobernadora») y abrió la teórica posibilidad de una recuperación del trono por parte de la rama «legítima». No obstante las esperanzas, Prim, Serrano y Topete buscaron rey ajeno y la oposición parlamentaria de Nocedal no pudo superar los impedimentos institucionales, con lo que se dio un alzamiento nuevo en 1872, con la contienda consiguiente y su fracaso en 1876.

Muerto don Cándido en 1885, la renovación del carlismo como partido fue encabezada por su hijo Ramón Nocedal hasta que, en 1888, se separó de la tutela del monarca carlista y proclamó el Partido Integrista. Ante la presión de esta escisión y de la simultánea recuperación de los republicanos, rivales sempiternos por la clientela popular, el carlismo oficial se reorganizó en los años siguientes como fuerza política modernizada electoralmente. Con menor alcance, el integrismo hizo lo mismo.[24] Inicialmente, en el ambiente generado por el primer *Missatge a la Reina Regent*, pareció que el nuevo integrismo podría tener una cierta debilidad por el naciente catalanismo, como lo podía tener, según cómo y en clave de la dinastía alternativa, el carlismo del cual partía.[25]

Su competencia electoral mutua –ante la recuperación del sufragio universal en 1890, de la mano liberal– llevó a que integristas y «legitimistas» refinaran y clarificaran sus respectivas posturas ideológicas, al calor de los nuevos medios de propaganda. Los «legitimistas» eran los únicos verdaderamente *carlistas*, o sea, partidarios de Carlos VII, duque de Madrid, como «auténtico» rey de España, con independencia de lo que hicieran o dijeran, sucesivamente, Alfonso XII, la reina regente María Cristina de Habsburgo o su hijo Alfonso XIII. La temática carlista, pues, aunque mucho tuviera de fidelidad católica ultramontana y de promotora de las características supuestamente inherentes a la Monarquía tradicional, *era en gran medida dinástica,* afirmando de manera incesante las virtudes y excelencias de la «genuina» familia real.

Por el contrario, el integrismo tuvo, precisamente por su pretensión de una pureza doctrinal mayor, el problema de una definición ideológica más estricta. Su nombre se refería a la integridad del programa tradicionalista, supuestamente obviado por los egoísmos de la dinastía ante el superior sentido político de los Nocedal y sus herederos: tanto error era poner el principio de autoridad en los reyes o «cesarismo», como en los pueblos o «soberanía nacional», según el *Manifiesto de Burgos* de Ramón Nocedal.[26] El ejemplo que el integrismo tomó como guía fue la presidencia de Gabriel García Moreno en el Ecuador desde 1860 hasta su muerte, asesinado por una conjura liberal, en 1875.[27] Imbuido de la doctrina de Pío IX, pontífice reinante de 1846 a 1878, y muy especialmente de su *Sílabo de errores* de 1854, García Moreno, gobernando bajo una carta que sólo reconocía la ciudadanía a los católicos, renunció a todo dominio estatal sobre la Iglesia romana (incluidos los derechos heredados del régimen colonial español) e hizo del *Índice de libros prohibidos* el fundamento de la universidad, pero también era republicano, nacionalista y perfectamente actual.[28] Con el saludable ejemplo ecuatoriano en mente, el integrismo nocedaliano cortaba, pues, por lo sano. *El consiguiente acierto integrista fue la elaboración de un nacionalismo tradicionalista, que recogía toda la parafernalia querida de la causa carlista, pero la sintetizaba en el sentimiento de identidad religiosa, no en la lealtad a la dinastía: se era español, o mejor españolista, porque tal hecho conllevaba, de forma esencial, ser católico, apostólico y romano.*

Los años noventa dieron fuerza y vehemencia doctrinal a esta postura de nacionalismo religioso. Por una parte, a partir del universalismo católico, se buscaba la idealización de la labor misionera como justificación del excepcionalismo español en la historia, lo que llevó a que los integristas clamaran por la defensa de las posesiones de ultramar. Por otra, el peligro masónico visible en los separatismos isleños (primero en Cuba, después en Filipinas) confirmó la temible amenaza satánica contra una españolidad ortodoxa, lo que facilitó la incorporación de los planteamientos habituales del españolismo militarista al repertorio integrista sin mucha modificación.

Si bien el integrismo nunca pudo disputar seriamente el apoyo electoral de los «legitimistas», su dominio intelectual era virtual en la vida espiritual y en los grandes órganos de prensa del campo tradicionalista, por su mayor abstracción conceptual; el hecho de enfocar sobre el contenido religioso de la sociedad era, comparativamente, una evidentísima superioridad de articulación doctrinal. Su debilidad, sin embargo, provenía del mismo punto: al ser inflexibles en la pureza, tenían mucho menos margen de maniobra que sus rivales dinásticos y bastante menos cuerda táctica, aunque en la teoría podían operar al margen del pleito entre Monarquía y República, central en la vida política. Este juego, además, se daba en un medio volcado sobre sí mismo, de tal forma que las innovaciones ideológicas integristas llegaban a muy pocos, más allá de los lectores de la más sistemática y clara «buena prensa». Sus disquisiciones, por lo tanto, estaban perdidas para la base carlista analfabeta que se apegaba a los símbolos y no a los rizos silogísticos de estos neotomistas forjadores de discurso nacionalista. Al mismo tiempo, estos publicistas operaban siempre en un contexto en el cual las fronteras de facción eran elásticas y las polémicas podían cambiar de dirección de forma muy abrupta; por lo tanto, el mayor elogio era ser copiados por los «legitimistas», ya que siempre podría ser el anuncio de un reencuentro.

La aparición de los nacionalismos peninsulares no españolistas, simultánea a la del propio españolismo integrista, fue en extremo vejatoria para ellos, por lo que representó otro freno a su expansión. En su más importante discurso en Cataluña, en el barcelonés Fomento del Trabajo, en 1892, el mismo año que se acordaron las *Bases de Manresa,* Nocedal, entre las protocolarias alabanzas al país y a su laboriosidad, dejó clara su posición: cuando las cosas iban bien, España había funcionado porque «había unidad moral, había por eso íntima y verdadera unidad nacional, había espíritu católico y español que todo lo informaba, vivificaba y regía, como el alma al cuerpo».[29] En el ámbito vasco, la postura paralela al integrismo en el pensamiento de Sabino Arana permitió un espacio peculiar de maniobra, muy en contraposición a los *euskalerricos* rivales del sabinismo.[30] Pero en Cataluña –y por mucho que algunos clérigos influyentes (el famoso *vigatanisme* imanente del obispado de Vic) respaldasen el naciente catalanismo– la situación no podía ser más diferente.[31] El catalanismo político, desde su surgimiento en los años ochenta, siempre tuvo algo de «mestizo» (el insulto preferido de los integristas, alusivo a quien se mezclaba con el liberalismo, moderado o extremo), en la medida que buscaba la confluencia de todos, republicanos y dinásticos, liberales y conservadores, sobre el tema específico de la recuperación del idioma y de unas instituciones de representación autóctonas (no necesariamente las tradicionales, anteriores a 1714).[32]

La compleja neutralidad religiosa del catalanismo político

Por mucho que no se acostumbre a enfocarlo así, el regionalismo catalán compartía un fuerte componente de *libertarismo de derechas* con el mundo histórico tradicionalista (y también con la especial disidencia posliberal del maurismo). En palabras posteriores del ensayista catalán Josep Pla, siempre dispuesto al elogio idealizado de tales sentimientos: «La libertad que predicaban y ofrecían los viejos carlistas era quizá más sólida que la que postulaban los liberales. Era la libertad entendida a la manera antigua. No la libertad con mayúscula, abstracta y vaga, escrita en un papel; sino las libertades concretas, garantizadas por organismos, instituciones, costumbres y hábitos antiguos, vivos y de escamoteo imposible. No de otro modo se gobierna Inglaterra.»[33]

Hubo, pues, una parte muy importante del tradicionalismo que se fijó en la sociedad civil «tradicional», formas jurídicas y sus instituciones –la primera, la Iglesia– o para hacer frente a la «mundialización» decimonónica del liberalismo, que, en España, tomó la forma de una revolución mediante la revisión de los códigos, arrasadora para con las costumbres precapitalistas. Pero este tradicionalismo, fuera o no carlista, reivindicó el pasado jurídico sin necesariamente supeditarlo todo al protagonismo esclesiástico. *Existía un enfoque de recuperación del marco legal de la vida anterior a la revolución liberal, frente, hasta cierto punto, a otro que se centró en la defensa del predominio absoluto de la Iglesia en la sociedad civil* y su superioridad al poder civil. La toma de posición eclesiasticocéntrica era, según el lenguaje de la época, «ultramontana», por aquello de que Roma, vista desde Francia o España, estaba más allá de las montañas. El «ultramontanismo», por tanto, estaba supeditado a un sentido monárquico del Papado, postura que tenía el apoyo pleno de Pío IX, manifestada desde la publicación del citado *Sílabo de errores* hasta su controvertida actitud en el Concilio de Roma de 1870-1871, conclave en el cual él impuso el dogma de la «infalibilidad» papal. En contestación a quienes pudieran dudar de su criterio, el 8 de diciembre de 1864, el papa Mastai, al tiempo que promulgó la Inmaculada Concepción como dogma, dictó la encíclica *Quanta cura*, que condenaba la secularización de la educación, la separación de la Iglesia y el Estado y la noción misma de un Estado laico o neutral en materia espiritual.[34] *En la circunstancia española, el debate carlista con el Estado liberal y su «revolución», hasta en sus versiones más absurdamente teocráticas, se podía entender como una defensa de «libertades» y «derechos» civiles desmontados o ignorados por la transformación individualista de la propiedad y la ciudadanía.*

El abierto resistencialismo frontal a todo cambio, propio de la tesis de predominio absoluto de la Iglesia en la sociedad civil, hizo que tal enfoque fuera casi deslumbrante, mucho más presente que otros planteamientos menos extremos, pero también anunciaba su naturaleza utópica y su previsible fracaso. Por su mismo maximalismo, por la exigencia de estar por encima de cualquier poder público, era una toma de postura sin fáciles salidas comunicativas a otras posiciones más transigentes. Quedaba, eso sí, una lectura diversa de la misma idea de la contraposición absoluta y radical de poder civil y religioso, que guardaría su esencia espiritual como verdad incuestionada y, en cambio, cedería en el terreno más material. Era la posibilidad vislumbrada por el cura disidente Félicité Lamennais (muerto en 1854) en su paso de la defensa del criterio de «Trono y Altar» (o sea, el predominio «ultramontano») a la de «una Iglesia libre en una sociedad libre». Es decir, la Iglesia sería vertical y absoluta en su seno, exigente de la obediencia para los creyentes, pero reconocía situarse en un contexto social en el cual –paradoja aparente– aceptaba la libre competencia con otras creencias y fuerzas sociales, y hasta reclamaba un marco político que le facilitara tal inserción.[35]

El rechazo dictado por Pío IX tenía, por tanto, dos lecturas posibles, ambas marcadas por el predominio incuestionable del Vaticano sobre las Iglesias nacionales. Formulado en términos de los ejemplos contemporáneos, sería la contraposición extrema de la situación de la Iglesia en Ecuador bajo Gabriel García Moreno, ideal de los integristas más ferozmente antiliberales, con las circunstancias católicas en los Países Bajos, donde la «pilarización» (derechos y recursos equivalentes para cada comunidad, empezando por las escuelas) surgió, primero de una alianza entre liberales y papistas contra calvinistas y, después, a partir de 1888, del sorprendente acuerdo entre las dos contrapuestas comunidades de creyentes contra el criterio secularizador.[36] A su manera, siempre con la cautela propia del Vaticano, el papa León XIII (cuyo pontificado abarcó las dos últimas décadas del siglo XIX) pudo plantearse bendecir la adaptación de los fieles a circunstancias políticas por lo demás dudosas, como hizo notoriamente en 1889-1892 con el fracasado *ralliément* católico a la III República francesa.[37] El proyecto de «imperialismo católico» del Santo Padre quería contar con el apoyo de la Corona Apóstolica austro-húngara, la gran potencia católica por excelencia, pero el relativo desengaño ante Viena había inspirado el acercamiento a la impía Francia. Sin embargo, la misma visibilidad de una sociedad civil católica en Francia, junto a sus patentes pretensiones culturales, ayudaron a abrir una prolongada crisis politicorreligiosa –el asunto Dreyfus– que llevó a la eventual ruptura entre República y Vaticano y a la consiguiente separación de Iglesia y Estado en 1905, ya bajo un nuevo Papa.[38] Para entonces, la Iglesia romana había recuperado su habitual órbita diplomática austrohúngara, ya que el sucesor en el trono de Pedro, Pío X, que reinó de 1903 a 1914, dio a su enfoque internacional un marcado sesgo antirruso, de desconfianza ante el mundo eslavo de rito ortodoxo.[39]

Vistos los costes de la contemporización, aunque fuese relativa, con las tendencias modernizadoras ejemplificadas por Francia, el nuevo pontífice buscó la disciplina en el seno de la propia Iglesia y la fidelidad obligada entre los creyentes.[40] Ya León XIII había tenido especial preocupación con el peligroso «americanismo», que condenó rotundamente en 1899, pero el nuevo papa Sarto, siendo un eclesiástico más preocupado por cuestiones de fe y dogma que de alta política, fue más allá. Quiso cerrar filas, presidiendo su pontificado una desagradable pugna entre integristas y «modernistas» católicos. En julio de 1907, Pío X auspició un nuevo «Sílabo» antimodernista y, en septiembre, su encíclica *Pascendi* impuso la disciplina al clero, sometido en casi todo a sus obispos. Al mismo tiempo, se hizo un uso generoso del *Índice de libros prohibidos*. Asociados, de 1909 en adelante, los integristas en una *Sodalitum Pianum* (confraternidad dedicada al recuerdo de san Pío V, antiguo inquisidor del siglo XVI que exigió la plena aplicación de los decretos del Concilio de Trento), se suponía con el apoyo del Papa y sobre todo de su mano derecha, el cardenal Merry del Val, estaban dedicados a la denuncia y hasta la persecución de los «modernistas». Pronto, la cuestión se envenenó todavía más mediante la denuncia de intrigas y maniobras, ya que la lucha se dirimió en un confuso espacio entre el ámbito estrictamente eclesial y el espacio católico laico, incluso político.[41] *Un resultado indirecto de la disputa fue la internacionalización del concepto mismo de «integrismo», a partir de la adaptación francesa del término hispano, reflejo de la importantísima, aunque solapada, influencia hispana en el pensamiento derechista francés.*[42] La batalla siguió hasta la muerte de Pío en agosto de 1914, su corazón fulminado por una depresión ante la Guerra Europea, y la elección de Benedicto XV, que removió sin dilación el equipo de su antecesor y corrigió el agreste tono vaticanista.[43] Como no podía ser de otra manera, la «crisis modernista» tuvo sus reverberaciones intelectuales españolas y catalanas, ya que la ascendencia española de Merry del Val ayudó a devolver la tensión católica entre integristas y «modernistas» al medio español.[44] Como es propio de toda cuestión vaticana, no es de fácil simplificación: la condena a Maurras y a su corriente vino de Pío X en 1914, antes de su muerte, aunque pospuso dar publicidad a la decisión.[45]

El objeto de tanta lid era la forma política o mecanismo de encuadramiento que había de articular la respuesta católica al liberalismo y a la secularización; lo que entonces se llamaba el «movimiento católico». Según la nunciatura en Madrid en 1896: «Bajo el título de acción o de movimiento católico se incluyen asociaciones, círculos, sociedades de obreros, cajas rurales, entidades de crédito, prensa, etc.: en resumen, todas aquellas obras que, nacidas bajo el impulso de la religión, tienden a impregnar las instituciones civiles con el espíritu del cristianismo, a restaurar la influencia de la Iglesia en la vida pública.»[46] En este sentido concreto, en Italia, por ejemplo, en las tres últimas décadas del siglo XIX, la *Opera dei Congressi* había protagonizado la defensa de los maltrechos «derechos» pontificios ante el Estado liberal de los Saboya con un ambicioso proyecto de reconquista de la sociedad mediante un despliegue institucional privado de cajas rurales, bancos populares, escuelas, entidades asistenciales, sociedades obreras y diarios, señalado todo con encuentros regulares o «congresos» para mejor orientar el esfuerzo sociológico. Los conflictos en su seno, sin embargo, finalmente aconsejaron a Pío X a suprimir tal «asociación de asociaciones» en 1904.[47] Tras las batallas teologales entre integristas y «modernistas», las cuestiones cruciales eran, por una parte, el monopolio efectivo que los partidos «legitimistas» existentes podían pretender ejercer sobre la «unidad católica», y, por la otra, cuáles eran las bases teológicas correctas bajo las que se podía formular y plantear una política católica innovadora desde la sociedad civil. Ante estas preguntas abiertas, la asistencia masiva de eclesiásticos y prohombres creyentes catalanes a los marcos unitarios católicos –como el IV Congreso Católico Español, celebrado en Tarragona en octubre de 1894– no podía esconder las tensiones internas que imposibilitaron la construcción de un movimiento efectivamente articulado.[48] Y *ello fue una de las oportunidades de las que supo aprovecharse el naciente catalanismo político.*

Establecido tan claramente el campo de la competición, así como sus contradicciones internas, *era evidente que el proyecto de Prat ambicionaba lo mismo que el sediciente «movimiento católico» y estaba dispuesto a concederle a éste su terreno, pero de ninguna manera la dirección, ni tan siquiera la preeminencia.* El catalanismo lliguero rehuyó hacer de escudo de la Iglesia, fuera de la manera que fuera. Como observó, en 1908 (el año de su muerte), el entonces obispo de Barcelona, el cardenal Salvador Casañas i Pagès, nacido en la Ciudad Condal en 1834: «Es bien sabido que el objeto primario del catalanismo, en cuanto a elecciones, es sacar todo el número posible de diputados catalanistas, a cuyo fin se subordina todo, incluso los sentimientos religiosos en los candidatos a la Diputación o el Municipio.»[49] Tampoco la Lliga recogió, ni mucho menos hizo bandera, del tema foral. Si bien hubo quienes, como el historiador gerundense Pella i Forgas, así lo intentaron, el movimiento como tal fue por otros derroteros.[50] Por ello, y por la falta de un criterio católico supuestamente coherente, Pella anunció *La crisis del catalanismo* en 1906.[51]

En concreto, Prat –y en ello le emularon sus muchos epígonos– no quiso perderse en el debate que buscaba la frontera entre liberalismo y tradicionalismo en una permanente confrontación de valores, en concreto, la pugna entre la definición de la pertenencia a la comunidad hispana por vía religiosa, como lo articuló notoriamente Menéndez y Pelayo, en contraposición al concepto liberal de ciudadanía representativa.[52] Ya, en su día, el caso Verdaguer demostró que había implícitos posibles riesgos de apostasía en otra dirección que la religiosa. En su desesperación, «*mossèn* Cinto» fue a Madrid y, tras apelar al mismo Menéndez, catalanófilo y católico, buscó apoyos en figuras ya tan tempranamente definidas como anticatalanistas como el jefe liberal Montero Ríos y el literato Núñez de Arce. De nada le sirvieron sus visitas, pero el gesto –trivial en sí– era un recordatorio del grado de fe, y por tanto de potencial desengaño, que acompañaba el nuevo credo ideológico nacionalista.[53] Pensando en frío, desde un punto de vista catalanista, la deducción lógica era que no se podía permitir que la visible crisis de fe tradicional, que en el fin de siglo era visible por doquier, repercutiera en la identidad catalana, en principio más indefensa que el catolicismo. La postura católica esperaba que el regionalismo ayudara a proteger la Iglesia, pero, ¿quién protegía a la condición nacionalizable de la región, si el desarrollo del liberalismo podía con el peso histórico de la religión en su versión tradicional? Para Prat, era necesario, hasta urgente, construir un nuevo Estado fundamentado en la sociedad civil y no en una trayectoria exclusiva de unos órganos de poder nada o poco vinculados a la verdadera –a sus ojos– realidad social. Para funcionar, esta operación debía incorporar toda la sociedad civil o, como poco, su grueso, aunque algunos compañeros de determinada trayectoria histórica personalmente le pesaran.

Por qué Prat no se subordinó a Torras i Bages

Por lo tanto, un sacerdote tan respetado como Josep Torras i Bages no se salió con la suya. Torras soñó con un catalanismo católico que surgiría como alternativa al integrismo. Era una ilusión planteada a finales de los años ochenta y que coloreó toda su obra regionalista, aparecida a principios de la década siguiente. Llegado el cambio de siglo, sin embargo, la esperanza del padre Torras no se encarnó en la Lliga Regionalista, por mucho que las izquierdas, entonces y después, así lo insinuaran.[54]

En sus apuntes inéditos sobre «La pràctica del regionalisme», comenzó con una sentencia concluyente: «Porque el regionalismo es un principio aglutinante no puede ser un partido.» Y añadió, con ácida ironía respecto a lo que era (o sería) el estilo *lligaire:* «El selfgovernament [sic] y el gobierno de los literatos es naturalmente burocrático.»[55] En los años noventa, Torras pudo asesorar a la Unió Catalanista en su política religiosa y, más adelante, mantuvo amistad o, como mínimo conexión con muchos dirigentes de la Lliga Regionalista, pero logró bien poco en el terreno de la concreción política.[56] «Para mí el regionalismo se confunde –escribió en sus apuntes privados el cura, muy frustrado, ya que el movimiento no entendía– el derecho divino fundamento de la sociología humana».[57] Con santa resignación, el sacerdote se aguantaba por razones prácticas, ya que, como había anunciado en 1893, al comienzo mismo de sus *Consideracions sociològiques sobre el regionalisme,* esta opción era «la antítesis del socialismo».[58] *Para Torras, la Lliga Regionalista, cuando por fin apareció, más que un bien en sí, era un mal menor.*

Escándalos como el suscitado por la *Pastoral* del influyente obispo Josep Morgades i Gili en 1900 (nacido en 1826, antecesor de Torras en la silla de Vic, y quien, tras un breve pero sonada estancia al frente de la diocesis de Barcelona, moriría en la capital catalana el año siguiente) parecieron confirmar el catolicismo esencial del catalanismo político, pero fue un equívoco, un malentendido.[59] También erraron todas las analogías –muy fácilmente trazadas– con el nacionalismo vasco, de innegable fervor religioso. Dicho lo cual no hay que subestimar la estridente militancia apostólica del periodismo católico catalanista o su siempre especial relación, por la privilegiada vía eclesiástica, con el medio integrista.[60] A pesar de las discrepancias, Prat estuvo siempre dispuesto a aprovechar la imagen de una fidelidad religiosa fervorosa para la política. En ese sentido, por ejemplo, estuvo la oferta de una candidatura a concejal de Barcelona para el excéntrico arquitecto Antoni Gaudí i Cornet, nacido en Reus (o cerca) en 1852, beato blindado desde su reconversión en los años noventa y amigo de Torras, del respetado jesuita Ignasi Casanovas y, sobre todo, del obispo de Astorga Baptista Grau (para quien diseñó el palacio episcopal de esa ciudad leonesa). Justamente por su sonado cambio de orientación religiosa –de joven fue un dandy irrespetuoso, para transformarse en un fiel creyente, asceta hasta la exageración y desinteresado en todo lo mundano– Gaudí era un testimonio fehaciente para Torras de lo que una postura activa por parte de la Iglesia podía lograr si dominaba a la gente de talento, y así lo demostró con su intervención en la reconstrucción de la Seo de Palma de Mallorca.[61] Catalanista tajante, su mobiliario ideológico –o, si se prefiere, simbólico– se asemejaba al del poeta Cinto Verdaguer.[62] Pero Gaudí rechazó la invitación política, aduciendo con razón su falta del temperamento adecuado.[63] Para Prat, no obstante, la oferta ya cumplía una función representativa interesante, sin tener que asumir el coste del personaje.

Según el criterio de Prat –y más aún el de Cambó– las cosas de César y las de Dios estaban cada una en su sitio. El tejido asociativo católico se mantuvo aparte, no en la Lliga Regionalista de 1901, sino en la Lliga Espiritual de la Mare de Déu de Montserrat, fundada en 1899, combinando los elementos religiosos que habitaban en la Unió Catalanista, tutelados por Torras, con las Congregacions Marianes, la Acadèmia Catalanista asimismo dirigida en persona por el flamante obispo de Vic; en todo caso, por añadidura, Torras fue el conciliario de la Lliga Espiritual. Los partícipes destacados eran realmente significados: Prat de la Riba, Puig i Cadafalch, el novelista Narcís Oller, el gramático Emili Vallès i Vidal, el poeta y columnista Joan Maragall, el músico Lluís Millet, el famoso arquitecto Gaudí, el poeta Ricard Permanyer i Luocart, el jurista Francesc Maspons i Anglasell, hasta llegar a la generación *noucentista*, con el poeta y periodista Josep Carner, el clasicista Lluís Nicolau d'Olwer o un cuadro político de primer rango, Jaume Bofill i Mates.[64] La revista *Montserrat*, que le servía de órgano, pudo contar con sistemáticas colaboración de tales plumas; asimismo, los manifiestos y convocatorias de la Lliga Espiritual aparecían en el diario de la Lliga Regionalista como una de las muchas asociaciones de interés para sus lectores, sin mayor indicación de parcialidad.[65] *El peso católico, por tanto, estuvo en el tejido social, encarnado en entidades estrictamente religiosas, y no en el partido político que, a partir de la neutralidad, defendía la pluralidad de la sociedad civil.*[66] Es más, Torras fue, durante una época, confesor de Prat, pero, forzado a respetar el libre albedrío de éste para pecar, junto con el secreto de confesión, debió de sufrir bastante frustración con su cargo espiritual.

Prat siempre tuvo muy clara la idea de que la unidad católica, en la medida en que fuera deseable, era una tarea propia y *exclusiva* de la sociedad civil, no del poder político. En ese sentido era del todo liberal y para nada necesitaba el tipo de voz que irónicamente ha sido llamado «el tomista en las Cortes», que, con todo el retraso propio del tradicionalismo, vendría a ser el postulado carlista o integrista.[67] Así lo indicó en 1906 él mismo al elogiar la Lliga Espiritual y el idealizado monasterio benedictino que servía como su punto de referencia:

> Nosotros hemos de coadyuvar con amorosa devoción a que sea Montserrat centro intenso, vivo, radiante, de la vida moral y sobrenatural catalana. De todas partes las voces modernas proclaman que las alturas morales e intelectuales hacen las unidades, damos unidad a los hombres y a los pueblos, y nosotros, víctimas de un individualismo destructor, necesitamos más que ningún otro pueblo una fuente de unidad que fecunde a todas las fuerzas catalanas. Bastante hemos sufrido del mal de la indisciplina, ahora y antes de ahora, bastante nos ha hecho caer y nos ha parado el crecimiento, bastante por su culpa, de troceada y dispersa más allá de los Pirineos la nacionalidad catalana, sin que nunca, nunca, haya podido acoplarse toda entera con una sola ley y un solo pastor.
>
> Ahora que un aura de primavera empuja a un mañana venturoso a nuestra tierra, ahora que una vida nueva fecunda todas sus energías y transforma gloriosamente su personalidad, más que nunca hemos de buscar la unidad moral y en Montserrat la podemos encontrar. Encima de la unidad de la lengua, de la raza y del carácter, la Virgen de Montserrat, que es altura excelsa y soberana, sentada en su montaña que es altura material, de unidad moral a la tierra catalana, háganos a todos de un pensar y una voluntad, encendiendo en el corazón de nuestra gente la llama tranquila de las virtudes, *sacando de Cataluña el espíritu de discordia y juntando todos sus hijos con corazones de hermanos* [cursiva original].[68]

La unidad cultural de fondo debería ser realizada en la práctica desde la política, de manera elástica, latitudinaria, por la Lliga, y *en paralelo* cementada por asociaciones como el monasterio y la Lliga Espiritual. *Por tanto, a pesar de las declaraciones de fervor piadoso, por mucho que fuera admirado y hasta adulado por su papel inspirador y por sus múltiples inciativas organizativas, Torras no pudo imponer su sagrada convicción.*

En el mismo sentido, por poner otro ejemplo, los dirigentes *lligaires,* y Prat el primero, entendieron el mensaje insistente de la prédica torresiana en cuanto a la importancia crucial de la dimensión artística para el futuro del país y de las buenas costumbres; pero no fue precisamente el barcelonés Cercle Artístic de Sant Lluc (que abjuraba, por ejemplo, del desnudo), fundado bajo la orientación de Torras en 1893 (y catalanizado, después de un público toque de atención de Prat, en 1896), el eje que centraría el esfuerzo estético de la Lliga Regionalista, sino algo muy contrario, como demostró el protagonismo orsiano, por mucho que el mismo D'Ors, así como Josep Pijoan, Joaquim Torres-García o Feliu Elias, a pesar de su relativa indiferencia religiosa, pasaran por sus aulas y el ambiente del Cercle fuera una fuente más del florecer «noucentista».[69] Era, en su conjunto, un juego muy propio de la práctica política auspiciada por la Iglesia, con importantes antecedentes, aunque frustrara los proyectos de predominio intelectual o culturalista de clérigos concretos.[70] La dualidad entre militancia política, con su juego ideológico bastante independiente, y ejercicio espiritual paralelo ha confundido hasta a algunos observadores críticos recientes.[71] Y es que el lenguaje político del medio católico torrasista ha estado cargado para disimular al máximo la distinción latitudinaria de Prat.[72]

El fondo del problema era revelado por el agudo Francesc Pujols, quien, al asumir el papel de bufón en la corte de Cambó, podía decir verdades a otros vedadas: según el pintoresco sabio, Torras –como Gaudí– dedicados a predicar que *«la nostra terra ha d'ésser cada dia més catòlica»*, confundían «la missió moderna de Cataluña», que era enseñar a las Españas un estilo de modernidad social propio del quehacer catalán, con «la misión antigua de Castilla».[73]

Prat frente a los integristas

No obstante las atribuciones que se le hacían de clericalismo, Prat de la Riba tuvo un criterio terminante. A las pocas semanas de la revolución veraniega de 1909, dejó rotunda constancia de una diferenciación para él fundamental, al denunciar «*El radicalisme de la dreta*»: «No, fuera confusiones. Una cosa es la Iglesia, la ciencia, la escuela; otra cosa es la acción política. Allá el dogma, los principios absolutos, las verdades inflexibles; aquí las relatividades, lo circunstancial, lo posible, las transacciones, las imposiciones de fuerzas inexorables que están por encima de la voluntad y de las convicciones de los hombres.» Y añadió, con intención clarificadora: «El olvido de estas verdades fundamentales explica gran parte de la historia contemporánea. Si los hombres y las agrupaciones políticas que luchan contra la demagogia roja están contentos del aspecto que, para la causa que defendemos, ha ido tomando esta historia, que persistan en su radicalismo y el porvenir les complacerá.»[74]

En concreto, la separación de fidelidad religiosa y ejercicio político significó, en palabras del fallecido historiador católico Cacho Viu, que «el nacionalismo catalán actuó en la práctica, [...] como detergente del integrismo en que se habían encerrado amplios sectores del catolicismo catalán, como en el resto de España».[75] En efecto, Prat asumió lo que ha sido llamado la «desteologización» de la sociedad, realizada por las presiones modernizadoras del siglo XIX.[76] Se podría, en consecuencia, aplicar al catalanismo de Prat la ya antigua fórmula del conocido politólogo canadiense Charles Taylor, famoso por su teorización sobre «multiculturalismo», según la cual se debería diferenciar entre un nacionalismo «defensivo», respuesta desesperada al rápido cambio social y que idealiza de forma rígida un patrón de vida cuando éste está desapareciendo, y otro «aperturista», basado en una intelectualidad ansiosa por colocarse sobre proceso de cambio y controlarlo, desde su perspectiva particularista.[77] *Para Prat, el moderno individualismo asociativo y empresarial, propio de la sociedad civil catalana, era un valor exportable, original y regenerador, que contenía una promesa de futuro para otras sociedades regionales hispanas; la beatería y el clericalismo, por el contrario, ya eran algo más que conocido, sin promoción posible por las Españas.*

En su fuero interno, Prat, con toda probabilidad, fue un católico bastante ferviente. De joven, en los años noventa, perteneció a la Sección Catalanista de la Juventud Católica, e, igual que Puig i Cadafalch, fue activo miembro de la Congregación Barcelonesa de la Inmaculada Concepción y San Luis Gonzaga.[78] Una respuesta de examen de matrícula de Prat dedicada al tema de «Del Mal», desconocida para su obra completa, sirve como muestra, al presentar el ateísmo como punto de partida («Los ateos ya se presenten bajo la forma repugnante del ateísmo puro, ya bajo la forma encubierta sí pero no menos fatua [¿sic?] de los maniqueos, se aprovecha siempre del mal como de envenenado dardo para herir y despedazar inicuamente y por su base nuestra Santa Religión que asienta [¿sic?] la unidad de Dios. Por supuesto que todas sus teorías son falsas y sofistas [...]»); siempre es posible que tan sólo lo dijera buscando nota, pero la verdad es que cuadra con el personaje.[79] Su pensamiento social maduro ha sido retratado, con razón, como en extremo conservador y netamente católico.[80] Como remarcó, retrospectivamente y muchos años después, el catalanista republicano Pere Coromines, nacido, igual que Prat, en 1870: «Prat era católico creyente y practicante, con ese tipo de fe total que es como un ambiente espiritual en las familias de montaña. Pasaba el rosario, confesaba, comulgaba. En el bullicio vertiginoso de sus períodos de lucha, enseñaba el catecismo a sus hijos y se ocupaba personalmente de su educación religiosa. La seguridad de su convicción le permitía no temer el contagio de otros sentimientos: su amigo más íntimo en la universidad fue Albert Bastardas, de tradición familiar republicana.»[81] En resumen, para Prat, el término «integrismo» era del todo negativo, como cuando despachó la oposición a su politización en 1899 como un mero «integrismo catalanista».[82]

Sin embargo, en tanto que ideólogo catalanista, percibió la Lliga como «partido bisagra» precisamente entre católicos y republicanos, ultramontanos y anticlericales, siempre que se sintieran llamados a la unificación por su apego a la vida asociativa, y, por lo tanto, a una sociabilidad que, en último extremo, era expresión de catalanidad. Como subrayó el mismo Prat en *La nacionalitat catalana* al definir «Ideas y tendencias que se confunden», había «una gran verdad» que borraba todas las demás: «Una Cataluña libre podría ser uniformista, centralizadora, democrática, absolutista, católica, librepensadora, unitaria, federal, individualista, estatista, autonomista, imperialista, sin dejar de ser catalana. Son problemas interiores que se resuelven en la conciencia y en la voluntad del pueblo, como sus equivalentes se resuelven en el alma del hombre, sin que hombre ni pueblo dejen de ser el mismo hombre y el mismo pueblo por el hecho de pasar por estos estados diferentes.» *Para Prat, sencillamente no había mayor identidad que la nacional; la religión era un criterio privado, cuya articulación era propia de la sociedad civil.*[83] Además, como subrayó Pere Coromines elogiosamente (puede que hasta con envidia, vista su propia carrera política), Prat tenía muy claro su control del mando político: «Las instituciones [...] que surjan, las ordenaciones que se publiquen, las obras que se hagan, son debidas casi siempre a hombres del propio partido o de fuera de su partido pero que él ha escogido. [...] Pero él empuña la caña del timón, él selecciona los colaboradores, él dice lo que primero se ha de hacer y lo que ha de dejar de lado, él marca el ritmo y fija y limita los objetivos y señala a cada hora su posibilidad.»[84] Prat era muy celoso para compartir el poder y no iba a dar a nadie, y menos a los eclesiásticos, un poder de censura o de veto sobre sus planes. La citada explicitación, en 1906, por parte de Prat, de un criterio nacionalista de latitudinarismo teológico venía como una muy intencionada respuesta a las críticas integristas dirigidas contra la Lliga en los años anteriores.

El planteamiento latitudinario quedó notoriamente confirmado en el famoso enfrentamiento producido en el ayuntamiento barcelonés por el presupuesto de Cultura de 1908. En esa coyuntura, junto con los republicanos y muy en contra del criterio eclesiástico, la Lliga apoyó una enseñanza municipal mixta con el aprendizaje religioso voluntario, siempre, por supuesto, que se realizara la docencia en catalán. La cuestión de la «escuela neutra» dividió a la Lliga entre sus partidarios entusiastas, como Pere Rahola Molinas, y sus oponentes, como Narcís Pla i Deniel, católico independiente en la minoría catalanista y hermano de un ascendente canónigo de la seo barcelonesa que llegaría a cardenal primado de España. Pero ni las tensiones internas de la Lliga, ni el amago de oposición en la derecha de la Solidaritat Catalana, ni las quejas pastorales del obispo Casañas hicieron retroceder a Prat.[85] Cambó respaldó activamente a Prat en este criterio. En 1908, en vibrante discurso parlamentario, denunció la intolerancia católica como equivalente de la demagogia de las izquierdas, para escándalo de la opinión clericalista. Más adelante, en 1910, en tiempos de la pugna del gobierno de Canalejas con la Iglesia por la «Ley del Candado», que restringía el número de órdenes religiosas en España, Cambó, entonces aliado de Canalejas por la promesa de la Mancomunidad, se declaró partidario de la separación de institución religiosa y poder público: «dejar a la Iglesia libre, separada del Estado».[86]

Vista su neutralidad activa en la candente «cuestión religiosa», el proceder de Prat con las temáticas ideológicas derechistas fue, si no sigiloso, al menos delicado. No tenía más remedio que serlo, ya que su postura latitudinaria estaba abierta a la crítica de ser inconsciente instrumento diabólico de *La Revolución cosmopolita y el Protes-*

tantismo, como rezaba el contundente título del filocarlista padre Jacinto Comella y Colom, publicada en Barcelona en 1908.[87] En especial, como era de esperar, la crítica de quienes, desde el catolicismo militante se decían dispuestos a entrar en la Lliga se centraba «en un solo error; el de decir que *todas las tendencias, todas las doctrinas, todos los credos y principios caben dentro del catalanismo* [sic]», en palabras de un ataque de 1904.[88] Este argumento fue machaconamente utilizado contra la Lliga y sobre todo contra la Solidaritat, puente contra natura entre la derecha y la izquierda por clérigos airados.[89] De hecho, el medio eclesiástico más integrista solía manifestarse muy irritable por las presiones contrarias a sus esfuerzos por obrar con eficacia hegemónica en la sociedad civil. De ahí buena parte de la notoriedad del combativo padre Fèlix Sardà i Salvany (sabadellense, allí nacido en 1844 y muerto en 1916), famoso por su obra, *El liberalismo es pecado*, de 1884. Con elocuentes palabras, asimismo escritas en los años ochenta pero todavía válidas en 1907 para su autor, Sardà se quejaba de los límites e exclusiones impuestos al catolicismo más militante:

> ¿*Meeting* has dicho? ¡Cáspita, y cómo me ha chocado la palabrita! ¡y [sic] qué bien traída! Años ha que nuestros enemigos nos echan en cara nuestro horror a la vida moderna y nos apostrofan porque no acabamos de entrar de lleno en ella, asegurándonos que muchas cosas nos perdonarían si les diésemos ese placer. Pero da la casualidad de que cuando de dicha vida moderna intentamos aprovechar algo que, bien purificado y bien exorcizado, creemos nos puede servir, salen entonces los corifeos de la secta echándonos en cara con brutal insolencia eso mismo a que nos acaban de convidar. Publicamos un periódico. «¡Eh! ¿Y por qué ha de tener periódicos el Catolicismo [sic]? ¿No les bastan sus devocionarios?» Abrimos un Círculo o Academia. «¿Qué provecho saca la fe de esos *jockey-clubs* de la religión? ¿No basta el templo?» Acudimos a las elecciones. «¡Bah! ¿Y por qué ha de meterse la Religión con la política y los políticos?» ¡Ah, monstruos de mala fe! ¿Y cuándo habéis de acabar vosotros de ser mentirosos e inconsecuentes? Esto pasa en nuestro caso de hoy. Armamos una romería, y salen echándonos en rostro que parece un *meeting*. Pues qué, ¿y si quisiésemos nosotros reunirnos en público y ruidoso *meeting*, acaso no habíamos de poder?[90]

La respuesta integrista a Prat fue correspondientemente crítica, dadas sus ambiciones. En el verano de 1906, el mucho más agresivo padre Cayetano Soler (1863-1914), badalonés y colaborador activo de Sardà, incidió directamente en contra de la campaña de la Solidaritat Catalana con capítulo y versículo del entonces ya obispo Torras en ristre (cuando no de la doctrina papal), para ser despachado por el mismísimo Prat de la Riba, con un argumento impactante, si bien intencionadamente ofuscador. Sardà y Soler decían defender un «catalanismo católico» en oposición al «catalanismo militante».[91] Soler, con el pseudónimo «C. S.», se lanzó a señalar la contradicción evidente entre la pretensión de hegemonía eclesiástica de Torras en *La*

Tradició Catalana y la respuesta latitudinaria de Prat en *La nacionalitat catalana*. Por medio estaba el abandono que Miquel dels Sants Oliver hizo de *El Diario de Barcelona*, cansado de las censuras que debía pedirle a Maragall en sus artículos. Desde *La Veu de Catalunya*, Prat contestó al «sano regionalismo» defendido por Soler en el *Brusi* con un bufido:

> Que *La Tradició Catalana* es un programa (!); que *La nacionalitat catalana* es otro programa (!); que el programa de *La nacionalitat catalana* es el revés de la medalla del de *La Tradició Catalana*; [...]
>
> ¡Que mi libro es un *programa*!
>
> ¿Dónde se ha visto? ¿De qué reformas se habla? ¿Qué leyes pide? ¿Qué transformaciones escalona o propone? ¿Qué idea debe tener de lo que es un programa, el senyor C. S.?[92]

No fue una gran respuesta, pero surtió efecto. Frente a las críticas integristas a la Solidaritat, lideradas en última instancia por Sardà, que negaban la posibilidad de votar una candidatura que presentara juntos a anticatólicos y republicanos, se cuenta que Prat recurrió al jesuita padre Ignasi Casanovas, considerado –en palabras recientes del padre Miquel Batllori, que recogió la anécdota– su «consejero político», quien «redactó un memorial para los catalanes católicos en que aplicaba los principios medievales y de santo Tomás: cuando de una causa pueden derivar consecuencias buenas y malas, puede proponerse aquella causa en la que predominen las consecuencias buenas, aunque también tenga consecuencias no buenas, como en el caso de la Solidaritat Catalana. Prat de la Riba le pidió que lo publicara, pero él se negó».[93] Finalmente, Prat se lo dio a mosén Antoni Maria Alcover (1862-1926), cura y lexicógrafo mallorquín, formado ideológicamente a la sombra de Sardà, pero ahora adherido a la Lliga y la Solidaritat.[94] Alcover «utilizó el texto para dar varias conferencias y publicar aquel parecer con su firma. Se vendió muy bien y con el dinero que se recogió de su venta, Prat de la Riba le compró a Alcover una máquina de escribir. A Alcover le gustaba contar que tuvo su primera máquina gracias a un texto que no era suyo».[95] La maniobra ayudó a reforzar el flanco mallorquín de catalanismo, ya que en Palma, en noviembre de 1906 ya se había producido la respuesta explícita a la Solidaritat en forma de una «Solidaridad Católica» que pretendía superar el movimiento catalanista al desear «anteponer los intereses de Dios» a los de la región y de la política.[96] Asimismo, Prat consiguió el apoyo de los franciscanos, con el padre Miquel d'Esplugues al frente, dedicado a polemizar con Sardà.[97] También la prensa satírica, tanto regionalista como republicana, se encargó de Soler. Pronto la postura integrista entre curas quedó aislada, sin el apoyo de la pertinente autoridad eclesiástica. Pero los seglares no estuvieron sometidos a la misma disciplina y, a partir de 1908, por ejemplo, los integristas organizaron su Partido Católico Nacional al margen de la Solidaritat en un distrito tan significativo como el de Vic.[98]

La versión más suave ante el magno espectáculo político de la Solidaritat la ofreció en 1907 el jesuita Juan de Abadal. Había, sin duda, «la revolución anticatólica, deseosa de hacer de España una segunda Francia, [...] *regalándonos la república* [sic]»; pero «[p]aralelo al movimiento revolucionario [republicano] nació en España otro movimiento sin comparación más sincero, más vigoroso y sano [...]; este movimento es el regionalista». Abadal se confesó impresionado por la manera en que otrora temibles masones «que aman entrañablemente el brutal y archicentralista jacobinismo francés» estaban «hechos paladines de la causa regionalista». Según el jesuita: «Este cambio de frente es un nuevo rayo de luz y da, con más claridad que otro alguno, idea exacta de la potente fuerza que en este movimento nacional se encierra.» Visto que el objetivo último era «la alianza católica», se abría ante el comentarista jesuita un panorama de activismo católico regenerador que prometía avasallar voluntades mucho más allá que el mismo regionalismo, pero gracias a la iniciativa de éste.[99]

Naturalmente, el padre Soler se quedó impertérrito ante las respuestas de Prat y Alcover y los matices de Abadal. Unos años más tarde, hizo un planteamiento analítico muy preciso de las contradicciones estructurales de la Lliga. Generalizando el caso catalán, Soler argumentó que:

> En Cataluña, Baleares y Vascongadas existen, además, agrupaciones más o menos numerosas de regionalistas que como no persiguen otro fin que uno administrativo, en rigor no pueden llamarse partidos políticos. Son agrupaciones que tienen lugar señalado en cualquier partido: que por eso declararon al principio de su propaganda que, dado su objeto, éranles indiferentes todos. Esto era lo lógico, pues en cualquier partido puede haber quien desee la descentralización administrativa y la propugne. Mas, luego, arrastrados por la pendiente de las cosas, intentaron hacer sentir su acción en el Municipio y en el Parlamento, y acudieron a las urnas. Desde este momento la agrupación debía haberse convertido en partido político, formulando un programa, y borrando el antiguo lema de indiferencia por la forma de Gobierno, por la cuestión religiosa, por la afiliación de sus individuos en otros partidos. No se hizo así.

Soler reivindicaba visiblemente la Unió Catalanista –al menos como pauta ideal organizativa– ante el despliegue «intervencionista» de la Lliga y, tan tarde como 1911, auguraba el necesario fracaso de la opción regionalista:

> La muerte de tales agrupaciones es, por tanto, inevitable, pues aun dando el caso de sacar triunfantes sus candidatos, con fuerzas propias, habrán perdido el carácter de agrupación no política y se habrán puesto en el mismo terreno de los católicos dinásticos o de los independientes, desapareciendo como agrupación indiferente a todo partido político, a toda forma de Gobierno, etc. Sólo una solución les queda, y es volver las cosas a su natural, que no es otro que el de asociación de

propaganda descentralizadora, sin opción a candidaturas de ninguna clase, pues lo mismo en el Municipio, que en la Diputación Provincial, que en las Cortes, que en el Senado, la cuestión político-religiosa estará por muchos años sobre el tapete.[100]

Ante tal presagio, la fórmula de Prat, reivindicando el «imperio», era *una brillante salida por la tangente*; era Monarquía, era tradicional, pero también era el colmo de la modernidad, ejemplificada por Gran Bretaña, Alemania e incluso, a su manera, por Estados Unidos, ejemplos todos ya elogiados por Torras i Bages.

El españolismo integrista

La confrontación de la Lliga con el integrismo españolista no pudo ser más profunda. *Rota la vinculación con el carlismo, el integrismo se encontró abocado a la exaltación absoluta de una sociedad civil santificada por la más estricta ortodoxia, presidida por el culto al Sagrado Corazón como foco sustituitivo a la Corona legitimista.* Cuando liberales o republicanos se escandalizaban con alguna sintonía entre catalanismo y estamento eclesiástico, la prensa integrista se veía obligada, por sentido de la consecuencia, a defender el derecho episcopal a la prédica a su aire, como pasó al diario madrileño *El Siglo Futuro* con el asunto del obispo Morgadas.[101] Su visión de la venidera sociedad *quiliástica*, en previsión del inminente reino de Cristo en la tierra, retuvo un notable regusto estatal, en consonancia con la política vaticana de concordatos.

Para el integrismo, sobre todo fuera de Cataluña, las premisas catalanistas eran anatema: en primer lugar, la voluntad de realizar *single-issue politics*, política de frente unitario, sobre un tema ajeno a la religión; en segundo lugar, la definición que el catalanismo hizo de las instituciones habidas y por haber fue consistentemente laico, único medio de sostener el tipo de coalición que se solicitaba; y, finalmente, tercero, el rechazo catalanista, por irrealizable, de cualquier intento arqueológico para recuperar la tradición institucional de la Iglesia anterior al siglo XIX, irremisiblemente perdida. El catalanismo era relativamente pragmático: no buscaba recobrar el supuesto acierto histórico, al combinar cruzada y Corona, que encarnaron los Austrias mayores, ni rescatar una análoga representatividad esencialista de los Trastámara antes que ellos. Todo lo opuesto, la Lliga era ecléctica en las fórmulas de solución a su pleito, al estar dispuesto a copiar modelos políticos imperantes, caracterizados por la tolerancia religiosa y por una ciudadanía definida por deberes cívicos, moralmente determinada por la realidad sociológica de formar parte de una colectividad, sin más; para el integrismo, tales nociones eran *estadolatría,* o algo peor. Lo más suave que se podía dictaminar por parte de los integristas catalanes era la distinción entre «el catalanismo de buena ley», en todo comprensivo con «la causa católica», y el otro, que, necesariamente, era moneda falsa.[102] Así, la advocación de «un regionalismo catalanista de base cristiana» por parte de un publicista como el padre Sardà i Salvany era en realidad un rechazo, ya que no había en efecto aspecto alguno del catalanismo político existente que el furibundo integrista sabadellense viera con buenos ojos.[103] Según la clarísima fórmula que, en el fin mismo del siglo, un maestro barcelonés de fuertes convicciones integristas imponía a sus infantiles discípulos (entre los que se encontraba el futuro poeta, entonces niño, Josep Maria de Sagarra): «Catalanes sí, pero catalanistas no»; ello no impedía que fuera «un catalán como una casa» que, salido del aula, hablara *«familiarment la nostra llengua»*.[104]

Por lo tanto, cuando Prat de la Riba empezó a formular su doctrina catalanista «imperial» (elogiando, para mayor inri, a protestantes americanos y británicos), los integristas pusieron el grito en el cielo. Al mismo tiempo, había un reconocimiento muy incómodo, ya que, igual que las fórmulas catalanistas más clásicas, el nuevo discurso catalanista podía aparecer (aunque en realidad no lo fuera) como elogio de la Monarquía compuesta de los Austrias, ejemplo –a ojos de muchos tradicionalistas, dinásticos o integristas– de España como reino verdaderamente cristiano, unido por el sagrado vínculo de la religión verdadera. La contradicción era además agudizada por la conciencia de que el nuevo «intervencionismo» catalanista parecía tener cada vez mayor éxito.

Muy representativo tanto del ardor integrista y de las simultáneas y paradójicas proximidades ideológicas con el catalanismo fue el infatigable cura José Domingo Corbató y Chillida (1862-1913), nacido en Bell-lloc de Benifaixons (en el norte de la provincia de Castellón de la Plana), quien, por su carácter de valenciano peleón, estuvo dispuesto a cazar los destacados y funestos errores de los catalanistas, a dictarles las verdades de lo que él mismo llamaba *Doctrina españolista* (firmaba con el pseudónimo «Carlos María Negón», en memoria del primer «rey legítimo» víctima del liberalismo y, a la vez, en celebración de su especial gusto por llevar la contraria). Tan dispuesto debió de estar a la contradicción, que, hacia 1900, rompió con el duque de Madrid, el pretendiente legitimista, y se dedicó, aparentemente con ciertas ínfulas sectarias, a esperar la llegada del «Gran Monarca» espiritual, en la línea del culto integrista a Cristo-Rey como alternativa a los falsos poderes terrenales.[105]

Por muy extremista y pendenciero que fuera, Corbató, al haberse ganado la reputación de «integrista clásico», sirve como muestra, precisamente por su radicalidad, de las tesis tradicionalistas en la comprensión del Estado.[106] Su gran preocupación, cara al catalanismo, era poner las cosas en su sitio, marcar las diferencias y recuperar los buenos modelos políticos como propios y no prestados. Escribiendo «A un catalanista» en 1904, dejó clarísimo el punto crítico de discordia: «Amigo mío, parte V. de un funestísimo supuesto herético, cual es el que la Religión debe separarse de la política [...]»[107] Y ello era debido a que: «Esta confederación de regiones no es posible en España, porque es ésta harto más importante que Suiza y más atacable que los Estados Unidos. En España no hay más regionalismo viable que el católico, el tradicional, único, verdadero, por el que fuimos un día señores del mundo y por cuya abolición nos ha convertido el liberalismo centralizador en esclavos del mundo.»[108]

A partir de tales premisas, para Corbató era evidentísimo que las pretensiones de Prat eran, literalmente, un impío latrocinio político: antirreligioso, por aceptar, con el concurso de indiferentes o heterodoxos, unas instituciones profanas cuando forzosamente habrían de ser católicas; robo, por ser ya propiedad ideológica del tradicionalismo. Como argumentó Corbató: «[...] en el Programa del Tradicionalismo escrito está también, como principio esencialísimo, la integridad del Estado español y la esperanza de constituir con Portugal y Marruecos su imperio ibérico. Y ya tendamos a la Monarquía universal, ya a la europea, ya nos contentemos con una Federación ibérica, y aun simplemente con la Monarquía actual, ¡digámoslo muy claro! la radical autonomía de todas las regiones que integrarán el gran imperio o monarquía, es el único lazo asaz fuerte que impedirá la disgregación de ellos.»[109] Lo idóneo sería la fusión del españolismo y del catalanismo, para lograr un «Catalanismo españolista», o sea, el españolismo en sí.[110]

Por si cupiera duda sobre la semejanza de sus tesis y las de Prat, Corbató, en un «Proyecto de Programa fundamental de una Confederación Regionalista», del mismo 1904, a partir de establecer los «Derechos fundamentales de las naciones», dictó la primera y preeminente «base introductiva»:

> 1. La Nación Española, más bien que reino, es un Imperio federativo de varios Reinos, Principados, Señoríos y Pueblos confederados.
>
> Ninguna de estas entidades regionales confederadas perdió su personalidad jurídica ni histórica, al unirse bajo un solo cetro, sino que cada una conservó sus fueros, sus privilegios, sus instituciones, su autonomía administrativa, su idioma o dialecto, su literatura, su historia, sus costumbres y su carácter regional; pero todas renunciaron en beneficio común su independencia, y fundieron su nacionalidad particular en la nacionalidad general española, con lo que España volvió a ser políticamente una, como antes de la Reconquista, bien que una por federación, y no por dominación. En virtud de esto se decía las Españas y no simplemente España como ahora. Debe restaurarse aquella denominación, usando de ella siempre que se hable de los Estados Españoles en general.[111]

Pero, en el fondo, según Corbató, era lamentable la incapacidad catalanista para entender el sentido profundo de la españolidad, para celebrar el españolismo sin herejías ni particularismos:

> [cita con aprobación a un amigo] «Digan lo que quieran los catalanistas contra Castilla, y dirán poco; mas no confundan la Patria española con una orgullosa e insaciable región que se llama Castilla. Odien, si quieren, a Castilla, mas no la consideren sino como parte de España; es una porción, indigna tal vez, de la Patria, pero no es esta por sí sola. [...]»

> El catalanismo moderno y modernista, que si no es separatismo le falta poco, merece de toda verdad las censuras que nuestro amigo le lanza, y otras mucho más duras. Ese catalanismo falso no es regionalismo, sino exclusivamente cerrado, y este no se distingue sustancialmente del separatismo, pongan sus secuaces cuantas argucias quieran para distanciar dos cosas que van tan juntas. Ese catalanismo falso no fomenta los verdaderos intereses de Cataluña, sino que los deprime y envilece, logrando que hasta los amantes de Cataluña no catalanes vayan odiando a esa perla de las Españas [...]
>
> ¡El catalanismo moderno es una gran mentira y un colosal insulto a las Españas! Sólo en el catalanismo tradicional y tradicionalista están la salvación y la verdad.[112]

Corbató fue un hombre de religiosidad desbordante, obsesiva: un auténtico milenarista que esperaba la llegada del «Gran Monarca» y que, como pasa con frecuencia en los líderes de núcleos escatológicos, puede que acabara creyendo que él era el escogido que esperaba. Su propia evolución y su disposición a contradecir la opinión ajena y a acumular las contradicciones en las suyas propias, dispuesto a romper con cualquiera, le llevó a cambiar de parecer y perdonarle la vida al catalanismo, hacia 1908, a juzgar por sus textos inéditos, en particular un gran libro titulado *El carlismo y el Gran Monarca*, sobre los que trabajó hasta su muerte en 1913.[113] Para entonces, otros integristas valencianos, más prudentes, no fueron tan lejos y se contentaron con iniciativas como «El gran proyecto español», cuyo objetivo era colocar el Sagrado Corazón de Jesús al centro del escudo real y de la bandera española, lo que significaba definitivamente arrinconar la dinastía alternativa y su supuesta legitimidad.[114] Alfonso XIII dio parcial satisfacción a todos los que simpatizaban con ese objetivo al consagrar verbalmente España a este culto tan emblemático del tradicionalismo en la inauguración del gran monumento del Cerro de los Ángeles, en las afueras de Madrid, en 1919.[115]

Claramente, Prat supo torear a los integristas, fueran catalanes o españoles. Éstos se desesperaban con la manera en la cual los catalanistas políticos podían decir «lo mismo» que ellos, sin sentirse en modo alguno implicados en las consiguientes verdades que, en el sentir integrista, ello arrastraba. Además de la vehemencia propia de su fundamentalismo, su frustración se hizo palpable en sus respuestas y ataques. En cambio, el «legitimismo», siempre más político, más consciente de ser un movimiento con objetivos terrenales, supo, por su parte, buscar las concomitancias con el «imperialismo» catalán.

Los incómodos «compañeros de viaje» tradicionalistas del «imperialismo» de Prat

El carlismo, en cuanto a ideología se refiere, siempre fue algo magmático, luego elástico, que se podía someter a relecturas proteicas, según los deseos de quien hiciera el esfuerzo de diseño y/o rediseño doctrinal. Más que un cuerpo central de pensamiento, tuvo unos puntos mínimos esenciales, sin el reconocimiento de los cuales se salían del campo propio, para entrar en especulaciones y afinidades ajenas. Según las necesidades, se podía hurgar en la profunda mina de «lo tradicional» para salir a la superficie con joyas con que coronar argumentos absolutistas, clericalistas, fundamentalistas, anticapitalistas y forales. Ha habido, pues, quien ha «demostrado» el regionalismo insoslayable de «la Tradición», tesis que, aun siendo cierta, poco ha probado más allá de la riqueza sumergida del repertorio.[116]

Al asumir Prat un posicionamiento de libertario de derechas, al reivindicar la sociedad civil ante el centralismo liberal, al abogar por una futura Monarquía compuesta de subestados (las monedas acuñadas con la efigie de Carlos VII en 1874-1876, durante la última contienda civil, le presentaban todavía como «Rey de las Españas») y, finalmente, al hacer guiños a los católicos (a pesar de admirar a herejes protestantes), había puntos de contacto e intersticios en las respectivas armaduras doctrinales para un entendimiento entre carlistas y *lligaires*.[117] En primer lugar, dada la debilidad relativa en el escenario electoral de unos y otros, juntarse era, como el encuentro proverbial del hambre y las ganas de comer. Para hacerlo, podían contemplarse mutuamente como «compañeros de viaje».

Así lo testimonió Juan Vázquez de Mella y Fanjul (1861-1928), el «tribuno» por excelencia del carlismo (Carlos VII, en la numeración legitimista) y del jaimismo (Jaime III). En efecto, Vázquez de Mella no se quedó corto en sus llamamientos y aproximaciones tácticas.[118] Su punto de partida, nunca abandonado, fue el apoyo al incondicionalismo españolista en las Antillas: como declamó airado en las Cortes en 1896: «España puede caer en un Guadalete o en un Trafalgar; pero no puede salir así de América. [...] no puede dejar en aquel golfo mejicano la isla de Cuba como si fuera una lápida funeraria.»[119] Producida la derrota, para Mella toda política ulterior estuvo condicionada por el peso de la humillación de 1898 y la imperativa necesidad de una recuperación de España como potencia: como escribió en agosto de 1898: «¿Qué debemos hacer? ¡Resignarnos! Nunca, jamás. Salimos expulsados indignamente de América y nos arrojan a latigazos de Filipinas. Todo el Imperio perdido y además el honor. No, eso no puede ser.»[120]

El despertar español –según Mella– se haría desde la sociedad civil, liderado por la Iglesia independiente del Estado ateo, título de uno de sus discursos fundamentales, pronunciado en Santiago en 1904 pero redactado posteriormente como libro, aunque permaneció inédito. Allá Mella dejó clarificada su postura doctrinal ante la Lliga:

> Hay dos conceptos opuestos de regionalismo, en cuanto refieren *la nación a las regiones, o las regiones a la nación* [sic: cursiva original]; pero pueden coincidir, aunque no de un modo estable, acerca de la organización y atribuciones del Estado central. Los que refieren la nación a las regiones, [sic] las consideran como todos independientes, con vida y personalidad de tal manera propia y exclusiva, que la mantienen y reservan íntegra, no compartiendo y enlazando una parte de ella en una vida superior y común a todas las regiones.
>
> Los que refieren las regiones a la nación, [sic] las consideran como todos relativamente independientes, con vida propia y peculiar por una parte, pero enlazada y compartida, por otra, en la unidad de un espíritu nacional común. Para los primeros, las regiones son substancias completas que no necesitan el concurso de otras para existir y obrar; y, para los segundos, son las regiones, como las almas humanas, substancias incompletas que no pueden ejercer su actividad sin el concurso de otras substancias incompletas también como los cuerpos, pero que, aun separadas de ellas, pueden existir y ejercer por sí sus facultades específicas.
>
> Los que consideran las regiones como todos independientes, como substancias completas, las convierten en naciones. Consideradas como substancias, sí, pero, por un aspecto, incompletas, corresponden al término que las expresa, y son regiones. El primer concepto debe llamarse nacionalismo regional, y no regionalismo. Yo he formulado y defendido siempre el segundo, y soy regionalista.[121]

Para Mella, el *nacionalismo regional* entroncaba con el «principio de las nacionalidades» («según el cual, *toda nación tiene el derecho a convertirse en Estado independiente*»). Y añadía que «ésa es su fórmula, aunque no pocas veces se le haya confundido con los conceptos *parciales* [sic] de nación a que se ha querido aplicarle, como el elemento étnico, el filológico, el intelectual o de cultura, o la suma de ellos en la Historia, como en Italia; y hasta la uniformidad de la práctica de la ley moral, como en la federación helvética». Pero el portavoz carlista distinguía que los menos radicales «reconocen la unidad de un Estado central común que tenga la dirección de los asuntos generales e internacionales».[122]

> La primera conclusión implica un separatismo doble, nacional y político; y la segunda, el separatismo nacional y la unidad política. Yo rechazo las dos; pero no condeno tanto a los partidarios de la segunda, denostándolos como traidores que ocultan hipócritamente sus propósitos contra España, porque un estudio atento e imparcial de lo que han escrito y de lo que piensan me ha demostrado hasta la evidencia que su error, al atribuir la nacionalidad a las regiones, procede de las lamentables confusiones que el derecho político liberal, esencialmente centralista, ha extendido sobre los conceptos de Estado y de sociedad, confundiéndolos, y el de la nación, que, con su principio de libertad sin verdades superiores y contra todas las verdades que no supieran reconocer, rompe *la unidad*

> *interior* espiritual [sic] de las creencias y, por lo tanto, de los sentimientos unánimes y de las aspiraciones comunes, y los obliga a considerar a la nación como un todo más simultáneo y actual que sucesivo e histórico, y como *una unidad externa* [sic] y política, a la manera de todo panteísta, con distinciones ideales pero sin diferencias reales; que reduce las regiones a manifestaciones suyas, en vez de ser ella una manifestación y síntesis de las regiones. Basta restablecer el verdadero concepto de nación como *resultado* [sic], en donde se juntan los espíritus regionales en uno superior, que es consecuencia suya y como efecto común de causas diferentes, para que el separatismo nacional, más aparente que verdadero, desaparezca, y los que coinciden en las atribuciones y organización del estado central común coincidan también en reconocer la existencia de esa unidad superior, que las tradiciones generales expresan como *base* [sic] que hace legítima la existencia de un Poder soberano general, que sin esa unidad sería producción arbitraria que sólo circunstancialmente podría existir. [...][123]

En consecuencia, según el tribuno «legitimista», si imperaba una buena táctica para darle la vuelta al retroceso internacional español, era imprescindible el apoyo del catalanismo, precisamente por su enraizamiento en la sociedad civil y su sentido de la oportunidad. En Barcelona, en junio de 1903, Vázquez de Mella hizo una llamada característica: «Es preciso hacer que se levante una España libre contra esta España opresora. Iniciad vosotros esta obra grandiosa. No confundamos la España oprimida, deshonrada en el Tratado de París [con los Estados Unidos], con la otra España que se funda en la agrupación libre de sus regiones.»[124] En noviembre de 1906, ya metido en la dinámica de la Solidaritat, Mella brindaba con entusiasmo: «¡Abajo el pesimismo! ¿Por qué hemos de temer? Somos hijos de una raza bien alta, somos de una raza de gigantes.»[125] La influencia ejercida por tales tratos en el mismo Mella y, a través suyo, en el carlismo fue importante. Como observó un admirador del tribuno: «Lo que a la sazón llamábamos todos *fuerismo*, fue dilatado y en cierta manera hermoseado y engrandecido por Mella con la brillante y continuada propugnación de la doctrina regionalista, que algunos sistemáticos enemigos de las novedades, o de lo que para ellos eran novedades, se resistían a admitir. Hubo por ello sus más y sus menos entre algunos de los elementos principales de *El Correo Español*, y en definitiva, y como era lógico que sucediese, triunfó en toda la línea el criterio de Mella que sostenía el carácter federal de la Monarquía española.»[126]

Sin embargo, fue el mismo Mella quien, en una metáfora de principios de siglo, también dejó establecido el criterio de que el separatismo era el reverso de la medalla catalanista.[127] El hecho era que Prat de la Riba había dado un giro del todo desnaturalizador a los planteamientos tradicionalistas, en sentido bien opuesto a Arana, por ejemplo. Con su esquema «imperial» para España, Prat, sin aspavientos, realizó una gran ruptura con la cosmogonía católica, ultraconservadora o tradicionalista, ya que pasaba de la justificación religiosa. Los argumentos pratianos estaban indudablemente tomados de la cantera del pensamiento político católico, obsesionado éste, desde la revolución liberal en adelante, por las cada vez más complejas relaciones entre el Estado y la Iglesia, tanto dentro de cada país, como en su dimensión exterior, en la medida en que el obispado respectivo podía verse superado por la política papal de concordatos.[128] *Pero los conceptos que, en la reflexión eclesiástica, se referían a su marco institucional y a su ascendente social o arraigo en la sociedad, en manos catalanistas se convirtieron en la justificación de la sociedad civil en sí, tal cual, era supuestamente determinada por la experiencia histórica, ante las presiones estatales del pasado.*

Así, por ejemplo, la doctrina papal hablaba de «independencia, no separación» entre Iglesia y Estado, criterio que, en las hábiles manos de Prat, se convertía en la relación entre Cataluña y España. Igualmente, según las recientes encíclicas, se debía buscar la «concordia en materia mixta», lo que pasaba del terreno espiritual a la relación entre nacionalismos institucionales y política lingüística. Incluso, el «principio de la subsidiariedad» (o sea, la idea, que ocasionalmente reaparece aún hoy en los debates catalanistas, referente a que «[l]as funciones del Estado son concurrentes con las de otras sociedades intermedias y son subsidiarios de éstas») expresaba la adaptación que hizo Prat del repertorio conceptual católico a unas finalidades perfectamente sociopolíticas, vaciándolas de su contenido teologal.[129] *En consecuencia, el proyectado «imperio» de Prat, blindado por argumentos de fuente religiosa pero secularizados, estaba en principio abierto a republicanos ateos, si ellos querían, sin abjurar de sus principios.*

Llegado a este punto, al ser Prat defensor de un Estado neutral, implícitamente laico, su «imperio», en última instancia, estaba siempre expuesto a la crítica tradicionalista y católica de *estadolatría,* o sea, al error de elevar el poder temporal más allá de los deberes cristianos. Por ejemplo, Mella (aunque fuera en una fase de rivalidad y no de colaboración con la Lliga), consideraba que la «estadolatría» era «[el] centralismo desde el municipio hasta el poder ejecutivo del Estado que tiende a absorberlo todo».[130] Y, en cuanto a nociones de «imperio», el portavoz legitimista podía subrayar «el cesarismo romano para encontrar un ejemplo con que comparar a la soberanía omnímoda del Estado, que ahoga el derecho y la libertad».[131] *En otras palabras, para Mella, una sociedad civil cohesionada por la unidad religiosa servía como contrafuerte a la fuerza omnímoda de un Estado potencialmente tiránico, pero cualquier intento de buscar la coherencia del tejido social en su propia naturaleza como tejido asociativo, o la suposición de que ello podía tener una mayor solidez antropológica, era una insensatez que sólo serviría para reforzar el poder público.* Puede sorprender la posible acusación de «estadolatría» hacia una ideología tan suspicaz ante el Estado histórico como el catalanismo, pero, en el terreno doctrinal, costaba, desde un punto de vista ultracatólico, perdonar el criterio laico, de aceptación del poder sin finalidad superior, que hacía, de forma implícita, Prat.

Más tarde, en 1918, usando la otra posible crítica al catalanismo «intervencionista», Vázquez de Mella volvía a enfatizar la relación entre regionalismo y separatismo mediante la cuestión clave, ardiente, de la indiferencia religiosa:

> El separatismo irreligioso y el nacional. – Si el regionalismo puede ser aconfesional. [...]
>
> Hay dos separatismos: el que se refiere al vínculo interno y moral que ha enlazado a los demás factores, y el que quiere romper los vínculos nacionales externos, tomando forma en Estados independientes. [...]
>
> Hay quien afirma que el regionalismo debe desentenderse de la cuestión religiosa, ser, como ahora se dice, «aconfesional»; que debe limitarse a congregar a las gentes que quieren afirmar la personalidad de las regiones o de las naciones, según las consideren, prescindiendo de las creencias religiosas; y hay otros que dicen que no es posible desentenderse de la que es base fundamental de las naciones y cuestión primordial para todos los espíritus.[132]

Pero, a pesar de todos los conflictos, para Mella, el entendimiento se fundamentaba en el establecimiento de una gran comunidad cultural, pluriforme pero siempre católica:

> Así el regionalismo, para que no sea una bandera de disgregación o de un nuevo cacicato que tienda a substituir a los anteriores, para que sea regionalismo verdadero, tiene que ser «imperialista», tiene que establecer en forma «federativa» la unión de todas las regiones, sin excluir, naturalmente, a Portugal, y tiene que formar la federación espiritual con todos los otros pueblos de nuestra raza peninsular y extrapeninsular, pues aquí está la tercera parte, y las otras dos en América. [...]
>
> Así, regionalismo integral, es decir, afirmación plena de todos los derechos regionales, desde la lengua que se habla, desde el derecho que se ha practicado y engendrado, desde los usos y costumbres que moldean de un modo especial la vida, hasta la autarquía administrativa y económica para el desarrollo y el progreso en todas sus formas y manifestaciones de la actividad regional. Es decir, el libre y pleno ejercicio de la soberanía social en toda la jerarquía de sus personas colectivas y clases, que es lo que constituye la esencia del regionalismo. Donde esa soberanía y su ejercicio son negados y mermados, el regionalismo será un vocablo vacío.
>
> Imperialismo federativo. En esa forma es donde hemos de unirnos y asociarnos todos para que esa unidad resplandezca y la solidaridad interior se traduzca exteriormente en un ideal común de los tres dogmas nacionales.
>
> ¡Luchemos por esa bandera, noble, desinteresadamente, y triunfaremos; pero hay que impedir a todo trance que se la bastardee para encubrir ambiciones de meros cacicatos! [...][133]

Sin embargo, Mella *tampoco* –igual que Corbató– acabó de ver la utilidad de abandonar el idioma de Estado, para potenciar, con rango igual, a las muchas lenguas populares que abrigaban las regiones:

> Este vínculo del idioma que todos hablan y en que todos se entienden, no se puede negar sin negar la realidad misma, que entra por los ojos.
>
> El Estado peninsular más poderoso llegó a ser el que tenía su asiento en el centro; y este Estado, que no se formó violentamente, sino por hechos y por sucesos de la Historia, convirtió la lengua castellana en lengua propia; y como se dilató por su política, por su raza, por su cultura, por sus conquistadores, por el mundo, fue dilatándose también su idioma; y como ocupaba la posición central, todos los demás Estados y todas las demás regiones de la periferia tuvieron que ir aceptándolo, y, para aceptarlo, le dieron algo de sus esencias, del acervo común.
>
> ¡Y aún ahora llaman castellano a una lengua que se ha formado con el concurso de todas las regiones![134]

Según Mella, esta diferenciación entre el «español», lengua común de todos, y las hablas particulares o particularistas, no era un tema menor. Para que funcionara la comunidad, era necesario potenciar precisamente lo que era común, ya que ello estaba consagrado por la historia y representaba (aunque él no explicitara el término) un *Shicksalsgemeinschaft*, una *comunidad de destino*.

> Todos los Estados fueron uniéndose por enlaces de reyes, o espontánea y libremente, cuando los pueblos los reconocieron como señores.
>
> Toda la historia del siglo XVI, del XVII, del XVIII, la Independencia, hasta todas las luchas del siglo XIX contra la tiranía, ¿es que han caído sobre una región sola? ¿O no han abarcado a todas, lo mismo con sus tristezas, con sus dolores y hasta con sus desventuras? [...]
>
> ¡Cuántas veces se dice que Castilla oprime, que Castilla ofende a otras regiones! Yo en Castilla, en los Centros castellanos más ricos, he defendido las libertades regionalistas, y siempre mis palabras han encontrado un eco simpático en los corazones castellanos.[135]

Mella, pues, decía cosas muy parecidas a las que enunciaba como descubrimiento Prat. Pero el «intervencionismo» catalanista logró siempre ser diferente y así mantener una distancia apropiada.

En resumen, más allá de reclamar la pureza doctrinal, con cierta indignación característica, los integristas podían subrayar las sintonías evidentes de la doctrina «imperial» catalanista enunciada por Prat de la Riba. Con mayor flexibilidad que los propagandistas integristas, los portavoces más políticos del legitimismo dinástico también podían afirmar una comunidad de planteamientos compartidos, al menos en apariencia, con Prat, sus compañeros y sus seguidores. Las críticas de los unos y las insinuaciones de los otros tenían una parte importante de verdad. En efecto, Prat se aprovechó ideológicamente de ambas corrientes, ya que sistematizó los argumentos que integristas y carlistas utilizaban de manera ocasional, cuando les convenía. De hecho, más que planteamientos, el teórico catalanista supo extraer un barniz de la ultraortodoxia que dio a sus argumentos una pátina sin mayor responsabilidad. Con ese tinte de su matizado préstamo ideológico, Prat corrigió el «particularismo» de Almirall y limó los potenciales excesos del *self-government.* Asimismo, equilibró su uso de una visión libertaria de la sociedad civil, propia del federalismo, y su recurso a criterios de raíz «posprotestante». Finalmente, el sentido «imperial» de la Monarquía carlista, que no pasaba de un recuerdo decorativo de la Corona de los Austrias (en especial, la grandeza del emperador Carlos I), le sirvió a Prat para desvincular el proyecto catalanista de un nuevo «imperio» español de cualquier relación directa con el contemporáneo «imperialismo» de ultramar. *Con tantas apropiaciones, Prat estaba en una postura óptima: podía hablar con todos en la izquierda o la derecha desde alguna parte de su ideología, libre de cualquier vinculación directa.*

¿Estaba la Solidaridad en el ambiente? La voluntad sincrética de Prat, o la cuadratura catalanista del círculo político

Resumiendo, la relación del pensamiento de Prat con el tradicionalismo –fuese integrista o legitimista– era estrecha, pero también difícil: ni sí, ni no, sino todo lo contrario. Y el escollo estaba en la visión institucional –fundamentada en un sistema político que debía ser religiosamente neutro y lingüísticamente plural– que el regionalismo catalán promovía de su transformación del Estado.

Por la misma regla, pero al revés, para la «Esquerra» federalizante catalana y para el republicanismo era difícil superar el palmario sentido «reaccionario» del catalanismo de la Lliga, con sus sordas concomitancias carlistas y su «evidente» clericalismo. Pero, como es bien sabido, Prat logró eso y más con la Solidaritat, en la que conjugó a masones y «ultramontanos», al jefe republicano Salmerón y al representante catalán del «rey legítimo». *Su ambición realizada fue la de combinar los fieles de la Iglesia y los de la «contra-iglesia» de la izquierda en un superador abrazo nacional. Exportar el abrazo –que ya existía en la práctica cotidiana del trato social entre caballeros– era, en consecuencia, realizar el «imperialismo de la sociedad civil».*

El último detalle del esquema «solidario» de Prat y de la Lliga demostraba su voluntad sincrética: de hecho, tomó la idea de una iniciativa de medios intelectuales madrileños, o al menos éstos se anticiparon, en el verano de 1905, a lo que sería una respuesta a la quema de la redacción de la prensa regionalista el noviembre siguiente y, sobre todo, a las reacciones conjuntas de catalanistas, republicanos y carlistas, todos fuerzas extradinásticas, ante la legislación de censura mediante la militarización (la Ley de Jurisdicciones) con la cual los liberales procuraron aplacar la ira militarista.[136]

En el cálido estío madrileño de 1905, verificada a mediados de junio la caída del gabinete conservador de Raimundo Fernández Villaverde, auténtico gobierno semestral, y su sucesión por otro de signo liberal bajo el provecto Eugenio Montero Ríos, se produjo un cierto ambiente de broma juvenil entre las promociones de sedicientes intelectuales capitalinos, no todos lozanos. El día 23 de junio, el mismo que tomaba posesión el nuevo gabinete, el diario republicano *El País* remarcó en su editorial el lanzamiento de una protesta, «Los intelectuales en campaña». En efecto, apareció el día siguiente un escrito poco sustancioso dirigido «Al País y los políticos»:

> Los que firmamos esta protesta no somos desconocidos. Es seguro, sin embargo, que se nos ignora en el mundo político. No importa. Nuestra hermandad con el mundo intelectual vale tanto como aquella ignorancia.
>
> Esta protesta no nace de veleidades que nos arrastran hoy a la política. Nos mueve una dolorosa y violenta angustia, casi una desesperación anárquica ante el espectáculo de un pueblo entregado a quien no vacila en despojarse de toda fuerza moral, para crear en el gobierno de la nación un asilo a sus hijos, a sus yernos y a sus criados.
>
> Nosotros, alejados y desdeñosos de la política y sus medios, ante el silencio guardado por aquellos en quienes era mayor deber hablar, nos alzamos jueces de este linaje de ambición, que concita el rencor torvo y airado de todo un pueblo. [...]

Iba firmado por una larga lista de personajes de mayor o menor renombre cultural:

> Benito Pérez Galdós - Vicente Blasco Ibáñez - Manuel Bueno - Francisco Grandmontagne - Pío Baroja - Azorín - Ramón Pérez de Ayala - José María Matheu - Ramiro de Maeztu - Pedro González Blanco - Antonio Palomero - Luis Morote - Federico Oliver - José Nogales - Alfredo Calderón - José Verdes Montenegro - Luis París - Edmundo González Blanco - Manuel Machado - N. Rodríguez de Celis - Enrique López Marín - Luis de la Cerda - Jaime Balmes - José Bethancort - Manuel Ciges Aparicio - Ramón del Valle-Inclán.[137]

Hubo altas y bajas de firmas en los días siguientes, según la filiación política del diario que recogiera la noticia, pero fue significativo que se erigiese en portavoz de al menos parte de los firmantes el ambicioso periodista de opinión Manuel Bueno, conocido su talante más bien conservador, quien lanzó la idea de constituir un nuevo partido, definido como «Revisionista».[138] A pesar de su reputación como «maestro de periodistas», Bueno siempre estuvo acompañado de su mala fama de camorrista (fue una bronca con él lo que le costó la amputación de un brazo gangrenado a Valle-Inclán) y corrupto, capaz de dar sablazos al «fondo de reptiles» del ministerio de Gobernación y mentir a su compañero en la operación sobre la cantidad de la suma extraída.[139] Fuera o no por su especial tufo, la propuesta de Bueno disgustó a los republicanos, que ya tenían su plataforma, una «Unión» de los propios que sus esfuerzos les había costado reunir. Otros firmantes, sin embargo, habían dado su nombre por simple rechazo de la política tal como era ejemplificada por el gabinete de Montero, con Weyler en la cartera de Guerra y su recuerdo del oprobio del «desastre». Por ejemplo, el periodista y autor de viñetas José Nogales, onubense de Valverde del Camino, nacido en 1860, quien, a finales de junio de 1905 escribía en *El Liberal* que «Bastante hemos hablado», para asegurar que «no hay nadie tan intonso que fíe un adarme a la palabra de un político».[140]

El nuevo gobierno convocó elecciones legislativas para el 10 de septiembre y la propuesta de Bueno tenía una presente urgencia por cuajar a tiempo. Bueno anunció la aparición de un nuevo periódico –se ha especulado que se trataba de la revista *La Anarquía Literaria*, aparentemente de cortísima vida– e intentó mantener su farol «revisionista» frente a la creciente hostilidad republicana, mediante un mitin convocado y luego desconvocado por supuestas coincidencias. Pero, en una defensa que hizo de su postura en las páginas de *El Liberal*, el 13 de julio, planteó un ambicioso frente contestatario que había de reunir a la extrema derecha (se cita al integrista Ramón Nocedal –muerto en 1907–, al carlista Vázquez de Mella) con la extrema izquierda (Joaquín Costa o el biólogo Santiago Ramón y Cajal). *En Madrid, la propuesta de juntar los extremos ideológicos resultó muy chocante.* La respuesta vino entonces, a mediados de julio, en el recién fundado (en mayo) semanario *La República de las Letras*, del novelista y caudillo republicano valenciano Vicente Blasco Ibáñez. El día 15, el economista Antonio Flores de Lemus (cuya firma estaba incluida en el primer manifiesto) y uno de los hermanos González Blanco (se supone que Pedro), soltaron su andanada, «En torno al mitin»:

> ... [sic] Tropiezan en nuestro país las fórmulas democráticas con un pueblo cuyas distintas regiones y capas han ido paralizándose en los diferentes siglos, estacionándose en civilizaciones y culturas diversas, hablando cada uno un lenguaje, hasta el punto de que es quimerética [sic] toda acción vigorosa nacida desde abajo. Lo que no excluye una vaga comunidad de pensamiento y conciencia nacionales: de no haberla, ni España existiría. Hay que decirlo muy alto: el proletariado es el que de modo más vigoroso siente esa identidad de aspiraciones. La fórmula *todo para el pueblo, nada por el pueblo* [sic], no nos sirve. El hecho de que ese pueblo haya derramado su sangre en defensa de su libertad y de sus derechos, no habrá quien lo borre de la Historia; pero no es menos imborrable el de que no ha conseguido a costa de su sangre, sino aumentar el número de vampiros y de logreros venales de toda laya. Los elementos engendrados por el movimiento liberal, han fracasado absolutamente. El pueblo ha mostrado hasta hoy ser incapaz de producir por sí elementos directores.

> Queda solamente incólume la cúspide de la pirámide y un pueblo esencialmente necesitado de dirección extraña: solamente un Imperialismo [sic] social que transmita el impulso vigoroso de arriba a la masa puede contar aquí con probabilidades de éxito.[141]

En conjunto, el asunto no pasaba de una tormenta de verano madrileña, excepto por dos detalles: *primero, el planteamiento de una fuerza «revisionista» cuyo atractivo nacionalista fuera capaz de borrar, aunque fuera momentáneamente, las más profundas fracturas colectivas, en nombre de una nueva política; y, segundo, en la respuesta que acabó con todo, la llamada al «Imperialismo social» como ineludible para el vulgo y las élites*. La coincidencia con la idea de la Solidaritat es demasiado llamativa para ser del todo casual, si no fuera por el hecho de que el movimiento catalán, que logró agrupar precisamente a integristas, carlistas, republicanos y nacionalistas, además de al catalanismo político vertebrador del acuerdo, tomó su punto de partida en el «Banquet de la Victòria» para celebrar los resultados *lligaires* en los comicios de septiembre (siempre se cita el dibujo de Junceda alusivo al mismo, en el que notoriamente dice un húsar: «¿De la Victoria? Ah vaya, serán paisanos.») fue el resultado de la protesta contra la postura que el gobierno Montero Ríos asumió con la quema de la prensa regionalista en Barcelona en noviembre de 1905 y, tomó su energía unitaria de la campaña contra la «Ley de Jurisdicciones» que el nuevo gabinete liberal de Segismundo Moret (formado el 1 de diciembre) llevó adelante.[142]

Si la idea de un gran acuerdo transversal de intención regeneradora, superadora de las limitaciones del liberalismo, estaba en el ambiente político y/o intelectual madrileño, no sorprende tanto la identificación del histórico prohombre republicano Nicolás Salmerón con la llamada catalanesca de la Solidaritat. Tanto fue así que, en aquel entonces, más de uno atribuyó el ideal «solidario» a Salmerón, ex presidente de la Primera República y diputado por Barcelona, en vez de a Prat. Se decía que:

> Partía del principio Salmerón, de que la república no era viable en España porque Castilla no la sentía y que de la periferia había de venir la fuerza política que la impulsara. Al darse cuenta que los partidos republicanos no veían claro, se le ocurrió tirar adelante una idea que de tiempo acariciaba desde que su hijo Pablo, en las correrías electorales se había introducido como espectador en las reuniones de los contrarios y había visto la calidad intelectual de los que pudiera haber tenido al lado de su padre. Unir dos fuerzas explosivas como eran el izquierdismo obrerista con la gente de valer y de posición social de una región soliviantada, extender este sentimiento y la monarquía no tenía salida.[143]

Sea como fuera el posible maquiavelismo salmeroniano, el jefe republicano y el catalanismo compartían importantes prejuicios, como el iberismo entusiasta. Tal como ha resumido su actitud el historiador Manuel Suárez Cortina:

Para Salmerón Solidaridad representaba una oportunidad única para incorporar a otras fuerzas a esa tarea de regeneradora, anticaciquil. Era la expresión de la voluntad de un pueblo, frente a un sistema injusto que acentuaba el divorcio entre Estado y Nación. En consecuencia, se trataba del primer acto de emancipación nacional, pero no de Cataluña como nación, sino de una nación española que como las demás iniciaba la liberación de las garras de un sistema corrupto. El carácter anticaciquil de Solidaridad quedaba de manifiesto en la tendencia de la política catalana a emanciparse del control de las redes clientelares controladas por el poder central. Solidaridad nacía así como resultado de un acto de generosidad de un pueblo y por encima de los intereses particulares de los partidos.

En segundo lugar, Salmerón situaba la constatación de la castración del Parlamento como expresión de la voluntad nacional. Dada la corrupción del poder central, debían ser las fuerzas periféricas, aquellas que primero se sublevaron contra la corrupción caciquil formando estructuras de partido ajenas a las redes clientelares tradicionales, las que iniciasen la emancipación de la nación. Solidaridad sería la savia nueva que renovaría el Parlamento y en consecuencia Salmerón vio en ella la primera expresión de la regeneración nacional, ya que ésta sólo podía ser concebida a través de la voluntad nacional libremente expresada por el sufragio y con el Parlamento como último depositario de ella.

En tercer lugar, concibió Solidaridad no como un experimento exclusivamente operativo en Cataluña, sino como algo que era necesario exportar al resto de España. El intento de reproducir solidaridades en todo el país, pero de forma especial en aquellas regiones históricas donde la cuestión autonómica podía ser canalizada en contra del sistema, constituyó un elemento clave en la concepción final que de Solidaridad tuvo Nicolás Salmerón.[144]

La interpretación salmeroniana de la Solidaritat como un movimiento de salvación español fue compartida por muchos catalanistas, como, por ejemplo, el teniente-coronel Francesc Macià i Llussà (1859-1933), ingeniero del Ejército, convertido en *cause-celèbre* por su oposición al militarismo en 1905, elegido como «solidario» por los distritos de Barcelona y Les Borges Blanques.[145] Pero la ruptura de la Unión Republicana y la creación del Partido Radical por Alejandro Lerroux en 1907 dejó a Salmerón sin base adecuada y, por consiguiente, en manos de Cambó.[146] Y la finalidad de Prat y de Cambó no era, por supuesto, un tránsito a un nuevo régimen republicano; tenían otra alternativa, a sus ojos más realista e, incluso, más actual.

Cuarta parte

CAMBÓ Y D'ORS DAN VUELTAS A LA IDEA «IMPERIAL»

Aprended a pensar imperialmente. [...] El día de las pequeñas naciones ha pasado ya hace tiempo.

Ha llegado el día de los Imperios.

JOSEPH CHAMBERLAIN, discurso en Birmingham, 12 de mayo de 1904

Hasta el mismo final, él [Napoleón] tuvo una especie de sueño; a saber, aquel de «*la carrière ouverte aux talentes*», los instrumentos a quien los puede manejar.

THOMAS CARLYLE, «Sir Walter Scott»
en *Critical and Miscellaneous Essays*, 1838

La actitud de algunos ingleses hacia los sentimientos nacionales escoceses o irlandeses requiere corrección. [...]

«El lujo de la autoestima.» Es una frase sabia. Dotar a Irlanda y los irlandeses de autoestima es una tarea para hombres de Estado.

AUGUSTINE BIRRELL, «Nationality»,
en *Res Judicatæ. Papers and Essays*, 1892

11. El político protagonista ante el ideólogo: Cambó, Prat y la idea «imperial»

Antes incluso de la fatídica fecha del «desastre», la coyuntura finisecular en España invitaba a la confrontación intelectual y el consiguiente descontento pudo apuntar en muchas direcciones. Mientras que en su artículo inédito «*La Independència de Catalunya*», fechado en 1897, Maragall mostraba su desinterés y desprecio por la producción literaria madrileña, Ramiro de Maeztu, en su libro *Hacia otra España*, publicado en 1899, hizo una réplica inconsciente, pero que parece directa. El texto de Maeztu, «El separatismo peninsular y la hegemonia vasco-catalana», solicitaba la «conquista de Madrid» de quienes estaban en condiciones de realizarla:

> [...] De todos modos, en Cataluña la gente moza piensa como la época en que vive –cosa que en Madrid no ocurre–, en parte porque se educa en las lecturas nuevas, pero, principalmente, porque vive la vida de nuestro tiempo.
>
> Y siendo esto así, ¿van a seguir oscureciéndose los literatos vasco-catalanes, sumidos en un rincón? Si se hallan dotados, por su nacimiento, de cuantas condiciones facilitan el triunfo, ¿por qué no han de afrontar la lucha en campo abierto?
>
> Existe una empresa por realizar que debe sonreírles y tentarles. Por viejos, por rutinarios, por clásicos, han perdido los literatos españoles el mercado de América. Aún se conserva para España el público de abajo, el que asiste a los teatros. El público de libros se surte en París. La reconquista de este público pueden realizarla, mejor que nadie, los catalanes y los vascongados, por el moderno ambiente en que respiran...[sic] ¡A la obra!...[sic] Mas no será desempolvando mamotretos de los heroicos tiempos de Roger de Flor o de don Diego López de Haro, como pueda realizarse, sino apropiándose, para ropaje de sus ideas, la majestuosa sonoridad de los escritores castellanos y el fascinador colorido de los prosistas andaluces.
>
> Y no los literatos solamente, sino todos cuantos sientan en su espíritu fuerzas expansivas, están interesados en mostrarlas, no encerrándose en su concha, como los moluscos, sino apercibiéndose a la conquista de Madrid.[1]

Era toda una invitación, que tendría un atractivo muy significado para el desarrollo del catalanismo, ya que los principales seguidores de Prat de la Riba, que fueron, en la política, Francesc Cambó y, en la ideología, Eugeni D'Ors, asumieron, cada uno a su manera, el desafío lanzado por Maeztu cuando pedía «otra España», por necesidad diferente a la de la agotada experiencia del liberalismo decimónonico.

Pero el problema venía a continuación, más allá de la cuestión del idioma, si se aceptaba la amable llamada a crear una «unidad cultural» española a imagen y semblanza de la catalana. Si se imponía, mal y, si no, también. De manera previsible, las reticencias surgieron con la mera aparición de la Solidaridad Catalana en 1906, convertida por implicación en presencia hispana, y más aún con su triunfo electoral en las elecciones legislativas de abril de 1907. Como subrayó Miguel de Unamuno, espíritu indeciso ante el tema, en diciembre de 1906: «Si [la Solidaridad] trajera –que lo dudo– una hegemonía cultural de Cataluña en España, podría marcar a la patria nuevos rumbos hacia nuevos destinos. Me temo que se quede en un acto meramente político, al igual que una crisis ministerial que es de lo menos cultural que puede ocurrir en España, y por lo tanto, de lo más bajo y mezquinamente político.»[2]

Sea como fuera el intento, que lanzar una cadena de «solidaridades» regionales a partir del modelo catalán no dio un resultado muy brillante. Allá donde la hubo, como en Galicia, su sentido, impacto y consecuencias distaban mucho de las ambiciones abrigadas por los dirigentes de la Lliga.[3] Luego, la conquista hispánica del mensaje regionalista desde Cataluña demostró ser más dura y lenta de lo que, con notable espíritu utópico, se había previsto. La propia evolución de los hechos obligó, en consecuencia, a nuevos replanteamientos ideológicos.

Cambó ante la figura de Prat de la Riba

Hay diversas distorsiones que se han mantenido con tozudez en las autoexplicaciones catalanistas y que se han pasado a sus contrarios: entre ellas, destacadamente, se suele insistir en la perfecta sintonía entre los miembros del equipo dirigente del partido regionalista. Vista desde fuera, la Lliga era la suma del atractivo juego entre Prat y Cambó. Como relató, con envidia admirativa, el publicista nacionalista-republicano Claudi Ametlla: «Con pacto o sin él, el binomio Prat-Cambó es la clave principal del triunfo de la Lliga. Los dos hombres, con una infrangible vocación para la política –vocación que nunca supe ver en alguno de los hombres del catalanismo de izquierdas– se entienden y se complementan, a pesar de su disimilitud; el uno es combativo, dinámico, penentrante, entusiasta de la acción; el otro reflexivo, lento, prudente, entusiasta de la patria. ¡Qué bella combinación! ¡Ningún partido catalán ha acertado en encontrar su equivalente, en estos años plenos y trascendentes!»[4] Se supone, gracias a la discreción de los propios y a la fascinación de los ajenos, que la Lliga funcionaba como un todo armonioso, expresión de la voluntad nacional catalana, según la historiografia nacionalista, e instrumento defensor de la «burguesía» industrial del país, según los analistas críticos, sobre todo de la izquierda.[5] En realidad, y no obstante los elogios, la Lliga tuvo muchas más discrepancias y fisuras en su interior que lo que suele recordarse. Pero, al ser un movimiento que partía de una tesis de «unidad cultural» y que se concebía a sí mismo como fuerza unitaria, tenía una marcada tendencia a tapar cualquier desacuerdo interno. Tampoco era la Lliga exactamente una organización democrática, ni en sus fines ni en sus preceptos, por lo que no tenía por qué hacer un fetiche del reconocimiento de las voces contradictorias. Su supuesta función clasista era una consistente apuesta por lograr el monopolio informativo y argumental dentro del ámbito regionalista; todo lo que no fuese afín era por definición enemigo; todo lo que se pretendía conseguir se buscaba con campañas de agitación y denuncia, una tras otra.

Sin entrar en más matices, el estilo de trabajo en la cima *lligaire* significó que Cambó nunca fue un disciplinado hombre de Prat de la Riba, aunque le respetase, compartiese muchos de sus criterios –por ejemplo, en materia religiosa– y trabajase bien con él. A largo plazo, Cambó, según su propio testimonio, solía estar de acuerdo con Lluís Duran i Ventosa en la mayoría de las decisiones, difería algo de Josep Puig i Cadafalch y, la mitad de las veces, respecto a Joan Ventosa i Calvell.[6] La experiencia de su propio bufete y su progresiva relación con hombres de negocios internacionales le fueron puliendo, para darle una perspectiva original, hasta excepcional, frente a la convencional sabiduría empresarial de Barcelona.[7]

Cambó, en todo caso, tenía ideas propias, que le acompañarían toda su vida.[8] En sus propias palabras, durante el amarguísimo debate parlamentario de finales de 1934:

> Podrá S.S. leer todos los textos que quiera del señor Prat de la Riba. Me recordaba lo que en el Senado, cuando yo era ministro, dije al señor Royo Vilanova [sic: Villanova] respecto al señor Prat de la Riba. Prat de la Riba no es Alá ni yo soy Mahoma, su profeta.
>
> Prat de la Riba escribió cosas muy estimables y expuso teorías de una grandísima fuerza científica; pero Prat de la Riba, como todos los espíritus superiores, en el curso de su vida rectificó sus convicciones, fue perfilándolas. Yo no tengo que rectificar nada al señor Prat de la Riba: la rectificación suprema, la depuración suprema que hizo él de sus ideas, está en el último de sus documentos, un documento que escribió pocas semanas [sic] antes de morir: el Manifiesto por la España grande, que conocen muchos de los que me escuchan.[9]

En la mirada retrospectiva del propio Cambó, Prat «era un conservador a la moderna, pero un conservador».[10] Hay quien ha interpretado estas palabras como una sintonía, pero el contexto de la referencia –las limitaciones del temperamento pratiano– en sus *Memòries* deja bien claro que Cambó se creía a sí mismo diferente.[11] Su primer encuentro con Prat, a quien se presentó en nombre del Centre Escolar Catalanista cuando éste había roto por las malas con la entidad, no pudo ser menos prometedor.[12] Además, Cambó, siendo estudiante, se formó políticamente en la *penya* de la Lliga de Catalunya, con gentes mucho mayores que él, como Guimerà y Aldavert, los hermanos Permanyer, el historiador Antoni Aulestià i Pijoan, el sabadellense Folguera i Duran, entre otros, que criticaban a Prat, Puig i Cadafalch y Lluís Duran i Ventosa por haberse alejado del cotidiano medio catalanista.[13] Prat no se reveló plenamente a Cambó como un auténtico cerebro político hasta que le escuchó su delicado juego dialéctico entre neomedievalismo y modernidad (*Fou una vindicació de l'Edat Mitjana*) en su conferencia en l'Acadèmia La Joventut Catòlica de Barcelona en los últimos días de 1897.[14] Pero Cambó no rompió con la Unió Catalanista hasta mediados de febrero de 1900, cuando él y su admiradísimo Narcís Verdaguer i Callís viajaron hasta Lérida para ser excluidos de la mesa de oradores de un acto.[15]

Francesc d'Asís Cambó i Batlle nació en Verges, en el Ampurdán, en 1876, en una familia campesina pero ambiciosa. Tenía, pues, unos seis años menos que Prat. Fue casi el benjamín de la difusa corriente estudiantil liderada por Verdaguer i Callís en la Universidad de Barcelona, donde se licenció en Filosofía y Letras en 1896 y en Derecho en 1897. Verdaguer, vicense y ex seminarista, nacido en 1863, estuvo en la órbita del padre Collell y del medio católico afín, al cual era naturalmente cercano por su pariente *«mossèn* Cinto». Convertido en estudiante de Derecho, fue el corresponsal barcelonés de *La Veu de Montserrat*. Asistió al mitin de la Lonja que vio nacer el proyecto almiralliano frustrado del *Memorial de greuges*. Tras observar la experiencia contradictoria del Centre Català de Almirall, estuvo entre los fundadores del Centre Escolar Catalanista, que presidió en el curso 1887-1888. Su hermano mayor Magí, futuro catedrático de instituto de lenguas clásicas, fue querido compañero de aulas de Menéndez y Pelayo en la Universidad barcelonesa, con lo que Narcís también tuvo trato de amistad con don Marcelino; uno de los hermanos, junto con mosén Collell, tradujeron al catalán el famoso texto sobre la lengua catalana que Menéndez leyó, con tanto impacto, en los Juegos Florales de 1888, como si lo hubiera redactado directamente él.[16] El año siguiente, en 1889, Narcís Verdaguer lideró la campaña de protesta contra la revisión del código civil realizada por el gabinete liberal de Sagasta.[17] Con su crecido protagonismo, Narcís convenció a Collell para trasladar *La Veu de Montserrat* a Barcelona en 1890, con resultados poco favorables. Entonces fundaron juntos *La Veu de Catalunya* como órgano combativo, capaz de continuar la batalla del anterior portavoz *vigatà*. Pronto Verdaguer i Callís, afligido por el comportamiento de su primo poeta en su extraña batalla con el marqués de Comillas y el obispo de Barcelona, tomó la parte de éstos en contra de su pariente. Al fin y al cabo, como abogado, llevaba los asuntos de personajes como el marqués. Tras tales escaramuzas y tristezas, hasta llegar a la confluencia con el enfoque político de Prat, fue un maestro perfecto para Cambó.[18]

La trayectoria y evolución de Narcís Verdaguer forzosamente condicionaron al joven ampurdanés. Cambó fue pasante en el bufete de Verdaguer, con todas las responsabilidades y conexiones que ello conllevaba; luego fue gerente dentro de la red bancaria de la família Arnús.[19] Tras la muerte de Verdaguer, años más tarde, en 1918, su viuda, Francesca de Bonnemaison, sería la confidente, amiga y consejera de por vida. Hay que entender que Cambó tuvo una juventud relativamente «desconocida», vivió como un fámulo (llevaba al pequeño Agustí Calvet –el futuro *Gaziel*– a la escuela para ganar unos chavos), mientras hacía amistades en el patio universitario. Acabó de aprender las costumbres mundanas como abogado, hasta que se hizo ver, siendo «alguien» gracias a la política.[20] En común con Prat, pero en grado todavía mayor, Cambó tenía a su favor el ser, como profesional liberal, una encarnación del *self-made man* y, en consecuencia, una demostración viviente, casi un anuncio, del potencial de ascenso social que ofrecía el movimiento catalanista.

Fue, pues, decisivo el momento en que decidió «hacerse barcelonés» o, en sus propias palabras, integrarse en la «selección de la sociedad catalana que se ha reunido en Barcelona».[21] Cambó, sin embargo, siempre tuvo un marcado rasgo de independencia de criterio. Por ejemplo, daba salida a su personalidad en su irregular vida íntima, que resultaba necesariamente escandalosa, juzgada según los cánones estrechos de la «buena sociedad» catalana de su tiempo.[22] Es una prueba de la fuerza de su carácter que la mojigata *gent de bé* que seguía a la Lliga siempre tuvo que pretender ignorar su marcada voluntad de autonomía sexual y su desprecio por las costumbres matrimoniales «burguesas». A pesar de la relativa oscuridad de sus inicios, una vez establecido, se comportó como si fuera un «gran señor» de abolengo, libre de según qué prejuicios.

El reparto de esferas de influencia ideológica

A pesar de su palpable independencia de criterio, Cambó ha sido considerado, con frecuencia, más un líder que un teórico.[23] El protagonismo ideológico del nacionalismo catalán incipiente ha sido atribuido a Prat o, más matizadamente, a D'Ors.

Sin embargo, quizá Cambó fuera de los primeros catalanistas en asumir la idea de «imperio», antes, tal vez, que el mismo Prat de la Riba. En 1899 propuso entender el asunto Dreyfus en Francia como un eje cruzado: «Ésta es una lucha entre el imperialismo y la democracia por un lado, y el nacionalismo y el cosmopolitisimo por el otro.»[24] En otro artículo del mismo año, reconoció a Almirall como punto de partida, pero formuló la pluralidad de especificidades como norma universal: «El regionalismo no es hijo de los derechos históricos [léase fueros] sino que tiene por fundamento el particularismo o reconocimiento del imperio de la variedad, [...]», siendo ésta una regla general de todas las grandes agrupaciones activas del desarrollo histórico, desde el catolicismo hasta el capitalismo.[25]

De manera implícita, en la obra de Prat de la Riba, la ambigüedad del concepto de «imperio» entroncaba con otras imprecisiones útiles. *«Imperialismo» venía a ser sinónimo –al menos emotivo– de una «hegemonía catalana» en los asuntos de un Estado manifiestamente ineficaz:* se contaba, pues, con resonancias como el beneficio supuesto que debía reportar la activa intervención catalana en los asuntos españoles, a la vez que tales implicaciones racionalizadoras implicaban la creciente apelación internacional al proteccionismo económico, que se apoyaba en la suposición, entonces corriente, de que el control de grandes zonas favorecería el desarrollo de intercambios ventajosos. Al mismo tiempo, *Prat, muy ostensiblemente, no se interesó por la parte española de su oferta;* no tradujo al castellano su obra fundamental *La nacionalitat catalana* (ello lo haría un anticatalanista como Royo Villanova), ni tampoco prodigó sus intervenciones en la prensa española. Cambó actuó muy al contrario y miró de manera bien diversa la relación constructiva España-Cataluña.

A Cambó se le atribuyó popularmente una función activa, en vez de ideológica, porque fue él quien encabezó las más significadas iniciativas políticas, empezando por provocar la escisión de la Lliga en 1904, al saludar –en catalán– a Alfonso XIII, contraviniendo así un acuerdo de partido, cuando el rey acudió al ayuntamiento barcelonés durante una visita regia a la capital catalana. La notoriedad fue inmediata. En palabras de un contemporáneo: «El acto del señor Cambó levantó una gran polvareda en la Lliga, y, por este motivo, se exteriorizó un dualismo de procedimientos que provocó la dimisión del presidente [Albert] Rusiñol, el nombramiento de una especie de Directorio y el nacimiento de lo que podríamos denominar el "colaboracionismo" regionalista.»[26] En efecto, la carrera de Cambó hacia el estrellato fue una imparable sucesión de eventos publicitarios. Igualmente, fue él quien sufrió el atentado de Hostafranchs cuando la campaña electoral de la Solidaridad Catalana, por mucho que fuera acompañado por otros, como el republicano Salmerón, en el coche tiroteado.[27] Y, en parte como consecuencia de su «martirio», Cambó inició con su liderazgo de los diputados y senadores solidarios en las Cortes en 1907-1909, combinación de doctrina y práctica, una carrera preeminente como catalanista en Madrid.

En el reparto de papeles del equipo de la Lliga, fue Cambó el que se adjudicó el rol de la proyección hispánica del catalanismo, desde el momento que, en 1904, su saludo al joven monarca en nombre de la minoría regionalista en el consistorio barcelonés provocó la ruptura de la Lliga y la separación de la izquierda regionalista. Su dirección de la minoría parlamentaria de la Solidaritat en 1907 solamente vino a confirmar su representación de lo que se vino a llamar la orientación de *Catalunya enfora*, Cataluña hacia fuera, en el eslógan de la campaña electoral de 1918. En marcada contraposición, Prat siempre estuvo bien visto como el protagonista del espíritu de *Catalunya endins*, Cataluña hacia dentro, postura siempre más simpática para el medio catalanista en general.[28]

Para Prat, sobre todo a partir de su encumbramiento a la presidencia de la Diputación de Barcelona en 1907, el activismo y la realización programática estuvo en el reforzamiento, desde el organismo provincial, de los esfuerzos desarrollistas surgidos de la propia sociedad civil catalana, como, muy ejemplarmente, de la Caixa de Pensions per a la Vellesa i d'Estalvis de Catalunya i de Balears, fundada en 1904 –bajo la dirección del militante de la Lliga Francesc Moragas i Barret– como respuesta a las huelgas obreras de 1901 y 1902, y desde la cual se promovieron numerosas iniciativas.[29] En «la Caixa» por antonomasia, se ejemplificaba la idealización católica del espíritu emprendedor «neoprotestante», para asegurar que la confianza en sí, la *self-confidence,* se articulaba como autoayuda, como *self-help*; eran los pasos necesarios para garantizar las bases del autogobierno colectivo, el famoso *self-government* que fue la germinación inicial heredada de Almirall por Prat. En resumen, Prat se interesó por disponer de instrumentos para la consolidación de una «infraestructura de capital social» que, a su vez, redundaría en la sociedad civil catalana que él quería simultáneamente defender y ampliar.[30]

Cambó, por el contrario, no tenía el mismo lujo que Prat, ya que su tarea fue precisamente la negociación de los objetivos catalanistas en la política española. Así, pues, Cambó tuvo que dar contenido y mayor precisión a la anfibología «imperial», aunque sólo fuera por sus implicaciones. La ambición de una «hegemonia catalana» podía ser atractiva en Cataluña, pero tal predominio podía levantar importantes suspicacias en otras partes. Era una evidencia, reflejada en la literatura del momento: la difícil comprensión mutua de los sentimientos cruzados, entre los mundos catalanista y españolista, se podía expresar –de forma harto indirecta– en una obra de teatro, de enorme impacto, como *En Flandes se ha puesto el sol* (estrenada en 1910) de Eduardo Marquina, autor que conocía bien, por su propia trayectoria vital, la frontera entre Barcelona y Madrid.[31] Luego, *para hacer tratos, Cambó tenía que dar algo a cambio.*

Los proyectos asociativos que le resultaban más interesantes tenían una dimensión estatal. Así, una de sus primeras intervenciones parlamentarias, a lo largo de varios días de febrero de 1908, fue en defensa del voto corporativo en el prolongado debate que rodeó el proyecto de Ley de Administración Local que respaldaba el gobierno Maura, en contradicción con el criterio formalista de Moret y los liberales. Con su agilidad, ganó reputación en el hemiciclo. Para Cambó entonces, el sufragio universal masculino era «una ficción legislativa» ya que el sistema representativo estaba «dando sus primeros pasos», «en plena infancia»; tal como era aplicado era «retardatario», «conservador».[32] El jefe parlamentario recordó la libertad de criterio dentro de la Solidaritat e, incluso, dentro de la misma Lliga, hecho que consideró propio de un tejido asociativo tan denso como el catalán, cuyo sector comercial –recordó– había dado pruebas de su capacidad de movilización en 1898 y 1899. La reforma, pues, debía ser progresiva, en tanto que ayudaba a la maduración social, apertura de hecho, no teórica y falseada, que, por tanto, recibía la oposición, como todo cambio significativo, de los más reaccionarios (en este caso, los liberales). Pero el debate puso al descubierto la contradicción interna de la posición *lligaire:* si Cataluña ya disponía de una sociedad civil tupida, en contraposición a la relativa pobreza asociativa del resto de España, ¿qué sentido democrático tenía la medida generalizadora? Cambó no perdió su aplomo:

> Aguardaba yo esta interrupción del señor conde de Romanones, para decir a S.S. que, efectivamente, Cataluña es una excepción, y si de Cataluña exclusivamen-

te se tratara, si para Cataluña especialmente legisláramos, es posible que yo no creyera tan necesaria la representación corporativa [rumores]; pero he de decir al señor conde de Romanones que cuando yo pasé estas puertas y juré mi cargo, prometí considerarme en todos los momentos como un diputado español y legislar para toda España. [Muy bien, de todas partes de la Cámara.]

Ya hablaremos del proceso del despertar del sufragio en Cataluña; pero yo he de recordaros lo que pasó en España después del desastre. Después del año 1898 vinieron las elecciones y el sufragio permaneció mudo, porque por respeto al pueblo español supongo que calló, pues sería una injuria al pueblo español suponer que votaba a los causantes del desastre y que los traía a este sitio. [El señor García Prieto: No hubiera tenido a quien votar.]

A las protestas liberales Cambó les dio hábilmente la vuelta, al recordar las pretensiones republicanas: «cuando el sufragio permanecía mudo, señor García Prieto, se levantaba la voz apocalíptica de Costa en Barbastro en nombre de las Cámaras agrícolas, y se reunían las Cámaras de Comercio en Zaragoza y recogían la protesta nacional, expresando mil veces con más intensidad que el sufragio la protesta de toda España.»[33]

En artículo de prensa por esas fechas, a mediados de enero del mismo 1908 y con la misma intención didáctica, Cambó afirmó la sintonía entre el corporativismo y el autonomismo: «La representación corporativa para los catalanistas, para los que siempre hemos sido catalanistas, es cosa resuelta, es una anticualla [sic], es algo consustancial con nosotros, como lo es la autonomía.» Y añadió que falsificación de la voluntad colectiva y del sufragio univeral había sido la norma hasta que la Lliga había mostrado el camino contrario. ¿Por qué –se interrogó– no votaban los jóvenes de menos de veinticinco años y las mujeres para que la participación fuera genuinamente «universal»? «Una sencilla observación: hombres que en Barcelona no figuran inscritos en las listas del censo electoral, los encontrareis a millares; hombres que en Barcelona no figuran inscritos en las listas de alguna Asociación, encontraréis muy pocos, quizá ninguno, y los que en ellas no figuran es porque no quieren, mientras que si no están en las listas electorales es porque no pueden.» Ésta era, pues, la ciudadanía que acompañaba al catalanista «imperialismo de sociedad civil», justificada con una alusión explícita a la defensa que Almirall, en su día, había hecho del mismo voto corporativo.[34]

De la respuesta más orgánica –o sea, la ofensiva proselitista de la sociedad civil catalana al resto de España– sería representativa una destacada propuesta empresarial en 1910: próximo a la Lliga (si no militante, al menos contribuía con frecuencia a *La Veu de Catalunya*), el mallorquín Bartolomé Amengual i Andreu (1866-1961), desde 1902 secretario de la Cámara de Comercio y Navegación de Barcelona, pretendió exportar al resto de España la inquietud asociativa catalana, en su *Estudio sobre la Organización Corporativa Oficial de los comerciantes e industriales en el extranjero como base para la reorganización de las Cámaras Oficiales de Comercio, Industria y Nave-*

gación españolas, tras comparar los sistemas propios de Francia, Austria-Hungría, Alemania y otros Estados.[35] Pero el problema de fondo quedaba abierto: si la Lliga proponía el «imperialismo de la sociedad civil» como si fuera una «revolución del *juste milieu*», justo en medio, ni de abajo (el socialismo, el obrerismo), ni de arriba (la famosa oferta de Maura), ¿cómo podía rehacer España desde la vibrante realidad orgánica de asociaciones, corporaciones y sindicatos, allá dónde éstas entidades no existían? En efecto, era un problema «socialista», como se diría en la polémica interna de la Lliga un par de años más tarde. En este resbaladizo terreno, en 1908, Cambó se apegó a la ortodoxia pratiana y sus metáforas. Pero entendió que era necesario asumir un cierto estatalismo para plantar, regar e impulsar la sociedad civil en los numerosos desiertos españoles que carecían de complejidad empresarial, profesional o incluso obrera. Es más, era urgente hacer tal labor antes de que el obrerismo predicara con eco convincente su monserga de que la falta de tejido corporativo la supliría el propio movimiento obrero.

Su percepción le acercó a los empresarios y publicistas, antiguos polaviejistas con menor carga ideológica catalanista, cuyo criterio «burgués» pro-industrial requería proteccionismo, para lo cual era imprescindible el acceso al poder estatal a su más alto nivel: la Solidaridad coincidió tanto con la Ley de Bases Arancelarias, de 1906, bajo gobierno liberal, y la Ley de protección de las industrias, efectuada ya por el gabinete Maura en 1907. Desde ese ángulo, era imprescindible tener voz y voto en las futuras correcciones de tal legislación.[36] Como tantos otros políticos antes y después de él, Cambó descubrió la lentitud de la realidad y se sintió impaciente, con ganas de avanzar más allá de las metáforas y los giros ideológicos. Prat, por esos mismos años, estaba descubriendo el gusto reformador y concreto que daba el control de instrumentos políticos locales y su perspectiva era, por lo tanto, más pausada. Entre los dos podían bromear, como cuando, en enero de 1908, Cambó remitió a Prat un fallido discurso de Ferran Agulló, plano y sin gracia, pero eficaz de contenidos, y le invitó a que le añadiera algo picante: «Añadid el nombre de España y el sentido de una Cataluña invasora, *imperialista* [sic], que agradará a todos.»[37]

En plena euforia creativa y anticipatoria del lanzamiento de la Solidaridad, en abril de 1906, a un mes de la votación unánime de los representantes catalanes de todo signo contra la Ley de Jurisdicciones que despertó el movimiento de protesta cívica, Prat marcó su postura en relación a Cambó:

> Hay dos momentos en las causas nacionales –dijo Cambó aquel día–: el defensivo y de reclusión, en el que se procura conservar y rehacer la personalidad, y el momento de expansión e invasión, en el que se impone el ideal colectivo de la nacionalidad. Ya estamos en el segundo momento, ya estamos en el período del catalanismo invasor. La conquista de España es una consecuencia fatal de nuestro nacionalismo; los que entre nosotros la combaten son inconscientes o pobres de espíritu. Cataluña ha de ir a la conquista de España; y la implanta-

ción de la autonomía y del federalismo, concepción de gobierno propia de la raza catalana, es la fórmula natural de esta pacífica conquista.

Estas ideas no fueron entendidas por todo el mundo. La suprema superioridad de los temperamentos críticos se manifestó en sátiras maliciosas. Y, no obstante, los hechos son los hechos, y el hecho es que ya toda la política española, para bien o para mal, da vueltas a Cataluña, que el gran problema de ahora es el problema catalán, el problema planteado por Cataluña, que el peso de Cataluña se hace sentir vigorosamente en los supremos organismos de Estado. [...]

La Solidaridad Catalana cumplirá su obra redentora de los pueblos españoles.[38]

Prat se quedaba satisfeto con la afirmación del hecho catalán, del potencial de cambio excepcional que su «unidad cultural» ofrecía a España, del proselitismo «imperialista» catalán, del «imperio» hispano que se podría edificar. Pero no pasaba de esa afirmación. Su gran preocupación –casi exclusiva– era el mercado político catalán. Cambó no podía quedarse en ese punto, una vez que su tarea política era la construcción de una coalición en España suficientemente amplia para efectuar al menos alguna parte de este ambiciosísimo programa.

Por supuesto, hubo una plena conciencia contemporánea de esta tensión latente entre la visión de construcción local o regional de Prat y la perspectiva más expansiva o «estatalista» de Cambó. Sirve una indicación de un ensayista siempre dispuesto a decir lo que otros preferían callar, Francesc Pujols, hecha en 1918, al año, más o menos, de la muerte de Prat:

Y como punto final a la historia de la escuela jurídica catalana, sin movernos de cuestiones de derecho mercantil, hablaremos de Prat de la Riba, que ya está muerto y que fue uno de los principales cultivadores de esta escuela y que si no se hubiera decantado decididamente hacia la política, que fue allí donde llegó a ser el catalán que hasta hoy ha hecho más por la libertad de Cataluña y quien concibió la táctica de lograrla lentamente partiendo de principio de que gota a gota se llena la bota y separándose sistemáticamente de la cuadrilla de los de todo o nada y uniéndose a los del famoso Cambó, que ha sido quien ha concebido el proyecto verdaderamente inusitado de conseguir la libertad de la nación catalana apoderándose del gobierno de España, que es un gobierno sin fuerza alguna ni prestigio, y que digan lo que quieran los contrarios a este gran hombre, es una manera tan práctica como original de resolver el problema del nacionalismo, porque significa darle una solución diferente a todas las que se ha querido dar a las otras nacionalidades en Estados tan estropeados como el Estado español, y la única excusa que tienen para no haberlo hecho es que no tuvieron la suerte de tener un Cambó que haya dicho lo que dijo cuando dijo que los catalanes no nos debíamos separar de España, sino que debemos gobernarla, añadiendo como comentario, que no necesita ser comentado, que no debemos gobernarla para oprimirla, sino para salvarla.

Sentado este planteamiento básico filocamboniano, Pujols desgranó la relación entre Prat, Cambó y el nacionalismo radical apolítico; su prosa barroca, torneada en parodia de la coloquialidad discursiva catalana, le permite decir verdades que a otros le hubieran comportado el castigo de la expulsión del círculo catalanista:

> Naturalmente que si los catalanistas del todo o nada, que eran los de la Unió [Catalanista] políticamente hablando tenían el defecto de la intransigencia y no querían perocuparse de nada más que de la reconstitución de la personalidad catalana, los cambonistas tenían el de olvidar los puntos fundamentales de esta reconstitución, porque, la verdad sea dicha, con el programa político que desplegaban ya tenían bastante trabajo y por eso el mérito grandioso de Prat de la Riba es el de haberse sabido poner entre los unos y los otros, procurando la reconstitución integral preconizada por la Unió Catalanista y dando apoyo a la política sorprendente del famoso Cambó, que ha hecho milagros y hará muchos más de los que la gente piensa, porque es un hombre que, si no le acae una desgracia, irá lejos y será la admiración de todo el mundo, como lo demostraremos nosotros en nuestra obra referente al concepto general de la patria catalana, si él, que nunca se limita, no lo ha demostrado con su obra antes que nosotros publiquemos la nuestra, que todavía tardaremos a publicarla, porque primero hemos de publicar el concepto general del Derecho catalán, el del arte catalán y el de la religión catalana, que son los que tenemos más avanzados.
>
> Y explicada la significación política de Prat de la Riba que, como nuestros lectores pueden ver, es extraordinaria, y volviendo a lo que decíamos de la obra jurídica que ha dejado, diremos que, si está extendida en muchos y variados trabajos repartidos por diarios y revistas, se puede conocer muy bien en la *Llei Jurídica de la Indústria* y en los *Jurats mixtos*, que son los títulos de las dos obras que publicó que, aunque bien considerado, no tienen originalidad alguna ni mucho menos, están escritas bajo la férula del término medio catalán, tan propio de nuestra tierra, que en este caso llevó Prat de la Riba lo que él llama la ley natural de la industria y la ley del trabajo, en el equilibrio del individuo y de la sociedad, que hace que se sacrifiquen proporcionalmente el uno a la otra y se alejen tanto del individualismo como del socialismo de Estado, preconizados por la escuela materialista moderna, y, hablando de otra cosa diríamos que, a pesar de las discrepancias que Prat de la Riba hizo constar, pertenece de lleno a la escuela de Savigny, que es una escuela fresca como una rosa que, con sus encantos y perfumes, duerme y anestesia la potencia generalizadora de quienes la escuchan demasiado.[39]

Para realizar un creíble programa hispano, Cambó necesitaba algo más que «la escuela de Savigny». Estuvo mucho más dispuesto que Prat a explorar la compleja y contradictoria frontera ideológica entre la derecha y la izquierda, para lo que el marco ideal, en aquellos años, era el escenario francés.

Barrès hispanista y el catalanismo político

Cambó no llegaría de manera inmediata a su versión de la idea «imperial», ni accedió a los entusiasmos «anglosajones» de Prat o de D'Ors si no fue mediante la perspectiva francesa. En su punto de partida, fue formado por el «nuevo nacionalismo» francés, del que el catalanismo fue, en buena medida, introductor algo contradictorio en España. Casi al final de su vida, Cambó rememoró como «en el último tercio del siglo pasado la alta cultura francesa (Taine, Le Play, Fustel de Coulanges... más tarde Barrès) fue regionalista»; añadió que ellos fueron «los maestros de mi juventud», a pesar de que no tuvieran «influencia alguna en la orientación de la política francesa».[40] La ambición de Cambó, pues, fue precisamente imponer una perspectiva equivalente en la orientación de la política española, desde la catalana. Así, la función iniciática que, en el joven Cambó todavía sin sofisticar, había ejercido Taine, en tanto que crítico de los orígenes de la contemporaneidad, así como descubridor del *self-government* y del creativo individualismo «anglosajón», pronto derivó hacia la búsqueda de modelos de actuación política, de los que se empapó con su trabajo como redactor asalariado de *La Veu de Catalunya* (tanto en la revista como en el diario), responsable de estudiar y divulgar las técnica de los diversos movimientos nacionalistas del fin de siglo.[41] Desde este enfoque, Barrès, como «profesor de energía», considerado el primero en aplicar, en 1892, el término «nacionalismo» a los asuntos políticos franceses, ofrecía el paso del pensamiento a la acción.[42]

Para Barrès, la *décentralisation* era nada menos que un *moyen de transformation* a la vez de la sociedad y del Estado. Concretando, en 1895, Barrès preveía el impacto de una Francia federalizada, aunque republicana, en las Monarquías que la rodeaban: «El federalismo no es solamente propio de la política interior, sino que es una política de exportación que debería tener resonancia en Alemania, que es, aunque suele olvidarse con demasiada frecuencia, un imperio federal; sobre Austria, donde se impone; sobre Italia, donde reaparecería, por el mayor bien de la civilización italiana y por nuestra seguridad; sobre España, donde Cataluña lo reclama; sobre las Islas Británicas, donde resolvería la cuestión irlandesa.»[43]

Sin embargo, había diferencias importantes con la perspectiva catalanista en construcción. Con el desastre de Sedán y la derrota de Napoleón III en 1870, aplastado por la coalición germana encabezada por los prusianos, el escenario nacionalista francés se había deshecho de la idea de «Imperio», excepto como extensión de la esencialidad de Francia en ultramar. Era sólo en este sentido que había una temática «imperialista» en la cual –a partir del agresivo expansionismo hacia África y Asia auspiciado por Jules Ferry en 1883-1885– podían coincidir republicanos y monárquicos galos.[44] Pero, siempre desde la perspectiva algo utópica del catalanismo, tal eliminación del caduco bonapartismo permitió el eclecticismo correctivo y compensador.

Un ejemplo clave del juego entre modelos externos utilizados desde Barcelona demuestra como, desde el enfoque receptor, se podían combinar pautas políticas o ideológicas muy diversas en su origen. El mismo modelo político de una «lliga» se originó en un préstamo de la política británica: al fundarse la Lliga de Catalunya en 1887 se quiso evocar la irlandesa Home Rule League, y con ella, la decimonónica idea inglesa de una formación para presionar sobre un tema unívoco *(siempre la single-issue politics).*[45] Pero la sensación dinámica que acompañó el surgimiento de la Lliga Regionalista en la primavera de 1901 sobre todo derivó su ímpetu del renovador modelo de la *ligue* de la extrema derecha francesa, ya ejercitado durante tres lustros de boulangerismo y antidreyfusismo, si bien es verdad que para entonces el vocablo político era, por añadidura, un tópico en la política hispana, ya que José Rizal fundó la Liga Filipina en 1892 y el gallego Alfredo Brañas la Liga Gallega en 1897.[46] Pero, dentro de la lectura francesa de los fenómenos políticos ingleses, norteamericanos o germanos, Cambó resultó mucho más influenciado por ejemplos franceses que por otros exóticos o inferiores «movimientos particularistas», así como más por Maurice Barrès, nacido en Charmes-sur-Moselle (Vosges) e identificado como «escritor loreno», que por Charles Maurras, de Martigues (Bouches-du-Rhône) y en todos los sentidos provenzalista.

Muy significamente, en sus memorias, al repasar las influencias formativas de su juventud, Cambó no mencionó a Emerson o Carlyle. Además de los franceses ya citados en sus recuerdos, añadió el alemán Savigny, lectura de texto de un estudiante de Derecho más o menos aplicado.[47] Dicho de otra manera, imaginó el individualismo emprendedor y la sociedad civil a través de la peculiar perspectiva nacionalista francesa. Aunque los contactos, en su día, con el antisemitismo francés y argelino fueron llevados por Prat, Cambó quedó mucho más tocado que él por el esquema nacionalista de Barrès. Según este novelista y ensayista, en especial en su fase más juvenil y creativa, en plena campaña contra Dreyfus (que es cuando le absorbió Cambó), no se podía ser verdaderamente francés sin vivir la regionalidad, sin una experiencia formativa regional, siendo esa experiencia la que imprimía carácter. En comparación a esta relación activa con el pasado existencial, un pacto de los vivos con los muertos en perpetua transmisión generacional, la ciudadanía urbana y formal tan loada por los republicanos era una mera superficialidad, en tanto que no obligaba a nada, ni exigía un verdadero compromiso de identidad.[48] Dicho de otra manera, era el patriotismo local lo que permitía acceder al nacionalismo colectivo, superior. Así, Barrés era francés, por sentir en sus huesos la Lorena de sus antepasados. El judío o el inmigrante díficilmente podía decir lo mismo, luego no era «nacionalmente» francés, una falta que éste cubría con argucias abstractas, especialmente las que le ofrecían el neokantismo moralista propio de los profesores y maestros representativos del ambiente político francmasónico que controlaba la III República francesa.[49] Resumiendo, más aún que el resto del equipo regionalista catalán, Cambó estuvo marcado por el discurso barresiano.[50] Como, más adelante, observaría con agudeza el crítico marxista Walter Benjamin del novelista francés: «La filosofía de Barrès es una filosofía de la herencia.»[51] Y así lo entendió Cambó, hijo de payeses ampurdaneses. Además, la insistencia literaria barresiana en el *culte du moi*, el desarrollo de sensibilidad aguda del individuo, era un enfoque natural para alguien que, como Cambó, se construyó una personalidad como hombre de mundo de refinados gustos culturales.

A partir de la relación entre herencia nacional en la región, la idea barresiana era de un desarrollo gustosamente asimétrico de la práctica social de los poderes públicos. En la cita que, en 1914, hizo del autor francés un jurista tradicionalista, atento observador aragonés de la dinámica catalana: «Mauricio Barrés, al reclamar la libertad para el municipio y para la región, añadía: Es preciso que sean laboratorios de sociología. Allí es donde tendríamos experiencias políticas y económicas, ensayadas en proporciones modestas, y después generalizadas, no a golpes de decretos o de leyes de conjunto, sino por la imitación espontánea de las ciudades y de las regiones vecinas, testigos de los malos o buenos efectos obtenidos aquí o allá.»[52] Había, pues, un aprovechamiento rico en una lectura regionalista hispana de Barrès.

Pero, antes de cualquier adaptación, ese mismo enfoque regionalista hispano tenía un importante peaje que pagar. Si bien Barrès pasó por Barcelona y tuvo algún contacto con los jóvenes catalanistas, fue un hispanófilo notorio que buscó sus amistades barcelonesas en otra parte.[53] Su postura más madura era netamente española, unitaria, tal como refleja, por ejemplo, su obra famosa *Greco ou le secret de Tolède*, de 1911, y compartió la fascinación por El Greco con los «modernistas» catalanes agrupados en Sitges alrededor de Santiago Rusiñol. Escogió sus relaciones entre los amigos de ese círculo. Así, se haría famoso el retrato que, en 1913, el pintor vasco Ignacio Zuloaga hizo del escritor de la Lorena con fondo de Toledo, en celebración de su afinidad.

Su libro toledano evidenció su gusto neorromántico por el pasado hispano, supuestamente vivo aún, más que por la pedestre realidad contemporánea.[54] Pero, desde mucho antes, Barrès se sintió atraído precisamente por todo lo que en el país ibérico era opuesto al ambiente urbano y avanzado que admiraban los catalanistas «intervencionistas». «Para romper la atonía –escribía el escritor francés en una obra representativa, publicada en 1894–, España es un gran recurso. No sé de un país donde la vida tenga tanto sabor. Ella despierta el hombre más aplastado por la administración moderna». Y, por si acaso no se entiende su gusto por el tópico de Merimée y Bizet, añadió: «Es una África: se mete en el alma con una suerte de furor tan presto como un pimiento en la boca.»[55] En todo caso, España pasó a formar parte de su mitología personal, tal como insistió en sus apuntes: «Ha sido en España donde he entendido la vida, el arrojo y la libertad a secas».[56] Su pasión indudable le era hasta preocupante. Señaló para sí: «mi gusto malsano por España» (cuaderno de 1898-1899); era el contrapunto a la Lorena, una alternativa que él creía que sometía las partes veladas de su alma a la claridad del sol (cuaderno de 1906-1907), y que le permitía sentir el Mediterráneo musulmán desde la catolicidad (cuaderno de Egipto, 1907-1908).[57] El enfoque barresiano, tuvo otros imitadores, como el novelista y ensayista Louis Bertrand (1866-1941), también loreno, indicando que el culto al mundo mediterráneo y a sus contrastes era, para principos de siglo, un tópico fundamental de la cultura gala, transmitido a través del mercado literario y artístico parisino a toda la «modernidad».[58]

Unos años más tarde, Vicente Blasco Ibáñez, republicano militante pero francófilo, resumió el españolismo literario del loreno: «La pluma de Barrés [sic] es en Francia una pluma española. La vida presente de España y su antigua literatura le han dado tema para numerosos estudios. Alguien le ha llamado, no sin razón, el "consul intelectual de España en París". No habla bien el castellano, pero lo lee perfectamente [...]», como, aseguraba el novelista valenciano, lo testimoniaba su abundante biblioteca. El mismo Barrès le dijo a Blasco, cuando éste le visitó en los primeros meses de la Guerra Europea: «De no ser francés, hubiera querido ser español... Si algún día tengo que abandonar mi patria, iré a vivir en España.»[59] Dado su entusiasmo españolizante, su postura hacia el catalanismo fue más bien crítica y así fue percibida por los comentaristas contemporáneos. Al hacer un balance, aseguró que el nacionalismo catalán era un movimiento «muy egoísta en su espíritu proponiendo a las buenas voluntades de la joven España una anarquía irritante más que una disciplina fecunda». A su parecer, «Cataluña sólo está tan exasperada porque ella perdió, en el desastre, Cuba y Filipinas, donde se encontraba el mejor mercado para los productos de fábrica».[60] A la luz de tales opiniones, el influjo barresiano era una carga más bien pesada para el bagaje intelectual de un catalanista.

Pero el aprendizaje camboniano de Barrès tuvo su importancia. Para Cambó, como consecuencia de la perspectiva barresiana,•vibrar con el recuerdo de la tierra y de los predecesores que en ella vivieron, era un hecho catalán; luego, ese mismo sentimiento tradicional le inspiraba respeto hacia los hechos de España, incluso del Estado. *Aprendió, pues, a matizar la posible virulencia de su nacionalismo catalán con un cierto hispanismo.* Al mismo tiempo, Cambó no fue un imitador ciego de las manías del ensayista nacionalista francés. Por ejemplo, no se convirtió en enemigo acérrimo del «institucionismo» madrileño, el liberalismo avanzado de la Institución Libre de Enseñanza, análogo al kantismo aborrecido por Barrès. Supo escoger.

La disfunción de Maurras en España

Por supuesto que Maurras pudo decir algo muy parecido al mensaje barresiano, y, además, como provenzal y regionalista *félibre*, con mayor conocimiento de causa para catalanistas. En sus propias palabras: «Para mí, es como provenzal que me siento francés. No entiendo mi Provenza sin una Francia.»[61] Empezó como provenzalista, seguidor del poeta Frederic Mistral (1830-1914), que venía promoviendo un «despertar provenzal» y panlatino desde 1854 y que sería ungido con el premio Nobel de Literatura en 1904, en el declinar de su vida. En efecto, en 1892, un grupo de *félibres* en París, encabezados por Maurras y Frédéric Amouretti, propusieron una Francia federalizada en autonomías («*tous, Gascons, Auvergnats, Limousins, Béarnais,*

Dauphinois, Roussillonais, Provencaux, Languedociens»), pulsación a la que (según el manifiesto) ya habían respondido algunos regionalistas bretones, y se suscitó un considerable debate que ayudó a promocionar el joven y devoto mistraliano.[62] Sin duda Barrès concurrió en la apreciación de Mistral; en palabras del historiador militante de Action française, Jacques Bainville: «El señor Maurice Barrès ha podido observar con razón que la obra mistraliana tiene un valor universal y que, lejos de estar circunscrita al mundo provenzal, ha sido vivificante para Francia entera, que, siendo emprendida en Arles, ha resonado en Estrasburgo.»[63]

Pero, en tanto que maestro ideológico, Mistral se distinguió por su estrecha relación literaria y admirativa con la Renaixença catalana, en especial por su vínculo con poetas como Víctor Balaguer y Jacint Verdaguer.[64] La densa evolución del catalanismo, cada vez más visible como un movimiento político que iba mucho más allá del mero cultivo literario de un idioma no estatal, necesariamente servía como contraste con el suave declinar de las fortunas del llamamiento provenzalista mistraliano.[65] Así lo observó con gran agudeza, ya en los años diez, el crítico catalanista Joaquim Folguera: la misma calidad de Mistral, «aunque parezca paradójico [...], es la prueba más clara de que la Provenza está muerta», ya que, de no ser así, «se habrían hecho ridículas tragedias sobre temas de historia romana, como nuestro Víctor Balaguer».[66] La realidad palpable del retroceso provenzal, sin duda, ayudó a Maurras a evolucionar en su emigración parisina (o, cuando menos, hizo explícito su pensamiento previamente oculto): «porque la República no puede descentralizarse».[67]

Es decir, más que un regionalista, Maurras quiso ser un gran doctrinario a la francesa. Por ello, añadía siempre una moraleja ideológica a sus alusiones regionales, como retahíla machaconamente repetida a través, por ejemplo, de las sucesivas versiones acumulativas de la *Enquête sur la Monarchie*: quien haya resuelto ser patriota, forzosamente debería ser *royaliste* o monárquico absolutista. Según la fórmula concluyente del teórico: «prácticamente tanto como teóricamente, no hay, si uno quiere ser *nacionalista* [cursiva orginal], más que el partido del nacionalismo integral, es decir, la Monarquía»[68] En la última versión, ya en los años treinta, el gran manual maurrasiano concluía, como última frase: «El partido del Orden no puede escoger./ Si rechaza la anarquía, tiene que adoptar la Monarquía./ Si rechaza la Monarquía, tiene que resignarse a la anarquía.»[69] Lo demás, según su criterio «filosófico», tan rígido y supuestamente lógico, era secundario. *Esta afirmación, en España, significaba carlismo, como el mismo Maurras reconoció casi desde el principo de su carrera.*

Al insistir en la superior representatividad nacional de una Monarquía por derecho divino a todas las formas plebiscitadas por el Pueblo, Maurras se acercaba más –en el contexto político español– a los argumentos más lúcidos de portavoces carlistas, notablemente los del tribuno y académico Vázquez de Mella, capaz de romper con la misma dinastía «legítima» en nombre de la pureza «tradicionalista», que a las anfibologías características de la Lliga.[70] El pensamiento maurrasiano, entendido en su sentido más estricto como doctrina de Estado, nunca tuvo gran predicación en España, por una razón muy sencilla, porque ya existía con tanta claridad o mejor: el tradicionalismo sistematizado en incontables e interminables discuros por Mella, entre otros. Como le respondió André Buffet al mismo Maurras en la primera tanda de encuestados («con nuestros desterrados») de su famosa *Enquête sur la Monarchie* de 1900, obra monumental ampliada en años sucesivos, el verdadero ideal de los nacionalistas franceses, lo que «piden en sus sueños» era nada más y nada menos que *«Un César avec des fueros»*. Tal «certera frase que pinta su estado de espíritu» era de *«un nacionaliste espagnol»* («hablaba español y latín»), «a quien preguntaban cuál sería el régimen que él preferiría y contestó tranquilamente: "Un César con fueros".» Para consumo galo se añadía la explicación: «Por César entendía una autoridad enérgica y, por fueros, libertades comunales y provinciales. [...] Hablando francés hubiera dicho, poco más o menos, como el conde de París: *Estado libre, Municipio libre*.»[71] Es más, nacionalistas franceses próximos al maurrasismo como el diplomático e historiador Charles Benoist admiraban la Restauración canovista como modelo de cómo podría ser corregida la III República francesa. En 1894, en la *Revue des Deux Mondes*, Benoist hasta declaró que la recuperación borbónica en España «ha sido monárquica, nacional y moderna», provocando una respuesta irónica de Maragall.[72] En todo caso, Maurras, con absoluta literalidad y el más genuino desprecio por los inconvenientes prácticos de la política parlamentaria, siempre aconsejó a sus amigos catalanes que se entendieran con su rey, como en el punto de partida del catalanismo, con el proyecto del *Memorial de greuges*. En sus palabras retrospectivas: «¡Pero entenderos pues con vuestro rey, vuestro conde, si preferéis...!»[73]

Mirándose en el espejo opuesto, de la circunstancia francesa cara a España, el Prat todavía mozo admiró tales fuentes sin pudicia por lo que tenían de crítica de la apertura democrática del sistema liberal. Sobre Benoist en concreto, proclamó en 1895, desde las páginas de la *Revista Jurídica de Catalunya* que:

> A los ya numerosos pensadores que han anatemizado ese casi nuevo y no obstante ya caduco instrumento [el sufragio universal masculino], debemos añadir un escritor francés perteneciente a la escuela positivista [sic] y por su radicalismo nada sospechoso, Ch. [sic] Benoist, quien en la *Revue des Deux Mondes*, estudia, con una galanura de estilo que revela al literato y una precisión que descubre al pensador, la crisis del Estado moderno, cuya causa encuentra en el sufragio universal inorgánico que es, hoy por hoy, su fundamento.»[74]

Pero de ahí al enfático neomonarquismo galo anunciado por el joven Maurras había un salto que los catalanistas no podían dar. Maurras, en concreto, siempre fue consciente de tal limitación de «la Fraternité catalane».[75] Era difícil para catalanistas u otros hispanos recorrer la ruta maurrasiana en el correcto modo galo. Allá, muy a pesar de todo su discurso sobre la cruda realidad política, Maurras nunca tuvo que adaptarse a las exigencias de un auténtico movimiento político con objetivos ajenos a sus antojos. El sordo «nacionalista filosófico» siempre disfrutó del hecho que, en Francia, el legitimismo en su sentido estricto se había hundido con la muerte de conde de Chambord en 1883, lo que sin duda resultó una innegable ventaja para un teórico de la Monarquía pura. Pero, dado el peso innegable del carlismo en la política española y hasta catalana, la pauta marcada por el nacionalismo francés en su versión maurrasiana era un camino muy contestado en el marco político hispano. Como observó, con agudo juego de palabras, el publicista nacionalista-republicano Antoni Rovira i Virgili, muchos años después:

> «Acudid al rey!» ha aconsejado reiteradamente Charles Maurras a los catalanes, en conversaciones particulares y en escritos públicos. La teoria monárquico-regionalista de Maurras hace del Estado un conjunto de Repúblicas presidido por el rey, según sus palabras textuales. Él ve en el monarca, dotado milagrosamente de todas les virtudes políticas, el protector de las libertades regionales y locales y el árbitro justo de los pleitos interiores. Contra las tendencias unitarias y centralistas, él alza la figura personal del soberano.
>
> Puede que Maurras sea tan realista [*reialista*] como él dice, por bien que nosotros dudemos que lo sea un hombre de tan fuerte orgullo intelectual. La cosa evidente es que tiene bien poco de realista. La realidad que él ve, o quiere ver, es una creación subjectiva. Su famoso «País real» es una pura utopia, una ficción de teórico con imaginación de poeta. Quien tenga el sentido de la realidad histórica, habrá de reconocer que el poder monárquico, en cuanto dejó de ser nacional, por la decisión inicua de Caspe [en 1412], se convirtió en el enemigo número 1 de Cataluña.[76]

Dicho de otra manera, el maurrasismo como doctrina política, sin su envoltorio de estilo y de presentación intelectualizada, estaba mejor expresado en castellano y en el tradicionalismo más castizo que de cualquier otro modo. Es más, según cómo, el realismo político –la convicción que las realidades del poder son fijas y no como podrían ser imaginadas en bonitas elucubraciones– ya era un atributo del mismo carlismo, si era contemplado sin su carga legitimista y religiosa.[77] Luego, *para lectores hispanos, lo que, muy en concreto, era importante del maurrasismo era precisamente su innovación de estilo intelectual: el contenido del carlismo asumido como ejercicio de pragmatismo consciente, a sabiendas de sus lastres, sin especial fe católica*, ya que Maurras era ateo y filocatólico por la importantísima función de orden y definición social que ejercía la Iglesia. Así se ha de entender, por ejemplo, la lectura selectiva del maurrasismo hecha por Azorín como militante ciervista.[78]

Yendo más allá de Barrès, Maurras consideró que no solamente la región, sino también una infancia católica eran las señas de identidad imprescindibles del *être* francés y por ello excluyó a los que no podían formar parte de tal proceso de inducción:

judíos, protestantes, francmasones y *metèques* (extranjeros).[79] Claro que, como mostraba la estrecha relación de Maurras con el poeta simbolista Jean Moréas (Yanni Papiadiamantopoulos, nacido en Atenas en 1856, llegado a París en 1879 como enamorado de la lengua francesa, y muerto allí en 1910), que juntos formaron una famosísima École Romaine, había inmigrantes y excepciones, había fusiones culturales que, por clásicas, licuaban identidades y otras que no. Dada la importancia del mensaje hiperculturalista, el impacto maurrasiano, en tanto que una militancia en «política estética», llegó por vía de la sofisticación intelectual a un lugar receptor como la capital catalana.

Barcelona, en la medida en que una parte de su élite se diferenciaba lingüística y culturalmente del resto de España, formó parte –como consumidora– de la alta cultura francesa finisecular, como natural alternativa.[80] Era, en tanto que «el París de la Mediterránea», una especie de foco «honorario» del culto al galocentrismo. Pero, en realidad, su acceso al culto de la centralidad francesa en el mundo se realizaba de manera informal, sumando individuos que, por razones profesionales, pasaban una temporada en París. Así, de forma preferente y a expensas de grupos ideológicos, el nacionalismo francés estableció su relación especial con Barcelona a través del pintor y escritor Santiago Rusiñol, amigo de León Daudet a raíz de una formativa estancia en la capital francesa: el hecho de coincidir ambos, adictos a las drogas, en una desintoxicación en la clíncia del doctor Sollier les hizo íntimos de por vida.[81] Hijo primero *(hereu)* de una gran familia burguesa de Barcelona, Rusiñol, nacido en 1861, se mantuvo en el límite entre la bohemia y la «buena sociedad», repartiendo sus ironías en ambas direcciones. Lo pudo hacer gracias a un acuerdo con su hermano menor, Albert, nacido en 1862, quien dirigió las empresas familiares y tuvo una destacada carrera presidiendo el Fomento del Trabajo Nacional, la Sociedad de Amigos del País y la misma Lliga, de la que fue parlamentario durante muchos años.[82] Pero –y era una contradicción mayor– Rusiñol fue enemigo abierto, agresivo, de D'Ors y de los noucentistes en general, quienes le reservaron su mayor desprecio como «vuitcentista», a sus luces un personaje del todo pasado de moda.[83] Explicado de otra manera, la vinculación entre la escuela nacionalista francesa y el catalanismo fue siempre de refracción, con distorsión y ángulos, y no una simple reflexión.

El cesarismo barresiano, en contraposición al coronado y ungido «César con fueros» maurrasiano, fue mucho más implícito, por intencionadamente ambiguo. De hecho, más que al legitimismo, como hizo Maurras, el novelista de la Lorena apelaría a la tradición bonapartista en su sentido más difuso, emotivo, rayano en la indiferencia ante las formas del Estado, tal como lo pudo encarnar *l'homme à cheval*, el general Georges Boulanger (quien, en 1887-1889, parecía poder amenazar la III República con su ecléctica capacidad para fundir derecha e izquierda en un sólo movimiento). Este cesarismo, precisamente por su eclecticismo, era, a largo término, una de las tres tradiciones (con el orleanismo y el legitimismo) que el historiador René Rémond marcó como características de la evolución histórica de la derecha francesa.[84] Fue una noción del Estado ejecutivo y, por supuesto, «imperial» (por bonapartista), que Cambó supo apreciar. A sus ojos, Barrès daba prioridad a la perspectiva de la sociedad civil (desde la identidad regional) y no a la continuidad esencialista del poder, idealizada por Maurras en su canto a la consistente *realpolitik* de la siempre decisiva Monarquía ancestral. Resumiendo, *tal como lo percibió Cambó, la perspectiva barresiana significaba, entre otras cosas, que no era obligatoria la ruptura con el Estado liberal.*

Por todo ello, Cambó retuvo claras limitaciones, en extremo realistas y no *reialistes*, de lo que estaba dispuesto a recoger de la escuela nacionalista francesa. En primer lugar, como político profesional cuya carrera se fundamentaba en buscar el estrellato en unas Cortes, no se sentía en absoluto atraído por el antiparlamentarismo, planteamiento central de Barrès y fuente de su adhesión al boulangismo, que se convertiría en tesis obsesiva de Maurras y sus seguidores.[85] Puede que, siendo muy joven, recién licenciado, se dejara seducir por las reverberaciones de las agitaciones antisemitas en Argelia, como hizo Prat. Pero ello no le dejó a Cambó vestigios significativos ni recuerdos obsesivos. Por el contrario, en la medida en que Cambó acumulaba experiencia política en foros elegidos, hasta culminar con el éxito de la Solidaridad Catalana, que le convirtió en protagonista estatal, ganó en sentido reflexivo ante las posturas meramente ideológicas.[86]

El influjo del nacionalismo francés en Cambó

La combinación de rigidez doctrinaria y sutil apelación intelectual propia de Maurras no era atractiva para un político práctico como Cambó, pero, todavía más importante, la diferencia de actitud ante Barrès y Maurras era una cuestion de «generaciones».[87] A Cambó (nacido, recordemos, en 1876), la figura de Barrès (nacido en 1862) le cogió siendo universitario, ya a finales de los años ochenta, y le llegó a influenciar, mientras que Maurras (nacido en 1868) tuvo su gran visibilidad unos diez años más tarde, cuando el joven abogado catalanista ya empezaba a ser alguien en el pequeño mundillo barcelonés.

No obstante otros matices, la gran barrera para Cambó fue la imposible traducción a un filotradicionalismo hispano que significaba la posición *royaliste* maurrasiana, explicitada, además, tarde, en los primeros años del nuevo siglo. Barrès, muy por el contrario, siempre fue ostentosamente accidentalista en las formas de gobierno: su nacionalismo se opuso a los republicanos, pero no a la institución republicana en sí, como mostró en su apoyo a Boulanger. El novelista francés estaba a favor de cualquier régimen que asumiera lo que él entendía como una política nacional francesa. En eso Cambó coincidía, muy cómodamente, con el escritor loreno. Del mismo modo, aunque Barrès desconfiaba de los inmigrantes forasteros, sin pasado regional, que se convertían en franceses genéricos mediante la funesta urbanización, estaba dispuesto a reconocer su sacrificio patriótico, mostrado, por ejemplo, en el campo de batalla, como sucedería con la Primera Guerra Mundial. Quién no podía «sentir» a Francia con naturalidad habría de demostrarlo; de ahí, la importancia que para él tuvo el belicismo como escuela patriótica imprescindible.[88] Y esa belicosidad, en cambio, no la pudo tragar nunca el político catalán, formado en la desconfianza catalanista al militarismo españolista.

La visión barresiana del «enraizamiento» nacionalista, del patriotismo regional como componente esencial de todo nacionalismo de Estado, era un canto lógico a la naturaleza «imperial» de Francia por encima de los contenidos representativos o de los mecanismos de promoción social.[89] Era un discurso que debió de ser muy impactante para un joven provinciano del Ampurdán, hijo de la tierra, convertido en abogado, ejemplo de un «profesional-liberal» en ascenso social, cuya experiencia era ejemplo vivo de esta tesis identitaria.[90] Con esnobismo feroz (aunque pretende criticar a Cambó por ello), un D'Ors viejo le retrató como joven patán, de visita por primera vez en el fabuloso «París de las Francias»:

> Cuando Cambó vino por primera vez a París, tenía una experiencia mundana tan corta, bien que fuese ya, en lo oficial, regidor de Barcelona, y, en lo sentimental, conductor y héroe de todo un movimiento político, que, al camarero de los cafés o restaurantes, le llamaba monsieur en vez de garçon; y no adivinaba el porqué, en los casinos de las grandes estaciones balnearias, unos señores se encierran a jugar en unas salas sin adornos, cuando, al lado hay, con muchas mesas, otras salas amplias y suntuosas. A pesar de ello, apenas entrado en París, quiso ya llegarse a Trouville y vivir su ambiente. Y que le hiciese una caricatura el dibujante Sem, cuyo lápiz satirizaba a las notabilidades de la época. De que no se trataba aquí de un vulgar esnobismo, sino de una proyección en grandeza de los instintos vitales más desembarazadamente ambiciosos, buena prueba es el hecho de que, en visión certera de ciertos caminos que iba a emprender el mundo, Cambó estudiara entonces, en el Museo Social de la rue Les Cases, todo lo relativo a la posible formación de Sindicatos patronales. Y abría, principalmente, su libretita, ¡su entre los amigos famosa libretita! Que era pequeña y de papel comercial con cuadrícula azul y cubierta de charol granulado; pero sobre cuya modestia un lápiz nervioso escribía solitariamente los pensamientos de política internacional más proféticos y de alcance más vasto. Tal vez se leía allí, en algún rincón, entre abreviaturas: «Rusia prepara una revolución más tremenda que la revolución francesa». O bien: «El florecimiento de la industria textil indica inferioridad en un pueblo; el de las industrias químicas, prosperidad». Y otras cosas más enigmáticas o menos precisas, pero de perspectivas no menos dilatadas. En cuanto a la conciencia de un sentido enorme de misión baste evocar el dicho de un su pariente, quien –testimonio, además, de una vocación, no ya personal, sino gentilicia–, cuando el joven *leader* estaba en peligro de muerte, por efecto del atentado que abrió su

carrera, se mostaba tranquilo, mientras los demás se angustiaban. Y decía: «Si Dios quiere que nos llegue a faltar, otro de la familia hará lo que él tenía que hacer».[91]

La noción barresiana de que sólo se podía ser francés regionalmente si se vivía la «experiencia» de serlo desde una región, le sirvió a Cambó –un auténtico hombre inventado por sí mismo con ambiciones de estirpe– para convertir la «idea imperial» de Prat en una gran propuesta de redefinición de España. Asimismo, la idea de Prat ya había sido recogida (cuando no anticipada) por D'Ors como un trampolín de proyección mediante la visibilidad y/o importancia de la producción cultural en un idioma relegado, con lo que se ampliaba su resonancia en el contexto catalán. De alguna manera, en las reelaboraciones de ambos, se confundía el individualismo de Emerson o Carlyle, expresión, en última instancia, del optimismo propio de una sociedad industrial expansiva, con el pesimismo antiurbano del *culte du moi* barresiano. Era una mezcla potente.

Pero el vínculo con el nacionalismo francés tuvo además su contrapartida: es muy probable que la noción misma de «regionalismo» fuera un traspaso de la política española –y, muy lógicamente, en primer lugar desde el catalanismo, fronterizo– a la francesa. El principal animador del impulso «regionalista» en Francia fue Jean Charles-Brun, nacido en Montpellier en 1870; éste, en su principal obra teórica, aparecida en 1911, insistió en la innovación que representaba el término y asimismo hicieron otros interesados como Paul-Boncour («regionalismo parece ser el nuevo vocablo que designa frecuentemente el renacimiento incontestable de las ideas descentralizadoras y federalistas»). Según Charles-Brun, en los años noventa, Maurras sólo utilizaba *décentralisation* y la izquierda prefería *fédération*; por lo que se puede ver, Barrès hablaba de *terroir* (terruño o patria chica) o *province*, además, por supuesto, de *déraciné* (desarraigado).[92] Pero pronto la palabrita se extendió por la política francesa. La fuerza del neologismo llevó a Maurras a precisar en su opúsculo *L'idée de la décentralisation* de 1898, que, por supuesto, conocía el concepto, inventado –como poco– en 1874 por el «noble y sabio poeta de Provenza, una de las lumbreras filosóficas del felibrismo, M. de Berluc-Perussis».[93] En efecto, un rastreo suplementario encontró la palabra en numerosos textos franceses meridionalistas o provenzalistas en los noventa, así como en algún *bretonnisant*.[94] Además, el traductor de Charles-Brun al castellano, un periodista con mucha experiencia en el extranjero y sobrados conocimientos de los particularismos hispanos (en especial del galleguismo), José G. Acuña, apuntó a la generalización del término en el marco político hispano tras el *Memorial de greuges* de Almirall, como mostraron la revista catalana *La España regionalista* o *El regionalismo* del gallego Alfredo Brañas en 1889.[95] Resumiendo, *aunque el neologismo tuviera un origen en el Félibrige, su generalización y, por ende, su auténtico impacto en Francia vino del marco hispano y, muy especialmente, de la pujante experiencia catalanista, tan bien conocida en el ámbito fraterno occitano. Luego, la postura de Cambó no fue, porque no podía serlo, de mera importación intelectual.*

En resumen, *para Cambó, el nacionalismo francés fue un punto de partida, pero su aprendizaje político le proporcionó muchos elementos de contrapeso a tales influencias juveniles.* En efecto, en los tiempos que él sintió la influencia nacionalista francesa, esta escuela defendía la utilidad de la Monarquía austrohúngara como imprescindible para el equilibro diplomático y hasta para la paz entre las nacionalidades. Así llegó su argumento a España. Como dijo el marqués de la Vega de Armijo (Antonio Aguilar y Correa, que sería primer ministro liberal en el paso de 1906 a 1907), en sesión de 1902 de la Real Academia de Ciencias Morales y Políticas, comentando un artículo de Charles Benoist, autor siempre apreciado en España, en la *Revue de Deux Mondes* aparecido en 1899: «Deduce Mr. Benoist, *que para que haya una Europa, es necesario que haya en esa Europa un Austria* [cursiva original], compuesta por cinco o seis pueblos o partes de pueblos sin consistencia y sin resistencia. El Austria, según el autor, es el ideal de estado tapón, demasiado débil para inquietar, bastante fuerte para mantener; es como una garantía de la paz.»[96] El periodismo de Barrès (durante mucho tiempo director de *L'Echo de Paris*) y de Maurras (desde *L'Action française*) defenderían esa misma tesis hasta el final de la Primera Guerra Mundial.[97] Era, como se puede ver, una valoración escasamente futurible, pero fácil de aplicar, con mejor tino, a España, especialmente desde una óptica francesa. España estaba igualmente compuesta por nacionalidades incapaces de independizarse. Era también un «Estado tapón», débil en el juego de las grandes potencias pero con capacidad de mantener su orden interno. Era, asimismo, «una garantía de la paz». Una revisión consciente del rol de España como Estado, a la luz de Austria-Hungría, era, pues, un programa actualísimo.

Así, la principal enseñanza que sacar de la escuela nacionalista francesa era la relectura de la propia realidad española y catalana. Porque las lecciones políticas más prácticas eran poco alentadoras. En concreto, entre 1899 y 1904, el intento de Barrès de federar el nacionalismo desde su Ligue de la Patrie Française fracasó estrepitosamente y su organización se redujo al terreno de la defensa social y religiosa, un conservadurismo banal que los socios del grupo de *La Veu de Catalunya* rápidamente dejaron atrás, al asumir su temperamento ideológico latitudinario.[98] Por lo tanto, para formar el pensamiento de Cambó y teorizar el «imperio» hispano desde Cataluña con visos de credibilidad, más allá de lo apuntado por Prat, hacían falta más elementos.

Otras influencias francesas, más sorprendentes: las izquierdas

Nada de estas influencias francesas hizo mella en el catalanismo digamos ya «histórico», de los que se quedaron en la Unió Catalanista cuando se escindió el Centre Nacionalista Català, con Prat de la Riba al frente y Cambó detrás. Pere Aldavert, siempre agresivo y viperino se preguntaba en voz alta: «¿Qué saben los que reniegan de la tradición, que no es más que una selección que hace el tiempo entre las cosas buenas y las malas? ¿Qué saben los que saben apartar los ojos de la Francia unitaria, cesarista siempre, caundo no de un Bonaparte, de un muñeco de carnaval como *el brav' général* [Boulanger] que se mató por una querida.» Según Aldavert, republicanismo y monarquismo eran distracciones peligrosas del deber de fidelidad a la contemplación absorta de Cataluña, como conjunto social estable. Jugar a una Corona «imperial» le parecía del todo dudoso: «¿Que soy reaccionario? Bueno, seré un reaccionario que vendería en el *encante* todos los cetros y coronas porque encuentro que no sirven para nada y se podría ganar mucho dinero, estando como están hechos de oro y piedras precisosas.»[99]

A esta herencia ideológica de su primera juventud, previa a la radicalización vagamente afrancesada, Cambó le debió un sano pragmatismo que le mantuvo alejado del exceso doctrinario. Tal vez también fuera aleccionador ver cómo se diluían las lecciones ideológicas galas en un escenario político hispano, si se comparaba, por ejemplo, el «general cristiano» Polavieja con su modelo boulangerista.[100] En vez de insistir en los valores institucionales del siglo pasado (como la Corona o la «Revolución Gloriosa» de 1868), tal como hacían de manera diversa carlistas, conservadores, liberales y republicanos, y al contrario de los noventayochistas, que idealizaban el pasado castellano, Cambó pretendía encabezar una gran coalición de fuerzas regionales y regionalistas dispuestas a rehacer España en un sentido constructivo y hasta nacionalizador. *La «superioridad» de los catalanes se mostraría de manera constructiva, mediante el salto eventual de una Solidaritat Catalana a una Solidaridad Española.* A ojos de Prat y Cambó e incluso de D'Ors, la más brutal lección de los enemigos a la III República francesa no se podía traducir literalmente a la circunstancia hispanocatalana, como un enfrentamiento rupturista con el parlamentarismo español, por muy torcido que estuviera éste.[101] La respuesta catalana –al surgir de la sociedad civil– no podía ser otra cosa que edificante, en todos los sentidos de la palabra. La Lliga no podía favorecer la subversión.

Solidaridad era una idea de raíz republicana y gala, pero, al mismo tiempo, un tópico al azar en la siembra de la contemporaneidad, matizado por su misma dispersión en el *Zeitgeist.* Con su consabida habilidad para la apropiación selectiva, los regionalistas catalanes lo tomaron del contemporáneo discurso social del republicanismo francés, o, como poco, se sintieron justificados por su uso en el país vecino.[102] Pero claramente estaba en el ambiente. Los filipinos en España, primero en Barcelona y después en Madrid, se organizaron alrededor de la publicación *La Solidaridad*, en 1888.[103] En un contexto más restrictivamente catalán, el padre Torras i Bages pudo bendecir la noción en su gran obra *La tradició catalana* de 1892.[104] Era entonces, en el cambio de siglo, el «solidarismo» una reflexión caliente, muy de moda, para resolver las cada vez más aparentes contradicciones entre el Estado –individualista en su acepción liberal– y las cada vez más complejas demandas de la sociedad civil, con frecuencia expresadas en términos de identidades colectivas: de ahí, por lo tanto, la discusión entre los polos conceptuales de «solidaridad restringida y solidaridad ampliada», enfoque que entraba de cajón en la relación lligaire entre táctica y estrategia, o entre la *Catalunya endins* y *enfora.*[105] Era, además, un planteamiento netamente «masónico», pero igualmente asimilable a la lógica católica.[106] Así, la transformación de Solidaridad Catalana en Solidaridad Española, reforma mediante, podría evitar las funestas confusiones de las exigencias de las izquierdas, ejemplificado todo por las confusiones intencionadas y las manipulaciones groseras, como las que –a ojos de Prat y de Cambó– mostraron las izquierdas catalanas más extremas durante la revolución de julio, la llamada «Semana Trágica», de 1909, experiencia del todo traumática para la Lliga.[107]

Asimismo, los ideólogos de la Lliga, muy al día en los debates políticos europeos, prefirieron evitar el término «federalismo» para sus propuestas reformadoras del Estado. Una razón para tal discreción era obvia, hasta familiar: por las evidentes y desafortunadas resonancias españolas que acompañaban el vocablo, tanto por el fracaso estrepitoso de la I República española, experimentadora del concepto y hundida en parte por las extravangancias cantonalistas, así como por la asociación de tales fórmulas con las elucubraciones escasamente prágmaticas de Pi y Margall. Lo último que deseaban los regionalistas catalanes era asociarse con tan funestos antecedentes. Pero, *¿por qué, concretamente, habían de sustituir «imperio» por «federalismo» o «federación»? Aparte de las reverberaciones izquierdistas, «federalismo» fue el nombre alternativo para el creciente pacificismo europeo, movimiento con gran peso en el marco del derecho internacional*, bien conocido por los abogados que formaban la plana mayor (con un arquitecto) de la Lliga. [108] De hecho, «pacifismo» fue un neologismo de 1901 y hubo influyentes miembros del movimiento, como Gaston Moch, que siguieron defendiendo *pacificateurs* o *féderalistes* como sinónimos, cuanto menos superiores al término impuesto por los de habla germana o inglesa. En 1902, en el XI Congreso de la Paz en Mónaco, Moch propuso «una organización federativa agrupando las patrias sin absorberlas, es decir, una "Sociedad de las Naciones" recomendada *[prônée]* por "federalistas"».[109]

También la Lliga proponía algo parecido a las formas supraestatales e, igual que Moch pero con una intención diversa, temían el rechazo de la opinión militarista. A partir del cambio de siglo, el militarismo fue el principal enemigo ideológico del catalanismo en su conjunto (y ahí estuvo, para demostrarlo, la quema emblemática del *Cu-Cut!* y la resultante Ley de Jurisdicciones). Sin lugar a dudas, este odio recíproco sirvió para establecer el moderno mapa político catalán.[110] Mediante su antimilitarismo, el catalanismo podía construirse un pasado histórico de gran continuidad, a partir de la oposición a la tradición estatal encarnada en el Ejército. Por añadidura, era una actitud que servía para desautorizar los ataques de la izquierda, ya que el lerrouxismo –como subrayó el mismo Emperador del Paralelo en su famoso artículo «Con el alma en los labios»– podía esperar que un golpe militar (más o menos como el que ocurrió en Portugal en octubre de 1910) le hiciera el regalo de la República.[111] Sin llegar tan lejos en el oportunismo político, también es verdad que la tradición política de la radical democracia, fuese desde la histórica desconfianza de los pueblos de habla inglesa a un ejército profesional o desde la afición francesa por la «Nación en armas», la buena doctrina de izquierdas entendía que una confluencia entre sociedad y fuerza armada era algo positivo. Sirve como buena indicación el doctor Andrés Martínez Vargas, un auténtico poder en la Facultad de Medicina de la Universidad de Barcelona, antiguo admirador del doctor Robert, pero vinculado a las escuelas racionalistas de Ferrer y Guardia, conocido republicano radical y airado rector anticatalanista en 1919. Como observó el doctor, al comentar su visita al frente francés durante la Guerra Mundial: «En todo pueblo, un buen espíritu civil es la base de un buen ejército».[112] Y, por supuesto, viceversa.

Las fuerzas armadas y especialmente el Ejército, por lo tanto, fueron siempre el factor invisible, pero crucial, en todos los cálculos del regionalismo catalán. Lograr la Monarquía regionalizada o autonómica, de hecho federativa, resultaría imposible sin superar el veto tácito de la opinión uniformada. Lograr su concurrencia, por lo tanto, significaba dar algo atractivo a cambio: pero, ¿qué? Pueden servir como indicio del dilema en el cual se colocaron los catalanistas «intervencionistas» las opiniones de Ricardo Burguete, influyente oficial que, de comandante a principios de siglo, llegó a destacado general dos décadas más tarde, con una evolución ideológica destacada por su evolución progresiva hacia la izquierda. En una novela anónima, *Así habló Zorrapastro*, que Burguete publicó en Valencia hacia el cambio del siglo, haciendo una superficial parodia del Zaratustra de Nietszche, su protagonista llegó a Barcelona para horrorizarse, desde un punto de vista vagamente libertario, del criterio racista imperante en la Ciudad Condal, según el cual los catalanes eran «arios» y los castellanos judíos, todo en base a algunos mohosos cráneos mal medidos. En otras palabras, el desafío de Pompeyo Gener (con toda la polémica finisecular) había herido su sensibilidad, condicionando sus simpatías. Pero en sus ensayos históricos posteriores, de mayor enjundia (con mucha cita de Carlyle y Taine), Burguete vio como decisivo, y no como acierto histórico, la coyuntura en la cual el provechoso equilibrio aragonés-catalán, con su mirada en el oriente mediterráneo, se truncó hacia el oeste, hacia Castilla, para desorientarse y perder su buen sentido originario.[113] Si Burguete era una figura representativa de al menos una parte de la oficialidad, había, pues, un coste que asumir, pero también una esperanza. A partir de esa percepción, ¿qué podía ser más agradable para la opinión militar que el engrandecimiento «imperial» del Estado, muy especialmente en la perspectiva de la pérdida ultramarina de 1898?

Todos los «regeneracionismos» españoles asumieron con confianza la contraposición nacionalista francesa entre *pays légal* y *pays réel*, con la suposición de que la vida social estaba viva (luego, capaz de «regenerarse»), mientras que el Estado, las instituciones, eran artificiales, o estaban muertas.[114] Esta formulación de «Dos Españas», como en el famosísimo poema machadiano, en pugnas por razones evidentes, no complacía a los catalanistas, los cuales, mucho antes que la Lliga naciera, ya habían elaborado el contraste entre Cataluña y su rico tejido asociativo y productivo («región industriosa» por antonomasia) y el centralismo entendido como plaga.[115] Pero, a su vez, el juego binario catalanista (a veces, con un leve racismo, expresado en términos de un «Norte» europeo, hecho a la vida moderna, contrapuesto a un «Sur», no europeo, de perenne atraso) dificultaba la comprensión negociadora con otras fuerzas políticas fuera del cómodo marco catalán. En especial, la persistente disyuntiva moral del catalanismo complicaba el trato con la intelectualidad española, muy dispuesta, incluso ávida de entenderse con la pluralidad de «Las Españas», pero pronto ofendida por la articulación catalanista de doble identidad, española y catalana. Estos equilibrios, que tan naturales parecían en Barcelona, resultaban desde fuera cuanto menos difíciles de entender, cuando no indignantes. Al afirmar lo que ellos aseguraban era su identidad, «los catalanes» parecían siempre exclusivos, dispuestos a negar su contexto a los que, queriendo, no podían acceder por culpa de su monolingüísmo.[116]

Las prontas respuestas catalanistas, ansiosas por justificar la necesaria protección de su idioma, a sus ojos amenazado por el simple hecho de competir con el castellano, idioma de Estado, tan sólo complicaban las cosas. *El evitar tales estrecheces argumentales era precisamente la razón por la cual, desde el catalanismo, se podía mirar al iberismo como una solución.* Para citar a Ignasi de L. Ribera y Rovira, ardiente publicista gallego-catalán y catalanista de la fusión ibérica, la Península se componía de tres grandes bloques nacionalitarios con su componente lingüístico y su trasfondo étnico: una «unidad nacional atlántico peninsular» luso-galaico, partes «impulsadas por un espíritu portugués», «una nacionalidad central» que reunía los «otros núcleos que viven el ideal castellano» (en el cual quedaban subsumidos los vascos), más el marco catalán o, mejor dicho, pancatalán. Exaltado por la revolución portuguesa de 1910, Ribera y Rovira creyó que, al calor de los eventos portugueses y a pesar de las sediciones monárquicas impulsadas desde Galicia contra el nuevo régimen vecino, se vivía una oportunidad histórica de reorganización, que él interpretó desde su postura republicana, en términos pimargallianos.[117]

Pero se podía hacer el mismo argumento, aprovechando la misma coyuntura, en un sentido diverso, tal como hizo la Lliga. *El «imperio», pues, servía para incorporar ideas de la izquierda a una oferta en esencia conservadora. Pero también actualizaba el genuino reformismo* lligaire *que podía resultar neutralizado por su «imperialismo».*

La primera tentativa de promoción hispana de la idea catalanista de «imperio»

A pesar de pretender la encarnación de toda una sociedad civil contra los abusos militaristas, el planteamiento de la Solidaritat ya tuvo un sentido explícito de redefinición constitucional e implícito de recuperación «imperial». Ofrecía algo para todos, la izquierda y la derecha, a la vez que combinó las ofertas tanto para regionalistas como para todos aquellos preocupados por la supervivencia del Estado central. Para difundir su mensaje pluridireccional, la Lliga lanzó un manifiesto de clarificación ideológica, titulado *La cuestión catalana.* Fue el primero de muchos, ya que el partido se acostumbró a emitir largas declaraciones con claro espíritu didáctico. Si bien el documento estaba firmado el 12 de enero de 1906, por Albert Rusiñol, el marqués de Camps,

Ignasi Girona, Frederic Rahola, Leonci Soler i March, Francesc Albó i Martí, Trinitat Rius i Torres, y Josep Bertrán i Musitu, en realidad fue escrito por Prat.[118]

Circulado profusamente como folleto en 1906, en *La cuestión catalana* se subrayaba que las pretensiones formuladas en su día por la Asamblea de Manresa de 1892 seguían vigentes, al mismo tiempo que, cara al resto de los pueblos o regiones hispanas, se ofrecía profundizar en la propuesta dualista camino de un esquema más fraccionado. Según el texto, de forma contundente: «Aspiraciones regionalistas de Cataluña: se reducen a sustituir la actual constitución unitaria de España por una constitución federativa.» En su portada, había dos mapas: «España antes del régimen centralizador», que mostraba el desaparecido Imperio de Dos Mundos, y el pequeño Estado peninsular, «España después de cuatro siglos de centralización». Es decir, *el mensaje «imperial» en sus dos vertientes se propalaba fuera del marco estricto catalanista, hacia un público mayor.*

Según *La cuestión catalana*, los parlamentarios catalanistas –pantalla para la prosa de Prat– entendían que: «La causa de Cataluña es la de todas las regiones españolas», de la que una prensa ligera o frívola había difundido «un concepto equivocado». «Cataluña no puede ser separatista»: la noción misma estaba generada por los ataques y la incesante provocación de la prensa españolista en Madrid «que hase [sic] acabado por familiarizar con esta idea, antes desconocida, a algunos de nuestros paisanos». Como sentenciaba el documento, la reiteración españolista era sencillamente contraproducente: «Hace algunos años hubiéramos podido declarar que no había en Cataluña un solo separatista: hoy no.»[119] Bajo la cálida mirada colectiva de la Lliga, el supuesto de la «superioridad» catalana se transmutó en liderazgo, camino de una España nueva, a la vez «imperial» y federativa.

A diferencia de la visión apocalíptica, netamente separadora, de los españolistas, había, según los firmantes del manifiesto, una salvación posible para España. Expresándose en el lenguaje de mentalidades tipificadas que entonces dominaba toda valoración sociológica de la realidad hispana, «el espíritu de sociabilidad» propio de un «pueblo individualista» como el catalán, más la experiencia histórica de la antigua Corona de Aragón, con su sentido de la representación por medio de las instituciones locales, ofrecía una pauta para superar el separatismo, que, en todo caso, había sido un impulso propio de regiones y pueblos americanos «salidos del tronco castellano» y «absolutamente desconocido en la Corona aragonesa». Así, según los parlamentarios *lligaires*, el principal de los «efectos de la política centralizadora» fue «la desmembración de España», con la pérdida de Cuba y Filipinas. Era imprescindible superar la inútil división expresada por «dos gritos igualmente reprobables y criminales: los gritos de Muera España y Muera Cataluña». Pero había signos de recuperación positiva: «Afortunadamente, pequeños cenáculos de espíritus generosos, de inteligencias escogidas, abrigan la lenta germinación de la idea regionalista en Galicia, en Valencia, en Aragón, en Mallorca, en la misma Castilla, en las regiones más ricas de la costa andaluza, en las provincias vascongadas y en Navarra.» Además, añadieron, todo el arco de fuerzas contemporáneas que tenía el regionalismo en su programa: los republicanos (Lerroux inclusive), los liberales, los conservadores, los tradicionalistas. Igual que en las *Bases de Manresa,* se proponía un sistema político territorial «semejante al régimen vigente en Alemania, en Suiza, en Estados Unidos, al régimen que los grandes hombres de Inglaterra preparan para constituir la Greater Britannia [sic], el imperio Británico [sic].»[120] *Mediante el «imperio», la Lliga proponía superar la confrontación de derecha e izquierda, así como de centro y periferia.*

En resumen, según los senadores y diputados de la Lliga: «Cataluña quiere una constitución española amplia, libre, expansiva, que organice un poder fuerte, representante de la unidad española, y deje a las regiones plena libertad para resolver, sin ofensivas tutelas ni perturbadoras ingerencias, los negocios peculiares, privativos, interiores de las mismas.»[121] Vale la pena subrayar el lenguaje: «amplia, libre, expansiva, que organice un poder fuerte, representante de la unidad española»; dicho sucintamente sería: «una, grande, libre», siempre entendiendo que la realización de tal lema sólo sería posible mediante una federalización. A pesar de su carga federal, con el paso del tiempo, este vocabulario tendría una sorprendente acogida en formulaciones ideológicas muy diferentes. Por el momento, satisfizo a los convencidos, que citaron el manifiesto de los senadores y diputados como muestra fehaciente de la superación de toda veleidad separatista por parte catalanista.[122]

Cambó tuvo siempre muy claro que tal solución regionalista, federativa, sería el único régimen capaz de instar la por todos ansiada regeneración de España. Al mismo tiempo, sin embargo, percibía la solución como un espacio competitivo, hasta desigual, con algunas regiones rectoras, modernizadoras, y otras dirigidas. Fue citado en tiempos de la Solidaritat por una fuente francesa, a la cual Cambó se lo explicó sin ambages:

> Yo no sé si esa federación que vendrá, esté Ud. seguro, será una cosa definitiva. Yo creo que, una vez reconocida la personalidad de todas las nacionalidades españolas, una vez que todas disfruten de un régimen de libertad completa, se realizará un hecho biológico, una selección, hija de la libre concurrencia. Entre las diferentes nacionalidades, habrá una lucha por la hegemonía, lucha que será un estimulante fecundo de todas las energías. La nacionalidad que será la más rica y la más cultivada, que tenga mayor voluntad y mayor inteligencia, que sabrá mejor encarnar el espíritu de nuestra época, será también la que impondrá su manera de ver a España entera. *Ud. puede ver el futuro que nos reserva la autonomía* [cursiva original]. Yo no sé si seremos dignos un día de ver crearse alrededor de la personalidad catalana la verdadera unidad nacional. Si no llegamos, será nuestra culpa... De esta manera, esperamos ese magnífico futuro de hegemonía catalana, nosotros realizaremos un ideal mucho más grande, mucho más noble, que ese otro ideal encarnado en las veleidades de separatismo e independencia, que algunos consideran como el summum, como la etapa final de las aspiraciones catalanistas.[123]

No podía expresarse con más diáfana claridad la convicción de la superioridad esencial de los catalanes, como comunidad «la más rica y la más cultivada, que habrá mayor voluntad y mayor inteligencia, que sabrá mejor encarnar el espíritu de nuestra época», insertada no obstante en un marco de competición y de competencias por «la verdadera unidad nacional». Era evidente el protagonismo de Cataluña, para repetir y enfatizar la optimista fórmula camboniana, «la nacionalidad que [...] será también la que impondrá su manera de ver a España entera».

Sin embargo, era difícil armonizar las ambiciones catalanistas con los habituales supuestos del nacionalismo español. Para los catalanistas más conscientes de su nacionalismo, Cataluña era su cultura, el *Catalan way of life* con su lengua actualizada como medio de difusión e identidad. Dada su vitalidad y su plena sintonía social con los valores «más modernos», la combinación de cultura nacional catalana y vehículo lingüístico debía ser «imperialista», expansiva, creándose un mercado cultural propio desde Valencia hasta Occitania. Pero esa misma expansión «pancatalanista» se contradecía, al menos en potencia, con su propio proyecto hispano, y, en todo caso, chocaba de manera frontal con la mayoría de formulaciones españolistas, que miraban con enfermiza suspicacia todo uso lingüístico oficioso (no ya oficial) que no se ejerciera en castellano, o sea, «español». Era difícil, por tanto, ganarse al sector más agresivo del nacionalismo español mediante un acuerdo expansionista, ya que la forma de articular cualquier nueva entidad «imperial» sería bastante opuesta.

Para realizar el «imperio» como proyecto peninsular, integrando plenamente todas sus partes componentes (y hasta Portugal, ya que, por un tiempo, el catalanismo se apropió, casi en exclusiva, de la temática iberista), los catalanistas «intervencionistas» necesitaban aliados.[124] Lo contrario, como a veces parecía complacer a Prat, era mera propaganda. En cambio, por su responsabilidad, *Cambó estaba obligado a creérselo, o a admitir que perdía el tiempo*.

Los matices entre Prat de la Riba y Cambó

Las ideas neobarresianas de Cambó eran diferentes del esquema de Prat de la Riba, ya que daban un protagonismo importantísimo al Estado español, desde una perspectiva siempre catalanista. En cambio, Prat, en su visión de las cosas, concedía un predominio decisivo a la catalanidad, que venía a entender como una ecuación entre la tierra y su población a través de la historia, tal como lo formuló en *La nacionalitat catalana*. Prat, en marcado contraste con Sabino Arana, entendió esta ecuación como histórica –es decir, como producto de la cultura y las formas sociales en el tiempo– y no como algo racial, si bien la manera pratiana de entender los fenómenos sociales era en su conjunto biologizante, al presentar la evolución humana mediante ritmos o ciclos naturales. Para Prat, ser catalán era un hecho natural, ser español un mero accidente, ya que Cataluña vivía sus ciclos biológicos como comunidad al margen de cualquier otro hecho.[125]

El esencialismo pratiano hizo que éste se dedicase con gusto a la política local, mientras que Cambó miró siempre al horizonte de la alta política estatal. Pero el enfoque de ambos buscó la neutralidad religiosa. Tal vez Prat, más que Cambó, tuviera un sentido religioso personal que, a pesar de todo, minimizaba. En todo caso, fue Cambó quien, durante el debate sobre el presupuesto de educación en el ayuntamiento barcelonés en 1908, se destacó en nombre del sentido libertario de derechas de la Lliga como portavoz de la indiferencia religiosa de los servicios públicos en el parlamento español, al equiparar la autonomía institucional con la libertad personal, por mucho que fuese Prat quien tuvo que hacer frente a la indignación del cardeñal Casañas. El accidentalismo religioso en mor de la preeminencia de las instituciones públicas compartidas por todos representó, pues, una ruptura con las premisas interpretativas de la derecha española no liberal. Los catalanistas renegaban de la unidad religiosa fundacional, ya que reclamaban una tradición institucional propia, no hispana, explícitamente anterior a los Trástamara y, por lo tanto, una tradición católica asimismo distinta. El apego a una lectura institucionalista del pasado vinculaba el regionalismo lligaire al liberalismo genérico, pero, ante la suposición del unívoco nacionalismo institucional del liberalismo decimonónico español, el catalanismo planteaba la identidad colectiva, incomprensible, hasta perversa, a ojos liberales españoles, precisamente por su tozudo institucionalismo.

Según Prat, Cataluña, para lograr una plenitud histórica, debía llegar a ser «imperio», en tanto que auténtica constructora de una Hispania genuina, no la restrictiva España castellana; en consecuencia, sería capaz de atraer Portugal a una refundición iberista. A partir de su noción de la relación entre hombre y tierra, con una perspectiva enraizada en el juridicismo germánico, la visión pratiana edificaba una construcción política fundamentada en un esquema tradicionalista hispano, pero se separaba de la centralidad del catolicismo, tal como solían reflejar el carlismo y sus escisiones. El sino catalán era, literalmente, un camino institucional no tomado, pero pendiente, recuperable. Luego, el «imperio» de Prat era laico, una institución moderna en tanto que neutra, como lo era el mismo catalanismo. En este «imperialismo» podrían participar republicanos ateos y católicos fervientes, siempre que coincidieran en una idea colectiva de la catalanidad y de su encaje futuro. Cambó coincidió con Prat en esta idea catalanista de proyección «imperial», pero estaba mucho más dispuesto que él a buscar el encaje de tal planteamiento en las preocupaciones sobre la redefinición nacional española que dominaron las primeras décadas del nuevo siglo. *Cambó pretendía ir bastante más allá de la metáfora de Prat.* Pero ambos estaban de acuerdo en la necesidad de contar con el apoyo de intelectuales voceros de su ideal, dispuestos tanto a insistir en el esquema estratégico como a defender con argucias los giros inevitables del tacticismo.

Así, aunque Cambó –como el mismo Prat– estuviera predispuesto a construir sobre el nuevo pensamiento nacionalista francés, siempre actuó como correctivo su formación jurídica alemana propia de la formación en Derecho de la Universidad de Barcelona a finales del siglo XIX, aprendida por tanto en traducción al contexto católico español. Además, en el Derecho histórico catalán, los acuerdos jurisdiccionales entre la Corona y las autoridades eclesiásticas daban el decisivo sentido concreto a la abstracción de una «concordia». La idea de hacer la «revolución desde arriba» con un ideal de «concordia» era un enfoque que procedía directamente del pensamiento neocatólico y antiliberal germánico, siendo concretamente atribuido a Fredrich von Schlegel, aunque el sueño de lograr la «unión de los corazones» quizá fuera tan antiguo como el *Concordia discors* de las *Epístolas* de Horacio.[126] Ante esta idea, es oportuno recordar que, igual que Prat, Cambó se educó en el derecho alemán de Savigny, deudor de los Schlegel y compañía, y que, según su testimonio, la lectura de los clásicos grecolatinos le sacó de más de un momento depresivo.

De alguna manera, el pensamiento de Cambó veía a Cataluña como una suerte de *Kultur-nation* en pequeñito, donde la territorialidad no era tan importante en sí misma como la especial y característica fidelidad al propio pasado. Como indica la importancia que Cambó más adelante daría a la Fundació Bernat Metge, de algún modo él recogía más el sueño schlegeliano de querer ser clásico, grecorromano, para realizar la patria espiritual. Igual que Schlegel, Cambó retuvo un ideal de «imperio», viendo el Estado como una entidad moderna que ganaría recuperando algo de la ambigüedad del Imperio medieval, según la cual el «Sacro-Romano de la Nación Germana» podría ser equiparado, no tanto a la expansión mediterránea de la casa de Barcelona (dinámica de la que Cambó siempre desconfió en sus formulaciones geohistóricas), sino al «Imperio» de la Hispania recuperada. Todas estas influencias –que, en último término, daban vueltas a la definición jurídica del poder constituido– se equilibraron con el entusiasmo individualista de fuente «anglosajonista» y postprotestante que reivindicaban el predominio de la sociedad civil.

Tampoco las tesis barresianas encajaban a la perfección con las formulaciones del regionalismo y/o nacionalismo catalanista. El primer texto fundamental de Prat de la Riba (con Pere Muntanyola), el *Compendi de doctrina catalanista* de 1894, dejaba bien clara la diferencia en sus primeras líneas. Concebido como un pequeño manual de catequesis patriótica, el *Compendi* establece de entrada la falsedad de la distinción entre *«patria petita i patria gran»*, ya que «El Estado es una entidad política, artificial, voluntaria; la Patria es una comunidad histórica, natural, necesaria.»[127] O sea, *la tesis de Prat, nunca abandonada, era lo opuesto a la relación iniciática entre region y nación de Barrès*.

Finalmente, el impulso central del catalanismo era dualista. Pretendía aprovechar la distinción «Rey-Emperador» tan característica del Estado imperial europeo de finales del siglo XIX. Así, como ya se ha constatado, para explotar el hecho que la regente María Cristina era una Habsburgo-Lorena, el catalanismo fundacional reclamaba una división de Coronas «real y condal», España-Cataluña, en el *Mensa-*

je a la Reina Regente en 1888 y las *Bases de Manresa* de 1892.[128] Quedaba por ver si se podría apelar a ciertas ínfulas habsbúrgicas del jovencísimo rey, que asumiría el trono con su mayoría de edad declarada a los dieciséis años en 1902. ¿Podía el catalanismo por fin realizar su ambición soterrada de convertir su programa en un proyecto específicamente dinástico, hasta el punto de que fuera recogido como programa para la Corona por el monarca?

Aunque sin emperador, la España decimonónica había sido un fáctico Estado «imperial», por su dimensión interoceánica. Con el «desastre» de 1898 y la consecuente pérdida de los territorios de ultramar, se debía afrontar la disglosia entre «construcción imperial» y «construcción nacional», entre forma territorial y contenido representativo del Estado. Prat insinuó lo mismo cuando cedió a la tentación oculta de sus obligaciones como presidente de la Diputación barcelonesa y, en octubre de 1908, recibió al joven Alfonso XIII y su reina, la princesa británica Victoria Eugenia de Battenberg, con una invocación que recordaba las anteriores llamadas catalanistas al protagonismo de la Corona, de Almirall en adelante:

> Mas que para este ideal, Señor, encarne en la realidad, es preciso que desaparezca la confusión existente entre las funciones del Estado y las de los organismos locales; que las haciendas locales no sean, como han sido hasta hoy, simples secuelas de la Hacienda del Estado; que caigan las trabas de la centralización vigente; en una palabra, que sepamos volver a las sanas tradiciones de nuestro país o inspirarnos en el ejemplo de las instituciones similares de Inglaterra y Alemania.
>
> Alemania, vigorizando sus organismos locales, inició la obra de reconstitución nacional que la hizo pasar en sesenta años de las humillaciones de Jena a la situación de gran potencia mundial.
>
> Al recibiros en esta casa, a vos, Señor, Soberano de un país donde en otro tiempo florecieron con toda suerte de esplendores las libertades locales, y a vos Señora, que aparte de compartir esta soberanía, habéis tenido vuestra cuna en una gran nación, poderosa entre las más poderosas naciones y maestra de glorias en libertad y autonomía, no encuentro modo de saludaros más adecuado a la representación con que os dirijo la palabra, que evocar la correlación fatal, inexorable, existente entre la grandeza y poderío de los Estados y la fuerza y vigor de sus libertades locales; y hacer votos para que la reforma de nuestra vida local actualmente iniciada sea el principio, el punto de partida de una era de resurgimiento vigoroso que permita de nuevo a España elevarse en las alturas del imperio.
>
> Que siempre, Señor, el imperio acompaña a los pueblos que saben quererlo; que es lo mismo que decir, a los que saben merecerlo.[129]

¿Fue este discurso mero florilegio oficialista para un viaje regio? ¿Fue una llamada a la conciencia reformista del gobierno Maura, entonces en el poder? ¿O hubo alguna ilusión de poder ganarse, con una primera insinuación, la vacilante voluntad de Alfonso XIII, considerado un ambicioso rey «neoabsolutista» por muchos de sus enemigos? En todo caso, Prat se mantuvo fiel al gusto catalanista por la llamada queja a la Corona, desde fuera de las puertas de la política estatal, mientras, ya por aquellas fechas, Cambó buscaba el encaje entre las pretensiones catalanistas y el proceso legislativo normal. Llegado el momento, una vez muerto Prat, Cambó negociaría alta política española, con el monarca, y no aspiraciones autónomicas; cortesía aparte, de la reina «Ena» nada esperaba, porque nada había que esperar. Nada más, pues, de «mensajes» a la jefatura estatal. Tampoco –para bien o mal– pensaba Cambó principalmente en términos de los servicios de las diputaciones catalanas, como gustaba de hacerlo Prat.

En resumen, la propuesta de Cambó no era idéntica al enunciado teórico de Prat. El arquitecto de la Lliga era Prat: éste había formulado un esquema de «unidad cultural» catalana y una propuesta «particularista», ya devenida habitual en el catalanismo cuando apareció el nuevo partido con el cambio de siglo. Cambó, situado en la frontera entre la política interior catalana y su necesario ajuste a la política general española, tuvo que reformular hacia fuera el argumento pratiano y rebajar su retórica más ambiciosa, para ofertar unas propuestas que, aun siendo igualmente retóricas, eran también asumibles desde una perspectiva estatal. *Al replantear la relectura que Prat hizo del incipiente corpus doctrinal catalanista, Cambó entendió que la cuestión, en un escenario español, era, literalmente, cómo promover el «imperio de la sociedad civil», ya que, en el marco mayor, la insistencia en la «unidad cultural» era más una fuente de conflicto que de atracción.*

Mejor ir avanzando argumentos paulatinamente. De entrada, por lo tanto, Cambó quiso enfatizar posturas de la tradición civilista europea, enfoque notoriamente endeble en la experiencia decimonónica española y que, en consecuencia, aportaba la nota de modernidad que siempre aventuraba el regionalismo catalán como marca de fábrica.[130] *En abstracto, por lo tanto, Cambó proponía una potente innovación, un cruce de «imperialismo» y pacificismo.*

El diálogo teórico con los conservadores españoles: Sánchez de Toca

Como es lógico, no sólo se contestó airada o despreciativamente al catalanismo desde la política española. También hubo quien pretendió dialogar, es decir, utilizar las ideas ajenas, comentándolas o matizando sus planteamientos. Como ejemplo sirve los argumentos del muy destacado político conservador Joaquín Sánchez de Toca (1852-1942). Era madrileño de nacimiento, algo más bien infrecuente entre los importantes políticos españoles de su tiempo. Ejemplo del agudo ensayista político, autor de numerosísimas obras, supo señalar tempranamente, a partir de la sucesión de Cánovas, el problema del liderazgo como central al eventual mal funcionamiento de los partidos constitucionales.[131] Fue alcalde de la capital, ministro en los gabinetes conservadores de Azcárraga, Silvela y Maura entre 1900 y 1904 (sin contar otros cargos posteriores);

no era un peso ligero. Andando el tiempo, llegaría a ser primer ministro (1919) en la última etapa conservadora antes de la dictadura primorriverista.

En una atrevida obra, *Centralización y regionalismo ante la política unitaria de patria mayor,* Sánchez de Toca se destacó en 1899 por «exponer lo que llamamos El ideal de la España Mayor». Remarcó la necesidad de una más coherente política exterior española tras su expulsión de las Américas por Estados Unidos, con la afirmación del «principio unitario de la nacionalidad hispanoamericana». De entrada criticó al catalanismo por inmadurez; el término «regionalismo» era una innovación acompañada de «falta de precisión»:

> Empleáronla por primera vez los comisionados catalanes que en 1885 presentaron al Rey una exposición sobre diversas materias de administración y gobierno. Pero la propia palabra regionalismo, vertida por ellos entonces como expresión sintética de la reforma descentralizadora que anhelaban en el gobierno del Estado, reflejaba un pensamiento tan falto todavía de madurez, que para explicarla decían aspirar a que España se constituyera a la manera como lo estaban Inglaterra, Austria y Alemania, no advirtiendo que cada una de estas tres soberanías de Estado responde a un régimen de gobierno tan completamente distinto que, mientras que en Austria-Hungría representa sólo unión personal del monarca, más bien que unión real en la soberanía del Estado, y dentro del nuevo Imperio alemán es unión de soberanía nacional que deja subsistentes soberanías interiores monárquicas y republicanas de diferentes Estados, en el Reino Unido de la Gran Bretaña e Irlanda es, por el contrario, régimen de una sola soberanía interior y exterior, reino unificado por vía incorporación, formando un solo Estado bajo la misma Corona y el mismo Parlamento, aunque cada uno de los tres antiguos reinos conserve en gran parte leyes peculiares y administración propia y separada.

Además, añadió:

> [...] la reivindicación regionalista se cifra en idealismos vagos y enamoramientos románticos por cosas y seres no sólo desconocidos, sino que ni siquiera tienen existencia real fuera de las imaginaciones. Son cosas o seres más o menos futuribles que, si por de pronto, en su estado presente de mera idealidad, pueden impresionar a la imaginación soñadora alucinándola con perspectivas de toda suerte de perfecciones y venturas, llevan en cambio muchos riesgos de resultar impracticables, o por lo menos de que la región que intente realizarlos y vivir a solas con ello venga a padecer durtante largo período de anarquía mucho más que de lo que no quiere tolerar en el presente.

Sin embargo, Sánchez de Toca ante «esta explosión de regionalismo» consideró que era fundamental separar los elementos «quebrantadores del sentimiento de la patria grande» y los que encarnaban «ideas vivas, fuentes de regeneración y acumuladoras de energías nacionales». Buscando inspiración, como conservador, en Burke y el catalán Antonio de Capmany, Toca subrayó que «[p]or haber desposado el régimen parlamentario con el centralismo, nuestros organismos constitucionales se han degenerado en tan terrible gangrena», una «corrupción del Estado» invasiva de la sociedad, «bastando una sola generación para que la economía central del organismo social aparezca en estado de descomposición pútrida». La crítica regionalista, pues, tenía una base importante. Es más:

> Estos ideales regionalistas, precisamente por la misma vaguedad con que se formulan, constituyen una de las materias más propicia para que sobre sus ideologías se alcance provechosa depuración platicando con serenidad de buenas razones. Haciéndolo así no se tardará en comprobar que no pocos de los que hoy se pronuncian como centralistas intratables son en el fondo regionalistas sin saberlo; y que no menor número entre los que ahora aparecen como regionalistas intransigentes, en cuanto se enteren bien de lo que tienen que operar en las villas y lugares de su tierra para hacer vida regional, pedirán quizás mayores amparos de poder central que los que hoy disputan como primacía de las jurisdicciones del Estado los mismos centralistas.[132]

Establecida su tesis de la «España Mayor» abierta al diálogo con los regionalistas, Sánchez de Toca continuó con su enfoque, como muestra el libro *El movimiento antimilitarista en Europa*, publicado en 1910. Mucho de lo que Toca vertió en su obra, en realidad compuesto de intervenciones hechas en 1907 en la Real Academia de Ciencias Morales y Políticas, se puede entender como respuesta a las tesis contemporáneas de la Lliga, especialmente en su versión camboniana. Su preocupación central en *El movimiento antimilitarista* era «la tremenda depravación de espíritu y de afectos, que lleva ahora a considerables multitudes a abominar de su patria y renegar de su nacionalismo», lo que él entendía como producto de «la enfermedad de las naciones», o sea, del propio antimilitarismo.[133] A pesar de su estilo ampuloso, que hace que su lectura resulte farragosa, Sánchez de Toca era menos cerrado que lo que su afiliación ideológica pueda hacer suponer; estaba perfectamente al día, por ejemplo, de los debates durante el congreso de la Internacional Socialista de Stuttgart, en el mismo año de 1907. Sobre todo, muy significativamente, le preocupaba la demagogia ferozmente antipatriótica que allí expresó el excéntrico socialista francés Gustave Hervé y los estragos que sus soflamas podían ejercer en el medio popular español, mientras que elogió al dirigente socialdemócrata alemán Augusto Bebel como a un auténtico hombre de Estado, con talla de primer ministro, a sus luces muy desaprovechado.[134]

Sánchez de Toca partía de una analogía implícita entre el «desastre» francés de 1870 y el español de 1898.[135] Francia parecía haber remontado la crisis pero, pasado un tiempo, la corrupción del sentimiento colectivo hizo su despiadada aparición. Según Toca: «Francia impresiona hoy a los de fuera como una de las naciones donde es mayor el número de los ciudadanos sin espíritu de sacrificio para los deberes del patriota.» Entonces, el político y teórico conservador, como contraste, se remitió a Fichte para definir la salud nacional:

> Que la única vida nacional que merece vivirse es la que se acepta como fuente y origen de lo que siempre perdura. Y como dentro de un orden temporal esta perdurabilidad es propia únicamente de naciones con fe en la duración perenne de la patria, hay que morir a fin de conservarla para que ella viva y en ella pueda vivir transmitido perpetuamente a toda la descendencia de la estirpe ese preciado tesoro de su espiritualidad. Este es el amor patrio verdadero, que no se relaciona sólo con las cosas pasadas, sino que crece y se enaltece con la visión de destinos indefinidos. Comprender así a su pueblo y a su patria, es ir mucho más allá que el Estado, que no integra su finalidad social, sino un orden muy restringuido y en muy estrechos límites.

Eran palabras que tanto Prat de la Riba como Cambó podrían subscribir, especialmente si se añadía el criterio que, en expresión de Sánchez de Toca: «Es en vano negar a la patria. Toda la civilización tiene su punto de partida en la lengua materna, y no puede desarrollarse sino en seno nacional.» Sin embargo, discurriendo en tiempos de la Solidaritat Catalana (en noviembre de 1907, más de medio año después de las elecciones legislativas de abril), Sánchez de Toca quiso subrayar –como de pasada– que las aportaciones de la Lliga podían igualmente pensarse directamente para España, sin la mediación catalanista. «Toda nación políticamente sana tiene hoy alma imperial, porque en sus ciudadanías señorea el sentir solidario de la patria con el civismo tan intenso como el del senado y pueblo de Roma. Y el señorío, en el ánimo de las muchedumbres, de esta conciencia imperialista de la ciudadanía, a la vez que constituir el principal resorte de su existencia nacional, es lo que hace posible las instituciones democráticas en convivencia con la organización de las disciplinas militares contemporáneas.»[136]

Y, por si se dudara del sentido de sus palabras, Toca dedicó varias páginas a citar, con su pleno acuerdo, las palabras del presidente norteamericano Theodore Roosevelt sobre las virtudes de un sistema democrático y la función en ellas de unas fuerzas armadas.[137] Era como si quisiera indicar que no se impresionaba por las citas que Prat –o Arana– pudieran haber hecho de la encarnación de la derrota española del 98. Ello significaba que, por mucho que hubieran visibles concomitancias conceptuales entre el conservadurismo español y la Lliga, un encuentro sólido, basado en tal solapamiento era en extremo difícil por la tendencia a la antagónica polarización emotiva. Como en 1913 observó el periodista nacionalistarepublicano catalán, Antoni Rovira i Virgili, rechazando airadamente una salida verbal del mismo político madrileño:

«Por eso, cuando hemos visto que el señor Sánchez de Toca, regionalista de Madrid, criticaba cierta especie de regionalismo y lo cualificaba de "prehistórico", nos hemos dicho: Los buenos señores no se dan cuenta de que los "prehistóricos" son ellos.»[138]

Pero el objetivo último de Sánchez de Toca iba bastante más allá de la Lliga, al peligro de corrosión de los valores colectivos.[139] Por ello, pasada la Semana Trágica, rebelión al fin y al cabo contra el Ejército, y ante el flirteo de Moret y los liberales en los comicios de 1910 con la conjunción republicano-socialista, publicó sus reflexiones ya añejas sobre *El movimiento antimilitarista*. Apuntaba contra el «socialismo revolucionario y los intelectuales anarquizantes». Para Toca: «Su fundamental disidencia con el sentimiento patrio no consiste en las preeminencias que el civismo confiere al Estado. Ellos, por el contrario, en nombre del interés público piden en favor del Estado poderes de soberanía sobre los derechos individuales que los nacionalismos jamás llegaron a invocar.»[140]

Dicho de otra manera, todo el programa *lligaire* –propuesto por Prat de forma implícita en *La nacionalitat catalana* y que sirvió a Cambó para su espectacular *début* parlamentario con la Solidaritat– podía considerarse gastado, a la vista de los eventos de 1909 y sus consecuencias. Se precisaba una renovación ideológica. El resultado fue un soterrado debate interior, en el seno de la Lliga, entre bastidores regionalistas, para aclarar opciones.

La tensión entre Cambó y Prat de la Riba

En el verano de 1909, la revuelta popular, vagamente republicana y muy anticlerical, que paralizó la capital catalana y alguna que otra de las ciudades industriales de su periferia, fue un auténtico desastre político para la Lliga. Si, en mayo de ese año, se había culminado la clave de la bóveda del nuevo cimborio que debía coronar la flamante fachada gótica de la catedral de Barcelona, con la confianza que ello podría representar en un conjunto maduro, unido y estable, presidido simbólicamente por la cima católica de la sociedad civil, la explosión de julio hizo visibles, de golpe, unas contradicciones internas y unos enfrentamientos violentísimos.

La Semana Trágica acabó con la Solidaritat Catalana, tanto con su mito político como expresión intrínseca de Cataluña, como con las condiciones que propiciaban una convergencia entre derechas e izquierdas regionales.[141] La maniobra del ministro de la Gobernación, Juan de la Cierva, al presentar la revuelta estival como un alzamiento separatista, provocó incipientes campañas de boicot a los productos catalanes, eventualmente cortadas por declaraciones apaciguadoras del propio Maura, quien subrayó que Cataluña había sido la primera víctima. *Pero la jugada puso en entredicho la propia representatividad del catalanismo conservador: si la Lliga encarnaba la demanda de una identidad colectiva, ¿cómo podía haber sucedido tal desgracia?* Además, la representación externa de la «revolución de julio» lógicamente acentuó las posturas clasistas defensivas dentro de la sociedad catalana, ya que el boicot hizo imprescindible –especialmente para las patronales– la búsqueda de unos responsables concretos.[142] *Pero, fuera del marco catalán, el panorama de barricadas urbanas e iglesias quemadas también hundió, para siempre, la imagen de modernización controlada y de superioridad catalana que la Lliga había cultivado con tanta efectividad.*

El efecto traumático del alzamiento se reflejó, de forma notoria, en la reacción de Maragall, que se opuso a la reacción dura de Prat de la Riba y sufrió censura, al abogar por una postura de mayor democratización y sensibilidad social.[143] *Pero la realidad era que la postura entera de la Lliga estaba en discusión: su táctica, su estrategia, su dirección, tanto ante el contexto especifiamente catalán, como en la alta política española, vista la caída del gobierno Maura a mediados de octubre.* Además, desde junio de 1907, la aparición de Acció Social Popular, como grupo de presión católico que incorporaba gente de la derecha de la Lliga, era una manifestación explícita de las resistencias, nunca del todo tapadas, al neutralismo religioso del catalanismo «intervencionista». Naturalmente, actitudes tamañas afloraron a la vista del revulsivo anticlerical de la «revolución de julio».[144]

Asimismo había, antes de las tensiones posteriores a la Semana Trágica, grietas importantes en el edificio regionalista, como en las relaciones dentro del conjunto del catalanismo, y, en consecuencia, críticas a la centralización organizativa. Como había expresado un gerundense airado en 1908: «¡Y pensar que con tanta hipocresía se habla tan a menudo en nombre de Cataluña, cuando mucha gente sólo tienen el derecho de hablar en nombre de Barcelona! Eso [sic] no son ideales para el imperialismo catalán. Eso no son ideales para llegar a la formación del Estado nacional catalán, si bien que confederado según los principios de todos los autonomistas, con los demás Estados españoles. Eso es afirmar la existencia del Estado ciudad. Eso es volver a los tiempos de Roma.»[145]

El gran temor de algunos de los dirigentes regionalistas catalanes fue que las circunstancias abrieran un gran debate político en el seno de la organización. Entonces la Lliga sería la misma *olla de grills* que eran sus antiguos colegas nacionalistas-republicanos, ahora escindidos e incapaces de mantener una estructura organizativa sólida, gracias (según Prat) a su debilidad a la hora de imponer una línea política con claridad y firmeza, por encima de toda crítica. El peligro, pues, estaba en los intelectuales, tan útiles siempre, pero con unas terribles e inoportunas ganas de *dir la seva*. Ante la amenaza manejable en el medio interno, era costumbre de Prat asumir un juego de «policía bueno», con Puig i Cadafalch en el correspondiente papel de «policía malo», rol de controlador de inteligencias dispersas que le fue consistentemente propio.[146] Pero la cosa fue a mayores. Hubo hasta algún intento de potenciar la figura de Cambó y su talante con un sentido algo más particularista que Prat.[147]

Al deshacerse formalmente la Solidaridad en noviembre de 1909 frente a un nuevo gobierno liberal de Moret, enemigo de siempre de los regionalistas catalanes y ahora más que nunca dispuesto a jugar peligrosamente con las izquierdas extraparlamentarias y extraconstitucionales, el líder político dentro de la Lliga que quedaba en una posición falsa era Cambó, en tanto que responsable de la actuación parlamentaria del partido, ya que Prat, por definición, era un *home de govern,* enfrascado en la Diputación barcelonesa.[148] Pero era muy factible hacer un balance interpretativo de los últimos años en el cual se sumaran los aciertos de Cambó ante lo que –tras la Semana Trágica y sus consecuencias imparables en el equilibro estatal entre derecha e izquierda– eran los desaciertos de quienes llevaban los asuntos interiores o locales en Cataluña: eso, en última instancia, significaba Prat.

Por añadidura, la resistencia popular al envío de tropas de reserva desde Barcelona a Melilla –la causa inicial de la revuelta del verano– tuvo el efecto de cortar en seco las especulaciones sobre los grandes beneficios que una política de «penetración pacífica» en Marruecos iba a generar para la industria catalana. Hasta entonces, un Josep Pijoan, por citar un ejemplo, había cantado, desde *La Veu de Catalunya,* las excelencias –con vistas al futuro– de la intervención española en el norte de África, reivindicando «La tutela del Marroc». Como dijo en 1906: «Se equivocan los que creen que Cataluña ha de ser una Andorra grande, enclavada entre Francia y España. La generación catalana que sube quiere un deber, una carga, una acción, una responsabilidad. Reclama esta tutela sobre Marruecos que ha descuidado la generación pasada y que hoy nos expone definitivamente a perder. [...] Marruecos es la expansión, es el sacrificio, es la tutela, son los trabajos para dar nueva vida e informar otro pueblo.»[149] De golpe, tales expansiones parecían, según cómo, demasiado caras. Era, pues, mucho más fácil sostener el discurso metafórico del «imperialismo» espiritual, que el programa concreto que Cambó, como jefe de minoría parlamentaria en Madrid, tenía que confeccionar y negociar.

Fue Cambó quien incorporó la idea de «imperio» en el sentido de los ejemplos contemporáneos centroeuropeos y/o «anglosajón» al pensamiento político español. Pero llegó a ellos a través de la educación perceptiva que le ofreció la política francesa, gracias a las contradicciones de la cual Cambó entendió la importancia de la flexibilidad ideológica. El modelo camboniano fue ofrecido como vehículo para superar los costes del tránsito del liberalismo a la democracia en España. Gracias al nuevo «imperio», se podía avanzar más allá del recuerdo del decimonónico contexto imperial (en especial la muy problemática Cuba) a la construcción de una comunidad peninsular cohesionada. Se abandonaba un contexto de facto, irremisiblemente hundido, para ganar una nueva institución jurídica. Mediante la lección barresiana de la interacción entre la identidad de la patria de nacimiento y el gran Estado nacional, Cambó, en cierto sentido, recuperaba y actualizaba el «doble patriotismo» de los catalanes de mediados del siglo anterior. No debe sorprender, pues, que encontrase importantes resistencias nacionalistas a su especial propuesta «estatalista» en las propias filas de la Lliga.

12. La reinvención de la unidad catalana mediante la imagen artística

Lo que sería la Lliga fue constituido, salvo alguna excepción, por un núcleo de abogados. Como estudiantes de derecho, se formaron en un ambiente de agitación *jurídica* que dominó los años ochenta en Cataluña.[1] Pero la concepción de la realidad social propia de la abogacía es, por su propia naturaleza, bidimensional; es una limitación de perspectiva reforzada por la tozuda convicción juridicista hispánica de que la ley, por clarividente, es superior a la realidad, por confusa. Dada esta distinción juridicista, la visión catalanista de la sociedad civil como una sólida infraestructura en contraste con un Estado incompleto e ineficaz era falsa, ya que el tejido asociativo y los servicios privados eran –a su manera y de modo diferente– tan cojos como la deshilachada y abusiva realidad de los servicios públicos.

En la medida en que el catalanismo «intervencionista» fue oportunista y, además, exitoso, saltando de victoria en victoria en lo que se presentaba como un ascenso imparable, no tuvo mucha ocasión de comprobar la solidez de sus tesis ideológicas subyacentes. Al contrario, el tono de la prensa *lligaire* era muy defensivo o, más precisamente, se caracterizaba por una agresividad muy efectiva, pero que escondía la fragilidad de la base conceptual. *El afán monopolista en la ideología catalanista del que siempre hizo gala la Lliga, las incesantes aseveraciones de su superior «cientificismo», por la fuerza escondían unos planteamientos que sin duda denotaban una experiencia o un capital político, pero que también eran producto de un ensayismo sin comprobación, de la afirmación gratuita y de la improvisación. La única ventaja era, sencillamente, que sus rivales, tanto dentro como fuera del catalanismo, estaban todavía peor arropados.*

El mismo libro de Prat de la Riba, *La nacionalitat catalana*, además de sentar la postura oficial sobre lo que sería la gran aventura expansiva de la Solidaritat, vino a cubrir un agujero doctrinal, apuntado por la escisión de la izquierda regionalista en 1904. El órgano de los disidentes, *El Poble Català*, al denunciar «*La crisi del catalanisme*» a mediados de noviembre, subrayó los usos y abusos que Prat y sus congéneres hacían de la idea de la unidad. El editorial del periódico reclamaba *una nova evolució del catalanisme polític* ya que era insostenible *la unitat fictícia que neix de l'imposició d'una disciplina i d'un dogma.*[2] En la medida en que Prat partía de la «unidad cultural» y el catalanismo se fundamentaba en una tradición unitaria (como demostraba el nombre de la Unió Catalanista), era natural, aunque cínico, convertir la idea doctrinal en un mecanismo monopolístico. *La nacionalitat catalana*, sin poner en duda este criterio, abrió varios caminos de actuación futura.

La confrontación con la realidad sucia e imprecisa llegó –muy naturalmente– después del máximo triunfo, que fue el resultado positivo de las elecciones de 1907, el liderazgo del sistema de partidos en Cataluña (incluidos los «lerrouxistas», que, en su tenaz oposición, nunca podían tomar la iniciativa). Pero la improvisación cubierta por disciplinados columnistas intelectuales, dispuestos a ridiculizar a todo el que se pusiera delante, no pudo aguantar el peso del éxito. El gran barco unitario de la Solidaritat, una vez botado, demostró no saber donde quería ir, y Cambó, como su piloto, necesitaba algo más que metáforas y fórmulas brillantes para saber cómo negociar.

A todo esto, la confusísima revuelta de las urbanas zonas industriales de Cataluña en el verano de 1909, que rompió para siempre la Solidaridad y hundió la carrera de Antonio Maura como líder reformador, obligó a repensar muchos esquemas. La llamada «Semana Trágica» tuvo decisivas consecuencias ideológicas para toda España. Por la izquierda, se dio la conversión del republicanismo insurrecional en causa martirizada, con la consiguiente consagración autocongratuladora de la relación educación-revolución (Francisco Ferrer y Guardia, aunque conocido por su insurrecionalismo, quedó justificado como inocente por su actividad como docente, al ser convertido en víctima propiciatoria de la represión gubernamental). Por la derecha, se produjo el decisivo encuentro sentimental de Iglesia y Ejército, contemplados por sí mismos como víctimas entrelazadas, confirmando así, en el ámbito peninsular, mucha de la propaganda de la guerra filipina. En la trayectoria de la Lliga, como se dice habitualmente en la conversación catalana, *calia fer un pensament.* Con criterio retrospectivo, en 1913, el publicista Rovira i Virgili resumió la resaca de 1909: «Cuando los nacionalistas catalanes nos quejamos de la depresión sufrida por nuestro movimiento al fundirse la gran burbuja deslumbrante de la Solidaridad, hemos de pensar que no hay ningún hado enemigo que obre contra nosotros, que no acarreamos ningún maleficio invencible.»[3]

La tesis camboniana del catalanismo «estatalista» y «socialista»

Pero si la revuelta incendaria fue lamentable y produjo toda suerte de lamentaciones, también podía ser aprovechada. Al fin y al cabo, si los anarquistas habían respondido a la «Solidaridad Catalana» con una «Solidaridad Obrera», ¿por qué no se podía formular el sentido colectivo del nacionalismo como un «socialismo»?[4] Bajo tal amenaza, ¿era factible pensar en la validez de la «unidad cultural» de los catalanes? En mayo de 1906, mientras se montaba la gran confluencia cívica solidaria, Prat, en una serie de artículos, había señalado «*els enemics de la Solidaritat*». Todos eran enemigos internos, agazapados en la sociedad catalana: «los disolventes», «los caciquistas», y, entre medio, el terrible «cinismo» de Moret y el liberalismo español.[5] En la resaca de la Semana Trágica, esas mismas combinaciones podían parecer resurgidas de las sombras.

Las implicaciones estructurales eran desconsoladoras para el otrora confiado y optimista discurso de la Lliga. *Sin orden social innato, ¿qué sentido podía tener el «imperialismo de la sociedad civil»?* La lección alcanzaba las fuentes libertarias «anglosajonas» en las cuales se basaba cualquier «intervención» catalanista en España. Tal como recordaba, por ejemplo, Matthew Arnold en su *Culture and Anarchy* de 1868, si se evaporaba el fondo feudal de una Constitución no escrita y pactada como la inglesa y sólo quedaba el delicado juego de equilibrios, los *checks and balances* sin más vertebración, la alternativa podía ser la anarquía.[6]

La clave para aprovechar la desafortunada «revolución» veraniega estaba en una reflexión más allá del impacto chocante de la visible «apostasía de las masas» en la destrucción de templos y edificios religiosos.[7] Frente a la catástrofe, Maragall predicaba que la Semana Trágica había sido el producto de un fallo de la «clase dirigente» catalana.[8] Más todavía, se ha argumentado que Maragall se enfrentaba concretamente al discurso de urbanidad elitista que D'Ors empezaba entonces a poner en circulación.[9] Por su parte, la opinión católica más ortodoxa ya había formulado su valoración lineal, con la que como poco esperaba suscitar un debate sobre las consecuencias de tan graves hechos.

Así lo remarcó –a la luz de las reflexiones de Balmes– el padre jesuita Ignasi Casanovas en sus conferencias de revisión a *El nòstre estat social* [sic] de 1910. Por mucho que en su fuero interno el asesor áulico y confesor de Prat se sintió curado de *«la idolatria de la societat»*, pidió que se completara y vertebrara –por supuesto, desde una perspectiva católica– a una sociedad civil incompleta, en la que destacaba el carácter «unilateral» de los intelectuales, su *vacuitat* y *fals humanisme*, que para poco servían, junto con la *massa antisocial* de las *classes populars* y la evidencia de *atonicitat, apartament del poble, egoisme* de las *classes conservadores*. Casanovas, pues, reclamaba *«acció normal i organisada»* (su cursiva) para completar el tejido social de manera equilibrada, enfocada en un sentido paralelo, pero diferente, del que reclamaba Torras.[10] De hecho, hubo una iniciativa representativa de esta orientación católica, correctora de las ausencias de los intelectuales. Una sistemática agitación antiblasfema y moralizadora de la lengua hablada fue iniciada en 1908 por *Ivon l'Escop* (el cura Ricard Aragó, 1883-1963), con el objetivo de crear una Lliga del Bon Mot, que a principios del año siguiente obtuvo la bendición expresa del obispo Torras i Bages y hasta el apoyo de Maragall. Gracias a la campaña contra la blasfemia cotidiana se podía argumentar que este sector eclesiástico en cierto modo había predicho la orgía de destrucción. Según ellos, blasfemar era *vici bestial*, cuando no el acto más grave y corruptor que puede realizar el hombre pecador; si por ahí se empezaba, las consecuencias mayores no podían estar muy lejos.[11] La iniciativa de L'Escop más o menos coincidió con la última andanada de la corriente integrista eclesiástica. Su desaparición efectiva coincidió con un amplio replanteamiento interpretativo a raíz de la quema de iglesias y conventos.

Sea como fuere, si la Semana Trágica suponía un fracaso de dirección política en Cataluña, entonces era crucial tomar el pleno control de la situación, especialmente en la medida que el episodio quedaba enfocado, de manera casi exclusiva, en el proceso contra Ferrer y en el ruido internacional que ese juicio produjo a raíz del «martirio» del «pedagogo», presentado con éxito como una inocente víctima librepensadora de una cruel neoInquisición española.[12] La reacción de la Lliga fue entender que, en primer lugar, la «revolución de julio» era una oportunidad para reducir la presión del Partido Radical, y, en segundo, para establecer conexiones con la opinión antisolidaria española, para la cual el lerrouxismo podía representar una positiva función patriótica, y, muy especialmente, con el militarismo tan asiduamente cortejado por Lerroux. El manifiesto de la Lliga sobre los eventos lo dejó muy claro:

> Al lamentarnos de esta parcial esterilización de la fecundidad educadora del movimiento de Solidaridad, no creemos que sea todavía la hora de señalar y pedir cuentas ante Cataluña a los responsables de haber impedido a Solidaridad Catalana suprimir de nuestra vida colectiva el espíritu negativo, la revuelta, la desconfianza, y en una palabra, todos los disolventes de la cohesión social, todos los obstáculos a la fecunda acción constructiva.
>
> Pero la acción directiva y decisiva que en las últimas violencias ha tenido un partido que, viniendo a perturbar la normalidad de la vida política catalana, ha sido presentado por malicia y por inconsciencia como representante en Cataluña de la causa de España y del honor de su ejército y de su bandera, y ha sido considerado un tiempo como coadyuvante de una obra de gobierno en Cataluña, es tan evidente que ni siquiera precisa señalarlo.

Para completar su visión positiva del futuro, el manifiesto añadía:

> El interés y el porvenir de Cataluña exigen hoy de todos los catalanes y de todos los que no siendo hijos de Cataluña en ella han encontrado hospitalidad, de todas clases y de todos los partidos, y de todas las ideas, que como a punto de suprema convergencia patriótica establezcamos para siempre el imperio del derecho y de la normalidad, en el desarrollo de nuestra vida colectiva para que la marcha progresiva de nuestro pueblo pueda desarrollarse en un ambiente de paz activa y fecunda, de respetuosa tolerancia, delante de lo que nos separa, de efusiva fraternidad, delante lo que nos une, que sólo así conseguirá Cataluña su grandeza y realizará su misión de ser base y fundamento de la grandeza de una nueva España.[13]

Dicho de otra manera, por el camino del acuerdo sobre «el imperio del derecho y de la normalidad» se podría llegar a un mayor entendimiento sobre el futuro «imperial» y regional de España. Cambó muy evidentemente consideraba que la fracasada tentativa republicana –por muy espontánea que hubiera sido– abría oportunidades en el escenario español, a pesar del hundimiento de la Solidaritat.

El órgano de los cambonianos era la revista *La Cataluña*, editada en castellano, a pesar de la militancia lingüística catalana, precisamente por estar pensada para divulgar el mensaje regionalista por las Españas.[14] El 8 de noviembre, Cambó hizo un importante discurso ante la Joventut Nacionalista de la Lliga. Allí planteó, más o menos implícitamente, sus argumentos para un reposicionamiento del partido. Según el líder parlamentario catalanista, si, ya sin Solidaritat, se continuaba pretendiendo actuar en la política española, la Lliga debía ensanchar su base en Cataluña más allá de los relativamente estrechos límites del catalanismo. Tal ampliación, mediante una apelación a la «práctica» administrativa regionalista, también serviría de correctivo social, pensando en el susto grave de la revolución del verano. En palabras del mismo Cambó: «Si los de la Lliga Regionalista persistiésemos en ser una agrupación, un partido, como quieran llamarlo unilateral, con un solo problema, olvidando todos los problemas de la política general, estos problemas de orden económico, de orden cultural, de orden social, que por doquier se plantean, estén seguros de que gran parte de nuestras masas, al ver planteados estos problemas que directamente les afectan, por partidos generales de la política española, se irán directamente a esos partidos, porque no les cabría otro remedio, porque las realidades inexorables de la vida les inducirían.»[15] A partir de noviembre, pues, en las páginas de *La Cataluña* empezaron a aparecer artículos de jóvenes promesas que enfrentaban a Cambó con la dirección «más tradicional» *lligaire*. Para disimular la ofensiva de los cambonianos se pretendió que se contestaba algunas opiniones aparecidas en la prensa española que merecían adecuada réplica catalanista.

Se aprovechaba el pretexto de un sonado artículo de Luis de Zulueta y Escolano (1878-1964), nacido en Barcelona pero con una reputación forjada en Madrid, en el medio de la Institución Libre de Enseñanza; asimismo, sirvieron de cobertura algunos comentarios de Ramiro de Maeztu desde *El Heraldo de Madrid*. El texto de Zulueta fue escrito cuando él estuvo en Cataluña durante la primavera de 1909, casi en luna de miel, y fue publicado en noviembre por la revista madrileña *Nuestro Tiempo*, de Salvador Canals. Para entonces, se había consumido el gobierno Maura en las ardientes secuelas represivas de la Semana Trágica, y, el 21 de octubre, el liberal Segismundo Moret había formado gabinete; se estaba, pues, en precampaña electoral, lo que robusteció el contenido del artículo de Zulueta, dispuesto a señalar con ecuanimidad el proyecto «imperial» de la Lliga:

> La Barcelona de hoy, la gran ciudad advenediza, exagerada y pomposa, un poco basta, sin refinamiento histórico, casi adaptada a lo mediocre europeo, entusiasta hasta la fiebre, no puede aceptar, *tel quel*, un regionalismo aldeano, un patriotismo tradicionalista.
>
> El grupo director de la política conservadora en Cataluña ha tratado de adaptar su catalanismo al nuevo momento. Como los conservadores de los países más avanzados, se esfuerza ahora en dar a su programa nueva juventud con un moder-

> no sentido imperialista. Así los Sres. Prat de la Riba, Cambó y sus amigos no defienden ya un catalanismo cerrado, recluido en Cataluña, sino, por el contrario, intervencionista, expansivo, metropolitano. Sueñan con una hegemonía ibérica, y una vez en este libre campo de los sueños, no falta quien se lance a profetizar imperios pirenaicos o mediterráneos.

Zulueta estaba mejor informado sobre el catalanismo de lo que era habitual en la prensa madrileña, pero, aun así, había matices que se le escapaban. El artículo fue la presentación en sociedad, o al menos en Madrid, del *noucentisme*, si bien, con más esperanzas que acierto, Zulueta adscribió la nueva corriente a una oposición a la Lliga:

> Mientras los inspiradores de la derecha catalana remozan así su ideal tradicional, se va iniciando una nueva corriente de gente más joven aún, primer producto netamente ciudadano, que no se siente espiritualmente ligado al catalanismo histórico ni ha de llegar con él a ninguna respetuosa componenda. Me refiero a esos muchachos nacidos a la vida pública después del 1900 y a los que uno de ellos mismos ha dado el nombre de *noucentistas*.
>
> El novecentismo es civil y no agrario. No quiere llevar lo típico catalán a Barcelona, sino la cultura y ciudadanía barcelonesas a toda Cataluña. Los novecentistas no son en rigor regionalistas, ni autonomistas, ni nacionalistas. Si Cataluña fuera Bretaña y Madrid fuera París, no serían catalanistas, sino centralistas. Ven en el movimiento catalán un aspecto humano, una fuerza de cultura y de progreso, y como además sienten todo esto vivo dentro de ellos mismos, colaboran a orientar y engrandecer ese movimento.
>
> El tipismo catalán no les conmueve. Aquella doble llave con que Costa quiso cerrar el sepulcro del Cid la echarían también gustosos a la tumba de D. Jaime el Conquistador para que durmiese tranquilo allá en la catedral de la cesárea Tarragona.

Era evidente que Zulueta había hablado y escuchado en Barcelona, pero se quedó con una impresión confusa de las tensiones existentes en el seno del nacionalismo/regionalismo lligaire:

> De un modo algo tosco, ingenuo [sic] y pedante, en una palabra, algo infantil, quisieran transmitir a Cataluña el ritmo de la actual actividad europea. También el catalanismo tradicional abre Museos, funda Bibliotecas, encarga misiones científicas; pero para él la cultura es un instrumento de catalanización. «La cultura para Cataluña» sería su fórmula. En tanto que el nuevo catalanismo diría: «Cataluña para la cultura.»
>
> Este neocatalanismo no es descentralizador más que con respecto a Madrid. En el fondo, aunque por motivos tácticos aparente lo contrario, propende al

centralismo, porque la ciudad es siempre centralista, absorbente, tentacular. Lo que hay es que cree que su Cataluña encarna una energía renovadora frente al centralismo covachuelista de la España oficial. Y esto no lo cree sólo intelectualmente, sino que lo siente con pasión. Pero el día en que el catalanismo novecentista se convenciera de que Cataluña con respecto al Madrid centralizador representaba un ideal inferior o más atrasado, una reacción como la de una parte de Polonia con respecto a Berlín o la de Irlanda con respecto a Londres, no harían muchos de estos catalanistas ningún esfuerzo por lograr que hubiera en el mundo una Irlanda o una Polonia más.

No se dejarían llevar de un respeto romántico hacia las agrupaciones naturales. No se apoyan en aquella teoría de la espontaneidad [sic]. La ciudad no es lo expontáneo [sic], sino lo elaborado, artístico y consciente. La ciudad no es la vida *natural*; es una *norma* de vida. No es *Tierra*, es *Derecho*. Y he aquí cómo este otro catalanismo viene a resultar la evolución de aquel catalanismo radical, enlazado con el federalismo republicano, latente durante algún tiempo, y ahora resucitado otra vez bajo nueva forma.[16]

Los disparos de Zulueta tuvieron un notable impacto. De hecho, se lanzó el debate que Cambó buscaba, aunque no fuera exactamente en los términos deseados.[17] En enero de 1910, con la intención ostensible de replicar a Zulueta y sentar los parámetros de la discusión en Barcelona, Josep María Tallada i Paulí disertó en *La Cataluña* sobre «Derechas e izquierdas», con la tesis de que no sobraba Estado; todo lo contrario, hacía falta más y mejor estatización.[18] En el número siguiente Miquel Vidal i Guardiola anunció que los jóvenes lligaires más inquietos y ambiciosos estaban con Cambó. Pronto ambos fueron tachados, por su estatismo, de «socialistas» (si bien ello era, entre otras cosas, un recuerdo del Barrès más clásico).[19] El jurista católico Francesc Maspons i Anglasell contestó seguidamente a las nuevas tesis. También lo hizo Ferran Sans i Buigas, quien a su vez acusó a los críticos antiestatalistas de «gubernamentalismo» y de identificarse con un «sistema de gabinete» tanto dentro como fuera de la Lliga.[20] A partir de ese punto, también terciaron Manuel Raventós, J. Vidal i Tarragó, Ferran de Sagarra, Antoni Griera y Lluís Puig de la Bellacasa. Los comentarios se fueron haciendo más sangrantes. Aunque más adelante sería un asesor cultural cercano al líder parlamentario de la Lliga, por entonces Joaquim Folch i Torres explicitó la pugna Cambó-Prat denunciando a los *«super-intel·lectuals-economistes-socialistes-conservadors-imperialistes-centralistes»*.[21]

Por su lado, en ese tiempo, Zulueta tuvo un cúmulo de satisfacciones. En las elecciones generales de mayo de 1910, salió diputado por Barcelona por la Conjunción Republicano-Socialista (junto con Pablo Iglesias, por Madrid), se doctoró en la Universidad de Madrid y ganó oposiciones a cátedra en la Escuela Superior de Magisterio, para además ver el nacimiento de su primera descendencia.[22] Los cambonianos no tendrían la misma buena fortuna.

La prédica «nacional socialista» de Gabriel Alomar

Al plantear la idea de un «catalanismo socialista», los cambonianos se cruzaban con las ideas ya puestas en circulación por el original literato y agitador político Gabriel Alomar i Vilallonga, por entonces ya un agitador cultural conocido, muy destacadamente situado en los debates barceloneses sobre el nacionalismo por su originalidad. Nacido en Palma en 1873, se trasladó a la capital catalana en 1889 para realizar la carrera de Letras en la Universidad. La temprana lectura de la diatriba *El liberalismo es pecado* de Sardà i Salvany le provocó una crisis religiosa y le hizo anticlerical, marca entonces de las izquierdas. Alomar pronto se distinguió por su manantial imaginativo, si bien no tuvo fortuna profesional y se quedó profesando cátedras de instituto sin jamás poder saltar la barrera de las oposiciones a una plaza docente superior.[23] A pesar de su frustración, siguió en los exitosos pasos de Miquel dels Sants Oliver, así como de los eclesiásticos Alcover y Costa i Llobera, para convirtirse en la encarnación del «mallorquín en Barcelona», exponente de la vitalidad isleña en las letras catalanistas en su versión más avanzada o ideológicamente atrevida.[24]

En los pasos de Pompeyo Gener, el joven Alomar buscaba lo que el viejo Peius había llamado la voz de «los modernos, los intelectuales, la Cataluña liberal»; de hecho, el ascenso de Alomar sirvió para facilitar el olvido del antaño modelo de modernistas entre las nuevas promociones universitarias. Inicialmente Alomar estuvo en la órbita de la naciente Lliga, publicando en *La Veu de Catalunya*, aunque destacaba por su gusto en dar lecciones (como, por ejemplo, dentro de su entonces ortodoxia, la corrección comparativa de vocablo «nacionalismo» en relación al de «regionalismo», así como el sentido erróneo del término «descentralización»).[25] Pero Alomar pronto dejó el polo de la Lliga, tras ser vetado a *La Veu* por la protesta de *mossèn* Alcover a Prat en 1904, quien se quejó de que la presencia de un anticlerical activo en el órgano regionalista reducía el atractivo *lligaire* en Mallorca.[26] De forma característica, simultáneamente precisa y dispersa, Alomar marcó su criterio –en sus impresiones sobre los judíos sefarditas en el Norte de África francés– con elípticas alusiones («*Vive Drumont! Vive Regis!*» en una pared de la qasba de Argel) a las no tan lejanas relaciones de simpatía que Prat mantuvo con los antisemitas argelinos en el cambio de siglo.[27] Apasionado ideológico (ya en 1903, Oliver comentó la dificultad de «buscarle [...] una filiación intelectual concreta»), algo estrafalario de vestimenta y estilo, su evolución hacia la izquierda escandalizó al medio lliguero, pero lo hizo de un modo que facilitaba su ridiculización: *«es cosa pasmosa veure a nostre bon amich devingut revolucionari –un refinat en mànigues de camisa»*, dijo la revista *Catalunya* en mayo de 1904.[28]

La idea motriz del pensamiento alomariano fue, de manera consistente y sostenida, el protagonismo de la ciudad, como foco de energías modernas, y, por lo tanto, el necesario carácter urbano de todo proyecto regionalista: él lo resumió con la fórmula de la «Catalunya-ciutat». Con esta idea –y otras análogas, como el rechazo a la naturaleza y la exaltación de lo artificial como esencialmente humanista– deslumbró al joven Eugeni D'Ors, hasta que la voluntad alomariana de mantenerse en la izquierda les fue distanciando.[29] En realidad, su visión de la función motriz de Barcelona no difería tanto del planteamiento fundamental de Prat de la Riba acerca del papel que ejercía la capital catalana, pero, en un medio tan estrecho como el catalanista, las distinciones estaban más en los matices, en el tono, que en la sustancia.

La ambición esencial de Alomar era realizar grandes síntesis conceptuales, inclusive *la* gran síntesis. Así, más que dotar a un movimiento político de un instrumental ideológico útil (como hizo Prat), Alomar pretendía que las ideas crearan el movimiento o, cuando menos, le dieran su forma definitiva. Por decirlo de algún modo, *Alomar creía en la realidad de sus metáforas*. De este modo, por ejemplo, mediante la centralidad de una Barcelona capitalina y metropolitana, Alomar quiso superar el conflicto estático entre, por una parte, la reivindicación autónomica regional, eminentemente territorialista, del catalanismo, y, por otra, la reclamación municipalista de la tradición republicana, tanto unitarista como federal. Sus reflexiones en tal dirección fueron consumidas atentamente por los universitarios catalanistas, como cuando, en 1903, abogaba por el encuentro entre el ruralismo *jocfloralista* («la abuela tradición, el alma oculta de las naciones») y la conciencia cívica («[l]a ciudad es uno de los grandes aspectos de la poesía humana»), «cuando aquella resurrección periódica del elemento tradicional reviste caracteres de resurgimiento patrio, nacional en su auténtico y más alto sentido».[30] Pero, a pesar de su innegable imaginación y del hecho de ser leído, Alomar fracasó en todas sus iniciativas político-ideológicos. Fue algo perfectamente predecible.

Su aportación teórica más sustanciosa al catalanismo fue una larga serie de ensayos, entre 1902 y 1907 (pero con una culminación final en 1916), sobre la *Harmonización de la corriente socialista con la nacionalista*.[31] Esta serie fue publicada en la *Revista Jurídica de Catalunya* (fundada en 1895, en la redacción de la cual Prat tuvo, durante unos años, una importante participación). Para Alomar, con cierta razón, tanto el nacionalismo como el socialismo estricto (u obrerismo) eran ideales socialistas, en tanto que ambos eran identidades colectivas fundamentadas en protagonistas respectivos (la nación y la clase) que eran, de modo semejante y comparable, agrupamientos masivos de personas. A su parecer, si se pudiera reducir su formulación a sus esencias respectivas y encontrar los elementos comunes, sería posible fundirlos –o «harmonizarlos», según su propia terminología– en un algo ideológico superior. Tal como explicó en su primera entrega en 1902:

> Si tuviéramos que hacer una clasificación científica de los sistemas en que se han resuelto las aspiraciones político-sociales de nuestros días, podríamos reducirlos al siguiente cuadro:
>
> I. *Tendencia de concentración*.– Socialismo (aspiración individual). –Federalismo (aspiración colectiva).
>
> II. *Tendencia de desconcentración*. –Individualismo (aspiración individual). –Nacionalismo (aspiración colectiva).

Así el individualismo (propiamente *fin*) y el socialismo (propiamente *medio* para aquel fin) son escuelas sociológicas; el nacionalismo (mal llamado regionalismo, confundiendo la condición geográfica con la antropológica o étnica) y el federalismo, son escuelas políticas.

Para un observador superficial, estas tendencias aparecerán como opuestas o inconciliables, desde el momento en que tienen por mira ideales que se repelen y destruyen: aspira la una a formar grandes unidades, o de una sola unidad, si es posible, con la mezcla de elementos políticos varios y dispersos; se dirige la otra a reforzar la esfera de acción del individuo como elemento aislado del derecho público y a comunicar personalidad y vida plenamente libre a las colectividades señaladas por una común fisonomía étnica, por la participación en unos mismos intereses generales y privativos y por una constante voluntad de ejercer el derecho público con mayor o menor independencia y siempre en un sentido determinado.[32]

Nada sorprendentemente, Alomar dio mucha importancia a la idea de la «solidaridad» como mecanismo para tender el puente «harmónico» nacional-socialista. Como planteó en su segunda entrega, en 1904:

Pues bien: ¿no podemos afirmar como inducción final de todas esas observaciones, que la labor de este poderoso espíritu de solidaridad, el cual, como decimos, viene a ser la característica de los tiempos modernos, la fuerza que hoy anima, vivifica y hace fecunda la materia político-social, sólo habrá terminado su misión cuando haya conseguido personalizar la individualidad más alta de todas, que es la humanidad misma, fundiendo en una confederación universal, en una harmonía superior a todas, en una actividad general, las energías inferiores o parciales de las entidades políticas y de los individuos, neutralizando sus fuerzas opuestas y haciéndoles coadyuvar a un sólo trabajo continuo de defensa mutua contra las hostilizaciones de la naturaleza, del medio o de las tendencias atávicas; favoreciendo la evolución paulatina de la administración, y el cambio del concepto de soberanía en el de función política; realizando, en fin, como quien cierra un arco de bóveda, esa nacionalización total humana, que no ha de ser destructora, sino comprensiva y protectriz de las naciones diversas e infinitas en que se distribuye el hombre sobre la tierra? Ese fin último se nos presenta, pues, como un fin eminentemente nacionalista, y su fórmula podría ser: rehabilitar la nación en su recto sentido, en su encarnación viviente, para hacer de ello el elemento vivo de la unidad total humana, de la harmonía superior y absoluta, ideal supremo de paz.[33]

La concreción de la propuesta alomariana era, por supuesto, de síntesis: «La alianza entre el ideal socialista y el ideal nacionalista resultará, pues, de la coordinación del elemento progresivo e ideológico con el elemento conservativo. Es un acomodamiento entre lo artificial y lo natural, es decir, se trata de regularizar la eterna y pausada transformación que el hombre va haciendo sufrir a la misma naturaleza de las cosas.»[34] Pero el planteamiento era menos chocante de lo que parecía, ya que Alomar se situaba a un tiempo en un espacio sociológico y un terreno ideológico: su esquema entendía que la «tradición» era rural, mientras la ciudad era la agresiva modernización que servía como punto de encuentro creativo de todas las formas de cambio con la vieja savia patria. Como dijo en la entrega de 1906 de su larguísima *work in progress* sobre la *Harmonización*: «En esta palabra, la *ciudad*, encuéntrase el vértice ideal donde se juntarán las dos corrientes, en perfecto equilibrio, en maravillosa compensación de fuerzas.»[35] Su ideal, pues, se resumió en la fórmula de «*Catalunya-ciutat*» y en el anhelo de *El futurisme*, conferencia que dio en el Ateneu Barcelonès a mediados de junio de 1904.[36]

Alomar planteaba juegos intelectuales y políticos demasiado lúdicos para la norma barcelonesa. Así, su personalismo ideológico tan especial le convirtió en una figura criticable desde lo que se entendía como su propio bando (por ejemplo, para criticar el fallido «barcelonocentrismo» de su esquema de «*Catalunya-ciutat*»).[37] En realidad, era un personaje-tipo muy habitual en Barcelona, un hombre de ideas, dispuesto a *fer volar coloms*, no fácilmente clasificable y que iba hasta cierto punto por libre, por lo que, en consecuencia, era a la vez reconocido y desdeñado, mientras que sus propuestas eran aprovechadas por otros sin agradecimiento. Para entonces, Alomar era un personaje reconocido en el medio catalán e incluso en el español.[38] Azorín, por ejemplo, siempre dado como alicantino a demostrar su conocimiento de las cosas catalanas, aseguró que: «Antagonistas de Alomar en política, no le regateamos la admiración, sincera y cordial, para su claro talento, su vasta cultura, la impetuosidad y elegancia de su estro lírico.» «Aunque orientada [sic] francamente hacia un ideal de progreso, un ideal *futurista* [sic], » según Martínez Ruiz, «hay en el espíritu de nuestro autor sutilidades y complejidades de difícil expresión.»[39]

Con su personal esquema interpretativo, Alomar se mantuvo en una difícil y contradictoria relación con la «Esquerra» catalana, su diario *El Poble Català* y sus sucesivas encarnaciones organizativas. En 1907, cuando todos hablaban por fin de la Solidaritat, Alomar comentaba «la cuestion socialismo[-]nacionalismo» en el Congreso de la Internacional Socialista y el duelo que allí tuvo lugar entre el antimilitarista francés Gustave Hervé y el socialista alemán August Bebel, encontronazo comentado por muchos incluso en España, donde, por ejemplo, el germano le pareció admirable hasta al conservador Sánchez de Toca. Para Alomar era cuestión de tener en cuenta «el *heroicismo*»: «¿Extrema derecha [Bebel] y extrema izquierda [Hervé] del socialismo? Sí; [...]» Pero, explicaba: «Toda el alma latina, inquieta, presurosa, aceleradora y anticipadora de todo movimiento, late en eso que llamaríamos ultrasocialismo francés. El socialismo germánico es, en cambio, una doctrina cuyo radio se limita bien en concreto, a la emancipación obrera, a la lucha contra el capital.» Alomar entendió que se podía proyectar conclusiones metahistóricas a partir de la sociedad civil: en su versión, ante la «Patria-Estado» falsa, solamente «la Patria-Nación» (es decir, la misma sociedad civil) merecía «el calificativo *patria*». Y concluyó, «en una confederación universal por la libertad, sólo la nación es federable, porque sólo por la unión pura y libre de los elementos etnológicos es posible la constitución de un Estado o Ciudad universal sin usurpaciones ni tiranías, así de unos individuos sobre otros, como de unas razas sobre otras.»[40]

Con sus antecedentes doctrinales favorables a la «harmonización de la corriente socialista con la nacionalista» y su insistencia en un enfoque sociológico pero a la vez idealista, arropado por su prestigio personal, Alomar, desde su peculiar posición en la «Esquerra», se lanzó al medio mismo del debate *lligaire* sobre las implicaciones de la Semana Trágica. En abril de 1910, al calor de los comicios legislativos convocados para el 8 de mayo, se fundieron las izquierdas catalanistas y republicanas catalanas, con el nombre pactado de Unió Federal Nacionalista Republicana, que revelaba la fragilidad de fondo del nuevo organismo; la prensa satírica lliguero la llamó «Partit Unió Federal» o mejor «PUF». Con unos resultados positivos en las elecciones, el nuevo partido coaligado necesitaba clarificar su postura a largo término. En esa tesitura y a la vista de los debates internos de la Lliga, en los cuales los cambonianos estaban dando vueltas a adjetivos como «socialista» o «estatalista», Alomar, en dos conferencias sucesivas en diciembre de 1910, se lanzó a la definición ideológica más atrevida: la «harmonización nacionalista y socialista» o, más breve, el «*Catalanisme Socialista*», pero con obreros de verdad. A partir de este enfoque, invitó a la reorganización del catalanismo en general y de la UFNR en concreto. La propuesta alomariana consistía en que se reconociera un espacio privilegiado para el proletariado catalán en el esquema catalanista, lógicamente por parte republicana, con lo que se cortaría el camino tanto a la demagogia «lerrouxista» como al limitado debate sobre la sociedad civil dentro de la Lliga.

El 4 de diciembre, en el Teatro Circo Barcelonés, con el apoyo del semanario *La Campana de Gràcia*, Alomar habló sobre *Negacions i afirmacions del catalanisme*. El escritor mallorquín se fue a los orígenes antillanos del catalanismo político y del españolismo para enfocar su argumento. En aquel entonces, dijo, hubo un imperialismo auténtico y un antiimperialismo ideológico:

> Nunca las dos Barcelonas se han manifestado con mayor desacuerdo. Por una parte, la Barcelona romántica, o sea, la de *La Renaixensa* en lo referente a la idea nacional, y la de Almirall y Pi y Margall en lo referente a la idea de libertad, observaron en aquellos momentos una conducta nobilísima. En toda España fueron excepción, añadiendo solamente la figura de Pablo Iglesias, ya entonces venerable, gemela de la de Pi. En cambio, la otra Barcelona, la de piedra, la de oro, no sólo fue una de las propulsoras iniciales de aquellas guerras, sirviendo para que después toda España, tan culpable como ella, lo echase en cara a toda

Cataluña, como si todos fuesemos cómplices de aquella conducta; sino que en el momento en que la voz del ministro de Ultramar proponía unas ya tardías reformas vaguísimamente autonómicas para Cuba, los diputados catalanes con Cánovas, votaron con el españolismo puro y tradicionalista contra aquel caso práctico de autonomismo y de libertad nacional.

Alomar insistió en su argumento:

Recordadlo: *La Renaixensa* vio usurpada su pura representación de catalanismo por los mismos que habían ejercido, ante la autonomía o la libertad de Cuba, una actitud contraria, una actitud guerrera, opresora, despótica. Y para mayor irrisión todavía, la primera persona no catalana en quien se vio un núcelo para trabajar en la corte a favor de la autonomía gradual de Cataluña fue el general Polavieja, ¡el terrible aplastador de la autonomía filipina, él de Rizal! ¿Como pretendéis que no haya siempre un sedimiento de insinceridad, de doblez, en la formulación de nuestras doctrinas, si sentimos que sólo una defensa de bajos intereses anida bajo la pomposidad de los principios y el hinchazón de los párrafos parlamentarios.

Las guerras coloniales probaron, pues, este españolismo radical de Cataluña; porque ella, salvando la noble minoría de sus románticos de excepción, participó en la locura nacional. Más incluso. Esta participación alcanzó a derechas e izquierdas. El fomentismo [del Fomento del Trabajo Nacional] y los republicanos coincidieron en una misma conducta antiliberal y antiautonomista.

En su interpretación, con una sociología bastante esquemática (por decirlo de algún modo), Alomar vio una estructura social en Cataluña compuesta de tres clases o, mejor dicho, «castas»:

Hay tres castas catalanas; primera: los plutócratas, que vienen a ser los aristócratas *parvenus*, ricos de improvisación, sin la fuerte tradición educativa y aristárquica de los verdaderos nobles; segunda: los tenderos [*botiguers*], la florida menestralía, los burgueses puros; tercera: los proletarios; y estas tres castas catalanas han formado, sin mezclarse las unas con las otras, los tres partidos más fuertes de Cataluña: arriba, los regionalistas; en medio, los nacionalistas; abajo, los radicales. Repárese que podríamos decir, clasificando estos partidos por diferencias de *interés*, y no ya por diferencias de *principio* o *idea*: arriba, los grandes industriales; en medio, los comerciantes de tienda; abajo, los trabajadores manuales. La industria, nativamente conservadora; el comercio, neutralmente intermediario; el trabajo, naturalmente no conformista y radical. ¿Verdad que es así?

El fracaso de nuestra izquierda catalana es haber obrado siempre como partido de centro, sin preocuparse de este trabajo que debiera haber estado el primero de todos: atraer a una política catalana y afirmativa a la masa obrera, adoptando con sinceridad sus ideales, que son los de toda verdadera izquierda.

La «Esquerra» había sido demasiado comedida y prudente en su formulación, ya que el futuro estaba en manos del proletariado, con su llamada a la democratización profunda y antiburguesa. Era necesario: «Que los obreros digan: *el catalanismo somos nosotros.*» Así, la revolución social y la nacional se mostraban del todo harmonizadas. El riesgo, a su parecer, estaba en el distanciamiento de Europa que encarnaba la experiencia histórica española, y no tanto en la cuestión de si se acababa o no rompiendo con una España históricamente atrasada:

> Separatismo de Europa. Ved aquí el mal de España, mal en que Cataluña ha incurrido de una manera explícita y clara, precisamente por españolismo, por coparticipación en las cualidades españolas. El verdadero separatismo de Cataluña es el separatismo de Europa, no el separatismo de España. Es el separatismo de Europa por unión excesiva con España. Y aquí está la fórmula suprema de la inferioridad de Cataluña. Hasta que Cataluña no proclame bien alto su unidad supernacional con Europa, Cataluña no será capaz de autonomía. Y yo, que adoro como el que más el ideal de la Cataluña autónoma, creo también cumplir un deber sagradísimo echando en cara a todos nosotros esta incapacidad, porque creo que sólo así, por esta voz dolorosamente cruel, puede despertarse nuestra amodorrada conciencia, en la que se nota todavía la influencia secular de tantos años de cautividad, de tantos años de esclavitud, de tantos años de no ejercer el gobierno propio, que han hecho de nosotros un pueblo de esclavos, de esclavos avezados a adorar el látigo del amo, porque somos incapaces de romperlo, y lo proclamamos divino como un dios.
>
> Porque las razas despreciadas y perseguidas acaban por merecer serlo, como judíos.

Aunque no pudiera resistir el latiguillo antisemita, subyacente desde las andanadas de Peius Gener en la discusión peninsular del catalanismo, Alomar estaba replicando a la dinámica que acompañó la ruptura de la «Conjunción republicanosocialista» precisamente por una cuestión de corrupción «lerrouxista» e invitando a la UFNR («Orientaciones. ¿Es posible un nuevo partido catalán?») a que se ofreciera como el auténtico partido revolucionario en Cataluña, fusión socialista y nacionalista en sí, con las consecuencias que ello pudiera tener en el escenario español. Sería la mejor respuesta a las pretensiones de los portavoces cambonianos. Y, en cuanto a los intelectuales que daban vueltas alrededor de la Lliga, Alomar quiso mostrar su más profundo desprecio: «Yo creo, amigos míos, que el intelectualismo catalán, como consecuencia de esta mezcla, atraviesa una crisis de escepticismo y de infecudidad. Nuestros intelectuales se han acostumbrado demasiado a *sonreír sobre las cosas* [sic], a desconfiar, ya por anticipado, de toda acción, al *diletantismo de la displicencia* [*rebentada*]. Es que viven en un ambiente que los mata, en un ambiente que no puede comprenderlos, o, mejor todavía, que no quiere comprenderlos, y finge lo contrario para atraérselos.»[41]

Más de dos semanas después de su conferencia sobre *Negacions i afirmacions del catalanisme,* el 18 de diciembre, en una conferencia organizada por el Ateneu Enciclopèdic Popular e impartida en el Teatre Principal de Barcelona, Alomar explicó por completo su idea de un *Catalanisme socialista.* Apuntó al corazón del esquema compartido por Prat y Cambó, pero en función –como siempre– de su especial perspectiva sociológica:

> Cataluña presenta, ante España, el catalanismo. ¿Y qué es el catalanismo? ¿Qué definición bien concreta, bien plástica, haríamos? Es un problema de «castas», no de «razas». Yo me guardaré de reprochar una vez más aquellas afirmaciones calumniosamente atribuídas al doctor Robert sobre la superioridad de los cráneos catalanes. Pero, sea como sea, el catalanismo puede definirse: la oposición entre la casta catalana y la castellana. [...]
>
> ¿Qué casta es superior la castellana o la catalana? La superioridad es un concepto relativo. Nosotros tenemos unas superioridades sobre los castellanos y ellos tienen [algunas] sobre nosotros. La hegemonía que hoy ejercen significa que han sido superiores. El renacer de Cataluña significa que hoy, políticamante, nosotros somos superiores. ¿Por qué? Porque hemos sabido adaptarnos al momento actual.

Alomar entendió perfectamente el trasfondo radical del discurso de la «unidad cultural» de Prat, pero consideró que era insuficiente, por demasiado limitado en un sentido histórico. En su interpretación: «Desde la Revolución francesa, las castas nobles han ido cediendo el imperio [el poder] a las castas burguesas.» Dicho de otra manera, aunque el enemigo de la Lliga en España pareciera como si todavía fuera la aristocracia, la realidad indicaba que ésta ya había sido derrotada y que no pasaba de ser un muerto viviente, cuyo potente aspecto españolista era tan sólo una aparencia.

La vigorización del pensamiento de Alomar mediante algunas dosis de marxismo era evidente. Utilizaba la idea –tan bien perfeccionada por Lenin por aquel mismo entonces– de la primacía del principal oponente determinado por una supuesta lógica histórica, aunque este adversario decisivo fuera diverso del que que parecía dominar el escenario político inmediato. Era el proletariado el que ahora pasaba a dominar la fase histórica y encarnaba el espíritu de renovación y revuelta:

> En resumen: nosotros nos hemos sentido superiores a Madrid, porque somos burgueses, mientras que en Madrid son cortesanos, gente del antiguo régimen. Esta superioridad social nuestra ha querido tornarse superioridad política, ha querido «gobernar». Y eso es el catalanismo. Pues bien: yo os digo que si ahora no sabemos convertir este burguesismo catalanista que hace hoy nuestra fuerza en

obrerismo catalanista que haga la nuestra fuerza de mañana, el tiempo nos pasará por encima y moriremos como catalanes.

Nosotros como burgueses, hemos alzado el grito contra el castellanismo que es el antiguo régimen. Pero ahora alzan el grito contra nosotros los obreros, que son el régimen de mañana. Hay un separatismo contra nosotros: el separatismo de los obreros. Porque los obreros nos dicen: no queremos saber nada de patria, de tu bandera, de tu historia nacional, de tu demanda, de tu reivindicación. Nosotros tenemos nuestra demanda contra vosotros. Tenemos lo que decís una «cuestión previa».[42]

Sin embargo, Alomar no derivó las conclusiones leninistas de la lucha de clases como permanente guerra civil; todo lo contrario. El proyecto de Alomar era la gran síntesis, la incorporación del obrerismo al catalanismo como sujeto de una nueva fusión democratizadora de signo «nacionalsocialista». Se preservaba la primacía de la comunidad histórica –la «tradición» alomariana– como marco para una fusión social plenamente democratizadora. A ojos leninistas (que no existían entonces en Barcelona), era un vomitivo ejemplo de la peor ideología «pequeñoburguesa». Tampoco los libertarios, que sí abundaban, vieron con indulgencia las tesis alomarianas. Desde un órgano ácrata de Gijón, el gallego Ricardo Mella (1861-1925), el más original pensador anarquista español, fustigó el sueño de «una izquierda socialista catalanista» junto a las pretensiones dirigistas de Maeztu, que, por las mismas fechas, había disertado sobre «La Revolución y los intelectuales» en el Ateneo de Madrid.[43] Pero Alomar se mantuvo entusiasta con su síntesis:

Cataluña es una realidad orgánica. Tiene una habla propia. Es una cifra, en la suma de las nacionalidades que han de constituir un día la federación internacional. Pues bien, en fórmula, obreros de Cataluña: es preciso que Cataluña hable socialismo en catalán, en el concierto de todo el mundo. Es preciso que el socialismo sea traducido al catalán, ya que es la Biblia nueva. [...]

La política catalana ha perdido también en catalanismo al mismo tiempo que ha perdido en libertad. Hemos aprendido a ser reptiles sabios, a la cortesana, en vez de ser soberanos. Y este reptilismo ante los Gobiernos centrales llamados «de energía» ha dado como consecuencia que los Gobiernos arremetiesen formidablemente contra Cataluña y contra el obrero, que representa la libertad. Contra Cataluña, en la ley de jurisdicciones. Contra el obrero en la represión de un Maura y un Cierva. Ya ven que el enemigo ataca el bloque la idea de Cataluña y la idea obrera. Unámoslas, como ciudadanos, para que se defiendan formando el cuerpo y el alma de un solo pueblo: Cataluña el cuerpo y el alma la libertad.[44]

La llamada de Alomar fue un grito profético de lo que sería el «populismo» de los años treinta en Catalunya, pero sin trascendencia inmediata.[45] Eso sí, sirvió para mantener en circulación el «catalanismo socialista». A pesar de sus extraordinarios éxitos como forjador de eslóganes muy duraderos («*Catalunya-ciutat*», «*futurisme*» o «*catalanisme socialista*»), Alomar no siempre consiguió ese efecto. Por entonces, quiso provocar la discusión con el «panpolitismo» (o, más desafortundadamente todavía, «pampolitismo», como lo escribió él mismo), no el cosmopolitismo, sino el espíritu cívico de cien ciudades concentrado en el orgullo de pertenecer a una urbe concreta. El término, bastante merecidamente, no llegó a ninguna parte. Con menos justicia, Alomar tampoco.

El debate interno de la Lliga

Resumiendo, frente a la llamada alomariana a un «catalanismo socialista», hecha desde la izquierda, se abrió, más o menos al mismo tiempo, un debate formulado en los mismos términos, pero situado en el seno de la Lliga. Era necesario, se repetía, dar una «orientación» clara al conjunto del nacionalismo catalán, un golpe de timón que marcara un rumbo comprensible para todos. ¿En qué dirección debería apuntar el movimiento? ¿Hacia la resolución de los problemas de España? ¿O de forma exclusiva, hacia una afirmación del ser nacional catalán, sin mayores miramientos hispanos?

Los disparos cruzados plantearon la necesidad de la franqueza: un colaborador de *La Cataluña*, Ferran Sans i Buigas, reivindicó un «catalanismo estatista» en función de las realidades existentes, un Estado español y una sociedad civil catalana. Sans i Buigas, muy cercano a Tallada, era abogado y llegaría a ser secretario del Ayuntamiento de Sarrià.[46] En su ensayo, *Sobre Catalanismo estatista*, aparecido primero en *La Cataluña* como respuesta a «la discusión Zulueta, Tallada y Vidal y Guardiola» y luego como folleto, enunció el camino: «*Por el regionalismo al estatismo*».

Para empezar, Sans salió en defensa de la juventud que, en la coyuntura, se identificaba con la redefinición de la postura de la Lliga que Cambó ambicionaba a la vista de los luctuosos hechos del verano de 1909. Según Sans: «El llamado elemento joven de la "Lliga Regionalista" ha entrado en la política por el camino del catalanismo. Es más: ha sido y continúa siendo catalanista. En cuanto a tal y movido por el ejemplo de su *leader*, Cambó, dedica sus energías espirituales a la investigación de los problemas políticos que están planteados y de aquellos otros que debieran plantearse en nuestra tierra. El elemento joven de la "Lliga" cree que "buen catalanista" es sinónimo de catalanista bien orientado, de catalanista no petrificado.» A partir del elogio rendido al sector camboniano, Sans prosiguió con su argumento:

> Es cierto que cuando en 1901 se decidió el catalanismo a intervenir en la vida política, el ideal que lo impulsaba no era el de crear y menos aún el de fortalecer el Estado español, sino muy al contrario, su móvil consistía en quitarle atribuciones a este Estado para dárselas a la región. [...]

En efecto: el movimiento regionalista, tal como resurgió en 1901, aunque parezca un absurdo, sólo era exclusivamente regionalista en la forma, en la manera de manifestarse, porque en el fondo tanto como regionalista era la sacudida de un pueblo que sintiéndose vivo no se resigna a morir; era Cataluña que contemplando la carrera precipitada emprendida hacia el desastre por el Estado español, después de una guerra de cuatro años que acabó con su dinero y con las pocas colonias que le restaban, se resistía a seguir su suerte.

Cataluña en aquel entonces tenía un ideal de vida, pero le faltaba una orientación.

Luego, con cierta crudeza, añadió cuatro verdades cambonianas:

Así llega un día y [el catalanismo] afirma la necesidad de estudiar las cuestiones administrativas, más tarde las económico-sociales y por último las pertenecientes al orden cultural. Paralelamente con ello reconocemos los catalanistas que el estudio y resolución de las indicadas cuestiones constituyen un problema esencial para el porvenir de Cataluña; que la idea autonomista no tiene aquella gran virtualidad que en un principio le concedíamos, y por último que ella por sí sola ni de mucho resuelve el problema de nuestra regeneración.

Entonces es cuando el catalanismo, depurándose un tanto de su antiguo exclusivismo, llega a convencerse de que los problemas indicados no deben ni pueden resolverse para Cataluña sola sino para toda España.

Y ahora decimos nosotros: Si el catalanismo, en su última y reciente evolución, afirma en sentido categórico la necesidad de resolver *nacionalmente*, es decir, para toda España, los mismos problemas que mi compañero Vidal y Guardiola señala en su artículo, como corolario se ha de admitir la necesidad de trabajar intensamente para fortalecer el órgano nacional encargado de dicha resolución, el Estado español, pues de lo contrario tendríamos un ideal y negaríamos el único medio que existe para llegar a su implantación.

Sans insistió: «En otros términos: para nosotros el catalanismo ha de ser el común denominador de todos nuestros actos, pero en manera alguna nuestra única y suprema norma de orientación política. Al catalanismo como a tal no se le pueden pedir soluciones determinadas a los problemas concretos.» Dicho de otra manera, según Sans i Buigas, la Lliga podría pasar a reforzar la propia orientación, dándole la vuelta: «*Por el estatismo al regionalismo*».

Pero es más aún: quien de veras ame el ideal autonomista ha de ser el más acérrimo partidiario de fortalecer el Estado español, pues lo primero que se necesita para poder otorgar tal régimen a las diversas regiones, consiste en una total plenitud de poder, en la posesión de una fuerza realmente suprema por parte de dicho Estado, que le haga capaz de garantizar aquello que concede.

Si España, cuyo Estado no existe en el verdadero sentido de la palabra, por no haberse suscitado el fenómeno de conciencia que es su base, concediera actualmente un régimen de autonomia a sus regiones; a las distintas entidades regionales que se formarían les faltaría un algo que harmonizase y coordinase sus energías, un poder fuerte que mantuviera a cada una de ellas dentro de la esfera de acción propia, y entonces vendría fatalmente una total disgregación que acabaría con España y con la autonomía de las regiones, que no se concibe ni puede subsistir sin un poder fuerte superior que las ampare y garantice.

No son los organismos centrales del Estado el peor ni el más temible enemigo de la autonomía de las regiones. El mayor peligro de éstas está en su propia debilidad, en la debilidad de los organismos regionales, en la falta de disciplina de sus ciudadanos. Sobre todo durante la época de transición toda autonomía regional corre el peligro de convertirse en anarquía.

No debemos olvidar los catalanistas que hasta en los tiempos de sentimentalismo agudo nos asustábamos ante la posibilidad de concederse a Cataluña momentáneamente la autonomía que tanto deseábamos.

El catalanista que no piense así, o no sabe lo que es autonomía, o es algo más que autonomista, en cuyo caso padece una obcecación que le impide discurrir.

El Estado fuerte es garantía de autonomía porque lo es de libertad. [...]

Por ello, Sans i Buigas estaba dispuesto a cantar grandes verdades: «Fortalecer el Estado español, es cuestión poco menos que de vida o muerte para Cataluña y para los catalanes.»

Catalanistas hay, con todo, a quienes repugna la idea de fortalecer el Estado español porque abrigan un serio temor: el de que el nuevo organismo, lejos de ser un instrumento de progreso para Cataluña, lo será de atraso; el de que el nuevo organismo empleará su fuerza en imposibilitar la realización del ideal autonomista.

Tal peligro es completamente ilusorio. En primer lugar, porque un Estado que oprimiese a Cataluña, ya no sería un Estado en el verdadero sentido de la palabra; no sería aquel Estado que nosotros queremos construir con nuestros esfuerzos, pues, según nosotros, el Estado debe realizar su misión de implantar los ideales de la sociedad, y si este Estado es multinacional –como lo son la mayoría de los actuales– sólo podrá serlo teniendo en cuenta y respetando todas las variedades nacionales que en él se manifiesten. Y en segundo lugar porque, debiendo ser el Estado un fenómeno de conciencia, es decir, el pueblo español gobernándose a sí mismo, según su modo de ser y de pensar, es indudable que poseyendo este pueblo, aunque en estado latente, un alma regional, el día que esta alma despierte y cristalice en la conciencia de los españoles, por este solo hecho cristalizará también en la organización del Estado español, el cual se convertirá, no en el destructor, sino en el más acérrimo defensor de las autonomías regionales. Y no puede comprenderse de otra manera, porque de lo contrario, deberíamos admitir el absurdo de que el Estado español pudiese obrar en forma distinta de aquella que le dictara su conciencia.

Naturalmente, un posicionamiento tan contundente en favor del Estado acarreaba sinsabores, ataques sin justificación de parte de quienes pretendían un monopolio del patriotismo:

> Tampoco falta quien nos acuse de haber dejado de ser catalanistas. [...]
>
> Ser catalanista puede significar dos cosas: Puede significar afirmación de la personalidad de Cataluña, y puede significar tener en cuenta esta personalidad en el gobierno de la sociedad catalana. La primera es fruto de sentimiento, la última producto de una serie de actos de razón.
>
> La del sentimiento aplicada a la política, nos lleva irresistiblemente a una actitud negativamente agresiva, al aislamiento. La segunda a una actitud positivamente agresiva, a la intervención.
>
> Nosotros afirmamos, sin regateos de ninguna clase, la personalidad de Cataluña, sus caracteres nacionales perfectamente definidos. Negamos tan sólo que este hecho deba constituir eternamente el único factor base de nuestras luchas políticas.

Finalmente, la conclusión de Sans se mostraba pletórica de optimismo:

> Maravillosa cosa es que tengamos que ser nosotros los socialistas, los que recordemos esto a los catalanistas clásicos, empedernidos defensores del individualismo. Es empequeñecer, es ridiculizar el concepto de personalidad de un pueblo reducirlo a la suma de aquello que está en manos de los poderes públicos denegar o conceder. Y si nosotros hemos escrito al frente de nuestro programa el deber de dotar de un Estado fuerte a la sociedad española, lo hemos hecho con doble motivo. En primer lugar, porque hay cometidos que sólo una sociedad bien organizada puede resolver; en segundo lugar, porque sólo una sociedad bien organizada ofrece una garantía sólida de desarrollo a la personalidad de todos sus individuos.
>
> La base de nuestro estatismo, de nuestro socialismo es el deseo de mejorar la suerte moral y material de nuestros ciudadanos. Este es nuestro *único último* ideal. Debido a ello es que solo suscribimos el lema de los catalanistas clásicos: *Hay que ser y obrar ante todo y sobre todo como a catalanes*, siempre que *ser catalán* significa *ser muy bueno*. [cursiva en el original][47]

En paralelo, otros intelectuales de la Lliga, como el poeta Josep Carner, estaban muy afectados por los hechos de 1909 y sus secuelas tan contenciosas. Había muchos preocupados y deprimidos por la manera en la que la revuelta veraniega había rasgado el mundo mental de la «política nueva», que, desde principios de siglo parecía en proceso de afianzamiento, ganando adeptos y conquistando instituciones. Tal perspectiva debió de afectar a sus amigos de facción, muy vinculados a la figura de Prat: el poeta Josep Maria López-Picó, Josep Roig i Raventós, Francesc Sitjà i Pineda, Ramón Rucabado, Emili Vallès y Jaume Bofill i Mates.[48]

Como denunció el barcelonés Rucabado (1884-1966), hijo del *«majordom de despatx»* de los Muntadas en La España Industrial, en un discurso en la Associació Catalana Autonomista de Sant Feliu de Guíxols en junio de 1911: «Según muchos, el catalanismo ha perdido su antigua fuerza interna y estimulante, y se ha hecho inexpresivo e incoloro al lado de otras motivaciones más modernamente conocidas.»[49] Pero la preocupación central de Rucabado era la superación del individualismo «modernista» y «finisecular» por un criterio nuevo, que, en principio, él identificaba con el programa «estatalista» y «socialista» de los jóvenes cambonianos:

> Afortunadamente, pasó aquel nubarrón [de individualismo *démodé*]. Porque todo el mundo se da cuenta del vacío del individualismo y de su fracaso en todos los órdenes. Pero la pisada que dejó en nuestra alma ha quedado todavía muy profunda, y aun habiendo ya sustituido los viejos dogmas por una nueva ideología, ésta no llega del todo al fondo de nuestras almas, porque hay todavía levadura del individualismo, precisamente unida a la herencia étnica que ha tendido siempre a la expansión libre del sujeto. Las ideas nuevas no son todavía suficientemente fuertes para mover los sentimientos y hoy, en rigor, nos encontramos en un estado de transición. Y lo que nos falta es la formación de una conciencia moral en armonía con las ideas socialistas, con el nuevo contenido del catalanismo.
>
> La transformación filosófica del catalanismo, lejos de ser una desviación, es un testimonio inequívoco de su progreso, ya que comienza a verificarse prontamente que la seriedad estudiosa de los espíritus más inquietos, superior a las mismas motivaciones de aquella época, se pone en contacto con las ideas y los sentimientos que gobiernan a la humanidad.
>
> En rigor podemos decir que el catalanismo no ha cambiado de objeto, sino que, al calor del socialismo, lo ha adquirido por primera vez, puesto que los que se espantan cuando oyen hablar del *contenido del catalanismo* y de estas adiciones necesarias al concepto de catalanismo, no tienen en cuenta que nosotros hablamos de *catalanismo socialista*, el de ellos puede y debe definirse como catalanismo liberal, porque respondía a la mentalidad liberal e individualista, fracasada por doquier en el mundo actual.
>
> Tanto los que hoy claman el fracaso del catalanismo como los que pronostican calamitosos decaimientos nacionales, derivados de las ideas nuevas, lo que proclaman es el fracaso de su propia mentalidad. Porque esta evolución que todo el mundo por intuición ha seguido, ¿no demuestra bien claramente que aquel

catalanismo –el catalanismo *a secas*– era insuficiente, y que si llenaba las bocas no llenaba los espíritus?

Aquellos eran los tiempos del individuo contra el Estado, del Hombre Fuerte aislado del ibsenismo, del antimilitarismo, de las deificaciones: la Vida, el Amor, el Superhombre, la Naturaleza, la Voluntad, el Ideal... Pero enseguida puestos a tener relaciones con el Estado y con el ejército, y con la naturaleza y con la vida y con el amor, y cuando hemos debido ponernos a la tarea con *Voluntad*, con *Nervio*, hemos visto como esos nombres mágicos, aquella síntesis y deificaciones tan bonitas, se descomponían en una infinidad de cuestiones y de problemas analíticos. Y entonces, los que han sabido *humillarse* a la atención hacia un montón de cuestiones, han debido *agachar* la gallardía individual ante la objetividad de las cosas, y dejando de lado el *sé tú mismo*, han debido doblegarse al estudio, a la práctica, para ver no ya cuáles relaciones tenía con los otros hombres, y toda la mentalidad ha tenido que ir socializándose. [...]

Y véase, pues, en el terreno de la política, que la doctrina de la Voluntad –que es la doctrina del personalismo del individuo– se ha tornado *automáticamente* en doctrina de Necesidad –doctrina de *servicio* público– la doctrina de socialismo.[50]

En resumen, se estaba produciendo lo que Prat –y no digamos Puig i Cadafalch, siempre amante de la disciplina– habían querido evitar, una discusión política sobre *Catalunya endins o enfora* que, para mayor envenenamiento, corría el riesgo de personalizarse.

A todo esto, Tallada, nacido en Barcelona en 1884, se hizo con la presidencia de la flamante organización juvenil, la Joventut Nacionalista de la Lliga, lo que empezó a preocupar seriamente a sus contrincantes. En su discurso de aceptación hizo repaso a todas las tesis de su ala del partido. Por supuesto, según el tópico imprescindible, indicó estar «dispuesto a continuar ayudando a todos aquellos que hagan algo para el engrandecimiento de nuestra querida Cataluña y por el engrandecimiento de España entera.» Y añadió cuánto discrepaba del criterio de Zulueta de que la Lliga era «una *paradoxa viventa*», así como de cuanto hubiera dicho Maeztu: «En lo que sí ya les negamos rotundamente la razón es, al decir de Maeztu, que nuestras aspiraciones son un sueño materialista, que hacemos una política de cosas. Eso supone un desconocimiento de lo que hacen los hombres de la Lliga que no debería tener tan destacado escritor. La sola contemplación de toda la obra espiritual que, impulsada por el Sr. Prat de la Riba, hace nuestra Diputación Provincial, es bastante para que no debiera hacer dicha afirmación.» Pero entonces, habiendo respuesto a las críticas externas, marcó el terreno de combate *dentro* del partido:

Ha habido un tiempo en el que Cataluña ha tenido un carácter casi únicamente protestario, en el que los elementos que sentían la necesidad de reconstruir a Cataluña, viendo el sopor en la que ésta permanecía, tuvieron que levantar el tono de sus gritos, de su propaganda, hasta extremos que hoy hacen dibujarse una sonrisa en nuestros labios y que incluso algunas veces nos dejan una sombra de tristeza.

Era una época de reconcentración en nosotros mismos en que lo exterior a nosotros era nuestro enemigo y a él dirigíamos nuestras críticas y nuestra animadversación. Lo que verdaderamente existía de vida catalana estaba toda en la calle. Una fiebre de política nos dominada y en la obra de despertar todos aportaban sus actividades. [...]

Mas estas fiebres, en los pueblos como en los individuos, no duran demasiado, y, ¡ay de ellos si durasen! Y aquí en Cataluña ya han disminuido.

Tallada subrayó la importancia de los modelos extranjeros, si realmente se pretendía realizar el programa lligaire. No bastaba con la afirmación genérica de una idea, aseguró, que no pasaba de mera ideología, sino que se necesitaba pensar en las alternativas reales, por mucho que ello afectara a la pureza de los sentimientos de apego doctrinal:

> Esta contemplación de lo europeo ha venido a topar en nuestros cerebros con la idea simplista a la que nos había conducido el movimiento patriótico catalán. Se nos ha dicho y repetido tanto que para el catalanismo eran problemas accidentales los de la libertad y el conservadurismo, de la religión, de la organización de la enseñanza, de casi todo, en fin, de lo que constituye el núcelo de la vida política y, por otra parte, nuestra acción catalanista había tenido que ser tan intensa estos últimos años que en buena parte de nosotros dichos problemas se habían hecho no sólo accidentales desde el punto de vista catalanista, sino accidentales en absoluto para toda nuestra vida política; y ahora, al topar con la realidad, con la experiencia que vamos adquiriendo con mayor contacto con los órganos de gobierno, nuestros cerebros se ven invadidos por la duda y tenemos miedo de habernos equivocado; en una palabra, nuestras ideas atraviesan un período de crisis.

Por todo ello, Tallada, en la línea explícita de Cambó (a quien citó para reforzar su argumento), recordó la importancia que para la Lliga tenía su proyecto de reorganización del Estado español. En buena lógica, según Tallada, evidentemente maniobrando para que unos y otros en el debate figuraran como buenos amigos, los catalanistas «intervencionistas» («Y este criterio intervencionista lo sostenemos en todos los terrenos»), eran «estatalistas» como Sans y «socialistas» como Rucabado:

> Al decir Estado, no nos referimos a sus organismos exteriores, a las instituciones que rigen la sociedad, sino que el Estado para nosotros *es un fenómeno de conciencia, un acto por el cual la sociedad (comunidad gobernada) se reconoce a sí misma como encargada de vigilar por la realización de sus ideales* [cursiva original].

> A la tendencia hacia un Estado entendido de esta manera es lo que llamamos Estatismo. Esta palabra, de uso corriente en todo el mundo, incorporada ya al lenguaje científico, puede que no sea la más apta para ser comprendida en Cataluña, donde, por una multitud de causas, justificadas las unas, completamente injustificadas las otras, todo lo que viene del Estado es mirado con prevención. Así, quizá será más claro para muchos decir que nuestra tendencia es socialista, que somos socialistas, aunque nuestro socialismo no haya llegado a formularse y delimitarse completamente. Por eso, al tener que definir nuestra actitud ante los grandes problemas, problemas no importados del extranjero, no ideales: el de la ignorancia y el de la miseria, declaramos que nuestra característica es ser socialistas en pedagogía y socialistas en economía, y eso, todos nosotros, aunque al observarnos después cada uno, individualmente, encontramos una graduación de matices en nuestro socialismo.

Entonces Tallada invitó a su auditorio a contemplar lo que sería una Cataluña administrada por la Lliga, forzosamente centralista y enfocada hacia Barcelona:

> No hemos renegado jamás del centralismo científico, y, por lo tanto, racional, y sí sólo del sistema que así se llama en España, apto tan sólo para atrofiar energías, y, por lo tanto, admitimos que pueda llegar un día en que Cataluña con autonomía respecto al resto de España venga a organizarse interiormente en forma centralista o bien que un día trabajásemos para que la actual organización anárquica de España venga a ser sustituida por un sistema en el que así como es el corazón que distribuye la sangre vivificada por el oxígeno por todo el organismo, fuese por medio de un potente órgano central que la vida de los pueblos pudiese encontrar expansión y prosperidad.

Si el baño de realismo le costaba militantes a la Lliga, era igual: «Ahora que la Lliga, tal como está hoy constituida, no puede perdurar, es evidente que, como más concrete, más problemas abrazará, perderá unos elementos y ganará unos otros.»[51] La verdad era que, para entonces, el tema de la planificación económico-social, con el consiguiente ensalzamiento del aparato estatal que debía «intervenir» en la economía y la sociedad, había dividido en bandos ideológicos a todos los partidos, por ejemplo, en Gran Bretaña, incluido el laborista.[52] Más aguda debió ser la tensión en una organización fundamentada ideológicamente en la superioridad que la sociedad civil tenía respecto al Estado en eficacia y libertad, como era el caso de la Lliga.

La resolución del conflicto y la funcionalidad del *noucentisme* como ideología

Pero, entre tanto, Cambó había sido derrotado en los comicios legislativos del 8 de mayo de 1910, tanto en La Bisbal como en Barcelona. Su candidatura fue objeto de campañas personalizadas desde la izquierda, en una pequeña versión particularista del «¡Maura no!».[53] Se hizo excepcionalmente duro el ataque que le acusaba de mandar moralmente el pelotón de ejecución de Francisco Ferrer i Guardia, considerado por el tribunal que le condenó como inductor de la revuelta barcelonesa del verano anterior.[54]

En todo caso, a finales de mayo de 1910, en el Teatro Principal barcelonés, Cambó pronunció un discurso fundamental, netamente justificativo, en el cual replicaba de manera inmisericorde a la izquierda catalanista, y la culpaba de todos los problemas de la Solidaritat. Al mismo tiempo, su intervención podía leerse –entre líneas– como respuesta a sus críticos dentro de la Lliga. Según Cambó, la Solidaridad había sido bastante más que «una simple conjunción de partidos» o «un movimiento puramente protestario». Concretamente: «La característica de Solidaridad Catalana es ser una cosa distinta de las que hasta ahora se habían producido en nuestra tierra y de las que hasta ahora se habían producido en toda España en la historia de los movimientos colectivos.» La razón era evidente: «La Solidaridad Catalana significaba una nueva política; significaba una orientación nueva en la dirección política de nuestro pueblo, y todo lo fuerte, todo lo fecundo, todo lo que podía ser trascendental para la vida del pueblo de Cataluña, era esta nueva orientación [...]». Había sido una gran pulsación cívica, un movimiento que contrastaba con la tradición de *rebentada* y *rauxa* que era la suma, bien poco constructiva, del pasado catalán. «La historia de Cataluña está llena de movimientos de revuelta y de protesta y está, desde hace algunos siglos, casi virgen de afirmaciones.»

Así, haciendo balance, *para Cambó era evidente que la Semana Trágica era un hecho tradicional, mientras que la Solidaritat rompía el molde*. Abandonar, en estas circunstancias, era un error que concedía la razón a los peores impulsos catalanes: «es una misma manifestación de pereza y de egoísmo el retirarse a su casa y no preocuparse de la vida colectiva, y el entregarse a afirmaciones radicales y revolucionarias, estimuladoras de la misma pereza y de los mismos desengaños.» Justamente, era el hecho diferenciador del nacionalismo: «El único movimiento colectivo catalán que se había apartado de esta característica era, en parte, el movimiento catalanista». Sentada la tesis básica, el resto de la conferencia fue una larga demostración de la irresponsablidad de los nacionalistas republicanos, partidarios de «una derrota buscada» ante las oportunidades que había brindado la relación con Maura, como el voto corporativo en la administración local o la posible derogación de la Ley de Jurisdicciones.[55] Para Cambó, pues, el camino continuaba siendo el mismo.

Desde su marginalidad, los ultracatalanistas intentaron aprovechar la división. El doctor Domènec Martí i Julià, de la Unió Catalanista, contestó a Cambó en el barcelonés Teatro Granvía a mediados de junio: la Solidaritat había sido «desvirtuada», lo que causó su disgregación. «*Desengany!!* –exclamó el doctor–. Hay que pensar en lo que significa esta palabra cuando se trata de un pueblo.» Pero señaló el peligro que para la Lliga significaba la postura de los jóvenes disidentes que actuaban en nombre de Cambó:

> Se quejaban los jóvenes de la «Lliga Regionalista» de que no se aceptase por parte de algunos la cuestión previa de derechas e izquierdas, ya que sentían incomodidad de asociar a su acción, a las luchas, por doquier activas, por los grandes problemas humanos; mas no se crea que son sólo estos jóvenes, sino la mayoría de hombres de Cataluña, los que se sienten impelidos a tales acciones; son muchos, y yo entre ellos, que nos hurga intensamente la necesidad de actuar con firmeza en las acciones reivindicadoras de las grandes libertades humanas, pero entendemos que tiene que haber una cosa primero que otra, la afirmación catalana, y si se prescinde de ello, ni las derechas serán derechas, ni las izquierdas izquierdas, porque el temor de que eso sea un cambio en el problema de Cataluña hará apartarse a muchos, que anteponen, y tienen razón, la afirmación catalana a todo otro problema social.[56]

Prat pudo dar un giro a la coyuntura. En la Diputación de Barcelona, la agitación insistente de Manuel Folguera y Duran, catalanista de toda la vida pero ajeno y anterior a Lliga, venía presionando por la cooficialidad del catalán y por una Ley de Mancomunidad interprovincial.[57] Prat supo realizar una contraoferta, para asumir la propuesta de Folguera, a cambio de lanzar hacia fuera, contra «Madrid», cualquier campaña unitaria catalanista mediante la cuestión acuciante de la legislación para la coordinación de diputaciones. Así, quedó asegurada la retaguardia del partido.

Con discreción, rodaron cabezas. Bofill i Mates asumió la bandería del *Catalunya endins!*, recurso siempre decisivo en una formación nacionalista como la Lliga, y anunció el barrido de los partidarios de la impureza. En la versión del mismo Bofill todo se redujo a un acceso de sentido común –encarnado en su persona– que, con el aliento de Prat, limpió el escenario lligaire de la verborrea de los filocambonianos e impuso un personal político nuevo, que duraría más de una década, con el que, implícitamente, el líder parlamentario del partido tuvo que entenderse:

> Incluso los solitarios hemos actuado políticamente en Cataluña, está claro. Prat de la Riba (a quien conocí en un momento muy próximo a su enfermedad) y Carner me precipitaron a la acción. Ingresé en la Joventut Nacionalista de la Lliga. En aquel tiempo se repetía mucho una palabra grandilocuente y vacía: Estatismo. Por reacción, escribí mi primer artículo político en *La Veu de Catalunya*.

> Se titulaba «El Catalanisme». Publiqué otros artículos en el mismo diario. Y cuando Joan Torrendell, su redactor jefe, marchó a América, Prat me llamó para sustituirlo. Con este hecho se inicia mi época de escritor político. Desde el año 1910 hasta mayo de 1922, mi colaboración en *La Veu* fue constante. Escribía artículos editoriales casi diarios.[58]

En efecto, Joan Torrendell i Miquel, el mallorquín director de *La Cataluña* y personaje clave de *La Veu*, salió expelido hacia Montevideo, a instancias de Puig i Cadafalch. El también mallorquín Miquel dels Sants Oliver, de conocida simpatía maurista dentro de su filiación catalanista, se hizo con la dirección de la revista, con apoyo de jóvenes catalanistas católicos como Ramón Rucabado –en rápida evolución de alianzas– y Josep Maria López-Picó. Al mismo tiempo, este mismo grupo impuso su especial *seny* en el diario *La Veu de Catalunya*, a expensas de Raimon Casellas, hasta entonces factótum y hombre de confianza de Prat.[59] El hecho que éste fuera confirmado en cargo presidencial de la Diputación barcelonesa en enero de 1910 sirvió como momento estelar entre las elecciones municipales de diciembre de 1909 y las legislativas del mayo siguiente, comicios en los que la Lliga no obtuvo unos resultados brillantes. Así, para animar y de pasada remarcar lealtades, a finales de año se movilizó un homenaje a Prat –iniciado por Manuel Folguera i Duran y secundado por Maragall– con la excusa de reeditar *La nacionalitat catalana*.[60] El homenaje de diciembre de 1910 estuvo marcado por un exagerado culto a la personalidad del jefe. En palabras de D'Ors: «Loca, la gente se batía. Tú, tranquilo, en medio de la lucha edificabas un templo. /Te apedrearon. Las mismas piedras no fueron inútiles.»[61]

Bofill aprovechó para situarse de forma destacada en los festejos.[62] Mucho más significativo todavía, Cambó, sin acta desde mayo, estuvo distante y se limitó a un articulillo en la revista humorística *Cu-Cut!*, para mostrarse ausente de las páginas de su órgano, *La Cataluña*, cuando era convertida la revista en expositor de la adulación a Prat. Hubo, pues, reajustes, con el consecuente malhumor. En la Joventut Nacionalista, Bofill, con el pleno apoyo de Prat, realizó una purga. Tallada salió perdedor, a pesar de su intento de aproximación a Prat con una destacada participación en el homenaje: en su discurso había sostenido que «a la *Joventut nacionalista* le era más necesario hacer un homenaje a las ideas por el señor Prat sostentadas», comparando su organización y a sí mismo con «el caminante distraído en los accidentes del camino» que «ha de tener gran cuidado de no perder la buena dirección metiéndose por falsas veredas». De nada sirvió su pública autocrítica.[63]

Como recordó Jordi Rubió i Balaguer (1887-1982), hijo del historiador Rubió i Lluch, Prat presidió la victoria: el presidente de la Diputación barcelonesa y autoridad ideológica de la Lliga, «sin renegar de sus antiguas posiciones, repetía fórmulas generales y simplemente pragmáticas» acerca de la conquista del marco cultural interno de Cataluña.[64] Tal orientación quedó cubierta por el manto de la retórica «imperial» sobre la «Personalidad y misión de Cataluña según Prat de la Riba», lo que no convenció a todo el mundo.[65] El diputado leridano Francesc Macià, héroe simbólico de la campaña electoral de la Solidaritat y futuro jefe separatista o «caudillo de la estrella solitaria», se dio de baja del partido.[66] Pero, en tanto que compensación, el mismo proceso trajo nuevos adeptos acordes con la nueva línea, como el joven Ramon d'Abadal y Vinyals, nacido en Vic en 1888.[67]

Como remarca, en una interpretación marxista, el historiador de la literatura Jordi Castellanos:

> Es Prat y no Cambó quien ha triunfado, es decir, la política que intenta configurar el binomio conciencia-instituciones estatales dentro del ámbito catalán como vía de inserción dentro del Estado español. Al contrario que de Tallada y compañía, que intentaban actuar a través del reforzamiento de los órganos centrales del poder. La diferencia es mucho más que de matiz. Es decir, la burguesía catalana, que no cuenta con el poder de un Estado, se enfrenta a un dilema en intentar sostener/realizar su hegemonía de clase y defender sus intereses: la ocupación y reforzamiento de las estructuras de «Estado» (en la perspectiva que ella, que representa las fuerzas del progreso, saldrá beneficiada de la modernización que necesariamente se ha de producir), tal como propugnaban los estatistas cambonianos (y que, años después, ante la fuerza de la izquierda, la Lliga asumiría), o bien intentar dotar su propio ámbito territorial, Cataluña, de una cierta autonomía de acción ante el resto del Estado y así configurar una sociedad a su imagen y semejanza, en la cual basar su fuerza en el momento del pacto inevitable con el poder político central. Esta segunda solución, que no es otra que la alternativa ofrecida a la burguesía por la Lliga Regionalista a partir del polaviejismo, comportaba asumir el nacionalismo, ni que fuese para rebajar sus planteamientos, y, sobre todo, para instrumentalizarlo con tal de lograr la homogenización de la sociedad y atraer las otras clases. Gracias a esta duplicidad –asunción e instrumentalización– que definitivamente se impone, la burguesía se convirtió en fuerza progresiva, ya que ha de buscar la adhesión de las clases populares. Es en este punto cuando la intelectiualidad *noucentista* jugará a fondo su carta como creadora y transmisora de una ideología y, a la vez, como legitimadora de las aspiraciones burguesas. El triunfo del pratismo, que se insertó en la naciente campaña pro-Mancomunitat, se encuentra perfectamente definida en la réplica de Jaume Bofill i Mates a Cambó al discutirse las funciones que ha de ejercer la juventud especializada en las instituciones emergentes.[68]

Desde los tiempos, un lustro antes, de la escisión del autonomismo republicano en 1904, que dio lugar en 1905 a *El Poble Català* y al Centre Nacionalista Republicà el año siguiente, la Lliga no había vivido una crisis interna que exigiera disciplinar a sus intelectuales orgánicos. Finalmente, pudo darsele una salida política e ideológica más que adecuada al conflicto interior. Prat siguió reinando, indiscutido e indiscutible, desde la Diputación, donde la propuesta de Folguera sirvió para encabezar una gran campaña de catalanización en toda la sociedad. Pero Cambó se apropió del tema de la mancomunidad interprovincial, igualmente iniciado por Folguera, y lo situó en el terreno de la crisis liberal en la cúspide política.

Tras su derrota en mayo de 1910, el retorno abierto de Cambó a la política española tardó más de un año, siendo señalado por la conferencia sobre *El regionalismo, factor de la restauración de España*, que pronunció en el Círculo Mercantil de Zaragoza el 20 de diciembre de 1911, en el que anunciaba su programa para la aplicación de una ley como el proyecto de «mancomunidades» al conjunto español. El Círculo zaragozano era un escenario privilegiado, ya que en la misma entidad el político catalanista había anunciado su programa de «Cataluña ante Castilla» en 1908.[69] Ahora, *Cambó enfatizó el regionalismo como medio de concienciación contagioso, capaz de extenderse hasta poder reconstruir España desde su base*. Para Ferran Agulló, que cubrió el acto para *La Veu de Catalunya*:

> Cambó habló con franqueza catalana; el público se le entregó con lealtad aragonesa. Puede que mañana algunos de los que aplaudieron, desencaminados por un malentendido sentimiento de patriotismo, halagados por sirenas verbalistas, volverán a las prevenciones y los recelos, pero en el momento del discurso no hubo quien no sintera las grandes verdades magistralmente dichas, sinceramente expuestas, por Cambó. [...] Cuando Cambó iba exponiendo al auditorio, pendiente de su palabra, [...], cuando demostraba que debemos intervenir en la política española para resolver los problemas generales que a todos afectan, y facilitar la [sic] de los nuestros y ayudar a resolver los de las otras regiones, el asentimiento de las miradas y de los rostros era más firme que el de los aplausos.[70]

Era el mismo día que, en Barcelona, se enterraba a Joan Maragall, con duelo general y despliegue de la sociedad civil barcelonesa. La coincidencia dio un sutil significado a la reaparición camboniana para predicar la buena nueva de la regionalización general hispana, tantas veces reclamada por el finado poeta.[71]

La intervención de Cambó fue saludada por la opinión española, de *La Vanguardia* barcelonesa a *El Imparcial* madrileño, como un acercamiento histórico, postura en la que hasta órganos como *El Ejército Español* concurrieron. Tal como resumió *La Veu* la reacción de *ABC*, periódico notorio por su anticatalanismo: «¡Lástima del tiempo que se ha perdido en luchas estériles para acabar con la más feliz concordia!».[72] La respuesta oficial del partido catalán, en la primera página de su órgano, fue asegurar que los periodistas y comentaristas se equivocaban al creer advertir un cambio en la Lliga o en Cambó, ya que ellos estaban donde siempre.[73] Pero se tenía que aprovechar la buena circunstancia, y para llevar a Cambó de nuevo a Madrid, se tuvo que recurrir a una operación complicada en la que Lluís Ferrer-Vidal i Soler, diputado regionalista por Castellterçol, renunció a su escaño y se convocaron elecciones parciales en marzo de 1912, que devolvieron a Cambó al hemiciclo.[74]

Mientras tanto, Canalejas, jefe del ala izquierda del liberalismo, corrigió el programa de Moret –que había formado gobierno en octubre de 1909, en pleno acercamiento a republicanos y socialistas– cuando desbancó a éste en febrero de 1910, siendo finalmente el protagonista de las elecciones de ese año. Pero Canalejas hizo un giro imprevisto y ofreció un entendimiento a Cambó, con la oferta de una Ley de Mancomunidades; así, desplazaba a los conservadores de su relación privilegiada como interlocutores de la Lliga. La jugada fue magistral, ya que el encuentro táctico de Canalejas y Cambó, tras los años de flirteo del líder de la minoría parlamentaria catalana con Maura, dio un vuelco a todo el juego político. El reconocimiento español de Cambó consolidó su renombre de estadista en ciernes, con lo que él quedó, por su parte, satisfecho por un tiempo.

Ello, a su vez, permitió a Prat aprovechar los planteamientos de Folguera i Duran y, con ello, contentar su propio respaldo más nacionalista, al tiempo que, una vez más, resaltaba el predominio de la Lliga dentro del conjunto del movimiento catalanista, ante los puristas y la «Esquerra» nacionalista y republicana. Simultáneamente, ofrecer una salida de entendimiento con Canalejas en el gobierno, que rompía con los desacuerdos usuales (la tradicional enemistad entre liberales y Lliga), resituaba a Cambó en su lugar negociador habitual como responsable político de la Lliga en el frente parlamentario de Madrid.[75] *La situación interna de la Lliga, por lo tanto, pudo desbloquearse en un sentido favorable para Prat y el oficialismo lliguero, a expensas de la especulación ideológica, ya que el «estatalismo» camboniano también recibía su reconocimiento. Era necesario, sin embargo, una resolución ideológica adecuada.*

El regionalismo asumió el acuerdo, pero Canalejas, que creía tenerlo todo controlado, desde el rey hasta las facciones liberales, se encontró con una rebelión parlamentaria de sus propios correligionarios que consumió la legislatura de 1911-1912. La reapertura de las Cortes en noviembre de 1912, tras un verano agitado por conflictos laborales, trajo un cambio brusco, por inesperado: el primer ministro fue asesinado en la Puerta del Sol, camino de la Carrera de San Jerónimo. Su sucesor, el conde de Romanones, estableció una gran amistad con Cambó y actuó como si pensara realizar el proyecto del fenecido líder, pero, en la práctica, reveló su estrategia, que sería habitual en él a lo largo de la siguiente década, de retrasar los conflictos políticos hasta que, en el penúltimo momento, previo a un estallido, se retiraba. El balance es que el Partido Liberal, en tanto que bando unido, acabó definitivamente roto por el debate sobre la Ley de Mancomunidades. Romanones quedó bien con Cambó, pero el proyecto parecía muerto.

El rey, por costumbre constitucional, debía convocar a Maura, para cederle el poder, pero, vista la agitación del «¡Maura no!» que se arrastraba desde las protestas por la ejecución de Ferrer en 1909, Alfonso decidió convocar a Eduardo Dato, figura eminente del conservadurismo, pero no su líder. Dato pactó la promulgación por real decreto de la controvertida ley para mancomunar provincias, siguiendo el recurso de evadir el debate que sería su gran innovación para superar el creciente bloqueo del parlamento. Igual que antes el liberalismo, el conservadurismo resultó escindido por la operación.[76]

El ambiguo proceso político en Madrid, aunque acabara con un aparente «final feliz» para el catalanismo, *había demostrado la naturaleza contenciosa de la Lliga, a pesar de la insistencia en un consenso unitario*. Por mucho que, finalmente, ante las exigencias de la política parlamentaria, se hubiera tapado con éxito el enfrentamiento entre Prat y Cambó, el debate había resultado aleccionador: de lo que *no* se debía repetir, por supuesto. *Hacía falta una ideología que fuera característica, pero significara poco en el terreno concreto, y que, por tanto, permitiera a las encontradas posturas internas en la Lliga maniobrar sin que las hostilidades se hicieran nunca más visibles.*

El catalanismo como «contrarrevolución cultural»

Tras el número extraordinario de Navidad de 1910, ensalzando la línea correcta de Prat de la Riba, la antes díscola revista, rebautizada simplemente *Cataluña*, pregonaba con entusiasmo temas unitarios. Pronto Oliver cedió la dirección de la revista a Rucabado, aunque el periodista mallorquín se guardó el privilegio de seguir defendiendo a Maura en sus páginas, mientras que su carrera le llevaba a *La Vanguardia* y *ABC* y, eventualmente, hasta la ruptura filomaurista con la Lliga.[77] Por su parte, Rucabado se hizo fiel discípulo de Eugeni D'Ors por la derecha, e impulsó una reinterpretación católica del *noucentisme*, propiciadora de una estricta censura moral.[78]

La solución, en cuanto a la política ideológica, fue asumir el noucentisme *y dejar que los* modernistes *más rezagados se adaptaran*. En plena resaca, con el agrio recuerdo de la Semana Trágica todavía fresco, era fácil, en este sentido, entender que el nuevo espíritu elitista comportaba un militante rechazo de cualquier «*reemergència de la "patuleia"*», de todo continuismo sentimental con la turbulenta tradición insurreccional y populachera de la Barcelona operaria. Algún purista se disgustó con el término: el geógrafo e historiador Francesc Carreras i Candi escribió un pequeño escrito pedante en *La Veu* para criticar su imprecisión («*Nosaltres som els "dinoucentistes"*»).[79] Como era previsible, tales quejas fueron alegremente desaleñadas. La nueva línea, promovida con toda la capacidad de resonancia que siempre caracterizó a la Lliga, era un discurso con su lado *enfora*, tan explícitamente «estatista», pero con una lectura *endins*, cuyo ideal (en sucinto resumen de Alexandre Galí) era «Cataluña en función de Estado».[80] Así, *gracias a la cuadratura del círculo, el nacionalismo aparecía como simultáneamente vertebrador de la sociedad civil y vertebrado por ella.*

Se proponía una relación activa entre sociedad civil y catalanismo renovador, plenamente actualizada por ser *noucentista*, propia del nuevo siglo, que los otrora «jóvenes cambonianos» no podían rechazar. Tal como lo sintetizó Rucabado, en una virtual parodia de D'Ors: «[cuando] por virtud del catalanismo, los jóvenes juegan al *football*, dibujan, hacen planos o cazan insectos y viajan y se forman, entonces el catalanismo puede traer el verdadero amor y contener la sustancia del verdadero progreso, del verdadero engrandecimiento de Cataluña».[81] Esta suerte de acuerdo significó el ensalzamiento de Bofill y la multitud de jóvenes que le seguían. Ni que decir que garantizó la hegemonía y visibilidad de Xenius durante una década.

El *modernisme* nunca tuvo una sustancia clara, ni en Cataluña, ni en ninguna otra parte. En realidad, fue muchas cosas vagamente parecidas al mismo tiempo, con una fuerte orientación hacia el diseño. Como ha observado acertadamente un crítico: «Más fuerte que una tendencia, menos coherente que un movimiento, Art Nouveau fue un estilo, o mejor varios estilos que sumaban un *look*, instantáneamente reconocible e igualmente adaptable a las fachadas de los edificios y los muebles, a las portadas de los libros y los carteles de teatro, a los broches para el pelo y a los trastos de cerámica.»[82] El cambio de siglo confirmó el protagonismo de las «ciudades mundiales», de los centros con recursos de todo tipo, político, económico, cultural, científico. Eran las grandes capitales imperiales (París, Londres, Viena, Berlín), núcleos elogiados como puntos decisivos del desarrollo de la civilización por pensadores como Spengler (1918), muy representativos de los prejuicios de su momento.[83] Pero, al mismo tiempo, la contestación más avanzada surgió insistentemente de ciudades secundarias, que, frecuentemente, no tenían ni capitalidad política (o con un peso institucional relativo), ni monumentalidad barroca heredada y asumían su desarrollo cultural como una especulación a la vez urbanística y de relevancia adquirida, moral. Fue un proceso que ha sido apodado como «la rebelión de las provincias», ya visible con la popularidad del *Art Nouveau-Jugendstil-Stilo Liberty* durante los años noventa y que puso en primera fila del diseño a capitales por diversas razones secundarias, como Munich, Bruselas o Río de Janeiro, o a «segundas ciudades», ansiosas de superar sus complejos ante una jefatura urbana del poder, como, de forma ejemplar, Barcelona ante Madrid.[84]

En general, pues, el nuevo *look* fue la expresión neta de la sociedad civil ante el Estado ya que su expresión plástica distaba mucho de la sobriedad necesaria para subrayar el poder (de hecho, tan sólo en la Viena de la primera década del nuevo siglo se llegó a utilizar el estilo para papel moneda y sellos). Pero, *con el* noucentisme, *el catalanismo de la Lliga pretendía señalar la superación de su fase meramente urbana, de su preocupación exclusiva por el sector privado y por la sociedad civil. Subrayaba, mediante el clasicismo insistente –símbolo tradicional europeo, desde el barroco, por el poder del Estado– su ambición de ejercer* «en funció d'estat», *en un ámbito regional, más allá de la capitalidad barcelonesa. Con su fulgurante carrera, D'Ors se convirtió en el representante de la fusión de país y administración.*

Con la plasmación visual del discurso teórico orsiano, por ejemplo, en algunas telas emblemáticas del pintor Joaquim Sunyer o en los murales de Joaquim Torres

García, la tranquilidad vagamente helénica e idealizada tomada de Puvis de Chavannes y catalanizada, hecha mediterraneísmo, quedó codificada como la nueva visión *noucentista*.[85] El mismo D'Ors fue muy consciente de la importancia que tenía la promoción de un estilo o *look* renovador para el contexto ideológico y se cuidó de exaltar a artistas como el escultor Josep Clarà, nacido en 1878 en Olot pero establecido en París a partir de 1900, quien a su vez agradeció el apoyo con su misma producción (entre otras cosas, con un busto helenizante de Xenius).[86] D'Ors se hizo del todo famoso con su evocación *La ben plantada* en 1911, cuya tema de fondo era la misma tranquilidad hecha mujer.[87] La obra, aunque floja, tuvo dos ediciones más en 1912 y provocó chismes y murmuraciones en el medio más bienpensante, ya que se decía que era el elogio de una amante del autor. Pero el impacto fue generalizado, al contrario que anecdótico: nada menos que Unamuno lo proclamó una especie de breviario de la raza catalana, la frase hizo furor y los *noucentistes* no podían estar más de acuerdo.[88]

La verdad era que la imagen de tranquila plenitud mediterránea, con una insistencia en la gruesa forma femenina, ya se había planteado antes, a principios de los años noventa, por la parisina Escuela romana de Moréas y, luego, en la Cataluña francesa: ya en 1895, Arístides Maillol, pintó, en un luminoso cuadro, una ampulosa figura de mujer desnudándose para bañarse en una característica cala, obra que bautizó *Mediterráneo*; en 1909, el artista regaló al ayuntamiento de Perpiñán la escultura de un rollizo desnudo femenino titulado asimismo *Mediterráneo*, pieza de 1902 que le consagró en el parisino Salón de Otoño de 1905.[89] Pero el escultor, nacido en Banyuls en 1861, presumía de catalán: según le citó, en junio de 1914, al novelista y periodista Prudenci Bertrana: «*Jo considero Catalunya com la meva veritable pàtria*».[90] Así, tanto el giro intelectual *noucentista* iniciado en 1911, como el impacto súbito que pudo tener, se convirtieron en característica catalanista y barcelonocéntrica, por mucho que en ello se incluyera la celebración de la beatitud de la vida en las ciudades y villas comarcales catalanas.

La fuerza del cambio de percepción se descubre mejor en la obra del pintor Joaquim Sunyer, dedicado durante catorce años de estancia parisina, de 1896 a 1910, a un oscuro retratar el vientre urbano del desarrollo, en la habitual presentación postimpresionista de la época, como «pintor de la vida moderna»; vuelto a un mayor contexto catalán, desde Sitges, Sunyer tuvo una «década prodigiosa» (a partir de algún antecedente de transición, como *La vida mediterrània*, de 1909), con grandes telas como *Pastoral* (1910-1911), *Mediterrània* (también 1910-1911), *La primavera* (1915) y *Cala Forn* (1917), hasta (otra vez) *Pastoral* (1919), que ofrecían un onírico paisaje utópico, una tierra catalana fuera del tiempo, a la vez sensual e inocente, perfectamente neohelénica en su imaginada pureza; nada en el resto de su trayectoria de retratos y paisajes tendría la fuerza, el palpable impacto, de sus declaraciones ideológicas mediante la imagen, que han quedado como perfecto resumen plástico del ideal *noucentista*.[91] Además de la distancia marcada respecto al sueño de identidad territorial contemporáneo en España (por ejemplo, con el andalucismo del cordobés y madrileñizado Julio Romero de Torres, empezando por esas mismas fechas su especial y triunfante trayectoria), los grandes cuadros *noucentistes* de Sunyer eran la respuesta catalanista de independencia ante la capitalidad estética y política parisina, cuyos *fauves* estaban entonces literalmente descubriendo el Mediterráneo.[92] Y, por si todo este despliegue de imágenes no fuera suficiente, en 1912 Pompeu Fabra publicó su *Gramática de la Llengua catalana*, para muchos, como el filólogo Joan Coromines, su «obra maestra»;[93] con ella, la reforma lingüística se hizo movimiento social, postura de renovación cultural que redundaba en favor del *noucentisme*, que hizo de la «norma» bandera.

El noucentisme, *pues, se convirtió en algo muy parecido al* deep play *del antropólogo Clifford Geertz: un «juego profundo» cuya realización es más significada y más importante que «la realidad», ya que resume y simplifica ésta de una manera especialmente activa.*[94] *Tal como marcó la pauta D'Ors, los «noucentistas» podían «jugar» a establecer, con una pretensión netamente fundacional, las reglas de «civilización» pura y absoluta desde su especial* local knowledge *(otro concepto geertziano), automáticamente elevando éste a principio general, aplicable a todas las sociedades hispanas, más allá de la catalana.*[95] *Era una operación real de autopromoción, pero también era un «juego de rol», en el cual la apuesta era la misma credibilidad.* El estilo nuevo encontró apoyos decididos entre los jóvenes universitarios: las promociones de aquellos años, como los poetas Carles Riba o Josep Maria de Sagarra, se identificaron de lleno con los nuevos valores, hasta sus últimas concomitancias: Riba, desde Madrid, donde comenzaba sus estudios doctorales, reclamó a López-Picó su ejemplar del libro de Barrès sobre El Greco y Toledo, ya que le serviría de «guía espiritual».[96] Tal vez la clave decisiva se encontrara fuera del restringido ámbito regionalista y/o nacionalista. También, para 1911, como reflejo del éxito intelectual catalanista (pero también de su propia consolidación social), los republicanos –con al frente el sociólogo Santiago Valentí Camp, pronto parte de la ofensiva lerrouxista en el ayuntamiento barcelonés– estaban descubriendo las bondades de la sociedad civil, entendida al nuevo modo.[97]

Algunos de los perdedores en el debate, de una u otra manera, desaparecieron y, con ellos, se evaporó el poco eclecticismo que quedaba todavía en la Lliga. Dominado por el desencanto (y con el acicate de un turbio enamoramiento), Josep Pijoan se autoexilió en viaje de investigación a Londres en la primavera de 1910, estancia que se fue alargando, y de allí a dirigir la Escuela Española de Roma en 1911.[98] Según Jordi Rubió i Balaguer: «Pijoan comprendía muy bien que Prat de la Riba, con Xenius y mientras éste le fuese fiel, aseguraba su equipo político si no la adhesión total al menos la neutralidad de una considerable fuerza intelectual que no pensaba como la Lliga, pero la servía mientras pudiera trabajar en sus vocaciones.»[99] De hecho, lo mismo se podía decir de las facciones internas de la Lliga. Pero la captación se fue haciendo más difícil. El joven periodista Agustí Calvet, *Gaziel*, por ejemplo, recién llegado a la Lliga, pronto se decepcionó.[100]

Casellas –el más emblemático de los perdedores– estaba en buena medida desbordado como crítico estético y, como periodista, sufrió un proceso paranoico a partir de un incidente con una patrulla de vigilancia durante la Semana Trágica, que hundió su carrera, o así lo percibió, ya que se suicidó, tirándose bajo las ruedas de un tren en Sant Joan de les Abadesses en noviembre de 1910.[101] *La muerte trágica de Casellas trajo consigo el blanqueo. Como si fuera una cortina que cae, tapando el escenario, desapareció la amenaza de un enfrentamiento abierto entre Prat y Cambó. Prat supo recoger y hacer suya la propuesta de actuación para el regionalismo, pero imponiendo la preeminencia ideológica del sector más nacionalista en un equilibrio que siempre sería inestable.*

La prolongada pugna interna de la Lliga entre cambonianos y pratistas marcó los límites teóricos y prácticos de la idealización de la sociedad civil y de la edificación de una «cultura cívica» catalanista a imagen y semejanza del individualismo «anglosajón», con sus derechos civiles y su libertarismo conservador, ya que los cambonianos apuntaban a los aciertos rectores del ejemplo del nacionalismo estatal alemán, con su mayor énfasis ejecutivo en los resultados de la función pública. La pugna interna sirvió, en todo caso, como un ensayo general para la batalla de la normalización lingüística, con oponentes externos y alineamientos diferentes, que era un objetivo de mucho mayor importancia para el nacionalismo catalán y cuyos avatares ayudaron a borrar el recuerdo indeseable de la tensión en la dirección lligaire. Como observó Jaume Brossa, con una intuición que le fue característica, a pesar de sus muchos desaciertos: «Cambó, reconociendo en su discurso, con traza al fin, que el problema de Cataluña no es puramente histórico, estaba influido por nuestras teorías y dejaba de lado la ciencia histórica de Prat de la Riba. Cuando los capitostes del regionalismo histórico barnicen su tradicionalismo con una capa de conservadurismo inglés a *lo* Salisbury y a *lo* Chamberlain, chisporroteante de bermellón a *lo* Spencer y Stuart Mill, vienen a confesar que ni con la barretina ni con el porrón hay bastante para expandir la inteligencia y la voluntad de Cataluña».[102]

De todo ello la posteridad retuvo bien poco. Los ganadores se quedaron con el lenguaje de sus antiguos contrincantes: así, por ejemplo, en 1919, Bofill todavía elogiaba el «socialismo» de Prat.[103] Para las promociones más jóvenes que todo lo miraban desde fuera, sin entender el juego entre bastidores, la coyuntura pareció una ordenación lógica, hasta imperativa, de lo que había sido la espontaneidad de principios de siglo. Como ejemplo, un hijo de aquella promoción intelectual, el filósofo Josep Maria Calsamiglia i Vives (1913-1982) entendió que «el programa del *noucentisme* se presenta con forma de alternativas a las líneas modernistas, con unos "esto en vez de aquello"». Para Calsamiglia, estudiante universitario a finales de los años veinte, esta sucesión, de forma más vivencial, significó por encima de todo un cambio de estilo perceptible, el paso de un maestro como Rubió i Lluch, que se atrevía a llorar en clase, a otro como su hijo Rubió i Balaguer, que nunca se equivocaba dando su lección.[104]

El éxito del *noucentisme* acabaría por convencer al mismo Cambó. El pluralismo nacional (étnico, si se quiere) serviría –en la propuesta camboniana– para crear una síntesis superior, por definición «imperialista» y volcada hacia la expansión, pero no con cañoneras (algo ya imposible) sino por la fuerza de la producción intelectual, plástica, de diseño. La previsión era que todas las ansias de modernización, canalizadas por las élites más avanzadas serían efectivamente sumadas en el proyecto, tal como había ocurrido con el *noucentisme* y sus derivados en Cataluña.

13. Trío de «reyes-emperadores», ejemplo de farol para jugadores esperanzados

La consolidación del Imperio británico fue pareja a la constatación de la «decadencia» española. En su obra *Don Carlos*, de 1787, el gran dramaturgo alemán Friedrich von Schiller hizo que uno de sus personajes, Felipe II, explicitara que el sol no se ponía en sus dominios (*Die Sonne geht in meinen Staat nicht unter*), fijando así una influyente metáfora de mundialidad «imperial». Poco más de cuarenta años después, en 1829, el ensayista escocés Christopher North (John Wilson), podía convertir la imagen en un elogio «imperial» del rey británico, al aludir a *His Majesty's dominions, on which the Sun never sets.*[1]

Medio siglo después, sin embargo, esta imagen ya parecía gastada a ojos ingleses, un tópico «nada de acuerdo con el tono de ideas que prevalecen entre nuestras clases gobernantes», que ocultaba el debate sobre datos concretos, entre los cuales estaba la variedad de formas políticas que abrigaba el mismo hecho imperial.[2] A pesar de tales reticencias al exceso retórico, el protagonismo institucional del Imperio británico fue hecho especialmente visible, tanto dentro como fuera del específico contexto cultural inglés, por el despliegue que rodeó el Jubileo de Oro de la reina-emperatriz en 1887 y, sobre todo, por todo el boato y la propaganda «imperialista» que acompañaron el Jubileo de Diamantes de Victoria en 1897.[3] Fue imposible, en esta última fecha, no enterarse de la multiplicidad de gentes e instituciones que rodeaban a la Corona británica.

Al acabar el siglo XIX, a la luz de la pérdida de las posesiones españolas de ultramar, cualquier visión expansiva de poderío internacional casi forzosamente hubo de contrastarse con la regresión hasta la nulidad de España como potencia. En la medida en que, tras el «desastre» de Sedán, la idea de «decadencia» se hizo obsesión francesa, en la literatura que emanaba de París se hizo la deducción evidente de que el hundimiento de España había sido mucho peor que el retroceso galo y de que el espejo de la humillación hispana, la mejor comparación para medir la profundidad de su caída, era precisamente el predominio británico.[4] La casi nula participación hispana en el reparto del continente africano, combinada con su derrota decisiva a manos norteamericanas al final del siglo, confirmaron el juicio moral sobre la experiencia «imperial» española, muy especialmente en contraposición al triunfo evidente de la «civilización inglesa».

La imagen de la primacía «anglosajona» o «nórdica» estuvo muy presente en el naciente catalanismo. El jurista y tratadista Pedro Estasén (1850-1913), hizo consideraciones retrospectivas desde un enfoque regionalista en su considerable obra de prospectiva económica-geográfica, *Cataluña*, aparecida en 1900:

> No es solamente Cataluña la comarca que presenta un carácer especial, pues existen muchas regiones en la Península e islas adyacentes que tienen fisonomía propia. Aquella España inmensa que heredó el emperador Carlos, en cuyos Estados *jamás se ponía el sol* [cursiva original], era un conjunto de pueblos de diversas costumbres, que no pudo sujetar durante mucho tiempo ni uniformar el Gobierno de la casa de Austria; y la desmembración de aquel vasto Imperio, fue señalando la resurrección a la vida nacional verdadera, de muchísimos pueblos y harto extensas comarcas completamente heterogéneas.
>
> En tanto, y desde entonces, las regiones pugnan por manifestarse tales como son, con la espontaneidad de su lengua nativa, de sus costumbres peculiares, de sus fueros, y el regionalismo se acentúa de día en día.
>
> No hemos de recordar las medidas que se han adoptado para ahogar el sentimiento catalán, a fin de ultimar en todos los terrenos la conquista de Felipe V, y con todo y haber sido tan enérgicas, el sentimiento catalán persevera, y aunque permanece ahogado y reprimido, vive latente, se ensancha y toma cuerpo en el siglo XIX, y se hace potente y se presenta vigoroso en estos últimos años.

Tras recordar la petición de una equivalencia a la política territorial de Austria-Hungría, Alemania y el Reino Unido que, a raíz del *Memorial de greuges* hizo Maspons en 1885, Estasén aseguró que la fase «negativa» de la política catalana se había acabado, para dar lugar a una actitud más positiva ante el conjunto español: «El catalanismo, más tarde el regionalismo, comenzaron abocetándose en una forma *negativa* [sic], como manifestación de tendencias opuestas a la dominación de Castilla, a las ventajas concedidas siempre a la villa y corte de Madrid, a los privilegios de que disfrutaba la capital, a la centralización, al expedienteo, y más tarde se han ido definiendo las aspiraciones, deseos e ideales de las comarcas, tomando forma y caracteres *positivos* [sic], que desvirtúan poco a poco todo antagonismo entre las diversas comarcas de la nación ibérica, y hacen adivinar soluciones de una gran variedad dentro de la unidad de la gran patria española.»[5]

Bajo la presión de los hechos y dada la cada vez más abundante literatura, incluso Prat de la Riba tuvo que aceptar la necesaria clarificación entre la mera «descentralización», como la que podía encontrarse en las contemporáneas fuentes nacionalistas francesas y que abundaba en las especulaciones más o menos «arbitristas» en la propia política española, y su ambición nacionalista catalana. Era imprescindible una receta catalana para la transformación de España, un metáfora que sirviera tanto para contener (en todos los sentidos) las ambiciones catalanistas de autogobierno catalán, como para dulcificar las sensibilidades españolas. Como señaló Prat en marzo de 1909, curtido por las experiencias de Cambó en su compleja relación con el gobierno Maura y su proyecto de ley de régimen local: «Espontáneamente, gracias a una intuición remarcable, parecida a la de Alemania, Cataluña ha comprendido, desde los primeros momentos de la actual Renaixença, que había de comenzar por la renovación de las instituciones locales. La administración de los municipios y de las provincias y regiones es un problema; la autonomia política de Cataluña, otro problema bien diferente. No obstante eso, amigos y enemigos de nuestra tierra, apóstoles de la causa catalana y detractores de la misma causa casi siempre los han presentado y tratado confundidos y mezclados, confundidos y mezclados los tratan aun hoy.[6]

Más todavía, no era mera problemática de administración local, sino del establecimiento de un criterio de cuidadanía alternativo al existente, constituido sobre una base radicalmente diversa. Como dijo el manifiesto electoral de la Lliga en los comicios legislativos de 1910, firmado por Ramon d'Abadal, Francesc Cambó, el marquès de Camps, Josep Puig i Cadafalch, Narcís Verdaguer i Callís (pero escrito probablemente por Prat de la Riba):

> La cuestión fundamental, primordial, de España es ésta, la de su constitución. España todavía no está constituida: es un Estado mal hilvanado. No pasa apenas de ser un «país» regido por una cuadrilla como en los tiempos visigodos. No hay una conciencia colectiva, ni los ciudadanos son ciudadanos, sino súbditos; ni se produce ningún resultado verdaderamente colectivo; todo viene desde arriba, lo bueno y lo malo, como en el régimen despótico. Por eso la primera cosa que hay que hacer es cambiar la fuente del poder, hacer que la actividad motriz venga de los ciudadanos, vivificar los organismos regionales, que son al mismo tiempo escuela insuperable de educación política nacional, convertir el Estado en concreción harmónica del sentir y del querer de las regiones. Por eso este problema regionalista es cronológicamente el primer problema para España, y divagan en el vacío y pierden estérilmente todos los esfuerzos los que se afanan en plantear artificiosamente otros propios de los pueblos ya constituidos.»[7]

La metáfora compuesta de «unidad cultural» e «imperio» de Prat de la Riba fue tomada con cierta literalidad por Cambó, en su ansia por convertir el catalanismo en algo más sólido, en último extremo más estatal que la mera sociedad civil. En la medida que Cambó se profesionalizó como político en la palestra parlamentaria madrileña, muy espontáneamente buscó maneras de convertir la metáfora de Prat en lo que justamente no acababa de ser: *un programa político negociable*. Sin la transformación de la imagen en algo más tangible, Cambó no podía negociar en los pasillos y encontrar fórmulas jurídicas para plasmar en proyecto político, y no mera proyección, el esquema «imperial». El medio más fácil de realizar su intención era ajustarse con los ejemplos estatales que le rodeaban.

Un mundo de «imperios»

Los catalanistas políticos buscaban una alternativa constitucional al centralismo liberal, no al liberalismo en su sentido más genérico, por ejemplo germánico o «anglosajón». Por lo tanto, en la medida que su preocupación era constitucionalista, no buscaban en el marco «imperialista» lecciones para acopiar posesiones de ultramar, ya que éstas, especialmente en el funcionamiento español, no disfrutaban de un reconocimiento ciudadano. El fervor del liberalismo revolucionario por redactar una ley fundamental no alcanzó a las Antillas y Filipinas, que fueron excluidas de la protección constitucionalista, en espera de una especial ley fundamental que nunca llegó. Luego –al menos en los territorios americanos– fueron homologadas a la metrópolis de mala manera y su reconocimiento pleno vino de la mano de la muy tardía autonomía de Cuba y Puerto Rico, poco antes del final definitivo. La situación a la vista del nuevo siglo continuó igual: las nuevas adquisiciones del África ecuatorial siguieron en el limbo constitucional.[8]

Nada, pues, de ciudadanos de primera y súbditos de segunda. El modelo de Estado al cual aspiraban tanto Prat como Cambó era, en primera instancia, el centroeuropeo, ejemplificado por el dualismo austrohúngaro o por el equilibrio prusiano y bávaro en la Alemania unificada, enfoque que heredaron del catalanismo naciente de los años ochenta y noventa, plasmado en los documentos fundacionales, de inmediato sacralizados, como el *Mensaje a la Reina Regente* o las *Bases de Manresa.*[9] En la misma orientación de interés centroeuropeo les siguió Lluís Duran i Ventosa, quien, como teórico de segunda fila de la Lliga, ambicionaba un cierto rol orientado hacia la concienciación ideológica dentro de Cataluña.[10] En todo caso, la prudencia que les caracterizó a todos ellos les llevaba a matizar el patrón «imperial» germano o austrohúngaro con la admiración por el juego institucional, a la vez tan efectivo y tan ambiguo, de los «Dominios» en el Imperio Británico, así como con los prolongados debates sobre Home Rule y «federación imperial» que lo acompañaban.[11] Por lo tanto, el impulso renovador de fuentes francesas –para las cuales, tras el desastre de 1871 que hundió el «Segundo Imperio» de Napoleón III, el «imperialismo» significó exclusivamente un impulso exterior desde un foco nacional idealmente unívoco-[12] siempre estaría modificado y adaptado al peculiar punto de vista catalán con su correspondiente eclecticismo.

Los planteamientos de Prat de la Riba o Cambó, como se puede constatar, no existían en un vacío ideológico. Al contrario, *había todo un mundo de ejemplos y reflexión teórica que los rodeaba y estimulaba.* Pero, por si fuera poco, la discusión era viva, estaba en movimiento y evolución, si bien iba a ser vista en exceso desde su vertiente económica, a expensas de su contenido político e institucional.[13] Era evidente la convicción sencilla de superioridad expresada por J. A. Cramb como una especie de «mandato del cielo» en su *The Origins and Destiny of Imperial Britain,* de 1900: «Los Imperios son encarnaciones sucesivas de la Idea divina».[14] Sin llegar tan lejos, *muchos doctos especialistas y teóricos políticos aseguraban que los «imperios» eran la forma macropolítica del futuro o, más todavía, el puente entre estructuras micropolíticas, menores, y la consagración de un sistema internacional en un tiempo de crecientes vínculos políticos y económicos, exuberante civilización y constantes mejoras tecnológicas.*

La convicción dominante en el pensamiento europeo y norteamericano en la primera década del siglo XX era que todo el cambio institucional sostenido en la sociedad y la economía sería forzosamente canalizado por grandes «imperios», lo cual no era considerado en absoluto negativo. Si los «imperios» dejaban de ser grandes marcos políticos represivos (pongamos, sin la mala reputación del Imperio ruso) y se flexibilizaban, tomando una articulación cada vez más federal, con un reconocimiento mayor de los derechos individuales, pero también de las colectividades humanas que históricamente los componían, la consecuencia feliz sería que el «concierto de las potencias» se convertiría en el «concierto de las naciones», todo camino de los primeros atisbos de un cierto gobierno universal, tema acariciado desde las propuestas decimonónicas de sansimonianos y otros «visionarios prácticos».[15] Ernest Barker (1874-1960), distinguido historiador de Oxford sobre temas «imperiales» británicos y uno de los estudiosos pioneros en el medio académico inglés del fenómeno nacionalista, resumió este ideal para la famosa undécima edición de *Enciclopedia Britannica*, aparecida en 1910-1911:

> Para los ingleses hoy, igual como para los alemanes antes de 1870, el término y concepto [de «imperio»] significan la mayor unidad y el gobierno definitivamente federal de un número de estados separados. Para el alemán, en verdad, Imperio ha representado, en gran medida, el fortalecimiento de una floja institución federal por el añadido de un superior personal común; para nosotros, comporta la conversión de una unión suelta ya bajo un superior personal común (el Rey) en una mancomunidad [Commonwealth] que vive bajo instituciones federales comunes. Pero la finalidad es más bien la misma; es la integración de un pueblo bajo un único esquema que será consistente con un alto grado de autonomía política. Hablamos de federación imperial; y verdaderamente nuestro imperialismo moderno está muy cercanamente aliado al imperialismo. Hacemos bien en retener el término Imperio en vez de federación; porque un vocablo enfatiza el todo y su unidad, mientras que el otro la parte y su independencia. Este imperialismo, que es federalismo visto como formando un único conjunto, es muy diferente del imperialismo bonapartista, que significa autocracia; ya que en esencia es la libre coordinación de cada parte coordenanda. El Imperio Británico es, en un sentido, más una aspiración que una realidad, una idea más que un hecho; pero, justamente por esa razón, es como el viejo Imperio del que hemos hablado; y, aunque no sea ni sacro ni romano, no obstante tiene, como su prototipo, una ley –aunque no sea la ley de Roma– y una fe, si no en materia de religión, en todo caso en el terreno de los ideales políticos y sociales.[16]

Resumiendo, para un autor como Barker, existía un tipo de «imperio» bueno y otro malo: la distinción estaba entre la expansión forzada por conquista o la pacífica absorción por la atracción de un mayor bienestar; entre la libre federación (capaz de preveer la secesión, si alguien fuera tan insensato como para desearla) y la «cárcel de los pueblos» denunciada por Mazzini; entre el sentimiento positivo de unidad plural, asentada en el derecho y la costumbre, pero capaz de progresar y cambiar, y las autocracias cerradas o las tiranías de la multitud –como algunas Repúblicas latinoamericanas– cuyo apego formal a la democracia en la práctica se convertía en una contienda interna sin fin y en la más negra falta de derechos humanos. El hilo «imperial» fue secundario a otros temas del debate político inglés, pero fue el punto de conexión entre la política local y la española, en el contexto internacional, que los catalanistas conservadores pero «intervencionistas» descubrieron.[17]

Había también Repúblicas «imperiales»: notoriamente Francia, tan inestable en sus formas políticas pero cuya articulación administrativa era napoleónica, y los Estados Unidos, convertidos a la proyección de ultramar en 1898, a expensas españolas. Eran, en todo caso, excepciones que comprobaban la regla.[18] En el criterio general de principios de siglo XX, la mayoría de Repúblicas no eran sistemas prometedores, excepto algún país idiosincrático como Suiza. Las dos transformaciones de Imperios en Repúblicas en las últimas décadas –Brasil, que destronó a los Braganza en 1889; la China, que destituyó a los Q'ing en 1910 (aunque hubo una nueva restauración con el general Yuan shi'Kai y el régimen republicano no cuajó del todo hasta 1917)– no ganaron en estabilidad ni en reconocimiento general por el cambio.[19]

Por lo tanto, un imperio parecía exigir la vertebración que otorgaba una Corona central, con la adhesión reverencial que ésta podía inspirar: comentando el impacto de la celebración de la coronación de Eduardo VII en 1902, el viejo conservador lord George Hamilton –unionista y librecambista, secretario de la India en los gobiernos de Salisbury y Balfour en el cambio de siglo– despreció los argumentos de los radicales británicos, republicanos de hecho, a la izquierda del liberalismo, que confiaban que «todo seguiría más bien como antes, excepto que un presidente elegido o nominado tomaría el lugar del presente monarca hereditario y sería el ocupante del Palacio de Buckingham y fuente de la autoridad [...]». Pero, prosiguió lord Hamilton:

> Encontraron, sin embargo, que el hechizo *[glamour]* y la reverencia que rodean a nuestro Trono son sustantiosos activos políticos que llevan consigo una influencia y una jurisdicción aceptada que ningún sustituto republicano podría ni conseguir ni sostener. Ningún Presidente, escogido periódicamente para ser la cabeza formal *[figurehead]* de Gran Bretaña, podría permanentemente mantener la fidelidad de nuestros grandes Dominios de ultramar, ni mucho menos de nuestro Imperio de la India. Una república en casa significa la desintegración del

> Imperio Británico transmarino. La soberanía no es un mero emblema, sino la encarnación de la idea imperial. Inquietar o abolir la Monarquía británica es destruir no la cima sino todo el fundamento de la tela de la que es el remate.[20]

No hay que exagerar: como ya se ha constatado, nada menos que Bismarck recordó despreciativamente «la guardarropía medieval con la cual el rey vestía sus fantasías», refiriéndose a Federico Guillermo IV de Prusia, que acabó loco en 1858. Otro ejemplo, el famoso Luis II de Baviera, que reinó de 1864 a 1886, quizá sirviera todavía mejor como ejemplo de monarca poseído, hasta la demencia, por la quimera romántica de los accesorios del derecho divino de los reyes.[21] Sin embargo, el apego a las Coronas no era tan nostálgico o historicista como a primera vista podría parecer. El mismo año de la aparición de *La nacionalitat catalana*, el destacadísimo historiador alemán Otto Hintze (1861-1940) aseguró que los monarcas eran el único freno institucional al natural impulso hacia el militarismo en los Estados modernos, con lo que, por doquier, el futuro de la Corona estaba más que garantizado.[22]

Todo el siglo XIX europeo había sido una larga pugna entre el principio «nacional» o «democrático», que reflejaba el derecho de los pueblos a la representación colectiva y/o individual, y el principio «dinástico», que reflejaba los derechos históricos adquiridos y el peso de la razón de Estado. Con el cambio de siglo, se había llegado a un cierto compromiso: los conservadores ya no temían al nacionalismo ni a las elecciones como factores políticos, mientras que radicales y obreristas no siempre pensaban que la elección del jefe del Estado iba forzosamente a significar grandes mejoras. En la interfase entre la micropolítica y la macro, las dinastías mostraban tener su utilidad, permitiendo que la diplomacia de las grandes potencias evitara las masacres y creara autonomías en zonas compuestas de grupos humanos a la vez reñidos y entrelazados inextricablemente, como en los Balcanes. Allí, por ejemplo, la aplicación rasa del principio nacional llevaría a desastrosas matanzas y expulsiones, mientras que la intervención externa podía imponer un príncipe como jefe titular de una entidad casi estatal, que a su vez respetaba la soberanía del sultán.[23] Por su mayor flexibilidad para la negociación, era un ejemplo de la superioridad de las Coronas ante la democracia en cuestiones nacionalitarias. Sólo los más ilusos estaban convencidos de la felicidad humanitaria que reinaría por la aplicación igualitaria de la representación, sin distinciones y sin haber previsto la necesidad de que fuerzas políticas nuevas, capaces de erigirse en intermediarios y componedores, reemplazaran las formas tradicionales de negociación violenta (o sea, el recurso implícito a la guerra, que, al decir del famoso general prusiano Carl von Clausewitz en 1832, era la diplomacia por otros medios). Todo esto lo entendía Cambó perfectamente.

Es más, en su día, la percepción catalanista del contexto social hispánico –por mucho que a la distancia de un siglo ha quedado reducida al peor tópico– representaba una aguda y vivaz percepción sociológica, anticipatoria de enfoques surgidos en otras partes durante la posguerra mundial. Por ejemplo, el argumento catalanista sobre la confrontación de España y Cataluña se parecía a lo que intelectuales críticos magiares que maduraron al final del período de entreguerras llamaron una «sociedad dual», en la cual la vieja estructura social «noble» no era reemplazada por una nueva, «burguesa», sino que coexistían en una relación estrecha, de muchas interconexiones, pero también estrictamente separada. Según un historiador húngaro posterior, que ha seguido los pasos de este argumento: «La sociedad dual estuvo caracterizada por la existencia paralela de los terratenientes aristocráticos y de una élite rectora burguesa. Se manifestaba también en una estructura dual de la clase media, que, en un lado, contenía una *gentry* tradicional y una élite burocrática militar, y, en el otro, unos estratos medios de moderna burguesía, una nueva intelligentsia y una burocracia de "cuello blanco" dedicada a los negocios.»[24] Fuera o no cierta esta perspectiva centroeuropea, así –o de modo muy análogo– entendieron la dirección y los intelectuales de la Lliga su propia situación ante la supuesta «oligarquía» española. *Su propuesta, por tanto, era un intento de homeopatía política, según el cual la administración de un veneno –como la fórmula «imperial», con todo lo que podía comportar de regresivo– tendría un efecto contrario.*

Los tres «imperios», modelos ejemplares

El catalanismo siempre –desde que existió como actitud política– había estado muy atento a los ejemplos extranjeros.[25] En palabras de Pere Aldavert: «Y fuera de Cataluña hay muchos miles de cosas que conviene saber.»[26] Muy al contrario del joven Cambó, por ejemplo, al maduro director de *La Renaixensa* le resultaba poco edificante la agitación nacionalista francesa («Toda la leyenda de la traición de Dreyfus viene de un *petit bleu*, que quien sabe quién tiró a la cesta, y este *petit bleu* por poco no trastornó toda Francia después de haber deshonrado a un hombre honrado [...]»).[27] Concretando, a Aldavert le enfurecía la ceguera española, capaz tan sólo de ver según qué muestras de organización estatal: «De Europa ven Francia y ven Italia; no ven Alemania, no ven Austria-Hungría, no ven los Estados de la Escandinavia, no ven la [Gran] Bretaña, no ven Suiza. De la América Septentrional, de la América que es gloria del siglo, no ven nada.»[28] Había, evidentemente, unos casos ejemplares que interesaban a todos los catalanistas, como cuando Aldavert recordaba que el propio movimiento –a su parecer triunfante en los años noventa– «había pedido para las colonias una autonomía absoluta, tan absoluta como la que tiene el Canadá, al que no pueden tentar las libertades de la gran República Americana porque ya las tiene en casa».[29] Pero, muy al contrario de la dispersión habitual de un exaltado catalanista «puro» como Aldavert, la cuestión clave era las prioridades que, desde una determinada lógica estratégica, se establecían en los modelos.

El sentido de prioridades marcó la escisión de la envejecida Unió Catalanista y la consiguiente creación de la Lliga. Como remarcó el historiador Pella i Forgas en 1902 (entonces todavía socio de la Lliga), la opción ganadora era encarnación directa de la actualidad política:

> El regionalismo debe, en primer lugar, calificarse de tendencia moderna. En las actuales naciones de Europa apareció bajo diversidad de aspectos: unas veces tomó forma de protesta, como sucedió en las naciones organizadas según el patrón jacobino y napoleónico: tales son España, Francia, Italia, Bélgica; en otras, y se ha presentado tal en las naciones más o menos fraccionadas federalmente (Alemania, Suiza, Suecia-Noruega se hallan en este caso), el regionalismo se encarnó en la resistencia de los organismos locales a dejarse avasallar por el poder central o el militarismo; finalmente, allí donde la supremacía de una raza ha levantado rivalidades y enconos, reviste el regionalismo el carácter airado de toda lucha de razas; en esta forma batallan el celta de Irlanda contra los sajones-normandos de Inglaterra, y los húngaros y los bohemios de raza eslava contra los alemanes en la antigua Austria.

Además de las alusiones tópicas a las teorías de «guerra de razas» de Gumplowicz y al antimilitarismo en Alemania, Pella aseguró, con ejemplo analítico negativo, que «[i]nteresa fijarnos en el primer grupo o sea las naciones mal llamadas latinas», para demostrar que «el regionalismo no es un retroceso ni una descomposición que se apodera de los pueblos caducos». A mayor complicación fruto del desarrollo, mayor «diversificación de los pueblos» y más complejas funciones de los servicios y la función pública.[30]

Una idea de la jerarquización de los conceptos de «imperio» con los que operaban los dirigentes de la Lliga nos la puede dar (con un punto de distancia) Guillem Graell i Moles, nacido en La Seu d'Urgell en 1846, durante muchos años secretario de la asociación patronal Fomento del Trabajo Nacional, portavoz del proteccionismo y, desde 1904, catedrático de Economía Política en los Estudis Universitaris Catalans.[31] Según Graell, en su influyente libro *La cuestión catalana* de 1902:

> Si el proceso humano fuese siempre lógico, tras la liga o alianza, formada temporalmente para fines especiales entre pueblos afines, debió suceder la unión, como la de Suecia y Noruega y Austria-Hungría, unidos por un pacto constitucional, más perfectamente soberanos; y tras de ella, la confederación, con un gobierno que tiene personalidad propia, y una Hacienda común, que vienen obligados a proveer los Estados confederados, aunque no los individuos; y estrechando más los lazos, una federación, en que no hay más que una soberanía nacional, cuyos atributos reparte la Constitución entre un órgano central y órganos locales, con Hacienda autónoma entrambos, pero no repartiendo ya el Centro sus contribuciones por cupos, sino imponiendo directamente a los ciudadanos. Lo que ya no es lógico y justo, sino contra naturaleza, es la absorción o

el unitarismo. Con gran diversidad de formas, y casi siempre irregulares, esto es lo que ha venido sucediendo, pero aquellos de que menos se podía esperar, o sea los liberales y demócratas, señalan como último término del proceso, esta absorción. Y como cada día trae peores consecuencias, los pueblos, pasando por encima de ellos, exigen personalidad jurídica y vida propia de las regiones y municipios. Ésta es la batalla planteada de lleno en Cataluña, y yo creo que, más o menos embozadamente, en toda España; late viva en Francia; es aguda en Austria-Hungría; empiezan en Alemania a enfrentarse a medidas absorbentes, y en la misma Inglaterra, no ya sólo en Irlanda, sino en Escocia y el País de Gales, se hace una propaganda activa para desintegrar lo que juzgan excesivamente integrado. Los pueblos empiezan a cansarse de la costosa palabrería de las Cámaras, y notan, lo que ya observó hace años Gladstone, o sea que los gobiernos son impotentes para atender todos los intereses, así del orden interior, como exterior, dado el desarrollo inmenso que han tomado, y que en esa creciente complejidad de la civilización industrial moderna resultan sacrificados los intereses locales; y no son nada menos que las comunicaciones, la enseñanza, la beneficiencia, obras públicas, el problema social, o sea lo más esencial de la vida; y resulta así, porque no hay órgano político que pueda manejar, él sólo, esta vastísima máquina. Hoy una nación cualquiera tiene más negocios y fines que atender, que el imperio romano.[32]

No debería extrañar la insistencia en la función de la Corona como elemento estabilizador de toda solución «particularista», fuese dualista, confederal o federal. Hoy, frecuentemente con superficialidad analítica, se confunden las fórmulas federativas con el hecho republicano y se desprecia la flexibilidad organizativa tan útil que podía ofrecer la ambigüedad del mecanismo monárquico. En el paso del siglo XIX al XX, un monarca aún parecía garantía de estabilidad y de futuro.

El modelo de Austria-Hungría: del primitivo dualismo catalanista al federalismo «imperial»

Para empezar, estaba el ejemplo austrohúngaro, una Monarquía dual, punto de partida de la especulación catalanista. Como ironizó Pi y Margall en 1897: «Separatistas no hay en Cataluña, ni en lugar alguno de España. Quién allí aspira a más es que Cataluña en la nación sea lo que es Hungría a Austria.»[33] En buena medida, la Corona inventada en 1867 para Francisco José de Habsburgo –para salvar su trono tras las derrotas militares de 1859 y 1866– siempre fue una construcción más de imagen que de sustancia, edificada con mitologías acumuladas e incluso contradictorias.[34] Pero, quizá gracias a ello, pudo parecer en el cambio de siglo un paso con futuro para la solución eficaz de pleitos nacionales dentro de un sistema monárquico.

En efecto, muchos otros teóricos de «nacionalismos minoritarios» en la Europa anterior a la Primera Guerra Mundial habían pensado igual que los pioneros catalanistas. Un caso muy indicativo fue el periodista nacionalista irlandés Arthur Griffith, nacido en 1872, que publicó en 1903 una serie de artículos, *The Resurrection of Hungary*, de inmediato recogidos como libro (vendió 30.000 ejemplares en tres meses), relatando los éxitos de Francis Déak (1803-1876) y su Partido del Pueblo Magiar al conseguir el autogobierno para Hungría en 1867, todo bajo el protagonismo orientativo del conde Gyula Andrássy (1823-1890). La respuesta pública a sus ideas animó a Griffith, que fundaría el partido Sinn Féin en 1905 para seguir las pautas establecidas, según su versión, por Déak.[35] En realidad, la atractiva fórmula húngara era el planteamiento de cualquiera que pensara en los términos constitucionales habituales de la época, que todavía desconfiaban de la eficacia de las Repúblicas como sistema político, lo cual, vista la trayectoria inestable de Francia y especialmente de América Latina, no era un criterio sorprendente. La otra inspiración de Griffith, romántica y liberal sin asumir de lleno el republicanismo, era el economista alemán Friedrich List, idealizador de los Estados Unidos en la primera mitad del siglo XIX. La defensa que hizo List de las agrupaciones arancelarias y de las uniones cívico-económicas y nacionales daba asimismo una pauta para un marco «imperial» superior dentro de un futuro sistema inglés, a partir de la reaparición de una Corona irlandesa dotada de independencia real.

En resumen, la verdad evidente era que la política interna de Austria-Hungría, aunque en extremo compleja (con diecisiete nacionalidades oficialmente reconocidas), fue una inspiración consistente para los nacientes y pequeños nacionalismos de las últimas décadas del siglo XIX. Por supuesto, los más puristas o radicales –como quienes, en el movimiento catalán, miraban al mundo desde la Lliga de Catalunya o a la Unió Catalanista– solían apuntar hacia los movimientos de protesta, como los checos o los rumanos de Transilvania, ya que ellos mismos no tenían más ambición política que la difusión de su propia queja.[36] Pero el paso que significó la formación de la Lliga Regionalista comportó mucho más: la ambición «imperial» de rehacer el Estado, de reinventar la Monarquía, en vez de soñar como una reducida identidad restaurada. *Para quienes aspiraban a un tipo nuevo de conjunto, el ejemplo austrohúngaro era el primer lugar al cual mirar.* Era el laboratorio natural para todos los que se interesaban por las soluciones prácticas para las «Naciones sin Estado», del mismo modo que la Alemania unificada centraba toda la fascinación por explicar el éxito del Nacionalismo estatal.

Por su propia naturaleza y al margen de los dudosos méritos de la dinastía misma, la Corona de los Habsburgo era un crisol para toda la literatura sobre pannacionalismos, ya que era casi imposible discutir sus nacionalidades componentes sin aludir a su extensión fuera de sus fronteras.[37] Pero, además, siendo los Habsburgo los gran derrotados en los años sesenta, una etapa rica en sueños de una posible gran federación europea, su peculiar sistema parecía contener, en germen, la recuperación de este ideal.[38] Se podía, por lo tanto, considerar al modelo austrohúngaro como una pauta para una eventual solución federalizante que erradicara el peligro de la guerra en Europa, que tanto preocupaba a los pacifistas. Para la opinión política anterior a 1918, no había una gran distinción conceptual entre una futura Europa, convertida en «concierto» activo «de las naciones» en vez de «las potencias», y los ideales de federación y/o confederación continental, entendidos como medio idóneo para evitar toda posible guerra interestatal.[39]

En segundo lugar, la alta política de la Monarquía dual era un juego de delicados equilibrios que parecían anunciar una mecánica institucional capaz de combinar las contradictorias exigencias del principio nacional y democrático con el derecho dinástico, ideal hoy olvidado, pero de suma importancia entonces. En resumen, el sistema consistía en una Corona y unas fuerzas armadas pero dos gobiernos, dos parlamentos soberanos y numerosas cámaras secundarias. La Cisleitania –ambiguo nombre oficioso dado al «Imperio austríaco» propiamente dicho, al oeste del río Leitha– se sostenía en un difícil balanceo entre los alemanes y los checos, en el que los terratenientes polacos de Galitzia servían como comodín; éstos, a su vez, estaban contenidos por la amenaza del voto «ruteno» (es decir, ucraniano) y judío. La oposición al sistema había sido más bien alemana, los pangermanos y los socialcristianos, que, afortunadamente para la supervivencia del sistema, se odiaban entre sí.

Las exaltadas pretensiones magiares en la «Transleithania», el «reino de Hungría», estaban, hasta cierto punto, retenidas por la contrapresión de los croatas y de las minorías eslavas en general, más bien descontentas con la fuerte «magiarización» que se impulsaba desde Budapest en nombre del constitucionalismo de 1867, sellado por la coronación allí de Francisco José e Isabel con la histórica corona de San Esteban. Pocos años después, en 1871, la combinación de presiones del gobierno húngaro y de los partidos germanos en la Cisleithania imposibilitó una operación análoga en Praga, por lo que el dualismo quedó como un sistema cerrado. El hecho era que los magnates magiares chantajeaban a la Corona con el hecho de que el «acuerdo» húngaro era tan sólo a diez años renovables, por que siempre amenazaban con reducir el vínculo con Austria a una mera «unión personal». La inauguración en 1904 del magnífico edificio de la Dieta húngara sobre el Danubio, diseñado en un extravagante estilo neogótico a imitación del Parlamento británico, señalaba la vitalidad de las ambiciones magiares.

Todo ello significaba que –a ojos de nacionalismos sin salida institucional en sistemas políticos centralistas– la experiencia austrohúngara diera toda suerte de ejemplos tácticos y estratégicos. Inicialmente, todos los nacionalistas foráneos se adjudicaban el papel de los magiares, que era el mejor, enaltecido en paralelo a Italia como Risorgimento heroico, con laureles ganados en común en las revoluciones de 1848-1849. Para quienes podían identificarse con el éxito magiar tras 1867, el dualismo ofrecía una propuesta especialmente atractiva, sobre todo por el hecho de que representó una auténtica liberalización revolucionaria de las formas asociativas, combinada con la empancipación de los judíos, de tal manera que despegó la sociedad civil y la vida profesional en el reino húngaro.[40] Muchos catalanistas de las primeras promociones así lo entendieron, y de ahí la fascinación con la «archiduquesa» María Cristina. Pero, asimismo, la parte austríaca de la doble Corona, para quienes tuvieran mayor sensibilidad política, ofrecía ejemplos de sorpresivos gobiernos de coalición –como el longevo gabinete del conde Taaffe, de 1879 a 1893– que potenciaban a las minorías a expensas de la nacionalidad mayoritaria, pero también del uso creativo del gobierno por decreto-ley para el mismo fin de circunloquio institucional, e incluso de la solución extrema del sufragio universal y el aprovechamiento de los socialdemócratas por parte de la Corona, si bien no era, en sentido estricto, un régimen parlamentario.[41] En cuanto a una mayor ampliación de los derechos de representación ciudadana, en cambio, el lado húngaro encarnaba el modelo negativo, nada de apertura del sufragio restringido y, por ello, gobierno de coalición ultraconservador entre todos los elementos magiarizantes.[42] La relativa libertad de expresión (paradójicamente mayor en Hungría que en Austria, por la base jurídica de su liberalismo) hizo que tales complicaciones y sus diversas lecturas doctrinales circularan sin mucho impedimento dentro de las fronteras.

Pero todo este tinglado era una atribución del emperador-rey Francisco José I y no quedaba nada claro que fuera transferible. Sin entrar muy a fondo en la torturada historia de la familia reinante, para el cambio de siglo había un ambiente que parecía anticipar cambios. Siendo una de las primeras figuras públicas que se convirtió en objeto de culto comparable al que caracterizaría, sólo un par de décadas después de su muerte en 1898, a los «astros» del cinema, la emperatriz Isabel supo establecer un vínculo personal con el líder magiar Andrássy, que ultrapasaba los límites habituales de relación entre consorte real y político y que la granjeó, como reina de Hungría, una popularidad extraordinaria.[43] Cuando, en 1889, se suicidó su hijo Rudolfo, corrieron toda suerte de rumores sobre un complot húngaro que se apoyaba en el príncipe para proclamar la independencia magiar frente a su padre.[44] El nuevo heredero, sin embargo, un sobrino del emperador, detestaba la arrogancia y la tozudez constitucional de los grandes señores magiares y buscaba una solución que fuera a la vez federalizante, creando un marco de representaciones nacionales eslavas a expensas de las pretensiones húngaras, y reforzara el protagonismo de la Corona.

El archiduque Francisco Fernando, nacido en 1863, hombre muy temperamental, abrupto y malhumorado, con una pésima relación con su tío imperial y apostólico, estaba casado morganáticamente con una antigua dama de compañía de la baja nobleza checa, excluida por su rango de la plena representación cortesana y ninguneada por la alta nobeza magiar. En parte por razones personales, soñaba con una Monarquía federal con sufragio universal impuesto a los húngaros y con el «trialismo» para asegurar la delimitación del poder de germanos y húngaros: o sea, más coronas, Bohemia, para partir la Cisleithania, quizá también Croacia para hacer lo mismo en reino magiar. Pero, siendo contradictorio, Francisco Fernando también explicitaba, en sus frecuentes exabruptos, la voluntad «josefinista» de imponer el alemán como idioma general de administración o, incluso, de apoyar su poder en el Ejército en el mejor estilo neoabsolutista, lo que, muy naturalmente, le hizo perder muchas de las simpatías que sus propuestas «trialistas» podían ganarle.[45] Tenía un fuerte respaldo en la prensa católica germana, de tendencia socialcristiana y a la vez antagónica al monarca y a los pangermanos, así como antisemita. Estas opiniones intradinásticas reflejaban asimismo opciones políticas ampliamente debatidas en el conjunto de la Monarquía danubiana. Lo que podían parecer las torpes ideas del heredero se convertían así en fluidos proyectos qu garantizarían un reconocimiento institucional a todas las importantes minorías nacionales a través de algún tipo de reforma federal que, deshaciendo la confederación bilateral, permitiría un fuerte gobierno central, capaz de apelar (junto con la dinastía) a la democratización para sostenerse.[46]

El juego «trialista» ante el dualismo imperante, pues, tuvo plena vigencia aparente hasta el estallido de la Gran Guerra Europea e, incluso, hasta el final mismo de la contienda. En los años de preguerra, las esperanzas contradictorias que se pusieron en Francisco Fernando hicieron de su residencia, el Palacio Belvedere en Viena, un foco permanente de atención, al que acudían clericales y socialcristianos germanos, pero también eslovacos, croatas, eslovenos y transilvanos rumanos. Durante un tiempo, el difícil heredero Habsburgo se asoció particularmente con las ideas, transitoriamente famosas, acerca de unos hipotéticos «Estados Unidos de la Gran Austria» para la refundición federal de la Monarquía, avanzadas por el transilvano Aurel C. Popovici (1863-1917) y más o menos defendidas por otros políticos contemporáneos hostiles al cerrazón político magiar como su connacional Alexander Vaida-Voived y el eslovaco Milan Hodža.[47] La anticipada anexión de Bosnia-Herzegovina, finalmente hecha definitiva en 1908 como territorio a la vez «imperial y real» (en paralelo a régimen de Alsacia-Lorena en Alemania), provocó muchos desequilibrios políticos, pues ya eran muchos los partidarios (como el jefe militar Conrad) de su incorporación al reino de Croacia-Slavonia, a expensas del peso magiar.[48] Hubo violentos incidentes en Eslovaquia, que lanzaron a la fama al padre Hlinka como caudillo clericalista de su nacionalismo en sentido antimagiar.[49] Croacia se descontroló y eventualmente acabó bajo régimen excepcional (1912-1913), mientras muchos croatas empezaban a contemplar alguna salida pannacional camino del Belgrado y la Serbia independiente, Estado muy hóstil a Austria-Hungría desde el cambio de su dinastía en 1903.[50] Así, los sudeslavos (los croatas y los serbios prećany en la Transleithania, los eslovenos en la Cisleithania) atrajeron mucho apoyo exterior, especialmente en Inglaterra, con un discurso de «renacimiento» nacional que repetía el éxito decimonónico italiano.[51] Surgieron rumores de un golpe de Estado contra la Constución húngara, pero, mientras se esperaba la sucesión y ante la resistencia del conde Tisza, primer ministro húngaro, la agitación no llegó a nada.[52] En paralelo, en la Cisleithania durante la primera década del nuevo siglo, las tensiones entre alemanes y checos se hicieron cada vez más insostenibles, con fuertes radicalizaciones por ambos bandos (y con ramalazos antisemitas en común) con un efecto cada vez peor sobre el sistema de partidos: en particular, el sufragio universal masculino, instituido en 1906, fue netamente beneficioso para el impulso nacionalista checo, con resultados a la larga desestabilizadores para los socialdemócratas, única fuerza hasta entonces superadora de las divisiones étnicas.[53]

Para resumir, el hecho que, en los primeros años ochenta, en los albores del catalanismo político (cuando, por ejemplo, Cambó era un niño), no es nada sorprendente que el caso austrohúngaro pareciera un camino más seguro que la inconclusa agitación irlandesa (acompañada como venía de violenta agitación agraria), y menos todavía con una nueva reina española (esposa de Alfonso XII desde 1879), pronto regente, que era una Habsburgo. El «dualismo» austrohúngaro representaba la modernización consciente del viejo sistema de «monarquía compuesta» o «de agregación de Coronas» en el cual el centro, como punto de referencia común era el dinasta y su dinastía; el mismo hecho era su inconveniente más ostensible. Traducido al marco español, suponía una divisoria castellana-catalana, que, igual que en la Monarquía danubiana, excluía –o tendía a excluir– las otras posibles opciones nacionalitarias. Luego, como insistían los partidarios húngaros, plantear la multiplicación del dualismo para dar acceso a otras nacionalidades comportaba el riesgo de múltiples relaciones duales con la Corona, sin un enlace efectivo entre sí. Lo que no quedaba nada claro era si la reina regente de España y su augusto hijo, inseguros en su trono y limitados por reinar de forma constitucional, se apuntarían a apoyar (más no podían hacer) una tan arriesgada operación de rediseño dinástico, con una finalidad que podía resultar poco más que cosmética.

Para sus críticos más duros (favorables sobre todo desde el nacionalismo checo), *die österreichische Staatsidee*, la idea estatal austríaca, por mucho que se pretendiera ser el *Hausmacht*, el poder de la Casa de Habsburgo, era una inconcreción, un término sin significado visible.[54] El sueño de la «unidad de la pluralidad» había sido un viejo tema de la Corona danubiana, hasta el punto que sirvió como legitimación de la dinastía en el decimonónico proceso de modernización.[55] Simultáneamente, sin embargo, también representó un coste. *La idea de fondo era que, por los azares que fuera, la historia había creado una «unidad de destino» cuyo valor en conjunto, como ámbito común centroeuropeo, era superior a las naturales exigencias de cada grupo nacional componente, planteamiento divulgado intelectualmente sobre todo por la socialdemocracia austríaca.* Pero los diversos nacionalismos, como era lógico, cada uno por su parte, podían reivindicar una interpretación alternativa de la historia como unidad victimizada de la «cárcel de los pueblos» que, desde su crítica, siempre se aseguraba que era la Corona de los Habsburgo. Así, el ideal de la «patria federal» con la consecuente «nacionalidad personal» (cada cuidadano tenía su adscripción nacional, con los apropiados servicios, aunque no estuviera en el territorio correspondiente), esquema tan discutido, especialmente en las filas del «austromarxismo», aunque fuera una proposición intelectualmente atractiva, nunca acabó de cuajar como una propuesta ideológica adecuada a la política de masas.

La Monarquía danubiana carecía de una misión reconocible para sus diversas intelectualidades (incluso en la capital, Viena, donde se podían hacer bromas como la famosa «kakania» de Robert Musil, que indicaban que la administración imperial y real –«K.u.K.»–, especialmente en aquellos servicios que eran unidos –«K.-K.»–, era literalmente una caca). La única función reconocida al Estado dualista fue la relativa mejora del bienestar de sus múltiples poblaciones, pero eso no bastaba como justificación cuando la llamada del nacionalismo separatista prometía un reparto de bienestar –un socialismo en cierto sentido, si se quiere– por comunidades aisladas entre sí que parecía superar el beneficio de la lenta y burocratizada integración multicultural.[56] Más adelante, ante la corrupción endémica de los «Estados sucesores» tras 1918, vendría una sorprendente nostalgia por una administración proba y más eficaz de lo que, en su día, se había pensado.[57] Pero, llegada la coyuntura decisiva con la Gran Guerra, una honradez torpe no bastaba para retener fidelidades ante el despliegue doliente de los sentimientos nacionalistas, reforzados por la promesa siempre mejor del futuro.[58]

Sin embargo, Cambó nunca olvidó las posibilidades de su preciado modelo austrohúngaro, aunque era consciente de sus defectos. Escribía en el verano de 1939, cargado de nostalgia y de la sensación de oportunidades perdidas:

> Si hubiese subsistido el Imperio austrohúngaro, ni la nación checa se hubiera convertido en Estado, ni Yugoslavia hubiera podido reunir a todos los serbios, ni Polonia reconstituir su unidad nacional, ni Rumanía consolidar su independencia con expansiones que le parecían indispensables.
>
> Y si todo eso es verdad, hay que preguntarse: ¿Acaso con estas revoluciones se ha servido el principio de «a cada nación un Estado»? Acaso se ha aumentado el bienestar de los antiguos súbditos de la Monarquía dual? ¿Acaso Europa está hoy más sólidamente estructurada que antes del Tratado de Versalles?
>
> El principio nacionalista no se aplicó en la creación de Estados nuevos ni en el ensanchamiento de Estados anteriores a la Gran Guerra: [...]
>
> Y no se cumplió porque no era posible. Por el hecho de guerras y migraciones innombrables en el centrooriente de Europa se han creado realidades entreligadas que no se pueden cortar en línea recta. A veces, los pueblos de una misma raza y una misma lengua no ocupan un territorio contiguo; otras veces las poblaciones están tan mezcladas que se llega algunas veces a situaciones de paridad numérica; a veces es el curso de un río o la existencia de una capitalidad económica o el emplazamiento de unas fábricas o unas minas que hacen ora imposible, ora terriblemente perturbador, la aplicación estricta de la doctrina nacionalista. La creación de una frontera militarmente defendible aconseja a veces algún sacrificio a la doctrina, para asegurar la independencia de uno o diversos Estados.

> Y si hay que dar respuesta negativa a la primera pregunta que me formulaba, respuesta parecida tendré que dar a la segunda: [...]
>
> Y en cuanto a la tercera de mis preguntas, nadie contradice la respuesta negativa: por haber estado destruida Austria, hoy Europa no tiene paz y es bien posible que aquel crimen se pague con la más terrible de las guerras.[59]

Y concluyó Cambó: «Austria era la más admirable creación política de todos los tiempos. Era complicada como lo es la vida: por eso la odiaba un espíritu simplista como el de Hitler. Bajo Austria nadie estaba del todo contento... pero nadie estaba exasperado. ¡Cuántos de los que murmuraban hoy la añoran!».[60] En resumen, Cambó se estaba adheriendo a un sistema muy sui generis, más bien frágil y en perpetua negociación, como si fuera algo fijo y seguro. Pero su palpable ironía a expensas del sagrado principio de *a cada nació un Estat* indica cuán lejos por la senda «imperial» había progresado, distanciándose de cualquier enfoque nacionalista estrecho.

El historiador Cacho Viu ha sugerido que el nacionalismo catalán se quiso ver en el espejo del nacionalismo checo, tradicionalmente partidario de convertir la Monarquía dual en una federación.[61] Llegada la Primera Guerra Mundial, precisamente por el asesinato de Francisco Fernando en Sarajevo, las soluciones auspiciadas por el frustrado heredero se evaporaron de la noche al día, por mucho que su sucesor, el archiduque Carlos (que llegaría a ser el último «emperador y rey» en 1916, al morir por fin Francisco José) siguió insistiendo en una hipotética federalización. Al calor de la contienda, las propuestas federales eran, para el emblemático nacionalista checo Thomas G. Masaryk (1850-1937), devenido enemigo irrevocable del sistema dinástico, «una fachada alemana a una casa eslava».[62] Y así quedó el juicio histórico tras la disolución de Austria-Hungría en 1918 y la creación de una República Checoslovaca, hasta que ésta, a su vez, demostró ser igualmente frágil con el tiempo.

Pero también hay que reconocer que la originaria fórmula checa, presentada por primera vez por el historiador František Palacký (1798-1876) al calor de las revoluciones de 1848 y reelaborada en su *Idea státu rakouského* –Idea del Estado Austríaco– en 1865), preveía un Imperio multinacional y federal, dividido en ocho provincias «raciales» (austrogermana, checa y eslovaca, polaca, iliria, italiana, sudeslava, magyar y rumana) que, sin embargo, reflejaban los territorios históricos de la Habsburgo, cada una autónoma pero vinculadas a una legislatura en Viena y leales a la dinastía. Los partidos nacionalistas (los «Viejos checos» y los «Jóvenes checos») mantuvieron estos esquemas casi hasta el final de la Monarquía danubiana. Masaryk mismo fue diputado «joven checo» y le costó dar el salto, llegada la ruptura de 1914, al ideal republicano de un Estado checoslovaco. Hasta bien entrado 1915, Masaryk estaba pensando en términos de un «reino de Bohemia» o alguna Corona paneslava, incluso una entidad contigua checa y sudeslava: dispuesto como estaba para entonces a la destrucción absoluta de la Monarquía de los Habsburgos, Masaryk, sin embargo, todavía contemplaba la necesidad de un rey de alguna casa reinante alemana, si bien su especial sueño era un príncipe inglés.[63] Al final de la contienda mundial, Karel Kramăr, el líder de los «Jovenes checos», todavía soñaba con un gran duque ruso para el trono checoslovaco o, en el peor de los casos, con el duque de Connaught, tío del rey inglés Jorge V.[64]

Era natural, pues, que Cambó y la Lliga, siendo mucho menos radicales, pensasen algo parecido. Tampoco tenían que copiar muy en concreto a los nacionalistas checos, si nada menos que el heredero a los tronos austríaco y húngaro predicaba lo mismo sin ambages. En todo caso, más de un observador –como el nacionalista francés Maurras, por ejemplo– creyó ver en la transformación federal de la Monarquía de los Habsburgos una clara solución a los problemas hispanos. Según su versión, publicada en plena Segunda Guerra Mundial, Maurras siempre aconsejó «a nuestros amigos catalanes» que «la unión trial, triple de Austria, de Hungría y de Bohemia» sería funcional en España, como lo debía ser en «aquella necesidad europea que se llama el Imperio austrohúngaro». Para concluir que «algunos de nuestros amigos pensaron en ello y se aplicaron, yo lo sé».[65]

Además, la evolución internacional desaconsejaba una persistencia en las ejemplares virtudes dualistas de Austria-Hungría. De hecho, el modelo biconfederal siempre contenía el germen de una eventual ruptura: la consagración del dualismo en las *Bases de Manresa* también escondía –como ejemplo estrictamente contemporáneo– la ruptura del vínculo dinástico entre el Reino de los Países Bajos y el Gran Ducado de Luxemburgo, proclamado independiente y cedido a una rama menor de la familia real holandesa al acceder Guillermina I al trono en 1890, por estar regido por la ley sálica. Por ello, las reacciones españolistas fueron tan nerviosas ante la magna asamblea catalanista, ya que temían que sentaran las bases (nunca mejor dicho) de una separación, para cuyo principado, llegada la ocasión, siempre se podría encontrar un candidato.[66]

Más adelante, la división de la Monarquía dual de Suecia-Noruega en 1905, y, tras la revolución «joven turca» de 1908, el desbaratamiento del régimen otomano de autonomías, garantizado por las grandes potencias en las crisis de 1878 y 1897, que resultó en la independencia formal de Bulgaria y las anexiones austrohúngara de Bosnia-Herzegovina y griega de Creta (una *enosis* de hecho, no jurídica hasta 1913), vino a remarcar la fragilidad a largo término de las «soluciones» confederales o excepcionales. Para resultar convincentes en un escenario español, *los «intervencionistas» del regionalismo catalán necesitaban un ejemplo más sólido que el dualismo*, aunque éste tuviera un valor raíz muy apreciado dentro del propio movimiento catalanista. Para promover una respuesta amplia hispánica a la propuesta «imperial» y regionalista, era imprescindible ofrecer algo más que la arrogante satisfacción de Cataluña, cual Hungría. *Alguna fórmula federalista monárquica prometía satisfacer a toda suerte de sentimiento regionalista, pero también a carlistas y a republicanos con sentido de la realidad.* Con un «imperio» federal hispánico (o mejor, ibérico) serían los antiguos centralistas y los españolistas quienes se revelaban como los auténticos «egoístas».

Pero, al pasar a un contexto de promoción federal, el ejemplo mismo se matizaba. Si, tal como ha insistido Cacho Viu, el ideal de la Lliga Regionalista, como superación consciente de la Lliga de Catalunya, significó pasar del modelo de la agitación húngara a la de los «jóvenes checos», tal paso se resolvía mejor con el paso directamente al modelo de Alemania.[67]

La pauta correctiva de la Alemania unificada: ¿cómo constituir el «gran bloque» en España?

El ejemplo del Imperio alemán tuvo un sentido muy diferente al del austrohúngaro, ya que se contraponía una confederación de hecho a una federación, con fuertes pulsaciones en la práctica centralizadoras. El «acuerdo» de 1867 dividió a una Austria centralista, el convenio de 1871 unificó a Alemania. A todas luces, Austria-Hungría era una potencia en declive, mientras que la Alemania unificada era indiscutiblemente la mayor fuerza militar del continente europeo, capaz de derrotar a cualquier otro Estado aislado.

En consecuencia, mirar al nuevo Reich germano significaba automáticamente situar toda reflexión sobre nacionalidades e «imperios» en un esquema dinámico, que presuponía el conflicto como un componente inevitable de cualquier solución eventual más estable. Incluso entre aquellos que defendían la idea de macroentidades como un medio para eludir la tara de las guerras de agresión se aceptaba la necesidad de una defensa siempre lícita. El imperialismo alemán, si bien confiado en los logros en bienestar del *Kaiserreich,* se caracterizaba por violentos achaques de inseguridad, como si lo que se había unido pudiera de golpe deshacerse y perderse.[68] Según el «socialista de cátedra» Gustav Schmoller (economista alemán –1838-1917– conocido y muy apreciado en Barcelona), la derrota de España en 1898 había desatado serios peligros para los alemanes. Citaba a otro de la misma escuela, Clemens von Brentano, quien había denunciado la aparición de peligrosos matones en el escenario internacional. En la valoración de Schmoller:

> En varios Estados, matones *[Gewaltmenschen]* arrogantes de sangre fría, atrevidos y sin medida, hombres que poseen la moralidad de un capitán de piratas, tal como los caracterizó tan justamente el otro día el profesor [Klemens von] Brentano, se impulsan adelante hasta entrar en el Gobierno. ... [sic] No debemos olvidar que es en los Estados más libres, Inglaterra y los Estados Unidos, donde las tendencias de conquista, esquemas imperiales y odio hacia los nuevos competidores económicos están creciendo entre las masas. Los líderes de tales agitaciones son grandes especuladores, con la moral de un pirata, que son al mismo tiempo jefes de partido y Ministros de Estado.

> [...] Para conseguir nuestra modesta meta, necesitamos desesperadamente hoy una gran flota. El Imperio alemán debe convertirse en el centro de una coalición de Estados, sobre todo para poder mantener el equilibrio en la lucha a muerte entre Rusia y Inglaterra, pero ello sólo será posible si poseemos una flota más fuerte que la presente. ... [sic] Debemos desear que, a cualquier precio, un país alemán, poblado por veinte a treinta millones de alemanes, crezca en el sur del Brasil. Sin la posibilidad de un proceder enérgico por parte de Alemania nuestro futuro allí está amenazado. ... [sic] No pretendemos presionar para lograr una alianza económica con Holanda, pero si los holandeses son listos, si no quieren perder sus colonias algún día, como sucedió a España, se apresurarán a buscar nuestra asociación.[69]

La caída «imperial» española al final del siglo había sido, pues, una advertencia que se establecía sobre una imagen histórica de decadencia, una llamada a repensar las circunstancias del sistema de Estados en clave defensiva, según la cual podían contar más en la balanza el peso materialista de las armas y las alianzas agresivas que los equilibrios federativos, los derechos políticos y las soberanías compartidas.

Así, la tendencia general a pensar en términos macropolíticos hizo estragos importantes. Hubo, tras el clímax decisivo del siglo XIX, entre 1867 y 1871, *un prolongado debate jurídico sobre el significado del federalismo, con importantes interacciones entre el pensamiento jurídico estadounidense, el británico y el alemán*. En los años sesenta, ante el espectáculo de la Guerra de Secesión norteamericana y el acicate de las contiendas provocadas por Bismarck, el historiador jurídico Georg Waitz (1813-1886) planteó, en clave jurídica germana, la doctrina de la cosoberanía entre el Estado central (*Staatenreich*, «imperio de Estados») y el particular. Como era previsible, el establecimiento del «Segundo Imperio» germano complicó la discusión. Unos, como Max von Seydel (1846-1901), escribiendo en los años noventa, se identificaron con el portavoz sudista norteamericano Calhoun y defendieron la inexistencia de las federaciones, por ser determinantes jurídicamente los Estados particulares componentes; tan lejos fue Seydel en concreto que quedó como teórico legal del particularismo bávaro.[70] Por el contrario, en esa misma época, el jurista Philip Zorn (1850-1928), así como el historiador Heinrich von Treitschke (1834-1896), ardiente portavoz germano prusianista, contestaron con la doctrina de la soberanía exclusiva del Estado federal, asimilable, en consecuencia, al unitario. En un intento conceptual de hacer una síntesis, el jurista Paul Laband (1838-1918) respondió que, si bien la Federación era el único Estado con soberanía, los miembros eran también Estados. En ello fue seguido, con matices, por juristas germanos influyentes como el austríaco Georg Jellinek (1851-1911), asimismo introductor de la doctrina norteamericana (y a su vez, muy apreciado en España, traducido por el socialista Fernando de los Ríos y citado explícitamente por el jefe falangista José Antonio Primo de Rivera como influencia básica para su propio pensamiento). Para Jellinek, escribiendo en las últimas décadas del siglo XIX, la soberanía era una autolimitación del Estado, que así podría resultar omnipotente, pero simultáneamente sometido a la voluntad popular.[71] Toda esta discusión tendría su siguiente florecimiento pasada la Primera Guerra Mundial, en los primeros años veinte, al calor de la conversión del Imperio alemán en República federal, con una valoración explícita de la preeminencia del Estado sobre las partes, reducido definitivamente el poder de los Länder.[72] Pero la espinosa cuestión de la soberanía seguiría siendo el corazón del pensamiento político germano, como se llegaría a ver en la fulgurante carrera de Carl Schmitt (1888-1985).[73] En realidad, tras la aparencia de gran potencia agresiva, la Alemania imperial era un «sistema de decisiones evitadas» (en una expresión del historiador Wolfgang Mommsen), la principal y primera de la cuales era el equilibrio entre federalismo y una estructura unitaria del Estado.[74]

El debate sobre la naturaleza jurídica de los sistemas federales estimulaba que, dentro de la Alemania unificada, se concibiera a los Estados pequeños como entidades, idealmente autónomas de construcciones políticas mayores, aunque ello pudiera llevar a subsumir la identidad particularista en una mayor, hasta el punto de construir una «Nación de patrias chicas», si bien la tensión entre particularismo subestatal y *Heimatkunde* –el saber de patria chica– nunca fue resuelto del todo en el sistema del llamado II Reich.[75] Aunque fuera una gran potencia, Alemania estaba formada por veintiséis Estados (cuatro reinos, cuatro gran ducados y el resto ducados y principados, menos tres «repúblicas», las ciudades libres de Lübeck, Bremen y Hamburgo), siempre bajo la hegemonía prusiana. El Estado grande, por su tamaño, era entendido en sí como un progreso ante la dispersión histórica de las Alemanias y su considerable variedad lingüística o dialecto; la idea de mejora era un argumento habitual, como es de esperar, en el comentario político germano.[76]

En un anticipo de los argumentos multiculturalistas un siglo más tarde, muchos observadores liberales argumentaban que una entidad netamente «imperial» en tanto que conjunto de poblaciones culturalmente diferentes, era una muestra de desarrollo, al facilitar la interacción económica y el desarrollo social. A la vez, se aseguraba que los macro Estados, por sus evidentes ventajas, evitaban las guerras dinásticas e, incluso, las contiendas armadas populares. Si algunos defensores de las minorías veían los beneficios de los «imperios», también muchos nacionalistas –sobre todo en Alemania– creyeron provechoso el poderío que en ellos se concentraba. En directa contraposición a los posibles abusos del localismo, pues, estaban los defensores de *Primat des Nationalen* –la primacia de lo nacional– que se fundamentaba en la idea del «imperio» como Estado nacional; por ello, «los nacionalistas radicales [alemanes] expresaban lealtad al Imperio en vez de a los gobiernos federados».[77]

Nada sorprendentemente, en tal contexto intelectual, fue el sector liberal de la corte berlinesa, agrupado alrededor del príncipe heredero Friedrich y su mujer, la princesa inglesa Vicky (hija mayor de la reina Victoria), quienes impulsaron la idea de crear o reinventar un «imperio» en 1871. Al rey prusiano Guillermo I, un viejo conservador, prusianista hasta la médula, la fórmula le traía sin cuidado. Friedrich –aseguraba en su correspondencia privada– ganó Bismarck a la idea y éste al monarca. Tan entusiasmado estaba Friedrich con su idea que, a la muerte de su padre en 1888, quiso proclamarse emperador con el título Federico IV, tomando la numeración del Sacro Romano Imperio, idea pronto parada por el adusto canciller.[78] El invento, sin embargo, quedó como un II Reich, contando a partir de la gran institución medieval que había llegado hasta el principio del siglo XIX.

En resumen, el modelo «imperial» germano –que los juristas no acababan de ponerse de acuerdo sobre si era federación o confederación– se podía defender por unas razones y por las contrarias también. El debate académico, sin solución, naturalmente, tuvo derivaciones políticas hacia respuestas más globalmente nacionalistas. En clave optimista, cuanto más se acercaba un conflicto general europeo, el pangermanismo –dándole la vuelta al liberalismo romántico de Friedrich List, hasta convertirlo en profeta conservador– proponía un proceso unificador europeo a imitación de la unificación decimonónica de los Países Alemanes en una gran entidad «imperial»: primero, un *Zollverein* o unión aduanera y, luego, una vez establecida la *Mitteleuropa* económica, vendría un encaje político a partir de la Europa central que más o menos respetara las múltiples particularidades estatales preexistentes.[79] Partiendo de una idea de «cooperación macroregional», pues, se llegaría a la formación de unos «Estados Unidos de Europa» bajo tutela germana.[80] Sin embargo, muchos, especialmente fuera de Alemania, interpretaban estos proyectos como incitaciones a la conquista más descarada imaginable.[81]

Desde la perspectiva catalanista, si el ejemplo austrohúngaro era manifiesto y fácil de aplicar a las necesidades catalanas (en especial por su utilidad en el momento de reinventar las «constituciones históricas» que nunca habían existido como tales, en cualquier sentido moderno), en cambio, la lectura del modelo alemán era más problemática.[82] Los catalanistas «puristas» tradicionalmente se habían incomodado con las tendencias anticatólicas del Reich o la germanización de sus minorías nacionales (polacos, daneses, alsacianos).[83] *El principal aliciente del modelo de la Alemania unificada era su flexibilidad a la hora de incorporar entidades preexistentes, fueran monárquicas o republicanas, de características constitucionales muy diferentes dentro de un mismo sistema político, con visible aceptación y éxito unitario.* Por ejemplo, el historiador Heinrich von Treitschke, en la postura doctrinal que –purgada de sus excesos prusianos– acabaría por dominar la misma Alemania, argumentaba que el sistema alemán no tenía nada más que una forma superficial confederal y que era un *Einheitstaat*, o Estado unido, ya que el predominio de Prusia y de su rey era absoluto: el Imperio alemán, en su versión, se «basaba en una desigualdad, o sea, en el hecho de que hay un Estado dominante, que vincula y subordina los demás Estados a sí mismo mediante una Confederación».[84] Esta realidad estaba implícita –pero nunca explícita– en el planteamiento camboniano, en tanto que surgía en cuanto se sospesaban las implicaciones estratégicas. Un dualismo España-Cataluña era, como se ha visto reiteradamente, el esquema base del catalanismo; era una confederación de dos Estados. Pero, ¿como asegurar que Cataluña no quedara supeditada dentro del sistema? Era un riesgo que, por ejemplo, obsesionó al pensamiento político húngaro hasta el punto de bloquear todo el funcionamiento austrohúngaro. En el caso alemán, Baviera, como segundo Estado de la Monarquía tenía rey y dinastía propios, y, además, podía plantear una consulta a los príncipes de las restantes monarquías y ducados, que podía llegar a traducirse en una acción política en la cámara alta imperial, el Reichsrat. Nunca ocurrió tal cosa, pero era factible, y, como amenaza teórica, existió como limitación estructural a un abuso estatal prusiano, aunque tanto los admiradores como los detractores del «prusianismo» dudaran de la eficacia de semejante acción. Pero Cataluña nunca podría presumir de un recurso semejante, al carecer del punto de partida, y estaría restringido a la presión de tipo húngaro, que, en los años posteriores al cambio de siglo, estuvo cada vez más en entredicho dentro de la discusión política sobre el futuro de la Monarquía danubiana.

Además, el discurso catalanista presumía de imponer a Cataluña como la parte fuerte de la pareja. ¿Cómo? *Aquí se hacen visibles las dos etapas del pensamiento estratégico de la Lliga. El primer paso era asegurar la división dual, lo que garantizaría los objetivos mínimos de particularidad que eran el fundamento del catalanismo. Pero el segundo era la división regional de la parte española.* Potenciar el vasquismo y el galleguismo era un paso evidente. También, en otro sentido, lo era la regionalización valenciana y baleárica, sin las cuales una proyección pancatalanista de la lengua catalana era impensable. Pero el estímulo al regionalismo estrictamente castellano era el planteamiento último y primordial: distinguir Andalucía, Extremadura, la Montaña, Asturias, además de las Castillas y quizá León, serviría para garantizar que el poder existente del Estado –y muy especialmente de las fuerzas armadas en general y del Ejército en concreto– nunca se utilizaría contra Cataluña.

El contenido pacifista del catalanismo asumía una división de esferas, con cierta base sociológica, un reparto de las funciones. Había una cierta tradición catalana, mesocrática y popular, que desconfiaba profundamente del servicio militar y, más en general, de la función misma del Ejército, sentimiento que a la Lliga le convenía apaciguar.[85] Luego, nunca se planteó el desarrollo de una milicia catalana (más allá del Somatén urbano, a partir de 1919), ni mucho menos la recuperación de los discursos milicianos del liberalismo decimonónico, ya que ello hubiera sido abrir la puerta al revolucionarismo demagógico y la inestabilidad que la Lliga despreciaba. Eran los republicanos –como Joaquín Costa, tronando en 1906– quienes abogaban incansables por la insurrección: «Para mí –rugió el «León de Graus» en 1906–, el partido republicano debería sencillamente hacer lo que la restauración con Cánovas hizo en 1875: ella declaró entonces «ilegal» al partido republicano, el partido republicano debe ahora declarar ilegal, o lo que para el caso es igual, ilegítima la restauración, y como consecuencia, constituirse como propio y declarar al país en estado de revolución y no hacer otra cosa que prepararla.»[86] No era ése el camino de cambio que buscaba la Lliga, ni tan siquiera como deleite retórico. Al contrario, aceptaba que la sociología histórica y el reparto estatal de funciones ya estaban bien, una vez corregidas: por pura lógica de preparación y temperamento, eran las clases propietarias agrarias y las zonas menos desarrolladas las que deberían asumir su tradicional función armada, pero mediatizadas por una división territorial y por unas trabas constitucionales que les atarían las manos más allá de lo que, en su día, había ansiado Cánovas. De la administración eficaz ya se encargarían los catalanes, con su *seny* y su *better business practice.*

Para entender mejor la esperanza de tejer una alianza política que inspiraba la Lliga, hay que ver cómo el debate de un *gran bloque* formado por los nacional liberales germanos hacia la izquierda, combinó a los diversos grupos de liberales de izquierda con el Partido Socialdemócrata. El objetivo era forjar una mayoría en el Reichstag, el parlamento imperial, que fuera capaz de imponer –aunque fuera parcialmente– el criterio de responsabilidad ministerial ante los diputados, ya que el funcionamiento era, en la práctica, absolutista, con el gabinete respondiendo tan sólo al emperador. Esta idea fue el gran objetivo de la política interior de Friedrich Naumann (a quien ya hemos citado como joven ideólogo, con Max Weber, paralelo, o al menos comparable, a los iniciales proyectos «imperiales» pratianos).[87]

El *gran bloc* tenía un cierto sentido regional. La tendencia de los Estados sudalemanes era constitucionalista frente a Prusia, cuyo funcionamiento era del todo restrictivo en cuanto a la representación, si bien Prusia condicionaba el sistema general, a través del juego de la figura del rey-emperador. Había, pues, la perspectiva que consideraba que los mínimos habituales en el sur deberían regir el conjunto. De 1905 hasta la primavera de 1914, el Gran Ducado de Baden –considerado el *Musterlände* o «estado modelo»– funcionó en su política interna gracias a un *gran bloque* y en repetidas ocasiones se creyó estar a punto de poder forjarse una coalición equivalente a nivel imperial, lo que resultó imposible debido al peso que ejercieron la seguridad nacional o la temática social.[88] Pero, *durante casi una década, hasta unos meses anteriores al estallido de la contienda mundial, la política alemana estuvo condicionada por la idea de una gran coalición ideológica de reforma, capaz de forzar la marcha de la apertura parlamentaria y constitucionalista, que demostraba la aportación positiva de un espacio particularista a la gran política de Estado.*

Finalmente, de Alemania venían las pautas tácticas más actuales, hasta las expresiones más exaltadas del germanismo podían servir a los argumentos *lligaires.* Como tantos otros liberales nacionalistas alemanes, el famoso historiador Friedrich Meinecke (1862-1954), se lanzó a la teorización de la identidad en su obra *Weltbürgertum und Nationalstaat* [Cosmopolitismo y Estado nacional] de 1907. Meinecke pretendía estudiar cómo el pensamiento alemán pasó del criterio del poder ilustrado y dieciochesco, en esencia cosmopolita, a la idea de un Estado nacional autónomo; para realizar su estudio, necesariamente distinguió entre *Staatsnation* (o «Nación estatal») y *Kulturnation* (o «Nación cultural»).[89] Si, en Meinecke, la Nación cultural descansa sobre la vivencia de bienes culturales, como la comunidad de lengua, de alta cultura o de religión, la Nación política lo hace, por el contrario, en una historia y una constitución comunes. Tal como resume García-Pelayo el contenido del «Comentario» introductorio del historiador germano: «A veces, ambos tipos de naciones coinciden, pero hay casos en los que pueden no coincidir, bien porque una misma nación política albergue varias naciones culturales, bien porque una misma nación cultural esté fraccionada entre dos o tres naciones políticas. Por otra parte, lo normal es que las naciones culturales hayan sido en otro tiempo también naciones políticas; de modo que han perdido su estado, pero mantienen su peculiaridad cultural.»[90]

Puesto en tales términos y con el recurso del *gran bloque, la tesis política de la Lliga pretendía nada menos que establecer una idea nueva del «Estado nacional» sobre una redefinición de la «Nación estatal» que, a su vez, dependiera de una radicalísima reformulación de la «Nación cultural»*. No sólo se rechazaba lo que de francés y genérico tenía el nacionalismo institucional español, borrando la impronta de los siglos XVIII y XIX borbónicos, sino que se suponía que la realidad cultural, al ser fundamentalmente plural, debería estar articulada en un marco variado, que –simultáneamente y sin contradicción– preservara la continuidad de la Corona y de las fuerzas armadas. Sólo así se preservarían los intereses de todos los colectivos históricos capaces de una plasmación territorial o de oponerse abiertamente a ella.

El supremo ejemplo de Gran Bretaña: hegemonía, jerarquía y democracia a la altura de la época

Visto con ojos catalanistas y sentido jurídico, el ejemplo indiscutible de un Estado «imperial» que combinara la naturaleza confederal (sin la bipolaridad) del caso austrohúngaro y el sentido federalizante del caso alemán con la absoluta preeminencia del elemento civil sobre el militar era, por supuesto, Gran Bretaña. Ante los equilibrios entre Coronas que ofrecían los casos austrohúngaro y alemán, el Reino Unido podía presumir de ser el centro de una de especie de encuentro en ciernes entre parlamentos de colonos blancos, compuestos de gentes todas ellas acostumbradas a las libertades y responsabilidades de la sociedad civil moderna, propia del capitalismo más avanzado, acaso camino de una putativa federación universal «anglosajona».

Pero la complejidad de los modelos reales se incrementaba por el hecho de que unos y otros se observaban, además de ser contemplados por la mirada algo idealista de los catalanistas. Como mostró el optimismo filogermánico del destacado jurista, historiador y diplomático victoriano James Bryce (1838-1922), tan favorable al hecho «imperial» unificador, que en su criterio básico podría coincidir con el prusiano Treitschke, la perspectiva inglesa sobre el particularismo alemán era más bien desconfiada: los «principitos alemanes» *(German princelings)* eran una broma y la creciente confusión balcánica, con sus reyezuelos tomados invariablemente de tan inacabable cantera, era una activa «balcanización» a expensas del decrépito Imperio otomano y de la estabilidad internacional.[91] Sin embargo, como ha remarcado el historiador Paul Kennedy, los mismos británicos que consideraban Alemania un modelo eran los que también la temían como peligrosísimo rival externo, mientras que los partidarios de la contemporización –los liberales de izquierda, los radicales, los «inconformistas» religiosos y los socialistas– eran los que más incomodidad sentían ante las instituciones del *Kaiserreich*.[92]

Sin duda, la postura exitosa en la alta política británica de mediados del siglo XIX fue el «imperialismo liberal», identificado con Palmerston y retrospectivamente encarnado en el informe de 1839 sobre el Alto y Bajo Canadá presentado por lord Durham, político de reputación más bien «radical». El Informe Durham sentó el principio de que las cámaras coloniales –y no el Parlamento de Westminster– debían asumir la responsabilidad de los costes de la gobernación. Ya en 1862, la Cámara de los Comunes estableció la relación entre *self-government* y *self-defense*, lo que podía dejar exento de responsabilidad fiscal al gobierno británico, siempre en un contexto bélico de las muchas pequeñas guerras locales producidas en el marco de la pacificación territorial de las colonias. El paso del liderazgo liberal de Palmerston (muerto en 1865) y después de Russell (retirado en 1866) a William Ewart Gladstone (1809-1898) tuvo un importante significado ideológico. En 1868, Gladstone llevó al poder la postura colonial más reacia al expansionismo prolongado o sostenido, la de los llamados *«Little Englanders»*, que en buena medida recogían la tradición antiimperialista y librecambista de Richard Cobden (1804-1865), y del «radicalismo» anterior a los años sesenta. Esta sucesión ideológica en el liberalismo británico estuvo sutilmente marcada por las implicaciones para la industria inglesa de la Guerra Civil estadounidense, con la consiguiente «hambre de algodón». Palmerston y Russell fueron partidarios discretos de la Confederación sudista, e incluso Gladstone llegó a hacer declaraciones desafortunadas en 1862 respecto a cómo el presidente sudista Jefferson Davis había «hecho una Nación».[93] Frente a esta simpatía vergonzante, los librecambistas como Cobden y John Bright, con respaldo obrerista a pesar de las duras circunstancias, apoyaron a la causa de la Unión.[94]

El resultado del vivísimo debate que sacudió la sociedad británica durante los años de la contienda norteamericana vino a ser (además de la eventual apuesta conservadora en la apertura del sufragio) un cierto vuelco radicalizante en el tono de liberalismo oficial y un lento reconocimiento de la posibilidad de que se reconociera una cierta comunidad entre los «pueblos de habla inglesa» del mundo, como superación, después de un siglo, de los rencores heredados de la violenta ruptura angloamericana y la formación de los Estados Unidos. Las tensiones en las colonias australianas y en Nueva Zelanda, así como el British *North America Act* de 1867 (que reconoció como «Dominio» –de hecho, un reino independiente– al Canadá unificado) que predataban el primer gobierno Gladstone (1868-1874) provocaron un primer debate sobre la naturaleza del «Imperio Británico» marcado por la aparición en 1868 del libro *Greater Britain* del radical sir Charles Wentworth Dilke (1843-1911), hijo de un padre homónimo, quien, tras algún rechazo a los honores, eventualmente había aceptado ser ennoblecido.[95]

Más allá del contexto político británico, ya bastante agitado en los años sesenta, el libro de Dilke apareció como colofón a un largo y agrio enfrentamiento que escindió, con gran amargura, a los intelectuales victorianos. Los derechos coloniales estaban inextricablemente unidos al reconocimiento de ciudadanía con sufragio; es elocuente en este sentido la coincidencia de la ley reorganizando el Canadá con la Segunda Reforma Electoral protagonizada por Disraeli en el gobierno conservador de lord Derby de 1866-1868.[96] Pero hubo, además, un trasfondo de escándalo, que remitía muy visiblemente a las tensiones entre los partidarios del Norte y del Sur en la guerra norteamericana. En 1865, una revuelta de gente de color en Jamaica, colonia antillana dotada con una asamblea propia, fue aplastada con extraordinaria ferocidad por su gobernador. Las protestas en la metrópolis llevaron a una comisión de investigación y al procesamiento de E. J. Eyre, el gobernador en cuestión.[97] La opinión se dividió entre Carlyle, el poeta Tennyson, el crítico Ruskin, los novelistas Dickens y Kingsley, entre otros, que defendían la actuación de Eyre, y John Stuart Mill, el historiador T. H. Green, el científico Thomas Huxley y los partidarios del «radicalismo», que le denunciaron como un auténtico salvaje. Al justificar a Eyre, Carlyle, en particular, se confirmó en los planteamientos que ya había avanzado en 1849, con su desafiante *Occasional Discourse on the Nigger Question*, texto en el cual, a raíz de la extensión de los derechos humanos a los esclavos libertos en las Antillas francesas, había argumentado a favor de una misión racial «anglosajona» de responsable productividad.[98] Eyre quedó como un héroe *tory*, la acusación en su contra abandonada, mientras que, en 1866, la isla donde realizó sus desmanes fue reducida a una colonia de la Corona, sin su asamblea.[99] Sobre este enfrentamiento ideológico «entre el liberalismo del centro y el racismo de la periferia» se erigió la paradójica carrera de Dilke, por mucho que su sentimiento personal, como estudiante en Cambridge, le llevó a la más rigorosa condena de los métodos bárbaros del siniestro gobernador.[100]

Con la reputación de ser de opinión virtualmente republicana, gran amigo en su juventud del Mazzini exiliado en Londres, Dilke tuvo la originalidad de asumir buena parte de los argumentos avanzados por la derecha en el triste asunto jamaicano, para darles la vuelta desde la izquierda.[101] Así, situó el debate sobre la naturaleza del Imperio británico en la línea de los derechos individuales (incluida la gente de color, llegado a ese punto) y la espinosa problemática de las responsabilidades colectivas de defensa. En su narración de su «viaje en los países de habla inglesa» (no consideraba que iba a ellos, si no que en ellos estaba) durante 1866-1867, Dilke formuló el triunfó británico como unitario: Inglaterra «ha impuesto sus instituciones a los retoños de Alemania, de Irlanda, de Escandinavia, y de España». Tan rotundo éxito institucional era una cuestión de raza en su conjunto (incluyendo, por ejemplo, los estadounidenses), con lo que se aseguraba que «el poder de las leyes inglesas y de los principios de gobierno ingleses no es meramente una cuestión inglesa; su continuidad es esencial a la libertad de la humanidad».[102]

La intención visible de Dilke, precisamente mediante sus opiniones tan escandalosamente radicales, era la superación de una abundante literatura inglesa de desprecio antiyanqui, que ridiculizaba las presunciones de las antiguas colonias norteamericanas y que tuvo ocasionales brotes contestatarios en la otra orilla.[103] Era un discurso que podía entenderse mejor, por ejemplo, desde las colonias australianas, vagamente republicanas y al tiempo partidarias de la universalidad racial y anglófona, que no desde el contexto metropolitano.[104] Si bien Dilke se expresó con una contundencia según cómo refrescante, la idea de una comunidad internacional «anglosajona» no era original; véase la afirmación de Emerson sobre «La Raza», una década antes, en su *English Traits* (1856):

> Se calcula que el Imperio Británico contiene 222.000.000 almas, –quizás una quinta parte de la población del globo–; y se compone de un territorio de 5.000.000 de millas cuadradas. Hasta ahora, el pueblo británico ha predominado. Puede que cuarenta de estos millones sean de estirpe británica. Si se añaden los Estados Unidos de América, que contienen, sin contar esclavos, 20.000.000 de habitantes en un territorio de 3.000.000 de millas cuadradas, y en el cual el elemento extranjero, por muy considerable que sea, es rápidamente asimilado, se tiene una población de ascendencia y lengua inglesa de 60.000.000, gobernando una población de 245.000.000 almas.[105]

En 1870, dos años después de la aparición del *Greater Britain* de Dilke, el conocidísimo crítico de arte John Ruskin (1819-1900) impartió la lección inaugural de la Universidad de Oxford, con una llamada a que los estudiantes reconocieran que «[e]stamos todavía sin degenerar como raza; una raza mezclada con las mejores sangres norteñas», y, por ello, «[h]ay un destino que ahora nos es posible, el más alto puesto ante una nación para ser aceptada o ser rechazada»: hacer de Inglaterra «una fuente de luz, un centro de paz» fundando colonias «con tanta prisa y tan lejos como pueda». Era un imperativo, según Ruskin: hacerlo o morir.[106]

No es que los *Little Englanders* fueran exactamente partidarios de renunciar a las responsabilidades que acompañaban a las posesiones británicas. Como escribió Gladstone en 1878, al tratar el tema de la *England's Mission*: no obstante que «[e]l sentimiento de imperio se puede considerar innato en cada británico», lo que, sin embargo, señalaba el líder liberal era que, a la larga, contaba más el despliegue institucional que el poderío y, al tiempo, recordaba el coste real que ello significaba; era fácil cegarse, dijo, al hecho que «la fuerza central de Inglaterra recae en Inglaterra».[107] Pero las llamadas insistentes a una conciencia «imperial y racial anglosajona» tuvieron su efecto entre un electorado ampliado, capaz de sentir afinidades de signo patriótico.[108] Las acusaciones de abandonismo de las colonias ayudaron a socavar la última fase del gabinete Gladstone, hundieron políticamente a los *Little Englanders* y facilitaron el ascenso del conservador Benjamin Disraeli (1804-1881), que pudo aprovechar la proclamación de la India como «Imperio» bajo su mandato. Para entonces, con la excepción de Terranova, todas las colonias autónomas eran proteccionistas, incluso ante la producción metropolitana, con lo que el debate tuvo un claro trasfondo económico.[109] Según el líder conservador, en su famoso discurso de junio de 1872 en el Crystal Palace londinense, Gladstone estaba errado al considerar las colonias un lujo costoso:

> Bien, [¿]cuál ha sido el resultado de este intento para la desintegración del imperio durante el reinado del liberalismo[?] Ha fracasado del todo. ¿Pero cómo ha fracasado? Mediante la simpatía de las colonias por la madre patria. Ellas han decidido que el imperio no será destruido; y en mi opinión, ningún ministro en este país cumplirá con su deber si descuida cualquier oportunidad de reconstruir [sic] nuestro imperio colonial en todo lo que sea posible, y responder así a aquellas distantes simpatías que pueden convertirse en fuente de fuerza y felicidad incalculables para esta tierra. [...]
>
> El tema no es baladí. Es si ustedes se encontrarán contentos con seguir siendo una Inglaterra cómoda, modelada y moldeada sobre principios continentales [o sea, europeos] para encontrar a su tiempo un destino inevitable, o si serán un gran país, un país imperial, un país en el que vuestros hijos, cuando suben, suben a posiciones principalísimas y obtienen no sólo la estima de sus connacionales, sino que exigen el respeto del mundo.[110]

Sin embargo, tal retórica no tuvo una traducción muy sólida en el segundo gobierno conservador de Disraeli (1874-1880). El origen jurídico de la misma «corona imperial» fue en buena medida un antojo de la reina Victoria, complacida a principios de 1876 por el primer ministro con un «Royal Titles Bill», cuyo fondo superficial queda revelado por el nombre de la propuesta. Disraeli no avisó a la oposición liberal, con lo que la batalla parlamentaria fue correspondientemente dura, ya que el líder liberal Gladstone se sintió especialmente repugnado por el regusto romano del cambio. Poco importante en sí, el título honorífico de «Emperatriz de la India» (era ya «Reina de la India» desde 1858, al suprimirse la Compañía Inglesa de las Indias Orientales) parecía augurar un replanteamiento del papel de la Corona en el sistema constitucional británico, posibilidad que preocupó a la opinión liberal (en especial a los radicales) y facilitó el retorno de Gladstone a la jefatura del gobierno en las elecciones de 1880.[111] Mientras estuvieron los conservadores se llegó a plantear un *Indian peerage*, una jerarquía de la nobleza para el flamante «Imperio» oriental, idea finalmente desechada, si bien se estructuró a los príncipes hereditarios indios, rajás, nawabs y demás, según las ideas británicas de rango.[112] Asimismo, proliferaron toda suerte de órdenes de caballería imperiales, de la India y otras partes, que hicieron las delicias de varias generaciones de súbditos británicos o del Imperio ansiosos de ostentar algún rango.[113] Según cómo, se ha argumentado que esta misma jerarquización, con su sentido exagerado de las exageraciones *tory* sobre el sistema social «natural», fue el propósito esencial mismo del Imperio británico.[114]

En consecuencia, el whigismo tuvo una actitud contradictoria ante el creciente despliegue «imperial» y se mostró ansioso de dotarlo de limitaciones e incluso de contenidos constitucionales. El segundo gobierno de Gladstone (1880-1885) estuvo, por implicación, centrado en el debate sobre la naturaleza del «Imperio» y sobre las dimensiones o naturaleza del consiguiente «imperialismo», aunque ello se vería más en sus secuelas. En el segundo gabinete Gladstone, Dilke –figura mayor de la izquierda radical del liberalismo– fue subsecretario de Asuntos Exteriores (1880-1882) y presidente de Local Government Board (1882-1885), hasta que su carrera política se hundió por ser citado (como partícipe adúltero, se entiende) en un caso de divorcio.[115] Al frente del consejo del gobierno local le sucedió Joseph Chamberlain (1836-1914), el otro protagonista de la izquierda radical, con fama de casi republicano, unitarista religioso (como Emerson) y exitoso fabricante tornillero de Birmingham, famoso como alcalde de su ciudad a principios de los setenta: Joe fue el primer hombre de negocios que se hizo una carrera en la política británica y se preció de aplicar su experiencia a la administración.[116] En las elecciones generales de 1885, el balance parlamentario estuvo en manos del Partido Nacionalista Irlandés de Charles Stewart Parnell, que exigió a Gladstone una ley de Home Rule (o autonomía administrativa) para Irlanda. Al parecer, el *Grand Old Man* del liberalismo inglés sintió la llamada autonómica al contemplar el ejemplo noruego, dentro de la Monarquía dual sueconoruega, durante un crucero de veraneo por los fiordos en agosto de 1885; su sentido de la oportunidad no pudo ser menos pertinente. Sería el gran tema del tercer gabinete gladstoniano, de febrero a julio de 1886, que tan precipitadamente acabó, ante la escisión del liberalismo.

Había un fuerte predominio de una cultura protestante «inconformista», con un llamado «partido evangelical» que de manera informal en la Iglesia oficial y, por extensión, en el Partido Liberal hacía puente entre el *establishment* anglicano y las capillas «disidentes». Tal hegemonía tuvo un sentido interclasista entre las capas medias y obreras; se forjó en las constantes campañas contra el esclavismo que culminaron en los años de la Guerra Civil norteamericana. A pesar de sus contradicciones, Gladstone supo encarnar ese sentimiento y canalizarlo en el marco parlamentario.[117] Pero la insistencia gladstoniana en la autonomía irlandesa –con su resonancia de apoyo a la perenne «conspiración papista»– rompió ese impulso.[118] La más agresiva oposición a Gladstone –encabezada por lord Randolph Churchill, que había formado un Primrose League en nombre de la «democracia tory» y del «imperialismo» en 1883 y que, según se decía, aspiraba a formar un «cuarto partido» a la derecha de los conservadores– asumió, con perfecto cinismo, la «opción naranjista» del Ulster protestante *(Home Rule is Rome Rule)*. La aprobación de la ley autonómica se hizo imposible.[119] Al ser Chamberlain, como lo era Dilke, partidario de la «unidad imperial», rompió en 1886 con Gladstone y con el liberalismo por la cuestión irlandesa, organizando el Partido Unionista en alianza con el conservadurismo. La escisión liberal y el surgimiento del unionismo fue considerado por los observadores contemporáneos como un paso decisivo en la formación de los «caucus», fuente del declive de los partidos clásicos y, muy en especial de la desaparición del radicalismo histórico, ante las sinergias del *tory democracy*.[120] Irónicamente, igual que le pasó a su enemigo Dilke, el líder parlamentario nacionalista irlandés Parnell fue hundido por un escándalo de divorcio en 1890.[121]

Como consecuencia directa de la ruptura liberal por Irlanda, las últimas décadas del siglo XIX vieron un fuerte cambio en la opinión «inconformista»: hasta los años setenta, había sido profundamente antiimperialista, pero, a partir de los noventa, se hizo cada vez más favorable al sentido «moral» del Imperio.[122] En general, tras el ascenso de las posturas liberales y radicales entre 1866 y 1886, hubo una suerte de recuperación aristocratizante.[123] De nuevo al frente del gobierno en 1892, Gladstone intentó otra vez el «Home Rule Bill», que pasó en la Cámara de los Comunes, pero fue derrotado en la Casa de los Lores. Gladstone dimitió como primer ministro en 1894, finalizando su carrera. Por su parte, como secretario para las Colonias en el gobierno conservador de Salisbury (1895-1903), Chamberlain tuvo responsabilidad política por la conducción de la Guerra sudafricana y se destacó como agresivo portavoz de lo que se vino a llamar el «nuevo imperialismo», siendo especialmente insistente sobre el potencial de una «alianza anglosajona» en 1898.[124] Finalmente, en 1909, el conservadurismo y el unionismo se fundieron de manera oficial.

De nuevo, en los años ochenta, la discusión sobre la naturaleza del «imperio» coincidió con la ampliación electoral, en las leyes de «reforma» de 1884 y 1885. En muchos sentidos, los pioneros de la «unidad anglosajona» fueron dos historiadores de la Universidad de Oxford, Goldwin Smith (1823-1910) y E. A. Freeman (1823-1892), que ocuparon, uno tras el otro, la destacadísima cátedra «regia». Activo partidario de la causa unionista en la Guerra Civil norteamericana (aunque posteriormente algo desilusionado por su breve estancia como profesor en los Estados Unidos), Smith se hizo asimismo ferviente portavoz de una lectura racial del desarrollo de los pueblos de habla inglesa (base de sus grandes historias políticas de la república norteamericana y del Reino Unido), lo que le llevó a oponerse tanto al Home Rule para Irlanda como a la inmigración judía, contra la cual recogió argumentos germanos contemporáneos.[125] Freeman, medievalista que le sucedió en la cátedra que había ocupado, fue más moderado que su antecesor en su postura irlandesa, y se mantuvo suficientemente liberal para volcarse en la defensa de las nacionalidades balcánicas ante la opresión otomana. En general, exaltó la aportación teutónica a la civilización moderna, sentimiento que le llevó a defender el «anglosajonismo».[126] Ambos historiadores dejaron edificado un fuerte criterio académico, muy influyente, que pronto se vio confirmado por otros autores.

Así, el debate de los años ochenta estuvo dominado por una nueva tanda de obras dedicada a la virtualidad «imperial» y «anglosajona». Las más destacadas fueron *The Expansion of England* (1883) de J. R. Seeley, un impresionante éxito editorial que vendió ochenta mil ejemplares en dos años y cuyas sucesivas reediciones se mantuvieron en catálogo hasta mediados del siglo siguiente, y *Oceana* (1886) de J. A. Froude, discípulo éste de Carlyle (fue su albacea) y autor en 1881 de una extensa historia de Irlanda en el siglo XVIII que mostraba el más absoluto desprecio por los irlandeses.[127] De nuevo, ambos autores fueron historiadores más o menos reconocidos, si bien sus textos fueron más bien ligeros. El texto de Seeley era un fluido ensayo interpretativo (de hecho, son dos series de conferencias impartidas en la Universidad de Cambridge, donde ocupó la correspondiente cátedra «regia») y el de Froude una narración de viaje (concretamente por las colonias australianas y Nueva Zelanda), como la de Dilke casi veinte años antes. El libro de Froude fue ferozmente atacado por la crítica (en especial por Freeman), ya que cometió errores de bulto (según su biografía en la *Encyclopedia Britannica*, «era constitutivamente impreciso» y otros bromearon sobre la *Froude's Disease*, o sea, la «enfermedad» de equivocarse). A pesar de su inexactitud, se le concedió la plaza «regia» de Oxford tras la muerte de Freeman. En cambio, la obra de Seeley le valió el encumbramiento a sir, a propuesta de lord Rosebery.[128] Ni que decir que Dilke era entusiasta público tanto de Seeley como de Froude.

Para Seeley, la clave del comportamiento imperial inglés estuvo en su disposición a fundar colonias en su sentido más puro, establecimientos de colonos o pobladores, en lugar de dependencias de un lejano centro: «el hecho sencillo y evidente de la extensión del nombre inglés en otros países del globo, los fundamentos de la Más Gran Bretaña». Al ir acompañados por las costumbres y la ley inglesa, tales entidades compuestas por gentes conscientes de ser «ingleses libres» *(free-born Englishmen)* sirvieron como «la necesaria base popular para una "Commonwealth"»; inquietos con el mando central pero nutridos por la idea de ser socios *(«impatient of imperial rule yet cherishing notions of imperial partnership»)*, «ellos abrieron un camino por el cual un poder metropolitano de por sí seguramente jamás hubiera seguido».[129] El argumento central de Seeley era que el Imperio británico era inmune a las debilidades que habían arruinado a otros imperios anteriores, que habían sido las simples uniones forzadas y mecánicas de pueblos entre sí extranjeros. Seeley subrayó en la complejidad de la experiencia británica, compuesta de emigraciones con valores en común, dispuestos a una vinculación en apariencia débil, pero que, en el momento decisivo, había sido y sería de gran firmeza colectiva.[130] Como se puede constatar, Seeley fue un gran defensor de la idea de «federación imperial», en especial en circunstancias de amenaza bélica. Otros académicos, como Freeman, se manifestaron contra las conclusiones de «federación imperial» de Seeley, pero sólo para recordar el ideal racial anticipado por Dilke (quien por su parte volvió al tema).[131] La eclosión discursiva sobre la «unidad anglosajona» fue completada en 1888 por *The American Commonwealth*, de James Bryce, afamado ensayista politológico y a su vez discípulo de Freeman, bajo cuya influencia había escrito su anterior estudio sobre el Sacro Imperio Romano-Germano.[132] Toda esta producción «anglosajonista» tuvo su respuesta interactiva al otro lado del Atlántico, en Estados Unidos, a mediados de los años ochenta, donde John Fiske, el reverendo Josiah Strong y el politólogo profesor John W. Burgess, entre otros, insistieron, con su propio ardor patriótico, en la natural aptitud federativa de los «pueblos de habla inglesa», con argumentos que florecerían con el pleno despertar norteamericano al imperialismo en 1898.[133] Pero, en el contexto británico, la temática «anglosajona» era esencialmente una discusión institucional, interna, aunque tuviera publicistas tan enfervorecidos como Rudyard Kipling, cuya carrera de periodista empezó justamente entonces, en los años ochenta, al calor de tales argumentos.[134]

Así, si bien el trasfondo doctrinal siguió siendo el mismo, el sentido de la discusión sobre el encaje «imperial» surgida en los años ochenta se transformó con la escisión del Partido Liberal del sector de opinión unionista (en la cuestion irlandesa), que, además, coincidía bastante con los partidarios de una mayor coordinación imperial, que, empezando por la «preferencia imperial» de una protección económica común debía llegar a la protección militar igualmente coordinada. De hecho, no fue hasta los años noventa que tales nociones tuvieron circulación en los pasillos de Whitehall, entre los administradores de las Oficinas Extranjera, Colonial y de la India.[135] Pero, entonces y después, la opinión en las colonias se mostró tan agria en esta cuestión, que amargaría toda discusión futura sobre «federación imperial».

El indiscutible protagonista del nuevo discurso imperial de los años noventa fue Joseph Chamberlain, desde la jefatura del Colonial Office. Si bien hizo su renombre mundial como portavoz de una postura agresiva, tuvo mayores recursos políticos que antecesores suyos como Dilke. Tal como ha argumentado el historiador Scott Newton, *Radical Joe* Chamberlain defendía una visión sociológica que nunca abandonó la esencia de los planteamientos radicales de Cobden, pero que los reformuló en términos de las nuevas exigencias de los sectores productores de la sociedad británica, en su perspectiva, sometidos a las pretensiones de los consumidores; quiso invertir la fracasada alianza social del librecambismo con un nuevo nacionalismo proteccionista e imperialista que uniría a empresarios y obreros en una democracia de auténtico contenido meritocrático, eficaz política y económicamente, con conciencia social e intervención activa de los servicios públicos ante las necesidades populares (como hizo él mismo como alcalde en Birmingham en 1873-1875).[136] Ni que decir que era un programa muy atractivo para los catalanistas «intervencionistas».

A mediados de los años ochenta, con el debate que suscitó la propuesta liberal de Home Rule para Irlanda, con la ruptura del liberalismo y el surgimiento del unionismo, las ideas de Chamberlain se situaban en el marco de los muchos proyectos que rodearon la Imperial Federation League. Después de una visita en 1887 al Canadá, buque insignia del despliegue del Imperio como institución, Radical Joe defendió la idea de *Home Rule All Round*, de autonomía para todos, como réplica a la vez imperial y equitativa al peligroso excepcionalismo hiberniano (y quizá también como maniobra cínica para anular la cuestión).[137] En todo caso, era evidente que, a partir de la experiencia del Canadá, Nueva Zelanda, de todas las «colonias blancas autogobernadas», parecía sostenerse una cierta tradición de discusión federalizante del marco «imperial», aunque fuera un homenaje más verbal que creíble.[138] Es más, el debate sobre «federación imperial» –con entre 150 a 200 propuestas o variaciones de las mismas, según un especialista– tenía una marcada tendencia a cambiar de dirección y sentido, según se hablara desde la metrópolis o desde las colonias; incluso protagonistas con posiciones aparentemente claras podían girar bastante abruptamente en su comprensión de los argumentos.[139] Dilke, por ejemplo, aprovechó su tiempo de relativo ostracismo para reescribir sus tesis antiguas en un nuevo libro, *Problems of Greater Britain*, aparecido en 1890, que revisaba como del todo pasada *(wholly out of date)* su obra anterior, en la cual había valorado la solidaridad racial de los «anglosajones», fueran dependientes de Londres o norteamericanos en absoluto independientes. Con la perspectiva acumulada de veintidós años de vida política, Dilke había cambiado: antes había contemplado como aceptable el «separatismo» y ahora lo veía como un «peligro» y repasaba con detalle las fórmulas vinculativas, fueran las diversas propuestas de «federación imperial», de *Zollverein* británico o de consejos de mutua consulta.[140]

La rivalidad naval anglo-germana, iniciada en los años noventa, cambió las perspectivas metropolitanas sobre la cuestión de los costes militares, en el sentido de fortalecer la idea de una politíca defensiva compartida, planteamiento que, sobre todo en lejanas colonias del océano Pacífico como la naciente federación australiana o Nueva Zelanda, parecía una extravagancia. Así, como ha observado un historiador militar británico, no fue hasta los años noventa cuando medios oficiales ingleses despertaron a las implicaciones de pertenecer a un gran Imperio.[141] Se celebraron «conferencias coloniales» de los primeros ministros de las «colonias autogobernadas» con el jefe del gobierno metropolitano para tratar «materias de interés mutuo», las cuestiones decisivas de comercio y de defensa (o, más precisamente, de las atribuciones de los costes militares) en 1887, 1897, 1902 y 1907. La conveniencia o no del envío de tropas coloniales en apoyo de las fuerzas británicas, puestas en dificultades en la muy controvertida Guerra sudafricana de 1899-1902, provocó toda suerte de protestas –así como exaltaciones de la causa «afroholandesa» en Irlanda y hasta en la misma Inglaterra– y centró la reunión de 1902.[142] A partir del encuentro de 1907, en el cual se reconoció la autonomía en política interior y exterior, las «colonias autogobernadas» pasaron a denominarse oficialmente «Dominios», extendiendo ese mismo año, con cierta formalidad, a Nueva Zelanda el estatus del que disfrutaban Canadá desde 1867 y la recién fundida Commonwealth de Australia desde 1901. La fórmula que combinaba federación con Corona bajo la indefinición más absoluta –y que parecía haber sido tan funcional uniendo las diversas colonias australianas– sirvió para resolver el pleito estructural de la Guerra de los Bóers, al fundarse la «Unión» sudafricana en 1910.[143] También Terranova (o Newfoundland), la más antigua colonia inglesa, reglamentada por la misma ley que estableció el Canadá en 1867, tuvo el tratamiento por implicación.

A partir de la cita de 1907, estos mismos encuentros fueron llamados «Conferencias Imperiales», celebrándose las siguientes en 1911 y 1917. La cuestión de los costes financieros y humanos de la defensa «imperial», ya del todo volcada sobre sus antiguos ejes decimonónicos, se arrastró, por tanto, hasta la Primera Guerra Mundial, cuando el primer ministro canadiense, el conservador Robert L. Borden, aprobó en 1917 la conscripción general (que los francocanadienses repudiaban con vehemencia) a cambio de borrar para siempre la cuestión de la obligatoriedad de una defensa común.[144] Ello cerró para siempre toda idea de «federación imperial» y abrió la puerta a la idea de una Commonwealth formal de Estados independientes (doctrina establecida en la «conferencia imperial» de 1926), que tomó forma definitiva una vez que se proclamó el «Estado Libre irlandés» como «Dominio» (al menos desde el punto de vista inglés) en 1921.

Así, las contradicciones del ideal imperial británico no se harían visibles hasta que fue pasando el tiempo. Los años anteriores a la Primera Guerra Mundial parecían anunciar un verdadero brote de posibilidades federalizantes dentro del marco político británico, que parecían recoger los frutos de iniciativas planteadas casi tres décadas antes. La Conferencia Imperial de 1911, convocada con la conciencia de la necesidad de una más regular relación entre los gobiernos de los «Dominios» y el gabinete británico (criterio éste ya establecido en la Conferencia Colonial de 1907), vio al primer ministro neozelandés, sir Joseph Ward, proponer un «Parlamento de Defensa Imperial», mientras que el «grupo de la Tabla Redonda» encabezado por lord Arthur Milner mantuvo viva esa perspectiva, de manera informal, en la política y el intercambio intelectual inglés.[145] La renovada propuesta de Home Rule con la que el Partido Nacionalista Irlandés, con una minoría parlamentaria decisiva para los liberales tras las elecciones generales de 1910, emplazó al gobierno liberal de Asquith en 1912-1914, y dio plena actualidad al tema, como igualmente hizo en el Ulster la renovada agitación unionista contra la autonomía. La formación de agrupaciones paramilitares rivales (la Ulster Volunteer Force y los Irish National Volunteers) en 1913 y la insinuación de una insubordinación antinacionalista del Ejército inglés en Irlanda (el «Incidente de Curragh» en marzo de 1914) añadieron urgencia a la cuestión, que, en ambos sentidos, autonomistas irlandeses y unionistas ulsterianos, parecía apuntar hacia la federalización como solución general.[146] En un nuevo contexto en el cual la Cámara de los Lores no podía retrasar la legislación más de dos años, la ley de administración local para Irlanda, aprobada en los Comunes en 1912, fue reconocida formalmente en 1914, pero, con la excusa de la Guerra Europea iniciada ese verano, su aplicación fue pospuesta mientras duraran las hostilidades.

La evolución de la contienda internacional, al resolver por otro medio la cuestión del apoyo militar de los «Dominios» a la metrópolis en una emergencia, acabó con todo el largo debate sobre la «federación imperial» desde ultramar, que se venía arrastrando, como poco, desde el siglo anterior. El movimiento federalista perdió entonces su dimensión «imperial» y quedó reducido a un tema de «devolución» de poderes dentro de la política interior británica. Pero cualquier «devolución» regional en las *Home Islands* quedó cortocircuitado por los amargos hechos irlandeses de 1916 y de 1919-1921 y la creación del «Estado Libre», más o menos según el histórico precedente canadiense.[147]

Los catalanistas «intervencionistas» pasan del espejo irlandés al británico

No se puede subestimar la fascinación que las circunstancias irlandesas ejercieron sobre los catalanistas en la segunda mitad de los años ochenta y los primeros noventa del siglo XIX; por ejemplo, pasada la caída de Parnell en 1890 y su muerte el año siguiente, así como la derrota definitiva del Home Rule en la Cámara de los Lores en 1893, con el último gabinete Gladstone, un joven Cambó se dedicó a llenar cuartillas «sobre las tácticas del movimiento irlandés» con toda la documentación que encontró en casa de su mentor Verdaguer i Callís, ya que éste le había encargado las temáticas de política extranjera «y especialmente la de Movimientos Particularistas» para el todavía semanario *La Veu de Catalunya*.[148] *Fue, por tanto, un acto de alta y calculada conciencia política dar el paso de la espontánea simpatía filoirlandesa propia de nacionalistas catalanes a el repertorio ideológico de sus peores enemigos.* Significaba asumir la superación de los ideales más sencillos, trascender la lección húngara, ya pasada y hasta peligrosa, y aprender a fondo nuevas disciplinas, de mayor alcance.

En un principio, la actitud de los catalanistas «intervencionistas» frente al «imperialismo» británico no distaba mucho de la de sus correligionarios puristas. En la Guerra de los Bóers, como gran parte de la opinión europea, unos y otros estuvieron a favor de la causa de la Repúblicas «afroholandesas» contra la descarada presión iniciada desde la británica Colonia del Cabo por el que fue su primer ministro, el millonario Cecil Rhodes (1853-1902), y luego ejercida directamente por mandos «imperiales» como Alfred Milner. Este agresivo expansionista aparece una única vez mencionado en toda la obra pratiana, de modo aparentemente condenatorio: la entrada de las fuerzas británicas en Pretoria, la capital del Transvaal en 1900 sacó un lamento por «La fi d'un poble» de la pluma de Prat, elegía por los afrikáners que él quiso acabar con una profecía: «¡Quién sabe lo que les reserva [al pueblo bóer] el tiempo, que tantas transmutaciones, tantos altibajos esconde! ¡Quién sabe si un día les tocará ser el núcleo de la gran federación africana! ¡Quién sabe si los nietos de los que hoy abandonan tristemente los fuertes de Pretoria dirigirán, con el tiempo, una guerra de independencia fatal para Inglaterra y constituirán los Estados Unidos del Sur de África con los descendientes de Cecil Rhodes y de Jameson [el compañero de Rhodes que inició el ataque al Transvaal]!».[149] La enorme ironía inconsciente aquí es que tal proyecto de unos «Estados Unidos del Sur de África» era precisamente el plan de Rhodes y para nada el ideal de su principal oponente, el cerrado y muy conservador presidente Paulus Kruger del Transvaal (1825-1904), a quien no le importaba más que la independencia de su Estado y el mantenimiento de sus supuestamente ancestrales costumbres (entre ellas, la brutal sumisión de la población de color). En algún momento, a lo largo de los años siguientes, Prat y los suyos se dieron cuenta de su error y enmendaron su estrategia.

Se ha solido representar a Rhodes como una suerte de discípulo de Ruskin, influenciado por su «Lección inaugural» de 1870 y su llamada a la colonización racial inglesa, si bien algún historiador escéptico, más reciente, ha señalado que no hay prueba de que el gran «edificador del imperio» hubiera tratado al famoso crítico en su tiempo en Oxford, ni que hubiera leído sus opiniones.[150] Pero también es verdad que Rhodes, aunque fuera una combinación insondable de cinismo asombroso, extraordinaria capacidad corruptora y elevadas pretensiones «imperiales», expuso, en sus apuntes particulares de 1877, una doctrina de unidad racial inglesa, del tipo tan de moda, sobre todo a partir del *Greater Britain* de Dilke: «¿Porque no deberíamos formar una sociedad secreta con un sólo objetivo, la extensión del Imperio Británico y la reunión de todo el mundo sin civilizar bajo el dominio británico, para la recuperación de los Estados Unidos, para hacer de la raza anglosajona un único Imperio?».[151] Hay indicios de que, en su fuero interno, diera vueltas a estas ideas de forma permanente.[152] En todo caso, Rhodes jugó buena parte de su carrera política en términos de aproximación al Afrikaner Bond, el partido «nacional» de los «afroholandeses» en la Colonia de Cabo; asimismo respaldó al nacionalismo irlandés de Parnell con una suma considerable de dinero, apuntando en la dirección de un «parlamento imperial».[153] El slogan *«Home Rule for all within the Empire»,* al que, a su manera, se sumaría Chamberlain, era un rhodesismo muy repetido. El lanzado capitalista sudafricano compró a Dilke con acciones y conspiró con su antiguo enemigo Chamberlain para preparar la anexión del Transvaal. Así que, aunque Rhodes acabara su carrera con un pananglicismo militante, habiéndose deshecho de los afrikáners y olvidado de los irlandeses, su evolución retórica –para dejar a un lado lo que podría realmente pensar tan maquiavélico personaje– siempre retuvo un juego de *self-government*, con todas sus implicaciones. Finalmente, Chamberlain acabó su carrrera con la defensa del proteccionismo como solución de futuro (económica y laboral), hundiendo con ello el gobierno conservador en 1903.[154] Por si faltasen más razones, su «martirio» en el altar de los principios proteccionistas haría del antiguo radical, transfigurado en colonialista ardiente, un ejemplo heroico digno de admiración, a ojos catalanistas.

A partir de estos elementos, precisamente para los catalanistas más políticamente conscientes, la experiencia británica estaba llena de enseñanzas: la importancia del idioma como vínculo transnacional y pannacional, la paradoja de un vínculo «imperial» y la libertad par-

lamentaria de las colonias, las ricas posibilidades de una política económica proteccionista con una política militar «librecambista» (o sea, pacifista), el atractivo de un debate sostenido sobre la autonomía como una alternativa entre la independencia y la federación. El ejemplo británico tenía el encanto indudable de un mayor liberalismo estructural y un mayor sentido del desarrollo capitalista como estilo político, cosas ambas a valorar desde un punto de vista catalanista. Si la Confederación Alemana había sido producto del proteccionismo económico del *Zollverein*, el Imperio Británico, muy al contrario, había sido paladín del librecambismo; sin embargo, cada vez más parecía imponerse el criterio de la «preferencia imperial», planteamiento mucho más atractivo para defensores acérrimos del proteccionismo como los catalanistas de la Lliga.[155]

Pero, por encima de todo, el ejemplo británico tenía una ambigüedad fundamental que era una delicia, porque hacía innecesaria la autodeterminación. Como planteó el destacado conservador Arthur Balfour en Londres, en noviembre de 1911: «La existencia del Imperio depende de la cooperación de parlamentos absolutamente independientes. No hablo como abogado, sino como hombre político. Desde el punto de vista legal, creo que el Parlamento Británico tiene supremacía sobre los Parlamentos de Ca-nadá o de Australia o del Cabo o de Sud-África; pero en realidad éstos son independientes y a nosotros nos corresponde reconocerlo así y constituir el Imperio Británico sobre la base de la cooperación de Parlamentos independientes en absoluto.»[156]

Dijo lo mismo Cambó, en su agitado discurso ante García Prieto el 7 de julio de 1916: «Y en cuanto al régimen colonial de Inglaterra, no necesitarían sus colonias para obtener su libertad completa más que un acto de voluntad, y ese acto de voluntad no se ha producido.»[157] Además de las fuentes originales, esta perspectiva llegaba a los catalanistas todavía más comodamente a través de textos como *L'Anglaterre et l'Impérialisme* (1907), del francés Victor Bérard; para Bérard, el tema de Chamberlain y el significado del descubrimiento del «imperialismo» por los antiguos radicales, se dividía entre el expansionismo económico burgués, utilitario y comercial, y el impulso de conquista aristocrático, doctrinal y literario; la tensión entre el proteccionismo y la ortodoxia del librecambismo, lo que Béraud llamó *«panbritannisme»*; la comparación y hasta simpatía con el Imperio alemán; y, finalmente, el empirisimo inglés.[158] No sería accidente que, en 1918, D'Ors invitara a Bérard –para discurrir sobre un tema neoclásico, «Homero y España»– en los cursos de intercambio del Institut d'Estudis Catalans.[159] En realidad, la perspectiva anglófila catalana se podía comparar con una lectura de Pi y Margall hecha por un observador británico, despreocupado de cuestiones simbólicas centrales para un hispano, como la religión pública o la forma de Estado, que si Monarquía o República.[160]

Pero el mismo modelo británico, con todas sus ventajas, tenía importantes contradicciones, en especial, el hecho de que era a duras penas un modelo consistente, sino una evolución política, en discusión permanente, con un alto grado de improvisación. No obstante, ganaba con la distancia, adquiriendo una consistencia institucional que era más propia del poderío británico, que de la solidez institucional. Tal vez, para un observador agudo como Cambó, la misma fragilidad fuera una inspiración. Sin embargo, tales entusiasmos *lligaires* tenían su contradicción, recogidos por corrientes rivales dentro del catalanismo.

La cuestión de fondo, cara al futuro, era sencilla. El famoso historiador inglés Arnold Toynbee recordó cómo, a principios de siglo XX: «Los liberales ingleses de la época hablaban con libertad, y con aprobación, de la liberación de las nacionalidades sometidad en Austria-Hungría y los Balcanes. Pero, a pesar del espectro de "Home Rule" [en Irlanda] y los comienzos del "malestar de la India", no se les ocurrió que estaban saludando los primeros síntomas de un proceso de liquidación política que iba a extenderse, en sus vidas, tanto a la India como a Irlanda y que, en su irresistible progreso alrededor del mundo, desharía otros imperios además de Austria-Hungría.»[161] Pero algunos ingleses no tan liberales sí se dieron cuenta. Como observó retrospectivamente otro comentarista, el historiador y ensayista italiano Gugliemo Ferrero: «La verdad fue adivinada hace veinte años, por uno de los más ilustres adalides del imperialismo de la generación pasada, lord Cromer, el procónsul inglés en Egipto: la civilización occidental es la negación del imperialismo, a causa de la imposibilidad total y casi orgánica de hacerse obedecer, en la cual se debate sin esperanza.»[162]

14. Promover un «imperio de la sociedad civil»: Cambó y la transgresión ideológica

Los tres modelos externos tan idealizados por el pensamiento de la Lliga no podían ser troceados, separados el uno del otro. Por el contrario, *constituían un paquete completo*. Los casos austrohúngaro, alemán y británico representaban un resumen del proceso de aprendizaje que había formado el catalanismo «intervencionista» y que éste asumía, con sus errores y contradicciones, como un bagaje necesario.[1]

Por lo tanto, la secuencia en la que se había producido la educación política *lligaire* era importante en sí, en tanto que resumía un proceso histórico, que empezó en 1870, entre los literatos de la «Jove Catalunya». Tras las revoluciones de 1848-1849, el catalanismo juvenil, frente al republicanismo, se entusiasmó con el «despertar» húngaro, en vez del «resurgir» italiano. En la práctica, escoger tanto Kossuth o Garibaldi comportó una prolongada adolescencia ideológica, ya que el «libertador de dos mundos» se sometió a los designios de Cavour y del Estado piemontés-sardo cara a la anexión de los restantes reinos italianos y, unos pocos años después, los rebeldes magiares buscaran el camino de la política más práctica y realista tras las faldas de la emperatriz Isabel, *Sissí*. Los seguidores del «Partido del '49» subsistieron en la política húngara igual que los garibaldini.en la italiana, como una fuerza purista anclada en tiempos gloriosos (pretéritos para sus enemigos), pero sus admiradores nunca pudieron pasar a las corrupciones normales de la vida política adulta. Adherirse a los «traidores» que aceptaron a la odiada dinastía austríaca ya representó, en su día, un paso considerable hacia el realismo político, por mucho que fuera un esfuerzo por evitar el mal mayor del «particularismo» almiralliano y la consiguiente articulación de un tinglado de política práctica o incluso «practicista».

La nueva promoción se rió de sus antiguos maestros ideológicos e hizo gala de su sentido agudo del realismo político, ignorando con desdén intelectual las acusaciones de oportunismo. Asumió el punto de partida, que fue el dualismo austrohúngaro y la visión romántico de la causa magiar. Pero su mismo gusto «modernista» por las realidades prácticas del mundo, su reticencia ante el culto reaccionario decimonónico a las «causas perdidas», hizo que los jóvenes finiseculares vieran todos los fallos del esquema de una Monarquía dual como la de los Habsburgo. Asumieron la crítica de los nacionalistas checos, algo fácil ya que lo hacía, en cierto sentido, hasta el heredero a los tronos de Viena y Budapest, que no paraba de insinuar sus ganas de ser coronado también en Praga y hasta en Zagreb. Puestos a admirar la rigurosa modernidad, mejor aprovechar las lecciones de la federación alemana, que era una potencia mucho más avanzada que Austria-Hungría.

Pero el lado social del mensaje de la Lliga, tal como quedó formulado por Prat de la Riba, enfatizaba el protagonismo de la sociedad ante el poder. Ésa era su originalidad, su medio para adelantarse a los esquemas de las múltiples derechas que rodeaban a la Lliga, fueran católicas o sencillamente trasnochadas, fijas en perspectivas del siglo pasado que no entendían la inmensa novedad que iba abriendo en el mundo. Por eso mismo, se articuló el esquema pratiano de la sociedad civil, del individualismo a la americana, teorizado tiempo atrás por Emerson (y hasta cierto punto Carlyle) y ahora brillantemente ejemplificado por el presidente norteamericano Theodore Roosevelt. De ahí, por ejemplo, el concepto iniciático, avanzado por Eugeni D'Ors, de ser propio del siglo XX –o *noucentista*– y rechazar las reiterativas imitaciones del pasado decimonónico que todavía abundaban.

Ambos argumentos se encontraban en el deslumbramiento que entonces por doquier provocaba el Imperio británico, en la cénit de su gloria en aquellos años anteriores a la Primera Guerra Mundial. Gran Bretaña –o sus «Dominios» como Canadá, Australia o Nueva Zelanda, tan activos, modernos, llanos y sociables como los Estados Unidos– demostraban que la frescura visible en la sociedad estadounidense, el sentido ciudadano de una «sociedad de libre empresa», se podía combinar exitosamente con las jerarquias monárquicas. No era necesaria la República, oferta institucional que, a ojos de todos menos la extrema izquierda, había fracado lamentablemente en 1873-1874. Pero tampoco era obligada la aceptación mansa de la hegemonía de la tradición española del mando «moderado» que se había arrastrado a lo largo del siglo XIX. El liberalismo español, centralista hasta la médula, desconfiado de toda iniciativa que no estuviera controlada por funcionarios estatales, promovido por abogados sin costumbre del manejo mercantil y por plumíferos convertidos en periodistas venales, podía ser superado por un cambio que tendría raíz empresarial, por abogados con práctica, gentes con el don de la moderna publicística y el sentido de ser «intelectuales» a la moderna. Los regionalistas creían encarnar el futuro precisamente porque estaban abiertos a la vitalidad que brotaba de la base de la más dinámica de las sociedades españolas y porque no esperaban nada de la cima, de las prebendas de Estado. El futuro hispano, mediante la descentralización regionalista y las sinergías de la vida local, se abriría al buen hacer mostrado por la sociedad civil y la experiencia económica, perdiendo para siempre su pesada carga de burocracia, ineficiencia y recurso a la violencia de un Ejército escasamente profesional.

En resumen, ¿quién era tan retrógrada, tan rezagado, que no querría aprender de los países más avanzados? Había más mundo que Francia. E incluso en ese habitual, casi obsesivo, espejo de las esperanzas o ambiciones españolas, ¿acaso no era cierto que los espíritus más inquietos empezaban a dudar de las bondades del histórico patrón galo, racionalista, rígido y hueco de energías sociales?

La derivación lógica, o el «cuento de la lechera»

Todos conocen el proverbial «cuento de la lechera», según el cual una chiquilla lleva un cántaro u otro recipiente lleno de leche al mercado. La campesina va pensando en su negocio, en cómo una venta inicial llevaría a otra mayor, y así sucesivamente, hasta que, de tan entretenida, no se fija en una piedra en el camino y cae, quedándose sin mercancía. El catalanismo «intervencionista», con su escalonada secuencia de ejemplos imperiales y sus proyectos para rehacer España «correctamente» y a gusto de todos, hizo algo parecido.

Las metáforas de Prat de la Riba, en la medida en que fueron expuestas a la fricción constante de la vida política, crecieron exponencialmente. Los problemas vinieron con el éxito. En la medida en la que la nueva corriente tuvo un ritmo de ascenso político imbatible dentro de su terreno, abundó la contradicción de los argumentos acostumbrados. Por lo tanto, también se hizo mayor la obligación de la dirección del catalanismo «intervencionista» de ejercer una permanente autosuperación. Cada vez debía «intervenir» en más frentes ideológicos, aportar respuestas a más preguntas, mostrarse como grupo dispuesto a competir y mantener su reputación como núcleo siempre original, con cosas nuevas que decir acerca de los problemas de España. *La mayor presión hizo necesario «vender» las metáforas originarias (con toda su carga acumulativa, arrastrada en la medida que se evolucionaba) en mercados mucho más difíciles de conocer y manejar que el estrecho marco catalán o la metropolitana Barcelona.* Como empresa intelectual, un partido político tiene el problema de no poder deshacerse de su pasado, ya que su imagen es su capital. Al mismo tiempo, sin embargo, tiene que exhibirse como una atalaya atenta a todo evento, capaz, de preveer el devenir. La Lliga, pues, hubo de hacer gala constante de su imaginación para resolver la situación española –tema particularmente obsesivo en el nuevo siglo–, a la vez que no podía indignar a sus seguidores o simpatizantes en Cataluña con una reconversión de su sentido emotivo catalanista y su defensa regionalista al juego discursivo propio del escenario político español. Esta dificultad fue encomendada a Cambó, que la convirtió en su esfuerzo vital. Ante el riesgo permanente de una representatividad bifronte, Cambó tiró del tema «imperial», ya que resolvía la especial dificultad. Como toda organización enfrentada a una contradicción dinámica, la Lliga tiró de la ideología para resolver su especial conflicto, con el refuerzo de una publicidad constante y reiterativa. Su especial combinación fue la capacidad de combinar la política local, de la cual Prat siempre fue un maestro, con las referencias internacionales, consubstanciales con el hilo argumental *lligaire*, y que siempre han sido el recurso de todo partido necesitado de un referente claro que al mismo tiempo no comprometa a nada en concreto. Del resto, el manejo de los temas españoles, se ocupó Cambó, como parlamentario, en Madrid.

La coyuntura crucial, nada sorprendentemente, para la codificación del bagaje metafórico fue el lanzamiento de la Solidaritat Catalana a partir de la fiesta en homenaje a los parlamentarios que votaron contra la Ley de Jurisidicciones, acto celebrado el 20 de mayo de 1906. Por mucho que aprovechara antiguos materiales propios de diferentes fechas y procedencias, Prat redactó *La nacionalitat catalana* –que apareció en ese mismo mes de mayo– como texto justificativo de su captación de las izquierdas y derechas catalanas. Pero era ya tarea acostumbrada torear al viejo catalanismo remolón y al inquieto e inestable republicanismo nacionalista. El verdadero desafío vino con el éxito electoral el año siguiente. La Lliga, con Cambó como portavoz, se presentó como una fuerza en la palestra parlamentaria española y no una mera presencia en un lejano horizonte de provincias. *La manera más efectiva de presentarse, simultáneamente, en Barcelona y Madrid, fue como una fuerza «imperialista». Era una palabra que se podía explicar de modo diverso en ambas capitales, que daba amplias muestras de originalidad ideológica y que invitaba a una abrumadora publicística.* Lo demás era la obligada elaboración del mensaje.

El resultado fue el argumento de lo que llamamos aquí el «imperialismo de la sociedad civil». Debemos insistir en que este término, a diferencia de la mayoría empleada en este estudio, no es propio de los lligueros, sino una descripción nuestra, para describir la relación encadenada entre las ideas pratianas de «unidad cultural» catalana, sociedad civil e «imperio». En Barcelona, el «imperialismo» recordaba la neta superioridad de la sociedad catalana como foco industrial y urbanizado, a la España agraria y a Madrid como foco parasitario, dependiente del Estado. En Madrid, por el contrario, era un incremento en el orden habitual de magnitudes, que reconocía el peso del poder, tanto en España como en el exterior. Como tal, en la capital estatal, la promoción del «imperio» abría las manos catalanas en invitación de pacto para realizar una nueva «España grande».

O así lo esperaban Prat y Cambó y la restante dirección de la Lliga. Sin duda, era complicado explicar todos los significados del «imperialismo» catalán, ya que muchos eran contradictorios entre sí. Lo mejor era recurrir a las «metáforas de la metáfora», a la cadena de ejemplos «imperiales», al trío de modernos emperadores que prometía ganar cualquier partida.

El Imperio británico, quizás el más atractivo por su hegemonía mundial indiscutible, su capitalismo de fondo y su naturaleza como expresión del liberalismo inglés y de la sociedad civil británica, tenía el indudable inconveniente de ser un conjunto impensado, casi casual en su heterogeneidad. En la valoración del historiador D. K. Fieldhouse, la extensión decimonónica de la Corona británica se caracterizaba negativamente por su falta de coherencia y, como consecuencia derivada, por la falta de cualquier función «imperial» integradora, más allá del interés estratégico.[2] Ante la improvisación británica de más de un siglo de hegemonía marítima, del todo inaplicable a las circunstancias hispanas ambicionadas por la Lliga, la experiencia germana servía como una contraposición del todo adecuada, ya que, en una fecha determinada más bien reciente, en 1871, el Imperio alemán fue creado de la nada (o, en todo caso sacado de la fusión de la Confederación del Norte de

Alemania, creada por Prusia en 1866, con las Monarquías sudgermanas). El atractivo modelo inglés, con su afirmación de los derechos consuetudinarios y su insistencia en los derechos civiles, quedaba así complementado por el ejemplo alemán, a su vez improvisado abruptamente en marcado contraste con el caso británico, pero sin las garantías acerca del reconocimiento posible de una suave autodeterminación dentro de la Corona, muy del agrado de la tradición catalanista iniciada por Almirall. Sin embargo, el ejemplo alemán tenía en su contra el indudable protagonismo prusiano en su seno, desbordando cualquier igualdad entre reinos, dinámica además respaldada por el papel central del Ejército en el proceso de toma de decisiones; ambos eran componentes que apuntaban lejos del «imperialismo de la sociedad civil» que la Lliga pretendía, anulando la «misión civilizadora» –en el sentido de «civismo» o «civilismo»– que ello debía comportar. Por esta razón, también era imprescindible el ejemplo del «compromiso» austrohúngaro, que no solamente databa de una fecha «revolucionaria» en 1867, un antes y después, sino que garantizaba que la «esfera pública» catalana podía ser estatalizada sin mayor interferencia «castellana», mientras que los representantes catalanes podrían intervenir a gusto en los asuntos comunes del nuevo «imperio» hispano.

La derivación lógica de todo ello era la formulación de un esquema muy heterodoxo, pero, que, a partir de su misma heterodoxia ideológica, sería capaz –se suponía– de atraer a derechas e izquierdas hasta una política de encuentro y síntesis. Si la «unidad cultural» catalana fuera capaz de convencer, por abajo, y potenciar los regionalismos fraternos con el liderazgo catalanista, una multitud de nacientes sociedades civiles, camino de sus unificaciones respectivas, ayudarían a forjar una nueva unidad –nada centralista y sí muy plural, incluso federal– para España. Y si la Lliga fuera lo suficientemente hábil, desde la cima política se podría encontrar una fórmula de reorganización estatal ajustada a la variabilidad hispánica. En su forma más primaria, si los movimientos paralelos al catalán no despegaban, esta solución podría ser «dualista», como Austria-Hungría. Con unos movimientos regionales rezagados respecto al ejemplo catalán, la anhelada solución hispana podría ser como la Alemania unificada, una Confederación Germánica de reinos, con el protagonismo militar cedido a una gran Castilla, equivalente de Prusia, pero con Cataluña –igual que Baviera– ejerciendo una función cultural y política de primer orden. Finalmente, si las acciones impulsadas desde la base regional y las que se acordaban en la alta política coincidían, la solución podía ser la más ideal: algo parecido al Imperio británico, en el seno del cual cada «Dominio» era llamado a encontrar su propio camino, su propia identidad y su propio parlamento, dentro de un conjunto harmónico. Todas estas alternativas se admiraban desde una cierta traducción mental francesa, que permitía contemplar muy en abstracto, con algo genérico o sistémico, todas las circunstancias concretísimas de cada caso.

A partir de tal esquema globalizador de ejemplos «imperiales», costaba no empezar a sacar deducciones y consecuencias en cadena, como la famosa lechera del viejo cuento, dedicada a sumar beneficio sobre beneficio del cubo de leche que acarreaba, hasta que tropezó. La suma más evidente era la incorporación de Portugal a una Iberia por fin reunida. Los monárquicos lusos realizaron una agresiva campaña de conspiraciones armadas desde el lado español de la frontera, a partir de la revuelta militar de octubre de 1910, que trajo la proclamación de la República Portuguesa.[3] Si la implantación del nuevo régimen se había legitimado a partir de la dictadura antiparlamentaria de João Franco bajo el rey Carlos I, la violencia contrarrevolucionaria estaba justificada por la que los republicanos habían ejercido, asesinando a Carlos, junto con el heredero, en un chocante atentado lisboeta en 1908, así como por la forma insurreccional y golpista que instauró el cambio y por el agresivo anticlericalismo de las nuevas autoridades republicanas.[4] Por añadidura, la coyuntura lusa tenía implicaciones para la Corona española: se había supuesto a Alfonso XIII muy implicado en los manejos monárquicos que respondieron al cambio de régimen portugués, actitud que coincidía con la visible reticencia del destronado rey Manuel II (1889-1932), exiliado en Inglaterra, que no mostró un gran entusiasmo por volver a su trono.[5] Para mentes algo calenturientes, como las catalanistas, siempre dispuestas a repensarse de arriba abajo el Estado a la luz de toda suerte de combinaciones, era muy fácil suponer que, en tan movedizas circunstancias, sería posible realizar algun acuerdo general, una solución ibérica que fuera «trialista», de multiplicidad confederal o, muy especialmente, concorde al peculiar juego «imperial» británico; cualquiera de estas soluciones estaría bajo la Corona de Alfonso XIII, lo que satisfacería a la derecha española y al militarismo, suspicaces sin descanso ante toda iniciativa catalanista.

Al mismo tiempo, sin embargo, para compensar a las izquierdas, el ya inflado macroesquema hispanoibérico se podía hinchar hasta los límites de una Europa unida en los hábitos de la paz, ya sin miedo a la guerra, tema en el cual se insistió muchísimo en los años previos a 1914. En la medida en que la fórmula catalanista era la supremacía de las sociedades civiles sobre los Estados, aunque fuera un ideal cubierto por la idea de autonomía territorial, sería una compensación más que interesada para el sentimiento republicano hispano, necesariamente dolido por lo que sería la evaporación del recién impuesto régimen luso. Además, acceder desde una península Ibérica pacificada al sueño dorado de un continente orientado hacia la superación de los conflictos armados encajaba con la histórica ambición del grueso de las izquierdas europeas, incluidos los obrerismos. Todo ello había sido uno de los grandes tópicos humanitarios decimonónicos: por ejemplo, el nacionalista italiano Mazzini, ardiente socialista, siempre sostuvo que las nacionalidades europeas, una vez que estuviera garantizada para todas su libertad nacional, rechazarían para siempre la guerra; en 1870, el pensador francés Renan vislumbró, como antes de él habían hecho Saint-Simon y otros, la futura federación de Europa, sumo plebiscito colectivo y prueba de la sensatez cívica ante los nacionalismos agresivos.[6]

Visto desde la relativa seguridad de Barcelona, con el comodín del nacionalismo republicano y a pesar de los disgustos ocasionados por Lerroux o por el anarquismo, se podía creer –o al menos soñar– con la posible satisfacción de las izquierdas, mediante el nuevo tipo de «imperio» que se ofrecía. Para septiembre de 1914, el programa docente de la recién creada Escola de Funcionaris d'Administració Local de la Diputación de Barcelona culminaba en la asignatura *Idea del regisme d'administració local a l'estranger*, que dejó claro el peso de los modelos: *Poble angle-saxes* [sic] (ocho lecciones para el Imperio británico, tres para Estados Unidos), *Pobles del vell imperi germànic* (quince lecciones, de las cuales trece eran para los Estados miembros del Imperio alemán y dos, por la misma lógica, para Austria y Hungría, más una general, otra para Suiza y otra para los Países Bajos –o Benelux– en su conjunto), seguido por *Pobles llatins* (cuatro lecciones sobre Francia, Italia y Latinoamérica), *Pobles escandinaus* (tres lecciones para Dinamarca, Suecia y Noruega) y, para terminar *Pobles eslaus* (Rusia con Finlandia y los *Pobles balkànics* en una única lección). Expresado en términos de conocimiento técnico, era el equivalente a la relectura práctica que Cambó hizo de la metáfora de Prat, aceptable para el presidente de la Diputación barcelonesa que, como tal, también presidía el patronato de la nueva escuela.[7]

Sin embargo, las grandes expectaciones de la Lliga para renovar el Estado español desde abajo, según los ejemplos de los imperios centroeuropeos y el sistema británico de ultramar, partía de una cadena de suposiciones que prometía ser de muy difícil cumplimiento.

Las izquierdas de preguerra y el imperialismo: innovaciones conceptuales y límites de acuerdo

El encaje ideológico ansiado, que apuntaba en tantas direcciones simultáneas, no era un problema aislado de los catalanistas conservadores, sino una búsqueda común en la política europea, en los años anteriores a la Gran Guerra, ante la creciente y visible disfunción integradora del modelo histórico de Estado liberal. Visitando Alemania en el verano de 1909, Winston Churchill escribió a su mujer que: «Hay un divorcio completo entre los dos lados de la vida alemana, los imperialistas y los socialistas. Nada les une. Son dos naciones diferentes.»[8] Pero, por añadidura, el político y publicista inglés sólo veía la superficie, ya que el socialismo alemán estuvo profundamente escindido por los debates sobre el imperialismo y la «cuestión colonial».[9] Es más, el mismo tema del «imperio» también dividió a las izquierdas europeas antes de la Guerra Mundial y, luego, sobre nuevas fracturas, ante el hecho mismo de la contienda, las partió de nuevo. La vidriosa lealtad patriótica escindió a radicaldemócratas y obreristas en la década previa al conflicto internacional, para hacer la fortuna de jóvenes y agresivos publicistas, que hicieron sus carreras como abanderados extremistas del antipatriotismo, como Gustave Hervé en Francia o Benito Mussolini en Italia.[10] Y es que la «cuestión nacional», en jerga marxista, era al mismo tiempo la «cuestión colonial», o sea, en conjunto el problema del Estado «imperial».

Se suele repetir que el pensamiento marxista carece de una teoría de la Nación; si es así, no fue por falta de esfuerzo, especialmente antes de la Primera Guerra Mundial.

Incluso dentro del socialismo internacional hubo quienes adoptaron una «perspectiva imperial», fundamentada en la experiencia de articulación del Imperio británico, desde el laborista escocés Ramsay MacDonald hasta el líder argentino Julio Justo, primer traductor de *El capital* al castellano, por no citar el famoso Eduard Bernstein, residente muchos años en Londres.[11] Tal visión de las cosas tuvo su plena justificación en el conocido desprecio de los fundadores del marxismo, Friedrich Engels y Karl Marx, hacia los «pueblos sin historia», por su función regresiva en el máximo desarrollo de las fuerzas productivas, vista, a mediados del siglo XIX, desde una notoria postura filogermana y antieslava.[12] Al mismo tiempo, a partir de sus escritos sobre Irlanda y sus referencias a la India, no se podía dudar sobre la intención liberadora de Marx y Engels, si bien el problema era *qué* territorios serían finalmente libres y, sobre todo, cómo se configurarían.[13] Pero, en Europa central, el peso del dualismo austrohúngaro y del federalismo alemán igualmente marcó la agenda. El mismo albacea testamentario de Marx, el alemán Karl Kautsky, tomó una postura ambigua ante el hecho «imperial».[14] Hasta Rosa Luxemburg, brillante publicista judíopolaca, activa tanto en la socialdemocracia del Imperio germano como en la del ruso, fue duramente criticada por el implacable Lenin por sus concesiones a la estupiez «pequeñoburguesa», especialmente en temas como la separación de Noruega y Suecia («[...] la unión de Noruega a Suecia no era voluntaria, de modo que Rosa Luxemburgo [sic] habla de «federación» completamente en vano, sencillamente porque no sabe qué decir.»).[15]

Nada sorprendentemente, fueron los maximalistas rusos –oposición a ultranza a un sistema «imperial» menos discreto en su absolutismo y mucho más lento en adaptarse al parlamentarismo liberal– los que se definieron por su purismo ante la «cuestión nacional» y la autodeterminación en términos teóricos de la estrictísima perspectiva «proletaria».[16] Aunque en los Congresos de la Internacional Socialista de Stuttgart en 1907 y de Amsterdam el año siguiente se intentó llegar a un planteamiento de consenso, el teórico internacionalismo obrero estaba roto por el tema de la afiliación nacional.[17] Las confrontaciones sobre este tema no fueron exclusivamente una característica de los partidos de la Europa central u oriental, ya que, por ejemplo, en 1912-1913 el tribuno socialista francés Jean Jaurès se enzarzó en una dura polémica en defensa de la socialdemocracia alemana, para negar su naturaleza «imperialista».[18] *Ésta no era materia de una discusión muy abstracta sobre colonias, como todavía se suele repetir. Al contrario, se peleaba por el mantenimiento de unas parcelas de poder bien práctico, por el mantenimento de la organización unitaria de partidos «unitarios de clase», constituidos dentro de los marcos estatales existentes.*

Entre 1900 y 1910 se fracturaron diversos partidos socialdemócratas, especialmente en los casos de Polonia (territorialmente dividida entre tres Imperios y con tres socialismos, nacionalista polaco, judío y ruso) y de Bohemia (donde los socialistas checos exigieron la separación de los alemanes). La socialdemocracia rusa perdió a los judíos, que organizaron su propio socialismo, el *Bund*, y también a los polacos más nacionalistas, que siguieron a Pilsudski y el Partido Socialista Polaco.[19] Pero todavía más ruidoso por sus resonancias entre las izquierdas europeas occidentales, el Partido Socialdemócrata Austríaco sufrió la escisión de los socialistas checos, que prefirieron partir el socialismo austríaco que asumir lo que entendían como una perspectiva germanizante. Esta ruptura fue significativa porque los «austromarxistas» probaron toda suerte de teorizaciones para adaptarse a las crecientes reivindicaciones checas, que claramente surgían de la base social y que iban en paralelo a un obrerismo pangermano, radical demócrata en sentimiento pero que se anunciaba «nacionalsocialista» y que, tras el hundimiento de la Monarquía dual y la incorporación forzada de las provincias germanas de Bohemia a la flamante República de Checoslovaquia, se sumaría al hitlerismo.[20] En concreto y al calor de mucha especulación «burguesa» sobre la aplicabilidad de la experiencia suiza, Otto Bauer, Karl Renner y Josef Strasser sobresalieron en los años previos a la escisión por la inventiva de sus propuestas, que sentaron las bases para un teoría de la nacionalidad dentro de la hermenéutica marxista, hasta entonces conspicuamente ausente. Renner expuso, primero en su libro *Lucha de las naciones austríacas*, de 1902, y luego en *La crisis del dualismo*, de 1904, la idea de la nación como autonomía personal y no territorial. En resumen, cada uno por su lado, propusieron la eliminación de los territorios históricos y el establecimiento de un sistema federal con la nacionalidad adscrita al individuo, de manera que un checo en territorio no checo podría seguir «viviendo como checo», con escuela pertinente, documentación y otros derechos semejantes, y del mismo modo un alemán en tierra no germana.[21]

Como observa el jurista español García-Pelayo, el centro de gravedad de la teoría de Bauer, a la larga el más importante de los tres «austromarxistas», en sus propias palabras, «no radica en la definición de la nación, sino en la descripción de ese proceso de integración del que ha surgido la nación moderna». En consecuencia, para Bauer, la nación concreta era una «comunidad de carácter» (léase, por poner un ejemplo, los checos), a su vez producida por una «comunidad de destino» (léase la Monarquía danubiana).[22] Este concepto de *Shicksalsgemeinschaft* (o «comunidad de destino») tuvo un lógico interés para los catalanistas «imperialistas» y, *muy probablemente, fue el catalanismo el medio por el cual esta noción se introdujo de lleno en el pensamiento político español*, hasta ser eje conceptual del falangismo.

Al tratar la «cuestión nacional» (en contraposición, por ejemplo, a su percepción del proceso de desarrollo capitalista), los «austromarxistas» eran, en consecuencia y aunque no les gustara, dinásticos, en tanto que defendían un «mercado común centroeuropeo» surgido por la peculiar política casamentera de los Habsburgo en el siglo XV, pero consagrado por cuatro siglos de convivencia y cuya validez como espacio trascendía al accidente coronado. Los teóricos del «austromarxismo» Bauer, Renner y Strasser argumentaban que el triunfo del socialismo, cuando llegara, debía preservar tan provechosa casualidad convertida en causalidad histórica. Por esa misma razón, el emperador Francisco José consideró útil el sufragio universal masculino en la «Cisleithania», aprobado en 1906 (de hecho era un paso que, con la concesión del mismo derecho en el «Manifiesto de Octubre» del zar ruso en plena revolución de 1905, se hacía difícil retrasar).[23] El anciano rey emperador Habsburgo y sus consejeros calcularon, sencillamente, que la socialdemocracia era, en la práctica, *Kaisertreu* (fiel al emperador) y servía de baluarte, entre los súbditos de habla alemana, contra el pangermanismo y el socialcristianismo divisivos, así como un freno a los estragos del nacionalismo checo. Por el contrario, ante las propuestas democratizadoras, en Hungría hubo una resistencia frontal a tales concesiones, por el riesgo que el voto general podría representar para la hegemonía magiar dentro de la «Sagrada Corona de San Esteban».

Todas estas interacciones y especulaciones sobre ciudadanía propias de Europa central estaban a años luz de la concepción «descentralizadora» del socialismo francés, espejo natural de la izquierda obrerista española, más propensa a meditar sobre la futura organización del Estado. Hacia 1907, los más generosos socialistas franceses estaban dispuestos a contemplar la coordinación de los departamentos en algo mayor. Según una propuesta de proyecto doctrinal de aquel año: «El departamento en sí, hecho más pequeño por el rápido crecimiento de las comunicaciones, podría entrar en una agrupación más grande: las *regiones* o *provincias* [cursiva original], formadas según las condiciones de la geografía y de la historia locales, serían las verdaderas unidades componentes de la nación.» A partir de ahí, la generosidad: «Se puede imaginar sin dificultad unas asambleas regionales investidas de una parte del poder legislativo, [...]». Pero los límites estaban marcadísimos: «¿Quién de nosotros quisiera ver aplicada en la Lorena [no accidentalmente la tierra de Barrès] un derecho penal diverso del de la Champaña, como ocurre, por ejemplo, en dos Estados de la Confederación americana [sic]? La unidad de legislación es un bien preciado al cual uno no renuncia, una vez que se ha podido conseguir: deseamos, no solamente mantenerlo en Francia, sino extenderlo por grados a todas las naciones civilizadas.» Añadían, eso sí, que: «Sin embargo, es necesario que ello sea limitado a ciertos objetos esenciales.» Sería, precisaban, absurdo que un municipio requiriera la firma del presidente de la República para construir un puente.[24]

Ante la concepción centralista francesa, la izquierda hispana reflejaba sus preferencias por el Estado como instrumento para la transformación activa, radical y completa, de la sociedad civil en un sentido unívoco. Donde no alcanzaba la iniciativa privada, llegaría la larga mano del Estado. Era la manera definitoria de entender el modelo socialista, desde la herencia de la tradición liberal, democrática y progresista en España. *Por ello, los catalanistas «intervencionistas» podían mirar a las fórmulas centroeuropeas, las socialistas inclusive, con el argumento de realizar, ellas mediante, una transformación más extrema del poder público en España, al desmontar su histórica vertebración, sin por ello deshacer la Monarquía acordada en la Restauración de los años setenta del siglo XIX.*

Las implicaciones de las alternativas de discurso socialista copiado eran palpables: aunque los catalanistas de la Lliga planteasen unos cambios importantísimos, sus intenciones eran sospechosas. Cuando Cambó ofrecía ser, en términos de la Monarquía alemana, *Bundestreue* (fiel a la federación) como parte de un acuerdo, vio que buena parte de la opinión centralista daba ya por supuesta tal fidelidad y consideraba la oferta de por sí una insinuación intolerable.[25] Dicho de otro modo, con un matiz de ejemplo externo, el apego catalanista al ejemplo húngaro siempre sembró tantas dudas como seguridades pretendía ofrecer. Peor aún, desde el medio español, incluidas las izquierdas, había una tendencia a mirar a los catalanes con la misma compleja suspicacia que comportaba el llamado «problema judío» de entonces, con un «asimilacionismo» casi tan mal visto como la afirmación de una identidad separada.[26]

La transgresión ideológica

Cambó sabía perfectamente que *la Lliga encarnaba una oferta ideológica mixta, incluso contradictoria.* Es más, se enorgullecía de ello. En un sistema y una tradición política en los cuales los roles estaban muy fijamente adscritos y el traspaso de las fronteras ideológicas era poco más que impensable, los regionalistas catalanes combinaban elementos propios de las ofertas de unos y otros. Como dijo Cambó en su discurso en la Cámara de Diputados el 7 de junio de 1916:

> Somos los regionalistas catalanes un caso único en la flora política española, quizás en la flora política de Europa; nos pasamos la vida combatiendo a los Gobiernos; pero yo tengo que deciros, señores diputados, y permitidme que en este momento de sinceridad no tenga la hipocresía de la modestia, que nosotros somos un grupo de hombres de gobierno, que hemos nacido para gobernar, que en la esfera de acción donde hemos gobernado [la Diputación provincial de Barcelona y la Mancomunitat catalana] hemos demostrado aptitudes para gobernar, y, no obstante, señores diputados, estamos condenados a ser hombres constantemente de oposición.[27]

En pleno debate parlamentario de 1916 sobre «el problema catalán», Cambó apareció entrevistado, el 11 de junio, en la revista aliadófila *España*, con una explicitación de su postura siguiendo el patrón del manifiesto de «Por Cataluña y la España grande» redactado por Prat de la Riba y hecho público el marzo anterior: «En resumen, lo que nosotros deseamos es que se puede formar una confederación en la que entren todos los que quieran, en la que halle Cataluña reconocida su nacionalidad, consiguiendo que al cabo de un cierto tiempo, cuando hayan desaparecidos ciertos recelos, pueda entrar Portugal. De este modo podrá soñarse con transformar esta vida mezquina, igual, homogénea, que satisface a los políticos del centro de España, en otra más fecunda, más diferenciada, más compleja, que haga concebir un imperialismo español.»[28]

Cambó, pues, siguió la postura iberista, ya bien consolidada en la dialéctica lligaire, con independencia de lo que podían pensar las fuerzas políticas portuguesas, que, por lo general, desconfiaban de forma absoluta de tales insinuaciones.[29] En la medida en que el iberismo era más bien una reivindicación histórica de la tradición hispana de izquierdas –todavía, aunque larvadamente reclamada por federales y libertarios–, su uso como elemento estructural del argumento catalanista conservador era una señal clara de su voluntad de superación de las barreras ideológicas estereotipadas, de su característico modo de enviar un mensaje cruzado.[30] De algún modo, la Lliga ofrecía la combinación del sueño de una «federación europea» pacifista con la salvaje competitividad «imperialista» de los «darwinistas sociales»; eran las polaridades ideológicas que dominaron la política interestatal en los años entre Sedan y Sarajevo.[31]

Pero el «imperialismo» de Prat de la Riba y Cambó (y de su publicista cultural, D'Ors) tuvo una importante implicación doctrinal para el futuro, ya que subrayaba la voluntad lliguera de ofrecer una ideología intencionadamente cruzada, mixta entre las posiciones estandarizadas de derecha e izquierda. En ello, la Lliga reflejó su relación especial con el maurismo, igualmente transgresor, que incorporó el regionalismo catalán a la alta política española en la legislatura de 1907.[32] En sus inicios, el maurismo fue una tendencia dentro del bando conservador, una relectura reformista y liberalizadora del conservadurismo como reflejo de la trayectoria del mismo Antonio Maura, venido del fusionismo sagastino, pero con un pie personal puesto en Mallorca; convertido en fuerza desvinculada del conservadurismo oficial y con cierto tono contrario al rey (por su trato a Maura en 1913), el Partido Maurista nunca acabó de encontrar del todo su lugar ideológico, algo salvaje en sus propuestas para estar en la derecha civilizada, pero ajeno por su naturaleza a las izquierdas, incluidas las constitucionales.[33]

Evidentemente, para la Lliga, había problemáticas que tenían que ver tanto con el hecho «imperial» como con el colonialismo y que, de manera inevitable, dificultaban cualquier coherencia ideológica. El militarismo quizá fuera la cuestión más obvia que turbaría la estabilidad conceptual del regionalismo catalán, sin entrar en la dimensión del largo –tal vez eterno– debate entre librecambismo y proteccionismo como manifestaciones espaciales.[34] Se ha argumentado que la rivalidad entre los militares y la *intelligentsia* ha sido una de las características más salientes de la competencia entre élites en la España del siglo XX.[35] Igualmente, se ha dicho que la política contemporánea española estuvo marcada por la contraposición del «civilismo» al «militarismo».[36] El antimilitarismo fue una característica esencial de la propaganda de la Lliga justamente hasta la quema del *Cu-Cut!*, la campaña contra la Ley de Jurisdicciones y el surgimiento de la Solidaridad: fue entonces cuando apareció *La nacionalitat catalana* de Prat de la Riba, con su explicitación doctrinal de «imperialismo», por mucho que el tema se arrastraba en sus artículos de prensa desde hacía unos años. La sátira de la inflada vanidad del grotesco *miles gloriosus* español se quedaría, a partir de entonces, como una característica del nacionalismo radical, tipo

La Tralla, en los aledaños de la Unió Catalanista, más que de la Lliga. Fue un giro que coincidió en el tiempo con la división del regionalismo entre la Lliga conservadora y los nacionalistas republicanos. Ante las pretensiones puristas y la confrontación mediante la caricatura, la Lliga se erigió en exponente del realismo político.

En cambio, *la Lliga retuvo un esquema sociológico implícito, según el cual el militarismo era expresión de una sociedad agraria, regresiva y aristocratizante, opuesto a una moderna sociedad civil, urbana e industrial.* Era un planteamiento que venía de la tradición radical inglesa de Cobden. Una vez más, fue Almirall quien en Barcelona había previsto la utilidad de los planteamientos cobdenitas, si bien la brutalidad de su enfoque le costó el liderazgo ideológico del incipiente catalanismo.

Sin su dimensión moral de «inconformismo» protestante y afán desarrollista, Cobden parecía frío, calculador y antinacionalista, pero, revalorizado desde el pacifismo finisecular, con su fuerte carga de religiosidad cívicolaica, se le podía convertir en su contrario, un valedor de las pequeñas identidades como parte del engranaje de un vasto y provechoso intercambio mundial entre sociedades civiles.[37] Así, la contraposición entre aristocracias belicistas y el tejido urbano abierto a los negocios (y, en último extremo, a la negociación) era un tópico de la literatura sobre militarismo del cambio de siglo: por ejemplo, el sociólogo italiano Gugliemo Ferrero (1871-1942), mostró el contraste entre España y Estados Unidos en la contienda de 1898 por ser la primera una «sociedad de protección» (o sea, neofeudal), mientras que la República norteamericana era el mejor ejemplo de una sociedad civil del todo activa.[38] Tan impactante resultaba el planteamiento, que, acabada la Guerra Europea, el economista austríaco Joseph A. Schumpeter (1883-1950), teorizó el «imperialismo» en esos mismos términos, como expresión de impulsos regresivos, de noblezas agrarias, y encrustadas en el seno de una sociedad capitalista que no necesita tales efusiones guerreras para generar beneficios.[39] Esta formulación, años después de su publicación, se hizo famosa, por ser representativa de una postura antileninista. En realidad, era una idea bastante común, que, como ya se ha podido constatar, estaba en el ambiente de principios de siglo.

En el contexto del catalanismo, pasada la furia de la caída de Almirall, se podía recurrir a estos argumentos, siempre que se evadiese la espinosa cuestión del librecambio. El doctor Martí i Julià, el eterno rival doctrinal de Prat desde una postura ultranacionalista, iba por ese camino. A principios de siglo, construyó una teoría, algo rudimentaria aunque consecuente, acerca de la retrógrada opresión imperialista propia de cualquier entidad multinacional y la necesidad resultante de una autodeterminación general de las naciones. Martí repitió su argumento con incansable afán.[40] A partir de tales críticas, algún joven republicano, como un imberbe Joan Casanovas i Maristany (1890-1942), sacó sus mejores y más irónicas galas de rabioso «modernista» en 1907 para equiparar el desfile de la burguesía más presuntuosa por el barcelonés Paseo de Gracia la mañana de los domingos con un *baix imperi* propio del pensamiento lliguero.[41] Pero, a pesar de todos estos ataques, Prat y sobre todo

Cambó eludieron las críticas antiimperialistas de las izquierdas catalanistas, al asumir la más sistemática denuncia del «imperialismo» propia de Cobden *por su lado político y no económico*. Con su insistencia en la superioridad de la sociedad civil catalana como expresión de un *knowhow* inherente, *fusionaron un tronco cobdenita a su aparente contrario*. Cambó en particular asumió este discurso para «vender» el «ideal catalán» a la política española. ¿Buscaba así contemporizar con la opinión militar y españolista?[42]

Al mismo tiempo que asumieron el trasfondo básico del movimiento pacifista de preguerra del 1914, los pensadores de la Lliga aceptaron asumir unas contradicciones fundamentales, con la esperanza de superarlas mediante una especulación cada vez más optimista (lo que, por otra parte, era casi una tradición en el pacifismo). En la medida en que Cambó en concreto abandonaba toda intención secesionista pero cuestionaba el patriotismo español centralista, no había causa que le distanciara –en una parte de lo substancial– del criterio aparentemente enemigo de un libertario como el francés Charles Malato (1857-1938), siempre influyente en medios ácratas españoles, quien, a mediados de los años noventa había escrito: «Hay dos modos de negar la patria: uno estrecho, bárbaro, irrealizable además, que sería querer el despedazamiento de un país unificado por la lengua y por un conjunto de costumbres. Esto sería el regreso al provincialismo, a la Edad Media. El otro, noble, generoso, justo además, porque está conforme con el movimiento de las cosas, que es preconizar la federación de los pueblos libres, constituyendo una patria única, sin rival.»[43] Partiendo de la capacidad de selección catalanista, de su nacionalismo selectivo, había, como poco, una tierra de nadie aprovechable.

Pero se tuvo que trabajar el eclecticismo *lligaire*. En primer lugar, el argumento neocobdeniano era tradicionalmente librecambista y el pacifismo tendía a ver el proteccionismo como un peligroso excitador de diferencias interestatales. Comenzando con Prat, la postura de la Lliga identificó –aunque fuera de manera implícita– protección aracelaria con «imperio». La libertad de intercambio económico, en todo caso, se daría *dentro* de un *Zollverein* proteccionista. De ahí, la fascinación por Joseph Chamberlain, ex liberal y ex librecambista que se había pasado con armas y bagaje a la «protección imperial» en las aduanas y cuyas campañas, en los primeros años del nuevo siglo, iban directamente a agitar en ese sentido de una «preferencia imperial». En segundo lugar, a diferencia de sus fuentes británicas, los teóricos del catalanismo conservador se quedaron conscientemente fuera de la tradición humanitaria, que era la natural contrapartida del planteamiento pacifista y neocobdeniano que sí recogían. Cuando el mismo Chamberlain anunció en mayo de 1903 su paso al proteccionismo, su declaración tuvo un efecto impresionante en España; «la bomba está lanzada», declaró la Liga Vizcaína de Productores ante la noticia, que significaba, en palabras de una historiadora, «la zozobra de la creencia librecambista en Gran Bretaña».[44] Con ello, *por fin se podía separar el discurso moral pacifista de la armería de argumentos librecambistas y, si se quería, aprovecharlo desde una perspectiva proteccionista*. A la desaparición política de Chamberlain en 1906, anulado por un ataque de parálisis en su plenitud, se añadía la reticencia de su contemporáneo lord Milner, como portavoz del «nuevo imperialismo» en el *Round Table group*.[45] Vuelto de Sudáfrica en 1905 para dar conferencias y recoger sus charlas en *The Nation and the Empire*, Milner no estaba nada dispuesto al tejemaneje de la organización política, truncando así el posible desarrollo de una «nueva derecha» inglesa, equivalente a los numerosos ejemplos continentales europeos.[46] En la definición *lligaire*, pues, el humanitarismo, con sus derivados, como la exaltación del sufragio universal, sería propiedad republicana y, en el contexto concreto catalanista, algo propio de los nacionalistas republicanos. La Lliga retuvo los matices, como el feminismo, algo general en las derechas españolas hasta el final del franquismo.

De la acumulación doctrinal de la creciente tradición pacifista, la Lliga retuvo otro aspecto esencial: la convicción de que las formas federales, planteadas a gran escala, eran la vía del futuro, por ser un camino al gobierno común, mundial, al margen de las rivalidades nacionales. El nacionalismo catalán, en su conjunto, derecha e izquierda, siempre ha insistido, hasta hoy, en la función pacificadora que un «concierto de las naciones» ejercería ante la belicosidad. Pero, si bien el catalanismo en general ha tenido una fuerte propensión a las fórmulas estatales, distinguiendo en todo caso, a partir de la noción de nacionalismos buenos y malos, entre Estados buenos y malos, *la Lliga, muy en concreto, asumió la convicción, muy generalizada en los años anteriores a la Primera Guerra Mundial, de que las macroentidades eran superiores en todos los sentidos a las microparticularidades*. El dilema, pues, era obvio: cómo llegar, desde el particularismo catalán, a dar un sentido adecuado, pacífico, de «imperialismo» cultural y comercial, a España y, por ende, a la península Ibérica, convertida en un único bloque político de muchas realidades a su vez políticas. Del iberismo, con discreto entusiasmo, era tan sólo un paso al sueño de una *unión federal europea* y, ello, algo sorpendentemente, era un medio para recuperar el más habitual enfoque francés, tras tanto préstamo germánico, centroeuropeo o «anglosajón», ya que tal reflexión venía a ser el único ámbito en el cual el pensamiento galo republicano contemplaba alternativas al Estado centralista, que con las diversas posibilidades (confederación, federación, unión de Estados) entraba de lleno en el lenguaje que era preferido por los catalanistas.[47]

Los argumentos de la Lliga, pues, apelaban a la *Realpolitik* desde un enfoque culturalista y hasta moralizante, lo que fue un inconveniente. La posición contraria, dentro del catalanismo, fue despachada hábilmente por D'Ors: era un «idealismo» militante, humanitarista y algo manido, que Xenius definiría como «finisecular» y decimonónico, lo opuesto al espíritu «noucentista» del siglo, práctico, sencillo y hasta funcional en las formas, amante del juego de las ideas en la alta cultura. Sin embargo, el techo práctico impuesto por el esquema Prat-Cambó-D'Ors se situaba en el Estado, cuya soberanía para reglamentar los asuntos de sus partes correspondientes se ponía en cuestión internamente, pero no por exigencia general, externa.

Al contrario, fueron los nacionalistas republicanos y, eventualmente, los separatistas quienes reivindicarían la revisión interna del Estado español en función de una moralidad superior a la soberanía: la que permitía exigir, por ejemplo, tierras «griegas» al sultán de Constantinopla, por mucho derecho dinástico que el mandatario otomano tuviera, como el mismo Prat había señalado en 1897.[48] *Al fundamentar su postura en la democratización permanente de la sociedad, proposición utópica pero muy atractiva, además de arroparla con toda la habitual moralina humanitarista, las izquierdas catalanistas se situaron en una perspectiva flexible ante cualquier cambio en el sistema de Estados europeo, algo que la Lliga no había previsto, precisamente por su realismo y sentido de Estado.* Así, el antiimperialismo catalanista se encontró en mejor posición para alinearse con las pretensiones ideológicas de los aliados en la Primera Guerra Mundial, al tiempo que pudo identificarse de pleno con la agitación pacifista que aspiraba, en la línea de Léon Bourgeois (1851-1925), encarnación del republicanismo francés más reformador, que rediseñó la enseñanza media y superior, instituyó las bolsas de trabajo y luchó por la eliminación de los conflictos internacionales por medios análogos, mediante la revisión de la ley internacional, la creación de unos organismos supraestatales y multilaterales capaces de obviar los conflictos del futuro (por lo que recibió el Premio Nobel de la Paz en 1920).[49] Cuando, entre 1917 y 1918, se hundieron los cuatro Imperios históricos y, en la paz de París inmediata, se creó la Sociedad de Naciones, las izquierdas catalanas tuvieron la sensación, bastante justificada, de estar en la onda, mientras que Cambó tuvo que hacer frente a una revisión importante de sus planteamientos, que, como veremos, realizó sólo parcialmente.[50]

Al hacer su especial combinación de elementos, los pensadores de la Lliga construyeron acumulativamente un sistema conceptual que era transgresor para la izquierda en general justamente por sus puntos de contacto, que provocó la definición de un catalanismo ideológico contrapuesto, por su antiimperialismo, al corazón programático lliguero, y, finalmente, que no dejaba de ser delincuente para la derecha española en general y para el españolismo en particular. Tan sólo el maurismo, que, con su enemistad al monarca, tuvo siempre también algo de quebrantador de normas, pudo contemplar, según cómo, un cierto entendimiento. Su optimismo ante la validez del modelo «imperial» y sus bondades cegaron a los jefes regionalistas ante los riesgos de la proyección futura con un exceso de confianza. En el tan visible debate parlamentario celebrado en junio de 1916, Cambó se vio obligado a defender su afinidad con el modelo de la Monarquía danubiana frente a un parlamento hostil, dominado por los liberales, dispuestos a plantear tanto la alianza transversal con los conservadores contra el peligro catalanista, como a atraerse a los republicanos por los mismos motivos. Y, a esas alturas, mostró su absoluta confianza en la durabilidad y supervivencia de la Corona de los Habsburgo:

> ¡Imposibilidad de que en España pueda existir una nacionalidad dentro del Estado español, conviviendo amorosamente con todas las demás nacionalidades y regiones del estado Español! ¿Sabe S. S. lo que ha dicho, señor presidente del

> Consejo de Ministros? En estos momentos, en estos días del conflicto europeo, es cuando menos derecho había a pronunciar estas palabras. Dentro de Austria [es decir, la Cisleithania, la mitad austríaca de Austria-Hungría], señor presidente del Consejo de Ministros, conviven diversas nacionalidades, con Parlamentos propios, con poderes ejecutivos, únicamente responsables ante esos Parlamentos, y ¿ha oído decir jamás S.S., lo ha leído jamás, que en Austria haya habido un intento separatista? (Rumores).
>
> En Austria, en el Imperio austríaco, pues estoy hablando de ese Imperio, nunca, jamás; y todas las nacionalidades que conviven dentro del Imperio austríaco han estado, al lado de Austria, frente a Hungría, constantemente y han dicho...[sic] (El señor Giner de los Ríos pronuncia palabras que no se perciben). Los checos, señor Giner de los Ríos, defienden la subsistencia del Imperio austríaco, y desde Palacki [sic] al último de los oradores checos han dicho siempre que necesitan que subsista Austria, porque así solamente subsistirá la nacionalidad checa. (El señor Giner de los Ríos: Porque les dieron la Universidad de Praga. Pido la palabra.)[51]

Cambó, en ese mismo discurso de réplica a los liberales, del 7 de julio de 1916, se arriesgó a marcar la distancia más absoluta entre el nacionalismo de la Lliga y un hipotético insurreccionalismo independentista. Desafiando al primer ministro liberal García Prieto (llamándole poco menos que ignorante), entró también a comentar los contemporáneos acontecimientos irlandeses, de tanta importancia para los ultracatalanistas:

> En estos últimos días hemos leído los relatos de la sublevación de Dublín, y habéis visto, señores diputados, al partido nacionalista irlandés [sic], dirigido por Redmond, aconsejar a los irlandeses que no se sumaran a ese movimiento; que no facilitasen la maniobra que lo había provocado, y hoy se les ve trabajando con el Gobierno inglés para implantar inmediatamente la autonomía. ¿Se hubiese producido este hecho si por el Gobierno de Inglaterra no hubiese pasado Gladstone; si no hubiese decretado la emancipación de los católicos; si no hubiese cambiado el régimen de la propiedad; si no hubiese habido un partido nacional inglés, como el partido liberal, que acogiese todas las reivindicaciones irlandesas; que presentase e hiciese aprobar por el Parlamento un proyecto de autonomía política, sanc[ion]ado por la gran masa del pueblo inglés en dos elecciones seguidas?[52]

Poco más de dos años más tarde, la Monarquía austrohúngara ya no existiría, troceada por sus nacionalidades otrora tan «leales» a la dinastía. Y la orgullosa Gran Bretaña, la indiscutible ganadora de la contienda europea, tendría que pagar el mismo precio que los perdedores, la merma territorial: Inglaterra tuvo que aceptar, tras un amargo conflicto civil, una muy sucia guerra de guerrillas urbanas, la creación de un Estado irlandés de hecho independiente, aunque las ambigüedades del sistema «imperial» británico permitirían que fuera un «dominio». Cambó no vaticinó con clarividencia.

Con bastante perspicacia retrospectiva, un historiador, no hace muchos años, revisó la etapa de máximo esplendor expansivo europeo, desde mediados del siglo XIX hasta la Primera Guerra Mundial. Mirando críticamente las esperanzas no sólo económicas, sino también institucionales, y hasta misioneras, de «imperativo moral», «civilizador», que la época suscitó, caracterizó el período como una «alba ilusoria», *el inicio de una grandiosa vía de desarrollo que demostró ser insostenible.*[53] Ni que decir que el hecho de apostar por una modernidad que demostró ser efímera fue el mayor error de los ideólogos de la Lliga. Así, el pensamiento lligaire no descubrió el potencial dialéctico de las formaciones supraestatales y de nociones como el paneuropeanismo hasta el abrupto ajuste de Cambó a las circunstancias de la posguerra.

15. La caja de resonancia intelectual: D'Ors y el juego de las influencias ideológicas

Ante la literalidad del enfoque de Cambó, la metáfora compuesta de «unidad cultural» e «imperio» de Prat de la Riba podía ser intepretada y aprovechada en otros sentidos y otras direcciones. El personaje que protagonizó la lectura más extrema y descollante de la idea «imperial» fue Eugeni D'Ors. Fue incuestionablemente la figura más destacada del «intelectual» en el marco catalán, de rango indisputable hasta los años veinte, cuando su vertiginosa caída política le transformó en anticatalanista y le obligó a comenzar una tardía carrera en Madrid.

D'Ors tomó la metáfora de Prat, ya de por sí compleja, y la complicó. Sin desnaturalizarla ni sacarla de su contexto catalanista, y simultáneamente reconociendo la evolución pragmática de comparaciones entre regímenes que Cambó llevaba adelante, *D'Ors hizo una especie de supermetáfora de la combinación de la «unidad cultural» y el «imperio»*. Empujando sólo un poquito, sin perder de vista la retórica lliguera sobre la sociedad civil, pero no sintiéndose para nada determinado por tales límites, D'Ors dio un salto sutil: empezó a concebir la «unidad cultural» como la «unidad *de la* cultura», toda, en abstracto; luego, concibió ésta como *el imperio de* la misma, sin por ello abjurar de la posición política formal de la Lliga.

Aprovechó la ambigüedad intrínseca de la metáfora, como tal, para repensarla desde dentro y hacer con ella su voluntad. Con D'Ors, la «metaforización» se hizo más que sistemática, hasta *sistémica*, en su cotidiana «glosa», usualmente un comentario metafórico sobre alguna cosa, con frecuencia intrascendente, a la que él dotaba de trascendencia.[1] Es más, recogió sus divagaciones reflexivas con un sentido de obra cumulativa como *Glosari*. Al personalizar el juego de fondo de Prat, D'Ors indicó las posibilidades elásticas que contenían los conceptos de «unidad» e «imperio», liberándolos para posteriores elaboraciones ideológicas.

La aparición de un intelectual como protagonista, en un medio estudiantil «imperialista»

Escribiendo en 1900, Miguel de Unamuno fustigó la ignorancia mutua que, a su parecer, era el mayor impedimento para el entendimiento entre la capital catalana y la del Estado: «La juventud intelectual barcelonesa menosprecia a los escritores y artistas castellanos, y cree contar con algunos semigenios; la juventud intelectual madrileña (que habita en Madrid) tiene a los jóvenes escritores catalanes por unos hábiles remendadores de la última moda de París, sin positiva originalidad alguna. Y de un lado y de otro, junto a no poca soberbia, ignorancia y culto a la mentira».[2]

Uno de los «semigenios» barceloneses en ciernes que tan poco convencían a Unamuno fue, sin duda, Eugeni Ors i Rovira, nacido en Barcelona en 1881, que, de una u otra manera, pasó su vida intelectual como pensador dando vueltas a los problemas de la «no poca soberbia, ignorancia y culto a la mentira» que había señalado el filósofo bilbaíno.

«Desde su primera glosa, D'Ors (*Xenius*) aparece ya magistral. No hay en su obra *páginas juveniles*», observó de D'Ors el poeta Dionisio Ridruejo, ya postfalangista.[3] En efecto, tan bien logró dibujar su imagen, que sus confusiones de juventud casi quedaron borradas: ¿quién recordaría sus correrías de hacia 1903 y le daría por discípulo estudiantil de un todavía joven Gabriel Alomar?[4] Sin duda, Ors tuvo un protagonismo intelectual que le hizo encajar su función de promotor de consignas y llevarla mucho más allá de todo límite, hasta convencerse de que podía ejercer un papel decisivo, no ya en la vida espiritual, sino en la actividad política. Muy dado a los juegos de palabras, pronto, a partir de 1906, al firmar un famosísimo artículo sobre «Noruega imperialista», dignificó su apellido con la partícula aristocratizante –*D*'Ors– al tiempo que se consideraba *eu-genos*, o propio del nacimiento feliz, con lo que empezó su larga carrera construyéndose como personaje.[5] Fue un gesto que no le sería perdonado en el envidioso mundillo barcelonés; como diría con sorna, unos años más tarde, el irreprimible Francesc Pujols: *D'Ors com se posa ell portat per la tendència d'ennoblir tot el que toca.*[6]

Como estudiante de derecho en la Universidad de Barcelona (igual que lo fueron anteriormente Prat de la Riba, Cambó, Ventosa y Duran), D'Ors ya corría, en los años 1897-1903, con otros alumnos que hablaban en términos de «imperialismo».[7] En realidad, el tema ya estaba en el ambiente universitario por ser omnipresente en la reflexión pública de los años noventa. Pere Coromines, por ejemplo, estudiante de la generación anterior, fue entusiasta de la Guerra de Melilla de 1893, por mucho que estuviera en evolución del republicanismo a simpatías libertarias.[8] Pero, con el «desastre» del 98, tales ínfulas se hicieron un ejercicio intelectual más complejo, al probarse la amargura de la derrota de un país atrasado ante una potencia más fuerte, por estar ésta, según los más avezados contemporáneos, *dotada de cohesión por una efectiva sociedad civil.*[9]

La moda política europea del fin de siglo, al mirar la contienda británica de Sudáfrica entre 1899 y 1902, reforzó esta ambigüedad de sentimientos. Estuvo en boga la simpatía con los *afrikaners* en todos los círculos nacionalistas de Europa, se orientasen éstos hacia París o Berlín. Los alemanes habían ayudado a despertar el conflicto, en la medida en que el káiser, en un famoso telegrama, había felicitado al presidente Paul Kruger del Transvaal por sus medidas contrarias a la penetración británica, en especial su victoria frente al ataque armado de Jameson en diciembre de 1895.[10] Por su parte, la opinión francesa estaba todavía exaltada por la «humillación» de Fashoda, impuesta por el poderío británico a las ambiciones galas en el Sudán en 1898.[11] Y, por supuesto, los nacionalistas irlandeses, siempre una buena pista para los catalanistas, no desaprovecharon la ocasión para mostrarse resueltamente contrarios a cualquier opresión inglesa, se produjera donde se produjera.[12] En España tales simpatías dieron pie a destacadas manifiestaciones literarias, incluyendo una novela del joven Ramiro de Maeztu, futuro anglófilo.[13] Dado el ambiente, no sorprende el hecho que la Unió Catalanista enviara una carta de apoyo a Kruger, para elogiar su firmeza, como jefe de un pequeño Estado independiente frente a la agresiva presión británica.[14]

Así, en Barcelona, la famosa «Guerra de los bóers» pudo rebajar humos formalmente «imperialistas», para recordar la bondad de luchas por la autodeterminación como el reciente esfuerzo cubano, con la que compartía las mismas características de una despiadada guerra de guerrillas y una política imperialista de campos de concentración.[15] Pero la coyuntura sudafricana no borró la convicción de un acrecentado protagonismo catalán en el mundo, que venía a ser lo mismo que la proyección «imperial». Así lo mostró el joven Josep Pijoan i Soteras, durante un tiempo rival de D'Ors como «intelectual orgánico» al lado de Prat de la Riba. En palabras de Pijoan, que se situaba figurativamente del lado de los bóers, contra los ingleses: «Profundamente convencidos de su reducido tamaño y conocedores de la fuerza de los ingleses, el Transvaal no lucha hoy por engrandecer su patria ni por el lucro del botín, sino que se aprestan a morir heroicamente. [...] Nuestra historia particular podría servirles de gran consuelo en estos momentos, si fuera conocida por los bóers. Cataluña pasó ya hace dos siglos por una crisis parecida.»[16] *Existía, pues, la convicción de una «misión» catalana, lo que facilitaba el paso de una postura fácil de simpatía antiimperialista y antiinglesa a otra, más complicada, de afirmación nacionalista y, a la vez, de síntesis «imperial», que, por fuerza, idealizaba la postura británica.*

Además, quien primero descolló por tratar el tema «imperialista» no fue Eugeni, sino su hermano menor, Josep-Enric Ors Rovira, nacido en 1883, en un artículo «*Ideal de Catalunya*», publicado en el diario de la Lliga, *La Veu de Catalunya*, el 17 de mayo de 1903:

> Y nosotros creemos que, en esta redención, tendrá Cataluña un papel importantísimo; creemos que Cataluña es quien ha de imponer a la conciencia de la humanidad el principio de la autonomía, es quien ha de afirmar la libertad de la nación como preparación necesaria de la libertad individual. Por su carácter individualista, por su liberalísima tradición, por haber podido comprender, y en sí misma experimentar, bien dolorosamente, lo que es un pueblo fuerte y joven, sometido a dominación extraña, a Cataluña le corresponde defender el ideal autonomista. Alexandre Cortada, en un artículo documentado, nos decía que todos los pueblos y razas que han querido ser libres han necesitado más que conquistar su independencia material, han debido de tener un pensamiento propio, y que

todas las naciones y razas nacen y prosperan en la historia cuando tienen que decir alguna cosa nueva en la continua evolución progresiva del pensamiento. Cataluña ha de ofrecer a la humanidad el fruto de la propia dolorosa experimentación. Cataluña deber decir: «¡Sed libres!», a todos los pueblos de la tierra.

Y ocurrirá una transformación radical en la organización política de las naciones. Existirán conjuntos de pueblos libres unidos, si es preciso para la defensa colectiva. Entre éstos, algunos serán predominantes; no todos tendrán el mismo grado de adelantamiento, no todos tendrán la misma fuerza, y la dominación es inevitable; un pueblo fuerte impondrá siempre su pensamiento a otro desprovisto de ideal; hay un imperialismo intelectual que debe existir, que es hermoso que exista, aunque produzca angustia en las mentes cansadas de los igualitarios. La dominación intelectual es inevitable, e incluso la material, cuando se trata de pueblos incapaces de vivir por sí mismos, cuando se trata de pueblos nuevos, viejos, enfermos o idiotas.

Para Josep-Enric Ors, Cataluña tenía una sociedad civil moderna, una base metropolitana, y no dependía de una estructura agraria para sostener su alma colectiva. Según él, si todas las naciones, como insistía el decimonónico revolucionario nacionalista italiano Mazzini, tienen su «misión», la de Cataluña, de alguna manera, sería la de repartir la buena nueva del desarrollo libertario y ordenado por las Españas e incluso más allá.

Nosotros los catalanes somos los que hemos de imponer el principio de la autonomía a la conciencia de la humanidad. Y si algunos sonrien, pensando que todavía nosotros no hemos alcanzado la libertad, que somos débiles y no tenemos fuerza, les diremos muchas cosas: que sólo en una abstracción puede admitirse que dos y dos sean cuatro y que cuatro sean más que tres; que los fusiles y los cañones y el dinero nada representan cuando no están en función de un valor moral; que los grandes imperios de la fuerza sólo se mantienen transitoriamente y que, a veces, unas palabras perduran miles de años; que todos los pueblos son como los árboles de un bosque; que no luchan entre ellos porque sí, sino porque su desarrollo está sometido a leyes naturales; que cuando un pueblo representa un gran valor moral, la humanidad necesita que subsista –aunque sea muy pequeño, un pueblo en el cual algunos pensadores encuentren la manera de resolver la cuestión social, no tiene nada que temer de los más gruesos armamentos–; que todos los pueblos mártires lucharán con nosotros; que el ideal de la autonomía triunfará cuando los pueblos sean conscientes, cuando los pueblos se despierten.[17]

Unos meses antes, en febrero, Josep-Enric Ors, en un artículo sobre la «Crisis internacional» en Marruecos, había vaticinado la utilidad de las guerras para las sociedades, por la reacción positiva que provocaban. Los conflictos eran saludables, argumentó, con cierto optimismo: «Lo expuesto demuestra la conveniencia de la crisis internacional, por su acción perturbadora y como excitante de reacción para las naciones enfermas y apagadas. Por la crisis, precisando más, por la invasión extranjera –vencida o vencedora la nación, eso es secundario– o reacciona y se despierta en ella la vida.» Las pruebas eran la recuperación de Francia tras la humillación de Sedán en 1870 o la manera que, tras la derrota española del 1898, «levantaron hermoso vuelo los ideales autonomistas». Según Josep-Enric: «Nuestro pueblo –así lo oímos decir cada día– es bastante fuerte para la vida.» Sin embargo, observó: «Mas, somos cobardes. Padecemos la inquietud de lo desconocido, nos falta valor verdadero.» Para concluir: «Y nosotros, especialmente, debemos no temer, sino desear la crisis internacional».[18] De ello, derivó su deducción lógica.

Era todo un programa. Había un paralelo curioso: igual como le sucedió a Sabino Arana con su hermano menor Luis, quien inicialmente le convenció de las ideas que después serían sinónimo del pensamiento sabiniano, fue Josep-Enric Ors quien se adelantó a Eugeni con unos argumentos que pasarían a ser identificados con la carrera fulgurante de Xenius. En los artículos pioneros del hermano aparece, con nitidez, el ideal del «imperialismo espiritual» de catalanismo. Pero Josep-Enric no tuvo más trayectoria visible en Cataluña: junto con su hermano figuró destacadamente en el Primer Congrés Universitari Català de enero-febrero de 1903, publicó algunos artículos más, entre 1903 y 1905, estuvo en Amberes, luego ampliando estudios mercantiles en Londres en 1908, y desapareció definitivamente, dirigiendo la sucursal de un banco en El Cairo hasta su muerte en 1940.[19]

Como indicó Josep-Enric al aludir a un artículo de 1898 de Alexandre Cortada i Serra, la idea estaba más o menos en el ambiente, esperando que se le diera forma. Cortada (1865-1935), musicólogo y publicista barcelonés, era, como muestra, una figura bien representativa del ambiente, amigo de Pompeu Fabra y de Joaquim Cases-Carbó del grupo de *L'Avenç*.[20] Más concretamente, sin embargo, la afirmación del «imperialismo espiritual» era la manera que las promociones posteriores tenían de marcar sus diferencias con lo que quedaba del Centre Escolar Catalanista o de su recuerdo. En los tiempos más o menos anteriores, en los que había dominado el espíritu a la vez quejoso y solidario de la Unió Catalanista, se había producido lo que D'Ors llamaba, con sorna, la «*Universitat dels missatges*». Según D'Ors, «yo recuerdo, sólo en mis años, un montón. Mensaje al rey de Grecia, mensaje a las ligas de estudiantes de París, mensaje a Krüger [sic], mensaje a los chicos de Santiago, mensaje al Orfeó cuando fue a Francia, mensaje a Rusiñol cuando estrenó *L'Hèroe*, mensaje a los polacos, mensaje a los finlandeses, ¡mensaje a qué se yo quién...!».[21] Ahora tocaba una actitud nueva y diferente.

Era asimismo una manera de enfatizar la diferencia entre la *joventut que puja* [la nueva juventud pujante] y los empollones fundadores de la Lliga. No es que, por entonces, Prat no rozara la reivindicación «imperial» de forma plenamente desacomplejada. Estaba a punto. En 1897, por ejemplo, si bien todavía argumentaba que los *grans imperis* hechos por la fuerza generaban su propia destrucción, ya que «[l]a imposición llama a la repulsa», también llamaba a «constituir un gran Estado que reúna dentro de sus hitos todos los pueblos de Iberia».[22] Sólo faltaba un pequeño paso más allá del pudor propio del catalanismo más rigoroso en su oposición a la opresión nacional, darle la vuelta, de negativo a positivo, a la idea «imperialista». *El empujón a la desinhibición lo dieron los jóvenes de la promoción orsiana.*

De la muy relativa divulgación anterior o paralela a Maragall que en Barcelona hubiera del famoso Friedrich Nietzsche, quizá quien más tema sacara, de entrada, fuese *Peius* Gener.[23] El ambiente barcelonés –y, más en general, el *Zeitgeist*– se había fijado sin duda en tales especulaciones, tal como recordó casi unas dos décadas más tarde el comentarista político Salvador Canals:

> Por el año 1903, según Pompeyo Gener, hubo un grupo llamado de los *Imperiales-Catalanistas*, cuyo programa era éste: «Por la propaganda podemos inducir a las demás provincias de España a que nos sigan. La Península se constituirá entonces en tres o cuatro grandes grupos, alrededor de las capitales naturales. Lisboa para las razas célticas del Oeste. Sevilla para el centro y Sur, con las razas godoarábigas. Barcelona a Levante, capital de la España lemosina mediterránea. Y Bilbao o San Sebastián podrían ser la capital de las razas vasconavarras del Norte. Ya que la hegemonía castellana, esencialmente guerrera y levantisca, ha producido la ruina de España, tócale ahora a Cataluña el conducir a España por las vías de la civilización a la moderna, industrial y superorgánica. Ella ha de ser la que predomine en el Mediterráneo, aliada con Francia, con Italia y con Grecia; provocaría la libertad de las provincias arias del Imperio turco y, ayudada por los egipcios, haría un Estado libre en Oriente, con el apoyo de Rusia. El Mediterráneo volvería a ser un mar grecolatino, y las costas Norte de África colonias tan civilizadas como sus respectivas metrópolis.»[24]

En su versión original, Gener atribuyó estos argumentos, que presentó entrecomillados, a «una fracción de individuos distinguidísimos, que podríamos nombrar de la aristocracia, han ido todavía más lejos en este ideal, y han formulado para el porvenir un programa, que más que un programa es un verdadero sueño profético». Gener añadió: «Y todo eso bajo el imperio de Barcelona. Y los *imperiales catalanistas* (que así se llaman) no vacilan en afirmar que no temerían la alianza anglogermánica, aunque se opusieran a ella. Pronto sus teorías seran sostenidas por un periódico, el antiguo *Avenç*, que va a reaparecer reformado.» Más adelante, asustado por el atrevimiento y enfrentado a una Lliga Regionalista cada vez más ascendente, Gener suprimió este párrafo de su versión definitiva en el libro *Cosas de España.*[25] Por un tiempo, algunos jóvenes inquietos como Pijoan se aproximaron al discurso «imperial catalanista» que Peius había realizado más o menos en paralelo a las ideas de wagnerismo político de Houston Stewart Chamberlain. Así, en 1899 (el mismo año en que Chamberlain publicó su gran obra teórica), Pijoan declaró: «Pero la característica de las nacionalidades contra los grandes Estados uniformizadores que se debatía en la mayoría de los parlamentos de Europa no es posible en las Cortes españolas [...] En la atmosfera semítica de la España central no se comprende la tolerancia e incluso los diarios más liberales han reclamado contra la simple exposición de ideas y han pedido medidas enérgicas contra nuestra propaganda.»[26] Xenius imitó a Peius en su heterónimo neoclásico, y en más cosas, pero no quiso reconocer su deuda en vida: parecía que la figura del *vuitcentista*, el personaje decimonónico recalcitrante que el *noucentisme* pretendía barrer, estuviera hecha a la medida de un Gener del todo anticuado.[27] Así que, a la larga, pisoteada su reputación por la hueste *lligaire*, nadie acabó por tomarse a Peius en serio, tal vez, ya derrotado, ni tan siquiera él mismo.[28] Pero una vez muerto Gener en 1921, un D'Ors ya desengañado le dedicó una lírica necrología («un joven de genio», que podía haberse convertido en «un pensador de raza», pero que, falto de crítica en la asfixiante Barcelona, nunca maduró).[29] Con el tiempo, las reiteradas glosas mostraron hasta qué punto Peius había sido un personaje clave en la imaginación orsiana, un punto de partida nunca olvidado.[30]

En todo caso, a D'Ors el tema le fascinó lo suficiente como para dedicarle su tesis doctoral en derecho (leída, como todas entonces, en la Universidad «central» de Madrid en 1905), con el título *Genealogía del Imperio: Teoría del Estado-Héroe*. El director director de la tesis fue el republicano Gumersindo de Azcárate, a quien le disgustó el argumento orsiano; en todo caso, don Gumersindo prestó libros de su biblioteca al ambicioso doctorando, notablemente el estudio del pensador político inglés lord Bryce sobre el Sacro Romano Imperio.[31] Hoy la tesis está oficialmente perdida. Se ha especulado sobre si D'Ors llegó a publicar una versión (era frecuente que se hiciera una edición impresa de la memoria de doctorado como registro), que igualmente no ha dejado rastro, lo que ya resulta menos probable. Queda, pues, una duda razonable sobre la desaparición del texto.

De todos modos, D'Ors anticipó una especie de sinopsis mística de su disertación en la prensa de Barcelona en 1905. Toda la historia occidental, de la caída del Imperio romano en adelante, había sido una pugna entre dos grandes impulsos, uno integrador y otro disgregador. Por un lado, el Sacro Imperio medieval, las cruzadas, el restablecimiento del derecho romano, la Revolución francesa, Napoleón, el socialismo federativo y los «imperialismos» modernos; por el otro, el germanismo, el feudalismo, la Reforma protestante, el absolutismo renacentista, el principo de las nacionalidades y el regionalismo. Sería un tema recogido durante la Gran Guerra, en las *Lletres a Tina* y largamente comentado en su *Glosari* durante el intervalo.[32]

Algún contacto tuvo con Prat de la Riba, de una promoción universitaria poco anterior a la suya, quien se interesó por el juego de ideas «imperiales» e incluso por el texto mismo. En marzo de 1907, en plena marcha triunfal de la Solidaritat, D'Ors escribió a Prat desde París. Al fin y al cabo, sus estudios en filosofía en París, Heidelberg y Múnich fueron becados por la Diputación de Barcelona, que estaría

Ralph Waldo Emerson (1803-1882), el pensador de Massachussetts tan admirado por los jóvenes catalanistas finiseculares, que divulgó el ideal del *self-confidence*, de la confianza en uno mismo necesaria para asumir una actitud vital emprendedora.

Joseph Chamberlain (1831-1914) tuvo una de la carreras políticas espectaculares de la política inglesa de finales del siglo XIX, pasando de radical en las filas liberales a unionista contra Gladstone y finalmente a portavoz del más agresivo y proteccionista "nuevo imperialismo" británico.

Thomas Carlyle (1785-1881), el pensador escocés que hizo famoso el individualismo "heroico", recogido a finales del siglo XIX por el nuevo catalanismo.

Joan Maragall i Gorina (1860-1911), destacado poeta, ensayista y ardiente propagandista iberista, a mediados de la década de los noventa, cuando tenia unos treinta y cinco años.

Miguel de Unamuno y Jugo (1864-1936): el inquieto noventayochista siempre mantuvo un diálogo contradictorio con el afán "imperialista" del catalanismo.

Francisco Giner de los Ríos (1839-1915) en la Sierra de Guadarrama: el "institucionista" en contacto directo con la variada naturaleza hispana.

Los inseparables Àngel Guimerà (1845-1924), dramaturgo, y Pere Aldavert (1850-1932), director de *La Renaixensa,* los protagonistas de la Lliga de Catalunya –según Almirall, "los santos inocentes"–, dan su paseo diario. Caricatura de Luís Bagaría (1882-1940). *Museu Diocesà de Barcelona*

Theodore Roosevelt (1858-1919), presidente norteamericano (1901-1909), "expansionista" por definición pero asimismo premio Nobel de la Paz en 1906, encarnación del ideal contemporáneo, anunciado por Barrès, del político como "profesor de energía" . Nótese el ramillete de cinco bombillas incandescentes al pie del marco en esta patriótica representación estadounidense al iniciar su primer mandato presidencial.

La panoplia contemporánea del "nuevo imperialismo": revestido de los símbolos de su poder y soberanía, el joven Guillermo II (1859-1941) lee su primer mensaje como emperador para convocar el "Reichstag", o Parlamento Imperial, desde la Sala Blanca del Castilo Real de Berlín en 1888.

Gabriel Alomar i Vilallonga (1873-1941), rodeado de libros y papeles en un retrato de la pintora Pilar Montaner para una exposición en la Sala Parés en la primavera de 1917.

Enric Prat de la Riba i Sarrà (1870-1917) al licenciarse en leyes en 1893.

Josep Pijoan i Soteras (1879-1963), pionero de la organización cultural catalanista, inventor del término "pancatalanismo", quien perdió la jugada ante la pujanza "noucentista" y el protagonismo de D'Ors.

Serie de tres medallas acuñadas por la Unió Catalanista en 1900, en edición de Vallmitjana: todas tienen, en la cara, a San Jorge, patrón de Cataluña y emblema de la Unió, matando al dragón, y, en el reverso, la de oro, el trono vació del rey Martín el Humano (siglo XIV); la de plata, el escudo y caso del rey Jaime I, "el conqueridor" (siglo XIII); y la de bronce, las armas catalanas en losange sobre una cruz (¿una alusión a la religiosidad femenina catalana?), siempre con el lema V*indicamus hereditatem patrum nostrorum* (Reclamamos la herencia de nuestros padres).

La medalla de la Unió Catalanista con la imagen de San Jorge recuerda a la moneda de oro más famosa de la época: el soberano de oro británico, creado en 1887 para el Jubileo de Victoria I (1819-1901). En la cara, Victoria (retrato por Brock) como reina de Gran Bretaña e Irlanda (1837-1901) y emperatriz de la India (1876-1901) y, como reverso, un San Jorge, patrón de Inglaterra, matando el dragón (diseño de Pistrucci); es muy parecido el de su sucesor Eduardo VII (1841-1910, retrato por Saulles), mirando en dirección contraria. *J. Vallear*

El Dr. Bartomeu Robert y Yarzábal (1842-1902), antiguo "polaviejista", fue alcalde de Barcelona durante el Tancament de caixes y destacado diputado regionalista. Al morir inesperadamente en los discursos de un banquete, se convirtió en un objeto de culto de la Lliga, con un gigantesco monumento en Barcelona y otros en Sitges y Camprodón. Aquí se puede ver un sello de propaganda –modo muy habitual de agitación en el catalanismo– probablemente de 1901.

LA NOVELA LITERARIA.--Director: V. BLASCO IBAÑEZ
MAURICIO BARRÉS
De la Academia Francesa
AL SERVICIO DE ALEMANIA
COLETTE BAUDOCHE
Editorial PROMETEO

Maurice Barrès (1862-1923) retratado en la portada de una edición española de sus obras antialemanas, más o menos coincidente con la Primera Guerra Mundial, en la editorial del novelista republicano Vicente Blasco Ibáñez.

Retrato de Hippolyte Taine (1828-1893), que estuvo treinta años sobre la mesa de trabajo de Barrès. Los jóvenes catalanistas en los años finiseculares sintieron auténtica devoción por Taine y su perspectiva sobre la sociedad civil.

Charles Maurras (1868-1952), portavoz de *L'Action française*. Por mucho que su ingenio, su clasicismo "mediterraneista" y su canto al sentido práctico del poder resultaban atractivos en España y sobre todo en Cataluña, el fondo de su doctrina se parecía demasiado al carlismo para que sirviera de influencia directa en circunstancias hispanas antes de 1931.

N° 153.
5 Mars 1904.
40 centimes

L'ASSIETTE au BEURRE

Géo DUPUIS

La Hurle

El desorden de los partidarios del orden: la revista satírica *L'assiette au beurre* en 1904 retrata con ironía una manifestación nacionalista francesa.

Eugeni D'Ors i Rovira (1881-1954), en una pose oscura de sus inicios como glosador, se presenta como pensador de vuelos europeos.

Las armas reales de Alfonso XIII en un conocido ex libris diseñado en 1904 por el pintor catalán Alexandre de Riquer i Inglada (1856-1920). Entre otras otros recuerdos dinásticos se incluyen Nápoles, Austria, el Franco Condado, Flandes, Brabante y el Tirol.

El sueño iberista del catalanismo se representó gráficamente en la portada que el dibujante y pintor Josep Triadó y Mayol (1870-1929) diseñó para la *Revista Ibérica de Ex libris* (1903-1906).

Targeta postal de propaganda de los tiempos en que se lanzaba la candidatura de la Solidaridad Catalana: en la representación alegórica, Cataluña como matrona ha remplazado a Hispania y con renovada confianza materna se dirige a una multitud de regiones masculinas ávidas de orientación.

bajo la presidencia de Prat unas semanas después de enviada la carta. En su carta, comentó la posible edición de una versión de su tesis:

> En los últimos días se me ha ocurrido un pensamiento para la Biblioteca popular política de la que Ud. tanto me habló, poco antes de mi venida a París. Entonces, Ud. me pedía, para esta Biblioteca, mi trabajo, ya un poco rancio, sobre Imperialismo. Aquel trabajo, ya un poco rancio, no podría ahora darlo yo a publicación sin transformación completa. Pero sospecho que no sería inútil extraer de él algunos fragmentos característicos, en que se tratan materias de civilidad, vida civil, sentido colectivo, moral social, solidaridad, etc..., fragmentos que, juntados con la colección de algunas escasas glosas que tengo publicadas en *La Veu* sobre algunos temas análogos y sobre Solidadidad Catalana, elecciones, etc., y con algunos pequeños trabajos que yo añadiría, formarían un pequeño volumen de doctrina política ciudadana, expresada en forma pintoresca, partida en pequeños capítulos, ligeramente ligados entre sí, que podría aparecer en la Biblioteca, con el título de *Paraules cíviques* o de *Breviari civil*, y que llevando por caminos un poco teóricos a propaganda, alta propaganda de las elecciones y del deber electoral, pienso que no había de quedar sin éxito, si aparecía en la oportunidad de la campaña próxima.
>
> Ud. me dará su opinión sobre este proyecto. Ud. me dará su consejo y su respuesta, y las condiciones en que el trabajo sería editado. Si conviniese, yo podría rematarlo para el último de este mes, siempre que el encargo me fuera hecho en fecha oportuna.[33]

La inseguridad del joven era evidente, ya que repetió dos veces el miedo de que su trabajo hubiera quedado pasado de moda *(una mica ranci)*. Incluso se puede sospechar que fue el propio D'Ors quien «despistó» su desaparecida tesis doctoral. Pero –si bien no se realizaría la edición comentada– el ideal «imperial» haría la carrera de D'Ors, especialmente bajo la tutela de Prat.

D'Ors como heredero de Prat de la Riba

El mismo D'Ors –unos pocos años después de su gran ruptura con el catalanismo– dejó constancia de su relación con Prat de la Riba y de los matices entre las posiciones de ambos en cuanto al nexo de nacionalismo e imperialismo. Al remarcar, en 1926, el error del integralismo lusitano por pretender combinar ambos conceptos, que, para entonces y según cómo, D'Ors consideraba incompatibles («¡Ay de quien quiera promiscuar Manchester con Roma!»), el antiguo Pantarca rememoró, por ser ejemplar («Eximplio»), así como «Pecado» y «Escarmiento», su juvenil trato con el jefe intelectual de la Lliga.

En primer lugar, D'Ors retrató su medio, su grupo universitario, fascinado por la idea de la «unidad cultural» y por la relación de ésta con su proyección «imperialista» o heroica:

> Se han cumplido, de lo que voy a contar, veinte años... Érase que se era, en un pueblo español, un grupo de hombres jovencísimos, enamorados impacientes de los valores de la unidad. Esta unidad la sentían en ellos, por el instante, en forma de ambición hegemónica. Era muy justo. Nadie exalta el concurso, si no sabe que en el concurso tiene abierta, en derecho, una posibilidad de primacía. Pero cualquier primacía de este orden había de sujetarse, según ellos, a dos condiciones. De una parte, había de ejercerse en forma *siempre integradora* [sic], excluyendo, por definición, cualquier tendencia al separatismo. De otra parte, había de fundarse en un *sentido de responsabilidad* [sic], de suerte que, a más potencia, correspondiese más sacrificio; a mayor número de facultades, mayor número de deberes.
>
> Razón por la cual estos recién llegados se daban a sí mismos el nombre de «imperialistas». Entonces, la palabra, sin gozar, de todos modos, de una gran aura de popularidad, no había caído, empero, en la reputación de odiosa que le otorgaron, más que en la opinión en el oído de las gentes, los años de la Gran Guerra europea, con su revelación, ya descarada, de ambiciones territoriales y megalomanías de color mesiánico. De todo lo cual andaban prudentemente lejanos y asépticamente limpios los hombres a que me refiero.
>
> Uno de ellos [el propio D'Ors], para defensa e ilustración de tales ideas, escribió una tesis de doctorado. Otros publicaban una revista batalladora. Todos combatían con denuedo contra el ambiente que los rodeaba, donde se habían vuelto habituales –aunque no verdaderamente tradicionales, en el sentido noble de la palabra– los vicios del encogimiento, del recelo, del localismo miserable, de la esquiva y desconfiada ruralidad. En la misma renovación de espíritu y de actitud comulgaban, aunque fuese sin formular claramente las mismas ideas, otros grupos de estructura difusa, pintores, músicos, especialistas de la ciencia, impulsadores del negocio, varones de origen y formación distintos, coincidentes todos en la generosidad y en la mocedad. Hubo quien se llamaba imperialista; hubo quien lo era sin decirlo... Pero entiéndase bien: esta gentil compañía no formaba, en el aludido pueblo, más que una minoría.[34]

A continuación, en su siguiente artículo, D'Ors presentó a Prat, sin nombrarlo, como el gran corruptor, una especie de serpiente edénica tentadora del todavía inocente D'Ors; para eliminar toda duda, tituló su descripción «Pecado»:

> Érase, a la vez que estos jóvenes, un hombre [Prat] de otra edad, que, cronológicamente, pudo llamarse joven todavía, pero a quien, por sus condiciones

precoces de serena madurez y buen consejo, tuvieron siempre, no sólo sus sucesores, sino sus próximos contemporáneos, por persona dotada de esa grave autoridad directiva que sólo suele atribuirse a los viejos. También él, aunque formado en muy otras ideas y obedeciéndolas con fidelidad, estaba apasionadamente interesado en el destino de su pueblo. Su forma de intervención era la política; y, en calidad de político, figuraba a la cabeza de un movimiento que empezaba a tener fuerza grande sobre las multitudes, aunque no tanta, por entonces, que pudiera dominar a los otros partidos, que a la sazón se disputaban, en propagandas y elecciones, los favores de éstas. La inspiración de este movimiento era nacionalista. Ello no fue óbice para que este político sagaz se acercara a aquellos jóvenes para decirles:

–Nacionalismo e imperialismo pueden no ser incompatibles. En la próxima edición de mi pequeño catecismo doctrinal voy a añadir un capítulo para demostrarlo. ¿Queréis, pues, que, en buena voluntad, y a fines de bien, enlacemos nuestra acción? Será una gran obra. Como en lo teórico me han convencido ustedes, nuestra común política tenderá, pues, remotamente, al imperio, a la unidad. Pero como tenemos que conquistar a masas sentimentales, que no pueden atender esta palabra, ni quieren todavía oírla, no la pronunciaremos, o, por lo menos, no la pronunciaremos oficialmente. Cada uno de ustedes, eso sí, quedará en libertad de proclamarla en sus escritos. Y esto, de momento. Un poco de paciencia. Preparemos, mientras tanto, la mente del pueblo, en una obra de cultura, para la que yo proporcionaré toda suerte de facilidades, y donde ustedes encontrarán no poco que hacer.

El tratado pareció viable... Tardaron mucho los de una y otra parte en advertir que se habían equivocado.[35]

El más sistemático biógrafo orsiano, el catalanista Enric Jardí, hijo de un homónimo amigo –luego distanciado– de Xenius, se encontró perplejo ante esta glosa de D'Ors. Argumentó que su sujeto realizó *una deliberada distorsió de la veritat*, ya que «añadir un capítulo» a «la próxima edición de mi pequeño catecismo doctrinal» era imposible, por carecer el *Compendi de doctrina catalanista* de temática «imperial» y haber aparecido *La nacionalitat catalana* en su primera edición con su noveno capítulo dedicado al tema. En realidad, D'Ors pretendía indicar, primero, un cierto desprecio por *La nacionalitat* como breviario «nacionalista y rinconero» (sus términos) y combinar esa ironía con una alusión a su propia influencia sobre Prat, ya que siempre ha existido el rumor de que la sección en cuestión del libro de Prat fue redactado por D'Ors, hipótesis que servía para salvar al sacralizado fundador del nacionalismo moderno del pecado de ser un feroz «imperialista» (pecado que preocupaba, y mucho, por ejemplo, a Jardí).[36] Al mismo tiempo, nadie (ni tan siquiera Jardí) ha querido reconocer la relativa preeminencia o primicia del luciferino D'Ors, «ángel caído» del catalanismo, en relación al deificado Prat.[37]

Si cuando era pratista creyente gustaba de escandalizar, el D'Ors ya ex catalanista ostentó su desprecio por las idolatrías de su antiguo credo. Radicalmente desilusionado, ofreció un retrato ácido de las metáforas encadenadas de Prat y del –a su parecer– cinismo con que Cambó las utilizaba:

> La duplicidad, en que los jóvenes cometieron el error de ceder, iba complicada todavía, en el episodio político y local a que aludo, con otra duplicidad, que consistía en cubrir el tal nacionalismo con otro disfraz más aparente, con objeto de facilitarle el éxito, no sólo entre las masas que le eran adictas, sino entre otras, dominadas por aprensiones, de tipo burgués y pacato. La aspiración hegemónica, que ya se vistió de nacionalismo, en concesión a una primera capa de vulgaridad, consintió en vestirse de regionalismo, en obsequio a otras capas, todavía más bajas y más extendidas. Así, en el producto que se juzgó común, había dos cáscaras sucesivas antes de llegar a la secreta almendra. Primero, una suave cubierta regionalista, que ocultaba el nacionalismo a ojos de los tímidos; después, otra rugosa cubierta nacionalista, que ocultaba el difícil imperialismo a ojos de los ignaras. Esto pudo parecer hábil.[38]

Hacia el final de su vida, D'Ors, invitado por el historiador Olivar Bertrand a explicar el imperialismo pratiano, relató otra vez lo mismo, de forma más amable:

> «Prat llevaba muy adentro esta idea», me confiesa Eugeni d'Ors. «Me deberá permitir que le aclare lo que yo llamo el secreto de Prat de la Riba... Se basa en las tres capas que se sobreponían, alternaban o contemporizaban en la actuación de Prat: primera, capa regionalista, con las personas que él quería o necesitaba atraer para su causa, las fuerzas vivas de industriales, comerciantes, propietarios y terratenientes; segunda, capa nacionalista, con él mismo en la intimidad que fue creciendo y creciendo hasta... el año 1898, para eclipsarse, ocasionalmente, de vez en cuando; tercera, capa imperialista, debida a la influencia que en él ejercieron las jóvenes inteligencias que le rodeaban. Jóvenes a los cuales no les bastaba el nacionalismo porque lo consideraban estrecho, [que] aspiraban a una política cultural claramente imperialista, de conquista, que la que se puede leer en el último capítulo de *La nacionalitat catalana*.»[39]

Digamos, en resumen, que D'Ors se sintió siempre libre de aprovechar el mobiliario –ideológico o de otro tipo– que encontró en su camino. Siendo todavía estudiante, ante la súbita muerte en un restaurante, en 1902, del santificado doctor Robert, convenció a los prohombres de la Lliga de que guardaran el sofá en el que había expirado el ilustre galeno como reliquia para la formación espiritual de los jóvenes nacionalistas. La idea era adecentarlo o arreglarlo un poquito, pero, una vez retirado, el canapé acabó en el «picadero» que el futuro Xenius compartía con varios amiguetes, como apoyo y respaldo a sus encuentros con complacientes visitas femeninas.[40]

De cómo el heredero repensó su herencia, o el «imperio de la civilización»

El resultado relativo a la idea «imperial» de la relación entre Prat y D'Ors –fuera exactamente la que fuera– tuvo un balance sucinto: el esquema de Prat, muy claramente resumido por él mismo en *La nacionalitat catalana* de 1906, era atractivo para la divulgación, dada su sencillez, y fue ampliamente vulgarizado por el ambicioso publicista. Ese mismo año, Eugeni d'Ors se convirtió en verdadero «intelectual orgánico» del regionalismo catalanista. D'Ors supo tomar los puntos fundamentales del pratismo y promocionarlos con un discurso de civilización y ascenso espiritual al inciar su *Glosari*, comentarios diarios que en principio iban tejiendo una «filosofía». Según el malintencionado comentario de Joan Fuster, D'Ors en realidad hizo poco más que «lubrificar» a Prat.[41] Mientras tanto, los catalanistas «puros», como Aldavert, se mofaban de «las fantasías de la Civilisació [sic]».[42]

Sin embargo, como intelectual y no político, D'Ors no pudo dejar las cosas como estaban. Necesitaba ir más allá de las fórmulas seguras. Si Maragall y Prat habían utilizado a Emerson y Carlyle –y el «neoidealismo» de sociedad civil que conllevaban– como una manera de saltarse tanto el juridicismo individualista de los federalistas y de la izquierda libertaria, como la definición católica de carlistas e integristas, D'Ors ambicionaba bastante más y quiso ir a la raíz filosófica.

En este caso, partiendo de Carlyle, el origen era el idealismo radical –cuyo principio fundamental era la naturaleza creativa del «Yo» consciente– del pensador alemán Johann Gottlieb Fichte, muerto en Berlín en 1814.[43] Sin embargo, Fichte, en general, fue más conocido por sus *Discursos a la Nación alemana* de 1807-1808, considerados habitualmente como el punto de partida del nacionalismo germano. En una reflexión sugerente, el filósofo inglés Bertrand Russell, escribiendo a mediados de los años treinta, atribuyó una función clave en «el abolengo conceptual del fascismo» al subjetivismo fichteano: «El Yo, según esta teoría, existe porque determina existir. Pronto se ve que el no-Yo también existe porque el Yo así lo determina; pero un no-Yo así generado nunca se hace realmente externo al Yo que ha escogido plantearlo.»[44] Ante la arrasadora invasión napoleónica de las Alemanias en 1807, la comunidad cultural y lingüística germana fue entendida por Fichte como un «Yo» histórico, con el derecho a proceder en consecuencia, un salto que sido caracterizado como «el imperialismo espiritual, no de una nación, sino de un profesor dispuesto a actuar sobre el mundo».[45]

Igual que Russell, D'Ors atribuía el desarrollo del nacionalismo a la presión intelectual alemana de mediados del siglo XIX, a partir de las lecciones de Johann Gottfried von Herder (1744-1803) y, posteriormente, de su discípulo Fichte, cuya extensión académica llegó a los países latinos. Como observó D'Ors, con agudeza crítica, en 1920: «Si los franceses de la Grande Armée o los españoles de la Guerra de la Independencia se cantaban a sí mismos como siendo *enfants de la patrie*, esta patria no era aún, en su esencia, ni "la nación" francesa ni la española, sino, en el primer caso, el conjunto de fuerzas que dibujaban un futuro; en el segundo, el conjunto de fuerzas locales, de carácter más bien regionalista, que mantenían una tradición.»[46] Sin embargo, hecha la formulación, cada comunidad concebida a partir del argumento fichteano puede reimaginar el universo a su manera, con las exclusiones de todo aquello que no coincide con la autoafirmación inicial del ser colectivo. En términos catalanes, por lo tanto, determinar la existencia de Cataluña, como conjunto consciente a partir de su sociedad civil, sería por fuerza definir España como subsidiaria.[47]

D'Ors nunca dudó que él podría encarnar el doble subjetivismo de tal «imperialismo espiritual»: ser su Yo personal y, al mismo tiempo, marcar la pauta comunitaria. Pero, de manera implícita y aunque fuera contradictorio, la afirmación orsiana se fundamentaba del todo en la noción de un nacionalismo identitario y, muy significativamente, ignoraba el sentido nacionalista de la construcción liberal en su formulación más democrática, con la sacralización del pueblo y de la mecánica de la representación. Reservó para sí el derecho a la distancia, a remitir su personal criterio, de Cataluña a España, o a Europa o a la «civilización» en abstracto. En su ambición, fue mucho más allá de cualquier cosa que Prat hubiera imaginado.

En una de sus glosas –de hecho una secuencia de ellas– más representativas de 1906, Xenius comparó los dos libros estelares de 1906, *La nacionalitat catalana* de Prat y el poemario *Enllà* de Maragall, para preguntar *«Què porten a la generació noucentista»?:*

> Contestamos: le trae el primero una lección doble de ejemplo y de doctrina. –Lección de ejemplo, porque muestra el soberbio experimento político de cómo unas ideas, nacidas en el aislamiento de una camaradería escolar, devienen rápidamente las rectoras de la vida de todo un pueblo. –Lección de doctrina, porque, con este libro de Prat, el Nacionalismo catalán, que puede que en algún momento la generación novecentista pudo creer hostil a su propio modo de pensar, se ensancha generosamente y hace entrar, con oportunidad, dentro de sí el verbo político de la generación nueva: el Imperialismo.
>
> Tan fragmentariamente, tan confusamente como se quiera, hay que reconocer que los novecentistas han formulado, en la idealidad catalana, dos palabras nuevas: Imperialismo-Arbitrarismo. –Estas dos palabras se cierran en una sola palabra: Civilidad. –La obra del Novecientos en Cataluña es –quizá mejor dicho: será– la obra civilista.
>
> El Imperialismo catalán ha encontrado su primer reconocimiento autorizado en la obra de Prat. –Bello momento: véase aquí que toda una generació de luchadores formula, después de su definitiva victoria, la divisa de su escudo. Pero

como no entiende que el escudo permanezca escudo suyo, mas quiere que devenga escudo colectivo, no cierra su divisa en formularla, sino que deja su sentido espiritual bien abierto porque a ella venga a añadirse la palabra nueva de la nueva gente luchadora.

«El Imperialismo es el período triunfal del nacionalismo...» –«Ya el nacionalismo catalán ha comenzado la segunda función de todos los nacionalismos, la función de la influencia exterior, la función imperialista...» –Oh, Mestre, gracias! Vean: los novecentistas hemos debido sufrir mucho con nuestro Imperialismo. Parecía un sueño incoherente de diletantes. Se reían de nosotros. La llamaron «convicció manicomial exclaustrada...» –¡Todavía no hace un año de esto! (¡Una vez más: oh, venturosa Cataluña!) –Hoy, estos días de prueba son acabados para siempre. Espada de caballero nos ha armado caballeros. –Maestro: porque la doctrina vuestra es también la doctrina nuestra, le juramos fidelidad a la doctrina vuestra...

Ésta es la lección doble del primer libro.[48]

Tal como lo resumió Raimon Casellas, entonces el hombre de confianza de Prat en *La Veu de Catalunya*, en su prólogo al *Glosari 1906* de D'Ors, el pensamiento orsiano tenía dos ramas inseparables: «Una la ha llamado *Arbitrariedad*, y es, más que nada, de orden estético; la otra, la titula *Imperialismo*, y es de orden político y moral.» Para Casellas, la arbitrariedad orsiana era: «Humanismo absoluto en la concepción del mundo y en todos los órdenes del pensamiento y de la vida.»[49] Como literato, Casellas no era representativo de la expansiva urbanidad loada en los valores orsianos; era novelista de oscuros «dramas rurales», considerados propios del «modernismo».[50] Sin embargo, en tanto que crítico de arte y publicista (creó la «página artística» de *La Veu*), fue un pionero en la tarea de dar una orientación estética al catalanismo de la Lliga, para confundir arte y poder, planteamiento que D'Ors llevaría mucho más allá, ya que si Casellas fue pionero en la idea de la «estetocracia», Xenius le superó con creces.[51] Como observa Jordi Castellanos, Casellas entendió que la Lliga era el Estado en potencia en Cataluña, por ser la única fuerza capaz simultáneamente de crear la sensación de una misión política e imponer su aspiración al monopolio con pulso firme: *La Veu de Catalunya* era un diario sometido a la permanente censura ideológica, aplicada por Prat a todo el mundo, incluso a Maragall, mientras que su competidor republicano autonomista, *El Poble Català*, controlado por Ildefons Sunyol, era un guirigay de opiniones contradictorias.[52]

El discurso orsiano de civilización y ascenso espiritual hizo furor en una Barcelona expansiva, verdadera «segunda ciudad» española, ansiosa de mostrarse tan buena o mejor que la arrogante capital estatal.[53] Tal desafío coincidió tanto con el establecimiento de un débil, pero real, mercado cultural barcelonés, alternativo al succionador mercado central del ascenso social estatal que era Madrid. El orsismo inicialmente parecía –en el terreno político– una versión enriquecida y decorada del pratismo. Es más, muchos pensaron (y algunos siguen considerando) que D'Ors era el verdadero autor de *La nacionalitat*, un trabajo de «negro literario» tapado por las necesidades de la política, o que, por lo menos, él había redactado aquellas famosas y controvertidas porciones imperialistas. No sería la última vez que los *lligaires* jugaran con las firmas en la difusión de un mensaje ideológico.

Eventualmente, D'Ors se convirtió en la guía de estilo del nuevo noucentisme, como respuesta a la dispersión y eclecticismo del llamado «modernismo».[54] El término lo utilizó D'Ors por primera vez en 1906, en buena medida como expresión de la política cultural de la Lliga como marco para lo que prometía ser, con la Solidaritat, un programa de gobierno en toda regla, con grandes ambiciones reformadoras. Pero la consagración del nuevo estilo tardó un tiempo y no fue nada fluida. Costó –como ya se ha podido constatar– una crisis profunda en la Lliga. El triunfo del noucentisme, como algo propio del nuevo siglo (como orgullosamente prometía su mismo nombre), convertido en marco ideológico dominante del catalanismo, vendría después de las elecciones de 1910; aún tuvo que vencer resistencias múltiples y coincidió progresivamente con el establecimiento de la reforma lingüística de Pompeu Fabra a lo largo de la década.[55] Como observaría Duran i Ventosa en 1916, en una lección a los republicanos (en cuyas filas abundaba la resistencia a la normalización lingüística): «Pudiéndose confundir en una misma denominación de discursos políticos, son absolutamente diferentes un discurso en un mitin y un discurso en el Parlamento. Cualquier variedad dialectal de un idioma, cualquier *patois*, puede servir en un momento dado para levantar una multitud congregada en un acto político; no todos los idiomas, en cambio, están preparados para servir de lenguas parlamentarias, vehículos adecuados para la exposición y discusión de todas las ideas [...]»[56] Con la coincidencia establecida entre noucentisme y normalización lingüística, la carrera de D'Ors tuvo su despegue más espectacular. Su ascenso parecía estar bajo la mirada, en apariencia benevolente, de Prat de la Riba.

Los equilibrios ideológicos orsianos: Maurras, bien dosificado, en vez de Barrès

Sin embargo, gran parte de los elementos que D'Ors desplegó procedían de Maragall, incluso en su manera, aunque fuera más joven, de entender a Prat. Fue Maragall quien planteó que, para el hombre catalán surgido de su tupida red asociativa, de su sociedad civil, hacer frente a la demanda de la ciudadanía activa, transformadora en España, era literalmente una actitud heroica: «para ser buen español a secas –afirmó el poeta–, se necesita ser poeta».[57] Y la idea del poeta-héroe, pronto devenida tópico modernista, le venía a Maragall de Emerson, Carlyle y Nietzsche.[58] *El trampolín ideológico, pues, estaba dispuesto.*

Para D'Ors, en correspondencia, Maragall era *mon aimat Mestre, Mestre i amic, padrinet meu* (ya que el poeta fue el padrino de su boda).[59] Gracias a Maragall, D'Ors se situó en la defensa de la ciudad –como encarnación de la sociedad civil– contra el Estado.[60] Y, finalmente, como observa Norbert Bilbeny: «Los dos intelectuales catalanes más destacados de principios de siglo Joan Maragall y Eugeni d'Ors, asumieron este autoproclamado «imperialismo» para sus respectivas concepciones del individuo y de la cultura. En el fondo, con todavía mayor claridad que para Prat de la Riba, un hombre más tradicional, para ambos se trata de modelar la ciudadanía con los modernos referentes de prestigio del liberalismo finisecular, en sí mismo marcado, entonces, por los epígonos del darwinismo social.»[61] Pero Maragall tuvo sus límites. Nunca quiso ensuciarse con el día a día del compromiso político, una actitud muy común en el catalanismo finisecular, que tuvo amplio reflejo en la Unió Catalanista y *contra* la cual se erigió la Lliga, por definición «intervencionista» en los quehaceres electorales y parlamentarios, por muy contaminados que estuvieran. Su propuesta para un civismo equilibrado y elitista, con el olímpico criterio de Goethe, el gran escritor alemán que hizo de puente entre la Ilustración y el romanticismo, como parangón a imitar, asimismo fue demasiado delicada para repercutir socialmente.[62] Y, además, Maragall murió pronto, a finales de 1911, en una coyuntura decisiva para la elaboración ideológica de la Lliga, proceso del que él estuvo ausente excepto en espíritu. Su entierro no fue de los más concurridos, como señaló uno de sus biógrafos catalanistas; hubo consenso en la prensa sobre su pérdida y su recuerdo quedó en *un mig silenci discret.*[63]

Del ambiente, reivindicado por gente como Pompeyo Gener, D'Ors recogió el clasicismo, igual que el poeta Maragall hizo en su dramas, desde su tradución de *Ifigènia a Tàurida* de Goethe, representada en los jardines de Laberinto de Horta en 1898, hasta su *Nausica* (escrita en los veranos entre 1908 y 1910 y estrenada póstumamente), o en sus *Himnes homèrics* (1910-1911). Pero D'Ors pudo matizar tales impulsos –y las posibles lecciones maragallianas– con Charles Maurras, quien, con el habitual juego orsiano de relevos, le sirvió para superar la poderosa influencia del poeta y ensayista catalán. Maurras le dio a D'Ors la pista para teorizar la experiencia regional catalana como un «mediterraneísmo» superador en tanto que «imperio espiritual» que, ya a mediados del siglo XIX, había proclamado, para bien y para mal, Hippolyte Taine («Toda la historia de Italia se compendia en esta palabra: ha permanecido latina.»)[64] En 1902, Maurras proclamaba que su Provenza nativa, y, en general, el mundo meridional europeo, eran *L'empire du Soleil*: «El imperio del sol, como dice ese Mistral que la *Revue latine* no debe olvidar, ese luminoso imperio es la patria del orden, es decir de la autoridad, de la jerarquía, de las desigualdades y de las libertades naturalmente compuestas.»[65] *D'Ors supo promover ese mismo discurso, no ya en Barcelona, sino en París, aventajando así a sus maestros, ya que supo situar la idealización catalanista de Cataluña en medio del gran debate sobre la herencia cultural mediterránea y la innovación en el «arte moderno»*, fuera por la herencia que, de los paisajes de una Arcadia idealizada con cipreses ideados por el tan influyente pintor francés Pierre Puvis de Chavannes entre los años setenta y los noventa del siglo XIX, llegó intacta a Cézanne o a los fauves como Matisse.[66] Ir más allá en la convicción neoclásica, convertir a Cataluña toda en un crisol del «mediterraneísmo» que se podía devolver al mercado parisino y vender allí, nunca dejó de ser su mayor logro.[67]

Todo lo que D'Ors sintió en el terreno cultural era «una pasión unitaria y a la vez integradora, que converge en Roma», ya que, según Díaz-Plaja: «Roma, que es para D'Ors, como para Maurras, un símbolo religioso y el paradigma de la clasicidad, una clasicidad que la Cataluña mediterránea simboliza en *La bien plantada*, monumento racial a la manera como lo es el *Jardin de Berenice*, de Maurice Barrès.»[68] En consecuencia, a partir de la similitud entre ambas obras, se ha supuesto una dependencia ideológica.[69] Pero, muy al contrario que Cambó, D'Ors –como él mismo gustó en subrayar, quizá justamente por el mimetismo que se le atribuía respecto a la obra barresiana– *acabó por aprovechar mucho más las lecciones de Maurras que las de Barrès, ya que el novelista de la Lorena, en su delicuescencia finisecular, claramente no era un «novecentista».*[70] Según su propio veredicto, D'Ors no recogió doctrina de Barrès, sino estilo.[71] Pero lo mismo hizo con Maurras, ya que la teorización fue exclusivamente orsiana, inspirada por las tesis maurrasianas, pero cruzada de nuevo, en este punto, con Maragall, aunque éste fuera, en el fondo, otro «vuitcentista», anclado en el gusto decimonónico. Así, la producción catalanista acumulada, con el influjo de Maragall en primera fila, le sirvió a D'Ors para mantener su especial originalidad.[72]

Existe el terco desacierto de entender el nuevo nacionalismo francés de finales del siglo XIX y principios del XX como una prologación del pensamiento contrarrevolucionario surgido cien años antes frente a la devastación de la gran Revolución. Pero la escuela nacionalista finisecular, y muy especialmente sus formulaciones maurrasianas, quisieron presentarse a sí mismas como «filosóficas» precisamente por su dependencia de la reconcentración positivista y postromántica que las antecedió.[73] En contra de lo afirmado por la multitud de comentaristas sobre la intoxicación o el contagio del «mal francés», ensayistas que no han leído los originales y dependen de una crítica exegética con frecuencia endeble en sus conceptos, se debe insistir en que *tanto Barrès como Maurras fueron productos ideológicos de la modernidad decimonónica y no meros continuadores de la condena de la sociedad posrrevolucionaria en la línea de Barruel, Maistre o Bonald*. Para empezar, el concepto de Nación como pacto de continuidad entre los vivos y los muertos –siempre atribuído a Barrès– estaba ya formulado en Auguste Comte, para quien se daba una «transición espontánea» entre los estadios ideales del progreso.[74] Por añadidura, como ha advertido el historiador conservador francés Raoul Girardet, los protagonistas barresianos de su ciclo *Roman de l'Énergie nationale* estaban cargados de resonancias jacobinas, presentados como «patriotas dictatoriales», «demócratas amorosos de la gloria», exaltados por «el ruido heroico que les venía del todo siglo [XIX] entero» y que era reflejada en los «santos furores de la *Marsellesa* de Rude», o sea, en las esculturas del Arco de

Triunfo parisino, como síntesis del patriotismo de nuevo cuño francés.[75] D'Ors fue testigo del respeto que Maurras tenía, no ya por Comte, auténtica fuente de su saber, sino por un autor levemente mayor y netamente republicano como Anatole France, de quien había sido seguidor hasta que rompieron por el tema Dreyfus en 1894: iban juntos Maurras y D'Ors en coche y, al mencionar el creador del nacionalismo integral al novelista –«Como decía mi maestro Anatole France...»– se descubrió con reverencia.[76]

En último extremo, el «rey» que Maurras pretendió servir era de la Casa de Orléans, con todo lo que ello significa en cuanto a concesiones liberales. El legitimismo estricto murió para sus fieles con el mismo conde de Chambord (Henri V), tan terco que perdió la posibilidad de «su» trono en 1873 por no ceder y aceptar un reino bajo la tricolor y que, siguiendo en sus trece, traspasó, al expirar en 1883, sus derechos a la corona capetiana y sus propiedades al pretendiente carlista español, el duque de Madrid, un pariente más cercano en todos los sentidos que el orleanista conde de París.[77] Por mucho que admirara doctrinalmente al carlismo español, Maurras nunca, ni por asomo, fue un *blanc d'Espagne*, como se llamaba en broma –por el detergente– a los escasos seguidores ultralegitimistas franceses que, dispuestos a la pureza, seguían a don Carlos VII o a su hijo, don Jaime. La verdadera herencia del ancestral pensamiento contrarrevolucionario recogido por el nacionalismo francés finisecular fue la elaboración de una «contrautopía» capaz de rechazar los supuestos inherentes al democratismo republicano. Esta idea le llegó a Prat tanto directamente de Maistre, como mediatizada por la escuela «filosófica» francesa.

A partir de la flexibilidad del enfoque «contrautópico», lo que se podía aprovechar de la escuela francesa –y así lo supo hacer Xenius– era la gama de oportunidades para repensar las divisiones políticas estáticas y ofrecer síntesis oportunistas. Ésta sería la gran lección de Barrès, cuyo nacionalismo siempre estuvo por encima de la disyuntiva entre República o Monarquía. Como observaría, años más tarde, el crítico Walter Benjamin, Barrès era, en esencia, «un nihilista romántico»:

> [...] La desorganización de los intelectuales que le siguieron tuvo que llegar muy lejos, ya que reconocieron las máximas de un hombre que declaraba: «¿Qué me importa la rectitud de las doctrinas? Lo que se estima en ellas es el entusiasmo.» Barrès estaba profundamente convencido, y así lo confesó, de que «todo daba lo mismo, excepto el ímpetu que de ciertas ideas mana para nosotros y para los nuestros; así como para aquellos que han conquistado el punto de vista acertado no hay grandes acontecimientos, sino espléndidos espectáculos.» Cuanto más nos acercamos al mundo del pensamiento de este hombre, más estrecho nos parece su parentesco con las doctrinas que el presente produce por todas partes. Es el mismo nihilismo en la postura fundamental, el mismo idealismo en el ademán y el mismo conformismo que forma la resultante de nihilismo e idealismo. [...] [T]odo el aparato romántico, y finalmente político, que Barrès pone en

movimiento para propagar «el culto de la tierra y de los muertos», no sirve a mejor fin que el de «hacer de una sensibilidad sin riendas otra más cultivada». Jamás niegan esas sensibilidades más cultivadas su origen en un esteticismo que es sólo el otro lado del nihilismo. Y tal y como hoy [1934] se reclaman el nacionalismo italiano de la Roma imperial y el alemán del paganismo germánico, así cree Barrès que ha llegado la hora «de la reconciliación de los dioses vencidos y de los santos». Quiere salvar tanto las puras fuentes y los espesos bosques de Francia, por las cuales abogó en el año 1914 en un escrito célebre: «Y para mantener en pie la espiritualidad de la raza exijo una alianza entre sentimiento católico y el espíritu de la tierra».[78]

Dicho de otra manera, para D'Ors, Barrès solamente podía ser un punto de partida, más personalizado y menos doctrinal que para Cambó.

Por el contrario, Maurras siempre tuvo un atractivo perverso, pero no en el sentido que él hubiera deseado. Su manera de hacer, su forma de ver, su peculiar combinación de estilo, estética y brutalidad intelectual le hicieron fascinante a varias generaciones de lectores y, fuera de Francia, le convirtieron en protagonista intelectual durante los años de entreguerra por la frescura que tal combinación ofrecía. En realidad, Maurras fue una especie de sofista o paradojista; como lo resumió un crítico francés, cuando el embrujo maurrasiano finalmente se rompió tras la Segunda Guerra Mundial: «Aunque su unidad sea impresionante, no puede negarse cuán formal y arbitraria es esa doctrina. Cultura, moral, nación, religión: al mismo tiempo que se eregía en defensor intelectualmente apasionado de estos altos valores, Maurras alteraba su sustancia, vaciando las ideas de su contenido espiritual. [...] Lo asombroso es que tan paradójicas posiciones no impidieran al sistema maurrasiano imponerse inmediatamente a un sector importante del pensamiento francés.» Su éxito fue en gran medida un ejercicio estilístico, que dejaba atrás el «amaneramiento simbolista y barresiano» por una sistematización conceptual muy aparente, que daba la sensación de cubrir con eficacia todas las posibles respuestas.[79]

Sin embargo y *muy a pesar de su impacto intelectual arrasador, Maurras nunca tuvo otro papel político que el de crítico despiadado, ajeno al sistema político imperante.* Como, muchos años adelante, lo resumió con sobrada agudeza el periodista catalanista Just Cabot (1899-1961) Maurras estaba *«consagrat enterament a una crítica el fi de la qual no és la comprensió, sinó l'exercici d'una influència».*[80] Fue un brillante practicante de la forma *publicitaria,* admirado por su dominio del medio, más que por su capacidad de promoción exitosa o su venta directa de contenidos. Y, en ese sentido, pudo ser una inspiración para D'Ors y, luego, para diversos orsidas cuando se sintieron huérfanos.[81] Pero pocos, en la práctica, empezando por el mismo D'Ors, estaban dispuestos a engullir el grueso edificio de su oferta política teorizada: la Monarquía tradicional remozada con modernidad, de la cual se destapó como paladín en 1897, aunque hubo quienes le creyeron posibilista –como lo era Barrès– hasta 1904. D'Ors, como heredero de Prat, pretendía predicar desde una parcela de poder y, por ello, abrigaba siempre un posibilismo conservador antepuesto al arrasador purismo maurrasiano.

Maurras siempre fue un abogado del diablo, siendo ateo defendía la Iglesia católica por la belleza que ésta encarnaba como institución histórica y por la insustituible función de cohesión social y de transmisión de valores que siempre había cumplido.[82] Por lo tanto, para un creyente, fiel a las consignas eclesiásticas, leer a Maurras tenía algo de deliciosamente pecaminoso, justamente por ser lícito, hasta que, en 1927, bien entrado el papado de Pio XI y, presumiblemente, como parte del complejo posicionamiento papal en las negociaciones con Mussolini, los amigos de Maurras perdieron la batalla y el pensador nacionalista fue incorporado al Índice de Lecturas Prohibidas, un auténtico descalabro para *L'Action française,* puesto que por fin su lectura devino pecado indiscutible.

D'Ors retuvo de Maurras, por una parte, la reformulación neoclásica de una cultura vinculada al Mediterráneo y, por otra, el criterio de la precisión ostentosa y del realismo pragmático más duro si de hechos políticos se trataba.[83] Pero hay que subrayar que el maurrasismo no fue la única fuente o la única vía a tal galicismo: antes de morir en combate en 1895, José Martí, el poeta nacionalista cubano, cantaba que «amo más que la Grecia de los griegos/ la Grecia de la Francia».[84] *Tampoco hay que suponer que el neoclasicismo importado de París fuera un bien de equipo cuyos beneficios productivos no hubieran sido percibidos en tierras españolas hasta que Xenius acertó en introducirlo y diseminarlo.* Un viejo tronado como Alejandro Sawa, tan ejemplar del más rancio «modernismo» hispano que Valle-Inclán lo aprovechó para su obra *Luces de Bohemia,* cuando estaba ciego y miserable, a punto de morir, en Madrid, recibía a sus escuálidos amigos para hablarles «férvidamente de "Paagís"» y enseñarles «su Museo», que además de las alhajas habituales decimonónicas («un retrato de Víctor Hugo, un autógrafo de Verlaine»), incluía «una pipa que fue de Moréas...[sic]».[85] Y, desde Barcelona, el epítome de los bohemios de chambergo y lazo, Peius Gener, podía publicar un sesudo estudio del *El intelecto helénico,* que dedicaba a la Atenas de Pericles; «¡Tú, la más perfecta de las Repúblicas, después de veinticuatro siglos, del otro extremo del Mediterráneo, un *Cives Barcinonensis* te saluda!».[86] Hasta eclesiásticos como el poeta mallorquín en lengua catalana mosén Costa i Llobera (1854-1922) pudo sumarse al gusto neoclásico.[87] Más adelante, solamente cabe recordar la *Nausica* de Maragall. De todo ello se puede deducir que el éxito del noucentisme orsiano venía de un *Zeitgeist* más que dispuesto a una revisión de criterio. Por supuesto, Xenius supo ir más allá, ya que la función del afrancesamiento «filosófico» era establecer una marcadísima distancia ante el neoclasicismo en que abundaban los dispersos «noventayochistas» españoles, que de ello habían hecho bandería desde Ganivet y Unamuno en adelante.[88]

La escuela francesa –primero Barrès, y luego, con un enfoque harto diferente, Maurras, Léon Daudet y el resto del equipo de *L'Action française*– insistía tanto en la claridad conceptual, que tal rigor pudo hacer la función de una teoría estetizante de la política.[89] Por ello, justamente, Maurras y Daudet rechazaron con aspereza al romanticismo como una «aberración» hasta «estúpida».[90] Tal criterio venía de lejos: por ejemplo, la estrecha vinculación de Maurras con el poeta «neorromano» Jean Moréas, quien en un famoso manifiesto, «Le Symbolisme», publicado en *Le Figaro* en 1886, había edificado su argumento sobre la irremisible muerte del movimiento romántico.[91] Como respuesta al rechazo del gastado pasado decimonónico, con sus absurdos sentimentalismos sostenidos por el republicanismo, Maurras y Daudet reclamaban un carácter esencialmente «filosófico» (o sea, rigorosamente interpretativo) para su enfoque. Así, paradójicamente, el realismo ostentoso sirvió para lograr el efecto contrario, giro por el cual el agudo crítico marxista Walter Benjamin llamó al fascismo «la introducción de la estética en la política».[92] El «nacionalismo integral» era designado por Maurras mismo para indicar la voluntad de ir al fondo de sus exigencias lógicas como doctrina de poder.

Luego, por añadidura, los nacionalistas franceses valoraban –de manera contrastada Barrès y los maurrasianos de primera cuña– las ambigüedades tácticas de la política: tal era el sentido profundo del eslógan maurrasiano de *«La politique d'abord!»*, la política ante todo. Pero la extensa discusión historiográfica sobre si la escuela francesa fue o no verdaderamente «fascista» (o «protofascista») es un ejercicio taxonómico no del todo provechoso.[93] *Lo que cuenta es el modo en que unos planteamientos iniciales enseñaron a promociones sucesivas a «inventar» la política en abstracto, sin ceder en su estricto idealismo reduccionista, para intervenir en la cotidiana política republicana críticamente –es más, de forma corrosiva– desde su integridad nacionalista.*[94] Con la tesis de la región como experiencia psicológica formativa de todo francés genuino, su nacionalismo significaba que el inmigrante afrancesado de ciudad nunca podría ser verdaderamente francés. Ello permitía una sociología flexible, excluyente desde la afirmación de la autenticidad como criterio moral, pero siempre dispuesta a las maniobras del tacticismo. La estructura del argumento aseguraba que el tacticismo jamás corrompería el punto de partida.

En este sentido, el catalanismo fue un *first-comer* a las influencias francesas, mientras que las ideas barresianas o maurrasianas llegaron con retraso a la derecha española, filtradas por un autor políticamente tan indeciso como Azorín.[95] Pero tanto maurrasismo en los años veinte, catalán o español o lo que fuera, acabó por estropear el invento, en la medida en que dejó de ser una señal de originalidad.[96] Para finales de la década, un escritor como Julio Camba –siempre insinuante con la derecha– podía bromear que: «No soy nada nacionalista, y, sobre todo, no soy nada nacionalista francés.»[97]

El «mal francés» y sus antídotos germánicos

El historiador Vicente Cacho ha argumentado que Cataluña fue un punto de entrada ideológica para la España finisecular, una auténtica ventana al mundo o, como poco, al París, *Ville lumière*.[98] Sin duda, Barcelona, en tanto que «un pequeño París del sur», tuvo una privilegiada relación con la gran metrópolis francesa, especialmente en el terreno de las artes.[99] Y, por el contrario, el medio intelectual español, concentrado sobre todo en Madrid, estuvo entonces más plegado sobre sí, con una preocupación solipsística. Como remarca un investigador al recoger la correspondencia de figuras españolas tan señeras como Joaquín Costa y Rafael Altamira entre 1888 y 1911: «Sorprende algo –escribe Cheyne–, en este intercambio de cartas entre dos hombres informadísimos la falta total de comentarios sobre sucesos europeos; de las artes europeas, tan vigorosas entonces, tampoco ni una palabra.»[100] Como ironizó, con sangrante mordacidad, Salvador de Madariaga: «Esta fue la época en que algún ministro de la corona llegó a citar a Gustave Le Bon [famoso por su *Psychologie des foules* de 1896], con el fin de alcanzar reputación de estudioso y consiguió su objeto.»[101]

Las influencias germanas vendrían también por vía parisina, hasta que empezaron a ir becarios –médicos y juristas, sobre todo– a las universidades alemanas.[102] De ahí, el significado que tuvo Ortega y Gasset (quien estudió en Marburg y Leipzig) para la vida intelectual española, como muestra la famosa broma que le contraponía al rey y emperador Carlos, como «primero de España y quinto de Alemania». De ahí, también la rivalidad y desprecio de Ortega hacia D'Ors. El «Pantarca» catalán fue importador conceptual, pero en sentido diverso.[103]

Los muchos críticos catalanistas de Xenius (antiguos seguidores, convertidos en enemigos) han insistido siempre en su dependencia respecto a los nacionalistas franceses: por ejemplo, el doctor Jesús Maria Bellido i Golferichs, discípulo de Ramón Turró, cuando a medidados de los años veinte le tocó reconocer el rol ejercido por D'Ors, señaló que «avasalló a los hombres de nuestra generación [Bellido nació en 1880], que aceptábamos sumisos el remoquete de novecentistas», pero, con la ventaja de la perspectiva, despachó a su antiguo héroe como un «temperamento literario por excelencia, con información casi únicamente francesa», por mucho que Xenius hubiera estudiado en Múnich y Heidelberg.[104] No obstante las insistencias, D'Ors pudo matizar la influencia de la escuela nacionalista francesa al recoger la pauta nietzscheana de Maragall, quien intuyó, más que profundizó, la innovadora perspectiva de élites y masas del pensador germano.[105]

La doctrina monárquica de Maurras –que él disfrazó de neocarlismo con su fórmula de «César con fueros»– en realidad tapaba un enorme y vergonzoso secreto. Había, en realidad, un sistema político europeo en el cambio de siglo que se parecía a lo que el escritor provenzal pretendía edificar para la salvación de Francia, y ¡era Alemania! Solamente el sistema alemán, en contraste con la autocracia rusa, reconocía las libertades de los reinos históricos, pero guardaba los asuntos exteriores y el mando militar en manos de un *Feldherr*, un coronado «señor de la guerra», protegiendo así los intereses nacionales a largo plazo, como Maurras pretendía que un nuevo rey francés debería hacer. Otros ejemplos, como Austria-Hungría, eran, desde este punto de vista, positivos, pero no preservaban la vertebración nacional que el publicista nacionalista francés consideraba imprescindible para la supervivencia de su patria. Por debajo del carácter de Alemania como enemigo nacional francés por definición, hasta la muerte, la germanofobia obsesiva de *L'Action française* tan sólo fue la manera de no admitir jamás este auténtico pecado de origen, que se cubría de latinidad, luz romana y mediterránea para despistar. Esta percepción, a primera vista tan chocante, se hace evidentísima en cuanto se compara doctrina y práctica constitucional desde el peculiar punto de vista del *tastolletes*, el catador de caldos ideológicos alternativos, propio del catalanismo en general y de D'Ors en particular.

Sin la necesidad de asumir un conjunto ideológico, se podía, como pretendía D'Ors, hacer un original pastiche de fórmulas nacionalistas e «imperiales». Es más, según el pensador catalán, Maurras era tolerante, como lo era la misma tradición mediterránea.[106] Por ello mismo, necesitaba algún contrafuerte y viceversa. En realidad, D'Ors pudo entender cómo invertir el edificio conceptual nietzscheano, sin perder el gusto del filósofo germano, cuyo pensamiento, por otra parte, estaba cada vez más aclimatado en el medio intelectual francés.[107] Igual que Nietzsche, a Xenius le gustó elaborar una obra aforística, en muchos trocitos, con un alto grado de contradicción eventual, pero cuya coherencia derivaba, en último grado, del autor. Aún así, donde Nietzsche había despreciado la banal cultura establecida y la intelectualidad, en nombre de un cambio radical protagonizado por indefinidos y nuevos señores del saber, «mas allá del bien y el mal» y de los convencionalismos, D'Ors consideró que tal idealización había sido el sueño, algo narcótico, de la fase finisecular del pensamiento decimonónico y que, por el contrario, sería precisamente la civilización urbana, con sus valores jerárquicos asumidos por un sacerdocio de intelectuales «novecentistas», la que establecería el canon espiritual del nuevo siglo. Si para el pensador alemán el judaísmo y el clasicismo postsocráticos habían hundido la vital barbarie «auténtica» de los antiguos helenos, para D'Ors la salvación estaba en recuperar el hilo «imperial» del clasicismo romano, ya que en su día Roma supo combinar la ciudad griega con el dominio duradero de los conocimientos implantados en el espacio común que fue la latinización, herencia toda ella recogida y consagrada, finalmente, en la tradición de una Iglesia que se significaba por ser precisamente católica y romana.[108] Gracias a Maurras, por lo tanto, D'Ors construyó un sistema aprovechando los mismos escombros nietzscheanos que los modernistas barceloneses habían recogido como materiales para su proyectada revolución individualista.

Pero, a su vez, Maurras necesitaba correctivos. El nacionalista francés sólo pensaba en términos de *décentralisation*. Y, muy pronto en su carrera, D'Ors aprendió la lección de Alomar sobre la inadecuación absoluta de tal terminología al escenario catalán.[109] En 1903, en unas de las sesiones de seminario sobre «Lectures modernes» de la Acadèmia de Dret de la Federació Escolar Catalana, Eugeni D'Ors hizo sus pinitos analíticos sobre el artículo «Regionalisme i descentralisació» alomariano, pronunciándolo en extremo útil «para librarnos de muchas de las vulgaridades corrientes en materia política». Y añadió:

> Yo creo que [los artículos de Alomar] pueden contribuir en mucho a la formación de nuestro ideal, desembarazándonos el camino de estorbos y peligros. Principalmente nos hacen huir de los principios y consecuencias que comporta el odioso concepto de descentralización, que nosotros debemos rechazar, porque significa la negación del carácter de Estado que tienen la Región, la Comarca y la Ciudad, considerando sus atribuciones soberanas como meras delegaciones concedidas por el Poder Central, por razones de carácter mucho más utilitario que jurídico. En una palabra, porque considera la génesis del Poder como centrífuga, partiendo del centro y expandiéndose por la periferia; en contra de nuestro pensamiento –y más todavía de nuestro sentimiento– que quiere la génesis centrípeta, en la delegación del Poder, como también en la delegación de la Fuerza, subiendo orgánicamente desde el individuo hasta el Poder Central, y más todavía, hasta el Poder que, con mayor o menor suma de atribuciones, ejerza las funciones directivas en las Etnarquías y las Uniones interestatales. La palabra descentralización puede tener políticamente para nosotros un sentido accidental, histórico, significando la desintegración de las facultades hoy arbitrariamente detentadas por el Poder Central; y aunque tal vez no sea nunca más aplicable, con propiedad, al caso en que aquella desintegración tenga lugar de una manera pacífica; pero repugnaría a nuestras ideas y a nuestros sentimientos que esta condición se convirtiera en ideal, que esta necesidad de circunstancias se convirtiera en fórmula de organización política permanente. Más bien nuestras desiderata podrían cifrarse en la palabra centralización, porque, partiendo de la soberanía de los extremos, aspiramos a la delegación de funciones en centros, a la formación de Estados cooperativos. Y, precisamente por todo lo dicho, creo que nuestra generación joven debe mantenerse hoy tan apartada del superficial federalismo de Pi y Margall como de aquel foralismo regionalista, tan apreciado por Mañé y Flaquer y que todavía querrían hacernos aceptar algunas escuelas tradicionalistas. Nuestro ideal es del todo diferente.[110]

En otras palabras, Alomar «inoculó» en el D'Ors novato, camino de su tesis sobre el «imperio» y el «Estado-héroe», las prevenciones necesarias para poder escoger aquellos aspectos maurrasianos que le eran convenientes y rechazar los demás. Como se sobreentendía en su texto juvenil, D'Ors comprendió muy claramente que, llegado el caso, un centralismo catalanista podría ser imprescindible para la divulgación del «ideal catalán».

Andando el tiempo, D'Ors encontró por supuesto maneras cada vez más sofisticadas y cosmopolitas para matizar la posible utilidad de Maurras. Éste había asegurado, como parte esencial de su ideología, que: «El espíritu democrático es protestante o judío, es semítico o germano, y Taine se equivocó al llamarlo espíritu clásico.»[111] Pero ya en Balaguer el incipiente catalanismo romántico reivindicaba su pasado ancestral parlamentario como «democracia» incipiente, contemporánea, cuando no anterior, a la Magna Carta que fue impuesta al rey Juan Sin Tierra en el siglo XIII y que servía como mito central de toda la escenificación *whig* del pasado inglés.[112] Prat fue todavía más allá y afirmó que la superioridad del Parlamento inglés a las Cortes catalanas medievales reposaba precisamente en aquello que hizo de los Comunes una fuerza potencialmente democrática. Y la activa reivindicación *lligaire* del moderno espíritu individualista y comercial ejemplificado por Carlyle y sobre todo Emerson, la implícita lectura a un tiempo neo– y post-protestante de la sociedad civil catalana, apuntaba a la percepción de que Cataluña (en lo que a comportamientos se refería) era una isla norteña en peligrosa proximidad a estilos de vida más bien africanos. Un D'Ors entusiasta siguió a Prat por la senda emersoniana, así que, para contradecir y coincidir simultáneamente con Maurras, no tuvo más remedio que proclamar el esencial «mediterraneísmo» de la tierra catalana, haciendo de ella modelo ejemplar que sabría dar lecciones en la síntesis de la modernidad y de la tradición a cualquier provenzal parisino. Como subrayó en una glosa de 1910, «[...] no podemos ser religiosos a solas, como los protestantes, sino que, católicos de nosotros, estamos siempre en compañía, en compañía civil».[113]

En paralelo, a través de la impactante obra nietzscheana –que, hasta la Primera Guerra Mundial, en buena medida fue una inspiración más para las izquierdas que para las derechas–, Xenius pudo mantener una puerta abierta al mundo que, formalmente, el noucentisme rechazaba: los segundas promociones de literatos idiosincráticos sin la habilidad necesaria para ser integrados en el mercado catalán en ciernes, los proveedores del Modernismo de segunda vuelta, pasado de moda y recalentado en castellano para públicos menos exquisitos, vagamente situados entre ácratas y republicanos «revolucionarios».[114] Era posible, por ejemplo, una lectura «europeísta» de Nietszche, de su preocupación, en su última fase cuerda, por el sistema «imperialista» y de la salud unitaria del «viejo continente», fruto, todo ello, de su relación familiar (su hermana y cuñado) con los intentos de colonización alemana en Paraguay.[115] Precisamente, fue la hermana del filósofo (la señora viuda Förster-Nietszche) quien, tras la hospitalización de éste, logró imponer la lectura facilona racista y pangermana de un pensamiento harto más complejo, tejiendo así la leyenda de su antisemitismo.[116] Así siempre se podía recurrir a dos Nietszches: él de la vulgarizadora y simplista politización alemana y –como apelación superadora– el admirador de las élites atrevidas, rompedoras de tópicos. Además, el salto entre la escuela nacionalista francesa y el nietzscheanismo ya estaba consagrado en Barcelona: en concreto, ya en los primeros años noventa, el impresentable Jaime Brossa i Roger (1875-1919) había hecho el puente entre *en Maurice Barrès i el cultiu del jo* y *En Nietzke [sic], presentant La Moral dels Mestres*.[117]

Pero Nietzsche ofrecía un «radicalismo aristocrático» (expresión del crítico danés Georg Brandes, bendecida como acierto por el mismo filósofo) que permitía superar múltiples contradicciones existentes en el contexto catalán: se podía saltar por encima de la tediosa confrontación entre derecha e izquierda, entre conservadores aristocráticos y radicales igualitarios; igualmente, se podía superar el gusto por el individualismo salvaje –cuya invocación de Nietzsche sería prefigurada en la ciudad condal por el entusiasmo por Ibsen– por una especie de individualismo colectivo, como movimiento, anunciado por Xenius, como la esencia del nuevo siglo, literalmente el noucentisme.[118] Era una lectura precisa de la suspicacia del pensador alemán ante las reivindicaciones individualistas y su sentido humanitario.[119] Como ironizó, en los años diez, un despreciativo Alomar, cuando ya –desde su postura anticamboniana de «Catalanismo socialista»– era enemigo ideológico de D'Ors:

> El descrédito de la piedad, genialmente encarnado en Nietszche, fue un esnobismo, una moda de dandis literarios, como lo había sido el sentimentalismo en los tiempos de J. J. Rousseau y en toda una fase del espíritu romántico. Y ¡oh, paradoja! en los países latinos, singularmente Francia y España, esa atenuación de los fervores anímicos iba acompañada, prácticamente, de una reacción clerical, sin duda por la coincidencia entre los dos materialismos o positivismos: el de esos nuevos *esprits forts* y el eclesiástico. La filosofía pragmatista no fue más que una sistematización de aquel espíritu nuevo. Cataluña está atacada gravemente de esa morbosidad. El *lliguismo* es su manifestación más típica.[120]

A través de esa ventana nietzscheana, por ejemplo, D'Ors se pudo sentir conectado al sindicalismo contestatario, Georges Sorel mediante, y, al mismo tiempo, rechazar el individualismo descontrolado como un «modernismo» pasado, relegado al mal gusto libertario de los ácratas obreros. El propio Sorel, algo contradictoriamente, le dio a Xenius la oportunidad: si bien rompió con el sindicalismo francés al considerarlo esclavizado por los intereses políticos de los socialistas de Jaurès, su ruptura con el movimiento italiano análogo –que tanto le había fascinado y sobre el cual ejerció una influencia doctrinal– llegó definitivamente en 1910, después de que el pensador francés aprobara el fusilamiento de Francisco Ferrer y Guardia, culpado de la responsabilidad moral de la Semana Trágica en 1909.[121] Sorel, que había realizado el grueso de su vida profesional como ingeniero municipal de Perpiñán y tenía en consecuencia alguna familiaridad con el contexto, consideró a Ferrer un peligroso «aventurero» y la campaña internacional en su favor una maniobra del gobierno Briand para ganar ascendencia sobre las izquierdas. Para un observador ducho como D'Ors, el tan despreciativo enfoque soreliano acerca de Ferrer y su resonancia tenía que coincidir con la valoración del todo negativa que, desde la Lliga, se hacía de las análogas intenciones del jefe liberal español Segismundo Moret –con su eficacísimo «¡Maura no!»– para atraerse a republicanos, socialistas y otros sectores obreristas.[122] Para mayor impacto, Sorel avanzó su planteamiento en una entrevista desde las páginas de *L'Action française*.

Pronto, el teórico francés de la violencia y el mito consagró su aproximación relativa al maurrasismo en una revista de 1911, *Indépendence*, que no defendía, en principio, más línea general que la proposición de que Francia era la heredera de la tradición clásica de Grecia y Roma. Sorel sólo abandonaría esta publicación en 1913.[123] También en 1911, el «mito del imperio» tomó cuerpo en el programa de los nacionalistas italianos, a raíz de la Guerra Italo-Turca, explicitación captada de inmediato por D'Ors.[124] Como si no bastara, el acierto relativo de Sorel continuó siendo, por falta de ideas mejores, la inspiración del sindicalismo revolucionario, por mucho que, personalmente, él ya estuviera desvinculado de la ultraizquierda. En otras palabras, el giro clave –en especial, el posicionamiento en 1911, al salirse de la crisis interna de la Lliga– estaba para D'Ors en el abandono de todo lo que era «finisecular», decimonónico, y en su abrazo a lo propio del nuevo siglo, el noucentisme. Ambos, rechazo y abrazo, habían sido apuntados por la evolución de Sorel y sus jóvenes seguidores como Georges Valois (seudónimo de A. G. Gressent), mucho más significativa, políticamente hablando, que el inmovilismo estratégico del propio Maurras. La reflexión sobre la latinidad, por tanto, podía tener estímulos germanos y pulsaciones italianas, pero su escenario obligado era francés.

Toda esta interacción ideológica se puede resumir. D'Ors estaba asqueado por las pretensiones de modernistas como Jaume Brossa («vuicentistas» regresivos, desde la perspectiva orsiana) que usaban a Nietzsche, tomado de oídas, como legitimación para su desobediencia personal y su rebelión ante la sociedad. Su desprecio le llevó a una primera percepción, a una primera contradicción: el problema de Nietzsche era, sencillamente, que cualquier presuntuoso –Brossa, por ejemplo– podía creerse un *Übermensch*; de ahí, la humillante «glosa» que D'Ors le dedicó y que tanto desinfló al personaje.[125] Por lo tanto, el pensador germano, que apuntaba a lecturas individualistas y sociales a la vez, requería un correctivo de tipo netamente colectivo. En ese sentido, una buena dosis de nacionalismo francés maurrasiano, latinizante y antigermano, servía para recordar la importancia del contexto histórico y la transmisión de su herencia. Pero –segunda contradicción– un D'Ors que forzosamente convivía con carlistas, fácilmente podía ver el fallo lógico en el maurrasismo: «un César con fueros» no bastaba. Además –tercera contradicción–, Maurras pretendía que la sociedad retenía una especie de memoria colectiva, de sentido agudo acerca de la realidad del conjunto social y de sus intereses a largo término, que se expresaba a través del Estado, pero que, al mismo tiempo, negaba y rechazaba la «voluntad colectiva» en sentido liberal o democrático. También defendía la sociedad civil «buena» contra el Estado (malo o falso por republicano) en nombre de la misma tradición estatal. Demasiados rizos para cualquiera que no contara con el aprovechamiento lineal, abierto, de la Iglesia, lo que, muy explícitamente, no hacía la Lliga.

Así, *D'Ors utilizó a Nietzsche contra Maurras, pero a Maurras contra Nietzsche*. Ante el pensador alemán, D'Ors reconoció los límites del pensamiento colectivo, cuando éste estaba atrasado respecto al ritmo de los tiempos, pero no cuando estaba en concordancia con el desarrollo más avanzado. Aceptó que el «hombre superior» tenía un sentido del deber y del espíritu lúdico, que para D'Ors, no accidentalmente, eran las propiedades de la «ética del trabajo» de la «sociedad de familias» catalana, o, si se prefiere, de la burguesía. Ante Maurras, D'Ors argumentó que la sociedad –como en Cataluña– podía tener un sentido histórico superior al del Estado. Una sociedad así dotada, cuando es genuinamente madura, puede hacer que el colectivo tenga sentido histórico pero, al mismo tiempo, entender a los individuos en su seno con sus personalidades y variaciones, hasta sus excentricidades. Cataluña, entendida así, sería como la Prusia de Hegel, pero sin Estado.

Para resolver el juego intelectual, D'Ors tomó de Sorel la idea de los «artistas-productores», en sus «corporaciones obreras», como heraldos de los cambios productivos más profundos, que, si seguimos el argumento del historiador Jordi Casassas, sería anticipo de los «intelectuales profesionales» del nuevo siglo XX naciente.[126] Pero, en su fuero más interior, D'Ors recurrió al escritor Oscar Wilde. Su imitación admirativa de Wilde es uno de los secretos más bien guardados por la cara pública orsiana, el personaje de Xenius. D'Ors fue, en su condición de dibujante juvenil, un admirador absoluto de Aubrey Beardsley, famoso por sus ilustraciones al *Salomé* de Wilde, si bien posteriormente quiso aparentar un violento rechazo de tales preciosismos exquisitos.[127] Sin embargo, los rastros de su fascinación juvenil quedaron por todas partes. Casi nunca citado (por estar pasadísimo, por ser «modernista» y «vuitcentista» de la peor manera), pero omnipresente en el estilo orsiano, no sólo en su manera de escribir, sino, más importante, en su manera de pensar: por doquier en el glosario orsiano aparece su gusto por la paradoja epifánica o reveladora, por el epigrama, por el intraducible *whimsy*. Pero, más que nada, D'Ors copió la voluntad wildeana de ser su propio personaje, de utilizar la artificialidad como un mecanismo irónico para interpretar la sociedad y, a la vez, actuar sobre ella. Igual que Wilde, D'Ors nunca pudo infravalorar la especificidad de la obra de arte o de creación, ni rebajar su significado representativo para la comunidad; igual que el autor angloirlandés, afirmó el individualismo de la creación. Wilde, tras su terrible caída (culminada en la cárcel en 1895-1897 y el anticlímax de su autoexilio en Francia y su triste muerte en 1900), se presentó como portavoz de un libertarismo conservador –en el sentido que rechazaba el discurso miserabilista y antiindividualista de los socialismos de la II Internacional– para reivindicar la libertad individual, dentro de una norma social determinada.[128] Incluso esa aportación doctrinal ofrece una pista sobre Eugeni d'Ors.

Para D'Ors, la destilación de la creatividad de todos era la «civilización»; la fuerza de ésta podía retroalimentar las estructuras del poder, hasta refinar sus formas. En resumidas cuentas, eso, para D'Ors, era el «imperio» y el «imperialismo», como cuando el despertar cultural noruego forzó a la Corona sueca a aceptar su absoluta independencia nacional. Para D'Ors, en su plenitud de los años 1906-1911, este proceso era, por definición, el noucentisme, el estar plenamente con el espíritu de los nuevos tiempos en una «unidad cultural» catalana capaz de tener, simultáneamente, sentido histórico y criterio modernizador como colectividad, con la esperanza de rehacer el poder español en su imagen. Pero, como suele pasar, había también alguna contradicción en el esquema orsiano: ¿qué pasaría si los «noucentistes» catalanes, tan felizmente actuales y sintonizados todos, le echaban a él de su grupalidad?

Con toda probabilidad, aprender *cómo* hacer giros conceptuales –proceder de la aparente paradoja a la síntesis brillante– fue la lección ideológica más importante para Xenius: se podía cantar la tradición sin asumir sus crudezas y ser precisamente «moderno» por la frialdad del rechazo racional a los valores de la modernidad genérica y democratizadora, todo en nombre del canto al hombre superior, que no era romántico, sino todo lo contrario. *Si el «imperio» de Prat de la Riba, gracias al abandono de la justificación religiosa del «imperialismo», estaba abierto a todos los que aceptasen un individualismo coordinado a imagen y semblanza de la sociedad civil catalana, el «imperio» orsiano –siempre desde la misma perspectiva– estaría abierto a los aristócratas de formación espiritual.* De esta manera, en una exaltación de la cultura como vertebrador «imperial» de toda sociedad, más allá de su tejido asociativo, D'Ors daba conscientemente un paso más allá de las propuestas cambonianas de «imperio».

16. El despegue del «imperialismo» orsiano: la idea del «imperio» como un estadio cultural

A pesar de su vínculo y dependencia respecto a Prat de la Riba y aunque la contradicción podía ser a lo largo preocupante, D'Ors se presentó como superador del nacionalismo por ser justamente partidario del «imperio», que era un estadio de civilización superior. Al principio, el concepto de «imperio» era para D'Ors poco más que un juego de palabras, al menos en sus escritos de difusión. Desde el periódico nacionalista republicano *El Poble Català*, D'Ors, el 17 de junio de 1906 saludó, con aparente entusiasmo independentista la separación entre Noruega y Suecia en 1905 y el establecimiento de una Monarquía propia de los noruegos: «Es joven este pueblo, y fuerte. Una gran fe en sí mismo le ha permitido alcanzar la victoria de hoy. Y hoy la victoria aún aumenta su fe. [...] De cara al año nuevo, mira serenamente el porvenir. Se sabe fuerte. Se cree destinado a una gran gesta imperial: la creación del Imperio del Norte, de la Escandinavia. Repasa los nombres de los poetas, de los sabios, de los exploradores suyos. Bella garantía de futuro. Puede contemplarlo con buena esperanza.»[1]

D'Ors dio gran importancia a este artículo (en el diario indicó, en una nota a pie de página, que: «Intento una amplia teoría sobre estas importantísimas cuestiones en un libro en preparación sobre *Geneología ideal del Imperialismo.*»).[2] Retocó extensamente el breve texto para su reedición en libro en 1907, quizá motivado por la censura o autocensura impuesta por el criterio ideológico de *El Poble Català*. D'Ors estaba entonces entre el órgano de la disidencia nacionalista republicana, a punto de convertirse en diario –pero enfadado por el hecho que la dirección del nuevo proyecto le había sido negada– y el portavoz cotidiano de la Lliga, *La Veu de Catalunya*, con el que había empezado a colaborar el 1 de enero del mismo 1906.[3] Sea como fuere, es evidente que pretendía destacar su artículo «Noruega imperialista» y, por ello, añadió el fragmento sobre una «gesta imperial».[4]

El canto a la «Noruega imperialista»

La distinción interpretativa, fundamentada en el modelo concreto de la resistencia cívica de los noruegos, marcó la frontera de D'Ors con el regionalismo republicanizante. Al fin y al cabo, por ejemplo, Antoni Rovira i Virgili (quien, por cierto, es la fuente original para el dato referente a la envidia de D'Ors por la dirección perdida de *El Poble Català*) pudo dar el salto del republicanismo más provinciano de su Tarragona nativa al de la gran Barcelona gracias a un artículo sobre la separación pacífica de Noruega de Suecia, tema muy caro, por su aparente bondad (la facilidad de la escisión, sin guerra), al gusto catalanista de los últimos años.[5] El artículo roviriano motivó una oferta generosa de Francesc Rodon, el nuevo director de *El Poble Català*, lo que indica las resonancias del tema dentro de la dividida familia catalanista.[6] Además, como es evidente, «Noruega imperialista» le sirvió a D'Ors para confirmar su alineamiento con la prédica «imperial» explícita que Prat de la Riba también iniciaba, ese 1906, con la publicación de *La nacionalitat catalana*.

En realidad, por su especial circunstancia, tan poco transferible al contexto estatal español, el caso noruego no motivó efusiones más que a la izquierda catalanista (*El Poble Català* y las hojas ultracatalanistas), fieles al discurso de la autorealización patriótica.[7] Una Monarquía dual desde 1814, Suecia-Noruega, se acabó partiendo por la envenenada y dilatada cuestión de un servicio consular noruego, propio y al margen de la diplomacia sueca, representación exigida por una mayoría de la opinión noruega, ya que su país tenía entonces la tercera flota mercante del mundo. El parlamento noruego acabó por imponer su dominio absoluto a la Corona sueca, rompiendo así el vínculo dinástico.[8] Pero la solución escogida fue la de establecer una «Monarquía nacional», articuladora de los sentimientos patrióticos (con un príncipe danés y no sueco, que tomó un nombre histórico noruego, reinando como Haakon VII).[9] Fue una opción activamente promovida, políticamente consciente: en las palabras del conocido novelista Knut Hamsun en 1893: «Necesitamos nuestro rey, o Noruega se convertirá sencillamente en una miserable república, una república espartana y tacaña.»[10] La consolidación de la «Monarquía nacional», pues, daba una pista de la ambigüedad en la que se movía D'Ors al hablar de una «Noruega imperialista».

También la independencia noruega iba acompañada de toda la resonancia cultural o el prestigio del rubio ámbito nórdico en contraposición al sur genérico, ejemplificado por la morena y derrotada España, ante la cual los catalanistas se ofrecían como embajadores de Europa.[11] D'Ors, pues, podía jugar a las paradojas. En otras palabras, *en la versión de D'Ors, una pequeña Nación, con suficiente voluntad y acierto institucional, podía ganarse un lugar en el mundo, en todos los sentidos*. Pero, donde el entusiasmo de los comentaristas de la Unió Catalanista insistía en la autorrealización de la identidad nacionalitaria, *D'Ors insinuaba que la belleza del hecho estaba en la configuración de un poder estatal desde la sociedad civil*. La vía principal sería la del protagonismo cultural, pues era obvio que el futuro poderío noruego no sería más que la continuación de su visibilidad en todos los terrenos de competición expansiva del espíritu, con autores como el dramaturgo Ibsen (de quien D'Ors era admirador declarado) y compositores como Grieg que habían hecho famoso a su país.[12] *La voluntad nacional, hecha alta cultura y estilo de vida consciente, podía forjar instrumentos de enorme fuerza moral*. Este camino, por razones evidentes, debía ser la senda política catalana. Pero labrar la cultura no era una ruta tan fácil y cómoda como se la imaginaban los catalanistas «puristas», imprescindible matiz orsiano.

Sin embargo, el mismo D'Ors se inventó unas categorías que poco tenían que ver con su modelo. Los mejor informados observadores extranjeros de la época consideraban que el nacionalismo noruego tenía una fuerte textura campesina, tendencia reforzada por la reivindicación literaria del *Landsmal* rural contra el libresco noruegodanés, y nada de regusto «imperial»; en cambio, a pesar del acercamiento diplomático forjado entre 1908 y 1914 entre Cristianía (la futura Oslo) y Estocolmo, el sentimiento «imperialista» más bien se podía encontrar en la derecha nacionalista sueca, frustrada por la separación noruega, temerosa de Rusia y la «rusificación» en Finlandia, y muy influenciada por el *Kaiserreich* alemán.[13] En realidad, D'Ors conocía bien poca cosa del marco cultural escandinavo más allá de las figuras de renombre entonces generalizado, los noruegos Ibsen y Bjornsen, el sueco Strindberg y los daneses Kierkegaard y Brandes, deficiencia que probablemente no le importaba en demasía.[14] Él pretendía atraer la atención catalana e impulsar la concienciación ideológica con un modelo vivo que siriviese a la vez de parábola. Así, volvió al mismo caso ejemplar años más tarde, al comentar –con algún error– la muerte del gran literato noruego Bjornsterne Bjornson (1832-1910), dramaturgo, novelista, periodista, premio Nobel de Literatura en 1903 y autor del himno nacional de su país:

> Bjoernsterne-Bjoernson [sic] ha sido como la Demeter intelectual de la Noruega contemporánea; él la ha criado con su propia sangre hecha alimento.
>
> Tanto fue ello comprendido, llegada la hora de la independencia, los noruegos, sin frenar su fervor, por lo poco acostumbrado del gesto, ofrecieron la corona de rey a quien había sido su adoctrinador nacional. Bjoernson [sic] la rechazó; pero se abrogó, en cambio, un voto decisivo en la resolución del problema de la forma de gobierno que había de adoptar el nuevo Estado. Y él, republicano desde siempre, se decantó entonces por la Monarquía. Porque él, el primero entre sus compatriotas esclarecidos, acariciaba el sueño imperial. Él el primero, sabía que la actual independencia de su patria no es sino un paso, una preparación indispensable, al gran ideal de la constitución de un vasto imperio escandinavo, que reúna federativamente Noruega, Suecia, Dinamarca y Finlandia. Imperio en el que la primera de estas naciones venga a ser lo que fue Prusia en la plasmación del Imperio germánico...[sic] Es por eso que se creyó mejor implantar en ella la Monarquía y ofrecer la corona a un pariente, sacado de la casa danesa. Y el rey Haakon recibió su reino de manos de su profeta, más patriota que republicano.[15]

En este breve resumen, el sueño oculto de Xenius quedaba al descubierto, para quien quisiera verlo.[16] También *él* prometía ser literato y profeta, «más patriota que republicano». Más allá de su orgullo luciferino y visto con mayor realismo, *como Prat y Cambó, asimismo D'Ors se proclamaba defensor de una Monarquía catalana, que no tenía más juego de existencia posible que a través de una nueva Corona española.*

Además de Noruega, comparación perfecta para las aspiraciones catalanistas de una nacionalidad histórica y reino medieval que pretendía acceder al Estado, D'Ors pronto tomó como patrón aleccionador a Gran Bretaña. Era el mejor ejemplo de un marco ideal, superior a la Nación en su sentido más estrecho. Cargado de modernidad agresiva, D'Ors hizo un elogio encendido del más destacado portavoz de un «imperialismo nuevo», hundido políticamente desde el colapso del gobierno conservador-unionista de 1903, Joseph Chamberlain, cuando éste quedó paralizado por una apoplejía en 1906, incapacitado para seguir su carrera (sería un inválido hasta su muerte en 1914). Xenius se imaginó su monumento: «-Mas cuando la estatua esté hecha, ya estará hecho igualmente el pedestal. –El pedestal dirá: Imperio.»[17]

Por supuesto, esta adhesión significó dejar atrás las antiguas manías de liberación nacionalitaria que habían imbuido al catalanismo incipiente en los años noventa del siglo anterior. ¿Desde la perspectiva de 1906, qué sentido tenían las adhesiones ultracatalanistas a los afrikaners y su lucha antiimperialista? Más allá de las personalidades, para Xenius, el caso británico tenía el sentido de ilustrar cómo debería ser idealmente un imperio, como modelo de comportamiento cívico *superior*. D'Ors utilizó el tema «imperialista» para borrar críticas y contradicciones al catalanismo «intervencionista». ¿Cómo se podía decir que el catalanismo era «egoísta»?:

> –¿Egoísmo?...[sic] –Para los espíritus raquíticos viene de aquí la gran sed de crecimiento de los modernos Imperios... –Pero, véanlo, el egoísmo: *¡Inglaterra, hoy, sin necesidad, sin urgencia, sin presión, generosamente, acaba de conceder una autonomía plena al Transvaal!* [sic] Para llegar a esto, para liberar a los bóers, pocos días después de someterlos, el Imperio británico prodigó su sangre y sus dineros en una guerra... –Tendréis valor, ahora, para repetir: *¿egoísmo?* [sic] –Oh, sí, ciertamente, ¡egoísmo! Pero ¡*qué* egoísmo! No otra cosa que la conciencia fuerte de una sublime misión de paternidad. Así han sido todos los Hombres Superiores, todos los Pueblos Superiores, todos los Héroes y todos los Estados Héroes, de egoístas...
>
> ...Sería un experimento curioso, para desentrañar hasta qué punto se ha llegado hoy en la renovación ideal y sentimental en la conciencia catalana, para que se produzca un hecho de significación idéntica a la guerra del Transvaal. Estudiando el reflejo así de un acontecimiento así en nuestra opinión [catalana], tendríamos la medida del camino avanzado entre nosotros por el Imperialismo. –En los días en los que tuvo lugar aquella guerra, la conciencia catalana tomó indiscutiblemente partido por los bóers. –¿Lo tomaría hoy de una manera tan absoluta?[18]

Desde esta perspectiva, la naciente Noruega y la poderosa Inglaterra tenían en común su condición de pequeños países que habían logrado unos objetivos desproporcionados a sus recursos y sus números. En especial Inglaterra, como corazón de la gran potencia que era el Imperio británico, marcaba una meta para Cataluña y el catalanismo. Según D'Ors, la ambición catalanista tampoco era desproporcionada, en comparación con Noruega, pero se asemejaba, con osadía, a Inglaterra por la responsabilidad histórica que asumía:

> ¿Quién va por ahí diciendo que alguna de las manifestaciones típicas de nuestro catalanismo no guardan una correspondencia exacta con la grandeza o importancia de unas otras manifestaciones? ¿Quién quiere emplear el canon de las amarguras presentes para la mensura y control de nuestro optimismo? ¿Quién sonrie, al oír estos nuevos lenguajes del Imperialismo y pensar en las dimensiones pequeñas de la tierra patria? ¿Quién es el que encuentra que «alrededor de eso de la Solidaridad Catalana[»] (en que los hechos condensan hoy aquél nuestro «¡Vivan las minorías!»), se hace demasiado ruido?[19]

La respuesta a tales interrogantes, según Xenius, ya la había dado Goethe, refiriéndose a Moisés, al remarcar el pensador alemán las limitaciones del maestro que trae la ley a un pueblo.[20] En la oscura analogía orsiana, el equilibrio de la «misión» catalana se encontraría en su capacidad para transformar a España.

Igual que para Prat, con su *Greater Catalonia* de 1907, tomado del *Greater Britain* de Dilke, se entendía en el esquema orsiano como modelo para una España renacida y actualizada, «novecentista», por una dirección catalana. Tal articulación política, a la vez expansiva y fortalecedora de la vida local, serviría como solución política de altura, al proporcionar un nuevo equilibrio entre las fuerzas históricas contendientes, incluido el Ejército, pero también captaría las energías positivas del medio obrero y literalmente las civilizaría.[21] Además, el sencillo esquema de Prat podía ser reinterpretado en términos de la *Evolución creativa* del filósofo Henri Bergson, que apareció como libro en Francia en 1907, el año del triunfo electoral de la Solidaritat: la persistencia nacional catalana encajaba bien en la suposición del *élan vital* («El ímpetu de vida *[élan de vie]* del que hablamos consiste, en suma, en una exigencia de creación»), la energía como expresión colectiva, del vitalismo bergsoniano. La voluntad, mediante Bergson, se podía insertar en la cruda lógica evolucionista, tipo Spencer, de modo supuestamente objetivo, ya que la materia demostraba tener una génesis ideal. En consecuencia, ser y no-ser, en individuos y colectividades, tenía una poderosa dimensión psicológica: la negación absoluta era, para el filósofo francés, una «pseudoidea», *une idée destructive d'elle-même*, una «tenaz ilusión».[22] Nada accidentalmente, D'Ors presumía de haber estudiado con Bergson en París. Xenius se cuidó de inmediato de dejar constancia del libro bergsoniano en sus glosas, para luego insistir en su coincidencia: «La filosofia y la ciencia se complacen hoy más que nunca en mostrarnos (Henri Bergson, por ejemplo) como el alma "fluye" siempre en una intangible plenitud.»[23] Y añadió: «Henri Bergson es en 1908 el filósofo del mundo que inquieta más. Toda la juventud está con él. Él será, ya se ve, desde ahora el rey de la fiesta.»[24] La importancia que Bergson daba a la intuición –esencia de la glosa orsiana– llevó al escritor catalán a mostrar su simpatía, por mucho que era una base simpática bien endeble.[25] Pero, aunque la percepción bergsoniana (personaje celebrado por el nacionalismo francés por mucho que fuera de origen judío) podía aplicarse a la voluntad nacional catalana, la insistencia bergsoniana en resolver problemas en función del tiempo y no del espacio, así como su noción de la multiplicidad no como opuesta al uno, sino a otra multiplicidad diversa, no le recomendaban como un patrón para el catalanismo.[26]

La defensa orsiana del «imperialismo» catalán frente a las críticas españolas

Igual que Prat, D'Ors creía firmemente en la necesidad de ofrecer una ideología totalizadora, completa por interiorizada, que asegurara la defensa social, ya que la aportación moral catalana inherente en el catalanismo –aquello que los intérpretes marxistas posteriores entenderían como su contenido clasista «burgués»– era extraordinariamente frágil, poco más que unos hábitos sociales y un estilo de relación personal y asociativa.[27] *La contradicción de fondo en el esquema pratiano, el problema de la hostilidad españolista (mucho más inmediato que cualquier amenaza obrerista), no preocupó a D'Ors, que, como intelectual profesional y creativo, siempre ignoraba aquello que no le resultaba conveniente.*

En principio, Xenius predicaba a los catalanes, con el ejemplo británico. Aprovechando una representación *à clef* de Kipling en una novela francesa, D'Ors extraía una cita y una moraleja:

> «–Son curiosos estos irlandeses. Nos detestan, a nosotros, los ingleses, como a hermanos enemigos–; y, en el peligro, nos dan nuestros mejores soldados. Nos reconciliamos en el Imperio...»
>
> Esta observación dice más a favor del Imperialismo que cien discursos. No nos descuidemos de tomar nota. Aprendamos de una vez por siempre, que hoy, en la unión de los pueblos en Estados, la conciencia de Imperio es lo único que puede ahogar y hacer desaparecer la rebelión localista.
>
> Aprendámoslo y tengámoslo en cuenta, si no queremos que la fiesta del centenario del rey don Jaime [se refiere al monarca medieval catalanoaragonés] se quede en una mojiganga más, enteramente vacía de sentido.[28]

Pero la hostilidad españolista sí interesó, y mucho, a Cambó, más sensible que la mayoría de sus colegas catalanistas a las pulsaciones venidas de Madrid o del conjunto urbano español. Por ello, Cambó, en tanto que líder de la Solidaritat, apareció en el *Glosari* orsiano como un profesor heroico, dispuesto a llevar el mensaje a lugares recónditos de España y a sufrir por ello:

> Coordenada fraternal, la presentíamos. Como que nuestro gran luchador es un gran agresor, ya le veíamos hermano en imperialismo. Más eso, ¿era en él impulso o norma, temperamento o conciencia?
>
> Conciencia norma es. Alta, clara conciencia. Vasta, fortísima norma. –Todos leeréis el vibrante artículo publicado por el luchador. Pero puede que nadie tanto como el Glosador haya experimentado la alegría del sentido profundamente clásico de esta página... ¡Oh, maravilla de la hora propicia! ¡Oh, palpitaciones del tiempo! He aquí que el imperialista de la vida siente el Ánima Civil como los teorizadores del Imperialismo. He aquí que el joven de quien habíamos olvidado su juventud nos la recuerda y ya podemos decir de Francesc Cambó, un novecentista.
>
> Pero un novecentista activo –ideal y brazo. –Un novecentista armado, digamos.[29]

En el naciente esquema orsiano, el catalanismo era una pedagogía política, cuyo mayor ejercicio era la proyección exterior, la Solidaridad, dirigida de la ciudad a la Cataluña menos civil y de la Cataluña unida por la exigencia cívica al conjunto español. Lanzar el mensaje de una transformación de los hábitos y comportamientos, desde abajo, es decir, desde las regiones y nacionalidades hasta la cúspide del sistema político, forzosamente debía provocar reacciones y tener efectos profundos y, en consecuencia, transformadores en el conjunto hispano.

D'Ors explicitó su mensaje en una polémica con Unamuno en 1906. El ya rector de la Universidad de Salamanca asistió el 14 de octubre a la inauguración del Primer Congrés Internacional de la Llengua Catalana y, posteriormente, participó en un acto en el Teatro Novedades, organizado por el Ateneu Enciclopèdic Popular. Pero Unamuno se encontró cansado del ambiente de exaltación que rodeaba el Congreso (como escribió a Luís de Zulueta: «Barcelona me ha hecho la impresión de un barrio de Tarascón, las nueces son menos que el ruido»). En su intervención, sin duda inspirado por su hastío, lanzó una pulla en aparencia contra el nacionalismo vasco, pero que iba dirigida a las pretensiones catalanistas: «Sí, es muy noble, es una cosa absolutamente respetable y culta el respeto a una lengua en que han vivido todos los antepasados, pero, ¡ay!, es como una gloriosa espingarda conservada en una familia; cuando los demás vienen con un máuser es una locura querer defenderse con la espingarda.»[30]

D'Ors replicó en una sucesión de glosas, empezando por «Según la guerra, así el fusil», en el que, dándole la vuelta a la implícita alusión marroquí de Unamuno (la espingarda, según el tópico, era todavía el arma de los rifeños), satirizaba las pretensiones de dominio españolas:

> Como ya estamos enterados de aquello de que no solamente del pan y de los tratados de comercio viven los pueblos, ayer el ilustre rector de Salamanca, con

ocasión de nuestro Congreso de la Lengua, quiso predicarnos la palabra de la boca de Dios. –Ya se sabe lo que en los días de hoy la palabra de boca de Dios significa para nosotros: Imperio. –El ilustre rector de Salamanca dijo, pues, también: Imperio. –El mal era que su imperialismo –que es el de los otros– de allí y de aquí –el imperialismo que cifraría el ideal de Cataluña en apoderarse de los instrumentos de gobierno de España–, no es en sí original. Hace tiempo que vienen practicándolo diversos gallegos aprovechadísimos, sin gran bien para el cuerpo ibérico, ni tan siquiera para Galicia. Y el Chamberlain de esta especie de imperialismo se llama Don Eugenio Montero Ríos.

¿Hará falta insistir mucho en que un ideal así no es ni puede ser el nuestro? Nos sentimos fuertes y con ganas de dominar. Se nos ofrecen dos campos de dominio. Uno es: Integración unitaria de los pueblos de lengua catalana, Expansión comerical, puerto franco, Mercados, Navegación, Mediterráneo, Oriente, África, vida normal y civilizada. La otra es vida separatista y pintoresca, Ministerio de Gobernación, Fiscalía del Supremo, Cuerpo de aspirantes a torreros supernumerarios de faro e incluso –con perdón de algún amigo mío– Colegio Español de Bolonia. La unificación de uno y otro campo no la veo muy fácil. Será cuestión de escoger.

Y, con el campo, el instrumento. Tiene razón Unamuno: como arma de su imperialismo, el castellano es un máuser. Mas, ¿no sería para las otras guerras del mundo algo excesivamente parecido a una espingarda?[31]

El idioma –el que fuera– era, por tanto, un instrumento tanto defensivo como ofensivo. Para D'Ors, el «imperialismo de la sociedad civil» se mostraba en todo más moderno, más angloamericano, que el caduco imperialismo estatal español –con su amenaza de imposición mediante la violencia– al que, en última instancia, aludía Unamuno.

En su siguiente entrega, «L'espingarda i el màuser», D'Ors subrayó la inadecuación de la metáfora unamuniana –ya que las lenguas sirven la vida, mientras que el fusil la muerte– para añadir que los catalanes se encontraban en las manos con «una espingarda que dispara sola».[32] Finalmente, D'Ors saludó irónico «El Primer Congrés de l'Espingarda», el encuentro lingüístico que había traído Unamuno a Barcelona, en el cual se había producido un milagro: «Por milagro capital fue mudada la sustancia de su espingarda –sin que variasen los accidentes sensuales ni un ratito– en sustancia eficacísima de máuser». Y bromeó el Glosador: «Ricos con esta arma, tan vieja como nueva, los espingarderos salieron del Congreso. Y decían: En el nombre del Padre, del Hijo y del Espíritu Santo, comienza el mito imperial de la espingarda.»[33] *La conquista moral del Estado español empezaba, pues, con la Solidaritat como afirmación comunitaria de unidad.* Lo demás, la Solidaridad española por decirlo de algún modo, si la confianza en sí era fuerte, llegaría en su momento.

Más adelante, en 1908, D'Ors especulaba en una comparación entre la prolongada convulsión del «asunto Dreyfus» en Francia y lo que empezaba a ser el impacto de la Solidaritat:

> Supongo que recordar eso puede ser una cosa sumamente inoportuna en la situación actual de España. Fuego de proyectiles intelectuales se dispara ya contra el catalanismo; y una acumulación de fenómenos nuevos, poco sospechados dos años atrás, hace esperar el advenimiento dentro de la general conciencia española de un intenso fenómeno de división moral, parejo al que el proceso Dreyfus provocó en la conciencia francesa. Seguramente –con independencia de nuestro caso– una gran lucha se entablará entre la España casticista, con un núcelo vasco de defensa, y la España europeizante, con un grupo catalófilo de agresión...[34]

Sin embargo, aquellos en las Españas que debían sentir la coincidencia solamente acentuaron la contradicción. El catedrático vallesolitano Vicente Gay, valenciano de origen y defensor creciente de un «imperialismo» hispánico, replicó a tales efusiones en su obra *El regionalismo ante el nacionalismo y el imperialismo moderno en la formación de los Estados*, aparecido en la ciudad castellana en 1908.[35] *Gay supo ir directamente al corazón de la cuestión, replicando que la tarea «imperial» del futuro era la forja de la Nación –en resumen, hacer españoles– y no la fragua de las personalidades regionales.*[36] No parece que D'Ors reconociera la respuesta. En todo caso, no se dio por enterado.

No obstante su actitud de relativa distancia, las frustraciones crecientes que provocaron las muchas resistencias parlamentarias a la actuación de los representantes solidarios catalanes en Madrid impulsaron a D'Ors, que insistió en las limitaciones intrínsecas del sistema liberal y en su contraposición al ideal de imperialismo que defendía. Había una pugna, que era necesario superar, entre liberalismo individualista y sentido colectivo, a la vez nacionalista y «socialista», que se resumía en el «imperialismo»:

> Así [...] el liberalismo representa el individualismo atomístico, el «Estado Gendarme», el ideal localista, la canonización de los horrores de la libre concurrencia, la *«nulla est redempció»* [sic] para el proletariado.-El Imperialismo representa, al contrario, la socialización, el estatismo, el Estado educativo, la ciudad, el ideal de expansión de los pueblos, la justicia social, la lucha por la ética y por la cultura. El primero ha sido, en la conciencia colectiva de los pueblos de Occidente, el ideal dominante durante la primera mitad del siglo XIX; el segundo, en combate todavía con la supervivencia de aquél, es característico en la idealidad de hoy, y, llegado el Novecientos, unifica, podríamos decir, dentro de una ola vital única, las múltiples palpitaciones de los tiempos, que cruzan, en diversas direcciones, el mundo contemporáneo.

Para D'Ors era imperativo escoger:

> Hoy hay que elegir idealmente entre Imperialismo y liberalismo. Prácticamente, todavía caben dos actitudes intermedias: el doctrinarismo, que intenta un acomodamiento, más o menos retórico; el oportunismo que las alterna según las circunstancias... Pero, repitámoslo, éstas no son actitudes ideales. [...] –Humana e idealmente, es preciso que todo hombre, que todo pueblo, se aliste o entre los defensores del mundo decrépito, o entre los propulsores del mundo nuevo que avanza: o dentro de la espiritualidad liberal o dentro de la espiritualidad imperial. –Que, en medio de las discusiones entabladas, y por encima de las discusiones, cada catalán debe tomar su partido. Que tome el suyo toda Cataluña.[37]

D'Ors se obstinó en su mensaje: «[...] en aquellos [pueblos] que son grandes y plenamente civiles, se trata solamente de la sustitución de un ideal por otro ideal sin que la existencia misma de una patria estuviera inmediatamente comprometida; en los pequeños pueblos o de civilidad naciente o precaria, sí. Hay aquí para ellos un problema de vida o muerte.» Xenius preveía una absoluta «globalización» o «mundialización» (tal como se estila hablar a principios de siglo XXI): «Generalizadas las tendencias imperialistas, toda resistencia nacionalista es destinada a sucumbir. De aquí a cien años, [...] no restará excepción: toda la tierra será humanizada, socializada, tierra de policía, tierra de Imperio...[sic] –Los pueblos que no se hayan imperializado ellos mismos, conservando y haciendo triunfar la propia personalidad, serán imperializados por los otros perdiéndola.» Y concluyó: «Nosotros estamos dispuestos a no perderla. Nosotros no la perderemos. Mas, para eso, será preciso realizar intensamente, rápidamente, furiosamente, la acción imperial. Habrá que combatir sin misericordia las supervivencias y rebrotes del Liberalismo...[sic] Y así nosotros añadimos un deber de guerra al programa de nuestros deberes.»[38] En resumen, D'Ors consideraba que Cataluña podía rehacer España justamente por la falta de una «Estado educativo» español que cumpliera con su encargo moral como era debido. *Su convicción idealista era que la esencia del «imperialismo» cultural residía en su capacidad pedagógica, en una didáctica moral que diferenciaba quienes merecían un mando –por la esencia «clásica», madura, a la vez práctica y espiritual de su mensaje– y quienes tan sólo eran capaces de beneficiarse de un aprendizaje.*[39]

En eso, a los escasos días de escribir su opinión, estalló la crisis de Marruecos del verano de 1909. D'Ors combatió la posibilidad de que alguien hubiera expresado *«la idea que els moros tenien al lliure govern a casa seva el mateix dret que tenen tots els altres pobles al govern a la casa llur»* y se congratuló de que *La Renaixensa*, órgano del ultracatalanismo histórico, no hubiera empezado con artículos de simpatía. A pesar de todo admitió que: «No podemos decir que [la actitud catalanista en relación a los incidentes de Marruecos] sea generalmente una actitud imperial; y tampoco la querríamos así, en este problema concreto [...]».[40] Era el primer gran contratiempo para todo lo que Xenius venía predicando. El segundo, claro está, llegó con la Semana Trágica, que parecía echar por tierra todos sus argumentos sobre el triunfo de la postura «imperial» en Cataluña y en España. Desde Ginebra, de veraneo, el Glosador exclamó dolido: «Oh Barcelona, Oh Cataluña!, ¿qué os han hecho?».[41]

Pero D'Ors acabó por confiar en el espíritu de la auténtica modernidad. *El «imperialismo», en tanto que pauta normativa del nuevo siglo XX, se impondría a la barbarie interior como lo hacía con los salvajes exteriores.* Ello aseguraba la supervivencia de su pequeño país y el gran rol que el futuro le auguraba. Su seguridad en sí y en su panacea (el remedio ofrecido por la Lliga) se hizo contagioso.

Los epígonos de Xenius, o los amplificadores del amplificador

La producción de D'Ors pronto se convirtió en un estilo que arrasaba y las nuevas promociones del regionalismo se forjaron en su patrón. Escribiendo a finales de los años veinte, en una imagen muy de entonces, el periodista Josep Pla llamó a Xenius el «amplificador» de Prat de la Riba. Pero *su impacto fue tal que él también fue amplificado por muchos otros.* Una buena muestra fue Jaume Bofill i Mates, nacido en Olot en 1878. Empezó fascinado, como todo el mundo en la Barcelona lliguera, por D'Ors (Xenius puso el prólogo al bofilliano libro de poemas *La muntanya d'ametistes* en 1908, firmado por el autor con el seudónimo *Gerau de Liost*).[42] Pero, años más tarde, Bofill acabó por encabezar el equipo que expulsó al Pantarca de su trono funcionarial en la Mancomunitat.

En noviembre de 1907, tales conflictos estaban en un lejano y desconocido futuro. Por entonces, Bofill ofreció una conferencia sobre el «Classicisme nacional», tema orsiano donde los hubiera, en la sede de la Lliga Regionalista en Barcelona. Su toque distintivo, muy en contraposición al estilo intencionadamente ligero de Xenius, fue una lógica silogística que delataba sus orígenes católicos, hasta tradicionalistas, su formación de seminario. Bofill partió de la tesis explícita: «El verdadero sistema estético basado en la naturaleza es el clasicismo.» De ello derivó su carácter, según él, nada subjetivo: «[...] el clasicismo toma las cosas tal como son. De tal manera que atiende la integridad de cada una de ellas según su respectiva naturaleza. [...] [N]o es soñador. Es esencialmente práctico. [...] [E]s consecuencia de lo que ya se ha dicho, el clasicismo es el sistema del equilibrio.» Para un creyente devoto como Bofill era evidente que el catolicismo había incorporado la tradición latina previa: «Y se comprende que la Iglesia favoreciese el clasicismo, ya que no hay ningún otro sistema estético que encarne mejor los principios racionales.» En pleitesía orsiana recordó que: «Fórmula suprema del clasicismo *mens sana in corpore sano.*» Y subrayó que: «El clasicismo es amigo de la ley», ya que: «La ley no es el círculo tiránico que aprisiona las cosas, sino la cristalización de sus esencias y el camino de sus existencias.»[43] Así, al abordar el «Clasicismo social», Bofill concretó su esquema:

Hasta ahora hemos hablado del clasicismo considerado concreta y únicamente como sistema o criterio de la estética.

Nosotros nos ocuparemos del clasicismo social considerado en la nación y, como parte preferente de éste, del clasicismo político.

Las colectividades, como hijas de la reflexión y de la voluntad humanas, disfrutan, como el hombre, de la libertad; son arbitrarias, artificiales. Pero como hijas del instinto de sociabilidad del hombre mismo, tienen algo de instintivo, de obligado, de necesario; son naturales.

Hasta el presente, se había confundido el Estado, obra puramente arbitraria, con la Nación. Influyeron instintiva o maliciosamente en eso el cesarismo pagano, el renacimiento, la pseudoreforma, el regalismo, la enciclopedia, la revolución y el parlamentarismo latino.

[...] El nacionalismo, como dice su nombre, es el sistema que defiende el encaje de la organización política en la obra de la naturaleza. Fórmula suprema: un Estado para cada Nación. No crea, se limita a reconocer.

Llegados aquí, ya podrán imaginar que el clasicismo nacional de que les quería hablar es el nacionalismo, que, tanto el uno como el otro, se fundamenta en la realidad de las cosas.

Entonces, Bofill abundó en la distinción, central en el pensamiento de Prat de la Riba y, en general, de la Lliga, entre Estado y Nación, a la vez que apuntaba la capacidad real de la Nación para realizar un «imperialismo» profundo que le estaba vetado al Estado:

Todas las grandes utopías se han extendido en base al sentimentalismo colectivo.

Los grandes imperios se deben al miedo de los unos, al entusiasmo de los otros por un genio, por un héroe, al éxtasis de todos ante una aparatosa grandeza puramente externa.

Por eso los Estados que no coinciden con alguna nación necesitan una base de sentimentalidad para sostenerse. Y como el sentimiento más fuerte para los que no están en la verdad es la idolatría, los aprioristas, los doctrinarios, han divinizado el Estado y lo han declarado intangible y superior a los hombres que lo forman.

Para ellos, la madre patria, eso es el Estado tal como ellos lo desean o les conviene que sea, es como algo absoluto, independiente de las mundiales contingencias. [...]

Y añadió, para que quedara del todo clara su intención: «Los partidarios de la madre patria fundamentan toda su obra en la cursi sensiblería de los enamorados. En cambio, el clasicismo, con gran previsión y con profundo conocimiento del espíritu humano, procura interesar en la obra común a todo el hombre, y con este objetivo fundamenta la nación en base al interés o egoísmo y del amor racional o patriotismo.»

Bofill, del mismo modo que Cambó o D'Ors, quiso enfatizar su deuda con la fuente doctrinal de la escuela nacionalista francesa: «El nacionalismo es integral. No únicamente la nación, sino también la región y la comarca y el municipio, y no los crea de una manera uniforme, sino que los reconoce allá donde existen y los sanciona en las diferentes modalidades con las que se presentan, respetándoles a todos la autonomía, de manera diferente que el Estado, el cual, fuera del individuo aislado e impotente somete todas las otras personas políticas en perpetua tutela.» Pero, al mismo tiempo, subrayó la importante diferencia con el argumento estatista al cual, en última instancia, recurrían Barrès y, muy especialmente, Maurras. *Visto el argumento de Bofill, se puede plantear hasta qué punto la evolución del catalanismo, en su versión lliguera, fue una auténtica herejía de los presupuestos del entonces tan brillante nacionalismo francés.* «De todo lo que se ha dicho hasta aquí, especialmente sobre el carácter orgánico e integral del nacionalismo, se deduce que para este sistema, al contrario del estatismo, tiene más importancia el equilibrio y la acción normal sociales que los políticos. La política no es otra cosa que la articulación del cuerpo social en órganos de autodirección.»[44]

Igual que D'Ors, que sí procedía de la izquierda republicanizante del catalanismo, Bofill hizo un elogio muy intencionado de los aspectos positivos y complementarios, imprescindibles para una tarea común, de la izquierda y la derecha, con la manifiesta intención de que el catalanismo aceptara su capacidad, recién demostrada en la Solidaritat, para incorporar a ambas tendencias:

> Examinando con cuidado los temperamentos políticos, pueden reducirse a dos (siempre la tesis y la antítesis) que son el temperamento práctico y el teórico. El primero trabaja sobre la realidad presente, y el segundo investiga y propugna el ideal futuro.
>
> El primero quizá produciría el estancamiento, un realismo brutal, sin sentido progresivo; el segundo aislado ocasionaría, indefectiblemente, el artificio, el doctrinarismo, un romanticismo exagerado, un progreso hacie el absurdo, un salto moral.
>
> Es necesario, pues, la armonía de ambos. Al temperamento práctico corresponde el espíritu tradicional y evolutivo; al temperamento teórico, sentimental, corresponde el espíritu progresivo y retóricamente revolucionario. El primero es el socio capitalista, enterado en teneduría y en tacto comercial, el segundo el socio industrial, perseguidor de los nuevos inventos: se complementan el uno al otro admirablemente. El sentido común se inclina alternativamente en favor de uno u otro decidiendo según los casos. [...]
>
> En Cataluña, muy afortunadamente, existen estos dos espíritus. [...]

Como denota la analogía con la práctica empresarial, Bofill pretendía que el modelo político catalanista reflejara las pulsaciones encontradas de la nunca bastante loada sociedad civil catalana, en contraste al Estado liberal español:

> Por desgracia, la influencia galicana y el parlamentarismo del Estado español ahogaron en su cama a estos dos hermanos gemelos, o, como poco, deformaron horrorosamente sus dos espíritus. [...]
>
> El nacionalismo ha restablecido en la verdad ambos espíritus, y, harmonizándolos, ha conseguido el equilibrio individual, político y social. [...]
>
> Con relativa facilidad, la evolución se obtendrá en la colaboración o el esfuerzo combinado de los espíritus tradicional y progresista.
>
> Para que sea perfecta, como ya he indicado, no se ha de perder de vista el norte, el ideal nacional. Hay que preocuparse siempre y en todas las ocasiones de conservar la particular fisionomía, el especial carácter, en una palabra, la personalidad nacional.[45]

Pero la culminación de todo el argumento bofilliano, como era de esperar, fue el canto a la bondad del «imperialismo». ¿Qué era el impulso «imperial», expansivo, sino el punto de encuentro natural entre las tendencias opuestas del conservadurismo y el progresismo? En palabras de Bofill:

> Todo hombre, cuando ya ha obtenido el completo desarrollo integral, siente el prurito de reproducirse, siente afección por el proselitismo.
>
> Así las naciones. Cuando la evolución alcanza un grado muy elevado, cuando la nación es fuerte, siente el imperialismo.
>
> El imperialismo, para no ser prematuro y debilitador, no debe venir hasta que haya plétora de energías sociales y políticas. Por este motivo, no distinguimos, como en el equilibrio y en la evolución, entre imperialismo social e imperialismo político. Cierto que [el imperialismo] exige los dos elementos, pero es tan intensa su acción que para ejercerla se necesita todos los elementos y las fuerzas sociales y políticas de la nación agrupadas, concentradas en un solo impulso.
>
> No ha de llegar, pues, hasta que haya una gran cultura y una gran fuerza. Éstos son los dos elementos sobre los cuales se apoya Prat de la Riba en su opúsculo *La nacionalitat catalana*. Vean como esta fórmula novísima es la fórmula clásica: *mens sana in corpore sano*. En este sentido, podemos decir que así como la evolución es el equilibrio dinámico, el equilibrio de movimiento, pero de la vida interna de la nación, de la vida vegetativa, por decirlo así, el imperialismo es el equilibrio de la vida externa o de relación, de la vida racional volitiva.

Según Bofill, «El imperialismo se basa en dos principios». Primero, «la ley de nivel cultural», que, por analogía con la hidráulica, establecía que: «[...] la cultura de dos o más pueblos, puestos en relación, tiende, por regla general, a nivelarse, [...]».

> En segundo término, en el [principio] de la fuerza de la voluntad colectiva superior. De la misma manera que existen individuos que una voluntad tal que es irresistible y a la cual someten con toda facilidad los débiles y los indolentes, así también, cuando una nación tiene una gran fuerza colectiva, arrastra las otras naciones que, al entrar en contacto con ella, no tienen una personalidad suficientemente definida, una voluntad lo bastante fuerte para repeler la agresión, para resistir la atracción.
>
> En virtud de estos dos principios se produce la sugestión, el poder absorbente del fuerte. Este poder sugestivo y absorbente es superior a la libertad que, como hemos visto, es un simple medio. No destruye precisamente la libertad, sino que la supone, atrayéndola con el encanto y el dominio. En cierta manera, puede compararse la acción imperialista a la acción beatífica, a la sugestión del genio, que, presuponiendo la libertad, la absorben por completo.

Tras la sorprendente metáfora de la luz divina, Bofill resumió su idea de un «imperialismo» en esencia cultural, un intercambio beneficioso para ambas partes de la interacción imperial: «Así, pues, el imperialismo no humilla a los vencidos por sí mismos, porque es aceptado voluntariamente; ni por la cosa, porque es eminentemente ennoblecedora. ¿Es que por ventura se dignifica al hombre que aprende y sigue humildemente a quien sabe y puede más que él? [...] El imperialismo no prentende la conquista material, sino la hegemonía espiritual que obtiene con la superioridad de fuerza y cultura.» Y añadió: «Como hace muy bien notar Prat de la Riba, el predominio de la fuerza sola es un imperialismo salvaje, el predominio único de la cultura es un imperialismo incompleto. Tanto el uno como el otro producen el desequilibrio, su acción no es integral.» Con implícita dureza de discípulo orsiano, *Gerau de Liost* concluyó, retratando la tarea heroica que esperaba al regionalismo catalán: «El clasicismo nacional, incluso en esta acción extensa que llamamos imperialismo, aspira a la suprema ecuación social. Dominar los otros sin contaminarse. Luchar y vencer sin alterarse, con serenidad verdaderamente olímpica»[46]

Como demuestra la adaptación de Bofill i Mates a la orientación de D'Ors, la reiteración del estilo orsiano trajo para su creador un éxito fulgurante, pero incorporaba un germen de su caída, digna de la tragedia griega de que Xenius tanto gustaba: el éxito estaba asegurado mientras el juego intelectual fuera expansivo, pero a las primeras señas de contracción se volvería contra su protagonista, ya que *todos sabían (o creían saber) hacer lo mismo*.

El Programa bifronte de Intervención Social

Para D'Ors, desde mediados de 1909, antes incluso que las complicaciones de guerra colonial e insurrección antibelicista, se habían establecido dos vertientes contrapuestas para una actuación «imperialista» efectiva. Era necesario ahondar «en una especie de Programa esquemático de la Intervención social en Cataluña...» Y en España:[47]

> Actualmente las acciones diversas del imperialismo catalán, las acciones cumplidas o a cumplir, pueden resumirse esquematicamente en el siguiente programa:
>
> A) Acciones en Cataluña:
>
> Primera. Intervención en los problemas locales en Cataluña: Querer poseer en Cataluña los instrumentos de gobierno.
>
> Segunda. Intervención en los problemas humanos en Cataluña:
>
> a. Lucha por la Cultura.
> b. Lucha por el Tecnicismo.
> c. Lucha por la Ética.
> d. Lucha por la Justicia social.
>
> B) Acciones fuera de Cataluña:
>
> Primera. Intervención en los asuntos generales españoles.
>
> Segunda. Intervención en los asuntos mundiales:
>
> Expansión comercial (¡Esfuerzos!)
> Expansión espiritual (¡Deseos!)
> Expansión política (¡Ensueños!)[48]

Tiempo llevaba D'Ors cantando las excelencias de los «novecentistas» españoles, ejercicio beneficioso en tanto que le granjeaba amistades nuevas (algo siempre útil para alguien tan ambicioso como Xenius), y que podía ser interpretado también como anuncio de alguna operación de coordinación política futura.[49] Ante las muestras de simpatía, el glosador se mostraba complacido:

> Los novecentistas españoles. Gregorio Martínez Sierra y Enrique Díez-Canedo, delicados artistas de la nueva generación española, y los más generosos catalanizantes de Madrid; el marqués de Palomares, prestigioso decano de la hermandad de antiguos alumnos de la Institución dirigida por don Francisco Giner; Eduardo L. Chavarri, musicógrafo de autoridad, comentador peritísimo de Wagner; M. Ciges Aparicio, novelista del vivir doloroso; Pedro González-Blanco, benedictino de lo contemporáneo; Constancio Bernaldo de Quirós, el criminólogo; Ramón María Tenreiro, psicólogo; Luis del Cacho, parisinante del Ateneo de Madrid, cuyos ojos se encienden cuando habla de la Villa de la Luz; Fernando del Río Urruti, devoto ardiente de la filosofia alemana, traductor de Goethe; Ángel Vegue, que dejó la sabiduría eclesiástica toledana, por la Sección de arte

del Ateneo madrileño, y ahora deja la Sección de arte del Ateneo madrileño por la poesía; Justo Gómez Ocerin, un gran enfebrecido por las curiosidades de la cultura, que me decía un día en nuestro puerto, embarcándose para Italia: «Toda la vida me remorderá lo que no he podido ver, ahora, en Barcelona»; Leopoldo Alas, heredero del espíritu tanto como de la sangre de Clarín; Federico de Onís, discípulo predilecto del doctor Unamuno, y sapiente investigador del dialecto de Salamanca; Federico Oliver, el romántico de *La Muralla*; Rafael Leyda, el cuentista maupassantiano; los catedráticos Francisco Bernis, Martín Navarro y Leopoldo Palacios; los escritores Miguel Alvarez Ródenas, Luis Gutiérrez, Manuel G. Morente, Ricardo Orueta, Carlos de Torres-Beleña, y, además, otros hombres de vanguardia Joaquín Álvarez Pastor, Domingo Bernes, Fernando Cano, Antonio Fernández, Alberto Giménez Fraud, Gustavo Giménez Fraud, Ricardo León, Francisco Orueta, Matías Peñalver, Francisco L. Ribera, Valentín Samá, José Ma. Sampere, han firmado mensaje de adhesión a la juventud catalana, ya publicado en estas columnas y que me han hecho el honor de remitírmelo; un mensaje que es, dicen, «testimonio que, por encima de las incomprensiones y los recelos tradicionales, hay jóvenes que piensan y viven en nuestro espíritu y quieren poner su esfuerzo de comunidad con el nuestro...»[50]

En la nueva configuración de un diseño político orsiano, a un tiempo hacia dentro y hacia fuera «imperializando», estas simpatías eran las buenas noticias. Las malas eran que la interacción catalana con el conjunto español traía consecuencias indeseables. Barcelona estaba siendo asediada por una inmigración que imposibilitaba el proyecto dorado de D'Ors como portavoz autonombrado de la Lliga. La reflexión orsiana se edificó sobre un criterio bien general en el catalanismo, dado el ritmo de crecimiento de Barcelona. Por ejemplo, el enfadoso Pere Aldavert era perfectamente capaz de introducir reflexiones apocalípticas en sus caóticos artículos:

> Veo llegar el día en el que los catalanes se encontrarán forasteros en Cataluña, porque lo que ahora cae sobre ella ya no es una invasión, sino un alud de gente que no habla como nosotros y que si hoy en día, por la necesidad y por no haber llegado a ser más que nosotros, se adapta *[va fent-se]* a nuestro lenguaje, de aquí veinte años no hará falta aprenderlo, porque serán más los de fuera que los de aquí, porque la vida moderna hará pagar todo el escote al siglo, al siglo que no va en busca más que de las conveniencias del momento y del esplendor de las grandes ciudadazas [*ciutadassas*].»[51]

La gran pregunta del viejo director de *La Renaixensa* era: *Hi arribarém a [sic] agermanar als catalans perquels hostes no ens treguin de casa?*[52] Ante el discurso tópico y abiertamente reaccionario de Aldavert, D'Ors reivindicaba la urbanidad moderna como respuesta. Pero su intención era liderar el sentimiento restrictivo, no negarlo.

Si, tal como lo planteó D'Ors, Cataluña era la máxima expresión del *Empire du Soleil* postromano cantado por Maurras, entonces era fundamental (al menos como parte de la composición del futuro) la suposición maurrasiana de que «[n]i en Francia, ni en España, ni en Italia, no más que en Grecia, son indígenas la anarquía y la revolución».[53] *En la sociedad del equilibrio, por definición el desequilibrio venía de fuera.* Pero, ¿cómo seguir equilibrados, cuando se proponía exportar ese mismo sentido de sensatez a un espacio mayor, necesitado de ponderación?

Los senadores y diputados regionalistas, en su manifiesto de 1906 *La cuestión catalana*, habían asegurado que «[...] la causa de Cataluña es la causa de la España verdadera, la España que trabaja y sufre». Xenius *dio la vuelta a la fórmula* y, en su esquema, el catalanismo sería la causa del «hombre que juega y trabaja», lo que no necesariamente era un planteamiento social inclusivo.[54] Sin embargo, empezando en 1907, D'Ors empezó a hablar de la «justicia social» en un sentido restrictivo. Tampoco era accidental la coincidencia con la formación del Partido Republicano Radical en Barcelona, el «lerrouxismo» por antonomasia. Según D'Ors:[55]

> Todos los que han trabajado en los dos grandes esfuerzos civiles de la Barcelona moderna –la acción política y la acción por la cultura– han topado con un mismo enemigo, que inutiliza continuamente una parte de su acción y acaba a veces por matarlos, con desilusiones, la energía: con el hecho de una renovación constante, por obra de turbias fuentes de inmigración, en nuestras masas populares ciudadanas. –La obra de una educación política y social de las multitudes ha parecido frecuentemente entre nosotros una siembra cerca de un río desbordador. Ha crecido el río y no ha estropeado el trabajo. –Pacientemente, heroicamente, elevamos cada día a la libertad, a la educación civil, a la conciencia nacional, un determinado fondo del pueblo: lo modelamos en cuidadanía. Pero el día siguiente, de este y aquel trozo, nuestra construcción está deshecha, porque cae encima de aquel fondo y pesa en él el deslizamiento irruptor de gentes sin valor social, incíviles e ignaros –humana arena de los desiertos, dócil para alzarse a los vendavales de los agitadores... –Y hemos debido recomenzar... [sic] [...]
>
> Un proteccionismo de raza así, ¿no sería legítima defensa en nosotros? –En noostros, por ventura, más que en nadie, porque nos es precaria esta obra de civilidad que tanto nos cuesta.[56]

D'Ors insistió en ello una y otra vez, a la luz de las prácticas segregacionistas norteamericanas, que le parecieron ejemplares.[57] Hacía falta: «Una política de selección sobre los torrentes inmigratorios que a Barcelona acuden, como aquella de que conversábamos ayer, nos sería aconsejada por la realidad, no solamente como medio de defensa civil, mas como instrumento de protección económica.»[58] Todo aliado era poco en tan fundamental batalla, como mostraba Aureli Ras, *«aquest fortíssim periodista del noucentisme»:*

Cree Ras que el único medio con el que una ciudad puede defenderse en el sentido aludido es la expulsión. Venga pues el derecho a la expulsión. Yo tan siquiera insinuaba, en general, la idea de un instrumento selectivo. Éste tanto puede ser la no admisión como la expulsión. Que se me permita hacer observar, por otra parte, que una expulsión sólo representa una no admisión. Si una ciudad expulsa a los mendigos forasteros es porque no admite los mendigos forasteros. Generalizad la medida a los forasteros en busca de trabajo, y tendrán una de las categorías usuales de la política selectora. Que no necesita, por consiguiente, de fronteras. –(Y, en último caso, ¿por qué las ciudades no tendrían fronteras? Cuestión a examinar).[59]

Justamente, D'Ors, con bastante lucidez, pensó en esquemas sindicales estadounidenses o sudafricanos, en los cuales el control exclusivo, excluyente, que mantenía una determinada comunidad étnica fuera del mercado laboral, era una parte central de la lucha contra los esquiroles y el amarillismo. ¿No sería razonable esperar que el sindicalismo catalán buscara la defensa de los intereses de los trabajadores contra toda amenaza de reducción de salarios por una mayor oferta, reventadora de las victorias obreristas tan duramente ganadas? Así, según D'Ors: «La defensa demográfica deberían de emprenderla aquí, antes que nadie, como hacen un poco por todas partes, las organizaciones sindicales obreras. Obra sindicalista es vigilar para que no descienda de un nivel adquirido, y que peligra con la mezcla de elementos desorganizadores.»[60]

Desde el punto de vista «imperialista» orsiano, el peligro social de los inmigrantes era su capacidad de desbordamiento respecto a toda la pedagogía social y cívica que el catalanismo pretendía realizar. Era una idea que –de forma más o menos contemporánea– estaba en el más reflexivo ambiente hispano con la traducción de la parte correspondiente a la muy relativa integración norteamericana de los negros liberados por la Guerra Civil y de las últimas oleadas de inmigantes italianos, eslavos y judíos de la influyente obra *The American Commonwealth* (1888) de James Bryce.[61] A ojos de D'Ors, la comparación con la xenofobia teórica de la escuela nacionalista francesa era injusta, pues la inmigración en la vasta Francia era absorbida y transformada, según los moldes de la propia cultura y sociedad receptora, en una generación. Pero la capacidad de control «imperialista» del catalanismo era limitadísima y su obra funcionaba más por ejemplo que por coerción colectiva: «No, no tienen razón y son faltos de gracia los nacionalistas franceses al insistir tanto en aquello de los "metecos". Nosotros, ¡sí que la tendríamos! Y en esta infiltración continua de fuera a dentro, los factores de origen múltiple no se equilibran, como pasa en París, sino que el factor dominante es uno, y éste, y no el corazón de la ciudad, es el que da tono a los demás...»[62] Así, visto desde la capital catalana, la dureza era imprescindible para imponer el programa social, para «imperializarse», antes de que la inundación forastera pudiera empaparlo todo con sus costumbres nada cívicas: «En Barcelona, en Cataluña, no se debe sufrir el mal antipolítico, sino luchar contra el mal antipolítico –por la política.»[63] Era preciso un sentido político innovador, una idea sintética que sirviera para conjuminar impulsos muy diversos y fundirlos en un mensaje capaz de trascender las tópicas distinciones de derecha e izquierda.

Las lecciones rooseveltianas de Prat a D'Ors

Con esta preocupación por el potencial corrosivo de la inmigración, D'Ors tuvo un especial interés en la pauta estadounidense. Es importante entender hasta qué punto, el catalanismo «intervencionista» escogió unas pautas –dadas por Carlyle, Emerson y *Teddy* Roosevelt– y rechazó otras contemporáneas, como Ruskin o Cecil Rhodes, que, en teoría al menos, parecían más potencialmente inspiradoras de cualquier emulación inglesa. Rhodes, el gran protagonista del dominio británico en Sudáfrica, un «imperialista» sin ambages, no aparece en los escritos de Cambó y su nombre está ausente del inacabable glosario vital orsiano, incluso en su larga fase castellana. Seguía siendo un personaje negativo a ojos catalanistas, para luego ser olvidado con el paso del tiempo. Tampoco Ruskin es mencionado por Cambó. En sus primeros años de *Glosari* catalán, hasta 1910, D'Ors cita al critico inglés solamente tres veces, para extenderse, en 1909, probablemente a partir de la primera gran antología ruskiniana en castellano, sobre la figura del *gentleman* como modelo del «heroísmo» cultivado frente a la vida ordinaria, y, por tanto, del ensalzamiento de ideal de la sociedad civil.[64] Sin embargo, no se debe subestimar la confluencia de ideas entre los catalanistas, por ejemplo, D'Ors y los *Empire-builders* ingleses, como Alfred Milner, arquitecto de la presencia británica en Egipto (y autor de *England in Egypt*, de 1892) y luego representante de Londres en Ciudad del Cabo, para quien el «imperialismo» era «un gran movimiento del espíritu humano con toda la profundidad y extensión de una fe religiosa»; la obra madura de Milner –convertido en barón y eventualmente en vizconde– fue precisamente *The Nation and the Empire*, iniciada en 1905 y publicada en 1913.[65] Pero había un gran problema de fondo: la afinidad catalanista apuntaba a la bondad de las instituciones británicas de autogobierno y al modo de ser que, en principio, garantizaba su funcionamiento. *Elegir Ruskin y Rhodes era afianzar un discurso de conquista y adquisición de territorios que el catalanismo entendió era inviable planteado directamente desde Barcelona; lo suyo iba a ser el «imperio» institucional y constitucional, una tranformación moral, interna, de España.* Forzosamente, cualquier incorporación de nuevas tierras había de realizarse en común con España y ello requería como paso previo un acuerdo interior, una reorganización del Estado y de la realidad social hispana.

Por esta razón, entre otras, resultaba mucho más atractivo el presidente norteamericano Theodore Roosevelt, que tan enérgico liderazgo ofreció a su país durante los primeros años del siglo (1901-1909). Si bien el propio Roosevelt, con buena lógica republicana, prefería hablar de «expansionismo» que de «imperialismo», su proyección internacional le hizo el arquetipo del «imperialista» con un programa moral para educar, en especial a los hispanoamericanos, en el correcto comportamiento civil, el individualismo sano y en la responsabilidad pública propios de las gentes de habla inglesa.[66] Para un catalanista, Roosevelt tenía la enorme virtud de ser la figura emblemática estadounidense de la derrota española de 1898, que no dudaba en expresar su desprecio por lo hispano. Con él, se predicaba el mensaje de una política militante, dispuesta a someter las absurdas pretensiones de las caóticas «Repúblicas bananeras» a las exigencias de la «civilización» imperante, pero también se subrayaba la debilidad de cualquier alternativa española. El protagonismo «yanqui» se fundamentaba en su potente sociedad civil, ya que era una «sociedad fuerte con un Estado débil», idea garantizada para enternecer a todo *lligaire* consecuente.[67]

Nada accidentalmente, no fue D'Ors el único cautivado por el tan activo presidente estadounidense, protagonista moralizante y no anexionista inmoral como Rhodes. Ya en 1906, en *La nacionalitat catalana*, el mismo Prat de la Riba quiso comentar «L'imperialisme de Roosevelt» bastante extensamente en un apartado monográfico.[68] Para Prat, Roosevelt era el necesario correctivo social –incluso estatal– al posible descontrol de los intereses «burgueses» que se expresaban a través de la sociedad civil. Prat escribió como si su única intención fuese explicar los planteamientos rooseveltianios, pero, en realidad, sentaba doctrina «imperial» catalana: «La acción de los grandes hombres ha de ejercerse en el sentido del bien. El éxito conseguido por medios indignos es una cosa vergonzosa. La gran ley de la justicia ha de existir de hombre a hombre y de nación a nación. Si el hombre fuerte no siente el impulso hacia las cosas elevadas, su fuerza es una maldición para él y para todo el mundo.»[69] Establecido el límite del individualismo de Carlyle y Emerson, Prat no pudo resistir aprovechar su analogía para criticar los excesos del republicanismo hispano, visto que Roosevelt era por definición un «republicano»: «El especulador sin conciencia, que acumula millones con procedimientos reprobables, es peor que el asesino o el ladrón vulgar. El gran agitador de las masas que las remueve con palabras incendiarias, con falsas o irrealizables promesas, es un enemigo de su tierra. La gran fuerza de estos hombres, es una fuerza destructora.»[70]

Habiéndose despachado a gusto contra Lerroux sin nombrarlo, Prat quiso dejar sentados (siempre mediante la figura del presidente norteamericano) los deberes morales patrióticos de todo buen émulo de Roosevelt. Los republicanos españoles y catalanes eran importadores de doctrina, lo que, según Prat, suponía su gran fallo. La esencia de su argumento apuntaba a *la originalidad de Barcelona como centro creador de doctrina política, libre tanto del peso de Madrid, como de la influencia de París*. Para afirmar esta originalidad barcelonesa o catalana, el uso velado del ejemplo estadounidense, con su automática referencia implícita a Hispanoamérica, era perfecto: «Después de la ley del bien, la ley del patriotismo. El amor patrio es una virtud fundamental. El exclusivismo contra el extranjero es tan antipático como el cosmopolitismo. [...] Los grandes estadistas de América son los que creyeron siempre en su tierra, los que tuvieron fe en que llegaría a ser el pueblo más poderoso del mundo.»[71]

Puesta la izquierda en su sitio, Prat quiso indicar a los catalanistas «puristas» su patético error, frente al acierto del «intervencionismo» que encarnaba la Lliga, autodefinida, con orgullo, como «imperialista» en sus medios y en su objetivo. Era, según él, «la ley de la civilización»:

> Los pueblos civilizados o en camino de llegar por su propio esfuerzo a plenitud de civilización, tienen derecho a desarrollarse en conformidad a las propias tendencias, es decir, con autonomía. Los pueblos bárbaros, los que van en sentido contrario a la civilización, deben ser sometidos de grado o por fuerza a la dirección y al poder de las naciones civilizadas. Las potencias cultas tienen el deber de expansionarse sobre las poblaciones atrasadas. Francia imponiendo su autoridad a Argelia, Inglaterra a Egipto, Rusia a los Kamotos han sustituido la ley y el orden de justicia a la lucha bárbara y degradante que en esos publos imperaba. La ganacia ha sido mayor para la civilización y para esas tierras desgraciadas que para los pueblos que las han intervenido. Los que hacían versos al Mahdi contra Inglaterra, a Aguinaldo contra los americanos, o bien odas a Argel y sus piratas, en lucha con Francia, son pobres de espíritu que no conocen la altísima misión educadora de la humanidad que ejercen las naciones civilizadas en esas costosas empresas.[72]

La autodeterminación, pues, era sólo para quienes la merecían. A la luz del realismo político, no había otro camino para el catalanismo, si pretendía ser algo más que una protesta sin salida concreta posible, que dejarse de monsergas bienpensantes y, de una vez por todas, asumir el «imperialismo» con todas sus implicaciones. No había otro remedio que la conquista moral del Estado español:

> Patriotismo y expansión han menester en la sociedad internacional de hoy, la ayuda de la guerra. No hay nada tan abominable como una guerra injusta, sino una paz comprada con una cobardía o con una iniquidad. La paz de Europa, conseguida con la tolerancia de la degollación de armenios, es una gran vergüenza. Pobre humanidad si hubiera de vivir el evangelio de la paz de los Tolstoi. La preparación para la guerra es la garantía más sólida de la paz. La guerra que somete los pueblos bárbaros a los civilizados es una obra de paz y de civilización. Una nación que no sabe defender sus derechos con las armas, no puede sostener ni ejercer en el mundo ninguna misión progresiva.
>
> Todo el imperialismo está aquí. Imperialismo es fuerza de civilización que rebosa de un pueblo de vida nacional intensa sobre los demás.[73]

En resumen, vista la lección impartida por Roosevelt, no era posible pensar en un microEstado catalán como si fuera en algún sentido algo positivo, ya que estaría a la merced de cualquier potencia más fuerte, es decir, casi todas. Se necesitaba una fuerza armada, que, en última instancia, sólo podía ser el Ejército y la Marina españoles. La vieja tradición guerrera, el famosos «furor catalán», ya no era un complemento de la sociedad civil y de sus costumbres. El poderío catalán, pues, se haría realidad con más inteligencia o, si se prefiere, aportando su contribución cerebral y moderna a la España atrasada y, por lo tanto, todavía marcial. Por ello, *era imprescindible «civilizar» ese histórico instrumento militar, que seguía siendo imprescindible, como habían logrado hacer los ingleses y los norteamericanos, para que dejara de ser facción o bando (concretamente, para que abandonara su visceral anticatalanismo españolista) y para que finalmente fuera expresión de una «vida nacional intensa» que, en España, debía ser «imperial» y de algún modo federalizada.*

Los intelectuales cercanos a la Lliga secundaron esta idealización del heroico presidente norteamericano, con todas las implicaciones que arrastraba. En ese mismo año de 1906, también Josep Pijoan, desde las páginas de *La Veu de Catalunya*, se había identificado con el ideal de *The Strenuous Life* de Roosevelt y reclamó sentirse «cowboy de la política»: «¡La vida intensa! ¡La vida intensa! Oh, dejad que os explique, que yo también a veces me siento cowboy, o imperialista, y con ganas de violentar el criterio de los otros. La vida intensa no es el canibalismo ibérico en el que vivimos, ni es la lucha por la destrucción, ni es la vida en el odio. La vida intensa, por el término medio de desarrollo de todos nosotros, es la plenitud del amor intelectual aplicado al mejoramiento de todas las cosas.»[74]

Por su parte, también en 1906, D'Ors quiso señalar que, en cuanto a la lucha de la civilidad contra la barbarie, «la situación que, en este respecto, ocupan los Estados Unidos tiene más de un punto de analogía con la nuestra», observación que ilustró con el comportamiento de la hija del presidente estadounidense.[75] Más adelante, todavía por las mismas fechas y vistas las reiteradas alusiones, D'Ors ironizó que Roosevelt era un personaje «del que no conviene abusar, pero que, tomado en las dosis y las proporciones convenientes, puede no ser inútil».[76] Dispuesto a cualquier cosa por no ser menos que Pijoan, D'Ors quiso reclamar para sí el título de segundo barcelonés que había leído *La vida intensa* rooseveltiana, siendo su amigo el doctor Gòngora (muerto en 1908) el primero.[77] En efecto, *Teddy* Roosevelt sería durante bastante tiempo un personaje didáctico en la diaria glosa orsiana.[78] De hecho, en el escenario estadounidense y, por ello, ante el mundo, Roosevelt supo presentarse como la encarnación de un nuevo estilo de hacer política, capaz de superar los límites periclitados entre derecha e izquierda, para ofrecer una especial síntesis dinámica, abiertamente moralizadora. La oferta rooseveltiana era forzosamente interesante para los catalanistas «intervencionistas» por su éxito en borrar las fronteras ideológicas, por su eficaz «transgresión» (los republicanos más conservadores –su propio partido– denunciaban al presidente como el «mesías loco»).

Retirado de la presidencia estadounidense tras las elecciones de 1908, Roosevelt, de vuelta de un viaje por África y Europa, se lanzó en el verano de 1910 a lo que llamó un «nuevo nacionalismo», título de un discurso inicial, germen de programa, anunciado por primera vez en un pueblo de Kansas, durante un viaje al Oeste del país. En realidad, empezó su campaña en Londres, a finales de mayo, cuando dio una conferencia sobre «El mando británico en África» en el Guildhall, dispuesto a explicar a los mismísimos ingleses cómo cumplir con sus deberes «imperiales». El ex presidente destacó que «el dominio de las naciones civilizadas modernas sobre los lugares oscuros de la tierra ha comportado un extenso bien para la humanidad», comparó la tarea británica en el Sudán con la estadounidense en el Panamá, pero –a raíz del asesinato del primer ministro egipcio, naturalmente probritánico, por un nacionalista «fanático»– acabó por dar un aviso: no le parecía acertada la insistencia británica de justificar su ingerencia en Egipto como una promoción del autogobierno. Según Roosevelt, era una realidad muy sencilla en el ejercicio del poder: los británicos sabían que tenían derecho a estar en el país del Nilo para mantener el orden, pero, si dudaban, dejaban de tenerlo. Era una cuestión de *self-confidence* a escala colectiva.[79]

Para D'Ors, como indicó repetidas veces en ese mismo año, Roosevelt era, en rudo americano, el equivalente a un monarca, una «reencarnación» de Napoleón el grande.[80] En efecto, la renovada llamada rooseveltiana a un *New Nationalism*, planteamiento de ruptura suyo con el entonces presidente W. H. Taft y, por lo tanto, desafío al Partido Republicano y al poder de los trusts económicos, coincidió a la perfección con las necesidades orsianas en el lanzamiento del noucentisme. Desde el discurso catalanista, en especial desde el proyecto de ética colectiva que D'Ors quiso liderar, a partir de la fascinación por Emerson y Carlyle, era fácil releer a Roosevelt sustituyendo el adjetivo «americano» por «catalán». Entendido así, *American Ideals* se tornaban «la idea catalana», *true Americanism* para remoldear a los muchos inmigrantes se podía entender como *vertader catalanisme* para la misma finalidad, la confrontación de *manly virtues* y deportividad agresiva propios de *The Strenuous Life* se encarnaba en la virilidad de *l'home que treballa i juga.*[81] En su replanteamiento del «nuevo nacionalismo», Roosevelt se dirigía contra los grandes capitalistas y las combinaciones financieras, en nombre de unas reglas de trato justas –que él llamó *the Square Deal* (el arreglo de buena fe)–; era un tema que D'Ors había anotado en el pasado, por su posible aplicación al contexto español.[82] La tesis de Roosevelt, como «nuevo nacionalismo», consistía en unas ideas sencillas, acompañadas de muchas propuestas concretas:

> Nos encontramos cara a cara con nuevas concepciones de las relaciones de la propiedad con el bienestar humano, principalmente porque ciertos defensores de los derechos de la propiedad contra los derechos del hombre han estado llevando sus pretensiones demasiado lejos. [...]
>
> El estado [se refiere al estado local dentro de la federación] debe hacerse más eficaz para el trabajo que concierne el pueblo del estado; y la nación por aquello que concierne todo el pueblo. No debe quedar terreno neutral que pueda servir como refugio para quienes rompan la ley, y especialmente para aquellos

que son de gran riqueza, y que pueden alquilar la astucia legal lupina que les enseña a evadir ambas jurisdicciones. [...]

No pido una sobrecentralización; pero sí pido que trabajemos en un espíritu de amplio y extenso nacionalismo cuando trabajamos por lo que concierne a nuestro pueblo como un todo. [...]

Debemos tener el tipo correcto de carácter –el carácter que convierte a un hombre, en primer lugar, un buen hombre en casa, un buen padre, un buen marido –que convierte nuestro hombre en un buen vecino... El principal problema de nuestra nación es el modo de conseguir el tipo correcto de buena ciudadanía, y, para conseguirlo, necesitamos progreso, y nuestros hombres públicos deben ser genuinamente progresistas.[83]

Era posible, por tanto, según el ex presidente, sobreponer la exigencia nacional por encima de las ventajas regionales o personales *(national need above sectional or personal advantage)*, ya que éstas tenían su propio ámbito institucional determinado en la estructura federal.[84] Desde el respeto por la sociedad civil, el político americano insistía en la exigencia superior de una pulsación moral ante intereses sin una altura de miras equivalente. A pesar de las dificultades en readaptar el «nuevo nacionalismo» de Roosevelt (un concepto más bien ajeno al federalismo estadounidense) a las exigencias del nacionalismo catalán, hasta cierto punto invirtiendo sus categorías, Roosevelt ofrecía una entrada ideológica útil, superadora del «socialismo» y «estatalismo» de los frustrados disidentes cambonianos. Como dijo Roosevelt a unos amigos británicos en el verano de 1910, quería «lo que ustedes llamarían una "democracia imperial"»; sólo ella sería capaz de evitar los peligros del demagogo y del reaccionario. Según afirmó el ex presidente unos meses más tarde, él era un radical que quería un cambio radical realizado por conservadores.[85] Era una bonita paradoja muy adecuada al gusto orsiano.

En consecuencia, el interés de D'Ors se cebó en lo que el planteamiento rooseveltiano ofrecía para resolver el debate posterior a la Semana Trágica dentro de la Lliga. Entonces se discutía un dilema ineludible: la conciencia de que era necesaria la expansión metropolitana de Barcelona mediante la inmigración, criterio templado por la convicción de que era imprescindible un orden social capaz de integrar a unos forasteros residentes –acervo de «proletariado»– que podrían de nuevo demostrar ser peligrosos. La discusión *lligaire* se centró en la comparación entre la solidez de los medios propios de la sociedad civil para hacer frente al futuro, postura apoyada por Prat de la Riba, y la percepción pretendidamente realista, hasta denominada «socialista», que consideró que el proceso podía ser controlado sólo por el Estado y que el catalanismo había de pactar una solución global (o «socialista-estatalista», según la jerga del momento).

El discurso americano de Roosevelt, autodefinido como «progresista», era perfecto en sus grandes líneas como inspiración para D'Ors, ya que lo combinaba todo: domesticación de los inmigrantes mediante una cultura nacional unitaria, equilibrio teórico entre poderes locales y centrales, pacto reformador de Estado y, sobre todo, la llamada para una ideología que lo hiciera todo posible, de abajo arriba y de arriba abajo, articulando la suma de comportamientos individuales en un movimiento unitario. Y así fue. Con el noucentisme –tan progresivo que tomaba el nombre del nuevo siglo– se contentaban las exigencias enfrentadas de Prat y Cambó y sus respectivos partidarios, al tiempo que se abría la puerta a un acuerdo, del todo innovador, con los liberales encabezados por el primer ministro liberal José Canalejas, en el poder desde febrero de 1910.

Por el contrario, las aportaciones del nacionalismo francés eran, en general, negativas, o servían para una fundamentación conceptual que diera mayor protagonismo a una Cataluña «mediterránea». A su vez, las aportaciones alemanas permitían –como había entendido Cambó– vender el producto regional en el mercado político español sin menoscabo de las variadas pretensiones trascendentes que allí se encontraban, empezando por la Corona y las Fuerzas Armadas. Pero el añadido norteamericano fue siempre la nota genial del catalanismo, la gota inimitable de originalidad, su guiño permanente al republicanismo y a la izquierda. «Dichosa la bandera en la que pueden sumarse nuevas estrellas...», dijo D'Ors en 1908, cuando Roosevelt proclamó Oklahoma nuevo estado de la unión (fruto de un largo procedimiento constitucional que pasó por alto el glosador).[86]

Por lo demás, la norteamericana era una inspiración desechable, de usar y tirar. D'Ors pronto perdió interés en seguir el tema, especialmente en la medida en que Roosevelt, con su eslogan del «nuevo nacionalismo», fracasó en la convención republicana de 1912, se hizo con el liderazgo de un nuevo Partido Progresista y perdió las elecciones de noviembre ante el demócrata Woodrow Wilson.[87] Eventualmente, la inspiración norteamericana del catalanismo reaparecería con el wilsonismo, en la Primera Guerra Mundial, pero ya claramente abanderada por la izquierda nacionalista radical o republicana catalana, como antiimperialismo, autodeterminación separatista y rechazo frontal de Cambó y todo lo que él representaba.[88] Ni que decir que el mismo proceso alumbró la «defenestración de Xenius».

La culminación del primer «imperialismo» catalanista orsiano: Italia contra Portugal

En 1910-1911, tales resultados eventuales eran todavía imprevisibles. Al contrario, D'Ors empezaba su carrera como «dictador» de la «unidad cultural» catalana y abanderado del «imperialismo». Al ir adelantado, como explorador doctrinal, D'Ors dedujo con frecuencia mucho más de lo que los datos merecían; dicho de otra manera, la postura doctrinal orsiana podía con su sentido crítico. Así, en 1910, Xenius saludó la transformación jurídica de Alsacia-Lorena dentro del Imperio alemán con una muestra más de su sistema interpretativo; según D'Ors, los alemanes estaban aprendiendo de los británicos. La reorganización inglesa, más o menos contemporánea, de un conjunto de entidades en África austral, a menos de una década de la Guerra de los bóers, en una Unión sudafricana podía interpretarse como la culminación de sus aspiraciones para Cataluña y España, un acuerdo pacífico, como lo fue, un lustro antes, la separación de la Monarquía dual sueco-noruega:

> Y he aquí un admirable momento de historia; he aquí una violenta palpitación del tiempo. No comienza hoy. Ayer mismo consumaba Inglaterra un amplio gesto generoso, dando la libertad al Transvaal, después de haberlo vencido en buena guerra; y el más grande diamante del mundo, prenda de agradecimiento del pueblo liberado vendrá a ornar la frente de la reina Alejandra. Alemania ha seguido el ejemplo, cumpliendo una obra análoga de bienquerer; y la fidelidad de los hombres que ella hace libres será como un diamante también en la corona del Imperio... Que Imperio quiere decir eso, precisamente: unidad superior en la que pueden coexistir, armoniosas, todas las libertades... ¡Cómo quedan de mezquinas y miserables las preocupaciones nacionalistas en comparación con estas imperiales construcciones!
>
> Con la instauración de la autonomía en Alsacia-Lorena, quien recibe el golpe más duro no es el nacionalismo alemán, sino el nacionalismo francés. [...]
>
> En cambio, los alegres con eso somos aquellos que acariciamos el vasto ensueño de una unión futura de Francia y de Alemania, de una reconstrucción del Imperio de Carlomagno, dentro de una síntesis en virtud de la cual la civilización aria será llevada a un incalculable esplendor...[89]

Pero el mismo desarrollo de los hechos políticos mundiales también le trajo más de un aviso de que el despliegue de la fuerza imperial no siempre redundaba en sentido positivo.

En 1910 el glosador comentaba, con desbordante ironía antiliberal, la circunstancia del Gran Ducado de Finlandia, que desde el Congreso de Viena formaba parte de la Corona rusa, sometida en la primera década del siglo XX a presiones «rusificadoras», tema tradicional de preocupación y analogía para los catalanistas:[90]

> No queda menos hoy que Finlandia ha estado desposeída brutalmente de toda su autonomía política y administrativa. No queda menos que el acto tiránico que jamás los zares se atrevieron a cumplir, lo ha realizado la Duma –votando– de la manera más constitucional del mundo... ¿Y con quién al frente del Gobierno? ¡Con un Isvolski, el liberalísimo, el parlamentarísimo, de defensor de las nuevas libertades rusas!
>
> ¡Y los pobres finlandeses que tanto trabajan, cerca de los otros súbditos del Zar, en la implantación de la Constitución! ¡Y ellos que celebraron con fiestas e iluminaciones la implantación de la Duma!

> ¡Ah, cosa útil para los pueblos las libertades públicas, los «derechos del Hombre y del Ciudadano»! Con la condición de que cada pueblo los tenga en un puño. Y no en el puño del vecino.[91]

D'Ors resolvió la contradicción distanciándose de los modelos institucionales y situándose en el terreno de los movimientos ideológicos. La revolución republicana en Portugal, en octubre de 1910, que derribó la Monarquía y que estableció una República radicaldemócrata, anticlerical y hasta «terrorista» para con la derecha «jesuita», le sirvió a Xenius para establecer, de una vez por todas, su alineamiento «imperialista».[92] En España toda hubo un natural entusiasmo republicano con la revolucion portuguesa, expresado en sus medios de propaganda.[93] En la Cámara de Diputados, el primer ministro Canalejas acusó a los republicanos de estar conjurados con sus congéneres lusos para alzarse de modo comparable contra la Monarquía imperante, alegación que los interesados inmediatamente negaron.[94] A la vista de tales ejercicios cansinos, D'Ors, en un largo texto, clave para la evolución de su pensamiento, formuló su postura como una paradoja: «La joventut italiana davant la revolució portuguesa». Ahí, Xenius se identificaba con los nacionalistas italianos, dispuestos a asumir una lectura nacionalista del sindicalismo, y enfatizaba más todavía, por si hiciera falta, su rechazo absoluto del liberalismo y de sus epígonos «revolucionarios» de izquierdas, encarnados en el espíritu carbonario luso y en los entusiasmos miméticos de los republicanos españoles:

> Somos los unos tradicionalistas de una tradición nacional concreta, en sentido religioso aquí, en sentido pagano y civilista más allá, como Charles Maurras y los suyos. Somos imperialistas los otros, y defendemos una tradición humana, enriquecida por matices diversos, pero fundamentalmente única, es decir, derivada de la cultura grecolatina y proseguida constantemente en el curso de los siglos, aunque con interrupciones temporales medievales románticos. Somos otros, en fin, sindicalistas, y comulgamos con la noción de una nueva era proletaria, en el mito de la Huelga General, y hacemos, incluso con Georges Sorel, la apología de la Violencia... Pero esta Violencia, forma brutal y «pura» de intervención, nada tiene que ver con el revolucionarismo democrático. Le es, esencialmente, opuesta como pueda serlo el sentido de las tradiciones nacionales o el sentido de la tradición humanista. La revolución, concepto esencialmente aburguesado y parlamentario, la revolución, tal como la han entendido en el siglo pasado, nos repugna esencialmente. De un polo a otro de la sociología, un Georges Sorel se encuentra hoy con un Charles Maurras para decir: «Debemos liquidar, contradecir la obra de la Revolución.»[95]

La llave de paso orsiana, que le iba separando sutilmente de las amarras de la Lliga, era Sorel, un partidario del sindicalismo revolucionario tan rupturista que podía reconocer que un corporativismo obrerista tendría más posibilidades de reconocimiento con la extrema derecha que con el liberalismo «progresista». Así, D'Ors tomaba distancia del sencillo iberismo catalanista promovido por Maragall o Prat, en el cual Portugal debía hacer de contrapeso a Cataluña en un futuro ibérico equilibrado.

En este último sentido filoitaliano, D'Ors contaba con antecedentes. Los nacionalistas catalanes e italianos compartían muchos entusiasmos. En Italia, Emerson y Carlyle –un tardío descubrimiento catalanista– fueron una presencia personalizada en el corazón del Risorgimento, ya que eran amigos y simpatizantes de Mazzini.[96] Pero la traducción de Carlyle al italiano en 1897 explícitamente llevó a jóvenes autores como el florentino Enrico Corradini (1865-1931), al descubrimiento del culto a los héroes.[97] Las normas angloamericanas propias de una sociedad civil «avanzada» fueron adaptadas casi mecánicamente al trato social italiano, mediante la importación, desde el *football=calcio* (que fue introducido por las mismas fechas que en Cataluña) hasta las ideas de *privacy* o *fairplay* (escritas así en italiano).[98] Del mismo modo que hicieron los portavoces lligueros, los nacionalistas italianos se enardecieron con la figura de Theodore Roosevelt, cuya autobiografía, *The Strenous Life*, traducida como *Vigor di vita* en 1904, fue recibida con la apropiada vehemencia.[99] También recogieron el mensaje del «pragmatismo» norteamericano.[100] Igual que los catalanistas, los nacionalistas italianos habían utilizado el espectáculo de la política francesa, y concretamente la larga convulsión dreyfusiana, como un ámbito de reflexión a partir del cual podían mejor desarrollar sus propias ideas críticas, aplicables en su propio terreno.[101] Y, finalmente, el nacionalismo italiano –de modo análogo al catalán, pero con un fondo económico bastante más profundo– era un evidente «imperialismo industrial», si bien uno tal que –en su vertiente más intelectual– se promocionaba muy activamente desde ciudades no industrializadas, como Florencia, Roma o Venecia, y no la agresiva promoción de un excepcional foco fabril y metropolitano como Barcelona.[102]

Aunque Prat no lo mencionó, con toda probabilidad conoció algo de los teóricos del incipente «imperialismo» italiano de los tiempos de Crispi, expansionismo que culminó en la derrota a manos abisinias en 1896.[103] Más adelante, por lo menos merced a sus muchos y sostenidos contactos con las promociones universitarias posteriores, estaba al tanto de la nueva agitación nacionalista florentina, de la llamada «generación de 1905», que tantas excitaciones ofreció a D'Ors.[104] *Pero no hay que exagerar: los temas italianos sonaban, sin que hubiera mucha más relación.*

En todo caso, Xenius prefirió filtrar personalmente tales estímulos, que no florecieron del todo de forma visible hasta el debate *lligaire* de 1909-1910, poco antes del asalto italiano a la Libia otomana, que les convirtió en comidilla de los diarios más locuaces. Además, en este terreno italianizante, D'Ors podía contar con apoyos cercanos. Cambó visitó Roma a finales de 1910, por Navidad, y conoció a Luigi Federzoni y el príncipe Buoncampagni, «dirigentes ambos del Partido Nacionalista italiano que, en muchos aspectos, se parecía al movimiento de la Lliga». Según el dirigente parlamentario catalanista: «Ambos eran jóvenes, tenían pocos años más que yo y establecimos una honda amistad.»[105] En aquel momento, los nacionalistas acababan de celebrar, en Florencia, a principios de diciembre, su primer congreso, asamblea de hecho fundacional, en el que se establecieron las bases de su programa de «imperialismo socialista».[106] En realidad, el encuentro romano entre Cambó y los nacionalistas italianos que no daba para tanto (en las *Memòries* cambonianas, el nombre de Federzoni aparece mal escrito y el príncipe luce como un figurante en un movimiento de intelectuales), pero el contacto concreto debió de dar confianza a D'Ors para sus vuelos especulativos.

A pesar de la endeblez de la relación política, las sintonías orsianas con el pensamiento nacionalista italiano eran del todo evidentes. Corradini, por ejemplo, mostró la misma reflexión que Xenius en cuanto a la relación entre «imperialismo» proyectivo y sociedad civil.[107] Es más, no quedaba del todo claro qué versión (la nacionalista catalana o la nacionalista italiana) era más atrevida.

En su discurso sobre «Sindacalismo, nazionalismo, imperialismo», lección que impartió en Trieste y Vicenza en diciembre de 1909, Corradini se interrogó sobre la relación, para él evidente, entre tales conceptos. Muchos consideraban el «imperialismo» era «una cosa confusa» de resonancias medievales:

> Pero yo más bien les pregunto: ¿han hablado de sindicalismo o quizá de imperialismo? De aquel de los antiguos hasta aquel de los ingleses de hoy, todos los imperios han significado la misma cosa: conquista, dominio. Y todos los imperialismos han sido siempre, sea en los escritores de doctrina o en los pueblos, voluntad de conquista y de dominio. Siendo así, ¿ya no se les presenta el propio sindicalismo como una forma de imperialismo? No podría definirlo como el último imperialismo de la historia[,] el más grandioso imperialismo de clase, el imperialismo obrero?[108]

Como panorama de antecedentes intelectuales, Corradini invocó parejos a Chamberlain y a Nietzsche, para la europeización de África y del resto del mundo atrasado. Los italianos, insistió en su relación al congreso nacionalista de Florencia en diciembre de 1910, tenían dos características nacionales decisivas: el irredentismo y la emigración, que los situaban en un escenario mundial.[109] En otra conferencia, dedicada a «Le nazioni proletarie e il nazionalismo» y que su autor repitió en seis ciudades en enero de 1911, decía:

> Vos ahora, señores y señoras, no tenéis más necesidad de preguntarme en qué lucha se ejercita la solidaridad nacional. En la lucha internacional, vos ya habéis respondido con el ejemplo de Alemania, en la lucha internacional que en tiempos ordinarios, con plabras moderadas, se llama, apunto, concurrencia internacional, y en tiempos extraordinarios, con palabras inmoderadas, se llama guerra.

Y es éste el pensamiento central y fundamental del nacionalismo.

El nacionalismo es una tentativa por responder al problema de la vida nacional desde la política interna a la política exterior.

El nacionalismo afirma esta serie de verdades:

1.ª las condiciones de vida de una nación están coordenadas a las condiciones de vida de las otras naciones;

2.ª para algunas naciones esta coordinación es subordinación, y dependencia, dependencia económica y moral, aunque no exista la dependencia política;

3.ª verdad, Italia es precisamente una de aquellas naciones que dependen económica y moralmente de otros, si bien desde hace cincuenta años ha cesado su dependencia política;

4.ª verdad, esta dependencia de Italia es excesivamente grave,

5.ª y última, Italia debe rescatarse de esta dependencia económica y moral, como ya se rescató de la política, porque puede y tiene la obligación de hacerlo.[110]

Pronto, en la guerra italo-turca, los nacionalistas se declararon entusiastas del «imperialismo» en el Norte de África, lo que reafirmó –a la luz de la implicación española, por esas fechas, en el protectorado de Marruecos– la postura simpática orsiana.[111] La lógica nacionalista italiana era, si eso es posible, más clara todavía desde una perspectiva catalana, en la cual la «dependencia política» todavía contrastaba con el vigor económico y, según los catalanistas, con la pulsación moral de su país.

No obstante *las concomitancias, a la vista de D'Ors y sus congéneres la definción nacionalista llegó demasiado tarde para ser una auténtica influencia y no pasó de ser una feliz confirmación del acierto del catalanismo de la Lliga.* Las mismas circunstancias, las mismas coincidencias con la escuela francesa llevaban a unos resultados visiblemente parecidos, prueba de que el catalanismo «noucentista» estaba en el buen camino. Así lo mostraba, por ejemplo, Scipio Sighele (1868-1913), responsable de la ponencia sobre «irredentismo» en el congreso florentino. Nacido en Brescia pero muy asociado con el Trentino, discípulo del famoso doctor Cesare Lombroso y seguidor de su antropología criminalista, Sighele fue un entusiasta «irredentista», un consecuente defensor de la eventual anexión de las poblaciones italianas por «redimir» dentro de la Monarquía de los Habsburgo, que supo apreciar las lecciones doctrinales ofrecidas sucesivamente por Taine, Barrès y Maurras.[112]

Su confianza en la fuerza de la «italianidad» condujo a Sighele a asumir sin aparentes reservas el flamante criterio «imperialista»: «De todas las definiciones que corren entre el público alrededor del imperialismo, la mejor, por que es la que más respeta el contenido psicológico, es aquella que se resume en estas palabras: *"el imperialismo es la forma aguda del nacionalismo"* [cursiva orginal].»[113] Sighele consideró que: «La vuelta a la vida local –con ciertos límites y con condiciones dadas– es el único medio para combatir aquella anemia de las extremidades que se desarrolla como consecuencia fatal de la hipertrofia del centro. Y es también el único medio para impedir que en adelante el ciudadano considere al Estado como un intruso, como un invasor prepotente, y por tanto nutra en él una aversión que le haga olvidar y abandonar sus deberes nacionales, para recordarle solamente –casi en oposición o por represalia– sus derechos de ciudadano de una ciudad determinada, de hijo de una región determinada.»[114] Como contraste, Sighele invocó el ejemplo alemán: «Prusia, que es el estado más fuerte de Alemania, es el que más ha aplicado la descentralización. Centralizada militarmente, Prusia tiene, civilmente, una admirable red de autonomía.»[115] Pronto, sin embargo, su admiración por los derechos de los pueblos le llevó a cuestionar el antidemocratismo que cada vez imperaba más en el medio nacionalista hasta llegar a su dimisión, en lo que fue el primer gran contratiempo organizativo de la Asociación Nacionalista Italiana.[116] En otras palabras, *Vista la analogía italiana con el catalanismo, la irrupción del nacionalismo italiano confirmó y hasta reafirmó la originalidad del criterio nacionalista catalán,* que venía hablando en términos de «imperio» desde hacía años, sin por ello explicitar unos proyectos concretos coloniales.[117]

Resumiendo, los ejemplos italianos, juzgados por el ojo crítico orsiano, confirmaban la regla y ofrecían un correctivo que debía aplicarse a los entusiasmos ingenuos de los nacionalistas republicanos catalanes cara a la experiencia republicana en Portugal.[118] Sin embargo, para D'Ors había más, otros contrapesos, a la influencia francesa o germana o inglesa, como pasaba en Italia. Podía aprovechar, según la conveniencia, los ejemplos norteamericanos, de Emerson a Roosevelt. Era una manera de pensar a lo grande, en «europeo», o incluso en términos universales, del «imperio de la civilización».

Ya el año anterior, en 1909, al comentar «Sobre un llibret de Georges Sorel», D'Ors destiló su lectura –tanto el pensamiento soreliano como su propia ambición más intensa– en un aforismo: «Podría terminar así "Moralidad: Cosas importantes pueden conseguirse con hombres mediocres."»[119] En otras palabras, más allá del aristocratismo arbitrario, heredado del decadentismo modernista de su adolescencia (de su amor por Wilde), por encima de la voluntad de imposición de un gusto neoclásico renovador (con la que pretendía borrar el recuerdo de sus pinitos adolescentes), *D'Ors quería manipular; no le importaba a quién, ni cómo, pero si podía ser a multitudes mejor todavía.* Como recordaría desde la atalaya de 1927:

> Habrá pocas mentes, entre aquellas a quien el principio del siglo actual encontró en adolescencia florida –y adviértase que esto quiere decir: entre aquellas a quienes hoy toca pronunciar en el mundo las grandes palabras eficaces–, que no hayan desarrollado su formación intelectual bajo el influjo del signo de Georges Sorel. Los caminos han podido ser, después, diversos –¡no tanto, no tanto, si bien se mira!–; pero en un determinado punto han debido de pasar todos ellos bajo este arco ciclópeo. [...] A todos orientó, en cierto número de problemas, el magisterio soreliano; y peor para quien, entonces o más tarde, habló o habla en soreliano sin saberlo, como hablaba en prosa el molieresco monsieur Jourdain.[120]

A partir de la coyuntura de reflexión sobre la alternativa entre los nacionalistas italianos y los revolucionarios portugueses, el progresivo despegue ideológico de D'Ors y su separación de la pragmática corriente mayoritaria del catalanismo de la Lliga estaba garantizada. D'Ors incumplía el que sería, implícitamente, el primer axioma de su sistema «imperialista», tan ostensiblemente filobritánico: nunca fue un hombre de equipo. *Siempre quiso destacar, ir por libre y dejar a todos boquiabiertos, mientras dictaba códigos de comportamiento.* Su propia reflexión «imperialista» le llevó lejos de la operación política ideada por Prat y exteriorizada por Cambó, hasta que se convirtió en un estorbo. En buena mediada, *el problema de fondo del esquema orsiano era su superficialidad*: su canto a la «britanización» imperialista de Alemania, por ejemplo, muy pronto quedó en contradicho, no ya por las limitaciones de la cámara regional alsaciana, sino, peor, por la confrontación activa y provocadora de las fuerzas del Ejército germano en la zona, dispuestas a insultar de manera gratuita a los alsacianos y recibir la aprobación institucional por ello, contra toda protesta parlamentaria, tal como ocurrió en el famoso incidente de Zabern (Saverne en francés), del invierno de 1913-1914, cuya escenificación correspondía, más o menos, a la quema militarista de la prensa regionalista en Barcelona en 1905 que había despertado a la Solidaritat.[121]

La noción orsiana, primero, del «imperialismo» como un estilo de comportamiento moral y, segundo, del «imperio» como un contexto cultural de perfección fue original, pero tenía semejanzas con algunos argumentos alemanes y, muy destacadamente, con los argumentos postnietzscheanos (y nada indulgentes con el pensador muerto, loco, en Weimar en 1900) de un crítico francés del pensamiento germano, el baron Ernest Seillière (1866-1955), cuyos ensayos aparecieron de forma dispersa en las revistas culturales hispánicas, aunque no fueron conocidos más que muy someramente –si en algo– por D'Ors.[122] En palabras del mismo Seillière:

> En una obra teórica de cierta envergadura, titulada *La Philosophie de l'Impérialisme*, hemos intentado establecer las proposiciones siguientes. La fuente principal de las acciones humanas se encuentra en una tendencia fundamental del ser hacia la expansión fuera de sí que la teología cristiana ha llamado muchas veces *el espíritu de la principalidad* [sic: cursiva original], que Hobbes tituló el deseo del poder [sic], Nietzsche más recientemente *la voluntad del poder* [sic] y que nosotros proponemos designar con el substantivo único de *imperialismo* [sic], del cual los eventos del tiempo presente han definido suficientemente el importe.[123]

Según su principal discípulo, Cargill Sprietsma, resumiendo las tesis de Seillière:

> A la fuente de la acción humana yace el deseo del hombre por el *engrandecimiento*. Esto es, el hombre es esencialmente imperialista [cursiva original].
>
> La mayoría de nosotros somos al mismo tiempo *místicos* [sic] en este sentido, en tanto que fácilmente llamamos a un dios para que nos ayude a realizar

nuestros fines imperialistas. Cuando nuestro entusiasmo místico no es frenado por la razón definida como las leyes deducidas de la experiencia humana acumulada, nuestro imperialismo se hace *irracional* [sic] y se convierte en una fuente de peligro al individuo así como al grupo que lo practica. Mientras sea *racional* [sic], y observe las leyes de la experiencia, es útil.

La descripción de las diferentes formas de misticismo y su relación al imperialismo racional e irracional nos ofrece unas ideas bastante precisas de aquellos términos que el autor ha escogido como los huesos y los músculos de su doctrina.[124]

Resumiendo, D'Ors alcanzó una corriente de «imperialismo filosófico» activo en el pensamiento europeo de las primeras décadas del siglo XX, sin llegar del todo a conectar con ella. Era una perspectiva que, en la sociología de finales del último siglo, ha sido llamada «la violencia en las ideologías expansionistas».[125]

Como es evidente, las ideas de D'Ors estaban lejos de tal modelo de agresividad innata. Es más, incluso le eran *contrapuestas,* ya que, *para D'Ors el «imperio» era un espacio de cultura «clásica» en el cual existían unos patrones del buen hacer que regían todos los comportamientos*. El orsismo nunca perdió su afinidad barcelonesa por la sociedad civil y, en muchos sentidos, fue un intento de idear una «cultura cívica» innovadora y elitista desde tal espacio, para entonces saltar al imaginario del poder estatal en Madrid. Luego, no podía asumir concepciones pensadas a partir de la identificación entre individuo y Estado. Sin embargo, igual que Seillière y además del punto de encuentro en el término «imperial», el esquema orsiano difiere del grueso del pensamiento político de principios de siglo por ser guía simultánea para personas, sociedades y Estados. Tal personalización o individuación de su ideal cultural –a pesar de las distancias con Seillière– sirven para subrayar el grado en el cual D'Ors estaba en la onda de la novedad europea entre 1905 y 1921, aunque tuviera que asumir –igual que Seillière– su correspondiente marginalidad.

Las ambiciones de Xenius

En el momento de la muerte de Maragall, en diciembre de 1911, Xenius se había convertido ya en el auténtico vertebrador intelectual del pensamiento pratiano, sin competencia inmediata.[126] Como él mismo recordaría, con una frialdad intencionadamente chocante: «A la capilla ardiente donde, al tiempo en que se terminaba el año 1911, velábamos el cadáver de Juan Maragall, me llevaron, para la final revisión, las pruebas de imprenta de *La Bien Plantada*.»[127]

Con anterioridad, Xenius había contado con el apoyo maragalliano:

Del extremo a que hubo de llevarlas el maestro para seguir y apuntalar con la simpatía, con el solicitado comentario, alguna vez inclusive con la personal gestión, tantas iniciativas con que el Novecientos catalán abría la marcha a una [sic] *Kulturkampf*, auténtica si efímera, conducida por caminos a cuya entrada la espontaneidad maragalliana se sobrecogía de repugnancia o de terror; tentativas clásicas, autoritarias, estatales, imperiales, unitarias, intelectualistas, científicas, sabias, desde la «Galería de catalanas hermosas» hasta la estructuración del Instituto [d'Estudis Catalans] y la creación de la Biblioteca grande, nadie como yo será testigo.

Pero, en el momento de la desaparición del poeta, el discípulo estaba más que dispuesto a marcar el camino colectivo por derroteros más ambiciosos. Retrospectivamente, D'Ors delimitó la relación entre él y Maragall:

> Allí donde el padrino se enamoraba de la más abierta libertad dialectal, el ahijado invocó la normalización metropolitana más dura. Allí donde el maestro exaltaba la frescura del disperso regionalismo, el discípulo herético batallaba por la ecuménica unidad de Roma. Las curvas florales de un barroquismo todavía finisecular, gratas al epígono romántico, no podían esperar indulgencia de un anticipador del gusto por la geométrica desnudez en las técnicas de la ornamentación. Mientras que uno, agustinianamente, profesaba la objetividad del mal y del pecado, el otro, pelagianamente, abría los brazos a la amplitud no discriminadora de una especie de redención difusa. El uno articulaba teología donde el otro sólo quería entender de amor. El dogmático se oponía así al místico; el clásico, al barroco; a la emoción, la liturgia; al fervor, la disciplina; a la sinceridad, la verdad; a la estética, ética y metafísica de la Naturaleza, la estética, ética y metafísica de la Razón; al imperio de Pan –representémoslo míticamente–, el imperio del Logos.[128]

Ese año de 1911 fue en muchos sentidos una frontera personal para D'Ors, una inflexión, con el lanzamiento definitivo del noucentisme y de su carrera. Pero también, más en general, sirvió para marcar el paso de las reminiscencias de D'Annunzio y Barrès a una auténtica «secesión» estética que dejaba atrás el «fin de siglo» y se enfrentaba a la modernidad.[129] En 1911, murieron –de forma emblemática– Maragall, el periodista y crítico de arte Raimon Casellas, cuyo suicidio tanta culpabilidad generó en la Lliga («Y, pues, ¿todo esto ha podido interrumpirse, así, sin razón, sin lógica, estúpidamente?», clamó Xenius), y el pintor Isidre Nonell, nacido en 1872, expresión vital del artista *damné* y representante consciente de ese «modernismo» que D'Ors había ya públicamente rechazado como retrógrado y finisecular.[130] Con las tres muertes ejemplares se cerraba el pasado.

Al mismo tiempo, simbólicamente, se abrían las puertas a las jóvenes promociones catalanistas que, nutridas al abrigo del noucentisme orsiano, darían voz a la vanguardia catalana –más o menos «futurista»– surgida durante la Primera Guerra Mundial, autores jovencísimos como Josep Maria Junoy (nacido en 1887), Joaquim

Folguera (1893), Josep Vicenç Foix (1894) o Joan Salvat-Papasseit (1894). Era una ruptura generacional, en clave nacionalista, como la que, en Francia, en 1913, anunció *Agathon* (Henri Massis y Alfred de Tarde), en un famoso libro encuesta, *Les jeunes gens d'aujourd'hui*, con su subtítulo programático, *Le gout de l'action-La foi patriotique-Une renaissance catholique-Le réalisme politique.*[131] Para los estudiantes parisinos encuestados por Massis y Tarde, Barrès ya era una figura «transicional», mientras Maurras retenía, con el poeta y activista social católico Charles Péguy (nacido en 1873), su plena validez.[132] En esa misma tesitura se encontraba, antes, D'Ors.

En la perspectiva difusa que rodeaba a D'Ors y sus reelaboraciones sobre las tesis de Prat de la Riba, Cataluña tenía cuatro niveles de realidad «imperial»: en primer lugar, tenía un pasado histórico glorioso de conquista mediterránea; en segundo, tenía su propio y específico ámbito pancatalán, las tierras de habla catalana, que, muy significativamente *imperium in imperio*, coincidía sólo en parte con las fronteras políticas españolas; Cataluña enseñaría a España a convertirse en «imperio» multinacional, a descubrir que de hecho ya lo era; y, finalmente, el «imperialismo», tal como surgía –en versión orsiana– de la experiencia social catalana, era una especie de *Bildungsnationalismus*, una obra de formación espiritual que, por encima de la interacción entre comunidades y de la renovación de las estructuras políticas, transformaba a los individuos y su concepción espiritual.[133]

Los primeros niveles eran de por sí evidentes, ya que derivaban de Prat o del intercambio glosante entre D'Ors y la obra pratiana. Xenius aprovechaba una excusa periodística trivial para reflexionar, siempre en la misma dirección, sobre el sentido profundo de la obra del historiador Antoni Rubió i Lluch (1856-1937), pariente suyo, sobre la expansión catalana del Medioevo:

> Notad como todo viene a buena hora. Cuando quisimos hacer nuestra afirmación de nacionalidad nos fue oportuna y propicia la demostración étnica e histórica de nuestra independencia. –Hoy que aspiramos al Imperio, recibimos la documentación de nuestras grandes Agresiones de un tiempo.
>
> Padre mediterráneo, ¡válenos! Y vos, maestro Antoni Rubió, novecentista anterior al novecientos, devoto y profesor del Clasicismo, del Renacimiento, de la Civilidad y del Imperio, antes que todos nosotros, cuidaros de librarnos vuestra obra, porque nos es ella necesaria como el pan que comemos.
>
> Que no sólo de pan y de tratados de comercio viven las repúblicas, mas de toda palabra que salga de la boca de Dios... –Y ahora todas las palabras que para nosotros salen de la boca de Dios, ¿dicen? Imperio.[134]

Pero era el segundo nivel, el de la formación del carácter y del tejido social resultante, el que verdaderamente interesaba a D'Ors y se convertiría en el eje de continuidad interno de su pensamiento. Xenius aprovechó, en 1908, una reflexión sobre Empire Day, la fiesta oficial del Imperio británico, para establecer el nexo esencial entre comportamiento social y moralidad: «De todas maneras, entre nosotros, que solemos sufrir del mal contrario, ¿cómo no respetar el sentimiento excepcional de los ingenuos que, desde la Constitución, nos mandaron que fuésemos justos y beneficiosos?...Tengamos presentes que sin eso, sin ser honrados y beneficiosos –y, hasta cierto punto, sin decirlo– no hay posibilidad de fundar Imperios... Todo verdadero Imperio es –siempre– una Obra de Buena Fe.»[135]

En este discurso del «imperio de la cultura», del «trabajo bien hecho» y la coordinación de colaboradores escogidos por su eficiacia, D'Ors y su jefe político, Prat de la Riba, se entendían perfectamente. En paralelo a la redacción por Prat del manifiesto «Por Cataluña y la España grande» en 1916, D'Ors hizo campaña en el medio catalanista, haciendo gala de su consabida capacidad para darle la vuelta a las cosas: «¿Libertad de Cataluña, dice? –¡Cómo, libertad! Si Cataluña está realmente preñada de futuro, si la sabemos viva, activa y creadora, ¿al Estado que la gobierna debemos pedirle que la respete? No, sino que la obedezca. Pedir para ella la autoridad, no solamente la libertad. Si el Estado le niega obediencia, es que el Estado se torna, vistas las cosas desde el punto de vista de la justicia pura, un rebelde, un verdadero revolucionario. Estado de España, este pequeño Pueblo Productor te llama por primera vez al orden.»[136]

Aunque había ganado en confianza con un segundo doctorado en Madrid en 1913, esta vez en filosofía (con su tesis *Las aporías de Zenón de Elea y la noción moderna del espacio-tiempo*),[137] D'Ors fracasó en un intento de acceso a la cátedra de Psicología de la Universidad de Barcelona en 1914, siendo otorgada la plaza a Cosme Parpal i Marquès, «modelo de burócrata docente» en opinión de su alumno Gaziel. Parpal quizá contara con el apoyo del historiador Bonilla San Martín, decano del «menéndezpelayismo» más oficialista. Para mayor humillación, Parpal era historiador, discípulo de Antoni Rubió i Lluch, pariente del frustrado filósofo. D'Ors recibió un único voto favorable, del vocal más joven, José Ortega y Gasset.[138] A partir de su derrota, D'Ors cambió de registro: le quedaría el mote, al parecer procedente de Antonio Machado, de ser «el español que no hace oposiciones» y él mismo volvería más de una vez al tema.[139] Sin embargo, la opción vital, a la vez política e institucional, fue jugar a fondo la carta del Institut d'Estudis Catalans, considerándola como una especie de alternativa nacional catalana a la mezquina universidad estatal.[140] Con el tiempo, además de secretario del Institut catalán, D'Ors acumuló los cargos de director general de Intervenció Pública de la Mancomunitat, fundador y director de la revista oficial *Quaderns de Cultura*, así como de la colección de divulgación Biblioteca Minerva de Coneixements Populars. Mientras, inspiraba la red de bibliotecas de la misma Mancomunitat y su Escola de Bibliotecàries. Pero, tras 1917, una vez desaparecido Prat –según D'Ors, el *«seny ordenador de Catalunya»*, en frase que hizo furor–, las ambiciones de Xenius siguieron creciendo; como buen discípulo que era, ambicionaba superar a su maestro, tal como había podido hacer antes con Maragall.

Como hijo adoptivo, también brillaban en su fondo unas ganas de matar al padre, de zafarse de la sombra de tales maestros y lucir con su propia luz. En lo que vino a ser su elegía fúnebre por el jefe perdido, D'Ors, entre cierta cursilería, dejó entrever sus pretensiones como heredero de la corona intelectual de la administración catalanista de la Lliga:

> Él, el Fundador y el Maestro que nos dejaba, hubiera amado así, ciertamente, nuestro dolor. No querría para tal el nombre de la desesperación, sino el nombre de la responsabilidad. Y también complacería el homenaje supremo que ahora le estamos rindiendo: el homenaje púdico de no pronunciar las sílabas de un nombre tan imperioso en el pensamiento de todos nosotros, en el pensamiento de todos los aquí reunidos.
>
> Aquel altar que el apóstol san Pablo encontró en Atenas, y que le dio tema para su famoso exordio insinuante, no soportaba ídolo alguno. Llevaba una sencilla inscripción: «Al dios desconocido».Cierto, era éste el lugar más verdaderamente religioso de la ciudad... Así imaginamos nosotros el mejor monumento a nuestro mejor patricio: sin forma de escultura determinada; sin rastro alguno de figuración incitadora a la personal idolatría; extendido bien ancho por toda nuestra tierra; por letras de una inscripción que la historia leerá claramente, cada uno de nuestros libros, cada una de nuestras páginas; y nosotros mismos, y todos los que nos siguen por las vías asperísimas de la investigación y de la meditación, a través de los géneros futuros de la Cataluña rediviva, reunidos como en un friso, por tal de ornar el gran monumento con unas vivientes Panateneas.

Si el mejor homenaje era seguir por el camino ya establecido por el fundador y guía ausente con trabajo constructivo, ¿quién mejor que su humilde discípulo para continuar con la obra incipiente y llevarla a cabo?

> Porque el dolor no se dice entre nosotros desesperación, sino responsabilidad, el Institut [sic: el Institut d'Estudis Catalans] ha querido extender la misión con que nacía, y añadir a las altas tareas de la académica selección las tareas fecundas de la expansión docente. El año 1918 será, en este sentido, memorable en la historia de nuestra casa, en la historia de nuestra cultura. La razón vuelve hoy a hablar catalán, a producirse en la lengua que había desaprendido desde los días de Raimundo Lulio; volvió a hablar tras el miserable silencio secular siete veces...[sic] Dejad, señores, que el sirviente de Cataluña que ahora tiene el honor de dirigiros la palabra os confiese que el esfuerzo puesto en esta obra, será para él, hasta el fin de sus días, la más alta, la única ocasión propicia a tentaciones de orgullo.[141]

Ni que decir que tal autocomplacencia fue mal vista por muchos, que le debían más de una a Xenius. *Acostumbrado al poder, D'Ors no se dio cuenta de que care-*

cía de base política y que había ejercido esencialmente de cortesano y favorito. Su evolución posterior demostraría su debilidad.

Perspectivas de futuro

La formulación orsiana del «imperialismo» de Prat cubría toda una serie de ambigüedades conceptuales, bien toleradas porque reflejaban contradicciones internas del catalanismo. Como diría, años después de la «defenestración» de Xenius, su principal contrincante, Jaume Bofill i Mates, con estudiada indiferencia: *«D'Eugeni d'Ors, què us diré? La seva obra va ser benèfica i oportuna en tant que flanquejava la d'En Prat.»*[142] Pero también era una reflexión en marcha, que podía cumplir funciones similares con el nacionalismo español, especialmente en la medida en que el hilo del discurso orsiano se hacía más agresivamente antiliberal y menos indulgente con el revolucionarismo que se arropaba en paños liberales y humanitaristas. Además, D'Ors, por razones evidentes, conocía mejor que nadie la ausencia de un discurso «imperial» coherente, de una «filosofía del imperialismo» ajena al catolicismo más misionero y cerrado, en el pensamiento político contemporáneo español.

El discurso «imperial» orsiano y postPrat ofrecía la posibilidad de inaugurar una carrera, explícitamente «heroica», como profeta político –o sea, ideólogo– en un escenario español si, por alguna circunstancia, se le hacía estrecho el espacio catalanista. Si lo «imperial» era la cultura colectiva, jerárquica y lúdica, en la cual todo el mundo conocía su lugar por el gusto archiprofesional en el propio perfeccionamiento, entonces este mismo sentido constructivo del ámbito individual era lo propiamente «heroico». Pero esta postura representó un giro radical ante la actitud ideológica imperante solamente unos años antes en el medio catalanista. Cuando el pintor y dramaturgo inauguró su obra *L'hèroe* en el Teatro Romea de Barcelona, en la primavera de 1903, las reacciones que suscitó la obra entre el público provocaron, primero, su retirada de cartel por la empresa y, una vez repuesta, la supresión gubernativa, acompañadas estas incidencias por todas las respuestas imaginables en la prensa. En aquel entonces, en la capital catalana, la palabra «héroe» tenía un sentido del todo irónico.[143] Reflejaba el criterio común antimilitarista de un catalanismo que tomaba fuerza de su acertado desprecio por todas las infladas mentiras del patrioterismo españolista en la contienda con Estados Unidos. Rusiñol había estructurado su pieza como un juego entre *l'hereu*, expresión de los valores positivos de la sociedad civil catalana, y *l'hèroi*, como muestra de la corrupción que comportaba la vanagloria de la soldadesca. Como ha señalado el agudo crítico e historiador Joan Lluís Marfany, esta contraposición representó la ruptura del artista y comediógrafo con la línea anarquizante del modernismo literario, en absoluto dispuesta a conceder reconocimiento a la cultura «burguesa» aunque fuera en su versión catalana.[144] La ironía final es la posibilidad que D'Ors estuviera entre la delegación estudiantil que fue a dar su apoyo a Rusiñol; en todo caso, para 1906, tres años después, él mismo ironizaba sobre el tema recordando el «missatge a en Rusiñol quan va estrenar *L'Hèroe*» entre el «montón» de otros mensajes que caracterizaron la agitación juvenil del cambio de siglo.[145]

Resumiendo, el antimilitarismo exaltado que unía catalanistas «intervencionistas», filorepublicanos y «puristas» antes de la quema del *Cu-Cut!* en 1905, y que ganó dignidad y contenido político con la formación de la Solidaridad Catalana, perdió su sentido fácil para los seguidores de la Lliga tras la Semana Trágica. Como salida del atolladero (y también como concesión al sector camboniano), D'Ors propuso *el camino arduo de un heroismo cívico catalán, imbuido tanto de los valores de la sociedad civil como de la carga de responsabilidad más actualizada habida en el panorama ideológico internacional*. Por esa ruta ascendente «novocentista» se rechazaba el cómodo individualismo anárquico de los modernistas «salvajes» como algo decimonónico. Por el contrario, había una espiritualidad del todo contemporánea, «socialista» en tanto asumía el compromiso kiplinguesco, el *White man's burden*. Ni que decir que, además de la refutación del antielitismo de los izquierdosos, existían otras contradicciones con el «heroismo» orsiano asimismo importantes. A pesar de las contemporizaciones repetidas de D'Ors, hubo objeciones iniciales entre los más fieles al predominio eclesiástico en la sociedad civil, en especial fuera de Cataluña, donde las relaciones personales no podían suavizar el gusto cívico, luego laico, de la propuesta noucentista: para un católico bastante piadoso, por ejemplo, como el catalanófilo aragonés Juan Moneva y Pujol, el heroísmo estaba en su catálogo de deficiencias intrínsecas hispanas, por ser «concepto sospechoso de idolatría, pues "héroe" significa hijo de dios y mujer o de hombre y diosa».[146] La neutralidad o acatolicismo orsiano, heredado del patrón de Prat, por mucho que Xenius mostrara su buena disposición en temas como la censura cinematográfica, era un cortapisas claro para construir un amplio discurso derechista.[147]

Incluso en el marco catalanista estricto, la nueva terminología levantaba ampollas, así como sus fundamentos doctrinales. El jesuita padre Ignasi Casanovas, hombre profundamente admirado por Prat, podía, en pleno debate regionalista de 1910, durante la resaca de la Semana Trágica, apuntar certeros tiros tomistas contra Xenius, sin nombrarlo:

> Dicho esto para que nadie me tenga por sistemático, y para que se entienda que doy todo el valor educador que tiene a una literatura que, cuando huye de lo pueril y artificioso, es fuerte, es selecta, y opone un muro de contención a la ebullición desequilibrada de otras sectas intelectuales; tengo el deber de criticiar estas mismas doctrinas, cuando saliendo de la esfera literaria, entran en el campo moral y religioso, se encaran con la verdad misma, y quieren hacerse reinas de todo el imperio metafísico. Llegados aquí, hay que decir que el pragmatismo flosófico que se comienza a transplantar a nuestra tierra es una palabra vacía de todo sen-

tido espiritual, no puede tenerse por otra cosa que un grosero utilitarismo, que ha sido siempre la filosofía de las sectas que a más alto no pueden aspirar. Difícil era [sic] que ahora se haga simpática a nuestra juventud, llena de idealismos, si se le presentaba con toda su crudeza dogmática; ha hecho falta decorarla, y no se ha encontrado arreglo mejor que casarlo con la estética y con la civilidad.

Lógica de la vida, pulsaciones del tiempo, intervención, arbitrismo, imperialismo, son palabras dichas con inspiración poética, y perfumadas con mil esencias literarias, para hacer pasadero, como con una costra azucarada, un error filosófico trascendental, que es el alma de todos los nuevos sistemas: la negación de toda verdad objetiva.

Según ellos, no hay otra verdad que la que el hombre crea con el libre juego de sus facultades, es tan mudable como el arbitrio de las mismas, cada hombre hace la suya, y la vuelve a deshacer cuando le da la gana. Así, como el arte imponemos a la naturaleza nuestras leyes; ¡y éste es el gran imperialismo del hombre! Fuera dogmas inmutables; fuera leyes objetivas; intervención, imposición nuestra, norma arbitraria.[148]

Para mosén Casanovas, por esta pendiente algo infernal, si se pretendía borrar *«el ridiculus mus del modernisme»,* se llegaba al igualmente pernicioso noucentisme: «Con palabras menos crudas, pero no menos trascendentes, dicen aquí nuestros futuristas que, acabado el reino de la ciencia, ha de comenzar el imperio de la poesía, sin el freno de evidencia alguna, con el placer ineficiente de crear siempre destruyéndolo todo.»[149] Si bien, desde su ortodoxia, el disparo ideológico o teológico del padre Casanovas (futuro biógrafo predilecto del obispo Torras i Bages) tocaba de lleno las pretensiones orsianas, el aviso iba más allá, hasta el mismo Prat. Con el tiro antinoucentista, se puede entender mejor *la función primigenia de D'Ors en la Lliga dominada por Prat; sencillamente, le cubría un flanco y muchos pecados podían atribuirse a Xenius, lavando así las manos del presidente de la Diputación o, más tarde, de la Mancomunitat.*

Del mismo modo que el proyecto «heroico» de una revolución cultural y el énfasis en unas instituciones religosamente neutras amenazaban posibles apoyos por la derecha, la hegemonía «imperial» de la cultura con la que soñaba Xenius siempre se arriesgaba a sobrepasar los estrechos límites a que lo consignaba el entusiasmo catalanista; incluso conceptualmente, *el marco catalanista se le podía quedar demasiado pequeño, hasta asfixiante.* Aun en castellano, a juzgar por los diccionarios actuales, tan sólo una minoría da como buena –y siempre en último lugar– la definición de «imperialismo» como una «tendencia a dominar moralmente el propio entorno.»

En D'Ors el cambio ocurriría en los años tras el final de la Primera Guerra Mundial. Además, como suele pasarle a los innovadores, a D'Ors los hechos rutinarios se le echaban encima: los cambios que reclamaba se iban produciendo, con lo que su voz profética se minimizaba. Su liderazgo, pues, reclamaba un golpe espectacular, o quedaría rebajado a la mediocridad de lo común.[150] Llegado a ese punto, D'Ors desvinculó todo su sistema «imperial» de lo que había sido su base hasta entonces, la sociedad civil catalana y el proyecto político catalanista, tal como lo encarnaba Cambó. *La llamada «heliomaquia» orsiana no fue más que ese corte de amarras, para dejar atrás a la «unidad cultural» catalana en busca de la «unidad de la cultura».*[151] Posiblemente influenciado por la crítica de Maurras y Daudet (o anticipándose a sus implicaciones), D'Ors acabó por desprenderse de la idealización del civismo «postprotestante», renunciar a la advocación de Renan y apelar a una superior cultura universal.[152]

D'Ors persiguió la creciente apertura de su visión con una asombrosa falta de sentido político. Tan acostumbrado estaba a la provocación, que parecía insensible a los límites inherentes a su situación de «intelectual orgánico» y a las reacciones –o, más precisamente, enemistades– que podía suscitar. Exploró los barrotes de su jaula dorada, creyendo poder traspasarlos con invenciones literarias como *La ben plantada*, ficciones estilizadas en las cuales su desbordante ironía podía estar sometida a muy variables lecturas. Por las razones que fuera, Prat de la Riba consintió los caprichos y gratificó los antojos de Xenius, convertido en el más fulgurante cortesano de su presidencia de la Mancomunitat. Pero el presidente se murió en el políticamente difícil verano de 1917 y D'Ors se quedó sin protector, situación peligrosa y descubierta para alguien como él, tan escasamente dotado de otro criterio de previsión que el estético. Ya en los comienzos de la Primera Guerra Mundial, D'Ors había estado dispuesto a hacer gala de su especial universalismo cultural al alinearse con el pacifismo de Romain Rolland, acompañado por alguna que otra pluma cercana a la Lliga.[153] Persistió con su exhibicionismo, cuando la postura creciente dentro de la Lliga era cerrar filas. Con ello, mostró con ostentación su indisciplina, su desprecio por la unidad práctica que era la primera regla no escrita del partido que le daba amparo. Peor todavía, su insistencia en la «unidad de la cultura» chocó de frente con la cada vez mayor importancia que en las filas lligaires tenía el nacionalismo más activo, con su natural énfasis en la «unidad cultural», hasta en su expresión más literal de agitación pancatalanista.

Eventualmente –como es bien sabido– sus supuestos seguidores «noucentistas», encabezados por Bofill i Mates, le sacrificaron de buena gana en el altar del sucesor de Prat, el arquitecto Puig i Cadafalch.[154] El nuevo presidente era un devoto del rigor y la subordinación, preocupado por las posibles muestras de desobediencia entre intelectuales afines. D'Ors, que ocupaba varios cargos, era sin duda un mal ejemplo, obstinado e independiente, siempre dispuesto a arrastrar a algún seguidor a la aventura. Así, a principios de 1920, se produjo la famosa «defenestración de Xenius», a la que D'Ors respondió con la apostasía orgullosa.[155] Tras un viaje a Uruguay y Argentina en 1921, para resarcirse del golpe, Eugeni se convirtió en Eugenio. Por fin, realizó su paso «imperialista» de Barcelona a Madrid, tantas veces predicado desde su *Glosari*, pero consumado como deserción sin contemplaciones del catalanismo.

Las consecuencias, según D'Ors

El paso personalizado orsiano de la «unidad cultural» a la «unidad de la cultura» tuvo importantes costes más allá de su eventual ruptura y salida del círculo catalanista, incluso para la coherencia interna del esquema hasta entonces elaborado. Xenius se quedó con todo su argumento sobre toma de conciencia y estilo de trabajo lúdico, sobre individuo y alta cultura, *reducido a un planteamiento abstracto,* ya que toda su articulación estaba fundamentada en el supuesto de un tejido asociativo modélico. Su única opción práctica era la reconversión de su esquema en un proyecto de Estado, de asalto al poder desde la sociedad civil. No accidentalmente, tal aspiración fue, por añadidura, el punto de encuentro del sindicalismo revolucionario y del nacionalismo en el fascismo italiano, fundidos contemporáneamente a la crisis orsiana por el renegado socialista Benito Mussolini –pero también por el poeta Gabriele D'Annunzio y el futurista F. T. Marinetti– en Italia. Hasta la escuela nacionalista francesa estuvo dispuesta, cuando le convino, a homologar el nacionalismo poético italiano al Félibrige provenzalista de Mistral con tradiciones nacionalistas hermanas, para interpretar el movimiento intervencionista de mayo de 1915, que impulsó a Italia a entrar en la Gran Guerra, como un triunfo de la sociedad civil frente a las cavilaciones del estatismo, y a la función de D'Annunzio como la victoria patriótica del poeta ante los parlamentarios.[156] Con un juego más dúctil y ambiguo, en especial ante los hechos europeos, D'Ors buscaba un camino parecido.

Tal como lo definió, doctrinalmente, en unas reflexiones sobre Menéndez y Pelayo presentadas en público a finales de los años primorriveristas y luego, más adelante, fundidas en una nueva redacción, para D'Ors acabó por existir una clara contraposición entre «Cultura y Nación»:

> Dos adquisiciones ideológicas recientes e importantes deciden el sentido de la innovación, objeto de nuestro estudio. Se refieren las tales transformaciones al concepto de Cultura y al concepto de Nación. Respecto del primero, una verdadera ciencia está hoy en camino de constituirse; cabe afirmar, en términos generales, que la elaboración contemporánea del concepto de Cultura recuerda aquella de que fue objeto la moral en la hora de Sócrates y, luego, por acción del pensamiento estoico. Lo que hasta entonces había sido únicamente un valor, se convirtió en un objeto de conocimiento, en una materia intelectual precisa. Mas si ya la Cultura puede constituir el objeto de una ciencia, bien será porque su noción contenga elementos eternos, elementos permanentes: desde Platón, tenemos ya por bien sabido que no existe ninguna ciencia, propiamente dicha, sobre lo mudable y transitorio. Definida por su permanencia en el tiempo, por su unidad en el espacio, la Cultura ha pasado así a una dignidad categórica, a ser un concepto propiamente dicho.

En otras palabras, se podía alcanzar la cultura, pero ¿y la Nación? D'Ors se aprovechó del filósofo italiano Benedetto Croce (1866-1952), siempre una inspiración para él, para plantear la naturaleza inefable de tal categoría:

> Al contrario, la Nación ¿no será más bien una entidad empírica que se da aires de idea; no figurará entre los que aquel ya aludido pensador italiano llama pseudoconceptos? La historia nos dice que las Naciones no han existido siempre. Que como instituciones son, en suma, cosa moderna, iniciada cuando en el Renacimiento, otras formas políticas sustituyeron a las del derecho feudal y a las de los ex reinos puramente patrimoniales para dar lugar a la formación de las Monarquías, y completada y canonizada, además, ya en el siglo XIX, cuando el liberalismo, hijo de la revolución, ha querido sustituir al principio religioso de aquellas Monarquías otro principio igualmente religioso y mucho menos claro, el de la soberanía nacional, estructurada y formulada en el que se llama principio de las nacionalidades... Pero, si la Nación no ha existido siempre, es que puede dejar del mismo modo de tener existencia. Si las Naciones han nacido, pueden morir. De hecho, algo hay en la conciencia contemporánea que nos persuade de que esta muerte no va a tardar mucho en llegar. Cada día se habla más de entidades sobrenacionales, existentes o proyectadas: de Ligas de Naciones, de Federaciones internacionales, de Paneuropas, de Imperios, de Anficcionías, de Ecúmeno, de Humanidad. La situación actual de las entidades nacionales puede compararse, con propiedad suma, a la que las instituciones feudales conocieron a fines de la Edad Media. No desaparecieron, pero se quedaron baldías. Todavía a fines del siglo XVIII hay condes y duques; todavía actualmente los hay; pero lo que hoy significa en su contenido real las palabras «condado» o «ducados» puede darnos idea de lo que la palabra «Nación» significará probablemente antes de que alcance la humanidad el siglo vigésimoprimero después del Señor.

Tal contraste entre la Cultura, con mayúscula, como un todo y el espacio nacional, el que fuere, como una mera participación en el mismo, llevaba a que D'Ors lógicamente diferenciara entre «lo substantivo y lo adjetivo»:

> Estas precisiones racionalmente aportadas a unos valores de estimativa confusa; esta revisión, de la cual salen, de una parte, la Cultura en consideración de idea, y la Nación en calidad de simple fenómeno histórico, imponen inevitablemente una inversión en el juego de relaciones jerárquicas con que rutinariamente vienen articulándose tales conceptos. Si la Cultura es ya lo sustantivo, y la Nación lo adjetivo, no cabrá hablar, con rigor filosófico, de naciones cultas; habrá, al contrario, que considerar, como superpuestas a algo universal más profundo, las determinaciones específicas nacionales... La consecuencia inmediata será una subordinación de derecho de la actividad concretamente política a la actividad

genéricamente cultural. Ya no será la Cultura –como es todavía en el sentir vulgar– una especie de ornamento de los pueblos; será el fin esencial de su vida, la razón misma de su existencia, la garantía de su legitimidad. Pero semejante subordinación –a cuyo examen, podéis creerlo, me acerco, como os acercáis vosotros, con científica serenidad, sin propósito vindicativo alguno ni inspiración en lo que llamaríamos celos– resulta, prácticamente, muy dura de aceptar para los que hoy se llaman políticos, para los acostumbrados a esta supremacía de la política, derivada del abusivo principado del concepto de Nación.[157]

Al interrogarse retóricamente sobre el sentido del «imperio», en un artículo escrito al acabarse la Guerra Civil (pertenece a su obra entre 1938 y 1940), D'Ors cierra rotundamente el argumento, sin duda forzando la experiencia pasada para que encaje con el presente; con todo, su argumento a posteriori sirve para entender el giro Möbius de las ideas, su relatividad, como pueden ser ellas mismas y también su contrario:

> Pienso exactamente lo mismo que, hace treinta años, al redactar una tesis doctoral sobre la «Geneología ideal del imperialismo», que hace veinte al pugnar contra el nacionalismo catalán e intentar, contra el principio de nacionalidades que invocaban los Aliados en la Gran Guerra, la formación de un grupo de «Amigos de la unidad moral de Europa», que hace diez, al insistir en el tema, más reducidamente, pero también más eficazmente, cerca de amigos, que no lo aceptaban del todo, como Ramiro de Maeztu, para no citar sino el más alto, y de otros que se encendían en él, como José Antonio Primo de Rivera, para no evocar sino al más presente. Pienso que Imperio es el nombre de una creación esencial de Cultura, y, por consiguiente, de redención, en exorcismo contra un producto de Natura, de pecado por ende, es decir, la Nación. Pienso que en el Imperio se rediman las Naciones, como los hijos de Eva y herederos de su mancha, en el bautismo.[158]

Aunque sabemos que hacía trampa, no hay por qué dudar de su versión.

Quinta parte

LAS METÁFORAS CIRCULAN SUELTAS POR EL MUNDO HISPANO

Tampoco es indeseable la combinación de pequeños Estados en grandes Federaciones o «*Commonwealths*»: al contrario, cuantas menos fronteras, mejor.

George Bernard Shaw,
The Intelligent Woman's Guide to Socialism, Capitalism, Sovietism and Fascism, 1928,
Cap. 41, «The Sorcerer's Apprentice»

Si un hombre escribe un libro mejor, si predica un sermón mejor, o si hace una mejor trampa para cazar ratones que su vecino, aunque construya su casa en el bosque, el mundo labrará un camino batido hasta su puerta.

Ralph Waldo Emerson, comentario en una charla,
apuntado por la Sra. Sarah Yule, posteriormente
difundido y convertido en varias frases hechas
populares en Estados Unidos

Nosotros los judíos debemos no atraer demasiado la atención.

Frase hecha, muy repetida entre profesionales
liberales judeogermanos en Berlín a finales del siglo xix

17. Las metáforas sueltas en el mundo: la «idea catalana» entre las alternativas de proyección internacional de España

La esencia de la utopía es que, en tanto que sueño, no tiene límites: puestos a soñar, por qué no hacerlo en grande. El nacionalismo, al ser una utopía presentista, supera en fuerza imaginativa tanto a las utopías que rememoran un pasado con nostalgia, para insistir en su recuperación, o a las obsesivas anticipaciones de un futuro regalado, como los socialismos, que prometen que, con un empujoncito, todo será diferente. Pero el nacionalismo, todos los nacionalismos, existen como sueño despierto, en tanto que ya de por sí imaginan la comunidad como fáctica, y, a partir de esa percepción estimulante, pueden asimismo aspirar a recuperar la historia y reparar sus «errores», al tiempo que ambicionan cumplir con las supuestas «misiones» pendientes de realización. El presentismo nacionalista hace que se confundan con asombrosa facilidad los esquemas más prácticos con toda la potencia proteica de las metáforas. No sorprende, pues, que los utopistas retrospectivos y especialmente los anticipatorios tengan tanta envidia y miedo al poder visionario del presentismo nacionalista. En cuanto se descuidan, sus mismos programas se convierten en argumentos nacionalistas.

Se puede entender el debate intelectual del cambio de siglo español de muchas maneras. *Pero tal vez la manera más reveladora de la riqueza del juego de interacciones sea interpretar la producción ensayística de la llamada «Edad de Plata» de las letras hispanas como una lucha entre utopismos en proceso de conversión en nacionalismos alternativos.*[1] Es notorio que el nacionalismo español que expresó el «noventayochismo», sea lo que fuera esta corriente, amplia o estrecha comprendida, confrontó la azarosa disyuntiva de fijar, «para siempre más», la identidad colectiva. Tuvo, en consecuencia, que dilucidar si había muchas Españas o tan sólo una, la única y verdadera. Los nacionalismos rivales, en la medida en que cuestionaban la verdad españolista, tuvieron que descubrir si pretendían identificar su «realidad» como del todo alternativa a la supuesta ficción centralista o meramente como alternancia coral en una hispanidad o un iberismo multifocal. Además, tanto el españolismo como sus rivales tuvieron que hacer frente a las variaciones que su demostrada capacidad de fagotización de los bagajes ideológicos de las derechas y las izquierdas, con lo que hubo muchos españolismos, catalanismos, nacionalismos vascos, tantos como mezclas fueran posibles.

Pero, por añadidura, España era, a principios del siglo XX, un país de emigración y las «colonias españolas» –o «catalanas», «vascas», «gallegas»– en ciudades lejanas marcaron necesariamente la imaginación del presente nacionalista, ya que exigían formar parte de la definición de «su» patria. Sin embargo, el «desastre» de 1898, que tanto hizo para plantear la discusión sobre la identidad colectiva, era precisamente la «pérdida de las colonias», así como la reducción de España a un rango interestatal de perdedor, en la segunda fila y hacia el fondo. Por lo tanto, hacer balance, establecer la pauta del ser colectivo, resolver el «problema de España» automáticamente sacaba a relucir la «cuestión catalana» o la «vasca» o la «gallega», seguidas por un etcétera de mimetismos reivindicatorios. Pero no quedaba clara la diferencia entre «nación» y «región» y, para mostrar la confusión, se constataba la creciente exaltación de Castilla como «cuna de la raza» relegada por un liberalismo decimonónico individualista y superficial.

Si no había forma convincente de establecer la distinción entre parte y todo, entre «nación» y «región», entonces se hizo incontenible la tentación de expandir el marco de referencia. En el espacio mental, parece como si sólo se existe si se demuestra esta existencia con una proyección exterior adecuada. El conjunto hispano, entendido como un todo, sería una opción mayor, unas realidades de mercado, supuestamente presentes, y unas oportunidades futuras de realización colectiva y superación de estrecheces que se hallaban en la elección de un camino, a la vez internacional e «inter-nacional», entre el europeísmo, el hispanoamericanismo, el africanismo y el mediterraneísmo. Naturalmente, estas «opciones» eran *metafóricas,* deseos convertidos en espúrea sociología de la que tanto abundaba entonces; eran visiones literarias convertidas en previsiones optimistas. Los vastos alineamientos mundiales se contradecían entre sí (por ejemplo, se entendía el europeísmo como contraposición casi excluyente del hispanoamericanismo), dado que eran, más que nada, banderías para agrupar tras las primeras escaramuzas argumentos «superiores» con los que sobrepasar los términos de la discusión entre utopismos nacionalistas cuando la munición se iba gastando.

Era ésta la misión de los clarividentes intelectuales, que, según el tópico dominante de todos los «regeneracionismos» hispanos, deberían mandar en lugar de los políticos profesionales, supuestamente ineficaces. Como sentenció el científico Santiago Ramón y Cajal, venerado por ser de los escasísimos españoles que había obtenido reconocimiento foráneo (el premio Nobel de Medicina en 1906): «En nuestras grandes crisis históricas no han faltado nunca españoles esclarecidos capaces de prever y evitar el desastre inminente. Mas, para nuestra desventura, quienes tuvieron previsión carecieron de autoridad, y quienes gozaron de autoridad carecieron de previsión. Y algunos previsores callaron por cobardía.» Y añadió, con sorna despectiva: «Si nuestros políticos del 98 hubieran viajado y conocido un poco la geografía política y la psicología de los pueblos, ¿habríamos perdido las colonias? ¿Por qué no las han perdido Holanda, ni Francia, ni Italia, ni Portugal?».[2]

La metáfora abierta del pannacionalismo

La idea de «unidad cultural» forma parte, por ejemplo, de la tradición interpretativa marxista sobre el nacionalismo o, mejor dicho, sobre la «cuestión nacional». Así, en sus famosos escritos de cárcel, redactados entre 1929 y 1935, el teórico marxista italiano Antonio Gramsci aprobó la suposición de fondo del pannacionalismo, por otra parte algo habitual en la tradición política italiana:

> Un elemento bastante antiguo es la conciencia de la «unidad cultural» existente entre los intelectuales italianos por lo menos desde el 1200 en adelante, esto es, desde que se desarrolló una lengua unitaria unificada (el vulgar ilustre de Dante); pero éste es un elemento sin eficacia directa sobre los sucesos históricos, si bien es el más explotado por la retórica patriótica, y no coincide ni es la expresión de un sentimiento nacional concreto y operante. Otro elemento es la conciencia de la necesidad de la independencia de la influencia extranjera, mucho menos difundido que el primero, pero por cierto políticamente más importante e históricamente más fecundo en sus resultados prácticos; pero tampoco se debe exagerar la importancia y significado de este segundo elemento, ni su difusión y profundidad. Estos elementos son propios de pequeñas minorías de grandes intelectuales y jamás se han manifestado como expresión de una difundida y compacta conciencia nacional unitaria.[3]

El peaje obligatorio para la comprensión de la proyección pannacionalista, por lo tanto, es la percepción de que representa la metáfora nacionalista más extendida y poderosa de todas. Como metáfora –subrayamos– resulta inmediatamente comprensible, casi tangible, pero no demostrada. Las proyecciones ideológicas se rigen por sencillas fórmulas, tan cómodas, de buenos y malos, pero no se someten a su interpretación con la misma facilidad.

El desarrollo del pannacionalismo tuvo un paralelismo no reconocido con la legislación sobre el *copyright* como expresión de los espacios culturales «universales» y su protección en términos multilaterales, con la reconversión del derecho mercantil en interestatal, y no como proyección cultural y fantasía expansiva.[4] No resulta sorprendente que el retroceso del pannacionalismo fuera compensado por unos mecanismos tan prácticos, sencillos y banales como el *copyright*, ya que la idea pannacional adolecía de numerosas trampas. La primera era la más evidente: en el contexto de la «época imperialista» –la segunda mitad del siglo XIX y la primera mitad del XX–, *el pannacionalismo escondía una confusión entre cultura y soberanía.* En ese enfoque, *la desterritorialización se convertía en una legitimación para la «reterritorialización»,* a la vez historicista y ahistórica, de una supuesta comunidad nacional, la llamada «misión irredentista» –estrictamente, según el vocablo italiano (propuesto del mazziniano Renato Imbriani en 1876) que dio nombre al fenómeno a «redimir»– a recuperar las partes escindidas de una patria en plena «construcción nacional».

La segunda trampa oculta era más sútil, al asumir la desterritorialización y la reivindicación cultural unitaria: todo movimiento social tiene por fuerza una perspectiva, y el pannacionalismo lo determinaba sobre el territorio, al reclamar una capitalidad cultural y unos *hinterlands* que cumplirían la función de mercado –en el peor de los casos, meramente receptor, en el mejor, interactivo– para la producción intelectual capitalina. En el contexto de un *print capitalism* (o «capitalismo de imprenta»), para aprovechar el neologismo de Benedict Anderson, ello establecería una necesaria relación de centro-periferia a la «cultura nacional» en elaboración.[5] La jerarquización significaba, evidentemente, la falta de igualdad entre las partes. Pero, siendo la producción intelectual contagiosa (en primer lugar, por imitación), y además muy barata, la lógica misma del «capitalismo de letra de molde» generaba oposiciones por doquier en su misma pulsación expansiva. A partir de la difusión de los medios de comunicación «de masas», la influyente politóloga y filósofa política Hannah Arendt argumentó que los pannacionalismos, mediante el «imperialismo», formaron un componente central de la formación de la conciencia totalitaria.[6] Y en ello concurrieron otros historiadores pioneros en el estudio del nacionalismo.[7]

Resumiendo, el pannacionalismo era (o es) *la metáfora más abierta del nacionalismo,* que asegura su proteica adaptación al juego de la percepción militar de las relaciones interestatales. A partir de un hecho cultural, principalmente (pero no sólo) el uso del idioma en unos territorios, se supone la comunidad de costumbres y, por extensión, la identidad colectiva, en rivalidad con otros proyectos nacionalistas análogos, pero, por lógica exclusiva, todos falsos. Cualquier espacio queda teóricamente «limpio» de toda alternativa étnica que no sea el principio rector pannacional, que se convierte en el único que le da «sentido histórico», o consistencia racial, o vertebración cultural. Es tan fácil de realizar esta proyección y tan confortante que casi todo el mundo la practica. Como dijo, con evidente envidia, Vicente Gay en 1908:

> Yo he escuchado en la frontera rusa el grito imperialista *Sswiata Russj!*, la sagrada Rusia; en Alemania *Gross Deutschland!*, la Gran Alemania. Y este grito, arenga constante del alma nacional, se repite en Inglaterra, *Greater Britain! Imperial Federation!*, la mayor Inglaterra, la federación imperial; en Estados Unidos *Panamerica!*, toda América, y hasta en la republicana Francia, es el lema *la France et ses Colonies*, signo del incipiente imperialismo que se construye sobre su política nacionalista.[8]

El ideal territorial romántico: el trasfondo histórico del pannacionalismo

La confusión romántica entre el «yo» individual y el colectivo facilitó la reflexión, en primera instancia, sobre el nacionalismo, pero seguida, muy deprisa, por la expresión de pannacionalismos que contemplaban la hipotética «unidad cultural» de vastas poblaciones supuestamente unidas por el idioma, la religión u otras características parecidas.[9] El punto de partida pudo ser algo sorprendente: el nacionalismo griego, con poblaciones muy disperas por todo el Mediterráneo oriental y el mar Negro, surgió, casi desde su mismo inicio a finales del siglo XVIII en las «sociedades de amigos» *(Filikí Etairía)*, como una «Gran Idea» por definición panhelénica. El impacto de la Guerra de Independencia griega en la imaginación romántica hizo el resto.[10]

Los primeros balbuceos nacionalistas, de un nacionalismo de identidad, en los años veinte y treinta del siglo XIX, estaban mucho menos dirigidos hacia la definición de un poder nacional concreto; es decir un Estado «intrínseco», «representativo», luego superador del régimen absolutista, que hacía anhelos (fácilmente confundibles con el deseo por el absoluto, reconocible como inalcanzable, que era el *Sehnsucht* o la famosa «flor azul» del poeta alemán Novalis) de integrar una «comunidad» étnico-espiritual, pero con claras implicaciones políticas. Tal deducción, al fin y al cabo, era la trasposición o relectura inmediata de las tesis ilustradas del filósofo dieciochesco Johann Gottfried Herder –o de su difusión en el *Zeitgeist* o «espíritu de la época»– a las circunstancias políticas de una o dos generaciones después, lo que para algunos fue una perversión.[11] Así, el pangermanismo o el paneslavismo fueron formulaciones de la primera mitad del siglo romántico, si bien sus efectos políticos más sólidos se verían en la segunda parte de la centuria.[12] Pronto las imitaciones siguieron espontáneamente, como la cosa más natural del mundo.

Sin embargo todavía era muy difícil diferenciar entre la parte y el todo nacional, si es que alguna vez se tuvo clara tan magna distinción. El nacionalismo italiano, tal como fue expuesto por Giuseppe Mazzini y *La Giovine Italia*, es una buena muestra, ya que era un movimiento panitaliano que sin embargo se concebía en función de una Italia nacional, todo redondeado o justificado con «el sagrado nombre de la Libertad».[13] *La figura del famoso revolucionario Giuseppe Garibaldi, discípulo mazziniano, es el mejor ejemplo de la paradójica confusión entre macro-movimiento unitario y defensa de la autodeterminación, ya que el marino y guerrero nizardo pudo pasar de defender la causa de la Joven Italia en Europa a afiliarse, en su exilio americano, en la del Joven Rio Grande do Sul, escisión del Imperio brasileño.*[14] Así, el período de exaltación confusa de la «idea nacional» y la «democrática», entendidas como matices de una misma realidad, dio lugar, a mediados del siglo XIX, a sueños de fusión territorial dentro de la contención de ciertos límites geográficos: el iberismo, o esperanza de fundir España y Portugal; la idea Ilírica de los primeros portavoces croatas o la Gran Serbia, que reuniría a todos los sudeslavos, a croatas y eslovenos con serbios y montenegrinos; o el escandinavismo, surgido en los años cuarenta, al acallarse, desde principios del siglo XIX, el contencioso centenario entre Suecia y Dinamarca por la Scania, para invertirse como la idea que aspiraba a una sola realidad común a noruegos, suecos y daneses (más, por supuesto, las dependencias isleñas danesas en el Atlántico norte).[15] Es más, especialmente desde una perspectiva francesa, se podía entender que el «despertar nacional» de la «Europa de las nacionalidades» fue reducible a una fase histórica bien concreta, entre el Congreso de Viena en 1815 y las revoluciones de 1848.[16]

Entre las imitaciones más expansivas del pangermanismo y el paneslavismo, se encontraba el panhispanismo. Fue ésta una respuesta contemporizadora a la descolonización violenta de la Tierra Firme del antiguo «Imperio español», ante las opiniones más duras, partidarias de mantener vivo el sueño de la reconquista de las flamantes Repúblicas independientes desde el trampolín de la «siempre fiel» Cuba. El panhispanismo sostenía que la solución española a la vasta pérdida era un programa cultural y económico de convergencia pacífica con las antiguas colonias.[17] Sus raíces estaban en ideas como la fracasada propuesta de «Confederación Hispánica» del criollo medellinense Francisco Antonio Zea, quien propuso, desde la causa patriota bolivariana, en los años del Trienio Liberal en España, entre 1820 y 1823, una «Reconciliación entre España y América» fundamentada en un «Proyecto de Decreto sobre la emancipación de la América y su confederación con España, formando un gran Imperio federal».[18] A partir de su mismo inicio, pues, el panhispanismo confundía vínculo político «imperial» y cultural, ya que surgió como respuesta a cualquier tendencia panamericanista, fuera hemisférica (con Estados Unidos) o meramente del ámbito de las ex colonias españolas o portuguesas.[19] *En resumen, el primer brote de panhispanismo, sin gran fortuna, quiso aprovechar la coyuntura descolonizadora americana para establecer un protagonismo cultural, político y hasta comercial en contraposición al peso ejercido por ingleses y, muy especialmente, norteamericanos.*[20] Pero el retraso en el establecimiento de unas relaciones diplomáticas fluidas, dependientes del abandono español de sus pretensiones de recuperación de soberanía, retrasaron cualquier proyección española de ese signo, llegando por el contrario al extremo en que los Estados Unidos podía proponer sus buenos oficios como mediador entre España y las Repúblicas ex españolas.[21] Como consecuencia directa, la óptica americanista ante la ex potencia colonial era, para muchos de sus portavoces, de franca hostilidad. Como observó el polemista Gil Gelpi y Ferro, catalán, de Tossa de Mar, nacido en 1822 y fallecido en La Habana en 1890, abanderado español en Cuba: «España no tiene, ni tendrá en mucho tiempo, simpatías en América, porque además de los motivos de antipatía anteriores a la independencia, todos los escritores y hombres de Estado han hecho carrera declamando contra España, y el pueblo americano tiene de la antigua metrópolis las más extravangantes ideas.»[22]

De manera contemporánea, sin embargo, hubo propuestas para dar forma económica y jurídica a tales vaporosos planteamientos culturalistas. Al calor de la competencia fabril por productos de lo que entonces era tecnología punta, se formularon serias propuestas de uniones aduaneras –por ejemplo, entre Francia y Bélgica, abandonada en 1842– que, por diversas razones, se consideraron poco prometedoras, escasamente realizables o sencillamente fantasiosas.[23] Hay que considerar, pues, lo que podía ocurrir con esquemas que eran en exclusivo culturalistas y que promovían muy especulativamente las realidades políticas sobre el terreno. Era fácil idealizar el *Zollverein* y olvidar que su consolidación fue bélica. Es más, en Estados Unidos, la *tariff question*, la cuestión arancelaria, fue una de las varias divisiones casi estructurales que rompieron violentamente la federación a mediados de siglo.[24]

La compleja década de los años sesenta, que dejó establecido el modelo de Estado dominante en Europa y las Américas –y, por extensión, en Asia–, cerró el camino a las especulaciones territoriales macroculturalistas que tanto habían prosperado en el trentenio anterior. Fuera, en Europa, las unificaciones de Alemania e Italia y la reorganización dual del Imperio habsburgo o, en las Américas, la Guerra Civil norteamericana o el establecimiento del Canadá y la estabilización de Argentina y México, el sistema de Estados que saludó el mundo al iniciarse los años setenta sería la norma internacional hasta la gran explosión de 1914. *Los sueños más exaltados de vastos espacios unidos o «redimidos» por la fusión cultural se tuvieron que reformular en términos de agregación, dentro de un concepto de Estado troncal, al cual se podrían anexionar o añadir sin absorción otros territorios históricamente definidos.* Sirva como ejemplo la nebulosa ambición de una vasta «confederación de pueblos latinos», un «imperio latino» transeuropeo (o incluso transoceánico), promovido por el poeta provenzalista Frédéric Mistral y su movimiento Félibrige entre finales de los años sesenta y mediados de los setenta del siglo XIX. Tales esperanzas pudieron embriagar, en primera instancia, a los catalanistas literarios como Víctor Balaguer con Mihail Eminescu, definidor de la lírica rumana, pero la aclaración del movimiento estuvo del todo condicionada por la unificación italiana: la «panlatinidad», pues, se construyó contraponiendo Rumanía (o Romanía) en el este europeo a la América «latina» en el oeste ultramarino.[25] La noción tuvo hasta una resonancia oficial, ya que, a partir de 1865, el Imperio de Napoleón III intentó promover una «Unión Monetaria Latina» que pretendía incorporar países como Bélgica, Suiza, Italia, Grecia e incluso España en un nuevo bloque monetario que respondiera al patrón oro británico y al patrón plata prusiano.[26] De modo parcial, este «espacio latino» –sin participación española– sobrevivió el colapso del Imperio bonapartista para llegar hasta la posguerra de la contienda mundial de 1914-1918.[27]

Vistos tales antecedentes, había un terreno abonado para especulaciones más aventureras. Mistral sería recuperado como motivo por el nacionalismo francés finisecular –en especial por Maurras, antiguo Félibrige juvenil– para justificar un «panlatinismo» que suponía el indiscutido protagonismo del Estado francés, aunque tuviera régimen republicano; sin cambiar el argumento sustantivo, portavoces republicanos franceses intentaron hacer suyo tanto el protagonista como la dirección del impulso.[28] Igualmente Peius Gener se vanagloriaba de que: «[...] bajo la indicación de Víctor

Hugo, con Xavier de Ricard, [Eugène Emmanuel] Violet le Duc [sic: Viollet-le-Duc] y varios poetas provenzales, hace ya muchos años, fundé en París la Sociedad de la Alianza Latina para dar fe a nuestra raza, no puedo acostumbrarme a la tan decantada decadencia [de la raza latina]».[29] Así, el «panlatinismo» que tanta fuerza tomó como noción rival al panhispanismo, tuvo una indudable fuente catalana, protocatalanista.[30]

Con tal origen y con sus implicaciones, que desdibujaban la preeminencia hispánica o española, no sorprende que fuera visible el rechazo nacionalista español al «panlatinismo» como amenaza esencialista, del mismo modo que repudiaba cualquier pluralismo político intraestatal, a la tenue luz de la atracción ejercida por el hispanoamericanismo como recurso interestatal. El miedo españolista tenía un origen hispanista, especialmente perverso: era la fuente hispanoamericana de España percibida como una vasta «unidad cultural» sin fisuras, al ser vista de lejos, desde otros Estados. La duda correspondiente era que España no fuera «auténtica» y que fuera superada por alternativas más genuinas. La suspicacia quedó reforzada por un miedo fijo, obsesivo, a la *desmembración*. Se puede constatar, por tanto, un hecho bien conocido de la psiquiatría: la megalomanía y el miedo a la destrucción son facetas de una misma paranoia cultural.

Unir a poblaciones en nada vinculadas: el «nuevo imperialismo» decimonónico

El «imperialismo» expansivo de las potencias se inició en África como un intento de ocupar y «normalizar» tierras sin un sistema político homologable al europeo, lugares en los cuales había problemas (como el tráfico de esclavos ilegalizado) y ninguna autoridad reconocible con quien tratar, según las normas diplomáticas por fin codificadas en el Congreso de Viena, para dictaminar acuerdos duraderos. La llamada «doctrina americana» iniciada por Estados Unidos y copiada por Gran Bretaña (y, en consecuencia, por las restantes potencias europeas) evitaba considerar el contenido político interno de un poder al otorgar el reconocimiento, siempre que se cumplieran ciertas normas recíprocas, propias de todo «Estado civilizado».[31] *En su ausencia, la actitud era contundente*. En Asia, por ejemplo, en los Imperios de la China y de Annam, se impuso agresivamente las normas que los europeos consideraban imprescindibles para la libre circulación de personas (comerciantes), bienes (barcos y mercancías) e ideas (misioneros). El hecho de que tales esfuerzos fueran hipócritas (que los europeos utilizaron los mecanismos antiesclavistas para promover una esclavitud todavía peor a la anterior, como en el Congo o en las dependencias portuguesas, o que las expropiaciones chinas de mercaderías fueran de opio inglés) era, en el fondo, irrelevante: se imponía el modelo de Estado europeo al globo, una «mundialización» política necesaria para cualquier «progreso» económico posterior. El resultado fue la conceptualización de un «concierto de las potencias» que resolvía sus contradicciones mediante altas conferencias y reuniones cumbres, dispuestas siempre a evitar conflictos mayores mediante *fórmulas políticas de delegación,* en las que regía una relación de centro-periferia, aplicable a todo tipo de circunstancias. Todo se guiaba por la noción, bastante elástica, de soberanías troncales, siempre según unos criterios comunes de trato e interacción, y sus pertenencias y dependencias, que podían tener grados más reales o más ficticios de «autonomía». De ahí, por ejemplo, que se hablara de «colonialismo», entendiendo por ello el reconocimiento que la metrópolis británica otorgaba a sus dependencias con *colonos* blancos (y mayormente anglófonos).

Así, durante el casi medio siglo entre 1871 y 1918, se equilibró la tensión entre lo que daba en llamar el «principio dinástico» y el «principio democrático». En sus inicios, el tercero en discordia, el «principio nacional» pareció ser expresión del «democrático», pero, durante justamente este período, su contenido identitario quedó, al menos en parte, traspasado al «dinástico».[32] Así, los movimientos contestatarios finiseculares, como el socialismo internacionalista surgido formalmente a finales de los años ochenta, se erigieron en oponentes del nacionalismo, siendo al mismo tiempo presa de sus atracciones y contradicciones. Las críticas acumuladas a las pretensiones organizativas del sistema interestatal a escala mundial por parte de socialistas, demócratas radicales y análogos observadores *acabó por ensuciar la idea de «colonialismo», hasta hacerla significar lo contrario de lo que originalmente había querido remarcar,* para convertirse en nombre de los mecanismos de control blancos sobre poblaciones de color.[33]

En estas nuevas circunstancias, la especulación expansiva sobre la extensión de una comunidad nacional se truncó en la apelación –cargada de determinismos spencerianos (o «darwinianos sociales»)– que redefinía la vieja idea de una territorialidad cultural (que podía suponer, muy alegremente, que tierras disputadas entre muchas poblaciones, con una estratificación socioétnica muy encontrada, era *verdaderamente,* por las razones que fuera, de sólo una de ellas. Era una manera radicalmente nueva de percibir un espacio «nacional»: como la dilatación, hasta cierto punto ilimitada, del derecho a disponer de territorios en función de una misión histórica determinada.[34] Así, donde los pensadores de la primera mitad del siglo XIX, como, muy destacadamente, el revolucionario italiano Mazzini, habían argumentado, por ejemplo, que la tarea de reunir todos los italianos en una única entidad política representativa era la «divina misión de Italia», ahora esa misma idea misional tomó carácter no ya político-cultural, sino moral, para ejercerse como reclamo de todos aquellos territorios que el pueblo italiano –por su derecho inherente, por su esencia espiritual, por su demografía...– «se merecía», lo que podía significar cualquier cosa.[35] El caso ejemplar de pannacionalismo en las últimas décadas del siglo XIX y el principio del XX fue, sin duda, el pangermanismo, mediante el cual se llegó a calibrar la continuidad de la evolución política alemana. De la llamada romántica a la reunión de todos los alemanes, del río Memel al Meuse, se convirtió, en el reinado de Guillermo II, de 1890 en adelante, en la exigencia de que Alemania –en las truculentas palabras del mismo emperador– debía «ganar su lugar bajo el sol» por cualquier medio.[36] *Pero la modélica unificación germana estuvo edificada sobre una ambigüedad fundamental que, convertida en búsqueda esencialista, determinó la política posterior: ¿era Alemania un Imperio? ¿Un Estado? ¿Una nación? ¿Una raza? ¿Cúal era la verdadera identidad (o, en todo caso, la decisiva)?*[37] Como consecuencia directa, la vision que del pangermanismo se tenía fuera de Alemania fue pasando rápidamente de la indulgencia admirativa ante una suerte de concordancia mundial de los pueblos germanos, cuyo encuentro era considerado natural cuando no ineludible, a la incomodidad –o miedo abierto– frente un proyecto desaforado de dominio mundial y control económico universal. *Para los observadores simpatizantes con la reflexión nacionalista pero no cercanos a la amenaza pangermana (como los catalanistas), era más cómodo mantener la ambigüedad.*

La agresividad de la propaganda pangermánica se conviritió en un motivo indirecto de la carrera de armamentos y de las «crisis» diplomáticas que, según los contemporáneos, llevaron a que el estallido balcánico del verano de 1914 se convirtiera en una conflagración general entre todas las grandes potencias.[38] Como respuesta se hizo mayor ahínco en un paneslavismo remozado, especialmente una vez que la derrota rusa a manos japonesas en 1905 devolvió el interés de la cancillería zarista en los Balcanes. También los británicos volvieron a cantar las excelencias del «anglosajonismo» interoceánico, distante del teutonismo continental de los prusianos que ahora pretendía echarse a los mares. Igualmente, los franceses tornaron a insistir en las virtudes del «panlatinismo», perennemente espontáneo y vitalista. La «latinidad», al fin y al cabo, siempre tuvo una intención antialemana; como dijo, a mediados de los años noventa, el libertario francés de origen italiano Charles Malato: «La insubordinación latina, manifestada frecuentemente por la necesidad de expansión, más que por verdadero libertarismo, parece necesaria (hay que reconocerlo por encima de todo prejuicio patriótico) para contrabalancear los instintos jerárquicos de los alemanes, que muy prolíficos, podrían en un momento dado, por su poder numérico, ejercer sobre las demás naciones una preponderancia que, por ser pacífica, no sería menos intolerable.»[39] Cuanto más insistente se hiciera el pangermanismo expansivo bien se podía persistir en replicar con más de lo mismo.

Pero el clima intelectual que precedió a la Primera Guerra Mundial, especialmente con el desmoronamiento del Imperio otomano y los intentos de los Jóvenes turcos de encontrar un medio de renovación ciudadana del cansado conjunto osmanlí tras la revolución de 1908, dio lugar a diversas corrientes ideológicas de extendida ambición renovadora de la identidad. Una parte de los oficiales del turco Comité de Orden y Progreso (agrupada por Enver Pasha, la figura preeminente de la nueva situación en Constantinopla) quisieron promover un movimiento «panturano», que había de unir a todos los pueblos túrquicos de Asia central en una poderosa corriente; fue una idea que también tuvo repercusiones en Hungría y Finlandia, por vínculos supuestos entre las gentes de habla «fino-úgrica» y los antaño amos de las estepas.[40] Pero otra facción de los Jóvenes turcos (alrededor de Tal'at Bey, el ministro del Interior) quiso jugar la carta de la identidad religiosa, al inspirar un «panislamismo» que quedaría como un tema presente a partir de entonces en el mundo musulmán, si bien se aprovecharon argumentos ya conocidos, puestos en circulación medio siglo antes por Jamal al Din Afghani.[41] Al mismo tiempo y hasta las dos sucesivas Guerras Balcánicas de 1912 y 1913, se estuvo especulando sobre la viabilidad de una «confederación balcánica» que reuniera los países eslavos (en concreto Serbia y Bulgaria) en un conjunto pacificador y duradero, idea que databa, como poco, de mediados del siglo anterior.[42] La posibilidad de una liberación del yugo turco trajo asimismo un sueño «panárabe», expresión del mismo «despertar árabe» que trajo la contienda mundial.[43] Y, desde fuera, en Europa Central, se inventó también el sionismo, como aspiración de los judíos amenazados por el creciente antisemitismo a una recuperación de su foco nacional en Palestina, entonces provincia turca.[44] La redefinición del otrora poderoso espacio otomano tuvo también otras repercusiones inesperadas: el norte de África, sometido por los europeos definitivamente entre 1911 (Trípoli y Cirenaica, bajo soberanía turca) y 1912 (el «Imperio» cherifiano de Marruecos), empezó por los mismos años del conflicto internacional a soñar con un «panmagribismo».[45]

En otros «Imperios» también crecieron los pannacionalismos de respuesta. En el Caribe anglófono, con líneas a la África austral, nació el «panafricanismo», con unos focos iniciales en Estados Unidos.[46] Las ambiciones de una liberación del conjunto de gentes que la potencia británica había reunido bajo su control en el subcontinente índico trajo un nacionalismo *all-Indian*, promovido por un Congreso Nacional, superador de las divisorias entre musulmanes e hindúes (y otras religiones) que exportó partes de su doctrina y sus métodos a Occidente mediante la teosofía y a las colonias sudafricanas británicas por la emigración.[47] También, en las Indias Orientales Holandesas, se empezó a formular el ideal de una nación de «Indonesia», con tintes musulmanes pero como superación de la fronteras religiosas del inmenso archipiélago.[48]

Ante el despliegue de expansión territorial y las respuestas proyectivas que provocó, el «caso español» se citó una y otra vez como paradigma de la fugacidad del dominio. Como observó el hipernacionalista alemán Heinrich von Treitschke, su único «trofeo», «la única ventaja que le quedaba era que el español es todavía el idioma de millones allende los mares».[49] En tan caldeado ambiente, *en los años que anticiparon la Guerra Mundial, así como en el período de entreguerras después, el sentimiento de comunidad hispánico, del pannacionalismo lingüístico a escala intercontinental, siempre como respuesta a la obra «anglosajona», tuvo numerosos profetas,* pero ninguno tan sonoro como el mexicano José Vasconcelos (1882-1959). En el segundo volumen de sus memorias, *La tormenta*, aparecida en 1936, Vasconcelos recreó sus sentimientos como exiliado en tiempos de Carranza y la fase «constitucionalista» de la Revolución mexicana, veinte años atrás. En su contar, andaba por Londres, «En la isla de los piratas», meditando ante los monumentos:

–Así es la historia del Imperio –decía a Adriana por la tarde, mientras mirábamos el mediocre monumento de los Cuatro Continentes, sometidos todos en alguna forma, o en algún pedazo, a la soberanía británica–. Imperialismo de mercaderes que no osan ceñir el laurel romano. Juego de intrigas que conduce a compartir el mando con rajás crueles en la India, con caciques salvajes en África. Por último, allí donde no pudieron vencer, en México, en la Argentina, en el viejo Imperio español, se conformaron con el agio de los empréstitos y la supremacía que otorga la marina mercante.

Según el autor mexicano, ante la siguiente muestra de autocomplacencia inglesa:

Junto con el de Nelson hay un monumento que impresiona en Londres: el arco dedicado *To the English Speaking Peoples of the World*. Imperialismo más extendido que el romano, inferior sólo al español de hace dos siglos, divierte comprobar que los anglosajones practican lo contrario de lo que enseñan: la unión racial y lingüística. ¡Y nosotros que creemos imitarlos al dividir en paisecillos la América Española! La unión imperial en torno al idioma debiera ser no sólo un ideal: también una tradición y fundamento patriótico. La restauración de la unidad creada por la monarquía española, pero en forma moderna mediante una Sociedad de naciones, una comunidad de pueblos de habla española sin exceptuar a Filipinas. ¿A cuántos en nuestro Continente les alcanza la cabeza para abarcar este sencillo propósito? Y, en cambio, recorra quienquiera la doctrina de los que han sido entre nosotros estadistas, en el lamentable siglo XIX, y no hallará sino lacayos del pensamiento inglés; lacayos que repiten la doctrina ostensible de los *English Speaking Peoples of the World*. Y no exceptúo, ni hay por qué exceptuar, a los más grandes: Juárez, Sarmiento, Alberdi. ¿Qué hubieran dicho, qué dirían si resucitaran y alguien los pusiese delante del monumento londinense a la unidad de la raza y el idioma? Los que se creían modernos por hacerla de detractores de lo español se desgarrarían las vestiduras al verse reducidos a lo que fueron: ¡Agentes gratuitos del sagaz imperialismo de los anglosajones![50]

El mesianismo personal de Vasconcelos revelaba una más vasta «cultura mesiánica», cargada de resentimiento, que era esencial a cualquier planteamiento de universalidad cultural hispana.[51]

«Unidad cultural» y pannacionalismo, en perspectiva hispanoamericana

Más de un autor ha observado que la identidad, traducida del terreno personal al político, es una especie de «utopía integradora». Para empezar, es forzoso entender que *la misma idea de una «unidad cultural» es en sí utópica*. No existe, fuera de la endeble categorización interpretativa; suponer lo contrario es sucumbir ante el error interpretativo de la cosificación (en inglés, *reification*), o sea, convertir una idea en un hecho tangible. Aunque consagradas por la conveniencia discursiva y la mala costumbre de la ligereza verbal, las «unidades culturales» no son otra cosa que una aspiración que funde, de forma imaginativa, una extrema variedad de actividades sociales que, en la práctica, es siempre confusa, dispersa y contradictoria.

La «unidad cultural» concebida por el catalanismo era –como cualquier otra– una idealización de una realidad mucho más compleja y contradictoria, pero era imprescindible para la elaboración de un credo nacionalista creíble, valga la redundancia. Como prolegómeno doctrinal, ejemplificado por Prat de la Riba, el concepto de la esencia unitaria de la cultura catalana más allá de los avatares del tiempo (es más, siempre reconfirmada por la historia, en las victorias y en las derrotas, como rige la metáfora pratiana del ciclo del año, el eterno *fer-se i desfer-se*) tenía dos ventajas: primero, al ser un planteamiento axiomático, estaba libre de escrutinio; segundo, borraba la temible amenaza de la desunión interna y convertía ésta en un problema externo, español, y no catalán. Pero, siempre que los catalanistas quisieran recordar las limitaciones de su hegemonía, tan sólo tenían que mirar la pujante cultura que acompañaba el obrerismo, en especial el movimiento libertario, con su individualismo alternativo a las formulaciones catalanistas sobre carácter individual y personalidad colectiva. Al mismo tiempo, el hecho mismo del nacionalismo catalán (o del vasco), con su identidad alternativa, anulaba toda pretensión de una unívoca cultura española.

En tanto que idea utópica, la afirmación unitaria de la cultura permitía mucho juego especulativo. Es fácil obviar aquello que incomoda una interpetación, para establecer una cadena lógica de suposiciones. Si existía, como «algo» fáctico, una «unidad cultural», era presumible que ésta formara una «comunidad», noción que, como se ha observado más de una vez, alude a todo tipo de relaciones sin significar nada en concreto.[52] Vista la claridad del paso de «unidad cultural» a «comunidad», era natural la derivación final: toda «comunidad» capaz de percibirse a sí misma como tal (y ¿qué mejor manera que entenderse que como «unidad cultural»?) debería convertirse en una estructura política que articulara aquello que se piensa, se siente y se vive en común, en una entidad propia, libre, autoregulada.

Este sencillo esquema de tres pasos es el distintivo de la «modernidad», aplicable tanto a naciones como a clases. Los sistemas políticos «premodernos» dedujeron la legitimidad de la relación entre sí de las élites, con sus privilegios entendidos como libertades; la modernización revolucionaria del siglo XVIII significó que la justificación sistémica emanara de los gobernados y no de los gobernadores. Pero la territorialidad derivada de realezas varias, concesiones de poder principesco o títulos de nobleza tenían fronteras o delimitaciones históricas más o menos reconocidas o reconocibles. Pero ¿qué definición *espacial* tenía la «voluntad del Pueblo»? Es una cuestión abierta, jamás resuelta a lo largo de los siglos XIX y XX. Donde probablemente más claramente se planteó fue justamente en el vacío que dejó el colapso del poder español en la Tierra Firme americana, confirmado con la batalla de Ayacucho en 1824. La historia decimonónica hispanoamericana es una permamente experimentación (casi exclusivamente republicana) con formas de confederación, federación y Estado nacional bajo premisas liberal-conservadoras.[53] A poco de la batalla de Caseros, derrota definitiva de Rosas por Urquizia en 1852, Domingo Faustino Sarmiento, máximo teórico argentino del liberalismo unitario, se preguntaba, sin respuesta: «¿Quiénes somos? ¿Somos nación? ¿Cuáles son sus límites?». Al final de su vida (murió en 1888), en sus últimos escritos, seguía preguntándose: «¿Somos nación? Nación sin amalgama de materiales acumulados, sin ajuste ni cimiento.» Y añadió: «¿Argentinos? Hasta dónde y desde cuándo, es bueno darse cuenta de ello.»[54]

Por todo ello, los tres pasos deductivos –de la «unidad cultural» a la «comunidad», y de ésta a algún tipo de Estado– han servido como proceso contemporáneo de autentificación. La voluntad colectiva o popular carecía de geneología; estaba sin posibilidad de reposar confiada en derechos anteriores a la propia toma de conciencia representativa del «Pueblo» como agente histórico, ya que las revoluciones liberales los habían tumbado y cualquier revolución ulterior, «social», los anulaba con aún mayor rechazo. El famoso giro conceptual efectuado por el revolucionarismo liberal, el llamado «fin de la Historia», al trasladar la legitimación histórica del pasado al futuro, resolvió la necesidad justificativa de la forma de la organización estatal, pero no del territorio que ese nuevo «Estado representativo» ocupaba.[55] La política contemporánea, en consecuencia, ha sido una desesperada búsqueda de unos antecedentes «genuinos», imprescindibles para la delimitación territorial de sistemas políticos cuya mecánica se fundamentaba en la promesa de la felicidad del porvenir. De hecho, cualquier sistema político que no se definiera como «auténtico» por una territorialidad determinada podía devenir universal; incluso algunos de los que insistieron en su determinación «genuina» igualmente pretendieron su extensión o propagación más o menos ilimitada, al menos en cuanto a derechos se refería. Este «proceso de autentificación» es común a todos las culturas políticas europeas o derivadas de supuestos europeos, como las americanas. De ahí se ha expandido hasta la más absoluta globalización.

Pero, otros casos aparte, la preocupación se hizo explosiva en España. El final del siglo XIX vio un rechazo a la falsa autenticidad, producto de la mirada desde fuera, cuyo ejemplo más contundente fue la pertinaz confusión entre españolidad y andalucismo de imagen.[56] El «proceso de autentificación» tuvo un efecto negativo sobre el decimonónico «nacionalismo institucional» español, visible en cuanto las presiones democráticas, participatorias, se hicieron notar bajo el interminable debate legislativo de una revolución liberal que duró unos treintaicinco años, hasta plasmarse en la «Gloriosa revolución» de 1868.[57] Como su nombre indica, el «nacionalismo institucional» a lo largo del siglo XIX limitó la participación a las formas teóricas de escoger la representación y, en el terreno efectivo, éstas brillaron por su ausencia en una dinámica política más guerrera que electoral. Al depender de un esquema abstracto de la ciudadanía genérica, el «nacionalismo institucional» negó la utilidad de toda idea de «comunidad», que era airadamente desestimada como expresión de antiguos intereses de élite y, por lo tanto, mera manipulación. Ahora bien, el «nacionalismo institucional» español era tanto un «imaginario» –como muestra la inestabilidad interior del liberalismo peninsular– como cualquier formulación alternativa, en particular, el independentismo cubano, que fue su primer y, por ahora, su más potente y exitoso desafío. Nada soprendentemente, como ya se ha podido ver, la respuesta «españolista» al separatismo cubano se fundamentó, igual que éste, en la identidad, al ser insostenible el discurso «institucional» en una sociedad esclavista, con las resultantes castas de color, bajo control y gobierno militar. El españolismo «incondicionalista», pues, abrió la puerta a formulaciones alternativas del mismo nacionalismo español, al mismo tiempo que la presión antillana despertaba planteamientos ideológicos asimismo de respuesta en la España metropolitana.

El nacionalismo catalán proclamó que encarnaba una «unidad cultural» y anunció que emprendía la ruta a la realización de la «comunidad», para insinuar su meta final –a negociar– de enmarcarse en una entidad política como mínimo paraestatal. Resumiendo, en última instancia, el nacionalismo catalán quería ser Estado, como España lo era, al tiempo que negaba la validez moral y solamente reconocía su virtualidad. Por la otra parte, era evidente que, sin entrar en otras consideraciones, el hecho «España» era consustancial con el Estado y su desarrollo, pero los nacionalistas españoles eran conscientes de que no había, de forma indiscutida ni indiscutible, una «unidad cultural» española ni, por extensión, una integrada «comunidad» española. Así, antes de lograrlo, los nacionalistas españoles pretendían *ser* ambas cosas (del mismo modo que, ante el racismo del nacionalismo vasco, pretendían ser «raza» universal), tenían envidia de la Cataluña de los catalanistas, que, por pequeña, podía argumentar su naturaleza unitaria compacta. Pero, en la medida en que la idea de «unidad cultural» identificada con el catalanismo era una contraposición a la alegada solidez del Estado, era también fácil especular y hacer saltos dialécticos desde el españolismo: ¿por qué no se podría invertir la lógica que presentaban los nacionalistas catalanes y asumir el Estado como axioma de partida? Entonces se invertiría el «proceso de autentificación»: el «nacionalismo institucional», reforzado por todo el peso de la ley, podría construir la «unidad cultural» española y, a partir de ahí, realizar la «comunidad» nacional, siempre pendiente.[58]

Ambas especulaciones (catalanista y españolista) acerca de alcanzar la sociedad «genuina» eran una confrontación mortal, cuyos toques a arrebato y llamadas a degüello eran tanto más exaltados y terribles cuanto más «imaginaria» o utópica era la causa del conflicto. ¿No sería posible encontrar una salida pactada?

En la práctica, ninguna de estas especulaciones acababa de funcionar, en un sentido o en el otro. Pero la fuerza de tales elucubraciones estaba justamente en su naturaleza imaginativa: cuando la ideología encuentra la resistencia de meros datos, salta, se atreve a mayores audacias. Así, se añadió una curiosa tabla de multiplicar a la deducción propia del «proceso de autentificación». Si una «unidad cultural» podía plasmarse como «comunidad» y, entonces, cuajar como entidad política, ¿por qué el hecho de un idioma común, como lengua oficial de diversos Estados, no podría dar pie a una «macrounidad cultural», y, sucesivamente, a una «macrocomunidad» y a un «macroEstado» (término sinónimo de «imperio»). Así, de salto lógico en salto lógico, la utopía interna de un espacio interior homogenizado, unívoco (o sea, el paso de una «unidad cultural» a una «comunidad») se troncaba en una utopía *externa.* Tales anticipaciones de futuras realizaciones colectivas eran especialmente atractivas para una potencia mediana o menor, como España, todavía tambaleante tras su expulsión en 1898 del «concierto de las grandes potencias». Era, igualmente, intoxicante para un nacionalismo sin Estado como el catalanismo, que así podía soñar en un rol más que internacional, interestatal.

Los pannacionalismos europeos impactaron en la conciencia hispana de múltiples maneras, la más evidente de las cuales fue el «complejo de inferioridad» que desde entonces marcó la cultura española, confrontada con su secular atraso económico y obligada a teorizar las razones.[59] El retroceso «latino» ante las «razas germánicas» fue una moda finisecular con impacto notorio en España.[60] Se podía, pues, pretender copiar la supuesta «especial relación» como «pueblos de habla inglesa» entre Gran Bretaña y Estados Unidos, tópico nuevo surgido alrededor de 1898 y elogiado por nada menos de Joseph Chamberlain, quien, en un discurso de enero de 1896, aseguró que: «[n]uestras dos naciones son aliadas, y más ligadas entre sí por el sentimiento y por los intereses comunes que cualesquieras otras en el mundo.» En realidad, en aquella época –en plena crisis angloamericana por Venezuela, con Theodore Roosevelt anunciando la anexión del Canadá si la flota británica se atreviera a atacar las costas estadounidenses–, la afirmación de Chamberlain distaba mucho de ser realidad diplomática, razón por la cual sin duda la hizo, pero resultó una imagen en extremo convincente.[61] También hubo alineamientos sobre fondo religioso, oculto bajo lenguajes culturales y sociológicos.[62] A tal preocupación –ya afrontada tiempo atrás por Balmes–, respondió una patente maniobra de los apologistas católicos para hacer frente común o, como mínimo, aprovecharse de la agitación, por la puerta trasera: en la monumental obra sobre *El Cristianismo y los tiempos presentes*, traducida al castellano por un catedrático de la Universidad Pontificia de Santiago de Compostela en 1907, monseñor Bougaud, obispo de Lavalel, asegura que «[a]unque hubiesen permanecido católicas, las razas anglosajonas y germánicas no hubiesen igualado a las razas latinas».[63]

El Hispanoamericanismo como comunidad de identidad lingüística

Por mucho que tras el «desastre» de 1898 se hablara de la «europeidad» (o no) de España, no existía una alternativa europeísta en términos políticos: tanto el medio cultural hispanoamericano como el mismo español tenían una relación de «comprador» con los centros mundiales de alta cultura. El «europeísmo» como tema de ensayo tuvo una fulgurante carrera entre los «noventayochistas».[64] Además de lo confuso que resultaban los argumentos cruzados, con los cambios de postura, los diversos posicionamientos de los protagonistas intelectuales, con frecuencia expresados en exabruptos, resultaban en malinterpretaciones, a su vez repetidas.[65] Así, Ganivet figura como antieuropeísta y Costa como proeuropeo; Unamuno también fue proeuropeo, pero entonces proÁfrica o exaltador del «casticismo».[66] Ortega hizo su nombre como filoeuropeo, entendida la filiación continental como «circunstancia».[67] Las fascinación del debate «europeísta», con sus vueltas al «ser o no ser», como efecto lateral, compensatorio, producía, tal como muestra Ortega, un relativo desinterés por el hispanoamericanismo, temática que, o se trataba con abudantísimo entusiasmo, o no despegaba.[68]

Apuntar hacia Europa se reducía a la amargura relativa de aceptar la situación española como la de una potencia de segunda fila, más o menos marginal, en todo caso por detrás de Italia. Asumir la opción europea era, por tanto, entender que España no tenía una diplomacia significativa, ni una función interestatal destacada que cumplir, si no era en los intersticios de las potencias mayores. Su atraso la condenaba a importar tecnología y cultura moderna, mientras que el castellano, por muy mundial que fuera como idioma, no tenía eco posible, excepto en traducción, relación demás tendente a una cierta unidireccionalidad. La vía europea, pues, era la negación de toda pretensión de «imperio», especialmente a la luz de los resultados de la Primera Guerra Mundial. Era una «España pequeña», en el sentido de la *little Englander* o de la *kleindeutsch*, doblada sobre sí, dedicada en positivo a su modernización económica, institucional, social.

El camino del hispanismo, por el contrario, vislumbraba una destacadísima función para España, en la que podía desempeñar un papel de primerísimo rango en un escenario internacional, más allá de su escasa relevancia en las cancillerías hispanoamericanas.[69] Si se hacía con éxito, España podría ser la cabeza de un mundo propio de habla hispana, capaz de expandirse hasta la reincorporación de los países de habla lusa en un conjunto liderado desde la Península Ibérica. Como observa el historiador Isidro Sepúlveda:

> La creencia básica del hispanoamericanismo era la existencia de una comunidad transatlántica que agrupaba a todos los países surgidos de la España de los siglos XVI-XVIII. La dificultad máxima de concreción de esa comunidad se encontraba en su identificación. A finales del siglo XIX y [en el] primer tercio del XX no era posible hablar de una unión política salvo como propósito de futuro, e incluso así de un modo muy indeterminado. No existía tampoco una unidad económica; no sólo a nivel continental, sino regional e incluso nacional. La única dimensión que era susceptible de ser utilizada para fundamentar la existencia de una comunidad era la cultural.[70]

En resumen, el hispanismo y/o hispanoamericanismo era una vía de esperanza, una futurología amable, que suponía que los vínculos idiomáticos podrían traducirse en relaciones cada vez más estrechas en el intercambio cultural, en el comercio y la inversión, en el traspase de emigrantes a países ansiosos de reforzar su componente «blanco» o «europeo» y adquirir con ello mayores hábitos de industriosidad y ahorro.

Pero el hispanismo obviaba el argumento nacionalista que lo sustentaba: la suposición de que una lengua común significa algo, más allá del mero hecho en sí. El idioma español por antonomasia debería servir como elemento identificador de la comunidad, al tiempo que debía, por añadidura, cumplir una función de instrumento integrador de la misma.[71] Al ignorar el sentido genérico de su axioma fundamental, no pudo confrontar su naturaleza contradictoria. Pero, hay que recordarlo, el nacionalismo lingüístico era la gran baza catalanista. Del mismo modo, los diversos nacionalismos americanos podían, por una parte, disputar las ínfulas de comunidad hispana y plantear un «nacionalismo continental» propio.[72] O, por el contrario, podían echarse en brazos del panamericanismo estadounidense, que defendía un argumento diferenciador del «hemisferio» americano, separado radicalmente del «Viejo Mundo», tal como abogaba la centenaria «Doctrina Monroe», con la pretensión de establecer un derecho internacional «hemisférico» propio y exclusivo del espacio interamericano, norte y sur.[73] La tentación española, muy comprensible, era buscar un discreto enfrentamiento con Estados Unidos, postura sin embargo arriesgada y poco realista. Visto así, el hispanismo fue un terreno más compartido que disputado por las izquierdas y las derechas.[74]

Pero la abrupta desaparición de España como potencia americana, tras su pérdida antillana, cambió radicalmente los habituales términos discursivos. Como argumentaron Frederic Rahola y Rafael Vehils, los portavoces del panhispanismo catalán y catalanista (el último, uno de los secretarios personales de Cambó), al anunciar la creación de una Casa de América en Barcelona en 1911:

> Es un hecho evidente que la pérdida de Cuba, privándonos del último resto de la soberanía territorial en América, aumentó considerablemente el influjo de España en el continente americano. El poder que habíamos perdido como Estado, lo recobrábamos espontáneamente como nación; una gran corriente de simpatía se derivaba de todas aquéllas, originarias nuestras, hacia la antigua metrópolis, que estaba ya en el nuevo camino de su misión profundamente espiritual, y a medida que nuestra emigración iba nutriendo el crecimiento de casi todas, salvando de la miseria a muchos pueblos de España, nuestras costumbres se propagaban y el sentimiento hispano se difundía, conquistando voluntades en todos los ámbitos de aquel dilatado continente. [...]
>
> En esta labor étnica y espiritual, indudablemente a Cataluña le corresponde señalada parte, por ser aquí el lugar más a propósito para que la corriente mer-

cantil, que debe ser el ligamento material de todas las demás corrientes, adquiera una base capital.[75]

Así, la retirada de España del contiente americano abrió un nuevo frente de discusión intelectual en todo el ámbito hispanoamericano, confirmado por la intervención estadounidense en la independencia de Panamá en 1903, que cuestionaba la bondad de depender de una noción del desarrollo en exceso economicista, tutelado por «el coloso del Norte».[76] Las realidades geopolíticas, pues, se insertaron en una prolongada reflexión literaria sobre la «americanidad», trocada, cada vez más, con el cambio de siglo, en ámbito lingüístico y cultural con ribetes comunes con la antigua metrópolis.[77] El primer «Modernismo» hispanoamericano, bajo la inspiración del nicaragüense Rubén Darío, pretendió insistir en la independencia cultural frente a España, viejo tema desde la primera mitad del siglo XIX, cuando el chileno Francisco Bilbao (1823-1865) reclamaba el «desespañolizar» el continente. Unos pocos años después, la postura rubeniana se invirtió, como muestra su oda «A Roosevelt», fechada en Málaga en 1904, que amenazaba al presidente norteamericano con una «América española» bien viva, en la que «hay mil cachorros sueltos del León español».[78] Tanto llegó a ser la ola retórica que, para el poeta Pedro Salinas, el modernismo fue una corriente americana que inundó el medio nacionalista del «noventayochismo» español: «[...] y se dijo que América había conquistado a España».[79]

Tras la derrota española y en franca contraposición a la maestría técnica de los norteamericanos, desde múltiples instancias hispanoamericanas se afirmaba la superioridad de los valores morales, humanísticos, hasta aristocráticos, propios de una sociedad con sentido de la historia, frente a la vulgaridad de la nueva riqueza, basada en dólares y cañones, o, en términos más generales, de una sociedad urbana y material, industrializada y «deshumanizada».[80] Los hispanoamericanos y los españoles eran, además, por razones obvias, los primeros en percibir el peligro de la mundialización o globalización como peligro de «americanización». Como dijo J. M. Vargas Vila en el subtítulo de su diatriba *Ante los bárbaros*, publicada en Roma en 1900: «El yanqui; he ahí el enemigo». Para Vargas: «el imperialismo inglés, civiliza; testigos la India enorme y próspera, el Egipto, Australia, Canadá, ricos y casi libres; el filibusterismo americano, brutaliza; [...] / el imperialismo inglés, crea, ¡ved qué florecimiento de colonias! / el filibusterismo americano, destruye; ¡ved qué desaparecimiento de pueblos! / el imperialismo inglés es una idea; / el filibusterismo americano es un apetito; [...]».[81]

Eventualmente, pasada la Guerra Mundial, en una retroalimentación a través de la vía francesa del «latinismo» y el «latinoamericanismo», la idea de la «barbarie yanqui» ante la espiritualidad de panhispanos truncados en latinos se generalizó como tópico francés, repetido en los años veinte y de ahí a todo el continente. «Estamos americanizados sin saberlo», sentenció el reputadísimo ensayista italiano Gugliemo Ferrero en 1927 al plantear *l'universelle américanisation*, «una de las formas de la unificación del mundo, que se hace rápidamente, en las instituciones de la democracia como en la religión del progreso, tal como nuestra época lo entiende.»[82]

De hecho, el argumento, en su dimensión de confrontación entre espiritualidad y materialismo, ya estaba montado con anterioridad a la expulsión de España de tierras americanas en 1898, a veces valorado como una reacción al neopositivismo hasta entonces imperante.[83] En 1893, por ejemplo, el brasileño Eduardo Prado –muy citado en su día– aseguraba que: «La civilización norteamericana puede deslumbrar a las naturalezas inferiores, que no pasan de una concepción materialista de la vida. La civilización no se mide por el perfeccionamiento material, sino por su elevación moral.»[84] En palabras de Vargas Vila: «¿somos latinos? no, en el sentido étnico de la palabra; no pertencientes a la *raza* latina, pero sí a las *naciones* latinas»; habiendo alma en común, era posible una respuesta del conjunto «latinoamericano» a la América «sajona».[85] Vargas pedía: «Un Concejo [sic] permanente de esos pueblos y de esa raza [la mixtura latinoamericana], convocado por Argentina, y residente en Buenos Aires, precisamente frente a esos Congresos Pan-Americanos, que la diplomacia pérfida reúne periódicamente al llamamiento de la Nación Invasora», una «liga de defensa mutua» de «la Gran Metrópolis del Sur, haciéndose nido del alma latina, frente a la Gran metrópolis del Norte, hecha el nido sombrío del alma sajona».[86] Hubo, en las primeras décadas del siglo, una insistencia en la reflexión identitaria desde plumas americanas, empezando con escritos como *La americanización del mundo* de Rufino Blanco Fombona, aparecido en 1902, y siguiendo con obras como *El porvenir de la América española* o *El destino de un continente*, ambos de Manuel Ugarte, publicados en España respectivamente en 1910 y 1923.[87]

Esta temática floreció en Hispanoamérica hasta el indigenismo-vanguardismo de los años veinte y los populismos de los años treinta, desde la aparición en 1900 del libro-semilla *Ariel*, de José Enrique Rodó, hasta la obra síntesis *La raza cósmica*, de José Vasconcelos, publicada en 1925, pasando por innumerables ensayos, a cual más místico y enjundioso, con muchos de los mismos autores sucediéndose en repetidas denuncias, como *El destino de un continente*, de Ugarte, de 1923.[88] En resumen, era una inversión argumental: la debilidad o «enfermedad» de hispanos e hispanoamericanos se convertía en una superioridad esencialista, de cuyos valores «humanísticos», o históricos, se resentía el «bárbaro del Norte»; la duda quedaba en la mezcla racial, en los temibles componentes indígenas «prehistóricos» o afroamericanos «no históricos» que amenazaban el historicismo de raíz ibérica.[89] Pero también se podía dar la vuelta al racismo «anglosajón», siempre despreciativo de la mescolanza latinoamericana para argumentar, como si de verdad científica se tratara, que el mundo iberoamericano era positivo por su novedad genética, precisamente por no estar compuesto de «razas cansadas», venidas del «Viejo Continente», como lo estaba Norteamérica. Gracias a un rebote culturalista y de manera algo mágica, esta inversión beneficiaba a los peninsulares, que, debido al racismo invertido, de algún modo quedaban dispensados de la condena de tal vejez biológica.[90]

De hecho, hasta el llamado «boom literario» de la novela en los años sesenta, esta abundante ensayística fue la más destacada contribución sudamericana a las letras españolas. Del mismo modo que en España el hilo discursivo de las letras hispanoamericanas pasó de la afirmación de la superioridad moral ante el maquinismo desalmado, adorador del becerro de oro, a la angustiada búsqueda de la identidad, y de ahí a las utopías totalitarias de signo nacionalista y social.[91]

La difusión en España del discurso «espiritual» continentalista y antiyanqui hispanoamericano fue facilitado, con algo de retraso, por el trasvase cultural que significó la ocasional residencia hispana de destacados intelectuales americanos, presencia que ayudó a reenfocar la producción más cosmopolita o exiliada de editoriales o imprentas parisinas a negocios madrileños o incluso barceloneses.[92] En España, la «crisis del positivismo», incluso anterior a la derrota del 98 y sus secuelas, tuvo un especial foco en Barcelona y en la dinámica catalanista.[93] Por debajo de la evolución del sistema parlamentario español y tras una «revolución española» que había durado efectivamente de 1808 a 1874, la interacción de la vida política y cultural iba produciendo un clima de renovada proyección hispánica hacia el exterior, en buena medida anunciada por la fascinación que ejerció la figura de Colón en los años ochenta, al calor del cuarto centenario del Descubimiento que se acercaba (1892).[94] En particular, las reacciones de «resaca imperial» tras el hundimiento imperial de 1898 hicieron visible que se carecía de un foco simbólico para una recuperación nacional y la respuesta se encontró en la mitificación de Cervantes: la anfibológica «lengua de Cervantes» como muestra del universalismo hispánico y, a la vez, vía para reandar el camino perdido de la relevancia mundial. Así, el tercer centenario de la publicación del *Don Quijote* en 1905 dio lugar a toda suerte de conmemoraciones y reevaluaciones, desde el juego de las ideas hasta la filatelia.[95]

A su vez, el culto cervantino y el ensalzamiento del *Quijote* consagraron un macrodiscurso ante la modernidad, tomado de escritores latinoamericanos como Rodó; se justificaba la derrota de una sociedad subdesarrollada ante el poderío técnico mediante su superioridad moral inherente. En los años ochenta y noventa, el «quijotismo» fue considerado un atributo negativo: en 1887, por ejemplo, el poeta Núñez de Arce lo definió como el tema antinacional por excelencia en tiempos de la «Guerra larga» cubana, propio de la más negativa propaganda «en discursos, folletos, periódicos y libros»; y efectivamente, *Don Quijote* fue el título de un madrileño *Semanario satírico ilustrado* aparecido en ese año y que duró hasta 1890. Dos años después, otra revista del mismo título, más duradera (1892-1902), mantuvo el espíritu crítico y auspició a las nuevas generaciones, incluso al nicaragüense Rubén Darío, cuyas puyas antiyanquis en 1898 sirvieron para marcar la llegada a la plenitud del vínculo hispanoamericano.[96]

Al calor del nuevo discurso «antimaterialista», el sentido de la metáfora quijotesca cambió radicalmente de sentido, para hacerse positiva, hasta profunda. La relevancia del «quijotismo» hispano fue ejemplificada por *La vida de Don Quijote y San-*

cho (1905), de Unamuno, o *La ruta de Don Quijote* (también 1905) de Azorín, pero formando un ámplio conjunto que va desde Ganivet (*Idearium español*, 1897) hasta Ortega (*Meditaciones del Quijote*, 1914) o Maeztu (*Don Quijote, Don Juan y la Celestina*, 1926), y plasmado plásticamente por el emblemático monumento madrileño cuya construcción se convocó en concurso por el cuatrocientos aniversario de la muerte de Cervantes en 1916.[97] Por tanto, la reflexión «quijotesca» quedó convertida en el tema estrella del pujante ensayismo hispano, una «cuarta salida de Don Quijote», propia de la nueva «edad de plata» de la reflexión nacional española, en contraposición al «siglo de oro» imperial, cuando Cervantes fue expresión del vigor literario.[98] El escepticismo barcelonés ante esta tan patriótica lectura españolizante, pronto –desde el momento mismo del tercer centenario cervantino en adelante– tomó un sesgo nacionalista contrario, en el cual los materialistas tenían toda la razón en zurrar a los «quijotes». Así lo anunció, como profeta racial, Peius Gener, y en ello fue secundado por la prensa ultracatalanista. Josep Pijoan incluso polemizó con Unamuno en esa misma línea.[99]

El sentido de adhesión a un panhispanismo triunfante mediante la inspiración literaria que escondía el debate y, en la realidad, toda la celebración cervantina, no pudo imponerse, indiscutido en el escenario cultural español, y fue contestado activamente desde la capital catalana. El hecho amargo de fondo era que, a pesar de algunas declaraciones altisonantes, el sueño de una proyección panhispana o paniberista desde España estuvo limitado por el profundo solipsismo español, que solía insistir en sus temas íntimos sin hacer concesiones a las preocupaciones propias de las muy diversas sociedades americanas, todas a su vez bien distintas de su supuesto origen «metropolitano». Por ejemplo, un docto publicista iberista de fuerte criterio españolista pudo, tan tarde como 1914, aseverar que no se logró la «unidad de la gran potencia peninsular» por falta del hombre adecuado («Por eso la *Unión Ibérica* no es un hecho como la *unidad italiana* y la *unidad alemana*»), para abrigar esperanzas: «Pero, ¿quiere esto decir que debemos desconfiar del *Porvenir*?».[100] Como subrayaron Vehils y Rahola, pensando en las Repúblicas americanas: «Los dos máximos inconvenientes del americanismo en España han venido siendo la *generalización* y la *impopularidad*.»[101] Sin embargo, en la misma Lliga existían quienes, como el economista Josep Maria Tallada, miraban la propaganda hispanista como mera palabrería. Comentando un encuentro en la posguerra mundial, Tallada, que no era precisamente un representante del sentimentalismo más catalanista, sentenció con acidez que: «El Congreso de Comercio de Ultramar no ha tenido trascendencia práctica alguna, viniendo a ser un nuevo episodio de esta política americanista eminentemente verbalista de la que es una muestra la fiesta de la Raza.»[102] Incluso entre la gente más próxima a Cambó, pues, había fuertes discrepancias en este tema.

«Ariel» aprueba el «imperialismo catalanista»

Había, no obstante, ventajas que sacar del cultivo catalanista del panhispanismo, ya que muchos autores del ámbito americano estaban acostumbrados a pensar en el conjunto hispano como una constelación de variados Estados independientes y tampoco, viniendo de países en los cuales el castellano era el idioma de la alta cultura por *encima* de otros idiomas patrios, necesariamente se asustaban con las pretensiones lingüísticas y literarias catalanistas. Tal fue el caso de nada menos que José Enrique Rodó, nacido en Montevideo en 1872, el indisputable protagonista del ensayismo político en la Hispanoamérica de principios del siglo.

En realidad, visto desde la perspectiva americana, la problemática del catalanismo se insertaba bastante lateralmente en una amplia y prolongada discusión sobre la unidad de la lengua española que forzosamente daba vueltas a los temas de idioma e identidad nacional y nacionalismo. Dada la distancia entre las capitales latinoamericanas y los centros mundiales de referencia, se venían discutiendo cuestiones como la «descentralización de la inteligencia», que tenían directa relectura desde Barcelona, si bien siempre respecto a Madrid. Vista desde la América «modernista», la figura principal descollante de la capital catalana era Pompeyo Gener, que tuvo su interlocutor en Vargas Vila.[103] Por el contrario, en la primera década del siglo XX, hubo un poderoso enlace hispanoamericano entre Madrid y París, dada la presencia de intelectuales criollos de primer rango –como el nicaragüense Rubén Darío, con su revista *Mundial*, o el guatemalteco Enrique Gómez Carrillo, con la suya, *L'Espagne*– que hacían de puente entre ambas capitales. En estas publicaciones aparecían plumas como Rodó, los argentinos (de signo ideológico bien diferenciado) Leopoldo Lugones, Enrique Rodríguez Larreta (1875-1961) y Manuel Ugarte (1878-1951), los peruanos, padre e hijo, Francisco (1834-1905) y Ventura García Calderón (1886-1959), junto con autores peninsulares más o menos «modernistas», ilustrados por artistas también hispanos como el entonces joven Daniel Vázquez Díaz.[104]

Entre los autores más activos estuvo el poeta y ensayista mexicano Amado Nervo (1870-1919), devoto seguidor de Darío y secretario de la legación de su país en Madrid de 1905 a 1918. Nervo, pues, se metió de lleno en el debate sobre la naturaleza del vínculo hispánico. Además de otros ensayos, entre 1907 y 1911 escribió informes para la mexicana Secretaría de Instrucción Pública, reproducidos en su *Boletín*, entre los cuales «El catalán y la supremacía del castellano», que repitió, con mayor dureza acaso, las habituales recomendaciones españolistas para evitar la regresión inútil que representaban los idiomas minoritarios (en este caso, un escrito del académico de la lengua Baltasar Champsaur), y que Nervo por supuesto homologó al indigenismo. Nervo dio por buena su fuente, citándola con evidentísima aprobación:

> El hecho fatal es que la castellana ha sido y sigue siendo la dominadora en España en este momento. Por consiguiente, hay que acostumbrarse a la idea de

> una descatalanización lenta, pero inevitable. Al vasco y al gallego le sucederá lo que al bable, que apenas se habla. Y hasta el portugués tendrá que rendirse ante la acción dominadora del castellano. Las leyes naturales son sordas a las súplicas, a las lamentaciones y a los enfurecimientos.
>
> Es pues, absolutamente lógico, porque está conforme con la mecánica natural de las lenguas, que nuestro Gobierno continúe con firmeza la acción castellanizadora de nuestra lengua, en la escuela, en el Instituto, en la Universidad, en los Tribunales de Justicia, en todas partes adonde llegue su poderío, ya directa o ya indirectamente, y convénzanse para siempre los catalanistas, los vascos y los gallegos: hablando castellano seguirán siendo lo que son y lo que deben ser, porque las lenguas no tienen relación alguna ni con el carácter, ni con la mentalidad, ni con la raza de los pueblos.[105]

Ante lo cual, exclamó extasiado Nervo: «¡Cuán grato nos sería a nosotros, que tanto amamos nuestro admirable idioma, hacer extensible a Hispanoamérica la vibrante profecía del señor Champsaur!». Para Nervo, el castellano estaba en una global lucha a vida o muerte con el «sajonismo» anglófono y no podía tener contemplaciones con ningún particularismo.[106] Otros comentaristas mexicanos, como Andrés Peláez Cueto, insistieron en la misma línea.[107] Pero la dureza de este punto de vista fue suavizada por otros ensayistas latinoamericanos, para quienes Barcelona se convirtió en el necesario contrapunto obligado a cualquier reflexión sobre España.

Así, por ejemplo, en su conjunto de impresiones, *El solar de la raza* (1913), el novelista argentino Manuel Gálvez (1882-1962), admirador de Maragall y conocedor del poeta y portavoz lligaire Josep Carner, entendió que «el alma de Barcelona» estaba compuesta de pulsaciones diversas: sentimiento latino, mediterráneo e ibérico. De inclinación nacionalista en el escenario rioplatense, Gálvez intuyó la fuerza emotiva del discurso catalanista de sociedad civil, que él interpretó como adhesión urbana, según el cual la capital catalana «es la verdadera patria de sus ciudadanos, que son, cada uno en la medida de sus fuerzas, los creadores de su poder y su belleza». Pero recogió con fidelidad el argumento catalanista: contrastó la latinidad catalana con su escasez castellana, pero se cebó en el sueño iberista:

> Catalanes eminentes me lo revelaron, y si bien es cierto que en el corazón del pueblo sólo existe de un modo inconsciente, su virtualidad parece indiscutible y explica el catalanismo. Éste no es un movimiento separatista. Los catalanes miran a España como a una gran unidad compuesta histórica, geográfica y espiritualmente por estos tres países: Portugal, Castilla y Cataluña. Castilla no sólo comprende las provincias del antiguo reino de ese nombre, sino todas las que han sufrido la influencia de su espíritu y hablan su idioma. Portugal, Castilla y Cataluña constituyen tres pueblos distintos. Cada uno tiene una civilización propia y un idioma propio, y hasta ciertas costumbres fundamentales varían entre ellos.

> La unión de estos pueblos sólo será entonces verdadera y posible bajo la más amplia autonomía de cada uno. Los catalanes juzgan injusto que Cataluña, debiendo ser aliada de Castilla, sea una subordinada. Ellos anhelan reconstruir la antigua Iberia por la incorporación voluntaria de Portugal y la autonomía total de Cataluña; y piensan que la autonomía parcial de ésta prepararía para aquel fin el difícil y peligroso terreno. Yo creo que si este ideal, sobreponiéndose a todos los odios y rivalidades, se realizara, España, o Iberia como probablemente sería denominada, podría volver a ocupar su rango de gran potencia mundial.[108]

Había, pues, una potencial mirada filocatalanista y proimperial desde la perspectiva latinoamericanista, que no forzosamente había de cantar el españolismo lingüístico. En particular, José Enrique Rodó, el autor convertido en profeta de la lucha de un hispanismo o hispanoamericanismo «espiritual» contra el materialismo mecanicista del genérico «Norte», ofreció una mirada indulgente al nacionalismo catalán, en parte por la labor de zapa hecha por su amigo Santiago Rusiñol, a quien conoció en Montevideo. Pero, por añadidura, el sistema de ideas de Rodó estaba hecho para ver en la «Obra cultural» de la Mancomunitat de Prat de la Riba y en el tono dado a todo por Xenius la realización de sus aspiraciones más íntimas. El mismo D'Ors, aunque fuera de pasada, le había saludado en una glosa como «noucentista» honorario, al homenajear al afrancesado escritor cubano Alfonso Hernández-Catá (1885-1940) cuando éste visitó la capital catalana en 1910.[109]

Igual que los catalanistas, Rodó se llenaba la boca con un lenguaje político en el cual «el ideal» era equivalente a «la civilización», en la que la caridad propia del Cristianismo se encontraba fundida con el culto clásico a la belleza. En tanto que sus fuentes eran Renan, el poeta grecofrancés Jean Moréas, el católico francés Guyau y Taine, más Comte, Bourget y, por supuesto, Carlyle y Emerson (entendido éste, con Poe, como algo ajeno a los Estados Unidos), Rodó se situó en un paralelo contemporáneo con los catalanistas y, si se apura la percepción, con los mismos nacionalistas franceses como Barrès y Maurras, que tan estelarmente llegaron a más o menos las mismas conclusiones.[110] Así, poco antes de su temprana muerte por fiebre tifoidea en Nápoles en 1917, Rodó publicó varios artículos para la revista bonaerense *Caras y Caretas* (recogidos posteriormente en su libro *El camino de Paros*) en los que dejó testimonio explícito de su profunda admiración por el «imperialismo catalán», planteamiento establecido dentro de su admiración por la causa de Italia en la Primera Guerra Mundial.[111]

En 1916 entrevistó a Joan Ventosa i Calvell, para resaltar lo que de «interesante problema político» tenía el nacionalismo. Tras una atenta observación, Rodó comentó con agudeza:

> Ignoro yo si estas palabras que venían de hombre muy arriba del nivel de la vulgaridad, interpretan fielmente el ánimo colectivo. Me inclino a supone que el

tono de los más, es menos moderado y sereno. Pero ello me ofrecía excelente oportunidad, para tentar un vistazo sobre los más recónditos «adentros» de la cuestión. ¿Existe aquí, siquiera sea como horizonte remoto o como eventualidad prevista, la idea de la radical separación, de la completa independencia? ¿Hay sobre esto, lo que podríamos llamar un «sobreentendimiento» general? –Quién se proponga llegar al fondo preciso, en pregunta tan ardua, obtendrá me parece, una impresión algo confusa. Por una parte, les oís reconocer que una larga convivencia histórica ha determinado entre Cataluña y Castilla una solidaridad que da indestructible fundamento al hecho de la unidad política española. Por otra parte, les escucháis loas entusiastas de las pequeñas naciones independientes, de la contribución que les debe el progreso humano y de la bienaventuranza que les está prometida dentro del nuevo orden internacional que ha de suceder a la guerra. Creo, sin embargo, que el pensamiento de los más representativos e influyentes, sobre este delicado punto, podría concretarse de este modo: *–No deseamos la separación; pero la separación llegará a ser inevitable si las resistencias a nuestro ideal de autonomía no ceden de su presente obstinación–* [negrita en el original]. Oíd en otros términos: *–Antes mil veces la emancipación absoluta que el mantenimiento indefinido del régimen actual* [sic].

Rodó analizó esta contradicción de fondo catalán con una simpatía bastante abierta:

> Para abarcar toda la significación de tal principio, es necesario añadir que domina en el ánimo de la mayor parte de estos hombres la convicción de que el actual régimen centralista no será modificado esencialmente en España mientras ellos, como grupo político[,] no entren a participar del gobierno central; mientras manos catalanas no intervengan en la dirección de los negocios españoles. El movimiento regionalista catalán no se detiene en la órbita de los intereses regionales: aspira a la expansión, a la influencia nacional, porque las considera indispensables para asegurar con eficacia aquellos mismos intereses. Uno de los más reflexivos y serenos entre los diputados del catalanismo me repetía estas palabras, que no ha mucho habría dejado caer en los consternados oídos del Conde de Romanones: *O gobernamos en España o nos separamos de España* [sic].

De todo ello, finalmente, Rodó sacó una conclusión bien favorable al hegemonismo catalanista:

> De tal manera alcancé a interpretar las ideas capitales del nacionalismo catalán. Y mientras reflexionaba sobre eso que había oído, y me parecía como que lo repitiera y comentara la voz de la Rambla populosa un doble clamor sentí levantarse en mi conciencia de espectador sereno, pero no indiferente: ¡Hombres

> de Cataluña!: Mantened, amad la patria chica, pero amadla dentro de la grande. Pensad cuán dudoso es todavía que el sentido moral de la humanidad asegure suficientemente la suerte de los Estados pequeños. No os alucineéis con el recuerdo de las repúblicas de Grecia y de las repúblicas de Italia. Considerad que no en vano han pasado los siglos y hoy son necesarias las capacidades de los fuertes para influir de veras en la obra de civilización.
>
> ¡Hombres de Castilla!: Encauzad ese río que desborda, dad respiro a ese vapor que gime en las calderas. No os obstinéis en vuestro férreo centralismo. No dejéis reproducirse el duro ejemplo de Cuba; no esperéis a que cuando ofrezcáis la autonomía se os conteste que es demasiado tarde...[sic] Mirad que en su misma altiva aspiración de predominio hay un fondo de razón y de justicia, porque pocas como ella ayudarían tan eficazmente a infundir para las auroras del futuro hierro en la sangre y fósforo en los sesos de España.[112]

Al mismo tiempo, Rodó relató su impresión de la capital catalana y se pronunció conquistado. Quiso enfatizar su complacencia; rechazó las críticas unamunianas a la pretenciosidad de los catalanes: «Así, por ejemplo, en Instituto de Estudios Catalanes. Guardo de mi visita a este centro de cultura la más grata y duradera impresión. Empiezo por admirar en él la copiosa colección cervantina, la primera del mundo, rica de ediciones primitivas, de ejemplares únicos o raros, y primores de imprenta y encuadernación, de esos que son golosina de bibliófilo.» Para Rodó, ese coleccionismo bibliófilo era muestra de la razón que tenían los catalanes en proclamar su patente superioridad:

> Toda esta suma de energías que el ambiente pone ante los ojos se concentra y resuelve en una idea, en un sentimiento inspirador: la idea de que Cataluña es la patria, la patria verdadera y gloriosa, y el orgullo de pertenecerle. *Civis romanus sum!* Y esto, que es el más íntimo fondo, trasciende y bulle en la superficie con un fervor de fuente termal. No hay quien, con alguna facultad de observación, pase por medio de estas gentes y no perciba, a la primera mirada, el hecho de un impulso interior que las levanta y estimula; de una personalidad común que adquiere cada día conciencia más clara de sí, noción más firme y altiva de sus capacidades y destinos. Cualquiera que haya de ser el final resultado de esta inquietud espiritual, nadie puede desconocer que un sentimiento colectivo de intensidad semejante es una fuerza, y una fuerza que no es probable que acabe en el vacío. Las trascendencias políticas de tal exaltación de amor patrio son, necesariamente, muy hondas. Hasta ayer se hablaba de «regionalismo». Hoy se habla a boca llena de «nacionalidad». Justo es agregar que, en los más reflexivos y sensatos, esto se interpreta de modo que no comporta propósitos de separación absoluta. ¿Y no hay ya quien ha lanzado a los vientos la ideal del «imperialismo catalán»; del imperialismo en el sentido de la penetración y la domi-

nación pacífica de España por el espíritu director de una Cataluña que asumiese la férula del magisterio y el timón de la hegemonía?

Todo ello plantea, para el porvenir de la comunidad española, problemas de la más seria entidad.[113]

Si Rodó, que fue el corazón de la inversión argumental que convirtió la derrota imperial española en una muestra de superioridad moral, se sintió cautivado por la potencia de la sociedad civil barcelonesa, era fácil olvidarse de la negativa contundencia de Nervo y preguntarse, con satisfacción, ¿cómo no iban a pensar lo mismo otros observadores, con beneficio más cercano?

La dinámica de la Guerra Mundial

La Primera Guerra Mundial consolidó la idea de una vinculación económica a la vez que espiritual o lingüística entre la «Madre Patria» y sus hijas hispanoamericanas, en parte como reacción a la campaña de refuerzo de vínculos realizada por organismos oficiales y oficiosos franceses durante la contienda.[114] Metida en una lucha a vida o muerte, la Francia oficiosa jugó, en palabras de un historiador, «a todas las patrias posibles», incluida, por supuesto, la capitalidad del panlatinismo. El esfuerzo francés se vio contestado por un celo panhispanista.[115] En España, desde posturas y perspectivas muy diversas, se insistió en que era una oportunidad coyuntural de gran importancia, ya que la neutralidad española en la contienda internacional le daría acceso a mercados antes dominados por ingleses u otros, al tiempo que, por la parte contraria, los hispanomaericanos podrían aprovechar la presencia española como liberación relativa, dada la menor importancia española como potencia, luego su menor interés en imponer por la fuerza criterios ajenos.[116] Algunos portavoces catalanistas, como Rahola, destacado miembro de la Lliga, tuvieron un papel preeminente en estas campañas.[117] En palabras suyas: «Los diarios son llamados a crear un estado de conciencia en los pueblos que los conduzca a un ideal superior nacional.»[118] La percepción era que se debería aprovechar la existencia de colonias de emigrantes hispanos presentes en muchas ciudades americanas, con una función especialmente comercial significada. Las comunidades estaban organizadas en asociaciones nacionalistas, aunque con cierta ambigüedad, coexistiendo casinos españoles con centros catalanes o vascos o gallegos, pero también casas regionales sin mayor implicación de asturianos y restantes.[119]

Más o menos de forma simultánea, algunos eventos hispanoamericanos dieron un contenido defensivo a este mismo discurso de panhispanismo desde España, con un punto de histerismo «incondicionalista» que lo emparejaba con el «españolismo» de las guerras civiles cubanas, al fin y al cabo, punto de partido de esta ideología. El alzamiento agrario en México, en especial el movimiento zapatista en el estado de Morelos, tuvo, desde su nacimiento en 1910, un sentido explícito antiespañol –«¡Viva la revolución y mueran los gachupines!»– que se ha atribuido al papel destacado que, como capataces y administradores, tuvieron inmigrantes peninsulares en el despegue capitalista de las grandes propiedades agrícolas de la región.[120] Para la opinión española interesada, la confrontación mexicana con discurso negativo de identidad, igual al que antes hubo en las Antillas, tuvo el efecto de radicalizar sentimientos de hispanidad orgullosa, junto con una apelación a la función protectora de la Monarquía en el extranjero.[121] La experiencia mexicana transformó más de un parecer: una muestra elocuente fue el valenciano doctor José María Albiñana y Sanz, liberal desde su juventud, a quien la vivencia revolucionaria convirtió en obsesivo nacionalista español.[122] Ya conocido por una obra sobre la geopolítica lingüística en las Américas, Carlos Badia Malagrida, cónsul español en Torreón (Estado de Coahuila, México), llegó a hacer una propuesta para «la organización corporativa de todos los españoles residentes en una misma república», de notable verticalismo, indicativo tanto del miedo producido por la revolución, como de las ansias de vertebración y control que se anticipaba redundarían de una movilización en sentido nacionalista de los emigrantes.[123]

Pero el «enemigo» principal, más allá de la rivalidad con Francia por el «panlatinismo» y los resquemores por el trato otorgado a los emigrantes de España en las repúblicas americanas, era Estados Unidos, cuya expansión misma fue la causa de la convergencia entre hispanoamericanos y españoles. El ejemplo hispanoamericano, a partir del despliegue estadounidense en 1898 y de manera creciente hasta culminar en la posguerra de la contienda mundial (en la que buena parte de las repúblicas americanas estuvieron formalmente implicadas), tendió a enfatizar su hostilidad al «imperialismo moderno» y, muy especialmente, a «El proteccionismo, imperialista y disociador», reivindicando así, en circunstancias muy diferentes, las antiguas verdades cobdenianas.[124] Fue representativa de la unidad de fondo panhispanista en la política española la «Declaración de los partidos españoles ante Estados Unidos» en septiembre de 1919, firmada por los jefes de fila liberales Romanones, García Prieto, Santiago Alba, Rafael Gasset, Alcalá Zamora, más el reformista Melquiades Álvarez, además de Lerroux, Cambó, el maurista Goicoechea, Bergia, y hasta el socialista Indalecio Prieto, protestando por la ocupación estadounidense de la República Dominicana.[125] Así, tal como en 1911 resumieron las alternativas Vehils y Rahola desde la perspectiva de Barcelona:

> En América actúan tres movimientos: el panamericano, favorecido por los Estados Unidos, porque viene a consagrar su hegemonía; el hispanoamericano, que no puede desligarse del iberismo, ya que no podemos ni debemos separarnos de los lusitanos en la obra de impulsar el crecimiento de nuestra raza en aquel mundo; y en un sentido amplio, el latinoamericano, que tiende a concentrar el espíritu romano, como diría Miguel Antonio Cano, frente a la tendencia poderosa y progresiva de los sajones.

Respecto al primero, poco hemos de decir; por nuestro especial temperamento y aptitudes, nos hallamos en circunstancias favorables para contrarrestar en cierto modo la tendencia del Norte, laborando con eficacia en pro de lo que en modo alguno ha de interpretarse como un deseo imperialista, de dominio espiritual, sino simplemente como amor y empeño porque el sedimento ibérico perdure en América. No en balde nos llamó Skinner «yanquis españoles», y a base de tal afinidad con aquel pueblo admirable, leve o pronunciada según los aspectos, ha de ser más fácil dicha acción.

Con relación al latinamericano, alimentado por el espíritu francés, y en algunos países por la corriente migratoria que deriva de Italia, si no contentos con nuestra tendencia genuina, la iberoamericana, tendemos a fortalecerlo –cosa desde luego muy digna de ser meditada–; pocas ciudades se hallarán en el mundo que ofrezcan mejores condiciones para servirle de punto de apoyo que Barcelona, que ostenta el propio cosmopolitismo mediterráneo que distingue a Buenos Aires. Barcelona ha sido siempre la ciudad predilecta de los latinamoericanos y está en nuestro deber y conveniencia hacerla cada vez más atractiva, para que puedan encontrar en ella, al par que las facilidades de un mercado de exportación como Hamburgo, las ventajas de una ciudad editorial como Leipzig, el ambiente artístico de Florencia y las seducciones de confort de una ciudad europea a la moderna.

Y en cuanto al movimiento iberoamericano, hemos de propender con energía a que en Barcelona encuentren aquellos pueblos un ambiente especial de franca simpatía exenta de adulación ninguna, que sea en lo posible singular y único, que nos haga permeables a la asimilación de su cultura, de su ser espiritual, pues creemos, con sobrado fundamento, que está nuestra ciudad capacitada para recibir e injertarse de ese vigor moral y ese reflujo intelectual que de allí nos llega y por días se intensifica y acrecienta. [...][126]

El africanismo: muestra de un movimiento de agitación sin sociedad civil de respaldo

El africanismo era una alternativa colonialista dura en más de un sentido, con una influencia soterrada pero real en la imaginación política española en el paso del siglo XIX al XX.[127] Algunos historiadores han argumentado que sustituyó al iberismo, tras la oclusión de anexionismo lusitano con el resultado revolucionario y caótico de la revolución de 1868.[128] Con el africanismo se abogaba por una participación española, efectivamente fallida, en el «reparto de África» durante la década que culminó en la conferencia de Berlín, entre noviembre de 1884 y febrero de 1885, encuentro internacional que reconoció el «Estado Libre del Congo» de Leopoldo II de Bélgica.[129] Existía también –como lastre de las anteriores apetencias iberistas–

una evidente envidia de Portugal, que siendo un Estado de fuerza inferior había logrado hacerse con una considerable extensión de territorio africano; de una manera desbordante, la finisecular especulación nacionalista lusa tuvo un claro componente colonialista, y oficiales curtidos en las campañas de Angola y Mozambique tuvieron un protagonismo desproporcionado en la evolución tanto práctica como ideológica de la política portuguesa en las nuevas décadas del nuevo siglo, de manera del todo incomparable a las circunstancias españolas.[130] Pero, a pesar de las campañas de agitación africanista, en palabras del muy partidista Gonzalo de Reparaz y Rodrigues, expansionista español nacido en 1860 en Oporto: «El Estado y el trabajo individual y nacional echáronse a dormir juntos la siesta, y el intento de política africana no pudo romper el cascarón académico, viniendo a abortar lastimosamente.»[131] Los mismos publicistas africanistas habían forzosamente de reconocer que «hay muchísimos que consideran pura utopía realizar nuestro porvenir en África».[132]

Pasada tal oportunidad –en la suposición de que hubiera existido–, una expansión territorial africana era casi inimaginable. La llamada «Guerra chiquita» de Melilla en 1893 despertó renovadas expresiones de protagonismo africano y siempre hubo quienes creyeron viable –y hasta duradero– un aprovechamiento «marroquista».[133] Puede que su expresión más contundente fuera plástica, el rápido éxito del estilo neomudéjar en la decoración de edificios de la segunda mitad del siglo XIX (temática visual celebrada por el arquitecto catalanista Lluís Domènech i Montaner como una posible «arquitectura nacional» para el sur español), que, entre otros sentidos, corrió parejo con el triunfo del toreo como «fiesta nacional», al convertirse en la expresión «natural» para la construcción de plazas de toros.[134] De hecho, los catalanistas no se sintieron ajenos a la exploración, con cierto ingenuo espíritu misionero, de unas hipotéticas raíces culturales magrebíes o islámicas: así, el poeta y sacerdote Verdaguer visitó el norte de África en 1883, mientras que el arquitecto Antoni Gaudí (de la mano del naviero Claudio López Bru) asumió en 1891 el encargo no realizado de una sede central para las misiones franciscanas en Tánger.[135]

El sueño de una presencia española a ambos lados del estrecho de Gibraltar se hizo cada vez más instrumental y publicitaria.[136] La expectativa inicial, que preveía una suave penetración comercial, basada en los «derechos» de España, no llevó a gran cosa.[137] La esperanza era que «*trade will follow the flag*», que al comercio seguiría a la soberanía, según la conocida fórmula imperialista británica. Pero, en el pobrísimo territorio del Yebala y del Rif, ¿qué se podía vender? Y ¿a quién? Ya en la Exposición Universal barcelonesa de 1888, el cronista del *Diario Mercantil* había manifestado su escepticismo ante el montón de babuchas y semejantes, «en pobre escala», que exhibía el Consulado de Marruecos en el certamen; tampoco le impresionó la lista de productos españoles exportados al país norteafricano. «Nada hay allí –concluyó–, que nos indique que España, como pretenden muchos, tenga su porvenir en África.»[138] El desastre del Barranco del Lobo melillense en 1909 anunció claramente el elevadísimo precio político que habría que pagar por una intervención económica, con el riesgo evidente de una revolución interna en España, como se hizo visible en la Semana Trágica de Barcelona en julio de ese año.[139] Desde la Guerra de África de 1859-1860 en adelante, había florecido una cierta tradición de entusiasmo por las «gloriosas» aventuras marroquíes; en el contexto catalán fue retratada la «gesta» de los Voluntarios Catalanes con carga romántica por el pintor Mariano Fortuny y narrada por Víctor Balaguer.[140] Pero la protesta encolerizada del verano de 1909 en la Ciudad Condal rebajó los vivos colores y las fáciles alusiones, sin borrar del todo las ambiciones. Quedó, en tierras menos beligerantes, la esperanza de poder sacar provecho de una vertebración religiosa, por órdenes misioneras, de las posesiones españolas del Golfo de Guinea.[141]

La anticipación de un éxito fácil que reforzara la dinastía hizo más estrecho el interés del rey, reputado como deseoso de ser recordado como «Alfonso el africano», tal como le proclamó el Senado español tras la visita regia a Melilla en 1911:

> Acabáis, señor, de regresar de la tierra africana. Sois el primero de los Monarcas españoles, que, después del grande Emperador, ha puesto en ella sus plantas. Pero hay una diferencia capital entre V. M. y aquel Soberano de fama inmortal. El Emperador descendió a la tierra del África como conquistador; V. M. ha puesto en ella, por más que en su ambiente se aspiran aún efluvios de gloria desprendidos de los heroicos hechos de nuestro valiente Ejército, su planta en plena paz.
>
> Aquella tierra, para el invicto César, era una tierra extraña y enemiga; mas para V. M. seguramente ha recordado en ella los gloriosos tiempos en que formaba parte de la Patria española, constituyendo la España transfretana del Imperio de los Césares, para continuar siendo parte integrante de la España visigoda, y aun después, cuando ejercieron la soberanía los insignes Ben Humeyas, cuyas glorias aún hoy centellean en sus grandes monumentos cordobeses.
>
> Las inspiraciones de la opinión pública, más que en los dictados de la razón, nacen en los ardientes latidos del sentimiento ante las desgracias y las prosperidades de la Patria. [...]
>
> El Estrecho de Gibraltar nunca ha sido para España una frontera, y si las conmociones de la naturaleza pudieron abrir aquel paso a las aguas del Océano, no pudieron cortar los vínculos históricos y etnológicos que ligaban a los pueblos de más acá y más allá de ese istmo, abierto en tiempos cuya memoria se ha perdido. [...]
>
> La Europa ya se ha interesado en todo lo que al Imperio xerifiano afecta. Nuestros amigos y vecinos hacia el Norte han tomado parte muy activa en la vida interior de este Imperio. Nosotros nos conformamos con los hechos cumplidos, porque debemos respetarlos y a ellos debemos acomodar nuestra conducta. [...]
>
> El pueblo español, aparte toda ambiciosa aspiración de política soberana, puede ir extendiendo su acción desde el Muluya hasta la costa del Atlántico, y

desde el Mediterráneo hasta el Atlas, que ya en remotas edades era la frontera natural que a nuestra Patria se fijaba. Allí, pues, está una buena parte de nuestro presente y de nuestro porvenir. Dediquémonos todos a la obra, y si esta grande empresa avanza en su camino, día llegará en que, como en otros siglos la República del Tíber adjudicaba a sus hijos más ilustres epítetos tomados del territorio con que engrandecían a su patria, la historia contemporánea tenga motivos muy legítimos para apellidar el reinado de V. M. con el Título de *Reinado de Don Alfonso el Africano*.[142]

Era una muestra de la retórica facilona de nostalgia «imperialista» que se podía generar en el encuentro entre la Corona y cualquier proyecto de expansión en Marruecos: al fin y al cabo, quien era capaz de comerse un «imperio» debía serlo todavía más.

Pero las realidades de la diplomacia entre las principales potencias, el interés directo de Francia y el protectorado marroquí de 1912 cerraron la especulación con un trozo de costa de tradicional presencia española, pero de escasísmo interés económico en relación a los costes de todo tipo y con una difícil promesa de desarrollo futuro. Incluso era poco realista el doble sueño de cambiar el protectorado marroquí por Gibraltar.[143] El interés militar fue tan reducido que acabó por escindir al mismo Ejército, cuya oficialidad, tras 1916, notoriamente estuvo dividido entre los partidarios cuarteleros de una nacionalización patriótica interna (lo que comportó una relación más bien negativa con los nacionalismos alternativos al españolismo) y los jefes combatientes de filiación «africanista», de estrechísimo discurso patriotero y militarista. Según el historiador Altamira, fervoroso panhispanista, hablando de su experiencia personal, Dato, dado a escoger, por el historiador y publicista, «entre dos resoluciones: una referente a nuestra acción en África: otra a nuestros problemas e intereses en América», no dudó en elegir «la segunda, demostrando que comprendía bien el valor de nuestro americanismo».[144]

El «africanismo», por tanto, no acababa de convencer, ni resultó atractivo o ilusionador para sectores amplios de opinión. Según el dirigente socialista Indalecio Prieto: «[u]na representación de *La Africana*, última ópera de Meyerbeer, origina *El Dúo de La Africana*, jugosa zarzuela de Fernández Caballero, y una representación de *El Dúo de La Africana* engendra *Los Africanistas*, pieza cómicomusical de menos vuelos. En el ejército español conocíase por "africanistas" a quienes hacían su carrera militar en África.»[145] En otras palabras, el africanismo nunca fue más que un eclecticismo en cuanto a referentes simbólicos, sin un proyecto para la forma del Estado español en tanto que peninsular. Al contrario, resumió todo el repertorio posible en la insistencia de un expansionismo más agresivo.[146] Y tampoco, aunque el mensaje se repitiera, tuvo un gran éxito de audiencia. Ya en los albores del movimiento africanista, a inicios de 1889, Francisco Coello, presidente de la Sociedad Geográfica de Madrid, dirigiéndose a los socios de la entidad para tratar *La cuestión del Río Muni*, confesó:

> Recordaré de nuevo que en España, tanto los hombres *políticos* como los que no lo son, se ocupan muy poco de estas cuestiones; los primeros, distraídos en sus contiendas de partido y más todavía en las personales, que absorben su principal atención, carecen de tiempo para dedicarlo a aquellas: basta además que un partido piense en un ensanche, proponga o intente una mejora en nuestros dominios ultramarinos, para que la encuentren mal y la abandonen los del bando contrario. [...] Los no políticos ni sospechan acaso la importancia de los problemas coloniales: a la mayoría todo le es indiferente, y unos y otros profesan la idea de que no hay necesidad ni aun es conveniente ocuparse en estas cuestiones que consideran como exteriores, pensando que sólo debemos atender a las de casa y a nuestro desarrollo interior, como si en éste no pudiera tener tan grandísima influencia el de nuestras provincias ultramarinas. Lo peor es que tampoco se trabaja en esa reorganización interior que se toma como pretexto para no mezclarse en lo de fuera.[147]

Fue, pues, más un movimiento de portavoces que de base. Hubo, además, una diferencia importante de perspectiva entre regiones. Lógicamente, la zona andaluza tuvo especial interés en la promoción africanista y marcado protagonismo: el núcleo granadino, con Almagro Cárdenas al frente, organizó el primer Congreso Español de Africanistas en esa misma ciudad en 1892; tales preocupaciones no estaban lejos de la obra del igualmente granadino Ganivet ni del «León de Graus», Joaquín Costa.[148] En anticipo de los grandes beneficios que se suponía había de producir el reparto del imperio xerifiano surgió un movimiento en pro de los Centros Comerciales Hispanomarroquíes, que se responsabilizaron de convocar los Congresos Africanistas de 1907 en Madrid, de 1908 en Zaragoza, de 1909 en Valencia y de 1910, otra vez en la capital estatal.[149] Sin embargo, había, parejo a los entusiasmos y las esperanzas de lucro, un muy consolidado sentimiento pesimista sobre la capacidad española para asumir una tarea de agresivo intervencionismo ultramarino, visto el resultado de los conflictos cubano y filipino en los noventa, consumada por la derrota contundente a manos estadounidenses. Era elocuente el escepticismo del Marqués de la Vega de Armijo (brevemente primer ministro liberal en el paso de 1906 a 1907), expresado en la Real Academia de Ciencias Morales y Políticas en enero de 1903, al glosar un artículo del comentarista francés René Pinon aparecido en la *Revue des Deux Mondes*:

> Después de la guerra de las colonias –dice el autor [Pinon]–, hombres de Estado y geógrafos han tratado de levantar esa idea queriendo unir la España de Alfonso XIII a los grandes recuerdos de Alfonso el Santo y de Isabel. En conferencias y folletos, no ciertamente como en tiempo de las Cruzadas, sino con el carácter de protectorado, invocando la afinidad de las razas, a pesar de la diferencia de civilización y de creencias. En una palabra: un gran Estado musulmán, a quien se llevaba al progreso y a la verdadera civilización, dirigido por España.

Desgraciadamente, estas nobles aspiraciones, si hacen honor al patriotismo de los que las han concebido, no tienen quizás en cuenta el estado político y financiero de la Península y de sus intereses en Marruecos. Mas, como reconocen ellos mismos que España no está preparada para jugar un papel preponderante, confían más en el porvenir; pretenden que continúe el *statu quo*, pero no reflexionan que de seguir así Marruecos independiente y cerrado a toda influencia de fuera, traerían a España, si oyese sus temores y siguiera sus consejos, crueles decepciones.[150]

Como mostraron las crisis diplomáticas sobre Marruecos en 1905 y 1911 había un interés activo por parte alemana de frustrar la «penetración pacífica» francesa en el destartalado Imperio de Marrakech. La Cancillería alemana envió acorazados a las costas marroquíes tres veces en 1894-1895 y 1898-1899 en reclamación de los «intereses germanos» cuando algún subdito del Reich fue muerto en un país notorio por su descontrol y peligrosidad.[151] El envite germano repercutió claramente en la persistente demanda española ante Francia referente a sus intereses en Marruecos en los primeros años del siglo.[152] En 1902 se creó una Sociedad Marroquí, reconstituida como Sociedad Alemana del Mediterráneo, pero estas intentivas de copiar la Liga panGermana o la Kolonial Verein no dieron mucho de sí. El káiser Guillermo II no estaba muy interesado en Marruecos, si bien la coyuntura diplomática anglofrancesa en 1904 hizo útil una actuación del emperador el año siguiente (desembarcó en Tanger para recordar sus «derechos» en el Norte de África), que resultó en la Conferencia internacional de Algeciras.[153] Mientras tanto, la diplomacia germana estaba explorando las posibilidades de excluir a España del reparto de Marruecos o, por el contrario, quedarse con sus posesiones insulares en el Golfo de Guinea. En 1911, un nuevo incidente, el envío de un acorazado alemán a Agadir –punto costero codiciado para una muy hipotética anexión alemana–, provocó un acuerdo para el reajuste de fronteras entre Francia y Alemania en Camerún y, en consecuencia, cerró la cuestión del protectorado francoespañol sobre Marruecos.[154]

En realidad, el conflicto bélico de 1909 en Melilla, que produjo una revolución en Barcelona, la famosa Semana Trágica, enfrió los ánimos –especialmente, en Cataluña– que habían anunciado el movimiento de los centros comerciales.[155] Así, aunque también decayera tras la tan conflictiva experiencia bélica de 1909, tal iniciativa sólo se mantuvo hasta cierto punto inhiesta en una zona como Málaga, cuyo trato cercano con el norte de África favorecía la iniciativa.[156]

Al establecerse, por fin, el Protectorado sobre Marruecos en 1912 y dado el impulso exclusivamente mercantil y cada vez más regionalizado de los centros comerciales, los partidarios de la misión «africana» creyeron necesaria una nueva entidad para la propaganda y, en enero de 1913, se fundó la Liga Africanista Española, autodefinida como «asociación constituida para el fin social de mostrar a la opinión pública[,] los poderes constituidos y los organismos del Estado, las que estime deben ser aspiraciones nacionales en África y defender los derechos creados y que puedan y deben crearse en África».[157] Significativamente, la flamante Liga tuvo una Junta Central y juntas delegadas en Barcelona, Tánger, Tetuán y Ceuta. Para entonces, sin embargo, las izquierdas en general, muy especialmente tras las secuelas de la Semana Trágica y el coqueteo liberal con la conjunción republicanosocialista habían convertido el tema colonial magrebí en bandera de su crítica sistemática al sistema político imperante.[158] Muy al contrario que en tiempos de Costa o de Ganivet, tres décadas antes, en los años diez la Liga Africanista y sus semejantes, incluyendo a los centros comerciales, se habían de situar descaradamente a la derecha ideológica y cercana a la opinión militarista más activa.[159]

En todo caso, el africanismo español nunca fue capaz de consolidar un núcleo social y regionalmente ecléctico que sirviera de equivalente español del «partido colonial» francés, efectivamente constituido a partir de 1892 como *caucus* parlamentario alrededor de Eugène Etienne, diputado sempiterno por Orán (elegido diez veces consecutivas hasta 1919, cuando pasó al Senado). Con tal abrigo se pudo constituir el año siguiente un efectivo *lobby*, la Union Coloniale Française, fundada a instancias de un comerciante marsellés, que se sostuvo con importantes cotizaciones a empresas implicadas en negocios con el Imperio, con una fuerte impronta propagandística (un periódico quincenal y un diario) hasta, eventualmente, tras 1919, contar incluso con una agencia de noticias. El despliegue de una prensa «colonial», tanto metropolitana como en ultramar, vino a confirmar, en la primera década del siglo XX este poderoso sector de opinión en la vecina República.[160] Mientras tanto, en España, la Liga Africanista languideció, impotente para competir como portavoz con las cámaras de Comercio e Industria o los intereses empresariales e incapaz de convertirse en una fuerza política, en marcado contraste con la Lliga Regionalista de Catalunya.

Filosefardismo, o el dubitativo hispanismo mediterráneo

El africanismo tuvo un discurso paralelo, complejo y contradictorio, hasta la paradoja: fue, por una parte, el redescubrimiento de los sefarditas, que se convirtió en un debate cíclico sobre «retorno de los judíos»; el atractivo de las minorías hispanohebreas era su presencia en puntos determinados del Mediterráneo, mientras que la cuestión perdía toda su gracia si se planteaba una recuperación poblacional en la metrópolis.[161] Era tema relativamente antiguo, que venía de los tiempos de la Guerra de África en 1859-1860, cuando la conquista de Tetuán trajo la sorpresa de su gueto, con unos habitantes que saludaban a las tropas españolas en castellano del siglo XV, tal como divulgó el novelista Benito Pérez Galdós en los *Episodios Nacionales* correspondientes.[162] Pero asimismo era una cuestión que provocaba sentimientos a la vez intensos y contradictorios por sus complicadas resonancias históricas y la fuerte carga negativa que tradicionalmente acarreaba.[163]

El conocido autor andaluz Juan Valera era diplomático, embajador en Viena y Washington, cuyo estilo de tono optimista cubría un notable pesimismo conservador.[164] En una de sus «Notas diplomáticas», de abril de 1897, especuló con el aprovechamiento sabio de la diáspora hispanojudía como baza para una más ambiciosa intervención española en el «concierto de la potencias» que rodeaba el desmembramiento del Imperio otomano.[165] Si bien se destacó inicialmente como opuesto al «retorno», en tiempos de la Constitucion de 1869 («[...] los judíos son quienes menos falta nos hacen»), Valera se hizo mucho mas condescendiente con los años, se opuso al antisemitismo agrio de los católicos duros y vino a figurar entre los medios favorables a las iniciativas de acercamiento, especialmente a los sefardíes.[166] Pero, más allá de la cuestión de la instalación de judeoespañoles de nuevo en la España peninsular, *había el potencial que esos mismos sefarditas podían representar como población hispanohablante en el marco mediterráneo,* tanto en el Magrib como en los Balcanes o el Levante. Según Valera, escandalizado por el cierre de la Legación española en Atenas, España «sigue pecando por modestia y descuido», a diferencia de Italia, «que interviene en todo»:

> Algo importan Atenas, Constantinopla, Creta, Jerusalén, Salónica, etc., a la nación que tuvo por allí aragoneses y catalanes en tiempo de los Paleólogos, que triunfó en Lepanto, que aún sostiene y conserva misiones en Palestina y que en el día de hoy, si quisiese, sería fácil que inscribiera como españoles a cerca de 130.000 personas que siguen hablando la lengua castellana y que proceden de España, donde sus antepasados puede asegurarse que estuvieron establecidos desde los tiempos de Nabucodonosor hasta fines del siglo XV. ¿Qué motivo o qué pretexto no daría a otra cualquiera nación más entrometida que España esta gran multitud de casi conciudadanos, que pudieran serlo sin casi y por completo, para exigir y pedir e intervenir en todo o en mucho? Sólo en Salónica hay 60.000 hebreos españoles, 50.000 en Constantinopla y 15.000 en Andrinópolis. En no pocas poblaciones, son los más activos y ricos de cuantos las habitan. Todos hablan nuestro idioma, procuran conservarle en su pureza y hacer que sea más conforme cada día con la lengua de Cervantes; le escriben en más de 30 periódicos y en libros si bien con caracteres rabínicos, y todavía en 1873 han publicado una nueva edición de la Biblia en castellano.
>
> Sólo con los pequeños derechos que pagasen estos judíos al inscribirse como españoles en nuestros Consulados, se podrían sostener con desahogo y hasta con lujo nuestras Legaciones en Constantinopla y Atenas y algunos otros gastos que pudiéramos hacer para protegerlos y mirar por ellos.[167]

La jura de la Constitución por el rey Alfonso XIII en mayo de 1902 coincidió con un enfoque renovado sobre los sefarditas.[168] El doctor Ángel Pulido empezó lo que sería su cruzada –si se puede llamar así– en un viaje por el Danubio en 1883 con su familia, cuando se le acercaron algunos pasajeros rumanos –pero judeoespañoles– por el gusto de charlar en su idioma ancestral. A partir de este encuentro decisivo, Pulido vio la luz. Como escribió en una carta desde Viena a *El Siglo Médico* en mayo de 1903:

> Desde Viena hasta Constantinopla se encuentra repartido un número de judíos que no bajará de dos millones y cuyo idioma es el castellano antiguo, que conservan con heroica tenacidad a través de los siglos transcurridos. Este fenómeno sólo puede explicarse porque el grado de civilización a que llegaron en España era mucho mayor que el alcanzado por los pueblos donde fijaron su residencia. [...]
>
> ¿No podrían la Academia Española de La Lengua y todas las demás sociedades científicas y literarias fomentar las relaciones entre estos españoles y su llorada Patria, por ejemplo, creando premios para composiciones escritas en estas apartadas regiones? Agradecería que sobre esta base se publicase algo en cualquier lado, pues me parece que la cosa lo merece y atraería la atención. Estos orientales se llaman a sí mismo españoles.[169]

En su libro *Los israelitas españoles y el idioma castellano*, aparecido en 1904, Pulido se preguntó si: «¿Importa a una nación que su idioma se cultive y se difunda por los demás pueblos? ¿Está obligada –en caso afirmativo– a realizar gastos y esfuerzos para lograrlo? Justo es reconocer que preguntas tales únicamente se conciben en España y en estos pueblos que no rebasan de sus fronteras el examen de los grandes motivos de la vida pública, ni ahondan siquiera en el estudio de los propios factores de su riqueza nacional.» Su respuesta se centró en «[...] esta infeliz España, madre fecundísima de naciones llamadas a espléndidos destinos, que ha impuesto con sangre y sacrificios su propia habla en América y en los archipiélagos antillano y magallánico, tiene desparramados por casi todos los pueblos de Europa, por Asia y África, mucho más de medio millón de familias israelitas, olvidados hijos suyos, que defienden todavía su idioma patrio, ya bastante adulterado, contra las causas numerosas que tienden a extinguirlo.» Pulido concluyó «Que el pueblo judío español, diseminado por Europa, África y Asia Menor, siente los efectos de esa concurrencia poderosa que en todas partes ahora se manifiesta activísima por acreditar el valor de ciertos idiomas y establecer su predominio.»[170] Resumiendo, *Pulido invirtió el sentido del debate sobre los sefarditas en pie desde la conquista de Tetuán. No era cuestión, según el higienista, de abrir las puestas hispanas cerradas en 1492 y plantear la recuperación para la España metropolitana del supuesto ingenio comercial de los hebreos, que había sido el tema decimonónico debatido. Al contrario, que se quedaran donde estaban, pero que sirvieran para lanzar un vasto ejercicio de presencia y reconomimiento español en toda la cuenca mediterránea.*[171]

Finalmente, Pulido reunió más de veinte años de contactos, correspondencia y agitación en un caótico tomo, *Españoles sin patria y la raza sefardí*, publicado en 1906.

Allí, *entendió que la creación de un espacio hispánico mediterráneo era una respuesta tónica a tanto pesimismo racial hispano*.

> Italia parece en tal grado la monomanía autodenigrante, aun entre sus grandes intelectuales, que la preciosa obra de [Nicola] Colajanni, sobre *Razas superiores y razas inferiores*, no es más que un hermoso canto de amor y de esperanza a la Italia rediviva y siempre joven, que muestra grandes energías en su existencia interior y sorprendentes expansiones en su vida internacional de África y América, para oponerlo como un tónico moral necesario contra el aplanamiento que causa tan funesta influencia y contra las injusticias de tan sistematizados y pervertidos estudios.
>
> Pero España es, entre todos los pueblos latinos, aquel donde esta monomanía, humillante y despreciativa, ha tomado más desarrollo. Como dice [José] Buixó [Monserdá], con razón, en su prólogo a la versión española del ya citado libro de Colajanni, hemos arrojado tantas piedras a nuestro tejado, que casi todos hemos quedado lastimados por su rebote.

Pulido sentenció, en consecuencia, que la competición entre razas debía ser positiva, y para nada negativa o exclusiva:

> Ese juicio de Colajanni, de que todos los pueblos y razas han llevado su contingente al patrimonio de la civilización, y que ésta puede ser comparada a una lámpara que los unos transmiten a los otros, es algo exacto; y lo es todavía más el que ninguna raza puede vincular en sí la aristocracia intelectual, ni las más selectas aptitudes del progreso, porque si hechos que probasen lo contrario faltaren en la historia, ahí está la aparición estupenda de ese deslumbrante Sol japonés, que surge por Oriente dando categoría, en los destinos del mundo, a una raza tenida por despreciable y simia.

Y añadió, como colofón de su argumento: «¡Que vaya ahora Le Bon a los nipones con aquellos juicios suyos sobre la jerarquía de las razas, cuando afirmaba que todos los diplomas del mundo jamás harían que un negro y un japonés llegasen al nivel de un europeo vulgar!».[172]

Pulido no fue un arbitrista cualquiera. Al contrario, tuvo una muy existosa carrera profesional como reconocido experto en cuestiones de sanidad pública (de hecho, era un higienista profesional).[173] Pero su renombre verdadero se lo ganó como «apostol» de los judeoespañoles. *El filosefardismo, entonces, se convertía en una respuesta al importante ritmo de emigración española al Norte de África francés*, especialmente a Argel y el Oranesado, siendo el componente inmigratorio en Argelia calculado oficialmente en 144.328 personas según el censo de 1921 y oficiosamente estimada por las autoridades españolas en 200.000, más el fuerte contingente hispano en la Francia metropolitana, que incrementó de unos 106.000 a 255.000 entre 1911 y 1921.[174] El espacio «imperial» francés era, muy evidentemente, la gran alternativa a «hacer la América».[175]

Cualquier opción mediterraneísta que lo fuera más allá del ámbito puramente cultural tenía forzosamente que ser filosemita, a partir de la prédica tan exitosa en España del doctor Pulido. El panhispanismo, como era (o es) evidente, contaba con el poder del idioma común para lograr el «natural» liderazgo español en el mundo de habla hispana; ello se hacía extensible –con guiones diversos, hasta encontrados– al iberismo y el iberoamericanismo. Pero la proyección española en el Mediterráneo, con o sin catalanes, carecía de una base sólida.[176] Puestos a hacer sumas geopolíticas, un pasatiempo entonces muy admirado, los catalanes podían aportar unas poblaciones exiguas en el Rosellón o la Cataluña francesa y en la villa de Alguer en Cerdeña, que era poco más que una curiosidad. Había una emigración reciente –mucha de ella de zonas de histórica conexión catalánica, como las Baleares o Alicante– en el Oranesado, en la Argelia francesa. Dicho lo cual, no había más castellanohablantes en el Mediterráneo occidental que los sefarditas. Y no se diga en Oriente, donde, sin la baza de los judeoespañoles, se tenía que recurrir a símbolos sin contenido, como los supuestos derechos españoles al trono del «reino» de Jerúsalen (que figuraba en el blasón de Alfonso XIII, personalmente muy dado a tales juegos heráldicos) y sus pretensiones a representación en tierras de soberanía otomana, muy menores a los derechos reconocidos a Francia. En la misma zona del protectorado de Marruecos, si se quería inflar el censo para reforzar cualquier ambición duradera de dependencia española, se había de recurrir a la distinción entre hispanohablantes y españoles para poder contar a los judíos, sin por ello darles un reconocimiento de naturaleza jurídica. En resumidas cuentas, *el mediterraneísmo hispano, fuera en Marruecos, fuera con sueños levantinos, necesitaba contabilizar a los sefarditas.*

Pero, para que salieran las cuentas panhispanas, era necesario poder pensar en un marco general en el cual la lengua era una consideración política superior a la religión. Como más adelante, en 1930, soñaría el republicano catalán Pere Corominas: «Durante el siglo XIX los pueblos del Mediterráneo se reincorporaron a la unidad occidental: Se hacen independientes Italia, Grecia, Yugoslavia. La apertura del Canal de Suez abre las puertas del Oriente. Todo el Norte de África, bajo un régimen de protectorado europeo, acepta las formas exteriores de una cultura común. Después de la revolución turca y de la guerra de las naciones, todas las riberas del Mediterráneo vuelven a constituir una unidad cultural.» E insistiría: «No hablo de una nueva cultura latina. Hablo de una cultura mediterránea.»[177] Tal visión del futuro creó curiosas amistades: igual que el Imperio otomano y entre los Jóvenes turcos del Comité de Orden y Progreso que manejó la revolución de 1908 en Salónica, el sueño de la igualdad de musulmanes, hebreos y cristianos se mantuvo en las logias de Tánger y, aunque fuera de modo indirecto, condicionó en algo la perspectiva colonialista española.[178] Pero cualquier nacionalismo español con una seria capacidad de movilización difícilmente no apelaría a un renovado sentido de la identidad católica española, siempre agresivamente antijudía.[179]

Al mismo tiempo, las direcciones diversas de la emigración de *Azhkenazim* de la Europa central y oriental crearon nuevas confluencias hispanojudías. La República Argentina se convirtió en un foco alternativo a los Estados Unidos para emigración judía desde el *Shtetlekh*, el conjunto de comunidades del área de asentamiento hebreo dentro del Imperio ruso.[180] La opinión española pertinente no estaba segura de que disfrutase de una concentración judía también alternativa al sencillo esquema, bañado de nostalgias españolistas, de la relación de los judeoespañoles con su perdida Sefarad, concentración argentina suficiente para provocar un feo y visceral antisemitismo de tipo católico integrista, que tuvo su eco en España y, especialmente, en Barcelona.[181] Peor aún, a ojos nacionalistas españoles, del mismo modo que la «América española» se estaba, por malas artes francesas, trucándose en una espúrea «Latinoamérica», tan amenazadora para la relevancia hispana en el mundo, los judeoespañoles estaban siendo educados en francés por la Alliance Israélite Universelle, hasta convertirse en francófonos.[182] *En consecuencia, los nacionalismos hispanos apuntaron en dos direcciones simultáneas, filosefardita y antisemita.*[183]

La movilización para la proyección exterior mediante la cultura durante la Guerra Mundial

La ofensiva de «latinidad» que destapó Francia con la Guerra Mundial, especialmente como cobertura a la entrada de Italia en la contienda en 1915, seguida por Portugal en 1916 y después por diversos países caribeños y sudamericanos, levantó ampollas entre los nacionalistas españoles, convencidos de que se perderían una nueva oportunidad. El hispanoamericanismo más militante –o, incluso, iberoamericanismo, para poder incorporar a Portugal y Brasil, a pesar del panlusitanismo– se erigió en rival de un latinismo infiltrador y enemigo.[184] Atrás quedaron los liberales de viejo cuño, como Segismundo Moret, muerto en 1913, que habitualmente hablaban de «América latina».[185]

La francofilia de los años de conflicto internacional hizo lo suyo por rechazar tales llamadas; por ejemplo, un «intervencionista» exaltado, Juan Guixé, aseguraba que: «A la exaltación de las pasiones sobre la guerra oponen algunos la hispanofilia. Santo y bueno si hispanofilia fuese ligazón de españolidad. Antes sí lo era. Pero, ahora, la opinión germanófila se ha disfrazado de hispanofilia. La verdadera hispanofilia no debe ser ni de uno ni de otro color beligerante, sino simplemente española y asumir el supremo interés: el interés nacional.»[186] Otros, como el novelista Felipe Trigo, consideraron que la propaganda racista de los pannacionalismos («[a]l principio, se esforzaron en hablarnos de pangermanismos, de paneslavismos, de latinismos, hasta de pancontinentalismos y del por qué [sic] Italia rompía sus pactos antes que luchar con su hermana Francia, etc., etc...[sic]») se hundió ante el espectáculo de una contienda verdaderamente mundial, en la cual el «parentesco original» nada significaba.[187] La opinión intelectual francesa, movilizada para el esfuerzo bélico, hizo lo que pudo por disimular *le malentendu franco-espagnol*, sin grandes resultados.[188] *El argumento no cuajó: la germanofilia, si era cierto lo que decía Guixé, tuvo esa victoria, ya que la intelectualidad española se sumó a la defensa del proteccionismo cultural y del mercado lingüístico.*

En enero de 1918, Menéndez Pidal, respaldado por Mariano de Cavia, mediante una correspondencia pública, impulsaron a Félix Lorenzo, entonces director de *El Sol*, a cambiar la rotulación de «América Latina» por la de «Ibero-América».[189] En 1919, la española Comisaría Regia del Turismo y Cultura Artística sacó, como publicación oficial, un texto de un hispanista norteamericano, publicado en la revista *Hispania*, órgano de The American Association of Teachers of Spanish, que dejaba clara la línea de batalla: *América Española o Hispano América* [sic], rezaba el título, *El término «América Latina» es erróneo*.[190] Ya durante su estancia oficial como embajador francés en Madrid en los años ochenta del siglo XIX, el muy influyente Paul Cambon, a veces considerado en auténtico arquitecto de *l'Entente cordiale* de su país con Inglaterra, fundó una Asociación Ibérica-Gálica-Italiana para la Unión de los Pueblos Latinos, entidad que sirve de prueba del interés oficial de París en establecer un ascendente ante cualquier brote pannacionalista hispano, así como para diluir las rivalidades hispanas o italianas con el protagonismo francés en un ambiente de cálida confusión.[191] En principio, sólo en el área caribeña, aunténtica frontera con el mundo anglófono de Estados Unidos y de las colonias insulares británicas, se hizo atractiva la fórmula de «Latinoamérica», pero la situación privilegiada de Cuba –demasiado reciente la huella española para sentir nostalgia– hizo que la idea tuviera cierta fuerza y se extendiera por zonas de Sudamérica que no tenían rastro francés.[192] Por su parte, los argentinos –con una capital, Buenos Aires, en plena expansión como centro mundial, y con una fuerte inmigración italiana que hacía de equilibrio a los hispanos– encontraron por su parte atrayente la noción, al presumir que el natural foco de la cultura «latinoamericana» serían ellos y su colosal «París de las Américas».[193]

Hubo numerosas respuestas de «panlinguismo» corporativo en encuentros, exposiciones y congresos, desde el Congreso Hispano-Americano de Madrid en 1900, bajo los auspicios de la Unión Ibero-Americana, hasta la visita de la infanta Isabel en el Centenario de la Argentina en 1910 y la buena recepción hispanoamericana del aniversario de la Constitución gaditana, celebrado en octubre de 1912 en el mismo Cádiz. En esta dinámica de encuentros, había un rol honorífico destacado para los catalanes: según Romanones, por ejemplo, Moret se ufanaba de la exposición Universal de Barcelona de 1888 como modelo de lo que debiera ser la proyección americana de los faustos españoles.[194] Para el principal observador francés de los eventos hispanos, Angel Marvaud, todo fue prueba de una magna reconciliación entre

España y las Repúblicas «filiales». A su parecer, *le mouvement «américaniste»* rivalizaba con *la question marocaine*, la defensa de intereses en Marruecos, como los dos ejes de la política exterior española a tener en cuenta desde Francia.[195]

Todo ello fue una inversión de la tendencia secular, una llamada «batalla del idioma» por el control de la lexicografía y sintáxis castellana entre las instituciones peninsulares, en primer lugar la Real Academia de la Lengua, y el medio cultural hispanoamericano, y sus sucesivas Academias republicanas (la colombiana fundada en 1871, la ecuatoriana en 1874, la mexicana en 1875, la salvadoreña en 1876, la venezolana en 1883, la chilena en 1885, la peruana y la guatemalteca en 1887).[196] En la medida en que la configuración de «Estados nacionales» se estabilizó, así también lo hizo la pugna por la identidad del «idioma nacional».[197] El clima de mutuo entendimiento transatlántico fue confirmado en 1910 por el establecimiento, como nexo, de la Academia de Ciencias y Artes Hispanoamericanos de Cádiz. En palabras del literato colombiano Alfonso Robledo, activista de la coordinación panhispánica y entusiasta de las iniciativas en este terreno hechas desde centros españoles, publicadas en 1916:

> Trabajando conjuntamente la palabra escrita y la conferencia hablada, un momento llegó en que la buena disposición de la América española, muy de atrás mostrada, se tradujo en actos que no dejaban duda tocante a la sincera confraternidad de pueblos por triple lazo unidos. Cuando en el año de 1910 celebraron pomposamente nuestras Repúblicas el primer centenario de su independencia, tuvieron ellas para España frases cariñosas, manifestaciones de gratitud y un coro de alabanzas para la Madre que, como dicen del pelícano, desgarróse el pecho para que las hijas de su sangre de ella bebiesen; y a tales demostraciones de afecto, hubo de responder España, hidalga y amorosamente, con palabras de una sinceridad conmovedora. Y se vio entonces, con alegría a la par que admiración, que selló definitivamente la alianza, aquello mismo que más parecía estorbarla, como era el recuerdo de gigantes luchas, de indecibles sufrimientos, para hacer pedazos la coyunda española. En medio de aquellos dos ejércitos enemigos, cansados de sus odios seculares, vióse flotar una bandera blanca, a la cual no había alcanzado ni el fango de la refriega, ni la sangre de las hecatombes; una bandera purísima, desplegada como una esperanza bajo el azul del cielo, y que Cervantes conducía: la lengua española.[198]

A la insistencia de una comunidad lingüística, se quiso aportar la vertebración de un lenguaje jurídico común, al menos en cuanto al Derecho Mercantil, entendido como necesario para reforzar comercialmente los loados lazos espirituales.[199]

El término «madre patria» no entró en el Diccionario de la Real Academia Española hasta 1914.[200] Pero, a partir de entonces, fue creciendo una ofensiva de recuperación. Progresivamente se hizo más concreto el rechazo a la añeja tesis de la «desespañolización» propia de los tiempos de la independencia y se buscaron interpretaciones vinculantes de un pasado entendido como problemático en común.[201] En 1918, Maura, siendo presidente de un gabinete de concentración que incluía a Cambó, anunció la celebración de la Fiesta de la Raza coincidente con el día de la Virgen del Pilar, por ser la fecha del primer desembarco de Colón en tierras americanas.[202] Andando el tiempo, se diseñó una bandera especial –las cruces rojas de tres carabelas sobre un sol naciente gualdo, con fondo blanco– para celebrar la existencia de una supuesta «comunidad» hispana en ciernes.[203] Puestos a exportar orgullo, «el deporte se convierte en una fuerza nacional a través de la Olimpiada de Amberes» de 1920, en la que España sorprendió al mundo exhibiendo la llamada «furia española».[204] Resumiendo, se fue haciendo visible un renovado «imperialismo cultural» español, aparentemente capaz de sostener un ritmo de crecimiento optimista.[205] Como muchos años después recordaría Joan Estelrich, brazo derecho de Cambó:

> Cuando los imperios políticos se disgregan lo que mejor puede esperarse de la desgregación es una comunidad de nuevos pueblos. Así sucedió en la América hispana. Quedó el imperio espiritual simbolizado en el lenguaje. Y este imperio tiene su manifestación viva y tangible en el libro, signo de una libre comunidad de cultura.
>
> Cuando –en 1917– estábamos, con el benemérito y entusiasta don Gustavo Gili, organizando la primera Cámara del Libro Español, todavía se podía hablar de hegemonía de nuestro libro en Hispano-América. Pero se podía colegir también que pronto los grandes centros de producción del libro castellano ya no serían sólo Barcelona y Madrid; que dos nuevas capitalidades, por lo menos, se formarían en Buenos Aires y en México. Así lo daba a entender el auge cultural de la Argentina y de México, como también de las demás repúblicas hermanas.[206]

Dada la derrota de 1898 y la urgencia de afirmar la superioridad de los valores morales imperecederos frente a la humillación de la tecnología, *el nacionalismo español se tornó lingüístico, anunciando el renacimiento de un nuevo «imperio» cultural, en el cual el predominio español sería simbólico y espiritual, en vez de administrativo*. Con ello, España sería de nuevo el foco de una entidad mundial «en la que nunca se ponía el sol», recogiendo a todos los hispanoparlantes en una mancomunidad intelectual que apelaba a tanto al espíritu misionero de la derecha como al de la izquierda. Para lograr el reconocimiento de la lengua, nada mejor que el proteccionismo cultural como vehículo de «imperialismo» del espíritu, de un «imperio de papel» con el que se identificaba profundamente todo el mundo durante la «Edad de Plata» española, desde Ortega hasta Unamuno, desde Altamira hasta Maeztu, desde Américo Castro hasta Claudio Sánchez Albornoz.[207] *Así, el perdedor se convertía, mediante la inversión, en ganador, ya que reunía a todos los perdedores de su misma condición en un gran sindicato espiritual, dedicado al perpetuo autoconsumo como socorro. El catalanismo hizo lo pro-*

pio, pero ante lo español, para incansable furia de unos perdedores a los cuales tal maniobra dejaba sin la ilusión que tapaba sus vergüenzas.

Dentro de la proyección del nacionalismo lingüístico hispano existía *un germen de pluralismo,* tal como reivindicaban los catalanistas más abiertos y contemporizadores. A Rubén Darío, por ejemplo, no le gustó Barcelona a primera vista y desconfió de lo que entendió como el sustrato separatista de todo el catalanismo, pero acabó por vincularse con algunos intelectuales catalanistas, como el historiador Rubió i Lluch, y el poeta residió en la capital catalana desde principios de 1913 hasta su partida de Europa, disgustado por el inicio de la Guerra Mundial, al acabarse el verano siguiente.[208] En este sentido, los entusiasmos «institucionistas» de la izquierda «burguesa» madrileña, haciendo un esfuerzo de imaginación, pudieron encontrar sintonías en el despliegue contemporáneo de organismos culturales catalanistas.[209] La Junta de Ampliación de Estudios fue fundada en 1907;[210] el Centro de Estudios Históricos surgió en 1910, el mismo año que empezó su andadura la Residencia de Estudiantes.[211] El Institut d'Estudis Catalans se estableció en 1907, bajo la presidencia de Rubió i Lluch. En 1911, fue ampliado con dos secciones nuevas (de Ciències y Filològica), transformándose el núcleo original en Secció Históricoarqueològica.[212] En 1910, mientras Josep Pijoan era todavía secretario del Institut d'Estudis Catalans, y con Jose Castillejo como secretario de la Junta de Ampliación de Estudios, concertaron la colaboración catalana en la Escuela Española de Roma, de la cual, el año siguiente, se encargaría Pijoan.[213]

La retroalimentación peninsular: España como una pluralidad, o «Las Españas»

La salida pactada que reconociera las micro unidades culturales concretas y la macrounidad hispana y que, por lo tanto, fuera respetuosa con las enfrentadas autenticidades menores, era concebida, mediante la producción literaria o musical, como la idea histórica de «Las Españas», purgada de historicismos dinásticos y celebrada como conjunto de identidades básicas, incluso antropológicas. En cierto sentido, con este enfoque sintético se recuperaba algo de la perspectiva del romanticismo catalán, ejemplificado por la gran obra *Recuerdos y bellezas de España* (1839-1842) de Pau Piferrer i Fàbregas, figura puntal de la Renaixença, tempranamente desaparecida, a los escasos treinta años, en 1848.[214] Piferrer se alzó como profeta de lo que hoy se llamarían *lieu-mémoire,* o sea, los monumentos que, en tal que repertorio de la variedad cultural, podrían servir como fuentes para la reconstrucción de una memoria colectiva reinterpretada.

Medio siglo después, al gastarse el romanticismo histórico en la senectud de rapsodas como Campoamor (muerto en 1901) o Núñez de Arce (en 1903), se podía recuperar el enfoque neoromántico de la variedad hispana con todo el gusto familiar de lo manido, para someterlo a una reinterpretación que le regalara una sensación de frescura. Al fin y al cabo, el feliz juego estético de pluralidades y unidad era lo que expresaba la música española que por doquier triunfaba en el cambio de siglo. Isaac Albéniz, nacido en 1860 en Campródon, conocido por su *Rapsodia española*, estrenó su poema sinfónico *Catalònia* en París en 1899 y prosiguió su triunfo con la que sería su última obra, la *Suite Iberia*, pequeños retratos locales para piano; el también catalán Enrique Granados, nacido en 1867 en Lérida y discípulo de Felipe Pedrell, había conocido el éxito con sus *Danzas españolas* (1892-1900) para el piano; el andaluz, Manuel de Falla continuó, modernizando algo, en la misma línea para recibir reconocimiento internacional con los Ballets Russes en el paso de los años diez a los veinte; otros compositores menores, como el violinista Sarasate, Turina o el pianista cubano-catalán Joaquín Nin, ayudaron, en registros diversos, a divulgar la variedad hispana arreglada para el gusto europeo. Felip Pedrell, el maestro de tantos compositores, de Granados a Falla o Gerhard, desempeñó un papel musical análogo al que hizo en literatura Milà i Fontanals (cuyo más famoso discípulo fue Menéndez y Pelayo). Pedrell pretendió lanzar la ópera nacional española, con un esfuerzo ingente de fusión de fuentes y modelos, desde los remotos antecedentes, pasando por Gluck, hasta Wagner, aprovechando tanto libretos de la gran literatura castellana (como *La Celestina*), como de la nueva Renaixença catalana (*Los Pirineos*, de 1893, tomado de un poema de Victor Balaguer, o *El Comte Arnau* –1904– de la obra maragalliana).[215]

De hecho, el «nacionalismo musical» español sacó su ambición exportadora de las muchas piezas de tema regional hispano que estuvieron más o menos de moda en la década de los ochenta del siglo anterior, con músicos franceses como Chabrier y Massenet, rusos como Rimsky-Korsakov, ingleses como Elgar. Pero el impacto internacional de la nueva música española fue notable: Debussy debutó con su *Iberia* en 1907, al año de la publicación de la homónima obra de Albéniz. Asimismo, la esperanza renovada de imponer la ópera española o, incluso a la zarzuela, sobre los escenarios extranjeros reflejaba esta misma coyuntura que parecía repleta de oportunidades.[216]

Se suponía, pues, que el orgullo por la creciente y consolidada proyección exterior daría pie a la satisfacción por la diversidad hispánica, en vez de las envidias y vanidades de la pobreza. El primer costumbrismo literario español, contemporáneo al romanticismo, nacido de una crisis de identidad y ansioso de replicar a los desafueros de los viajeros extranjeros, sin embargo rehuyó las temáticas catalanas.[217] Pero las últimas décadas del siglo XIX fueron cediendo a una mayor apreciación, dentro de una visión idealizada del conjunto pluriforme. El largo debate sobre identidad fue, en otras cosas, una fija reflexión plástica, lo que a su vez significaba una sostenida discusión crítica de ésta, y, por añadido, una valoración permanente de las cambiantes condiciones de la creación artística en los centros extranjeros –y, por encima de todos, París– y su relevancia o no para la renovada creatividad donde fuera en España.[218] Hubo una fascinación por la variedad cultural y la riqueza étnica de «Las Españas» que informó toda la creación de las primeras décadas del nuevo siglo en España, empezando por la pintura y la ilustración gráfica diseminada por doquier. *Se cultivo toda suerte de «regio-*

nalismos pictóricos».[219] El paisaje, en tanto que «tierra» o terruño», parecía poder explicar algo de la compleja psicología de los pueblos hispanos, tema que fue la gran preocupación sociológica y medio para contestar a la «cuestión» o «problema» de España.[220] Se podía celebrar la dignidad de los «tipos» hispanos mediante la forografía, notablemente con fotógrafos como José Ortiz Echagüe, que intencionadamente confundían las caras ancestrales y los paisajes.[221] Un millonario norteamericano, devenido hispanista aficionado, podía encargar al pintor valenciano Joaquín Sorolla que plasmara con su voluptuoso pincel ese mismo tipismo tan variopinto en un museo de Nueva York dedicado como homenaje a la civilización española.[222] O, con una mirada más tranquila, se podía celebrar la multiplicidad de intimidades que daba el paisaje creado por los españoles («los jardines de España») en pintura o música.[223]

Se ha sugerido que la fragmentación cultural de los muy variados brotes estéticos (plásticos, literarios o musicales) en una multiplicidad de lugares de la geografía española se puede considerar un «archipiélago peninsular».[224] La propuesta «imperial» pretendía dar reconocimiento pleno a tales fenómenos, en vez de relegarlos a un estadio genéricamente secundario, sin mayor remisión que el mercado central de las vanidades que sería Madrid, por definición centro de la «nación». A partir de la creación estética (en música o representación plástica) se podía deducir la perspectiva catalanista de una «comunidad» española de regiones, de hecho comunidad de «unidades culturales», unas mayores, otras menores, que deberían convertirse en un replanteamiento de España, renovada Hispania, expresión geográfica, a la cual Portugal podía acceder sin merma de su nacionalismo e independencia. Esta visión reclamaba, como santo patrón, a Menéndez y Pelayo, quien, además de insinuar una especial indulgencia para con el catalán y su literatura, había también sido uno de los primeros peninsulares que reivindicara la obra cultural hispanoamericana como parte de un acervo cultural común. Su catolicismo, asimismo unitario, hizo que el argumento pudiera hacerse accesible a la derecha como extensión lógica de los argumentos de don Marcelino. Si era posible la proyección metropolitana hacia las antiguas colonias, devenidas independientes (en palabras de un posterior exegeta católico: «La síntesis espiritual alcanzada en la Península podía idealmente prefigurar la de toda una constelación de nacionalidades informadas de los mismos supuestos»), entonces sería igualmente factible lo contrario: *que el comenzar la obra de una comunidad de naciones ibéricas despertara la opinión españolista o centralista más recalcitrante a los beneficios de una devolución autonómico interior de España, por las sinergías supuestamente liberadas.*[225]

El «imperialismo cultural»

La esperanza del panhispanismo era que *trade will follow the language* (el comercio seguirá el idioma), por contraste a la menos convincente ambición «africanista» de que *trade will follow the flag* (el comercio seguirá la bandera, o sea, la soberanía). Era, por lo tanto, una propuesta de «imperialismo» cultural, concepto tan útil y visible como difícil de definir con algo de rigor. Repetidas veces se ha denunciado la penetración y suplantación de valores existentes por otras costumbres, supuestamente innovadoras, por ejemplo, en las formas de ocio y los deportes.[226] Se ha sugerido que «[e]l imperialismo cultural reposa sobre el poder de universalizar los particularismos vinculados a una tradición histórica singular haciendo que resulten irreconocibles como tales particularismos.»[227] Sin duda, tales sentimientos abrigaron cualquiera de las definiciones de la vía «imperial» que promovieron los catalanistas, de Prat a D'Ors, pasando por Cambó.

El catalanismo ofrecía resistencia cultural a una hegemonía que percibía como «imperialismo» cultural españolista; pero su respuesta fue la de formular un «imperialismo» cultural pretendidamente superador.[228] Se sumaba, como resultado, la convicción muy generalizada de que el pannacionalismo «desde la base» y, más importante, desde la periferia, es de algún modo lícito, mientras que parece opresiva la ambición de constituir un espacio lingüístico enfocado hacia una «capital cultural».

Si –como ya se ha argumentado más arriba– el «imperio» por construir, en la medida que era equivalente a los diversos pannacionalismos que lo podían componer, era un sentimiento de pertinencia desterritorializado y determinado por un vínculo y/o adscripción de tipo culturalista, entonces se hacía equivalente a las formas del españolismo emergente entre la emigración hispana en las Américas. En un bello ensayo, el historiador Àngel Duarte ha reflexionado como «España en la Argentina», o sea, el patriotismo español entre los establecidos en la región rioplatense en el paso del siglo XIX al XX, se nutría de argumentos sobre «la regeneración de la patria de patrias» en función de «una nación sin territorio».[229] A pesar de la rivalidad entre catalanismo y españolismo, sus semejanzas podían ser el punto de partida para un encuentro transformador, tal como soñaba Cambó. La esperanza era que dos corrientes políticas se redujeran a su esencia culturalista, para así descubrirse mutuamente, en vez de topar. Es todavía hoy una ilusión política viva. Así, por ejemplo, Arjani Appadurai, antropólogo estudioso de la modernización «mundializadora», niega la validez de interpretaciones historicistas («implicando viejas historias, rivalidades locales y odios profundos») y prefiere hablar del cambio amplio que significa lo que él llama «culturalismo»: «El culturalismo, [...], es la movilización de diferencias culturales al servicio de una mayor política nacional o transnacional. Se asocia frecuentemente con historias y recuerdos extraterritoriales, a veces con la condición de refugiado y el exilio, y casi siempre con luchas por un mayor reconocimiento por parte de Estados existentes o de varias entidades transnacionales.» Comentando el mundo de finales del siglo XX constata que:

> Los movimientos culturalistas (porque siempre son esfuerzos por movilizar) son la forma más general de la imaginación y tiran frecuentemente del hecho o la

posibilidad de migración o secesión. Más importante, son autoconscientes *[self-conscious]* acerca de la identidad, la cultura y la herencia, todo lo cual tiende a ser parte del vocabulario deliberado de los movimientos culturalistas mientras pugnan con los Estados o con otros focos y grupos culturalistas. Es esta deliberada, estratégica y populista movilización de material cultural lo que justifica el llamar culturalistas a tales movimientos, aunque varien de muchos modos. Los movimientos culturalistas, aunque impliquen afroamericanos, paquistaníes en Gran Bretaña, argelinos en Francia, hawaianos autóctonos, sijs, o francófonos en el Canadá, tienden a ser contranacionales y metaculturales.»[230]

La evolución del siglo XX, con la derrota del principio imperialista en 1918 y 1945, seguida por la descolonización, ha aportado una noción de igualdad interpoblacional que era del todo ajena a la Europa de principios de siglo o, incluso, de los años veinte. Se creía que el mero hecho lingüístico era, ipso facto, un punto de partida geopolítico: en 1916, el ingeniero Gerardo Doval, conocido por sus estudios sociológicos, aseguraba, ante la Real Academia de Jurisprudencia y Legislación de Madrid, que, en tal terreno de combate había victorias y derrotas fehacientes: «¡Cómo la raza española, aprovechándose de la italiana, se convierte en la República Argentina en española; cómo aprovechándose de la raza francesa, que también en la Argentina y en el Uruguay se convierte en española, y cómo la española misma, que se convierte en francesa en Argelia!».[231] La doctrina *lligaire* se forjó en un marco conceptual de convivencia racista y procedió en consecuencia. De manera ineludible, Cambó se encontró entre la «idea catalana» y las alternativas de proyección internacional de España.

18. Nace el proyecto de Cambó y crece su dilema

Si el enfoque «estatista» y «socialista» camboniano fue barrido por el noucentisme con la preeminencia de un nuevo equipo de estrellas intelectuales, con D'Ors al frente respaldado por Prat de la Riba, Cambó contaba con dos ejes para insistir en la dimensión española o hispana de la actuación *lligaire*. Un eje era la vinculación de los intelectuales catalanes con el medio madrileño, postura minimizada desde el planteamiento de Prat, pero que el mismo éxito del noucentisme había previsiblemente de favorecer. Al fin y al cabo, la solidez de la «unidad cultural» catalana la debían demostrar sus intelectuales y los «noucentistas» se dedicaron a la tarea con ahínco. El otro eje camboniano era la negociación política –en el marco parlamentario o a su alrededor– que sería factible a partir de la agitación intelectual. *Cambó tenía que convertir un muy ágil juego metafórico en una plataforma negociable, que debía resultar convincente a sus interlocutores, y para ello también necesitaba a los intelectuales.*

De entrada, hasta los hechos más negativos tenían su lado aprovechable. Había poca atención recíproca entre la vida espiritual barcelonesa y la madrileña. Si ello era una desventaja, también servía indirectamente para reforzar la impresión de solidez –por su estrañeza, por desconocimiento– de la supuesta «unidad cultural» de la que se vanagloriaban los catalanistas. Dado ese punto de partida, como consecuencia podían venir las «embajadas culturales» y los actos de confraternización entre intelectuales, que actuarían, en paralelo y más sostenidamente, a la experiencia estelar política de la Solidaritat Catalana. La relación de Maragall o de Josep Pijoan con los «institucionistas» de la Institución Libre de Enseñanza podía servir como antecedente inmediato, igual que, más atrás, brillaba como ejemplo la amistad formativa de Milà i Fontanals con Menéndez y Pelayo.[1] Pero también en la medida en que Prat de la Riba creaba una «función pública» catalanista con la Diputación de Barcelona, primero, y, después de 1914, con la Mancomunitat inter-diputacional, esas nuevas promociones de funcionarios podrían asimismo entenderse *institucionalmente* con la creciente corporativización profesional de los funcionarios estatales.[2] En otras palabras, se podía aprovechar la pujanza *noucentista* para conectar con la llamada «generación de intelectuales» madrileña, en plena floración entre 1909 y 1914.[3] Como indicó Cambó, muy intencionadamente a la revista *España*, el órgano de esa misma «generación» entendida como movimiento: «Claro que las aspiraciones catalanas tropiezan con la concepción castellana asimilista, contraria a la nuestra netamente democrática. [...] Pero los intelectuales de la España central, cuando se hayan cambiado leales explicaciones entre ellos y nosotros, seguramente estarán a nuestro lado, sobre todo si abandonando su táctica de seguir la línea de menor resistencia, dejan de pactar con los gobiernos que representan todo lo viejo y caduco.»[4]

Es posible que fueran los críticos, los diarios y las editoriales de la Ciudad Condal quienes «descubrieron» y «lanzaron al estrellato» a los nuevos autores asociados a la llamada «generación del 98».[5] En su sempiterna rivalidad con Madrid, Barcelona ejercía de «anticapital», sobre la que gravitaba todo lo que había de protestatario. Dado su rol autoatribuido, el medio barcelonés apostaba sobre la novedad y la capital estatal podía después dar su sanción de reconocimiento a los valores que despuntaban, hasta consagrarlos. Pero el resultado, visto desde Barcelona y por sus intelectuales, era desigual, ya que no había un camino recíproco para la promoción de los valores catalanes o de aquellos nutridos en el ambiente catalán. Es más, incluso la comunicación era esporádica, conducida por ocasionales «embajadas» culturales que mucho tenían de tanteo inseguro. Para valorar la comunicación de intelectuales entre Madrid y Barcelona sirve un resumen del poeta catalanista Josep Maria López-Picó.[6] Su versión, bastante posterior, partió significativamente del hecho de que algunas iniciativas barcelonesas, como la revista *La Cataluña* de Joan Torrendell, tuvieron a bien abrir sus páginas a «les valors de la plenitud de la generació castellana del 98». El conocido crítico madrileño Enrique Díez-Canedo se destacó por su interés en la literatura catalana con resúmenes anuales en *El Imparcial* y reseñas más frecuentes en *Renacimiento, La Lectura, Nuestro Tiempo* y más adelante *Prometeo, La Pluma, Revista de Libros, Revista General, Revista Castellana, Cervantes, España,* para llegar a *El Sol* y *El Debate* a finales de los años veinte. Fue compensado desde Barcelona con la amistad especial del poeta Josep Carner, quien, en 1908, le dedicó cuatro artículos en *La Veu de Catalunya.* Nada accidentalmente, en 1914, Díez-Canedo fue llamado *«a professar les lliçons de literatura castellana moderna al VII curs internacional d'Expansió Comercial, al costat d'En Sants Oliver (Psicologia del poble espanyol) i de Gabriel Alomar (Literatura catalana contemporània)»*. En octubre de 1907, *Renacimiento,* bajo la dirección de Gregorio Martínez Sierra, amigo de Santiago Rusiñol y promotor de su teatro en la capital, publicó un monográfico sobre poesía con la colaboración en catalán de Gabriel Alomar, Maragall y Josep Pijoan. *La Veu de Catalunya* inició con una serie de diez artículos una sección de letras castellanas, con especial atención a Rubén Darío, Valle Inclán, Pío Baroja, Azorín y Unamuno (el gran interlocutor de Maragall), en la que colaboraron Josep Carner, Manuel Reventós y López-Picó. Algo parecido hizo la página literaria de *El Poble Català*. Desde *Joventut,* a principios de siglo, a la *Revista de Poesía,* a finales de los años veinte, pasando por *Tetralia* y *Empori, «totes les revistes catalanes mantenien una esperançadora atenció i comprensió»* al ambiente madrileño.

A partir del estreno en 1908 (por la compañía de María Guerrero) de *Las hijas del Cid* de Eduardo Marquina (el primer gran éxito del dramaturgo barcelonés, que recibió el Premio Piquer de la Real Academia Española)[7] empezó la simpática costumbre de organizar la ida a Madrid de una «delegación catalana»; los que fueron a la capital volvieron para iniciar en Barcelona una campaña a favor del teatro en verso, para coincidir más o menos con la versión que de *El somni d'una nit d'estiu* de Shakespeare hizo Josep Carner; también por entonces D'Ors promulgaba su lista de honor de «las juventudes del Novecientos» en su *Glosario.* Se encontraron los catalanes que iban a Madrid con los hermanos Machado, con Juan Ramón Jiménez, Enrique de Mesa, Pérez de Ayala, Ortega y Gasset, y Gabriel Miró; y presidía la «cordial inteligencia» Díez-Canedo y sus amigos Ángel Vegue, Ramón M. Tenrreiro, Fernando Fortún, Gómez Ocerín, José Moreno Villa y Miguel Salvador. Como respuesta, por iniciativa de alguna gente de Barcelona, se celebraron las primeros banquetes literarios «precursores del PEN.», presididos por Unamuno o Gabriel Miró. A su vez, fueron los catalanes a la Fiesta de Aranjuez en honor de Azorín. De lo demás, en principio, ya se encargaría Cambó.

También D'Ors personalmente, como «hombre que juega y que trabaja», tuvo éxito en Madrid explicando el sentido «heroico» de la tarea del intelectual. Muchos literatos madrileños y más curiosos capitalinos pudieron enterarse algo de lo que se cocía en el menú de ideas catalanistas en la Ciudad Condal. Pero en la medida que el noucentisme era «juego profundo», retenía una especie de sentido privativo, de ser una especial broma catalana cuyo sentido más importante estaba vetado a los ajenos; podía parecer un *in-joke* exclusivo, a expensas de los que estaban fuera del asunto. No hay nada peor que explicar una broma, ya que pierde toda su gracia. Pero el vínculo entre el catalanismo y el «institucionismo» mostró ser personalizado y frágil. Don Francisco Giner de los Ríos tuvo amistad con Maragall y con el joven Josep Pijoan, auténtico «hombre puente», pero la muerte del uno y la retirada del otro de Barcelona, tras 1911, dificultaron el empeño.[8] Además el proyecto *noucentista* y el Institut d'Estudis Catalans inspirado por Prat estaban, en la medida que eran antiuniversitarios, de rechazo a la universidad pública existente en nombre de una difusión espiritual privada alternativa, a medio camino entre la Institución Libre de Enseñanza y el Instituto creado por L'Action française para difundir el pensamiento nacional francés en 1906.[9]

Pijoan marchó por un escándalo de alta burguesía, al fugarse con la mujer de un conocido industrial, fuente de apoyo económico de la Lliga. Esta bella dama, acostumbrada a mantener un «salón» de intelectuales y cortejada por D'Ors entre otros (fue la «Teresa» de *La ben plantada*), huyó de una situación familiar opresiva en brazos de Pijoan hasta Suiza (y, luego, Estados Unidos), lo que, a partir de entonces, le barrió el paso a éste en el medio barcelonés.[10] D'Ors, al precio del desengaño de sus fantasías como amante, quedó sin rival en el terreno de la elaboración de doctrina. Pero D'Ors no pudo sostener la misma química que Pijoan con el medio madrileño y menos cuando Hemenegildo Giner, hermano menor de don Francisco acudió a Barcelona a partir de 1903 expresamente para combatir, en nombre de la democracia, como concejal republicano y diputado lerrouxista, las andanadas ideológicas nacionalistas del catalanismo.[11] Hubo, también en 1903, una agria polémica sobre el uso de la lengua catalana, a raíz del debate parlamentario sobre la escolarización en castellano promovida por el ministro Romanones; la discusión fue iniciada por Ramón Menéndez Pidal con un artículo, «Cataluña bilingüe», aparecido en *El Imparcial* a mediados de diciembre de 1902, y contestado desde Barcelona por diversos catalanistas, como Jaume Massó i Torrents, el cura y lexicógrafo Joan Alcover (entonces favorable a la causa) y el historiador y publicista Artur Masriera, dignándose a responder Pidal al primero.[12] *Por tanto, el estrechamiento de lazos entre Madrid y la capital catalana debía lograrse mediante una conexión mejorada entre los intelectuales, pero a partir de la primacía de la política. En realidad, aunque Cambó no quisiera verlo así, era una vuelta al punto de partida.*

Había una cierta semejanza en lenguajes ideológicos, pero tal simetría podía resultar engañosa. Como comentó con un desengaño espeso, de palpable desesperación, Miquel dels Sants Oliver en octubre de 1913:

> Cuando en términos absolutos se habla de «ideal» en una literatura, este ideal suele entenderse como expresión y máxima medida de nacionalidad. En tal sentido, *ideal* equivale a *patria* subliminada: la patria de nuestro anhelo, de nuestra volición, de nuestra fe en lo futuro; la patria de nuestro espíritu, flotando entre la historia y lo porvenir. Y, ¿puede descubrirse alguna visión, alguna ambición de patria futura, de patria española ideal en todo ese conjunto literario? Me atrevo a contestar que no. Fuera de los apóstoles y propagandistas, del tipo de Costa o de Picavea, que pertenecen al campo de la política y de la literatura aplicada mejor que al del arte puro, en lo restante de las modernas letras castellanas: poesía, novela, crítica, no se dibuja ninguna fuerte y definida aspiración de patriotismo actual. Allí donde parece existir algún patriotismo, reviste formas puramente arqueológicas y retrospectivas. Para sentirse patriotas, aun los poetas más exquisitos de la nueva generación han de volverse de espaldas a nuestro tiempo y situarse de un modo imaginario en el siglo XVI o en el XVII; han de revivir con artificio la hora imperialista de Carlos I o la hora decadente de Felipe IV, entre las cuales discurre fugaz la grandeza española; [...]

Oliver completó su idea con una reflexión abierta: «[...] si nuestra generación quiere realmente elevarse y redimirse tendrá que sujetarse para ello a la ley de su época y promover o seguir su restauración, trátese de Castilla, trátese de Cataluña, por el cauce secular de su respectiva nacionalidad y fervor patriótico.»[13]

Era, pues, Cambó quien tenía la tarea de hacer realidad la metáfora de Prat. La prolongada elaboración de la doctrina catalanista conservadora, con su juego evolutivo del «particularismo» almiralliano a la combinación que Prat de la Riba hizo entre que la noción de una «unidad cultural» catalana, como proyecto de «imperio», planteamiento, a su vez, recogido en dirección pragmática por Cambó y con sentido culturalista por D'Ors, fuera una invitación permanente a una interacción política con el españolismo, basada en la atractiva esperanza de asumir el programa de las izquierdas y dejar desahuciado al republicanismo. Pero, ¿qué sentido se podía dar a la elaboración metafórica lligaire, de forma consciente o inconsciente, una vez puesto a interaccionar con las variadas opciones del nacionalismo español? El problema de Cambó era el de establecer su «construcción metafórica», con todos los ejemplos jurídicos y constitucionales, como una temática que tratar en el medio de la alta política parlamentaria. Pero, concretando, *¿cómo encontrar un espacio de diálogo y hasta negociación a partir de una propuesta esencialista e ideológica?*

A principios de 1909, Joan Maragall relató, en uno de sus artículos de diario, una conversación que, hacía un tiempo, había tenido con un portugués, veraneante como él en los Pirineos franceses; cuando Maragall sacó a relucir la idea federativa, tan cara a los ideales catalanistas, el viajero luso se lo tomó a chunga: «¡Ah, la federación! Muy bien. Empiecen ustedes por dividirse, por hacerse pequeños, y entonces también nosotros entramos en el juego...» Lo dijo riendo; pero yo comprendí todo el serio recelo y –¿por qué no decirlo?– toda la razón que había en ello.»¿Cómo convencer? Persuadir a portugueses y españoles por igual, especialmente a los segundos, era el problema y la ambición que se arrogaba Cambó. Cómo observó entonces el poeta Maragall:

> Y comprendí también que este recelo era el único obstáculo a la España grande, a la integridad política de la península Ibérica. Y me pareció imposible que ningún político se hubiera puesto delante este gran problema nacional, que es el previo y esencial de todo lo nuestro. Y por esto me pareció que en España, desde siglos, ha habido ciertamente muchos políticos, es decir, muchos hombres de partido, muchos jefes de bando, muchos excelentes oradores y hasta, quizás, algunos buenos gobernantes; pero que, estadista propiamente dicho, ni en España ni en Portugal ha habido uno solo.
>
> Un solo hombre con luz y fuerza para ver que sin Portugal no hay España; que sin una federación acomodada a las patrias naturales no hay Portugal para nosotros, ni ya Cataluña en paz; que el indicador de la gran política española, como de toda política grande está en las lenguas; y que viendo todo esto haya orientado su actividad y haya comprometido su gloria en ello.[14]

Las contradicciones de Cambó con Prat

Cambó se sentía literalmente un *estadista,* muy consciente de su papel como estadista potencial: lo explicitó, en el debate parlamentario de junio de 1916, en su famosa afirmación de que los políticos de la Lliga eran hombres de gobierno natos. Como Cambó escribió a Prat el 5 de noviembre de ese mismo 1916, como si tuviera que acabar de convencerle: «Tenemos dos posiciones a adoptar: 1.ª, Actuar *meramente* como partido nacionalista planteando con carácter grave el pleito de las delegaciones y haciendo cuestión hasta el punto de obtener un Proyecto autonomista si no se nos da satisfacciones. 2.º Actuar como hombres de gobierno presentando enmiendas que mejoren y casi alteren por completo el proyecto de gobierno. Lo más fácil es lo primero. Difícil pero prestigioso lo segundo.»[15]

Retrospectivamente, Cambó expresaría lo mismo de una manera distinta: «Yo nunca vi Cataluña y España como realidades incompatibles o simplemente yuxtapuestas; yo las sentía por igual y en la grandeza de la una buscaba el fortalecimiento de la otra. [...] Yo quería gobernar, no sólo porque me sentía capaz, como demostré; yo quería gobernar porque únicamente desde el gobierno de España podía lograr y consolidar la autonomía de Cataluña, que no debía ser una concesión arrancada por la fuerza a un poder fuerte, sino una fórmula que consagrase una más fuerte colaboración y un entendimiento más íntimo.»[16] En un discurso pronunciado en el Hotel Metropolitano del Tibidabo el 26 de marzo de 1922, el prócer catalanista puso de manifiesto su ambición de ser *el* «hombre de Estado» que deshiciera el entuerto estatal español: «En el curso de mis propagandas y en los contactos con estos españoles sinceros de otras tierras de España, sentía muchas veces una observación: ¿por qué no venís –decían– los catalanes a colaborar en la resolución de los grandes problemas de España? ¿Porqué no venía a gobernar España? Si vosotros no véis incompatibilidad entre vuestras aspiraciones y la suerte de España, ¿por qué no lo probáis con vuestros hechos? Y el pensar que podría ser un elemento para llegar a la concordia ha hecho que entrase dos veces en el gobierno de España [...]».[17]

Como tal y en su contexto generacional, Cambó quería que España recuperase su naturaleza «imperial», si bien de un modo nuevo, *innovador*. Entendía perfectamente que una restauración colonial era más bien imposible. Así, compartía, por ejemplo, el argumento de su contemporáneo, el historiador Rafael Altamira, quien estuvo convencido que las Antillas fueron más una carga para las arcas del Estado que no otra cosa: «Por eso, y sin desconocer el efecto *político* de nuestras colonias en el prestigio *imperialista* de la España del XIX [cursiva original], el efecto económico de su pérdida fue, para el Estado, insignificante y, en algunos aspectos, liberador de cargas.»[18] No había razón para pensar que el recien adquirido protectorado norteafricano fuera diferente.

Ni loco, ni iluso, *Cambó no pensaba en una recuperación territorial*, ni era particularmente partidario de la adquisición de tierras con escaso potencial económico; *cualquier esperanza en ese sentido se había quedado atrás, con la revolución de julio de 1909 en Barcelona, por demasiado cara*. Por ello, *Cambó discrepó de los entusiasmos de expansión mediterránea y de dominio marroquí que podía exteriorizar Prat de la Riba y, en franca contraposición, insistió en el mercado tangible, civil, de la América Latina, en vez del mercado muy hipotético, por venir, con un presente militar en el Magreb.*

En efecto, Prat tenía toda una postura geopolítica mezclada con su doctrina, que recelaba del predominio británico en Portugal y el excesivo peso de Francia en el Meditierráneo occidental, presiones que podrían ser minimizadas por una España renacida e «imperial» a la catalana; tal como escribió en mayo de 1911 sobre la «dinámica cultural» de «*La qüestió del Marroc*» en *La Veu de Catalunya*, aunque fuera sin firmar:

> Los pueblos con pocos vecinos están más influenciados por la vecindad, corren más facilmente el peligro de desnaturalizarse, de someterse a la influencia de la civilización más fuerte y más próxima. Los pueblos de mucha vecindad espiritual reciben la civilización equilibradamente, escogen para asimilarla, lo mejor de cada parte.
>
> España ha tenido el infortunio de las malas vecindades. A causa de la solicitud generadora de misantropía, del amodorramiento, de las exigencias, se ha entrelazado con la civilización francesa, la única que recibía. Le ha parecido durante siglos, que el mundo era Francia. Toda la vida, como Felipe V respecto a Luis XIV, hemos sido los nietos de Francia. Unos pobres nietos con mamadera. Han contribuido a nuestro deslumbramiento, a nuestra sumisión indigna, el carácter francés y el carácter castellano. El francés, por lo que tiene de «chovinista», de popularizador, de ingenioso. El castellano, por lo que tiene de crédulo, de servicial, de supersticioso.
>
> De Portugal lo mismo da no hablar. Hace siglos que es un país apagado. Si nosotros éramos seguidores de Francia, él es lacayo de Inglaterra. Más nos hubiera valido que de una vez hubiera devenido colonia inglesa. Por otra parte, Portugal, con todas las características de nación, está demasiado ligada a España, es demasiado semejante a ciertas regiones de España, para constituir un matiz suficientemente fuerte para significar vecindad.
>
> Por el lado de Andalucía tenemos todo un continente que se estrecha, que se afila, que acaba casi en punta, ante nosotros, como para atravesarnos, como para comunicarnos toda su barbarie. África pesa sobre nosotros. Nos atrae, nos chupa, desvela en nosotros atavismos, recuerdos de afinidades de historia y de raza. Es casi el desierto, el vacío de cultura que devora insaciablemente el escaso calorcillo de nuestra civilidad. Es el ardor de la ignorancia, de los primitivismos, que nos ahoga, que nos requema y nos mata. Y además, en medio de la Península, no tenemos el corazón, sino una meseta árida y triste. [...]

Ante tan desconsolador panorama, Prat vaticinó un futuro activo, de respuesta contundente y «misión civilizadora»:

> Éste es el problema. Hablamos de repoblar los bosques de nuestras montañas, pero también hay que extender la vida y la civilización a las comarcas durmientes.

Hemos de convertir el mar, de muralla en vehículo, como era antes. Únicamente así podremos europeizarnos, es decir, recibir la civilización de toda Europa, con todos sus matices. No existe un europeísmo unilateral, que se llame «galización» o parisismo.

Hemos de estrechar nuestros lazos con Portugal, para salvarlo junto con nosotros, para convertir en pareja amorosa lo que ahora es un cadáver que nos contamina. Hemos de tender a la reconstrucción de Iberia.

Pero, sobre todo, hay que resolver el problema de Marruecos. El testamento de Isabel la Católica era el último consejo de la política de Cataluña y de Aragón. Mientras que el Rif continúe como ahora, la depresión nos tragará, tambalearemos ante un precipicio.

Por eso hemos dicho muchas veces que el mañana de Marruecos, que para Francia es simplemente un problema colonial, para nosotros es un problema vital de orden interior.[19]

En noviembre del mismo 1911, otra vez sin firmar, añadió una visión harto optimista de «*El ressorgir del nostre mar*»:

Estamos en un momento trascendental de la historia de las gentes mediterráneas. La expansión europea por el norte de África, que irá convirtiendo en tierras civilizadas todas las que bordean nuestro mar, está dando un gran paso ante nuestros ojos. Nosotros ahora vemos tan sólo lo anecdótico, que tan frecuentemente nos esconde la realidad profunda de las cosas: las rivalidades de alemanes y franceses, la brusquedad de Italia, los esfuerzos de España, la ambición de los financieros y los negociantes y los políticos, el militarismo y el antimilitarismo, los Mannesmann y el partido colonial francés y los partidos anticoloniales españoles...

Esta trama de cosas menudas no nos deja ver las proporciones grandiosas del acontecimiento que va produciéndose: todo un continente mal conocido, inmenso, lleno de razas bárbaras, va naciendo a la civilización, va incorporándose poco a poco a la vida europea. Dentro de algunos años, África, será de punta a punta un hormiguero de comunidades civilizadas, como América, con tierras vírgenes ansiosas de rendir abundantísimas riquezas, con vías férreas que irán de mar a mar a través de regiones misteriosas donde todavía hoy la sangre de las víctimas mancha el altar de los sacrificios, con grandes ciudades improvisadas que reunirán refinadas multitudes cosmopolitas en lo que hoy son llanuras y riberas solitarias, frecuentadas solamente por la fauna primitiva que la civilización arrincona y extermina.[20]

Como se puede constatar, Prat, con idealismo exagerado o por un sentido táctico y manipulador (en este caso, la aproximación al liberal Canalejas, entonces en el poder, partidario de la intervención española en un protectorado sobre Marruecos con Francia y de acuerdo con la Ley de Mancomunidades) creía (o pretendía creer) en la misión mediterránea de Cataluña. Era un tipo de discurso actualísimo, muy común en la política española en previsión de los beneficios del protectorado marroquí.[21] *Podía parecer cercano al reputado interés de Alfonso XIII en la ampliación de los territorios africanos bajo el pabellón español.* Pero Cambó nunca se sintió tentado por algo que le pareció imposible.[22]

Si el optimismo expansivo de Prat podía tener consonancias en la alta política, el escepticismo camboniano también podía coincidir, al menos en parte, con muchas voces críticas en el medio parlamentario madrileño. Por esa misma época, el lúcido conservador Joaquín Sánchez de Toca también formuló su interpretación sobre el «imperialismo» internacional y la dinámica española. Para Toca, el «nuevo imperialismo» tenía una fuerza original, ya que los fenómenos expansivos antiguos «no legislaban» hasta el caso de Roma, que pudo «refundir» gentes «que parecían irreductibles a asimilación» en las «instituciones civiles y políticas del Imperio», de las que, a su vez, derivaron las modernas formas políticas europeas. Pero la expansión comercial había creado unas condiciones innovadoras, ya «que en las expansiones de la soberanía de los Estados, y hasta en la misma posesión de los dominios coloniales, el imperialismo financiero lleva actualmente la primacía sobre los imperialismos políticos», igual que «la perfección sin precedentes ostentada por las instituciones militares» estaba «contrarrestada por todo lo que ha internacionalizado la vida económica moderna». Se podía, pues, contrastar «la transformación económica del Imperio alemán» con Marruecos «como ejemplo del Imperio hipotecado al intercambio universal». La posición española en este contexto, no era, para Toca, nada halagüeña: «La supremacía financiera es hoy el poder principal para la construcción del Imperio», lo que no era precisamente la circunstancia de España, sometida a una agresiva «desnacionalización económica desde 1868», a merced de un influyente «imperialismo financiero», que producía el «avasallamiento de los partidos políticos» y limitaba cualquier proyecto modernizador desde el Estado, en una dinámica que, algunos aspectos, el político comentarista no dudó en comparar con Egipto, por entonces país no soberano.[23] No es cuestión de que Cambó estuviera de acuerdo con todas las aseveraciones de Sánchez de Toca, sino que su tipo de enfoque no estaba necesariamente aislado, ni apuntaba necesariamente a las izquierdas.

La discrepancia entre Prat y Cambó ayuda a entender la función de D'Ors, mucho más cercano a las expansiones de Prat, o las afirmaciones de personajes ya apartados del protagonismo, como Pijoan, que podían subrayar criterios cercanos a los optimismos pratianos. Mientras que D'Ors supo reformular sus argumentos «imperiales» para hacerlos cada vez más abstractos y genéricos, aplicables a la disyuntiva entre Prat y Cambó, Pijoan tozudamente se quedó insistiendo en las bondades del «imperialismo» literal, con vistas a Marruecos. Cuando en 1912, tras el envío de tropas por el gobierno Canalejas, se confirmó el establecimiento de una protectorado formal español sobre el norte marroquí, en paralelo con la intervención mucho mayor francesa en el resto del Imperio Xerifiano, Pijoan no pudo resistir la tentación de volver a machacar el tema, desde *La Veu de Catalunya;* era un giro dialéctico excepcionalmente complicado; dado que el proyecto «imperial» era iberista, se debía cumplir con las pretensiones lusas desde la circunstancia española: «Pues la acción simultánea de algunos intelectuales y de otros hombres de negocios fue cambiando la opinión; tanto, que gobiernos conservadores y liberales coinciden ahora en la necesidad de mantener de todo punto nuestros derechos sobre Marruecos. [...] Nuestros derechos sobre Marruecos no son todos nuestros, nos vienen muchos de Portugal; España no puede renunciar a esta noble herencia que le ha tocado de los portugueses. [...] Hubiera sido una infamia, una cobardía, abandonar el legado de una pobre nación hermana, que nosotros, hechos mayores, estamos llamados a reclamar.»[24]

Pero su oportunidad estaba pasada, por mucho que parecía conocer los pareceres contrapuestos de Prat y de Cambó. Si Cambó iba a vehicular su lectura del proyecto «imperial» catalanista en el pannacionalismo hispano, su natural punto de partida era el iberismo, tal como anunciaron Prat y Maragall. Pero el gancho iberista mostró unas limitaciones importantes, lo que explica la relativa tibieza orsiana ante la propuesta. En concreto, *llegado el momento de lanzarse al escenario español, el planteamiento iberista tenía algo de apolillado. Ese regusto decimonónico, por supuesto, no detuvo a los catalanistas republicanos,* que siguieron sacando a relucir la vieja aspiración cuando parecía conveniente. En plena Guerra Mundial, por ejemplo, Gabriel Alomar podía recuperar un lenguaje pannacional bien encajado en la reflexión institucional que promovía la Lliga, como para subrayar el ascendente que, en su propio terreno político y a pesar de la campaña antiimperialista, todavía retenía el partido nacionalista y/o regionalista:

> He aquí un pensamiento lleno de sugestiones. ¡Oh, bella paradoja! ¡La suma libertad de Cataluña realizando la suma unidad hispánica, es decir, ibérica! Y con todo, para un espíritu consciente, nada más natural. La independencia de Noruega fue el primer paso hacia la futura Confederación Escandinava, que ya se ha diseñado durante la guerra. [...] El proceso de una Confederación tiene dos etapas: primero, la personalidad libre de los elementos que han de unirse; segundo, la unión de los elementos ya personales y libres. Mas para la ideal Confederación Ibérica hace falta, ante todo, que la propia España central se liberte a sí misma; que se haga digna y capaz de dar la libertad.[25]

Todavía en 1919, Frederic Rahola, el portavoz hispanomericanista de la Lliga, en su *Catecisme de ciutadanía,* podía expresar sus esperanzas en el iberismo, como en los mejores tiempos de la prédica maragalliana quince años antes: «En nuestra tierra es una de estas aspiraciones el iberismo que liga las voluntades y los entendimientos de la gran familia hispánica, extendiendo nuestras miradas a toda la Península y más allá de los mares, con anhelos de crear una nacionalidad superior, dominada por el espíritu de la raza a través de la diversidad de los Estados independientes.»[26] Pero, casi por las mismas fechas, en 1921, le contestaba Santiago Ramón y Cajal, faro aragonés de las ciencias españolas:

> ¿Por qué han desaparecido los iberistas de Portugal y España? Porque ante el creciente e incontrastable poderío de las grandes naciones, la federación de ambos Estados peninsulares, sin hacernos sensiblemente más fuertes, nos impondría la nefasta solidaridad de seculares errores políticos y económicos. Y harto tiene cada pueblo con los suyos.
>
> Además, los garrafales nuestros (sobre todo la guerra absurda con los Estados Unidos) destruyeron en la nación hermana hasta la menor veleidad de aproximación hacia España. Hoy no existen iberistas ni aquí ni en Lusitania.[27]

El hecho fue que, *de forma más o menos coincidente con su asunción explícita por la doctrina catalanista, la idea del iberismo pasó, aproximadamente hacia 1910, de ser un signo externo de la izquierda, como lo había sido en la decimonónica político española, para devenir un síntoma de la nueva derecha*. Para la izquierda, el régimen republicano luso era un acicate o una inspiración para la construcción de una equivalencia española que, a su debido tiempo, podría plantear la fusión peninsular; no fue, sin embargo, una bandera estrictamente iberista. Fueron conservadores como Sánchez de Toca o carlistas como Vázquez de Mella quienes hicieron gala de su acendrado iberismo; es decir, políticos conocidos por su animadversión a la hegemonía marítima británica, que, por consiguiente, pensaban en una reducción de la influencia inglesa mediante la creación de una entidad ibérica y, por extensión (muy destacadamente Mella), en la devolución de Gibraltar.[28] En Portugal, Antonio Sardinha, el prohombre del nuevo Integralismo Lusitano, consideró, por esa misma razón, el término «iberismo» como un fantasma del fenecido liberalismo del ochocientos y prefirió hablar de hispanismo, en su sentido geográfico (como los catalanistas), o de «la cuestión peninsular».[29]

Por el contrario, el enfoque de Cambó era mucho más cercano a la versión catalanista del hispanoamericanismo promovido por Frederic Rahola y Rafael Vehils, con la promesa de un alivio inmediato para la industria téxtil algodonera catalana. A pesar del interés evidente de empresas alemanas como la Casa Mannesmann, muy interesada en la penetración minera del Marruecos, y del apoyo aparente a éstas por parte de políticos españoles como Gabriel Maura, con quien Cambó tuvo siempre una relación especial, el parlamentario catalanista nunca se destacó como entusiasta de una orientación mediterraneísta o africanista.[30] Tampoco confundía –como podía hacer, por ejemplo, Maeztu– la minería extractiva con una industrialización a fondo. Con mayor discreción en vida de Prat, muerto éste Cambó denunció la guerra marroquí por impopular. Según fuentes clericales bastante escandalizadas por su franqueza, el político catalán llegó a justificar la resistencia de las clases bajas al servicio militar, ya que se aseguraba que pensaba que «España nunca sacará beneficios importantes de este esfuerzo; y mientras tanto, impide que España realice reformas sociales importantes y asuma la obra de regeneración».[31]

Cambó entendió que las tres campañas españolas en Marruecos desde mediados del siglo anterior habían sido meras operaciones de castigo, de alcance muy limitado, mientras la nueva responsabilidad entablaba una auténtica guerra de conquista con la subsiguiente ocupación permanente del territorio, un programa bien diferente.[32] En octubre de 1918, como ministro, replicó a Alba con contundencia: «Al hablaros de África, he de deciros que los kilómetros cuadrados de nuestra zona me interesan a mí muy poco; que lo que más me interesa es que si África –hecha la paz–, no queda sometida a regímenes diversos, sino que hay una carta general de África, como es lo más probable, España, en esa organización futura de África, no sea un criado, no sea un huésped, que sea un socio.»[33] Por si quedaba alguna duda, dijo en 1922, casi un año después del «desastre» de Annual, en el debate parlamentario sobre la guerra marroquí:

> Francia tiene en Marruecos un problema colonial, y no lo tenemos nosotros. Nosotros ni buscamos territorios, ni buscamos vender productos, ni colocar emigrantes –pues nos falta gente en España–, ni recoger soldados, que es lo que buscan esas otras potencias en sus empresas coloniales. De manera, señores diputados, que conviene que de una vez convengamos –creo que hemos de convenir todos– en que Marruecos no es para nosotros ningún problema colonial. [...]
>
> Entiendo yo, señores diputados, que Marruecos para España es, pura y exclusivamente, un problema político, y nada más que un problema político. Estamos en Marruecos, no porque hayamos querido, sino porque nos han obligado a ello; porque el litoral norte de Marruecos es una pieza importantísima del complejísimo problema del equilibrio mediterráneo; somos nosotros una pieza de este complejísimo organismo, una pieza que servimos, no un interés nuestro, sino un interés ajeno, puesto que facilitamos nosotros la concordia entre Inglaterra y Francia en el equilibrio del Mediterráneo. [...]
>
> Y libres de esta preocupación podemos hacer mucho en España; los momentos son indicadísimos para hacerlo; tenemos muchos problemas interiores, de cuya solución depende la fuerza interior y el prestigio exterior de España. Tenemos el problema de la convivencia agradable y efusiva entre los distintos núcleos étnicos, llamadles cómo queráis, de España, reconociendo su personalidad; es este problema, que tenemos que abordar con criterio de franca cordialidad, de mutua transacción, con desaparición de todo recelo. Tenemos el problema social que muchos creen tenemos suprimido, cuando se está elaborando una explosión, quizá mayor que la que hemos padecido; debemos preocuparnos de crear una justicia y una cultura, algo, en fin, que haga que esa caricatura de Estado sea un Estado de veras; y si queremos tener un ideal exterior, creedme que un

ideal ibérico y un ideal panhistórico pueden darnos mucha más gloria y más provecho que esas andanzas africanas en las cuales estamos cavando nuestra fosa.[34]

Era evidente que, para Cambó, la función de la reestructuración imperial de España y de la proyección exterior hispana sería, lógicamente, evitar la presión revolucionaria por canalizar muchos de los descontentos que la estimulaban.

La respuesta camboniana a Prat, pues, estuvo en el terreno más metafórico del corriente discurso político hispano y españolista: el panhispanismo.[35] Era, para empezar, bastante menos problemático que el africanismo; tenía cierta tradición barcelonesa y su potencial había resultado incrementado por el «desastre» del 98 y la emigración, y no, como ocurría con el africanismo, que quedó visiblemente desacreditado por el coste metropolitano, expresado por la Semana Trágica de 1909.[36] Con claro criterio práctico, pues, Cambó creyó en el hispanismo: en 1903, con algunos socios, entre los cuales Joan Ventosa i Calvell, estableció el Centre Jurídic Iberoamericà.[37] Dio amplio respaldo a los partidarios dentro de la Lliga de una mayor proyección americana, como Frederic Rahola.[38] Ello condicionó su respuesta a las posturas de iberismo y/o pancatalanismo, así como su relativo excepticismo ante la «Latinidad». Cambó pretendía, de algún modo, convertir la metáfora compuesta pratiana –cuyo poder de convicción residía precisamente en su imprecisión y ambigüedad– en una construcción metafórica que estuviera política, hasta jurídicamente, articulada y que, en consecuencia, se pudiera negociar seriamente en un marco parlamentario. La identidad, los sentimientos, resultan innegociables; ello era el gran problema de la tesis de Prat. Por todo ello, Cambó quiso plasmar el ideal pratiano en un esquema modelado en las opciones políticas contemporáneas. Para añadir plausibilidad y realismo a su oferta, Cambó, como político defensor de una opción territorial, contaba con el peso ideológico del medio interpretativo sobre la geografía de la cultura en las primeras dos décadas del nuevo siglo. El problema de fondo y su solución fueron resumidos por Maragall en 1906, cuando indicó, con característica expresión indirecta: «Algunos creen tiempo ha en una misión que cumplir en el África vecina; otros en hacernos núcleo de una civilización iberoamericana; aquí en Cataluña somos muchos los que pensamos que ante todo hay que empezar por descubrir el alma peninsular para reconstruir en armonía con ella todos los organismos sociales de la península hispánica.»[39]

Pero, desde el punto de vista de Cambó, el pannacionalismo tenía una ventaja y un riesgo: era la metáfora política más salvaje, por abierta e indefinida del repertorio contemporáneo. *Del supuesto de la «unidad cultural», el pannacionalismo deducía un hecho expansivo necesario, en aparencia objetivo y fácilmente comprensible. Ello podría servir para mitigar la oposición españolista a una propuesta razonada de «imperio» por parte catalanista. Pero, con la misma facilidad, podría generar ansiedades por el necesario devenir de un «destino histórico» español que hundiría el proyecto de un entendimiento castellano-catalán en recriminaciones y suspicacias. La evidente esperanza camboniana era que la cohe-*

rencia y razonabilidad del proyecto de reforma, con algo para cada sector de opinión, le hiciera automáticamente contagioso, abriendo el camino a un nacionalismo dual generalizado, en el cual todos los españoles disfrutarían de doble identidad.

Así habría *hyphenated Spaniards* (españoles-catalanes, españoles-vascos, españoles-castellanos y así sucesivamente) para tomar en positivo el concepto negativo de *Teddy* Roosevelt al criticar los *hyphenated Americans*, inmigrantes o hijos de inmigrantes que no se sentían «100% estadounidenses». La compensación, a cambio, podía ser la presencia de redes mundiales de apoyo, sostenidas por la presencia, fuera de España, de judeoespañoles o hispanoamericanos, también potenciales *hyphenated Spaniards*, que serían reconocidos como ciudadanos «imperiales» de una «macrounidad cultural» hispana. Sin embargo, como muestra el término rooseveltiano, eran elevados los riesgos de contradicción en el resbaladizo terreno de la identidad.

La interacción entre panhispanismo y regionalismo «imperial»

Cambó pretendía, con su actitud «imperial», que España volviese a contar para algo en el mundo, algo impensable si no era mediante su relevancia intelectual, forjando mercados culturales por su propio desarrollo y capacidad de intervención en el marco hispanoamericano. Contaría con el peso de la emigración allí establecida, con hábiles inversiones y con la apertura agresiva de mercados para bienes de consumo en una zona en expansión que, comparativamente, era tenida en poco por las bolsas de Londres, Nueva York y especialmente París. El crecimiento era tan elevado, la promesa tan grande, la comunidad lingüística ofrecía tal potencial, que serviría para relanzar España a su debido «lugar en el mundo». Tales planteamientos no eran –ni de lejos– originales del abogado y político catalanista. Al contrario, a lo largo de las tres primeras décadas del siglo XX, muchos observadores españoles habían comentado el potencial del ámbito americano y hubo un rico repertorio de manifestaciones optimistas de fuente catalana.[40] Pero, en contraposición a muchos otros, Cambó sí había sabido hacer fortuna con negocios americanos, concretamente con la liquidación defensiva de inversiones germanas. Luego, su confianza era tanto o más fuerte que la de muchos especuladores con mercados deseados.

En segundo lugar, en este caso muy de acuerdo con la herencia de Prat, Cambó confiaba en la agitación intelectual. Ésta había sido la base del ascenso del catalanismo; por lo tanto, él sabía que, bien dirigida, funcionaba. Resumamos el enfoque de Cambó en las admirativas palabras del falangista Maximiano García Venero, quien empezó su carrera periodística como regionalista cántabro en la estela del proyecto camboniano de los últimos años de la Dictadura primorriverista:

> Francisco Cambó creó (1917) la Editorial Catalana, de cuyo Consejo de Administración era presidente. Todavía no era millionario el político regionalista. Pero

en aquel momento crítico de la política española, las acciones fueron suscritas con diligencia. La Editorial Catalana gobernó la Biblioteca Catalana, la Biblioteca Literaria, la Enciclopedia Catalana y la Librería Catalonia [sic]. Publicaba revistas marítimas, agrícolas, financieras y polifacéticas. La Editorial Catalana lanzó millares de toneladas de papel impreso por la región. Tras ella, se encontraba, personificada por Cambó, la Lliga Regionalista.[41]

En otras palabras, *para Cambó, era imprescindible un tejido asociativo y, cuando o donde no existía éste, se inventaba.* No combinó cinismo e ingenuidad en las mismas proporciones que lo había hecho Prat, sino que las mezcló muy a su manera. Para Cambó, la naturaleza pluriforme de la sociedad civil era un valor en sí, aunque detrás siempre estuvieran las mismas personas. El catalanismo «intervencionista» estaba construido muy agresivamente sobre la falacia del consenso ideológico y de su mayor utilidad electoral, comparada con otras opciones ideológicas más puristas o más eclécticas: explicado de otra manera, *era imprescindible que un partido en realidad débil como la Lliga aparentase una fuerza que no tenía;* por ello, como cualquier otro partido electoral, debía aunar voluntades mediante la combinación de opiniones bastantes dispares. Siendo ideológicamente para nada foralista, los *lligaires,* para ser efectivos –por ejemplo– dentro del medio vagamente catalanista de Valencia o las Baleares y vender la doctrina «imperial», se habían de entender, sin perder la sonrisa, con sabios locales que podían combinar las viejas comparaciones almirallianas con el Imperio alemán y Estados Unidos y Suiza con reivindicaciones forales e historicistas.[42]

La clave estaba en crear la ilusión de un acuerdo e incorporar las posturas diversas en lo que se podrían llamar «organizaciones de frente catalanista», «agrupaciones paraguas» según los politólogos, que reunían, con un difuso cemento de afinidades, muchas entidades menores bajo una dirección superior con sentido estratégico. Cuando se quisiera desafiar a la postura gubernamental, pongamos por caso, se podía generar manifiestos y manifestaciones de protesta, secundadas por decenas y, según cómo, centenares de asociaciones. *Si esta táctica de construir frentes culturales y constituir frentes políticos funcionaba en Cataluña, no había razón por la que no pudiera tener éxito igualmente en el resto de la zona de habla catalana y, por extensión, en el resto de España, aceptando siempre que el punto de partida catalán era privilegiado por ser ya tupido, por haber ya en la sociedad los hábitos de promoción individual y colectiva con los que el catalanismo se identificaba y de los que hacía bandera.* Y, si la red funcionaba en el marco español, podría extenderse al ámbito mayor del mundo de habla hispana, que se podía entender como un vasto conjunto de regiones particulares y particularistas dentro de una unidad lingüística superior.

Entendido así, era factible un «imperialismo» de intelectuales, una «exportación de cerebros», no su traslado físico sino el de su producción, como demostraba un diario como *La Nación* bonaerense, que, lleno de colaboraciones hispánicas, era por entonces el períodico en español más influyente del mundo. Más todavía, Cambó consideraba que una situación de prestigio para la inteligencia española tendría inmediatos efectos beneficiosos en la comprensión interior dentro del Estado. Porque otra idea clave del muy práctico enfoque regionalista era el aprovechamiento del efecto rebote que la multiplicidad de entidades ya de por sí generaba: demandas cruzadas que multiplicaban el planteamiento inicial, sirviendo tanto para rellenar automáticamente cualquier manifiesto de unos centenares de asociaciones firmantes como agitar con su ejemplo y aunar cada vez más voluntades. *Si se podía manufacturar un mercado político articulado, se podía hacer lo mismo con la cultura, y viceversa: fue este lema el corazón del proyecto de la Lliga.* Por extensión, al ejemplo de la misma articulación catalanista de Cataluña, una España concebida como «imperio» se transformaría automáticamente en «Las Españas», el conjunto de pueblos peninsulares, según un tópico tradicional, muy repetido desde la mitad del siglo anterior.

Dada la rica heterogeneidad hispana, no había razón para que una campaña de «concordia» catalano-española, hecha en ambas direcciones a la vez y orientada hacia un expansionismo –en potencia exponencial– de los mercados culturales, no tuviese un resultado exitoso, un final feliz para todos si sabían ceder un poquito. *Si el nacionalismo español más cerril podía entender una proyección internacional en términos de una «comunidad de Estados» que unían la Monarquía española con las Repúblicas hispanoamericanas, ¿por qué no se podía entender a la misma España en sí como una comunidad de naciones, plural pero coral, capaz de engrandecerse con una armonía común?*

Cambó, cada vez más, estaba preocupado por divulgar su esquema de *regionalismo interactivo como salvación de España.* Así, en la conferencia sobre «El regionalismo, factor de la restauración de España», que pronunció en el Círculo Mercantil de Zaragoza el 20 de diciembre de 1911, insistió en que: «Es la convicción profundísima que tengo de que en un país no pueden existir oasis; que en un Estado pobre no puede haber regiones ricas; que una región no puede tener libertad si el resto del país sufre la tiranía de una oligarquía imperante, y que si con toda su fuerza y vitalidad una región obtiene un grado de progreso y no lo comparte con las demás, sólo lo disfrutará a precario porque, en definitiva, lo ha de perder.» Cambó, en su discurso, aseguraba que la opción promovida era del todo práctica: «La solución regionalista tiene una eficacia que no tiene ninguno de los otros tópicos políticos: el regionalismo no promete nada, no fía a los acontecimientos futuros la solución del presente; el problema regionalista es una apelación a las energías a la vitalidad del país, y se aplica en los municipios donde existen y levanta el espíritu regional formando regiones fuertes, afirma su personalidad porque en ella se ha de basar la España regenerada (Aplausos. Muy bien, muy bien).» Había, según él, una reacción injustificada con el programa de la Lliga:

> El problema regionalista ha tenido en España una acogida o de simpatía, o de indiferencia, pero no ha levantado prevenciones cuando la propaganda se ha

mantenido en el terreno de los principios; mientras se ha hablado del regionalismo, del federalismo en España, ni los periódicos centralistas ni la gente política han fijado en él su atención, o le han prestado una atención amable. Pero es un hecho que cuando el problema regionalista se ha presentado como cosa viva, como una realidad, como expresión de la voluntad de Cataluña, como afirmación de toda una región que pide el reconocimiento de su personalidad y se ha traducido en el Catalanismo, que es el regionalismo de Cataluña, entonces ha sido juzgado con prevención y antipatía.

Pero la realización de ese mismo programa lliguero forzosamente disolvería las antipatías para siempre: «El día en que los catalanes intervengamos en la política española, aquel día se habrán desvanecido todas las prevenciones, y tened la seguridad de que entonces en los corazones no encontrarán más eco que el amor y el entusiasmo; se habrán destruido por completo las antipatías contra el regionalismo; dejará de decirse que puedan ser cosas incompatibles la prosperidad de España y la de las regiones españolas y dejará de emplearse el nombre de la patria para combatirnos.»[43]

Finalmente, Cambó, como líder histórico del catalanismo, quería destacar la cultura catalana y dar las más importantes salidas al mismo «pleito catalán». Pero, como «hombre de Estado», no tenía la ambición de ser el presidente de una pequeña y ridícula «Ruritania» mediterránea, un micro-Estado visto con desprecio desde las cancillerías de las grandes potencias.[44] Como muchos otros catalanes a lo largo del siglo anterior, *Cambó desconfiaba de un Estado «sucesor» nacionalista en Cataluña, porque sabía que necesitaba el contrapeso de la política española para mantener en su sitio a las izquierdas barcelonesas.*[45] En su caso personal, fue la gran lección sacada, de manera definitiva, de la revolución del verano de 1909 y volvería a aprenderla en la desastrosa campaña autonomista de 1918-1919.[46] Más aun, era perfectamente consciente de que una Cataluña independiente no tendría la solidez social para sostener el peso desproporcionado de la Barcelona metropolitana, con lo que resultaría una aberración inestable, abierta a la guerra civil permanente entre la ciudad extremista y el campo conservador, en la manera que, más adelante, vino a ser característica de un Estado «sucesor» como la pequeña Austria republicana.[47] Además el dualismo «rey-emperador» (o «rey-conde», que a todos los efectos era igual) reflejaba con comodidad el dualismo Madrid-Barcelona. Tal petición era el punto de orígen del catalanismo histórico, con lo que la propuesta venía consagrada por el recuerdo.[48]

No quedaba claro que Cambó pudiera, a un mismo tiempo, convencer a la opinión catalanista de que el sueño mediterraneísta era, fuera de su relevancia estética, un camino sin posibilidades, y ganarse los partidarios del panhispanismo a una visión plural, no centrada en el monopolio absoluto del idioma castellano, del conjunto histórico hispano. En todo caso, una parte de su público aragonés no parecía dejar lugar a muchas dudas. En 1912, según la prensa, el alcalde de Zaragoza devolvió un escrito a la Diputacion de Barcelona con una respuesta que la misma autoridad municipal se cuidó de que se conociera: «No entiendo el catalán. No quiero entenderlo. Estamos en España y somos españoles. Al menos yo.»[49]

El mediterraneísmo como anticatalanismo: la contrametáfora de «los judíos»

Según Angel Marvaud, el decano indisputado de los estudios políticosociales franceses sobre la política española en las primeras décadas del siglo XX, las presunciones más o menos racistas de los catalanistas habían provocado una respuesta contundente:

> Ese problema, según algunos, se acercaría esencialmente a «un conflicto de razas». Los catalanes, se dice, son latinos, como los italianos del Norte, como los franceses del Midi, mientras que la raza castellana, más compleja, sería la fusión de numerosas aportaciones étnicas: se podría tanto una influencia germánica, importada en el siglo quinto con los visigodos, como la impronta semítica dejada por la conquista árabe. Es verdad que otros escritores –éstos castellanos– pretenden explicar el espíritu mercantil de los barceloneses por la larga residencia que hicieron en su ciudad una fuerte colonia israelita, a la que más de una de las primeras familias de la urbe remontaba sus orígenes.[50]

Seguramente, al mencionar los *autres ècrivains* castellanos, Marvaud pensaba en el conocido novelista Pío Baroja (1872-1956). Baroja presumía de vasco, al igual que de liberal indomable, individualista acérrimo y observador casi científico o, cuando menos, sincero.[51] Algún intérprete de su obra, al remarcar su afición por las salidas de tono antisemitas, le ha considerado como representativo de una tendencia afirmativa de la «memoria orgánica», la idea vagamente lamarckiana de que los recuerdos se heredan, con consecuencias colectivas, que fue harto común en el medio cultural europeo de finales del siglo XIX y principios de XX.[52] Por todo ello, y también quizá por su perspectiva más madrileña que otra cosa, quiso mostrarse ajeno a todo contagio nacionalista vasco o catalán, si bien sin entusiasmarse con los más usuales tópicos anticatalanistas: muy tempranamente, por ejemplo, Baroja quiso subrayar su indiferencia despreciativa ante el liberalismo «regeneracionista» de un Antonio Royo Villanova.[53] *En tal sentido, a la vez agresivo y deseoso de marcar originalidad, Baroja dio dignidad conceptual al antisemitismo de izquierdas aplicado al catalanismo, fijando y difundiendo la analogía acusadora.*

La opción defendida por Prat, muy en contraposición a la camboniana, necesitaba tener en cuenta a los judíos de origen hispano como agentes de cualquier proyección hispana en el Mediterráneo. Se ha asegurado que «el antisemitisimo de Prat de la Riba es conocido».[54] La verdad es que, en sus *Obras completas*, brilla el tema por su ausencia, por mucho que Prat hubiera tenido una fuerte amistad (incluyendo la recepción de fondos) con grupos antijudíos en la política francesa de los tiempos del «asunto Dreyfus», en una coyuntura de entusiasmos paradójicos por el independentismo cubano entre colonos argelinos y catalanistas exaltados. La tentación antisemita en el catalanismo tendió a mostrarse recesiva ante las ventajas implícitas de una postura filosemita.[55] Pero, en todo caso, en una nueva ironía, *la vía mediterraneísta auspiciada por Prat con la conquista «noucentista» de Marruecos estaba abierta a cualquier crítica antisemita que se quisiera hacer jugar en su contra.*

Por regla general, en España, como poco hasta la segunda mitad del siglo XIX, el sentimiento antijudío se daba por supuesto, como parte del lenguaje común (por ejemplo, hacer una «judiada», por una trastada). Luego, no requería una articulación conceptual, ni mucha elaboración. En principio se asumía el hecho de haber logrado, en su día, la expulsión de los hebreos y la supresión del criptojudaísmo, con un muy acabado sentimiento de «nosotros» sin «ellos». Por tanto, visto rápidamente y en conjunto, no resultaba demasiado evidente una preocupación *intelectualmente activa* de antisemitismo hispano, más allá de las muy arraigadas tradiciones religiosas (como, por ejemplo, inducir a los niños a hacer ruido con carracas en Viernes Santo, para «matar judíos»). Así, más de un publicista de criterio católico blindado podía sacar a relucir el tema, dentro del gusto por las expansiones nostálgicas, como una bonita muestra de las costumbres ancestrales más entrañables. Sirve como muestra Antoni Bori i Fontestà (1862-1912), poeta y pedagogo catalanista afín a *La Renaixensa*, en cuyo *Lo Trovador catalá* [sic], poemario didáctico para niños de escuela de 1892, se cantaba: «*Al senyor nostre élls escarniren / ab crits i mofas, élls escupiren / en lo front séu; / ab rams y vergas élls l'assotaren / y en lo Calvari crucificaren / a l'Home Deu. [...] Ressuréxit! aleluya! / Jesús ha ressucitat; / vinga 'l martell y la massa / y a esvalotar lo veynat. / Ruxémla ab l'aigua beéyta, / y de l'iglesia, ab mil véus, / sortim a matar dimonis, / ánem a matar Juéus!*»[56] Fue una obra, se asegura, que «alcanzó una extraordinaria popularidad».[57]

El problema, a pesar de todo, era la duda de si podía quedar algún rastro oculto de la desaparecida presencia judía. La gran obsesión hispana en los mejores tiempos de la Inquisición fue la «limpieza de sangre», la mancha infamante que «cristianos viejos», que se suponían inmaculados en su antecedentes, podían echar en cara a la más rancia aristocracia, notoriamente entrecruzada con las hijas de prestamistas.[58] La «limpieza» fue un criterio jurídico tenaz y duradero, que no fue suprimido de forma específica por ley hasta 1865.[59] Como argumento histórico, tal como ha destacado Jon Juaristi, tuvo una extraordinaria importancia para la elaboración de un critierio excepcionalista vasco entre los autores foralistas del siglo XVIII y posteriores, ya que permitía contrastar la nobleza colectiva vascongada, una hidalguía indígena pura de tales antecedentes semíticos, con los títulos hispanos.[60] Hay otras interpretaciones de este mismo complejo juego (ya que, por ejemplo, Juan Aranzadi ha argumentado que fueron los vascos quienes resultaron tratados como judíos por la tradición española), pero, de un modo u otro, se hace evidente el grado en el cual esta temática sirvió de cantera ideológica imprescindible para la maduración del nacionalismo sabiniano.[61] De rebote, a partir de la industrialización como «hecho diferencial», no es de estrañar que la mala fama de los catalanes como comerciantes astutos y hábiles negociantes, capaces de «sacar pan de las piedras», se homologara a tan añejas perspectivas separadoras frente a la naturaleza ajena de lo hebreo, cargadas como estaban de la suspicacia agraria ante la especulación y el lucro empresariales, manejos mal entendidos y, por tanto, dudosos. Atrás quedaba la reputación de los catalanes como pendencieros (el término castellano «pundonor» procede del catalán), con la impuesta pacificación borbónica, castigo por las parcialidades «austracistas» en la Guerra de Sucesión.[62] Encarrilada la modernización decimonónica, pasar ocasionalmente por ser los «judíos de España», pues, era la contrapartida por gozar de la relativa excepcionalidad de la sociedad civil catalana y de su ensalzamiento de los valores emprendedores.

Para rechazar tal insulto sin sentirse aludido, se había de recurrir al ensalzamiento de la *muntanya* catalana, su costumario y sobre todo su firme religiosidad tradicional, como hicieron los *viagatans*. Ello tuvo implicaciones ideológicas actualizadoras, que iban más allá de la nostalgia por tiempos personales y colectivos más sencillos, como podía expresar el poemita de Bori i Fontestà. *A partir de mediados del siglo XIX, la judeofobia tradicional de signo religioso y la peculiar preocupación por la «limpieza de sangre», que habían parecido remitir ante el triunfante liberalismo, rebrotaron, transmudadas en mito apocalíptico de inabarcable conspiración y modernizadas en sintonía con las pulsaciones antisemitas que venían de Europa, especialmente de la vecina Francia, en la segunda mitad de los años ochenta.*[63] Pronto, al calor de la primera agitación nacionalista gala y la escisión integrista en España, se realizó en Barcelona una traducción de *La Francia judía* de Edouard Drumont.[64] La obra drumontiana también fue adaptada a las circunstancias locales, con ensayos autóctonos como *La España judía* (1891) del catalán Pelegrín Casabó y Pagés.[65] La editorial católica barcelonesa La Hormiga de Oro se sumó a tal estilo de denuncia antisemita al publicar *La Europa judía* (1896) de un tal «Tanyeman».[66] Más de lo que se suele admitir, el antisemitismo en general, en toda Europa, tuvo un apoyo vergonzante (además de vergonzoso) del clero católico, que creyó ver en ello un modo de actualización y respuesta a las peligrosas pulsaciones sociales imperantes por doquier.[67] Como se ha podido constatar por la vía de llegada de fuentes de inspiración antisemita francesa, esta tendencia floreció en el denso ambiente clerical que rodeó la pugna entre integristas y sus contrarios en Cataluña, pero tuvo alguna que otra sonora resonancia entre eclesiásticos españoles.[68] Pero, *en términos generales, la obsesión paranoica de las derechas hispánicas fue más bien la Masonería,* manía a la cual, por asociación y por moda forastera, se podía enganchar cualquier especie de especulación sobre la mano oscura que, tras las logias, movía sus tenebrosas intenciones.[69] Las siniestras parodias de Leo Taxil, con su adaptación de la literatura pornográfica de tema lésbico a unas femeninas logias «uranianas» dispuestas al satanismo, fueron otra importación en traducción del francés que impactó profundamente en el imaginario derechista hispano, en el cual ya pululaban toda suerte de «sociedades secretas» dedicadas a infinitas maquinaciones malévolas.[70]

Tampoco eran tales manías territorio exclusivo de la derecha. Como ya hace tiempo argumentó el gran especialista en el tema Léon Poliakov, en el proteico mundo del inconsciente ideológico, el antijesuitismo y el antisemitismo han ido de la mano desde el principio.[71] Así, los modernistas finiseculares de chambergo y bufanda, como Peius Gener o Jaume Brossa, gustaban de ostentar su antisemitismo, como prueba de su conocimiento de la última ola en París o Europa Central. Para ellos, *antisemitismo era sinónimo de antiburguesismo.* En las palabras, harto tópicas, de Brossa: «El mundo está gobernado por la aristocracia del dinero, por los judíos y por los comerciantes. La revolución de mañana será sustituir esta aristocracia por la de la inteligencia.»[72] Un triunfo del catalanismo «burgués» –y sobre todo liderando un frente ideológicamente transversal– representaba un problema conceptual, ya que planteaba a los más recalcitrantes modernistas barceloneses la posibilidad que el más peligroso enemigo de lo que Peius, como portavoz de la bohemia, llamaba la «oligarquía del intelecto» fuera precisamente la sociedad civil catalana. A ojos acostumbrados a razonar en términos de conspiraciones, el catalanismo se desvelaba como temible «plutocracia» supuestamente capaz de conquistar el poder.

Para quienes, por coherencia ultrarrepublicana u otra causa, compartían el enfoque conspirativo sin el inconveniente de estar en Barcelona, el camino explicativo estaba trazado. El éxito palpable de la Solidaritat trajo un nuevo estilo de «catalanofobia», capaz de combinar los grandes prejuicios entonces de moda en Europa. El diario *El Mundo*, con Manuel Bueno al frente, se convirtió en foco antisolidario y recogió numerosas plumas conocidas, todas dispuestas a sentar doctrina en la taxonomía negativa del fenómeno catalanista y sus evidentes consecuencias en la otrora remansada política de la Villa y Corte. A ello se sumaron algunos autores catalanes, de acendrado antiimperialismo, como Retana. Joaquín Dicenta, por ejemplo, disertó sobre «el imperialismo catalán». También Maeztu, notoriamente crítico del catalanismo, estuvo en el radio de atracción de *El Mundo*.[73] Pero el más espectacular de los columnistas fue Baroja. Por entonces, el novelista y ensayista se las daba de gran revolucionario, amigo de anarquistas como Errico Malatesta y el español Tárrida de Mármol, con quienes aseguraba haber trabado amistad en Londres.[74]

En el artículo «El problema catalán. La influencia judía», aparecido en *El Mundo* en plena campaña antisolidaria, a mediados de noviembre de 1907, Baroja quiso explicar *El odio semítico* de los catalanes a Madrid y a España. La excusa fue el ataque a *La Madre*, obra teatral de Santiago Rusiñol estrenada en Madrid sin el éxito previsto, que se convirtió en conveniente razón para una exaltada trifulca entre la prensa antisolidaria madrileña y los periódicos solidarios de Barcelona.[75] La dureza de fondo apuntaba contra la función de Rusiñol como una especie de «mediador» entre las dos ciudades.[76] Pero la intención de Baroja fue más allá de dar rienda a su desprecio por Rusiñol, ya que el tema rusiñoliano quedó bastante arrinconado en la diatriba, que podía ser leída sin darse el lector cuenta del tema teatral que lo inspiró. Tan amplia fue su ambición doctrinal que también publicó el texto en el diario blasquista valenciano *El Pueblo*, a pesar de su escasa amistad con el novelista Blasco Ibáñez, a quien menospreciaba como rival literario y político con un éxito apreciablemente superior al suyo. Tal vez fuera su única colaboración en *El Pueblo*, pero los blasquistas no le hicieron ascos a un ataque anticatalanista de tal ferocidad, dirigido contra sus enemigos regionalistas católicos y del cual, en el peor de los casos, era responsable el mismo Baroja, conocido por sus exabruptos. En todo caso, retendrían el epíteto para sus futuras broncas con los catalanistas.[77] En su escrito, Baroja recordó una conversación con Joan Montseny i Carret (1864-1942), publicista ácrata más conocido por su pseudónimo de «Federico Urales», y Eugeni D'Ors:

> Hace algún tiempo iba yo a una cervecería de la calle de Alcalá, en donde se reunían algunos escritores y músicos, entre ellos varios catalanes.
>
> Un día que estábamos hablando Vives, Urales y Ors, éste último creo que fue el que me dijo que Cataluña debía ser independiente.
>
> –Hombre, si la independencia la quieren todos los catalanes, me parecería justo –contesté yo.
>
> –Es que con Cataluña vendrían Aragón y Valencia –dijo con entusiasmo Urales, a pesar de su anarquismo.
>
> –Y a Portugal se uniría Galicia –añadió Ors.
>
> –Qué le íbamos a hacer –repliqué yo–. Los vascongados, los castellanos y los andaluces, formaríamos una nación y seguiríamos viviendo.
>
> –No –arguyó Ors–; lo mejor sería dividir la Península en dos partes: una que dependiera de Lisboa, y otra de Barcelona.
>
> –¿Y Madrid? –pregunté yo.
>
> –Madrid, que desaparezca.
>
> –Y ¿por qué?
>
> –Porque sí...
>
> Parecía broma, y, sin embargo no lo era. Yo salí de allá y pensé:
>
> «Esto no es regionalismo, ni nacionalismo, ni nada por el estilo: esto es odio». [...]

En su versión, Baroja quedó molesto por las afirmaciones de los dos catalanes y muy especialmente, por la *boutade* orsiana. El novelista, que aunque presumía de vasco era en realidad un madrileño redomado, se interrogó sobre tan funesta manía catalana y pronto halló una respuesta:

> ¿De dónde viene el odio de los catalanes a España? Porque el odio existe, y decir no, es mentir. Hay muchos catalanes que no son ni separatistas ni regionalistas, y sin embargo odian a España. Yo creo que ese odio tiene varias causas; una de

ellas es el sentimiento de una nacionalidad frustrada, que es el mismo que hace que los provenzales tengan rencor por los del Norte de Francia. Los catalanes como los provenzales, ven, comprenden que el centro del mundo se ha retirado del Mediterráneo, que el momento para ellos ha pasado y para nosotros también y que por mucho que griten y que hablen, el mundo no se enterará ya de su existencia. Y esto no es una frase; es una verdad, triste, pero verdad. [...]

Otra de las causas del odio muy extendido de los catalanes a España es la influencia judía.

Los catalanes han tenido la habilidad de lanzar el sambenito de judíos a los demás españoles, cuando precisamente los judíos son ellos.

La verdad, para Baroja, estaba escondida en la más remota historia:

La sangre judía, mezclándose en todos los pueblos del Mediterráneo, y sobre todo en Cataluña y en Baleares, con la sangre fenicia, acusó más estas regiones el tipo semita. Se ve eso por el aspecto, las aptitudes, la clase de arte que se hace en Cataluña; todo tiene un aspecto marcadamente semita. El catalán, sobre todo el de la costa, es comerciante como el fenicio, industrial como él, imitador de poca invención como él, enamorado de la ciudad como él, tejedor y entusiasta de las grandes obras de arquitectura.

No sabemos cómo sería hoy el fenicio; pero sabemos cómo es el judío, raza afín a él, y el catalán de la costa se le parece. Los caracteres generales de la intelectualidad judía son en todas partes la habilidad, la tendencia internacionalista, el odio a la guerra y a todo lo violento y el amor al lujo. El catalán vulgar no tiene la tendencia de emigración del judío; ama su ciudad y su tierra y no quiere salir de ella. Del fenicio se decía lo mismo. Pero el catalán intelectual es emigrante y se desnacionaliza pronto, y en esto asoma el judío.

En realidad, con su salida antisemita, *Baroja daba la vuelta al planteamiento de veinticinco años atrás de Peius Gener,* autor, en su día, de una lectura racial de *Lo Catalanisme* de Almirall: «Las obras de Pompeyo Gener parecen también de un judío. Este Pompeyus es, como Lombroso, Ferrero, Georges Brandes [sic], de estos escritores de origen semita, que aparecen y brillan, y cuando se presenta la ocasión abren como un bazar de Ciencia o de Sociología. A Pompeyus le ha faltado el país detrás, y el gran editor judío para ser algo. Pero si no le hubiera faltado esto, sería de esos autores universales, hábiles, oportunos, que dan siempre la nota de un momento y que son reflectores de las ideas de su época.» Y añadió:

¿No es extraño este coincidir en algunas manifestaciones del arte? ¿No es extraño el coincidir en el odio? No sé si el doctor Robert, o Pompeyo Gener, o Bertrán y Musitu, ha dicho que los catalanes son arios; quizá lo sean los del interior;

> lo que es los de la costa, seguramente no lo son. Su instinto comercial, su sentimiento de asociación, su tendencia reaccionaria con relación a la constitución de la familia, les dan un carácter completamente judaico. Y pasa una cosa curiosa: el tipo ario de fuera de España, celta o sajón, en general no se preocupa de los españoles; pero si piensa en ellos, más bien los quiere que los odia. En Inglaterra y en Alemania más se sienten simpatías que odio por nuestro país, y a los rusos y daneses que he conocido les pasaba lo mismo. Casi podría servir como piedra de toque la simpatía o el odio por los españoles para conocer a un extranjero. ¿No tiene idea segura sobre España o siente simpatía? Puede ser alemán, inglés, ruso, escandinavo o de cualquier país al norte. ¿Tiene odio por España? Entonces es portugués, es americano, es judío o es catalán.

A partir de esta perspectiva, Baroja se lanzó al ataque, para no dejar títere con cabeza en el panorama artístico catalán:

> Recordad un artista catalán tan ilustre y conocido en el mundo como Fortuny. Era hábil más que nada; conocía su arte como pocos; era internacional sin un fondo de raza noble. Sabía lucir; sabía brillar; pero por dentro era hueco y lo menos genial que puede ser un hombre.
>
> Poned ahora como tipo a un artista que es como la figura representativa de la Cataluña artística actual, a Santiago Rusiñol, y veréis qué aspecto más marcadamente semítico tiene; primero su aspecto, que es el de un judío; después su habilidad: pinta y escribe de la misma manera fácil; luego su internacionalismo, su odio a la guerra, ha escrito *El Héroe*, su antipatía por todo lo violento, y no sé si seré el primero que lo diga, su absoluta banalidad.
>
> No me choca nada que Rusiñol colabore en Madrid con Martínez Sierra, cuya literatura suave y de merengue me parece completamente judaizante.
>
> Ramón Casas es también un tipo de artista judío. Hábil, habilísimo, conocedor de su oficio, pero absolutamente epidérmico. Su arte no dice nada, ni expresa nada, ni quiere nada, ni odia nada. Y el arte, el arte verdadero, en el fondo no es más que eso, odio, o cariño, o rabia. El arte es como una flor de la violencia. El arte es la brutalidad humana expresada en un hermoso gesto.

Baroja fue añadiendo nombres, hasta hacer un repaso harto exhaustivo del repertorio de autores y creadores plásticos catalanes de su tiempo:

> El teatro de Iglesias me parece también completamente judaico, todo muy hábil y bien tramado. Aquí un poco de Ibsen, allá un poco de Maetherlinck [sic: Mæterlinck] y siempre blando, llorón, sentimental y con una rebeldía ñoña y un sentido plebeyo. Recuerdo haber visto en Ginebra un drama de un judío ruso traducido al francés, que era idéntico por el tono a los dramas de Iglesias.

Cuando le oía, me parecía estar oyendo detrás de un humanitarismo declamador a un prestamista lamentándose de la falta de ganancias. Y no quiero decir que Iglesias haya imitado el drama; pero una coincidencia así no se explica más que por afinidad de raza.

Respecto a la arquitectura modernista de Barcelona, con sus casas de puertas parabólicas, y balcones en donde no se puede uno apoyar, y su iglesia de la Sagrada Familia, no me parece fenicia, ni semítica, sino disparatada.

Y no sé si estos escritores y artistas catalanes, la mayoría poco amigos de España, son semitas o no; pero lo parecen.[78]

Su conclusión era transparente: «Y es extraño. Los judíos, aunque no tengan ofensa alguna que vengar, se parecen a los catalanes en que odian a España.» Del mismo modo que puso en duda, por colaborar con Rusiñol, la validez y virilidad del conocido escritor madrileño Gregorio Martínez Sierra (luego se supo que la mujer de éste, María Lejárraga, le había escrito el grueso de sus obras), Baroja acusó a don Antonio Maura de «chueta» y a Salmerón de descendiente de conversos: «Y de los actores del catalanismo pasemos a sus dos colaboradores más ilustres: uno Maura, el otro Salmerón. Maura fue acusado de judío en el Congreso. [...] Respecto a don Nicolás Salmerón, no conozco su origen; solo sé que he leído no sé en dónde, que los primeros jesuitas fueron judaizantes, y entre ellos el padre Salmerón, de la Compañía de Jesús.»[79] Entonces su final, algo hipócrita: «El catalanismo es un problema de sentimientos más que un problema político. Tiene el carácter judaico que se encuentra actualmente en la política de casi todos los países por el triunfo de la raza israelita, que ha salido de todas las prenderías, traperías y casas de préstamos a conquistar el mundo. El catalanismo tiene el valor de un fermento que podría ser útil si el resto de España tuviera fuerza y vigor.»[80]

Insistió en lo mismo, más tarde, en marzo de 1910, en unas «Divagaciones acerca de Barcelona», conferencia dada en el centro lerrouxista de Barcelona; entre elogios más o menos tópicos vertidos sobre los catalanes, aseguró que «a mí Cataluña me da la impresión de ser casi más española que las demás regiones españolas». Para entonces, Baroja se había destacado como militante radical, llegando a presentarse como candidato por Fraga.[81] En su conferencia, persistió en su argumento:

Barcelona me parece una ciudad exuberante, en la cual, a pesar del cosmopolitanismo que producen los puertos concurridos como el suyo, se mantiene íntimamente hispánica, extraordinariamente española.

En cambio, la producción intelectual barcelonesa, ¿qué impresión da? Hay drama en catalán que parece escrito en Noruega; versos que parecen confeccionados en el bulevar de Montmartre; comedias lacrimosas, como las de Rusiñol, en las cuales uno se encuentra como disuelto en un mar de merengue internacional; hay de todo: sueco, noruego, dinamarqués y hasta tártaro; lo que no se ve es que haya nada catalán; por lo menos, nada alto, nada fuerte, nada digno del país.

Todos los productos de la intelectualidad catalanista actual me parecen híbridos, sin el sello de la raza. [...].[82]

Baroja sacó una sangrante conclusión:

Hace algunos años, cuando se llegaba a Barcelona y se encontraba uno con aquellos intelectuales que entonces se distinguían por la melena y por la pipa, lo primero que decían era: «¡Ah! Usted no conoce el problema.»

Es verdad; yo no conozco el problema. Además, es muy posible que no haya problema, y que todo el problema catalán sea como el problema español: una cuestión solamente de libertad y de cultura.

Como digo, no veo relación entre los intelectuales catalanes y Cataluña; no encuentro que los libros y los periódicos catalanistas, que son los que se consideran la expresión viva del país, manifiesten la manera de ser pintoresca, moral e intelectual de la tierra. [...]

Cualquiera que venga de fuera, sobre todo de fuera de España, se asombrará sinceramente en Barcelona, se asombrará de la grandeza de vuestra ciudad, de su fuerza industrial, de su inmensidad, vista desde el Tibidabo; se asombrará también de la cultura obrera, de su espíritu social, de su instinto de renovación; pero yo me temo mucho que si presentáis a Cambó como uno de los grandes productos de la espiritualidad catalana, no se asombre gran cosa ni se quede maravillado.[83]

Como si fuera limitada su andanada, Baroja negó el pactismo como catalán, disparando al fondo pacifista que defendía la Lliga. Barcelona, aseguró, era la más violenta ciudad de España y la catalana la sociedad más dispuesta a la agresión:

Otra de las cosas que he solido leer en los periódicos catalanistas, que durante algún tiempo han tenido la especialidad de partir un pelo por la mitad, ha sido la afirmación de que el castellano, y al decir castellano quieren decir todo español que no sea catalán, es un violento, y el catalán, no. [...] No hay en España ciudad que pueda exaltarse como ésta; no hay región que pueda llegar a la furia como esta; no hay, seguramente, en España pueblo como éste, que pueda echarse a la calle y hacer una hermosa barbaridad, como lo ha hecho Barcelona en el mes de julio.[84]

Tan devastadora valoración del catalanismo representaba –como es del todo evidente– la inversión radical de la endeble relectura que Peius Gener hizo de la «degeneración» castellana. Como enfatizó el propio Baroja, en esa misma conferencia de «Divagaciones acerca de Barcelona»: «Me dijo en artículo Pompeyo Gener que yo era un ogro finés injerto en un godo degenerado; yo no me siento ni tan degenerado, ni tan finés, ni tan ogro», para pasar al tópico sobre su desinterés en comerse a los niños crudos. Baroja persistió en su réplica a Gener: «Los catalanistas, [...], aseguran que no, que Cataluña casi no tiene nada que ver con España, que es un país con otra raza, con otras ideas, con otras preocupaciones, con otra constitución espiritual.» Y añadió: «Por diferenciarse, encuentran los catalanistas una porción de contrastes étnicos, psicológicos y morales entre catalanes y castellanos.» Entonces Baroja tomó el argumento –¿intencionadamente?– al revés: «Son los castellanos individualistas; los catalanes son colectivistas[.]» Si bien la retahíla ya era más seguida: «son los castellanos fanáticos, los catalanes, tolerantes; son los castellanos místicos y arrebatados, los catalanes son prácticos. Yo nunca he visto estas oposiciones ni estos contrastes, y no digo esto como patriota, sino como un hombre más o menos observador.»[85]

Baroja quiso completar su argumento, para cerrarlo con contundencia:

> Ni hay raza catalana, ni hay raza castellana, ni raza gallega, ni raza vasca, y podemos decir que no hay tampoco raza española. Lo que hay, sí, es una forma espiritual en cada país y en cada región, y esta forma espiritual tiende a fragmentarse, tiende a romperse cuando el Estado se hunde; tiende a fortificarse cuando el país se levanta y florece.
>
> Todos los pueblos que caen quieren regiones más o menos separatistas, porque el separatismo es el egoísmo, es el sálvese el que pueda de las ciudades, de las provincias o de las regiones.
>
> Ya sé que no se puede hablar hoy de separatismo, porque los nacionalismos, aun los más absolutos, no quieren llamarse así. Pero ¿ésta es una cordialidad que debemos agradecer, o es el reconocimiento de que no se puede vivir separados? [...]
>
> Yo no creo que haya nada útil, nada aprovechable en el nacionalismo; no me parece, ni mucho menos, el régimen del porvenir. [...] Podrá ser un camino en países constituidos por razas distintas: en Austria, por ejemplo, en donde los checos luchan contra los sajones; en Rusia, donde los polacos luchan contra los eslavos [sic]; en los Balcanes, en Finlandia, en Irlanda; pero ¡aquí!, aquí no tiene razón de ser, y creo que, en el fondo, no tiene tampoco raíz; creo que, en el fondo, no se sostiene más que por rivalidades personales, por celos de unos personajes contra otros, por ver el modo de quitarse la parroquia mutuamente. [...]
>
> Peor aún que la doctrina nacionalista me parece el procedimiento de los catalanistas. ¿En dónde, en qué está legitimada la campaña antiespañola que ha hecho durante muchos años el catalanismo?[86]

En 1907, Xenius se tomó a broma el primer ataque combinatorio de anticatalanismo y antisemitismo de Baroja, y, un par de semanas más tarde, contestó en *España Nueva* con una «Carta abierta a Martínez Sierra (judío judaizante)», a lo que el aludido contestó afectuosa y quejumbrosamente («Me alegro infinito –por usted– de que esté usted en París; yo quisiera estar en China o en la luna a la hora presente. Porque Madrid está insufrible a fuerza de estrenos y de peleas pseudocatalanistas.»).[87] En cambio, el poeta Josep Carner –entonces columnista de *La Veu*– sí quiso entrar en la lid, consiguiendo una retirada táctica de Baroja.[88] Carner empezó argumentando que era «una desgracia para nosotros que no se levante contra nuestra invasión [la Solidaritat] ningún representante de la vieja tierra española». ¿No le quedaba empuje a «la Gran España que rigió un memorable imperio»? La única respuesta venía de la «raza vasca», «de esta raza que es el principio simple de España»: o sea, Baroja y Unamuno, pero, como éste último le dijo a Gaudí, «la gente vasca», si intentaban «un rico y superior cultivo de su entendimiento», acababan casi todos locos.[89] Según Carner, si Baroja adquiriese la capacidad de comprensión, perdería el dogmatismo que era su gracia como escritor. Baroja había dicho, añadió el poeta-columnista, que: «El Catalanismo no es más que odio». Pero «el catalanismo es un fenómeno inmenso», mucho más que negación, y un «anarquista "españolón"» como Baroja no entendía de ello la mitad.[90] Era mucho más que «Rusiñol, Pompeu Gener y [Ignasi] Iglesias», había toda una riqueza *noucentista* desconocida para el vascomadrileño. Los catalanistas eran «imperialistas», no «lastimosos judíos, con las caras blancas de vivir dentro de tabucos usureros», como los galitzianos retratados por Sacher-Masoch.

> Cataluña ha sido siempre el país más rico de España, y jamás ninguno le había encontrado este temperamento encogido que usted le ha endosado para ser lógico [con su propio argumento]. Yo le recomiendo que haga una encuesta entre los autores que en todas las épocas han hablado de Cataluña, y verá que todos nos tienen por resueltos, osados, y cuando se nos ha ofendido, por hombres de venganza sin piedad. Me maravilla que cuando escribió su artículo no tuviera presente que somos el único país de España que ha sido feudal, que somos la gente de los almogávares, el único reino de España internacional antes de la Unidad, que después de la Unidad estuvimos dos veces en indomables guerras con el Gobierno español; que hemos pasado una época contemporánea llena de guerras civiles, sublevaciones, bullangas, y finalmente que ahora –como usted reconoce– somos famosos en el mundo por las bombas anarquistas.[91]

A tan orgullosas afirmaciones, casi amenazantes, Alomar (bajo el pseudónimo «Fosfor») atacó, desde el órgano nacionalista republicano, para argumentar que el semitismo catalán productivo, casi pagano, rechazaba el semitismo español, torturado y torturador, religioso y yermo.[92]

Casi dos años y medio después, cuando Baroja viajó a la capital catalana en 1910 para discurrir en la Casa del Pueblo, el periodista republicano Màrius Aguilar le invitó a un debate público en el Ateneo Barcelonés, invitación explícitamente declinada por el novelista.[93] En su nueva andanada, fue naturalmente contestado por *La Veu* y hasta por la revista sicalíptico-humorística *Papitu.* La justificación del autor era lúdica: según un apologista, «insistentemente había escrito artículos zahiriendo a los catalanes, aunque sin acritud, sino en tono burlón, pues no se sentía enemigo de ellos.»[94] *Pero, a pesar de que el ataque barojiano se tomara a chirigota, era un rechazo profundo, que llegaba hasta las raíces intelectuales.* Toda la formulación catalanista, desde una supuesta sobriedad vasca, le pareció «artificial».[95] Baroja, por ejemplo, explicitó que: «Aquí [en Barcelona], en las cocinas de esos primates del intelectualismo catalanista, se huele a Emerson y a Carlyle, a Nietzsche y a Ruskin; lo que no aparece por ningún lado es el olor de la tierra.»[96] También, en escritos muy posteriores, al valorar las fuentes de Unamuno, redundó en una actitud negativa ante Carlyle («es como el predicador puritano fanático y apocalíptico») y Emerson («es más oportunista»).[97] Incluso algún crítico actual «barojicida» podría considerar que el retrato que el novelista madrileño y vasco profesional trazó del escocés era un retrato-parodia de su propia imagen («Él se siente superior, cosa que se puede perdonar. Su orgullo, la idea grande que tiene de sí mismo, le hace creerse héroe, el héroe que representará en las generaciones futuras al escritor veraz del siglo XIX, que, como un San Jorge, lucha con un dragón alimentado de mentiras y falsedades y lo vence»).[98] Probablemente, su sentimiento más sincero ante Carlyle y el catalanismo lo expresó al declarar que: «Yo no creo que haya que practicar el culto del héroe a lo Carlyle; pero sí creo que las superioridades verdaderas no ofenden mirándolas de cerca.»[99] Es decir, como él, pero no como «los catalanes».

Por mucho que, según le conviniera, Baroja podía igualmente sacar a relucir, con pretensión cientificista, el criterio racista contrario a su determinación de 1910, más concorde con su postura de antisemitismo retador e irónico de 1907. Escribiendo a principios de los años veinte, en sus *Divagaciones apasionadas*, el novelista y ensayista vasco-madrileño hizo una contundente declaración de erudición doctrinal racial, citando a todos los maestros reconocidos de este campo:

> El Homo europeus de Vacher de Lapouge es el hombre audaz, genial, individualista, alejado del Estado, atrevido, protestante en religión; el Homo alpinus, el braquicéfalo moreno, es el hombre vulgar, rutinario, burócrata, oficinista, de concepciones mezquinas y de religión católica.
>
> El historiador alemán [Houston Stewart] Chamberlain desarrolla una teoría parecida, dándole extensiones a la cultura más que a la antropología.
>
> Leyendo las obras de estos autores, se ve que, dentro de ciertas posibilidades, hay mucha arbitrariedad y fantasía. [...]
>
> Creo que perdura algo en las razas, aunque por hoy no se sepa fijar bien lo que perdura.
>
> En último término, la cuestión es si todas las razas son iguales, o no, para la cultura.

La idea afirmativa de la igualdad de las razas, como la idea del progreso indefinido, es una fe, un dogma del siglo XIX, pero no tiene comprobación.

Que no ha señalado la ciencia con claridad las diversas aptitudes de unas razas y de otras, es indudable; pero esto no quiere decir que no existan; lógicamente deben existir.

Quizá Gobineau se haya engañado en sus detalles; pero la esencia de su tesis, la desigualdad de las razas humanas, a mi modo de ver, queda intacta. [...]

Yo no afirmaría el total de las proposiciones étnicas de Gobineau; pero creo, sí, que la presión latina restó mucho de la originalidad natural de Francia, de España y de Italia del Norte.[100]

Ni que decir que Baroja quedó rubricado como enemigo en el canon catalanista.[101] Para entonces, la moda racista del fin de siglo empezaba a perder su pujanza casi indiscutida (si bien todavía retuvo credibilidad internacional hasta el principio de los años treinta) y, en España, las editoriales especializadas en temática social –especialmente las más explícitamente republicanas– empezaban a publicar obras de la sociología antiracista, como el francés Jean Finot.[102] El enfoque racista, y muy especialmente el antisemita, quedó lanzado para sectores ideológicos mucho más extremistas.

Así, el diario madrileño *El Parlamentario*, órgano del «idóneo» conservador José Sanchez-Guerra y con Luís Antón del Olmet al frente, a principios de junio de 1916 se empleó a fondo en su ataque al importante discurso de Cambó contra Santiago Alba en la Cámara de Diputados, cargándose de razones antisemitas:

Estos hebreos que conducen a la Lliga, con sus perfiles y sus actos de judíos, llevan la sangre de Judas en sus venas. No hay que olvidar que, a raíz del aborrecible decreto de expulsión, miles de isrealitas se establecieron en Barcelona, y renegando de su religión y de su raza por no perder sus riquezas, se convirtieron. De ellos desciende directamente la Lliga.

Acercaos, españoles, a esas gentes. Llamad, íberos, a las puertas de esa casa. Unas manos de uñas largas y afiladas, aguzadas por la usura secular, entreabrirán, recelosas, un postigo. Luego veréis un rostro escuálido, horrendo, de nariz corva, y ojos escrutadores. Con voz gangosa, renegada, de judío, mascullará unas palabras groseras. Un portazo. ¡Ay de vosotros, desdichados, si, confiando en la hospitalidad de Cataluña, apoyastéis [sic] vuestra mano en el postigo.[103]

Antón del Olmet, más bien venal, pudo acercarse sin pudor a Cambó un año después; luego, su antisemitismo anticatalanista era un disfraz de quita y pon. *Pero la conjugación sistemática de la antimetáfora «judío=catalán» ya estaba más que establecida como un uso ingenioso.*

En plena «crisis de 1917», para el periódico anarcosindicalista *Solidaridad Obrera,* edificando sobre el libelo barojiano, los catalanistas eran efectivamente «judíos», o sea, traicioneros, mentirosos, interesados, capaces de abandonar la revolución de los espíritus puros cuando les convenía. «En la segunda página, en gruesos titulares, se podía leer: Los judíos de la Lliga quisieron desviar el gran movimiento emancipador; los trabajadores de Cataluña deben aplastar a los miserables que patronizaron (sic) el pacto del hambre y que en 1909 aconsejaron el: *"¡delateu, delateu!"* [se refiere a la campaña de La Veu de Catalunya tras el alzamiento del verano de 1909]».[104]

Ese mismo 1917, un tal Cęsar Peiró Menéndez, en nombre de una sin duda fantasmagórica Unión Redemptorista de España, invitó a sus compatriotas a mejorarse en el *Arte de conocer a nuestros judíos*, para poder actuar «Por la salvación de España y la redención de los españoles». El esquema de Peiró era innovador, ya que combinó el tradicional prejuicio antijudío, patrimonio católico hasta el ensayismo racista finisecular, con el antisemitismo de criterio racial y no religioso: «Siendo notorio que el pueblo español es bueno, hospitalario e hidalgo, esas grandes maldades que se realizan a veces en España y que a todos nos deshonran, en sana lógica no pueden ser más que obra del judío, a quien tan sabiamente denominó Jesucristo, "el operario de la maldad."» Identificado el mal («Pues, bien, la llaga que corroe a España, la gangrena que la pudre, el cáncer que la mata, es el judío.»), Peiró creyó ver la solución: «¿Remedio? El antisemitismo resuelto.» A sus muy paranoicos ojos:

> España va siendo una excepción en el mundo civilizado y decae de modo tan alarmante porque oficial y económicamente es la nación más juidaizada de la tierra.
>
> El judío de sangre, católico o no, es el que constituye esa minoría astuta y capciosa que nos deshace la Patria.
>
> Multiplicados hoy extraordinariamente los descendientes de los antiguos hebreos que para no verse obligados a expatriarse burlaron el decreto de expulsión de los Reyes Católicos convirtiéndose falsamente al catolicismo, como el gusano en la fruta se han metido en todo cuanto hay elevado o vale y significa algo en nuestra amada Patria, ocasionándola el doloroso estado de decadencia actual.
>
> Ellos son los que están haciendo inarmónico a nuestro país con las demás naciones latinas y con todo el mundo civilizado, y si nuestro forzado letargo dura, si esta resignación ante el engaño y la maldad sigue, si la postración de la voluntad y de la energía de los verdaderos españoles continúa y la luz de la inteligencia no ilumina bien el doloroso cuadro de degeneración que contemplan nuestros ojos, ante nuestra debilidad y nuestra incultura o ante los hechos bochornosos y crueles de la política negra que allende las fronteras se han dado en llamar «cosas de España», acaso otra nación fuerte, por razones de civilización o de egoísmo, intervenga nuestra soberanía o nos la quite. [...]
>
> Ellos son quienes están llamando a tanto judío alemán, de Marruecos y de las naciones balcánicas para que a la sombra del Arancel –que es una de las mayores causas de nuestra decadencia– venga a establecer industrias que resultarán

exóticas y no de muy buena fe, y así cuantos más sean, dada su proverbial solidaridad, más fuerza sumarán contra nosotros.

Ellos son quienes nos están dando más allá de las fronteras fama de espías, de inquisidores, de liberticidas, de malos patriotas, de fabricantes y comerciantes de mala fe y hasta de exportadores de lepra. Y así nos llenan el mundo de hispanófobos y de antipatías.[105]

Recogiendo el juego de afirmaciones divulgadas por Baroja, en réplica a Gener, Peiró acabó por producir uno de los primeros –y, afortunadamente, escasos– antisemitismos racistas en España, que partía de la antigua mitología de la «pureza de sangre» para explícitamente entroncar con la virulencia pseudomédica (las metáforas de la «enfermedad social» como planteamiento) propia de la infraliteratura para entonces ya abundantes en Viena o Múnich.[106] A juzgar por los crudos dibujos de los rostros judíos ocultos entre tanto bueno español que proporcionaba Peiró, el enemigo infiltrado estaba por doquier. Su efecto social era evidentemente pernicioso: «En fin, el judío no sólo se multiplica aquí para dejarnos a los españoles sin dinero, sin libertad, sin grandeza, sin fuerza y sin colonias: también nos quita la alegría del corazón, nos llena de tristeza el alma y el cuerpo de raquitismo, de degeneración, de sífilis, de lepra y de tuberculosis; y genio del mal por instinto o por naturaleza, donde el mal es gravísimo o extenso, allí está él, oculto o no, dirigiéndolo o haciéndolo.» Y añadía su anatema: «¡Hebreos travestidos de españoles: que de veneno os sirva el dinero que con vuestras maldades amontonáis aquí!». Afortunadamente, explicaba Peiró, había medios de desenmascarar tanto oculto: desprendían un especial hedor intransferible, el *Faetor judaicus*, que los delataba.

Finalmente, las muestras de antipatía anticatalanista en el esquema de Peiró no fueron accidentales:

Reconstituir España con judíos al frente de ella en demasiada proporción, parece trabajo inútil, porque movidos siempre por intereses bastardos ellos deshacen los imperios que fundan las razas nobles. Ellos, no sólo crucifican inocentes sino naciones enteras ¡Ved, Señor, nuestra Patria como está! [...]

Para reconstituir pronto España parece absolutamente indispensable excluir al judío de la política y de la administración pública, porque nuestros hombres de bien que luchan con él en esos campos no obstante su energía, su austeridad y su talento no adelantan un paso en el camino de nuestra reconstitución nacional.

Nuestros hebreos son los que a los gritos de ¡Viva España! o ¡Visca Catalunya! nos deshacen esta Nación amada actuando siempre en beneficio de los intereses de Israel y perjudicando los intereses generales que son los sagrados de la Patria.[107]

Fueran o no broma los excesos barojianos, siempre hubo quien se los tomó al pie de la letra.

El hispanoamericanismo como anticatalanismo: la contrametáfora del «tribalismo»

Se contaba en una historia, aunque probablemente apócrifa no menos indicativa, que cuando se anunció en las pizarras de las redacciones barcelonesas la noticia de la pérdida definitiva de Cuba, se produjo una manifestación espontánea que fue ganando adeptos y basura en la medida que bajaba las Ramblas, hasta llegar a la estatua de Colón, siendo como culminación bombardeado el monumento con los deshechos recogidos por la plebe indignada.[108] En la medida en que creció la presencia del catalanismo, se hizo pareja la convicción de que «los catalanes» habían renunciado una empresa común hispana por seguir su propio –y egoísta– camino.

Hubo numerosos publicistas que quisieron perseguir esta inclinación, pero ninguno con el afán de Francisco Grandmontagne Otaegui (1866-1936). Escritor hoy casi olvidado, tuvo en su día una prédica considerable, siendo considerado igual de muchos de los grandes nombres del llamado «noventayochismo». Nacido en Barbadillo de Herreros, pueblo de la sierra burgalesa, emigró a Argentina en 1888. Hijo, según testimonio propio, de vasco francés y vasca española, su nacimiento burgalés le confirió una ambigüedad de origen que siempre le acompañó. En la capital argentina, empezó sus primeros esfuerzos literarios en el medio emigrante vasco, en la revista de la Sociedad Vasco-Española de Buenos Aires, denominada *Laurak-Bat*. En 1893 se lanzó a la aventura de una revista propia, *La Vasconia*, dedicada a la misma colonia. Corresponsal de Unamuno, su éxito como periodista o comentarista creció, hasta acceder a las páginas de los grandes diarios como *La Prensa* o *La Nación*, luego en la popular revista *Caras y Caretas*, a la vez que pudo hacer de puente con amigos o conocidos como don Miguel para incorporar sus plumas a la pujante prensa bonaerense. Grandmontagne participó en la organización del Primer Congreso Español en Ultramar en 1901. Así, a principios del nuevo siglo, pudo regresar a España como una especie de «indiano» literario, ungido con la representación de asociaciones emigrantes españolas en la zona rioplatense, entonces muy influyentes (hasta el punto de regalar, pagado por donaciones recogidas, un acorazado a la marina de guerra española, para empezar la recuperación del desastre naval de 1898). Se había convertido en una figura respetada, elogiado por maestros del periodismo madrileño como Mariano de Cavia, dispuesto a situarse en el contexto patrio del regeneracionismo.[109] Pero, de manera simultánea, se hizo famoso por su desdeñosa arrogancia: hacia «el año 1903 o 1904», Baroja, en la redacción de *El Pueblo Vasco* de San Sebastián, se peleó con Grandmontagne –y, por extensión, con Maeztu, que le justificó– por su insufrible prepotencia.[110]

Para Grandmontagne, escritor profesionalmente español –hasta profesionalmente vasco, cuando le convenía– pero en la realidad argentino reespañolizado, la conciencia nacionalista española era tan sólo perceptible en toda su grandeza de lejos, puesta en el escenario grande del mundo de habla hispana.[111] Pero, según él, la respuesta de un resurgir español no estaba en las medidas económicas, sino en la recuperación de un sentimiento espiritual. Y, como resultó muy propio de muchos autores más o menos conscientes de su carácter vasco, aunque desde perspectivas nada *jelkides*, Grandmontagne, como Baroja o Maeztu, incluso como a veces Unamuno, sentía escasa debilidad por las pretensiones catalanistas. En 1907, a la par con la campaña espectacular que Baroja encabezó desde *El Mundo* para Manuel Bueno contra la Solidaritat, Grandmontagne, desde el diario madrileño *El Imparcial*, se lanzó a la encendida agitación contra el catalanismo, «certera campaña» a ojos de los más ardientes voceros antisolidarios.[112] La campaña consagró su reputación como ensayista político, que quedó reforzada por su obra, *El Ultraproteccionismo*, aparecida en 1908.

Igual que Unamuno –quien, más adelante, en 1914, fue destituido por el gobierno Dato del rectorado salmantino a causa de su agitación agraria–, Grandmontagne culpaba a los proteccionistas de una política industrial abusiva, hecha a expensas de la agricultura. Según Grandmontagne: «La industria española, principalmente en Cataluña, siempre ha sido más vehemente y resuelta en sus reclamaciones que la agricultura, por excelente castellana, hija de un país acostumbrado a soportar en silencio sus males y su pobreza tradicional.»[113] A su entender, la equivocación era morrocotuda: «Empeñarse en sostener industrias que aquí no pueden arraigar y cuya vida depende solamente de exagerados derechos arancelarios, equivale a enriquecer a determinados industriales a costa del comercio y del consumidor.»[114] Tras ello, forzosamente se escondían intereses oscuros: «El proteccionismo abusivo, corruptor; parasitario, acordado a unos cuantos manufactureros que de sobra conocéis, excluye de los mercados exteriores, por falta de reciprocidad, los productos del trabajo agrario, devorado simultáneamente por dos colmillos: el del fisco y el de la industria.»[115] Para defender sus tesis, Grandmontagne se apoyaba en un alegato airado, *La solución arancelaria*, de un fabricante lanero sabadellense, Juan Girbau y Alavedra, de filiación liberal, presentado como una eminencia industrial catalana.[116] La obra de Girbau, un conjunto de textos dirigidos contra la campaña bilbaína-barcelonesa de oposición a la política arancelaria de Sagasta en 1894, era un texto del todo obsoleto en 1908, tanto para los aspectos económicos, como para los políticos, como para el mismo régimen de aduana, ya que el arancel de 1906 había redefinido la situación anterior.[117] Pero, por supuesto, esos nimios detalles no le iban a estropear Grandmontagne su denuncia del «ultraproteccionismo». Como era lógico, para el ensayista vascoargentino, *si dudaba de la utilidad de los aranceles económicos, peor le parecía el proteccionismo cultural que él intuía en el corazón del movimiento catalanista*.

Desde su perspectiva sudamericana, al abrigo de la expansión urbana del Río de la Plata, supuesto crisol de inmigrantes, la comunicación salvaría toda las estrechas distinciones internas hispánicas: «La unificación de diferentes caracteres étnicos no se hace con decretos, sino con ferrocarriles que viertan unas regiones en otras, provocando el engarce de las castas por medio de un difuso y constante proceso de renovación social. En esto las razas humanas se rigen por la misma ley natural que las razas lanares.»[118] No entendió Grandmontagne que la candente fusión de gentes que, en el cambio de siglo, se anunciaba en la zona ríoplatense, no se realizaría, ya que, en gran medida, pervivieron las culturas originarias y se lograría, a lo sumo, un pluralismo argentino y, en consecuencia, un nacionalismo en perenne estado de frustración.

Pero Grandmontagne, al calor de la reiteración ideológica, tomó su deseo por realidad y procedió a aplicar la visión resultante al contexto español. Eso sí, empezó reconociendo la variedad plural de España, distorsionada por el centralismo y ansiosa de una solución federal: «El país ha de ser regido con arreglo a su contextura natural que es federalista. Y si el Estado sigue empeñándose en torcer y violentar el carácter de este conglomerado de pueblos, distintos en su idiosincrasia, que forman la sociedad española, ocurrirá lo que ocurre con los troqueles, que se cascan y saltan en pedazos cuando su concavidad no se ajusta a la cosa que quieren ceñir y moldear.»[119] Tal criterio aparentemente federalizante, sin embargo, no contemplaba indulgencia alguna con las reclamaciones catalanistas.

Nada de catalanismo, pues, según el escritor vascoargentino: «Establecidas las autonomías –y aquí viene el absurdo–, las regiones, según Cambó, entablarían una lucha fecunda por imponer cada una de ellas su hegemonía y su lengua. "Yo no sé si seremos muy dignos –ha escrito Cambó– de que llegue un día en que la verdadera unidad nacional se forme en torno a la personalidad catalana; si no lo conseguimos, nuestra será la culpa".» A sus luces, era un error, un absurdo: «Yo quiero reconocer a los caudillos barceloneses una noble ilusión: la de luchar contra lo definitivo, contra la hegemonía castellana, que es, como todos los hechos naturales, indestructible y eterna.»[120] Tampoco, a sus luces, prometía gran cosa la fórmula política de la Solidaritat Catalana: «[l]a Solidaridad no es un partido orgánico, es una anarquía cordial...[¿sic?] Las coaliciones no pueden soñar demasiado a ejercer una acción eficaz en tanto que ellas se componen de elementos presentando entre ellos una cierta afinidad».[121] El hecho de fondo, para Grandmontagne, era que: «[l]a hegemonia no se la dieron a Castilla las demás regiones: se la dio el universo; se la están dando hoy mismo en aquellos dieciséis pueblos ultramarinos, revueltos y prósperos, al cambiar en los labios de una emigración cosmopolita el verbo extranjero por el potente verbo castellano.» Es más: «Castilla tiene una forma superior de vida: su resurrección en todo un continente.»[122]

En su esquema contundente, los castellanos habían ganado la carrera de la historia a los catalanes: «En la ventura ultramarina, la Castilla "mística, espiritualista y pobre" se anticipó a la Cataluña "nutrida de realismo inmediato y palpable". [...] Cuando el mundo dejó de ser Mediterráneo, sobrevino la decadencia catalana y, ante la aventura de los conquistadores, los "hábiles buhoneros del mediterráneo" se tornaron en "alfeñiques".» El enfoque catalanista estaba equivocado por razones tanto morales como lógicas. Primero, según Grandmontagne, había un error moral: «El catalanismo [...] combatía la "uniformidad" impuesta por el castellano, pero a costa de establecer otra uniformidad a través de la hegemonía catalana.»[123] Luego, su queja era, en verdad, meros celos. Y, después, el catalanismo adolecía de otro error, contra la más elemental racionalidad global: «El catalanismo quiere desalojar de Cataluña la lengua castellana. Entre tanto, en Italia y en Francia se establecen cátedras de español con el fin de preparar el personal que ha de emprender la conquista comercial de los mercados americanos.» En resumen: «La progresión numérica prevista de hablantes de castellano en aquellos años en 70 millones– frente al número de hablantes de la lengua catalana, limitada espacial y geográficamente, ofrecía una clara respuesta al planteamiento de la hegemonía lingüística. La realidad [...] cambiará el rumbo de la "absurda orientación sentimental catalanista": "El imperialismo catalanista quiere tener unos brazos muy largos y una lengua muy corta".» En última instancia, Grandmontagne recurrió a la perspectiva americana, entonces situada en el máximo desprecio por las culturas indígenas: «El pleito de las lenguas se resolverá por sí mismo; la más débil tendrá el mismo fin que tuvieron el azteca, el guaraní, el quichua, el querandi, el toba y otras muchas que en América se hablaban. Dentro de la península, la naturaleza y los intereses decidirán a cuál corresponde la preponderancia definitiva. Ninguna violencia debe emplearse en una contienda que, en realidad, está ya resuelta.»[124] *Según el ensayista vascoargentino, el catalanismo era un indigenismo más, condenado al fracaso por el ineludible sentido de la historia.*

Esta interpretación del catalanismo como una mera manifestación «tribal» fue recogida por otros: sirva como muestra el literato Edmundo González Blanco (1877-1938), el más productivo de tres hermanos asturianos conocidos en Madrid por su publicística (especialmente Pedro, muy preocupado por el injusto trato al recuerdo histórico español en las Indias).[125] En 1912, al disertar sobre «El Socialismo, la Patria y la Guerra», Edmundo plagió al escritor vasco-argentino, para afirmar que «[e]l idioma catalán, pese a los que lo hablan, tendrá en España el mismo fin que tuvieron el azteca, el guaraní, el quicha, el querandi, el toba y otros muchos que en América se hablaban.» De tal percepción, para González Blanco se derivaba la conclusión de que el nacionalismo catalán era, sencillamente, un sinsentido:

> Quiere Cataluña conservar y cultivar su personalidad como región, y aun aspira a que en su torno se forme la verdadera unidad nacional; tiende a que su anhelo de acrecentamiento, de potencia y de plenitud, sea como una cuña moral que hienda cruelmente a Castilla, imponiendo a España entera su lengua y su hegemonía. Pero la personalidad catalana, su alma de hace cuatro siglos, cuando los catalanes eran dueños del tráfico del Mediterráneo, ¿puede serles devuelta? La obra castellana del descubrimiento, conquista y civilización del Nuevo Mundo, la más grande contribución de España a la labor del humano linaje, trasladó la majestad del Mediterráneo al Atlántico e hizo la hegemonía de Castilla. Imposible la devolución de la personalidad catalana, a menos que vayan los catalanes a predicar al mar, a orillas del Océano, mirar las crestas de las olas y confiar en que les escuchan y hablarles al alma, como San Antonio de Padua predicaba a los peces.

Luego, por tanto, «[e]rror sentimental es el del imperialismo catalanista al pretender ejecutar el *tour de force* de imponer él solo el sello de su espíritu y de su lengua a toda España, después de reconquistar su antigua influencia en el Mediterráneo, cuando el porvenir en este punto será que el idioma castellano, por su vasta internacionalidad, no por otra cosa, acabará por imponerse en nuestra nación a todos los restos de las demás lenguas aún en ella subsistentes. De no suceder así habría que admitir la quimérica e irónica hipótesis de Grandmontagne.» Y González Blanco añadió, entre culto y guasón, un cruel latinajo: *¿Risum teneatis?*[126]

En resumen, desde la perspectiva españolista –y especialmente la más acostumbrada al trato «indiano»–, no se podía ejercer de panhispanista en otra lengua que el castellano, ni se podía promover, al menos desde España, un alcance ultramarino con intención de «imperialismo» cultural en otro medio que no fuera el «español» por antonomasia. Demostrar lo contrario y aprovechar el escenario mental propio del españolismo era el desafío ideológico de Cambó, en la medida en la que él apostaba sobre la integración del catalanismo en el marco panhispanista.

El camino de la concordia

Las ideas de Cambó ya estaban perfiladas en su ensayo político de la primavera de 1917, *El pesimismo español*. Este libro era, entre otras cosas, una suerte de réplica al liberal demócrata Santiago Alba, quien, siendo ministro de Hacienda en 1916, reeditó sus escritos finiseculares en la misma editorial en la que apareció el texto camboniano.[127] Era evidente, sin embargo, que Cambó se insertaba en un amplio caudal de pesimismo literario hispánico, con intenciones contestatarias.[128] El líder catalanista pretendía *indicar que el tiempo de lamentaciones «noventayochistas» había pasado y era necesario un enfoque abiertamente positivo, por mucho que fuera crítico con el régimen institucional existente*. Desde hacía años, con su conferencia «Cataluña ante Castilla», pronunciada en Zaragoza en 1908 y que en muchos sentidos fue el antecedente de su libro, Cambó había rechazado voces como las de Macías Picavea, Ganivet o Costa como productoras sólo de silencio social. En su discurso igualmente había rechazado el separatismo, que no era más que la manifestación del pesimismo catalán. Cataluña no era «egoísta», sino generosa al encabezar una protesta constructiva.[129] Ahora, ocho años después, para Cambó, Cataluña se situaba con franqueza «ante España»: «Toda la substancia del problema catalán está en dos hechos incuestionables: el hecho de que Cataluña tiene una personalidad colectiva acentuadísima, y el hecho de que la gran mayoría del pueblo catalán tiene plena conciencia de esta personalidad, se siente orgulloso de ella y desea intensificarla y desarrollarla por medio de la autonomía.» Esta misma realidad, según Cambó, se había de situar en un ineludible contexto español:

> Yo creo que el hecho del catalanismo es un hecho beneficioso, no sólo para Cataluña, sino para España entera. Creo que aceptarlo y tomarlo como punto de partida y de apoyo para una profunda modificación de la estructura del estado y una transformación completa de la política española, es camino de salvación y de grandeza. Pueden otros creer honradamente lo contrario; pero a lo que no tiene derecho ningún hombre cuyos actos o cuyas palabras puedan ejercer alguna influencia en el curso de los destinos de nuestro país, es a olvidar, desconocer el problema catalán, o creer que se resuelve con paños calientes, con habilidades de tramoyista o con siestas ministeriales.
>
> [...] si se acepta como cosa inevitable –buena o mala, pero real o indestructible– el hecho del catalanismo, precisa ir, e ir cuanto antes, a convertir este hecho en germen y motor de una nueva España... y quién sabe si de una nueva Iberia, imperio de pueblos vivo, en cuya diversidad radique su mayor fuerza, cuya libertad centuplique sus energías y permita y estimule las nobles competencias y las acumulaciones fecundas.[130]

Más adelante en el mismo libro, Cambó explicitaba que, contrariamente al pesimismo revolucionario o abstencionista: «Yo hablo de optimismo activo, inteligente, que ha salvado a los pueblos en sus grandes crisis, del que salvó a Alemania después de la derrota de Jena, del que salvó a Francia después de la derrota de Sedán, del que salvó a Inglaterra cuando el gravísimo desastre del Transvaal, del que ha salvado a Italia cuando su conflicto de Trípoli.»[131] Según el líder parlamentario catalanista, el pesimismo afectaba por igual el crecimiento económico y la función de las fuerzas armadas. La Solidaridad Catalana había sido un anuncio de optimismo, destruyendo el separatismo –*esencialmente pesimismo catalán*– igual que existía un «separatismo repugnante» en «buena parte de la prensa de Madrid», «fruto del frío cálculo», sin «más finalidad que mantener la discordia entre las regiones de España.»[132]

El problema venía –siempre según Cambó– de lejos, ya «que tuvo su origen en la forma cómo llegó a constituirse la unidad política española»:

> Cataluña y Castilla, al unirse políticamente, tenían no sólo una lengua, y una literatura y un derecho propios y peculiares, sino que tenían la expresión más alta y perfecta de una nacionalidad: un espíritu colectivo que se caracterizaba en una política interior y exterior perfectamente distintas.
>
> Pues bien; ¿cuál de los pueblos dio su espíritu al Estado una vez constituida la Unidad política española? ¿Fue Cataluña? ¿Fue Castilla?
>
> Castilla, terminada en Granada la reconquista del territorio, tenía en África su natural expansión, y en África tenía que sentar el pie para asegurar definitivamente su independencia. Cataluña tenía una política exterior mediterránea; su acción era marítima; su finalidad, el imperio sobre la costa italiana.

> El Estado español desvió del África la dirección de su política exterior. Alteró por completo el sentido de la política catalana en Italia y nos comprometió a todos en una política continental que no tenía ninguna finalidad española.
>
> La política interior del estado español tuvo por base la destrucción de todo lo propio y característico de la vida castellana y catalana. La vida colectiva interior de Castilla fue destruida por Carlos I, el primero de los Austrias. La organización colectiva catalana fue aniquilada por Felipe V, el primero de los Borbones.

El problema histórico, por lo tanto, era el de los estragos del «despotismo real», definido por «el absolutismo y el extranjerismo.» Un nuevo nacionalismo hispánico, basado en las realidades regionales, sería la única salvación para el conjunto español, incluso para el ibérico. Según Cambó, era una grave distorsión hablar de separatismo:

> Por ser el Estado representación externa de la Unidad española, cosa nueva y distinta de todas las regiones españolas, las afirmaciones de personalidad regional han sido reputadas por los servidores del Estado de tentativas de separatismo. Cuando una región afirma y vigoriza su personalidad, es algo de España que se afirma y vigoriza; pero, como se combate al Estado, se califica de separatistas a estas regiones. Y, estad seguros de ello: el día que Castilla, como Cataluña, levante bandera contra el Estado, afirmando los derechos de su personalidad regional, también a los castellanos se les llamará separatistas.

Esta deformación era interactiva, hasta perversa: «La creencia de que el Estado y Castilla eran una misma cosa fue causa de que por algún tiempo en Cataluña, al combatir al Estado, a Castilla se combatiera. Y al creerlo los castellanos, pudo satisfacer vuestro amor propio; pero apagó el sentimiento de protesta y apartó vuestro espíritu del sentido particularista, del patriotismo regional, que ha de salvaros.» Y, lo peor de todo, era un problema estructural, viciado por la historia: «Hay en España un problema nacionalista en Cataluña, como lo hay en Vasconia, y lo habría en Galicia y en Portugal, si Portugal formase parte de España; y lo habría en Castilla si por andanzas de la Historia la capital de España, en vez de ser Madrid, hubiese sido Lisboa, y los portugueses hubiesen aprovechado el hecho de la capitalidad para sentirse asimilistas y querer imponerse al pueblo castellano: existiría entonces un problema nacionalista castellano.»[133] *Era necesario, por tanto, un proselitismo para extender la nueva noción nacionalista, para generalizarla y hacerla española.* Esto requería el pacto, llevado a cabo por los intelectuales respectivos bajo una dirección política lo suficientemente clarividente como para guiar todo el proceso de nacionalización.

> ¿Eran los catalanistas los que tenían que actuar en las otras regiones de España para provocar en ellas un movimiento semejante al que existe en Cataluña?

> No nos engañemos ni nos hagamos ilusiones: el sentimiento regionalista no lo extenderemos por España los regionalistas catalanes. Si lo intentásemos, fracasaríamos, indudablemente, y nuestro intento sólo serviría para provocar –¡no faltaría quién las excitara!– violentas acusaciones contra nuestra intromisión.
>
> La levadura regionalista, con toda su fuerza renovadora, sólo puede extenderse por toda España, o por la acción casi providencial de un hombre superior que tenga un prestigio reconocido en toda España, o por la acción más normal y factible de minorías inteligentes y patrióticas que en cada una de las regiones de España quieran realizar la obra de apostolado que nosotros hemos ejercido en Cataluña.[134]

Ante el hecho de la realidad catalana y de su autoafirmación, a Cambó le parecía increíble la tozudería de las actitudes cerrilmente estatalistas, cuando lo provechoso sería la construcción de un nuevo Estado imperial mediante la nacionalización:

> Pero lo inconcebible es que al hablar de esto [el hecho diferencial catalán] surge la palabra «separatismo», ¿Es que la existencia de distintas personalidades nacionales impide la coincidencia en una unidad común, en un ser político completo? Los que así lo crean tienen de España un pobrísimo concepto y le preparan muy negros destinos, porque niegan a España la posibilidad de obtener la grandeza por el camino, por la senda en que la han encontrado y mantuvieron Imperios que están asombrando al mundo.
>
> [...] [S]i ese sentido antiasimilista de la política exterior e interior catalana, si este sentido profundamente liberal y democrático de Cataluña hubiese participado y hubiese contribuido a formar un pensamiento político español, en España no se habrían producido muchísimos de los desastres que, desde que el conde-duque de Olivares inició una orientación política en España, han marcado constantemente el curso de nuestra Historia.
>
> Porque yo, que afirmo la nacionalidad catalana; yo, que soy nacionalista catalán, no creo que España sea una cosa artificial, sea un ente jurídico, ni debe ser únicamente un ente político; yo creo que España es una cosa viva y que ha sido siempre una cosa viva, y que debe ser siempre una cosa viva; y porque es una cosa viva y porque algunas de sus partes no han participado en la dirección de ese todo vivo, España, políticamente, hace dos siglos que es un ser incompleto, un ser mutilado. Y eso no es por capricho; eso es por imposición de la realidad; eso no es causa, eso es efecto del problema nacionalista catalán; y mientras el problema no se resuelva, eso persistirá e iremos dando tumbos por la pendiente de nuestra decadencia.[135]

Cambó no estaba muy lejos, entonces, de Unamuno, que en su famosa conferencia en el teatro Lope de Vega de Valladolid, en mayo de 1915, sobre lo que los castellanos podían aprender de los poetas catalanes, insistió –con argumentos que eran tópicos cambonianos– en que: «En nada se percibe mejor el alma de un pueblo que en su lengua. La lengua es el modo de expresarse, y expresarse es conocerse, y conocerse es amarse. Los que no se comprenden entre sí no se conocen, y por tanto no se aman. Y si Castilla y Cataluña han de conocerse y amarse, como deben, han de empezar por tratar de entenderse y comprenderse, estudiándose mutuamente.» Su proximidad relativa al líder catalanista la subrayó de nuevo al insistir, igual que el mismo Cambó, en que: «Es una torpeza considerando despectivamente al catalán como una lengua inferior, y dando a la palabra dialecto un sentido torcido, rehusar su estudio. Es un deber hoy de todo español culto llegar a leer catalán y portugués sin que lo traduzcan.»

Pero las distancias de la perspectiva más afirmativa del castellano como idioma español genérico las marcó Unamuno:

> Y esto os lo dice uno que anhela y espera la integración de todas las hablas ibéricas en una sola; esto os lo dice uno que protestó contra la lesión a Su Majestad la Lengua Española cuando a un alcalde de Barcelona [presumiblemente el conservador Guillem de Boladeres i Romà, alcalde en 1903-1904 y de nuevo en 1914-1915, quien colaboró con Cambó en su famosa iniciativa de mensaje verbal al monarca en 1904] se le permitió dirigirse, en nombre de los naturales de la ciudad, a su S. M. el Rey en lengua catalana. Pero es que el alcalde no podía hablar en nombre de los naturales, sino de los vecinos, y éstos, los de la ciudad de Barcelona, saben todos español y no todos saben catalán. Y no cabe establecer la bárbara distinción entre el vecino natural y el vecino no natural de la ciudad, tan español el uno como el otro.[136]

Es verdad que la contundente acusación unamuniana, denunciando la lesa majestad de la soberanía lingüística castellana, hace distingo implícito que eximía a Cambó, por ser meramente concejal catalanista, de la plena responsabilidad de su notorio gesto de 1904, al dirigirse en catalán al joven Alfonso XIII, ya que su representación, en tanto que nacionalista, era exclusivamente la de los naturales. *Pero su matiz indicaba las dificultades de traducción que hasta los más fáciles planteamientos cambonianos tendrían al ser recibidos por públicos no catalanes.*[137]

Cambó, ¿antidemócrata?

Sin duda, todos los nacionalismos finiseculares en España –incluyendo el españolismo– eran ideologías antiliberales, entendiendo por ello el partido liberal-fusionista de Sagasta (que había dominado las dos últimas décadas del siglo desde el Gobierno y el Parlamento), los valores de la Revolución Gloriosa de 1868 que el sagastinismo decía encarnar y, por ende, el sistema que el liberalismo sostenía.[138] En consecuencia, por doquier brotaban las manifestaciones de desconfianza o desprecio hacia el parlamentarismo, las elecciones y lo que de todo ello pudiera eventualmente surgir. Por ejemplo, Joan J. Permanyer, profesor de Derecho de Prat, Cambó y los demás del grupo de estudiantes que formaron el núcleo central del catalanismo «intervencionista», declaró con aplomo en la asamblea de Manresa de 1892 de la Unió Catalanista, la reunión que acordó las famosísimas Bases: «Ha llegado la hora de abrir los fundamentos del nuevo régimen que ha de sustituir al sistema parlamentario que se está desmoronando. En este punto no hay entre nosostros diferencias de criterio.»[139]

En los inicios de su carrera parlamentaria como diputado y líder solidario, Cambó dio muestra pública de su adhesión a tal punto de vista con una conferencia ofrecida en 1908, en la sede central de la Lliga, titulada «La representación corporativa, dogma del catalanismo», discurso que ha sido citado como prueba de su conservadurismo.[140] «El principio de la representación corporativa es un principio nuestro, es un punto de nuestro programa, es un pliegue de nuestra bandera; y al renegar hoy nosotros del principio de la representación corporativa, renegaríamos de todas las tradiciones del catalanismo, de estas tradiciones que tanto amamos, y de las que nos consideramos y queremos considerarnos siempre los herederos más directos.» Pero Cambó rechazaba que tal reivindicación fuera «caso de regresión, tan medioeval que debería darnos vergüenza el proponerlo»: «Si por alguna cosa podemos presentar a Barcelona y su "provincia" y a Cataluña con característica de superioridad incontrastable es por su organización corporativa. La ciudad de Barcelona cuenta con 5,000 [sic] asociaciones legalmente constituidas; la provincia, en conjunto de Barcelona, tiene 8,000 [sic], que representa casi un tercio de las de toda España.»[141]

Así, en la versión postPrat de la construcción nacional catalana, era precisamente el tejido social el «hecho diferencial» y, todavía más importante, el hecho social sobre el cual se fundó toda realidad catalana. Era una percepción clave para medir el impacto de Prat. Sirve como muestra el ampurdanés Martí Roger i Crosa (1867-1918), catalanista histórico, socio fundador del Centre Escolar Catalanista que también estuvo en la famosa asamblea de Manresa y hombre de la Lliga (sería diputado por La Bisbal en 1917). En efecto, *según Roger, fue la sociedad la que dio paso a la Monarquía catalana (o al principado condal) y no al revés, como sostenía para Francia la escuela maurrasiana:* «Y precisamente de este proceso pende la fuerza de la nacionalidad catalana y la que tuvo la monarquía; porque no fue ésta la creadora del conjunto nacional, fue sólo la institución que le dio forma; y era la única que, dado el estado social de aquel tiempo, podía darla.» Para Roger, disertando en 1914 sobre las implicaciones presentes de la Génesi de la monarquía catalana, la problemática histórica de la medieval Monarquía catalana tenía lecciones que impartir al presente:

> Si la monarquía no hubiese tenido profundas raíces en el país; si los monarcas hubiesen impuesto una organización política contraria a la organización social,

el pueblo no les hubiera ayudado en los momentos difíciles, y la nación no hubiera tenido la vida plena y poderosa que tuvo, porque la fuerza y la duración de una institución política no es posible si no la sostiene un potente organismo social.

Si se quiere, pues, reconstituir la Cataluña autónoma, que es el ideal de los catalanes conscientes de la personalidad de nuestro país, no se han de dirigir todos los esfuerzos a la conquista de los poderes del Estado: hay que robustecer todos los elementos constitutivos de nuestra organización social; que, una vez que eso sea conseguido, por la misma fuerza de las cosas, con más o menos retraso se impondrá el reconocimiento de la personalidad catalana.[142]

Para Roger, pues, el recuerdo «imperial», tan importante en los orígenes de Cataluña, o la memoria colectiva catalana de su fenecida Monarquía propia, eran menos importantes que la capacidad del catalanismo para canalizar la expresión de la sociedad civil del Principado, bajo la Corona que fuera.

Como es evidente, por mucho que la Lliga fue excepcional en la importancia conceptual que dio a la idea de la sociedad civil, no fue ni mucho menos la única fuerza política hispana que hablara de ella. El origen abrupto del maurismo en 1913, por ejemplo, su especial inquina con el rey Alfonso XIII y con el conservadurismo «idóneo» que siguió a Eduardo Dato, hizo que el nuevo movimiento también expresara un talante en buena medida más confiado en la bondad de cierta sociedad civil que de un Estado o de su jefatura, demostrada manifiestamente traicionera.[143] Personalmente, Antonio Maura siempre tuvo un especial gusto por la «acción ciudadana», desde sus tiempos en las filas liberales, y ello dio una especial impronta a su partido, que reflejaba *esa convicción de que era la sociedad civil la que debía aportar los elementos de regeneración a un Estado necesitado de reforma*.[144] Por ello, el maurismo pudo recoger sectores de derechas muy católicos, deseosos de una mayor tintura de activismo católico en la sociedad y una mayor protección estatal de tales iniciativas (e, incluso, una presencia pública incrementada contra sus rivales), y, a la vez, abrigar otros sectores escasamente religiosos, muy expresivos de un *libertarismo conservador* que preveía los beneficios de una reducción del intervencionismo público en ámbitos privados. De ese libertarismo y de la confianza en las energías renovadoras de la sociedad civil ante el Estado vino la fascinación de cierto maurismo por la Lliga, así como las reticencias equivalentes de los partidarios de un catolicismo más visible o que se identificaban con una ingerencia estatal para purgar las partes nocivas del tejido asociativo. Sin duda, el ejemplo *lligaire* aportó ideas y percepciones, hasta llegar a convertir algún maurista, como Angel Ossorio y Gallardo, en un filocatalán rayano en el pintoresquismo. Además, como es notorio, «Don Antoni» era mallorquín, nacido en Palma de Mallorca en 1853, y entendía perfectamente el idioma vernáculo insular; su hermano mayor Gabriel, nacido en 1842, hasta se dedicó a escribir costumbrismo en mallorquín.[145] Por su parte, Cambó, por mucho que criticara a Maura, le valoró públicamente por ser «un rebelde de la política ficción», atribución admirativa por su evidente antiturnismo, pero, también, más escondidamente, por el dilema personal de Cambó con su propia doctrina, por su dificultad para convertir la metáfora pratiana en una base de negociación política sincera y realista.[146]

En realidad, más allá de las aparencias ideológicas, las muestras de desprecio por la representación liberal nunca fueron patrimonio exclusivo de la derecha conservadora, ni mucho menos de portavoces de particularismos varios. La izquierda extraparlamentaria hizo todo lo que pudo para lanzar lodo sobre las Cortes de la Monarquía, siempre con la excusa de que su falta de representividad hacía moralmente inviable el régimen alfonsino. Como es bien conocido, Costa pusó en circulación la definición del fondo del parlamento y de sus medios, con su fórmula lapidaria de *Oligarquía y caciquismo.*[147] Lerroux hizo de tales declaraciones carrera y otros muchos le imitaron.[148] La gran crítica lerrouxista a la Solidaritat se concentró en la amenaza corporativista que escondía la alianza catalana, junto con la intolerable presencia carlista. Pero los mismos republicanos, fueran de la revista *España* o del Partido Reformista, cuando creyeron poder asegurar su predominio sobre el obrerismo por medio de la reivindicación corporativa en 1919, estuvieron bien dispuestos a proponer un «parlamento industrial», sin grandes ascos por parte de socialistas como Luís Araquistain.[149] Y los sindicalistas revolucionarios, una vez asegurada su base asociativa y por tanto, su hipotética pluralidad en la sociedad civil, también, según cómo, se hicieron defensores de la «democracia industrial» y la representación sindical como un mínimo «reformista» aceptable, camino de la plena revolución igualitaria.[150]

Explicado de otra manera, *la cultura política española de las tres primeras décadas del siglo XX estaba basada en una estrecha vida parlamentaria y un rechazo global de las instituciones, rechazo que, sin embargo, por muy arraigado que fuera, era asimismo voluble.* Más bien, a lo largo de dos siglos, la tradición política española ha mostrado un muy tenaz apego *a dividirse en gubernamentalistas de coyuntura y antigubernamentalistas,* ambos dispuestos a intercambiar la insistencia en la letra de la ley y la voluntad de lucha por todos los medios, incluidos la subversión. El fracaso de Cánovas, pero sobre todo el malogro de Sagasta, fue, por lo tanto, no lograr convertir las Cortes de la Regencia (1885-1902) en una escuela de ciudadanía con vistas al futuro. Tan sólo consiguieron postergar la costumbre de los cuartelazos y convencer al grueso de la élite decimonónica de que el debate parlamentario era más provechoso, por menos costoso a la larga, que el recurso a la rebelión. *Las nuevas promociones, llegadas tras el 98, reclamaban más oportunidades de ascenso y, globalmente, las instituciones no supieron encontrar la llave para dar el paso del liberalismo, democrático en sus promesas pero restrictivo en su práctica, a unas fórmulas más participativas, capaces de satisfacer las ansias de empleo público, promoción social y mejores servicios que interactuaban en espiral.* La verdad es que casi ningún país europeo lo logró, y hay historiadores que interpretan la facilidad con la que se fue a la guerra en 1914 como el fruto de tales tensiones internas en el conjunto de los sistemas políticos del continente. Por añadidura, es bueno recordar que, llegado el gran momento de plenitud democrática, la II República tampoco pudo dominar tales impulsos de rechazo a la representación parlamentaria y de apelación a la violencia «saneadora», ni por un costado ni por el otro.[151]

Igual que pasaba con las metáforas de Prat, el pensamiento de Cambó reposaba sobre el tejido de la sociedad civil. Era, como dejó dicho, la esencia del «hecho diferencial», pero también era la fuente de su optimismo, su convicción de poder superar con buenas costumbres catalanas el histórico «pesimismo español». No podía ser de otra manera, ya que el mismo movimiento catalanista –tanto la Lliga como sus rivales– *en realidad estaba compuesto de una suma de entidades de base, que caracterizaban su manera de hacer política, de ejercer presión y de concebir los roles sociales.*[152] Así, la sociedad civil se insertaba en todo proyecto político que el jefe parlamentario catalanista articulara. Él no pudo imaginar un «imperio» que no surgiera de abajo hacia arriba, de la sociedad civil a la cúspide del Estado; su sentimiento de poder trabajar con Maura y, más tarde, con el maurismo, siempre derivó de un sentimiento de superioridad. La «revolución desde arriba» maurista le pareció bienintencionada, pero operando en falso, muy al contrario del catalanismo estructurado políticamente por la Lliga. Por la misma razón, la Lliga, en su criterio, era indispensable, insustituible por su *seny* o sentido común, ya que no representaba a entelequias como «el Pueblo», sino entidades reales, con trama social de respaldo.

Pero, además, *Cambó, en su fuero interno y por razones bien prácticas, había descubierto que no creía en la sana doctrina de su partido.* Lo confesaría públicamente, muchos años después, en un momento de debate desesperado en la Cortes de la II República, cuando ya nadie iba a venirle con reclamaciones:

> [...] yo he de confesar que he sentido atenuarse en el mío [se refiere a su espíritu] el fervor corporativista. La representación corporativa para las elecciones municipales, para la constitución de los ayuntamientos, nació precisamente de un informe que redactó el Ayuntamiento de Barcelona. En el proyecto de 1903 no existía la representación corporativa. Un Ayuntamiento de Barcelona, del que formábamos parte, entre otros, el señor Carner, el señor Suñol y yo, redactó el informe, y en este informe, a propuesta de los señores Carner y Suñol, con la conformidad mía, se establecía la representación corporativa en los municipios.
>
> Luego, cuando en el año 7 [1907] y en el año 8 [1908] se discutió en este salón el proyecto del señor Maura, en el cual se había ya introducido el principio de la representación corporativa, yo tuve la sorpresa de ver que aquellos que conmigo habían redactado el informe de donde se trajo el principio de la representación corporativa, no sólo lo combatían, sino que me acusaban a mí de ser enemigo de la democracia por defender aquello mismo que ellos habían propuesto. ¡Cosas de la vida pública, a las cuales, después de tantos años, nos hemos de acostumbrar!
>
> En este salón rompí muchas lanzas en defensa de la representación corporativa, di muchas conferencias en Cataluña y en el resto de España; pero he de decir

a la Cámara y al señor Calvo Sotelo especialmente, por qué mis fervores corporativistas se han atenuado. Cuando creía el señor Maura que la aprobación de la Ley de Administración Pública y su implantación era cosa de semanas, me pidió que preparase la implantación de la representación corporativa para Barcelona, que buscase un censo de todas las corporaciones representativas de ideales, de intereses o de profesiones que pudiesen participar en la elección, y yo he de decir a los señores diputados que, al recoger la estadística de la vida corporativa catalana quedé aterrado y vi que era una cosa tan dispar, tan anárquica, tan incompleta, que era imposible edificar sobre aquello una representación corporativa que naciera con el prestigio necesario. Y es que en España entonces, y aún ahora, no existían los elementos primarios sobre los cuales basar la representación corporativa.[153]

Las últimas dos frases cambonianas son brutales, en su franqueza. *Desde los tiempos de la Solidaritat, Cambó reconocía la naturaleza incompleta de la sociedad civil, invención optimista y hasta leguleya, por ser una categoría cosificada desde una perspectiva juridicista.* Dicho en el lenguaje sociológico actual, la reivindicación proyectiva de la sociedad civil, lo que permitía que se lanzara el «imperialismo» catalán, pretendía ser la afirmación de un rebosante «capital social», cuando en verdad se trataba de un «capital simbólico».[154] En las dos frases cambonianas estaba el corazón del debate interno *lligaire* de 1909-1910 y el «socialismo» o «estatalismo» de los jóvenes partidarios de Cambó en *La Cataluña*. Además, se añade una duda: ¿se habría encogido el crecimiento de la afiliación de base catalanista, de tal modo que la expansión asociativa fuera redundante? Es decir, ¿tenía un techo el apoyo social al regionalismo, a partir del cual le resultaba difícil continuar a expandirse? La implicación sería que la multiplicidad de entidades catalanistas, aunque siguieran proliferando, se repartían una población más o menos fija de militantes y simpatizantes.[155] Fuera o no así, es evidente que, en todo caso, *el modelo de sociedad civil social e ideológicamente estable, pero capaz de un crecimiento expansivo seguro, sobre el cual Prat fundamentó su «unidad catalana» axiomática, no existía en la realidad.* Si hubo efectivamente un proceso de fondo en el sentido de un techo o hasta un encongimiento, se entendería mejor el escepticismo confeso de Cambó. *El dirigente parlamentario catalán estaba siempre dispuesto a sacar manifiestos de la Lliga firmados por una multitud de entidades catalanistas, en representación de la famosa sociedad civil catalana. Pero era algo bien diferente creerse que la reiteración asociativa de una base más exigua significaba verderamente lo que decía significar.*

Por su parte, *Prat se había aferrado muy públicamente a su tesis favorable al «voto orgánico» corporativo como netamente superior, en todos los sentidos, al sufragio universal masculino, «simplista, geométrico» y hasta patéticamente decimónico.* El año siguiente a las elecciones que dieron el triunfo a la Solidaridad Catalana, en enero de 1908, él continuaba fustigando: «[...] esta forma inorgánica del sufragio, que ahora nuestros atrasados radicales defienden, forma parte de un sistema de doctrinas y de instituciones que todos los pueblos progresivos abandonan, está ligada a todo un conjunto de otras formas sociales y políticas, simplistas todas y de ingeniería barata, tal como la concepción mecánica de los pueblos, la negación de los pueblos a asociarse, la abstención sistemática, la no intervención del Estado, convertido en gendarme encargado tan sólo de la paz de la vía pública.» El libertarismo conservador pratiano, pues, enseñó sus dientes. «Y todo eso ya ha pasado», concluyó enfurecido Prat, que, de tan exasperado, caía en la contradicción ideológica.[156]

En todo caso, después del verano caliente de 1909, la función del orden público se miró de otra manera. Surgido en 1907, el republicanismo radical, con sus «Casas del Pueblo», sus «Jóvenes Bárbaros», sus «Damas Rojos», y su despliegue de prensa, desafiaba con su competencia el tranquilo desarrollo de la red asociativa del catalanismo.[157] Todavía más preocupante en cuanto sus implicaciones para el futuro de la sociedad civil tal como la concebían los catalanistas, la Solidaridad Obrera, la plataforma sindical creada en 1907 que en 1910 daría paso a la Confederación Nacional del Trabajo, se consolidaba como respuesta explícita a la Solidaritat Catalana, con una oferta corporativa anarcosindicalista que, al ampliar de forma imprevista el marco asociativo, representaba una amenaza de profunda desestabilización a largo plazo.[158] *Llegado a ese punto, con toda la resaca que comportaba, Cambó no tuvo más remedio que aferrarse –muy a su manera– a la doctrina pratiana del «imperio» que se debía construir en España, ya que, sin intervención estatal no habría desarrollo de la misma sociedad civil, tal como se seguía predicando.*

De ahí, de la pobreza constatada de la sociedad civil, incluso de la catalana, surgió la opción camboniana «estatal» y «socialista», con su regusto de practicismo germánico, nacionalista y estatal, como una superación del anárquico individualismo «anglosajón». Borrado el «estatalismo socialista» como potencial vía catalanista, Cambó se sumó al discurso *noucentista* con una ambigüedad marcada. Tal como lo constató en su contribución, «De la política», al *Almanach dels Noucentistes* organizado por D'Ors en 1911, Cambó se quedó reducido a una reformulación interna de su capacidad de fe en un programa que carecía de la solidez que, hasta entonces, él le había supuesto:

> Política es intervención y la intervención es fe.
>
> Sólo el hombre que tiene fe puede ser político. Y no basta con que tenga fe en sí mismo: ha de tener fe en el pueblo sobre el cual actúa.
>
> Un político que pierda la fe en su pueblo tiene el deber de retirarse de toda acción política. Un político sin fe en su pueblo es una cosa tan monstruosa como un sacerdote que haya dejado de creer en su Dios.
>
> Un pueblo, para ser político, para ejercer una intervención viva y fecunda, ha de tener fe en su misión y fe en el hombre que lo dirige.
>
> Cuando coinciden el hombre y el pueblo en una misma fe, y el hombre siente que su misión es la misión de su pueblo y el pueblo ve encarnada su misión

en la misión del hombre, entonces es cuando se producen los grandes momentos políticos, las grandes intervenciones definitivas.[159]

La verdad es que no se sabe de *quién* hablaba Cambó; quizá de Prat tanto como de sí mismo. Asimismo, parecía evocar el dilema de la «fe sin fe» que Unamuno, más de veinte años después, plasmó tan famosamente en su *San Manuel Bueno, mártir.*[160] Pero, al final, todo lo resolvió con la promesa de una futura compenentración entre Pueblo y Político que mostraba hasta qué punto Cambó podía estar imbuido de confianza en la eficacia del *Führerprinzip*, la sintonía mágica entre el líder y su Nación.

Pero, al mismo tiempo, una lectura atenta, entre líneas, de sus escritos (especialmente los autobiográficos) revela una fuerte corriente de pesimismo personal: Cambó siempre sabe que la vida le derrotará, pero insiste, una y otra vez. *En este sentido, Cambó fue siempre, hasta su muerte, un liberal –cada vez más conservador, si se quiere–, pero nunca podría haberse entusiasmado con un Estado protagonista, puramente administrativo y sin cámaras representativas de debate, ya que su raíz catalanista se lo impedía, al menos en un escenario español.* Al fin y al cabo, un Estado español ejecutivo, sin la necesidad de responder ante la opinión encarnada en un Parlamento, podría hacer caso omiso de la reivindicación cultural o de los intereses sociales que no encajaran en los esquemas de poder, como demostró ampliamente el primorriverismo. Por todo ello, *toda visión política camboniana –por fuerza– no podía abjurar de la premisa de la representación elegida y de la naturaleza sacrosanta de la Cámara legislativa.* Por ello, lejos de él los argumentos de la escuela sociológica italiana de Mosca o Pareto que tanto entusiasmaron a las izquierdas de principios de siglo.[161] Así, por ejemplo, en 1910, en pleno debate interno de la Lliga, su facción pronto abandonó la defensa del voto corporativo –que antes Cambó había defendido con público ardor– y se hizo abanderado del voto proporcional, con regla D'Hondt, reforzado el argumento con profusos ejemplos belgas.[162]

Al mismo tiempo, Cambó nunca se sintió Liberal con mayúscula y el regionalismo catalán siempre tuvo como enemigo primordial la tradición liberal española venida del progresismo de Espartero y consagrada por Prim en la Gloriosa Revolución de 1868.[163] Pero, para Cambó, como expresó por doquier en sus escritos (y explicitó en su memorias), el verdadero peligro estaba en la calle, en el desbordarse de los canales políticos establecidos y en la apelación a lo que él entendía como la demagogia. Por esa misma razón, desconfiaba intrínsicamente de las izquierdas –cuanto más sociales, más desconfianza– pero era capaz de aceptar un movimiento cívico de derechas si estaba adecuadamente encauzado y restituía con rapidez la vida política y social a su lugar. Su tolerancia de la fórmula de la emergencia, sin embargo, nunca le convirtió en adicto a la misma. Siempre mantuvo una distancia clara de toda opción militarista, por la misma causa de siempre: el hecho que el militarismo era por nacimiento españolista y alérgico a toda pretensión catalanista.

En resumen, Cambó era un liberal doctrinario, nada demócrata de talante, pero sí muy realista y, por ello, dispuesto a la adaptación.[164] *Si no creía del todo, por amarga experiencia, en la sociedad civil por encima del Estado, nunca mostró vacilación ante la idea del individuo como protagonista dentro del tejido social, siempre que las élites tuvieran su orden natural, meritocrático, en funcionamiento. Las iniciativas personales darían pie, con el tiempo, a una sociedad civil más densa.* Como muchos observadores extranjeros, Cambó atribuía cualquier «regeneración» española a esa misma sociedad civil antes que a las gestiones públicas; en palabras del Norman Angell, conocidísimo pacifista y comentarista político británico: «[...] el renacimiento industrial y social de España data del día de su derrota y de la pérdida de sus colonias», aduciendo como prueba el hecho de que en una década el valor de las seguridades españolas se había duplicado.[165] En este sentido de la confianza en la inicativa privada, el punto de vista de Cambó podía compararse a la de otro líder nacionalista, el checo Thomas G. Masaryk, asimismo parlamentarista y sin duda más demócrata que Cambó, pero quien consideraba que «un país pequeño en situación tan difícil como la de Bohemia sólo podía mantener su individualidad por un esfuerzo duro y persistente tanto en los campos intelectual, moral y material», es decir, mediante la promoción de la sociedad civil en todas sus expresiones, entendido tal esfuerzo como una identidad colectiva.[166] Luego, nunca sería entusiasta de una actuación dictatorial, aunque admitía su necesidad como medida cautelar, puntual, sobre todo ante el caos que para él siempre fue el revolucionarismo izquierdista, fuera anarquista o bolchevique. Pero, llegada la posguerra de la contienda mundial, en los primeros años veinte, el entusiasmo callejero propio de los nuevos fascismos de posguerra le parecían un mal remedio para el revolucionarismo, el odiado mal «rojo», ya que, a su parecer, esas violentas y despreocupadas iniciativas contrarrevolucionarias eran, en el fondo, más de lo mismo. Tal esquema camboniano era bien común en el medio burgués de los años veinte en Europa, tal vez muy especialmente en la sociedad y en la política británica, ante lo que los ingleses llamaban con desprecio la «política continental».[167]

Esta situación la reflejó muy adecuadamente el agudo periodista catalán Josep Pla en el último tomo de su biografía casi oficial sobre el político y líder de la Lliga, escrita en 1930:

> La diferencia que hay, en efecto, entre un político de la Restauración –pongamos un Cánovas– y un Cambó es ésta: que Cánovas no cree en España, ni en nada de España; en cambio Cambó, que cree en Cataluña, cree en España. El primero es un escéptico, y la forma más aguda de su escepticismo es precisamente el unitarismo; el segundo es un entusiasta y a veces un iluminado y la forma más fina, más profunda, de este entusiasmo es precisamente el catalanismo. Sobre estos hechos, la mayoría de nuestras ideas –y las de los castellanos– deben ser revisadas. Contra el regionalismo de Cambó se ha utilizado constantemente el argumento de su pesimismo, cuando los únicos pesimistas en España han

sido los unitaristas; se ha dicho que la superstición de aquello que los castellanos llaman grosera y despectivamente la patria chica, no era más que la reacción amarga de un hombre que no puede sentir la patria grande –y de hecho los únicos que han creído en la grande han sido los que creen en lo que los castellanos llaman la pequeña–. La política de Cánovas es una consecuencia de su pesimismo incurable; es perfectamente natural que este político pasase la mayor parte de su vida pensando en la manera de anular la importancia del pueblo. Pues, si no creía en el pueblo, ¿qué debía hacer si no escamotearlo? Por contra, Cambó se ha pasado la vida buscando maneras de valorizarlo, de elevarlo, por hacerlo el centro de la vida del Estado. Tanto es así que si Cánovas encontró la manera de anular el pueblo, manera que consistió en llevar toda la política a Madrid, Cambó encontró la manera de vivificarlo, devolviendo la política allá donde está el pueblo, en la región, en la masa, en la nación. No hay dos figuras más antitéticas que las de Cambó y Cánovas.[168]

19. La «España Grande» y la Festa de la Unitat, o el abrupto clímax ideológico de la Lliga

Los enemigos de la Lliga se acostumbraron a asegurar que el partido y sus portavoces utilizaban siempre un discurso doble o falso y que, en consecuencia, no era necesario prestar demasiada atención a sus declaraciones. La historiografía –marcada por la monumental biografía de Cambó escrita por Jesús Pabón– ha concurrido a ello en tanto que ha tendido a interpretar los pronunciamentos lligueros desde un enfoque *táctico*. Pabón construyó una explicación en esencia narrativa, en la que se confundía lo que la Lliga decía y lo que hacía a la luz de la cambiante evolución política española.[1] Pero, bien mirado, *impresiona más la tozuda reiteración de los planteamientos ideológicos que una supuesta volubilidad oportunista.* En tanto que movimiento, la Lliga iba dando vuelcos ideológicos que aceleraban o frenaban aspectos conceptuales y que contrastaban con la acumulación progresiva de contenidos, hasta que se llegaba a un momento decisivo, en el cual se hacía visible la transformación discursiva.

La Lliga generó doctrina de forma evolutiva hasta la entrada decisiva en el escenario político español con la Solidaridad Catalana. A ese efecto, Prat de la Riba redactó *La nacionalitat catalana,* Cambó se reveló como una gran esperanza para la reforma hispana y D'Ors surgió como «Pantarca» glosador. A partir de 1906-1907, pues, quedaron fijados los fundamentos ideológicos *lligaires,* para variar en el énfasis o el tono, pero no en la sustancia, hasta 1931 (e, incluso, más allá). Pero esa fidelidad ideológica –siempre entendida como divulgativa, incluso didáctica– no tuvo que traspasar el ámbito político catalán hasta que, en 1916, la Lliga apostó finalmente por dirigirse al escenario hispano. Y lo hizo con su argumento «imperial» de siempre. Como observó retrospectivamente el histórico catalanista por libre Joaquim Casas-Carbó: «Era, pues, este manifiesto, un programa electoral que, además de ir dirigido a Cataluña, apuntaba a toda España, con el propósito de promover un movimiento político regionalista, tomando por base pequeños núcleos de sentimiento y convicción autonomista que existían en algunas regiones.»[2] Sin embargo, los regionalistas catalanes siguieron sin resolver la mayor cuestión que comprometía su propuesta, tal como había avisado Unamuno en 1911, precisamente en un artículo titulado «El imperialismo catalán»: para ser recibidos por los demás españoles como salvadores de España, debían predicar ejemplarmente en castellano.[3]

En todo caso, el paso de la mera promoción ideológica, más bien catalanocéntrica, a la hipotética negociación hispana fue, evidentemente, la responsabilidad de Cambó. *Pero el giro alteró todo el marco de referencia de la Lliga y, con ello, el campo de actuación, ya que, a partir de entonces, los planteamientos lligueros tuvieron que interaccionar con todas las opciones susceptibles de seducción ideológica.* En las tres Cortes elegidas entre 1909 y 1916 se dio el proceso político decisivo para la vida parlamentaria española, bajo la Constitución de 1876. En esa dinámica, la Lliga tuvo un papel central frecuentemente no reconocido.

La Lliga y la evolución política española hasta 1916

Entre 1907 y 1909, la presentación parlamentaria de la Lliga, acaudillada por Cambó, al frente de la Solidaritat dio para mucha digresión sobre un posible entendimiento entre el líder catalanista y Maura, sin que ello llegara nunca a concretarse. Tampoco acabó de prosperar la Ley de Administración Local auspiciada por el jefe conservador. La ruptura cualitativa del «¡Maura no!» encabezada por Moret –quien accedió a la presidencia del Gobierno el 21 de octubre de 1909– lo fue también para la Lliga, ya que el jefe liberal había dado probadas muestras de hostilidad anticatalanista. Pero la pronta caída de Moret y su sustitución por José Canalejas, a principios del febrero siguiente, auguró un cambio, especialmente visible tras las elecciones legislativas de mayo de 1910.[4] Canalejas dominó las siempre indóciles facciones liberales, gozó de una inmejorable relación personal con el monarca y avanzó un programa legislativo (la «Ley del Candado» en 1910, el nuevo servicio militar en 1912) que robó mucho protagonismo ideológico a la oposición de izquierdas, lo que se reflejó en la pronta disolución de la «Conjunción Republicano-Socialista». Pero el primer ministro, ansioso de deshacer los patrones acostumbrados de la política, también supo establecer una alianza estratégica con la Lliga, al asumir el gran tema legislativo catalanista de la «Ley de Mancomunidades».

La relación entre Canalejas y Cambó se hizo lo bastante estrecha como para que el prohombre *lligaire,* temporalmente sin escaño, fuera agente del jefe de Gobierno ante el Vaticano en las delicadas negociaciones que acompañaron la ofensiva legislativa anticlerical.[5] Pero Canalejas se encontró con serios problemas para la aceptación legislativa del proyecto de la «Mancomunidad» –según Royo Villanova, Moret ofreció a Canalejas «aprobar en una sesión» el proyecto de Maura si el gobierno retiraba la propuesta catalanista–, quedando el tema en el aire al ser asesinado el presidente del Consejo camino de las Cortes, donde debía inaugurar la legislatura del otoño de 1912.[6] Tras un brevísimo gabinete de emergencia de García Prieto, el conde de Romanones organizó un nuevo gobierno liberal.[7] El conde pretendía suceder al liderazgo liberal del muerto, pero carecía de su talento para pensar en líneas estratégicas. Muy por el contrario, el «cojo de Guadalajara» era famoso por su exageradísimo sentido táctico, frecuentemente sin un mayor contenido. Así, Romanones, sin un ascendente indiscutido, mantuvo el proyecto de «Mancomunidades» en el aire, logrando una aprobación parcial pero dimitiendo al poco tiempo de iniciada la legislatura otoñal de 1913 como una maniobra fallida para mantener su predominio.[8]

El problema de la jefatura de los partidos turnantes se mostraba cada vez más acuciante. Por su parte, Maura ya había dimitido de la dirección conservadora a principios del mismo 1913, como intento de forzar la mano del rey contra su exclusión y, al mismo tiempo, de renovar su liderazgo sobre las cada vez más inquietas filas de su bando. La respuesta de Alfonso XIII fue la de repartir el juego, flanqueando así las fintas tanto de Romanones como de Maura; invitó a formar gobierno al segundo del Partido Conservador, Eduardo Dato (viejo silvelista y no un tránsfuga del liberalismo gamacista como Maura, hecho que había sido fuente de antiguos resquemores dentro del conservadurismo).[9] El resultado inmediato fue la escisión del conservadurismo entre datistas «idóneos» y «mauristas», en paralelo a un panorama liberal asimismo escindido.[10]

La nueva situación favoreció a la Lliga, por mucho que la reivindicación nacionalista catalana podía considerarse como un motivo crucial en la fragmentación del sistema de partidos constitucionales. Dato, buscando apoyos, le concedió la Ley de Mancomunidades a la Lliga por real decreto en octubre de 1913, permitiendo así la pronta reorganización de las diputaciones catalanas bajo la presidencia de Prat de la Riba. Las nuevas elecciones legislativas convocadas por el gobierno conservador a principios de mayo del año siguiente igualmente redundaron en beneficio de la Lliga, ya que el llamado «Pacto de San Gervasio» entre republicanonacionalistas y radicales lerrouxistas hizo estallar a la inestable «Esquerra», incapaz de sostener una plataforma de exclusividad republicana con sus otrora peores enemigos.[11] El colapso de la Unió Federal Nacionalista Republicana parecía transformar en factible el acariciado sueño *lligaire* de un monopolio efectivo –y no simplemente ideológico– del campo catalanista. Se podía esperar, pues, un entendimiento provechoso de la situación datista.

Pero el gobierno Dato, si bien supo imponer la neutralidad española en la crisis veraniega europea que, de un «incidente» balcánico en junio se extendió hasta convertirse, para agosto, en una guerra generalizada en Europa, en cambio no consiguió crear un contexto estable en la política interior.[12] Los republicanos de inmediato se proclamaron francófilos, y Romanones –siguiendo la vieja pauta moretiana– insinuó sus simpatías por la República vecina, sin llegar a más.[13] *En tanto que partido implícitamente pacifista, las guerras solían coger a la Lliga desprevenida, por sorpresa.* Así había pasado en 1909 y volvió a ocurrir en 1914 (por no citar otros casos posteriores). La contienda europea lo cambió todo, marcando nuevas tendencias ideológicas que amenazaban con dejar inoperantes las tesis centrales lligueras. Surgió así una nueva presión ideológica –basada en la idea de la autodeterminación de las naciones y su federación mundial– dentro del catalanismo, sin traducción directa en las urnas pero con la promesa de innovación profunda en un futuro no muy lejano.[14]

Mientras tanto, el gobierno Dato no supo dominar ni aprovechar la conciencia, cada vez más extendida con el paso de 1914 a 1915, de que España podía convertirse en un gran beneficiario logístico de las necesidades bélicas de sus vecinos. Por parte oficial, se estableció un «comité de iniciativas» bajo La Cierva para dar sentido coordenado a las dificultades de suministros y escaseces que podrían surgir, una medida considerada descaradamente política por buena parte de la opinión pública. La Lliga había esperado una relación positiva con los conservadores mayoritarios, y sus previsiones se concretaron en una amplia campaña para la creación de «zonas neutrales» o «puertos francos» a través de los cuales –muy especialmente en el caso de Barcelona– se podía canalizar la ingente exportación.[15] El gobierno, sin embargo, no cedió a la agitación, ya que pronto surgieron protestas castellanas contra la «desleal» pretensión catalana, tras las cuales se adivinaba la mano del liberalismo democrático de Santiago Alba, pero con respaldos mayores.[16]

El esfuerzo del gabinete se centró en el presupuesto del ministro de Hacienda Bugallal, que obtuvo una pésima respuesta de los inversores, provocando su caída y pronta restitución en junio. Pronto las promesas efectuadas –la derogación de la Ley de Jurisdicciones anunciada por el ministro de la Guerra, el general Echagüe, en diciembre de 1914, las esperanzas puestas en la remodelación de puerto barcelonés– se disiparon en la nada.[17] Para julio de 1915, en un gran banquete celebrado en el Tibidado, Cambó anunció la hostilidad de la Lliga contra la política gubernamental. Como tronó entonces el líder parlamentario: «A los catalanes se les puede negar algo, pero no se les puede engañar.»[18] Si bien las alas liberales encabezadas por Romanones y García Prieto no habían podido con la mayoría gubernativa, para finales de año se esperaba el hundimiento definitivo de la situación datista, ya que Dato había abusado sin contemplaciones de las vacaciones de las Cortes y de la legislación por decreto. Efectivamente, la pretensión de que se aprobara la reforma militar de Echagüe antes de proceder al debate del presupuesto acabó con la etapa conservadora a principios de diciembre.

Fue de nuevo Romanones el encargado de formar gabinete, pero, por encima de cualquier otro objetivo, el conde tenía la intención de imponer su liderazgo a las dispersas huestes liberales. Quiso, en función de sus acuerdos, forjar una buena alianza con la izquierda liberal y en particular con Santiago Alba, quien apareció en la cartera decisiva de Gobernación. Alba, por su parte, tenía como objetivo aprovechar la especial circunstancia catalana, desestabilizada desde las elecciones anteriores por la desaparición de la «Esquerra» y la creciente indefinición nacionalista republicana, para formar –en un llamado «Pacto de la Castellana»– una gran coalición antiLliga que reuniera a liberales con radicales y federales. Con una recuperación de la táctica de Moret de abrir el constitucionalismo liberal al ámbito republicano, Alba esperaba dar un primer paso en la configuración de una izquierda poderosa en los comicios del 9 de abril de 1916. La furia de la Lliga fue proporcional a la amenaza, especialmente en tanto que Alba, por añadidura, intentó intrigas con el presidente del Fomento del Trabajo Nacional.[19] A ojos catalanistas, fue una auténtica declaración de guerra, si bien, ya desde noviembre anterior, antes de la caída de Dato, se había armado una gran confrontación por la cuestión del idioma entre los catalanistas, por un lado, y los liberales y republicanos, por el otro. La batalla tuvo por escenario desde el Parlamento madrileño hasta el ayuntamiento barcelonés.[20]

Así, entre marzo y mayo de 1916 –el período inmediatamente anterior y posterior a las elecciones legislativas–, *la Lliga se lanzó a una magna aventura de definición ideológica, frente a las principales opciones ideológicas y electorales existentes, tanto constitucionales como antidinásticas.*

«Per l'Espanya Gran», o la conquista del Estado

Prat decidió entonces lanzarse al tema, ya conocido, de la reorganización «imperial» de España. A partir de *La nacionalitat catalana*, el «imperialismo» identificaba la postura lligaire en relación a las demás familias ideológicas catalanistas. Las elocuentes palabras del poeta y publicista Josep Carner, en noviembre de 1914, resumieron la tesis pratiana:

> Imperio puede ser dominación de pueblos conjuntos, de pueblos afines, extensión sucesiva de una estirpe por encima de toda su parentela racial. Pero en su acepción más grande y bella, el Imperio es una fuerte y ramificada potestad temporal, que, en cada tiempo, deviene poder moderador de toda la humanidad.
>
> El Imperio es un acontecimiento incomparable porque necesita valores geniales, sobre todo en el segundo caso, que es el que ahora nos interesa. Y la existencia de un Imperio en el mundo –Imperio, sistema de valores geniales– es estimabilísima, ya que si existe una sociedad de naciones, esta sociedad necesita una autoridad ejercida en un sentido político superior, y que determina una graduada transfusión de elevación política a todos los pueblos mediante el ejemplo, la advertencia, y, en casos excepcionales, la coacción.[21]

Pero, hasta entonces, la Lliga –aunque sus portavoces dieran vueltas y vueltas al tema– no se había atrevido a centrar abiertamente todo su programa en la consecución de su conquista moral del Estado español. En 1916, un año y medio después de la evocación carneriana, Prat creyó *llegada la ocasión de definir la posición* del partido en los mismos términos.

Cara a las elecciones legislativas convocadas para el 9 de abril de 1916, a mediados de marzo la Lliga publicó un manifiesto decisivo, «*Per Catalunya i l'Espanya Gran*», título menos elegante en su versión castellana, «Por Cataluña y la España Grande». Pero la relativa torpeza estilística no importaba. Por primera vez, casi más importante que la versión catalana fue su traducción castellana, ya que la dinámica del catalanismo «intervencionista» había pasado un punto de inflexión decisivo en su evolución. A partir de su divulgación extracatalana, la tesis «imperial», hasta entonces puramente ideológica, se convirtió en *una oferta programática a la opinión política española*. Era, en consecuencia, una tarea política auténtica la conversión de esa opinión –o al menos de una pluralidad entre la misma– a la tesis del catalanismo «intervencionista».

En el redactado de Prat, pues, el punto de partida programático fue «La constitución de España»:

> El problema fundamental de España es el problema de su constitución. Cuando los Reyes Católicos juntaron en sus manos todos los reinos peninsulares no supieron dar al nuevo Imperio una constitución que garantizara aquel «Tanto monta, monta tanto Isabel como Fernando»; y falto de estructura y coordinación y por lo tanto de cohesión espiritual, la historia de ese Imperio, que habría podido eclipsar el de Roma, es la historia de una decadencia formada de inepcias diplomáticas, derrotas gloriosas, vergüenzas administrativas y desmembraciones inacabables; todo el proceso de liquidación de un grandioso patrimonio acumulado por un casamiento y por el azar afortunado del descubimiento de América.

El hecho de partir de un pasado relativamente lejano –la Corona de los Trastámara y los Austria– permitió recuperar, desde fuera de la tradición estadocéntrica propia del españolismo, el concepto de «imperio». Esta noción podía ser un *estadio superior al Estado* y el encaje adecuado para una *Nación* como era, en pura doctrina catalanista, Cataluña.

El texto del manifiesto centró su argumento histórico en la función cambiante de la Corona, hilo característico de la temática catalanista desde Almirall:

> Mientras los Reyes lo fueron todo y deslumbraban a los pueblos con el esplendor de la tradición y la majestad de una significación casi divina, las nacionalidades preteridas y arrinconadas, las que no hablaban como hablaba el Rey, ni albergaban habitualmente su corte ni tenían ministros ni generales, no sintieron su humillación; creían doblar la rodilla ante el Rey, cuando en realidad el Rey y sus atributos y prestigios eran el disimulado instrumento que creaba para uno de los pueblos unidos la supremacía, para los otros la servidumbre política.
>
> Caído el absolutismo monárquico, desvanecida en el sentimiento popular la santidad de la realeza, consagrada por la transformación de ideas y sentimientos, la soberanía de las naciones sobre la de los Reyes, los pueblos excluidos se han percatado del engaño, han visto que, [sic] uno de los que eran iguales, al realizar la unión, habíase apropiado todos los beneficios[,] todos los honores y todos los poderes; y pasada la ofuscación, afirman sus derechos conculcados, reivindi-

can una situación de igualdad, fundada en la igualdad de condiciones con que entraron a formar España.

A pesar de la aparente dureza antimonárquica del planteamiento histórico, se dejaba un amplio margen para el reajuste entre las nuevas exigencias del «principio nacional» y el «dinástico», ya que se daba un sentido colectivo, no exactamente ciudadano o democrático, al criterio primero. Para concretar, Prat recogió el significado del pasado de la Corona española y el desengaño histórico que la acompañaba en tres preguntas, que resumían las reivindicaciones básicas del nacionalismo catalán:

> ¿Por qué hoy tenemos solamente pobres corporaciones administrativas entregadas a la arbitrariedad de un poder no catalán y una representación parlamentaria, perdida en el conjunto de un parlame[n]to general reunido, formado y dirigido fuera de Cataluña? ¿Por qué nuestras instituciones administrativas ostentan nombres y apellidos y llevan la organización y reciben el impulso de organismos que no son ni han sido jamás de Cataluña, como si no los tuviésemos propios, de nuestro linaje, ilustrados por una tradición gloriosísima? ¿Por qué la lengua catalana, lengua de Corte y Parlamento, lengua de la diplomacia y de las leyes, lengua de la ciencia y de la poesía, igual en linaje y derechos a la castellana, al realizarse la unión fue desterrada violentamente de toda nuestra vida pública, proscrita como una intrusa de su propia casa y por añadidura insultada a cada momento por ministros y funcionarios calificándola de dialecto, de «patois» grasero [sic] destinado como una antigualla inservible a morir lentamente en el hogar doméstico?

Así, según Prat, se tendría que enfocar *«La cuestión catalana»*:

> Vístase como se quiera para ocultarlo, éste es el hecho, con toda su irritante crudeza: en España hay un pueblo que tiene reconocidos y enaltecidos en la vida pública los elementos de su personalidad que los pueblos aman con más fuerza. En cambio, hay otros pueblos que ven excluidos de las leyes del Estado, de toda la vida pública, esos elementos sustanciales de su espiritualidad y de su personalidad. [...] Y este estado de cosas, los pueblos que lo soportamos, los que somos vícitmas de él, no estamos dispuestos a consentirlo. No queremos, porque tenemos el derecho de no quererlo; [...]

Había, pues, un triste balance político:

> Así, la coexistencia dentro de España de algunas de esas formidables acumulaciones de fuerzas espirituales que son las nacionalidades, en vez de fortalecer el Estado español, lo ha llevado a una dolorosa impotencia, porque, en vez de ser

utilizadas todas integralmente para la grandeza de España, una de estas nacionalidades, la más importante, ha luchado desde el siglo XVI, y abierta sigue aún la lucha, para excluir, para asimilar todas las demás. Y de este modo se ha perdido estérilmente un esfuerzo inmenso: el de los pueblos amenazados de absorción, que se han separado o han luchado por separarse; y el esfuerzo que ha debido aplicarse a retenerlos sujetos; cuando mediante un régimen de amor, de igualdad política, todos se habrían dado las manos para engrandecer más el común Imperio.

Además, existía una coyuntura internacional, la Guerra Mundial, que prometía rediseñar, en uno u otro sentido, el sistema de Estados europeo. Era por lo tanto el momento adecuado para asumir la «*Trascendencia del momento actual*». La verdad, según Prat, era que –en plena Gran Guerra– «[h]oy todos los pueblos débiles tienen ya intervenida su vida por Inglaterra o Alemania», grandes modelos que solamente iban a crecer, ya que: «[a]l día siguiente de la paz esta intervención se normalizará e intensificará.»

En la visión del futuro que preveía el manifesto, «[e]l mundo quedará dividido probablemente en dos o más grandes grupos o trusts de naciones, que la liquidación de la pasada guerra y la previsión de la venidera, con sus forzadas consecuencias, el socialismo en los procedimientos y el nacionalismo en la orientación, obligarán a anudar con vínculos más fuertes y complejos cada día.» ¿Cual podría ser la circunstancia hispana en ese porvenir?:

> Por mezquina que sea la condición de la España actual, puede llegar a serlo más aún como consecuencia de la guerra. Estamos en los preliminares de una nueva constitución internacional. Hasta ahora todos los Estados europeos eran más o menos completamente independientes. Ahora habrá unos Estados que mandarán y otros Estados que obedecerán. [...]
>
> No se trata, pues, para España de ser grande o pequeña, de poseer tales o cuales provincias más o menos: se trata de ser o no ser. O siente España el momento actual y se prepara activamente, intensamente, reunidas todas sus fuerzas, no éstas ni aquéllas, sino todas, para remontarse a los horizontes de renacimiento de poder, hasta de grandeza, que después de siglos estarán nuevamente a su alcance; o quedará convertida en una Andorra extensa, enclavada en la inmensidad del Imperio Anglofrancés, extendido desde el mar Glacial del Norte hasta el Cabo de Buena Esperanza y de la India al Atlántico, sin personalidad, sin influencia, sin fuerza ni significación algunas, con una Corona y un Cetro puramente simbólicos, cual esas espadas que lucen hoy inofensivas en las ceremonias los sucesores de la Caballeros del Temple.

El manifiesto, pues, *llamaba a la exteriorización activa de la fuerza potencial de la sociedad civil como único medio para realizar una España creíble como potencia:*

> Nosotros, desde esta Cataluña que no puede tener ministros ni generales y casi ni obispos ya, de esta Cataluña eliminada sistemáticamente de toda intervención activa en el gobierno de España, nosotros, tildados de separatistas y de localistas, nos dirigimos a los españoles de buena fe, a los que sienten el alma oprimida por la impotencia actual y aspiran a una mayor dignidad interior e internacional, y les señalamos el obstáculo: esta lucha enervante, agotadora, inconsciente a veces, consciente, ahora, entre una nacionalidad predominante y otras que no se resignan a desaparecer; y les invitamos a cerrar ese período, a engranar armónicamente unas con otras las nacionalidades españolas y todas con el Estado, en forma tal que cada una rija libremente su vida interior y tengan todas la participación que por su importancia les corresponda en la dirección de la comunidad; haciendo así de España, no la suma de un pueblo y los despojos muertos de otros pueblos, sino la resultante viva, poderosa, de todos los pueblos españoles, enteros, tales como Dios los ha hecho, sin mutilarles antes, arrancándoles la lengua, la cultura, la personalidad, que son la raíz vital de su fuerza.

La situación internacional, tan evidentemente decisiva, imponía un programa ambicioso, a la vez idealista y pragmático, capaz de fundir cuestiones de política exterior con la reorganización interna, tantos años pendiente. Como cuestión histórica patente, según Prat, el iberismo sería *el* revulsivo imprescindible para replantear tal interacción y resolver la «*Necesidad de un ideal colectivo*»:

> [...] Fundar la constitución de España en el respeto a la igualdad de derecho de todos los pueblos que la integran, es dar el primer paso hacia la gran España, el primero y único con virtualidad para ponernos en camino de alcanzarla. Este Imperio peninsular de Iberia que ha de ser el primer núcleo de la gran España, el punto de partida de una nueva participación, fuerte o modesta, pero intervención al fin en el gobierno del mundo, no puede nacer de una imposición violenta. O no será jamás, o ha de venir de la comunidad de un ideal colectivo, del sentimiento de una fraternidad, de un vínculo familiar entre todos los pueblos ibéricos, de sentir todos, unos y otros, los hombres de Portugal y los de España, los males del aislamiento y los posibles esplendores de una fusión de sentimientos y de fuerzas. Mas para que en Portugal pueda florecer esta nueva idealidad, es necesario que los portugueses vean con sus propios ojos y oigan con sus propios oídos y toquen con sus mismas manos, que para formar una Iberia Imperial no han de sacrificar su patria, ni el idioma de su patria, ni la libre disposición de su vida intensa en todos los órdenes, sino que conservando el tesoro espiritual de su nacionalidad participarán en el gobierno y en la dirección de una Comunidad mayor, de una fuerza que puede llegar a ser, más o menos modesto, un factor mundial. Mientras dure en España la política asimilista, mientras Portugal tenga en la situación de Cataluña y en la con-

ducta de los gobernantes con Cataluña un vivo ejemplo de lo que le habría sucedido a no haberse separado de España, ¿cómo es posible que deje de ver en la unión ibérica una amenaza a su libertad, a su lengua, a su cultura, a su dignidad? [...]

Para Portugal, como para toda España, esta orientación tendría otra ventaja de valor imponderable: la posesión de un ideal. Los pueblos no se levantan de la nada, no salen de la abyección ni de la impotencia sin la acción transformadora, cuasi taumatúrgica, de un ideal. Los pueblos sin ideal, son pueblos estancados que se corrompen como las aguas encharcadas. Todas las renovaciones nacionales gloriosas son obra de un ideal. Sin ideal, ni gobernantes ni gobernados saben elevarse por encima de los estímulos del interés particular, se mueven obscuramente en el fango. El genio y el heroismo necesitan el ambiente de los grandes ideales colectivos. [...]

Hasta ahora este ideal de la unión ibérica era lejano e irrealizable, reunía todas las características de la utopía. Constituir el Imperio de Iberia, suponía la lucha con Inglaterra: [...]

Hoy las cosas han cambiado. La guerra ha trastornado los valores militares y políticos. Inglaterra sentirá desde ahora –como lo sentirá Alemania– toda la importancia de tener junto a sí, no pueblos inferiores o debilitados, sino naciones vigorosas, [...]

Nunca se había podido abordar, para resolverla, la espinosa cuestión de la administración local, la disfunción de la provincia como institución, la inserción inadecuada del municipio en el Estado. En los últimos tiempos, la visible incapacidad del parlamento, su bloqueo político, era evidente a todos los sectores, constitucionales y antidinásticos. *El ideal iberista, al forzar la reformulación del todo, desde fuera, también haría imprescindible la regionalización de España,* por fin realizable en condiciones de expansión y grandeza, sin pérdidas o humillaciones. Gracias al compromiso histórico con Portugal, sería posible «*La unidad por federación*»:

En el Madrid político ha sido axioma para combatir los movimientos regionalistas, que la unidad por uniformidad hace fuertes los pueblos y en cambio la unidad por federación los debilita. Esto podía sostenerse con alguna apariencia de sinceridad antes de la actual guerra, hoy no. [...]

El máximum de cohesión coincide con el máximum de federalismo. Entre Alemania y Austria-Hungría suman más parlamentos, más asambleas legislativas que los otros Estados de Europa juntos: tantos régimenes jurídicos, civiles y administrativos como grandes provincias; casi tantos idiomas oficiales como idiomas hablados dentro de sus fronteras.

Esta guerra es el triunfo del valor unitivo coherente del nacionalismo y la autonomía. [...]

Es así como esta España menor de ahora puede tornarse una gran España, una Iberia renaciente, y puede aspirar en la nueva constitución Internacional a finalidades más esplendorosas, a aglutinar el conjunto de pueblos americanos hijos de Castilla y Portugal, ayudándolos a salvarse del peligro que les amenaza: el peligro de ser absorbidos, cultural, económica y políticamente, por el gran Estado que va absorbiendo hoy toda la riqueza de Europa y se prepara para heredar su fuerza de Imperio, la hegemonía mundial.

En vez de estar «*Laborando por la España menor*», era necesario asumir un proyecto colectivo de envergadura, «Por la España grande»; en realidad, para catalanes u otros españoles, era «*La única solución*»:

La única solución es una franca y completa autonomía. Establecerla, ir a la consagración federativa de la libertad de todos los pueblos peninsulares, es comenzar la gran España. Seguir el camino emprendido es trabajar para una España más débil, más dividida, más menguada cada día. [...] Esta es la gran hora, la hora heroica que pasa. Si pasa inútilmente como todas las demás han pasado para España, nosotros, cuando menos, habremos cumplido señalándola, anunciándola directamente, en esta parálisis crónica de las Cortes, a las representaciones supremas del Estado y a la opinión de España entera.[22]

Era una jugada que apuntaba en varias direcciones a la vez. Como se suele insistir, estaban las consideraciones económicas y el refuerzo de la sociedad civil catalana en su talante más empresarial.[23] Pero también –y puede que con más ahínco– *el manifiesto pretendía establecer un vínculo con la Corona, ya que el rey –desde la caída de la Monarquía lusa– estaba explorando vías de intervención en Portugal y reiteradas veces buscó la aprobación británica para una posible intervención en el país vecino*.[24]

Por aquellos años, el tema de «Alfonso el africano, emperador de Iberia» hasta fue recogido por la prensa antidinástica y quedó como una acusación latente, tapada por las ulteriores fechorías del «rey felón».[25] Pero, sea como fuera, en la coyuntura, podía garantizar el interés de la Corona en la propuesta lligaire. También la orientación de Vázquez de Mella, que reclamaba Gibraltar y hasta el Rosellón, además de Marruecos a cambio de una abierta postura germanófila de España en el conflicto mundial, apuntaba a una escisión en el carlismo que no tardaría en llegar y que, en teoría al menos, podría beneficiar a la Lliga.[26] Asimismo, otros publicistas apuntaban en la misma línea, incluido un fuerte debate entre liberales, empezando en 1915.[27] *Propugnar «la España grande» parecía un acierto, una manera de aprovechar una buena oportunidad*. Pero pronto empezaron la virulentas reacciones desde la izquierda catalanista.[28] Las críticas eventualmente permitieron la formación de un nuevo nacionalismo radical, definido por su rechazo de la Lliga y el «imperialismo» que ella representaba.

La *«Consagració de la Unitat»*

La formulación descarada del «imperialismo» de la «España Grande» debió sorprender a más de un militante o simpatizante de la Lliga. En el contexto enrarecido de filias y fobias que suscitaba la Guerra Europea, el manifiesto de la Lliga, con su clara apelación «imperial», fue tomado como *una declaración de germanofilia solapada,* incluso por aquellos catalanistas afines que hubieran debido tener un sentido más exacto de su ideología partidista. El joven Agustí Calvet, convertido en el francólfilo entusiasta *Gaziel*, quedó aturdido al descubrir –tras un breve reencuentro con el presidente de la Mancomunitat– que Prat era partidario de Alemania «fríamente, por puro cálculo político, y con miras altas y lejanas» (o así lo creyó Calvet).[29]

La fuerza emotiva del catalanismo –de cualquier signo– estaba en la afirmación nacional catalana frente a la españolidad entendida como la suma de los errores del centralismo. Muchas veces, como si fuera por prudencia, se daba una reconocimiento pro forma a la pertenencia a España, especialmente cuando tales declaraciones de lealtad tomaban la forma de una fraternidad con los restantes pueblos hispanos. *Pero de ahí a prometer la reorganización del Estado en sí, en vez de por implicación, a resultas de una autonomía catalana, había un trecho que los dirigentes de la Lliga nunca se habían atrevido del todo a saltar, ya que era un plato fuerte incluso para buena parte de su base electoral. El verdadero impacto sentimental de la ideología lliguera en Cataluña estaba en su agresión sublimada, en la insistencia en la superioridad de los catalanes por poder plantearse éstos la conquista moral del Estado español, no en la más tediosa y sin duda difícil tarea de efectuarla en la realidad.*

Dicho de otra manera, el hecho de lanzar al viento la proclama de la voluntad catalanista de «imperio», trajo consigo, de inmediato la reafirmación de la «unidad». En abstracto, ello significaba la confianza de que no se perderían las esencias catalanas en una operación española, y, más concretamente, el estrechamiento de lazos políticos entre el partido y sus simpatizantes, antes de que éstos desconfiaran de la nueva orientación. Por lo tanto, la Lliga dedicó su esfuerzo propagandístico, en cuanto había pasado la campaña electoral de abril, a preparar una magna fiesta, literalmente la Festa de la Unitat Catalana, celebrada el domingo 21 de mayo. Se presentó como la «Consagración de la Unidad». Primero, por la mañana, se celebró una «Gran Asamblea» en el Palau de la Música Catalana, a continuación, al mediodía, una comida para 5.000 comensales en el Parque Güell, con un esfuerzo de cátering que por entonces resultaba impresionante. En resumen, fue un acto ambicioso, una ostentación de poder social, que quedó en el recuerdo.

Pero la importancia del acto unitario, su insistencia en la relevancia de la «unidad» misma en todos sus sentidos, revelaba la inseguridad de fondo. La oportunidad de lanzar la solución «imperial» como algo más que una ratificación testimonial e ideológica para deleite de la base catalana había sido casi forzada, dada la ruptura de la Lliga con las dos corrientes dominantes de la política constitucional española. El riesgo se podía asumir en tanto que la principal oposición catalanista –la Unió Federal Nacionalista Republicana– se había deshecho en las elecciones de 1914, con lo que parecía existir un panorama limpio de impedimentos ante la operación externa. En palabras de Cambó en la Festa de la Unitat Catalana: «Cuando se constituyó la Esquerra Catalana y durante su actuación, las responsabilidades del movimiento catalán quedaron repartidas entre ellos y nosotros. Hoy la Esquerra ha desaparecido y sólo queda una sombra tenue; los directores se retiran, los soldados se van a casa; pero hay que tener en cuenta que los que se reunieron bajo la bandera de la Esquerra llevados por un verdadero sentimiento catalanista, éstos, hoy, confían en nosotros.»

Influenciado por el ambiente belicista que abundó en los años de la Guerra Mundial, el líder parlamentario de la Lliga no dudó en enfatizar el lenguaje militarista al plantear la necesaria hegemonía dentro del catalanismo: «Esta fiesta de Unidad Catalana demuestra el entusiasmo de todo el ejército regionalista, y demuestra que la Lliga Regionalista ha sabido reunir y hacer suyo lo más granado de los idealismos más fecundos.» Sin embargo, a pesar de los diversos giros, el propósito clave de la Festa era sencillamente vender la política de radical «intervención» catalanista, no ya en la política española, sino en la radical redefinición del Estado mismo. Como declaró Cambó:

> Y no es, señores, que nosotros reneguemos de la doctrina regionalista, es que son cosas distintas el regionalismo y el catalanismo. En Cataluña, todos los regionalistas somos catalanistas, y por eso el regionalismo tiene tanta vida, porque se basa en una realidad viva. Un camino por el que no pasa el agua, no es nada más que un canal y no sirve para fecundar la tierra. (Aplausos). Deseamos que se constituya sobre bases regionalistas una Gran España; que las regiones puedan acentuar sus energías, que la unidad muerta sea sustituida por una unidad de vida, en la cual las regiones, las comarcas y los municipios rijan su propia vida.
>
> Mas eso podríamos quererlo aunque no tuvieramos idioma propio, aunque no nos sintiéramos nación. Así pueden quererlo hasta pueblos que no tienen conciencia de la personalidad. Nosotros somos catalanistas, no porque somos regionalistas, sino porque tenemos conciencia de la nacionalidad de Cataluña que queremos que triunfe.
>
> Yo les digo, señores, que en las Cortes de España nosotros apoyaremos y defenderemos y acogeremos todas las expresiones de vida regional que aparezcan en España y quieran satisfacción legítima por parte del Poder, pero pugnaremos en primer término por nuestro pleito y, desde el primer momento, desde la discusión de Mensaje, plantearemos el pleito de la oficialidad de la lengua catalana. (Gran e interminable ovación).
>
> Plantearemos a la vez la reivindicación de la plenitud de la soberanía catalana, de la consecución de una asamblea catalana con un poder ejecutivo catalán que rija la vida interior de Cataluña. (Se repite la ovación).

Finalmente, Cambó mezcló el halago de prever una España como gran potencia con la amenaza implícita propia siempre del catalanismo (aunque lo hiciera con un rizo negativo): «Es preciso, en interés de España, que todos los españoles se encuentren bien dentro de ella, y que los delegados que representen a España en las negociaciones que quizás harán modificar el mapa político de Europa, puedan hablar en nombre de España y que no se dé el caso que se oiga una voz potente que diga bien alto y bien terminantemente que no hablan en nombre de Cataluña. (Grandes aplausos).»[30]

Un par de días después del acto masivo, desde su habitual columna en *La Veu de Catalunya,* D'Ors dio una reformulación canónica de la noción pratiana de «unidad cultural», que tanto tiempo y tan bien había servido a la Lliga. Valorando el significado global de la Festa de la Unitat Catalana, D'Ors hizo una glosa del todo «imperialista», titulada simplemente «Unitat»:

> «Unidad», «Imperio», «Estado», «metrópolis», eran palabras ayer aburridas, por doquier que nuestros patriotas se juntasen. Ahora son muy exaltadas, invocadas con todas las músicas del fervor. ¿Contradicción, cambio? No: progreso de unas mismas ideas, y maduración dialéctica.
>
> Siempre se trata de un amor idéntico, de una idéntica idealización, de una realidad idéntica. Solamente, que ayer mirabamos preferentemente a la individuación y la caracterización. Hoy a la potencia y amplitud. Porque hoy sabemos que se es mejor individuo en tanto que se es mayor y generoso, y que tanto se tiene carácter –en el más noble sentido de la palabra– como se tiene poder.
>
> La nueva tabla de valores fue recibida al principio con cierta aversión por parte del pueblo elegido. La resistencia era, sin embargo, toda circunstancial. –¡Peor para aquellos que, servidores demasiado obedientes del instinto, pronunciaron condena!– Ellos no tuvieron suficiente ironía, lo que quiere decir que no tuvieron suficiente ciencia, para dejar un margen para las adquisiciones del mañana.[31]

La propia agitación promovida por la Lliga dio a entender que la plataforma de «la España Grande», expresada y recogida en la Festa de la Unitat Catalana era una culminación y un cambio de etapa. En una editorial anticipatoria de *La Veu de Catalunya,* titulada escuetamente «Festa», aparecida el 18 de mayo de 1916 –o sea, tres días antes del festejo– un anónimo redactor (no obstante cargado de retórica orsiana hasta insinuar la autoría del mismo Xenius) dejó clara, entre alusiones neohelénicas, la idea de que se iniciaba una nueva fase histórica:

> En fiestas y juegos, en las reuniones de cordialidad, en asambleas religiosas, artísticas o deportivas de todos los tiempos, la unificación y la vivificación de la multitud que se produce ha llevado las más considerables trascendencias políticas. La Antigüedad clásica nos da casos notabilísimos de este fenómeno; igual hace

la modernidad más cercana. El espíritu de las fiestas fecundas es éste: la Unidad. Una Unidad que conmemora o que se crea, una Unidad que se define o que sólo se vive, todo ignorando la fuerza secreta. Mas el espíritu juega en la fiesta y atiza la llama.

Cataluña, país de alegría y de voluntad genial, ha marcado con fiestas su camino ascensional, fiestas que señalaron las etapas del éxodo santo. Cataluña ha marcado con fiestas el alcance de sus victorias y el nacimiento entrañable y divino de sus ideales. Dadas en este cariz de vida peninsular, las fiestas catalanas han quebrado abruptamente el silencio de una funeral resignación; han parecido sacrílegas.

Pero el gran valor de la Fiesta que se acerca, es que significa no ya el recompartimiento en matices políticos diversos del alma catalana, sino la definitiva adjudicación de representante del alma catalana una y conjunta al nacionalismo irreducible, incontaminado, organizador de la plenitud de nuestra vida, única fuerza continua, único ejército integral, única energía verdaderamente patriótica de toda la península. Por eso la bella alegría de la multitud de todos los rincones en el domingo que viene, y su orgullo de sentirse poderosa y vibrante, de verse frente a la ciudad y el mar, de porvenires todavía más gloriosos que en su pasado, ha de ceder a un alto interés en la consagración de nuestra admirable hueste a un deber nuevo y más sagrado que todos los anteriores. El contenido esencial de la Fiesta próxima es la aparición radiante de la máxima voluntad nacional. Es el comienzo de la fase suprema, de la fase más esplendorosa, de la Catalanidad.[32]

Era, en verdad, el canto del cisne del más estricto noucentisme. La desesperada reinvindicación de la «unidad» –no ya «cultural» sino directa y crudamente política– que se evidenciaba en toda la operación de la Festa de la Unitat, transparentaba *un miedo terrible a la desunión,* a la división del catalanismo mediante una cesura más profunda que nunca. La confrontación entre «imperialistas» y «antiimperialistas» al calor de la Guerra Mundial no solamente haría inviable el proyecto de la «Espanya Gran» en nombre de la reafirmación del «Catalunya endins». Transformaría los contenidos ideológicos del «nacionalismo» y el «regionalismo», haciendo inviable la otrora exitosa anfibología *lligaire* y acabando en la escisión del mismo partido. La aparición de un nuevo nacionalismo radical político, capaz de canalizar la retórica de los aliados en la contienda internacional sobre la autodeterminación y los derechos de los «pequeños países» sobrepasó el viejo cisma decimonónico entre republicanos y no republicanos, que había servido a la antigua «Esquerra», para sentar las bases de una síntesis ideológica «populista» que, a la larga, derrotaría a la Lliga en Cataluña.[33]

El manifiesto «Por Cataluña y la España Grande», junto con la Festa de la Unitat Catalana que tan pronto le siguió, *fueron el clímax ideológico de la Lliga, resumen y síntesis de toda la elaboración ideológica anterior.* Tanto fue así que D'Ors, tras una estancia para reponer fuerzas en el balneario Blancafort de La Garriga, hizo ostentación del sentimiento de tarea acabada, publicando en *La Veu* una serie diaria titulada *«Lliçó del tedi en el parc»,* entre el 10 de agosto y el 17 de octubre de ese mismo año 1916; eventualmente, un par de años más tarde, Xenius lo empaquetaría como libro, con característica pretensión, como *Oceanografia del tedi*, y, un poco más adelante, hasta lo traduciría al castellano.[34] Retratándose como «Autor» (sin el artículo), D'Ors se presentaba como flotando en el descanso obligado de un balneario. El tranquilo ritmo estival, impuesto por «Doctor», se rompía con una tormenta de rayos y truenos, auténtica manifestación del *«Símbol wagnerià»*. Según D'Ors: «Y dentro del Autor, de pronto, como por milagro, una fuerza extraña era nacida. Él, de momento, mientras comenzaba a sentir la ruda sacudida, la llamó "heroísmo". La llamó "heroísmo", todo turbado, todo confuso, ya a punto de embriaguez. La llamó "heroísmo" –por miedo a llamarlo "amor".»

Ya no quedaba mucho más que decir. «Después de la victoria –sentenció–, frías son les victorias de la Voluntad de Ordenación.»[35] D'Ors pudo insistir en su personal disquisición para dilucidar el imperio de la cultura universal, libre de particularismos.

La Lliga había encontrado en la combinación de los ideales de «unidad cultural» e «imperio» su articulación ideológica a largo plazo. Sacados a relucir como un alarde por Prat de la Riba, para mostrar la radical juventud del ideario *lligaire,* el fluir de los eventos políticos fue convirtiendo el juego de metáforas pratianas en la esencia programática misma del partido, hasta que no hubo más remedio que tirarse al ruedo español con esa bandera. La Festa de la Unitat supuso la culminación discursiva de la superioridad catalana tal como la expresó la Lliga. Pero, *es sumamente peligroso subrayar la superioridad propia como argumento en un debate abierto, especialmente cuando la perfección es creída o asumida con sinceridad, ya que indica por encima de todo un desprecio de las posibles competencias*. La Lliga disponía de un discurso potente, que cubría muy bien unas posibilidades políticas, pero que no servía o no preveía otras. Había, en efecto, muchas contradicciones no resueltas. Las ideas iban evolucionando fuera de la voluntad de control político.

La lectura teologal del «imperialismo» catalanista

La explicitación del enfoque «imperialista» de la Lliga tuvo un refuerzo inesperado por parte religiosa, en ese mismo año, gracias a la proclamación de la Fiesta de la Merced, en honor a la patrona de Barcelona. En realidad, en las últimas décadas del siglo XIX, la insistencia montserratina de la dinámica publicística de los *vigatans* como Collell y Torras i Bages había sido respondida por otros sectores de la Iglesia, más apegados a las históricas simbologías urbanas para el catolicismo catalán. Como contestación a la entronización de la Virgen de Montserrat en 1881, se celebró la de la Mercè en 1888, coincidiendo con la Exposición Internacional, acto que tuvo relieve literal en el templo barcelonés dedicado al culto mercedario, ya que fue recubierto con una cúpula nueva y una colosal efigie mariana, obra de Maximí Solà. Es verdad que, por proximidad, la iglesia de la Merced tuvo una conotación vinculante con la Capitanía General de Barcelona, pero el culto alternativo recordaba más bien la pluralidad interna del catolicismo, con su multiplicidad de voces y de argumentos. El culto mismo, sin embargo, era de neta raigambre catalana (surgiendo de una visión compartida por los santos Pere Nolasc y Ramón de Penyafort y el rey Jaume I) y las órdenes religiosas que derivaron de la advocación mercedaria, aunque perdieran en épocas más recientes una estrecha vinculación con las casas originales del Principado, siempre retuvieron su impronta.[36]

La proclamación *lligaire* de la doctrina «imperialista» en la primavera de 1916 coincidió con la revisión efectuada por el papa Benedicto XV de la supresión de los santos patrones por su predecesor Pío X; en consecuencia, el obispo de Barcelona, Enric Reig i Casanova, proclamó el 24 de septiembre festividad patronal de la Merced, y su decisión, tras recibir la aprobación vaticana, fue anunciada durante el verano y fue secundada oficialmente por el gobierno conservador de Dato, que la reconoció como fiesta laboral. La circunstancia fue aprovechada por el padre Miquel d'Esplugues para proclamar el «ideal de la Merced». El padre Miquel era franciscano, el espíritu rector del convento-iglesia de Pompeia desde su primera piedra en 1908, autor de numerosos ensayos, íntimo amigo del poeta Maragall (que fue enterrado en hábito de franciscano terciario) y figura influyente del mundo cultural catalanista.[37] Si bien Esplugues había sido aliado de Torras –lo suficiente para publicar una Semblanza suya (junto a Maragall y al cardenal Vives i Tutó) tras la muerte del obispo vicense en febrero de 1916– también pudo considerar que la muerte del ilustre prelado le libraba de cierto miramiento. Pues su libro *Nostra Senyora de la Mercè. Estudi de la psicologia étnico-religiosa de Catalunya*, aparecido en noviembre 1916, resultaba *una respuesta franciscana en toda regla a la crítica que el dominico que era Torras había hecho a los costes del franciscanismo en la configuración de la espiritualidad catalana.*[38] En la pugna contra los integristas críticos opuestos a la Solidaritat, el padre Miquel no había querido explicitar del todo su apoyo al latitudinarianismo de Prat en lo que a apertura religiosa se refería; ahora pudo centrar su argumento en ello, sin hacer concesión a las evidentes dudas de Torras al respecto.

Esplugues comenzó distinguiendo entre la virgen de Montserrat como patrona de Cataluña y la Merced como patrona de Barcelona: con todo el respeto necesario, el padre Miquel indicó claramente que la María montserratina presidía la mitad del alma catalana que apuntaba a la montaña, tierra adentro, mientras que la señora barcelonesa miraba hacia afuera, hacia el mar. Resuelto así (mucho antes de Vicens Vives) el tópico del catalán como escindido entre mar y montaña («esencias aromáticas», dice), el autor franciscano se enfrenta a la reconfiguración del nacionalismo catalán como fenómeno religioso liberal abierto a la modernidad en España y el mundo.[39]

> El interior de España en general ha mostrado escasas aficiones y aptitudes menores hacia el industrialismo. [...] Véase pues que el ideal de redención económica que Barcelona, como pubilla del mar nuestro dentro y fuera de España, como hermana mayor de todo el litoral ibérico, debería llevar a la práctica, y con hechos y doctrinas imponer elegantemente al resto peninsular: el ideal de las grandes empresas, hoy única manera de redimirse ella y toda España de la esclavitud económica, bajo el yugo de la cual se puede decir que siempre ha gemido la gloriosa, pero tradicionalmente depauperada Iberia.[40]

El peso de la experiencia «imperial» romana pesaba sobre el pasado catalán: igual que Roma, Barcelona, en tanto que gran ciudad, dotaba a los catalanes de urbanidad y sentido de ciudadanía. En ello se fundamentó el sentido condal de la Monarquía catalanoaragonesa. Su conclusión, argumentó el padre Miquel, no podía sorprender a ningún catalán: «no hay tal Catalanismo, ni cosa que se parezca, sino que todas las aspiraciones de Cataluña son puro Barcelonismo.»[41] Desde esta perspectiva, llegaba a la reflexión «étnico-religiosa» que era su planteamiento central, en cursiva: *¿«Qué influencias benéficas ha producido ya el Catalanismo y cuáles prepara a la Religión»?* La respuesta era clara: «Esto nos hace volver a hablar de una influencia muy importante en el Catalanismo; es una manifiesta intensificación de la vida religiosa en sus seguidores, no importa que no sean todos, porque su radio es más extenso que el no religioso, en el sentido de que es un amplísimo movimiento social y patriótico. Pero los adeptos del Catalanismo que tienen la suerte de practicar suelen llevar a todos los aspectos de su vida cristiana una dignidad, una tolerancia, una cultura, una amplitud de miras, y una pureza de ideales que es inútil buscar en otro lugar.» Así, la «influencia capital del Catalanismo, aunque fuera indirecta» había borrado el lastre del anticlericalismo, como se había hecho visibles en los años posteriores de la Semana Trágica.[42] También comportó, podía haber añadido, la desaparición de la influencia integrista. El padre Miquel, al identificarse con el «imperialismo de la sociedad civil» de la Lliga y abandonar la pretensión apriorística a una hegemonía católica, entendió que se forjaba un nuevo «espíritu de una Iglesia catalana», unida como tejido social y estilo de convivencia y, por tanto, gracia divina a los catalanes.[43]

Todo ello tuvo un trasfondo político: el triunfo del centro español –obcecado en un sentido falso de la religiosidad– a las zonas marítimas, «sobre la periferia, siempre emprendedora, cosmopolita y ansosiosa de libertad». España, convertida de «imperio» en colonia, concentraba «su orgullosa impotencia en dos obsesiones enfermizas: Portugal y Cataluña; las Nacionalidades periféricas de mayor vigor, de donde habían salido las orientaciones salvadoras, las únicas Nacionalidades que habían resistido su enloquecida política». En respuesta, «el alma natural de Cataluña queda desde entonces en actitud de rebeldía profunda, irreducible».[44] Pero, de forma implícita, para el franciscano, había una gran esperanza: el «ideal de la Merced», el espíritu de los mercedarios rescatando desde Barcelona a los cautivos de la morería, el carácter emprendedor y abierto de la sociead civil catalana como expresión cristiana, transformado en sentimiento de conquista moral, triunfaría en toda España gracias al catalanismo de la Lliga. Así, finalmente, *el discurso ideológico de Prat se impuso a las pretensiones de un predominio católico en la derecha catalana.*

El reclamo «pancatalanista» en función de Estado y los comportamientos arriesgados

La doctrina establecida por Prat de la Riba dejaba siempre un margen de maniobra considerable entre la reestructuración de España como «imperio» y la necesaria realización «imperialista» de Cataluña, por sus propias necesidades. *En el ámbito catalán, el segundo aspecto era en verdad mucho más atractivo* que el primero. Era evidente que Cataluña, para sobrevivir como espacio idiomático y cultural, con una alta cultura genuina, necesitaba garantizarse un mercado intelectual y lingüístico propio, al margen del magno espacio de la «lengua de Cervantes». Una metrópolis como Barcelona, que ya en los años diez despuntaba como ciudad estelar en la cuenca mediterránea, no podía vivir como una «ciudad-Estado», sino que, forzosamente, desbordaría sus estrechos límites en la Cataluña estricta, para difundir su resurgimiento por todas las tierras de habla catalana y, posiblemente, por las de la Languedoc. Esta idea constituía un tópico en el medio catalanista, que pasaba por encima de barreras ideológicas. Un adherente firme a la expansión, el republicano Pere Coromines, en un *Breviari del nen català* nunca acabado, sentenció: «Cataluña no vivirá como debe hasta que en ella vivan todos los catalanes de la más grande Cataluña.»[45]

Era, según como, un argumento circular, pues, para crear un *Lebensraum* o especio vital lingüístico catalán, habría que pactar con el marco español, cuando, en la política española, justamente lo que más preocupaba a los españolistas era el desarrollo idiomático catalán. Para cualquier españolista, ni que fuera tibio, la reivindicación territorial lingüística era *una disyuntiva negativa:* o como algo ridículo, en cuyo caso todo el catalanismo era una mera supercheria, o como una subversión real, lo que suponía un peligro, un separatismo de hecho, por detrás de las reiteradas profesiones de lealtad llegadas de Barcelona. Parecía un dilema insoluble.

Pero la propuesta acumulada de Prat, Cambó y D'Ors ofrecía un pacto como solución. *Solamente hacía falta entender «España» en su sentido geográfico, como toda la Península Ibérica, Portugal incluido, y, por lo tanto, como un proyecto de construcción unificadora todavía por realizar, y no como algo hecho ya siglos antes.* Entonces se podía ver que «España» era una realidad «imperial», que siempre lo había sido: un conjunto de pueblos, lenguas y culturas, con una historia común, que habían asentado sus tesoros culturales por medio mundo, pero que no se entendían como iguales entre sí. Si se realizaba el «imperio» institucionalmente pleno, algo mucho más importante a escala internacional que una Nación unitaria de segunda, se reconocería que todos los patrimonios hispanos –incluido el catalán– eran aprovechables para hacer de la «Nueva España», regenerada e «imperial», una fuerza mundial, cuya confederación podía rescatar y vincular a todo el mundo iberoamericano y enlazar a una parte sorprendente del Mediterráneo. *A cambio de tantos y tan importantes beneficios, ¿qué significaba un poco de apoyo estatal a la consolidación de un mercado de lectores catalanes?* Y si el Estado debía perder agresividad y presencia institucional directa (que tapaban una inoperancia y pobreza criticadas por toda la opinión del signo que fuera), para ganar, a cambio, el entusiasmo de todas sus regiones por fin autogobernadas, ¿no valía más una «cultura cívica» plural que un unitarismo a la vez feroz y débil?

La temática «pancatalanista» –en varios sentidos– había sido un componente habitual del movimiento catalanista. Es más, fue una natural característica que dio continuidad en el paso de una corriente literaria –por lo tanto, favorable al ejercicio común del «catalanismo», en su sentido equivalente a «hispanismo»– a una postura articulada como ideología política. Los jóvenes de la promoción universitaria posterior a la de Prat de la Riba, como Josep Pijoan, pusieron la idea en circulación como concepto explícito, más o menos en paralelo a la idea relacionada de «imperio», enunciada por el hermano de D'Ors. Prat mismo quiso dar cuerda a la noción de una *Greater Catalonia* en referencia explícita a «imperialistas» británicos como Dilke. Pero no se hizo gran cosa, más allá de especular con las implicaciones interregionales y/o nacionales del hecho lingüístico, y promover alguna excursión colectiva o celebrar alguna fraterna comida *«de germanor»* para dar vueltas a las posibles aplicaciones de la hipotética comunidad. Como muestra, la aparición de catalanes de la isla de Cerdeña en el Primer Congrès de la Llengua Catalana en 1906; su resultado alguerés no fue más allá de unos poemas, pero el entusiasmo «metropolitano» que, por reflejo, inspiró, en Barcelona sirvió para nutrir ambiciones de un auténtico despertar lingüístico, comparable al noruego o al finés.[46] Sin embargo, la Gran Guerra, al anunciar desde su mismo comienzo la reorganización del sistema de Estados europeo, replanteó la cuestion pannacionalista por doquier. Los catalanistas no tenían por qué ser menos.

Significativamente, fue un intelectual que estaba fuera de Cataluña y, por lo tanto lejos del ambiente barcelonés, Alfons Maseras i Galtés, quien volvió a tomar la idea en una coyuntura mucho más oportuna. Maseras (1884-1939), nacido en el pueblecito de Sant Jaume dels Domenys, en el Baix Penedès, era el típico hijo de médico que abandonó esta carrera contra la voluntad paterna para dedicarse, en el revoltoso contexto barcelonés del fin de siglo, a las inquietudes literarias. Trasladado a Francia, residente habitual en París, el poeta y novelista catalanista se reconvirtió de la sensibilidad «modernista» a criterios más «novecentistas», y, con ello, a la noción de la publicidad nacionalista como «obra bien hecha». Sin embargo, retuvo algo de su gusto anterior, y las conexiones que lo acompañaban, apareciendo por Barcelona durante la contienda mundial como secretario del poeta y diplomático nicaragüense Rubén Darío.[47]

El primer rastro de la aspiración divulgadora internacional de Maseras fue un coqueteo anónimo con Xenius, quien, en una Glosa aparecida en *La Veu de Catalunya* en enero de 1913, resumió la «Gentil carta de un "catalán de París" y de los mejores.» D'Ors, sin dar el nombre de Maseras, citaba a un diplomático conocido de éste, quien aseguraba que los catalanes parecían «no precisamente un pueblo, sino una secta» y añadió que su amigo creía que ello no fuera tema de vergüenza y sí de orgullo.

> Y propone que eso se organice en una manera de acción con el nombre de «Pancatalanismo». Se trataría, en suma, de una empresa imperial –pues llamamos imperialismo, amigo, a toda tendencia metropolitana, por encima de los límites de la territorialidad estrecha. –Se trataría, en primer lugar, «de una fuerte corriente espiritual entre todos los catalanes del mundo y la madre patria: después, de una gloriosa eclosión de nuestro genio. –(Una eclosión, diría el Glosador, para empezar; de gloriosa ya veríamos si así resultaba) en todos los países de civilización latina[;] todavía después, en manifestaciones repetidas de la vitalidad de Cataluña en tierras que hasta ahora la han desconocido por completo. Todo ello con la unión intelectual y sentimental de todos los pueblos de habla catalana, que hemos de querer como patria nuestra; unión espiritual y unión económica si puede ser, ya que es muchas veces por el contacto en los asuntos cotidianos que las almas llegan a conocerse.»

D'Ors añadió entonces su propia opinión:

> No estoy todavía autorizado a llevar hasta aquí el nombre de mi corresponsal imperialista. De toda manera, el nombre poco importa. Ya se ve que el caso es el de una mente estudiosa en la que se ha hecho consciente una larga aspiración sentimental, que ya ha tenido fragmentarias y dispersas manifestaciones, sobre todo en América. Pero esta aspiración sentimental, hay que decirlo, ha sido mucho más sentida por los hijos que por la madre; más por los los catalanes alejados de Cataluña que por la Cataluña que –si nos fijásemos, porque estas cosas son recíprocas– veríamos «alejados de los catalanes».

Para D'Ors, «tiene razón el amigo al desear que un "Pancatalanismo", que una concepción imperial, venga a acabar con eso.» D'Ors completó su argumento al observar que al emperador alemán Guillermo II, «pensando en el ejército comercial que Alemania tiene esparcido por el planeta», le gustaba decir que él era «el primer comisionista de su imperio». Dictaminó Xenius: «Que nuestros hombres aprendan a pensar así.»[48]

En otras palabras, bajo la benevolente mirada orsiana, Maseras recogía un viejo tema del catalanismo literario –los países de habla catalana como espacio natural de autorrealización lingüística colectiva– y le daba un sentido mucho más concre-

Portada del manifiesto *La cuestión catalana. Los Senadores y Diputados regionalistas al País* de1906, que predicó la bondad del nuevo «imperio» dual o federal, al contrastar el poderío mundial de «España antes del régimen centralizador» con su reducción «después de cuatro siglos de centralización».

El africanismo siempre tuvo algo de artificio decorativo, especialmente en su versión catalana: una fotografía del pintor Mariano Fortuny (1838-1874), hijo de Reus, famoso por su cobertura pictórica de la expedición española a Marruecos en 1859-1860 como pensionado de la Diputación de Barcelona, disfrazado de árabe. *Museu Comarcal Salvador Vilaseca (Reus)*

Jaume Bofill i Mates (1878-1933), también conocido como poeta por su pseudónimo de trovador, *Gerau de Liost*, encabezó la relectura «noucentista» del catalanismo en clave nacionalista.

Josep Maria Tallada i Paulí (1884-1946), economista y portavoz de la línea «estatista» camboniana en la Joventut Nacionalista de la Lliga. Fue directivo –tesorero– del Real Club Deportivo Español en los años diez.

El escritor uruguayo José Enrique Rodó (1872-1917), famoso por haber teorizado –en obras como *Ariel* (1900)– la superioridad de la espiritualidad del mundo hispánico ante el materialismo norteamericano, dió su aprobación al «imperialismo» catalán al visitar Barcelona poco antes de su muerte.

Alfons Maseras i Galtés (1884-1939), cuya más destacada inciativa política fue relanzar el pancatalanismo en 1915, retratado por Pablo Picasso.

Vicente Gay Forner (1876-1949), valenciano catedrático en Valladolid, fue el mayor propagandista de una resolución «imperialista» de los problemas de España en oposición a la tradición catalanista.

El publicista vasco-hispano-argentino Francisco Grandmontagne (1866-1936), quien trató al catalanismo como equivalente a la petición de supervivencia tribal de los indígenas americanos.

Antonio Royo Villanova (1869-1958), liberal aragonés cuya carrera se desarrolló en Valladolid, fue inicialmente favorable a la descentralización en la estela de Joaquín Costa, pero pronto quedó convencido del carácter torcido del catalanismo.

Pío Baroja (1872-1965), famoso novelista madrileño con notas de pintoresquismo vasco, en su fase de ensayista y conferenciante al servicio del republicanismo radical.

La idealización catalanista de la sociedad civil: la sala de juntas del Colegio de Abogados de Barcelona, decorado por Domènech i Montaner, hacia 1900. El Colegio fue una entidad de enlace en el sistema reticular del catalanismo naciente.

LA CREU DE 'N PRAT DE LA RIBA
—¡Ep, no aquí!.., A mí pósimela á n' aquest costat, que soch dels de la dreta.

Caricatura de Prat de la Riba por *Picarol* (Josep Costa i Ferrer, 1876-1971) en el semanario satírico republicano *L'Esquella de la Torratxa,* 9 de octubre de 1908, al recibir el político la orden de Isabel la Católica. Según el pie, Prat pide al poder que se le imponga la cruz en el lado derecho de su pecho, por su ideología.

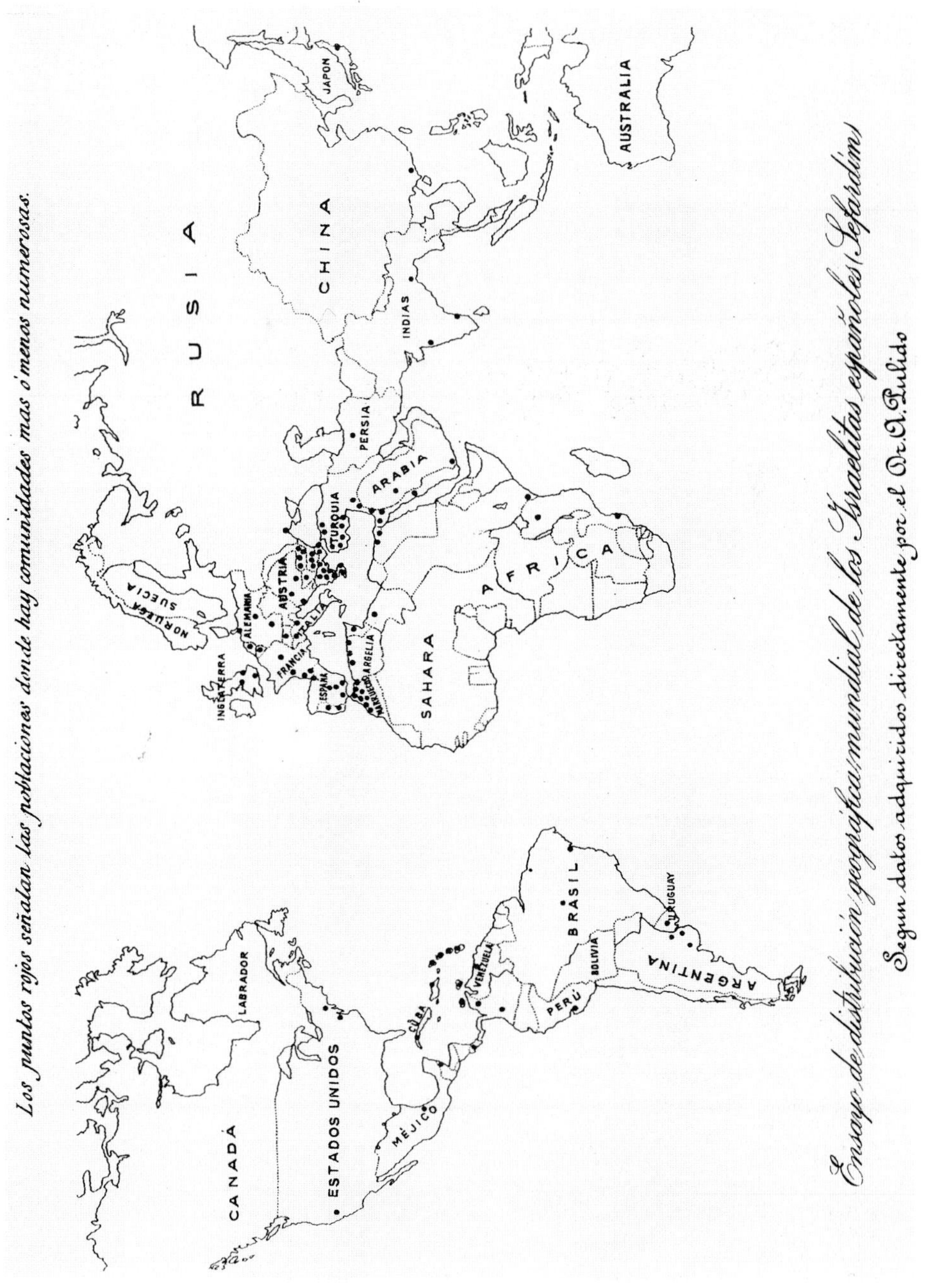

La aspiración pannacionalista española en el Mediterráneo: mapa incluído por el Dr. Ángel Pulido Fernández (1852-1932), incansable propagandista de la recuperación de lazos con el mundo judeoespañol, en su libro *Españoles sin patria y la raza sefardí* (1906).

Oscar II (1829-1907), rey de Suecia (1872-1907) y de Noruega (1872-1905), quien presidió la ruptura de su corona doble en 1905, en un retrato del pintor Anders Zorn (1860-1920). La resistencia tozuda del monarca a la creación de un servicio consular noruego fue una causa directa de la separación.

La campaña electoral solidaria en los comicios de 1907 desde el balcón del Ayuntamiento de Sant Joan de les Abadesses, con un colgante en el cual el ave fénix tiene un claro regusto de águila imperial.

Any V BARCELONA 23 de juliol de 1914 N.º 190

RENAIXEMENT

Adherit a la Unió Catalanista

SURT ELS DIJOUS

VOLEM

La llengua Catalana amb caràcter oficial per a totes les nostres relacions inclús amb el Poder Central.

Corts Catalanes, per a estatuir la llegislació civil i per al règim intern de la Nacionalitat Catalana i per a ésser àrbitres de la nostra administració.

Que siguin Catalans tots els qui a Catalunya desempenyin càrrecs públics.

Fixar contribucions i impostos per a contribuir a les despeses generals de l'Estat en la proporció que correspongui a Catalunya.

Supressió de quintes o lleves i facultat de poder contribuir a la formació de l'exèrcit de l'Estat espanyol per medi de voluntaris o diners.

Essent Nacionalista l'acció que al nostre poble realitza la Unió Catalanista, tenen el dret i el deure de cooperar-hi tots els Catalans moguts per les aspiracions del nacionalisme Català, qualsevulga que siga el llur pensar i sentir en materies **religioses, polítiques o socials.**

El ave fénix del nuevo nacionalismo radical catalán de los años diez, con la estrella blanca de la libertad (la misma que en la bandera separatista de la estrella solitaria) en el lugar de cualquier corona. La cabecera de la revista *Renaixement* en el verano de 1914, como indicio de la conciencia antiimperialista.

Biblioteca de Sociología y Derecho.

EL PESIMISMO
ESPAÑOL

POR

D. FRANCISCO CAMBÓ

MADRID
EDITORIAL HESPERIA
Calle del Río, 24.
1917

Caricatura «autorizada» de Cambó en la portada de su libro *El pesimismo español* de 1917.

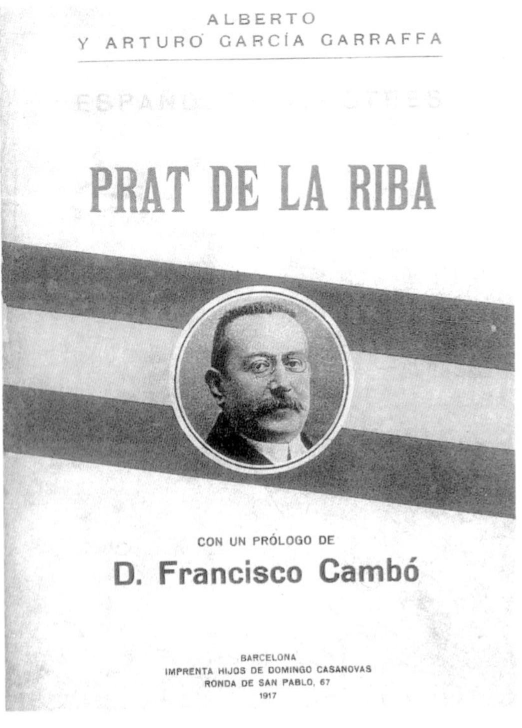

ALBERTO
Y ARTURO GARCÍA CARRAFFA

PRAT DE LA RIBA

CON UN PRÓLOGO DE

D. Francisco Cambó

BARCELONA
IMPRENTA HIJOS DE DOMINGO CASANOVAS
RONDA DE SAN PABLO, 67
1917

Portada sorprendente de la biografía de Prat de la Riba escrita por los hermanos Alberto y Arturo García Carraffa en 1917, al poco tiempo de muerto el prócer catalanista y sin duda pagada por la Lliga. Se situó a Prat en una colección de «Españoles ilustres», lo que estrictamente era una verdad, si bien, al poner su imagen intencionadamente sobre un fondo rojigualdo, se buscó un efecto chocante, logrado con creces.

to del que, más de una década antes, le había conferido Pijoan. El planteamiento de Maseras, de manera implícita, incluso parecía ir más allá de la vieja postura camboniana, reflejada en la revista *La Cataluña* antes de su purga, que estaba redactada en castellano «para la necesaria expansión del espíritu catalán en el resto de España, América Latina y extranjero». En resumidas cuentas, Maseras ahora proponía hacer lo mismo, pero en catalán. *Indicaba, por tanto, una creciente capacidad del catalanismo conservador para formular argumentos en términos cercanos al naciente nacionalismo radical, posición de frontera que en concreto ocupaba Maseras y que le acompañaría durante toda su vida.*[49]

Casi exactamente dos años más tarde, en una especie de manifiesto, *Pancatalanisme. Tesi per a servir de fonament a una doctrina*, fechado en la capital francesa el primero de enero de 1915, Maseras estableció los parámetros de su propuesta.[50] Pero su declaración de principios, propuesta para una propaganda activa, no fue meramente una inciativa personal. Residente en París, Maseras estaba implicado por parte de la Lliga en todo el tinglado de la Office Centrale des Nationalités de Lausana, con su doble juego en relación a la política internacional francesa.

Un periodista francés, Jean Pélissier, fue corresponsal de prensa en Barcelona, conoció a Cambó, e, influenciado por él, estableció en 1911 una Office Centrale o Union des Nationalités como plataforma de proyección gala entre los movimientos autonomistas europeos.[51] Al disfrutar de buenas conexiones sobre todo en la izquierda de su país, Pélissier favoreció sus amistades en su flamante Unión.[52] Por su parte, el catalanismo, a través de la Lliga, se implicó a fondo.[53] Tras el comienzo de la Guerra Mundial, la Unión se convirtió en un útil mecanismo para la relación política clandestina en medios enemigos, y Pélissier hizo de agente secreto de los servicios de información franceses. Instalada la Office Centrale de la Unión en la villa Messidor de Lausana, su dirección otrora francesa cedió protagonismo a un exiliado lituano, Joseph Gabrys (pseudónimo de Jouzas Paršaitis, nacido en Garliava en 1880), dispuesto a jugar en las turbulentas aguas de las aspiraciones independentistas de las nacionalidades atrapadas entre Alemania, Austria-Hungría y Rusia.[54] La Lliga siguió en este peligroso juego, mientras que la Union, buscando la máxima cobertura, introdujo en 1916 a los nacionalistas vascos en el montaje internacional. El encuentro en un terreno común y a la vez neutral, facilitó el estrechamiento de lazos entre el catalanismo lliguero y la Comunión Nacionalista Vasca liderada por Ramón de la Sota, proceso marcado, en los primeros cuatro meses de 1917, por la visita de Cambó a Bilbao y San Sebastián para explicar la propuesta «imperial» y divulgar el mensaje de «La España Grande».[55] Las implicaciones de la participación de la Lliga en una operación de los servicios franceses que evidentemente estaba fuera de control rebotarían en su contra, sirviendo de refuerzo al anticatalanismo de los liberales albistas y su eficacísimo relanzamiento.[56] Pero el precio a pagar por la aparente contradicción de relaciones, aunque fuera justificada por la coherencia ideológica, no se vería bien hasta más adelante.

En todo caso, pues, *la definición del «pancatalanismo» como la preparación de un gran servicio de difusión del catalanismo a escala mundial estuvo respaldada por una magna operación política –tanto a escala europea como en su dimensión de convergencia vascocatalana– que no encajaba fácilmente –fuera de la lógica catalanista del «imperio»– con el objetivo de una transformación constitucional de España.* En otras palabras, Maseras era más que un francotirador intelectual. Por el hecho de vivir en Francia, Maseras muy naturalmente pasó a tener una función representativa del catalanismo en la Union de Nationalités.[57] Su situación forzosamente respondía al medio catalanista parisiense, compuesto de varios círculos ultracatalanistas de feroz y nada sorprendente entusiasmo francófilo, muy vinculado al sueño de unas «legiones» de «voluntarios catalanes» que, igual que los garibaldini italianos, habían de surgir para dar el regalo de su sangre a Francia como idealizada «patria de la libertad».[58] En este contexto, su voluntad de estrechar lazos con otras corrientes del catalanismo más allá de la Lliga era una ventaja. Dado su perspectiva de catalanismo genérico y de francofilia, era lógico el interés preferente de Maseras –o, si se prefiere, su mayor conciencia– en la necesidad de promover un posicionamiento maximalista cara al extranjero, tal como se expresó en su *Pancatalanisme. Tesi per a servir de fonament a una doctrina.*

Según Maseras, los éxitos de la *Renaixença* o despertar nacional catalán eran, a esas alturas, tan patentes que era necesario dar un paso mayor. Si «[l]a exaltación del sentimiento nacional, el reconocimiento, por los catalanes, de la patria catalana y la doctrina que lucha por las reivindicaciones políticas, son llamados catalanismo, [...] [d]enominaremos, pues, Pancatalanismo toda expansión fuera de los límites históricos de Cataluña, no sólo de esta doctrina, sino de todas las manifestaciones vitales de nuestra tierra.» Con esta tesis, estableció un programa de objetivos a realizar en signo pancatalanista. En primer lugar: «A avivar el espíritu nacional, en muchos sitios todavía mortecino, de todas las tierras de habla catalana, que fueron en otro tiempo, pobladas y conquistadas por los catalanes. A traer a la conciencia de estas regiones [el hecho] de que su nacionalidad no es otra que la catalana, como lo es así mismo su lengua, por más que la bauticen, con legítimo orgullo, con su nombre regional.» Luego, en segundo lugar: «A hacer prevalecer este mismo espíritu en las numerosas colectividades catalanas que viven fuera de Cataluña y, en primer lugar, en las que viven en tierras no catalanas de España, ya que es allí donde estas colectividades están en mayor peligro de perder su carácter.» En tercer puesto, era imprescindible «[...] hacer respetar e incluso estimar, en tierras de España, el buen nombre de Cataluña. A acomodar nuestra conducta hacia las otras nacionalidades ibéricas de manera que respeten los derechos nacionales nuestros que puedan ser diferentes de los suyos, pero que no son opuestos. [...] En fin, a hacer reconocer la personalidad de Cataluña en el claro supuesto de que están incluidas en esta personalidad regiones como las Baleares y Valencia, de raza y lengua catalanas.» Finalmente, Maseras consideraba necesario «dar a conocer Cataluña en el extranjero» la cual «será una de las funciones capitales del Pancatalanismo».[59]

En su opinión:

> El Pancatalanismo tiene que esforzarse para destruir aquella ignorancia y aclarar el malentendido que nos asimila, a ojos extranjeros, a las otras nacionalidades hispánicas. Han de hacer saber a los centros culturales del mundo la existencia de nuestra cultura y de nuestras artes; a los centros económicos el grado de pujanza de nuestro comercio y de nuestras industrias; a los centros políticos, la personalidad de Cataluña y las reivindicaciones por las que está luchando. Si hace falta que nosotros vayamos al extranjero y nos esforzemos para que se informe de nuestras cosas, conviene atraer al extranjero a nuestra casa para las juzgue con sus propios ojos.

Al formular los «Medios de acción en el extranjero», Maseras consideraba que: «Por aquello que nuestra tierra no es todavía ama de sus destinos, fuera actualmente locura y utopía atribuir al Pancatalanismo un espíritu imperialista dentro del dominio político. Será, si se quiere, una forma de imperialismo espiritual, pero es, o quiere ser, antes que nada, la reivindicación, ante la conciencia del mundo entero, de la personalidad de Cataluña. Hasta ahora sólo nos hemos preocupado de las reivindicaciones políticas ante el Estado español. Ésta es la tarea propiamente dicha del catalanismo. El Pancatalanismo, dando a conocer nuestra alma nacional y nuestro renacimiento a las otras naciones civilizadas, con las que Cataluña no tiene intereses opuestos, sino más bien afinidades de pensamiento, de cultura y de carácter, debe dejar de ser una corriente política para convertirse en una corriente espiritual.» En consecuencia, recomendó contactos con «los prohombres de las nacionalidades europeas, especialmente con los de las irredentas» y «tomar parte en los congresos internacionales de nacionalidades y en toda asamblea internacional donde Cataluña pueda hacer sentir su voz personal [sic]», acciones ambas que la Lliga tenía entre manos. Por ser poco conocido el idioma catalán y su cultura, insistió, era forzoso el fomentar su enseñanza en los departamentos de lenguas románicas, promover cursos de historia catalana, traducir a otros idiomas las principales obras literarias en catalán, así como «informar periódica y directamente a los grandes centros de cultura y de trabajo, de las cosas de Cataluña.» Es más, añadió Maseras: «Cataluña tiende, naturalmente, hacia esta expansión que ya se hace sentir como una necesidad urgente. Nuestro renacimiento la reclama para completarse, ya que si volvemos a tener voz y voto como nación, hace falta que las otras naciones lo sepan y nos traten como tal. Queda además fuera de duda que el reconocimiento de nuestra personalidad y el conocimiento de nuestro espíritu por las naciones civilizadas ayudará poderosamente a la regeneración total de nuestra patria.»[60]

No todo el medio afín a la Lliga, ni mucho menos todo el catalanismo, se sumaron con entusiasmo a la tesis de Maseras. Francesc Pujols, por ejemplo, le contestó en su *Concepte general de la ciència catalana* de 1918: «[...] estamos tan separados de los que creen que Valencia, Mallorca, el Rosellón y Cataluña forman una sola nación, como de los que, como Pi y Margall, piensan que son unidades de la federación española, [...].»[61] De hecho, en el catalanismo había una escisión sutil entre los que podríamos llamar partidarios de una *Grosskatalonien* y los *Little Catalanists,* para decirlo con alusiones a las escuelas rivales del nacionalismo alemán y inglés. En 1870-1871, el diseño territorial del «Segundo Imperio» germano por Bismarck se hizo, notoriamente, con criterio «pequeño alemán» o *kleindeutsch,* excluyendo a los países de habla alemana de Austria, en contra de lo exigido por los «pangermanos», simpatizantes *grossdeutsch* con una Gran Alemania. Igualmente, la agitación «imperialista» británica de los años sesenta y setenta, los tiempos de Seeley y Dilke, diferenció a los que, como ellos, creían en una *Greater Britain,* de los liberales más estrictamente antiimperialistas, llamados irónicamente, en contraposición directa, *Little Englanders.*

En el marco nacionalista catalán, más allá de la discusión sobre la forma del Estado ideal –«imperial» o republicano federal– o sobre la inconveniencia, en último extremo, de la independencia absoluta de Cataluña o su pervivencia como estado autónomo dentro de una nueva organización hispana, había otra cuestión candente: ¿de qué «Cataluña» se hablaba? Tras la llamada *«qüestió de noms»,* por lo tanto, se escondía otra pregunta.[62] *¿Había una Cataluña «estricta» y otra, más imprecisa?* Esta polémica es habitualmente conocida por los términos que surgieron en los años diez para debatir la orientación táctica y estratégica de la Lliga, o, más precisamente, su orden de prioridades: ¿Era preferible una acción *«Catalunya enfora»,* fuera en sentido «pancatalanista» o de «España grande»? ¿O, por el contrario, impulsar *«Catalunya endins»* y así acabar de conseguir lo que el catalanista republicano Rovira i Virigili llamó, con éxito, *«la nacionalització de Catalunya»,* antes de arriesgarse con señuelos expansivos?[63]

Dicho de otra manera, la consecución del pensamiento de la Lliga en 1916, su formalización, abrió la puerta a nuevos matices ideológicos, siempre al poderoso calor de la Guerra Mundial. *El conflicto europeo estaba volatilizando las costumbres políticas y sociales a marchas forzadas, sin que nadie se pudiera dar cuenta. La explicitación del pancatalanismo dentro de la panoplia ideológica lliguera comportaba, en último extremo, la negación de toda la estrategia de conciliación del catalanismo con el panhispanismo que preconizaba Cambó.*[64] Era una insistencia en el sentido nacionalista de la Lliga como cabeza del movimiento catalán, lo que desencajaba con la fórmula «imperial» como solución de entendimiento.

El «imperialismo de la sociedad civil»: una superioridad más que dudosa

La verdad es que «unidad cultural» y sobre todo «imperio» eran ideas que venían de mediados del siglo anterior: las grandes elaboraciones pannacionales se hicieron, en general, en los años cuarenta, mientras que la aplicación práctica de la noción de «imperio» en Austria-Hungría, Alemania y la India británica se dio estrictamente entre 1866 y 1876. Tanto Emerson como Carlyle –los autores que, como se ha visto, sirvieron de puente doctrinal para formular las primeras bases del «imperialismo de sociedad civil» del catalanismo– culminaron sus reputaciones como autores en esos mismos años, para experimentar la pura decadencia hasta sus muertes poco después. El hecho de que llegaran con retraso a la traducción en España tan sólo refleja el desplazamiento temporal que vivió el catalanismo. Porque *el esquema pratiano que fue recogido por Cambó y D'Ors y la propaganda lliguera aprovechó estos conceptos cuando ya se había iniciado su declinar intelectual*. En 1905, representaban el consenso conservador en Estados Unidos, Inglaterra o Alemania, si bien visto a través de la distorsión de un filtro francés. El emparejamiento de metáforas que hizo Prat en *La nacionalitat catalana*, con la convicción de su actualidad y modernidad, pronto se reveló como muy poco flexible ante el desarrollo de las formas políticas europeas, cara al final de la Guerra Munidal. En particular, la idea de «imperio» fue más y más contestada a partir del cambio de siglo y en ella se fundamentaba la aspiración para la reorganización estatal que predicaba la Lliga.

El esquema de individuo ante la sociedad, derivado de Emerson y Carlyle, que *«el pensament de la Lliga»* utilizó para elaborar su esquema de una sociedad civil catalana superior y triunfante, estaba pasado de moda, comparado con el darwinismo social o, incluso, con el pragmatismo norteamericano, planteamientos bastante más innovadores que ayudaron a desarrollar las ideas de la «nueva derecha» europea en los años anteriores a la convulsión de la contienda mundial. Pero, muy significativamente, en 1908 Henry Ford estableció su primera fábrica de coches con cadena de montaje, un primer paso a una rapidísima evolución social que daría un sesgo totalmente nuevo al individualismo norteamericano, hasta el extremo de rehacer el diseño mismo de la ciudad estadounidense.[65] Por entonces, la Lliga estaba recogiendo las lecciones del urbanismo norteamericano –la construcción de un Downtown Business District en Barcelona mediante la nueva Vía Layetana, enfocado por el transporte público– cuando, gracias al automóvil, este esquema norteamericano empezaría su progresivo y caótico declinar una década más tarde.[66] *¿Por qué la fascinación con unas ideas casi visiblemente obsoletas?* Para encontrar una respuesta posible hay que mirar el contexto inglés contemporáneo.

La cultura británica en los años «eduardianos», tras la muerte de la reina Victoria en 1901 y hasta la de Eudardo VII en 1910, estuvo marcada por la más confiada arrogancia en la superioridad de los «valores» ingleses, su educación, su tecnología, su potencia. Pero, *en un mundo de competencia incesante, la convicción en la propia superioridad suele ser un error peligroso, ya que fiarse de éxitos pasados nada garantiza ante los nuevos e inevitables desafíos*. La perspectiva del protestantismo «inconformista» dominó el liberalismo y sobre todo el radicalismo británicos en la segunda mitad del siglo XIX, con un tono moral del que el *Grand Old Man* Gladstone fue digno representante. El elevado criterio moral que ello implicaba se fundamentaba en la convicción de que Inglaterra era el «taller del mundo», pionera de la «revolución industrial» (término entonces inventado) y líder progresivo del comercio mundial.[67]

Pero, entre tanta reiteración de la supremacía británica en la tierra y del mando inglés en Gran Bretaña, hubo también la conciencia incómoda de que la capacidad «anglosajona» ya no era tal. El monopolio inglés sobre la industria empezaba a ser contestado por la producción de potencias fabriles rivales, como Alemania y Estados Unidos, basadas en formas de organización más articuladas, con mayor recurso a la capitalización y con un uso cada vez más calculado de la técnica mensurable de laboratorio, ante la tozuda afirmación británica en la improvisación y el «sentido común» artesanal. Este retroceso relativo, que coincidió con la llamada «Gran Depresión» de 1873-1896, tenía –como es lógico– muchas lecturas. Se podía entender como un lento triunfo de la democratización social.[68] Podía explicarse en función de una ambigüedad de fondo en la cultura inglesa, que continuaba apreciando el estilo de una sociedad agraria –con la idealización de las costumbres de los terratenientes, el elogio del rentista y aficionado *(amateur)* como singular tipo social o la preferencia por la educación clásica universitaria en vez de la formación científico-técnica– más que la dura profesionalización del ingeniero o la actuación antipática del empresario, despreciados por ser irremisiblemente «clase media».[69] Pero también se podía comprender que el erróneo afán de persistir en una superioridad británica que a todas luces iba desapareciendo respondía a una industrialización primeriza no bien renovada (cuando no abiertamente atrasada), producto de una estructura de planta pequeña, dominada por la pequeña empresa familiar.[70] *El gusto por el individualismo y la moralina «inconformista» que reposaba en el ideal de la inherente «decencia básica» inglesa serían, desde este último punto de vista, la expresión colectiva de una suficiencia en el retraso económico comparativo.*

Si Inglaterra era el «taller del mundo», por analogía, Cataluña era la «fábrica de España».[71] Del mismo modo que el tono político inglés, con toda sus ínfulas, estuvo determinado por un desarrollo industrial frenado en lo que a tecnología y organización se refería, la creencia catalanista en una natural superioridad de su sociedad civil frente a cualquier realidad social hispana, comenzando por el Estado español, partió del limitadísimo despliegue fabril catalán, marcado por un claro techo impuesto por el abrumador predominio de pequeñas empresas familiares. Así, la arrogancia catalanista, si bien justificada frente al patente subdesarrollo agrario del «Mediodía» español, la extensión malaprovechada de La Mancha, Andalucía, y Extremadura, no evidenciaba una potencia suficiente como para arrasar con toda duda acerca de su anhelada primacía. Su dependencia del proteccionismo fue buena muestra de ello.

La debilidad de la sociedad civil catalana –y de su base industrial– estaba precisamente en lo que era, a la vez, su gran fuerza: en la «sociedad de familias». Gracias a su red de apoyo, los fabricantes –como es bien conocido– no tuvieron la necesidad de forjar una «banca catalana», sin la cual nunca pudieron dar el salto a una industrialización más profunda y sistemática.[72] Barcelona no se convirtió en el centro indiscutible del estudio científico en España, ya que su planta industrial no exigía un desarrollo técnico para la transformación de pequeñas empresas en grandes consorcios capaces de aprovechar las economías de escala.[73] La convicción catalanista, exteriorizada en el «imperialismo de la sociedad civil», se fundamentaba en que la «ética del trabajo» y el cemento asociativo a partir de la *penya* serían el correctivo a los «males de España» y a la preponderancia de las pésimas costumbres y a las ineficacias de una rancia sociedad agraria. Pero, *igual que en la versión inglesa de su modelo espiritual «anglosajón», con su hueca convicción en la superioridad histórica, la confianza catalanista en la propia primacía social derivaba de un modelo industrial ya bastante atrasado respecto a las zonas punteras del mundo y sin la fuerza suficiente para imponerse sin apoyo político, en última instancia, desde el poder.*

Así, en el balance final, con una base industrial demasiado estrecha y débil, la sociedad civil no era *«ni carn ni peix»*, una tremenda inconcreción. Resultaba un terreno del todo resbaladizo, cuya solidez contemplada de lejos se deshacía en escurridiza fragmentación vista de cerca. No se podía jugar como carta decisiva en la gran partida entre Madrid y Barcelona porque su significado se borraba en cuanto se la sacaba de su cómodo contexto catalán y de los invisibles supuestos y confianzas de la «sociedad de familias». Lo que, en la Ciudad Condal, parecía una evidencia, se reducía, con la distancia y las exigencias de explicación a públicos ajenos a los supuestos que lo sustentaban, a un mero oportunismo. Desde sus primeros éxitos políticos a mediados de los años noventa, Prat confiaba en la solidez de la sociedad civil, mientras que Cambó desconfió de los mecanismos al margen del juego político parlamentario, si no era como meros apoyos de movilización, para una más efectiva propaganda. Por tanto, se puede entender toda la evolución del catalanismo de la Lliga como una tensión entre una cierta idea corporativa que Prat nunca abandonó del todo y un liberalismo por el cual Cambó –por muchas afirmaciones que hiciera en otro sentido– sentía apego.

Se puden enfocar estos planteamientos desde la óptica contemporánea del economista sociológico norteamericano Thorstein Veblen (1857-1929), en su influyente ensayo *Imperial Germany and the Industrial Revolution*, aparecido en 1915. Veblen contrastó las ventajas del desarrollo tardío alemán con los costes de ser pionero industrializador, como hizo Inglaterra; en su interpretación se produjo un desencuentro fructífero entre el «Estado dinástico» prusiano, luego germano, y el impulso desarrollista empresarial, con una conocida supeditación de la «burguesía» a los fines de aquél, con el resultado perverso de eficacísimas economías de escala. *El sueño camboniano, a la luz de Veblen, se puede resumir como el deseo de prever los excesos negativos de una mal matrimonio entre la industia y el poder dinástico, pero aprovechar las sinergías posibles, mediante la aplicación de cláusulas inglesas a un acuerdo prenupcial al modo germano.*[74] El gran problema de fondo, como es evidente, era que el apreciado tejido social del modelo inglés comportaba un atraso considerable, en términos económicos y hasta prácticos, al ejemplo germano, que, a su vez, en tanto que absolutismo disfrazado, por mucha densidad de sociedad civil que tuviera, relegaba ésta al más zaguero puesto del desfile social, de forma que hubiera pasado por delante el último teniente del último destacamiento del Ejército prusiano. *A partir de las metáforas axiomáticas de Prat, la esperanza camboniana de poder separar atrasos de avances como si de arquetipos se tratara, hasta lograr la combinación acertada, se reveló por completo utópica.*

El clímax ideológico de la Lliga: el «martirio» del «maestro» Prat

A pesar de encontrarse mal de salud, Prat se presentó otra vez por el distrito de Vic-Granollers en las elecciones provinciales de marzo de 1917, resultando elegido. A partir de entonces, Prat se dedicó a cuidarse, que buena falta le hacía, y el día 30 de ese mismo mes se fue a Sitges, a recuperar fuerzas. Aunque de nuevo, en mayo, fue proclamado presidente de la Mancomunitat por una gran mayoría de diputados provinciales, en realidad Prat ya había dejado las funciones de su cargo (agradeció el renovado voto de confianza por escrito, con un documento titulado «Als Diputats de la Mancomunitat de Catalunya»). Sin embargo, Cambó le buscó. Según el recuerdo del líder parlamentario de la Lliga: «Conferencié con Prat, que, ya enfermo, estaba cuidándose en Sitges. El punto de vista que le expuse fue el siguiente: el golpe de los militares llevaría España a la anarquía sino había quien lo encarrilara hacia una renovación de la política. Solamente nosotros éramos capaces de llevar a término aquella obra que podría tener la virtud no sólo de salvar al país, sino de sacarlo del punto muerto en que se encontraba, en el cual era preciso optar entre resignarse a la impotencia o tomar caminos revolucionarios que repugnarían a la inmensa mayoría.» Para Cambó, con mirada retrospectiva: «Se nos presentaban dos obstáculos: la poca simpatía que los militares sentían por nosotros y el carácter local de nuestro partido, que lo incapacitaba para dirigir, solo, un movimiento general español. Convenía suprimir la animadversión del Ejército y que nuestra acción se incorporase al movimiento general, pero tratando de mantener nosotros su dirección constante de forma que no se nos desviara. Lo que yo proponía era una operación arriesgada, y el mayor riesgo consistía en ser desbordados por las izquierdas, que pudimos conocer bien en la época de la Solidaridad Catalana.»[75]

Cambó argumentaba que valía la pena correr el riesgo, ya que el éxito permitiría que «hacer que un movimiento esencialmente anárquico se convirtiera en movimiento regulador y constructor; españolizar nuestro movimiento, ligándolo a una empresa general española que nosotros iniciaríamos y dirigiríamos; constituirnos en el elemento esencial del nuevo régimen que se instaurara en el país si nosotros conseguíamos destruir el sistema caduco de los partidos sin fuerza en la opinión y sin méritos en sus dirigentes». Según Cambó, Prat se entusiasmó, si bien expresó su inmenso dolor por el menguado papel al que su condición física le obligaba. Casi exaltado por las horas de animada conversación con Prat, Cambó se dirigió el día siguiente al órgano rector de la Lliga, la Comisión de Acción Política, que recibió su plan con mayor frialdad, si bien la aprobación de Prat fue decisiva. La idea, establecida en Sitges, era que Prat escribiera un texto para fijar la postura del partido catalán.[76] Así, a mediados de junio, de su lugar de descanso (durante su reposo, anterior a la visita de Cambó, se había dedicado a releer Maragall), el enfermo presidente se trasladó a Barcelona con el «Manifiesto de los Parlamentarios Regionalistas al País», acabado el día 14 y aparecido el siguiente en *La Veu*, sobre las firmas de los senadores y diputados de la Lliga. *Fue su último escrito político.*

En el texto del «Manifiesto», Prat se ratificó de sus argumentos expresados un año antes en el programa de «Per Catalunya i l'Espanya gran», pero insinuó que el medio inmediato para la realización de tal solución sería, como poco, la apertura de las Cortes, a lo que se negaba el nuevo gobierno Dato, o, mejor todavía, el comienzo de una dinámica constituyente, la cual, «ante el poder real», levantase «el otro factor esencial de un poder libre, la representación de los ciudadanos», anulando así «las Cortes de real orden que hacen del régimen constitucional español una verdadera autocracia». Prat no eludió las implicaciones negativas de la indisciplina de las Juntas de Defensa, pero, con suma habilidad, convirtió el militarismo en un reflejo de la irresponsabilidad gubernamental y, por tanto, de la «ineptitud» del Estado y de la «incapacidad» del parlamento. La «clara simpatía» visible en la calle ante el movimiento «juntero» nacía del hecho sencillo de que «al lado de tantas sombras y ficciones, era un grito de sinceridad, era una realidad viva». «Y aun así –insistió–, la soberanía, que es el derecho con la fuerza para darle eficacia, no se sabe muy bien dónde para.» A su parecer, la oportunidad histórica se combinaba con los riesgos: «Subvertidos los poderes, descentrada la autoridad, rodeados estos hechos de un ambiente de tolerancia y simpatía, sacudida toda la economía española por las repercusiones de la guerra [europea], aumentada la excitabilidad popular por la carestía y el ejemplo de revoluciones y de grandes acontecimientos en otros países; abierta en todo el mundo una etapa constituyente en torno de la universalización del sufragio y la autonomía de las nacionalidades, de la Restauración [de Alfonso XII en 1874] en adelante no había habido en España un momento parecido al momento actual.»

Dicho esto, Prat hizo una matización: aunque «mantenemos y reproducimos todo lo que Por Cataluña y la España grande firmamos», la apelación a las izquierdas no podía ir cargada del tema «imperial», ya que éstas eran antiimperialistas por definición, en tanto que hostiles a los «Imperios Centrales» de Alemania y Austria-Hungría, y más todavía con la caída del zarismo en Rusia a principios de año. Prat, en consecuencia, redujo su fórmula: «Dar al Estado una constitución federal: ésta es la gran solución renovadora.» *Buenos entendedores sabrían deducir que la solución, por fuerza pactada con la Corona y las fuerzas armadas, sería monárquica y, por ende, «imperial», a pesar de todo.*

> Y no se crea nadie que el hecho de entrar por este camino sea una tentativa excepcional, un salto hacia un mundo desconocido, no. Todo lo contrario. La forma federativa es la constitución normal del Estado moderno, la más generalizada, la de los pueblos directores. La inmensa mayoría de los hombres civilizados del mundo viven en Estados de este tipo, y las corrientes de la opinión universal, desde las que remueven las masas de la democracia socialista hasta las que dirigen a las multitudes obedientes a las voces del terruño y de la historia, dibujan en el horizonte nuevas extensiones de federalismo. El triunfo de la forma federativa en la guerra actual ha sido deslumbrante; ha pasado por las pruebas de fuego como no recuerda paso igual la historia, y ha salido victorioso [sic] en todos los órdenes. Después de la guerra, la forma unitaria irá desapareciendo, haciéndose más rara cada día, quedará a modo de antigualla, de forma de excepción para los pequeños pueblos homogéneos, como el gobierno directo, como la asamblea en la plaza pública, como tantas fosilizaciones de caídas instituciones supervivientes en alguna que otra comarca oscura y retirada.

Además, añadió Prat para hacer su argumento más convincente en un contexto hispano: «Esta organización federativa es, por otra parte, la que corresponde a la estructura de la sociedad española dividida en nacionalidades, en pueblos que tienen una personalidad bien definida.» Asumirla era «obedecer un imperativo de justicia» para «fortalecer el Estado (que buena falta le hace) incorporándole fuerzas vigorosas que por él se pierden o bien lo perturban, como las de toda la periferia española y especialmente de Cataluña y Vasconia». Finalmente, se resolverían los pleitos interurbanos, las envidias de rango y la contradicción entre campo y ciudad.[77] «Con una organización interna de estructura federativa los pueblos ibéricos tendrían el ambiente de hermandad, de intimidad amorosa que forman las grandes unidades indivisibles. Las ciudades vivas que aquí y allá de España sirven recuerdos de antiguas grandezas y sienten en las entrañas semillas de capitalidad, fueron centros de intensa propulsión de una vida renovadora y darían, como las ciudades italianas, nuevos carices y matices a la civilización. El Estado, aligerado de la abrumadora tarea de hoy, oreado por estas corrientes de renovación, iría adaptándose a las funciones elevadas de una suprema dirección.»[78]

Con este último esfuerzo doctrinal, el pésimo estado del presidente mancomunal catalán aconsejó su retiro a su casa pairal, que tan beneficiosos efectos había tenido sobre su salud a finales del verano anterior. Pero no mejoró, todo lo contrario. Pronto se hiciern interminables las visitas de prohombres *lligaires* y de consejeros de la Mancomunitat a Castellterçol para interesarse en persona por la circunstancia del enfermo.[79]

Como recordaría años más tarde el propio Cambó, «[e]ntre el día 5 de julio y el 19 de agosto se crea en España un período de agitación sin precedentes. Todos contribuyeron a provocarlo, incluso el Gobierno, con sus disposiciones imprudentes y desafiantes.»[80] Llegado el verano de 1917, pues, *el eclipse relativo de Prat de la Riba y el protagonismo de Cambó era un hecho constatable,* incluso en las páginas de *La Veu de Catalunya.* Prat se había especializado en presidir el despliegue institucional de la Diputación de Barcelona, primero, y de la Mancomunitat interprovincial, después. De forma consistente, era un personaje político cuya influencia se hacía sentir desde la sombra, en iniciativas instrumentales, fueran de tipo administrativo o ideológico.[81] Cambó, por el contrario, ejerció de auténtico hombre público como portavoz parlamentario de la Lliga en Madrid desde la victoria electoral de la Solidaridad Catalana. En pleno estío, con el regionalismo catalán encabezando la oposición frontal al gobierno conservador de Dato y su cierre del parlamento, con el reclamo de unas Cortes Constituyentes como fruto de un proceso asambleario de diputados y senadores iniciado en Barcelona, la relevancia de Cambó parecía absoluta. Sin duda, en aquellas semanas, muchos en España le atribuyeron el «Manifiesto de los Parlamentarios Regionalistas al País», en vez de a Prat. Así, lógicamente, dada la decisiva coyuntura de la política española, el órgano de la Lliga se centró en «[l]'Asamblea catalana, único tema político del día».[82] Como, por esas mismas fechas, dijo el mismo Cambó en declaraciones a un diario republicano de Barcelona: «La guerra ha derribado, ha trastocado todo. Cuando la misma Inglaterra, con su constitución consuetudinaria, se ha renovado radicalmente, ¿vamos a pretender continuar viviendo como hasta ahora aquí, en España, donde todo, por sí mismo se tambalea? Imposible. El tinglado se ha venido abajo. El juego de los partidos turnantes ha concluido. Las mismas circunstancias que atravesamos lo delatan. Hay algo que se ha puesto en marcha en España y que no puede volverse atrás sin un total desprestigio.»[83]

Los eventos políticos eran demasiado importantes, el ritmo en exceso trepidante, para estar atento a un dirigente enfermo y obligadamente retirado del quehacer político. La dinámica, encabezada por Cambó, de la llamada «Asamblea de parlamentarios», juramentada «por el régimen autonómico y las Cortes constituyentes», era, en palabras del editorialista de *La Veu,* «El camino nuevo» y era evidente que se vivían «momentos históricos».[84] Este ambiente exaltado –nutrido por la convicción de que se estaba produciendo una «Coincidencia salvadora de los partidos de opinión» con el que «Comienza el resurgimiento ibérico»– se fortaleció con el enfrentamiento entre la Asamblea y el gobierno Dato, especialmente con su ministro de la Gobernación, José Sánchez-Guerra.[85]

Solamente el 21 de julio, en *Costa de Ponent,* la hoja local que por entonces daba cobertura legal a *La Veu* frente a la censura, se permitió un primer artículo dedicado a «La salud de Prat de la Riba». Habían corrido rumores alarmantes por Barcelona y entre los diputados y senadores catalanistas acerca del estado del presidente de la Mancomunitat, a quien se le había dado la extrema unción. Los médicos de Prat, el doctor August Pi i Sunyer (catedrático numerario de fisiología de la Universidad de Barcelona desde el año anterior) y su discípulo Rossend Carrasco i Formiguera habían llamado a consulta al también joven doctor Gregorio Marañón, de fama pujante, quien se puso en camino desde su lugar de veraneo en Santander, aunque su intervención no sirvió para gran cosa. El corresponsal regionalista pudo sin embargo respirar tranquilo: «Las últimas impresiones que tenemos de Castellterçol siguen siendo optimistas.»[86] Pero pronto los informes de la prensa –*La Veu* recomenzó su edición– eran boletines casi horarios sobre Prat, aunque se pretendía repetir el mensaje tranquilizador.

El postramiento del histórico jefe y la creciente percepción de su próximo fin dieron pie al sector más católico del regionalismo, como si fuera en compensación al aparente democratismo de la «Asamblea de parlamentarios» que, coyunturalmente, tanto dominaba la atención lligaire. Llevada por la gravedad, la Lliga Espiritual de la Mare de Déu de Montserrat –a la que Prat estaba afiliado– organizó un ciclo de ruegos a Dios por su vida en una iglesia de Barcelona. Lo mismo hizo la Abadía de Montserrat. Finalmente, la Lliga Espiritual recabó la intervención de «todos los prelados de Cataluña» ante el Altísimo para rogar por el restablecimiento del presidente moribundo.[87]

Mientras tanto, el mismo paciente, sin embargo, era consciente de su enfermedad, aunque los médicos no le informaran con precisión de su estado, y restringió las visitas a las personas más allegadas (como su querido primo Pere Muntanyola) o a religiosos con los que se sentía especialmente cómodo (como el padre Miquel d'Esplugues, última persona que reconoció en su agonía), diciendo que cuando se estuviera muriendo sin remedio ya habría tiempo para que pasaran todos. Por el carácter innovador y arriesgado de algunos tratamientos realizados por el equipo médico (se le hicieron a Prat dos trasfusiones de sangre, técnica entonces excepcional, siendo el donante el veintañero doctor Carrasco) se evidenciaba la desesperada condición del enfermo.[88]

Llegada a este punto y ante el estancamiento de la lucha de la Asamblea, la Lliga cambió de enfoque y, de minimizar la crisis de Prat, pasó a detallar su agonía, que se convirtió en foco de la frustración política del catalanismo regionalista. Para el 30 de julio, el diario de la Lliga seguía insistiendo en titulares que «La Asamblea de parlamentarios única realidad política» y que «Por doquier de España surgen síntomas de renovación», pero la convicción sonaba cada vez más hueca, aunque gritara, en letras mayúsculas intertextuales, que «TIENEN QUE REUNIRSE UNAS CORTES CONSTITUYENTES CONVOCADAS POR UN GOBIERNO QUE ENCARNE LA VOLUNTAD SOBERANA DEL PAÍS.»[89] Pero el mismo día, *La Veu* aseguraba que en Castellterçol: «Por todo el pueblo, reinaba un ambiente de desolación.»[90] El doctor Esquerdo, sumado al equipo que cuidaba del ilustre paciente, comentó a la prensa que Prat, en vez de cuidarse, había regalado generosamente su esfuerzo por el bien de Cataluña. Con regusto cristológico, aseguró: «este exceso de trabajo, este continuado esfuerzo, le ha matado; es una víctima nuestra; él ha dado su vida por nosotros.» Añadió, conmovido por el sentimiento: «Y actualmente es como una lamparita encendida ante el altar de la patria que ya ha consumido todo el aceite y ahora da las últimas llamaradas, quemándose ya la mecha.»[91]

D'Ors, que subió a la casa pairal de Prat para mostrar su preocupación por el presidente agónico, relató a los lectores de su glosario el significado del drama que estaba sucediendo en Castellterçol:

> La casa es humilde y dibuja un poco de ángulo, allá donde la calle se desvía. Si esta inclinación suave la abre, acogedora, el portal queda bajo, la segunda puerta más chica todavía, parecen cerrar el paso con una especie de aspereza doméstica. Un balconcillo con barandilla de madera, debajo mismo del tejado, revela el aire payés del conjunto. Pero, en los rastros de una geométrica decoración, el nombre del primer propietario aparece escrito en letras griegas, con helenismo ingenuo. Y eso tampoco no es demasiado antiguo: data del año mil ochocientos... Aquí también hay moderación exquisita.
>
> Yo les digo que por esta casa humilde y frente a esta puerta baja y siguiendo el desvío suave que hace la calle, pasa en estos momentos el meridiano político de España. No allá, en el palacio magnífico, tan blanco y bello en los crepúsculos de sangre. No allá en el Parlamento vacío. No en la playa elegante ni en la universidad infamada, ni en la caserna inquieta. Sino aquí, aquí mismo, en Can Padrós de Castellterçol.[92]

Prat murió a las 11.10 de la noche del 1 de agosto. La edición matutina de *La Veu de Catalunya* estuvo dominada por una gran esquela y el diario reiteró en repetidos titulares que «En Prat és mort», como si la noticia fuera de por sí increíble. «El maestro», «el creador de la nueva Cataluña», recibió el homenaje, obviamente sentidísimo, de «nosotros, discípulos de Prat de la Riba».

En la edición del diario que anunciaba la triste noticia, dos textos suyos sirvieron de epitafio. En primer lugar, su adiós escrito al doctor Robert, desaparecido justo cuando Prat enfermó en la cárcel, fue convertido en una valoración de sí mismo: «Es a nosotros, es a las nuevas generaciones hasta ahora reunidas en su derredor, a quienes corresponde la nueva tarea que él nos ha preparado a fuerza de entereza y sacrificio. Seamos dignos colaboradores de su obra.» La conjunción entre la muerte de Robert y la retirada de Prat para recuperarse durante un año en un sanatorio en la Auvernia representó siempre el sacrificio de sangre que forjó la unidad emotiva de un partido tan eminentemente práctico, sensato y poco violento como la Lliga y era inevitable que el recuerdo reapareciera cuando era el propio Prat quien se marchaba para siempre. Pero, en segundo lugar, *La Veu*, para mostrar la vigencia «[d]el pensamiento políticopatriótico de Prat», publicó el primero y el último capítulo de *La nacionalitat catalana*, es decir, su visión orgánica de las Naciones, con su famosa tesis «imperialista».[93] La Lliga hasta aprovechó para promover la venta de la edición popular –o sea, barata– de la obra estelar de Prat.[94]

Para honrar al dirigente fenecido, se escenificó su funeral para que tuviera la mayor resonancia posible. La dirección de la Lliga se reunió para «tratar la parte que tomará en los últimos obsequios al gran patriota». Se anunció un entierro ceremonial que duraría tres días. El cadáver, tras ser embalsamado, fue instalado en una capilla ardiente en el ayuntamiento de Castellterçol, de donde, tras un oficio religioso de cuerpo presente, fue llevado en coche, acompañado de todos los diputados provinciales y consejeros de la Mancomunitat, más entidades representativas, hasta el Palacio de la plaza de Sant Jaume en Barcelona, para ser expuesto en la Capilla de Sant Jordi, antes de ser finalmente inhumado en Montjuic.[95]

Los actos se realizaron en un ambiente multitudinario, que recordó o incluso superó el famoso entierro de mosén Verdaguer a principos de siglo; como aseguró *La Veu*: «Nunca se había visto en Barcelona una manifestación de duelo tan extraordinaria.»[96] Siguiendo la sugerencia de la Mancomunitat y de la Diputación barcelonesa, el comercio cerró todo a lo largo de la ruta funeraria. Un avión, de la Escola Catalana d'Aviació, voló por encima de la multitud camino del cementerio, como señal de modernidad: «El espectáculo ha hecho el efecto de una apoteosis.»[97] Como indicó D'Ors, con suave ironía, la moderación natural de Prat era hasta cierto punto ajena al boato: «...Él no hubiera ido a ceremonia tan compleja y fastuosa. –Él no hubiera ido, sino muerto.»[98]

Dado el exquisito comportamiento del gobernador civil de Barcelona durante la agonía de Prat, a pesar de la confrontación de la Lliga con el gobierno, el único gesto discordante lo dieron las autoridades militares, que prohibieron al Somatén asistir al paso de la comitiva fúnebre con armas y honores, debiendo ir sus afiliados como meros particulares.[99] Era un reflejo claro de la tensión de fondo del momento, del conflicto del catalanismo con el militarismo de la Capitanía catalana, por mucho que Cambó tuviera esperanzas de poder amansar y dirigir a las Juntas de Defensa en el terreno político.

Precisamente gracias a la coyuntura política, con la «Asamblea de parlamentarios» pendiente de su ulterior definición, hubo un ambiente ideológico excepcionalmente favorable a la exaltación de la figura de Prat, a lo que se prestó con gusto la entonces nutrida prensa barcelonesa, a pesar de las diferencias partidistas.[100] El ambiente de «duelo nacional» fue sostenido durante casi dos semanas y los intelectuales orgánicos de la Lliga hicieron coro para mitificar con rapidez al presidente muerto. Bofill i Mates resumió el argumento de fondo con sucinto criterio noucentista: «Nuestros hombres, creadores de una edad heroica, caen con heroísmo.»[101] El crítico de arte Joaquim Folch i Torres, asimismo noucentista, consideró que el presidente «fue el artista de la vida nacional, que elevó nuestra realidad colectiva a la harmonía de un gran ideal común».[102] El poeta Carner resumió la amarga experiencia del entierro con sentimientos análogos al «heroísmo» bofilliano: *«De cara a la muntanya, rebec contra el dolor, / jo sento el vent, on sonen, sense defal·lior, / d'una elegia heròica oboes i timbales. / Tot és el vent, el vent, que sab plorà [sic] amb les ales.»*[103]

Hasta el nacionalista republicano Antoni Rovira i Virgili se sumó a la elegía coral lligaire: «Esta llama que Prat de la Riba llevaba dentro es la que hoy arbola e ilumina a todos los nacionalistas catalanes. Él ha hecho el milagro de la resurrección de la patria. Él encontró una Cataluña-región y nos deja, al morir, una nación catalana. Cataluña balbuceaba, y él le ha dado una clara y segura palabra.»[104] A pesar del aparente consenso, sin embargo, las diferencias ideológicas nautralmente subsistieron. Una editorial de *La Veu de Catalunya* hizo balance: «Los hombres más diversos del pensamiento político de Prat de la Riba le son deudores de un rico escenario, de una elevación de nivel, cuando no de una sensibilidad y de una intuición afinadas por la trascendencia de su ejemplo.» Pero seguidamente el órgano lliguero aclaró la relación estricta del nacionalismo catalán en plena campaña en pro de la convocatoria de unas Cortes constituyentes: «El etnicisimo –que una voz solitaria pretende oponer, siguiendo un juego fácil de antagonismos literarios, a la democracia– fue sin duda fundamento admirable de la obra de Prat. Sin el franco reconocimiento de la verdad natural, habrían fracasado en Cataluña, habrían estado lastimosamente nominalistas y vacuas las comiciales instituciones democráticas. Sin la afirmación previa de la existencia catalana, era artificial e inútil toda afirmación de una idea general humana, que resultaba un predicado sin sujeto, el vestido «up-to-date» [sic] colgado en una percha.»[105]

Más en sintonía que Rovira con la línea oficial de la Lliga, el publicista católico y periodista profesional Ramon Aliberch aseguró que: «Los catalanes esconderemos las lágrimas en el corazón y continuaremos la obra inmensa de Prat. El imperialismo de *La Nacionalitat Catalana* será el capítulo evangélico preferido, la última carta dirigida a los diputados de la Mancomunitat, la inmediata herencia, y cada ciudadano, buscando un modelo de perfeccionamiento, recogerá el espíritu del Maestro como imitación, la patria será grande.»[106] Pero, recordando de forma inconsciente la ambigüedad inherente al regionalismo nacionalista, Manuel Raventós, el principal sociólogo del medio *lligaire*, concluyó que: «Debemos al Presidente un embrión de Estado que ha sido el instrumento de nuestra vida nacional, pero el pleno desarrollo del Estado es preciso para satisfacer ulteriores exigencias del crecimiento nacional.»[107]

Los católicos catalanistas vieron la religiosidad manifiesta de Prat ante su muerte como la confirmación de una tendencia para el futuro. Ramon Rucabado consideró que Prat, junto con Maragall, desaparecido hacía ya años, y el obispo Torras (muerto ese mismo 1917), formaban una especie de trinidad nacional catalana que cerraba la necesidad de más pensamiento: «Ya somos independientes.» Y añadió: «Nada debemos a fuera.»[108] Una semana más tarde, el padre Lluís Carreras, filocatalanista heredero del belicoso cura Sardà en la Academia Católica de Sabadell, así como en su *Revista Popular*, redundaba en la idea: «Continúa solemnemente el santo morir de los hombres representativos de Cataluña. Maragall, Torras i Bages. El poeta, el obispo y el político, [...]».[109] Por entonces, también Bofill auguró que la desaparición del «Mestre» traería una «eficacia postuma», ya que los discípulos, «como una especie de gracia interior», trabajarían con mayor ahínco para difundir el sagrado mensaje de la catalanidad.[110]

Dicho de otra manera, *Prat, santificado, ya no era de este mundo. Pero el catalanismo «intervencionista» seguía adelante con su programa «imperial», aunque fuera con algún prudente disimulo para adecuarlo mejor a públicos de izquierdas.* Entre tanta noticia necrológica, sobresalió la entrevista con Cambó que hizo un diario de Santander como un recuerdo de que la política de Estado seguía en pie.[111] El mismo diario catalanista, *La Veu*, quisó subrayar la unanimidad al considerar que los argumentos cambonianos «sintetizan con toda claridad la actual situación del país».[112] Pero, mientras se cantaban al «maestro» muerto, el día 6 de agosto empezaron a correr rumores de huelga, que surgió como paro general revolucionario el 12, desbordando los planes de la «Asamblea de parlamentarios» en la medida en la que se supuso que la iniciativa era responsabilidad suya.[113] El gran movimiento se fue desinflando.

El anticlímax de Cambó: el proyecto «imperial» como política práctica

Si Prat –y otros, como el «inconformista» Maragall– pusieron su confianza en la movilización interna de la sociedad civil catalana, Cambó y D'Ors –cada uno a su manera– entendieron que hacía falta algo más para triunfar que los ideales de *self-confidence* colectivo con el reclamo de *self-government*. Prat siempre prefirió formular su juego entre teoría y práctica en el pequeño escenario catalán. *Su gran preocupación era, por encima de todo, consolidar la «unidad cultural» que, en la teoría, daba por supuesta.* Quiso resolver esta contradicción mediante su tarea como presidente de la Diputación barcelonesa y, más adelante, de la Mancomunitat, creando infraestructura; lo que, en última instancia, significaba marcar la pauta para la ulterior creación de más y más sociedad civil. *Por el contrario, D'Ors era demasiado consciente de las limitaciones de la oferta cultural privada en Barcelona ante la insuficiencia de los servicios estatales. Por su parte, Cambó pronto aprendió que los argumentos resentidos, con o sin razón, pero en todo caso de escaso vuelo, que tan bien funcionaban en la capital catalana, tenían una nula capacidad de resonancia en la capital estatal.* Ambos, por tanto, aunque fuera de modos bien diversos, necesitaban concretar los ejemplos exteriores para demostrar que la propuesta de la Lliga era factible, que –por decirlo de alguna manera– ya existía en otras partes.

Asimismo, Cambó y D'Ors querían señalar una pluralidad de modelos, para recoger de fuentes cruzadas: eran, como se diría en Barcelona, *tastolletes ideològics*, probando cosas de aquí y allá. Combinando ejemplos austríacos e ingleses, alemanes y franceses, buscaban demostrar dos realidades: la actualidad de lo que el catalanismo político proponía, pero, al mismo tiempo (y aunque parezca extraño), la relativa originalidad del pensamiento catalanista, su independencia de cualquier fuente concreta. Aunque no hubiera una gran corriente de simpatía entre ambos, aunque su vínculo fuera más bien a través de Prat, Cambó y D'Ors compartieron una actitud común ante la herencia metafórica pratiana. Ambos intentaron realizar, respectivamente, como líder parlamentario y como orientador cultural, una *issues-oriented activity*, una actividad que procedía por cuestiones concretas, aunque éstas las abordaran de forma ideológica.

Si Prat –con la labor realizada mediante la Diputación y la Mancomunitat– buscaba formar el plantel de jóvenes, futuros cuadros a caballo entre una administración catalanista y las nuevas asociaciones de la sociedad civil, Cambó y D'Ors prefirieron grandes líneas de actuación. Por citar un ejemplo concreto entre muchos, en sus diferentes terrenos, el uno y el otro dieron importancia al «imperialismo proteccionista» de Joseph Chamberlain, ya que el nuevo nacionalismo británico finisecular, que rompió el viejo Partido Liberal gladstoniano, reclamaba, en última instancia, una dirección estatal renovadora de los procesos económicos. De ahí, lógicamente, el «estatalismo» y «socialismo» de los jóvenes cambonianos –o su creciente fascinación por los ejemplos del desarrollo alemán, expresada en su admiración por economistas como Schmoller– ante la firmeza de Prat, aferrado a la labor constructiva de la sociedad civil con instrumentos provinciales o regionales. En este mismo sentido, D'Ors supo apreciar el mensaje subliminal del nacionalismo francés, que reclamaba un liderazgo estatal semejante, a pesar del gusto maurrasiano por mecanismos centrales del todo anticuados, como el trono y el altar. Dado este consenso de fondo, Cambó pudo sumarse al sentido del noucentisme, aunque fuera una relativa derrota dentro del partido, a la vez que Xenius se autocensuraba y procuraba enfatizar aspectos doctrinales que concordaban con las exigencias para la Lliga de la política «madrileña».

Era un equilibrio creativo, mientras funcionó. Corregía las influencias y producía una cierta síntesis local que hacía irreconocibles las fuentes de inspiración. Así, al mismo tiempo que tomó el abanderamiento del individualismo «anglo-sajón», el catalanismo «intervencionista» lo modificó con su contestación. El innovador criterio catalanista creció tangencial al «nuevo nacionalismo» francés, con el cual tuvo importantes puntos de contacto, que tendrían implicaciones a largo plazo, pero sin que hubiera una transferencia ideológica directa. Es más, *en la medida que tuvo conciencia de sí, el nacionalismo de la Lliga, en su pleno sentido ideológico, fue más un rival de la escuela nacionalista francesa (especialmente del maurrasismo, por su estricta traducción tradicionalista al escenario hispano) que una imitación, como mostró la ambición doctrinal de Xenius, con su «mediterraneísmo».*[114]

De hecho, el juego de nacionalismo y/o regionalismo de la Lliga demostró ser un rival de todas las opciones ideológicas españolas, desde republicanas o federales a carlistas e integristas, sin olvidar a los liberales y conservadores constitucionales. La originalidad del pensamiento *lligaire* –o, mejor dicho, de su oferta ideológica– fue en especial su carácter sintético, combinando casi sin fisura conceptos antitéticos de todo signo, empezando con «imperialismo» y pacifismo. *Pudo ostentar el «cultivo de agresión» que era la señal de modernidad del principios de siglo XX, sin tener que ir más allá de la oferta de la confiada superioridad de las formas sociales catalanas para la salvación de España.*[115] *El resultado fue un especial sabor político catalanista: casi agridulce, que simbólicamente recogía un regusto violento, de imposición, en nombre de unos ideales que eran explícitamente de «concordia».* Prat puso las metáforas y D'Ors –destacado entre numerosos publicistas– las convirtió en algo más que una doctrina, en un estilo. Cambó se encontró, pues, con una tarea política especialmente compleja, ya que tuvo que «vender» el programa ideológico lligaire, las metáforas de Prat hechas propuesta, al tiempo que procuraba no ir más allá de los límites de su base política catalana, más escueta de lo que podía parecer.

Lo que daba sentido y continuidad a todo ello fue la insistencia en la superioridad de la sociedad civil catalana a cualquier tejido social equivalente en el resto de España. *Los catalanes, según insinuaba Cambó, tenían el secreto de la modernidad y, más aun, estaban ansiosos por compartirlo, didácticamente, con los demás españoles.* Era una oferta indudablemente atractiva. En palabras de la revista empresarial *España Económica y Financiera*, portavoz madrileño del librecambismo desde 1893, escritas significativamente en agosto de 1917 y reproducidas con evidente aprobación en el diario de la Lliga:

> Ahora bien: la idea del regionalismo y la de las libertades locales, ¿qué tienen que sean incompatibles con la unidad y la grandeza de la patria? Ciudadanos que quieren administrar sus asuntos, que quieren gobernarse a sí mismos, y que engrandeciendo las partes propenden a engrandecer el todo[,] ¿en qué delinquen ni en qué faltan? ¿Qué [sic] mira egoista puede inspirarles? Se quiere, dice [sic], crear una oligarquía local enfrente a la nacional; se aspira a sustituir una oligarquía por otra, olvidando que donde hay espíritu ciudadano las oligarquías no prosperan y que si viven algún tiempo es al amparo del poder central y de sus intromisiones en los negocios locales.[116]

Pero este mensaje camboniano se perdió en una confusión de alternativas políticas que la Lliga –instada por él mismo– promovió a partir del manifiesto «Por la España grande» y los eventos de verano de 1917, reducidos finalmente a unos hechos casi incomprensibles, bautizados por la sorna contemporánea como la «Semana cómica». Durante las Cortes liberales de 1916-1917, la Lliga exploró todas las opciones imaginables. Se aproximó –mediante González Besada– a los conservadores, llegando a tantearse una incorporación lliguera al grupo datista. Al mismo tiempo, se sostuvo con especial intensidad el ya habitual coqueteo con el maurismo, regalado con públicos intercambios de cartas y de declaraciones.[117] Pero, también, a partir de los comienzos de 1917, la Lliga pretendió cortejar a la Comunión Nacionalista Vasca, para atraerla a su criterio «imperial», como primer aliado en un frente de nacionalismos.[118] Por añadidura, en sintonía con los nacionalistas *euskaldunes*, quiso aprovechar una relación privilegiada con entidades auspiciadas por los servicios de inteligencia franceses para mantener así una relación con los muchos movimientos nacionalistas en el contexto de la conflagración mundial.[119] Y, finalmente, frente al retorno de Dato en junio de 1917, como se ha podido constatar, el regionalismo catalanista intentó encabezar la «Asamblea de parlamentarios» en una frontal tentativa de encabezar la oposición al sistema imperante y lograr una revisión constitucional.[120]

Pero la llamada «crisis de 1917», que tantos cambios pareció prometer, se acabó en un pacto hecho en el palacio real con una pobre fórmula gubernamental de iniciativa *lligaire*, que fue el «gobierno de concentración», experimentado bajo el liberal García Prieto en 1917 y, después, bajo Maura en 1918, con resultados legislativos muy relativos.[121] *La propuesta catalanista del gabinete de «concentración» multipartidista fue una manera de salir del dilema de la «puerta giratoria» establecida entre Dato, Romanones y García Prieto desde 1913, sin recurrir a las Cortes constuyentes que tanto asustaban al monarca y sin que los partidos constitucionales asumieran su propia reforma orgánica en profundidad. Y, por supuesto, el «gobierno de concentración» permitía que un partido regional como la Lliga, incapaz de encabezar una mayoría gubernamental española, pudiera asumir un rango equivalente a las diversas facciones personalistas de liberales y conservadores.* No dejaba de ser, sin embargo, más de lo mismo, entre equilibrios de intereses parlamentarios y juegos cortesanos.

Tal final estaba paradójicamente previsto –para las negociaciones ajenas– en el «Manifiesto de los Parlamentarios Regionalistas al País», redactado por Prat de la Riba en junio de 1917, antes de la recaída que le llevó a la muerte. Prat describió con desprecio el imperante sistema político en España, en contraste con el cambio anunciado por el catalanismo de la Lliga: «Dentro de este sistema, que es el tradicional en España, las crisis no pueden nacer de los movimientos de la opinión. Nacen, como la monarquía pura, de los malhumores o las rencillas o los desacuerdos entre los hombres de la pequeña oligarquía bifurcada encargada de las ceremonias constitucionales; y se resuelven naturalmente en la cámara regia, con conversaciones susurradas con los presidentes del Consejo y de las Cámaras, que constituyen la gerencia alternativa de la comunidad gobernante.»[122]

Se había esperado muchísimo más de la Lliga. Todavía peor, la Lliga había prometido mucho y había creído en sus propias promesas. La variedad de opciones defendidas por la Lliga entre 1916 y 1917 fue desbordante, tanto para la opinión política española como para la catalana. Y el desenlace de tantas iniciativas simultáneas se quedó en bien poca cosa. El resultado del prodigioso despliegue catalanista de tácticas fue poco más que un pacto de caballeros a la vieja usanza, sin una gran trascendencia. En plena coyuntura de la Primera Guerra Mundial, cuando –según decían todos– se dirimía el destino de la humanidad, tal solución pareció una inconsecuencia, ya que los sucesivos «gobiernos de concentración» tampoco produjeron un consenso reformador capaz de realizar, como programa legislativo, algo más que arreglos puntuales. Como señaló por aquellas mismas fechas el maurista Ángel Ossorio y Gallardo, convertido en entusiasta de la orientación catalanista desde la política española:

> Muere Prat de la Riba cuando más necesario era. Aquel dilema trascendental para el catalanismo de ir al particularismo o a la hegemonía, que ya en 1906 planteaba Miquel Sants Oliver (otro español benemérito) está a punto de liquidarse. En la revisión de valores nacionales que ahora se inicia, Cataluña puede actuar de fuerza impulsiva o recluirse de nuevo en sí misma. No de ella, sino de la política española dependerá el rumbo que adopte. Si somos tan necios que nos empeñamos en aislarla, aislada quedará; mas no se olvide que sus hombres ya han empezado a sentar premisas disolventes y que está próximo el día de la rectificación del mapa europeo.»[123]

Era un aviso que apuntaba a las direcciones. El catalanismo mostró una insensibilidad muy notable a los efectos que sus metáforas básicas, sus múltiples y contradictorias iniciativas y las argumentaciones que las acompañaban, podían tener fuera de su ámbito más íntimo de actuación.

Puede servir como muestra de falta de agudeza el recuerdo sobre el significado de Prat en España que en 1930 ofreció Joaquim Santasusagna, cerebro pensante del catalanismo radical de Reus y uno de los escasos intelectuales políticos de cierta talla dentro de esta corriente: «La muerte del gran patricio coincidiendo con estos instantes de viva ansiedad política [los acontecimientos del verano de 1917], pareció una calamidad nacional, no solamente en Cataluña, antes bien en extensos núcleos peninsulares. Los hermanos García Caraffa le dedicaron un denso volumen en su colección Los grandes españoles, y el anticatalán inveterado, Antonio Royo Villanova, tradujo *La nacionalitat catalana*.»[124] Pero Santasusagna se engañaba a sí mismo. El volumen *Prat de la Riba* de Alberto y Arturo García Caraffa, en una serie titulada Españoles Ilustres, de igual formato pero de sentido más rebajado que la paralela de Los Grandes Españoles, fue visiblemente un ejercicio de periodismo venal, dentro de la campaña «Por la España grande», con el pago sellado por un prólogo de Cambó.[125] Y la traducción de Royo, lejos de ser un arrepentimiento, fue parte del ataque liberal a la Lliga que bajo la jefatura de Santiago Alba dominó la política de los años 1916-1917.[126] *Es difícil equivocarse más en la interpretación de unas respuestas políticas.*

Cambó se tomaba muy en serio el programa «imperial» de la Lliga, probablemente más en serio de lo que muchas fuerzas españolas tomaban su propia doctrina. Además, sirve recordar la ironía del historiador Eugen Weber sobre las tendencias a este respecto visibles a largo plazo en la vecina política francesa: en los últimos ciento cincuenta años, todos los grupos políticos que centralizaron cuando estaban en el poder han pedido la descentralización cuando estaban en la oposición.[127] Algo parecido –con mucha menor intensidad– ocurría en la vida política hispana. *En parte por su linealidad y falta de juego, la opinión política española consideró las ideas catalanistas extrañas, hasta extravagantes y difíciles de tragar, pero también hubo quien descubrió que «unidad cultural» e «imperio» eran excitantes si se utilizaban para reinterpretar el nacionalismo español. Así, las primeras reacciones al proyecto que se identificó con Cambó fueron contradictorias y pareció más coherente el rechazo y, en concreto, la demonización duradera del líder catalanista. Con el tiempo, las metáforas de «unidad cultural» e «imperio» pudieron ser recogidas desde una perspectiva españolista, con efectos sorprendentes.*

Pero esta evolución posterior no se puede contar aquí de manera adecuada. El desarrollo del pensamiento político, las metáforas fundadas en el consenso común sobre el progreso inevitable y la solidez de las instituciones modernas, todo fue alterado por la Primera Guerra Mundial y su tumultuoso final. En poco tiempo –al morir el *«mestre»* Prat, «mártir de su sacrificio por Cataluña»– cambió todo el juego estelar de la Lliga. En la presidencia de la Mancomunitat, fue sucedido por el arquitecto Puig i Cadafalch, un temperamento más ostentoso en su afán de disciplina y mucho menos habilidoso para doblegar con persuasión las voluntades ajenas. El elenco de secundarios lligueros subió a posiciones de mayor influencia y el protagonismo orsiano empezó a ser discutido. Con mirada retrospectiva, hasta puede verse cómo la «defenestración de Xenius» se perfilaba al horizonte.[128]

Desaparecido Prat, Cambó tuvo que hacerse responsable de la dispersión de iniciativas de su partido, siempre en pugna con la sombra del gran finado, recurso sentimental de todos aquellos que se sentían en desacuerdo con los contradictorios compromisos cambonianos. Se acabó el reparto del trabajo que, de puertas afuera y con todos sus roces escondidos, había marcado la plenitud ideológica de la Lliga. Fue reemplazado por divisiones nuevas y, con ellas, se exploraron líneas ideológicas hasta entonces secundarias, que ampliaban pistas implícitas en el tronco central de las ideas políticas del catalanismo «intervencionista.»

El primer paso fue la jugada a fondo realizada por la Lliga bajo la dirección de Cambó en las elecciones legislativas del 24 de febrero de 1918, supervisadas por el gobierno de «concentración» de García Prieto, en el cual los regionalistas catalanes tenían ministros. La Lliga se presentó con el programa de «La España Grande» y, a pesar de un esfuerzo y una inversión considerable, no obtuvo los resultados previstos. *La siembra regionalista por el ámbito de provincias no dio entonces anticipada. Pero, en el invierno de 1918-1919, cuando Cambó jugó la carta catalanista radical, al ponerse al frente de la campaña en favor de la «autonomía integral», se encontró con una inesperada protesta de brotes regionalizantes por doquier, que airadamente se quejaban del «egoísmo» catalán, por su acusado dualismo, que ignoraba a las demás regiones y a sus justas reivindicaciones.* Fue el primer gran descalabro, al que vendrían otros.

Sexta parte

CONCLUSIÓN

...[sic] Decididamente el olor del Vallés es mejor que el olor del trópico.

EUGENIO D'ORS,
Oceanografía del tedi, 1918, cap. VIII, «Passa una imatge d'hivern».

Se puede percibir los ideales de una nación por sus anuncios.

NORMAN DOUGLAS,
South Wind, 1917, cap. 6.

Un alemán es un hombre que no puede decir ninguna mentira sin creérsela él mismo.

THEODOR W. ADORNO, *Minima Memoralia* (versión castellana de J. Chamorro Mielke), 1951, 2 parte, meditación núm. 70.

El éxito es paralizante tan sólo para aquellos que nunca han deseado otra cosa.

THORNTON WILDER, (D. Gallup, ed.), *Journals, 1939-1961*, 1985, entrada del 6 de junio de 1948.

20. El desafío de las metáforas y la Lliga como movimiento publicitario

El éxito relativo de la metáfora compuesta (o cadena de metáforas) de Prat de la Riba fue incuestionable para sus seguidores o herederos políticos: él logró la perfecta cosificación de la construcción literaria que en buena medida había sido el inicial nacionalismo catalán.[1] Así, la Lliga, a pesar de todas las contraindicaciones, llegó a los años veinte mirando al futuro con criterio «imperial». La ruptura interna del partido regionalista, que dio lugar a la escisión de Acció Catalana en junio de 1922, se hizo sobre las implicaciones de ese programa. Como mostraba el joven crítico Guillermo Díaz-Plaja, escribiendo hacia 1931, era incluso imposible hablar de la dimensión cultural catalana sin evocar el concepto:

> Hace veinte años, Cataluña era, literariamente, la región más imperialista de España. Los valores intelectuales de Europa penetraban en la Península por Barcelona. El *Glosari*, de Eugenio d'Ors, era una atalaya profunda y vivaz. Después, la curiosidad por lo europeo decae. Cataluña pierde su envidiable posición de introductora de valores nuevos. Fuertes editoriales madrileñas (Revista de Occidente, Calpe, Cenit) presididas por una gran sed de cultura, se encargarían, por ejemplo, de darnos a conocer la moderna filosofía alemana (Scheler, Curtius, Einstein, Keyserling) o la nueva literatura rusa (Bábel, Fedin, Gladkow, Lydia Seifulina). [...]
>
> Y desde el punto de vista de las traducciones –es decir, desde el punto de vista de un imperialismo cultural– no puede menos de aplaudirse esta desviación. Traducir libros alemanes o ingleses o rusos, tiene un valor de «anuestramiento» superior al que tienen las traducciones del francés.[2]

Los ideólogos de la Lliga Regionalista, con Prat de la Riba al frente, hicieron una genuina innovación ideológica, mucho más significativa y original de lo que se les suele reconocer. *Su impacto en el desarrollo ideológico de la derecha española fue muy destacado a largo término, aunque a corto plazo resultara un fracaso evidente.* Cambó hizo ingentes esfuerzos por acostumbrar tanto a las derechas como a las izquierdas españolas y catalanas (y vascas, con un largo etcétera) a que pensaran de un modo «imperial», para convencerles –y ellos mediante, a la opinión política más extensa– de que la modernidad era precisamente «imperialista». El más brillante exponente del catalanismo *lligaire,* que fue sin duda Eugeni D'Ors, vinculó su programa «noucentista» (o sea, la posmodernidad de su época de mayor combate, superadora del «modernismo» catalán desgastado) a la idea de «imperio» como la fuerza o el predominio de la «cultura clásica», entendiendo por ésta los valores más esenciales, más duraderos e irreducibles de la «civilización» como continuidad.

¿Qué significó la «misión» de la Lliga en España?

De manera no merecida, la «burguesía» catalana ha quedado señalada, indeleblemente, como una «plutocracia», y el nacionalismo catalán ha sido reducido, una y otra vez, a ser la voz ideológica de tales «intereses de clase». Sin duda, el catalanismo de la Lliga expresó las múltiples ambiciones que la expansión de Barcelona despertó en la sociedad catalana de principios de siglo, cuando parecía que la Ciudad Condal sería el mayor puerto y el más importante centro cultural riberino del Mediterráneo. Pero tales esperanzas no se realizaron.

No obstante las aparencias, los hechos determinantes a lo largo del resto del siglo XX han sido diversos al sentido de anunciación de poderío que tuvo la fase expansiva inicial del crecimiento de Barcelona como foco metropolitano del Mediterráneo occidental, en las primeras décadas de la centuria. La «gran burguesía» catalana fue más bien excepcional y escasa.[3] La coyuntura resultó más vistosa que duradera. El catalanismo fue ideológicamente muy plural y contradictorio, un movimiento mucho más de profesionales liberales que de «intereses industriales». Pero nada de ello ha servido para corregir el obstinado mito que el nacionalismo catalán era un «partido burgués» listo a cumplir su «misión» de clase. ¿Qué significa esta conjunción, «partido burgués» y «misión»?

La historiografía ha sido una ayuda relativa a una hipotética respuesta clarificadora. La Guerra Civil y el franquismo dejaron toda interpretación de la Lliga –como de tantas otras cosas– en el congelador. Incólumes quedaron las acumulativas denuncias y censuras de lerrouxistas, albistas, anarcosindicalistas y marxistas, ya que el régimen de Franco no tenía interés en lavar la imagen del catalanismo conservador, más bien al contrario, y, para el exilio o la oposición de cualquier signo, la adhesión lligaire al «Glorioso Alzamiento Nacional» era infamante. Con tales antecedentes, la corrección forjada durante la «Transición democrática» no resultó muy profunda. La interpretación más o menos actual de la Lliga –o sea, de los años desde 1976 en adelante– ha quedado condicionada en buena medida por las lecturas de la política catalana anterior a la contienda de 1936-1939. *En buena medida eran fuentes muy sesgadas, hechas desde la hostilidad, del nacionalismo de Acció Catalana, primero, y de la Esquerra Republicana, después.* Como era de esperar, la amargura de los exiliados republicanos catalanes no hizo nada para mejorar esta perspectiva, todo lo contrario. Tampoco la clandestinidad catalana bajo el franquismo, por muy innovadora que el «interior» pareciera en su evolución ideológica hacia el marxismo, podía aportar elementos interpretativos genuinamente novedosos. En estas versiones, se salvaba a Prat, se condenaba a Cambó y se dibujaba una trayectoria arreglada, convenientemente purgada de contradicciones. *Había un catalanismo bueno, «popular», que entroncaba con lo que de constructivo había en el reiterado anhelo revolucionario, y otro malo, «burgués», capaz de todas las traiciones.* La cuestión, sin embargo, sigue siendo la misma que la propia Lliga puso sobre la mesa muchas décadas antes: su «misión».

Sirva la detallada formulación sobre esta cuestión de un intelectual catalanista enamorado de la tesis «imperial», camboniano y no pratista, como el excéntico –pero lúcido– Francesc Pujols. Aunque Pujols sea partidario de interminables frases seguidas, acumuladas sin un punto que divida y dé forma a su torrente verbal, vale la pena escucharle. Su argumento muestra hasta qué punto el «imperialismo» catalán era una evidencia para sus contemporáneos, que se iría atenuando en el recuerdo posterior. Según Pujols, en 1918:

> Respecto a las misiones de Cataluña se ha hablado mucho y se ha dicho todo, porque los unos han llegado a sostener que ha de ser una Inglaterra en pequeño, o una Bélgica del Sur, como dijo Guimerà cuando sostuvo que se había de hacer una Francia entre dos Bélgicas, o un campo experimental de las teorías sociales modernas como quisieron Valentí Almirall y Vendrell,[4] que ya han muerto, o el campeón de la libertad de los pueblos oprimidos como insinuó Prat de la Riba, que no pasó nunca de las insinuaciones, o la meridionalización de la septentrionalidad, como han pretendido sostener algunos otros fantasistas, o el redondeo de la Cataluña francesa para mejor anexionar la española a Francia y contribuir a lo que en términos políticos se llama la obra de la Revolución, que es el programa de algunos elementos de *L'Avenç*, que es el título de una revista que hoy ya no se publica, o la levadura de la Federació Ibérica en base a Portugal, o la dirección del regionalismo español, que es el ideal declarado del famoso Cambó y de una parte de la Lliga Regionalista, que si es cierto que es el ideal más político de todos los que se le han atribuido a Cataluña, también lo es que no puede satisfacer las aspiraciones de nuestra patria, y dejando estar el valor que pueda tener como arma política para llegar a la realización de estas mismas aspiraciones, siempre nos ha hecho el efecto que Portugal y las otras naciones ibéricas y, sobre todo, en la cuestión económica, porque la industria catalana puede dominar el mercado peninsular y el vínculo político le sirve de cebo para mantener el dominio comercial de Cataluña y, finalmente, entre las que podríamos decir las misiones puramente patrióticas hay la que sostiene quienes a pie y a caballo defienden que Cataluña no tiene otra misión que reconstruir la Cataluña gótica, porque creen, equivocadamente [...] que la Cataluña de la Edad Media es la verdadera Cataluña y dicen que, una vez lograda esta reconstrucción, no han de hacer más que han hecho hasta hoy todos los pueblos del mundo, que es luchar contra los otros.

Como se puede ver, Pujols era perfectamente consciente de los diversos modelos en cuestión, que sostenían la propuesta «imperial» de la Lliga. Desde esta perspectiva, Pujols repasó los intentos pasados de definición de la «misión» catalana en España:

> Y, además de estas misiones que hemos cualificado de puramente patrióticas y políticas, hay la que señala Ors cuando habla (aunque, entre paréntesis sea dicho, sin comprometerse de una manera sistemática) de la misión que Cataluña tiene que realizar, lo que él con sus términos típicos llama la culminación de la civilización, llevando todas las manifiestaciones de las civilizaciones de todos los pueblos al *summum* y que como nosotros hemos dicho es una misión fundamentada en una universalidad que resulta de las sumas de las particularidades de los otros pueblos y olvida el carácter particular de nuestra Cataluña, que se caracteriza por poseer la universalidad científica, que es la más universal de todas.
>
> Y citada esta misión haremos punto y aparte para citar la del difunto Torras i Bages, que es tan superficial como la de Almirall y que denota una desviación tan profunda de la cuestión como la de Almirall, porque viene a suponer que la misión de Cataluña consiste en coger la fe cristiana y mantenerla viva como el primer día hasta el fin de los siglos, o, como dicen los católicos, hasta el día del juicio final, que es algo que a nosotros nos hace reír, no porque se trate de la fe cristiana, sino por las dos razones que daremos: primera, porque es una parodia de la misión que los católicos de su tiempo indicaban a España, que, como suponían, Menéndez y Pelayo, [Alejandro] Pidal [y Mon] y otros idealistas de aquella época, estaba destinada a ser la defensora del catolicismo, como lo fue el tiempos de Carlos V [...]
>
> Y, para acabar esta revista de las misiones, hablaremos de la misión artística que se ha atribuido a Cataluña, viendo que los artistas nacen como setas [...][5]

Resumiendo, de Pujols se podría retener la percepción de que el proyecto «imperial» no fue una mera excrecencia –más bien accidental– de un sano tronco patriótico. Pero, muy al contrario de lo que afirmaba el «sabio de Martorell», *fue el tronco mismo.*

Si en la centuria que duró desde mediados del siglo XIX a un cesura equivalente en el XX, el sentido de la política como forma de saber pasó –tal como ha insinuado el politólogo francés Maurice Duverger– del gobierno de los Estados al de las sociedades, entonces la visión política del nacionalismo catalán derivado de Prat, con su confianza en la bondad inherente a la sociedad civil sería muestra de un espíritu acorde con el desarrollo de los tiempos.[6] Al mismo tiempo, su fascinación por el «imperialismo» parece indicar todo lo contrario. El hecho de que el propio desarrollo «imperialista» estimulara a las potencias europeas a experimentar, en el medio siglo anterior a 1914, con nociones en aparencia periclitadas de soberanía compartida, tanto en su centro político como en su despliegue en lejanas periferias, hizo parecer que el desarrollo futuro guardaría una función especial para el federalismo monárquico y el «principio dinástico». Los dirigentes de la Lliga creyeron poder darle la vuelta a la «hipocresía organizada» de la soberanía de mutuo reconocimiento interestatal en beneficio de su criterio particularista y apostaron todo en su envite. *Confiaban en las tendencias dominantes de la política, tanto nacional como internacional, de los principales Estados europeos y en que el «imperio» en un contexto europeo y «civilizado» sería algo bien diferente de lo que ocurría en «los continentes coloniales».*[7] *La reorganización del sistema de Estados europeo tras 1919 no les fue favorable, ni supieron generar las sinergías suficientes dentro de España para ganar su apuesta.*[8]

Uso metafórico y criterio publicitario en la Lliga

En esencia, la publicidad vende un producto concreto, anodino o hasta inútil, asociándolo a una fantasía. Si el anuncio consigue su objetivo o la campaña es lograda, el receptor, como consumidor, confunde un deseo mayor con el objeto asociado. Pero, los manipuladores del sentimiento ajeno no son tan fríos y calculadores como aparentan y como ellos mismos con frecuencia creen ser. Más veces de lo que puede parecer probable a un criterio superficial, los promotores profesionales de algún modo comparten los valores promovidos por su propio procedimiento de trastocar ansia o apetito con una sencilla respuesta tangible, capaz de ser adquirida por un módico precio o esfuerzo. Es decir, a un nivel de la interacción con su público, los publicitarios son conscientes del engaño (de nuevo el vulgo ingenuo ha picado), pero, a otro, son atrapados en un autoengaño, una retroalimentación de lo que ha sido, en primera instancia, una proyección imaginativa suya. Si no fuera así, se arriesgarían a no resultar creíbles ante los palomos. Algo parecido ocurre en la política.

Como fuerza política, la Lliga Regionalista siempre encarnó una ambición fuera de toda proporción con sus verdaderos recursos. Desde su base regional, incluso en las circunstancias más favorables, no podía forjar una mayoría parlamentaria estatal. Por tanto, el discurso «imperialista» fue a un tiempo expresión de esta frustración y una esperanza para su solución.

Los pocos pero reputados diputados y senadores de la Lliga formaron una minoría parlamentaria *desproporcionadamente influyente* con la prueba de fuego de la coalición de la Solidaridad Catalana en 1907.[9] Fue una carga deseada, pero difícil de llevar. Aunque la plataforma solidaria acabó sin lograr gran cosa de Maura y se disolvió con la Semana Trágica, la visible energía de movilización dejaba como pálido reflejo lo que podían hacer los partidos constitucionales. Los regionalistas eran del sistema, pero no «transformables» con facilidad. Mientras que los liberales intentaban dar la vuelta a los republicanos, y los conservadores a los jaimistas e integristas, *los regionalistas podían tratar con todos, sin casarse con nadie*. Tan genial invento revolucionó la vida parlamentaria española.

Pero controlar la administración en Cataluña no colocó a los regionalistas más cerca del poder de lo que les daba una exigua Mancomunidad de las cuatro Diputaciones provinciales. Para lograrlo, como efecto lateral de su presión por conseguir la coordinadora interprovincial, la Lliga había acabado, entre 1912 y 1913, con el mismo sistema de partidos constitucionales. Primero los liberales y, después, los conservadores se escindieron, provocados por el debate sobre el *Home Rule* catalán.[10] En la confusa etapa parlamentaria que siguió a la ruptura de liberales y conservadores, la Lliga se quedó sin un rumbo claro, maniobrando entre los gabinetes débiles de Dato, Romanones y García Prieto desde su exigüidad partidista y su considerable esperanza reformadora. En 1917, creyendo poder aprovechar la circunstancia internacional –que imponía la plena responsabilidad parlamentaria a expensas de los derechos regios en países como Rusia o Suecia–, así como la aparición de una protesta militarista, los regionalistas catalanes intentaron forzar Cortes constituyentes sin lograrlo. Tras su inicativa fracasada, ante la amenaza de la revolución social, se inventaron una nueva fórmula para salir del atolladero, el gobierno de concentración.[11] La actuación controvertida de Cambó en las cruciales jornadas de la «Asamblea de parlamentarios» española en Barcelona quedó *demonizada*, una excusa para todas las izquierdas, incluida la militarista de los «junteros», que evolucionarían eventualmente hacia posturas filorepublicanas.[12] *En las elecciones de 1918, ya bajo el mando exclusivo de Cambó, la Lliga se lanzó a la construcción de un amplio frente regionalista por las Españas, que resultó del todo prematuro. Al acabarse la contienda mundial, los regionalistas vieron su precaria hegemonía barcelonesa amenazada por las demandas radicalizadas de los nuevos separatistas y de los republicanos catalanes. Peor todavía, en el paso de 1918 a 1919, la contestación regionalista hispana que la Lliga había buscado estimular un año antes surgió ahora sin canalización posible y frecuentemente con una intencionalidad rival y celosa, contraria al dirigismo catalanista aunque fuera admirativa de sus logros ideológicos e institucionales.*

Cuando la Lliga logró dominar el movimiento autonomista barcelonés, a principios de 1919, al coste de ponerse delante, tropezó con una inesperada explosión de protesta sindical que no podía tratar por medios políticos, encontrándose incómodamente cercana a los militaristas, predominantemente «junteros», que controlaban la Capitanía General y la región militar catalana. *El mismo éxito de la Lliga en imponerse a la dinámica del autonomismo separatista y republicano jugó en su contra, ya que quienes sospechaban desde siempre de la lealtad del regionalismo catalán a España vieron justificadas sus prevenciones.* Para muchos, la breve campaña del invierno de 1918-1919 demostró que Prat y Cambó habían mentido al definirse como salvadores «imperiales» de España. A lo largo de los años siguientes, el «partido militar» de Barcelona hundió el Parlamento, primero, acabando de asegurar su paralización, y, finalmente, suspendiéndolo con un golpe de Estado. Pero el regionalismo necesitaba al Parlamento para sus equilibrismos, ya que temía tanto a las izquierdas barcelonesas y al obrerismo anarcosindicalista, como a los militares.[13] Ahí radicaba el dilema coyuntural de la Lliga que más atención interpretativa ha suscitado. Pero *el problema estructural, de fondo, fue siempre el mismo: la desproporción entre el vasto proyecto y los medios concretos para realizarlo.*

El presente estudio ha sido un trabajo de *crítica literario-política*, que ha seguido unas ideas –«unidad cultural» e «imperio»–, desde antes de su aparición en la política española, hasta su crisis y mutación. He explorado la evolución de estas nociones en su dimensión más elitista, sin preocuparme de su plena repercusión social, que sin duda fue mucho menos importante que sus influencias entre *opinion-makers*, los forjadores de amplios criterios representativos. Con su uso, así como con su ambición para la difusión de la «ética del trabajo» catalana y del individualismo emprendedor por las Españas, la dirección de la Lliga dio un salto demasiado ambicioso, que fue demasiado lejos con unas prisas excesivas. Por su misma ansia modernizadora de fondo, su propuesta fue necesariamente un discurso moderno, valga la redundancia. Pero la «unidad cultural» y el «imperio» resultaron no ser tan complementarios como en teoría parecían; peor todavía, mostraron ser alternativas en conflicto y los catalanistas «intervencionistas» no pudieron asirse con seguridad ni a lo uno ni a lo otro. *A la luz de su debilidad, el «imperialismo» lliguero se revela como un ejercicio de promoción que era, a la vez, una huida hacia delante.*

Con demasiada frecuencia, las taxonomías propuestas para dilucidar la diversidad de nacionalismos sirven de poco ante las contradicciones de la realidad. El esquema habitualmente propuesto por el catalanismo más o menos actual, elaborado bajo la égida pujolista desde tiempos tardiofranquistas, consiste en la suposición de que hay dos tipos genéricos de fenómenos nacionalistas: uno «imperialista» y por tanto opresor, y otro de «liberación nacional».[14] Este enfoque, aunque muy repetido en Cataluña, no sirve para entender a la Lliga; tal como aquí se ha podido constatar, la Lliga fue ambas cosas a la vez. Igualmente, categorías alternativas, como la ya famosa tipificación del historiador británico John Breuilly, muy citada como pauta, presentan la misma dificultad. Breuilly cree que existen tres tipos de nacionalismos, más o menos exclusivos entre sí, si bien todos enfocados –en positivo o negativo– hacia el Estado: movimientos de separación, de reforma (estatal) y de unificación. Pero, una vez más, la Lliga encarnó los tres tipos a un tiempo: fue separatista (como los magiares), quiso rehacer el Estado español y encarnó un proyecto de unificación pancatalanista, así como iberista e, incluso, panhispanista.[15] Resumiendo, hay pocas pautas convincentes. *En general, la complejidad del relativo éxito del catalanismo político se ha interpretado desde esquemas muy rudimentarios, siendo expresión de la evidente esencia comunitaria para los historiadores nacionalistas, o como expresión de la «hegemonía burguesa», en su sentido gramsciano, para los que no lo eran.*[16] Sin embargo, es obvio que se podía entender de muchas otras maneras.

Es presumible que la «política de masas» se pudiera comprender como manifestación (o al revés) de los inicios de una «sociedad de consumo de masas».[17] Como suelen repetir los analistas que teorizan la «sociedad de consumo», ésta, desde su comienzo, se ha fundamentado en una mitificación reiterativa de deseos, vinculada tanto a unos comportamientos mágicos como a una espiral de desarrollo que condiciona todo el conjunto social.[18] El hecho de que el proceso, en la España o la Cataluña de principios de siglo XX, fuera meramente iniciático no significa que tales mecanismos no existieran o tuvieran operatividad suficiente para condicionar la práctica política. Hubo, a principios de siglo en Europa, un interés indudable por la comprensión de los mecanismos de comunicación a gran escala, indicado por obras como *La opinión y la multitud*, de Gabriel Tarde, en 1901. Este ejercicio de «psicología colectiva o social», de un autor muy influyente entre intelectuales españoles de aquel entonces, se extendía sobre el papel que tenían los agentes difusores de inovaciones de cualquier tipo y las «olas de imitación» que inundaban las sociedades.[19]

En Barcelona se impartieron clases en «una nueva técnica, La publicidad científica», en la Cámara de Comercio y Navegación en 1915-1916, hecho que indicaría que el modelo publicitario estaba ya en el ambiente con anterioridad. El profesor de tales lecciones, Pedro Prat Gaballí, nacido en el Maresme en 1885, resumió de la siguiente manera evolutiva la idea central de su técnica difusora:

> En 1850, habríamos dicho: La publicidad es el conjunto de medios destinados a dar a conocer los productos del comercio y de la industria, expresando o sin expresar ventajas particulares de marca o nombre, para venderlos casi exclusivamente en la medida de las necesidades del público.
>
> Pero algunos años más tarde, iniciado en la economía mundial el tránsito de la producción a la sobreproducción, la publicidad había de definirse ya en términos que incluyesen ideas nuevas. A saber: es el conjunto de medios destinados a dar a conocer «al mayor número posible de individuos» los productos del comercio y de la industria, «expresando precisamente ventajas particulares de marca o nombre en forma llamativa», a fin de crear y satisfacer necesidades, incitando a una adquisición, a un gasto.
>
> Por último, he aquí la definición que corresponde al momento actual y señala el triunfo de la orientación científica iniciada en 1895, acelerada, hecha indispensable bajo la presión de las grandes corrientes de la concurrencia: la publicidad es la ciencia que enseña a conocer el espíritu del público y a aplicar este conocimiento a los medios de que disponen la imaginación y el ingenio para dar noticia al mayor número posible de individuos de la utilidad o las ventajas de un artículo, de forma que ejerza una acción eficaz, es decir, que llegue a sugerir deseos y a determinar actos de voluntad.[20]

Era una idea que estaba en el ambiente y que entraba en España por Barcelona. Se puede ver un texto francés sobre *El ejemplo americano*, traducido pocos años después en Barcelona (y por la misma editorial en la que se promocionaba un publicista tan conocido entonces como Pedro Gual Villalbí y que lanzaba la revista *Éxi-*

to, «dedicada a estudiar los nuevos métodos de contabilidad y de organización comercial, la publicidad científica, la organización racional del trabajo, los métodos de venta, etc.»). En esta obra, la confianza en las bondades de los anuncios sistemáticos se convertía en aforismos, derivados del nuevo clima estadounidense: «La mayor parte de los *self-made men* son hombres que se han hecho por medio de la publicidad». Era todo un programa de actuación: «No digáis: me conocen todos los clientes; no necesito anunciar./ Decid: conozco a todos mis clientes; los anuncios me harán conocer a los de los demás.»[21]

Si se contempla a la luz de tales consideraciones contemporáneas la política metafórica de Prat de la Riba, su *politics of metaphor*, se puede entender como una tímida manifestación de los inicios de la industria publicitaria con su traslación al campo político, especialmente en la medida en que la Lliga representó una organización innovadora para su tiempo en su despliegue y capacidad de promoción.[22] Por supuesto que el modelo norteamericano fue mucho más profundo. También es indudable que se carece de una historia del desarrollo de los mecanismos anunciantes en Cataluña o España más allá de los límites del diseño. No obstante estas limitaciones, se puede plantear una hipótesis clara sobre la Lliga y su política «imperialista», que *se puede expresar por analogía a una empresa publicitaria*, en el sentido que la industria de la publicidad se desarrolló a lo largo del siglo XX.[23]

Antes que nada, la Lliga fue un esfuerzo, motivado por unos pocos interesados, por formar un núcleo dirigente. Cambó, por ejemplo, lo repetía sin rubor en los lugares más públicos, incluyendo el Parlamento en Madrid. Ese grupo de líderes necesitaba ofrecerse como respuesta a una demanda existente en la sociedad, palpable, pero que no estuviera efectivamente cubierta por ninguna otra oferta. La gran originalidad de Prat de la Riba no fueron las ideas, sino, con agudo sentido publicitario, la creación de una relación de oferta y demanda en el mercado político que se podía monopolizar. Supo «inventar» –o, si se prefiere, dar forma– como demanda, a un hambre consciente de identidad, que supo vincular a un proyecto de poder y a una afirmación de superioridad.

El ansia era efectiva en al menos una parte de la población, que, por mucho que tuviera sentimientos anteriores en esa dirección, no había encontrado, *hasta la aparición de la Lliga*, una oferta ideológica que articulara sus anhelos y les ofreciera una vía de poder suficiente para presentar una promoción social protegida y definida por el uso intelectual del catalán, restringida a los consumidores más felices del «producto» que serían capaces de promoverlo ante otros, para obtener cada vez más consumidores y maximizar la demanda, hasta convertirla en necesidad. Por añadidura, a partir de 1905, el «producto» tenía un sentido formal (resumible en una fórmula sencilla: *particularismo sistémico + unidad cultural catalana = nuevo imperio español*), pero no se debía creer al pie de la letra para disfrutar de sus beneficios. De hecho, se podía seguir creyendo en la confusión ideológica de siempre, pero confiar en el liderazgo de aquellos que proponían la fórmula.

El catalanismo de las últimas tres décadas del siglo XIX, en la línea que marcó La Jove Catalunya, tuvo mucho del encanto romántico propio de las contemporáneas «causas perdidas», como la epónima *Lost Cause* de los confederados sudistas en Norteamérica o la nostalgia neocatólica por el desaparecido poder temporal del Papado.[24] No se debe subestimar la fuerza de tal sentimiento: era, por ejemplo, uno de los atractivos indudables del carlismo o del decimonónico legitimismo francés. En Barcelona, se pudo reflejar con fervor el culto al Sagrado Corazón de Jesús, devoción intrínsecamente francesa generalizada por la educación jesuita, en iniciativas como la del «templo expiatorio» del Tibidabo, diseñado por Enric Sagnier i Vilavecchia, cuya edificación, en manifiesta imitación de la iglesia del Sacré-Coeur parisino, se inició en la significativa fecha de 1909.[25] Pero, por mucho que la derecha más conservadora y los carlistas e integristas se disputaran el pabellón del Sagrado Corazón, *la Lliga se decantó con firmeza por la transformación romántica de los símbolos religiosos católicos en imágenes nacionalistas* y no sintió la tentación de la segunda ola contestaria de simbolismos legitimistas y ultramontanos, cargados de recuerdos vendeanos o papistas, dispuestos al neonacionalismo reaccionario.[26]

La oferta ideológica de Prat borró el componente trágicoheroico de nostalgia religiosa del catalanismo, al darle un contenido en aparencia práctico y duro, que sin embargo absorbía, como un elemento decorativo, el gusto seductor por los fracasos y las frustraciones del pasado. En este sentido, como se constata en la fascinación de Cambó por Barrès y de D'Ors por Maurras, el catalanismo «intervencionista» se hizo comparable y hasta paralelo al nuevo nacionalismo francés que le era coetáneo y que, con el cambio de siglo, pasó a tener un papel central en la vida intelectual gala. Se debe añadir que el hecho de que la Lliga fuera líder en la *«venda de fum»*, en la promoción de humo ideológico, no significaba que fuera destacada sólo por ser la única empresa en su ramo; el nuevo obrerismo, sin ir más lejos, empezaba una imponente carrera catalana en esta misma especialidad. Lo que sí hizo efectiva a la Lliga y duradero su mensaje fue su capacidad para combinar su inefable «producto» esencial con lo que los anarquistas críticos despreciaban como «practicismo», o sea, más allá de la promesa ideológica, una eficaz actuación en la creación y sostenimiento de servicios públicos que hizo perdurar la reputación lligaire por haber realizado una buena e innovadora tarea de gobierno.

En lenguaje de la sociología del consumo, existía la demanda, pero no un «producto» que le diera satisfacción.[27] *Como el «producto» era impreciso, poco tangible y de acceso estrecho (no todos los que se sentían llamados serían –ni podían ser– escogidos), era imprescindible el marketing, o sea, la promoción sistemática, la publicitación del «producto» hasta el extremo que su mismo anuncio servía para interaccionar con la demanda y crear más.* Al mismo tiempo, sin embargo, el «producto» era una entelequia, a la que era muy difícil dar concreción. Por ello, para seguir con la analogía y el modelo, se necesitaba tanto la aportación de un «creativo» publicitario, como D'Ors, pero también de un gerente comercial, como Cambó, que abriera mercados nuevos alternativos, al tiempo que equipos de vendedores ensalzaban repetitivamente las bondades de la «marca» y del «producto» (la reiteración es la esencia de la promoción, para que exista «reconocimiento de producto», la «identidad» o excepcionalidad de lo que el comprador quiere, el objetivo notoriamente más dificil de toda campaña de promoción). Cuando unos vendedores no daban resultado (pongamos por caso Joan Torrendell, Josep Pijoan, Agustí Calvet), eran remplazados por otros (como Jaume Bofill i Mates), más acordes con la línea comercial que buscaba la empresa. El director de la empresa, Prat, aunque tajante bajo mano, siempre supo imponer sus decisiones y despidos con una sonrisa. En este sentido, por tanto, la proyección publicística de la Lliga fue mucho más atrevida que la de otros semejantes grupos de presión de su tiempo, como los «institucionistas» madrileños, por mucho que se pueda clasificar retrospectivamente a Francisco Giner de los Ríos como «un relaciones públicas excepcional».[28]

Como remarcó, en marzo de 1910, el seguidor de Cambó, Josep Maria Tallada, en su discurso *Noves orientacions*, en el acto inaugural en Barcelona de la Joventut Nacionalista de la Lliga, citando la *Solidarité*, de Léon Bourgeois:

> No deben dar miedo algunas de las ideas que nosotros lancemos, aunque ellas topen con el estado de nuestro país. Nosotros ya sabemos, como dijo Léon Bourgeois, «que los partidos están siempre retrasados respecto a las ideas; antes que una idea se haya propagado lo suficiente para llegar a ser la fórmula de una acción colectiva, el artículo fundamental de un programa electoral, le es necesaria una larga propaganda; cuando los partidos se han organizado por fin a su alrededor, muchos espíritus ya han notado lo que ella contenía de inexacta, de incompleta, de relativo en todos los casos, y una nueva visión se muestra ya más comprensiva y más alta, de donde nacerá la idea de mañana, que será a su vez causa de nuevas batallas.»[29]

En realidad, todo publicista –comercial o político– cuenta con un tiempo relativo para que el mercado recoja su mensaje. La cuestión clave es siempre el margen de tiempo que se puede aguantar, con según qué inversión, hasta que se genere una respuesta suficiente. El resultado de la presión permanente promocional de la Lliga y la proporcional lentitud en la manifestación exponencial de acogida del «producto» fue, a pesar de las limitaciones estructurales, beneficioso a corto plazo: se dio un monopolio efectivo del mercado político más propicio o accesible, ya que los competidores (la Unió Catalanista, los nacionalistas republicanos) no eran capaces de ofrecer un «producto» que fuera lo suficientemente diferente y, a la vez, mejor, como para sustituir al de la Lliga. Al mismo tiempo, sin embargo, la atracción lligaire, especialmente para los intelectuales, dependía de un sistema de promoción en cadena, según el cual los premiados se convertían a su vez en propagandistas y proselitistas. Pero la promoción en cadena con intelectuales como vendedores daba resultados dudosos en cuanto se topaba con un techo constatable en la demanda, ya que la promoción social que compensaba a los promotores era muy limitada númericamente. Además, la oferta nacionalista y/o regionalista competía con las contraofertas de los radicaldemócratas «lerrouxistas» y, en última instancia, de los militaristas, ambos dispuestos a aprovechar –cada uno a su manera– una retórica publicitaria españolista tan desabrida en tono como la catalanista e igualmente fundamentada en la promesa de una política de ascenso social mediante la administración pública. Más difícil todavía, el proyecto de un coto cultural catalanista, al primar cuestiones de monopolio lingüístico a expensas de otros temas, reducía la posibilidad de entendimientos paralelos, ya que una sostenida batalla ideológica y publicitaria en términos de identidad nacionalitaria acentuaba la división interna carlista y movilizaba a los integristas, siempre ruidosos aunque electoralmente menores en Cataluña.[30]

Para sostener la dinámica expansiva y la dependencia de la agitación permanente que caracterizaba la Lliga era imprescindible salir fuera del pequeño mercado dominado y probar a penetrar en otros, abriéndolos a la excelencia del «producto». *Pero el gran problema de fondo, por supuesto, era que la pobreza de la promesa: el famoso «producto» era la promoción publicitaria en sí, ya que, en la práctica, la Lliga podía regalar poco más que disfrute del anuncio mismo.* Los propios consumidores catalanes, acostumbrados –dentro de unos medios determinados– a la omnipresencia de la campaña, no podían vivir sin consumir la repetición de sus tópicos y deleitarse con sus pequeñas y sorpresivas variaciones, pero esa demanda en absoluto elástica no era expansiva fuera de unos exiguos sectores locales y, en todo caso, la agitación no daba los mismos resultados en un contexto de abrumadora publicidad hostil, como el que abundaba en tierras hispanas. *En otras palabras, la Lliga, como cualquier empresa, no podía sobrevivir a largo plazo sin crecer.*

A pesar de la imagen de ser una empresa impecablemente administrada, la verdad es que la Lliga se vino abajo en su huida hacia adelante. Una vez desaparecido Prat, y con él la figura del benigno director, con el negocio bajo el mando de Cambó como sucesor –pero desde Madrid– y, encima, con fama de antipático, actuando, por añadidura, en un equilibrio inseguro respecto a Puig i Cadafalch al frente de la agencia catalana y, por tanto, del «contrato de mantenimiento» de las instituciones locales en proceso de invención, el «creativo» D'Ors creció demasiado, perdió la confianza del jefe local y fue despedido de manera fulminante, al tiempo que los vendedores optaron por hacerse ellos asimismo «creativos» sustitutorios, que ambicionaban asumir plenas responsabilidades gerenciales. Es más, D'Ors cometió un error propio de muchos publicistas muy existosos, que fue creerse más importante que el «producto» y que la «agencia» que lo promocionaba, por lo que se hizo sustituible. Siempre habría recursos imaginativos aprovechables para la promoción a corto y a largo plazo.

Como un punto de lanzamiento de su campaña, la Lliga –con Prat al frente– se apropió del pensamiento individualista inglés y americano como sucedáneo superador de materiales ideológicos locales. Mejor dicho, Prat y sus epígonos utilizaron a Emerson y Carlyle como medio para promover un ideal de sociedad civil que permitió vaciar a federales, republicanos, carlistas y hasta integristas de sus respectivos originalidades críticas, para así superar sus ofertas ideológicas con una síntesis más atractiva en el mercado, imitativa funcionalmente de sus muchos rivales ideológicos pero irreconocible por su mezcla de fondo. Como ha observado un astuto crítico sobre Emerson, en una observación que se podría hacer extensible a Carlyle, la revelación le llegaba de la naturaleza, de los libros, pero no de la relación con otros seres humanos, ya que rehuyó siempre la confrontación con las más desagradables realidades sociales. Los catalanistas –tan societarios– recogieron su mensaje tarde y en falso, si bien es probable que precisamente por su artificialidad un tanto pasada fuera más atractivo, por las contradicciones que así se evitaban. El mismo crítico indica hasta qué punto Emerson prometía un acceso directo a la sublimidad, sin coste, en una promesa muy propia de la publicidad moderna: desde este punto de vista, la seducción del pensador norteamericano era que ofrecía «genio sin lágrimas», «grandeza sin esfuerzo» y, estoy tentando a añadir, «imperialismo» sin dolor.[31] La legitimación del paquete metafórico tenía, pues, la simpatía de reflejar hacia el mercado su mismo valor y reunir consumidores hasta entonces o dispersos o dispuestos a la «inutilidad» política. Pero al identificarse con nociones «anglosajonas», como el principio de Emerson que aseguraba que «los Gobiernos tienen su origen en la identidad moral de los hombres», Prat confundió la legitimación de su esquema con las causas de su afán de poder, una posibilidad latente en el *dictum* emersoniano sobre la cual ironizó el famoso sociólogo C. Wright Mills.[32]

Si, como ha sugerido Habermas, la noción de opinión pública ha sido una ficción necesaria para el desarrollo del Estado de Derecho, ficción que se fundamentaba en la creciente fuerza de la publicidad, entonces el catalanismo a partir de Prat propuso, como tesis activa, que la sociedad civil era la articulación imprescindible de toda opinión pública moderna.[33] *Prat idealizó la sociedad civil (como Cambó pronto descubrió) y creyó falsamente que era tan fácil su trasposición al acto de gobernar como sencillo había sido afirmar, en tanto que punto de partida axiomático, la metáfora de la «unidad cultural» catalana.* Era tan fácil creer, como había sugerido el checo filoprotestante Masaryk, que la sociedad civil era la encarnación nacional de los valores universales y que, por lo tanto, encarnaba una respuesta nacionalista al cosmopolitanismo.[34] *En la medida en que a Prat la «razón de Estado» o las lógicas estatales más allá de su querido espacio catalán le eran básicamente indiferentes, nunca tuvo que hacer frente a unas contradicciones del poder que Cambó, al trabajar en el marco capitalino, descubrió y entendió.*

Las limitaciones del esquema pratiano se perciben en la abierta contradicción entre la tesis de unidad unívoca, sin fisuras, que rige la primera parte de su metáfora compuesta y la diversidad que marca la segunda parte «imperial». En su formulación, Cataluña no podía ser otra cosa que unida, ni España otra que diversa. Analíticamente, era un planteamiento del todo gratuito: ahí residía el gran fallo para la venta del «producto» fuera de Cataluña, como repetidas veces descubrió Cambó. La metáfora pratiana, al coincidir con los prejuicios dominantes catalanes, prendió en el ambiente con tozudo éxito y sigue siendo, todavía hoy, parte fundamental del paisaje ideológico catalán. Pero era pésima sociología y pobre teoría, ya que no existe ni unidad ni diversidad sin conflicto y tampoco queda claro que sea deseable que así fuera.[35] Peor todavía, según los especialistas en la propaganda política que surgieron, tras la Gran Guerra, en el período de entreguerras la mayor falacia era la creencia de que «la estabilidad social depende de la uniformidad de pensamiento y acción»; «Es éste un error vital, aunque los políticos de todas partes y de todas las épocas parecen naturalmente inclinados a mantenerlo.»[36]

En Prat, las metáforas «vivas» –cuyo sentido sigue activo– siempre se acercaban a estar «muertas», o sea, que se daban por supuesto, sin mayor reflexión, en su significado primario, sin conciencia del subtexto analógico; en el compuesto de las dos partes, «unidad cultural» catalana de base e «imperio» de superestructura española, se arriesgaba, pues, la «metáfora mixta», la contradicción estructural, cuyo descubrimiento es risible, de pésimo efecto.[37] Pero quien tuvo que enfrentarse a tal dificultad fue Cambó, mientras que D'Ors, como intelectual profesional, se cuidó muy mucho de racionalizar el juego conceptual hasta que tuviera sentido por sí, sin la necesidad de buscarle la aplicación y la coherencia en el ejemplo contemporáneo, como pretendía Cambó.

En resumen, el esfuerzo lligaire fue el equivalente de la edad heroica de la publicidad en Estados Unidos, antes de los años diez, cuando pioneros publicitarios como Claude Hopkins establecieron logotipos y eslóganes comerciales que resistirían un siglo de competencia.[38] El presidente Theodore Roosevelt, en el cargo de 1901 a principios de 1909 y tan admirado por Prat y D'Ors, fue un entusiasta de la publicidad que forjó una relación de manipulación de la prensa desde la Casa Blanca que sería modélica durante décadas.[39] *Pero en la elaboración de la propaganda ideológica y en el uso de intelectuales, el empeño de la Lliga casi no tuvo parangón contemporáneo, al estar muy por delante de las técnicas norteamericanas de publicidad ideológica.*[40] La Lliga logró, en el marco estrecho de Cataluña, imponer una «cultura cívica» según su propio diseño, en el cual «el imperialismo de la sociedad civil», como imposición de un criterio superior, imponía un modelo explícitamente *cívico* a la función pública y a la participación cuidadana: fue la victoria relativa de la Lliga al radicalismo «lerrouxista», por ejemplo. Igual que los clásicos mensajes anunciadores estadounidenses han permanecido un siglo sin mostrar debilidades (sólo cabe recordar la Coca-cola), la «cultura cívica» lligaire, el conjunto de valores morales enmarcadores de una imaginada evolución de la sociedad y de la vida política catalanas, establecido a partir del noucentisme, ha sobrevivido a los más rudos avatares del destino y ha permanecido incólume, como signo de reconocimiento para consumidores o *«senyal d'identitat»*, que es lo mismo.[41] Sin esta obra previa de preparación, no hubiera sido posible en 1931 el éxito –sorpresivo, casi mágico– del *«cabdill d'Estat Català»* Francesc Macià y su improvisado discurso «populista» de fusión catalanistarepublicana.[42] Es más, las circunstancias cambiantes han corregido y perfeccionado esa «cultura cívica» hasta el punto de superar con creces las pautas de la sociedad catalana originaria para la cual fue esbozada como cerco delimitador de un crecimiento en esencia conservador. El principal problema de fondo ha sido que su mismo éxito ha bloqueado todo intento –alternativo o propio– de entender su misma realidad.[43]

Hasta aquí el logro de Prat de la Riba en el marco catalán. Como recordó un muy envidioso nacionalista republicano Claudi Ametlla, los años de la Mancomunitat fueron «la edad de oro de la Lliga Regionalista».

> La Lliga, que jamás ha pecado de exceso de humildad, comienza a explotar una posición tan privilegiada. Además de los medios económicos, en los cuales ha ejercido siempre una influencia preponderante, invadió otros fuera de la política. Ella arrastró el buen gusto y la inteligencia. Los literatos y los artistas que ella patrocina son los mejores. Y la gente se lo cree, por gracia de la influencia monopolizadora que ejerce la política; y cada uno compra el libro o el cuadro que su diario le recomienda, o va a escuchar a Pilar Alonso, porque Cambó la ha consagrado cantante genial. La Lliga es, en toda Cataluña, el único partido que cuenta, el único que gobierna. Y, en Madrid, el único partido temible, porque nadie, excepto él, puede ejercer una verdadera oposición.

Pensando en la «Esquerra» de la que él era militante, Ametlla reconoció la superioridad lligaire:

> La Lliga les era superior, sobre todo en el arte de aprovechar las oportunidades; nació con el movimiento del Tancament de Caixes, se fortaleció con la Solidaritat y cristalizó con la Mancomunitat: tres momentos críticos que señalen tres etapas en su vida ascendente. Fue superior en tanto que fue más coherente y fija en su acción, que manifestó más unidad y disciplina, y más sentido de organización. Fue superior, en fin, en tanto que dispuso de dos líderes eminentes, Prat de la Riba y Cambó, ambos hombres dotados de una impetuosa vocación por la política; ambos objeto de admiraciones y entusiasmos que con frecuencia se acercaban al mesianismo en esta edad de oro. Los errores del segundo, numerosos, son superados con una nueva posición, y sabe explicarlos en docenas de discursos, y quien acepta las premisas cae prisonero de la dialéctica, la autoridad y el fuego interior con que los dice: no sólo quedan borrados de la mente de los incondicionales, sino que se convierten en aciertos memorables. Porque en el arte de convencer nadie le gana.[44]

Pero lo que Cambó no pudo conseguir fue vender las metáforas básicas de la Lliga fuera de Cataluña. Peor aún, el fracaso comercial exterior repercutió en el mercado interior, y la Lliga no asentó más que sus parámetros básicos para Cataluña, su rudimentaria «cultura cívica», *y no todo el argumento «imperial» que de aquélla se derivaba.* Fue un fracaso del *merchandising*, de la presentación del producto, en toda regla. La dirección lligaire no supo anticipar (¿cómo podría hacerlo?) una lección que los sociólogos electorales no descubrirían hasta unas décadas después: que la promoción política –como una gran parte de la publicidad– tan sólo funciona con el apoyo del que ya está convencido de antemano.[45]

En resumen, la Lliga ofrece un «estudio de caso» ejemplar como empresa dedicada al marketing político, ya que la esencia de la moderna industria publicitaria es –dicho sencillamente– que el público se identifique personalmente con el producto anunciado. El catalanismo «intervencionista» promovió dos ideas interrelacionadas: la «unidad cultural» de Cataluña y el «imperio» de España. *Con la primera tuvo un éxito fenomenal*: un siglo después, todavía una mayoría *efectiva* (no necesariamente una mayoría real o estadística, pero sí una minoría capaz de imponer el criterio colectivo) sigue creyendo a pies juntillas en la «unidad cultural» catalana, en los peligros que cotidianamente la acechan y en los beneficios que produciría su plena «realización» o «normalización». *En cambio, con la segunda idea, el «imperio» de España, la Lliga tuvo un estrepitoso fracaso.* De hecho, el modelo «imperial» siempre fue muy discutido en su tiempo, en los mismos países en los que su despliegue estuvo instalado: muchos observadores encontraron la idea como un montaje grotesco, una «pantomima *kitsch*» con decorado de cartón piedra, fuera en la India británica o la Alemania unificada.[46] En el contexto hispanocatalán, su éxito fue condicionado por la «exclusividad mutua» de identidad –la incredulidad o incomodidad que produce el hecho de que un mismo espacio político pueda tener más de una identificación o lectura afectiva– hasta el punto de que el partido y su líder Cambó quedaron demonizados, tanto dentro como fuera de Cataluña.

Como idea, el «imperio» nunca encontró los medios sociales que lo difundieran. Es más, los posibles difusores –aquellas personas claves, los «conectadores» o «vendedores», que forman la imprescindible red de comunicación para que un producto o una idea se popularice– que por su cuenta coincidían en el ideal «imperialista» vieron la versión catalana como una amenaza. El *tipping point* -el momento en el cual la confluencia de múltiples factores menores pueden decantar un producto y generalizarlo– llegó durante la Primera Guerra Mundial, pero funcionó en su contra. En las circunstancias de la contienda internacional, los «conectadores» o «vendedores» que decían cosas muy parecidas, cuando no idénticas, a las que promocionaban los catalanistas conservadores, hicieron todo lo posible por distanciarse, especialmente mediante la ténica del silencio, es decir, ignorando en absoluto la campaña lligaire, como si no existiera. Dicho de otra manera dentro del mismo lenguaje, los «innovadores» no lograron convencer ni a los «primeros adaptadores»; mucho menos a una «temprana mayoría» que nunca apareció.[47]

La derrota «imperial» de la Lliga no vino por falta de ganas o de esfuerzo. El partido y sus órganos siguieron ofreciendo tozudamente la idea «imperial» hasta la llegada de la II República, como muestra Joaquim Pellicena, quien relanzó escandalosamente *El nostre imperialisme (La idea imperial de Prat de la Riba)* en 1930.[48] Y, con su modificación como «concordia» –en el libro *Per la concòrdia,* del mismo Cambó–, la oferta del «imperio», explicitada en geopolítica, llegó de alguna manera hasta la edificación de la dictadura franquista. Su contenido era muy vendible: en 1931, la coalición republicana catalana supo coger el mismo programa –cambiando la crucial palabra «imperio» por «República»– y triunfó con ello, al menos por un tiempo.[49] En otras palabras, a la agitación «imperial» de la Lliga le ocurrió lo peor que puede pasar en publicidad: una retroalimentación negativa sin una clara identificación de empresa con el producto. La demanda por las ideas de «unidad cultural» e «imperio» quedó flotando en el ambiente español, mientras que sus inventores en la Lliga nunca pudieron «venderla».

Perversamente, fueron sus enemigos, la competencia en el mercado político español, quienes lograron invertir los argumentos catalanistas e imponer su esquema sobre el significado verdadero de la Lliga, del catalanismo en general y hasta de Cataluña como conjunto. Pero quedó la formulación de fondo, las básicas metáforas pratianas: la idea la «unidad cultural», el nacionalismo que no era tal, que «solamente» era la capacidad de proyección de un modo de ser superior, y que, por tanto, era un «imperialismo» salvador. Quedó en abstracto, flotando en el ambiente, esperando ser aprovechada.

El «imperio de los catalanistas» y su alternativa

Ni que decir que todo este esfuerzo tuvo un coste muy marcado: desde su introducción, el concepto mismo de «imperio» resultó muy problemático por las asociaciones que le acompañaban. Reflejo de una autocomplaciente «época del imperialismo» que culminó en la Primera Guerra Mundial, el discurso catalanista se identificó de manera calculada con el europacentrismo despreocupado, con la convicción tranquila en la superioridad del hombre blanco frente a las demás «razas» del mundo. Una de las ventajas que los ideólogos y políticos lligaires entendieron que tenía la idea fue precisamente la superación del complejo de inferioridad español, producto del humillante «desastre» ante los Estados Unidos en 1898, pero formulada de un modo que favorecía la convicción de una ventaja casi innata del sentido práctico propio de los catalanes ante el renombrado «quijotismo» castellano. En consecuencia, mientras la moda imperialista europea estuvo en alza, la promoción catalanista tuvo muchas facilidades para ofertar su idea. Pero cuando la boga tuvo contestación, esa misma comodidad concitó todas las críticas, tanto las que eran concretamente aplicables a las específicas propuestas «imperiales» catalanistas, como aquéllas que se le engancharon por asociación negativa.

En especial, el concepto «imperial» que explicitó Prat y en el que redundaron, a sus respectivas maneras, Cambó y D'Ors, entre muchos otros protagonistas menores, tuvo que pagar un muy alto precio político de confusión. El «imperialismo» era, al aparecer en el léxico español en los años ochenta del siglo XIX, un vocablo político, derivado del éxito inglés, cuyo sentido era asimismo político o institucional. Se refería, por lo tanto, a la cima del poder político, a la naturaleza múltiple de la Corona. Era, pues, una noción explícitamente estatal, cuyo sentido era institucional, más allá del boato historicista, vagamente neomedievalizante del gusto «victoriano» o «wilhelmiano» decimonónico, fruto del romanticismo tardío o de una imaginación demasiado madura. Con todo, como ha subrayado el historiador británico David Cannadine, el «hecho imperial británico» tuvo siempre un sentido tory –o, mejor, «super-tory»– preocupado por asegurar unas jerarquías sociales con mayor exageración y boato que el sistema de distinción clasista en Inglaterra, que con razón generó mucha suspicacia whig y, más adelante, post-liberal y de izquierdas.[50] Por tanto, la postura catalanista, al mezclar componentes liberales y conservadores, quedaba especialmente expuesta a la crítica.

A partir de la guerra sudafricana que confrontó las ansias anexionistas de la Colonia del Cabo con las Repúblicas afroholandesas o bóers en 1899, el sentido cambió de nuevo y se hizo mucho más negativo. La causa antibritánica suscitó entusiasmos en todo el mundo, y sobre todo en aquellos países que se sentían oprimidos por el poderío inglés, como los irlandeses o los francocanandienses, o derrotados por él en sus ambiciones, como la opinión colonialista francesa (frenada en Fachoda, en el Sudán, en 1898), o que ambicionaban una rivalidad con la patente hegemonía marítima de la «pérfida Albión», como los exaltados nacionalistas alemanes o rusos.[51] A partir de la contienda africana, que requirió un considerable esfuerzo a los británicos y trajo consigo el primer requerimiento –nada bien visto– de ayuda de las principales colonias a la metrópolis, comenzó una redefinición del concepto de «imperialismo» como manifestación en esencia económica. En la versión de radicales como el influyente J. A. Hobson, el «imperialismo» sería entendido como la manipulación de sentimientos chauvinistas –«jingoístas» en clave inglesa– de nacionalismo exacerbado, realizado por poderosos intereses cuyo objetivo era favorecer la agresión para así beneficiarse en sus egoísmos privados, fueran financieros que ambicionaban campos auríferos o minas de diamantes, fabricantes de armas y explosivos u otros capaces de mover la prensa sensacionalista en una gigantesca labor de engaño.[52] La contemporánea contienda estadounidense con España mostró a los analistas agudos la fuerza del «amarillismo» periodístico.[53] También las suspicias ante el trasfondo oculto del «imperialismo» fueron acentuadas por la gigantesca patraña del «Estado Libre del Congo», un vasto territorio supuestamente establecido con fines humanitarios por el rey de Bélgica como espacio privado, y que fue desvelado en los años posteriores a 1901 por la publicística de E. D. Morel (con el apoyo en apariencia paradójico de gente como sir Charles Dilke) como una inmensa fábrica de muertos, cuyos súbditos se esforzaban hasta quedar exangües, dedicados a sacar recursos para el enriquecimiento exclusivo del avaricioso Leopoldo II.[54] En la medida en que la propaganda política catalanista había asumido la noción «imperial», tuvo que apechugar con su condena moral, por mucho que –fuera de las plantaciones de cacao de Fernando Pó, bajo bandera española– no hubo mucha extracción «imperialista» realizada por catalanes.[55] Hubo, pues, *el primer paso para una demonización del catalanismo: si era «imperialista», entonces tenía que estar regido por poderosas voluntades «plutocráticas» que obraban a la sombra.*

Ni que decir que la oposición a la Lliga dentro del mismo catalanismo pronto se sumó a tales proposiciones, tanto por sentido de la oportunidad, como con la sana intención de desmarcarse del envilecimiento. Los catalanistas originarios de la Unió Catalanista, tan insistentes en la moralidad, estaban encantados de marcar sus diferencias con los agresivos chicos del antiguo Centre Nacional Català, la primera auténtica plataforma de Prat de la Riba; la venganza era deliciosa contra aquellos que les habían tratado de *«sants inocents»* y otras lindezas. El doctor Martí i Julià hizo su carrera política mediante poco más que la denuncia de todo «imperialismo» como opresor reaccionario de las nacionalidades pequeñas, que tan alegre y sanamente vivirían tranquilas, si tan sólo se les dejara.[56]

En realidad, el planteamiento «imperial» plenamente asumido fue un giro en la orientación de la Lliga, que hasta entonces había preferido insultar a los militares, mofándose de su escaso valor y nula pericia, y enzarzarse con la prensa de cariz militarista, que casi por oficio debía defender el recuerdo del «Imperio» español perdido en las Antillas y en Filipinas.[57] Aunque Prat y otros hubieran marcado pequeños hitos en la progresiva definición de la nueva política, la declaración programática abierta fue la publicación en 1906 de *La nacionalitat catalana*, venida después de que los ánimos militaristas en la guarnición de Barcelona se hubieran caldeado hasta el punto del asalto a la redacción conjunta de *La Veu de Catalunya* y el semanario satírico *Cu-Cut!* a finales de 1905. La idea «imperial» fue, por lo tanto, un prologómeno a la nueva política de la Solidaritat y la ofensiva para incidir a fondo en la política española, a partir del evidente fracaso de la oposición al oportunismo de los liberales con la Ley de Jurisdicciones. La crítica recibida del doctor Martí i Julià era, pues, un ataque político en toda regla, que coincidió con la crisis interna de la Unió Catalanista. A juicio del psiquiatra ultracatalanista, si unos malos catalanistas se equivocaban de camino y se sumaban a la nefanda tarea que estaban llevando a cabo, desde siglos atrás, los peores y más rancios elementos de la España castellana, «conquistadores» desde hacía generaciones por falta de otro oficio más provechoso, los espíritus puros del nacionalismo liberador no podrían hacer otra cosa que condenarlos didácticamente para atraerlos a la buena senda.[58] Ya antes, la escisión de la Lliga entre derecha e izquierda en 1904-1905 trajo al escenario barcelonés un nuevo nacionalismo republicano con ganas de marcar sus diferencias ante la Lliga.[59] A su vez, la formación de un republicanismo catalanista obligó a los elementos más azarosos del republicanismo histórico recientemente reunido al combate ideológico, para remarcar ellos su inmensa distancia: éste fue el gran despegue de la carrera demagógica de Alejandro Lerroux como «emperador del Paralelo» ante los «plutócratas imperialistas» de la Lliga «archiburguesa».[60]

La contestación en el marco político catalán trajo consigo la lógica reorganización de respuestas en el contexto político español.

El éxito de la metáfora compuesta de Prat

Prat saltó por encima del dilema entre federalismo y foralidad mediante el «imperio». Y lo hizo confiado en la complejidad de ambos conceptos, en las numerosas contradicciones que la doctrina abstracta encontraría en la práctica contemporánea.[61] Frente al estancamiento del debate entre republicanos y carlistas fuera del sistema y el consenso liberalconservador del constitucionalismo, Prat tomó una percepción de Almirall y la combinó con su postura específica en el catalanismo ecléctico y confuso de los años noventa: la tesis sobre el sentido ulterior de la «unidad cultural» que era Cataluña. Ante el atasco entre modalidades alternativas –ambas extremistas– de descentralización y centralismo liberal, ante la pugna inacabable sobre sistemas políticos ideales (¿Monarquía o República?), ante la lucha reiterativa entre clericales y anticlericales, Prat propuso una solución que era a la vez una síntesis de todas las posturas y la superación de todas. Vista con el paso del tiempo, se puede entender –con cierto desprecio por sus reticencias «burguesas»– que su respuesta fue un muy literal «ni sí, ni no, sino todo lo contrario». Sin duda, no contentó a nadie y debido a ello fracasó.

Pero el mismo Prat debió sentirse electrizado con la fuerza utópica de su percepción, que era capaz de resolver las cuestiones centrales que amargaban la vida política y social española. Sus compañeros, en la medida que hiceron suya la percepción pratiana o que ayudaron a definirla y a hacerla evolucionar, hasta casi tocar su realización, debieron compartir el mismo sentimiento. El frío y calculador Cambó, el temible manipulador, se reveló un apasionado de esta «gran solución».

La ambición arbitrista hispana fue, tradicionalmente, la búsqueda de la panacea políticoeconómica, la piedra filosofal que curaría todos los males y convertiría el plomo en oro. Como todos los utopismos hispanos, el esquema de Prat tiene mucho de arbitrista, si bien el político catalanista siempre fue un hombre muy práctico en sus reacciones, si no en sus impulsos. Igualmente lo fue Cambó, descrito por un biógrafo reciente como *policy maker* por definición, dispuesto a encargar estudios de prospectiva, hacer previsiones, preparar el terreno con campañas de publicidad, pero, en su corazón, enamorado de la gran «concordia», la clave para la pacificación de los ánimos, al progreso real, empírico, al desarrollo y al protagonismo internacional.[62]

El sueño –muy paradójicamente– era el cambio de los comportamientos, la asunción de unos códigos de comportamiento «practicistas», nada «quijotescos». Prat rechazó, por impracticable, hasta peligroso, el criterio del derecho natural del individuo dentro de comunidades históricas. El libre albedrío individualista debía estar sometido a un control suave, social, no a una legislación política externa al trato humano cotidiano y por ello ineficaz. Igualmente, consideró periclitados, por ineficaces, como artilugios consentidamente historicistas, los antiguos privilegios de los súbditos de entidades políticas fenecidas, que podían apasionar a los foralistas, pero cuya delimitación él entendió hasta cierto punto como una pérdida de tiempo.

Prat entonces planteó como solución el «imperio». Más que una Monarquía, podía abrigar repúblicas de hecho en su seno. Reparaba el daño moral del «desastre» de 1898, situando una España nueva, «grande», diferente y diversa a la altura de las grandes potencias de las dos primeras décadas del nuevo siglo XX. Podía contentar a los más angustiados por el peligro de un continuado troceamiento separatista de España, su «balcanización» definitiva y mortal. Podía satisfacer las ansias de autodeterminación personal y colectiva, al permitir el desarrollo social de cada parte sin más límite que el ritmo de crecimiento y maduración social impuesto por su propio tejido social. Las partes podrían ser, pues, más avanzadas o más conservadoras, según su personalidad colectiva expresada asociativamente, su humor grupal o, en último extremo, su votación plebiscitaria.

Pero la idea de «imperio», no era una propuesta a secas para la renovación desde la cúspide. Era muchísimo más ambiciosa, más revolucionaria que la «revolución desde arriba» que puso en circulación Maura. Prat entendió que Cataluña era una «entidad cultural», tanto en el sentido de alta cultura y energías populares, como en lo que hoy llamaríamos su dimensión antropológica. Había un reconocible «estilo de hacer las cosas» que era catalán: sobrio, ahorrador, moderno en tanto que capitalista, eminentemente práctico, libertario e individualista pero acompañado por un tejido de formas grupales que lo mantenía vivo, con una fuerte continuidad, sin grandes riesgos de «perder su identidad». Según el tópico largamente sostenido, ello iba acompañado de fantasía, un humor simultáneamente fantástico y socarrón, impulsos idealistas y una profunda desconfianza ante las disciplinas ajenas a sus propias costumbres. No era, por lo tanto, cuestión de «europeizar España» sino de «hispanizarla» desde una experiencia hispánica muy concreta, de enseñar cómo la sociedad civil catalana ofrecía una vía de modernidad, por su semejanza con las redes asociativas de los países industrializados (o, mejor dicho, de las partes industrializadas de los principales Estados). Ello propugnaba la pluralidad de formas de vinculación, de asociación económica, social, corporativa, intelectual, según las tendencias de cada particularidad hispana.

Para Prat, la sociedad civil exhibía una práctica que debía trasladarse al abstracto e irreal juego conceptual del liberalismo decimonónico. Al plantear así su solución, se situó en la gran oleada de movimientos sociales –los obrerismos como el socialismo, los sindicalismos, y un largo etcétera– que, en los veinticinco años anteriores a la Primera Guerra Mundial, reclamaron la transformación del gastado marco institucional del Estado liberal. La contienda de 1914-1918 barrió las reticencias ante la incorporación de las técnicas de la sociedad civil al poder público, pero resultó casi tan difícil soportar el invento como el mal, como demostraron los regímenes políticos de los veinticinco años posteriores a la Gran Guerra, con sus dictaduras, su movilización de masas y sus pretensiones de «totalidad» políticosocial.

En el notorio comienzo de su *Compendi de doctrina catalanista* de 1894, al distinguir la postura sentimental entre patria y Estado, Prat estableció como axioma que los catalanes eran «nativos» de Cataluña (literalmente no podían ser otra cosa), pero tan sólo súbditos de España. Sin embargo, con el «imperio», esta postura pasiva podía tornarse activa: en teoría, se podría disfrutar de la ciudadanía catalana sin perder la categoría de súbdito español. En resumen, la noción de «imperio» resolvía todas las dudas. Siendo por definición asimétrico, dejaba, como hacía el foralismo, a cada corona o particularismo componente su desarrollo específico, preservando así el principio de una especial «unidad cultural» catalana. Permitía que, en paralelo, los parlamentos respectivos legislaran libertades individuales plenas para sus ciudadanos –o no–, todo idealmente dentro de unas pautas de criterio comunes pero sin una preocupación extrema por ello. Finalmente, además de preservar la «unidad cultural» de las particularidades, empezando por Cataluña, preservaba la «unidad política» que continuaba siendo la justificación central de la Corona borbónica frente a la pérdida de ultramar y que era el corazón latente de toda preocupación militarista con el catalanismo, así como la raíz de toda desconfianza que asimismo sentían los partidarios de la tradición liberal decimonónica, fueran liberales estrictos (demócratas, progresistas) o conservadores.

Incluso la cuestión más espinosa y difícil de resolver –la rivalidad lingüística entre el castellano como idioma de Estado y el catalán– se podía resolver mediante la fórmula «imperial». Según el criterio elitista propio de aquel tiempo, se suponía que todos los «señores» con un mínimo de cultura conocían más de un idioma con corrección. Así, los líderes y cuadros políticointelectuales de una particularidad serían como mínimo bilingües, sin contar su conocimiento de las lenguas extranjeras más importantes. Los demás, si bien probablemente también lo serían, mientras se encargaran de las tareas desde la sociedad civil, ni tendrían problemas, ni serían problemáticos. Las dificultades –como ha observado notoriamente el historiador Eric Hobsbawm– vinieron con la estatalización uniformizadora y las eficacias administrativas en un marco tecnológico determinado.[63] El derecho de acceso a la burocracia se convirtió en un argumento igualitario legitimador de todo antinacionalismo centralista, como prontamente demostraron los seguidores de Lerroux. La suposición, en extremo optimista, de Prat y de Cambó fue que esta contradicción potencialmente explosiva se resolvería con el tiempo. Ello revela hasta qué punto subsestimaron el desarrollo exponencial de la «modernidad», con sus descontentos y demandas, que se les venía encima.

Las dificultades de la construcción metafórica de Cambó

Prat lanzó una metáfora compuesta como medio para resolver la contradicción estructural de la Lliga: la ambigüedad entre regionalismo y nacionalismo. Era un problema que venía del mismo nacimiento del partido en abril de 1901, al fundirse los «polaviejistas» con los activistas del Centre Nacional Català. Pero, cuanto más triunfaba, más problemática se hizo la contradicción. Como partido catalán y como fuerza movilizadora –hasta monopolizadora– de la opinión intelectual catalanista, la Lliga era una presencia netamente nacionalista y debía mostrar su integridad patriótica en los muchos aspectos triviales de incitación simbólica que le daban, de forma creciente, su auge, tan imparable en aparencia. Pero, no obstante su nacionalismo, *también* era un partido regionalista en el escenario político español, sometido a estrecha vigilancia por si se desviaba de la fidelidad jurada, y, bajo la mera sospecha, de inmediato condenado y demonizado como una conspiración traidora.

Cuando Prat lanzó la Lliga a la exitosísima campaña de la Solidaridad Catalana hubo de conjugar su posición doctrinal a dos niveles y ésa fue la función de su obra *La nacionalitat catalana. Para superar la interna discordancia en una coyuntura de expansión, con una gran jugada unitaria entre manos, Prat hizo su apuesta: una fórmula que todo lo implicaba y que, en la realidad, nada significaba.* En el argumento pratiano, de ser Cataluña la Nación y España el Estado –una formulación que siempre sonaba displicente y que irritaba a la opinión españolista por su implicación de que Cataluña siempre estaría en su lugar, pero que España se podía deshacer en cualquier momento, sin que ello importara–, ahora, mientras Cataluña seguía siendo nación, España era «imperio», lo que no sólo era un reconocimiento, sino también una reparación por aquello inefable perdido en 1898. Así, en la coalición *contra natura* de carlistas y republicanos, de españoles cívicos como Salmerón y nacionalistas, con esta fórmula sacada de la manga o inspirada por las ideas ligeras de los estudiantes o jóvenes cercanos a la Lliga, se resolvían las dudas ante las prioridades de lealtad que podía abrigar la Lliga. No era necesario compartir la idea pratiana para aceptar, como comprensible, digna, no traidora, su formulación de soberanía doble; se establecía una escala de valores que era reconociblemente lícita para las suceptibilidades de los partidarios de una preeminencia española o, por el contrario, de la máxima libertad catalana.

Ahora bien, una vez montada la fórmula, resultaba complicada de mantener, y Prat de la Riba resolvió esa dificultad por delegación; sencillamente, traspasó el problema a Cambó, como responsabilidad suya. Sin embargo, cuando, tras la Semana Trágica, al hacerse insostenible para cualquier observador catalán el optimismo de una sociedad civil fundida y feliz en una «unidad cultural», Cambó buscó dar coherencia al concepto rediseñando la postura lligaire en un sentido «estatalista» y «socialista», Prat le cortó el camino. La solución al embrollo, tanto a la disputa doctrinal de fondo como a las polémicas por la impronta camboniana, se resolvieron con una tangente culturalista, el noucentisme, con el ambicioso Eugeni D'Ors al frente, como movimiento de movilización de las «clase intelectual» catalanista al servicio del proyecto de infra-Estado catalán en ciernes bajo mando de Prat como presidente de la Diputación de Barcelona. D'Ors, pues, se encargaría de darle sentido a la metáfora compuesta pratiana, a encontrar las múltiples demostraciones de la «unidad cultural» y los sentidos potenciales de la noción indefinible de «imperio». Como, además, el noucentisme era movimiento, si el matiz del día no lo daba Xenius como glosador, siempre habría quien –como el igualmente ambicioso Jaume Bofill i Mates, entre otros– podría poner las cosas en su sitio. Aun así, el noucentisme no le resolvió el problema a Cambó, que tuvo que seguir dándole vueltas a una hipotética construcción ideológica que, a partir de la metáfora de Prat, sirviera para la negociación en los pasillos del parlamento, en el palacio real o en los aledaños de las diputaciones provinciales españolas.

La gracia del uso de «unidad cultural» e «imperio» como binomio proyectivo estaba en que era una oferta ideológica *aparentemente sin coste en su punto de emisión: la Lliga formulaba una invitación implícita para que otros sectores se apropiaran de la metáfora compuesta y la hicieran suya, sin exigir comisión, ya que el beneficio vendría cuando suficientes sectores se hubieran quedado con el juego de nociones y lo hubieran incorporado a su propia oferta ideológica; entonces, la Lliga, con Cambó al frente, podría surgir como cruzada con paladín e imponer la gran transformación regionalizadora, sin objeción por parte de la Corona y del Ejército*. No era impensable. El marqués de Olivart, conservador catalán y estatalista acérrimo, se pudo plantear públicamente qué pasaría si «algún catalanista» pidiera al Banco de España que los billetes de curso legal estuvieran también en catalán, como en Austria-Hungría, donde se imprimían en ocho idiomas: «a pesar de las ocho lenguas, el imperio austríaco, donde es tan grande el sentimiento regionalista y nacionalista como el amor al soberano y a la dinastía, y donde podrían aprender mucho nuestros tirios y troyanos, acaba [1908] de anexionarse dos nuevas regiones [Bosnia-Herzegovina].»[64] Lamentablemente para la Lliga, en la práctica, *la difusión del argumento de Prat no produjo una epidemia ideológica*, efecto de difusión exponencial que sí lograron el programa imperialista de los *jingos* ingleses, la segunda ola de sentimiento pangermano en Alemania y Austria, las ideas «nacionalistas integrales» de los maurrasianos franceses, o el expansionismo solipsista, entre «irredentismo» y conquista colonial, de los nacionalistas italianos de la llamada «Generación de 1905». Pero, *incluso en todas estas experiencias, con movimientos con reputación de exitosos, el impacto más bien se quedó corto del pleno éxito político*. Los nuevos imperialismos o ultranacionalismos modélicos anteriores a la Guerra del 1914 en Europa se mantuvieron como *grupos de presión minoritarios*, sin duda muy influyentes, pero no capaces de encuadrar a la «élite del poder», en cualquier sentido del término. Todos fueron mirados con suspicacia por las corrientes políticas dominantes, más o menos centristas, y, al mismo tiempo, provocaron el fortalecimiento de los extremismos sociales contrarios, en especial los respectivos partidos socialistas de la II Internacional. Así, pues, apostar a la expansión de la Lliga en el escenario político español con un guión regionalista «imperial» fue un envite en el cual Cambó se jugaba su carrera, no Prat.

Prat lanzó la idea porque le era útil, pero no queda claro hasta qué punto se la creyó o hasta qué punto se la tomó en serio, ya que a él no le importaba la política española. Él quería dominar la política catalana. Su triunfo en la presidencia de la Diputación barcelonesa, a partir de 1908, y, más adelante, tras 1914, en la Mancomunitat de provincias catalanas, puso de manifiesto que nunca tuvo la intención de actuar personalmente en la vida política estatal propiamente dicha. Ello habría de ser el triunfo de Cambó o su fracaso. No sorprendentemente, *el líder parlamentario se aferró a la idea y no supo abandonarla, ya que le pareció de una evidencia deslumbrante, la solución a los problemas de coordinación espiritual y a la modernización española.*

En buena medida, la idea de «imperio» a partir de la «unidad cultural» fracasó por su fragilidad conceptual y por el efecto del tiempo. Para Prat, era una inspirada maniobra de marketing político, que, para Cambó, se convirtió en una opción viable. Pero era dificilísimo venderla, por no decir imposible, ya que *la Primera Guerra Mundial hundió la idea de «imperio» para todos menos para la extrema derecha.* El mismo Cambó tuvo que buscar, en los primeros años primorriveristas, una fórmula sucedánea, la «concordia». Tenía la ventaja de la inconcreción, pero también era ésa su desventaja. ¿Qué significaba un «Estado de concordia»? *En resumen, Cambó acabaría donde Prat comenzó, con una metáfora como promesa de futuro bienestar, sin nada muy concreto en mano.*

El impacto del nacionalismo radical catalán

En un sentido al menos, el juego metafórico de Prat murió de éxito, en el escenario catalán. Al consolidarse como tesis de la Lliga, permitió que la *«esquerra»* y sobre todo el ultracatalanismo tuvieran una temática doctrinal sobre la cual intentar fraguar una cierta coherencia ideológica *por contradicción.* El antiimperialismo permitió al catalanismo –como conjunto ideológico– superar el hundimiento de los imperios continentales europeos en la Primera Guerra Mundial. Pero fue una operación complicada, casi una carambola ideológica.

Fue asimismo el resultado de una interacción sostenida. La oposición a la tesis de la Lliga le permitió al doctor Martí i Julià, con un muy endeble bagaje doctrinal y con un equipo intelectual muy pobre en comparación con el estelar elenco *lligaire,* quedarse con la Unió Catalanista y deshacerse de los «santos inocentes» Guimerà y Aldavert tras 1906, al poder apoyarse en la Joventut Catalanista con sus muchos grupos o núcleos juveniles.[65] La gran fuerza del enfoque del doctor Martí era que asumía (aunque atenuadamente) la contraposición de la alteridad que acompañaba el discurso «imperialista» en su despliegue colonial: si los catalanes eran una colonia del Estado español de raigambre castellana, luego eran como cualquier otro pueblo oprimido por la ocupación extranjera; Prat nunca dudó de la blancura de la catalanidad, de su pleno rango europeo. *Esta apertura a la alteridad antiimperialista sería de gran provecho a partir de la Primera Guerra Mundial, ya que permitió que la izquierda catalanista pudiera seguir mutando según las modas internacionales de «buenos» y «malos», mientras que la Lliga se encontró cargada con una postura que cada vez parecía más regresiva.*[66] Si bien nunca tuvo lugar la evolución partidista «nacional y social» anhelada por el idealista psiquiatra ultracatalanista, la combinación de una ideología vaga, de fácil sintonía con el mensaje positivo de la causa aliada en la contienda europea, y una infraestructura social –o mejor, una red difusa de militantes– fue heredada por Macià cuando intentó promover su Partit Nacionalista Obrer en noviembre de 1918.[67] Por exigencias de su red fundacional, el proyecto se convirtió en Federación Democràtica Nacionalista, con lo que los centros de barrio tenían un rango reconocido.[68] Así, *el nacionalismo radical siempre tuvo un sentido de sí, aficionado y exaltado, gracias a ser la negación del catalanismo político profesionalizado.*[69]

Pero, al mismo tiempo, las inquietudes que dieron pie al catalanismo radical rebotaron sobre el medio más impaciente y nervioso de la intelectualidad *noucentista,* con los jóvenes atraídos por el vanguardista Joaquim Folguera i Poal, hijo del veterano catalanista sabadellense Folguera i Duran.[70] Trazado el camino por el joven Folguera, muchos se sintieron llamados a actuar de manera análoga.[71] Folguera se hizo portavoz espontáneo de un complejo cruce ideológico entre el ultracatalanismo surgiente y el nuevo «nacionalismo socialista» que habían dado un sentido innovador y activista al término «intervencionismo» a raíz de la Guerra Mundial. En su nueva línea fue acompañado por intelectuales, igualmente mozos, como J. V. Foix, Josep Carbonell i Gener, o Josep Maria Junoy.[72] Estos intelectuales eran pocos, pero revisaron de arriba abajo el programa doctrinal de la Lliga, provocando una contradicción considerable, que llegó a sacudir a sus mayores en la Joventut Nacionalista, que se habían quedado en las pautas «mediterraneístas» del *noucentisme.*[73] Al asumir la agitación del ultracatalanismo antiimperialista, pero no su contenido, se remitieron al modelo italiano que inspiraba a los partidarios de la autodeterminación y descubrieron, antes que nadie, su contenido «fascista», parejo o adaptable a los planteamientos de la escuela nacionalista francesa. Pudieron, pues, jugar a «ser» «franceses» o «italianos» según les conviniera. *Pero, al hacerlo, se saltaron el viejo sentido del «intervencionismo» lliguero y lo confundieron con el «intervencionismo» de los futuristas, el cual, por añadidura, supieron cruzar con el neoclasicismo de D'Annunzio, entonces en la cima de su éxito.*[74] Su mezcla trabada de nacionalismo socialista y noucentisme vanguardista desestabilizó a la Lliga por dentro e impulsó la escisión nacionalista de 1922, protagonizada por cabezas más adultas y supuestamente más sensatas que las de los jóvenes.

El vanguardismo confusamente «intervencionista» (más confuso todavía que el fantástico «intervencionismo» de los ultracatalanistas) puso en crisis la metáfora de Prat y, muy especialmente, la endeble construcción metafórica de Cambó, que no resistió las contradicciones simultáneas de una política *lligaire* que apuntaba a la vez en todas las direcciones («imperialismo» y autodeterminación con los vascos, «asamblea de parlamentarios» con las izquierdas españolas y «gobiernos de concentración» con los partidos constitucionales). No quedaba claro si el eslogan «imperial» de la Lliga debía ser creído o solamente recordado. Habían desencajes graves entre contenidos amables y agresivos en la oferta «imperial» *lligaire,* que, mientras pudiera, Cambó quiso mantener como una temática ambigua que permitía negociaciones en varias direcciones a la vez. Pero los jóvenes vanguardistas, con sus insistencias de radicalización ideológica, lo estropearon todo, creando un marco de reflexión que recogía el principio activo de la mezcla «nacional y social» justamente allí donde y cuando Macià y los ultracatalanistas lo abandonaron. El impactante juego del «futurismo» catalán –sostenido en especial por el joven e influyente poeta Joan Salvat-Papasseit, nacido en 1894 y muerto en 1924, identificado políticamente con el macianismo– sirvió como puente para este traspaso.[75] Los macianistas, después de seguir la política italiana durante la Guerra Mundial, prefirieron quedarse aliados a la izquierda revolucionaria, al reventarse la paz social y aparecer un revolucionarismo sindicalista en febrero-marzo de 1919.[76] Pudieron tapar sus importantes vinculaciones sentimentales italianas con un baño de idealización irlandesa, reflejando sus propias ansiedades en el espejo del Sinn Féin.[77] *Pero la súbita amnesia del ultracatalanismo devenido revolucionario y de «izquierdas» no fue imitado por los intelectuales en la órbita lliguera, que siguieron bajo el embrujo de la excitante combinación italiana de cultura y política.*[78] Los intelectuales herederos de Folguera, que murió en 1919, quedaron fascinados por lo que entonces se dio en llamar la «idea catalana».[79] Al mismo tiempo, ese mismo año, quedaron huérfanos de D'Ors por el satisfactorio mecanismo de «matar al padre», tras la «defenestración de Xenius» de la Mancomunitat.[80] Así, siguieron embelesados en la evolución política italiana, haciendo una renovadora lectura *neo*maurrasiana del «nacionalsocialista» Benito Mussolini y del «fascismo» que él entonces, en marzo de 1919, creó y lideró.[81] En términos estrictamente intelectuales, sus intereses políticos quedaban dentro del llamado *Rappel à l'ordre* y la relectura neoclásica del vanguardismo a partir del final de la Guerra Mundial.[82]

Puestos a hacer comparaciones, se podría trazar, por tanto, algún paralelo con el «futurismo» portugués –y, en general, el «modernismo» luso (con una temporalidad y sentido diversos de la experiencia catalana)– que tanto contribuyó a la «actitud mental» y la «política estética» de «revolución conservadora» o «fascismo» en años posteriores.[83] Pero –quizá por su falta de marco estatal– el nacionalismo catalán sería una tozuda excepción a la pauta intelectual marcada por la escuela nacionalista francesa de la que, en tantos sentidos, fue un apéndice. La «idea catalana» se asemejaría en muchos sentidos a la controvertida «ideología francesa» que, según la hipótesis del polémico comentarista Bernard-Henri Lévy, lastró la tradición política gala con contenidos comparables al fascismo italiano a lo largo del siglo XX. Y, en el marco catalanista, se pueden observar esos mismos lastres centenarios: el mito de la autorrealización nacional colectiva, tan «fresca y feliz», el nacionalismo conservador y el revolucionarismo izquierdista en maridaje constructivo, «Cataluña para los catalanes», «la patria del nacionalsocialismo» y «la xenofobia considerada como una de las bellas artes», por recoger algunas de las categorías de Lévy.[84]

La metáfora metaforizada de D'Ors y su involución

Una de las razones por las cuales la discusión inacabable entre catalanistas y españolistas resulta tan aburrida e incomprensible para extranjeros es su naturaleza profundamente *tautológica*. De vez en cuando hay quien se da cuenta de ello, aunque no sirva de nada. Como ironizó un anónimo comentarista más bien favorable a Cambó, al caer la Dictadura primorriverista: «En el Nuevo Diccionario de la Lengua Castellana, por Roque Barcia, décimaquinta [sic] edición, se define la nación así: "conjunto de habitadores de un país" y la primera acepción de la voz "país" es la de "región"; luego resultan sinónimas.»[85] Naturalmente, la cansina tautología nacionalista se podía coger por dos lados: el catalanista o el españolista, con efectos sorprendentemente simétricos. Lo que resultaba más difícil era encontrar una salida a la confrontación estancada e intelectualmente nula. Ello vino a ser el problema ideológico e intelectual muy personal de D'Ors.

Pero, nada paradójicamente, también resulta ser la dificultad principal para abordar a D'Ors y valorar su relevancia. Xenius ha quedado entre dos interpretaciones opuestas: la del «ángel caído», traicionero monumento de luciferino orgullo, perspectiva surgida de la decepción de sus amargados ex amigos catalanistas, devenidos enemigos, y la del Heliomaco, un espíritu libre ascendente hacia la luz, de sus admiradores españolizantes (vale la pena remarcar la sintonía interna de tan opuestas representaciones).[86] Si se supera esta disyuntiva, se puede plantear un D'Ors más plausible y, con ello, atribuirle una importancia más o menos justa.

Visto desde el eje de las metáforas de «unidad cultural» e «imperio», D'Ors mostró dos pulsiones interrelacionadas hasta su ruptura con el catalanismo, una en su evolución intelectual y la otra en relación al poder y la política, diferenciando entre ambas cosas. *En el terreno intelectual y como publicista, tuvo que simultáneamente difundir un eslogan y dotarlo de contenido, con las obligaciones contradictorias de mostrarse original y estimulante, pero tampoco sin sobrepasar los límites que la prudencia partidista exigía, fronteras que le serían muchas veces recordadas.* Siendo el «creativo» de la organización, triunfó cuando el noucentisme se hizo virtual doctrina de partido. Pero, al mismo tiempo, se encontró abrumado por el esfuerzo cotidiano que representó el encargo, ya que significaba que estaría sometido a las presiones contrapuestas de la novedad constante, con la tentación que ello comportaba hacia la extravangancia y el capricho, y de la disciplina perenne, ya que una y otra también le obligaban a *«tocar de peus a terra». La tensión interna en Xenius era que, en cuanto se descuidaba, no era nacionalista, sino que flotaba hacia reflexiones más amplias. Al mismo tiempo, tenía la vida montada, un negocio de promoción floreciente, ventajas que no invitaban al abandono y más en alguien tan orgulloso como D'Ors.* Como tantos otros antes y después de él, a partir de cierto punto, D'Ors resolvió su tensión acaparando áreas de poder administrativo, compromisos acumulados que un manipulador de talentos tan hábil como Prat sabía que mantenían a Xenius en la fidelidad y la ortodoxia, a pesar del desarrollo de sus ideas. Cuanto más «dictador» y «arbitrario» se hizo Xenius, cuantas más rencillas personales le distanciaban de antiguos amigos y más adulación necesitaba, más evitaba mirarse en el espejo de la mudanza progresiva de sus ideas.

D'Ors era especialista en metáforas. Sabía, pues, exactamente qué era el «producto» que promovía Prat y su contenido. Adicto a la curiosidad y al *«tafaneig»* bibliográfico, *D'Ors no creía en la «unidad cultural» excepto como una norma –según él «clásica»– de comportamiento. Cataluña era, dentro de España, un núcleo difusor de ese estilo de comportamiento con todo lo que de humilde o pretencioso podía tener; ello era su «imperialismo».* Pero D'Ors sabía perfectamente –a diferencia de muchos otros catalanistas, para los cuales el mundo quedaba más lejos– que había otros mayores y mejores centros de difusión de la «civilización» allá fuera. Luego, para D'Ors, consciente de las escalas, la proyección de los valores de la superioridad cultural hacia fuera estaba sometido forzosamente a un orden de magnitudes fehaciente. Así, Xenius se mantuvo dentro de un lenguaje ambiguo, cuya polisemia escondía su apartamiento de los supuestos de la militancia catalanista. No obstante las aparencias, *para él, de manera creciente, la «unidad cultural» era superada por la universal unidad de la cultura.* Su ideario personal se resolvió en una carrera en la cual la más efectiva promoción la hacía el catalanismo, con lo que él debía contentarse, ya que ambiciones avivadas desde Barcelona tenían un techo patente al que podían llegar y nada más, tanto cara a España como a Europa. *El «imperio de la cultura» toleraba las ínfulas catalanistas en la medida en que fueran expresión de una tendencia más universal que las estrecheces españolas a las que el movimiento catalán se oponía con intención superadora.* Muchos de los devotos de Xenius no se dieron cuenta de este fondo conceptual o, si llegaron a hacerlo, lo descontaron, sin ser conscientes de hasta dónde en su disquisición interior él estaba dispuesto a llegar.

Pero D'Ors era también un hijo de la promesa de la Lliga y creyó, con absoluta sinceridad, en la bondad de la construcción de bibliotecas, de efectiva biblioteconomía y de una Escola de Bibliotecàries. En la medida en que la articulación de Prat se justificaba en un discurso de la eficacia administrativa –la excelencia supuesta de la experiencia privada como aportación al sector público–, D'Ors entendió que acaparar poder era muestra de buen funcionamiento, en parte porque muchas veces, cuando las tareas eran delegadas, se hacían mal, y, en parte, *porque la tradición política hispana –la catalana incluida– entiende el poder como acaparamiento.* Mientras D'Ors funcionó bajo el patronazgo de un omnímodo Prat, no hubo demasiados problemas, pero la sustitución de Prat como presidente de la Mancomunitat por el quisquilloso arquitecto Puig i Cadafalch trajo consigo un importante cambio de estilo. A Puig, un temperamento más autoritario y menos hábil políticamente que Prat, le gustaba la disciplina, era más franco y, por ello, más exigente en la conformidad de comportamientos que su más maquiavélico antecesor. Dispuesto a un plan de desarrollo de Cataluña desde la coordinadora de diputaciones, con lo que pensaba lograr la «autonomía integral» por el camino de los hechos consumados en vez de por concesiones jurídicas, Puig necesitaba meter en cintura a un jefe administrativo de poderes transversales varios, difícil de controlar y malcriado.

Para acabar de complicar la situación, Puig entendió –con bastante lucidez interpretativa, si bien sin gracia política para torear la situación percibida– la transformación nacionalista *en sentido antiimperialista* de una parte importante de la intelectualidad sobre la que se apoyaba el poder *lligaire* y el funcionamiento de la Mancomunitat en concreto. Que el «creativo» –o «intelectual orgánico» por definición– de la Lliga estuviera dando vueltas a planteamientos análogos o aún más atrevidos le pareció un riesgo imposible de sostener y pensó atajar el mal de manera contundente.[87] Pero D'Ors solamente anunciaba un proceso que sus seguidores (incluidos aquellos que le «traicionaron») llevaron a cabo (la escisión nacionalista de 1922, que creó Acció Catalana), en un sentido ideológico muy alejado de su trayectoria personal. Los nacionalistas disidentes se apuntaron a la línea pancatalanista, en competencia con los que ellos mismos habían dejado atrás en la propia Lliga.[88] *D'Ors, en cambio dio el paso a la generalización absoluta de su propio esquema «imperial», mucho más allá de la confrontación entre los nacionalismos catalán y español.* Su gran problema personal, jamás resuelto, vino a ser la esencia del dilema del intelectual llamado «orgánico»: al ser publicista de *algo*, fue siempre subsidiario de ese *algo*, y, por lo tanto, un personaje en último extremo secundario.

Hasta entonces encumbrado por encima del bien y el mal, D'Ors, incapaz de hacer frente a una derrota política en toda regla, intentó hacerse profeta de *su* versión *genérica* de la doctrina de «unidad cultural» e «imperio». En Bilbao, la revista *Hermes* se había hecho portavoz del entendimiento hispano-vasco siguiendo la pauta camboniana, bajo la dirección de Jesús de Sarría.[89] D'Ors entendió que el medio bilbaíno, ante el previsible ocaso de *Hermes* (Sarría se suicidó en 1922), era un campo natural para la promoción de sus ideas.[90] Y así fue.

Pero, de tan genéricas como eran, las fórmulas orsianas se podían copiar sin tener que pagar derechos de autor. La Escuela imperial del Pirineo se lanzó al protagonismo politicointelectual, sin un rumbo muy claro (ganaría en coherencia vista restrospectivamente, *después* de la Guerra Civil), dispuesta a relacionarse con Cambó a través de D'Ors, planteamiento que era del todo correcto desde un punto de vista intelectual, pero que, políticamente, era el cortocircuito garantizado, como sólo a medias descubriría, más adelante, el líder de la Lliga.[91] D'Ors no pudo contener su amargura y aprovechó las circunstancias de la Dictadura primorriverista para realizar su personal venganza anticatalanista, con la funesta consecuencia para él de cerrarle el camino de vuelta para siempre.[92] Los «unionistas» que aceptaron sus recomendaciones –el barón de Viver, el primero– las aprovecharon con contundencia, pero no le pagaron a D'Ors nada por su servicio. Y su venganza catalana tuvo el coste adicional de cortarle el camino en Madrid, ya que se obligó a alinearse con Primo de Rivera cuando la intelectualidad capitalina empezaba a formarse en el campo contrario.[93]

Pero al *metaforizar la metáfora* de Prat, hacerla genérica y liberarla de los constreñimientos que el realismo jurídico de Cambó le había impuesto, *D'Ors hizo posible una relectura –siempre desde la extrema derecha española–* de tales ideas. Este «nicho ecológico» (si se acepta este anglicismo tópico) era una oportunidad, desde una perspectiva basicamente españolista, pero abierta a las posibilidades, para formular un extremismo libre, sin ataduras ideológicas a las fuerzas históricas de la derecha y la extrema derecha. *Cualquiera que supiera engarzar el ideal de una «unidad cultural» como punto de partida, que de alguna manera aceptara la existencia de diversidades regionales (lo que ni siquera significaba asumir un estricto programa regionalista), podría apelar a la construcción de una nueva ordenación, una «España grande» que sería un «imperio».* El especial atractivo de la idea residía en que era laico y no dependía de argumentos católicos o apelaciones tradicionalistas; se podía aplicar al rediseño ideal del Estado, pero podía ser pensado también para el tratamiento de la sociedad civil desde el poder. Era una idea vacía, esperando a alguien que la utilizara.

21. Epílogo: Las implicaciones para el futuro del «imperialismo catalán»

La Primera Guerra Mundial barrió buena parte de los cimientos internacionales sobre los que se había edificado la teoría política de la Lliga. Se hundieron los grandes Imperios. El conjunto turco desapareció, así como la Monarquía dual austrohúngara. Alemania quedó reducida y convertida en República. Rusia, también recortada, se convirtió en el antiimperio por estricta definición de ideología de Estado. Las Coronas fueron borradas. De ser excepcionales en Europa, las Repúblicas pasaron a ser normales. De ser habitual y deseable el gran ente territorial, se pasó a fundamentar el sistema de Estados europeo en entidades pequeñas, supuestamente más democráticas por nacionalmente representativas y homogéneas. Tan sólo quedaba el Imperio británico, en su acostumbrado «aislamiento espléndido», como una singular extravagancia.[1]

En otras palabras, desapareció todo aquello que hacía «moderno», actual, renovador, pero a la vez *práctico*, nada utópico en aparencia, el esquema propuesto por Prat, defendido por Cambó y ensalzado y teorizado por D'Ors. De una atrevida propuesta innovadora para España, el «imperio» pasó a ser una antigualla política si no se redefinían sus contenidos para adecuarlos a las circunstancias nuevas. En 1920, era clarísimo el hundimiento de la noción de «emperador» descrito por el escritor inglés H. G. Wells, vagamente de izquierdas (e insoportable «pequeñoburgués» según Lenin y Trotski), al repasar la historia humana a la luz de la contienda mundial:

> Tan universal se hizo este «cesarear» que la Gran Guerra de 1914-1918 segó nada menos que cuatro césares, el Káiser (=César) alemán, el Káiser austríaco, el Zar (=César) de Rusia, y esa fantástica figura, el Zar de Bulgaria. El «Imperator» francés (Napoleón III) ya había caído en 1871. No queda hoy en día (1920) nadie más que sostenga el título Imperial o la tradición del Divus Cæsar excepto el Sultán turco y el monarca británico. El primero conmemora su dominio sobre Constatinopla como Káisar-i-Roum; el segundo se llama César de la India (un país jamás contemplado por un César verdadero), Káiser-i-Hind.[2]

Como si fuera poco el panorama repasado por Wells, los nacionalistas turcos de Mustafa Kemal abolieron el sultanato en 1923. A la inmensa revolución política causada por la Gran Guerra sólo sobrevivió el «rey-emperador» británico.

La imposible ciudadanía «imperial» y el hundimiento del federalismo monárquico

Llegada la posguerra, pareció excepcionalmente difícil infundir un sentido actual, «moderno», al repertorio conceptual institucional que, escasamente un lustro antes, había sido completamente normativo. Era una percepción común incluso desde puntos de vista considerados relativamente convencionales o «burgueses» a la luz del leninismo. Como subrayó el famoso escritor angloirlandés George Bernard Shaw, en su notorio ensayo político *The Intelligent Woman's Guide to Socialism, Capitalism, Sovietism and Fascism*, aparecido en 1928:

> Esa curiosa conciencia que fue inventada por hombres de Estado ingleses para mantenerse honrados, y que todos llamaron Opinión Pública, fue tumbado como un ídolo, y la ignorancia, olvido y tonterías del electorado fueron cínicamente aprovechados hasta que los escasos pensadores que leían los discursos de los líderes políticos y que podían recordar durante más de una semana las promesas y las afirmaciones que contenían, quedaron sorprendidos y escandalizados por la audacia con la que se engañaba al pueblo. Las preparaciones concretas de guerra con Alemania fueron escondidas y, finalmente, cuando las sospechas se hicieron agudas, negadas; y cuando por fin caímos en el horror de 1914-1918, que dejó la Iglesia anglicana desacreditada, y los grandes Imperios europeos fragmentados en Repúblicas que luchan por sobrevivir (la última cosa que los responsables de la contienda pretendían), el mundo perdió su fe en el gobierno parlamentario hasta el punto de que fue suspendido y remplazado por la dictadura en Italia, España y Rusia sin provocar más protesta general democrática que un cansino encogerse de hombros.[3]

El problema de fondo era sencillo, al menos en abstracto. El «imperio», cualquier «imperio», no ofrecía un *modelo de ciudadanía*, como lo podía hacer, al menos en potencia, el Estado nacional unitario. Pero que el problema fuese sencillo, no significaba que fuese fácil de percibir. En el cambio de siglo, por ejemplo, en Gran Bretaña y algunos «Dominios» británicos se especuló con la *imagen* de una muy hipotética «ciudadanía imperial».[4] Resultaba imposible, sin embargo, separar esta idea de una distinción racista entre blancos, homologables entre sí, y gentes de color, que no lo eran. El hecho ineludible era que, por su naturaleza multiétnica y multilingüe, el «imperio», cualquier «imperio», presentaba un *modelo de comunidad* (o mejor, en plural, *de comunidades*) para la representación y administración de sus nacionalidades, cuya vertebración en cada caso estaba regida por sus respectivas reglas, cualesquiera que fueran.

En el esquema de Prat de la Riba, la normatividad de cada comunidad era (o sería) derivada de su sociedad civil. Como se ha insistido aquí, la originalidad de su planteamiento «imperialista» catalán fue su criterio de modernidad «burguesa» ante el patrón predominantemente agrario de las diversas sociedades regionales españolas. Pero este rasgo distintivo se convertía en problemático en cuanto se intentaba articularlo en términos prácticos. *Por definición, la ciudadanía no tiene otro sentido que el derecho a ocuparse de la política, con todas sus implicaciones.*[5] Era como sí, en el contemporáneo Imperio otomano, los empresarios griegos y los comerciantes armenios hubieran pretendido *acceder al poder*, sin por ello perder sus signos de identidad e islamizarse. Hasta cierto punto, esto fue lo que, por un breve momento, se vislumbró en la revolución de los Jóvenes turcos en Salónica en 1908, y, justamente por ello, todo acabó tan mal, entre genocidio y matanzas.[6] Lo mismo se podía decir del Imperio ruso, en tanto, por ejemplo, a los judíos, cuyo reclamo a una mínima igualdad en la promoción social fue fuente del obsesivo antisemitismo oficioso del zarismo tardío.[7] En otras palabras, el «imperio» –todos, incluido el británico, con su bonita retórica altisonante– sólo podía ofrecer una *cuidadanía asimétrica*, en la cual unos disfrutaban de derechos políticos y otros no; y eso, cuando brindaba algo.[8]

Al mismo tiempo, la izquierda –en Francia y bastante por doquier, a partir de su ejemplo– vio como negativo cualquier sistema político en el cual los derechos políticos no fueran rígidamente igualitarios. Como resultado de ello, los «imperios» multilingües estaban por defínción condenados. Pero la verdad era que *todos* los Estados liberales llamados «democráticos» habían funcionado con la asimetría, con la desigualdad asumida en la práctica aunque no necesariamente en la teoría, hasta la posguerra de 1918. Así, en los albores de la Gran Guerra, aunque el Estado nacional unitario, una vez alcanzara cierta plenitud representativa postliberal, reconociera en teoría la igualdad de sus ciudadanos, no asumía la realización efectiva de lo que era mera afirmación, salvo en unos pocos países excepcionales (y, en éstos, hay que recordarlo, no se admitían a la plenitud legal a las «razas inferiores» o a las mujeres).

Pero la victoria aliada en la Guerra Mundial impuso el difícil tema de la ciudadanía como norma. Casi se podría describir como un accidente político. El famoso «wilsonismo» tomó en serio las propuestas programáticas del sector radical democrático en Francia y sobre todo en Gran Bretaña, que tán útiles y artractivas resultaban para articular el combate de propaganda contra los «Imperios centrales». Las «pequeñas naciones», liberadas de la opresión «imperialista» y militarista, verían su independencia exterior garantizada por una «sociedad de las naciones» y su equilibrio interior asegurado por la democracia parlamentaria, que requería la corroboración de la representación ciudadana.[9] Abruptamente, en enero de 1918, ante la propuesta de paz bolchevique emitida en noviembre de 1917 por Lenin con el mero objetivo de promover una mayor agitación, el presidente norteamericano Woodrow Wilson convirtió el conocido mensaje propagandístico de los Aliados en unos fines bélicos oficialmente declarados, al enunciar sus famosos «Catorce puntos». Dado el peso de la publicidad aliada, ni Clemenceau ni Lloyd George se podían retractar de su retórica. Además, cada vez más, parecía más importante asegurar la «contención» de la presencia bolchevique en Rusia.[10]

La Paz de París resultante en 1919 fue una circunstancia decisiva para el futuro del Estado como institución en el siglo XX y, ni que decir, para las «pequeñas naciones» convertidas como resultado en micropotencias estatales.[11]

En consecuencia (y dejando aparte el caso británico, por su reconocida excepcionalidad «moral» y su extensión ultramarina), al final de la contienda los «imperios» multinacionales y multilingües en Europa quedaron finiquitados. *La implicación era que se trataba de una institución formalmente agotada, si no se producía en su seno una superación del concepto democrático de ciudadanía, como lograron los bolcheviques.* La Unión Soviética, oficialmente establecida en 1922, resolvió el problema de la ciudadanía asimétrica mediante la militancia en el Partido Comunista, que resumía tanto el derecho a intervenir en política por encima de la población general, si bien en su nombre (algo común a todos los «imperios»), así como la función hereditaria dinástica, que asimismo era una función suya.[12] *El partido único, pues, era la nueva garantía de la continuidad, como antes lo había sido la Corona.* El bolchevismo, al mismo tiempo que sistematizaba las culturas nacionales sometidas a la antigua rusificación, aportando tanto la revisión técnica como la educación oficial en la lengua local nuevamente normalizada, prometía la búsqueda del «nuevo hombre soviético», ajeno, por su superioridad, a las viejas patrañas del «nacionalismo burgués».[13]

Había un consenso de que la educación pública y masiva avalaba la formación de la ciudadanía, lo que inmediatamente comportaba la delicadísima cuestión del idioma en el cual se realizaba la docencia y, por implicación, toda la vida pública. Por lo tanto, para cumplir con el modelo ciudadano, los Estados unitarios habían de homogenizarse, convertir a sus restos históricos demográficos y sus excepciones nacionalitarias en ciudadanos de una única y unívoca comunidad nacional. Los dos grandes modelos, ambos establecidos más o menos al mismo tiempo, fueron la Italia de la Marcha sobre Roma fascista de Mussolini, en el gobierno desde octubre de 1922, y la Turquía republicana del triunfante movimiento kemalista, proclamada formalmente en 1923. *La transformación de la multiplicidad en unicidad, la confusión defintiva entre Nación y Estado, no se preveyó suave.*

El unitarismo desbordante de la posguerra y la «unidad cultural» lliguera

Al mismo tiempo que la caída de los «Imperios centrales» en octubre-noviembre de 1918 trajo el hundimiento del marco de referencias políticas que procedía del siglo anterior, *la especial mezcla anímica que hizo refrescante a la Lliga tambien cambió.* El originador de las metáforas ideológicas, Prat de la Riba, había desaparecido en 1917. Cambó, muy tozudamente, consideró que su planteamiento no solamente era el mejor, sino el único; no estuvo dispuesto a cambiar más que matices, detalles formales. *El ritmo de cambio internacional introdujo nerviosismo en un movimiento político que llevaba dos décadas de crecimiento y doce años con un pie administrativo en Barcelona.* La Lliga siempre había tenido, como su principal valor de negociación con el medio político español, la ambigüedad creativa entre regionalismo y nacionalismo, auspiciada por el hecho «imperial», que tantos giros de soberanía permitía. La esperanza perenne del catalanismo había sido que, llegado el momento adecuado, por parte de las corrientes principales españolas se vería la oportunidad para lograr la reforma «imperial». Pero cuando pareció que la oportunidad se podía presentar, los alemanes perdieron su ofensiva en el verano de 1918 y desapareció la posibilidad de una paz negociada (si es que alguna vez existió).[14] Entonces, a comienzos de noviembre, Cambó y Ventosa abandonaron el gabinete unitario de Maura y se lanzaron por la azarosa pendiente de asumir las reivindicaciones *explícitamente antiimperialistas* de las izquierdas coaligadas (republicanos, nacionalistas republicanos y ultranacionalistas). *Cambó perdió su credibilidad en el marco español, tan penosamente labrada, sin ganarla por el otro lado.*[15] *Además, la jugada salió mal.* La apuesta de arriesgarlo todo para forzar a los liberales (los gobiernos sucesivos de García Prieto y Romanones) a conceder una efectiva autonomía regional se acabó cuando los sindicalistas revolucionarios interrumpieron la pugna política con una espectacular huelga general y el anuncio de una agresiva presión social, que desmontó la adscripción de roles ideológicos hasta entonces operativa en Cataluña.[16]

Ya durante la contienda mundial, Xenius intuyó parte del cambio estructural, pero su sensibilidad jugó en su contra. Se extralimitó en sus calculadas expresiones de radicalismo social y fue desalojado de su privilegiado lugar como árbitro intelectual de todo lo que era «noucentista».[17] Precisamente la primera manifestación de la inquietud subyacente a la pérdida del ímpetu regionalista fue la purga de los intelectuales, comenzada por la expulsión de D'Ors de sus cargos en 1920 y completada por el abandono en bloque del grueso de la Joventut Nacionalista de la Lliga y la creación de Acció Catalana en 1922. *Dicho en la jerga de los críticos posmodernos y «poscoloniales», Cambó y sus seguidores se encontraron con un «cambio de imaginario» que les dejó, en función de sus ideas, abruptamente envejecidos, pasados de moda.*[18]

El final de la contienda mundial comportó un replanteamiento de la idea de la «unidad cultural» catalana y de la manera de pensar la sociedad civil. El impacto del triunfo bolchevique conllevó una manera diversa de entender la «vieja y nueva política», que dejaba atrás hasta al filósofo madrileño José Ortega y Gasset, que tan sólo cuatro años antes de 1918 había formulado, con notable resonancia española, tal contraposición.[19] El nuevo poder bolchevique forzó la contraposición de concepciones sistémicas, planteando la existencia de una «economía capitalista» y otra opuesta, de «construcción socialista»; macrodualismo que daba por entendido que había periclitado cualquier otro espacio político «feudal».[20] *Al construir un tipo de conjunto estatal supuestamente diferente del «poder burgués capitalista», el poder «socialista» hizo doctrinalmente insostenible el «imperialismo» en la modernidad de la posguerra.* Frente a la innegable dificultad de convertir el antiguo Imperio ruso en otra cosa sin por ello soltar más que lo imprescindible, los comunistas recurrieron a una paradoja ideológica que tuvo una importante repercusión: convirtieron el pequeño panfleto de Lenin dedicado a *El imperialismo, fase superior del capitalismo* (1916) –en esencia una diatriba contra los socialistas que en el curso de la guerra mundial se sumaron a sus respectivas causas patrióticas–, en el fundamento de todo un sistema conceptual de las relaciones interestatales.[21] Además de ser muy didáctico, el «imperialismo» posleninista, en tanto que discurso interpretativo, sirvió como justificación del propio «imperio soviético» (por ser contrario a los «imperialismos» capitalistas), que automáticamente invitaba a acabar con los sistemas coloniales europeos (muy en especial con el británico, por ser el dominante) y anunciaba que su propio sistema, como alternativa global, realizaría la conquista del mundo, aspiración para nada escondida. A largo plazo, el discurso soviético, tan bien empaquetado en los años estalinistas, socavó la comprensión de cualquier discurso «imperial», y aportó la ventaja de ser «social», «revolucionario» y sobre todo «antiimperialista» a cualquier discurso nacionalista fundamentado en la autodeterminación. Así, con la idealización de la juventud como categoría social estructuralmente innovadora, se anunció, con 1919 como cesura cronológica, el paso de una concienca negativa «materialista» a otra «materialista» pero utópica.

De golpe, la noción de sociedad civil quedó sobreseída por una visión panorámica de la «lucha de clases» que negaba toda realidad a un tejido social compartido, y mucho más a una «cultura cívica» que pudiera surgir de la reiteración aleccionadora ofrecida por tal conjunto de asociaciones y costumbres. Tan radical fue el cambio de percepciones, que el «corporativismo» quedó reducido a una opción intelectual muy conservadora, una temática atractiva para la exploración de pensadores católicos desconfiados en un pacto con el liberalismo estrictamente individualista, preocupados por la fuerza del «colectivismo» ruso, que buscaban encontrar los límites de un Estado fuerte, capaz de resistir la embestida revolucionaria, pero que respetara el marco asociativo ya existente.[22] En sociología, por ejemplo, la curiosidad de Ferdinand Tönnies por el juego entre *Gemeinschaft* y *Gesellschaft* o el gusto por los matices de Georg Simmel quedó tapado por la exploración estadológica del poder de Max Weber, o incluso por la aplicación de la psicología freudiana a la actuación sociopolítica (fuera por el mismo Freud o por sus discípulos más díscolos, como Alfred Adler), y la reflexión sobre el corporativismo «orgánico» en manos de intérpretes como Otmar Spann. Dicho de otra manera, por ejemplo, el conocimiento de la filosofía alemana, y en especial su manejo de Simmel, no hizo a Ortega y Gasset más hábil como político.[23]

Tal relegación tuvo un impacto muy considerable en la Lliga y en la intelectualidad *noucentista*. Ya en 1910, con la resaca de la Semana Trágica, Cambó había dudado de la capacidad realmente unitaria de la sociedad civil y se produjo una soterrada crisis en la Lliga, superada por la imposición de la ortodoxia por Prat, con un matiz –digamos pactado– que sería el florecimiento del *noucentisme* y el liderazgo reconocido de D'Ors como *maître à penser* de Bofill y los demás cuadros *lligaires*. La sociedad civil podía tolerar en su seno entidades que la negaran –como los sindicatos anarcosindicalistas– pero que más o menos funcionaran por unas reglas comunes, como partes de la misma. *Pero no podía soportar a esos mismos «Sindicatos Únicos» como una alternativa holística, como una enmienda a la totalidad de la sociedad civil, acompañados por la pretensión de ser una vanguardia de otro sistema antagónico de organización social, supuestamente ya en funcionamento experimental.* El uso pratiano de la «unidad cultural» –sostenido por Cambó a pesar de sus dudas y convertido en macroconcepto de «civilización» por D'Ors– tenía un fuerte componente idealista, muy visible en la teoría, por mucho que la práctica pareciera «materialista» o «burguesa» en su sentido más banal. Con el sueño del «imperio» bloqueado o aparentemente pasado de moda, con la «sociedad de familias» catalana sometida a la presión creciente del mercado que significó la bonanza económica de la contienda mundial, podía parecer que el especial equilibrio de elementos componentes que Prat había anunciado ya *no* valían la pena. *Se podía pensar que el mejor medio de llevar Cataluña al mundo era España mediante, bajo la forma de un «unionismo» civil, superador de la antigua división de liberales y conservadores.* Con este enfoque barcelonés, alternativo al catalanismo, en 1919 se formó la Unión Monárquica Nacional.[24] El nacionalismo radical catalán se sumergió en el mito de la rebelión de Pascua irlandesa de 1916 y la subsiguiente contienda anglo-irlandesa (activada a partir del éxito de De Valera en las elecciones británicas de diciembre de 1918). Si la coincidencia con su modelo hiberniano sirvió para que *el disperso ultracatalanismo se convirtiese en partido separatista y supuesta fuerza paramilitar,* nada sorprende que quienes se sintieron amenazados por tal postura semiinsurreccionalista mirasen con idéntico entusiasmo al unionismo norirlandés que tan efectivamente hacía de barrera de fuego al Sinn Féin y al IRA.[25]

Pero la amenaza separatista fue sobrepasada por un revolucionarismo social expresado por el anarcosindicalismo. Podía parecer más atractivo, ante el supuesto «peligro social», un renovado estatalismo, una nueva «alianza provincialista», como prometían los militaristas, con la región militar como foco interprovincial. De Italia no sólo llegó el mensaje del fascismo mussoliniano; también la naciente democracia cristiana del Partito Popolare de Dom Luigi Sturzo, con fórmulas que *superaban* el juego de Prat en cuanto a la neutralidad deseada de las instituciones públicas y la importancia que se daba al protagonismo del sector privado y su potencial asociativo.[26]

Sin duda, el mensaje unitarista del nuevo movimento fascista abrumó por su intensidad innovadora. Cuatro días antes de la Marcha sobre Roma, el 24 de octubre de 1922, Mussolini pronunció un discurso en Nápoles que quedó como una declaración de principios, cuyo texto fue escudriñado durante dos décadas como fuente doctrinal para la comprensión del fascismo.[27] Empezó por *explicitar su sentido unitarista de la nación y del Estado y su consecuente equiparación y rechazo de las nociones de autonomismo y separatismo*: «[...] están aquí también los fascistas de las islas, de Sicilia y de Cerdeña, todos los que afirman serenamente, categóricamente, nuestra indestructible fe unitaria que intenta rechazar toda más o menos disimulada tentativa de autonomismo y de separatismo.» Entonces, el *Duce* del fascismo explicó su concepción de un movimiento nacionalista:

> Nosotros hemos creado nuestro mito. El mito es una fe, es una pasión, no es necesario que sea una realidad. Es una realidad por el hecho de que es un aguijón, de que es una fe, de que es una esperanza, de que es un valor. ¡Nuestro mito es la nación, nuestro mito es la grandeza de la nación! Y a este mito, a esta grandeza, que nosotros queremos traducir en una realidad completa, subordinamos todo lo demás.
>
> Para nosotros la nación es espíritu sobre todo, no sólo territorio. Hay Estados que han tenido inmensos territorios y que no dejaron huella alguna en la historia. No se trata sólo del número, porque ha habido en la historia Estados pequeñísimos, microscópicos, que han dejado documentos memorables, imperecederos en el arte y en la filosofía.

Aunque una opción como la defendida por la Lliga estuviera excluida de entrada, había evidentes puntos de contacto entre el discurso mussoliniano y la acumulación creciente del pensamiento catalanista, conexión que, vista la sostenida admiración catalana por la evolución y los vericuetos del nacionalismo italiano, no debería sorprender. Era –como se ha podido constatar– una concomitancia que iba más alla de la frontera interna catalanista entre derecha e izquierda, «imperialistas» y antiimperialistas, monárquicos accidentalistas y republicanos doctrinarios. Las conexiones, pues, se podían observar tanto en D'Ors como en Rovira i Virgili o Pere Coromines. Algunos historiadores italianos han destacado cómo Mussolini reflejaba una visión del mundo formada en tiempos de las rivalidades «imperialistas» de principios de siglo, una perspectiva familiar a los catalanistas criados en la escuela *lligaire.*[28] Además de una retórica sobre el protagonismo «mediterraneísta» («el Mediterráneo para los mediterráneos») y de un énfasis en la capitalidad de mar interior («Yo veo la grandiosa Nápoles futura, la verdadera metrópolis del Mediterráneo nuestro»), *Mussolini compartía con la tradición catalanista la insistencia en el triunfo de una comunidad mediante su carga de superior espiritualidad:*

> La grandeza de las naciones está en el conjunto de todas estas virtudes, de todas estas condiciones. Una nación es grande cuando traduce en la realidad la fuerza de su espíritu. Roma era grande cuando de pequeña democracia rural, poco a poco, inundó con el ritmo de su espíritu toda Italia; luego se encuentra con los guerreros cartagineses y se bate con ellos. Es ésta la primera de las guerras de la historia. Después, también poco a poco, lleva las águilas a los más extremos confines de la tierra, pero todavía y siempre, el Imperio romano es una creación del espíritu, porque las armas, antes que por los brazos, eran apoyadas por el espíritu de los legionarios romanos.

Y el *Duce* completó su argumento con una formulación que resultaba lógica, pero que ya avanzaba más allá de los límites del catalanismo y que, justamente por ello, dio su sentido «revolucionario» y contrarrevolucionario a la vez, al fascismo. Éste era el punto de ruptura doctrinal del «unitarismo social y nacional» italiano y el fondo común de las diversas escuelas ideológicas del catalanismo:

> Ahora, pues, queremos la grandeza de la nación en el sentido material y espiritual. He aquí por qué nosotros hacemos sindicalismo. No lo hacemos porque creamos que la masa, en cuanto al número y a la cantidad, pueda crear alguna cosa duradera en la historia. Rechazamos esta mitología de la baja literatura socialista. Pero las masas laboriosas existen en la nación. Son gran parte de la nación y son necesarias en la vida de la nación, en la paz y en la guerra. No se las puede ni se las debe rechazar. Se las puede y se las debe educar; se las puede y se las debe proteger en sus justos intereses.[29]

Cambó, del «imperio» a la «concordia»

Cambó tuvo su ocasión más espectacular con la campaña electoral «Por Cataluña y la España Grande» entre 1916 y 1918. Aunque la tentativa se mostró prematura, la esperanza quedaba viva. Su iniciativa culminaría casi trece años más tarde, en 1931, con un rotundo fracaso, o mejor, con el último de un cúmulo de derrotas.[30]

Aunque pareciese una vía muerta, que solamente aportaría alguna fórmula como los gobiernos de coalición transversal que dominaron el final de la vida parlamentaria de la Monarquía, su efecto a más largo término fue electrificante, innovador, si bien, paradójicamente, no del todo aparente a primera vista. *Su propuesta de desembarco catalanista en la alta política española introdujo numerosas ideas en el medio conservador español, dando sentido a lo que en el maurismo era todavía confuso y abriendo el camino a un nacionalismo español «totalizante», completo por ser plural, combinación de los esquemas del catalanismo y del españolismo.* A cambio del reconocimiento de la variedad de realidades nacionales y regionales en España –en especial, la divisoria entre el ámbito castellano y el catalán, dualismo esencial en el discurso catalanista–, Cambó propuso que unos y otros podrían unirse en un «imperialismo» cultural común, aunque lingüísticamente diverso, para dar una relevancia internacional compartida al conjunto.

El catalanismo de la Lliga, por lo tanto, introdujo un complejo de conceptos en el contexto español del período que va entre 1901 y la Dictadura primorriverista, que fueron una *destilación original,* pero con componentes del nacionalismo francés e italiano. El potencial utópico del discurso catalanista –y, por lo tanto, su capacidad de contagio, evolución exponencial y cambio– era muy importante. Era una infusión ideológica embriagadora. *El catalanismo «intervencionista» propiciaba una auténtica «revolución cultural», un cambio de mentalidad política en el cual el Estado, como superación del incompleto y chato liberalismo español, sería unidad de pluralidad, por ello compuesta a su vez de unidades.* Ésta era una idea poderosa, que abrió la puerta de la ensoñación utópica de la resolución de las contradicciones a la derecha, pero que tuvo su paralelismo con la izquierda, con el anarcosindicalismo y hasta con el bolchevismo, cuyo ideal de «Unión de Repúblicas Socialistas» era asimismo una Nación de nacionalidades. *La Lliga, pues, puso en circulación española un hipotético «nacionalismo de nacionalismos» como ideal unitario superior, capaz de construir una «concordia». La tensión social y el pistolerismo de la posguerra trasladaron la esperanza implícita en el binomio «unidad cultural» e «imperio» a esta nueva idea empaquetadora.*

Hundido el ejemplo «imperial», escindida la sociedad civil entre corporativismos rivales y excluyentes, la nueva fórmula evocadora del «imperio de la sociedad civil» debía ser un ideal que significara la neutralización de los conflictos sociales como máximo ideal para el diseño institucional. De ahí la «concordia» y de ahí también la insistencia de Cambó, en sus sucesivas versiones de *Por la Concordia* entre 1927 y 1929, en *el rol de los intelectuales como cimiento de cualquier futura estatalidad España-Cataluña* en la cual estarían resueltos tanto los conflictos sociales como los nacionales.[31] Pero el sueño europeo de la renovada unidad sería, tras 1919, el fascismo, cuyo sentido etimológico mismo es el de «unitarismo», por mucho que estuviera lejos del ideal harmonioso de «concordia» y saludara el uso imperativo de la fuerza.

Con gran agudeza, el poeta Carles Riba, mirando atrás en 1925 en una conferencia de muy importantes y duraderas resonancias en la cultura catalana, indicó el problema de fondo: todo el esfuerzo predicado por los catalanistas como ejemplo para las demás sociedades hispanas, como fundamento de su edificio «imperial» de pacto peninsular y base para la «*política d'expansió literària*» y del pancatalanismo, dependía de la «unidad cultural» catalana. Pero, *¿y si esa «unidad» no era tal?* Si la sociedad civil en la que se basaba todo el edificio «cívico» catalanista –su «escuela cívica» de autonomía interna para las naciones, su orgullosa «cultura cívica»– fuera una *ficción,* un espejismo? Riba se preguntaba por qué no había novela en el noucentisme. La pregunta, a su parecer, iba más allá de los gustos y las modas literarias, al mismo tejido social:

> Ahora bien: ¿y en casa [*casa nostra*]? Nuestros escritores, tomados colectivamente, ¿con qué pueden contar, inicialmente, para la creación de la novela que se les pide? [...] No es, ciertamente, una cuestión que se pueda liquidar en un rincón de artículo; pero nos atreveríamos a responder –y querríamos que se pudiera contradecirnos– que tal interés simpático por el hombre, hoy, en Cataluña, *colectivamente, culturalmente, socialmente [sic]* –es decir, *creando una atmósfera [sic]*– no existe. Cada uno establece entre él y los demás una zona estéril de desconfianza, vicio típicamente servil. Esta desconfianza se fundamenta en aquel anarquismo congénito presente en cada catalán, que Maragall descubrió, y es el alma misma del sentido paródico *[parodisme]* y ganas de reventar *[rebentisme]*

que el gran poeta lamentó en los catalanes, como de algunas degeneraciones del sentido común *[seny]* y de la divina ironía que J. M. Junoy ha denunciado recientemente; incapacita para el cultivo de la amistad y del diálogo que Xenius, con más razón que derecho, echó de menos un día [...][32]

La muestra del funcionamiento real, que no ideal, del catalanismo justamente fue el elevado grado de contradicción que se puede encontrar en las trayectorias personales, más allá de una determinada coyuntura de movilización catalanista. La afirmación contundente de pureza patriótica en una ocasión se sucede en otra por el elogio del realismo político (o sea, la salida hacia el contexto español). Según las necesidades tácticas del momento, un Durán i Bas pudo ser partidario del monolingüismo o todo lo contrario, mientras defensores coyunturales de la identidad patriótica, como todo un Almirall, pudieron hacerse republicanos españolistas, y así sucesivamente. Como muestra elocuente, un juvenil Enric Font i Sagué, feroz partidario de la autodeterminación en los años noventa, pudo llegar a posturas francamente elusivas de la autonomía en 1930.[33]

El tácito recuerdo republicano catalanista del «imperialismo» de Prat

Aprovechando la especie de una lectura personalizada de la evolución catalanista (Prat salvado, Cambó condenado, la resurrección nacionalpopular con Macià, el sacrificio colectivo con Companys),[34] la tradición contestataria, antiimperialista de la izquierda catalana *ha tapado,* con su habitual discreción ante los temas caseros considerados no mencionables, el recuerdo del discurso «imperial» de Prat como si no hubiera sido más que una aberración pasajera. En realidad, la percepción de una imprescindible salida «imperial» para Cataluña quedó fijada en la manera de entender la propia historia catalana y en las proyecciones políticas de todos los que participaron en ella. Fue un argumento –con todos sus matices– que el catalanismo nunca acabó de abandonar.

Sirven como muestra elocuente los escritos de Carles Pi i Sunyer (1888-1971), economista barcelonés con gusto por el ensayo histórico, político pasado de Acció Catalana a la Esquerra Republicana en 1932. Pi i Sunyer siempre mostró ser un intelectual formado en la tradición pratiana. En las azarosas circunstancias de la contienda española, en el verano de 1938, cuando la causa republicana se veía casi perdida, Pi, devenido figura altamente representativa de la asediada Esquerra, todavía daba vueltas en términos explícitamente «imperiales» a la problemática de «universalisme i particularisme», escribiendo en la *Revista de Catalunya.*[35] Si bien rechazaba la formulación «imperial» de la España de Franco, mostraba simultáneamente unas importantes concomitancias y debilidades con el concepto, que remitían directamente a la antigua doctrina pratiana:

La nueva España no debe tener una ideología de cuño imperial. La ambición del imperio trajo, junto con relampagueos de gloria, muchas miserias y tristezas anónimas. La idea imperial tiene innegable grandeza; pero hoy, dadas las circunstancias del mundo, si España quisiera apoyarse en la fuerza, no podría ser más que un sueño fallido. Modernamente, la idea imperial tiene su más alta justificación en el ámbito del pensamiento, el trabajo y la cultura; y España, en esta esfera, tiene aún una trascendente misión que cumplir. En el aspecto político, el universalismo imperialista, en el sentido contemporáneo, representa, más que modalidades de estructura o de régimen de convivencia dentro de la ley común de diversidades derivadas de la extensión territorial, un pensamiento hegemónico exclusivo, y la voluntad de poder y dominio, y por eso tanto le importa, para alcanzar sus fines, valerse de cualquier tipo de mercenarios. Fuera reincidir en viejos errores querer dar a España una ideología de imperio; la República ha entendido mejor y ha sido más fiel a su profundo sentido y deseo, trabajando para hacer de ella una nación.

Hasta aquí, Pi i Sunyer *reflejaba la transposición de República por «imperio» que tanto frustró los planes de «concordia» de Cambó en 1930-1931*. Pero Pi quiso dejar clara la especial relación entre catalanismo y proyección «imperialista» que, a pesar de todas las convicciones antiimperialistas de la izquierda catalana, subsistían de la herencia pratiana:

Los catalanes no menosprecian el sentimiento universalista, ni pueden renegar de él, porque lo sienten como cosa propia. El alma catalana, que encierra un grueso de humanidad comprendida entre sus polos antagónicos, siente y valora la rica y espontánea complejidad particularista, siente también la alta ambición de la universalidad. Quizá los más representativos entre los pensadores, filósofos y científicos catalanes se inclinen, contrariamente a lo que con ligereza se ha afirmado, a la síntesis y a la generalización. Y si de la pura especulación intelectual se pasa a la tradición histórica, a los estratos pregones donde se incuban adormecidos los sueños imperialistas, los catalanes guardan el recuerdo luminoso de los siglos en los cuales una tierra pequeña en extensión señoreaba el mundo mediterráneo. [...] Para la mentalidad racial como para el pensamiento político, Cataluña siente y comprende la universalidad.[36]

En otras palabras, *si el «imperio» era bueno y republicano, si en vez de «imperio» se llamaba República, entonces no había problema y menos si reconocía la memoria histórica auspiciada por el catalanismo*. Pi parecía recordar los términos lejanos de «El problema catalán ¿Particularismo o hegemonía?» en los que, treinta y dos años antes, Miquel dels Sants Oliver había anticipado la definitiva formulación doctrinal de Prat en *La nacionalitat catalana*.

Pero, *pasada* la Guerra Civil y desde el exilio, Pi i Sunyer todavía podía retratar la plenitud «imperial» de Cataluña como una época modélica, «*El recobrament de Catalunya*», llena de resonancias para el presente inmediato y el futuro. Para Pi i Sunyer:

> Cataluña libre llegó prontamente a la plenitud y la madurez; es un Estado que, con su reducida extensión territorial, crea un imperio mediterráneo; soldados valerosos llevan la llama de la cuatro barras a tierras lejanas; los barcos surcan los mares portando los temores de la guerra o las artes de la paz; la agricultura, la industria y el comercio aumentan la riqueza de Cataluña y el bienestar de sus hijos; se afina una civilización, de la que son exponentes los pensadores y los artistas; la tierra catalana se cubre de bellos monumentos y, en los talleres, se forman escuelas de maestros de retablos y esculturas; una organización corporativa reglamenta la actividad del trabajo; el derecho catalán, fruto del sentido de mesura de la raza, toma, en ciertos aspectos, categoría internacional; un régimen de sabia democrática y dignidad humana asegura su evolución política; en fin, se crea y se pule la lengua catalana, que toma en el pensamiento un sentido universal y da a nuestro pueblo el vínculo indestructible de la propia personalidad. Es en la época de libre plenitud cuando se forja el sustrato nacional de Cataluña, y es después cuando, los azares de la suerte o las pugnas entre Estados, las circunstancias contingentes lo harán adaptar, a gusto o de mala gana, a organizaciones y pensamientos políticos diversos, pero que persistirá siempre resistente y tenso, como la urdimbre fundamental del alma de Cataluña.
>
> Unos siglos de desfallecimiento y decadencia propios, y unas presiones vigorosas y persistentes de desneutralización, no pueden destruir las semillas enterradas ni borrar el surco profundo de la personalidad. Ésta perdura en el subconsciente del pueblo, persiste en la continuidad de la propia lengua, se manifiesta en revueltas y guerras, que representan la imposibilidad de asimilación, y rebrota potente tan pronto como las circunstancias le son propicias.[37]

Al mismo tiempo, los argumentos de fondo pratianos, escuchados desde la tradición castellanista para la cual eran en extremo exóticos, podía provocar, a su luz, una *emocionada conversión* o, al menos, una relectura de las propias creencias. Como escribió Salvador de Madariaga: «El catalanismo es una fe espiritual profunda, sincera y potencialmente sentida. Y en cuanto es una de las pocas emociones reales que laten en la vida pública española, será, y a no dudarlo, uno de los factores más fecundos en el renacimiento político de toda la Península.». Su conclusión era clara y expresada en cursiva: «*A nuestro parecer, Cataluña es una nación, si bien una nación española.*»[38] También, por ejemplo, en la misma línea y pasada la contienda civil, el falangista «arrepentido» Dionisio Ridruejo haría de apologista entusiasta de las verdades españolas en clave catalanista: «Porque también en eso coincidimos: en no desear una unión de bajas conveniencias –las conveniencias ayudan, pero no bastan– ni una unión obligatoria, es decir, una unidad muerta de aquellas que en vez de sumar fortalezas y dignidades plenas agregan pequeñeces menesterosidades. Dicho sea de paso: hasta donde el esfuerzo "catalanista" [sic] fue de sustituir un *necesitar* por un *querer* la unidad española, no ha habido grado de patriotismo ni estilo de patriotismo equivalente al suyo.»[39]

Los herederos de las metáforas

En medio de uno de los diversos encuentros de promoción intelectual del entusiasmo pancatalanista durante la «transición democrática» de los años setenta, el historiador Josep Fontana, abanderado tenaz del marxismo historiográfico, hizo un recordatorio lleno de sentido común que sirve como reflexión para sus antecedentes de las primeras dos décadas del siglo:

> Y habrá que repetir que una conciencia a esta escala no puede ser ni el resultado inevitable de la historia pasada, ni la consecuencia de haber recibido, con el nacimiento, alguna especie de inefable espíritu colectivo, sino que implica un proyecto de futuro compartido por los miembros que debieran componer esta colectividad de pueblos. La existencia de una historia, de una cultura y de una lengua comunes son condiciones tal vez necesarias, pero no suficientes, como lo demuestra el hecho que no hayan bastado para suscitar anteriormente el despertar de una conciencia colectiva a escala de los Países Catalanes.
>
> Estas reflexiones nos deberían advertir de los riesgos que implica la pretensión de montar una conciencia parecida sobre las bases únicas de la cultura y la historia. Por este camino no legaríamos a otra cosa que formulaciones retóricas y vacías de sentido, por el estilo de una «Hispanidad» culturalista, basada en una visión deformada del pasado, manipulada por unos intereses sociales muy limitados, que no bastan para conseguir la más mínima movilización popular efectiva.[40]

No se puede dudar, aunque parezca paradójica la idea, de que la presión de los nacionalismos y/o regionalismos en España generó la esperanza de una innovadora identidad patriótica hispana, un nuevo tipo de adhesión sentimental al hecho de España que permitiría vivir una recuperación colectiva en el siglo XX. Pero en España –como en Francia y quizás en todas partes– la historia de la descentralización ha sido un incesante vaivén con el centralismo.[41] En tal interacción, por muy negativa que fuera, era natural que se produjeran intercambios, especialmente en aquellos aspectos menos confesables o conscientes. Después de descubrir la diversidad hispana, era lógico prever el surgimiento de una unidad completamente nueva, sentida y no impuesta, que despertara energías profundas y estimulara voluntarismos no vistos desde los tiempos de la «empresa de América». Por ejemplo, un destacado periodista político como Salvador Canals, nada indulgente con el catalanismo, pudo argumentar, en abril de 1915:

> Pues en España es todo eso y mucho más que todo eso lo que únicamente del regionalismo podría venir... o haber venido: un patriotismo consciente y militante. Salvo para manifestaciones retóricas, es muy difícil encontrar en España un patriotismo español, un vigoroso sentimiento de solidaridad nacional que nos haga pensar a todos en el interés colectivo para laborar a una en su servicio, y, no existiendo el patriotismo, es imposible que exista una ciudadanía, y no habiendo una ciudadanía y teniendo que vivir como si fuéramos una democracia, ¿qué ha de suceder sino esta realidad de una oligarquía cada día más extensa y menos eficaz para el buen gobierno del país? Y cuando el régimen político es, en realidad, una oligarquía impotente, ¿qué podrá ser el Estado más que una burocracia infecunda, una simulación onerosa, la vana y triste aparencia de una Nación?[42]

En otras palabras, incluso para opiniones hostiles, resultaba tentadora la idea catalanista de que sería posible desvelar a España por partes con la sencilla oferta de imaginación, redefiniendo, en dos pasos vinculados, las identidades internas de las personas y la aparencia externa del poder, por el simple medio de «complejificar» las categorías más sencillas y simplificar las más complejas. Parecía ofrecer unas metáforas de futuro a cambio de un simulacro disfuncional del presente y unas analogías vacías respecto al pasado glorioso. *Era muy fácil la deducción: si los catalanistas no lo hacían a su manera, otros, tal vez desde puntos de vista bastante dispares, podían probarlo con el mismo planteamiento.* En 1908, unos tres años antes de su muerte, el poeta y político conservador valenciano Teodor Llorente, en plena euforia de la Solidaridad Catalana, se afirmó frente al anticatalanismo republicano para insistir, en un discurso en Elche, en la fascinación que el juego interactivo de «unidad cultural» y unión «imperial» podía ejercer sobre la imaginación hispana: «Y –seguía soñando– como no todos los pueblos de la nación española son tan impulsivos y tan despiertos como los de este litoral, unos otros más lentos a sentir el actual momento regenerador, decían: "Oh, si estuviéramos tan unidos como lo han estado siempre los catalanes, como lo están ahora los valencianos, ¡nos luciría más el pelo!"»[43] También Salvador Canals, haciendo campaña electoral en Cataluña en 1907, sintió vivamente esta sana envidia; el candidato se encontró con un boicot colectivo, que él interpretó como muestra de un sentimiento nacional envidiable: «Si cuando en algún pueblo me gritaban vueltos de espaldas los hombres, cara a cara las mujeres y los niños "¡Visca Catalunya!, ¡Mori Canals!" me daban ganas de mezclarme con ellos y gritar lo mismo, olvidado de mí, y de mi política y de los míos...».[44]

Traducido al lenguaje actual, un siglo más tarde, el «imperio» de los catalanistas se puede reducir a un curioso y pertinaz apego a la vertebración política mediante una Corona, la convicción que la asimetría era idónea para un equilibrio entre las partes de una España federalizable y, en cuanto a la proyección exterior, la promoción de la exportación catalana en lo que se podría llamar –con lenguaje un poco caduco– una relación «neocolonialista» (es decir, de dependencia económica sin el lastre de la soberanía política).[45] Sin embargo, su atractivo procedía del hecho de ser un planteamiento *open-ended*, modificable por el receptor en función de sus deseos; o sea, seducía por su indefinición y ambigüedad. El «imperio» (y por extensión el «imperialismo»), en cualquiera de sus acepciones, fue una idea extraordinariamente abierta, precisamente por *polisémica*. Fue contagiosa, porque como metáfora política carecía de unos contenidos claros que limitaran su atractivo. Y la noción de «unidad cultural» resultaba todavía más copiable y adaptable. Pero, al mismo tiempo y como demuestra el fracaso del binomio conceptual como vehículo ideológico para la política de la Lliga, constituía un potencial contagio selectivo, que solamente afectaría unos comportamientos o unas ambiciones políticas muy determinadas, dejando el resto del personal político incólume, sin que se produjera la transmisión.

Prat dejó una herencia ideológica harto ambigua. Al ser el «imperio» una noción indefinida, con una considerable carga de resonancias pero sin un contenido muy preciso (por mucho que se esforzara Cambó en hacer comparaciones de estructura estatal con las mayores potencias europeas de su época), *el concepto de «imperio», especialmente vinculado a un ideal de «unidad cultural» aplicable o ejercible a más de un nivel, cualquiera se lo podía apropiar para sus propios fines*. Tal posibilidad de «préstamo» ideológico, como contagio, formó parte de las esperanzas de Cambó. Pero, ¿quién estaba interesado en hacer suya la idea «imperial»? Cambó soñó con una asunción automática por multitud de regionalistas por toda España, pero, si bien se dio el contagio, no se produjo ni la fiebre colectiva, ni mucho menos la epidemia ideológica. Por doquier, los regionalistas incorporaron el patrón catalán, con mayor o menor intensidad, a su repertorio intelectual y aprovecharon como pudieron o quisieron la metáfora compuesta pratiana o el artilugio metóforico camboniano, pero la inseminación no pasó de ahí, por muchas visitas o *tournées* que hiciera el jefe parlamentario catalanista o por muchos diarios o periodistas que comprara.

¿A quién, entonces, le iba a interesar quedarse con los ideales conjuntos de «unidad cultural» e «imperio», reforzados por las analogías cambiantes que la cotidianidad políticoinstitucional podía comportar? La respuesta, con toda la sabiduría de la retrospección histórica, es fácil de definir. Los muchos observadores y analistas lligueros *sobrevaloraron la demanda en España:* además de predicar con el ejemplo, se creyeron sus propios argumentos, hasta el punto de creer que los demás también comulgaban o, una vez informados, comulgarían con la buena nueva, pero el proselitismo no tomó la forma esperada. No funcionó por ser demasiado ambicioso para los escasos galleguistas o andalucistas. Tampoco para las organizaciones aspirantes a centrífugas que estaban en circunstancias políticas más sólidas pudo ser más que una opción que considerar; para la Comunión Nacionalista Vasca o para el incipiente valencianismo político, la prioridad estaba en su propia consolidación y asentamiento seguro como movimientos políticos en sus propios ámbitos de referencia y no tenían la potencia acumulada para lanzarse a una aventura estatal.[46]

Por el contrario, andando el tiempo, «imperio» y «unidad cultural» se hicieron atractivos como planteamientos de transformación política para quienes no tuvieran un puesto fijo o claro en la política española, para quienes no tenían un camino claro –ni electoral, ni insurreccional– al poder, para quienes creían en la capacidad de las ideas para dominar a los hechos, y, sobre todo, para quienes buscaban repuestas de síntesis, fuera de las rígidas dicotomías ideológicas hispanas. El feliz invento pratiano tuvo la intención de evitar las trincheras habituales entre republicanos y monárquicos, católicos y anticlericales, con la promesa de una gran y superadora síntesis de política y cultura. Luego, de manera abrupta, cambió el mercado ideológico; con la Primera Guerra Mundial, todo el lustre moderno de «imperio» pasó de moda. Pero *quienes buscasen una salida a los tópicos al uso, encontrarían en la metáfora pratiana, en los intentos de aplicación de Cambó y en los matices y elucubraciones elitistas de D'Ors, material más que adecuado para una novedosa reconstrucción, siempre en términos de derechas, sin recurrir jamás a los manidos clichés de la izquierda.* Dicho claramente, *el falangismo bebió de fuentes catalanistas,* por muy chocante que resulte la afirmación.

El fallo de las metáforas catalanistas: una breve reflexión teórica

El juego metafórico ideado por Prat de la Riba tenía un gran fallo estructural que no había parecido importante dada su naturaleza especulativa. Ello ha dado pie a un considerable excedente interpretativo acerca de la siniestra función de la Lliga en la fracasada «revolución burguesa» en España. En realidad, la explicación es bastante más sencilla.

Prat tomó como punto de partida axiomático la idea de Cataluña como una «unidad cultural», que, como tal, exigía su inserción en un juego político estatal. Su capacidad de presión en el marco español, su relatividad en cuanto a las filiaciones de su apoyo, su latitudinarismo en cuanto a la complexión religiosa de la Lliga, de su neutralidad cara al catolicismo, todo venía de la afirmación de una «sociedad civil» a la vez excepcional, sólida y moderna. La Lliga, en consecuencia, se permitió el lujo de incorporar atributos ideológicos de las izquierdas europeas, de ser pacifista pero «imperialista». Este eclecticismo, o *transgresión ideológica* en cuanto a las habituales divisorias entre derechas e izquierdas, vino a configurar una fuerza que modernizaba discursos, que enseñaba como ser innovador desde la derecha en el contexto español. Al hacerlo, Prat, Cambó y el conjunto *lligaire* estaban cumpliendo con una pauta que venía de lejos, establecida ya por Almirall. Pero lo hicieron muy bien, aunque fracasaran en sus objetivos como plataforma política. La gran lección de la Lliga –la nación como «unidad cultural», de la que se derivaba la coherencia del Estado, y no al revés, como en el liberalismo– sería especialmente significativa con la caída de la Dictadura del general Primo de Rivera, ya que se hizo entonces evidente la prioridad que tenía la modernización de discursos, en especial para la derecha española.

Sin embargo, había el problema del fallo estructural. Prat había supuesto la «unidad» como expresión de una sociedad civil bien articulada. Cambó descubrió la fragilidad de la *auténtica* sociedad civil, bien lejos de su solidez conceptual en la teoría. De ahí, en el debate solapado con Prat tras la Semana Trágica, su sutil adhesión al Estado, su peculiar «socialismo», que esperaba que la política institucional bien orientada, una vez conseguida la federalización, permitiría la *corrección* de la sociedad civil, completar sus ausencias, llenar sus huecos. Por ello, con cierta desesperación más que comprensible, Cambó fue *más imperialista* que Prat. No tuvo otro remedio, ya que Prat formulaba una argumentación retórica dentro del íntimo marco habitual de Cataluña, a la que Cambó debía dar contenido en la práctica, en el hipercrítico medio político español en Madrid y en el suspicaz ambiente de provincias.

El defecto de la cadena de metáforas era sencillo. Una España «imperial», fuera dual o federalizada, *se fundamentaba en la política como enfrentamiento y contradicción.* Esto era un tema predilecto de la Lliga, ya que se oponía, como fuerza «regeneracionista», al abusivo consenso de liberales y conservadores, los «partidos dinásticos», en las Cortes, fuente del alud de acusaciones sobre «oligarquía y caciquismo». A cambio del pacto con la reivindicación nacionalista (es decir, el reconocimiento constitucional de la «unidad cultural catalana»), el catalanismo político prometía que el parlamento español pasaría a ser «*genuino*», un foro de debate auténtico entre los representantes de intereses abiertos y agentes sociales reconocidos, no agazapados.

Pero –como función institucional de la vida parlamentaria– la reivindicación del enfrentamiento venía de lejos, y sus implicaciones no siempre fueron gratas, especialmente en la política europea. El «whiggismo» inglés había entendido la idea de la alternancia entre gobierno y oposición más o menos desde finales del siglo XVII, pero las tensiones resultantes eran restringidas por la misma naturaleza en extremo oligárquica del sistema parlamentario. La apertura del sistema en el siglo XIX fue larga y costosa y, de hecho, consumió al liberalismo inglés por el camino. Fue la gran fortuna estadounidense el desarrollar su sistema político (e incluso el judicial) como *adversarial*, o sea, basado en la confrontación de intereses *adversarios*, a partir de la experiencia inglesa pero con un sentido activamente abierto, democratizador, por un rechazo a todo la herencia británica, fruto de la revolución y la duramente ganada independencia. El gusto por la contradicción institucionalizada fue, por lo tanto, la gran aportación a la democracia de la experiencia política norteamericana.[47] No lo fue, sin embargo, de la Revolución francesa, que retuvo, a través de todas sus sucesivas manifestaciones, *un gusto rousseauiano por la primacía del todo («la voluntad colectiva») sobre sus partes:* la suspicacia ante el «partido» como interés ilegítimo, como «facción». Jacobinos y bonapartistas, así, tuvieron siempre una preferencia marcada por la aparencia de consenso, por las cuestiones resueltas decisivamente, sin asumir la validez de posturas encontradas. Es más, esta displicencia ante la confrontación ritualizada y pública unía a los revolucionarios franceses con sus peores enemigos contrarrevolucionarios y sirvió, bastante paradójicamente, para hacer funcional la Restauración borbónica y los sucesivos régimenes franceses a lo largo del siglo XIX. Tal vez sólo la corriente orleanista aceptara la contradicción como sistema y no con entusiasmo (el sentido original del *laissez-faire* de Guizot, que recomendaba a los empresarios que se enriquecieran y «dejaran hacer» a los políticos).

Resumiendo, en general y con la relevante excepción de Gran Bretaña, *los sistemas políticos europeos del siglo XIX nunca vieron con buenos ojos la constante violencia verbal de la «partitocracia»*.[48] Todas las imitaciones bipartidistas del sistema inglés (incluida la española) eran tenidas por dudosas. E incluso en la orgullosa Gran Bretaña con frecuencia se desconfiaba del sentido a largo plazo del *party politics*.[49] Ni tan siquiera la mayor democracia continental a finales de siglo, la III República francesa, veía como positivo tal gusto, ya que la ambición de las izquierdas era «republicanizar» a sus contrarios y las derechas católicas famosamente suspiraban por un cambio de régimen. La tendencia obsesiva del siglo, que duró hasta las generalizadas ampliaciones del censo electoral en cuanto a sexo que acompañaron la Primera Guerra Mundial, fue la de centrar la idea de «democracia» en el acto de votar, que recogía la «voz del pueblo». En potencia, el sufragio –en tanto que «consagración del cuidadano»– era la expresión primordial de la voluntad colectiva, de lo completo, a lo parcial.[50] Al enfatizar su propia naturaleza como representación corporativa de la «unidad cultural» catalana, con lo que ello tenía de «partidista» en el escenario legislativo, la Lliga, pues, expresaba un sentido realmente avanzado de la reforma de la vida política *española*.

Pero –*y aquí estaba el fallo*– el catalanismo «intervencionista» *concebía Cataluña como «unidad cultural», espacio sin fisuras, al cual prefería tratar, mientras podía, como un monopolio ideológico, pero sin realmente tenerlo*. La Lliga aceptaba ser partido en España porque pretendía ser la unívoca voz de Cataluña, o al menos de aquella que estuviera socialmente articulada. Con el mismo sentido «imperialista» con el que predicaba la conquista moral de España por atrasada, el catalanismo «intervencionista», que era una fuerza centrada en la ciudad y provincia de Barcelona, relegaba aquellas partes del ámbito catalán que no tuvieran un fuerte tejido de entidades a otras corrientes políticas sin demasiada preocupación; ya habría ocasión de una plena conquista electoral cuando esas zonas estuvieran socialmente maduras. La Mancomunitat fue concebida, por tanto, como un mecanismo «civilizador», que instruía con un mensaje cívico y práctico y estimulaba las oportunidades para la formación de entidades comunitarias o corporativas.

Esta perspectiva suponía una *convicción de dominio fáctico* sobre todo lo que parecía importante en las redes civiles y económicas catalanas. La oposición más frontal –el famoso republicanismo «lerrouxista»– era entendida como «bárbara» (y estaba demagógicamente orgullosa de serlo), pero también se la contemplaba con una cierta seguridad fruto de la complacencia, aunque hubieran sustos, como en el verano de 1909. La certeza de encarnar la tendencia del nuevo siglo, explicitada con el nombre de noucentisme, tenía el inconveniente de facilitar una visión muy selectiva del futuro. Así, por ejemplo, la Lliga desdeñó el aviso del joven sociólogo germano Robert Michels, en su famoso libro *Zur Soziologie des Parteiwesens in der modernen Demokratie*, de 1911. Al criticar las tendencias oligárquicas de organización presentes hasta en el Partido Socialista Alemán, Michels (quien, por cierto, acabó como mussoliniano, en Italia) *llamó al sindicalismo y anarquismo un «profiláctico», un elemento saneador en la medida en que, resistiéndose a los mecanismos oligárquicos, exigía la apertura de la sociedad civil del mismo modo que el sufragio universal* y la responsabilidad de los gobiernos ante el parlamento democratizaba el sistema político.[51]

En cuanto las contradicciones aparecieron con suficiente violencia en el propio marco asociativo catalán, en el momento en el que, a principios de 1919, *el anarcosindicalismo reclamó su acceso a la sociedad civil por la puerta grande,* con todo lo que ello implicaba de reconocimiento, la Lliga se encontró incapaz de responder *estratégicamente*, porque los hechos anulaban por completo su peculiar manera de entender toda la política. Igual que los magnates magiares que controlaban la parte húngara de la Monarquía dual, pero con más razón, ya que su base social era mucho más endeble, la Lliga no contemplaba el diálogo sin límites en su retaguardia. *Así, se destapó el hecho de que su lealtad «imperial», igual que su ardor nacionalista, estaban condicionados a los hechos, lo que provocó el desengaño tanto de los catalanistas más consecuentes como de los españolistas transaccionales dispuestos a tragarse el anzuelo de una reforma «imperialista».*[52] Pronto, el catalanismo «intervencionista» se escindió entre «imperialistas» y «antiimperialistas», quedando abierta la posición camboniana a toda suerte de ataques intelectuales.[53] La oposición doctrinal a la Lliga encontró un molde nacionalista, hasta insurreccionalista, alternativo a la vía parlamentaria siempre defendida por Cambó.

A partir de ese quiebro, el catalanismo «intervencionista» estaba abierto a la posibilidad de que sus valores se aplicaran directamente, sin su mediación, al contexto español. En Barcelona, el «tacticismo» de la Lliga abrió la puerta a las especulaciones «fascistas» catalanas, renovadoras de la mitología «imperial» y reverdecedoras del contacto con la derecha intelectual gala, tan visibles entre intelectuales catalanistas en los años 1919-1923. En buena medida, formó parte de la moda neoclásica que acompañó la derechización de la sociedad durante la contienda europea.[54] *En el cambiado contexto ideológico de la posguerra, con sólo proponer el hacer realidad activa el esquema originario pratiano, aunque fuera mediante la agresión, se pasaba la invisible frontera a la «nueva política» dinámica.*

La «segunda ola» del catalanismo neomaurrasiano y las analogías italinizantes

La experiencia italiana durante la Gran Guerra y en la posguerra aportó maneras de releer en clave activista, como alternativa a la francofilia imperante en la izquierda catalanista, las mismas lecciones del nacionalismo «filosófico» francés que tanto impacto tuvo en el cambio de siglo.[55] Josep Foix i Mas (más conocido como el poeta J. V. Foix), su amigo Josep Carbonell i Gener y muy especialmente el también poeta vanguardista Josep Maria Junoy, que iba por libre, *habían representado una «segunda ola» maurrasiana que, en los años inmediatamente posteriores a la contienda mundial, rebasaba el antiguo vínculo orsiano por el «nacionalismo filosófico» francés,* concebido en términos individuales y estrictamente ideológicos, en tanto que pretendía imponer una solución colectiva, partidista desde una Acció Catalana pretendidamente análoga a la *L'Action française.*[56] El medio juvenil *lligaire* y, eventualmente, su sucedáneo alternativo, Acció Catalana, fundado en junio de 1922, *se intoxicó con la revisión italocéntrica –mediante el teatro político-militar de D'Annunzio– de los argumentos de Barrès y Maurras, que antes habían sido absorbidos, con espíritu homeopático, en el cuerpo doctrinal mismo de Prat, Cambó y D'Ors, pero que ahora reaparecían como una crítica fresca de lo añejo y conocido.*[57] Como mucho años después le confesó Foix, retador, a un joven crítico llegado a interrogarle sobre sus deslices juveniles, primero fue maurrasiano y después se hizo fascista.[58] Se hizo notorio un debate confuso entre el periodista Josep Pla y Foix que parecía situar los parámetros de las simpatías «peligrosas» dentro del catalanismo, así como sus evidentes limitaciones.[59]

Pero tales propuestas no pasaron de meros ejercicios dialécticos, ya que no se tradujeron en organización y, a pesar de la promesa implícita en el nombre Acció Catalana, en acción callejera. El movimiento catalanista no tenía capacidad paramilitar y, si la construía, era por la izquierda, con vista a un alzamiento de brazo con los anarcosindicalistas y anarquistas, contra el sistema político español, como propuso Francesc Macià –con más ruido que sustancia– después de finales de 1918 con su Federació Democràtica Nacionalista, eventualmente reconvertida en Estat Català y su Exèrcit de Catalunya. *La frustración de la opción intelectual de un fascismo catalán, sin embargo, no le quita importancia en cuanto antecedente e influencia,* especialmente en el nacionalismo radical catalán de los años treinta, desilusionado y crítico frente al éxito del macianismo en la II República.

Era cada vez más evidente, a tenor de sus publicaciones en los primeros años veinte, marcadas por un sesgo cada vez más economicista, que Cambó estaba cada vez más aburrido de la «política pequeña» y la estrechez de Barcelona.[60] Su participación como ministro de Hacienda en el Gobierno Maura de 1921-1922, formado a resultas de la derrota en Melilla, le llevó visiblemente a temas como el arancel de 1922, que superaban con creces los términos identitarios de discusión política cada vez más habituales por entonces en el catalanismo.[61] Dado el clima de antagonismo social imperante en Cataluña, con la lucha «pistolera» entre sindicatos «rojos» y «amarillos», el creciente interés camboniano por las cuestiones macroeconómicas y el tedio que a todas luces le producían las preocupaciones microeconómicas propias del marco catalán pudieron ser atribuidos a su carácter esencialmente «burgués» e impopular en todos los sentidos. Pero, al mismo tiempo, el líder de la Lliga, convertido en millonario por un gran negocio que evitaba sanciones aliadas a la gran industria eléctrica alemana en Argentina, se retiró de la política en 1923 para reflexionar ante la situación cambiada. De esta pausa salieron las obras más o menos teóricas cambonianas que jalonaron los años veinte, que contemplaban el significado de la derrota griega de 1922 y del resurgir nacionalista turco, el sentido profundo del fascismo italiano en cuanto a las limitaciones del parlamentarismo (Cambó se pronunció como partidario del presidencialismo institucional, a la americana), el alcance de las dictaduras como sistema político y el peligroso vacío que dejaban tras de sí.[62] A su vez, llegados al punto de inmovilidad de la Dictadura, *la postura propia del catalanismo lliguero se hizo más dependiente del ejemplo «imperial» británico.* La sostenida producción camboniana, más el rol que le otrogó el dictador Primo de Rivera como voz autorizada de la oposición, facilitaron un cierto «diálogo» soterrado catalán-castellano o Barcelona-Madrid a lo largo de los años veinte con muchas consecuencias para el futuro ideológico español.

Con cierta parsimonia, las especulaciones fascistas en el catalanismo se «tradujeron» al ámbito español, por ósmosis: ¿no sería que España era una unidad cultural, tan real en un nivel superior de reunión de intensidades nacionales y/o regionales, como lo era Cataluña en un sentido primario? ¿No sería posible conseguir que el genuino sentimiento de identidad catalán, del que se aprovechaba tan eficazmente el catalanismo, sirviera como guía en la construcción de una equivalente emoción española, igual de auténtica? Identidad significa ser lo que se dice ser, pero también ser reconocido en ello, a partir de lo cual se plantea una relación de semejanza, hasta de equivalencia. ¿No se podría realizar una síntesis de la legitimidad nacional catalana con la igualmente válida realidad española? ¿No sería el «imperio» la anhelada respuesta definitiva al fatigoso litigio entre monárquicos y republicanos?

Las inquietudes generosas de la juventud vagamente «vanguardista» de los años dictatoriales en favor de una España futura generosa y diferente, resueltamente «moderna», fueron adquiriendo un tono diferente con la llegada del régimen republicano en la primavera de 1931, y el establecimiento de un sistema al menos en parte dual, con el gobierno central en Madrid y autonómico en Barcelona. Pronto se reclamaba una manera nueva de entender España, que daba como supuestos aquellos componentes de «unidad cultural» afectiva y de «imperio» como «unidad de destino» superior que significaron la relectura radical, desde Madrid, de las metáforas pratianas y de la oferta camboniana.

Los sorprendentes contagios del «imperio» de la Lliga

El falangismo inicial –comenzando con José Antonio y después bajo los primeros años franquistas– negó de forma sistemática y categórica ser un partido nacionalista. Para eso, según las afirmaciones muy despectivas de sus principales dirigentes en los años republicanos, estaba un botarate político como el doctor José María Albiñana, con su Partido Nacionalista Español.[63] Por el contrario, *la Falange se definió como imperialista,* tal como acertadamente destacó, hace ya bastantes años, el investigador norteamericano H. R. Southworth en una obra polémica escasamente apreciada en España.[64] Algún otro estudioso extranjero señaló asimismo la importancia de ese enfoque en el pensamiento político español, especialmente, claro está, de la derecha, sin que por ello se le diera mayor importancia entre investigadores más cercanos.[65] Hasta se llegó a señalar la relevancia de Cambó como ideólogo «imperialista» para la formación de una nueva derecha española en los años treinta.[66]

Parte del problema para la aceptación hispana de tales enfoques procedía de su aparente sentido «contrafactual», dada la evidente pobreza de cualquier política española de agresión exterior o expansionismo en la primera mitad del siglo XX, más allá de los poco apetitosos barrancos del Rif.[67] Quienes, para su investigación, han recurrido al planteamiento, han evitado el falangismo como tal y se han centrado en los primeros años del franquismo y en los proyectos expansivos que por entonces abundaron, a la sombra de la hegemonía hitleriana en Europa. E incluso así, la tendencia dominante entre los historiadores, al menos hasta hace muy poco, ha sido reduccionista, considerando que los sueños imperiales españoles eran poco más que propaganda sin fondo serio alguno.[68]

No hay razón demostrable, sin embargo, para pensar que los falangistas fueran insensatos creyentes en la extravagancia ideológica, con una sed insaciable de fantasía política. El hecho es que, en ese sentido, no fueron ni más ni menos «irracionales» en sus esperanzas y ambiciones que las izquierdas revolucionarias que les hicieron frente y a las cuales ellos se opusieron. *Y por el ansiado «imperio», los falangistas entendieron más la consolidación «imperial» de España, el encuentro idealizado de sus «hombres y tierras», que una aventura colonialista a gran escala, si bien, por otra parte, el expansionismo fue una aspiración que, con un optimismo extremo, nunca fue despreciada.* Es ésta una distinción que las interpretaciones venidas desde la izquierda, confiadas en una capacidad analítica derivada de su presupuesto ideológico, han despreciado. Con demasiada alegría interpretativa, se ha supuesto que la derecha radical –y, en especial, el fascismo– se pueden reducir a una mera manifestación de irracionalidad, como si la izquierda –y, en particular, la más revolucionaria– fuera una irrefutable encarnación de cordura y racionalismo. Craso error analítico, por encima de cualquier filia o fobia. Para interpretar adecuadamente, hay que establecer la propia coherencia ideológica de la extrema derecha española, al margen de las categorías ajenas; hacerlo, para situar la reflexión en un terreno comparativo, sería recoger un tipo de crítica historiográfica ya avanzada hace años para el fascismo italiano por Emilio Gentile, pero que todavía no ha tenido fortuna alguna en el medio hispanista.[69]

Se suele atribuir la teorización de la «unidad de destino en lo universal» realizada por José Antonio Primo de Rivera a una transposición de la idea germánica de *Schicksalsgemeinschaft*, en especial tal como fue difundida en su versión austromarxista.[70] Sin embargo, *no hay una conciencia historiográfica del grado en el cual la importación a la política hispana del pensamiento político centroeuropeo estuvo mediatizado por el catalanismo.* Como se ha intentado mostrar a lo largo de las muchas páginas de este libro, fue el catalanismo conservador el camino por el cual penetraron las ideas sobre federación monárquica y ciudadanía «imperialista», en una combinación muy compleja de planteamientos germanos y austríacos cruzados con ideas norteamericanas e inglesas. Tal combinación ideológica tuvo una fortísima personalidad específica, de inmediato identificable como catalanista, en un medio político como el español, tan escorado hacia la percepción francesa del mundo y tan dependiente del idioma francés como su ventana al exterior.

Este traspaso ideológico no fue sencillo, entre otras razones porque no interesaba a ninguna de las partes del intercambio admitir su parte de «culpa». *Ni el catalanismo se supo ver en su desconcertante heredero ideológico, «imperial» pero anticatalanista, ni el falangismo quiso reconocer su inicuo antecedente nacionalista catalán. Pero el hecho es que en 1931, en la coyuntura política que trajo la II República, la única fuerza política que hablaba de «imperio» para España y que se definía pública y oficialmente, sin ambages, como «imperialista» fue la Lliga.*[71] *Una vez consolidada la Falange en 1934, su llamada a recuperar el sentido «imperial» del Estado y hasta de la sociedad española ante la decadencia encarnada por los republicanos fue una respuesta clara, aunque implícita, en un curioso diálogo ideológico con el catalanismo conservador.*

Las ideas identificadas con Prat de la Riba llegaron a lo que sería la Falange por dos caminos. Uno lo protagonizó Eugenio D'Ors, convertido en apóstata de catalanismo, pero ineludiblemente identificado, como todo autor, con el conjunto de su obra. El otro tuvo como foco a Cambó y como contacto directo a Joan Estelrich, el más destacado de los hombres de confianza del líder de la Lliga.

La desventura de D'Ors en Bilbao

El estilo de D'Ors, antes de su espectacular ruptura con la Lliga, ya resultó especialmente atractivo a intelectuales españolistas en Bilbao –el todavía joven José Félix de Lequerica y sus compañeros de tertulia (cuya presidencia fundacional era atribuida al doctor Areilza), como el poeta y diplomático Ramón de Basterra o el periodista y escritor Rafael Sánchez Mazas– metidos en una relación crítica con el medio nacionalista.[72] Entre 1915 y 1918, una coyuntura favorable que facilitó a los vasquistas el control de la Diputación vizcaína, el nacionalismo vasco más o menos moderado tuvo un ascendente cultural y político en el mundo bilbaíno hasta entonces desconocido.[73] Ramón de la Sota y Llano, poderoso naviero y antiguo *euskalerrico* entrado tarde en las filas sabinanas, pudo aprovechar la salida de Luís Arana, principal heredero ideológico de su hermano, de la presidencia *jelkide* en 1916. Bajo el liderazgo de De la Sota, se fue modificando el tono (no la sustancia) del agreste discurso sabiniano (para escándalo de Luís Arana) y hasta transformar el organismo *jelkide* en una «Comunión», más flexible y ecléctica, y, asimismo, más atractiva como oferta electoral.[74] De la Sota asumió un acercamiento visible a las tesis «imperiales» de la Lliga, proximidad señalada por la visita de Cambó a Bilbao y San Sebastián en el invierno y la primavera de 1917.[75] Al mismo tiempo, casi como punto de partida, la flamante Comunión Nacionalista Vasca coincidió con los catalanistas en su relación con las iniciativas de la Unión des Nacionalités situado en la villa Messidor de Lausana, entidad en parte controlada por los servicios de inteligencia franceses, pero también aprovechada por nacionalistas lituanos y polacos para tirar adelante sus negociaciones clandestinas con sus congéneres de signo progermano.[76]

En el contexto de los grandes beneficios de la Guerra Europea, este complejo ambiente político provocó una cierta voluntad españolista de encuentro con el vasquismo, en el terreno de las ambigüedades y en el disfrute de una alta cultura *ecléctica*, accesible a todas las ideologías y común a todas las sensibilidades, que se reflejó en la revista *Hermes*, fundada y dirigida por Jesús de Sarría, militante nacionalista entusiasmado con unas tesis «imperiales» abiertamente cambonianas.[77] Pero ese acercamiento pronto se truncó. Por una parte, los nacionalistas radicales vascos se indignaron.[78] El antiimperialismo militante del sector neosabiniano, legitimado con fuentes del fundador Arana, facilitó la eventual ruptura del nacionalismo vasco, hecha visible en 1921, con la reconstrucción de un Partido Nacionalista Vasco fiel a los principios originarios.[79]

Pero también el españolismo vasco, dentro de su relativa complejidad, acabó por reaccionar mal ante la propuesta «imperial» camboniana. En la medida en que las iniciativas de la Union de Nationalités se publicaban, los liberales vascos se enteraron, para su escándalo y aprovechamiento político, de la opción en aparencia independentista (o, en todo caso, desleal) de catalanistas y *jelkides*.[80] Tales concomitancias cruzadas fueron destapadas por los liberales españolistas Gregorio de Balparda y Royo Villanova y permitieron el ascenso político del muy beligerante jaimista Javier Pradera como político dispuesto a llamar a las traiciones por su nombre.[81] Ello tendría un considerable coste, a la larga, para la credibilidad española de Cambó, llegado el giro nacionalista de la Lliga en el invierno de 1918-1919, con el consiguiente acercamiento a los republicanos nacionalistas y al recién fundado separatismo encabezado por Francesc Macià. Para las izquierdas catalanas, con mayor o menor conocimiento, Messidor y Lausana se habían convertido en un punto de referencia.[82] Cuanto más fue así, más embarazoso resultaba para Cambó. En general, la siembra regionalista, bajo la égida de «La España Grande», efectuada por la Lliga por doquier en 1917-1918 se mostró frustrante, hasta contraproducente. Los tímidos brotes regionalistas o nacionalistas que la propaganda lliguera quiso entonces estimular por las Españas se mostraron demasiado tiernos para servir como respaldo electoral a unas candidaturas de inspiración catalanista en los comicios de febrero de 1918, pero provocaron reacciones airadas –del mismo signo de afirmación localista– cuando, entre el noviembre siguiente y enero de 1919, Cambó quiso encabezar la causa de un Estatuto de «autonomía integral» como medida excepcional para Cataluña.

Pero también cualquier pulsación españolista sacó energías de los giros del jefe de la Lliga. Los portavoces liberales vizcaínos, en particular Balparda, reaccionaron con dureza y cortaron el contexto interactivo, en previsión de los siguientes comicios.[83] Dada la lucha del nuevo portavoz Javier Pradera contra Cambó y sus vínculos vascos en la coyuntura de 1918-1919, el jaimismo se escindió en buena medida por la cuestión nacionalista y/o regionalista, con Pradera arrastrando a Vázquez de Mella hacia una nueva posición «tradicionalista», españolista sin la histórica carga legitimista.[84] En Vizcaya, el estímulo cruzado de la izquierda dinástica y del naciente tradicionalismo, ambos radicalizados en un sentido contrario al nacionalismo vasco, dio pie a una nueva síntesis política, la Liga de Acción Monárquica, con Balparda y Ramón de Bergé al frente, con aspectos similares a la Unión Monárquica Nacional en Cataluña.[85] Lanzado a la lucha antiseparatista, el liberalismo de Santiago Alba perdía su razón de ser en la política local, con lo que la capacidad albista para renovar el sistema parlamentario desde dentro se hundía.[86] *En todo caso, el nombre mismo hacía evidente que la escisión de los nacionalismos catalán y vasco en 1921-1922 tuvo lugar en estrecha interacción con una reorganización equivalente por el lado centralista, hasta el punto de formar partidos españolistas transversales.*

La simultaneidad era elocuente. Como observó agudamente el historiador Stanley Payne, la aparición de la Liga bilbaína –que, inicialmente, fue entendida como una reedición de la antigua «piña» de liberales y conservadores– produjo una duradera «triangulación» política entre nacionalistas vascos, socialistas y derecha españolista, que se ajustó a la compleja variación social entre las tres provincias vascongadas.[87] En el caso catalán, la expansión metropolitana de Barcelona quedó igualmente «triangulada» a partir de 1919 entre las ofertas rivales de catalanistas, la confluencia incómoda españolista de «lerrouxistas» y militaristas y la postura más o menos equidistante de los anarcosindicalistas.[88] Sin embargo, a pesar del relativo parecido, las simetrías no eran exactas. En la capital catalana, la flamante Unión Monárquica –que no tenía antecedente– hizo frente simultáneo al naciente ultracatalanismo de Macià y a las consecuencias de la desbordante militancia anarcosindicalista, mientras que solapaba sus esfuerzos un creciente intervencionismo militarista. El protagonismo barcelonés de los oficiales militaristas, que dominarían el escenario político local a partir de la primavera de 1919 y hasta la caída de la Dictadura en 1930, hundió –por absorción y desgaste– el españolismo político antes floreciente y con un notorio arriago popular.

Recogiendo el estimulante cruce ambiental, la tertulia de Lequerica y sus amigos (Rafael Sánchez Mazas, Pedro Mourlane Michelena, Pedro Eguileor, entre otros) siguió la pauta del cambio, de modo que coincidió con la «defenestración de Xenius» y su evolución hacia el rechazo de las otrora verdades catalanistas. El núcleo bilbaíno, pues, recogió tanto el enfoque «imperialista» orsiano como su posterior desengaño y su traslado a Madrid, que era también, para ellos, su punto de referencia cultural.[89] Los bilbaínos, por lo tanto, se erigieron en «Escuela imperial del Pirineo» (aparentemente a propuesta de Basterra), con muchos de los giros característicos de D'Ors. *Pero, para su gran frustración, el éxito mismo de D'Ors en Bilbao hizo innecesario que sus discípulos «imperiales pirenaicos» le reconocieran como maestro indiscutible.* Al contrario, tomado lo que les hacía falta, le redujeron a mero compañero de viaje y se creyeron (o se pronunciaron) inventores ellos mismos.[90] Ello coincidió con la fallida tentativa orsiana de ganarse la confianza del viejo Vázquez de Mella, enfermo mortal de diabetes, para distanciarlo de Pradera y ganarlo de lleno para el primorriverismo.[91]

Puestos a escoger, los bilbaínos preferían tratar con un valor conocido como Pradera –del norte, pues– que con el siempre divertido catalán, juzgado poco duro para la brega. Para mayor humillación de D'Ors, si los tertulianos bilbaínos aceptaron un jefe espiritual, éste fue Ramiro de Maeztu, también al fin y al cabo paisano. *Pero el mensaje orsiano, junto con su peculiar y preciosista modo de presentación pública (hasta hacía poco marca registrada del catalanismo), quedaron introducidos en el periodismo de la derecha española con autores como Sánchez Mazas, Basterra o incluso Lequerica, ofreciéndolo como producto propio.*[92] En los primeros años treinta, dos admiradores de ambos rivales, Vegas Latapié, adorador de Maeztu, y el muy orsiano marqués de Lozoya se enzarzaron en un debate público después de escuchar una conferencia del gallego Eugenio Montes (otro orsiano descarriado) en el Centro de Acción Española. Tras oír los elogios de Vegas a su ídolo, «la primera cabeza de España», Lozoya recordó que «en el orden del pensamiento, buena parte de lo que habíamos oído procedía de Eugenio d'Ors [sic]». Vegas dijo que las pretensiones al reconocimiento de D'Ors eran absurdas, ya que, en política, era «como comparar un águila con una gallina». Sí, respondió Lozaya, el águila ascendía tan fácilmente porque se había comido a la gallina.[93]

En la palestra competitiva de Madrid, especializada en la promoción de intelectuales políticos a la sombra del poder, D'Ors –acostumbrado a un escenario más favorable– tampoco supo convertirse en personaje de absoluta primera fila, ya que se quedó rebajado por figuras de la talla de José Ortega y Gasset.[94] Al identificarse a fondo con la Dictadura tras 1923 y sobre todo al prestarse, como denunciador, al ataque realizado por los primorriveristas catalanes (José Maria Milá y Darío Romeu, respectivamente presidente de la Diputación barcelonesa y alcalde de la ciudad condal) a la obra de la Mancomunidad catalana y al sagrado recuerdo de Prat, D'Ors quemó sus naves, imposibilitando cualquier retorno a la capital catalana.

Sin embargo, para muchos (por ejemplo, para el general Martínez Anido), siguió siendo un peligroso catalanista.[95] Como consecuencia de ello, *D'Ors estuvo expuesto a las venganzas de los catalanistas, sin poder confiar del todo en el apoyo españolista.* Su posición madrileña –incluso con algún beneplácito de las autoridades, como el sillón «catalán» en la Academia Española– siempre fue insegura.

Para entonces, *en los primeros años veinte, la idea de un «imperio» hispánico estaba escapándose de las manos del catalanismo, para confundirse con la noción de una hipotética «comunidad de naciones» de habla española.* El publicista católico Severino Aznar, siempre bien dispuesto hacia la Lliga, se apuntó en octubre de 1922 al «"Imperio Hispano" del futuro».[96] Pero ese mismo éxito tuvo una retroalimentación negativa para el catalanismo. El pannacionalismo hispano, por ejemplo, podía apropiarse del contenido lingüístico del nacionalismo catalán y aplicarlo al mundo castellano, borrando con ello todo rastro de las pretensiones pancatalanistas. *En consecuencia, la esperanza catalanista de un reconocimiento para Cataluña como parte de una conciencia de la multiplicidad de los países hispanos se fue difuminando.*

El ambiente político que rodeó la Dictadura del general Miguel Primo de Rivera dio vueltas al tema «imperial» sin atreverse a asumirlo con plenitud. Al fin y al cabo, Cambó era el jefe de la oposición leal a la Corona y el líder catalanista estaba en pleno lanzamiento de su «concordia», como propuesta remozada de «imperio». Así, por ejemplo, José Maria Pemán, ideólogo oficial de la Unión Patriótica, hizo cuanto estuvo en su mano para apropiarse de una idea «imperial» que neutralizara la «concordia» camboniana. Tras rechazar las implicaciones del «imperialismo» como un «sarampión» por el cual ya había pasado España, Pemán no pudo contenerse: «Es preciso hacer renacer en España esa conciencia imperial, esa gloria de ser españoles, que es por sí misma la negación de todo movimiento de disociación.»[97] La prueba de que el lenguaje pemaniano no era la habitual retórica españolista la ofrece unos matices inusuales: pudo reclamar apoyos para cualquier «futura política que tienda hacia la creación de un radio más ancho de sociabilidad para España, para la realización de sus fines raciales, ha de aplicarse a sus relaciones con Portugal.» Y llegaba incluso a hacer previsiones para un tiempo futuro: «En un futuro internacionalismo orgánico de grandes federaciones de pueblos, tiene necesariamente su puesto marcado la unión de España y Portugal, conservando cada uno su soberanía y sin impurificar para nada la augusta solidaridad ibérica, con ideas de dominación política.»[98] *Con el poeta gaditano dedicado a tales florituras oficialistas, no había un beneficio seguro, un cobijo político, para D'Ors como ditirambo ideológico del primorriverismo. Sin opción, D'Ors se quitó de en medio.* Colapsada la Dictadura, la bandera pública de sus valores la elevaría Maeztu, y, en su iniciativa frente a la nueva República, eventualmente llamada Acción Española, figurarían muchos inquietos, desde Lequerica hasta Pedro Sainz Rodríguez, que anteriormente, con sentido de realismo táctico, habían aceptado la línea camboniana bajo Primo o con los gobiernos de transición de 1930-1931.[99]

Sin embargo, con la República, a ojos de alguien como José Antonio Primo de Rivera, D'Ors podía parecer un observador imparcial, comprensivo con la tarea primorriverista sin ser un corifeo, catalán de pro pero español consciente, capaz de resaltar las faltas de sus compatriotas a la vez que señalar sus aciertos. Por añadidura, el divorcio de D'Ors de su mujer, mediante la nueva legislación republicana, le daba una aura de perversa modernidad y le distanciaba del medio católico al cual, más o menos, se arrimó políticamente. *Así, al retorno de D'Ors de París (donde había establecido su residencia en 1927), el pensador impartió «clases particulares» de reflexión política al hijo del dictador, en los años 1932-1933, justamente la etapa previa a la fundación de Falange, que, en las biografías al uso, se reduce a una exclusiva admiración joseantoniana hacia Ortega.*[100] En aquella época, concretamente en 1932, D'Ors publicó su *Ferdinande et Isabelle, rois catholiques d'Espagne* y, ello mediante, sintonizó a las mil maravillas con lo que sería la naciente retórica falangista.[101] Precisamente, D'Ors le sirvió a José Antonio para liberarse de la tutela orteguiana que le limitaba. Por mucho que Primo de Rivera hijo tuviera una relación más bien distante con Cambó, la vieja predica pratiana le llegó por boca de D'Ors, aunque fuera con las necesarias distorsiones producto de la resentida evolución del antiguo Xenius.[102] Y, si tal relación personalizada no fuera suficiente, Sánchez Mazas, en muchos sentidos el intelectual preferido de José Antonio, trajo consigo el mensaje orsiano modificado por su periplo italiano, enfoque reforzado por la relación de Lequerica con el flamante jefe falangista.[103]

Giménez Caballero como «agente» de Cambó

Hubo, además, otro camino de acceso al esquema catalanista sobre España como «imperio», que pasaba directamente por Cambó. El político catalán, tras 1924, se convirtió en la oposición oficiosamente reconocida a la Dictadura del general Primo de Rivera. *Tal postura tuvo el apoyo del palacio real, cuyo enlace con liberales y lligueros fue el joven y orondo catedrático madrileño Sainz Rodríguez.*[104] *Para sus relaciones con intelectuales, Cambó diputó al ampuloso publicista mallorquín Joan Estelrich, antiguo amigo de D'Ors convertido en enemigo y rival.*[105] Para asegurar la postura de Estelrich, Cambó le hizo director de su Fundació Bernat Metge, que dispensaba recursos a la intelectualidad catalanista en los tiempos de escasez dictatoriales, cuando estaban excluidos de las instituciones públicas. Aunque Estelrich se las daba de gran cerebro, su función era política, ya que los aspectos más intelectuales eran cubiertos por el poeta Carles Riba. Mientras tanto, Estelrich podía viajar con la excusa cultural y dedicarse a toda la agitación, en sentido estrictamente nacionalista, que se pudiera realizar en escenarios extranjeros y muy especialmente en el marco de organismos no gubernamentales que funcionaba en paralelo a la muy estatalista Sociedad de Naciones en Ginebra.[106] La propaganda en esta dirección la promovió Alfons

Maseras, desde París, con la pretensión de ser ajena a los intereses de partido.[107] La proyección *lligaire* en términos de nacionalidad oprimida significó la concienciación de la Lliga ante el carácter obsoleto del concepto de «imperio» tal como se había ejercido en la preguerra, pero enfrentado ahora al descrédito y la hostilidad activa de las izquierdas, redefinidas en función de la proyección antiimperialista soviética y de las primeras luchas descolonizadoras, definidas como tales, en China o en América Latina.

En previsión de una gran operación política cuando llegara el final de la Dictadura, Cambó, mediante Estelrich, buscaba coordenar las inquietudes de la intelectualidad más o menos vanguardista. Siempre consciente de la importancia del arte y de sus corrientes, Cambó –mediante Estelrich, Joaquim Folch i Torres o Riba– tendió a ver desde una perspectiva muy determinada la dinámica vanguardista que en aquella época se fraguaba. *El vanguardismo hispano se manifestaba con fuerza en términos unitarios, más bien formalistas, de renovación cultural, y, hasta finales de la Dictadura primorriverista, no adquirió tonos de ideología política izquierdosa, en un proceso bastante análogo a la propia reflexión política.* Era, pues, plausible pensar en canalizar la efervescencia intelectual como corriente de apoyo a una operación de reforma de la Monarquía. Al mismo tiempo, el vanguardismo se confundía con la temática neoclásica que, desde mediados de los años diez, se había impuesto por doquier, y Cambó fue un entusiasta de la recuperación grecolatina, para cuyo fin preciso había establecido su Fundació Bernat Metge.

El proyecto de Cambó fue detallado en su gran libro teórico *Per la Concòrdia / Por la Concordia*, obra que no aparecería publicada en España hasta 1929, pero que fue escrito bastante antes. Su intención era resolver el pleito españolista-catalanista con el encuentro de la intelectualidad de ambas partes. *Las inteligencias se fundirían en una gran y colectiva iniciativa «imperial», basada en la promoción de las culturas hispánicas por todo el mundo.* Tal proyección hacia fuera, como «imperialismo cultural», resolvería –creía el líder de la Lliga– las envidias mutuas y forjaría un futuro común que preservaría la herencia catalana y modernizaría la castellana. Era imprescindible ganar intelectuales a la causa, mediante un argumento de beneficio claro, y a ello Cambó dispuso su considerable fortuna, basada en la reorganización capitalista de una gran empresa eléctrica alemana en Argentina. *Fue precisamente su nueva visión desde Buenos Aires lo que le permitía pensar en la solución de la «cuestión nacional catalana» con un renovado sentido del «imperialismo», más dinámico y exportador que en las ya viejas metáforas de Prat.*

A mediados de los años veinte, por tanto, Cambó –siempre a través de Estelrich– *buscaba adeptos que sirvieran para articular su operación de coordinar intelectuales catalanes y «castellanos».* Por el lado catalán, la captura más sonada fue Josep Pla, quien, tras unos inicios *lligaires,* evolucionó en sentido incierto, y de contricante ideológico de Foix y Carbonell había pasado a ser periodista internacional más o menos al servicio de Macià.[108] Su recuperación para la causa de Cambó le marcó para siempre como «traidor» ante las izquierdas catalanistas.[109] Pero la captación más espectacular fue, por el contrario, mucho más discreta, presentada como una conversión española al filocatalanismo y no al proyecto camboniano.

La casualidad hizo que, hacia finales de 1926, muy oportunamente, apareciera en Barcelona un joven y ambicioso intelectual madrileño, Ernesto Giménez Caballero, hijo del propietario de una gran imprenta de la capital, ansioso de convertirse en cabeza de una revista de opinión llamada *La Gaceta Literaria.*[110] Giménez –o *Gecé,* como él mismo se llamaba, mediante la verbalización de sus iniciales– quería dar espacio a todas las literaturas hispánicas, en todas las lenguas peninsulares. Así, además del visible vínculo catalán, Gecé apuntó hacia Galicia y Portugal, Latinoamérica o la expresión cultural sefardita.[111] Era, por si fuera poco, un promotor cultural nato, dotado de una imaginación desbordante. Estelrich le acogió y Gecé se convirtió en portavoz en Madrid de la iniciativa camboniana, expresada en la Exposición del Libro Catalán que, en diciembre de 1927, se celebró en la Biblioteca Nacional.[112] Su trato, por supuesto, fue con Estelrich, no con el jefe.

Giménez había llegado a Barcelona de la mano de Nicolas María de Urgoiti, entonces director de la Papelera Española. Los apoyos financieros para su revista, muy significativamente, procedieron del círculo bilbaíno de Lequerica –directamente relacionado con La Papelera– o de amigos madrileños suyos, como José Antonio Sangróniz, un ambicioso y muy bien conectado diplomático, muy ligado a Lequerica y el medio bilbaíno, ávido de promover la cultura española en el extranjero como baza en las relaciones internacionales.[113] Al mismo tiempo, pudo contar con fondos del rico político catalán.[114] Cambó lo explicitó en sus memorias, a la vez que dejaba ver su distancia personal, al confundir circunstancias:

> En aquel tiempo se publicaba en Madrid un semanario titulado *La Gaceta Literaria*. Lo dirigían Ramiro Ledesma Ramos y Ernesto Giménez Caballero [...] Ellos dos, en aquel tiempo, actuaban como amigos de Cataluña y del catalanismo hasta tal punto que en *La Gaceta Literaria* había una página redactada en catalán. Fueron ellos, con el Duque de Alba y el de Maura, los que organizaron la Exposición del Libro Catalán, que tanta sensación causó en Madrid y que tanto éxito tuvo, en unos por simpatía, en otros por temor. No hay que decir que tanto la Exposición como la revista fueron protegidas por mí, y, en gran parte, dirigidas por Estelrich.[115]

En realidad, Gecé trabajó con Sainz Rodríguez, y en 1927 tan sólo empezaba a conocer a Ledesma, quien, más adelante (como se verá) llegó a abordar al líder de la Lliga para darle el sablazo político. Pero el recuerdo camboniano sirve para subrayar la relativa importancia del vínculo. En sus recuerdos, Cambó añadió una descripción más bien obvia, en la que constataba que Giménez y Ledesma, «unos años después, impresionados por la mística y la fraseología fascistas, fueron, con José

Antonio Primo de Rivera, los creadores del movimiento que tanta participación tuvo en la guerra civil y que dieron a Franco el ideario en que fundamentó su régimen».[116] Lo que no se le ocurrió al jefe de la Lliga, por la proximidad, era la posibilidad de que hubieran estado –sobre todo Gecé– tanto o más impresionados por la mística y la fraseología *catalanistas.*

Con tales contactos o conexiones, añadidos a su talento innato para la publicística de altos vuelos, Giménez pudo ejercer como cara visible del oposicionismo camboniano, junto con Sainz Rodríguez, disfrutando de una posición inmejorable para su tarea de tejer redes intelectuales afines. *Con toda naturalidad, pues, Giménez pudo absober argumentos nacionalistas catalanes e incorporarlos a un sintético programa propio, tapando buena parte de su apropiación mediante su entusiasmo por la actuación culturalista del régimen italiano.* (Su actitud personal fue reforzada por el hecho de que, al igual que Sánchez Mazas, el otro autor entonces destacado por su afinidad mussoliniana, Giménez Caballero se casaría con una italiana.) Tal afición filofascista resultó muy escandalosa, dada la vaga afinidad con el izquierdismo revolucionario que iba instalándose entre la juventud universitaria opuesta a la Dictadura.[117] Por ello, Giménez Caballero pronto fue reconocido como «el primer fascista español».[118] Pero, a finales de los años veinte, el filofascismo gimeneciano servía principalmente para añadir cierto sentido picante a *La Gaceta Literaria*, en la cual Gecé siempre fue muy prudente, defendiendo *el sentido unitario del vanguardismo,* no accidentalmente en la línea propia del proyecto Cambó. Al mismo tiempo, sin embargo, la visibilidad de la importación italiana –y el desconocimiento español de lo que se pensaba en Cataluña– hizo que Giménez (junto con Sánchez Mazas) fueran vistos exclusivamente como portadores de influencias milanesas o romanas y no barcelonesas.[119]

El objetivo de fondo de toda la agitación cultural catalana en Madrid era el lanzamiento público de *Per la Concòrdia / Por la Concordia* con la adhesión de una multitud de intelectuales, como paso previo al despliegue de una nueva fuerza política que, con la Lliga, debía aglutinar a buena parte del maurismo disperso bajo la Dictadura. Era un montaje político de vasto alcance que, con la anuencia del monarca, serviría para remplazar a Primo, como dictador, por Cambó. *El veterano líder catalanista, al frente de un gabinete de claro sentido constitucionalista, sin embargo, no abriría un proceso constituyente, pero, al mismo tiempo, por su significado, iniciaría una reforma profunda, empezando por la autonomía catalana, según los términos previstos por el Estatuto Provincial de 1925.*

Llegada la ocasión, sin embargo, a principios de 1930, todo salió mal. Cambó, camino de Madrid para encabezar el gobierno, descubrió que tenía cáncer (una enfermedad infamante, en el sentido de que su público anuncio parecía una sentencia de muerte) y se negó a dar explicaciones de su inesperada negativa a formar gabinete, en la que fielmente fue secundado por Gabriel Maura, líder del maurismo de signo parlamentarista. Con cierta confusión, se tuvo que recurrir al general Dámaso Berenguer, poco dotado (como él fue el primero en reconocer) para un encargo político tan delicado.[120] Luego, la excursión a Barcelona, como festejo publicitario de hermandad catalano-castellana, de una multitud de intelectuales madrileños que, convocados por Sainz Rodríguez, habían firmado en 1924 una protesta contra las medidas dictatoriales de supresión del uso público de la lengua catalana, resultó un estrepitoso fracaso político, ya que fueron los republicanos, y no la Lliga, quienes se beneficiaron de la propaganda.[121] El muchísimo trabajo de Estelrich (desde la capital catalana y con el talonario abierto) y de Giménez (desde Madrid) quedó en nada.[122]

Dada la relativa desaparición de Cambó, en tratamiento en Londres, la compleja operación unitaria para una transición controlada que el líder de la Lliga había ido preparando se disolvió. La constatación de la desinflada camboniana llegó con tardanza, entre febrero y marzo de 1931, cuando, paradójicamente, parecía que el jefe catalanista recuperaba todo el tiempo perdido: a mediados de febrero, el gobierno sucesor de Berenguer lo formó el almirante Juan B. Aznar, con destacada participación de la Lliga, y, mientras tanto, Cambó, Gabriel Maura, Antonio Goicoechea y otros destapaban el Centro Constitucional, iniciativa para la formación de un *partido a escala «nacional» española con directa responsabilidad catalanista.*[123] Pero la manifestación pública del hecho de que las cosas no iban como estaba previsto fue la ruptura de Ortega y Gasset con Cambó, por lo que el pensador metido a político sería castigado por Lequerica (figura en los gobiernos de Berenguer y Aznar) y sus amigos bilbaínos, accionistas de La Papelera Española, que hicieron que su diario, *El Sol*, saliera de manos de Urgoiti.[124] Pero el retroceso de la posición privilegiada de la que había gozado el dirigente *lligaire* antes, bajo la Dictadura primorriverista, como jefe de la oposición interna, era una evidencia comentada a principios de 1931. Como, con sequedad, remarcó el editorialista de *La Nau* (Rovira i Virgili): «Todo lo que Francisco Cambó ha ganado en influencia sobre la política española, lo ha perdido en influencia sobre la política catalana.»[125]

En paralelo a la ocultación camboniana, a lo largo de 1930 y entrando en el año siguiente, Gecé empezó a perder a sus colaboradores y hasta sus amigos, movilizados por ideales izquierdistas a la vista de la evolución de la situación política.[126] Pero Gecé no desesperó. Durante los años anteriores, desde su portavoz *La Gaceta Literaria*, había intentado reproducir su inicial éxito con los catalanes en otros ámbitos, con resultados desiguales. Obtuvo algún eco en el contexto portugués y mucha respuesta entre los sefarditas, que dio para un viaje de visita y unas consecuentes ambiciones de proyección mediterránea.[127] Pero su embestida hacia Buenos Aires fue rechazada por los escritores nacionalistas argentinos, con Jorge Luis Borges a la cabeza.[128] Quiso predicar la buena nueva en Valencia y se encontró enzarzado en un agrio debate ostensiblemente sobre la vanguardia cultural, pero tras el cual se ocultaba el rechazo a la política camboniana por parte de las izquierdas locales.[129] Ahora, ante la creciente apertura política española, Gecé volvió a la carga confiado en su baza catalana. Ante el gobierno Aznar, con la Lliga, y mientras surgía el Centro Constitucional, Giménez apareció con un artículo político *en catalán*, para proponer un reparto «imperialista» de la proyección cultural hispana en el mundo entre Cataluña y el resto de España.[130] En marzo de 1931, pues, resumió su postura para con la «intelligentsia» catalana desde de las páginas de la prestigiosa *Revista de Catalunya* (dirigida entonces por el historiador Ferran Soldevila, otro dependiente de la generosidad de Cambó). Gecé ofrecía *«La concòrdia en l'aventura»*, tomando como pie tanto el título del famoso libro de Cambó, como un texto de Estelrich (de su *Catalunya endins* [1930]), donde éste repetía el argumento camboniano de que era necesario que Cataluña transformase España. Se situaba, pues, dentro de las coordenadas del proyecto Cambó, con el que venía colaborando desde hacía varios años. Es más, la inciativa de Gecé era paralela a la ofensiva del Centro Constitucional cara a las futuras elecciones legislativas que se debían celebrar bajo el gobierno Aznar, después de los comicios municipales en abril. De hecho, Giménez rehizo un ensayo suyo, ya publicado el diciembre anterior en *La Gaceta Literaria*, titulado «Mensaje a Cataluña. La concordia, en la aventura», con una dedicatoria explícita: «A Cambó».

A la histórica incomprensión mutua, Giménez ofertaba como alternativa el imperialismo; ésta, argumenta él, era la gran lección del pasado. «Mientras Castilla y Cataluña, cada una por su lado, lucharon durante la Edad Media por una expansión en territorios *no españoles* –Cataluña en el Mediterráneo oriental, Castilla en el Islam– no hubo *problema peninsular.*» Nació la confrontación cuando, primero, Cataluña perdió su imperio y su empuje marítimo, y, luego, Castilla quedó reducida a una conciencia de secano. «[...] esta Cataluña, sin mar y sin aventura, gira sus ojos, del exterior al *endins* [sic], y se encuentra con los ojos de España, que también ya miran hacia dentro. Y este cruce de miradas –de miradas desahuciadas– depauperadas y miserables, se encuentran en seco, sin ninguna promesa mutua, en un desafío que no tardará en estallar. Sólo entonces aparece el "problema castellano-catalán": un problema de recelo, de odio, de disputa por las propias entrañas, por la tierra *endins* [sic]; un problema eminente y fundamentalmente *interior.*»

En estos términos no había concordia posible («¿Concordia en qué? ¿Para qué? ¡Concordia entre canes famélicos, en la misma perrera frente a una única escudilla!»). La salida del conflicto estaba en el mar, en la expansión, donde Cataluña podía guiar y dirigir a España. No tenía sentido que los catalanes leyesen «rencores de las Ramblas» ni tampoco «política interior de Cataluña», básicamente porque no hacía falta.[131] La impronta de su éxito con los sefarditas de Salónica condicionó su voluntad de subir la apuesta ante los catalanistas, para promover una «misión» de influjo mediterráneo, lo que, como se habrá podido constatar, no era una orientación muy del agrado de Cambó.

En su texto, Gecé fue directo a las contradicciones principales del catalanismo: apuntó que todo proyecto catalanista serio –o sea, con posibilidades– era por fuerza un proyecto de reorganización española, al mismo tiempo que resaltaba la dicotomía entre los sueños nacionalistas catalanes de llevar a cabo, por una parte, la construcción interna de la patria y, por la otra, separar de tal relanzamiento nacional un esfuerzo de proyección externa. Estas ideas estaban en el ambiente, no ya en las rivales escuelas catalanistas en Barcelona, sino entre publicistas españoles, como muestra la curiosa obra contemporánea del tradicionalista Carlos Arauz de Robles, *Cataluña y el Mediterráneo.*[132] A pesar de su sentido de la oportunidad ideológica desde una óptica hispana, Giménez no tuvo en cuenta, sin embargo, la susceptibilidad extraordinaria del medio catalanista para la explicitación de estos temas, y mucho más cuando lo hacía un forastero. Peor aún, Gecé cometió el error de criticar a Macià (cuando el extremismo de éste parecía fácilmente ridiculizable) y se apuntó a la línea general de la Lliga; *por ello pagaría un alto precio político poco tiempo después.*

Un mes más tarde llegaba la República y todo quedó descolocado, con Cambó en apresurado exilio. Pero el sector más nacionalista de Esquerra Republicana, el flamante partido gubernamental de la nueva Cataluña autónoma, no olvidó el cambonismo de Gecé y le replicó airadamente, al tiempo que las insinuaciones gimenecianas a la Generalitat de Macià eran recibidas con silencio.[133] Estelrich tenía sus propios problemas. Atrevidos amigos de antaño, como el líder sindical estudiantil Antoni Maria Sbert, ahora bien situado con la Esquerra Republicana en la nueva situación catalana, no querían saber nada de antiguos conocidos comprometedores.[134] Otros amigos de Gecé, como el joven crítico Guillermo Díaz-Plaja, no estaban en condiciones de hacer favores. La verdad era que mucha de la red tejida por Estelrich con dinero camboniano se deshizo ante el acceso de nacionalistas y republicanos a las arcas del poder público: Maseras, por ejemplo, entusiasta colaborador antaño del tejemaneje de Estelrich, se hizo exaltado macianista.[135] No obstante sus esfuerzos por adaptarse, Giménez había perdido su provechoso filón catalanista, ya que la Esquerra no le necesitaba.

El triunfante republicanismo catalán hizo suyo el programa de Cambó, pero atribuyó su éxito al bálsamo mágico de la misma República. *Para mayor irritación filocamboniana, la Esquerra y sus portavoces o aliados se apropiaron de buena parte de lo que había sido la retórica de «concordia» o, inclusive, del sentido de «Nación de naciones» y de la preeminencia de una identifiación política –«imperial»– del conjunto que se sustentara sobre el patriotismo de la parte propia.* El planteamiento del socialista catalán Rafael Campalans, dirigente de la Unió Socialista (principal aliada de la Esquerra), en un discurso sobre la idea de *Hacia la España de todos,* formulaba en clave izquierdista el esquema de mutuas y beneficiosas concesiones y de identificaciones a dos niveles que habían nutrido el proyecto camboniano, sin importar que estos argumentos criticasen la falsedad e hipocresía de Cambó y la Lliga.[136] Según Campalans: «En el pacto tácito de Barcelona, entre los intelectuales de Castilla y de Cataluña, el 23 de marzo del pasado año (que yo considero de otra trascendencia moral que el pacto expreso de San Sebastián, concertado entre dos grupos de políticos), los catalanes ligamos nuestra suerte a la vuestra por un acto de libérrima voluntad. Había en España algo que colectivamente nos había ofendido a todos en la entraña más viva: un régimen de poder político jamás conocido "en todo el ámbito de la historia", según la lapidaria expresión de D. José Ortega y Gasset.»[137] Y añadió:

> La Providencia, es cosa harto sabida, tiene sus caprichos, y esta vez, peregrinamente, quiso manifestarse a través de la figura del Sr. Cambó.
>
> Y el Sr. Cambó, a quien el cielo bendiga –pues es necesaria en este mundo la política rastrera para que la política elevada tenga punto de referencia–, el Sr. Cambó, convertido en recadero del Borbón, después de cerrar con él sus tratos rufianescos, vino a Cataluña dispuesto a corromper la moza a cualquier precio. Y mientras nos amenazaba con espeluznantes calamidades y fieros males –¡oh manes del anarquista de Tarrasa!– si mostrábamos veleidades por el régimen que vosotros virilmente propugnabais, pobre Mefistófeles caduco, con halagos y zalemas abría ante nuestros ojos el consabido estuche, con un collar de perlas falsas. Y nos ofrecía nuestra *autonomía inmediata* –¡que sale mañana!– a cambio de nuestra deshonra y de nuestra abyección.
>
> Pero, ¿para qué habría podido servirnos nuestra autonomía, es decir, el respeto a nuestra facultad de ser como somos, de ser *nosotros mismos*, si, moralmente, habríamos dejado de ser?
>
> Pero, ¿para qué nuestro derecho de hablar en nuestra lengua, si habríamos perdido el alma que dicta el verbo?
>
> Y todos habréis podido ver el caso que hizo Cataluña de amenazas y halagos. Fieles a nuestro compromiso de honor, hemos proclamado la República para la libertad de Cataluña, para la libertad de Castilla y para la libertad de España entera.
>
> Después de todo esto, ya comprenderéis el extraño eco que despierta en nuestros corazones el malhadado estribillo: *¿Qué piden los catalanes*?
>
> No; los catalanes no os pedimos nada. Muy al contrario, ofrecemos. Queremos daros todo cuanto en nosotros tenga algún valor para trabajar con vosotros al servicio de la República. [...]
>
> No pedimos; queremos. Queremos poder trabajar a vuestro lado en la empresa común, de crear nuestra gran España –no la mísera España grande del Sr. Cambó.
>
> Y para ser dignos de vuestra compañía hemos de ser como somos. Hemos, simplemente, de *poder ser españoles con dignidad*.[138]

Para Campalans, el imperio era un «mito», había «momentos en que una Nación, un pueblo, vibra en un ideal colectivo» y, en este caso, el despertar de las regiones demostraba que había nacionalismos «libertadores» opuestos a los «autoritarios» y los «imperialistas».[139] En general, los socialistas catalanes redundaron en los mismos conceptos, dando la vuelta al discurso «imperial» de Cambó, para argumentar que el Estado monárquico era intrínsecamente «imperialista» en el sentido más o menos marxista del momento; la influyente postura soviética de «clase contra clase» dictaba entonces el apoyo de los comunistas a los separatismos «nacionalrevolucionarios», capaces de poner en duda el odiado «Estado burgués» y los dirigentes de la Unió Socialista no querían quedarse a la zaga. Su antiguo «austromarxismo» (igual que pasó con los mismos socialistas austríacos, con la proclamación de la diminuta República de Austria en 1919), devino formalista, prefiriendo las instituciones republicanas a los espacios coronados, así como defensor de los micro-Estados y competidor frustrado del insurreccionalismo leninista. Pero el tema central para los socialistas catalanes fue la defensa del derecho a la autodeterminación y su denuncia dirigida contra el PSOE, que respaladaba el nuevo «Estado integral».[140]

La situación quedó por entonces bien resumida por Francesc Pujols, un profesional del pintoresquismo a quien no era necesario tomar en serio. Según le citaba Miquel Utrillo, hijo: «Francesc Pujols, que como él mismo dice, no le querrían en la Lliga porque es más cambonista que Cambó, ha sostenido y todavía sostiene, a pesar de todo, la teoría de que Prat de la Riba es el Profeta del imperialismo catalán y Cambó el Mesías.» Frente a la obcecación de la Lliga y su diario en denunciar al flamante presidente catalán como un loco imbuido de su peculiar sentido de misión, Pujols bromeaba que: «Tras el triunfo de Francesc Macià, *La Veu* puede negar la existencia del *mesianismo*, pero no puede negar la existencia de los *macianistes*.»[141]

La ruptura de Giménez Caballero con el catalanismo

Incombustible, Gecé intentó redirigir su propuesta. Desde que vio al dirigente catalán rodeado de multitudes que literalmente le adoraban, Giménez Caballero había reconocido en Macià un jefe populista capaz de transformar España.

> Me imagino la fiesta y el gozo de estos días en toda Cataluña. Cataluña, ¡un pueblo en pie! ¡Nación nueva en flor! ¡Grupo unánime de gentes catalanas! Me la imagino muy bien en su paroxismo patriótico, porque la he conocido ya electrizada en lo que Salinas hubiera llamado «la víspera de su gozo». Yo sé del anhelo catalán desde la balbuceante *Oda* romántica de Aribau hasta el *Banquete* de los intelectuales en el Ritz de Barcelona. ¡Todo un siglo de anhelo: 1830-1930!
>
> Conozco el esfuerzo poético de sus primeros profetas. Y el esfuerzo político de los primeros guías cívicos. Y el esfuerzo popular de sus masas, ya, al fin, saturadas de catalanidad, hendiendo, como proas afiladas, las corrientes contrarias a su impulso.
>
> Conozco el santo y seña de todo este esfuerzo: *¡Voluntad de ser!* Yo vi, hace un año, la llegada del Avi a la Plaza de San Jaime, tras su visita estatal a Castilla. Y conté aquella visión inolvidable. Macià era el Gandhi, el Duce, el Padrecito, el Abuelo de un pueblo puesto en marcha.

¡Gran cosa ser catalán; envidiable suerte en estos momentos españoles!

Una fe colectiva, un entusiasmo unánime de banderas, esperanzas vivas, enardecimientos, de: *¡Voluntad de ser!* [142]

La oferta era clara: Castilla / Azaña ofrecía a Cataluña / Macià «el fuero –casi intacto– de vuestra independencia». A cambio se podía esperar el «fascismo hispánico», o sea, la política de masas en sentido nacionalista, más la combinación de apoyo y subsidios a la tarea cultural con la proyección internacional generosamente ayudada por las instituciones. Los amigos de Gecé le habían confesado que el presidente catalán extasiando a las masas de la Plaza de San Jaime era en verdad un jefe fascista: «Me lo confesaban también mis amigos, enardecidos republicanos catalanes. *¡Este es nuestro fascismo!... Con la condición de que nadie se entere de que es fascismo... ¡Este nuestro caudillo, nuestro Duce! Con la condición de que nadie le compare con un Duce* [cursiva original].»[143]

De hecho, Gecé dejó bastante claro en qué consistía su reconstituido proyecto catalán, aunque expresado en su especial clave, en el *Trabalenguas sobre España*, escrito en 1931. Primero explicitaba que «el problema catalán no era algo artificial», ya que «había allí unas masas jerarquizadas que deseaban unánimamente algo». Para Giménez Caballero, Cataluña, con sus multitudes enfervorecidas al paso de un jefe carismático y con sus intelectuales orgánicos nacionalistas, ofrecía un modelo que sí se adaptaba a una realidad panhispánica de salida a un imperialismo cultural nuevo. «Éste es el gran mito salvador y espléndido que Cataluña –creadora hoy de la República española– puede ofrecernos a los no catalanes, pero sí españoles; a los españoles que hemos alumbrado desde la pura Castilla el renacimiento peninsular, ya hoy en marcha.»[144] En resumen, para Giménez, la transformación juvenil del conjunto hispánico, en manos catalanas, tendría una posible dimensión internacional: «Admitiremos el planteamiento de "lo catalán" y sus últimas consecuencias, siempre que ese problema traiga consigo el planteamiento y la solución de los otros problemas peninsulares: Portugal, Gibraltar, territorios d'Oc, Marruecos, política mediterránea y balcánica, minorías étnicas como los judíos de patria española, política hispanoamericana.»[145]

Si esto no se desarrolla así –dice– el resultado no será el «abrazo», sino el «fusil». Cuando los catalanes no hacen «superespañolidad» (en el sentido también de «superrealismo») o sea, «tradición *Koiné*, común, integral», y sólo se quedan –para Gecé– mentalmente en casa, entonces no hay nada que hacer.[146] Aquí, *lo más sorprendente es la referencia a los «territorios d'Oc», reivindicación sin la más mínima tradición en el irredentismo español:* lo más parecido sería la reivindicación del Rosellón adelantada por algún vazquezmellista, como fruto posible, junto con Gibraltar, de una decida postura germanófila en la Primera Guerra Mundial; la españolidad de los sefarditas, así como la pretensión de un papel en el Levante mediterráneo, ya era visible –por ejemplo– en el brote «imperialista» del general O'Donnell a mediados del siglo anterior.[147] En cambio, incorporar la mitología pancatalanista a un sueño imperial de signo español, en aquel tránsito de 1931, demuestra la dependencia de Giménez respecto al proyecto Cambó y a su articulación por Estelrich, por mucho que, como ya se ha señalado, el Mediterráneo no era precisamente el mayor objetivo camboniano. Sin embargo, este protagonismo catalán traía consigo un riesgo claro: «¡Terrible experiencia la de España durante tres siglos ante pueblos suyos con *voluntad de ser!*»[148]

En realidad, el juego ideológico catalán se había hecho demasiado alambicado para realizar la especie de inserción ideológica que pretendía Giménez Caballero. *El relativo parecido que las ideas de Gecé, su filofascismo incluido, podían tener con alguna corriente intelectual dentro del ultracatalanismo, como las sugerencias provocativas de la publicística del poeta Foix y de su amigo Carbonell, se quedaron en coincidencias accidentales, sin mayor trascendencia.*[149] *Pero Giménez Caballero ha quedado demonizado como la encarnación del fascismo español, mientras que Foix y Carbonell quedan como patriotas brevemente equivocados, o, según cómo, ni tan errados.*[150] Su ostentosa participación en revistas fascistas italianas le convirtió en el más visible «hombre de Mussolini» en el contexto hispano, aunque ello estuviera lejos de la verdad.[151]

De hecho, al no tener que homologar sus fantasías nacionalistas con un Estado ya existente, con todo el peso de su tradición y su tangibilidad, Foix y Carbonell o hasta Estelrich, como tantos otros conservadores radicalizados de Europa, *podían tener la pretensión de coger sólo una parte del fascismo para lograr sus fines peculiares*, queriendo escoger.[152] En cierto sentido, el proyecto Cambó –el cual, en grado diferente, los unos y el otro asumieron– fue un intento de dar ese salto selectivo, sin tener que pagar el precio. *El proyecto «imperial» al revés, desde la «comunidad» para arriba (planteamiento que, entre otras cosas, delataba la nueva influencia intelectual germánica en el ambiente), parecía un recorrido mucho menos arriesgado.* A finales de 1933, Estelrich lo resumió en su libro *Fénix o l'esperit de Renaixença*, aparecido el año siguiente: «Porque *Renaixença* es sentido de grandeza», con lo que «Grandeza es despliegue de una nobleza», pero «[e]l genio, la grandeza, tiene una función social»; en otras palabras, hombres de acción, como Prat de la Riba, y poetas, como Maragall, actuarían para dar a la vez solidez y relevancia universal a Cataluña. Según Estelrich, pues, había «dos patrias», la «real, tangible, exterior, geográfica, demográfica» y «la patria interna, ideal».[153] Este lenguaje vaporoso, en apariencia anodino, tenía un sentido militante y duro dentro de su contexto ideológico. El abril siguiente, el poeta y animador cultural Josep Maria López-Picó comentó –en su diario– su lectura del *Fènix* estelrichiano de la siguiente forma contundente: «Brava defensa del ideal totalitario y de las virtudes de jerarquía y respeto; actitud salvadora de la vitalidad del pasado para que sea útil a la acción; ambición humanista; gozo y poder en equilibrio; justicia y responsabilidad, garantías de salud, libertad y plenitud la ganancia de la Cataluña por la que vivimos.»[154]

A la llegada del régimen republicano y a pesar de sus ocasionales reminiscencias, Foix había abandonado sus principales ambiciones políticas, aunque le gustaba sentenciar sobre la evolución general. No pudo resistir la tentación de una última llamada ideológica –con Carbonell– en la coyuntura de radicalización ultracatalanista de 1934.[155] Carbonell, además de llevar su Oficina de Relacions Meridionals del patronazgo de la Lliga a la protección de los nacionalistas en la Esquerra Republicana, pretendía encabezar la corriente católicocatalanista expresada por el diario *El Matí*, que entraría en el influyente partido democristiano surgido a finales de 1931, la Unió Democràtica de Catalunya.[156] *Siempre brilló el sueño ambicioso de que la Unió Democràtica recogiera los diversos hilos del nacionalismo radical y lograra la gran unión catalanista, capaz de reunir desde el ala nacionalista de la Esquerra hasta la misma Lliga.* A pesar de los esfuerzos de Estelrich y de los contactos de Cambó con los *jelkides* reorganizados, sería la Unió la que se aprovecharía del vínculo con el análogo nacionalismo «democristiano» vasco.[157] El «practicismo» camboniano apuntaba a la relación vasca de forma táctica, sobre todo cara a la propia política interna catalana y al sector nacionalista, pero prefería jugar la carta de las «derechas autónomas» de la CEDA mediante la Derecha Regional Valenciana, siempre conectada de una manera u otra a la Lliga. El problema, pues, era cómo entenderse con Gil-Robles.[158]

Tras diversas tentativas de aproximación, Gecé quedó por fin desengañado del nuevo medio catalán, aunque supo reconocer y envidiar sus implicaciones populistas, como el exaltado culto a *l'Avi* Macià. Una vez visto el panorama, Giménez Caballero se lanzó a las posibilidades del escenario madrileño, coqueteó con Prieto sin éxito, se lanzó hacia Azaña, para escándalo de éste, y acabó en las páginas del diario de Joan March, ya que el financiero mallorquín era accesible, pues vivía en la misma casa que los padres del azaroso promotor cultural.[159] La ruptura abierta entre Estelrich y un Giménez cada vez menos Gecé se hizo visible durante un encuentro cultural a gran escala en Roma, en el marco del Congresso Volta, en noviembre de 1932.[160]

Con el Estatuto catalán, las utopías peninsulares tomaban otro cariz. Foix, Carbonell, Estelrich, así como otros, por ejemplo Rossell i Vilar, tomaron la ruta de Galeuzca (Galicia-Euzkadi-Cataluña), en una compleja operación de hostigamiento político a la izquierda de la Esquerra desde los medios nacionalistas, incluidos los del mismo partido de Macià, bajo la mirada complaciente de la Lliga.[161] Para muchos de los que se apuntaron a la agitación multinacional antiespañola, ésta fue una vía alternativa al mismo objetivo jerárquico y corporativo de siempre, pero manteniendo el sueño de la división en pequeñas patrias. Estelrich, pues, parecía dirigirse a Giménez Caballero en un punto de su ensayo *Catalanismo y reforma hispánica*, aparecido en 1932.[162] Llegado el año siguiente, tambien Foix insinuó su ruptura.[163] Era lógico, pues, que en su texto, ante un público internacional en el Convegno Volta de Roma Estelrich apelase a la tradicional defensa de las minorías: ¿sería posible un apoyo italiano a las reivindicaciones catalanas, como lo era, por ejemplo, a las de los croatas?[164] Esto no era precisamente el «circuito imperial» romano con el que Gecé soñaba. Giménez, en su texto romano, destapó su gran esquema, «Nueva catolicidad sobre Europa», que era, a la vez, el guión de su próximo libro, tras su *Genio de España*, y un guiño a algunos sectores dentro del juego de facciones ideológicas dentro del fascismo italiano, que era, al fin y al cabo, un campo de promoción para el escritor madrileño entonces en pleno desarrollo. De forma característica, toda la oferta gimeneciana era un complejo juego de palabras, en el cual el movimiento mussoliniano había de ser el heredero de casi todo. Para el lector atento, *La nueva catolicidad*, libro aparecido en 1933, era en gran medida una respuesta al Convegno Volta en general y, más en concreto, a Estelrich.[165]

Como observa el historiador Ricardo de la Cierva: «Todo el libro está saturado de excursiones por la Historia, no siempre ridículas. Giménez Caballero ve en el fascismo la nueva posibilidad de reunión de España, Alemania e Italia; la reedición, frente a Francia, del Imperio de los Austrias.»[166] Dicho de otra manera, *Giménez retuvo el esquema filogermano de la «España grande» lligaire, la afirmación camboniana de que era imprescindible construir poderosas macroentidades políticas, en vez de débiles microentidades con cierta independencia jurídica pero sometidas al protectorado de alguna gran potencia, incluso el giro orsiano que convirtió el «imperio» de un ensalzamiento de la sociedad civil catalana a una afirmación de la cultura cívica europea (la «civilización»).* Ante el peligro de Rusia y América, Giménez, en palabras de un resumen muy posterior, consideró que «los *nacionalismos* [sic] plurales y divergentes, en el mismo seno de Europa, vienen creando desde la edad Moderna una psicosis de inseguridad y de inquietud que ha hecho perder a Europa la firmeza y la gracia de su misión señorial.»[167] Para Giménez, en el fondo, él se había mantenido fiel a los términos de la «España grande» y del proyecto camboniano, tal como los había entendido; eran Cambó –y especialmente Estelrich– los que, en aras del oportunismo político, se pasaban a la defensa de la multiplicidad de los Estados pequeños, que amenazaba España con el fraccionamiento. *Lo que Gecé había admirado en Estelrich era la confianza catalanista en la fuerza de la «unidad cultural», modelo que el madrileño pretendía fuera aplicable al conjunto español, a cambio de cierto pluralismo compensatorio para los catalanistas. Pero la afirmación de la superioridad de las partes al todo le pareció un paso intolerable.*

Resumiendo, la situación catalanista amenazaba la gran baza restante de Giménez Caballero, que era su –por fin– privilegiada relación con los italianos. A finales de 1932, este autodenominado «Robinson literario» todavía no tenía mucho más que su naciente vínculo con March, siempre un vínculo delicado. Con el triunfo hitleriano a principios de 1933, Estelrich y la política exterior de la Lliga abandonaron definitivamente su orientación germánica, procedente de tiempos de Stresemann, y buscó un acercamiento a los italianos, ahora tan distantes del nuevo régimen republicano español como cercanos habían estado al primorriverismo. *Pero los nuevos amigos de la Lliga, en todo caso, no eran exactamente los mismos elementos dentro del fascismo italiano a los que Giménez buscaba impresionar.* En la medida en que su propia situación requería una mayor definición, Giménez decidió atacar a Estelrich retrospectivamente, lo que, por añadidura, tenía la virtud de borrar sus huellas como agente madrileño suyo. Así, mirando atrás con ira, ante las macroperspectivas europeístas que se le presentaban en el encuentro romano, Giménez Caballero –escribiendo en *La nueva catolicidad*– no pudo soportar que:

> [...] todos los representantes de «minorías nacionales» en el Congreso Volta de Roma se cargaban de razón al exaltar los derechos de sus nacioncillas a una vida autonómica. Joan Estelrich llegó a afirmar que *la esencia* de Europa pervive mejor en estos núcleos pequeños de diferenciación nacional que en los grandes. Para Estelrich es más *europea* Cataluña que España, porque su «sentido de diferenciación» (origen de los nacionalismos europeos) es más vivo que en el resto del país. Claro que este querido amigo catalán tendrá que admitir la posibilidad de un nacionalismo del barrio de Gracia en Barcelona en cuanto ese barrio logre una diferenciación lingüística sobre el catalán fabricado por Pompeu Fabra.[168]

Al final, pues, Cataluña resultaba una vía falsa. A partir de sus amistades influyentes como Sangróniz o Lequerica, que le habían respaldado en sus diversas inciativas (Sangróniz no sólo le favoreció en su campaña filosefardita, sino que respaldó, como presidente, al famoso Cine-Club madrileño), Giménez se lanzó a la conquista de la derecha madrileña, pero se encontró con que el medio monárquico era más cerrado de lo que parecía.[169] Su pasado contestatario le hacía dudoso. Sus libros *Genio de España* y *La nueva catolicidad* fueron éxitos de lectura entre la juventud, pero provocaron envidias o reticencias entre autores más establecidos. Tras la exigencia gimeneziana a Maeztu no de una sino de dos reseñas favorables, el quisquilloso alavés se enfadó y le cogió manía.[170] Por mucho que Giménez se acercara a Acción Española, su visita era recibida con frialdad, y más cuando Maeztu publicó su gran obra teórica, *Defensa de la Hispanidad*, en 1934.[171] *En su libro, Maeztu volvió al «menéndezypelayismo» más estricto: el sentido más «imperial» español y la unidad hispana dentro de la diversidad eran fruto de la religión verdadera.*[172] Aunque muchos se equivocaron al leerlo (incluyendo a algunos historiadores posteriores), *La nueva catolicidad* de *Giménez prometía que la Roma de Mussolini sobrepasaría a la católica:* el fascismo –en su sentido primogenio, como pulsación unitaria– remplazaría al Vaticano en la construcción del futuro europeo.[173] Esto, para los creyentes fieles o los neotradicionalistas más cínicos reunidos en Acción Española, era auténtica herejía de estadolatría. Se encargó a Eugenio Montes, un antiguo orsiano devenido ecléctico sin nido, a escribir un ataque frontal en las páginas de *Acción Española*, siempre guardando las formas y sin mencionar jamás a Gecé.[174]

Tan dura fue la embestida que Giménez abandonó el terreno y se aproximó más decididamente hacia lo que era la Falange en construcción. Pero incluso allí perdió credibilidad ante los giros verbales de Sánchez Mazas, que claramente era el preferido de José Antonio.[175] El antes bullicioso Gecé quedó reducido a proyectarse sobre otro personaje marginal, el joven oriolano «Ramón Sijé» (José Marín Gutiérrez), que fue dándole asimismo la espalda.[176] Maeztu, por tanto, se comió mas de una gallina, con lo que se borró el vínculo del nuevo «imperialismo» vanguardista madrileño y el añejo «imperialismo» catalán.

Ledesma y el catalanismo

De su experiencia culturalista y política con la Lliga, Giménez Caballero sacó ciertas conclusiones que fue dilucidando con mayor desencanto en los libros que fue publicando entre 1931 y 1933: *Trabalenguas de España,* luego *Azaña* y finalmente sus mayores piezas de ensayismo chocante *La nueva catolicidad* y *Genio de España.*[177] Básicamente, Giménez recuperó el «imperio» soñado del nacionalismo catalán y lo situó en un contexto obviamente relacionado, pero diverso: la elaboración de una nuevo tipo de nacionalismo español.

Gecé tuvo sus jóvenes discípulos, pero todos más temprano o más tarde le abandonaron. La idea «imperial», sin embargo, la pasó a Ramiro Ledesma Ramos, que fue muy brevemente seguidor gimeneciano (estuvo entre los «intelectuales castellanos» invitados a Barcelona), antes de buscar su propio camino político.[178] A su vez, algunos siguieron a Ledesma, como Tomás Borrás, Guillén Salaya y Juan Aparicio en su empresa «imperial».[179] *Ledesma hasta creyó oportuno dirigirse a Cambó para que el político catalán financiara su nueva iniciativa,* un semanario de combate titulado nada menos que *La Conquista del Estado.* En una cita en el hall del madrileño Hotel Ritz, Cambó rechazó la invitación de Ledesma y el exaltado zamorano tuvo que dirigirse a Lequerica y Sangróniz para su hoja.[180] *Una vez más, el grupo cercano a Lequerica recogió lo que se sembraba desde el catalanismo conservador.* Su estado de ánimo tras el desencuentro con Cambó le llevó a un anticatalanismo que se cebó en la flamante situación macianista en Barcelona, soñando con alcanzar, a través del comandante Ramón Franco (entonces diputado de la Esquerra) las masas de la CNT. Tan duro devino su tono que Gecé pronto se dio de baja del núcelo ledesmista, para buscarse la vida por su cuenta.

El 2 de mayo, Ledesma clamó contra la «Alta Traición» catalana, y pidió que se unieran los «¡Hispanos, de frente a Cataluña!», si bien siguió cantando que: «La Cataluña imperial no es la de los ministerios del señor Macià. La verdadera Cataluña imperial es la española.»[181] El 9 de mayo se apuntó al carro de Ramón Franco en alianza con los grupos anarquistas más insurreccionalistas, en vísperas de la quema de conventos: «Carta al comandante Franco. ¡Hay que hacer la Revolución!»; Ledesma entendía que «La ruta imperial» pasaba por la revolución portuguesa que notoriamente apoyaban Franco, los grupos anarquistas alrededor de Durruti y, más timidamente, el gobierno provisional de la República.[182]

> Hay, pues, que someter a un orden la Península toda sin la excepción de un solo centímetro cuadrado de terreno. Hay que dialogar para ello con los camaradas

portugueses, ayudándoles a desasirse de sus compromisos extraibéricos, e instaurar la eficacia de la nueva voz. Portugal y España, España y Portugal, son un único y mismo pueblo, que pasado el período romántico de las independencias nacionales, pueden y deben fundirse en el imperio. Frente a esa Europa degradada, mustia y vieja, el imperio hispánico ha de significar la gran ofensiva: nueva cultura, nuevo orden económico, nueva jerarquía vital.

Así, era imprescindible el acceso de la juventud al poder, hacer la revolución de Franco y Durruti contra Alcalá Zamora, Maura y hasta Azaña. Al mismo tiempo, había que superar «la leve mirada regional». «De ahí –continuaba Ledesma– que cuanto acontezca en relación a Cataluña signifique para nosotros una especie de prueba de nuestra capacidad de imperio. Ni la más mínima concesión puede hoy ser tolerada.»[183]

¿En qué consistía la «idea imperial» de Ledesma? No era un sueño africanista, si bien puede que no desdeñara alguna expansión colonial. Al contrario, *bajo la retórica exaltada se encontraba el viejo sentido catalanista de que un contexto «imperial» era la realización de la verdera configuración peninsular en su sentido geográfico, hacer efectiva la Hispania con Portugal y construir un Estado Nuevo, más auténtico por su representatividad nacional, superador de la ficción legal unitaria del liberalismo decimonónico.* Era la creación de la suma de las partes, con un consecuente despertar de energías y la configuración de un mercado interno (internacional) y externo (también internacional) que llevaría al reconocimiento de lo español, en conjunto, como de primer rango en la producción cultural del mundo. Esto era el contendio del proyecto Cambó, al que se había sumado Giménez Caballero. Era, asimismo, el sentido de la «civilización imperial» de la inagotable prédica de D'Ors.

Claro que Ledesma le dio un giro al argumento que, hasta unas semanas antes, había estado dispuesto a seguir. En el enfoque catalanista, el énfasis siempre estaba en las partes, camino para la producción del todo triunfal. Ledesma, con un criterio españolista bastante sencillo y muy lógico con su bagaje tanto intelectual como humano (era inmigrante zamorano a Madrid), planteó saltar etapas y llegar al resultado final, lo que además favorecía un enfoque revolucionario y por tanto apresurado del devenir de la política y tenía la bendición de ser congruente con el hegelianismo aplicado.

El problema de fondo de Ledesma era el hecho de que sus aliados soñados estaban –de hecho, aunque no doctrinalmente– comprometidos con el macianismo y su especial proclamación de la República federal o confederal y su «Estado Catalán». Los grupos anarquistas que aceptaban el liderazgo de «Los Solidarios» (luego denominados sencillamente «Nosotros») –Durruti, Ascaso y García Oliver– en una alianza con los «técnicos» militares encabezados por Ramón Franco, ahora flamante director general de Aeronáutica en el Ministerio de la Guerra y diputado por la Esquerra, pretendían forzar una dirección revolucionaria a la nueva República, deshaciéndose de los elementos relativamente conservadores del Gobierno provisional, en especial Alcalá-

Zamora y Miguel Maura. Su esperanza máxima, a la que se dedicó Franco con entusiasmo, fue mantener el proyecto revolucionario republicano de simultanear un alzamiento portugués con el cambio español. Para ello, su propósito era «legislar desde la calle», mediante la presión manifestada en ella, antes de la convocatoria de las elecciones al parlamento constituyente, a las cuales los ácratas, por razones doctrinales, no creían necesario, ni deseable, presentarse.[184] No era una idea tan descabellada, ya que el 14 de abril –que trajo el cambio de régimen– no fue la fiesta espontánea que se suponía, sino un calculado desafío, liderado por el sector más izquierdista de la gran alianza republicana, de forzar las cosas: el Gobierno Aznar prefirió no limpiar las calles a tiros y el rey se retiró, como explicitó su bando de despedida, para que no corriera la sangre.[185] De ahí, por lo tanto, la quema de los conventos, entre Madrid y Andalucía, de los días 10 a 12 de mayo, coordinado –con el apoyo indiscutible de Ramón Franco, que autorizó el reparto de queroseno de Cuatro Caminos–, para forzar de nuevo la mano gubernamental, ahora ya republicana, y que dio el fruto de concesiones como la cámara única de las Cortes.[186] Las algaradas destructivas sirvieron como último intento de forzar una dinámica a la vez asamblearia y federalista desde la calle, antes de que las fórmulas parlamentarias alejasen la dirección política y la definición de las instituciones de la presión del sector insurreccionalista del anarcosindicalismo.[187] Su efecto más sólido, no obstante, fue la radicalización de la postura católica, lógicamente escandalizada por la pasividad de la fuerza pública, políticamente maniatada ante la evidente provocación. *Aunque disimulara, la posición de Ledesma y su grupo era insostenible. En consecuencia, apuntó cada vez más al anticatalanismo.*

Establecida la corriente de Ledesma alrededor de *La Conquista del Estado*, el incipiente medio galleguista ofreció una importante cantera, la figura más destacada de la cual fue Santiago Montero Díaz, en la Universidad compostelana, quien, de participar en el proceso estatutario gallego, se enfadó tras un enfrentamiento con los nacionalistas por la cuestión de la primacía de qué idioma en el futuro sistema autonómico, y se abocó hacia el comunismo, paso marcado con una obra, *Los separatismos*, que *defendía los argumentos más o menos macianistas sobre la separación como medio político idóneo para realizar una superior reunión posterior.* En realidad, estaba en tránsito ideológico.[188] Tras un sostenido diálogo con Ledesma (señalado por otra obra suya, *Fascismo*), Montero acabó por sumarse a una postura nacionalrevolucionaria española que, mediante una dura y trabajada conversión, concordó con las tesis «imperialistas» de Ledesma.[189]

El componente no sólo gallego, sino galleguista, del ulterior «jonsismo» y, más adelante, de Falange, fue un respaldo constante para la reflexión sobre el «imperio» español a edificar, como superación del «nacionalismo romántico» cuya mejor –aunque errónea– expresión, se alegaba, eran los sentimientos de apego regional y las ideologías resultantes (según un famoso escrito de José Antonio Primo que quiso resumir la doctrina falangista en este tema). El «imperio» falangista, muy al contrario del chabacano nacionalismo españolista, debía ser alzado con un respeto insistente por «los hombres y las tierras de España», es decir, por su diversidad regional, casi nacional, siempre supeditada al superior *Schicksalsgemeinschaft* o «comunidad de destino».[190]

Vista la extensión de contagios catalanistas y el refuerzo de otras partes y experiencias regionalistas, *hay que subrayar que el único personaje destacado del conjunto falangista que se mantuvo impoluto de influencias catalanas fue Onésimo Redondo,* cuyo desinterés en los planteamientos procedentes de Barcelona iba parejo con una suspicacia propia de quien se había formado en el medio político castellano de Valladolid, casi activamente alérgico a cualquier insinuación del foco industrial del noroeste.[191] Ledesma, situado –aunque fuera con ánimo provocativo– en el medio vanguardista madrileño, tenía serios problemas de comunicación con Redondo, cuyo fondo era intensamente católico, casi integrista y que, por esta vía tan primitiva, sintonizó con el nazismo mediante pulsiones antisemitas. Redondo, que ha sido caracterizado como un «nacionalista castellano» inconsciente, tenía una preocupación morbosa por el hipotético separatismo, ya lo percibiera en función de una peligrosa relación especial entre Portugal y Galicia (su famosa denuncia del nacionalsindicalista luso Rolão Preto) o por culpa de las más habituales amenazas catalanas.[192] Por ello, *cabe la interpretación de que Ledesma, una vez metido en su campaña de agitación contra el macianismo en Barcelona y recibiendo apoyos en su empeño por parte de los españolistas bilbaínos (como el joven José María Areilza, hijo del tan querido doctor), utilizara su anticatalanismo en alza como un medio para ganarse el apoyo de un provinciano y ultracatólico Redondo, cuyas preocupaciones distaban mucho de las suyas.*[193] Aunque fuera por adopción, Ledesma fue un intelectual urbano, cuyas teorías aspiraban a desafiar a los «izquierdistas de boquilla» de la «Cacharrería» del Ateneo madrileño y convencer al proletariado anarcosindicalista de Barcelona, que quiso dejar muy atrás su pasado de inmigrante zamorano a la capital estatal. Le debió de resultar difícil encontrar un terreno ideológico común con el núcleo vallisoletano y, en este sentido, la causa antiseparatista vino que ni pintada.

La ductilidad de la noción de «imperio» era muy parecida al juego que daba de sí el concepto «nacionalsindicalista» y al permanente equívoco que permitía a los anarcosindicalistas: ¿si se podía hablar con Pestaña o con Abad de Santillán, no sería posible captarlos para la causa nacionalrevolucionaria común.[194] Era el mismo sueño que abrigaban muchos ultranacionalistas catalanes respecto a la CNT.[195] El gran malabarista de la frontera con el anarcosindicalismo fue Ledesma, ya que un «señorito» como Primo tenía pocas posibilidades de diálogo genuino. Ledesma buscó esta confusión casi desde el primer momento, con su llamamiento a Ramón Franco en los primeros meses de la República, cuando éste era aliado de los grupos anarquistas, pero también en sus más sonadas apariciones públicas, como en su conferencia en el Ateneo de Madrid en 1932 con su impactante camisa negra y corbata roja.[196] Dicho de otra manera, *Ledesma quiso hacer ideológicamente suya a Cataluña, pero a partir de la que era «revolucionaria» y sindicalista, para imponerse a la nacionalista.*

Giménez salió de Falange al tiempo que Ledesma, después de haber defendido la variedad regional o pluralismo histórico de España como argumento contra el mando único en el primer Consejo nacional de jefes de Falange en octubre de 1934. Primo de Rivera se salió con la suya, y por añadidura dio forma definitiva a los puntos programáticos del partido, incluyendo la definición de la «unidad de destino» y la «voluntad de imperio». Llegada la ruptura a principios del año siguiente, se remarcó la diferencia entre uno y otro; mientras todos estaban de acuerdo en que la salida de Ledesma fue ideológica y política, malas lenguas aseguraban que Giménez había cobrado un precio más elevado al normal por publicar el órgano falangista.[197] La siguiente tentativa política gimeneciana sería como jefe de un partido empresarial, contando con el negocio familiar y al abrigo, siempre seguro, de March.

José Antonio Primo de Rivera y el recuerdo falangista del «imperio» catalanista

Ni Giménez ni Ledesma fueron los únicos de lo que sería la futura confluencia falangista que pasó por el contagio catalanista. También Julio Ruiz de Alda fue, brevemente, candidato por Estella por el camboniano Centro Constitucional, hasta que se dio de baja, por discrepancias.[198] Finalmente, en contraposición a los demás protagonistas falangistas, José Antonio Primo de Rivera no tuvo inteligencia especial alguna con Cambó, ni con el medio del catalanismo. Su conocimiento del contexto catalán vino en cierta medida de su experiencia en Barcelona el breve tiempo que su padre fue capitán general.[199] En sus escritos y discursos mencionó escasas veces al jefe de la Lliga y esas alusiones fueron más bien negativas y esterotipadas.

Sea como fuere, bien al contrario de Giménez Caballero o de Ledesma Ramos, Primo, como político o ideológo, fue directo a la contradicción con Cambó, quien, para José Antonio, más que Macià, era, un poco paradójicamente, el principal escollo para el reconocimiento pleno a la personalidad nacional diferente de Cataluña. Algo de rabia le debía guardar a un Cambó que estuvo detrás de la operación que eximía al monarca de su plena responsabilidad, para cargar todas las culpas sobre el general y dictador. En las *Obras Completas* del joven Primo de Rivera sólo aparecerían unas pocas referencias al líder regionalista (más, sin embargo, que las otorgadas a Macià), todas entre abril de 1934 y enero de 1936, cuando Cambó era un protagonista clave en la política de combinaciones entre el presidente Alcalá-Zamora, Lerroux y Gil Robles. A veces, para José Antonio, Cambó era un viejo casi entrañable, con sus manías de anciano; otras era un «nigromante» capaz de las peores manipulaciones. A finales de marzo de 1935, el jefe falangista publicaba unas notas sueltas en la revista *Arriba*, incluyendo una nota –«Cataluña»– que pretendía sentar doctrina sobre el catalanismo. «Cuando el 14 de abril las multitudes catalanas tomaron como grito el de "¡Muera Cambó, viva Maciá!", ¿creían acaso haber recobrado la autenticidad poética de su nacionalismo? Se equivocaban: aquella autenticidad poética estaba ya muy envenenada por Cambó y los suyos. Los gritos separatistas que aclamaban al *avi* frenético no hubieran sido posibles sin la cauta preparación de los capitalistas ocultos tras la Lliga: han bastado tres años para que los hilos vuelvan a las manos de siempre. Y aquí está otra vez, frío, hábil, sinuoso e insaciable, el catalanismo de Cambó.»[200]

Para Primo de Rivera *junior,* al contrario de para muchos autores de la derecha monárquica, no había mucho donde escoger entre Macià (ya muerto en la Navidad de 1933) o Cambó.[201] Es más, en la lógica vagamente neomarxista que él utilizaba para mostrarse avanzado socialmente, Cambó era –si eso hubiera sido posible– peor que los separatistas. En esto, se asemejaba más al populismo agrarista católico de Redondo. Según José Antonio Primo:

> Reaparece el fantasma amenazador del catalanismo. Ahora es Maciá, con sus gesticulaciones de loco, quien lo encarna; es Cambó quien, con su frialdad característica, sentencia la irresolubilidad del problema catalán. Lo dice con el mismo helado lenguaje con que registra un químico la certeza de un experimento: «Pese a quien pese, el problema de Cataluña subsistirá.»
>
> He aquí sobre la escena otra vez el más turbio ingrediente de los que componen el complejo catalanista. No olvidemos la Historia: el catalanismo nace políticamente cuando España pierde sus colonias; es decir, cuando los fabricantes barceloneses pierden sus mercados. No se oculta entonces a su pausada agudeza que es urgente conquistar el mercado interior. Tampoco se nos oculta que sus productos no pueden defenderse en una competencia puramente económica. Hay que imponerlos políticamente al resto de España. Y nada mejor para imponerlos que blandir un instrumento de amenaza al mismo tiempo que de negociación. Ese instrumento fue el catalanismo. Eso que antes era viejo, poco sentimental, expresado en usos y bailes, fue sometido a un concienzudo cultivo de rencor. El alma popular catalana, fuerte y sencilla, fue llenándose de veneno. Áridos intelectuales compusieron un idioma de laboratorio sin más norma fija que la de quitar toda semejanza con el castellano. Cataluña llegó a estar crispada de hostilidad para con el resto de la Patria. Y esta crispación era invocada por sus hombres representativos en cuanto llegaba la hora de negociar un nuevo arancel. Los representantes de la burguesía catalana alquilaban sus buenos oficios de apaciguadores del furor popular a cambio de obtener tarifas aduaneras más protectoras.
>
> Éste ha sido el tortuoso juego del catalanismo político durante treinta años. Lo que en Cataluña fermentaba como expresión de una milenaria melancolía popular, en Madrid se negociaba como un objeto de compraventa. *El catalanismo era una especulación de la alta burguesía capitalista con la sentimentalidad de un pueblo* [sic].[202]

Lógicamente, en tal esquema, fundamentado en la crítica liberal e izquierdista española a la bastante imaginaria «plutocracia catalana», la figura de Macià no encajaba. Sin embargo, y a pesar de todo, el fondo primorriverista (la inherente naturaleza del nacionalismo como «movimiento poético») le vendría de la experiencia camboniana. En su intervención parlamentaria con ocasión de la discusión habida en las Cortes acerca de la suspensión o de la derogación del Estatuto catalán tras la revolución de octubre de 1934, Primo de Rivera afirmó que:

> Hay muchas manera de agraviar a Cataluña, como hay muchas maneras de agraviar a todas las tierras de España, y una de las maneras de agraviar a Cataluña es precisamente entenderla mal, es precisamente no querer entenderla.
>
> Para muchos este problema es una mera simulación; para otros este problema catalán no es más que un pleito de codicia: la una y la otra son actitudes perfectamente injustas y perfectamente torpes. Cataluña es muchas cosas más que un pueblo mercantil: Cataluña es un pueblo profundamente sentimental; el problema de Cataluña no es un problema de importación y de exportación; es un problema dificilísimo de sentimientos.
>
> Pero también es torpe la actitud de querer resolver el problema de Cataluña reputándolo de artificial. Yo no conozco manera más candorosa y aún más estúpida de ocultar la cabeza bajo el ala que la de sostener, como hay quienes sostienen, que ni Cataluña tiene lengua propia, ni tiene costumbres propias, ni tiene historia propia, ni tiene nada. Si esto fuera así, naturalmente, no habría problema de Cataluña, y no tendríamos que molestarnos ni en estudiarlo ni en resolverlo; pero no es eso lo que ocurre, y todos los sabemos muy bien. Cataluña existe con toda su individualidad, y muchas regiones de España existen con su individualidad, y si queremos conocer cómo es España y si queremos dar una estructura a España, tenemos que arrancar de lo que España, en realidad, nos ofrece.[203]

Igualmente, en una de sus intervenciones parlamentarias en febrero de 1934:

> En Cataluña hay un separatismo rencoroso de muy difícil remedio, y creo que ha sido, en parte, culpable de ese separatismo el no haber sabido entender pronto lo que era Cataluña verdaderamente. Cataluña es un pueblo esencialmente sentimental, un pueblo que no entienden ni poco ni mucho los que le atribuyen codicias y miras prácticas en todas sus actitudes; Cataluña es un pueblo impregnado de un sentimiento poético, no sólo en sus manifestaciones típicamente artísticas, como son las canciones antiguas y como es la liturgia de las sardanas, sino aun en su vida burguesa más vulgar, hasta en la vida hereditaria de esas familias barcelonesas que transmiten de padres a hijos las pequeñas tiendas de las calles antiguas, en los alrededores de la Plaza Real: no sólo viven con un sentido poético esas familias, sino que lo perciben conscientemente y van per-

> petuando una tradición de poesía gremial, familiar, burguesa, maravillosamente fina. Esto no se entendió a tiempo; a Cataluña no se la puede tratar con miras prácticas, y teniendo en cuenta que es así, por eso se ha envenenado el problema, del cual sólo espero una salida si una nueva poesía española sabe suscitar en el alma de Cataluña el interés por una empresa total, de la que desvió a Cataluña un movimiento, también poético, separatista.[204]

Como muestran los textos –hasta el punto que el falangismo, entonces y en tiempos franquistas, en varias ocasiones intentó hacer proselitismo en Cataluña orientado hacia el medio catalanista a partir de la prédica joseantoniana–, *Primo de Rivera hijo tuvo una sensibilidad importante para aprovechar temas catalanistas, hasta el punto de equiparar el separatismo con el falangismo como «movimientos poéticos», uno de sus elogios máximos.*[205] Es más, se mostró ansioso por enfatizar su sentimiento de distancia del anticatalanismo irreflexivo, expresado en tiempos del debate autonómico: remarcó, en un breve discurso, a principios de enero de 1934, en la sesión necrológica de las Cortes por Macià (a quien, por cierto, no hizo alusión alguna), cómo «cuando [...] se planteó en diversas ocasiones el problema de la unidad de España», algunos aprovechaban para añadir «una serie de pequeños agravios a Cataluña, una serie de exasperaciones en lo menor, que no era cosa que el separatismo fomentado desde este lado del Ebro». Así, Primo de Rivera *recogía una de las observaciones comparativas más apreciadas desde el catalanismo, la distinción entre separatistas en Cataluña y separadores en España, planteamiento que uno duda que encontrara fuera de un medio catalán.* Y concluyó en aquella ocasión: «Yo aseguro [...] que creo que todos pensamos en esa España grande cuando la vitoreamos o cuando la echamos de menos en algunas conmemoraciones. Si alguien hubiese gritado muera Cataluña, no sólo hubiera cometido una tremenda incorrección, sino que hubiera cometido un crimen contra España, y no sería nunca digno de sentarse entre españoles.»[206]

La razón de fondo, que también resumió José Antonio en aquel breve discurso, era una experiencia imperial común:

> Nosotros amamos a Cataluña por española, y porque amamos a Cataluña la queremos más española cada vez, como al país vasco [sic], como a las demás regiones. Simplemente por eso: porque nosotros entendemos que una nación no es meramente el atractivo de la tierra donde nacimos, no es la emoción directa y sentimental que sentimos todos en la proximidad de nuestro terruño, sino que *una nación es una unidad en lo universal* [cursiva original], es el grado en que se remonta un pueblo cuando cumple un destino universal en la Historia. Por eso, porque España cumplió sus destinos universales cuando estuvieron juntos todos sus pueblos, porque España fue nación hacia fuera, que es como se es de veras nación, cuando los almirantes vascos recorrían los mares del mundo en las naves de Cas-

> tilla, cuando los catalanes admirables conquistaban el Mediterráneo unidos en las naves de Aragón, porque nosotros entendemos eso así, queremos que todos los pueblos de España sientan no ya el patriotismo elemental con que nos tira la tierra, sino el patriotismo de la misión, el patriotismo de lo trascendental, el patriotismo de la gran España.[207]

El trasfondo doctrinal del discurso joseantoniano remitía, primero (aunque no exclusivamente) a la tradición catalana, hasta precatalanista, para la identificación de *«la terra»*, y, en segundo lugar, tal como ya hemos visto, a la lectura catalanista de Barrès y su peculiar noción de ser francés mediante una ineludible experiencia regional, ideas que fueron el punto de partida de los pensadores de la Lliga, tanto D'Ors como Cambó.[208] En todo caso, no era el lenguaje más usual en el nacionalismo español de los años veinte y treinta, que solía –por ejemplo, Maeztu– situar la «hispanidad» en términos religiosos.

Sin embargo, como ya se ha señalado, José Antonio Primo llegó a tener un acceso a los argumentos centrales del «imperialismo» catalán mediante sus largas charlas con D'Ors en Madrid más o menos durante el año anterior al famoso acto fundacional del Teatro de la Comedia en octubre de 1933.[209] Cambó, que le trató socialmente en alguna (muy contada) ocasión, retuvo una impresión relativa del líder falangista que, sin ser del todo negativa, dejaba algo que desear.[210] En la estimación camboniana, Primo, a diferencia de Giménez y Ledesma, no fue una oportunidad perdida, pero tampoco le vino a pedir dinero. Cambó no le dio mayor trascendencia a lo que él llamó las *«curioses amistats que tingué Catalunya en [el] període dictatorial»* de los años veinte. Según Cambó, Ledesma y Giménez, más el hijo del ex dictador, habían sido *«els creadors del moviment que tanta participació tingué en la guerra civil i que donaren a Franco l'ideari en què fonamentaria el seu règim»*.[211]

El imperio falangista

La posibilidad de que una mayoría de los cuadros intelectuales fundacionales del falangismo hubieran tenido, cada uno por su cuenta, una relación privilegiada con el nacionalismo catalán es, por fuerza, más que una coincidencia.[212] Incluso aquellos personajes que nunca tuvieron un vínculo directo con el contexto doctrinal catalanista, como Montero Díaz, llegaron a un conocimiento relativo gracias a su relación íntima con el galleguismo. Y el personaje auténticamente inmaculado, Redondo, aparece como «la excepción que muestra la regla», dada la manera en que Ledesma supo manipular sus sentimientos más bien primarios. Sin duda, algunos lugares, como Toledo o las plazas africanas de Ceuta y Melilla, podían llegar a una nostalgia por los logros históricos del «Imperio» español o una retórica «imperialista» por su propia circunstancia.[213] Igualmente, alguno pudo llegar desde el galleguismo en versión órside, como Eugenio Montes (a través de Acción Española y su campaña contra Giménez).[214] Pero tales casos se explican a sí mismos, como experiencias locales, y no aclaran la raíz del falangismo teórico que, sumando jonsismo y otros componentes, nació en Madrid entre 1931 y 1933.

En resumen, *para entender la radicalización del nacionalismo español hasta el punto de que rechaza su misma definición nacionalista y se proclama imperial, hay que mirar el silencioso y silenciado diálogo entre el catalanismo conservador y el españolismo que surgió desde que Prat de la Riba empezó con su evolución ideológica y Cambó y D'Ors codificaron su mensaje «imperialista». Tal influencia –y sobre todo tal resultado– no interesaba a ninguna de las partes desvelar. La inopia era mucho más fácil y mucho más cómoda.* En realidad, por parte falangista solamente Giménez Caballero fue consciente de la interacción en toda su magnitud. Pero Gecé, con su desbordante imaginación y su inquietud incesante, pronto quedó desacreditado, especialmente entre sus propios camaradas.[215] Tampoco D'Ors quiso dilucidar su personalísima evolución, ya que ello le hubiera llevado a reconocer su fracaso en el catalanismo, su torturada relación con Cambó y su peculiar camino personal en la Falange de Franco, que tampoco fue un éxito, al menos en los términos que su considerable vanidad podía considerar como válidos. Los demás protagonistas (José Antonio Primo, Ledesma, Ruiz de Alda, hasta Redondo) no tuvieron tiempo de reflexionar sobre sus fuentes doctrinales antes de ser barridos del escenario histórico. Una vez que Ledesma salió del falangismo en 1935, su debate con el pensamiento político derivado del contexto catalán (expresado en su Discurso a las juventudes de España) era con el comunista heterodoxo Joaquim Maurín y no con los catalanistas, fueran de izquierdas o de derechas.[216] El sentido de su polémica se hace más comprensible todavía si se entiende que Ledesma tuvo, desde el inicio de su carrera política, una rivalidad con el Bloque Obrero y Campesino, el partido de Maurín, que, por añadidura estaba en aquella coyuntura en medio de una breve aproximación al líder ex comunista francés Doriot, en rápida evolución hacia la extrema derecha.[217]

En todo caso, ya para 1935, se estaba endureciendo la codificación del pensamiento de Primo, hasta convertirse en doctrina de partido. Y los tristes epígonos y exégetas que vinieron a continuación de la Guerra Civil no iban a descubrir arriesgados mediterráneos, sino a repetir verdades consabidas y hasta manoseadas. Las trayectorias paralelas a la joseantoniana, por tanto, quedarían sometidas a un forzoso rediseño interpretativo, con el consiguiente olvido de iniciativas perdidas.

Como ha observado el conocido historiador Zeev Sternhell, todo lo que dijo Hitler en su *Mein Kampf* ya se había dicho antes, y no por autores marginales, sino por primeras plumas, grandes personajes de la preguerra. Los componentes ideológicos de lo que sería el fascismo se encontraban en el repertorio del pensamiento político desde los años ochenta del siglo XIX en adelante.[218] Se ha explorado poco, fuera de los caminos más evidentes, los ascendentes del fascismo español. Del mismo modo, se ha supuesto, con frecuencia muy gratuitamente, la simbiosis de catolicismo y españolismo derechista, cuando su relación es mucho más compleja, complicada por la herencia liberal y centralista del Estado. Así, por ejemplo, se ha argumentado sin más matiz que un «sindicalismo mediterráneo» –definido como tal, como si fuera un programa orsiano– era el trasfondo católico y corporativo de las derechas en, por ejemplo, Argentina.[219] Pero todo esto es ya otra historia.

En el marco catalán, la tesis «imperial» como solución catalanista para España fue hasta cierto punto tapada y olvidada, como se suele hacer con las vergüenzas de familia y los asuntos embarazosos en general. En 1931, el éxito republicano catalán, con su refulgente baño de independentismo macianista, encontró una solución dualista sospechosamente parecida a la más sencilla solución camboniana, con una puerta constitucional abierta a la multiplicación de autonomías. Con la alegre frivolidad y falta de memoria propia de la política hispana, el republicanismo escondió –en el fondo, a conveniencia de todos– la vieja idea «imperial». Escuchar las lecciones ideológicas impartidas por políticos como Campalans debió resultar exasperante para cualquiera que hubiera seguido la pauta anteriormente marcada por Cambó.[220] La Lliga, por supuesto, encajó el disgusto, ya que, con su consabido accidentalismo en las formas de gobierno, pudo aceptar la República, y más si ésta llevó consigo la autonomía para Cataluña. Más difícil resultaba tragar la comparativa arrogancia de la victoriosa izquierda catalana. Puestos a medir soberbia, la Lliga no aceptaba lecciones de nadie, y con ese espíritu realizó su renovación en 1933, pasando de subtitularse «Regionalista» a definirse genéricamente como «Catalana».[221] Pero, bajo la adecuación superficial, su tendencia ideológica se mostró como conservadora no sólo en sus contenidos, sino también en la preservación misma de las ideas. *Una vez codificado el esquema de Prat, éste se sometería a constantes reelaboraciones, pero más en el tono o en sus matices que en la sustancia. El rediseño camboniano del argumento principal de la Lliga frente a la Dictadura primorriverista, en apariencia pudo cambiar las prioridades doctrinales, pero un ajuste tal en el orden de los factores no alteraba su sentido final.*

Dado el gusto por la retención, que hacía de la trayectoria *lligaire* una especie de desván del cual siempre se podían recuperar trastos ideológicos viejos en la medida que recuperaban su utilidad, siempre hubo quien quiso reivindicar el «imperio» como tal, incluso en los años republicanos. Entonces, este tema se hizo más visibles en los aledaños valencianos de la Lliga, con Joaquim Reig, cuyo *«valencianisme totalitari»* se fundamentaba en la más reciente reivindicación teórica del «tercer» Imperio Británico.[222] En 1926, la Conferencia Imperial hizo frente a las consecuencias de la guerra irlandesa resuelta cuatro años antes: el inconveniente de una entidad, el Estado Libre de Irlanda, equivalente a un «Dominio», pero fruto de una feroz orientación republicana, que rehuía la aparencia monárquica que tenían el Canadá y las demás «colonias blancas» del Imperio. Ello puso en tela de juicio los derechos que, por ley, desde 1865, tenía el gobierno británico de invalidar cualquier legislación colonial y exigir la participación colonial en cualquier esfuerzo militar metropolitano. El acuerdo allí establecido convirtió los «Dominios» en «comunidades autónomas» incorporadas como conjunto en una Commonwealth, y el resto, encabezado por la India, en el «Imperio británico» en su estricto sentido colonialista. Esta resolución tomó cuerpo jurídico en el Estatuto de Westminster en 1931. La gran virtud del término Commonwealth era que no significaba nada (resulta intraducible al castellano o al catalán, siendo su equivalencia antigua la de «cosa pública» o hasta «república»). La Commonwealth agrupaba a Estados que eran independientes en su capacidad legislativa, pero que también eran interdependientes, que retenían un deber «afectivo» a la Madre patria y, se entendía, una obligación defensiva en caso de guerra (aunque esto siguió siendo un tema muy espinoso).[223]

Nada sorprende que, dada la desilusión que rodeaba el histórico concepto de «imperio» en la posguerra, la Lliga se entusiasmara con la idea de *Commonwealth,* ya que representaba una nueva fórmula confederal, del todo moderna.[224] Por el contrario, para las izquierdas hispanas, cuando pensaban en el tema antes de abril de 1931, el sentido funcional de ideal residía en la misma noción republicana. Establecido el nuevo régimen, se hizo más difícil apelar a la ambigüedad con entusiasmo. Quienes vivieron la radicalización «revolucionaria» se quisieron ver como «antiimperialista» y, con alegre inconsecuencia, se enardecieron con el ejemplo soviético y su «Unión de Repúblicas Socialistas» que, en la práctica, era una reformulación «más avanzada» del mismo esquema de poder, aunque ante los ingenuos intoxicados por la ideología no lo pareciera.

El gran fallo del modelo de Commonwealth, por supuesto, era su implícito racismo blanco: en el Imperio, la «gente de color», fuera donde fuera, quedaba sometida, con unos nimios mecanismos, muchas veces decimonónicos, que representaban a los británicos u otros blancos y, tal vez, a las élites indígenas; según cómo, también podía ocurrir en los «Dominios», como recuerda el elocuente caso sudafricano. En los años de entreguerras, por tanto, la discriminación básica del sistema inglés pudo generar afinidades ideológicas que eran contradictorias sólo a primera vista. Por ejemplo, hasta la inflexión de 1936-1937 y la atracción a una órbita germana que daría lugar al «Eje» Berlín-Roma, los fascistas italianos estaban dispuestos a indicar su admiración e, incluso, su sintonía parcial con el sentido predominante de la potencia imperial británica. Este respeto lo mostraría Mussolini, pomposamente titulado *Fondatore dell'Impero,* en marzo de 1936, al convertir a Víctor Manuel III en un «rey-emperador» formalmente equivalente al monarca británico.[225] La imitación, según se suele repetir, es el cumplido más sincero.

Armada con la reivindicación del vigente esquema británico, la Lliga contestó el dualismo de hecho que, a partir de agosto de 1931, auspiciaba la Esquerra Republicana; tras una incertidumbre federalista potenciada por el ala republicana del partido gubernamental catalán, y su jefe, Lluís Companys, el presidente y caudillo (o *cabdill*) indiscutido Macià, y sus apoyos coyunturales en la ERC (como, en 1931-1932, Josep Tarradellas) *defendieron el excepcionalismo del sistema político catalán frente al sistema general republicano*. La respuesta *lligaire* –igual que en los viejos tiempos del catalanismo de principios de siglo– consistió en asumir la bandera de un renovado federalismo, sin el nombre, que había quedado como reivindicación de la extrema izquierda y, en general, de quienes buscaban el entendimiento con el anarcosindicalismo en el terreno político. *De este modo, la Lliga podía sintonizar con los nacionalismos que Macià, triunfante, deshechó como aliados en 1931 (el Partido Nacionalista Vasco, ahora nuevamente refundido, el galleguismo descontento) y defender una «alianza nacionalista» dentro de Cataluña con todo sector catalanista desilusionado con el macianismo y, fuera, con los movimientos relegados, que pronto iniciaron contactos y buscaron plataformas adecuadas, como la famosa Galeuzca en 1933.*[226] *Simultáneamente, sin embargo, Cambó podía utilizar el mismo planteamiento para entenderse con la reorganizada derecha católica española, cuya nueva plataforma de 1933, la Confederación Española de Derechas Autónomas o CEDA, incluía (como su nombre medio indica) partidarios de una regionalización generalizada según el artículo 8 de la constitución republicana, justamente para rebajar mejor la fuerza de la excepción catalana.*[227] Por este camino, incluso algunos monárquicos llegaron a insinuarse regionalistas por oportunismo, con el propósito de jugar una posible baza antirrepublicana.[228]

Era un juego opaco, hecho más confuso todavía por la tendencia de Macià en el último año de su presidencia a potenciar el peso de la Generalitat en la clásica zona pancatalanista; a su vez, una respuesta semiclandestina a la reorientación federalizante *lligaire*. Se quiso ver la mano de la Esquerra o de sus juventudes de Estat Català en la «revolución» andorrana de 1933.[229] La fuerza del modelo catalán atrajo a los perdedores de la política local en Menorca y Mallorca y en Castellón de la Plana y Valencia: ante un contexto potencialmente regional forjado de cara a Madrid, quienes salían derrotados tendieron a mirar a Barcelona como alternativa.[230] Ante el peligro, el blasquismo valenciano reiteró sus avisos, pero atribuyendo a Macià lo que antes había sido la amenaza de Cambó y que seguía siendo la temática ideológica propuesta por Joaquim Reig. «Macià [sic] sueña con ser emperador de Cataluña, Valencia y Mallorca», tronaba *El Pueblo*, su órgano, en julio de 1932. «Nada de imperialismos ni confederaciones con Cataluña», insistía en noviembre del mismo año.[231] En efecto, la relativa capacidad de atracción barcelonesa se vería más claramente en 1934, ya muerto Macià (en diciembre de 1933) y sucedido por Companys en la presidencia catalana, con la formación de organizaciones ostensiblemente clónicas como Esquerra Republicana Balear o Esquerra Republicana del País Valencià y su parcial sucesor Esquerra Valenciana, que surgían en buena medida de la desintegración de los improvisados republicanismos formados en la transición al nuevo régimen, tan espontáneos en su nacimiento como el partido gubernamental catalán, pero sin la vertebración de poder.

En el verano de 1934, Companys y la Esquerra se sumaron a una alianza insurreccional con el Partido Socialista, mientras que la Lliga aceptó las implicaciones del abrazo a la CEDA. El fracaso de la revuelta catalana de octubre dio la iniciativa a los lligueros, pero la oportunidad se disipó en poco tiempo, mientras que el ala derecha del histórico partido catalanista exploraba las posibilidades que ofrecía el modelo corporativo italiano.[232] Pero, cuando tuvo que defender el Estatuto en las Cortes, Cambó se encontró solo, atacado por el falangista Primo de Rivera, el doctor Albiñana y los rivales monárquicos Antonio Goicoechea y José Calvo Sotelo. *Cambó contestó con gran dureza, recordando a Goicoechea sus muchas sintonías abandonadas con la Lliga y mostrando su desprecio a Calvo por todo lo que representaba la excesiva idealización corporativa de la sociedad civil.*[233] *Ideológicamente, en esos debates parlamentarios se cerró un ciclo empezado casi cuatro décadas antes.*

La herencia catalanista cambia definitivamente el sentido del «imperio»

El nacionalismo catalán reorganizado ante el hecho de la autonomía en manos de la Esquerra recogió el concepto, pero lo transmutó en una extendida reflexión geopolítica. Desapareció todo atisbo de recuerdo de coronas dobles o «reyes-emperadores». *La nueva situación republicana, con su idea sintética de un «Estado integral» con una excepcional autonomía, que, sin embargo, podía multiplicarse, sin por ello llegar a ser un régimen federal, eliminó la necesidad del instrumento monárquico. Con la consagración del Estado nacional (hasta del Estado nacionalista) en la reorganización de Europa en la Paz de París de 1919, en los años de entreguerras el pancatalanismo pudo tomar carta de credibilidad política, al menos en los entusiasmos políticos que se reflejaban en Barcelona, como hipotética capital de un gran espacio lingüístico por despertar y aprovechar.*

En esta transformación de las viejas metáforas de Prat de la Riba desempeñó un papel estelar Carbonell i Gener, personalísima conexión entre las inquietudes maurrasianas y luego fascistizantes de Foix, el entusiasmo por la utopía pancatalanista y la conexión occitana, y el discurso de un catolicismo político catalanista dispuesto a forjarse un camino propio sin supeditación a las manías clericales allende del Ebro.[234] En especial (y gracias en buena medida a Carbonell), la Unió Democràtica de Catalunya, fusión democristiana de tradicionalistas y católicos catalanistas huérfanos de partido, surgida a partir de un manifiesto fundacional fechado en noviembre de 1931, supo identificarse con *la lectura geopolítica de la ya histórica noción de una axiomática «unidad cultural» catalana, avanzada en su día por Prat.*[235] Con ese mensaje, en el cual la vieja aspiración lligaire al «imperio» era reconducida, mediante el pancatalanismo, hacia una luminosa –si bien indefinida– visión de predominio territorial mediante la cultura, la flamante Unió Democràtica veía la luz pertrechada para proclamarse heredera doctrinal de la Lliga y de Acció Catalana, con una dimensión católica de la que ambos partidos habían carecido. *El territorialismo pancatalanista, utilizado tan eficazmente con la función de remplazar el «imperialismo» lliguero, fue, muy posiblemente, una influencia del nacionalismo vasco en proceso de refundición,* ansioso de mostrarse purista en su criterio neosabiniano y de desprenderse de todo posible recuerdo de debilidad filocamboniana. Para los propagandistas del recuperado y unitario Partido Nacionalista Vasco, «el pueblo español» tenía «una manera de ser, de marcada tendencia imperialista», muy al contrario de «los baskos»: «La doctrina nacionalista baska tal como tuvo el inmenso acierto de plantearla su fundador y como se mantiene y se propugna por sus seguidores es lo que llamamos nacionalismo justo por excelencia [sic], aunque llegue al separatismo, en contraste con ese otro de las naciones imperialistas que no dudan en hacer del estado un Dios o en sojuzgar a los pueblos que yacen en su poder.»[236] En todo caso, la nueva manera de ver la cosa catalana prendió. Otros autores, nada dependientes de la afirmación católica, como Nicolau Maria Rubió i Tudurí, mostraron la fuerza por entonces de esta territorialización evocativa de la catalanidad y de su potencial en la coyuntura de los primeros años treinta, pero ninguno tuvo una filiación tan dispuesta a recoger esa perspectiva como pauta militante.[237]

De este modo, *en el partido definido como unión, a la vez católica y democrática, se superaban las reticencias de Prat.* En concreto, los contenidos católicos y carlistas –con su visión de una cultura nacional catalana vertebrada religiosamente– se aproximaban a la redefinición postimperial e incluso postdinástica y postmonárquica que podía situarse en términos de «Iglesia libre en una sociedad libre de una nación libre» que no tenía por qué ser necesariamente la española, ya que era (y sigue siendo) artículo de fe que «la Iglesia catalana es diferente». El ambiente católico catalán sin ninguna duda estaba dispuesto para un cambio en la coyuntura de 1931, y en las elecciones municipales de abril, que trajeron el cambio de régimen, en Balaguer, por poner un ejemplo, se presentó una candidatura integrista bajo el sorprendente lema de «Dios, Patria, República».[238]

El innovador sincretismo de la Unió Democràtica fue capaz de recoger gentes del naufragio del tan ambicioso Partit Catalanista Republicà, reencarnación optimista de una Acció Catalana refundida (tras una breve escisión) en 1931, a un mes de la proclamación del nuevo régimen, que no supo reemplazar el protagonismo moderado o conservador lligaire en el nuevo contexto catalán. Pero, donde los de Acció se habían mostrado soberbios y suficientes, la Unió se mostró reconocedora de la tutela ideológica del histórico partido nacionalista y/o regionalista.[239] *Los democristianos catalanistas –sin querer perder su especificidad– asumieron su dependencia ante la maestría de la Lliga en el uso creativo de la ambigüedad.* Así lo indicaron, mediante una coalición electoral con la Lliga, muy significativamente bautizada «Concòrdia Ciutadana», en los comicios del Parlamento de Cataluña en noviembre de 1932, alianza de la que Unió sacó una voz y un voto en la nueva cámara. A partir de entonces, sin embargo, la Unió Democràtica desarrolló un talento considerable para situarse por delante de la Lliga en los contactos con otros nacionalismos, para convertirse rápidamente en el interlocutor imprescindible de la Lliga para cualquier montaje internacionalista, pero también el puente natural de la ERC al mundo católico *jelkide*, cerrado a los agnósticos.[240]

Este protagonismo solapado vagamente «democristiano» dio lugar a una nueva figura organizativa en el catalanismo, desde entonces imprescindible: *el promotor cul-*

tural, que actúa de manera «unitaria», sin una filiación concreta, capaz por su libertad de vínculos de instar al mayor purismo nacionalista y también a explorar las formas de agrupación parapolíticas (incluso armadas) sin exactamente implicarse. En el paso de la Monarquía a la República y en los años republicanos, esta función fue protagonizada a la perfección por Josep Maria Batista i Roca y su agrupación juvenil Palestra.[241] Como muestra su admiración incontenible por el mariscal Foch, arquitecto de la fallida «República Renana» tras la Primera Guerra Mundial, Batista suspiraba por una Cataluña independiente en la práctica sometida a la hegemonía francesa, algo como la «Bélgica pirenaica» que Macià llegó a sugerir sería la mejor solución para el país durante su exilio en el país vecino.[242]

En realidad, la Unió Democrática impuso a la Lliga un juego de hipocresía equivalente al que, a principios de siglo, el propio catalanismo «intervencionista» había realizado con tanta eficacia. Así, *el catalanismo católico se sumó a la demonización de Cambó* que habían inicado los españolistas en 1919 y que aprovecharon los republicanos (catalanes inclusive) en 1931. Véase la descripción que hizo Batista (en carta a Carles Riba, veinte años más tarde) del trato ofrecido por Cambó a un anónimo representante del PNV en una conversación acerca del plebiscito que, en 1934, querían realizar los *jelkides*:

> Un vasco amigo mío vino a Barcelona. Aunque muy joven, era diputado a Cortes y uno de los jefes del Partido Nacionalista. Hoy está en el exilio. Me expuso sus preocupaciones y dijo que desearía consultar el caso a Cambó.
>
> Convenimos una entrevista y Cambó nos recibió en su despacho de caoba roja en su casa de la Vía Layetana. Escuchó atentamente la exposición que hizo el vasco y después vino su parecer:
>
> –Han de ganar el plebiscito.
>
> –Pero Ud. ya sabe cómo son los carlistas...
>
> –No importa... Han de llevarlos a votar el Estatuto.
>
> –Pero ¿cómo?
>
> –Seguro que hay cosas que ellos querrían... Prométanles lo que ellos quieren.
>
> –Es que podríamos adquirir unos compromisos que después no podríamos cumplir.
>
> –Eso no tiene importancia. Lo importante es que voten. Engañen si hace falta. El cumplir o no cumplir es un problema diferente.
>
> El pobre vasco no sabía qué cara poner. Cambó, con su barba gris, sentado enfrente, se inclinó hacia él y le iba dando unos amistosos golpecitos en la rodilla mientras que, con voz paternal, le decía:
>
> ¡Mire!...¡Mire!... Tome ejemplo de las mujeres de la Biblia. Cuando querían matar a un general enemigo, antes se lo le llavaban al lecho.
>
> La anécdota es bastante elocuente para definir esta técnica florentina. [...][243]

En resumen, el político era malo por serlo, mientras que los idealistas se sentían del todo superiores, sin ni darse cuenta de su visible ingenuidad.[244]

La «unidad cultural», entendida como macroproceso territorial, embriagó a los catalanistas más especulativos con sueños que ellos mismos denominaron «totalitarios» hasta la hecatombre de la Guerra Civil. Toda una parte del nacionalismo radical se situó al abrigo de la pauta intelectual establecida por la Unió Democràtica, para insistir en la consecución factible de un vasto territorio pancatalanista desde el septentrional Guardamar alicantino hasta los más norteños límites de la Occitania.[245] Por supuesto, las expansiones barcelonesas provocaron airadas reacciones valencianistas contra el «imperialismo catalán».[246] En especial, tales entusiasmos tuvieron un efecto arrasador en los pasillos de la Universidad de Barcelona a partir del curso de 1933-1934. En el curso siguiente, tras la derrota de la rebelión de la Generalitat el 6 de octubre de 1934, se llegó a formar, con alguna ayudita del consulado italiano, un Moviment Nacionalista Totalitari, diminuto, pero sin duda impactante en los ánimos adolescentes.[247] Tan agitado llegó a estar el ambiente que incluso algunos atrevidos del ámbito más germanófilo de Nosaltres Sols! buscó contactos con el Partido Nazi alemán.[248] La exaltada agitación pancatalanista en las aulas barcelonesas culminaría en la turbulenta primavera de 1936, cuando la bandería de la «Catalunya totalitària» se encontró con la réplica «imperialista» española de la creciente presencia falangista entre los estudiantes, incluso en el feudo catalanista de Barcelona.

De hecho, también en las aulas pero en el cerrado ámbito erudito de los historiadores, por esa misma época se manifestaba un renovado interés por la idea imperial española del siglo XVI. El estudioso Menéndez Pidal, por ejemplo, estaba por entonces en relación con el germano Karl Brandi, biógrafo de Carlos V. Pidal incluso prologó un estudio sobre el tema en 1933.[249] Hubo algún hispanista que vio en tal ambiente una siniestra penetración germánica, con todo lo que ello podía significar en tan agitados tiempos.[250]

En todo caso, metidos en la contienda hispana a partir del verano de 1936, fueron los falangistas quienes hicieron visible la obsesión por el «imperio» hispano de «los hombres y tierras de España», tema con el cual hicieron su impronta en el ideológicamente confuso medio insurrecto.

La invisible herencia franquista de la idea catalanista de «imperio»

Aunque todavía se repita incesantemente lo contrario, el general Francisco Franco *no* lideró el golpe de julio de 1936. Es más, a los pocos días del fracaso del golpe, fue olvidado su nombramiento a la improvisada Junta de Defensa Nacional y tuvo que ser añadido por decreto ulterior, que llegó con cierto retraso.[251] La iniciativa de un hombre de negocios alemán en Marruecos, además nazi, involucró una primera ayuda germana para montar el puente aéreo que trasladó el ejército colonial a Andalucía. Pero los alemanes, que no diferenciaban muy bien entre España e Hispanoamérica (¿Legión Condor?), no quisieron saber nada de una junta de generales, que les sonaba a película de bandidos mexicanos, y exigieron un único interlocutor, que por su ascendente con los militares africanistas fue Franco.[252] Este ambicioso general supo convertir la exigencia exterior en una necesidad interior, hasta promover su nombramiento como un primus inter pares con mando superior y una representatividad temporal ante la futura reconstrucción del Estado y de una administración civil. Tal situación, una vez lograda, estaba todavía muy lejos de una dictadura longeva.

A partir del 1 de octubre de 1936, Franco, convertido en «generalísimo» con mando único y representación política de una sediciente Junta Técnica del Estado, necesitaba diseñar una oferta política articulada si quería seguir al frente del poder a largo plazo. *Dicho sucintamente, necesitaba inventar el «franquismo», algo que entonces no existía.* Como es bien sabido, el falangismo acéfalo –por la desaparición de José Antonio, fusilado el 20 de noviembre– le brindó el medio para construir su oferta política. Pero, para nuestro propósito aquí, mucho más importante fue *cómo* se utilizó el despliegue discursivo del que disponía la Falange.

Llegado el otoño, la publicación de un texto anónimo falangista, *El Imperio de España* (en realidad escrito por Antonio Tovar), que, en su impactante portada, presumía de unir los escudos de España y Portugal bajo las alas de un águila imperial, provocó un escándalo en Lisboa y protestas de Nicolás Franco, entonces representante «nacional» en la capital lusa.[253] Con tales efusiones ideológicas, que subrayaban su trascendencia «imperial» ante el mero nacionalismo españolista, los falangistas lograron imponerse como la fuerza intelectualmente más despierta del bando insurgente. La jerga «imperial» fue especialmente aprovechable para los muchos gallegos –incluidos muchos ex galleguistas– que, incorporados por el azar geográfico del golpe, sostuvieron la incipiente propaganda falangista.[254]

Las posibilidades del discurso «imperial» falangista –en vez de sus problemas– fueron advertidas sobre todo por Ramón Serrano Suñer, pariente por casamiento del flamante Generalísimo, cuando éste por fin pudo pasar a la «zona nacional» a principios de 1937. Mientras que Nicolás Franco, el primer asesor político de su calculador hermano, sólo supo ver los riesgos inherentes en la propaganda desinhibidamente «imperial» de los falangistas, Serrano, el concuñado del general, vio más allá: a su provechosa ductilidad. *Tales fórmulas servían, en primer lugar, para reducir las esperanzas y pretensiones de los monárquicos,* torturados entre las opuestas opciones de alfonsinos y juanistas, así como para neutralizar las inquietudes carlistas, reducidos a la extraña solución de promover una «regencia» al carecer de un «rey» legítimo, según el canon tradicionalista, con la muerte sin descendencia del casi nonagenario Carlos Alfonso en el mismo verano de 1936.[255] *Para la apetencia de Franco por el poder indiscutido, el «imperio» como marco jurídico tenía la inmensa virtud de insinuar todo y no significar nada.* Al contrario de lo que ocurría con cualquier solución monárquica, nadie esperaba que el jefe militar, actuando asimismo en función de jefe de

Estado, verdaderamente se coronase como «emperador».[256] Así, en parte al menos a instancias de Serrano y sus amigos en Falange, se pudo imponer el liderazgo de Franco a falangistas, carlistas y monárquicos con el Decreto de Unificación del 19 de abril de 1937. El resultado final fue que los falangistas pudieron ejercer una dictadura «virtual», más visible que sustanciosa, en compensación por el vaciado que el generalísimo Franco, con el consejo del «cuñadísimo» Serrano, hizo de su guardarropía ideológica.

En el mismo sentido de siempre del «imperio» interior de España, Raimundo Fernandez-Cuesta pudo explicar «Lo que significa para nosotros la palabra Imperio», en el opúsculo oficial *Falange Española Tradicionalista y de las J.O.N.S. en el exterior*, editado en Santander para establecer la coordinación de los múltiples núcleos que surgían, de Bruselas a Manila, en las colonias españolas diseminadas y reunidas por doquier del planeta.

> Imperio es la expresión final de la Unidad de Destino. Sin Unidad de Destino, no hay Imperio; éste es la realización completa de aquélla. La Unidad de Destino nos lleva del pueblo a la Nación, de ésta hasta el Imperio. Nos eleva de lo local a lo universal. Imperio es la vocación decidida de realizar una empresa común, es *la afirmación ardiente de una conciencia colectiva, íntima y arraigada entre varias naciones. Por eso el Imperio ha sido, es y será compatible y aun podríamos decir consustancial, con la variedad de lenguas, razas y costumbres. Es unidad en la diversidad* [cursiva nuestra]. Esto es, universalidad. Es vínculo de espíritu más que de cuerpos, es resultante de un proceso histórico y biológico. Es una construcción cerebral, arquitectura rígida y exacta, y no expresión de sentimientos o efectos de sensualidad. Pueblo que no tiene voluntad de Imperio, está llamado a perecer. Se puede o no llegar a imperar, pero lo que no se puede es abandonar de antemano el afán de alcanzarlo. La ambición, [sic] es condición inherente a la existencia misma de las naciones; sin ella, se disgregan y caen en localismos. Imperio es, pues, la fuerza centrípeta que hace posible la cohesión de aldeas y ciudades, comarcas, provincias y *naciones* [cursiva nuestra].[257]

Prat de la Riba en su día no lo podía haber dicho mejor, si bien el sentido de su posible aplicación forzosamente difería entre el impulso diversificador con el que contaba el catalanismo «intervencionista» y la pulsación unitarista del falangismo. Se puede considerar que esta similitud es pura retórica, sin trascendencia alguna. Sería un error.

Para nada se debe menospreciar este precioso recurso pseudojurídico y metafórico. A primera vista, la construcción «imperial» franquista auspiciada por Serrano era una operación difícil de comprender, que confundió incluso a más de un fascista italiano más o menos simpático al objetivo, pero confundido por lo oscuro de la maniobra.[258] El recurso a la idea (o, si se prefiere, a la ficción) del «imperio» permitió a

Franco posponer todo debate político directo sobre la construcción constitucional sucesoria a la II República de forma indefinida. Por mucho que en 1937 se hablase del «Estado Nuevo», sólo apareció el «régimen» por antonomasia, algo más bien indefinido, sin concreción jurídica de ningún tipo. *Gracias al recurso inicial del «imperio», Franco gobernó sin constitución alguna hasta 1947.*

El franquismo, en esencia, se fundamentó en reglamentos. Desde la abrogación previa, ecléctica y dispersa, de la legislación republicana realizada por la Junta de Defensa Nacional, Franco proclamó su jefatura políticomilitar (Decreto de 29 de septiembre de 1936) y, la primavera siguiente, forzó la unificación selectiva (o la disolución) de las fuerzas políticas que daban apoyo al alzamiento militar, habiéndose suprimido los partidos y sindicatos enemigos ya en septiembre, aún bajo la Junta de Defensa. Con eso bastaba, como apuntaba el jurista germano Carl Schmitt, y repitieron luego varias generaciones de juristas españoles.[259] De hecho, *la unificación iniciada en abril de 1937 era interminable*, pues siempre podía haber más unidad «bajo el imperio de» Franco: por ello, la prensa extranjera, como el *Times* de Londres, podía recoger proyectos de mayor definición del «partido único» en agosto de 1939.[260]

Para establecer un aparato civil, el punto de partida fue la ley de 30 de enero de 1938, que organizaba la Administración Central del Estado atribuyendo a Franco los poderes de jefe de Gobierno además de jefe de Estado, sucesivamente confirmada y modificada el 29 de diciembre de 1938 y 8 de agosto de 1939. El proceso quedó cubierto con un sólo texto de pretensiones vagamente programáticas –más que constitutivas–: el Fuero del Trabajo, que se hizo público en marzo de 1938; lo demás fueron medidas concretas institucionalizadoras, como los nuevos Estatutos de la Falange Española Tradicionalista y de las Juntas de Ofensiva Nacionalsindicalista (31 de agosto de 1939), la Ley de Unidad Sindical (26 de enero de 1940), la Ley de Represión de la Masonería y del Comunismo (1 de marzo de 1940), la creación del Frente de Juventudes (6 de diciembre de 1940), la Ley de Bases de la Organización Sindical (26 de diciembre de 1940) y la Ley de Seguridad del Estado (29 de marzo de 1941). Con el paso de bastante tiempo, tras dotarse de un parlamento de nominación inaugurado en marzo de 1943 (Ley Constitutiva de las Cortes del 17 de agosto de 1942), llegó a promulgar un Fuero de los españoles, promulgado el 17 de julio de 1945, que era una especie de declaración de derechos fundamentales, que explicitaba la oficialidad de la religión católica (en cita casi literal de la Constitutción de 1876), así como los límites del comportamiento individual y asociativo.[261] Por el Fuero, España se definía como «reino», remedo de la «regencia» húngara del almirante Horthy, opuesta a una restauración de los Habsburgo, fórmula que nada clarificaba (como era su intención). Precisamente el tema de la regencia húngara había sido muy comentado en fecha tan significativa para la dictadura española como 1937, cuando (ante una posible presión germana) se extendió el poder del regente magiar a decidir su sucesor, sin por ello resolver la ambigüedad de fondo.[262] A partir del Fuero, se estableció un mecanismo de consagración (la Ley de Referéndum Nacional, de 22 de octubre de 1945) y, ello mediante, a realizar un simulacro de plebiscito para refrendar la Ley de Sucesión en la Jefatura del Estado el 6 de julio de 1947 (un «sí» del 93% de los votantes, con cierta abstención).[263] Para entonces, ya estaba montada la nueva teoría excepcionalista del poder personal de Franco –su «caudillaje» intransferible– y no se necesitaba para nada el viejo artilugio del «imperio», desfasado con la derrota de los «imperios» del Eje y desaconsejable ante las descolonizaciones previsibles.[264] La evolución del franquismo, hasta culminar en la Ley Orgánica del Estado de 1967, fue un perfecto ejercicio de simulacro, en su sentido funcionalista baudrillardiano: algo que parece ser, que cumple como si fuera, pero que no es.[265]

En esta operación de largo alcance, en la que la más ligera y vaporosa ideología sustituía cualquier fundamentación legal, Serrano tuvo como consejero retórico –y, posiblemente, hasta como redactor «negro» para elaborar discursos– a Giménez Caballero, el otrora gran divulgador hispano del «imperialismo» catalanista. No es cuestión de creer su propia versión, que sin duda exageró su propia importancia.[266] Metido en el naciente tinglado propagandístico de la casa «nacional», con una rivalidad de fondo entre el órgano oficial y el oficioso falangista, Giménez se encontró frente al fracaso político de los dos grandes portavoces de un «imperialismo» españolista hostil a cualquier esquema catalanista: el famoso general Millán-Astray, maestro de africanistas y experto en autopromoción, pero demasiado grotesco para dirigir o hasta presidir delicadas cuestiones publicitarias, y Vicente Gay, que defendió desde principos de siglo una solución «imperial» para España desde sus antecedentes liberales y en función de su enloquecida germanofilia.[267] Visto el hundimiento de tales personajes, encumbrados justamente por su pintoresquismo y caídos por su ineficacia, Giménez debió de considerar que la aproximación a Serrano era la única salida prudente.

Para lograr la confección de una imagen de Franco que fuera más efectiva políticamente, Serrano utilizó las oficinas de Prensa y Propaganda de la Junta Técnica, desarrolladas en paralelo y con cierta relativa rivalidad con el Servicio de Prensa y Propaganda, digamos particular, de Falange. *Tras las experiencias algo histéricas de Millán-Astray y de Gay, la acumulación de intelectuales en diversos órganos de publicidad neofalangista sirvieron para crear un discurso propiamente franquista, que hasta entonces, literalmente, estaba por inventar.*[268] En este contexto se debe juzgar la utilidad de Giménez Caballero. Sin embargo, la indudable ligereza política de Giménez no debería oscurecer el hecho de su considerable imaginación ideológica. Su repertorio conceptual, no obstante su inventiva, había quedado fijado en *La nueva catolicidad* y *Genio de España*, obras en las que adaptó el discurso camboniano de las exigencias de «unidad cultural» de un marco español no catalanocéntrico.

Las implicaciones fueron, como poco, paradójicas. *Fue Franco quien edificó el «imperio» metropolitano de España, para su propia conveniencia y gracias a la herencia ideológica del falangismo, y fue él, por tanto, el último heredero perverso de las metáforas puestas en cir-*

culación política por Prat de la Riba. Pero Serrano sabía, como jurisconsulto experimentado (fue abogado del Estado desde 1923), lo que se traía entre manos, o al menos de los antecedentes conceptuales del despliegue ideológico falangista. De su infancia entre Castellón y Gandesa, así como de su ascendiente familiar en las tierras del Ebro, fronterizas entre gentes aragonesas, castellonesas y catalanas, Serrano retuvo un conocimiento del idioma catalán no sólo coloquial.[269] Como político, tenía un sentido claro de la relativa densidad de Cambó, tal como, más adelante, en varias ocasiones, quiso indicar. Así, Serrano hizo gala de su deferencia hacia el político catalán –en su situación más triunfante– cuando éste le visitó en su Ministerio en 1942.[270] Y, cuando el otrora poderoso ya era un personaje deshechado, Cambó devolvió el cumplido ofreciendo una «ayuda» económica en un recado traído a Serrano por Trías de Bes.[271] Más adelante, Serrano insistió en testimoniar su respeto por el político catalanista incluyendo a Cambó como posible miembro de un gobierno de sucesión al mismo Caudillo, cuando, en septiembre de 1945, le propuso, provocativamente, al dictador su retirada.[272] *Serrano, por tanto, estuvo en condiciones de tener una cierta comprensión de la propuesta «imperial» de la Lliga y aprovechar su resonancia, con un interesado cambio de significado.*

La frustración de la Lliga

¿Por qué la «burguesía» catalana –en la medida en que existiera tal cosa– debía haber hecho otra cosa que buscar apoyos ante fuerzas que habían pretendido su neutralización en 1931 o incluso su liquidación física en 1936? La suposición gratuita de un suicidio colectivo moralmente obligado es –con numerosos matices– la interpretación canónica de la actual historiográfica catalanista, vagamente «frentepopulista», surgida de la «transición» política del franquismo a la democracia y la autonomía.[273] Dejemos de lado la relativa ingenuidad de la explicación y su patente teleologismo. En realidad, sorprende más el grado de *vacilación* que mostró la Lliga en el verano fatídico que inició la contienda que su supesta adhesión inmediata, que tardó mucho en producirse.

Para empezar, la Lliga retrasó todo lo que pudo su adherencia al «Glorioso Alzamiento Nacional». Los cuadros dirigentes de la Lliga fueron ayudados a escapar por las autoridades de la Esquerra, una situación que contrastaba con lo ocurrido en Madrid a gentes destacadas de la derecha.[274] Como ha demostrado el historiador Borja de Riquer, no fue hasta mediados de octubre de 1936 –es decir, hasta después de haberse formado el gobierno Tarradellas con participación de los libertarios y cuando Franco ya se había convertido en generalísimo, con implícitos poderes de jefe de Estado–, que los lligueros cruzaron el Rubicón y se apuntaron de lleno, muy públicamente, al «Alzamiento».[275] *Hubiera sido difícil dar una muestra de lealtad a la «causa nacional» que fuera más tardía y además esperar el mínimo reconocimiento político*; incluso hubo alguna muestra de reticencia *lligaire*, antes de lanzarse.[276]

Con razón o sin ella, *las visibles dudas iniciales de la Lliga dieron alas a aquellos nacionalistas catalanes en el bando republicano que creyeron que podrían encontrar una «salida catalana» de la contienda,* o, más tarde, iniciar unas negociaciones de paz con garantías de potencias extranjeras, de la mano de los nacionalistas vascos.[277] Estas cosas, por muy discretamente que se lleven, acaban sabiéndose y comprometen, aun sin un contacto real, en especial si se trata con gente indiscreta.[278] En este sentido, *la Lliga tuvo delante el ejemplo del PNV en Álava y Navarra* y la decisión por la cual optaron los *jelkides*, con todas sus consecuencias.[279] De ello Estelrich dio testimonio fehaciente, al tratar a fondo y para la difusión la cuestión vasca y la guerra civil española, y mantenerse mudo ante la equivalente «cuestión catalana».[280] Además, durante la contienda española Cambó había jugado demasiado con los italianos para que se le tuviese un agradecimiento político destacado.[281] De sus actividades italianas la embajada española era perfectamente consciente, ya que, por ejemplo, bloqueó la traducción y edición de *Por la Concordia* en ese país.[282]

En resumen, *el aprovechamiento de la idea de «imperio» para edificar el poder franquista no sirvió de nada a la Lliga,* más allá de la evidente protección de recursos que representó la eventual victoria militar sobre los «rojos». Las esperanzas lligueras para una transición manejada, fuese en 1939 con un catalanismo falangista de la mano de Serrano, en 1943, pensando en negociar una opción catalana dentro del régimen franquista evolucionado, o en 1944-1946, con la idea de dirigir otra vez un cambio de régimen, no llegaron a ninguna parte.[283] *La postura del nuevo régimen no tenía por qué ser indulgente; es más, su propia naturaleza lo impedía.* Por lo tanto, la actitud franquista para con la cultura catalanista fue radical.[284]

De nada sirvió que Cambó abandonara el sentido clásico «imperial» del lenguaje de la Lliga y asumiera ostensiblemente el discurso religioso de Maeztu. Cambó, en agosto de 1937, pensaba que «[...] Falange es una gran fuerza, la mayor fuerza de la España nacional. Y al decir eso no pienso en el nombre sino en la vibración, en el entusiasmo.» Mirando atrás, reflexionó: «Antes, para crear un movimiento hacía falta una ideología; hoy basta con una fraseología. Y la Falange es la única fuerza franquista que tiene fraseología estridente y que, en España, aparece como una novedad deslumbrante.»[285] *Pero, cegado por la distancia, no advirtió la relación con su propio lenguaje político.* Por el contrario, se fijó, en primer término, en lo que estaba en el ambiente: en noviembre de 1938, en sus *Meditacions*, expresó su desagrado ante la mitificación de Franco (insinuaba que era un títere de Hitler y Mussolini, tal como entonces se repetía tanto) y ante el creciente culto al «fundador» falangista, que le parecía haber sido una joven promesa truncada, pero poco más.

> Los diarios blancos [es decir, por oposición a los «rojos»] que encuentro a mi regreso de Abbazia [lugar donde estaba su finca italiana, cerca de Trieste] están consagrados por completo a la apoteosis de J. A. Primo de Rivera con motivo del segundo aniversario de su fusilamiento. La apoteosis había comenzado antes de que yo

> emprendiese el viaje y ha proseguido después, tomando tales proporciones que los éxitos militares del Ebro y del Segre pasan a un segundo término.
>
> Inmensa profusión de grabados, discursos, artículos, reseñas de actos, recuerdos de todo tipo y, por encima de todo, reproducción y exégesis de textos del difunto.
>
> La propaganda nacional, casi inexistente y lamentablemente orientada hacia el exterior, cumple de maravilla en el interior la misión que los regímenes totalitarios le asignan: la creación de un formidable *bourrage de crâne* [lavado de cerebro].
>
> La propaganda había realizado plenamente la obra de crear el mito Franco, el triunfador y el ordenador; el presente y el futuro de la España triunfal. Ahora se ha lanzado de lleno a la creación, ya hace tiempo iniciada, del mito Primo de Rivera, el precursor y orientador del «Movimiento».

En todo caso, ante el uso del concepto de «imperio», Cambó fue muy escéptico, *impermeable como siempre al efecto que sus propias ideas podían tener más allá de su control:*

> La fuerza, la innegable fuerza de Primo de Rivera y de su creación, la Falange, radica principalmente en haber lanzado sobre los cerebros perezosos de los españoles una frase-fuerza y una palabra fuerza, proveídas una y otra de terrible potencia, penetrante y explosiva, de la sonoridad, el misterio y el vacío.
>
> La frase es aquella definición, estúpida y barroca de España: «España es una unidad de destino en lo universal.» La palabra, «Imperio».
>
> ¿Qué quería decir José Antonio con la famosa frase? Si él lo hubiera sabido, lo hubiera explicado algún día. Y si lo hubiera explicado, la frase hubiera perdido todo su encanto y hubiera dejado de ser fuerza: aquella necesidad que sentía el borracho de la comedia francesa *«de prononcer des mots dont je ne comprends pas le sens»* [decir palabras cuyo sentido no entiendo], es un prurito que siempre han sentido los hombres; que sienten, de una manera más aguda, las masas y los jóvenes.
>
> ¿Qué es, qué ha sido el destino de España... «en lo universal»? Difícil le hubiera resultado explicarlo, sobre todo con la última añadidura. Durante siglos, la misión de Castilla, como la de todas las otras nacionalidades de España (¡misión, mucho mejor que destino!), fue la liberación del territorio... y esta misión no tenía nada de «universal». Después, para Cataluña, la «misión» que se atribuyó fue la hegemonía mediterránea, mientras que Castilla se atribuyó otra, mucho más reducida y modesta, pero mucho más eficaz, que era la hegemonía peninsular: ninguna de las dos tenía nada de «universal»... y la segunda era más fuerte porque, siendo más limitada, era más posible.
>
> Después, en el período de los Austrias, al iniciarse la desnacionalización y la decadencia de España, entonces sí que ésta se atribuyó una misión con aires de

universalidad: el mantenimiento en España de la unidad religiosa rota por el protestantismo y la diseminación por América de la religión católica. Pero estas dos misiones, definitivamente fracasada la primera y totalmente incompleta la segunda, no pueden ser hoy un programa de futuro. Y después, la historia de España no contiene más que una serie de desastres: una retahíla de derrotas y desmembraciones primero, una secuencia de discordias y luchas interiores, después. ¿Dónde está la misión? ¿Dónde está el destino de España en el pasado que pueda revivir en el presente e iluminar el futuro? ¿Es que España, potencia de tercer orden, arruinada como saldrá de la guerra civil, puede aspirar a más que a vivir tranquila y a rehacerse, en la modestia y en la paz, del atraso y la depauperación que le ha producido tanto sus aventuras exteriores como sus discordias interiores?

Cuántas veces he sentido yo la tentación de hacer explicar a Primo de Rivera, en pleno Congreso, lo que él entendía por «destino» de España... «en lo universal». No lo hice porque sentía por él una viva simpatía y no quería ponerlo en ridículo. Y tengo mis dudas de si obré bien, ya que el mal que hizo Primo de Rivera con su frase es bien notorio. Y el mal puede hacer que su mito aparezca terriblemente amenazador.

¡Del «Imperio» hablaremos otro día![286]

A pesar de su condescendencia, Cambó parece destilar un poquito de envidia. *Al fin y al cabo, tanto hablar del «imperio» durante años para que un «pollo» metido en política se llevara todo el crédito por el invento.* Pero, en el apremiante contexto del conflicto español y de la construcción de la dictadura franquista, Cambó parecía *además padecer cierta amnesia.* Bajo las circunstancias, Cambó se acostumbró a hablarse a sí mismo en una voz y dirigirse a la situación política en otro: en la medida en que se juramentó a no criticar el contexto franquista, estableció un discurso público cada vez más ajeno al suyo propio, literalmente, de toda la vida. Cuando publicó un artículo en el diario bonaerense *La Nación* en octubre de 1937, la formulación ya no era de concordia, ni subsistía el laicismo de las instituciones, la convicción de que la solución al problema de la España partida entre castellanos y catalanes estaba en un acuerdo jurídico y político, que el «imperio» no era otra cosa que esto. Al contrario, *Cambó asumió toda la retórica religiosa de Maeztu, según la cual el «imperio» no era otra cosa que el universalismo católico* del cual, según el asesinado escritor y periodista bilbaíno en *Defensa de la Hispanidad,* los españoles siempre hicieron bandera y fe.

Los que no ven en la gran tragedia española más que una guerra civil, con los horrores que acompañan siempre la lucha entre hermanos, sufren lamentable ceguera. [...]

La cruzada de la España nacional es, exactamente, lo contrario de la victoria del bolcheviquismo en 1917, y su triunfo puede tener y tendrá para el bien la trascendencia que para el mal tuvo aquélla. [...]

Es porque tiene un valor universal la cruzada española por lo que interesa no sólo a todos los pueblos, sino a todos los hombres del planeta.

Ante ella no hay, no puede haber indiferentes. La guerra civil que asola España existe, en el orden espiritual, en todos los países. [...]

A España le ha correspondido, una vez más, el terrible honor de ser el paladín de una causa universal. Durante ocho siglos, Bizancio, en la extremidad oriental, y España en la extremidad occidental, defendieron a Europa en lucha constante: aquélla con las invasiones asiáticas y ésta con las asiáticas y con las africanas. Y cuando Bizancio cayó para siempre, España preparaba el último y formidable esfuerzo que le dio definitiva victoria, que la Providencia quiso premiar dándole otra misión de trascendencia universal: la de descubrir y cristianizar un nuevo mundo.

Cuando la Iglesia católica, en el siglo XVI, sufrió el más duro embate de su existencia, fue España la que asumió la misión terrena de salvarla. Y ya en el siglo XIX, cuando el destino de Napoleón se apartó del servicio de su patria para servir únicamente su propia causa, fue España, la España inmortal, la que ofreciendo al héroe hasta entonces invencible una resistencia inquebrantable, salvó a Europa y a la propia Francia.

Hoy se cumple una vez más la ley providencial que reserva a España el cumplimiento de los grandes destinos, el servicio de las causas más nobles, que lo son tanto más cuanto implican grandes dolores sin la esperanza de provecho alguno.

Y las grandes democracias de la Europa occidental, que miran con reserva y prevención la gran cruzada española, se empeñan en no ver que para ellas será el mayor provecho, como para ellas sería el mayor estrago si el bolcheviquismo ruso tuviera una sucursal en la península ibérica.

No es hoy momento de discutir cómo se regirá la nueva España. Pero una cosa podemos decir: España, como lo dejó probado de modo irrebatible Menéndez Pelayo, fue un más grande valor universal en cuanto fue más española, más íntimamente unida a la solera medieval que la forjó preparando la gran obra de los Reyes Católicos y de los primeros Austrias, mientras que las etapas de su decadencia coinciden con las de su decoloración tradicional. La nueva España será, de ello estamos seguros, genuinamente española, y para crear las instituciones que deben regirla no necesitará copiar ejemplos de fuera, porque en el riquísimo arsenal de su tradición más que milenaria encontrará las fórmulas para mejor servir y atender las necesidades de la nueva etapa de su historia.[287]

En sus papeles privados, Cambó jamás habló de «cruzada». Era un lenguaje ajeno a su reflexión política, por mucho que se incentivase por todos los medios para odiar a los «rojos» y para sentirse distante de lo que ocurría en Cataluña. Fuera escrito por otro y firmado por cálculo político, como pieza en el damero, en aproximación a los tradicionalistas (especialmente los que funcionaban con el «grupo de

Navarra») o como invitación a los neotradicionalistas de Cultura Española, estos últimos los únicos monárquicos alfonsinos invitados de entrada a formar parte de la fusion de FET y de las JONS, para el líder de la Lliga el balance era el mismo. Representó el final, *la negación de todo lo que él había predicado* desde que era un joven político en la primera década del siglo.

La imposibilidad de un «franquismo de la sociedad civil»

El «imperio» franquista no estaba pensado para que –como prescribía el sueño «imperial» de «concordia» propuesto por Cambó en 1929-1930– *en Cataluña se pudiera movilizar patriotismo español en catalán.* En el momento de la caída de Barcelona, fueron cortados de raíz todos los intentos, al amparo de Serrano, de experimentar con tales ideas.[288] Ni tan siquiera sirvieron para que los falangistas llevasen barretina en Cataluña, como propuso el dirigente José María Fontana.[289] El 7 de marzo de 1939, el escritor Marià Manent se encontró a Joan Estelrich. Según la versión de su hijo, usando su diario: «[Estelrich] ya era decidido partidario de la restauración monárquica, un vez que la Nueva España hubiera rehecho España. Y "aspira –escribe Manent [padre]– a crear un diario catalán en Barcelona. Ha hecho un gran elogio de Franco, hombre trabajador, sereno, modesto, el antitipo del español 'tenorio', ni apasionado *[arrauxat]*, ni amigo de hacer discursos."» Unos días más tarde, Manent coincidió en la Rambla con J. V. Foix y Josep Maria López-Picó. En las palabras discretísimas del poeta Manent: «Comentamos la coincidencia entre el programa imperial de Falange y el de ciertos teorizantes de nuestra juventud.»[290] De Foix, se rumoreaba que «al acabar la guerra [...] le ofrecieron la dirección de una revista falangista, que [él] estaba dispuesto a aceptar con la condición de que se publicase en catalán.»[291] Tales planteamientos franquistas podían ir acompañados de pretensiones sobre la Cataluña francesa, concesión indirecta a las extinguidas ambiciones catalanistas.[292] No fueron estas exigencias sólo pábulo falangista; en pleno 1941, un autor monárquico, antiguo maurista y admirador incondicional de Goicoechea, quiso sumarse a la campaña: «[...] quién sabe si con valederos más desinteresados, surgirán las reivindicaciones de nuestra Patria postergada, la España irredenta, desde el Rosellón, Andorra y el País Vasco [francés], hasta Gibraltar y el reino de Fez». De pasada, y aun habiendo hecho suyos los previsibles anatemas de Goicoechea sobre la regionalización republicana, citaba a Cambó y su *Por la Concordia* en el sentido de que quedaba pendiente (entre otras cosas, para «sostener la personalidad de Cataluña») la realidad hispánica, es decir, el iberismo, la construcción de la Hispania peninsular con la incorporación portuguesa.[293] Entre líneas, pues, quedaba un rastro descuidado, que se le pasó al censor de turno. Al final, la contribución importante fue la conceptual, bien latente, y las coincidencias entre las «reivindicaciones españolas» a expensas de Francia y viejas reclamaciones pancatalanistas tuvieron un significado muy secundario.

La supresión de la vida política y la militarización de la sociedad efectuada el verano del «Glorioso Alzamiento Nacional» por las autoridades castrenses trajo, como efecto duradero, *la conversión de los partidos políticos en grupos de presión ideológicos,* tendencia que subsistió después de la «unificación» en el «Movimiento Nacional» el año siguiente. La dispersión que afectó a los muchos refugiados en diferentes centros urbanos de la «zona nacional» hizo que estas corrientes de opinión tuvieran una considerable dispersión, agrupándose en puntos concretos según sus afinidades. D'Ors supo recogerse en el llamado «grupo de Pamplona», liderado por el cura Fermín Yzurdiaga, para actuar como su guía estético. El núcleo falangista pamplonés tendió a acumular a falangistas más o menos católicos, más bien conservadores, pero, bajo el influjo orsiano, *se convirtió en el proveedor principal de retórica verbal y visual de tema «imperial» dentro de la relativamente variada oferta que competía por dar forma conceptual y sentido plástico al «franquismo» en construcción,* siendo *Jerarquía,* «la revista negra de Falange».[294] La conexión con el medio carlista fue evidente: por ejemplo, Carlos Arauz de Robles, ya fascinado tiempo atrás por la proyección catalanista, se destapó en 1939 como orsista entusiasta al anunciar *La vuelta al clasicismo* e insistir en que: «la idea imperial preside y resume todos los elementos integrantes del clasicismo.»[295]

Hecha su significada aportación, el «grupo de Pamplona» perdió su función y se deshizo. Yzurdiaga fue sometido a voto de obediencia eclesiástico y se calló, para recibir a cambio una placa de la Gran Orden de los Yugos Rojos. Como ya había demostrado, D'Ors carecía de talento político y sólo sirvió para organizar las exposiciones-respuesta a los montajes culturales republicanos del extranjero durante la Guerra Civil o en la inmediata posguerra.[296] En todo caso, su adaptación al nuevo orden fue personalísima, con una especial nota paródica que apuntaba no se sabía muy bien hacia dónde. En los años de la contienda civil y en la inmediata posguerra, por ejemplo, D'Ors ostentó una versión harto personal del «uniforme falangista perpetrado por Serrano Suñer, y que es un mimetismo de los mandos políticos de todo grado de la Italia de Benito Mussolini, pisando D'Ors con bota alta y guerrera que nos recuerda a un Gabriel D'Annunzio pasado por la burguesía catalana.»[297] En cambio, a los barceloneses que se encontraron con el jerarca orsiano-fascista, su facha les pareció un tanto esperpéntica.[298] A pesar de todo lo ocurrido, la rabia humillada de D'Ors y su gusto por la venganza anticatalanista no había perdido su filo, y fue el mismo Serrano Suñer quien tuvo que frenar el proyecto orsiano de trasladar a Madrid el Archivo de la Corona de Aragón, que, debido a su control de los museos, ansiaba llevar a cabo como jefe del Servicio Nacional de Bellas Artes. Según el padre Tusquets, fue su primo Milà y Camps, el conde de Montseny, quien avisó a Serrano, y éste supo «disuadir con energía amistosa».[299] Dada su torpeza, después de caer estrepitosamente Sainz Rodríguez como ministro de Educación Nacional en agosto de 1939, con la formación del segundo gobierno de Franco, D'Ors desapareció del escenario político.[300]

Las respuestas catalanas al destino político que impuso el franquismo fueron siempre indicativas de la frustración; por algo, el nombre de la principal revista falangista catalana (eventualmente foco de espíritu crítico) fue precisamente eso, *Destino*, como recordatorio de «unidad de destino en lo univeral» pero también del precio que se debía pagar.[301] Estelrich, siempre conectado a su jefe, hizo lo que pudo por sostener una cierta autonomía publicitaria ante la centralización de discursos ideológicos que comportó la construcción del franquismo.[302] Por lo demás, algunas figuras destacadas de la Lliga, notablemente Ferran Valls i Taberner, siguieron la ruta marcada por D'Ors y se sumaron con entusiasmo (se hizo famoso en Barcelona su tajante «¡Llámeme Fernando!») a la labor del Movimiento Nacional y la construcción de la «Nueva España».[303] D'Ors se quedó en Madrid, sin obtener el reconocimiento que sin duda debió considerar que merecía. Su animadversión contra el medio barcelonés le dio una cierta popularidad en la capital estatal, como lo testimonia un monumento allí y no en su tierra natal. Nutría un rencor feroz contra Cambó, que podía estallar desafortunadamente en ocasiones sociales, según la manera en que se citara al prócer.[304] Su orgullo le impidió un retorno triunfal: nadie, excepto quienes actuaban como autoridades franquistas –más algún francotirador, como Guillermo Díaz-Plaja–, estaba dispuesto a concederle la razón en su famoso pleito personal con el catalanismo.

La radical incapacidad del franquismo para recoger alternativas, flexibilizarse y abrirse a los derrotados procedió de sus mismos orígenes, de la inesperada configuración del poder «nacional», de la arbitraria confección del «Estado Nuevo». *La delación, la denuncia cruzada como medio de herir a enemigos políticos, haciendo encarcelar y hasta fusilar sus parientes menos fiables tuvo un efecto devastador a largo plazo en un contexto social de parentela extendida como era entonces el hispano. Los mismos cuadros del régimen, los autodenominados «franquistas», carecían de suficiente seguridad para insinuar cualquier apertura.*[305] En palabras de un sagaz corresponsal británico: «no sólo sufren los republicanos.»[306] Como recuerda el ambiente guerrero, represivo y peligroso de Zaragoza el académico Lázaro Carreter, entonces un adolescente: «Fue tan brutal todo aquello..., angustioso. En ese momento, hasta la posguerra, no había otra posibilidad que estudiar como locos. Ni hablar, no se podía ni hablar; sólo en casa de [Eugenio] Frutos [un pequeño círculo reservado de tertulia] hablábamos.»[307] En una átmosfera tan irrespirable, todo lo que resultaba diferente era rechazado y, en consecuencia, podía ser denunciado. Así, el «bando nacional» comenzó con cierta indulgencia hacia la publicación catalana en Mallorca, fiel desde el «alzamiento», mientras que se tejía el odio al «rojoseparatismo» catalán.[308] *Para el españolismo más bruto, sin embargo, estos matices faltaban al sentido común, cuando no eran ofensivos al culto a la «unidad» política en todos sus posibles sentidos.*[309] Eventualmente, la homogenización propia de la situación de posguerra impuso un criterio igualador, de rasero españolista, que borró los matices e hizo que las concesiones de Serrano acerca de la publicación en catalán de las obras del poeta

Verdaguer por el Institut d'Estudis Catalans o tolerar (como guiño a Cambó) la continuación de la serie de la Bernat Metge le parecieran al mismo «cuñadísimo» una impresionante victoria.[310] El resultado fue que, dentro del franquismo y especialmente en la medida que se hacía imperioso pensar en el futuro, sin el Caudillo, muchísimos pensaran que hubiera sido deseable una adaptación particular catalana al régimen, una tolerancia activa e integradora, sin que nunca nadie estuviera en condiciones de actuar en ese sentido.[311]

El poder de Franco se basaba en la construcción de un poder estatal al máxime, justificado por la lucha iniciada en la Guerra Civil. *Nunca se construyó el «Estado Nuevo» en un sentido político sino que éste regeneró, muy literalmente, un armazón estatal civil desde la administración militar.* La dictadura personal del Caudillo se fue blindando con planchas de control social de tipo muy variado, cuyo diseño era lo menor, aunque –por razones obvias– no se hablara de otra cosa. De tan centralista, por miedo al cambio radical, el régimen se justificó con la «revolución nacional», o sea, con la promesa de completar el tejido social que la sociedad civil existente no era o no había sido capaz de realizar por sí sola. Dada la exigencia de control absoluto, no se podía hacer otra cosa que reconocer a la Iglesia católica como vertebradora de esa sociedad civil, a cambio de que, desde el púlpito o los bancos escolares, cumpliese con el programa nacionalizador más o menos retórico que el Estado Español por antonomasia aseguraba querer ejecutar. En tal contexto, no había «unidad cultural» posible que no fuera la dictada por la misma realidad del Estado; luego, no hubo compromiso con la regionalidad, si no era por medio de las regiones administrativas del propio aparato (militares, navales, agropecuarias, forestales, postales y restantes divisorias burocráticas), como demostraría la discusión regionalizadora del régimen, cuando por fin se planteó, en los años de los planes económicos, en función de «polos de desarrollo» y análogas categorías.

Tal cerrazón pudo desesperar a muchos, pero la verdad es que el franquismo, de tan cerrado, se estranguló políticamente a sí mismo. Como Cambó y el catalanismo «intervencionista» habían previsto tiempo atrás, sin asumir la contradicción constante y normativa de la vida social, no había sistema político que durase más de dos o tres generaciones, hecho de fondo decisivo en España, donde, hasta el presente, no ha habido una situación constitucional estable que haya durado más de medio siglo.

La frustración del camarada Ernesto

A pesar de su destacada contribución en la edificación de la dictadura personal de Franco, primero como jefe del «imperio» y luego como «Caudillo», Giménez no tuvo suerte. Carecía de talento político, siendo un publicista nato y no alguien dotado para la activa manipulación de personalidades o el manejo de voluntades. Su sentido organizativo siempre estuvo restringido a la imprenta, bajo la sombra de la cual se crió y se formó. Habiendo aportado sus ideas y su repertorio ideológico a la construcción de la dictadura de Franco, se le premió en 1937 con un puesto en el Consejo Nacional de Falange. Pero Serrano desconfiaba (no sin razón) de su fiabilidad política, y los «camisas viejas» le detestaban. Giménez tuvo el don de la originalidad en esta circunstancia, como en otras anteriores. *Pero, en tanto que político, le faltó el sentido de la oportunidad, y, por ello, otros aprovecharían fórmulas que él tuvo el acierto de entrever primero.* Con demasiada premura, intentó nombrarse a sí mismo líder de una organización de antiguos combatientes, quedando enzarzado en una agria polémica con el general monárquico Jorge Vigón.[312] Inventó el argumento del «caudillismo» antes de que fuera del todo oportuno, para ver sus fórmulas primero ignoradas durante la Guerra Civil y luego reproducidas tras 1941, con la adecuada cobertura leguleya, por avispados juristas como Francisco Javier Conde y Luís Legaz Lacambra, cuando empezó a ser urgente abandonar el discurso «imperial» y sustituirlo por otro menos análogo a las sintonías nazis y fascistas.[313]

Tampoco pudo volver a encandilar a los catalanes, por muy franquistas que éstos fueran. El poeta López-Picó relató con desprecio la visita del antaño autoproclamado «amigo de Cataluña» al españolizado Ateneo Barcelonés en julio de 1939: «Giménez Caballero en el Ateneu. Un avatar nuevo del hombre de la *Gaceta Literaria.* Muchas invocaciones a Cataluña. ¿Es que no conoce profundamente nada de su tradición y de su lealtad? Bastaría con que hojeara la *Enciclopedia Italiana* en las páginas que dedica al vocablo *Catalunya* y ello sólo le serviría como antídoto provechoso contra el verbalismo quimérico que le agita. Estamos faltos de otro tipo de apelaciones, sugerencias y colaboraciones fraternas.»[314]

Con el viaje de Franco a tierras catalanas en 1942, al cual fue invitado como cronista y corifeo, Giménez quiso destacar, enfatizando su viejo esquema filocatalanista –ahora vuelto al revés, en hipercrítica– e invirtiendo su sentido como culto al dictador.[315] Pero, igual que algunos falangistas catalanes, encontró que el sometimiento catalán bastaba sobremanera a los intereses del régimen, sin que fuera necesario un verdadero esfuerzo por generar una especificidad regional dentro del llamado «francofalangismo».[316] Tampoco tuvo éxito su tentativa de hacerse pasar por anticatalanista furibundo, denunciando las tímidas primeras ediciones en catalán que auspició su otrora amigo Joan Estelrich, a quien ya había denunciado durante la guerra.[317] Lo máximo que sacó como cargo oficial fue el rango de embajador en Paraguay, en el fondo poco menos que un exilio impuesto por los suyos, aunque Giménez, «inasequible al desaliento» (como rezaba la frase tópica del Movimiento Nacional), hizo lo que pudo por publicitar su particular aventura americana.

Sin embargo, haciendo balance, para los catalanistas –incluso, para muchos catalanes franquistas–, Giménez Caballero ya estaba entonces efectivamente demonizado como una especie de «genio maléfico» del anticatalanismo. Que sólo fuera un irresponsable verbal, que había apuntado su facilidad dialéctica al carro del poder con la esperanza de sacar alguna promoción, no le sirvió de nada. El mismísimo Franco se lo diría, con su característica y cruel sorna gallega, unos años más tarde, durante su visita oficial a Portugal entre el 22 y el 27 de octubre de 1949. Giménez lo recordaría con amargura: «No lo he entendido nunca. Franco me llamó un día, durante una recepción en Lisboa, y me preguntó: "Ernesto, ¿usted nunca ha sido ministro?" "No, mi general." Y entonces Franco dijo: "¿Y por qué habrá sido eso, Ernesto?" Luego siguió hablando con otras personas, pero a mí me dejó con esa preocupación, que me asalta en sueños. ¿Por qué no habré sido yo ministro? Ya ves, Rafael [Sánchez Mazas] sí lo ha sido y yo no...»[318]

Últimas voluntades

Entre la última fase de la Guerra Civil y los primeros «años triunfales» del franquismo, se produjo un auténtico «boom» editorial de obras que investigaban aspectos jurídicos y sobre todo históricos del «Imperio» español de los Austrias, como noble antecedente de la situación imperante.[319] Al mismo tiempo, esta ingente producción fue acompañada por un alud de libros de texto que insistían en el mismo tema, con intenciones formativas del espíritu de las futuras promociones.[320] Incluso la creación del Consejo Superior de Investigaciones Científicas en 1940 fue oficialmente descrito como la confirmación de «El imperio espiritual» español, fruto, por supuesto, de su unidad cultural católica.[321] Así, hasta los católicos más antifalangistas dentro de la contextura faccional del régimen pudieron barrer para casa mediante esta hueca retórica. *Todo ello sirvió para borrar las huellas de contagio catalanista, hasta que ya nadie, ni por un lado ni por el otro, se acordaba.* El tópico quedó aislado como un resentido recuerdo localista: ¿De dónde, sino es así, surgió el asentamiento que la postura «blavera» –ardorosa denuncia de la supuesta conspiración del «imperialismo catalán» y «el oro de Barcelona»– encontraría en el País Valenciano durante la «transición democrática» de los años 1976-1977 y que ha cundido, con tan eficaz rendimiento político, durante más de dos décadas?[322]

Los antiguos protagonistas de la idea «imperial» de la Lliga, sin embargo, no podían olvidar, si bien tampoco estaban seguros de la utilidad o el acierto de reivindicar su originalidad. Durante la Guerra Civil, Lluís Duran i Ventosa había tenido que enfrentarse a la delicada diferencia entre el catalanismo y las ideologías triunfantes en el franquismo. Al término de la contienda, con el «Estado Nuevo» cada vez más afianzado, en octubre de 1939 publicó en Argentina un mamotreto teorizante, *La esencia de los nacionalismos. Sus virtudes y sus peligros.*[323] Como observó Cambó al leer el libro, Duran trataba el «nacionalismo exacerbado» como fenómeno fundamental «en todos los países con régimen totalitario», lo que le incomodó un poquito («todo el libro está influido por la lectura del *Mein Kampf* que le dejé cuando vivíamos juntos en Rapallo»), si bien el líder *lligaire* pensó que era necesaria una reflexión que establecería la relación entre el nacionalismo propio y los extremismos ajenos.[324] Duran tenía un estilo de exposición muy prolijo y su obra, que resulta difícil de seguir, fue malentendida por la mayoría de sus lectores. En realidad, Duran –en contraste con los demás «prohombres» de la Lliga– pretendía dar una respuesta meditada a la relación entre el viejo sueño «imperialista» catalán y el «imperio» español de Franco, entonces en pleno esplendor. Su análisis partía de la autocrítica tras la debacle que, desde el punto de vista que fuera, representó la Guerra Civil para cualquier ambición catalanista. Para situar el «imperialismo» catalanista en toda su profundidad, Duran formuló el problema en términos de «jactancia» nacionalista: «Desapasionadamente se ha de reconocer que una cierta dosis de jactancia colectiva es casi inevitable.» Y, precisó, aludiendo entre otros a la dirección misma de la Lliga: «Jactancia, que no perjudica precisamente por lo que moleste al extraño. Perjudica principalmente al propio pueblo interesado, porque no le permite medir el valor real de su propia fuerza. Ni aun los hombres responsables de su dirección, más serenamente videntes, pueden, a menudo, contener los efectos de estas jactancias o, si se quiere, de estos convencimientos íntimos de una valía exagerada. ¿Influyó algo de esto en la preparación de la catástrofe del estado checoslovaco? ¿Ha perjudicado a los vascongados y a los catalanes de España?» Pero, con toda su relevancia, ello no era el problema más importante. *Duran quiso apuntar –siempre en su lenguaje abtracto y elíptico– al contagio producido entre el catalanismo y el españolismo, al traspaso de las ideas metafóricas de Prat de la Riba, «unidad cultural» e «imperio», forjadas para disipar el poder centralista español, a un discurso estadólatra español.* En sus palabras:

> El nacionalismo ofrece, en ocasiones, serios peligros a los pueblos que no saben darse a sí mismos una medida exacta de sus fuerzas.
>
> Este peligro se señala especialmente cuando un determinado nacionalismo se encuentra en el estado descrito en uno de los capítulos de este libro, llamándolo estado defensivo. Es decir, cuando una Nación vive en un estado de inferioridad dentro de un Estado de otra Nación, o animado por un espíritu nacional que le es hostil. Por una reacción natural, hecho perfectamente explicable y doctrinalmente justificado, lucha el pueblo para afirmar su nacionalismo. Defiende sus características nacionales. Se esfuerza por los medios de que dispone, [sic] para extender a todos sus elementos la conciencia de su personalidad. Combate a los que se oponen al reconocimiento del hecho, o que, resignándose a su evidencia en el terreno puramente ideal, rehusan las consecuencias que en el orden político se imponen.

Y añadió Duran:

> Pero esta fe que lógicamente ha de determinar y determina los renacimientos nacionalistas, en algunas ocasiones los lanza al peligro de un cálculo equivocado del propio valer y de las posibilidades de una obra eficaz. Es comprensible. Nin-

gún nacionalismo, en estado de renacimiento (como tampoco cuando se encuentra en el estado ya avanzado de expansión), se exalta con juicios moderados, ni con imparciales apreciaciones críticas de las cualidades del propio pueblo. La tentación de la exageración del valor de cada nacionalismo, [sic] es un fenómeno muy humano. *Lo que hay es que sus efectos envuelven peligros de cierta naturaleza cuando se trata de pueblos en nacionalismo satisfecho [es decir: con Estado propio] y aún [sic] más agresivo, y sobre todo de pueblos de nacionalismo exuberante. Y de naturaleza muy distinta, cuando aquella exageración del valor general del propio nacionalismo se da en pueblos que, de momento por lo menos, sólo pueden aspirar al reconocimiento de su personalidad para ocupar un lugar relativamente modesto en la vida del mundo.* [cursiva añadida][325]

Duran entendió perfectamente que la españolización del esquema catalanista, *pasado de metáfora a poder, de impulso centrífugo a refuerzo centrípeto,* llevaba directamente a una dictadura cuyas pretensiones internacionales eran desaforadas y grotescas.

Por lo demás, llegado el momento oportuno, tras la caída de Serrano en 1942 y sobre todo tras la de Mussolini el año siguiente, *todos los espabilados en el franquismo se deshicieron de la idea de «imperio», ya plenamente agotada su utilidad para legitimar la dictadura personal de Franco y cada vez más desfasada. Bajo la presión de los acontecimientos externos, fue el «caudillaje» el concepto del futuro más o menos inmediato.*[326] En resumen, como subrayaría la Asesoría Nacional de Formación Política del Frente de Juventudes en 1947, parafraseando muy intencionadamente a la famosa frase de Cambó: «¿Monarquía? ¿República? ¡Caudillaje!». «España –aseguraba el Departamento de Propaganda de la Asesoría– tiene el honor de haber alumbrado una forma de Gobierno nueva».[327] Solamente los escasos puristas, como Santiago Montero Díaz, fieles al cambio ideológico de Ledesma, intentaron mantener el viejo ideal «imperial» en pie, si bien su interés cada vez más se restringía al ámbito doctrinal más abstruso del falangismo oficial, rayano en la disidencia.[328]

Mientras tanto, algo de la brasa que incendió el ya periclitado catalanismo «intervencionista» quedó en el ambiente catalán, por mucho que fuera oculto siempre en la clandestinidad– por el estilo postrepublicano de la Unió Democrática y afines. Ello podía conectar con los monárquicos, al fin y al cabo la oposición interna tolerada del régimen. Con sabio oportunismo borbónico, Don Juan, en 1941, al hacerse pretendiente a la Corona española por la abdicación de su padre Alfonso XIII, escogió el título de «conde de Barcelona». Había de ser título soberano, a sugerencia de Sainz Rodríguez, pero el nuevo «rey» dudaba entre Navarra y Barcelona, buen reflejo de su decidida coloración ultraderechista en su juventud, en los años republicanos, cuando, dentro del monarquismo, los «juanistas» eran todavía más radicales, por su apertura al tradicionalismo, que los «alfonsistas» de estricta obediencia, liberales a la antigua.[329] El hecho de escoger el título de la casa de Barcelona le acercó, por lo tanto, a la peculiar línea catalanista ante cuestiones de Coronas y constituciones. Según Carles Sentís, don Juan fue instruido en temática catalana por Josep Carbonell i Gener en Lausana, durante la segunda posguerra mundial, cuando el pretendiente se acercó al exilio socialista y confederal.[330] Entonces más de un antiguo ultracatalanista intentó hacer las paces políticas con el cambonismo. Ramon Arrufat i Arrufat, antiguo cerebro táctico del Partit Nacionalista Català en tiempos republicanos, lanzó en 1946 dos obras, con la esperanza de impulsar las propuestas de Cambó –una, bien explícita y directamente clandestina, bajo el pseudónimo de «Ramon de les Borges Blanques», titulada *La sol·lució [sic] Cambó*; la otra, escondida para despistar a la policía dentro de una redacción superficialmente españolista, con invocación indirecta a Menéndez y Pelayo: Pelayo Menéndez y Solà [sic], *La unidad hispánica. España y Cataluña (1892-1939)*.[331] El propio don Francesc mantuvo sus opciones abiertas financiando el grupo catalanista radical, «mandatarios de los combatientes catalanes del Desastre Nacional», reunido en el destierro mexicano alrededor de la revista *Quaderns de l'Exili* (J. M. Ametlla, Lluís Ferran de Pol, Raimon Galí, Joan Sales).[332] Preparados los contactos en múltiples direcciones, Cambó pensaba hacer una entrada espectacular en Barcelona con motivo de las fiestas de la Madre de Montserrat, fechando su retorno para mediados de abril de 1947, con el objetivo de replantear su situación política. Pero una reacción infecciosa aparentemente provocada por la inyección obligatoria contra la fiebre amarilla, necesaria para la escala aérea en África durante el largo vuelo transatlántico, le mató el día 30 de ese mes, con poco más de setenta años.[333] Sin Cambó, ya no era lo mismo, y toda inciativa de alta política quedó discretamente olvidada.

Los cuadros supervivientes de la antigua dirección de la Lliga insistieron en su argumento de siempre, modificado por los hechos y también por las exigencias de la censura: el resultado era de una vaguedad considerable, pero el afán de antaño por las grandes entidades divisibles seguía vivo. Las nuevas pistas supranacionales de la Lliga –o mejor, de sus viejos dirigentes– ofrecía de nuevo su canto de sirena en el ambiente de sofocante centralismo del franquismo. En 1950, un Juan Ventosa y Calvell castellanizado publicó un *Breviario de problemas contemporáneos*; el hecho de que malas lenguas insinuaran que había sido escrito por otras plumas no le quitaba nada a su mensaje. El lenguaje nebuloso propio de la Guerra Fría, con elípticas alusiones a soviéticos y norteamericanos, así como a la entonces naciente Organización del Tratado del Atlántico Norte, no podía esconder las preocupaciones ideológicas de toda una vida:

> Desde el punto de vista de la defensa nacional, no puede hoy concebirse que un solo país pueda resistir a las fuerzas colosales que lo amenazan en caso de conflicto. Tampoco, desde el punto de vista económico, puede un país considerar y resolver sus problemas independientemente de los demás.
>
> Es, por otra parte, un hecho evidente que la organización actual del mundo no responde a esa realidad incontestable. Subsisten los Estados nacionales, cada

uno de ellos con su propia soberanía, con la pretensión de resolver sus propios problemas de modo independiente y a la medida de su concepción nacional, de su conveniencia económica, de su inclinación psicológica, partiendo de situaciones que ya han pasado y con arreglo a las cuales pretenden, sin embargo, orientar su política presente y futura.

Esta inadecuación entre la realidad y la organización constituye una de las causas de la turbación y desorden presentes. No es por lo tanto extraño que haya surgido un movimiento hacia la formación de una unidad superior.[334]

El ímpetu supraestatal y federalizante –cuando no confederal– seguía más vivo aún en Duran i Ventosa, que logró publicar en catalán, en 1953 en Áncora, que al menos en teoría era una antigua editorial falangista, su ensayo, *La unitat d'Europa. La unitat del món*, dedicado a un Cambó ya muerto.

Pero la evolución del franquismo en un sentido y la del mundo en otro habían acabado por clarificar las cosas a don Lluís, con el resultado previsible de devolverle a su más antiguo punto de partida, el querido «imperio» de toda la vida, aunque fuera cambiado por los accidentes del paso del tiempo. Según Duran:

Las experiencias federalistas abren el camino a todas las soluciones que puedan ser deseadas. Porque, a partir del tiempo históricamente conocido, puede que no haya fórmula política alguna más permanente que el federalismo. Y eso que está tan olvidado, desgraciadamente, es una parte de la actual Europa occidental, es una verdad indiscutible, por mucho que pueda sorprender a algunos. Lo que pasa es que hay que dar al vocablo federalismo su sentido más amplio, no confundiéndolo con cualquiera de los sistemas puramente doctrinarios y artificiales, con los que en una época en España fue conocido, propagado y con toda la razón absolutamente desacreditado.

Del principio general, tras recordar la nunca olvidada Monarquía dual de los Habsburgo, Duran pasó al ejemplo vivo y concreto, el Imperio británico, descrito cuando todavía reinaba el último «rey-emperador», Jorge VI, pero publicado en el año de su sucesión por su hija, Isabel II, mera soberana del Reino Unido.[335] Según escribió:

Pero en rigor, hay una esencia federal, en el sentido esencialmente político moderno, en una Commonwealth como la que corona la personalidad del rey de Inglaterra, a pesar de la escasez de vínculos legales entre los muchos miembros de la Comunidad, como había en el añorado Imperio austrohúngaro, la desaparición del cual ha traído tantos males a Europa; como hay en la Confederación Helvética y en los Estados Unidos de América. Para todo conglomerado de Estados que quiera conservar mucho o poco su personalidad, pero creándose un super-Estado, que en determinadas materias convenidas en su Estatuto constitucional actúe en representación de todos, hay una matización indefinida de facilidades.»[336]

Estas elucubraciones actualizadoras estaban desfasadas, no en su contenido, sino en su presentación. Dada la importancia absoluta de la reiteración en el catalanismo, con abusiva frecuencia se muestra como cierto el clásico aforismo macluhaniano que asegura que «el medio es el mensaje». En cuanto a la herencia interna catalanista del sueño del «imperialismo» catalanista y del «imperio» hispano, *quien en los años treinta formuló la teorización que llegaría al postfranquismo fue Unió Democràtica, no la Lliga.*[337] Pero la Unió lo hizo sin recurrir al concepto «imperial» en sí, sino mediante la territorialización y la apelación al pancatalanismo, basándose en reelaboraciones del discurso religioso pionero de los franciscanos de Pompeya. Por añadidura, no dudó de la idoneidad de un marco republicano, fuera catalán o incluso hispano y confederal. La transmisión de la tesis «imperial» *lligaire* quedó así eliminada del recuerdo catalanista, sustituida por una edulcorada versión del discurso republicano catalán, ajustado a paladares «recatolizados» en la posguerra.[338] Los mismos falangistas, antaño tan encendidos con la idea «imperial», tras el recurso al «caudillaje» la habían subsumido con resignación en un esquema neojoseantoniano que lo reducía a la «unidad de destino en lo universal», sin mayor elaboración, *lo que parecía reducir su postura a un vulgar nacionalismo español, otrora despreciado.*[339] La posterior búsqueda historiográfica de culpabilidades «fascistas», formuladas en términos de «genocidio», parecía imposibilitar una «responsabilidad» ideológica catalanista en el sustrato de la misma dictadura franquista, *ya que se daba por supuesto que españolismo y catalanismo eran por definición tan incompatibles que no permitirían traspaso alguno.*[340] Así también las ulteriores críticas de la izquierda historiográfica, al denunciar el «fascismo» inherente a la «burguesía catalana» en su relación con el régimen, han servido, un tanto paradójicamente, para ocultar la inconfesable relación.[341] Las reivindicaciones fueron más bien escasas. El sector «opusdeísta» vinculado a protagonistas relativamente aislados, como Laureano López Rodó, hizo gala del recuerdo camboniano y, además, enfatizando la «concordia», para minimizar el recuerdo «imperial».[342] Asimismo, algunos autoproclamados «liberales» en el molde camboniano reivindicaron el recuerdo del prócer en función de su certero carácter profético y su calculada adaptación a las circunstancias posteriores en mucho a su desaparición.[343]

Aun así, la historia tiene sus pequeñas bromas. El sentido de autonomía de los «Dominios» del Imperio británico, con gobierno y parlamentos propios, capaces de formular política al margen de la metrópolis, se quedaría como ideal larvado en el catalanismo conservador. La reaparición, en los años noventa, de un discurso «soberanista» en el catalanismo pujolista, atribuido a fuentes quebequesas, es más bien una amnesia histórica catalana, con una nueva recuperación, por vía francocanadiense, de la vieja doctrina «imperial» inglesa relativa al derecho de las entidades políticamente constituidas dentro del conjunto a tomar una orientación decisiva sin por ello acabar de romper las ataduras simbólicas del marco histórico.[344]

Pero las ironías históricas permanecen invisibles, porque la pérdida de memoria es absoluta. Como, en un encuentro cultural catalanista más o menos clandestino celebrado en el paso de los años cincuenta a los sesenta, remarcó con maravilloso candor el crítico literario Joan Triadú: «Si no hubiera sucedido todo lo que ha pasado, ahora todos hablaríamos con el lenguaje que utiliza el poeta Foix.»[345] En la primavera de 2001, el presidente catalán Jordi Pujol, enzarzado en luchas contra la creciente definición españolista y «antinacionalista» de sus aliados «populares» en el gobierno central, tuvo que denunciar los errores de los aznaristas. Para hacerlo, recurrió al lenguaje «antiimperialista» de la izquierda catalanista, vocabulario evocativo de los años treinta dominante en Cataluña desde los inicios de la «transición». «[S]e está recuperando –tronó Pujol– el lenguaje imperial que ya he oído en otras épocas y aunque ahora, en democracia, el marco es otro, el discurso vuelve a ser el mismo».[346]

Tenía más razón de la que él mismo, con su airada denuncia, era capaz de reconocer. Lo muestra todavía una simple vista al diseño monumental de Barcelona como foco «imperial» de una red simbólica catalanista.[347] Pero explicar todas las interacciones del «imperialismo» catalán y el fascismo español sería la tarea de otro libro. Quedémonos, por ahora, con la sabia y reciente observación del ensayista e historiador anglorruso Michael Ignatieff, que apunta en varias direcciones a la vez: «¿Qué es el imperio sino el deseo de imprimir nuestros valores en otra gente? El imperialismo es una empresa narcisista, y el narcisismo está condenado a la desilusión. Con independencia de lo que la gente desee ser, no quiere ser forzada a ser como nosotros. Es un error imperial suponer que podemos cambiar sus corazones y sus mentes.»[348]

Notas

I. Introducción

Capítulo 1. *El poder de unas metáforas*

1 Anónimo [¿J. M. de Casacuberta?], «Nota preliminar», en E. Prat de la Riba, *La Nacionalitat catalana* [1906], Barcelona, Editorial Barcino, 1934, ambas citas p. 7. Véase: A. Manent, *Josep Maria de Casacuberta i l'Editorial Barcino*, Barcelona, Associació d'Autors en Llengua Catalana, 1980.

2 E. Ucelay-Da Cal, «La llegenda dels tres presidents», *L'Avenç*, núm. 50, junio 1982, pp. 60-66.

3 Como muestra, un debate periodístico reciente: J. A. Mellón, «¿Necesita Cataluña las ideas de Eugeni d'Ors?», *El País* (edición Barcelona), 8 abril 1999, sección «Cataluña», pp. 2-3; J. Perucho, «Eugeni d'Ors en obstinada desgràcia», *Avui*, 21 abril 1999, p. 20.

4 J. M. Capdevila, *Eugeni Ors. Etapa barcelonina (1906-1920)*, Barcelona, Barcino, 1965; E. Jardí, *Tres diguem-ne desarrelats: Pijoan, Ors, Gaziel*, Barcelona, Selecta, 1966; E. Jardí, *Eugeni d'Ors*, Barcelona, Aymá, 1967.

5 J. L. L. Aranguren, *La filosofía de Eugenio d'Ors*, Madrid, Espasa Calpe, 1981; G. Díaz-Plaja, *El combate por la luz. La hazaña intelectual de Eugenio d'Ors*, Madrid, Espasa Calpe, 1981, y, del mismo autor, *Lo social en Eugenio d'Ors y otros estudios*, Barcelona, Cotal, 1982.

6 N. Bilbeny, *Eugeni d'Ors i la ideologia del noucentisme*, Barcelona, La Magrana, 1988; también, N. Bilbeny, «L'aristocratisme d'Eugeni d'Ors», en A. Balcells (ed.), *El pensament polític català del segle XVIII a mitjan segle XX*, Barcelona, Ed. 62, 1988, pp. 193-203.

7 M. Rius, *La filosofia d'Eugeni d'Ors*, Barcelona, Curial, 1991; J. Castellanos, «Eugeni d'Ors: del nacionalisme a l'imperialisme», en J. Castellanos, *Intel·lectuals, cultura i poder*, Barcelona, La Magrana, 1998, pp. 151-185; *Obra catalana d'Eugeni d'Ors*, de J. Murgades y J. Castellanos, vol. I, *Papers anteriors al Glosari*, Barcelona, Quaderns Crema, 1994, además de los restantes volúmenes.

8 J. Tusquets, *L'imperialisme cultural d'Eugeni d'Ors*, Barcelona, Columna, 1989.

9 Como excepción destacada: V. Cacho Viu, *El nacionalismo catalán como factor de modernización*, Barcelona, Quaderns Crema/Residencia de Estudiantes, 1998, especialmente pp. 81-103, «Un proyecto alternativo de España». En el proceso de cerrar el presente libro también ha aparecido: O. Costa Ruibal, *L'imaginari imperial. El Noucentisme català i la política internacional*, Barcelona, Institut Cambó, 2002, con una interpretación algo diferente de la aquí expuesta.

10 Como muestra: J. L. Abellán, «La fase imperialista del nacionalismo vasco», *El País*, 20 septiembre 2000, p. 16.

11 Para un sucinto resumen del rol de Prat en la perspectiva de «burguesía regionalista» y «oligarquía centralista», se puede citar al conocido politólogo marxista Jordi Solé Tura, *Autonomies, federalisme i autodeterminació*, Barcelona, Laia, 1987, pp. 26-27.

12 R. Olivar Bertrand, *Prat de la Riba*, Barcelona, Aedos, 1964.

13 E. Prat de la Riba (A. Balcells y J. M. Ainaud de Lasarte, curs.), *Obra Completa*, Barcelona, Institut d'Estudis Catalans/Proa, vol. I, *1887-1898*, 1998; vol. II, *1898-1905*, 1998; vol. III, *1906-1917*, 2000.

14 A. Balcells, «Evolució del pensament polític de Prat de la Riba», en *ibíd.*, vol. I, pp. 69-82.

15 Para M. Fraga Iribarne, *El pensamiento conservador español*, Barcelona, Planeta, 1981, pp. 159, 184: Cambó es literalmente «un maurista más»; pero es una oportunidad perdida, por la tenacidad de su localismo, para R. de la Cierva, *La derecha sin remedio (1801-1987). De la prisión de Jovellanos al martirio de Fraga*, Barcelona, Plaza Janés, 1987, p. 139; como también para Fernando Alonso, *La derecha del siglo XXI*, Barcelona, Royal Books, 1994, p. 81.

16 V. Alba, *Los conservadores en España*, Barcelona, Planeta, 1981, cap. 6, «La revolución desde en medio: Cambó»; J. Maurín, *Los hombres de la Dictadura* [1930], Barcelona, Anagrama, 1977.

17 T. Burns Marañón, *Conversaciones sobre la derecha*, Barcelona, Plaza Janés, 1997, pp. 205-206. El entrevistado era J. A. Duran i Lleida.

18 B. Muniesa, *La burguesía catalana ante la República española*: vol. 1, *«Il trovatore» frente a Wotan*, vol. 2, *El triunfo de Wagner sobre Verdi*; Barcelona, Anthropos, 1985-1986; B. de Riquer, *L'últim Cambó. La dreta catalanista davant la guerra civil i el franquisme*, Vic, Eumo, 1996.

19 *Francesc Cambó i Batlle en el seu centenari*, Barcelona, s.e., 1977.

20 P. González Cuevas, *Historia de las derechas españolas. De la Ilustración a nuestros días*, Madrid, Biblioteca Nueva, 2000.

21 J. Perucho, «Sigue la desgracia de d'Ors», *La Vanguardia*, 4 diciembre 2000, p. 31.

22 V. Cacho Viu, *Revisión de Eugenio d'Ors (1902-1930)*, Barcelona, Quaderns Crema/Residencia de Estudiantes, 1997; J. Varela, «El sueño imperial de Eugenio d'Ors», *Historia y política*, núm. 2, 1999, pp. 39-82.

23 J. Rodríguez Puértolas, *Literatura fascista española*, vol. I, *Historia*, Madrid, Akal, 1986, pp. 143-148, si bien Rodríguez no le concede un significado muy estelar.

24 Sirven como muestra la recepción crítica a la edición catalana de J. Solé Tura, *Catalanismo y revolución burguesa*, Madrid, Edicusa, 1970 o las reseñas publicadas en la prensa barcelonesa de la traducción de R. Hughes, *Barcelona*, Nueva York, Knopf, 1992.

25 E. Ucelay-Da Cal, «Llegar a capital: rango urbano, rivalidades interurbanas y la imaginación nacionalista en la España del siglo XX», en A. Morales Moya (coord.), *Ideologías y movimientos políticos: las claves de la España del siglo XX*; Madrid, España Nuevo Milenio, 2001, pp. 221-263.

26 J. G. A. Pocock, «Introduction: The State of the art» en J. G. A. Pocock, *Virtue, Commerce and History. Essays on Political Thought and History Chiefly in the Eighteenth Century*, Cambridge (U.K.), Cambridge University Press, 1985, así como el «Retrospect» en la segunda edición de su *Ancient Constitution and the Feudal Law. A Study of English Historical Thought in the Seventeenth Century*, Cambridge (U.K.), Cambridge University Press, 1987.

27 P. N. Furbank, «Epic-Making», *The New York Review of Books*, núm. 18, 30 noviembre 2000 (edición de web sin paginar).

28 F. Moretti, *Atlas de la novela europea, 1800-1900*, Madrid, Trama, 2001, cap. 1.

29 N. Davies, *Heart of Europe. The Past in Poland's Present* [1984], Oxford (U.K.), Oxford University Press, 2001, p. 154. Véase, en general, la sección «By Word and Deed: the Polish Cause», para un tratamiento brillante de la confusión sostenida en un marco nacionalista entre los personajes literarios y los «reales».

30 M. Monmonier, *How to Lie With Maps*, Chicago, University of Chicago Press, 1996.

31 Como indicio: E. W. Holland, «Schizoanalysis and Baudelaire: Some Illustrations of Decoding at Work», en P. Patton (ed.), *Deleuze: A Critical Reader*, Oxford (G.B.), Blackwell, 1996, pp. 240-256; para la atribución de la «modernidad»: J. Le Goff, *La vieja Europa y el mundo moderno*, Madrid, Altaya, 1998, p. 52.

32 U. Eco, *Tratado de semiótica general*, Barcelona, Lumen, 1977, p. 31.

33 J. L. Borges, «La esfera de Pascal», en J. L. Borges, *Obras Completas*, vol. II, *1941-1960*, Barcelona, Círculo de Lectores, 1992, pp. 230-232 (citas pp. 230, 232).

34 Es de extrema utilidad el excelente manual de Philip Smith, *Cultural Theory. An Introduction*, Malden (Mass.)/Oxford (G.B.), Blackwell, 2001.

35 C. Geertz, «Blurred Genres: the Refiguration of Social Thought», en C. Geertz, *Local Knowledge* [1983], Londres, Fontana, 1993, pp. 19-35.

36 Tomo la idea de R. Andrews (ed.), *Rebirth of Rhetoric. Essays in Language, Culture and Education*, Londres, Routledge, 1992, si bien la posibilidad ya estaba apuntada en W. A. Shibles, *Metaphor: An Annotated Bibliography and History*, Whitewater (Wis.), The Language Press, 1971, pp. 10-11.

37 W. A. Shibles, *op. cit.*, p. 10.

38 J. F. Weiner, «Myth and Metaphor», en T. Ingold (ed.), *Companion Encyclopedia of Anthropology. Humanity Culture and Social Life*, Londres, Routledge, 1994, pp. 591-612. El fundamento metafórico en todo el psicoanálisis es evidente, si bien se suele utilizar, desde diversas escuelas, terminologías alternativas, más específicas, como, por ejemplo, la distinción lacaniana entre «imaginario» y «simbólico»: véase A. Godino Cabas, *Curso y discurso de la obra de J. Lacan*, Buenos Aires, Helguero, 1977.

39 J. Derrida (P. Peñalver, cur.), *La deconstrucción en las fronteras de la filosofía. La retirada de la metáfora*, Barcelona, Paidós/ICE-UAB, 1989, p. 38.

40 J.-P. Van Nappen *et al.*, *Metaphor. A Bibliography of Post-1970 Publications*, Amsterdam/ Philadelphia, John Benjamins, 1985.

41 En España, fue famoso el ataque de Josep Fontana, «Ascens i decadència de la escola dels "Annales"», *Recerques*, núm. 4, 1974, pp. 283-298; también, del mismo Fontana, *Historia. Análisis del pasado y proyecto social*, Barcelona, Crítica, 1982, cap. 11.

42 T. J. Jackson Lears, «The Concept of Cultural Hegemony: Problems and Possibilities», *The American Historical Review*, vol. 90, núm. 3, junio 1985, pp. 567-593.

43 El rechazo de este planteamiento, desde la complejidad del debate interno: V. B. Leitch, *Cultural Criticism, Literary Theory, Poststructuralism*, Nueva York, Columbia University Press, 1992, especialmente cap. 8.

44 P. Anderson, *Los orígenes de la posmodernidad*, Barcelona, Anagrama, 1998; del mismísimo F. Jameson, *Teoría de la posmodernidad*, Madrid, Trotta, 1996. Véase también T. Eagleton, *Literary Theory. An Introduction*, Oxford (G.B.), Blackwell, 1985.

45 J. Baudrillard, *Crítica de la economía política del signo* [1972], México D.F., Siglo XXI, 1991.

46 En realidad, a pesar de la insistencia en la importancia de una «análisis político» en los «estudios culturales», hay significativamente poca insistencia en el uso de la metáfora en la política y sus implicaciones o consecuencias para otros ámbitos interpretativos; sirve como indicación el clásico repertorio de ensayos: A. Ortony (ed.), *Metaphor and Thought* [1979], Cambridge (G.B.), Cambridge University Press, 1998.

47 Véase I. Berlin, «Benjamin Disraeli, Karl Marx y la búsqueda de la identidad», en I. Berlin (H. Hardy, ed.), *Contra la corriente. Ensayos sobre la historia de las ideas*, México D.F., Fondo de Cultura Económica, 1979, pp. 328-364, especialmente p. 359.

48 J. Termes, «El federalisme català en el període revolucionari de 1868-1874», *Recerques*, núm. 2, 1972, pp. 33-69; le saca más punta a la idea: E. Trias, «Pàtria i ciutat», *La Catalunya Ciutat i altres assaigs*, Barcelona, *L'Avenç*, 1984, p. 30. Por su parte, el *Dicciona-*

rio de la Lengua Española de la Real Academia Española no se pronuncia sobre la etimología.

49 Para el enfoque convencional en un contexto europeo, como relativo estado de la cuestión: J. M. Fradera y J. Millán (eds.), *Las burguesías europeas del siglo XIX. Sociedad civil, política y cultura*, Madrid/Valencia, Biblioteca Nueva/Universitat de València, 2000.

50 Para una interpretación del desarrollo cultural «burgués» europeo en función exclusiva de la extracción de riqueza de allende mar, véase E. W. Said, *Cultura e imperialismo*, Barcelona, Anagrama, 1996.

51 Como muestra: D. L. Loudon y A. J. Della Bitta, *Comportamiento del consumidor. Conceptos y aplicaciones*, México D.F., McGraw-Hill, 1995.

52 Véase J. Brewer y R. Porter, «Introduction», a J. Brewer y R. Porter (eds.), *Consumption and the World of Goods*, Londres, Routledge, 1994, pp. 1-15. Véase L. E. Alonso y F. Conde, *Historia del consumo en España: una aproximación a sus orígenes y primer desarrollo*, Madrid, Debate, 1994. Es verdad que el ataque más sistemático a la noción productivista viene de de J. Baudrillard, *Le miroir de la production*, París, Ed. Galilée, 1985.

53 P. Burke, *La revolución historiográfica francesa. La Escuela de los* Annales*: 1929-1989* [1990], Barcelona, Gedisa, 1999, pp. 111-112. Althusser debió ser crucial en este proceso, con su definición de la ideología como «una "representación" de la relación imaginaria de individuos a sus condiciones reales de existencia»: L. Althusser, *Lenin and Philosophy*, 1971, citado («seminal definition») en F. Jameson, *Fables of Aggression. Wyndham Lewis, the Modernist as Fascist*, Berkeley (Cal.), University of California Press, 1979, p. 12.

54 J. Zulaika, *Violencia vasca. Metáfora y sacramento*, Madrid, Nerea, 1990 (traducido del inglés).

55 M. de Montoliu, «Estudi crític», a *B.C. Aribau - J. Rubió i Ors, Els nostres poetes*: Sèrie I, núm. 2, Barcelona, Llibreria Catalònia, 1935, pp. 5-20 (cita p. 16).

56 Un repaso exhaustivo en: J. Burgaya, *La formació del catalanisme conservador i els models «nacionals» coetanis. Premsa catalanista i moviments nacionalistes contemporanis, 1861-1901*, tesis doctoral, Universitat Autònoma de Barcelona, 1999.

57 M. Blinkhorn, «Spain: the "Spanish Problem" and the Imperial Myth», *Journal of Contemporary History*, vol. 15, núm. 1, enero 1980, pp. 5-23.

58 Véase: C. Yáñez Gallardo, *El americanismo de la burguesía catalana, 1898-1929. Un proyecto imperialista*, Tesis de licenciatura, Universitat Autònoma de Barcelona, 1985; O. Costa Ruibal, *La recepción del pensamiento imperialista en las élites barcelonesas del novecientos*, tesis doctoral, Departament d'Història Contemporània, Facultat de Geografia i Història, Universitat de Barcelona, 1989; así como A. J. Beretta Curi, *El comercio entre el puerto de Barcelona y América Latina (1898-1931): el programa americanista de la burguesía catalana*, tesis doctoral, Departament d'Història Contemporània, Facultat de Geografia i Història, Universitat de Barcelona, 1985.

59 Una reciente reafirmación militante de la vieja tesis en J. Harrison, «Una *Espanya catalana.* Projectes catalanistes per modernitzar l'economia espanyola (1898-1923)», *L'Avenç*, núm. 268, abril 2002, pp. 9-18.

60 J. Martínez Millán, «Las perspectivas españolas sobre la figura de Carlos V», *Historiar*, núm. 6, septiembre 2000, pp. 25-41. También: K. Brandi, *Carlos V* [1937], Turín, Einaudi, 2001, cap. IV; R. Menéndez Pidal, *Idea imperial de Carlos V* [1937], Buenos Aires, Espasa-Calpe, 1941.

61 A lo largo de este libro, con un criterio que no se estila en la historiografía catalana actual, obsesivamente condescendiente con el comarcalismo, se da por supuesto que Barcelona, en tanto que centro metropolitano capaz de la atracción centralista dentro de su ámbito, ha sido en época contemporánea la mente pensante de Cataluña por ser *el único núcleo urbano con capacidad para aguantar un mercado cultural de cierta consideración y asimismo rivali-*

zar con Madrid. En ello, si se quiere, difiere la elaboración de ideología de la actividad política o partidista, atenta siempre a cualquier punto de poder o de tensión. En este último sentido *all politics is local politics*, según el conocido dicho del desaparecido político estadounidense «Tip» O'Neill. Pero tal criterio no funciona en la política intelectual. La misma realidad metropolitana barcelonesa focalizó las energías urbanas de ciudades menores –en especial las industriales, como Sabadell, Terrassa y Reus– y les dio sentido global, mientras que ellas, a su vez, difundían el mensaje por las zonas colindantes y recogían las iniciativas locales y los mensajes más o menos originales que allí se producían. Sin esta relación de foco y filtro difusor no se hubiera producido el éxito del catalanismo, capaz de representar la dinámica urbana sin olvidar las voces y los sentimientos rurales. En concreto, la Lliga fue un movimiento que nunca dudó de este esquema, ya que su fuerza electoral irradió de Barcelona capital, encontró importantes apoyos en medios urbanos y rurales de la provincia barcelonesa, penetró en Gerona, pero tuvo dificultades y atrasos en la conquista política de las «tierras» de Lérida y Tarragona, consiguiendo el control de las cuatro diputaciones sólo excepcionalmente a principio de los años veinte. Por otra parte, como se puede constatar más abajo (vése cap. 5), el mismo Prat de la Riba no tuvo ambages en asumir este protagonismo de Barcelona en su propio argumento ideológico.

62 En general: R. Jakobson, *Saggi di linguistica generale* [1963], Milán, Feltrinelli, 2002.

63 Véase J. Hawthorn, *A Concise Glossary of Contemporary Literary Theory*, Londres, Edward Arnold, 1994, pp. 209-211. Para Kuhn, además de su famosa obra, *The Structure of Scientific Revolutions*, Chicago, University of Chicago Press, 1962, véase la breve nota de W. A. Shibles, *op. cit.*, pp. 161-162.

64 Emplear el concepto de «metáfora» premite evitar el despectivo e impreciso término «fantasía», problemático en la medida en que casi todo en política es, en algún u otro sentido, fantasioso, especialmente desde un punto de vista contrario. También he preferido eludir el galicismo «imaginario», de fuente lacaniana, como ya se ha podido ver, y dotado de una apariencia de objetividad analítica vagamente antropológica, ya que no estoy analizando unos planteamientos inconscientes, sino, muy al contrario, unos planteamientos bastante operativos, de uso calculado.

65 Citado en H.W. Fowler (con Sir Ernest Gowers), *A Dictionary of Modern English Usage* [1926], Oxford (G.B.), Oxford University Press, 1965, p. 359 (voz «Metaphor»).

66 Véase el número monográfico sobre «La era de lo falso» en *Los Cuadernos del Norte*, IX, núm. 50, julio-agosto-septiembre 1988.

67 Véase el sistemático repaso a la extensísima bibliografía sobre la idea imperial británica en W.R., Louis (ed. general), *The Oxford History of the British Empire,* vol. V, R.W. Winks (ed., con A. Low), *Historiography,* Oxford (G.B.) / Nueva York, Oxford University Press, 1999.

68 Tomamos los antónimos homogenización y el neologismo «heterogenización» de A. Appadurai, *Modernity at Large. Cultural Dimensions of Globalization*, Minneapolis (Minn.), University of Minnesota Press, 1996.

69 J. Dean, «Civil Society: Beyond the Public Sphere», en D. M. Rasmussen (ed.), *The Handbook of Critical Theory*, Oxford (G.B.), Blackwell, 1999, pp. 220-242 (cita pp. 220-221).

70 Véase, como muestra relevante: S. N. Eisenstadt, *Ensayos sobre el cambio social y la modernización*, Madrid, Tecnos, 1970, caps. 3-5. Sin esta reticencia, no se entendería el impacto deslumbrante de R. D. Putnam, *Bowling Alone. The Collapse and Revival of American Community* [2000], Nueva York, Simon & Schuster, 2001.

71 D. Headrick, *Los instrumentos del Imperio*, Madrid, Alianza, 1989; D. Headrick, *The Invisible Weapon. Telecommunications and International Politics, 1851-1945*, Nueva York, Oxford University Press, 1991.

72 La formulación clásica del modelo norteamericano: P. F. Drucker, *The Concept of the Corporation* [1946], Nueva York, Mentor, 1964; se puede contrastar con S. Giner y M. Pérez Yruela, *La sociedad corporativa*, Madrid, CIS, 1979; también M. Pérez Yruela y S. Giner (eds.), *El corporativismo en España*, Barcelona, Ariel, 1988.

73 Fomulado en otros términos, para la política española, véase el argumento de Pamela B. Radcliff, «The Emerging Challenge of Mass Politics», en J. Álvarez Junco y A. Shubert (eds.), *Spanish History Since 1808*, Londres, Arnold, 2000, pp. 137-154.

74 J. Habermas, *The Structural Transformation of the Public Sphere*, Cambridge (Ma.), MIT Presss, 1989. Esta vieja idea, en la olvidada tesis doctoral de Habermas, fue recuperada en los años noventa, a la luz de la capacidad de presión pública en la caída del comunismo en Checoslovaquia, Polonia, Alemania Oriental y hasta en la URSS.

75 E. E. Schattschiender, *El Pueblo semisoberano* [1960], México D.F., UTEHA, 1967, p. 15.

76 G. L. Mosse, *La cultura europea del siglo XX* [1961], Barcelona, Ariel, 1997, cap. 1.

77 E. Ucelay-Da Cal, «The Restoration. Regeneration and the Clash of Nationalisms, 1875-1914», en J. Álvarez Junco y A. Shubert, *Spanish History Since 1808, op. cit.*, pp. 120-136.

78 Tomo la reflexión en parte de G. Gribaudi, «Images of the South: The *Mezzogiorno* as seen by Insiders and Outsiders», en R. Lumley y J. Morris, *The New History of the Italian South. The Mezzogiorno Revisited*, Exeter (G.B.), University of Exeter Press, 1997, pp. 83-113.

79 Véase la discusión lúcida sobre estilo político en Barcelona en J. Romero-Maura, *La «Rosa de Fuego». El obrerismo barcelonés de 1899 a 1909*, Barcelona, Grijalbo, 1974, pp. 314-330; también, para el tema de los «profesionales-técnicos»: J. Casassas, «La configuració del sector "intel·lectual-professional" a la Catalunya de la restauració (a propòsit de Jaume Bofill i Mates)», *Recerques*, núm. 8, 1978, pp. 103-131; del mismo, *Intel·lectuals, professionals i polítics a la Catalunya contemporània (1850-1920)*, Barcelona, Els Llibres de la Frontera, 1989.

80 E. Jardí [pare], *Les doctrines del Georges Sorel*, Barcelona, *La Revista*, 1917.

81 Véase el planteamiento colectivo, algo difuso, de R. R. Pierson y N. Chaudhuri (con B. McAuley), *Nation, Empire, Colony. Historicizing Gender and Race*, Bloomington (Ind.), Indiana University Press, 1998.

82 Véase J. N. Pieterse y B. Parekh (eds.), *The Decolonization of Imagination. Culture, Knowledge and Power*, Londres, Zed, 1995.

Capítulo 2. *Perspectivas imperiales (desde Barcelona): una idea moderna con ropajes antiguos*

1 Lord Carnarvon, «Imperial Administration», *Fortnightly Review*, 1 diciembre 1878, citado en C. A. Bodelson, *Studies in Mid-Victorian Imperialism*, Nueva York, Knopf, 1925, p. 127.

2 Para la biografía de Henry Howard Molyneux Herbert, 4.º Earl de Carnarvon (1831-1890), véase, «Carnarvon, Earldom of», *Encyclopedia Britannica* (11 Ed.), Nueva York, 1911, vol. V, p. 360.

3 G. K. Chesterton, *The Crimes of England*, Londres, Cecil Palmer & Hayward, 1915, pp. 82, 83, 85. Para la relevancia de esta obra dentro de su teoría del nacionalismo: G. Wills, *Chesterton* [1961], Nueva York, Image/Doubleday, 2001, pp. 102-197.

4 Tomamos el término de P. Viereck, *Meta-Politics. The Roots of the Nazi Mind* [1941], Nueva York, Capricorn, 1961.

5 M. García Pelayo, *Las formas políticas en el Antiguo Oriente*, Caracas, Monte Ávila, 1979.

6 J. Muldoon, *The Concept of Empire, 800-1800*, Londres, Macmillan, 1999; R. Koebner, *Empire*, Cambridge (G.B.), Cambridge University Press, 1966, caps. I-II.

7 F. Millar, *The Emperor in the Roman World*, Londres, Duckworth, 1977.

8 L. Halphen, *Carlomagno y el Imperio carolingio*, México D.F., UTEHA, 1955; véase el resumen de la geneología imperial en el breve tratado *De translatione Imperii* de Marsilio de Padua (c.1275-c.1342): Marsiglio de Padua (C.J. Wederman, ed.), *Defensor minor and De translatione Imperii*, Cambridge (G.B.), Cambridge University Press, 1993.

9 Además de J. Muldoon, *op. cit.*, y R. Koebner, *Empire..., op. cit.*, véase, muy indulgente con la continuidad: K. F. Werner, «L'Empire carolingien et le Saint Empire», en M. Duverger (dir.), *Le concept d'Empire*, París, PUF, 1980, pp. 151-202; en general, también: M. Diago Hernando, *El Imperio en la Europa medieval*, Madrid, Arco Libros, 1996.

10 G. Brook-Shepherd, *The Austrians*, Londres, Harper-Collins, 1997, p. 10.

11 Tomamos la idea del «espejismo imperial» de J. Calmette, *Le Reich allemande au Moyen Age*, París, Payot, 1951, pp. 390-400 (cita p. 393).

12 Dante Alighieri, *Monarquía* [c. 1313], Madrid, Tecnos, 1992.

13 M. Mazower, *The Balkans. A Short History*, Nueva York, Modern Library, 2000, pp. xxxii-xxxiii.

14 G. Raudzens, *Empires. Europe and Globalization 1492-1788*, Phoenix Mill (Gloucestershire, G.B.), Sutton Publishing, 1999.

15 T. Hobbes, *Leviathan* [1651], Oxford (G.B.), Oxford University Press, 1962 (Pt. IV, cap. 47) p. 544.

16 P. Chaunu, «L'empire de Charles Quint», en M. Duverger (dir.), *op. cit.*, pp. 253-278; F. Checa Cremades, *Carlos V y la imagen del héroe en el Renacimiento*, Madrid, Taurus, 1987.

17 R. G. Asch y H. Duchhardt (eds.), *El Absolutismo. ¿Un mito?*, Barcelona, Idea Books, 2000; F. A. Yates, *Astrea. The Imperial Theme in the Sixteenth Century*, Londres, Ark, 1985; también D. Armitage, *The Ideological Origins of the British Empire*, Cambridge (G.B.), Cambridge University Press, 2000, pp. 29-32.

18 A. Pagden, *Lords of All the World: Ideologies of Empire in Spain, Britain and France, c. 1500-c. 1800*, New Haven (Ct.), Yale University Press, 1995, D. Armitage, *op. cit.*, cap. 4. También, en general, del mismo autor, *Pueblos e imperios*, Barcelona, Mondadori, 2002.

19 Para la imagen europea del poder otomano: A. Wheatcroft, *The Ottomans. Dissolving Images*, Londres, Penguin, 1993; para la percepción de la China: J. D. Spence, *The Chan's Great Continent. China in Western Minds*, Londres, Allen Lane, 1999; también son útiles algunos de los ensayos de su *Chinese Roundabout*, Nueva York, W. W. Norton, 1992.

20 P. Fernández Albadalejo, *Fragmentos de Monarquía*, Madrid, Alianza, 1992, pp. 60-85, 168-184. Véase, como ejemplo clásico: Tomás Campanella (P. Mariño, ed.), *La Monarquía hispánica* [1620], Madrid, Centro de Estudios Constitucionales, 1982.

21 En general: C. Russell y J. Andrés-Gallego (dirs.), *Las Monarquías del Antiguo Régimen. ¿Monarquías compuestas?*, Madrid, Editorial Complutense, 1996.

22 Véase los diversos textos de M. Ganci y R. Romano (cur.), *Governare il mondo. L'impero spagnolo dal XV al XIX secolo*, Palermo, Società Siciliana per la Storia Patria, 1991. Para las reminiciencias medievales subyacentes: R. Menéndez Pidal, *El Imperio hispánico y los cinco reinos*, Madrid, Instituto de Estudios Políticos, 1950.

23 A. Alonso, *Castellano, español, idioma nacional. Historia espiritual de tres nombres* [1943], Buenos Aires, Losada, 1968, p. 20.

24 H. S. Commager y E. Giordanetti, *Was America a Mistake? The Eighteenth-Century Controversy*, Nueva York, Harper Torch, 1967; J. B. Bury, *La idea del progreso* [1920], Madrid,

Alianza, 1971; y, como correctivo, R. Nisbet, *Historia de la idea de progreso*, Barcelona, Gedisa, 1991.

25 Para el debate sobre la herencia de Roma: M. García Pelayo, «La lucha por Roma (Sobre las razones de un mito político)», en M. García Pelayo, *Escritos políticos y sociales*, Madrid, Centro de Estudios Sociales, 1990, pp. 193-232.

26 E. Gibbon, *Decline and Fall of the Roman Empire* [1776-1788], Nueva York, Modern Library, s.f., 2 vols.

27 C. M. Cipolla, J. H. Elliot, P. Vilar, C. Diehl et al., *La decadencia económica de los imperios* [1970], Madrid, Alianza, 1999; P. M. Kennedy, *Auge y caída de las grandes potencias*, Barcelona, Plaza Janés, 1989.

28 F. Díaz-Plaja, *Griegos y romanos en la Revolución francesa*, Madrid, Revista de Occidente, 1960.

29 S. Zweig, *Fouché*, Barcelona, Juventud, 1956, pp. 111-117.

30 La idea es tan clásica como R. R. Palmer y J. Colton, *A History of the Modern World*, Nueva York, Knopf, 1965, pp. 370-371 y ss.

31 H. Holborn, *A History of Modern Germany, 1648-1840*, Nueva York, Knopf, 1966.

32 A. J. P. Taylor, *The Habsburg Monarchy 1809-1918*, Harmondsworth (G.B.), Penguin, 1976, pp. 38-39; F. Heer, *The Holy Roman Empire* [1968], Londres, Phoenix Press, 2002, cap. 13.

33 G. Brandes, *Revolution and Reaction in Nineteenth-Century French Literature*, Nueva York, Russell & Russell, s.f.; H. Nicolson, *El Congreso de Viena* [1946], Madrid, Sarpe, 1985; H. Kissinger, *A World Restored: Metternich, Castlereagh and the Problems of Peace, 1812-1822*, Boston, Houghton Mifflin, 1957; G. de Bertier de Sauvigny, *La Sainte-Alliance*, París, A. Colin, 1972.

34 J. Bryce, *The Holy Roman Empire* [1864], Londres, Macmillan, 1956, especialmente cap. VII, a contrastar con la crítica devastadora de G. Barraclough, «El Imperio medieval: idea y realidad», en G. Barraclough, *La historia desde el mundo actual*, Madrid, Revista de Occidente, 1959, pp. 135-163.

35 Como muestra, Stendhal, *Napoleón*, Madrid, Aguilar, 1990; en general, J. Tulard, *Napoléon ou le mythe du sauveur*, París, Fayard, 1987; un resumen en Tulard, «L'Empire napoléonien», en M. Duverger (dir.), *op. cit.*, pp. 279-300.

36 W. Bruce Lincoln, *Nicholas I, Emperor and Autocrat of the Russias*, DeKalb (Ill.), Northern Illinois University Press, 1989.

37 Véase D. D. Gooch, *Napoleon III - Man of Destiny. Enlightened Statesman or Proto-Fascist?*, Nueva York, Holt, Rinehart & Winston, 1963, o la biografía de T. A. B. Corley, *Democratic Despot: A Life of Napoleon III*, Londres, Barrie & Rockliff, 1961. En general, F. Bluche, *Le bonapartisme*, París, PUF, 1981.

38 R. Koebner y H. Schmid, *Imperialism. The Story and Significance of a Political Word, 1840-1960*, Cambridge (G.B.), Cambridge University Press, 1965, cap. I; V.R. Berghahn, *Militarism. The History of an International Debate 1861-1979*, Cambridge (G.B.), Cambridge University Press, 1984, p. 7.

39 M. Bakunin, «El Imperio knutogermánico»; «Advertencia al Imperio knuto germánico [sic]» [1870-1871], *Obras*, vol. II, Barcelona, Ed. Tierra y Libertad, 1938.

40 Véase el capítulo XVI, «Of Nationality, as Connected with Representative Government», de J. S. Mill, *On Liberty* [1859], traducido en R. Sentmarí (ed.), *Clàssics del nacionalisme*, Barcelona, Pòrtic, 2001, cap. 3: J. L. Pérez-Francesch y J. Pagés Massó (curs.), «John Stuart Mill. La llibertat: entre l'individu i la communitat» (cita p. 102).

41 G. Bennett (ed.), *The Concept of Empire. Burke to Attlee, 1774-1947*, Londres, Adam & Charles Black, 1953; A. P. Thornton, *The Imperial Idea and its Enemies. A Study in British Power*, Londres, Macmillan, 1959; R. Koebner, *Empire...*, *op. cit.*, caps IV-VII.

42 G. Martin, *Britain and the Origins of Canadian Confederation, 1837-67*, Londres, Macmillan, 1995; R. MacGregor Dawson (revisado N. Ward), *The Government of Canada*, Toronto, University of Toronto Press, 1964, cap. 2.

43 J. Keay, *India: A History*, Londres, HarperCollins, 2001, pp. 446-447, 454.

44 J. Corominas, *Diccionario crítico etimológico de la lengua castellana*, Madrid, Gredos, 1974, vol. II, p. 992 da «imperialismo» e «imperialista», tomados del inglés «*imperialism/imperialist*», aparecido hacia 1879, o sea, entre el Congreso de Berlín en 1878, que resolvió la situación creada en los Balcanes tras la Guerra Ruso-Turca, y la Conferencia de la misma ciudad de 1884-1885, que estableció el Estado Libre del Congo y organizó el reparto inicial del África Central; para el término «*imperialismo*» en italiano: *Enciclopedia Europea*, Milán, Garzanti, vol. VI, 1978, p. 26; para el portugués: *Verbo. Enciclopedia luso-brasileira de Cultura*, Lisboa, Verbo, s.a., vol. 10, p. 1015.

45 J. A. Hobson, *Imperialism. A Study* [versión de 1938, muy ampliada sobre la original de 1902], Ann Arbor, University of Michigan Press, 1965; para su contexto intelectual: D. K. Fieldhouse, *The Theory of Capitalist Imperialism*, Londres, Longman, 1967.

46 S. N. Eisenstadt, *The Political Systems of Empires*, Londres, Free Press, 1963; J. B. Duroselle, *Tout empire périra. Théorie des relations internationales*, París, Armand Colin, 1992; M. W. Doyle, *Empires*, Ithaca, Nueva York, Cornell University Press, 1986; P. Kennedy, *Auge y caída de las grandes potencias*, Barcelona, Plaza Janés, 1989.

47 R. Koebner, *Empire...*, *op. cit.*, caps IV-VII.

48 L. Colley, *Britons. Forging the Nation 1707-1837*, Londres, Pimlico, 1994.

49 Véase P. O'Farrell, *Ireland's English Question. Anglo-Irish Relations 1534-1970*, Nueva York, Schocken, 1971; la formulación clásica imperial-unionista en: A. V. Dicey, *England's Case Against Home Rule* [1886], Richmond, Richmond Publishing, 1973. También el estimulante estudio de R. Kee, *The Green Flag*, Londres, Weidenfeld & Nicolson, 1972; y el breve G.Morton, *Home Rule and the Irish Question*, Londres, Longman, 1980.

50 R. C. Binkley, *Realism and Nationalism, 1852-1871*, Nueva York, Harper & Row, 1935.

51 C. L. Bohórquez, «La tradición republicana. Desde los planes monárquicos hasta la consolidación del ideal y la práctica republicanas en Iberoamérica», en A. Andrés Roig (ed.), *El pensamiento social y político iberoamericano del siglo XIX*, Madrid, Ed. Trotta/CSIC, 2000, pp. 65-86.

52 Para Brasil: un resumen en L. F. de Alencastro, «L'empire du Brésil», en M. Duverger (dir.), *op. cit.*, pp. 301-310; la versión clásica nacionalista: P. Calmon, *O Imperio, 1800-1889*, São Paulo, Companhia Editora Nacional, 1947; el encaje en el medio republicano: R. Seckinger, *The Brazilian Monarchy and the South American Republics 1822-1831. Diplomacy and State Building*, Baton Rouge, Lousiana State University Press, 1984. Para México, para valorar su sentido doctrinal: E. J. Palti (comp.), *La política de disenso. La «polémica en torno al monarquismo» (México, 1848-1850)... y las aporías del liberalismo*, México D.F., FCE, 1998; más en general, para el Primer Imperio: A. de Mestas, *Agustín de Iturbide, Emperador de Méjico*, Barcelona, Juventud, s.f.; J. Vega, *Agustín de Iturbide*, Madrid, Historia 16/Quorum, 1987; de entre la multitud de libros sobre Maximiliano: R. O'Connor, *The Cactus Throne*, Nueva York, G. P. Putnam's, 1971; J. Haslip, *The Throne of Mexico. Maximilian and His Empress Carlota*, Nueva York, Holt, Riehart & Winston, 1972. Para Haiti: R. Pattee, *Haiti*, Madrid, Cultura Hispánica, 1956.

53 El término «*Imperial Republic*» era un tópico de la política estadounidense, con dos sentidos: puede referirse, especialmente a lo largo del siglo XIX y en las primeras décadas del XX, al rol transcontinental o intercontinental de los EE.UU., especialmente en los momentos más exaltados del «Destino Manifiesto»: véase F. Merk, *Manifest Destiny and Mission in American History*, Nueva York, Knopf, 1963; por otra parte, puede referirse al predomi-

nio del gobierno federal y en particular a la presidencia supuestamente dotada de poderes casi monárquicos: A. M. Schlesinger, Jr., *The Imperial Presidency*, Boston, Houghton Mifflin, 1973, caps. 1-4. Hay, además, interpretaciones que insisten en la importancia del concepto imperial para la conceptualización del Estado norteamericano: P. S. Onuf, *Jefferson's Empire. The Language of American Nationhood*, Charlottesville (Va.), University Press of Virginia, 2000. Para la problemática nacional en América Latina: M. Hernández Sánchez-Barba, *Formación de las naciones iberoamericanas (siglo XIX)*, Madrid, Anaya, 1988.

54 Para los «napoleones» americanos: A. Yáñez, *Santa Anna: espectro de una sociedad*, México D.F., FCE, 1982; M. Cancogni e I. Boris, *El Napoleón del Plata*, Barcelona, Noguer, 1972; C. García, *Francisco Solano López*, Madrid, Historia 16/Quorum, 1987; A. Gutiérrez Escudero, *Francisco Solano López. El Napoleón del Paraguay*, Madrid, Anaya, 1988; S. W. Sears, *George B. McClellan, The Young Napoleon*, Nueva York, Da Capo, 1999.

55 A. J. Mayer, *The Persistence of the Old Regime. Europe to the Great War*, Nueva York, Pantheon, 1981.

56 C. Marx, *El 18 Brumario de Luis Bonaparte* en *Obras escogidas, 1*, Madrid, Akal, 1975, pp. 339 y ss.

57 Sobre Bismarck: A. J. P. Taylor, *Bismarck*, Londres, Hamish Hamilton, 1955; y, muy especialmente, el clásico artículo de H. U. Wehler, «Bismarck's Imperialism, 1862-1890», *Past and Present*, núm. 48, 1970, pp. 119-155. Para una réplica: B. Waller, *Bismarck*, Oxford (G.B.), Blackwell, 1997, cap. 7.

58 C. A. Macartney, *The Habsburg Empire 1790-1918*, Nueva York, Macmillan, 1969, cap. 2.

59 H. Kohn, *Le panslavisme. Son histoire et son idéologie*, París, Payot, 1963; véase la antología de O. Novikova (comp.), *Rusia y Occidente*, Madrid, Tecnos, 1997.

60 Un buena reflexión sobre las implicaciones estratégicas a largo plazo del modelo austrohúngaro en: D. Rusinow, «Ethnic Politics in the Habsburg Monarchy and Successor States: Three "Answers" to the National Question», en R. L. Rudolph y D. F. Good (eds.), *Nationalism and Empire. The Habsburg Monarchy and the Soviet Union*, Nueva York, St. Martins, 1992, pp. 243-267.

61 La evolución de la sociedad civil magiar en: A. Gerö, *Modern Hungarian Society in the Making*, Central European University Press, 1995; también, para su trasfondo doctrinal: T. M. Islamov, «From *Natio Hungarica* to Hungarian Nation», en R. L. Rudolph y D. F. Good (eds.), *op. cit.*, pp. 159-183; así como, para la evolución política, los capítulos pertinentes, por E. Somogyi y T. Franck; de P. F. Sugar, P. Hanák, T. Franck, *A History of Hungary*, Bloomington (Ind.), Indiana University Press, 1994, caps. XIII y XIV.

62 El paralelo es todavía mayor cuando se compara el término alemán «Kaiser», aplicado tanto a la Corona austriaca como a la germana, con el «*Kaiser-i-Hind*» o, literalmente, «César de la India», que era el título oficial en hindi de la Monarquía británica del subcontinente. Para una interpretación diversa, véase D. Lieven, «Dilemmas of Empire 1850-1918. Power, Territory, Identity», *Journal of Contemporary History*, vol. 34, núm. 2, 1999, pp. 163-200.

63 W. G. Beasley, *The Rise of Modern Japan*, Londres, Weidenfeld & Nicolson, 1990, caps. 4-6; P. Akamatsu, *Meiji 1868. Revolución y contrarrevolución en Japón*, Madrid, Siglo XXI, 1977; J. Mutel, *Japón. El fin del shogunato y el Japón Meiji, 1853-1912*, Barcelona, Vicens Vives, 1972; P. Fistié, *La Thaïlande*, París, PUF, 1963, pp. 53-66.

64 S. Seagrave (con P. Seagrave), *The Yamato Dynasty*, Londres, Bantam Books, 1999, pp. 33-34 y cap. 2; R. Storry, *A History of Modern Japan*, Harmondsworth (G.B.), Penguin, 1963, cap. 4, section iii; H. von Wolferen, *The Enigma of Japanese Power*, Londres, Macmillan, 1990, especialmente cap. 8.

65 I. L. Bishop y O. J. R. Howarth, «Korea», *Encyclopedia Británica* (11.ª ed.), 1911, vol. 15, pp. 908-913; Hirosi Saito, «Korea», *ibíd.*, vol. 31 (1922), pp. 685-686. Véase G. Henderson, *Korea: The Politics of the Vortex*, Cambridge (Mass.), Harvard University Press, 1968, caps. 1-4.

66 M. C. Wright, *The Last Stand of Chinese Conservatism. The T'ung-Chih Restoration, 1862-1874,* Nueva York, Atheneum, 1966; en general: J.K. Fairbank, *The Great Chinese Revolution 1800-1985,* Londres, Picador, 1986.

67 L. Lafore, *The Long Fuse. An Interpretation of the Origins of World War I*, Nueva York, J. B. Lippincott, 1965.

68 Véase J. Bouvier y R. Girault (eds.), *L'impérialisme français d'avant 1914*, París-La Haya, Mouton, 1976; para Estados Unidos: H.Nash Smith, *Virgin Land: The American West as Symbol and Myth*, Nueva York, Vintage, 1950, cap. IV y pp. 215-216.

69 D. Cannadine, «The Context, Performance and Meaning of Ritual: the British Monarchy and the "Invention of Tradition", c. 1820-1977», en E. Hobsbawm y T. Ranger (eds.), *The Invention of Tradition*, Cambridge (G.B.), Cambridge University Press, 1983, pp. 101-164; también G. Mosse, *Le nazionalizzazione delle masse. Simbolismo politico e movimenti di massa in Germania (1815-1933)*, Bolonia, Il Mulino, 1982.

70 S. Constant, *Foxy Ferdinand, Tsar of Bulgaria*, Nueva York, Franklin Watts, 1980, cap. 18.

71 En general: M. Korinman, *Deutschland über alles. Le pangermanisme 1890-1945*, París, Fayard, 1999; representativo de la literatura crítica circulada en traducción durante la Primera Guerra Mundial: R. Usher, *El pangermanismo*[1913], Madrid, Bib. Corona, 1915.

72 H. Kohn, *op. cit.*; A. Walicki, *Una utopia conservatrice. Storia degli slavofili*, Turín, Einaudi, 1973.

73 G. Mazzini, *Ai Giovani d'Italia*, Milán, Istituto Editoriale Italiano, s.f.

74 S. G. Xydis, «Modern Greek Nationalism», en P. F. Sugar y I.J. Lederer (eds.), *Nationalism in Eastern Europe*, Seattle (Wash.), University of Washington Press, 1969, pp. 207-258; G. Prévélakis, *Géopolitque de la Grèce*, Bruselas, Complexe, 1997.

75 En especial, véase: M. J. van Aken, *Pan-Hispanism. Its Origins and Development to 1866*, Berkeley (Cal.), University of California Press, 1959.

76 F. Merk, *Manifest Destiny and Mission in American History*, Nueva York, Knopf, 1963; A. P. Whitaker, *The Western Hemisphere Idea*, Ithaca (N.Y.), Ithaca University Press, 1954; la cita en A. Joualt, *Abraham Lincoln. Su juventud y su vida política. Historia de la abolición de la esclavitud en los Estados-Unidos [sic]*, Barcelona, Imp. de la «Gaceta de Barcelona», 1876, p. 64.

77 P. Hopkirk, *The Great Game. The Struggle for Empire in Central Asia*, Nueva York, Kodansha, 1994; el contexto estatal de Asia central: M. Gaborieau, «La situation des empires à la vielle de la Première guerre mondiale», en Cercle de Réflexion et d'Études sur les Problèmes Internationaux, *Disparition et renaissance des empires au Moyen-Orient et en Asie Centrale*, París, Institut de Relations Internationales et Stratégiques/Dunod, 1992, pp. 17-29.

78 C. J. H. Hayes, *A Generation of Materialism, 1871-1900* [1941], Nueva York, Harper & Row, 1963, cap. VII, «Seed-Time of Totalitarian Nationalism»; H. Arendt, *The Origins of Totalitarianism* [1951], Cleveland, Meridian, 1958, cap. 8.

79 Tomamos el concepto de G. de Reparaz (padre), *Historia de la colonización*, Barcelona, Labor, 1933-1935, 2 vols.

80 D. R. Headrick, *The Tools of Empire. Technology and European Imperialism in the Nineteenth Century*, Nueva York, Oxford University Press, 1981; y, del mismo Headrick, *The Invisible Weapon. Telecommunications and International Politics, 1851-1945*, Nueva York, Oxford University Press, 1991.

81 S. Balfour, *The End of the Spanish Empire 1898-1923*, Oxford (G.B.), Oxford University Press, 1997, pp. 230-234; en general, E. Ucelay-Da Cal, «Nationalisms in Spain. Some Interpretative Proposals», en I. Burdiel y J. Casey (eds.), *Identities: Nations, Provinces and Regions, 1550-1900.* Proceedings of the III Anglo-Spanish Historical Studies Seminar held at the University of East Anglia, 25-26 Octobre 1996, Norwich (G.B.), School of History - University of East Anglia, 1999, pp. 11-52.

82 Véase la aprobación hacia Alfonso XII del nacionalista pangermano y prusianista H. von Treitschke (H. Kohn, ed.), *Politics*, Nueva York, Harcourt, Brace & World, 1963, p. 175.

83 C. Serrano, *El nacimiento de Carmen. Símbolos, mitos y nación*, Madrid, Taurus, 1999, pp. 84-85.

84 X. Arbós, *La idea de nació en el primer constitucionalisme espanyol*, Barcelona, Curial, 1986; en otro sentido: M. Pérez Ledesma, «Las Cortes de Cádiz y la sociedad española», *Ayer*, núm. 1, 1991, pp. 167-206.

85 J. Barragán Barragán, *Temas del liberalismo gaditano*, México D.F., UNAM, 1978, pp. 31-78.

86 L. Zea, «Pensamiento político y social de América Latina» [1964], en L. Zea, *La esencia de lo americano*, Buenos Aires, Pleamar, 1971, pp. 121-159 (cita p. 127). La visión del pasado que se trasluce en este enfoque no era necesariamente equivocada, ya que se podía entender al imperio español como el resultado de muchos esfuerzos e intereses más allá de las pretensiones de hegemonía castellana; véase, en este sentido: H. Kamen, *Imperio. La forja de España como potencia mundial*, Madrid, Aguilar, 2003.

87 El concepto de «nacionalismo institucional» en B. de Riquer y E. Ucelay-Da Cal, «An Analysis of Nationalisms in Spain: A Proposal for an Integrated Historical Model», en J. G. Beramendi, R. Máiz, X. M. Núñez (eds.), *Nationalism in Europe. Past and Present.* Actas do Congreso Internacional «Os Nacionalismos en Europa. Pasado e Presente», Santiago de Compostela, Universidade de Santiago, 1994, vol. II, pp. 275-301. Véase, en esta línea, la discusión de X. Bastida, *La nación española y el nacionalismo constitucional*, Barcelona, Ariel, 1998. Véase también A. de Blas Guerrero, *Tradición republicana y nacionalismo español (1876-1930)*, Madrid, Tecnos, 1991.

88 J. M. Portillo Valdés, *Revolución de nación. Orígenes de la cultura constitucional en España, 1780-1812*, Madrid, Centro de Estudios Políticos y Constitucionales/BOE, 2000.

89 Para un estudio reciente sobre la elaboración decimonónica, desde raíces dieciochescas, del nacionalismo español, véase J. Álvarez Junco, *Mater Dolorosa. La idea de España en el siglo XIX*, Madrid, Taurus, 2001.

90 A. Cánovas del Castillo, «Discurso pronunciado el día 6 de noviembre de 1882 [sobre nación, nacionalidad y nacionalismo], en A. Cánovas del Castillo, *Obras, Problemas contemporáneos*, Madrid, Imp. de A. Pérez Dubrull, 1884, vol. II, pp. 11-97; véase C. Dardé, «Cánovas y el nacionalismo liberal español», en Gortázar, G. (ed.), *Nación y Estado en la España liberal*, Madrid, Noesis, 1994, pp. 209-238. Sobre Renan, desde esta perspectiva: F. Pérez Gutiérrez, *Renan en España (Religión, ética y política)*, Madrid, Taurus, 1988.

91 La indefinición podía llegar hasta el extremo de las anunciadas «Leyes Especiales» para regir las colonias, argumento con el que se justificó la exclusión de éstas de la Constitución de 1837, nunca se redactaron; eran, pues, como comenta el historiador J. M. Fradera, «la suma de la inhibición del desarrollo del ordenamiento liberal», tan *especiales* que «eran, en realidad, la inexistencia de leyes». Véase J. M. Fradera, «¿Por qué no se promulgaron las "Leyes Especiales" de Ultramar?» y «Quiebra imperial y reorganización del poder colonial en las Antillas españolas y Filipinas», en J. M. Fradera, *Gobernar colonias*, Barcelona, Península, 1999, pp. 71-93 (citas p. 93) y 95-125.

92 J. Varela, «Nacionalismo armónico», en J. Varela, *La novela de España. Los intelectuales y el problema de España*, Madrid, Taurus, 1999, especialmente pp. 89-97; para un trata-

miento exhaustivo: A. Jiménez-Landi, *La Institución Libre de Enseñanza y su ambiente*, Madrid, Ministerio de Educación y Cultura, 1996, 4 vols.; la relación de los Giner con Cataluña, en vol. III, caps. XXVIII-XXIX.

93 M.C. Lécuyer y C. Serrano, *La Guerre d'Afrique et ses répercussions en Espagne, 1859-1904*, París, PUF, 1976; A. Bachoud, *Los españoles ante las campañas de Marruecos*, Madrid, Espasa Universidad, 1988.

94 A. Bachoud, *Los españoles ante las campañas de Marruecos*, Madrid, Espasa Universidad, 1988; para los «Voluntarios catalanes»: V. Balaguer, *Jornadas de gloria o los españoles en África*, Madrid/Barcelona/La Habana, Lib. española/D. I. López Bernaggosi/Lib. La Enciclopedia, 1860; también V. Balaguer, *Reseña de los Festejos celebrados en Barcelona, en los primeros días de mayo de 1860, con motivo del regreso de los Voluntarios de Cataluña y tropas del Ejército de África*, Madrid/Barcelona, Lib. Española/D. Salvador Montserrat/Lib. La Española/Lib. de El Plus Ultra, 1860.

95 T. García Figueras, *Recuerdos centenarios de una guerra romántica. La Guerra de África de nuestros abuelos (1859-60)*, Madrid, Consejo Superior de Investigaciones Científicas, 1961.

96 Véase: S. de Mas, *La Iberia, memoria sobre la conveniencia de la unión pacífica y legal de Portugal y España*, Madrid, Imp. de M. Rivadeneira, 1868, de la que la primera edición era de 1853 en Lisboa, «por un philo-portuguez» [sic]. El sustrato catalán de la propuesta iberista de Mas dejó una curiosa pista: Mas, como quien no quería la cosa, propuso una bandera iberista (ilustración frente a la p. 170 de la 2.ª ed. de 1853), que fundía los colores portugueses (entonces azul y blanco) con los rojo y gualda hispanos en un cuartelado, con los cuarteles leídos verticalmente por cada país; pero, como si fuera por casualidad, la enseña del puerto de Barcelona (una muestra de origen que, por ley, todos los barcos españoles lucían en su palo mayor) tenía los mismos colores asimismo cuarteados, obviamente una combinación al azar, pero con la orientación equivalente en lectura horizontal. Como oficial consular, Mas debía saberse de memoria todas las enseñas portuarias españolas.

97 J. A. Rocamora, *El nacionalismo ibérico 1792-1936*, Valladolid, Publicaciones de la Universidad de Valladolid, 1994, cap. 4; también G. Rueda Hernanz, «El "iberismo" del siglo XIX. Historia de la posibilidad de unión hispano-portuguesa», en H. de la Torre y A. Pedro Vicente (dirs.), *España-Portugal. Estudios de Historia Contemporánea*, Madrid, Ed. Complutense, 1998, pp. 181-214.

98 A. Sánchez Andrés, «La política colonial española durante la segunda mitad del siglo XIX: modelos teóricos, objetivos y estrategias», *Spagna contemporanea*, VI, núm. 11, 1997, pp. 51-64.

99 Tomo el concepto de «Estado tansoceánico» de A. Bahamonde y J. A. Martínez, *Historia de España siglo XIX*, Madrid, Cátedra, 1994.

100 Los impulsos cruzados como característica consistente de la política española en B. de Riquer y E. Ucelay-Da Cal, *op. cit*; así como en E. Ucelay-Da Cal, «Nationalisms in Spain», *op. cit.*, pp. 11-52.

101 Mapa reproducido en M. Herrero de Miñón, *Derechos históricos y Constitución*, Madrid, Taurus, 1998, frente a p. 16; véase también, para un repaso de esta temática en una perspectiva vasca: J. Agirreazkuenaga Zigorraga, «L'Espanya foral: "principio absurdo, peligroso, imposible... un estado dentro de otro estado"», *Recerques*, núm. 39, 1999, pp. 7-30.

102 E. Ucelay-Da Cal, «Cuba y el despertar de los nacionalismos en la España peninsular», *Studia Historica/Historia Contemporánea*, vol. 15, 1997, pp. 151-192; y, del mismo, «Self-Fulfilling Prophecies, Propaganda and Political Models between Cuba, Spain and the United States», *Illes i Imperis*, núm. 2, primavera 1999, pp. 191-219. Para la crisis de

las Carolinas: M. D. Elizalde de Pérez-Grueso, *España en el Pacífico. La colonia de las Islas Carolinas, 1885-1899*, Madrid, CSIC, 1992; S. Izquierdo, *Les engrunes de 1898. El Pacífic colonial espanyol: les illes Carolines, Mariannes i Palau*, Barcelona, La Magrana, 1998.

103 C. Yáñez Gallardo, *Saltar con red. La temprana emigración catalana a América, ca. 1830-1870*, Madrid, Alianza, 1996.

104 J. Casanovas Codina, *Bread, or Bullets! Urban Labor and Colonialism in Cuba, 1850-1898*, Pittsburgh (Pa.), University of Pittsburgh Press, 1998, caps. 3-4; M. Moreno Fraginals, *Cuba-España, España-Cuba. Historia común*, Barcelona, Crítica, 1995; para su argumento sobre anexionismo: M. Moreno Fraginals, «El anexionismo», en M. Moreno Fraginals, J. Varela Ortega *et al.*, *Cien años de historia de Cuba (1898-1998)*, Madrid, Verbum, 2000, pp. 35-45.

105 J. Maluquer de Motes, «La burgesia cubana i l'esclavitud colonial: modes de producció i pràctica política», *Recerques*, núm. 3, 1974, pp. 83-136. Sobre los «voluntarios catalanes» en Cuba: J. J. Moreno Masó, *La petjada dels catalans a Cuba*, Barcelona, Generalitat de Catalunya, 1992, cap. III. Al margen de los intereses de fondo, el tópico de los «voluntarios catalanes» sirve para seguir la evolución inextricable de nacionalismo catalán y español de la Guerra de África de 1859-1860 a las contiendas cubanas y hasta la Primera Guerra Mundial: D. Martínez Fiol, *Els «voluntaris catalans» a la Gran Guerra (1914-1918)*, Barcelona, Abadia de Montserrat, 1991.

106 F. de Camps y Feliú, *Españoles e insurrectos*, La Habana, Est. Tip. A. Álvarez y Cia., 1890.

107 R. Núñez Florencio, *Militarismo y antimilitarismo en España (1888-1906)*, Madrid, CSIC, 1990; nada sorprendentemente, el militarismo se quedaría como lastre en la misma política cubana: J. M. Hernández, *Política y militarismo en la independencia de Cuba, 1868-1933*, s.l., Ed. Colibrí, 2000.

108 F. Bancroft, *Calhoun and the South Carolina Nullification Movement* [1928], Gloucester (Ma.), Peter Smith, 1966; C. M. Wiltse, *John C. Calhoun. Nullifier 1829-1839*, Indianapolis, 1949; más en general: M. L. Salvadori, *Potere e libertà nel mondo moderno. John C. Calhoun: un genio imbarazzante*, Roma/Bari, Laterza, 1996; para el pensamiento calhouniano: J. C. Calhoun (P. Lucas Verdú y M. C. Lucas Murillo de la Cueva, eds.), *Disquisición sobre el gobierno*, Madrid, Tecnos, 1996.

109 D. H. Wrong, *The Problem of Order. What Unites and Divides Society*, Nueva York, The Free Press, 1994, pp. 32-33.

110 Para la tesis del «poder esclavista» como paranoia política: D. Brion Davis, *The Slave Power Conspiracy and the Paranoid Style*, Baton Rouge (La.), Louisiana State University Press, 1969; y como una realidad: L. L. Richards, *The Slave Power. The Free North and Southern Domination 1780-1860*, Baton Rouge (La.), Louisiana State University Press, 2000.

111 A. García Balañá, «Tradició liberal política a Catalunya. Mig segle de temptatives i limitacions, 1822-1872», en J. M. Fradera *et al.*, *Catalunya i ultramar. Poder i negoci a les colònies espanyoles (1750-1914)*, Barcelona, Museu Marítim Drassanes de Barcelona, 1995, pp. 77-106; una síntesis de la relación económica en C. Yáñez, «El perfil ultramarí de l'economia catalana», *ibíd.*, pp. 53-76.

112 J. Gascón y Marín, *Mancomunidades provinciales*, Madrid, Hijos de Reus, 1914, cap. III; M. de Bofarull y Romañá, *La reforma de la administración local y las mancomunidades provinciales*, Memoria redactada por el académico profesor... y discutida por la Corporación en Sesión Pública durante los cursos de 1914-15 y 1915-16, Madrid, Real Academia de Jurisprudencia y Legislación, 1916; F. Culí i Verdaguer, *Las Mancomunidades Provinciales*, Madrid, Casa Provincial de Caridad, 1915, cap. II; J. Sánchez de Toca, *Regionalismo, municipalismo y centralización*, Madrid, Ed. Reus, 1921. Las reacciones de

la prensa catalanista a la última guerra cubana en J. Llorens Vila, *La Unió Catalanista..., op. cit.*, pp. 355-364.

113 M. Bizcarrondo, «La autonomía de Cuba como proyecto político», estudio preliminar a R. M. de Labra y otros, *El problema colonial contemporáneo*, Oviedo, Universidad de Oviedo, 1998, pp. xi-lxviii (citado p. xxviii); véase también, de la misma autora: «El autonomismo cubano 1878-1898: las ideas y los hechos», *Historia Contemporánea*, núm. 19, 1999, pp. 69-94; y además: M. Bizcarrondo y A. Elorza, *Cuba/España. El dilema autonomista, 1878-1898*, Madrid, Colibrí, 2001.

114 J. L. Marfany, *La cultura del catalanisme*, Barcelona, Empúries, 1995; X. G. Beramendi y X. M. Núñez Seixas, *O nacionalismo galego*, Vigo, A Nosa Terra, 1995; J. Corcuera, *Orígenes, ideología y organización del nacionalismo vasco (1876-1904)*, Madrid, Siglo XXI, 1979.

115 Véase la discusión sobre Luis Bonafoux, de Puerto Rico a París, en: E. Inman Fox, «Dos periódicos anarquistas del 98», en E. Inman Fox, *La crisis intelectual del 98*, Madrid, Edicusa, 1976, pp. 17-30.

116 Como indicación: P. Vázquez Cuesta, «El "peligro portugués" como arma dialéctica», en H. de la Torre y A. Pedro Vicente (dirs.), *España-Portugal..., op. cit.*, pp. 215-222.

117 E. Ucelay-Da Cal, «The Restoration. Regeneration and the Clash of Nationalisms, 1875-1914», en J. Álvarez Junco y A. Shubert, *Spanish History Since 1808*, Londres, Arnold, 2000, pp. 120-136.

118 R. M. de Labra, *Política Hispano-Americana. Españoles y cubanos después de la separación. interview con un propagandista. Declaraciones de [...]*, Madrid, Imp. Jaime Ratés Martín, 1916, p. 14. Sobre Labra, véase: R. Mesa, *El colonialismo en la crisis del XIX español* [1967], Madrid, ICI, 1990.

119 *Reunió y Trevalls del Congrés Regional Republicá-Democrátich Federal de Catalunya* (edición bilingüe), Barcelona, Evaristo Ullastres, Ed., 1883; *Estat Català. Projecte de Constitució aprobat pe'l Congrés Regional Federalista el día 2 de Maig de 1883*, Barcelona, Tip. F. Cuesta, 1908.

120 En general: J. Gascón y Marín, *op. cit.*, cap. III; F. Culí i Verdaguer, *op. cit.*, cap. II; J. Beneyto, *Las Autonomías. El poder regional en España*, Madrid, Siglo XXI, 1980, pp. 263-264; para la política cubana y Romero: J. Ayala Pérez, *Un político de la Restauración: Romero Robledo*, Antequera, Caja de Ahorros y Préstamos de Antequera, 1974, pp. 97-102; también la colección de textos de Sánchez de Toca de 1891-1899: J. Sánchez de Toca, *op. cit.*

121 J. Durnerin, *Maura et Cuba. Politique coloniale d'un ministre libéral*, Besançon, Annales Littéraires de l'Université de Besançon 208, 1978; A. Marimon i Riutort, *La política colonial d'Antoni Maura. Les colònies espanyoles de Cuba, Puerto Rico i les Filipines a finals del segle XIX*, Palma, Edicions Documenta Balear, 1994; F. Lambert, *Cuba and the Autonomists in the Politics of the First Spanish Restoration, 1878-1898*, Glasgow, Latin American Studies/Occasional papers núm. 59, 1996.

122 Texto reproducido en: A. Armero, *Fragmentos del 98. Prensa e Información en el año del desastre*, Madrid, Comunidad de Madrid, 1998, p. 25.

123 S. Balfour, *op. cit.*, p. 7; M. Baraja Montaña, *La Guerra de Independencia cubana a través del «Diario de Cádiz» 1895-1898*, Cádiz, Servicio de Publicaciones de la Universidad de Cádiz, 1979, pp. 69-71.

124 J. Companys Monclús, *España en 1898: entre la diplomacia y la guerra*, Madrid, Ministerio de Asuntos Exteriores, 1991, p. 325.

125 «La Federación: lo que significaba en remotos tiempos; lo que en la época actual representa. Liga aquea-Suiza-Federación de los Países Bajos-Federación de la República de

la América del Norte», Discursos de recepción del Exmo. Sr. D. Emilio Alcalá-Galiano, conde de Casa-Valencia, y de contestación del Excmo. Sr. D. Manuel Alonso Martínez, leídos en junta pública el 29 de junio de 1877, separata, *Actas,* Real Academia de Ciencias Morales y Políticas, Madrid, 1884, pp. 193, 209.

126 F. Carrera y Justíz, *Introducción a la historia de las instituciones locales de Cuba*, La Habana, Lib. e. Imp. «La Moderna Poesía», 1905, vol. 2, pp. 196-197.

127 E. Prat de la Riba y P. Muntanyola, *Compendi de la doctrina catalanista* [1894], Barcelona, Lectura Popular, s.f.

128 A. Cortón, *El fantasma del separatismo*, Valencia, s.f., pp. 14-15.

129 J. P. Fusi, *España. La evolución de la identidad nacional*, Madrid, Temas de Hoy, 2000, pp. 189-190, siguiendo *El Imparcial* del 30 agosto 1885. La publicación catalanista *La Guatlla* de Montevideo –muy de acorde con la protesta– da la misma cifra, lo que confirma al menos su credibilidad contemporánea: *La Guatlla*, I, núm. 18, 27 septiembre 1885, p. 142. Más reacciones catalanistas en J. Llorens Vila, *La Unió Catalanista i els orígens del catalanisme polític*, Barcelona, Abadia de Montserrat, 1992, pp. 353-354.

130 La bibliografía internacional ha insistido en los problemas de la descolonización a partir de la pérdida de las colonias alemanas en la Primera Guerra Mundial, enfocado casi exclusiva en el ultramar más exótico, sin plantearse las implicaciones de la descolonización española, hasta el punto que tal punto de vista ha afectado a los mismos historiadores españoles: J. U. Martínez Carreras, *Historia de la descolonización (1919-1986): las independencias de Asia y África*, Madrid, Istmo, 1987; tampoco, como es igualmente habitual, se ha considerado las implicaciones de las descolonizaciones escandinavas. Sobre la descolonización, véase: R. von Albertini, *Decolonization. The Administration and Future of the Colonies, 1919-1960*, Nueva York, Africana, 1982; F. Ansprenger, *The Dissolution of the Colonial Empires*, Londres, Routledge, 1989; S. Bernstein, *La décolonisation et ses problemes*, París, A.Colin, 1969; M. E. Chamberlain, *Decolonization. The Fall of the European Empires*, Oxford, Basil Blackwell, 1985; J. Darwin, *Britain and Decolonisation. The Retreat from Empire in the Post-War World*, Londres, Macmillan, 1988; H. Deschamps, *La fin des empires coloniaux*, París, PUF, 1976; H. Grimal, *Historia de las descolonizaciones del siglo XX*, Madrid, IEPALA, 1989; R. F. Holland, *European Decolonization 1918-1981: An Introductory Survey*, Londres, Macmillan, 1985; D. A. Low, *Eclipse of Empire*, Cambridge, Cambridge University Press, 1991; H. Isnard, *Géographie de la décolonisation*, París, PUF, 1971; W. H. Morris y G. Fisher (eds.), *Decolonisation and After. The British and French Experience*, Londres, F. Cass, 1980; J. L. Miège, *Expansión europea y descolonización de 1870 a nuestros días*, Barcelona, Labor, 1975,

131 M. Bastos Ansart, *De las guerras coloniales a la Guerra Civil. Memorias de un cirujano*, Esplugues de Llobregat, Ariel, 1969, p. 29.

132 L. Zea, *El pensamiento latinoamericano*, México D.F., Ed. Pomaca, 1965, vol. II, caps. XI-XII.

133 Toda la documentación jurídica y administrativa en: S. Martín-Retortillo, L. Cosculluela, E. Orduña, *Autonomías regionales en España. Traspaso de funciones y servicios*, Madrid, Instituto de Estudios de Administración Local, 1978, pp. 1-278; también: B. Cores, «A Constitución de Cuba e Porto Rico, primeiro modelo autonómico español», *Estudios de Historia Social*, núm. 28-29, enero-junio 1984, pp. 407-415; M. Mena Múgica y S. Hernández Vicente, *La administración autonómica española de Cuba en 1898: fuentes documentales de la administración española en el Archivo Nacional de Cuba*, Salamanca, Ediciones Universidad de Salamanca, 1994, pp. 13-26.

134 Véase los comentarios del militar español y dirigente republicano Nicolás Estévanez, *Mis memorias* [1903], Madrid, Tebas, 1975, pp. 125-126.

135 J. Juaristi, *Vestigios de Babel. Para una arqueología de los nacionalismo españoles*, Madrid, Siglo XXI, 1992.

136 Hace tiempo que se ha planteado la interacción entre el discurso racista norteamericano y el desarrollo de los racismos políticos europeos de la segunda mitad del siglo XIX: R. Horsman, *La raza y el Destino manifiesto. Orígenes del anglosajonismo racial norteamericano*, México D.F., FCE, 1985.

137 Para emigraciones comparadas: N. Sánchez-Albornoz (comp.), *Españoles hacia América. La emigración en masa, 1880-1930*, Madrid, Alianza, 1988; J. Maluquer de Motes, *Nación e inmigración: los españoles en Cuba (ss. XIX y XX)*, Gijón, Júcar, 1992; E. Fernández de Pinedo, *La emigración vasca a América, siglos XIX y XX*, Gijón, Júcar, 1993; E. de Mateo Avilés, *La emigración andaluza a América (1850-1936)*, Málaga, Arguval, 1993; J. Uría González (ed.), *Asturias y Cuba en torno al 98*, Barcelona, Labor, 1994; C. Yáñez, *Saltar con red. La temprana emigración catalana a América, ca. 1830-1870*, Madrid, Alianza, 1996.

138 K. San Sebastián, *Historia del Partido Nacionalista Vasco*, San Sebastián, Txertoa, 1984, pp. 111-112; en general: J. C. Larronde, *El nacionalismo vasco: su origen y su ideología en la obra de Sabino Arana y Goiri*, San Sebastián, Ediciones vascas Argitaletxea, 1977; J. Corcuera, *Orígenes, ideología y organización del nacionalismo vasco (1876-1904)*, Madrid, Siglo XXI, 1979.

139 A. Helg, «Race in Argentina and Cuba, 1880-1930: Theory, Policies and Popular Reaction», in R. Graham (ed.), *The Idea of Race in Latin America*, Austin (Tex.), University of Texas Press, 1990, pp. 37-69.

140 L. Prados de la Escosura, *De imperio a nación. Crecimiento y atraso económico en España (1780-1930)*, Madrid, Alianza, 1988.

141 Tal enfoque, no obstante, se ha empezado a corregir recientemente; por ejemplo, Ángel Bahamonde ha empezado la exploración del «lobby» cubano: A. Bahamonde y J. Cayuela, *Hacer las Américas. Las élites coloniales españolas en el siglo XIX*, Madrid, Alianza, 1992.

142 No figura como voz en J. Fernández Sebastián y J. F. Fuentes (dirs.), *Diccionario político y social del siglo XIX español*, Madrid, Alianza, 2002.

143 R. Brubaker, *Citizenship and Nationhood in France and Germany*, Cambridge (Mass.), Harvard University Press, 1992.

II. El punto de partida, entre la «unidad cultural» y el sueño «imperial»

Capítulo 3. *De Almirall a Prat: la contraposición de sociedad civil y Estado y la vía monárquica al federalismo*

1 J. Nadal i Oller y J. Maluquer de Motes, «Catalunya, la fàbrica d'Espanya», en *Catalunya, la fàbrica d'Espanya. Un segle d'industrialització catalana, 1833-1936*, Barcelona, Ajuntament de Barcelona, 1985, pp. 19-159.

2 J. Casassas, *Entre Escil·la i Caribdis. El catalanisme i la Catalunya conservador de la segona meitat del segle XIX*, Barcelona, La Magrana, 1990, especialmente cap. V, «L'acció corporativa de l'intel·lectual-professional català. La frustrada "Unión de Corporaciones científicas, literarias, artísticas y económicas de Barcelona" (1876-1886)»; También J. Casassas, *L'Ateneu barcelonès. Des dels seus orígens als nostres dies*, Barcelona, La Magrana/Institut Municipal d'Història de Barcelona (IMHB), 1986; S. Riba i Gumà, *L'Ateneu Igualadí de la Classe Obrera, 1863-1939*, Igualada, Ateneu Igualadí, 1988.

3 J. M. Serrate (Kecter), «Los Congresos. Exposición Universal de Barcelona», *Estudios sobre la Exposición Universal de Barcelona, inaugurada en 20 de mayo y cerrada en 9 de diciembre de 1888*, Barcelona, Est. Tip. del *Diario Mercantil*, 1888, pp. 115-134. Por añadidura a los ocho encuentros reconocidos y con mayor discreción, también se celebraron durante los meses feriales en la Ciudad Condal los congresos fundacionales del Partido Socialista Obrero Español y de la Unión General de Trabajadores: S. Castillo, «Los congresos constituyentes», en M. Tuñón de Lara (dir.), *Historia del socialismo*, Madrid, Conjunto Editorial, SA, 1989, vol. 1, pp. 111-124.

4 A. de Tocqueville (J.-P. Mayer, ed.), *La Democracia en América*, Madrid, Guadarrama, 1969, vol. 1, 2ª parte, cap. 25 (citas pp. 270-271); para el asociacionismo político: *ibíd.*, vol. 1, 1ª parte, cap. 9: «De la asociación política en los Estados Unidos».

5 J. M. Serrate (Kecter), «Exposición Universal de Barcelona. Sección primera. Industria y comercio, comprendiendo los estudios de la Sección oficial de España y los de todas y cada una de las naciones que han concurrido al certamen», *Estudios sobre la Exposición..., op. cit.*, pp. 1-376 (citas pp. 10, 11).

6 N. Verdaguer i Callís, *La primera victòria del catalanisme*, Publicacions de «La Revista», 1919; para la campaña en general: A. Comalada Negre, *Catalunya davant el centralisme*, Barcelona, Sirocco, 1984.

7 Para el medio togado en Barcelona, véase: A. García Balañà, *Ordre jurídic i trajectòria de l'Acadèmia de Jurisprudència i Legislació de Barcelona, 1840-1931 (A propòsit de la formació i els límits de la política burgesa a Catalunya)*, treball de 9 crèdits, Departament d'Història Moderna i Contemporània, Universitat Autònoma de Barcelona, 1993; S. Jacobson, *Professionalism, Corporativism and Catalanism: The Legal Profession in Nineteenth-Century Barcelona*, Ph. D. Thesis, Tufts University, 1998 (publicada en University Microfilms).

8 S. Bengoechea, «Les organitzacions patronals catalanes en el tombant de segle», *Afers*, núm. 13, 1992, pp. 103-120; también F. Artal, «Contingut econòmic del regionalisme polític català», en *ibíd.*, pp. 81-101.

9 T. H. von Laue, *The World Revolution of Westernization*, Oxford (G.B.), Oxford University Press, 1987.

10 Véase, como indicio: E. Olivé Serret, *Els Moragas. Història íntima d'una família de notables (1750-1868). Privacitat i família en la crisi de l'antic règim a Catalunya*, Tarragona, Diputació de Tarragona, 1998.

11 No existe un buen estudio sobre la «sociedad civil» catalana; véase un repertorio tan variado como: G. W. McDonough, *Las buenas familias de Barcelona. Historia social de poder en la era industrial*, Barcelona, Omega, 1989; P. Solà i Gussinyer, *Història de l'associacionisme català contemporani. Barcelona i les comarques de la seva demarcació*, Barcelona, Generalitat de Catalunya, 1993; T. Rodríguez, *La sociedad civil catalana*, Barcelona, La Vanguardia, 1987; S. Giner, *The Social Structure of Catalonia*, Sheffield (G.B.), Anglo-Catalan Society, 1984; un esbozo de la idea de «sociedad de familias» en E. Ucelay-Da Cal, «Los huéspedes problemáticos/Els hostes problemàtics», *El Periódico*, 4 marzo 2001, p. 28.

12 Véase R. H. Williams, *Dream Worlds: Mass Consumption in Late Nineteenth-Century France*, Berkeley, University of California Press, 1982.

13 Véase, como muestra: P. Corominas, «El comunismo castellano» (¿1901?), «La cuestión catalana» (1901), en P. Corominas, *Obra en castellano*, Madrid, Gredos, 1975, pp. 60-63, 291-297.

14 E. Ucelay-Da Cal, «Llegar a capital: rango urbano, rivalidades interurbanas y la imaginación nacionalista en la España del siglo XX», en A. Morales Moya (coord.), *Ideologías y movimientos políticos*, Madrid, España Nuevo Milenio, 2001, pp. 221-263.

15 Para una perspectiva «castellana»: E. Seijas Villadangos, «El "hecho diferencial" en el

regionalismo del 98», en S. Rus Rufino y J. Zamora Bonilla (coords.), *Una polémica y una generación. Razón histórica del 1898*, León, Secretariado de Publicaciones de la Universidad de León, 1999, pp. 67-84.

16 P. Anguera, *El català al segle XIX. De llengua del poble a llengua nacional*, Barcelona, Empúries, 1997. Véase la matización de J.-L. Marfany, *La llengua maltractada*, Barcelona, Empúries, 2001.

17 E. Ucelay-Da Cal, «Formas grupales masculinas en la sociedad catalana: una hipótesis de trabajo sobre los mecanismos fundamentales del asociacionismo catalán», *Boletín de la Sociedad Española de Psicoterapia y Técnicas de Grupo*, época IV, núm. 10, diciembre de 1996, pp. 11-44; también, del mismo, «Els espais de la sociabilitat: la parròquia, els "parroquians" i la qüestió de les clienteles», *L'Avenç*, núm. 171, junio de 1993, pp. 18-27.

18 F. Ferrer i Gironès, *La persecució política de la llengua catalana*, Barcelona, Ed. 62, 1985.

19 En el terreno conceptual, véase: F. Fukuyama, *Trust. The Social Virtues and the Creation of Prosperity*, Londres, Penguin, 1995; también R. G. Putnam (con R. Leonardi y R. Y. Nanetti), *Making Democracy Work. Civic Traditions in Modern Italy*, Princeton (N. J.), Princeton University Press, 1993.

20 P. Vilar, *Catalunya dins l'Espanya moderna*, Barcelona, Ed. 62, 1964, vol. 1, pp. 49-87.

21 E. Ucelay-Da Cal, «El catalanismo ante Castilla», encuentro «Castilla en las Historias de España (En torno al 98)», Salamanca, noviembre 1996, pendiente de publicación.

22 J. Casas-Carbó, *Catalunya trilingüe. Estudi de biologia lingüística*, Barcelona, L'Avenç, 1896, pp. 8-9. Biografia: *Gran Enciclopèdia Catalana* (en adelante *GEC*), vol. 6, p. 399.

23 F. Ferrer i Gironès, *Catalanofòbia. El pensament anticatalà a través de la història*, Barcelona, Ed. 62, 2000; para el supuesto punto de partida: N. Sales, *Els botiflers, 1705-1714*, Barcelona, Rafael Dalmau, 1981; más en general: J. M. Ainaud de Lasarte, *El llibre negre de Catalunya. De Felip V a l'ABC*, Barcelona, La Campana, 1995.

24 P. Anguera, *El català al segle XIX…*, *op. cit.*; también, en general, P. Anguera, «Els orígens del catalanisme. Notes per a una reflexió», en P. Anguera, J. G. Beramendi, C. Forcadell *et al.*, *Orígens i formació dels nacionalismes a Espanya*, Reus, Centre de Lectura de Reus, 1994, pp. 11-79.

25 J. Termes, «Les arrels populars del catalanisme», en J. Termes *et al.*, *Catalanisme: història, política i cultura*, Barcelona, L'Avenç, 1986, pp. 11-19; también, en general: J. Termes, *La immigració a Catalunya i altres estudis d'Història del nacionalisme català*, Barcelona, Empúries, 1984; J. Termes, *Federalismo, anarcosindicalismo y catalanismo*, Barcelona, Anagrama, 1976.

26 J.-L. Marfany, «Catalunya i Espanya», *L'Avenç*, núm. 216, juliol-agost 1997, pp. 6-11; para la aparición de un mercado literario en catalán: J.-L. Marfany, *Aspectes del modernisme*, Barcelona, Curial, 1975.

27 P. Anguera, *El català al segle XIX…*, *op. cit.*

28 E. Lluch, *L'alternativa catalana (1700-1714-1740). Ramon de Vilana Perlas i Juan Amor de Soria: teoria i acció austracistes*, Vic, Eumo, 2000; también E. Lluch, «El programa polític de la Catalunya austracista», en J. Albareda (ed.), *Del patriotisme al catalanisme*, Vic, Eumo, 2001, pp. 129-167; véase asimismo R. M. Alabrús, *Felip V i l'opinió dels catalans*, Lérida, Pagès Editors, 2001, cap. 8, «La persistència del austracisme després de 1746». La formulación más contundente en la conclusión de J. Albareda, *Catalunya en un conflicte europeu. Felip V i la pèrdua de les llibertats catalanes (1700-1714)*, Barcelona, Generalitat de Catalunya/Edicions 62, 2001.

29 T. Egido, «Introducción», a T. Egido (ed.), *Sátiras políticas de la España moderna*, Madrid, Alianza, 1973, pp. 9-56 (cita p. 45).

30 J. Albareda, *Catalunya en un conflicte…*, *op. cit.*

31 Como muestra de la mitologización: A. Rovira i Virgili, *Valentí Almirall*, Barcelona, Barcino, 1936. Sobre Almirall, en la misma línea, pero actualizada: J. A. González Casanova, *Federalisme i autonomia a Catalunya (1868-1938)*, Barcelona, Curial, 1974, pp. 153-165; J. M. Figueres, *Valentí Almirall. Forjador del catalanisme polític*, Barcelona, Generalitat de Catalunya, 1990; también, muy confuso: J. J. Trias Vejarano, *Almirall y los orígenes del catalanismo*, Madrid, Siglo XXI, 1975.

32 El «Pacto de Tortosa» en J. A. Santamaría Pastor; E. Orduña Rebollo; R. Martín-Artajo, *Documentos para la historia del regionalismo en España*, Madrid, Instituto de Estudios de Administración Local, 1977, pp. 148-156.

33 V. Martínez-Gil, *El naixement de l'iberisme catalanista*, Barcelona, Curial, 1997, pp. 25-27.

34 J. Roca y Roca, *Valentín Almirall. Apuntes biográficos*, Barcelona, Mariano Galve, 1905, p. 10.

35 V. Balaguer, *La libertad constitucional. Estudio sobre el gobierno político de varios países y en particular sobre el sistema por el que se regía antiguamente Cataluña*, Barcelona, Imp. de Jaime Jepús y Ramón Villegas, 1858, p. 9.

36 *Ibíd.*, caps. VIII, XIV, X, XII.

37 Véase *ibíd.*, p. 26: «Apóstoles de ideas insensatas, no vengáis a decirnos que con vuestro cesarismo, con vuestro imperialismo, con vuestro...[sic] llámese como se quiera, que al fin y al cabo estos nombres no son sino fórmulas más o menos poéticas con que disfrazáis el régimen absoluto, no vengáis a decirnos con esto que intentáis cerrar la puerta a las ambiciones bastardas, a los odios de partido, a las luchas civiles, a la empleomanía, a la fiebre de la demagogia.»

38 O. Pi de Cabanyes, «Un monárquico federal», *La Vanguardia*, 13 marzo 2002, p. 39.

39 Para la debilidad del concepto: A. Casals, «Del nom i la identitat de la Corona d'Aragó a l'edat moderna», y para su carácter de tópico, P. Anguera, «El record de la Corona de Aragó a Catalunya el segle XIX», ambos en *L'Avenç*, núm. 275, diciembre 2002, pp. 29-35 y 65-70.

40 V. Balaguer, *Historia de Cataluña y de la Corona de Aragón*, Barcelona, Lib. de Salvador Manero, 1860-1863, 5 vols. Balaguer empezó su obra de forma contundente (vol. I, p. 9, primera frase): «Con escasas fuerzas, aunque con ánimo, me propongo escribir la *Historia de Cataluña* y por consiguiente la de la *Corona de Aragón* [sic].» Para el diario: J. M. Huertas (ed.), *200 anys de premsa diària a Catalunya*, Barcelona, Fundació Caixa de Barcelona/IMHB/Col·legi de Periodistes, [1995], p. 116.

41 V. Balaguer, «La Roma del autor», fragmento de *Apuntaments y datos, que de prólech a estas poesías, poden servir també pera la història de la moderna literatura catalana*, en V. Balaguer, *Esperansas y recorts*, Barcelona, Est. Tip. de Jaume Jepús, 1866, pp. 29-40, reproducido en J. Molas, M. Jorba, A. Tayadella (eds.), *La Renaixença. Fonts per al seu estudi, 1815-1877*, Barcelona, Universitat de Barcelona/Universitat Autónoma de Barcelona, 1984, pp. 266-270 (citas p. 268).

42 M. Tomàs, *La Jove Catalunya*, Barcelona, La Magrana, 1992; J. M. Figueres, *«La Renaixensa», Diari de Catalunya (1881-1905)*, Barcelona, Rafael Dalmau, 1981.

43 En general: J. Termes, «El federalisme català en el periode revolucionari de 1868-1874», *Recerques*, núm. 2, 1972, pp. 33-69.

44 V. Almirall, *Regionalisme y Particularisme. Cartas de...*, Barcelona, Club Autonomista Català, 1901, pp. 9, 7 (*«va baixar»* en el orginal). Para el sentido de la crítica antiproudhoniana, véase: A. J. Cappelletti, *La ideología anarquista*, Caracas, Alfadil, 1984, cap. 4. La codificación catalanista de la perspectiva de Almirall sobre Proudhon y Pi en A. Rovira i Virgili (L. Colomer i Calsina, cur.), *Lectura de Pi i Margall*, Barcelona, La Magrana, 1990, caps. VIII-IX.

45 J. Roca y Roca, *op. cit.*, p. 14.

46 A. Rovira i Virgili (A. Sallés, cur.), *Resum d'història del catalanisme* [1936], Barcelona, La Magrana, 1983, pp. 41-42; J. Casassas y A. Ghamine, *Homenatge a Francesc Pi i Margall 1824-1901. Intel·lectual i polític federal*, Barcelona, Generalitat de Catalunya, 2001, pp. 46-48.

47 J. M. Figueres, *El primer diari en llengua catalana: Diari Català (1879-1881)*, Barcelona, Institut d'Estudis Catalans, 1999. Para el periodismo de Almirall: V. Almirall, *Articles literaris*, Barcelona, L'Avenç, 1904; V. Almirall (J. M. Figueres, cur.), *Articles polítics. «Diari català» 1879-1881*, Barcelona, La Magrana, 1984; V. Almirall (J. M. Figueres, cur.), *Cultura i societat*, Barcelona, Edicions 62, 1985.

48 Según Cambó, que, de joven, en la tertulia de la Lliga de Catalunya, debió oír mucho sobre su ilustre predecesor en la política: «[...] Almirall, que era un gran pensador, estaba falto de paciencia y perseverancia, condiciones indispensables para crear un partido, es decir, una fuerza política jerarquizada y disciplinada al servicio de un ideal y de un programa. Él era un hombre de tirones y, llamándose demócrata, era un aristócrata déspota, lleno de orgullo y falto de miramientos y de tacto.» F. Cambó, *Memorias (1876-1936)*, Madrid, Alianza, 1987, p. 35.

49 R. Casterás, *Actitudes de los sectores catalanes en la coyuntura de los años 1880*, Barcelona, Anthropos, 1985.

50 M. Vachon, *La crise industrielle et artistique en France et en Europe*, París, La Librairie Illustrée, [¿1886?], p. 115.

51 J. M. Figueres, «La Gran Polèmica Catalanista de 1880. L'expansió del catalanisme polític a través del periodisme d'opinió», *Afers*, XV, núm. 36, 2000, pp. 453-477.

52 J. M. Oller, «Lo catalanisme», *La Guatlla*, I, núm. 33, 10 enero 1886, pp. 257-258 (cita p. 258), y, del mismo, «Valentí Almirall», *ibíd.*, núm. 35, 24 enero 1886, pp. 273-274 (cita p. 273).

53 J. Galofre i Illamola-Simal, *El Primer Congrés Catalanista (1880)*, Barcelona, Rafael Dalmau, 1979; J. M. Figueres, *El Primer Congrés Catalanista i Valentí Almirall. Materials per a l'estudi dels orígens del catalanisme*, Barcelona, Generalitat de Catalunya, 1985; M. C. Illa i Munné, *El Segon Congrés Catalanista. Un congrés inacabat 1883-1983*, Barcelona, Generalitat de Catalunya, 1983.

54 J. Pich i Mitjana, *El Centre Català. La primera associació política catalanista (1882-1894)*, Catrroja/Barcelona, Afers, 2002.

55 J. M. Figueres, *«La Renaixensa»..., op. cit.* (citas p. 22); J. M. Figueres, «Valentí Almirall i el Memorial de Greuges: del "Diari Català" a "La Renaixensa" (1879-1885)», en J. Nadal i Ferrer *et al.*, *El Memorial de Greuges..., op. cit.*, pp. 43-55; para el grupo de «Jove Catalunya»: M. Tomàs, *op. cit.*; sobre Guimerà: J. Miracle, *Guimerà*, Barcelona, Aedos, 1958; y P. Anguera, «El pensament polític d'Àngel Guimerà», *Revista de Catalunya*, núm. 116, marzo 1997, pp. 7-33.

56 J. Nadal i Ferrer, «El "modus vivendi" i la indústria catalana: la torna d'una negociació diplomàtica», y A. Comalada i Negre, «L'aspecte jurídic del Memorial de Greuges», en J. Nadal i Ferrer *et al.*, *El Memorial de Greuges i el catalanisme polític*, Barcelona, La Magrana/IHMB, 1986, respectivamente pp. 9-12 y 57-86.

57 J. de Camps i Arboix, *El Memorial de Greuges*, Barcelona, Rafael Dalmau, 1968; también B. de Riquer, «L'*establishment* català i el Memorial de Greuges», en J. Nadal i Ferrer *et al.*, *El Memorial de Greuges..., op. cit.*, pp. 13-23. Para Ramon Torelló i Borràs: *GEC*, vol. 22, p. 431.

58 J. Garriga i Massó, *Memòries d'un liberal catalanista (1871-1939)*, Barcelona, Edicions 62, 1987, p. 73.

59 J. Palomas y M. Bravo, «Víctor Balaguer, la diputació catalana i la lluita pel proteccionisme», *Recerques*, núm. 25, 1992, pp. 31-52; para el atractivo balagueriano en función de su reputación revolucionaria: A. García Balañà, «El primer Balaguer o la temptativa populista a la Cataluña liberal (1859-1869)», *L'Avenç*, núm. 262, octubre 2001, pp. 36-41.

60 J. Coll i Britapaja, *El País de la Olla. Panorama histórico en dos cristales y once vistas*, letra y música de [...], Barcelona, Tipo-Lit. de los Sucesores de N. Ramírez y Cª., 1886, p. 28. Biografías: *GEC*, vol. 7, p. 437; *Diccionari Biogràfic Albertí* (en adelante Albertí), vol. I, p. 590.

61 *Memoria en defensa de los intereses morales y materiales de Cataluña*, Barcelona, Estampa de Lluís Tasso Serra, 1885 (2ª ed.), pp. 38-40.

62 *Ibíd.*, pp. 54, 43, 57, 67-68.

63 *Ibíd.*, pp. 191-194.

64 E. Abraham y Massud, «Introducción», en H. Taine, *Los orígenes de la Francia contemporánea (El Antiguo Régimen)* [1876], Madrid, Orbis, 1986.

65 R. Pozzi, *Hippolyte Taine. Scienza umane e politica nell'Ottocento*, Venecia, Marsilio, 1993; para la influencia de Buckle: pp. 145-146.

66 G. Best, *Mid-Victorian Britain 1851-75* [1971], Londres, Fontana, 1985, pp. 55-61 (cita p. 59).

67 R. Pozzi, *op. cit.*, pp. 113-135.

68 H. Taine, *Notes sur l'Anglaterre*, París, Hachette, 1872, cap. 5 (citas pp. 217, 232-233).

69 Véase el elegante ensayo de Ian Buruna sobre la relación entre las visiones de la sociedad civil inglesa de Taine, Maurras y el barón de Coubertin: I. Buruna, *Anglomanía. A European Love Affair*, Nueva York, Random House, 1998, cap. 8 (especialmente pp. 145-151).

70 M. Barrès, «Le protestantisme de M. Taine», *Le Figaro*, 25 marzo 1893, en M. Barrès (V. Giraud, ed.), *Taine et Renan. Pages perdues receuillies et commentées*, París, Bossard, 1922, pp. 71-84.

71 F. Silvela, «Prólogo», a Conde de las Alménas [sic], *Los grandes carácteres políticos contemporáneos*, Tomo I: *Disraeli – Andrassy* [sic], Madrid, Imp. de Manuel G. Hernández, 1883, pp. ix-xxv (citas pp. xxii, xxiii).

72 F. Portero, «El regeneracionismo conservador: el ideario político de Francisco Silvela», en J. Tusell, F. Montero, J. M. Marín (eds.), *Las derechas en la España contemporánea*, Rubí/Madrid, Anthropos/UNED, 1997, pp. 45-58.

73 M. Fernández Almagro, *Historia política de la España contemporánea*, vol. 1: *1868-1885*, Madrid, Alianza, 1968, pp. 415.

74 E. Castelar, «Hipólito Taine», *La Ilustración española y americana*, 22 marzo y 15 abril 1893, en H. Taine, *Los orígenes...*, pp. 19-35 (citas pp. 19, 29, 33).

75 John Emerich Edward Dalberg Acton, 1st Baron Acton of Aldenham (1869), 8th baronet, «Nationality» [1862], en R. Sentmarí (ed.), *Clàssics del nacionalisme*, Barcelona, Pòrtic, 2001, cap. 4: A. Estradé (cur.), «Contra l'estat-nació: Lord Acton i la pluralitat nacional» (cita p. 142).

76 Para Ahrens: G. Fernández de la Mora, *Los teóricos izquierdistas de la democracia orgánica*, Barcelona, Plaza Janés, 1985 (cita p. 41); Ahrens fue traducido al castellano por su alumno Ruperto Navarro García, amigo de Sanz del Río; para la importancia dada al concepto de *self-government* como seña de identidad republicana: M. Suárez Cortina, *El gorro frigio. Liberalismo, democracia y republicanismo en la restauración*, Madrid, Biblioteca Nueva, 2000.

77 *Memoria en defensa...*, *op. cit.*, pp. 88, 89-91, 91.

78 E. Olivé i Serret, «El moviment obrer català i el Memorial de Greuges», en J. Nadal i Ferrer *et al.*, *El Memorial de Greuges…, op. cit.*, pp. 25-41; para las dudas de Verdaguer: S. Juan Arbó, *La vida trágica de mosén Jacinto Verdaguer*, Barcelona, Planeta, 1970, p. 386; la idea de un «acercamiento Almirall-Collell»: J. Termes y A. Colomines, *Patriotes i resistents. Història del primer catalanisme*, Barcelona, Base, 2003, pp. 184-190.

79 M. Fernández Almagro, *Historia política…, op. cit.*, vol. 1, pp. 418-422.

80 *Memoria en defensa…, op. cit.*, pp. 197-198.

81 J. M. Solé i Sabaté, «La premsa de Madrid i de Barcelona, dues visions enfrontades davant el Memorial de Greuges», en J. Nadal i Ferrer *et al.*, *El Memorial de Greuges…, op. cit.*, pp. 87-103. Biografía de Maspons i Labrós: J. Mestres i Campí (dir.), *Diccionari d'Història de Catalunya*, Barcelona, Edicions 62, 1993, p. 668; *GEC*, vol. 14, p. 479; Albertí, vol. III, p. 136.

82 J. Coroleu y J. Pella y Forgas, *Los fueros de Cataluña*, Barcelona, Imp. L. Tasso, 1878.

83 *Ibíd.*, pp. 607-610 (citas p. 608).

84 J. de Camps i Arboix, *El Memorial de Greuges…, op. cit.*, p. 56.

85 *Ibíd.*, p. 57.

86 M. Folguera i Duran (I. Carner, ed.), *Una flama de la meva vida (Memòries)*, Sabadell, Nova Biblioteca Sabadellenca, 1996, pp. 91-92.

87 Véase, como muestras: J. Carrera Pujal, *Historia política de Cataluña en el siglo XIX*, tomo VI: *De la Restauración al desastre colonial*, Barcelona, Bosch, 1958, pp. 42-43; J. A. González Casanova, «Memorial de Greuges», *GEC*, vol. 15, p. 69.

88 Mn. S. Bové, *Institucions de Catalunya. Les Corts, la Diputació, lo Concell de Cent, los gremis y'l Consolat de Mar* [1895], Barcelona, La Catalana, s.f., pp. 20-21; biografía: Albertí, vol. I, p. 348; *GEC*, vol. 5, p. 283.

89 B. Oliver y Esteller [¿sic?], *La Nación y la Realeza en los Estados de la Corona de Aragón*, discurso de recepción en la Real Academia de la Historia, Madrid, 1884, pp. 92-93. Su biografía, como «Benvingut Oliver i Estellés»: *GEC*, vol. 16, p. 354.

90 A. Rovira i Virgili, «El movimiento polític entorn del Memorial de Greuges (any 1885)», *Revista de Catalunya*, núm. 88, julio 1938, pp. 333-355 (cita p. 343).

91 M. Fernández Almagro, *Historia política…, op. cit.*, vol. 1, p. 422.

92 Citado en *ibíd.*, p. 349. Para Güell i Mercader, véase el completísimo estudio de À. Duarte, «Republicans i catalanistes. Reus, 1890-1899», *Recerques*, núm. 29, 1994, pp. 23-39.

93 Para la trayectoria de Collell, véase M. Ramisa (con estudio preliminar de J. M. Fradera), *Els orígens del catalanisme conservador i «La Veu de Montserrat» 1878-1900*, Vic, Eumo, 1985; J. Junyent i Rafart, «Jaume Collell i Bancells: les campanyes patriòtico-religioses (1878-1888)», *Ausa*, XIII, núm. 122-123, 1989, pp. 257-408; también M. S. Salarich i Torrents, *«La Veu de Montserrat» (1878-1902)*, Vic, Patronat d'Estudis Osonencs, 1993; visiones indulgentes más antiguas: J. Anglada i Vilardebó, *El canonge Jaume Collell* [1932-1935], Vic, Patronat d'Estudis Osonencs, 1983.

94 J. N. Roca i Farreras, «Alerta Catalunya», *La Guatlla*, I, núm. 35, 24 enero 1886, pp. 274-275 (cita p. 274), tomado de *L'Arch de Sant Martí*, sin fecha; para un repertorio de los escritos de Roca (sin este artículo), véase: J. N. Roca i Farreras (J. Llorens Vila, ed.), *El catalanisme progressiu*, Barcelona, La Magrana, 1983.

95 M. Fernández Almagro, *Historia política…, op. cit.*, vol. 1, p. 422.

96 E. Vera y González, *Pi y Margall y la política contemporánea*, Barcelona, Suc. de Manuel Soler, s.f. [¿1886?], vol. II, pp. 10-12.

97 J. Clara i Resplandis, *Afusellament de Ferràndiz i Bellés en temps de la Restauració*, Barcelona, Dalmau, 1972.

98 Para el comentario de Collell y la cita de Pi: S. Juan Arbó, *La vida trágica…, op. cit.*, p. 387.

99 E. Vera y González, *Pi y Margall...*, *op. cit.*, vol. II, p. 1011; P. Gómez Chaix, *Ruiz Zorrilla. El ciudadano ejemplar*, Madrid, Espasa-Calpe, 1934, pp. 146-147.

100 E. Vera y González, *Pi y Margall...*, *op. cit.*, vol. II, pp. 1012-1013.

101 J. L. Comellas, *Cánovas*, Madrid, Cid, 1965, pp. 274-285.

102 A. Rovira i Virgili, «Les repercussions polítiques del Memorial de Greuges», *Revista de Catalunya*, núm. 89, agosto 1938, pp. 505-529.

103 E. Ràfols, «Manifestacions espanyolas», *La Guatlla*, I, núm. 18, 27 septiembre 1885, p. 137.

104 A. Junoy i Argentó, «Vergonya!», *La Guatlla*, I, núm. 39, 21 febrero 1886, pp. 306-307 (citas p. 307).

105 J. Garriga i Massó, *Memòries...*, *op. cit.*, p. 73.

106 Véase: J. Solé Tura, «Pròleg», a *Ideari de Valentí Almirall*, Barcelona, Edicions 62, 1974, pp. 5-16; I. Molas, «Valentí Almirall: el catalanisme liberal», en A. Balcells (ed.), *El pensament polític català del segle XVIII a mitjan segle XX*, Barcelona, Edicions 62, 1988, pp. 107-127.

107 V. Almirall (A. Jutglar, prol.), *España tal como es. La España de la Restauración* [1886], Madrid, Seminarios y Ediciones, 1970 (cita p. 103); V. Almirall, *España tal cual es*, traducida del francés por C. G., Barcelona, Lib. Española de I. López, 1886.

108 V. Almirall, *La Confederación Suiza y la Unión Americana. Estudio político comparativo*, Barcelona/Vilanova i la Geltrú, Lib. de López Bernagossi/Est. Tip. de F. Miquel y Cia. 1886; y, del mismo: *Los Estados Unidos de América. Estudio político*, Vilanova i la Geltrú, Est. Tip. de F. Miquel y Cia., 1884.

109 Para el ambiente más «irreductible»: Capitán Casero, *Recuerdos de un revolucionario*, Valencia, Sempere, s.f.

110 En todo caso, se debe subrayar la relatividad del neologismo: el término «catalanismo» debía estar ya en plena circulación, ya que, por ejemplo, Teodoro Llorente –sin una base movimientista equivalente– estaba ofreciendo disquisiciones sobre el «valencianismo» desde al menos 1881: T. Llorente y Olivares, «Sobre la señera de Valencia»; «Nuestro valencianismo», *Las Provincias*, 10 y 19 junio 1881, reproducidos en T. Llorente i Olivares, *Escrits polítics (1866-1908)*, Valencia, Institució Alfons el Magnànim, 2001, pp. 324-331.

111 V. Almirall (trad. Cels Gomis), *El catalanismo*, Barcelona, Antonio López, 1902, parte III, encabezamiento cap. V.

112 V. Almirall, *Lo catalanisme*, Barcelona, Edicions 62/La Caixa, 1979, p. 127.

113 V. Almirall, *El catalanismo...*, *op. cit.*, p. 494.

114 El famoso sistema de las Dietas prusiano consistía de la *Herrenhaus*, con dos clases de miembros, hereditarios (los príncipes adultos de la Casa de Hohenzollern, así como miembros de la antigua nobleza imperial y de la gran nobleza territorial) y no hereditarios (escogidos por vida por el monarca de las propuestas de los terratenientes de las ocho viejas provincias, las ciudades y las universidades) y la *Abgenordetenhaus*, de 433 miembros, súbditos mayores de treinta años con plenos derechos civiles, elegidos por un periodo de cinco años por todos los hombres, mayores de los veinticinco, que gozaban de sus derechos municipales, organizados en tres clases, según los impuestos pagados, de tal manera que la suma fiscal era la misma en cada grupo. Cada distrito electoral, con sus tres clases, escogía un «elector» que, a su vez, ejercía la elección directa del candidato. Como sentenció el anónimo redactor del artículo sobre «Prussia», en la *Encyclopedia Britannica* de 1911 (undécima ed., vol. 22): «El esquema general de gobierno, aunque constitucional, no es exactamente "parlamentario" en el sentido inglés del término, ya que los ministros son independientes de partido y no necesariamente deben representar las opiniones de la mayoría parlamentaria.» (p. 521).

115 V. Almirall, *El catalanismo...*, *op. cit.*, pp. 504, 506.
116 A. Plana, *Les idees polítiques d'en Valentí Almirall*, Barcelona, Societat Catalana d'Edicions, [1915], p. 61.
117 Por la discutida afirmación de la nobleza de Almirall: J. Colomines i Puig, *L'autodeterminació i Valentí Almirall, baró de Papiol*, El Papiol, Tradicions i Costums, 1990.
118 Otón, príncipe de Bismarck, *Pensamientos y recuerdos*, Barcelona, Montaner y Simón, 1898, vol. I, pp. 77-78: la cita es intencionadamente inexacta, ya que, estrictamente, Bismarck se refería al general Radowitz como custodio del guardarropía para las fantasías reales.
119 V. Almirall, *Lo catalanisme...*, *op. cit.*, pp. 222-223, 93; *El catalanismo... op. cit.*, p. 172.
120 V. Almirall, *Regionalisme y Particularisme...*, *op. cit.*, p. 15.
121 Para Eusebi Güell: J. J. Lahuerta, *Antoni Gaudí*, Madrid, Electa, 1999, pp. 66-67. Al margen de la cuestión de Almirall, la actuación conjunta de Alsina y Güell (su relación empresarial y técnica, el atentado contra Alsina en 1889 y la decisión de establecer la Colonia Güell en Santa Coloma de Cervelló, diseñada por Gaudí y en la que trabajó Folguera i Duran como ingeniero hasta 1896) está muy bien explicada en A. Balcells, «Evolució del pensament polític de Prat de la Riba», en E. Prat de la Riba (A. Balcells y J. M. Ainaud de Lasarte, curs.), *Obra completa*, volumen I, *1887-1898*, Barcelona, Proa, 1998, pp. 51-55.
122 Un testimonio directo: M. Folguera i Duran (I. Carner, cur.), *op. cit.*, pp. 96-99. Para la explicación historiográfica: J. Llorens Vila, *La Lliga de Catalunya i el Centre Escolar Catalanista. Dues associaciones del primer catalanisme polític*, Barcelona, Rafael Dalmau, 1996, pp. 14-15; J. Llorens Vila, *La Unió Catalanista i els orígens del catalanisme polític*, Barcelona, Abadia de Montserrat, 1992, pp. 54-55.
123 E. Lluch, «La "gira triomfal" de Cobden per Espanya (1846)», *Recerques*, núm. 21, 1988, pp. 71-90 (para Barcelona, 85-87). A remarcar que la propaganda proteccionista entonces juntaba antiprotestantismo con su odio al libre cambio.
124 Para el viaje cobdeniano: J. A. Hobson, *Richard Cobden. The International Man* [1919], Londres, Ernest Benn, 1968, pp. 46-48; J. I. García Hamilton, *Cuyano alborotador. La vida de Domingo Faustino Sarmiento*, Buenos Aires, Sudamericana, 1999, p. 158.
125 Citado en J. A. Hobson, *op. cit.*, pp. 47-48.
126 Véase, como ejemplo anacrónico pero revelador, la defensa del patriotismo hispano proteccionista de los industriales catalanes que, sesenta y siete años más tarde, hizo el falangista catalán José María Fontana: J. M. Fontana, *La lucha por la industrialización de España*, Madrid, Ateneo, 1953.
127 V. Almirall, *Lo «Cobden Club»*, Discurs llegit en la sessió inaugural dels travalls de l'any lo dia 16 d'octubre de 1886, Barcelona, Centre Català, 1886, pp. 8, 10, 15-16, 16-17, 24-25, 28, 30.
128 V. Almirall, «A Irlanda», *L'Arch de Sant Martí*, reproducido, sin fecha, como prueba de acusación contra Almirall, en Centre Català de Sabadell, *Manifest. Documents complementaris*, Sabadell, Imp. y Lit. de Joan Comas Faura, septiembre 1887, pp. 39-40.
129 Carta de Lluís Cutchet a Balaguer, Barcelona, 27 enero 1886, citada por J. Palomas y M. Bravo, «Víctor Balaguer...», *op. cit.*, p. 47. La biografia de Cutchet, de Josep Maria Ainaud de Lasarte, en: *GEC*, vol. 8, p. 419.
130 Una interpretació molt diversa en: J. Pich i Mitjana, *op. cit.*, pp. 213-251.
131 M. Folguera i Duran (I. Carner, cur.), *op. cit.*, pp. 86-89, 97. Sobre Folguera i Duran: I. Carner i Graner, *Manuel Folguera i Duran i els origens del catalanisme sabadellenc*, Sabadell, Fundació Bosch i Cardellach, 1987.
132 Véase, para el catalanismo en Sabadell: J. Alsina i Giralt, *El «Centre Català» de Sabadell (1887-1936)*, Sabadell, Fundació Bosch i Cadellach, 1993; y, para el contexto más gene-

ral: G. Ranzato, *La aventura de una ciudad industrial. Sabadell entre el Antiguo Régimen y la modernidad*, Barcelona, Nexos, 1987. Para Sardà: A. Moliner Prada, «Félix Sardá y Salvany, escritor y propagandista católico», *Hispania Sacra*, vol. LIII, núm. 107, 2001, pp. 91-107.

133 Centre Català de Sabadell, *Manifest..., op. cit.*

134 B. Torroja, «Prova. Especialitat del egoisme catalá [sic]», *La Veu del Camp*, 10 junio 1887, reproducido en P. Anguera, *Bernat Torroja (1817-1908). Teoria econòmica i reivindicació nacional*, Reus, Cambra Oficial de Comerç i Industria, 1987, pp. 288-290 (cita p. 289). Los detalles sobre Torroja en la introducción de Anguera, p. 28 y *passim*.

135 B. Torroja, «Los Centres catalanistes no porten, ni prenen la filiació dels vells partits polítichs», *La Veu del Camp*, 30 julio 1887, reproducido en *ibíd.*, pp. 291-294.

136 J. Llorens Vila, *La Unió Catalanista..., op. cit.*, p. 57.

137 V. Almirall, *La poesia del regionalisme*, Discurs llegit en la sessió inaugural del any lo 1er d'octubre de 1886 [sic], Barcelona, Centre Català, 1887, p. 8.

138 J. Llorens Vila, *La Lliga de Catalunya..., op. cit.*, pp. 11-46; J. Llorens Vila, *La Unió Catalanista..., op. cit.*, p. 57-61.

139 E. García Ladevese, *Memorias de un emigrado*, Madrid, Lib. de Fernando Fe, 1892, p. 178; también G. Maura Gamazo, *Historia crítica del reinado de Don Alfonso XIII durante su menoridad bajo la regencia de su madre Doña María Cristina de Austria*, Barcelona, Montaner y Simón, 1919, vol. I, pp. 35-36.

140 K. F. Rudolf, «El renacer de Carlos V en la monarquía habsbúrgica del siglo XIX», en C. Reyero (com.), *La época de Carlos V y Felipe II en la pintura de historia del siglo XIX*, Valladolid, Sociedad Estatal para la Conmemoración de los Centenarios de Felipe II y Carlos V, 1999, pp. 103-116.

141 Siempre se rumoreó que la concesión del título de conde de Güell a don Eusebi en 1908 fue un agradecimiento de Alfonso XIII por este temprano gesto de fidelidad dinástica.

142 «Missatge a S. M. Dª Maria-Cristina d'Habsburg-Lorena, Reina regent d'Espanya, Comtessa de Barcelona», mayo de 1888, reproducido en J. A. González Casanova, *Federalisme i autonomia a Catalunya (1868-1938)*, Barcelona, Curial, 1974, pp. 519-535 (cita pp. 522-523).

143 Los detalles concretos en J. Maluquer i Viladot, *Les meves noces d'or amb el Molt Il·lustre Col·legi d'Advocats de Barcelona 1877-1927*, Barcelona, Imp. Altés, 1929, pp. 80-81. Biografía: E. Jardí, *1000 famílies catalanes*, Barcelona, Dopesa, 1977, pp. 42-43; también R. Tasis, *Els Jocs Florals de Barcelona en l'evolució del pensament de Catalunya (1859-1958)*, Barcelona, Diputació de Barcelona, 1997, pp. 166-167.

144 «Missatge a S. M. Dª Maria-Cristina d'Habsburg-Lorena, reina regent d'Espanya, comtessa de Barcelona», reproducido en F. Cucurull, *Panoràmica del nacionalisme català*, París, Edicions Catalanes de París, 1975, vol. III, pp. 107-120 (cita p. 117).

145 J. Pich i Mitjana, *op. cit.*, pp. 256-266. En general, sobre Soler: J. M. Poblet, *Frederic Soler-Serafí Pitarra*, Barcelona, Aedos, 1967; y, del mismo Poblet, *La Barcelona histórica i pintoresca dels dies de Serafí Pitarra*, Barcelona, Dopesa, 1979.

146 A. Rovira i Virgili (A. Sallés, cur.), *Resum d'història..., op. cit.*, pp. 50-51: «No se mendiga el derecho a vivir / derecho que no se compra ni se vende. / Pueblo que merece ser libre / si no se lo dan, lo toma.» Para el recuerdo húngaro, véase I. Deak, *The Lawful Revolution. Louis Kossuth and the Hungarians, 1848-1849*, Nueva York, Columbia University Press, 1979.

147 J. Maluquer i Viladot, conferencia en el Centro Monárquico-Conservador, 9 abril 1911, citado en J. de Camps i Arboix, *Duran y Bas*, Barcelona, Aedos, 1961, p. 123; también J. de Camps i Arboix, *El Memorial de Greuges..., op. cit.*, p. 59.

148 J. Maluquer i Viladot, *Les meves noces d'or...*, *op. cit.*, p. 85.

149 M. Stanislawski, *Zionism and the Fin de Siècle*, Berkeley (Cal.), University of California Press, 2001, pp. 77-79; también E. C. Conte Corti, *Elisabeth, la emperatriz enigmática*, Barcelona, Iberia-Joaquín Gil, 1943, pp. 401-405 y *passim*. En general: el catálogo de la exposición de Trieste-La Coruña: D. de Rosa y F. de Vecchi (dirs.), *Sissi. Isabel de Austria*, CiniselloBalsamo (Milán), Silvana Editoriale, 2001.

150 V. Almirall, *El catalanismo...*, *op. cit.*, cap. VI (cita p. 499).

151 Véase la interpretación de À. Duarte, «Republicans i catalanistes...», *op. cit.*, pp. 33-35; también Joseph Güell y Mercader, *Lo Regionalisme en la nació*, Barcelona, Imprempta La Renaixensa, 1889.

152 J. A. González Casanova, *Federalisme i autonomia...*, *op. cit.*

153 Roca i Farreras fue redescubierto al final del franquismo como sediciente antecedente de un nacionalismo radical de izquierdas. Véase T. Strubell i Trueta, *Josep Roca i Farreras i l'origen del nacionalisme d'esquerres*, Arenys de Mar, El Set-ciències, 2000; también, del «redescubridor» de Roca: F. Cucurull, *Consciència nacional i alliberament*, Barcelona, La Magrana, 1978, pp. 32-89. Para sus escritos: J. N. Roca i Farreras (J. Llorens Vila, ed.), *El catalanisme progressiu...*, *op. cit.*

154 B. Morales San Martín, *El regionalismo ante el derecho político moderno. Personalidad regionalista de Valencia*, conferencia pronunciada en la Real Academia de Jurisprudencia y Legislación, 31 enero 1917, Madrid, Est. Tip. Jaime Ratés, 1917, p. 40 y ss.

155 Por ese mismo sentido negativo, así como por el peso del tacticismo sobre la estrategía y, en último extremo, la doctrina, la herencia almiralliana es muy discutida, prestándose a lecturas muy encontradas: véase, sino, el debate entre J.-L. Marfany, «Valentí Almirall i els orígens del nacionalisme català», *L'Avenç*, núm. 204, junio 1996, pp. 20-24 y D. Martínez Fiol, «Valentí Almirall: medievalisme, parlamentarisme i corporativisme», *L'Avenç*, núm. 211, febrero 1997, pp. 6-9.

156 S. Moret y Prendergast, *Centralización, descentralización, regionalismo*, conferencia dada en el Ateneo de Madrid el 30 de marzo de 1900, Madrid, Imp. a cargo de Eduardo Arias, 1900, p. 31.

157 M. Fernández Almagro, *Cánovas, su vida y su política*, Madrid, Tebas, 1972, p. 442, n.

158 «La política y la Exposición Universal de Barcelona. Discursos pronunciados en Barcelona», *Estudios sobre la Exposición...*, *op. cit.*, pp. 1-104 (por cuadernos, sin numeración consecutiva). Recuérdese la contundente valoración de Josep Pla, aludiendo a Almirall: «*La seva intranscendència política fou total.*» J. Pla, «El senyor Prat de la Riba (1870-1917)», en J. Pla, *Pàgines selectes 2. Alguns homenots*, Barcelona, Destino/El Observador, 1991, pp. 95-145 (cita p. 109).

159 F. Pi y Margall, «Discurso pronunciado por [...]», sin fecha concreta, en *ibíd.*, pp. 5-13 (citas pp. 12, 12-13, 13).

160 J. Pich i Mitjana, *op. cit.*, pp. 266-275.

161 E. Prat de la Riba, «Pròleg. L'obra d'en Duran en l'evolució del pensament polític català», en L. Duran i Ventosa (F. de Carreras, ed.), *Regionalisme i federalisme* [1905], Barcelona, La Magrana, 1993, citas pp. 13, 13, 14, 15. La distinción entre «Estado» moderno y «estado» medieval es de Prat.

162 Por ejemplo, el nombre de Cobden aparece tan sólo una vez en toda la extensa obra pratiana, en un contexto en el cual se hace evidente que Prat le consideraba un indeseable, líder de una especie de conspiración librecambista en Inglaterra; véase su *Ley jurídica de la industria*, en E. Prat de la Riba (A. Balcells y J. M. Ainaud de Lasarte, curs.), *Obra completa*, volum II, *1898-1905*, Barcelona, Proa, 1998, p. 63.

163 Un repaso detallado al esfuerzo de Aldavert y sus compañeros como, notablemente, Francesc Matheu i Fornells (1850-1938), que destaca el sentido de proyecto empresarial y editorial: C. Duran i Tort, *«La Renaixensa», primera empresa editorial catalana*, Barcelona, Abadia de Montserrat, 2001.

164 Guimerà, en la Asamblea de Manresa de 1892, denunció que las «naciones de Italia» hubieran caído bajo un centralismo antinacional y, tan tarde como 1911, el órgano de Pere Aldavert defendía la misma idea: véase J. Cardús, «Mosaych», *Nos ab Nos*, I, núm. 14, 6 abril 1911, que cita «organismos vivos» como «Nápoles, Cerdeña, Parma, Toscana, Lucca, Módena, Estados Pontificios» que habían desaparecido «hace cincuenta años cuando el unitarismo ganó una gran victoria contra el nacionalismo.» En general, véase el repertorio de fuentes catalanistas de los años noventa en J. Burgaya, *La formació del catalanisme conservador i els models «nacionals» coetanis. Premsa catalanista i moviments nacionalistes contemporanis, 1861-1901*, tesis doctoral, Universitat Autònoma de Barcelona, 1999, pp. 323-337.

165 Véase M. Vaussard, *La fin du pouvoir temporel des papes*, París, Spes, 1965, cap. VII; también J. Pabón, *España y la cuestión romana*, Madrid, Moneda y Crédito, 1972. La principal obra de fuente catalana sobre este tema fue la del jurista Ramón Maria de Dalmau i d'Olivart, catedrático de derecho internacional nacido en Les Borges Blanques en 1861 y muerto en Madrid en 1928; gran bibliófilo, su fondo particular de libros fue vendido a la Biblioteca de Harvard University en 1911: véase su *Del aspecto internacional de la cuestión romana*, Madrid, Fernando Fe, 1893-1894, 4 vols., en la biblioteca particular de Maragall.

166 Según el marqués de Olivart, también autor del librito, *La cuestión catalana ante el Derecho internacional. Dos cartas abiertas, una antigua y otra nueva (1892-1907)*, Madrid, Revista de Derecho Internacional y Política Exterior, 1909: «[...] la solución toda del problema [catalán] se halla en que la aspiración catalana se concrete en forma de *sincero* y, sobre todo, *espontáneo* respeto al Estado español, que es su Patria, y al Jefe de ambos, que es el Rey» (p. 30). En general, véase A. Blanc Altemir, *El marqués de Olivart i el dret internacional (1861-1928)*, Lérida, Institut d'Estudis Ilerdencs, 2000.

167 S. Canals, Discurso en la Sesión del Congreso del 16 de marzo de 1906, reproducido en Solidaritat Catalana, *Discursos contra la Ley de las Jurisdicciones en el Senado y el Congreso*, Barcelona, «El Anuario de la Exportación», 1906, pp. 341-352 (citas pp. 341, 342-343).

Capítulo 4. *Prat y las consecuencias españolas de la «unidad cultural catalana»*

1 E. Castelar, «Discurso dicho por [...] en la reunión del partido republicano-histórico de Barcelona el día 22 octubre de 1888», en *Estudios sobre la Exposición Universal de Barcelona, inaugurada en 20 de mayo y cerrada en 9 de diciembre de 1888*, Barcelona, Est. Tip. del *Diario Mercantil*, 1888, pp. 40-86 (citas pp. 66, 80, 81; también C. Llorca, *Emilio Castelar*, Madrid, Biblioteca Nueva, 1966, pp. 304-305).

2 Para el contexto del «posibilismo» catalán, véase À. Duarte i Montserrat, *Possibilistes i federals. Política i cultura republicanes a Reus (1874-1899)*, Reus, Associació d'Estudis Reusencs, 1992.

3 À. Duarte, «Republicans i catalanistes. Reus, 1890-1899», *Recerques*, núm. 29, 1994, pp. 23-39.

4 J. Güell y Mercader, *Lo regionalisme en la nació*, Barcelona, Impremta La Renaixensa, 1889, citas pp. 5, 6, 7.

5 *Ibíd.*, pp. 8-9, 20.
6 *Ibíd.*, pp. 20, 9, 10.
7 *Ibíd.*, pp. 11-12, 14.
8 *Ibíd.*, pp. 15, 16.
9 *Ibíd.*, pp. 20, 23.
10 «Discurso de D. José Puig i Cadafalch en la sesión académica de la "Joventut Nacionalista"», *La Cataluña*, IV, núm. 168, 24 diciembre 1910, pp. 812-813 (cita p. 812). Esta revista catalanista era redactada excepcionalmente en castellano, para una más efectiva proyección.
11 E. Prat de la Riba, «Pròleg. L'obra d'en Duran en l'evolució del pensament polític català», en L. Duran i Ventosa (F. de Carreras, ed.), *Regionalisme i federalisme* [1905], Barcelona, La Magrana, 1993, cita pp. 13-14. Los detalles sobre la infancia de Prat al principio del capítulo en J. Vallés, *Prat de la Riba*, Barcelona, Biblioteca Catalana, 1924, pp. 6-7.
12 En general: R. Triomphe, *Joseph de Maistre. Étude sur la vie et la doctrine d'un matérialiste mystique*, Ginebra, Droz, 1968.
13 E. Prat de la Riba, «La filosofía política del conde J. de Maistre», «Miscelánea Jurídica», *Revista Jurídica de Cataluña*, 1895, I, 3, pp. 215-220, en E. Prat de la Riba (A. Balcells y J. M. Ainaud de Lasarte, eds.), *Obra completa 1887-1898*, vol. I, Barcelona, Proa, 1998, pp. 264-268 (cita p. 267). La idea de Maistre como romántico ha sido recientemente recuperada por Isaiah Berlin, «Joseph de Maistre and the Origins of Fascism», en I. Berlin, *The Crooked Timber of Humanity: Chapters in the History of Ideas*, Nueva York, Knopf, 1991, pp. 91-174.
14 Véase, en general, la reflexión de F. Giner de los Ríos, «El individuo y el Estado» [1899], en F. Giner de los Ríos, *La persona social. Estudios y fragmentos*, Madrid, Espasa-Calpe, 1924, tomo II (tomo IX de las *Obras Completas*), pp. 49-50 y ss. Concretamente, Giner alude a las ideas de Röder, recogidas por Schäffle y De Greef, y su recepción en Lorimer.
15 L. Rodríguez Abascal, *Las fronteras del nacionalismo*, Madrid, Centro de Estudios Políticos y Constitucionales, 2000, p. 122.
16 S. Farnés, *La revindicació del llenguatje en la ensenyansa primaria*, Biblioteca de «La Veu de Cataluya», volumen III, Barcelona, Impremta «La Catalana» de Jaume Puigventós, 1891, pp. 26-27.
17 C. Martí i Martí, «L'Església de Catalunya a finals del segle XIX», *Afers*, núm. 13, Monográfico *Cents anys de catalanisme*, 1992, pp. 121-130 (cita p. 125).
18 J. Estanyol i Colom, *Discurs llegit en lo certamen catalanista de la Joventut Católica de Barcelona lo dia 27 de abril de 1890*, Vic, Estampa de Ramon Anglada y Pujals, 1890, p. 7. Biografía: *Albertí*, vol. II, p. 141.
19 M. Batllori, «Josep Torras i Bages. La història idealitzada», en M. Batllori, *Galeria de personatges*, Barcelona, Vicens-Vives, 1975, pp. 65-70 (especialmente 65-66); en general, véase I. Berlin, «Hume y las fuentes del antirracionalismo alemán», en I. Berlin (H. Hardy, ed.), *Contra la corriente. Ensayos sobre la historia de las ideas*, México D.F., FCE, 1979, pp. 233-260.
20 J. Torras i Bages, «Contradiccions del senyor Almirall» secciones «(cap. V)» y «(cap. II)», en J. Torras i Bages, *De regionalisme*, vol. VIII, *Obres Completes*, Barcelona, Biblioteca Balmes, 1925, pp. 158-159, 156-157.
21 J. Torras i Bages, «Contradiccions del senyor Almirall» sección «(cap. III)», en *ibíd.*, pp. 157-158.
22 J. Torras i Bages, «Més sobre l'Almirall», nota inédita incompleta, en *ibíd.*, pp. 160-161.
23 J. Torras i Bages, «Consideracions socials i polítiques sobre el regionalisme», apuntes inéditos sin fecha, en *ibíd.*, pp. 169-182 (cita p. 173).

24 Como, unos años más adelante, remarcó el ensayista catalanista e «imperialista» Francesc Pujols: «[...] los que hemos leído *El catalanisme* de Almirall y *La tradició catalana* de Torras i Bages comprendemos que el libro de Torras se hizo para deshacer el efecto que hubiera podido tener el de Almirall y nosotros no nos cansaremos de repetir que tan contrarios somos de los católicos como de los anticatólicos, podemos decir que el obispo y Almirall se podrían dar la mano, porque si uno nos quiere traer las hipótesis del Norte, el otro no quiere traer las tradiciones y leyendas de los judíos, que, como hemos dicho, son ambos enemigos de Cataluña y los catalanes los hemos de combatir tanto como podamos, resulta que las misiones que nos acumulan estos dos maestros son precisamente las que nos hemos de quitar de encima si queremos realizar la misión que nosotros preconizamos como la única verdadera y conforme con nuestra manera de ser y pensar.» F. Pujols, *Concepte general de la ciència catalana* [1918] Barcelona, Pòrtic, 1982, p. 405.

25 La frase famosa fue aparentemente acuñada por Jaume Raventós i Domènech (¿1868?-1938), ingeniero agrónomo con la patronal agrícola y la Mancomunitat y publicista católico (Foment de la Pietat Catalana), en su obra *Proses de bon seny*, 5 vols., 1915, según el presbítero J. A. [¿Joan Alcover?], «Regionalisme i relligió [sic]», *La Veu d'Inca*, 4 marzo 1916, reproducido en I. Peñarrubia i Marquès, *Els partits polítics davant el caciquisme i la qüestió nacional a Mallorca (1917-1923)*, Barcelona, Abadia de Montserrat, 1991, pp. 706-709 (cita p. 708). Biografía de Raventós: *GEC*, 19, p. 129; *Albertí*, vol. IV, p. 52.

26 J. Torras i Bages, *La tradició catalana* [1892], Barcelona, Edicions 62, 1981, p. 37.

27 *Ibíd.*, p. 46.

28 *Ibíd.*, p. 237.

29 *Ibíd.*, p. 19.

30 *Ibíd.*, p. 65. Las posibles limitaciones de Torras como teólogo y como teórico político social («Ell era un pensador, però no un pur ideòleg.») son insinuadas discretamente por M. Batllori, «Josep Torras i Bages. La història idealitzada», en M. Batllori, *Galeria de personatges*, Barcelona, Vicens-Vives, 1975, pp. 65-70 (especialmente 66-67).

31 J. Torras i Bages, *La tradició..., op. cit.*, pp. 84-87.

32 *Ibíd.*, pp. 98-99.

33 O. Colomer i Carles, *El pensament de Torras i Bages*, Barcelona, Claret, 1991, pp. 79-80.

34 C. Seton-Watson, *L'Italia dall'liberalismo al fascismo, 1870-1925* [1967], Bari/Roma, Laterza, 1999, cap. VI (citas p. 249, siguiendo a Crispolti y Aureli).

35 J. Torras i Bages, *La tradició..., op. cit.*, pp. 88-89.

36 *Ibíd.*, p. 163.

37 J. Torras i Bages, «Consideracions sociològiques sobre el regionalisme» (1893), en J. Torras i Bages, *De regionalisme..., op. cit.*, pp. 9-87 (cita p. 86).

38 J. Torras i Bages, *La tradició..., op. cit.*, pp. 91-92.

39 J. Torras i Bages, «Consideracions socials i polítiques sobre el regionalisme», apuntes inéditos sin fecha, en J. Torras i Bages, *De regionalisme..., op. cit.*, pp. 169-182 (cita p. 179). Para la representación plástica de esta temática de unidad dinástica providencialista, véase: F. Röhig, A. Saliger, G. Natter, S. Dietrich, E. Hulmbauer, *Gott erhalte Österreich. Religion und Staat in der Kunst des 19. Jahrhunderts*, Eisenstadt, Amt der Burgenländischen Landesregierung, 1990.

40 J. Junyent i Rafart, «Jaume Collell i Bancells: les campanyes patriòtico-religioses (1878-1888)», *Ausa*, vol. XIII, núms. 122-123, 1989, pp. 257-407 (véase p. 305); también, para algún detalle: A. Cirici, *El tron de la Mare de Déu de Montserrat*, Barcelona, Spes, 1947. En realidad, si se compara la corona montserratina con la de Rodolfo se ven más diferencias que parecido, ya que la versión catalana exageró considerablemente las formas del origi-

nal. Ello indicaría la probabilidad –muy natural, por otro lado– que Villar basara su diseño en las muchas versiones estilizadas del escudo de los Habsburgo, más que en un conocimiento de la pieza depositada en la Cámara Imperial y Real vienesa.

41 I. Banać, *The National Question in Yugoslavia. Origins, History, Politics*, Ithaca (N. Y.), Cornell University Press, 1984, pp. 89-90. Para la correspondencia con Gladstone: R. W. Seton-Watson, *The Southern Slav Question and the Habsburg Monarchy* [1911], Nueva York, Howard Fertig, 1969, pp. 416-444.

42 E. Valentí Fiol, «El programa antimodernista de Torras i Bages, en E. Valentí Fiol, *Els clàssics i la literatura catalana moderna*, Barcelona, Curial, 1973, pp. 152-187 (cita pp. 169-170).

43 J. Torras i Bages, «La pràctica del regionalisme», apuntes, en J. Torras i Bages, *De regionalisme..., op. cit.*, pp. 168-169 (citas p. 168).

44 Marqués de Olivart, «Carta abierta a Mosén José Torras y Bages» (1892), *La cuestión catalana ante el Derecho internacional. Dos cartas abiertas, una antigua y otra nueva (1892-1907)*, Madrid, Revista de Derecho Internacional y Política Exterior, 1909, p. 46.

45 Marqués de Olivart, «Discurso pronunciado [...] en el Congreso de Diputados, 9 noviembre 1899», en *ibíd.*, p. 101.

46 J. Torras i Bages, «Introducción» [sic: apuntes, en castellano], en *ibíd.*, pp. 163-166 (citas pp. 164, 166). Puede que fuera un borrador para una nonnata edición castellana de *La tradició catalana.*

47 P. I. Casanovas, S. J., *El Dr. Torras i Bages Bisbe de Vich* [sic] *de santa memòria*, Barcelona, Foment de la Pietat Catalana, 1916, p. 56.

48 J. Torras i Bages, *La tradició..., op. cit.*, por ejemplo (p. 179): «Más el entusiasmo, el encanto y la luz fulgurante de la doctrina, y la magnitud, generosidad y belleza de los proyectos no son cualidades suficientes para hacer encarnar y asimiliar el pensamiento de un hombre con la sociedad: será tal vez el beato Ramón [Llull] el faro de Cataluña, más no es el representante de nuestra raza esencialmente práctica, reposada y amante de seguir las vías racionales, de inquirir la razón de las cosas, más sin dejarse atraer por la seducción de la novedad y la orginalidad.»

49 Tomo las nociones del sugerente ensayo de F. J. Baumgartner, *Longing for the End. A History of Millenialism in Western Civilization*, Nueva York, St. Martin's Press, 1999.

50 J. Torras i Bages, *La tradició..., op. cit.*, pp. 113 (cita), 98.

51 *Ibíd.*, pp. 113, 75.

52 *Ibíd.*, p. 127.

53 *Ibíd.*, pp. 129-130.

54 E. Prat de la Riba, «Pròleg...», *op. cit.*, pp. 20-21, 21, 22.

55 *Ibíd.*, pp. 10-12 y ss.

56 Para la idea de una escasamente contenida protesta popular, bajo la apariencia de una política participativa (incluyendo a los catalanistas): J. Sánchez Cervelló, *Conflicte i violència a l'Ebre. De Napoleó a Franco*, Barcelona, Flor de Vent, 2001; para la edificación de una sociedad civil «popular» como alternativa: A. Mayayo, *De pagesos a ciutadans en números. 100 anys de sindicalisme i cooperativisme agraris a Catalunya (1893-1994)*, Catarroja, Afers, 1995; para la inaccesibilidad de los analfabetos incluso a la articulación obrerista: M. Vilanova, *Les majories invisibles. Explotació fabril, revolució i repressió. 26 entrevistes*, Barcelona, Icara, 1995.

57 Como era de suponer, no estaba sólo en sus reflexiones: «*unity and diversity*» fue el tema equivalente en la Irlanda contemporánea, como ha remarcado el historiador F. S. L. Lyons, *Culture and Anarchy in Ireland, 1890-1939*, Oxford (G.B.), Oxford University Press, 1982, cap. 1.

58 E. Keller (versión castellana de J. Rubió y Ors), *La Encíclica del 8 de diciembre de 1864, y los principios de 1789; o la Iglesia, el Estado y la Libertad*, Barcelona, Lib. Católica de Pons y Cia, 1868. Luego insistió en su *Pío IX. Canto lírico*, Barcelona, Imp. Magriñá y Subirana, 1871. No accidentalmente, la aportación literaria de Rubió fue entendida, en generaciones posteriores, por haber refinado y «ennoblecido» el idioma catalán, purgándolo de tosquedad populachera. Como sentenció Josep Maria Capdevila en 1938: «La grosería de un rector de Vallfogona ni la vulgaridad de un Robrenyo no fueron de ninguna manera el inicio de la Renaixença. Eran un obstáculo.» J. M. Capdevila, «Joaquim Rubió i Ors», *Revista de Catalunya*, núm. 89, agosto 1938, pp. 550-570 (cita p. 566).

59 Véase una caricatura de semanario satírico *La Flaca*, el 21 de abril de 1869, que para satirizar la causa monárquica, retrató los diversos pretendientes y sus seguidores respectivos con una guardia de mossos y jesuitas: reproducido en F. Caravaca y A. Orts-Ramos, *Historia ilustrada de la Revolución Española 1870-1931*, Barcelona, Iberia, 1931, vol. I, p. 9.

60 E. Ucelay-Da Cal y A. Rodríguez, «La trajectòria dels Mossos d'Esquadra a la Catalunya contemporània», en G. Cardona, X. Febrés, A. Rodríguez, N. Sales y E. Ucelay-Da Cal, *El Mossos d'Esquadra*, Barcelona, *L'Avenç*, 1981, pp. 51-119 (véase p. 64).

61 Véase las versiones revisadas de los trabajos sobre este tema de B. de Riquer reproducidas en B. de Riquer i Permanyer, *Identitats contemporànies: Catalunya i Espanya*, Vic, Eumo, 2000.

62 J. Maragall, *Biografia de D. Joan Mañé y Flaquer* [...], Barcelona, Ajuntament Constitucional de Barcelona, 1912, pp. 70-71.

63 Una evocación en clave de identidad local: B. Selva, *Vigatans i vigatanisme*, Barcelona, Selecta, 1965.

64 M. Ramisa (con estudio preliminar de J. M. Fradera), *Els orígens del catalanisme conservador i «La Veu de Montserrat», 1878-1900*, Vic, Eumo, 1985; J. Junyent i Rafart, «Jaume Collell i Bancells...», *op. cit.*, pp. 257-407; M. S. Salarich i Torrents (con M. M. Miró i Vila), *«La Veu de Montserrat» (1878-1902)*, Vic, Patronat d'Estudis Osonencs, 1993.

65 Véase, por ejemplo: J. Anglada i Vilardebó, *Jaume Collell, periodista*, Barcelona, Associació de Periodistes, 1934, y, del mismo, *El canonge Jaume Collell*, Vic, Patronat d'Estudis Osonencs, 1983; para la defensa lingüística: J. Requesens i Piqué (ed.), *Jaume Collell i la llengua catalana. Selecció de textos*, Vic/Gerona, Eumo/Universitat de Girona, 1994.

66 J. Collell Bancells, Pbre., «La Unitat de Catalunya», discurs presidencial llegit en la festa dels jochs florals de la Associació Catalanista de la ciutat de Lleydà lo dia 13 de maig de 1899, en J. Collell Bancells, *Sembrant arreu*, Vic, Tipografia Balmesiana, 1927, pp. 68-69; véase I. Molas, «Pròleg», en J. Collell (J. Requesens i Piqué [ed.]), *Escrits polítics*, Vic, Eumo/Institut Universitari Vicens Vives, 1997, pp. 21-59.

67 J. M. Fradera, «Rural Traditionalism and Conservative Nationalism in Catalonia, 1865-1900», *Critique of Anthropology*, vol. 10, núms. 2-3, 1990, pp. 51-71.Véase el sugerente modelo interpretativo para las zonas de «montaña» (equivalentes al sentido catalán) del conjunto de la cuenca mediterránea de: J. R. McNeill, *The Mountains of the Mediterranean World: an Environmental History*, Cambridge (G.B.), Cambridge University Press, 1992.

68 L. A. de Bonald, «De la famille agricole, de la famille industrielle, et du droit d'aînesse» [1826], además de otros ensayos suyos redactados a partir de su experiencia de exilio en Inglaterra, comentados en D. K. Cohen, «The Vicomte de Bonald's Critique of Industrialism», *Journal of Modern History*, vol. XLI, núm. 4, diciembre 1969, pp. 475-484.

69 J. Chevalier, *Classes laborieuses et Classes dangereuses à Paris pendant la première moitié du XIXe siècle* [1958], París, Librairie Générale Française, 1978.

70 J. Barbey d'Aurevilly, *Les Prophètes du passé*, París, Hervé, 1851.

71 C. Cassina, *Il bonapartismo o la falsa eccezione. Napoleone III, i francesi e la tradizione illiberale*, Roma, Carocci, 2001, cap. 4: «Il bonapartismo, una tradizione "vestita di nuovo"».

72 M. Praz, *The Romantic Agony* [1950], Cleveland (Oh.), Meridian, 1963.

73 L. Prats, *El mite de la tradició popular*, Barcelona, Edicions 62, 1988; también J. M. Puigvert i Solà, «L'elaboració del discurs pairalista: la contribució de Josep Torras i Bages», *L'Avenç*, núm. 210, enero 1997, pp. 6-11; y el «Dossier: pairalisme» de R. Congost, E. Roca, J. M. Puigvert, J. Planas, J. Capdevila, M. Bosc y P. Gifré en *Estudis d'Història Agrària*, núm. 12, 1998.

74 M. Milà i Fontanals, «Catalanisme», *La Veu de Montserrat*, fechado 6 junio 1878, en M. Milà i Fontanals, *Obres Catalanes*, Barcelona, Gustavo Gili, 1908, pp. 172-178 (citas pp. 173-174). Para el tema de la conservación, en cuanto a edificios (comentado por Milà): J. Ganau Casas, *Els inicis del pensament conservacionista en l'urbanisme català (1844-1931)*, Barcelona, Abadia de Montserrat, 1996.

75 M. Suárez Cortina, «Pereda, la Muntanya i la invenció de la tradició», *L'Avenç*, núm. 204, junio 1996, pp. 58-62; también M. Suárez Cortina, *Casonas, hidalgos y linajes. La invención de la tradición cántabra*, Santander, Límite, 1994; para el contexto, del mismo autor, *El perfil de «la Montaña». Economía, sociedad y política en la Cantabria contemporánea*, Santander, Calima, 1993.

76 Véase L. Carulla *et al.*, *Àngel Guimerà (1845-1924)*, Barcelona, Fundació Carulla-Font, 1974; E. Gallén *et al.*, *Guimerà 1845-1995*, Barcelona, Centre Dramàtic de la Generalitat de Catalunya, 1995.

77 J. Pabón, *El drama de Mosén Jacinto*, Barcelona, Alpha, 1954.

78 I. Casanovas, *Exemplaritat de l'Il·lustríssim Doctor Josep Torras i Bages, bisbe de Vich*, Barcelona, Foment de la Peitat Catalana, 1928; F. Solà i Moreta, *Biografia* [de Torras, en sus *Obres Completes*], Barcelona, Biblioteca Blames, 1935, 2 vols.; J. Gabernet, *Josep Torras i Bages, bisbe de Catalunya*, Barcelona, Abadia de Montserrat, 1987.

79 A. Pérez de Olaguer, *El canónigo Collell*, Barcelona, Juventud, 1933.

80 J. Burgaya, *La formació del catalanisme conservador i els models «nacionals» coetanis. Premsa catalanista i moviments nacionalistes contemporanis, 1861-1901*, tesis doctoral, Universitat Autònoma de Barcelona, 1999. La cita de V. Almirall, «La gent llatina», *Diari Català*, 3 diciembre 1879, en V. Almirall (J. M. Figueres, ed.), *Cultura i societat...*, *op. cit.*, pp. 19-22 (cita p. 21).

81 Dr. E. M. Vilarrasa, *Falso supuesto de la decadencia de la raza latina*, Barcelona, Obra de Buenas Lecturas, 1899, p. 15.

82 Tanyeman, *La Europa judía. Breve noticia del origen de esta raza, de su conducta y de sus actuales aspiraciones*, Barcelona, «La Hormiga de Oro», 1896, índice.

83 J. Mañé y Flaquer, *Un ensayo de Regionalismo. Cartas a D. José Pella y Fargas precedidas de un prólogo «A la juventud catalanista»*, Barcelona, Tip. «L'Avenç», 1897, p. 8 (prólogo).

84 Tomo los conceptos de fondo de la importante discusión de: R. D. Putnam, *Bowling Alone. The Collapse and Revival of American Community*, Nueva York, Simon & Schuster, 2001.

85 Utilizamos el concepto, ya devenido clásico, de: G. Almond y S. Verba, *La cultura cívica*, Madrid, Euramérica, 1963.

86 G. Normandy, *La Question Catalane*, París, Bloud & cie (Bibliothèque regionaliste), 1908, p. 21.«Un fait domine tout: l'État Espagnol est dans l'impossibilité absolue de satisfaire les besoins de la vie catalane, de cette vie intense qui déborde de tous côtés. L'État Espagnol ne peut rien pour la nation catalane [...].»

87 Véase Jürgen Habermas, *The Structural Transformation of the Public Sphere. An Inquiry into a Category of Bourgeois Society* [1962], [¿Londres?], Polity Press, 1989; en castellano, menos cercano al título original germano, *Historia crítica de la opinión pública. La transformación estructural de la vida pública*, Barcelona, Gustavo Gili, 2002.

88 Véase, como indicación: M. A. Roque, «Claves sociológicas y políticas de la sociedad civil mediterránea», en A. Blanc Altemir (ed.), *El Mediterráneo: un espacio común para la cooperación, el desarrollo y el diálogo intercultural*, Madrid, Tecnos, 1999, pp. 219-233.

89 J. Maspons i Camarasa, «La regeneració de Espanya [sic]», *La Opinión Escolar*, 25 septiembre 1898, reproducido en J. Planas i Maresma, *Catalanisme i agrarisme. Jaume Maspons i Camarasa (1872-1934): escrits polítics*, Vic, Eumo, 1994, p. 185.

90 B. de Riquer, *Lliga Regionalista: la burgesia catalana i el nacionalisme*, Barcelona, Edicions 62, 1977.

91 J. Rohrer, «Política arquitectònica i la Barcelona de Gaudí », *L'Avenç*, núm. 20, octubre 1979, pp. 46-52; para la reivindicación viva: Rafael M. Bofill, *L'arquitectura nacional de Catalunya: la menystinguda personalitat de l'arquitectura catalana gòtica*, Barcelona, La Magrana, 1998.

92 Para una interpretación sofisticada de los partidos en el movimiento catalanista en términos de infraestructura, véase el excelente e injustamente ignorado trabajo de G. Brunn, «Die Organisationen der Katalanishen Bewegung», en T. Scheider y O. Dann (herausg.), *Nationale Bewegung und soziale Organisation I*, Munich-Viena, R. Oldenbourg, 1978, pp. 281-568.

93 F. Cambó, «El tragich conflicte», *La Veu de Catalunya*, 9 octubre 1906, citado en A. Almendros Morcillo, *Francesc Cambó: la forja d'un policy maker*, Barcelona, Publicacions de l'Abadia de Montserrat, 2000, p. 49.

94 J. Romero-Maura, *La «Rosa de Fuego». El obrerismo barcelonés de 1899 a 1909*, Barcelona, Grijalbo, 1974.

95 R. Kipling, «The Song of the White Man» (1899), en *Rudyard Kipling's Verse*, Definitive Edition, Londres, Hoddard & Stoughton, 1958, p. 282. Para su redacción, véase: A. Lycett, *Rudyard Kipling*, Londres, Weidenfeld & Nicolson, pp. 310-311.

96 P. Aldavert, «Pedra rodoladissa no cria molsa», en P. Aldavert, *Per matar la estona [sic]*, Barcelona, La Renaixensa, 1907, pp. 227-248 (citas pp. 237-238, 232).

97 J. Vinyes i Comas (ed. L. Costa), *Memòries d'un gironí* [1932], Gerona, Col·legi de Periodistes de Catalunya, 2002, p. 101.

98 Biografía: J. M. Calbet i Camarasa y D. Montañà i Buchaca, *Metges i farmacèutics catalanistes (1880-1906)*, Valls, Cossetània, 2001, pp. 150-151; también *Albertí*, vol. IV, pp. 101-102; *GEC*, vol. 19, p. 418. Véase, en general: O. Casassas, *La medicina catalana del segle XX*, Barcelona, Edicions 62, 1970.

99 J. M. Roca, «Sòlts [texto sin título]», *La Renaixensa*, 19 febrero 1899, en Joseph Ma. Roca, *Aplèc*, Barcelona, Casa Provincial de Caritat, 1912, pp. 12-16 (cita p. 14).

100 J. M. Roca, «Sòlts [texto sin título]», *La Renaixensa*, 23 abril 1899, en *ibíd.*, pp. 30-33 (cita pp. 32-33).

101 J. M. Roca, «Sòlts [texto sin título]», *La Renaixensa*, 11 julio 1899, en *ibíd.*, pp. 49-50 (cita pp. 49-50).

102 J. M. Roca, «Parlament en l'Assemblea de Terrassa», *Joventut*, 27 junio 1901, en *ibíd.*, pp. 90-97 (cita p. 95).

103 J. M. Roca, «Sursum corda», *Joventut*, 2 enero 1902, en *ibíd.*, pp. 103-106 (cita p. 104).

104 J. M. Roca, «La Bandera de l'"Unió Catalanista"», *Joventut*, 28 mayo 1903, en *ibíd.*, pp. 140-142 (cita p. 142).

105 En general: E. Jardí, *El Doctor Robert i el seu temps*, Barcelona, Aedos, 1969.

106 Para la idea del monopolio ideológica de la Lliga, véase: B. de Riquer, *Lliga Regionalista..., op. cit.*

107 M. Hroch, *Social Preconditions of National Revival in Europe*, Cambridge (G.B.), Cambridge University Press, 1985.

108 Por ejemplo: J. Folguera, «La poesia del renaixement català», en J. Folguera (E. Sullà, ed.), *Els nous valors de la poesia catalana* [1919], Barcelona, Edicions 62, 1976, pp. 29-31.

109 M. Querol Gavaldà, *La escuela estética catalana contemporánea*, Madrid, CSIC, 1953.

110 K. W. Deutsch, *Nationalism and Social Communication* [1953], Cambridge (Mass.), MIT Press, 1966; B. Anderson, *Imagined Communities. Reflections on the Origin and Spread of Nationalism*, Londres, Verso, 1983, caps. 2-3.

111 Para la inacabable discusión sobre cuándo «empezó» el catalanismo, véase la versión nacionalista de P. Anguera, *Els precedents del catalanisme. Catalanitat i anticentralisme: 1808-1868*, Barcelona, Empúries, 2000; mirando más atrás todavía, también del mismo autor, «Entre dues possibilitats: espanyols o catalans?», en J. Albareda (ed.), *Del patriotisme al catalanisme*, Vic, Eumo, 2001, pp. 129-167; su argumento sobre el papel estelar del liberalismo exaltado en el proceso ya fue planteado por J. M. Batista i Roca, «Els precursors de la Renaixença», en J. Corominas *et al.*, *8 conferències sobre Catalunya*, Barcelona, Proa, 1971, pp. 85-144, no citado en su libro por Anguera.

112 C. Charle, *Naissance des «intellectuels» 1880-1900*, París, Éditions de Minuit, 1990. Véase también M. Malia, «¿Qué es la intelligentsia rusa?» [1961], en J. F. Marsal (ed.), *Los intelectuales políticos*, Buenos Aires, Nueva Visión, 1971, pp. 23-45. El concepto de «intelectual» ha generado una inmensa literatura sociológica: A. Gella, *The Intelligentsia and the Intellectuals. Theory Method and Case Study*, Londres, Sage, 1976; B. Oltra, *La imaginación ideológica: una sociología de los intelectuales*, Barcelona, Vicens Vives, 1978.

113 W. M. Johnston, «The Origin of the Term "Intelectuals" in French Novels and Essays of the 1890s», *Journal of European Studies*, 4, 1974, pp. 43-56; E. Inman Fox, «El año de 1898 y el origen de los "intelectuales"», en E. Inman Fox, *La crisis intelectual del 98*, Madrid, Edicusa, 1976, pp. 9-16.

114 J. Marichal, «La "generación de los intelectuales" y la política», en J. Marichal, *El secreto de España*, Madrid, Taurus, 1996, p. 175-190. Véase también: C. Serrano, «Los "intelectuales" en 1900: ¿ensayo general?», en S. Salaün & C. Serrano (eds.), *1900 en España*, Madrid, Espasa, 1991, pp. 85-106; E. Storm, «Los guías de la nación. El nacimiento del intelectual en el contexto internacional», *Historia y Política*, núm. 8 (monográfico sobre *Intelectuales y política*), 2002/2, pp. 39-55.

115 J.-L. Marfany, *Aspectes del modernisme*, Barcelona, Curial, 1975.

116 No hago más que constatar el debate sobre la diferencia o no del «modernismo» y el «noventayochismo», planteado por G. Díaz-Plaja, *Modernismo frente a Noventa y ocho* [1951], Madrid, Espasa-Calpe, 1979, y rechazado por una larga tradición crítica: por ejemplo, G. Sobejano, «Auge y repudio del 98», en A. Vilanova y A. Sotelo Vázquez (eds.), *La crisis española de fin de siglo y la generación del 98*, Actas del Simposio Internacional (Barcelona, noviembre de 1998), Barcelona, Universidad de Barcelona/PPU, 1999, pp. 15-31.

117 W. Starkie, «Introduction», a R. Menéndez Pidal, *The Spaniards in their History*, Nueva York, 1950, p. 9.

118 El planteamiento clásico: E. Halévy, *L'ère des tyrannies. Études sur le socialisme et la guerre*, París, Gallimard, 1938; véase E. Ucelay-Da Cal, «How to regenerate a Problem? New State Nationalism and Competing Nationalisms Against the Liberal Monarchy», en A. Shubert y J. Álvarez-Junco (eds.), *Spanish History since 1808*, Londres, Edward Arnold, 2000, pp. 120-136.

119 E. Moers, *The Dandy*, Londres, Secker & Warburg, 1960; C. Graña, *Bohemian Versus Bourgeois. French Society and the French Man of Letters in the Nineteenth Century*, Nueva York, Basic Books, 1964; C. Charle, *Les intellectuels en Europe au XIXe Siècle. Essai d'histoire comparée*, París, Seuil, 1996, y, del mismo autor, *La République des universitaires 1870-1940*, París, Seuil, 1994. En contraposición inglesa al esquema francés: J. Gross, *The Rise and Fall of*

the Man of Letters. English Literary Life since 1800, Harmondsworth (G.B.), Penguin, 1973.

120 S. Almog, *Nationalism and Antisemitism in Modern Europe 1815-1945*, Londres, Pergamon, 1990.

121 J. Casassas, »La configuració del sector "intel·lectual-professional" a la Catalunya de la restauració (a propòsit de Jaume Bofill i Mates)», *Recerques*, núm. 8, 1978, pp. 103-131; del mismo, *Intel·lectuals, professionals i polítics a la Catalunya contemporània (1850-1920)*, Barcelona, Els Llibres de la Frontera, 1989; véase también J. Casassas (coord.), *Els intel·lectuales i el poder a Catalunya (1808-1975)*, Barcelona, Pòrtic, 1999.

122 J.-L. Marfany, *Aspectes..., op. cit.*

123 J.-L. Marfany, «"Al damunt dels nostres cants...": nacionalisme, modernisme i cant coral a la Barcelona del final de segle», *Recerques*, núm. 19, 1987, pp. 85-113; J.-L. Marfany, *Orígens..., op. cit.*

124 M. Hroch, *op. cit.*; E.J. Hobsbawm, *Naciones y nacionalismo desde 1780*, Barcelona, Crítica, 1991. Véase: S. Juliá, «Despertar a la nación dormida: intelectuales catalanes como artífices de identidad nacional», *Historia y Política*, núm. 8 (monográfico sobre *Intelectuales y política*), 2002/2, pp. 57-89.

125 En general: J. Álvarez Junco, *El Emperador del Paralelo. Lerroux y la demagogia populista*, Madrid, Alianza, 1990.

126 P. Birnbaum, *Le peuple et les «gros». Histoire d'un mythe*, París, Grasset, 1979; L. Filler, *The Muckrakers* [1968], Stanford (Cal.), Stanford University Press, 1993.

127 Por ejemplo: E. Escarra, *El desarrollo industrial de Cataluña (1900-1908)* [1908], Barcelona, Grijalbo, 1970, pp. 44-47, 142-143.

128 A. Galí, *Historia de les institucions i del moviment cultural a Catalunya. 1900-1936*, Barcelona, Fundació A. Galí, 1979-1986 (Obra completa, tomos I a XIX).

129 E. Ucelay-Da Cal, «La crisi de la postguerra», en P. Gabriel (dir.), *Primeres avantguardes 1918-1930*, vol. VIII de P. Gabriel (dir.), *Història de la cultura catalana*, Barcelona, Edicions 62, 1997, pp. 31-80.

130 M. Schudson, *The Good Citizen. A History of American Civic Life*, Nueva York, The Free Press, 1998.

131 Véase la interpretación diversa del Carlos Serrano: C. Serrano, *La tour du Peuple. Crise nationale, mouvements populaires et populisme en Espagne (1890-1910)*, Madrid, Casa de Velázquez, 1987; J. Maurice y C. Serrano, *Joaquín Costa: crisis de la Restauración y populismo, 1876-1911*, Madrid, Siglo XXI, 1977.

132 F. García Lara, «Historia de texto», en A. Ganivet y M. de Unamuno (F. García Lara y P. Cerezo Galán, eds.), *El porvenir de España*, Granada, Diputación Provincial de Granada/Fundación Caja de Granada, 1998, pp. 83-91; para varias interpretaciones sobre el cruce Ganivet-Unamuno, véase las contribuciones a J.-C. Rabaté, *Crise intellectuelle et politique en Espagne à la fin du XIXe siècle: En torno al casticismo –Miguel de Unamuno/Idearium español –Ángel Ganivet*, París, Éditions du Temps, 1999; también H. Hina, *Castilla y Cataluña en el debate cultural 1714-1939*, Barcelona, Península, 1986, pp. 285-306.

133 M. Olmedo Moreno, *El pensamiento de Ganivet* [1965], Granada, Diputación Provincial de Granada/Fundación Caja de Granada, 1997, p. 117.

134 Francisco García Lorca, *Ángel Ganivet. Su idea del hombre* [1952], Granada, Diputación Provincial de Granada/Fundación Caja de Granada, 1997, p. 134.

135 A. Espina, *Ganivet, el hombre y la obra*, Buenos Aires, Espasa-Calpe, 1944, pp. 141-142. Para la cuestión de si Ganivet leyó o no al filósofo germano: G. Sobejano, *Nietszche en España*, Madrid, Gredos, 1967, pp. 259-275.

136 F. García Lorca, *Angel Ganivet..., op. cit.*, p. 232. Para el suicidio: A. Gallego Morell, *Angel Ganivet, el excéntrico del 98*, Madrid, Guadarrama, 1974, pp. 173-181.

137 M. Azaña, «El "Idearium" de Ganivet» (1921-1930), en M. Azaña, *Obras completas*, México D.F., Oasis, 1966, vol. I, pp. 568-619.

138 J.-L. Abellán, «Ángel Ganivet y el regeneracionismo», en A. Vilanova y A. Sotelo Vázquez (eds.), *op. cit.*, pp. 47-54.

139 Á. Ganivet, *Cartas finlandesas y hombres del Norte*, Madrid, Espasa-Calpe, 1943, pp. 15-21.

140 Á. Ganivet, El porvenir de España, en A. Ganivet, *Idearium Español con El porvenir de España*, Madrid, Espasa-Calpe, 1990, pp. 228.

141 M. de Unamuno, *El porvenir de España,* en *ibíd.*, p. 217.

142 *M. de Unamuno, op. cit., en Ibíd.*, p. 218.

143 M. de Unamuno, «Lo que puede aprender Castilla de los poetas catalanes», conferencia pronunciada en el Teatro Lope de Vega, de Valladolid, el día 8 de mayo de 1915, en M. de Unamuno, *Obras Completas*, vol. IX, *Discursos y artículos*, Madrid, Escelicer, 1971, pp. 317-331 (cita p. 318).

144 *Ibíd.*, p. 327.

145 M. de Unamuno, «Lo de Cataluña», *Revista Política y parlamentaria*, 15 mayo 1900, en M. de Unamuno, *Obras Completas*, vol. IX, *op. cit.*, pp. 799-802 (cita p. 802).

146 Véase J. Marichal, *El designio de Unamuno*, Madrid, Taurus, 2002, especialmente pp. 32-36. Marichal usa el término en otro sentido que el de la presente discusión, pero la implicación viene a ser la misma. Para «estatismo»: *ibíd.*, pp. 153 y ss.

147 J. San Nicolás, «Darío de Regoyos (1857-1913) y su participación en la modernización del arte», en J. Tusell y A. Nartínez-Novillo (coms.), *Paisaje y figura del 98*, Madrid, Fundación Central Hispano, 1997, pp. 91-100; J. Tusell, «Darío Regoyos y la introduccción del arte moderno en España», en J. Tusell, *Arte, historia y política en España (1890-1939)*, Madrid, Biblioteca Nueva, 1999,

148 F. Cambó (trad. H. Cambó), *Memorias (1876-1936)*, Madrid, Alianza, 1987, p. 42.

149 *Ibíd.*, pp. 44; A. Rovira i Virgili (A. Sallés, cur.), *Resum d'història del catalanisme* [1936], Barcelona, La Magrana, 1983, p. 60.

150 F. Cambó, *Memorias..., op. cit.*, p. 44. Véase además J. Llorens Vila, *La Unió Catalanista i els orígens del catalanisme polític*, Barcelona, Abadia de Montserrat, 1992, pp. 191-198.

151 F. Cambó, *Memorias..., op. cit.*, pp. 46-48; A. Rovira i Virgili (A. Sallés, cur.), *Resum d'història..., op. cit.*, pp. 61-62.

152 F. Cambó, *Memòries (1876-1936)*, Barcelona, Alpha, 1981, pp. 53-55; también J. Llorens Vila, *La Unió Catalanista..., op. cit.*, pp. 340-352.

153 J. Camps i Arboix, *Raimon d'Abadal i Calderó*, Vic, Patronat d'Estudis Ausonencs, 1985, pp. 31-36; P. Martínez-Carné i Ascaso (ed.) "Introducció" a E. Prat de la Riba y L. Soler i March, *Correspondència inèdita (1899-1916)*, Manresa, Centre d'Estudis del Bages, 1991.

154 J. Coll i Amargós, *Narcís Verdaguer i Callís (1862-1918) i el catalanisme possibilista*, Barcelona, Abadia de Monsterrat, 1998, pp. 392-399.

155 I. Molas, *Lliga Catalana. Un estudi d'estasiologia*, Barcelona, Edicions 62, 1974, vol. I, pp. 37-41 (cita p. 37).

156 F. Cambó, *Memorias..., op. cit.*, p. 56.

157 B. de Riquer, *Lliga Regionalista: la burguesia catalana i el nacionalisme*, Barcelona, Edicions 62, 1977, caps. IV-V; I. Molas, *op. cit.*, pp. 41-45.

158 B. de Riquer, «Duran i Bas i el conservadurisme dinàstic català de la segona meitat del segle XIX», a M. Duran i Bas (B. de Riquer, ed.), *Epistolari polític de Manuel Duran i Bas. Correspondència entre 1866 i 1904*, Barcelona, Abadia de Montserrat, 1990.

159 Para el proyecto impositivo: G. Solé Villalonga, *La reforma fiscal de Villaverde. 1899-1900*, Madrid, Derecho Financiero, 1967; la respuesta barecelonesa en: J. M. Pirretas,

El tancament de caixes. Descripció del Moviment Gremial de 1899, Barcelona, J. Cunill, s.f.; también J. de Camps i Arboix, *El tancament de caixes*, Barcelona, Dalmau, 1961.

160 E. Jardí, *El Doctor Robert i el seu temps*, Barcelona, Aedos, 1969, caps. III-IV.

161 P. Anguera, *Pau Font de Rubinat (Reus 1860-1948). Vida i actuacions d'un bibliòfil catalanista*, Reus, Museu Comarcal Salvador Vilaseca, 1997, pp. 30-34, 62-70. Para el contexto reusense: J. Tous i Vallvé, *La formació del catalanisme polític a Reus: «Lo Somatent» (1886-1903)*, Reus, Associació d'Estudis Reusencs, 1987; para otros núcleos: S.-J. Rovira i Gómez, *El catalanisme conservador a Tarragona: Francesc de P. Ixart i de Moragas (1868-1936)*, Tarragona, Institut d'Estudis Tarraconenses Ramon Berenguer IV, 1989; M. Costafreda i Felip, *Orígens del catalanisme a Tarragona 1900-1914*, Tarragona, Institut d'Estudis Tarraconenses Ramon Berenguer IV, 1988.

162 Para Sevilla como indicación: J. M. Molina Lamothe, «La crisis del 98 en Sevilla: del cierre de tiendas al nacimiento de la Unión Nacional (1898-1900)», *Actas del I Congreso de Historia de Andalucía*, Tomo II (Andalucía contemporánea), Córdoba, Monte de Piedad y Cajas de Ahorro, 1979, pp. 403-411; M. García Venero, *Eduardo Dato. Vida y sacrificio de un político conservador*, Vitoria, Diputación Provincial de Álava, 1965, cap. VII.

163 J. de Camps i Arboix, *Duran y Bas*, Barcelona, Aedos, 1961, cap. IX.

164 J. Martos O'Neale y J. Amado y Reygonaud de Villebardet, *Peligro nacional. Estudios e impresiones sobre el catalanismo*, Madrid (ed. autores), 1901, Tercera Parte: «Viaje a Cataluña del Sr. Dato en Mayo de 1900», pp. 75-165.

165 A. Rovira i Virgili (A. Sallés, ed.), *Resum d'història..., op. cit.*, p. 73, ampliado por J. Llorens Vila, *La Unió Catalanista..., op. cit.*, pp. 375-382; J. García Lasaosa, *Basilio Paraiso. Industrial y político aragonés de la Restauración*, Zaragoza, Institución «Fernando el Católico», 1984, pp. 85-164; M. García Venero, *Santiago Alba, monárquico de razón*, Madrid, Aguilar, 1963, pp. 42-48.

166 S. Izquierdo, *La primera victòria del catalanisme polític. El triomf electoral de la candidatura dels «quatre presidents» (1901)*, Barcelona, Proa, 2002.

167 F. Cambó, *Memòries..., op. cit.*, p. 74.

168 M. Duran i Bas, «La acción del Estado en la ciencia contemporánea» (1893), en M. Duran i Bas, *Escritos*, Segunda serie, *Estudios morales, sociales y económicos*, Barcelona, Imp. Barcelonesa, 1895, pp. 237-348 (citas pp. 249, 267-268); sobre Duran: J. de Camps i Arboix, *Duran y Bas..., op. cit.*, así como B. de Riquer, «Duran i Bas...», *op. cit.*

169 D. Lieven, *The Aristocracy in Europe, 1815-1914*, Londres, Macmillan, 1992, p. 7.

170 J. Llorens Vila, *La Unió Catalanista..., op. cit.*, pp. 355-364.

171 Por ejemplo, en el nacionalismo chino, como salida del marco imperial manchú; tomo el juego de ideas de: J. Fitzgerald, «The Nationless State: The Search of a Nation in Modern Chinese Nationalism», *The Australian Journal of Chinese Affairs*, núm. 33, 1995, pp. 75-105.

172 Tomo la idea de «desterritorialización» –de raíz lacaniana, aunque aquí aplicada de forma meramente descriptiva– de A. Appadurai, *Modernity at Large. Cultural Dimensions of Globalization*, Minneapolis (Minn.), University of Minnesota Press, 1996.

Capítulo 5. *El «imperialismo» catalanista de Prat de la Riba*

1 «El homenaje a Enrique Prat de la Riba», *La Cataluña*, IV, núm. 168, 24 diciembre 1910, pp. 809-810: «Prat de la Riba había dado a Cataluña la fórmula concisa de su origen, de su existencia y de su dirección.» (p. 1).

2 E. Prat de la Riba y P. Muntanyola, *Compendi de la doctrina catalanista* [1894], Barcelona, Lectura Popular, s.f. Muntanyola fue su último, auténtico apoyo cuando el joven Prat llegó a Barcelona para estudiar bachillerato; también su futuro cuñado, Josep Dachs.

3 J. Franquesa y Gomís, *Los conflictes d'Espanya y lo catalanisme* (Discurs llegit en la sessió inaugural de curs de la "Lliga de Catalunya" per son president [...] lo día 12 de desembre de 1898), Barcelona, La Veu de Catalunya, [¿1899?], p. 37.

4 Este miedo, a mi parecer, es la aportación central del famoso ensayo intepretativo de Jordi Solé Tura, una vez retirada la carga de esquematización marxista: J. Solé Tura, *Catalanismo y revolución burguesa*, Madrid, Edicusa, 1970.

5 H. Belloc, *La crisis de nuestra civilización* [1937], Buenos Aires, Ed. Sudamericana, 1966, p. 212 (cursiva original).

6 G. Fernández de la Mora, *Los teóricos izquierdistas de la democracia orgánica*, Barcelona, Plaza y Janés, 1985. Como muestra del problema de interpretar Prat en términos de fuentes y no contenidos, véase P. Rigodon, «Enric Prat de la Riba: l'ideologia del pragmatismo nazionalista catalano», *Spagna Contemporanea*, núm. 1, 1992, pp. 25-48.

7 J. Solé Tura, *Catalanismo..., op. cit.* Madrid, Edicusa, 1970, p. 209.

8 E. Jardí, *El pensament de Prat de la Riba*, Barcelona, Alpha, 1983; J. Cassassas i Ymbert, «Enric Prat de la Riba: la tenacitat d'un estratega», en A. Balcells (ed.), *El pensament polític català del segle XVIII a mitjan segle XX*, Barcelona, Edicions 62, 1988, pp. 179-192; A. Balcells, «Evolució del pensament polític de Prat de la Riba», en E. Prat de la Riba (A. Balcells y J. M. Ainaud de Lasarte, curs.), *Obra completa*, volum I, *1887-1898*, Barcelona, Proa, 1998, pp. 19-93.

9 Como indicación: E. Prat de la Riba, «La noblesa catalana», *La Veu de Catalunya*, 6 junio 1897, en E. Prat de la Riba (A. Balcells y J. M. Ainaud de Lasarte, eds.), *Obra completa*, volum I, *op. cit.*, pp. 446-448.

10 E. Prat de la Riba: «La campanya dels cinc presidents», *La Veu de Catalunya* [*LVC*], 4 diciembre 1899; «La centralització barcelonina. Un exemple», *LVC*, 19 diciembre 1899; «L'enamorat de Barcelona», *LVC*, 27 septiembre 1901; «L'Estat contra Barcelona», *LVC*, 18 febrero 1905; «Les eleccions municipals», *LVC*, 1 noviembre 1905; todos reproducidos en E. Prat de la Riba (A. Balcells y J. M. Ainaud de Lasarte, eds.), *Obra completa*, volum II, *1898-1905*, Barcelona, Proa, 1998, pp. 319-321; 321-323; 417-420; 585-588, 653-656; también, de Prat, «Les províncies mortes», *LVC*, 14 diciembre 1906, en E. Prat de la Riba (A. Balcells y J. M. Ainaud de Lasarte, eds.), *Obra completa*, volum III, *1906-1917*, Barcelona, Proa, 2000, pp. 221-223.

11 Véase, para la crítica, J. Solé Tura, *Catalanismo..., op. cit.*, p. 215 y ss.; de hecho, Solé se confunde y cita la famosa invocación pratiana «L'Edat Mitjana torna», con el que comienza su «Discurs en l'Acadèmia La Joventut Catòlica de Barcelona [sic]», *La Renaixensa*, 1 enero 1898, en E. Prat de la Riba (A. Balcells y J. M. Ainaud de Lasarte, eds.), *Obra completa*, volum I, *op. cit.*, pp. 559-566, como si fuera del texto «Discurs en lo Centre Catalanista de Vilafranca, el dia 27 de maig de 1897», *Les Quatre Barres*, 30 mayo-1 junio-6 junio 1897, *ibíd.*, pp. 440-446, que es en realidad un canto al iberismo y una denuncia de las deficiencias del españolismo ante el tema, charla en la que explícitamente rechaza la acusación de neomedievalismo con una afirmación de radical modernidad.

12 E. Prat de la Riba, «El camp i la ciutat» [1908], en E. Prat de la Riba (A. Balcells y J. M. Ainaud de Lasarte, eds.), *Obra completa*, volum I, *op. cit.*, p. 408.

13 E. Prat de la Riba, «Les províncies mortes», *La Veu de Catalunya*, 14 diciembre 1906, en E. Prat de la Riba, *Articles*, Barcelona, Lliga Catalana, 1934, pp. 81-85 (cita pp. 81).

14 *Ibíd.*, p. 84.

15 M. Puges, *Cómo triunfó el proteccionismo en España. La formación de la política arancelaria española*, Barcelona, Juventud, 1931.

16 E. Prat de la Riba, *Ley Jurídica de la industria*, premiada en 1897 por la barcelonesa Academia de Legislación y Jurisprudencia, y su trabajo *Los jurados mixtos para dirimir las diferencias entre patronos y obreros y para prevenir y remediar las huelgas*, asimismo premiado por la Academia de Ciencias Morales y Políticas de Madrid en 1900, ambos reproducidos en E. Prat de la Riba (A. Balcells y J. M. Ainaud de Lasarte, eds.), *Obra completa*, volum II, *op. cit.*

17 A. Balcells, «Evolució del pensament polític de Prat de la Riba», *op. cit.*, pp. 51-55; otros estudios monográficos sobre colonias industriales: I. Terrades Saborit, *Les colònies industrials. Un estudi entorn del cas de l'Ametlla de Merola*, Barcelona, Laia, 1979; R. Frigola y E. Llarch, *Viladomiu Nou: Colònia tèxtil. Economia industrial*, Barcelona, Graó/Diputació de Barcelona, 1986.

18 *La Question Catalane. L'Espagne et la Catalogne*, Notice adressée à la presse européenne par le Comité Nationaliste Catalan de Paris, París, Imp. de D. Demoulin, 1898.

19 Véase el retrato malicioso que hizo Josep Pla del mundo político-afectivo del Pere Aldavert, el *factotum* de *La Renaixensa*: J. Pla, *Cambó (I)*, Barcelona, Llibreria Catalònia, 1928, cap. II.

20 Arxiu General i Històric de la Universitat de Barcelona, Expedients: «Prat de la Riba, Enric».

21 M. P. Nespereira, «Nació i identitat nacional a la *Revista Jurídica de Cataluña*. Materials per al debat», *Cercles. Revista d'Història Cultural*, núm. 5, enero 2002, pp. 130-139.

22 J. Cassassas i Ymbert, «Enric Prat de la Riba: la tenacitat d'un estratega», en A. Balcells (ed.), *El pensament polític català del segle XVIII a mitjan segle XX*, Barcelona, Edicions 62, 1988, pp. 179-192. La importancia de Savigny es rebajada por J. Vallet de Goytisolo, «La influencia de Savigny en la escuela jurídica catalana del siglo XIX», *Anales de la Real Academia de Jurisprudencia y Legislación*, VII, 1979, pp. 67-131.

23 Aunque no enfocado sobre Savigny, véase el argumento de J. Hummel, *Le constitutionalisme allemand (1815-1918): le modèle allemand de la monarchie limitée*, París, PUF, 2002.

24 M. Esteve, «Biografía de Don Enric Prat de la Riba», *Quaderns d'Estudi*, Año III, vol. I, núm. 1, octubre 1917 («Quadern dedicat a Enric Prat de la Riba»), p. 70, ofrece un repaso necrológico a biblioteca de Prat, en extremo relevante: *«I llegia força encara; obres literàries, a voltes que solament esperits avesats a aquestes lectures poden fruir (nota orginal al text: La seva darrera lectura fou la novel·la d'André Gide La porte étroi[t]e). I així era abundosa la seva biblioteca, tota formada pel seu esforç, integrada per textes dels civilistes clàssics catalans com Cortiada, Tristany, Calderó, obres de Dret polític com les completes de Bunialti i Bluntschli, el* Principes des Nationalités *de Joly,* L'esprit des lois *de Montesquieu, la Bíblia, de Torres Amat, Stuart Mill, les* Considérations sur la Révolution française *de Fichte; les obres de Menéndez-Pelayo [sic], les de Ramon Llull, el Taine, de Maistre en la* Considération sur la France, l'Histoire de Gaule *de Thierry, Le Play, Hegel, Balmes i altres obres doctrinals i de literatura, en nombrosos volums.»* Para una reflexión sobre la importancia del modelo prusiano: A. G. Manca, «El constitucionalismo europeo y el caso prusiano: especifidad y concomitancias», en J. M. Iñurritegui y J. M. Portillo (eds.), *Constitución en España*, Madrid, Centro de Estudios Políticos y Constitucionales, 1998, pp. 309-342; también P. G. Stein, *El Derecho romano en la historia de Europa. Historia de una cultura jurídica*, Madrid, Siglo XXI, 2001, pp. 161-178.

25 Tomo el concepto de «contra-utopía» de Pierre Birnbaum, *La France imaginée. Déclin des rêves unitaires?*, París, Fayard, 1998, cap. III, «La contre-utopie maistrienne»; para la «Contra-Ilustración», véase I. Berlin, «The Counter-Enlightenment», en I. Berlin (H. Hardy y R. Hausheer, eds.), *The Proper Study of Mankind. An Anthology of Essays*, Londres, Chatto & Windus, 1997, pp. 242-268 (en castellano en I. Berlin [H. Hardy, ed.], *Contra la corriente. Ensayos sobre la historia de las ideas*, México D.F., FCE, 1979, pp. 59-84).

26 Para la idea de equanimidad: J. M. Marco, «La nacionalidad catalana. Enric Prat de la Riba (1870-1917)», en J. Marco, *La libertad traicionada. Siete ensayos españoles*, Barcelona, Planeta, 1997, pp. 83-114.

27 E. Prat de la Riba, «Un lloc comú en la història d'Espanya: la unitat espanyola» (*Revista Jurídica de Cataluña*, novembre de 1896), en E. Prat de la Riba (E. Jardí, ed.) *La nació i l'estat. Escrits de joventut*, Barcelona, La Magrana/Diputació de Barcelona, 1987, cita p. 29.

28 E. Prat de la Riba, «La qüestió catalana» (*La question catalane, L'Espagne et la Catalogne. Notice adressée à la presse Européenne par le Commité Nationaliste Catalan de Paris*, París, D. Dumoulin, 1898, versió catalana manuscrita), *La nació i l'estat..., op. cit.*, cita pp. 38-39.

29 Aunque pueda parecer que Austria-Hungría no tenía el mismo rango expansivo que los ejemplos restantes, ya que carecía de una política de ultramar, se debe recordar su administración ejercido sobre Bosnia-Hercegovino desde 1878, territorio que fue formalmente anexionado a la Monarquía dual en 1908. Véase N. Malcolm, *Bosnia. A Short History*, Londres, Papermac, 1996, cap. 11.

30 Véase L. Le Fur, *État fédéral et confédération d'États* [1896], París, Éd. Panthéon-Assas, 2000. Para la relación con el maurassismo, E. Weber, *Action Française*, Stanford (Cal.), Stanford University Press, 1962, pp. 153, 444.

31 E. Prat de la Riba, «El Estado federal y la Confederación d'Estados», *Revista Jurídica de Cataluña*, marzo 1897, en E. Prat de la Riba (A. Balcells y J. M. Ainaud de Lasarte, eds.), *Obra completa*, volum I, *op. cit.*, pp. 478-479.

32 B. de Riquer, *Lliga Regionalista: la burguesia catalana i el nacionalisme*, Barcelona, Edicions 62, 1977, pp. 191-225; I. Molas, *Lliga Catalana. Un estudi d'estasiologia*, Barcelona, Edicions 62, 1974, vol. 1, pp. 32-45.

33 P. Aldavert, «Pedra rodoladissa no cria molsa», en P. Aldavert, *Per matar la estona [sic]*, Barcelona, La Renaixensa, 1907, pp. 227-248 (cita p. 237); también P. Aldavert, «Laus tibi Christe», en P. Aldavert, *Nos ab nos [sic]. Articles d'are [sic]*, Barcelona, La Renaixensa, 1904, pp. 255-268 (especialmente pp. 259-260).

34 C. Charle, *La naissance des «intellectuels» 1880-1900*, París, Éditions de Minuit, 1990; para España: F. Villacorta Baños, *Burguesía y cultura. Los intelectuales en la sociedad liberal española 1808-1931*, Madrid, Siglo XXI, 1980; J. Marichal, «La "generación de los intelectuales" y la política», en J. Marichal, *El secreto de España*, Madrid, Taurus, 1996, pp. 175-190.

35 J. Benet, «Sobre una interpretació de Prat de la Riba», *Serra d'Or*, X, núm. 100, enero 1968, pp. 39-43.

36 En general: J. Casassas, «Un problema de relación nacionalismo-burguesía. El imperialismo en la teoría y la estrategia de E. Prat de la Riba», *Estudios de Historia Social*, núm. 28-29, enero-junio 1984, pp. 169-181.

37 J. Torrent i Fàbregas, «"Canigó" i el desvetllament de la consciència a Rosselló», en *Als 75 anys del poema Canigó, Criterion*, núm. 7, 1961, pp. 123-144.

38 R. Blasco, *Constantí Llombart i «Lo Rat Penat»*, Valencia, Diputació de València, 1985, especialmente pp. 17-27.

39 E. Todà i Güell (trad. R. Caria), *L'Alguer: Un popolo catalano d'Italia* [1888], Sassari, Ed. Gallizzi, 1981.

40 J. M. Llompart, «Països Catalans?» (1983), en J. M. Llompart, *Països Catalans? i altres reflexions*, Palma de Mallorca, Moll, 1994, pp. 9-35 (p. 21). Es claramente anterior a la primera referencia de Roca i Farreras, en 1886: F. Cucurull, *Consciència nacional i alliberament*, Barcelona, La Magrana, 1978, p. 101.

41 A. Balcells, *Antoni Rubió i Lluch, historiador i primer president de l'Institut d'Estudis Catalans*, Barcelona, Institut d'Estudis Catalans, 2001, p. 9, núm. 12.

42 I. Graña i Zapata, *L'acció pancatalanista i la llengua: Nostra Parla (1916-1924)*, Barcelona, Abadia de Montserrat, 1995, p. 19.

43 J. Pijoan, »Pancatalanisme», *La Renaixensa*, 15 julio 1899, en J. Pijoan (J. Castellanos, ed.), *Política i cultura*, Barcelona, La Magrana/Diputació de Barcelona, 1990, pp. 18-19.

44 Luis Domènech y Montaner, «La cuestion catalana», *La Lectura*, Madrid, año II, núm. 13, enero 1902, pp. 33-57 (cita p. 40).

45 Para la agitación vitivinícola y regionalizante en el «Midi» francés: G. Bechtel, *1907, la grande révolte du Midi*, París Robert Laffont, 1976, pp. 34-45; G. Elgey, «La grande révolte des vignerons du Midi: "Lou Cigal" Marcelin Albert (1907)», en G. Guilleminault (dir.), *Le roman vrai de la IIIe République: Avant 14. Fin de la Belle Époque*, París, Denoël, 1957, pp. 14-57.

46 J. M. Figueres, *Procés militar a Prat de la Riba. Les actes del Consell de Guerra de 1902*, Barcelona, Llibres de l'Índex, 1996.

47 M. Esteve, «Biografia de Don Enric Prat de la Riba», *Quaderns d'Estudi*, Número monográfico dedicado a Prat de la Riba, Año III, vol. I, núm. 1, octubre 1917, pp. 40-41.

48 Sobre la enfermedad de Graves o Basedow, véase el informe del Dr. Leslie J. DeGroot, «Graves" Disease and the Manifestations of Thyrotoxicosis» en <http://wwww.thyroidmanager.org/Chapter 10/10-text.htm>.

49 Para la enfermedad de Arana: C. de Jemein y Lanbarri, *Biografía de Arana-Goiri Ta'r Sabin e historia gráfica del nacionalismo*, Bilbao, Juventud Vasca de Bilbao, 1935 [facsímil: San Sebastián, GEU, 1977], cap. IX.

50 Véase el informe sobre «Addison's Disease» en <http//www.niddk.nih.gov/health/endo/pubs/addison/addison.htm>.

51 M. Esteve, *op. cit.*, p. 42. Los dos diagnósticos –enfermedades de Basedow y de Addison– son presentados como una continuidad por sus biógrafos: R. Olivar Bertrand, *Prat de la Riba*, Barcelona, Aedos, 1964, pp. 160-162, 333-334.

52 E. Prat de la Riba: «De lluny», *La Veu de Catalunya*, 1 enero 1904, reproducido en E. Prat de la Riba (A. Balcells y J. M. Ainaud de Lasarte, eds.), *Obra completa*, volum II, *1898-1905*, Barcelona, Proa, 1998, pp. 533-535. Véase E. Ucelay-Da Cal, «Llegar a capital: rango urbano, rivalidades interurbanas y la imaginación nacionalista en la España del siglo XX», en A. Morales Moya (coord.), *Ideologías y movimientos políticos: las claves de la españa del siglo XX*; Madrid, España Nuevo Milenio, 2001, pp. 221-263.

53 E. Prat de la Riba, »La unitat de Catalunya», *La Veu de Catalunya*, 17 octubre 1906, y «"*Greater Catalonia*"», *La Senyera*, 12-I-1907, en E. Prat de la Riba, *Articles*, Barcelona, Biblioteca de Lliga Catalana, 1934, pp. 61-62, 3-6.

54 G. Normandy, *La Question Catalane*, París, Bloud & Cie (Bibliothèque regionaliste), 1908, p. 40.

55 Para la continuación del debate nominalista: J. Fuster, *Qüestió de noms*, Barcelona, Aportació Catalana, 1962; J. Guia, *És molt senzill: Digueu-li Catalunya*, Barcelona, El Llamp, 1985; J. M. Pons i Ràfols, «De denominacions i símbols. Una mena de conclusions», en F. Cabana, C. Carreras, J. Castells, R. Lapiedra, J. M. Pons, *Balears, catalans, valencians. Reflexionant, encara, sobre els Països Catalans*, Barcelona, Proa, 1999, cap. 5.

56 Véase J. Peña Echevarría *et al.*, *La razón de Estado en España, siglos XVI-XVII (Antología de textos)*, Madrid, Tecnos, 1998 (cita p. 63).

57 Para la insistencia en la mella que las aulas barceloneses hicieron en Don Marcelino: J. Varela, «Raíces de la España eterna», en J. Varela, *La novela de España. Los intelectuales y el problema de España*, Madrid, Taurus, 1999, especialmente pp. 27-36.

58 L. Mees, «Sabino Arana i l'era de l'imperi», *L'Avenç*, núm. 201, marzo 1996, pp. 20-23.

59 C. de Jemein y Lanbarri, *op. cit.*, pp. 291-292. Asimismo: J. C. Larronde, *El nacionalismo vasco: su origen y su ideología en la obra de Sabino Arana y Goiri*, San Sebastián, Txertoa, 1977, pp. 281 y ss.; J. Corcuera, *Orígenes, ideología y organización del nacionalismo vasco (1876-1904)*, Madrid, Siglo XXI, 1979, pp. 514 y ss. También, para la comparación entre Arana y Prat y su significado: E. Ucelay-Da Cal, «Política de fuera, política casera: una valoración de la relación entre nacionalistas catalanes y vascos, 1923-1936», M. Tuñón de Lara, J. L. de la Granja, C. Garitaonandia (dirs.), *Gernika: 50 años después (1937-1987). Nacionalismo, República, Guerra Civil*, San Sebastián, Universidad del País Vasco, 1987, pp. 71-97.

60 E. Prat de la Riba, *La nacionalitat catalana*, Barcelona, Barcino, 1934, pp. 102-104.

61 J. Zamora Bonilla, «Cataluña: entre la alegría de la derrota y la regeneración de España», en S. Rus Rufino y J. Zamora Bonilla (coords.), *Una polémica y una generación. Razón histórica del 1898*, León, Secretariado de Publicaciones de la Universidad de León, 1999, pp. 85-103.

62 E. Prat de la Riba, *La nacionalitat..., op. cit.*, pp. 92-93.

63 *Ibíd.*, pp. 92-99.

64 *Ibíd.*, pp. 89-90.

65 Véase el catálogo de exposición J. Gimeno, *La medalla modernista*, Barcelona, MNAC, 2001, p. 122.

66 E. Riu-Barrera, «Les despulles reials de Poblet», *L'Avenç*, núm. 265, enero 2002, pp. 12-20.

67 Mn. J. Collell, *Lo Gran Rey. En Jaume Ier, lo Conquistador. Biografia popular*, Barcelona, Estampa de Henrich y Cia., 1908.

68 T. Herzl, *L'Etat juif suivi de Extraits du Journal*, París, Stock, 1981, p. 124.

69 Véase la clásica y todavía lúcida interpretación de Robert C. Binkley, *Realism and Nationalism, 1852-1871* [1935], Nueva York, Harper & Row, 1963, caps. IX-XIII. Para la resultante reinterpretación de Savigny, véase R. Southard, *Droysen and the Prussian School of History*, Lexington (Ky.), The University Press of Kentucky, 1995, esp. pp. 100-101.

70 E. Ucelay-Da Cal, «"El Mirall de Catalunya": models internacionals en el desenvolupament del nacionalisme i del separatisme català, 1875-1923», *Estudios de Historia Social*, núms. 28-29, enero-junio 1984, pp. 213-219; el actual enfoque historiográfico nacionalista, más disperso, en: J. Llorens Vila, *Catalanisme i moviments nacionalistes contemporanis (1885-1901)*, Barcelona, Dalmau, 1988; un repaso exhaustivo en J. Burgaya, *La formació del catalanisme conservador i els models «nacionals» coetanis. Premsa catalanista i moviments nacionalistes contemporanis, 1861-1901*, tesis doctoral, Universitat Autònoma de Barcelona, 1999.

71 *Deliberacions de la Primera Assamblea General de delegats de la Unió Catalanista tinguda a Manresa en lo mes de mars de 1892. Tema de discussió: Bases pera la Constitució Regional Catalana*, Barcelona, Imp. «La Renaixensa», 1893, cita p. 230.

72 En general: J. M. Gasol, *Les «Bases de Manresa». 1ª Assemblea de la Unió Catalanista (Manresa, 23-27 de març de 1892)*, Barcelona, Dalmau, 1987; J. L. Pérez Francesch, *Les Bases de Manresa i el programa polític de la Unió Catalanista (1891-1899)*, Manresa, Fundació Caixa de Manresa, 1992. La versión nacionalista actual en J. Termes y A. Colomines, *Les Bases de Manresa de 1892 i els orígens del catalanisme*, Barcelona, Generalitat de Catalunya, 1992.

73 «Missatge dirigit i lluirat a la Reina regent per la Comissió Catalana», 14 de noviembre 1898, reproducido en J. A. González Casanova, *op. cit.*, pp. 540-544 (citas pp. 542, 544).

74 Para el polaviejismo: B. de Riquer, *Lliga..., op. cit.*, pp. 167-187; I. Molas, *Lliga..., op. cit.*, vol. I, pp. 32-36; una justificación catalanista exculpatoria del proceder de Polavieja en W.E. Retana, *Rizal. Notes biogràfiques*, Barcelona, L'Avenç, 1910, pp. 72-74.

75 E. Ucelay-Da Cal, «Cuba y el despertar de los nacionalismos...», *op. cit.*
76 E. Prat de la Riba, «La salvació d'Espanya 1», *La Veu de Catalunya,* 2 febrero 1899, en E. Prat de la Riba, *Articles,* Barcelona, Biblioteca de Lliga Catalana, 1934, pp. 86-87 (cita p. 87).
77 E. Prat de la Riba, «La salvació d'Espanya 2», *La Veu de Catalunya,* 12 febrero 1899, en E. Prat de la Riba, *Articles..., op. cit.*, pp. 88-91 (cita pp. 88-89).
78 Para la frecuencia de la comparación del sistema imperial británico con el germano en la literatura política europea del momento: E. L. André, *La cultura alemana,* Madrid, Daniel Jorro, 1916, caps. 12, «El imperialismo inglés y el imperialismo alemán» y 13, «España ante el problema del imperialismo europeo».
79 Véase, para la evolución política británica en relación al tema: R. Shannon, *The Crisis of Imperialism 1865-1915,* Londres, Paladin, 1976.
80 L. Camazian, *L'Anglaterre moderne. Son évolution,* París, Flammarion, 1912, p. 258.
81 E. Prat de la Riba, «"*Greater Catalonia*"», *La Senyera,* 12-I-1907, en E. Prat de la Riba, *Articles, op. cit.* pp. 3-6 (cita p. 5).
82 Para el concepto de «decadencia», véase: J. LeGoff, *El orden de la memoria. El tiempo como imaginario,* Barcelona, Paidós, 1991, 1.ª parte, III.
83 A. Ribalta, *Catalanismo militante,* Madrid, Imp. de Romero, 1901, p. V.
84 Véase J. Abellán, *Nación y nacionalismo en Alemania. La «cuestión alemana» (1815-1990),* Madrid, Tecnos, 1997, pp. 84-128.
85 Véase las contribuciones de C. Reyero, Javier Hernando Carrasco, J.-P. Lorente Lorente (sobre la pintura histórica neoforalista aragonesa), en C. Reyero (com.), *La época de Carlos V y Felipe II..., op. cit.*
86 M. Esteve, «Biografía de Don Enric Prat de la Riba», *Quaderns d'Estudi..., op. cit.*, p. 47.
87 Para la fuerza de la codificación: E. Ucelay-Da Cal, «La llegenda dels tres presidents», *L'Avenç,* núm. 50, junio 1982, pp. 60-66.
88 E. Prat de la Riba, *La nacionalitat..., op. cit.*, pp. 105-107; la versión castellana es de E. Prat de la Riba (trad. de A. Royo Villanova), *La nacionalidad catalana* [1917], Barcelona, Aymá, 1982, pp. 133-135.
89 E. Prat de la Riba, *La nacionalitat..., op. cit.*, pp. 110-111; E. Prat de la Riba, *La nacionalidad..., op. cit.*, pp. 133-135.
90 J. A. Rocamora, *El nacionalismo ibérico 1792-1936,* Valladolid, Publicaciones de la Universidad de Valladolid, 1994; V. Martínez-Gil, *El naixement de l'iberisme catalanista,* Barcelona, Curial, 1997.
91 E. Prat de la Riba, *La nacionalitat..., op. cit.*, pp. 111; la versión castellana: E. Prat de la Riba, *La nacionalidad..., op. cit.*, pp. 139-140.
92 E. Prat de la Riba, *La nacionalitat..., op. cit.*, pp. 105; la versión castellana: E. Prat de la Riba, *La nacionalidad..., op. cit.*, p. 133.
93 S.G. Payne, *El catolicismo español,* Barcelona, Planeta, 1984, pp. 144-147.
94 Por ejemplo G. Brenan, *The Spanish Labyrinth* [1943], Cambridge (G.B.), Cambridge University Press, 1962, pp. 28-29.
95 Hasta hace relativamente poco, esta tesis ha dominado la discusión sobre el nacionalismo vasco: véase Beltza, *El nacionalismo vasco de 1876 a 1936,* San Sebastián, Txertoa, 1976; Beltza, *Nacionalismo vasco y clases sociales,* San Sebastián, Txertoa, 1976.
96 E. Prat de la Riba, *Corts catalanes. Proposicions i respostes,* Barcelona, Biblioteca Popular núm. 2 (Tip. L'Anuari de l'Exportació), 1906, pp. 11, 7.
97 *Ibíd.*, pp. 17-18 (cita p. 18). Prat aporta una diferencia más en nota, la capitalidad fija del Parlamento inglés, en contraste con la naturaleza peripatética de las Cortes catalanas.
98 *Ibíd.*, pp. 18-19.

99 Véase la trituración de Pi Margall que Duran i Ventosa realizó en función de los «Fonaments científics del Regionalisme i del Federalisme»; L. Duran i Ventosa, *Regionalisme i Federalisme* [1905], Barcelona, Ed. Catalana, 1922, cap. II.

100 Para el antecedente de síntesis más notable: J. Camps i Giró, *La Guerra dels Matiners i el catalanisme polític (1846-1849)*, Barcelona, Curial, 1978; Seco Serrano, «La catalanista del conde de Montemolín», en C. Seco Serrano, *Tríptico carlista*, Barcelona, Ariel, 1973, pp. 63-120.

101 Véase, como contraste, Jacinto de Macià, *Don Carlos y los Fueros de Cataluña*, Figueras, 1890, parcialmente reproducido en F. Cucurull, *Panoràmica...*, *op. cit.*, vol. III, pp. 123-126.

102 Un resumen en clave derechista: F. Gutiérrez Lasanta, *Pensadores políticos del siglo XIX*, Madrid, Editora Nacional, 1949, cap. IX.

103 J. Torras i Bages, *La tradició catalana* [1892], Barcelona, Edicions 62, 1981, pp. 33-34.

104 F. Pujols, *Concepte general de la ciència catalana* [1918] Barcelona, Pòrtic, 1982, p. 21. Pujols es considerado trivial por la actual crítica catalana, no porque lo sea en realidad, sino porque así lo resulta a sus esquemas sobre la evolución del catalanismo; como muestra: J. Molas, «Francesc Pujols o l'anècdota», *Lectures crítiques*, Barcelona, Edicions 62, 1975, pp. 61-65.

105 M. Marinel·lo, *La verdad del catalanismo*, Barcelona, Est. Tip. de Felipe Fiol, 1901, p. 43.

106 I. Molas, *Lliga Catalana...*, *op. cit.*, vol. I, p. 177.

107 F. Cambó, «La acción política. Discurso de Cambó en la Lliga Regionalista, sobre la Representación corporativa en los Ayuntamientos y el proyecto de la ley de Administración local», *La Cataluña*, año II, núm. 16, 18 enero 1908, pp. 33-38 (citas p. 37).

108 J. Pella i Forgas, *La crisi del catalanisme*, Barcelona, Imp. Heinrich, [1906], p. 54; véase L. Costa i Fernàndez, *Josep Pella i Forgas i el catalanisme*, Barcelona, Dalmau, 1997.

109 A. Rubió i Lluch, *Catalunya a Grècia*, Barcelona, L'Avenç, 1906.

110 S. de Mas, *La Iberia. Memoria sobre la conveniencia de la unión pacífica y legal de Portugal y España*, Madrid, Imp. de M. Rivadeneira, 1868; J. A. Rocamora, *op. cit.*, cap. 5.

111 J. Balmes, «La revolución de Portugal», *El Pensamiento de la Nación*, 3 junio 1846, en *Escritos políticos 2º*, en *Obras Completas*, tomo VII, Madrid, Biblioteca de Autores Cristianos, 1950, pp. 672-676 (citas p. 672, 673).

112 El argumento decimonónico en: J. Bryce, *The Holy Roman Empire* [1864], Londres, Macmillan, 1956, cap. XXIV.

113 Citado en R. F. Betts, *L'alba illusoria. L'imperialismo europeo nell'Ottocento*, Boloña, Il Mulino, 1986, pp. 256, 258.

114 B. S. Cohn, «Representing Authority in Victorian India», en E. Hobsbawm y T. Ranger (eds.), *The Invention of Tradition*, Cambridge (G.B.), Cambridge University Press, 1983, pp. 165-209.

115 Véase J. M. Jover Zamora, «Después del 98. La diplomacia de Alfonso XIII», en su *España en la política internacional. Siglos XVIII-XX*, Madrid, Marcial Pons, 1999, pp. 173-223.

116 D. Moreno, «Espanya i les Espanyes», *Cisneros*, 15 abril 1983, reproducido parcialmente en *Avui*, 4 mayo 1983, p. 22. Alfonso XIII, recibió de su madre, una Habsburgo-Lorena, un gusto heráldico por el escudo real del siglo XVIII, en el cual los herederos de Felipe V habían mostrado sus pretensiones como sucesores de los Austrias: en el blasón de la regente y de su hijo, figuraron, entre otros dominios «hispanos», territorios históricos como el Tirol, Flandes o el Franco-Condado. El joven Alfonso, quiene evidentemente se concebía a sí como la síntesis dinástica de las dos grandes casas de la realeza española, gustó de estampar su ambicioso escudo por doquier, empezando por su exlibris, diseñado en 1907 por el artista Alexandre de Riquer, que coincidentemente fue

asimismo el autor del sello de la Unió Catalanista; véase A. L. Bouza, *El Ex-Libris. Tratado general. Su historia en la Corona española*, Madrid, Patrimonio Nacional, 1990.

117 W. O. Henderson, *The Zollverein*, Londres, Frank Cass, 1984.

118 Véase el comentario de N. Bobbio, *Stato, governo, società. Per una teoria generale della politica*, Turín, Einaudi, 1985, p. 23. De hecho, se puede argumentar, como ha hecho Keith Tribe, que, aunque parezca paradójica, a la luz de la historia del siglo XX, la falta de un sentido de Estado es una característica esencial del pensamiento alemán precontemporáneo: el neologismo *Stat* (luego *Staat*), del latín *status*, provocó incomodidad y se solía, insiste Tribe, confundir poder articulado y sociedad (o articulación social): K. Tribe, *Governing Economy. The Reformation of German Economic Discourse, 1750-1840*, Cambridge (G.B.), Cambridge University Press, 1988, pp. 27-28 y ss. Pero el contraste con los contemporáneos idiomas latinos no es tan acentuado como Tribe asegura: la palabra «Estado» en castellano, por ejemplo, tuvo antes el sentido de rango (como el alemán *Stand*, en tanto que primitivo sinónimo de *Staat*) que el de organización del poder; todavía sigue siendo ésta una definición anterior en el actual *Diccionario de la Real Academia Española*. Véase el *Diccionario de Autoridades* [el *Diccionario de la lengua castellana* de la RAE de 1732], Madrid, Gredos, 1976, vol. III, p. 623.

119 M. Sánchez Sarto, «Federico List», prólogo a F. List, *Sistema nacional de Economía política* [1841], México, FCE, 1942, p. xxiii. Significativamente, el comentario comienza con una cita de Gustav Schmoller, economista alemán, abanderado de la investigación inductiva en el «*Methodenstreit*» o pugna metodológica de los economistas, que a través de su postura de «nueva escuela económica», llegó a la promoción de economistas hispanos, como Flores de Lemus o el lliguero Vidal i Guardiola. Según su explicación, Sánchez Sarto fue el primer traductor al castellano, en la versión citada; la primera traducción al inglés fue de 1885. A pesar de todo ello, es de suponer que Prat, que leía alemán, podía conocer un autor tan en boga a final de siglo, aunque fuera de manera indirecta. La alusión a Schmoller no lleva fuente; la cita de Waentig es de la cuarta edición alemana de *Sistema nacional...* de 1922.

120 G. M. Fredrickson, «Race and Empire in Liberal Thought. The Legacy of Tocqueville», en G. M. Fredrickson, *The Comparative Imagination. On the History of Racism, Nationalism, and Social Movements*, Berkeley (Cal.), University of California Press, 2000, cap. 6; curiosamente, aunque Fredrickson discute extensamente algunas ideas de Weber en el capítulo anterior, no hace ninguna conexión entre él y Tocqueville. En general, para la política norteamericana: F. Merk, *Manifest Destiny and Mission in American History*, Nueva York, Knopf, 1963; para Tocqueville: J. T. Schleifer, *Cómo nació "La Democracia en América" de Tocqueville*, México D.F., FCE, 1984.

121 A. de Tocqueville (T. Todorov, ed.), *De la colonie en Algérie*, Bruselas, Complexe, 1988.

122 J. P. Mayer, *Max Weber y la política alemana*, Madrid, Instituto de Estudios Políticos, 1966, pp. 69-81; J. Abellán, «Estudio preliminar», en Max Weber (ed. J. Abellán), *Escritos políticos*, Madrid, Alianza, 1991, pp. 7-59.

123 M. Weber, «El Estado nacional y la política económica» en M.Weber (ed. J. Abellán), *op. cit.*, pp. 61-100 (citas pp. 67, 85, 89, 91, 98, 99, 100); toda cursiva indicada es del original.

124 J. Lukowski y H. Zawadaski, *A Concise History of Poland*, Cambridge (G.B.), Cambridge University Press, 2001, p. 157.

125 W. Struve, *Elites Against Democracy. Leadership ideals in Bourgeois Political Thought in Germany, 1890-1933*, Princeton (N.J.), Princeton University Press, 1973, caps. 2, 3 y 4; también Marianne Weber, *Max Weber*, Valencia, Edicions Alfons el Magnànim, 1995, pp. 250-270. Para las ideas maduras de Weber sobre el nacionalismo, véase A. Estradé

(ed.), «Max Weber: la nació com a procés», en R. Sentmarí (ed.), *Clàssics del nacionalisme*, Barcelona, Pòrtic, 2001, cap. 8. Véase, para Naumann: M. Zimmermann, «A Road Not Taken –Friedrich Naumann's Attempt at a Modern German Nationalism», *Journal of Contemporary History*, vol. 17, núm. 4, octubre 1982, 689-708.

126 J. Freund, *Sociología de Max Weber*, Barcelona, Península, 1967, pp. 33-36.

127 Véase los estudios clásicos de F. K. Ringer, *El ocaso de los mandarines alemanes. La comunidad académica alemana, 1890-1933* [1969], Barcelona, Pomarés-Corrdor, 1995; A. Mitchell, *The Divided Path. The German Influence on Social Reform in France after 1870*, Chapel Hill (N.C.), University of North Carolina Press, 1991.

128 H. Arendt, *The Origins of Totalitarianism* [1951], Cleveland, Meridian, 1958, cap. 8.

129 En general: A. Simon, «Patriotisme i nacionalisme a la Catalunya moderna. Mites, tradicions i consciències col·lectives», *L'Avenç*, núm. 167, febrero 1993, pp. 8-16. Para la herencia del siglo XVII: R. García Cárcel y H. Nicolau Baguer, «Enfentamiento ideológico. La polémica Castilla-Cataluña en 1640», *Historia 16*, núm. 48, abril 1980, pp. 55-66; A. Simon i Tarrés, «La imagen de Castilla en Cataluña. Guerra de propaganda durante la la revuelta de 1640», *Historia 16*, núm. 193, mayo 1992, pp. 91-102. Un tratamiento detallado del debate político en los antecedentes de 1640 en: A. Simon i Tarrés, *Els orígens ideològics de la revolució catalana de 1640*, Barcelona, Publicacions de l'Abadia de Montserrat, 1999; también J. L. Palos Peñarroya, «Les idees i la revolució catalana de 1640», *Manuscrits*, núm. 17, 1999, pp. 277-292. Desde un enfoque nacionalista catalán: M. Solé i Sanabre, *El pensament polític en la Catalunya del segle XVII: un estudi ideològic de la revolta catalana de 1640*, Tesis de licenciatura, Universitat Autònoma de Barcelona, curso 1982-1983. Para la continuidad posterior: R. García Cárcel, «El concepte d'Espanya als segles XVII i XVIII», *L'Avenç*, núm. 100, enero 1987, pp. 38-50; F. X. Burgos y M. Peña Díaz, «Aportaciones sobre el enfrentamiento ideológico entre Castilla y Cataluña en el siglo XVII», *Actes. Primer Congrés d'Història Moderna de Catalunya*, Barcelona, Universitat de Barcelona, 1984, vol. II, pp. 557-567; M. T. Pérez Picazo, *La publicística española en la Guerra de Sucesión*, Madrid, CSIC, 1966, 2 vols.; R. M. Alabrús i Iglesias, «La publicística de la Guerra», *L'Avenç*, núm. 206, septiembre 1996, pp. 40-45, y, de la misma, «Pensamiento y opinión en Cataluña en el siglo XVIII», *Historia Social*, núm. 24, 1996 (I), pp. 83-94. Para la supervivencia de discursos austracistas: E. Lluch, *La Catalunya vençuda del segle XVIII. Foscors i clarors de la Il·lustració*, Barcelona, Edicions 62, 1996, pp. 55-92. Del romanticismo en adelante: A. Simón, «Els mites històrics i el nacionalisme català. La història moderna de Catalunya en el pensament històric i polític contemporani (1840-1939)», *Manuscrits*, núm. 12, enero 1994, pp. 193-212. Una postura correctiva: R. García Cárcel, *Felipe V y los españoles*, Barcelona, Plaza Janés, 2002.

130 «[«La Nacionalitat Catalana» de Prat de la Riba]», *Mitjorn* (Palma de Mallorca), núm. 7, julio 1907, reproducido en Anselm Llull [G. Mir], *El mallorquinisme polític 1840-1936. Del regionalisme al nacionalisme*, París, Edicions Catalanes de París, 1975, vol. 1, cita p. 222.

131 C. Duran Tort, *Propostes de catalanisme intransigent. Debat sobre Espanya, Cuba i Catalunya (1890-1899)*, Barcelona, Dalmau, 1999.

132 Véase J. Coll i Amargós y J. Llorens i Vila, *Els quadres del primer catalanisme (1882-1900)*, Barcelona, Abadia de Montserrat, 2000.

133 P. Aldavert, «Un tom per Morería [sic]», en P. Aldavert, *Per matar la estona [sic]*, Barcelona, La Renaixensa, 1907, pp. 167-181 (cita p. 176); también sobre «Cafrería», del mismo, «Qui te gossos a casa treu els ossos al carrer», en P. Aldavert, *Cantant y fent la meva*, Barcelona, La Renaixensa, 1906, pp. 61-86 (especialmente pp. 72-74).

134 Para la idea central de Martí i Julià, véase su *Per Catalunya*, Barcelona, Associació Catalanista de Gracia, 1913. Sobre el personaje, véase el estudio de Jaume Colomer, «L'aportació de Domènec Martí i Julià al catalanisme polític», en la edición de *Per Catalunya i altres textos*, Barcelona, La Magrana, 1984; También de Colomer, *La Unió Catalanista i la formació del nacionalisme radical (1895-1917). (L'obra del Dr. Martí i Julià)*, Tesis doctoral, Universitat de Barcelona, 1984, 2 vols.

135 D. Martí i Julià, «Nacionalisme i imperialisme», *Joventut*, núm. 6, 10 agosto 1905, reproducido en V. Cacho Viu (ed.), *Els modernistes i el nacionalisme cultural. Antologia*, Barcelona, La Magrana, 1984, pp. 313-315.

136 Véase, como muestra, la fusión en vez de contraste, hecho en la época: [E.] Prat de la Riba y Dr. [D.] Martí i Julià, *Iberisme i socialisme*, Barcelona, *La Novel·la Nova*, II, núm. 68, s.f.

137 Para la mayoritaria incorporación del nacionalismo radical catalán en los marxismos catalanes del los años treinta: E. Ucelay-Da Cal, *The Shadow of a Doubt: Fascist and Communist Alternatives in Catalan Separatism, 1919-1939*, Working Paper núm. 198, Institut de Ciències Polítiques i Socials, Barcelona, 2002; así como una interpretación de la sociología de fondo, por el mismo, «La iniciació permanent: nacionalismes radicals a Catalunya des de la Restauració», *Actes del Congrés Internacional d'Història "Catalunya i la Restauració, 1875-1923"*, Manresa, Centre d'Estudis del Bages, 1992, pp. 127-134; también: «La crisi dels nacionalistes radicals catalans (1931-1932)», *Recerques*, núm. 8, 1978, pp. 159-206; y, «Socialistas y comunistas en Cataluña durante la Guerra Civil: un ensayo de interpretación», *Anales de Historia de la Fundación Pablo Iglesias*, vol. 2, 1987, núm. monográfico *Socialismo y guerra civil* (S. Julià, ed.), pp. 295-324.

138 Véase, en general: S. Friedrichsmayer, S. Lennox y S. Zanttop (eds.), *The Imperialist Imagination. German Colonialism and Its Legacy*, Ann Arbor, University of Michigan Press, 1998.

139 J. Carner, «Converses de n'Oleguer Recó», *Catalunya*, núm. 39, 1905, pp. 5-8, reproducido parcialmente en A. Manent, *Josep Carner i el Noucentisme. Vida, obra i llegenda*, Barcelona, Edicions 62, 1969, p. 85.

140 S. de Madariaga, *España. Ensayo de historia contemporánea*, Buenos Aires, Editorial Hermes, 1955, pp. 252-252; es curioso comparar el texto castellano con la versión inglesa, del mismo Madariaga, sútilmente diferente: S. de Madariaga, *Spain. A Modern History*, Nueva York, Praeger, 1958, pp. 216-217.

III. El «imperio» soñado de los catalanistas

Capítulo 6. *El contexto hispano de las ideas de Prat y la aspiración al «intervencionismo» catalán en los asuntos de España*

1 Como apunta el geógrafo ultracatalanista M.-A. Vila, *El concepte d'Espanya dels catalans*, Caracas, Centre Català, 1978.

2 Según el historiador ultraespañolista L. Suárez Fernández, *Monarquía hispana y revolución trastámara*, Madrid, Real Academia de la Historia, 1994, pp. 83-84. Véase, en general: M. Coll i Alentorn, «Sobre el mot "espanyol"», *Estudis Romànics*, XIII, 1963-1968 [1970], pp. 27-41; J. A. Maravall, «Notas sobre el origen de "español"», *Studia hispanica in honorem R. Lapesa*, Madrid, Gredos, 1974, pp. 343-354.

3 A. Simon, «Patriotisme i nacionalisme a la Catalunya moderna. Mites, tradicions i consciències col·lectives», *L'Avenç*, núm. 167, febrero 1993, pp. 8-16; también R. García Cárcel y H. Nicolau Baguer, «Enfentamiento ideológico. La polémica Castilla-Catalu-

ña en 1640», *Historia 16*, núm. 48, abril 1980, pp. 55-66; A. Simon i Tarrés, «La imagen de Castilla en Cataluña. Guerra de propaganda durante la revuelta de 1640», *Historia 16*, núm. 193, mayo 1992, pp. 91-102. Desde un enfoque nacionalista catalán: M. Solé i Sanabre, *El pensament polític en la Catalunya del segle XVII: un estudi ideològic de la revolta catalana de 1640*, Tesis de licenciatura, Universitat Autònoma de Barcelona, curso 1982-1983; además: R. García Cárcel, «El concepte d'Espanya als segles XVII i XVIII», *L'Avenç*, núm. 100, enero 1987, pp. 38-50; F. X. Burgos y M. Peña Díaz, «Aportaciones sobre el enfrentamiento ideológico entre Castilla y Cataluña en el siglo XVII», *Actes. Primer Congrés d'Història Moderna de Catalunya*, Barcelona, Universitat de Barcelona, 1984, vol. II, pp. 557-567; M. T. Pérez Picazo, *La publicística española en la Guerra de Sucesión*, Madrid, CSIC, 1966, 2 vols.; R. M. Alabrús i Iglesias, «La publicística de la Guerra [de Successió]», *L'Avenç*, núm. 206, septiembre 1996, pp. 40-45, y, de la misma, «Pensamiento y opinión en Cataluña en el siglo XVIII», *Historia Social*, núm. 24, 1996 (I), pp. 83-94; y, finalmente: P. Solervicens i Bo, *Els Països Catalans i Espanya: ser o no ser*, Valencia, Tres i Quatre, 1988.

4 J. Vicens i Vives y M. Llorens, *Industrials i polítics (segle XIX)* [1958], Barcelona, Ed. Vicens-Vives, 1980.

5 M. T. Pérez Picado, A. Segura, L. Ferrer (eds.), *Els catalans a Espanya, 1760-1914*, Barcelona, Universitat de Barcelona-Generalitat de Catalunya, 1996.

6 F. Cabana, *La burgesia catalana. Una aproximació històrica*, Barcelona, Proa, 1996, pp. 34-42.

7 M. de Montoliu, *Aribau i la Catalunya del seu temps*, Barcelona, Institut d'Estudis Catalans, 1936; J. M. Poblet, *Aribau abans i després*, Barcelona, Rafael Dalmau, 1963. El carácter discutible de esta efeméride: A. Maduell, «Ciència, pietat i literatura en les edicions catalanes d'abans d'Aribau (1801-1830)», *Actes del Col·loqui Internacional sobre la Renaixença (18-22 de desembre de 1984)*, I, *Estudis Universitaris Catalans*, 3ª época, vol. XXVII, 1992, pp. 13-55; para la codificación de la *Renaixença*: M. Tomàs, «Notes sobre la Renaixença i els seus orígens», *Recerques*, núm. 9, 1979, pp. 133-153.

8 J. M. Casacuberta, *«Lo Vertader Català». Primer òrgan periodístic de la Renaixença*, Barcelona, Barcino, 1956, cita p. 51; en general, cap. XI.

9 J. Cortada, *Cataluña y los catalanes*, San Gervasio (Barcelona), Imp. de Miguel Blanxart, 1860, pp. 56-57; también, para su uso de la palabra «rabia»: «En Benjamí», «A Don Francesch Pelay Briz», *El Telégrafo*, 22 abril 1866, reproducido en A. Ghamine, *Joan Cortada: Catalunya i els catalans al segle XIX*, Barcelona, Abadia de Montserrat, 1995, p. 212.

10 J. Cortada, *Cataluña...*, *op. cit.*, pp. 58-59.

11 *Ibíd.*, pp. 63, 63, 63, 64, 65, 64-65.

12 J. Cortada, «El león sacudió su melena», *El Telégrafo*, 10 febrero 1860, reproducido en A. Ghamine, *op. cit.*, pp. 191-193.

13 A. Ghamine, *op. cit.*, p. 174.

14 J. M. Fradera, *Cultura nacional en una sociedad dividida. Patriotisme i cultura a Catalunya (1838-1868)*, Barcelona, Curial, 1992; también J. M. Fradera, «El proyecto liberal catalán y los imperativos del doble patriotismo», en A. M. García (ed.), *España, ¿Nación de Naciones?*, núm. monográfico de *Ayer*, núm. 35, 1999, pp. 87-100.

15 J. M. Fradera, «La materia de todos los sueños», *Revista de libros*, núm. 63, marzo 2002, pp. 3-6 (cita p. 5).

16 Véase, en general: J. M. Fradera, *Jaume Balmes. Els fonaments racionals d'una política catòlica*, Vic, Eumo, 1996.

17 Para una muestra, útil por repasar la bibliografía, del efecto comodín que siempre ha caracterizado al pensador y clérigo catalán: J. F. Acedo Castilla, *Jaime Balmes, político de concordia*, Sevilla, Editorial Católica Española, 1951.

18 Véase, en general: J. M. Ainaud de Lasarte, *Ministros catalanes en Madrid*, Barcelona, Planeta, 1996.

19 L. Domènech y Montaner, «La cuestión catalana», *La Lectura*, Madrid, año II, núm. 13, enero 1902, pp. 33-57 (cita p. 38).

20 V. Balaguer, *Las calles de Barcelona*, Barcelona, Editorial de Salvador Manero, 1865, 2 vols.; S. Michonneau, *Les politiques de mémoire à Barcelone 1860-1930,* Thèse de Doctorat, École des Hautes Études en Sciences Sociales (Dept. d'Histoire), París, 1998, vol. I, pp. 47-72; también su libro: S. Michonneau, *Barcelona: memòria i identitat. Monuments, commemoracions i mites*, Vic, Eumo, 2002, pp. 35-55.

21 M. Comas i Güell, «Víctor Balaguer, "Surge et ambula"», *Revista de Catalunya*, núm. 110, septiembre 1996, pp. 73-89; también el tratamiento de Balaguer en P. Anguera, *Els precedents del catalanisme. Catalanitat i anticentralisme: 1808-1868*, Barcelona, Empúries, 2000.

22 «Un periódico alemán» citado por T. Llorente y Olivares, «El renacimiento de las literaturas peninsulares», *Las Provincias*, 26 agosto 1880, reproducido en T. Llorente i Olivares, *Escrits polítics (1866-1908)*, Valencia, Institució Alfons el Magnànim, 2001, pp. 300-303 (cita p. 301).

23 J. M. Fradera, «Víctor Balaguer i la política colonial espanyola», en *El segle romàntic. Actes del Col·loqui sobre el Romanticisme*, Vilanova i la Geltrú, Biblioteca-Museu Víctor Balaguer, 1997, pp. 455-462.

24 J.-R. Aymes, «Les interpretations du passé espagnol au cours de la première moitié du XIXe siècle: les grands controverses et le traitement des coummunautés tenues pour apatrides», y G. Martínez Gros, «L'Historiographie des minorités dans l'Espagne des années 1860», en C. Serrano (dir.), *Nations en qûete de passé. La Péninsule Ibérique (XIXe-XXe siècles)*, París, Presses de l'Université de Paris-Sorbonne, 2000, respectivamente pp. 33– 54 y 55-71.

25 V. Balaguer, *Bellezas de la Historia de Cataluña*, Barcelona, Imp. de Narciso Ramírez, 1853, vol. I, p. 8.

26 A. Carbonell, *Literatura catalana del segle XIX*, Barcelona, Jonc, 1986, pp. 104-112.

27 Véase los artículos de J. M. Fradera, «Visibilitat i invisibilitat de Víctor Balaguer»; R. Grau, «Víctor Balaguer i la cultura dels saltataulells», P. Farrés, «Victor Balaguer i la literatura catalana»; J.-L. Marfany, «Víctor Balaguer i els Jocs Florals»; i E. Riu-Barrera, «La Biblioteca-Museu Balaguer i els musues a la darreria del Vuit-cents» en *L'Avenç*, núm. 262, octubre 2001.

28 S. Michonneau, «Le monument à Colomb: un projet national catalan pour l'Espagne», en C. Serrano (dir.), *Nations..., op. cit.*, pp. 109-123. Puede que hubiera mayor contestación en la celebración de «cuarto centenario» del viaje colombino en 1892, como sugiere J. Fontana, «Un viatge i cinc centenaris», *Recerques*, núm. 27, núm. monográfico *1492*, pp. 7-18, aunque ello no queda claro.

29 R. Bendix, *Estado nacional y ciudadanía* [título original: *Nation-Building and Citizenship. Studies of Our Changing Social Order*, 1964], Buenos Aires, Amorrortu, 1974, cap. 5.

30 M. Jorba, *Manuel Milà i Fontanals en la seva època*, Barcelona, Curial, 1984.

31 Véase, en general: H. Juretschke, «Milá y Fontanals», en H. Juretschke, *Menéndez y Pelayo y el romanticismo*, Madrid, Editora Nacional, 1956, pp. 223-245; también A. del Castillo Yurrita, *La Barcelona de Menéndez y Pelayo, 1871-1873*, Barcelona, Universidad de Barcelona/Ayuntamiento de Barcelona, 1956.

32 A. Manent, «Catalanófilos en España», *La Vanguardia*, 17 julio 2000, p. 25.

33 M. de Unamuno, «Lo que puede aprender Castilla de los poetas catalanes», conferencia pronunciada en el Teatro Lope de Vega, de Valladolid, el día 8 de mayo de 1915, en M.

de Unamuno, *Obras Completas*, vol. IX, *Discursos y artículos*, Madrid, Escelicer, 1971, pp. 317-331 (cita p. 318).

34 Una mala interpretación muy indicativa en C. Alonso de los Ríos, *La izquierda y la nación. Una Traición políticamente incorrecta*, Barcelona, Planeta, 1999, pp. 151-154. Para la contextualización de Llorente, véase F. Archilés y M. Martí, «Satisfaccions gens innocents. Una reconsideració de la Renaixença valenciana», *Afers*, núm. 38, 2001, pp. 157-178.

35 M. Jorba, «Introducció a l'èpica catalana del segle XIX», *Anuari Verdaguer 1986*, Vic, Eumo, 1987, pp. 11-33.

36 J. Verdaguer, «L'Atlàntida» en J. Verdaguer, *Obres selectes*, Barcelona, Kapel, 1982, p. 91. En castellano: «Ve amanecer con el español imperio / el árbol santo de la Cruz en el otro hemsiferio / y el mundo a su sombra florecer; / encarnar del cielo la sabiduría; / y dice a quien se eleva a su cometido: / –Vuela Colón... ahora ya puedo morir.»

37 J. J. Lahuerta, «El viatge de Jacint Verdaguer al Nord d'Àfrica o l'ingenu orientalista», en J. M. Fradera *et al.*, *Catalunya i ultramar. Poder i negoci a les colònies espanyoles (1750-1914)*, Barcelona, Museu Marítim Drassanes de Barcelona, 1995, pp. 144-154; también M. Rodrigo, «Iniciativa empresarial i negoci colonial: el primer marquès de Comillas», *ibíd.*, pp. 135-143.

38 M. Condeminas, *La gènesi de "L'Atlàntida"*, Barcelona, Universitat de Barcelona/Curial, 1978, pp. 12-13, 98-99.

39 J. M. Solà i Camps, «De *Colom* a *L'Atlàntida*», en *Jacint Verdaguer 1877-1977*, Barcelona, Fundació Carulla-Font, 1977, pp. 40-74; sobre Orellana, *Enciclopedia Espasa*, vol. 40, p. 256. Francisco José de Orellana fue un economista, nacido en el pueblo granadino de Albuñol en 1820, pero trasladado a Barcelona, donde murió en 1891, seguido a la tumba por elogios de Frederic Rahola y Pere Estasén en el Fomento del Trabajo Nacional. En su día seguidor de Prim, Orellana se labró la fama, no por sus disquisiciones económicas, sino como autor de folletines como *El conde de España, o la Inquisición militar* (1856), al que pronto añadió *Cristóbal Colón, biografía popular* (1858), texto bien aprovechado por el poeta catalán.

40 Verdaguer también hizo uso de «Colón. Ensayo épico» en la obra *Ensayos poéticos*, publicada en 1861, del olvidadísimo poeta Teodoro Martel y Fernández de Córdoba, conde de Villaverde la Alta y autor (por ejemplo, sus *Recreacciones cristianas*) que supo mantenerse dentro del buen gusto creyente de la época. Asimismo recogió el *Romancero de Cristóbal Colón* (1866) de Ventura García de Escobar, otro oscuro folletinero romántico, que vivió de 1817 a 1859, cuya mayor notoriedad vino por su novela *Los comuneros*, así como biografías del Descubridor de las plumas del norteamericano Washington Irving (en traducción) y del francés Rosselly de Lorgues (en el idioma original). M. Condeminas, *La gènesi..., op. cit.*, pp. 93-94. Para una biografía de Teodoro Martel que, por inconsecuente, ni aporta sus fechas de nacimiento y muerte, véase *Enciclopedia Espasa*, vol. 33, p. 441.

41 R. de Campoamor, *Colón. Poema* [1854], Valencia, Biblioteca Selecta/Lib. de Pascual Aguilar, [hacia1883].

42 J. Molas i Batllori, «Jacint Verdaguer», en M. de Riquer, A. Molas, J. Molas (eds.), *Història de la literatura catalana*, vol. VII, J. Molas (ed.), *Part Moderna*, Barcelona, Ariel, 1986, pp. 223-289 (sobre *L'Atlàntida*, pp. 237-250); M. Condeminas, *La gènesi..., op. cit.*; asimismo M. Condeminas, «Entorn de *Colom*, poema inacabat de Jacint Verdaguer», en *Estudis de llengua i literatura catalanes/IV, Miscel·lània Pere Bohigas 2*, Barcelona, Abadia de Montserrat, 1982, pp. 227-251; también J. M. Casacuberta, «Sobre la gènesi de "L'Atlàntida" de Jacint Verdaguer» [1952-1952], en J. M. Casacuberta, *Estudis sobre Verdaguer*, Vic/Barcelona, Eumo/Barcino/Institut d'Estudis Catalans, 1986 pp. 93-150.

43 E. Sánchez Reyes, *Don Marcelino Menéndez y Pelayo*, Barcelona, Aedos, 1959, pp. 176-177, 340.

44 J. J. Lahuerta, *Antoni Gaudí*, Madrid, Electa, 1999, pp. 7-65 (especialmente p. 29).

45 *Ibíd.*, p. 18; también, en general: S. Michonneau, *op. cit.*, pp. 123-141.

46 J. J. Lahuerta, *Antoni Gaudí…*, *op. cit.*, p. 17. Para la biografía: *GEC*, vol. 5, p. 398.

47 Véase, en este sentido concreto: M. Reguant, *Etapes reivindicatives de la teoria nacional catalana*, Gaüses (Gerona), Llibres del Segle, 1996, pp. 69-94 (sobre Verdaguer).

48 M. de Montoliu, *La Renaixença i els jocs florals/Verdaguer*, Barcelona, Alpha, 1962, pp. 209-210.

49 Para la mutabilidad del simbolismo verdagueriano y su lectura opuesta: R. Vinyes, «La metàfora de bronze. El procés de monumentalització a J. Verdaguer (1902-1924)», *Spagna Contemporanea*, VI, núm. 11, 1997, pp. 65-86.

50 J. Torrent i Fàbregas, «"Canigó" i el desvetllament de la consciència a Roselló», en *Als 75 anys del poema Canigó*, *Criterion*, núm. 7, 1961, pp. 123-144 (véase pp. 132-134); la biografía de Pepratx: *GEC*, vol. 17, p. 394.

51 J. Massot i Muntaner, «Pròleg», en J. Verdaguer, *Obres selectes*, Barcelona, Kapel, 1982, p. 9; También, de don Marcelino: «Entre los poetas de este renacimiento [catalán], nadie dudará en conceder la palma a Mosén Jacinto Verdaguer, que nunca saldrá con desventaja de la comparación con cualquier otro poeta de los que hoy viven.» M. Menéndez y Pelayo, *Estudios de crítica literaria*, quinta serie, pp. 58-61, reproducido en M. Menéndez y Pelayo (J. Vigón, ed.), *Historia de España* [¿1933?], Valladolid, Cultura Española, 1938, p. 335.

52 S. Juan Arbó, *La vida trágica de mosén Jacinto Verdaguer*, Barcelona, Planeta, 1970, p. 243.

53 J. Moneva y Pujol, *Memorias*, Zaragoza, Artes Gráficas «El Noticiero», 1952, pp. 426.

54 X. Aviñoa, «"L'Atlàntida" en la música», *Anuari Verdaguer 1986*, Vic, Eumo, 1987, pp. 171-181.

55 La obra sería completada por Ernesto Halffter y estrenada en 1961: L. Campodonico, *Manuel de Falla*, Barcelona, Edicions 62, 1991, pp. 121-127.

56 La compleja monumentalización de Verdaguer a Barcelona, con juego ideológico cruzado (el monumento fue inicialmente promovido por el barón de Viver en 1902), véase R. Vinyes, *op. cit.*, pp. 65-86; S. Michonneau, *op. cit.*, pp. 153-158, 267-271.

57 J. Estelrich, «"Instituto de Estudios Hispánicos"», en J. Estelrich, *La falsa paz*, Barcelona, Montaner y Simón, 1949, p. 171.

58 E. Sánchez Reyes, *op. cit.*, p. 254, cita una carta de Menéndez al novelista catalán Narcís Oller, del 13 diciembre 1885: «Con ser yo grande admirador de la gente catalana y sentir verdadera simpatía por el moderno renacimiento de su cultura, siempre experimenté verdadera repulsión hacia el carácter arcaico, romántico, transnochado, falsamente trovadoresco que tuvo en sus primeros pasos, aun bajo la pluma de ingenios eminentes. Usted ha conocido por instinto o reflexivamente que una literatura que de tal modo comienza, ha de ser forzosamente un *caput mortuum*, y que el único modo de salvar a la escuela catalana es hacerla entrar en realidades vivas.»; y otra al crítico barcelonés Josep Yxart, del 25 julio 1890: «Por lo mismo que el movimiento literario catalán es cosa muy seria, hay que impedirlo a todo trance que degenere en romanticismo transañejo, en patriotería, o en cierta ordinariez realista de mala ley, que a algunos les parece legítima poesía rústica. Los *pagesos* empiezan a encocorarme tanto como el *Gay saber* y los *Trovadores*.»

59 J. Folguera, «Jacint Verdaguer», en J. Folguera (E. Sullà, ed.), *Les noves valors de la poesia catalana*, Barcelona, Edicions 62, 1985, pp. 33-35 (cita pp. 33-34).

60 M. Fernández Almagro, *Cánovas, su vida y su política*, Madrid, Tebas, 1972, p. 442, n.

61 J. Martori, *La projecció d'Àngel Guimerà a Madrid (1891-1924)*, Barcelona, Curial/Abadia de Montserrat, 1995. Para el paralelo Vardaguer-Guimerà: A. Carbonell, *Literatura catalana del segle XIX*, Barcelona, Jonc, 1986, pp. 104-156.

62 Sobre Almirall: J. M. Figueres, *Valentí Almirall. Forjador del catalanisme polític*, Barcelona, Generalitat de Catalunya, 1990; también J. J. Trias Vejarano, *Almirall y los orígenes del catalanismo*, Madrid, Siglo XXI, 1975.

63 El indulto de Villacampa como una inflexión política fue un tema repetido por los observadores extranjeros: E. Latimer, *Spain in the Nineteenth Century*, Chicago, A. C. McClurg, 1898, pp. 385-386; H. Butler Clarke, *Modern Spain 1815-1898*, Cambridge (G.B.), Cambridge University Press, 1906, pp. 438-440.

64 C. Dardé, «La larga noche de la Restauración, 1875-1900», en N. Townson (ed.), *El republicanismo en España (1830-1977)*, Madrid, Alianza Universidad, 1994, pp. 112-135; para un enfoque local en Cataluña: A. Duarte, *Possibilistes i federals. Política i cultura republicana a Reus (1864-1899)*, Reus, Associació d'Estudis Reusencs, 1992; y, del mismo Duarte, *El republicanisme català a la fi del segle XIX*, Vic, Eumo, 1987.

65 «Proyecto de Constitución para el Estado Catalán» y «Proyecto de Constitución para el Estado Galaico» en J. A. Santamaría Pastor, E. Orduña Rebollo, R. Martín-Artajo, *Documentos para la historia del regionalismo en España*, Madrid, Instituto de Estudios de Administración Local, 1977, pp. 157-174, 420-436; J. Acosta Sánchez, *La Constitutción de Antequera. Estudio teórico-crítico*, Sevilla, Fundación Blas Infante, 1983.

66 En clave catalanista: J. Pich i Mitjana, «El regionalisme tradicionalista, monàrquic, catòlic i espanyolista. La revista *La España Regional*», *El Contemporani*, núm. 18, 1999, pp. 36-45; otro punto de vista en: J. P. Fusi, *España. La evolución de la identidad nacional*, Madrid, Temas de Hoy, 2000, pp. 202-208.

67 F. Romaní y Puigdengolas, *El federalismo en España*, Barcelona, Imp. de Magriñá y Subirana, 1869.

68 Biografía: J. Mestres i Campí (dir.), *Diccionari d'Història de Catalunya*, Barcelona, Edicions 62, 1993, pp. 934-935; *GEC*, vol. 19, p. 481; Albertí, vol. IV, p. 145.

69 Biografía: *Diccionari d'Història de Catalunya*, p. 522; *GEC*, vol. 12, pp. 276-277; Albertí, vol. II, p. 359.

70 Biografía: *GEC*, vol. 20, p. 426; Albertí, vol. IV, p. 243.

71 L. Costa i Fernàndez, *Josep Pella i Forgas i el catalanisme*, Barcelona, Dalmau, 1997, pp. 61-65; para Coroleu: *GEC*, vol. 8, p. 217; Albertí, vol. I, p. 624.

72 J. Coroleu y J. Pella y Forgas, *Los fueros de Cataluña*, Barcelona, Imp. L. Tasso, 1878.

73 C. Bastons i Vivanco y J. Estruch i Tobella, *Cataluña en la literatura castellana*, Barcelona, Generalitat de Cataluña, 1997, pp. 70-77.

74 J. Valero de Tornos («un madrileño de ninguna academia»), *Barcelona tal cual es*, Barcelona, Tip. Sucersores de Ramírez, 1888.

75 M. Jové i Campmajor, «Polèmiques, expectatives i valoracions a l'entorn del certàmen», en P. Hereu Payet (dir.), *Arquitectura i ciutat a l'Exposició Universal de Barcelona, 1888*, Barcelona, Universitat Politènica de Catalunya, 1988, pp. 39-70; con un formato de impresionismo amable se puede constatar lo mismo en: J. M. Poblet, *La Barcelona històrica i pintoresca dels dies de Serafí Pitarra*, Barcelona, Dopesa, 1979, caps. 16-18. El fenómeno de la Exposición fue tratado desde todos los ángulos posibles en: R. Grau (dir.) y M. López (coord.), *Exposició Universal de Barcelona. Llibre del centenari 1888-1898*, Barcelona, Comissió Ciutadana per a la Commemoració del Centenari de l'Exposició Universal [...], 1988.

76 S. Barjau *et al.*, *La formació de l'Eixample de Barcelona. Aproximacions a un fenomen urbà*, Barcelona, Olimpíada Cultural, 1990; A. García Espuche, *El Quadrat d'Or. Centro de la Barcelona modernista*, Barcelona, Lunwerg, 1990.

77 H. Hina, *Castilla y Cataluña en el debate cultural 1714-1939*, Barcelona, Península, 1986, pp. 227-232; J. Pich i Mitjana, *El Centre Català. La primera associació política catalanista (1882-1894)*, Catrroja/Barcelona, Afers, 2002, pp. 186-211.

78 J. del Castillo y Soriano, *Núñez de Arce. Apuntes para su biografía*, Madrid, Imp. de los Hijos de M.G. Hernández, 1907, cap. IX; J. Romano, *Núñez de Arce*, Madrid, Editora Nacional, 1944, cap. XVI.

79 G. Núñez de Arce, *Discurso leído en el Ateneo Científico y Literario de Madrid*, 8 noviembre 1886, reproducido en selecciones en C. Bastons i Vivanco y J. Estruch i Tobella, *Cataluña en la literatura castellana*, Barcelona, Generalitat de Catalunya, 1997, pp. 179-185 (citas pp. 179, 180, 181-182, 183-184, 184).

80 V. Almirall, *Contestación al discurso leído por D. Gaspar Núñez de Arce en el Ateneo de Madrid con motivo de la apertura de sus cátedras en el año corriente*, Madrid, Librería de Antonio Sanmartín/Barcelona, Lib. de I. López, [¿1886?]. Retraducimos del texto en catalán *Contestació a Núnez de Arce* reproducido en A. Plana, *Les idees polítiques d'en Valentí Almirall*, Barcelona, Societat Catalana d'Edicions, [1915], pp. 149-209; la fecha de 1887 que aduce Plana es, con toda seguridad, equivocada.

81 V. Almirall, *Contestació a Núnez de Arce* reproducido en A. Plana, *op. cit.*, pp. 163, 164, 186-187, 169, 191, 159.

82 A. Plana, *op. cit.*, p. 7.

83 V. Almirall, *La immoralitat a Espanya*, reproducido en *ibíd.*, pp. 211-219 (citas p. 218).

84 J. Valera, «Sobre el concepto que hoy se forma de España» (1868), en J. Valera, *Obras escogidas*, vol. XIV, *Ensayos II*, Madrid, Biblioteca Nueva, 1928, pp. 75-117; también J. Valera, «De la perversión moral de la España de nuestros días» (1876), en J. Valera, *Obras escogidas*, vol. XV, *Ensayos III*, Madrid, Biblioteca Nueva, 1929, pp. 131-170.

85 Carta de Menéndez y Pelayo a Juan Valera, 7 agosto 1887, en M. Artigas Ferrando y P. Sainz Rodríguez, *Epistolario de Valera y Menéndez Pelayo, 1877-1905*, Madrid, Espasa-Calpe, 1946, pp. 395-397 (cita p. 396); también E. Sánchez Reyes, *op. cit.*, p. 254.

86 J. Mañé y Flaquer, *El regionalismo*, Barcelona, Imprenta Barcelonesa, 1887 (segunda ed.)

87 La contemporánea valoración catalanista de Mañé en la necrología, presentada en el Fomento del Trabajo Nacional, de G. Graell, *D. Juan Mañé y Flaquer. Su biografía*, Barcelona, Tip. de Domingo Casanovas, 1903; para su postura ante Cánovas: B. de Riquer i Permanyer, *Identitats contemporànies: Catalunya i Espanya*, Vic, Eumo, 2000.

88 J. L. Nieva Zardoya, *La idea euskara de Navarra (1864-1902)*, Bilbao, Fundación Sabino Arana, 1999, pp. 154-155.

89 J. Mañé y Flaquer, *El regionalismo*, Barcelona, Imprenta Barcelonesa, 1900 (tercera ed.), pp. 2-3, 6-7, 96-98.

90 J. Mañé y Flaquer, «¿Es un peligro el regionalismo?» en J. Mañé y Flaquer, *El regionalismo*, Barcelona, Imprenta Barcelonesa, 1887 (segunda ed.), pp. 149-164 (cita pp. 155, 158).

91 J. del Castillo y Soriano, *Núñez de Arce...*, *op. cit.*, pp. 130-131; G. Núñez de Arce, carta a J. Mañé i Flaquer, 4 enero 1887, reproducida como «Apéndice» en J. Mañé y Flaquer, *El regionalismo...*, *op. cit.*, 1887 (segunda ed.), pp. 165-170 (cita pp. 168-169).

92 J. del Castillo y Soriano, *Núñez de Arce...*, *op. cit.*, p. 132.

93 J. Mañé i Flaquer, «Epílogo» (1900), en *ibíd.*, p. 142.

94 J. Mañé y Flaquer, *El regionalismo...*, *op. cit.*, 1887 (segunda ed.), pp. 149-150. Mañé suprimió «¿Es un peligro el regionalismo?» y el «Apéndice» de Núñez de Arce en la tercera edición de 1900: véase J. Pich i Mitjana, *op. cit.*, pp. 210-211.

95 La cita en A. Manent, «Los intelectuales españoles ante la lengua catalana», en Club Arnau de Vilanova, *Para entendernos. Los grandes temas del debate España-Cataluña*, Barcelona, Ariel, 1996, pp. 194-205 (cita p. 194).

96 Un primer intento de combinar la explicación de las trayectorias de los nacionalismos catalán, vasco y gallego en J. L. de la Granja, J. Beramendi, P. Anguera, *La España de los nacionalismos y las autonomías*, Madrid, Síntesis, 2001.

97 J. Miracle, *La restauració dels Jocs Florals*, Barcelona, Aymà, 1960; véase también P. Anguera (ed.), *Escrits polítics del segle XIX*, vol. I, *Catalanisme cultural*, Vic, UPF/Eumo, 1998.

98 C. Bastons i Vivanco y J. Estruch i Tobella, *op. cit.*, pp. 70-77.

99 C. Hermida Gulías, *Rosalía de Castro na prensa barcelonesa (1863-1899)*, s.l., Patronato de Rosalía de Castro, 1993.

100 A. Brañas, *El regionalismo. Estudio social, histórico y literario*, Barcelona, Jaime Molinas, Ed., 1889, p. 165. Véase también J. G. Beramendi, *Alfredo Brañas no rexionalismo galego*, Santiago de Compostela, Fundación Alfredo Brañas, 1998.

101 Véase V. Risco, *Manuel Murguía*, Vigo, Galaxia, 1976, para los textos, pp. 133-177 (citas de «Orígenes...», pp. 138-139). Véase también J. G. Beramendi, *Manuel Murguía*, s.l., Xunta de Galicia, 1998.

102 Véase los discursos de ambos en *La Patria Gallega*, I, núms. 7-8, 15 julio 1891, pp. 1-9, facsímil en X. Alonso Montero (ed.), «Dia das letras Galegas. Murguía en dúas revistas. Prólogo a edición facsímile de *La Patria Gallega* (15-7-1891) e do *Boletín de la real Academia Gallega* (20-11-1906)», Santiago de Compostela, Universidade de Santiago, Departamento de Filoloxía Glega, 2000.

103 Entendemos que esta percepción está subyacente a J. G. Beramendi, «Proyectos gallegos para la articulación política de España», *Ayer*, núm. 35, 1999, pp. 147-169.

104 J.. L. Nieva Zardoya, *op. cit.*, pp. 215-219, 228-232.

105 A. García-Sanz Marcotegui, «"La Joven Navarra": periódico liberal pamplonés de 1860», en M. Tuñón de Lara (dir.), *La prensa en los siglos XIX y XX. I Encuentro de Historia de la Prensa*, s.l., Servicio Editorial Universidad de País Vasco, 1986, pp. 511-524.

106 J. J. López Antón, «La actitud lingüística de Campión. Catolicismo, tradición y foralidad», en R. Jimeno Aranguren (coord.), *El euskera en tiempo de los euskaros*, Pamplona, Gobierno de Navarra, 2000, pp. 63-104.

107 A. Campión, «Discurs de gracias/Discurso de gracias», leído en los Juegos Florales de Barcelona, 17 mayo 1891; y, del mismo, «Origen y desarrollo del regionalismo nabarro [sic]», leído en la Lliga de Catalunya, 3 junio 1891, reproducidos en *Discursos políticos y literarios de Arturo Campión*, Bilbao, Ed. La Gran Enciclopedia Vasca, 1976, pp. 5-47 (citas, del segundo texto, pp. 43, 46). Para una perspectiva del trasfondo foral-religioso, véase: C. Rubio Pobes, «¿Qué fue del "oasis foral"? (Sobre el estallido de la Segunda Guerra Carlista en el País Vasco)», *Ayer*, núm. 38, 2000, pp. 65-89.

108 Para una descripción detatallada de los Juegos Florales durante el período 1889-1901, véase R. Tasis, *Els Jocs Florals de Barcelona en l'evolució del pensament de Catalunya (1859-1958)*, Barcelona, Diputació de Barcelona, 1997, cap. V.

109 S. Farnés, «La Patria Regional. Cartes a un biscaí (IV)», *La Renaixensa*, 29 julio 1888, reproducido en S. Farnés, *Articles catalanistes (1888-1891)*, Barcelona, Edicions 62, 1982, pp. 45-48 (cita pp. 45-46).

110 J. J. López Antón, «Vasquismo cultural y vasquismo político en la Gamazada (1893-1894) –Napartarras, sabinianos y catalanistas–», en M. del M. Larraza (coord.), *La Gamazada. Ocho estudios para un centenario*, Pamplona, Eunsa, 1995, pp. 167-213.

111 A. García-Sanz Marcotegui, «La insurrección fuerista de 1893. Foralismo oficial versus foralismo popular durante la Gamazada», *Príncipe de Viana*, año 49, núm. 185, septiembre-octubre 1988, pp. 659-708.

112 L. Bonet, *Literatura, regionalismo y lucha de clases: Galdós, Pereda, Narcís Oller y Ramón D. Perés*, Barcelona, Edicions de la Universitat de Barcelona, 1983, pp. 117-118; sobre la

función del discurso de Pereda: M. Suárez Cortina, *Casonas, hidalgos y linajes. La invención de la tradición cántabra*, Santander, Límite, 1994.

113 R. Maiz, *O rexionalismo galego: organización e ideoloxía (1886-1907)*, La Coruña, Edicions do Castro, 1984, pp. 135-137: cita de A. Brañas, «El regionalismo en el norte de Europa», *La España Regional*, XIV, 1893, en *ibíd.*, p. 136.

114 J. M. Pereda, «Discurso como mantendor de los Juegos Florales de Barcelona en 1892», reproducido entero en J. Montero, *Pereda. Glosas y comentarios de la vida y de los libros del Ingenioso Hidalgo montañés*, Madrid, Imp. del Instituto Nacional de Sordomudos y de Ciegos, 1919, pp. 220-221, 222, 228-229.

115 R. Carvalho Calero, «Murguía contra Valera», *Grial*, núm. 55, enero-marzo 1977, pp. 102-105; el texto en V. Risco, *op. cit.*, pp. 178—189.

116 Para Gerona, véase el extenso dossier de X. Carmaniu, C. Puig, G. Granell, I. Graña, «Jocs Florals a Girona. Un impuls cultural a la ciutat», *Revista de Girona*, núm. 205, marzo-abril 2001, pp. 58-85; para Olot: M. Casacuberta y L. Rius, *Els Jocs Florals a Olot (1890-1921)*, Olot, Editora de Batet, 1988.

117 F. Cambó, *Memòries (1876-1936)*, Barcelona, Alpha, 1981, p. 30.

118 Para la trayectoria académica de los hermanos Arana: Arxiu General i Històric de la Universitat de Barcelona, Expedients: «Arana y Goiri, Sabino»; el de «Arana y Goiri, Luís», en la Escuela Técnia Superior de Arquitectura de Barcelona. La versión canónica de «la "revelación" nacionalista»: C. de Jemein y Lanbarri, *Biografía de Arana-Goiri'Tar' Sabin e historia gráfica del nacionalismo* [1935], Bilbao, Geu, 1977, pp. 202-210; P. Basaldua, *El libertador vasco Sabino Arana Goiri* [1953], Bilbao, Geu-Agitaldaria, 1977, cap. III; J. C. Larronde, *El nacionalismo vasco: su origen y su ideología en la obra de Sabino Arana y Goiri*, San Sebastián, Txertoa, 1977, pp. 66-70. Existía un rico repertorio conceptual y acumulativo del foralismo vasco –con autores como el jesuita padre Manuel María de Larramendi– sobre el cual Sabino de Arana pudo edificar su peculiar teorización; véase: F. Fernández Pardo, *La independencia vasca. La disputa sobre los fueros*, Madrid, Nerea, 1990; J. Fernández Sebastián, *La génesis del fuerismo. Prensa e ideas políticas en la crisis del Antiguo Régimen (País Vasco, 1750-1840)*, Madrid, Siglo XXI, 1991; incluso, buscando más atrás: J. Juaristi, *Vestigios de Babel. Para una arqueología de los nacionalismos españoles*, Madrid, Siglo XXI, 1992.

119 J. Palomas, «La ideologia política de Víctor Balaguer a la restauració», en *El segle romàntic..., op. cit.*, pp. 511-519.

120 L. Zuccaro, *Victor* [sic] *Balaguer l'autore dei «Recuerdos de Italia»*, Roma, Tip. della R. Accademia del Lincei, 1904.

121 V. Balaguer, «Discurso leído por el Sr. Balaguer en el acto de la celebración de los Juegos Florales», *El regionalismo y los juegos florales*, Vilanova i la Geltrú, Instituto Biblioteca-Museo-Balaguer, 1896, pp. 113-115, 131. Otras voces hispanas concordaban: por ejemplo, Murguía, escribió en la *Revista Gallega* coruñesa en 1899 que: «El regionalismo, pues, en España, parte del reconocimiento claro, franco, explícito, de la legalidad existente. Afirma la unión inquebrantable de cada región con el resto de España. Es por sí mismo un régimen de libertad.» M. Murguía, «El regionalismo», *Revista Gallega. Semanario de Literatura e Intereses regionales*, 26 febrero y 5 marzo 1899, reproducido en F. Fernández del Riego, *Pensamento galeguista do século XIX*, Vigo, Galaxia, 1983, pp. 122-130 (cita pp. 124-125, retraducido al castellano).

122 J. A. Rocamora, «Un nacionalismo fracasado: el iberismo», *Espacio, Tiempo y Forma*, Serie V, núm. 2, 1989, pp. 29-56.

123 V. Balaguer, «La Roma del autor», fragmento de *Apuntaments y datos, que de prólech a estas poesías, poden servir també pera la història de la moderna literatura catalana*, en V. Bala-

guer, *Esperansas y recorts*, Barcelona, Est. Tip. de Jaume Jepús, 1866, pp. 29-40, reporducido en J. Molas, M. Jorba, A. Tayadella (eds.), *La renaixença. Fonts per al seu estudi, 1815-1877*, Barcelona, Universitat de Barcelona/Universitat Autónoma de Barcelona, 1984, pp. 266-270 (cita pp. 268-269).

124 J. Valera, «España y Portugal» (1861-1862), en J. Valera, *Obras escogidas*, vol. XIII, *Ensayos I*, Madrid, Biblioteca Nueva, 1928, pp. 196-257.

125 Leonardon, *A la recerca d'un rei*, Barcelona, Ed. Políglota, 1930, cap. VII, por citar una obra prologada en un momento clave por Joan Estelrich, entonces brazo ejecutor de Cambó, y, por lo tanto, representativa del canon catalanista.

126 J. García Barzanallana, *La Liga Aduanera Ibérica* [1861], Madrid, Imp. y Lib. de Eduardo Martínez, 1878; y en pro de los intereses del corcho (por el pariente del novelista catalán Carles Bosch de la Trinxeria), M. de Trinchería, *Opúsculo suplementario de la Memoria sobre la Liga Aduanera Hispano-Portuguesa*, Gerona, Imp. de Pablo Puigblanquer, s.a. [¿1894?].

127 F. Martínez Lumbreras, *La Revolución peninsular*, Madrid, Tip. Gutenberg, 1881, p. 32.

128 [S.] Magalhães Lima, *La Fédération Ibérique*, Paris, Guillard, Aillaud, s.f. [1893], cap. VIII.

129 *Ibíd.*, p. 197.

130 F. Martínez Lumbreras, *op. cit.*, p. 118.

131 Para el giro catalanista: J. A. Rocamora, *El nacionalismo ibérico 1792-1936*, Valladolid, Publicaciones de la Universidad de Valladolid, 1994, cap. 5. La tradición federal en: M. V. López Cordón, *El pensamiento político-internacional del federalismo español (1868-1874)*, Barcelona, Planeta, 1975, caps. 4-5.

132 T. Martin Martin, «El iberismo: una herencia de la izquierda decimonónica», en I. Sotelo *et al.*, *Cuatro ensayos de historia de España*, Madrid, Edicusa, 1875, pp. 45-73.

133 C. E. Nowell, *The Rose-Colored Map. Portugal's Attempt to Build an African Empire from the Atlantic to the Indian Ocean*, Lisboa, Junta de Investigações Científicas do Ultramar, 1982; P. Vázquez Cuesta, *A Espanha ante o «ultimatum»*, Lisboa, Horizonte, 1975.

134 Véase A. Horta Fernandes y A. P. Duarte, *Portugal e o Equilibrio Peninsular*, Lisboa, Europa-América, 1998, pp. 80-86.

135 V. Martínez-Gil, *El naixement de l'iberisme catalanista*, Barcelona, Curial, 1997, *passim*; F. Cucurull, «Ribera i Rovira, lusòfil i iberista», en F. Cucurull, *Dos pobles ibèrics*, Barcelona, Selecta, 1967, pp. 71-85.

136 Uso un artículo inédito de Àngel Duarte, «Alguns aspectes de l'iberisme a la Catalunya del canvi de segle: republicans i ideal ibèric».

137 J. Casas-Carbó, «Iberisme castellà i iberisme català», en I. de. L. Ribera i Rovira, *Iberisme*, Barcelona, «L'Avenç», 1907, pp. 7-10 (citas pp. 8, 9, 10); la postura de Casas-Carbó se mantuvo inamovible, como demuestra su artículo circular de 1924, centro de una campaña recogida en 1933, que reproduce frases enteras de su texto de 1907: J. Cases-Carbó, *Un llibre estel? El problema peninsular 1924-1932*, Barcelona, Llibreria Catalònia, 1933, cap. I; una biografia de Cases: *GEC*, vol. 6, p. 399.

138 I. de L. Ribera i Rovira, «Portugal i Catalunya», en I. de L. Ribera i Rovira, *op. cit.*, cap. I (cita p. 30); véase también Ribera y Rovira [sic], *La integridad de la patria. Cataluña ante el espíritu de Castilla*, Barcelona, Librería Científico-Literaria, s.f.

139 Para un resumen de la trayectoria de Ribera: O. Costa Ruibal, *L'imaginari imperial. El Noucentisme català i la política internacional*, Barcelona, Institut Cambó, 2002, pp. 57-67.

140 Braga ofreció un ensayo, «D'iberisme», a Ribera i Rovira, para su *Iberisme...*, *op. cit.*, pp. 11-27. Para otras respuestas lusas: F. Cucurull, «Catalunya i les nacionalitats ibèriques», en F. Cucurull, *op. cit.*, pp. 89-104, dedicado al estudio de Júlio Navarro y Monzó, autor de *Catalunha e as nacionalidades ibèricas*, Lisboa, Liv. Central de Gomes Carvalho,

Ed., 1908; significativamente, la obra de Navarro figura en la biblioteca personal de Maragall; véase también: Bruno [sic], *Portugal e a guerra das nações*, Liv. Chardron, 1906, pp. 455-478.

141 H. Hina, *op. cit.*, pp. 252-266.

142 J. Coll i Amargós, *Narcís Verdaguer i Callís (1862-1918) i el catalanisme possibilista*, Barcelona, Abadia de Monsterrat, 1998; J. Llorens Vila, *La Lliga de Catalunya i el Centre Escolar Catalanista. Dues associaciones del primer catalanisme polític*, Barcelona, Rafael Dalmau, 1996.

143 N. Bilbeny, «El nacionalismo funcional de Enric Prat de la Riba en el contexto de la modernización europea», en S. Rus Rufino y J. Zamora Bonilla (coords.), *Una polémica y una generación. Razón histórica del 1898*, León, Secretariado de Publicaciones de la Universidad de León, 1999, pp. 57-66.

144 R. Campi, «Joan Maragall i J.W. Goethe. La influència de l'escriptor alemany en el pensament civil de Maragall», *Els Marges*, núm. 68, 2000, pp. 13-49 (cita p. 13).

145 J. M. de Nadal, *Memòries d'un estudiant barceloní*, Barcelona, Dalmau i Jover, 1952, p. 31.

146 J.-L. Marfany, «Pròleg», a J. Maragall, *Articles polítics*, Barcelona, La Magrana, 1988, pp. v-xxv.

147 M. Batllori, «L'inconformisme religiós de Maragall», en M. Batllori, *Galeria de personatges*, Barcelona, Vicens-Vives, 1975, pp. 199-210.

148 (J. A. Maragall i Noble, ed.), *Torras i Bages – Joan Maragall*, Barcelona, Ariel, 1961, pp. 18-38. «L'eterna afirmació», Pastoral de Torras i Bages, 13 diciembre 1901 [en el texto: 1909], y J. Maragall, «La eterna afirmación», *Diario de Barcelona*, 16 enero 1902.

149 *Ibíd.*, pp. 88-99. Carta del obispo de Vic al ministro de Gracia y Justicia sobre reformas eclesiásticas, 15 febrero 1902, y J. Maragall, «Una carta solemne», *Diario de Barcelona*, 16 marzo 1902.

150 N. Garolera, «Presentació», en J. Verdaguer (N. Garolera, ed.), *Pàtria* [1888], Barcelona, Edicions de 1984, 2002, pp. 7-15. Significativamente, se especula con un posible modelo franco-belga para la obra verdagueriana.

151 J. Collell, «Pròleg» [6 junio 1888], en J. Verdaguer, *Pàtria...*, *op. cit.*, pp. 17-22 (cita p. 22).

152 I. Cònsul, *Verdaguer i Maragall, joc de miralls*, Barcelona, Proa, 2002, 2 vols.

153 Véase los artículos «Maragall, poeta regeneracionista» y «Sobre l'evolució ideològica de Maragall», en J.-L. Marfany, *Aspectes del Modernisme*, Barcelona, Curial, 1975.

154 Se aprovechan las citas de Terry para ir más allá de lo que él argumenta: A. Terry, *La poesía de Joan Maragall*, Barcelona, Barcino, 1963, pp. 90-92. Para el contraste Maragall-Gener: P. Ilie, «Nietzsche en España: 1890-1910», *Publications of the Modern Language Association*, vol. LXXIX, núm. 1, marzo 1964, pp. 80-96.

155 E. Trias, «Maragall i la mitologia nacional wagneriana», *La Catalunya Ciutat i altres assaigs*, Barcelona, L'Avenç, 1984, pp. 97-104.

156 Como muestra de la interpretación indulgente: F. Lázaro Carreter, «Joan Maragall, setenta años después», *Cuenta y Razón*, núm. 4, otoño 1981, pp. 51-64 (cita p. 51). Véase, en general: A. Vilanova, «Maragall y el 98, o Cataluña y la regeneración de España», en A. Vilanova y A. Sotelo Vázquez (eds.), *La crisis española de fin de siglo y la generación del 98*, Actas del Simposio Internacional (Barcelona, noviembre de 1998), Barcelona, Universidad de Barcelona/PPU, 1999, pp. 255-276.

157 M. Serrahima, *Joan Maragall* [1966], Barcelona, Edicions 62, 1990, pp. 86-87; J. Vicens i Vives y M. Llorens, *op. cit.*, pp. 292-298, sin mención de Maragall; también, G. Ribbans, «"No lloréis, reíd, cantad": Some Alternative Views on the Generation of 98/*Modernismo* Debate», en J. P. Gabriele (ed.), *Nuevas perspectivas sobre el 98*, Frankfurt am Main/Madrid, Vervuert/Iberoamericana, 1999, pp. 131-159.

158 R. de la Torre del Río, *Inglaterra y España en 1898*, Madrid, Eudema, 1988, pp. 193-219. Véase, como muestra, el libro de crítica noventayochista de «John Chamberlain» (Tomás Giménez Valdiviesa), *El atraso de España* [1909], Madrid, Fundación Banco Exterior, 1989.

159 J. Maragall, «El discurso de Lord Salisbury», 11/18 mayo 1898, en J. Maragall, *Obres completes*, vol. XVII, *Problemes del dia*, Barcelona, Sala Parés Llibreria, 1934, pp. 252-264 (citas pp. 261-262, 263).

160 B. Semmel, *Imperialism and Social Reform. English Social-Imperial Thought 1895-1914*, Garden City (N.Y.), Doubleday, 1968; véase también la crítica al concepto de G. Eley, «Defining Social Imperialism: Use and Abuse of an Idea», *Social History*, núm. 1 (1967), pp. 265-290.

161 W. Strauss, *Joseph Chamberlain and the Theory of Imperialism*, Nueva York, Howard Fertig, 1971.

162 W. Mock, «The Function of "Race" in Imperialist Ideologies: the Example of Joseph Chamberlain», en P. Kennedy y A. Nicholls (eds.), *Nationalist and Racialist Movements in Britain and Germany before 1914*, Londres, Macmillan, 1981, pp. 190-203; también D. Judd, *Empire. The British Imperial Experience, from 1765 to the Present*, Londres, HarperCollins, 1996, p. 196.

163 J. Maragall, «Finlandia», 30 agosto 1899, en J. Maragall, *Obres completes*, vol. II, *Obra castellana*, Barcelona, Selecta, 1960, p. 584-586 (cita p. 586).

164 J. Maragall, «La patria nueva», 11 septembre 1902, en *ibíd.*, p. 653-655 (citas p. 653, 654, 655).

165 J. Pijoan, *El meu Don Joan Maragall*, Barcelona, Llibreria Catalònia, s.f., p. 70.

166 R. Campi, «Joan Maragall i J.W. Goethe...», *op. cit.*, p. 19. Tampoco fue lisa su relación con el «Brusi», ya que dejó el *Diari de Barcelona* en 1903, volvió en 1905, lo volvió a dejar en 1907, para tornar en 1911, antes de su muerte,

167 J. Chabás, *Juan Maragall, poeta y ciudadano*, Madrid, Espasa-Calpe, 1935, p. 127.

168 *Ibíd.*, p. 116.

169 M. Vilanova, *España en Maragall*, Barcelona, Edicions 62, 1968; también Gaziel, «La pàtria segons Maragall», en Diversos Autors, *Joan Maragall. Conferències en commemoració del centenari de la seva naixença (1860) i del cinquantenari de la seva mort (1911)*, Barcelona, Selecta, 1963, pp. 135-167; J. Xifra Heras, *Juan Maragall, pensador político*, Barcelona, s.e., 1969; P. Gabancho, *Despert entre els adormits. Joan Maragall i la fi del segle a Barcelona*, Barcelona, Museu d'Història de la Ciutat/Proa, 1998.

170 *Epistolario Miguel de Unamuno-Juan Maragall, con escritos complementarios*, Barcelona, Catalònia, 1976; J. Tarín-Iglesias, *Unamuno y sus amigos catalanes (Historia de una amistad)*, Barcelona, Ed. Peñíscola, 1966.

171 «Homenatje a En Joan Maragall», *Catalunya*, núm. 17, 15 septiembre 1903, p. ccxvii.

172 Azorín, «Aproximación a Maragall», introducción a J. Maragall, *Los vivos y los muertos*, Barcelona, Destino, 1946, p. 15. El texto está fechado «agosto 1943, Madrid». A pesar de las garantías falangistas, la edición fue retenida tres años por la censura.

173 X. Rubert de Ventós, *El laberinto de la hispanidad*, Barcelona, Planeta, 1987, cap. 13.

174 F. Pujols, *Concepte general de la ciència catalana* [1918] Barcelona, Pòrtic, 1982, p. 287.

175 M. A. Cerdà i Surroca, *Mites del Modernisme a Catalunya*, Lérida, Pagès Editors, 1993; O. Saltor Soler, *La conciencia jurídica en la obra poética maragalliana*, Barcelona, Academia de Jurisprudencia y Legislación de Barcelona, 1960.

176 J. Maragall, «La Independència de Catalunya», en J. Maragall, *Obres completes*, vol. XIII *El sentiment de pàtria,* direcció Joan Estelrich, Barcelona, Sala Parés Llibreria, 1932, pp. 163-165: *«Aquest escrit datat de 1897 s'ha tret d'entre els apunts que Maragall no havia donat mai a publicació»*.

177 J. Maragall, «La vida regional», 11 marzo 1893, *Articles ideològics, socials i polítics*, *Obres completes*, vol. II, obra castellana, Barcelona, Editorial Selecta, 1961, p. 351.
178 J. Maragall, «Patria y región (III)», 28 abril 1897, *ibíd.*, p. 519.
179 J. Maragall, «La democracia», 18 marzo 1893, *ibíd.*, p. 354.
180 J. Maragall, «El trágico conflicto», 4 septiembre 1902, *Obras completas de J. Maragall*, serie castellana, *Artículos*, IV, 1902-1906, Barcelona, Gustavo Gili, 1912, pp. 1-6 (pp. 5-6).
181 J. Maragall, «La Patria nueva», 11 septiembre 1902, *ibíd.*, pp. 7-123 (p. 7).
182 J. Maragall, "El sentimiento catalanista», 1-1902 [sic], *Obras completas de J. Maragall*, serie castellana, *Artículos*, III, 1899-1902, Barcelona, Gustavo Gili, 1912, pp. 233-240 (cita pp. 238-239).
183 *Ibíd.*, pp. 239-240.
184 J. Maragall, «El ideal ibérico», marzo 1906, *Obras completas de J. Maragall*, serie castellana, *Artículos*, V, 1906-1911, Barcelona, Gustavo Gili, 1913, pp. 37-38.
185 J. Maragall, «El ideal ibérico», marzo 1906, *ibíd.*, pp. 40-41.
186 V. Martínez-Gil, *op. cit.*; F. Cucurull, «Maragall: Portugal i l'iberisme», en F. Cucurull, *op. cit.*, pp. 17-67.
187 J. Maragall, «Visca Espanya!!», 5 mayo 1908, en J. Maragall, *Obres completes*, vol. XIII, *El sentiment de pàtria*, Barcelona, Sala Parés Llibreria, 1932, pp. 91-93.
188 J. Maragall, «"Catalunya i avant"», 5 octubre 1909, *Articles ideològics, socials i polítics*, *Obres completes*, vol. II, obra castellana, Barcelona, Editorial Selecta, 1961, p. 759. Para Unamuno: J. García Morejón, *Unamuno y Portugal*, Madrid, Gredos, 1971.
189 J. Maragall, «La integridad de la patria (diálogo trágico)», 2 enero 1909, *Articles ideològics, socials i polítics*, *Obres completes*, vol. II, obra castellana, Barcelona, Editorial Selecta, 1961, p. 750.
190 J. Maragall, «La verdadera cuestión previa», 29 junio 1910, *ibíd.*, p. 770.
191 J. Maragall, «L'alçament», 13 abril 1907, en J. Maragall, *Obres completes*, vol. XIII, *op. cit.*, pp. 87-88.
192 M. de Unamuno, «La civilización es civismo» (Salamanca, abril de 1907), en M. de Unamuno, *Mi religión y otros ensayos breves*, Madrid, Espasa-Calpe, 1964, pp. 68-74 (cita p. 69).
193 M. de Unamuno, «Más sobre la crisis del patriotismo» (marzo 1906), en M. de Unamuno, *Algunas consideraciones sobre la literatura hispanoamericana*, Madrid, Espasa-Calpe, 1968 (citas pp. 13, 28). Para valorar el complejo, y hasta contradictorio pensamiento unamuniano, véase también: «La crisis del patriotismo» y «Sobre la lengua española» (noviembre de 1901), en M. de Unamuno, *La dignidad humana*, Madrid, Espasa-Calpe, 1967; «Sobre la europeización (arbitrariedades)» (noviembre de 1906), en M. de Unamuno, *Algunas consideraciones…*, *op. cit.*
194 J. Maragall, «Visca Espanya!!», 5 mayo 1908, en J. Maragall, *Obres completes*, vol. XIII, *El sentiment de pàtria…*, *op. cit.*, pp. 91-93.
195 Véase un resumen muy significativo: P. Jordi de Barcelona, «L'única Espanya. Meditació maragalliana. A propòsit del llibre: *Epistolario entre Unamuno y Maragall*», *Maragall 1860-1911*, núm. monográfico de *Criterion*, núm. 4, 1960, pp. 115-128.
196 J. Pijoan, «Catalunya per les llibertats espanyoles», *La Veu de Catalunya*, 27 febrero 1906, en J. Pijoan (J. Castellanos, ed.), *Política i cultura*, Barcelona, La Magrana/Diputació de Barcelona, 1990, pp. 81-82 (cita p. 82).
197 Carta de M. de Unamuno a J. Martínez Ruiz, Salamanca, 14 mayo 1907, reproducida parcialmente en J. M. Valverde, *Azorín*, Barcelona, Planeta, 1971, p. 283.
198 G. Mir, *Miquel dels Sants Oliver. Nacionalisme i síntesi liberal-conservadora (1898-1918)*, Palma de Mallorca, Miquel Font, Ed., 1993; también G. Mir, «Introducción» a M. S. Oliver, *La literatura del desastre*, Barcelona, Península, 1974, pp. 7-57.

199 D. Pons i Pons, *Ideologia i cultura a la Mallorca d'entre dos segles (1886-1905)*, Palma de Mallorca, Lleonard Muntaner, ed., 1998.

200 Véase M. Tomàs, *Marià Aguiló*, Palma de Mallorca, Ajuntament de Palma, 1984, pp. 67 y ss.; en general: B. Mesquida i Amengual, *Mallorquins a Barcelona*, Barcelona, Ajuntament de Barcelona, 1980; también J. M. Llompart, *La literatura moderna a les Balears*, Palma de Mallorca, Moll, 1964.

201 A. Company i Mates, «Els periodistes de les Illes Balears a la premsa diària barcelonina (1900-1936)», en S. Serra i Busquets (ed.), *Cultura i compromís a la Mallorca contemporània. Els intel·lectuals a l'àmbit cultural català*, Palma de Mallorca, Fundació Emili Darder, 1995, pp. 91-108.

202 Véase B. Peñarrubia i Marquès, *Mallorca davant el centralisme (1868-1910)*, Barcelona, Curial, 1980.

203 Miquel dels Sants Oliver, «[La teoria regionalista de ...]», de diferentes artículos publicados en *La Almudaina* durante 1898, recogidos en el libro *La Cuestión Regional*, Palma de Mallorca, 1899, reproducido en Anselm Llull [G. Mir], *El mallorquinisme polític 1840-1936. Del regionalisme al nacionalisme*, París, Edicions Catalanes de París, 1975, vol. I, citas pp. 104-105, 106, 110.

204 B. de Riquer, *Lliga Regionalista: la burguesia catalana i el nacionalisme*, Barcelona, Edicions 62, 1977.

205 J. Romero-Maura, *La «Rosa de Fuego». El obrerismo barcelonés de 1899 a 1909*, Barcelona, Grijalbo, 1974.

206 P. Aldavert, «Laus tibi Christe», en P. Aldavert, *Nos ab nos* [sic]. *Articles d'are* [sic], Barcelona, La Renaixensa, 1904, pp. 255-268 (cita p. 267).

207 P. Aldavert, «No hi temps que no torni», en P. Aldavert, *Á la taleya* [sic], Barcelona, La Renaixensa, 1906, pp. 195-206 (citas pp. 201, 202-203).

208 I. Molas, *op. cit.*, vol. I, caps. V-VIII.

209 G. Mir, *Miquel dels Sants Oliver..., op. cit.*, 3ª part, cap. 1: « Catalunya: hegemonia o particularisme?»; también A. Balcells, «Evolució del pensament polític de Prat de la Riba», en E. Prat de la Riba (A. Balcells y J. M. Ainaud de Lasarte, eds.), *Obra completa*, volumen I, *1887-1898*, Barcelona, Proa, 2000, p. 72.

210 M. S. Oliver, «El problema catalán ¿Particularismo o hegemonía?», 10 marzo-21 abril 1906, en M. S. Oliver, *Entre dos Españas (crónica y artículos)*, Barcelona, Gustavo Gili, 1906, pp. 269-309 (citas pp. 269-270, 296-297).

Capítulo 7. *El «intervencionismo» como superioridad catalana*

1 «Gaziel» [A. Calvet], *Tots els camins duen a Roma*, Barcelona, Aedos, 1953, cap. XIV.

2 J.-C. Mainer, «De ciutats a capitals: el diàleg difícil de dos nacionalismes, 1898-1914», en X. Bru de Sala, J. Tusell, M. Peran (comps.), *Barcelona-Madrid 1898-1998. Sintonies i distàncies*, Barcelona, CCCB/Diputació de Barcelona, 1997, pp. 44-53.

3 C. Carreras, *Geografia urbana de Barcelona. Espai mediterrani i temps europeo*, Barcelona, Oikos Tau, 1993.

4 M. Rivière, *El problema. Madrid-Barcelona*, Madrid, Temas de Hoy, 1996.

5 Muy en general, dentro de lo poco planteado sobre las implicaciones sociales de la burocracia: F. Villacorta Baños, *Profesionales y burócratas. Estado y poder corporativo en la España del siglo XX, 1890-1923*, Madrid, Siglo XXI, 1989; también A. Nieto, *La retribución de los funcionarios en España. Historia y actualidad*, Madrid, Revista de Occidente, 1967.

Como contraste, véase: J. Casassas, *Intel·lectuals, professionals i polítics a la Catalunya contemporània (1850-1920)*, Barcelona, Els llibres de la Frontera, 1989.

6 Estos párrafos dependen de E. Ucelay-Da Cal, *Llegar a capital: rango urbano, rivalidades interurbanas y la imaginación nacionalista en la España del siglo XX*, Papers de la Fundació, 137 Barcelona, Fundació Rafael Campalans, 2002.

7 A. Alonso, *Castellano, español, idioma nacional. Historia espiritual de tres nombres* [1943], Buenos Aires, Losada, 1968, p. 111.

8 La expresión es de William Foley, *The Papuan Languages of New Guinea*, Cambridge (G.B.), Cambridge University Press, 1986, citado en D. Nettle & S. Romaine, *Vanishing Voices. The Extinction of the World's Languages*, Oxford (G.B.), Oxford University Press, 2000, p. 88.

9 D. Sevilla Andrés, *Antonio Maura. La revolución desde arriba*, Barcelona, Aedos, 1954, p. 167.

10 Por su valor indicativo, véase J. R. Lodares, *El paraíso políglota. Historias de lenguas en la España moderna contadas sin prejuicios*, Madrid, 2000.

11 J. Mañé y Flaquer, *El regionalismo*, Barcelona, Imprenta Barcelonesa, 1900 (tercera ed.), pp. 102, 104 y ss.

12 Véase «Contradiccions del senyor Almirall», en J. Torras i Bages, *De regionalisme*, vol. VIII, *Obres Completes*, Barcelona, Biblioteca Balmes, 1925, p. 153 y ss.

13 R. Altamira, *Psicología del pueblo español* [1902, extensamente revisado en 1917], Madrid, Doncel, 1976, p. 231.

14 P. Casabó y Pagés, *La España judía: apuntes para la verdadera historia de los judíos en España*, Barcelona, Est. Tip. de Francisco Beltrán, 1891, pp. 82-83.

15 P. Gener, «La cuestión catalana. III. Las tendencias autonomistas. –Su organización política. IV.-La solución del problema», *Nuestro Tiempo*, núm. 29, mayo 1903, pp. 705-719 (cita p. 705). Véase el comentario parecido en P. Gener, *Cosas de España (Herejías nacionales/El renacimiento de Cataluña)*, Barcelona, Juan Llordachs, 1903, p. 51, escrito mucho antes, en 1886.

16 P. Gener, «La cuestión catalana. III», *op. cit.*, pp. 706-708 (citas p. 707).

17 P. Gener, *Herejías. Estudio de crítica inductiva sobre asuntos españoles*, Madrid/Barcelona, Lib. de Fernando Fe/Llordachs, 1887, incluido en P. Gener, *Cosas de España…*, *op. cit.*, cita pp. 19-20.

18 P. Gener, «Jean Richepin, el Poeta pasional», en P. Gener, *Amigos…*, *op. cit.*, pp. 46-74 (cita pp. 57-58).

19 E. d'Ors, «Lo que empieza y lo que termina en las exposiciones internacionales», *Nuevo Glosario*, Madrid, Aguilar, 1947, vol. II, pp. 611-612.

20 P. Gener, *La muerte y el diablo. Historia y filosofía de las dos negaciones supremas* [1880/3] (prol. E. Littré), Barcelona, Atlante, s.f. [posterior a 1907], 2 vols.; para su actitud hacia Littré: P. Gener, «E. Littré, el Sabio metódico», en P. Gener, *Amigos…*, *op. cit.*, pp. 187-210.

21 Carta de Juan Valera a Menéndez y Pelayo, 16 septiembre 1887, en M. Artigas Ferrando y P. Sainz Rodríguez, *Epistolario de Valera y Menéndez Pelayo, 1877-1905*, Madrid, Espasa-Calpe, 1946, pp. 402-403 (cita p. 403); también, en general: H. Hina, *Castilla y Cataluña en el debate cultural 1714-1939*, Barcelona, Península, 1986, pp. 233-236, corregido con precisiones de C. Triviño Anzola, *Pompeu Gener y el modernismo*, Madrid, Verbum, 2000.

22 P. Gener, «La cuestión catalana. III», *op. cit.*, p. 708.

23 V. Panyella, *Santiago Rusiñol, el caminant de la terra*, Barcelona, Edicions 62, 2003, *passim.*

24 P. Estasén, «La teoría de la evolución aplicada a la historia», *Revista Contemporánea*, IV, 1876; «La reacción proteccionista. Estudio económico», *Revista Contemporánea*, XXII,

1879; *La protección y el libre cambio (Consideraciones generales sobre la organización económica de las nacionalidades y la libertad de comercio)*, Barcelona, Tip. de los suc. de Ramírez, 1880; reproducidos en D. Núñez (ed.), *El darwinismo en España*, Madrid, Castalia, 1969, pp. 283-285, 311-322.

25 Se puede remarcar, por ejemplo, la semejanza de títulos entre P. Gener, P. Gener, *Inducciones: ensayos de filosofía y de crítica*, Barcelona, Lib. de J. Llordachs, 1901, y H. Spencer, *Las inducciones de la sociología y las instituciones domésticas*, Madrid, La España Moderna, s.f.

26 P. Gener, «H. Taine, el Filósofo», en P. Gener, *Amigos y maestros* [1897], Barcelona, Maucci, 1915, pp. 105-126 (citas pp. 108, 126).

27 P. Gener, «La cuestión catalana. III», *op. cit.*, pp. 708-709.

28 Citado en R. Shattuck (ed.), *What is "Pataphysics"?*, número monográfico: *Evergreen Review*, vol. 4, núm. 13, mayo-junio 1960, p. 105. Sobre Fénéon: J. Ungersma Halperin, *Félix Fénéon. Art et anarchie dans le Paris fin de siècle*, París, Gallimard, 1991.

29 P. Gener, «Los filósofos de la vida ascendente», en P. Gener, *Amigos y maestros…, op. cit.*, pp. 347-376.

30 P. Gener, «Federico Nietzsche y sus tendencias» (fechado París 1895-1900), en P. Gener, *Inducciones…, op. cit.*, pp. 267-325, especialmente pp. 282-283, 322-323; también P. Ilie, «Nietzsche en España: 1890-1910», *Publications of the Modern Language Association*, vol. LXXIX, núm. 1, marzo 1964, pp. 80-96.

31 P. Gener, «La cuestión catalana. III», *op. cit.*, p. 709.

32 P. Gener, *Herejías*, en P. Gener, *Cosas de España…, op. cit.*, cita pp. 236-237.

33 Para la relación con Nietzsche: P. Gener, «Federico Nietzsche y sus tendencias», *Inducciones…, op. cit.*; para su culto a Servet: P. Gener, *Servet: reforma contra renacimiento; calvinismo contra humanismo; estudio histórico-crítico sobre el descubridor de la circulación de la sangre y su tiempo*, Barcelona, Maucci, 1911; de hecho elaboró el tema en diversas versiones: P. Gener, *Últimos momentos de Miquel Servet. Novela histórica*, s.l., Imp. de José Blass y Cia., 1907, y otra vez, *Pasión y muerte de Miguel Servet. Novela histórica o Historia novelesca con apéndice*, París, [Paul Dupont], [¿1910?]; para la adaptación divulgativa: P. Gener, L. Zurdo de Olivares, J. Aladern, *Tres mártires del librepensamiento: Miguel Servet, el Caballero de la Barre y Giordano Bruno*, Barcelona, Imp. de José Aladern, 1911; sobre Aladern: P. Anguera, *Literatura, pàtria i societat. Els intel·lectuals i la nació*, Vic, Eumo, 1999, pp. 157-182.

34 El hecho que Gener sirviera como pauta no significa que su doctrina, entre el conflicto de razas y los «superhombres» bondadosos, no fuera más bien confusa, vista especialmente desde las supuestas clarividencias obreristas posteriores: véase sus ensayos «En el primer 1° de mayo– Por los obreros» (1891) y «Disquisiciones sobre el problema social –¿Socialismo?», en P. Gener, «Federico Nietzsche y sus tendencias», *Inducciones…, op. cit.*, pp. 155-176, 177-192. Para Maragall y Corominas, véase G. Ribbans, «"La Propaganda del Fet": Some Notes on the Effects of Anarchist Terrorism on the Catalan Bourgeoisie of the Late Nineteenth Century», en P. Boehne, J. Massot i Muntaner, y N. B. Smith (eds.), *Actes del Tercer Col·loqui d'Estudis Catalans a Nord-Amèrica (Toronto, 1982). Estudis en honor de Josep Roca-Pons*, Barcelona, Abadia de Montserrat, 1983, pp. 289-302.

35 P. Gener, «La cuestión catalana. III», *op. cit.*, p. 710.

36 L. Poliakov, *Le Mythe aryen*, París, Calmann-Lévy, 1971, cap. V.

37 Sobre Gobineau y su impacto: G. M. Spring, *The Vitalism of Count de Gobineau*, Nueva York, Institute of French Studies, 1932; J. Boissel, *Gobineau*, París, Hachette, 1981. En realidad, no hubo una traducción española de Gobineau hasta los años treinta del siglo XX, siendo irónicamente publicado en la Ciudad Condal en plena Guerra Civil: Conde de

Gobineau (trad. Francisco Susanna), *Ensayo sobre la desigualdad de las razas humanas*, Barcelona, Apolo, 1937.

38 Como muestra: G. Lecomte, *Espagne*, París, Charpentier & Fasquelle, 1896, cap. VI.

39 J. Huxley, *El problema racial en Europa*, Oxford (G.B.), Temas Internacionales: Cuadernos de la Editorial de la Universidad de Oxford, 1940, pp. 20-22, 24-25. Las citas son de F. Max Müller, *Über die Resultate der Sprachwissenschaft: Volesung gehalten in der kaiserlichen Universität zu Strassburg am 23 mai 1872*, Estrasburgo, Trübner, 1872, reproducido en I. Ousby, *The Road to Verdun*, Londres, Pimlico, 2002, pp. 180, 181, y, del mismo, *Biographies of Words, and the Home of the Aryas*, Londres, Longmans, 1888, reproducido en J. Huxley, *op. cit.*, p. 25.

40 E. A. Freeman, «Race and Language», *Contemporary Review*, vol. 29, 1877, en M. D. Biddiss (ed.), *Images of Race*, Nueva York, Holmes & Meier, 1979, pp. 205-235.

41 L. Gumplowicz, *La lutte des races. Recherches sociologiques*, París, Guillamin, 1893.

42 H. Spencer, «The Comparative Psychology of Man», *Popular Science Monthly*, vol. 8, 1876, en M. D. Biddiss (ed.), *op. cit.*, pp. 187-204.

43 H. Spencer, *The Man versus the State* [1884], Harmondsworth (G.B.), Penguin, 1969.

44 H. Spencer (J. Gerschel, trad.), *L'individu contre l'État*, París, Félix Alcan, 1885; H. Spencer (Siro García del Mazo, trad.), *El Individuo contra el estado: los nuevos conservadores, la esclavitud del porvenir, las culpas de los legisladores, la gran superstición política*, Sevilla, J. M. Ariza, 1885.

45 H. Spencer (T. Monegal, trad.), *L'Home contra l'Estat (The Man versus the State*), Barcelona, Joventut, 1905. La biografía: *Diccionari d'Història de Catalunya*, p. 702.

46 La cuestión de Gener como «nietzscheano anarquista» o como «aristócrata radical» es tratada en U. Rukser, *Nietzsche in der Hispania. Ein Beitrag zur hispanischen Kultur– und Geistesgeschichte*, Berna/Múnich, Francke Verlag, 1962, pp. 102, 267, 339.

47 J. Novicow (trad. José González Alonso), *El porvenir de la raza blanca. Crítica del pesimismo contemporáneo*, Madrid, La España Moderna, s.f.; J. Finot (trad. José Prat), *El prejuicio de las razas*, Valencia, Sempere, s.f., 2 vols.

48 H. S. Chamberlain (G. Mosse, ed.), *Foundations of the Nineteenth Century* [1899/1910], Nueva York, Howard Fertig, 1968, 2 vols. Véase, en general: M. Woodroffe, «Racial Theories of History and Politics: the Example of Houston Stewart Chamberlain», en P. Kennedy y A. Nicholls (eds.), *Nationalist and Racialist Movements in Britain and Germany before 1914*, Londres, Macmillan, 1981, pp. 143-153.

49 P. Gener, *La muerte y el diablo…*, *op. cit.*, vol. I, caps. I & VI.

50 H. S. Chamberlain, *El drama wagneriano* [1902], Barcelona, Ediciones de Nuevo Arte Thor, 1980. Véase el estudio muy completo de A. Janés i Nadal, *L'obra de Richard Wagner a Barcelona*, Barcelona, Fundació Vives Casajoana/Institut Municipal d'Història, 1983; hace juego la antología de textos *Wagner i Catalunya*, Barcelona, Cotal, 1983; véase también M. Infiesta, *El wagnerisme a Catalunya*, Barcelona, Infiesta Ed., 2001. Para el contexto wagneriano en Alemania, Francia, Italia, Rusia y los países anglófonos, pero no España: D. C. Large y W. Weber (eds.), *Wagnerism in European Culture and Politics*, Ithaca (N.Y.), Cornell University Press, 1984. Se ha de subrayar, sin embargo, que la influyente Associació Wagneriana de Barcelona, fundada en 1901, si bien anunció la traducción al catalán de las *Obres teòriques y crítiques del «Genio de Bayreuth»*, no incluyó entre estas al notorio *Judentum in der Musik* de 1850: véase I Wagner, «Musica del pervindre»/*L'Art i la revolució*, Barcelona, Associació Wagneriana, 1909. Puede que la predilección madrileña estuviera inspirada en el «humanitarismo» más genérico que algunos críticos han sabido encontrar en la obra del compositor italiano: véase I. Berlin, «La "naiveté" de Verdi», en I. Berlin (H. Hardy, ed.), *Contra la corriente. Ensayos sobre la historia de las ideas*, México D.F., FCE, 1979, pp. 365-374.

51 P. Gener, «*Coses d'en Peius*». *Records anecdòtics, serios i humorístics de la meva vida*, Barcelona, Llibreria Varia, [¿1921?], pp. 54-62, 87-91.

52 F. Pérez Gutiérrez, *Renan en España (Religión, ética y política)*, Madrid, Taurus, 1988, pp. 143-148, 257-258; P. Gener, «E. Renan, el Pensador religioso», en P. Gener, *Amigos..., op. cit.*, pp. 127-186; P. Gener, «Epístola a un condiscípulo», *L'Avenç*, enero 1893, en P. Gener, *Inducciones..., op. cit.*, pp. 193-211; también la visión escéptica de E. Valentí i Fiol, «El programa antimodernista de Torras i Bages», *Boletín de la Real Academia de Buenas Letras de Barcelona*, XXIV, 1971-1972, especialmente pp. 9-12.

53 M. Gómez Espinosa, *Rubén Darío patriota*, Madrid, Triana, 1966, pp. 23-24. También, por su etnicismo digamos «amable» y su culto a los grandes hombres de cualquier estirpe, véase, de Gener, *Historia de la literatura*, Barcelona, Montaner y Simón, 1902.

54 A. Elorza, «"Tornatrás", llaman al racismo residual», *El Periódico*, 4 marzo 2001, p. 12. Para la visión más desarrollada de Elorza sobre el racismo sabiniano, véase: A. Elorza, *Un pueblo escogido. Génesis, definición y desarrollo del nacionalismo vasco*, Barcelona, Crítica, 2001, cap. 6.

55 V. Almirall, *Lo catalanisme*, Barcelona, Edicions 62/La Caixa, 1979, pp. 32, 43.

56 H. T. Buckle, «Spanish Intellect from the Fifth to the Nineteenth Century», *The History of Civilization in England* [1861], Hearst's International Library, 1913, vol. II, parte I, pp. 1-122; para una biografía de época: *Encyclopedia Britannica* (undécima edición: 1911), vol. IV, p. 732. Véase, en general: E. Ucelay-Da Cal, «Ideas preconcebidas y estereotipos en las interpretaciones de la Guerra Civil española: el dorso de la solidaridad», *Historia Social*, núm. 6, invierno 1990, pp. 23-43.

57 J. C. Ridpath, *Universal History*, Cincinnati, The Jones Brothers Publishing Co., 1894, vol. IV, p. 460; también Kelburne King, «An Inquiry into the Causes which have led to the Rise and Fall of Nations», *Anthropologia*, 1876, en M. D. Biddiss (ed.), *op. cit.*, pp. 171-186.

58 P. Gener, *Cosas de España..., op. cit.*

59 Véase, sobre Sales y Ferré: M. Nuñez Encabo, *Manuel Sales y Ferré: los orígenes de la sociología en España*, Madrid, Edicusa, 1976; R. Jerez Mir, *La introducción de la sociología en España. Manuel Sales y Ferré: una experiencia truncada*, Madrid, Ayuso, 1980; más en general: D. Núñez Ruiz, *La mentalidad positiva en España: desarrollo y crisis*, Madrid, Tucar, 1975.

60 Véase la interpretación de I. Molas, «El liberalisme de Valentí Almirall», *L'Avenç*, núm. 92, abril 1986, pp. 11-22.

61 En general: L. Litvak, *Latinos y anglosajones: orígenes de una polémica*, Barcelona, Puvill, 1980.

62 Pasquale Villari [G. Spadolini, ed.], *L'Italia, la civiltà latina e la civiltà germanica* [1862], Florencia, Società Toscana per la Storia del Risorgimento, 1989; para el interés germano: J.-J.-A. Bertrand, *Le Romantisme allemand et la Poésie romane*, París, Lib. Henri Didier, 1924; H.W. Sullivan, *Calderón in the German Lands and the Low Countries: His Reception and Influence, 1654-1980*, Cambridge (G.B.), Cambridge University Press, 1983, especialmente caps. 6-9.

63 R. Horsman, *La raza y el Destino manifiesto. Orígenes del anglosajonismo racial norteamericano*, México D.F., FCE, 1985; del mismo Horsman, «Origins of Racial Anglo-Saxonism in Great Britain before 1850», *Journal of the History of Ideas*, XXXVII, 1976, pp. 387-410.

64 F. Corral, *El pensamiento de Rafael Barrett. Crisis de fin de siglo, juventud del 98 y anarquismo*, Madrid, Siglo XXI, 1994, especialmente cap. 4, «Perfil inicial».

65 M. Moya, «El ideal político de la raza latina», en M. Moya, *Conflictos entre los poderes del Estado. Estudio político*, Madrid, Imp. y Estereotipia de El Liberal, 1890, pp. 223-256 (cita p. 244).

66 Como indicio: A. da Costa Dias, *La crisis de la conciencia pequeño-burguesa en Portugal. El nacionalismo literario de la generación de 1890*, Barcelona, Península, 1966.

67 «Anold» (Edmond Demolins), *À quoi tient la superiorité des français sur les anglo-saxons*, París, Fayard Frères, 1899; L. Bazalgette, *À quoi tient la inferiorité française*, [¿París?], Lib. Fischbacher, 1900; G. Sergi, *La decadencia de la naciones latinas*, Barcelona, Antonio López, 1901; L. Bazalgette, *El problema del porvenir latino*, Madrid/Barcelona, Fernando Fé/Antonio López, 1904; N. Colajanni, *Razas superiores y razas inferiores o Latinos y anglo-sajones*, Barcelona, Henrich y Cía, 1904, 2 vols.

68 G. Sergi, *op. cit.*, pp. 221, 241, 100.

69 Para el prólogo de Alba: S. Alba, *Problemas de España*, Madrid, Hesperia, 1916 (fechado diciembre 1898-enero 1899), p. 56 y ss. Para Alba: M. García Venero, *Santiago Alba, monárquico de razón*, Madrid, Aguilar, 1963; J. M. Marín Arce, *Santiago Alba y la crisis de la Restauración*, Madrid, UNED, 1991.

70 P. Corominas, «La obra de Ángel Ganivet», *La Revista Blanca*, 1 enero 1899, en P. Corominas, *Obra completa en castellano*, Madrid, Gredos, 1975, pp. 32-34 (cita p. 33).

71 Para la escuela italiana: R. Canosa, *Storia della criminalità en Italia 1845-1945*, Turín, Einaudi, 1991, cap. X; para la escuela francesa: P. Darmon, *Médecins et assassins à la Belle Époque*, París, Seuil, 1989; R. Huertas García-Alejo, *Locura y degeneración. Psiquiatría y sociedad en el positivismo francés*, Madrid, CSIC, 1987; para el impacto en España: J. Sala Catalá, *Ideología y ciencia biológica en España entre 1860 y 1881*, Madrid, CSIC, 1987; L. Maristany, *El gabinete del doctor Lombroso (Delincuencia y fin de siglo en España)*, Barcelona, Anagrama, 1973. También: E. Zola (L. Bonet, ed.), *El naturalismo*, Barcelona, Península, 1998.

72 A. García Benítez, «C. Bernaldo de Quirós y la subversión en Andalucía», en C. Bernaldo de Quirós, *Colonización y subversión en la Andalucía de los siglos XVIII-XIX*, Sevilla, Editoriales Andaluzas Unidas, 1986, pp. 9-36. Baroja tuvo cierta amistad con Bazalgette, pero, significativamente desde el punto de vista de nuestro argumento, el novelista español encontró incomprensible el interés del ensayista francés por Thoreau, a quien desconocía hasta que éste le envió un libro [¿suyo?] sobre el pensador norteamericano y a quien Baroja ni entendió –es su explicación– ni encontró para nada interesante. P. Baroja, *Bagatelas de otoño* [1949], Madrid, Caro Raggio, 1983, pp. 229-230.

73 N. Leys Stepan, *«The Hour of Eugenics». Race, Gender and Nation in Latin America*, Ithaca (N.Y.), Cornell University Press, 1991; R. Graham (ed.), *The Idea of Race in Latin America, 1870-1940*, Austin, University of Texas Press, 1990.

74 Véase, como representativo del contexto (aunque no tanto en el indicado aquí), la réplica del publicista libertario español Ricardo Mella a Lombroso: C. Lombroso y R. Mella, *Los anarquistas*, Gijón, Júcar, 1977.

75 G. Grilli, «Risorgimento i Renaixença», *Actes del Col·loqui Internacional sobre la Renaixença (18-22 de desembre de 1984)*, I, *Estudis Universitaris Catalans*, 3ª época, vol. XXVII, 1992, pp. 407-421.

76 Véase la novela de Álvaro Carrillo, *¡Despierta España! Episodios de actualidad* [¿1898?], Barcelona, Est. Ed. de Rafael Torrens, s.f., 2 vols.

77 K. W. Swart, *The Sense of Decadence in Nineteenth-Century France*, La Haya, Martinus Nijhoff, 1964; la pregunta de la impotencia de Francia como «gran potencia» en: P. Milza y R. Poidevin (dirs.), *La puissance française à la «Belle Epoque». Mythe ou réalité?*, Bruselas, Complexe, 1992.

78 R. Gilman, *Decadence. The Strange Life of an Epithet*, Nueva York, Farrar, Straus & Giroux, 1979.

79 D. Pick, *Faces of Degeneration. A European Disorder, c. 1848 – c. 1918*, Cambridge (G.B.), Cambridge University Press, 1989; y visto como miedo dentro de diversos campos de actividad científica o cultural: J. E. Chamberlain y S. L. Gilman (eds.), *Degeneration. The Dark Side of Progress*, Nueva York, Columbia University Press, 1985.

80 R. A. Nye, «Deneration and the Medical Model of Degeneration in the Cultural Crisis of the *Belle Époque*», en S. Drescher, D. Sabean y A. Sharlin (eds.), *Political Symbolism in Modern Europe. Essays in Honor of George L. Mosse*, New Brunswick (N.J.), Transaction Books, 1982, pp. 19-41.

81 M. Nordau (A. Gómez Pinilla, trad.), *Las mentiras convencionales de nuestra civilización*, Valencia, Sempere, s.f., 2 vols. En general: A. Herman, *The Idea of Decline in Western History*, Nueva York, Free Press, 1997.

82 M. Nordau, *Dégénérescence*, París, Félix Alcan, 1899, 2 vols.; Nordau podía, sin problema, darle la vuelta a su argumento, para convertirlo de negativo en positivo: véase su *Psico-fisiología del genio y del talento*, Madrid, Daniel Jorro, 1910; la traducción era de Nicolas Salmerón y García, el hijo del prócer republicano. Sobre su compleja relación con el sionismo judío: M. Stanislawski, *Zionism and the Fin de Siècle*, Berkeley (Cal.), University of California Press, 2001, caps. 2-4.

83 P. Gener, *Literaturas malsanas. Estudio de patología literaria contemporánea* [1894], Barcelona, Juan Llordachs, 1900, p. VIII; H. Hina, *op. cit.*, pp. 233-236; C. Triviño Anzola, *op. cit.* Véase P. Gener, *El caso Clarín. Monomanía de forma impulsiva: estudio de psiquiatría*, Madrid/Barcelona, Fernando Fe/Llordachs, 1891. Dos años más tarde un joven Prat hizo su reputación como polemista en duelo con el crítico asturiano R. Olivar Bertrand: Prat de la Riba, Barcelona, Aedos, 1964, pp. 121-125; E. Prat de la Riba, "A En Clarín', *La Renaixensa*, 19 febrero y 1 abril 1896, en E. Prat de la Riba, *Articles*, Barcelona, Lliga Catalana, 1934, pp. 7-23.

84 C. Triviño Anzola, *op. cit.*, p. 103.

85 P. Gener, «Los supernacionales de Cataluña», *Vida Nueva*, 4 febrero 1900, citado extensamente en C. Triviño Anzola, *op. cit.*, pp. 98-105.

86 E. Bark, *Modernismo*, Madrid, Biblioteca Germinal, 1901.

87 C. Bravo Villasante, *Biografía de Don Juan Valera*, Barcelona, Aedos, 1959, p. 324.

88 Citada en su totalidad: P. Gener, «La cuestión catalana. I. (o sea, el catalanismo)», *Nuestro Tiempo*, núm. 24 diciembre 1902, pp. 731-738; «II. –El conflicto», núm. 26, febrero 1903, pp. 201-211; «III. Las tendencias autonomistas. –Su organización política. IV.-La solución del problema», núm. 29, mayo 1903, pp. 705-719.

89 José León Pagano, *Pompeyo Gener. Estudio crítico biográfico,* Buenos Aires. Lib. Berdahl, [¿1901?]; también se hizo edición fechada en Barcelona, 1901, pero impresa en Florencia (E. Sevieri, Tip. Campolmi).

90 José León Pagano, *Al través de la España literaria,* Tomo I: *Interviews* [sic] *con Angel Guimerá, Pompeyo Gener, Juan Maragall, Jacinto Verdaguer, Narciso Oller, Apeles Mestres, Ignacio Iglesias, Francisco Matheu, Santiago Rusiñol, Alejandro de Riquer, Víctor Catalá, Adrián Gual, Emilio Vilanova,* Barcelona, Maucci, [¿1902?], pp. 58, 59.

91 R. Lavondès, *La question catalane*, Thèse pour le Doctorat, Université de Montpellier, Faculté de Droit, Montpellier, Imp. Serre et Roumégous, 1908, p. 13.

92 B. Robert, «Discurs de obertura del curs 1900-1901», *Acta de la sessió pública celebrada en lo Ateneu Barcelonés lo dia 1 de de desembre de 1900*, Barcelona, Estampa de «La Renaixensa», 1901, pp. 21-59 (citas p. 21).

93 Dr. J. Freixas, «Ateneo Barcelonés. "La raza catalana", Conferencia donada pel doctor Bartomeu Robert», *La Veu de Catalunya*, 15 marzo 1899 (tarde), p. 2.

94 Para unas biografías en clave catalanista: E. Jardí, *El Doctor Robert i el seu temps*, Barcelona, Aedos, 1969; S. Izquierdo, *El doctor Robert (1842-1902). Medicina i compromís polític*, Barcelona, Proa, 2002. Curiosamente, el exiguo neonazismo catalán de las últimas décadas del siglo XX no ha encontrado interesante a Peius Gener, pero sí ha considerado reivindicable al doctor Robert: *Dr. Robert: nacionalista catalá* [sic], Barcelona, CEDE

1979; J. Mota i Aràs, *El Dr. Robert*, Gent Nostra/Infiesta Ed., 2000, especialmente pp. 31-39.

95 B. Robert, «Discurs...», *op. cit.*, pp. 30-31. El término «mesaticefalia» no aparece en los diccionarios actuales.

96 B. Robert, «El catalanismo en el concepto naturalista», *La Lectura*, Madrid, año II, núm. 13, enero 1902, pp.12-13. Se recogieron de inmediato sus *Discursos del Dr. Robert. Legislatura de 1901*, Barcelona, Imp. de Henrich y Cª, 1902.

97 Para Maragall la característica clave de Robert, más que su inteligencia, era su simpatía, que era capaz de transmitir con electricidad a un público, sin pronunciar palabra: J. Maragall, «La muerte del Dr. Robert», 17 abril 1902, *Obras completas de J. Maragall*, serie castellana, *Artículos*, III, 1899-1902, Barcelona, Gustavo Gili, 1912, pp. 279-283. Sobre los monumentos a Robert: S. Michonneau, «El monument al Dr. Robert, primer lloc de memòria nacionalista»: J. M. Huertas, «Un monument meitat ocult, meitat públic»; V. Panyella, «El monument que Sitges dedicà al Dr. Robert», *L'Avenç*, núm. 239, septiembre 1999, pp. 53-63; también S. Michonneau, *Barcelona: memòria i identitat. Monuments, commemoracions i mites*, Vic, Eumo, 2002, pp. 148-152.

98 E. Jardí, *Els Folch i Torres i la Catalunya del seu temps*, Barcelona, Abadia de Montserrat, 1995.

99 Manel Folch y Torres, *L'obra del Dr. Robert*, conferencia donada el dia 19 de maig de 1907 en la Sala d'Actes de la Lliga Regionalista de Sabadell, Sabadell, Tipografía Vives, 1907, pp. 6, 9, 4-5, 7, 14-15.

100 A. Santamaría, «Inmigración, nacionalismo y racismo. El caso catalán», *El Viejo Topo*, núm. 152, mayo 2001, pp. 38-50; G. Álvarez Chillida, *El antisemitismo en España. La imagen del judío (1812-2002)*, Madrid, Marcia Pons, 2002, pp. 240-245.

101 A. Botti, «L'antisemitismo spagnolo dalla Restaurazione borbonica al 1898», *Spagna contemporanea*, núm. 21, 2002, pp. 19-81 (véase pp. 39-45).

102 S. de Arana, «Errores catalanistas», *Bizkaitarra*, 22 abril 1894, en S. de Arana, *Obras completas*, San Sebastián, Sendoa, [¿1980?], vol. I, pp. 401-407.

103 M. Rossell i Vilà [sic], *Diferències entre catalans i castellans. Les mentalitats específiques*, Barcelona, L'Avenç, 1917; su biografía: *GEC*, vol. 20, p. 18.

104 Una reivindicación reciente: R. Alcoberro, «El racisme a Catalunya: Rossell i Vilar», en R. Alcoberro, A. Alcoberro, A. Badia, J. Sales i Coderch, M. Rius, J. Torres, *El pensament a Catalunya/1*, Barcelona, El Llamp, 1987, pp. 85-93.

105 Véase, como modelo: E. Ucelay-Da Cal, «The Influence of Animal Breeding on Political Racism», *History of European Ideas*, vol. 15, núm. 4-6, 1992, pp. 717-725.

106 P. G. J. Pulzer, *The Rise of Political Anti-Semitism in Germany and Austria*, Nueva York, J. Wiley & Sons, 1964; B. Hamann, *Hitler's Vienna. A Dictator's Apprenticeship*, Nueva York, Oxford University Press, 1999.

107 U. Tal, *Christians and Jews in Germany. Religion, Politics and Ideology in the Second Reich, 1870-1914*, Ithaca (N.Y.), Cornell University Press, 1975; R. S. Levy, *The Downfall of the Anti-Semitic Political Parties in Imperial Germany*, New Haven (Ct.), Yale University Press, 1975.

108 H. Arendt, *The Origins of Totalitarianism* [1951], Cleveland, Meridian, 1958, pp. 42-45 y *passim*; K.P. Fischer, *The History of an Obsession. German Judeophobia and the Holocaust*, Londres, Constable, 1998, pp. 114-117; también W. M. Blumenthal, *The Invisible Wall. Germans and Jews*, Washington D.C., Counterpoint, 1998, caps. VI-VII; para las muchas implicaciones de la división en la cultura judía de la Europa central y oriental: V. Karady, *Los judíos en la modernidad europea. Experiencia de la violencia y utopía*, Madrid, Siglo XXI, 2001, pp. 83-91.

109 J. W. Boyer, *Political Radicalism in Late Imperial Vienna. Origins of the Christian Social Movement, 1848-1897*, Chicago, University of Chicago Press, 1981; y, del mismo, *Culture and Political Crisis in Vienna. Christian Socialism in Power, 1897-1918*, Chicago, University of Chicago Press, 1995.

110 *La Tralla*, núm. 82, 19 mayo 1905.

111 J. Miracle, *Josep Maria Folch i Torres*, Tárrega, F. Camps Calmet, ed., 1971, pp. 170-179.

112 M. A. Capmany, *El feminisme a Catalunya*, Barcelona, Nova Terra, s.f., pp. 49-63.

113 «Elisabeth Malgrat» [pseud. usado por Vicenç A. Ballester], «Era Castellana...!», *La Tralla*, any V, núm. 152, 15 enero 1907, p. 3.

114 J. Torrent y R. Tasis, *Història de la premsa catalana*, Barcelona, Bruguera, 1966, vol. I, pp. 358-362.

115 A. Llopis y Pérez, *Historia política y parlamentaria de D. Nicolás Salmerón y Alonso*, Madrid, Congreso de los Diputados, 1915, pp. 676-677, 669.

116 Para el CADCI: M. Lladonosa, *El Centre Autonomista de Dependents del Comerç i de la Indústria entre 1903 i 1923*, tesis doctoral, Universidad de Barcelona, 1979, vol. I; M. Lladonosa y J. Ferrer, «Nacionalisme català i reformisme social en els treballadors mercantils a Barcelona entre 1903 i 1939. El C.A.D.C.I.», en A. Balcells (ed.), *Teoría y práctica del movimiento obrero en España (1900-1936)*, Valencia, Fernando Torres, 1977, pp. 282-329; M. Lladonosa, *Catalanisme i moviment obrer: el CADCI entre 1903 i 1923*, Barcelona, Abadia de Montserrat, 1988.

117 La interpretación interactiva de la relación entre catalanistas radicales y moderados en: E. Ucelay-Da Cal, «La iniciació permanent: nacionalismes radicals a Catalunya des de la Restauració», en *Actes del Congrés Internacional d'Història "Catalunya i la Restauració, 1875-1923"*, Manresa, Centre d'Estudis del Bages, 1992, pp. 127-134; también, del mismo: «Joventut i nacionalisme radical català, 1901-1987», en E. Ucelay-Da Cal (dir.), *La joventut a Catalunya al segle XX. Materials per a una Història*, Barcelona, Diputació de Barcelona, 1987, vol. I, pp. 182-193.

118 J.-L. Marfany, «Catalunya i Espanya», *L'Avenç*, núm. 216, julio-agosto 1997, pp. 6-11; también, del mismo Marfany, *La cultura del catalanisme. El nacionalisme català en els seus inicis*, Barcelona, Empúries, 1995.

119 Estos párrafos se aprovechan de un esbozo de la idea de «sociedad de familias» en E. Ucelay-Da Cal, «Los huéspedes problemáticos/Els hostes problemàtics», *El Periódico de Catalunya*, 4 marzo 2001, p. 28. Para esta idea, en el presente: P. Cullell y A. Farràs, *L'oasi català. Un recorregut per les bones famílies de Barcelona*, Barcelona, Planeta, 2001.

120 Como indicación interpretativa (aunque esté basado en la experiencia lisboeta): M. M. Rocha, «"Entre nosaltres n'hi ha prou amb la paraula": les xarxes de crèdit no formal des d'una perspectiva històrica», *Recerques*, núm. 39, 1999, pp. 171-190.

121 F. Martínez, *Los señores de Barcelona. Historia de los hombres más ricos de Cataluña y de los magnates más influyentes en España*, Madrid, La Esfera de los Libros, 2002, pp. 43-44.

122 E. Escarra, *El desarrollo industrial de Cataluña (1900-1908)* [1908], Barcelona, Grijalbo, 1970.

123 Sin ser una cita, estas líneas siguen el sugerente argumento de P. Scranton, *Endless Novelty. Specialty Production and Industrialization, 1865-1925*, Princeton (N.J.), Princeton University Press, 1997, pp. 18-19.

124 I. Terradas Saborit, *Les colònies industrials. Un estudi entorn del cas de l'Ametlla de Merola*, Barcelona, Laia, 1979; R. Frigola y E. Llarch, *Viladomiu Nou: Colònia industrial. Economia industrial*, Barcelona, Graó, 1987.

125 Véase M. F. R. Kets de Vries y D. Miller, *La organización neurótica*, Barcelona, Apóstrofe, 1993.

126 I. Molas, «Identitat i formes del nacionalisme: les matrius del pensament polític català contemporani», en I. Molas, *Les arrels teòriques de les esquerres catalanes*, Barcelona, Edicions 62, 2002, pp. 23-37.

127 J. Torras i Bages, «Consideracions sociològiques sobre el regionalisme» (1893), en J. Torras i Bages, *De regionalisme..., op. cit.*, pp. 9-87 (cita p. 52).

128 Como proceso general: T. H. von Laue, *The World Revolution of Westernization. The Twentieth Century in Global Perspective*, Nueva York, Oxford University Press, 1987. Para la perspectiva desde dentro: F. Cabana, *La burguesia catalana. Una aproximació històrica*, Barcelona, Proa, 1996.

129 Véase el bellísimo artículo de P. Gabriel, «En temps de burgesos, professionals i obrers: la difícil i contradictòria construcció d'una Catalunya urbana i europea, 1875-1910», en A. Nicolau, L. Ubero, P. Vivas (coms.), *Gaudí-Verdaguer*, Barcelona, Ajuntament de Barcelona/Triangle, 2002, pp. 31-53.

130 Véase A. Simón i Tarrés, *Aproximació al pensament demogràfic a Catalunya*, Barcelona, Curial, 1995.

131 M. Livi-Bacci, «Fertility and Population Growth in Spain in the Eighteenth and Nineteenth Centuries», *Daedalus*, núm. monográfico sobre «Historical Population Studies», primavera 1968, pp. 523-535. En general, véase: A. Cabré, *El sistema català de reproducció*, Barcelona, Proa, 1999.

132 M. Gómez Olivé, *Les migracions a Catalunya al segle XX*, Barcelona, Barcanova, 1992. Se ha querido ver en la novelística de Narcís Oller, en particular su novela *La febre d'or* (1891), como el paso de autorreconocimiento nacional catalán en cuanto a la función identitaria de la sociedad civil: véase M. Reguant, *Etapes reivindicatives de la teoria nacional catalana*, Gaüses (Gerona), Llibres del Segle, 1996, pp. 94-121.

133 A. de Miguel, *Diez errores sobre la población española*, Madrid, Tecnos, 1982, cap. 7, «El nacionalismo demográfico catalán».

134 E. Ucelay-Da Cal, «Formas grupales masculinas en la sociedad catalana: una hipótesis de trabajo sobre los mecanismos fundamentales del asociacionismo catalán», *Boletín de la Sociedad Española de Psicoterapia y Técnicas de Grupo*, época IV, núm. 10, diciembre 1996, pp. 11-44.

135 S. de Arana, «Errores catalanistas», *op.cit.*

136 F. Giner de los Ríos, «El individuo y el Estado», en F. Giner de los Ríos, *La persona social. Estudios y fragmentos*, Madrid, Espasa-Calpe, 1924, tomo II (tomo IX de las *Obras Completas*), p. 48.

137 Véase C. E. Ehrlich, «The *Lliga Regionalista* and the Catalan Industrial Bourgeoisie», *Journal of Contemporary History*, vol. 33, núm. 3, julio 1998, pp. 399-417. Lamentablemente, para argumentar la relativa limitación de la Lliga como «partido burgués», el autor se centra en el período tras 1919, cuando la competencia antisindicalista liquidó toda posibilidad de sostener el tipo de monopolio ideológico en el catalanismo que le dio al regionalismo esa reputación.

138 Siempre, claro está, que no se insista en la idea interpretativa de un «racismo cultural», como se ha hecho para el nacionalismo francés contemporáneo: véase Z. Sternhell, «The Political Culture of Nationalism», en R. Tombs (ed.), *Nationhood and Nationalism in France from Boulangism to the Great War, 1889-1918*, Londres, HarperCollins, 1991, pp. 22-38.

139 P. Gener, *Cosas de España..., op. cit.*, cita p. 346; en P. Gener, «La cuestión catalana. IV», *op. cit.*, p. 717: «pasaría lo mismo que pasó con Austria y Hungría, y como Inglaterra y Australia», lo que sugiere que algo –o alguien– le llamó la atención sobre Nueva Zelanda.

140 Véase el breve y agudo retrato de Gener por Francesc Pujols en A. Bladé Desumvila, *Francesc Pujols per ell mateix*, Barcelona, Pòrtic, 1967, pp. 211-216.

141 La cita en: P. Corominas, «Los jóvenes de Bizancio», *El Demócrata*, órgano de la Fusión Republicana de Mataró y su Distrito, año V, núm. 241, 23 noviembre 1899, p. 1. Véase A. Duarte, «El catalanisme de Pere Coromines: ciutadania i política republicana» en P. Corominas, *Apologia de Barcelona i altres escrits*, Barcelona, La Magrana, 1989, pp. xi-xxxvi.

142 P. Corominas [sic], «Política de la cuestión catalana», «La cuestión catalana», ensayo fechado en Madrid, 1-VII-1901, *Artículos, discursos y estudios políticos, Obra completa en castellano…, op. cit.*, citas pp. 295, 296-297.

143 P. Corominas [sic], «Fonaments indestructibles de la qüestió catalana» Conferència al teatre Novetats (1910), en P. Corominas [A. Duarte (cur.)], *Apologia…, op. cit.*, pp. 56-65.

144 P. Corominas [sic], «El meu homenatge a en Prat de la Riba», *El Poble Català*, 27 diciembre 1910, en *ibíd.*, pp. 74-75 (cita p. 74).

145 D. Ruiz, *Los piamonteses de España (Carta abierta al ciudadano Lerroux)*, Barcelona, J. Horta, 1907, cita pp. 9-10. Biografía: A. Manent, *GEC*, vol. 20, p. 67.

146 S. Rusiñol, *El català de «La Mancha»* [1914], Barcelona, Selecta, 1986; M. Casacuberta, *Santiago Rusiñol: vida, literatura i mite*, Barcelona, Curial/Abadia de Montserrat, 1997, pp. 515-525.

147 P. Aldavert, «La forsa [sic] de la Tradició», en P. Aldavert, *A vol d'aucell* [sic], Barcelona, La Renaixensa, 1907, pp. 161-167 (cita p. 165).

148 S. Moret y Prendergast, *Centralización, descentralización, regionalismo*, conferencia dada en el Ateneo de Madrid el 30 de marzo de 1900, Madrid, Imp. a cargo de Eduardo Arias, 1900, pp. 6-7, 13.

149 *Ibíd.*, p. 48.

150 *Ibíd.*, pp. 25-26.

151 E. Ucelay-Da Cal, «El catalanismo ante Castilla, o el antagonista ignorado», en A. Morales Moya (dir.), *Castilla ante la historia*, Salamanca, Universidad de Salamanca, en prensa.

152 Véase, para el paralelismo entre el catalanismo y el lerrouxismo y la percepción del españolismo como una ideología específicamente catalana: J.-L. Marfany, «Catalanistes i lerrouxistes», *Recerques*, núm. 29, 1994, pp. 41-60.

153 J. Martos O'Neale y J. Amado y Reygonaud de Villebardet, *Peligro nacional. Estudios e impresiones sobre el catalanismo*, Madrid, (ed. autores), 1901; y la contestación: A. Pons y Umbert, *Del regionalismo en Cataluña (comentarios a un libro)*, Conferencia leída en la Real Academia de Jursiprudencia y Legislación, 21 enero 1902, Madrid, Imp. de la Revista de Legislación, 1902.

154 R. Núñez Florencio, «La mentalidad militar en el marco de la restauración canovista», *Cuadernos de Historia Contemporánea*, núm. 14, 1992, pp. 31-53.

155 J. M. Solé i Sabaté y J. Villarroya i Font, *L'exèrcit i Catalunya (1898-1936). La premsa militar espanyola i el fet català*, Barcelona, l'Index, 1990.

156 J. Romero-Maura, *The Spanish Army and Catalonia: The «Cu-Cut! Incident» and the Law of Jurisdictions, 1905-1906*, Londres, Sage, 1976.

157 Como muestra, el folleto del republicano E. Navarro («Juan de la Purria»), *Separatismo solidario (la política en Cataluña)*, Barcelona, Imp. José Ortega, 1907.

158 J. B. Culla, *El republicanisme lerrouxista a Catalunya (1901-1923)*, Barcelona, Curial, 1986.

Capítulo 8. *La contestación españolista al supuesto de la superioridad catalana*

1 V. Cacho Viu, *El nacionalismo catalán como factor de modernización*, Barcelona, Quaderns Crema/Residencia de Estudiantes, 1998.

2 «Notas políticas. ¡Adios Patria!», *La Veu de Catalunya*, 18 marzo 1899 (tarde), p. 1. Sobre Romero, véase J. Ayala Pérez, *Un político de la restauración: Romero Robledo*, Antequera, Biblioteca Antequerana, 1974, aunque no trata su dimensión anticatalanista.

3 M. de Unamuno, *Los Lunes de El Imparcial*, 31 diciembre 1906, citado en C. Alonso, *Intelectuales en crisis. Pio Baroja, militante radical (1905-1911)*, Alicante, Instituto de Estudios Juan Gil-Albert, 1985, p. 113.

4 J. Llorens i Vila, «La Unió Catalanista i les assemblees catalanistes», *Afers*, núm. 13, *Cent anys de catalanisme*, 1992, pp. 31-41 (especialmente p. 38).

5 R. Ruiz Descalzo, *Marruecos y Oceanía*, Zaragoza, Biblioteca Económica de Ciencias Militares, 1890, pp. 145-146.

6 M. Fernández Almagro, *Historia política de la España contemporánea*, vol. 2: *1885-1897*, Madrid, Alianza, 1968, pp. 175-176.

7 Para la tónica del llamado «patrioterismo» de la Guerra del 98: C. García Barrón, *Cancionero del 98*, Madrid, Edicusa, 1974.

8 E. Reverter Delmas, *Filipinas por España*, Barcelona, Alberto Martín, 1897, vol. 1, pp. iv-ix.

9 Para la densidad perdurable de la imagen de España como «madre desgraciada», véase J. Álvarez Junco, *Máter Dolorosa. La idea de España en el siglo XIX*, Madrid, Taurus, 2001.

10 Á. Carrillo, *¡Despierta España!...*, *op. cit.*, pp. vi-vii.

11 J. Coll i Amargós, *El catalanisme conservador davant l'afer Dreyfus (1894-1906)*, Barcelona, Curial, 1994, pp. 112-120.

12 Para Drumont, véase M. Winock, *Edouard Drumont et Cie. Anti-sémitisme et fascisme en France*, París, Seuil, 1982, cap. 2; Drumont ha sido una figura sorprendentemente reivindicada: G. Bernanos, *La grande peur des bien-pensants* [1931], París, Grasset, 1969; E. Beau de Loménie, (ed.) *Edouard Drumont ou l'anticapitalisme nationale*, París, J. J. Pauvert, 1968. Las coincidencias cronológicas del ascenso de Drumont con el surgimiento el catalanismo fueron marcadas: su «*magnum opus*», *La France juive*, apareció en 1886, tuvo 201 ediciones en francés (manejo la 115.ª edición: E. Drumont, *La France juive. Essai d'histoire contemporaine*, París Marpon & Flammarion, s.f., 2 vols.) y fue traducida al castellano; en 1892 sacó su periódico *La Libre Parole.* Para el ambiente antisemita católico en Francia: P. Sorlin, *La Croix et les Juifs (1880-1899)*, París, Grasset, 1967.

13 J. Coll i Amargós, *op. cit.*, pp. 124-129; Z. Sternhell, *La droite révolutionnaire, 1885-1914. Les origines françaises du fascisme*, París, Seuil, 1978, pp. 232-235. Véase *La Question Catalane. L'Espagne et la Catalogne*, Notice adressée à la presse européenne par le Comité Nationaliste Catalan de Paris, París, Imp. de D. Demoulin, 1898.

14 C.-R. Ageron, «Français, juifs et musulmans: l'union impossible», «Naissance d'une Nation», en C.-R. Ageron, *L'Algérie des Français*, París, Seuil-L'Histoire, 1993, pp. 103-117 y 185-206.

15 C.-R. Ageron, *Histoire de l'Algérie contemporaine*, París, PUF, 1994, p. 54.

16 P. Birnbaum, «Affaire Dreyfus, culture catholique et antisemtisme», en M. Winock (dir.), *Histoire de l'extrême droite en France*, París, Seuil, 1993, pp. 83-123 (véase p. 90 y ss.); B. Joly, «The Jeunesse Antisémite et Nationaliste, 1894-1904», en R. Tombs (ed.), *Nationhood and Nationalism in France from Boulangism to the Great War, 1889-1918*, Londres, HarperCollins, 1991, pp 147-158.

17 Luis Cabot y Negrevernis, *Ni Republicanos ni Anexionistas*, Barcelona, Imp. «La Catalana» de J. Puigventós, 1900.

18 Como resumen representativo, véase F. Gutiérrez Lasanta, *Pensadores políticos del siglo XIX*, Madrid, Editora Nacional, 1949, cap. VIII.

19 Carta de J. Valera a su hija, 28 agosto 1901, en C. Bravo Villasante, *op. cit.*, p. 326.

20 «John Chamberlain» (Tomás Giménez Valdivieso), *op. cit.*, pp. 62, 68.
21 J. Coroleu, «La rahó del catalanisme», separata de *Jochs Florals de Barcelona Any XXXVIII de llur restaració*, Barcelona, 1886, pp. 127-145 (cita pp. 144-145). Para su biografía: *GEC*, vol. 8, p. 217; *Albertí*, vol. I, p. 624.
22 E. Prat de la Riba, «Discurs en lo Centre Catalanista de Vilafranca, el dia 27 de maig de 1897», *Les Quatre Barres*, 30. mayo-1 junio-6 junio 1897, en E. Prat de la Riba (A. Balcells y J. M. Ainaud de Lasarte, eds.), *Obra completa*, volum I, *1887-1898*, Barcelona, Proa, 1998, pp. 440-446 (citas p. 443).
23 E. Prat de la Riba, «Nacionalisme català i separatisme espanyol», *La Veu de Catalunya*, 20 agost 1899, en E. Prat de la Riba, *Articles*, Barcelona, Lliga Catalana, 1934, pp. 44-46 (citas pp. 45-46).
24 R. K. Merton, «The Self-Fulfilling Prophecy», en R. K. Merton, *Social Theory and Social Structure*, Nueva York, Free Press, 1968, pp. 475-490.
25 J. Costa, «Las víctimas de la República», discurso pronunciado en el Teatro Pignatelli, Zaragoza, 13 febrero 1906, en J. Costa, *Política quirúrgica*, vol. VIII, *Obras Completas*, Madrid, Biblioteca Costa, 1914, cap. I (cita p. 13).
26 V. Gay, *El Regionalismo…, op. cit.*, p. 24.
27 Citado en V. Gay, *Constitución y vida del Pueblo español. Estudio sobre la etnología y psicología de las razas de la España contemporánea*, Madrid, Biblioteca Internacional de Ciencias Sociales, 1905, «Publicaciones de V. Gay»; igualmente en V. Gay, *El imperialismo y la Guerra Europea. Los principios nacionalistas y el iberismo*, Madrid, Francisco Beltrán, 1915.
28 Aunque se presentó como vol. I, Gay nunca realizó volumen posterior alguno, hecho remarcado por autores como Altamira.
29 V. Gay, *Constitución y vida…, op. cit.*, p. 178.
30 V. Gay, *El Regionalismo y el Nacionalismo modernos en la formación de los Estados*. Discurso pronunciado en el Círculo Liberal de Valladolid el día 25 de marzo de 1908, Valladolid, Imp. Castellana, 1908, p. 5. Véase A. Miroglio, *La psychologie des peuples*, París, PUF, 1971, pp. 24-28.
31 V. Gay, *Constitución y vida…, op. cit.*, p. 247.
32 *Ibíd.*, p. 278.
33 *Ibíd.*, pp. 155-156, 167-168, 267, 270-271. En realidad, Vázquez de Mella nació en Asturias.
34 *Ibíd.*, pp. 361-362.
35 V. Gay, *El Regionalismo…, op. cit.*, p. 8.
36 *Ibíd.*, p. 9.
37 *Ibíd.*, p. 17.
38 *Ibíd.*, p. 17.
39 *Ibíd.*, p. 23.
40 Para la dinámica entre la afirmación de sociedad catalana como medio regenerativo de la atonía de España y la respuesta contundente de negación por parte españolista (biologización aparte): A. Moliner Prada, «El catalanismo político y la regeneración de España», *Trienio*, núm. 40, noviembre 2002, pp. 105-155.
41 F. Alvarado, *La cuestión nacionalista (estudio sentimental)*, Madrid, Imp. de los Hijos de M. G. Hernández, 1919, p. 15.
42 Tomamos el concepto de «pre-político» –bastante dudoso por su teleologismo, pero muy didáctico– de E. Hobsbawm, *Primitive Rebels*, Nueva York, W.W. Norton, 1965.
43 R. Darío, «En Barcelona», fechado 1 enero 1899, *La Nación* (B. A.), s.f. de publicación, en R. Darió, *España contemporánea* [1901], Barcelona, Lumen, 1987, pp. 33-41 (cita pp. 35-36).

44 C. Dardé Morales, *La idea de España en la historiografía del siglo XX*, Santander, Universidad de Cantabria, 1999.

45 Sirve como indicación el éxito de un pintor de sociedad como José Cusachs, entusiasta –como militar que había sido– de retratar al Ejército español en su riqueza de uniforme, así como a una alta burguesía catalana dada a las çaballerizas. Véase el catálogo: P. Mora Piris (com.), *Josep Cusachs i Cusachs (1851-1908). 150 aniversario*, Barcelona, Museo Militar de Montjuïc, 2001.

46 Para el crecimiento del nacionalismo radical y su relación de odio/amor con la Lliga, véase: J. Colomer, *La temptació separatista a Catalunya. Els orígens (1895-1917)*, Barcelona, Columna, 1995.

47 J. M. del Castillo y Jiménez, *El Katipunan, o el Filibusterismo en Filipinas*, Madrid, Imp. del Asilo de Huérfanos del S. C. de Jesús, 1897.

48 L. Morote, *Sagasta. Melilla. Cuba*, París, Lib. Paul Ollendorff, 1908, pp. 268-269.

49 A. Maduell, *Les Bases de Manresa i la Pastoral de Morgades (1900)*, Barcelona, Rafael Dalmau, 1992. Véase: J. Figuerola i Garreta, *El bisbe Morgades i la formació de l'Església catalana contemporània*, Barcelona, Abadia de Montserrat, 1994, part IV; también A. Masriera, *La Pastoral del Excmo. e Ilmo. Señor Obispo de Barcelona del 6 de enero de 1900, impugnada o defendida por los señores Silvela, Romero Robledo, Dávila, Villanueva, Cruz Ochoa, Dato Iradier, Cañellas, Sallarés, Abadal, Poveda, Mataix, Soto Hermoso, de Cavia, Brañas, Polo y Peyrolón, Dorao, Rubió y Lluch, Sardá y Salvany, Pallés, Cabot Negrevernis, Rivera, Mestre Noé, Perelló, Sabater, Valls Sabat, Ferré y Carrió, Bonet, etc.*, Barcelona, Imp. de Subirana Hermanos, 1901.

50 D. Sevilla Andrés, *op. cit.*, p. 167.

51 F. Silvela, «El catalanismo y sus alivios», *La Lectura*, Madrid, año II, núm. 13, enero 1902, pp. 1-10 (citas pp. 1, 2, 3, 6).

52 Véase F. Ferrer i Gironès, *Catalanofòbia. El pensament anticatalà a través de la història*, Barcelona, Edicions 62, 2000; F. Ferrer i Gironès, *La persecució política de la llengua catalana*, Barcelona, Edicions 62, 1985; también J. M. Ainaud de Lasarte, *El llibre negre de Catalunya. De Felip V a l'ABC*, Barcelona, La Campana, 1995.

53 Véase J. M. Delgado, «Catalunya i les Filipines», en V. Villatoro (comisario), *«Escolta, Espanya». Catalunya i la crisi del 98*, Barcelona, Proa/Generalitat de Catalunya, 1998, pp. 38-45; sobre Rizal: G. Fischer, *José Rizal, philipin 1861-1896*, París, Maspero, 1970; C. Navarro de Francisco, M. de la Peña, M. Sánchez González, J. L. Vázquez Gómez, *Rizal y la crisis del 98*, Madrid, Parteluz, 1997. Para el interés catalanista en su figura (si bien el autor era castellano): W. E. Retana, *Rizal*, Barcelona, L'Avenç, 1910.

54 L. Araquistain, «Platón en catalán», *La Voz*, reproducido sin fecha (¿1926?), en *Cataluña ante España*, Cuadernos de *La Gaceta Literaria*, núm. 4, 1930, pp. 213-215.

55 Gaziel, «Un posible discurso», *El Sol*, reproducido sin fecha (¿1926?), en *Cataluña ante España..., op. cit.*, pp. 215-266 (cita, p. 216).

56 S. Moret y Prendergast, *Centralización, descentralización, regionalismo*, conferencia dada en el Ateneo de Madrid el 30 de marzo de 1900, Madrid, Imp. a cargo de Eduardo Arias, 1900, pp. 36-38.

57 *Ibíd.*, p. 28.

58 V. Ballester Soto, *El microbio separatista*, Madrid, Sucesores de Hernando, 1916, p. 65.

59 G. de Azcárate, «El programa de Manresa», *La Lectura*, Madrid, año II, núm. 13, enero 1902, pp. 22-32 (citas 22, 24, 30, 31, 32). Este artículo está recogido en G. Azcárate, *Municipalismo y regionalismo*, Madrid, Instituto de Estudios de Administración Local, 1979.

60 F. Ferrer i Gironès, *Catalanofòbia..., op. cit.*

61 M. Bueno, «El imperialismo catalán. La vanidad de un pueblo», *El Mundo*, 25 noviembre 1907, p. 1. No he podido localizar el «antropólogo Babington» citado.

62 M. Bueno, «Del catalanismo. Seamos francos», *El Mundo*, 18 diciembre 1907, p. 1.
63 A. Royo Villanova, *Treinta años de política antiespañolista*, Valladolid, Santarén, 1940.
64 A. Royo Villanova, *La Descentralización y el Regionalismo (apuntes de actualidad)*, Zaragoza, Lib. de Cecilio Gasca, 1900 (prólogo de J. Costa).
65 J. Maragall, «La regeneración política», 18 febrero 1899, *Articles ideològics, socials i polítics, Obres Completes*, vol. II, obra castellana, Barcelona, Editorial Selecta, 1961, pp. 575-580.
66 R. Robledo Hernández, «L'actitud castellana enfront del catalanisme», *Recerques*, núm. 5, 1975, pp. 217-273.
67 M. Cabrera, F. Comín, J. L. García Delgado, *Santiago Alba. Un programa de reforma económica en la España del primer tercio del siglo XX*, Madrid, Instituto de estudios Fiscales, 1989, pp. 31-43, 67-68.
68 A. Royo Villanova, *El problema catalán. (Impresiones de un viaje a Barcelona)*, Madrid, Lib. de Victoriano Suárez, p. 1908, p. 166.
69 *Ibíd.*, p. 169.
70 Una valoración de esta relación negativa, desde una perspectiva catalanista: J. M. Terricabras, «La solidaridad cuestionada», en Club Arnau de Vilanova, *Para entendernos. Los grandes temas del debate España-Cataluña*, Barcelona, Ariel, 1996, pp. 246-157.
71 W. Benz, *The Holocaust. A Short History*, Londres, Profile Books, 2000, p. 16.
72 A. Royo Villanova, *Las bases doctrinales del nacionalismo*, Conferencia pronunciada en la sesión pública de 12 de enero de 1917, Real Academia de Jurisprudencia y Legislación, Madrid, Establecimiento Tipográfico de Jaime Rates, 1917, pp. 12-16.
73 A. Royo Villanova, prólogo, a su traducción de E. Prat de la Riba, *La nacionalidad catalana* [1917], Barcelona, Aymá, 1982, pp. 15, 28-30.
74 A. Royo Villanova, *El nacionalismo regionalista y la política internacional de España*, Madrid, Imp. de Justo Martínez, 1918, pp. 15-17.
75 S. Canals, «*La nacionalitat catalana*, de Enrique Prat de la Riba», III, «Ideario del nacionalismo catalán», en S. Canals, *La cuestión catalana desde el punto de vista español. Antecedentes*, Madrid, Imprenta de la Viuda de Prudencio Pérez de Velasco, 1919, p. 240.
76 «En Valera y el regionalisme», *Catalunya*, núm. 13, 15 julio 1903, pp. XXXV-XLI (citas XXXV, XXXVI, XXXVII).
77 A. Rovira i Virgili, «Els anticatalans», 1914, en A. Rovira i Virgili, *Debats sobre'l [sic] catalanisme*, Barcelona, Societat Catalana d'Edicions, 1915, pp. 159-161 (cita p. 159).

Capítulo 9. *Prat reformador, construyendo la sociedad civil del futuro*

1 Tomamos la idea de Z. Sternhell, *Ni droite, ni gauche. L'idéologie fasciste en France*, París, Seuil, 1983.
2 V. Cacho Viu, «Francia 1870-España 1898», en V. Cacho Viu, *Repensar el noventa y ocho*, Madrid, Biblioteca Nueva, 1997, pp. 77-115.
3 J.-L. Marfany, «Mitologia de la Renaixença i mitologia nacionalista», *L'Avenç*, núm. 164, noviembre 1992, pp. 26-29.
4 En general: E. Ucelay-Da Cal, «Imágenes centenarias de la Revolución Francesa (una perspectiva desde España)», en *Col·loqui internacional «Revolució i socialisme»*, Barcelona, Universitat Autònoma de Barcelona, 1990, vol. I: Ponències, pp. 47-69.
5 J. M. Figueres, *Procés militar a Prat de la Riba. Les actes del Consell de Guerra de 1902*, Barcelona, Llibres de l'Índex, 1996.
6 J. Coll i Amargós, *El catalanisme conservador davant l'afer Dreyfus (1894-1906)*, Barcelona, Curial, 1994, pp. 124-129; C.-R. Ageron, «Français, juifs et musulmans: l'union

impossible», «Naissance d'une Nation», en C.-R. Ageron, *L'Algérie des Français*, París, Seuil-L'Histoire, 1993, pp. 103-117 y 185-206; C.-R. Ageron, *Histoire de l'Algérie contemporaine*, París, PUF, 1994, pp. 53-54. En todo caso, hubo curiosas conexiones de la nueva derecha francesa con el pensamiento político norteamericano: el marqués de Morès, destacado drumontiano y boulangista, muerto por tuaregs en 1896, había vivido una larga aventura como propietario en las Dakotas y empresario carnícola en los Estados Unidos, a partir de cuyo fracaso vino su nueva y más famosa fase política: R. F. Byrnes, «Morès, "The First National Socialist"», *The Review of Politics*, vol. 12, julio 1950, pp. 341-362.

7 Para el catolicismo social francés de finales de siglo, véase: P. Pierrard, *L'Église et les ouvriers en France (1840-1940)*, París, Hachette, 1984, especialmente cap. IX. El estilo especial de estos ambientes, con su recondicionamiento de ideas nuevas con otras viejas, venidas del antiguo pensamiento contrarrevolucionario, en: C. Brosser (ed.), *La pensée sociale de Albert De Mun*, Marsella, Publiroc, 1929; también son útiles las biografías más o menos piadosas, como: G. Guitton, *La vie ardente et féconde de Léon Harmel*, París, Spes, 1929. En una perspectiva española: J. Roger, *Ideas políticas de los católicos franceses*, Barcelona, CSIC, 1951.

8 J. Solé Tura, *op. cit.*, caps. X-XI. La postura «oficial» (precedida por una carta del presidente Pujol y publicada en la editorial camboniana) sobre Prat en este aspecto en E. Jardí, *El pensament de Prat de la Riba*, Barcelona, Alpha, 1983.

9 J. Canal, *El carlismo*, Madrid, Alianza, 2000, pp. 220-255.

10 J. Bonet y C. Martí, *L'integrisme a Catalunya. Les grans polèmiques 1881-1888*, Barcelona, Vicens Vives/Caixa de Barcelona, 1990; P. Anguera, *El carlisme a Catalunya, 1827-1936*, Barcelona, Empúries, 1999, cap. 6.

11 R. Albó i Martí, *Barcelona caritativa, benéfica y social*, Barcelona, «La Hormiga de Oro», 1914, 2 vols.; sobre Albó: A. Folch i Soler, *Ramon Albó i Martí*, Vilassar de Mar (Barcelona), Oikos-Tau, 1995.

12 J. Llorens Vila, *La Unió Catalanista i els orígens del catalanisme polític*, Barcelona, Abadia de Montserrat, 1992.

13 B. de Riquer, *Lliga Regionalista..., op. cit.*

14 G. Trujillo, *Introducción al federalismo español. Ideologías y fórmulas constitucionales*, Madrid, Cuadernos para el Diálogo, 1967, pp. 51-54; también J. Termes, *Anarquismo y sindicalismo en España. La Primera Internacional, 1864-1881*, Barcelona, Ariel, 1972, y del mismo Termes, *Federalismo, anarcosindicalismo y catalanismo*, Barcelona, Anagrama, 1976. Para la cita: F. Pi y Margall (A. Jutglar, ed.), *La Reacción y la Revolución* [1854], Barcelona, 1982, p. 246.

15 A. Jutglar, *Federalismo y revolución. Las ideas sociales de Pi y Margall*, Barcelona, Universidad de Barcelona, 1966, y del mismo, *Pi y Margall y el federalismo español*, Madrid, Taurus, 1976, muy especialmente vol. II, parte quinta.

16 L. Legaz Lacambra, J. Sobrequés, J.Vallet de Goytisolo, J. Lalinde Abadía, A. García-Gallo, L. Sánchez-Agesta, *El pactismo en la historia de España*, Madrid, Instituto de España, 1980.

17 F. Pi y Margall (J. Pi y Arsuaga, ed.), *Las nacionalidades* [1876], Madrid, Lib. Bergua, 1936, Libro I, cap. XIV (cita p. 112).

18 M. Arnold, *Culture and Anarchy* [1868], Cambridge (G.B.), Cambridge University Press, 1966, p. 75.

19 I. Molas, «Francesc Pi i Margall: democràcia i federalisme», en I. Molas, *Les arrels teòriques de les esquerres catalanes*, Barcelona, Edicions 62, 2002, pp. 59-73.

20 Uso las famosas categorías de Isaiah Berlin en su ensayo «Two Concepts of Liberty», en I. Berlin (H. Hardy y R. Hausheer, eds.), *The Proper Study of Mankind. An Anthology of Essays*, Londres, Chatto & Windus, 1997, pp. 191-242; en castellano en A. Quinton (ed.), *Filosofía política*, México D.F., FCE, 1974, pp. 216-233.

21 Una presentación clásica de la administración militarizada en Cataluña: J. Mercader, *Els capitans generals (segle XVIII)* [1957], Barcelona, Vicens-Vives, 1980.

22 J. M. Jover Zamora, «Federalismo en España: cara y cruz de una experiencia histórica», en G. Gortázar, ed., *Nación y Estado en la España liberal*, Madrid, Ed. Noesis, 1994, pp. 105-167.

23 Juan Altusio (Althusius) [P. Mariño y A. Truyol i Serra, eds.], *La política metódicamente concebida e ilustrada con ejemplos sagrados y profanos* [1614], Madrid, Centro de Estudios Constitucionales, 1990; también O. von Gierke, *Giovanni Althusius e lo sviluppo storico delle teorie politiche iusnaturalistiche* [1880], Turín, Einaudi, 1974, especialmente cap. V.

24 A. Ferguson, *Assaig sobre la història de la societat civil* [1767], Barcelona, Edicions 62/Diputació de Barcelona, 1989.

25 I. Berlin, «Herder and the Enlightenment», en I. Berlin (H. Hardy y R. Hausheer, eds.), *The Proper Study of Mankind..., op. cit.*, pp. 359-435.

26 D. H. Wrong, *The Problem of Order. What Unites and Divides Society*, Nueva York, The Free Press, 1994, pp. 86-87, siguiendo a J. G. Merquior.

27 M. L. Salvadori, *Potere e libertà nel mondo moderno. John C. Calhoun: un genio imbarazzante*, Roma/Bari, Laterza, 1996.

28 F. Bancroft, *Calhoun and the South Carolina Nullification Movement* [1928], Gloucester (Mass.), Peter Smith, 1966; C. M. Wiltse, *John C. Calhoun. Nullifier 1829-1839*, Indianapolis (In.), Bobbs-Merrill, 1949.

29 J. A. González Casanova, *Federalisme i autonomia a Catalunya (1868-1938),* Barcelona, Curial, 1974; J. Termes, «El federalisme català en el periode revolucionari de 1868-1874», *Recerques,* núm. 2, 1972, pp. 33-69; M. Nieto, *La Primera República en Barcelona,* Barcelona, Universidad de Barcelona, 1974. También M. V. López Cordón, *El pensamiento político-internacional del federalismo español (1868-1874),* Barcelona, Planeta, 1975; en términos generales, para las notables influencias estadounidenses en aquel entonces: J. Oltra, *La influencia norteamericana en la Constitución española de 1869*, Madrid, Instituto de Estudios Administrativos, 1972; A. Carro Martínez, *La Constitución española de 1869*, Madrid, Instituto de Cultura Hispánica, 1952.

30 Para las contradicciones internas del «nacionalismo confederado», véase P. D. Escott, *After Secession. Jefferson Davis and the Failure of Confederate Nationalism*, Baton Rouge [La.], Lousiana State University Press, 1978, cap. 2 y, ya en plena Guerra Civil, cap. 6.; también E. M. Thomas, *The Confederate Nation, 1861-1865*, Nueva York, Harper & Row, 1979.

31 A. de Albornoz, *El partido republicano*, Madrid, Biblioteca Nueva, s.f.; también E. Castelar, *Historia del movimiento republicano en Europa*, Madrid, Casa Ed. Vda. de Rodríguez, 1878, 2 vols.; para el federalismo: J. J. Trías y A. Elorza, *Federalismo y reforma social en España. 1840-1870*, Madrid, Seminarios y Ediciones, 1975; para los antecedentes patrióticos: E. Rodríguez Solís, *Historia del partido republicano español*, Madrid, Imp. de Fernando Cao y Domingo de Val, 1894, 2 vols.

32 J. A. Rocamora, *El nacionalismo ibérico, 1792-1936*, Valladolid, Publicaciones de la Universidad de Valladolid, 1994; M.V. López Cordón, *op. cit.*

33 E. Ucelay-Da Cal, «El catalanismo ante Castilla», encuentro «Castilla en las Historias de España (En torno al 98)», Salamanca, noviembre 1996, pendiente de publicación.

34 F. McDonald, *States' Rights and the Union. Imperium in Imperio, 1776-1876*, Lawrence (Ks.), University of Kansas Press, 2000.

35 J. Ferrando Badia, «El pensamiento político de Pi y Margall: las claves de su sistema», en *Estudios en homenaje a Diego Sevilla Andrés. Historia, política y derecho,* Valencia, Secretariado de Publicaciones de la Universidad de Valencia, 1984, vol. I, pp. 369-424.

36 F. Pujols, *Concepte general de la ciència catalana* [1918] Barcelona, Pòrtic, 1982, pp. 240, 242.

37 Por ejemplo: A. Duarte, *Possibilistes i federals. Política i cultura republicana a Reus (1864-1899)*, Reus, Associació d'Estudis Reusencs, 1992; más en general: del mismo Duarte, *El republicanisme català a la fi del segle XIX*, Vic, Eumo, 1987.

38 S. Martín-Retortillo y E. Argullol, «La descentralización de 1812 a 1931», en S. Martín-Retortillo (dir.), *Descentralización administrativa y organización política*, Madrid, Alfaguara, 1973, vol. I, *Aproximación histórica (1812-1931)*, cita p. 180.

39 B. de Riquer i Permanyer, *Identitats contemporànies: Catalunya i Espanya*, Vic, Eumo, 2000.

40 F. Pi y Margall, «Las Bases de Manresa», 16 abril 1892, en F. Pi y Margall (G. Alomar, cur.), *Articles*, Barcelona, L'Anuari, 1908, pp. 45-46 (cita p. 45).

41 F. Pi y Margall, «Los federales y los catalanistas», 24 agosto 1901, en *ibíd.*, pp. 92-93 (cita p. 92). Véase también la traducción al catalán: F. Pi y Margall (A. Rovira i Virigili, cur.), *La qüestió de Catalunya (Escrits i discursos)*, Barcelona, Societat d'Edicions, 1913. Se debería señalar que tanto la antología de Alomar como la de Rovira se concentran exclusivamente en los escritos de Pi *de los años noventa hasta su muerte*, no disponiéndose de un repertorio accesible que siga *toda* su trayectoria.

42 P. Gabriel, «Catalanisme i republicanisme federal del vuitcents», en P. Anguera, J. Clara, P. Cornellà, A. Duarte, *et al.*, *El catalanisme d'esquerres*, Gerona, Centre d'Estudis Històrics i Socials, 1997, pp. 31-82.

43 L. Duran i Ventosa (F. de Carreras, ed.), *Regionalisme i federalisme* [1905], Barcelona, La Magrana, 1993, «índex», pp. 266-267.

44 En clave nacionalista: J. M. Figueres, *Valentí Almirall, forjador del catalanisme polític*, Barcelona, Generalitat de Catalunya, 1990. Hay también: J. Solé Tura, *Ideari de Valentí Almirall*, Barcelona, Edicions 62, 1974.

45 A. Ossorio y Gallardo, *Conversación sobre el catalanismo […] con la Juventud Conservadora de Madrid […]*, Madrid, Est. Tip. Jaime Ratés, 1912, p. 17.

46 A. Plana, *Les idees polítiques d'en Valentí Almirall*, Barcelona, Societat Catalana d'Edicions, [1915], p. 60.

47 En general: G. Sauser-Hall, *Guide politique suisse*, Lausana, Payot, 1965.

48 V. Bérard, *La France et Guillaume II*, París, Armand Colin, 1907, pp. 128-129.

49 *Ibíd.*, p. 129.

50 F. Iglesias, *Breve historia contemporánea del Brasil*, México D.F., FCE, 1994, pp. 25-27.

51 Sirve como muestra J. Daniel Infante, *Unitarismo y Federación*, Rosario de Santa Fe, Est. Gráf. Félix Wolflin, 1895 [1894, en el interior]. Daniel Infante era refugiado de las asonadas republicanas en la España de los años ochenta, convertido en protagonista de la agitación hispanorrepublicana entre la emigración de Rosario. Véase À. Duarte, «*España* en la Argentina. Una reflexión sobre patriotismo español en el tránsito del siglo XIX al XX», en O. Echevarría y L. Lionetti (comps.), *¿Una nueva historia política? Intelectuales, ideas y proyectos políticos en la Argentina*, Tandil/Buenos Aires, UNICEN, en prensa.

52 Sobre la experiencia castrista venezolana: M. Picón Salas, *Los días de Cipriano Castro*, Caracas, Primer Festival del libro venezolano, 1948.

53 I. Molas, *Ideario de Pi y Margall*, Barcelona, Península, 1966, p. 21.

54 G. Berti, *Il pensiero anarchico dal Settecento al Novecento*, Maduria, Piero Lacaita Ed., 1998, pp. 731-762; también J. Pérez Adán, «Notas para la confección de una historia olvidada: los presupuestos ideológicos del anarquismo anglosajón», *Revista de Estudios Políticos* (Nueva Época), núm. 53, septiembre-octubre 1986, pp. 199-212; para el republicanismo español: M. Suárez Cortina, *El gorro frigio. Liberalismo, democracia y republicanismo en la restauración*, Madrid, Biblioteca Nueva, 2000.

55 P. Corominas [sic], «La cuestión catalana», ensayo fechado en Madrid, 1-VII-1901, en P. Corominas [sic], *Obra completa en castellano*, Madrid, Gredos, 1975, p. 295.

56 H. Taine, *Viaje a los Pirineos* [1855], Madrid, Espasa-Calpe, 1963; también, en mucho menor grado: H. Taine, *Viaje por Italia* [1865], Madrid, Espasa-Calpe, 1930.

57 F. Cambó (trad. H. Cambó), *Memorias (1876-1936)*, Madrid, Alianza, 1987, p. 51.

58 *Ibíd.*, pp. 44-45. Sin embargo, se debe añadir que, en años posteriores, *Los orígenes de la Francia contemporánea* fue traducida y publicada por editoriales más bien asociadas con la izquierda como Sempere en Valencia y La España Moderna en Madrid.

59 R. Pozzi, *Hippolyte Taine. Scienza umane e politica nell'Ottocento*, Venecia, Marsilio, 1993, cap. 4 (especialmente pp. 142-145).

60 *Ibíd., passim.*

61 Esta cuestión, muy complicada, es admirablemente resumida en E. S. Morgan, *The Puritan Dilemma. The Story of John Winthrop*, Boston, Little Brown, 1958, pp. 76-82, 181-183.

62 H. R. Trevor-Roper, *Religión, reforma y cambio social y otros ensayos*, Barcelona, Argos-Vergara, 1985, en especial cap. IV.

63 Véase A. Ardao, *Racionalismo y liberalismo en el Uruguay*, Montevideo, Publicaciones de la Universidad de la República, 1962; en general: J.-P. Bastian, *Protestantismos y modernidad latinoamericana. Historia de unas minorías religiosas activas en América Latina*, México D.F., FCE, 1994, cap. III, «Sociedades protestantes y modernidad liberal».

64 B. Groethuysen, *Origines de l'esprit bourgeois en France* [1927], París, Gallimard, 1977.

65 Una muestra reciente: F. Ribas, «Elements calvinistes en els orígens del capitalisme a Catalunya», *Revista de Catalunya*, núm. 163, junio 2001, pp. 43-49.

66 M. Weber, *La ética protestante y el espíritu del capitalismo* [1904-1905], Barcelona, Península, 1979. Véase la extensa bibliografía sobre la «tesis del protestantismo-capitalismo» (por llamarlo de alguna manera) en R. H. Tawney, «Preface to 1936», en R. H. Tawney, *Religion and the Rise of Capitalism* [1922], Londres, John Murray, 1964, pp. ix-x, núm. 1. También, en general, para el sentido del posprotestantismo norteamericano, véase la discusión sobre Emerson en R. Ruland y M. Bradbury, *From Puritanism to Postmodernism. A History of American Literature*, Nueva York, Penguin, 1992, pp. 118-130.

67 S. J. Gould, *Milenio*, Barcelona, Crítica, 1997, pp. 39-41.

68 T. G. Masaryk, «The Religious Situation in Austria-Bohemia [sic]», en C. W. Wendte (ed.), *Freedom and Fellowship in Religion. Proceedings and Papers of the Fourth International Congress of Religious Liberals*, celebrado en Boston 22-27 septiembre 1907, Boston, International Council of Unitarian and Other Liberal Religious Thinkers and Workers, s.f., pp. 142-152.

69 S. Tsuru, «Japanese Images of America», en A. M. Schlesinger Jr. y M. White, *Paths of American Thought*, Boston, Houghton Mifflin, 1970, pp. 520-521; aunque él lo negara, Gandhi derivó una importante medida de su pensamiento de Ruskin, Emerson y sobre todo Thoreau, quienes (junto con Carlyle) leyó en su etapa sudafricana: L. Fischer, *Gandhi* [1950], Barcelona, Plaza Janés, 1982, pp. 61-64.

70 J. Balmes, *El protestantismo comparado con el catolicismo* [1842], *Obras Completas*, tomo IV, Madrid, Biblioteca de Autores Cristianos, 1949; su respuesta a Lamennais, p. 616 y ss.; a Guizot, cap. LXX; para Guizot en España: Mr. [sic] Guizot, *Historia general de la civilización de Europa. Curso de Historia moderna*, Madrid, Est. Tip. de F. P. de Mellado, 1847. Véase la inteligente discusión en J. M. Fradera, *Jaume Balmes. Els fonaments racionals d'una política católica*, Vic, Eumo, 1996, pp. 97-117.

71 J. Balmes, *Pío IX* [1847], en *Escritos políticos 2º*, en *Obras Completas*, tomo VII, Madrid, Biblioteca de Autores Cristianos, 1950, pp. 966-969: véase especialmente caps. V, «La independencia de Italia», y VII, «Sistema de resistencia absoluta».

72 J. Balmes, *De Cataluña*, en *Escritos políticos 2º*, en *Obras Completas*, tomo V, *Estudios apologéticos...*, Madrid, Biblioteca de Autores Cristianos, 1949, pp. 891-1.002.

73 J. Balmes, «Prospecto de "El Pensamiento de la Nación"», [enero de 1844], en *Escritos políticos*, en *Obras Completas*, tomo VI, Madrid, Biblioteca de Autores Cristianos, 1950, pp. 381-382.

74 Se debería mencionar, aunque sólo fuera de pasada, el sostenido debate sobre la relación entre nacionalismo y religión, que como un Guadiana, aparece y reaparece en la literatura interpretativa: para una primera formulación, véase Salo Wittmayer Baron, *Modern Nationalism and Religion*, Nueva York, Harper Brothers, 1947; luego la idea fue explicitada por el historiador (católico) norteamericano y especialista en el tema del nacionalismo C. J. H. Hayes, *El nacionalismo, una religión* [1960], México D.F., UTEHA, 1966; recientemente, en un ejercicio bastante discutible, Liah Greenfeld ha querido corregir el viejo modelo weberiano con la noción de que el factor imprescindible para un despegue industrial no era el protestantismo sino el nacionalismo: L. Greenfeld, *The Spirit of Capitalism. Nationalism and Economic Growth*, Cambridge (Ma.), Harvard University Press, 2001.

75 T. Carlyle y R. W. Emerson (trad. Luis de Terán, profesor del Ateneo de Madrid), *Epistolario entre* [...] *y* [...], Madrid, La España Moderna, s.a.

76 H. van Dyke, «Emerson», *Enciclopedia Britannica*, 11ª ed., vol. IX, Nueva York, 1910-1911, pp. 332-335.

77 En general: C.-J. Bertrand, *Les églises aux États-Unis*, París, PUF, 1975.

78 G. M. Trevelyan, *English Social History* [1942], Nueva York, David McKay, 1965, p. 515.

79 R. Hofstader, *Social Darwinism in American Thought* [1944], Boston, Beacon Press, 1955.

80 S. L. Robertson, *Emerson in His Sermons. A Man-Made Self*, Columbia (Miss.), University of Missouri Press, 1995.

81 C. R. Vanden Bossche, *Carlyle and the Search for Authority*, Columbus, Ohio State University Press, 1991; para su notoria vida personal, véase los capítulos pertinentes de P. Rose, *Parallel Lives. Five Victorian Marriages*, Londres, Penguin, 1985.

82 P. Gay, *The Cultivation of Hatred*, Nueva York, W. W. Norton, 1993.

83 Véase: E. Cassirer, *El mito del Estado* [1946], México D.F., FCE, 1972, cap. XV; R. Williams, *Culture and Society, 1780-1950* [1958], Harmondsworth (G.B.), Penguin, 1963, Parte I, cap. IV.

84 C. A. Bodelson, *Studies in Mid-Victorian Imperialism*, Nueva York, Knopf, 1925, especialmente pp. 22-32 y ss.

85 D. T. Rodgers, *The Work Ethic in Industrial America, 1850-1920*, Chicago, University of Chicago, 1979, p. 13.

86 R. A. Bosco, «The "Somewhat Spheral and Infinite" in Every Man: Emerson's Theory of Biography» y A. J. von Frank, «'Build Therefore Your Own World": Emerson's Constructions of the "Intimate Sphere"», en W. T. Mott y R. E. Burkholder (eds.), *Emersonian Circles. Essays in Honor of Joel Myerson*, Rochester (N.Y.), University of Rochester Press, 1997, pp. 67-103 y 1-10.

87 A. Bergnes de las Casas, *La verdad sobre la república federal*, Barcelona, Imp. de Tomás Gorchs, 1872, cita p. 12 núm. 1. Biografía: *GEC*, vol. 4, p. 450.

88 G. Himmelfarb, *Victorian Minds* [1952]. Chicago, Ivan R. Dee, 1995, p. 277.

89 En conjunto, utilizamos: A. Ralli, *Guide to Carlyle* [1920], Nueva York, Haskell House, 1969, 2 vols.

90 T. Carlyle, *Los héroes*, trad. de Julián G. Orbón e introducción de L. Alas, Madrid, Manuel Fernández y Lasanta, 1893; la versión de Pedro Humbert, Barcelona, Henrich y Cía., 1907, fue luego reeditado por Aguilar en 1927 y otros posteriormente; también la editorial barcelonesa, más bien republicana, F. Granada, sacó una traducción en 1906. La editorial madrileña La España Moderna, pródiga en traducciones, editó más o menos por entonces (no fechaba sus ediciones), además del *Epistolario* entre ambos autores, *La Revo-*

lución francesa y *Pasado y presente* de Carlyle, así como *La ley de la vida, Hombres simbólicos* [sic], *Ensayo sobre la naturaleza, Inglaterra y el carácter inglés*, y *Veinte ensayos*, de Emerson.

91 T. Carlyle, *Los héroes. El culto de los héroes y lo heroico en la Historia*, trad. de P. Umbert (1907), México D.F., Porrua, 1986, pp. 103, 125.

92 R. W. Emerson, *Representative Men. Seven Lectures* [1850], Cambridge (Ma.), Belknap Press/Harvard University Press, 1996. Véase, en general: G. Wills, *A Necessary Evil. A History of American Distrust of Government*, Nueva York, Simon & Schuster, 1999.

93 R. F. Teichgraeber III, *Sublime Thoughts/Penny Wisdom. Situating Emerson and Thoreau in the American Market*, Baltimore, The Johns Hopkins University Press, 1995.

94 R. W. Emerson, «La confianza en sí mismo», en R. W. Emerson, *Ensayos*, Madrid, Aguilar, 1962, pp. 57-101 (cita p. 58). Como muestra de traducción contemporánea, además de las ya citadas, véase R. W. Emerson, *Inglaterra y el carácter inglés*, traducido por Rafael Cansino-Assens, Madrid, La España Moderna, 1905.

95 R. W. Emerson, «El heroísmo», en R. W. Emerson, *Ensayos..., op. cit.*, pp. 233-251 (cita p. 240).

96 R. W. Emerson, «El carácter», en *ibíd.*, pp. 421-446.

97 R. W. Emerson, «La política», en *ibíd.*, pp. 516-538 (especialmente p. 517).

98 J. Maragall, «Tomás Carlyle y la democracia», 14 febrero 1901, *Obras completas de J. Maragall*, serie castellana, *Artículos*, III, 1899-1902, *op. cit.*, pp. 123-127. Maragall, por cierto, tenía la versión de 1893 de *Los héroes* en su biblioteca.

99 En general, véase: M. J. Heale, *American Anticommunism. Combating the Enemy Within, 1830-1970*, Baltimore, The Johns Hopkins University Press, 1990, cap. 1; también, para el fondo protestante en la política americana: S. M. Lipset y E. Raab, *The Politics of Unreason. Right-Wing Extremism in America, 1790-1970*, Nueva York, Harper & Row, 1970, caps. 2 y, especialmente, 3, «The Protestant Crusades from the Civil War to World War I».

100 J. Maragall, «La Festa de la Bellesa a Palafrugell. Discurs presidencial», en J. Maragall, *Obres completes*, vol. I, Obra catalana, Barcelona, Editorial Selecta, 1960, pp. 800-802. El interés maragalliano en Emerson se refleja, no ya en la presencia en su biblioteca de la versón de 1900 de *El Hombre y el mundo* (traducción de Pedro Márquez, Madrid, Rodríguez Serra, 1900), si no en el hecho de que, ya al final de su vida adquirió las obras más o menos completas en inglés (R. W. Emerson, *Works of [...]*, Londres, George Routledge & Sons, 1910). Pero, muy significativamente, su curiosidad venía de fuente francesa; también en su biblioteca estaba: C. Jannet [1844-1894] (con carta introductoria de Le Play), *Les États-Unis contemporaines, ou les meours, les institutions et les idées depuis la Guerre de Sécession*, París, Plon, 1871.

101 J. M. Capdevila, «Emerson i el "Discurs de la Festa de la Bellesa"», *Revista de Catalunya*, núm. 85, abril 1938, pp. 515-515-518 (cita p. 515).

102 A. Almendros Morcillo, *Francesc Cambó: la forja d'un policy maker*, Barcelona, Abadia de Montserrat, 2000.

103 S. Pollard, *The Genesis of Modern Management*, Harmondsworth (G.B.), Penguin, 1968.

104 J. Carreras i Artau, «La filosofia escocesa a Catalunya» [1958], reproducido en P.L. Font (ed.), *Centenari Joaquim Carreras i Artau (1894-1994)*, Barcelona, Generalitat de Catalunya, 1994, pp. 15-29. En cuanto a la vigencia del debate sobre el «sentido común» como «filosofía nacional catalana» en clave nacionalista, Jaume Roura comenta que «la filosofia del "sentido común" [...], de buen principio no era un cuerpo de doctrina ni una importación de ideas escocesas, si no una actitud metódica y unas constantes de pensamiento estrechamente enraizadas en la fisonomía mental catalana»: J. Roura, «Martí d'Eixalà», *GEC*, vol. 14, p. 438; véase su *Ramon Martí d'Eixalà i la filosofia catalana del segle* XIX,

Barcelona, Abadia de Montserrat, 1980. En general, del mismo J. Roura i Roca, «La Renaixença i Escòcia», *Actes del Col·loqui Internacional sobre la Renaixença (18-22 de desembre de 1984)*, I, *Estudis Universitaris Catalans*, 3ª época, vol. XXVII, 1992, pp. 353-375.

105 J. Carreras i Artau, *op. cit.*, p. 29; véase también J. Carreras i Artau, «La formación filosófica de Menéndez y Pelayo», en *Conferencias pronunciadas con motivo del centenario de Marcelino Menéndez y Pelayo*, Barcelona, Universidad de Barcelona, 1956, pp. 47-67.

106 E. Lluch, *El pensament econòmic a Catalunya (1760-1840). Els precedents ideològics del proteccionisme i la presa de consciència de la burgesia catalana*, Barcelona, Edicions 62, 1973.

107 R. Casteràs, *Franklin y Catalunya/Franklin and Catalonia*, Barcelona, Generalitat de Catalunya, 1992. Existe cierto debate entre estudiosos del obrerismo, especialmente en Andalucía, sobre el relativo impacto del protestantismo en la formación de un criterio anticlerical popular: una posición escéptica, que sin embargo muestra una visión muy estrecha de las posibles influencias: D. Castro Alfín, «Anarquismo y protestantismo. Reflexiones sobre un viejo argumento», *Studia Historica. Historia Contemporánea*, núm. 16, 1998, pp. 197-220.

108 Para indicios sobre la relación norteamericana-escocesa en clave de la revolución de 1776: O. D. Edwards y D. Shepperson (eds.), *Scotland, Europe and the American Revolution*, Edinburgo, New Edinburgh Review, 1976.

109 J. Nadal, *El fracaso de la revolución industrial en España, 1814-1913*, Barcelona, Ariel, 1975.

110 G. Jordana, «Els novaiorquesos de Catalunya», *Avui*, 15 octubre 2001, p. 17.

111 Sobre *Excelsior* de Pedrell, véase las notas de F. Bonastre, *Orquestra Simfònica de Barcelona i Nacional de Catalunya, Temporada 2000-2001, Concert núm.* 7, 17-19 noviembre 2000; la resonancia mundial de Longfellow es elegantemente descrita en J. D. McClatchy, «Return to Gitche Gumee», *The New York Times Book Review*, 5 noviembre 2000, p. 39.

112 En general: H. Koht, *La influencia americana en Europa*, Barcelona, Editorial Hispano-Europea, 1957; G. Herm, *U.S.A. conquista Europa*, Barcelona, Noguer, 1969; también: J. Martin Evans, *America. The View from Europe*, Nueva York, W. W. Norton, 1976.

113 J. Güell y Mercader, *Lo regionalisme en la nació*, Barcelona, Impremta La Renaixensa, 1889, p. 10.

114 P. Gener, «Los filósofos de la vida ascendente», en P. Gener, *Amigos y maestros* [1897], Barcelona, Maucci, 1915, p. 353. Con erudición de resabido, Gener se refiere a Baltasar Gracián, autor, entre otras obras, de *El Héroe* (1637). Se puede remarcar como Xènius no recogió la pista dejada por Peius. D'Ors, a pesar de su interés por el heroísmo como tema, no se refiere a Gracián más que una vez, y de pasada, en su *Glossari* entre 1906 y 1910, y asimismo alude una única vez en su *Nuevo Glosario* de 1920-1926; sólo empiezan a abundar referencias a partir de 1927, lo que deja la sospecha que d'Ors no lo había leído hasta entonces.

115 P. Gener, carta a F. Urales reproducido por éste en F. Urales, *La evolución de la filosofía en España* [1900-1902], Barcelona, Laia, 1977, pp. 179-184, comentado por Urales en pp. ss.

116 F. Pérez Gutiérrez, *Renan en España (Religión, ética y política)*, Madrid, Taurus, 1988, p. 144.

117 R. W. Emerson (trad. C. de Montoliu), *La confiança en si mateix. L'amistat*, Barcelona, L'Avenç, 1904.

118 R. Rojas, *José Martí: la invención de Cuba*, Madrid, Colibrí, 2000, cap. IV; véase también J. Ballón, *Autonomía cultural americana: Emerson y Martí*, Madrid, Pliegos, 1986.

119 M.S. Oliver, «La voluntad y desquite de Cataluña», 3 abril 1912, en J. Maragall, *Articles ideològics, socials i polítics, Obres completes*, vol. II, obra castellana, Barcelona, Editorial

Selecta, 1961, pp. 974, 978. Para la insistencia posterior: J. M. Capdevila, «Maragall. Algunes influències sobre la seva estètica» [1938], en J. M. Capdevila, *Estudis i lectures*, Barcelona, Selecta, 1965, pp. 88-106.

120 A. Duarte Montserrat, *Pere Coromines: del republicanisme als cercles llibertaris (1888-1896)*, Barcelona, Abadia de Montserrat, 1988, pp. 34-43. Véase P. Coromines, «Mi formación intelectual», *La Revista Blanca*, 1 enero 1903, en P. Coromines (J. Coromines, comp.), *Obra completa en castellano…, op. cit.*, pp. 69-70 (cita p. 70).

121 E. Ors, «Pera epílech a uns articles d'en Gabriel Alomar». *Catalunya*, núm. 7, 15 abril 1903, pp. CCCIX-CCCX, nota 2.

122 E. d'Ors, «Petita biblioteca de l'escolar desatent», *Glossari de Xènius MCMVII, Obra catalana completa*, Barcelona, Editorial Selecta, 1950, pp. 564-565.

123 S. Ricard, *Theodore Roosevelt et la justification de l'impérialisme*, Aix-en-Provence, Université de Provence, 1986, p. 80.

124 T. Roosevelt, «Latitud y longitud entre los reformadores» [junio 1901], en T. Roosevelt, *Las dos Américas*, Barcelona, Guarner, Taberner y C.ª, s.f., pp. 99-118.

125 H. W. Brands, *Bound to Empire. The United States and the Philippines*, Nueva York, Oxford University Press, 1992, p. 14.

126 P. Gay, *op. cit.*, pp. 116-127.

127 E. d'Ors, «"La mesura de les pròpies forces..."», *Glossari de Xènius MCMVIII, Obra catalana…, op. cit.*, p. 833.

128 E. d'Ors, «La pau de casa», *Glossari de Xènius MCMVI*; «El judici de Càndida», *Glossari de Xènius MCMVIII; ibíd.*, pp. 312-313; 746-747.

129 E. d'Ors, «El doctor Gòngora», *Glossari de Xènius MCMVIII, ibíd.*, pp. 783-785 (cita p. 784).

130 J. Brossa, «L'esperit universalista», *El Poble Català*, 11 diciembre 1907, en J. Brossa (J.-L. Marfany, ed.), *Regeneracionisme i modernisme*, Barcelona, Edicions 62, 1969, pp. 53-58 (cita p. 56).

131 R. de la Torre del Río, *Inglaterra y España en 1898*, Madrid, Eudema, 1988, cap. 6; también L. E. Togores Sánchez, «Imperialismo, burguesía y resditribución colonial. Kipling ante la crisi del "Mapa Color Rosa"», *Cuadernos de Historia Contemporánea*, núm. 12, 1990, pp. 87-102. La cita de Chesterton en G. K. Chesterton, *The Crimes of England*, Londres, Cecil Palmer & Hayward, 1915, p. 109.

132 J. Maragall, «La poetización de la fuerza», 25 abril 1900, en *Obras completas de J. Maragall*, serie castellana, *Artículos*, III, 1899-1902, *op. cit.*, pp. 41-45 (cita pp. 44-45).

133 Véase el muy completo A. Calvera, *La formació del pensament de William Morris*, Barcelona, Destino, 1992, así como E. P. Thompson, *William Morris. Romantic to Revolutionary*, Londres, Merlin, 1977. Para el contexto: E. Trenc Ballester, «Alexandre de Riquer, ambassadeur de l'art anglais et nordamericain en Catalogne», *Mélanges de la Casa de Velázquez*, tomo XVIII/1, 1982, pp. 312-359, y «Rapports de Alexandre de Riquer avec l'art français, belge, allemande, autrichien et italien», *ibíd.*, tomo XIX, 1983, pp. 317-346.

134 J. Maragall, «Novalis», 3 abril 1901, en *Obras completas de J. Maragall*, serie castellana, *Artículos*, III, 1899-1902, *op. cit.*, pp. 159-163 (cita p. 160).

135 Para Fichte, *ibíd.*, p. 162; Para Nietzsche-Emerson: J. Maragall, «Lecturas piadosas», 29 septiembre 1900, en *ibíd.*, pp. 83-87 (cita p. 86).

136 F. O. Mathiessen, *American Renaissance. Art and Expression in the Age of Emerson and Whitman* [1941], Nueva York, Oxford University Press, 1968.

137 R. W. B. Lewis, *The American Adam. Innocence, Tragedy, and Tradition in the Nineteenth Century*, Chicago, University of Chicago Press, 1955, pp. 7 y *passim*.

138 E. Bentley, *The Cult of the Superman* [1944], Gloucester (Mass.), Peter Smith, 1969; por el vínculo de Nietzsche con Emerson y Carlyle: C. Brinton, *Nietzsche*, Buenos Aires, Losada, 1947, p. 86.

139 A. Campión, «Discurso en el Círculo Regional Tradicionalista de Pamplona», 29 mayo 1892, reproducido en *Discursos políticos y literarios de Arturo Campión*, Bilbao, Ed. La Gran Enciclopedia Vasca, 1976, pp. 48-71 (cita p. 53).

140 Para las alusiones de Prat a Roosevelt: E. Prat de la Riba, *La nacionalitat catalana*, Barcelona, Barcino, 1934, pp. 102-104. La cita es de R. Hofstadter, *The American Political Tradition* [1962], Londres, Jonathan Cape, 1971, cap. IX.

141 E. Prat de la Riba, *La Nacionalidad catalana*, traducción y prólogo de Antonio Royo Villanova [1917], Barcelona, Aymá, 1982, pp. 130-131.

142 *Ibíd.*, pp. 131, 132.

143 M. Esteve, «Biografía de Don Enric Prat de la Riba», *Quaderns d'Estudi*, Año III, vol. I, núm. 1, octubre 1917, p. 47.

144 E. d'Ors, «Se responde a la pregunta "Quién hace la Historia?"». *¿Quién hace la Historia?* (1929), *Nuevo Glosario*, vol. II (MCMXXVII-MCMXXXIII), Madrid: Aguilar, 1947, p. 390.

145 H. S. Commager, *Vida y espíritu de Norteamérica*, Esplugues del Llobregat, Ariel, 1955, ambas citas pp. 475-476.

146 Citado, sin fecha ni lugar, en Lord Elton, *Imperial Commonwealth*, Londres, Collins, 1945, p. 397.

147 E. L. Tuveson, *Redeemer Nation. The Idea of America's Millenial Role*, Chicago, University of Chicago Press, 1968, especialmente cap. V.

148 E. d'Ors, «Entorn de l'educació de la voluntat (VI)», *Glossari de Xènius MCMVI, Obra catalana completa*, Barcelona, Editorial Selecta, 1950, p. 252.

149 M. de Montoliu, «Eugeni d'Ors», sin fecha, en M. de Montoliu, *Estudis de literatura catalana*, Barcelona, Societat Catalana d'Edicions, 1912, pp. 156-163 (cita p. 161).

150 E. d'Ors, «Siguen los preliminares: Soler i Miquel», en E. d'Ors, *Glosario completo*, vol. I (MCMXX-MCMXXVI), Madrid, Aguilar, 1947, pp. 540-542 (citas p. 540-541).

151 R. W. Emerson, *Historia y política*, versión de S. Valentí Camp, Barcelona, Minerva, [1917].

152 T. Carlyle, *Los héroes*, trad. J. Farran y Mayoral (1938), Barcelona, Iberia, 1984 (cita, «Introducción», p. xv); biografía de Farran: *GEC*, vol. 10, p. 485; su traducción de R. W. Emerson, *Hombres representativos* (1943) en T. Carlyle, *Los héroes* y R. W. Emerson, *Hombres representativos*, Barcelona, Ed. Océano, 1998.

153 Véase, en general: N. Bilbeny, *Filosofia contemporània a Catalunya*, Barcelona, Edhasa, 1985.

154 J. D. Dueñas Lorente, *Costismo y anarquismo en las letras aragonesas. El grupo de Talión (Samblancat, Alaiz, Acín, Bel, Maurín)*, Zaragoza, Rolde de Estudios Aragoneses, 2000, pp. 101-102, como respuesta a R. Pérez de la Dehesa, «Estudio preliminar», a F. Urales, *op. cit.*, pp. 60-61.

155 R. W. Emerson, *La confiança en un mateix* (trad. de C. de Montoliu y J. M. de Sucre) Barcelona, Editorial Norma, 1936. Una edición reciente de *Confía en ti mismo* (trad. de M. J. Vázquez Alonso), en la barcelonesa Edicions 29, 1987, ha sido reeditada en 1994, 1995, 1996, 1997 y 2000.

156 R. W. Trine (trad. F. Climent), *Renovación social*, Barcelona, A. Roch, s.f.; O. S. Marsden, *Voluntad resuelta* (vol. XXXVII) Barcelona, A. Roch, s.f. y los anuncios incluidos en ambos. Para Smiles, con una interpretación ya muy de época: R. J. Morris, «Samuel Smiles and the Genesis of *Self-Help*: the Retreat to a Petit-Bourgeois Utopia», *The Historical Journal*, vol. 24, núm. 1, 1981, pp. 89-100.

157 Como muestra: Víctor Delfino, *El alcoholismo y sus efectos en el individuo, la familia y la sociedad*, Barcrelona, Atlante, [¿1908?], especialmente el último capítulo.

158 S. Vázquez de Parga, *Héroes de aventura*, Barcelona, Planeta, 1983; para la relevancia del teosofismo en el «modernismo»: C. L. Jrade, *Modernismo, Modernity and the Development of Spanish American Literature*, Austin, University of Texas Press, 1998.

159 Como muestra significativa la obra temprana del padre Joan Tusquets, *El teosofisme*, Barcelona, Llibreria Catalònia, 1927, con prólogo del P. Miquel d'Esplugues; en general, véase P. Washington, *El mandril de Madame Blavatsky. Historia de la teosofía y del gurú occidental*, Barcelona, Destino, 1995.

160 J. Just Lloret, *¡Inglaterra, árbitra de España! (ayes de actualidad)*, Madrid, Lib. de Fernando Fe, 1906, pp. 51-62, 100-103, 116-117.

161 Véase A. Rodés i Català, *Los fundadores del F. C. Barcelona*, Barcelona, Ediciones Joica, 2000; sobre el «Barça» y catalanismo: J. Sobrequés (con M. Tomàs i Bleenguer y F. Vilanova i Vila-Abadal), *Història del F. C. Barcelona. El Barça: un club, una ciutat, un país*, vol. I, *Orígens i consolidació 1898-1931*, Barcelona, Labor, 1993; también J. J. Artells, *Barça, Barça, Barça. F.C. Barcelona, esport i cuitadania*, Barcelona, Laia, 1972.

162 C. de Zulueta, *Misioneras, feministas, educadoras. Historia del Instituto Internacional*, Madrid, Castalia, 1984.

163 «Civisme» es un término, procedente de la Revolución francesa (neologismo a partir del latín *cives*, ciudadano), que indica el conjunto de los principios o ideales de la buena ciudadanía. Según el *Diccionari* de Pompeu Fabra (1932): *«zel pels interessos i les institucions de la pàtria»*. En inglés, especialmente en los EE.UU., «*Civics*» sería la rama de la ciencia política que trata los asuntos públicos y los deberes y derechos de los ciudadanos. Para la lectura en esta clave de Renan: R. Sentmarí (ed.), *Clàssics del nacionalisme*, Barcelona, Pòrtic, 2001, cap. 8: A. Cucó (ed.), «Ernest Renan y el model *cívic* de nació».

164 Para el concepto de «Whig theory of History»: H. Butterfield, *The Whig Interpretation of History* [1931], Nueva York, W. W. Norton, 1965; véase también E. Jones, *The English Nation. The Great Myth*, Phoenix Mill (Gloustershire), Sutton, 1998.

165 R. A. Giesey, *If Not, Not. The Oath of the Aragonese and the Legendary Laws of Sobarbe*, Princeton [N.J.], Princeton University Press, 1968.

166 J. W. Ely, Jr., *The Guardian of Every Other Right. A Constitutional History of Property Rights*, Nueva York, Oxford University Press, 1992, pp. 13-14, 54-55, 78.

167 Sirve también, en el mismo sentido, la atracción del krausismo madrileño en Valencia: J. A. Blasco Carrascosa, *El krausisme valencià*, Valencia, Institut Alfons el Magnànim, 1982.

168 J. Sanz del Río (E. Terrón, ed.), *Textos escogidos*, Barcelona, ediciones de Cultura Popular, 1968; E. Terrón, *Sociedad e ideología en los orígenes de la España contemporánea*, Barcelona, Península, 1969.

169 J. López-Morillas, *El krausismo español* [1956], México D.F., FCE, 1980.

170 J. B. Trend, *The Origins of Modern Spain* [1934], Nueva York, Russell & Russell, 1965; M. D. Gómez Molleda, *Los reformadores de la España contemporánea*, Madrid, CSIC, 1966.

171 V. Cacho Viu, *La Institución Libre de Enseñanza. I. Orígenes y etapa universitaria (1860-1881)*, Madrid, Rialp, 1962; A. Jiménez-Landi, *La Institución Libre de Enseñanza y su ambiente*, Madrid, Ministerio de Educación y Cultura, 1996, vol I.

172 Véase M. Suárez Cortina, «El republicanismo institucionista en la Restauración», en *Ayer*, núm. 39, 2000, monográfico sobre *El republicanismo español* (A. Duarte y P. Gabriel, eds.), pp. 61-81.

173 F. de los Ríos, *La filosofía del Derecho en Don Francisco Giner*, Madrid, Corona, 1916, pp. 205-208 (cita p. 207).

174 En general, sobre Azcárate, véase el estudio de Elías Díaz en su *Filosofía social del krausismo español*, Valencia, Fernando Torres, 1983.
175 F. Luna, *Yrigoyen* [1954], Buenos Aires, Ed. Sudamericana, 1999, pp. 59-62.
176 Concretamente, Manuel de la Revilla consideraba que el krausismo tenía un componente propio del «cristianismo unitario o liberal»; véase J. M. Marco, *Francisco Giner de los Ríos. Pedagogía y poder*, Barcelona, Península, 2002, p. 240.
177 V. Cacho Viu, «La Institución Libre de Enseñanza y el nacionalismo catalán», en V. Cacho Viu, *El nacionalismo catalán como factor de modernización*, Barcelona/Madrid, Quaderns Crema/Residencia de Estudiantes, 1998, pp. 171-231 (citas pp. 177-178). La cita de Carner ha sido retraducida.
178 P. Rigobon, «Enric Prat de la Riba: l'ideologia del pragmatismo nazionalista catalano», *Spagna contemporanea*, núm. 1, 1992, pp. 25-48 (especialmente p. 31).
179 Para una interpretación diversa, véase J. M. Marco, *op. cit.*, pp. 327-330.
180 «Gaziel» [A. Calvet], *Tots els camins duen a Roma*, Barcelona, Aedos, 1953, cap. XIX; V. Cacho Viu, «La Institución Libre de Enseñanza y el nacionalismo catalán», *op. cit.*; y, del mismo: «Josep Pijoan y la Institución Libre de Enseñanza», *Ínsula*, XXX, núm. 344-345, julio-agosto 1975, pp. 11, 21-22.
181 H. Giner de los Ríos, *El idioma español. Discurso pronunciado por la Patria y por la Lengua*, Barcelona, Las Juventudes Republicanas Radicales de Barcelona, 1916. Para la trayectoria de Giner en Barcelona, véase J. B. Culla, *El republicanisme lerrouxista a Catalunya (1901-1923)*, Barcelona, Curial, 1986.
182 B. Delgado, *La Institución Libre de Enseñanza en Sabadell*, Sabadell, Fundació Bosch i Cardellach, 1979.
183 J. Castillejo, *Guerra de ideas en España*, Madrid, Revista de Occidente, 1976, pp. 110-111; también V. Cacho Viu, «La Institución Libre de Enseñanza y el nacionalismo catalán», *op. cit.*
184 A. J. Mayer, *The Persistence of the Old Regime. Europe to the Great War*, Nueva York, Pantheon, 1981; véase, como correctivo a algunos de los extremos del conocido estudio de Arno Mayer: D. Leiven, *The Aristocracy in Europe 1815-1914*, Londres, Macmillan, 1992.
185 D. Cannadine, *The Decline and Fall of the British Aristocracy*, Londres, Papermac, 1996.
186 Para la evolución conceptual norteamericana, véase: L. Menaud, *El club de los metafísicos. Historia de las ideas en América*, Barcelona, Destino, 2002.
187 A. [G.] Posada, «La nueva orientación del Derecho Político», en L. Duguit, *La transformación del Estado*; Madrid, Lib. de Fernando Fé, [¿1909?], citas pp. 39, 87; véase también L. Duguit (Q. Saldaña, ed.), *El pragmatismo jurídico*, Madrid, Francisco Beltrán, [¿1924?].
188 Se puede remarcar la distancia de la aproximación catalanista al modelo del «Norte» con el enfoque militantemente católico, integrista de Sabino Arana, sin mayor componente «norteño» que su pelado sentido racista: véase A. Elorza, «El nacionalismo sabiniano», en A. Elorza, *La religión política*, San Sebastián, R & B, 1995, pp. 29-56.
189 A. Enrevé, «La IIIe République, fille du protestantisme?», *L'Histoire*, núm. 21, marzo 1980, pp. 30-38. Sobre el estilo de vida protestante en Francia, véase J. Garrisson, *L'homme protestant*, Bruselas, Complexe, 1986.
190 W. James, *Pragmatismo. Nombre nuevos de antiguos modos de pensar. Conferencias populares sobre filosofía* [1907], traducción de Santos Rubiano, Madrid, Daniel Jorro, ed., 1923. También se puede señalar la importancia que James dio a las muchas «unidades» perceptivas como puntos de partida para la reflexión (pp. 138-147), igual que en efecto hizo Prat en su esquema.

191 F. Cambó, «Norman Davis: records», Buenos Aires, 5 de julio 1944, *Meditacions. Dietari (1941-1946)*, Barcelona, Alpha, 1982, pp. 1477-1478. Davis y el senador Hollys eran delegados de Wilson para negociar un crédito para la compra de mulas para el Cuerpo Expedicionario Americano en Europa y acabaron agotados por la ineficacia del ministro de Estado Dato, hasta que Cambó y Ventosa resolvieron el asunto en una reunión informal en la cual todos los demás asistentes españoles (Dato y Maura, ya que el ministro González Besada se había excusado) se retiraron, quedando los dos catalanes. Davis dijo, más exactamente, «*en un castellà pronunciat a la ianqui:* "Vdes. parecerse más a nosotros que a los señores que se han marchado."»

Capítulo 10. *El catalanismo ante el relicario: la sociedad civil histórica*

1 J. Canal, *El carlisme català dins l'Espanya de la Restauració. Un assaig de modernització política (1888-1900)*, Vic, Eumo, 1998.

2 J. Figuerola, *Església i societat a principis del segle XIX. La societat osonenca i el bisbe Strauch durant la crisi de l'antic règim*, Vic, Eumo, 1988.

3 S. Aznar, *Problemas sociales de actualidad. Primera serie*, Barcelona, Acción Social Popular, 1914, p. 24. En realidad, Aznar cita «un ilustre escritor inglés» (W.T. Stead) que realizó una encuesta en el *Review of Reviews* en 1906 para averiguar las fuentes del laborismo; pero lo que para Stead era una noticia positiva, para Aznar no lo fue. Una biografía de Aznar: *Enciclopedia Espasa*, vol. 1 Apéndice (1930), p. 1160.

4 Para la presencia masónica: P. Sànchez i Ferré, *La Maçoneria a Catalunya 1868-1936*, Barcelona, Edicions 62/Ajuntament de Barcelona, 1990; X. Casinos, *La Maçoneria a Barcelona dels inicis a l'actualitat*, Barcelona, La Busca, 2000.

5 P. Sànchez Ferré, «Masonería y colonialismo español», en J. A. Ferrer Benimeli (dir.), *La Masonería y su impacto internacional*, Madrid, Universidad Complutense de Madrid, Cursos de Verano El Escorial 1988, pp. 11-26.

6 Para el librepensamiento catalán: M. Vicente Izquierdo, *Josep Llunas i Pujals (1852-1905). La Tramontana i el lliure pensament radical català*, Reus, Associació d'Estudis Reusencs, 1999.

7 Véase: A. Braude, *Radical Spirits: Spiritualism and Women's Rights in Nineteenth Century America*, Boston, Beacon Press, 1989; B. Goldsmith, *Other Powers. The Age of Suffrage, Spiritualism, and the Scandalous Victoria Woodhull*, Nueva York, Knopf, 1998; para Inglaterra: L. Barrow, *Independent Spirits. Spiritualism and English Plebians 1850-1910*, Londres, Routledge & Kegan Paul, 1986.

8 G. Horta, «L'espiritisme català i la modernització. Dels espiritualistes místics del segle XIII als ocultistes del XIX», *Afers*, núm. 38, 2001, pp. 191-211; también, del mismo autor: *De la mística a les barricades. Introducció a l'espiritisme català del segle XIX dins el context ocultista europeu*, Barcelona, Proa, 2001.

9 M. Delgado, «Anarquía y espiritismo», *El País*, 29 abril 2002, p. 3.

10 A. Domingo y Soler, *El espiritismo refutando los errores del catolicismo romano. Colección de artículos*, San Martín dels Provensals [sic], Imp. Juan Torrens, 1880. Para los datos de la Domingo y Soler, muerta en 1909: *GEC*, vol. 9, p. 242.

11 J. M. Serrate (Kecter), «Los Congresos. Exposición Universal de Barcelona», *Estudios sobre la Exposición Universal de Barcelona, inaugurada en 20 de mayo y cerrada en 9 de diciembre de 1888*, Barcelona, Est. Tip. del *Diario Mercantil*, 1888, p. 134.

12 X. Díez, *Utopia sexual a la premsa anarquista de Catalunya. La revista Ética-Iniciales (1927-1937)*, Lérida, Pagés Eds., 2001.

13 Véase, de Humbert Torres, dirigente de la Joventut Republicana, la principal organización de la ciudad, su *Defensa de la metapsíquica. Quatre conferències polèmiques a l'Ateneu Lleidatà*, Lérida, Tip. «Joventut», 1929.

14 Véase G. Horta, «Verdaguer i els espiritistes», *Avui*, 28/29 marzo 2002, Cultura pp. iv-v. Basta con indicar que el criminólogo italiano Lombroso, tan influyente en Cataluña, acabó como espiritista. Hubo al menos curiosidad intelectual por parte de la comunidad científica, frente al duro «oscurantismo» católico, como muestra Josep Comas i Solà (1868-1937), fundador y director del Observatorio Fabra quien estuvo dispuesto a investigar a una médium conocida, con resultados críticos: M. Díaz Prieto, «¿Y si los otros no existen?», *La Vanguardia*, 16 diciembre 2001, Revista p. 7. Para el ambiente: [R. Turró] *Verdaguer vindicado por Un Catalán* (prol. E. Marquina), Barcelona, Librería Española, 1903; véase Dr. P. Domingo Sanjuan, «Turró y Mosén Cinto Verdaguer», en su *Turró, hombre de ciencia mediterráneo*, Barcelona, Pòrtic, 1970, pp. 101-123 (especialmente p. 115).

15 Sirve como muestra el carmelita Padre Francesc Palau i Quer, nacido en Aitona (Segrià) en 1811 y muerto en Tarragona en 1872, famoso por fundar la Congregació de Carmelitanas Misioneras Terciarias Descalzas y, en Barcelona, l'Escola de la Virtut. Para sus visiones y exorcismos: Fr. Greogorio de Jesús Crucificado, *Brasa entre cenizas. Biografía del R. P. Francisco Palau y Quer, O. C. D.*, Bilbao, Desclée de Brouwer, 1956, cap. XV; más incomodado resulta un biógrafo más reciente: E. Pacho, *Francesc Palau y Quer. Una passió eclesial*, Roma, Carmelites Missioneres, 1987, pp. 54-56, 73-74.

16 J. Pabón, *El drama de Mosén Jacinto*, Barcelona, Alpha, 1954; P. Basilio de Rubí, *La última hora de la tragedia. Hacia una revisión del caso Verdaguer*, Madrid, Ed. Franciscana, 1958; M. Condeminas, *Els exorcismes i Jacint Verdaguer*, Barcelona, s.e., 1970.

17 E. Weber, *Satan Franc Mason. La mystification de Leo Taxil*, París, Juillard, 1964. Paradójicamente, tanto es así el juego en el cual los contrarios se asemejan, que todavía hoy subsiste la sospecha de que tras la religiosidad de Eusebi Güell, de su arquitecto Gaudí y del gusto de ambos por la obra del poeta Verdaguer, todos católicos creyentes, se escondía una afinidad por la simbología masónica y, ello implica, por la misma sociedad secreta; a tales luces, la versión que resultaría del caso Verdaguer sería en verdad paranoica. Véase: M. Gómez Anuarbe, *Masonería y santidad. Los Caprichos de Gaudí en los Jardines de Comellas*, Torrelavega, Editorial Besaya, 2002.

18 Según testimonio a este autor del famoso especialista en agitación «antisectaria», P. Joan Tusquets, interrogado sobre su especial preocupación, explicó que su enemistad a las logias venía de ser la masonería «una liturgia alternativa» a la católica.

19 Sirva como indicación la obra del cura chileno J. I. Víctor Eyzaguirre, *El catolicismo en presencia de sus disidentes*, Barcelona, Lib. Religiosa, 1856, cuyo primer volumen narra un viaje por Estados Unidos, Gran Bretaña, Holanda, Alemania y Austria.

20 Como muestra, tratando a Torras i Bages de poscarlista: G. Brenan, *The Spanish Labyrinth* [1943], Cambridge (G.B.), Cambridge University Press, 1962, p. 28.

21 Citado, del *Extracto de discusiones* de la Academia, en S. Moret y Prendergast, *Centralización, descentralización, regionalismo*, conferencia dada en el Ateneo de Madrid el 30 de marzo de 1900, Madrid, Imp. a cargo de Eduardo Arias, 1900, p. 35.

22 C. Seco Serrano, «La opción catalanista del conde de Montemolín»; en C. Seco Serrano, *Tríptico carlista*, Barcelona, Ariel, 1973, pp. 63-120; J. Camps i Giró, *La Guerra dels Matiners i el catalanisme polític (1846-1849)*, Barcelona, Curial, 1978; L. F. Toledano González, *Carlins i catalanisme. La defensa dels furs catalans i de la religió a la darrera carlinada, 1868-1875*, St. Vicenç de Castellet, Farell, 2002.

23 Como muestra: Severo Catalina, *La verdad del progreso*, Madrid, Lib. de A. de San Martín, 1862, cap. VIII, «De la llamada escuela neocatólica». Véase, en general: B. Urigüen, *Origen y evolución de la derecha española: el neocatolicismo*, Madrid, CSIC, 1986.

24 En general: J. Canal, *El carlismo*, Madrid, Alianza, 2000; Sobre el movimento en Cataluña: P. Anguera, *El carlisme a Catalunya, 1827-1936*, Barcelona, Empúries, 1999.

25 R. Tasis, *Els Jocs Florals de Barcelona en l'evolució del pensament de Catalunya (1859-1958)*, Barcelona, Diputació de Barcelona, 1997, p. 169.

26 Véase los cinco volúmenes de *Discursos* en R. Nocedal, *Obras*, Madrid, Imp. de Fontanet, 1910, tomos I, II, V, VIII, IX, X.

27 Véase F. Lafage, *L'Espagne de la contre-révolution. Développement et déclin XVIIIe-XXe siècles*, París, L'Harmattan, 1993, pp. 167-168. Un autor ultramontano tan significativo como Francisco Navarro Villoslada (1818-1895), autor de la famosa novela *Amaya, o los vascos del siglo VIII* (1878) que tan efectivamente popularizó el discurso racial-ancestral euzkaldun, publicó su versión de una hagiografía del presidente-mártir ecuatoriano en 1892: R. P. A. Barthe, *García Moreno, presidente de la República de Ecuador, vengador y mártir del derecho cristiano*, traducido por F. Navarro Villoslada, París, Víctor Retaux e Hijo, 1892, 2 vols.

28 Una idea de la influencia perdurable del ejemplo ecuatoriano la da una biografía redactada por un jesuita y publicada en Bilbao en 1921: «En pleno siglo XIX recogió la bandera de Cristo que arrastraban por el suelo los gobiernos atemorizados y dominados por una secta sacrílega: y en honra de aquella bandera ciñó la espada e hizo cumplir las leyes; y desplegándola a los vientos, al frente de su Nación, él solo se puso en contra de la corriente de la época, pisoteó su falsa política, despreció su impiedad, y en respuesta a las fútiles declamaciones en favor de la libertad, demostró con los hechos cómo un gobierno cristiano puede en breve devolver a una nación la paz, la prosperidad y el honor.» A. Fiori, S. J., *Vida de García Moreno. Héroe y mártir de la religión y de la patria 1821-1875*, Bilbao, Adm. de «El Mensajero del Corazón de Jesús», 1921, pp. 4-5. Por lo demás, unos retratos recientes: P. Ponce, *García Moreno*, Madrid, Cambio 16, 1987; más indulgente: J. B. Ruiz Rivera, *García Moreno*, Madrid, Anaya, 1988.

29 Ramón Nocedal, «Discurso pronunciado en el Fomento del Trabajo», 19 noviembre 1892, en R. Nocedal *Discursos*, IV, *Cataluña y el Fomento del Trabajo Nacional. Cortes de 1901-1902, Obras..., op. cit.*, tomo VIII, pp. 1-55 (cita p. 23).

30 Véase, en general: J. Corcuera, *Orígenes, ideología y organización del nacionalismo vasco (1876-1904)*, Madrid, Siglo XXI, 1979; J. C. Larronde, *El nacionalismo vasco: su origen y su ideología en la obra de Sabino Arana y Goiri*, San Sebastián, Txertoa, 1977; J. J. Solozábal, *El primer nacionalismo vasco*, Madrid, Túcar, 1975.

31 A pesar de lo cual, algunos catalanistas incipientes no dejaron de idealizar el sabinismo: C. Omar y Barrera, *Justificació del regionalisme*, Perpiñán, Llibrería de Joseph Payret, 1901, cap. III.

32 Ramón Nocedal, en su pregunta parlamentaria del 7 mayo 1902, denunció a los que silbaban o atacaban la bandera española, lo que en su obra recogida figura como su declaración, bien negativa, sobre «el catalanismo»: R. Nocedal, *Discursos*, IV, *op. cit.*, pp. 209-224.

33 J. Pla, *Un señor de Barcelona*, Barcelona, Destino, 1945, p. 33.

34 La biografía católica más ecuánime sobre Pío IX sigue siendo: E. E. Y. Hales, *Pio Nono*, Garden City (N.Y.), Doubleday-Image, 1962; una muestra de las hagiografías que circulaban sobre el pontífice en Cataluña: R. P. Huguet [sic] (trad. P. Antonio Salvador), *El espíritu de Pío IX [...]*, Barcelona, Las Maravillas-Lib. de la Viuda Plá, 1868.

35 En general: K. O. von Aretin, *The Papacy and the Modern World*, Nueva York, McGraw-Hill, 1970. Para la postura de Lamennais, véase su *Affaires de Rome. Des maux de l'Église*

et de la Société, París, Garnier, s.f. (para su valoración de la Iglesia española, pp. 260-284). La frase «una Iglesia libre en una sociedad libre» ha sido atribuida al estadista piamontés Cavour.

36 Para el culto integrista español de admiración por Ecuador: «Condenación del Liberalismo en sus tres grados de Liberalismo radical, Liberalismo moderado y Liberalismo católico o Catolicismo liberal», *Carta Pastoral que los Obispos de Ecuador reunidos en Concilio provincial dirigen a sus diocesanos* (1885), Barcelona, La Verdadera Ciencia Española, s.f.; Para los Países Bajos, en general: E. H. Kossmann, *The Low Countries 1780-1940*, Oxford (G.B.), Oxford University Press, 1988, pp. 350-361; el modelo clásico en A. Lijphart, *The Politics of Accomodation*, Berkeley (Cal.), University of California Press, 1975.

37 J. McManners, *Church and State in France, 1870-1914*, Nueva York, Harper & Row, 1972, cap. 8; Havard de la Montagne [sic], *Historia de la democracia cristiana*, Madrid, Editorial Tradicionalista, 1950, cap. IV.

38 R. Griffiths, *The Reactionary Revolution. The Catholic Revival in French Literature, 1870-1914*, Nueva York, Frederick Ungar, 1965; para el asunto Dreyfus: J. McManners, *Church and State..., op. cit.*, cap. 9; la separación y el gobierno Combes: M. Larkin, *Church and State after the Dreyfus Affair. The Separation Issue in France*, Nueva York, Barnes & Noble, 1974.

39 C. Seton-Watson, *L'Italia dal liberalismo al fascismo, 1870-1925* [1967], Bari/Roma, Laterza, 1999, pp. 318-328.

40 F. de Carli, *Pío X y su tiempo*, Barcelona, Caralt/Plaza Janés, 1962.

41 Para Merry del Val: P. Dal-Gal, *El cardenal Merry del Val*, Madrid, Sapientia, 1954; J. M. Javierre, *Merry del Val*, Barcelona, Juan Flors, Ed., 1961; L. Davallon, «"La Sapinière" o breve historia de la organización integrista», en J. Folliet, L. Guissard, L. Davallon, *Progresisimo e Integrismo*, Madrid, Zyx, 1966, pp. 65-112; también M. Arboleya Martínez, *Otra Masonería: el integrismo contra la Compañía de Jesús y contra el Papa*, Madrid, CIAP, 1930.

42 Es habitual la suposición que «'[i]ntegrismo" es una palabra de origen francés que aparece en el país vecino en 1910, con motivo de la querella entre católicos intransigentes y modernistas»: L. Escribano, *El fundamentalismo islámico*, Madrid, Acento, 2001, p. 17.

43 Es exhaustivo E. Poulat, *La crisis modernista (Historia, dogma y crítica)*, Madrid, Taurus, 1974.

44 A. Botti, *La Spagna e la crisi modernista. Cultura, società civile e religiosa tra Otto e Novecento*, Brescia, Morcelliana, 1987.

45 A. Dansette, *Histoire religieuse de la France contemporaine*, vol. II, *Sous la Troisième République*, París, Flammarion, 1951, pp. 573-575.

46 F. Montero, *El movimiento católico en España*, Madrid, Eudema, 1993, p. 7.

47 M. Invernezzi, *I cattolici contro l'unità d'Italia? L'Opera dei Congressi (1874-1904)*, Monferrato (Alessandria), Piemme, 2002.

48 Véase *Crónica de Cuarto Congreso Católico Español. Discursos pronunciados en las sesiones públicas, reseña de las memorias y trabajos presentados en las sesiones y demás documentos referentes a dicha asamblea, celebrada en Tarragona en octubre de 1894*, Tarragona, est. Tip. de F. Arís e Hijo, 1894.

49 *Ibíd.*, p. 34. Para la biografía de Casañas: *GEC*, vol. 6, p. 395.

50 J. Agirreazkenuaga, «Las oportunidades de construcción del estado liberal foral: La "España Foral"», en A. M. García (ed.), *España, ¿Nación de Naciones?*, *Ayer*, núm. 35, 1999, pp. 121-146. Para Pella i Forgas, véase: J. Pella y Forgas, *Llibertats y antich govern de Catalunya*, Barcelona, Llibreria de Francesc Puig, 1905.

51 J. Pella y Forgas, *La crisi del catalanisme*, Barcelona, Tip. Henrich y C^a., 1906; también L. Costa i Fernàndez, *Josep Pella i Forgas i el catalanisme*, Barcelona, Dalmau, 1997.

52 Como muestra: M. Campomar Fornielles, «Menéndez Pelayo en el conflicto entre tradicionalismo y liberalismo», en *Estudios sobre Menéndez Pelayo*, núm. extraordinario en homenaje a Don Manuel Revuelta Sañudo, *Boletín de la Biblioteca de Menéndez Pelayo*, Santander, Sociedad Menéndez Pelayo, 1994, pp. 109-134.

53 S. Juan Arbó, *La vida trágica de mosén Jacinto Verdaguer*, Barcelona, Planeta, 1970, p. 602.

54 J. Bonet y C. Martí, *L'integrisme a Catalunya. Les grans polèmiques 1881-1888*, Barcelona, Vicens-Vives/Caixa de Barcelona, 1990, cap. XVIII.

55 J. Torras i Bages, «La pràctica del regionalisme», apuntes sin fecha, en J. Torras i Bages, *De regionalisme...*, *op. cit.*, pp. 168-169 (citas p. 168).

56 Para su redacción de un texto para la Unió, véase «La llengua regional en el temple», en J. Torras i Bages, *De regionalisme*, vol. VIII, *Obres Completes*, Barcelona, Biblioteca Balmes, 1925, pp. 151-152.

57 J. Torras i Bages, «Consideracions socials i polítiques sobre el regionalisme», apuntes inéditos sin fecha, en *ibíd.*, pp. 169-182 (citas p. 176).

58 J. Torras i Bages, «Consideracions sociològiques sobre el regionalisme» (1893), en *ibíd.*, pp. 9-87 (cita p. 13).

59 A. Masriera, *La Pastoral del Excmo. e Ilmo. Señor Obispo de Barcelona del 6 de enero de 1900, impugnada o defendida por los señores Silvela, Romero Robledo, Dávila, Villanueva, Cruz Ochoa, Dato Iradier, Cañellas, Sallarés, Abadal, Poveda, Mataix, Soto Hermoso, de Cavia, Brañas, Polo y Peyrolón, Dorao, Rubió y Lluch, Sardá y Salvany, Pallés, Cabot Negrevernis, Rivera, Mestre Noé, Perelló, Sabater, Valls Sabat, Ferré y Carrió, Bonet, etc.*, Barcelona, Imp. de Subirana Hermanos, 1901; J. Figuerola i Garreta, *El bisbe Morgades i la formació de l'Església catalana contemporània*, Barcelona, Abadia de Montserrat, 1994, part IV.

60 Véase, como indicio: V. Serra y Boldú, «Verdaguer periodista», en *El periodismo por los periodistas. Ciclo de conferencias periodísticas [...]*, Barcelona, Asociación de Periodistas de Barcelona, [¿1915?], pp. 81-88.

61 G. van Hensbergen, *Antoni Gaudí*, Barcelona, Plaza Janés, 2001. Para la relación con Torras y la Seo mallorquina: J. J. Lahuerta, «La reforma de la catedral de Palma i la restauració política de l'Església a Catalunya i Mallorca», *Recerques*, núm. 25, 1992, pp. 7-29.

62 A. Nicolau, L. Ubero, P. Vivas, «L'univers simbòlic de Verdaguer i Gaudí», en A. Nicolau, L. Ubero, P. Vivas (coms.), *Gaudí-Verdaguer*, Barcelona, Ajuntament de Barcelona/Triangle, 2002, pp. 103-137.

63 J. Bergós, *Gaudí, l'home i l'obra* [1954], Barcelona, Lunwerg/«La Caixa», 1999, pp. 32, 44-46.

64 J. Faulí, «L'altra Lliga, la centenària», *Avui*, 18 abril 1999, p. 25; también sobre la Lliga Espiritual: *GEC*, vol. 14, p. 77.

65 Para ejemplo de colaboraciones está Carner: A. Manent, *Tres escritores catalanes: Carner, Riba, Pla*, Madrid, Gredos, 1973, p. 25; como muestra del tratamiento en el diario regionalista, *La Veu de Catalunya*, 17 abril 1917 (tarde), p. 2, donde aparece el manifiesto «Per la nostra pietat i la nostra llengua» de la Lliga Espiritual con atención igual que los actos de propaganda en Molins de Rei de la difusora pancatalanista «Nostra Parla».

66 La Lliga Regionalista, por lo tanto, nunca podría cumplir una función como instrumento de conversión religiosa o de captación católica que, por ejemplo, fue uno de los «atractivos» de *L'Action française*: véase F. Gugelot, *La conversion dels intellectuales au catholicisme en France (1885-1935)*, París, CNRS, 1998, cap. 12.

67 Tomamos el concepto de J. M. Iñurritegui Rodríguez y J. Viejo Yharrasarry, «El tomista en las Cortes. Pasado confesional y tiempo constitucional», en J. M. Iñurritegui y

J. M. Portillo (eds.), *Constitución en España*, Madrid, Centro de Estudios Políticos y Constitucionales, 1998, pp. 17-23.

68 E. Prat de la Riba, »Discurs a la Lliga Espiritual de la Mare de Déu de Montserrat el 29 d'abril de 1906», *Montserrat*, VII, núm. 66, juny 1906, en E. Prat de la Riba (A. Balcells y J. M. Ainaud de Lasarte, eds.), *Obra completa, 1906-1917*, volumen II, Barcelona, Proa, 2000, pp. 94-96 (cita p. 95).

69 E. Jardí, *El Cercle Artístic de Sant Lluc*, Barcelona, Destino, 1976. Véase también Mn. Carles Cardó, *Doctrina estètica del Dr. Torras i Bages*, Barcelona, Editorial Catalana, 1919.

70 El gran ejemplo estuvo en los albores de la política moderna francesa, en la restauración borbónica bajo Luis XVIII, cuando el partido «ultra» (o sea, ultracatólico) fue acusado de controlar los mecanismos de la cámara elegida mediante una sociedad secreta en manos religiosas, la «Congrégation de la Vièrge», cosa que el sector en cuestión negaba: véase las acusaciones de Montlosier (R. Casanova, *Montlosier et le parti prêtre*, París, Robert Laffont, 1970) y la famosísima novela de Stendhal, *Le rouge et le noir* (1830), que trata la cuestión de manera directa. El tema se arrastró a través de más de un siglo de historiografía gala, con argumentos contrapuestos de la izquierda (que insistía en el papel siniestro de la «Congrégation») y la derecha (que, por el contrario, repetía que ésta no fue más que una entidad piadosa): véase, para una demostración católica: C. A. Geoffroy de Grandmaison, *La Congrégation (1801-1830)*, París, Plon-Nourrite, 1889. Por fin, el historiador católico Guillaume Bertier de Sauvigny demostró, con papeles de un protagonista, antepasado suyo, que, en efecto, la «Congrégation» había sido una asociación para el recogimiento, y que la opinión «ultra» se coordinó mediante otra organización, los «Chevaliers de la Foi», con muchos de los mismos socios, que, como era secreta, no podía descubrirse para lavar la reputación de la «Congrégation». Véase G. Bertier de Sauvigny, *Un type d'ultra-royaliste. Le comte Bertier de Sauvigny (1782-1864) et l'enigme de la Congrégation*, París, Imp. des Presses Continentales, 1948. Todo ello ha llevado a reflexiones parecidas con la prelatura del Opus Dei: J. Artigues [pseud.], *El Opus Dei en España*, I, *Su evolución ideológica y política, 1928-1957*, París, Ruedo Ibérico, 1968; J. Ynfante, *La prodigiosa aventura del Opus Dei. Génesis y desarrollo de la Santa Mafia*, París, Ruedo Ibérico, 1970; o su edición corregida: J. Ynfante, *Opus Dei*, Barcelona, Grijalbo, 1996.

71 Véase O. Malló y A. Martí, *En tierra de fariseos. Viaje a las fuentes del catalanismo católico*, Madrid, Espasa-Calpe, 2000.

72 Como muestra: O. Colomer i Carles, *Josep Torras i Bages (1846-1916) Cent cinquanta aniversari*, Sabadell, Fundació Amics de les Arts i de les Lletres de Sabadell, 1996.

73 F. Pujols, *La visió artística i religiosa d'en Gaudí* [1927], Barcelona, Quaderns Crema, 2002, p. 56.

74 E. Prat de la Riba, «Insistint. El radicalisme de la dreta», *La Veu de Catalunya*, 17 septiembre 1909, en E. Prat de la Riba (A. Balcells y J. M. Ainaud de Lasarte, eds.), *Obra completa…*, *op. cit.*, vol. II, pp. 458-461 (cita p. 461).

75 V. Cacho Viu, «Catalanismo y catolicismo en el ambiente intelectual finisecular», en M. Andres, V. Cacho Viu, J. M. Cuenca, A. Domínguez Ortiz, S. Folgado Florez, J. M. García Escudero, J. Longares, C. Martí, M. Revuelta, J. Tusell, *Aproximación a la historia social de la Iglesia española contemporánea*, El Escorial, Real Monasterio del Escorial, 1978, pp. 297-321 (cita p. 314); también incluido en V. Cacho Viu, *El nacionalismo catalán como factor de modernización*, Barcelona, Quaderns Crema/Residencia de Estudiantes, 1998.

76 J. Bada, *Il clericalismo e l'anticlericalismo*, Milán, Jaca Book, 1996, pp. 62-66.

77 C. Taylor, «El nacionalismo y la *intelligentsia* en Quebec» [1965], en C. Taylor, *Acercar las soledades. Federalismo y nacionalismo en Canadá*, San Sebastián, Gakoa, 1999, pp. 29-56.

78 J. Andrés Gallego, *La política religiosa en España 1889-1913*, Madrid, Editora Nacional, 1975, p. 141.

79 Arxiu General i Històric de la Universitat de Barcelona, Expedients: «Prat de la Riba, Enric».

80 J. Solé Tura, *Catalanisme i revolució burgesa*, Barcelona, Edicions 62, 1967, caps. III, X-XII; es igualmente ilustrativa la defensa de E. Jardí, *El pensament de Prat de la Riba*, Barcelona, Alpha, 1983, pp. 143-156, quien, además, sitúa la formación del adolescente Prat en *«Entitats catòliques»* (pp. 41-44).

81 P. Coromines, «L'Institut d'Estudis Catalans. Els seus primers XXXV anys» (1935), reproducido en *Centenari del naixement d'Enric Prat de la Riba*, Barcelona, Nadala Lluís Carulla, 1970, sin paginar. Sobre Bastardas, hay una exhaustiva reivindicación: A. Pérez-Bastardas, *Els republicans nacionalistes i el catalanisme polític: Albert Bastardas i Sampere (1871-1944)*, Barcelona, Edicions 62, 1987, 2 vols.

82 J. Llorens i Vila, «La Unió Catalanista i les assemblees catalanistes», *Afers*, núm. 13, *Cent anys de catalanisme*, 1992, pp. 31-41 (especialmente p. 39).

83 E. Prat de la Riba, *La nacionalitat catalana...*, *op. cit.*, p. 38; se repiten las dos frases textualmente en E. Prat de la Riba, «Pròleg. L'obra d'en Duran en l'evolució del pensament polític català», en L. Duran i Ventosa, *op. cit.*, p. 18.

84 P. Coromines, «L'Institut d'Estudis Catalans...», *op. cit.*

85 J. Andrés Gallego, *op. cit.*, p. 339; J. de Camps i Arboix, *El pressupost de cultura, 1908. Un problema d'actualitat*, Barcelona, Rafael Dalmau, 1974.

86 J. Andrés Gallego, *op. cit.*, pp. 339, 485.

87 J. Comella y Colom, Prbo., *La Revolución Cosmopolita y el Protestantismo*, Barcelona, Fomento de la Prensa Tradicionalista/La Hormiga de Oro, 1908.

88 Joan Balanzó i Pons, *Cartas catalanistas al meu bon amich don Albert Rusiñol*, Barcelona, Fidel Giró, imp., 1904, p. 7. El autor era hermano de un conocido literato católico en catalán, el barcelonés Llorenç Balanzó i Pons (1860-1927), ennoblecido por el papa Benedicto XV como marqués de Balanzó. Véase *GEC*, vol. 4, p. 65.

89 J. Alsina y Bover, *España regionalista y el movimiento catalán*, Barcelona, Imp. de Francisco Altés, 1908.

90 F. Sardà y Salvany, Pbro., «¿Romerías? ¿Qué se saca de eso?», en F. Sardà, *Propaganda católica* [1883], Barcelona, Lib. y Tip. Católica, 1907, texto LXXXIII, pp. 499-504 (cita pp. 502-503).

91 J. Massot i Muntaner, «Gaietà Soler i la Solidaritat Catalana», *Recerques*, núm. 17, 1985, pp. 105-122 (pp. 106-111).

92 *Ibíd.*, pp. 11-113; G. Mir, «Una polèmica sobre catolicisme i catalanisme (A propòsit de Miquel dels Sants Oliver i la crisi de direcció del "Diario de Barcelona", 1906)», *Recerques*, núm. 6, 1976, pp. 93-118; allí se reproduce: C. S., «Sano regionalismo», *Diario de Barcelona*, 26 junio 1906; «El reverso de la medalla», *ibíd.*, 3 julio 1906, y, la respuesta de Prat, «De dret y de revés», *La Veu de Catalunya*, 9 julio 1906.

93 Véase J. Massot, «Entrevista a Miquel Batllori», *La Vanguardia*, 2 abril 2000, pp. 49, 51 (cita p. 49); la versión pública del asunto en J. Andrés Gallego, *op. cit.*, pp. 334-337; los orígenes de Casanovas: M. Batllori, «Ignasi Casanovas. La minyonia d'un historiador del poble», en M. Batllori, *Galeria de personatges*, Barcelona, Vicens-Vives, 1975, pp. 219-230; para la biografía de Casanovas: *GEC*, vol. 6, p. 397.

94 J. Massot i Muntaner, «Antoni M. Alcover o el catalanisme inconsequent», en J. Massot i Muntaner, *Església i societat a la Mallorca del segle XX*, Barcelona, Curial, 1977, pp. 21-45; también: *GEC*, vol. 1, pp. 422-423.

95 J. Massot, «Entrevista a Miquel Batllori», *op. cit.*, p. 49; J. Massot i Muntaner, «Gaietà Soler i la Solidaritat Catalana», *op. cit.*, pp. 113-117.

96 P. Fullana Puigserver, *El moviment catòlic a Mallorca (1875-1912)*, Barcelona, Abadia de Montserrat, 1994, p. 380-386.

97 B. de Rubí, «El Pare Miquel d'Espluges i "L'ideal de la Mercé"», *Estudios Franciscanos*, vol. 79, núms. 362-363, abril-diciembre 1978, pp. 406-461 (pp. 412-419); J. Massot i Muntaner, «Gaietà Soler i la Solidaritat Catalana», *op. cit.*, pp. 121-122.

98 X. Tornafoch, *Catalanisme, carlisme i republicanisme a Vic (1899-1909)*, Barcelona, Abadia de Montserrat, 2002, pp. 73-74.

99 P. J. de Abadal, S. J., *La Alianza católica*, Barcelona, Gustavo Gili, ed., 1907, pp. 96, 99.

100 Cayetano Soler, *La Iglesia separada del Estado. Cuestiones político-religiosas*, Barcelona, Gustavo Gili, ed., 1911, pp. 117, 118-119. Biografía: *GEC*, vol. 21, p. 320.

101 Véase las editoriales de *El Siglo Futuro* en A. Masriera, *La Pastoral…, op. cit.*, pp. 265-282.

102 F. Sardà i Salvany, «¡Gracias, mil gracias!», *Revista Popular*, 25 enero 1900, en *ibíd.*, pp. 343-345 (citas p. 343).

103 A. Moliner Prada, *Fèlix Sardà i Salvany y el integrismo en la Restauración*, Bellaterra, Servei de Publicacions de la UAB, 2000, pp. 45-51.

104 J. M. de Sagarra, *Memòries* [1954], Barcelona, Aedos, 1964, p. 196.

105 Véase su biografía, escrita por Joan Fuster, en la *GEC*, vol. 8, p. 184.

106 J. M. Laboa, *El integrismo, un talante limitado e excluyente*, Madrid, Narcea, 1985, pp. 65-70.

107 «Carlos María Negón» [sic], *Vindicias regionalistas*, folleto no. 1: «Regionalismo españolista», Valencia, Biblioteca Españolista, 1904, p. 10 («A un catalanista», «La guerra de "Los Segadors"»), en J. D. M. Corbató, *Folletos varios de Doctrina Españolista*, Benimanet (Valencia), Biblioteca Españolista, s.f., grupo II.

108 *Ibíd.*, pp. 4-5 («El Regionalismo es católico»).

109 *Ibíd.*, p. 14 («El Regionalismo catalán»).

110 *Ibíd.*, pp. 16-18.

111 «Proyecto de Programa fundamental de una Confederación Regionalista», *ibíd.*, p. 19.

112 «Carlos María Negón» [sic], *Vindicias regionalistas*, folleto núm. 3: «Separatismo disimulado», Valencia, Biblioteca Españolista, 1905, pp. 3-4 («Cataluña y Castilla»), en J. D. M. Corbató, *Folletos varios de Doctrina Españolista…, op. cit.*, grupo II.

113 M. Peset Reig, «Carlismo y nacionalismo valenciano. Dos idearios dispares: Aparisi y Guijarro y el padre Corbató», en *Nations et Nationalités en Espagne, XIXe. et XXe. s.*, París, Fondation Singer-Polignac, 1985, pp. 213-239.

114 *El gran proyecto español. El escudo del Corazón de Jesús en la bandera española. Crónica contemporánea del reinado social del Corazón de Jesús en España. Por varias señoras Amantes del Sagrado Corazón*, Alcoy, La Buena Prensa, 1916; *El gran proyecto español. Folleto dedicado a S. M.C. el rey Alfonso XIII […]*, Valencia, Tip. Moderna, 1917.

115 J. la Cueva Merino, «Católicos en la calle: la movilización de los católicos españoles, 1899-1923», *Historia y Política*, núm. 3, 2000/1, pp. 57-79 (p. 64).

116 Véase E. Olcina, *El carlismo y las autonomías regionales*, Madrid, Seminarios y Ediciones, S.A., 1974; también, del mismo, los dos primeros capítulos de su *Carlisme i autonomía al País Valencià*, Valencia, Tres i Quatre, 1976.

117 J. Vilamitjana, *De la pesseta a l'euro. Història de la pesseta: 1868-2001*, Gerona, Fundació Caixa de Girona, 2001, pp. 34-35.

118 En general: M. Rodríguez Carrajo, *Vázquez de Mella: sobre su vida y su obra*, Madrid, Revista «Estudios», 1973.

119 J. Vázquez de Mella, «Apoteosis de España y visión de la catástrofe», discurso en el Congreso de los Diputados, 8 julio 1896, en J. Vázquez de Mella y Fanjul, *Selección*, Barcelona, Junta del Homenaje a Mella, 1935, vol. I de *Obras completas (edición económica)*, citas pp. 116.

120 J. Vázquez de Mella, «El fin de nuestro Imperio colonial. Nada de llanto y un poco de valor», *El Correo Español*, 26 agosto 1898, en J. Vázquez de Mella y Fanjul, *Temas internacionales*, Barcelona, Casa Subirana, 1934, vol. XXIII de *Obras completas*, cita p. 93.

121 J. Vázquez de Mella, *La persecución religiosa y la Iglesia independiente del Estado ateo*, Barcelona, Junta del Homenaje a Mella, 1935, vol. II de *Obras completas (edición económica)*, pp. 182-183.

122 *Ibíd.*, p. 184.

123 *Ibíd.*, pp. 184-185.

124 J. Vázquez de Mella, «En Barcelona», «Extracto de un discurso pronunciado el 24 de junio de 1903», J. Vázquez de Mella y Fanjul, *Regionalismo*, I, Madrid, Editorial E. Subirana, 1935, vol. XXVI de *Obras completas*, p. 150.

125 J. Vázquez de Mella, «Testimonio de gratitud. Glorias de Cataluña, Extracto de un brindis en un banquete celebrado en Madrid, el 18 de noviembre de 1906», *ibíd.*, p. 178.

126 M. Fernández («Peñaflor»), «Apuntes para una biografía» [1930], en J. Vázquez de Mella y Fanjul, *Selección de elocuencia e historia*, Barcelona, Casa Subirana, 1932, vol. I de *Obras completas*, p. xli. Véase J. Canal, *El carlismo...*, *op. cit.*, pp. 276-277.

127 A. Ribalta, *Catalanismo militante*, Madrid, Imp. de Romero, 1901, p. 39.

128 K. O. von Aretin, *op. cit.*

129 Utilizo el resumen, algo anacrónico en el contexto, de Alberto Martín Artajo, *Doctrina política de los Papas*, Madrid, Biblioteca de Autores Cristianos, 1959, pp. 41-44, 26-27; véase, en general: C. Millon-Delsol, *Le principe de la subsidiarité*, París, PUF, 1993.

130 J. Vázquez de Mella, «De la Semana Regionalista de Santiago», Discurso pronunciado el 31 julio 1918, en J. Vázquez de Mella y Fanjul, *Regionalismo*, II, 1935, Barcelona, Editorial E. Subirana, vol. XXII de *Obras completas*, cita p. 211.

131 J. Vázquez de Mella, «Libertad, regionalismo, neutralidad» (sección «La verdadera libertad»), *El Correo Español*, 25 abril 1916, en *ibíd.*, cita p. 158.

132 J. Vázquez de Mella, «De la Semana Regionalista de Santiago», *op. cit.*, en J. Vázquez de Mella y Fanjul, *Regionalismo*, II, cita pp. 253-254.

133 *Ibíd.*, citas pp. 305, 307-308.

134 J. Vázquez de Mella, «Libertad, regionalismo, neutralidad» (sección «El vínculo del idioma»), *op. cit.*, en J. Vázquez de Mella y Fanjul, *Regionalismo*, II, citas pp. 164-165.

135 *Ibíd.*, citas pp. 166, 167.

136 R. Lezcano, *La Ley de Jurisdicciones, 1905-1906*, Madrid, Akal, 1978; para las convergencias en las Cortes: Solidaritat Catalana, *Discursos Contra la Ley de las Jurisidicciones en el Senado y en el Congreso*, Barcelona, Tip. El Anuario de la Exportación, 1906.

137 C. Alonso, *Intelectuales en crisis. Pio Baroja, militante radical (1905-1911)*, Alicante, Instituto de Estudios Juan Gil-Albert, 1985, p. 31.

138 Tomamos los datos del pequeño retrato en F. C. Sainz de Robles, *La promoción de «El Cuento Semanal» 1907-1925*, Madrid, Espasa-Calpe, 1975, p. 234.

139 F. C. Sainz de Robles, *Manuel Bueno, o un intelectual irritable y escéptico*, Madrid, Fundación Universitaria Española, 1975, pp. 14-18.

140 J. Nogales, «Bastante hemos hablado», *El Liberal*, 25 junio 1905, citado en A. M. Rodríguez Castillo, *Vida y obra de José Nogales*, Huelva, Diputación de Huelva, 1999, pp. 73-75 (cita p. 75).

141 Todo el relato presente depende de C. Alonso, «Los intelectuales "revisionistas" en la crisis de 1905», artículo originalmente de 1982, en C. Alonso, *op. cit*, pp. 15-52; también E. Gil Bera, *Baroja o el miedo. Biografía no autorizada*, Barcelona, Península, 2000.

142 Véase: J. de Camps i Arboix, *Història de la Solidaritat Catalana*, Barcelona, Destino, 1970; R. Lezcano, *op. cit.*
143 R. Aliberch, *Eusebio Bertrand Serra*, Barcelona, Artes Gráficas Juan Sabadell, 1952, p. 216.
144 M. Suárez Cortina, *El gorro frigio. Liberalismo, democracia y republicanismo en la restauración*, Madrid, Biblioteca Nueva, 2000, p. 280-281; para el iberismo de Salmerón, p. 123.
145 E. Ucelay-Da Cal, *Francesc Macià. Una vida en imatges*. Barcelona, Generalitat de Catalunya, 1984, pp. 50-57.
146 J. Romero-Maura, *La «Rosa de Fuego». El obrerismo barcelonés de 1899 a 1909*, Barcelona, Grijalbo, 1974, pp. 400-419.

IV. Cambó y d'Ors dan vueltas a la idea «imperial»

Capítulo 11. *El político protagonista ante el ideólogo: Cambó, Prat y la idea «imperial»*

1 R. de Maeztu, *Hacia otra España* (introducción de Javier Varela), Madrid, Biblioteca Nueva, 1997, pp. 200-201.
2 M. de Unamuno, «¿?», *Los Lunes de El Imparcial*, 31 diciembre 1906, citado en C. Alonso, *Intelectuales en crisis. Pio Baroja, militante radical (1905-1911)*, Alicante, Instituto de Estudios Juan Gil-Albert, 1985, p. 113.
3 J. A. Duran, *Agrarismo y movilización campesina en el país gallego (1875-1912)*, Madrid, Siglo XXI, 1977.
4 C. Ametlla, *Memòries polítiques 1890-1917*, Barcelona, Pòrtic, 1963, p. 329.
5 Para la explicación sobre la perfecta armonía de la Lliga en boca de Cambó en entrevista realizada aproximadamente en 1917, véase: El Caballero Audaz, *Galería*, Ediciones ECA, 1943, pp. 607-615 (p. 610).
6 La biografía oficial de Cambó, publicada por la editorial de su familia: J. Pabón, *Cambó*, Barcelona, Alpha, 1952-1969, 3 vols. Otras biografías son: M. García Venero, *Vida de Cambó*, Barcelona, Aedos, 1952; I. Buqueras, *Cambó*, Barcelona, Plaza Janés, 1987; E. Jardí, *Cambó. Perfil biogràfic*, Barcelona, Pòrtic, 1995; hay también biografías de otros dirigentes: E. Jardí, *Puig i Cadafalch*, Barcelona, Ariel, 1975; J. M. Tavera, *Juan Ventosa y Calvell*, Barcelona, Fundación Ruiz-Mateos, 1977; J. Camps i Arboix, *Raimon d'Abadal i Calderó*, Vic, Patronat d'Estudis Ausonencs, 1985, así como F. de Carreras, «Estudi preliminar», en L. Duran i Ventosa, *Regionalisme i federalisme*, Barcelona, La Magrana, 1993. Sobre la Lliga en general, la obra fundamental continua siendo I. Molas, *Lliga Catalana. Un estudi d'estasiologia*, Barcelona, Edicions 62, 1974, 2 vols.
7 A. Almendros Morcillo, *Francesc Cambó: la forja d'un policy maker*, Barcelona, Abadia de Montserrat, 2000, p. 40.
8 Partiendo de los mismos textos utilizados aquí, una lectura difierente sobre táctica y comunicación: A. Almendros, «Enric Prat de la Riba i Francesc Cambó: aproximació a dues maneres de fer entendre la política», *Revista de Catalunya*, núm. 37, enero 1990, pp. 29-40.
9 F. Cambó, «Per l'autonomia de Catalunya i la grandesa d'Espanya», sessions del 30 de novembre i 6 de desembre de 1934, en F. Cambó, *Discursos parlamentaris (1907-1935)*, Barcelona, Editorial Alpha, 1991, p. 844. Su memoria le hizo una mala pasada a Cambó: Prat escribió el manifiesto de la España Grande más de un año antes de morir.
10 F. Cambó, *Memòries (1876-1936)*, Barcelona, Alpha, 1981, p. 68.

11 V. Cacho Viu, «Perfil público de Cambó», en V. Cacho Viu, *El nacionalismo catalán como factor de modernización*, Barcelona, Quaderns Crema/Residencia de Estudiantes, 1998, pp. 105-131 (véase pp. 114-115).

12 F. Cambó, *Memòries…, op.* cit., p. 39.

13 *Ibíd.*, p. 43.

14 *Ibíd.*, p. 53; véase E. Prat de la Riba, «Discurs en l'Acadèmia La Joventut Catòlica de Barcelona [sic]», *La Renaixensa*, 1 enero 1898, en E. Prat de la Riba (A. Balcells y J. M. Ainaud de Lasarte, eds.), *Obra completa*, volum I, *1887-1898*, Barcelona, Proa, 2000, pp. 559-566.

15 F. Cambó, *Memòries…, op. cit.*, pp. 60-61.

16 E. Sánchez Reyes, *Don Marcelino Menéndez y Pelayo*, Barcelona, Aedos, 1959, pp. 176, 253-254.

17 N. Verdaguer i Callís, *La primera victòria del catalanisme*, Publicacions de «La Revista», 1919; en general: A. Comalada Negre, *Catalunya davant el centralisme*, Barcelona, Siroc-co, 1984.

18 J. Coll i Amargós, *Narcís Verdaguer i Callís (1862-1918) i el catalanisme possibilista*, Barcelona, Abadia de Monsterrat, 1998.

19 G. W. McDonogh, *Las buenas familias de Barcelona. Historia social de poder en la era industrial*, Barcelona, Omega, 1989, p. 111.

20 A. Almendros, «El jove Cambó: un desconegut», *Revista de Catalunya*, núm. 41, mayo 1990, pp. 29-40.

21 V. Cacho Viu, «Perfil público de Cambó», *op. cit*, p. 107; la cita de Cambó es de su artículo «El tràgic conflicte», *La Veu de Catalunya*, 8 octubre 1906.

22 E. Jardí, *Cambó…, op. cit.*, pp 272-276.

23 J. Harrison, «El món de la gran indústria i el fracàs del nacionalisme català de dreta (1901-1923)», *Recerques*, núm. 7, 1978, pp. 83-98 (traducción de «Big Business and the Failure of Right-Wing Catalan Nationalism [1901-1923]», *The Historical Journal*, 4, 1976); M. Olivari, *Regionalismo catalano, stato e padronato fra il 1898 e il 1917*, Milán, Franco Angeli, 1983.

24 F. Cambó, «Política estrangera: lo procés Dreyfus y la Cort de Casació [sic]», *La Veu de Catalunya*, 3 junio 1899, citado en J. Coll i Amargós, *El catalanisme conservador davant l'afer Dreyfus (1894-1906)*, Barcelona, Curial, 1994, p. 108.

25 F. Cambó, «¿?», *La Veu de Catalunya*, ¿? noviembre 1899, citado en J. Miró i Ardèvol, «La Constitució catalana», *Avui*, 11 agosto 2000, p. 16. No he podido localizar el original.

26 J. M. de Nadal, *Memòries d'un estudiant barceloní*, Barcelona, Dalmau i Jover, 1952, p. 134.

27 Muchos aseguraron que el objetivo verdadero había sido precisamente Salmerón. R. Alberch, *Eusebio Bertrand Serra*, Barcelona, Artes Gráficas Juan Sabadell, 1952, p. 220.

28 Véase las hagiografías de Prat por Jaume Bofill i Mates y Martí Esteve: J. Bofill i Mates (J. Casassas, ed.), *Prat de la Riba i la cultura catalana* [1910], Barcelona, Edicions 62, 1979; M. Esteve, «Biografía de Don Enric Prat de la Riba», *Quaderns d'Estudi*, Año III, vol. I, núm. 1, Octubre 1917 («Quadern dedicat a Enric Prat de la Riba»).

29 A. Pérez-Bastardas, *Francesc Moragas i la Caixa de Pensions (1868-1935)*, Barcelona, Edicions 62, 1999.

30 La idealización nacionalista posterior de Prat en: J. M. Ainaud de Lasarte y E. Jardí, *Prat de la Riba: home de govern*, Esplugues del Llobregat, Ariel, 1973.

31 E. Marquina, *En Flandes se ha puesto el sol*, Madrid, Renacimiento, 1914. Sobre Marquina, véase: M. de la Nuez, *Eduardo Marquina*, s.l., Twayne, 1976 (para *En Flandes…*, pp. 44-50); J. Montero Alonso, *Vida de Eduardo Marquina*, Madrid, Editora Nacional, 1965 (pp. 151-159).

32 F. Cambó, «Defensa del vot corporatiu», sesión de 24 febrero 1908, en F. Cambó, *Discursos parlamentaris..., op. cit.*, pp. 66, 72.

33 *Ibíd.*, p. 73.

34 F. Cambó, «Catalanismo. Un artículo de Cambó», *El Mundo*, 15 enero 1908, pp. 1-2.

35 B. Amengual, *Estudio sobre la Organización Corporativa Oficial de los comerciantes e industriales en el extranjero como base para la reorganización de las Cámaras Oficiales de Comercio, Industria y Navegación españolas*, Barcelona, Imp. Moderna de Guinart y Pujolar, [1910]. Para una biografía: *GEC*, vol. 2, p. 177.

36 R. Perpiñá, *De economía hispana infrasestructura, historia*, Barcelona, Ariel, 1972, p. 65.

37 Carta de F. Cambó a E. Prat de la Riba, 12 enero 1908, reproducida en R. Olivar Bertrand, *Prat de la Riba*, Barcelona, Aedos, 1964, p. 324, núm. 4.

38 E. Prat de la Riba, «Solidaritat i hegemonia», *La Veu de Catalunya*, 14 abril 1906, en E. Prat de la Riba, *Articles*, Barcelona, Lliga Catalana, 1934, pp. 75-77 (citas pp. 76, 77).

39 F. Pujols, *Concepte general de la ciència catalana* [1918] Barcelona, Pòrtic, 1982, pp. 285-286.

40 F. Cambó, «Regionalisme francés?», París, 18 abril 1940, *Meditacions. Dietari (1936-1939)*, vol. 2, Barcelona, Alpha, 1982, pp. 751-752 (citas p. 752).

41 F. Cambó, *Memòries..., op. cit.*, p. 59. Para imaginar la lectura que Cambó hizo de Taine, véase los comentarios agudos del crítico norteamericano Edmund Wilson, en su clásico *Hacia la Estación de Finlandia* [1940], Madrid, Alianza, 1972, cap. 7 (cita p. 62): «Taine no trata de volver al pasado, sino que se enfrenta con el presente. Pero, al hacerlo, pone en evidencia algunas de las cualidades menos atractivas de ese presente.»

42 La atribución de la paternidad del «nacionalismo» según el comentario de *L'Action française* del 15 de septiembre de 1900 al Programa de Nancy barresiano: M. Barrès, *Scènes et doctrines du nationalisme,* París, Émile-Paul, [1902], p. 431, núm. 1.

43 M. Barrès, «Notes sur les idées féderalistes» (1895), en *ibíd.*, pp. 483-507 (citas pp. 498, 504-505).

44 R. Girardet, *L'idée coloniale en France de 1871 à 1962*, París, La Table Ronde/Pluriel, 1978, caps. I-IV.

45 J. Coll i Amargós, «Lliga de Catalunya», en I. Molas (ed.), *Diccionari de partits polítics de Catalunya, segle XX*, Barcelona, Enciclopèdia Catalana, 2000, p. 151.

46 Véase el ensayo de S. Bernstein, «La ligue», en J.-F. Sirinelli (ed.), *Histoires des droites en France*, vol. II, *Cultures*, París, Gallimard, 1992, cap. II; más en general, en el vol. III, *Sensibilités*, de esta misma obra, los ensayos de P. Barral, «La terre» (cap. II), de G. Rossi-Landi, «La région» (cap. III), otra vez de P. Barral, «La patrie» (cap. IV) y de M. Michel, «La colonisation» (cap. V), este último con la noción de «une droite impériale» especialmente para el período de entreguerras (pp. 141-148). Para la Liga Filipina: W.E. Retana, *Rizal. Notes biogràfiques*, Barcelona, L'Avenç, 1910; G. Fischer, *José Rizal, philippin, 1861-1896*, París, Maspero, 1970; el manifiesto de la Liga Gallega, 5 febrero 1899: reproducido en F. Fernández del Riego, *Pensamento Galeguista do sécolo XIX*, Vigo, Galaxia, 1983, pp. 191-195.

47 F. Cambó, *Memòries..., op. cit.*, p. 51.

48 Véase R. Soucy, *Fascism in France. The Case of Maurice Barrès*, Berkeley, University of California Press, 1972; Z. Sternhell, *Maurice Barrès et le nationalisme français*, París, FNSP, 1972, y, del mismo autor, *La droite révolutionnaire, 1885-1914. Les origines françaises du fascisme*, París, Seuil, 1978.

49 De Barrès mismo, su fundamental *Scènes et doctrines du nationalisme..., op. cit.*

50 J. Coll i Amargós, *El catalanisme ..., op. cit.*

51 W. Benjamin, «Sobre la situación social que el escritor francés ocupa actualmente» [1934], en W. Benjamin, *Imaginación y sociedad. Iluminaciones I*, Madrid, Taurus, 1990, p. 71.

52 S. Minguijón, *La crisis del tradicionalismo en España*, Zaragoza, Tip. de F. Carra, 1914, p. 57.

53 J. Coll i Amargós, «Brunetière, Barrès i el catalanisme finisecular», *L'Avenç*, núm. 232, enero 1999, pp. 8-12; J. Coll i Amargós, *Narcís Verdaguer i Callís…*, *op. cit.*, pp. 296-299, 344-351; también J. Coll i Amargós, *El catalanisme conservador…*, *op. cit.*, pp. 75-85.

54 M. Barrès, *Greco ou le secrète de Tolède* [1911], Bruselas, Complexe, 1988.

55 M. Barrès, *Du sang, de la volupté et de la mort* [1894], París, Union Générale d'Éditions, 1988, p. 136.

56 M. Barrès, *Mes cahiers*, vol. I, 1896-1898, París, Plon, 1929, p. 183.

57 M. Barrès, *Mes cahiers*, vol. II, 1898-1902, París, Plon, 1930, p. 69; M. Barrès, *Mes cahiers*, vol. V, 1906-1907, París, Plon, 1932, p. 249; M. Barrès, *Mes cahiers*, vol. VI, 1907-1908, París, Plon, 1933, pp. 156-157.

58 D. Clark Cabeen, *The African Novels of Louis Bertrand: A Phase of the Renascence of National Energy in France*, tesis doctoral, University of Pennsylvania (Filadelfia, Westbrook Publishing Co., 1923).

59 V. Blasco Ibáñez, «Mauricio Barrés», Prólogo a M. Barrés, *Al servicio de Alemania/Colette Baudoche*, Valencia, Prometeo, [¿1919?], pp. 24-25.

60 Citado en H. Charriualt, *Alphonse XIII intime*, París, Félix Juven, 1908, p. 163.

61 Por si no se entendiese bien la idea, Maurras avisaba: «Yo no soy de esos provenzales quiméricos, a los cuales, según algunos enemigos de nuestra Provenza, esta patria particular podría hacer olvidar la patria común.» C. Maurras, *L'Etang de Berre*, París, Édouard Champion, Ed., 1915, p. 158.

62 A.-M. Thiesse, *Écrire la France. Le mouvement littéraire régionaliste de langue française entre la Belle Époque et la Libération*, París, PUF, 1991, pp. 65-69. Ni que decir que Maurras, no obstante «traicionó» el punto de partida de la misma sociedad Félibrige, fundada a raíz de una conversación indignada entre el poeta y varios amigos sobre la «traición» idiomática de las élites provenzales al honor lingüístico de su país, según el mismo Mistral: véase F. Mistral, *Mémoires et Récits*, Arles, Culture Provençale et Méridionale, 1981, pp. 444 (texto provenzal), 445 (francés).

63 J. Bainville, *La Guerre et l'Italie*, París, Fayard, [¿1916?], p. 96.

64 Para la relación entre el Félibrige y el catalanismo literario: A. Bladé i Desumvila, *Felibres et catalans*, Barcelona, Rafael Dalmau, 1961; R. Aramon i Serra, *Frederic Mistral i la Renaixença catalana*, Barcelona, Rafael Dalmau, 1985; J. Cantera Ortíz de Urbino, «Federico Mistral y Cataluña», *Miscelania homenaje en honor de Pedro Sainz Rodríguez*, Madrid, Fundación Universitaria Española, 1987, vol. III, pp. 121-128; P. Martel, «Occitans et Catalans au XIXe siècle: rêves et réalités», *48/14. La revue du Musée d'Orsay*, núm. 15, otoño 2002, pp. 74-79; también S. Juan Arbó, *La vida trágica de mosén Jacinto Verdaguer*, Barcelona, Planeta, 1970.

65 Véase el excelente repertorio de fuentes catalanistas en: J. Burgaya, *La formació del catalanisme conservador i els models «nacionals» coetanis. Premsa catalanista i moviments nacionalistes contemporanis, 1861-1901*, tesis doctoral, Universitat Autònoma de Barcelona, 1999, pp. 159-192.

66 J. Folguera, «La poesia del renaixament català», en J. Folguera (E. Sullà, ed.), *Les noves valors de la poesia catalana* [1919], Barcelona, Edicions 62, 1976, pp. 29-31 (citas p. 30).

67 J. Paul-Boncour y C. Maurras (et al.), *La République et la Décentralization. Un débat de 1903*, París, Nouvelle Librairie Nationale, 1923; en general: V. Nguyen, *Aux Origines de l'Action Française*, París, Fayard, 1991.

68 C. Maurras, *Enquête su la Monarchie*, París, Nouvelle Librarie Nationale, s.f. [¿1909?], p. 304.

69 C. Maurras (trad. F. Bertrán), *Enquesta sobre la Monarquía*, Madrid, Sociedad Española de Librería, 1935, p. 715.
70 Véase B. Joly, «Le parti royaliste et l'affaire Dreyfus (1898-1900)», *Revue Historique*, CCLXIX/2, núm. 546, abril-junio 1983, pp. 311-364.
71 C. Maurras, *Encuesta sobre la Monarquía*, Madrid, Sociedad General Española de Librería, 1935, pp. 213-214; el orginal, C. Maurras, *Enquête ..., op. cit.*, pp. 20-21. Maurras se mantuvo fiel a la frase, aprovechándola en los años de la Guerra Civil española y, después, bajo el «Estado francés» de Pétain: C. Maurras, *Vers l'Espagne de Franco*, París, Éditions du Livre Moderne, 1943, p. 99.
72 J. M. Corredor, *Un esprit mediterranéen: Joan Maragall*, Toulouse, Imp. Régionale, 1951, p. 154.
73 C. Maurras, *Vers l'Espagne..., op. cit.*, p. 99.
74 E. Prat de la Riba, «El sufragio universal inorgánico y el sufragio universal corporativo», *Revista Jurídica de Cataluña*, I, Nª 5, 1897, en E. Prat de la Riba (A. Balcells y J. M. Ainaud de Lasarte, eds.), *Obra completa*, volum I, *op. cit.*, pp. 281-286.
75 C. Maurras, *Vers l'Espagne de Franco...*, pp. 96-101.
76 A. Rovira i Virgili, «El movimiento polític entorn del Memorial de Greuges (any 1885)», *Revista de Catalunya*, núm. 88, julio 1938, pp. 333-355 (cita p. 345).
77 A. Wilhelmsen, «La teoría del Tradicionalismo político español (1810-1875): Realismo y Carlismo/The Theory of Spanish Political Traditionalism (1810-1875): Realism and Carlism», en S.G. Payne (dir.), *Identidad y nacionalismo en la España contemporánea: el carlismo, 1833-1975*, Madrid, Actas, 1996, pp. 33-54.
78 Azorín, *Un discurso de La Cierva*, en sus *Obras completas*, vol. XIV, Madrid, Caro Raggio, 1921, pp. 193-196.
79 Ello ha sido enfatizado por R. Girardet (ed.), *Le nationalisme française 1871-1914*, París, A. Colin, 1966, pp. 216-218, que llega a hablar de «*deux attitudes, deux écoles, deux traditions*» al contrastar Barrès y Maurras, para rechazar la fácil y errónea homologación entre ambos.
80 Véase el monumental catálogo: B. Léal, M.T. Ocaña, *et al.*, *Paris-Barcelona, 1888-1937*, Paris/Barcelona, Réunion des Musées Nationaux/Ajuntament de Barcelona, 2002.
81 L. Daudet, *L'Entre-deux-guerres*, París, Nouvelle Librairie Nationale, 1915, pp. 109-127. Sobre Daudet: E. Vatré, *Léon Daudet ou le libre réactionnaire*, París, France-Empire, 1987; véase también V. Panyella, *Santiago Rusiñol, el caminant de la terra*, Barcelona, Edicions 62, 2003, especialmente pp. 317-318, 403-404.
82 Biografías de Albert Rusiñol: *GEC*, vol. 20, pp. 79-80; *Albertí*, vol. IV, pp. 172-174.
83 M. Casacuberta, *Santiago Rusiñol i el teatre per dins*, Barcelona, Diputació de Barcelona-Institut del Teatre, 1999, pp. 211-252; M. Casacuberta, *Els noms de Rusiñol*, Barcelona, Quaderns Crema, 1999, pp. 109-129.
84 R. Rémond, *Les Droites en France*, París, Aubier, 1982.
85 J. M. Cuenca Toribio, *Parlamentarismo y antiparlamentarismo en España*, Madrid, Congreso de los Diputados, 1995; para el omnipresente modelo vecino: J. Defrasne, *L'antiparlamentarisme en France*, París, PUF, 1990.
86 J. Coll i Amargós, *El catalanisme ..., op. cit.*, pp. 124-129.
87 Véase la evolución de la perspectiva catalanista hacia la dinámica francesa desde los últimos años ochenta hasta principios de siglo en: J. Burgaya, *op. cit.*, pp. 193-234.
88 M. Barrès, *Los rasgos eternos de Francia* [1916], s.l., s.e., s.f.; M. Barrès, *Les diverses familles spirituelles de la France*, París, Émile-Paul Frères, 1917.
89 M. Barrès, *Les déracinés* [1897], París, Union Générale d'Éditions, 1986; véase A.-M. Thiesse, *op. cit.*, pp. 69-78.

90 J. Casassas, »La configuració del sector "intel·lectual-professional" a la Catalunya de la restauració (a propòsit de Jaume Bofill i Mates)», *Recerques*, núm. 8, 1978, pp. 103-131; del mismo, *Intel·lectuals, professionals i polítics a la Catalunya contemporània (1850-1920)*, Barcelona, Els Llibres de la Frontera, 1989.

91 E. d'Ors, «La "raza cósmica" y Federico Marés», *Intermedio.-Ejercicios espirituales hacia el término de la guerra, Novisimo Glosario*, MCMXXXXIV-MCMXXXXV, Madrid, Aguilar, 1946, pp. 717-718.

92 J. Charles-Brun (trad. J. G. Acuña), *El regionalismo* [1911], Madrid, Francisco Beltrán, 1918, pp. 79-81, más el apéndice 1º de Acuña, pp. 264-267. Véase también T. Flory, *Le mouvement régionaliste français. Sources et développements*, París, PUF, 1966, caps. I, 1-2; II, 1.

93 Citado en *ibíd.*, p. 267; A. Dauzat, J. Dubois, H. Mitterand, *Nouveau Dictionnaire Étymologique et Historique*, París, Larousse, 1969, p. 639, da por buena esta fecha (o, mejor dicho, 1875).

94 Véase, en general: J. E. Reece, *The Bretons Against France. Ethnic Minority Nationalism in Twentieth-Century Brittany*, Chapel Hill, N.C., University of North Carolina Press, 1977, caps. 2-3.

95 J. G. Acuña, «Apéndice 1º» en J. Charles-Brun, *op. cit.*, pp. 269-271.

96 Marqués de la Vega de Armijo, «Informe leído por [...] sobre un artículo de Mr. Benoist [...] "La Europa sin Austria"», Separata del tomo IV de las *Memorias de la Real Academia de Ciencias Morales y Políticas*, Madrid, 1905, pp. 149-156 (cita p. 155).

97 A. J. May, *The Passing of the Hapsburg Monarchy, 1914-1918*, Filadelfia, University of Pennsylvania Press, 1968, vol. I, pp. 244-245.

98 Véase J.-P. Rioux, *Nationalisme et Conservatisme. La Ligue de la Patrie Française 1899-1904*, París, Beauchesne, 1977.

99 P. Aldavert, «A tres dos las bestiesas! [sic]», en P. Aldavert, *A salt de mata*, Barcelona, La Renaixensa, 1908, pp. 119-125 (citas pp. 123, 121).

100 Para esta comparación, véase S. Jacobson y J. Moreno Luzón, «The Political System of the Restoration, 1875-1914: Political and Social Elites», en J. Álvarez Junco y A. Shubert (eds.), *Spanish History since 1808*, Londres, Arnold, 2000, pp. 93-121 (p. 102).

101 En general, véase: M. Curtis, *Three Against the Third Republic. Sorel, Barrès, and Maurras*, Princeton (N.J.), Princeton University Press, 1959.

102 J. E. S. Hayward, «The Official Social Philosophy of the French Third Republic: Léon Bourgeois and Solidarism», *International Review of Social History*, vol. 6, núm. 1, 1961, pp. 19-41; también T. Zeldin, *Histoire des passions françaises*, vol. 4, *Colère et politique*, París, Seuil, 1981, pp. 319-365; para la recepción en España de estas ideas, véase las voces «Solidaridad» y «Solidarismo» en la *Enciclopedia Universal Ilustrada Europeo-Americana*, Madrid, Espasa-Calpe, 1927, vol. LVII, pp. 141-147.

103 Para *La Solidaridad* de los filipinos: W. E. Retana, *op. cit.*; G. Fischer, *op. cit*...

104 J. Torras i Bages, *La tradició catalana* [1892], Barcelona, Edicions 62, 1981, por ejemplo, p. 63: «El gran principi de la solidaritat humana té raó d'ésser principalment en la vida regional [...]».

105 G. L. Duprat, *La solidaridad social* [1907], Madrid, Daniel Jorro, 1913, 2ª parte, cap. II.

106 A. Combes, «Ideología Masónica en la Tercera República Francesa», en J. A. Ferrer Benimeli (dir.), *La Masonería y su impacto internacional*, Madrid, Universidad Complutense de Madrid, Cursos de Verano El Escorial 1988, pp. 27-37.

107 J. Benet, *Maragall y la Semana Trágica*, Barcelona, Edicions 62, 1964.

108 G. Best, *Humanity in Warfare. The Modern History of the International Law of Armed Conflicts*, Londres, Methuen, 1983, cap. III; S.E. Cooper, *Patriotic Pacificism. Waging*

War on War in Europe, 1815-1914, Nueva York, Oxford University Press, 1991, caps. 1-3.

109 V. Grossi, *Le pacifisme européen*, Bruselas, Bruylant, 1994, pp. 31-42 (cita pp. 34-35).

110 J. M. Solé i Sabaté y J. Villarroya i Font, *L'exèrcit i Catalunya (1898-1936). La premsa militar espanyola i el fet català*, Barcelona, l'Index, 1990; J. Martell [sic], *El colpisme espanyol i Catalunya*, Barcelona, El Llamp, 1988. En general: R. Nuñez Florencio, *Militarismo y antimilitarismo en España (1888-1906)*, Madrid, CSIC, 1990.

111 Como anticipación: L. Morote, *De la Dictadura a la República*, Valencia, Prometeo, 1908; A. Vivero y A. de la Villa, *Cómo cae un trono (La revolución en Portugal)*, Madrid, Renacimiento, 1910; J. Brissa, *La revolución portuguesa*, Barcelona, Maucci, 1911.

112 Dr. Martínez Vargas, *Mi visita al frente francés*, Barcelona, Imp. de J. Vives, 1919, p. 87.

113 R. G. Jensen, *Intellectual Foundations of Dictatorship: Spanish Military Writers and their Quest for Cultural Regeneration, 1898-1923*, tesis doctoral, Yale University, pp. 65-70, 141-146.

114 D. Johnson, «The Two Frances: The Historical Debate», en V. Wright (ed.), *Conflict and Cionsesus in France*, Londres, Frank Cass, 1979, pp. 3-23.

115 V. Cacho Viu, «Ortega y la imagen de las Dos Españas», en V. Cacho Viu, *Los intelectuales y la política. Perfil público de Ortega y Gasset*, Madrid, Biblioteca Nueva, 2000, pp. 101-129.

116 J. Varela, *La novela de España. Los intelectuales y el problema de España*, Madrid, Taurus, 1999.

117 Ribera y Rovira [sic], *Portugal y Galicia Nación. Identidad étnica, histórica, literaria[,] filológica y artística*, Barcelona, R. Tobella, Imp., 1911, pp. 15, 16, 33.

118 E. Prat de la Riba, «La cuestión catalana. Los senadores y diputados regionalistas, al país», en E. Prat de la Riba (A. Balcells i J. M. Ainaud de Lasarte, curs.), *Obra completa, 1906-1917*, volum III, Barcelona, Proa, 2000, pp. 20-37.

119 *La cuestión catalana. Los Senadores y Diputados regionalistas al País*, Lérida, Sol y Benet, 1906, citas pp. 4, 6, 10-11.

120 *Ibíd.*, pp. 11, 15, 9, 6, 7, 17.

121 *Ibíd.*, p. 17.

122 R. Criado Cervera, *Regionalismo y Descentralización*, Valencia, Imp. de Manuel Alufre, 1906, p. 8.

123 Citado, sin fuente, en: R. Lavondès, *La question catalane*, Thèse pour le Doctorat, Université de Montpellier, Faculté de Droit, Montpellier, Imp. Serre et Roumégous, 1908, pp. 131-132.

124 J. A. Rocamora, *El nacionalismo ibérico, 1792-1936*, Valladolid, Universidad de Valladolid, 1994, caps. 5-7.

125 E. Prat de la Riba, *La nacionalitat catalana*, Barcelona, Barcino, 1934, pp. 9-10, 35-37.

126 En general, sobre Freidrich von Schlegel, véase, J. Droz, *Le romantisme allemand el l'État*, París, Payot, 1966, esp. pp. 50-65, 168-173, 248-266.

127. E. Prat de la Riba, *Doctrina catalanista*, Barcelona, Il·lustració Catalana (Lectura Popular, vol. XIV, núm. 228), s.f., pp. 5-6.

128 E. Ucelay-Da Cal, «"El Mirall de Catalunya": models internacionals en el desenvolupament del nacionalisme i del separatisme català, 1875-1923», *Estudios de Historia Social*, núm. 28-29, enero-junio 1984, pp. 213-219; J. Llorens Vila, *Catalanisme i moviments nacionalistes contemporanis (1885-1901)*, Barcelona, 1988.

129 E. Prat de la Riba, «Discurs pronunciat a la Diputació de Barcelona davant els reis Alfons XIII i Victòria Eugènia el 22 d'octubre de 1908», *Diario de Barcelona*, 23 octubre 1908, en E. Prat de la Riba (A. Balcells i J. M. Ainaud de Lasarte, eds.), *Obra completa, 1906-1917*, volum III, *op. cit.*, pp. 401-403 (cita p. 403).

130 C. Seco Serrano, *Militarismo y civilismo en la España contemporánea*, Madrid, Espasa-Calpe, 1984.

131 J. Sánchez de Toca, *La crisis presente del Partido Conservador. La jefatura y los ideales*, Madrid, Imp. Hijos de M.G. Hernández, 1897.

132 J. Sánchez de Toca, *Centralización y regionalismo ante la política de la patria mayor* (1899) en J. Sánchez de Toca, *Regionalismo, municipalismo y centralización*, Madrid, Ed. Reus, 1921, pp. 1-73 (citas pp. 3, 16, 38, 29, 40). Sánchez de Toca claramente confunde el atractivo del modelo *imperial* británicos –los «Dominios» como Canadá– con la estructura del Reino Unido como tal.

133 J. Sánchez de Toca, *El movimiento antimilitarista en Europa*, Madrid, Imp. del Asilo de Huérfanos del S.C. de Jesús, 1910, pp. 5, 7; Biografía: N. González Ruiz, *Sánchez de Toca*, Madrid, Purcalla, 1948.

134 G. Hervé, *La patria de los ricos*, Barcelona, F. Granada, s.f.

135 V. Cacho Viu, «Francia 1870 España 1898», en V. Cacho Viu, *Repensar el noventa y ocho*, Madrid, Biblioteca Nueva, 1997, pp. 77-115.

136 J. Sánchez de Toca, *El movimiento..., op. cit.*, pp. 13, 31, 31, 32, 42.

137 *Ibíd.*, pp. 57-62.

138 A. Rovira i Virgili, «Els prehistòrics», 1913, en A. Rovira i Virgili, *Debats sobre'l [sic] catalanisme*, Barcelona, Societat Catalana d'Edicions, 1915, pp. 155-157 (cita p. 157).

139 Véase en general: J. Sánchez de Toca, *La crisis de nuestro parlamentarismo*, Madrid, Imp. de Isidro Perales, 1914.

140 J. Sánchez de Toca, *El movimiento..., op. cit.*, p. 32.

141 A. Hurtado, *Quaranta anys d'advocat*, Esplugues de Llobregat, Ariel, 1969, vol. I, cap. VIII.

142 S. Bengoechea, *Els dirigents patronals i la Setmana Tràgica*, Barcelona, Quaderns del Seminari d'Història de Barcelona, 2000; se puede contrastar relatos contemporáneos como M.H. Villaescusa, *La revolución de julio en Barcelona*, Barcelona, Herederos de Juan Gili, 1910, claramente denunciadora de las responsabilidades de las izquierdas, con J. Brissa, *La revolución de julio en Barcelona. Su represión. Sus víctimas. proceso de Ferrer*, Barcelona, Maucci, 1910, escrito para un público algo más izquierdista, que va desplazando el peso de los eventos al sonadísimo juicio posterior y las protestas que levantó.

143 J. Benet, *Maragall y la Semana Trágica*, Barcelona, Edicions 62, 1964.

144 J. Civera Sormaní, B. de Rubí, X. Casasses, A. Griera, *Acció Social Popular a Catalunya (1906-1936)*, *Criterion*, núm. 11, 1962: J. de Peray March, *Barcelona en 1908. Nueve impresiones*, Barcelona, Imp. F. Altés, 1909, pp. 10-13.

145 Dr. Saguer, *Solidaritat Catalana. Son procés. Recostituyents que poden enfortirla*, Conferencia donada en lo Centre Catalanista de Girona y sa comarca, en la vetlla del 11 de Desembre de 1908, Gerona, Banages, Gmans., [¿1909?], «Apèndix: "Autonomisme de nom"», cita p. 31.

146 J. Castellanos, *Raimon Casellas i el modernisme*, Barcelona, Curial/Abadia de Montserrat, 1992, vol. 2, p. 48.

147 B. de Riquer, «El intelectual "diletante" y el político inmovilista. Las relaciones entre José Ortega y Gasset y Francesc Cambó en los años 1930-1931», en M. Suarez Cortina (ed.), *La cultura española en la Restauración*, Santander, Sociedad Menéndez y Pelayo, 1999, pp. 565-584.

148 M. Ainaud de Lasarte y E. Jardí, *op. cit.*

149 J. Pijoan, «La tutela del Marroc», *La Veu de Catalunya*, 2 abril 1908, en J. Pijoan (J. Castellanos, ed.), *Política i cultura*, Barcelona, La Magrana/Diputació de Barcelona, 1990, pp. 132-134 (cita p. 133-134).

Capítulo 12. *La reinvención de la unidad catalana mediante la imagen artística*

1 Véase *Actas del Congreso Jurídico de Barcelona, septiembre de 1888, publicados por la Comisión organizadora*, Barcelona, Imp. de Jaime Jepús y Roviralta, 1889.

2 «La crisi del catalanisme», *El Poble Català*, 12 noviembre 1904, reproducido (en traducción castellana) en M. C. García Nieto, J. M. Donézar, L. López Puerta, *Crisis del sistema canovista 1898-1923*, vol 5, *Bases documentales de la España contemporánea*, Madrid, Guadiana, 1972, pp. 139-142 (cita p. 141, retraducida).

3 A. Rovira i Virgili, «El deure dels nacionalistes», 1913, en A. Rovira i Virgili, *Debats sobre'l [sic] catalanisme*, Barcelona, Societat Catalana d'Edicions, 1915, pp. 151-154 (cita p. 152).

4 En general: M. Lladonosa, «Algunes consideracions entorn de Solidaritat Catalana i Solidaritat Obrera», *Recerques*, núm. 14, 1983, pp. 61-67.

5 E. Prat de la Riba, «Els enemics de la Solidaritat: els intransigents», *La Veu de Catalunya*, 11 mayo 1906; «Els enemics de la Solidaritat: els dissolvents», *LVC*, 12 mayo 1906; «Els enemics de la Solidaritat: els caciquistes», *LVC*, 16 mayo 1906; «Cinisme», *LVC*, 15 mayo 1906; en E. Prat de la Riba (A. Balcells i J. M. Ainaud de Lasarte, eds.), *Obra completa, 1906-1917*, volum III, Barcelona, Proa, 2000, pp. 106-111.

6 M. Arnold, *Culture and Anarchy* [1868], Cambridge (G.B.), Cambridge University Press, 1966, pp. 74-75.

7 M.H. Villaescusa, *La revolución de julio en Barcelona. Hechos, causas y remedios*, Barcelona, Herederos de Juan Gili, 1910.

8 Carta de J. Maragall a Enrique de Fuentes, 15 agosto 1909, reproducida en P. Voltes, *La Semana Trágica*, Madrid, Espasa Calpe, 1995, p. 148.

9 E. Trias, «Ciutat platònica i retorn al caos (La polèmica de Maragall i Xènius entorn a la idea de ciutat)», *La Catalunya Ciutat i altres assaigs*, Barcelona, L'Avenç, 1984, pp. 47-66.

10 P. I. Casanovas, *El nòstre* [sic] *estat social. Comentari a la revolució de juliol. Conferències*, Barcelona, Gustau Gili, 1910, pp. 45 y ss., 69 y ss., 121. También para la relación Casanovas-Maragall sobre este libro: M. Batllori, «L'inconformisme religiós de Maragall», en M. Batllori, *Galeria de personatges*, Barcelona, Vicens-Vives, 1975, pp. 199-210 (especialmente p. 208). Más en general: M. Batllori, *Balmes i Casanovas*, Barcelona, Ed. Balmes, 1959.

11 J. M. Mas i Solench, *Ivon l'Escop i la Lliga del Bon Mot*, Barcelona, La Formiga d'Or, 1992; Dr. J. Torras i Bages, *Contra la blasfemia. Exhortació pastoral*, Vic, Imp. de Llucià Anglada, enero de 1909; *En Joan Maragall y la Lliga del Bon Mot*, Barcelona, Lliga del Bon Mot, s.f.

12 Véase, como muestra de como el proceso Ferrer tapó la discusión política o la transformó: J. Brissa, *La revolución de julio en Barcelona. Su represión, sus víctimas, proceso de Ferrer*, Barcelona, Maucci, 1910; S. Canals, *Los sucesos de España en 1909. Crónica documentada*, Madrid, Imp. Alemana, 1910, 2 vols.

13 «Manifiesto de los senadores y diputados regionalistas, Nuestra protesta», sin fecha, en Leopoldo Bonafulla, *La Revolución de Julio. Barcelona 1909*, Barcelona, T. Taberner, s.f. [¿1909?]. ps pp. 41-50 (citas pp. 44, 49-50).

14 J. Castellanos, *Raimon Casellas i el modernisme*, Barcelona, Curial/Abadia de Montserrat, 1992, vol. 2, pp. 52-60. Para una visión contraria catalanista, que presenta *La Cataluña* como órgano unitario de la Lliga: A. Guirao, «El procés nacionalitzador a *La Cataluña*», *Cercles. Revista d'Història Cultural*, núm. 5, enero 2002, pp. 104-115; para mayor detalle, véase su tesis doctoral, que repasa los contenidos de la revista de forma pormenorizada: A. Guirao Motis, *La Cataluña. Ideologia i poder a la Catalunya noucentista*, Facultat de Geografia e Historia, Universitat de Barcelona, 1998, vol. 1.

15 Citado en J. M. Tallada, *Noves orientacions*, Barcelona, Tip. R. Cradona, 1910, p. 17.

16 L. de Zulueta, «¿Un nuevo catalanismo?», *Nuestro Tiempo*, IX. núm. 131, noviembre 1909, pp. 190-199 [Artículo fechado 15 Mayo 1909; citas pp. 195, 195-196, 196-197].

17 Una interpretación diversa en: O. Costa Ruibal, *L'imaginari imperial. El Noucentisme català i la política internacional*, Barcelona, Institut Cambó, 2002, cap. II.

18 J. Castellanos, *Raimon Casellas...*, *op. cit.*, vol. 2, p. 53 y ss.

19 M. Barrès, *Scènes et doctrines du nationalisme*, París, Émile-Paul, [1902], p. 431: según el comentario de *L'Action française* del 15 de septiembre de 1900 al Programa de Nancy barresiano: «Barrès a composé ces trois idées: *nationalisme, protectionisme et socialisme* [sic: cursiva orginal], dans un système fort séduisant.»

20 F. Sans i Buigas, *Sobre catalanismo estatista (A propósito de una discusión)*, Barcelona, Sección de Bibliografía de *La Cataluña*, 1910.

21 Sobre Joaquim Folch i Torres, véase M. Vidal i Jansà, *Teoria i crítica en el Noucentisme: Joaquim Folch i Torres*, Barcelona, Institut d'Estudis Catalans, 1991.

22 A. Jiménez-Landi, «Luís de Zulueta (1878-1964)», nota biográfica de la obra M. de Unamuno y L. de Zulueta, *Cartas (1903-1933)*, Madrid, Aguilar, 1972, p. 17.

23 Una biografía de Alomar, en perspectiva mallorquina: A. Serra, *Gabriel Alomar (l'honestedat difícil)*, Palma de Mallorca, Ajuntament de Palma, 1984; también A. Serra, *Gabriel Alomar, Mallorca i una societat en crisi*, Palma de Mallorca, Ajuntament de Palma, 1984.

24 G. Mir, *Els mallorquins i la modernitat*, Palma de Mallorca, Moll, 1981, pp. 72-83.

25 G. Alomar, «Regionalisme i descentralització», *La Veu de Catalunya*, 5 agosto/9 septiembre 1901, en G. Alomar, *Sobre liberalisme i nacionalisme*, Palma de Mallorca, Moll/Consell Insular de Mallorca, 1988, pp. 57-65. Véase el excelente trabajo: D. Pons, «L'afirmació de la individualitat en l'obra inicial de Gabriel Alomar», *Revista de Catalunya*, núm. 121, setembre 1997, pp. 59-80.

26 J. Massot i Muntaner, «Gabriel Alomar i els clergues intel·lectuals», en J. M. Sans i Travé i F. Balada i Bosch (coords.), *Miscel·lània en honor del Doctor Casimir Martí*, Barcelona, Fundació Salvador Vives i Casajoana, 1994, pp. 301-312. Para la carta: R. Olivar Bertrand, *Prat de la Riba*, Barcelona, Aedos, 1964, p. 315-316.

27 G. Alomar, *Un poble que's mor/Tot passant*, Barcelona, L'Avenç, 1904, pp. 26-27.

28 Véase, para su poesía: G. Alomar, *La columna de foc* [1911], Palma de Mallorca, Moll, 1973; para valoraciones contemporáneas de Alomar y su significado: M. S. Oliver, «La literatura en Mallorca» en M.S. Oliver, *Ensayos críticos*, Barcelona, Amengual y Muntaner, 1903: sobre Alomar: pp. 255-267 (cita p. 255); «Informació», *Catalunya. Revista mensual*, II, núm. XXIX, mayo 1904, p. 129.

29 J.-L. Marfany, «Gabriel Alomar, oblidat», en J.-L. Marfany, *Aspectes del modernisme*, Barcelona, Curial, 1975, pp. 253-165.

30 G. Alomar, «Els Jocs Florals», *Catalunya*, núm. 9, 15 mayo 1903, pp. ccclxxxv-ccclxxxvii.

31 G. Alomar, «Harmonización de la corriente socialista con la nacionalista», *Revista Jurídica de Catalunya*, núm. 8, 1902, pp. 404-409; núm. 10, 1904, pp. 102-109; núm. 11, 1905, pp. 577-582; núm. 12, 1906, pp. 539-547; núm. 13, 1907, pp. 521-529; núm. 22, 1916, pp. 600-605.

32 *Ibíd.*, *Revista Jurídica de Cataluña*, núm. 8, 1902, pp. 404-409 (cita pp. 404-405).

33 *Ibíd.*, *Revista Jurídica de Cataluña*, núm. 10, 1904, pp. 102-109 (cita p. 103).

34 *Ibíd.*, p. 108.

35 *Ibíd.*, *Revista Jurídica de Cataluña*, núm. 12, 1906, pp. 539-547 (cita p. 539).

36 G. Alomar (ed. J. Castellanos), *El futurisme. Articles d'El Poble Català (1904-1906)*, *Obres completes*, II, Palma de Mallorca, Moll, 2000, en especial el prólogo de Castellanos «Gabriel

Alomar i el modernisme»; véase también la edición de A.-L. Ferrer, *El futurisme i altres assaigs*, Barcelona, Edicions 62, 1970.

37 Como muestra: P. Cavallé, *Catalunya-ciutat: fantasies i realitats*, Conferència donada en la «Associació Nacionalista Catalana» de Barcelona la nit del 14 de novembre de 1908, Reus, Imp. Carreras y Vila, 1908.

38 M. de Montoliu, «Gabriel Alomar», en M. de Montoliu, *Estudis de literatura catalana*, Barcelona, Societat Catalana d'Edicions, 1912, pp. 21-30; A. Plana, «Alomar 1873», en A. Plana, *Antologia de poëtes catalans moderns*, Barcelona, Societat Catalana d'Edicions, 1914, pp. 65-74.

39 Azorín, «Gabriel Alomar», en Azorín, *Obras Completas*, Madrid, Aguilar, 1975, vol. I, pp. 1215-1217 (citas pp. 1215, 1216); en 1913, Azorín también apoyó Alomar en una de sus muchas oposiciones frustradas: «Notas epilogales –Gabriel Alomar», en *ibíd.*, 1273-1274.

40 *Ibíd.*, *Revista Jurídica de Cataluña*, núm. 13, 1907, pp. 521-529 (citas pp. 521, 521, 527, 527-528).

41 G. Alomar, *Negacions i afirmacions del catalanisme,* conferencia donada en el Teatre «Circo Barcelonés» el dia 4 de desembre de 1910, y organisada p'el [sic] setmanari polític *La Campana de Gracia*, Barcelona, Antoni Lopez, s.f., pp. 6, 7, 9, 11, 8, 12, 11.

42 G. Alomar, «Catalanisme Socialista», conferencia organisada per l'Ateneu Enciclopèdic y llegida, al Teatre Principal el 18 desembre, *El Poble Català*, 19 diciembre 1910, pp. 1-2.

43 R. Mella, «Dos conferencias: Maeztu y Alomar», *Acción Libertaria* (Gijón), núm. 6, 23 diciembre 1910, reproducido en R. Mella, *Ideario* [1926], Barcelona, Producciones Editoriales, 1978, pp. 259-262.

44 G. Alomar, «Catalanisme Socialista», *op. cit.*, p. 2.

45 E. Ucelay-Da Cal, *La Catalunya populista: Imatge, cultura i politica en l'etapa republicana, 1931-1939*, Barcelona, La Magrana, 1982.

46 No abunda la información sobre Sans, que ni tan siquiera figura en la *GEC*: véase *Albertí*, vol. IV, p. 222.

47 F. Sans y Buigas, *Sobre catalanismo…*, *op. cit.*, citas pp. 3-4, 4, 6-7, 7, 10-11, 11, 13, 15, 16, 17, 18, 19, 20, 21, 25-26, 37.

48 A. Manent, *Josep Carner i el Noucentisme. Vida, obra i llegenda,* Barcelona, Edicions 62, 1969, pp. 87, 89.

49 R. Rucabado, *De Catalanisme. Catalanisme científich y catalanisme moral*, Palafrugell, P. Ribas, Imp. (Publicació de la [sic] Associació Catalana Autonimista de Sant Feliu de Guixols), 1911, p. 6. Para su biografía: M. Rucabado i Verdaguer, *Ramon Rucabado 1884-1994; Santa Maria del Mar, l'octava espasa; Cronologia bioblogràfica*, Barcelona, [particular], 1984; para el juego de los vínculos familiares: A. Duarte, «Mayordomos y contramaestres. Jerarquía fabril en la industria algodonera catalana, 1879-1890», *Historia Social*, Nª 4, 1989, pp. 3-20.

50 R. Rucabado, *De Catalanisme…*, *op. cit.*, pp. 36, 37, 39.

51 J. M. Tallada, *Noves orientacions…*, *op. cit.* Discurs del president […] en l'acte inaugural del curs de 1910 de la Joventut Nacionalista (4 marzo 1910), citas pp. 6, 25, 29, 7, 9, 20-21, 12, 28.

52 W. A. Lewis, *La planeación económica*, México D.F., FCE, 1952, pp. 9-11.

53 Para las elecciones de 1910: A. Balcells, J. B. Culla, C. Mir, *Les eleccions generals a Catalunya. 1901-1923*, Barcelona, Fundació Jaume Bofill, 1982, pp. 155-188; S. Albertí, *El republicanisme català i la restauració monàrquica 1875-1923*, Barcelona, Albertí, 1972, pp. 296-302.

54 J. Pabón, *Cambó..., op. cit.*, vol. I, pp. 338 y ss., 373-376.

55 F. Cambó, *Catalunya i la Solidaritat.* Conferencia donada al Teatre Principal el día 26 de maig de 1910, Barcelona, Estampa Fills D. Casanovas, 1910, citas, pp. 6, 6-7, 7, 8-9, 9, 64.

56 D. Martí y Julià, *Estat actual de la política catalana. Orientació a seguir*, conferencia pública donada en el teatre Granvia el dia 12 de juny de 1910, Barcelona, Unió Catalanista, 1910, citas pp. 12, 19, 37.

57 Sobre Folguera: J. Sellarés, *Manuel Folguera i Duran, gran amorós de Catalunya*, Barcelona, Rafael Dalmau, 1978; I. Carner i Graner, *Manuel Folguera i Duran i els origens del catalanisme sabadellenc*, Sabadell, Fundació Bosch i Cardellach, 1987.

58 J. Garcés, «Conversa amb Jaume Bofill i Mates», *Revista de Catalunya*, IV, núm. 31, enero 1927, *Cinc converses amb Joaquim Ruyra, Víctor Català, Pompeu Fabra, Josep Carner, Guerau de Liost*, Barcelona, Columna, 1985, pp. 71-81 (cita pp. 78-79).

59 A. Guirao i Motis, «Els autors mallorquins a *La Cataluña*», en S. Serra i Busquets (ed.), *Cultura i compromís a la Mallorca contemporània. Els intel·lectuals a l'àmbit cultural català*, Palma de Mallorca, Fundació Emili Darder, 1995, pp. 109-117.

60 R. Olivar Bertrand, *op. cit.*, pp. 223-225. Véase J. Maragall, «El homenaje», *La Cataluña*, IV, núm. 168, 24 diciembre 1910, p. 810.

61 M. Esteve, «Biografía de Don Enric Prat de la Riba», *Quaderns d'Estudi*, Año III, vol. I, núm. 1, Octubre 1917 («Quadern dedicat a Enric Prat de la Riba»), p. 55.

62 J. Casassas, *Jaume Bofill i Mates (1878-1933)*, Barcelona, Curial, 1980, pp. 127-135. Véase «Discurso de D. Jaume Bofill i Mates en la sesión académica de la "Joventut Nacionalista"», *La Cataluña*, IV, núm. 168, 24 diciembre 1910, pp. 813-815.

63 J. Castellanos, *Raimon Casellas..., op. cit.*, vol. 2, cap. 5; «Discurso de D. José Mª. Tallada Presidente de la "Joventut Nacionalista" en la sesión académica de homenaje a Prat de la Riba», *La Cataluña*, IV, núm. 168, 24 diciembre 1910, pp. 811. La ausencia de Cambó en el órgano central del homenaje fue tapada por un artículo sin firma, editorial de *La Veu de Catalunya*, que le citaba extensamente: «La Prensa catalanista. La política de Prat de la Riba. La Escuela de la "Lliga"», *ibíd.*, pp. 820-821.

64 J. Rubió i Balaguer, «Los dos equipos de Prat de la Riba», en J. Rubió i Balaguer, *Mestres, companys i amics*, Barcelona, Abadía de Montserrat, 1991, pp. 37-43 (cita p. 43).

65 Como muestra, caps. VII y X de *La nacionalitat catalana*, reproducidos en *La Cataluña*, núm. 168, *op. cit.*

66 Borrador de carta de F. Macià a R. d'Abadal i Calderó, sin fecha, pero de 1912, reproducida fotográficamente en E. Ucelay-Da Cal, *Francesc Macià. Una vida en imatges*, Barcelona, Generalitat de Catalunya, 1984, pp. 62, 68.

67 J. Rubió i Balaguer, «El triomf d'Abadal sobre la circunstància», en J. Rubió i Balaguer, *op. cit.*, pp. 169-178 (p. 172). Sobre Abadal i Vinyals: F. Vilanova d'Abadal, *Ramon d'Abadal: entre la història i la política*, Lérida, Pagés Editors, 1996.

68 J. Castellanos, *Raimon Casellas..., op. cit.*, vol. 2, cita pp. 60-61.

69 Ambas conferencias se encuentran retraducidas al castellano en J. Torras y Bages, J. Maragall, F. Cambó (L. Duran y Ventosa, presentación), *La actitud tradicional en Cataluña*, Madrid, Rialp, 1961.

70 F. Agulló i Vidal, «Sentint a n'en Cambó. El discurs de Saragossa», *La Veu de Catalunya*, 22 diciembre 1911 (matí), p. 3.

71 «La mort den Maragall», *La Veu de Catalunya*, 22 diciembre 1911 (mañana), p. 3; la editorial «Al Dia. Obit», era firmada por «Pol», pseudónimo de Ferran Agulló, que cubrió la exitosa conferencia camboniana; sobre Agulló: E. Corral i Coll de Ram, *Ferran Agulló «Pol»*, s.l., Edicions Rondas, 1984.

72 «Sobre'l discurs den Cambó [sic]», *La Veu de Catalunya*, 23 diciembre 1911 (mañana), p. 4.
73 «Al Dia. Al voltant del discurs de Saragossa», *La Veu de Catalunya*, 23 diciembre 1911 (tarde), p. 1.
74 J. Pabón, *Cambó...*, *op. cit.*, vol. I, pp. 386-388; I. Buqueras, *Cambó...*, *op. cit.*, pp. 89-94.
75 E. Ucelay-Da Cal, «La Diputació i la Mancomunitat: 1914-1923», en B. de Riquer (dir.), *Història de la Diputació de Barcelona*, Barcelona, Diputació de Barcelona, 1987, vol. II, pp. 36-177.
76 E. Ucelay-Da Cal, «La Diputació i la Mancomunitat: 1914-1923», en B. de Riquer (dir.), *Història...*, *op. cit.*; la interpretación nacionalista contraria en A. Balcells, con E. Pujol y J. Sabater, *La Mancomunitat de Catalunya i l'autonomia*, Barcelona, Institut d'Estudis Catalans, 1996.
77 G. Mir, *Miquel dels Sants Oliver. Nacionalisme i síntesi liberal-conservadora (1898-1918)*, Palma de Mallorca, Miquel Font, Ed., 1993, 3 parte, caps. 2-3; A. Guirao i Motis, «Els autors mallorquins a *La Cataluña*», en S. Serra i Busquets, *op. cit.*
78 J. M. Minguet Batllori, «El Noucentisme contra el cinematògraf (La campanya anticinematogràfica de la revista *Cataluña*)», *Cinematògraf (Annals de la Federació Catalana de Cine-Clubs)*, vol. 3, 1986, pp. 19-86; J. M. Minguet Batllori, *Cinema, modernitat i avantguarda (1920-1936)*, Valencia, Tres i Quatre, 2000, pp. 11, 27.
79 F. Carreras Candi, «Noucentistes!!!», *La Veu de Catalunya*, 28 febrero 1911 (tarde), p. 2.
80 La idea atraviesa la extensísima obra: A. Galí, *Història de les institucions i del moviment culturala Catalunya, 1900-1936*, Barcelona, Fundació Alexandre Galí, XIX vols, 1979-1986.
81 R. Rucabado, *op. cit.*, pp. 19-20.
82 H. Cotter, «When New Art Was All Called Art Nouveau», *New Tork Times*, 5 noviembre 2000, sección de arte, pp. 21, 23 (cita p. 21). Es verdad que se ha de tener cuidado con los conceptos clasificadores –y muy especialmente los que agrupan supuestas grandes corrientes estéticas– que se cosifican (o, según el anglicismo al uso, se «reifican»), con asombrosa facilidad comodona se convierten de ideas en artefactos casí físicos; en este contexto, véase: T. Llorens, «La cuestión del Modernismo en Cataluña y Valencia»; en en V. Bozal (coord.), *Los 98' ibéricos y el mar/Os 98' ibéricos e o mar*, Lisboa, Pabellón de España Expo '98, 1998, pp. 103-112.
83 O. Spengler, *The Decline of the West* [1918], Nueva York, Modern Library [ed. abrv.], 1962, cap. XIII, «Cities and Peoples».
84 Para el concepto de «rebelión de las provincias»: K. J. Sembach, *Modernismo*, Colonia, Taschen, 1991; el mismo es desarrollado por E. Ucelay-Da Cal, «La crisi de la postguerra», *Primeres avantguardes 1918-1930*, vol. VIII de P. Gabriel (dir.), *Història de la cultura catalana*, Barcelona, Edicions 62, 1997, pp. 31-80. Para Rio: J. D. Needell, *A Tropical Belle Epoque. Elite Culture and Society in Turn-of-the-Century Rio de Janeiro*, Cambridge [G.B.], Cambridge University Press, 1987.
85 J. Sureda Pons, *Torres García. Pasión clásica*, Madrid, Akal, 1998, caps. III-V; N. Comadira, «Torres-García i el mediterraneisme», en C. Mendoza (dir.), *Torres-García: Pintures de Mon Repos*, Caixa de Terrassa/Museu Nacional d'Art de Catalunya [MNAC], 1995, pp. 27-33.
86 M. Loosveldt, «D'Ors i Clarà: filosofia, art i estructura a la recerca de una nova metafisica», en E. Vàzquez Ramió *et al.*, *Josep Clarà i els anys de París, 1900-1931. L'ànima vibrant*, Sabadell/Olot, Fundació Caixa de Sabadell/Museu Comarcal d'Olot, 2000, pp. 47-51.
87 Véase, en general: C. Dupláa, «Les dones i el pensament conservador català contemporani», en M. Nash (ed.), *Més enllà del silenci*, Barcelona, Generalitat de Catalunya, 1988, pp. 173-189; también G. Díaz-Plaja, «La mujer en la obra de Eugenio d'Ors», en G. Díaz-Plaja, *Lo social en Eugenio d'Ors y otros estudios*, Barcelona, Cotal, 1982, pp. 95-106.

88 E. d'Ors (E. Jardí ed.), *La ben plantada, seguida de Galeria de noucentistes*, Barcelona, Selecta. 1980. Años después, en prólogo a la reedición, d'Ors intentó deshacer cualquier confusión racista y aseguró que él entonces combatía a H. S. Chamberlain y a Gobineau.

89 Véase, en general: P. Rousseau, «Eugeni d'Ors et l'esthétique méditerranéene du noucentisme», *48/14. La revue du Musée d'Orsay*, núm. 15, otoño 2002, pp. 62-73; S. Lemoine, ed. (con M. Le Pommeré y M. Andreose), *From Puvis de Chavannes to Matisse and Picasso. Toward Modern Art*, Catálogo, Venecia, Bompiani, 2002, p. 369; X. Febrés, «Maillol, polémico», *La Vanguardia*, 3 septiembre 2000, p. 2, sección «Vivir en Barcelona».

90 P. Bertrana, «Arístides Maillol», *La Pàtria*, 12 junio 1914, reproducido en M.L. Borràs (coord.), *Maillol*, Barcelona, La Caixa de Pensions, 1979, p. 23.

91 V. Panyella, «El pintor de la vida moderna (París, 1896-1910)», y N. Comadira, «Sunyer, 1908-1918: una dècada prodigiosa», en C. Mendoza y M. Doñate (coms.), *Joaquim Sunyer. La construcció d'una mirada*, Barcelona, MNAC/Fundación Mapre Vida, 1999, pp. 35-55, 57-69.

92 F. Calvo Serraller, «La hora de iluminar lo negro: tientos sobre Julio Romero De Torres», en *Julio Romero de Torres (1874-1930)*, Madrid, Fundación Mapfre Vida, 1993, pp. 19-75.

93 Joan Corominas [sic], «Pompeu Fabra, lingüista», en J. Corominas, J. R. Xirau, J. de C. Serra Ràfols, J. M. Batista i Roca, Y. Barbaza, C. Carrère, J. Pallach, V. Hurtado, *8 conferències sobre Catalunya*, Barcelona, Proa, 1971, pp. 9-32 (especialmente pp. 22-23).

94 C. Geertz, «Deep Play: a Description of a Balinese Cockfight» [1972], en J.S. Bruner, A. Jolly, y K. Sylva (eds.), *Play. Its Role and Development*, Harmondsworth (G.B.), Penguin, 1976, pp. 656-674.

95 C. Geertz, «Local Knowledge: Fact and Law in Comparative Perspective», en C. Geertz, *Local Knowledge* [1983], Londres, Fontana, 1993, pp. 167-234.

96 A. Manent, *Carles Riba*, Barcelona, Alcides, 1963, p. 16; carta de C. Riba a J. M. López-Picó, 11 enero 1914, en *Epistolari J. M. López-Picó – Carles Riba* (O. Cardona, cur.), Barcelona, Barcino, 1976, pp. 33-34.

97 Véase, como prueba: S. Valentí Camp, *Vicisitudes y anhelos del pueblo español*, Barcelona, Antonio Virgili, 1911, especialmente su tercera parte: «Las concepciones sociológicas contemporáneas y los problemas de la regeneración española»..

98 A. M. Blasco i Bardas, *Joan Maragall i Josep Pijoan. Edició i estudi de l'epistolari*, Barcelona, Abadia de Montserrat, 1992, pp. 397-409.

99 J. Rubió i Balaguer, «Los dos equipos de Prat de la Riba», en J. Rubió i Balaguer, *op. cit.*, cita p. 42.

100 Manuel Llanas, *Gaziel: vida periodisme i literatura*, Barcelona, Abadia de Montserrat, 1998, pp. 27-30.

101 Además de J. Castellanos, *Raimon Casellas…, op. cit.*, véase J. Castellanos, «Raimon Casellas i el Modernisme» y F. Fontbona, «Raimon Casellas, crític d'art», en B. Bassegoda (dir.) y A. Laborda (coord.), *La Col·lecció Raimon Casellas. Dibuixos i gravats del Barroc al Modernisme del Museu Nacional d'Art de Catalunya*, Barcelona, MNAC, 1992, respectivamente pp. 12-29 y 30-37.

102 J. Brossa, «L'esperit universalista», *El Poble Català*, 11 diciembre 1907, en J. Brossa (J.-L. Marfany, ed.), *Regeneracionisme i modernisme*, Barcelona, Ediciones 62, 1969, pp. 53-58 (cita pp. 54-55).

103 J. Bofill i Matas, *Les joventuts catalanes. Política i nacionalisme: Socialisme: En Prat de la Riba*, Barcelona, «La Revista», 1919.

104 J. M. Calsamiglia, «El pensament català a partir de la Renaixença», en J. M. Calsamiglia, *Assaigs i conferències*, Barcelona, Ariel, 1986, pp. 115-128 (cita y alusiones pp. 127-128).

Capítulo 13. *Trío de «reyes-emperadores», ejemplo de farol para jugadores esperanzados*

1 F. von Schiller, *Don Carlos, Infant von Spanien. Ein dramatisches Gedichte*, Stuttgart, Philipp Reclam Jun., 1974, 1er acto, escena 6; C. North (J.Wilson), *Noctes Ambrosianae*, núm. 20, abril 1829; para North, véase A. Herman, *How the Scots Invented the Modern World*, Nueva York, Three Rivers Press, 2001, cap. 13.

2 Edward Dicey, «Mr Gladstone and our Empire», *The Nineteeth Century*, septiembre 1877, en M. Goodwin (ed.), *Nineteenth-Century Opinion. An Anthology of Extracts from the First Fifty Volumes of The Nineteeth Century, 1877-1901*, Wesport (Ct.), Greenwood, 1979, pp. 259-264 (cita p. 260).

3 D. Judd, *Empire. The British Imperial Experience, from 1765 to the Present*, Londres, HarperCollins, 1996, cap. 12.

4 K. W. Swart, *The Sense of Decadence in Nineteenth-Century France*, La Haya, Martinus Nijhoff, 1964; E. Weber, *Francia, fin de siglo*, Madrid, Debate, 1989, cap. 1.

5 P. Estasén, *Cataluña. Estudio acerca de las condiciones de su engrandecimiento y riqueza*, Barcelona, F. Seix, 1900 (reeditado en facsímil: Barcelona, Editorial Base, 2000), pp. 8-9, 10; sobre Estasén, véase la introducción de Francesc Roca a la reedición de 2000; así como F. Artal, «Contingut econòmic del regionalisme política català», *Afers*, núm. 13, 1992, pp. 103-120.

6 E. Prat de la Riba, «Profitosa iniciativa», *La Veu de Catalunya*, 27 marzo 1909, en E. Prat de la Riba (A. Balcells y J. M. Ainaud de Lasarte, eds.), *Obra completa*, 1906-1917, volum III, Barcelona, Proa, 2000, pp. 411-415 (cita p. 412).

7 E. Prat de la Riba [Ramon d'Abadal, Francesc Cambó, marquès de Camps, Josep Puig i Cadafalch, Narcís Verdaguer i Callís], «Manifest de la Lliga Regionalista als ciutadans de Barcelona amb motiu de les eleccions legislatives», *La Veu de Catalunya*, 4 maig 1910, en *ibíd.*, pp. 489-497 (cita p. 493). Desde sus tiempos de estudiante, Prat manifestó un denostado interés en el período visigótico; en un exámen de matrícula que forma parte de su expediente universitario (y no incluído en su *Obra completa*), argumentó (en la primera porción de su ejercicio): «Es tan grande la importancia que tiene el pueblo visigodo en el sucesivo desarrollo de las nacionalidades españolas principalmente la castellano-leonesa que el estadio de su civilización tiene de [sic] gran utilidad y trascendencia para conocer el mismo ser de España en las edades posteriores. Tres fases debemos distinguir en el estudio de la organ. relig. polit. y civil del pueblo visig. [sic] El 1° cuando en estado bárbaro acentaban tranquilamente sus ganados en los sombríos bosques de su patria hasta que impulsados por la Prov. ò [sic] por invasiones del mar o por falta de medios de Asistencia se precipitan como devastador torrente sobre el imperio romano [de] Oriente. 2° Desde que en contacto con la civilización y cultura romana edificaron sus costumbres recibiendo las doctrinas más perfectas que las suyas i [sic] bien erroneas de [¿?] por Vifilas, godo como ellos hasta que ya establecidos en España juran al arrianismo siguiendo el ejemplo de Recaredo; y el 3° abarca desde el 3r. concilio de Toledo hasta la Invasion de España por los musulmanes berberos mandados por Taric-Ben-Fayad [¿sic?]. – Los datos que tenemos de la civilización visigoda en el primer período mencionado son muy incompletos y rudimentarios y no cabe duda que estaban organizados en tribus y que se reunirían anualmente los hombres libres de la

nación para tratar de los asuntos [ilegible] formando los *amallo* [¿sic?] que en los francos se llaman *campos de Mayo*. La religión era sencillísima y muy semejante a [sic] la de las demás familias germánicas. Los guerreros que morían en el campo de batalla encontraron abiertas las puertas del [¿Val?]halla.– En el 2.° período que en la Hist. de Esp. es el V° período o sea el P. [sic] Arriano en lo que a Religión se refiere continuaron la misma organización. El rey verdadero caudillo militar era elegido por todos los hombres libres de la [na]ción. [...]» Arxiu General i Històric de la Universitat de Barcelona, Expedients: «Prat de la Riba, Enric».

8 C. Petit, «Detrimentum Rei Publicæ. Constitución de España en Guinea», en J. M. Iñurritegui y J. M. Portillo (eds.), *Constitución en España*, Madrid, Centro de Estudios Políticos y Constitucionales, 1998, pp. 425-509.

9 E. Ucelay-Da Cal, «"El Mirall de Catalunya": models internacionals en el desenvolupament del nacionalisme i del separatisme català, 1875-1923», *Estudios de Historia Social*, núm. 28-29, enero-junio 1984, pp. 213-219.

10 Véase, sobre Duran y el modelo austrohúngaro: C.E. Ehrlich, «Early Twentieth-Century Catalan Regionalist Theory: Lluís Duran i Ventosa, his Times, and the Influence of the Austrian Empire», *Nations and Nationalism*, vol 4, núm. 2, 1998, pp. 207-226.

11 G. Mondaini, *La colonisation anglaise*, París, Bossard, 1920, vol. I, caps. 2, 3, 4: en función de lo que vendrá más adelante, vale la pena remarcar que manejo un ejemplar que perteneció a Josep Carbonell i Gener. Véase, en general: R. Shannon, *The Crisis of Imperialism 1865-1915*, Londres, Paladin, 1976; A.P. Thornton, *The Imperial Idea and its Enemies. A Study in British Power,* Londres, Macmillan, 1959.

12 A. Murphy, *The Ideology of French Imperialism 1871-1881*, Washington, D.C., The Catholic University of America Press, 1948.

13 Para la vertiente economicista de la discusión, véase P. Cain, «Economic Imperialism and the Future of Britain: Some Fin-de-Siècle Speculations, 1890-1903» y el comentario de R. Church, «The Fin-de-Siècle Debate on Economic Imperialism and the Future of Britain, 1890-1903: Interesting but Irrelevant?», en I. Burdiel y R. Church (eds.), *Viejos y nuevos imperios. España y Gran Bretaña, s. XVII-XIX*, Valencia, Episteme, 1998, pp. 13-35, 37-49.

14 K. Beckson, *London in the 1890s. A Cultural History*, Nueva York, W.W. Norton, 1992, p. 345.

15 P. Renouvin, «Les idées et les projets d'Union européene au XIXe siècle», *Dotation Carnegie por la Paix Internationale. Bulletin*, núm. 6, 1931, pp. 463-483; para los sansimonianos: S. Charléty, *Historia del sansimonianismo*, Madrid, Alianza, 1969.

16 E. Barker, «Empire», *Enciclopedia Britannica* (11 ed.), vol. IX, Nueva York, 1910-1911, pp. 347-356.

17 Para la minimización de la relevancia del «imperialismo»: E. Stokes, *The Political Ideas of English Imperialism*, Londres, Oxford University Press, 1960.

18 La noción de «República imperial» fue un tópico de autoelogio en Estados Unidos hasta 1898 y una realidad «práctica» a partir de entonces: véase H. C. Hockett y A. M. Schlesinger, *Evolución política y social de los Estados Unidos*, tomo II, 1865-1951, Buenos Aires, Kraft, 1954, cap. XII: «El imperialismo en la práctica: haciendo de una República un Imperio» (cita p. 341).

19 G. Freyre, *Order and Progress. Brazil from Monarchy to Republic*, Nueva York, Knopf, 1970.

20 Lord G. Hamilton, *Parliamentary Reminiscences and Reflections 1886-1906*, Londres, John Murray, 1922, p. 312.

21 O. von Bismarck, *Reflections and Reminiscences*, Nueva York, Harper & Row, 1968, p. 63; H. F. Nöhbauer, *Ludwig II*, Colonia, Taschen, 1998.

22 V. R. Berghahn, *Militarism. The History of an International Debate 1861-1979*, Cambridge (G.B.), Cambridge University Press, 1984, p. 15.
23 A. Graziosi, *Guerra i rivoluzioni in Europa, 1905-1956*, Boloña, Il Mulino, 2001, especialmente p. 124; L. von Mises (A. Graziosi, cur.), *Stato, nazione ed economia* [1919], Turín, Bollati Boringhieri, 1994.
24 I.T. Berend, *Decades of Crisis. Eastern and Central Europe before World War II*, Berkeley (Cal.), University of California Press, 1998, p. 28. Berend menciona a los sociólogos Ferenc Erdei (1910-1971) e István Bibó (1911-1979) como los más desacados defensores del modelo, pero no acompaña su afirmación de referencias.
25 J. Burgaya, *La formació del catalanisme conservador i els models «nacionals» coetanis. Premsa catalanista i moviments nacionalistes contemporanis, 1861-1901*, tesis doctoral, Universitat Autònoma de Barcelona, 1999.
26 P. Aldavert, «Los cinematógrafos [sic]», en P. Aldavert, *Per no desdir*, Barcelona, La Renaixensa, 1909, pp. 43-55 (cita p. 51).
27 P. Aldavert, «Tot es [sic] mal que mata», en P. Aldavert, *Cantant y fent la meva*, Barcelona, La Renaixensa, 1906, pp. 100-109 (cita p. 100).
28 P. Aldavert, «La arada [sic] no vaga, no», en P. Aldavert, *Cantant..., op. cit.*, pp. 127-137 (cita p. 133).
29 P. Aldavert, «Pedra rodoladissa no cria molsa», en P. Aldavert, *Per matar la estona [sic]*, Barcelona, La Renaixensa, 1907, pp. 227-248 (cita p. 230).
30 J. Pella y Forgas, «El problema del regionalismo», *La Lectura*, Madrid, año II, núm. 13, enero 1902, pp. 58-65 (citas pp. 59-60, 64).
31 *GEC*, vol. 12, pp. 172-173 (F. Artal); Albertí, vol. II, p. 339.
32 G. Graell, *La cuestión catalana*, Barcelona, A. López Robert, Imp., 1902, p. 145.
33 F. Pi y Margall, «El missatge al rei Jordi», *El Nuevo Régimen*, 20 marzo 1897 (traducido al catalán), en F. Pi y Margall (A. Rovira i Virigili, ed.), *La qüestió de Catalunya (Escrits i discursos)*, Barcelona, Societat d'Edicions, 1913, pp. 22-24 (cita p. 24, retraducida).
34 A. Reszler, *Le génie de l'Autriche-Hongrie*, París, Georg Éditeur, 2001.
35 U. O'Connor, *A Terrible Beauty Is Born: The Irish Troubles, 1912-1922*, Londres, Hamish Hamilton, 1975, pp. 26-27.
36 J. Burgaya, *op. cit.*, pp. 409-482.
37 C. J. H. Hayes, *A Generation of Materialism, 1871-1900* [1941], Nueva York, Harper & Row, 1963, pp. 273-275. Véase B. Auerbach, *Les Races et les Nationalités en Autriche-Hongrie*, París, Félix Alcan, [2ª ed. ¿1915?]
38 R. Binkley, *Realism and Nationalism, 1852-1871* [1935], Nueva York, Harper & Row, 1963; C.J. H. Hayes, *op. cit.*, p. 251. Un devastador retrato de familia en Count C. Lonyay, *Rudolf, The Tragedy of Mayerling*, Nueva York, Scribner's, 1949: de entre la multitud de textos sobre el suicidio del heredero al trono dual en 1889, esta obra malintencionada y antisentimental, por estar escrita por el sobrino del segundo marido magiar de la viuda de Rodolfo con los materiales privados de ésta, da un testimonio feroz de las relaciones internas de la dinastía.
39 Véase los argumentos de C. Valenziani, *Petite Histoire de la S.D.N. [sic]*, París, Nouvelle Revue Critique, 1936, caps. I-II, particularmente interesante como fuente por defender el punto de vista fascista italiano.
40 M. M. Kovács, *Liberal Professions and Illiberal Politics. Hungary from the Habsburgs to the Holocaust*, Washington D.C./ Nueva York, Woodrow Wilson Center Press/Oxford University Press, 1994, cap. 1.
41 W. A. Jenks, *Austria under the Iron Ring, 1879-1893*, Charlottesville (Va.), University Press of Virginia, 1965; también: C.A. Macartney, *The Habsburg Empire 1790-1918*, Nue-

va York, Macmillan, 1969, cap. 14; J. Béranger, *El Imperio de los Habsburgo 1273-1918*, Barcelona, Crítica, 1992, pp. 588-591; L. Höbelt, «Parties and Parliament: Austrian Pre-War Domestic Politics», en M. Cornwall (ed.), *The Last Years of Austria-Hungary*, Exeter (G.B.), University of Exeter Press, 1990, pp. 41-61.

42 C. A. Macartney, *op. cit.*, cap. 15; G. Jeszenszky, «Hungary through World War I and the End of the Dual Monarchy», en P. F. Sugar, P. Hanák, T. Frank (eds.), *A History of Hungary*, Bloomington (Ind.), University of Indiana Press, 1994, pp. 267-294; T. Zsuppán, «The Hungarian Political Scene, 1908-1918», en M. Cornwall (ed.), *op cit.*, pp. 63-76.

43 A. Sinclair, *Death By Fame. A Life of Elizabeth, Empress of Austria*, Nueva York, St.Martin's Press, 1998, pp. 48-49, 56-57 y *passim*.

44 *Ibíd.*, cap. 9; para el ambiente: F. Morton, *A Nervous Splendour. Vienna 1888-1889*, Boston, Atlantic Monthly Press, 1979.

45 M. Muret, *L'archiduc François-Ferdinand*, París, Grasset, 1932, especialmente cap. X; H. Pauli, *El secreto de Sarajevo. Historia de Francisco Fernando y Sofía*, Barcelona, Juventud, 1970, pp. 28-29, 34-35, 157-158, 163-165.

46 L. Valiani, *The End of Austria-Hungary*, Londres, Secker & Warburg, 1973, cap. 1 (edición preferible, por más completa, a la versión italiana, *La dissoluzione dell'Austria-Ungheria*, Milán, Il Saggiatore, 1966).

47 R. Kann, *The Multinacional Empire: Nationalism and National Reform in the Habsburg Monarchy: 1848-1918*, Nueva York, Octagon, 1977, vol. II, pp. 196-207; también V. Nemoianu, «Un néoconservateur jeffersonien dans la Vienne de fin de siècle: Aurel C. Popovici», en M. Molnár y A. Reszler (dirs.), *Le génie de l'Autriche-Hongrie. État, sociéte, culture*, Ginebra-París, Instut Universitaire d'Études Européens/PUF, 1989, pp. 31-42. No hay que exagerar: al mismo tiempo que actuaba como federalista «neoJeffersoniano» para la llamada «corte del Belvedere» en Viena, Popovici, en tanto que regionalista transilvano era, en paralelo, nacionalista rumano, y estuvo muy cerca a Nicolae Iorga, pero con una considerable deuda intelectual al gran antisemita H. S. Chamberlain. véase L. Volovici, *Nationalist Ideology and Antisemitism. The Case of Romanian Intellectuals in the 1930s*, Oxford (G.B.), Pergamon, 1991, pp. 39-41.

48 En general: N. Malcolm, *Bosnia. A Short History*, Londres, Papermac, 1994, cap. 11.

49 I. Goldstein, *Croatia. A History*, [Montreal], McGill-Queen's University Press, 1999, pp. 91-107; M. Tanner, *Croatia. A Nation Forged in War*, New Haven (Ct.), Yale University Press, 1974, pp. 110-114; también J. A. Arenz, *Slovenia in European Affairs*, Nueva York/Washington D.C., 1958, pp. 57-63.

50 J. A. Mikus, *Slovakia. A Political History: 1918-1950*, Milwaukee (Wis.), Marquette University Press, 1963, p. xxxiiii; F. D'Orcival, *Le Danube était noir. La cause de la Slovaquie indépéndante*, s.l., La Table Ronde, 1968, pp. 62-63; Y. Jelinek, *The Parish Republic: Hlinka's Slovak Peoples's Party 1939-1945*, Boulder (Col.), Eastern European Monographs, 1976, pp. 2-3.

51 R. W. Seton-Watson, *The Southern Slav Question and the Habsburg Monarchy* [1911], Nueva York, Howard Fertig, 1969; J. Pleterski, «The Southern Slav Question, 1908-1918», en M. Cornwall (ed.), *op. cit.*, pp. 77-100.

52 L. Valiani, *The End..., op. cit.*

53 En general: E. Wiskemann, *Czechs and Germans*, Londres, Royal Institute of International Affairs (RIIA), 1938, cap. VII.

54 L. Namier, «The Downfall of the Habsburg Monarchy» [1921], en L. Namier, *Vanished Supremacies*, Nueva York, Harper & Row, 1963, pp. 112-164.

55 M. Csáky, «Le problème du pluralisme dans la région mitteleuropéenne», en M. Molnár y A. Reszler (dirs.), *op. cit.*, pp. 19-29.

56 E. Crankshaw, *The Fall of the House of Habsburg*, Londres, Macmillan, 1981, p. 308.
57 Por la «nostalgia K. u. K.», véase J. Rothschild, *Eastern Central Europe between the Two World Wars*, Seattle, University of Washington, 1974 (vol. IX: *A History of East Central Europe*), pp. 12, 19-20 y *passim*.
58 Además de R. Kann, *op. cit.*, vol. II, sobre la caída de la Monarquía dual, véase en general: A. J. May, *The Passing of the Hapsburg Monarchy, 1914-1918*, Filadelfia, University of Pennsylvania Press, 1968, 2 vols.; F. Fejtö, *Requiem pour un Empire défunt. Histoire de la destriction de l'Autriche-Hongroie*, s.l., Lieu Commun, 1989; B. Michel, *La chute de l'Empire austrohongrois 1916-1918*, París, Robert Laffont, 1991.
59 F. Cambó, «Com fracassa en la pràctica el principi de l'autodeterminació», Saint-Alexis, 10 de juliol 1939, *Meditacions. Dietari (1936-1940)*, Barcelona, Alpha, 1982, pp. 573-575 (cita pp. 573-574).
60 *Ibíd.*, cita p.575.
61 V. Cacho Viu, «Els modernistes i el nacionalisme cultural (1881-1906)», en V. Cacho Viu (ed), *Els modernistes i el nacionalisme cultural. Antologia*, Barcelona, La Magrana, 1984, pp. v-xxxvii. Llorens Vila lo da por demostrado por Cacho, lo que es más que discutible: J. Llorens Vila, *La Unió Catalanista i els orígens del catalanisme polític*, Barcelona, Abadia de Montserrat, 1992, pp. 242-248.
62 H.W. Steed, *Mes Souvenirs 1892-1914*, París, Plon, 1926, vol. I, p. 239; también R. Kann, *op. cit.*, vol. II, p. 196.
63 Z. Zeman, *The Masaryks. The Making of Czechoslovakia*, Londres, I.B. Tauris, 1990, pp. 72-73, 78.
64 G. Bolton, *Czech Tragedy*, Londres, Watts, 1955, pp. 7-10, 82-83. Más detalles: P. Bělina, P. Čornej, J. Pokorný, *Historie des pays tchèques*, París, Seuil, 1995, cap. X.
65 C. Maurras, *Vers l'Espagne de Franco*, París, Éditions du Livre Moderne, 1943, p. 99.
66 E. Ucelay-Da Cal, «En què devien pensar? Monarquies dualistes, federals i grans ducats en la inspiració dels redactors [de les Bases de Manresa]» *Quadern de Cultura. El País*, 26 marzo 1992, p. 3.
67 V. Cacho Viu, «Los modelos europeos parlamentarios», en V. Cacho Viu, *El nacionalismo catalán como factor de modernización*, Barcelona, Quaderns Crema/Residencia de Estudiantes, 1998, pp. 90-98.
68 C. André (dir.), *Le pangermanisme philosophique (1800 à 1914)*, París, Louis Conard, 1917, así como los volúmenes sucesivos de este magno esfuerzo de interpretación bélica del germanismo académico francés: *Les origines du pangermanisme, 1800 à 1888*; *Le pangermanisme continentale sous Guillaume II*; *Le pangermanisme coloniale sous Guillaume II*.
69 Gustav Schmoller, hacia 1900, citado, traducido, en J. Ellis Barker, *Modern Germany: Its Rise, Growth, Downfall and Future* (Nueva York, 1919, pp. 84-95), y reproducido en L. L. Snyder (ed.), *The Imperialism Reader. Documents and Readings on Modern Expansionism*, Princeton (N. J.), Van Nostrand, 1962, pp. 128-129. Para el impacto de Schmoller en Cataluña: *GEC*, vol. 20, p. 480; *Ictineu. Diccionari de les Ciències de la Societat als Països Catalans*, Barcelona, Edicions 62, 1979, *passim*.
70 P. Landau, «Max v. Seydel –Bayerns Staatsrechtslehrer im Bismarckreich», en J. Bohnert, C. Gramm, U. Kindhauser, J. Lege, A. Rinken, G. Robbers (eds.), *Verfassung – Philosophie – Kirche. Festschrift für Alexander Hollerbach zum 70. Geburtstag*, Berlín, Dunker & Humblot, 2001, pp. 59-79 (especialmente pp. 68-71).
71 G. Jellinek (trad. de F. de los Ríos), *Teoría general del Estado* [1900], Buenos Aires, Editorial Albatros, 1973, especialmente Libro III, cap. XXI, «Uniones de Estados».
72 M. García Pelayo, *Derecho constitucional comparado*, Madrid, Revista de Occidente, 1951, cap. VII, «Uniones de Estados y Estado federal».

73 J. W. Bendersky, *Carl Schmitt, Theorist for the Reich*, Princeton (N.J.), Princeton University Press, 1983.
74 E. Feuchtwanger, *Imperial Germany 1850-1918*, Londres, Routledge, 2001, p. xviii.
75 A. Confino, *The Nation as Local Metaphor. Württemburg, Imperial Germany and National Memory, 1871-1918*, Chapel Hill (N.C.), University of North Carolina Press, 1997; C. Applegate, *A Nation of Provincials. The German Idea of Heimat*, Berkeley (Cal.), University of California Press, 1990.
76 M. Stürmer, *The German Empire 1870-1918*, Nueva York, Modern Library, 2000, cap. 3. Para el funcionamiento del *Kaiserreich*: B. E. Howard, *The German Empire* [1906], Nueva York, AMS Press, 1969.
77 G. Eley, «Some Thoughts on the Nationalist Pressure Groups in Imperial Germany», en P. Kennedy y A. Nicholls (eds.), *Nationalist and Racialist Movements in Britain and Germany before 1914*, Londres, Macmillan, 1981, pp. 40-67 (cita traducida p. 59).
78 H. Pakula, *An Uncommon Woman. The Empress Frederick*, Nueva York, Simon & Schuster, 1997, p. 462; también M. Stürmer, op. cit., pp. 4-5.
79 B. B. Hayes, *Bismarck and Mitteleuropa*, Londres/Toronto, Associated University Presses, 1994, esp. cap. 1, «The Problem».
80 Véase el texto de Franz von List, *Una Confederación centro-europea*, traducida por L. Jiménez de Asua y Julio Bejarano y Lozano como propaganda antialemana: *Lo que hará Alemania si gana*, Madrid, s.e., 1915; para la idea de cooperación: E. Busek, «Concepts of Cooperation in Central Europe», en R. L. Rudolph y D.F. Good (eds.), *Nationalism and Empire. The Habsburg Monarchy and the Soviet Union*, Nueva York, St. Martins, 1992, pp. 185-195.
81 N. Ferguson, *The Pity of War*, Londres, Penguin, 1999, pp. 172-173.
82 Para la discusión húngara sobre su «constitución histórica»: E. Nagy, «Rapports politiques entre la Hongrie et l'Autriche», en J. de Jekelfalussy (dir.), *L'État Hongrois millénaire et son peuple*, Budapest, «Kosmos», 1896, pp. 235-247.
83 J. Burgaya, *op. cit.*, pp. 339-379.
84 H. W. C. Davis, *The Political Thought of Heinrich von Treitschke*, Nueva York, Scribner's, 1915, p. 104.
85 A. Balcells, «Cataluña contra la mili», *La Aventura de la Historia*, 2, Nª 22, agosto 2000, pp. 24-31.
86 J. Costa, «Las víctimas de la República», discurso pronunciado en le Teatro Pignatelli, Zaragoza, 13 febrero 1906, en J. Costa, *Política quirúrgica*, vol. VIII, *Obras completas*, Madrid, Biblioteca Costa, 1914, cap. I (cita p. 41).
87 B. Heckart, *From Bassermann to Bebel. The Grand Bloc's Quest for Reform in the Kaiserreich, 1900-1914*, New Haven (Ct.), Yale University Press, 1974.
88 *Ibíd.* pp. 91-121.
89 F. Meinecke, *Cosmopolitanism and National State*, Princeton (N.J.), Princeton University Press, 1970.
90 M. García Pelayo, *Derecho constitucional…*, *op. cit.*, pp. 199-200, núm. 19, siguiendo a F. Meinecke, *Weltbürgertum und Nationalstaat*, Munich-Berlín, 1915, p. 2; véase F. Meinecke, «General Remarks», *op. cit.*, pp. 9-33, especialmente pp. 10-11.
91 V. Goldsworthy, *Inventing Ruritania. The Imperialism of the Imagination*, New Haven (Ct.), Yale University Press, 1998.
92 P. Kennedy, «Idealists and Realists: British Views of Germany, 1864-1939», *Transactions of the Royal Historical Society*, 1975, pp. 137-156; K. Rohe, «The British Imperialist Intelligentsia and the *Kaiserreich*», en P. Kennedy y A. Nicholls (eds.), *op. cit.* pp. 130-142.

93 E. Eyck, *Gladstone* [1938], Londres, Frank Cass, 1966, pp. 138-142.

94 Para un repaso al debate político y, también, para el actual debate historiográfico sobre las simpatías pro-federales o confederadas de los obreros textiles: T. Barley, *Myths of the Slave Power. Confederate Slavery, Lancashire Workers and the Alabama*, Liverpool, The Coach House, 1992, pp. 63-107.

95 «Dilke, Sir Charles Wentworth (1810-1869)» y «Dilke, Sir Charles Wentworth (1843–)», *Encyclopedia Britannica,* 11 ed., Nueva York, 1911, vol. VIII, pp. 271-272.

96 Para la Reforma electoral en una lógica estrictamente metropolitana: C. Dardé, «La democracia en Gran Bretaña: la reforma electoral de 1867-1868», en J. Tusell, ed., *El sufragio universal*, núm. monográfico de *Ayer*, núm. 3, 1991, pp. 63-82. En general, para todos los sistemas electorales europeos a finales del siglo: Lefèvre-Pontalis [sic], *Les élections en Europe à la fin du XIXe siècle*, París, Plon, 1902.

97 D. Judd, *op. cit.*, cap. 8.

98 T. Carlyle, *Occasional Discourse on the Nigger Question* (1849), en L. L. Snyder (ed.), *op. cit.*, pp. 108-111 (especialmente pp. 109-111).

99 E. Williams, *From Columbus to Castro. The History of the Caribbean, 1492-1969* [1971], Nueva York, Vintage, 1984, pp. 398-402.

100 N. Ferguson, *Empire. How Britain Made the Modern World*, Londres, Allen Lane, 2003, pp. 191-195 (cita p. 195); para la opinión de Dilke sobre Eyre: D. Nicholls, *The Lost Prime Minister. A Life of Sir Charles Dilke*, Londres, Hambledon Press, 1995, p. 10.

101 Para el republicanismo británico: A. Taylor, "*Down With the Crown*". *British Anti-Monarchism and Debates about Royalty since 1790*, Londres, Reaktion, 1999, caps. 3-4.

102 C. Dilke, *Greater Britain: A Record of Travel in English-Speaking Countries*, Londres, 1868, 2 vols (cita vol. 2, p. 407), reproducido en L. L. Snyder (ed.), *op. cit.*, pp. 111-114 (cita p. 114). Véase también C.A. Bodelson, *Studies in Mid-Victorian Imperialism*, Nueva York, Knopf, 1925, pp. 60-75. Un resumen que defiende su radicalismo de fondo en D. Nicholls, *op. cit.*, cap. 2: se puede remarcar, de pasada, como, en su viaje, Dilke conoció y admiró Emerson y, en su libro, quiso conscientemente emular a Tocqueville en una mayor escala geográfica «anglosajona».

103 Para el contexto: A. Zwerdling, *Improvised Europeans. American Literary Expatriates and the Seige of London*, Nueva York, Basic Books, 1998, cap. 1.

104 A. Taylor, *op. cit.*, cap. 5.

105 R. W. Emerson, «The Race», en R. W. Emerson (M. Lebreton, ed.) *English Traits* [1856], París, Aubier (edición bilingüe), 1934, p. 28. Se señala este ensayo como un hito en el desarrollo del «anglosajonismo» racista en Estados Unidos: T. Gossett, *Race: The History of an Idea in America* [1963], Nueva York, Oxford University Press, 1997, pp. 97-98.

106 J. Ruskin, *Lectures in Art* (1870), citado en A. Thomas, *Rhodes: The Race for Africa*, Nueva York, St. Martin's Press, 1996, p. 102.

107 W.E. Gladstone, «England's Mission», *The Nineteeth Century*, Septiembre 1878, en M. Goodwin (ed.), *op. cit.*, pp. 268-272 (cita p. 268).

108 Véase formulación clásica: R. McKenzie y A. Silver, *Angels in Marble. Working Class Conservatives in Urban England*, Chicago, University of Chicago Press, 1968.

109 En todo este relato y en la sección siguiente, seguimos el brillante resumen de M. García-Pelayo, *El Imperio Británico*, Madrid, Revista de Occidente, 1945, especialmente cap. VI, «El pensamiento en torno al Imperio y los proyectos de organización imperial»; también, para algunos detalles, J.P. Kenyon (ed.), *The Wordsworth Dictionary of British History*, Cumberland House (Hertfortshire, G.B.), Wordsworth, 1994; y, como tes-

timonio contemporáneo: Lady Lugard, «British Empire», *Encyclopedia Britannica* (11 Ed.), Nueva York, 1911, vol. IV, pp. 606-615.

110 B. Disraeli, discurso de 24 junio 1872, en el Crystal Palace, citado en W.F. Moneypenny y G.E. Buckle, *The Life of Benjamin Disraeli*, Londres, 1929, vol. II, p. 536, reproducido en L. L. Snyder (ed.), *op. cit.*, pp. 114-115 (cita p. 115).

111 D. Washbrook, «After the Mutiny: From Queen to Queen Empress», *History Today*, vol. 49, núm. 9, septiembre 1997, pp. 10-15.

112 R. Blake, *Disraeli*, Nueva York, St. Martin's Press, 1967, pp. 562-563; H.C.G. Matthew, *Gladstone 1809-1898*, Oxford (G.B.), Clarendon Press, 1997, p. 266; E. Eyck, *op. cit.*, p. 253.

113 C. Weatherly, «Knighthood and Chivalry», *Encyclopedia Britannica* (11 Ed.), Nueva York, 1911, vol. XV, pp. 851-867.

114 D. Cannadine, *Ornamentalism. How the British Saw Their Empire*, Londres, Penguin, 2001.

115 R. Jenkins, *Sir Charles Dilke. A Victorian Tragedy*, Londres, Collins, 1958.

116 Véase la maciza biografía: P.T. Marsh, *Joseph Chamberlain: Entrepreneur in Politics*, New Haven (Ct.), Yale University Press, 1994.

117 G. M. Trevelyan, *English Social History* [1942], Nueva York, David McKay, 1965, pp. 495-497, 509-517.

118 D. W. Bebbington, *The Nonconformist Conscience. Chapel and Politics, 1870-1914*, Londres, George Allen y Unwin, 1982, cap. 5.

119 A. T. Q. Stewart, *The Ulster Crisis. Resistance to Home Rule, 1912-14*, Londres, Faber & Faber, 1969, pp. 19-23.

120 M. Y. Ostrogorski (G. Quagliariello, ed.), *Democrazia e partiti politici* [1910, si bien las partes sobre Inglaterra datan de 1893], Milán, Rusconi, 1991, pp. 154-233.

121 Sobre Parnell: F. S. L. Lyons, *Charles Stewart Parnell*, Londres, Fontana, 1977; P. Bew, *Charles Stewart Parnell*, Dublin, Gill & Macmillan, 1991. Para su adaptación al contexto catalanista: E. Ucelay-Da Cal, «Almirall, Parnell, i el mòdel literari de la Història», *Quadern de Cultura. El País*, 7 marzo 1991, p. 7. Las contemporáneas reacciones catalanistas sobre Home Rule de los años 1886-1887 en: J. Llorens Vila, *La Unió Catalanista..., op. cit.*, pp. 238-242. Más en general, para una perspectiva a largo plazo, véase: X. M. Núñez Seixas, «El mito del nacionalismo irlandés y su influencia en los nacionalismos gallego, vasco y catalán (1880-1936)», *Spagna Contemporanea*, núm. 2, 1992, pp. 25-57.

122 D. W. Bebbington, *op. cit.*, cap. 6.

123 G. Best, *Mid-Victorian Britain 1851-75* [1971], Londres, Fontana, 1985, p. 308.

124 R. de la Torre del Río, *Inglaterra y España en 1898*, Madrid, Eudema, 1988, cap. 6.

125 «Smith, Goldwin», *Enciclopedia Britannica*, 11 ed., vol. XXV, Nueva York, 1910-1911, p. 262; Wolf, Lucien, «Anti-Semitism», *ibíd.*, vol. II, pp. 134-146 (p. 145).

126 W. Hunt, «Freeman, Edward Augustus», *Enciclopedia Britannica*, 11 ed., vol. XI, Nueva York, 1910-1911, pp. 76-77.

127 Para Froude y su relación torturada con Carlyle, véase G. Himmelfarb, *Victorian Minds* [1952], Chicago, Ivan R. Dee, 1995, cap. VIII.

128 W. Hunt, «Froude, James Anthony (1818-1894)», *Enciclopedia Britannica*, 11 ed., vol. XI, Nueva York, 1910-1911, pp. 252-253; W. Hunt, «Seeley, Sir John Robert (1834-1895)», *ibíd.*, vol. XXIV, pp. 580-581. También el balance de Froude en C.A. Bodelson, *op. cit.*, pp. 176-205.

129 J. R. Seeley, *The Expansion of England* (1883), pp. 8, 25-26, citado en V. Bogdanor, *The Monarchy and the Constitution*, Oxford (G.B.), Oxford University Press, 1997, p. 241. Véase la discusión sobre Seeley de C.A. Bodelson, *op. cit.*, pp. 149-176.

130 J. R. Seeley, *L'espansione dell'Inghilterra. Due corsi di lezioni* (1883), Bari, Laterza, 1928, p. 43. A remarcar el interés en la Italia fascista, en la segunda mitad de los años veinte, en las ya viejas ideas de Seeley sobre el concepto de imperio.

131 D. Armitage, *The Ideological Origins of the British Empire*, Cambridge (G.B.), Cambridge University Press, 2000, pp. 16-20; tambien N. Ferguson, *Empire..., op. cit.*, pp. 246-248.

132 H. Tulloch, *James Bryce's American Commonwealth. The Angloamerican Background*, s.l., The Royal Historical Society, 1988, especialmente cap. 2.

133 F. Merk, *Manifest Destiny and Mission in American History*, Nueva York, Knopf, 1963, pp. 238-241.

134 D. Gilmour, *La vida imperial de Rudyard Kipling*, Barcelona, Seix Barral, 2003, cap. 12.

135 C. Barnett, *The Collapse of British Power* [1972], Phoenix Mill (G.B.), Sutton, 1997, p. 166.

136 S. Newton, «Joseph Chamberlain and Tarriff [sic] Reform: British Radicalism, Modernization and Nationalism», en R. Stradling, S. Newton y D. Bates (eds.), *Conflict and Coexistence. Nationalism and Democracy in Modern Europe*, Cardiff, University of Wales Press, 1997, pp. 84-106.

137 W. L. Strauss, *Joseph Chamberlain and the Theory of Imperialism*, Nueva York, Howard Fertig, 1971.

138 K. Sinclair, *Imperial Federation: a Study of New Zealand Policy and Opinion, 1880-1914*, Londres, University of London/Athlone Press, 1955.

139 J. D. B. Miller, *Richard Jebb and the Problem of Empire*, Londres, University of London/Athlone Press, 1956; la cifra es de C. A. Bodelson, *op. cit.*, p. 131.

140 C. A. Bodelson, *op. cit.*, pp. 60-75. No se debe, sin embargo, subestimar el radicalismo profundo de Dilke, que fue de los escasísimos a oponerse, en el parlamento británico, a la pérdida del voto por parte de africanos y «Coloureds» en las colonias inglesas (Colonia del Cabo, Natal) al fusionarse éstas con las conquistadas repúblicas de «Afrikaners» (Transvaal, Río Orange), para crear la Unión de Sud África en 1909 («South Africa Act»). F. Welsh, *A History of South Africa*, Londres, HarperCollins, 2000, p. 373.

141 C. Barnett, *op. cit.*, p. 166.

142 La perspectiva imperial oficial en A. Conan-Doyle, *La Guerra en Sud África. Sus causas y modo de hacerla*, Londres, Smith, Elder/Madrid, Imp. de Antonio Marzo, 1902; para la oposición inglesa a la contienda: S. Koss, *The Pro-Boers. The Anatomy of an Antiwar Movement*, Chicago, University of Chicago Press, 1973; D.P. McCracken, *The Irish Pro-Boers, 1877-1902*, Johannesburg, Perskor, 1989.

143 Para Australia: S. Macintyre, *A Concise History of Australia*, Cambridge (G.B.), Cambridge University Press, 1999, pp. 136-148; F. Welsh, *op. cit.*, cap. 14.

144 J. L. Granatstein, *Conscription in the Second World War, 1939-1945. A Study in Political Management*, Toronto, Ryerson Press, 1969, cap. I.; véase, en general: C. Barnett, *op. cit.*

145 Sobre la Conferencia de 1911 y los temas de fondo, véase D. Judd, *op. cit.*, cap. 17.

146 Sigue válida en muchos sentidos la interpretación clásica y brillantísima de G. Dangerfield, *The Strange Death of Liberal England, 1910-1914* (1935), Nueva York, Perigree, 1980; véase también su *The Damnable Question. A Study in Anglo-Irish Relations*, Londres, Quartet, 1976; también los artículos pertinentes en: S. J. Connolly (ed.), *The Oxford Companion to Irish History*, Oxford (G.B.), Oxford University Press, 1998.

147 S. Ching-Yan Cheng, *Schemes for the Federation of the British Empire* [1931], Nueva York, AMS Press, 1968; M. Burgess, «The Roots of British Federalism», en P. L. Garside y M. Hebbet (eds.), *British Regionalism, 1900-2000*, Londres, Mansell, 1989, pp. 20-39.

148 F. Cambó, *Memòries (1876-1936)*, Barcelona, Alpha, 1981, pp. 51-52 (cita p. 52).

149 E. Prat de la Riba, «La fi d'un poble», *Diari de Catalunya*, 9 junio 1900, en, en E. Prat de la Riba (A. Balcells y J. M. Ainaud de Lasarte, eds.), *Obra completa*, 1898-1905, volum II, Barcelona, Proa, 1998, p. 373.

150 La vinculación con Ruskin es una idea avanzada por el biógrafo Basil Williams (1921) y repetida desde entonces (por ejemplo: W. Plomer, *Cecil Rhodes*, Londres, Thomas Nelson, 1938, pp. 23-24). Es cuestionada por R. I. Rotberg (con M.F. Shore), *The Founder. Cecil Rhodes and the Pursuit of Power*, Nueva York, Oxford University Press, 1988, pp. 89. 94-95.

151 A. Thomas, *op. cit.*, p. 112.

152 S. Cloete, *African Portraits. A Biography of Paul Kruger, Cecil Rhodes and Lobengula*, Londres, Collins, 1946, p. 192.

153 Véase A. Thomas, *op. cit.*; también F.S.L Lyons, *Charles Stewart Parnell* [1977], Londres, Fontana, 1991, pp. 442-444.

154 D. Judd, *op. cit.*, cap. 15.

155 Véase J. Donaldson, *Relaciones económicas internacionales*, Barcelona, El Consultor Bibliográfico, 1930, vol. I, pp. 244-245; para el lado catalanista: M. Pugés, *Como triunfó el proteccionismo en España. La formación de la política arancelaria española*, Barcelona, Juventud, 1931.

156 Declaraciones a *The Times*, 7 noviembre 1911, citadas en: N. Angell, *La grande ilusión*, París, Thomas Nelson & Sons, [1913], p. 166.

157 F. Cambó, «El problema català», discurso del 7 junio 1916, en F. Cambó, *Discursos...*, *op. cit.*, p. 320.

158 V. Bérard, *L'Anglaterre et l'Impérialisme*, París, Armand Colin, 1907.

159 E. Jardí, *Eugeni d'Ors*, Barcelona, Aymá, 1967, p. 178.

160 J. B. Trend, *A Picture of Modern Spain*, Londres, Constable, 1921, pp. 152-153, comentando los puntos básicos del sistema de Pi, de su discurso presidencial en los Juegos Florales de Barcelona de 1909, significativamente reproducidos en la revista madrileña aliadófila *España*, en junio de 1916.

161 A. Toynbee, «The Present Point in History» [1947], en A. Toynbee, *Civilization on Trial and The World and the West*, Nueva York, Meridian, 1958, pp. 26-36 (cita p. 28).

162 G. Ferrero, *L'unité du monde*, París, Simon Kra, 1927, p. 39.

Capítulo 14. *Promover un «imperio de la sociedad civil»: Cambó y la transgresión ideológica*

1 Para la preocupación característica de la Lliga con su autoimagen como cúmulo histórico de experiencias, véase: Lliga Catalana, *Història d'una política. Actuacions i documents de la Lliga Regionalista. 1901-1933*, Barcelona, Bib. de Lliga Catalana, 1933.

2 Citado en J. Keay, *Last Post. The End of Empire in the Far East*, Londres, John Murray, 1997, p. 35.

3 Para las campañas monárquicas portuguesas: V. de Bragança-Cunha, *Revolutionary Portugal (1910-1936)*, Londres, James Clarck y Co., [¿1937?].

4 La justificación monárquica en, por ejemplo, J. Ameal, *Bref Résumé de l'Histoire du Portugal*, Lisboa, SNI, s.f., pp. 79-80; para una muestra de la indignación por el anticlericalismo: P. L. Gonzaga de Azevedo, S.J. («versión castellana», P. C. Eguía Ruiz, S. J.), *Revolución de Portugal de 1910. Proscritos*, Madrid, Razón y Fe, 1912. En general: D. L. Wheeler, *Revolutionary Portugal. A Political History, 1910-1926*, Madison (Wis.),

University of Wisconsin Pres, 1978; J. Veríssimo Serrão, *História de Portugal (1910-1926)*, Lisboa, Verbo, 1989.

5 C. E. Nowell, *A History of Portugal*, Princeton (N.J.), Van Nostrand, 1958, pp. 212-213, 223, y ss.

6 E. Ashcroft, *De Gaulle*, Barcelona, Destino, 1964, p. 32.

7 *Memoria de l'actuació i organització de l'Escola de Funcionaris d'Administració Local*, Barcelona, Diputació Provincial de Barcelona, septiembre 1914, especialmente pp. 286-295.

8 M. Gilbert, *Churchill: A Life*, Londres, Heinemann, 1991, p. 208.

9 Para las tesis de la derecha socialista: A. Ascher, «Imperialists within German Social Democracy prior to 1914», *Journal of Central European Affairs*, vol. XX, 1960-1961, pp. 397-422; para la izquierda, del mismo: «"Radical" Imperialists within German Social Democracy, 1912-1918», *Political Science Quarterly*, vol. 76, 1961, pp. 555-575.

10 G. Hervé, *La patria de los ricos*, Barcelona, F. Granada y Cia., s.f.

11 J. Ramsay MacDonald, *Labour and the Empire*, Londres, George Allen, 1907; para Justo: J. Abelardo Ramos, *El marxismo de Indias*, Barcelona, Planeta, 1973, pp. 32-36.

12 S. F. Bloom, *El mundo de las naciones. El problema nacional en Marx* [1941], Madrid, Siglo XXI, 1975; R. Rosdolsky, *Friedrich Engels y el problema de los pueblos «sin historia»*, México D.F., Siglo XXI, 1980; M. Rubel (ed.), *Marx y Engels contra Rusia*, Buenos Aires, Líbera, 1965.

13 H. B. Davis, *Nacionalismo y socialismo. Teorías marxistas y laboristas sobre el nacionalismo hasta 1917*, Barcelona, Península, 1972.

14 K. Kautsky, *Socialism and Colonial Policy: an Analysis*, Belfast, Athol, 1975; en general: E. Bernstein, E. Belfort Bax, K. Kautsky, K. Renner, R. Calwer, H. van Kol, O. Bauer, J. Strasser, A. Pannekoek, *La Segunda Internacional y el problema nacional y colonial*, México D.F., Siglo XXI, 1978, 2 vols.; para el colofón de la social-democracia rusa: G. Haupt, M. Lowy, C. Weill, *Les marxistes et la question nationale 1848-1914*, París, Maspero, 1974; K. Marx, F. Engels, K. Kautsy, O. Bauer, R. Luxemburg, V. I. Lenin, J. V. Stalin (J. Colomer, ed.), *El marxismo y la cuestión nacional*, Barcelona, Avance, 1976.

15 V. I. Lenin, *El derecho de las naciones a la autodeterminación*, Barcelona, De Barris, 2000, cita p. 82.

16 A. D. Low, *Lenin on the Question of Nationality*, Nueva York, Bookman, 1958, caps. 1-2.

17 A. del Rosal, *Los congresos internacionales obreros en el siglo XX*, Barcelona, Grijalbo, 1975, cap. I; para antecedentes: A. del Rosal, *Los congresos internacionales obreros en el siglo XIX*, Barcelona, Grijalbo, 1975.

18 C. André, *Le socialisme impérialiste dans l'Allemagne contemporaine*, París, Bossard, 1918.

19 H. J. Tobias, *The Jewish Bund in Russia. From its Origins to 1905*, Stanford (Cal.), Stanford University Press, 1972; en general: R. Pearson, *National Minorities in Eastern Europe, 1848-1915*, Londres, Macmillan, 1983.

20 A. G. Whiteside, *Austrian National Socialism before 1918*, La Haya, Martinus Nijhoff, 1962.

21 O. Bauer, *La cuestión de las nacionalidades y la socialdemocracia*, México D.F., Siglo XXI, 1979; «Synopticus» (K. Renner), «Estado y nación»; en E. Bernstein, Belfort Bax, Kautsky, Renner, *La Segunda Internacional ..., op. cit.*, vol. 1, pp. 145-180; y J. Strasser, «El obrero y la nación», en R. Calwer, H. van Kol, O. Bauer, J. Strasser, A. Pannekoek, *La Segunda Internacional ..., op. cit.*, vol. 2, pp. 189-247. Véase también el ensayo: A.G. Kogan, «The Social Democrats and the Conflict of Nationalities in the Habsburg Monarchy», *The Journal of Modern History*, vol. XXI, núm. 3, septiembre 1949, pp. 204-217.

22 M. García-Pelayo, *El tema de las nacionalidades. La teoría de la nación en Otto Bauer*, Madrid, Fundación Pablo Iglesias, 1979, pp. 21-22; O. Bauer, «Observaciones sobre la cuestión

de las nacionalidades» y «El obrero y la nación», en R. Calwer, H. van Kol, O. Bauer, J. Strasser, A. Pannekoek, *La Segunda Internacional …, op. cit.*, vol. 2, pp. 172-185, 248-256; O. Bauer, *La cuestión…, op. cit.*, cap. IV. También R. Sentmarí (ed.), *Clàssics del nacionalisme*, Barcelona, Pòrtic, 2001, cap. 9: M. Caminal (ed.), «Otto Bauer: Socialisme i nació».

23 J.-P. Bled, *François-Joseph*, París, Fayard, 1987, pp. 596-602.

24 G. Renard, con la colaboración de A. Berthod, G. Fréville, A. Landry, P. Mantoux, F. Simiand, *Le Socialisme à l'oeuvre. Ce qu'on a fait. Ce qu'on peut faire*, París, E. Cornély y Cie., 1907, p. 329.

25 Sobre «*Bundestreue*»: A. Jiménez Blanco, *Las relaciones de funcionamiento entre el poder central y los entes territoriales*, Madrid, Instituto de Estudios de Administración Local, 1985, pp. 95-108.

26 Véase, para el contexto europeo marxista: R.S. Wistrich, *Socialism and the Jews. The Dilemmas of Assimilation in Germany and Austria-Hungary*, East Brunswick (N.J.), Associated University Presses/Farleigh Dickenson University Press, 1982.

27 F. Cambó, «El problema català», discurso del 7 junio 1916, en F. Cambó, *Discursos parlamentaris (1907-1935)*, Barcelona, Alpha, 1991, p. 321.

28 «Las aspiraciones de Cataluña. Palabras de Cambó», *España*, II, núm. 72, 8 junio 1916, pp. 439-440 (cita p. 440).

29 H. de la Torre, *Antagonismo y fractura peninsular. España-Portugal 1910-1919*, Madrid, Espasa-Calpe, 1983; para el lado portugués del iberismo: C.A. Molina, *Sobre el iberismo y otros escritos de literatura portuguesa*, Madrid, Akal, 1990, pp. 14-142.

30 M. Villas i Chalamanch, «L'iberisme: factor revitalitzador de la coneixença entre Catalunya i Portugal», *Estudis de llengua i literatura catalanes*, vol. XXIV, *Miscel·lània Jordi Carbonell 3*, Barcelona, Abadia de Montserrat, 1992, pp. 231-256; V. Martínez-Gil, *El naixement de l'iberisme catalanista*, Barcelona, Curial, 1997.

31 M. Anderson, «Europe's Quest for International Peace, 1870-1914», en R. Stradling, S. Newton y D. Bates (eds.), *op. cit.*, pp. 66-83.

32 La influencia es sugerida por C. Seco Serrano, *Historia del conservadurismo español*, Madrid, Temas de Hoy, 2000, p. 292.

33 En general, véase: J.Tusell y J. Avilés, *La derecha española contemporánea. Sus orígenes: el maurismo*, Madrid, Espasa Calpe, 1986.

34 V. R. Berghahn, *Militarism. The History of an International Debate 1861-1979*, Cambridge, Cambridge University Press, 1981; Para el debate arancelario en España: E. Hernández Sandoica, «Polémica arancelaria y cuestión colonial en la crisis del crecimiento del capital nacional: España, 1868-1900», *Estudios de Historia Social*, núm. 22-23, julio-diciembre 1982, pp. 279-319.

35 E. López Campillo, «Militares e intelectuales españoles entre la primera guerra mundial y la dictadura de Primo de Rivera: dos élites en competencia», en J. Extramiana (ed.), *Les élites espagnoles à l'époque contemporaine. Actes du Colloque d'Histoire Sociale d'Espagne*, 14-16 marzo 1982, *Cahiers de l'Université [de Pau]*, núm. 1, 1983, pp. 191-200.

36 C. Seco Serrano, *Militarismo y civilismo en la España contemporánea*, Madrid, Espasa-Calpe, 1984.

37 M. S. Anderson, *The Ascendancy of Europe. Aspects of European History 1815-1914*, Londres, Longman, 1972, p. 168.

38 Sobre Cobden, un texto elocuente por el significado antiimperialista de su autor: J. A. Hobson, *Richard Cobden. The International Man* [1919], Londres, Ernest Benn, 1968; G. Ferrero, *Militarism* [1902], Nueva York, Benjamin Blom, 1971, cap. I: «Peace and War at the End of the Nineteenth Century».

39 J. A. Schumpeter, «Imperialism» [1919], en J. A. Schumpeter, *Imperialism and Social Classes*, Nueva York, Meridian, 1960.
40 D. Martí i Julià (ed. de J. Colomer), *Per Catalunya* [1913], Barcelona, La Magrana, 1984.
41 J. Casanovas, *Llibre d'Estudis. Planas literarias. Assaigs dramatichs*, Barcelona, Tip. Catalana, 1907, pp. 123-127.
42 La Lliga, no obstante su giro y su atención a las corrientes pacifistas europeas, no estaba dispuesta a entrar en el debate sobre la transformación de la fuerza armada en una organización democrática, tal como propugnó el socialista francés Jean Jaurès en 1910, con su rechazo del antipatriotismo de Hervé y su reivindicación de la experiencia revolucionaria del siglo XVIII como un pasado nacional común a los franceses; significativamente, la obra jauresiana no fue traducida al castellano hasta la reforma militar de Azaña, siendo considerado entonces como «un libro de rabiosa actualidad», según su editor: J. Jaurés [sic], *El Nuevo Ejército*, Madrid, Aguilar, 1932.
43 Carlos [sic] Malato, *Filosofía de un ideal* [¿1894?], Barcelona, Biblioteca Vértice, s.f., p. 32.
44 M. Sabaté Sort, *El proteccionismo legitimado. Política arancelaria española a comienzos de siglo*, Madrid/Zaragoza, Ed. Civitas/Prensas Universitarias de Zaragoza, 1996, p. 148.
45 A. Milner, *The Nation and the Empire* [1913], Londres, Routledge/Thoemmes, 1998.
46 R. Thurlow, *Fascism in Britain. A History, 1918-1985*, Oxford (G.B.), Basil Blackwell, 1987, pp. 3-4.
47 L. de Sainte Lorette, *L'idée d'Union fédérale européenne*, París, Armand Colin, 1955, caps. I-V.
48 E. Prat de la Riba, «Missatge al rei Jordi dels Hel·lens», en E. Prat de la Riba (A. Balcells i J. M. Ainaud de Lasarte, eds.), *Obra completa, 1887-1898*, volum I, Barcelona, Proa, 1998, pp. 428-429 (más sus comentarios, pp. 430-431); J. Llorens Vila, *Catalanisme i moviments nacionalistes contemporanis (1885-1901)*, Barcelona, Dalmau, 1988, pp. 56-62.
49 L. Bourgeois, *Pour la Société des Nations*, París, Georges Crès, s.f. Para su biografía: P. Pierrard, *Dictionnaire de la Troisième République*, París, Larousse, 1968, pp. 42-43.
50 Para una especulación sobre el significado reiterativo de los «fines de imperio», véase J.-P. Rioux, *Fin d'empires*, Paris, Plon/Le Monde Éditions, 1992: para el caso concreto de 1917-1918: J. Becker, «Quatre disparus de la Grande Guerre», pp. 289-297.
51 F. Cambó, «El problema català», discurso del 7 junio 1916, en F. Cambó, *Discursos…*, *op. cit.*, pp. 319-320.
52 *Ibíd.*, p. 320.
53 R. F. Betts, *L'alba illusoria. L'imperialismo europeo nell'Ottocento*, Boloña, Il Mulino, 1986, pp. 299-307.

Capítulo 15. *La caja de resonancia intelectual: d'Ors y el juego de las influencias ideológicas*

1 Aunque no todo el mundo lo entendió –y menos en tiempos de una catalán pre-normalizado– d'Ors tuvo muy claro la diferencia entre una *«glossa»* y lo que él consideraba que hacía, o *«glosa»*; *«Jo escric "gloses", improvitzacions, cançons si voleu, com les del minúsculament èpic glosador mallorquí, inspirat per la realitat circumstancial que l'envolta; no "glos[s]es" apostillades com les d'un alexandrí o d'un bolonyès operant sobre textos morts. El Glosari pot ser un enfilall de contades, no un vocabulari de mots.»*: Carta de E. d'Ors a J. Bofill i Mates, 8 noviembre 1918, en E. Bou y J. Murgades (eds.), «Correspondència d'Eugeni d'Ors a

Jaume Bofill i Mates (Gerau de Liost)», *Els Marges*, núm. 56, octubre 1996, pp. 99-108 (carta pp. 107-108).

2 M. de Unamuno, «Lo de Cataluña», *Revista Política y Parlamentaria*, 15 mayo 1900, en M. de Unamuno, *Obras Completas*, vol. IX, *Discursos y artículos*, Madrid, Escelicer, 1971, pp. 799-802 (cita p. 800).

3 D. Ridurejo, «Glosa para el glosador», en D. Ridurejo, *En algunas ocasiones. Crónicas y comentarios 1943-1956*, Madrid, Aguilar, 1960, p. 372.

4 Como subrayó, con evidente malicia, J. M. Capdevila, *Eugeni Ors. Etapa barcelonina (1906-1920)*, Barcelona, Barcino, 1965, pp. 8-9.

5 X. Pla, «Eugeni d'Ors. personatge, màscara», *Quadern de Cultura/El País*, 19 octubre 2000, p. 7; E. Jardí, *Eugeni d'Ors*, Barcelona, Aymá, 1967, p. 21.

6 F. Pujols, *Concepte general de la ciència catalana* [1918], Barcelona, Pòrtic, 1982, p. 319.

7 J. Tusquets, *L'imperialisme cultural d'Eugeni d'Ors*, Barcelona, Columna, 1989, pp. 27-28; E. Jardí, *Eugeni d'Ors…*, *op. cit.*, pp. 36-37 y ss.

8 A. Duarte Montserrat, «La Universitat de Barcelona i els moviments estudiantils (1890-1893)», *Actes de les 5enes Jornades d'Història de l'Educació*, Vic, Escola Universitària Balmes de Mestres d'Osona, 1982, vol. II, pp. 211-224; en general, véase A. Duarte Montserrat, *Pere Coromines: del republicanisme als cercles llibertaris (1888-1896)*, Barcelona, Abadia de Montserrat, 1988.

9 G. Ferrero, *Militarism* [1902], Nueva York, Benjamin Blom, 1971, cap. I: «Peace and War at the End of the Nineteenth Century».

10 T. Packenham, *The Boer War* [1979], Nueva York, Avon, 1992, p. 23.

11 Para el «incidente de Fashoda» en su adecuada contextualización africana: D. Leavering Lewis, *The Race to Fashoda. European Colonialism and African Resistance in the Scramble for Africa*, Nueva York, Weidenfeld & Nicolson, 1987; para el entusiasmo pro-bóer en Francia: B. Lugan, *Hugonots et français ils ont fait l'Afrique du Sud*, París, La Table Ronde, 1988, cap. XI.

12 D. P. McCracken, *The Irish Pro-Boers, 1877-1902*, Johannesburg, Perskor, 1989.

13 «Van Poel Krupp» (Ramiro de Maeztu), *La guerra del Transvaal y los misterios de la banca de Londres* [1900-1901], Madrid, Taurus, 1974; Vicente Vera, *Un viaje al Transvaal durante la guerra*, Madrid, Imp. de Fontanet, 1902.

14 J. Burgaya, *La formació del catalanisme conservador i els models «nacionals» coetanis. Premsa catalanista i moviments nacionalistes contemporanis, 1861-1901*, tesis doctoral, Universitat Autònoma de Barcelona, 1999, pp. 529-532; N. González, «Dos notas catalanistas», *La Vanguardia*, 15 noviembre 1983, p. 6.

15 A. J. Kaminski, *I campi de concentramento dal 1896 a oggi. Storia, funzioni, tipologia* [1982], Turín, Bollati Boringhieri, 1997, pp. 38-41; J. Koutek y P. Rigoulot, *Il secolo del campi. Detenzione, concentramento e sterminio: 1900-2000*, Milán, Mondadori, 2001, pp. 29-52.

16 J. Pijoan, «La crisi del Transvaal i 1714», *La Renaixensa*, 8 octubre 1899, en J. Pijoan (J. Castellanos, ed.), *Política i cultura*, Barcelona, La Magrana/Diputació de Barcelona, 1990, pp. 20-22 (cita p. 21).

17 J. Ors Rovira, «Ideal polític de Catalunya», *La Veu de Catalunya*, 17 mayo 1903, en V. Cacho (ed.), *Els modernistes i el nacionalisme cultural*, Barcelona, La Magrana, 1984, texto núm. 61, pp. 277-279 (cita pp. 278-279).

18 Joseph E. Ors Rovira, «Crisis internacional», *Catalunya*, núm. 4, 28 febrero 1903, pp. cliii-clv (citas pp. cliv, clv).

19 E. Jardí, *Eugeni d'Ors…*, *op. cit.*, pp. 21, 29, 42; V. Cacho (ed.), *Els modernistes …*, *op. cit.*, p. 359; también M. Puig i Reixach, *Els Congressos Universitaris Catalans. Catalanització i

autonomia de la Universitat, Barcelona, Undarius, 1977. En una coincidencia casi literaria, las dos mayores influencias sobre el joven Eugeni, su hermano y Gabriel Alomar (fallecido en 1941), murieron con un año de diferencia en la capital egipcia.

20 A. Cortada, «Ideals nous per a la "Catalònia"», *Catalònia*, núm. 1, 25 febrero 1898, pp. 8-12, en V. Cacho (ed.), *Els modernistes ...*, *op. cit.*, texto núm. 40, pp. 172-178. Biografía: *GEC*, vol. 8, p. 246.

21 E. d'Ors, «La Universitat dels missatges», *Glossari de Xènius MCMVI, Obra catalana completa*, Barcelona, Editorial Selecta, 1950, vol. 1 (únic), pp. 64-66 (cita p. 65).

22 E. Prat de la Riba, «Discurs en lo Centre Catalanista de Vilafranca, el dia 27 de maig de 1897», *Les Quatre Barres*, 30 mayo-1 junio-6 junio 1897, en E. Prat de la Riba (A. Balcells y J. M. Ainaud de Lasarte, eds.), *Obra completa*, volum I, *1887-1898*, Barcelona, Proa, 1998, pp. 440-446 (citas p. 446).

23 G. Sobejano, *Nietzsche en España*, Madrid, Gredos, 1967, pp. 36-45, 156-174; E. Valentí Fiol, «Joan Maragall, modernista i nietzscheà», en E. Valentí Fiol, *Els clàssics i la literatura catalana moderna*, Barcelona, Curial, 1973, pp. 123-151.

24 Salvador Canals, *La cuestión catalana desde el punto de vista español*, Madrid, Imprenta de la Viuda de Prudencio Pérez de Velasco, 1919, p. 239, nota 1.

25 El párrafo citado consiste en un material que Gener suprimió del último capítulo de su P. Gener, *Cosas de España (Herejías nacionales/El renacimiento de Cataluña)*, Barcelona, Juan Llordachs, 1903, pero que formó parte de «La cuestión catalana», que publicó ese mismo año en la revista madrileña de Canals, *Nuestro Tiempo*, núm. 29, mayo 1903, pp. 705-719 (cita p. 712).

26 J. Pijoan, «Persecucions», *La Renaixensa*, 20 octubre 1899, en J. Pijoan, *op. cit.*, pp. 22-24 (cita p. 23).

27 En el *Glossari* catalán entre 1906 y 1910, solamente hay una referencia ridiculizante, mientras d'Ors bromea con las tonterías de los caducos positivistas: E. d'Ors, «Sorpresa», *Glossari de Xènius MCMX, Obra catalana completa...*, *op. cit.*, pp. 1476-1478.

28 Como muestra: P. Gener, *«Coses d'en Peius». Records anecdòtics seriosos i humorístics de la meva vida*, Barcelona, Librería Varia, s.f.

29 La necrología, en paralelo con la de Alexandre de Riquer, en la que d'Ors insiste en la perenne juventud de Gener, «a un tiempo, su encanto y su castigo»: E. d'Ors, «Dos muertos: Pompeyo Gener», *Nuevo Glosario*, Madrid, Aguilar, 1947, vol. I, pp. 337-338.

30 D'Ors reiteró, una y otra vez, que, por mucho que Gener encarnaba el fin de siglo, el olvido de su obra era inmerecido y que contenía ideas todavía de interés: «Véase aquel libro *La muerte y el Diablo* de Pompeyo Gener; libro, dígase de paso, merecedor de mejor recuerdo que aquel de que goza; por lo menos, en su primera parte; luego, cuando pasa de la "historia" a la "filosofía" de las dos "negaciones supremas", el autor ya se hace un lío...», en E. d'Ors, «Exorcismos en el arte popular», *Novísimo Glosario XXXXIV-XXXXV*, Madrid, Aguilar, 1946, pp. 93-94 (cita p. 94); E. d'Ors, «Contando hacia atrás. –a) Los novecentistas. b) el "fin de siglo". c) La era de la Torre Eiffel», *Nuevo Glosario*, vol. I, pp. 596-597; véase la alusión: «el no olvidado Pompeyo Gener» en E. d'Ors, «Lo que empieza y lo que termina en las exposiciones internacionales», *Nuevo Glosario*, Madrid, Aguilar, 1947, vol. II, pp. 611-612; y en la misma línea: «La "raza cósmica" y Federico Marés», *Novísimo Glosario*, pp. 716-718.

31 E. Jardí, *Eugeni d'Ors...*, *op. cit.*, pp. 36-37, 47.

32 Sigo en esta interpretación a C. Garriga, *La restauració clàssica d'Eugeni d'Ors*, Barcelona, Universitat de Barcelona/Curial, 1981, p. 24, quien asegura que se puede derivar este contenido de dos artículos orsianos, para mí, en extremo crípticos – «La inesborrable tornada», *El Poble Català*, núm. 32, 17 junio 1905 y «Nits de juny», *ibíd.*, núm. 34, 1 julio

1905, reproducidos en E. d'Ors (J. Castellanos, ed.), *Papers anteriors al Glosari*, Barcelona, Quaderns Crema, 1994, pp. 155-158. En todo caso, la noción descrita continua en circulación, siendo redescubierta (con alguna alusión a d'Ors): P. de Lagarde, *Le grand duel: Esprit nomade, culture sédentaire*, París, Buchet/Chastel, 1997.

33 E. d'Ors, carta núm. I a E. Prat de la Riba, de París, 17 marzo 1907, en V. Cacho Viu, *Revisión de Eugenio d'Ors (1902-1930)*, seguida de un epistolario inédito, Barcelona, Quaderns Crema/Residencia de Estudiantes, 1997, pp. 170-171. Como correctivo, véase la dura crítica de J. Albertí i Oriol, «La revisió camina coixa. A propòsit de "Revisión de Eugenio d'Ors"», *Revista de Catalunya*, núm. 125, enero 1998, pp. 167-171.

34 E. d'Ors, «Pecado», *Nuevo Glosario..., op. cit.*, vol. I, pp. 1201-1202.

35 E. d'Ors, «Eximplio», *ibíd.*, vol. I, pp. 1203-1204.

36 E. Jardí, *El pensament de Prat de la Riba*, Barcelona, Alpha, 1983, p. 141-143; para la cita orsiana: E. d'Ors, «Envío», *Nuevo Glosario..., op. cit.*, vol. I, p. 1205.

37 E. Jardí, *Eugeni d'Ors..., op. cit.*, pp. 110-111.

38 E. d'Ors, «Escarmiento», *Nuevo Glosario..., op. cit.*, vol. I, pp. 1204-1205 (cita p. 1204).

39 R. Olivar Bertrand, *Prat de la Riba*, Barcelona, Editorial Aedos, 1964, pp. 213-214.

40 J. M. Sucre, *Memorias. Los primeros pasos del 1900*, Barcelona, Ed. Barna, 1963, vol. II, pp. 38-39; E. Jardí, *El meu pare i el seu món*, Barcelona, Abadia de Montserrat, 1999, pp. 13-14. Se debe añadir que la familia del doctor mantiene una versión bastante más púdica de su defunción y del rastro de la misma, según la cual él murió de infarto en la mesa familiar («Me muero», exclamó), al tiempo que insisten que guardan aun la silla en la que murió: J. Luna, «Entrevista al embajador Fernando Perpiñá-Robert, bisnieto del doctor Robert», *La Vanguardia*, 11 abril 2002, Vivir en Barcelona, p. 4.

41 J. Fuster, *Literatura catalana contemporània*, Barcelona, Curial, 1980, p. 157.

42 P. Aldavert, «Un tom per Morería [sic]», en P. Aldavert, *Per matar la estona [sic]*, Barcelona, La Renaixensa, 1907, pp. 167-181 (cita p. 177).

43 Hay quien argumenta que Fichte –y Herder– fueron una influencia doctrinal fija en el catalanismo, hasta florecer en Prat: véase M. Reguant, *Etapes reivindicatives de la teoria nacional catalana*, Gaüses (Gerona), Llibres del Segle, 1996, *passim* (especialmente pp. 124-129).

44 B. Russell, *In Praise of Idleness* [1935], Londres, Unwin, 1962, cita p. 59, en cap. V, «The Ancestry of Fascism». Para la relación de fondo de Fichte con Kant, de quien fue discípulo infiel: I. Berlin, «Kant as an Unfamiliar Source of Nationalism», en I. Berlin (H. Hardy, ed.), *The Sense of Reality. Studies in Ideas and their History*, Londres, Pimlico, 1997, pp. 232-248.

45 G. A. Kelly, «Introduction», en J. G. Fichte, *Addresses to the German Nation*, Nueva York, Harper & Row, 1968, p. xxxii. En general, véase: J. Droz, *Le romantisme allemand et l'État*, París, Payot, 1966.

46 E. d'Ors, «Nacionalismo, Acción», *Nuevo Glosario..., op. cit., vol. I, pp. 79-80.*

47 Es más, como llegó a observar algo sorprendentemente Maurras, el poder de Fichte estuvo en su naturaleza como pensamiento *privado entendido como público* y, de ahí, a los servicios estatales, y no al revés. C. Maurras, *Encuesta sobre la Monarquía*, Madrid, Sociedad General Española de Librería, 1935, pp. 128-129.

48 E. d'Ors, «"La nacionalitat catalana" i la generació noucentista», *Glossari de Xènius MCMVI, Obra catalana completa..., op. cit.*, pp. 183-184.

49 Citado en J. Castellanos, *Raimon Casellas i el modernisme*, Barcelona, Curial/Abadia de Montserrat, 1992, vol. 2, p. 25.

50 *Ibíd.*, vol. 2, secció V.

51 *Ibíd.*, vol. 2, pp. 35-36; J. Castellanos, «Modernisme i estetocràcia», *Recerques*, núm. 12, 1982, pp. 117-136.

52 J. Castellanos, *Raimon Casellas..., op. cit.*, vol. 2, pp. 13-14, 18. También: J. Castellanos, «Noucentisme i censura. A propòsit de les cartes d'Eugeni d'Ors a Casellas», *Els Marges*, núm.s 22-23, 1981, pp. 73-79.

53 La interpretación clásica de d'Ors, visto como conjunto, en catalán y castellano: J. L. L. Aranguren, *La filosofía de Eugenio d'Ors*, Madrid, Espasa Calpe, 1981; G. Díaz-Plaja, *El combate por la luz. La hazaña intelectual de Eugenio d'Ors*, Madrid, Espasa Calpe, 1981, y, del mismo autor, *Lo social en Eugenio d'Ors y otros estudios*, Barcelona, Cotal, 1982; interpretaciones más recientes, centradas en la noción de «imperialismo»: N. Bilbeny, *Eugeni d'Ors i la ideologia del noucentisme*, Barcelona, La Magrana, 1988; también, N. Bilbeny, «L'aristocratisme d'Eugeni d'Ors», en A. Balcells (ed.), *El pensament polític català del segle XVIII a mitjan segle XX*, Barcelona, Edicions 62, 1988, pp. 193-203; M. Rius, *La filosofia d'Eugeni d'Ors*, Barcelona, Curial, 1991, además de la curiosa obra del notorio y longevo presbítero Joan Tusquets, *L'imperialisme cultural d'Eugeni d'Ors*, Barcelona, Columna, 1989.

54 En general, véase: E. Ucelay-Da Cal, «El "modernisme" catalán: modas, mercados urbanos e imaginación histórica», en J. L. García Delgado y M. Tuñón de Lara (eds.), *Los orígenes culturales de la II República*, Madrid, Siglo XXI, 1993, pp. 293-335.

55 A. Manent, *Josep Carner i el Noucentisme. Vida, obra i llegenda*, Barcelona, Edicions 62, 1969, cap. IV.

56 L. Duran i Ventosa, «Pròleg de la primera edició», J. Bofill i Mates, *La llengua catalana* [1916], Barcelona, Joventut de Lliga Catalana, 1933, p. 12.

57 J. Maragall, «La patria nueva», 11 septiembre 1902, en J. Maragall, *Obres completes*, vol II, *Obra castellana*, Barcelona, Selecta, 1960, p. 653-655 (cita p. 653).

58 I. Cònsul, *Verdaguer i Maragall, joc de miralls*, Barcelona, Proa, 2002, vol. Maragall, p. 25.

59 Cartas de d'Ors a Maragall: 29 abril 1904; 22 junio 1906; 9 enero 1909, en V. Cacho Viu, *Revisión..., op. cit.*, pp. 155, 165, 183.

60 N. Bilbeny, «Joan Maragall i la societat plural», *Política noucentista. De Maragall a d'Ors*, Catarroja, Afers, 1999, pp. 24-31; también, más en general: P. Rouquette, «Joan Maragall i la idea de civilització», en Diversos Autors, *Joan Maragall. Conferències en commemoració del centenari de la seva naixença (1860) i del cinquantenari de la seva mort (1911)*, Barcelona, Selecta, 1963, pp. 67-96.

61 N. Bilbeny, «El nacionalisme funcional de Prat de la Riba», *Política noucentista..., op. cit.*, pp. 139-153 (cita p. 141).

62 R. Campi, «Joan Maragall i J.W. Goethe. La influència de l'escriptor alemany en el pensament civil de Maragall», *Els Marges*, núm. 68, 2000, pp. 13-49; véase también M. de Montoliu, *Goethe en la literatura catalana*, Barcelona, La Revista, 1935.

63 M. Serrahima, *Joan Maragall* [1966], Barcelona, Edicions 62, 1990, pp. 119-120.

64 H. Taine, *Viaje por Italia* [1866], Madrid, Espasa-Calpe, 1930, vol, II, p. 265.

65 C. Maurras, «Une Revue latine» (marzo 1902), en C. Maurras, *Quand les français ne s'aimaient pas. Chronique d'une renaissance, 1895-1905*, París, Nouvelle Nationale Nationale, 1916, pp. 119-125 (cita p. 125).

66 P. Gener, *El intelecto helénico. La poesía-El arte dramático-La filosofía*, Barcelona, F. Granada y Cia., s.f.; J. Vallcorba, *Noucentisme, mediterraneisme i classicisme. Apunts per a la història de una estètica*, Barcelona, Quaderns Crema, 1994; C. Garriga, *op. cit.* Para el contexto francés: J. D. Herbert, *Fauve Painting. The Making of Cultural Politics*, New Haven (Ct.), Yale University Press, 1992, especialmente cap. 4, «The Golden Age and the French National Heritage»; la difusión de mensaje de Puvis de Chavannes es exhaustivamente

documentada en S. Lemoine, ed. (con M. Le Pommeré y M. Andreose), *From Puvis de Chavannes to Matisse and Picasso. Toward Modern Art*, Venecia, Bompiani, 2002.

67 Una perspectiva catalana: N. Comadira, «Sobre el mediterranisme: unes notes», *Quaderns d'Arquitectura i Urbanisme*, núm. 153, septiembre 1982, pp. 46-51.

68 G. Díaz-Plaja, *Modernismo frente a noventa y ocho* [1951], Madrid, Espasa-Calpe, 1979, pp. 333-334; Díaz-Plaja insistió en la importancia de Barrès para d'Ors, pero tampoco distinguió efectivamente entre el novelista loreno y Maurras; para conseguir la mezcla fluida, igualmente su aprovechar algo del decorado del novelista y dramaturgo italiano Gabriele D'Annunzio: véase G. Díaz-Plaja, *El combate por la luz…, op. cit.*, pp. 279-298.

69 C. Dupláa, «El nacionalisme biològic de Maurice Barrès i Eugeni d'Ors», *L'Avenç*, núm. 105, junio 1987, pp. 40-45.

70 Véase el conjunto de textos de 1924: E. d'Ors, «Barrès y la anarquía»; «Barrès y el jansenismo»; «Barrès y el fin de siglo»; «Barrès y el Oriente»; «Calidad de Barrès», en E. d'Ors, *Nuevo Glosario…, op. cit.*, vol. I, pp. 787-790.

71 E. d'Ors, «Strauss», *Glossari de Xènius MCMVII, Obra catalana completa…, op. cit.*, pp. 477-480; también «Hernández Catà, noucentista», «Viena» y «Els professionals de l'espaterrament», *Glossari de Xènius MCMX, op. cit.*, pp. 1348-1349, 1528-1529, 1546-1550.

72 G. Díaz-Plaja, *El combate por la luz…, op. cit.*, pp. 279-298.

73 Para una valoración externa y contemporánea: G. Guy-Grand, *La Philosophie Nationaliste*, París, Bernard Grasset, 1911.

74 Como muestra: A. Comte, *Discurso sobre el espíritu positivo* [1844], Madrid, Revista de Occidente, 1934, p. 72.

75 R. Girardet, *Nationalismes et nations*, Bruselas, Complexe, 1996, p. 22.

76 D. Ridurejo, *En algunas ocasiones. Crónicas y comentarios 1943-1956*, Madrid, Aguilar, 1960, p. 391.

77 M. L. Brown Jr., *The Comte de Chambord. The Third Republic's Uncompromising King*, Durham (N.C.), Duke University Press, 1967; S. M. Osgood, *French Royalism Under the Third and Fourth Republics*, La Haya, Martinus Nijhoff, 1960.

78 W. Benjamin, «Sobre la situación social que el escritor francés ocupa actualmente» [1934], en W. Benjamin, *Imaginación y sociedad. Iluminaciones I*, Madrid, Taurus, 1990, p. 69.

79 P. H. Simon, *Historia de la literatura francesa contemporánea (1900-1950)*, Barcelona, Vergara, 1958, vol. I, 1ª parte, cap. IV (citas pp. 93, 94).

80 J. Cabot, «Maurras a l'Acadèmia», *Revista de Catalunya*, núm. 88, juliol 1938, pp. 456-457 (cita p. 457). Sobre Cabot: V. Soler, «Just Cabot: un periodista mític, un crític oblidat», en J. Cabot, *Indignacions i provocacions*, Barcelona, Edicions 62, 1992, pp. 7-47.

81 J. VallcorbaPlana, «La influencia de Charles Maurras en Cataluña», *El País/Quadern de Cultura*, I, núm. 12, 25 diciembre 1982, p. 1; muy completo: P. C. González Cuevas, «Charles Maurras en Cataluña», *Boletín de la Real Academia de la Historia*, Tomo CXCV, Cuaderno II, 1998, pp. 309-362.

82 En esta cuestión, fue fundamental la relación entre Maurras y Maurice Blondel, quien intentó asegurar la reconversión religiosa, dentro de la Iglesia Romana, del ateo Maurras, en los años 1886-1887, hasta su ruptura personal en 1893 a raíz de la publicación de la tesis del primero: véase V. Nguyen, *Aux origines de l'Action Française. Intelligence et politique à l'aube de XXe siècle*, París, Fayard, 1991, pp. 230-231, 583. La tesis de Blondel, *L'Action. Essai d'une critique de la vie et d'une science de la practique* (1893), sostenía que la acción era la respuesta necesaria al deseo de infinito, imposible de satisfacer, abierto por la filosofía. La respuesta de Maurras –cuya propia pulsación espiritual se definió más tarde como «acción»– no pudo soportar la interpretación religiosa de su actividad como un camino

hacia la fe. Para un resumen de Blondel, J. Roger, *Esquema del pensamiento francés en la postguerra*, Madrid, CSIC, 1950, pp. 66-71.

83 V. Cacho Viu, *Revisión..., op. cit.*; M. Rius, *op. cit.*; para Maurras: Charlotte Capitan Peter, *Charles Maurras et l'ideologie d'Action Française*, París, Seuil, 1972.

84 Citado en A. Rama, «La democratización enmascarada del tiempo modernista», en A. Rama, *La crítica de la cultura en América Latina*, Caracas, Ayacucho, 1985, pp. 117-128 (cita p. 117).

85 E. Zamacois, *Años de miseria y de risa. Autobiografía 1893-1916*, Madrid, Renacimiento, [¿1924?], p. 207.

86 P. Gener, *El intelecto helénico..., op. cit.*, p. 13.

87 Mn. B. Costa, *Mn. Costa i Llobera. Assaig biogràfic*, Mallorca [sic], Biblioteca «Les Illes d'Or», 1936.

88 N. R. Orringer, «1898 and Regeneration through Return to Classical Antiquity», en J. P. Gabriele (ed.), *Nuevas perspectivas sobre el 98*, Frankfurt am Main/Madrid, Vervuert/Iberoamericana, 1999, pp. 11-32.

89 E. Vatré, *Léon Daudet ou le libre réactionnaire*, París, France-Empire, 1987.

90 L. Daudet, *Le stupide XIXe siècle*, París, Nouvelle Librairie Nationale, 1922, cap. II, «L'aberration romantique et ses conséquences»; C. Maurras, *Romantisme et Révolution* [reedición de *L'avenir de l'intelligence* (1904) y *Trois idées romantiques* (1898)], Versalles, Bibliothèque des Oeuvres Politiques, 1928.

91 Jean Moréas, «Le Symbolisme», *Le Figaro*, 11 septiembre 1886, Supplément littéraire, pp. 1-2, reproducido en: <http://www.twics.com/~berlol/chrono/chr1886a.htm>.

92 Véase una extensa discusión sobre las propuestas de Benjamin en M. Affron y M. Antliff, «Art and Ideology in France and Italy: An Introduction», en M. Affron y M. Antliff (eds.), *Fascist Visions. Art and Ideology in France and Italy*, Princeton (N.J.), Princeton University Press, 1997, especialmente pp. 9-14.

93 E. Nolte, *El fascismo en su época*, Barcelona, Península, 1967; R. Soucy, *Fascism in France. The Case of Maurice Barrès*, Berkeley, University of California Press, 1972; contrastado con el relativo pragmatismo interpretativo de E. Weber, *Action Française*, Stanford (Cal.), Stanford University Press, 1962.

94 H. Massis, *La vida intelectual de Francia en tiempo de Maurras* [1951], Madrid, Rialp, 1956; para los efectos a largo plazo: P. Serant, *Les dissidents de l'Action Française*, París, Copernic, 1978; J. L. Loubet de Bayle, *Les non-conformistes des années 30*, París, Seuil, 1969.

95 E. Zuleta Álvarez, «Azorín y Maurras», *Arbor*, núm. 362, febrero 1976, pp. 75-94. Sin embargo, la ambigüedad azoriniana tuvo un doble sentido, propio de su raíz alicantina, que podía tomar forma indulgente para las tesis catalanistas: en su artículo «Gobineau y la República», aparecido en *ABC* el 21 febrero 1916, constató que: «En un Estado que coexisten varias naciones, ¿cómo podemos hablar de un idioma nacional?»; citado en A. Manent, «Los intelectuales españoles ante la lengua catalana», en Club Arnau de Vilanova, *Para entendernos. Los grandes temas del debate España-Cataluña*, Barcelona, Ariel, 1996, pp. 194-205 (p. 196).

96 En general, véase: P. C. González Cuevas, «Charles Maurras y España», *Hispania*, LIV/188, 1994, pp. 993-1040; P.C. González Cuevas, «Charles Maurras en Cataluña», *Boletín de la Real Academia de la Historia*, Tomo CXCV, Cuaderno II, 1998, pp. 309-362.

97 J. Camba, «Sobre el turismo», J. Camba, *Sobre casi nada* [1928], Madrid, Espasa-Calpe, 1947, p. 128.

98 V. Cacho Viu, *Revisión..., op. cit.*, pp. 29-34, «Introductor del fascismo primigenio en Cataluña».

99 S. Sauquet (coord.), *Auguste Rodin i la seva relació amb Espanya*, Barcelona, Fundació «La Caixa», 1996; C. González López y M. Martí Ayxelà (coms.), *Pintors espanyols a París, 1880-1910*, Fundació «La Caixa», 1999; en otro sentido: C. Stoullig (con C. Roulet-Cugni) (eds.), *Steilein i l'època del 1900*, Barcelona, Ajuntament de Barcelona, 2000.

100 G. J. G. Cheyne (ed.), *El renacimiento ideal: epistolario de Joaquín Costa y Rafael Altamira (1888-1911)*, Alicante, Instituto Juan Gil-Albert, 1992, p. 16.

101 S. de Madariaga, *España. Ensayo de historia contemporánea*, Buenos Aires, Hermes, 1955, p. 114.

102 Véase: V. Cacho, «El triangle París-Barcelona-Madrid», en *Barcelona-Madrid 1898-1998*, Barcelona, CCCB/Diputació de Barcelona, 1998, pp. 170-183; E. Ucelay-Da Cal, «Introducció: la crisi de la postguerra», en P. Gabriel (dir.), *Primeres avantguardes 1918-1930* de P. Gabriel (dir.), *Història de la cultura catalana*, Barcelona, Edicions 62, 1997, pp. 31-80; M. Espadas Burgos, «Alemania y España: De la época bismarckiana a la Gran Guerra», en W. L. Bernecker (ed.), *España y Alemania en la edad Contemporánea*, Frankfurt am Main, Verveurt, 1992, pp. 63-88.

103 Véase su intencionadísima crítica antiwagneriana: E. d'Ors, «Concert»; «Wagner», *Glossari de Xènius MCMX, Obra catalana completa..., op. cit.*, pp. 1443-1145.

104 Doctor Bellido [sic], «Los estudios científicos en Cataluña», en *Cataluña ante España*, Cuadernos de *La Gaceta Literaria*, núm. 4, 1930, pp. 165-178 (cita p. 172); biografía en *ibíd.* y *GEC*, vol. 4.

105 E. Valentí, *El primer modernismo literario catalán y sus fundamentos ideológicos*, Esplugues del Llobregat, Ariel, 1973, pp. 327-340; N. Bilbeny, «Nietzsche en Maragall», *Política noucentista..., op. cit.*, pp. 32-49.

106 E. d'Ors, «Marinetti y el Futurismo», en E. d'Ors, *Novísimo Glosario XXXXIV-XXXXV, op. cit.*, pp. 457-459 (cita p. 458).

107 J. Le Rider, *Nietzsche en France. De la fin du XIXe siècle au temps présent*, París, PUF, 1999, cap. IV.

108 Aprovecho la sensata interpretación de Crane Brinton: véase C. Brinton, *Nietzsche*, Buenos Aires, Losada, 1947, caps. IV-V.

109 G. Alomar, «Regionalisme i descentralització», *La Veu de Catalunya*, 5 agosto/9 septiembre 1901, en G. Alomar, *Sobre liberalisme i nacionalisme*, Palma de Mallorca, Moll/Consell Insular de Mallorca, 1988, pp. 57-65.

110 E. Ors, «Pera epílech a uns articles d'en Gabriel Alomar». *Catalunya*, núm. 7, 15 abril 1903, pp. CCCIX-CCCX.

111 C. Maurras, «Une Revue latine» (marzo 1902), en C. Maurras, *Quand les français..., op. cit.*, p. 124.

112 V. Balaguer, *Bellezas de la Historia de Cataluña*, Barcelona, Imp. de Narciso Ramírez, 1853, vol. I, pp. 9-13. Para el concepto «whig» de la historia inglesa, véase H. Butterfield, *The Whig Interpretation of History*, Nueva York, W.W. Norton, 1965.

113 E. d'Ors, «La separació de la democràcia i de les arts», *Glossari de Xènius MCMX, Obra catalana completa..., op. cit.*, pp. 1534-1536 (cita pp. 1534-1535).

114 R. Hinton Thomas, *Nietzsche in German Politics and Society 1890-1918*, Manchester (G.B.), Manchester University Press, 1983; S. E. Ascheim, *The Nietzsche Legacy in Germany 1890-1990*, Berkeley (Cal.), University of California Press, 1992; también la excelente recopilación de A. Moraleja (ed.), *Nietzsche y la «gran política». Antídotos y venenos del pensamiento nietzscheano*, monográfico de *Cuadernos Gris*, núm. 5, 2001, con ensayos contemporáneos de Brandes, Franz Mehring, D'Annunzio y Tönnies, entre otros. Al contrario de lo que argumentamos, para G. Sobejano, *op. cit.*, pp. 565-

574, ve una «pálida influencia» del filósofo germano en d'Ors, en fuerte contraste con Ortega.

115 R. C. Holub, «Nietzsche's Colonialist Imagination: Nueva Germania, Good Europeanism and Great Politics», en S. Friedrichsmayer, S. Lennox & S. Zanttop (eds.), *The Imperialist Imagination. German Colonialism and Its Legacy*, Ann Arbor, University of Michigan Press, 1998, pp. 33-49.

116 W. Kaufmann, *Nietszche. Philosopher, Psychologist, Antichrist*, Nueva York, Meridian Books, 1956, especialmente prólogo y caps. 10-11.

117 J. Brossa Roger, «Quimeres contemporànies», *L'Avenç*, Any V, núm. 1, 15 enero 1893, pp. 12-14.

118 B. Detwiler, *Nietzsche and the Politics of Aristocratic Radicalism*, Chicago, University of Chicago Press, 1990, p. 189 y ss.; H. Gregsen, *Ibsen and Spain. A Study in Comparative Drama*, Cambridge (Mass.), Harvard University Press, 1936, especialmente cap. IV.

119 A. Renault, *La era del individuo*, Barcelona, Destino, 1993, pp. 250-251.

120 G. Alomar, *La política idealista (proyecciones y reflejos de alma)*, Barcelona, Editorial Minerva, s.f., pp. 198-199.

121 J. Connelly Ullman, *La Semana Trágica. Estudios sobre las causas socioeconómicas del anticlericalismo en España (1898-1912)*, Barcelona, Ariel, 1972.

122 C. Leroy, *Los secretos del anarquismo*, México [sic], s.e., 1913; es una fuente rechazada por los apologetas de Ferrer, con el argumento de que Leroy era «soplón» de la policía, lo que nada demuestra: véase X. Cuadrat, *Socialismo y anarquismo en Cataluña. Los orígenes de la CNT*, Madrid, Ed. Revista del Trabajo, 1976.

123 J. J. Roth, *The Cult of Violence. Sorel and the Sorelians*, Berkeley (Cal.), University of California Press, 1980, pp. 43, 77, 91, 100-106.

124 Para los nacionalistas italianos: F. Gaeta, *Il nazionalismo italiano* [1965], Roma-Bari, Laterza, 1981; A. J. De Grand, *The Italian Nationalist Association and the Rise of Fascism in Italy*, Lincoln (Neb.), University of Nebraska Press, 1978; R. S. Cunsolo, *Italian Nationalism*, Malabar (Fla.), Robert E. Krieger, 1990.

125 C. Ametlla, *Memòries polítiques 1890-1917*, Barcelona, Pòrtic, 1963, p. 206.

126 J. Casassas, «La configuració del sector "intel·lectual-professional" a la Catalunya de la restauració (a propòsit de Jaume Bofill i Mates)», *Recerques*, núm. 8, 1978, pp. 103-131; del mismo, *Intel·lectuals, professionals i polítics a la Catalunya contemporània (1850-1920)*, Barcelona, Els Llibres de la Frontera, 1989; para la interpretación de Sorel: A. Reszler, *La estética anarquista*, México D.F., FCE, 1974, cap. V (especialmente pp. 79 y ss.).

127 E. Jardí, *Eugeni d'Ors…, op. cit.*, p. 39.

128 A. Reszler, *op. cit.*, cap. VI (especialmente pp. 101-104).

Capítulo 16. *El despegue del «imperialismo» orsiano: la idea del «imperio» como un estadio cultural*

1 E. d'Ors, «Any nou a Noruega», *Glossari de Xènius MCMVI*, *Obra catalana completa*, Barcelona, Editorial Selecta, 1950, vol. 1 (único), p. 23.

2 E. Jardí, *Eugeni d'Ors*, Barcelona, Aymá, 1967, p. 47, núm. 20.

3 *Ibíd.*, pp. 55-56.

4 Véase la edición del mismo en *Obra catalana d'Eugeni d'Ors*, de J. Murgades y J. Castellanos, vol. I, *Papers anteriors al Glosari*, Barcelona Quaderns Crema, 1994, pp. 211-212, 478.

5 Para la discursión catalanista anterior de la tensión en Suecia-Noruega: J. Burgaya, *La formació del catalanisme conservador i els models «nacionals» coetanis. Premsa catalanista i moviments nacionalistes contemporanis, 1861-1901*, tesis doctoral, Universitat Autònoma de Barcelona, 1999, pp. 393-405.

6 C. Soldevila, *La nostra gent: Antoni Rovira i Virgili*, Barcelona, Llibreria Catalònia, [¿1930?], p. 32; A. Rovira i Virgili, «Els homes del C.N.R.», *Revista de Catalunya*, VI, Any IV, núm. 31, enero 1927, pp. 1-15. Para el Rovira incipiente, véase X. Ferré Trill, «Divulgador catalanista a les comarques tarragonines», en J. M. Roig (ed.), *Rovira i Virgili 50 anys després*, Valls, Cossettània, 2000, así como M. Sunyer Molné, «Els inicis literaris d'Antoni Rovira i Virgili» y M. Corrteger Sàez, «Civilitat republicana i catalanisme d'esquerra en l'estètica patriòtica i neomodernista de Rovira i Virgili», en *ibíd.*, respectivamente pp. 17-30 y pp. 31-48; también A. Bladé i Desumvila, *Antoni Rovira i Virgili i el seu temps*, Barcelona, Fundació Salvador Vives Casajoana, 1984.

7 Véase P. Anguera, «El modelo, imposible, del norte. La independencia de Noruega en la prensa catalana», así como de G. Stang, «La unión sueco-noruega y su disolución (1814-1905). Puntos de partida para un análisis», y E. Vedung, «¿Por qué la secesión de Noruega en 1905 no condujo a la guerra?», en E. Martínez Ruiz y M. de Pazzis Pi Corrales (eds.), *Cuando la luz venía del norte. Suecia, Noruega y la Cataluña modernista*, Madrid, Fundación Berndt Wistedt, 2001, respectivamente pp. 105-144, 83-104, 145-172.

8 J. J. Fol, *Los países nórdicos en los siglos XIX y XX*, Barcelona, Labor, 1984, pp. 79-87; J. F. Battail, R. Boyer, V. Founier, *Les sociétés escandinaves de la Réforma à nos jours*, Paris, PUF, 1992, pp. 437-439.

9 Véase T. I. Leiren, *National Monarchy and Norway, 1898-1905*, Tesis doctoral inédita, North Texas State University (Denton, Texas), 1978 (Ann Arbor, University Microfilms).

10 R. Ferguson, *Enigma. The Life of Knut Hamsun*, Nueva York, Farrar, Straus & Giroux, 1987, p. 212 n.

11 M. Siguan, «Los modelos del Norte y el "Drama de Ideas"»; R. Pla, «La idealización del norte al finales de siglo»; y también M. Mörner, «Cataluña y las relaciones sueco-noruegas con España, 1890-1905», en E. Martínez Ruiz, M. de Pazzis Pi Corrales (eds.), *Cuando la luz..., op. cit.*, pp. 25-46, 47-62, 11-24.

12 E. d'Ors, «L'esguard escrutador d'Enric Ibsen», *Glossari de Xènius MCMVI, Obra catalana completa..., op. cit.*, pp. 152-153; La influencia ibseniana en España fue sobre todo teatral, por lo que a d'Ors le gustaba subrayar que apreciaba en especial la poesía lírica de Ibsen: E. d'Ors, «Ibsen poeta», *Glossari de Xènius MCMVII, ibíd.*, pp. 443-444. Véase, en general: H. Gregersen, *Ibsen and Spain. A Study in Comparative Drama*, Cambridge (Ma.), Harvard University Press, 1936.

13 J. de Coussange, *La Scandinavie. Le nationalisme scandinave*, París, Plon, 1914, caps. V y VI; matizado con P. Jeannin, *Histoire des Pays Scandinaves*, París, PUF, 1956, pp. 102-103; F.-C. Mougel, *L'Europe du Nord au XXe siècle*, París, PUF, 1999, pp. 28-33.

14 Véase O. Cauly, *Les philosophes scandinaves*, París, PUF, 1998.

15 E. d'Ors, «Bjoernsterne-Bjoernson [sic]», *Glossari de Xènius MCMX, Obra catalana completa..., op. cit.*, pp. 1343-1345 (cita p. 1344).

16 Véase, en general: J. Castellanos, «Eugeni d'Ors: del nacionalisme a l'imperialisme», en J. Castellanos, *Intel·lectuals, cultura i poder*, Barcelona, La Magrana, 1998, pp. 151-185; también J. Castellanos, «Presentació», *Papers anteriors al Glosari*, Barcelona, Quaderns Crema, 1994, pp. xiii-lv.

17 E. d'Ors, «Chamberlain», *Glossari de Xènius MCMVI, Obra catalana completa…, op. cit.*, p. 203.

18 E. d'Ors, «La paternitat dels imperis», *Glossari de Xènius MCMVI, ibíd.*, p. 221.

19 E. d'Ors, «Proporció», *Glossari de Xènius MCMVI, ibíd.*, pp. 135-136.

20 Véase la interpretación de M. de Montoliu, *Goethe en la literatura catalana*, Barcelona, La Revista, 1935, cap. VIII.

21 Para el concepto de imperialismo social: B. Semmel, *Imperialism & Social Reform. English Social-Imperial Thought 1895-1914*, Garden City (N.Y.), Doubleday, 1968.

22 H. Bergson, *L'Évolution créatrice* [1907], París, Félix Alcan, 1927, especialmente cap. IV (citas pp. 273, 307).

23 E. d'Ors, «Le Dantec i la ciència com a mesura», E. d'Ors, «Glosa imperial», *Glossari de Xènius MCMVII, Obra catalana completa…, op. cit.*, p. 623, 626; del mismo, «Dels "logo-arquistes"», *Glossari de Xènius MCMVIII, ibíd.*, p. 760.

24 E. d'Ors, «Les gloses al congrés de Heidelberg (II)», *Glossari de Xènius MCMVIII, ibíd.*, p. 809.

25 Véase la crítica de Julien Benda, *Le Bergsonisme ou une Philosophie de la Mobilité*, París, Mercure de France, 1917.

26 G. Deleuze, *El bergsonismo*, Madrid, Cátedra, 1996, pp. 28-29 y ss., 37-46. En cambio, con mayor fuerza que William James, Bergson resultó atractivo para las contemporáneas vanguardias culturales en Francia, con lo que pudo tener otro punto de entrada al medio cultural barcelonés: véase M. Antliff y P. Leighten, *Cubism and Culture*, Londres, Thames & Hudson, 2001.

27 Véase J. Solé Tura, *Catalanismo y revolución burguesa*, Madrid, Edicusa, 1970, esp. cap. IX.

28 E. d'Ors, «Glosa imperial», *Glossari de Xènius MCMVII, Obra catalana completa, op. cit.* p. 356.

29 E. d'Ors, «Francesc Cambó, noucentista», *Glossari de Xènius MCMVI, Obra catalana completa op. cit.*, pp. 277-278.

30 La primera cita en F. Aisa, *Una Història de Barcelona. Ateneu Enciclopèdic Popular (1902-1999)*, Barcelona, Virus, 2000, pp. 44-45; la segunda en A. Manent, «Miquel de Unamuno i Josep Carner entre el "Mite de l'Espingarda"», en A. Manent, *Literatura catalana en debat*, Barcelona, Selecta, 1969, pp. 9-19 (cita p. 10).

31 E. d'Ors, «Segons la guerra, així el fusell», *Glossari de Xènius MCMVI, Obra catalana completa…, op. cit.*, pp. 280-281.

32 E. d'Ors, «L'espingarda i el màuser», en *ibíd.*, pp. 281-282 (cita p. 282).

33 E. d'Ors, «El Primer Congrés de l'Espingarda», en *ibíd.*, pp. 282-283 (citas pp. 282, 282-283).

34 E. d'Ors, «De la guerra civil», *Glossari de Xènius MCMVII*, en *ibíd.*, pp. 616-617. En realidad, como sugirió un seguidor joven de Xenius, el poeta Joaquim Folguera, la verdadera comparación a un «asunto Dreyfus» a la catalana fue el escándalo de los últimos años de «*mossèn* Cinto» Verdaguer, paradójicamente arropado por las izquierdas y castigado por las autoridades esclesiásticas, una cesura en la vida intelectual como lo fue, asimismo, el asunto Wilde en Inglaterra. Véase J. Folguera, reseña de «*Mossèn Jacinto Verdaguer. records dels setanys darrers de la seva vida, seguits d'una impressió sobre la causa dels seus infortunis*, per Valeri Serra i Boldú», en J. Folguera, *Articles*, Barcelona, Publicacions de «La Revista», 1920, pp. 33-35.

35 V. Gay, *El Regionalismo y el Nacionalismo modernos en la formación de los Estados*. Discurso pronunciado en el Círculo Liberal de Valladolid el día 25 de marzo de 1908, Valladolid, Imp. Castellana, 1908.

36 Véase, en general: X. M. Núñez, «The Region as *Essence* of the Fatherland: Regiona-

list Variants of Spanish Nationalism (1840-1936)», *European History Quarterly*, vol. 31, núm. 4, 2001, pp. 483-518 (p. 514).

37 E. d'Ors, «Imperialisme i liberalisme», *Glossari de Xènius MCMIX, Obra catalana completa..., op. cit.*, pp. 1084-1085.

38 E. d'Ors, «Epíleg», *Glossari de Xènius MCMIX, ibíd.*, pp. 1090-1091.

39 En general, sobre esta relación (a pesar de su fuerte ideologización): M. Conroy, *La educación como imperialismo cultural* [1974], México D.F., Siglo XXI, 1993.

40 E. d'Ors, «El Marroc i l'actitud catalanista», *Glossari de Xènius MCMIX, ibíd.*, pp. 1093-1094.

41 E. d'Ors, «Després d'una setmana tràgica. Els pacients», *Glossari de Xènius MCMIX, ibíd.*, pp. 1107.

42 En general, véase: A. Manent, *Jaume Bofill i Mates – Gerau de Liost. L'home, el poeta, el polític*, Barcelona, Edicions 62, 1979.

43 J. Bofill i Mates, «Classicisme nacional» (1907), en J. Bofill i Mates (J. Casassas, ed.), *L'altra concòrdia i altres textos sobre el catalanisme*, Barcelona, La Magrana, 1983, pp. 3-32 (citas pp. 3, 4, 5).

44 *Ibíd.*, citas pp. 6, 7, 8, 9, 10, 16.

45 *Ibíd.*, citas pp. 26, 27-28, 29.

46 *Ibíd.*, citas pp. 30, 31, 32.

47 E. d'Ors, «Epíleg», *Glossari de Xènius MCMIX, Obra catalana completa..., op. cit.*, p. 1090.

48 E. d'Ors, «Aquí, a casa», *Glossari de Xènius MCMIX, ibíd.*, pp. 1089-1090.

49 Para la aplicación del concepto orsiano por un discípulo significado: G. Díaz-Plaja, *Estructura y sentido del novecentismo español*, Madrid, Alianza, 1975.

50 E. d'Ors, «Els Noucentistes espanyols», *Glossari de Xènius MCMVII, Obra catalana completa..., op. cit.*, pp. 500-501; todos los nombres y apellidos aparecen en cursiva en el original.

51 P. Aldavert, «Siguemhi [sic]», en P. Aldavert, *Furgant per tot arreu*, Barcelona, La Renaixensa, 1906, pp. 5-14 (cita p. 13).

52 P. Aldavert, «Se'ns hi ha ficat la bruixa», en P. Aldavert, *Per fer la dotzena*, Barcelona, La Renaixensa, 1908, pp. 201-211 (cita p. 209).

53 C. Maurras, «Une Revue latine» (1902), en C. Maurras, *Quand les français ne s'aimaient pas. Chronique d'une renaissance, 1895-1905*, París, Nouvelle Nationale Nationale, 1916, pp. 119-125 (cita p. 124).

54 *La cuestión catalana. Los Senadores y Diputados regionalistas al País*, Lérida, Sol & Benet, 1906, p. 6.

55 J. B. Culla i Clara, *El republicanisme lerrouxista a Catalunya (1901-1923)*, Barcelona, Curial, 1986; J. Álvarez Junco, *El emperador del Paralelo. Lerroux y la demagogia populista*, Madrid, Alianza, 1990.

56 E. d'Ors, «Glosa de justícia social, sobre problemes de Barcelona», *Glossari de Xènius MCMVII, Obra catalana completa..., op. cit.*, pp. 383-385.

57 S. Kühl, *The Nazi Connection. Eugenics, American Racism and German National Socialism*, Nueva York, Oxford University Press, 1994.

58 E. d'Ors, «Segona glosa de justícia social, aplicada a problemes de Barcelona», *Glossari de Xènius MCMVII, Obra catalana completa..., op. cit.*, p. 385.

59 E. d'Ors, «De la defensa de Barcelona», *Glossari de Xènius MCMVII, ibíd.*, pp. 394-395.

60 E. d'Ors, «Defensa, encara», *Glossari de Xènius MCMIX, ibíd.*, p. 1112.

61 J. Bryce, *Las instituciones políticas en los Estados Unidos*, Madrid, La España Moderna, [1910].

62 E. d'Ors, «Els metecs», *Glossari de Xènius MCMIX, op. cit.*, p. 1206.

63 E. d'Ors, «El problema del mal a Catalunya», *Glossari de Xènius MCMIX, ibíd.*, p. 1153.
64 E. d'Ors, «Encara sobre el "gentleman"», *Glossari de Xènius MCMIX, ibíd.*, pp. 993-995. Hubo una traducciones muy incompletas al catalán por los hermanos Cebrià y Manuel de Montoliu, respectivamente *Natura. Aplech d'Estudis i descripcions de sas bellesas*, Barcelona, Joventut, 1903, y *Els lliris del jardí de la Reina*, Barcelona, L'Avenç, 1905. Se tradujo también como *Estudios sociales*, Madrid, Fernando Fe, s.f., sus escritos sobre economía política. El texto que le dio circulación a Ruskin en España fue más bien una antología caótica seleccionada y traducida por Edmundo González-Blanco, *Obra escogida*, Madrid, La España Moderna, 2 vols. [¿1909-1910?], que sospechamos que es la obra a la que, malcitada, alude Xenius.
65 Citado en A. Thomas, *Rhodes: The Race for Africa*, Nueva York, St. Martin's Press, 1996, p. 329; en general: A. Milner, *The Nation and the Empire* [1913], Londres, Routledge/Thoemmes Press, 1998.
66 H. K. Beale, *Theodore Roosevelt and the Rise of America to World Power*, Baltimore, Johns Hopkins Press, 1956, pp. 31-36, 68-69; F. Zakaria, *From Wealth to Power. The Unusual Origins of America's World Role*, Princeton (N.J.), Princeton University Press, 1998, p. 164; S. Ricard, *Theodore Roosevelt et la justification de l'impérialisme*, Aix-en-Provence, Université de Provence, 1986, pp. 80-87.
67 Véase F. Zakaria, *op. cit.*
68 E. Prat de la Riba, *La Nacionalidad catalana*, traducción y prólogo de Antonio Royo Villanova [1917], Barcelona, Aymá, 1982, p. 131; también E. Prat de la Riba, *La nacionalitat catalana*, Barcelona, Barcino, 1934, pp. 102-104.
69 E. Prat de la Riba, *La Nacionalidad…, op. cit.*, p. 131.
70 *Ibíd.*, p. 131.
71 *Ibíd.*, p. 132.
72 *Ibíd.*, pp. 132-133.
73 *Ibíd.*, p. 133.
74 J. Pijoan, «És això la vida intensa? Als *cowboys* de la política», *La Veu de Catalunya*, 20 febrero 1906, en J. Pijoan, *op. cit.*, pp. 79-81 (cita p. 80).
75 E. d'Ors, «Encara sobre urbanitat», *Glossari de Xènius MCMVI, Obra catalana completa…, op. cit.*, pp. 123-125 (cita p. 124).
76 E. d'Ors, «La pau de casa», *Glossari de Xènius MCMVI, ibíd.*, pp. 312-313 (cita p. 312).
77 E. d'Ors, «El doctor Gòngora», *Glossari de Xènius MCMVIII, ibíd.*, pp. 783-785.
78 Por ejemplo: E. d'Ors, «El judici de Càndida»; «Capítol de capells, dividit en cinc gloses. (1) El mal raciocini», *Glossari de Xènius MCMVIII, Obra catalana completa, íbid.*, pp. 746-747, 761-762.
79 A. Zwerdling, *Improvised Europeans. American Literary Expatriates and the Seige of London*, Nueva York, Basic Books, 1998, pp. 3-4.
80 E. d'Ors, «Monarca?»; «Rencarnació», «Autonomia», *Glossari de Xènius MCMX, Obra catalana completa…, op. cit.*, pp. 1338-1340; 1389-1390; 1423-1425.
81 T. Roosevelt, *American Ideals and Other Essays, Social and Political*, Nueva York, G. P. Putnam's, 1897, 2 vols. (especialmente, en el vol. I, los ensayos «American Ideals», «True Americanism», «The Manly Virtues and Practical Politics»); también temas similares en T. Roosevelt, *Las dos Américas*, Barcelona, Guarner, Taberner y C.ª, s. f.; la misma editorial barcelonesa publicó una traducción de *El ideal americano*.
82 Como muestra: E. d'Ors, «Simbiosi», *Glossari de Xènius MCMVIII, Obra catalana completa…, op. cit.*, pp. 794-797.
83 T. Roosevelt, *The New Nationalism*, citado parcialmente en H. Howland, *Theodore Roosevelt and His Times. A Chronicle of the Progressive Movement*, New Haven (Ct.), Yale University Press, 1921, pp. 196-197 (citas p. 197).

84 Para el impacto de *The New Nationalism* rooseveltiano en el nacionalismo latinoamericano, véase A. P. Whitaker y D. C. Jordan, *Nationalism in Contemporary Latin America*, Nueva York, The Free Press, 1966, p. 7.

85 J. M. Cooper Jr., *The Warrior and the Priest. Woodrow Wilson and Theodore Roosevelt*, Cambridge (Ma.), Harvard University Press, 1983, pp. 137, 144-146, 152.

86 E. d'Ors, «L'estrella nova», *Glossari de Xènius MCMVIII, Obra catalana completa, op. cit.*, pp. 789-790.

87 Debe remarcarse que Cambó, muy al contrario de Prat y de d'Ors, no dejó grandes muestras de entusiasmo rooseveltiano; Theodore Roosevelt es del todo ausente de las páginas de las *Memòries*, redactadas en 1936, y del dietario, *Meditacions*, que le ocupó a lo largo de los años siguientes. Es posible que su recuerdo fuera borrado por la pésima opinión que Cambó tenía de su primo lejano, Franklin Delano Roosevelt, que sería presidente estadounidense durante buena parte de los años treinta y cuarenta.

88 E. Ucelay-Da Cal, «Wilson i no Lenin: l'esquerra catalana i l'any 1917», *L'Avenç*, núm. 9, X.1978, pp. 53-58.

89 E. d'Ors, «L'autonomia de l'Alsàcia-Lorena», *Glossari de Xènius MCMX, Obra catalana completa, op. cit.*, pp. 1300-1301.

90 Como muestra: J. Maragall, «Finlandia», en J. Maragall, *Obres completes*, vol II, *Obra castellana*, Barcelona, Selecta, 1960, p. 584-586; en general: J. Llorens Vila, *Catalanisme i moviments nacionalistes contemporanis (1885-1901)*, Barcelona, 1988.

91 E. d'Ors, «Finis Finlandiae», *Glossari de Xènius MCMX, Obra catalana completa..., op. cit.*, p. 1381.

92 Véase el polémico estudio de V. Pulido Valente, *A «República velha» (1910-1917). Ensaio*, Lisboa, Gradiva, 1997.

93 Como muestra: A. Vivero y A. de la Villa, *Cómo cae un trono (La revolución en Portugal)*, Madrid, Renacimiento, 1910, con prólogo de Rodrigo Soriano e «impresiones» de Pérez Galdós, los próceres republicanos lusos Teófilo Braga y Bernardino Machado, el poeta Guerra Junqueiro, y França Borges; también: J. Brissa, *La revolución portuguesa (1910). Recopilación completa de sucesos, narraciones y comentarios*, Barcelona, Maucci, 1911.

94 J. Canalejas, «Puntualizando el programa del gobierno», discurso en el Congreso, 8 octubre 1910, *Canalejas gobernante. Discursos parlamentarios. Cortes de 1910*, Valencia, Sempere, s.f., especialmente pp. 72-75.

95 E. d'Ors, «La joventut italiana davant la revolució portuguesa», *Glossari de Xènius MCMX, Obra catalana completa..., op. cit.*, pp. 1481-1482.

96 D. Mack Smith, *Mazzini*, New Haven (Ct.), Yale University Press, 1994.

97 J. A. Thayer, *Italy and the Great War. Politics and Culture 1870-1915*, Madison (Wis.), University of Wisconsin Press, 1964, p. 193.

98 A. Ghirelli, *Storia del calcio in Italia* [1954], Turín, Einaudi, 1990, cap. 1.

99 D. Rossini, *Il mito americano nell'Italia della Grande Guerra*, Roma/Bari, Laterza, 2000, pp. 23, 230.

100 G. Papini, *Pragmatismo (1903-1911)*, Florencia, Vallecchi, 1920.

101 E. Gentile, «The Struggle for Modernity: Echoes of the Dreyfus Affair in Italian Political Culture, 1898-1912», *Journal of Contemporary History*, vol. 33, núm. 4, octubre 1998, pp. 497-511.

102 Para la sólida textura económica favorable a una política expansiva, véase R.A. Webster, *L'imperialismo industriale italiano, 1908-1915. Studio sul prefascismo*, Turín, Einaudi, 1974. Uno de sus promotores prácticos de este «imperialismo industrial» en la preguerra fue el veneciano Giuseppe Volpi, conde di Misurata y más adelante figura destaca-

da del frente económico del régimen fascista, que fue amigo de Cambó tras la posguerra, cuando el catalán adquirió una finca en Abbazzia, en Istria. Véase un ácido retrato en «La desgràcia del comte Volpi», 8 octubre 1943, en F. Cambó, *Meditacions. Dietari (1941-1946)*, Barcelona, Alpha, 1982, pp. 1372-1373, entre otras alusiones a lo largo de los dos volúmenes.

103 A. Balcells, «Evolució del pensament polític de Prat de la Riba», en E. Prat de la Riba (A. Balcells y J. M. Ainaud de Lasarte, eds.), *Obra completa*, 1887-1898, volum I, Barcelona, Proa, 2000, pp. 70-71.

104 Véase el excelente estudio de J. Casassas, «Un problema de relación nacionalismo-burguesía. El imperialismo en la teoría y la estrategia de E. Prat de la Riba», *Estudios de Historia Social*, núm. 28-29, enero-junio 1984, pp. 169-181.

105 F. Cambó (H. Cambó de Guardans, trad.), *Memorias*, Madrid, Alianza, 1987, p. 185; F. Cambó, *Memòries (1876-1936)*, Barcelona, Alpha, 1981, p. 192.

106 A. J. De Grand, *The Italian Nationalist Association and the Rise of Fascism in Italy*, Lincoln (Neb.), University of Nebraska Press, 1978, pp. 24-25; F. Gaeta, *Il nazionalismo italiano*, Roma/Bari, Laterza, 1981, pp. 110-128.

107 Véase, en general: R. Drake, «The Theory and Practice of Italian Nationalism, 1900-1906», *Journal of Modern History*, vol. 53, junio 1981, pp. 213-241.

108 E. Corradini, «Sindacalismo, nazionalismo, imperialismo», diciembre 1909, en E. Corradini, *Discorsi politici (1902-1924)*, Florencia, Valvecchi, 1925, pp. 51-69 (citas y alusiones pp. 59, 63, 65); véase también E. Corradini (L. Strappini, cur.), *Scritti i discorsi 1902-1914*, Turín, Einaudi, 1980.

109 E. Corradini, «Principii di nazionalismo», relación al Primer Congreso Nacionalista, 3 diciembre 1910, en E. Corradini, *Discorsi politici..., op. cit.*, pp. 89-102 (p. 94).

110 E. Corradini, «Le nazioni proletarie e il nazionalismo», enero de 1911, en *ibíd.*, pp. 103-118 (cita p. 109).

111 J. Revol, *La Guerre Italo-Turque (1911-1912)*, París, Henri Charles-Lavauzelle, 1915.

112 S. Sighele, *Il nazionalismo e il partiti politici*, Milán, Fratelli Treves, 1911, pp. 104-105, 114-120.

113 *Ibíd.*, p. 74 (cap. II: «L'imperialismo»).

114 «Regionalismo e decentramento», en *ibíd.*, p. 122.

115 *Ibíd.*, p. 124.

116 J. A. Thayer, *op. cit.*, pp. 211-215; A. J. De Grand, *op. cit.*, pp. 34-36.

117 Para el contraste del nacionalismo italiano con el colonialismo expansionista, véase la antología de L. Goglia y L. Grassi, *Il colonialismo italiano da Adua all'Impero* [1981], Roma-Bari, Laterza, 1993.

118 Como muestra del entusiasmo catalanista republicano por el nacionalismo italiano, véase A. Rovira i Virgili, *Historia de los movimientos nacionalistas*, Barcelona, Ed. Minerva, s.f., pp. 253-274.

119 E. d'Ors, «Sobre un llibret de Georges Sorel», *Glossari de Xènius MCMIX, Obra catalana completa..., op. cit.*, p. 1059.

120 E. d'Ors, «Georges Sorel, en la Europa inquieta», en E. d'Ors, *Glosario completo*, vol. II (MCMXXVII-MCMXXXIII), Madrid, Aguilar, 1947, pp. 56-57 (citas p. 56). Este es a su vez, un comentario a las valoraciones sorelianas del escritor peruano, afincado en París, Francisco García Calderón, *Europa inquieta*, Madrid, Mundo Latino, 1926.

121 Para el sistema autónomo alsaciano: H. Lichtenberger, «Les revendications autonomistes en Alsace-Lorraine», en E. Lavisse (ed.), *Les Aspirations autonomistes en Europe*, París, Félix Alcan, 1913, pp. 1-21; para los incidentes de Zabern: P. Dollinger, «Pouvoir allemand et conscience alsacienne», en AA.VV., *L'Alsace de 1900 à nos*

jours, Toulouse, Privat, 1979, pp. 53-56; D.P. Silverman, *Reluctant Union. Alsace-Lorraine and Imperial Germany, 1871-1918*, University Park (Penn.), The Pennsylvania State University Press, 1972, cap. 10; R. Hanser, *Putsch! How Hitler Made Revolution*, Nueva York, Pyramid, 1971, pp. 71-74.

122 En todos los índices de los Glosarios catalán y castellano de d'Ors, tan sólo hay una referencia, muy tardía, a Seillière que no indica un conocimiento orsiano de su obra: E. d'Ors, «"Europa" Revista», en *Nuevo Glosario*, Madrid, Aguilar, 1949, vol. III, pp. 189-190; lo mismo se puede decir de G. Sobejano, *op. cit.*, p. 90. La postura muy antinietzscheana de Seillière es subrayada en J. Le Rider, *Nietzsche en France...*, *op. cit.*, p. 72.

123 E. Seillière, *Introduction a la Philosophie de l'Impérialisme*, París, Félix Alcan, 1911, p. 10. Véase, en general, su: *Mysticisme et domination. Essais de critique impérialiste*, París, Félix Alcan, 1913.

124 C. Sprietsma, *We Imperialists, Notes on Ernest Seillière's Philosophy of Imperialism* [1930], Nueva York, AMS Press, 1967, p. 9.

125 K.W. Grundy y M.A. Weinstein, *Las ideologías de la violencia*, Madrid, Tecnos, 1976, cap. 3.

126 Una valoración crítica de la relación d'Ors-Maragall: E. Jardí, *Tres diguem-ne desarrelats: Pijoan, Ors, Gaziel*, Barcelona, Selecta, 1966, pp. 77-92.

127 E. d'Ors, originalmente publicado en catalán como prólogo a los *Obres Completes de Joan Maragall*, vol. XXIII, *Epistolari*, III [1936], en E. d'Ors, *Estilos del pensar*, Madrid, Ediciones y Publicaciones Españolas, 1945, p. 57.

128 *Ibíd.*, pp. 63, 65.

129 J. F. Ràfols, *Modernisme i modernistes* [1949], Barcelona, Destino, 1982, pp. 295-296.

130 E. d'Ors, «Epíleg» (Glosa del 10 noviembre 1910), en R. Casellas, *Etapes estètiques*, Barcelona, Societat Catalana d'Edicions, 1916, pp. 209-212 (cita p. 212); M. Casacuberta, «Les dues morts d'Isidre Nonell», *El País/Quadern*, 2 marzo 2000, pp. 1-3.

131 «Agathon», *Les jeunes gens d'aujourd'hui*, [1913], París, Plon-Nourrit, 1914. Véase W. Lepenies, *Between Literature and Science: the Rise of Sociology*, Cambridge (G.B.), Maison des Sciences de l'Homme-Cambridge University Press, 1988, cap. 2, «Agathon and Others: Literature and Sociology in France at the End of the Century».

132 F. Hugenin, *À l'école de l'Action française*, s.l., J. C. Lattès, 1998, I parte, cap. VII (especialmente pp. 227-231).

133 Véase, en general: A. Assmann, *Construction de la mémoire nationale. Un brève histoire de l'idée allemande de Bildung*, París, Maison des Sciences de l'Homme, 1994.

134 E. d'Ors, «Catalunya...orient», *Glossari de Xènius MCMVI, Obra catalana completa...*, *op. cit.*, pp. 271-272.

135 E. d'Ors, «"The Empire Day"», *Glossari de Xènius MCMVIII*, *ibíd.*, pp. 756-757.

136 E. d'Ors, «'Autoritat i llibertat», *Glosari de 1916*, Barcelona, Quaderns d'Estudi, 1918, pp. 72, citado en M. Rius, *La filosofia d'Eugeni d'Ors*, Barcelona, Curial, 1991, pp. 44-45, que lo trata exclusivamente en clave orsiana.

137 J. Tusquets, *op. cit.*, p. 28; E. Jardí, *Eugeni d'Ors...*, *op. cit.*, pp. 135-136.

138 E. Jardí, *Eugeni d'Ors...*, *op. cit.*, pp. 143-147; Gaziel, *Tots el camins duen a Roma. Història d'un destí (1893-1914)* [1953], Barcelona, Aedos, 1967, p. 171; A. Balcells, *Antoni Rubió i Lluch, historiador i primer president de l'Institut d'Estudis Catalans*, Barcelona, Institut d'Estudis Catalans, 2001, p. 15.

139 R. Gibert, «Hermanos enemigos (Observaciones sobre las relaciones entre Eugenio d'Ors y José Ortega y Gasset)», *Revista de Occidente*, núm. 120, mayo 1991, pp. 96-107 (cita p. 102).

140 La trayectoria del Institut, en clave nacionalista, al margen de d'Ors: R. Guerrero (dir.), *Institut d'Estudis Catalans 90 anys*, Barcelona, Institut d'Estudis Catalans, 1997.

141 Eugeni d'Ors, *Discurs llegit en la IV festa anual de l'Institut*, Barcelona, Institut d'Estudis Catalans, 1918 (aunque figura la fecha MCMXXXVIII), citas pp. 271-272 [sic]. También fue publicado en *La Veu de Catalunya*, 15 (tarde) y 17 (mañana) junio 1918.

142 T. Garcés, «Conversa amb Jaume Bofill i Mates», *Revista de Catalunya*, IV, núm. 31, enero 1927, en T. Garcés, *Cinc converses amb Joaquim Ruyra, Víctor Català, Pompeu Fabra, Josep Carner, Guerau de Liost*, Barcelona, Columna, 1985, pp. 71-81 (cita p. 81).

143 M. Casacuberta, *Santiago Rusiñol: vida, literatura i mite*, Barcelona, Abadia de Montserrat, 1997, pp. 352-363.

144 J.-L. Marfany, «Rusiñol, pròfug del Modernisme. A propòsit de "*L'hèroe*"», en J.-L. Marfany, *Aspectes del Modernisme*, Barcelona, Curial, 1975, pp. 211-227; C. Serrano, «De l'*hereu* a l'*heroi*: antimilitarisme et catalanisme dans *L'hèroe* de Santiago Rusiñol», en C. Serrano y M.-C. Zimmermann (dirs.), *Santiago Rusiñol et son Temps. Actes du Colloque International, 14-15 janvier 1993*, París, Éditions Hispaniques, 1993, pp. 201-216.

145 E. d'Ors, «La Universitat dels missatges», *Glossari de Xènius MCMVI, Obra catalana completa..., op. cit.*, pp. 64-66 (cita p. 65).

146 J. Moneva y Pujol, *Memorias*, Zaragoza, Atres Gráficas «El Noticiero», 1952, p. 416.

147 Véase J. M. Minguet Batllori, «El Noucentisme contra el cinematògraf (La campanya anticinematogràfica de la revista *Cataluña*)», *Cinematògraf (annals de la Federació Catalana de Cine-Clubs)*, vol. 3, 1986, pp.19-86.

148 P. I. Casanovas, S.J., *El nòstre* [sic] *estat social. Comentari a la revolució de juliol*, Barcelona, Gustau Gili, 1910, pp. 56-57.

149 *Ibíd.*, p. 59.

150 Tal como observó su discípulo Josep Maria Capdevila, que pronto rompería con él: M. Serrahima, *Josep Maria Capdevila. Assiag biogràfic*, Barcelona, Barcino, 1974, p. 17.

151 Sobre la «heliomaquia»: G. Díaz-Plaja, *El combate por la luz. La hazaña intelectual de Eugenio d'Ors*, Madrid, Espasa Calpe, 1981.

152 Véase las ideas agilmente resumidas en L. Daudet, *Le stupide XIXe siècle*, París, Nouvelle Librairie Nationale, 1922, cap. II.

153 J. M. Rodés y E. Ucelay-Da Cal, «Nacionalisme i internacionalisme a Catalunya: "Els Amics d'Europa" i "Messidor", 1914-1921», *L'Avenç*, núm. 69, marzo 1984, pp. 62-72.

154 J. Casassas, *Jaume Bofill i Mates (1878-1933)*, Barcelona, Curial, 1980, pp. 237-245; también J. Casassas, «Los "noucentistes" contra Xenius: Jaume Bofill ante E. d'Ors en la crítica situación del año 1920», *Destino*, núm. 2129, 27 julio-2 agosto 1978, pp. 6-7.

155 Para la caída política de d'Ors: G. Díaz-Plaja, *La defenestració de Xenius*, Andorra la Vella, Editorial Andorra, 1967; E. Jardí, *Eugeni d'Ors..., op. cit.*, cap. VII.

156 J. Bainville, *La Guerre et l'Italie*, París, Fayard, [¿1916?], p. 95-98, 269-280. Sobre Bainville: W.E. Keylor, *Jacques Bainville and the Renaissaince of Royalist History in Twentieth-Century France*, Baton-Rouge (La.), Louisiana State University Press, 1987, especialmente pp. 111-112.

157 E. d'Ors, dos disertaciones de 1928 y 1930 originalmente publicadas en *Boletín de la Biblioteca Menéndez y Pelayo* [1930], reunidas en E. d'Ors, «Menéndez y Pelayo», en E. d'Ors, *Estilos del pensar*, Madrid, Ediciones y Publicaciones Españolas, 1945, pp. 11-53 (citas pp. 39-41).

158 E. d'Ors, «(II) Sobre el Imperio», en *Nuevo Glosario*, Madrid, Aguilar, 1949, vol. III, pp. 625.

V. Las metáforas circulan sueltas por el mundo hispano

Capítulo 17. *Las metáforas sueltas en el mundo: La «idea catalana» entre las alternativas de proyección internacional de España*

1 J. C. Mainer, *La Edad de plata (1902-1931). Ensayo de interpretación de un proceso cultural*, Barcelona, Libros de la Frontera, 1975; esta noción ya se ha convertido en un tópico: P. Laín Entralgo, *La Edad de plata de la cultura*, Madrid, Espasa-Calpe, 1993.

2 S. Ramón y Cajal, *Charlas de café. Pensamientos, anécdotas y confidencias* [1921, primera versión], Madrid, Espasa-Calpe, 1941, pp. 254, 255.

3 A. Gramsci, *El «Risorgimento»*, Buenos Aires, Granica, 1974, pp. 67-68.

4 A. Miserachs, *El copyright norteamericano comparado con el derecho de autor en Inglaterra y España*, Barcelona, Bosch, 1946.

5 B. Anderson, *Imagined Communities. Reflections on the Origin and Spread of Nationalism*, Londres, Verso, 1983, caps. 2-3.

6 H. Arendt, *The Origins of Totalitarianism* [1951], Cleveland, Meridian, 1958, cap. 8.

7 C. J. H. Hayes, *A Generation of Materialism, 1871-1900* [1941], Nueva York, Harper & Row, 1963; también de Hayes, *A Political and Cultural History of Modern Europe*, vol. 2, *A Century of Predominantly Industrial Society, 1830-1935*, Nueva York, Macmillan, 1937.

8 V. Gay, *El Regionalismo y el Nacionalismo modernos en la formación de los Estados.* Discurso pronunciado en el Círculo Liberal de Valladolid el día 25 de marzo de 1908, Valladolid, Imp. Castellana, 1908, pp. 22-23.

9 Como muestra: R. Nieto, *El Romanticismo*, Madrid, Acento, 1998, cap. 1.

10 S. G. Xydis, «Modern Greek Nationalism», en P. F. Sugar e I. J. Lederer (eds.), *Nationalism in Eastern Europe*, Seattle, University of Washington Press, 1969, pp. 207-258.

11 H. Kohn, *The Idea of Nationalism* [1944], Nueva York, Collier, 1967, cap. VII.

12 H. Kohn, *Le panslavisme. Son histoire et son idéologie*, París, Payot, 1963; A. Walicki, *Una utopia conservatrice. Storia degli slavofili*, Turín, Einaudi, 1973; también O. Novikova (comp.), *Rusia y Occidente*, Madrid, Tecnos, 1997; para el pangermanismo: véase C. André (dir.), *Le pangermanisme philosophique (1800 à 1914)*, París, Louis Conard, 1917.

13 Para el nacionalismo italiano, véase la valoración de historiadores italianos tan clásicos como Luigi Salvatorelli, *The Risorgimento: Thought and Action* [1943], Nueva York, Harper & Row, 1970; Federico Chabod, *L'idea di nazione* [1943-1944], Bari, Laterza, 1961, pp. 61-83; también: Pasquale Stanislao Mancini, *Sobre la nacionalidad* [1851-1852], Madrid, Tecnos, 1985.

14 E. Tersen, *Garibaldi*, París, Club Français du Livre, 1962, caps. II-III.

15 Para el iberismo: J. A. Rocamora, *El nacionalismo ibérico 1792-1936*, Valladolid, Publicaciones de la Universidad de Valladolid, 1994; para el ilirismo y granserbianismo: I. Banač, *The National Question in Yugoslavia. Origins, History, Politics*, Ithaca (N.Y.), Cornell University Press, 1984; también I.J. Lederer, «Nationalism and the Yugoslavs», en P. F. Sugar e I.J. Lederer (eds.), *op. cit.*, pp. 396-438; J. R. Lampe, *Yugoslavia as History. Twice There was a Country*, Cambridge (G.B.), Cambridge University Press, 1996, pp. 43-46, 52; para el surgimiento del «escandinavismo»: J.-F. Batail, R. Boyer, V. Fournier, *Les sociétes scandinaves de la Réforme à nos jours*, París, PUF, 1992, pp. 362-364.

16 Como elocuente muestra: P. Henry, *Le Problème des Nationalités*, París, Armand Colin, 1937.

17 M. J. Van Aken, *Pan-Hispanism. Its Origin and Development to 1866*, Berkeley (Cal.), University of California Press, 1959.

18 J. A. Navas Sierra, *Utopía y atopía de la Hispanidad. El proyecto de Confederación Hispánica de Francisco Antonio Zea*, Madrid, Encuentro, 2000.
19 Para el panamermicanismo: A. P. Whitaker, *The Western Hemsiphere Idea: Its Rise and Decline*, Ithaca (N.Y.), Cornell University Press, 1954.
20 M. J. Van Aken, *op. cit.*
21 T. Schoonover, «Latin America», en J.W. Cortada (ed.), *Spain in the Nineteenth-Century World. Essays on Spanish Diplomacy, 1789-1898*, Wesport (Ct.), Greenwood Press, 1994, pp. 113-130.
22 Citado en J. L. Suárez, *Mitre y España. A propósito de la exposición Iberoamericana de Sevilla*, Madrid, Imp. de E. Maestre, 1929, p. 25.
23 M. Lévy-Leboyer, *Les Banques europées et l'Industrialisation internationale dans la première moitié du XIXe siècle*, París, PUF, 1964, pp. 384-393.
24 H. U. Faulkner, *American Economic History*, Nueva York, Harper Brothers, 1924, pp. 304-307; L. M. Hacker, *El desarrollo de la economía en Estados Unidos* [1957], Buenos Aires, Troquel, 1967, pp. 69-70; J. M. Skaggs, *An Interpretative History of the American Economy*, Columbus (Oh.), Grip, 1975, pp. 361-367.
25 A. Ardao, «Romania y América Latina», en A. Ardao, *América Latina y la latinidad*, México D.F., UNAM, 1993, pp. 271-392.
26 P. Voltes, *Historia de la peseta*, Barcelona, Edhasa, 2001, pp. 139-142.
27 W. F. V. Vanthoor, *European Monetary Union Since 1848. A Political and Historical Analysis*, Cheltenham (Glos., UK), Edward Elgar, 1997, pp. 31-37.
28 Véase las biografías maurrasianas de Mistral: M. André, *La vie harmonieuse de Mistral*, París, Plon, 1928 (cap. VII para el proyecto de «confederación latina»); C. Maurras (trad. Jaume Bofill i Ferro), *Mistral*, Barcelona, Lauro, 1943; la réplica republicana: Achille Rey, *Frédéric Mistral, Poète républicain*, Cavailon, Mistral Imp.-Ed., 1929.
29 J. León Pagano, *Al través de la España literaria*, Tomo I: *Interviews* [sic] *con Angel Guimerá, Pompeyo Gener, Juan Maragall, Jacinto Verdaguer, Narciso Oller, Apeles Mestres, Ignacio Iglesias, Francisco Matheu, Santiago Rusiñol, Alejandro de Riquer, Víctor Catalá, Adrián Gual, Emilio Vilanova*, Barcelona, Maucci, [¿1902?], p. 62.
30 L. Litvak, *Latinos y anglosajones: orígenes de una polémica*, Barcelona, Puvill, 1980.
31 C. N. Ronning, *Derecho y política en la diplomacia interamericana*, México D.F., UTEHA, 1965, pp. 11-13.
32 L. Lafore, *The Long Fuse. An Interpretation of the Origins of World War I*, Filadelfia, J. B. Lippincott, 1971.
33 En el contexto francés: J.-P. Biondi y G. Morin, *Les anticolonialistes (1881-1962)*, París, Robert Laffont, 1992.
34 R. Hofstader, *Social Darwinism in American Thought* [1944], Boston, Beacon Press, 1955; P. Thuillier, *Darwin & Co*, Bruselas, Complexe, 1981.
35 G. Mazzini (N. Gangulee, ed.), *Selected Writings*, Londres, Lindsay Drummond, 1945.
36 M. Korinman, *Deutschland über alles. Le pangermanisme 1890-1945*, París, Fayard, 1999.
37 J. Plumyène, *Le nazione romantiche. Storia del nazionalismo nel XIX secolo*, Florencia, Sansoni, 1982, pp. 345-348.
38 R. G. Usher, *Pangermanismo* [1913], Madrid, Bib. Corona, 1915; C. Andler, *El pangermanismo. Sus planes de expansión alemana en le mundo*, París, Armand Colin, 1915. La lectura catalanista de tales materiales la demuestra, en un contexto posterior: F. Vergés, «El pangermanisme abans de Hitler», *Revista de Catalunya*, núm. 87, junio 1938, pp. 213-225.
39 C. Malato, *Filosofía de un ideal* [¿1894?], Barcelona, Biblioteca Vértice, s.f., p. 21.
40 Para el panturanianismo, véase el muy claro trabajo de la época: A. A. Mcdonnell, «Pan-Turanianism», *Encyclopedia Britannica*, 11 ed., *New Volumes*, Nueva York, 1922,

vol. XXXII, pp. 29-32. Los servicios de información británicos hicieron una traducción de Tekin Alp, *The Turkish and Pan-Turkish Ideal*, Londres, Admiralty War Staff, Intelligence Division, [1916]. Véase, en general: D. Fromkin, *A Peace To End All Peace. The Fall of the Ottoman Empire and the Creation of the Modern Middle East*, Nueva York, Avon, 1989.

41 Para el panislamismo: P. Mansfield, *The Arabs*, Harmondsworth (G.B.), Penguin, 1982, cap. 7; véase asimismo: M. Barceló, «L'Islam entre l'imperialisme i el fonamentalisme religiós (1914-1980)», *L'Avenç*, núm. 54, noviembre 1982, pp. 22-29; también, en el mismo sentido que en la nota anterior: D. S. Margoliouth, «Pan-Islamism», *Encyclopedia Britannica,* 11 ed., *New Volumes*, Nueva York, 1922, vol. XXXII, pp. 26-29; para el puente entre las corrientes turcas y el movimiento moderno de las «Hermandades Musulmanas» de Hasan al-Bana, véase D. Hiro, *Islamic Fundamentalism*, Londres, Paladin, 1988, caps. 3-4; la reacción española en M. Martínez Feduchy, *Panislamismo (Estudio sobre el Islam y la política imperialista)*, Madrid, Espasa-Calpe, 1934.

42 R. Pinon, *L'Europe et la Jeune Turquie*, París, Perrin, 1911, cap. XI.

43 Para los orígenes del panarabismo: R. Khalidi, L. Anderson, M. Musih, R. S. Simon (eds.), *The Origins of Arab Nationalism*, Nueva York, Columbia University Press, 1991.

44 Para el sionismo: W. Laquer, *Histoire du sionisme*, París, Calmann-Levy, 1973; S. Avineri, *The Making of Modern Zionism*, Nueva York, Basic Books, 1981.

45 D. Seddon, «Dreams and Disappointments: Postcolonial Constructions of "The Maghrib"», en A. Abdullatif Ahmida, *Beyond Colonialism and Nationalism in the Maghrib. History, Culture and Politics*, Nueva York, Plagrave, 2000, pp. 197-231.

46 S. Howe, *Afrocentrism. Mythical Pasts and Imagined Homes*, Londres, Verso, 1998; también, desde una perspectiva francófona: P. Decraene, *Le Panafricanisme*, París, PUF, 1970.

47 La idea de «All-India», tanto en un sentido territorial como en el de unir a todas las religiones, empezando con hindúes y musulmanes, marcó decisivamente el nacionalismo indio: véase J. Masselos, *Indian Nationalism. An History*, Nueva Delhi, Sterling Publishers, 1985; para el sistema británico: L. James, *Raj. The Making and Unmaking of British India*, Londres, Abacus, 1997.

48 «Indonesia», término inventado en los años cuarenta del siglo XIX por un tal Mr. Logan, fue aprovechada como respuesta nacionalista a «Insulinde» o «Insulinda», el neologismo favorecido por los decimonónicos liberales holandeses para caracterizar al vasto archipiélago en un sentido que no fuera el de la unidad política impuesta desde arriba a las «Indias Orientales Neerlandesas» por el propio colonialismo: J. Keays, *Last Post. The End of Empire in the Far East*, Londres, John Murray, 1997, p. 226.

49 H. von Treitschke (H. Kohn, ed.), *Politics*, Nueva York, Harcourt, Brace & World, 1963, p. 13.

50 J. Vasconcelos, *La Tormenta* [1936], *Memorias*, México, D.F., Fondo de Cultura Económica, 1983, citas pp. 479, 487. En general, véase: G. De Beer, *José Vasconcelos and his World*, Nueva York, Las Américas, 1966, pp. 244 y ss.

51 J. J. Blanco, *Se llamaba Vasconcelos*, México D.F., FCE, 1977, pp. 115-122.

52 C. Shore, «Community», en W. Outhwaite y T. Bottmore (eds.), *The Blackwell Dictionary of Twentieth-Century Social Thought*, Oxford (G.B.), Blackwell, 1993, pp. 98-99.

53 M. Hernández Sanchez-Barba, *La formación de las naciones iberoamericanas (siglo XIX)*, Madrid, Anaya, 1988.

54 D. Sarmiento, citado, sin fuentes, en D. Cuneo, *Sarmiento y Unamuno* [1948], y retomado en D. Cuneo, *Leopoldo Lugones*, Buenos Aires, Jorge Álvarez, 1968, p. 7.

55 F. Fukuyama, *El fin de la Historia y el último hombre*, Barcelona, Planeta, 1992; V. Hugo, *Napoleón el pequeño* [1852], Barcelona, Sopena, s.f.

56 M. Bernal Rodríguez, *La Andalucía de los libros de viajes del siglo XIX*, Sevilla, Editoriales Andaluzas Unidas, 1985; A. Gonzalez Troyano (com.), *La imagen de Andalucía en los viajeros románticos*, Málaga, Diputación Provincial de Málaga, 1987; A. López Ontiveros, «El paisaje de Andalucía a través de los viajeros románticos: creación y pervivencia del mito andaluz desde una perspectiva geográfica», en J. Gómez Mendoza y N. Ortega Cantero, *Viajeros y paisajes*, Madrid, Alianza, 1988, pp. 31-65.

57 El concepto de «nacionalismo institucional» en B. de Riquer y E. Ucelay-Da Cal, «An Analysis of Nationalisms in Spain: A Proposal for an Integrated Historical Model», en J. G. Beramendi, R. Máiz, X. M. Núñez (eds.), *Nationalism in Europe. Past and Present.* Actas do Congreso Internacional «Os Nacionalismos en Europa. Pasado e Presente», Santiago de Compostela, Universidade de Santiago, 1994, vol. II, pp. 275-301.

58 Véase A. de Blas Guerrero, *Tradición republicana y nacionalismo español (1876-1930)*, Madrid, Tecnos, 1991.

59 Por supuesto, estos temas fueron generales en el pensamiento político del fin de siglo también en Europa, pero, dado el énfasis que se ha puesto en fuentes europeas, parece válido subrayar otras rutas intelectuales. Véase, en general: G. Masur, *Prophets of Yesterday. Studies in European Culture, 1890-1914*, Nueva York, Harper & Row, 1961.

60 G. Sergi, *La decadencia de la naciones latinas*, Barcelona, Antonio López, 1901. La obra de Sergi fue reseñada muy desfavorablemente por Maragall: véase su «Estudios de decadencia (y II)», 11 y 24 abril 1902, *Obras completas de J. Maragall*, serie castellana, *Artículos*, III, 1899-1902, Barcelona, Gustavo Gili, 1912, pp. 267-277.

61 H. C. Hockett y A. M. Schlesinger, *Evolución política y social de los Estados Unidos*, tomo II, 1865-1951, Buenos Aires, Kraft, 1954, p. 250.

62 Una reflexión en este sentido en E. Ucelay-Da Cal, «Ideas preconcebidas y estereotipos en las interpretaciones de la Guerra Civil española: el dorso de la solidaridad», *Historia Social*, núm. 6, invierno 1990, pp. 23-43; también, del mismo, «La imagen internacional de España en el período de entreguerras: reminiscencias, estereotipos, dramatización neorromántica y sus consecuencias historiográficas», *Spagna Contemporanea*, Anno VIII, núm. 15, 1999, pp. 23-52.

63 Mons. Bougaud [sic], *El Cristianismo y los tiempos presentes (*trad. E. A. Villelga Rodríguez, Pbro.), Barcelona, Herederos de Juan Gili, Eds., 1907, vol. IV, *La Iglesia*, p. 300.

64 M. Ramírez, *Europa en la conciencia española y otros estudios*, Madrid, Trotta, 1996.

65 J. M. Beneyto, *Tragedia y razón. Europa en el pensamiento español del siglo XIX*, Madrid, Taurus, 1999.

66 C. Morón Arroyo, «En torno al casticismo y el ideario del primer Unamuno», en A. Vilanova y A. Sotelo Vázquez (eds.), *La crisis española de fin de siglo y la generación del 98*, Actas del Simposio Internacional (Barcelona, noviembre de 1998), Barcelona, Universidad de Barcelona/PPU, 1999, pp. 99-119.

67 H. C. Raley, *Ortega y Gasset, filósofo de la unidad europea*, Madrid, Revista de Occidente, 1977, especialmente pp. 200-202.

68 A. Lago Carballo, «Ortega, el Americano» en A. Lago Carballo, *América en la conciencia española de nuestro tiempo*, Madrid, Trotta, 1997, pp. 42-58.

69 H. Gros Espiell, *España y la solución pacífica de los conflictos limítrofes en Hispano-América*, Madrid, Civitas, 1984, que demuestra que tal función arbitral fue escasa.

70 I. Sepúlveda Muñoz, *Comunidad cultural e hispano-americanismo, 1885-1936*, Madrid, UNED, 1994, p. 187.

71 *Ibíd.*, pp. 284-285 y ss.

72 E. M. Fernández Nadal, «El proyecto de unidad continental en el siglo XIX. Realidad y utopía», en A. Andrés Roig (ed.), *El pensamiento social y político iberoamericano del siglo XIX*, Madrid, Ed. Trotta/CSIC, 2000, pp. 41-63; una perspectiva españolista en: F. G. Fernández-Shaw, «Hispanoamericanismo, panamericanismo, interamericanismo», *Revista de Estudios Políticos*, núm. 107, septiembre-octubre 1959, pp. 163-190; F. Fernández-Shaw, *La organización de Estados Americanos O.E.A.*, Madrid, Ed. Cultura Hispánica, 1963, caps. I-III.

73 J. Santana Castillo, «Identidad cultural de un continente: Iberoamérica y la América sajona. Desde la Doctrina Monroe hasta la Guerra de Cuba», en A. Andrés Roig (ed.), *op. cit.*, pp. 19-39. Para las propuestos de derecho «hemisférico»: C. N. Ronning, *Derecho y política en la diplomacia interamericana*, México D.F., UTEHA, 1965.

74 F. B. Pike, *Hispanismo 1898-1936*, Notre Dame (Ind.), Notre Dame University Press, 1971; también W. B. Bristol, *Hispanidad in South America, 1936-1945*, tesis doctoral inédita, University of Pennsylvania, 1947 (UMI), caps. I-II.

75 R. Vehils (Secretario general) y F. Rahola (Presidente), *Casa de América: Manifiesto – Programa del "Instituto de Estudios Americanistas"*, Barcelona, 12 de octubre de 1911 (sin paginar).

76 H. Clementi, *Formación de la conciencia americana*, Buenos Aires, La Pléyade, 1972, cap. IV.

77 C. Graña, «Nacionalismo cultural: la idea de destino histórico en Hispanoamérica», en J. F. Marsal (ed.), *Los intelectuales políticos*, Buenos Aires, Nueva Visión, 1971, pp. 207-245.

78 R. Darío, *Poesías*, Caracas, Ayacucho, 1977, pp. 255-256; un repertorio de las actitudes nacionalistas del poeta (incluídas el homenaje de Peius Gener y su larga relación polémica con Roosevelt) en M. Gómez Espinosa, *Rubén Darío patriota*, Madrid, Triana, 1966. Un intento de teorizar todo esta interacción en función de la metodología de los «estudios culturales»: I. M. Zavala, *Colonialism and Culture. Hispanic Modernisms and the Social Imaginary*, Bloomington (Ind.), Indiana University Press, 1992. Repetidas veces, se ha querido ver al «Modernismo» como un movimiento ideológico compacto, cuando en realidad fue una corriente intelectual con todo lo difuso que ello implica; como muestra reciente: C. L. Jrade, *Modernismo, Modernity and the Development of Spanish American Literature*, Austin, University of Texas Press, 1998. Para la obra de Bilbao, véase: A. J. Varona, *Francisco Bilbao, Revolucionario de América*, Panamá, Excelsior, 1973.

79 P. Salinas, «El problema del modernismo en España» [1938], en P. Salinas, *Literatura española siglo XX* [1941], Madrid, Alianza, 1985, p. 24.

80 Por supuesto, estos temas fueron generales en el pensamiento político del fin de siglo también en Europa, pero, dado el énfasis que se ha puesto en fuentes europeas, parece válido subrayar otras rutas intelectuales. Véase, en general: G. Masur, *Prophets of Yesterday. Studies in European Culture, 1890-1914*, Nueva York, Harper & Row, 1961.

81 J. M. Vargas Vila, *Ante los bárbaros*, en J. M. Vargas Vila, *Obras completas*, vol. 55, Barcelona, Ramón Palacio Viso, Ed., 1930, pp. 176-177.

82 G. Ferrero, *L'unité du monde*, París, Simon Kra, 1927, citas pp. 90, 91.

83 J. L. Abellán, *La idea de América. Origen y evolución*, Madrid, Istmo, 1972, cap. 6.

84 E. Prado, *La ilusión yanqui* [título orginal: *la ilusión americana*), [1893], Madrid, Editorial-América, s.f., p. 243.

85 J. M. Vargas Vila, *op. cit.*, pp. 131-132.

86 *Ibíd.*, pp. 82-83.

87 Rufino Blanco Fombona, *La americanización del mundo*, Amsterdam, Imp. Electrique, 1902; Manuel Ugarte, *El porvenir de la América española: la raza, la integridad territorial y moral, la organización interior*, Valencia, Prometeo, 1910; Manuel Ugarte, *El destino de un continente*, Madrid, Mundo Latino, 1923.

88 En general: M.T. Martínez Blanco, *Identidad cultural de Hispanoamérica. Europeísmo y orginalidad americana*, Madrid, Editorial de la Universidad Complutense, 1988; también: W. Rex Crawford, *A Century of Latin-American Thought* [1944], Nueva York, Praeger, 1966. Vease: J.E. Rodó, *Ariel/Motivo de Proteo*, Caracas, Biblioteca Ayacucho, 1976; J. Vasconcelos, *La raza cósmica* [1925], México D.F., Espasa-Calpe, 1966; M. Ugarte, *El destino de un continente* [1923], Buenos Aires, Ediciones de la Patria Grande, 1962.

89 Véase el contraste entre Ganivet, Rodó y el boliviano Alcides Arguedas en: M. Aronna, *"Pueblos Enfermos". The Discourse of Illness in the Turn-of-the-Century Spanish and Latin American Essay*, Chapel Hill (N.C.), North Carolina Studies in the Romance Languages and Literatures, 1999.

90 Carrancá y Trujillo, *Evolución política de Iberoamérica*, Madrid, 1925, p. 197, citado en V. Jiménez y Núñez, *La doctrina Drago y la política internacional*, Imp. Artística de Saéz Hermanos, 1927, p. 22.

91 Hay material tomado de E. Ucelay-Da Cal, «¿Cómo convertir a los perdedores en ganadores? Un ensayo sobre la proyección finisecular de identidad en los países menos industrializados», en A. Morales Moya (coord.), *Los 98 ibéricos y el mar*, Madrid, Sociedad Estatal Lisboa '98, 1998, tomo II, pp. 161-191.

92 Como indicio: Y. Segnini, *La Editorial-América de Rufino Blanco-Fombona. Madrid 1915-1933*, Madrid, Asociación de Libreros de Viejo, 2000.

93 V. Cacho Viu, «Crisis del positivismo, derrota del 1898 y morales colectivas», en V. Cacho Viu, *Repensar el noventa y ocho*, Madrid, Biblioteca Nueva, 1997, pp. 53-75.

94 J. L. Morales y Marín, *Iconografía del descubrimiento de América*, Valencia, Generalitat Valenciana, 1992.

95 E. Storm, «El tercer centenario del *Don Quijote* en 1905 y el nacionalismo español», *Hispania*, LVII/3, núm. 199, 1998, pp. 625-654.

96 Para Núñez de Arce: J. del Castillo y Soriano, *Núñez de Arce*, Madrid, Imprenta de los hijos de M.G. Hernández, 1907, p. 131; I. Zavala, *Fin de Siglo: Modernismo, 98 y Bohemia*, Madrid, Edicusa/Los Suplementos, 1974, pp. 8-20.

97 Véase el útil compendio de temas literarios en J. L. Abellán (comp.), *Visión de España en la generación del 98*, Madrid, Emesa, 1968.

98 P. Descouzis, *Cervantes y la Generación del 98. La cuarta salida de Don Quijote*, Madrid, EISA, 1970.

99 C. Riera, *La recepció del Tercer Centenari d'El Quixot a la premsa de Barcelona (1905)*, Discurs llegit el dia 18 de juny de l'any 2002 en l'acte de recepció pública de [...], Barcelona, Reial Acadèmia de Bones Lletres, 2002, especialmente pp. 13, 40-41, 92-95.

100 J. del Nido y Segalerva, *La Unión Ibérica. Estudio crítico, histórico de este problema*, Madrid, Tip. de Prudencio P. de Velasco, 1914, p. 363.

101 R. Vehils (Secretario general) y F. Rahola (Presidente), *Casa de América: Manifiesto...*, *op. cit.*

102 J. M. Tallada, *Economía de la post-guerra. Moneda y crédito*, Barcelona, Minerva, 1926, p. 187.

103 J. L. Pagano, *Pompeyo Gener. Estudio crítico biográfico*, Buenos Aires. Lib. Berdahl, [¿1901?]; C. Triviño Anzola, *Pompeu Gener y el modernismo*, Madrid, Verbum, 2000, cap. VI; P. Gener, «Vargas Vila, el Pensador poeta», en P. Gener, *Amigos y maestros* [1897], Barcelona, Maucci, 1915, pp. 313-332.

104 D. Vázquez Díaz, «¿Por qué pinté a Rubén Darío vestido de monje?», *ABC*, 19 octubre 1956, reproducido en D. Vázquez Díaz, *Mis artículos en «ABC»*, Madrid, Ibérico Europea de Ediciones, 1974, pp. 11-17.

105 Amado Nervo, «El catalán y la supremacía del castellano», *Boletín de la Secretaría de Instrucción Pública* (México D.F.), [¿1911?], reproducido en S. Mattalía (ed.), *Modernidad y Fin del Siglo en Hispanoamérica*, vol. II, *Antología del pensamiento hispanoamericano*, Alicante, Instituto Juan Gil-Albert/Generalitat Valenciana, 1996, pp. 302-303.

106 S. Mattalía, *Miradas al Fin del Siglo: Lecturas modernistas*, Valencia, Triant lo Blanch Libros/Universitat de Valencia, 1997, pp. 41-44.

107 A. Peláez Cueto, «Las realidades de España» (México, 1918), en A. Peláez Cueto, *Criticrónicas (1916-1920)*, Madrid, Ed. Reus, 1920, pp. 86-91.

108 M. Gálvez, *El solar de la raza* [1913], Madrid, Saturnino Calleja, 1920, citas pp. 157-158.

109 E. d'Ors, «Hernández Catá, noucentista», *Glossari de Xènius MCMX*, *Obra catalana completa*, Barcelona, Editorial Selecta, 1950, vol. 1 (único), pp. 1348-1349: *«La mateixa reacció espiritual que ha donat a José Enrique Rodó la seva serenitat renaniana[...]»* (p. 1349).

110 A. Torres-Ríoseco, «José Enrique Rodó and his Idealistic Philosophy», en A. Torres-Ríoseco, *Aspects of Spanish-American Literature*, Seattle, University of Washington Press, 1963, pp. 31-50. Véase, en general, además de J. E. Rodó, *Ariel/Motivo de Proteo..., op. cit.*, a su recogida de ensayos (J. Pedro Segundo, ed.), *El mirador de Próspero* [1913], *Obras completas*, vol. IV, Montevideo, Barreiro y Ramos, 1958.

111 T. Bremer, «"En este maravilloso suelo de Italia, donde los ojos leen la unidad de una tradición y de un espíritu". Las crónicas de Rodó y *El camino de Paros* en el contexto del periodismo rioplatense del fin de siglo», en O. Ette y T. Heydenreich (eds.), *José Enrique Rodó y su tiempo. Cien años de «Ariel»*, Frankfurt am Main, Vervuert, 2000, pp. 213-231.

112 J. E. Rodó, «El nacionalismo catalán. Un interesante problema político», en J. E. Rodó, *El camino de Paros* [Barcelona, Cervantes, 1928], reproducido en S. Mattalía (ed.), *Modernidad..., op. cit.*, pp. 307-315 (citas pp. 313-314, 314, 315).

113 J. E. Rodó, «En temps de la Mancomunitat», en J. E. Rodó, *El camino de Paros*, reproducido en Pere Balañà i Abadia (ed.), *Visió cosmopolita de Catalunya*, vol. II. *Relats de viatgers i escriptors (segle XX)*, Barcelona, Generalitat de Catalunya, 1993, pp. 57-65 (cita pp. 64-65); también reproducido como «Barcelona (1916)» en Estuardo Nuñez, *España vista por viajeros hispanoamericanos*, Madrid, Ediciones Cultura Hispánica (ICI), 1985, pp. 209-216.

114 Véase G. Lafond, *L'effort français en Amérique latine*, París, Payot, 1917.

115 S. Lanaro, «Tutte le patrie possibili. La Francia in guerra», en S. Lanaro, *Patria. Circumnavegazione di una idea controvertida*, Venecia, Marsilio, 1996, pp. 59-135.

116 Véase las opiniones del militar peruano R. Zárate, *España y América. Proyecciones y problemas derivados de la Guerra*, Madrid, Calleja, 1917.

117 F. Rahola, *Aspectos económicos de la Gran Guerra*, Barcelona, Minerva, [1917].

118 F. Rahola, «La prensa en el porvenir de la raza», en *El periodismo por los periodistas. Ciclo de conferencias periodísticas [...]*, Barcelona, Asociación de Periodistas de Barcelona, [¿1915?], pp. 243-249 (cita p. 247).

119 Á. Duarte, *La república emigrante. La cultura política de los españoles en Argentina (1875-1910)*, Lérida, Milenio, 1998.

120 J. Womack, Jr., *Zapata and the Mexican Revolution*, Nueva York, Vintage, 1969, pp. 31, 33, 58.

121 Como muestra: P. Marroquín y Aguirre, *Amor a España*, Madrid, Imp. de Juan Pueyo, 1919 (segunda edición, muy ampliada, de una obra antes publicada en México en 1911); véase especialmente el artículo «Los españoles en la revolución de Méjico» (pp. 269-273), aparecido en *Mundo Nuevo* de Madrid el 13 marzo 1916.

122 Doctor J. M. Albiñana, *Aventuras tropicales*, Madrid, Espasa Calpe, 1928 (novela, pero incluye fotografías del autor como personaje); del mismo, *Bajo el cielo mejicano*, Madrid, CIAP, 1930. Véase J. Gil Pecharromán, *«Sobre España inmortal, sólo Dios». José María Albiñana y el Partido Nacionalista Español (1930-1937)*, Madrid, UNED, 2000, pp. 28-33.

123 C. Badia Malagrida, *Ideario de la colonia española. Su organización y su programa*, México D.F., Talles Tip. Don Quijote, [1921].

124 Véase, como muestra: A. J. Restrepo, *El moderno imperialismo. Proteccionismo y libre cambio: pluralidad de industrias; La industria del café en América; Colombia económica*, Barcelona, Maucci, [1919].

125 I. Fabela, *Los Estados Unidos contra la libertad. Estudios de historia diplomática americana (Cuba, Filipinas, Panamá, Nicaragua, República Dominicana)*, Barcelona, Talleres Gráficos «Lux», s.f., pp. 303-305.

126 R. Vehils (Secretario general) y F. Rahola (Presidente), *Casa de América: Manifiesto...*, *op. cit.*

127 A. Pedraz Marcos, *Quimeras de África: la Sociedad de Africanistas y Colonialistas; el colonialismo español de finales del siglo XIX*, Madrid, Polifemo, 2000.

128 J. M. Jover Zamora, «Carácteres de la política exterior de España en el siglo XIX», en J. M. Jover Zamora, *Política, diplomacia y humanismo popular en la España del siglo XIX*, Madrid, Turner, 1976, pp. 83-138 (véase pp. 122-125).

129 T. Packenham, *The Scramble for Africa. White Man's Conquest of the Dark Continent from 1876 to 1902*, Nueva York, Avon, 1992; A. Hochschild, *King Leopold's Ghost*, Londres, Macmillan, 1999, caps. 1-6.

130 A. Guimarães, «A ideologia colonialista em Portugal no último quartel do século XIX», *Ler História*, núm. 1, enero-abril 1983, pp. 69-79; del mismo Guimarães, *Uma corrente do colonialismo português. A Sociedade de Geografia de Lisboa, 1875-1895*, Lisboa, Horizonte, 1984; véase también J. Duffy, *Portugal in Africa*, Baltimore (Md.), Penguin, 1963, pp. 117-124.

131 G. de Reparaz, *Política de España en África*, Barcelona, Imp. Barcelonesa, 1907, p. 282.

132 R. Ruiz Descalzo, *Marruecos y Oceanía*, Zaragoza, Biblioteca Económica de Ciencias Militares, 1890, p. 7.

133 A. Llanos Alcaraz, *La campaña de Melilla de 1893-1894* [1894], Melilla, Ed. Algaza/UNED Melilla, 1994; R. Guerrero, *Guerra del Rif*, Barcelona, Maucci, 1895.

134 P. Araguas, «Le style mudéjar et l'architecture néo-mudéjare comme composantes de l'idéologie nationaliste dans l'Espagne de la fin du XIXe siècle et du début du XXe siècle», en C. Serrano (dir.), *Nations en qûete de passé. La Péninsule Ibérique (XIXe-XXe siècles)*, París, Presses de l'Université de Paris-Sorbonne, 2000, pp. 73-92.

135 A. Arnavat, «Catalunya i el Marroc al segle XIX. Visions d'història cultural», en J.À. Carbonell (comisario), *Visions del Al-Maghrib*, s.l., Institut Català de la Mediterrània, 2001 (ed. trilingüe), pp. 27-53.

136 Véase (aunque se concentre en el siglo XX) la presentación optimista de: F. Castro Morales (ed.), *Al-Andalus: una identidad compartida. Arte ideología y enseñanza en el protectorado español en Marruecos*, Madrid, Universidad Carlos III/BOE, 1999.

137 Véase la reivindicación optimista de la «penetración pacífica» española por G. Maura Gamazo, *La cuestión de Maurruecos, desde el punto de vista español*, Madrid, M. Romero, Imp., 1905.

138 J. M. Serrate (Kecter), «Exposición Universal de Barcelona. Sección primera. Industria y comercio, comprendiendo los estudios de la Sección oficial de España y los de todas y cada una de las naciones que han concurrido al certámen», *Estudios sobre la Exposición*

Universal de Barcelona, inaugurada en 20 de mayo y cerrada en 9 de diciembre de 1888, Barcelona, Est. Tip. del *Diario Mercantil*, 1888, pp. 1-376 (citas p. 75).

139 A. Riera, *España en Marruecos. Crónica de la campaña de 1909*, Barcelona, Maucci, 1909; el salto de la dinámica exterior a la interior: S. Canals, *Los sucesos de España en 1909. Crónica documentada*, Madrid, Imp. Alemana, 1910, vol. 1; para la literatura antibelicista testimonial: Eugenio Noel, *Lo que vi en la guerra. Diario de un soldado*, Barcelona, s.e., 1912.

140 E. Bayón del Puerto, «La partipació catalana en l'intent imperial al nord d'África», en *Islam i Catalunya*, Barcelona, Institut Català de la Mediterrània/Lunwerg/Museu d'Història de Catalunya, 1998, pp. 317-323; J.À. Carbonell (dir.), *Marià Fortuny. Dibuixos i gravats al Museu Salvador Vilaseca*, Vilafranca del Penedès, Fundació Caixa Penedès, 1997; también (en parte por el significado de sus autores en la literatura catalana): A. Maseras y C. Fages de Climent, *Fortuny, la mitad de una vida*, Madrid, Espasa-Calpe, 1932, caps. XII-XV.

141 J. Creus, «Guinea Equatorial, 1883-1911: la invenció d'una identitat», *Recerques*, núm. 30, 1994, pp. 103-119; G. Nerín, *Guinea Equatorial, historia en blanco y negro*, Barcelona, Península, 1998.

142 C. Hernández de Herrera y T. García Figueres, *Acción de España en Marruecos. Documentos e índice de nombres propios*, Madrid, Imp. Municipal, 1930, pp. 103-104, reproducido en M. C. García-Nieto, J. M. Donezar, L. López Puerta, *La crisis del sistema canovista 1898-1923*, Madrid, Guadiana de Publicaciones, 1972, pp. 76-77; en general: A. Bachoud, *Los españoles...* op. cit., cap. III.

143 I. Sepúlveda Muñoz, «Instrumentalización nacionalista del irredentismo: Gibraltar y el nacionalismo español», *Spagna Contemporanea*, núm. 9, 1996, pp. 79-100.

144 R. Altamira, «Dato (recuerdos personales» [s.f.], en R. Altamira, *Temas de Historia de España*, Tomo II, vol. IX, *Obras completas*, Madrid, CIAP, 1929, pp. 137-139 (cita p. 136).

145 I. Prieto, *España y Marruecos*, Toulouse, Partido Socialista Obrero Español, s.f. (¿1956?), p. 6; para "Los Africanistas": *Los Africanistas. Humorada cómico-lírica* [...] letra de G. Merino y E. López Marín, música de los maestros Caballero y Hermoso, Madrid, Florencio Fiscowich, Ed., 1896.

146 R. Ricard, «Contribution à l'Étude du Mouvement Africaniste en Espagne», *Bulletin Hispanique*, XLVII, 1946, pp. 247-261.

147 F. Coello, *La cuestión del Río Muni*, conferencia el 9 de enero de 1889 en la Sociedad Geográfica de Madrid, Madrid, Establecimiento Tipográfico de Fortanet, 1889, pp. 12-13.

148 V. Morales Lezcano, *Africanismo y orientalismo español en el siglo XIX*, Madrid, UNED, 1988; E. Fernández Clemente, *Joaquín Costa y el africanismo español*, Zaragoza, Publicaciones Porvivir Independiente, 1977. Para el «orientalismo» estético y plástico: M. Stevens (ed.), *The Orientalists. European Painters in North Africa and the Near East*, Londres, Wiedenfeld y Nicolson, 1984; M. Verrier, *The Orientalists*, Londres, Academy Editions, 1979; A. E. Pérez Sánchez *et al.*, *Pintura orientalista española (1830-1930)*, Madrid, Fundación Banco Exterior, 1988; también J. À. Carbonell, «Visions del Magreb a la pintura catalana vuitcentista», en J. À. Carbonell (com.), *Visions del Al-Maghrib..., op. cit.*, pp. 55-87. Además: C. Grossier, *L'Islam des romantiques, 1811-1840*, París, Masionneuve & Larose, 1984.; L. Litvak, *El sendero del tigre. Exotismo en la literatura española de finales del siglo XIX*, Madrid, Taurus, 1983, y, por la misma autora, *El jardín de Allah. Temas del exotismo musulmán en España, 1880-1913*, Granada, Don Quijote, 1985.

149 M. Fernández Rodríguez, *España y Marruecos en los primeros años de la Restauración (1875-1894)*, Madrid, Consejo Superior de Investigaciones Científicas, Centro de Estudios Históricos, 1985; A. Bachoud, *Los españoles ante las campañas de Marruecos*, Madrid, Espasa Universidad, 1988; para la traducción a nivel de la geografía sabida más o menos popularmente: H. Capel, E. Camps, M. A. del Castillo, *et al.*, *Geografía para todos. La geografía en la Enseñanza española durante la segunda mitad del siglo XIX*, Sant Cugat del Vallès (Barcelona), Los libros de la Frontera, 1985.

150 Marqués de la Vega de Armijo, «Marruecos y las potencias europeas», informe de la sesión del 19 de enero de 1903, separata del tomo IX de las *Memorias de la Real Academia de Ciencias Morales y Políticas*, Madrid, 1905, pp. 308-309.

151 H. Nimschowski, «Semi-Colonial Expansion into Morocco, 1871-1898», en H. Stoeker (ed.), *German Imperialism in Africa. From the Beginnings until the Second World War*, Londres, C. Hurst, 1986, pp. 127-135.

152 Para las negociaciones entre 1901 y 1904: J. M. Campoamor, *La actitud de España ante la cuestión de Marruecos*, Madrid, Instituto de Estudios Africanos (IDEA), 1951; España ya había controlado las aduanas marroquíes durante unas décadas a mediados del siglo XIX: O. Rodríguez Esteller, «El comerç del Marroc segons la intervenció duanera espanyola, 1862-1884», *Illes i Imperis*, núm. 4, enero 2001, pp. 25-48.

153 H. Stoeker y H. Nimschowski, «Morocco, 1898-1914», en H. Stoeker (ed.), *op. cit.*, pp. 230-249.

154 I. C. Barlow, *The Agadir Crisis* [1940], Hamden (Ct.), Archon, 1977.

155 Véase O. Costa Ruibal, *La recepción del pensamiento imperialista en las élites barcelonesas del novecientos*, Tesis doctoral, Dept. d'Història Contemporània, Facultat de Geografia i Història, Universitat de Barcelona, 1989.

156 C. García Montoro, «Contribución al estudio del africanismo español: el "Fomento Comercial Hispano Marroquí de Málaga" (1906-1909)», *Anuario*, Málaga, Centro Asociado de la UNED de Málaga, 1988, vol. II, pp. 95-119.

157 Citado en V. Morales Lezcano, «El africanismo español: 1860-1975», en *Les élites espagnoles a l'époque contemporaine*, Actes du Colloque d'Histoire Sociale d'Espagne, 14-16 marzo 1982, *Cahiers de l'Université* (Université de Pau), núm. 1, s.f., pp. 157-178 (cita p. 161).

158 B. López García, *El socialismo español y el anticolonialismo (1898-1914)*, Madrid, Edicusa (Los Suplementos núm. 76), 1976.

159 T. García Figueras, *África en la acción española*, Madrid, Instituto de Estudios Africanos, 1949, pp. 138-141.

160 J. Ganiage, *L'Expansion coloniale de la France sous la Troisième République (1871-1914)*, París, Payot, 1968, pp. 165-169; C.-R. Ageron, «Le "parti" colonial», *L'histoire*, núm. 69, 1984, monográfico *Le temps des colonies*, pp. 72-81.

161 I. González, *El retorno de los judíos*, Madrid, Nerea, 1991; también H. Avni, *España, Franco y los judíos*, Madrid, Altalena, 1982, pp. 1-26; M. Berthelot, «Retour et rappochement: L'Espagne et les Juifs», en H. Vidal Sephiha (coord.), *L'Espagne contemporaine et les Juifs*, *Marges* (Université de Perpignan), núm. 8, 1991, pp. 59-100.

162 S. Leibovici, «A Tetouan, en 1860: les retrouvailles Sefarad-Espagne au mirroir de la presse», en H. Vidal Sephiha (coord.), *L'Espagne contemporaine et les Juifs..., op. cit.*, pp. 9-32; para la novela de Galdós *Aita Tettauen* (1905), véase: N. Rehrmann, «Die convivencia– und Sephardenthematik bei Benito Pérez Galdós in Kontext der neueren kultur– und literaturhistorischen Forschung», *Iberoamericana*, 63/64, 1996, pp. 34-54.

163 A. Botti, «Questione sefardita e antisemitismo nell'Ottocento spagnuolo», *Spagna contemporanea*, núm. 20, 2002, pp. 13-71.

164 C. Bravo Villasante, *Biografía de Don Juan Valera*, Barcelona, Aedos, 1959, caps. XXIII-XXIV.

165 Muy en general, véase: V. Morales Lezcano, *España y la cuestión de Oriente*, Madrid, Ministerio de Asuntos Exteriores, 1992.

166 A. Marquina y G.I. Ospina, *España y los judíos en el siglo XX*, Madrid, Espasa Calpe, 1987, pp. 18-19.

167 J. Valera, «Notas diplomáticas» (22 abril de 1897), *Historia y política (1896-1903)*, obras completas, tomo XL, Madrid, Imprenta Alemana, 1914, cita pp. 55-56.

168 J. A. Lisabona, *Retorno a Sefarad. La política de España hacia sus judíos en el siglo XX*, Barcelona, Riopiedras, 1993; P. Díaz-Mas, *Los sefardíes. Historia, lengua y cultura* [1986], Barcelona, Ríopiedras, 1997; H. Méchoulan (ed.), *Los judíos de España. Historia de una diáspora (1492-1992)*, Madrid, Trotta/Fundación Amigos de Sefarad/Quinto Centenario, 1993.

169 J. Israel Garzón, «Introducción», a A. Pulido, *Los israelitas españoles y el idioma castellano* [Madrid, Est. Tipográfico "Sucesores de Rivadeneyra", 1904], facsimil Barcelona, Riopiedras Ediciones, 1992, pp. XII-XIII.

170 A. Pulido, *Los israelitas españoles…, op. cit.*, 1992, pp. 23, 27-28, 63.

171 Debo esta percepción al joven investigador griego Kostas Katsoudas, *Spain, Greece and the Sephardic Jews 1936-1944*, Treball de nou crèdits, Dept. d'Història Moderna i Contemporània, Universitat Autònoma de Barcelona, 2001.

172 A. Pulido (M.A. Bel Bravo, ed.), *Españoles sin patria y la raza sefardí* [1906], Granada, Universidad de Granada, 1993, pp. 551-552, 566-567, 568.

173 A. Pulido, *Saneamiento de poblaciones españolas*, Madrid, Publicaciones de la Dirección General de Sanidad, 1902.

174 A. Delgado y A.Niño, «Emigración, enseñanza y nacionalidad en las relaciones hispano-francesas», *Historia Contemporánea*, núm. 10, 1993, pp. 51-101.

175 J. Rubio, *La emigración española en Francia*, Esplugues del Llobregat, Ariel, 1974.

176 Para el mediterraneísmo catalanista: J. Casassas, «El catalanisme i la Mediterrània», en M.-À. Roqué, *Estètica i valors mediterranis a Catalunya*, Barcelona, Proa, 2001, pp. 111-130.

177 P. Corominas, «Preludios de un renacimiento mediterráneo», *Conferencias de 1930 en América*, La Habana, Institución Hispano-Cubana de Cultura, por iniciativa de su presidente Fernando Ortiz, en P. Corominas, *Obra completa en castellano*, Madrid, Gredos, 1975, pp. 367-369 (citas 367, 368).

178 J. A. Ferrer Benimeli, «Preocupación de la masonería de Tánger por la educación y la paz en Marruecos (1905-1920)», *Cuadernos de Historia Contemporánea*, núm. 14, 1992, pp. 75-89.

179 I. González, «El antisemitismo en la derecha española durante la 2ª República», *Cuadernos Republicanos*, núm. 45, abril 2001, pp. 49-73; del mismo: «L'antisemitisme en l'Espanya contemporània», *L'Avenç*, núm. 198, diciembre 1995, pp. 56-62.

180 H. Avni, *Argentina and the Jews. A History of Jewish Immigration*, Tuscaloosa (Ala.), University of Alabama Press, 1991.

181 H. Clementi, «Antisemitismo en la Argentina», *Todo es Historia*, núm. 179, abril 1982, pp. 9-32, más «Cronología de la comunidad judía en la Argentina», *ibíd.*, pp. 40-48.

182 H. Vidal Sephiha, *l'agonie des judéo-espagnoles*, París, Ed. Entente, 1977, pp. 43-48.

183 G. Álvarez Chillida, *El antisemitismo en España. La imagen del judío (1812-2002)*, Madrid, Marcia Pons, 2002, cap. IX.

184 I. Sepúlveda Muñoz, *op. cit.*, pp. 73-77.

185 R. Altamira, «Segismundo Moret» [1921], en R. Altamira, *Temas de Historia de España*, Tomo II, *op. cit.*, pp. 129-135 (cita p. 133).

186 J. Guixé, *La nación sin alma (Ensayos políticos sobre la crisis española)*, Madrid, Establecimiento Tipográfico de El Liberal, 1917, p. 74.

187 F. Trigo, *La Guerra Europea, crisis de una civilización* [1915], Madrid, Renacimiento, 1919, p. 84.

188 P. Lhande, *Notre soeur latine L'Espagne*, Barcelona/Dublín, Bloud & Gay, 1919.

189 A. Ardao, *América Latina y la latinidad*, México D.F., UNAM, 1993, pp. 179-186.

190 A. M. Espinosa, *América Española o Hispano América. El término «América Latina» es erróneo*, Madrid [¿publicado en San Francisco?], Comisaría Regia del Turismo y Cultura Artística, 1919.

191 «Un Diplomate» [sic], *Paul Cambon, Ambassadeur de France (1843-1924)*, París, Plon, 1937, pp. 116-117.

192 Véase J. Mañach, *Teoría de la frontera*, San Juan de P. R., Universidad de Puerto Rico, 1970.

193 M. Gutman y T. Reese (eds.), *Buenos Aires 1910. El imaginario para una gran capital*, Buenos Aires, Eudeba, 1999; H. Vázquez-Rial (dir.), *Buenos Aires 1880-1930. La capital de un imperio imaginario*, Madrid, Alianza, 1996.

194 R. Altamira, «Segismundo Moret», *op, cit.*, p. 133.

195 A. Marvaud, *L'Espagne au XXe siècle. Étude politique et économique*, París, A. Colin, 1915, pp. pp. 459-460 y *passim*.

196 C. M. Rama, *Historia de las relaciones culturales entre España y la América Latina. Siglo XIX*, México D.F., FCE, 1982, cap. III.

197 A. Alonso, *Castellano, español, idioma nacional. Historia espiritual de tres nombres* [1943], Buenos Aires, Losada, 1968, pp. 113-141.

198 A. Robledo, *Una lengua y una raza. Ofrenda a España en el tercer centenario de la muerte de Cervantes*, Bogotá, Arboleda & Valencia, 1916, cita pp. 97-98.

199 J. M. de Echáverri y Vivanco, *El vínculo jurídico-mercantil entre España y América*, conferencias pronunciadas los días 3 y 5 de abril de 1924, Valladolid, Universidad de Valladolid, Publicaciones de la Sección de Estudios Americanistas, Serie Primera, núm. IV, s. f.

200 A. Bachoud, «Le mythe de la mère-patrie dans la politique exterièure espagnole. Les gaffes du duc d'Amalfi», en *Les mythologies hispaniques dans la deuxième moitié du XXe siècle, Hispanística XX*, Dijon, 1986, pp. 123-132.

201 Como muestra: José León Suárez (profesor de la Universidad de Buenos Aires), *Carácter de la revolución americana. Un nuevo punto de vista más verdadero y justo sobre la independencia hispano-americana*, Buenos Aires, Lib. «La Facultad», 1917.

202 M. Rodríguez, «El 12 de octubre: entre el IV y el V Centenario», en R. Blancaforte (comp.), *Cultura e identidad nacional*, México D.F., FCE/Consejo Nacional para la Cultura y las Artes, 1994, pp. 127-162. La Basílica del Pilar en Zaragoza ya fue declarada monumento nacional en 1904.

203 W. Crampton, *The Complete Guide to Flags*, Londres, Kingfisher, 1989, p. 20. El peso relativo de la pujanza hispanista se puede juzgar por el hecho que, por entonces, los dos nuevos estados de la Unión norteamericana –Arizona y Nuevo México, que entraron en 1912– adaptaron banderas con el rojoigualdo en recuerdo de su «herencia» española, como ya antes, en 1911, había hecho Colorado.

204 G. Díaz-Plaja, *Un período por estructurar: el novecentismo español*, Madrid, Fundación Universitaria Española, 1975, p. 17.

205 F. B. Pike, *op. cit.*

206 J. Estelrich, «El libro español», en J. Estelrich, *La falsa paz*, Barcelona, Montaner y Simón, 1949, pp. 168-169.

207 F. B. Pike, *op. cit.*; I. Sepúlveda Muñoz, *op. cit.*; L. Delgado Gómez-Escalonilla, *Imperio de papel. Acción cultural y política exterior durante el primer franquismo*, Madrid, CSIC, 1992; E. González Calleja & F. Limón Nevado, *La Hispanidad como instrumento de combate. Raza e imperio en la prensa franquista durante la Guerra Civil española*, Madrid, CSIC, 1988.

208 J. Rubió i Balaguer, «Rubén Darío i Rubió i Lluch a Barcelona», en J. Rubió i Balaguer, *Mestres, companys i amics*, Barcelona, Abadia de Montserrat, 1991, pp. 7-14; para una valoración de su postura ante España: M. C. Carbonell, «Rubén Darío ante la España del fin de siglo: *España contemporánea*», en A. Vilanova y A. Sotelo Vázquez (eds.), *op. cit.*, pp. 369-384.

209 A. Jiménez-Landi, *La Institución Libre de Enseñanza y su ambiente*, [Madrid], Universidad Complutense, 1996, IV vols.

210 V. Cacho Viu, «La Junta de Ampliación de Estudios, entre la Institución Libre de Enseñanza y la Generación de 1914», en V. Cacho Viu, *Los intelectuales y la política. Perfil público de Ortega y Gasset*, Madrid, Biblioteca Nueva, 2000, pp. 153-185.

211 A. Jiménez-Landi, *La Institución Libre..., op. cit.*, vol. IV, caps. II, III, IX.

212 R. Guerrero (dir.), *Institut d'Estudis Catalans 90 anys*, Barcelona, Institut d'Estudis Catalans, 1997.

213 J. Rubió i Balaguer, «Los dos equipos de Prat de la Riba», en J. Rubió i Balaguer, *op. cit.*, pp. 42.

214 R. Carnicer, *Vida y obra de Pablo Piferrer*, Madrid, CSIC, 1963.

215 M. Valls i Gorina, *Història de la música catalana*, Barcelona, Taber, 1969, pp. 139-146.

216 A. Livermore, *Historia de la música española*, Barcelona, Barral, 1974, cap. VII («La música española con vistas a Europa»); C. Le Bordays, *La musique espagnole*, París, PUF, 1977, cap. V.

217 J. F. Montesinos, *Costumbrismo y novela. Ensayo sobre el redescubrimiento de la realidad española*, Madrid, Castalia, 1965, pp. 46-47, 94, 121.

218 V. Bozal, «La crisis del 98 y las artes plásticas»; en V. Bozal (coord.), *Los 98' ibéricos y el mar/Os 98' ibéricos e o mar*, Lisboa, Pabellón de España Expo '98, 1998, pp. 25-50.

219 C. Pena López (com.), *Centro y periferia en la modernización de la pintura española, 1880-1918*, Madrid, Ministerio de Cultura, 1993.

220 J. Tusell & A. Martínez-Novillo, *Paisaje y figura del 98*, Madrid, Fundación Central Hispano, 1997.

221 C. Zelich (com.), *La fotografía pictorialista en España, 1900-1936*, Barcelona, Fundación «La Caixa», 1998.

222 J. Tusell et al., *Sorolla y la Hispanic Society. Una visión de la España de entresiglos*, Madrid, Ministerio de Educación y Cultura, 1998.

223 L. Litvak (com.), *Jardines de España (1870-1936)*, Madrid, Fundación Mapfre Vida, 1999.

224 M. Zugaza, «El archipiélago peninsular. Un paisaje verosímil para el arte español del cambio de siglo»; en en V. Bozal (coord.), *op. cit.* pp. 51-77.

225 G. Lohmann Villena, *Menéndez Pelayo y la Hispanidad*, Madrid, Rialp, 1957, p. 194.

226 A. Guttmann, *Games and Empires. Modern Sports and Cultural Imperialism*, Nueva York, Columbia University Press, 1994, cap. 9.

227 P. Bourdieu y L. Wacquant, *Las argucias de la razón imperialista*, Barcelona, Paidós, 2001, p. 7.

228 J. N. Pieterse y B. Parekh, «Shifting Imaginaries: Decolonization, Internal Decolonization, Postcoloniality», en J. N. Pieterse y B. Parekh (eds.), *The Decolonization of Imagination. Culture, Knowledge and Power*, Londres, Zed, 1995, pp. 1-19.

229 À. Duarte, «España en la Argentina. Una reflexión sobre patriotismo español en el tránsito del siglo XIX al XX», en O. Echevarría y L. Lionetti (comps.), *¿Una nueva historia política? Intelectuales, ideas y proyectos políticos en la Argentina*, Tandil/Buenos Aires, UNICEN, en prensa.

230 A. Appadurai, *Modernity at Large. Cultural Dimensions of Globalization*, Minneapolis (Minn.), University of Minnesota Press, 1996, pp. 16-17.

231 G. Doval, *Política española en Marruecos*, conferencia pronunciada en la sesión pública de 14 febrero 1916, Madrid, Real Academia de Jurisprudencia y Legislación, 1916, p. 9.

Capítulo 18. *Nace el proyecto de Cambó y crece su dilema*

1 J. M. Corredor, *Joan Maragall*, Barcelona, Aedos, 1960, cap. V; «Gaziel», *Tots els camins duen a Roma*, Barcelona, Aedos, 1953, cap. XIV.

2 Véase F. Villacorta Baños, *Profesionales y burócratas. Estado y poder corporativo en la España del siglo XX, 1890-1923*, Madrid, Siglo XXI, 1989.

3 J. Marichal, «La "generación de los intelectuales" y la política (1909-1914)», en J. L. Abellán *et al.*, *La crisis de fin de siglo: ideología y literatura*, Barcelona, Ariel, 1975, pp. 25-41.

4 «Palabras de Cambó», *España* (Madrid), II, núm. 72, 8 junio 1916, pp. 3-4 [439-440].

5 Véase X. Ayén, «Barcelona descubrió y lanzó a los grandes autores de la generación literaria del 98», *La Vanguardia*, 8 noviembre 2002, p. 39, que recoge los planteamientos avanzados en el congreso «Barcelona y las letras españolas de 1902», celebrado en el Centre de Cultura Contemporánea de Barcelona.

6 J. M. López-Picó, *A mig aire del temps*, Barcelona, «La Revista», 1933, pp. 101-105; se ha completado con algunos detalles tomados de A. Manent, «Los intelectuales españoles ante la lengua catalana», en Club Arnau de Vilanova, *Para entendernos. Los grandes temas del debate España-Cataluña*, Barcelona, Ariel, 1996, pp. 194-205.

7 M. de la Nuez, *Eduardo Marquina*, Boston, Twayne, 1976, p. 18.

8 V. Cacho Viu, «La Institución Libre de Enseñanza y el nacionalismo catalán», en V. Cacho Viu, *El nacionalismo catalán como factor de modernización*, Barcelona, Quaderns Crema/Residencia de Estudiantes, 1998, pp. 171-231.

9 E.Weber, *Action Française*, Stanford (Cal.), Stanford University Press, 1962, pp. 36-39.

10 Véase F. Javier Baladía, *Antes de que el tiempo lo borre. Recuerdo de los años de esplendor y bohemia de la burguesía catalana*, Barcelona, Juventud, 2003.

11 E. Navarro, *Historia crítica de los hombres del republicanismo catalán en la última década (1905-1914)*, Barcelona, Ortega y Artís Imps., 1915, pp. 263-268.

12 F. Ferrer i Gironès, *La persecució política de la llengua catalana*, Barcelona, Edicions 62, 1985, p. 101; F. Ferrer i Gironès, *Catalanofòbia. El pensament anticatalà a través de la història*, Barcelona, Edicions 62, 2000, pp. 191-192; también J. Pérez Villanueva, *Ramón Menéndez Pidal. Su vida y su tiempo*, Madrid, Espasa-Calpe, 1991, p. 192.

13 M. S. Oliver, «La literatura y el patriotismo», octubre 1913, en M. S. Oliver, *Hojas del sábado. IV. Comentarios de política y patriotismo*, Barcelona, Gustavo Gili, 1919, pp. 64-70 (citas pp. 65-66, 70).

14 J. Maragall, «La integridad de la Patria (diálogo trágico)», 2 enero 1909, *Obras completas*, serie castellana, Artículos, V, 1906-1911, Barcelona, Gustavo Gili, 1913, pp. 169-175 (cita pp. 174-175).

15 Carta de Cambó a Prat de la Riba, 5 noviembre1916, Arxiu Prat de la Riba, citada en en Borja de Riquer, *Lliga Regionalista: la burgesia catalana i el nacionalisme (1898-1904)*, Barcelona, Edicions 62, 1977, p. 311.

16 F. Cambó, *Memòries (1876-1936)*, Barcelona, Alpha, 1981, pp. 370-371.

17 J. Pla, *Francesc Cambó*, vol. 25 de la *Obra completa*, Barcelona, Destino, 1973, p. 575.

18 R. Altamira, «Errrores de Historia española contemporánea» [1925], en R. Altamira, *Temas de Historia de España*, vol. VIII, *Obras completas*, Madrid, CIAP, 1929, p. 148. Para la reivindicación actual de este argumento: J. Maluquer de Motes, *España en la crisis de 1898: de la Gran Depresión a la modernización económica del siglo XX*, Barcelona, Península, 1999.

19 [E. Prat de la Riba], «La qüestió del Marroc. Dinàmica cultural», *La Veu de Catalunya*, 4 maig 1911, en E. Prat de la Riba (A. Balcells y J. M. Ainaud de Lasarte, eds.), *Obra completa*, vol. III: *1906-1917*, Barcelona, Proa, 2000, pp. 588-590 (cita pp. 588-589).

20 [E. Prat de la Riba], «El ressorgir del nostre mar», *La Veu de Catalunya*, 11 noviembre 1911, en *ibíd.*, pp. 590-593 (cita p. 591).

21 Una idea del debate sobre soberanía y régimen comercial se puede tener de: marqués de Olivart, *De la dislocación de la política española en Marruecos*, conferencia leída en le Ateneo de Madrid el 16 mayo 1910, Madrid, Revista de Derecho Internacional y Política Exterior, 1910; marqués de Camarasa, *La cuestión de Marruecos y su solución*, s.l., Publicación de los Centros Comerciales Hispano-Marroquíes, [¿1911?]; Sociedad Hispano-Africana de Crédito y Fomento, *España en Marruecos. Un intento patriótico*, Madrid, Est. Tip. de Fontanet, 1911.

22 V. Morales Lezcano, *El colonialismo hispano-francés en Marruecos, 1898-1927*, Madrid, Siglo XXI, 1976.

23 J. Sánchez de Toca, *Reconstitución de España en vida. Economía Política actual*, Madrid, Jaime Ratés Martín, 1911, pp. 23, 28, 35, 43, 46, 54, 159, 176, 187, 206, 215.

24 J. Pijoan, «Les coses d'Àfrica. Una herència històrica», *La Veu de Catalunya*, 28 octubre 1912, en J. Pijoan (J. Castellanos, ed.), *Política i cultura*, Barcelona, La Magrana/Diputació de Barcelona, 1990, pp. 169-172 (cita pp. 170, 172).

25 G. Alomar, *La política idealista (proyecciones y reflejos de alma)*, Barcelona, Editorial Minerva, s. f.., pp. 188-189.

26 F. Rahola, *Catecisme de ciutadanía*, Barcelona, Ilustració Catalana, s. f. [1919], pp. 43-44.

27 S. Ramón y Cajal, *Charlas de café. Pensamientos, anécdotas y confidencias*, Madrid, Espasa-Calpe, 1941, p. 269.

28 Sánchez de Toca se hizo famoso con su libro *Del poder naval en España y su política económica para la nacionalidad ibero-americana* [1898], Madrid, Editorial Naval, 1986; J. Vázquez de Mella, *Obras completas*, vols III y XXIII, *Temas internacionales*, Barcelona/Madrid, Subirana/SELE, 1934; véase también I. Sepúlveda Muñoz, «Instrumentalización nacionalista del irredentismo: Gibraltar y el nacionalismo español», *Spagna Contemporanea*, núm. 9, 1996, pp. 79-100.

29 J. A. Rocamora, *El nacionalismo ibérico 1792-1936*, Valladolid, Publicaciones de la Universidad de Valladolid, 1994, pp. 148-149; véase A. Sardinha, «O Território e a Raça», en Integralismo Lusitano, *A Questão Ibérica*, Lisboa, Almeida, Miranda & Sousa, 1916, pp. 9-76.

30 M. R. de Madariaga, *España y el Rif. Crónica de una historia casi olvidada*, Melilla, UNED, 2000, pp. 233-241.

31 F. B. Pike, *Hispanismo, 1898-1936. Spanish Conservatives and Liberals and Their Relations with Spanish America*, Notre Dame (Ind.), University of Notre Dame Press, 1971, p. 254: La cita ha sido retraducida del inglés. Pike cita como fuente al P. Maximilano Estébanez, «Crónica de España», *España y América*, LXXV, julio-agosto 1922, p. 151, pero el original no corresponde para nada a tal texto; no obstante la duda, lo he mantenido por

indicar como se podía leer o interpretar a Cambó, para hacerle decir mucho más de lo que en realidad afirmaba.

32 La distinción (sin mención concreta de España) en B. Vandervort, *Wars of Imperial Conquest in Africa, 1830-1914*, Londres, UCL Press, 1998.

33 F. Cambó, «Des del banc blau, rèplica al senyor Alba (Sessions del 24 i 25 d'octubre de 1918)», en F. Cambó, *Discursos parlamentaris (1907-1935)*, Barcelona, Editorial Alpha, 1991, p. 574.

34 F. Cambó, «Debat sobre el Marroc», sesión del 30 junio 1922, en *ibíd.*, citas pp. 778, 779, 782.

35 En general: I. Sepúlveda Muñoz, *Comunidad cultural e hispano-americanismo, 1885-1936*, Madrid, UNED, 1994.

36 O. Costa Ruibal, *L'imaginari imperial. El Noucentisme català i la política internacional*, Barcelona, Institut Cambó, 2002, caps. III-IV.

37 A. Almendros, «El jove Cambó: un desconegut», *Revista de Catalunya*, núm. 41, mayo 1990, pp. 29-40 (p. 37).

38 C. Yáñez Gallardo, *El americanismo de la burguesía catalana, 1898-1929. Un proyecto imperialista*, Tesis de licenciatura, Universitat Autònoma de Barcelona, 1985.

39 J. Maragall, «La levadura», 16 enero 1906, *Obras completas de J. Maragall*, serie castellana, *Artículos*, IV, 1902-1906, Barcelona, Gustavo Gili, 1912, pp. 325-329 (cita p. 329).

40 Véase O. Costa Ruibal, *La recepción del pensamiento imperialista en las élites barcelonesas del novecientos*, tesis doctoral, Dept. d'Història Contemporània, Facultad de Geografia e Història, Universitat de Barcelona, 1989; así como A. J. Beretta Curi, *El comercio entre el puerto de Barcelona y América Latina (1898-1931): el programa americanista de la burguesía catalana*, tesis doctoral, Dept. d'Història Contemporània, Facultad de Geografia e Història, Universitat de Barcelona, 1985.

41 M. García Venero, *Cataluña, síntesis de una región*, Madrid, Editora Nacional, 1954, p. 300.

42 Véase como muestra: J. M. Buades i Juan, «Benet Pons i Fàbregues i el dret foral a Mallorca», en S. Serra i Busquets (cur.) y A. Company i Mates (coord.), *El món dels professionals i dels intel·lectuales: Benet Pons i Fàbregues (1855-1922)*, Palma de Mallorca, Fundació Emili Darder, 1999, pp. 65-77 (especialmente p. 71).

43 F. Cambó, «El Regionalisme factor de la restauració d'Espanya. Extracte taquigràfich de la conferencia donada a Saragossa per en [...]», *La Veu de Catalunya*, 23 desembre 1911 (tarde), p. 3.

44 V. Galsworthy, *Inventing Ruritania. The Imperialism of the Imagination*, New Haven (Ct.), Yale University Press, 1998.

45 Para los antecedentes, véase la obra fundamental de J. M. Fradera, *Cultura nacional en una sociedad dividida. Patriotisme i cultura a Catalunya (1838-1868)*, Barcelona, Curial, 1992; también J. M. Fradera, «El proyecto liberal catalán y los imperativos del doble patriotismo», en A.M. García (ed.), *España, ¿Nación de Naciones?*, núm. monográfico de *Ayer*, núm. 35, 1999, pp. 87-100.

46 F. Cambó, *Memòries ..., op. cit.*, pp. 305-314.

47 Véase los argumentos, formulados muy posteriormente, de J. Iglesias, *Les ciutats catalanes*, Barcelona, Dalmau, 1995, pp. 51-52.

48 E. Ucelay-Da Cal, «'El Mirall de Catalunya", op. *cit.*, pp. 213-219; del mismo, «La estrategia dual catalana en la Segunda República», X. Vidal-Folch (ed.), *Los catalanes y el poder*, Madrid, El País/Aguilar, 1994, pp. 113-123.

49 J. Ruiz Marín, *Crónica de Zaragoza año por año*, Tomo I (*1900-1920)*, Zaragoza, Librería General, [¿1998?], p. 228.

50 A. Marvaud, *L'Espagne au XXè siècle, étude politique et économique* [1913], París, Librairie Armand Colin, 1915, pp. 113-114.

51 L. Urrutia, «Pío Baroja et "le Pays Basque"», en *Nations et Nationalités en Espagne, XIXe. et XXe. s.*, París, Fondation Singer-Polignac, 1985, pp. 345-355; en general, véase el panegírico republicano de Francisco Pina, *Pío Baroja*, Valencia, Sempere, 1928 (por ejemplo, pp. 76-78).

52 L. Otis, *Organic Memory. History and the Body in the Late Nineteenth and Early Twentieth Centuries*, Lincoln (Neb.), University of Nebraska Press, 1994, pp. 75-92.

53 Véase la nota barojiana sobre Royo en la *Revista Contemporánea*, 30 enero 1899, reproducida en P. Baroja (M. Longares, ed.), *Escritos de juventud (1890-1904)*, Madrid, Edicusa, 1972, pp. 315-316.

54 A. Elorza, «"Tornatrás", llaman al racismo residual», *El Periódico*, 4 marzo 2001, p. 12.

55 G. Álvarez Chillida, *El antisemitismo en España. La imagen del judío (1812-2002)*, Madrid, Marcia Pons, 2002, pp. 245-253.

56 A. Bori i Fontestà, *Lo Trovador catalá* [sic]. *Llibre de lectura en vers destinat als colegis, de noys y noyas, de Catalunya*, Barcelona, Imp. de Henrich y Cª., 1892, pp. 139-140, poema «A matar Juéus»: «A Nuestro Señor ellos escarnecieron/con gritos y mofas, ellos escupieron/en su frente;/ con ramas y vergas ellos le azotaron/y en el Calvario crucificaron/al Hombre Dios. [...] Ressuréxit! aleluya!/ Jesús ha resucitado;/ venga el martillo y la maza/y a alborotar la vecindad./ Rociémosla con agua bendita,/y de la iglesia, con mil voces, /salgamos a matar demonios, /vamos a matar judíos!» Biografía: *GEC*, vol. 5, p. 231. El contemporáneo antisemitismo integrista estaba plenamente consciente de esta tradición –que consideraba especialmente intensa en la «*muntanya*» catalana, así como en Mallorca– y reivindicó su manifestación en *romanços* populares que son la inspiración evidente de Bori: P. Casabó y Pagés, *La España judía: apuntes para la verdadera historia de los judíos en España*, Barcelona, Est. Tip. de Francisco Beltrán, 1891, pp. 126-127.

57 Para la cita sobre popularidad: Albertí, vol. I, p. 331.

58 A. A. Sicroff, *Les controverses des statuts de «pureté de sang» en Espagne du XVe au XVIIe siècle*, París, Didier, 1960.

59 J. Lynch, «Spain after the Expulsion», en E. Kedourie (ed.), *Spain and the Jews. The Sephardi Experience. 1492 and After*, Londres, Thames & Hudson, 1992, pp. 140-161.

60 J. Juaristi, *Vestigios de Babel. Para una arqueología de los nacionalismos españoles*, Madrid, Siglo XXI, 1992.

61 J. Aranzadi, *Milenarismo vasco. Edad de oro, etnia y nativismo*, Madrid, Taurus, 1981, Tercera parte, cap. 1, secciones 2-3; véase el debate entre Juaristi y Aranzadi en J. Aranzadi, J. Juaristi, P. Unzueta, *Auto de terminación (Raza, nación y violencia en el país Vasco)*, Madrid, El País/Aguilar, 1994.

62 Para la clásica dicotomía entre el tópico del catalán como quisquilloso beligerante y como mercader incansable, véase en general: J. de Gracia, *Cataluña juzgada por escritores no catalanes*, Barcelona, Lib. de Francisco Puig, 1906; B. de Montsià, *Els catalans jutjats pels altres*, Barcelona, Barcino, 1927.

63 Una antología interpretativa de las principales contribuciones antisemitas católicas galas en P. Airiau, *L'antisémitisme catholique au XIXe et XXe siècles*, París, Berg International, 2002.

64 E. Drumont (trad. Rafael Pijoan), *La Francia judía*, Barcelona, Imp. y Lib. de la Inmaculada, 1889: este ejemplar está en el legado de Soler i Palet en Terrassa; manejo el original francés: E. Drumont, *La France juive. Essai d'histoire*, París, C. Marpon et E. Flammarion, [¿1886?].

65 P. Casabó y Pagés, *op. cit.*; hay que remarcar que Casabó, aunque denunciase las concomitancias del *Diario de Barcelona* con indeterminados financieros judíos, usaba el «Brusi» como periódico de referencia; con sus citas muestra como la prensa barcelonesa estaba llena de alusiones a las corrientes antisemitas protestantes de Berlín, con lo se puede ver que el integrismo barcelonés hizo acopio de temas no solamente galos. Sobre estas corrientes germanas: P. G. J. Pulzer, *The Rise of Political Antisemitism in Germany and Austria*, Nueva York, J. Wiley, 1964, especialmente caps. 10-12; y R.S. Lewy, *The Downfall of anti-Semitic Political Parties in Imperial Germany*, New Haven (Ct.), Yale University Press, 1975; para el contexto ideológico: U.Tal, *Christians and Jews in Germany. Religion, Politics, and Ideology in the Second Reich, 1870-1914*, Ithaca (N.Y.), Cornell University Press, 1975.

66 Tanyeman, *La Europa judía. Breve noticia del origen de esta raza, de su conducta y de sus actuales aspiraciones*, Barcelona, «La Hormiga de Oro», 1896.

67 D. I. Kretzer, *The Popes Against the Jews: The Vatican's Role in the Rise of Modern Antisemitism*, Nueva York, Knopf, 2002.

68 En general: J. Bonet y C. Martí, *L'integrisme a Catalunya. Les grans polèmiques 1881-1888*, Barcelona, Vicens-Vives/Caixa de Barcelona, 1990; para otras latitudes hispanas: A. Botti, «Una fonte antisemita d'inizio novecento. Florencio Alonso e la "dominazione ebraica"», *Spagna contemporanea*, núm. 15, 1999, pp. 121-146.

69 J. A. Ferrer Benimeli, *El contubernio judeo-masónico-comunista*, Madrid, Istmo, 1982.

70 E. Weber, *Satan Franc Mason. La mystification de Leo Taxil*, París, Juillard, 1964; hubo una abundante publicística antimasónica en España; véase, por ejemplo, el clásico: V. De la Fuente, *Historia de las Sociedades secretas antiguas y modernas en España y especialmente de la Franc-masonería*, Lugo, Imp. de Soto Freire, 1870-1871, 3 vols.

71 L. Poliakov, *La causalidad diabólica. Ensayo sobre el origen de las persecuciones*, Barcelona, Muchnik, 1982.

72 Citado, sin fuente en J.-L. Marfany, «Rusiñol, pròfug del Modernisme. A propòsit de "*L'hèroe*"», en J.-L. Marfany, *Aspectes del Modernisme*, Barcelona, Curial, 1975, pp. 211-227 (cita p. 222); también la cita de Gener, p. 225.

73 R. Santervás, «Maeztu y Araquistain: dos periodistas acuciados por la transformación de España», *Cuadernos de Historia Contemporánea*, núm. 12, 1990, pp. 133-154.

74 M. Pérez Ferrero, *Vida de Pío Baroja*, Madrid, Magisterio Español, 1972, pp. 121-124.

75 La polémica sobre *La Madre* de Rusiñol queda extensamente detallada en el excelente estudio de M. Casacuberta, *Santiago Rusiñol. vida, literatura i mite*, Barcelona, Curial/Abadia de Montserrat, 1997, pp. 470-477.

76 H. Hina, *Castilla y Cataluña en el debate cultural 1714-1939*, Barcelona, Península, 1986, pp. 250-251.

77 P.C. Smith, «Sobre judíos y catalanes en Baroja», *El Urogallo*, III, núm. 15, mayo-junio 1972, pp. 102-105.

78 P. Baroja, «El problema catalán. La influencia judía», *El Mundo*, 15-11-1907, reproducido en C. Alonso, *Intelectuales en crisis. Pio Baroja, militante radical (1905-1911)*, Alicante, Instituto de Estudios Juan Gil-Albert, 1985, pp. 147-154 (citas pp. 147-148, 150, 150-151, 151, 152, 151, 152).

79 *Ibíd.*, p. 153.

80 *Ibíd.*, p. 154.

81 M. Pérez Ferrero, *op. cit.*, p, 153.

82 P. Baroja, »Divagaciones acerca de Barcelona», conferencia leída en la Casa del Pueblo, de Barcelona, 25 de marzo de 1910, en P. Baroja, *Obras completas*, vol. V, Madrid, Biblioteca Nueva, 1948, pp. 524-537 (cita p. 526).

83 *Ibíd.*, p. 527.

84 *Ibíd.*, p. 531.
85 *Ibíd.*, pp. 524, 526.
86 *Ibíd.*, pp. 532-534.
87 E. d'Ors, «Carta abierta a Martínez Sierra (judío judaizante)», *España Nueva*, 2 diciembre 1907; G. Martínez Sierra, «Respuesta a Eugenio d'Ors», *España Nueva*, 5 diciembre 1907; reproducidos en C. Alonso, *op. cit.*, pp. 154-158.
88 A. Manent, «Los intelectuales...», *op. cit.*, pp. 195-196; M. Casacuberta, *op. cit.*, pp. 477-482.
89 J. Carner, «Lletra a D. Pío Baroja», *La Veu de Catalunya*, 19 noviembre 1907 (mañana), p. 1.
90 J. Carner, «Lletra a D. Pío Baroja. II», *La Veu de Catalunya*, 21 noviembre 1907 (mañana), p. 1. Véase L. Sánchez-Massoch (J. Casas-Carbó, trad.), *Historietes Galizzianes*, Barcelona, L'Avenç, 1903.
91 J. Carner, «Lletra a D. Pío Baroja. y III», *La Veu de Catalunya*, 22 noviembre 1907 (mañana), p. 1.
92 «Fosfor» [G. Alomar], «Sportula. El nostre semitisme», *El Poble Català*, 29 noviembre 1907, p. 1.
93 E. Gil Bera, *Baroja o el miedo. Biografía no autorizada*, Barcelona, Península, 2000, pp. 246-249; los comentarios del mismo Baroja en su «Divagaciones acerca de Barcelona», *op. cit.*, p. 525.
94 M. Pérez Ferrero, *op. cit.*, pp. 154, 153.
95 H. Hina, *op. cit.*, pp. 324-328.
96 P. Baroja, »Divagaciones acerca de Barcelona», *op. cit.*, cita p. 527.
97 P. Baroja, *Desde la última vuelta del camino (Memorias IV). Galería de tipos de la época*, Madrid, Caro Raggio, 1983, p. 156.
98 P. Baroja, *Obras completas*, XV, pp. 230-231, citado en P. Baroja (M. Sánchez-Ostiz, ed.), *Opiniones y paradojas*, Barcelona, Tusquets/Caro Raggio, 2000, p. 55. Para la analogía, véase E. Gil Bera, *op. cit.*; tomo el término de A. Trapiello, «Barojicidio», *La Vanguardia*, 2 febrero 2001, Libros pp. 8-9.
99 P.Baroja, *La intuición y el estilo* [1948], Madrid, Caro Raggio, 1983, p. 271.
100 P. Baroja, «La cultura y la raza», *Divagaciones apasionadas*, en P. Baroja, *Obras completas*, vol.V, *op. cit.*, cita pp. 515-517.
101 Sin embargo, se debería matizar las posturas rígidas entre intelectuales, ya que, según quien, admirador de Baroja, podía colgar el rótulo a «Azorín», que siempre jugó a tener sensibilidad catalana: véase el caótico libro de artículos de prensa de J. Raimundo Bartrés, *Pío Baroja y «Azorín» (Enemigo de Cataluña)*, Barcelona, Catalònia, 1981; pero Azorín, por ejemplo, le dedicó una entrevista a Prat en *ABC* («El señor Prat de la Riba es un hombre sencillo, reservado, os mira sonriendo, afable, se va frontando las manos con suavidad, [...]»), publicada con orgullo por *La Veu de Catalunya* el 18 de abril de 1906: reproducido en E. Prat de la Riba (A. Balcells y J. M. Ainaud de Lasarte, eds.), *Obra completa*, vol. III, *op. cit.*, pp. 86-88. Para la campaña de entrevistas catalanas encargas a Martínez Ruiz por el diario de los Luca de Tena: J. M. Valverde, *Azorín*, Barcelona, Planeta, 1971, p. 282.
102 J. Finot (trad. José Prat), *El prejuicio de las razas*, Valencia, Sempere, s. f., 2 vols. Una reivindicación de la importancia antiracista de Finot en T.F. Gossett, *Race. The History of an Idea in America* [1963], Nueva York, Oxford University Press, 1997, pp. 413-415. Para la credibilidad científica del racismo: N. Stepan, *The Idea of Race in Science: Great Britain 1800-1960*, Londres, Macmillan, 1982; E. Barkan, *The Retreat of Scientific Racism. Changing Concepts of Race in Britain and the United States between the World Wars*, Cambridge (G.B.), Cambridge University Press, 1992.

103 Reproducido en «La qüestió catalana i la premsa. Sobre el discurs d'en Cambó», *La Veu de Catalunya,* 13 junio 1916, p. 1. Para *El Parlamentario*: P. Gómez Aparicio, *Historia del periodismo español: De las guerras coloniales a la Dictadura*, Madrid, Editora Nacional, 1974, pp. 412-420.

104 A. Rovira i Virgili (dir.), *Anuari de Catalunya. 1917*, Barcelona, Editorial Minerva, s. f., p. 155. También, todo sea dicho, los anarcosindicalistas se apropiaron del símbolo catalanista del ave fénix, que renace de sus cenizas, en la medida que los nacionalistas radicales lo abandonaban, por pasado de moda (era sustituido por las barras catalanas con la estrella solitaria, en copia descarada de la bandera cubana); los cenetistas utilizaron el fénix, no como emblema organizativo (para eso, tenían Sansón matando el león con sus propias manos), si no como sempiterna metáfora descriptiva de la naturaleza de su movimiento, capaz de rehacerse después de cada represión.

105 C. Peiró Menéndez, *Arte de conocer a nuestros judíos*, Barcelona, Imp. «La Catalana», 1917, pp. 123, 16, 9-11.

106 G.L. Mosse, *Towards the Final Solution. A History of European Racism*, Londres, J. M. Dent & Sons, 1978.

107 C. Peiró Menéndez, *op. cit.*, pp. 153, 41, 13-14.

108 T. Hall, *Spain in Silhouette*, Nueva York, Macmillan, 1923, p. 48-49.

109 J. C. Estébanez Gil, *Francisco Grandmontagne y la generación del 98. Su aventura biográfica y literaria*, Burgos, Editorial La Olmeda, 1998.

110 P. Baroja, *Desde la última vuelta del camino (Memorias)*, vol. IV, *Galería de tipos de la época*, Madrid, Caro Raggio, 1983, pp. 160-161.

111 Para su estilo y su vasquismo criollo: F. Grandmontagne, *Los inmigrantes prósperos*, Madrid, Aguilar, s. f.

112 C. Alonso, *op. cit.*, p. 129, 139.

113 F. Grandmontagne, «En los Juegos Florales de Valladolid», *El Ultraproteccionismo*, Haro, Imprenta de Viela e Iturbe, 1908, p. 66, citado en J. C. Estébanez Gil, *Francisco Grandmontagne..., op. cit.*, p. 98. No he podido localizar la obra original de Grandmontagne, por lo que la cito, de manera consistente a lo largo de esta sección, del estudio de Estébanez Gil. Para Unamuno, véase P. Ribas, «Unamuno y el problema agrario» en J. L. Abellán *et al.*, *op. cit.*, pp. 252-272.

114 F. Grandmontagne, «En los Juegos Florales de Valladolid», *El Ultraproteccionismo*, p. 83, citado en *ibíd.*, p. 98.

115 Citado de F. Grandmontagne, «En los Juegos Florales de Valladolid», *El Ultraproteccionismo*, p. 7, citado en *ibíd.*, p. 97.

116 J. Girbau i Alavedra, *La solución arancelaria. Discursos y estudios políticos-económicos*, Madrid, Establecimiento Tip. de «El Liberal», 1894.

117 En general véase: I. Arana Pérez, *La Liga Vízcaína de Productores y la política económica de la restauración, 1894-1914*, Bilbao, Caja de Ahorros Vizcaína, 1988.

118 F. Grandmontagne, «En los Juegos Florales de Valladolid», *El Ultraproteccionismo...*, p. 102, en J. C. Estébanez Gil, *Francisco Grandmontagne..., op. cit*, p. 92.

119 Citado de F. Grandmontagne, «En los Juegos Florales de Valladolid», *El Ultraproteccionismo*, en *ibíd.*, p. 93.

120 Citado de F. Grandmontagne, «En los Juegos Florales de Valladolid», *El Ultraproteccionismo*, p. 116, en *ibíd.*, , pp. 93, 94.

121 F. Grandmontagne, «Los Estados Unidos españoles», *El Imparcial*, 1 noviembre 1907 [?], citado en R. Lavondès, *La question catalane*, Thèse pour le Doctorat, Université de Montpellier, Faculté de Droit, Montpellier, Imp. Serre et Roumégous, 1908, p. 132.

122 Citado de F. Grandmontagne, «En los Juegos Florales de Valladolid», *El Ultraproteccionismo*, p. 133, en J. C. Estébanez Gil, *Francisco Grandmontagne..., op. cit.*, p. 94.
123 Citado de F. Grandmontagne, «En los Juegos Florales de Valladolid», *El Ultraproteccionismo*, p. 133, en *ibíd.*, p. 94.
124 Citado de F. Grandmontagne, «En los Juegos Florales de Valladolid», *El Ultraproteccionismo*, pp. 135, 133, 7, 135, en *ibíd.*, pp. 95, 97.
125 Biografía Edmundo y Pedro González Blanco: *Enciclopedia Espasa*, vol. 26, p. 648.
126 E. González-Blanco, *El socialismo, la patria y la guerra*, Madrid, R. Velasco, Imp., 1912 (citas pp. 47, 46-47, 47-48, 48).
127 S. Alba, *Problemas de España*, Madrid, Hesperia, 1916 (fechado diciembre 1898-enero 1899).
128 Un repaso útil a la literatura social en clave explícita de «pesimismo» en A. de Miguel y R.-L. Barbeito, *El final de un siglo de pesimismo (1898-1998)*, Barcelona, Planeta, 1998, cap. 1, aunque, inexplicablemente, se echa en falta la obra paradigmática de Cambó. Tambien es posible encontrar en el líder catalanista un eco de la tesis del autonomismo cubano, expresada en la importante conferencia de Eliseo Giberga, «El pesimismo en la política cubana», en el Círculo Autonomista de La Habana el 31 de mayo de 1887. Para Giberga, el «pesimismo» se expresaba en la desconfianza de las autoridades españolas para todo cargo público no español, con los consiguientes abusos y corrupción. Véase M. Bizcarrondo, «La autonomía de Cuba como proyecto político», estudio preliminar a R. M. de Labra y otros, *El problema colonial contemporáneo*, Oviedo, Universidad de Oviedo, 1998, pp. xi-xviii (comentado pp. xxxi-xxxii).
129 F. Cambó, «Cataluña ante Castilla», conferencia pronunciada en el Círculo Mercantil de Zaragoza, 15 marzo 1908, en J. Torras i Bages, J. Maragall, F. Cambó (L. Duran y Ventosa, presentación), *La actitud tradicional en Cataluña*, Madrid, Rialp, 1961, pp. 219–242 (pp. 225, 230, 231).
130 F. Cambó, *El pesimismo español*, Madrid, Hesperia, 1917, pp. 5-8.
131 *Ibíd.*, p. 22.
132 *Ibíd.*, pp. 55-67.
133 *Ibíd.*, pp. 66-67, 67-68, 114-115.
134 *Ibíd.*, pp. 96-97.
135 *Ibíd.*, pp. 118-119, 127-128.
136 M. de Unamuno, «Lo que puede aprender Castilla de los poetas catalanes», conferencia pronunciada en el Teatro Lope de Vega, de Valladolid, el día 8 de mayo de 1915, en M. de Unamuno, *Obras completas*, vol. IX, *Discursos y artículos*, Madrid, Escelicer, 1971, pp. 317-331 (citas pp. 318-319, 319, 319-320).
137 Para la durabilidad de tal debate, véase: J. R. Lodares, *El paraíso políglota. Historias de lenguas en la España moderna contadas sin prejuicios*, Madrid, Taurus, 2000; la contrapartida en: F. Ferrer i Gironès, *La persecució política..., op. cit.*
138 E. Ucelay-Da Cal, «El "modernisme" catalán: modas, mercados urbanos e imaginación histórica», M. Tuñón de Lara y J. L. García Delgado (eds.), *Los orígenes culturales de la II República*, Madrid, Siglo XXI, 1993, pp. 293-335.
139 J. J. Permanyer, *Discursos*, Barcelona, Il·lustració Catalana (Lectura Popular, vol. XIX, núm. 313), s.f., p. 17.
140 N. Bilbeny, *Eugeni d'Ors i la ideologia del noucentisme*, Barcelona, La Magrana, 1988, p. 186.
141 F. Cambó, «La acción política. Discurso de Cambó en la Lliga Regionalista, sobre la Representación corporativa en los Ayuntamientos y el proyecto de la ley de Administración local», *La Cataluña*, año II, núm. 16, 18 enero 1908, pp. 33-38 (citas pp. 33, 35).

142 M. Roger, *Gènesi de la monarquía catalana*, Barcelona, *L'Avenç*, 1914, citas pp. 92, 93. Biografía: *GEC*, vol. 19.

143 La reivindicación de Dato: C. Seco Serrano, *Perfil político y humano de un estadista de la Restauración. Eduardo Dato a través de su archivo*, Madrid, Real Academia de la Historia, 1978; Seco Serrano, *Alfonso XIII y la crisis de la Restauración*, Madrid, Rialp, 1979.

144 En general: M. J. González Hernández, *Ciudadanía y acción. El conservadurismo maurista, 1907-1923*, Madrid, Siglo XXI, 1990; también M. J. González, *El universo conservador de Antonio Maura. Biografía y proyecto de Estado*, Madrid, Biblioteca Nueva, 1997; J. Tusell, *Antonio Maura. Una biografía política*, Madrid, Alianza, 1994; así como el repaso oficioso de M. Fernández Almagro y el duque de Maura, *Porqué cayó Alfonso XIII. Evolución y disolución de los partidos históricos durante su reinado*, Madrid, Ambos Mundos, 1948.

145 P. Fullana i Puigserver, *Antoni Maura i el maurisme a Mallorca (1853-1925)*, Palma de Mallorca, Lleonard Muntaner, Ed., 1998. Véase las biografías de los hermanos Gabriel, Bartomeu, Miquel, Antoni y Francesc Maura y Montaner en la *GEC*, vol. 15, pp. 17-18.

146 M. Cabrera Calvo-Sotelo, «Maura y el regeneracionismo conservador», en S. Rus Rufino y J. Zamora Bonilla (coords.), *Una polémica y una generación. Razón histórica del 1898*, León, Secretariado de Publicaciones de la Universidad de León, 1999, pp. 39-55 (véase, en especial, pp. 46-48).

147 J. Costa, *Oligarquía y caciquismo como la forma actual de gobierno en España: urgencia y modo de cambiarla*, Madrid, Ateneo Científico y Literario de Madrid, 1903; hay una larga lista de estudios y o biografías sobre Costa, cada uno apuntando en una dirección ideológica diferente; como indicación, entre los más recientes: en clave izquierdista, G. Cheyne, *Joaquín Costa, el gran desconocido*, Barcelona, Ariel, 1972; en clave nacional española: C. Martín-Retortillo, *Joaquín Costa, propulsor de la reconstrucción nacional*, Barcelona, Aedos, 1961; como experiencia populista: J. Maurice y C. Serrano, *Joaquín Costa: crisis de la Restauración y populismo, 1876-1911*, Madrid, Siglo XXI, 1977.

148 J. Álvarez Junco, *El Emperador del Paralelo. Lerroux y la demagogia populista*, Madrid, Alianza, 1990.

149 A. Barrio Alonso, «Un parlamento industrial en España», texto inédito, comentado en M. Suárez Cortina, *El gorro frigio. Liberalismo, democracia y republicanismo en la Restauración*, Madrid, Biblioteca Nueva, 2000, p. 175.

150 A. Barrio Alonso, *El sueño de la democracia industrial. Sindicalismo y política en España, 1917-1923*, Santander, Servicio de Publicaciones de la Universidad de Cantabria, 1996.

151 E. Ucelay-Da Cal, «Buscando el levantamiento plebiscitario: insurreccionalismo y elecciones», *Ayer*, Número monográfico: *Política en la Segunda República* [editor: S. Juliá], nº 20, 1995, pp. 49-80.

152 Véase el sofisticado análisis de G. Brunn, «Die Organisationen der Katalanishen Bewegung», en T. Scheider y O. Dann (dirs.), *Nationale Bewegung und soziale Organisation I*, Munich-Vienna, R. Oldenbourg, 1978, pp. 281-568.

153 F. Cambó, «Sobre el projecte de llei de bases per a la llei municipal», sessión del 15 febrer 1935, en F. Cambó, *Discursos parlamentaris (1907-1935)*, Barcelona, Editorial Alpha, 1991, cita pp. 871-872.

154 Para el origen del término «capital social», véase la discusión en F. Fukuyama, *La gran ruptura*, Madrid, Suma de Letras, 2001, pp. 42-57; para «capital social»: P. Bourdieu, *Language and Symbolic Power*, Cambridge (G.B.), Polity Press, 1991, pp. 72-76 y *passim*.

155 Véase la formulación de este problema, evidentemente en otro contexto social y cronológico: R. D. Putnam, *Bowling Alone. The Collapse and Revival of American Community*, Nueva York, Simon & Schuster, 2001, cap. 3.

156 E. Prat de la Riba, «L'atemptat contra el sufragi», *La Veu de Catalunya*, 10 enero 1908, en E. Prat de la Riba (A. Balcells y J. M. Ainaud de Lasarte, eds.), *Obra completa*, vol. III, *op. cit.*, pp. 373-379 (cita p. 375); véase también J. Solé Tura, *Catalanismo y revolución burguesa*, Madrid, Edicusa, 1970, pp. 228-230.

157 J. B. Culla, *El republicanisme lerrouxista a Catalunya (1901-1923)*, Barcelona, Curial, 1986; J. B. Culla y A. Duarte, *La premsa republicana*, Barcelona, Diputació de Barcelona/Col·legi de Periodistes, 1990; M. C. Sierra Pellón, *Lerrouxismo femenino: el papel de las «Damas» en el Partido Radical*, Tesis de licenciatura, Universitat Autònoma de Barcelona, 1984.

158 X. Cuadrat, *Socialismo y anarquismo en Cataluña (1899-1911). Los orígenes de la CNT*, Madrid, Revista del Trabajo, 1976.

159 *Almanach dels noucentistes* [1911], edició facsimil, Barcelona, J. J. de Olañeta, Ed., 1980, sin paginar (entrada «mayo»).

160 Cuesta creer que Unamuno, en su novela *San Manuel Bueno, mártir* (1931), al retratar un cura que no cree en su religión, no estuviera realizando una ironía, al menos en parte, con el escritor homónimo, de tan notorio cinismo.

161 Por ejemplo, de Scipio Sighele, *Contro il Parlamentarismo. Saggio de Psicologia collettiva*, Milano, Treves, 1895. Véase también: V. Pareto (N. Bobbio, ed.), *Pareto e il sistema sociale*, Florencia, Sansoni, 1973.

162 M. Vidal Guardiola, J. M. Bassols, C. Jordá, J. M. Tallada, F. Sans Buigas, L. Puig de la Bellacasa, *La Representación Proporcional*, Barcelona, Publicación de la «Joventut Nacionalista», 1910.

163 E. Ucelay-Da Cal, «The Restoration. Regeneration and the Clash of Nationalisms, 1875-1914», en J. Álvarez Junco y A. Shubert, *Spanish History Since 1808*, Londres, Arnold, 2000, pp. 120-136.

164 Véase, en general: B. de Riquer, «Francesc Cambó: un regeneracionista desbordado por la política de masas», en T. Carnero Arbat (ed.), *El reinado de Alfonso XIII*, Número monográfico de *Ayer*, núm. 28, 1997, pp. 91-125.

165 N. Angell, *La grande ilusión*, París, Thomas Nelson & Sons, [1913], p. 136. Para la contextualización: J. Maluquer de Motes, *España en la crisis de 1898...*, *op. cit.*

166 J. B., «Preface», a T. G. Masaryk, *The Problem of Small Nations in the European Crisis*, Londres, The Council for the Study of International Relations, 1916, p. 2. Por su naturaleza, la alusión se puede considerar un reflejo del pensamiento del propio Masaryk.

167 S. Baldwin, *On England and Other Addresses* [1926], Harmondsworth (G.B.), Penguin, 1938.

168 J. Pla, *Cambó. Materials per una història d'aquests últims anys*, vol. III, Barcelona, Llibreria Catalònia, 1930, pp. 190-192.

Capítulo 19. *La «España Grande» y la* Festa de la Unitat *o el abrupto clímax ideológico de la Lliga*

1 J. Pabón, *Cambó*, vol. I, *1876-1918*, Barcelona, Alpha, 1952.

2 J. Cases-Carbó, *Un llibre estel? El problema peninsular 1924-1932*, Barcelona, Llibreria Catalònia, 1933, p. 381.

3 H. Hina, *Castilla y Cataluña en el debate cultural 1714-1939*, Barcelona, Península, 1986, pp. 297-299.

4 En general, sobre Canalejas: D. Sevilla Andrés, *Canalejas*, Barcelona, Aedos, 1956; para antecedentes: S. Forner Muñoz, *Canalejas y el Partido Liberal Democrático (1900-1910)*, Madrid, Cátedra, 1993.

5 La versión de Cambó, en un escrito a Romanones de 1944, reproducido en: Duquesa Viuda de Canalejas, *La vida íntima de Canalejas*, Madrid, Afrodisio Aguado, s. f., pp. 217-218.

6 Carta de A. Royo Villanova a J. Cases-Carbó, 14 febrero 1924, reproducida en J. Cases-Carbó, *op. cit.*, pp. 32-33.

7 J. Moreno Luzón, *Romanones. Caciquismo y política liberal*, Madrid, Alianza, 1998.

8 Véase E. Ucelay-Da Cal, «La Diputació i la Mancomunitat: 1914-1923», en B. de Riquer (dir.), *Història de la Diputació de Barcelona*, Barcelona, Diputació de Barcelona, 1987, vol. II, pp. 36-177; en explícita contraposición, véase A. Balcells, E. Pujol, J. Sabater, *La Manocmunitat de Catalunya i l'autonomia*, Barcelona, Proa, 1996.

9 C. Seco Serrano, *Perfil político y humano de un estadista de la restauración: Eduardo Dato a través de su archivo*, Madrid, Real Academia de la Historia, 1978; C. Seco, «La inflexión social de la restauración: Dato y Canalejas», en G. Gortázar, ed., *Nación y Estado en la España liberal*, Madrid, Ed. Noesis, 1994, pp. 195-208; también M. García Venero, *Eduardo Dato. Vida y sacrificio de un político conservador*, Vitoria, Diputación Provincial de Alava, 1965.

10 Como muestra de la ira maurista: *El señor Maura y el Partido Conservador ante la opinión. Documentos recogidos y publicados por la Juventud Conservadora de Madrid*, Madrid, Imp. Alemana, 1913. Para la interpretación sobre el fondo ideológico: M. J. González Hernández, *Ciudadanía y acción. El conservadurismo maurista, 1907-1923*, Madrid, Siglo XXI, 1990.

11 S. Albertí, *El republicanisme català i la restauració monàrquica*, Barcelona, Albertí, 1972, pp. 361-370 y ss.; J. B. Culla, *El republicanisme lerrouxista a Catalunya (1901-1923)*, Barcelona, Curial, 1986, cap. 7; también S. Izquierdo, *Pere Coromines*, Catarroja, Afers, 2001.

12 F. J. Romero Salvadó, *Spain 1914-1918: Between War and Revolution*, Londres, Routledge, 1999.

13 «Neutralidades que matan», *El Diario Universal*, 19 agosto 1914, reproducido en L. Antón del Olmet y J. de Torres Bernal, *Los grandes españoles. Romanones*, Madrid, Imp. de Juan Pueyo, 1922, pp. 176-178.

14 D. Martínez Fiol, *Els «voluntaris catalans» a la Gran Guerra (1914-1918)*, Barcelona, Publicacions de l'Abadia de Montserrat, 1991; también D. Martínez Fiol (ed.), *El catalanisme i la Gran Guerra (1914-1918) Antología*, Barcelona, La Magrana, 1988.

15 P. Corominas, *Las Zonas Neutrales como instrumento en la economía nacional*, Madrid, Imp. Clásica Española, 1915; J. Elías de Molíns [sic], *Puertos y zonas francas*, Barcelona, Tip. El Anuario de la exportación, s. f.; *El Pensament català davant el conflicte europeu. Conferències dels parlamentaris regionalistes*, Barcelona, Lliga Regionalista, 1915, véase A. Colomines i Companys, *El catalanisme i l'Estat*, Barcelona, Abadia de Montserrat, 1993, pp. 253-269.

16 M. García Venero, *Santiago Alba, monárquico de razón*, Madrid, Aguilar, 1963; J. M. Marín Arce, *Santiago Alba y la crisis de la Restauración*, Madrid, UNED, 1991.

17 S. de Madariaga, «Spain [1910-1921]», *Encyclopedia Britannica* (11 Ed.), Nueva York, 1911, vol. XXXII (1922), pp. 549-558, que resulta un valuoso resumen de la evolución política española; para la promesa de la Ley de Jurisdicciones: A. Llopis y Pérez, *Historia política y parlamentaria de D. Nicolás Salmerón y Alonso*, Madrid, Congreso de los Diputados, 1915, p. 672.

18 Texto de *El Imparcial*, 15 julio 1915, reproducido en Conde de Torre-Vélez, *El bandolerismo político*, Primera parte de *La acción nacional revolucionaria*, Madrid, Est. Tip. de «El Imparcial», 1917, pp. 294-295.

19 A. Almendros Morcillo, *Francesc Cambó: la forja d'un policy maker*, Barcelona, Abadia de Montserrat, 2000, p. 30.

20 F. Ferrer Gironés, *La persecució política de la llengua catalana*, Barcelona, Edicions 62, 1985, pp. 107-139.

21 J. Carner, «L'imperi del món», *La Veu de Catalunya,* 14 noviembre 1914 (tarde), p. 3.

22 El texto en castellano se difundió en la biografía española de Prat, casi oficiosa o, como mínimo, subvencionada por la Lliga: A. y A. García Carraffa, *Prat de la Riba*, Barcelona, Hijos de Domingo Casanovas, 1917, citas pp. 215, 215-216, 217-218, 218-219, 220-221, 222-224, 225-226. La versión original catalana en *Història d'una política. Actuacions i documents de la Lliga Regionalista. 1901-1933*, Barcelona, Bib. de Lliga Catalana, 1933, pp. 176-186.

23 O. Costa Ruibal, *L'imaginari imperial. El Noucentisme català i la política internacional*, Barcelona, Institut Cambó, 2002, cap. V.

24 H. de la Torre, *El imperio del rey. Alfonso XIII, Portugal y los ingleses (1907-1916)*, Mérida, Junta de Extremadura, 2002.

25 R. Martínez Sol, *De Canalejas al Tribunal de Responsabilidades (Anecdotario inédito de la disolución de un reinado)*, Madrid, Dédalo, 1933, pp. 16-18.

26 J. Vázquez de Mella, *El ideal de España. Los tres dogmas nacionales*, Discurso pronunciado en el Teatro de la Zarzuela de Madrid el día 31 de mayo de 1915, Madrid, Imprenta Clásica Española, 1915. Véase, en general, el excelente estudio de J. R. de Andrés, *El cisma mellista. Historia de una ambición política*, Madrid, Actas, 2000.

27 G. de Balparda, *La Conjuración de las alianzas y la independencia del pensamiento español*, Bilbao, Sabino Ruiz, [febrero de 1915]; V. Gay, *El imperialismo y la Guerra Europea. Los principios nacionalistas y el iberismo*, Madrid, Francisco Beltrán, 1915; E. González-Blanco [sic], *Iberismo y Germanismo. España ante el conflicto europeo (tres estudios)*, Valencia, Editorial Cervantes, 1917.

28 E. Xammar, *Contra la idea d'Imperi*, Edimburgo, Nueva York, Londres, Thomas Nelson & Sons, 1916: utilizó la versión en D. Martínez Fiol (ed.), *El catalanisme..., op. cit.*, 1988, pp. 3–12.

29 «Gaziel» [A. Calvet], *Tots els camins duen a Roma*, Barcelona, Aedos, 1953, p. 481.

30 «El senyor Cambó», *La Veu de Catalunya*, 21 de maig de 1916 (tarde), p. 2.

31 Xenius, «Glosari: Unitat», *La Veu de Catalunya*, 23 maig 1916 (tarde), p. 1.

32 «Festa», *La Veu de Catalunya*, 18 maig 1916 (tarde), p. 1.

33 E. Ucelay-Da Cal, *La Catalunya populista: Imatge, cultura i politica en l'etapa republicana, 1931-1939*. Barcelona, La Magrana, 1982; también, del mismo, «Las raíces del 14 de abril en Cataluña», *Historia Contemporánea*, núm. 1, 1988, pp. 69-93.

34 O. Pi de Cabanyes, «El cielo sube», *La Vanguardia*, 27 agosto 2001, p. 27; E. d'Ors (J. Vallcorba, ed.), *La lliçó de tedi en el parc, altrament dit Oceanografia del tedi* [1918], Barcelona, Quaderns Crema, 1994.

35 E. d'Ors, *La lliçó de tedi en el parc..., op. cit.*, pp. 63, 75.

36 «La Mercè (advocació mariana)»; «La Mercè (temple barceloní)»; A. Pladevall, «mercedari-ària», *GEC*, vol. 15, pp. 100-102.

37 B. de Rubí, «El Pare Miquel d'Espluges i "L'ideal de la Mercè"», *Estudios Franciscanos*, vol. 79, núms. 362-363, abril-diciembre 1978, pp. 406-461.

38 M. d'Esplugues, *Nostra Senyora de la Mercè. Estudi de la psicologia ètnico-religiosa de Catalunya*, Barcelona, Ed. Ibérica, 1916.

39 *Ibíd.*, pp. 29-30.

40 *Ibíd.*, pp. 29-30.

41 *Ibíd.*, pp. 104-125 (cita p. 122).

42 *Ibíd.*, pp. 227, 234-235.
43 *Ibíd.*, pp. 236-237 y ss. (especialmente pp. 250-251).
44 *Ibíd.*, pp. 266, 267.
45 Citado en A. Duarte, «La ciutat, el paisatge i la nació. Una lectura de l'obra de Pere Coromines», *Estudi General*, núm. 13, 1993, pp. 97-112 (cita p. 110).
46 P. Scanu, *Alghero e la Catalogna*, Cagliari, Editrice Sarda-Fratelli Fossataro, 1962, pp. 117 y ss.; R. Caria, «Els "retrobaments" a L'Alguer els segles XIX i XX», en J. Carbonell y F. Manconi (eds.), *Els catalans a Sardenya*, Barcelona, Enciclopèdia Catalana, 1984, pp. 183-186.
47 C. Ametlla, *Memòries polítiques 1890-1917*, Barcelona, Pòrtic, 1963, p. 351.
48 E. d'Ors, «Gentil carta», *La Veu de Catalunya*, 4 enero 1913 (tarde), p. 1.
49 Véase M. Corretger, *Alfons Maseras: intel·lectual d'acció i literat*, Barcelona, Curial/Abadia de Montserrat, 1995.
50 A. Maseras, *Pancatalanisme. Tesi per a servir de fonament a una doctrina*, Barcelona, s.e., 1915.
51 G. H. Soutou, «Jean Pélissier et l'Office Centrale des Nationalités, 1911-1918: Un agent du gouvernement français auprès des Nationalités», en G. H. Soutou (dir.), *Recherches sur la France et le problème des Nationalités pendant la Première Guerre Mondiale (Pologne-Lithuanie-Ukraine)*, París, Presses de l'Universite de Paris-Sorbonne, 1995, pp. 11-38.
52 D. R. Watson, «Jean Pélissier and the Office Central des Nationalités, 1912-1919», *English Historical Review*, CX, núm. 439, noviembre 1995, pp. 1191-1206; como muestra de la producción inicial: C. Seignobos (ed.), *Les Aspirations Autonomistes en Europe*, París, Félix Alcan, 1913.
53 X. M. Núñez Seixas, «Espías, idealistas e intelectuales: la *Union des Nationalités* y la política de nacionalidades durante la I Guerra Munidal (1912-1919)», *Espacio, Tiempo y Forma*, serie V, Hª Contemporánea, Tomo 10, 1997, pp. 117-150; también de X. M. Núñez Seixas, «Il nazionalismo catalano e la diplomazia spagnola di fronte al sistema di protezione delle minoranze nazionali della Società delle nazioni (1919-1930)», *Storia delle Relazioni Internazionali*, IX, núm. 2, 1993, pp. 3-65.
54 A. E. Senn, «Garlawa: A Study in Emigré Intrigue, 1915-1917», *The Slavonic and East European Review*, vol. XLV, 1976, pp. 411-424; para una muestra de los argumentos: J. Gabrys, *Le Problème des Nationalités et la Paix durable*, Lausana, Librairie Central des Nationalités, 1917.
55 *Conferencia pronunciada por D. Francisco Cambó en el Teatro de los Campos Elíseos, de Bilbao, el día 28 de enero de 1917*, s. l., s. e., s. f.; *Conferencia pronunciada por D. Francisco Cambó en el Teatro de Bellas Artes de Donostia el día 15 de abril de 1917*, Bilbao, Imprenta de Jesús Álvarez, s. f.
56 A. Royo Villanova, *Las bases doctrinales del nacionalismo*, Conferencia pronunciada en la sesión pública de 12 de enero de 1917, Real Academia de Jurisprudencia y Legislación, Madrid, Establecimiento Tipográfico de Jaime Rates, 1917.
57 A. Maseras, «Catalans», en Office Central de l'Union des Nationalités, *Revendications des Nationalités Opprimées, recueil des mémoires, rapports et documents présentés à la IIIme Conférence des Nationalités, Lausanne 27-29 juin 1916*, pp. 30-35.
58 D. Martínez Fiol, *Daniel Domingo Montserrat (1900-1968) Entre el marxisme i el nacionalisme radical*, Barcelona, Abadia de Montserrat, 2001, caps. 1-2.
59 A. Maseras, *Pancatalanisme..., op. cit.*, pp. 6, 7, 8-9, 9.
60 *Ibíd.*, pp. 11-12, 14.
61 F. Pujols, *Concepte general de la ciència catalana* [1918] Barcelona, Pòrtic, 1982, p. 243.
62 Tomo la expresión de Joan Fuster, *Qüestió de noms*, Barcelona, Aportació Catalana, 1962.
63 A. Rovira i Virgili, *La nacionalització de Catalunya*, Barcelona, Societat Catalana d'Edicions, 1914.

64 I. Graña i Zapata, *L'acció pancatalanista i la llengua: Nostra Parla (1916-1924)*, Barcelona, Abadia de Montserrat, 1995.

65 J. Holtz Kay, *Asphalt Nation*, Berkeley (Ca.), University of California Press, 1997, cap. 7, «Model T, Model City»; también R. M. Wik, *Henry Ford and Grass-roots America*, Ann Arbor (Mi.), University of Michigan Press, 1973.

66 Para el cruce de modelos urbanos norteamericanos, alemanes e ingleses en Barcelona: F. Roca, *Política económica i territori a Catalunya 1901-1939*, Barcelona, Ketres, 1979.

67 Una descripción clásica: J. D. Chambers, *The Workshop of the World. British Economic History from 1820 to 1880*, Londres, Oxford University Press, 1968.

68 K. Hutchinson, *The Decline and Fall of British Capitalism* [1951], Hamden (Ct.), Archon, 1966.

69 M. Weiner, *English Culture and the Decline of the Industrial Spirit, 1850-1980*, Harmondsworth (G.B.), Penguin, 1985.

70 C. Barnett, *The Collapse of British Power* [1972], Phoenix Mill (G.B.), Sutton, 1997.

71 J. Nadal Oller y J. Maluquer de Motes, *Catalunya, la fàbrica d'Espanya, 1833-1936. Un segle d'industrialització catalana*, Barcelona, Ajuntament de Barcelona, 1985.

72 Societat d'Estudis Econòmics, *Informació pública sobre la necessitat de crear banca catalana*, Barcelona, Estampa de la Vda. de D. Casanovas, 1908; F. Cabana, *La banca a Catalunya. Apunts per a una història*, Barcelona, Edicions 62, 1965.

73 En general: J. M. Sánchez Ron y A. Lafuente (eds.), *Un siglo de ciencia en España*, Madrid, Residencia de Estudiantes, 1998.

74 T. Veblen, *Imperial Germany and the Industrial Revolution* [1915], Westport (Ct.), Greenwood Press, 1984, especialmente caps. III, IV, V y VI; tomo la idea de «desencuentro fructífero» –en realidad el más matrimonial *«fruitful misalliance»*, que no tiene traducción adecuada al castellano– del comentario de Dahrendorf a las tesis de Veblen: R. Dahrendorf, *Society and Democracy in Germany*, Garden City (N.Y.) Doubleday, 1969, p. 33. En general, para la crítica de Veblen: J. P. Diggins, *El bardo del salvajismo. Thorstein Veblen y la teoría social moderna*, México D.F., FCE, 1983.

75 F. Cambó (trad. H. Cambó), *Memorias (1876-1936)*, Madrid, Alianza, 1987, p. 252.

76 *Ibíd.*, pp. 252-253 (cita p. 252).

77 Véase E. Ucelay-Da Cal, «Llegar a capital: rango urbano, rivalidades interurbanas y la imaginación nacionalista en la España del siglo XX», en A. Morales Moya (ed.), *Las claves de la España del siglo XX. Ideologías y movimientos políticos*, Madrid, Sociedad Estatal España Nuevo Milenio, 2001, pp. 221-263.

78 «Manifiesto de los Parlamentarios Regionalistas al País», reproducido (en catalán) en *Història d'una política..., op. cit.*, pp. 205-211 (citas, pp. 206, 207, 207, 205, 209, 210, 209); M. Esteve, «Biografia de Don Enric Prat de la Riba», *Quaderns d'Estudi*, Número monográfico dedicado a Prat de la Riba, Año III, vol. I, núm. 1, octubre 1917, pp. 74-75, R. Olivar Bertrand, *Prat de la Riba*, Barcelona, Aedos, 1964, pp. 256-259.

79 *La Veu de Catalunya*, 26 julio 1917 (mañana), p. 4; *ibíd.*, 26 julio 1917 (tarde), p. 7; *ibíd.*, 27 julio 1917 (mañana), p. 8; *ibíd.*, 2 agosto 1917 (mañana), p 6.

80 F. Cambó, *Memòries..., op. cit.*, p. 263.

81 J. M. Ainaud de Lasarte y E. Jardí, *Prat de la Riba: home de govern*, Esplugues del Llobregat, Ariel, 1973.

82 *La Veu de Catalunya*, 5 julio 1917 (mañana), p. 3.

83 *La Veu de Catalunya*, 4 julio 1917 (tarde), p. 1.

84 *La Veu de Catalunya*, 6 julio 1917 (mañana), p. 1; *ibíd.*, 7 julio 1917 (mañana), p. 1; *ibíd.*, 9 julio 1917 (mañana), p. 1.

85 *Costa de Ponent* (Vilanova i la Geltrú), 20 julio 1917, p. 3; *ibíd.*, 21 julio 1917, p. 2.

86 *Ibíd.*, 21 julio 1917, p. 3.

87 *La Veu de Catalunya*, 27 julio 1917 (mañana), p. 8; *ibíd.*, 27 julio 1917 (tarde), p. 8; *ibíd.*, 28 julio 1917 (tarde), p. 8; *ibíd.*, 31 julio 1917 (mañana), p. 2.
88 *La Veu de Catalunya*, 31 julio 1917 (tarde), p. 3; *ibíd.*, 1 agosto 1917 (tarde), p. 7.
89 *La Veu de Catalunya*, 30 julio 1917 (tarde), p. 3; *ibíd.*, p. 7.
90 *La Veu de Catalunya*, 30 julio 1917 (mañana), p. 8; *ibíd.*, 30 julio 1917 (tarde), p. 8.
91 *La Veu de Catalunya*, 1 agosto 1917 (mañana), p. 2. La prensa no dejó claro si el «doctor Esquerdo» en cuestión era Pere Esquerdo y Esquerdo o su hermano menor Àlvar, ambos entonces médicos influyentes en Barcelona: véase *GEC*, vol. 10, pp. 261, para la biografía de ambos.
92 E. d'Ors, «Castelltersol» [sic], *La Veu de Catalunya*, 1 agosto 1917 (tarde), p. 1.
93 *La Veu de Catalunya*, 2 agosto 1917 (mañana), pp. 3-4.
94 *La Veu de Catalunya*, 3 agosto 1917 (mañana), p. 6.
95 *La Veu de Catalunya*, 2 agosto 1917 (mañana), p. 11.
96 «Grandiós enterrament», *La Veu de Catalunya*, 4 agosto 1917 (tarde), p. 11; los actos se pueden seguir en *ibíd.*, 3 agosto 1917 (mañana), pp. 3-6, 8-9, 11; *ibíd.*, 4 agosto 1917, pp. 3, 6-9; *ibíd.*, 5 agosto 1917 (mañana), pp. 10-11; *ibíd.*, 7 agosto 1917 (mañana), p. 4.
97 *La Veu de Catalunya*, 5 agosto 1917 (mañana), p. 11.
98 E. d'Ors, «De la seva moderació», *La Veu de Catalunya*, 7 agosto 1917 (tarde), p. 1.
99 *La Veu de Catalunya*, 4 agosto 1917 (mañana), p. 6.
100 *La Veu de Catalunya*, 2 agosto 1917 (tarde), pp. 6-7.
101 J. Bofill i Mates, «El nostre President», *La Veu de Catalunya*, 4 agosto 1917 (tarde), p. 6.
102 J. Folch i Torres, «En Prat de la Riba i el nostre renaixement artístic», fechado el 8 de agosto, *La Veu de Catalunya*, 13 agosto 1917 (mañana), p. 4.
103 J. Carner, «In memoriam. De cara a la muntanya», *La Veu de Catalunya*, 6 agosto 1917 (mañana), p. 4: «De cara a la montaña, terco contra el dolor,/Yo oigo el viento, en el que suenan, sin desfallecer,/oboes y timbales de una elegía heroica./ Todo es el viento, el viento, que sabe llorar con las alas.»
104 A. Rovira i Virgili, «Prat de la Riba», *La Veu de Catalunya*, 2 agosto 1917 (mañana), p. 5.
105 «Enfront d'una mort augusta», *La Veu de Catalunya*, 7 agosto 1917 (tarde), p. 1.
106 R. Aliberch, «El millor record», *La Veu de Catalunya*, 2 agosto 1917 (mañana), p. 5.
107 M. Raventós, «La tasca d'En Prat», *La Veu de Catalunya*, 9 agosto 1917 (tarde), p. 4.
108 R. Rucabado, «Te Deum laudamus», *La Veu de Catalunya*, 7 agosto 1917 (tarde), p. 1.
109 L.C. [Lluís Carreras], «Enrique Prat de la Riba» (de la *Revista Popular*), *La Veu de Catalunya*, 14 agosto 1917 (tarde), p. 1.
110 J. Bofill i Mates, «Eficàcia postuma», *La Veu de Catalunya*, 13 agosto 1917 (mañana), p. 1.
111 «Parlant amb En Cambó», *El Pueblo Cántabro*, fechado julio 1917, reproducido (en castellano), en *La Veu de Catalunya*, 7 agosto 1917 (mañana), p. 4.
112 «Les declaracions de Cambó», *La Veu de Catalunya*, 8 agosto 1917 (tarde), p. 4.
113 F. Cambó, *Memòries...*, *op. cit.*, p. 265.
114 Una interpretación diversa en: N. Bilbeny, «Eugeni d'Ors: la Mediterrània com a pensament d'acció», en M.-À. Roqué, *Estètica i valors mediterranis a Catalunya*, Barcelona, Proa, 2001, pp. 101-110.
115 P. Gay, *The Cultivation of Hatred*, Nueva York, W.W. Norton, 1993.
116 «El problema de Espanya. Descentralizació i autonomia», *España Económica y Financiera*, reproducido (en castellano), en *La Veu de Catalunya*, 11 agosto 1917 (tarde), p. 5.
117 J. Pabón, *op. cit.*, pp. 470-477.

118 *Conferencia pronunciada por D. Francisco Cambó en el Teatro de los Campos Elíseos, de Bilbao, el día 28 de enero de 1917*, s. l., s. e., s. f.; *Conferencia pronunciada por D. Francisco Cambó en el Teatro de Bellas Artes de Donostia el día 15 de abril de 1917*, Bilbao, Imprenta de Jesús Álvarez, s. f.

119 G. H. Soutou, «Jean Pélissier et l'Office Centrale des Nationalités, 1911-1918: Un agent du gouvernement français auprès des Nationalités», en G. H. Soutou (dir.), *op. cit.*, pp. 11-38; D. R. Watson, «Jean Pélissier and the Office Central des Nationalités, 1912-1919» *op. cit.*, pp. 1191-1206; A. E. Senn, «Garlawa: A Study in Emigré Intrigue, 1915-1917», *op. cit.*, pp. 411-424; X. M. Núñez Seixas, «Espías, idealistas e intelectuales», *op. cit.*, pp. 117-150; X. M. Núñez Seixas, «Il nazionalismo catalano e la diplomazia spagnola..., *op. cit.*, pp. 3-65.

120 F. Soldevilla, *Tres revoluciones (Apuntes y notas). Las Juntas de Defensa. La Asamblea parlamentaria. La huelga general*, Madrid, Imp. de Julio Cosano, 1917; A. Rovira Virgili, *La crisi del règim*, Barcelona, Ed. Catalana, 1918; J. Buxadé, *España en crisis. La bullanga misteriosa de 1917. Historial crítico de ella formado por documentos, versiones y hechos notorios*, Barcelona, Bauzá, 1918; Manuel de Burgos y Mazo, *Vida política española: Páginas históricas de 1917*, Madrid, Casa Ed. de M. Núñez Samper, s. f. [¿1918?]; *Los Sucesos de Agosto ante el Parlamento*, prólogo del Doctor Simarro, Madrid, Tipografía Artística, 1918. Ha predominado la interpretación de «revolución burguesa» frustrada, con el anuncio del futuro relevo de la «burguesía», como clase con misión histórica, por el «proletariado»: la clásica versión historiográfica es J. A. Lacomba, *La crisis española de 1917*, Madrid, Ciencia Nueva, 1970; para el contexto obrerista: G. H. Meaker, *La izquierda revolucionaria en España, 1914-1923*, Barcelona, Ariel, 1978.

121 La versión detallada camboniana en: F. Cambó, *Memòries...*, *op. cit.*, p. 266-267.

122 «Manifiesto de los Parlamentarios Regionalistas al País», en *Història d'una política...*, *op. cit.*, p. 206.

123 A. Ossorio, «Una semblança d'En Prat», *La Veu de Catalunya*, 15 agosto 1917 (tarde), pp. 1-2 (cita p. 2).

124 J. Santasugna, «Prat de la Riba», *Les Circumstàncies* (Reus), 1 agosto 1930, reproducido en J. Santasusagna (A. Sallés, prol.), *L'Opció a la Democràcia. Editorials de 1930 a Les Circumstàncies*, Reus, Centre de Lectura, 2000, pp. 50-51.

125 A. & A. García Carraffa, *op. cit.*

126 E. Prat de la Riba (A. Royo Villanova, pról. & trad.), *La nacionalidad catalana* [1917], Barcelona, Aymá, 1982.

127 E. Weber, «Nationalism, Socialism, and National-Socialism in France», *French Historical Studies*, vol. II, núm. 3, Primavera 1962, pp. 273-307 (cita p. 291 n.)

128 Para la caída política de d'Ors: G. Díaz-Plaja, *La defenestració de Xenius*, Andorra la Vella, Editorial Andorra, 1967; E. Jardí, *Eugeni d'Ors*, Barcelona, Aymá, 1967, cap. VII.

VI. Conclusión

Capítulo 20. *El desafío de las metáforas y la Lliga como movimiento publicitario*

1 Esta idea, argumentada desde una perspectiva catalanista en: M. Reguant, *Etapes reivindicatives de la teoria nacional catalana*, Gaüses (Gerona), Llibres del Segle, 1996, cap. IV.

2 G. Díaz-Plaja, «En torno a las traducciones» [1931], en G. Díaz-Plaja, *Vanguardismo y protesta en la España de hace medio siglo*, Barcelona, Libros de la Frontera, 1975, cita p. 82; a pesar del aval de un prólogo de José-Carlos Mainer, es evidente que Díaz-Plaja no retuvo las fuentes de manera sistemática en sus recortes y, por consiguiente, la fecha es tan sólo indicativa.

3 El «poder empresarial» ha sido más supuesto que estudiado en España. Se ha sospechado mucho y muy gratuitamente sobre su función social y su expresión ideológica. Véase, en general, la reciente aportación de M. Cabrera y F. del Rey, *El poder de los empresarios. Política y economía y la España contemporánea (1875-2000)*, Madrid, Taurus, 2002.

4 No sabemos de quién (un tal «Vendrell», ya muerto en 1918) se trata.

5 F. Pujols, *Concepte general de la ciència catalana* [1918], Barcelona, Pòrtic, 1982, pp. 404-405.

6 M. Duverger, *Introduction à la politique*, París, Gallimard, 1964, pp. 15-23.

7 Como muestra de la confianza lliguera, véase las publicaciones de la Diputación de Barcelona en los años diez: M. Raventós, *La política contemporània (1848-1900)*, Barcelona, Minerva núm. XXI, s. f.; J. Palau Vera, *Els continents colonials*, Barcelona, Minerva núm. XXV, s. f.

8 S. D. Krasner, *Soberanía, hipocresía organizada*, Barcelona, Paidós, 2001, pp. 17-18.

9 J. Camps i Arboix, *Història de la Solidaritat Catalana*, Barcelona, Destino, 1970.

10 E. Ucelay-Da Cal, «La Diputació i la Mancomunitat: 1914-1923» en B. de Riquer (dir.), *Història de la Diputació de Barcelona*, Barcelona, Diputació de Barcelona, 1987, vol. II, pp. 36-177; la historiografía nacionalista parece considerar esta posibilidad como una deshonra: A. Balcells, E. Pujol, J. Sabater, *La Mancomunitat de Catalunya i l'autonomia*, Barcelona, Proa, 1996.

11 Sin las expectativas marxistas de una «revolución burguesa» frustrada, a ello se reduce lo narrado en J. A. Lacomba, *La crisis española de 1917*, Madrid, Ciencia Nueva, 1970.

12 J. M. Capo, *España desnuda*, La Habana, Publicaciones España, 1938, p. 167. Capo fue el coautor de la obra justificativa: Ex-coronel [B.] Márquez y J. M. Capo, *Las Juntas Militares de Defensa*, Barcelona, Librería Sintes, 1923.

13 E. Ucelay-Da Cal, «La Diputació i la Mancomunitat...», *op. cit.*; para la interpretación nacionalista militante: A. Colomines i Companys, *El catalanisme i l'Estat*, Barcelona, Abadia de Montserrat; 1993.

14 Para una formulación teórica: G. St. J. Barclay, *Revolutions of Our Time: 20th Century Nationalism*, Londres, Weidenfeld & Nicolson, 1971.

15 J. Breuilly, *Nacionalismo y Estado*, Barcelona, Pomarés-Corredor, 1990, p. 22.

16 T. J. Jackson Lears, «The Concept of Cultural Hegemony: Problems and Possibilities», *American Historical Review*, 90, junio 1985, pp. 567-593.

17 G. Katona, *La sociedad de consumo de masas*, Madrid, Rialp, 1968.

18 J. Baudrillard, *The Consumer Society. Myths and Structures*, Londres, Sage, 1998.

19 G. Tarde, *La opinión y la multitud* [1901], Madrid, Taurus, 1986.

20 P. Prat Gaballí, *Una nueva técnica. La publicidad científica, Lecciones explicadas en las clases de Enseñanza Mercantil de dicha Corporación durante el curso 1915-16*, Barcelona, Cámara de Comercio y Navegación/Imp. de Heinrich y Cia., 1917, pp. 13-14 (ed. fácsimil Cambra Oficial de Comerç, Indústria i Navegació de Barcelona, 1992). Véase también la voz «Publicidad» en la *Enciclopedia Espasa*, Apéndice vol. 8 (1933), pp. 1015-1037. En general: S. Barjau, «Els inicis del pensament publicitari: Pere Prat Gaballí, Rafael Bori i el Publi Club. La teoría i la pràctica de la publicitat "racional" a Catalunya entre 1915 i 1939», *Butlletí de la Societat Catalana d'Estudis Històrics*, X, 1999, pp. 89-105.

21 E. Servan, *El ejemplo americano. El precio del tiempo en Estados Unidos* [1917], Barcelona, Sociedad General de Publicaciones, [¿1920?], pp. 140, 141.

22 Por supuesto que los publicitarios eran conscientes de la dimensión política de su trabajo; como muestra: J. Aubeyzon Llopis, *Influencia del cartel sobre las multitudes*, Barcelona, «Conferencia del ciclo organizado por "Publi-Club" pronunciada en el salón de actos del "Fomento del Trabajo Nacional" el día 27 de febero de 1929».

23 T. J. Jackson Lears, *Fables of Abundance. A Cultural History of Advertising in America*, Nueva York, Basic Books, 1994; P. Walker Laird, *Advertising Progress. American Business and the Rise of Consumer Marketing*, Baltimore y Londres, Johns Hopkins University Press, 1998; para España: M. A. Pérez Ruiz, *La publicidad en España. Anunciantes, agencias y medios 1850-1950*, Madrid, Ed. Fragua, 2001 y, también C. Velasco, R. Eguizábal, R. Sanchidrián, N. Álvarez (dirs.), *Publicidad y consumo: más de un siglo de Historia*, Santander, Instituto Nacional de Cinsumo/UIMP, 2000; para Cataluña: E. Satué, *El llibre dels anuncis*, vol. I: *El temps dels artesans (1830-1930)*, Barcelona, Altafulla, 1985.

24 M. Tomàs (cur.), *La Jove Catalunya*, Barcelona, La Magrana, 1992; para la nostalgia papista: R. Rémond, *The Right Wing in France. From 1815 to De Gaulle*, Filadelfia, University of Pennsylvania Press, 1969; M. Vaussard, *La fin du pouvoir temporel des Papes*, París, Spes, 1964, cap. VII; para el sudismo norteamericano: G.M. Foster, *Ghosts of the Confederacy. Defeat, the Lost Cause and the Emergence of the New South*, Nueva York, Oxford University Press, 1987; también G. W. Gallagher y A. T. Nolan (eds.), *The Myth of the Lost Cause and Civil War History*, Bloomington (Ind.), Indiana University Press, 2000.

25 Véase R. Jonas, *France and the Cult of the Sacred Heart. An Epic for Modern Times*, Berkeley (Cal.), University of California Press, 2000.

26 Véase A. Zamoyski, *Holy Madness. Romantics, Patriots and Revolutionaries*, Londres, Weidenfeld & Nicolson, 1999.

27 D. L. Loudon y A. J. Della Bitta, *Comportamiento del consumidor. Conceptos y aplicaciones*, México D.F., McGraw-Hill, 1995.

28 J. M. Marco, *Francisco Giner de los Ríos. Pedagogía y poder*, Barcelona, Península, 2002.

29 L. Bourgeois, *Solidarité*, p. 11, en J. M. Tallada, *Noves orientacions*, discurs en l'acte inaugural de la Joventut Nacionalista, Barcelona, 4 de mars de 1910, Barcelona, Tipografía R. Cardona, 1910, p. 10.

30 Este modelo es desarrollado en: E. Ucelay-Da Cal, «La iniciació permanent: nacionalismes radicals a Catalunya des de la Restauració», en *Actes del Congrés Internacional d'Història "Catalunya i la Restauració, 1875-1923"*, Manresa, Centre d'Estudis del Bages, 1992, pp. 127-134; también véase, del mismo: «El "modernisme" catalán: modas, mercados urbanos e imaginación histórica», en M. Tuñón de Lara (dir.) [ed. a cargo de J. L. García Delgado], *Los orígenes culturales de la II República*, Madrid, Siglo XXI, 1993, pp. 293-335.

31 Thorton Wilder (D. Gallup, ed.), *The Journals of […], 1939-1961*, New Haven (Ct.), Yale University Press, 1985, pp. 153-156 (entradas de 6-7 noviembre 1951).

32 C. Wright Mills, *The Sociological Imagination*, Nueva York, Grove Press, 1961, p. 37.

33 J. Habermas, *Historia crítica de la opinión pública. La transformación estructural de la vida pública*, Barcelona, Gustavo Gili, 2002, cap. VII, sección 24.

34 R. Sentmarí (ed.), *Clàssics del nacionalisme*, Barcelona, Pòrtic, 2001, cap. 6: M. Zgustová (ed.), «Masaryk i l'anhel de la llibertat».

35 C. Wright Mills, *op. cit.*, pp. 38-40.

36 F. C. Bartlett, *La propaganda política*, México D.F., FCE, 1941, p. 19.

37 H. W. Fowler (con Sir Ernest Gowers), *A Dictionary of Modern English Usage* [1926], Oxford (G.B.), Oxford University Press, 1965, pp. 359-363 (voz «Metaphor»). En general, para los problemas del uso metafórico en la publicidad: A. López Eire, *La retórica de la publicidad*, Madrid Arco Libros, 1998; A. Feraz, *El lenguaje de la publicidad*, Madrid Arco Libros, 2000.

38 C. C. Hopkins, *Mi vida en la publicidad* [1932], Barcelona, Lib. Dalmau, 1945 (prólogo de P. Prat i Gabállí).

39 S. Ponder, *Managing the Press. Origins of the Media Presidency, 1897-1933*, Nueva York, Palgrave, 2000, cap. 2.

40 Véase, en general: A. Pizarrosa Quintero, *Historia de la propaganda*, Madrid, Eudema, 1993, caps. 12-13.

41 G. Almond y S. Verba, *La cultura cívica*, Madrid, Euramérica, 1963.

42 El argumento de que el macianismo representa un «populismo excepcional» en E. Ucelay Da Cal, *La Catalunya populista*, Barcelona, La Magrana, 1982, y tambien, del mismo autor, «Las raíces del 14 de abril catalán», *Historia Contemporánea*, núm. 1, 1988, pp. 69-93, donde se amplia este argumento. Para el sentido en el que se utiliza el concepto: E. Ucelay-Da Cal, «Acerca del concepto del populismo», *Historia Social*, núm. 2, otoño 1988, pp. 51-74.

43 Ello se ha ido «redescubriendo» en sucesivas circunstancias: por ejemplo, S. Cardús i Ros, «Un falso adversario», *La Vanguardia*, 4 abril 2001, p. 21: «[...] creo que la crisis del pujolismo tiene su punto de arranque en su incapacidad para analizar la sociedad que él mismo [sic] ha creado.»

44 C. Ametlla, *Memòries polítiques 1890-1917*, Barcelona, Pòrtic, 1963, pp. 323, 325, 327.

45 P. F. Lazarsfeld, «La campaña electoral ha terminado» (1953); M. E. McCombs, «La comunicación de masas en las campañas políticas: información, gratificación y persuasión» (1975), en M. de Moragas (ed.), *Sociología de la comunicación de masas. III. Propaganda política y opinión pública*, Barcelona, Gustavo Gili, 1985, pp. 20-39; 95-121.

46 Tomamos la idea del *Kitsch* de: D. Washbrook, «After the Mutiny: From Queen to Queen Empress», *History Today*, vol. 49, núm. 9, septiembre 1997, pp. 10-15.

47 Tomamos las ideas de estos párrafos de M. Gladwell, *The Tipping Point*, Londres, Abacus, 2001.

48 J. Pellicena, *El nostre imperialisme (la idea imperial de Prat de la Riba)*, Barcelona, Joventut de la Lliga Regionalista, agosto de 1930.

49 Véase, como muestra: R. Campalans, *Hacia la España de todos*, Madrid, Espasa-Calpe, 1932 (prol. G. Alomar). Sobre Campalans: A. Balcells, *Rafael Campalans, socialisme català*, Barcelona, Abadia de Montserrat, 1985.

50 D. Cannadine, *Ornamentalism. How the British Saw Their Empire*, Londres, Penguin, 2001.

51 Para Francia: B. Lugan, *Hugonots et français ils ont fait l'Afrique du Sud*, París, La Table Ronde, 1988, cap. XI; actitudes irlandesas se pueden entresacar de S. Koss (ed.), *The Proboers. The Anatomy of an Antiwar Movement*, Chicago, University of Chicago Press, 1973.

52 J. A. Hobson, *The Psychology of Jingoism*, Londres, Grant Richards, 1901.

53 Véase, como resumen en castellano: J. Companys Monclús, *La prensa amarilla norteamericana en 1898*, Madrid, Sílex, 1998.

54 N. Acherson, *The King Incorporated. Leopold the Second and the Congo* [1963], Londres, Granta, 1999; A. Hochschild, *King Leopold's Ghost*, Londres, Macmillan, 1999.

55 Frederic Rahola, «La Guinea Espanyola. Lo que hem fet fins ara», *La Veu de Catalunya*, 29 noviembre 1911 (tarde), p. 2. Para la presencia catalana entre los intereses del cacao en las posesiones españolas de África Equatorial: G. Sanz Casas, *Problemas de una agricultura colonial: los territorios españoles del Golfo de Guinea, 1940-1960*, Tesis de licenciatura,

Facultad de Letras, Universidad Autónoma de Barcelona, 1975; véase su artículo «La "Unión de Agricultores de la Guinea Española" (1923-1935)», *L'Avenç*, núm. 19, septiembre 1979, pp. 62-70; en general: G. Nerín, *Guinea Ecuatorial, historia en blanco y negro*, Barcelona, Península, 1998.

56 D. Martí i Julià (edición de J. Colomer), *Per Catalunya* [1913], Barcelona, La Magrana, 1984.

57 J. Romero-Maura, *The Spanish Army and Catalonia: The «Cu-Cut! Incident» and the Law of Jurisdictions, 1905-1906*, Londres, Sage, 1976.

58 J. Colomer, *La Unió Catalanista i la formació del nacionalisme radical (1895-1917)*, Tesis doctoral, Universidad de Barcelona, 1984, 2 vols.

59 E. Goula i Goula, *El Centre Nacionalista Republicà de Barcelona (1907-1910)*, Tesis de licenciatura, Facultad de Geografía e Historia, Universidad de Barcelona, 1975.

60 J. Álvarez Junco, *El Emperador del Paralelo. Lerroux y la demagogia populista*, Madrid, Alianza, 1990.

61 Véase el argumento del falangista histórico J. M. Cordero Torres, *Del federalismo al regionalismo: la evolución de los federalismos contemporáneos*, Madrid, Real Academia de Ciencias Morales, 1970.

62 A. Almendros Morcillo, *Francesc Cambó: la forja d'un policy maker*, Barcelona, Abadia de Montserrat, 2000.

63 E. J. Hobsbawm, *Naciones y nacionalismo desde 1780*, Barcelona, Crítica, 1991.

64 Marqués de Olivart, *La cuestión catalana ante el Derecho internacional. Dos cartas abiertas, una antigua y otra nueva (1892-1907)*, Madrid, Revista de Derecho Internacional y Política Exterior, 1909, p. 26.

65 La evolución global de la Unió en: J. Llorens Vila, *La Unió Catalanista i els origens del catalanisme polític*, Barcelona, Abadia de Montserrat, 1992; en concreto, en relación a Martí: J. Colomer i Pous, *La Unió Catalanista i la formació del nacionalisme radical ...*, *op. cit*; para el desarrollo de un nacionalismo radical opuesto a la creciente Lliga: J. Colomer, *La temptació separatista a Catalunya. Els orígens (1895-1917)*, Barcelona, Columna, 1995.

66 Para el esquema de la alteridad (sin asumir argumento global de los autores), véase M. Hardt y A. Negri, *Imperio* [2000], Barcelona, Paidós, 2002, pp. 123-130.

67 Para una narración detallada: E. Ucelay-Da Cal, *El Nacionalisme radical català i la resistència a la Dictadura dePrimo de Rivera, 1923-1931*, tesis doctoral, Universidad Autónoma de Barcelona, 1983, vol. I, caps. 4, 6, 7.

68 I. Molas, «Federació Democràtica Nacionalista», *Recerques*, núm. 2, 1972, pp. 137-153.

69 Véase, para un modelo más amplio: E. Ucelay-Da Cal, «La iniciació permanent: nacionalismes radicals a Catalunya des de la Restauració», en *Actes del Congrés Internacional d'Història "Catalunya i la Restauració, 1875-1923"*, Manresa, Centre d'Estudis del Bages, 1992, pp. 127-134.

70 M. Folguera i Duran, «Notes biogràfiques de Joaquim Folguera», en J. Folguera, *Poesies completes*, Barcelona, Selecta, 1947, pp. 21-31; O. Cardona, *Joaquim Folguera, poeta i crític*, Sabadell, Fundació Bosch i Cardellach, 1969.

71 Como muestra: J. Arús, *La nostra expansió literària*, Sabadell, «La Nougràfica», 1919; C. Riba (firmado Jordi March), «La nostra expansió literària», *La Veu de Catalunya*, 5 junio 1919, en C. Riba (E. Sullà, ed.), *Obres Completes/2, Crítica/1*, Barcelona, Edicions 62, 1985, pp. 125-126; para la valoración crítica de Arús sobre Folguera: J. Arús, «Joaquim Folguera, poeta», *La Revista*, V, Nª 92, 1919, pp. 207-210; J. Arús, «Els primers temps de Joaquim Folguera», *La Nova Revista*, III, núm. 9, 1927, pp. 47-55.

72 J. V. Foix, *Obres completes*, vol. III (a cura de M. Carbonell), *Articles i assaigs polítics*, Barcelona, Edicions 62, 1985; J. Carbonell, *«Monitor» i el discurs d'en Francesc Cambó. Ibe-*

risme i Política Nacional Catalana, Barcelona, Edicions «Monitor», 1923; V. Panyella, *Josep Carbonell i Gener (Sitges, 1897-1979)*, Barcelona, Edicions 62, 2000; J. M. Junoy, *Conferències de combat 1919-1923*, Barcelona, Ed. Catalana, 1923; J. VallcorbaPlana [sic], «Estudi», J. M. Junoy, *Obra poètica*, Barcelona, Quaderns Crema, 1984; en general: J. Casassas (coord.),. *Els intel·lectuales i el poder a Catalunya (1808-1975)*, Barcelona, Pòrtic, 1999.

73 En general: J. VallcorbaPlana [sic], *Noucentisme, mediterraneisme i classicisme. Apunts per a la història d'una estètica*, Barcelona, Quaderns Crema, 1994.

74 En términos literarios: A. Camps i Olivé, *La recepció de Gabriele D'Annunzio a Catalunya*, Barcelona, Curial/Abadia de Montserrat, 1996, y, de la misma autora, *La recepció de Gabriele D'Annunzio a Catalunya. Traduccions i textos traduïts*, Barcelona, Curial/Abadia de Montserrat, 1999.

75 Sobre Salvat-Papasseit: J.V. Gavaldà, *La tradició avantguardista catalana*, Barcelona, Abadia de Montserrat, 1988; J. Bilbeny, *L'independentisme de Salvat-Papasseit*, Barcelona, Sirius, 1991. Véase también: E. Ucelay-Da Cal; «Daniel Cardona i Civit i l'opció armada del nacionalisme radical català (1890-1943)», en D. Cardona i Civit [E. Ucelay-Da Cal, cur.], *«La Batalla» i altres textos*, Barcelona, La Magrana, 1984, pp. v-lix. Para la importancia del concepto «futurismo» en Cataluña: J. Molas, *La literatura catalana d'avantguarda 1916-1938*, Barcelona, Antoni Bosch, 1983; E. Jardí, *Els moviments d'avantguarda a Barcelona*, Barcelona, Cotal, 1983; C. Arenas y N. Cabré, *Les avantguardes a Europa i a Catalunya*, Barcelona, La Magrana, 1990.

76 E. Ucelay-Da Cal, *El Nacionalisme radical català..., op. cit.*, caps. 6-7; también del mismo, *Estat Català: The Strategies of Separation and Revolution of Catalan Radical Nationalism (1919-1933)*, Tesis doctoral, Columbia University, 1979 (Ann Arbor [Mich.]: University Microfilms International, 1979).

77 E. Ucelay-Da Cal, «Models del Catalanisme: I – Reflexos en un espill daurat; II – Somnis irlandesos amb regust italià», *Quadern de Cultura. El País*, 2 mayo 1991, pp. 2/4; X.-M. Nuñez Seixas, «El mito del nacionalismo irlandés y su influencia en los nacionalismos gallego, vasco y catalán», *Spagna Contemporanea*, núm. 2, 1992, pp. 25-57.

78 Véase E. Gentile, *Le origine dell'ideologia fascista, 1918-1925* [1975], Bolonia, Il Mulino, 1996; y, con una interpretación diversa: Z. Sternhell (con M. Sznajder y M. Asheri), *Naissance de l'idéologie fasciste*, París, Fayard, 1989.

79 V. Panyella, *J. V. Foix i la Idea Catalana*, Barcelona, Edicions 62, 1989.

80 Para la caída política de d'Ors: G. Díaz-Plaja, *La defenestració de Xenius*, Andorra la Vella, Editorial Andorra, 1967; también J. Casassas, «Los "noucentistes" contra Xenius: Jaume Bofill ante E. d'Ors en la crítica situación del año 1920», *Destino*, núm. 2129, 27 juliol-2 agost 1978, pp. 6-7; también J. Casassas, *Jaume Bofill i Mates (1878-1933)*, Barcelona, Curial, 1980.

81 En general, para el neomaurrasismo juvenil tras 1919 y su impacto en Cataluña: J. Vallcorba Plana, «La influència de Charles Maurras a Catalunya», *El País/Quadern de Cultura*, 25 diciembre 1982, p. 1; V. Panyella, *J.V. Foix ..., op. cit.*, pp. 32-34, 110-113; A. Manent, «Notes sobre la recepció de Charles Maurras a Catalunya», en A. Manent, *Del noucentisme a l'exili. Sobre cultura catalana del nou-cents*, Barcelona, Abadia de Montserrat, 1997, pp. 205-226.

82 J. Cocteau, *Le Rappel à l'Ordre*, París, Stock, 1926; véase K.E. Silver, *Esprit de Corps. The Art of the Parisian Avant-Garde and the First World War, 1914-1925*, Princeton (N.J.), Princeton University Press, 1989.

83 M. Villaverde Cabral, «The Aesthetics of Nationalism: Modernism and Authoritarianism in Early Twentieth-Century Portugal», *Luso-Brazilian Review*, XXVI, núm. 1, 1989, pp. 15-43. Como contraste: K. Passuth, *Les avant-gardes de l'Europe Centrale*, París, Flam-

marion, 1988. Para el paralelismo con corrientes alemanas contemporáneas: véase J. Herf, *Reactionary Modernism. Technology, Culture, and Politics in Weimar and the Third Reich*, Cambridge, Cambridge University Press, 1984.

84 B.-H. Lévy, *L'idéologie française*, París, Grasset, 1981.

85 *¿El Dictador debía fracasar? Contestación a la pregunta formulada por Un Jefe Retirado*, Barcelona, Impresos Costa, 1930, p. 85.

86 Como muestras representativas: J. M. Capdevila, *Eugeni d'Ors. Etapa barcelonina (1906-1920)*, Barcelona, Barcino, 1965; Academia del Faro de San Cristóbal, *Homenaje a Eugenio d'Ors*, Madrid, Editora Nacional, 1968; G. Díaz-Plaja, *El combate por la luz. La hazaña intelectual de Eugenio d'Ors*, Madrid, Espasa Calpe, 1981.

87 E. Ucelay-Da Cal, «La Diputació i la Mancomunitat: 1914-1923», en B. de Riquer (dir.), *Història de la Diputació de Barcelona*, Barcelona, Diputació de Barcelona, 1987, vol. II, pp. 36-177 (con algún error); G. Díaz-Plaja, *La defenestració... op. cit.*, E. Jardí, *Eugeni d'Ors*, Barcelona, Aymá, 1967, cap. VII.

88 J. Estelrich, *Per la valoració internacional de Catalunya*, conferència a la Associació Catalanista de Valls, 14 març 1920, Barcelona, Editorial Catalana, 1920; véase también: I. Graña i Zapata, *L'acció pancatalanista i la llengua: Nostra Parla (1916-1924)*, Barcelona, Abadia de Montserrat, 1995.

89 J. Tusquets, *L'imperialisme cultural d'Eugeni d'Ors*, Barcelona, Columna, 1989.

90 Para la relación orsiana: J.-C. Mainer, »Una confluencia. La Escuela romana del Pirineo y Eugenio d'Ors» en su *Falange y literatura*, Barcelona, Labor, 1971, pp. 21-23; también J. L. Rodríguez Jiménez, *Historia de Falange Española de las JONS*, Madrid, Alianza, 2000, p. 157. Para la revista *Hermes*, en general: J.-C. Mainer, *Regionalismo, burguesía y cultura. Los casos de la Revista de Aragón (1900-1905) y Hermes (1917-1922)*, Barcelona, A. Redondo, 1974, pp. 126-223; J. P. Fusi, «Hermes 1917-1922», estudio preliminar a la reedición del primer volumen de *Hermes*, pp. V-XXVII, reproducido en J. P. Fusi, *El País vasco. Pluralismo y nacionalidad*, Madrid, Alianza, 1984, pp. 127-145. Para las ideas de Sarría y afines: J. de Sarría, *Ideología del nacionalismo vasco*, Bilbao, E. Verdes, 1918; J. de Sarría, *Oligarcas y ciudadanos*, Bilbao, Ed. Vasca, 1919; E. de Landeta, «El problema bizkaitarra», *Hermes*, núm. 5, mayo 1917, pp. 326-331; E. de Landeta y Aburto, *Los errores del nacionalismo vasco y sus remedios*, conferencia pronunciada por en el Centro Vasco de Bilbao el 5 de mayo de 1923, Bilbao, Imp. J. Santos, 1923.

91 En general: G. Morán, *Los españoles que dejaron de serlo. Euskadi, 1937-1981*, Barcelona, Planeta, 1982.

92 E. Ucelay-Da Cal, «La Diputació durant la Dictadura: 1923-1930», en B. de Riquer (dir.), *Història de la Diputació de Barcelona*, Barcelona, Diputació de Barcelona, 1987, vol. II, pp. 178-259.

93 G. Queipo de Llano, *Los intelectuales y la dictadura de Primo de Rivera*, Madrid, Alianza, 1988.

Capítulo 21. *Epílogo: Las implicaciones para el futuro del «imperialismo catalán»*

1 Véase el elegante resumen de L. James, *The Rise and Fall of the British Empire*, Londres, Abacus, 1997, parte 4, caps. 1-2, 6-8.

2 H. G. Wells (con Ernest Barker, H. H. Johnston, Ray Lankester, Gilbert Murray), *The Outline Of History* [1920], Garden City (N.Y.), Doubleday, 1930, p. 492.

3 G. Bernard Shaw, *The Intelligent Woman's Guide to Socialism, Capitalism, Sovietism and Fascism* [1928], Harmondsworth (G.B.), Penguin, 1982, pp. 360-361.

4 D. Heater, *Citizenship: The Civic Ideal in World History, Politics and Education*, Londres, Longman, 1990, pp. 127-131, 191.

5 *Ibíd.*, cap 1 y *passim*.

6 Las aspiraciones armenias son gráficamente retratadas por el novelista F. Werfel, *The Forty Days of Musa Dagh* [1933], Nueva York, Modern Library, 1934; para el problema de fondo en términos generales: M. Glenny, *The Balkans, 1804-1999. Nationalism, War and the Great Powers*, Londres, Granta, 1999.

7 H. Rogger, «Russia», en H. Rogger y E. Weber (eds.), *The European Right. A Historical Profile*, Berkeley (Cal.), University of California Press, 1966, pp. 443-500.

8 Véase los comentarios pesimistas de A. Siegfried, *La crisis británica en el siglo XX* [1931], Madrid, Ed. España, 1932.

9 R. W. Seton-Watson, J. Dover Wilson, A.E. Zimmern, A. Greenwood, *La guerra y la democracia*, Madrid, Hijos de Reus, 1917, cap. IV.

10 Lenin, *Informe sobre la paz. Discursos e interviús*, Moscú, Progreso, s. f.; A. J. Mayer, *Politics and Diplomacy of Peacemaking. Containment and Counterrevolution at Versailles 1918-1919*, Nueva York, Knopf, 1967.

11 Véase, como testimonio directo norteamericano: S. Bonsal, *Suitors and Suppliants. The Little Nations at Versailles* [1946], Port Washington (N.Y.), Kennikat Press, 1969.

12 M. Voslensky, *La Nomenklatura. Los privilegiados en la U.R.S.S.*, Barcelona, Argos-Vergara, 1981.

13 Véase, en especial, T. Martin, *The Affirmative Action Empire. Nations and Nationalism in the Soviet Union, 1923-1939*, Ithaca (N.Y.), Cornell University Press, 2001. En general, también: M. Heller, *El hombre nuevo soviético*, Barcelona, Planeta, 1985; C. Jelen, *La ceguera voluntaria. Los socialistas y el nacimiento del mito soviético*, Barcelona, Planeta, 1985; M. Reichhold, *Adiós a la ilusión proletaria. El fin de un mito revolucionario*, Madrid, Instituto de Estudios Políticos, 1975; también, el clásico R. Aron, *L'opium des intellectuels* [1955], París, NRF-Gallimard, 1968.

14 Véase, como muestra de la expectación española ante el tema, un discurso de mediados de mayo de 1918 del político gallego M. Lezón y Fernández, *Regionalismo*, conferencia pronunciada en la sesión pública del 14 mayo 1918, Madrid, Real Academia de Jurisprudencia y Legislación, 1918.

15 Sirve como indicación la valoración del «error catalanista» por el maurista A. Goicoechea, *El proyecto de Estatuto regional y las aspiraciones autonomistas*, conferencias pronunciadas en los días 17 y 20 de enero 1919, Madrid, Real Academia de Jurisprudencia y Legislación, 1919.

16 E. Ucelay-Da Cal, «La Diputació i la Mancomunitat: 1914-1923», en B. de Riquer (dir.), *Història de la Diputació de Barcelona*, Barcelona, Diputació de Barcelona, 1987, vol. II, pp. 36-177 (véase, en particular, pp. 93-139).

17 G. Díaz-Plaja, *La defenestració de Xenius*, Andorra la Vella, Editorial Andorra, 1967. Tampoco d'Ors pudo soportar el paso al izquierdismo: véase, como expresión de su máximo atrevimiento: E. d'Ors, *Gloses de la vaga de la 1919*, Barcelona, Imp. Ràfols, [¿1920?].

18 J. N. Pieterse y B. Parekh, «Shifting Imaginaries: Decolonization, Internal Decolonization, Postcoloniality», en J. N. Pieterse y B. Parekh (eds.), *The Decolonization of Imagination. Culture, Knowledge and Power*, Londres, Zed, 1995, pp. 1-19. La idea se deriva, muy evidentemente, del famoso «*paradigm shift*» de Kuhn.

19 M. Menéndez Alzamora, «José Ortega y Gasset, 1914: Vieja y nueva política», *Comunicación y Estudios Universitarios*, 1990, pp. 95-138. Véase también R. Wohl, *The Generation of 1914*, Cambridge (Mass.), Harvard University Press, 1981 (para Ortega, cap. 4). Sobre Ortega, en general: V. Cacho Viu, «El imperio intelectual de Ortega», en V. Cacho

Viu, *Los intelectuales y la política. Perfil público de Ortega y Gasset*, Madrid, Biblioteca Nueva, 2000, pp. 187-202. Para la crítica a Ortega como protofascista: A. Elorza, *La razón y la sombra. Una lectura política de Ortega y Gasset*, Barcelona, Anagrama, 1984; F. Ariel del Val, *Filosofía e ideología liberal, fascismo*, Valencia, Fernando Torres, 1976; y, del mismo, *Historia e ilegitimidad. La quiebra del Estado liberal en Ortega. Fragmentos de una sociología del poder*, Madrid, Universidad Complutense, 1984.

20 A. J. Mayer, *The Persistence of the Old Regime. Europe to the Great War*, Nueva York, Pantheon, 1981; véase la crítica matizada de D. Leiven, *The Aristocracy in Europe 1815-1914*, Londres, Macmillan, 1992.

21 V. I. Lenin, *Imperialism, The Highest Stage of Capitalism* (1916), Nueva York, International Publishers, 1939.

22 Véase, en general: M. Pérez Yruela y S. Giner (eds.), *El corporativismo en España*, Barcelona, Ariel, 1988; también P. C. Schmitter, «Still the Century of Corporativism?», en F. B. Pike y T. Stritch (eds.), *The New Corporativism. Social-Political Structures in the Iberian World*, Notre Dame (Ind.), University of Notre Dame Press, 1988, pp. 875-131.

23 Véase, para la relación Simmel-Ortega: M. de los Reyes Mate, «La crisis de los intelectuales europeos y España», en S. Rus Rufino y J. Zamora Bonilla (coords.), *Una polémica y una generación. Razón histórica del 1898*, León, Secretariado de Publicaciones de la Universidad de León, 1999, pp. 321-332.

24 A. Joaniquet, *Alfonso Sala Argemí, conde de Egara*, Madrid, Espasa-Calpe, 1955; también J. Puy, *Alfons Sala i Argemí. Industrial i polític 1863-1945*, Terrassa, Arxiu Tobella, 1983.

25 A. T. Q. Stewart, *The Ulster Crisis. Resistance to Home Rule, 1912-14*, Londres, Faber & Faber, 1969.

26 L. Sturzo, *Nacionalismo e internacionalismo* [1946], Buenos Aires, Ediciones del Atlántico, 1960.

27 Federico Federici, «Il nazionalismo spagnolo. Genesi-Essenza-Mito», *Storia e Politica Internazionale*, núm. 3, 30 septiembre 1939, pp. 3-20; manejo una separata enviada por el autor al catedrático Tomás Carreras i Artau, antiguo militante de la Lliga.

28 E. Santarelli, «Mussolini e l'ideologia imperialista», en E. Santarelli, *Fascismo e neofascismo. Studi e problemi di recerca*, Roma, Ed. Riuniti, 1974, pp. 51-91.

29 B. Mussolini, «El discuro de Nápoles» [24 de octubre de 1922], *Escritos y Discursos* (edición definitiva), vol. II. *La revolución fascista (23 marzo 1919 – 28 octubre 1922)*, Barcelona, Bosch, 1935, pp. 363-372 (citas pp. 363, 369-371, 372).

30 La interpración más o menos nacionalista en: J. Casassas i Ymbert, «Francesc Cambó: el discurs polític del regeneracionisme català», en A. Balcells (ed.), *El pensament polític català del segle XVIII a mitjan segle XX*, Barcelona, Edicions 62, 1988, pp. 205-247.

31 F. Cambó, *Per la Concòrdia*, Barcelona, Llibreria Catalònia, 1929; F. Cambó, *Por la Concordia*, Madrid, Espasa Calpe, 1929, pero circuló, en ciclostil y sin firma clandestinamente por Cataluña, con el título *Els silencis de Catalunya*: hay al menos un ejemplar en este formato en el Institut Municipal d'Història de Barcelona. También se hizo una edición argentina: F. Cambó, *España, Cataluña y la nueva Constitución* (traducción del catalán), Madrid, Editorial Independencia, 1929.

32 C. Riba, «Una generació sense novel·la», conferència en el Ateneu Barcelonès el 5 de junio de 1925, publicada en *La Veu de Catalunya*, I, 7 junio 1925; II, 12 junio 1925, en C. Riba (Enric Sullà, ed.), *Obres completes/2, Crítica, 1*, Barcelona, Edicions 62, 1985, pp. 311-319 (cita p. 317). Para las implicaciones literarias, véase A. Yates, *¿Una generació sense novel·la? La novel·la catalana entre 1900 i 1925*, Barcelona, Edicions 62, 1975.

33 Para Font i Sagué: E. Ucelay-Da Cal, «Provincialistes contra dualistes: la Dictadura de Primo de Rivera i Catalunya vista a través de la província de Girona», J. Clara, J. Domè-

nech, F. Ferrer, A. Jiménez, S. Marquès, J. Puigbert, J. Soler, E. Ucelay-Da Cal, *La Dictadura de Primo de Rivera. Estudis sobre les comarques gironines*, Girona, Cercle d'Estudis Històrics i Socials, 1992, pp. 5-45. Ello es rechazado por A. Balcells, E. Pujol, J. Sabater, *La Mancomunitat de Catalunya i l'autonomia*, Barcelona, Proa, 1996, pp. 493-494 n.

34 Véase E. Ucelay-Da Cal, «La llegenda dels tres presidents», *L'Avenç*, núm. 50, junio 1982, pp. 60-66.

35 Para el contexto: C. Pi Sunyer, *La República y la Guerra. Memorias de un político catalán*, México D.F., Oasis, 1975.

36 C. Pi i Sunyer, «Universalisme i particularisme», *Revista de Catalunya*, vol. XVII, X, núm. 88, 15 julio 1938, pp. 323-331 (cita pp. 326-327).

37 C. Pi i Sunyer, *Catalunya en la guerra civil espanyola*, Barcelona, Fundació Carles Pi i Sunyer, 1993, pp. 32-33 («El recobrament de Catalunya»).

38 S. de Madariaga, *España. Ensayo de historia contemporánea*, Buenos Aires, Hermes, 1955, pp. 255, 252.

39 D. Ridruejo, «En conversación con Carles Riba», en D. Ridruejo, *En algunas ocasiones. Crónicas y comentarios 1943-1956*, Madrid, Aguilar, 1960, pp. 338-347 (cita p. 342).

40 J. Fontana, «Reflexions sobre la unitat històrica dels Països Catalans», en X. Romeu Jover (ed.), *Debat sobre els Països Catalans*, Ponències i comunicacions de les Jornades de debat sobre els Països Catalans (octubre 1976), Barcelona, Curial, 1977, pp. 46-55 (cita p. 54).

41 Para Francia: P. Bodineau y M. Verpeaux, *Histoire de la Décentralisation*, París, PUF, 1993.

42 S. Canals, «Prólogo», fechado abril 1915, a J. Charles-Brun, *El regionalismo*, Madrid, Francisco Beltrán, 1918, p. 9; para el escepticismo anticatalanista del comentarista: S. Canals, *La cuestión catalana desde el punto de vista español. Antecedentes*, Madrid, Imprenta de la Viuda de Prudencio Pérez de Velasco, 1919.

43 T. Llorente, «Discurs a Elx», *Las Provincias*, 18 noviembre 1908, reproducido en A. Cucó y R. Blasco (eds.), *El pensament valencianista (1868-1939)*, Barcelona, La Magrana/Diputació de Barcelona, 1992, pp. 94-97 (cita p. 96).

44 S. Canals, *La Solidaridad Catalana*, Madrid, 1907, citado en M. J. González, *El universo conservador de Antonio Maura. Biografía y proyecto de Estado*, Madrid, Biblioteca Nueva, 1997, p. 282.

45 Evidentemente, en el último caso recurro a la manida fórmula de K. Nkrumah, *Neo-Colonialism. The Last Stage of Imperialism*, Nueva York, International Publishers, 1965.

46 A. Cucó, *El valencianisme polític*, Valencia, Garbí, 1971.

47 J. J. Ellis, *Founding Brothers. The Revolutionary Generation*, Nueva York, Vintage Books, 2000, cap. 6.

48 Para los sistemas de partidos nacionales, véase, en general: M. Moreno Recio, *Los partidos políticos europeos (hasta 1914). Su historia, sus doctrinas, sus hombres*, Madrid, Biblioteca Nueva, [¿1919?].

49 F. W. Rafferty, *The Future of Party Politics*, Londres, Allen & Unwin, 1918.

50 P. Rosanvallon, *Le sacre du citoyen. Histoire du suffrage universel en France*, París, Gallimard, 1992.

51 R. Michels, *Political Parties* [1911], Nueva York, Dover, 1959, pp. 345-361.

52 El argumento se deriva de L. Valiani, *The End of Austria-Hungary*, Londres, Secker & Warburg, 1973, pp. 255-256.

53 T. Garcés, «Contra l'Imperi», *Proa*, núm. bis, diciembre 1921, p. 1.

54 K. E. Silver, *Esprit de Corps. The Art of the Parisian Avant-Garde and the First World War, 1914-1925*, Princeton (N.J.), Princeton University Press, 1989.

55 Una interpretación diversa a la presentada aquí en P. C. González Cuevas, «Charles Maurras en España», en P. C. González Cuevas, *La tradición bloqueada. Tres ideas políticas en*

España: el primer Ramiro de Maeztu, Charles Maurras y Carl Schmitt, Madrid, Biblioteca Nueva, 2002, cap. 2; también, del mismo: «La recepción del pensamiento conservador-radical europeo en España (1913-1930)», en *Ayer*, Monográfico: *Carlismo y contrarrevolución en la España contemporánea*, [Editor: J. Millán], núm. 38, 2000, pp. 211-231.

56 J. Carbonell, *«Monitor» i el discurs d'en Francesc Cambó*. Iberisme i Política Nacional Catalana, Barcelona, Edicions «Monitor», 1923; J. M. Junoy, *Conferències de combat 1919-1923*, Barcelona, Editorial Catalana, 1923.

57 Para el puente literario: A. Camps i Olivé, *La recepció de Gabriele D'Annunzio a Catalunya*, Barcelona, Curial/Abadia de Montserrat, 1996 y, de la misma autora, *La recepció de Gabriele D'Annunzio a Catalunya. Traduccions i textos inèdits*, Barcelona, Curial/Abadia de Montserrat, 1999; para el juego de contradicciones de fondo italianas: V. Salierno, *D'Annunzio e Mussolini. Storia di una cordiale inimicizia*, Milán, Mursia, 1988.

58 J. Vallcorba, *J. V. Foix*, Omega, 2002, p. 4.

59 J. Pla, «El nacionalisme català i l'"Action Française"», *Butlletí de les Joventuts Nacionalistes*, núm. 4, enero 1921, pp. 5-6; J. V. Foix, «El nacionalisme català i l'"Action Française"», núm. 2, enero-febrero 1921, reproducido en J. V. Foix, *Obres completes*, vol. III (M. Carbonell, dir.), *Articles i assaigs polítics*, Barcelona, Edicions 62, 1985, pp. 361-368. La polémica siguió, sin firma: «Itàlia, feixisme i Estat», *Acció Catalana*, I, núm. 8, 21 septiembre 1922, p. 64, reproduciendo una parte de un artículo de «Volt» de Gerarchia; luego: «Un feixisme català», *Acció Catalana*, I, núm. 9, 28 septiembre 1922, pp. 70-71, donde se decía: «És simptomàtic, però, que en Josep Pla, antifeixista a Itàlia, en una lletra seva sobre els fets de la Bisbal, apareguda a *La Publicitat* (24 de setembre) demana esquadres de combat, arditti catalans que, en casos concrets, apliquin llur sanció als enèmics de la pàtria que hi conviuen traïdorament» (p. 71). Para la visión de Pla: M. Gustà, «El Fascio de la primera hora vist per Josep Pla», *L'Avenç*, núm. 186, noviembre 1994, pp. 10-15; también: J. Pla, *Coses vistes 1920-1925*, Barcelona, Edicions Diana, 1925 («Maurras»), pp. 250-251.

60 F. Cambó, *Vuit mesos al Ministeri de Foment*, Barcelona, Editorial Catalana, 1919; F. Cambó, *La crisis económica y la Conferencia de Génova*, Madrid, Residencia de Estudiantes, 1922; F. Cambó, *Proyecto de Ley de modificación de tributos y de reforma de las haciendas locales presentado a las Cortes*, Madrid, Ministerio de Hacienda, 1922; F. Cambó, *La crise économique anglaise*, París, Imp. J. Solsona, 1924.

61 J. M. Serrano Sanz, «Francesc Cambó», en F. Comín *et al.*, *La Hacienda desde sus ministros. Del 98 a la guerra civil*, Zaragoza, Prensas Universitarias de Zaragoza, 2000, pp. 247-279; F. Pelechá Zozaya, *La crisis industrial española y el arancel de 1922*, Barcelona, Universidad de Barcelona, 1975; también, del mismo, *El proteccionismo industrial en España (1914-1931)*, Barcelona, PPU, 1987.

62 F. Cambó, *Visions d'Orient* [1924]; *Entorn del feixisme italià* (1924), *Les dictadures* [1929], todos en F. Cambó, *Llibres*, Barcelona, Alpha, 1984.

63 I. Polo, «La trinitat feixística espanyola fa declaracions a "L'Opinió"», *L'Opinió*, 26 abril 1934, p. 5, reproducido en I. Gibson, *En busca de José Antonio*, Barcelona, Planeta, 1980, pp. 284-288. En general, sobre Albiñana: J. Gil Pecharromán, *«Sobre España inmortal, sólo Dios», José María Albiñana y el Partido Nacionalista Español*, Madrid, UNED, 2000.

64 H. R. Southworth, *Antifalange*, París, Ruedo Ibérico, 1967. Es remarcable la insistencia en interpretar al falangismo *exclusivamente* en términos de su postura en relación al contemporáneo movimiento obrero: como ejemplo, M. Böcker, *Ideologie und Programmatik im spanischen Faschismus der Zweiten Republik*, Frankfurt am Main, Peter Lang, 1996.

65 M. Blinkhorn, «Spain: the "Spanish Problem" and the Imperial Myth», *Journal of Contemporary History*, vol. 15, núm. 1, enero 1980, pp. 5-23. Véase el sólido trabajo reciente de I. Saz, *España contra España. Los nacionalismos franquistas*, Madrid, Marcial Pons, 2003, caps. 3, 6, 7, que, sin embargo, subsume el enfoque «imperial» dentro de la estricta construcción nacionalista.

66 F. B. Pike, *Hispanismo 1898-1936*, Notre Dame (Ind.), Notre Dame University Press, 1971.

67 S. Balfour, *The End of the Spanish Empire 1898-1923*, Oxford (G.B.), Oxford University Press, 1997; S. Balfour, *Morocco and the Road to the Spanish Civil War*, Nueva York, Oxford University Press, 2002.

68 Hay una extensa literatura sobre el «imperialismo» del primer franquismo, que lo reduce a un decorado ideológico: E. González Calleja y F. Limón Nevado, *La hispanidad como instrumento de combate. Raza e imperio en la prensa franquista durante la Guerra Civil española*, Madrid, CSIC, 1988; L. Delgado Gómez-Escalonilla, *Imperio de papel. Acción cultural y política exterior durante el primer franquismo*, Madrid, CSIC, 1992; R. Pérez Montfort, *Hispanismo y Falange. Los sueños imperiales de la derecha española*, México D.F., FCE, 1992; M. A. Escudero, *The Image of Latin America Disseminated by the Franco Regime: Repercussions in the Configuration of a National Identity*, tesis doctoral, University of California, San Diego, 1994 (University Microfilms). Aportaciones nuevas muy significativas, en el sentido de revalorizar el contenido político del «imperialismo» español: N. Goda, *Tomorrow the World: Hitler, Northwest Africa and the Path toward America*, College Station (Tex.), Texas A&M University Press, 1998; W. H. Bowen, *Spaniards and Nazi Germany. Collaboration in the New Order*, Columbia (Mis.), University of Missouri Press, 2000. Véase también: G. Nerín y A. Bosch, *El imperio que nunca existió. La aventura colonial discutida en Hendaya*, Barcelona, Plaza-Janés, 2001; y F. Rodao, *Franco y el Imperio Japonés*, Barcelona, Plaza-Janés, 2002.

69 E. Gentile, *Le origine dell'ideologia fascista, 1918-1925* [1975], Bolonia, Il Mulino, 1996.

70 F. Ferrer i Gironès, *Catalanofòbia. El pensament anticatalà a través de la història*, Barcelona, Edicions 62, 2000, pp. 195.

71 J. Pellicena, *El nostre imperialisme (la idea imperial de Prat de la Riba)*, Barcelona, Joventut de la Lliga Regionalista, agosto de 1930.

72 En general: G. Díaz-Plaja, *La poesía y el pensamiento de Ramón de Basterra*, Barcelona, Juventud, 1941; C. A. Areán, *Ramón de Basterra*, Madrid, Instituto de Cultura Hispánica, 1953. También una biografía reciente de Lequerica, con un título algo confuso: M. J. Cava Mesa, *Los diplomáticos de Franco: J. F. de Lequerica. Temple y tenacidad (1890-1963)*, Bilbao, Universidad de Deusto, 1989. En general: J. M. de Areilza, *Así los he visto*, Barcelona, Planeta, 1974.

73 Una biografía empresarial, no política: E. Torres Villanueva, *Ramón de la Sota, 1857-1936. Un empresario vasco*, Madrid, LID, 1998; su hijo, que fue presidente de la Diputación de Vizcaya: M. de Ugalde, «Entrevista con Ramón de la Sota y Aburto», en M. de Ugalde, *Hablando con vascos*, Esplugues de Llobregat, 1974, pp. 53-79.

74 S. de Pablo, L. Mees, J. A. Rodríguez Ranz, *El péndulo patriótico. Historia del Partido Nacionalista Vasco. I: 1896-1936*, Barcelona, Crítica, 1999; véase también el pequeño pero útil resumen: J. L. de la Granja Sainz, *El Nacionalismo vasco (1876-1975)*, Madrid, Arco, 2000.

75 *Conferencia pronunciada por D. Francisco Cambó en el Teatro de los Campos Elíseos, de Bilbao, el día 28 de enero de 1917*, s. l., s. e., s. f.; *Conferencia pronunciada por D. Francisco Cambó en el Teatro de Bellas Artes de Donostia el día 15 de abril de 1917*, Bilbao, Imprenta de Jesús Álvarez, s. f.

76 G. H. Soutou, «Jean Pélissier et l'Office Centrale des Nationalités, 1911-1918: Un agent du gouvernement français auprès des Nationalités», en G. H. Soutou (dir.), *Recherches sur la France et le problème des Nationalités pendant la Première Guerre Mondiale (Pologne-Lithuanie-Ukraine)*, París, Presses de l'Universite de Paris-Sorbonne, 1995, pp. 11-38; M. Ferro, «La politique des nationalités du gouvernement provisoire (février-octobre 1917)», *Cahiers du Monde Russe et Soviétique*, 1961, núm. 2, pp. 131-165; D. R. Watson, «Jean Pélissier and the Office Central des Nationalités, 1912-1919», *English Historical Review*, CX, núm. 439, noviembre 1995, pp. 1191-1206; X. M. Núñez Seixas, «Espías, idealistas e intelectuales: la Union des Nationalités y la política de nacionalidades durante la I Guerra Munidal (1912-1919)», *Espacio, Tiempo y Forma*, serie V, Hª Contemporánea, Tomo 10, 1997, pp. 117-150; también de X. M. Núñez Seixas, «Il nazionalismo catalano e la diplomazia spagnola di fronte al sistema di protezione delle minoranze nazionali della Società delle nazioni (1919-1930)». *Storia delle Relazioni Internazionali*, IX, núm. 2, 1993, pp. 3-65.

77 J.-C. Mainer, *Regionalismo, burguesía y cultura. Los casos de la Revista de Aragón (1900-1905) y Hermes (1917-1922)*, Barcelona, A. Redondo, 1974, pp. 126-223. J. P. Fusi, «Hermes 1917-1922», estudio preliminar a la reedición del primer volumen de *Hermes*, pp. V-XXVII, reproducido en J. P. Fusi, *El País Vasco. Pluralismo y nacionalidad*, Madrid, Alianza, 1984, pp. 127-145; también P. Escalante, *Hermes, revista del País Vasco*, Bilbao, Caja de Ahorros Vizcaína, 1989.

78 E. Gallastegui, «San Dinero. Conciertos económicos», en E. Gallastegui, «Gudari», *Por la libertad vasca*, Bilbao, Talleres Tipográficos E. Verdes, 1933, pp. 71-76; A. Zabala y Ozamiz-Tremoya, «Kondaño», «Nacionalismo imperialista», *Aberri*, 9 septiembre 1921, reproducido en Kondaño (I. Anasagasti, ed.), *Primeros años del nacionalismo*, s.l., Alderdi, [¿1985?], p. 70.

79 Una reformulación de la legitimación: L. Mees, «Sabino Arana i l'era de l'imperi», *L'Avenç*, núm. 201, marzo 1996, pp. 20-23. En general, véase: A. Elorza, *Ideologías del nacionalismo vasco*, San Sebastián, L. Haranburu, 1978.

80 G. de Balparda, *Errores del nacionalismo vasco*, Madrid, Imp. de Juan Pueyo, 1918; véase: J. Cangas de Icaza, *Gregorio de Balparda (forja y destino de un liberal)*, Bilbao, Laida, 1990.

81 A. Royo Villanova, *Las bases doctrinales del nacionalismo*, Conferencia pronunciada en la sesión pública de 12 de enero de 1917, Real Academia de Jurisprudencia y Legislación, Madrid, Establecimiento Tipográfico de Jaime Rates, 1917; V. Pradera, *Los nacionalismos vasco y catalán. Refutación en el Congreso de los Diputados los días 16, 17 y 18 de abril de 1918*, s. l., Imp. de "El Pensamiento Navarro", s. f.

82 En general, sobre la izquierda catalana y *Messidor*, véase: J. M. Rodés y E. Ucelay-Da Cal, «Nacionalisme i internacionalisme a Catalunya: "Els Amics d'Europa" i "Messidor", 1914-1921», *L'Avenç*, núm. 69, marzo 1984, pp. 62-72; también aparecido en: *Estudios de Historia Social*, núm. 28-29, enero-junio 1984, pp. 363-373.

83 R. Sierra Bustamante, *Euzkadi, de Sabino Arana a José Antonio Aguirre. Notas para la historia del nacionalismo vasco*, Madrid, Editora Nacional, 1941; J. de Ybarra, *Política nacional en Vizcaya*, Madrid, Instituto de Estudios Políticos, 1948.

84 J. R. de Andrés, *El cisma mellista. Historia de una ambición política*, Madrid, Actas, 2000.

85 I. L. Arana Pérez, *El monarquismo en Vizcaya durante la crisis del reinado de Alfonso XIII (1917-1931)*, Pamplona, Eunsa, 1982.

86 M. García Venero, *Santiago Alba, monárquico de razón*, Madrid, Aguilar, 1963; J. M. Marín Arce, *Santiago Alba y la crisis de la Restauración*, Madrid, UNED, 1991; M. Cabrera Calvo-Sotelo, F. Comín Comín, J. L. García Delgado (dir.), *Santiago Alba. Un programas de reforma económica en la España del primer tercio del siglo XX*, Madrid, Instituto de Estudios Fiscales, 1989.

87 S. G. Payne, *El nacionalismo vasco*, Barcelona, Dopesa, 1974, pp. 162-163.

88 Véase E. Ucelay-Da Cal, «La iniciació permanent: nacionalismes radicals a Catalunya des de la Restauració», en *Actes del Congrés Internacional d'Història "Catalunya i la Restauració, 1875-1923"*, Manresa, Centre d'Estudis del Bages, 1992, pp. 127-134.

89 Para la relación orsiana: J.-C. Mainer, «Una confluencia. La Escuela romana del Pirineo y Eugenio d'Ors» en su *Falange y literatura*, Barcelona, Labor, 1971, pp. 21-23; también J. L. Rodríguez Jiménez, *Historia de Falange Española de las JONS*, Madrid, Alianza, 2000, p.157.

90 G. Morán, *Los españoles que dejaron de serlo. Euskadi, 1937-1981*, Barcelona, Planeta, 1982.

91 E. d'Ors, «Temas para la Nueva Jornada. III. De unificación», en *Nuevo Glosario*, Madrid, Aguilar, 1947, vol. III, p. 599.

92 Los artículos sobre el fascismo italiano y la marcha sobre Roma que hicieron famoso a Sánchez Mazas en R. Sánchez Mazas, *Las terceras de ABC*, Madrid, Prensa Española, 1977; lo más expresivo de Basterra: G. Díaz-Plaja (ed.), *Papeles inéditos y dispersos de Ramón de Basterra*, Madrid, Ministerio de Asuntos Exteriores, 1970; el periodismo de Lequerica en: J. F. de Lequerica, *Soldados y políticos*, [¿Madrid?], Editorial Voluntad, 1928.

93 D. Ridruejo, *Sombras y bultos*, Barcelona, Destino, 1983, pp. 91, 23.

94 A. López Quintas, *El pensamiento filosófico de Ortega y d'Ors*, Madrid, Guadarrama, 1972; V. Aguilera Cerni, *Ortega y d'Ors en la cultura artística española*, Madrid, Ciencia Nueva, 1966. Véase, para el juego cultural interrurbano en la rivalidad d'Ors-Ortega: J.-C. Mainer, «Entre Barcelona y Madrid: la invención del Novecentismo», J.-C. Mainer, *Historia, literatura, sociedad (y una coda española)*, Madrid, Biblioteca Nueva, 2000, pp. 295-330; también E. Trias, «Ortega y Gasset davant la Catalunya-Ciutat», en E. Trias, *La Catalunya Ciutat i altres assaigs*, Barcelona, L'Avenç, 1984, pp. 67-78.

95 P. Sáinz Rodríguez, *Testimonio y recuerdos*, Barcelona, Planeta, 1978, pp. 260-261; del mismo autor, otra versión, más o menos idéntica, en su: *Semblanzas*, Barcelona, Planeta, 1988, pp. 91-92.

96 S. Aznar, «La teoría del Imperio Hispano» (1922), reproducido en S. Aznar, *Impresiones de un demócrata cristiano. Ecos del catolicismo social en España*, Madrid, Ed. Bibliográfica española, 1950, pp. 143-145.

97 J. M. Pemán, *El hecho y la idea de la Unión Patriótica*, Madrid, Junta de Propaganda Patriótica y Ciudadana, 1929, pp. 253-255. Sobre Pemán, en general: J. Álvarez Chillida, *José María Pemán. Pensamiento y trayectoria de un monárquico (1897-1941)*, Cádiz, Servicio de Publicaciones de la Universidad de Cádiz, 1996 (especialmente pp. 290-295); J. Tusell y J. Álvarez Chillida, *Pemán. Un trayecto intelectual desde la extrema derecha hasta la democracia*, Barcelona, Planeta, 1998, cap. I.

98 J. M. Pemán, *El hecho..., op. cit.*, p. 282.

99 Para Acción Española, véase, en general: V. Marrero, *Maeztu*, Madrid, Rialp, 1955; R. Morodo, *Acción Española. Orígenes ideológicos del franquismo*, Madrid, Tucar, 1980; C. Garay Vera, *El tradicionalismo y los orígenes de la Guerra Civil española (1927-1937)*, Santiago de Chile, Hernández Blanco, 1987; A. Botti, *Cielo y dinero. El nacionalcatolicismo en España (1881-1975)*, Madrid, Alianza, 1992 (esp. pp. 59-100); y, como estudio más reciente: P.C. González Cuevas, *Acción Española. Teología política y nacionalismo autoritario en España (1913-1936)*, Madrid, Tecnos, 1998.

100 E. d'Ors, «Recuerdos de José Antonio», en *Nuevo Glosario*, Madrid, Aguilar, 1949, vol. III, pp. 708-712.

101 Véase G. Díaz-Plaja, *El combate por la luz. La hazaña intelectual de Eugenio d'Ors*, Madrid, Espasa Calpe, 1981, pp. 184-186. Para el texto orsiano: E. d'Ors, *Epos de los destinos (II. Los Reyes Católicos)*, Madrid, Editora Nacional, 1943.

102 E. d'Ors, «Recuerdos de José Antonio», en *Nuevo Glosario*, *op. cit*, vol. III, pp. 708-712.

103 Véase R. Sánchez Mazas, «Algunas imágenes del Renacimiento y del Imperio», conferencia dada en el Ateneo de Santander la noche del 24 de enero de 1927, *Boletín de la Biblioteca Menéndez y Pelayo*, XI, núm. 1, enero-marzo 1927, pp. 47-71; R. Sánchez Mazas, «Nación. Unidad. Imperio.», *Arriba*, núm. 1, 21 marzo 1935, reproducido en R. Sánchez Mazas, *Fundación, Hermandad y Destino*, Madrid, Ediciones del Movimiento, 1957, pp. 259-266. Recientemente Sánchez Mazas ha recuperado notoriedad gracias a a una novela semi-biográfica: Javier Cercas, *Soldados de Salamina*, Barcelona, Tusquets, 2001; para una valoración más seria, véase el trabajo de M. y P. Carbajosa, *La corte literaria de José Antonio. La primera generación cultural de Falange*, Barcelona, Crítica, 2003, que rastrea la evolución de Sánchez Mazas, como protagonista central, desde el núcelo de la «Escuela» de Bilbao hasta el falangismo, dando un reconocimiento muy pasajero a d'Ors y supeditando Giménez a esta corriente.

104 P. Sainz Rodríguez, *Testimonios y recuerdos*, Barcelona, Planeta, 1978; también J. Escribano Hernández, *Pedro Sainz Rodríguez, de la monarquía a la república*, Madrid, Fundación Universitaria Española, 1998.

105 Estelrich todavía no tiene la biografía que merece: véase J. Pomar (coord.), *Miscel·lània Joan Estelrich*, Palma de Mallorca, El Tall, 1997.

106 Este tema ha sido exhaustivamente estudiado por X.-M. Nuñez Seixas, *El problema de las nacionalidades en la Europa de entreguerras. El Congreso de Nacionalidades Europeas (1925-1938)*, Tesis doctoral, Instituto Universitario Europeo de Florencia, 1992; hay una versión reducida en libro: X.-M. Nuñez Seixas, *Entre Ginebra y Berlín. La cuestión de las minorías nacionales y la política internacional en Europa, 1914-1939*, Madrid, Akal, 2001; véase también, para la actuación vasquista en este terreno, entrelazada con frecuencia con iniciativas catalanistas de signo diverso: X. Estevez, *De la Triple Alianza al Pacto de San Sebastián (1923-1930). Antecedentes de Galeuzca*, San Sebastián, Universidad de Deusto (en S.S.), [¿1991?]; así como la parte pertinente de A. Ugalde Zubiri, *La acción exterior del nacionalismo vasco (1890-1939): Historia, pensamiento y relaciones internacionales*, s. l., Gobierno Vasco, [¿1996?].

107 M. Corretger i Sàez, «Alfons Maseras, col·laborador de Joan Estelrich entre 1919 i 1928», en J. Pomar (coord.), *Miscel·lània...*, *op. cit.*, pp. 133-161.

108 J. Pla, «La crisi de l'Autoritat a Catalunya i l'hora de l'"Action Française" (Notes de crítica política)», *Revista de Catalunya*, vol. I, Any I, núm. 1, julio 1924, pp. 11-21; J. Clara, «Correspondència entre Josep Pla i Francesc Macià», *Revista de Girona*, núm. 173, noviembre-diciembre 1995, pp. 30-33; E. Xammar [X. Pla (comp.)], *Cartes a Josep Pla*, Barcelona, Quaderns Crema, 2000. En general, véase: M. Gustà, *Els orígens ideològics i literaris de Josep Pla*, Barcelona, Curial, 1995.

109 C. Badosa, *Josep Pla, el difícil equilibri entre literatura i política 1927-1939*, Barcelona, Curial, 1994.

110 *La Gaceta Literaria* ha recibido muchísima atención, pero no en el sentido indicado aquí. Como una indicación selectiva: M. A. Hernando, *La Gaceta Literaria (1927-1932). Biografía y valoración*, Valladolid, Universidad, 1974; M. A. Hernando, *Prosa vanguardista en la generación del 27 (Gecé y La Gaceta Literaria)*, Madrid, Prensa Española, 1975; Mª del R. Rojo Martín, *Evolución del movimiento vanguardista. Estudio basado en la Gaceta Literaria (1927-1932)*, Madrid, Fundación Juan March, 1982; J. C. Mainer, «Notas sobre *La Gaceta Literaria* (1927-1932)», en J. C. Mainer, *La Corona hecha trizas (1930-1960)*, Barcelona, PPU, 1989, pp. 11-24.

111 Para la relación de «Gecé» con el medio portugués y la exposiciones cruzadas luso-españolas: C.A. Molina, *Sobre el iberismo y otros escritos de literatura portuguesa*, Madrid, Akal, 1990, pp. 89-100, 123-128. Para su relación con núcleos sefarditas: N. Rehrmann, «Los sefardíes como "anexo" de la Hispanidad: Ernesto Giménez Caballero y *La Gaceta Literaria*», en M. Albert (ed.), *Vencer no es convencer. Literatura e ideología del fascismo español*, Frankfurt am Main/Madrid, Vervuert-Iboeroamericana, 1998, pp. 51-74; A. Marquina Barrio, «La acción exterior de España y los judíos sefarditas en los Balcanes», en F. Ruiz Gómez y M. Espadas Burgos (coords.), *Encuentros en Sefarad. Actas del congreso internacional «Los Judíos en la Historia de España»*, Ciudad Real, Instituto de Estudios Manchegos, 1987, pp. 417-440.

112 *Exposición del Libro Catalán. Madrid (5-21 Diciembre 1927). I. Algunas notas sobre el libro en catalán 1900-1927*, Barcelona, López Llausás, [1927].

113 Sangróniz es otro personaje que pide a gritos una buena biografía, por su capacidad de hacer de puente entre el mundo liberal madrileño, la vanguardia cultural y la extrema derecha; a recordar su papel central en potenciar el rol de Franco tras el fallido golpe de julio de 1936. Sus principales escritos son: J. A. de Sangróniz, *La expansión cultural de España en el extranjero y principalmente en Hispano-América*. Madrid-Ceuta, Editorial Hércules, 1925; J. A. de Sangroniz, *Marruecos. Sus condiciones físicas, sus habitantes y las instituciones indígenas*, Madrid, Sucesores de Rivadeneyra, 1926 (2a. edición).

114 F. Cambó, *Memòries (1876-1936)*, Barcelona, Alpha, 1981, p. 388.

115 F. Cambó (trad. H. Cambó), *Memorias (1876-1936)*, Madrid, Alianza, 1987, pp. 375-376; la fuente original: F. Cambó, *Memòries, op. cit.*, p. 388.

116 F. Cambó (trad. H. Cambó), *Memorias..., op. cit.*, p. 375.

117 E. Giménez Caballero, *Circuito Imperial*, Madrid, La Gaceta Literaria, 1929.

118 Para tan sólo indicar las principales fuentes recientes: D.W. Foard, *Ernesto Giménez Caballero (o la revolución del poeta)*, Madrid, Instituto de Estudios Políticos, 1975; D.W. Foard, «The Forgotten Falangist: Ernesto Giménez Caballero», *Journal of Contemporary History*, vol. 10, núm. 1, enero 1975, pp. 3-18; I. Saz, «Tres acotaciones a propósito de los orígenes, desarrollo y crisis del fascismo español», *Revista de Estudios Políticos*, núm. 50, marzo-abril 1986, pp. 179-211; D. W. Foard, *The Revolt of the Aesthetes. Ernesto Giménez Caballero and the Origins of Spanish Fascism*, Nueva York, Peter Lang, 1989; E. Selva Roca de Togores, «Giménez Caballero en los orígenes de ideológicos del fascismo español», *Estudis d'Història Contemporània del País Valencià*, núm. 9, *El franquisme*, 1990, pp. 183-213, así como E. Selva, *Ernesto Giménez Caballero entre la vanguardia y el fascismo*, Valencia, Pre-textos, 2000; M. Albert, «"El saetazo de Roma"– Ernesto Giménez Caballero y la Italia fascista», en T. Heydenreich (ed.), *Cultura italiana e spagnuola a confronto: anni 1918-1939/Culturas italiana y española frente a frente: años 1918-1939*, Tübingen, Stauffenburg Verlag, 1992, pp. 95-111; V. Peña Sánchez, *Intelectuales y Fascismo. La cultura italiana del Ventennio Fascista y su repercusión en España*, Granada, Adhara, 1993; A. Monclús, «La teoría nacionalista de Ernesto Giménez Caballero», en J. L. Abellán y A. Monclús (coords.), *El pensamiento español contemporáneo y la idea de América*, vol. I, *El pensamiento en España desde 1939*, Barcelona, Anthropos, 1989, pp. 33-71.

119 En general, véase: V. Peña Sánchez, *op. cit.*; también I. Saz Campos, «Falange e Italia. Aspectos poco conocidos del fascismo español», *Estudis d'Història Contemporània del País Valencià*, núm. 3, 1982, pp. 237-283; M. Albert, «"El saetazo de Roma"– Ernesto Giménez Caballero y la Italia fascista», en T. Heydenreich (ed.), *Cultura italiana e spagnuola a confronto: anni 1918-1939/Culturas italiana y española frente a frente: años 1918-1939*, *op. cit.*, pp. 95-111.

120 D. Berenguer, *De la Dictadura a la República*, Madrid, Plus Ultra, 1946; E. Mola, *Tempestad, calma, intriga y crisis* y *El derrumbamiento de la Monarquía* en *Obras completas*, Valladolid, Santarén, 1940.

121 J. Ventalló, *Los intelectuales castellanos y Cataluña*, Barcelona, Galba, 1976; testimonios catalanes importantes son, por ejemplo, el relato del presidente regionalista de la Diputación barcelonesa, Joan Maluquer i Viladot, *Una mica d'història*, Barcelona, L. Gili, 1934, pp. 58-62, o Amadeu Hurtado, *Quaranta anys d'advocat*, Esplugues de Llobregat, Ariel, 1969, vol. I, pp. 569-572 (quien remarca la primera aparición pública importante de Azaña).

122 E. Giménez Caballero, *Cataluña ante España*, Cuadernos de *La Gaceta Literaria*, núm. 4, 1930.

123 Para el Centro Constitucional: I. Molas, *El catalanismo hegemónico. Cambó y el Centro Constitucional*, Barcelona, A. Redondo, 1972; para la cuestión dinástica y sus implicaciones: E. Ucelay-Da Cal, «Les opcions polítiques bàsiques de l'oposició a la Dictadura, 1923-1931», en R. Amigó, J. Tous y E. Ucelay-Da Cal, *Evarist Fàbregas i el seu temps*, Reus, Centre de Lectura, 1990, pp. 43-85.

124 M. Cabrera y A. Elorza, «Ortega-Urgoiti y el Partido Nacional», en M. Tuñón de Lara (dir.), III Coloquio de Segovia, J. L. García Delgado (comp.), *La II República española. El primer bienio*, Madrid, Siglo XXI, 1987, pp. 233-264; B. de Riquer, «El intelectual "diletante" y el político inmovilista. Las relaciones entre José Ortega y Gasset y Francesc Cambó en los años 1930-1931», en M. Suarez Cortina (ed.), *La cultura española en la Restauración*, Santander, Sociedad Menéndez y Pelayo, 1999, pp. 565-584.

125 *La Nau*, citada en *Las Noticias*, 11 marzo 1931, p. 2.

126 E. Selva Roca de Togores, «La crisis de "La Gaceta Literaria" y la escisión de los intelectuales en el tránsito de la Dictadura a la II República», *Comunicación y Estudios Universitarios*, núm. 3, 1993, pp. 133-158.

127 A. Marquina Barrio, «La acción exterior de España y los judíos sefarditas en los Balcanes», *op. cit.*

128 Los textos del debate «Gecé» -Borges en J. C. Rovira (ed.), *Identidad cultural y literatura, Antología del pensamiento hispanoamericano VII*, Alicante, Instituto de Cultura Juan Gil-Albert/Generalitat Valenciana, 1992, pp. 105-112; también, más en general: V. Farias, *La metafísica del arrabal. El tamaño de mi esperanza: un libro desconocido de Jorge Luis Borges*, Madrid, Anaya & Mario Muchnik, 1992.

129 G. Gregori i Soldevila, «La discussió avantguardista valenciana», *Estudis de Llengua i Literatura catalanes*, XIV, 1987, *Miscel·lània Antoni M. Badia i Margarit*, Barcelona, Abadia de Montserrat, 1987, pp. 343-366. Se puede seguir en parte a través de J. Iborra (comp.), *Taula de Lletres Valencianes. Selecció de textos*, Valencia, Alfons el Magnànim, 1982. También, véase: V. Simbor, *Carles Salvador i Gimeno: una obra decisiva*, Valencia, Diputació Provincial, 1983, pp. 123-137; M. Aznar Soler y R. Blasco, *La política cultural al País Valencià 1927-1939*, Valencia, Alfons el Magnànim, 1985; E. Ferrer, *Literatura i societat. País Valencià, segle XX*, Valencia, Eliseu Climent, 1981.

130 E. Giménez Caballero, «L'aventura en la concòrdia», *Revista de Catalunya*, vol. XIII, any VII, núm. 67, març 1931, pp. 233-240.

131 E. Giménez Caballero, «L'aventura en la concòrdia», *op. cit.*, citas pp. 234, 235: aquí retraducido del catalán. La obra a que alude Giménez es J. Estelrich, *Catalunya endins*, Barcelona, Catalònia, 1930. La versión anterior es E. Giménez Caballero, «Mensaje a Cataluña. La concordia, en la aventura», *La Gaceta Literaria*, IV, núm. 96, 15 diciembre 1930, pp. 1-2.

132 C. Araúz de Robles, *Cataluña y el Mediterráneo*, Madrid, Voluntad, 1930.

133 P. M. Rossell i Vilar, «Un amic de Catalunya», *Revista de Catalunya*, vol. XIV, año VII, núm. 72, agosto 1931, pp. 130-149; la más famosa obra de racismo rosselliano fue: P. M. Rossell i Vilar, *La Raça*, Barcelona, Llibreria Catalònia, 1930.

134 J. Massot i Muntaner, *Antoni M. Sbert, intel·lectual i polític*, Barcelona, Institut d'Estudis Catalans, 2000; J. Massot i Muntaner, *Antoni M. Sbert: agitador, polític i promotor cultural*, Barcelona, Abadia de Montserrat, 2000.

135 A. Maseras, *La República Catalana*, Barcelona, Llibreria Catalònia, 1931.

136 A. Balcells, *Rafael Campalans, socialisme català*, Barcelona, Abadia de Montserrat, 1985; del mismo, «El socialismo catalán de Rafael Campalans» en M. Tuñón de Lara (dir.), J. L. García Delgado (comp.), *La crisis de la Restauración. España, entre la primera guerra mundial y la II República*, Madrid, Siglo XXI, 1986, pp. 165-175. Sobre la Unió Socialista: R. Alcaraz, *La Unió Socialista de Catalunya (1923-1936)*, Barcelona, La Magrana, 1987.

137 R. Campalans (prol. G. Alomar), *Hacia la España de todos (Palabras castellanas de un diputado por Cataluña)*, Madrid, Espasa-Calpe, 1932, pp. 48.

138 *Ibíd.*, pp. 49-51.

139 *Ibíd.*, pp. 152-153, 154-155, 161.

140 J. Rodés, «Socialdemocràcia catalana i qüestió nacional (1910-1934)», *Recerques*, núm. 8, 1977, pp. 125-143; para el contexto jurídico: M. Gerpe, *L'Estatut d'autonomia de Catalunya i l'Estat integral*, Barcelona, Edicions 62, 1977.

141 M. Utrillo, *Anecdotari de'En Francesc Pujols*, Barcelona, BCAI, 1937, pp. 38-39. En catalán, *messianisme* y *macianisme* són homónimos virtuales.

142 E. Giménez Caballero, *Azaña* [1932], Madrid, Turner, 1975, p. 156.

143 E. Giménez Caballero, «La República Española como asunto catalán», *La Gaceta Literaria*, Año V, núm. 115, 1 octubre 1931, p 7. El énfasis está en el original.

144 E. Giménez Caballero, *Trabalenguas sobre España*, *op. cit.*, cap. VIII, «Itinerario de lo voluntarioso: Cataluña», pp. 97-104 (citas pp. 102-104).

145 *Ibíd.*, p. 104.

146 *Ibíd.*, pp. 102-104.

147 A. Marquina y G. I. Ospina, *España y los judíos en el siglo XX*, Madrid, Espasa Calpe, 1987 (sobre Giménez, vease pp. 49-53, 89).

148 E. Giménez Caballero, «La República Española como asunto catalán», *op. cit.*, p 7.

149 E. Ucelay-Da Cal, «Vanguardia, fascismo y la interacción entre nacionalismo español y catalán: el proyecto catalán de Ernesto Giménez Caballero y algunas ideas corrientes en círculos intelectuales de Barcelona, 1927-1933», en Justo G. Beramendi y Ramón Máiz (dirs.), *Los nacionalismos en la España de la II República*, Madrid, Siglo XXI, 1991, pp. 39-95.

150 Es remarcable como se insiste en exculpar a Foix, incuestionablemente un excelente poeta, con el argumento de que «defendía su tierra», como si eso no fuera la voluntad de todo nacionalista atraído por el fascismo: véase, sin ánimo exhaustivo: V. Penyella, «Aproximació al pensament polític de J. V. Foix», *Catalan Review*, I, núm. 1, junio 1986, pp. 141-169; P. Boehne, «J. V. Foix and the Spanish Civil War, 1936-1939», también en *Catalan Review*, I, núm. 1, junio 1986; más reciente: J. Vallcorba, «El catalanismo fascista de J. V. Foix», *La Vanguardia*, 3 mayo 2002, Libros/p. 7; J. Vallcorba, «Investigador en poesía», en J. Vallcorba, *J. V. Foix...*, *op. cit.*, pp. 12-123.

151 Para el contexto de fondo: I. Saz, *Mussolini contra la II República*, Valencia, Alfons el Magnànim, 1986.

152 Por ahora, esta problemática está todavía muy mal planteada: véase, como muestra: F. Arzalier, *Les perdants. La dérive fasciste des mouvements autonomistes et indépendentistes au XXe siècle*, París, La Découverte, 1990.

153 J. Estelrich, *Fènix o l'esperit de la Renaixença* [1934], Palma de Mallorca, Ed. Moll/Consell Insular de Mallorca, 1988, pp. 76, 77, 78, 79, 80.

154 J. M. López-Picó (J. de D. Domènech, cur.), *Dietari (1929-1959)*, Barcelona, Curial/Abadia de Montserrat, 1999, p. 76, entrada del 1 abril 1934.

155 J. V. Foix y J. Carbonell, *Revolució Catalanista*, Barcelona, «Monitor», 1934.

156 V. Panyella, *Josep Carbonell i Gener (Sitges, 1897-1979)*, Barcelona, Edicions 62, 2000.

157 A. Sallés y E. Ucelay-Da Cal, «La correspondència Aguirre-Cambó, 1931-1936: unes reflexions», en M. González Portilla, J. Maluquer de Motes y B. de Riquer (dirs.), *Industrialización y nacionalismo. Análisis comparativos*, Bellaterra, Universidad Autónoma de Barcelona, 1985, pp. 471-499.

158 En este sentido, véase la interpretación de E. Ucelay-Da Cal, «José María Gil-Robles y Quiñones», en J. Antón Mellón y M. Caminal (coords.), *Pensamiento político en la España contemporánea, 1800-1950*, Barcelona, Teide, 1992, pp. 937-958.

159 E. Giménez Caballero, *Azaña..., op. cit.* Véase los comentarios de: J. Bécarud, «Sobre un libro obligado: *Manuel Azaña*», *Sistema*, núm. 6, julio 1974, reproducido como apéndice en la reedición de Turner del libro; también F. Meregalli, «Manuel Azaña», *Annali di Ca'Foscari*, vol. VIII, 1969, fasc. 2; C. Serrano, «Un curieux "ami". Giménez Caballero face à Manuel Azaña», en J.-P. Amalric y P. Aubert (eds.), *Azaña et son temps*, Madrid, Casa de Velázquez, 1993, pp. 193-201. Su evocación de March: E. Giménez Caballero, *El Dinero y España*, Madrid, Afrodisio Aguado, 1964; Giménez dejó su versión interesadísima de su evolución en: E. Giménez Caballero, *Memorias de un dictador*, Barcelona, Planeta, 1979; asimismo, E. Giménez Caballero, *Retratos españoles (bastante parecidos)*, Barcelona, Planeta, 1985.

160 Entre los papeles Estelrich, está toda la documentación de su asistencia, su ponencia, así como mucho del material del encuentro, cuya consulta he podido efectuar gracias al prof. Manuel Jorba. Véase, para la versión publicada: Reale Accademia d'Italia/Fondazione Alessando Volta, *Atti dei Convegno* 2, *Convegno di scienza morale e storiche*, 14-23 Novembre 1932, Tema: *L'Europa*, vol. I, *Atti preliminari-Processi verballi*, Roma, 1933.

161 J. L. de la Granja, «La alianza de los nacionalismos periféricos en la II República: Galeuzca», en J. L. de la Granja, *República y Guerra Civil en Euzkadi*, Oñate, HAEE/IVAP, 1991, pp. 123-152. Matizando los argumentos de Granja para la política catalana, E. Ucelay-Da Cal, «Política de fuera, política casera: una valoración de la relación entre nacionalistas catalanes y vascos, 1923-1936», en M. Tuñón de Lara et al., *Gernika: 50 años después (1937-1987). Nacionalismo, República, Guerra Civil.*, s. l.: Universidad del País Vasco, [1987], pp. 71-97.

162 J. Estelrich, *Catalanismo y Reforma hispánica*, Barcelona, Montaner y Simón, 1932, pp. 117-118.

163 J. V. Foix, «Entesa per al feixisme» (*La Publicitat*, 25 octubre 1933), reproducido en *Articles i assaigs polítics...*, op. cit., pp. 280-281.

164 J. J. Sadkovich, «Oportunismo esitante: la decisione di appoggiare il separatismo croato: 1927-1929», *Storia Contemporanea*, año XVI, núm. 3, junio 1985, pp. 401-426.

165 R. de la Cierva, *El fascismo y la derecha radical española (1934-1936)*, Madrid, ARC Editores, 1997, p. 137.

166 *Ibíd.*, cita p. 137.

167 E. Giménez Caballero, «Dimensiones políticas e ideológicas de la crisis de Europa», *Annals of the Archive of «Ferran Valls i Taberner's Library»: Studies in the History of Politi-*

cal Thought, Political & Moral Philosophy, Business & Medical Ethics, Public Health and Juridical Literature, núm. 1/2, 1988, pp. 151-166 (cita p. 164). Este artículo es un resumen y reelaboración de la postura de Giménez entre el «Convegno Volta» y *La nueva catolicidad.*

168 E. Giménez Caballero, *La nueva catolicidad. Teoría general sobre el Fascismo en Europa y en España*, Madrid, «La Gaceta Literaria», 1933 [2ª Ed.], p. 48.

169 R. Gubern, *Proyector de luna. La generación del 27 y el cine*, Barcelona, Anagrama, 1999.

170 R. de Maeztu, «Genio de España. Un libro de estímulos», *La Prensa* (Buenos Aires), 30 febrero 1932; así como R. de Maeztu, «Genio de España», *ABC*, 30 junio 1932, ambos artículos no recogidos en la extensísima obra completa maeztuana. Es difícil no interpretar la exclusión de los escritos sobre Giménez Caballero de la vastísima recopilación maeztuana llevada a cabo por Pérez Embid y otros como un «ninguneo» en toda la regla, muestra del odio considerable acumulado contra el personaje.

171 R. de Maeztu, *Defensa de la Hispanidad* [1934], Buenos Aires, Ediciones Poblet, 1952.

172 Para el impacto de Menéndez: A. Santoveña Setién, *Menéndez y Pelayo y las derechas en España*, Santander, Ayuntamiento de Santader/Estudio, 1994.

173 E. Giménez Caballero, *La nueva Catolicidad*, Madrid, La Gaceta Literaria, 1933.

174 E. Montes, «Introducción. Discurso a la catolicidad española», Berlín, marzo 1934, en *Acción Española. Antología*, Burgos, t. XVIII, 1937, pp. 186-203 (citas pp. 189, 193, 194, 195, 196, 197, 203, 202).

175 J. Martínez de Bedoya, *Memorias desde mi aldea*, Valladolid, Ámbito, 1996, pp. 76-78.

176 J. Muñoz Garrigós, *Vida y obra de Ramón Sijé*, Murcia, Secretariado de Publicaciones de la Universidad de Murcia/Caja Rural Central de Orihuela, 1987; A. Sánchez Vidal, *Miguel Hernández, desamordazado y regresado*, Barcelona, Planeta, 1992. El concepto de «Sijé» en d'Ors: L.F. González-Cruz, *El fervor del método. El universo creador de Eugenio d'Ors*, Madrid, Orígenes, 1989. El otro destacado «fascista» en el vanguardismo español fue el malagueño José Maria Hinojosa, que no apuntó en sentido falangista, sino –con un sentido salvaje de la contradicción– al albiñanismo; véase: J. Neira, «El surrealismo en José María Hinojosa (Esbozo)», en V. García de la Concha (ed.), *El Surrealismo*, Madrid, Taurus, 1982, pp. 271-285; J. Neira, «Surrealism and Spain: the Case of Hinojosa», en C. B. Morris (ed.), *The Surrealist Adventure in Spain*, Ottowa, Ottowa Hispanic Studies 6/Dovehouse Editions, 1991, pp. 101-118; J. Neira, «El caso Hinojosa (bis): "Las amistades peligrosas" de Manuel Altolaguirre», en G. Morelli (coord.), *Treinta años de vanguardia española*, Sevilla, El Carro de la Nieve, 1991, pp. 177-191.

177 E. Giménez Caballero, *Trabalenguas..., op. cit.*, cap. VIII; E. Giménez Caballero, *Genio de España*, Madrid, La Gaceta Literaria, 1932 (2 ed.); E. Giménez Caballero, *La nueva Catolicidad..., op. cit.*

178 En general, las biografías partidarias de Ledesma no entran a analizar su relación específica con el catalanismo: *Ramiro Ledesma fundador de las J.O.N.S.*, Madrid, Vicesecretaría de Educación Popular, 1941 (con un capítulo «En busca de lo nacional»); E. Aguado, *Ramiro Ledesma en la crisis de España*, Madrid, Editora Nacional, 1942; T. Borrás, *Ramiro Ledesma Ramos*, Madrid, Editora Nacional, 1971; J. M. Sánchez Diana, *Ramiro Ledesma Ramos. Biografía política*, Madrid, Editora Nacional, 1975; J. Cuadrado Costa, *Ramiro Ledesma Ramos, un romanticismo de acero*, Madrid, Barbarroja, 1990.

179 J. Aparicio, *Aniversario de La Conquista del Estado*, Madrid, Publicaciones Españolas, 1951; J. C. Mainer, «Literatura y fascismo: la obra de Guillén Salaya», en J. C. Mainer, *La Corona hecha trizas..., op. cit.*, pp. 69-100.

180 J. Aparicio, «Prólogo», p. xii, en J. Aparicio, *La Conquista del Estado. Antología*, Barcelona, Ediciones Fe, 1939.

181 Texto ilustrado, *La Conquista del Estado*, núm. 8, 2 mayo 1931, p. 6.

182 E. Ucelay-Da Cal, «Moderni sogni girondini: italiani, portoghesi e catalani nella rivoluzione repubblicana spagnola (1923-1938)», *Quaderni del Circolo Rosselli*, número monográfico (A. Landuyt, ed.), *Carlos Rosselli e gli Italiani nella Catalogna antifascista*, 2, 1996, pp. 67-86.

183 R. Ledesma Ramos, «Carta al comandante Franco. ¡Hay que hacer la Revolución!», *La Conquista del Estado*, núm. 9, 9 mayo 1931, p. 1.

184 E. Ucelay-Da Cal, «Moderni sogni girondini...», *op. cit.*; E. Ucelay-Da Cal y S. Tavera, «Una revolución dentro de otra: la lógica insurreccional en la política española, 1924-1934», *Ayer*. Monográfico: *Violencia y política en España* [Editor: J. Arostegui], núm. 13, 1994, pp. 115-146; E. Ucelay-Da Cal, «Buscando el levantamiento plebiscitario: insurreccionalismo y elecciones», *Ayer* Monográfico: *Política en la Segunda República* [Editor: S. Juliá], núm. 20, 1995, pp. 49-80; J. A. Balbontín, *La España de mi experiencia*, México D.F., Aquelarre, 1952, pp. 233-235.

185 M. Requena, «L'acció insurreccional a les províncies de Castella-La Mancha», *L'Avenç*, núm. 196, Octubre 1995, pp. 12-17.

186 Giovanni Bassanesi, *Quand Ramón Franco voulait tuer Mussolini*, Niza, Éditions Paix, Justice, Liberté, julio 1937, reproducido y traducido del francés al italiano en F. Fucci, *Ali contro Mussolini. I raid aeri antifascisti degli anni trenta*, Milán, Mursia, 1978, pp. 201-219 (véase p. 212 para la explicitación). La importancia de la fuente viene del hecho de ser un testimonio de izquierdas, escrito como denuncia contra un Ramón Franco devenido *franquista*.

187 J. R. Montero, *La CEDA. El catolicismo social y político en la II República*, Madrid, Revista del Trabajo, 1977, 2 vols.; también R. A. H. Richardson, *The Origins of Franco Spain. The Right, the Republic and the Revolution (1931-1936)*, Pittsburgh (Penn.), University of Pittsburgh Press, 1970. Se refleja la tesis socialista de la «culpa» de una CEDA «fascista» en P. Preston, *La destrucción de la democracia en España. Reacción, reforma y revolución en la Segunda República*, Madrid, Turner, 1978. La famosa justificación: J. M. Gil-Robles, *No fue posible la paz*, Barcelona, Ariel, 1968; para la presión monárquica sobre la CEDA: J. Cortes Cavanillas, *Gil Robles ¿Monárquico? Misterios de una política*, Madrid, San Martín, 1935; también J. Gutiérrez-Ravé, *Gil Robles, caudillo frustrado*, Madrid, Prensa Española, 1967.

188 S. Montero Díaz, *Los separatismos*, Valencia, Cuadernos de Cultura (XXXIX), 1931. Para su rol en la preparación del Estatuto de autonomía gallego: B. Cores Trasmonte, *El Estatuto de Galicia (actas y documentos)*, La Coruña, Librigal, 1976. Véase, en general, para Montero y otros: E. Norling, *Las JONS revolucionarias. Compañeros de Ramiro Ledesma: los otros jonsistas. Semblanzas y textos*, Barcelona, Nueva República Ediciones, 2002.

189 La aproximación a Ledesma en S. Montero Díaz, *Fascismo*, Valencia, Cuaderos de Cultura (LIII), 1932; primeros contactos: S. Montero Díaz, «Una carta a "La Conquista del Estado"», *La Conquista del Estado*, I, núm. 16, 27 junio 1931, p. 4. La valoración monteriana de Ledesma en S. Montero Díaz, «Estudio preliminar», en R. Ledesma Ramos, *La filosofía, disciplina imperial* [1941], Madrid, Tecnos, 1983, pp. xxx-xxxi. Este mismo texto biográfico también apareció como: S. Montero Díaz, *Ramiro Ledesma Ramos*, Madrid, Imp. José Ruiz Alonso, 1962.

190 J. A. Primo de Rivera, «Patria. La gaita y la lira» (*F.E.*, núm. 2, 11 enero 1934), en A. del Río Cisneros (ed.), *Textos de Doctrina Política*: J. A. Primo de Rivera, *Obras Completas (edición cronológica)*, Madrid, FET y de las JONS, 1959, pp. 111-112.

191 *Onésimo Redondo. Caudillo de Castilla*, Valladolid, Ediciones Libertad, 1937; J. L. Mínguez Goyanes, *Onésimo Redondo, 1905-1936. Precursor sindicalista*, Madrid, Ed. San Mar-

tín, 1990; *Onésimo Redondo. Biografía y escritos (I)*, Oviedo, Tarfe, 1994; también, en general: R. M. Martín de la Guardia, *Información y propaganda en la Prensa del Movimiento: Libertad de Valladolid, 1931-1979*, Valladolid, Universidad de Valladolid, 1994; para la obra: O. Redondo, *Obras completas*, Madrid, Dirección General de Información, 1954, 2 vols.

192 A. Costa Pinto, *Os Camisas Azuis. Ideologia, Elites e Movimentos Fascistas em Portugal, 1914-1945*, Lisboa, Estampa, 1994, pp. 138-143.

193 J. M. de Areilza, *Así los he visto..., op. cit.*

194 D. Abad de Santillán, *Memorias, 1897-1936*, Barcelona, Planeta, 1977, pp. 217, 220, 273-274; también A.M. de Lera, *Angel Pestaña, retrato de un anarquista*, Barcelona, Argos, 1975, pp. 309-311. Por el otro lado: Guillén Salaya, *Anecdotario de las J.O.N-S. Historia y anécdota de las Juntas de Ofensiva Nacional-Sindicalista*, San Sebastián, Yugo y Flechas, 1938, cap. X.

195 Véase el relato –más o menos fiable– de una entrevista entre Jaume Compte, figura preeminente de Estat Català Partit Proletari (luego Partit Català Proletari), y Juan García Oliver por un periodista lerrouxista, Leopoldo Martínez Puig, *Los traidores a la C.N.T. Historia de las luchas sociales*, Barcelona, Solidaridad Nacional, [1951], p. 15.

196 E. Giménez Caballero, *Camisa azul y boina colorada*, Madrid, Imp. E. Giménez, 1940.

197 E. Selva, *Ernesto Giménez Caballero..., op. cit.*, pp. 258-259.

198 J. Ruiz de Alda, *Obra Completa*, Barcelona, Editora Nacional, 1939.

199 R. Serrano Súñer, *Semblanza de José Antonio, joven*, Barcelona, Pareja y Borrás, 1958, p. 42.

200 J. A. Primo de Rivera, «Cataluña», en A. del Río Cisneros (ed.), *Textos de Doctrina Política*: J. A. Primo de Rivera, *Obras Completas (edición cronológica)*, Madrid, FET y de las JONS, 1959, p. 459.

201 Véase, en general: J. Gil Pecharromán, *Conservadores subversivos. La derecha autoritaria alfonsina (1913-1936)*, Madrid, Eudema, 1994; también R. de la Cierva, *El fascismo y la derecha radical española (1934-1936)*, Madrid, ARC Editores, 1997. También: L. Álvarez Rey, *La derecha en la II República: Sevilla, 1931-1936*, Sevilla, Universidad y Ayuntamiento de Sevilla, 1993; A. López López, *El boicot de la derecha a las reformas de la Segunda República. La minoria agraria, el rechazo constitucional y la cuestión de la tierra*, Madrid, Instituto de Estudios Agrarios Pesqueros y Alimentarios, 1984.

202 J. A. Primo de Rivera, «Cataluña», en A. del Río Cisneros (ed.), *Textos..., op. cit*, pp. 458-459.

203 J. A. Primo de Rivera, «Discurso pronunciado en el parlamento el 30 de noviembre de 1934» en *ibíd.*, pp. 383-384.

204 J. A. Primo de Rivera, «Los vascos y España: discurso pronunciado en el parlamento el 28 de febrero de 1934», en J. A. Primo de Rivera, *Obras Completas*, Madrid, FET-JONS, 1945, pp. 263-264.

205 El esfuerzo discursivo de José Antonio sería recogido selectivamente durante la Guerra Civil como folleto de propaganda dirigido a la opinión catalana: *La Falange y Cataluña*, Zaragoza, Delegación Nacional de Prensa y Propaganda de FET y de las JONS, s. f. [¿1938?].

206 J. A. Primo de Rivera, «Cataluña», en A. del Río Cisneros (ed.), *Textos..., op. cit.*, pp. 109-110 (cita p. 110). El contexto en: J. Gil Pecharromán, *José Antonio Primo de Rivera. Retrato de un visionario*, Madrid, Temas de Hoy, 1996, pp. 304-310.

207 J. A. Primo de Rivera, «Cataluña» (discurso pronunciado en el parlamento el 4 de enero de 1934), en A. del Río Cisneros (ed.), *Textos..., op. cit.*, pp. 109-110.

208 J.-L. Marfany, «Catalunya i Espanya», *L'Avenç*, núm. 216, juliol-agost 1997, pp. 6-11.

209 E. d'Ors, «Su verdadera figura», en *Nuevo Glosario*, Madrid, Aguilar, 1947, vol. II, p. 914; E. d'Ors, «Su verdadera figura», en *Nuevo Glosario*, Madrid, Aguilar, 1949, vol. III, pp. 655-657; E. d'Ors, «Elegancia de José Antonio», en *Nuevo Glosario*, vol. III, pp. 651.

210 F. Cambó, *Memòries... op. cit.*, p. 479; F. Cambó, *Meditacions. Dietari (1941-1946)*, Barcelona, Alpha, 1982, entrada de 3 junio 1945, p. 1617.

211 F. Cambó, *Memòries... op. cit.*, p. 388.

212 Véase la incorporación interpretativa de la dimensión nacionalista catalana en S. G. Payne, *Franco y Jose Antonio. El extraño caso del Fascismo español*, Barcelona, Planeta, 1997, en contraste con su versión clásica: S. G. Payne, *Falange. A History of Spanish Fascism*, Stanford (Cal.), Stanford University Press, 1961.

213 Véase J. L. Jerez Riesco, *Falange Imperial. Crónica de la Falange toledana*, Madrid, FN Editorial, 1998. También, para FE-JONS de Melilla: R. Fernández de Castro y Pedrera, *Melilla, la primera en el Alzamiento.Hacia las rutas de una nueva España*, Melilla, Artes Gráficas Postal Exprés, 1940, cap. IV.

214 J. Gutiérrez Palacio, *Eugenio Montes. Prosista del 27*, Orense, Caja de Ahorros Provincial de Orense, 1989; sobre el concepto de «imperio», cap. III.

215 El desprecio falangista por Giménez Caballero se puede ver en M. García Venero, *Falange en la Guerra de España: la unificación y Hedilla*, París, Ruedo Ibérico, 1967, p. 181, 199, 276, 353.

216 R. Ledesma Ramos, *Discurso a las juventudes de España*, Barcelona, Ediciones Fe, 1939. Ledesma contestaba J. Maurín, *Hacia la segunda revolución* (véase J. Maurín, *Revolución y contrarrevolución en España* [3ª versión de *Hacia...*], París, Ruedo Ibérico, 1966). Hay una extensísima literatura sobre Maurín: A. Monreal, *El pensamiento político de Joaquín Maurín*, Barcelona, Península, 1984; L. Rourera Farré, *Joaquín Maurín y su tiempo*, Barcelona, Claret, 1992; A. Bonson Aventín, *Joaquín Maurín (1896-1973). El impulso moral de hacer política*, Huesca, Diputación de Huesca/Institutos de Estudios Altoaragoneses, 1994; Y. Riuttot, *Joaquín Maurín. De l'Anarcho-Syndicalisme au Communisme (1919-1936)*, París, L'Harmattan, 1997. Sobre el BOC: F. Bonamusa, *El Bloc Obrer i Camperol (1930-1932)*, Barcelona, Curial, 1974; A. Durgan, *B.O.C. 1930-1936. El Bloque Obrero y Campesino*, Barcelona, Laertes, 1996; V. Alba y S. Schwartz, *Spanish Communism versus Soviet Communism. A History of the P.O.U.M.*, New Brunswick (N.J.), Transaction, 1988.

217 E. Ucelay-Da Cal, «El cas Doriot i la seva recepció a Catalunya», en AA.VV., *Profesor Nazario González/Una historia abierta*, Barcelona, Publicacions Universitat de Barcelona/Universitat Autònoma de Barcelona, 1998, pp. 466-475.

218 Z. Sternhell, «Fascist ideology», en W. Laqueur (ed.), *Fascism. A Reader's Guide*, Berkeley (Cal.), University of California Press, 1976, pp. 315-376 (véase pp. 325, 335).

219 K. H. Silvert, «The Costs of anti-Nationalism: Argentina», en K. H. Silvert (ed.), *Expectant Peoples: Nationalism and Development*, Nueva York, Random House, 1963, cap. 10 (pp. 359-360).

220 R. Campalans, *Hacia la España de todos..., op. cit.*

221 I. Molas, *Lliga Catalana*, Barcelona, Edicions 62, 1972, vol. I, pp. 213-263.

222 J. Reig Rodríguez, *Concepte doctrinal del Valencianisme*, València: L'Estel, [1932]. Su fuente (a la que alude repetidas veces, pero siempre escribiendo mal el nombre del autor) es: A. E. Zimmern, *The Third British Empire*, Westport (Conn.), Greenwood Press, 1979; la primera edición fue de 1926, la tercera de 1934. En general, véase: R. Valls, *La Derecha Regional Valenciana (1930-1936)*, Valencia, Alfons el Magnànim, 1992, y, del mismo autor, *El partit catòlic*, Valencia, Universitat de València, 1993. También A. Bosch,

A. M. Cervera, V. Comes, A. Girona, *Estudios sobre la Segunda República*, Valencia, Alfons el Magnànim, 1993.

223 Véase, en general: V. Harlow, *Orígenes y propósito. Manual de la Comunidad Británica de Naciones y del Imperio*, Londres, [publicación oficial de propaganda, sin editorial], 1944; J.-C. Redonnet, *Le Commonwealth. Politiques, coopération et développements anglophones*, París, PUF, 1998.

224 Como muestra de la admiración más o menos contemporánea de las derechas francesas por las instituciones «imperiales británicas»: J. Chastenet, *Churchill y la Inglaterra del siglo XX*, Barcelona, Ariel, 1957, pp. 121-126.

225 Sirve como muestra S. Gemma, *L'Impero Britannico*, Bolonia, Instituto Nazionale Fascista di Cultura (Ed. Nicola Zanichelli), 1933; para la consistente buena relación entre la política exterior italiana y la británica, hasta 1936, y su significado: R. Lamb, *Mussolini e gli inglese*, Milán, TEA, 2002.

226 Véase de E. Ucelay Da Cal en colaboración con A. Sallés, «L'analogia falsa: el nacionalisme basc davant de la República Catalana i la Generalitat provisional, abril-juliol 1931», y también «La correspondència Aguirre-Cambó, 1931-1936: unes reflexions», en M. González Portilla, J. Maluquer de Motes y B. de Riquer (dirs.), *Industrialización y nacionalismo. Análisis comparativos*, Bellaterra, Universidad Autónoma de Barcelona, 1985, respectivamente pp. 443-470 y 471-499. Sobre «Galeuzca»: J. L. de la Granja, «La alianza de los nacionalismos periféricos en la II República: Galeuzca», *op. cit.* Sobre el nacionalismo vasco, en general: J. L. de la Granja, *Nacionalismo y II República en el País Vasco*, Madrid, CIS, 1986; J. P. Fusi, *El problema vasco en la II República*, Madrid, Turner, 1979. Para el galleguismo y tales proyectos: X. M. Núñez Seixas, «Galicia no espello europeo. As relacións internacionais do nacionalismo galego (1916-1936)», *A Trabe de Ouro*, II, vol. IV, octubre-diciembre 1991, pp. 507-520.

227 El juego está implicito en la propuesta de J. Tusell, *Historia de la Democracia Cristiana en España I. Los antecedentes. La CEDA y la II República; II Los nacionalismos vasco y catalán. Los solitarios*, Madrid, Edicusa, 1974, 2 vols.

228 X. M. Nuñez Seixas, «The Region as Essence of the Fatherland: Regionalist Variants of Spanish Nationalism (1840-1936)», *European History Quarterly*, vol. 31, núm. 4, octubre 2001, pp. 483-518.

229 La perspectiva de la derecha española en J. Arrarás, *Historia de la Segunda República Española*, Madrid, Editora Nacional, 1964, vol. II, p. 193.

230 E. Ucelay-Da Cal, «La estrategia dual catalana en la Segunda República», en X. Vidal-Folch (dir.), *Los catalanes y el poder*, Madrid, El País/Aguilar, 1994, pp. 113-123.

231 *El Pueblo*, 1 julio y 12 octubre 1932, citados en A. Cucó, *Roig i blau. la transició democrática valenciana*, Valencia, Tàndem, 2002, p. 24.

232 Jaume Carrera i Pujal. *Per un ordre polític i econòmic. Democràcia o dictadura? Economia individual o corporativa?*, Barcelona, Llibreria Catalònia, 1935.

233 F. Cambó, «Per l'autonomia de Catalunya i la grandesa d'Espanya (I y II)», sessiones del 30 novembre y 6 desembre de 1934, así como «Sobre el projecte de lleis de bases per a la llei municipal», sesión del 15 febrero 1935, en F. Cambó, *Discursos parlamentaris (1907-1935)*, Barcelona, Editorial Alpha, 1991, pp. 835– 864, 865-878.

234 J. Carbonell i Gener, «La política exterior de Catalunya», en *I Congrés d'Unió Democràtica de Catalunya 1932*, [Vic, Tipografia Franciscana] 1932, pp. 36-38.

235 En general, con una interpretación diversa, mucho más indulgente: H. Raguer, *Unió Democràtica de Catalunya i el seu temps*, Barcelona, Abadia de Montserrat, 1976; también P. Garcia Jordan, *Els catòlics catalans i la Segona República (1931-1936)*, Barcelona,

Abadia de Montserrat, 1986. Para biografías de cuadros militantes: A. Balcells, *Miquel Coll i Alentorn. Historiografia i democràcia (1904-1990)*, Barcelona, Proa, 1999; F. Camps y J. Monclús, *Joan Baptista Roca i Caball (1898-1976). Impulsor de la pau civil*, Barcelona, Proa, 1998.

236 B. Estornés Lasa, *Historia del País Basko*, Zarauz, Editorial Vasca, S.L., 1933, pp. 321, 327.

237 Véase J. M. Quintana, *Nicolau Maria Rubió i Tudurí (1891-1981)*, Barcelona, Curial/Abadia de Montserrat, 2002.

238 *Las Noticias*, 26 marzo 1931, p. 2.

239 M. Baras, *Acció Catalana 1922-1936*, Barcelona, Curial, 1984.

240 A. Ugalde Zubiri, *La acción exterior..., op. cit.*, pp. 379-519.

241 Sobre Batista i Roca, véase los materiales de su albacea: V. Castells, *El 6 d'octubre. Palestra i Batista i Roca*, Barcelona, Rafael Dalmau, 2000; V. Castells, cur., *Homenatge a Batista i Roca. textos polítics i pedagògics*, Barcelona, Generalitat de Catalunya, 1993.

242 Véase los artículos sobre Foch en J. M. Batista i Roca (V. Castells, ed.), *Caràcter i nació Escrits (1928-1954)*, Barcelona, Barcelonesa d'Edicions, 1996.

243 Carta de J. M. Batista i Roca a C. Riba, 2 enero 1954, reproducida en *ibíd.*, pp. 139-154 (cita pp. 152-153).

244 Con frecuencia, J. M. Batista i Roca no producía un efecto convincente en interlocutores no convencidos de antemano: véase J. Langdon-Davies, *Behind Spanish Barricades*, Londres, Secker & Warburg, 1937, pp. 28-31.

245 Para las muchas contradicciones internas entre opciones fascistas y comunistas en el nacionalismo radical catalán: E. Ucelay-Da Cal, *The Shadow of a Doubt: Fascist and Communist Alternatives in Catalan Separatism, 1919-1939*, Barcelona, Institut de Ciències Polítiques i Socials *Working Paper* núm. 198, 2002.

246 J. M. Bayarri, *El perill catalá*, Valencia, Consell Valenciá de Publicacions, s. f. [1932].

247 E. Ucelay-Da Cal, «Moviment Nacionalista Totalitari», en I. Molas (ed.), *Diccionari dels partits polítics de Catalunya, segle XX*, Barcelona, Enciclopèdia Catalana, 2000, p. 169, con información de una entrevista a Jacint Goday i Prats; véanse también los cuatro números de *Ferms!*, órgano del MNT. Para el ambiente universitario de entonces: A. Cirici, *El temps barrat*, Barcelona, Destino, 1973.

248 X. M. Núñez Seixas, «Nacionalismos periféricos y fascismo: Acerca de un memorandum catalanista a la Alemania nazi (1936)», *Historia Contemporánea*, núm. 7, 1992, pp. 311– 333. También entrevista con Blasi.

249 J. Pérez Villanueva, *Ramón Menéndez Pidal. Su vida y su tiempo*, Madrid, Espasa-Calpe, 1991, p. 329; véase H. J. Hüffer (prol. de R. Menéndez Pidal), *La idea imperial española*, Madrid, Centro de Intercambio Intelectual Germano-Español, 1933.

250 Véase la denuncia del hispanista holandés J. Brouwer, *Het Mysterie van Spanje* [1939], Amsterdam, J. M. Meulenhoff, 1946, pp. 175-179.

251 L. M. Ribó Durán, *Ordeno y mando. Las leyes en la zona nacional*, Barcelona, Bruguera, 1977, pp. 32-33.

252 A. Viñas, *La Alemania nazi y el 18 de julio*, Madrid, Alianza, 1977; R. García Pérez, *Franquismo y Tercer Reich*, Madrid, Centro de Estudios Constitucionales, 1994; K. Ruhl, *Franco, Falange y III Reich. España durante la II Guerra Mundial*, Madrid, Akal, 1986. Como muestra de las confusiones nazis, véase (a pesar de ser un ejemplo anacrónico), el fabuloso Puerto Rico de la película *La Habanera* de Detlef Sierck, considerado en su momento como una obra que reflejaba valores ideológicos nacional-socialistas (aunque el director no fuera personalmente simpatizante con el movimento): Bruce Babington, «Written by the Wind: Sierck/Sirk's La Habanera (1937)», *Forum for Modern Language Studies*, 31, núm. 1, 1995, pp. 24-36.

253 Servicio de Prensa y Propaganda de F.E. de las J.O.N-S, *El Imperio de España*, Valladolid-Palencia, Ediciones Libertad, [1936]; asimismo véase: A. Tovar, *El Imperio de España*, Madrid, Afrodisio Aguado, 1941 (4ª ed.). Para el escándalo: R. Garriga, *Nicolás Franco, el hermano brujo*, Barcelona, Planeta, 1980, pp. 122-128. Para Portugal: I. Delgado, *Portugal e a Guerra Civil de Espanha*, Lisboa, Publicaciones Europa-América, s. f.; C. Oliveira, *Salazar e a Guerra Civil de Espanha*, Lisboa, «O Jornal», 1987.

254 Ello facilitó una conexión regional con el ambiente portugués: véase A. Pena Rodríguez, *Galicia, Franco y Salazar. La emigración gallega en Portugal y el intercambio ideológico entre el franquismo y el salazarismo (1936-1939)*, Vigo, Servicio de Publicacións Universidade de Vigo, 1999.

255 Más precisamente, fue el propio Alfonso Carlos quien, como una especie de testamento en previsión de su desaparición, dictó la «regencia» por «real decreto» a sus fieles el 23 de enero de 1936: véase M. de Santa Cruz, *Apuntes y documentos para la historia del tradicionalismo español 1939-1966*, Zamora, Ediciones Monte Casino, 1984, vol. 1, pp. 13-15.

256 «Equipo N. H.», «¿Pudo Franco ser Rey de España?», *Nueva Historia*, I, núm. 3, abril 1977, pp. 16-24.

257 R. Fernandez Cuesta [sic], «Lo que significa para nosotros la palabra Imperio», *Falange Española Tradicionalista y de las J.O.N.S. en el exterior*, Santander, Talleres Aldus, s. f., s. p.

258 C. Pettinato, *La Spagna di Franco*, Milán, ISPI, 1939.

259 Como muestra: F. Ferrando Badia, *El régimen de Franco: un enfoque político-jurídico*, Madrid, Tecnos, 1984, pp. 56-59.

260 J. M. Torres i Pladellorens (ed.), *Espanya i la Segona Guerra Mundial a «The Times» (1939-1945)*, Barcelona, Abadia de Montserrat, 1997, p. 19 (entrada del 8 agosto 1939).

261 Es de gran utilidad el repaso legal: C. L. Clark, *The Evolution of the Franco Regime*, Informe al Departamento de Estado, Washington D.C., 1950, 2 vols.

262 Z. L. Nagy, «Revolution, Counterrevolution, Consolidation (II)», y M. Ormos, «The Early Interwar Years, 1921-1938», en P. F. Sugar, P. Hanák, T. Frank (eds.), *A History of Hungary*, Bloomington (Ind.), University of Indiana Press, 1994, véase pp. 313, 336.

263 J. Solé-Tura, *Introducción al régimen político español*, Esplugues del Llobregat, Ariel, 1971, pp. 33-35. también J. Testas, *Les institutions espagnoles*, París, PUF, 1975, especialmente cap. III; M. Ramírez, *España 1939-1975. Régimen político e ideología*, Barcelona, Guadarrama-Labor, 1978.

264 G. Mammucari, *Il Caudillo di Spagna e la sua successione*, Roma, Edizioni dell'Ateneo, 1955.

265 Es elocuente la explicación que encabezaba la traducción oficial de las llamadas «Leyes fundamentales» al inglés: «Spain has an open constitutional system which was set up in 1938.» *The Spanish Constitution. Fundamental Laws of the State. Political Documents*, Madrid, SIE, 1967, p. 11; también: *The Spanish Constitution. Fundamental Laws of the State. Political Documents*, Madrid, SIE, 1972. Como muestra de los debates historiográficos sobre el tema: J. Aróstegui, «Opresión y pseudo-juricidad. De nuevo sobre la naturaleza del franquismo», en *Imaginaires et symboliques dans l'Espagne du franquisme, Bulletin d'Histoire Contemporaine de l'Espagne*, núm. 24, diciembre 1996, pp. 31-46.

266 E. Giménez Caballero, *Memorias…, op. cit.*, caps. VIII-IX.

267 V. Gay, *Qué es el Imperialismo,* Madrid, Gráfica Universal, 1941.

268 L. Moure Mariño, *La generación del 36. Memorias de Salamanca y Burgos*, La Coruña, Ediciós do Castro, 1989; J. Sinova, *La censura de prensa durante el franquismo*, Madrid, Espasa Calpe, 1989, pp. 84-102. Este proceso esta novelado, algo torpemente, por F. Umbral, *Leyenda del César visionario*, Barcelona, Seix Barral, 1991.

269 F. García Lahiguera, *Ramón Serrano Súñer. Un documento para la historia*, Barcelona, Argos-Vergara, 1983, pp. 17-18.

270 R. Serrano Suñer, *Entre el silencio y la esperanza. La historia como fue*, Barcelona, Planeta, 1977, p. 91; I. Buqueras, *Cambó*, Barcelona, Plaza Janés, 1987, pp. 254-256.

271 F. García Lahiguera, *op. cit.*, pp. 237-238.

272 R. Serrano Suñer, *Entre el silencio…, op. cit.*, pp. 394-400; Jesús Palacios, *La España totalitaria. Las raíces del franquismo: 1934-1946*, Barcelona, Planeta, 1999, p. 529 (Archivo Franco, leg. 206, fol. 119).

273 E. Ucelay-Da Cal, «La historiografia dels anys 60 i 70: marxisme, nacionalisme i mercat cultural català», J. Nadal, B. Riquer, A. Simón, J. Sobrequés, J. Termes, E. Ucelay-Da Cal, *La Historiografia catalana. Balanç i perspectives*, Gerona, Cercle d'Estudis Històrics i Socials, 1990, pp. 53-89; hay una versión recortada y traducida al castellano: «La historiografía en Cataluña (1960-1980): marxismo, nacionalismo y mercado cultural», *Historia y Crítica* [Santiago de Compostela], núm. 1, 1991, pp. 131-153.

274 A. Manent, «1936: com se salvaren els prohoms de la Lliga Catalana», *Serra d'Or*, núm. 333, junio 1987, pp. 31-37.

275 B. de Riquer, «Un document excepcional: la declaració de suport als militars sublevats el 1936 d'un centenar de catalans», *Miscel·lània d'homenatge a Josep Benet*, Barcelona, Abadia de Montserrat, s. f., pp. 497-516; también, del mismo autor, «1936: el "suicidi polític" de la Lliga», *Avui*, 25 abril 1991, p. 13; en general, B. de Riquer, *El último Cambó*, Vic, Eumo, 1997, pp. 278-282; también Jesús Palacios, *La España totalitaria…, op. cit.*, p. 78.

276 Una muestra de reticencia: M. Sabaté, «El no d'en Cambó, a Gènova, l'any 1936», *L'Avenç*, núm. 39, junio 1981, pp. 14-15. El Sr. Carles Sentís tuvo la gentileza de confirmarme su testimonio de esta reunión.

277 D. Barrass, «Repercussions diplomàtiques de la independència "de facto" de la Generalitat a partir de Juliol de 1936», *Aïnes*, núm. 3, diciembre 1977, ps 47-52; L. Colomer, «La preparació de la independència de Catalunya durant la guerra civil», *L'Avenç*, núm. 73, julio-agosto 1984, pp. 604-612; J. Avilés, «França i el nacionalisme català als inicis de la Guerra Civil», *L'Avenç*, núm. 223, marzo 1998, pp. 16-20; E. Moradiellos, «El govern britànic i Catalunya durant la Segona República», *L'Avenç*, núm. 223, marzo 1998, pp. 21-25; la versión ultracatalanista: V. Castells, *Nacionalisme i Guerra Civil a Catalunya (1936-1939)*, Barcelona, Rafael Dalmau, 2002.

278 Véase los furiosos comentarios de Cambó acerca de Joan Casanovas, presidente del parlamento catalán, primer consejero del gobierno de la Generalitat durante el verano de 1936 y supuesto protagonista de un golpe de fuerza para imponer orden: F. Cambó, entradas de 10 enero 1937 y 16 junio 1937, *Meditacions. Dietari (1936-1940)*, Barcelona, Alpha, 1982, p. 25, 136. En general: J. Casanovas i Cuberta, *Joan Casanovas i Maristany, president del Parlament de Catalunya*, Barcelona, Abadia de Montserrat, 1996.

279 Para las analogías múltiples con el PNV: S. de Pablo, «El PNV alavés en julio de 1936», *Historia 16*, núm. 166, febrero 1990, pp. 27-38; Para Navarra: J. del Burgo, *Conspiración y Guerra Civil*, Madrid, Alfaguara, 1970, pp. 73-74. También: F. de Meer, *El Partido Nacionalista Vasco ante la Guerra de España (1936-1937)*, Pamplona, Eunsa, 1992; M. González Portilla y J. M. Garmendia, *La Guerra Civil en el País Vasco*, Madrid, Siglo XXI, 1988.

280 J. Estelrich, *La cuestión vasca y la guerra civil española*, Buenos Aires, Editorial Difusión, 1937. Se publicó una versión anónima en italiano: *La questione basca e la guerra civile spagnola* (traduzione di M.P.), Roma, Tip. Ramo editoriale degli agricoltore, 1937.

281 H. Raguer, «Les emissions de "Radio verdad" durant la guerra civil espanyola», en J. M. Sans i Travé y F. Balada i Bosch (eds.), *Miscel·lània en honor del Doctor Casimir Martí*, Barcelona, Fundació Salvador Vives i Casajoana, 1994, pp. 403-415; también, con errores: E. Ucelay-Da Cal, «Radio Veritat. La veritat de "Radio Veritat"», *Arreu*, núm. 5, 22-28 noviembre 1976, pp. 46-47.
282 F. Cambó, «La versió italiana del meu llibre *Per la Concòrdia*», s.l., 22 agosto 1937, en F. Cambó, *Meditacions. Dietari (1936-1940)*, Barcelona, Alpha, 1982, pp. 171-172.
283 B. de Riquer, «Francesc Cambó davant la "crisi" del règim franquista dels anys 1944-1947», *Serra d'Or*, núm. 427-428, julio-agosto 1995, pp. 20-22.
284 R. Abella, *Finales de enero, 1939, Barcelona cambia de piel*, Barcelona, Planeta, 1992, y la crítica de J. M. Casals, «La guerra dels catalans», *L'Avenç*, núm. 178, febrero 1994, pp. 28-51
285 F. Cambó, «El procés de l'Hedilla i la veritable ideologia de Falange», s. l., 24 agosto 1937, en F. Cambó, *Meditacions. Dietari (1936-1940), op. cit.*, p. 172.
286 F. Cambó, «L'apoteosi de Primo de Rivera a l'Espanya blanca», s.l., 25 noviembre 1938, *ibíd.*, p. 436-437.
287 F. Cambó, «La Cruzada Española», París, octubre de 1937, *La Nación*, Buenos Aires, 17 de noviembre de 1937, reproducido en E. Vegas Latapie, *Los caminos del desengano. Memorias políticas 2, 1936-1938*, Madrid, Tebas, 1987, pp. 471-472.
288 J. M. Thomàs, «Falangistes i carlins a Catalunya durant el franquisme. Els primers temps», *Serra d'Or*, núm. 427-428, julio-agosto 1995, pp. 18-20.
289 J. M. Fontana, *Los catalanes en la guerra de España*, Madrid, Samarán, 1951.
290 A. Manent, *Marià Manent. Biografia íntima i literària*, Barcelona, Planeta, 1995, pp. 154-155.
291 A. Trapiello, *Las armas y las letras. Literatura y guerra civil (1936-1939)*, Barcelona, Planeta, 1994, p. 302. Foix nunca quiso hablar de estas gestiones: [X. Febrés] *Diàlegs a Barcelona: J.V. Foix/Narcís Comadira*, Barcelona, Ajuntament-Laia, 1985, p. 11.
292 F. Ferrer Calbetó, *Cataluña Española*, Cádiz, Cerón, 1939, con espectacular mapa-diseño de la portada que incluye al Rosellón bajo una bandera española rojigualda; por lo demás, sus argumentos son los habituales, parecidos por lo tanto a la última temática de Giménez. Para alusiones posteriores, especialmente por J. M. Areilza y F. Castiella, en la segunda edición de *Reivindicaciones de España*, Madrid, Editora Nacional, 1941. Véase, en general: P. Grau, «La Catalogne française revendiquée par l'Espagne», *Annals of «Ferran Valls i Taberner's Library» [sic]: Studies in the History of Political Thought, Political & Moral Philosophy, Business & Medical Ethics, Public Health and Juridical Literature* [sic], núm. 5, 1989, pp. 107-118.
293 Alberto Cavanna Eguiluz (prol. A. Goicoechea), *Nuevo iberismo. Notas sobre política geográfica*, Madrid, autor, 1941, pp. 42, 87. Interesantemente, al citar *Por la Concordia*, el autor en nota pone la fecha de edición equivocada de 1927, cuando el libro no apareció editado hasta 1929 en Argentina y 1930 en España: ¿indicio de su lectura anterior del texto camboniano, en versión mecanografiada, que efectivamente estuvo en circulación desde la primera fecha?
294 En general: R. García Serrano, *La gran esperanza*, Barcelona, Planeta, 1983.
295 C. Arauz de Robles, *La vuelta al clasicismo*, San Sebastián, Ed. Española, S.A., 1939, p. 155.
296 Para la labor de d'Ors en la Dirección General de Bellas Artes: A. Alted Vigil, *La política del Nuevo Estado sobre el patrimonio cultural y la educación durante la Guerra Civil*, Madrid, Dirección General de Bellas Artes, 1984.
297 R. Florez, *D'Ors*, Madrid, Epesa, 1970, p. 37.

298 J. Reventós, *El doctor Reventós i el seu temps*, Barcelona, Edicions 62, 1984, pp. 144-145.

299 J. Tusquets, *L'imperialisme cultural d'Eugeni d'Ors*, Barcelona, Columna, 1989, p. 110.

300 Franco acusó a Sainz Rodríguez de masón para justificar su caída; pero evidentemente creía su acusación, ya que, muchos años después, la explicó a su yerno, el Duque de Cádiz, según M. Dem (co-autor), *Las memorias de Don Alfonso de Borbón*, Barcelona, Ediciones B, 1990, p. 51. Para los detalles de la caída de Saínz, en base a las memorias inéditas del Conde de Rodezno, véase: J. Tusell y G. García Queipo de Llano, «El Nuevo Estado franquista», en *La Guerra Civil*, Madrid, Historia 16, sin fecha, t. 20, pp. 6-62, así como, de los mismos autores, «La España de Franco», en *ibíd.*, t. 24, pp. 6-53; también J. Tusell, *Franco en la Guerra Civil. Una biografía política,* Barcelona, Tusquets, 1992.

301 C. Geli y J. M. Huertas, *Les tres vides de Destino*, Barcelona, Diputació de Barcelona/Col·legi de Periodistes, 1990.

302 J. Massot i Muntaner, «Joan Estelrich, entre la col·laboració i el desencís», en J. Massot i Muntaner, *Els intel·lectuals mallorquins davant el franquisme*, Barcelona, Abadia de Montserrat, 1992, pp. 73-116; J. Massot i Muntaner, «Joan Estelrich, propagandista de Franco a París», en J. Massot i Muntaner, *Tres escriptors davant la Guerra Civil: Georges Bernanos, Joan Estelrich, Llorenç Villalonga*, Barcelona, Abadia de Montserrat, 1998, pp. 65-215; «La segona etapa de la revista Occident, dirigida per Joan Estelrich (París, 1940-1941)», en S. Gross y A. Schönberger (eds.), *Dulce et decorum est philologiam colere: Festschrift für Dietrich Briesmeister zu seinem 65. Geburstag*, Berlín, Domus Editoria Europaea, 1999, pp. 455-480.

303 F. Valls i Taberner, *Reafirmación espiritual de España*, Barcelona, Juventud, 1939; véase: E. Martínez Barrios, *Epistolario de la Embajada nacionalista Latinoamericana: 1937-1938 (análisis histórico político e institucional)*, Zaragoza, Cátedra de las Historia del derecho de la Universidad de Málaga *et al.*, 1998; una tardía reivindicación catalanista de Valls: J. A. Parpal y J. M. Lladó, *Ferran Valls i Taberner. Un polític per a la cultura catalana*, Barcelona, Ariel, 1970. En general, véase: I. Riera, *Els catalans de Franco*, Barcelona, Plaza-Janés, 1998.

304 C. Sentís, *Protagonistas que conocí*, Figueres, Dasa Edicions, 1982, p. 219; D. Ridruejo, *Sombras y bultos..., op. cit.*, p. 90.

305 E. Ucelay-Da Cal, «Problemas en la comparación de las Dictaduras española e italiana en los años treinta y cuarenta», E. d'Auria y J. Casassas (dirs.), *El Estado moderno en Italia y España*, Barcelona, Universitat de Barcelona-Consiglio Nazionale delle Ricerche/Sezione di Studi Storici «Alberto Boscolo», 1993, pp. 155-174.

306 L. Dundas, *Behind the Spanish Mask*, Londres, Robert Hale, 1943, p. 96.

307 J. Cruz, «Lázaro Carreter. Un hombre de palabras», *El País Semanal*, núm. 1.374, 26 enero 2003, pp. 10-15 (cita p. 12).

308 C. Santacana, «L'impacte del franquisme en la cultura catalana», en N. Figuera Capdevila y A. Reyes Valent (eds.), *Guerra Civil i franquisme. Seixanta anys després*, [Santa Coloma de Farners], Centre d'Estudis Selvatans, 2000, pp. 197-208.

309 J. Finestres (con J. M. Solé i Sabaté), «Santiago Bernabeu. Un president del Madrid en l'ocupació franquista de Catalunya», *Sàpiens*, núm. 5, marzo 2003, pp. 22-29.

310 R. Serrano Suñer, *Entre el silencio..., op. cit.*, p. 442.

311 C. Santacana, *El franquisme i els catalans. Els informes del Consejo Nacional del Movimiento (1962-1972)*, Catarroja, Afers, 2000.

312 J. Vigón Suerodíaz, *Cuadernos de guerra y notas de paz*, Oviedo, Instituto de Estudios Asturianos, 1970, pp. 260-261.

313 E. Giménez Caballero, *Los combatientes y el Caudillo*, Bilbao, Delegación Nacional de Prensa y Propaganda de FET y de las JONS, s.f. [¿1937? ¿1938?]; F. Javier Conde, *Espe-*

jo del caudillaje (1941), en F. Javier Conde, *Escritos y fragmentos políticos, vol. I*, Madrid, Instituto de Estudios Políticos, 1974, pp. 365-394; J. A. López García, *Estado y derecho en el franquismo. El nacionalsindicalismo: F.J. Conde* [sic] *y Luís Legaz Lacambra*, Madrid, Centro de Estudios Constitucionales, 1996; también P. Marín Pérez, *El Caudillaje español (ensayo de construcción histórico-jurídicia)*, Madrid, Ediciones Europa, 1960.

314 J. M. López-Picó (J. de D. Domènech, cur.), *Dietari...*, *op. cit.*, p. 151, entrada del 8 julio 1939.

315 E. Giménez Caballero, *Amor a Cataluña*, Madrid, Ruta, 1942; y especialmente: E. Giménez Caballero, «Ante la tumba del catalanismo. Notas de un viaje con Franco a Cataluña», *Vértice*, suplemento literario, febrero-marzo 1942, sin paginar; se hizó además una tirada como separata. También E. Giménez Caballero, *¡Hay Pirineos! Notas de un alférez en la IVª. de Navarra sobre la conquista de Port-Bou*, Madrid, Editora Nacional, 1939.

316 En general, véase: J. M. Thomàs, *Lo que fue la Falange*, Barcelona, Plaza Janés, 1999, así como su continuación: *La Falange de Franco*, Barcelona, Plaza Janés, 2001; para el falangismo catalán, véase también J. M. Thomàs, *Falange, Guerra, Franquisme. F.E.T. y de las J.O.N.S. de Barcelona en els primers anys de règim franquista*, Barcelona, Abadia de Montserrat, 1992; y, además: J. M. Thomàs, *José M. Fontana Tarrats. Biografia política d'un franquista català*, Reus, Centre de Lectura, 1997; J. M. Thomàs, «Franquistes catalans i llengua catalana durant el primer franquisme», *Llengua i Literatura*, núm. 9, 1998, pp. 153-171; J. M. Thomàs, «Falangistes i carlins a Catalunya durant el franquisme. Els primers temps», *Serra d'Or*, núm. 427-428, julio-agosto 1995, pp. 18-20.

317 E. Giménez Caballero, *Roma madre*, Madrid, Ediciones Jerarquía, 1939, pp. 100-101; M. J. Gallofré, *L'edició catalana i la censura franquista*, Barcelona, Abadia de Montserrat, 1991, pp. 265-267; en general, véase también: J. Samsó, *La cultura catalana: entre la clandestinitat i la represa pública (1939-1951)*, Barcelona, Abadia de Montserrat, 1994, vol. I.

318 E. Haro Tecglen, «Surrealismo y fascismo. Lo que no fue Giménez Caballero», *El País*, 16 mayo 1988, p. 37. La visita de Franco a Lisboa en: P. Preston, *Franco*, Londres, Harper Collins, 1993, pp. 591-592.

319 J. Lillo Rodelgo, *Pedagogía imperial de España (contribución al estudio de nuestro Siglo de Oro)*, Madrid, Editorial Magisterio Español, 1941; J. Beneyto Pérez, *España y el problema de Europa. Contribución a la historia de la idea de imperio*, Madrid, Editora Nacional, 1942; Eleuterio Elorduy, *La idea de imperio en el pensamiento español y de otros pueblos*, Madrid, Espasa-Calpe, 1944; Ricardo del Arco y Garay, *La idea de imperio en la política y la literatura españolas*, Madrid, Espasa-Calpe, 1944.

320 Como muestra: J. R. Castro, *El Imperio español. Geografía e Historia*. Sexto Curso de Bachillerato. Aprobado por el Ministerio de Educación Nacional, Zaragoza, Librería General, 1942; ya algo más preciso: A. Bermejo de la Rica y D. Ramos Pérez, *Los ideales del Imperio Español. Séptimo Curso de Bachillerato*, Madrid, Gráfica Administrativa, 1949. Giménez Caballero hizo un gran esfuerzo en este sentido: Para 1º y 2º de bachillerato: E. Giménez Caballero, *Lengua y literatura de España y su Imperio*, I, *Los origenes*, Madrid, [Imp. Ernesto Giménez, S.A.], 1940; para preuniversitario: E. Giménez Caballero, *Lengua y literatura de la Hispanidad. Síntesis*, Madrid, [Imp. Ernesto Giménez, S.A.], 1944; para primaria: E. Giménez Caballero, *España nuestra. El libro de las juventudes españolas*, Madrid, Vicesecretaría de Educación Política, 1943 (en cuanto a la fecha, Giménez aseguró que «[e]ste libro fue comenzado en el Frente de Aragón –donde se logró la victoria definitiva del Ebro– [...]»).

321 J. Ibáñez Martín, *Hacia una nueva ciencia española*, Madrid, CSIC, 1940, pp. 29-30.

322 En perspectiva catalanista: V. Bello, *La pesta blava*, Valencia, Tres i Quatre, 1988; R. L. Ninyoles, *Conflicte lingüístic valencià*, Valencia, Tres i Quatre, 1995.

323 Luís Duran y Ventosa [sic], *La esencia de los nacionalismos*, Buenos Aires, Tor, 1939.

324 F. Cambó, «Un llibre d'En Duran sobre nacionalismes. Comentaris», Montreux, 10 marzo 1939, *Meditacions..., op. cit.*, pp. 508-509.

325 L. Duran y Ventosa [sic], *La esencia..., op. cit.*, pp. 185, 186, 183, 184.

326 A. Reig Tapia, *Franco «Caudillo»: mito y realidad*, Madrid, Tecnos, 1995, pp. 169-185; también A. Reig Tapia, «El caudillismo franquista», en J. L. Casa Sánchez (coord.), *La postguerra española y la II Guerra Mundial*, Córdoba, Diputación Provincial de Córdoba, 1990, pp. 127-153.

327 *¿Monarquía? ¿República? ¡Caudillaje!*, Madrid, Asesoría Nacional de Formación Política del Frente de Juventudes, 1947, p. 2.

328 S. Montero Díaz, *Idea del imperio*, Madrid, «Conferencia pronunciada [...] en el acto organizado por la Jefatura de la Escuela de Formación y Capacitación de Vieja Guardia de Madrid», Publicaciones de la Escuela de Formación y Capacitación de Vieja Guardia, 1943.

329 P. Sainz Rodríguez, *Un reino en la sombra*, Barcleona, Planeta, 1981, p. 276. El extremismo «juanista» lo testimonian extensamente autores tan opuestos como R. de la Cierva, *Don Juan de Borbón: por fin toda la verdad. Las aportaciones definitivas*, Madridejos (Toledo), Fénix, 1997; y R. Borràs Bertriu, *El rey de los rojos*, Barcelona, Los libros de Abril, 1996.

330 C. Sentís, «El Rey al habla», *La Vanguardia*, 13 marzo 1999, p. 23.

331 Ramon de les Borges Blanques [sic], *La sol·lució* [sic] *Cambó*, Barcelona, s.e., 1946; Pelayo Menéndez y Solà [sic], *La unidad hispánica. España y Cataluña (1892-1939)*, Barcelona, s.e., 1946. En realidad, el pseudónimo era la fusión de Menéndez y Pelayo con Felip de Solà i Cañizares, que por esas fechas protagonizó una tentativa de relanzamiento de la Lliga desde el exilio.

332 J. Sales, «Unes paraules prèvies en aquesta edició facsímil», *Quaderns de l'Exili (Mèxic 1943-1947)*, Barcelona, Estudis Nacionalistes, 1982, [paginas sin numerar].

333 Véase el testimonio de Helena Cambó en J. Pabón, *Cambó*, Barcelona, Alpha, 1969, vol. II, parte 2ª *(1930-1947)*, pp. 521-523; E. Jardí, *Cambó. Perfil biogràfic*, Barcelona, Pòrtic, 1995, pp. 269-270; I. Buqueras, *op. cit.*, pp. 278-279.

334 J. Ventosa y Calvell [sic], *Breviario de problemas contemporáneos*, Madrid, Editorial Plus-Ultra, 1950, pp. 230-231.

335 P. Townsend, *The Last Emperor*, Londres, Granada Books, 1978.

336 Lluís Duran i Ventosa, *La unitat d'Europa. La unitat del món*, Barcelona, Editorial Ancora, 1953, pp. 133-134, 134-135.

337 J. B. Culla i Clarà, *Unió Democràtica de Catalunya: el llarg camí (1931-2001)*, Barcelona, Unió Democràtica de Catalunya, 2002.

338 Véase, en general: J. M. Colomer, *Espanyolisme i catalanisme. La idea de nació en el pensament polític català (1939-1979)*, Barcelona, *L'Avenç*, 1984.

339 Véase, como muestra, el comentario del ya anciano Raimundo Fernández-Cuesta al tratamiento de la cuestión de las nacionalidades y regiones en la Constitución democrática de 1978: R. Fernandez-Cuesta y Merelo, «Nación, nacionalidades y artículo segundo de la Constitución», *Anales de la Real Academia de Jurisprudencia y Legislación*, VII, 1979, pp. 133-149.

340 En especial, para la codificación de discursos contrarios en la historiografía: J. Benet, *Catalunya sota el règim franquista*, París, Edicions Catalanes de París, 1973, y, su versión posterior, superficialmente actualizada: J. Benet, *L'Intent franquista de genocidi cultural contra Catalunya*, Barcelona, Publicacions de l'Abadia de Montserrat, 1995.

341 M. Marín i Corbera, «Fascismo en España. Política local y control gubernativo en la Cataluña franquista: ¿fue el porciolismo una fórmula aperturista?», *Hispania*, LVIII/2, núm. 199, 1998, pp. 655-678.

342 Como muestra de la reivindicación «opusdeísta» y su calculada ofuscación: J. Torras i Bages, J. Maragall, F. Cambó (L. Duran y Ventosa, presentación), *La actitud tradicional en Cataluña*, Madrid, Rialp, 1961.

343 A. Bausili, *Cambó y el desarrollo*, Buenos Aires, Institución Cultural Española, 1974; *Francesc Cambó i Batlle en el seu centenari (1876-1976)*, Barcelona, s. e., 1977; S. Millet i Bel (J. M. Hernández Puértolas, ed.), *Reflexiones liberales*, Barcelona, Península, 2000, parte 9.

344 Véase F. Valls, F. de Carreras, P. Esteve, «¿Qué es el soberanismo?/El independentismo tranquilo/Europa y la soberanía», *El País* (ed. Barcelona), 12 noviembre 2000, Sección «Cataluña», p. 5.

345 J. Colomines, *El compromís de viure. Apunts de memòria*, Barcelona, Columna, 1999, p. 201.

346 *La Vanguardia*, 7 mayo 2001, p. 25 (cita); *Avui*, 7 mayo 2001, p. 14; *El País* (ed. Barcelona), 7 mayo 2001, p. 23.

347 S. Michonneau, *Barcelona: memòria i identitat. Monuments, commemoracions i mites*, Vic, Eumo, 2002, pp. 420-422.

348 M. Ignatieff, «El puente de la guerra», *El País Semanal*, núm. 1.374, 26 enero 2003, pp. 28-33 (cita p. 23).

Índice onomástico

Esta edición de *El imperialismo catalán*,
de Enric Ucelay-Da Cal,
se terminó de imprimir en Hurope, S. L.
el 15 de octubre de 2003